U0556447

徽州书人丛说

宋元书人

徐学林◎著

图书在版编目（CIP）数据

宋元书人 / 徐学林著. -- 北京 : 中国书籍出版社, 2024. 10. -- (徽州书人丛说). -- ISBN 978-7-5068-9976-5

Ⅰ. K825.4

中国国家版本馆CIP数据核字第2024UP1790号

宋元书人

徐学林　著

责任编辑　刘泽刚　王　淼

责任印制　孙马飞　马　芝

封面设计　程　跃

出版发行　中国书籍出版社

地　　址　北京市丰台区三路居路 97 号（邮编：100073）

电　　话　(010) 52257143（总编室）　(010) 52257140（发行部）

电子邮箱　eo@chinabp.com.cn

经　　销　全国新华书店

印　　刷　三河市富华印刷包装有限公司

开　　本　710毫米 × 1000毫米　1/16

印　　张　113.75

字　　数　1680千字

版　　次　2024 年 10 月第 1 版

印　　次　2024 年 10 月第 1 次印刷

书　　号　ISBN 978-7-5068-9976-5

定　　价　680.00元（全五册）

凡　例

一、本书收录范围包括秦时黟、歙两县，汉晋时期新安郡，唐宋时期歙州、徽州，元代的徽州路及其所属婺源州，明清时期徽州府所辖歙县、休宁、婺源、绩溪、祁门、黟县这六个山区县邑本土（含徽州地方官、旅徽州人士），和旅外寄籍、入籍他乡与徽州故里关系密切的徽州书人（写书、出版书、整理书者之总称，而非书法家）及其重要著作刻行者，整理古籍、出版古籍者，以及在近现代时期直至新中国成立前后在世的典型大家。

二、本书体例以传主为系，先列传主身份，次列主要著作及其出处，因宋元版本珍贵，尽量胪列著作及行世情况和出处。

到了明清时期，这些书人最突出部分已为刻书、出版家取代，故自明迄清分类专列出版家及对印刷技术的继承与创新有特别贡献人物，以替代普通著作人物，所以径称明清时期书人为出版家。古代分朝代，以最先行世的刻书大体时间为序进行胪列，时间截至清末，延及民国前期。近现代部分则依传主出生先后为序。采取先介绍传主身世、著作，次介绍整理存世的古籍，重点介绍刻书及著作行世情况。刻书部分点出作者、著作名称、篇幅（卷、册）、依据、藏处及重要图书内容大要、版本、学术价值，给专业研究者提供必要的线索，以免其案牍之劳。

三、本书纪年用汉字数字表示旧历（阴历、农历），加括号或径用阿拉伯数字表示公历（阳历）。

四、本书的资料来源一仍原书标页，即原书以汉字数字标页或阿拉伯数字标页的一仍其旧。

五、本书对所引用资料明显错误的地方一般加以说明或以括号正之，极个别地方已径改，以对读者负责。

六、本书对通假字等容易造成误解的以括号注明，一般不动，尤其是引文更不臆改。

七、本书对收藏单位不断易名的情况，如学院改大学、所改院等处理，明显的径改，不清楚的仍其旧，少部分以括号区别之。

八、本书版式部分的数字除特殊标示外，以厘米为单位，文中不注。

九、本书对翻译用字一仍引用资料之旧，对与标准译法相异且影响较大的以括号正之。

十、本书对附录中主要参考书目已有的图书，在本书页下注中一般作简注处理。

十一、本书所出按语，系作者臆见，仅供参考。

作者 2016 年 6 月 6 日于庐阳半亩园东望望室

2022 年 5 月 6 日修改于安徽医科大学第二附属医院特诊病房 13 室

自 序

徽州本是高移民地区，社会动荡、南北士族趋之若鹜。

这部涂鸦文字定名《徽州书人丛说》（以下简称《丛说》），所指并非徽州书法家，而是指徽州的读书人中有专著，对优秀传统古籍进行传抄、校勘，并写出序言和跋语等番整理，这种选优在一定条件下是进行出版的前期工作或对保存优秀古籍起了非常大的作用。徽州人非常重视出版工作，早在宋元这个古代刻书黄金时期，徽州域内外的徽州人就刻了大批书籍，形成沿江江南重要刻书带的区域性刻书中心，出了一批如朱熹、汪纲等大出版家。由于宋元时期留下的古籍十分珍贵，所以对这一时期学者的著述及自刻、家刻、官刻的书籍尽量予以胪列。至明清古代刻书极盛时期，徽州人在域内外已形成左右全国出版形势的四大刻书中心和家谱编纂出版中心，徽州书人中著作、古籍整理者位置已远不及出版家了。因为，这些出版家中有不少不仅是学富五车的学者，著作等身，更是收藏家和古籍整理者。他们的出版业绩彪炳中国出版史册，尤其是徽州刻书为传承中华优秀传统文化留下不可磨灭的历史功绩。因此，本书第一卷专列宋元时期徽州书人中有特别贡献者。第二卷明代书人，就开始专列徽州书人中的出版家，尤其是刻书家了。第三卷、第四卷专列清代出版家中刻书家的分类情况。第五卷是近现代时期，随着列强入侵，新式出版如雨后春笋，专列徽州书人中学术造诣高、社会影响大的著作以及出版情况。

这部《丛说》源于本人二十世纪七八十年代在安徽省基本建设委员会从事城市规划、建设、管理工作时结合本身工作的疑难点，在拜师无门的情况下，开始自学研究安徽经济文化史。在完成中国疆域史，尤其是安徽建置沿革史后，完成了《安徽建置沿革》（15 万字）和《安徽城市》（两种版本 60 万字）、《安徽省志·建置沿革志》（写了 240 万字，省地方志因财政拨款不足，只出版了 180 万字）、《中国历代行政区划》（27 万字）等4种340余万字的编撰工作，均已出版，还有50万字《安徽历代政区考释》

是最早列入黄山书社出版计划的，因为一些原因，最终并未出版。还有现正在出版的《中国疆域与政区变迁史》（原写80万字，后经专家建议，现成60万字）计6部共470万字书稿。此后，开始构想把重心放到文化史上。

通过大量查阅资料，我发现安徽不仅是文化大省，也是古籍大省，经过长期研究和思考，我确定，安徽有四大文化板块与齐鲁文化一样，是代表历史前进方向的主流文化，而不是什么区域性的地方文化。它们是：自先秦后期为代表的源远流长的淮河文化，它不仅承接发展了先秦前期的主流文化，而且还是齐鲁文化之源，因它的举旗人物管仲是颍上（今安徽省阜阳市颍上县）人，齐国的开国者姜子牙是今安徽省阜阳市临泉县人。二是跨朝更代的徽文化，尤其是祖籍黄墩（明程敏政改名篁墩）的程颐、程颢兄弟，以及朱熹这三位宋明理学大家、与孔子并称“四大夫子”的传统文化集大成者都是徽州后人，尤其是集宋明理学大成的朱熹是婺源县紫阳镇人，徽州人奉朱熹学说为圭臬，非朱子学说不学，形成新安理学。徽学还有一个特殊现象是包容性强，尤其是新安理学到了乾嘉学派的举旗人物休宁县隆阜（今安徽省黄山市）的戴震重考局，更加完善了新安理学，使之成为中国封建社会中后期最正统、最具代表性、最先进的文化，成为中国优秀传统文化的精华，更是徽学的指导思想，尤其是明清时期徽商成为儒商，他们大力支持徽州人学文化，走出去，使大批徽州学人成为著作家，优秀传统古籍整理者和左右全国出版形势的出版家，使古徽州一度成为古代四大独具特色的刻书中心之一，成为研究中国封建社会文化和中国优秀传统文化不可或缺的重要基地。三是以桐城文派、桐城派举旗并左右中国传统文化数百年的江淮文化。四是以淮系政治经济文化集团为首的淮系文化是中国封建社会末期的回光返照。我的这个观点早在1994年4月20日发表在《安徽日报》上的《怀念王子野》一文中，正式向社会披露并引起欧远方这位安徽学界最有影响的老理论家重视。可惜，欧老的支持后为群小所挟持，我被排出了。

因为我的精力有限，既无平台，又是工薪阶层，全面展开研究是不可能的，故先选最具代表性的徽文化入手。在而立之年，我在巢县革委会工作期间结识的老领导程毅川（他离巢后在安庆市与朱佐臣同志搭班子。早在延安时代他就任抗日根据地中学校长，南下安徽，作为中共安徽省委宣传部李凡夫部长手下的理论处处长，是安徽理论界老学者。“文革”后恢复工作，先后任肥西县革委会副主任，巢县县委副书记），时任安徽医学院党委书记兼省社联副主席，他多次去我住处，我向他汇报我去徽州对徽州文化现象的观感，并提出徽州文化应该立学，叫“徽州学”或“徽学”，安徽省应成立省级徽学研究会，以加强对徽学的深入研究。程老很赞成，并到处奔走呼号，终使安徽省徽学会应运而生，并于 1985 年 5 月在歙县歙城镇紫阳饭店召开成立大会。甘为人梯的老学者程老毅川，最早组织研究徽商、学富五车的安徽师范大学老校长张海鹏教授也与我这个既不是徽州人、又无技术职称、又不在学术研究单位的外乡人平列一般理事。其余参会者或学会领导大部分都是名流或徽州籍高官，如会长是徽州籍时任省政协副主席郑加琪，还有中共安徽省委宣传部长，其余都是厅级、副厅长，最低的是处级领导兼高级职称，只有鲍以来同志是来自《安徽日报》社的，但他是徽州歙县人。但我已了心愿，心里也很平衡。很快徽学就与藏学、敦煌学并列位于中国的三大显学之一。我也因在国内、国际学术会议上的论文及发表在国内重要期刊上的徽学文字，引起在世的三大中国科技史研究专家之一、法国远东学院院长戴仁先生的认可，主动写信给我，他还让他的博士研究生、意大利威尼斯人米盖拉·布所蒂女士千里迢迢来合肥与我共商她的博士论文《徽派版画》，法国的华澜先生是研究中国古代哲学的，送给我他的博士论文。美国来访、来信学者更多，有研究新安温病的学者，也有哈佛大学历史学者、研究中国民俗的德籍包筠雅教授（时为俄勒冈大学历史教授）读过我的文章，后也对徽州出版感兴趣，还有在美国大学教书的美籍华裔教授贾晋珠。

随即在国际学术会议上，认识更多的外国朋友。如 2000 年 5 月 7

日至5月12日在上海召开的国际家谱研究会上，我的论文《徽州存世谱牒及其开发利用》简介登在会议日程安排上，在会上我还认识诸如美国、新加坡、俄罗斯、越南等大批外国研究家谱学专家。

随着比较研究的深入，我在国内外学术交流会上开始提出徽学并不是什么地方区域性文化，而且中国优秀传统文化的主流文化，尤其是在《中国出版通史》编委会上，为强调徽州刻书的重要性，多次指出，敦煌学只是辉煌丝绸之路上的断代史文化，藏学即使在元代曾形成藏蒙文化，但始终没有撼动中央王朝所经营的中华优秀传统文化，只能算是中华传统文化中的一个重要分支，应属于地域性文化，而且这两种文化留下的文化遗产根本无法与徽学比。因此，我的结论是徽学应居中国三大显学之首。这一观点得到不少学者认可，如得到出版界著名学者、三联书店老总裁戴文葆先生，中国版协学术委员黄主任，人民出版社的吴道弘等先生的认可。在《中国出版通史》编委会上，因我提出要重视对中国古代出版史的研究这个命题，而策划出版《中国出版通史》及一套全国重点出版地区研究丛书，而引起老署长、原国家出版委员会主任刘杲同志的关注。这就是由黄山学院著名徽学专家方利山教授所编的油印本刊物其中一期所登的、戴文葆先生所说的徐学林多次在全国学术会上呼号奔走，大力宣传徽学的由来。我的这个观点2017年9月18日在绩溪与去黄山的首都八院校学子交流时形成的《徽学是三大显学之首——与夕阳红徽州行的首都八院校学子谈徽学》一文，再次以正式文字形式重申了我的一贯观点。

根据我所掌握资料，准备写一部千万言以上的《徽州书人全编》，因为在安徽得不到任何支持，只好束之高阁。时中华书局原总裁傅璇琮先生在河北教育出版社出版一套丛书《书林清话》，我们在《中国出版通史》编委会上谈起徽学应在这套丛书里占一席位置，傅先生很赞成，旋派该丛书副主编、南京大学徐雁教授来我家。他见我那么多已写好的徽学初稿，决定选取徽州书人著述、古籍整理者，出版家名家组织几个分册，定名《徽州书人丛说》，并要求每册严格限制字数，所以我把《徽州书人全编》中宋元、明代书人压缩成1册，列入该书中。本书所列徽州书人一依《徽州书人全编》旧例，并选取其中杰出者，组成本书架构。

印刷术的发明是中国四大发明中的最重要发明，它在世界文明史的进程中、在世界科技进步史上占有崇高的地位。中国不仅是印刷术的发明创造者，而且中国古代出版业一直居于领先地位，是世界印刷出版业的先驱，也是中国乃至世界文明史中最光辉的一页。

徽学已成为当代中国与中国藏学、敦煌学并驾的世界级中国三大显学之一。徽学的博大精深主要体现在徽州人所著、所整理、所出版的大批代表中国主流文化前进方向的前沿著作及丰富的地方文献中。尤其是徽人出版的大批中国古代优秀古籍，充分代表了中国传统文化的方向、深度。我们在考查徽州文献中可以清楚地看出，除作为原始、档案资料的数十万件文书外，徽州的文献大多数是以出版形式，尤其是以刻印形式留存人间，仅有少数为稿本，抄本及其他复制品奠定了徽州在中国古代四大刻书中心和家谱制印中心之一的地位。尤其徽州地区是中国雕版印刷术的技术革新重镇、活字印刷术的故乡，更是彩色印刷术的创造发明地，在明清时期徽州派刻书已成为左右中国出版潮流和态势的中坚力量，是中国乃至世界出版史册上最光辉的一页。因而，徽州地区也赢得“文献之邦”“书海”“东南邹鲁”的称誉。徽州书人（著述者、出版工作者、出版前奏的书籍整理者总称）是徽文化的中坚力量和重要推手。其中，最杰出者大多数是优秀的出版家兼著述家、古籍整理家、收藏家。本书5卷就是围绕这些杰出人物撷其重点事迹展开，尤重其在文化史上的贡献。

尤其是明代隆万后，一大批有远见卓识的徽商及知识渊博的士宦纷纷介入刻书业，在徽州府境内和寓居的全国出版城市南京、杭州、苏州、扬州等地形成庞大的徽派刻坊网络，成为全国刻书业中经济实力最雄厚、文化修养很高的坊刻主流队伍。他们介入出版业后，大量编刊丛书，大量插以精湛的版画，牢牢掌握读者脉搏，走出乡邦，面向全国，不惜重金，改革印刷技术，开展协作，使徽州坊书刻业很快成为全国主流，成为左右全国出版形势的主要力量。他们在这一新兴的商业活动中不仅崭露锋芒，而且很快执全国出版业的牛耳，出现了一大批风云人物、流芳百世的大出版家。

据初步统计，明清时期徽州府在府境和全国主要出版城市参与刻书业的从业人中的系名刻主就超过2000人，刻书品种超过万种。徽州自宋迄清，在中国出版史上出现一批比较重要的出版家、收藏家、古籍整理家、著述家，这类书人不下数百人。

清代承明末之盛，类似出版家更多。其中，清代刻书家中有两种特殊现象值得在这里介绍一下：

一是刻书世家比历代多。徽商、徽宦、徽州文化人对祖上、社会名人的著述多次出版、汇印，绵延数世，甚至跨朝更代。如程朱理学曾是中国封建社会后期的统治思想，朱熹一脉著作在徽州及其后人反复出版、汇印，形成朱氏家族后人出版世家；明末，寓居吴县的籍贯歙县丰南大阜的潘氏一族，尤以清状元潘世恩与潘祖荫祖孙为代表，直至当今原上海图书馆副馆长潘承弼先生，潘氏一族是一个出版世家、群体；绩溪县金紫胡氏后裔中尤以“三胡礼学”为著的世泽楼家刻群体；“宰相代代有，代君世间无”的曹文埴父子，旅居杭州的籍贯黟县宏村的汪氏振绮堂、延及七世世居江都的汪氏家刻、寓居杭州的籍贯歙县丛睦里的汪氏家族所刻《丛睦丛书》，以布衣交“天子”的江春及籍贯歙县旅居江都的江氏刻书群体、旅居桐乡的籍贯休宁的金氏刻书、代出名人的歙县潭渡黄氏家刻群体、皖派汉学最后传人汪宗沂世家等，以及新安名人后裔如歙县呈坎宋罗愿后人、休宁吴儆后人、祁门方岳后人、明休宁程敏政后人等多次刻印其先人著作，以尊祖、炫耀门第为目的形成刻书世家。徽州出版史中的这些现象，对于研究中国出版史和徽州文化史中的家族链、师承链的关系及特色，具有一定的启发意义。

二是徽州刻书家中有不少是著名的收藏家。徽州人重视收藏，尤重典籍收藏，为中国古代最负盛名的东南藏书家群体中的主要成员。同时，涌现了一批著述丰富的学术前沿作家、古籍整理、刻书大家。

乾隆朝修四库全书，献书者中前4名中就有祁门马裕、歙县长塘鲍廷博及歙县汪启淑3人，献书者前14名中徽州占7人。汪梧凤献书百余部还挂不上号。这些都是在中国出版史、收藏史、著述史上有特殊贡献或出书百卷以上的大出版家。祖籍徽州的旅外学者由于受徽州文化影响，不少在中国学术史上占有很重要的地位。他们有的独创学派，有的成为明清时期学术流派的扛鼎人物。如开化独领风骚的多学科桐城文派的方学渐，大儿子方大镇家族虽经多次迁徙，但其祖籍还是歙县桂林派方氏的一支，尤其是他的裔孙方以智是一位与明末清初大文豪顾炎武、王夫之、黄宗羲并驾齐驱的大学者，若不是明清时代鼎革，这支方氏学术流派就会更加辉煌。统领中国封建社会后期两百多年的江淮文化中最突出的作文派"桐城派"的举旗人物方苞，就是方大镇之弟方大美的裔孙。一门方氏其他类型的书海人物还有不少，为省篇幅，不再赘述了。

历史车轮驶入近现代，徽州所辖六县也是文脉相承，人才济济。带着徽州印记走出山区，游走九州大地，成就斐然的学者更夥。

诸如钱币学者鲍康，弘扬礼学的绩溪世泽楼，寓居苏州的名宦潘祖荫，吴引孙的测海楼、鲍廷爵的后知不足斋，桐城鲁谼的后期桐城派大家方宗诚，创立清末四大书局之一淮南书局的炉桥方濬颐，重金搜刻徽州先贤的李宗煝，活字出版家胡珽，祖上移居南浔、与刘承干嘉业堂并重的最后刻书家张钧衡等都是近代书海中集收藏兼刻书的大家。伴随着近现代新式出版业的兴盛及时代文化交替，徽州更独树一帜，如新文化运动中三大旗手中的胡适（《胡适全集》1700万字），近现代重要出版机构亚东图书馆创办人汪孟邹，以及古典小说标点第一人汪原放。民国肇启，大画家、编辑家黄宾虹与邓实在上海编印《美术丛刊》（四辑）257种等都是书海航舟中的舵手和弄潮儿。胡适是个横跨现当代的新文化运动中最有成就的三大旗手之一。民国及新中国成立后，老徽州文脉不断，著名的学人有像郑逸

梅[①]、王子野[②]、叶以群[③]这样的大学者以及事迹不以著作和出版显的教

① 郑逸梅（1895.10.19—1992.7.11），原名鞠愿宗，学名际云，号逸梅，生于上海江湾，祖籍安徽歙县。早年丧父，依苏州外祖父，改姓郑。5岁入私塾，10岁进上海敦仁学堂，14岁入苏州长元和公立第四高等小学堂。17岁进江苏省第二中学，并开始为报刊撰写文史小品。21岁进江南高等学堂。32岁寓上海，进入上海影戏公司，编写字稿和说明，参加南社。1933年编辑《华光半月刊》《金刚钻报》，次年辞《金刚钻报》编辑业务，任中孚书局编辑。1938年任上海国华中学副校长，同时在上海音乐专修馆、爱群女中兼课。国华中学停办后，先后在大夏大学附中、大同大学附中任教。1942—1943年，先后在徐汇中学、志心学院、江南联合中学任教。1944—1946年，先后在模范中学（晋元中学）、诚明文学院任教。他一生坚持笔耕生涯，在新中国成立前已以"报刊补白大王"闻名沪上。1949年以后，任晋元中学副校长直至1966年退休。曾加入农工民主党，成为上海文史馆馆员、中国作家协会会员。著述丰富，计有50种，近年选辑《郑逸梅选集》3卷本出版。

② 王子野（1916.6.19—1994.2.16），原名程扶（敷）铎，安徽绩溪县瀛洲乡仁里村人。早在青少年时期（1930）就随其父在绩溪县乡贤汪孟邹在上海创办的现代著名的新文化运动重要推手亚东图书馆从事出版工作。抗日战争爆发后，他冲破重重困难去延安，从母姓，1938年改名王子野。1938年入陕北公学高级研习班学习，同年加入中国共产党。1939年毕业后出任王稼祥秘书5年，并先后任中共中央书记处资料室副主任、中央军委编译局翻译处处长、编译局秘长书等。在延安历任中央机关文秘及负责工作（陶铸任毛主席政治秘书时，他曾任毛主席资料秘书）。后改任根据地新闻出版机构领导，先后担任《晋察冀日报》社编委兼编辑部部长，中共中央华北局宣传部出版科长，出版委员会委员。新中国成立后，一直担任新中国出版事业领导，兼国务院古籍整理出版规划小组副组长，是我国著名的编辑家、出版家、翻译家、书法家。先后出任中国出版工作者协会第一届副主席、第二届主席、第三届名誉主席，中国翻译工作者协会第一、第二届副会长，中国文学艺术界联合会第四届全国委员会委员，第五、六届全国人大代表，第六届全国人大教育科学文化卫生委员会委员，第二、三、四、七届全国政协委员等多项社会职务及国家出版委员会主任。具体工作从1949—1950年，担任中央人民政府出版总署编审局处长。1950—1966年，任人民出版社社长兼总编辑。1975年后历任国务院政策研究室理论组组长，国家出版局副局长。译著丰富，主要翻译作品有《宗教和资本》《唯心史观和唯物史观》《邓肯自传·补篇》《西洋哲学史简编》《思想起源论》《财产及起源》《论戏剧》等，主编《当代中国的出版事业》，著《槐下居丛稿》等。

我的《徽州刻书史长编》就是1989年王老视察安徽时，在看了我的《皖版综录提要》一书稿本后，要我把徽州刻书作为重点，把徽州书人（著述人、出版人、收藏及古籍整理存世文献）搞个全记录，以展现徽学博大精深。并一再打招呼，如出版有问题，要我去找他。王老在病重期间还委托看望他的京城学者们，要他们转达他对我的学术研究的关心和期望。为了不辜负王老及全国一批著名出版家对我的厚望，多年来，我省衣节食，不仅卖了自己的住房，还卖了女儿一套住房，才完成800万言的《徽州刻书史长编》。并在国家出版基金的资助下，于2014年由安徽教育出版社出版了其中的550万言，以告慰王老等在天之灵。

③ 叶以群（1911.5.29—1966.8.2），原名叶元灿、叶华蒂，笔名以群，歙县人。早年在日本东京法政大学学经济。"九一八"事变后回国，在上海从事新文艺运动。1932年加入中国共产党并参加"左联"，任"左联"组织部部长，编辑《北斗》杂志。1938年任中华全国文艺界抗敌协会《抗战文艺》编委。1942年去香港创办中国文艺通讯社，后去重庆与茅盾合编《文艺阵地》丛刊，并主编《青年文艺》《文哨》月刊。1945年回上海，创办新群出版社，参编《文联》半月刊，创办中外文艺联络社。1946年出面联合6家出版社组建利群书报发行所。1947年去香港主持文通社。上海解放后回沪，先后任华东、上海中苏友好协会副总干事、上海联合电影制片厂副厂长、作协上海分会副主席、上海文学研究所副所长等职。长期从事文艺理论研究工作，先后出任《文艺月报》《上海文学》《收获》杂志副主编。著译丰富，主要有《文学的基础知识》《文学的基本原理》《文学问题漫论》《英雄的故事》等。

育大家陶行知、程亚君①、章衣萍②等，囿于篇幅，本书不再胪列。

徽州出版的品种中还有大量纯粹介绍地方的文献类出版物，也是其他各地出版业难以望其项背的。主要品种有多达200种以上方志，大批广告实用性商书，还有大批家谱。据《中国家谱联合目录》载徽州存世

① 程亚君（1920—1995），歙县人。14岁入南京现代中学，次年入徽州中学。16岁参加第七战区政委会青年干部训练班受训。1937年12月加入新四军一支队战地服务团。1938年春，进入延安抗大学习。1939年出任新四军抗日游击队一营俱乐部主任、新四军六支队一团二连指导员。1940年出任一团政治处俱乐部主任、一纵队政治部俱乐部主任、新四军江北指挥部文娱干事。1941年任淮南联中教员、路东行政办事处宣传科员。1942年任淮南艺术专科学校教员，后调淮南路东总文抗，和莫朴、吕蒙创作《铁佛寺》木刻连环画百余幅。年冬赴皖中，任无为县政府文教科副科长，再调皖中《大江报》任美术编辑。抗战胜利后，任皖中总抗联秘书。不久赴淮阴苏皖边区政府教育厅编委会任美术编辑。1946年调文协美术工厂专职创作，后任华东野战军第二军医院宣传股长。1948年任《卫护报》副主编、华东野战军四纵政治部协理员、七兵团文工团政委。1950年任浙江军区307团政治处主任。1952年任浙江军区干部文化学校二队政委。1953年任八一电影制片厂办公室主任。1954年任铁道部文化学校政治部主任、铁道兵预备军官学校政治部主任。1957年调任上海人民美术出版社副总编。1961年出任上海国画院秘书长。1979年任上海书画出版社顾问。著有《程亚君画集》。

② 章衣萍（1901冬—1947.12.22）本名章洪熙，乳名灶辉，有看月楼堂号，现代著名作家，安徽绩溪县北村下街（故居61号）人。青少年时代就学于安徽省立第二师范学校。五四期间因“思想太新”被校方劝退，转赴南京勤工俭学，继续学业。1920年赴北京，投靠同乡胡适，为其整理资料，兼北京大学旁听生。1923年前后开始诗歌、散文、小说创作，并参加由鲁迅等发起的语丝社，为该社最初十六位作者之一。1927年夏赴上海，任暨南大学校长郑洪年秘书兼文学系教授。1935年入川，直至突发脑溢血，病逝于成都家中。著有诗词集《深誓》《看月楼词草》《磨刀集》，写作修辞类有《作文讲话》《修辞学讲话》，小说有《情书一束》《衣萍小说选》，随笔有《古庙集》、《樱花集》、《青年集》、《秋风集》、《随笔三种》（分别为枕上、窗下、风中随笔）、《我的祖母》、《衣萍文存》、《集外文选》（仅有《序刘海粟〈欧游随笔〉》），传记《黄仲则评传》，书信集有《衣萍书信》《给小萍的二十封信》及日记《倚枕日记》等。以上75万余言原创作品已由书同、胡竹峰编成《章衣萍集》（5册），由安徽大学出版社于2015年出版。翻译作品有《少女日记》（与铁民合译）、《契诃夫随笔》（与朱溪合译），法国莫奈德著《苦儿努力记》（与林雪清合译，今名《苦儿流浪记》）、英国威尔斯著《未来世界》（与陈若水合译）、奥地利斯奇凡·蔡格（即斯蒂芬·茨威格）著《一个妇人的情书》（今名《一个陌生女人的来信》）、迈尔士著《怎样做父母》（与秦中实合译）等，还点校宋朱敦儒撰《樵歌》、明谢肇淛撰《五杂俎》、明袁中道撰《珂雪斋近集》、清张潮撰《幽梦影》及与沈亚公校点清禊霞阁主人撰《霓裳续谱》等古籍，由当时的中央书店铅排印行。他还在20世纪30年代，为浙江余姚人张一渠创办的上海儿童书局《中国名人故事》丛书中分别写了《孔子》《陶渊明》《诸葛亮》《班超》《洪秀全》等30多种儿童读物及尚未收入《章衣萍集》中的《我的儿时日记》《儿童作文讲话》《新伦理学》等。章氏作品收藏最富的要数复旦大学图书馆、重庆图书馆、上海图书馆、国家图书馆等。

家谱778种，《上海图书馆馆藏家谱目录》著录徽州家谱467种。仅徽州档案部门藏有的家谱不完全统计就达300种，如加上图书馆、博物馆等系统收藏，徽州存世公私收藏家谱超过2000余种。以虬村黄氏宗谱为例，先后修了七八次，如以每种按五修计算，则历史上徽州修谱品种就有上万种次的编印没有统计在内。尤其是明清时期徽州府涌现了一大批藏书家兼刻书家，连绵数世甚至历明清两代的家族刻书群体，一些彪炳出版史册的家刻、坊刻名家，还出现了世界出版史上仅有的跨朝更代多达500人的黄氏刻工大家族，独领风骚的徽派版画以及在印刷技术革新、创造发明彩色印刷术方面对世界文明史作出了不可磨灭贡献的人，等等。

因此，研究徽州出版史、收藏史、著述史不仅具有较高的学术价值和应用价值，而且对于中国印刷出版业的沿革，对于推动中国传统文化的研究和弘扬，及对世界文化的影响都具有重要意义。

这套小册子仅撷取徽州书人在百花斗艳的书海大花园里，从宋元至现当代绽开的几束独具特色的小花以飨读者。

目录

元代书人

宋代书人

宋代徽州官刻是地方官刻的一面旗帜

宋代歙州，北宋因镇压方腊起义后改名徽州，官刻十分繁荣，刻书机构先后由新安郡斋又名新安郡学和紫阳书院为重。

刻书品种据我的不完全统计，除10起刻印方志达7个品种10种版本，其中《黄山图经》就进行4修4次印刷外，新安郡斋和紫阳书院先后刻印近40起，其中有卷数的39种计1307卷，对有严格审校批准程序的宋代来说，不只是很了不起的官刻重地，且成为宋元时期中国刻书黄金时代地方官刻的一面旗帜。

我们知道，宋代官刻机构刻书选题要求是非常严格的。其程序是官刻机构确定刻书对象后，首先要选择善本并加以校勘后才能送到复勘官审定，经复勘后才呈送主管阁官复校。经过严格的三审后才能呈送到图书管理机关国子监审批。

北宋时期地方的官刻内容主要为官修地方志。北宋自赵匡胤“杯酒释兵权”后，确立弛武兴文的国家战略，使宋代文化高度繁荣。前期，中央严格控制出版权。中央集中精力整理出版儒、道、释经典，大型类书、正史，对出版业各级统制都很严格。凡出版刻书都要经过国子监审查核准，对私刻要求特别严格。今录明万历己亥（1599）赵开美世让堂翻宋本《仲景全书四种》二十六卷（《伤寒论》十卷、《成无已注解伤寒论》十卷、《伤寒类证》三卷、《金匮要略方论》三卷），有林亿等《校定〈伤寒论〉序》称，校定张仲景《伤寒论》十卷总二十二篇，《证外》合三百九十七条，除复重定，有一百一十二方，今请颁行；在卷末附录宋代批准此书出版的牒文：

国子监

准。尚书礼部元祐三年（1088）八月八日符：元祐三年八月七日酉时准，都省送下当月六日敕：中书省勘会：下项医册数重大，纸墨价高，民间难以买置。八月一日奉圣旨：今国子监别作小字雕印。内有浙路小字本者，令所属官司校对，别无差错，即摹印雕版，并候了日广行印造，只收官纸工墨本价，许民间请买，仍送诸路出卖。奉勒如右，牒到奉行。前批八月七日未时付礼部施行。

续准礼部符：元祐三年九月二十日准都会送下当月十七日敕：中书省、尚书省送到国子监状，据书库状，准朝旨雕印小字《伤寒论》等医书出卖，契勘工钱，约支用五余贯，未委于是何官钱支给应副使用。本监比领依雕四子等体例，于书库卖书钱内借支，又缘所降

朝旨，候雕造了日令只收官纸工墨本价，即别不收息，虑日后难以拨还，欲乞朝廷特赐应副上件钱数支使。候指挥。尚书省堪当：欲用本监见在卖书钱，候将来成书出卖每部只收息一分，余依元降指挥。奉

圣旨：依。国子监主者一依敕命指挥施行。

进呈，奉圣旨镂版施行。

治平二年（1065）二月四日①

后附欧阳修等20位大臣名。可见批准手续之烦琐，连一部传统医书出版难度都这么大，其出版管理之严可见一斑。

南宋时期，随着政治中心南移，沿江江南已成为南渡宋室的大后方，经济繁荣，文化发达，学术活跃。高移民地区徽州已成为包容南北文化的文化之乡，地近南宋首都临安（今浙江省杭州市），自唐末动乱后，徽州已成为全国“文房四宝”的主要基地，人杰地灵，名儒辈出的徽州地区加上程朱理学的推动，使这一地区学术繁荣，公私刻书业十分发达，出现了大批在域内外的出版家，并形成以徽州为中心的沿江江南刻书带。

因为当时国家对出版的特殊要求，所以，两宋官刻书籍从校勘刻印

---

① 转引自《藏园群书经眼录·子部·总类》卷七第五九四至五九五页本目。

质量上看，均属上乘，历代书籍史家对宋元版书评价很高。清代大出版家黄荛圃在跋《姚少监集》里引明叶盛《水东日记》里的“宋时所刻书，其匡廓、中折、行上下，不留黑牌……浦宗源家有《司马温公传家集》，行款皆然，又洁白厚纸印，乃知古书不惟雕镂不苟，虽模印亦不苟也”。明昆山张应文在《清秘藏》中说：“藏书者贵宋刻，大都书写肥瘦有则，佳者绝有欧柳笔法，纸质莹洁，墨色清纯，为可爱尔。”对书籍史研究很深的明谢肇淛在《五杂俎》里说：“凡宋刻有肥瘦两种，肥者学颜，瘦者学欧。行款疏密，任意不一，而字势皆生动。”明高濂《遵生八笺》中还说：“宋人之书，纸坚刻软，字画如写。格用单边，间多讳字。用墨稀薄，虽着水湿，燥无湮迹。开卷一种书香，自生异味。”

综观宋代徽州官刻本，具有一些独特的特色和宋版书共有的特点。具体可归纳为五点：

一是校勘精审，刻印精美，字体多欧颜褚柳，字大疏朗。这是因为宋代各级官刻都由群儒选官反复校勘，对多种版本进行比较，然后呈报国子监或地方学官审批才能付刻。各地官府的选官一般均由有一定学识的文官主事，大部分由官立学校所为，这些人大都为博学通儒，在他们的把关下，校刻本讹误少是理所当然的事。北宋对私刻把关更严，治平（1064—1067）以前，还禁民间刻书，直至熙宁（1068—1077）以后，方弛禁令，但要遵守严格的出版法令。此令一出，使私刻遽兴，与官刻蔚成宋刻高潮。私刻分家刻和坊刻两种。家刻本也大多为通儒所为，就是坊刻本也有不少是学者和博学的编辑家所为或主持。整个宋世出版管理工作一向抓得很紧，凡出版低下质差的书也会常常遭到禁印处罚。南宋时期刻书业也延续着北宋严格的把关。所以，宋世无论是官刻、家刻、坊刻，在定本的选择和校勘工作上都是很审慎细致的，在书写和雕印过程中都是很认真的，其书写楷法练达、刻印技巧等均达到精熟的程度。

宋版书刻书字体除少数为出版者自己摹写，可能有自己风格外，一般都由书法技巧精熟的专人来承担。那时雕刻界流行唐代欧、柳、褚、颜四大书法家楷书字体，宋代自有的苏、黄、米、蔡书体尚未通行。综观宋代徽州存世刻本的书写，不出上述古人的定论。

二是版式新颖。据不少书籍史学者长期实践摸索，宋版书版式前期多白口，四周单边；后期多白口，左右双边，上下单边。版心上鱼尾上方题刻字数，上下鱼尾之间镌刻书名、卷次、页码，下鱼尾下方刊入刻工姓名或刻印机构名称；书首前期小名在首行上，大名在下，序文和目录、正文不分，后期作了改进；其题刻：官刻多在卷末注上校勘人衔名；家、坊刻本则在卷末镌刊刻书题记或牌记。这是一般的常识。个别地区也有自己的独特风格。徽州宋刻本存世不多，笔者能见者更少，不好总结徽州宋刻本中的独特风格。

三是宋版书的装帧。前期时行蝴蝶装，后期则以包背装为主。

四是宋版书的避讳严格。“避讳”一词源于周人“以讳事神，名，终将讳之”。后来，凡帝王的三代及太子、外戚长者均有名讳，凡这类字均需避而不用，以后历代均为定制。宋代的帝王名字不论已死或在世的，都一律要避讳，甚至连与名字读音相近的嫌名也要避讳。有的帝王最多要避五十多个字。北宋时编写、南宋时重制的《宋绍兴定礼部韵略》里就载有淳熙（1174—1189）时的《重修文书式》和绍熙（1190—1194）时的《重修文书令》可查出避讳的字。避讳的方法一是以别字取代，或改字，或缺笔，或加笔画、加注等办法。此外，还有私讳。从识别避讳到帮助鉴别版本时代时期，对以后类似情况如对帝王避讳，可查陈垣专著《史讳举例》等一类工具书。

五是名著尤其是大部头名著居多。今举 6 部大书，可展示徽州官刻之了不起（以卷数多寡排序）。

自嘉泰四年（1204）至端平元年（1234）短短 30 年间，为精益求精，新安郡斋三刻祖籍寿县吕祖谦编《皇朝文鉴》（又名《宋文鉴》）一百五十三卷 3 版计 459 卷。

嘉泰四年新安郡斋沈有开刻宋吕祖谦编《皇朝文鉴》一百五十卷、《目录》三卷，计153卷。《中国古籍善本书目·集部·总集类》第1687—1688页、《中国古籍善本总目·集部·总集类·断代》第一七六九页、《中国古籍总目·集部·总集类·断代之属》第3015页、《北京图书馆古籍善本书目·集部·总集类》第二七九三页（目录仅作3卷）、《藏园群书经眼录·集部七》卷十八第一五二四页、《中国版刻综录》作三卷、《铁琴铜剑楼书目》卷三十三第二十二页著录藏本版，国家图书馆仅存本版序、《目录》下卷、卷一至三、二十八、四十八至六十八、七十五至七十七、一百零五至一百三十五、一百四十二至一百五十，配清张蓉镜抄本，计配全为153卷64册，有清邵渊耀、钱天树、方若蘅跋及孙云鸿、程恩泽、徐康题款。该刊本半页10行，行19字，白口，左右双边，版心记字数，鱼尾下记刊工姓名。《书林清话》卷三第六十九、七十页载此版，此外还有嘉定十五年（1222）、端平元年（1234）及元明修补版多种。国家图书馆藏宋元递修此版仅存卷十七至十九、三十三至三十五、四十一、四十三、四十八至四十九、六十五至七十、七十六、八十七至九十三，计24卷10册，刊本为上一部不全本。还藏二部为本版宋元明初递修不全本：一部仅存《目录》中、卷二至九、十四至十六、三十一、三十三至三十五、三十九至四十一、五十五、七十一至七十三、八十七至九十三、九十八至一百十二、一百十六至一百十九、一百二十一、一百二十四、一百三十四至一百四十三、一百四十六至一百四十八，计69卷23册，另一部仅存卷三十、三十二、六十八至七十，仅5卷1册。山东省博物馆藏宋嘉泰四年（1204）版中卷二十三至二十九、七十七至七十九，计10卷。《文史·宋代刻书述略》第十四辑第158页、《中国版刻综录·宋代版刻》第十六页也有著录。据沈有开序称：“《皇朝文鉴》一书，诸处未见有刊行善本，惟建宁书坊有之，而文字多脱误，开卷不快人意。新安号出纸墨，耐无佳书？因为参校订正，锓板于郡斋。”傅增湘所见先后递藏明吴氏从书堂、叶盛、韩世能、张丑、项药师、毛晋诸家藏本，仅存《目录》上、中，卷四至二十七、二十九至四十七、六十九至七十四、七十八至一百零四、一百三十六至一百四十一，计84卷宋刻，余为抄配。徽州版不全，要看全书，只能从北京大学图书馆藏有抄配及配明刻本宋麻沙刘将仕宅刻本，四川大学图书馆藏宋刻元明递修本《宋文鉴》，余为宋明刻本，收藏较多。书名以徽州此版为原名，至明天顺八年（1464）严州府刻则易名为《新雕宋朝文鉴》，正德十三年（1518）慎独斋刻改名为《大宋文鉴》，嘉靖五年（1526）晋端王朱知烊养德书屋刻本定名为《宋文鉴》，还有刻本名为《校正重刊官板宋朝文鉴》等名目均为此书异名。此书为临安书坊《圣宋文海》淳熙六年（1179）孝宗皇帝命寿县侨居金华著作郎吕祖谦取秘书及士大夫所藏诸家文集，旁采他书加以校正增辑，分为赋、诗、策、记、诰等61类，收文赋80余篇、诗1020首、文1400余篇，涉及200多位作者汇编成书。该书所选偏重于义理说教，引起朝臣争论，没有进行及时官刻。只有吕氏家刻本和建宁坊刻本行世。嘉泰本为宋本中最好的版本，尤其是在嘉定十五年（1222）、端平元年（1234）对沈有开知州官刻徽州版进行重修、补正，日臻完善。

开禧二年（1206）新安郡斋（徽州通判）赵彦卫（字景安）刻自撰《云麓漫钞》十五卷。《皕宋楼藏书志》及《书林清话》卷三第六九页、《中国版刻综录·宋代版刻》第16页、《四库全书总目·子部·杂家类五》卷一二一第一〇四四页著录。据《云麓漫钞》开禧二年自序，自署新安郡守，并由序知书初名《拥炉闲记》，本只十卷，初刻于汉东学宫；后改官新安，并刻后五卷，改名《云麓漫钞》。《直斋书录解题》卷十一第337页载《云麓漫钞》二十卷，《续钞》二卷。其“《续》二卷乃《中庸说》及《汉定安公补纪》也。彦卫，绍熙间宰乌程，有能名”。此书内容为记当时杂事及名物考证之类。原名《拥炉闲记》十卷加以增订后改名。

嘉定十五年、端平元年新安郡斋对《皇朝文鉴》版进行重修、修补。此书在宋代徽州就有 3 个版本，计 3 种 459 卷。《书林清话》卷三第七十页著录。嘉定版有郡守赵彦适跋称，该书据郡学博士袁君订正本和吕家本参校，“补其脱略凡二万字，命工悉取旧板及漫裂者，刊而新之”。端平板有郡守刘炳序，称：“命郡录事刘君崇卿，考拟他集而订正之。凡删改之字三千有奇，与剜缺不可读者百余板，并新之。”可见，这三个版本不能简单地归并入重印类，应算刻印 3 次。《四部丛刊》影印《皇朝文鉴》就是徽州版本子。

嘉泰四年（1204）新安郡斋刻书卫湜撰《礼记集说》一百六十卷、《统说》一卷计 2 种 161 卷。《中国版刻综录·宋代版刻》第十七页、《北京图书馆善本书目·经部·礼类》第七七页著录，国家图书馆藏号为 7881，仅存卷三十四至四十、九十三至九十五、一百至一百零六配清抄 24 册本，有黄丕烈跋。该刊本半页 13 行，行 25 字，白口，左右双边，有刻工。但《中国古籍善本总目·经部·礼类》第七十二页、《中国古籍善本书目·经部·礼类》第 193 页、《中国古籍总目·经部·礼类·礼记·传说之属》第 477 页著录为新定郡斋刻本。欲知全书还可查南京图书馆藏清丁丙跋明抄本无《统说》。浙江图书馆天一阁分馆还藏此书第一百十三至一百三十六，计 24 卷明抄本。北京大学图书馆藏明抄本。此书收入《通志堂经解》《四库全书荟要》《四库全书》本中。

绍兴末洪适在新安郡学开刻其弟洪迈辑《万首唐人绝句》一百零一卷，至为家刻其父多部著作及他人撰，计 8 种 121 卷，均在徽州官刻机构雕造（详见洪适条）。

嘉定十六年 (1223) 新安郡斋刻宋叶适撰《习学记言》五十卷。《书林清话》卷三第七十页著录，北京大学图书馆藏。

淳熙十二年（1185）徽州刻宋王佖编《朱子语录读类》四十卷。被《四库全书总目·子部·儒家类二》所著录，世称徽本、徽录。今据《四库全书提要》称，当时刊于池州者称“池录”，刊于饶州者称“饶录”及“饶后录”，刊于建安者称“建录”。嘉定十二年（1219）黄士毅分类编辑为一百四十卷，刊于眉州，称“蜀本”。王佖读编四十卷，刊于徽州，这就是“徽本”由来。咸淳六年（1270）重编分为26门，仍为一百四十卷。此刻与下面一条紫阳书院刻应为同刻，理应合并。

淳祐十二年（1252）紫阳书院刻宋王佖续编《朱子语类》（四十卷）。穆孝天、李明回著《中国安徽文房四宝》第20页著录。经考证，为徽州郡斋刻，世称“徽本”“徽录”。经考《朱子全书·徽州刊朱子语类后序》（载第18册第4362页）有吕午淳祐辛亥（1251）良月望日序，称此书系在州守谢堂主持下，在魏鹤山的提议下，由本郡贰车洪勋、绣使蔡抗、泉使程元凤、山长张文虎等人资助下完成。该版本“字画明整，视蜀本为胜”。

咸淳庚午（六年，1270）王应麟[①]在徽州知州任上在新安郡斋刻宋罗愿撰《尔雅翼》三十二卷。《四库全书总目·经部·小学类一》卷四〇第三四二页载有王应麟撰《尔雅翼·后序》可证。《增订四库简明目录标注》第160页也著录此版。《铁琴铜剑楼藏书目录》卷七第六页：“正德（1506—1521）间，愿十六世孙文殊刊本前有都穆序。按序知，是书尝一刻于宋，再刻于元。”经考证，一刻为郡守王应麟刻，见清钱

① 王应麟（1223—1296），字伯厚，号深宁居士，有汲古堂（以理宗赐“汲古传忠”四字名堂），祖籍浚仪（今河南开封祥符），曾祖王安道随高宗南渡，乾道（1165—1173）中定居庆远府鄞县（今浙江宁波市）。其父王撝，字谦父，嘉定十六年（1223）进士，官至吏部郎中。王应麟出身于儒学官宦家庭，自幼在其父严督下，遍览浙东20多家藏书，学有所成，17岁时已集南宋词学大家“三洪”之大成。19岁随父在婺州（今浙江金华）师从学者王埜，得吕成公、真文忠之真传。29岁为四朝史编修官，撰《舆服志》四卷。34岁，以扬州教授中选博学鸿辞科，充集英殿策士覆考检点试卷官，独垂青文天祥，使之成为新科状元。42岁值度宗即位，摄礼部郎官，掌丞相笺表，为文立就，充分体现他的才华。48岁（1270）出任徽州知州，于郡斋刻罗愿《尔雅翼》。咸淳九年（1273）51岁时撰成《周易郑注》，累官至朝请大夫、鄞县开国伯、礼部尚书兼给事中。53岁引归。宋亡后王应麟杜门不出，专心读经著述，教育仅10岁儿子昌世（字昭甫，以父恩补承务郎）。58岁撰成《通鉴地理通释》。59岁撰成《汉制考》。60岁作《四明七观》。64岁序《践阼篇集解》。他对经史百家、天文地理颇有研究，熟悉掌故，长于考证，留心时事，尤其对曾为官的徽州人文掌故留下诸多记述。时人对其评价为“风节不愧致光表圣，而文章学问过之”。他曾在生前自撰墓志铭中说：“其仕其止，如偃如图。”除上述所著，还有《困学纪闻》《玉海》《诗考》《诗地理考》《汉艺文志考证》《玉堂类稿》《深宁集》等。

大昕撰《深宁先生年谱》一卷（潜研堂刻本）。

宋代徽州名人辈出，尤其是集程朱理学大成的朱熹成名后，徽州人刻其专著频繁，还有不少文人学士、高官显宦参与中央官刻和御编御纂重大项目。如进入宋代，南唐状元舒雅著述十分丰富，先后著《论语正义》、《孝经正义》、《七经疏义》、《山海经图》十卷、《前后汉记》等多种著作，更积极参与宋代大型官方编刊图书活动，先后与吕文仲[①]等参与编纂《册府元龟》一千卷、《太平御览》一千卷、《太平广记》五百卷、《续通典》二百卷、《文苑英华》一千卷等大型辑著工程，是推动北宋文化繁荣的大功臣。

宋代类似歙县学者还有程瑀[②]，著作有《尚书说》一卷、《论语说》四卷、《周礼义》（十卷）、《四书集解》十卷、《两汉索隐》一卷、《论疏》四卷、《谏垣奏议》四卷、《黄门中告》五卷、《经筵讲读》五卷、《三朝对语》五卷、《唐诗摘句》一卷、《野叟谈古》一卷、《杂志》一卷、《资善堂口义》二卷、《鲍山集》六十卷、《诗话》一卷等16种，其中有卷数的15种总卷数达105卷。尤其是婺源朱熹赓续二程先志，成为程朱理学的奠基者和集大成学者后，徽州作为程朱理学故乡，宋元时期出现了大批理学家。类似学者还有南宋时歙县的程时登[③]，先后著《易学启蒙》、《历象赘语》、《参同契语》、《过庭训》、《易轩开卷》、《甲子续纂》、《万卷赘稿》、《八阵图解》、《洎阳录》、《诗经遂意》、《春秋集传补疏》、《礼记补疏》、《大学本末图》、《中庸中和说》、《孔子世系图》、《伊洛渊源续录》、《律吕新书赘述》、

---

① 吕文仲，字子臧，南唐进士。入宋，累任少府监丞，先后任宋翰林侍读、直御书院，参与官修《太平御览》《太平广记》《文苑英华》等大型图书编纂活动。景德（1004—1007）中官刑部侍郎、集贤院学士，终官御史中丞。以“富词学，有器韵、善应对”（宋罗愿《新安志·先达》卷六）著称。其父吕裕，为南唐歙州录事参军。

② 程瑀，字伯寓，歙县人迁浮梁程山。政和六年（1116）上舍释褐第一，历官龙图阁学士，封广平郡侯。以风节闻，累赠金紫光禄大夫。

③ 程时登，字登庸，号述翁，学者称其“述翁先生”，歙县人迁乐平梅岩。宋太学生，为时硕儒。入元不仕。

《深衣翼》、《臣鉴录》、《近思录赘述》、《处士传》、《读书会意录》、《太极图说》、《通书西铭补疏》（三种三卷）、《古诗订义》（一卷）、《述述稿》（三十卷）、《文章原委》（一卷）、《感兴诗讲义》一卷等28种，成为在徽州地区推崇程朱理学的大家。还有钱时[①]，著有《周易释传》、《尚书演义》、《演融堂书解》、《春秋大旨》、《四书管见》（又名《融堂四书管见》）十三卷、《两汉笔记》、《蜀阜集》、《冠昏记》、《百行冠冕集》等书，其中收入《四库全书》就有《融堂书解》二十卷、《融堂四书管见》十三卷（《中国古籍善本总目·经部·四书类》第一二九页著录，国家图书馆藏明抄本。）《两汉笔记》3种，也是经学大家。

两宋之交出任徽州地方官的南宋大史学家族，祖籍徽州落籍江西波阳，“史学四洪”（其父洪皓、徽州知州洪适及其弟洪遵、洪迈）之一的徽州知州洪适非常重文兴教且关心徽州名特产，所建“四宝堂”为创办中国式商品展览馆的先河。类似徽州主官还有鄞县大学者王应麟在徽州知州任上不仅刻徽州本土学者罗愿著作，还非常关注总结徽文化，尤其对官场中的徽州人及徽州掌故留下很多精到的记述。

两宋时期，经济繁荣，文化发达，是中国版刻图书的黄金时期。徽州是高移民地区，随着南北文化的交融，出现一大批学者和著述家、编纂大家，尤其是熙宁后，在严格的出版政策指导下，允许私人刻书，到了南宋，徽州地近京畿临安，中国的四大夫子中，程颐、程颢、朱熹均祖籍徽州，使徽州文化和刻书业更加蓬勃发展，出现一大批学者、著述家、出版家，使徽州从此登上沿江江南地区少有的刻书中心。

① 钱时，字子是，号融堂，学者称“融堂先生”，歙县汝溪人，迁居淳安蜀阜。师杨慈湖，终官史馆检讨。

绵延百余年的新安张氏医学世家及家刻

新安张氏医学世家的举旗人物张杲（约 1155—1225），字季明，歙县南部满田人，出身于岐黄世家。

其伯祖张扩（1056—1104），字子克，少好医学，师承范忠宣、名医庞安常、王朴衣钵，以善治伤寒，名震江浙，声满京洛，曾任承务郎。以罪流永州，卒于洪州（南昌）道上。他是绵延百余年新安张氏医学世家的第一代名医及奠基人。著《医流论》《伤寒彻要》等。其弟张挥，字子发，享年 84 岁，与子张彦仁、侄张师孟均为新安名医。

张杲是张挥之孙、彦仁之子，继承家学，遍览杏林群籍，于宋淳熙十六年（1189）34 岁时写成《医说》十卷， 并经 36 年修订补充定稿。此书为我国最早的医史专著，共分 49 门，记载宋以前名医 116 人论述神灸、诊断等方面内容，并注明出处，是我国最早的医学史传记著作。此书出版后东传朝鲜、日本，影响很大。朝鲜李朝成宗十五年（1488）印行此书，日本万治元年（1658）也加以印行。他还著有专搜古代秘方、禁方等方面内容的《秘方奥旨》等医书。

他医技高超，成为新安张氏医学世家的举旗人物。

他的著述在生前的嘉定十七年（1224）就家刻行世。其后家刻不断。

主要家刻是：

嘉定十七年刻宋张杲撰《医说》十卷。《中国古籍善本书目 · 子部 · 医家类》第 204 页、《中国古籍总目 · 子部 · 医家类 · 综论之属》第 439 页（作宋刻本）、《四库全书总目 · 子部 · 医家类一》卷一〇三第八六五至八六六一页、《中国善本书提要 · 子部 · 医家类》第 267 页著录，原江苏第一图书馆（今南京图书馆）藏原本，有清黄丕烈、丁丙跋。该刊本半页 9 行，行 18 字（21.8×14.6）。美国国会图书馆藏影宋抄本。北京大学图书馆藏宋刻元印本。

宝庆（1255—1227）、端平（1234—1236）间两刻宋名医张杲撰《医说》十卷。《善本书室藏书志》卷十六著录，南京图书馆藏此书宋刻1种，当为徽州本土刻书。此书初成于淳熙十六年（1189），嘉定十七年（1224）刊行。端平间应为三刻。

主和显宦汪伯彦在外刻书

汪伯彦（1071—1141，一作1069—1141），字廷俊，号新安居士，祁门县城北昼绣坊人。崇宁癸未（二年，1103）中进士，授河北成安县主簿，后授虞部郎官。靖康元年（1126）即位不久的钦宗赵桓在金兵不断侵扰中召见汪伯彦，伯彦献《河北边防十策》，升为龙图阁直学士、相州（在今河北省邯郸市临漳县境）知州。金兵陷真定（今河北省石家庄市正定县），他镇守要塞。当年冬，徽宗九子康王赵构出使金国，在磁州遇险，汪伯彦派兵解围。不久，康王奉旨设立天下兵马大元帅府，汪任副元帅，率兵驻扎商丘（时称“南京”）。金兵逼近京城汴梁，副元帅宗泽主张派康王所部军马抵抗。但汪伯彦以金人志在通和的名义阻拦，致使宋兵防守失策，使汴梁失守，徽、钦二帝被虏而亡北宋。逃亡中的康王在应天府（今河南商丘）即位建立南宋，成为宋高宗，并命汪伯彦任知枢密院事、右仆射，与另一位主和派领袖黄潜善把持相位，不谋战守抗金，一味南逃，并与黄潜善共谋迁扬州，不作战守。在江南临安（今浙江省杭州市）改元建炎。建炎三年（1129）三月，南宋临时首都扬州陷金，汪伯彦被免职，贬居永州。绍兴元年（1131），复任池州知州、江东安抚使。四年（1134）被再次免职。七年（1137）九月，在主和派领袖秦桧活动下任宣州知州。高宗赵构对秦桧说“伯彦潜藩旧僚，去国七年。汉之高、光不忘丰沛、南阳故旧，皆人情之常。”[①]后献《建炎中兴日历》五卷，拜检校少傅，升为保信军节度使。十年乞休归里。

① 《宋史·列传·本传》卷四百七十三第一三七四六页，中华书局，1977。

十一年（1141）五月卒于家乡祁门，赠少师，谥忠定。著有《汪伯彦文集》三十卷、《春秋大义》十卷、《建炎中兴日历》五卷等。但《宋诗纪事补遗·汪伯彦》卷三十八作“字延俊，号新安居士，祁门人”中、“延”为“廷”误。宋婺源同榜进士汪藻在《浮溪集》卷十八《昼绣堂记》中说：“新安自吴为郡，宋兴百七十年，而大丞相汪公出焉……其精忠如金石，赫然为佐命元勋，而新安之名，一日闻于天下，此新安之荣也。”汪公即汪伯彦。但《宋史》卷四七三将其列入《奸臣传》。

绍兴十年（1140）祁门汪伯彦刻、于嘉定十六至十七年（1223—1224）重修宋宣城梅尧臣[①]撰《宛陵先生文集》六十卷计2起2种120卷。《中国古籍善本书目·集部上·宋别集类》第220页、《中国古籍总目·集部·别集类·宋代之属》第185页著录，上海图书馆藏卷十三至十八、三十七至六十计30卷不全本。

大学者程俱丰富的著述及宋刻本

程俱（1078—1144），字致道，号北山（以迁开化北山为号），歙县人，迁吴（今江苏省苏州市），号所居为蜗庐。以恩贡补吴江主簿。政和（1111—1118）间，任苏州太湖茶场监守。宣和二年（1120），赐上舍出身，后中进士，试南宫第一，廷试中甲科。建炎（1127—1130）中，任秀州知州，

---

① 梅尧臣（1002—1060），字圣俞，因宣城旧名宛陵，故世称“梅宛陵、宛陵先生、梅让子”，北宋诗人，宣城梅村人。少时应进士不第，以叔梅询（964—1041，字昌言，端拱二年进士，任秘书省著作郎。咸平初，预考进士，召试中书，直集贤院，赐绯衣银鱼，历三司户部判官，出判杭州，徙知苏州，转两浙转运副使，徙知广德军，复知集贤院，改昭文馆，擢龙图阁待制，累官至翰林院侍读学士，兼群牧使，终迁给事中。博学善诗，著有《许昌集》二十卷）荫，调河南主簿。与钱惟寅、欧阳修为忘年交，历任德光、建德、襄城县令，监湖州税。中年后召试赐进士出身，授国子监直讲，累迁尚书部都官员外郎。参与修《唐书》，书未成而卒。所作诗旨远古淡，多作奇巧，对宋代诗风转变影响很大，史有“宋诗开山祖师”之誉。他的诗作致力于反映社会矛盾和民生疾苦，受到诗人陆游等人推崇，享誉宋代诗坛。著有《宛陵集》等。

金兵南下，率部退保华亭。绍兴初，召为秘书少监、摭拾旧闻，编成《麟台故事》。迁中书舍人兼侍讲，累官至徽猷阁待制，封新安伯，累赠少师[①]，所奏论当使言事者尽情，当事者任责。后被劾弃秀州，提举宫观。他性格刚正，崇尚气节，秦桧当政时荐领史事，不屑为伍而力辞。他诗风近韦应物、文近柳宗元，典雅闳奥，世称“南渡词臣之首”；制诰典雅，著述丰富。著有《麟台故事》五卷、《宋徽宗实录》二十卷、《程氏广训》六卷、《默说》三卷、《汉儒授经图》、《班左诲蒙》三卷[②]、《孟子讲义》四卷、《韩文公历官记》一卷[③]、《北山小集》四十卷[④]等。《[民国]歙县志·艺文志·书目》卷十五第二页仅著录《麟台故事》五卷[⑤]、《默说》三卷、《北山小集》四十卷3种48卷。程俱文笔典雅隽远，所著在历史上有一定的影响。其中《麟台故事》《北山小集》分别收入《四库全书》的《职官》《别集九》中，并均收入《四部丛刊》中。收入《说郛》丛书为1卷，收入《武英殿聚珍版书》为《麟台故事》五卷《末》一卷，在广州广雅书局刻《武英殿聚珍版书》则附清孙星华并撰《考异》一卷《拾遗》一卷，收入《守约篇丛书》中为《麟台故事》五卷，收入《十万卷楼丛书》为《麟台故事》四卷《补遗》一卷。《汉儒授经图》

---

① 《宋史·文苑》有传。

② 《中国古籍善本书目·子部·类书类》第799—800页、《中国古籍善本总目·子部·类书类》第一〇五七页、《北京大学图书馆藏古籍善本书目·子部·类书类》第316页、《中国古籍总目·子部·类书类·类编之属·专编》第2051页、《增订四库简明目录标注·子部十一·类书类》卷第十四第559页著录，北京大学图书馆藏清抄本缺卷上仅存2卷3册，国家图书馆藏清抄本。此书按班、左两书卷先后编定，采取逐条录其中重要文辞，每个词条下注明本词条原文，并兼引有关注释。卷上录《左传》，卷中、卷下录《汉书》。此书目的在于使初学者明了词汇本意，不至于因“道听意读”而“遗笑于人”。此书成于北宋政和三年（1113）。

③ 《中国丛书综录·汇编·杂纂类（清代后期）》第224页、《增订四库简明目录标注·史部七·传记类·名人之属》卷第六第251页著录，收入《粤雅堂丛书》《洪氏公善堂丛书》中。

④ 《中国古籍善本书目·集部·宋别集类》第301—302页、《增订四库简明目录标注·集部四·别集类三》卷第十六第721页著录，现存10种明清抄本，《北京图书馆古籍善本书目·集部·宋别集类》第二一六八页著录，国家图书馆藏清抄40卷本4部及明清抄本各1部为8卷及《附录》一卷计6部明清抄本。

⑤ 《北京图书馆古籍善本书目·史部·职官类》第八二一页著录，国家图书馆藏2部不全抄本及刻本1部还附《拾遗》二卷、《考异》一卷。

一书据《经义考》载建炎四年六月自序："卧病里中，读西汉《儒林传》，观其师弟授受之严，所谓源流派别者皆可推考，因以汉儒授为图，想见汉兴之风范。"《程氏广训》及《默说》目前尚未发现传本，但宋陈振孙在《直斋书录解题·杂家杂训类》记载有刻本行世。《两浙著述考》作浙江开化人，误。

程俱手迹可从乾隆辛丑（四十六年，1781）安邑葛鸣阳借新安程俱旧写本，在北京琉璃厂登板刻宋张有撰《复古编》二卷既成，又见元明间刻本，因作《考异》一卷，并附录诸家论说1卷。在《复古编》前有大观四年（1110）陈瓘序，末有政和三年（1113）信（新）安程俱序。此版本《万卷精华楼藏书记·经部十·小学类五》卷十七第551—552页著录，清耿文光藏，今藏处待考。

今查程俱著述宋刻本主要有以下5种：

宋刻歙县程俱撰《北山小集》又名《北山集》四十卷。《中国古籍总目·集部·别集类·宋代之属》第279页、宋陈振孙撰《直斋书录解题》卷十八、《增订四库简明目录标注·集部四·别集类三》卷第十六第721页著录，国家图书馆藏影宋抄本。黄丕烈撰《宋刻书目》载此书，系黄于乾隆六十年（1795）从书贾胡益谦处购得。此宋刊本半页10行，行20字，系用乾道六年（1170）簿籍翻印，有乌程归安县等印记。《四库全书》著录为抄本。可见，宋版已难觅。据《士礼居藏书题跋记》卷五载，此书后归汪士钟艺芸书屋，黄留下影抄一部，张金吾又据黄氏影抄本再传录。《四部丛刊续编》收入此书则据黄氏影抄本，可见宋刻原书已佚。

乾道（1165—1173）、淳熙（1174—1189）间刻宋程俱撰《北山小集》四十卷。《中国古籍总目·集部·别集类·宋代之属》第279页著录，台湾"中央"图书馆藏4卷不全本。此书各种版本卷数很不统一。如国家图书馆藏明蓝格抄宋程俱撰、明施介夫辑此书就为8卷本附录一卷计9卷，《四库全书》收为《北山集》四十卷本，道光五年（1825）

袁氏贞节堂抄本及道光七年（1827）张蓉镜黑格抄本、清马思赞抄本及另一种清抄本均为40卷本，收入金氏文瑞楼抄《宋人小集六十八种》本中《北山小集》二卷本，还有一种清抄本为《北山小集》八卷《附》一卷计9卷本。其他馆收藏也很不统一，如南京图书馆藏清抄本有丁丙跋的就是40卷本，收入清吕留良、清吴之振、清吴尔尧辑康熙（1662—1722）间刻《宋诗钞初集》为《北山小集钞》一卷，清坐春书塾选辑宣统间石印《宋代五十六家诗集》本中为《北山小集钞》一卷，而收入抄本《两宋名贤小集》本中则为3卷本。但说明南宋间此书起码有两刻。

宋刊宋程俱撰《麟台故事》五卷。《藏园群书经眼录·史部四·职官类》卷六第四六二至四六三页著录3部影宋刊抄本，傅增湘于己未年（1919）见蒋孟苹家有此书影宋刊抄本。该刊（抄）本半页10行，行20字。前录绍兴元年（1131）程俱进书奏札及中书省札1页；辛巳（1941）年见李木斋藏，也有程俱进书奏札，卷三末有“隆庆元年（1567）八月十日苏州府前杜氏书铺收”1行，为钱谷手笔；还有1部为古书流通处于壬戌年（1922）送阅，录有黄丕烈跋。可惜，这3部均仅存卷一至三计3卷。由此知此书有绍兴后南宋刊本。此书为综合记述北宋馆阁制度专著。今存世刻本主要有四库馆臣从《永乐大典》中辑出武英殿聚珍本。

宋刻宋程俱撰《程氏广训》六卷、《默说》三卷计2种9卷。宋陈振孙撰《直斋书录解题·杂家杂训类》著录。藏处待考。

徽州知州、著述丰富的编修官汪藻

汪藻（1079—1154），字彦章，号浮溪，宋婺源县还珠（婺源还珠里浮溪）人，居德兴（今属江西省）。家世书香，以高资为江左著姓。自曾祖以下3世皆中进士。他本人北宋崇宁二年（1103）进士，绍兴十一年（1141）任徽州知州重建徽学。

他在政治上主张对金退让，提出削弱抗金将领兵权，并诋毁抗金领袖李纲等都是他的污点。官至显谟阁学士，封新安郡侯。罢居永川，卒赠端明殿学士。

他诗崇江西派，后转学苏轼，博览群书，老不释卷，擅四六文。著述丰富，还是著名的编修官。著有《裔夷谋夏录》三卷、《元符庚辰（三年，1100）以来诏旨》四卷、《秘书总目》一卷、《浮溪文粹》十五卷[①]、《浮溪词》一卷、《浮溪集》三十六卷[②]、《浮溪遗集》十五卷《附录》一卷[③]、《浮溪集补钞》一卷、《浮溪集钞》一卷、《避戎夜话》一卷、《南归录》一卷、《世说叙录》二卷、《朝野佥言》一卷、《青唐录》二卷、《围城杂记》一卷、《临川诗选》一卷（辑）、《金国行程》十卷、《金人背盟录》七卷等；参与纂《元符宣和实录》六百六十五卷、《一统志》等。

民族气节浩日月的朱熹从祖朱弁的著述

朱弁（1085—1144），字少章，自号观如居士，有风月堂号，徽州婺源县松岩里（今江西省上绕市婺源县城紫阳镇）人，为从歙县黄墩（明休宁程敏政改称篁墩，今属安徽省黄山市屯溪区）迁居婺源县茶园朱氏六世孙朱析次子（七世），为该系九世、程朱理学集大成朱熹的从祖父。《宋史·列传》本传说他："少颖悟，读书日数千言。既冠，入太学，（教授）晁说之见其诗，奇之，与归新郑，妻以兄女。新郑介汴（梁）、

① 《中国古籍善本总目·集部·宋别集类》第1269至1270页著录，国家图书馆（2部）、复旦大学图书馆、吉林省图书馆、南京图书馆、浙江图书馆藏正统元年（1506）西充马金刻本还有《附录》一卷计16卷。国家图书馆（2部）、北京大学图书馆、上海图书馆、山东省图书馆、南京图书馆藏嘉靖三十四年（1555）钱芹刻及万历三十三年（1615）王景勋重修本均有《附录》计16卷。该刊本半页9行，行20字，白口，四周单边。

② 《中国古籍善本总目·集部·宋别集类》第一二七〇页著录，上海图书馆藏清抄本为32卷。

③ 《中国古籍善本总目·集部·宋别集类》第一二七〇页著录，国家图书馆（傅增湘校并跋）、南京图书馆藏康熙七年（1668）汪士汉居仁堂刊本，半页10行，行22字，白口，四周双边。国家图书馆还藏吴焯绣谷亭抄本，也有傅增湘跋，该抄本半页9行，行20字，白口，四周单边。

洛（阳）间，多故家遗俗，弁游其中，闻见日广。靖康之乱，家碎于贼，弁南归。”①

靖康二年（1127），宋徽宗、钦宗二帝及宗亲后妃、大臣被金兵俘虏北去，史称“靖康之乱”。徽宗之子赵构南逃，在南京（今河南省商丘市）称帝，是为高宗。后这个畏金如虎的赵氏后裔定都临安（今浙江省杭州市），建立南宋偏安政权。这年冬天，南宋朝廷商派官员出使金国，文武大臣无人敢应。朱弁奋身自荐，被补为修武郎，并以吉州团练使，充通问副使之职，以王伦为正使，同去云中见金国权臣粘罕，被粘罕留在驿馆，还派兵软禁不答应南宋要求议和的人。

绍兴二年（1132），金派宇文虚中来说可议和，但他与王伦只能派一人去元帅府受书回国报告。朱弁正色道：“吾来，固自分必死，岂应今日觊幸先归。愿正使受书归报天子，成两国之好，蚤申四海之养于两宫，则吾虽暴骨外国，犹生之年也。”坚持让正使王伦回国，自被扣留金国为质。临别，朱弁要王伦丢下通问使印，并说：“古之使者有节以为信，今无节有印，印亦信也。愿留印，使弁得抱以死，死不腐矣。”②可见他作好以死不辱国令的报国之心。

当时宋朝不少官员投降变节，金立刘豫为傀儡皇帝，建立伪政权，并胁迫朱弁参加这个伪政权，朱弁义正词严地拒绝道：“豫乃国贼，吾尝恨不食其肉，又忍北面臣之，吾有死耳。”金人大怒，以停止供应饭食相逼其就范，朱弁誓死不从，迫使金人以礼相待。过了一段时间，金人又诱使他去金国做官，同样遭到严词拒绝，还说：“自古兵交，使在其间，言可从从之，不可从则囚之、杀之，何必易其官，吾官受之本朝，有死而已，誓不易以辱吾君也。”他还写信给后任大使洪皓诀别说：“杀行人非细事，吾曹遭之，命也，要当舍身以全义尔。”于是朱弁备下酒食，

① 脱脱等撰《宋史·列传·朱弁》第三三册卷三百七十三第一一五五一页，中华书局，1977（以下引文作《宋史》本传）。

② 《宋史》本传第一一五五一页至一一五五二页。

招待一起被囚禁在金的宋朝官员说："吾已得近郊某寺地，一旦毕命报国，诸公幸瘗我其处，题其上曰'有宋通问副使朱公之墓'，于我幸矣。"众人听其说，暗暗流泪，他却谈笑自若道："此臣子之常，诸位何悲也。"[①]类此忠心报国事例很多。直至绍兴十三年（1143）宋金和议第三年，朱弁才与洪皓、张邵等南宋去金使臣回到临安。朱弁按其为国劬劳及贡献，很得高宗赏识，赏赐甚厚。经有司考级应升迁几级，但因遭到卖国贼秦桧阻挠，仅转为奉议郎。第二年病逝，享年59岁。

在金17年间，朱弁做到富贵不能淫，威武不能屈，以身报国的浩然正气贯日月。他还在这期间先后撰写了《曲洧旧闻》《风月堂诗话》《聘游集》等诗文集。其中《曲洧旧闻》记录北宋历代帝王和名臣的言行轶事，收入《四库全书》。《风月堂诗话》记述宋元祐（1086—1094）前后欧阳修、苏轼、黄庭坚、陈师道、梅尧臣等文人雅士遗事。诗《聘游集》抒发自己在囚金期间的胸中块垒与不平，表现其坚贞的民族气节和强烈的爱国精神。元好问在编纂《中州集》中收录了朱弁散落在金国的39首诗作。但对有人将其文章和已叛国做了金官的人的文字编为《云馆二星》集很是反感，特作诗于集后说："绝域山川饱所经，客蓬岁晚任飘零。词源未得窥三峡，使节何容比二星。萝茑施松渐弱质，蒹葭倚玉怪殊形。齐名李杜吾安敢，千载公言有汗青。"以与其划清界限。

《宋史》本传说他："为文慕陆宣公，援据精博，曲尽事理。诗学李义山，词气雍容，不蹈险怪奇涩之弊。金国名王贵人多遣子弟就学，弁因文字往来说以和好之利。及归，述北方所见闻忠臣义士朱昭、史抗、张忠辅、高景平、孙益、孙谷、傅伟文、李舟、五台僧宝真、妇人丁氏、晏氏、小校阎进、朱勣等死节事状，请加褒录以劝来者。有《聘游集》四十二卷、《书解》（又名《尚书直解》）十卷、《曲洧旧闻》

① 《宋史》本传第一一五五二页。

三卷[①]、《续骫骳说》一卷、《杂书》一卷、《风月堂诗话》三卷[②]、《新郑旧诗》一卷、《南归诗文》一卷[③]。”还有《奏议》一卷等，著述还是十分丰富的。

宋代最杰出的诗话总集《苕溪渔隐丛话》

唐诗宋词是我国文学史上的两座丰碑。此后记论诗词著述蜂出，其中宋代诗话集中而质量最高、资料最丰富的要数南宋绩溪县胡仔所著《苕溪渔隐丛话》。

胡仔（1110—1170），字元任，抗金英雄胡舜陟次子，绩溪县城（今安徽省宣城市绩溪县华阳镇）人。北宋末，以父荫授迪功郎，监潭州南岳庙，升从事郎，后历浙东提刑司干办公事。绍兴六年（1136），侍父去广西，任广西经略安抚司书，专司机宜文字，转文林郎，就任广西提刑司干办公事。居岭外7年，奉父命完成《孔子编年》一书。父丧后，卜居吴兴苕湖隐居20余载，自号“苕溪渔隐”，利用家里丰富的藏书，于绍兴十八年（1148）著成《苕溪渔隐丛话·前集》六十卷。绍兴三十二年（1162）去福建转运司干办公事，3年后复归隐苕溪，仍继续他的诗话研究，于乾道三年（1167）著成《苕溪渔隐丛话·后集》四十卷。这部诗话总集前后花了20多年的时间。后转奉议郎，任常州晋陵县知县，未赴，卒。晚年清贫，以著述为事，曾说：“裴说诗‘读书贫里乐，搜句静中忙’，此二句乃余日用者，甘贫守静，自少至老，饱谙此味矣。”[④]

胡仔系绩溪县金紫胡派后裔。考徽州胡姓是大姓，名人辈出，郡望

---

① 又作4卷。《新编天一阁书目·天一阁明抄本闻见录·子部·杂家类》第300页著录朱弁此书为10卷，有“天一阁明抄本，见阮目”，还有“天一阁”“东明山人之印”2个图章。

② 《新编天一阁·天一阁明抄本闻见录·集部·诗文评类》第333页著录天一阁藏蓝丝栏抄本为2卷，见阮目、刘目、薛目。

③ 《宋史》本传第一一五五三页。

④ 《［道光］徽州府志·人物志·文苑·胡仔》卷十一之四第九页。

支派复杂。仅绩溪县就有尚书胡又称“瀛洲龙川胡、金紫胡、李改胡”又称“明经胡”等主要派系。本书所述的胡宗宪就属尚书胡。李改胡最典型的要数今列入世界文化遗产的黟县西递村属此胡氏一脉，名人要数绩溪上庄的清代制墨名家胡开文和新文化运动旗手胡适及湖里村红顶子商人胡雪岩，他们是李唐王朝末帝哀宗的遗孤胡昌翼的后裔。而金紫胡，位今绩溪县华阳镇东，其始祖“出青州琰之后曰宓，唐太和间以散骑常侍掌节新安，因家乌聊山下，卒家绩溪西门外石碑头。二世曰滔，为南唐客都之官，迁居绩溪县城东，以守父业”[①]。这里需要指出的是唐无太和年号，但有大和（827—835）、中和（881—885）两个年号，从行文上看似应为中和年间，《新安名族志》关于年代有误。这支虽与胡焱同里青州，但晚于唐末才迁徽，后徙绩的支派，因七世宋直臣胡舜陟贵，朝廷赠其父胡宏金紫光禄大夫，故称“金紫胡”。金紫胡也是徽州名门望族，代出名人。除宋代胡舜陟、胡仔父子外，清代更出了徽州显学——以胡培翚为代表的理学大师创立的“三胡礼学”。

这个金紫胡缘于胡宏所授金紫光禄大夫一支的关键人物是胡舜陟（1083—1143），字汝明，号三山老人。大观三年（1109）进士。历任山阴县簿、儒学教谕，靖康中任监察御史，曾请诛赵良嗣，力抗和议，并说“敌气方张，何事需和，一坠其计，不可复悔”，被鞭濒死。后以弹劾宰相，出任庐州（今安徽省合肥市）知州。在庐州任上，他修城池，加强战守，使抗金前线的淮西路治庐州成为抗金的坚城。南宋高宗初，除集英殿修撰，擢徽猷阁待制，官淮西制置使，复知建康府，改两浙安抚司参谋官，改任广西经略。金人过江，舜陟私遣裨将陈思荣抄于太湖，大胜金兵，升为临安知府。后遭秦桧陷害，冤死于静江府（今广西桂林）狱中。著有《奏议》《文集》《〈论语〉义咏》《古诗师阵图》《三山老人语录》《孔子编年》等。

---

① 戴廷明、程尚宽等撰《新安名族志·胡》前卷，第三一七页，黄山书社，2004。

《苕溪渔隐丛话》一百卷是一部52.5万字的诗话总集。此书前集所论按人物年表先后为系，以时间为序排列，所收对象上自《诗经•国风》，下迄南宋初年诸家，按国风、汉魏六朝、陶渊明、李白、杜甫、韩愈、白居易、欧阳修、梅尧臣、王安石、苏轼、黄庭坚、秦观、宋朝杂记、僧道、神鬼、长短句、妇人诗等排列。后集也按此体例相类排列，评论楚汉至宋南渡诸家。全书排列诗家百余人，尤重宋代，几占全书篇幅一半，特别是补足阮阅《诗话总龟》[①]中不收元祐党人的资料，凡阮氏已收均不录。胡仔在《前集序》中写道："绍兴丙辰（六年，1136），余侍亲赴官岭右，道过湘中，闻舒城阮阅昔为郴江守，尝编《诗总》，颇为详备。行役匆匆，不暇从知识间借观。后十三年，余居苕水，友生洪庆远、从宗子彦章获传此集。余取读之……考（阮）编此《诗总》，乃宣和癸卯，是时元祐文章禁而弗用，故阮因以略之。余今遂取元祐以来诸公诗话，及史传小说所载的事实，可以发明诗句，及增益见闻者，纂为一集。"明确指出自己所撰《苕溪渔隐丛话》的动机、目的。胡仔这部书无论从编纂水平和学术价值来说，都比《诗总》大。所以四库馆臣称："二书相辅而行，北宋以前之诗话，大抵略备矣。"

对这两部书的评价中四库馆臣很有见地，特别指出："阅书多录杂事，颇近小说；此则论文考义者列其名，琐闻轶句则或附录之，或类聚之，体例也较为谨严。阅书分类编辑，多立门目；此则惟以作者时代为先后，能成家者列其名，琐闻轶句则或附录之，或类聚之，体例亦较为明晰。阅书惟采摭旧文，无所考正；此则多附辨证语，尤足以资

---

① 阮阅《诗话总龟》也是《前集》五十卷、《后集》五十卷计100卷。阮阅原编名《诗总》十卷，成于宣和癸卯（五年，1123）。阮阅，字闳休，又字美成，号散翁，又号松菊道人，舒城（今安徽省六安市舒城县）人。元丰（1078—1085）间进士，任巢县（今安徽巢湖）知县。政和（1111—1118）间任官宜春，宣和（1119—1125）间任郴州知州。建炎元年（1127）以中奉大夫知袁州，致仕后仍居宜春，善吟咏，时称"阮绝句"。著《郴江百咏》《巢令君阮户部词》《松菊集》《阮户部诗集》和《诗总》。阮阅《诗总》流出后历经后人增纂，至南宋绍兴（1131—1162）中已在福建刊出，易名《诗话总龟》，已为前集十卷，后集五十卷。其中，十卷本前集应为阮氏原作，以后各种版本应是后人增辑篡乱本。

参订。故阅书不甚见重于世，而此书则诸家援据多所取资焉。”①

这部诗话总集初版于今属浙江的绍兴府学，分别有戊辰（淳祐八年，1148）春三月上巳、乾道三年（1167）中秋自序，字仿欧体，雕版极精。《中国古籍善本书目·集部·诗文评类》第1876—1877页、《北京图书馆古籍善本书目·集部·诗文评类》第二八八二页、《中国古籍善本总目·集部·诗文评》第一八一一页（均误“丛”为“业”）、《木樨轩藏书题记及书录》第372页、《新编天一阁书目·天一阁明抄本闻见录·子部·杂家类》第299页及同书《诗文评类》第333页、《北京大学图书馆藏古籍善本书目·集部·诗文评类》第503页、《安徽地震史料辑注》第242页、《藏园群书经眼录·集部八》卷十九第一五八二至一五八三页著录，北京大学图书馆仅存宋刻胡仔辑《苕溪渔隐丛话·后集》四十卷中卷一至卷二、卷五至四十计38卷19册即北京大学图书馆藏李氏书目（编号为9082）刊本的《后集》四十卷，国家图书馆藏前集卷十五至四十五卷计31卷，卷一至十四计14卷系配明抄本计45卷6册不全本。该刊本半页11行，行22字，白口，左右双边，版心下有许中、顾宥、李昌、陈明、陈仁、王悦、徐颜、徐正、毛昌、毛奇、毛璋等刻工名，并讳“构”字注“太上御名”，字仿欧体，雕工精整，是典型浙杭风格。经查卷四十后列“从政郎充绍兴府府学教授林思齐校勘，从政郎充两浙东路提点刑狱司准备差遣卢希度校勘，从政郎充两浙东路提点刑狱司干办公事魏梦雄校勘，文林郎充两浙东路提点刑狱司检法官徐森校勘，弟朝散郎直秘阁两浙东路提点刑狱公事胡仰”5名勘官衔名5行。这个宋本应是乾道三年（1167）其弟胡仰②以朝散郎、直秘阁出任两浙东路提点刑狱公事任上刻于浙东的版本。

---

① 《四库全书总目·集部·诗文评类一》卷一九五第一七八七页，中华书局，1965。

② 胡仰为胡仔四叔胡舜举子。胡舜举，字汝明，建炎二年（1128）进士，授朝请大夫，官南剑州知州。

宋刻宋胡仔撰《渔隐丛话·前集》六十卷、《后集》四十卷计2种100卷。《中国古籍总目·集部·诗文评类》第3177—3178页著录，国家图书馆藏《前集》卷一至四十五计45卷不全本，北京大学图书馆仅藏卷一至二、五至四十计38卷不全本。此书全本收藏有嘉靖七年（1528）徐梁抄本，藏国家图书馆；中国科学院图书馆藏明抄本，吉林省图书馆藏清抄本，国家图书馆还藏清吕氏南阳讲习堂抄并有清王铣跋；国家图书馆（傅增湘校并跋）、上海图书馆、南京图书馆、中国人民大学图书馆、辽宁省图书馆、湖北省图书馆、福建省图书馆、四川省图书馆、四川大学图书馆、四川师范大学图书馆藏乾隆五至六年（1740—1741）海盐杨佑启耘经楼刻本；国家图书馆藏清刻本，国家图书馆、北京大学图书馆、上海图书馆、吉林省图书馆、山东省图书馆藏清抄本，全书收入《四库全书》及道光（1821—1850）间刻《海山仙馆丛书》本中，很易得。

宋版还有绍熙五年（1194）万卷堂刻本，这时胡仔已不在人世，与胡氏已无关。今查《藏园群书经眼录·集部八》第一五八二页著录傅增湘亲见此书旧抄本前有戊辰（绍兴十八年，1148）三月上巳日胡仔自序，序后有“绍熙甲寅（五年）槐夏之月陈奉议刊于万卷堂”2行，说明此抄本源于万卷堂刻本。此后的版本存世的还有元翠岩精舍刊（北京大学图书馆仅存前集卷一至五十共50卷，有傅增湘跋），明嘉靖七年（1528）徐梁抄本（国家图书馆藏）、明抄本（中国科学院图书馆仅存前集卷一至二十、卷三十一至六十一，后集卷一至七、卷三十至三十六计64卷）、明抄本（国家图书馆仅存后集卷一至十六共计16卷）、清乾隆五至六年（1740—1741）胡氏耘经楼仿宋重刊本、清吕氏南阳讲习堂抄本（国家图书馆藏）、《四库全书》本、《海山仙馆丛书》本、《丛书集成》排印本、《四部备要》排印本等，1962年人民文学出版社出版了廖德明的校点本。《中国古旧书刊拍卖目录》第675页著录博古斋拍卖清乾隆间写刻并抄配朱笔黄纸10册本。安徽省博物馆藏宋版写本。浙江图书馆天一阁分馆藏朱丝栏、蓝丝栏抄《渔隐丛话》六十卷，见阮目。我们可从这些存世的完本中一窥胡氏原作的内容。

重文兴业的徽州知州洪适

饶州鄱阳（今江西省上饶市鄱阳县）洪适（1117—1184)，字景伯，晚年自号盘洲老人，卒谥“文惠”，精金石考据学，工文词，与弟遵、迈为南宋著名的史学家，世称“三洪”[①]。经考，洪氏父子系新安敦煌郡迁徽始祖洪昺的第十六、第十七世孙。因此，他们祖籍徽州，他本人还在绍兴（1131—1162）年间出任徽州知州。宋孝宗朝，任司农少卿，累官至中书门下平章事，兼枢密使。精考据，好收藏金石拓本，并据以证史传讹误。著有《隶释》二十七卷、《隶续》二十一卷、《盘洲集》八十卷等。

首先，关于洪适任徽州知州，《［道光］徽州府志·职官志·名宦》

① “三洪”，除洪适外，还有皓次子洪遵（1120—1174），字景严。遵以父荫补承务郎。绍兴十二年（1142），也中博学鸿词科，升为秘书省正字，并开创词科中选即入馆的先例。也因父忤秦桧之累，被外放常、婺、越州通判。直到1155年秦桧死才复为秘书省正字，累官至翰林院学士。他秉承其父遗志，积极抗金。在绍兴三十一年（1161）平江知府任上，做好后勤工作，大力支持李宝的胶西战役。隆兴（1163—1164）中，除翰林院学士承旨，迁同知枢密院事。乾道六年（1170）任太平（今安徽省马鞍山市当涂县）知州，也是重文兴业的地方官，兴建江南圩田达455所，在太平州任上也刻了不少医书和学术著作。如乾道六年（1170）知州洪遵刻自撰《洪氏集验方》五卷（今国家图书馆藏），七年知州洪遵刻宋李柽撰《伤寒要旨》一卷、《药方》一卷。卒谥“文安”，著《泉志》《翰苑群书》等。洪迈（1123—1202），字景卢，号容斋，洪皓季子。绍兴十五年（1145）中博学鸿词科，授两浙转运司干办公事，入为敕令所删定官。乾道（1165—1173）间，累迁中书舍人，兼侍读、直学士院，同修国史。淳熙十三年（1186）为翰林院学士。庆元（1195—1200）间以端明殿学士致仕，赠光禄大夫。卒谥“文敏”，著有《野处类稿》《容斋五笔》《夷坚志》，辑《万首唐人绝句》，参与修《四朝帝纪》《四朝史》，手书《资治通鉴》三次等。兄弟三人学识博洽，论述弘富，是南宋三大史学家，都与安徽关系密切，不少著作均先后由安庆（舒州）、太平、徽州等地刻印行世。

卷八之二转引《宋史·列传·洪皓传》卷三百七十三介绍他说，皓[①]长子，以皓出使（金国）恩，补修职郎。绍兴十二年（1142）与弟遵同中博学宏（鸿）词科，高宗说："父在远方，子能自立，此忠义报也，宜升擢。"除敕令所删定官，改秘书省正字。后三年，弟迈也中博学宏（鸿）词科。从此"三洪"文名满天下。出为台州通判，论罢。[②]起，知荆门军……改知徽州。今查宋罗愿《新安志》和道光《徽州府志·职官志·郡职官》卷七之一，洪适任徽州的具体日期为绍兴二十九年（1159）九月十六日到任，三十一年（1161）二月二十九日离任，赴升迁新职提举江东路常平茶盐，在徽州知州任上前后3年。他们父子4人都是学富五车、忠心报国的名宦，他们均深谙北宋亡国的经历和教训，也深深感到救国强国莫过于做好本职工作，造福一方民众。因此，洪适在长期沉沦中复起走向新的地方工作岗位时的视野和作为都超人一等。他在徽州知州任上权衡利弊后决定施行重文兴业的治理方针，在徽州做了不少值得称道的业绩，也在中国传统文化史上留下重重彩笔。尤其值得一提的是洪适在徽州知州任上对当时徽州地区传统的文房四宝工艺产品的生产十分重视，加以扶持推广。绍兴三十年（1160），他在州城建了个类似今人所说的展览馆，专门陈列徽地生产的笔、墨、纸、砚产品，同时将苏易简的《文

---

① 洪皓（1088—1155），"三洪"之父，字光弼，与其子"三洪"并列为"四洪"。北宋政和五年（1115）进士。宣和（1119—1125）中为秀州司录，关心民瘼。时值岁涝，洪皓发廪赈灾，又截留浙东纲米济人，被称"洪佛子"。当时荒淫无度的道君皇帝在蔡京等六大佞臣当道掀起的花石纲正猛害国人的时期，洪皓能作此义举，确是难得的好官。南宋建炎三年（1129），他以徽猷阁待制，假礼部尚书使金。金权臣完颜翰（粘罕）逼仕伪齐刘豫，不从。流放冷山，再迁燕京，绝不仕金，留金15年，备尝艰辛，并多次派人密奏金国政情，不忘报国。绍兴十三年（1143）回到南宋都城临安（今浙江省杭州市），授徽猷阁直学士。以论事忤秦桧，安置英州9年，改徙袁州，至南雄州病卒。卒后一日，秦桧也死。高宗听到洪皓死讯深感惋惜，复敷文阁直学士，赠四官，谥"忠宣"。工诗词、精史学，著《松漠纪闻》、《鄱阳集》五十卷、《帝王通要》、《姓氏指南》、《金国文具录》等。

② 洪皓出使金国不辱国命，于绍兴十三年（1143）自金归朝服命。因卖国与卫国誓不两立，洪皓因忤卖国贼秦桧，谪官安置英州，洪适也因累罢官。直至绍兴二十五年（1155）秦桧死后才被起用。

房四谱》书于展室四壁，取室名为“四宝堂”，于是“文房四宝”这一专有名词正式流传开来。《四库全书总目提要》也说苏易简的《文房四谱》被洪适揭示于“四宝堂”后才改名为《文房四宝谱》的。从此笔、墨、纸、砚被称之为“文房四宝”就缘此典故。

“文房四宝”这一专有名词流行于南宋，来源于当时的徽州城（今安徽省歙县徽城镇）建的“四宝堂”。《明·一统志》载：“‘四宝堂’，在徽州府治，以郡出文房四宝为义。”经考证，宋代马永卿在《懒真子》中探讨“文房四宝”的起源时说：“文房四物，见于记传者若纸、笔、墨，皆有据，至于砚则无考。”又说：“古无‘砚’字，古人诸事简易，凡研墨不必砚。”而北宋的苏易简对笔、墨、纸、砚这 4 种重要的书写工具的历史和发展情况，于雍熙三年（986）写了一本专著叫《文房四谱》。此后，讲述“文房四宝”的专著迭出。宋代著名的讲砚专著就有米芾的《砚史》一卷，李之彦的《砚谱》一卷，唐积的《歙州砚谱》一卷，佚名著、宋代叶樾订《端溪砚谱》一卷，高似孙撰《砚笺》四卷，佚名的《歙砚说》一卷，洪景伯的《歙砚谱》等砚史著述。讲墨等著述就更多了，著名的有宋李孝美《墨谱》三卷，晁贯之《墨经》一卷，何薳的《春渚记墨》一卷等。此后，历代讲述“文房四宝”的专著蜂起，专门家们对这类知识的真知灼见见诸各类文字更不胜枚举。

唐宋时期，我国的封建文化达到鼎盛，学术繁荣，印刷术的发明和普及，科举制度的确立和时尚书画的风气都促进了书写工具的发展，广大士人竞相需求宝藏，也推动了文房四宝业的发展和技术革新。唐宋时期，安徽歙（徽）州地区学术繁荣，社会安定，经济发达，加上优越的生产条件和原料供给上乘，使徽州地区的笔、墨、纸、砚制作业十分发达，号称“徽州文房四宝”，因徽州古称新安郡，又称“新安文房四宝”。

唐宋时期，徽州（歙州）地区出产的名纸有“澄心堂”“凝霜”“麦光”“冰翼”“龙须”等。尤其是唐宋时期驰名的澄心堂纸，源于南唐烈祖李昇任节度使时的晏居之所。一代词坛大师、书画高手、南唐后主李煜特辟澄心堂来贮藏歙、池两州所产名纸，并设局令承御造，世号“澄心堂纸”。潘吉星在《中国造纸技术史》中载，南唐亡后，宋刘敞（1019—1063）曾获宫中旧藏百枚，特作澄心纸诗，有“当时百金售一幅，澄心室中千万轴”，“落入人间万无一，我从故府得百枚”句。后来，刘敞赠送10枚给欧阳修（1007—1072），欧阳修作《和刘原父澄心纸》[①]说：“君家虽有澄心纸，有敢下笔知谁哉……君从何处得此纸，纯坚莹腻卷百枚。”接着又很珍贵地转赠2枚给宣城梅尧臣，梅氏先后写了《永叔寄澄心室纸二幅》[②]和《依韵和永叔澄心室纸·答刘原父》[③]两诗，称赞此纸“滑如春冰密如茧”，比之蜀笺坚久耐用，胜过剡楮厚重坚韧。指出它的价值：“南唐李氏有国日，百金不许市一枚。”梅氏还驰赠徽州造纸墨大师潘谷1枚样纸，使潘仿制出更胜南唐遗物的优质纸，仍名澄心堂纸，成为宋纸中的佼佼者。明屠隆在《纸墨笔砚笺·纸笔》中说：“宋纸，有澄心堂极佳，宋诸名公写字及李伯时（公麟）画多用澄心堂纸。”宋太宗命王著摹勒《淳化阁法帖》10卷，就题写了“淳化三年壬辰岁十一月六日，奉旨摹勒上石，用澄心堂纸、李廷珪墨拓”。宋罗愿在《新安志》中说：“歙县、绩溪界中，有地名龙须者，纸出此间，故世号龙须纸。”《徽州府志》记载，在宋代休宁的水南、虞芮、和睦、良乡一带出进札、殿札、玉版、观音、京帘、堂札等名优徽纸。可见，徽纸业在唐、宋时期很繁荣。

徽笔业在相邻的出名笔的宣州制笔业影响下发展也很快，出了不少名笔。据《山谷笔说》及有关记载，徽州著名的笔工有吕道人、吕大渊、汪伯立等人。

唐代以后，徽墨、歙砚制作业日益发展，与徽纸、徽笔并世，有不少产品名列全国榜首。南宋以后，徽州地近京畿，加上像洪适这些博学

---

① 载《欧阳文忠公全集》卷五。

② 载《宛陵先生文集》卷七。

③ 载《欧阳文忠公全集》卷三十五。

官僚的倡导，使徽州文房四宝放出异彩。尤其是南宋理宗的“椒房之亲”谢暨在徽州知州任上[①]以汪伯立笔、李廷珪墨、澄心堂纸、婺源枣心砚进贡，使徽州“文房四宝”名声大振。

宋代以后，随着历史的发展，徽纸、徽笔业日趋颓势，而徽墨、歙砚业由于其得天独厚的自然条件，仍然誉满中外，名贯古今，与相邻的宣州所产宣纸、宣笔并名，号称安徽“文房四宝”，作为中国文房四宝中的佼佼者著称于世。

其次，洪适在徽州刻了不少洪氏一门著述。

据他在自著的《盘洲集·文房四谱跋》中称，在郡学辑刻北宋苏易简撰《文房四谱》五卷附《歙州砚谱》一卷、《歙砚说》一卷、《辨歙石说》一卷计 4 种 8 卷。今查《皕宋楼藏书志》卷五十三第 8 页有适季弟洪迈绍兴三十年（1160）十月二日《盘洲集·文房四谱跋》称：“景伯（适字）兄治歙期年，纳其民于不忍欺之乡，断廷下至无一迹，独念翰墨众君子乘，集吾土而主人莫之省。既揭苏氏《文房四谱》于‘四宝堂’，又别刻《砚说》三种以书来令缀语，其下顾前云云。”《四库全书总目·子部·谱录类》卷一一五说：“当时甚重其书，至藏于秘阁。”宋尤袤《遂初堂书目》作《文房四宝谱》。《增订四库简明目录标注》第 459 页说：《歙砚说》一卷、《辨歙石说》一卷，“盖洪适所刻砚谱三种之二也”。

绍兴二十三年 (1153) 洪适在新安郡斋辑刻其父洪皓撰《鄱阳集》十卷。这是洪皓在北方所作诗文数百篇。《铁琴铜剑楼藏书目录·集部二·别集类》卷二十第 15 页作新安刻宋洪皓撰《鄱阳集》四卷，有其子洪适原跋，录自《盘洲集》。《皕宋楼藏书志》卷五十三第 8 页著录，文澜阁抄本也为四卷，说明初刻本应为四卷、二刻本才是十卷。

绍兴二十四年 (1154) 洪适刻宋苏易简撰《文房四谱》五卷附自撰《歙

---

① 经查《［道光］徽州府志·职官志·郡职官》卷七之一，谢暨任徽州知州始宝祐二年至五年（1254—1257）。

州砚谱》一卷、《歙砚说》一卷、《辨歙石说》一卷计 4 种 8 卷。《皕宋楼藏书志》卷五十三第八至九页著录。该书第八页有适季弟洪迈绍兴三十年十月二日《盘洲集·文房四谱跋》称："景伯（适字）兄治歙期年，纳其民于不忍欺之乡，断断廷下至无一迹，独念翰墨众君子乘，集吾土而主人莫之省。既揭苏氏《文房四谱》于'四宝堂'，又别刻《砚说》三种以书来令缀语，其下顾前云云。"《四库全书总目·子部·谱录类》卷一一五说："当时甚重其书，至藏于秘阁。"可见此刻本精湛。宋尤袤《遂初堂书目》作《文房四宝谱》。《增订四库简明目录标注》第 459 页说：《歙砚说》一卷、《辨歙石说》一卷，"盖洪适所刻砚谱三种之二也"。

绍兴二十六年 (1156) 始开刻洪皓撰《松漠纪闻》一卷、《续》一卷计 2 种 2 卷，一作《松漠纪闻》三卷，终于越地。说明出版于徽州，再版于越地。《铁琴铜剑楼书目》卷九第 24 页著录并有跋称"乾道九年 (1173) 仲子遵守建邺又刻之，并撰《补遗》十一事于后，皆得之傍侍亲闻者，亦有跋"。王国维《两浙古刊本考》卷下称该书"镂板于歙、越"。卷下载洪遵《松漠纪闻跋》称："伯兄（适）镂刻歙、越。"说明此书有三刻，其中两刻为洪适刻，歙刻则为初刻。

绍兴丙子 (1156) 洪适（皓长子）刻洪皓撰《松漠纪闻》三卷。《铁琴铜剑楼书目》卷九第二十四页著录并有跋。还有"乾道九年 (1173) 仲子遵守建邺又刻之，并撰《补遗》十一事于后，皆得之傍侍亲闻者，亦有跋"。王国维《两浙古刊本考》卷下称该书"镂板于歙、越"。卷下载洪遵《松漠纪闻跋》称："先忠宣《松漠纪闻》伯兄（适）镂板歙、越。遵来守建邺又刻之。暇日，搜阅故牍，得北方十有一事，皆曩岁侍傍亲闻之者，目曰《补遗》，附载于此。"此书实为《松漠纪闻》二卷、《续》一卷。为洪皓使金居冷山时所作。

武英殿版《直斋书录解题》卷二十二第 13 页、《藏园群书经眼录·集部八》卷十九第 1582 至 1583 页著录此版本，今国家图书馆存《前集》

45卷，北京大学图书馆藏《后集》38卷。

据近人王国维在《两浙古刊本考》中说，洪氏还在绍兴府刻《万首唐人绝句》一百零一卷中的46卷，余版续雇婺匠竣工于容斋。所以洪遵在该版的跋里说“镂板于歙、越”。“镂板于歙、越”，则此书开刻始于绍兴末洪适在新安郡学所为。

经考证，洪适在徽州知州任上所刻书并非都是在知州任上所为，而应是在徽州的家刻本。清钱大昕编、洪汝奎增订《洪文惠公年谱》一卷，对谱主生平介绍甚详，尤其是对谱主所著文字、刊版年月记载详细，对研究出版史有参考价值。

中国第一部印刷地理地图册作者程大昌

学者程大昌（1123—1195），字泰之，休宁会理（今安徽省黄山市休宁县洪里乡）人。大昌幼聪颖，10岁能写文章。绍兴二十一年（1151）进士，任吴县主簿。著十论，陈说世事，为宰相汤思退所欣赏，擢为太平州教授。次年，召为太学正，为秘书省正字。孝宗时任著作郎，选为恭王府赞读，国子司业兼权礼部侍郎、直学士。任江西转运使时，关心民瘼，重视兴修水利，曾主修清江县破坑、桐塘两堰，官至权吏部尚书，出知泉、汀等州，绍熙五年（1194）以龙图阁直学士致仕，赠少师。回乡后主讲西山书院。卒谥“文简”。大昌学识广博，举凡文学、历史、地理、科学等无不有精到的著述，尤其是精于考证，在历史地理学上贡献卓著，是南宋著名学者，故《宋史》称赞他：“笃学，于古今事靡不考究。”[①] 著有《禹贡山川地理图》、《易老通言》、《老诗辨证》、《演繁露》十二卷[②]、《考古编》十卷、《诗论》、《雍录》十卷、《北

① 《宋史·儒林三》卷四百三十三第一二八六一页，中华书局，1977。

② 宋陈振孙《直斋书录解题·杂家类》及《宋史·艺文志·类事类》作《程大昌演繁露》十四卷、《续》六卷，而《四库全书总目·子部·杂家类二》作正编十六卷、续编六卷。

边备对》一卷、《函潼关要志》、《易原》、《文集》二十卷等。其著作有 7 种收入《四库全书》及存目[①]中。

程大昌在考古方面先后著有《考古编》十卷、《程氏续考古编》十卷，都是很有史料价值的史学专著。如他在《续考古编》中说了一条关于宋朝的税制史料："唐两税行不久，遂令折价输钱。歙州港洪狭小，量纳州用米数本色外，余计米价准绢价，令输以代纳苗。其起发苗绢，即是计米输绢。"其价值正如瞿氏所藏此书旧抄本中卷端的王芑孙跋所说："追述当时职志缘此，足为援据，欧公所谓勿浪书者是也。"[②]他于淳熙四年（1177）写成的《禹贡论山川地理图》五卷，得到孝宗皇帝的赞许，诏付秘书省庋藏。今国家图书馆藏程大昌在淳熙七年（1180）以敷文阁学士衔守泉州时，于翌年在郡学刻自撰《禹贡论山川地理图》五卷。

同年由门人陈应行、俞成刻程大昌撰《禹贡论》二卷《图》二卷、《考古编》十卷《续》十卷、《演繁露》十四卷《续》六卷[③]。大昌后裔还刻有《文简公词》一卷[④]。宋本今存世非全本《演繁露》10 卷已于民国二十六年（1937）由商务印书馆影印行世，上附有 1937 年秋张元济所作《宋刻程氏演繁露跋》，全国收藏较夥，可一窥宋版部分原貌。并指出收入《学津讨原》《儒学警悟》丛书中的《演繁露》已非宋旧，已经后人窜乱。

《禹贡论山川地理图》一书的篇章结构为《禹贡论》58 篇，《后论》

---

① 它们是：《原易》八卷，收入《四库全书总目·经部·易类》卷三第 11 页上、中；《禹贡论》五卷、《后论》一卷、《山川地理图》二卷，收入《经部·书类一》卷一一第 91 页中、下；《诗论》一卷，《经部·诗类存目一》卷一七第 137 页中、下著录；《雍录》十卷，收入《史部·地理类三》卷七〇第 620 页上、中；《北边备对》一卷，《史部·地理类存目四》卷七五第 655 页下至 656 页上著录；《考古编》十卷，收入《子部·杂家类二》卷一一八第 1020 页上、中；《演繁露》十六卷、《续演繁露》六卷，收入《子部·杂家类二》卷一一八第 1020 页中、下。

② 转引自《续四库提要三种·四库未收书目提要续编·子部·程氏续考古编十卷》第 190 页。

③ 《直斋书录解题》卷二和《天禄琳琅书目》卷二著录。

④ 《善本书室藏书志》卷四十著录，汲古阁有影宋抄本。

8篇，绘制《山川地理图》31幅①。每幅图前均撰“叙说”一篇，《论》和图合为五卷。该书全面考证《禹贡》所记山川，历引各家成说，辨易解难，点出错误，成为历史地理名著。这是我国也是世界上最早有确实刊印年代的第一部印刷的地图册，也是国家图书馆收藏的孤本秘籍之一。它不仅是研究地理学史的主要文献，也是研究印刷史、版画史的珍贵实物资料。今存世宋刊本《禹贡山川地理图》上、下卷，为丁日昌藏，缺《论》，清修《四库全书》时从《永乐大典》中辑出，作《论》五卷、《后论》一卷、《图》二卷，较原书已失二图。综观全书，程氏对《禹贡》研究有三个方面突破：一是考订精细，二是以解经论经为线索，系统地总结了前人的研究成果，三是精心编绘了彩色地理图等。这些对后人治学很有启发。

他的《北边备对》《函潼关要志》《雍录》是对西北边防地理研究的重要成果，它是以宋代盛行的方志体例重新编撰了关中、边疆历史地理专著，尤其重视对山川形势险要的记述。由于这些地区当时并没有为宋统一，表现了作者强烈的爱国感情和恢复中原的大一统思想。所以，四库馆臣对此也明确指出：“考大昌之时，关中已为金土……盖孝宗锐意恢复，有志中原，大昌所作《北边备对》一书，即隐寓经略西北之意。”②

此外，程著《演繁露》是科技专著，世界著名科技史专家李约瑟先生在《中国科学技术史》中就多次引用，可见其学术价值之大。

① 《中国古籍总目·经部·书类·分篇之属》第284页、《增订四库简明目录标注·经部二·书类》卷二第42页著录为《禹贡论》五卷《后论》一卷《山川地理图》二卷计3种8卷。又指出，故图31幅，久佚。今据《永乐大典》补28幅。除程氏印本外，据钱天树说，胡氏小重山馆藏宋刊宋印《禹贡山川地理图》古香可爱，内图30种，细审无缺，序称31幅图，必是笔误。《大典》只有28幅图，没有胡氏所藏完整。还指出，宋淳熙辛丑（八年，1181）彭春年本佳，丁禹生藏《禹贡图》宋刊本，初印精绝，今归刘慧之，傅沅叔曾校过，视通志堂本改正数百字，较《四库全书》本多2幅图。

② 《四库全书总目·史部·地理类三》卷七〇第六二〇页，中华书局，1965。

理学集大成者朱熹及其家刻

朱熹（1130—1200），字元晦、仲晦，号晦庵、晦翁，别号紫阳，晚号遯翁，又号沧州（洲）病叟、云台真逸，小名沋郎、季延，卒后追谥文公，赠太师，先后追封为信国公、徽国公，婺源永平乡松岩里（今江西省上饶市婺源县紫阳镇）人。紫阳为名号缘于朱熹在福建建阳考亭作“紫阳书堂”，名则缘于自撰《名堂室记》。据载：“紫阳山在徽州南五里，先君子故家婺源，少而学于郡学（徽州儒学），因往游而乐之。既来闽中，独思之不置，故尝以紫阳书堂者，刻其意未尝一日而忘归也……熹不敢忘先君子之志，敬以印章所刻，榜其所居之厅事……”因此，人号朱熹为朱紫阳，朱子之学又称“紫阳之学”。婺源县城原名弦高镇，为纪念朱熹而改名“紫阳镇”。宋理宗赐其故居弦高镇为阙里。历史上紫阳书院众多，而其故乡先后有 3 所书院以紫阳命名。最早的紫阳书院为南宋设于今歙县水电局附近，有宋理宗御题“紫阳书院”于门首。明正德十四年（1519）郡守张芹在紫阳山中另建紫阳书院（今遗址仍存），原紫阳书院称“古紫阳书院”。另一所紫阳书院在婺源县，则是以朱熹别号为名。因文公父朱松[①]任福建

① 朱松（1097—1143），字乔年，自谓卞急害道，因取古人佩韦之义，名其斋以自警，晚号韦斋，人称“韦斋先生”，婺源故里万年乡松岩里（今江西省上饶市婺源县城紫阳镇）出生，为迁婺源七世祖朱森（1075—1125）长子。未满 20 岁由徽州郡学入贡，游学京师。政和八年（1118）同上舍（中进士），授迪功郎、建州政和县尉。丁外艰，服除于建炎二年（1128）改南剑州尤溪县尉，监泉州石井镇。绍兴四年（1134）召试馆职，除秘书省正字，循左从政郎。丁内艰服除，召对，改左宣教郎，除秘书省校书郎，迁著作郎、尚书度支员外郎兼史馆校勘。历司勋、吏部两曹，兼领史馆校勘，参与修《哲宗实录》。书成，转奉议郎、承议郎，出知饶州，因与主战派官员联名上书抗金，反对乞和。十年，因忤秦桧被排斥出朝，出任饶州知州。因未赴任而改任主管台州崇道观，归养建州，在城南建环溪精舍，转以读书教子为务，卒于任，葬于崇安县五夫里，后迁白水鹅子峰下，再迁崇安县武夷乡上梅里寂历山中峰僧舍，赠通议大夫。元至正二十一年（1361）追谥献靖公，二十二年（1362）改封齐国公。与剑浦罗从彦（字仲素）交厚，得闻“河洛学问之要”，被罗氏称为“才高而智明，其刚不屈于俗”（黄宗羲、全祖望：《宋元学案·豫章学案·案语》卷三十九）。朱松推崇《大学》，主张学仁义、尊德敬，贱功利，重君臣义。著《韦斋集》十二卷、《韦斋诗钞》一卷、《韦斋集补钞》一卷计 3 种 14 卷，参编《哲宗皇帝实录》一百五十卷。

政和县尉，后调任南剑州尤溪县尉，朱熹生于尤溪。

考朱熹婺源世系，其迁婺一世祖为唐末朱瓌，字古寮。天祐（904—907）中，歙州刺史陶雅派朱古寮率3千人马任制置茶园府君，巡辖婺源、浮梁、德兴、祁门4县。天祐三年(906)，朱瓌受封宣、歙、池、平、苏、杭、饶、信八州观察使，举家从歙县黄墩迁婺，至朱熹已是迁婺茶园朱氏九世了。

朱熹幼聪颖，才会讲话时，父指天，答："天也。"接着反问："天之上何物？"父亲感到很惊讶。8岁通《孝经》大义。10岁励志圣贤之学，攻读"四书"。

绍兴十三年（1143），朱熹14岁丧父，随母祝氏客居福建崇安县五里夫（今福建省武夷山市五夫镇），从师刘屏山、刘草堂、胡原仲三位道学家。绍兴十七年(1147)秋中举，次年春中进士，3年后(即22岁)归省婺源，旋去泉州同安县主簿任上。先后授左迪功郎、武学博士、朝奉郎，历任泉州同安主簿、秘书省秘书郎、南康知军、提举江西常平茶盐公事、直秘阁、江西江东提刑、秘阁修撰、江东转运使、漳州知府、湖南转运副使、潭州知府、湖南安抚、焕章阁待制兼侍讲、秘书修撰、宝文阁待制等职。落职奉祠卒，累赠宝谟阁直学士，嘉定二年（1209）谥"文"，世称文公。宝庆三年（1227）赠太师，追封信国公，改封徽国公。淳祐元年（1241）从祀孔庙，康熙五十一年（1712）升为十哲之次，成为以儒治国仅次于孔子的第二大夫子。朱熹少年得志，向以醇儒自命，言谈著述大倡正心、诚意、齐家、治国等封建理学思想。走上宦途后，由于政治立场和思想观念与当道者相左，又是南宋主战派，曾说"今日所当者，非战无以制胜"，因此，宦途维艰，所以《宋史》不无遗憾地说："熹登第五十年，仕于外者仅九考，立朝才四十日。"[①]他

① 《宋史·列传·道学》卷四百二十九第一二七六六页，中华书局，1977。经考，朱熹任官历同安主簿、南康知军、提举浙东常平茶盐公事、漳州、潭州知州共9年，在朝仅宁宗初除焕章阁待制兼侍讲时为宁宗讲《大学》40日，其余40余年都奉祠，以祠禄过着讲学著书的日子。

一生以教育为己任，先后主管台州察道观、武夷山冲佑观、华州云台观、西京崇福宫、西太一宫、南京鸿庆宫，讲学庐山白鹿洞书院。晚年更加失意，此时南宋王朝也日趋崩溃，在万般无奈的情况下，决心“著书俟来哲，补过希前修”，在福建建阳考亭筑室授徒，创立了在理学历史上影响深远的考亭学派，专心研究理学。

朱子一生的学术道路大体如下：绍兴二十一年（1151），授左迪功郎、泉州同安主簿。绍兴二十六年（1156），朱熹拜延平李侗为师。通过李侗，继承了程颐的客观唯心主义思想，吸收了程颐、张载等各家学术之长，建立了集宋代理学大成的理学又称“道学体系”。隆兴元年（1163）冬，入对垂拱殿，提出三项建议，力主抗金，除武学博士。乾道三年（1167）秋，除枢密院编修。四年夏，崇安饥，贷粮于府以赈济饥民。编辑《程氏遗书》。六年春，编成《家礼》。八年（1672）春，编成《论孟精义》《资治通鉴纲目》；冬，写《西铭解义》。九年夏，写成《太极图传》《通书解》，又编成《程氏外书》。淳熙二年（1175）夏，与吕东莱合作编成《近思录》。三年春二月，归婺源省墓。四年（1177）夏，著《论孟集注》《或问》；冬，完成《周易本义》《诗集传》。六年（1179）冬，复建白鹿洞书院，作《学规》以示学者。九年（1182）春，条奏救荒事宜。十年夏，创武夷精舍成。十一年（1184），力辩浙学之非。十三年（1186）春，写成《易学启蒙》；秋，写成《孝经刊误》。十四年春，编成小学书。十五年，始出《太极通书》《西铭解义》，以授学者。又序《大学》《中庸章句》。光宗绍熙元年（1190），在漳州知州任上刊《四经》《四子书》。五年，再建岳麓书院。宁宗庆元元年（1195），写成《楚辞集注》。二年（1196），始编《礼书》。三年，写成《周易参同契考异》《韩文考异》。五年（1199）冬，命蔡沈作《书集传》。六年正月，作《聚星亭赞》；三月辛酉，改《大学·诚意章》。三月甲子，以疾卒。十一月壬申，葬建阳唐石里大林谷。在宋代就先后加以追封追赠，初封婺源县开国男，食邑三百户。嘉泰二年（1202）十月，追复焕章阁待制致仕。嘉定二年（1209）十二月己巳，宁宗赐谥“文”。宝庆三年（1227）正月己巳，理宗赠太师，追封信国公。绍定三年（1230），改封徽国公。淳祐元年（1241）正月甲辰，理宗诏从祀孔庙。咸淳五年（1269），度宗诏赐朱熹在婺源故里为“文公阙里”。元明清历代都大肆宣传朱熹，使朱熹成为仅次于孔子的四大夫子之亚，程朱理学又名“宋明理学”成为中国封建社会中后期的统治思想，作为程朱理学的故乡徽州更把它推向顶峰，形成强大的徽州学派，号称“新安理学”，成为宋明徽学发展的灵魂、主导思想。元正至（1341—1368）间，加封齐国公，并追谥其父朱松曰“献靖”。嘉靖十年（1531），明世宗诏朱松从祀启圣（后改崇圣）祠。崇祯十五年（1642）诏追朱熹为先贤。康熙十五年（1676）升朱熹为十哲之次。明清间，对其后人仿孔子后人迭加封赠，并分福建建安、徽州两处。景泰二年（1451），明代宗朱祁钰诏福建建安朱熹后裔世袭翰林院五经博士。弘治十三年（1500），时任兵科给事中的翰林院庶吉士戴铣上章奏明朱熹是徽州婺源人，南宋先后追赠朱熹为徽国公，并诏赐婺源为“文公阙里”，元代下诏婺源建立文公庙，要求明廷将婺源朱熹后裔比照建安一体优崇，并由婺源朱子长房子孙“量授一官世袭”。嘉靖二年（1523）封文公婺源支第十一代嫡孙朱墅为翰林院五经博士[①]，以奉祀事。自后历代相袭。

朱熹著述十分丰富，著述连同附录，先后有 40 余种，经合并归类有 28 种收入《四库全书》或存目中。具体是：《周易本义》十二卷附《重

① 此后朱镐（明嘉靖三十五年，1556）、朱德洪（万历二十四年，1596）、朱邦相（崇祯元年，1628）、朱煌（清顺治十三年，1656）、朱坤（康熙五年，1666）、朱廷锡（因风疾未应袭，委其长子朱世润赴阙里请授）、朱世润（乾隆元年，1736）、朱学彬（乾隆四十八年，1783）、朱光燮（嘉庆十一年，1806）、朱有基（道光三年，1823）、朱承铨（同治十一年，1872）、朱宗泗（光绪二十九年，1903）计十三世袭授翰林院五经博士。民国肇启，革除封建社会封号，改为奉祀官，仍实行承袭制，计有朱文樸（民国三年，1914）、朱善然（民国十四年，1925）计二世承袭奉祀官。

刻周易本义》四卷[①]、《诗集传》八卷[②]、《仪礼经传通解》三十七卷《续》二十九卷[③]、《家礼》五卷《附录》一卷[④]、《释宫》一卷[⑤]、《孝经刊误》一卷[⑥]、《大学章句》一卷《论语集注》十卷《孟子集注》七卷《中庸章句》一卷计 4 种 19 卷[⑦]、《四书或问》三十九卷[⑧]、《论孟精义》三十四卷[⑨]、《中庸辑略》二卷[⑩]、《或问小注》三十六卷[⑪]、《四书问目》[⑫]、《伊雒渊源录》十四卷[⑬]、《名臣言行录·前集》十卷《后集》十四卷《续集》八卷《别集》二十六卷《外集》十七卷计 5 种 65 卷[⑭]、《绍熙州县释奠仪图》一卷[⑮]、《二程遗书》二十五卷《附录》一卷[⑯]、《二程外书》十二卷[⑰]、《上蔡语录》三卷[⑱]、《延平问答》一卷《附录》一卷[⑲]、《近思录》十四卷[⑳]、《杂学辨》一卷附《记疑》一卷[㉑]、《小

① 《四库全书总目·经部·易类三》卷三第一一页。

② 宋志作二十卷，《四库全书总目·经部·诗类一》卷一五第一二二至一二三页。

③ 初名《仪礼集传注》，《四库全书总目·经部·礼类四》卷二二第一七九页。

④ 此书成于其母祝夫人丧期，《四库全书总目·经部·礼类四》卷二二第一八〇页。

⑤ 《四库全书总目·经部·礼类存目一》卷二三第一八九页。

⑥ 淳熙十三年作，《四库全书总目·经部·孝经类》卷三二第二六四页。

⑦ 《四库全书总目·经部·四书类一》卷三五第二九三至二九四页。

⑧ 含《大学》二卷、《中庸》三卷、《论语》二十卷、《孟子》十四卷 4 种，《经部·四书类一》卷三五第二九四页。

⑨ 乾道八年取二程、张子、范祖禹、吕希哲、吕大临、谢良佐、游酢、杨时、侯仲良、尹焞、周孚先 12 家说孟编成此书，《四库全书总目·经部·四书类一》卷三五第二九四页。

⑩ 宋石敦山辑，朱子删定，《四库全书总目·经部·四书类一》卷三五第二九四至二九五页。

⑪ 疑后人托名，《四库全书总目·经部·四书类存目》卷三七第三〇八页。

⑫ 疑伪托名，《四库全书总目·经部·四书类存目》卷三七第三〇八页。

⑬ 成于乾道九年，《四库全书总目·史部·传记类》卷五七第五一九页。

⑭ 朱熹与李幼武作，《四库全书总目·史部·传记类一》卷五七第五一九至五二〇页。

⑮ 绍兴二十五年作，《四库全书总目·史部·政书类二》卷八二第七〇二至七〇三页。

⑯ 乾道四年辑成，《四库全书总目·子部·儒家类二》卷九二第七七七页。

⑰ 乾道九年六月辑成，《四库全书总目·子部·儒家类二》卷九二第七七七至七七八页。

⑱ 由朱子删定于绍兴二十九年，时 30 岁，为最早著述，《子部·儒家类二》卷九二第七七九至七八〇页。

⑲ 朱熹 24 岁时即绍兴二十三年任同安主簿时在延平拜朱同为师，学习二程理学，与程子三传弟子朱侗的书信往来集，《四库全书总目·子部·儒家类二》卷九二第七八〇页。

⑳ 与吕祖谦同撰，成于淳熙二年，《四库全书总目·子部·儒家类二》卷九二第七八〇页。

㉑ 乾道二年监岳庙居家作，《四库全书总目·子部·儒家类二》卷九二第七八一页。

学集注》六卷[①]、《阴符经考异》一卷[②]、《周易参同契考异》一卷[③]、《楚辞集注》八卷《辨证》二卷《后语》六卷计3种16卷[④]、《原本韩文考异》十卷[⑤]、《晦庵集》一百卷《续集》五卷《别集》七卷计3种112卷[⑥]、《南岳倡酬集》一卷《附录》一卷[⑦]。

以上28种著述，实40多种子目几乎包罗朱氏所有名著。还有他的学生将其学术言行编纂为《朱子语录》《语类》之属，也应是他著作中的一部分或研究朱子思想的重要史料。安徽省图书馆是朱子著述清刊本收藏大户，朱氏著述几乎全涉及，可供研究者对朱熹学术进行研究，为省篇目，不细列目了。由于朱熹著作历代均作为教材，全国各大图书馆也很易得。

他的著作从经史至诸子三教、天文地理无不涉猎，为千年不遇的大儒、大学者，位列古代四大夫子之一，他的得志门人也是女婿黄榦曾作出正确结论："道之正统待人而后传，自周以来，任传道之责者不过数人，而能使斯道章章较著者，一二人而止耳。由孔子而后，曾子、子思继其微，至孟子而始著。由孟子而后，周、程、张子继其绝，至熹而始著。"[⑧]后人有"不宗朱氏原非学"之誉。因为朱熹在宋明理学的开

---

① 改定于淳熙十二年，《四库全书总目·子部·儒家类二》卷九二第七八一至七八二页。

② 《四库全书总目·子部·道家类》卷一四六第一二四一至一二四二页。

③ 《四库全书总目·子部·道家类》卷一四六第一二四九页。

④ 《四库全书总目·集部·楚辞类》卷一四八第一二六八页。

⑤ 《四库全书总目·集部·别集类三》卷一五〇第一二八八页。

⑥ 朱子全集多种。此为内府藏本，其主要编纂者要数朱熹季子朱在编刻正集百卷、续集、别集若干卷及朱玉编《朱子文集大全类编》为著，并刻于书院。《四库全书总目·集部·别集类一二》卷一五九第一三六八页。

⑦ 系朱熹在乾道二(1166)年十一月与张栻、林用中同游南岳唱和诗集，《四库全书总目·集部·总集类二》卷一八七第一六九六至一六九七页。

⑧ 《宋史·列传·道学三》卷四百二十九第一二七七〇页，中华书局，1977。

山祖周敦颐[①]、奠基人程颢、程颐[②]兄弟的学术基础上集众长，以“天理”“气”“格物致知”“知行为一”为指导原则，倡导“三从四德”“三纲五常”等名教观念，把道家和佛氏的禅学思想融入儒学，使儒学蜕变为中国古代社会后半期的经典理论，加上众多弟子的建树，使之成为南宋社会上的显学，系统地奠定了封建社会的伦理纲常，成为宋明理学的集大成者。他们形成的理学迎合错综复杂的宋明社会需要，尤其是自元皇庆二年（1313）恢复科考，祖籍徽州的南城程钜夫奏请“经学当主程颐、朱熹传注”，使朱熹集注的《四书五经》正式成为中国士人必读书，使宋明理学从此居于全国思想界的统治地位，成为治国、维护封建秩序的指导思想，自宋代始程朱理学成为中国封建社会中后期的指导思想、统治思想，也是徽州学发展的指导思想。

在朱熹一生漫长的学术道路上，除了自身努力，家庭影响，还有渊源有自。早在同安主簿任上，他就与邑中优秀子弟倡讲释礼，建经史阁，并禁止妇女习僧道之术。师事程颐再传弟子李侗老先生。为追随李侗，归同安后曾徒步走千里拜师。在老师的“学问之道不在多言，但默然澄

---

① 周敦颐（1017—1073），原名敦实，避英宗讳改名茂叔，以堂前濂溪而自号濂溪，人称“濂溪先生”，在庐山有濂溪书堂，以志不忘桑梓，道州营道县（今湖南省永州市道县）人。历任分宁主簿、南安军司理参军、郴州桂阳令、虔州通判、郴州知州、广东转运判官、南康知军，家庐山莲花峰下卒。嘉定十三年（1220）谥“元公”。周氏喜谈名理，精于《易》学。早在南安椽任上，通判程珦二子程颢、程颐拜其为师。他在哲学上提出无极、太极、理、气、心、性、命等哲学命题，并主立诚、主静学说，成为程朱理学创始人。著《太极图说》《通书》，后人合编为《周子全书》。

② 程颢（1032—1085），字伯淳，世称“明道先生”，洛阳（今属河南省）人，祖籍歙县篁墩（今属安徽省黄山市屯溪区），故篁墩有“程朱阙里”之号。嘉祐进士，任鄠、上元主簿、晋城令等地方官，治绩昭著。熙宁初，为太子中允、监察御史里行，因与王安石政见不合，任镇宁军判官、扶沟知县。哲宗立，召为宗正丞，未行而卒。嘉定十三年谥“纯公”。

程颐（1033—1107），字正叔，世称“伊川先生”，颢胞弟。与兄治学，不求仕进，屡荐不起。哲宗朝受荐为秘书省校书郎、崇政殿说书、管勾西京国子监。绍圣间，因政见不合，削籍送涪州（今重庆涪陵）编管。徽宗朝复官还洛，致仕卒。嘉定十三年赐谥“正公”。二程师承周敦颐道学，并有发挥，形成“洛学”，二程言论和著作，后人迭加整理，尤其是朱熹将其著述合编为《二程全书》又名《河南程氏全书》7种六十卷，包括《二程遗书》《二程外书》《明道文集》《伊川文集》《伊川易传》《程氏经说》《二程粹言》等。

心，体认天理，久之用之于此，庶几渐明，讲学始有力乎”的影响下，弃佛老，专攻二程之学。

46岁（淳熙二年，1175）夏五月与陆九渊[①]会于信州鹅湖寺，在吕东莱的主持下，中心议题是协调朱陆学术争论，终因观点相左而未果[②]。49岁时任南康军知军，关心地方文化，传说他走马上任下轿就问欢迎他的僚属《南康志》带来没有，成为“下轿伊始问志书”佳话。修复白鹿洞书院，立学规条例。在从宦之余，主要精力用在培养人才，搞文化建设事业上。他继承和发展了二程的理学，建立了一套完整的客观唯心主义哲学体系，成为中国封建社会后期的统治思想，其本人也成为我国历史上的大教育家。他所建立的学派世称“阁学”、考亭学派、程朱理学。在他生前和死后，各地刻印他的著作很普遍，在他的老家徽州影响更大。朱熹不仅祖籍徽州篁墩，家住婺源城南，他的外祖父祝确就是徽州世家，人称“祝半城”。他年轻时常游弋徽州，并数次去婺源祭祖，成名后也来徽州讲过学。他自己也常署阙里篁墩（今属安徽省黄山市屯溪区），紫阳之号也是不忘故里的意思，今江西省上饶市婺源县城“紫阳镇”又是因纪念朱熹而起。南宋时期，当他还在世的时候，各地就纷纷传刻他的著作，死后更是频繁。

朱熹的家刻源于生活困难，“往往称于人以给用，而非其道义则一介不取也”。[③]为了刻书盈利以补家用，同时因他的名气大，往往他的一些著作如《论语集注》《孟子集注》《周易本义》等，在未定稿之

① 陆九渊（1080—1133），字子静，人称“象山先生”。乾道八年（1172）进士，东莱吕成公为考官，实识其文。初授靖安簿。丁忧，再调崇安簿。擢国子正，敕令所删定官及将作监丞，后省疏驳与祠。光宗初（绍熙元年，1190）除知荆门军。绍兴二年（1132）九月至郡，三年（1133）十二月卒。其文集中收诗23首。

② 据1994年黄山书社版元方回辑、清纪昀刊误（宜改“评”或“批”）《瀛奎律髓·朱文公〈次韵〉》第九三一页作“淳熙二年乙未夏五月，东莱吕公来访，讲学于寒泉精舍，留止旬日，饯东莱至鹅湖，陆九龄子寿、九渊子静、刘清之子澄来会，相与讲其所闻。二陆俱执己见，不合而罢”。

③ 《宋史·朱熹传》。

前就被出版商出版发行而谋利，所以家刻目的还在于保护自己的知识产权。他的私刻作坊在建阳崇化（今属福建省南平市建阳区），名为同文书院，由其子朱在、女婿刘学古经营，门人蔡元定、蔡渊、林泽之等参与编校，所刻书名著宇内外，其三传弟子熊禾在重修同文书院上梁文中称："儿郎伟，抛梁东，书籍日本和高丽。""儿郎伟，抛梁北，万里车书通上国。"[①]朱熹是当之无愧的南宋大刻书家。朱熹在外为官讲学期间刻书很多。如他在漳州任上刻《易》《诗》《书》《左氏春秋》，合称"四经"，又刻《大学》、《中庸》、《论语》、《孟子》注，合称"四书"。还在临漳、会稽刻宋吕祖谦撰《古周易》一卷、《考》一卷、《音训》二卷、《东莱易说》二卷。[②]尤其是绍熙元年（1190）所始刻的"四书"，从此成为地方官的主要刻书内容。他还在江西任上于淳熙（1174—1189）间刻其父朱松撰《韦斋集》十二卷附其三叔朱槔[③]撰《玉澜集》一卷等。清纪昀等在《四库全书总目》中说：朱熹先后作《四书章句集注》《四书或问》，因无暇订正，《或问》尚未公示于人，不料书坊已擅自刊行，因此朱熹请于县官追索书版。[④]明程曈撰《新安学系录》卷六记载朱熹任南康军知军时致书休宁杨伟："查昨日面恳寝罢镂版事，未蒙深察。""近闻婺源有人刻熹《西铭》等说，方移书毁之。"这是指朱熹任南康军知军时婺源刻宋朱熹撰《西铭（解义）》（一卷）一事。《新安学系录》卷七还记载朱熹在给黟县表弟汪义和（字会之）的《答书》中有："所寄《大学》，愧烦刊刻，跋语尤见留意。千里相传，门

---

① 谢水顺、朱珽：《福建古代刻书》，福建人民出版社，1997，第 84 页。

② 宋慈抱原著、项士元审定《两浙著述考》第 73 页："宋吕祖谦撰《古周易》一卷、《考》一卷、《音训》二卷、《东莱易说》二卷……是书《四库》著录。原本不可见。仁和宋咸熙从《周易会通》中采录校刊，全书凡十二篇，朱熹为跋，《书录解题》误作十二卷。《音训》二卷，亦见《书录解题》，乃祖谦门人王莘叟所笔受，朱熹尝刻于临漳、会稽。"

③ 朱槔（1130—1200），字蓬年，生于尤溪，原籍婺县人，号玉澜，行百四，建州贡元，尝梦至玉兰堂，如王平父之灵芝宫，自号其诗为《玉澜集》，尤延之为作序。诗格高峭，惜乎不多。

④ 纪昀等撰《四库全书总目·经部·四书类一》卷三五第二九四页，中华书局，1981。

户路径不过如此。”《［嘉庆］黟县志·艺文·宋文》卷十三载：“求其辅仁之助，乃得吾会之于中表间。”是指婺源刻宋朱熹选《大学（章句）》（一卷）一事。说明朱熹是注意保护自己著作权的早期人物之一，也说明朱熹是一位廉洁奉公严肃的出版大家。

他的子孙整理刊刻他的著作更是绵延不断。如其季子、吏部侍郎朱在[①]在绍定中曾将他的遗作编为《晦庵先生文集》一百卷（一说连《别集》《续集》一百卷）加上《别集》七卷、《续集》五卷一并刻之，计为112卷。建安书院黄镛称由潜斋、实斋二公在宋理宗朝已将朱熹正集、续集刊于建安书院。今查《四库全书总目·集部·别集类一二》卷一五九第一三六八页著录，并指出“成化癸卯（十九年，1483）莆田黄仲昭跋称，《晦庵朱先生文集》一百卷，闽浙皆有刻本。浙本洪武初取置南雍，不知辑于何人？今闽藩所存本，则先生季子在所编也。又有续集若干卷，别集若干卷，亦并刻之云云”。还指出：“《别集》之首有咸淳元年建安书院黄镛序曰：先生之文正集、续集，潜斋、实斋二公已镂版书院。建通守余君师鲁好古博雅，搜访先生遗文又得十卷，以为别集。”说明朱在所编不仅是朱子全集的先矢，而且刻本也很早。《中国古籍善本书目·集部·宋别集类》第329页著录国家图书馆全藏，首都图书馆、北京大学图书馆、中国人民大学图书馆、上海图书馆及山东省博物馆藏不全本宋刻《晦庵先生文集》一百卷、《目录》二卷及国家、四川师范大学图书馆藏不全本宋刻元修本。

其裔孙朱鉴[②]也在端平乙未（1235）将其集注《楚辞集注》十六卷刊刻。原刻仅有山东聊城海源阁旧存，为朱熹所作《楚辞集注》八卷、《楚辞辨证》二卷、《楚辞后语》六卷的最早最完备的合刻本。

---

① 朱在（1169—？），字敬之，行三。荫补承务郎，历任舒州山口镇二令，监作丞、簿、承司农，大理寺丞，知南康军，改蘅洲，宫观，浙西提举，嘉兴守，司农卿，工部侍郎，宝谟阁知平江府。辑刻其父《朱子文集》，并在建安同文书院刻了其父大批著作。

② 朱鉴，朱熹长孙，朱塾长子，朱古僚第十一世裔孙，历官巢县知县、漳州知州、无为知军，监进奏院，出知兴国知军、淮西运使、湖南总领。

朱鉴在富川郡刻宋朱熹撰《诗集传》二十卷。朱鉴还在兴国刻吴必大记录整理朱熹的讲学笔记、门人对话为《师诲》，也是朱子语录中的重要一种。

他的学生及门人刻朱子学术著作则更为广泛。朱熹自历代加封后，朱子后人刻颂朱子遗泽及理学经籍不断。朱熹后裔更多把整理刊刻朱熹著作作为责无旁贷的责任，因囿于本书范围，徽州以外的不再赘述。在徽州的朱崇沐已有专文，这里提一下崇道堂刻书。它主要刻朱熹为主的五经、四书。在明代可考的就刻了《五经四书》10种107卷。此书后转版给海虞毛晋，经毛晋订正后于崇祯十四年（1641）重新印行，版心仍署“文公祠崇道堂藏板”8字，此版应属朱熹后人家刻，在明末此书最起码有2次印行，应为20种214卷。毛晋订正本《五经四书》，《中国丛书综录补正》第151—152页在订正《中国丛书综录类编·经类·正文注疏》第596页时作了补充著录。《增订四库简明目录标注》第254页著录，万历中朱子第12世孙朱锺文撰《考亭朱氏文献全谱》十册，分广睦至杂记13门，收入《四库》存目中。而《汇刻书目》第一册第九页至十页著录文公祠崇道堂藏板的毛晋崇祯十四年重印本及康熙丁巳（十六年，1677）文公十七世孙朱锡旂刻本为《五经四书》9种七十七卷。以上朱氏后裔明末清初2刻就达18种154卷以上。

根据有关资料记载，徽州在南宋时期就刊刻了他的不少著作。如在朱熹生前，徽州已刻过他的《西铭》《大学章句》等书。朱熹死后，则有宋末婺源程致和刻朱熹撰《孝经刊误》一卷。徽州还刻有朱熹撰《诗集传》二十卷及门人王佖续编并于淳熙十二年（1185）刻于徽州的《朱子语录》四十卷，世称“徽本”，为朱子语录中最重要的一种。它与李道传池刻本《晦庵语录》又名《朱子语录》四十三卷[①]，李性传鄱阳

① 此书系嘉定八年（1215），李道传持节池阳（今安徽省池州市贵池区），将其所收集的廖明德、辅广等记录朱熹生前师说笔记委托朱子及门弟子整理刊误编为《朱子语录》四十三卷刻之于池州，简称“池录”。

刻本《续录》等均为朱子语录名刻。咸淳六年(1270)刻黎靖德编次的《朱子语类》一百四十卷。该书系黄士毅分类编辑的分别刻于池州、饶州、建安的"池录""饶录""建录"的《朱子语录》合编本[1]。嘉定十二年(1219)刻于眉州(今四川省眉山市),世称"蜀本"的《朱子语录》一百四十卷。黎氏对黄氏的蜀刻本进行整理,删除重复,分为26门,仍为140卷,题名《朱子语类》。今据《四库全书总目》称,当时刊于池州者称"池录",刊于饶州者称"饶录"及"饶后录",刊于建安者称"建录"。嘉定十二年黄士毅分类编辑为一百四十卷,刊于眉州,称"蜀本"。王佖编为四十卷,刊于徽州,这就是"徽本"由来。咸淳六年(1270)重编分为26门,仍为一百四十卷。宋末,徽州府刻朱熹的《诗集传》,字体秀劲,线条绵密,版面精致柔活,与临安书棚本相媲美。

宝庆(1225—1227)间新安刻宋朱熹撰《晦庵集》一百卷、《续集》五卷、《别集》七卷。《增订四库简明目录标注·南宋·别集》第735页著录。

宋端平乙未(二年,1235)朱鉴刻其祖父、宋朱熹集注《楚辞集注》十六卷即《楚辞集注》八卷、《辨证》二卷、《后语》六卷。

宋末婺源程可绍(字致和)刻宋朱熹撰《孝经刊误》(一卷)。明程曈《新安学系录》卷十六著录。

新安朱氏刻宋朱熹、吕祖谦同撰《近思录》十四卷。《增订四库简明目录标注》第390页著录。此书系淳熙二年(1175)取周子、程子、张子言中的要者622条分14门,于淳祐十二年(1252)由叶采集解后进献朝廷。此书入清,新安汪佑又增入朱熹言论,改名为《五子近思录》,施璜又将薛敬轩、胡敬斋、罗整庵、高景逸4家语录入注,刻行于世。

---

① 此后,黄士毅以《池录》为工作底本,将各家所记朱熹语录按照理气、鬼神等分为26类,编成《朱子语录》一百三十七卷。

婺源县张氏刻宋石𡼖编《中庸集解》三卷。《增订四库简明目录标注·四书类·续录》第141页著录。《四库全书总目·经部·四书类一》卷三五第二九四至二九五页说，淳熙己酉（十六年，1189）经朱子删定改名为《中庸辑略》二卷。

元明清三代官府、其后裔、徽州府刻朱子著述更普遍，与朱子已远，不再举例了。

吴儆著述及家刻

吴儆（1125—1183）初名吴偁，字益恭，号竹洲，有棣华堂，为避秀邸讳改儆，少善属文；兄吴俯，字益章。兄弟俩早有文名，世称“眉山三苏江东二吴”，唐侍御吴少微八世孙、奉议郎吴舜选[①]子，休宁县城南20公里商山，又名“商山人”。吴儆于绍兴二十七年（1157）中进士，授明州鄞县尉，改知安仁县。后调邕州通判，迁广南西路安抚使，除泰州，以忠义果敢闻，是栋梁吏才，以亲老辞官，主管台州崇道观，致仕，卒谥“文肃”。吴儆资学雄厚，学以致用。与朱熹、张栻等交善。熟悉历史掌故、政治制度，精通诸子百家，文章严源奥深，气势雄浑。世目其文，以其峻原类贾长沙（谊），雄厚类苏东坡（轼），风骚类柳子厚（东原）。张栻称他为人忠义果断，缓急可仗。为宦从游甚重，曾仿胡安定湖学法教从游者数百人。著有《竹洲集》三十卷、《棣华小稿》四卷。万历（1573—1620）时其裔孙吴瀛重刻时易名为《吴文肃公文集》。《新安名族志·吴》后卷三九六页载：“绍兴二十七年（1157）进士，官至广南西路安抚，谥‘文肃’，著有《竹州（洲）集》二十卷。”“儆子曰载，为宣教郎签书，高邮军判官所公事。”“儆曾孙曰资深，尝上《竹州（洲）集》于朝，授国史编校。入元，江东道聘充南轩书院山长，不赴。著有《友

① 吴舜选，字次皋。在福建作客时，广州商人丢了一帕内有10枚金牌，追还未果。第二年，广商为舜选行为所感动，坚决不收回，舜选只好施给佛刹。以子贵封官奉议郎。

梅集》《索笑集》。”“资深七世孙曰孟希，早卒。妻汪氏年二十六守节，士夫咸以诗文美之，有《节妇录》梓行。[①]”还有《竹洲诗文集》一卷、《友梅诗卷》一卷[②]、《竹洲集》一卷《附录》一卷、《竹洲秀衍集》六卷《续集》五卷、《竹洲诗钞》一卷、《竹洲诗集》一卷、《竹洲集补钞》一卷、《竹洲词》一卷[③]、《友梅堂诗卷》一卷[④]等，因未对勘《竹洲文集》三十卷，无法获知其间关系。经考，《友梅集》，应为曾孙吴资深著作，《友梅堂诗卷》为明程叔春等撰，应剔除。

《［康熙］休宁县志》卷十二对吴儆的评价为：“资禀雄浑，学该体用，上下数千年间世变升降、制度因革，灿然若指诸掌，而能剂量之以道；出入诸子百家、天官稗说，靡不洞究，而能折衷之以圣人之经。”与时称“东南三贤”的理学大师朱熹、张栻、吕祖谦及程大昌等人交往很深，在学术上也获益良多。吴儆学术思想丰富，他提倡“忠、孝”为本，“君亲一心，忠孝一事”，主张“先后有序”的儒家道德伦理思想，提出“以民为本、因时变革的治国思想及以吏治为

---

① 《节妇录》未查到藏处，姑录备考。

② 《中国古籍善本书目·集部·总集类》第1568页著录，国家图书馆还藏明抄宋吴儆、明程叔春等辑《竹洲诗文集》一卷，明吴仪中辑《友梅堂诗卷》一卷，有明张宁、莫藏、姚绶题诗，该抄本半页8行，行18字，黑口，四周双边。因未见原书，不知与《竹洲集》是什么关系，但作为善本，整理此书时要比勘校对。

③ 《中国古籍总目·集部·别集类·宋代之属》第313—314页著录，国家图书馆藏嘉庆十五年（1810）刻宋吴儆撰《竹洲集》一卷《附录》一卷、清吴元暎辑《竹洲秀衍集》六卷、清吴饴孙辑《续集》五卷。收入康熙（1662—1722）间刻《宋诗钞初集》本中还有清吕留良、清吴之振、清吴尔尧辑《竹洲诗钞》一卷。收入宣统（1909—1911）间石印《宋代五十六家诗集》本有清坐春书塾选辑《竹洲诗集》一卷。收入民国间铅印《宋诗钞补》本中为宋吴儆撰《竹洲集补钞》一卷。收入国家图书馆、上海图书馆、南京图书馆、天津图书馆、辽宁省图书馆藏清江标光绪二十一年（1895）湖南思贤书局刻《宋元名家词十五种》中为《竹洲词》一卷，还分别收入明抄《百家词》、明抄《宋名贤七家词》、明抄《宋元名家词》、康熙（1662—1722）间及光绪（1875—1908）间刻《十名家词集》、光绪至民国间刻《粟香室丛书》、光绪间抄《汲古阁宋刻词》、董氏诵芬室抄《南词》等丛书中。

④ 《中国古籍总目·集部·总集类·通代之属》第2905页及同书《断代之属》第3012页著录，国家图书馆藏明抄明吴仪中辑宋吴儆撰《竹洲诗文集》一卷、明程叔春等撰《友梅堂诗卷》一卷计2种2卷有明张宁、明姚绶题诗。

核心”的治民理财观，是休宁县与程大昌并列的早期学者之一。吴儆与兄吴俯均为太学生中名彦，时人有“眉山三苏，江东二吴”的美誉。吴俯为吴舜选长子，字益章，乾道二年（1166）进士，官至国录。吴儆与其兄吴俯晚年“授徒棣华旁，近数州之士从之游者，岁常数百”[①]。吴俯子吴垕，著有《自圣集》。吴垕子吴锡畴，字元范，号兰皋，因无缘场屋，师从新安理学家程若庸，究心家学，传承朱子之学，著《兰皋集》三卷及《讲义》不分卷。吴锡畴子吴浩，字义夫，号直轩，宋亡后隐居不仕，从事著述，著有《大学口义》《直轩稿》。他们一族，形成休宁理学世家。可见他们影响之大。

端平、嘉熙（1234—1236、1237—1240）间新安吴资深刻其曾祖父宋吴儆撰《竹洲文集》十卷、《附录》一卷计 11 卷。见北京大学图书馆藏李氏书目（编号为 5988）的嘉靖（1522—1566）间吴继良刻本诸序。此书刻于端平（1234—1236）间，嘉熙三年（1239）吴资深表上，授宝谟阁编校。

宝祐四年（1256）休宁商山宋吴资深刻宋吴儆撰《竹洲文集》三十卷。宋程卓撰《吴文肃公行状》著录。《天禄琳琅书目》续卷十一第八册著录清内府藏 20 卷 1 函 4 册为宜兴季振宜原藏。又《新安名族志·吴》后卷三九六页载“儆曾孙曰资深，尝上《竹洲集》于朝，授国史编校。入元，江东道聘充南轩书院山长，不赴。著有《友梅集》《索笑集》”。

罗愿与《新安志》及其家刻

罗愿（1136—1184），字端良，号存斋，终官鄂州知州任上，人称罗鄂州，歙县（今属黄山市徽州区呈坎村）人，宋代著名史志学家，主

① 引自吴儆：《竹洲集》卷首。

和派罗汝楫[①]五子。罗愿少聪颖过人，7 岁作《青草赋》为父祝寿，轰动贺客。绍兴二十五年（1155）以父荫补承务郎，授临安府新城县监税，后又为饶州景德镇监税，乾道元年（1165）监南岳庙。乾道二年（1166）中进士，授鄱阳知县，历赣州通判兼摄州事，南剑州、鄂州知州，卒于官。关于他的死，《宋史》说："知鄂州，有治绩，以父故不敢入岳飞庙。一日，自念吾政善，姑往祠之，甫拜，遽卒于像前。"[②]而《［道光］徽州府志·人物志·文苑·罗愿》卷十一之四第六页说："至郡上（按，指鄂州），五事一本儒术如古循良。淳熙十一年值旱，立日中精祷致疾卒。鄂人绘像灵竹寺孟宗泣竹处。"可见，他在地方官任上深得人民拥戴，做了不少好事。

罗愿博学好古，长于考证，文章醇实严谨，其文高古，上逼《史》《汉》，宋文公、周益公皆敬畏之，并受到朱熹、杨万里、楼钥、马廷鸾等大家推崇。著《新安志》《鄂州小志》《尔雅翼》等。尤其是在知州赵不晦的主持下，罗愿穷搜徽州历史掌故编成今存世不多见的宋代名志《新安志》十卷。此书自淳熙二年（1175）纂修问世后，很快在徽州就有宋淳熙刻本，后又有元刻本、明刻本，迨清共有多种刻本，但均找不到藏处，估计均佚失，这里不作统计。此志以《（大中祥符）歙州图经》为据，补以史籍杂说及计簿金石等材料编纂成书。卷一至二、卷六至九为记述全州境内建置、物产、先贤、科举、义民、仙释、牧守，卷十为杂录，卷三至五为分述歙、休宁、祁门、婺源、绩溪、黟 6 辖县，全书总字数逾 10 万言。《四库全书总目·史部·地理》卷六十八对此志评价很高，称："叙述简括，引据亦极精，于先达皆书其官，别于史传，较为有体。

---

① 罗汝楫(1089—1158)，字彦济。政和二年（1112）进士，监登闻鼓院，迁大理丞、刑部员外郎。绍兴中升监察御史，旋迁殿中侍御史，因阿附秦桧，陷害抗金英雄岳飞及刻黜一干抗金将领及为岳飞减刑的大理寺官员，向为世人痛恨，目为卖国奸臣。累官吏部尚书，充国信使。除龙图阁学士，知严州。奉祠卒，累赠开府仪同三司。有子颢、頠、頔、颂、愿、颀 6 人，皆有文名。

② 《宋史·列传·罗汝楫传附》卷三百八十第一一七二四页，中华书局，1977。

其物产一门，乃愿专门之学，征引尤为该备；其所志贡物如干蕨药、药腊、芽茶、细布之类；皆史志所未载。所列先达，具有始末，如汪藻曾为符宝郎之类，亦多史传所遗。赵不悔序称其博物洽闻，故论载甚广，而其事或简括不繁，义自得立法之言。愿自序亦自以儒者之书，具有微旨，不同钞取计簿，皆不愧美。”这是一部著名的方志，也是安徽省现存的唯一一部宋志。在志书史上占有一席重要地位。清朱彝尊在《曝书亭集·书〈新安志〉后》说罗愿“所撰《新安志》简而有要”，“此志之最善者”。章学诚也在《章氏遗书·方志例》卷十四中说：“范氏（成大）之《吴郡志》，罗氏（愿）《新安志》，其尤善也。”

今存世有康熙四十六年（1707）、嘉庆十七年（1812）、光绪十四年（1888）李宗煝序刻本计 3 种 33 卷；清抄本、旧抄本、《四库全书》本计 3 种抄本，计 3 种 33 卷，共有存世版本 6 种 66 卷。这部名志的上述各类版本全国主要图书馆收藏普遍，十分易得。

宋代除《新安志》有官刻问世外，今查《增订四库简明目录标注》第 227 页著录，宋罗愿刊《东观汉记》二十四卷。并指出：“是书于汉明帝时初修后，递有增续。至熹平中乃成书。原本一百四十三卷，久已散佚。”

乾道初（约 1165），郢州知州、歙县罗颂自刻《狷庵集》。元曹泾[①]撰《鄂州太守存斋先生罗公传》《［民国］歙县志·艺文志·书目》卷十五第二页著录。

罗愿、罗颂兄弟的著作及其在徽州地区刻本有：

乾道二年（1166）新安刻宋罗愿撰《鄂州小集》六卷、《附录》二卷。经考证，为其子罗澄所刊。但《增订四库简明目录标注·南宋·别集》第 734 页著录，作郑玉（子美）刊，误，因郑玉是元代人。

① 曹泾，字清父、清甫，号弘斋，屯田郎中曹矩之裔，休宁人，迁歙之叶村。咸淳四年（1268）进士，授昌化县主簿。

淳熙二年（1175）徽州知州赵不悔刻宋罗愿纂修《新安志》十卷。《四库全书总目·史部·地理类一》卷六八第598页中下称："初，梁萧几作《新安山水记》，王笃又作《新安记》，唐亦有《歙州图经》。及宋大中祥符中，李宗谔撰次《州郡图经》，颁之天下。于是旧志皆佚。洎经方腊之乱，新图经亦随散失。愿尝杂采诸书，创为稿本而未就。淳熙二年（1175）赵不悔为州守，乃俾愿续成之。"

延祐庚申（七年，1320）郡守朱霁重刻宋罗愿撰、元洪焱祖音释《尔雅翼》三十二卷。《四库全书总目·经部·小学类一》卷四第三四二页、《增订简明目录标注》第160页、《皖人书录》第576—577页著录。《杏庭摘稿·宋濂序》手抄本附宋濂至正九年（1349）七月序称，洪焱祖"别有《新安续志》十卷、《尔雅翼音注》三十二卷，已刻于徽学"。《尔雅翼旁注》系为宋罗愿撰《尔雅翼》所作注音。

咸淳庚午（六年，1270）新安郡斋刻宋罗愿撰《尔雅翼》三十二卷。《四库全书总目·经部·小学类一》卷四〇第三四二页载有王应麟撰《尔雅翼后序》可证。《增订四库简明目录标注》第160页也著录此版。《铁琴铜剑楼藏书目录》卷七第六页："正德（1506—1521）间，愿十六世孙文殊刊本前有都穆序。按序知，是书尝一刻于宋，再刻于元。"经考证，一刻为郡守王应麟刻。

宋罗愿刊《东观汉记》二十四卷。《增订四库简明目录标注》第227页著录，并指出："是书于汉明帝（58—75年在位）时初修后，递有增续。至熹平（172—178）中乃成书。原本一百四十三卷，久已散佚。"

此后，罗愿的著述在徽州出版主要有其裔孙家刻。

洪武二年（1369）罗愿七世孙罗宣复搜得《遗文》一卷刻于歙州，《增订四库简明目录标注》第734页著录。

罗愿七世孙罗传道也于洪武二年（1369）刻罗愿撰《鄂州小集》五

卷附罗颂[①]撰《郢州遗文》一卷。《增订四库简明目录标注》第734页著录，有赵汸等8序。该刊本半页11行，行21字，大黑口，双边。南陵徐积余藏有何义门批校本。据《绣谷亭书录》云：宋淳熙（1174—1189）中刘静春葺其文十卷，刻于鄂。明初仅存五卷，七世孙宣复搜得遗文一卷，洪武二年刻于徽州。

宋罗愿七世孙中还有一位叫罗宣明[②]是永乐（1403—1424）举人，官象山县令，在洪武二年刻《罗鄂州小集》五卷，宋罗颂撰《罗郢州遗文》一卷、《附录》一卷。此书《中国古籍善本书目·集部·宋别集类》第327页、《增订四库简明目录标注》第734页著录，湖南省图书馆、国家图书馆、南京图书馆及安徽省博物馆藏，河北大学图书馆藏不全。他还在洪熙元年（1425）刻《罗鄂州小集》五卷，宋罗颂撰《罗郢州遗文》一卷。《中国古籍善本书目·集部·宋别集类》第327页著录，南京图书馆、上海图书馆藏。罗振常《善本书所见录·集部》卷四第158页著录赵氏藏本宋罗愿撰《罗鄂州小集》五卷附《罗郢州遗文》一卷，“前有洪武二年宋濂题词，乙巳十二月豫章李宗颐序……后有赵汸后序，洪武二年金华王祎序，七世孙宣明刻。十一行，二十一字，黑口，双鱼尾”。

罗愿第十五世孙罗文达（一说十一世孙，误），在弘治十一年（1498）罗文达等校刻宋罗愿撰《鄂州小集》五卷、《拾遗》一卷、《附录》一卷。《明代版刻综录》第七卷第二十四页、《增订四库简明目录标注》

---

① 罗颂，字端彦，号狷庵，罗愿弟，博学工文，主郢州，故称其诗集为“郢州”。其作狷诗印本多于存斋，方回就存狷庵诗集，后因兵革后被人掠去。

② 罗宣明（1324—1392），字道传，号易庵，罗晓山次子，罗绮（1238—1312，字蓬隐）四世裔孙。官国子监祭酒。在元末农民起义席卷徽州时，在父亲勉励下，组织对抗武装。至正十七年（1357），起义军进攻呈坎，杀其父、妻、长子等多口。他率援军平复路城（今徽城镇），时人为其建生祠，尊称他为“罗帅”“罗公菩萨”“罗公大帝”“新安武功第一”。次年，朱元璋入徽州。至正十八年投入朱部，被封为“义兵万户”，赐四品服。至正二十三年（1363）使蜀返，经江西，助朱元璋决战陈友谅于鄱阳湖。后任山阳知县。任满归里，在家乡兴文重教，叙家谱，刻先祖罗愿遗书。

第734页、《皖人书录》卷七第790页著录。《全明分省分县刻书考·安徽省卷》一七页著录为宋罗愿撰《鄂州小集》六卷、《附录》一卷。

罗愿第十五世孙罗文殊在正德十四年（1519）刻《尔雅翼》三十二卷。这部书，《四库全书总目·经部·小学类一》卷四〇第三四二页、《中国善本书提要·经部·小学类》第51页、《中国古籍善本书目·经部·小学类》卷四第九页著录，国家图书馆（4册、5册、8册、12册本各1部）、上海图书馆藏。《北京图书馆古籍善本书目·经部·小学类》第一五五页著录国家图书馆藏3部。今据正德十四年该版所附都穆序称："是书尝一刻于宋，再刻于元，以屡遭兵燹，人间罕存，虽公之后人与乡之士大夫间有藏者，率皆缮写，且多讹缺。予家旧藏乃宋刻本，后以归李工部彦夫，盖彦夫新安人也。今年公十五世孙文殊持是书来谒，询之，知其捐赀重刻，即予向所遗李君者也。"可推知此书为三刻本，也是明代徽州地区罗愿此书的首部刻印本。该刊本半页10行，行19字(19.5×14.1)，白口，或细黑口，左右双边。《北京大学图书馆藏古籍善本书目·经部·小学类》第38页著录北京大学图书馆藏本为4册，有缺页，《中国书店三十年所收善本书目·经部·小学类》第九页著录收购过棉纸4册本，原江苏国学（今南京）图书馆还收藏万历（1573—1620）间刻本。

罗愿还有一个后裔叫罗文瑞（1543—？），字伯符，又字范阳，号何痴，又号范阳樵、范阳山人，邑庠生，礼部儒士。工书画。他于万历三十三年(1605)刻宋罗愿撰、元洪焱祖音释《尔雅翼》三十二卷。《明代版刻综录》第七卷第二十四页、《北京图书馆古籍善本书目·经部·小学类》第一五五页、《中国古籍善本书目·经部·小学类》卷四第9页著录，国家图书馆（6册本）、中国科学院图书馆、杭州市图书馆收藏完整，上海图书馆、安徽省图书馆收藏不全，南京图书馆藏本版的清丁丙跋本。该刊本半页10行，行18字，小字双行同，白口，有刻工，四周双边。

罗愿从裔孙罗朗在天启六年（1626）重订刊宋罗愿撰、元洪焱祖音释《尔雅翼》三十二卷。这个版本，《中国善本书提要·经部·小学类》第51页、《西谛书目·集部上·宋别集类》第十七页、《明代版刻综录》第七卷第二十三页、《增订四库简明目录标注》第734页、《北京图书馆古籍善本书目·经部·小学类》第一五五页、《安徽文献书目》第28页、《全明分省分县刻书考·安徽省卷》第一十七页著录，国家图书馆（存2册本）、安徽省图书馆（6册本）、安庆市图书馆藏，北京大学图书馆藏16册本，美国国会图书馆藏6册本。目录下题："新安罗愿著。"洪焱祖跋后有"天启丙寅从裔孙罗朗重订"1行。该刊本半页9行，行18字（22.8×13.8），小字双行同，白口，四周双边。

天启六年从裔孙罗朗刻宋罗愿撰《罗鄂州小集》五卷、《附录》一卷。《皖人书录》卷七第790页著录，安徽省图书馆、安徽省博物馆藏。《中国古籍善本书目·集部·宋别集类》第328页著录为宋罗愿撰《罗鄂州小集》五卷、宋罗颂撰《罗郢州遗文》一卷，分藏北京大学图书馆、清华大学图书馆、中共北京市委图书馆、上海图书馆、华东师范大学图书馆、上海辞书出版社图书馆、天津师范大学图书馆、吉林省图书馆、山东省图书馆、南京图书馆、无锡市图书馆、浙江图书馆、杭州市图书馆、安徽省图书馆、江西省吉安县图书馆、厦门大学图书馆及安徽省博物馆、天一阁文物保管所、中国社科院文学研究所等单位。《全明分省分县刻书考·安徽省卷》第一十七页作"罗郎"，误。又作《罗鄂州小集》五卷、《附录》一卷附《郢州遗文》一卷。《增订四库简明目录标注》第734页著录："天启丙寅从裔孙朗惧刻本漫漶，并以《新安志》《尔雅翼》重雕焉。"又有天启六年（1626）裔孙罗朗刻宋罗愿撰《罗鄂州小集》五卷、宋罗颂撰《罗郢州遗文》一卷。《明代版刻综录》第七卷第二十三页、《增订四库简明目录标注》第734页、《北京大学图书馆藏古籍善本书目·集部·别集类》第432页著录，北京大学图书馆（2册本）、南京图书馆藏，应为同一版本，先后不同次印，故子目有异。北京大学图书馆还藏由罗朗校（朱墨校）6 册精抄本。

崇祯六年（1633）罗炌[①]跋的重修本为罗朗天启本重印宋罗愿撰、元洪焱祖[②]音释《尔雅翼》三十二卷。这个版本，《北京大学图书馆藏古籍善本书目·经部·小学类》第 38 页、《西谛书目·经部·小学类》第九页著录，国家图书馆（6 册本）、首都图书馆、北京大学图书馆（2 部 6 册本）、清华大学图书馆、中央民族大学图书馆、上海辞书出版社图书馆、天津图书馆、天津师范大学图书馆、河北大学图书馆、东北师范大学图书馆、吉林省社会科学院图书馆、黑龙江大学图书馆、宁夏大学图书馆、山东师范大学图书馆、苏州市图书馆、安徽省图书馆、安徽中医药大学图书馆、江西省吉安县图书馆、河南大学图书馆、武汉图书馆、广东暨南大学图书馆、华南农业大学图书馆、重庆市图书馆、云南大学图书馆、昆明师范大学图书馆，天一阁文物保管所（今浙江图书馆天一阁分馆）均有完本收藏，安徽省博物馆还收藏 3 部。安庆市图书馆藏线装 6 册，为清同治（1862—1874）间洪子彬校批作翻刻底本，安徽博物馆藏本为清陈鳣批校的 12 册本，美国国会图书馆收藏 6 册 1 部，在延祐七年（1320）洪焱祖跋后有“天启丙寅从裔孙罗朗重订”1 行，有崇祯六年（1633）罗炌跋。该刊本半页 9 行，行 18 字（22.8×13.8），小字双行同，白口，四周双边。封面题：“罗鄂州先生《尔雅翼》，呈坎文献版照宋本考订无讹。”

以上说明，罗愿后人对其著述印行是很频繁的。

---

① 罗炌（1598—1652），字然明，号有持，有空石斋，歙县呈坎（今属安徽省黄山市徽州区）人，居扬州，进士，任知县。崇祯十年（1637）升北京礼部仪制司主事。十二年（1639）主持浙江乡试，多取名士。十四年（1641）丁内艰，后改吏部，未赴任居家十年卒。著《宝石斋文集》，主修《［崇祯］嘉兴县志》二十四卷。

② 洪焱祖，字潜夫，元歙县人。天历（1328—1330）中官遂昌县主簿，以休宁县尹致仕。著《尔雅音释》《杏亭摘稿》等。

布衣理学家汪莘

汪莘（1155—1227），字叔耕，号柳塘，自号方壶居士，休宁县西门八世二承事房后人，布衣。《宋史翼·汪莘传》卷三六说他："不屑降意场屋之文，屏居黄山，读《易》自广。"程曈也在《新安学系录·汪叔耕传》卷八说他"读易自广，凡韬铃之书、释老之典，靡不究习"，成为嘉定（1208—1224）间学问深厚的布衣，从朱子学，不屑仕进，精研道佛。屏居黄山，居家柳塘，创办柳塘书院，人称"柳塘先生"。汪莘自幼有匡扶大志，嘉定间诏求直言，他三扣天阍，论天变、人事、民穷、吏污之弊，不报。真西山见其书曾称赞说："真爱民忧国之言也。"又值朱熹赴召经筵，莘与之通信，要朱维颓纲植国纪。朱熹嘉许他分道之勤，卫道之切而对他特别器重。所作诗词有苏轼、辛弃疾风格。建康知府徐谊曾将他作为遁世隐士向朝廷推荐，终不为世用，自号方壶居士，说明只能自醉，每醉浩歌当哭，赋诗以宣郁结。死后葬县西石叶。著有《壶山先生四六》一卷[①]、《归愚集》、《柳塘集》[②]类似做法尚有"彊村丛书"将诗余编为《方壶诗余》二卷，均出《方壶存稿》。收入乾隆（1736—1795）间刻《宋百家诗存》本为《方壶存稿》一卷、抄本《两宋名贤小集》为《方壶存稿》三卷，而复旦大学图书馆藏抄本为《方壶存稿》四卷《附录》一卷。

清丁丙跋清抄《汪氏二家词》2 种四卷。其细目为：

宋汪莘撰《方壶词》三卷，

宋汪元量撰《水云词》一卷。

---

① 收入宋刻《四家四六》，国家图书馆藏清抄《五家四六》本，北京大学图书馆藏清抄本有清郁松年跋。

② 自编三编九卷，裔孙灿等重辑改名《方壶存稿》，从今国家图书馆存万历刊本看，仍为九卷，向说八卷，误，笔者按。《安徽省古籍善本书目·集部·别集类·宋代》卷四第六十六页著录，安徽师范大学图书馆藏清抄 2 册本宋汪莘撰《方壶存稿》九卷附《名贤遗翰集》一卷。其中词系清休宁汪森从《方壶存稿》中抽出，编为三卷，《四库全书总目·集部·词曲存目》卷二〇〇第一八三二页讲得很清楚。

《中国古籍善本书目·集部·词类》第1935页、《中国古籍善本总目·集部·词类·丛编》第一八四五页、《中国古籍总目·集部·词类·丛编之属》第3245页著录，南京图书馆藏。汪莘生前所刻有嘉定元年（1208）休宁县城汪莘自刻《柳塘集》九卷。《四库全书总目·集部·词曲类存目》卷二〇〇第一八三二页著录，指出在清休宁汪森刻与汪元量《水云词》合刻本中此书系从汪灿等《方壶存稿》中抽出，但《方壶词》前有自序，说明南宋嘉定元年有自刻本。其自序有："余平昔尝作词，今年五十四岁。自中秋之孟冬，随所寓赋之，岂亦著人中年丝竹之意耶？念与吴中诸友共之，欲寄一本而穷乡无人佣书，乃刊木以寄吾友，匪敢播诸众口也。"应为家刻本。

咸淳元年（1265）刻宋汪莘撰《柳塘集》九卷。《四库全书总目·集部·别集类一六》卷一六三第一三九七页著录，经考附录及有关序跋说明此书初名《柳塘集》，由汪莘自编为三编，至清初由裔孙汪灿等收刊遗编，径改为《方壶存稿》九卷[①]。据所附徐谊书，称移牒州县，使书吏录其著述，说明此为官刻。

考据学先行者宋代七大刻书家之一汪纲

汪纲（?—1228年左右），字仲举，号恕斋，徽州府黟县（今安徽省黄山市黟县）碧山村人。南宋著名的文学家和出版家。家世书香，曾

---

① 此书收入《四库全书》仍为8卷。但存目中著录收《方壶词》三卷，还有《方壶诗余》二卷，收入《彊村丛书》中。《北京图书馆古籍善本书目·集部·宋别集类》第二二一七至二二一八页著录，国家图书馆藏由佚名校清抄宋汪莘撰《方壶存稿》九卷、《名贤遗翰集》一卷2册本，该抄本半页11行，行21字，无格及清抄2册本半页8行，行20字，白口，左右双边，无直格1部，清抄1册本半页10行，行20字，无格本1部计3部；还有作《附录》一卷清抄2册本，半页11行，行21字，无格本1部。其明清家刻本详各刻主名下，如汪灿、汪栋。

祖汪勃[①]为枢密院签书。淳熙十四年（1187）中铨试，屡放外任，先后任镇江府司户参军，平阳、金坛、弋阳、兰溪、太平知县，高邮知军，进直焕章阁，出为绍兴知府、主管浙东安抚司公事兼提点刑狱兼权司农卿。寻直龙图阁。理宗初（1225），诏为右文殿修撰，加集英殿修撰、宝谟阁待制。绍定元年（1228）召赴行在，权户部侍郎。数月后乞致仕，特畀二秩。

汪纲学识渊博，知识面广，举凡“兵、农、医、卜、阴阳、律历诸书，靡不研究；机神明锐，遇事立决。在越佩四印，文书山积，而能操约御详，治事不过二十刻，公庭如水。卑官下吏，一言中理，既然从之”。“卒，越人闻之多坠泪，有相率哭于寺观者”。[②]可见，他是一个深受人民爱戴的知识渊博的好官，安徽考据学创始人。文长于论事，援据古今，著有《恕斋集》《左帑志》《漫存录》等。

汪纲为官颇有政绩，在发展生产、兴修水利、劝课农桑、赈济救灾方面比较突出。在绍兴任上，亲劝富民浚筑塘堰，大兴水利，使饥民得食于力。及离任，邑人投匦说其贤、干，汪纲力止。汪纲为人敏锐，遇事能立决，从不拖拉。平时衣着朴素，反对奢丽，供帐车舆简单。曾上书言当时利弊，曾说：“臣下先利之心，过于询文；为身之计，过于谋国，宜直以转移之。”尤其重视文化建设，宋代就公认其为七大私刻家之一。《天禄琳琅书目·茶晏诗》就说宋代七大私刻家是“赵韩陈岳廖余汪”。赵指赵淇，韩指韩醇，陈指陈解元起，岳指岳珂，廖指廖莹中，余指建安勤有堂余氏，汪就是汪纲。汪纲刻书主要是在外为官所为，又常将所刻书版转赠家乡徽州郡学刊行。

---

① 汪勃（1088—1171），字彦及，汪纲曾祖。绍兴二年（1132）进士，授严州建德（今属浙江省）主簿。绍兴十三年（1143）奉调入京（今浙江省杭州市），升御史中丞。绍兴十七年（1147）调升签书枢密院兼权参知政事，封新安侯，以端明殿学士领外祠6年。后任湖州知府。在地方官任上做了不少好事，湖州府任上，人称“贤哲太守”。辞归故里后，以教育子孙为务，享年84岁，卒赐龙图阁学士。

② 《宋史·列传·汪纲》卷四百零八第一二三〇九页，中华书局，1977。

其刻书今有文字可考的是他任高邮知军时将陈旉的“田”“牛”等《农书》内容和秦少游《淮海集》卷六中的“蚕书”合编为《农书》三卷，及秦观撰《蚕书》一卷后附楼璹的《耕织图诗》，其孙楼洪于嘉定三年(1210)题识，嘉定七年(1214)洪兴祖（字庆善）后序、汪纲题跋，开刻于高邮军任上。此书《天禄琳琅书目》卷二著录，为清鲍廷博辑刻《知不足斋丛书》所据底本。

嘉定丙子(1216)汪纲在老家新安郡斋刻宋孙觉撰《龙学孙公春秋经解》，又名《春秋经解》十三卷[①]。《增订四库简明目录标注》卷三第106页著录为嘉定六年（1213）刻。

嘉定十七年(1224)在绍兴知府任上在会稽郡斋刻东汉赵晔撰《吴越春秋》十卷[②]，汉袁康、吴平辑录的《越绝书》十五卷，并分别将此版转让给家乡徽州州学，以新安郡斋为号印行。故有嘉定十七年(1224)新安郡斋刻汉赵晔撰《吴越春秋》十卷；同年新安郡斋刻汉袁康撰《越绝书》十五卷。

又将家乡徽州州学所刻宋叶适《习学记言》五十卷等书，于嘉定十六年（1223）在绍兴知府任上于会稽印行。

还将洪适守绍兴刻自选《万首唐人绝句诗》前46卷与后55卷刻于鄱阳本中的鄱阳部分刻于绍兴府，以成完璧。

宋人陈振孙还在《直斋书录解题》中载，汪纲还刻蜀彭晓（真一子）撰《周易参同契分章通真义》三卷、《明镜图诀》一卷等书。

朱申在外地刻书

朱申，字周翰，宋末休宁县首村人，朱权[③]从子。绍熙元年（1190）

---

① 钱曾撰《读书敏求记》卷第一说是15卷。

② 《中国版刻综录·宋代版刻》第16页作“汪版半页九行，行十八字”，并将作者误作赵煜。

③ 朱权字圣舆，号墨斋，淳熙十四年（1187）进士，历官惠州。

中庚戌科余复榜进士。以朝散大夫出任江州（今江西省九江市）知军兼管内劝营田事。他博洽经籍，崇尚程朱义理学。著《文公所定孝经注》又作《朱文公定古文孝经注》一卷[①]、《周礼句解》又名《校正详增音训周礼句解》十二卷[②]、《孝经句解》一卷[③]、《晦庵先生所定古文孝经句解》一卷[④]、《春秋左传详节句解》又名《增修订正音点春秋左传详节句解》经明孙矿批点后易名《重订批春秋左传狐白句解》三十五卷[⑤]。清戴容辑宋朱申撰《礼记句解》不分卷[⑥]等。

朱申的宋刻本有：

淳祐庚戌（十年，1250）江州郡守朱申重修、南宋江州嘉泰四年（甲子，1204）郡守谯令宪重修、嘉定庚辰（十三年，1220）郡守陆子虡重

---

① 中华书局版《续修四库全书总目提要·经部·孝经类》第八一八页著录为明翻刻宋本，收入《孝经大全寅集·宋孝经》丛书中。

② 收入《四库全书总目·经部·礼类》，中华书局版《续修四库全书总目提要·经部·礼类》第五四七页作抄本 10 卷，明清有多种版本，国家图书馆善本部收 5 种版本，天一阁分馆收明刻卷四至十二计 9 卷 3 册不全本及刊本。如《中国古籍总目·经部·礼类·周礼·传说之属》第 426 页、《安徽省馆藏皖人书目》第 43 页著录，上海图书馆、南京图书馆、辽宁省图书馆、东北师范大学图书馆、山东省图书馆、吴县图书馆及西安市文管会藏嘉靖三十五年（1556）蔡扬全刻本；安徽省图书馆藏嘉靖 (1522—1566) 间刻 2 册本；上海图书馆分别藏嘉靖四十四年（1565）陈儒刻本及民国间庐江刘氏远碧楼蓝格抄本；国家图书馆藏万历二十二年（1594）宛陵梅守峻刻本。国家图书馆还分别藏清陈鳣跋成化四年（1468）明孙世荣刻、道光二十一年（1841）清蒋氏别下斋抄，由清许光清校并跋，上海图书馆藏明刻本，南京图书馆藏清丁丙跋清抄宋朱申撰《校正详增音训周礼句解》十二卷。

③ 收入《四库全书存目全书》。

④ 收入康熙（1662—1722）、同治（1862—1874）本《通志堂经解·孝经》。

⑤ 收入《四库全书存目全书》，国家图书馆善本部藏万历十年（1582）顾梧芳刻此书 5 册本。该刊本半页 10 行，行 21 字，小字双行同，白口，四周单边。还藏明初刻《音点春秋左传详节句解》三十五卷 16 册本。该刊本半页 11 行，行 21 字或 12 行，行 22—23 字，小字双行同，黑口，左右双边，北京大学图书馆还藏宋刻元修宋朱申撰《增修订正音点春秋左传详节句解》三十五卷中卷三至二十八、三十二至三十五计 30 卷不全本。该刊本半页 14 行，行 25 字，小字双行同，双鱼尾，黑口，左右双边。上海图书馆、上海师范大学图书馆藏元刻［卷二十九、三十五配明嘉靖刻本］径称《春秋左传详节句解》三十五卷。该刊本半页 12 行，行 23 字，细黑口，四周单边。至日本明治十六年岐阜冈安庆介刻宋朱申撰，日本野村焕、日本河村贞邦校本已改名为《音点春秋左传详解校本》三十五卷，今辽宁省图书馆、日本图书馆及日本内阁文库藏。浙江图书馆天一阁分馆藏刊本。类似明清刻本不作介绍了。

⑥ 国家图书馆藏民国二十五年（1936）摄影戴氏稿本。

修宋欧阳忞撰《舆地广记》三十八卷。

《藏园群书经眼录·史部三》卷五第三七九页著录江州宋刊本，补刊页的鱼尾上有“庚戌刊”、“庚戌”白文字，每卷尾有“淳祐庚戌郡守朱申重修”1行，卷二十六后有“嘉泰甲子郡守谯令宪重修”、“嘉定庚辰郡守陆子虚重修”、“淳祐庚戌郡守朱申重修”3行。卷中殷、匡、恒、朗、慎均缺末笔，是典型的南宋刻本特征。

淳祐十一年（1251）休宁朱申在江州知军任上于九江郡斋刻宋李心传撰《道命录》十卷。《天禄琳琅书目》卷六、《万卷精华楼藏书记·史部七·传记类一》卷三十六第1062页《[弘治]徽州府志·人物·文苑·朱权传附朱申》卷七还说朱申为无为知军时刻《道命录》五卷，说明此书两刻以上。作五卷不确。《藏园群书经眼录·史部二》卷四第三四〇页著录有“影写宋刊本，十三行二十七字。有嘉熙三年己亥（1239）心传自序，淳祐十一年知江州军新安朱申序，言刻于九江郡斋”。“旧写本，十行二十字。前有淳祐十一年朱申序，至顺四年（1333）浙江儒学提举新安程荣秀序、程序为知不足斋本所无。钤有王氏印。”按，新安程荣秀在元至顺癸酉（四年，1333）所编本据程序称，序言因原本厘定次为十卷，实有所附益也。说明元刻本已与宋本有所区别。鲍廷博知不足斋本先引诏制、札子，次注事迹，降一格书之，共载85件事，但鲍刻本不载程荣秀序，但仍载李心传序。该书载程子、朱子进退始末，备录其褒赠、贬谪、荐举、弹劾文字。第二卷有《元祐党籍碑》，第七卷分上、下，有《伪学逆党籍》，李氏原本五卷。

宋刻元修宋朱申撰《增修订正音点春秋左传详节句解》三十五卷。《中国古籍善本总目·经部·春秋类》第九七页著录，北京大学图书馆仅藏卷三至二十八、三十二至三十五计30卷不全本。该刊本半页14行，行25字，小字双行同，黑口，左右双边，双鱼尾。原刻本待考。

朱申的后人在明代仍在家刻朱申著作：

明初刻宋朱申撰《音点春秋左传详节句解》三十五卷。《中国古籍善本书目·经部·春秋类》第246页、《北京图书馆古籍善本书目·经部·春秋类》第一〇四页著录，国家图书馆（16册本）、南京图书馆及安徽省博物馆藏。该刊本半页11行，行21字或12行，行22—23字，小字双行同，白口，左右双边。

明刻宋朱申撰《音点春秋左传详节句解》三十五卷。《中国古籍善本书目·经部·春秋类》第246页著录，上海图书馆藏，上海师范大学图书馆藏明刻本中卷二十九至三十五计7卷系配嘉靖间刻本。其中，嘉靖间刻本藏处待考。此外，安徽省图书馆藏此书万历十三年（1585）周曰校刻本，南京图书馆藏本有清丁丙跋。

嘉靖（1522—1566）间刻宋新安朱申撰《周礼句解》十二卷。《安徽省馆藏皖人书目》第43页著录，安徽省图书馆藏2册本。

万历四十年（1612）刻宋新安朱申撰《春秋左传详节句解》三十五卷。《安徽省馆藏皖人书目》第43页著录，安徽省图书馆藏4册本。

万历（1573—1620）间刻宋朱申注释《春秋左传详节句解》三十五卷。《安徽省古籍善本书目·经部·春秋类》卷一第十六页著录，安徽省图书馆、安徽省博物馆、中国徽文化博物馆藏，均为4册本。

明刻宋朱申撰《周礼句解》[①]又名《校正详增音训周礼句解》[②]十二卷。《中国古籍善本书目·经部·礼类》第171页著录，国家图书馆（2种均署明刻本）、浙江图书馆天一阁分馆藏。

明末刻宋朱申撰《重订批点春秋左传狐白句解》三十五卷。《中国

---

① 《北京图书馆古籍善本书目·经部·礼类》第六三至六四页著录，国家图书馆藏明刻1、4册本，半页10行，行25字，小字双行同，白口，四周单边；另一部明刻12册本，半页8行，行18字，小字双行同，四周双边。

② 《北京图书馆古籍善本书目·经部·礼类》第六三至六四页著录，国家图书馆藏成化四年（1468）孙世荣刻2册本，半页10行，行23字，黑口，四周双边，有陈鳣跋；另一部为道光二十一年（1841）蒋氏别下斋抄2册本，有许光清校并跋，该抄本半页11行，行21字，小字双行同，黑格，细黑口，左右双边。

古籍善本书目·经部·春秋类》第246页著录，河南省图书馆藏明孙鑛批点本。

不忘故土高官程珌的著述及家刻

程珌（1164—1242六月十三日），字怀古，休宁汊口人，以先世居河北洺州，因自号洺水遗民，学者称“洺水先生”。其憾金人铁蹄践踏神州，不忘中原故土。他自幼聪敏，10岁时作《咏冰》诗中有：“莫言此物浑无用，曾向滹沱渡汉兵”句，为千古名言。绍熙四年（1193）中第二名进士（榜眼），时赵汝愚为考官，见其文说：“天下奇才也。”原定第一名，因文中对道学提出疑问，改为第二名，初任当阳知县，重文兴教，广施仁政，邑内大化。任满升建康府教授，旋升宗正簿。升任秘书省著作郎，后历刑部尚书、吏部尚书、福建安抚使等。理宗淳祐元年（1241）官礼部尚书、翰林学士、知制诰，加封龙图阁大学士，授宣奉大夫，封新安郡开国侯。宁宗死时，受权相史弥远召入禁中，起草拥立理宗诏书，历端明殿学士，致仕。卒赠少师，后葬本县南万松山。

珌为人性冲澹，自奉甚薄。程珌知识广博，文章雅健，立意精深，言简意赅。以文有文采著称，当值学士院时，宁宗（1198—1224年在位）卒，丞相史弥远夜召珌入禁中草矫诏，一夕作25份制诰，以为文范。因官拜翰林学士、知制诰。归家13年，唯以典籍自娱，待人接物温和，急义好善。自号“洺水遗民”，他乐善好施，关心家乡建设，扶持名教，首创篁墩忠壮公祠（程元谭13世孙程灵洗，字元涤专祠），捐建州学大成殿、师生斋舍及东夹溪石梁、内翰桥。

他文宗儒学，风格儒雅意邃，诗词优雅，与辛弃疾往来，作《洺水词》一卷，著有《程洺水集》六十卷、《内外制类稿》三十卷。还有《宋百家词》《宋六十名家词》收《洺水词》一卷，乾隆（1736—1795）间刻《宋百家诗存》100种丛书中收《洺水集》一卷，抄本《两宋名贤小集》

收其诗十卷[①]，《安徽艺文考·诏令奏议》内收录《内制类稿》十卷等。他书法兼美，今齐云山上有其手书“云岩”2字。

端平（1234—1236）间徽州休宁人程珌、王与懽、吕午[②]引跋刊布婺源游克敬撰《狐首经注解》。《［嘉靖］徽州府志·艺术·游克敬传》卷二〇“谓《狐首经》为地理书之祖，肆笔笺释，数年而成。端明程珌、侍郎王与懽、左史吕午见咸称善，为引跋刊布之”。《新安名族志·游》后卷第六六二页载：游克敬，字务德，婺源济溪人。“精地学，注《狐首经》。”《［光绪］婺源县志·人物·方伎》卷四十一说他“历学、数学、易学皆精”。

宋末程景山刻其高祖宋程珌撰《程端明公洺水集》六十卷、《内制类稿》十卷、《外制类稿》二十卷计3种90卷。《善本书室藏书志》卷三十一著录。

方岳与《方秋崖先生全集》的再版

方岳（1199—1262），字巨山，号秋崖，有归来馆、荷嘉坞、茧窝等室名，祁门县城北何家坞人。自幼聪颖，7岁就能作诗，世号“神童”。县试第一，绍定五年（1232）中进士第一，廷试时因出语忤宰相史弥远、丁大全而降为第七名，授南康军教授后至南康知军，日挞湖南钢卒之据

① 《中国古籍总目·集部·别集类·宋代之属》第362页著录收《洺水小集》一卷。

② 吕午，字伯可，歙县岩寺（今属安徽省黄山市徽州区）人。嘉定辛未（四年，1211）中进士，历任沿海制置司事，因平海寇功升御史。时京湖淮西危急，赵葵在淮东不肯出兵援救，吕午上疏劾赵葵之过。后迁宗正少卿，出知泉州7年。寻起复为御史、兼崇正殿说书，为避史嵩之等报复而辞，升起居郎史院官。官至中奉大夫，卒赠文华阁学士、通议大夫。著《左史谏草》又名《宋左史吕午公谏草》一卷（《藏园群书经眼录·史部二·杂史类》卷四第三三一页著录，傅增湘于戊辰年记此抄本藏八千卷楼，《四库全书总目·史部·诏令奏议类》收入）、《竹坡类稿》五卷《附录》一卷（《北京图书馆古籍善本书目·集部·宋别集类》第二二一六页、《中国古籍善本总目·集部·宋别集类》第一二九二页著录，国家图书馆藏清抄1册本，半页11行，行24字，无格）等。

闸阻舟船通航，而得罪贾似道。母死，归里守制3年，调任滁州教授。后入淮东制置使赵葵幕府。时高邮军兵卒内讧，奉命查处，升礼、兵部架阁，升吏部尚书郎。景定三年（1262）三月二十八日卒，年六十四岁。林竹溪希逸为其撰《墓志铭》。

他在政治上反对议和，是主战派。对于那些力倡和议的权奸给予痛切谴责。嘉熙二年（1238），元蒙遣王檝南来，欲“划江协和”，参知政事兼知鄂州史嵩之从之。方岳为赵葵拟书致史嵩之，痛责他如“秦桧之得罪万世者”，并在他的诗作《登瓜步山》中严厉地批判和讽刺了史嵩之之流的投降卖国行径：

系船孤屿重跻攀，衰草荒烟亦厚颜。
丁日不为春燕许，卯年犹放佛狸还。
诸贤所恃江千尺，此虏奚为第一间。
欲访前朝无故老，浪痕自溅藓花斑。

在诗中把“衰草荒烟”比喻为议和派，斥其厚颜无耻，以为可以“恃江千尺”，反而“犹放佛狸还”，此典故指北魏拓跋焘的南侵，指出虏敌决不会等闲视之的。结尾发出“欲访前朝无故老”，大发知音少，同调难寻的感慨。方岳因为赵葵起草痛责议和派史嵩之，史嵩之拜右相后，方岳被革职还乡，赋闲四年。范钟出任左丞相后，以礼、兵部架阁召回，改召为太学正兼太子政景献府教授。淳祐六年（1246）升宗学博士，七年授秘书郎。淳祐中，赵葵任左丞相后，重入赵幕，荐任知南康军，转任邵武知军，不久辞职还乡。朝廷调知饶州、旋改宁国军，均不赴任。

这段经历是这样的：方岳到南康的次年，就受到湖广总领贾似道的无理纠劾。执政的宰辅为了回避矛盾，就将他改知邵武军。对此，方岳十分气愤。自谓“笑老子，只堪诗酒，似凭顽疏何为者，向人前，不解高义手”，“怪吾今，鬓已成丝，胆还如斗”，表现了不畏强暴，敢于向贾似道之流对抗的战斗精神，同时也对宰臣的软弱无能、是非不分深感失望。他在离任前的诗中写道：

晦庵呼我住南山，五老人知百不堪。

极目无穷江渺渺，满头归去雪毵毵。

吾生只可龟藏六，世事何处狙赋三。

政有梅花管迎送，岁寒行路饱曾谙。

南康是朱熹出守和讲学故地，方岳曾自谓："继乡先儒之后，且得此郡之岁，适皆四十九。"故此处有"晦庵呼我"之说。他一到任，就重整白鹿书院、收回学田、主持讲学、严肃政纪、痛绳暴乱。正如他自己所说"八阅月事事风波"。这里"五老人（峰）知百不堪"，真实地反映了他为革新郡政而遭到的种种困扰。

程元凤[①]掌权时，淳祐六年（1246），迁宗学博士，任袁州知州，因得罪丁大全，再次罢官归里，病卒于家乡。这事的原委是方岳在袁州任上，丁大全当国，为造私宅，竟派爪牙袁玠向袁州索钉索船。方岳不予理睬，又遭罢职，连"考功印历"也被夺去，甚至追到他的故里去勒索。他在《被劾》中愤怒地写道：

鹿走山林偲自娱，宁知性命系庖厨。

一杯羹足为奇货，野弋山渔何处无。

谁将物命作勤渠，黄雀头行万里余。

每为世情三太息，不知吾亦是苞苴。

已经罢官归山，还要"野弋山渔"，已经远离任所，贪婪的"黄雀"还要"行万里余"猎取"苞苴"（原指纳贿，这里有"被逼行贿"之意），足见丁大全之流的无耻和残酷。这也是对南宋末年佞臣祸国的真实写照。

---

① 程元凤（1199—1268），字申甫，号讷斋，歙县槐塘人。绍定元年（1228）进士，授江陵府教授。后历太学博士、宗学博士、秘书中丞兼刑部郎、著作郎兼右司郎、监察御史兼崇政殿说书、右补阙兼侍讲学士、吏部侍郎兼中书舍人、国史实录修撰、工部尚书、端明殿学士同签书枢密院事、右丞相兼枢密使，并以观文殿大学士出任福州判官、福建安抚使、少保、右丞相兼枢密使。因与贾似道不协，于咸淳四年（1268）以少保、观文殿大学士致仕，隐居黄山，今黄山丞相源就是他隐居的遗迹。卒谥"文清"，赠少师。元凤在地方官任上勤勉为民，政绩昭著。为官以忠诚正直著称，不遗余力奖掖后进，荐举人才，精通诗词，诗文并善。著《讷斋文集》。

方岳气宇非凡，声如洪钟，性格刚正不阿，才铎凌厉，由于仕途不顺，常以罢官挂印为手段向权贵进行抗衡。他疾俗愤世的情怀在诗文中有突出的体现。他诗文不用古律，犹工俪体，诗与刘克庄齐名，风格接近杨万里和范成大，词势气韵清健，风格类似苏轼和辛弃疾，是南宋著名的江湖派诗人。江湖派是在南宋诗坛上出现的一个新流派。这个流派以陈起在理宗朝刻《江湖集》为名，陈起[①]也因之肇祸。江湖派人数众多，成分复杂，因无统一的文学主张，一般成就都不高。突出者要数刘克庄、戴复古、方岳等数人而已。陈起因诗得祸，诏禁作诗，方岳时方 27 岁，戴复古已 64 岁。把方岳定为江湖派诗人应在绍定五年（1232）他中进士后步入仕途开始。他的诗其实“不江西、不晚唐，实自为一家”。

著有《秋崖集》又名《秋崖小稿》八十三卷（其中衍本有：一是《秋崖新稿》三十一卷景抄本，二是《秋崖小简》四十卷[②]）、《词》一卷、《宗维训录》十卷[③]（佚）、《重修南北朝史》一百七十卷[④]（佚）及《深雪偶谈》一卷[⑤]等。

方岳著述《秋崖集》在宋代就有 4 刻：一刻于开化，再刻于建阳，三由家刻行世，即叶德辉所说的宝祐五年（1257）祁门家刻本，这些宋版本行世时方岳均在世。还有《绣谷亭书录》所载临安本。

---

① 陈起，字宗之，秀才出身参加乡试中解元，在行在睦亲坊卖书开肆，是南宋著名的坊刻家。方回曾在淳祐七年（1247）丁未去行在，至淳祐十一年（1251）辛亥计在此城住了 5 年，经常去此坊观书，认识陈起及其子，40 年后再至行在，已见其原址已毁，家破人亡。

② 但《新编天一阁书目》第 259 页著录，浙江图书馆天一阁分馆（即前所记天一阁文物保管所易名）藏明陈廷琏编刊《群公小简》中为 1 卷，收入《四库全书总目·集部·总集类存目》中。而同书 251 页指出该馆藏旧抄本为 4 卷。

③ 《祁门县志》著录。

④ 《安徽艺文考·正史》著录。

⑤ 《北京大学图书馆藏古籍善本书目·集部·诗文评类》第 504 页著录，北京大学图书馆藏 1 册旧抄本。

宝祐五年祁门方岳裔孙宋方贡孙、方石于竹溪书院刻宋方岳撰《秋崖先生小稿》八十三卷。今查《书林清话》卷三第七十四页载："宝祐五年竹溪书院刻方岳秋崖先生小稿八十三卷。见丁志、明钞本。"祁门李源书院主讲李中在《秋崖小稿序》中称："（秋崖先生小稿）尝一刻于开化，再刻于建阳。迨先生之后，咸淳进士曰贡孙、宝祐进士曰石者又翻刻于竹溪书院，行世久矣。至元季，板毁于兵。"说明此稿包括方岳生前两刻，在宋代共有3刻。但竹溪书院建于元初，此刻应为元代家刻，姑录备考。《四库全书总目·集部·别集类一七》卷一六四第一四〇四页著录《秋崖集》四十卷条中指出为鲍士恭家藏本，并说："其集世有二本：一为《秋崖新稿》，凡三十一卷，仍从宝祐五年刻本影钞；一为《秋崖小稿》，凡文四十五卷，诗三十八卷，乃明嘉靖中其裔孙方谦所刊。今以两本参校，嘉靖本所载较备。然宝祐本所有而嘉靖本所无者，诗文亦尚各数十首。又有别行之本，题曰《秋崖小简》，较之本集多书札六首。谨删除重复，以类合编，并成一集，勒为四十卷。"四库馆臣所述差错不少，如方岳明明是祁门人却误录为歙人。

又祁门方氏竹溪书院刻先人宋方岳撰《秋崖先生小稿》八十三卷。经考证，祁门方氏竹溪书院系方岳后人在今祁门县城北元初方贡孙任县尹时县治旧址才建的祀方岳的私家书院。清叶德辉撰《书林清话·宋司库州郡县书院刻书》卷三及诸家书目作宋宝祐五年（1257）竹溪书院刻，显误。今据《善本书室藏书志》卷三十一所载原书元洪焱祖传及李中序，此书一刻于开化，再刻于建阳；迨先生之后，咸淳进士方贡孙、宝祐进士方石又翻刻于竹溪书院；元末，版片逸于兵火。又《增订四库简明目录标注》引《绣谷亭书录》说："是书宋时开化、建阳、临安俱有刻本。"说明方岳《秋崖先生小稿》八十三卷的竹溪书院版刻于元前期，如徽州有宋版，应为家刻本，不是竹溪书院版，而且是家刻版片至元，以竹溪书院名义再版。元版应是方氏著述第5版。

此后，方氏著作几近失传，他的子孙中对其著作整理和出版着力最大的要数明代的方谦（1473—?）。[①]嘉靖五年（1526）刻宋方岳撰、十世孙方廷孚辑《秋崖先生小稿》四十五卷、《诗集》三十八卷。今查《四库全书总目·集部·别集类一七》卷一六四第一四〇四页、《北京大学图书馆藏古籍善本书目·集部·别集类》第437页、《明代版刻综录》卷一第十三页著录，北京大学图书馆（3部：全帙12册本，另2部分别为2册、7册不全本）、北京师范大学图书馆藏。《中国古籍善本书目·集部·宋别集类》、《安徽省古籍善本书目·集部·别集类·宋代》卷四第六十六页著录方谦在嘉靖五年刻38卷、45卷两种版本。此版本又有二十一年印本。初刻本有国家图书馆、北京师范大学图书馆、南京图书馆、辽宁省图书馆（不全）、吉林省图书馆、东北师范大学图书馆、南京图书馆、苏州大学图书馆、浙江大学图书馆、湖南省图书馆、湖南省社科院图书馆（不全）、中山图书馆、重庆市图书馆、四川大学图书馆、中国社科院文学研究所图书馆收藏。重印本分藏清华大学图书馆、上海图书馆、江西省图书馆、北京大学图书馆。该刊本半页12行，行20字，黑口，四周单边，为方氏家刻本之一。

徽州家刻多赖子孙，且刻本连绵不绝。宋祁门方岳著述丰富，其后裔刊刻搜求方氏遗泽不遗余力。方谦作为方氏后裔，对族中先贤遗泽尤为注目。嘉靖五年先后刊行方岳文集两种版本，一是38卷本，二是45卷本及诗集38卷。此两种版本国家图书馆均收藏。方岳此书在宋代就有多个刻本。如宝祐五年（1257）刻《秋崖小稿》31卷，还有一种称《秋崖稿》38卷。一刻于开化，二刻于建阳，三为宝祐版，四由后裔方贡、方石在竹溪书院翻刻，此4种版片均毁于元末兵燹。还有临安宋版。明初诏求遗书，方家保存原稿被有司进呈而丢失，宋版书方家也无遗存。弘治（1488—1505）中，休宁学者程敏政多方搜求，仅抄录12卷，赠给方岳九世孙方舜举。加上嗣孙方渊之在蕲州任上得5卷，方舜明在江

① 方谦，字纯吉，弘治十三年(1500)进士，历官平阳、雄县、鄞县知县。因忤刘瑾，被诬陷狱。瑾败，起为工部主事，出监芜湖关税，致仕归里，著有《伟溪稿》。

右训导任上获10卷，舜中在江浙教授任上获10卷，舜文家藏30卷，舜玉在吴下获15卷，为当时所编《方秋崖先生全集》。嘉靖四年(1525)，十世孙方廷孚才于弘治间在诸父辈刻意搜求的基础上参考互订厘为83卷，为当时所编《方秋崖先生全集》，由方谦家刻行世。《四库全书总目·集部·别集类十七》著录本为清姚鼐在徽州府教职任上将方岳宝祐本与方谦嘉靖本两种家刻进行比勘互校，统一编纂，才正式定稿为83卷。中国徽文化博物馆仅存文集卷一至二、卷五至三十一，诗集卷一至二十三计53卷7册。光绪二十一年(1895)清江汪树芬在祁门知县任上将原本与嘉靖刊本补刊缺页以成完本。东北师范大学图书馆藏全本83卷16册本。该刊本半页12行，行20字，小黑口，四周单边。书口下题徐广等刻工姓名，有李国嘉靖六年（1527）序。因此，此版应定为嘉靖六年，说五年系开刻年。安徽省图书馆存嘉靖六年刻光绪间修补10册本。光绪二十一年清江黄氏补刊宋祁门方岳撰《方秋崖先生全集》八十三卷，《安徽文献书目》第13页著录，安徽省图书馆藏8册本。

从这部书的出版流传来看，保存古籍是多么不容易。徽州不少优秀古籍能保存流传开来，几乎都有一个艰辛的经历和动人的故事。

有意保护版权的家刻大家祝穆父子

宋代是中国雕版印刷业的黄金时期，官刻、家刻、坊刻业都十分繁荣。尤其是随着文化昌盛、经济繁荣、科举制度发展，对书籍的需求日益增多，坊刻业日益发达，福建的建安已发展成为全国的坊刻中心。为获取更高的商业利润，坊刻主不断地扩大稿源，除传统优秀古籍属于他们的视野外，当代名人及有影响的代表作都是他们涉猎的重要对象。这样，坊刻主侵犯家刻刻主和作者利益的现象十分普遍。像上面介绍的与祝穆父子关系密切的朱熹就不断地为维护自己著作的严肃性和切身利益，要求官府禁毁了一些私自刻印的朱熹著作。鉴于当时私自刻印著作的现象，也就是今人所谓的盗版现象十分突出，祝太傅宅刻行了祝穆的 3 部大书时特地向地方政府申报，获得批准禁止坊间擅刻的牒文，给中国出版史留下了最早最完整的版权保护文件，有力地维护了自己的版权。

朱熹的表侄和学生祝穆也是家刻大家，刻书堂号祝太傅宅[①]。

祝太傅宅是南宋著名的家刻坊。坊主祝穆，初名丙，字和甫（一作父），祖籍徽州治歙县城，号祝半城，是徽州名门[②]。曾祖祝确是朱熹的外祖父，父康国是朱熹的表弟。祝姓出黄帝六世孙重黎后。重黎为高辛氏火正，有功德，封于祝，号祝融，子孙以祝为姓。祝融因此成为火神，湖南省衡山祝融峰就是因他命名。祝承俊自德兴“迁歙之望京门，号半州祝氏。宋忠州司户曰吉者，因伯父朱子外大父确言徙州治事举家获罪，始迁中山”[③]。

祝穆，幼孤，与弟癸后随朱熹移家入闽。祝穆与弟同受业于朱熹，徙居建阳，即建宁府崇安县（今属福建省武夷山市）。《四库全书总目》介绍祝穆籍贯和任职情况均是错的。《总目》说祝穆是建阳人，今查《朱文公文集·外大父祝公遗事》卷九十八、《［嘉靖］建宁府志·人物·文学》卷十八所载《遗事》说国“二子丙、癸相从于建阳”，是说丙、癸两人到建阳受业于朱熹。这个“建阳”及祝氏常署“建安”并非县名，而是建宁府的郡名。祝穆的籍贯应是徽州歙县城（今安徽省黄山市歙县徽城镇），客籍建宁府崇安县。《总目》又说穆曾任迪功郎、兴化军涵江书院山长，也是错的。今查余嘉锡《四库提要辨证》，已指出其误。

祝氏世为歙县大世家，向以资力闻，家产几占州城之半，世号祝半城，室名祝太傅（博）宅。北宋末年家道中落。祝穆学识渊博，不愿出

---

① 笔者按，“太傅”当作“太博”，即“太学博士”的简称。

② 宋吕午撰《竹坡汇稿》载：“祝氏世居江陵，自承俊迁于歙，曰仁质，号半城，其子也。孙象器改名用之，登儒科，为太学博士。”这是祝太傅（博）宅名由来。同书还载：“六世有名筠，领乡荐，学富而文赡，至和甫七世矣。和甫名穆，即丙也。其诸父皆依朱文公，遂为建人。”

③ 《新安名族志》后卷八十九页。

仕，晚年与子祝洙客籍建宁府崇文县。所以，歙县学者、御史吕午竹坡先生在钱塘（今浙江省杭州市）马城与祝穆相见，并审看祝著《方舆胜览》书稿后，欣然提笔为该书题序，序中说明此书的重要价值及写作过程，并指出："祝穆和父，本新安人，朱文公先生之母党也。幼从文公诸大贤游，性温行淳，学富文赡雅。"吕午序刊刻在祝太傅宅自刻祝穆嘉熙己亥（三年，1239）版《方舆胜览》卷首。康熙、道光等《徽州府志》均在《人物志·儒林》类中强调祝穆是歙县人，并指出："穆与弟癸同事朱子于云谷，得其微言绪论，著有《事文类聚》、《方舆胜览》诸书，子洙尝注《四书集注附录》。第宝祐四年（1256）进士。宰执程元凤、蔡抗取其书进呈，除迪功郎、兴化军涵江书院山长。景定（1260—1264）中，知军徐直谅荐其学，特授太常博士。"[①]

祝穆著述丰富，可考著述有编著《方舆胜览》七十卷，《事文类聚·前集》六十卷、《后集》五十卷、《续集》二十八卷、《别集》三十二卷及《四六宝苑》等。祝穆在老家祝太傅宅均将上述著作刻印公诸于世。祝氏还订正宋陈景沂辑《全芳备祖前集》二十七卷、《后集》三十一卷[②]。

祝氏著述及自刻本存世极稀。据《季沧苇书目》载和清末杨守敬出使日本国时所看到的祝太傅宅在嘉熙三年（1239）刻自撰《新编四六必用方舆胜览》七十卷，因受刻资限制，分次开雕，随雕随印，成《前集》四十三卷、《后集》七卷、《续集》二十卷、《拾遗》一卷。杨守敬在《日本访书志》卷六中全文转录了祝太傅宅干人吴吉在本书及《四六宝苑》《事文类聚》开雕前申报两浙、福建转运使的录白中，我们推知淳祐初（1241）刻自撰《四六宝苑》比《方舆胜览》的部头更大。《四六宝苑》及《方舆胜览》所冠"四六"是宋人盛行的文体。宋人撰写表启

---

① 《［道光］徽州府志·人物志·儒林》卷十一之三第五页。

② 《北京大学图书馆藏古籍善本书目·子部·类书类》第317页著录清古处阁藏宋祝穆订正、宋陈景沂辑《全芳备祖前集》二十七卷、《后集》三十一卷12册抄本。

文字时例用四六俪语，也是楼阁亭堂记叙文例用四六文体而形成的一代文风，此风至元明式微衰竭。随着文风的改变，祝氏迎合时尚的《四六宝苑》也随之淹没于世。淳祐六年（1246）开刻的《事文类聚》也分为《前集》60 卷、《后集》50 卷、《续集》28 卷、《别集》32 卷，计 170 卷。这 3 部家刻大部头书国内已成绝版。今查傅增湘《藏园群书经眼录》中共著录《方舆胜览》4 部，皆作“宋祝穆撰”。其中，一部题作《新编四六用方舆胜览》系傅氏游日本时在宫内省图书寮所见，当与四五十年前杨守敬所见为同一本，系祝氏初刻本。其余 3 部中有 2 部题《新编方舆胜览》，一部题《方舆胜览》，今考证应为其子祝洙的重订本。为什么仅作“宋祝穆撰”呢？笔者窃以为，傅氏只看到卷首有吕午序和祝穆自序，没有留心书后尚有祝洙跋，所以未署祝洙重订字样，或者未加考虑，误导或给后人在国内祝穆原著原刻尚有 3 部存世的印象。傅氏见到国内这 3 部书大约在 1922—1923 年，距今才八秩，但遍查公私收藏则杳无音讯，今有据可查则有上海图书馆、国家图书馆[①]藏 28 年后其子祝洙的重订本。1991 年 12 月，上海古籍出版社据上海图书馆藏宋咸淳刻本，参校国家图书馆藏本并补祝洙跋 4 页、录白 1 页影印出版，先后出线装、精装 2 种行世，使我们今天能很轻易地一睹宋版《方舆胜览》的芳容。

关于《事文类聚》一书，只能从多次变易的改编后刻本中窥见一斑。今国内存世的此书渊源所系最早的当系元麻沙坊刻元富大用、祝渊两人增补改纂的《事文类聚》7 集 336 卷 1327 目。故中可窥见祝氏原版 4 集 170 卷 885 目的概况。今查历代书目，《铁琴铜剑楼藏书目录》卷十七第五页有记载。元版本仍保留有淳祐丙午（六年，1246）祝穆的自序。今通览元版《古今事文类聚》知，此书系祝穆平时的读书笔记，体例仿《艺文类编》《初学记》等类书，自上古迄南宋，按世系，分门别类编成。在每类目下，首刊群书要语、历代沿革，次及古今事实，后为古今

① 国家图书馆著录为“宋祝穆撰《新编方舆胜览》七十卷，宋咸淳三年（1267）吴坚、刘震孙刻本，20 册本。”

文集。元人富大用仿祝氏体例、内容，增补穆书所厥，计《新集》169 类，《外集》55 类。元人祝渊认为《新》《外》二集仍不完备，又补《遗集》15 卷，19 部，118 类。全书卷帙浩繁，对研究古代历史、文化有较高的参考价值。今存世此书后刻本书目一般均题《新编古今事文类聚》并题“宋祝穆辑”或“宋祝穆撰”，实非。如《中国书店三十年所收善本书目·子部·类书类》计收元刻本两种，著录为“《新编古今事文类聚》前集（应为 60 卷）存目录，卷三至十，卷四十四至五十一，卷五十五至六十，宋祝穆辑，元刻本半页十三行，行二十字，黄麻纸八册”。（见一三八页）同页又著录：“《新编古今事文类聚》前集（应为 60 卷）存卷四十二、四十三，宋祝穆辑，元刻本，半页十三行，行二十四字，竹纸二册。”后应还有元富大用等编《后集》五十卷、《新集》三十六卷、《外集》十五卷、《遗集》十五卷、《别集》三十二卷、《续集》二十八卷，共 236 卷。这两种不全的文本恐怕是后印本中最古老的元本了。后印本存世则更多，如北京师范大学图书馆新编《中文古籍书目·子部·类书类》302 页就著录有：“《新编古今事文类聚·前集》六十卷，残缺卷 19—20，《后集》五十卷，《续集》二十八卷，《别集》三十二卷，《新集》三十六卷，《外集》十五卷，宋祝穆撰，明经厂刻本，123 册。”《青海省古籍善本书目·子部·类书类》第七十三页著录，青海民族学院图书馆藏明经厂刻宋祝穆辑《新编古今事文类聚前集》六十卷、《后集》五十卷、《续集》二十八卷、《别集》三十二卷（4 种 170 卷），元富大用辑《新集》三十六卷、《外集》十五卷（计 2 种 51 卷）计 7 种 221 卷 200 册本。安徽师范大学图书馆编印《古籍善本书目·子部·类书类》37—38 页著录有：“《新编古今事文类聚·前集》六十卷，《后集》五十卷，《续集》二十八卷，《别集》三十二卷，宋祝穆编纂。”现存较好版本则为清乾隆刊本，仍题“《古今事文类聚》宋祝穆等编”，实为宋祝穆辑《新编古今事文类聚·前集》六十卷、《后集》五十卷、《续集》二十八卷、《别集》三十二卷（计 4 集 170 卷），元富大用辑《新集》

三十六卷、《外集》十五卷（计2集51卷），元祝渊辑《遗集》十五卷。今扬州广陵刻印社用玉扣纸8开影印线装20册布函就是据乾隆版影印，可惜元版也非完本。

祝洙，字安道，宝祐四年(1256)进士。因以朱子的诸家语录为据对朱熹《四书集注》作注，定名为《四书集注附录》，宰执程元凤将其书进呈。景定中除洙迪功郎，兴化军涵江书院山长。咸淳初转从政郎，监行在文思院。今考朱彝尊《经义考》卷二五三引元婺源理学大师胡炳文说，洙仕履及著作见本书卷十三《兴化军涵江书院》条，卷末跋及嘉靖《建宁府志》。《四库全书总目》误将祝洙著述及履历误移到祝穆身上。祝穆存世的《方舆胜览》，内容丰富，取材广泛，系博采经史子集、稗官小说、金石、郡志、图经，按南宋17路行政区划，分记所辖府州军建置、沿革、疆域、道里、田赋、户口、关塞等12门类，尤重名胜古迹，尤详载古今诗赋、记序及俪语。故四库馆臣在介绍其主要内容及其价值时说：“书中体例，大抵于建置沿革、疆域、道里、田赋、户口、关塞、险要，他志乘所详者，皆在所略；惟于名胜古迹，多所胪列，而诗赋序记，所载独备。盖为登临题咏而设，而为考证而设。名为地记，实为类书也。然采摭颇富，虽无裨于掌故，而有益于文章，摛藻掞华，恒所引用，故自宋元以来，操觚家不废其焉。”本书的主要不足处一是赶时尚，采用四六俪语，二是正如自序所云“不为考证而设”，疏于考订，不注出处，舛误较多。

此书出版后，盛行于宋末元明，影响四代五六个世纪的地志编纂，如《元大一统志》、明景泰（1450—1456）中《寰宇通志》、天顺（1457—1464）间《明一统志》，今从叶盛《水东日记》中还查出明《寰宇通志》最初定议中还有“采事实凡例一准祝穆《方舆胜览》”句。在当时，更受仕人重视，正如祝洙在跋中说：“先君子游戏翰墨，编辑《方舆胜览》行于世者三十余年，学士大夫家有其书。”今据杨守敬在日本见到祝穆自刻原书及《季沧苇书目》所载，祝太傅宅原刻前集43卷，后集7卷，续集20卷，拾遗附录若干条。其具体编排，杨守敬在《日本访书志》中说：自浙西路经广西路为前集，淮东、淮西两路为后集，自成都路至利西路为续集，“拾遗则自临安府至绍熙府每府州各补数条”。“其分数次开雕者，当因资费不足，随雕随印行，非别为起迄也。每卷标题《新编四六必用方舆胜览》，盖本为备四六之用也。”其子祝洙在28年后因原版字迹模糊，重整凡例，于咸淳二年（1266）至三年（1267）在寄籍地再版《方舆胜览》，现仍见存，可窥见家刻原书概貌。祝洙说《方舆胜览》在重梓当年已行世30余年，系说祝穆开雕前，已以抄本流传。祝洙的这个改编重订本，去掉“四六必用”4字，不分前、后、续集，并将拾遗附录各条插入有关府州军下，并新增500余条，厘为70卷，而各路顺序一以其旧。今查《季沧苇书目》、《天禄琳琅书目》、《皕宋楼藏书志》、《四库全书总目》所载，均为此种版本。1980年台北文海出版社、1986年上海古籍出版社均据此版影印行世。祝太傅宅在刻其数种自著时曾于宋理宗嘉熙二年（1238）由其干人吴吉申报两浙、福建转运司并经批准发布了版权保护文告，刻在书的前面以警告翻刻者。今据杨守敬《日本访书志》和叶德辉《书林清话》记载，其干人吴吉申两浙转运司禁书肆翻版的牒文如下：

两浙转运司录白

据祝太傅宅干人吴吉状，本宅见刊《方舆胜览》、《四六宝苑》、《事文类聚》凡数书，并系本宅贡士私自编辑，积岁辛勤。今来雕版，所费浩瀚。窃恐书市嗜利之徒，辄将上件书版翻开，或改换名目，或以节略《舆地纪胜》等书为名，翻开搀夺，致本宅徒劳心力，枉费钱本，委实切害。照得雕书，合经使台申明，乞行约束，庶绝翻版之患。乞给榜下衢、婺州雕书处张挂晓示。如有此色，容本宅陈告，乞追人毁版，断治施行。奉台判，备榜须至指挥。

右，令出榜衢、婺州雕书籍去处张挂晓示，各令知悉。如有似此之人，仰经所属陈告追究，毁板施行。故榜。

嘉熙贰年 (1238) 拾贰月　　日榜

衢、婺州雕书籍去处张挂

转运副使　　　　曾台押。

在这段文告下面，还有“福建转运司状乞给榜约束所属，不得翻开上件书版，并同前式，更不再录白”字样。这是迄今发现的安徽地区私刻书籍最早得到官方版权保护的文件，也是全国见诸全文的最早的版权保护文件。其子祝洙在28年后（咸淳二年）在建安刻《方舆胜览》时再次呈请福建、两浙转运司发布类似以前的版权保护文告，并刻在书的前面，文字略有不同，内容一致。

上述事例说明宋代开始保护版权，例禁翻印。

家刻其父鸿篇巨制的徽州知州魏克愚

成都路邛州浦江（今属四川省）的魏了翁[①]仲子魏克愚，字明已，号静斋，于淳祐十二年 (1252) 以军器监丞衔出任徽州知州，直至宝祐二年 (1254) 才交任于理宗“椒房之亲”谢暨。在徽州知州任上，他政绩昭著，嘉靖《徽州府志》说他在任上“先务辟贡闱，作桥梁，政恬事熙，民安其化”，说明他治理有方，重文兴教，关心地方建设，是乱世中的良吏。

他在徽州知州任上最值得一提的是淳祐十二年在紫阳书院以新安郡斋名义刻魏了翁撰《九经要义》9种263卷和《大易集义》六十四卷。其中，

---

① 魏了翁（1178—1237），魏克愚父，字华父，号鹤山。庆元进士。开禧二年（1206）出任嘉定知府。次年，韩侂胄北伐失利被杀，史弥远擅权，辞归白鹤山授徒讲学。嘉定（1208—1224）间，先后任汉州、眉州知州，迁潼川路提刑兼提举常平等事。嘉定十五年（1222），升兵部郎中，改司封郎中兼国史院编修。理宗（1225—1264年在位）初，因论事切中时弊，被弹降三级，谪往靖州居住。绍定四年（1231）起复旧职。次年进宝章阁待制、潼川路安抚使出任泸州知州，在知州任上兴文重学，筑城修防，并上章论当时十弊，获召回权吏部尚书兼直学院，擢端明殿学士、同签书枢密院事，督视京湖军马，再任江淮总督，旋改资政殿学士。嘉熙元年（1237），改任福建安抚使知福州，卒于任。著《鹤山集》《九经要义》《大易集义》等。

国家图书馆收藏有《九经要义》中的《周易要义》十卷[①]，《礼记要义》三十三卷[②]，《礼记要义》五十卷[③]计93卷中的73卷，版刻精良，印制技艺高超，以徽郡名纸为载体，一般学者都把它当作家刻经部的代表。此书版本价值大，《四部丛刊》影印《仪礼要义》五十卷就是国家图书馆的藏本，同版本台北故宫博物院也有珍藏。今传世的《仪礼》单疏有缺卷，可据《仪礼要义》补正。《周易要义》系魏了翁谪居靖州（1225—1231）7年间，将周子、邵子、二程子、张子、吕氏、谢氏、游氏、胡五峰、宋汉上、刘屏山、朱子、张宣公、吕成公、李心传等宋名儒17家解《易》编为《大易集义》又名《周易集义》六十四卷。又取魏了翁据《周易》《尚书》《毛诗》《周礼》《仪礼》《礼记》《春秋》《论语》《孟子注疏》摘编为诸经注疏，撰成《周易要义》十卷、《仪礼要义》五十卷、《礼记要义》三十三卷、《尚书要义》二十卷、《序说》一卷、《毛诗要义》二十卷、《谱序要义》一卷[④]、《周礼要义》三卷、《春秋要义》六十卷、《论语要义》、《孟子要义》[⑤]，后汇为《九经要义》。

魏克愚在徽州知州任上除上述已考定刻其父经学代表作品外，还在淳祐（1241—1252）中刊宋朱熹、吕祖谦同撰《近思录》十四卷，宋朱熹撰、王佖辑《朱子语录》又名《徽录》四十卷[⑥]等理应在徽州知州任上。

他还刊刻了由魏克愚辑、其父宋魏了翁撰《鹤山集》又题《重校鹤山先生大全集》一百一十卷。

---

① 存卷一至卷二、卷七至卷十，计6卷。

② 存卷三至卷三十三，计31卷。

③ 其中，目录、卷一至六、卷二十五至二十八、卷四十一至四十三为清抄配本，余为宋版。

④ 以上5种135卷今存，其中前3种93卷中存73卷宋版。

⑤ 以上4种128卷已佚。

⑥ 淳祐十二年（1252）紫阳书院刻宋王佖续编《朱子语录》四十卷，世称“徽本”、“徽录”，穆孝天、李明回著《中国文房四宝》第20页、《朱子全书·徽州刊朱子语录后序》第18册第4362页著录。经考，吕午淳祐辛亥（1251）良月望日序称，此书系在州守谢堂主持下，在魏鹤山提议下，由本郡式车洪勋、绣使蔡抗、泉使程元凤、山长张文虎等人资助下完成。该版本“字画明整，视蜀本为胜”。时州守应为魏克愚，又是其父提议，故应算在魏克愚头上。

综上所述，魏氏一生刻书就逾13种，近500卷，确为宋代大家刻家。

在徽州刻书具体为：

淳祐十二年魏克愚任徽州知州任上刻宋魏了翁撰《周易要义》十卷。《中国古籍善本书目·经部·易类》第57页、《中国古籍善本总目·经部·易类》第14页、《中国古籍总目·经部·易类·传说之属》第87页、《新编天一阁书目·天一阁进呈书目·经部·易类》第185页、《北京图书馆古籍善本书目·经部·易类》第二二页著录，国家图书馆仅存卷一至二、七至十计6卷5册不全本。该刊本半页9行，行18字，白口，左右双边。浙江图书馆天一阁分馆仅存明抄本一至二、七至十计6卷，上海图书馆仅存卷一至二计2卷明抄本，国家图书馆藏清徐乾学传是楼抄本由清季锡畴校，还有1部为清震无咎斋抄本由清翁心存校并跋及南京图书馆藏清抄并由丁丙跋这3部清抄本全。浙江图书馆天一阁分馆藏抄本。有乾隆帝题写五言古风一章。刘喜海天一阁见存书目例言有："御题书二种，佚于兵燹。"今访归卷一中下至卷二，卷七至十共2册，每册首钤天一阁印章。

淳祐十二年(1252)魏克愚刻宋魏了翁撰《仪礼要义》五十卷。《北京图书馆古籍善本书目·经部·易类》第七十一页著录，国家图书馆仅藏目录、卷一至六、二十五至二十八、四十一至四十三配抄本，24册本。该刊本半页9行，行18字，白口，左右双边。

淳祐十二年魏克愚任徽州知州时于新安郡斋刻其父宋魏了翁撰《礼记要义》三十三卷、《仪礼要义》五十卷、《周易要义》十卷计3种93卷。《中国版刻综录·宋代版刻》第18页、第28页、图版一二〇、《北京图书馆古籍善本书目·经部·礼类》第七十七页著录，国家图书馆藏《仪礼要义》五十卷，24册，今存38卷，余为清抄补，编号为8636、2466—2467；《礼记要义》三十三卷，国家图书馆藏号7275，仅存卷三至三十三计31卷线装16册，上有金锡爵跋；《周易要义》十卷，国家图书馆藏号为7259，今残存6卷（即卷一至二、卷七至十），线装5册。《文史·宋代刻书述略》第十四辑第159页说是私宅刻书。《中国古籍善本书目·经部·易类》第57页、《礼类》卷一、二著录，国家图书馆还藏有魏了翁撰《大易集义》[①]六十四卷中的卷一至五、卷十一至二十三、卷二十七至六十四计56卷另配清抄本，线装32册，书号为12387的宋刻本，其刻框高20.2×12.8，半页9行，行17字、18字不等，白口，左右双边。中共北京市委图书馆还藏明刻卷十至二十八、三十一、三十六至五十、六十四计36卷不全本。

魏氏这10种经学著述据《周易要义·方回跋》称，此书刻于徽州，版藏紫阳书院，其中《九经要义》版片毁于宋末兵燹，《大易集义》版片独存。方回在《跋〈周易集义〉》中说："（了翁）仲子太府卿静斋先生克愚明己壬子岁（淳祐十二年，1252）以军器监丞出知徽州，刊《周易集义》，置紫阳书院。以兵兴废，板尽毁。"[②]

魏克愚所刻版本在元代徽州仍在印刷和重新刻行。至元二十五年紫阳书院重刊宋魏了翁撰《周易集义》六十四卷、重刻宋魏了翁撰《周易要义》十卷计2种74卷。今查《万卷精华楼藏书记》卷二第七十二页载方回跋："徽州知州魏克愚所刻其父宋魏了翁撰《九经要义》及《周易集义》刊（板）置于紫阳书院，以兵兴废，书板尽毁，寻草创新书院于南门内，独《集义》仅有存者。今戊子岁（至元二十五年，1288），山长吴君梦炎首先补刊。会江东详刑使者太原郝公良弼深嗜易学……欣然割资相工，得回所藏墨本，率总府郡泮协助两山长及书院职事生员，醵泉讫役，半年而毕矣。"说明至元二十五年紫阳书院重刊宋魏了翁撰《周易集义》六十四卷。今国家图书馆藏此宋版元印本。

大德四年（1300）徽州路学教授徐拱辰重刻宋魏了翁撰《九经要义》9种二百六十三卷。《［弘治］徽州府志·学校·本府儒学》卷五载。但至今未查到国内藏家拥有此元版。

---

① 系别辑《易义》。

② 清耿文光《万卷精华楼藏书记》卷二第十二页引元至正二十五年(1365)徽州紫阳书院刻《周易集义》方回跋语。

元代书人

李改胡理学大家胡方平、胡一桂父子

胡允，字方平，又字师鲁，号玉斋、潜斋，宋婺源县梅田人。早年师从董梦程，继师朱熹二传弟子德兴沈毅斋（字贵瑶）、邑人董万里，深得朱熹《易》学真传。著《易学启蒙》[①]、《外易》四卷、《易余闲记》、通释《周易》不分卷等。传易学于子胡一桂。

元徽州路刊宋胡方平撰《易学启蒙》二卷、《附图》一卷计3卷。《中国古籍善本书目·经部·易类》第58页、《中国古籍总目·经部·易类·图说之属》第201页（作元刻本）、《木樨轩藏书题记及书录》第60页著录，国家图书馆、北京大学图书馆、湖南省图书馆、武汉大学图书馆及山东省博物馆藏。

胡一桂（1246—？），字庭芳又写成廷方、廷芳，以居室前有二小湖而自号双湖、双湖居士，学者称“双湖先生”。精于易，并师承有自，溯之本源，除父传授易学外，初饶州德兴沈贵宝授易于董梦程，梦程受朱子易于黄榦，而一桂父方平又从学于贵宝、梦程学易，并著《易学启蒙通释》。一桂学于方平，因此得朱子之源。景定五年（1264）乡荐参加礼部考试不中，回家教授乡里以终。成德在通志堂本《周易本义附录纂注》十五卷，“前有康熙丁巳（十六年，1677）成德序。是书体式悉依朱子本义原本，诸本皆作纂疏，本书作纂注。第一至末为五赞。集纂五书；《筮仪易图》及《十翼论》、《文言辨》、《本义》、《启蒙轮》。”并指出：“一桂易学出于其父方平，得朱子之正宗。是书最便初学。成德序曰：考亭之学一再传，后惟新安尤盛，父兄师友各自名家。若玉斋双湖父子其最著也。”《元史·儒学传》有传。著《易本义附录纂疏》

---

① 又名《易学启蒙通释》二卷、《图》一卷，明刻本易名为《朱子易学启蒙通释》二卷、《启蒙图式》一卷。

十五卷[①]、《易学启蒙翼传》又名《周易本义启蒙翼传》四卷[②]、《十七史纂古今通要》十七卷、[③]《诗集传附录纂疏》二十卷[④]、《朱子诗传附录纂疏》八卷、《诗传纲领附录纂疏》一卷、《双湖文集》又名《双胡先生文集》十卷[⑤]、《双湖先生诗》一卷[⑥]、《周易本义启蒙传外篇》一卷[⑦]。

十五卷及《易本义附录纂疏》二卷[⑧]、《四书提纲》、《历代编年》、《人伦事鉴》等，辑《在兹编》二卷[⑨]。

至元二十六年（1289）婺源胡一桂携其父胡方平撰《易学启蒙通释》二卷、《图》又名《启蒙图式》一卷计 2 种 3 卷于福建建阳熊禾之武夷书堂刻之。《中国古籍善本总目·经部·易类》第一十五页著录，国家图书馆藏元刻明修本，宜归于在书坊自费出版的家刻类。该刊本半

---

① 《万卷精华楼藏书记·经部一·易类三》卷三第 87—88 页著录。

② 以上 2 种均为《通志堂经解》《四库全书荟要》《四库全书》等丛书收入，《新编天一阁书目·天一阁明抄本闻见录·经部·易类》第 270 页著录，元皇庆新安胡一桂撰此书朱丝栏抄本，见阮目。其中卷一、二、四计 3 卷今藏上海图书馆。《万卷精华楼藏书记·经部一·易类三》卷三第 88—89 页著录，“通志堂本。前有皇庆癸丑（二年，1313）自序、目录、分上篇、中篇、下篇、外篇，为朱子一家之学，史称‘一桂精于易’”。

③ 以上 3 种均为《四库全书》收录，《中国古籍善本总目·史部·史评类》第七六八页著录，除大德（1297—1307）间及元刻本存世外，南京图书馆还藏清丁丙跋清抄元胡一桂撰此书及元董鼎撰《后集》三卷。《天禄琳琅书目》卷五第三十九页著录清内府藏元胡一桂撰、子昌祖正音《十七史纂古今通要》十七卷，元德兴董鼎，字季亨撰《后集》三卷计 2 种 20 卷 1 函 6 册本，前载元承务郎江南行台监察御史汪良臣序及胡一桂自序。

④ 《中国古籍善本总目·经部·诗类》第五〇页著录，复旦大学图书馆仅藏明抄卷八计 1 卷不全本。

⑤ 《中国古籍善本书目·集部·元别集类》第 431 页、《中国古籍善本总目·集部·元别集类》第 153 页、《中国古籍总目·集部·别集类·金元之属》第 440 页著录，上海师范大学图书馆藏此书康熙四十二年（1703）刻本。该刊本半页 9 行，行 20 字，白口，四周单边。

⑥ 清顾嗣立选、清席世臣续选本，收入康熙（1662—1722）间刻，嘉庆（1796—1820）、光绪（1875—1908）间增修《元诗选》丛书中。

⑦ 《中国古籍善本总目·经部·易类》第一十五页著录，南京图书馆藏清抄本。

⑧ 《中国古籍总目·经部·易类·传说之属》第 89 页著录，上海图书馆藏此书抄本。

⑨ 《中国古籍善本书目·集部·总集类》第 1691 页、《中国古籍善本总目·集部·总集类·断代》第一七七〇页、《中国古籍总目·集部·总集类·断代之属》第 3017 页著录，上海图书馆藏清抄本。该抄本半页 10 行，行 24 字，无格。

页10行，行20字，小字双行同，黑口，左右双边。

至元二十九年（1292）熊禾刻宋胡方平通释《易学启蒙》二卷、《图》一卷计2种3卷。《中国古籍善本总目·经部·易类》第一十五页著录，山东省博物馆藏。该刊本半页10行，行21字，注文小字双行低一格19字，小黑口，左右双边。

至元二十九年至至正二十七年（1292—1367）刻明修宋胡方平撰《易学启蒙通释》二卷附《图》一卷计3卷。《中国古籍总目·经部·易类·图说之属》第201页著录，北京大学图书馆藏。此年代肯定有误，不可能这么大年代跨度，后至元仅6年（1335—1340）还差不多。元刻明修另一版本，国家图书馆、北京大学图书馆、山东省图书馆、湖南省图书馆、武汉大学图书馆藏，元版存世有两种递修本。此书分别收入徐乾学辑刻《通志堂经解》《四库全书荟要》《四库全书》等丛书中。上海图书馆、南京图书馆、日本国会图书馆藏日本享和二年刻弘化三年杉原直养重修本。

大德四年（1300）胡一桂自刻《十七史纂古今通要》十七卷。《善本书室藏书志》卷十四、《中国古籍善本书目·史部·史评类》第1514页著录，北京大学图书馆（不全）、上海图书馆、国家图书馆及山东省博物馆藏元刻元胡一桂撰《十七史纂古今通要》十七卷、元董鼎撰《史纂通要后集》三卷，南京图书馆还藏清丁丙跋清抄此书。

大德（1297—1307）间刻元胡一桂撰《十七史纂古今通要》十七卷、元董鼎撰《后集》三卷计2种19卷。《中国古籍善本总目·史部·史评类》第七六八页著录，上海图书馆藏，北京大学图书馆及山东省博物馆藏本不全。该刊本半页11行，行21字，细黑口，双鱼尾，左右双边，有刻工。

皇庆二年（1313）元胡一桂自刊《周易本义启蒙翼传》三卷、《外编》一卷2种4卷又作《周易启蒙》四卷。《中国古籍善本书目·经部·易类》第60页、《中国古籍善本总目·经部·易类》第一十五页、《四库全书总目·经类·易类四》卷四第二十二页著录，上海图书馆、浙江图书馆天一阁分馆（仅存上、下外篇3卷不全本）藏。李盛铎《木犀轩藏书题记及书录》题“新安前乡贡进士胡一桂学”，该刊本半页11行，行21字，黑口，双鱼尾，双边，前有皇庆癸丑岁一桂自序，有阳文“一桂”方印。四川省（仅存下经第一、彖传上、下计3卷不全本）、原江苏国学（今南京）图书馆藏元刊本为《周易本义附录纂疏》十五卷。

此外，据《新安学系录·元汪幼凤撰〈星源续志·胡双湖传〉》称胡一桂还撰《人伦事鉴》《历代编年》行世。

延祐三年（1316）刻元陈栎撰《新安大族志》□卷。今日本东洋文库藏《新安大族志》之《金集》、《玉集》2册刻本，长32厘米，宽20厘米，未见编者、著者，但据日本学者多贺秋五郎考证为延祐三年刻，陈栎著。

元刻胡一桂撰《十七史纂古今通要》十七卷附元董鼎撰《史纂通要丛集》三卷计2种20卷。《中国古籍善本总目·史部·史评类》七七六八页、《北京大学图书馆藏古籍善本书目·史部·史评类》第216页、《北京图书馆古籍善本书目·史部·史评类》第一一五〇页著录，国家图书馆藏10册本。北京大学图书馆仅藏卷五至一十四计8卷6册不全本。该刊本半页11行，行21字，小字双行同，黑口，四周单边。

元刻元胡一桂撰《周易本义启蒙翼传》又名《周易启蒙翼传》四卷。《中国古籍总目·经部·易类·图说之属》第201页著录，上海图书馆、浙江图书馆天一阁分馆、日本昌平学藏，四川省图书馆仅藏3卷不全本。此书分别收入徐乾学辑刻《通志堂通经》《四库全书荟要》《四库全书》等丛书中。

胡一桂子胡思绍刊《易学启蒙易传》四卷。《中国古籍版刻辞典》第413页著录。该刊本半页11行，行21字。

延祐三年未查出处刻元婺源胡炳文撰《周易通义》十三卷。《增订四库全书简明目录标注》卷一、《贩书偶记续编·经部·附录》第

336 页著录延祐丙辰（三年）刊，明嘉靖元年（1522）重刊元新安胡炳文撰《周易本义通释》二卷、《十传》十卷。此书收入《通志堂经解》丛书中。

延祐（1314—1320）间婺源胡一桂刻宋王应麟撰《韩鲁齐三家诗考》六卷。《中国古籍版刻辞典》第 410 页著录。该刊本半页 11 行，行 22 字。

泰定四年（1327）建阳刘君佐翠岩精舍刻元婺源胡一桂撰《诗集传附录纂疏》二十卷、《诗序附录纂疏》一卷、《诗传纲领附录纂疏》一卷，元胡一桂辑《语录辑要》一卷计 4 种 23 卷。中华书局版《续修四库全书总目提要·经部·诗类》第三一七页（作元刻本，仅前 1 种）、《中国古籍善本总目·经部·诗类》第五〇页、《中国古籍总目·经部·诗类·传说之属》第 329 页（作 3 次著录，作 3 种版本）、《中国古籍善本书目·经部·诗类》第 136 页、《北京图书馆古籍善本书目·经部·诗类》第五〇页、《藏园群书经眼录·经部一》卷一第三十四页著录，国家图书馆（8 册本）、日本静嘉堂文库藏，广西壮族自治区图书馆、桂林图书馆藏不全，宜归家刻于书坊类。该刊本半页 11 行，行 22 字，小字双行 24 字，细黑口，四周双边。复旦大学图书馆藏明抄《诗集传附录纂疏》二十卷中卷八仅 1 卷。此书因流传极稀，未经采进，故《四库全书总目》未著录，仅朱氏《经义考》、钱氏补《元史艺文志》载，但仅作 8 卷，系不全本。

元刻元胡一桂纂《易本义附录纂疏》又名《周易本义附录纂疏》、《易附录纂疏注》十五卷。《中国古籍善本总目·经部·易类》第一十五页、《香港所藏古籍书目·经部·易类》第 3 页、《中国古籍总目·经部·易类·传说之属》第 89 页著录，上海图书馆、香港中文大学图书馆（2 册本）藏，四川省图书馆仅藏下经第一、易经上下不全本，浙江图书馆天一阁分馆藏上篇、下篇、外篇不全本。该刊本半页 10 行，行 20 字，小字双行 24 字，小黑口，左右双边。此书收入康熙（1662—1722）、同治（1862—

1874）、日本文化间刻《通志堂经解》本中，乾隆（1736—1795）间抄《四库全书荟要》中易名《周易本义附录纂疏》，乾隆（1736—1795）间抄《四库全书》本为《易附录纂疏》。

泰定四年（1327）建阳刘君佐翠岩精舍刻胡一桂撰《周易本义附录纂疏》十五卷。《四库全书总目·经部·易类四》卷四第二十二页著录，江苏国学（今南京）图书馆藏。今有下经第一，彖传上、下3卷。宜归家刻于书坊类。

泰定四年（1327）建阳刘君佐翠岩精舍刻元胡一桂撰《周易本义启蒙翼传》四卷。此书即《周易本义启蒙翼传》三卷、《外篇》一卷。李盛铎《木樨轩藏书题记及书录》60页、《四库全书总目·经部·易类四》卷四第二十二页著录，北京大学图书馆、上海图书馆藏。宜归家刻于书坊类。《天禄琳琅书目》卷五第一页著录清内府藏元仿宋刻此书4卷1函8册本，为元刻本中的佳椠。

元刻元胡一桂撰《易本义附录纂疏》十五卷。《香港所藏古籍书目·经部·易类》第3页著录，香港中文大学图书馆藏2册本。

元刻元胡一桂撰《十七史纂古今通要》十七卷。《北京大学图书馆藏古籍善本书目·史部·史评类》第216页著录该馆藏仅存卷五、卷八至卷一十四计15卷6册本。

元徽州路刊宋胡方平撰《易学启蒙》二卷、《附图》一卷计3卷。《中国古籍善本书目·经部·易类》第58页、《中国古籍总目·经部·易类·图说之属》第201页（作元刻本）、《木樨轩藏书题记及书录》第60页著录，国家图书馆、北京大学图书馆、湖南省图书馆、武汉大学图书馆及山东省博物馆藏。

著述丰富的理学大师方回

方回（1227—1307），字万里，又字渊甫，号虚谷，自号紫阳居士，徽州路歙县联墅人。其父方琢为南宋官员，方回幼时随父宦游两广，名、字义也取此。

方回自幼聪慧，父病死广东后回歙跟随叔父方瑑读书，年轻时诗文名重乡里，受到同乡著名诗人方岳的称赞。郡守魏克愚器其诗才，聘为幕宾。南宋景定壬戌三年（1262）别省登第，中了进士。先后担任池阳（今安徽省池州市贵池区）茶盐、安吉（今浙江省湖州市安吉县）通判、严州（今浙江省建德县城东故建德县城）知州等职。元兵攻陷临安（今浙江省杭州市）后，奉宋太后及恭宗（赵㬎，1275 年正月即位，1276 年正月降元，封瀛国公）诏书举城降元，任元建德路（由严州升）总管兼府尹。累迁通议大夫。不久，罢官。此后 20 余年间往来于杭、歙间，致力于诗作和诗论的写作，以卖文为生，兼讲学于紫阳书院及宋末棠樾鲍寿所建西畴书院及自己创办的虚谷书院，倡讲道学，倡刻书籍，专心著述，尤其是以独到的见解着力于编选唐宋以来律诗的总集《瀛奎律髓》上。

他在诗歌创作上极力反对宋末四灵诗派和江湖诗派的卑俗诗风，在理论上标榜江西诗派，提倡以杜甫为一祖，黄庭坚、陈师道、陈与义为三宗的“一祖三宗”诗论，名重当时。他作诗万首，诗风朴实通俗，反映社会生活，尤其是有不少反映了宋亡后人民生活的痛苦，表达了抗议民族压迫的思想感情。

他在为文讲学中“一尊朱子，崇正辟邪，不遗余力，居然醇儒之言。就文言文，要不可谓其悖于理也”。[①] 所著《续古今考》《桐江集》就是理学著作代表。同时也是宋末元初著名的文学家、诗人和私人刻书

① 《四库全书总目·集部·别集类一九》卷一六六第一四二三页，中华书局，1965。

家。所著载于《四库全书总目》的有《桐江集》[①]，因受知于魏克愚，故续其父魏了翁《古今考》而作《续古今考》三十七卷[②]，辑《文选颜鲍谢诗评》四卷[③]、《瀛奎律髓》四十九卷[④]，《元史·艺文志》还载有他于至元十四年（1277）撰《建德府节要图经》（久佚）[⑤]等。《皕宋楼藏书记》卷九十五第八页却载元方回撰《方虚谷桐江集》二十卷、《补遗》一卷，元紫阳方回万里撰《虚谷桐江续集》四十八卷，是因版次不同，分卷不一。

除上述外，《[民国]歙县志·艺文志》卷十五还载有《读易析疑》[⑥]、《易中正考》[⑦]、《易吟》、《尚书考》[⑧]、《仪礼考》[⑨]、《衣裳考》[⑩]、

---

① 即《虚谷集》八卷、《续集》三十七卷，《安徽艺文考·集部·别集五》著录《桐江集》八卷，国家图书馆藏清抄《方虚谷桐江集》4卷本，原江苏国学（今南京）图书馆藏清鲍廷博抄校《方虚谷桐江集》4卷。《四库全书总目·附录·四库未收书目提要》第一八六〇页著录为8卷。《四库全书总目·集部·别集类十九》卷一六六第一四二三页著录《桐江续集》三十七卷，国家图书馆藏清抄本题《虚谷桐江续集》四十八卷中36卷，原江苏国学图书馆藏鲍廷博抄校《虚谷桐江续集》三十七卷。经考，此书为方回在守严州被罢后所收诗作，严州刻本《桐江集》已超过65卷，此版已失。据存世自序称为20卷，《千项堂书目》作50卷，《四库全书》作37卷，四库馆臣还考证出有家刻本和其他元刻本。因此，《桐江集》最起码有65卷。

② 《四库全书总目·子部·杂家类二》卷一一八第一〇二二页著录宋魏了翁撰《古今考》一卷、元方回撰《续古今考》三十七卷。

③ 《四库全书总目·集部·总集类一》卷一八六第一六八六页著录，原江苏国学图书馆藏红格抄本。

④ 《四库全书总目·集部·总集类三》卷一八八第一七〇七页著录，自明成化（1465—1487）间滁州人龙遵任徽州知府时叙刊初刻行世后，徽州域内域外版本很多。如国家图书馆藏成化三年（1647）紫阳书院刊本、康熙四十九年（1710）陈士泰校刊本。安徽省图书馆藏康熙五十一年（1712）石门吴宝芝黄叶村庄校刊本、康熙五十一年苏州绿荫堂刊纪昀评本、清末扫叶山房刊本、清刊《忏花庵丛书》刊本等。

⑤ 《安徽艺文考·地理二上》著录。

⑥ 《安徽艺文考·易一》著录，已佚。

⑦ 《安徽艺文考·易一》著录，已佚。

⑧ 《安徽艺文考·书》著录。

⑨ 《安徽艺文考·礼一》著录，已佚。

⑩ 《安徽艺文考·礼》著录，已佚。

《玉考》[①]、《皇极经世考》[②]、《古文历象考》、《鹿鸣》二十二篇、《乐歌考》一卷、《礼记明堂位辨》、《先觉年谱》[③]、《名僧诗话》一卷[④]、《璧流集》、《宋季杂传》二卷[⑤]、《虚谷闲钞》一卷[⑥]等。

元大德三年(1299)，他所创办的虚谷书院刻宋李弥逊撰《筠溪牧潜集七类》不分卷，为元代私刻精本。尤其是成书于元至元二十年(1283)的《瀛奎律髓》，据自序称，该书名取十八学士登瀛洲，五星聚奎义而定“瀛奎”，入选均采唐宋近体诗的五、七言律诗，而名“律髓”。其共选唐、宋五、七言律诗385家，3014首(含重出22首)，按登贤、朝省、怀古、庭宇、升平、宦情、风怀、宴集、老寿、春日、夏日、秋日、冬日、晨朝、暮夜、节序、晴雨、茶、酒、梅花、雪、月、闲适、送别、拗字、变体、着题、陵庙、旅况、边塞、宫阃、忠愤、山岩、川泉、论诗、技艺、远外、消遣、兄弟、子息、寄赠、迁谪、疾病、感旧、侠少、释梵、仙逸、伤悼等48类分类编纂，详加圈点、批评，真不愧为唐、宋律诗精粹！该书保存了一些失传的唐、宋文集中的诗作和资料，正如《四库全书总目提要》指出：“宋代诸集不尽传于今者，颇赖以存。而当时遗闻旧事，亦往往多见于其注。故厉鹗作《宋诗纪事》，所采最多。其议论可取者，亦不一而足。”[⑦]该书对中国文学史的研究提供了经过整理编次的珍贵资料。同时，又是江西诗派学理论的总结继承性著作。元、明、清诸代迭有版印。1986年上海古籍出版社出版了复旦大学李庆甲教授集校批点的《瀛奎律髓汇评》这部遗著。该书是目前搜罗充分，校勘精审，编排详备，

---

① 《安徽艺文考·礼》著录。

② 《安徽艺文考·礼一》著录，已佚。

③ 《安徽艺文考·传记二上》著录。

④ 《安徽艺文考·诗文评》著录为60卷。

⑤ 《安徽艺文考·传记二上》著录。

⑥ 先后被明刊《说郛》、明刊《古今说海》、《五朝小说》、《说库》、《古今说部丛书》等丛书收入。

⑦ 《四库全书总目·集部·总集类》卷一八八第一七〇七页，中华书局，1965。

包括各家的汇评，并附有一向无刻本的方回著作《文选颜鲍谢诗评》四卷及方回传记资料和全国各大图书馆对《瀛奎律髓》各种版本的收藏情况。

方回因人品和政治上失节，向为后世诟病。有关史料记载他："居乡以骗胁为事，被害者怨之切齿，遂寓居杭之三桥旅楼不敢归。"他初媚事南宋权奸贾似道，后贾败又首先弹劾他。在任严州守时又奉命降元。周密在《癸辛杂识》中还称他："老而益淫，凡遇妓则跪之，略无耻心。所爱二婢，其一为人夺去，乃作《怅惋诗》揭于通衢，人咸笑之。"经考方回全部历史，上述不少对方回的评价是失之偏颇的。细检方回遗文，在他的《桐江续集》中就有记载贾似道在鲁港丧师后，群臣怕他复出，独方回不考虑得失，秉笔上书，历数贾似道十大罪状，继又上书陈述贾似道与廖莹中罪恶当诛，大快人心。又请罢王爚平章以佚其老等，并没有什么隐恶扬善阿附之言，言肯意切，爱憎分明。我们应该历史地辩证地评介一个历史人物，不能一叶障目不见泰山，更不能抓住一些细枝末节对人格进行诋毁，也不能以周密泄私愤诋毁之词来屈断方回。而且他在建德府任上及奉宋太后诏书举城降元，仍任建德路总管兼府尹 7 年，热心公益事业，境内大治，自己也清正廉明，清贫归里后不复仕元，终老以文学为务，著述丰富。方回在我国学术史、文学史上的地位是应当充分予以肯定的。

方回创办的虚谷书院校刻图书不少。据现掌握有关资料共刻书 9 种 162 卷以上：

至元二十年（1283）方回自刻所撰《瀛奎律髓》四十九卷。《天禄琳琅书目续编》卷十一著录，《增订四库简明目录校注》卷十九载为巾箱本，其板至明天顺（1457—1464）间才废。

元贞（1295—1297）间虚谷书院刻元歙县鲍云龙撰《天原发微》五卷，今国家图书馆藏，应为此书初刻本。

元贞二年（1296）方回虚谷书院为郑昭祖[①]校刻宋鲍云龙[②]撰《天原发微》六卷。王重民《中国善本书提要·子部·术数类》第281页著录，国家图书馆藏2残卷1册。原题："鲁斋鲍云龙景翔编著，虚谷方回万里校正。"该刊本半页7行，行22字，注双行（19×11.3），为此书二刻本。《天禄琳琅书目》卷九第九页著录清内府藏2函10册本、1函4册本各1部。有方回至元辛卯（二十八年，1291）、元贞丙申（二年，1296）二序，戴表元[③]大德己亥（三年，1299）序及曹泾[④]元贞丙申（二年）跋。

大德三年元方回虚谷书院刻宋李弥逊撰《筠溪牧潜集》七类不分卷（一作七卷）。上海古籍帐别出版社版《文献学讲义》第218页、《书林清话》第九十六页著录。国家图书馆藏号为8506/286，著录为《筠溪牧潜集》七卷，元释圆至[⑤]撰，大德刻本，线装1册;《中国版刻综录·元

① 郑昭祖，字孔昭，歙县人。元初以荐除广南西道儒学提举，不赴。

② 鲍云龙（1226—1296），字景翔，号鲁斋，时人称"上乡先生"，宋末歙县霞峰（今上丰乡霞江村）人。宝祐六年（1258）中举，景定（1260—1264）中乡贡进士。他博通经史，尤精易学，操童子业终生，入元不仕。著《天原发微》五卷、《大月令》、《筮草砚几》等书。所著《天原发微》内容为附会周易、探讨天人关系，阐发天地人神的道理。该书先列诸儒学说，继以己见附后，依《易大传》天数25条而立25篇，博考详究，条分缕析，成为儒学中的重要著作。他还是有文字记载登黄山莲花峰第一人，比明代大旅行家徐霞客登黄山早350多年。当是时为南宋咸淳四年（1268）秋冬之际，他与歙人、国史院编校吴龙翰、文士宋复一行三人自带干粮，花了3天时间自丹崖登上莲花峰并夜宿莲花峰顶，吴龙翰写了《黄山纪游》，他则即兴赋诗。

③ 戴表元，字帅初，奉化人。咸淳（1265—1274）中进士，大德八年（1304）拜信州教授，调婺州，以疾辞。

④ 曹泾，字清甫，号宏斋，歙县人。至元（1264—1294）中授紫阳书院山长。著《服膺录》、《读书记》等。

⑤ 释圆至，字牧潜，号天隐，高安人。至元后，他足迹遍荆襄吴楚，除精禅理外，工诗善文，其诗清婉。还注宋周弼辑《笺注唐贤绝句三体诗法》二十卷、《碛砂唐诗》三卷(康熙十九年[1680]刻本，湖北省、湖南师范大学图书馆藏，此书明代刻本存世较多，如国家图书馆、北京大学图书馆、故宫博物院图书馆、清华大学图书馆、北京师范大学图书馆、中央戏曲研究院图书馆、中国社会科学院文学研究所图书馆、天津图书馆、上海图书馆、吉林大学图书馆、无锡市图书馆、江西省图书馆、福建师范大学图书馆、杭州市图书馆、中山大学等图书馆都存明刻本，有的还是多种明刻本）等。

代版刻》第30页著录为元释圆至撰《牧潜集七类》不分卷。《藏园群书经眼录·集部四》卷十五第一三〇九页著录元刊本半页12行，行21字，白口，四周双边。全书不分卷，以类相从，分诗、铭、碑、记、序、杂著、榜疏七类，至明径分为七卷。

国家图书馆善本部李志忠先生还指出方回在大德九年（1305）刻元释圆至撰《笺注唐贤三体诗读法》二十卷。估计于国家图书馆藏。

此外，方回家刻本主要为自著。如其子方存心、正心刊行其撰《桐江续集》三十七卷，根据是《四库全书总目·集部·别集类一九》第一四二三至一四二四页著录本书卷三末有“男方存心、正心刊行”字样，卷十末题“甥侄汪庭芝谨编”，说明也是家刊本。

另方回就其师宋魏了翁撰《古今考》一卷而补作《续古今考》三十七卷，一并付梓，应为方回自刻本，时间待考。但刘尚恒先生作泰定（1324—1328）间，误，因此时方回已弃世十几年[①]。

此外，方回的不少著作以家刻行世。今据四库馆臣在阅读浙江孙养曾家藏《桐江集》三十七卷后说：“今观集中四卷末题‘从事郎宁国路儒学教授同金生曹祐编次’。五卷末题‘男方存心、正心刊行’。六卷末题‘表侄初授徽州路儒学教授冯蒙龟、林一桂等刊’。九卷末题‘俵侄刘秉懿谨编刊行’。十卷末题‘甥侄汪庭芝谨编’。二十五卷末题‘古杭徐芝石宅沧浪山房刊行’。二十七卷末题‘学生徐编次’，而佚其名，则后人所增益，非其旧也。此本犹元时旧刻。有玉兰堂印，又有季沧苇藏书印。盖文征明所藏，复归泰兴季振宜者。诗集缺一卷、二卷、三卷、二十一卷、二十三卷、二十四卷、二十六卷、三十二卷、四十一卷，仅存二十九卷；文集惟第一卷目次可辨，余皆初刊稿本，卷字下但有墨台，不知首尾，以数计之，约存八卷。中间颇有阙页，无别本可校，今亦仍之。观（石门）吴之振重刊《瀛奎律髓》，疑书首一序非回所作。今集

① 详见刘尚恒著《徽州刻书与藏书》第31页。

中载此文在送王俊甫序后，刘子敬吟卷序前，知之振未见此集，则亦希观之本，不以残阙废矣。”[①] 据此，此书元刊本中除严州人汇刻65卷外，尚有其子方存心、正心家刻本；《桐江续集》三十七卷，徽州路儒学官刻本，即元徽州路儒学教授冯梦龟、林一桂等刊元方回撰《桐江集》八卷、《桐江续集》三十七卷。杭州徐氏沧浪山房本及元刊37卷本等。

方回著作家刻及其元刻本被掌握为：

元徽州路儒学教授冯梦龟（方回俵侄）、林一桂等刊元方回撰《桐江集》八卷、《桐江续集》三十七卷计2种45卷。《四库全书总目·集部·别集类一九》卷一六六第一四二三至一四二四页著录。据该目载：“今观集中四卷末题从事郎宁国路儒学教授同舍生曹祐编次；五卷末男方存心、正心刊行；六卷末题初授徽州路儒学教授冯梦龟、林一桂等刊；九卷末题表侄刘秉懿谨编刊行；十卷末题甥侄汪庭芝谨编；二十五卷末题古杭徐芝石宅沧浪山房刊行；二十七卷末题学生徐编次而佚其名。则后人所增益，非其旧也。此本犹元时旧刻。”此书在元代可考有4刻，其中3次在徽州中一次为官刻，两次为家刻，且卷数有区别。

西递村“七哲祠”七哲之一的胡炳文

胡炳文（1250—1333），字仲虎，号云峰，学者称“云峰先生”，卒谥“文通”，系明经胡氏（即李改胡）后裔、朱熹门人胡师夔（号易简居士）孙、朱熹裔孙朱小翁入门弟子胡斗元[②]子，婺源考水人。幼好学，知识渊博，是新安理学大家，对诸子、阴阳、医、卜、星历、术数均有很深的研究，先后任江宁教谕、信州路学录和延祐（1314—1320）间任信州道一书院山长，后与侄胡淀创建婺源新安明经书院并自任山长。曾

① 永瑢等撰《四库全书总目·集部·别集类一九》卷一六六第一四二三页，中华书局，1965。

② 字声远，卒后门人私谥“孝善先生”，婺源县人。传《易》学于前进士朱洪范。

调兰溪县学正，不赴。他的家族是朱学嫡传，学术重心在于“羽翼晦庵之说，会同辨异”，学术主张“以博闻实践为要，其议论皆本于天衷民彝之粹，其文章则如布帛菽粟之不可无”，“先生之文，一本于吾儒之道，可以淑人心，扶世教，其源有自，其流无穷”，“东南学者宗之”[①]，所以，清赵吉士说他与胡一桂“俱能力肩正学，有功后进”[②]。著有《四书通》三十四卷、《易本义通释》十二卷、《性理通》、《朱子启蒙》、《纯正蒙求》、《启蒙通义》、《易五赞通释》、《春秋集解》、《礼书纂述》、《大学指掌图》、《四书辨疑》、《五经会意》、《尔雅韵语》、《云峰文集》二十卷、《云峰笔记》、《讲义》二百篇、《朱子感兴诗通》一卷[③]、《云峰文集易义》一卷[④]、《文公感兴诗通》一卷[⑤]、《大学通》一卷[⑥]等书。其中，《周易本义通释》十二卷、《四书通》二十六卷、《纯正蒙求》三卷[⑦]、《周易本义通释》十卷辑录《云峰文集易义》一卷计2种11卷[⑧]、《云峰集》十卷，[⑨]还著有《书集解》、《易五赞通释》等。

---

① 程瞳：《新安学系录·胡云峰遗事》卷十二第二三二至二三三页，黄山书社，2006。

② 赵吉士：《寄园寄所寄》卷十一。

③ 国家图书馆分别藏明刻、成化二十三年（1487）熊绣刻本。

④ 《中国古籍善本总目·经部·易类》第一十六页、《中国古籍总目·经部·易类·传说之属》第90页著录，由九世孙胡珙辑录。

⑤ 《中国古籍善本总目·集部·元别集类》第一三三三页著录，国家图书馆、北京大学图书馆藏明成化二十三年熊绣刻本，国家图书馆还藏明刻本。

⑥ 收入《通志堂经解》、《四库全书荟要》、《四库全书》及靖江朱勋刻《四书通》等丛书中。

⑦ 《中国古籍善本总目·子部·类书类》第一〇六五页、《中国古籍善本书目·子部·类书类》第824—825页著录，吉林大学图书馆藏嘉靖十年（1531）刻本，南京图书馆藏清丁丙跋明刻本。

⑧ 《新编天一阁书目·天一阁明抄本闻见录·经部·易类》第269页著录，据嘉靖元年（1522）刊本蓝丝栏抄本元延祐丙辰（三年，1316）新安胡炳文撰《周易本义通释》十卷辑录《云峰文集易义》一卷计2种11卷，见阮目。

⑨ 分别收入《四库全书》经部、子部、集部。《中国古籍善本书目·集部·元别集类》第448页、《中国古籍总目·集部·别集类·金元之属》第442—443页著录，国家图书馆藏弘治二年（1489）蓝章刻元胡炳文撰，明胡用光、胡濬辑《云峰胡先生文集》则为14卷并有《附录》一卷计15卷；国家图书馆（2部，其中1部为递修本）、上海图书馆、南京图书馆及中国社会科学院文学研究所、历史研究所藏正德三年（1508）何歆、罗缙刻元胡炳文撰《云峰胡先生文集》本则为10卷。其中南京图书馆藏本为清丁丙跋递修本。

现黟县西递村头的“七哲祠”就是纪念明经胡后人胡炳文、胡伸、胡斗元、胡次焱、胡一桂、胡方平、胡默的专祠。

胡炳文著作元刻本主要有：

天历二年（1329）浙江行省儒学提举杨志行命婺源张存中[①]督建安余志安勤有堂刻元婺源胡炳文撰《四书通》二十六卷。其细目为：

《大学通》一卷；

《中庸通》一卷[②]；

《论语通》十卷[③]；

《孟子通》十四卷[④]。

《中国古籍善本书目·经部·四书类》第325页、《中国古籍善本总目·经部·四书类》第一二九页、《中国古籍总目·经部·四书类（分4次录入，详子书注）·四书总义·传说之属》第858页、《北京图书馆古籍善本书目·经部·四书类》第一二〇页著录，国家图书馆藏16册本1部。该刊本半页11行，行19字，小字双行21字，黑口，四周双边。另一部仅存《孟子》14卷1种7册。该刊本半页11行，行19字，小字双行21字，细黑口，四周双边。此书前有泰定戊辰（1328）、甲子（1324）两自序及新安张存中跋。跋有“泰定三年（1326）奉浙江

---

① 张存中，字德庸，号兰石，人称“兰石先生”，婺源县游汀人。名儒胡炳文门人，性嗜书，博览群书，尤精于“四书”。因其师胡炳文《四书通》详于义理，而略于名物，因著《四书通证》六卷，国家图书馆藏元刊本及天历二年余志安勤有堂刊本《论语》下、《孟子》上下及《中庸》计4卷1册残本。

② 《中国古籍总目·经部·四书类·中庸·传说之属》第753页著录，国家图书馆藏中此子书，国家图书馆、中国科学院图书馆、上海图书馆、南京图书馆藏靖江朱勋刻《四书通》本此子书。还收入《通志堂经解》、《四库全书荟要》、《四库全书》等本中。

③ 《中国古籍总目·经部·四书类·论语·传说之属》第787页著录，国家图书馆藏，日本内阁文库藏元建安南涧书堂刻《四书通》本中此子书。还收入《通志堂经解》《四库全书荟要》《四库全书》等丛书中仍为全书《四书通》。

④ 《中国古籍总目·经部·四书类·孟子·传说之属》第826页著录，国家图书馆藏元天历二年勤有堂刻《四书通》本元胡炳文撰此子书。还收入《通志堂经解》《四库全书荟要》《四库全书》及靖江朱勋刻《四书通》等丛书中。

儒学提举志行杨先生命，以胡先生《四书通》委令赍付建阳县书坊刊印。建安余君命工绣梓，三稔始就”。《［民国］歙县志·艺文志·书目》卷十五第四页仅著录《四书通证》六卷，误。经查国家图书馆所藏 4 部元刻《四书通证》作者是胡炳文学生张存中撰。此丛书分别收入《通志堂经解》《四库全书荟要》《四库全书》等本中。

元刻元胡炳文撰《孟子通》十四卷附元张存中编《孟子集注通证》二卷计 2 种 16 卷。《藏园群书经眼录·经部二·四书类》卷一第九十八页著录，傅增湘于壬子年（1912）春见于正文斋谭笃生处。该刊本前 1 种，半页 11 行，行 19 字，注 20 字，小字双行 20 字。《孟子集注通证》题“新安后学张存中编”，半页 13 行，行 24 字，注同，低 1 格。该刊本字体圆湛精美。此书为胡炳文所撰“四书通”之一。

延祐三年（1316）未查出处刻元婺源胡炳文撰《周易通义》十三卷。《增订四库全书简明目录标注》卷一、《贩书偶记续编·经部·附录》第 336 页著录延祐丙辰（三年，1316）刊，明嘉靖元年（1522）重刊元新安胡炳文撰《周易本义通释》二卷、《十传》十卷。此书收入《通志堂经解》丛书中。

以教育为终身职业的大学者陈栎

陈栎（1252—1334），字寿翁，以所居堂名定宇，学者称“定宇先生”，晚号东皋老人，有勤有堂，休宁县滕溪人。《元史·列传第七十六·儒学》卷一百八十九说他“三岁，祖母吴氏口授《孝经》、《论语》，辄成诵。五岁入小学，即涉猎经史。七岁通进士业。十五，乡人皆师之”。[①] 他师事徽州名儒黄常甫（智孙），致力于儒学。宋亡，他隐居于乡里 36 年，以著述、教书为业。延祐初[②]，陈栎为有司强迫参考乡试中举，但不参

---

① 中华书局，1976 年版第四三二一页。

② 徐按，为延祐元年（1314）甲寅。

与考进士的礼部试，终生以教书为业。此后足不出户，以布衣终。他性孝友，行遵礼法，与人交往，不以势合，不以利迁。教书育人60余年，循循善诱，诲人不倦，名儒朱升、倪士毅均为其入门高足。临川大儒吴澄盛赞陈氏有功于朱学，凡江东去吴处求学者，尽遣而归陈。揭傒斯在其墓志铭中称："澄居通都大邑，又数登用于朝，天下学者四面而归之，故其道远而彰，尊而明。栎居万山间，与木石俱，而足迹未尝出乡里，故其学必待其书之行，天下乃能知之。及其行也，亦莫之御，是可谓豪杰之士矣。"学术上把他与吴澄并称。其学以朱子为归，"尝以谓有功于圣门者，莫若朱熹氏，熹没未久，而诸家之说往往乱其本真，乃著《四书发明》、《书传纂疏》[①]、《礼记集义》"[②]及《论孟训蒙》、《口义书解》、《深衣说》、《书解折衷》、《读易编》、《读诗记》、《六典撮要》、《三传集注》[③]、《增广通略》又名《重刻定宇陈先生增广通略》四卷[④]、《感应经》一卷[⑤]、《勤有堂随录》一卷[⑥]等书。"凡诸儒之说，有畔于朱氏者，刊而去之，其微词隐义，则引而伸之；而其所未备者，复为说以补其阙。于是朱熹之说大明于世"[⑦]，被誉为"朱子功臣"[⑧]。汪炎昶称他所论"精深且醇正"[⑨]，因此明修《四书大全》，多引陈栎所言。还著《诗经句解》、《诗大旨》、《论语训蒙口义》、《尔

---

① 笔者按，又名《尚书集传纂疏》、《书集传纂疏》，收入康熙十九年（1680）通志堂刻《通志堂经解》140种丛书中。

② 同前。

③ 《休宁名族志·陈·陈村》二卷第三八一页作《三传节注》。

④ 中央民族大学图书馆、吉林大学图书馆藏崇祯八年（1635）陆锡明刻本，该刊本半页9行，行21字，白口，四周单边。

⑤ 收入康熙十九年通志堂刻《通志堂经解》140种丛书，清顺治三年（1646）周南李际期宛委山堂刻明陶宗仪辑、明陶珽重校《说郛》1246种丛书中。

⑥ 安徽师范大学图书馆藏清刊本，清抄本北京大学图书馆、东北师范大学图书馆藏，分别收入《四库全书》、《学海类编》丛书中。

⑦ 同上。

⑧ 赵吉士《寄园寄所寄》卷十一。

⑨ 程曈《新安学系录·陈定宇行状略》卷十二。

雅翼节本》、《字训注释》一卷、《定宇诗余》一卷、《定宇集》十六卷《别集》一卷、《礼记集义译解》十卷、《资治通鉴精节》无卷数、《希姓略》一卷、《姓氏源流》一卷、《中庸口义》、《四书发明》三十八卷、《四书考异》十卷、《历朝通略》四卷、《尚书集传纂疏》六卷、《新安大族志》等30余种。陈嘉基编《定宇先生年表》一卷可供研究者参考。

延祐三年（1316）刻元陈栎撰《新安大族志》口卷。今日本东洋文库藏《新安大族志》之《金集》《玉集》2册刻本，长32厘米，宽20厘米，未见编者、著者，但据日本学者多贺秋五郎考证为延祐三年刻，陈栎著。

追随朱子学说的理学家程复心

程复心（1256—1340），字子见，号林隐，学者称“林隐先生”，元婺源州高安人。性敏悟敦厚，自幼致力于理学研究，师朱洪范，与胡炳文互为师友。至大（1308—1311）间向元廷献书，特授徽州路儒学教授，以母老乞归。著《孔子论语年谱》一卷、《孟子年谱》一卷[①]、《四书章图发义》又名《四书章图概括总要发义》二卷一作二十二卷、《四书语录纂释》二十卷、《大学章图纂释》二十卷、《论语注问纂释》十卷、《论语辑释》二十卷[②]等。

其著作元版有：

元刻元程复心撰《四书章图纂释》二十卷。《北京图书馆古籍善本书目·经部·四书类》第一二一页著录，国家图书馆仅藏《孟子》卷一

---

① 《北京大学图书馆藏古籍善本书目·史部·别传一年谱》第100页、《中国古籍总目·史部·传记类·年谱之属》第846页著录，北京大学图书馆藏清抄本元程复心撰《孔子论语年谱》一卷、《孟子年谱》一卷各一册。有俞思谦、周广业、李遇孙跋，收入《学海类编》、《丛书集成初编》等丛书中。

② 《中国古籍总目·经部·四书类·论语·传说之属》第788页著录，国家图书馆藏明初刻《四书辑释》本中元倪士毅撰、元程复心图、明王元善通考此书。

至二、五至七计 5 卷 4 册不全本。该刊本半页 13 行，行 20 字，小字双行 24 字，黑口，四周双边。

元德新堂刻《四书章图纂释》本中宋朱熹撰、元程复心纂释《大学或问纂释》一卷。《中国古籍总目·经部·四书类·大学·传说之属》第 734 页著录，日本内阁文库藏。

元刻《四书章图纂释》本中宋朱熹撰、元程复心纂释《中庸章句章图纂释》一卷。《中国古籍善本总目·经部·四书类》第一二六页著录，山东省博物馆藏 45 页残本。该刊本半页 13 行，行 20 字，小字双行 24 字，黑口，四周双边。

元德新堂刻宋朱熹撰、元程复心纂释《四书章图纂释》本中《论语注问辑释》十卷。《中国古籍总目·经部·四书类·论语·传说之属》第 788 页著录，日本内阁文库藏。

元德新堂刻宋朱熹撰、元程复心纂释《孟子注问纂释》七卷。《中国古籍总目·经部·四书类·孟子·传说之属》第 827 页著录，日本内阁文库藏。

元后至元三年（1337）富沙碧湾吴氏德新堂刻宋朱熹撰、元程复心纂释《四书章图纂释》4 种十九卷。其子目为：

《大学或问纂释》一卷；

《中庸或问纂释》一卷；

《论语注问纂释》十卷；

《孟子注问纂释》七卷。

《中国古籍总目·经部·四书类·四书总义·传说之属》第 860 页著录，日本宫内省图书寮、日本内阁文库藏。

后至元三年（1337）富川碧湾吴氏德新堂刻婺源程复心撰《四书章图纂释》二十卷。《中国古籍善本书目·经部·四书类》第 327 页、《中国古籍善本总目·经部·四书类》第一二九页、《北京图书馆古籍善本书目·经部·四书类》第一二一页著录，国家图书馆仅存《中庸》一卷，

《孟子》卷一至二、卷五至七卷计5卷4册不全本。该刊本半页13行，行20字，小字双行24字，黑口，四周双边。

元后至元三年（1337）富沙碧湾吴氏德新堂刻宋朱熹撰、元程复心纂释《四书章图隐括总要》三卷一百二十条。《中国古籍总目·经部 ·四书类·四书总义·传说之属》第860页著录，日本宫内省图书寮、日本内阁文库藏。

经学大家程端礼、程端学兄弟

程端礼（1271—1345），字敬叔，号畏斋，歙县人，寓鄞县（今浙江省宁波市）。《两浙著述考》第1259页作鄞县人，误。15岁便能记诵《六经》，并能解析大义，治朱子学。以荐为建平教谕，累迁建康江东书院山长，除铅山州教授，迁台州路教谕，《元史·儒学传》有传。著有《畏斋集》十卷[①]、《集庆路江东书院讲义》一卷[②]、《昌黎文式》四卷[③]收入《四库全书》中分别有以上2种及《读书分年日程》三卷[④]、《畏斋集》六卷（集部·别集类）计2种9卷。还撰《三传辨疑》二十卷[⑤]、《春

① 《［民国］歙县志·艺文志·书目》卷十五第四页著录。但《中国古籍善本书目·集部·元别集类》第448页、《中国古籍善本总目·集部·元别集类》第一三三三页著录，国家图书馆藏清乾隆（1736—1795）间翰林院抄本，南京图书馆藏清抄本均为6卷，应为不足本。

② 《中国古籍总目·子部·儒家类·儒学之属·宋元》第98页著录，收入道光（1821—1850）间六安晁氏木活字本《学海类编》及民国间据之影印及道光咸丰（1851—1861）间活字版《逊敏堂丛书》中。

③ 《中国古籍总目·集部·别集类·唐五代之属》第120页著录，美国普林斯顿大学葛思德东方图书馆藏有明黄淳耀明抄、山东省图书馆藏抄元程端礼撰《昌黎文式》四卷，而山东省图书馆藏有清张昭潜跋弘治（1488—1505）间秦纮抄及国家图书馆藏清末抄《昌黎文式》二卷作者则为唐韩愈撰、宋真德秀辑、元程端礼批点。

④ 《四库全书总目·子部·儒家类》。

⑤ 国家图书馆藏明抄本。

秋三传辨》二十卷[①]、《春秋本义》三十卷[②]等。

元统三年（1335）程氏家塾刻元歙县程端礼撰《读书分年日程》又名《程氏家塾读书分年日程》三卷。《中国古籍善本总目·子部·儒家类》第七九九页、《中国古籍总目·子部·儒家类·礼教之属·劝学》第205页、《中国古籍善本书目·子部·儒家类》第72页、《北京图书馆古籍善本书目·子部·儒家类》第一二〇六页作[③]著录，国家图书馆藏4册本。该刊本半页9行，行22字，黑口，左右双边，有程恩泽题款。《[民国]歙县志·艺文志·书目》卷十五第四页著录为二卷，为不全本。此书在元代很有影响。据自跋及《四明续志》称，此书元版先后有崇德吴氏、平江陆氏、池州冯氏、江浙多处抄刊本，系发挥朱熹的读书法，即以辅汉卿《朱子读书法》为式，以朱熹六条为纲领，按年月日读书，史称《读书工程》，并由国子监颁示郡县。歙县博物馆藏同治（1862—1874）间刻本。此书版本很多收藏较普通，不细列了。先后收入同治间刻《当归草堂丛书》、光绪（1875—1908）间刻《西京清麓丛书》及《吉林探源书舫丛书》《四库全书》《教学五书》本中还有《纲领》一卷。国家图书馆、上海图书馆藏明刻元程端礼撰《程氏家塾读书分年日程》三卷、《纲领》一卷及南京图书馆藏从《永乐大典》中抄出《畏斋集》六卷。

程端学（1278—1334），字时叔，号积斋，端礼（1271—1345）弟，歙县人，居鄞县（今浙江省宁波市）。泰定（1324—1328）进士，授仙居县丞，改国子助教，升翰林院编修。出为瑞州路经历。元统二年（1334），

① 南京图书馆藏清杜氏知圣教斋抄本，有清丁丙跋；广东省哲学社会科学研究所藏清鸣野山房抄本。

② 浙江图书馆天一阁分馆藏明甬东书屋抄本中卷二十五至三十计6卷不全本。

③ “甬东家塾”。

升太常博士，未赴任而卒。著《春秋本义》三十卷[①]、《春秋或问》十卷[②]、《春秋三传辨疑》二十卷[③]、《积斋集》五卷[④]收入《四库全书》经部春秋类有《春秋或问》十卷、《春秋三传辨疑》二十卷、《春秋本义》三十卷，收入《集部·别集类二〇》有《积斋集》五卷计4种65卷。

元庆元路儒学刻元程端学撰《春秋本义》三十卷。《中国古籍善本总目·经部·春秋类》第一〇八页、《新编天一阁书目·经部·春秋类》第9页著录，浙江图书馆天一阁分馆藏卷十三至十八、卷二十五至三十计12卷2册不全本，浙江图书馆仅藏卷十六至十八、二十五至三十计7卷不全本。该刊本半页10行，行22字，白口，部分细黑口，左右双边，双鱼尾，有刻工。

至正（1341—1368）中官刊元歙县程端学撰《春秋本义》三十卷等3书60卷[⑤]。其细目为：

《春秋本义》三十卷；

---

① 《中国古籍善本总目·经部·春秋类》第一〇八页、《中国古籍总目·经部·春秋类·春秋总义·传说之属》第639页著录，浙江图书馆藏元庆元路学刻元程端学撰此书卷十六至十八、二十七至三十计6卷，浙江图书馆天一阁分馆藏此版卷十三至十八、二十五至三十计12卷，天一阁还藏此书明甬东书屋抄此书卷二十五至三十计6卷，均为不全本，收入《通志堂经解》《四库全书荟要》《四库全书》等丛书中。

② 新编天一阁书目·天一阁进呈书目校录·经部·春秋类》第188页著录，浙江图书馆天一阁分馆藏抄本，收入《四库全书》。

③ 《中国古籍善本总目·经部·春秋类》第一〇七至一〇八页著录，南京图书馆藏清丁丙跋清杜氏知圣教斋抄元程端学撰此书。广东省社科院图书馆藏此书清鸣野山房抄本。

④ 《中国古籍善本总目·集部·元别集类》第一三四一页著录，国家图书馆藏。清乾隆（1736—1795）间翰林院抄此书。该抄本半页8行，行21字，白口，四周双边。

⑤ 据《中国古籍善本书目·经部·春秋类》第271页、《中国古籍总目·经部·春秋类·春秋总义·传说之属》第639页、《北京图书馆古籍善本书目·经部·春秋类》第一〇四页、《[民国]歙县志·艺文志·书目》卷十五第四页载，即《春秋本义》三十卷、《春秋三传辨疑》二十卷、《春秋或问》十卷。其中元刻《春秋本义》三十卷，浙江图书馆及天一阁分馆仅存卷十三至十八、二十五至三十计12卷；《三传辨疑》二十卷，今国家图书馆藏明抄8册本。该抄本半页10行，行21字，小字双行同，无格。《春秋或问》十卷，还收入《通志堂经解》《四库全书》丛书中。《增订四库简明目录标注·经部五·春秋类》卷第三第114页著录3书均有元刻本。此外，《中国古籍善本书目·集部·元别集类》第475页著录，国家图书馆藏清翰林院抄元程端学撰《积斋集》五卷。

《春秋或问》十卷；

《春秋三传辨疑》又名《三传辨疑》二十卷。

《中国善本书提要·经部·春秋类》第27页、《四库全书总目·经部·春秋类三》卷二八第二二七至二二八页《春秋经传阙疑》条著录，国家图书馆藏3书不全本，均收入《四库全书》中。

为残元自决的理学大师郑玉

郑玉（1298—1358），字子美，号师山，明追谥“文贞”，为元徽州路歙县郑村人，著名的文学家、理学家和教育家。自幼敏悟，精研六经，尤精《春秋》。他学宗吴澄，调和朱熹、陆九渊，认为“陆子之质高明，故好简易；朱子之质笃实，故好邃密”[①]。文章为揭溪斯、欧阳玄等学者所称道。他绝意仕进而勤于教。隐居于歙县西乡贞白里师山教授门徒，受业日众，所居不能容，在婺源门人汪友直的倡议和同县门人棠樾村鲍元康等人的资助下扩建私塾，取名“三乐堂”，仍以教授传道为业，至正十四年（1354）元廷慕其名，曾以翰林待制、奉议大夫职相聘，并遣使赐御酒。玉坚辞不出，并上表称：“名爵者，祖宗之所以遣陛下，使与天下贤者共之者，陛下不得私予人。待制之职，臣非其才，不敢受。酒与币天下所以奉陛下，陛下不得以私与人，酒与币，臣不敢受也。”居家日以著述为事。至正十七年（1357），朱元璋入徽州，邀玉，玉不从，并说，“元非吾族也，然是知遇之恩不可忘”，“吾既不得慷慨杀身以励风俗，犹当从容就死以全节义”，自缢死。朱明王朝嘉其忠义，追谥“文贞”。洪武十二年（1379），诏在三乐堂遗址建师山书院，赐建龙亭，御书“人文师表”额，并赐联：“道宗孔孟千年学，义守夷齐一寸心。”从此，师山书院闻名遐迩，族人每年举行“师山文会”，祭祀活动直至

① 《郑师山文集·送葛子熙序》及《元史·列传·忠义四》卷一百九十六第四四三二页，中华书局，1976。

清末。玉著有《师山文集》八卷，《遗文》八卷[1]，《附录》一卷（文集初名《余力稿》，后人追改），《春秋经传阙疑》四十五卷，《周易纂注》，《程朱易契》等。王重民《中国善本书提要》第452页右说玉"仕宋元间"，误；《增订四库简明目录标注・南宋・别集》第734页说乾道二年(1166)郑玉（子美）于新安刊宋罗愿撰《鄂州小集》六卷、《附录》二卷，更误，因此时郑玉尚未出生；民国《歙县志・人物志・忠节》载元郑玉"构师山书院。至正（1341—1368）间，以翰林待制、奉议大夫，遣使赐御酒、名币浮海征之不起"也有误，误在将明初所建师山书院追加到郑玉头上。《元史》径说："学者门人受业者众，所居至不能容。学者相与即其地构师山书院以处焉。"[2]也不准确，也是时间误置，给人有郑玉在世时已建师山书院的错觉。

三乐堂既是郑玉所办私塾，同时也是刻书场所。一般书目上均载师山书院刻玉自撰《春秋经传阙疑》四十五卷，误。今据《师山文集》中有嘱王季温刊《春秋阙疑》书语，当刻于被执前后，且郑玉生前尚未刻峻。此书应为郑玉家刻，或可算作三乐堂所刻。至正（1341—1368）间，三乐堂还刻郑玉自撰《师山先生文集》（原名《余力稿》11卷，今国家图书馆藏明修本9卷。歙县博物馆藏明抄《春秋传阙疑》四十五卷。）至正十年（1350）刻自撰《师山先生文集》十一卷。国家图书馆藏元刻明修本。

元末歙县郑玉嘱王季温刊元郑玉撰《春秋经传阙疑》四十五卷。《四库全书总目・经部・春秋类三》卷二八第二二七至二二八页《春秋经传阙疑》条载："所著《师山集》中有嘱王季温刊《春秋阙疑》书，至被执就死之时，惟惓惓以此书为念。"说明此书尚未刊毕，后在明初追改三乐堂为师山书院时刊毕，师山书院刻书应系明初版。《铁琴铜剑楼藏书目录》卷五第四十四页《经义考》说，"版心有师山书院"；《书林

① 《安徽文献书目》第33页著录，安徽省博物馆藏明刊清补1册本。

② 《元史・列传・忠义四》卷一百九十六第四四三二页，中华书局，1976。

清话》卷四第九十七页（郑玉师山书院刻，见瞿目），《中国版刻综录·元代版刻》第23页著录，误。今据《师山文集》中有属王季温刊《春秋阙疑》书语，当刻于被执前后，生前尚未刻竣。有的资料如《书林清话》著录为师山书院刻也不准确，因师山书院建于明洪武十二年（1379）。王重民《中国善本书提要》452页右说郑玉"仕宋、元间"大误。《增订四库简明目录校注》734页说乾道二年（1166）在新安刊宋罗愿撰《鄂州小集》六卷、《附录》二卷更误。

元末郑玉重刊宋刘清之编刊宋罗愿撰《鄂州小集》五卷、《拾遗》一卷、《附录》一卷。《四库全书总目·集部·别集类一二》卷一五九第一三六八页著录为《鄂州小集》六卷、《附录》二卷，并指出淳熙乙巳（十二年，1185）卒于官的罗愿遗稿由鄂州州佐刘清之及子澄刊本仅六卷。宋刘清之刊本至元由故土学者郑玉重刊。[①]经考证，郑玉所刻自撰及罗愿著作系由门人洪斌、洪杰、洪宅兄弟及鲍元康、鲍深叔侄出资刊刻。但南宋刘刻及元郑玉刊本今未查到藏处，估计已佚。

明前期，郑玉后人对郑玉著作进行整理刊刻，最著名的要数郑烛和郑村的郑氏家塾。

郑烛，字景明，号远斋，歙县郑村人。嘉靖（1522—1566）间举人，历官直隶河间、湖南辰州府、河南府通判。60岁时父丧归里守制，明年卒。著《济美录》[②]、《石田集》等。《济美录》（意为"世济其美"）四卷，分述其祖上歙县令郑安、休宁令郑千龄（安子）、翰林待制郑玉（千龄子）、歙县令郑琏（千龄子）4人事迹。主要内容为小传、制诰、公牒、志状，每人1卷。

嘉靖四年（1525）歙县郑氏家塾刻其先人元郑玉撰《师山先生文集》八卷。此为初刻本。嘉靖十四年（1535）刻修补后印元郑玉撰《师山先生文集》八卷、《遗文》五卷、《附录》一卷、《济美录》四卷。《中

---

① 《皖人书目》卷七第190页著录。

② 《四库全书总目·史部·传记类存目三》卷六一第五五四页著录。

国善本书提要·集部·别集类》第542—543页、《四库全书总目·集部·别集类二一》卷一六八第一四五四页、《北京大学图书馆藏古籍善本书目·集部·别集类》第443页著录，国家图书馆（6册、10册本各1部）、北京大学图书馆（3册、6册本各1部）、美国国会图书馆（4册本）图书馆藏。该刊本半页10行，行20字（18.8×12.5）。

嘉靖十年(1531)、十四年(1535)分别刊行自撰《济美录》四卷。《北京大学图书馆藏古籍善本书目·史部·家乘》第107页、《安徽省古籍善本书目·史部·传记类》卷二第三十二页、《明代版刻综录》卷六第十九页著录，北京大学图书馆、安徽省博物馆、江苏国学图书馆（后并入南京图书馆）藏十四年本。该刊本半页10行，行20字，白口，四周单边，有刻工。

嘉靖二十七年(1548)刻先人、元郑玉撰《师山先生文集》、《文集》八卷，《遗文》五卷，《附录》五卷附《附录》一卷，郑烛撰《济美录》四卷4种十八卷。《全明分省分县刻书考·安徽省卷》第一十六至一十七页著录，北京大学图书馆藏。该刊本半页10行，行20字。《明代版刻综录》第六卷第十九页著录《师山先生文集》八卷、《遗文》五卷、《附录》五卷系初印本或不全本。

还有明刻元郑玉撰《师山先生文集》十一卷。《北京大学图书馆藏古籍善本书目·集部·别集类》第443页著录，北京大学图书馆藏缺卷五至卷八4卷计7卷4册本，东北师范大学图书馆仅存卷一至卷四计4卷1册。该刊本半页10行，行20字，白口，四周单边。明末刻元郑玉撰《师山先生文集》八卷。《中国书店三十年所收善本书目·集部·金元别集类》第一八二页著录，中国书店收购竹纸4册本。

郑氏于康熙五十年辛卯（1711）刻元郑玉撰《春秋经传阙疑》四十五卷。《增订四库简明目录标注》第115页著录。

以上说明郑氏后人在明末还在坚持印郑氏著作。郑氏家刻已把郑玉著作刻行作为常备书种。

肇建朱明王朝的大谋士朱升

朱升（1299—1370），字允升，号枫林、枫林病叟、隆隐老人、墨庄主人，祖籍休宁县回溪乡台子上村（今安徽省黄山市休宁县朱霞乡台子上村）。元末明初大儒，为元末重要家刻。幼年师事同乡理学家陈栎，又同经学家赵汸同师九江费泽，学宗程朱理学。与同乡陈栎、倪士毅号称“十里三贤子”，先后在家乡、府城紫阳书院、休宁商山义塾及歙县石门、郑庄等地讲学，人称“枫林先生”。至正元年（1341）举乡荐，任池州路学正。因不屑与贪官污吏为伍，后辞官隐居歙县石门山，潜心著述，清白自守，对经学研究尤力，于五经皆有旁注，对《易经》尤有精深的研究。

太祖丁酉（元至正十七年，1357），朱元璋入徽州，“亲至其室”请教，并召入军中问时务，他建议实行“高筑墙，广积粮，缓称王”的策略[①]。朱元璋听后心领神会，“命预帷幄密议”。从此，朱升成为明王朝的股肱人物。他以其名望到徽州城下劝降元徽州路守将福童，使朱元璋兵不血刃占领徽州。在鄱阳湖朱元璋与陈友谅的决战中冒军中如雨流矢救了朱元璋一命。他从朱元璋为统一大业划策军机14年，他精通兵法，“机变妙于武子，阵法合乎武侯”，为朱明王朝的建立立下汗马功劳，受到朱元璋盛赞：“朱允升知其神乎！”同时，他举贤荐能，力荐“王佐之才”刘基、叶琛、章溢等，使元末群雄割据的局面终为朱元璋所统一。吴元年（1367），拜侍讲学士，知制诰，同修国史。洪武元年（1368），升为翰林学士，不久，又授命采访收集古代后妃故事，与诸儒编写《女诫》。由于朱升诸多功绩加上朱升长朱元璋29岁，朱元璋曾声称“朕与卿，分则君臣，情同父子”，并特免其“朝谒”，还称赞说“眷我同宗之老，实为耆哲之英”，并成为朱明王朝定鼎初制的主

---

① 《明史·列传·朱升》卷一百三十六第三九二八页，中华书局，1974。

要撰写者。朱升深知朱元璋的为人，害怕身遭“狡兔死，走狗烹，敌国破，谋臣亡”的结局，决定激流勇退，辞官返乡，次年去世。著有《小学名数》、《周易旁注》十卷、《图经》二卷、《尚书旁注》六卷、《尚书旁训》二卷、《中庸旁注》一卷、《老子旁注》一卷、《孝经旁注》一卷、《大学旁注》一卷、《诗旁注》一卷、《奏议》一卷、《书传补正辑注》一卷、《枫林集》十卷、《枫林类选小诗》一卷、《刑统赋解》、《葬书内外杂传》、《墨庄率意录》、《地理五行书》等。

朱升所著《周易旁注图说》二卷、《尚书旁注》六卷[①]、《枫林集》十卷、《枫林类选小诗》又名《类选五言小诗》一卷[②]。据清宣城数学大家梅文鼎在《尚书旁注》序中称：升有四书五经旁注，明嘉靖（1522—1566）间程闻礼重锓时仅剩下《易》《诗》《书》三种，余皆散佚[③]，则朱氏著作今存世佚失较多。但朱升的文韬武略则在历史上留下了光辉的一页。

朱升子朱同（1336—1385），字大同，号朱陈村民，又号紫阳山樵。自幼随父隐居山林。朱升不主张朱同出仕，怕受到朱元璋加害。洪武十年（1377）中举，任徽州府儒学教授，编修《新安志》十卷。后举“明经”，为官东宫，官至礼部侍郎，凡太常典礼，多由其制作。曾与宋濂主持南宫典试，大力选拔名士。朱同继承家学渊源，文武全才，文法先秦，诗宗盛唐，善长书画，时称“三绝”。终遭陷害，被朱元璋赐死。著《覆瓿集》八卷，著名画作有《古木寒林图》《万松道人吹箫图》《云溪归隐图》《春江送别图》《墨菊图》《瓜圃锄耘图》《溪山小隐图》等。

朱升是元末清初徽州府重要的家刻，其子孙所居朱府是家刻他们父子著作的主要场所。

---

① 以上2种8卷列《四库全书总目·经部》存目中。

② 以上2种11卷列入《四库全书总目·集部》存目中。

③ 《四库全书总目·经部·书类存目一·尚书旁注六卷》卷一十三第一〇八页上。

朱升自刻本主要在元末。主要刻书有：

元末朱升自刻《小四书》又名《四家蒙训》4种五卷。今仅存至正二十年（1360）自刻《小四书》4种5卷，《中国丛书综录补正》第4页等书著录。朱本未查到收藏，但清陆陇其校订清光绪八年（1882）宏道堂刊本今据《中国丛书综录·总目·汇编·杂纂类（明代）》第35页、《中国丛书综录补正》第4页著录，内蒙古图书馆、山东大学图书馆、重庆市图书馆、云南省图书馆藏，可窥见其书规模。该书系至正二十年朱升赴紫阳书会为“斋生”们所开列的“读书次序”清单，内容为新安理学家们所撰的四字成句的启蒙读物。

朱升刻自撰《四书五经》旁注9种二十七卷。经考证，元末休宁朱升刻自撰《五经四书旁注》的具体子目是：《周易旁注》十卷、《图经》二卷，《尚书旁注》六卷、《旁训》二卷，《中庸旁注》一卷，《老子旁训》一卷，《孝经旁注》一卷，《大学旁注》一卷，《诗旁注》一卷，《奏议》一卷，《书传补正辑注》一卷。今查《中国善本书提要》第8页说其中《易》《诗》《书》3种在明嘉靖（1522—1566）间为程闻礼重锓，余佚。故梅文鼎也在《尚书旁注》序中称：升有四书五经旁注，止存《易》《诗》《书》三种，余皆散佚。还有《尚书旁注》才敏鼎序也称：升有四书五经旁注，止存《易》《诗》《书》三种，余皆散佚。今国家图书馆、首都图书馆、安徽省图书馆、重庆市图书馆、东北师范大学图书馆、中山大学图书馆有程刻《周易旁注》二卷，《前图》二卷，《卦传》十卷；复旦大学图书馆、安徽省博物馆收藏不全；国家图书馆藏明末刻《易本图说》二卷；国家图书馆、复旦大学图书馆、南京图书馆藏明刻《尚书旁注》二卷。

元末朱升自刻《墨庄率意录》《地理五行书》，还自刻《刑统赋解》《书传补正辑注》《小学名数》《葬书内外杂传》《类选五言小诗》，但未交代具体出处。因这些书至今未查到藏家及线索，故具体刻印年份及卷数大都无法考定。

元末朱升自刻《小四书》又名《四家蒙训》4 种五卷。其细目为：

朱升辑宋方逢辰撰《名物蒙求》一卷；

宋末元初程若庸撰《性理字训》一卷；

元陈栎撰《历代蒙求》一卷；

宋黄继善撰《史学提要》二卷。

今仅存至正二十年（1360）自刻《小四书》4 种 5 卷，《中国丛书综录补正·汇编·杂纂类（明代）》第 4 页等书著录。朱本未查到收藏，但清陆陇其校订本藏内蒙古自治区图书馆、山东大学图书馆、重庆市图书馆、云南省图书馆，可窥见其书规模。此丛书徽州版尚有明初刻本、嘉靖八年（1529）胡明善刊本（半页 8 行，行 8 字，黑口，四周双边，眉栏镌评注）、崇祯十年（1637）程性初刊本（书名题《朱枫林先生注释小四书》，半页 8 行，行 20 字，白口，左右双边）等。

刘尚恒先生称："朱升还刻有自撰的《刑统赋解》、《书传补正辑注》、《小学名数》、《葬书内外杂传》、《类选五言小诗》等，仅见于书目著录，而亡书不存，不能确知其刊刻年代。"[①]但未交代具体出处。

朱府是朱时新等人住处。明万历（1573—1620）间朱升及子朱同裔孙朱时新府第。朱升原籍休宁，子朱同于洪武十年（1377）中举任徽州府儒学教谕后定居府城（今歙县府城镇）。自朱氏父子显贵后，所居称"朱府"。

万历四十四年（1616）歙县朱府朱时新刻明朱同撰《覆瓿集》八卷又作《覆瓿集》七卷、《附录》一卷。《明代版刻综录》第二卷第十五页、《中国书店三十年所收善本书目·集部·明别集类》第一八三页、《四库全书总目·集部·别集类》卷一六九第一四六七页、《中国古籍善本书目·集部·明别集类》第 542 页、《安徽省古籍善本书目录·集部·明代别集》第六十九页著录，中国科学院图书馆、上海图书馆、上

① 见《徽州刻书与藏书》第 231 页，广陵书社，2003。

海辞书出版社图书馆、天津图书馆、南京图书馆、安徽省图书馆、温州市图书馆、福建省图书馆、湖南省图书馆、重庆市图书馆，以及安徽省博物馆、中国社会科学院文学研究所和历史研究所均有收藏，《西谛书目·集部上·明别集类》卷三第一十三页著录4册本，中国书店收购竹纸2册本。该刊本半页9行，行20字，白口，四周单边。

万历四十四年(1616)歙邑朱府刊明朱升撰《朱枫林集》十卷。《中国古籍善本书目·集部·明别集类》第524页、《明代版刻综录》卷二第十五页、《中国书店三十年所收善本书目·集部·明别集类》第一八三页、《安徽省古籍善本书目·集部·明别集类》第七十页、《北京大学图书馆藏古籍善本书目·集部·别集类》第445页、《四库全书总目·集部·别集类存目二》卷一七五第一五四九页、《南京图书馆善本书草目》等著录，国家图书馆、北京大学图书馆（4册、6册本各1部）、清华大学图书馆、中国人民大学图书馆、中国科学院图书馆、首都师范大学图书馆、上海图书馆、天津图书馆、南京图书馆、苏州市图书馆、无锡市图书馆、浙江图书馆、浙江大学图书馆、安徽省图书馆、福建师范大学图书馆、河南省图书馆、湖北省图书馆、湖南省图书馆、重庆市图书馆及安徽省博物馆、中国社科院文学研究所和历史研究所收藏，中国书店收购竹纸4册本，美国国会图书馆藏4册1部，原题："新安明儒学士朱升著，晞阳居士范涞校，裔孙时新阅辑、时登参阅。"有万历四十四年范涞序，后记"黄伯符刻，黄仲开书"。《全明分省分县刻书考·安徽省卷》第二十二页朱时新所刻在万历间所刻两书与此同，疑即朱府刻书，但记作休宁县。朱氏祖籍休宁，明代始移居歙县，两籍均不错。该刊本半页9行，行20字(21×12.7)，白口，四周单边。

万历四十四年朱府家刻朱时新辑《新安朱氏父子集》即明朱升撰《朱枫林集》八卷、《附录》二卷，明朱同撰《覆瓿集》七卷、《附录》一卷计2种十八卷。《中国丛书广录·类编丛书·集类·家集类》第824页、刘声木撰《三续补汇刻书目》卷六著录。

朱升著作主要明刊本还有明休宁朱升辑刊《小四书》4种五卷。《中国丛书综录补正》第4页、《培林堂书目》、1928年正月上海医学书局印行《丛书书目汇编（一）》第一一八页著录。

明刻明朱升撰《周易旁注》二卷、《前图》二卷、《卦传》十卷计3种14卷。《中国古籍善本书目·经部·易类》卷一第三十二页著录，首都图书馆、东北师范大学图书馆藏，复旦大学图书馆、安徽省博物馆藏本不全。

还有明刻清吴骞跋由国家图书馆藏朱升撰《周易旁注前图》二卷1册本，安徽省图书馆、中山大学图书馆、重庆市图书馆藏该刻本。该刊本半页10行，行20字，小字双行同，黑口，四周双边。《四库全书总目·经部·易类存目一》卷七第五十页著录为《周易旁注图说》二卷。

明末刻明朱升撰《易本图说》二卷。《中国古籍善本书目·经部·易类》卷一第三十二页著录，北京大学图书馆藏。

明刻明朱升撰《尚书旁注》二卷。《中国古籍善本书目·经部·书类》卷一第五十五页、《北京图书馆古籍善本书目·经部·书类》第三十八页著录，国家（2册本）、复旦大学图书馆藏，南京图书馆藏明刻本有清丁丙跋。该刊本半页6行，行16或17字，每行旁有小注1行，黑口，四周双边。《四库全书总目·经部·书类存目一》卷一十三第一〇八页著录为六卷。

“三有道”理学大师倪士毅

倪士毅（1302—1348），字仲弘，号道川，学者称“道川先生”，休宁县东南20公里倪干村人。早年师从老儒朱敬舆、陈栎，《宋元学案》一书中将倪士毅、赵汸、汪克宽并称“新安三有道”，是新安理学大家。一生未仕，在黟县下阜教书23年，凡非朱熹论定者不教。卒葬休宁赤邱，改葬黟县南余思坞。赵汸在为他所写墓志铭中说：“先生守身制行，不为名高，而事亲至孝，接物以诚。非其人不交，非其友不取，非仁义道德之说论于先师朱子者，不以教人。利害得失、揣摩计较之词，不挂于口。秦汉以来，大道既隐，而忠信孝友、惇厚之士，世未尝无也。正学复明于近代，士始以知道为宗。若吾仲弘者，何可得哉！”[①]为纠正诸儒对朱子学异说，著《重订四书辑释》4 种三十六卷，还著有《纂释》、《作义要诀》一卷[②]、《科场备用书义断法》六卷、《历代帝王传授图说》一卷[③]、《尚书作义要诀》四卷、《道川集》、《论语章图概括总要》一卷、《论语辑释通考》四卷《首》一卷计 5 卷[④]、《纂释》等。其中，《重订四书辑释》成为儒学要典。明永乐（1403—1424）间胡广等奉命修《四书大全》，引用此书多处。

至正（1341—1368）间刻元倪士毅撰《四书辑释大成》不分卷。中华书局版《四库全书总目提要·经部·四书类》第九三八页著录，对于下条分卷来说，应为先印本。

至正二年（1342）日新书堂刻宋朱熹章句、元倪士毅辑释《四书辑释大成》4 种三十六卷。其子目为：

《大学章句》一卷；

《中庸章句》一卷；

《论语集注》二十卷；

《孟子集注》十四卷。

---

① 转引自《休宁名族志·倪·倪千》四卷第六六一页，合肥：黄山书社，2007。

② 《中国古籍总目·集部·诗文评类》第 3222 页、《香港所藏古籍书目·集部·诗文评类》第 370 页著录，北京大学图书馆藏元刻本，香港中央图书馆藏光绪二十四年（1898）五羊铁镜山房刻此书 1 册本、《藏园群书经眼录·集部八》卷十九第一五八七页著录元刊本。此书收入《四库全书》及光绪（1875—1908）间刻《十万卷楼丛书》本中。

③ 《休宁名族志·倪·倪千》四卷第六六〇页著录此书及《四书辑释》、《道川集》3 种。

④ 《中国古籍总目·经部·四书类·论语·传说之属》第 788 页著录，日本内阁文库藏永乐四年（1406）博雅堂刻元倪士毅撰、明王元善通考此书。

《中国古籍总目·经部　·四书类·四书总义·传说之属》第859页著录，日本尊经阁文库藏，北京大学图书馆仅藏《论语》卷十一至十四计4卷不全本。北京大学图书馆藏日本文化九年翻刻至正二年日新书堂刻本。

元刻元倪士毅撰《科场备用书义断法》六卷。《中国古籍善本书目·集部·诗文评类》第1884页著录，北京大学图书馆藏元刻本。

元刻元倪士毅辑释《四书辑释大成》丛书中《大学》一卷子书。《中国古籍总目·经部·四书类·大学·传说之属》第734页著录，日本静嘉堂文库藏此书元刻本。收入至正日新书堂刻、日本文化翻刻《四书辑释大成》本中。

元刻宋朱熹章句、元倪士毅辑释《四书辑释大成》4种三十六卷。其子目为：

《大学章句》一卷；

《中庸章句》一卷；

《论语集注》二十卷；

《孟子集注》十四卷。

《中国古籍总目·经部　·四书类·四书总义·传说之属》第859页著录，上海图书馆仅藏《论语》卷十一至二十计10卷不全本。

至正三年（1343）歙县理学家倪士毅重校刊宋朱熹原撰、元倪士毅辑释《四书辑释大成》又名《四书辑释》、《重订四书辑释》三十六卷[①]。其细目为：

《大学》一卷；

《中庸》一卷；

《论语》二十卷；

---

① 《藏园群书经眼录·经部二·四书类》卷二第一〇一页载傅增湘于癸丑年著录明正统八年（1443）刊元倪士毅辑释、程复心章图，此书40卷。该刊本半页11行，行20字，黑口，双边。

《孟子》十四卷[①]。

《中国善本书提要·经部·四书类》第41—42页、《中国丛书广录·汇编丛书·经类·四书类》第390页、《[民国]歙县志·艺文志·书目》卷十五第四页、《四库全书总目·经部·四书类存目》卷三十七第三〇八页、《北京图书馆古籍善本书目·经部·四书类》第一二一页、《贩书偶记续编》第23页著录，上海图书馆仅存元刻此书《论语》卷十一至二十计10卷不全本，版式为半页13行，行21字，细黑口，四周双边，双鱼尾；国家图书馆藏明初刻元倪士毅撰，元程复心章图、王元善通考此书43卷32册本可窥见原书规模，明初版本半页13行，行21字，小字双行24字，黑口，四周双边。其细目为：

《大学辑释》一卷、《大学朱子或问》一卷[②]；

《中庸辑释》一卷、《中庸朱子或问》一卷、《中庸章图隐括总要》一卷；

《论语辑释》二十卷、《论语集注序说》一卷、《论语章图隐括总要》一卷；

《孟子辑释》十四卷、《孟子集注序说》一卷、《孟子章图隐括总要》一卷。

---

① 《中国古籍善本书目·经部·四书类》第311页著录，天津图书馆仅存元刻明修本丛书此子书卷一至七计7卷不全本。该刊本半页12行，行21字，小字双行低一格23字，黑口，四周双边、单边不等。本书第312页、《中国古籍善本总目·经部·四书》第一二五页还著录国家图书馆藏明刻此子书经明王逢通义后易名为《孟子集注重订辑释章图通义大成》，仍为14卷。国家图书馆还藏元刻本也易名为《读晦庵孟子集解衍义》，仍为14卷。北京大学图书馆藏元刻宋朱熹集注、元倪士毅辑释《孟子集注重订辑释章图通义大成》十四卷。该刊本半页12行，行20字，小字双行23字，上下黑口，四周双边，双鱼尾。

② 《中国古籍总目·经部·四书类·大学·传说之属》第734页著录，不同版本所收此书名目不一。如正统（1436—1449）《重订四书辑释》本作宋朱熹章句、元倪士毅辑释、元朱公迁约说、元程复心章图、明王逢订定通义《大学章句重订辑释章图通义大成》一卷，正统刻《重订四书辑释》中又名《朱子大学或问重订辑释通义大成》一卷（作者与上种同）；而国家图书馆藏明初刻《四书辑释》本中元倪士毅撰、元程复心图、明王元善通考《大学辑释》一卷，元倪士毅撰、元程复心图、明王元善通考《大学朱子或问》一卷。

美国国会图书馆藏日本文化九年（嘉庆十七年，1812）翻刻本14册本。《[弘治]徽州府志·辞翰·序》卷十一载元汪克宽撰《重订〈四书集释〉序》中称：倪氏“复虑其犹有未底于尽善者，爰即旧本，重加是正，视前益加精密”。《天一阁书目》载《四书通义》十四卷中有汪克宽《序》，称：“倪君为《四书辑释》，至正辛巳（1341）建阳刘叔简得其本而刻之。后二年，倪君即旧本重加订正，视前益加精密，云云。”《采遗书目》作“《四书辑释》三十六卷”。经考证因至正元年（1341）五月由建安书商刘叔简日新堂初刻的自著《四书辑释大成》不善，爰即旧本，重加校定刊版。此版比福建建安坊刻本更加精密完善。倪氏此书出版，据《新安名族志·汪》前卷第二三九页载，为汪希贤赞助。该书称，元代汪希贤，号“闲高野叟”，黟县东三十五里霞阜人。“崇儒好义，泰定丁卯（1327）岁饥，设糜济贫，是秋大丰，四方贤士献诗颂之，时陈定宇、胡存庵考评栅集，名曰《大有吟盟》；又建遗经楼，延乡贤倪士毅训诸子弟，因著《四书辑释》，公为捐赀梓行。”《贩书偶记续编·经部·四书类》卷三第23页著录，至正壬午（二年，1342）夏五月新书堂刊。

元刻宋朱熹集注、元倪士毅辑释《孟子集注重订辑释章图通义大成》十四卷。《中国古籍善本总目·经部·四书类》第一二五、一二九页著录，北京大学图书馆藏。该刊本半页12行，行20字，小字双行23字，上下黑口，四周双边，双鱼尾。该书收入元刻明修《四书辑释》本易名《孟子》十四卷，天津图书馆藏卷一至七计7卷不全本。明修本半页12行，行21字，小字双行低1格，行23字，黑口，四周双边，单边不等，显然是另一种刻本。上海图书馆藏元刻元倪士毅撰《四书辑释》丛书中《论语》卷十一至二十计10卷不全本，全套收藏丛书待考。该刊本半页13行，行21字，细黑口，四周双边，双鱼尾。

附　元刻元邹次陈（悦道）编《科场备用书义断法》六卷附元倪士毅辑《作义要诀》一卷计2种7卷。《中国古籍总目·经部·书类·传说之属》第250页著录，北京大学图书馆藏。

元刊新安倪士毅辑《作义要诀》一卷。《北京大学图书馆藏古籍善本书目·集部·诗文评类》第504页、《藏园群书经眼录·集部八》卷十九第一五八七页著录，北京大学（合1册本）、国家图书馆藏。该刊本半页11行，行21字，黑口，四周双边。李5211，为德化李氏旧藏。

“新安三君子”之一的布衣理学家汪克宽

汪克宽（1304—1372），字德辅、德一，号仲裕、德甫，以所居有山谷环绕，号环谷，人称“环谷先生、汪环谷”，有思复书斋，元末明初祁门县城桃墅人。出身于祁门理学世家。其祖父汪华与族祖父汪相皆从学朱熹嫡学饶双峰，开祁门理学之先矢；其父汪应新著《便民二十条》，克宽为其四子。

6岁能作骈偶；10岁时，父授以双峰书，辄有悟；11岁时能自断四书句读。元泰定三年（1326）中乡试，次年会试因论点不合主考官口味，以答策切直被黜，从此弃举业，尽力经学，师从吴仲迂，与郑玉、汪泽民[①]互为师友，高扬朱熹理学旗帜，成为程朱理学大师，尤以《春秋》《礼》闻名，教授宣歙间，与“赵汸、倪士毅朝夕讲学，并称新安三君子”[②]。其为文简略言赅，为诗浑融典型，有李贺、苏轼风。洪武二年（1369）聘修《元史》，程敏政目为史局第一人。赞其像曰：“此考亭世嫡门生

---

① 汪泽民（1287—1356，一说1273—1355）字叔志，元徽州路婺源州浮溪人。延祐戊午（五年，1318）进士，授承事郎，同知岳州路平州事。历南安、信州两路总管府推官，以丁母忧归里守制。期满补平江路总管府推官，一次查抄罪犯财产，在账册中发现省、路、县官多人接受贿赂，唯汪名下载“不受”2字，从此他公正廉明的名声不胫而走。调济南路兖州知州时广施德政，崇儒敬学，肃政廉访使巡至兖州地界说，有汪兖州在，我不必去。至正三年（1343），任国子司业，参与修辽、金、宋三史。事竣后，升集贤直学士，寻以礼部尚书致仕，居宣城，自号堪老真逸。十五年（1355），被农民起义军逮捕大骂起义军被杀。赠浙江行省左丞相，追封谯国郡公，谥文节。著《宛陵遗稿》一卷（康熙刻、嘉庆光绪间增修《元诗选》录入元汪泽民撰、清顾嗣主选《宛陵遗稿》一卷。安徽省图书馆藏此单行本）。张师愚，字仲愚，曾领延祐（1314—1320）、天历（1328—1330）乡荐，与泽民友善。

② 乾隆（1736—1796）间刻本吴运焜《补续群辅录》。

第四人也；此龙兴史局布衣第一人也。”[①]书成不受官，以老疾辞归，卒于洪武五年（1372），葬县东盛村。著《诗集传音义会通》三十卷、《经礼补逸》九卷、《左传分纪》、《周礼类要》、《四书音证考异》、《春秋胡传附录纂疏》三十卷[②]、《周礼考注》、《春秋作义要诀》一卷、《环谷集》八卷、《周易程朱传义音考》二卷、《六书本义》、《通鉴纲目凡例考异》五十九卷[③]、《春秋诸传提要》等。其中《经礼补逸》《环谷集》《春秋胡传附录纂疏》3书收入《四库全书》[④]，尤其是《春秋胡传附录纂疏》三十卷，在元代就出了两个版本，今查国家图书馆藏元刻本系元至正八年（1348）刘叔简日新堂刊本，南京图书馆藏元刻本系影写元刻本，书成后就广受学界欢迎、重视。正如其书前序所称："详注诸国纪年谥号，可究事实之悉，备列经文同异，可求圣笔之真，益以诸家之说，二禅胡氏之阙疑，附以辨疑权衡，而知三传之得失。"明永乐（1403—1424）间胡广等修《春秋大全》全依此书，可见其学术价值和使用价值。他还与翰林宋濂等同纂修《元史》。克宽治学严谨，后学程敏政评为"六经皆有说，而春秋独盛；平生皆可师，而出处尤正。其道足以觉人，其功足以卫圣"。四库馆臣对他的评价说："其学以朱子为宗，故其文皆持论谨严，敷词明达，无支离迂怪之习。"其诗"造语新警，乃颇近温庭筠、李贺之格"。[⑤]

元末刻宋朱熹辑、元末明初汪克宽考异《资治通鉴纲目》又名《资

---

① 《新安学系录·汪环谷行略》卷十四。

② 《新编天一阁书目·天一阁进呈书目校录·经部·春秋类》第188页著录，但版本失载，考薛编《天一阁进呈书目》据浙江书录补。

③ 《北京图书馆古籍善本书目·史部·编年类》第二七三页著录，国家图书馆藏明刻宋朱熹撰、尹起莘发明、刘友益书法、元汪克宽考异、徐文昭考证、王幼学集览、明陈济正误、冯智舒质实《资治通鉴纲目》五十九卷2册本。该刊本半页10行，行22字，黑口，四周单边。此书收入万历二十一年（1593）蜀藩刻《通鉴纲目全书》一百〇八卷中。

④ 分别载《四库全书总目·经部·礼类二》卷二〇第一六一页下、《经部、别集类二》卷一六八第一四六〇页下、《经部·春秋类三》卷二八第二二九页上。

⑤ 《四库全书总目·经部·别集类二》卷一六八。

治通鉴纲目考异》五十九卷。

东北师范大学图书馆藏明初刻宋朱熹辑、明汪克宽考异《资治通鉴纲目》五十九卷中的卷五十五、五十七计2卷2册中封面与扉页有近思庐主人墨笔题记2则，题记为："自今日视之，固与元刻相若。它日有嗜尚版本者当或珍视无异于元刻也。"但元刻笔者尚未查到藏处。此版本半页10行，小字双行21字，黑口，四周双边。既类元刻，抑或是同一版本，元末、明初两印。

至正八年（1348）建安刘叔简日新堂刻元祁门汪克宽撰《春秋胡氏传纂疏》三十卷。

《中国古籍善本书目·经部·春秋类》第273页、《中国古籍善本总目·经部·春秋类·春秋总义》第一〇八页、《中国古籍总目·经部·春秋类·春秋总义·传说之属》第639页、《北京图书馆古籍善本书目·经部·春秋类》第一〇六页、《安徽省古籍善本书目·经部·春秋类》卷一第十八页、《藏园群书经眼录·经部一·春秋类》卷一第八十五页著录，国家图书馆(4部，分别为30册、32册本各1部，另一部仅存卷一、四至五、十二至十五、十九至二十、二十四至二十五计11卷8册及存卷一至六、九至十四、十九至二十四计18卷不全本)、上海图书馆(卷一、二十六至二十八计4卷不全本)，以及天津图书馆（卷一至九计9卷不全本）、安徽师范大学图书馆（仅存卷三至四、七至八、十至十二、十四至十九、二十二、二十四计15卷14册)及中国国家博物馆(不全)、北京市文物局、黄山市博物馆（存卷十、十一、十六至二十一、二十四至三十计15卷不全本）、广东省博物馆（仅存卷一计1卷，有清莫友芝跋）藏，傅增湘著录此书（至正八年版2部中1部为己巳年（1929）十一月十四日在日本前田氏尊经阁处看到2部元刊本，半页11行，行21字，注双行同，黑口，四周双边）。此书后有至正八年门人紫阳吴国英刻书跋，罗振常遗著、周子美编订《善本书所见录·经部》卷一第十五页著录。该刊本半页10行，行21字，黑口，四周双边。此书至正本《爱日庐志》说："《自序》后有建安刘叔简刊于日新堂木印。"《经眼录》也说："至正戊子（八年，1348）刻于建安"指的就是这个本子。《孙氏鉴藏记续编》说："后有汪克宽《自序》；至正辛巳（元年，1341）虞集《序》；至元四年（1338）汪泽民《序》。后有汪氏叔志天禧光禄五世孙新安世家之木印。黑口版，每页二十二行，行二十字。"说明这是又一种版本。这是徽州本土版本。综上，此书已有两刻，再如《访古志》也载有原刻本不著刊刻时间，可能是另一种元刻本。经对照国家图书馆、安徽师范大学图书馆藏本为半页 10 行，行 21 字，小字双行同，粗黑口，四周双边，无刻工，与上述版本有异。南京图书馆藏清抄本有清丁丙跋。收入《四库全书》为《春秋胡传附录纂疏》三十卷《首》二卷计 32 卷。

至正八年在建安刘叔简日新堂刻自撰《春秋胡氏传纂疏》三十六卷。

今日本宫内厅藏明唐寅、汪启淑旧藏此版近由线装书局据此藏本复制线装 3 函 16 册行世。此书以宋胡安国撰《春秋传》为宗旨，详注诸国年号，备列经文异同，补胡氏之阙如，权衡疑惑，是一部有影响的史学专著。

元末刻宋朱熹辑、元末明初汪克宽考异《资治通鉴纲目》又名《资治通鉴纲目考异》五十九卷。

东北师范大学图书馆藏明初刻宋朱熹辑、明汪克宽考异《资治通鉴纲目》五十九卷中的卷五十五、五十七计 2 卷 2 册中封面与扉页有近思庐主人墨笔题记 2 则，题记为："自今日视之，固与元刻相若。它日有嗜尚版本者当或珍视无异于元刻也。"但元刻笔者尚未查到藏处。此版本半页 10 行，小字双行 21 字，黑口，四周双边。既类元刻，抑或是同一版本，元末、明初两印。

以刻印赵汸著作闻名的商山义塾

赵汸（1319—1370），字子常，号东山、东山先生，有东山精舍，休宁县龙源（今安徽省黄山市休宁县蓝渡乡）人。元代经学家、新安理学家、教育家、编辑家。早年师事理学大师汪古逸（炎昶），传朱子理学，后师事经学家九江黄泽、临川虞集，受易象春秋学，《宋元学案·草庐学案》说他承师教“穷经之要，在致思而已”。宋朝程朱理学认为“学者必知策书之例，然后笔削之义可求。笔学之义既明，则凡以虚辞说经者，其刻深辩急之说，皆不攻自破”[①]。指出《左传》是“常主史以释经”；《穀梁传》《公羊传》是“常据经以生义”，而《春秋》乃“圣人传世之书也”。他力研《春秋》，以《左传》为主，补以《公羊》《穀梁》，注宗杜预，补以陈傅良《左传章旨》，纂成《春秋》系列专著。晚年屏居东山，作东山精舍以奉母，著述、讲学其中，学者称为“东山先生”，无意仕进，以讲学为生。《明史》本传说他：“当是时，天下兵起，汸转侧干戈间，颠沛流离而进修之功不懈。”[②]至正五年（1345）在阆山书院任教，后在自办东山精舍（又称“东山书院”）讲学，后出任商山义塾山长。“为时硕儒，元季保障乡井，授承务郎、江南行枢密院都事。”[③]至元十七年（1357）朱元璋入徽州，几次去其舍，请其出山，赵汸都以有病而婉言谢绝。洪武二年（1369）应召修《元史》，不愿仕进，乞归，未逾月而卒。著有《周易文诠》四卷[④]、《春秋集传》十五卷、《春秋师说》三卷、《春秋属辞》十五卷、《春秋左氏传补注》十卷、《春秋金锁匙》一卷、《东山存稿》七卷、《附录》一卷及注《杜工部五言律诗》三卷等。其著作列入《四库全书》或作存目的就达8种。它们是：《周

---

① 《春秋集传自序》。

② 《明史·列传·儒林一》卷二百八十二第七二二六页，中华书局，1974。

③ 《新安名族志·赵》后卷第六七四页。

④ 《四库全书总目》著录为抄本，未查出刻本。

易文诠》四卷[①]、《春秋集传》十五卷[②]、《春秋师说》三卷[③]、《春秋属辞》十五卷[④]、《春秋左氏传补注》十卷[⑤]、《春秋金锁匙》一卷[⑥]、《东山存稿》七卷、《附录》一卷[⑦]。赵氏的著述还有《东山存稿》一卷，收入《元诗选》中，《周易文诠》四卷，收入《四库珍本初集》中等。

婺源汪同在元至正（1341—1368）间先后在路治歙县任浙东同知、副元帅、行枢密院判。汪同关心教育，先后在婺源阆山创办阆山书院并延著名理学家赵汸为师，以教乡中俊秀者，后圮。元至元十六年（1356）创办另一所学校在休宁县城南浯田村，名商山义塾，延请朱升、赵汸诸儒任山长，延理学家陈栎侄陈光等任分教。明初改为商山书院，是元末重要的家刻机构。元末所刻主要为赵汸的著作，并且是明初的重要修订出版物。此书院在明代为休宁南部重要学校，明末因遭魏忠贤阉党祸害才废。

赵汸的经学著作绝大部分在元末就为商山义塾刊布。这个义塾在元末刻赵汸著作主要是：

至正十年（1350）刻自撰《师山先生文集》十一卷。国家图书馆藏元刻明修本。

元至正二十年（1360）至二十四年（1364）休宁商山义塾刻元赵汸撰《春秋师说》三卷、《附录》三卷、《春秋属辞》十五卷计2种21卷。《中国古籍善本书目·经部·春秋类》卷三第一十九页著录，上海图书馆藏明弘治六年（1493）高忠重修本，有清韩应陛跋。清叶德辉撰《书林清话·元私宅家塾刻书》卷四第一〇一页："商山书塾，至正甲辰（1364）

---

① 《四库全书总目·经部·易类四》卷四第二十七下至二十八页上著录。
② 《四库全书总目·经部·春秋类三》卷二十八第二二八页上著录。
③ 《四库全书总目·经部·春秋类三》卷二十八第二二八页上至中著录。
④ 《四库全书总目·经部·春秋类三》卷二十八第二二八页中至下著录。
⑤ 《四库全书总目·经部·春秋类三》卷二十八第二二八页下至二二九页上著录。
⑥ 《四库全书总目·经部·春秋类三》卷二十八第二二九页上著录。
⑦ 《四库全书总目·集部·别集类二一》卷一六八第一四六一页下著录。

刻赵汸《春秋属辞》十八卷、《春秋左传补注》十卷、《春秋师说》三卷。见瞿目、陆续跋、丁志。《春秋属辞》十五卷。”罗振常在《善本书所见录·经部》卷一第十五页中说：“元刊本，小黑口，半页十三行，行二十七字。每页书口记字数及刻工姓名。卷末有金居敬复校，学生倪尚谊校对，前乡贡进士、池州路儒学朱升校正款三行。”这就是著名的居敬本。

至正二十年（1360）至二十四年（1364）休宁商山义塾刻元赵汸撰、明弘治六年高忠重修，朱升校正《春秋属辞》十五卷。

《四库全书总目·经部·春秋类三》卷二十八第二二八页、《中国善本书提要·经部·春秋类》第272页著录，国家图书馆、北京师范大学图书馆藏8册本《春秋属辞》十五卷，清朱文藻、丁丙跋本藏南京图书馆。原刻本卷末有“前乡贡进士池州路儒学学正朱升校正，学生倪尚校对，金居璥复校”3行。该刊本半页13行，行27字（16.7×12.8），左右双边。[①]

元至正二十四年休宁商山义塾刻赵汸撰《春秋左氏传补注》十卷。《中国古籍善本书目·经部·春秋类》卷三第六页、《中国善本书提要·经部·春秋类》第28页、《四库全书总目·经部·春秋类三》卷二十八第二三二页、《北京图书馆古籍善本书目·经部·春秋类》第一〇五至一〇六页著录这个版子的明弘治六年（1493）高忠重修本，国家图书馆（1册本3部，2册本1部）、北京大学图书馆、中国社会科学院历史研究所图书馆、上海图书馆、吉林省图书馆、南京图书馆、苏州市图书馆、湖北师范大学图书馆、四川省图书馆藏。该刊本半页12行，行24字（16.8×12.7），小字双行同，黑口，左右双边。

至正二十年至二十四年（1360—1364）休宁商山义塾刻明弘治六年（1493）高忠重修元赵汸撰《春秋属辞》十五卷、《春秋左氏传补注》

① 按，此书明洪武元年（1368）重刻时改为25卷，《春秋左传补注》仍为10卷，《春秋师说》改为2卷。弘治六年高忠重修本恢复《春秋属辞》仍为15卷。

十卷、《春秋师说》三卷、《附录》二卷计 3 种 30 卷。

《中国古籍善本总目·经部·春秋类》第一〇八页著录，北京大学图书馆、中国社会科学院考古研究所图书馆、上海图书馆、苏州市图书馆、四川省图书馆藏。该刊本半页 13 行，行 27 字，黑口，左右双边，双鱼尾。

至正二十四年休宁商山义塾刻、明修清丁丙跋《春秋左氏传补注》十卷。

《中国古籍善本书目·经部·春秋类》卷三第一十九页还载赵汸撰《春秋集传》十五卷 4 部。其中，明刻本 3 部，清抄本 1 部。同页还载有赵汸撰《春秋金锁匙》一卷，为清乾隆时孔继汾家抄本，见《中国古籍善本书目·经部·春秋类》卷三第十九页，藏国家图书馆；同书还有清抄本中由清吴骞校本，藏北京大学图书馆；清抄本中由丁丙跋本藏南京图书馆。

至正二十四年休宁商山义塾刻、明弘治六年（1493）高忠重修元赵汸撰《春秋师说》三卷、《附录》二卷计 5 卷。

《中国古籍善本书目·经部·春秋类》第 272 页、《中国古籍善本总目·经部·春秋类》第一〇八页、《北京图书馆古籍善本书目·经部·春秋类》第一〇五页著录，国家图书馆（3 部）、清华大学图书馆、上海图书馆、南京图书馆（清丁丙跋）、苏州市图书馆、杭州市图书馆、四川省图书馆、中国社会科学院历史研究所图书馆藏。该刊本半页 13 行，行 27 字，细黑口，左右双边，有刻工。

元末郑玉刻罗愿撰《鄂州小集》五卷、《拾遗》一卷、《附录》一卷计 2 种 7 卷。

《皖人书目》卷七第 190 页著录。经考证，郑玉所刻自撰及罗愿著作系由门人洪斌、洪杰、洪宅兄弟及鲍元康、鲍深叔侄出资刊刻。

综上所述，早在元末，这个义塾就先后刻了赵汸经学著作 9 种 81 卷，但都查不到元版，只存明前期高忠重修本。

明弘治六年（1493）高忠重修元赵汸撰《春秋属辞》十五卷。《中国古籍善本书目·经部·春秋类》卷三第一十九页、《北京图书馆古籍善本书目·经部·春秋类》第一〇五页著录，国家图书馆（藏5部分别为4册本3部、6册本1部、8册本1部）、北京大学图书馆、北京师范大学图书馆、中共中央党校图书馆、中国社会科学院文学研究所图书馆、中国社会科学院历史研究所图书馆、上海图书馆、吉林省图书馆、苏州市图书馆、浙江图书馆、福建师范大学图书馆、四川省图书馆、四川师范学院图书馆藏，山西博物院、河北省博物馆、山西省文物局、旅顺市博物馆、安徽省博物馆均藏不全本，元至正二十年（1360）至二十四年（1364）休宁商山义塾刻。

到了明初，这所私立学校还在修订重刻赵汸的经学著作。

洪武元年（1368）商山义塾刻明赵汸撰《春秋属辞》二十五卷、《春秋补注》十卷、《春秋师说》二卷计3种37卷。这个版本《明代版刻综录》第四卷第三十三页著录。

赵汸本人也刻书，死后其著作也不断地在徽州刊行。

洪武二年（1369）赵汸刊宋罗愿撰《鄂州小集》六卷、《附录》二卷计8卷。

《明代版刻综录》卷六第九页、《增订四库简明目录标注·别集类·南宋》第734页、《全明分省分县刻书考·安徽省卷》第二十三页著录。

明刻元赵汸注《杜工部五言律诗》二卷[①]。

《北京图书馆古籍善本书目·集部·唐五代别集类》第二〇三四页、《中国书店三十年所收善本书目·集部·唐别集类》第一六六页著录，国家图书馆藏2册本2部，中国书店收购棉纸2册本。该刊本半页8行，行18字，白口，四周双边。

① 《北京图书馆古籍善本书目·集部·唐五代别集类》第二〇三三页著录，国家图书馆藏万历十六年（1588）书林郑云竹刻唐杜甫撰、元赵汸注《翰林考正杜律五言赵注句解》三卷2册本。该刊本半页9行，行20字，白口，四周双边。

此外，明刊休宁赵汸选《杜诗便览》□卷。

《安徽省馆藏皖人书目》第367页、《安徽文献书目》第73页著录，安徽省博物馆藏仅有下卷1册。

嘉靖（1522—1566）间刊明初赵汸撰《东山存稿》七卷、《附录》一卷计8卷。

《安徽省馆藏皖人书目》第367页、《皖人书录》第749页（作嘉靖三十七年即1558）、《安徽文献书目》第73页著录，安徽省博物馆藏2册本。刻主待考。

赵汸著作明刻本还有：

嘉靖（1522—1566）间刻元末明初赵汸撰《春秋集传》十五卷。

《中国古籍善本书目·经部·春秋类》第272页著录，清华大学图书馆藏。

明刻元末明初赵汸撰《春秋集传》十五卷。

《中国古籍善本书目·经部·春秋类》第272页著录，西北大学图书馆藏，国家图书馆还藏此书清抄本。

徽州书人丛说

清代书人（二）

徐学林◎著

中国书籍出版社
China Book Press

图书在版编目（CIP）数据

清代书人（二）/ 徐学林著. -- 北京 : 中国书籍出版社, 2024. 10. -- (徽州书人丛说). -- ISBN 978-7-5068-9976-5

Ⅰ. K825.4

中国国家版本馆CIP数据核字第2024F2G656号

清代书人（二）

徐学林　著

责任编辑	盛　洁
责任印制	孙马飞　马　芝
封面设计	程　跃
出版发行	中国书籍出版社
地　　址	北京市丰台区三路居路 97 号（邮编：100073）
电　　话	(010) 52257143（总编室）　(010) 52257140（发行部）
电子邮箱	eo@chinabp.com.cn
经　　销	全国新华书店
印　　刷	三河市富华印刷包装有限公司
开　　本	710毫米 × 1000毫米　1/16
印　　张	113.75
字　　数	1680千字
版　　次	2024 年 10 月第 1 版
印　　次	2024 年 10 月第 1 次印刷
书　　号	ISBN 978-7-5068-9976-5
定　　价	680.00元（全五册）

目录

清前期著述家

清前期家刻代表人物

清前期著述家

与明末清初三大夫子并峙的方以智

桐城白鹿庄支为元末自池口迁桐城县学宫的歙县桂林支方德益第6世并开桐城文风方学渐一支。白鹿庄支以明人方学渐、方大镇、方孔照、方以智为标志性人物。尤其是方以智明末清初与顾炎武、王夫之、黄宗羲同是东南学派领军人物，并形成江右学派。本文仅介绍方以智。

方以智生于万历三十九年十月二十六日（1611.11.30），卒于康熙十年十月初七日（1671.11.8），字密之，号无可、鹿起、鹿起山人、鹿民、浮山、大可、昌公、曼公、智可、愚者、愚者大师、药地、无道人、龙眠愚者、浮山愚者、无可道人、墨历、泽园主人、极丸学人、易贡游子、高座道人、无可和尚、药地和尚，法名弘智、大智、行远，有浮庐、膝寓、连理亭、稽古堂、浮山此藏轩，孔照长子，开桐城文风方学渐曾孙。方以智生于县城东门凤仪里廷尉第（后称潇洒园），一说出生于今枞阳县浮山乡陆庄。此藏轩为方孔炤传其父所建在陆居大厅名，因此，浮山方以智故居也是相传旧物，这里也是方以智“洗心退藏”，成长读书，著书立说之地。以智出生于书香官宦世家。自幼聪慧，家学渊源深厚，少年时随父孔炤宦游蜀、闽、鄂，增长社会阅历。外祖父吴应宾长于文史，热衷于释、道、儒三教合一说，尤喜谈佛。其母吴令仪也是棋琴书画高手。12岁丧母后，在才艺精博的姑母方维仪的严督下，15岁时就已博览经、史、子、集等传统优秀古籍，20岁时已著书立说，撰成《通雅》五十二卷、《物理小识》十二卷等。他以文会友，在家乡与孙临、方文、周岐等结泽园社，啸歌林下，优游龙眠，立下“欲备天地万物、古今之数，明经论史，核世变之故，求名山而藏之”[①]的宏愿，不怕吃苦，常长途跋涉，以锻炼体魄，增长社会阅历。崇祯五年（1632），他决心效法司马迁，读万卷书，走万里路，驾一叶方舟，负笈离家，遍访江南藏书家，寻访

① 方以智：《浮山文集·前编·送李舒章序》卷三、《稽古堂二集》卷下。

抄借秘籍。他在杭州与读书会闻子将、松江几社陈子龙等切磋学术，在短短的游学期间使学业大进。崇祯七年（1634），在李自成起义军的打击下，腐明政权摇摇欲坠，桐城也爆发了“奴变”，当地官宦富户纷纷携资逃离故土，他家也搬到金陵。在流寓南京期间成为复社重要成员，并与陈贞慧、侯方域、吴应箕、冒襄等交往密切，成为明季著名的“四公子”之一。崇祯元年（1628），其父孔炤复起，在镇压农民起义军战斗中屡立战功而任佥都御史，在湖广巡抚任上因受督师杨嗣昌构陷入冤狱时，方以智服阙为父伸冤两年，吃尽人间苦头，才使其父减罪遣戍绍兴。父亲平反后，他也在崇祯十三年（1640）春中进士，授翰林院检讨，任定王讲官，可尽阅皇家图书馆—内府典籍，与意大利传教士利玛窦交往甚密，又常与德国传教士汤若望等讨论医学、天文等科学知识，使他中西学术兼融，知识面既宽且博。

崇祯十七年（1644），李自成率领起义军攻占北京城，崇祯帝煤山吊死，方以智往哭梓宫，至东华门被俘，因不投降至受刑两股见骨，后趁隙南逃，积极投入抗清斗争。5月抵南京，投奔南明弘光政权，被马士英、阮大铖诬为“从逆”，被迫南奔浙闽、岭南，以卖药为生。顺治三年（1646），在肇庆担任南明永历政权少詹事，因受太监王坤排挤而挂冠。顺治四年（1647），出任南明永历帝礼部尚书、东阁大学士。因受不了派系纷争，托病不赴，告别妻孥，四处云游，著述不懈。顺治七年（1650）削发为僧。顺治九年（1652）秋，在刑部湖广司主事施闰章斡旋下，准其北返，在庐山五老峰养病期间写成《东西均》、《茶泉》、《潮泉》等书。不久，归桐城与老父团聚。十年（1653）春，坚辞地方官逼其出山效力新朝，正式在南京高座寺出家，成为曹洞宗青原支脉第37世法嗣，著《象环寤记》不分卷。顺治十二年（1655）冬，奔父丧，庐墓合明山间，向长子中德传授经史，向次子中通讲授天文、数学，向三子中履传授医学、音韵学，教侄方中发诗文书画，自己也著了《医学会通》不分卷、《药集》不分卷、《五老药》不分卷、《药地炮庄》九卷等。康熙九年（1670）曾担任浮山历史名寺大华严寺住持，法名无可大师。禅游庐山各寺，后担任江西清源山净居寺住持。康熙十年（1671）三月，因“粤案”被捕。十月七日，在由庐陵押解岭南途中，船至万安惶恐滩时半夜风浪骤起，病体不支并疽发于背，惨死于舟中，学者私谥文忠先生。他死后，衣钵留在 青原山佛寺塔，爪发归枞阳浮山华严寺塔，肉身葬于浮山北麓枭花岗，现为安徽省重点文物保护单位。

方以智终生颠沛流离，但好学覃思，勤于翰墨。晚年在弘扬佛法之余，倾心书画，娱情于山水之间，留下大批文翰墨宝，著作宏富。他在治学方法上，考镜源流，重视实证。所著数百万言，关乎天文、地理、律数、医药、文字、音韵、哲学、物理、生物、诗赋、书画，成为明末清初中国杰出的唯物主义思想家和著名的科学家、文学家。他在哲学方面提出“宙轮于宇”的见解，明确提出空间和时间彼此依存，整个宇宙是物质的辩证唯物观。在《东西均》不分卷、《象环寝记》一卷中提出“合二而一”的命题，主张：“寓通几于质测”即哲学离不开科学，科学应以哲学为指导，反对“离气以言理”、“离器以言道”的宋明理学，并以批判的态度吸收外来科学知识，这些无疑是正确的。他花了 22 年时间撰写的《物理小识》、《通雅》是 17 世纪初自然科学的百科全书，其成书时间几与伽利略《关于托勒密和哥白尼两大世界体系》同时。他是我国历史上把知识分为自然科学（物理）、社会科学（宰学）、哲学（物之至理）三大类，并成为运用批判的态度吸收西欧科学知识的第一人。在文学上，主张端本于经，练要于史，修辞于汉，析理于宋，所以他的族孙、桐城派举旗人物方苞评之为“学行继程朱之后，文章在韩欧之间”，可见其在学术界的历史地位和对后来形成的桐城文派的影响。所著除上述所点出外，尚有《药地炮庄》九卷、《浮山文集·前编》十卷《后集》二卷（又作《浮山前后集》二十二卷《前后编》十六卷）《别集》又名《浮山此藏轩别集》《浮山别集》一卷、《冬庆录》不分卷、《四韵定本》不分卷、《切韵源流》、《切韵》一卷附《谚原》一卷计 2 种

2卷、《易学纲宗》、《诸子燔痏》、《古今性说合观》、《五言古诗》、《博依集》十卷、《方子流寓草》九卷、《方密之诗钞》三卷、《脉考》一卷、《禅乐府》一卷、《稽古堂文集》二卷、《响言》一卷、《膝寓信笔》一卷[①]、《通雅切韵》一卷、《通雅》一卷、《庐墓考》不分卷、《文章薪火》一卷、《印章考》一卷、《通雅摘钞》一卷附《印谱名目》一卷、《一贯问答》不分卷、《正叶韵》四卷、《两粤新书》一卷、《建初集》、《信叶》、《借庐语》、《区学会通》、《鸟道吟》（不分卷）、《流寓草》二卷、《浮山全集》四十卷、《通雅勘误补遗》一卷、《内经经略（脉）》不分卷、《切韵声原》二卷、《易余》二卷、《周易图像几表》八卷、《无生寱》（不分卷）、《合山栾庐占》不分卷、《会宜编》不分卷、《密之先生杂志》不分卷、《易解》二卷、《物韵声源》一卷、《几表》等百余种传世，还有论定《古今诗风》八卷等。收入清陈元善编《二十八种藏书》稿本中有清方以智撰《读书法》一卷、《读书类略》一卷、《文章薪火》一卷、《稽古堂韵戒》一卷、《诗词浅说》一卷、《诗说》一卷、《名山卧游图》一卷、《鼎薪》六卷、《一贯问答》二卷计9种15卷。

其著作行世要目：

约崇祯戊寅（十一年，1638）刻明皖桐方以智撰《博依集》十卷、《方子流寓草》九卷计2种19卷。《贩书偶记续编·集部·别集类》卷十三第215页著录，此书无刻印时代。

崇祯十一年（1638）刻明方以智撰《流寓草》二卷。《安徽艺文考·别集十》、《皖人书录》第94页著录，应为先刻或不全本。

崇祯十一年（1638）刻明方以智撰《博依集》二卷。《安徽艺文考·别集十》、《皖人书录》第95页著录，应为先刻或不全本。抄本作《方密之诗钞》上卷。

---

① 以上3种收入光绪（1875—1908）间刻《桐城方氏七代遗书》中。

崇祯（1628—1644）间刻明方以智撰《博依集》十卷。《中国古籍善本总目·集部·清别集》第一五〇二页、《中国古籍总目·集部·别集类·清代之属·清前期》第1049页、《清人别集总目》第230页著录，中国国家图书馆（不全）、北京大学图书馆藏。该刊本半页9行，行18字，白口，四周单边。中国国家图书馆还藏清初刻本，还有初刻2卷本。此书在方以智生前至少有3版。

崇祯（1628—1644）间刻明方以智撰《方子流寓草》九卷。《中国古籍善本总目·集部·清别集》第一五〇二页、《中国古籍总目·集部·别集类·清代之属·清前期》第1049页、《清人别集总目》第230页著录，北京大学图书馆藏。该刊本半页9行，行22字，白口，左右双边。

明末刻明方以智撰《庐基（墓）考》三卷。《中国古籍善本总目·史部·传记类·总传》第三七九页著录，浙江大学图书馆藏。该刊本半页8行，行18字，白口，四周单边。

清初刻明方以智撰《博依集》十卷。《清人别集总目》第230页著录，中国国家图书馆藏。

约康熙（1662—1722）间此藏轩刻明桐城方以智撰《浮山文集·后编》二卷、《浮山别集》二卷、《一贯问答》一卷3书又题《药地愚者智随笔》计3种5卷。《贩书偶记续编·集部·别集类》卷十三第216页著录。此书原无刻书时间。

附　康熙甲辰（三年，1664）于藻（应为庐陵揭氏）刻明方以智撰《物理小识》十二卷。《中国古籍总目·子部·杂家类·杂纂之属》第1944页、《皖人书录》第94页、《四库全书总目·子部·杂家类》卷一二二第一〇五五页（江苏巡抚采进本）、《增订四库简明目录标注·子部十·杂家类·杂说之属》卷第十三第540页著录，中国国家图书馆、中国科学院图书馆、上海图书馆、南京图书馆、大连市图书馆、吉林大学图书馆、东北师范大学图书馆藏。还存光绪十年（1884）宁静堂刊本。此书为其子中德、中通、中履及其弟其义子中发编，原附《通雅》后，后单行。《增订四库简明目录标注》第521页作“以智之子中通著”，误。该书为方以智在自然科学方面重要著作，内容分天、历、风雷雨旸、地、占候、人身、医药、饮食、衣服、金石、器用、草木、鸟、兽、鬼神、方术、异事十七类，涉及光学、电学、磁学、声学、力学等方面的物理知识。该书总结了中国古代许多科学成就，批判地吸收大量西欧传来的科学知识。因此，四库馆臣称之是一部“考证奥博，明代罕与伦比”的自然科学百科全书。日本学者说它是“当奈端（牛顿）之前，中国诚可以自豪的著作”。此书分别收入《万有文库》、《四库全书》等丛书中。

康熙（1662—1722）间此藏轩刻明方以智撰《浮山文集·前编》十卷、《后编》二卷、《浮山此藏轩别集》二卷计3种14卷。《中国古籍善本总目·集部·清别集》第一五〇二页、《中国古籍总目·集部·别集类·清代之属·清前期》第1049页、《清人别集总目》第230页著录，中国国家图书馆（仅藏前编十卷）、湖北省图书馆藏，台湾“中央”研究院历史语言研究所傅斯年图书馆藏此书《前编》十卷晒此藏轩蓝印本。该刊本半页10行，行24字，白口，左右双边。南开大学图书馆仅藏由佚名校清初抄《浮山文集·前编》三卷。

康熙五年（1666）浮山此藏轩刻清方以智撰《通雅》五十二卷、《首》三卷计55卷。《安徽省古籍善本书目·子部·杂家类》卷三第五十九页、北京师范大学图书馆编《中文古籍书目·子部·类书类》第304页、《增订四库简明目录标注·子部十·杂家类·杂考之属》卷第十三第521—522页著录，北京师范大学图书馆（12册本）、安徽省图书馆（2部16册本）藏，安徽省博物馆藏含《卷首》三卷计55卷16册本，安徽省博物馆还藏与原安徽劳动大学图书馆同为8册本各1部。

附　康熙丙午（五年，1666）姚文燮春草堂刻明方以智撰《通雅》五十二卷。《中国古籍总目·子部·杂家类·杂考之属》第1808—1809页、《四库全书总目·子部·杂家类三》卷一一九第一〇二八页（左都御史张若淮家藏本）、《增订四库简明目录标注·子部十·杂家类·杂考之属》卷十三第521—522页、《书目答问补正·子部》卷三著录，北京大学图书馆、中国科学院图书馆、上海图书馆、南京（清徐时栋跋图书馆、佚名校）、江西省图书馆、辽宁省图书馆、吉林省图书馆、吉林大学图书馆、吉林省社会科学院图书馆、哈尔滨师范大学图书馆、香港中文大学图书馆藏。天津图书馆还藏清浮山此藏轩影抄康熙五年姚氏刻本。诒让录日本有刻本。此书有浮山此藏轩家刻本。但误《物理小识》十二卷为子方中通著。姚永概录《物理小识》原刊本亦作为方以智撰，近年江西有翻刻本。此书内容为考证名物、象数、训诂、音声类书，分44门，考核精核，一扫明末芜杂学风。此书早在嘉庆（1796—1820）、道光（1821—1850）间已外传日本、朝鲜等国。

康熙（1662—1722）间此藏轩刻明（清）方以智撰《一贯问答》不分卷。《皖人书录》第94页、《贩书偶记续编·集部·别集类》卷十三第216页著录，刻本藏处待考，安徽省博物馆藏清抄本。

康熙（1662—1722）间浮山此藏轩刻明方以智撰《脉考》一卷。《中国古籍总目·子部·医家类·诊法之属·脉诊·诸家脉学》第574页著录，安徽省图书馆藏。收入清晓墀抄《医书摘录八种》中为明方以智撰《明方以智密之通雅脉考》一卷。

康熙（1662—1722）间此藏轩刻明方以智撰《浮山文集·前编》十卷。《皖人书录》第94页、《西谛书目·集部上·明别集类》第一二二页（作清初刊）著录，中国国家图书馆藏4册本，原为西谛捐献书。此书为方中履等编。卷一为《稽古堂初集》，卷二、三为《稽古堂二集》，卷四至六为《曼寓草》（前六页题名为淑楚），卷七至九为《岭外稿》，卷十为《猺（傜）峒废稿》。但《桐城方氏七代遗书》仅收《稽古堂初、二集》一卷。

康熙（1662—1722）间此藏轩刻明方以智撰《浮山文集·后编》二卷。《皖人书录》第94页、《贩书偶记续编·集部·别集类》第216页著录。

康熙（1662—1722）间此藏轩刻明方以智撰《浮山别集》二卷。《皖人书录》第94页、《贩书偶记续编·集部·别集类》第216页著录。《浮山文集》后编二卷、别集二卷与《一贯问答》题《药地愚者智随笔》。

康熙（1662—1722）间浮山此藏轩刻明方以智撰《五雅》五十二卷。《皖人书录》第95页、《四库全书总目·子部·杂家类三》卷一一九第一〇二八页、《安徽省馆藏皖人书目》第15页著录，安徽省图书馆藏16册本。

康熙（1662—1722）刻明方以智撰《通雅》五十三卷、《首》三卷计56卷。《皖人书录》第95页著录，藏处待考。

康熙四十一年（1702）刻清方以智撰《通雅》五十二卷、《首》三卷计55卷。《中国古籍总目·子部·杂家类·杂考之属》第1808—1809页著录，江西省图书馆仅藏18册不全本。此外，南京图书馆、辽宁省图书馆还藏嘉庆四年（1799）仁和赵魏刻本，中国国家图书馆、辽宁省图书馆、长春市图书馆、黑龙江省图书馆、黑龙江大学图书馆藏清立教馆刻本。

康熙（1662—1722）间此藏轩刻清方以智撰《药地炮庄》九卷、《总论》三卷计2种12卷。《中国古籍善本总目·子部·道家类》第一一四〇页、《中国古籍总目·子部·道家类·先秦之属·庄子》第2356页著录，四川省（不全）、中国社会科学院历史研究所图书馆及安徽省博物馆藏。东北师范大学图书馆、南京图书馆还藏民国二十一年（1932）成都美学林铅印《药地炮庄》九卷。

清刊明方以智撰《正叶韵》四卷。《皖人书录》第94页、《千顷堂书目》、《安徽省馆藏皖人书目》第14页（作《正叶》）著录，安徽省博物馆藏1册本。

清刊明方以智撰《五老药》不分卷。《皖人书录》第94页、《安徽文献书目》、《安徽省馆藏皖人书目》第14页著录，安徽省博物馆藏1册本。

清刊明方以智撰《建初集》□卷。《皖人书录》第94页、《安徽文献书目》、《安徽省馆藏皖人书目》第15页著录，安徽省博物馆藏残卷四1册不全本。

乾隆（1736—1795）刻明末清初方以智撰《通雅》五十二卷。《安徽地震史料辑注》第242页著录，安徽省博物馆藏。

清刊方以智撰《物理小识》十二卷。《安徽地震史料辑注》第243页、《安徽省馆藏皖人书目》第15页著录，安徽省博物馆藏，安徽省图书馆藏8册本，还藏清抄6册本。

清刊明方以智撰《信叶》□卷。《皖人书录》第94页、《安徽文献书目》、《安徽省馆藏皖人书目》第15页著录，安徽省博物馆藏残卷三1册不全本。

清刊明方以智撰《借庐语》□卷。《皖人书录》第94页、《安徽文献书目》、《安徽省馆藏皖人书目》第15页著录，安徽省博物馆藏残卷二1册不全本。

清刊明方以智撰《鸟道吟》不分卷。《皖人书录》第94页、《安徽文献书目》、《安徽省馆藏皖人书目》第15页著录，安徽省博物馆藏1册本。

清刊明方以智撰《浮山此藏轩物理小识》又名《物理小识》十二卷。《皖人书录》第94页、《安徽省馆藏皖人书目》第15页著录，安徽省图书馆藏4册本。

清刊明方以智撰《禅乐府》一卷。《皖人书录》第95页、《清人别集总目》第230页、《安徽文献书目》、《安徽省馆藏皖人书目》第15页著录，安庆市图书馆藏。此书还有民国二十四年（1935）排印本，安徽省图书馆藏1册本。

附　乾隆（1736—1795）间刻巾箱本桐城方密之原本、后学张裕叶补校《通雅刊误补遗》一卷。《贩书偶记·子部·杂家类·杂考之属》卷十一第271页著录。

清刊明方以智撰《药集》不分卷。《皖人书录》第95页、《安徽文献书目》、《安徽省馆藏皖人书目》第16页著录，安徽省博物馆藏1册本。

清刊明方以智撰《东西均》不分卷。《皖人书录》第95页、《安徽文献书目》、《安徽省馆藏皖人书目》第14页、《安徽省古籍善本书目·子部·杂家类》卷三第五十六页著录，安徽省博物馆藏2册本。该馆还藏顺治九年（1652）原抄本2册分东西均记、东西均、扩信、三征等27篇，还藏顺治九年原抄1卷1册本。

清刊明方以智撰《无生寱》不分卷。《皖人书录》第95页、《安徽文献书目》、《安徽省馆藏皖人书目》第15页著录，安徽省博物馆藏第一卷1册不全本。

光绪六年（1880）桐城方氏重刻明方以智撰《通雅》五十二卷、《首》三卷、清张裕叶撰《通雅刊误补遗》一卷计2种56卷。《中国古籍总目·子部·杂家类·杂考之属》第1809页、北京师范大学图书馆编《中文古籍书目·子部·类书类》第304页、《皖人书录》第95页著录，中国国家图书馆、上海图书馆、大连市图书馆、辽宁大学图书馆、吉林大学图书馆、黑龙江省图书馆、黑龙江大学图书馆、北京师范大学图书馆（《通雅》五十二卷、《卷首》三卷、《通雅刊误补遗》一卷计56卷10册本）藏。《安徽省馆藏皖人书目》第15页仅录《通雅》五十三卷（安徽省图书馆藏10册本）。《书目答问补正·子部》卷三作光绪四年（1878）桐城方氏家刻本附《刊误》一卷即此版本，正文应为52卷，不计《卷首》三卷。说明此藏轩刊本多次印刷。

光绪十年（1884）宁静堂重刻明方以智撰《物理小识》十二卷。《中国古籍总目·子部·杂家类·杂纂之属》第1944页、《皖人书录》第94页著录，中国国家图书馆、天津图书馆、上海图书馆、南京图书馆、辽宁省图书馆、吉林省图书馆、东北师范大学图书馆、黑龙江省图书馆藏。

光绪十年（1884）宁静堂刻清方以智撰《物理小识》八卷。《中国古籍总目·子部·杂家类·杂纂之属》第1944页著录，南京图书馆藏。

光绪十一年（1885）桐城方氏刻清方以智撰《通雅》五十二卷、《首》三卷、清张裕叶撰《通雅刊误补遗》一卷计2种56卷。《中国古籍总目·子部·杂家类·杂考之属》第1809页著录，中国国家图书馆、南京图书馆藏。

光绪二十四年（1898）宁静堂刻清方以智撰《物理小识》十二卷。《中国古籍总目·子部·杂家类·杂纂之属》第1944页著录，南京图书馆藏。

还读斋主汪昂

学术界公认汪昂是明末清初的医学家，他的家族是一个庞大的医药世家。其父汪十洲，号约斋，与伯兄文誉、从弟明紫，都是明末清初新安名医。受其影响，其子广期、昂、蕴谷均继承家学渊源，在医学上有一定的造诣，均刻印医学著作行世，尤其是汪昂与族人汪淇是清初有影响的出版家。其弟广期、弟蕴谷都是新安名医兼刻书家。但很少人知道汪昂还是一位刻书家，而且他的家族刻书也很多。本文仅介绍汪昂。

汪昂（1615—1695），初名桓，号讱庵，休宁县城西（今海阳镇）人，寄籍括苍（今丽水），有延喜堂、成裕堂堂号。他出身于休宁的一个医儒世家。早年攻读经史，长于文学，考中秀才，为明末诸生。在苏州创办还读斋刻书坊。入清，弃儒业，绝意科举，改攻医药，历40年成为清初著名的医学家。

他著述丰富，尤以医学为著。主要有《讱庵诗文集》、《改正内景五脏六腑经络图说》又名《经络图说》一卷、《经络歌诀》一卷、《濒湖二十七脉歌》一卷、《神农本草备要》又名《本草备要》八卷、《汤头歌诀》又名《医方汤头歌诀》一卷、《本草纲目择要》四卷、《医宗指要》、《本草备要》四卷、《本草易读》八卷、《本草医方合编》六卷、《经络穴道歌》、《素问灵枢类纂合注》三卷、《日食菜物》一卷、《痘科宝镜全书》一卷、《医方集解》六卷及健身书《勿药元诠》、《灵素类纂》、《增评童氏医方集解》二十三卷等20余种80余卷著述。其中，《改正内景五脏六腑经络图说》、《濒湖二十七脉歌》一卷、《汤头歌诀》、《本草备要》、《增补医方集解本草备要图说合编》、《方症联珠》、《汤头钱数抉微》、《汤头医方药性合编》、《经脉图说脉诀歌》、《内景仿真说》、《十二经脉歌诀》一卷、《经络歌括》一般目录著录《歌诀》为《歌括》，如《汇编书目》第二函第十一册第二十八页著录汪昂自刻本《汪讱庵全书》5种三十卷及康熙壬戌（1682）自刊本4种十四卷，均作“括”，二版共印汪氏9种44卷医学著述中不同书种6种，相同3种中卷数也前后不同。光绪（1875—1908）间由刁凤岩编汪氏脉草经脉为1个小丛书如光绪七年（1881）京都老二酉堂、光绪十三年（1887）敬文堂等汇刻时改名为《脉草经络五种汇编》等。研究式扩展汪氏著述专著也是不断，著名的有《汤头歌诀新编》、《汤头钱数抉微》、《[新编]医方汤头歌诀》等。

汪氏研究医学，主遵《内经》等古典医著，兼采众家之长，并对明末传入我国的西医学术态度开明，可称为学贯中西，著述简明扼要，浅显易懂，力主脑为神经中枢说。如《本草备要》有“脑为元神之府”、“灵机记忆在脑”的科学论述，对中西医的评价较公允，认为西医虽不明气化之理，但对于形态病症方面的论述确凿。他的编著《素问灵枢类纂约注》是把《黄帝内经》里的《素问》、《灵枢》部分加以分类整理、注释，使之成为一部实用方便的医学著作。他于康熙二十一年（1682）成书的《医方集解》又名《医方集解本草备要合刻》是集古医验方及民间传方的专书（含有《补养之剂》、《发表之剂》、《涌吐之剂》、《攻里之剂》、《表里之剂》、《和解之剂》、《理气之剂》、《理血之剂》、《祛风之剂》、《祛寒之剂》、《清暑之剂》、《利湿之剂》、《润燥之剂》、《泻火之剂》、《除痰之剂》、《消导之剂》、《收敛之剂》、《杀虫之剂》、《明目之剂》、《痈疡之剂》、《经产之剂》、《救急良方》、《勿药元诠》等）23种分科药剂。三十一年（1692）成书包括方名、药物、治症、加减方内容的《汤头歌诀》是精选320余付方剂，分为20类的入门医书，简单明了，易于记诵。成书于康熙二十一年（1682）《勿药元诠》内载《养生颂》、《金丹秘诀》、《保健十六宜》等10余种功法，至今仍被医学家、养生学家视为珍宝。尤其是康熙二十二年（1683）成书的《本草备要》四卷，由太医院判吴谦审定，国内版本很快逾70多种，1729年传入日本，很快就有日本植村藤治郎版本，迄今此书中外版本已有200余种次。这本药物学专著有很强的临床实用价值，其中汪昂的精到见解不下120余处。

他的著述大部分由家刊行世，不少医著不仅实用，且多所发明，由多人多次翻印行世，版本众多，卷帙也不同。如中国医学科学院图书馆藏清刻清黄花馆编《医方全书五种》41卷本分别收汪昂撰《本草备要》四卷、《医方集解》三十三卷。

此外，中国中医科学院图书馆、北京医科大学图书馆、湖南省图书馆及广东省医学科学情报研究院藏1931年上海中医书局铅印清汪昂原著、李盎春注《汪氏汤头歌诀新注》，此书还于1954年由上海中医书局再次铅排行世；中国中医科学院图书馆藏1936年上海医药研究会铅排清汪昂原著、潘杏初重编《［新编］汤头歌诀正续编》；上海图书馆藏民国间上海中央书店铅印清汪昂撰、胡安邦增批《［增订］汤头歌诀》及河南中医药大学图书馆、广东省中山图书馆藏1940年上海铅印清汪昂原著、范风源注《医药汤头歌诀》等都是汪氏此书的延伸或研究类著作。

汪氏一生勤耕不辍，康熙三十三年（1694）在他八十高龄时还在春、夏、秋三季分别整理出版了他的《增订本草备要》、《汤头歌诀》、《经络歌诀》等书。因此，他又是一位重要的医学著述编辑家，以家刻自著医学书籍为主的出版家。汪昂除在医学研究上成就卓著，在古籍整理方面也是有成就的，他就批点过《宋元通鉴》一百五十七卷等。

处于社会鼎革之际的汪昂治学、出版道路充分地说明他是社会转型中知识分子典型代表。汪昂的出版活动大体有以下几个时期，30岁前寓居杭州，创设前店后铺钓矶楼，曾用及后期仍用延喜堂等堂号，并有孝友堂书室。明末，汪昂在这里广交文友，从事编刊图籍活动。当时名彦黄周星、许士俊、金声等都是他的朋友。据载，当时在杭州曾刻印过《武学大全》、《武经七书参同》等以武举考生为对象的军事著作，在1636—1637年还在杭州重印，企图挽晚明社稷于风雨飘摇之中。清兵入关，这些举民族大义旗帜的反清义士、晚明遗民们面对清廷镇压反清义士、禁锢知识分子思想的倒行逆施，一般均采取弃儒从学、谋生，不参与时政的回避策略。汪昂在这人生转折关头，与同族、寓居杭州的汪淇、童晋之等辈一道在苏州设立还读斋刻书铺，从事坊刻业。汪淇，字憺漪、瞻漪，又字右子，自号西陵残梦道人，系清初擅长妇、儿科名医。著有《济阴纲目》十四卷、《保生碎事》一卷，与清徐士俊同辑《尺牍新语》不分卷又作《分类尺牍新语》及《二编》各二十四卷、《历朝捷录直解》十二卷等，还与吴雯清辑评《分类尺牍新语广编》二十四卷《补编》一卷计2种25卷。

综观还读斋刻书业，初期至前期刻书品种倾向社科类，带有浓厚的商业性质，但仍注重于对匡复旧业，鼓舞士气的名著出版。后期，尤其是汪昂转攻医学后刊刻力主经济、为民造福、救死扶伤类内容的图书，尤其是医书品种为主。刻坊性质也渐变为家刻，其后人在汪氏逝世后的康乾（1662—1795）朝主要家刻汪氏著作。

从明末思想解放运动至清康熙二十年（1681）前，清廷文网未布，士大夫言论比较自由，还读斋所刻大都为社会科学类图书。

明末武林汪氏还读斋刻明陈子龙辑、明汪桓参《诗经人物备考》十三卷。《中国古籍总目·经部·诗类·传说之属》第343页、《北京大学图书馆藏古籍善本书目·经部》第13页著录，北京大学图书馆、上海图书馆藏明末刻本武林还读斋藏板刊本线装8册本。

明末还读斋刻明凌稚隆辑《汉书纂》不分卷。《美国哈佛大学哈佛燕京图书馆中文善本书志·史部》第190—191页著录，美国哈佛大学哈佛燕京图书馆藏4册本。该刊本半页9行，行26字（26.5×11.7），四周单边，白口，无鱼尾，书眉上刻评，书口下刻第×篇，目录页书口下刻“还读斋”，题“景陵锺惺、吴兴凌稚隆纂定，后学汪淇右子、查世晋尔康校阅”。此书系摘编《汉书》中部分帝纪、表、志、传成书。此书《四库全书总目》未收，而《中国古籍善本书目》所收万历十一年（1583）刻本为半页9行，行20字及万历间刻《汉书纂》二十二卷与此非一书。

天启五年（1625）还读斋在苏州以金阊书林刊明冯梦龙辑《智囊全集》二十八卷。《中国古籍善本书目·子部·杂家类》第710页、《中国古籍善本总目·子部·杂家类·杂纂》第一〇二六页（作明末刻）、《中国古籍总目·子部·杂家类·杂纂之属》第1937页（作明末刻）、《北京图书馆古籍善本书目·子部·杂家类》第一四九一页、《明代版刻综录》第七卷第四页、《西谛书目·子部·杂家类》卷二第三八页、《全明分省分县刻书考·江苏省书林卷》第二六页著录，西谛藏8册本、中国国家图书馆藏12册本。该刊本半页10行，行27字 ，白口，四周单边。

崇祯六年（1633）刻明卓人月选、徐士俊同辑《古今词统》十六卷附《徐卓晤歌》一卷计2种17卷。《北京大学图书馆藏古籍善本书目·集部·词类》第510页著录，北京大学图书馆藏6册本。

明还读斋刻明沈孚中撰《谭友夏锺伯敬先生批评绾春园传奇》二卷。《北京图书馆古籍善本书目·集部·曲类》第三〇七〇页著录，中国国家图书馆藏4册本。该刊本半页10行，行21字，白口，四周单边。

明末刻明缪希雍撰《还读斋医方汇编》又名《先醒斋医学广笔记》。《馆藏中医线装书目·临证各科》第146页著录，中国中医科学院图书馆藏。

明末西陵还读斋刻明锺惺撰《通纪纂》十卷。《北京师范大学图书馆古籍善本书目·史部·编年类·通代》第51页著录，北京师范大学图书馆藏4册本。该刊本半页9行，行26字，小字双行同，无直格，白口，四周单边，眉上刻评。封面刻“西陵还读斋梓行”，原钤“还读斋藏书记”印。

明末螂麟斋刻还读斋印明沈孚中撰《谭友夏钟伯敬先生批评绾春园传奇》二卷。《中国古籍善本总目·集部·曲类·传奇》第一八八七页著录，中国国家图书馆、上海图书馆藏。该刊本半页10行，行21字，白口，四周单边，眉栏镌评，版心下镌“螂麟斋”3字。

清初还读斋刻明李攀龙、王世贞等撰，清汪淇、清汪恂订正《明七子诗选注》七卷。《中国古籍善本书目·集部·总集类》第1706页、《中国古籍善本总目·集部·总集类·断代》第一七七五页、《中国古籍总目·集部·总集类·断代之属》第3028页著录，福建师范大学图书馆藏。该刊本半页8行，行20字，小字双行同，白口，四周单边。

清初金阊童晋之武林还读斋刻清范与良辑并评《诗苑天声》5种二十二卷。《中国古籍善本书目·集部·总集类》第1594页、《中国古籍善本总目·集部·总集类·通代》第一七二七页（作范良）、《中国古籍总目·集部·总集类·通代之属》第2924页、《北京图书馆古籍善本书目·集部·总集类》第二七六三页著录，中国国家图书馆藏5册本。该刊本半页10行，行22字，白口，左右双边。

顺治七年(1650)还读斋刻清毛先舒辑《西陵十子诗选》十六卷。《中国古籍善本书目·集部·总集类》第1795页、《中国古籍总目·集部·总集类·断代之属》第3055页、《北京图书馆古籍善本书目·集部·总集类》第二八二四页著录，中国国家图书馆(6册本)、福建师范大学图书馆(不全)藏。该刊本半页9行，行19字，白口，四周单边。南京图书馆还藏清刻本。

顺治十五年(1658)还读斋刻明徐师曾辑、清汪淇等笺评《诗体明辩》十卷、《论诗》一卷计2种11卷。《中国古籍善本书目·集部·总集类》

第1584页、《中国古籍善本总目·集部·总集类·通代》第一七二五页、《中国古籍总目·集部·总集类·通代之属》第2922页（作还读瑞刻，误）、《西谛书目·集部中·总集类》卷四第二六页著录，国家（西谛赠10册本）、北京大学、清华大学、上海、华中师范大学、中国社科院文学研究所图书馆藏。该刊本半页8行，行20字，白口，左右双边。

顺治十六年（1659）还读斋刻唐杜甫撰、明傅振商辑《杜诗分类全集》五卷。《中国古籍善本书目·集部·唐五代别集类》第80页、《中国古籍善本总目·集部·唐五代别集类》第一一九一页、《中国古籍总目·集部·别集类·唐五代之属》第85页著录，中国国家图书馆、清华大学图书馆、上海图书馆（有清朱芸跋）、浙江图书馆及成都杜甫草堂藏，中国科学院图书馆、复旦大学图书馆、浙江大学图书馆、湖北省图书馆、四川省图书馆（李之雍批点）藏本不全。该刊本半页12行，行25字，白口，左右双边。

顺治十八年（1661）汪淇还读斋重印《标题武经七书全文直解》七卷。《中国古籍总目·子部·兵家类》第257页著录，中国国家图书馆、上海图书馆、南京图书馆藏。

在此前后，还读斋还刻印明冯梦龙撰《智囊》及“上达宰相，下及妇孺”的《谋业文集》、《士商要览》等来迎合大众口味的“经济”类普及读物。此后，汪氏把精力花在研究医学上，不久就陆续出版批量成果，他的刻书重心也移到这一方面。我认为，至康熙初，还读斋已基本结束其坊刻使命，康熙中已成为主刻汪氏医书为主的家刻了。他先是刻别人著的医书。

清还读斋刻清柯炌撰《保产机要》一卷。《全国中医图书联合目录·临证各科》第460页著录，天津中医药大学图书馆藏。天津市医学高等专科学校图书馆还藏抄本。

康熙元年（1662）汪淇、查望刻明王穉登撰，清汪淇、查望校释《王百谷先生谋野集》四卷。《中国古籍善本书目·集部·明别集类》第738页、

《中国古籍总目·集部·明代之属》第798页、《中国人民大学图书馆古籍善本书目·集部·别集类》第216页著录，中国国家图书馆、中国人民大学图书馆（1函4册本）藏。该刊本半页8行或9行，行24字或25字不等，小字双行，无直格，白口，四周双边，版心下镌“蜩寄”2字。

康熙二年(1663)刻清徐士俊、汪淇辑并评《分类尺牍新语》二十四卷。《中国古籍善本书目·集部·总集类》第1645页、《中国古籍总目·集部·总集类·尺牍之属》第3141页、《中国古籍善本总目·集部·总集类》第一七四二页著录，北京大学图书馆、上海图书馆、湖北省图书馆藏。该刊本半页9行，行24字，白口，四周双边，版心下镌“蜩寄自怡”4字。

康熙（1662—1722）间清徐士俊、汪淇辑并评《分类尺牍新语》二十四卷。《北京大学图书馆藏古籍善本书目·子部·类书类》第324页著录，北京大学图书馆4册本，应为重印本。

康熙四年(1665)汪淇刻明武之望撰、清汪淇辑《济阴纲目》十四卷、清汪淇笺释《保生碎事》一卷计2种15卷。《中国古籍总目·子部·医家类·方论之属·妇幼科·妇科》第746页著录，中国国家图书馆、首都图书馆、故宫博物院图书馆、上海图书馆、上海中医药大学图书馆、山西省图书馆、甘肃省图书馆、南京图书馆、安徽省图书馆藏。湖南图书馆还藏康熙四十一年（1702）刻本。应为2版以上计4种30卷以上。

康熙（1662—1722）间刻清汪淇撰《历朝捷录直解》十一卷、《首》一卷计12卷。《中国人民大学图书馆古籍善本书目·史部·史评类》第60页著录，中国人民大学图书馆藏1函4册本，为两截板。该书内容主要讲述自三皇五帝至元朝史话。该刊本下截8行，行17字，小字双行同，上截16行，行13字，白口，左右双边。此书也应由还读斋刻行。

康熙六年（1667）刊清西湖汪淇、徐士俊合辑并评《分类尺牍新语二编》二十四卷。《中国古籍善本书目·集部·总集类》第1645页、《中国古籍善本总目·集部·总集类》第一七四二页、《北京大学图书馆藏古籍善本书目·集部·总集类》第405页、《西谛书目·集部中·总集类》

卷四第四二页、《贩书偶记续编·附录·四库存目有》第376页（作无刻书年月，约康熙间，说明此书多次印刷）著录，西谛图书馆（国家8图书馆册本）、北京大学图书馆（8册本）、复旦大学图书馆藏。此书为清代禁书。该刊本半页9行，行24字，白口，四周双边，版心下镌“蜩寄自怡”4字。

康熙六至七年（1667—1668）刻清西陵汪淇、徐士俊同笺评《尺牍新语广编》二十四卷、《补》一卷、《尺牍新语二编》二十四卷计3种49卷。《贩书偶记续编·集部·总集类》卷十九第301页著录。

康熙七年（1668）刻清汪淇、清吴雯清辑并评《分类尺牍新语广编》二十四卷、《补编》一卷计2种25卷。《中国古籍善本书目·集部·总集类》第1645页、《中国古籍总目·集部·总集类·尺牍之属》第3141页、《中国古籍善本总目·集部·总集类》第一七四二页、《北京大学图书馆藏古籍善本书目·集部·总集类》第405页、《西谛书目·集部中·总集类》卷四第四二页、《贩书偶记续编·集部·总集类》卷十九第301页（无《补编》）著录，西谛（中国国家图书馆6册本、8册本各1部）、北京大学图书馆（8册本）、上海图书馆、复旦大学图书馆、华东师范大学图书馆、四川省图书馆藏。该刊本半页9行，行24字，白口，四周双边，版心下镌“蜩寄自怡”4字。

康熙丁巳（十六年，1677）还读斋刻明婺源虞抟辑《苍生司命》八卷、《首》一卷、《药性》一卷计2种10卷。《全国中医图书联合目录·临证各科》第321页、《贩书偶记续编·子部·医家类》卷九第129页、《皖人书录》第292页、《馆藏中医线装书目·临证各科》第143页著录，清初刻本天津中医药大学图书馆藏，中国中医科学院图书馆藏清初本版黄绮堂藏板刻本及乾隆元年（1736）怀德堂藏板刻本。上海图书馆还藏清张桂订稿本4卷。康熙十六年刻本，国家、北京中医药大学、天津、辽宁中医药大学、中国医科大学（沈阳市）、中华医学会上海分会、南京中医药大学图书馆藏。1987年中医古籍出版社对汪版进行影印，流传更广。

康熙十九年（1680）文沾堂还读斋刊清仁和王晫撰《霞举堂集》17种三十七卷。《中国丛书综录续编·汇编·独撰类（清代）》第134—135页、《丛书目录拾遗》卷四第十一页著录。

此后，还读斋成为刊刻自著医学著作为主的家刻了。

康熙壬戌（二十一年，1682）刻清汪昂撰《医方集解》三卷。《全国中医图书联合目录·方书》第224页著录，陕西中医药大学、甘肃省、辽宁中医药大学、黑龙江中医药大学、上海图书馆藏。

此外，当年宏道堂刻本，中国国家图书馆、首都图书馆、山东省图书馆、河南中医药大学图书馆、上海图书馆、南京中医药大学图书馆、镇江市图书馆藏，甘肃省图书馆仅存卷一1卷；康熙（1662—1722）间刻本，上海图书馆、安徽省图书馆藏；清初三多斋刻本为6卷，河南中医药大学图书馆藏。此书分别收入《本草医方合编》、《医方全书五种》、《脉学本草医方全书》、《瓶花书屋医书》等丛书中。

康熙二十一年（1682）还读斋刻清休宁汪昂撰《医方集解》二卷。《安徽省馆藏皖人书目》第165页著录，安徽省图书馆藏2册本，为先印不全本。

康熙二十一年（1682）三槐堂刻清汪昂撰《医方集解》三卷。《全国中医图书联合目录·方书》第224页、《馆藏中医线装书目·方书》第105页著录，中国国家图书馆、中国科学院图书馆、山东省图书馆、山东中医药大学图书馆、河南中医药大学图书馆、苏州医学院图书馆、中国中医科学院图书馆藏石渠阁藏板刻本，应为先印本。陕西省中医药研究院图书馆、中国中医科学院图书馆、北京大学图书馆藏此书的日本享保丙午（十一年，1726）浪华得中堂训点吉野屋博文堂藏板刻三卷本。这些都是此书在汪昂生前的刊本，其他70余种版本，不一一引了。考此书成于康熙二十一年，详析方理、方剂分21门类。书后附《急救良方》，载22种意外和爆发危症的抢救方法。

康熙（1662—1722）间刻清汪昂撰《医方集解》三卷。《中国古籍总目·子部·医家类·方论之属·验方·清》第855页著录，中国国家图书馆、上海图书馆、安徽省图书馆藏。

清还读斋刻清汪昂撰《医方集解》三卷。《中国古籍总目·子部·医家类·方论之属·验方·清》第855页著录，国家、山东省、安徽省、重庆市图书馆藏。

康熙（1662—1722）间刻清汪昂撰《医方集解》六卷。《中国古籍总目·子部·医家类·方论之属·验方·清》第855页著录，中国科学院图书馆藏，收入咸丰（1851—1861）间扫叶山房刻《本草医方合编》、光绪（1875—1908）间刻《脉学本草医方全书》等中。

康熙（1662—1722）间刻休宁清汪昂撰《素问灵枢类纂约注》三卷。《安徽省古籍善本书目·子部·医家类》卷三第二十四页、《青海省古籍善本书目·子部·医家类》第四六页、《徽州地区博物馆藏书目录·有关徽州资料古藉（籍）·子部·医家类》第一集著录，安徽中医药大学图书馆（3册本）、青海省图书馆（4册本）及中国徽州文化博物馆（3册本）藏，应为初刻本。

康熙壬戌（二十一年，1682）刊汪昂撰《延禧堂医书》4种十四卷。《中国丛书综录续编·类编·子类·医家》第250页、《丛书书目汇编》第二册第二三八页、《汇刻书目》第十一册第二十八页著录，而《中国古籍总目·子部·医家类·方论之属·验方·清》第856页、《中国丛书广录·类编丛书·子类·医家类·总类》第680页著录诸家书目定名为《汪讱庵四种》又名《汪讱庵全书》4种十七卷子目与此有异。

本书同页著录休宁汪氏自刻本《汪讱庵全书》又名《延禧堂医书》5种十二卷。而《丛书书目汇编》第二册第二四二页著录汪昂撰《延禧堂医书》5种十二卷。

康熙（1662—1722）间姑苏延禧堂刻清汪昂自辑《本草医方合编》2种七卷。《全国中医图书联合目录·综合性著作·丛书合刻》第723

页、《中国古籍总目·子部·医家类·丛编之属》第389—390页（不著卷数，但著录清坊刻6家）著录，河南中医药大学图书馆、山西省图书馆、云南中医药大学图书馆、成都中医药大学图书馆藏。还有待考的康熙（1662—1722）间刻本，陕西中医药大学图书馆、华西医科大学图书馆（成都）、湖南中医药大学图书馆、贵州中医药大学图书馆藏；康熙（1662—1722）间桂华楼刻本，北京中医药大学、黑龙江祖国医学研究院、贵州中医药大学图书馆藏。其余70余种大多为坊刻本，不一一著藏家了。可见，此书影响之大。

康熙二十一年（1682）还读斋自刊自撰《医方集解》二卷[①]。《安徽省古籍善本书目·子部·医家类》卷三第二十九页、《安徽文献书目》第136页著录，安徽省图书馆藏初印2卷2册本。《安徽省馆藏皖人书目》第164页著录，安徽省图书馆藏康熙（1662—1722）间刻3卷3册本、清刻3卷4册本。

又自刻《汪讱庵全书》4种十七卷。康熙二十三年（1684）还读斋首刊《本草备要》四卷附《汤头歌诀》一卷。

康熙二十八年（1689）延禧堂自刻《素问灵枢类纂约注》三卷[②]。今中国徽州文化博物馆、安徽中医药大学图书馆藏，《全国中医图书联合目录》著录存世仅有二十九年版，误。

康熙壬戌（二十一年，1682）汪昂自刊《汪讱庵全书》又名《汪讱庵四种》4种十七卷。《中国丛书广录·类编丛书·子类·医家类·总类》第680页据诸家书目著录。而顾修《汇刻书目》第二函第十一册第

---

① 后增为6卷，最后增为上卷6卷，中卷7卷，下卷8卷，附余2卷计4种23卷。此书收入《本草医方合解》、《医方全书五种》、《脉学本草医方全书》、《瓶花书屋医书》等丛书中。

② 《馆藏中医线装书目·医经》第3页著录，中国中医科学院图书馆藏单行本。还藏其他版本多种。《安徽省馆藏皖人书目》第164页著录，安徽省图书馆仅存此书1卷1册。考此书成于康熙二十八年（1689），为诠释《内经》专著，分脉象、经络、病机、脉要、诊候、运气、审治、生死、杂论9类。

二十八页、《丛书书目汇编》第二册第二三八页著录为9种四十四卷。说明此汇印汪刻本在其后，应为康熙三十三年以前的晚年汇印本。

康熙二十三年（1684）刻清李渔辑《尺牍初征》十二卷、清汪淇辑《启札初征》二卷计2种14卷。《中国古籍善本书目·集部·总集类》第1645页著录，北京大学、中国科学院图书馆藏。

康熙二十八年(1689) 苏州还读斋刻清朱本中（字泰来，号凝阳子）撰《四种须知》又名《贻善堂须知》、《贻善堂四种须知》4种不分卷。《中国丛书综录·类编·子类·医家》第一册第721页、《中国丛书综录补正》第203页、《中国古籍总目·子部·医家类·丛编之属》第388页（不注卷）、《全国中医图书联合目录·综合性著作·丛书合刻》第721页著录，中国中医科学院图书馆、上海图书馆、中华医学会上海分会图书馆藏，南京图书馆藏本不全。

康熙己巳（二十八年，1689）蜩寄刻清汪淇撰《保生碎事》十四卷。《全国中医图书联合目录·临证各科》第452页著录，上海中医药大学图书馆藏。此书早在康熙四年（1665）小西山房刻本蜩寄藏板则为明武之望（叔卿）撰《济阴纲目》十四卷附清汪淇撰《保生碎事》十四卷计2种8卷全书，中国国家图书馆、首都图书馆、中国中医科学院图书馆、故宫博物院图书馆、北京大学医学院图书馆、北京中医药大学图书馆、天津中医药大学图书馆、河南中医药大学图书馆、山西省图书馆、甘肃省图书馆、辽宁中医药大学图书馆、黑龙江中医药大学图书馆、上海图书馆、上海中医药大学图书馆、南京图书馆、南京中医药大学图书馆、南京第一医学院图书馆、苏州市中医院图书馆、扬州市图书馆、苏州医学院图书馆、安徽省图书馆、福建医科大学图书馆、广西壮族自治区第一图书馆藏，湖南省图书馆还藏康熙四十一年（1702）刻本。此书很受医界欢迎，清代版本超过30种，民国也有多种版本，解放后还有1954年上海锦章书局石印本、1958年上海科技卫生出版社及1963年上海科学技术出版社分别出版了铅排本，江苏广陵古籍出版社还出了复印本。

康熙庚午（二十九年，1690）还读斋刻清汪昂撰《素问灵枢类纂约注》又名《黄帝素问灵枢合纂》三卷。《中国古籍总目·子部·医家类·医经之属·内经·类编与摘编》第493页、《全国中医图书联合目录·医经》第7页著录，中国中医科学院图书馆、上海中医药大学图书馆、湖南医科大学图书馆、湖南中医药大学图书馆、成都中医药大学图书馆、广西壮族自治区第一图书馆藏。此书康熙（1662—1722）间刻本，首都图书馆、北京大学医学院图书馆、北京中医药大学图书馆、甘肃中医药大学图书馆、哈尔滨医科大学图书馆、黑龙江中医药大学图书馆、南充市图书馆及浙江中医药研究院藏，康熙甲戌（三十三年，1694）刻本，中国中医科学院图书馆、江西中医药大学图书馆藏。

康熙（1662—1722）间刻清汪昂撰《增订本草备要》四卷、《医方汤头歌括》一卷、《经络歌诀》一卷计3种6卷。《中国古籍总目·子部·医家类·综合本草·清》第528页、《北京大学图书馆藏古籍善本书目·子部·医家类》第241页著录，北京大学图书馆（4册本）、复旦大学图书馆医科分馆藏。

康熙（1662—1722）间刻清汪昂撰《增订本草备要》四卷、《医方汤头歌括》又作《汤头歌括》一卷计2种5卷。《安徽省古籍善本书目·子部·医家类》卷三第二十六页著录，安徽中医药大学图书馆（5册本）、六安市图书馆（4册本）藏。

康熙（1662—1722）间刻清汪昂撰《本草备要》四卷、《医方集解》三卷计2种7卷。《安徽省古籍善本书目·子部·医家类》卷三第二十六页著录，六安市图书馆藏2册本。

康熙（1662—1722）中汪昂还读斋刻清歙县朱本中（凝阳子）撰《四种须知》八卷。《皖人书录》第335页、《全国中医图书联合目录·综合性著作·医家》第721页著录，中华医学会上海分会图书馆、六安市图书馆（2册本）藏。当是后印本。

康熙三十一年（1692）汪氏自刊《本草备要》四卷、《医方集解》

三卷计2种7卷。安徽中医药大学图书馆存康熙三十一年还读斋自刻《本草备要》附《汤头歌诀》一卷。

康熙三十三年（1694），在汪昂80岁高龄的春、夏、秋3季还分别出版了自撰的《增订本草备要》八卷、《汤头歌诀》一卷、《经络歌诀》一卷计3种10卷等书。《馆藏中医线装书目·本草》第81页、《贩书偶记续编·子部·医家类》卷九第120页著录，中国中医科学院图书馆藏及康熙甲戌（三十三年）成裕堂刊《增订本草备要》四卷附《药性总义经络歌诀》。《本草备1要》八卷还收入《本草医方集解》、《瓶花书屋所刊医书五种》中。

康熙（1662—1722）间刻清休宁汪昂辑《医方汤头歌括》不分卷。《徽州地区博物馆藏书目录·有关徽州资料古藉（籍）·子部·医家类》第一集著录，中国徽州文化博物馆藏1册本。

清刻清休宁汪昂辑《医方汤头歌括》不分卷。《徽州地区博物馆藏书目录·有关徽州资料古藉（籍）·子部·医家类》第一集著录，中国徽州文化博物馆藏1册本。

康熙甲戌（三十三年，1694）刻清汪昂撰《汤头歌诀》一卷。《全国中医图书联合目录·方书》第238页著录，甘肃省图书馆、中国医科大学图书馆、上海交通大学医学院图书馆、南通市图书馆、镇江市图书馆、南通医学院图书馆、重庆市图书馆、中山医科大学图书馆（广州市）藏。此书日本享保甲辰（九年，1724）大阪大野木市兵卫刻本，中国中医科学院图书馆藏。此书有50余种坊刻、石印、铅印本，分别收入《基本医书集成》、《脉草经络五种汇编》等丛书中。此书载方320余首，分20类，后附《杂方》。

康熙三十三年（1694）刻清汪昂撰《汤头歌诀》一卷、《经络歌诀》一卷计2种2卷。《全国中医图书联合目录·方书》第238页著录，江西省图书馆、广西壮族自治区第二图书馆及天津市医药技术情报站藏。

康熙三十三年(1694)刻清休宁汪昂撰《素问灵枢类纂约注》三卷。《中国古籍总目·子部·医家类·医经之属·内经·类编与摘编》第493页、《全国中医图书联合目录·医经》第7页、《贩书偶记续编·子部·医家类》卷九第111页著录，中国中医科学院、江西中医药大学、江西医科大学图书馆藏。此书还在康熙（1662—1722）间刻，首都图书馆、北京大学医学院图书馆、北京市中医学校图书馆、甘肃中医药大学图书馆、兰州医科大学图书馆、哈尔滨医科大学图书馆、黑龙江中医药大学图书馆、南通市图书馆及浙江中医药研究院藏，乾隆（1736—1795）间刻本众多，不一一列举，如内蒙古自治区图书馆、浙江中医药大学图书馆、湖南省图书馆及安徽省博物馆藏。还有香港中央图书馆藏清刻此书3册本及乾隆己亥（四十四年，1779）春由坊间书业堂刻行及以后坊刻达40余种，可见影响之大。

康熙三十三年还读斋还刊刻了汪昂撰、佚名批点《医方汤头歌括》不分卷。《安徽省古籍善本书目·子部·医家类》卷三第二十九页著录，安庆市图书馆藏线装1册本，有佚名批点。

康熙甲戌（三十三年，1694）刻清汪昂撰《本草备要》八卷附《汤头歌括》一卷、《经络歌诀》一卷计3种10卷。《馆藏中医线装书目·本草》第81页著录，中国中医科学院图书馆藏。该馆还藏乾隆五十八年癸丑（1793）文苑堂藏板刻本、道光二十五年乙巳（1845）瓶花书屋刻本、光绪七年辛巳（1881）扫叶山房刻本、光绪十八年壬辰（1892）崇德堂校刻本、光绪三十年甲辰（1904）晋升山房刻本、光绪（1875—1908）间坊刻本、清大文堂刻本、清文质堂藏板刻本、民国间上海广益书局石印本、上海锦章书局石印本、据瓶花书局影印本、曹炳章藏精抄本等十几种版本，《贩书偶记·子部·医家类》卷九第228页还著录道光丁未（二十七年，1847）瓶花书屋刊《本草备要》八卷本。可见，此书印行广泛。考此书分草、木、果、菜、金石水土、禽兽、鳞介鱼虫、人计8卷8部，收药478种。此次重刻又增60余种，故又称《增补本草备要》仍为8种8卷。

康熙甲戌（三十三年，1694）还读斋刻清汪昂撰《本草备要》四卷。《中国古籍总目・子部・医家类・本草之属・综合本草・清》第527页、《全国中医图书联合目录・本草》第170—172页著录，甘肃中医药大学图书馆、江西省图书馆藏。首都图书馆、中山医科大学图书馆还藏康熙三十年（1691）保阳文富堂刻8卷本，首都图书馆、中国中医科学院图书馆、天津医学高等专科学校图书馆、河南中医药大学图书馆、上海图书馆及浙江中医药研究院藏康熙三十三年刻本，北京大学、上海第一医科大学藏康熙（1662—1722）间刻本。此书在日本享保己酉（十四年，1729）由日人植村藤治郎等刻为2卷本，中国医科大学图书馆藏。此后各种版本一百余种，并先后收入《本草备要医方集解合编》、《脉草经络五种汇编》、《脉学本草医方全集解合编》、《脉草经络五种汇编》、《脉学本草医方全书》、《瓶花书屋医书》、《医方全书五种》等丛书中，可见此书的影响。

清刊清汪昂编《脉草经络五种合编》八卷。《中国丛书广录・类编丛书・子类・医家类・总类》第681页著录。

清休宁汪氏自刻清汪昂撰《汪讱庵全书》又名《延禧堂医书》6种十二卷如再统计《医方集解》分为上中下卷，其中上卷又分为6卷，中卷分为7卷、下卷分为8卷实21卷，总计应为30卷。《中国丛书广录・汇编丛书・子类・医家类・总类》第680页著录，藏家待考。此套丛书后世刊本众多，名称不一。如河南省图书馆藏清经文堂版名《图注本草医方合编》5种十三卷（分别为《合订本草备要》四卷、《合订医方集解》六卷、《汤头歌诀》一卷、《经络歌诀》一卷、《日食药物》一卷）；道光（1821—1850）间忠信堂、清三益堂、清群玉阁、光绪（1875—1908）间长沙遐龄精舍、光绪间新化三味堂、清有益堂、清益元堂刻和民国元年（1912）经国治书局刻本为《重镌本草医方合编》；清天德堂、清大文堂、清经国堂、清文秀堂、清宏道堂等刻本名为《新镌本草医方合编》；还有清刻本易名为《本草医方合编》、其中多为本草、医方二种子书，少有其他子书，且书名、卷数也不统一。

从以上以首刊本为主，重印本尽量搜集的不完全统计，汪昂及还读斋刻书现存世各类图书版本近70种。尤其是其自著的医学著作累次修订，应为不同版本。由于汪氏医学著作是为民造福、救死扶伤类实用书，有的虽系述作，因汪氏综合中外医学前沿，殊有发明创见，且简明扼要，因此，不仅汪氏不断修订再版、重印，在汪氏生前就已被诸刻坊转刻了。汪昂逝世后，其后人为应世人需求也不断重印整理汪氏著述。

乾隆（1736—1795）间汪氏家刻《汪讱庵全书》5种三十卷。南京大学《中国丛书目录及子目索引汇编》第204页著录。

乾隆（1736—1795）间刻清汪昂《本草医方合编五种》。《北京大学图书馆藏古籍善本书目·子部·医家类》第241页著录，北京大学图书馆藏6册本。

其后，汪氏著述在坊间刻本更多。在诸坊刻本中最著名的要数吉林大学图书馆、黑龙江中医药大学图书馆藏光绪辛巳（七年，1881）京都二酉堂刻，中国国家图书馆、黑龙江祖国医学研究院藏光绪丙戌（十二年，1886）敬文堂刻，甘肃中医药大学图书馆、上海中医药大学图书馆藏光绪戊子（十四年，1888）三仪堂刻，甘肃省图书馆藏不全光绪（1875—1908）间刻，河南省图书馆藏不全清刻清汪昂撰、刁凤岩编《脉草经络五种汇编》八卷。《中国丛书综录·类编·子部·医家》第721页、《中国古籍总目·子部·医家类·丛编之属》第391页、《全国中医图书联合目录·综合性著作》第725页著录。余如乾隆（1736—1795）间有《本草纲目择要》，道光（1821—1850）间瓶花斋就刊行他的《医方集解》六卷附《急救良方》一卷、《勿药元诠》一卷[①]、《本草备要》四卷等，

---

① 《中国古籍总目·子部·医家类·养生之属·通论》第990页著录，甘肃中医药大学图书馆藏道光二十五年（1845）文盛斋刻本，天津图书馆、云南中医药大学图书馆藏咸丰四年（1854）永盛斋刻本，辽宁省图书馆藏清末刻此书附《续增释义辑注》，此书收入咸丰（1851—1861）间刻《颐身集五种》本中。

而所著《汪讱庵全集》中的部分书在200年后经刁凤岩编辑，《中国丛书综录·总目·类编·子类·医家》第一册第721页、《中国丛书综录补正》第203页著录中国国家图书馆藏于光绪十二年(1886)由敬文堂刊行，易名为《脉草经络五种会编》八卷。

乾隆五年（1740）胡氏刻清休宁汪昂撰《本草医方合编》六卷。《安徽省古籍善本书目·子部·医家类》卷三第二十六页、《安徽省馆藏皖人书目》第163页著录，安徽省图书馆（6册本）、六安市图书馆（6册本）藏。

乾隆（1736—1795）间三益堂刻清休宁汪昂撰《重镌本草医方合编》不分卷。《安徽省馆藏皖人书目》第164页著录，安徽省图书馆藏6册本。

乾隆（1736—1795）间刻清汪昂撰《汤头歌括》不分卷。《安徽省古籍善本书目·子部·医家类》卷三第二十九页著录，六安市图书馆藏1册本。

乾隆二十三年（1758）刻清休宁汪昂撰《素问灵枢类纂约注》九卷。《安徽省馆藏皖人书目》第164页著录，安徽省图书馆藏3册本。

乾隆二十三年（1758）清休宁汪昂撰《素灵类纂约注》三卷。《安徽省馆藏皖人书目》第164页著录，安徽省图书馆藏1册本。

乾隆五十六年（1791）刻清汪昂撰《医方集解》三卷。《中国古籍总目·子部·医家类·方论之属·验方·清》第855页著录，首都图书馆、中南大学医学院图书馆藏，已与汪昂无关。

嘉庆（1796—1820）间刻清汪昂撰《素灵类纂约注》三卷。《安徽省馆藏皖人书目》第164页著录，安徽省图书馆藏3册本。

道光七年（1827）刻清汪昂撰《医方汤头歌诀》一卷。《中国古籍总目·子部·医家类·方论之属·验方·清》第856页著录，中国国家图书馆藏。南京图书馆还藏题容与主人批同治六年（1867）醉六堂刻本，中国国家图书馆还藏清刻本。

道光二十八年（1848）包松溪等刻清汪昂撰《医方集解》二十一卷。

《中国古籍总目·子部·医家类·方论之属·验方·清》第855页著录，天津中医药大学图书馆、山西省图书馆、陕西省图书馆、南京图书馆藏。

道光二十八年（1848）刻清汪昂撰《医方集解》二十一卷附《急救良方》一卷、《白药元诠》一卷计3种23卷。《中国古籍总目·子部·医家类·方论之属·验方·清》第855页、《山西省图书馆普通线装书目录·应用科学门·中国医学》第944页著录，山西省图书馆藏6册本。《贩书偶记·子部·医家类》卷九第232页著录，道光二十七年瓶花书屋刊本也是21卷本。

清刊清休宁汪昂辑《医方集解》六卷。《徽州地区博物馆藏书目录·有关徽州资料古藉（籍）·子部·医家类》第一集著录，中国徽州文化博物馆藏6册本。

清刻休宁汪昂辑《医方集解》三卷。《徽州地区博物馆藏书目录·有关徽州资料古藉（籍）·子部·医家类》第一集著录，中国徽州文化博物馆分别藏1册、2册、3册、6册本各1部。

附　清聚锦堂刻清休宁汪昂辑《增订本草备要》四卷、《医方汤头歌括》不分卷计2种。《徽州地区博物馆藏书目录·有关徽州资料古藉（籍）子部·医家类》第一集著录，中国徽州文化博物馆藏3册本。

道光（1821—1850）刻清休宁汪昂辑《素问灵枢类纂约注》三卷。《徽州地区博物馆藏书目录·有关徽州资料古藉（籍）·子部·医家类》第一集著录，中国徽州文化博物馆藏3册本。

同治（1862—1874）间刻清休宁汪昂辑《素问灵枢类纂约注》三卷。《徽州地区博物馆藏书目录·有关徽州资料古藉（籍）·子部·医家类》第一集著录，中国徽州文化博物馆藏3册本。

光绪（1875—1908）间刻清休宁汪昂辑《素问灵枢类纂约注》三卷。《徽州地区博物馆藏书目录·有关徽州资料古藉（籍）·子部·医家类》第一集著录，中国徽州文化博物馆分别藏2册、3册本各1部。

清刻清休宁汪昂辑《医方集解》三卷、《增订本草备要》四卷、《医方汤头歌括》一卷、《附》一卷计3种9卷。《徽州地区博物馆藏书目录·有关徽州资料古藉（籍）·子部·医家类》第一集著录，中国徽州文化博物馆藏6册本。

清刻清休宁汪昂辑《增订本草备要》四卷、《医方汤头歌括》一卷计2种5卷。《徽州地区博物馆藏书目录·有关徽州资料古藉（籍）·子部·医家类》第一集著录，中国徽州文化博物馆藏5册本。

清刻清休宁汪昂辑撰《增订本草备要》四卷、《医方汤头歌括》一卷、《经络歌诀》一卷、《续增中食菜物》一卷、《医方集解》六卷计5种13卷。《徽州地区博物馆藏书目录·有关徽州资料古藉（籍）·子部·医家类》第一集著录，中国徽州文化博物馆藏6册本。

清刻清休宁汪昂辑《医书五种合刻》十卷。《徽州地区博物馆藏书目录·有关徽州资料古藉（籍）·子部·医家类》第一集著录，中国徽州文化博物馆藏3册本。

清刊清休宁汪昂辑《医方汤头歌括》不分卷。《徽州地区博物馆藏书目录·有关徽州资料古藉（籍）·子部·医家类》第一集著录，中国徽州文化博物馆藏1册本。

清刊清休宁汪昂辑《重镌本草医方合编》六卷。《徽州地区博物馆藏书目录·有关徽州资料古藉（籍）·子部·医家类》第一集著录，中国徽州文化博物馆藏3册本。

清刊清休宁汪昂辑《增订本草备要》(四卷)附《汤头歌诀》六卷、《医方集解》（三卷）附《救急良方》六卷2种7卷加附2种计4种19卷。《徽州地区博物馆藏书目录·有关徽州资料古藉（籍）·子部·医家类》第一集著录，中国徽州文化博物馆藏6册本。

光绪六年（1880）刻清汪昂撰《黄帝素问灵枢类纂约注》九卷。《安徽省馆藏皖人书目》第164页著录，安徽省图书馆藏3册本。

附　光绪十三年(1887)鸿文书局石印清汪昂撰《医方集解本草备要合刻》23种。《中国丛书广录·类编丛书·子类·医家类·总类》

第680页、南京大学《中国丛书目录及子目索引汇编》第202页著录。

汪氏生前逝后，他的著作被反复刊刻，加大流播。如署名《本草医方合编》2种十四卷（即《本草备要》十一卷、《医方集解》三卷）、《重镌本草医方合编》就有乾隆庚申（五年，1740）绣谷胡氏三让堂藏版本、道光乙巳（二十五年，1845）瓶花书屋校刻本及清道光（1821—1850）间忠信堂、清三益堂、清群玉阁、清光绪（1875—1908）间长沙遐龄精舍、清光绪间新化三味堂、清有益堂、清益元堂等刻本，署《新镌本草医方合编》的有清天德堂、清大文堂、清经国堂、清文秀堂、清宏道堂等等版本，其他署名刻本也不在少数。入民国，汪氏著述也有不少版本，不仅有刻本，还有活字本等等不一而足。同时，汪昂还有一批著作被译为外文出版。

光绪十四年（1888）刻清休宁汪昂撰《本草医方合编》六卷。《安徽省馆藏皖人书目》第163页著录，安徽省图书馆藏6册本。

附 光绪十七年（1891）上海珍艺书局铅印清汪昂撰《医方集解本草备要合刻》2种三十一卷。《中国丛书广录·类编丛书·子类·医家类·总类》第680页著录。

附 光绪二十二年（1896）上海图书集成印书局铅印清汪昂撰《增补医方本草合编》2种三十一卷。《中国丛书广录·类编丛书·子类·医家类·总类》第680页著录。

附 光绪二十二年（1896）图书集成局铅印清汪昂撰、费伯雄评《增评医方集解》三卷。《馆藏中医线装书目·方书》第105页著录，中国中医科学院图书馆收有此书及1935年锦章书局石印本。

光绪二十四年（1898）刻清休宁汪昂撰《本草备要医方集解》六卷。《安徽省馆藏皖人书目》第163页著录，安徽省图书馆藏6册本。

光绪三十年（1904）刻清休宁汪昂撰《本草备要》四卷附《汤头歌决》一卷计2种5卷。《安徽省馆藏皖人书目》第163页著录，安徽省图书馆藏5册本。

附　光绪（1875—1908）石印清休宁汪昂辑《增评童氏医方集解》二十三卷。《徽州地区博物馆藏书目录·有关徽州资料古藉（籍）·子部·医家类》第一集著录，中国徽州文化博物馆藏2册本。

民国元年（1912）刻清休宁汪昂撰《本草医方合编》六卷。《安徽省馆藏皖人书目》第163页著录，安徽省图书馆藏4册本。

民国十九年（1930）会文堂铅印清汪昂撰《医方汤头歌决》一卷。《安徽省馆藏皖人书目》第165页著录，安徽省图书馆藏1册本。

日本宝永七年（1710）雒阳书肆恒心堂汤口弥三郎刻清武望之撰、清汪淇笺释《济阴纲目》十四卷、清汪淇撰《保生碎事》一卷计2种15卷。《北京大学图书馆藏古籍善本书目·子部·医家类》第345页著录，北京大学图书馆藏8册本。

日本享保九年甲辰（1724）大阪大野木市兵卫刻清汪昂撰《汤头歌决》一卷。《馆藏中医线装书目·方书》第105页著录，中国中医科学院图书馆藏。

日本享保十一年（1726）浪华书林得中堂训点吉野屋博文堂刻清汪昂撰《医方集解》三卷。《馆藏中医线装书目·方书》第105页、《北京大学图书馆藏古籍善本书目·子部·医家类》第343页著录，北京大学图书馆（6册本）、中国中医科学院图书馆藏。

经过汪氏自刻，后人家刻、坊间搜刻，汪昂著述几乎全部留存在人世间，造福人类。而且研究汪氏医学著述也不绝如缕。

1923年上海会文堂书局石印清汪昂撰、章纳川补注《汤头钱数抉微》六卷附《经络歌诀疑难杂症医按》计2种。《馆藏中医线装书目·方书》第105页著录，中国中医科学院图书馆藏。

1930、1954年上海中华书局石印清汪昂撰、李盎春注《汪氏汤头歌诀新注》。《馆藏中医线装书目·方书》第105页著录，中国中医科学院图书馆藏。

总之，汪昂著述版本、学术价值高，他在新安医学界中的地位是值得肯定的，也是值得中医学界认真探讨的。

新安朴学启蒙者黄生

歙县潭渡黄氏家刻代出名人，这个家族著书、刻书以黄生为著。

黄生（1622—1696），原名琯，初名起溟，字扶孟、房孟，自以为钟灵毓秀于黄山白岳而号白山、向山、虎耳山人、黄山、冷翁等，曾在梦中作《黄山诗》，醒来只记得“莲花史”3字因号莲花外史，有一木堂、植芝堂、是亦山房堂号，为清初重要家刻，歙县潭渡人。出身于书香世家。父黄家伻，字文则，别号陶长，是个洁身自好的读书人，家富藏书，待人热情好客。明末，徽州匪乱后他与文友结社赋诗，以陶冶情操。晚年与高阳、西溪、双桥、屏山、傅溪等人结素心社互相唱和。黄生就是在这样的环境里成长的明末诸生。入清，隐居不仕，曾客居扬州，精研六书训诂等文字学兼通六书，工篆刻。他“兼通艺事，诗笔雄骏，工书画”[①]。他生于鼎革之季，与许楚等因三藩之一耿精忠军于康熙甲寅（十三年，1674）九月陷徽、歙，缙绅大户都被裹挟，许楚被逮至安庆，黄生遭祸破家，几陷囹圄，因遭讼无屋，时知府为之筑屋，黄生喜而命名“吾庐”，族人黄确夫（《广阳杂记》作者）还因之坐了几年大牢。因此，黄生更无心仕途，食贫著书，专研学术，倡汉学于东南，与顾亭林遥相呼应。他不愿多与人交，只有蒋虎臣视学畿辅时曾邀其校文。著有《字诂》一卷，《义府》二卷，《叶书》一卷，《杜诗说》十二卷，《黄白山载酒园诗话评》二卷，《押韵便读》五卷《首》一卷，《唐诗摘钞》四卷，《诗麈》二卷，《一木堂诗稿》十二卷及《黄白山手写并评选同人近体诗》不分卷，又有《植芝堂今体诗选》一册等。其著《三礼会篇》、《三

① 《［民国］歙县志·人物志·儒林》卷七第六页。

传会篇》、《文稿》十八卷[1]、《内稿》二十五卷、《外稿》三十卷及《一木堂字书四种》、《杂书十六种》等。还有所评《古文正始》、《经世名文》、《文笺》三十卷、《诗笺》二十卷等。因康雍乾三朝大兴文字狱，不少著作被列为禁书，故不少佚而无传。其中，《义府》、《字诂》、《杜诗说》为玲珑山馆主祁门马氏献给清廷，录入《四库全书》。而《［民国］歙县志·艺文志·书目》仅著录《字诂》一卷、《义府》二卷、《叶书》一卷、《文稿》十八卷、《杜诗说》十二卷、《一木堂诗集》十二卷、《一木堂内集外集》、《唐诗摘抄》四卷、《植芝堂近体诗评选》一卷[2]计9种，缺额很大。还有"所辑杂书十六种均佚不传"[3]。黄宾虹在《潭渡先德录》中说黄生："当己未（康熙十八年，1679）乱平后，有书五车，自言庭除喜广，妻子同欢，作《园居十咏》诗，有鹊巢、古修堂、延霄楼、花榻山房、育圃诸胜。宅后为人所占，虞在公为筑室居之，名之曰'吾庐'。自国变后，历钱塘，渡大江与屈翁山相遇淮海之间，典裘沽酒，高咏唱和，旁若无人。归里后，闭门著书三十年。其《一木堂诗稿》十二卷、《文稿》十八卷、《内稿》二十五卷、《外稿》三十卷，皆门侄采思公为之付梓。所辑有《一木堂字书》四部，杂书十六种。所评有《古文正始》、《经世名文》、《文筏》三十卷、《诗筏》二十卷。未几，《一木堂集》因禁销毁，评辑诸书多散佚，所著《三礼会篇》、《三传会篇》亦不传，惟《字诂》一卷、《义府》一卷，因戴东原访求得存。"计撰述30余种200卷以上，可谓著作等身。尤其是《字诂》、《义府》开乾嘉朴学的先河。黄生不仅诗文写得好，论诗也很精到。其中《一木堂外集》中有2卷为《诗麈》，上卷为《诗家浅说》，针对初学者而写；下卷为《诗学手谈》就是答学诗者问题的。还辑《增订唐诗

---

① 《清史列传·儒林传下一·黄生》卷六十八第五四四六页作"又有《论衡》及《识林》二种，总名《一本（木）堂集》"，北京：中华书局，1987。

② 许承尧见杭州复初斋书肆目录1册上注此书名而邮购此书黄白山手抄本1册。

③ 《［民国］歙县志·人物志·儒林》卷七第六页。

摘钞》十六卷[①]等。

他的著作在乾隆（1736—1795）中由安徽巡抚呈入四库馆，《四库全书总目》录入《字诂》一卷、《义府》二卷，存目中录入《叶书》一卷、《杜诗说》十二卷。其中，《字诂》以魏张揖《字诂》为名，于六书多所阐发，每字皆有新义，析解精核。其所著《义府》上卷论经，下卷论史、子、集、金石，对古音古训都是博洽精深地阐述，引证准确。如据《说文》以辨《周礼》中的“毯隹毪”；引《尔雅》证《礼记》郑注“烹鱼去乙”；引《周礼》“戴师、闾师”证“夫布、黑布”为二事等，均是原本注典。故“论者谓其书不在方以智《通雅》下”[②]。此书为其族孙黄承吉在道光十九年（1839）从文宗阁录出，请刘文淇校勘。刘文淇在跋中称：“声音训诂之学，师师相受，至雍乾间始极盛。先生处鼎革交，旁无师友，独发其绪。”实为雍乾（1723—1795）间家学风气的开创之作，在学术史上有一定的地位。所以，家乡史乘说他：“论古文尚书非原书，在阎百诗前；解孟子气次焉为次舍，在毛西河前；解泄泄沓沓为多言，在朱竹君前；以追蠡之追为即考工记凫氏之隧，在江慎修前；以毕郢为毕程，在刘端临前；以尔雅豹文鼮鼠谓豹文二字属上，在邵二云前；以书涂炭为染汙，在王西庄前；以凫氏之衡为即甬上平处，在程易畴前；以易艮之夤当从肉而通胂，在段若膺前；以坤字作巛为借用，在王伯申前。”[③]他的学术地位应是徽州讲经术的奠基人，江永、戴震诸人的先师和领路人。黄生的诗作反映了徽州文人不得不出外谋生的现实。如康熙（1662—1722）年间黄生《一木堂诗稿·贫交行赠洪子》：“昔君客淮扬，我常劝君还故乡。今君还故乡，翻悔不如客淮扬。平时

---

① 《中国古籍总目·集部·总集类·断代之属》第3005页著录，中国国家图书馆藏嘉庆四年（1799）刻清黄生选评《增订唐诗摘钞》十六卷、清朱之荆摘钞《黄白山杜诗说句法》一卷计2种17卷。

② 《清史列传·儒林传下一·黄生》卷六十八第五四四六页，北京：中华书局，1987。

③ 《［民国］歙县志·人物志·儒林》卷七第四页。

只说故乡好，岂知世事艰难不可道。屋头烟断貌空赤，甑里尘生腹难饱。儿涕女泣妻子怨，十扣朱门九不见。却来潭上访黄生，惭愧黄生囊里更无铜一片。铜片铜片真有神，狎昵屠贩疏文人。”子黄吕（1672—1757后），字次黄，号六凤，又号六凤山人，又自号潭滨。善画山水人物花鸟虫鱼，栩栩如生，境趣妙然，书法臻善晋人，并精篆刻，汪启淑《飞鸿堂印谱》就收了 328 枚。尤其到了晚年艺益精醇，作画均以自刻印信钤印，世称“四美俱备”。《［民国］歙县志》说他：“工诗文，精绘事。尝游楚越，凡山水人物、花鸟虫鱼，纵笔所如，皆臻妙境。书法晋人，晚年益朴茂，兼工篆刻，遒劲、苍秀有秦汉遗风。每作画成，自题诗，钤自镌印，人谓其具四美。诗亦谢去雕饰，天真烂漫。”著有《潭滨杂志》及画册《黄凤六村居山水》不分卷等。

顺治（1644—1661）间家刻明天都洪仲编、黄生阅《杜诗评律》二卷。《贩书偶记续编·集部·别集类》卷十三第 204 页著录。

康熙二十二年（1683）刻清黄生撰《一木堂诗稿》十二卷。《中国古籍总目·集部·别集类·清代之属·清前期》第 1099 页著录，上海图书馆藏。

康熙丙子（三十五年，1696）一木堂刊清天都黄生撰《杜诗说》又名《杜工部诗说》十二卷。《中国古籍善本书目·集部·唐五代别集类》第 86 页、《中国古籍善本总目·集部·唐五代别集类》第一一九三页、《北京师范大学图书馆古籍善本书目·集部·别集类·唐》第 228 页、《中国古籍总目·集部·别集类·唐五代之属》第 87 页、《中国人民大学图书馆古籍善本书目·集部·别集类》第 188 页、《安徽省馆藏皖人书目》第 283 页、《安徽省古籍善本书目·集部·唐五代》卷四第四十四页、《中国书店三十年所收善本书目·集部·唐别集类》第一六七页、《四库全书总目·集部·别集类存目》卷一七四第一五三三页、《北京大学图书馆藏古籍善本书目·集部·别集类》第 414 页、《安徽文献书目》第 64 页、《贩书偶记续编·附录·集部》第 364 页著录，北京大学图书馆（2册、4册本各1部）、北京师范大学图书馆（10册本）、中国人民大学图书馆（1函4册本）、安徽省图书馆（4册本）、清华大学图书馆、中国科学院图书馆、上海图书馆、湖北省图书馆、湖北省襄阳市图书馆、四川省图书馆、中国社会科学院文学研究所图书馆及北京市文物局、成都杜甫草堂、安徽省博物馆（4册本）藏。该刊本半页9行，行21字，小字双行同，黑口，单鱼尾，左右双边，无直格。封面镌“一木堂梓”。安徽省图书馆还藏传抄《杜诗说》十二卷4册本。此书完成于康熙三十二年（1693），系黄生对杜甫700余首诗进行注解诠释，点出诗旨和章法，系黄生关于杜诗的最重要的一部著作。其目的主要是为了纠正前人在注杜诗中的错误和偏差，为杜诗学作出了重要的贡献。

康熙（1662—1722）间刊新安黄生撰、黄沂音释《押韵便览》五卷、《首》一卷计6卷。《贩书偶记·经部·小学类》卷四第99页著录。

康熙（1662—1722）间刊清天都黄生撰《一木堂诗稿》十二卷。《中国古籍善本书目·集部·清别集类》第965页、《中国古籍善本总目·集部·清别集》第一五一一页、《贩书偶记·集部·别集类》卷十四第351页、《清人别集总目》第1989页著录，上海图书馆藏。第十二卷为诗余。该刊本半页10行，行21字，下黑口，左右双边。此书与康熙间家刻《一木堂文稿》十八卷为清代禁毁书。《歙事闲谭》卷二第五八页作康熙癸亥（二十二年，1683）刻《一木堂诗》十一卷、《词》一卷，由其侄黄芹校，首有白山自序，当为另1版本。

康熙六十年（辛丑，1721）是亦山房刻清黄生辑《唐诗摘钞》四卷。《安徽省古籍善本书目·集部·总集·断代》卷四第二十五页、《安徽省馆藏皖人书目》第283页著录，安徽省图书馆藏2册本。此书成在康熙乙丑（二十四年，1685），成于黄生馆于洪源木樨香处。第一次刻行此版为紫峰程志淳。又有康熙壬寅《六十一年，1722》刘葆真（眉峰）序，见下条。所选为五七言绝律，有自序，述其对诗史的看法及选此本宗旨，世称此选为唐诗选中精善本。

家刻本清黄生撰《字诂》一卷。《安徽省馆藏皖人书目》第282页、《四库全书总目·经部·小学类一》卷四〇第三四三页、《书目答问补正》卷一第88页著录，安徽省图书馆藏2册本。此书收入《安徽丛书》中。

康熙壬寅（六十一年，1722）是亦山房精刊清白山黄生选评《唐诗摘钞》四卷。《安徽文献书目》第64页、《贩书偶记·集部·总集类·各朝诗之属》卷十九第518页著录，安徽省图书馆藏清刊2册本。歙县博物馆藏乾隆十八年（1753）南屏书屋刻清黄生评选、朱之荆修订《增订唐诗摘钞》十卷、《杜诗说句法》一卷、《汉魏诗摘钞》四卷计3种15卷。

家刻清黄生撰《义府》二卷。《书目答问补正》卷一第209页、《四库全书总目·子部·杂家类三》卷一一九第一〇二九页著录。乾隆五十二年（1787）与《字诂》同刻。收入《丛书集成初编》等丛书中。

道光二十二年（1842）黄承吉刻清黄生撰《义府》二卷。《中国古籍总目·子部·杂家类·杂考之属》第1812页著录，中国国家图书馆、天津图书馆、大连市图书馆、吉林省图书馆藏。

清歙浦黄氏刻江州黎氏重修清黄生撰《义府》二卷。《中国古籍总目·子部·杂家类·杂考之属》第1812页著录，上海图书馆藏。

清刻清黄生撰《义府》二卷。《中国古籍总目·子部·杂家类·杂考之属》第1812页著录，中国国家图书馆藏。

道光二十二年（1842）族孙黄承吉于扬州重刊清黄生撰《字诂》一卷、《义府》二卷计2种3卷。《中国古籍善本总目·经部·小学类》第一五八页、《安徽省馆藏皖人书目》第282页、《安徽文献书目》第64页著录，湖北省图书馆、安徽省图书馆（4册本）藏。此书收入《安徽丛书》中。以上黄生生前刻本近10种约40卷。

附　乾隆十五年（1750）南屏草堂刻清歙县黄生辑《增订唐诗摘钞》十卷。《安徽省馆藏皖人书目》第283页著录，安徽省图书馆藏3册本。

乾隆十八年（1753）南屏草堂刻清黄生评选、朱之荆增订《增订唐诗摘钞》十卷、《杜诗说句法》一卷、《汉魏诗摘钞》四卷计3种15卷。

《安徽省古籍善本书目·集部·总集类·丛编》卷四第五页著录，歙县博物馆藏 4 册本。

附　嘉庆四年(1799)浣月斋刻清黄生辑《(增订)唐诗摘钞》十六卷。《安徽省馆藏皖人书目》第 283 页、《安徽文献书目》第 64 页著录，安徽省图书馆藏 6 册本。

清末本清黄生撰《义府》二卷。《安徽地震史料辑注》第 261 页著录，休宁中学、绩溪中学、隆阜中学藏。

清刊《黄白山唐诗择钞》十四卷。《安徽省馆藏皖人书目》第 283 页、《安徽文献书目》第 64 页著录，安徽省博物馆藏 4 册本。

清刊《一木堂诗稿》十二卷。《安徽省馆藏皖人书目》第 282 页、《安徽文献书目》第 64 页著录，安徽省博物馆藏 2 册本。

黄生著述家刻本中还有从孙黄承吉及其子黄必庆再版了不少黄生著作，这里从略。

关心乡邦文献的赵吉士

休宁赵氏家刻以寓居杭州的赵吉士为首及其子赵继抃是元末明初经学家赵汸后裔的家刻。

赵吉士 (1628—1706)，字天羽，又字恒夫，号渐岸、林卧，有西山蓼庄、万青阁、玨青阁、怡静斋、振古堂，休宁县旧市人，居杭州，客籍杭州。他以国子监学正致仕后，寄居北京宣武门外教子胡同，取宅名“寄园”。清初文学家，善诗文，精考据，是位关心乡邦文献的游子。补杭州府学士，顺治八年 (1651) 在浙江乡试中举。康熙七年 (1668)，任山西太平府交城知县。任职 5 年，使交城百废俱兴，德政颇多，如招抚智灭境内交山盗贼葫芦王任亮，调处税收，重修县衙、城垣，开凿甘泉渠等，深得交城人民拥戴，祀交城名宦祠。擢为户部山西清吏司主事，以母忧归，接遭父忧。后历任河南司、四川司主事。康熙十四年 (1675)，由文林部进奉直大夫。二十年（1681），奉使扬州关钞，监督通州中南仓。后入会典馆，奉命纂盐、漕二书。二十三年（1684），授朝议大夫，次年充纂修官。二十五年（1686），擢户部给事中。后因有人弹劾其父子“异籍”被黜，侨居北京宣武门外寄园。不久，复为国子监学正，以此职致仕。康熙二十七年（1688）致仕归里后刻书则常用万青阁名义。著有《寄园寄所寄》十二卷[①]、《万青阁全集》、《林卧遥集》、《续表忠记》八卷、《杨忠公传》、《新又堂诗》一卷、《林卧遥集》二卷、《诗余》、《流寇琐记》二卷、《怡静斋汇钞》一卷、《游卦山记》一卷、《魏忠贤始末》一卷、《录音韵正讹》、《颜氏家乘》，并纂修有《徽州府志》十八卷、《交城县志》等。还辑《所见录》四卷、《留侯村文献录》、《永言》八卷、《盛朝诗选》等。其中，《万青阁全集》八卷、《林卧遥集》三卷、《寄园寄所寄》十二卷、《续表忠记》八卷收入《四库全书总目》，《寄园寄所寄》、《徽州府志》是两部重要的徽州学史料。

赵继抃，字鹤皋，吉士子。康熙四十八年（1709）进士，以主事改知伏羌县。岁饥，不请先开仓放赈，计口造册救人。升兰州府同知。

赵氏家刻以他们父子刻赵汸、赵吉士等著述为主。

顺治十五年（1658）赵吉士振古堂刻明锺惺辑、清赵吉士订正《三注钞》十六卷。《山东省图书馆藏海源阁书目·子部·杂家类·杂品》第163—164页著录，山东省图书馆藏1函6册本。该刊本半页9行，行19字（20.5×14.8），白口，四周单边，无鱼尾，眉上镌评。《中

---

① 该书除赵氏自刻本外，《中国古籍总目·子部·小说类·文言之属·杂事》第2123页著录，南京图书馆藏清宝仁堂刻本；黑龙江大学图书馆藏渔古山房刻本，还藏大文堂刻本；南京图书馆藏陈府刻本；黑龙江省图书馆藏姑苏文秀登刻本；中国国家图书馆、天津图书馆、上海图书馆、南京图书馆、辽宁省图书馆、吉林省图书馆、大连市图书馆藏清刻本；中国国家图书馆、上海图书馆、辽宁省图书馆藏清刻文德堂印本；南京图书馆、辽宁省图书馆、沈阳市图书馆藏清刻三益堂印本；中国国家图书馆、上海图书馆藏宣统三年（1911）文盛书局石印本；南京图书馆、吉林省图书馆、东北师范大学图书馆、哈尔滨师范大学图书馆藏民国四年（1915）文盛书局石印本以及南京图书馆藏清晓墀抄不分卷等版本。可见，此书学术价值之高。

国人民大学图书馆古籍善本书目·史部·史抄类》第58页著录，中国人民大学图书馆藏赵吉士刻《三注钞》中刘宋裴松之注、明钟惺选批《三国志注钞》八卷1函4册本。该藏本上钤“臣窦私印”、“竹林汪氏”印。

附 康熙八年（1669）刻清赵吉士修、武攀龙纂《［康熙］交城县志》八卷、《首》一卷计9卷。《中国古籍善本总目·史部·地理类·方志》第五六三页、《中国古籍总目·史部·方志类·地志之属·山西省》第4163页（作康熙九年刻）、《中国古籍善本书目·史部·地理类一》第798页（作康熙间刻）、《北京图书馆古籍善本书目·史部·地理类》第六〇七页、《中国地方志联合目录·山西省·吕梁地区》第97页著录，中国国家图书馆藏6册本。该刊本半页9行，行20字，白口，四周双边。

康熙十二年（1673）刻清赵吉士撰《牧爱堂编》不分卷。《清人别集总目》第1544页著录，上海图书馆藏。

康熙十八年（1679）刻清赵吉士撰《交山平寇详文》一卷。《中国古籍善本书目·史部·杂史类》第319页、《中国古籍善本总目·史部·杂史类》第三三二页著录，南京图书馆藏。

康熙二十年（1681）休宁赵吉士刻其先人元赵汸撰《赵征君东山先生存稿》又名《东山存稿》七卷、《附录》一卷计8卷。《中国古籍善本总目·集部·元别集类》第一三五〇页、《中国古籍总目·经部·别集类·金元之属》第511页、《北京大学图书馆藏古籍善本书目·集部·别集类》第443页、《北京师范大学图书馆古籍善本书目·集部·别集类·元》第249页、《安徽省馆藏皖人书目》第367页、《山东省图书馆馆藏海源阁书目·集部·别集类·金元》第241页、《四库全书总目·集部·别集类二一》卷一六八第一四六一页、《中国古籍善本书目·集部·元别集类》第515页、《北京图书馆古籍善本书目·集部·元别集类》第二二九六页、《安徽省古籍善本书目·集部·别集类·金元》卷四第六十九页著录，中国国家图书馆（傅增湘校4册本1部及康熙间刻《东山存稿》八卷本1部）、北京大学图书馆、北京师范大学图书馆（4

册本）、首都师范大学图书馆、上海图书馆、南京图书馆、大连市图书馆、山东省图书馆（1函6册本有“周世爵印”、“尊王”、“徐鸿宝藏书记”、“字冠侯号嚣帝”、“勇之印”、“吴兴徐氏在兹堂藏书”、“世爵”等印，说明已经多家收藏）、安徽省图书馆（仅存卷一至卷五5卷4册不全本）、浙江图书馆、中国社科院文学研究所图书馆，安徽省博物馆（1册本）藏。该刊本半页11行，行21字（18.3×14），白口，左右双边，单黑鱼尾。中国国家图书馆还藏1部明抄本《东山赵先生文集》十二卷、抄本《诗补》一卷、《文补》一卷、《附录》一卷计3种15卷线装10册，半页11行，行21字，白口，四周单边。

康熙二十六年（1687）序刻清赵吉士撰《万青阁诗》七卷。《北京大学图书馆藏古籍善本书目·集部·别集类》第484页著录，北京大学图书馆藏1册本。

康熙（1662—1722）间赵吉士校刻元赵汸撰《春秋属辞》十五卷。《中国古籍总目·经部·春秋类·春秋总义·传说之属》第640页著录，清华大学图书馆、上海图书馆、复旦大学图书馆、辽宁省图书馆、吉林省图书馆、南京图书馆藏。

康熙（1662—1722）间赵吉士刻元赵汸撰《春秋师说》三卷、《附录》二卷计5卷。《中国古籍总目·经部·春秋类·春秋总义·传说之属》第640页著录，北京大学图书馆藏。

康熙二十九年（1690）后裔吉士恒夫校刊元末明初赵汸撰《春秋四种》四十五卷。刘声木《直介堂丛刻·再续补汇刻书目》卷一第二页著录。

康熙二十九年（1690）休宁赵继抃刊清赵吉士撰《万青阁全集》20种二十三卷（其中，4种不分卷，按每种1卷计算）。《中国丛书综录·总目·汇编·独撰类（清代前期）》第一册第492页著录，上海图书馆、复旦大学图书馆、浙江图书馆藏全，南京图书馆、安徽省图书馆收藏不全。《四库全书总目·集部·别集类存目九》卷一八二第一六四四页著录康熙（1662—1722）间自编写刊本《万青阁全集》八卷，凡《杂文》二卷、《诗》

一卷、《勘河诗记》等13种一卷，《制艺》一卷，《平交山寇公牍》一卷，《谳牍》一卷，实为七卷。各细目与康熙时刊本卷数也不一样。如《安徽艺文考·别集十二》卷二十九第十页著录《万青阁自订文集》为2卷；《四库全书总目·集部·别集类存目九》第一六四四页著录康熙三十九年（1700）万青阁自刊本《林卧遥集》为三卷等。而刘声木《直介堂丛刻·再续补汇刻书目》卷十第二页作康熙二十九年（1690）八月孙男继抃家刻本钱塘赵吉士（恒夫）著《万青阁全集》13种二十五卷。

康熙（1662—1722）间刻清赵吉士撰《万青阁自订诗》八卷、《诗余》一卷计2种9卷。《中国古籍善本总目·集部·清别集》第一五二七页、《中国古籍总目·集部·别集类·清代之属·清前期》第1131页著录，复旦大学图书馆、南京图书馆、南京大学图书馆藏。该刊本半页11行，行21字，小字双行同，白口，左右双边。

康熙（1662—1722）间赵吉士刻元末明初赵汸编定《春秋师说》三卷、《附录》二卷计5卷。《北京大学图书馆藏古籍善本书目·经部·春秋类》第26页著录，北京大学图书馆藏2册本，应为《春秋四种》之一。

康熙（1662—1722）间赵吉士刻元末明初赵汸编定《春秋左氏传补注》十卷。《北京大学图书馆藏古籍善本书目·经部·春秋类》第26页著录，北京大学图书馆藏4册本，应为《春秋四种》之一。

赵吉士所著有自刻本和其子赵继抃等两种刻本，均为家刻，不具体分了。

康熙初刻清赵吉士撰《赵吉士诗》不分卷。《清人别集总目》第1544页著录，安徽社科所（今省社科院前身）藏。

康熙初刻清赵吉士撰《新又堂诗》不分卷。《中国古籍总目·集部·别集类·清代之属·清前期》第1131页（作康熙间刻）、《清人别集总目》第1544页著录，中国国家图书馆、中国科学院图书馆藏。

康熙（1662—1722）间冯云骕牧爱堂刻清休宁赵吉士撰《万青阁自订文集》二卷。《安徽地震史料辑注》第249页、《安徽省馆藏皖人书目》第 366 页著录，安徽省图书馆藏 2 册本。

康熙（1662—1722）间赵继抃刻清赵吉士撰《万青阁自订文集》二卷。《安徽省馆藏皖人书目》第 366 页著录，安徽省图书馆藏 3 册本。

康熙（1662—1722）间赵继抃、赵景彻等刊清渐岸（休宁）赵吉士撰《万青阁自订全集》八卷。《中国古籍善本书目·集部·清别集类》第 983 页、《中国古籍善本总目·集部·清别集》第一五二七页（作赵继林、赵景微等刻，疑误）、《北京图书馆古籍善本书目·集部·清别集类》第二五一二页、《贩书偶记续编·附录·四库存目有》第 370 页著录，中国国家图书馆（8 册、11 册本各 1 部）、中国科学院图书馆、上海图书馆、复旦大学图书馆、南开大学图书馆、吉林大学图书馆、南京图书馆藏。该刊本半页 11 行，行 21 字，白口，左右双边。其编排内容：（一是）御试策、奏疏、论序、祭文、记、传、跋、像赞、启、乞言、行述；（二是）文牒、策论、序、记、募疏、说、辨、跋、书、启；（三是）五古、七古、五律、七律、五排律、七排律、五绝、七绝；（四是）勘河诗纪、哭临纪事、寄园集字、集归去来辞、归隐诗、夏日吟、丹阳舟次唱和、问天旅啸、万青阁秋集；（五是）燕山秋吟、林卧遥集、采术杂咏、诗余；（六是）［制艺］二论、学、庸、二孟、文训；（七是）平寇详文、平寇书牍、平寇本末、平寇赠诗、公举名宦案；（八是）［晋阳详案］除恶、劝善、兴利、革弊、营造、赦宥、丁赋、户婚、命案、盗案。该刊本半页 11 行，行 21 字，小字双行同，白口，左右双边。

以上 4 种实为一书，《万青阁全集》最多为 12 卷，《四库全书总目》著录为 8 卷，为不全本。

康熙二十六年（1687）序刻清赵吉士撰《万青阁诗》七卷。《清人别集总目》第 1544 页著录，北京大学图书馆藏。

康熙（1662—1722）间刻清赵吉士撰《林卧遥集》二卷。《中国古籍总目·集部·别集类·清代之属·清前期》第 1131 页、《清人别集总目》第 1544 页、《安徽省古籍善本书目·集部·别集类·清代》卷四第八十九页著录，南京图书馆、安徽省图书馆、首都图书馆及安徽省博物馆藏。

康熙三十四年（1695）赵氏寄园刻清休宁赵吉士撰《寄园寄所寄》十二卷。《中国古籍总目·子部·小说类·文言之属·笔记·杂事》第2123页（作三十五年刻）、《北京师范大学图书馆古籍善本书目·子部·杂家类·杂纂》第158页（作康熙间刻）、《香港所藏古籍书目·子部·小说类》第222页、《安徽省馆藏皖人书目》第367页著录，中国国家图书馆、中国科学院图书馆、南京图书馆、辽宁省图书馆、吉林省图书馆、齐齐哈尔市图书馆、北京师范大学图书馆（12册本2部，14册本1部）、香港中文大学（14册本）、香港新亚研究所图书馆（14册本）、安徽省图书馆（14册本）藏。该刊本半页10行，行21字，小字双行同，白口，四周双边。序文版心下镌“寄园寄所寄”5字。此书收入《四库全书存目丛书》中，《香艳丛书》收入《寄园寄所寄摘录》一卷。该书杂采诸家说部，共分12门：囊底寄，记智慧事；镜中寄，记忠孝节义事；倚仗寄，记山川名胜；撚须寄，为诗话专辑；灭烛寄，记神怪事；焚麈寄，系格言；獭祭寄，杂录典故；豕渡寄，考订谬误；裂眦寄，记明末农民起义事；驱睡记，值得记录的大事件；泛叶寄，专记徽州佚闻；插菊寄，记滑稽事。此书重点是记明末事，可资明史及徽学研究。如泛叶寄分为“新安理学”、“故老杂记”、“黔兵始末”3篇，尤其在“新安理学”篇中记述朱熹、程大昌、汪莘、程若庸、胡方平、胡炳文、陈栎、倪士毅、汪克宽、赵汸、潘荣、朱升、郑玉等人史料及学术地位，并提出“新安理学”这一学术命题。

康熙（1662—1722）间刻清赵吉士撰《千迭波余》不分卷。《北京师范大学图书馆古籍善本书目·集部·别集类·清》第267页著录，北京师范大学图书馆藏4册本。该刊本半页9行，行19字，小字双行同，白口，四周双边。前有康熙三十五年（1696）戴名世序。应为先印本。

康熙三十五年（1696）刻补修赵氏寄园刻清赵吉士撰《寄园（寄）

所寄》十二卷。《中国古籍总目·子部·小说类·文言之属·笔记·杂事》第2123页著录，中国科学院图书馆、青海省图书馆、中央民族大学图书馆藏。

康熙三十五年（1696）刻清赵吉士撰《千迭波余》一卷。《清人别集总目》第1544页、北京师范大学《中文古籍书目·集部·别集类》第380页著录，北京师范大学图书馆藏线装4册本。

康熙三十五年（1696）刻清赵吉士撰《林卧遥集》二卷、《千叠波余》一卷计2种3卷。《北京图书馆古籍善本书目·集部·清别集类》第二五一二页、《安徽省馆藏皖人书目》第366页、《安徽文献书目》第294页、《清人别集总目》第1544页著录，中国国家图书馆（2册本）、安徽省图书馆（康熙三十九年版1册本）藏。实为上述已提两书合印本。该刊本半页9行，行19字，白口，四周双边。《四库全书总目·集部·别集类存目九》卷一八二第一六四四页著录为三卷，已含《千叠波余》一卷。

康熙三十五年（1696）刻赵吉士撰《林卧遥集》二卷、《千叠波余》一卷、《续编》一卷、《补遗》一卷计4种5卷。《清人别集总目》第1545页、《安徽省古籍善本书目·集部·别集类·清代》卷四第八十九页著录，安徽省图书馆（16册本）、中国科学院图书馆藏。按，安徽省博物馆仅存《林卧遥集》二卷2册，北京师范大学图书馆藏《千迭波余》一卷4册。此实为上述诸书汇印本。

康熙丁丑（三十六年，1697）刻赵吉士撰《林卧遥集》四卷。《清人别集总目》第1545页著录，中国社会科学院文学研究所图书馆藏。《四库全书总目·集部·别集类存目九》卷一八二第一六四四页著录为3卷。

康熙三十六年（1697）刻清赵吉士撰《寄园诗》一卷、《寄园十六咏》一卷、《又新堂诗》一卷计3种3卷。《贩书偶记·集部·总集类·唱和题咏之属》卷十九第532—533页、《皖人书录》第751页著录。

康熙丁丑（三十六年，1697）刻清渐岸（休宁）赵吉士撰江闿、吴一元合评《万青阁诗余》三卷。《贩书偶记·集部·词曲类·词集之属》

卷二十第546页、《皖人书录》第751页、《北京大学图书馆藏古籍善本书目·集部·词类》第512页、《安徽省古籍善本书目·集部·别集类·清代》卷四第八十九页著录，安徽省图书馆仅存《中调》、《长调》各1卷计2卷1册，北京大学图书馆藏3册本。《山西省图书馆普通线装书目录·文学门·诗文别集》第651页著录馆藏清刻本不分卷线装1册。

康熙戊寅（三十七年，1698）赵吉士寄园刻清渐岸赵吉士、四明虞宜编《续表忠记》八卷。《中国古籍善本书目·史部·传记类》第441页、《中国古籍善本总目·史部·传记类·总传》第三八九页、《四库全书总目·史部·传记类存目五》卷六三第五六六页、《北京师范大学图书馆古籍善本书目·史部·传记类·总传》第71页、北京师范大学图书馆《中文古籍书目·史部·传记类》第117页、《贩书偶记续编·附录·史部》第349页、《东北师范大学图书馆藏古籍善本书目解题·史部·断代》第120页著录，北京师范大学图书馆（线装8册本）、清华大学图书馆、中央民族大学图书馆、故宫博物院图书馆、上海图书馆、复旦大学图书馆、华东师范大学图书馆（8册本）、东北师范大学图书馆、南京图书馆、浙江图书馆、厦门市图书馆、湖北省图书馆藏。该刊本半页9行，行20字，小字双行同，白口，四周单边，无格。赵氏自序题：余此刻，未敢信为一无空漏。书名页题“寄园藏版”。此书记上自天启改元（1621），下逮崇祯甲申（1644）死于阉祸国难的明末志士仁人123人的事迹。《安徽省馆藏皖人书目》第367页著录，安徽省博物馆藏抄4册本。

康熙三十七年刻清赵吉士撰《千迭波余》一卷。《中国古籍总目·集部·别集类·清代之属·清前期》第1131页著录，中国科学院图书馆藏。

康熙三十七年赵吉士刻清赵吉士撰、虞宜辑《续表忠记》八卷、《二续》八卷计2种16卷。《中国古籍善本书目·史部·传记类一》第442页、《中国古籍善本总目·史部·传记类·总传》第三八九页、《北京图书馆古籍善本书目·史部·传记类》第四二二页著录，中国国家图书馆藏8册本。该刊本半页9行，行20字，白口，四周单边，无格。

康熙三十七年赵吉士刻清赵吉士撰、虞宜撰《续表忠记》八卷附康熙刻本清汪芳藻撰《春晖楼十三君子表忠诗》一卷计2种9卷。《中国古籍善本书目·史部·传记类》第442页、《中国古籍善本总目·史部·传记类·总传》第三八九页、《北京图书馆古籍善本书目·史部·传记类》第四二二页著录，中国国家图书馆藏8册本。但与北京师范大学图书馆藏不同，当为后刻印本。此版被乾隆（1736—1795）朝销毁。

康熙（1662—1722）间刻清赵吉士撰《林卧遥集》二卷、《千叠波余》一卷、《续编》一卷、《补遗》一卷、《庚辰匝岁杂感叠韵诗》一卷、《癸未三春杂感叠韵诗》一卷、《甲申匝岁杂感叠韵诗》不分卷计9种。《中国古籍善本总目·集部·清别集》第一五二七页著录，清华大学图书馆、南京图书馆、中国社会科学院文学研究所图书馆藏，中国国家图书馆、首都图书馆、北京大学图书馆、中国科学院图书馆、吉林大学图书馆、福建师范大学图书馆藏本均不到9种。该刊本半页9行，行19字，小字双行同，四周双边。

康熙（1662—1722）间刻清赵吉士辑《寄园集诗》4种四卷。《中国古籍善本书目·集部·总集类》第1756页、《中国古籍善本总目·集部·总集类·断代》第一七八八页、《中国古籍总目·集部·总集类·断代之属》第3056页、《北京图书馆古籍善本书目·集部·总集类》第二八二五页著录，中国国家图书馆（1册本）、南京图书馆、陕西师范大学图书馆（不全）藏。该刊本半页9行，行19字，白口，左右双边。

康熙（1662—1722）间刻清赵吉士撰《万青阁诗余》不分卷。《安徽省馆藏皖人书目》第366页著录，安徽省图书馆藏。

康熙（1662—1722）间刊清赵吉士辑《寄园七夕集字诗》不分卷、《补遗》一卷、《寄园诗》一卷计3种。《西谛书目·集部中·总集类》卷四第三八页著录2册本。

康熙（1662—1722）间一作三十七年（1698）刻清赵吉士撰《寄园寄所寄》十二卷。《四库全书总目·子部·杂家类存目一〇》卷一三三第一一三一页、《中国人民大学图书馆古籍善本书目·子部·杂家类·杂纂》第125页、《北京大学图书馆藏古籍善本书目·子部·杂家类》第298页、《青海省古籍善本书目·子部·小说家类·杂事》第五八页、《安徽省古籍善本书目·子部·杂家类》卷三第五十六页、《皖人书录》第751页著录，安徽师范大学图书馆（线装12册本）、中国人民大学图书馆（分别藏2函8、10、12册本各1部）、北京大学图书馆（8册、12册本各1部）、青海省图书馆（16册本）、青海民族大学图书馆（16册本）藏。该刊本半页11行，行21字，小字双行同，白口，单鱼尾，左右双边，序文版心下镌“寄园寄所寄”。此书为清代禁书。《安徽文献书目》第294页著录，安徽省图书馆藏清刊10册本。《山西省图书馆普通线装书目录·总纪门·类书类》第976页著录馆藏清刻30册本及清三益堂刻巾箱本4册本。

康熙三十八年(1699)万青阁刻清丁廷楗修、卢询修，赵吉士纂《[康熙]徽州府志》十八卷、《图》一卷计19卷。《中国地方志联合目录·安徽省·徽州地区》第469页、《安徽大学图书馆重编古籍善本书目·史部·地方志》卷二第57页著录，中国国家图书馆、中国科学院图书馆、中国社会科学院考古研究所图书馆、中共中央党校图书馆、北京大学图书馆、北京师范大学图书馆、中国人民大学图书馆、中央民族大学图书馆、上海图书馆、复旦大学图书馆、华东师范大学图书馆、上海辞书出版社图书馆、天津图书馆、南开大学图书馆、辽宁省图书馆、大连市图书馆、吉林省图书馆、吉林大学图书馆、东北师范大学图书馆、甘肃省图书馆、山东大学图书馆、山东师范大学图书馆、南京图书馆、南京大学图书馆、苏州市图书馆、徐州市图书馆、浙江图书馆、浙江大学图书馆、温州市图书馆、安徽省图书馆、安徽师范大学图书馆（10册本2部）、安庆市图书馆、江西省图书馆、福建师范大学图书馆、厦门大学图书馆、湖北省图书馆、武汉大学图书馆、中山大学图书馆、华南师范大学图书馆、重庆市图书馆、四川师范大学图书馆、水电部科学研究院图书馆、中央民族文化宫图书馆、安徽大学图书馆（12 册本）及中国国家图书馆、安徽省博物馆藏。此书编于康熙三十六年春，成于三十八年冬，是继明嘉靖末志目 130 余年后的续编。前冠图 36 页，该刊本半页 9 行，行 22 字、23 字不等，小字双行 22 字，白口，四周单边。此书《四库全书》未涉及。赵吉士编写这部志书始于康熙二十七年（1688）致仕归里后，感到自明嘉靖后府志再未续修，因此广征史料，着手编纂。康熙三十二年（1693）征召入京，志稿尚未杀青。但有当年原刊朱印本，中国国家图书馆、复旦大学图书馆、浙江大学图书馆、安庆市图书馆等均藏 16 册本。次年，他的学生明史、会典两馆编修官丁廷楗出任徽州知府，临行问计于赵，赵吩咐他去徽州后关心乡邦文献，并广征乡邦资料，与在京乡宦吴苑共商体例，增益未完稿，使之成为著名学者合作编纂的一部学术含量很高的徽州名志。该刊本半页 9 行，行 19 字，小字双行 29 字，黑口，左右双边。

康熙（1662—1722）间刊赵吉士撰《寄园寄所寄全集》10 种十三卷。《中国丛书综录续编·汇编·独撰类（清代）》第 171 页著录，日本大阪府立图书馆藏。此版于日本昭和四十三年（1968）用大阪府立图书馆康熙中刊本影印，加大存世流播。

康熙三十九年（1700）刻清赵吉士撰《千迭波余续编》一卷、《补遗》一卷计 2 种 2 卷。《中国古籍总目·集部·别集类·清代之属·清前期》第 1131 页著录，中国科学院图书馆藏。

康熙三十九年 (1700) 休宁赵吉士万青阁自刻《林卧遥集》二卷、《千叠波余》一卷、《续编》一卷、《补遗》一卷计 4 种 5 卷。《皖人书录》第 752 页著录。

附　康熙三十九年（1700）鸿逵堂刻清卢宜辑《二续表忠记》八卷也应是赵吉士撰。《中国古籍善本总目·史部·传记类·总传》第三八九页著录，中国国家图书馆藏。

康熙（1662—1722）间刻清赵吉士辑《寄园诗》一卷、清汪灏撰《寄园十六咏》一卷计2种2卷。《中国古籍善本书目·集部·总集类》第1756页、《中国古籍善本总目·集部·总集类·断代》第一七八八页、《中国古籍总目·集部·总集类·断代之属》第3056页著录，中国国家图书馆藏。该刊本半页9行，行19字，白口，左右双边。

康熙（1662—1722）间刻清赵吉士撰《新又堂诗庚辰匝岁杂感诗》不分卷。《安徽省馆藏皖人书目》第366页著录，安徽省图书馆藏2册本。

康熙（1662—1722）间刻清渐岸赵吉士撰、四明卢宜汇辑《二续表忠记》八卷。《贩书偶记续编·史部·传记类》卷六第60页著录。

康熙（1662—1722）间刻清赵吉士撰《庚辰匝岁杂感诗》四卷。《清人别集总目》第1545页著录，苏州市图书馆藏。

康熙四十二年（1703）刻清赵吉士撰《壬午匝岁杂感叠韵诗》。《清人别集总目》第1545页著录，中国社会科学院文学研究所图书馆藏。

康熙（1662—1722）间刻清赵吉士撰《癸未匝岁杂感诗》不分卷。《清人别集总目》第1545页著录，南京图书馆藏。

康熙（1662—1722）间刻清赵吉士撰《匝岁杂感叠韵诗》七卷。《北京大学图书馆藏古籍善本书目·集部·别集类》第477页、《清人别集总目》第1545页著录，北京大学图书馆藏12册本。

康熙（1662—1722）间刻清赵吉士撰《寄园杂感叠韵诗》一卷、《千叠波余》一卷计2种2卷。《清人别集总目》第1545页著录，上海图书馆藏。

康熙（1662—1722）间刻清赵吉士撰《万青阁诗余》三卷、《补遗》一卷计2种4卷。《中国古籍善本书目·集部·词类》第1974页、《中国古籍善本总目·集部·词类·词别集类》第一八五七页、《中国古籍总目·集部·词类·别集之属》第3298页著录，中国国家图书馆（不全）、北京大学图书馆、上海图书馆藏。该刻本半页9行，行19字，白口，四周双边。但收入康熙间刻《百名家词钞》及《百名家词初集》本中为1卷本。

康熙（1662—1722）间刻清赵吉士万青阁自刻《叠韵千律诗》二卷。《国学图书馆（今属南京图书馆）总目》著录。

清刻巾箱本赵吉士撰《寄园寄所寄》十二卷。《皖人书录》第751页著录。

康熙（1662—1722）间刻清赵吉士撰《万青阁自订文集》二卷。《安徽文献书目》第294页、《皖人书录》第751页著录，安徽省图书馆藏5册本。

康熙（1662—1722）间写刊本清赵吉士撰《万青阁全集》八卷。《贩书偶记续编》第370页、《安徽省古籍善本书目·集部·别集类·清代》卷四第八十九页、《四库全书总目·集部·别集类存目九》卷一八二第一六四四页、《皖人书录》第752页著录，安徽省图书馆仅存卷一、二计2卷5册不全本。

赵吉士的儿子赵继抃也在他生前逝后对他的著述进行家刻。

康熙（1662—1722）间刻清赵吉士撰《林卧遥集》二卷、《千叠波余》一卷、《补遗》一卷、《庚辰匝岁杂感诗》四卷、《辛巳匝岁杂感诗》不分卷、《壬午匝岁杂感叠韵诗》不分卷6种。《清人别集总目》第1545页著录，中国国家图书馆、南京图书馆、清华大学图书馆、中国社会科学院文学研究所图书馆藏。以上为上述分印子书的汇集本。

康熙（1662—1722）间刻清赵吉士撰《万青阁自订诗》八卷、《诗余》一卷计2种9卷。《中国古籍善本书目·集部·清别集类》第983页、《清人别集总目》第1545页著录，南京图书馆、河南省图书馆、复旦大学图书馆、中国社会科学院文学研究所图书馆藏。

康熙（1662—1722）间一作康熙二十九年（1690）赵继抃、赵景彻等家刻清赵吉士撰《万青阁自订全集》八卷。《安徽省古籍善本书目·集部·别集类·清代》卷四第八十九页、《中国古籍善本书目·集部·清别集类》第983页著录，中国国家图书馆、中国科学院图书馆、上海图书馆、复旦大学图书馆、南开大学图书馆、吉林大学图书馆、南京图书馆藏，安徽省图书馆仅存《文集》2卷5册。

康熙（1662—1722）间赵继抃、赵景彻等刻清赵吉士撰《万青阁全集》八卷。《中国古籍总目·丛书部·独撰类·清代前期》第1108—1109页、《中国古籍总目·集部·别集类·清代之属·清前期》第1131页、《清人别集总目》第1545页著录，中国国家图书馆、上海图书馆、南京图书馆、中国科学院图书馆、南开大学图书馆、吉林大学图书馆、南京大学图书馆、复旦大学图书馆、浙江图书馆、台湾“中央”研究院历史语言研究所傅斯年图书馆藏。中国科学院图书馆还藏康熙间赵继抃等刻增修本。此书应为2版40种16卷。

康熙（1662—1722）间刻清赵吉士撰《林卧遥集》二卷、《千叠波余》一卷、《续编》一卷、《补遗》一卷、《庚辰匝岁杂感诗》四卷、《辛巳匝岁杂感诗》不分卷、《壬午匝岁杂感叠韵诗》一卷、《癸未三春杂感叠韵诗》一卷、《甲申匝岁杂感叠韵诗》不分卷计9种。《中国古籍善本书目·集部·清别集类》第983页、《清人别集总目》第1545页著录，南京图书馆、清华大学图书馆、中国社会科学院文学研究所图书馆藏，中国国家图书馆、首都图书馆、北京大学图书馆、中国科学院图书馆、吉林大学图书馆、福建师范大学图书馆藏不全。

康熙（1662—1722）间精刻清赵吉士辑《永言》八卷。《中国古籍善本书目·史部·传记类一》第489页、《中国古籍善本总目·史部·传记类·别传》第四〇四页著录，上海图书馆藏。

康熙（1662—1722）间刻清赵吉士撰《万青阁全集》13种十三卷。《清人别集总目》第1545页著录，美国国会图书馆藏。

康熙（1662—1722）间刻清赵端撰、清顾有孝选《驯鹤轩诗选》一卷。《清人别集总目》第1536页著录，中国科学院图书馆藏。

清刊清赵吉士撰《万青阁诗余》二卷。《安徽文献书目》第294页著录，安徽省图书馆藏1册本。

清刊清赵吉士撰《寄园寄所寄》十二卷。《安徽地震史料辑注》第

240 页《徽州地区博物馆藏书目录·有关徽州资料古藉（籍）·子部·杂家类》第一集著录，安徽省博物馆、中国徽文化博物馆（12 册本 1 部及 7 卷半 9 册不全本 1 部）藏。

清刊清赵吉士撰、清卢宜汇辑《续表忠记》八卷。《中国国家图书馆普通古籍总目·传记门·总传·明代》第 38 页著录，中国国家图书馆藏 4 册本，有墨笔抄补。

新安名医叶桂著作的出版

叶桂 (1667—1746)，字天士，号香岩、香岜、南阳先生，有烹雪轩、破瓢居、踏雪山房、踏雪斋、种福堂，歙县文化古村蓝田人，其著常自称“古歙”人，自曾祖父叶时（字隆山）至祖父朝采（号紫帆）、父阳生均精医术，是歙东及吴下名医。乾隆（1736—1795）间，为图发展，叶紫帆自蓝田迁吴（今苏州市）阊门外下塘[①]。沈德潜也在《叶香岩传》中说：“君名桂，字天士，号香岩先生，自歙迁吴。”天士 14 岁时丧父，拜父门生为师，青出于蓝而胜于蓝，切脉望色如见五脏，治方因人因变而灵活多变，治病多奇中，擅长治疗疑难杂症，名闻天下。尤长于治疗流行病和痘痧类疾患，倡导卫气营血辨证纲领，对温热症的传播途径、致病部位及辨证施治方面都有独到的见解，成为温病学的奠基者。临终曾告诫其子：“医可为而不可为。必天资聪悟，读万卷书，而后可以济世。不然，鲜有不杀人者，是以药饵为刀刃也。吾死，子孙慎匆轻言医。”他一生非常忙碌，不可能著述像某些书目所标有的那么多著作，有的是他的随笔，有的是他的验案，有的是他的讲稿，而由他的门生整理出并以他的名义刊刻行世，有的甚至是后人托名行世的作品。如《全国中医

---

① 叶桂居吴始于其祖父叶紫帆，为歙县名医。自后，其父阳生继承祖父衣钵，定居苏州，故沈德潜在《叶香岩传》中说：“君名桂，字天士，号香岩先生，自歙迁吴。”因此，叶桂仍属歙县名医。

图书联合目录》著录叶著有40余种，传本、版本更多。刻行的有《温热论》、《叶天士温热论》、《温热论笺子》、《临床症指南温热论》、《叶氏指南》等均非本人校刻，经考证属其遗作还有《本事方释义》、《种福堂公选良方》、《医案存真》、《临证指南医案续集》、《幼科要略》、《未刻本叶氏医案》等十多种。其他如《医效秘传》三卷、《叶氏伤寒家秘全书》四卷、《脉证正宗》、《各证集说诸方备用并五脏六腑兼论合钞》、《叶天士杂症口诀》、《叶天士女科医案》、《叶氏女科证治》、《叶天士秘方大全》、《叶氏幼科医案》、《叶氏痘疹锦囊》、《叶天士真传眼科》、《眼科良方集》、《良方眼科合编》、《丹痧咽喉经验秘法》、《续选临证指南》、《叶天士家传秘诀》、《眉寿堂方案选存》、《香岩医案》、《叶氏医案》、《医验录》、《叶氏案括要》、《叶香岩先生医案》、《叶案疏证》、《叶选医衡》、《医论》等，经考证都为坊刻伪托或别本。叶氏著述虽有些经其后裔刻行，因脱离歙籍较远，故徽刻不录。还有《叶天士先生辩舌广验》等。经考证，能确定为叶氏讲稿、遗稿主要有《温症论治》不分卷、《温热论》又名《叶天士温热论》、《［续刻］临证指南温热论》四卷、《本事方释义》又名《类证普济本事方》《本事方释义》十卷、《种福堂公选良方》三卷、《医案存真》二卷、《临证指南医案》十卷、《指南摘要》一卷、《各症集说诸方备用并五脏六腑各论》一卷、《临症指南医案续集》、《幼科要略》二卷、《未刻本叶氏医案》一卷、《伤寒全生集》四卷等不足10部。更多的是坊刻托名。

笔者据《全国中医图书联合目录》、《馆藏中医线装书目》考索，查出《医效秘传》三卷、《叶氏伤寒家秘全书》四卷、《脉症正宗》、《叶天士经验方》、《万应奇效秘书》、《各症集说诸方备用并五脏六腑兼论合钞》、《叶天士杂症口诀》、《叶天士女科医案》一卷、《叶氏女科证治》四卷、《叶天士秘方大全》一卷、《种福堂公选温热论医案》四卷、《温热论》、《叶氏幼科医案》又名《叶天士幼科医案》、《叶氏痘疹锦囊》一卷、《叶天士真传眼科》、《眼科良方集》、《眼科良方》、《良方眼科合编》、《丹痧咽喉经验秘法》、《温热指南》、《续选临证指南》、《叶天士家传秘诀》、《眉寿堂方案选存》二卷、《香岩医案》又名《叶香岩先生医案》附《病机医案》、《叶天士先生方案真本》、《脉症正宗》四卷、《温病论治》一卷、《温热湿痧三种》、《各证集说诸方备用并五脏六腑集论合抄》、《叶天士杂症口诀》、《叶氏医案》二卷、《医验录》、《叶氏案括要》八卷、《叶香岩医案》八卷、《叶案疏证》二卷、《叶选医衡》又称《叶氏医衡》二卷、《医论》、《景岳发挥》又名《景岳全书发挥》四卷、《本草再新》十二卷附《难产篇》、《李芝岩重订叶天士先生瘟疫三方》一卷、《叶氏眼科方》一卷、《叶天士先生眼部济验良方》一卷、《叶天士秘方》一卷、《香岩先生医案附病机医案》等，皆为坊肆或后人所托，或别本。还有不少研究性著作，如何廉臣（字炳元，号印岩）编《叶天士医案按》、《徐批叶天士先生方案真本》一卷、《评点叶案存真类编》二卷、《评琴书屋叶案括要》又名《叶案括要》八卷、《增补重编叶天士医案》四卷等。

他在出版方面贡献主要是在扬州徽商四元宝之一的黄履暹青芝堂校刻医书。还校《绛雪园古方选注》等。因此，对他自己的著作问世采取慎重态度。这里主要记一些后人家刻为主的出版物。

雍正甲辰（二年，1724）稽古山房刊古吴叶桂撰《本草经解要》四卷、《附余》一卷计5卷。《中国古籍总目·子部·医家类·本草之属·本草经·本经注释》第511页、《馆藏中医线装书目·本草》第74页、《贩书偶记·子部·医家类》卷九第228页著录，中国国家图书馆、首都图书馆、中国医学科学院图书馆、上海图书馆、中国中医科学院图书馆、上海中医药大学图书馆、辽宁省图书馆、中国医科大学图书馆、浙江图书馆、江西省图书馆、福建中医药大学图书馆、中山医科大学图书馆藏。中国中医科学院图书馆藏附杨宗敬考证及据雍正二（1724）敬德堂抄本。还有上海广益书局据卫生堂藏板铅印本。

附　乾隆二十九年（1764）苏州五云楼书坊刻清叶桂撰、清徐大椿评《临证指南医案》十卷、《种福堂公选温热论医案》四卷计2种14卷。《中国古籍总目·子部·医家类·医案医话之属·清》第951—952页著录，上海图书馆、黑龙江省图书馆、苏州市中医院图书馆藏。此书还有中国国家图书馆、北京大学图书馆、中国科学院图书馆、上海图书馆、南京图书馆、辽宁省图书馆、湖北省图书馆、广东省图书馆、四川省图书馆藏道光二十四年（1844）苏州经锄堂刻朱墨印本。

乾隆三十一年（1766）刻清叶桂撰《种福堂公选良方兼刻古吴名医精论》又名《种福堂公选良方》四卷。《中国古籍总目·子部·医家类·方论之属·验方·清》第862页著录，中国国家图书馆、上海图书馆藏。

乾隆三十一年（1766）刻清叶桂撰《临证指南医案》十卷、《种福堂公选良方兼刻古吴名医精论》又名《种福堂公选良方》四卷计2种14卷。《中国古籍总目·子部·医家类·医案医话之属·清》第951页著录，上海图书馆藏。

乾隆三十三年（1768）卫生堂刻清叶桂撰、华岫云（字南田）编、徐大椿评《临证指南医案》十卷。《馆藏中医线装书目·医案》第266页、《全国中医图书联合目录·医案》第631页、《安徽省古籍善本书目·子部·医家类》卷三第三十一页、《中国古旧书刊拍卖目录》第182页著录，中国国家图书馆、中国中医科学院图书馆（仅存卷一至五计5卷）、故宫博物院图书馆、天津中医药大学图书馆、山东中医药大学图书馆、河南省图书馆、河南中医药大学图书馆、内蒙古自治区图书馆、中蒙医药研究院图书馆（呼和浩特市）、甘肃省图书馆、辽宁中医药大学图书馆、中国医科大学图书馆、上海中医药大学图书馆、南京第一医学院图书馆、南通大学医学院图书馆、安徽省图书馆（10册本）、浙江图书馆、湖北省图书馆、华西医科大学图书馆、云南中医药大学图书馆、福建省图书馆、广西中医药大学图书馆及浙江中医药研究院、中国徽文化博物馆（10册本）藏；中国国家图书馆、南京图书馆、浙江图书馆、福建省图书馆藏乾隆（1736—1795）间刻本，中国书店拍卖乾隆间朱墨套印版式20×14.8，白纸10册本。卫生堂于嘉庆癸亥（八年，1803）刻本，中国中医科学院图书馆、北京市中医学校图书馆、天津市医学高等专科学校图书馆、天津中医药大学图书馆、湖南省图书馆、四川省图书馆、重庆市图书馆藏；道光辛卯（十一年，1831）卫生堂重刻本，甘肃省图书馆、上海中医药大学图书馆藏。其余坊刻及石印、铅印本达50余种，收藏更夥易求。

附　乾隆三十三年（1768）卫生堂刻清叶桂撰、清徐大椿评《临证指南医案》十卷。《中国古籍总目·子部·医家类·医案医话之属·清》第952页著录，中国国家图书馆、天津图书馆、甘肃省图书馆、浙江图书馆、安徽省图书馆、湖北省图书馆藏，南京图书馆藏不全本。卫生堂还分别于嘉庆八年、道光十一年重刻等数十种坊刻本。

乾隆乙未（四十年，1775）刻清叶桂撰、华岫云编《续选临症指南》四卷附《种福堂公选良方》（三卷）计2种7卷。《全国中医图书联合目录·医案》第632页著录，故宫博物院图书馆、天津图书馆、山东省图书馆、陕西中医药大学图书馆藏；乾隆丁酉（四十二年，1777）刻本，中国中医科学院图书馆藏；乾隆（1736—1795）间刻本，天津图书馆藏。还有卫生堂于道光己丑（九年，1829）刻本，中国医学科学院图书馆藏，余为坊刻、石印、铅印、抄本不再举藏家了。

乾隆丁酉（四十二年，1777）刻清叶桂撰《种福堂公选良方》三卷。《馆藏中医线装书目·方书》第109页著录，中国中医科学院图书馆藏。

乾隆乙未（四十年，1775）种福堂刻清叶桂撰《种福堂公选良方》三卷附《温热论》、《续补叶氏医案》一卷计3种4卷。《全国中医图书联合目录·方书》第248—249页著录，山西中医研究院藏；天津医学高等专科学校图书馆、新疆石河子医院图书馆、上海图书馆、上海中医药大学图书馆、南京第一医学院图书馆、江西中医药大学图书馆、广西壮族自治区第一图书馆藏乾隆四十年（1775）文苑堂刻本；中国国家图书馆、江西中医药大学图书馆、福建中医药大学图书馆藏乾隆（1736—1795）间刻本。

乾隆四十年（1775）刻清叶桂撰、清徐大椿评《种福堂续选临证指南》四卷。《中国古籍总目·子部·医家类·医案医话之属·清》第953页著录，故宫博物院图书馆、天津图书馆、山东省图书馆藏，中国中医科学院图书馆藏乾隆四十二年（1777）刻本，天津图书馆还藏乾隆间刻本，其余刻本已在叶桂逝世后，故不录。

乾隆四十年（1775）文苑堂刻清叶桂撰《种福堂公选良方》三卷。《中国古籍总目·子部·医家类·方论之属·验方·清》第862页著录，上海中医药大学图书馆、江西中医药大学图书馆、桂林市图书馆藏。

乾隆四十年（1775）种福堂刻清叶桂撰《种福堂公选良方》三卷。《中国古籍总目·子部·医家类·方论之属·验方·清》第862页著录，山西中医药大学图书馆藏。

清刊清叶桂撰《叶天士经验方》不分卷。《中国古籍总目·子部·医家类·方论之属·验方·清》第862页著录，上海中医药大学图书馆藏，中国中医科学院图书馆藏不全本。收入咸丰（1851—1861）间刊《汇刊经验方》丛书中。

乾隆四十二年（1777）卫生堂刻清叶桂撰《种福堂公选良方兼刻古吴名医精论》四卷。《中国古籍总目·子部·医家类·方论之属·验方·清》第862页著录，中国中医科学院图书馆、长春中医药大学图书馆、南京图书馆、苏州市中医院图书馆、成都中医药大学图书馆、贵州中医药大学图书馆藏。

乾隆丁酉（四十二年，1777）卫生堂刻清叶桂撰《种福堂公选良方》三卷附《温热论》、《续补叶氏医案》一卷计3种4卷。《全国中医图书联合目录·方书》第248—249页著录，中国中医科学院图书馆、陕西省中医药研究院图书馆、长春中医药大学图书馆、南京图书馆、苏州市中医医院图书馆、同济医科大学（武汉市）、贵州中医药大学图书馆、成都中医药大学图书馆藏；道光己丑（九年，1829）卫生堂再次刊行，山东省图书馆、四川省图书馆藏。

乾隆四十二年丁酉（1777）刻清叶桂撰《种福堂公选良方》三卷。《馆藏中医线装书目·方书》第109页著录，中国中医科学院图书馆藏。

乾隆（1736—1795）间刻朱墨套印清叶桂撰《临证指南医案》十卷、《种福堂续选临证指南》四卷计2种14卷。《香港所藏古籍书目·子部·医家类》第179页著录，香港中文大学图书馆藏12册本。

嘉庆八年（1803）卫生堂刻清叶桂撰《临证指南医案》十卷。《香港所藏古籍书目·子部·医家类》第179页著录，香港中文大学图书馆藏10册本。

嘉庆十九年（1814）眉寿堂精刊宋许叔微撰、清长洲叶桂释《本事方释义》十卷。《贩书偶记·子部·医家类》卷九第233页、《馆藏中医线装书目·方书》第107页著录，中国中医科学院图书馆藏。

嘉庆十九年（1814）曾孙叶钟于姑苏扫叶山房刻宋许叔微撰、曾祖叶桂释义《本事方释义》又作《类证普济本事方释义》十卷。《中国古籍总目·子部·医家类·方论之属·验方·宋金元》第835页、《全国中医图书联合目录·方书》第227页、《山西省图书馆普通线装书目录·应用科学门·中国医学》第945页著录，山西省图书馆（10册本）、中国国家图书馆、中国医学科学院图书馆、中国科学院图书馆、首都图书馆、中国中医科学院图书馆、故宫博物院图书馆、北京中医药大学图书馆、北京市中医学校图书馆、天津图书馆、天津医学高等专科学校图书馆、天津中医药大学图书馆、山东省图书馆、青岛市图书馆、山东医科大学图书馆、河南中医药大学图书馆、山西中医研究院图书馆、中蒙医研究院图书馆、陕西中医药大学图书馆、甘肃中医药大学图书馆、辽宁省图书馆、辽宁中医药大学图书馆、中国医科大学图书馆、吉林省图书馆、长春中医药大学图书馆、哈尔滨医科大学图书馆（不全）、黑龙江中医药大学图书馆、黑龙江祖国医学研究院图书馆、上海图书馆、中华医学会上海分会图书馆、上海交通大学医学院图书馆、上海中医药大学图书馆、南京图书馆、南京中医药大学图书馆、苏州市中医院图书馆、苏州市图书馆、南通市图书馆、镇江市图书馆（不全）、扬州市图书馆、苏州大学苏州医学院图书馆、南通大学医学院图书馆、安徽省图书馆、浙江图书馆、浙江中医药大学图书馆、江西中医药大学图书馆、湖北中医药大学图书馆、同济医科大学图书馆、湖南中医药大学图书馆、四川省图书馆、泸州市图书馆、华西医科大学图书馆、贵州中医药大学图书馆、云南中医药大学图书馆、成都中医药大学图书馆、福建省图书馆、福建中医药大学图书馆、广西壮族自治区第二图书馆、广西中医药大学图书馆、广东省中山图书馆及天津市医药技术情报站、浙江中医药研究院、广东省医学科学情报研究院藏。

嘉庆（1796—1820）间刻清叶桂撰《叶氏四种》。《中国古籍总目·子部·医家类·本草之属·综合本草·清》第534页著录，清王子接撰，清叶桂、清许嗣灿增辑《本草翼》（一卷）。

嘉庆十九年（1814）曾孙叶锺刻宋许叔微撰、清叶桂释义《类普济本事方》又名《本事方释义》十卷。《中国古籍总目·子部·医家类·方论之属·验方·宋金元》第835页著录，中国国家图书馆、上海图书馆、南京图书馆藏。

嘉庆（1796—1820）间刻同治五年（1866）重印清叶种德堂主人编《叶种德堂丹丸膏散露油目录》一卷。《馆藏中医线装书目·方书》第113页著录，中国中医科学院图书馆藏。此书两印以上，应为后人仍延叶桂堂号刻书。

道光十二年（1832）刻清叶桂撰、叶万青（字纳人，名桧）编、周学海（字澄之）评《评点叶案存真类编》又名《叶案存真》二卷。《全国中医图书联合目录·医案》第637页著录，天津市医药技术情报站藏。

嘉庆（1796—1820）间刻同治五年（1866）重印清叶种德堂主人辑《叶种德堂丹丸膏散露油目录》一卷。《馆藏中医线装书目·方书》第

113 页著录，中国中医科学院图书馆藏，说明此书多次印刷。

道光十六年（1836）玄孙叶杺（櫄）刻清叶桂撰、清叶万青辑《叶氏医案存真》三卷。《中国古籍总目·子部·医家类·医案医话之属·清》第 953 页著录，中国国家图书馆、中国中医科学院图书馆、吉林省图书馆、南京图书馆、苏州市图书馆藏，陕西省中医药研究院藏道光（1821—1851）间刻本，中国国家图书馆、天津图书馆、上海图书馆、南京图书馆、山东省图书馆、安徽省图书馆、湖南省图书馆藏光绪九年（1883）刻本，可能也是家刻本。

道光丙申（十六年，1836）七月玄孙叶讷人（杺）校梓清叶桂撰《叶氏医案存真》又名《评点叶案存真类编》二卷附《马氏（元仪）医案》、《祁氏（正明）医案》、《王氏（晋三）医案》计 4 种。《全国中医图书联合目录·医案》第 637 页、《馆藏中医线装书目·医案》第 267 页著录，中国国家图书馆、中国中医科学院图书馆、北京市中医学校图书馆、中国医科大学图书馆、吉林省图书馆、苏州市图书馆、福建中医药大学图书馆、中山医科大学图书馆（广州市）藏。中国中医科学院图书馆藏此版本题《叶氏医案存真》三卷。此书 1927 年上海书局石印本为四卷。

道光二十四年（1844）十月 5 世孙叶栐后序刊清叶桂撰《景岳全书发挥》四卷又作道光甲辰（二十四年，1844）十月吴郡叶眉寿堂刊长洲叶桂撰《景岳全书发挥》四卷。《贩书偶记·子部·医家类》卷九第 233 页、《馆藏中医线装书目·医学通论》第 333 页、《全国中医图书联合目录·综合性著作》第 707 页著录，中国科学院图书馆、北京医科大学图书馆、天津医科大学图书馆、山西省图书馆、辽宁中医药大学图书馆、哈尔滨医科大学图书馆、南京第一医学院图书馆、苏州医学院图书馆、重庆市图书馆、成都中医药大学图书馆藏。光绪己卯（五年，1879）吴氏醉六堂据眉寿堂本重刻本收藏更多，中国科学院图书馆、中国中医科学院图书馆、中国医学科学院图书馆、军事医学科学院图书馆、北京中医药大学图书馆、北京市中医学校图书馆、天津医科大学图书馆、天津医学高等专科学校图书馆、天津中医药大学图书馆、山东省图书馆、山东中医药大学图书馆、河南省图书馆、河南中医药大学图书馆、山西医科大学图书馆、山西中医研究院所图书馆、内蒙古自治区图书馆、陕西中医药大学图书馆、陕西省中医药研究院图书馆、新疆医科大学图书馆、新疆石河子医院图书馆、辽宁中医药大学图书馆、中国医科大学图书馆、黑龙江中医药大学图书馆、上海图书馆、中华医学会上海分会图书馆、上海交通大学医学院图书馆、上海中医药大学图书馆、南京图书馆、南京中医药大学图书馆、苏州市中医院图书馆、南通大学医学院图书馆、安徽医科大学图书馆、浙江中医药大学图书馆、湖北医科大学图书馆、湖南中医药大学图书馆、四川省图书馆及天津市医药技术情报站、浙江中医药研究院藏。还有清刻本藏广东省（中山）图书馆，清抄本藏上海图书馆。但《冷庐医话》在充分肯定其书价值后又说："世皆知叶天士之书，按武进曹畸庵禾《医学读书志》谓此书为梁溪姚球所撰，坊贾因书不售，剜补桂名，遂致吴中纸贵。"但其5世孙叶桳再梓，已作否定。

同治丙寅（五年，1866）重刻清叶种德堂主人撰《叶种德堂丹丸金录》一卷。《馆藏中医线装书目・方书》第113页著录，中国中医科学院图书馆藏。为叶桂后人刻。

还有眉寿堂或称叶氏眉寿堂刻本也与该支叶氏有关。

附　乾隆四十七年（1782）眉寿堂刻明陶华撰《陶节庵伤寒全生集》四卷。《中国古籍总目・子部・医家类・方论之属・伤寒金匮・伤寒论》第610—611页著录，上海中医药大学图书馆、内蒙古自治区图书馆、哈尔滨医科大学图书馆、南京图书馆、苏州市中医院图书馆、南通大学医学院图书馆、湖北省图书馆、广西壮族自治区图书馆、华西医科大学图书馆、贵州中医药大学图书馆藏。

附　嘉庆十五年（1810）叶氏眉寿堂刻明陶华撰《陶节庵伤寒全生集》四卷。《中国古籍总目・子部・医家类・方论之属・伤寒金匮・伤寒论》第610—611页著录，上海中医药大学图书馆、天津中医药大学图书馆、吉林省图书馆、牡丹江市图书馆、黑龙江中医药大学图书馆、山东省图书馆、苏州大学苏州医学院图书馆、河南中医药大学图书馆藏。

清眉寿堂刻明陶华撰《陶节庵伤寒全生集》四卷。《中国古籍总目·子部·医家类·方论之属·伤寒金匮·伤寒论》第610—611页著录，中国国家图书馆、首都图书馆、北京大学图书馆、北京中医药大学图书馆、中国中医科学院图书馆、天津医科大学图书馆、上海图书馆、山西省图书馆、吉林省图书馆、陕西中医药大学图书馆、甘肃省图书馆、山东中医药大学图书馆藏。以上所列就达3种以上叶氏此书刻本。

《馆藏中医线装书目·医案》还收入题叶天士撰《叶天士女科医案》、《（徐批）叶天士先生方案真本》、《叶氏医案存真》三卷、《评点叶案存真类编》二卷、《（增补）叶天士医案》四卷、《叶天士家传秘诀》、《叶天士先生方案》、《香岩诊案》等，因大多为书坊刊行，为省篇幅从略了。

桐城派举旗人物方苞

方苞（1668—1749），字凤九，号灵皋、晚自号望溪，出生于江苏六合县留稼村，安徽桐城县（今枞阳县牛集乡方皋庄）人，清代著名的散文家、官方编纂家、出版家，桐城文派的初祖。方苞出身于世宦之家，为元末歙县桂林派由池口迁桐城县学宫方德益第11世孙。

方苞自幼聪颖，能熟诵《易》、《诗》、《书》、《礼记》、《左传》及《通志堂经解》等，奠定经学基础，颇得前辈赞赏，并受教于浙东史学大家万斯同，治经以明“道”，钻研“三礼”，奠定学术规模。19岁随太公返乡里，耆宿钱饮光清早扶杖叩门看望太公说：“闻君有二子，皆吾辈中人，欲一视所祈响，恐交臂而失之耳。”康熙三十年（1691）24岁的方苞游太学就以古文惊动京师，于是立下了“学行继程、朱之后，文章在韩、欧之间”的奋斗目标，充分体现了他的人生观、价值观与创作观，初步奠定桐城派古文所具有的鲜明特色。当时，文澜阁大学士李光地誉之谓："韩欧复出，北宋后无此作也。"以文名海内的礼部尚书韩菼也说："庐陵（欧阳修）无此深厚，南丰（曾巩）无此雄直，岂非昌黎（韩愈）后人乎！"康熙三十八年（1699）江南乡试第一，康熙四十五年（1706）会试中第四名进士，因母病没有参加殿试。44 岁时为《南山集》作序，康熙五十一年（1712）坐表兄戴名世[①]案的文字狱几乎被斩。幸李光地等人竭力营救，康熙皇帝也素闻其才，五十二年（1713）三月二十三日亲自朱批给武英殿总管和素："戴名世案内方苞学问天下莫不闻，可召入南书房。"免了他的死罪，削籍入汉军旗。经查《清史稿》载：康熙五十二年（1713）二月，"桐城贡士方苞坐戴名世狱论死，上偶言及侍郎汪霦卒后，谁能作古文者，光地曰：'惟戴名世案内方苞能'。苞得释（隶汉军旗，以白衣）召入南书房。"[②]康熙五十二年（1713）以白衣入直南书房，后移养蒙斋，编校《御制乐律》、《算法》等书。六十一年（1722）充武英殿总裁。雍正元年（1723）赦还原籍。雍正九年（1731）授左中允，次年升侍讲学士。十一年（1733）特赐内阁学士，任礼部侍郎，充《一统志》总裁，后历任文颖馆、经史馆、三礼馆总裁。乾隆四年（1739）因谴落职，但仍坚持《三礼》编纂，七年（1742）赐侍讲，时年 75 岁才告老还乡。从此在家闭门谢客，著书立说，乾隆十四年病逝，葬于生地六合。

自康熙末年方苞提出文章要重"义法"的主张，为完善他的"义法"理论，他花了十数年的时间，于雍正十一年（1733）在他 66 岁时受命为八旗子弟推出他所选编的示范性教材式《古文约选》。乾隆三年（1738），

---

① 戴名世（1653—1713）字田有，又字褐夫，人称南山先生，祖籍婺源，桐城县人。本县清戴钧衡曾辑《南山先生年谱》一卷介绍其生平甚详，并附于光绪（1875—1908）间刻《南山集》卷首，中国国家图书馆藏其单行 1 册本，还藏清绿丝栏抄本 1 册作《潜虚先生年谱》一卷。戴案后有专题介绍。

② 赵尔巽等：《清史稿》第三十三册第 9899 页，北京：中华书局，1977。

又奉旨编选《四书文选》颁行学官。方苞关于古文理论至此基本定型，同时，作为官方认可的学术主张，影响学界200余年。他的这些文学主张也成为这个文学流派长期遵循的“清规戒律”，即在内容上以宣扬程朱义理、宗法伦理道德为主；在形式上以文章结构严谨、剪裁精当合理，表述要求文辞雅洁、畅达，且注意声调抑扬富感情色彩，并糅以说理，辅以考证，充分体现中国传统古文“文以载道”、“文以明道”、“经世致用”的传播功能，使他们写出的古文“从‘言有物，言有序’，发展至义理、辞章、考据三者并重的古文之学[①]”。综观桐城派初创期、承守期、中兴期、复归期长达2个世纪所走过的复杂学术历程，已故王献永师指出：“早期的方苞理学味甚浓，文学性不强，带有一定的学派特点；后期和末期的曾国藩、林纾等人，又带有较强的宗派性。所以说，桐城派是我国清代一个性质较为复杂的散文流派。”[②]

方苞一生著述甚丰，编纂多种书籍。主要著作收入《方望溪全集》中。他在狱中写成《礼记析疑》、《丧礼或问》，在南书房时编校乐律历算等类书，编有《古文约选》，晚年花了20年时间作《仪礼析疑》十七卷，删定《通志堂宋元经解》三百余卷等。其刻书堂号为抗希堂。该堂在康熙（1662—1722）、嘉庆（1796—1820）间刻方苞辑著《抗希堂十六种》又名《方望溪全集》、《方望溪先生全集》、《方望溪抗希堂全集》等。其中，自撰《周官集注》十二卷，《周官析疑》三十六卷、《考工记析疑》四卷、《周官辨》一卷、《离骚经正义》一卷、《春秋直解》十二卷、《春秋通论》四卷、《春秋比事目录》四卷、《礼记析疑》四十八卷、《仪礼析疑》十七卷、《丧礼或问》一卷、《史记注补正》一卷共141卷及《四书文选》八卷、《游雁荡记》一卷、《望溪先生文集》和《望溪先生文集·外集》不分卷、《方望溪先生文》不分卷、《望溪先生文补遗》一卷及方苞述，王兆符、程崟录《左传义法举要》一卷，由方苞

① 魏继昌：《桐城古文学派小史》第1页，石家庄：河北教育出版社，1998。

② 王献永：《桐城文派》第6—7页。北京：中华书局，1992。

删定的周管仲撰《删定管子》和由周荀况撰《删定荀子》各一卷、《汤文正公（斌）年谱》一卷、《方氏左传评点》二卷及《诗义补正》八卷、《奏议》二卷、《文集》十八卷、《集外文》十卷、《补遗》十四卷等。

他更是古籍整理大家。这类著作集中在《方望溪先生全集》中。比较著名的是评点《唐宋八大家文钞》10 种 166 卷、《方望溪平（评）点史记》四卷、《史记》一百三十卷，批校《史记》涉及 4 部、《史记评林》一百三十卷《难字直音》一卷计 2 种 131 卷、《五代史》七十四卷、《杜工部集》二十卷《首》一卷计 21 卷、《东雅堂昌黎集注》四十卷《外集》十卷《遗文》一卷（由唐韩愈撰、宋廖莹中校正）《朱子校昌黎先生集传》一卷（宋朱熹撰）计 4 种 52 卷、《朱文公校昌黎先生文集》四十卷《外集》十卷《遗文》一卷《传》一卷计 4 种 52 卷、《唐大家韩文公文钞》十六卷、《柳文》四十三卷《别集》二卷《外集》二卷《附录》一卷计 3 种 48 卷，删定《通志堂宋元经解》等书，圈点《荀子》二十卷《荀子校勘补遗》一卷计 2 种 21 卷、《管子》二十四卷、《古文辞类纂》七十四卷等。

方苞作为在中国文学史上历时最久，流传最广，影响最大的桐城派的创始人在文学史上地位重要。他在政治上，戴南山案前文章有反清复明情绪。案后棱角磨尽，老于世故，但他为官清正，关心民瘼，针砭朝政，是一个正直的封建官僚。在学术上提倡文道合一主张，文从韩欧，道归朱程，在散文理论方面提倡“古文义法”、“义”指“言有物”，“法”指“言有序”这一套系统的见解和主张，并指导着桐城派群星辉煌的中国文坛二百多年。方苞著述中尚有不少稿本留存人间。如《望溪先生存稿》又名《望溪存稿》不分卷、《方望溪先生文稿》又名《望溪文稿》不分卷、《抗希堂稿》不分卷等，还有周学熙选《方望溪文集约选》稿本。抄本更多，如《望溪集》八卷、《方文别偶》不分卷、《方望溪文偶钞》不分卷《外集》一卷、《望溪先生文》不分卷、《望溪文集》、《春秋发疑》一卷、《望溪先生文补遗》一卷、《方望溪先生集外文补遗》一卷、《望溪文集补遗》一卷、《望溪先生文钞》三卷、《方望溪文钞》四卷、《方灵皋遗文》一卷、《方望溪奏议》六卷以及《四库全书》所收6种128卷都是抄本。列入《四库全书》是：《周官集注》十二卷、《仪礼析疑》十七卷、《礼记析疑》四十六卷、《春秋通论》四卷、《望溪集》八卷、《钦定四书文》四十一卷；还有列入存目4种50卷，是：《周官析疑》三十六卷、《考工记析疑》四卷、《周官辨》一卷、《春秋比事目录》四卷及《丧礼或问》一卷、《诗义补正》又名《朱子诗义补正》八卷等。此外，还有一些方氏著述补辑及选本，如《望溪文集再续补遗》四卷《三续补遗》三卷、《春秋发疑》一卷、《望溪文集续补遗》一卷、《望溪文集三续补遗》四卷、《方望溪文钞》六卷、《方望溪文钞》一卷、《方望溪尺牍》一卷、《左传评点》二卷、《方望溪文》、《方望溪集》、《方望溪文选》、《音注方望溪文》、《方苞集》、《方望溪遗文》、《方望溪先生全集》、《望溪先生集外文》等。此外，还订正《方苞古文约选》又名《古文约选》不分卷及10册中《汉文》2册、《八家》8册，有果邸刻本，为教八旗子弟教材。还有《古文辞类纂》收了方苞大量作品。比较准确反映方苞生平由本邑学者苏淳元所撰《方望溪先生（苞）年谱》一卷并将其文目编年作为《附录》一卷，是研究方苞的第一手权威著作。

方苞生前刊本有：

康熙丙戌（四十五年，1706）杭（抗）希堂精刊清桐城方苞撰，同里戴田有、刘月三论次《方灵皋全稿》无卷数。《贩书偶记·集部·别集类·时文之属》卷十八第503页、《皖人书录》第110页、《清人别集总目》第221页（作清刻本）著录，中国国家图书馆藏。

康熙（1662—1722）间刻清方苞撰《望溪集》。《安徽地震史料辑注》第263页著录，安庆市图书馆藏。

康熙五十五年（1716）刻清方苞撰《丧礼或问》二卷。《中国古籍善本总目·经部·礼类》第六九页、《中国古籍总目·经部·礼类·仪礼·分篇之属》第462页著录，清华大学图书馆藏。

康熙五十九年（1720）桐城方氏抗希堂刻清方苞撰《方望溪先生全集》16种一百四十二卷。《四川省图书馆古籍书目》卡片载，四川省图书馆藏100册本。《皖人书录》第110页著录康熙（1662—1722）间抗溪（希）堂刊题门人清程崟辑《抗溪（希）堂全集》又名《方望溪全集十五种》刊本及清抗溪（希）堂刊本2种。其中后两种戴钧衡分别编为十八卷、十卷。此书还有清安徽排印本。

康熙五十九年（1720）刻清方苞撰《周官集注》十二卷。《皖人书录》第113页、《安徽省馆藏皖人书目》第20页著录，安徽省图书馆藏6册本。先后收入《方望溪全集》、《抗希堂全书》、《四库全书》中（见前）。

雍正三年（1725）抗希堂刻清方苞撰《周官辨》（一卷）。《安徽省馆藏皖人书目》第21页著录，安徽省图书馆藏3册残本。

雍正（1723—1735）间抗希堂刻清方苞，门人王兆符、程崟传述《左传义法举要》一卷。《安徽省古籍善本书目·经部·春秋类》卷一第十六页著录，安徽省博物馆藏1册本。

雍正（1723—1735）间刻清方苞撰《望溪集》。《清人别集总目》第222页著录，江西省图书馆藏。

雍正四年（1726）刻清方苞撰《丧礼或问》二卷。《皖人书录》第112页、《安徽艺文考·礼一》著录。先后收入《方望溪全集》、《抗希堂全书》本中。

雍正十年（1732）刻清方苞撰《周官析疑》三十六卷。《皖人书录》第113页著录。收入《抗希堂全书》、《四库全书存目丛书》本中，列入《四库全书》礼存目一（见前）。

雍正十年（1732）抗希堂刻清方苞撰《周官辨》一卷。《皖人书录》第113页、《安徽省馆藏皖人书目》第21页著录。先后收入《方望溪全集》、《抗希堂全书》、《四库全书存目丛书》本中，列入《四库全书》礼存目一（见前）。

雍正十年（1732）刻清方苞撰《周官析疑》三十六卷附《考工记析疑》四卷计 2 种 40 卷。《皖人书录》第 112 页、《四库全书总目》（见前）著录。先后收入《方望溪全集》、《抗希堂全书》本中。

康熙（1662—1722）、嘉庆（1796—1820）间桐城方氏抗希堂家刻清方苞撰《抗希堂十六种》又名《方望溪全集》、《方望溪抗希堂全集》一百四十二卷加上不分卷的《文集》（后戴钧衡辑为十八卷）、《文外集》（后戴钧衡辑为十卷）计一百七十卷。《中国丛书综录·汇编·独撰类（清代前期）》第 497 页、《中国丛书综录补正》第 106 页、《安徽省馆藏皖人书目》第 20 页、安庆市图书馆编《馆藏古籍书目·丛部·独撰类》第九五页著录，中国国家图书馆、中国科学院图书馆、北京大学图书馆、北京师范大学图书馆、上海图书馆、复旦大学图书馆、华东师范大学图书馆、上海辞书出版社图书馆、天津图书馆、辽宁省图书馆、山东省图书馆、青岛市图书馆、山东大学图书馆、南京大学图书馆、苏州市图书馆、安徽省（34 册本）、浙江图书馆、浙江大学图书馆、福建师范大学图书馆、湖北省图书馆、武汉大学图书馆、江西省图书馆、四川省图书馆、四川大学图书馆、云南省图书馆藏，桂林市图书馆、安庆市图书馆（仅存 12 种 36 册不全本）收藏不全。此书版本较多，题名区别大，如《贩书偶记》著录康熙四十五年（1706）抗希堂刊戴田有、刘月三论次本题《方灵皋全稿》。方苞散文散在徒友间，门人王兆符、歙县程崟等所辑甚少，至咸丰（1851—1861）间同邑戴钧衡重编时已多至二十八卷，民国间庐江刘声木《再续》、《三续》、《补遗》六卷，也非囊括无遗。各馆著藏各年代版本也迥异，如四川省图书馆藏康熙五十九年（17200 安徽抗希堂（一说江苏抗希堂，误）刻《方望溪先生全集》16 种，线装 100 册；合肥师范学院图书馆著录为清桐城方氏刊本线装 48 册本。余重要版本另列。

清刻清方苞撰《离骚经正义》一卷。《中国古籍总目·集部·楚辞类》第 10 页著录，南京图书馆藏。

清刊清方苞撰《礼记析疑》四十八卷。北京师范大学图书馆《中文古籍书目·经部·礼类》第17页著录，北京师范大学图书馆藏8册本。

乾隆元年（1736）写刻清方苞删定《删定管子》不分卷、《荀子》不分卷计2种。《中国古籍总目·子部·总类·丛编之属》第25页、《东北师范大学图书馆藏古籍善本书目解题·子部·法家类》第190—191页著录，中国科学院图书馆、上海图书馆、东北师范大学图书馆（4册本）藏。该刊本半页8行，行20字，白口，左右双边。天津图书馆还藏清刻增修本。《中国古籍总目·子部·儒家类·儒学之属·先秦》第48页著录，中国国家图书馆、南京图书馆藏乾隆（1736—1795）间刻此书，应为同版再次印刷。上海图书馆还藏清刻方苞删定、清顾琮参校《荀子》一卷。

乾隆元年（1736）刻清方苞订门人睢阳汤斌、上谷魏一鳌、容城孙奇逢等编次《孙征君年谱》二卷。《贩书偶记·史部·传记类·名人之属》卷六第132—133页著录。

乾隆八年（1743）刻清方苞撰《望溪集》。《清人别集总目》第222页著录，湖南省图书馆藏。

乾隆（1736—1795）间刻清方苞撰《方望溪先生经说四种》中《周官辨》一卷。《中国古籍总目·经部·礼类·周礼·传说之属》第431页著录，中国国家图书馆、上海图书馆藏。

乾隆八年（1743）树德堂刻清方苞订、武进清杨椿重辑、清睢州汤斌编次《汤文正公年谱》又名《汤文正公年谱定本》二卷。《中国古籍总目·史部·传记类·年谱之属》第892页、《中国国家图书馆普通古籍总目·传记门·分传·个人年谱》第273页、《贩书偶记续编·史部·传记类·专录之属》卷六第53页著录，中国国家图书馆、上海图书馆藏，还藏同治十年（1871）绣谷丽泽书屋刻此书1册本，但收入《赵氏藏书》、《历代名人年谱大成》中为1卷本。谱主汤斌（1627—1687），字孔伯，别号荆岘，晚号潜庵，谥文正。著《潜庵先生全集》。

乾隆八年（1743）抗希堂刻清方苞撰《周官集注》十二卷。《皖人书录》第113页著录。

乾隆十一年（1746）刻清方苞撰，清门人王兆符、程崟辑《望溪集》又名《方望溪集》不分卷。《中国古籍总目·集部·别集类·清代之属·清前期》第1295页、《清人别集总目》第221页著录，中国国家图书馆（其中1部由刘履芬抄补、章钰跋）、南京图书馆、山东省图书馆、河南省图书馆、安徽省图书馆、江西省图书馆、广西壮族自治区第二图书馆、中国人民大学图书馆、南京师范大学图书馆、厦门市图书馆、安庆市图书馆、泰州市图书馆、安阳市图书馆（有吕公溥跋）藏。

乾隆十一年（1746）刻清方苞撰《仪礼析疑》十七卷。《中国古籍总目·经部·礼类·仪礼·传说之属》第453页著录，中国科学院图书馆、湖北省图书馆藏。此书分别收入《抗希堂十六种》、《四库全书》等丛书中。

乾隆十一年（1746）刻清方苞撰《望溪先生文偶钞》不分卷、嘉庆八年（1803）刻《外集》不分卷计2种。《清人别集总目》第221页著录，上海图书馆、福建省图书馆、湖南省图书馆藏。

清原刻清方苞撰、方宜田辑《方望溪经说》八卷。《安徽艺文考·群经总义》、《皖人书录》第110页著录，天津图书馆藏。

清刻方苞撰《望溪先生文偶钞》（不分卷）。《安徽省馆藏皖人书目》第21页著录，安徽省图书馆藏6册本。

乾隆十一年（1746）重刻清方苞撰《望溪文集》十八卷、《集外文》十卷、《补遗》二卷附《年谱》二卷计4种32卷。《安徽艺文考·别集十五》、《皖人书录》第111页著录。

乾隆（1736—1795）间刻清方苞撰《丧礼或问》二卷。《中国古籍总目·经部·礼类·仪礼·分篇之属》第462页著录，上海图书馆藏。

乾隆（1736—1795）间抗希堂刻清方苞撰《望溪集》八十八卷。《安徽省馆藏皖人书目》第22页著录，安徽省图书馆藏42册本。但收入《四库全书·集部》此书为8卷本。

乾隆（1736—1795）间刻清方苞撰《望溪集》（不分卷）。《安徽省馆藏皖人书目》第22页著录，安徽省图书馆藏6册本。

乾隆（1736—1795）间门人高密单作哲编刻清方苞撰《朱子诗义补正》八卷。《中国古籍总目·经部·诗类·传说之属》第353页（作乾隆三十二年单作哲刻）、《皖人书录》第111页、《贩书偶记·经部·诗类》卷一第18页著录，中国国家图书馆、北京大学图书馆、辽宁省图书馆藏。此版印数不多，流传不广。还有光绪三年（1877）南海冯氏重刻本，中国国家图书馆、北京大学图书馆、中国科学院图书馆、上海图书馆、复旦大学图书馆、南京图书馆、湖北省图书馆藏，北京大学图书馆还藏清抄本。

乾隆（1736—1795）间抗希堂刻清方苞撰《方望溪全集》。《安徽省馆藏皖人书目》第20页著录，安徽省图书馆藏47册本。

乾隆（1736—1795）间刻清方苞撰《仪礼析疑》十七卷。《皖人书录》第112页著录。先后收入《方望溪全集》、《抗溪（希）堂全书》本中，列为《四库全书》存目礼二。

乾隆（1736—1795）间刻清方苞撰《礼记析疑》四十六卷。《皖人书录》第112页著录。先后收入《方望溪全集》、《抗希堂全书》本中，列入《四库全书》中。该书为康熙五十一年（1712）狱中所作。

乾隆（1736—1795）间刻清方苞撰，门人清北京王兆符、歙县程崟辑《望溪集》目录前及扉页题《望溪先生文偶钞》不分卷。《安徽省古籍善本书目·集部·别集类·清代》卷四第九十三页著录，安徽省图书馆藏6册本。方氏文散在师友间，门人北京王兆符（源子）录《经说》及《文集》，但均未刻行，后经门人歙县程崟据王本及近稿编刊。此版对方文搜辑仍遗漏较多，而同县戴钧衡重编时又有增益。

乾隆（1736—1795）间安徽原刻清方苞撰《离骚正义》又名《离骚经正义》一卷。《四川省图书馆古籍目录》第91页著录，四川省图书馆藏1册本。

乾隆（1736—1795）间族侄子方观承刻清方苞撰《方望溪先生经说四种》实5种八卷。《中国丛书综录·类编·经类·经义》第601—602页著录，详见方观承条。

桐城方苞灵皋著乾隆十一年（1746）门人程崟编刊《望溪全集》16种又名《望溪全集十六种》一百四十八卷。《安徽省古籍善本书目·丛书·自著》卷五第十页、《皖人书录》第110页、《安徽省馆藏皖人书目》第22页、北京师范大学图书馆《中文古籍书目·丛书部·独著类》第524页（作乾隆间）、《书目答问补正·丛书》卷五第333页（作乾隆间刻）、《汇刻书目》第一函第九册第四十七页著录，北京师范大学图书馆（48册本）、安徽省图书馆（40册本）藏。

乾隆（1736—1795）间清方苞口授，门人北京王兆符、歙县程崟传述并刊行《左传义法举要》又题《春秋左传义法举要》一卷。《皖人书录》第112页、《安徽艺文考·春秋》著录。

清刊清方苞撰《春秋比事目录》四卷。《皖人书录》第112页著录。先后收入《方望溪全集》、《抗希堂全书》本中，列为《四库全书》春秋存目二（见前）。

清抗希堂家刻清方苞撰《春秋通论》四卷。《皖人书录》第112页著录。分别收入《方望溪全集》、《抗希堂全书》本中，收入《四库全书》春秋四（见前）。

清抗希堂家刻清方苞撰《春秋直解》十二卷。《安徽艺文考·春秋》、《皖人书录》第112页著录。先后收入《方望溪全集》、《抗希堂全书》本中。

乾隆（1736—1795）间刻清方苞撰《删定荀子》（一卷）。《安徽艺文考·儒家二》、《皖人书录》第113页著录。先后收入《方望溪全集》、《抗希堂全书》本中。

乾隆（1736—1795）间刻清方苞撰《删定管子》（一卷）。《安徽艺文考·法家》、《皖人书录》第113页、《安徽省馆藏皖人书目》第20页著录，安徽省博物馆藏清刻1册本。先后收入《方望溪全集》、《抗希堂全书》本中。

方苞逝世后，家刻及外版其著要目：

清刊清方苞撰《望溪读经史》不分卷。《皖人书录》第111页著录。

嘉庆十四至十八年（1809—1813）抗希堂家刻清方苞撰《望溪集》附《外集》。《清人别集总目》第222页、北京师范大学图书馆《中文古籍书目·集部·别集类》第384页著录，北京师范大学图书馆藏10册本。

嘉庆十七年（1812）刻清方苞撰《望溪集外文》。《安徽艺文考·别集十五》、《皖人书录》第111页著录。为方氏辑遗文最著者一为潍县韩梦周，在道光（1821—1850）间将所辑交震泽任兆麟，惜未刊行；另一为方苞曾孙方传贵辑其遗文52篇编为此书。

嘉庆十八年（1813）抗希堂刻清方苞撰《方望溪先生文外集》（不分卷）。《安徽省馆藏皖人书目》第19页著录，安徽大学图书馆藏2册本。

附　咸丰元年（1851）至三年（1853）邑后学戴钧衡味经山馆校刊又作咸丰元年刻二年增刻桐城清方苞撰《望溪先生全集》又名《望溪全集》3种三十二卷。《中国古籍善本总目·集部·清别集》第一五三七页、《中国古籍总目·集部·别集类·清代之属·清前期》第1295页、北京师范大学图书馆《中文古籍书目·集部·清别集类》第385页（作清刻本）、《安徽地震史料辑注》第251页（作咸丰刊本）、《汇刻书目》目十五第六十二页、《贩书偶记·集部·别集类》卷十四第363—364页、《皖人书录》第111页、《安徽省馆藏皖人书目》第21页著录，中国国家图书馆、上海图书馆（清平步青校）、中国科学院图书馆、复旦大学图书馆、北京师范大学图书馆（16册本）、桐城市图书馆（12册本），中国徽文化博物馆藏。此书先后收入民国间涵芬楼影印《四部丛刊》、民国间中华书局排印《四部备要》本中均无年谱及附录。此书为桐城后学戴钧衡据方苞门人程崟本编为十八卷，据方传贵所刻《集外文》并补以诸家抄辑，附以尺牍，编为《集外文》十卷，还将同邑苏惇元所编《年谱》二卷附后，首刊于咸丰元年。后又得《补遗》二卷刻于咸丰三年（1853），改题为《望溪全集》（桐城市图书馆藏三年刻14册），计2刻7种62卷。而《清人别集总目》第222页则作《望溪文集》十八卷、《集外文》十卷、《集外文补遗》二卷、《附录》一卷计3种31卷，中国国家图书馆、上海图书馆、辽宁省图书馆、河南省图书馆、山东省图书馆、南京图书馆、四川省图书馆、湖南省图书馆、江西省图书馆、安徽省图书馆、广东省图书馆、福建省图书馆、北京大学图书馆、复旦大学图书馆、南开大学图书馆、武汉师范大学图书馆、南通师范学院图书馆、安庆市图书馆、安徽科研所图书馆、无锡市图书馆、镇江市图书馆、青岛市图书馆、漳州市图书馆、诸暨市图书馆、台北“中央”图书馆、台湾大学图书馆、日本爱知大学图书馆、日本大阪府立图书馆、韩国汉城大学图书馆、韩国高丽大学图书馆、韩国延世大学图书馆、韩国成钧馆大学图书馆及日本内阁文库、日本京都大学人文科学研究所、日本东京静嘉堂文库藏。安徽省图书馆还藏涵芬楼影印11册本，桐城市图书馆藏据咸丰十一年（1861）戴钧衡刻收入《四部丛刊》本影印。桐城市图书馆藏民国八年（1919）上海中华书局石印戴钧衡校刻此书《序·目录》一卷、《文集》十八卷、《外集》十卷、《补遗》二卷计31卷8册本。

咸丰二年（1852）戴钧衡刻《望溪先生文集》三十卷附《年谱》一卷计2种31卷。《安徽省馆藏皖人书目》第21页著录，安徽省图书馆藏16册本，应与上条为同版。

同治八年（1869）刻清方苞撰《古文约选》十卷。《安徽省馆藏皖人书目》第20页著录，安徽省图书馆藏10册本。

附　光绪二年（1876）夏月崇文书院重刊，十五年（1889）仲夏再重刊原礼部侍郎方苞奉敕编辑《钦定四书文》又名《四书文选》5种四十一卷。《四库全书总目·集部·总集类》卷一九〇第一七二九页、刘声木《续补汇刻书目》卷二十七第三页著录。此书为乾隆元年（1736）

时任内阁学士时奉敕编，三年（1738）定稿，“诏颁各学官”，成为官方古文教材。该选编教材录明、清四书制艺数百篇。

附　光绪（1875—1908）间湖南翻刻咸丰间刻清方苞撰《望溪先生文集》。《清人别集总目》第222页著录，四川省图书馆（1部有刘咸炘批点，1部有赵熙批点）、云南省图书馆、洛阳市图书馆藏。

附　光绪十二年(1886)重刻清韩慕庐评选清方苞撰《方望溪全稿》。《清人别集总目》第222页著录，广东省图书馆藏。

光绪十四年（1888）湖南会友书局刻桐城方氏时文全稿本《抗希堂全稿》不分卷。《清人别集总目》第222页、《丛书综录补编》著录。

光绪十五年（1889）刻清方苞辑《钦定四书文选》三十七卷。《安徽省馆藏皖人书目》第20页著录，安徽省图书馆藏24册本，但收入《四库全书》中为41卷本。

光绪十九年（1893）刻清方苞述《左传义法举要》一卷附《评点》二卷计2种3卷。《安徽省馆藏皖人书目》第20页著录，安徽省图书馆藏3册本。

清刊清方苞撰、陈兆符等参订《考工记析疑》四卷。《安徽省馆藏皖人书目》第20页著录，桐城市图书馆藏1册本。

清抗希堂刻清方苞撰《春秋比事目录》四卷。《安徽省馆藏皖人书目》第21页著录，安徽省图书馆藏2册本。

附　光绪二十四年(1898)小嫏嬛阁重刊清方苞撰《抗希堂十六种》一百四十五卷（不分卷按1卷计）。《清人别集总目》第222页、《皖人书录》第110页、安庆市图书馆编油印《馆藏古籍书目·丛部·独撰类》第九四页至九五页著录，安庆市图书馆（64册本，又1部仅存11种25册不全本）、云南省图书馆及日本东洋文库、日本京都大学人文科学研究所藏。

官书编辑家汪灏

汪灏，字紫沧，改名淏，号右梁、谭声元、竹农，有知本堂、披云阁、树人堂、碧柳居、街西柳映斋等堂号，盐商汪学山孙，廷琎子，廷璋侄，歙县稠堡人[①]，居江都（今扬州市）。喜古好收藏，工诗精绘画，家藏古人名画很多，广交名士，家有西园曲水别墅，是个很有素养的文化人。同时，也是清前期最负文名的官书编纂家。父廷琎，字度昭，《两淮盐法志》载其立瓜洲普济堂，救活数千人，是个乐善好施的富盐商。汪灏性古雅，精诗画，家富藏书画簿籍，喜与名士交往，成为饱学之士。初由县廪生考取教习，选任陕西知县。康熙四十一年(1702)帝南巡，因献赋，召入内廷，奉命南书房供奉。次年，钦赐举人、进士，入翰林院，授侍读学士。乾隆元年(1736)散馆，授编修，入武英殿，掌纂修事。后与查慎行俱为随从侍臣。汪灏在武英殿掌修纂事时参与纂修《御选唐诗佩文韵府》，领衔辑《韵府拾遗》一百〇六卷、《畿辅丛书》126种、《方舆纪程》、《月令广义》、《物类辑古略》、《广群芳谱》又名《佩文斋广群芳谱》一百卷、《目录》二卷等。尤其是康熙四十五年（1706）汪灏与张逸少等奉敕编纂大型植物志《广群芳谱》原名《御定广群芳谱》一百卷，是在明王象晋《群芳谱》的基础上，进行大调整增补，保留了王著十之一二，余为重新增加的鸿篇巨制。此书先后有内府刻本、武英殿刻本、四库全书抄本（含近影印抄本）等。因与戴名世有文字交，《南

---

① 《清史稿·列传二百八十四·孝仪一》卷四百九十七第一三七三三页、《清人室名别称字号索引·乙编》第1060页作休宁县人，误，应系另一汪灏。此另一汪灏（1661—？）父汪于岐（1611—1676），生昶、旦、灏、晨、旻、辰、昂、昇8子，他排行老三，还是赵吉士（1628—1706）门生，博览群书，工诗善文，参与修《［康熙］休宁县志》。与弟晨、昂、昇兄弟四人孝父悌兄，被有司表为“一门四孝友”，并用极其愚蠢的割股、割臂、断指和药治咯血（肺病），是应该批判的。旌德县还有一位汪灏曾任耀州知州，并纂修耀州志。徽州这3个汪灏都是文士。临清还有一位汪灏，字文漪，号天泉，有畏庵、倚云阁，著《倚云阁诗集》一卷（山东省图书馆藏有康熙间刻本）。

山集》案发后受牵累，因纂书功才得免死罪。还著有《知本堂集》又名《知本堂诗文稿》二十四卷、《随銮纪恩》一卷、《游黄山记》又名《游黄山志》一卷、《街西柳映斋集》又作《街西柳影斋集》不分卷、《寄园十六吟》一卷、《披云阁诗词》又名《披云阁啸红词》、《披云阁啸虹词》、《披云阁诗集》、《啸红集》及辑清胡履亨读《树人堂读杜诗》二十六卷等。汪灏不仅是一位学者、编辑家，也刻了一些书，他的著述也大多在他生前行世。

此外，他还留下一些序跋类文字，如跋《说文解字》十五卷等。

康熙间（1662—1722）刻清汪淏撰、清毛际可评点《披云阁啸虹词》（不分卷）。《中国古籍总目·集部·词类·别集之属》第3301页著录，国家图书馆藏。

康熙间刊休宁汪淏（原名灏）撰《披云阁啸虹词》又名《披云阁诗词》、《披云阁词》一卷。《中国古籍善本书目·集部·词类》第1978页（作清刻）、《中国古籍善本总目·集部·词类·词别集类》第一八五八页（作清刻）、《北京图书馆古籍善本书目·集部·词类》第二九六八页、《贩书偶记·集部·词曲类·词集之属》卷二十第546页著录，国家图书馆藏清刻1册本，半页9行，行24字，小字双行同，黑口，上下双栏，左右单边。

康熙四十三年（1704）刊自辑《知本堂读杜诗》二十四卷。《中国古籍善本书目·集部·唐五代别集类》第88页（作康熙间刻）、《安徽省古籍善本书目·集部·诗文评类》卷四第一百十七页、《贩书偶记续编》第322页著录，上海辞书出版社、北京市文物局、安徽省博物馆（6册本）藏。有汪灏自序："读杜必须编年。孟夫子知人论世遗训也。"又说："合年谱于诗目中，庶读者了然，易于贯彻。"全书共收诗1407首。郑振铎收藏[①]。

康熙间（1662—1722）汪氏刻唐杜甫撰、清汪颢（灏）注《知本

① 郑振铎：《西谛书话》第350页，北京：生活·读书·新知三联书店，1983。

堂读杜诗》二十四卷。《中国古籍善本总目·集部·唐五代别集类》第一一九三页、《中国古籍总目·集部·别集类·唐五代之属》第87页著录，国家图书馆、上海辞书出版社图书馆及北京市文物局藏。该刊本半页10行，行20字，小字双行同，黑口，左右双边。

附　康熙四十七年（1708）内府刻清汪灏等撰《佩文斋广群芳谱》一百卷、《目录》二卷计102卷。《中国古籍总目·子部·谱录类·花木鸟兽之属·花草树木》第1573页、《东北师范大学图书馆藏古籍善本书目解题·子部·谱录类》第202页（径作四十七年刻）著录，国家图书馆、中国科学院图书馆、天津图书馆、南京图书馆、辽宁省图书馆、长春市图书馆、东北师范大学图书馆（64册本）、郑州大学图书馆、台湾图书馆、香港大学图书馆及浙江图书馆天一阁分馆，中国徽文化博物馆藏。该刊本半页11行，行21字，左右双边。故宫博物院图书馆还藏康熙间内府朱墨两色抄此书百卷且无目录。收入《四库全书》《四库全书荟要》中易名为《御定佩文斋广群芳谱》。

康熙间刊清赵吉士辑《寄园诗》一卷附清汪灏撰《寄园十六吟》一卷计2种2卷。《北京图书馆古籍善本书目·集部·总集类》第二八二五页、《皖人书录》第517页著录，国家图书馆藏1册本。该刊本半页9行，行19字，白口，四周双边。

康熙间刻清汪灏等撰《佩文斋广群芳谱》一百卷、《目录》二卷计102卷。《徽州地区博物馆藏书目录·有关徽州资料古藉（籍）·子部·谱录类》第一集著录，中国徽文化博物馆藏48册本，但误作休宁汪灏。

附　清刻清汪灏等撰《佩文斋广群芳谱》一百卷、《目录》二卷计102卷。《中国古籍总目·子部·谱录类·花木鸟兽之属·花草树木》第1573页、《安徽省古籍善本书目·子部·谱录类》卷三第五十页著录，辽宁省图书馆、大连市图书馆、吉林省图书馆、东北师范大学图书馆、黑龙江省图书馆、哈尔滨市图书馆、香港中文大学图书馆、安徽大学图书馆（30册本）藏。

附　此书在同治戊辰（七年，1868）江左书林刊清汪灏等撰《佩文斋广群芳谱》又名《广群芳谱》一百卷。《中国古籍总目·子部·谱录类·花木鸟兽之属·花草树木》第1573页、《全国中医图书联合目录·本草》第203页（但误作“刘灏”）、《西谛书目·子部·谱录类》卷二第二七页著录，西谛（36册本，有西谛跋）、首都图书馆、沈阳市图书馆、锦州市图书馆、吉林省图书馆、哈尔滨市图书馆、沈阳农业大学图书馆、天津中医药大学图书馆、山东中医药大学图书馆、辽宁省图书馆、江西省图书馆、成都中医药大学图书馆、福建中医学院图书馆藏。此外，还有同治七年（1868）姑苏亦西斋刻本，陕西省中医药研究院图书馆、辽宁省图书馆、沈阳鲁迅美术学院图书馆、吉林大学图书馆、辽宁中医药大学图书馆、镇江市图书馆藏。

雍正间（1723—1735）碧柳居刊清休宁汪灏撰《骈体新编》一卷、《七律新编》一卷计2种2卷。《贩书偶记续编·集部·诗文评类》卷二十第322页著录。

附　康熙五十一年至五十二年（1712—1713）内府刻清张玉书、蔡升元等辑《佩文韵府》一百六卷，康熙五十九年（1720）内府刻清汪灏、何焯等辑《拾遗》一百六卷计2种266卷。《中国古籍善本书目·子部·类书类》第873页著录，国家图书馆、北京大学图书馆、故宫博物院图书馆、山西师范大学图书馆、辽宁省图书馆、大连市图书馆、吉林市图书馆、吉林省图书馆、南京图书馆、湖南省图书馆藏。

清刊清汪灏撰《披云阁词》一卷。《中国古籍总目·集部·词类·别集之属》第3322页著录，国家图书馆藏。

清刻清胡履亨读、清汪灏辑《树人堂读杜诗》二十五卷、《首》一卷计26卷。《中国古籍总目·集部·别集类·唐五代之属》第94页著录，北京师范大学图书馆藏。

嘉庆间（1796—1820）清汪灏后人仍以树人堂刻清垣曲安翘撰《数学五书》十九卷。《中国丛书综录·类编·子类·数学》第733页著录，国家图书馆、北京大学图书馆、北京师范大学图书馆、清华大学图书馆、吉林大学图书馆、南京图书馆、安徽省图书馆藏。

集朴学大成的江永

江永（1681—1762），字慎修，号昚斋，又号慎斋、弄丸主人、四书古人，有虹川书屋、川棣里书室、善余堂等，婺源县江湾人，清代著名经学家、音韵学家、自然科学家，皖派朴学奠基人。坐落在今江湾镇南故居现设江永纪念馆。步入门内，是一个小庭院，右边一棵桂花树枝繁叶茂，左边一丛紫竹亭亭玉立。从用砖雕装饰的门罩跨进客厅就是“善余堂”和“受经堂”。墙、柱上悬挂的楹联，宣示了儒家的伦理思想，使空间环境与纪念馆主题相融合。穿过“善余堂”，是令人徘徊的后厅，展出江永生平事迹、治学精神、学术成就等。“受经堂”左边厢房名曰“弄丸斋”，是模仿先生当年的书屋和私塾。“弄丸”系探索天地万物的自然规律之意。板壁上挂有一幅先生的素描像。先生先祖姓萧，祖籍安徽萧县，唐末迁居歙县篁墩，易为江姓。一说为梁昭明太子后，避侯景乱定居新安，改姓江，总之是萧改江姓。家世书香，曾祖江国鼎、祖父江人英均为儒生，其父江期中过秀才。6 岁受庭训，少时聪悟，读书过目不忘。汪世重、江锦波在《江慎修先生年谱》中称“庭受父训，日记数千言。父奇其敏，以远大器期之，因以《十三经注疏》口授”。21 岁为县学生。29 岁丧母后，侍父去江宁参加江南乡试，在族人江羲文家住馆 3 年。父卒后生计更难，寄居舅父家。旋子夭折，妻亦因之哀伤而卒。34 岁补廪膳生。江永一生蛰居江湾，治学授徒，精通三礼。康熙间（1662—1722）曾应学使金德瑛邀去江西，复应编修程恂之邀游北京，与方苞、吴绂论礼经，受到高度评价，62 岁才作了岁贡生，终身不仕，以操童子业在家乡紫阳书院讲学为业。乾隆十八年（1753）72 岁时，应歙县西溪不疏园主人汪泰安邀请讲学于此，使不疏园成为皖派朴学的基地，培养造就了一批朴学大师，在诸多自然科学领域中的天文、历算、医学等学科都卓有建树，开探索科学的先河。

他严师出高徒，不随便招收学生。千辛万苦拜江为师的戴震学术成果最富，余如他馆课歙县藏书楼不疏园教出以江为师，以戴为友的郑牧、汪肇龙、程瑶田、方矩、金榜、汪梧凤这批学术成果斐然的朴学巨匠，被称为名冠当时学界的“江门七子”。他还是精通天文地理的科学家、发明家、工程大师。他曾用竹筒中间盖玻璃把人的声音留下来，成为后来世界上流行的电话和留声机的滥觞；他用猪尿泡放入黄豆后吹气使黄豆悬空的简单实验来验证地球与宇宙间的关系；他利用三国时期蜀丞相诸葛亮制作的木牛木马运粮的机械原理制造木驴以作坐骑与耕畜，利用风力造碓舂米……尤其是他在位于梨园河下游、离江湾村西 8 公里汪口设计建造的平渡堰又称曲尺堰造福乡里，历经 200 余年，至今还在发挥作用。曲尺堰截住梨园河与段莘河回漩凶险的汇流。古代这里是沿岸的重灾区，山洪暴发时患水灾，造成水土流失，使两河流域农田又无水灌溉。江永在全面考察两河地形、地貌及测量丰水季节流量后，决定在两河交汇处汪口设计建造拦河坝，其目的在于平缓流速，提高灌溉农田水位，又利于长年运输水道。他把拦河坝设计成直角三角形类似古代木工使用的曲尺形，采用片石直立修筑法，将片石边对上游方向，以减少水流对每块片石的冲击力，还将坝体中间的片石横放，与迎水面的片石形成“丁”字形结构，使坝体坚固的力学结构原理，在河南岸砌成宽 15 米，长 90 米的横坝，并在坝体向上游方向作了 90° 转弯，再构筑向上游方向延伸 30 米的直坝，在横坝距北岸 25 米处预留缺口，作为航船通道。曲尺堰建成后完全达到设计效果与预期目的。200 余年来，经过无数次的山洪冲击，至今仍横卧汪口，毫发无损，使两河安澜、水旱无虞，保障沿河农田灌溉和航运畅通。他对数学贡献也很大。他在读完宣城数学大师梅文鼎《历法全书》后，撰写《江氏数学翼梅》八卷，在充分肯定了梅氏在数学领域里的卓绝贡献的同时，指出梅氏之误及不足处。此书一出，版本众多。收入《守山阁丛书》时定名《数学》九卷、《海山仙馆丛书》本作《翼梅》八卷、《花雨楼丛书》续刊本作《江氏数学翼梅》等，收入《四库全书》时，由戴震校定并易名为《算学》八卷。康熙二十七年（1688）至乾隆二十七年（1762）刊行的《江慎修数学》9种，前8种即此《算学》8种，加上《正弧三角疏义》又名《续数学》一卷。他在音乐学研究中也需大书一笔。他的《律吕新论》二卷为其多年研究乐律的成果，他在通读明宗室郑恭王朱载堉所撰《乐律全书》后，补其未备而成《律吕阐微》十一卷等都是清代乐律学中的重要专著。

他平生致力于经学、音韵学和理学研究，数十年为诸生，蛰居乡里执教于婺源大畈、江湾、七里亭，休宁斗山、五城，府城紫阳书院，教书余暇勤于著述。治学以考据见长，开皖派经学研究新风。他偏爱读书，学俸收入全数购书，知识面广博，凡古今制度、声律、地理学无不探隐索微，尤精三礼、天文、地理、数学。他在41岁时所著《礼经纲目》（又名《礼书纲目》）一书系补朱熹晚年所著未成的《仪礼经传通经》，后黄氏、杨氏相继纂续的未完工程。此书引经据典，厘正发明，使朱子这一遗书终成完璧。他62岁时所著《近思录集注》十四卷系为改变后人对朱熹《近思录》“衍说太多”的混乱情况进行廓清，学者称赞此书“裨益于世道人心不浅”。他有教无类，凡求教者，不倦开导，高足不乏名人。尤其是他与学生戴震成为徽州朴学的开山人物。其在学术上的主要贡献是围绕几部经书做学问，尤其是他幼时见邱濬《大学衍义补》征引《周礼》之文，从而集中精力于《十三经注疏》《三礼》的研究上。他曾在《古韵标准》例言中说：“凡著述有三难：淹博难，识断难，精审难。”他在声韵学领域成就也是超前人，标新立异。如他的《音学辨微》《四声切韵表》是讲解等韵和分析《广韵》的声韵部类，而《古韵标准》是考证古韵分部的专著。这些都体现了他的渊博知识、丰富资料，正确的理解和精确的治学方法，从而使他在音韵学史上占有崇高的地位。

江永学术传播最大功臣要数他的学生戴震。戴震在乾隆十九年

（1754）冬入京，就与学术造诣很深的纪昀、王鸣盛、钱大昕、王昶、朱筠等新科进士交厚，进行学术交流，并担任秦蕙田《五礼通考》纂修，名闻京师。他不失时机地向京师诸学友介绍、推广江永的学说，并将江永的天文历法类著作《推步法解》五卷全载入《五礼通考》，从而在诸学术新秀中树立了江永的学术地位。乾隆二十七年（1762）三月，江永去世后的五月戴震就写了《江慎修先生事略状》，对老师一生学术道路和成就进行了高度的概括。次年，乾隆下谕，修辑韵书，受戴震影响的秦蕙田大力举荐，檄取江永《四声切韵表》《音学辨微》。乾隆三十一年（1766），国史馆将江永列入儒林。乾隆三十七年（1772），四库开馆，将江永著作13种陆续收入《四库全书》，使江永学术影响及地位进一步巩固。乾隆三十八年（1773），安徽学使朱筠将先生木主入徽州府紫阳书院，从祀朱子祠，使他成为“远承朱子格物遗教”[①]，并“自汉经师康成后，罕其俦匹”（戴震语）的一代汉学宗师。

江永著述极其丰富，仅南京图书馆古籍部就存有他的著述131部，洋务重臣张之洞在他所著《书目答问》中就列了江氏著述16种。尤其是他40岁后进入创作高峰期，名作更多。据不完全统计，计有41种270余卷。仅《四库全书》收入及存目就达27种186卷。如收入《四库全书》经部就有《周礼疑义举要》七卷、《江氏周礼举要》一卷、《仪礼释宫增注》一卷、《仪礼释例》一卷、《礼记训义择言》八卷、《深衣考误》一卷[②]、《礼书纲目》八十五卷及《首》三卷、《春秋地理考实》四卷、《群经补义》五卷、《乡党图考》十卷、《律吕新论》二卷、《律吕阐微》十卷《首》一卷、《律吕管见》二卷、《古韵标准》四卷等，列入经部存目有《仪礼释例》一卷、《四声切韵表》一卷等；列入史部存目有《考订朱子世家》一卷等；列入子部的有《近思录集注》十四卷、

① 见钱穆《中国近三百年学术史》上册第340页，北京：商务印书馆，1997。

② 《清史列传·儒林传下一·江永》第五四九页作11卷。收入《四库全书》《艺海珠尘》《皇清经解》等丛书中为1卷本。

《算学》八卷《续》一卷。收入《守山阁丛书》经部有《周礼疑义举要》七卷、《仪礼释例》一卷、《礼记训义择言》八卷、《律吕新论》二卷、《古韵标准》四卷、《诗韵举例》一卷（以上2种戴震参定）等6种23卷，子部有《数学》《续数学》9种9卷、《推步法解》五卷计10种14卷，总计16种37卷。余如《善余堂文集》一卷、《礼记擷要》二卷、《孔子年谱辑注》一卷、《力学补论》一卷、《岁实消长辨》一卷、《四声切韵类表》一卷《凡例》一卷、《恒气注历辨》一卷、《春秋类例》一卷、《中西合法拟草》一卷、《七政衍》一卷、《三百篇诗韵谱》一卷、《琴五调图》、《琴徽图》、《演礼私议》、《兰陵萧氏二书》五卷、《杀生放生现报录》一卷、《春斋文集》、《历史纪元部表》二卷、《学庸图说》二卷、《金水二星发微》一卷、《冬至权度》一卷、《算剩》一卷、《正弧三角疏义》一卷、《演礼私议》不分卷等。比较重要的著作还有《四书典林》三十卷、《四书古人典林》十二卷、《四书按稿》三十卷、《音学辨微》一卷、《乡党文正编》不分卷《补编》不分卷、《昏礼从宜》一卷、《乡党文择雅正编》不分卷、《数学》九卷、《善余堂文集》一卷、《古韵标准》六卷、《春秋类例》一卷及《河洛精蕴》九卷等。其中，他的《古韵标准》四卷附《诗韵举例》一卷、《四声切韵表》五卷附《校正》、《音学辨微》一卷附《校正》就由当涂大史学家夏燮校正编成《江氏韵书三种》，还有《律吕新义》四卷《附录》一卷、《读书随笔》十二卷、《论语琐言》四卷、《卜易元机》一卷、《春斋文集》、《历学补论》一卷、《中西合法拟草》一卷[①]、《律吕新义》四卷《附录》一卷、《历学全书》八卷《续》八卷计2种16卷等。

他所注《十三经》，对《周礼》《仪礼》《礼记》这“三礼”精思博考，发前人研究中所未发。他还对汪基抄录《三礼约编》进行校订。乾隆初，敕纂《三礼疏》，礼部就取江永所撰《礼书纲目》为标准，加

① 据《清史列传·儒林传下一·江永》卷六十八第五四九二页补，北京：中华书局，1987。

以考订，并请江永赴京答疑。他还精通中西历算、天文及音韵、音律知识，著《古韵标准》，对研究中国古代音韵学有广博的知识和深刻的创见。尤其是学者阮元在道光九年（1829）广东学海堂刻及咸丰十一年（1861）补刻自辑《皇清经解》一千四百〇八卷中收其经学著述就有《周礼疑义举要》七卷、《深衣考误》一卷、《春秋地理考实》四卷、《群经补义》五卷、《乡党图考》十卷5种27卷（仅次于程瑶田），光绪十四年（1888）南菁书院刻及光绪十五年（1889）上海蜚英馆石印王先谦辑《皇清经解续编》一千四百三十卷中收其《仪礼释宫增注》一卷、《仪礼释例》一卷、《礼记训义择言》八卷计3种10卷经学著作，以上足以说明他是一位著述颇丰的经学大家。他高举程朱理学大旗，尤以朱熹学说为本，以“孝、悌、仁、让”为先，取阳儒阴释各家之说来辨析校正。他在自然科学方面著述也很丰富，所著《七政衍（术）》《金水二星发微》《冬至权度》《恒气注历辨》《岁实消长辨》《正弧三角疏义》《数学补论》《算剩》《力学补论》《中西分（合）发拟草》等计10种八卷《续》一卷合编为《江慎修数学》都是历算类著作。有人将清初皖南学术分为5个派系，即清初黄生所治文字学、当涂徐文靖所治史学和地理、休宁程廷祚与歙县黄日瑚、婺源汪绂及宣城梅文鼎5个宗尚有异的学派，而江永则是他们学术的集大成者。死后，“戴震携其书入都，故《四库全书》收永所著书至十余部。尚书秦蕙田撰《五礼通考》，摭永说入《观象》《授时》类，而《推步法解》则载其全书焉”[①]。学政朱筠以之从祀紫阳书院。他还

---

① 《清史列传·儒林传下一·江永》卷六十八第五四九二页，北京：中华书局，1987。《中国古籍总目·子部·天文算法类·算书之属·合编》第1095～1096页及同书《丛书部·杂纂类·民国以来》第811页、《中国古籍总目·丛书部·杂纂类·民国以来》第811页著录，收入光绪二十二年（1896）上海鸿宝斋石印清求敏斋主人辑《中西算学丛书初编》中，全套丛书北京师范大学图书馆、上海图书馆、复旦大学图书馆、南京图书馆、辽宁省图书馆、东北师范大学图书馆藏。1935—1937年上海商务印书馆铅印及影印《丛书集成初编》第4107种中收有影印《守山阁丛书》收江永所著《数学》又名《翼梅》八卷、《续》一卷计2种9卷，只少《算剩》一卷，而2子书中“辨”为“辩”，最后子书作《正疏（弧）三角疏义》一卷。

在潘继善领导下纂修《婺源县志》十二卷。清江锦波、汪世重编《江慎修先生年谱》一卷是研究江氏生平的重要资料。

他的不少著作分别收入《四库全书》《音韵学丛书》《守山阁丛书》《安徽丛书》《贷园丛书》《丛书集成初编》《粤雅堂丛书》《四库全书存目丛书》《四部备要》《万有文库》《皇清经解》《正觉楼丛刻》《艺海珠尘》《皇清经解续编》等丛书外，其余著述大多为门人婺源余之遴刊行。江永的著述生前自刻不多，生前他的著作行世与本人有关或就是家刻本，主要有：

康熙间（1662—1722）江永川棣里书室刻自撰《音学辨微》一卷。

康熙二十七(1688)至乾隆二十七年(1762)刊江永著《江慎修数学》9种。《中国丛书综录续编·类编·子类·数学》第255页、南京大学《中国丛书目录及子目索引汇编》192页、《汇刻书目》第二函十一册第四十一页著录。此丛书《推步法解》五卷均收入光绪二十二年（1896）上海鸿宝斋石印清四明求敏斋主人辑《中西算学丛书初编》等丛书中。

雍正辛亥（九年，1731)刊，乾隆二十五年（庚辰，1760)重刊清婺源江永撰《礼记训义择言》八卷。《贩书偶记续编·附录·经部》第341页、《皖人书录》第483页，《四库全书总目·经部·礼类三》卷二一第一七四页著录，说明此书时已有2版2种16卷。

雍正十三年（1735）锄经斋刻清江永编《四书典林》三十卷。中华书局(北京)版《续修四库全书总目提要·经部·四书类》第九五九页(作雍正十三年刊)、《安徽省馆藏皖人书目》第74页、《安徽省古籍善本书目·子部·类书类》卷三第九十三页著录，安徽省博物馆藏10册本，安徽省图书馆藏12册本。此书有窦容恂、吴华孙序及江永自序，凡例后有门人汪世望等列名，其子逢圣、逢辰附识。此书引用书目达162种，计730多题，分为时令、地理、人伦、性情、身体、人事、人品、王侯、国邑、官职、庶民、政事、文学、礼制、祭祀、衣服、饮食、宫室、器用、乐律、武备、丧纪、珍宝、庶物、杂语诸部。

附　雍正间（1723—1735）金阊宝仁堂刻清江永辑《四书典林》三十卷。《中国古籍总目·经部·四书类·四书总义·传说之属》第898页著录，上海图书馆藏。

附　雍正十三年崇德书院刻清江永辑《四书典林》三十卷。《中国古籍总目·经部·四书类·四书总义·传说之属》第898页著录，南京图书馆藏。

乾隆元年（1736）锄经斋刻清江永辑《四书典林》三十卷。《中国古籍总目·经部·四书类·四书总义·传说之属》第898页著录，上海图书馆藏。

乾隆八年（1743）潜德堂刻清江永撰《乡党图考》十卷。《安徽省古籍善本书目·经部·群经总义类》卷一第二十五页著录，安徽师范大学图书馆藏5册本。

乾隆十一年（1746）江氏永思堂刻清江永撰《兰陵萧氏二书》2种五卷。《中国丛书广录·类编丛书·史类·传记类》第456～457页著录。《西谛书目·史部·传记类·谱牒》第二九页著录1册本。

附　乾隆十二年（1747）金阊（苏州）重刊清江永撰《四书典林》三十卷。《安徽省馆藏皖人书目》第74页、《安徽文献书目》第113页、《皖人书目》第484页、《安徽艺文考·四书二》著录，安徽省图书馆藏12册本，说明此前徽州有此书刊本，或即雍正十三年锄经斋刊本。

乾隆间（1736—1795）刻清江永撰《周礼疑义举要》七卷。《中国古籍总目·经部·礼类·周礼·传说之属》第432页、《北京图书馆古籍善本书目·经部·礼类》第六六页著录，国家图书馆藏2册本。该刊本半页10行，行22字，白口，左右双边，为《江氏经学三种》丛书子书之一。北京大学图书馆藏清抄本。收入《四库全书》、阮元辑刻《皇清经解》、《守山阁丛书》本中均为7卷本。

乾隆间刻清婺源江永撰《江氏经学三种》3种二十卷。《丛书目录拾遗》卷一第八页著录。

乾隆间徽州刻清江永撰《河洛精蕴》九卷。《皖人书录》第483页、《清史列传·儒林传下一·江永》卷六十八第五四九二页、《安徽艺文考·易二》第2册第九页著录，安庆市图书馆藏线装11册本。《中国古旧书刊拍卖目录》第595页著录，博古斋拍卖清刻此书9卷白纸4册本。

乾隆癸酉（十八年，1753）江湾江氏祠堂永思堂刻清江永著《兰陵萧氏二书》2种四卷。《中国家谱总目》第4516页、《安徽省馆藏皖人书目》第78页著录，国家图书馆、上海图书馆、南京图书馆、安徽省图书馆及中国徽文化博物馆藏1册本。该谱叙事从古宋国附庸萧国（今萧县）萧叔大心得姓起，至唐末萧祯易姓江，其子江董、江威由歙县黄墩分迁婺源、开化止，对其源流世系，功名事迹详加考订，具有较高的研究参考价值。

乾隆二十年（1755）刻清江永撰《历代纪元部表》不分卷。《安徽省馆藏皖人书目》第78页著录，安徽省图书馆藏1册本。《江西历代刻书·清代·官刻》第159页著录有婺源县志局刻本。

乾隆二十一年（1756）安徽江氏潜德堂刻清江永撰《乡党图考》十卷。《中国历史博物馆藏普通古籍目录·经部·四书类》第11页、《四库全书总目·经部·四书类二》卷三六第三〇六页、《皖人书录》第483页著录，中国历史博物馆、四川省图书馆藏4册本，《安徽省馆藏皖人书目》第77页著录，安徽省图书馆藏1册本则为学源堂刻本，说明江氏著述在社会上受到重视，一年内不止一家刻行同类书。

附　乾隆二十一年吴功率刻清江永撰《乡党图考》十卷。《中国古籍总目·经部·四书类·论语·分篇之属》第811页著录，浙江图书馆藏。

乾隆二十四年（1759）川棣里书室刻清江永撰《音学辨微》一卷。《中国古籍总目·经部·小学类·音韵之属·等韵》第1188页、《贩书偶记续编·经部·小学类》卷四第35页、《北京图书馆普通古籍总目·文字学门》第十卷第99页、《安徽艺文考·小学》第七册二十一页、《皖人书录》第482页著录，国家图书馆藏1册本。还藏宣统元年（1909）

上海国学保存会上海石印 1 册本 3 部。

乾隆二十四年江永自刻自辑《三家绝句选》3 种三卷。《中国丛书综录·汇编·集类·总集（清代）》第 859 页、《中国丛书综录补正》第 251 页著录，清华大学图书馆藏。

江永逝世后，他的后人与家族也对他的著述刊行了不少。主要有江氏潜德堂、江起泰及族孙江谦等江氏家刻。他的学生余元遴所刊也可算作家刻，但另作余氏，这里不记。

附　乾隆二十八年（1763）金阊书业堂重刻清江永撰《乡党图考》十卷。《中国古籍总目·经部·四书类·论语·分篇之属》第 811 页著录，南京图书馆藏。

附　乾隆三十六年（1771）恩平县衙刻清江永辑《四声切韵表》一卷、《凡例》一卷计 2 种 2 卷。《中国古籍总目·经部·小学类·音韵之属·等韵》第 1189 页著录，浙江图书馆藏。

乾隆三十六年刻清江永撰、戴震参定、李文藻复校《古韵标准》一卷。《中国古籍善本总目·经部·小学类》第一八九页、《安徽省古籍善本书目·经部·小学类》卷一第三十八页著录，歙县博物馆藏 1 册本，由清李文藻校。

附　乾隆三十六年瑞金罗有高刻清江永撰《古韵标准》四卷、《诗韵举例》一卷计 2 种 5 卷。《北京图书馆普通古籍总目·文字学门》第十卷第 99 页著录，国家图书馆藏潮阳县衙存板 2 册本 2 部。还藏咸丰二年（1852）南海伍崇曜收入《粤雅堂丛书》中此书逸出 2 册本 1 部。

乾隆三十八年（1773）江鸿绪刻清江永撰《群经补义》五卷。《中国古籍总目·经部·群经总义类·传说之属》第 964 页著录，北京大学图书馆、南京图书馆、湖北省图书馆藏。

乾隆三十八年江氏潜德堂家刻江永撰《群经补义》五卷。《安徽文献书目》第 112 页著录，安徽省图书馆藏 2 册本。

乾隆三十八年潜德堂刻江永撰《乡党图考》十卷、清王焕云等撰《订讹》又名《乡党图考订讹》一卷计2种11卷。《中国古籍总目·经部·四书类·论语·分篇之属》第812页（分两条）、《安徽省馆藏皖人书目》第77页、《安徽文献书目》第111页、《北京图书馆古籍善本书目·经部·论语》第一二六页著录，国家图书馆、上海图书馆、湖北省图书馆、安徽省图书馆（5册本）藏。该刊本半页9行，行25字，白口，左右双边。《中国古籍善本书目·经部·四书类》第306页著录，浙江图书馆藏此书附清抄清焕云等撰《订讹》一卷，由清郑文焯校并跋。

乾隆三十九年（1774）和安堂刻清江永辑《四书典林》三十卷、《四书古人典林》十二卷计2种42卷。《中国古籍总目·经部·四书类·四书总义·传说之属》第898页著录，上海图书馆藏。

乾隆三十九年（1774）和安堂刻清江永撰《四书古人典林》十二卷。《中国古籍总目·经部·四书类·四书总义·传说之属》第898页著录，上海图书馆藏。

乾隆三十九年（1774）光霁堂刻清江永撰《四书古人典林》十二卷。《中国古籍总目·经部·四书类·四书总义·传说之属》第898页著录，国家图书馆藏。

乾隆间（1736—1795）刻清江永撰《音学辨微》一卷。《中国古籍总目·经部·小学类·音韵之属·等韵》第1188页著录，湖北省图书馆藏清张船山题识，佚名批校本。还藏光绪三十四年（1908）汉阳通廛生抄《指海》本有刘传莹题识，南京图书馆藏抄本，复旦大学图书馆藏宣统元年（1909）上海国学保存会影印江氏自写本。此书分别收入道光间（1821—1850）刻及民国影印《指海》、道光间重编《式古居汇钞》、光绪间刻《西京清麓丛书》、民国五年（1916）丰城熊氏刻《熊氏四种》（中国科学院图书馆、复旦大学图书馆、湖北省图书馆藏）等本中。对此书研究性著作有清黄廷鉴撰《三十六字母辨》一卷（上海图书馆藏清抄本有清汪曰桢校并跋），清夏燮撰《校正》又名《音韵辨微校正》一卷（收入《江氏韵学三种》《安徽丛书》等中》），胡朴安校刊《校刊记》又名《音学辨微校刊记》一卷等。

乾隆间（1736—1795）书业堂刻清江永撰《群经补义》五卷。《北京大学图书馆藏古籍善本书目·经部·小学类》第53页著录，北京大学图书馆藏2册本。

乾隆甲午（三十九年，1774）小酉山房刊清江永撰《河洛精蕴》九卷。《中国古籍总目·子部·术数类·占卜之属·筮占》第1201页（作乾隆间刻）、《安徽省馆藏皖人书目》第76页、《安徽文献书目》第112页、《贩书偶记·子部·术数类》卷十第239页（著录为蕴真书屋刻）、《北京大学图书馆藏善本书目·经部》第6页、《皖人书录》第483页、《安徽艺文考·易二》第二册第九页著录，上海图书馆、哈尔滨市图书馆、南京图书馆（还藏清刻本计2种版本）、安徽省图书馆（4册本）藏。安徽省图书馆还藏民国间石印《河洛精蕴》九卷《附编》三卷6册本。《丛书书目汇编》第二册第二五六页著录《河洛精蕴》2种十二卷。即《内编》三卷，《外编》九卷。

乾隆三十九年集道堂刊婺源江永撰《四书古人典林》十二卷。《中国古籍总目·经部·四书类·四书总义·传说之属》第898页、中华书局（北京）版《续修四库全书总目提要·经部·四书类》第九五九至九六〇页、《安徽省馆藏皖人书目》第74页、《安徽艺文考·四书二》第六册第十六页、《皖人书录》第484页、《安徽文献书目》第113页、《贩书偶记·经部·四书类》卷三第54页著录，国家图书馆、北京大学图书馆、中国科学院图书馆、湖北省图书馆、安徽省图书馆（5册本）藏。此书卷首有江永自序，为补《四书典林》挂漏，正准备刊行时，值永病殁，为其绝笔之作。其学生汪澎作后跋，并完成刊行。此书涉及200余人，分为帝王、古贤、圣贤、诸侯、大夫、杂人、列女等部。纠正古籍中不少错误。

乾隆三十九年两仪堂刻清江永撰《河洛精蕴》九卷。《中国古籍总目·子部·术数类·占卜之属·筮占》第1201页著录，上海图书馆、吉林大学图书馆、齐齐哈尔市图书馆藏。

附　乾隆三十九年黄圣谦蕴真书屋刻江永撰《河洛精蕴》九卷。《中国古籍总目·子部·术数类·占卜之属·筮占》第1201页、中华书局（北京）版《续修四库全书总目提要·经部·易类》第五四至五五页（蕴真书屋藏版）、《安徽省馆藏皖人书目》第76页、《安徽省古籍善本书目·经部·易类》卷一第四页、《香港所藏古籍书目·子部·术数类》第184页著录，中国科学院图书馆、上海图书馆、南京图书馆、辽宁省图书馆、抚顺市图书馆、吉林省图书馆、吉林大学图书馆、东北师范大学图书馆、黑龙江省图书馆、齐齐哈尔市图书馆、安徽省图书馆（4册本）、香港新亚研究所图书馆（4册本），安徽省博物馆（4册本）藏。

乾隆五十二年（1787）致和堂刻清江永撰《乡党图考》十卷。《中国古籍总目·经部·四书类·论语·分篇之属》第811～812页、《安徽省馆藏皖人书目》第77页、《安徽大学图书馆重编古籍善本书目·经部·四书五经类》卷一第14页、《北京大学图书馆藏古籍善本书目·经部·四书类》第32页著录，上海图书馆、北京大学图书馆（4册本）、安徽省图书馆（4册本）、安徽大学图书馆（4册本、5册本各1部）藏。

乾隆五十二年新安江氏潜德堂刻清江永撰《乡党图考》十卷。《香港所藏古籍书目·经部·群经总义类》第32页著录，香港中文大学图书馆藏4册本。

乾隆五十二年刻清江永撰《乡党图考》十卷、清吴伯常撰《乡党补注》一卷计2种11卷。《中国古籍总目·经部·四书类·论语·分篇之属》第812页著录，国家图书馆藏。

乾隆五十三年（1788）应云堂刻清江永编《四声切韵表》一卷、《凡例》一卷计2种2卷。《中国古籍善本总目·经部·小学类》第一八九页（无后1种）、《中国古籍总目·经部·小学类·音韵之属·等韵》第1189页著录，上海图书馆（由清汪曰桢校）、中国人民大学图书馆、国家图书馆藏。分别收入乾隆间（1736—1795）刻《贷园丛书初集》、咸丰间（1851—1861）刻《粤雅堂丛书》、光绪间（1875—1908）刻《丁酉圃丛书·韵学丛书》、《西京清麓丛书》及稿本（北京大学图书馆、复旦大学图书馆藏）《韵学丛书》本中。北京大学图书馆还藏此2种清抄本。

附 民国十九年（1930）北平富晋书社影印应云堂刻清江永编《四声切韵表》一卷、《凡例》一卷计2种2卷。《中国古籍总目·经部·小学类·音韵之属·等韵》第1189页著录，北京大学图书馆、辽宁省图书馆藏。

乾隆五十三年（1788）应云堂刻清江永撰《四声切韵表》一卷。《北京图书馆普通古籍总目·文字学门》第十卷第99页、《安徽省馆藏皖人书目》第74页、《安徽文献书目》第111页、《安徽省古籍善本书目·经部·小学类》卷一第三十九页、《山西省图书馆普通线装书目·文字学门·音韵》第513页著录，国家图书馆、安徽省图书馆、山西省图书馆及中国徽文化博物馆均藏1册本。此书国家图书馆还藏清刻1册本，咸丰二年（1852）南海伍崇曜刻《粤雅堂丛书》中的逸出1册本3部及民国十九年（1930）以乾隆五十三年庆云堂刻本为底本的富晋书社北平石印2册本1部，可见此书影响。

乾隆五十四年（1789）锄经斋刻清江永撰《四书典林》三十卷。《中国古籍总目·经部·四书类·四书总义·传说之属》第898页著录，上海图书馆藏。

乾隆五十七年（1792）原刊清江永撰《周礼疑义举要》七卷。《北京图书馆古籍善本书目·经部·礼类》六六页著录国家图书馆藏乾隆间（1736—1795）刻本，该刊本线装2册本。该刊本半页10行，行22字，白口，左右双边。《四库全书总目·经部·礼类一》卷十九第一五七页、《皖人书录》第484页著录为乾隆五十七年原刊本。

乾隆五十七年侄孙江镈（起泰）、孙锦波校刻清江永撰《读书随笔》2种十二卷。《中国古籍善本书目·经部·总类》第31页、《中国古籍善本总目·经部·群经总义类》第一四六页、《中国古籍总目·经部·总类·传说之属》第25页及同书《群经总义类·传说之属》第964页、《中国人民大学图书馆古籍善本书目·经部·总类》第4页、《中国丛书综录·类编·经类·经义》第601页著录，中国人民大学图书馆（1函6册本）、上海图书馆、复旦大学图书馆及北京市文物局藏。该刊本半页10行，行22字，小字双行同，白口，单鱼尾，左右双边。卷一正文卷端题“侄孙镎、孙锦波校梓”8字，卷七末刻“歙西延古楼黄鉴唐镌”9字。上海图书馆还藏清抄本。

乾隆五十七年（1792）刻清江永撰《礼记训义择言》八卷。《中国古籍善本总目·经部·礼类》第七五页、《中国古籍总目·经部·礼类·礼记·传说之属》第487页著录，国家图书馆、湖北省图书馆藏。

乾隆间刊婺源江永弟江元林撰《地理裘腋集》五卷。《贩书偶记·子部·术数类》卷十第241页著录。其中第4卷为江永撰。

乾隆四十九至五十八年（1784—1793）刻清江永撰《尚书同注音疏》十二卷、《附》一卷计13卷。《北京大学图书馆藏古籍善本书目·经部·书类》第79页著录，北京大学图书馆藏两部：1部为8册，另1部为12册，但作自刻本误，因江永已不在人世，应作家刻本。

乾隆五十八年（1793）刊清江永撰《乡党图考》十卷。《西谛书目·经部·四书类》卷一第七页著录线装4册本。

附　嘉庆四年（1799）锡山三槐堂刻清江永辑《四书典林》三十卷。《中国古籍总目·经部·四书类·四书总义·传说之属》第898页著录，南京图书馆藏。

嘉庆六年（1801）刊清江永撰《学庸图说》二卷。《安徽省馆藏皖人书目》第78页、《安徽文献书目》第111页著录，安徽省图书馆藏1册本。

嘉庆七年（1802）博古堂刻清江永撰《四书古人典林》十二卷。《中国古籍总目·经部·四书类·四书总义·传说之属》第898页著录，上海图书馆藏。

嘉庆九年（1804）锄经斋刻清婺源江永撰《四书典林》三十卷。《中国古籍总目·经部·四书类·四书总义·传说之属》第898页、《安徽省馆藏皖人书目》第74页著录，中国科学院图书馆、天津图书馆、安徽大学图书馆（12册本）、安徽省图书馆（清刊4册本）藏，上海图书馆、复旦大学图书馆（仅存5卷不全本）、安徽大学图书馆（3册本）还藏日本明治十五年（1882）东京乐善堂铜版影印清婺源江永撰《四书典林》三十卷。

嘉庆十年（1805）刻清江慎修撰《乡党图考》十卷。《中国古旧书刊拍卖目录》第241页著录，中国书店拍卖半页13.2×9.5，竹纸4册本。

嘉庆十二年（1807）婺源刻清江永撰《礼书纲目》八十五卷、《首》三卷计88卷。《中国古籍善本总目·经部·礼类》第七九页、《皖人书录》第483页著录，上海图书馆藏其中卷一至三、八至八十一计77卷不全本，由清姚椿校跋。下条又作嘉庆间，应为一书。

嘉庆十五年（1810）留真堂刻清江永撰《礼书纲目》八十五卷。《四库全书总目·经部·礼类四》卷二二第一七九页、《增订简明四库目录标注》第97页著录，《西谛书目》编号7581，藏国家图书馆。应为江氏家刻本。此书仿《仪礼经传通解》。《中国古籍善本书目·经部·礼类》第218页著录，上海图书馆藏嘉庆间（1796—1820）刻清江永撰《礼书纲目》八十五卷、《首》三卷中卷一至三、八至八十一计77卷不全本，由清姚椿校并跋，说明此书全本为88卷，嘉庆间（1796—1820）已数次印刷。此书作于江永41岁时，系对朱熹撰《仪礼经传通释》的补充，《清史稿·江永传》卷四百八十一说：“引据诸书，厘正发明，实是终朱子未竟之绪。”是指对朱熹晚年治礼未竟的《仪礼经传通释》一书的续作。

嘉庆二十一年（1816）刊清江永撰《乡党图考》十卷。《中国古旧书刊拍卖目录》第91页、132页著录，中国书店拍卖此书版式

(15.7×24.6) 6 册本，清刊竹纸线装版式(25×16) 6 册本。

嘉庆二十一年吴郡山渊阁刻清江永撰《乡党图考》十卷。《中国古籍总目·经部·四书类·论语·分篇之属》第 811 ～ 812 页著录，国家图书馆、北京大学图书馆藏。

道光二十七年(1847) 刻清江永撰《江氏数学翼梅》八卷。《中国古籍总目·子部·天文算法类·算书之属·算法》第 112 页著录，锦州师范学院图书馆藏。

道光间(1821—1850) 刻清江永撰《周礼疑义举要》七卷。《中国古籍总目·经部 ·礼类·周礼·传说之属》第 432 页著录，上海图书馆藏清姚椿批校本。

清永思堂(江湾江氏宗祠堂号) 刻清江永纂《兰陵萧氏二书》五卷。《皖人书录》484 页著录。

附　咸丰元年(1851) 沔阳陆建瀛木犀香馆刻清江永撰《江氏韵书三种》六卷。《中国古籍总目·经部·小学类·音韵之属·丛刻》第 1200 页、《北京图书馆普通古籍总目·文字学门》第十卷第 86 页著录，国家图书馆(4 册本)、南京图书馆藏。收入《安徽丛书》第三期为影印《江氏韵书三种》十卷。其细目为：清江永撰、清戴震参定《古韵标准》四卷《诗韵举例》一卷计 2 种 5 卷[①]，清江永撰、清夏燮校正《四声切韵表》一卷附《校正》一卷，清江永撰、清夏燮校正、胡朴安校刊《音学辨微》一卷附《校正》一卷、《校刊记》一卷。

咸丰三年(1853) 重刊清江永集注、宋朱熹辑《近思录集注》十四卷。《安徽省馆藏皖人书目》第 60 ～ 61 页及 75 页、《安徽地震史料辑注》第 255 页(作咸丰间刻)、《山西省图书馆普通线装书目录·哲

---

① 《中国古籍总目·经部·小学类·音韵之属·音说》第 1166 ～ 1167 页著录，中国科学院图书馆藏乾隆间(1736—1795) 抄本，最早刻本为乾隆三十六年(1771) 瑞金罗有高刻潮阳县衙印本，国家图书馆、北京师范大学图书馆藏，分别收入《四库全书》《贷园丛书初集》《墨海金壶》《守山阁丛书》《粤雅堂丛书》《安徽丛书》等丛书本中。

学门·中国哲学》第423页、《四库全书总目·子部·儒家类二》卷九二第七八一页、《安徽文献书目》第112页著录，山西省图书馆（6册本）、安徽省图书馆（3册本附《考订朱子世家》），中国徽文化博物馆藏。安徽省图书馆还藏同治三年（1864）盱眙（今明光市三界）吴棠望三益斋刊《近思录集注》十四卷附《朱子世家》一卷4册本及光绪间（1875—1908）长安少墟书院刊《近思录集注》十四卷4册本。山西省图书馆还藏光绪十四年（1888）太原濬文书局刻4册本，光绪十八年两仪堂刻、光绪十九年（1893）刻4册本，光绪二十七年（1901）书业堂刻3册本等多种版本。此书成于他62岁时，四库馆臣称赞江氏“邃于经学，究心古义，穿穴于典籍者深。虽以余力为此书，亦具有体例，与空谈尊朱者异也”。

咸丰八年（1858）尚有堂刻清江永撰《群经补义》五卷。《中国古籍总目·经部·群经总义类·传说之属》第964页著录，湖北省图书馆藏。

咸丰十一年（1861）青云楼刻清江永撰《乡党图考》十卷。《中国古籍总目·经部·四书类·论语·分篇之属》第811～812页著录，北京大学图书馆藏。此外，国家图书馆、辽宁省图书馆藏清积秀堂刻本，天津图书馆藏清尚德堂刻本，辽宁省图书馆藏清谦受堂刻巾箱本。可见，此书版本之多。

附　同治元年（1862）慈溪锄经阁刻清江永辑《四书典林》三十卷、《四书古人典林》十二卷计2种42卷。《中国古籍总目·经部·四书类·四书总义·传说之属》第898页著录，南京图书馆藏。

附　同治元年慈水锄经阁铜版印清江永辑《四书典林》三十卷。《中国古籍总目·经部·四书类·四书总义·传说之属》第898页著录，上海图书馆藏。

同治四年（1865）英德堂刻巾箱本清江永撰《四书古人典林》十二卷。《中国古籍总目·经部·四书类·四书总义·传说之属》第898页著录，湖北省图书馆藏。

同治己巳（八年，1869）刻清江永撰《近思录集注》十四卷附《考订朱子世家》计 2 种。《安徽省馆藏皖人书目》第 76 页著录，安徽大学图书馆藏 2 册本。经考，此书作于江永 61 岁时。同治己巳夏五月永康后学应宝时跋称："《近思录》江氏集注，辑朱子之语以注朱子之书，非叶仲圭以下诸家所及。朱文正公称甚至为精切，裨益于世道人心不浅，非虚言也。往年盱眙吴公得王文恪公江右雕本，重刻于袁浦，楚北崇文书局踵而刻之。吴刻传播未广，板携入蜀中，东南学者多以不得其书为憾。予权篆苏藩，值书局开雕书籍，爰出旧藏婺源洪氏刻本暨吴刻本，属元和王孝廉炳校刊之。孝廉以各本互有异同，复取《语类》《或问》诸书详加雠校，订正舛讹，然后付诸剞劂。夫朱子当日纂集此书岂徒使人玩其文词，亦欲学者循是反求身体而力行之，以驯造乎？明体达用之，实学术以是正人材，以是醇则国家致治之原，亦于是乎出。然则读是书者，其必潜心体验，由朱子之言尽通周、程、张子之道，以上探四子六经之精奥，而实有诸躬庶无负纂集此书之意也乎？江氏复有考订朱子世家一篇，正是志之疏失，于朱陆异同之说考之尤详，末附天宁寺会讲辩辟谬订讹，皆读朱子书者所不可不知也。贵筑张君序称原本附刻集注之后，今王洪诸本均无之，因据吴氏所刻补刊附后，俾还江氏之旧云。"

同治十二年（1873）古董一经室刻婺源江永撰《四书典林》三十卷、《人物典林》十二卷计 2 种 42 卷。《中国古籍总目·经部·四书类·四书总义·传说之属》第 898 页、《安徽省馆藏皖人书目》第 74 页著录，天津图书馆、安徽省图书馆（8 册本）藏。

同治十二年刻清江永撰《四书古人典林》十二卷。《中国古籍总目·经部·四书类·四书总义·传说之属》第 898 页著录，天津图书馆藏。

光绪间（1875—1908）婺源刊清江永撰《近思录集注》十四卷。《中国古旧书刊拍卖目录》第 130 页、《增订四库简明目录标注》第 391 页（著录清刊本）、《中国历史博物馆藏普通古籍目录·子部·儒家类》

第255页著录，中国历史博物馆藏光绪十一年（1885）江西书局刻由王鼎校4册本。中国书店拍卖江永集注、王鼎校、朱子原订此书版式25×16.2，竹纸线装4册本。可见，此书影响很大，版本特别多。

清刻清江永撰《乡党图考》十卷。《中国古旧书刊拍卖目录》第283页、《安徽省馆藏皖人书目》第77页著录，安徽省图书馆藏4册本，中国书店拍卖竹纸1函6册本。该刊本半页尺寸13.5×9.5。

附　光绪二年（1876）海陵书屋刻清江永撰《四书古人典林》十二卷。《中国古籍总目·经部·四书类·四书总义·传说之属》第898页著录，上海图书馆藏。

附　光绪二年海陵书屋刻清江永辑《四书典林》三十卷、《四书古人典林》十二卷计2种42卷。《中国古籍总目·经部·四书类·四书总义·传说之属》第898页著录，上海图书馆藏。

光绪三年（1877）刻清江永撰、清汪曰桢补《四声切韵表补正》三卷、《卷首》一卷、《卷末》一卷计5卷。《北京图书馆普通古籍总目·文字学门》第十卷第100页著录，国家图书馆藏4册本3部，2册本1部，还藏民国二十二年（1933）大东书局上海石印2册本1部。

光绪七年（1881）刻清江永撰《江氏数学翼梅》八卷。《中国古籍总目·子部·天文算法类·算书之属·算法》第1112页著录，上海图书馆藏。

光绪七年（1881）群玉山房刻清江永撰《江氏数学翼梅》八卷、《续》一卷计9种9卷。《中国古籍总目·子部·天文算法类·算书之属·算法》第1112页著录，国家图书馆、上海图书馆、沈阳市图书馆、吉林省图书馆、哈尔滨师范大学图书馆藏。

附　日本明治十五年（1882）东京乐业堂刻清江永撰《四书古人典林》十二卷。《中国古籍总目·经部·四书类·四书总义·传说之属》第898页著录，国家图书馆藏。

附　日本明治十五年东京乐业堂刻清江永辑《四书典林》三十卷、

《四书古人典林》十二卷计2种42卷。《中国古籍总目·经部·四书类·四书总义·传说之属》第898页著录，国家图书馆藏。

附　光绪十二年（1886）积山书局石印清江永辑《四书典林》三十卷、《四书古人典林》十二卷计2种42卷。《中国古籍总目·经部·四书类·四书总义·传说之属》第898页著录，上海图书馆藏。

附　光绪十二年积山书局石印清江永撰《四书古人典林》十二卷。《中国古籍总目·经部·四书类·四书总义·传说之属》第898页著录，上海图书馆藏。

光绪十三年（1887）刻清江永辑《四书典林》三十卷、《四书古人典林》十二卷计2种42卷。《中国古籍总目·经部·四书类·四书总义·传说之属》第898页著录，南京图书馆藏。

附　光绪十五年（1889）鸿宝斋石印清江永辑《四书典林》三十卷。《中国古籍总目·经部·四书类·四书总义·传说之属》第898页著录，南京图书馆藏。

附　光绪十五年上海石印巾箱本清江永辑《四书典林》三十卷、《四书古人典林》十二卷计2种42卷。《中国古籍总目·经部·四书类·四书总义·传说之属》第898页著录，湖北省图书馆藏。

附　光绪十五年（1889）上海石印巾箱本清江永撰《四书古人典林》十二卷。《中国古籍总目·经部·四书类·四书总义·传说之属》第898页著录，湖北省图书馆藏。

附　光绪十八年（1892）鸿宝斋石印清江永辑《四书典林》三十卷、《四书古人典林》十二卷计2种42卷。《中国古籍总目·经部·四书类·四书总义·传说之属》第898页著录，复旦大学图书馆藏。

附　光绪十八年鸿宝斋石印清江永撰《四书古人典林》十二卷。《中国古籍总目·经部·四书类·四书总义·传说之属》第898页著录，复旦大学图书馆藏。

附　清崇德书院刻清江永撰《四书古人典林》十二卷。《中国古籍总目·经部·四书类·四书总义·传说之属》第898页著录，南京图书馆藏。

朴学大师汪绂

汪绂（1692—1759），原名烜，又作黻，字灿人、灿仁，小字重生，号双池，人称双池先生，还有大风等号，婺源县北段莘里人，朴学大师、著名学者，著述丰富，有立雪斋、栖碧山房。他是明户部尚书汪应蛟裔孙，曾祖元会，祖斯涵，父士极，母江孺人。自清简公汪应蛟后，家业中落，父以贫窭出游，久之不归，由其母抚养教读《四书》《五经》等，自学成才。大约在他10岁后母病，侍母经年，十日未尝吃一顿饱饭。母卒后，又去金陵寻父。父淹滞金陵，往迎父，父说："吾无家，安归？"其父遣其归里，无以自给，去景德镇作画碗工。因居丧守孝期间不吃肉不喝酒，为碗工们讥笑侮辱，去江西乐平石家坐馆逾年。后漂泊于上饶、万年、永丰间，经广信缘岭度仙霞关至福建。他历经艰苦，逆旅中因身着鹑衣背襆被，无人接纳，只好宿野庙乞食。过枫岭，去福建陈总兵家为其子塾师，浦城学者争向师事，名声大振。20岁后著书旁及诸子百家、九流三教计10余万言，至壮岁全被烧毁。30岁奔父丧，差点哭死，并将其父与其母合葬。这时的汪绂在学术上也基本成熟，崇拜而师事的人更多。"复之浦城馆舍，益肆力问学，以斯文为己任。治经则博综疏义，穷理则剖析精微，而皆折中于朱子，每有独得，往复发明；著述等身，悉归纯正。自星历、地志、乐律、兵制、阴阳、医卜，以至弹琴、弯弓、篆刻、绘事，无所不通。"[①] 他与江永同乡，但未见过面。他通过书信往来谈论《礼书》乐律达千百言。他曾在信中写道："度生于律，非律生于度。然非度无以得律，此如无非有度以日之行而起度，日非有分以

① 《［道光］徽州府志·人物·儒林》卷十一之三第二十页。

昼夜之长短而分分，然分分而日之长短有数可求，定度而周天之行有迹可纪，同一理也。度数者，理气流行之节次，生气之和自然流出，故河图之数所以成变化而行鬼神，律管何独不然？”[①]江永认为此段表述论尽造化之妙。他甘于贫困，平生俭约，曾数日无米，他也甘之若素。他至28岁才娶江氏，夫妇恩爱，江氏曾对他的学生说：“吾归汝师三十年，未尝见一怒言，一怒色也。”可见，其为人。晚年构松竹草堂讲学，补博士弟子员。他多才多艺，课余以画山水、松竹人物、花鸟以自娱，且精篆书摹印。尝自刻印“天下多名人”“士人辄语人贫，人纵怜我，我可受耶”。卒葬婺源段莘里中阳边山麓。

他的著作家刻不多，主要为徽州及外埠反复出版，其中集大成的要数道光间（1821—1850）、光绪间（1875—1908）刊，光绪二十三年（1897）长安赵舒翘等汇印的《汪双池先生丛书》又名《汪双池遗书》《汪子遗书》《双池丛书》33种263卷[②]。其中，《中国丛书综录续编·汇编·独撰类（清代）》第168～169页著录清刊本《重订汪子遗书》就有29种三百二十四卷。《中国古籍总目·丛书部·独撰类·清代前期》第1130页、《中国丛书综录》第一册第499页著录赵氏汇印本。而《丛书书目汇编》第二册第二三七页著录其门生余龙光编《汪子遗书》又名《双池丛书》共收35种计244卷（无卷数按1卷计）。前两套丛书几乎包括他的主要著作，只有《六壬数论》若干卷、《大风集》四卷[③]、《琴谱》

---

① 转引自《清史列传·儒林传上二·汪绂》第五三七三至五三七四页。

② 《中国丛书综录·汇编·独撰类（清代前期）》第499页著录，国家图书馆、首都图书馆、中国科学院图书馆、北京师范大学图书馆、清华大学图书馆、上海图书馆、上海辞书出版社图书馆、天津图书馆、辽宁省图书馆、山东大学图书馆、南京图书馆、南京大学图书馆、安徽省图书馆、浙江图书馆、浙江大学图书馆、福建省图书馆、福建师范大学图书馆、江西省图书馆、重庆市图书馆、四川大学图书馆藏，中国中医科学院图书馆、北京大学图书馆、华东师范大学图书馆、武汉大学图书馆、黑龙江省图书馆藏本不全。

③ 《清史列传·儒林传上二·汪绂》第五三七三页著录为6卷。

一卷[①]、《诗韵析》六卷、《六礼或问》十卷、《双池策略》六卷[②]、《九宫阳宅》二卷、《大成乐谱》一卷、《四书引蒙开口讲》等有的未包括进来。其中，《医林纂要探源》为他所著的医书。约在64岁时任教于休宁兰渡朱沧霖家，并与之彼此研究医学要籍，在汗牛充栋的医书中发现许多不尽如人意处。于是他在精通《内经》《灵》《素》及各家名著的基础上，探究阴阳、五行、脏腑、经络、六淫、色脉、方药等类本源奥义，辑成《医林纂要探源》十卷。其中多阐发医理，许多精论很有见地。该书首由婺源县单芳宗遗经堂刻于道光二十九年（1849），嗣又有同治十二年（1873）刻本和光绪二十三年（1897）江苏书局本，全国各大图书馆收藏普遍。

他的生平有刘师培为他作传[③]、安徽学政朱筠为他作墓表[④]。汪绂学说博综儒学，以朱子为归。著述中理学著作计有《理学逢源》《易经诠义》《尚书诠义》《四书诠义》《春秋集传》《礼记章句》《参读礼志疑》等百余卷，为朱熹故乡发明理学第一大家。综观他的学术道路，可总结为三点：治学严谨，勇于探索，富有创见。他在学术上主张“性与天道不可得闻”，认为“学不可不须知要，然所以得要，正须从学多后乃能拣出要处”，指出“《易》理全在象数上乘载出来”，“《书历象》《禹贡》《洪范》著力去考，都是经济”，“《诗》只依字句吟咏，意味自出”，“看《周礼》须得周公之心，乃于宏大处见治体之大，于琐屑处见法度之详”，“《春秋》非理明义精，殊不可学”。[⑤]他的儿子思谦，增生应省试归，后绂三日，以哀毁卒，其子先3月殇，其妇詹氏刲股疗舅不起，在失子、失公、失夫三重打击下发出“天道如此邪”的哀叹声

---

① 《清史列传·儒林传上二·汪绂》第五三七三页著录。

② 以上补入诸子目均见朱筠《墓表》。

③ 载《左庵外集》卷十八。

④ 载《笥河文集》卷十一。

⑤ 转引自《清史列传·儒林传上二·汪绂》第五三七四页。

中，自经殉夫，使汪绂失去传人。只有乾隆三十八年（1773）八月，他的学生余元遴将其学术整理后呈安徽学政朱筠，朱筠读后感叹地说："其书与江先生（永）埒，且闻诸府人，汪先生之行视江先生无不及也。"于是命诸生分录其遗书，呈四库全书馆，并配祀紫阳书院，才使汪绂学术传播开来。汪氏身世，其门生余龙光所编《双池先生年谱》四卷比较详细，使我们大体能窥见这位大学者一生为学做人大概。

其主要著作刻行如下：

乾隆间（1736—1795）栖碧山房刊婺源汪绂撰《春秋集传》十六卷、《首》一卷、《末》一卷、《春秋年谱》一卷计 2 种 19 卷。《中国古籍总目·经部·春秋类·春秋总义·传说之属》第 660 页（作清刻本）、《贩书偶记·经部·春秋总义类》卷二第 40 页、《安徽艺文考·春秋》著录，济南市图书馆藏。

乾隆十六年（1751）刻自撰《参读礼志疑》二卷。《安徽文献书目》第 140 页、《四库全书总目·经部·礼类四》卷二二第一七八页著录，安徽省图书馆藏 2 册本。

汪绂的著作在他身后版本很多，境内的家刻本最著名的要数汪氏一经堂刊本。安徽省图书馆就是汪氏著作收藏大户。

清刊清汪烜辑《乐府外集琴谱》四卷、《首》一卷计 5 卷。《中国古籍总目·子部·艺术类·音乐之属·谱·琴谱与指法》第 1474 页著录，国家图书馆藏。

清刻清婺源汪绂撰《大风集》四卷。《安徽省馆藏皖人书目》第 171 页、《安徽文献书目》第 141 页著录，安徽省图书馆藏 1 册本。

清刻清婺源汪绂撰《立雪斋琴谱》二卷、《首》一卷计 3 卷。《安徽省馆藏皖人书目》第 172 页著录，安徽省图书馆藏 1 册本。收入光绪间（1875—1908）汇印《汪双池先生丛书》本中。

清刻清婺源汪绂撰《书经诠义》十二卷。《安徽省馆藏皖人书目》第 172 页著录，安徽省图书馆藏 12 册本。

乾隆三十六年（1771）洪氏栖碧山房刻清婺源汪绂撰《参读礼志疑》二卷。《中国古籍善本总目·经部·礼类》第七八页、《中国古籍总目·经部·礼类·三礼总义·论说之属》第515页、《增订四库简明目录标注·经部·三礼总义》卷第二第95页、《中国古籍善本书目·经部·礼类》第212页、《安徽省馆藏皖人书目》第173页、《安徽省古籍善本书目·经部·礼类》卷一第十三页著录，国家图书馆、中国科学院图书馆、上海图书馆、复旦大学图书馆、内蒙古自治区图书馆、辽宁省图书馆、湖北省图书馆、内蒙古师范大学图书馆、安徽省图书馆（2册本）及安徽省博物馆（2册本）、黄山市博物馆藏。北京大学图书馆还藏乾隆三十六年（1771）王廷言在苏州刻本。收入《四库全书》《汪双池先生丛书》本中。

乾隆四十九年（1784）金溪两仪堂刻清婺源江永撰《河洛精蕴》九卷。《江西历代刻书·清代·坊刻》第307页著录。

嘉庆元年（1796）刻清汪绂撰《大风集》四卷。《中国古籍总目·集部·别集类·清代之属·清前期》第1370页著录，国家图书馆藏。

嘉庆二十一年（1816）婺源莘野书室刻婺源汪烜撰《孝经章句》一卷、《或问》一卷计2种2卷。《贩书偶记·经部·孝经类》卷三第61页著录。此书还有光绪乙未（二十一年，1895）刻本。《江西历代刻书·清代·坊刻》第315页仅著录《孝经或问》一卷。

道光六年（1826）（汪守和）一经堂刻清汪绂撰《四书诠义》三十八卷。《中国古籍总目·经部·四书类·四书总义·传说之属》第900页著录，国家图书馆、上海图书馆、南京图书馆、湖北省图书馆、浙江图书馆藏。收入光绪间（1875—1908）汇印《汪双池先生丛书》本中。

道光八年（1828）刻清婺源汪绂撰《双池策略》又名《汪双池策略》五卷。《安徽地震史料辑注》第257页（作道光本）、《安徽文献书目》第141页、《安徽省馆藏皖人书目》第174页著录，安徽省图书馆（5册本）、歙县博物馆藏。

道光间（1821—1850）一经堂[1]刻清婺源汪绂撰《双池文集》十卷。《安徽文献书目》第 141 页、《安徽省馆藏皖人书目》第 173 页著录，安徽省图书馆藏 6 册本。

曲水书局刻清婺源汪绂撰《易经如话》（十三卷）。《安徽省馆藏皖人书目》第 172 页著录，安徽省图书馆仅藏卷三、四至九卷计 7 卷 6 册不全本。

道光间汪守和一经堂刻清婺源汪绂撰《四书诠义》三十八卷。《安徽文献书目》第 141 页、《安徽省馆藏皖人书目》第 172 页、《贩书偶记・经部・四书类》卷三第 58 页著录，安徽省图书馆藏 14 册本。中华书局（北京）版《续修四库全书总目提要・经部・四书类》第九五七页著录汪守和始于道光六年（1826）序刻。此书一依朱注是正，书成于雍正九年（1731），乾隆七年（1742）汪廷镛作序。

道光甲午（十四年，1834）一经堂刻清汪绂撰《双池文集》十卷。《中国古籍总目・集部・别集类・清代之属・清前期》第 1370 页、《山东省图书馆馆藏海源阁书目・集部・别集类・清》第 290 页、《贩书偶记・集部・别集类》卷十七第 442 页、《清人别集总目》第 980 页著录，国家图书馆、首都图书馆、上海图书馆、南京图书馆、辽宁省图书馆、湖南省图书馆、安徽省图书馆、广东省中山图书馆、福建省图书馆、中国科学院图书馆、中国人民大学图书馆、镇江市图书馆、常州市图书馆、山东省图书馆（1 函 6 册本）及安徽科学研究所藏。该刊本半页 10 行，行 19 字（19.1×13.9），白口，左右双边，单黑鱼尾，封面题“道光甲午镌，一经堂藏板”，版心下镌“一经堂”。此书又于同治十二年（1873）刻，福建省图书馆藏。

① 一经堂应为婺源汪氏刻书堂号，早在康熙前期就开始刻书，如《中国古籍善本总目・经部・诗类》第五三页著录，湖南省图书馆藏康熙十六年（1677）一经堂刻明张次仲撰《张氏诗纪》不分卷。

道光十四年一经堂刻光绪二十二年（1896）续刻清汪绂撰《双池文集》十卷附清余龙光编《汪双池先生年谱》四卷计 2 种 14 卷。《香港所藏古籍书目・集部・别集类》第 296 页著录。

道光间（1821—1850）刻清汪绂撰《双池文集》十卷。《安徽地震史料辑注》第 246 页著录，安徽省图书馆藏。

道光间汪氏敬业堂刻清婺源汪烜撰《理学逢源》十二卷。《贩书偶记・子部・儒家类・理学之属》卷九第 219 页、《江西历代刻书・清代・私刻》第 225 页著录，还录有光绪间（1875—1908）刊本。此书为汪氏花了 20 多年工夫的力作。他在自序中称："自天人性命之微，以及日用伦常之著，自方寸隐微之地，以达经纶斯世之猷，庶几井井有条，通融贯彻，所以反求身心，以探乎天命之本源者，亦可不待外求而得终身焉足矣。"

道光十八年（1838）俞氏刻清婺源汪绂撰《理学逢源》十二卷。《安徽省馆藏皖人书目》第 173 页著录，安徽省图书馆藏 12 册本。

道光二十三年（1843）婺源汪氏兴德堂刻清婺源汪烜撰《诗经诠义》十二卷、《首》一卷、《末》一卷计 14 卷。中华书局（北京）版《续修四库全书总目提要・经部・诗类》第三八四页（作《末》二卷，余同计 15 卷）、《江西历代刻书・清代・私刻》第 225 页著录。

道光己酉（二十九年，1849）刻并由单（氏）遗经楼藏板清汪绂辑《医林纂要探源》十卷。《中国古籍总目・子部・医家类・综论之属》第 463 ～ 464 页、《全国中医图书联合目录・方书》第 227 页、《贩书偶记续编・子部・医家类》卷九第 130 页、《馆藏中医线装书目・临证各科》第 108 页、150 页著录，中国中医科学院图书馆、山东中医药大学图书馆、黑龙江中医药大学图书馆、山东中医药大学图书馆、黑龙江祖国医药研究院图书馆、上海图书馆、南京第一医学院图书馆、南通市图书馆、湖北中医学院图书馆、成都中医药大学图书馆、广西中医学院图书馆藏，江西省图书馆藏不全。

此外，国家图书馆、辽宁省图书馆、福建省图书馆、辽宁中医药大学图书馆、福建省图书馆藏同治癸酉（十二年，1873）刻本；天津市卫生职工医学院图书馆、苏州医学院图书馆藏光绪间（1875—1908）刻本；黑龙江中医药大学图书馆还藏光绪壬寅（二十八年，1902）抄本。该书光绪丁酉（二十三年，1897）江苏书局重刻本，中国医学科学院图书馆、北京大学图书馆、北京师范大学图书馆、首都图书馆、中国中医科学院图书馆、北京医科大学图书馆、北京中医药大学图书馆、北京中医学校图书馆、天津图书馆、天津医科大学图书馆、天津中医药大学图书馆、山东中医药大学图书馆、河南省图书馆、河南中医学院图书馆、山西省图书馆、内蒙古自治区图书馆、中蒙医研究所图书馆、陕西省图书馆、陕西中医学院图书馆、陕西省中医药研究院图书馆、甘肃省图书馆、甘肃中医学院图书馆、辽宁省图书馆、中国医科大学图书馆、长春中医药大学图书馆、齐齐哈尔市图书馆、黑龙江中医药大学图书馆、上海图书馆、上海第一医科大学图书馆、中华医学会上海分会图书馆、上海第二医科大学图书馆、上海中医药大学图书馆、南京图书馆、南京中医药大学图书馆、苏州市中医院图书馆、苏州市图书馆、镇江市图书馆、扬州市图书馆、南通医学院图书馆、安徽省图书馆、江西省图书馆、湖北中医学院图书馆、湖南中医学院图书馆、四川省图书馆、泸州市图书馆、华西医科大学图书馆、云南省图书馆、云南中医学院图书馆、成都中医药大学图书馆、福建中医学院图书馆、广西壮族自治区图书馆、广西中医学院图书馆、广州中医药大学图书馆及天津市医药技术情报站、浙江中医药研究院藏。

同治五年（1866）婺源余氏刻光绪九年（1883）订补余龙光编《双池先生年谱》四卷。《国家图书馆普通古籍总目·传记门·个人年谱》第281页著录，国家图书馆藏2册本4部，板藏沱川理源。

同治间（1862—1874）刻清婺源汪绂撰《易经如话》十三卷、《附》一卷计14卷。《安徽省馆藏皖人书目》第173页著录，安徽省图书馆藏7册本。经考系《汪子遗书》本零种逸出单行本。

同治十二年（1873）曲水书局刻清汪烜撰《易经诠义》十四卷。《安徽省馆藏皖人书目》第177页著录，安徽省图书馆藏15册本，但误作歙县汪煊，误，应为婺源汪绂（烜）。

同治十二年安徽敷文书局刻《汪双池先生丛书》中清汪绂撰《诗经诠义》十二卷、《首》一卷、《末》一卷计14卷。《中国古籍总目·经部·诗类·传说之属》第355页著录，国家图书馆、中国科学院图书馆、天津图书馆、上海图书馆、山东省图书馆、湖北省图书馆藏，辽宁省图书馆藏清抄本。此书随刻随行世，光绪间（1875—1908）收入汇印《汪双池先生丛书》本中。

同治间刻清汪烜撰《安徽献书》。《安徽地震史料辑注》第256页著录，歙县博物馆藏。

光绪间刻清婺源汪绂撰《六礼或问》十二卷。中华书局（北京）版《续修四库全书总目提要·经部·礼类》第六一七至六一八页（作光绪乙未，二十一年刊）、《安徽省馆藏皖人书目》第171页、《安徽文献书目》第141页著录，安徽省图书馆藏4册本。此书成于雍正五年（1727）。

光绪间刻清婺源汪绂撰《易经如话》十二卷。《安徽省馆藏皖人书目》第172页著录，安徽省图书馆藏6册本。

光绪间刻清婺源汪绂撰《浙刻双池遗书》8种。《安徽省馆藏皖人书目》第172页著录，安徽省图书馆藏8册本。徐按，光绪九年（1883）至二十二年（1896）浙刻《双池遗书》12种三十八卷。故此著录为不全本。

光绪间刻清婺源汪绂撰《双池遗书》□种□□卷。《安徽省馆藏皖人书目》第174页著录，安徽省图书馆藏69册本。全目见前已附，估计是不全本。

光绪间（1875—1908）刻清婺源汪绂撰《读〈读书录〉》二卷。《安徽省馆藏皖人书目》第174页著录，安徽省图书馆藏1册本。

光绪七年（1881）紫阳书院刻清婺源汪绂撰《书经诠义》十二卷、《首》二卷计14卷。《中国古籍总目·经部·书类·传记之属》第264页（作婺源曲水书局刻紫阳书院印，误，曲水书局为安徽官书局，非婺源县）、《安徽省馆藏皖人书目》第172页著录，国家图书馆、北京大学图书馆、上海图书馆、复旦大学图书馆、安徽省图书馆（13册本）藏。

光绪癸未（九年，1883）紫阳书院刻清婺源汪绂撰《乐府外集琴谱》四卷、《首》一卷计5卷。《中国古籍总目·子部·艺术类·音乐之属·谱·琴谱与指法》第1474页、《贩书偶记·子部·艺术类·琴谱之属》卷十第252页、《安徽省馆藏皖人书目》第173页著录，国家图书馆、中央音乐研究所（院）图书馆、安徽省图书馆（1册本）藏。

光绪九年（1883）婺源刊清汪绂撰《乐经律吕通解》五卷。中华书局（北京）版《续修四库全书总目提要·经部·乐类》第六五〇页著录。

光绪癸未（九年）紫阳书院刻清婺源汪绂撰《乐经律吕通释》五卷。《安徽省馆藏皖人书目》第173页著录，安徽省图书馆藏5册本。

光绪癸未（九年）刻清婺源汪绂撰《立雪斋琴谱》二卷、《首》一卷计3卷。《贩书偶记·子部·艺术类·琴谱之属》卷十第252页著录。

光绪十年（1884）紫阳书院刻清婺源汪绂撰《读〈近思录〉》一卷。《安徽省馆藏皖人书目》第174页著录，安徽省图书馆藏1册本。

光绪十年紫阳书院刻清婺源汪绂撰《诗韵析》七卷即《诗韵析》五卷《首》一卷《末》一卷。《安徽省馆藏皖人书目》第173页、《安徽文献书目》第141页著录，安徽省图书馆藏4册本。《中国古籍总目·经部·小学类·音韵之属·音说》第1167～1168页著录为光绪九年婺源紫阳书院刻本，中国人民大学图书馆、复旦大学图书馆、湖北省图书馆藏，收入光绪间（1875—1908）汇印《汪双池先生丛书》本中。

光绪十年（1884）刻清婺源汪绂撰《物诠》八卷。《安徽省馆藏皖人书目》第 172 页著录，安徽省图书馆藏 2 册本。

光绪十八年（1892）金溪两仪堂刻清婺源江永集注《近思录集注》十四卷。《江西历代刻书·清代·坊刻》第 308 页著录。

光绪二十年（1894）刻清婺源汪绂撰《读〈问学录〉》一卷。《安徽省馆藏皖人书目》第 174 页著录，安徽省图书馆藏 1 册本。

光绪二十一年（1895）刻清汪绂撰《汪氏遗书》8 种□卷。《山西省图书馆普通线装书目录·总记门·丛书类》第 1009 页著录，山西省图书馆藏 8 册本。

光绪二十一年石印清婺源汪绂撰《山海经》九卷。《安徽省馆藏皖人书目》第 171 页著录，安徽省图书馆藏 4 册本。

光绪乙未(二十一年)中秋刻清婺源汪绂撰《六礼或问》十二卷附《末》一卷计 13 卷。《中国古籍总目·经部·礼类·三礼总义·通礼之属》第 530 页（无附）、《安徽省馆藏皖人书目》第 171 页、《贩书偶记续编·经部·三礼总义类》卷二第 14 页著录，国家图书馆、南京图书馆、湖北省图书馆、安徽省图书馆（4 册本）藏。

光绪二十一年刻清汪绂撰《孝经章句或问合编》不分卷附《考据》。中华书局（北京）版《续修四库全书总目提要·经部·孝经类》第八二四至八二五页、《香港所藏古籍书目·经部·孝经类》第 25 页著录，香港中文大学图书馆藏 1 册本。

光绪二十一年刻清婺源汪绂撰《戊笈谈兵》十卷。《安徽省馆藏皖人书目》第 171 ～ 172 页著录，安徽省图书馆藏 8 册本。

光绪二十一年刻清婺源汪绂撰《春秋传》又名《春秋集传》十六卷。中华书局（北京）版《续修四库全书总目提要·经部·春秋类》第七五五页、《安徽省馆藏皖人书目》第 172 页著录，安徽省图书馆藏 4 册本。

光绪二十一年（1895）刻清婺源汪绂撰《读〈读书录〉》一卷。《安徽省馆藏皖人书目》第174页著录，安徽省图书馆藏1册本。此应为先印或不全本。

光绪二十一年刻清婺源汪绂撰《读〈读书录〉》二卷。《安徽省馆藏皖人书目》第174页著录，安徽省图书馆藏2册本。此为后印本。

光绪二十一年刻清汪绂撰《考读礼志疑》二卷。《中国古籍总目·经部·礼类·三礼总义·论说之属》第515页著录，上海图书馆藏。

光绪二十二年（1896）刻清婺源汪绂撰《乐经或问》三卷。《安徽省馆藏皖人书目》第173页著录，安徽省图书馆藏3册本。

光绪二十二年刻清婺源汪绂撰《先儒晤语》二卷。《安徽省馆藏皖人书目》第173页著录，安徽省图书馆藏1册本。安徽省图书馆还藏据玉雪斋稿本抄3册本。

光绪丙申（二十二年）仲冬重刊清婺源汪绂辑《立雪斋琴谱》二卷。《贩书偶记续编·子部·艺术类》卷十第153页著录。

光绪二十二年刻清婺源汪绂撰《礼记或问》八卷。《安徽省馆藏皖人书目》第173页著录，安徽省图书馆藏4册本。

光绪二十二年江苏书局刻清汪绂撰《医林纂要探源》十卷。《安徽省馆藏皖人书目》第173页著录，安徽省图书馆藏10册本。

光绪二十二年刻版记题光绪丙申（二十二年）季冬重刻清余龙光编《双池先生年谱》四卷。《国家图书馆普通古籍总目·传记门·分传·个人年谱》第281页著录，国家图书馆藏4册本1部，2册本3部。

光绪二十三年（1897）刻清汪绂撰《双池策略》又名《策略》六卷。《中国历史博物馆藏普通古籍目录·子部·儒家类》第254页、《安徽省馆藏皖人书目》第174页著录，中国历史博物馆、安徽省图书馆藏4册本。

光绪二十三年刻清汪绂撰《读〈近思录〉》（一卷）。《安徽省馆藏皖人书目》第174页著录，安徽省图书馆藏1册本。

光绪二十四年（1898）刻清汪绂撰《书经诠义》十二卷、《首》二卷计 14 卷。《中国古籍总目・经部・书类・传说之属》第 264 页著录，南京图书馆藏，北京大学图书馆藏清爱日堂抄本为《首》一卷，余同。

在汪绂行世诸版中最大的出版工程为已介绍的赵氏长安版，还有一种比较大的汪氏著述出版工程为光绪二十二年（1896）浙江书局刊行的《汪子遗书》12 种三十八卷及附，这套丛书安徽省图书馆所藏就达 110 册。

光绪三十三年（1907）刻清汪绂撰《浙刻双池遗书八种》十四卷。《中国丛书广录・汇编丛书・自著类・清代前期》第 297 ～ 298 页著录，湖南省图书馆藏。此内子书均刻于光绪二十一年（1895），这套丛书应系从浙江书局刊行的《汪子遗书》12 种抽出汇印而成。

他的学生中最亲近并对他的著述整理贡献最大的要数他的收山弟子、婺源沱川的余元遴。因汪绂子思谦以父卒毁卒，汪绂遗书全归元遴。余元遴为追怀师德文章，特作《汪双池先生年谱》四卷[①]。乾隆三十七年（壬辰，1772）征书编《四库全书》，三十八年安徽学政朱筠按试徽州府，余元遴呈送十余种汪绂遗书，由朱筠命学官缮写呈缴四库馆，并将汪绂木主附祀紫阳书院，使汪绂学识得到官方承认。时人赞叹说：“绂虽无后而不亡，差可无憾。”还有不少著作的问世与有巨贾学人的帮助是分不开的。如同邑黄振甲在异地经商，为乡人做过大量义举，[②] 其中最引注目的是创办汪子双池书局。

① 《安徽省古籍善本书目・史部・传记类》卷二第三十二页著录，安庆市图书馆藏同治五年（1866）沱川理源家刻此谱 2 册本，有桐城方宗诚题识并批点。

② 《［光绪］婺源县志・人物・义行》卷三四载：黄振甲“自幼运木毗陵。值兵燹后（指镇压太平天国运动），业木多罄其资，甲检积券数千缗，叹曰：‘徒为子孙累。’遂尽举而焚之。其地方设安徽会馆、施棺所、养济院、育婴堂及汪子双池书局，皆慷慨输金，以襄义举。”

天下第一学人戴震

戴震是18世纪唯物主义哲学家、清代考据学派首领、乾嘉学派中的朴学大师，是一位对经学、哲学等社会科学以及天文、地理、算学等自然科学有卓越贡献的学者。他是乾嘉学派中的代表人物，尤其是他在徽州学领域具有重要的历史地位。

戴震（1724—1777），字慎修，因与老师江永字同，改字东原，人称东原先生，44岁注诗称杲溪，休宁县由山乡忠义里（今属黄山市屯溪区隆阜）人。自幼家贫，其祖宁仁、父弁均为布衣。戴震10岁才能讲话，就傅读书，过目成诵，并善思好问。他的启蒙老师在教授《大学》章句右经一章时，他反问老师："此何以知孔子之言而曾子述之？又何以知为曾子之意而门人记之？"老师说："此朱子云尔。"又问："朱子何时人？"师答："南宋。"又问："曾子何时人。"师答："东周。"又问："周去宋几时？"师答："几二千年。"于是戴再问："然则子朱子何以知其然？"直问得老师哑口无言，可见他是个读书善于思考，穷究字义的人。18岁后，因家贫，随父戴弁去江西南丰贩布，曾在福建邵武设馆课童。两年后返里，与同郡郑牧、汪肇龙、汪梧凤、方矩、程瑶田、金榜同拜经学大师江永为师，成为江永最得意骇叹的门生。又入南京族人戴瀚[①]处攻八股时文。28岁补县学生，29岁时才中秀才。著《考工记图》《屈原赋注》《勾股割圜记》。他的古文功底深厚，故淳安古文家方楘如（字若文、文辀，号朴山）在乾隆十五年（1750）入主紫阳书院时，将戴震、郑牧、汪梧凤的"制义"类文字刻成《新安三子课艺》，

---

① 戴瀚（1686—1755），字巨川，又字镇东，号雪村，休宁人，居上元，戴震族人，天章长子。雍正元年（1723）中一甲二名（传胪）进士，官至侍读学士。著《雪村编年诗剩》十二卷（《清人别集总目》第2435页著录，大连市图书馆及日本京都大学人文科学研究所藏此书，系民国三至五年上元蒋氏慎修书屋排印翁长森、蒋国榜辑《金陵丛书·丁集》中）。

作为书院语文习作范文，可见而立之年前他已是徽州很有影响的学者。33岁时，他家祖坟被侵占，被迫与族豪诉讼县衙，乾隆二十一年(1756)，族豪买通县令，利用湖南学政胡中藻《坚磨生诗钞》[①]这个文字狱加罪于戴震，使他面临杀身灭族的灾难。为避仇人，他带着自己的文稿来扬州，成为卢见曾的座上客，被名彦惠栋、沈大成称赞为奇人。

乾隆十九年(1754)冬，戴震游学京师，寄居徽州会馆，虽然衣食不周，依然坚持苦读，很受纪昀、钱大昕、王鸣盛等当代学彦赏识，一时誉满京师，“海内皆知有戴先生矣”[②]。司寇秦蕙田特聘他纂修《五礼通考》。戴震走出徽州的游历生涯使他的学术道路越走越宽广，对学问也有不同的理解和作为，认为致力于古文不能够保证“得道”，而决心投身于考据学业，与科举道路越走越远。乾隆二十四年（1759）参加乡试，因不交权贵而名落孙山。乾隆二十七年(1762)他40岁时才中举。此后6次考进士，因他对程朱“理欲之辨”理学有看法，主张“理存于欲”，提出了“理义在事而接于我之心知。血气心知有自具之能，口能辨味，耳能辨声，目能辨色，心能辨夫理义”[③]等与当时统治思想程朱陆王理学相左的见解而受到排斥，不予录取。他在著述中这种武器的批判类言论更多。如他在成于乾隆丙申至丁酉（1776—1777）年间的哲学代表作[④]《孟子字义疏证》中指出：“理欲之分，人人能言之。故今之治人者，

---

① 胡中藻《坚磨生诗钞》案为乾隆朝文字狱之一。胡中藻，江西新建人。乾隆间（1736—1795）进士，官至内阁学士。曾任陕西、广西学政。乾隆二十二年（1757）因诗中有“一世无日月”“又降一世夏秋冬”“一把心肠论浊清”等句被周纳为诽谤朝廷，加上广西学政任上出了道“乾三爻不象龙说”考题，其中“龙”与“隆”同音为诋毁乾隆，四月被乾隆下令处死。曾与之唱和的广西巡抚鄂昌被责令自尽，侍郎裘曰修被革职。因胡中藻为鄂尔泰门生，又责令将已死鄂尔泰以结党营私罪撤出贤良祠。

② 钱大昕：《潜研堂文集·戴先生震传》卷三十九。

③ 《孟子字义疏证》。

④ 戴震去世前曾在给段玉裁的信中指出：“仆生平著述最大者，为《孟子字义疏证》一书，此正人心之要。今人无论正邪，尽以意见，误之名曰理，而祸斯民，故《疏证》不得不作。”戴震在本书中从本体论、认识论、伦理观等方面对程朱理学进行了全面批判，从而系统地阐发了他的气本论和政治伦理学说。

视古贤圣体民之情，遂民之欲，多出于鄙细隐曲，不措诸意，不足为怪；而及其责一理也，不难举旷世之高节，若于义而罪之，尊者以理责卑，长者以理责幼，贵者以理责贱，虽失，谓之顺；卑者、贱者以理争之，虽得，谓之逆。于是下之人能以天下之同情、天下所同欲达之于上；上以理责其下，而在下之罪，人人不胜指数。人死于法，犹有怜之者；死于理，其谁怜之！”[①] 把批判的锋芒直指“以理杀人”的程朱理学，折光地把批判矛头指向清代借理学名义压制人民，并对大兴文字狱表达不满。

因其学术饮誉学界，朱筠邀他游晋，纂修《汾州府志》。乾隆三十八年 (1773) 他 51 岁时，经纪昀推荐，被召为四库全书馆充《永乐大典》纂修官兼分校官。四十年 (1775) 特命免于参加乡试而直接参加殿试，赐同进士，任翰林院庶吉士，官至编修。《四库全书总目》中的不少经史、天算、楚辞、地理、小学、方言等提要都由他写定，并参与商订其他条目。他在四库馆最勤勉，晨夕披览，不顾寒暑，对经进图籍进行精审校勘。最著名要数对《大戴礼记》《水经注》的校勘了。如《中国古籍善本书目·史部·地理类二》第 1022 页著录，中国社会科学院考古研究所藏清何焯、戴震校并跋康熙五十三年至五十四年（1714—1715）小溪项细因群玉书堂刻北魏郦道元撰《水经注》四十卷；北京师范大学图书馆还藏此版本清小隐批，清金凤清录清赵一清[②]、戴震校本。该书第 1024 ～ 1025 页著录，国家图书馆藏清赵坦、李慈铭校乾隆间刻清戴震校订、北魏郦道元撰《水经注》不分卷；上海图书馆藏清杨

---

① 清戴震撰、张岱年主编、杨应芹点校《戴震全集·孟子字义疏证》卷上第一六一页，合肥：黄山书社，1994。

② 赵一清还撰《水经注释》四十卷《附录》二卷《水经注笺刊误》十二卷计 3 种 54 卷，《北京师范大学图书馆古籍善本书目·史部·地理类·山水志》第 114 页著录，该馆藏乾隆五十一年（1786）赵氏小山堂刻乾隆五十九年（1794）重修 20 册本。该刊本半页 10 行，行 22 字，白口，左右双边，版心镌“东潜赵氏定本”，封面刻“小山堂雕”。可见，赵氏与戴震一样是整理《水经注》的功臣。

传第校乾隆间刻清戴震校订、北魏郦道元撰《水经注》不分卷；辽宁省图书馆藏佚名录清戴震、钱大昕校万历四十三年（1615）李长庚刻明朱谋地韦撰《水经注笺》四十卷等。《水经注》研究的杰出学者胡适先生充分肯定了戴震的历史功绩。《中国古籍善本书目·史部·地理类二》第1020页著录，国家图书馆藏胡适校并跋正德十三年（1518）盛夔刻题汉桑钦撰《水经》三卷；同书第1021页著录，国家图书馆藏邓邦述跋、胡适校并跋嘉靖十三年（1534）黄省曾刻北魏郦道元撰《水经注》四十卷；同书第1026页著录上海图书馆藏清徐松、林颐山校，清王梓材跋，胡适、叶景葵跋清全祖望撰《水经注重校本》四十卷稿本（其中卷七至四十配清黄杏芬抄本）；同书第1028页著录国家图书馆藏胡适跋清抄清戴震撰《水经考次》一卷等。可见，这两位大家研究成果是十分权威的。由于他在四库馆内拼命工作，最终积劳成疾，乾隆四十二年（1777）五月，在不到5年就累死在京师崇文门西范氏颖园任所，享年按农历计算才55岁，足龄53岁。灵柩由夫人率子运回故里，葬于休宁商山乡几山头前。震累死十几年后，乾隆帝校刊《石经》时翻出戴震校注的《水经注》，还问南书房诸臣："戴震尚在否？"[①] 众臣告诉他戴震已死，令乾隆帝叹惜不已。可见，他的学识与影响。

他首先是治学严谨，知识博深，著述宏富的学者。综观戴氏著述，在学术上贡献很大，举凡"礼经制度、名物及推步、天气，皆洞彻其原本。既乃研精汉儒传注及方言、说文诸书，由声音文字，以求训诂，由训诂以寻义理，实事求是，不偏主一家，亦不过聘其辩以排前贤。"[②] 由于戴震对传统古籍进行诠释的同时，构建了义理学的思想体系，主张治经闻道，寻求义理，并以其博大精深的考据学成就名震乾嘉学派。他一生著有多部谈性、命、义、理的专著，彻底否定了南宋迄明中期及清初新安理学以朱熹学说为宗旨，把徽州学术风气从空谈义理导向侧重考

① 《清史列传·儒林传下一·戴震》卷六十八第五五一六页。

② 《［道光］徽州府志·人物志·儒林》卷十一第二十一页。

据学风，并自戴震后出现一批以求是、考据为宗旨的徽派朴学家，使他成为当代的学术宗师、皖派考古学的杰出代表和皖派中朴学的集大成者。支伟成说："自戴震崛起安徽，皖派经师头角崭露。"[①] 国学大师梁启超在评价他的学术贡献时指出："戴东原先生为前清学者第一人，其考证学集一代大成，其哲学发二千年所未发。"[②]

他的著作偏重于小学、测算、典章制度方面。主要著作县志载："《毛郑诗考正》四卷、《诗补注》一卷、《仪礼考正》一卷、《考工记图》二卷、《尔雅文字考》十卷、《方言考证》十三卷、《声韵考》四卷、《声类表》十卷、《原善》三卷、《大学补注》一卷、《中庸补注》一卷、《孟子字义疏证》三卷、《原象》一卷、《迎日推策记》一卷、《历问》一卷、《古历考》二卷、《勾股割圜记》三卷、《六书论》一卷、《屈原赋注》二卷又作《屈原赋注》七卷《通释》二卷计 2 种 9 卷、《文集》六卷，又《水地记》七册（三十卷）未成。"计 21 种 100 卷；府志载有"《策算》一卷、《考工记图注》又名《考工记图》二卷、《屈原赋注》七卷、《通释》三卷、《音义》三卷、《勾股割圜记》三卷、《方言疏证》十三卷、《原善》三卷、《孟子字义疏证》三卷、《原象》一卷、《声类考》四卷、《声类表》九卷、《毛郑诗考正》四卷《首》一卷、《考正郑氏诗谱》又名《郑康成世谱》一卷、《文集》十卷；又《杲溪诗经补注》二卷、《续天文略》二卷、《大学补注》一卷、《中庸补注》一卷，皆先生未成之书；又《六书论》三卷、《转语》二十章，皆不著录；又《尔雅文字考》十卷存吴俊处，《水经》一卷存段玉裁处，《直隶河渠书》六十四卷，先生之子中奚自山东取藏于家，《历问》一卷（应为二卷）、《古历考》二卷见洪榜所撰先生行状，未刊行，又著《古今岁实考》不分卷、《筹算》；又校正《水经注》、《周髀算经》、

① 支伟成：《清代朴学大师列传》卷六。

② 梁启超：《饮冰室合集·文集·戴东原图书馆缘起》第五册，第 110 页，北京：中华书局，1989。

《九章算术》、《五经算术》、《海岛算经》、《张邱建算经》、《夏侯阳算经》、《孙子算经》、《五曹算经》、《大戴礼》（即《大戴礼记》十三卷）、《仪礼（正误）》（又作《仪礼考正》一卷）、《释宫》、《仪礼集释》、《项安世家说》、《蒙斋中庸讲义》诸书。”[①]两志所载缺额均很大。如还有《尚书义考》二卷、《戴东原先生文》一卷、《戴东原集》十二卷、《水经考次》一卷等。

今考安徽省古籍整理办公室出版的《戴震全书》多达540万字，共收集戴氏著述达38种之多，该全书有卷数24种就达139卷。其中有12种为首次刊行。

由戴震研究会、徽州师范专科学校、戴震纪念馆编纂的《戴震全集》仅239.8万言，号称收41种，实收子书35种，这套于1991—1999年由清华大学出版社出版的6册本《全集》。按内容编册。第1册收哲学、天文、历法、地志类专著及文章，第2、3、4册收算学、诗赋考辨、经籍文章及名物考证，第5册收小学类及其他著作，第6册收补遗及部分资料附录。这两套大型古籍整理于戴学贡献不小，但遗珠在所难免，离《全书》《全集》尚有距离。总体看，《全书》优于《全集》。

余如台湾大化书局影印清戴震撰《戴东原先生全集》28种中有卷数的计22种86卷[②]。还有孔氏《微波榭丛书·戴氏遗书》16种五十九卷，拟刻《毛郑诗考正》五卷、《杲溪诗经补注》二卷（未成）、《考工记图》三卷、《孟子字义疏证》三卷、《声韵考》四卷、《声类表》十卷、《原善》三卷、《原象》一卷、《续天文略》二卷、《水地记》一卷、《方言疏证》又名戴震疏证《輶轩使者绝代语释别国方言》十三卷、《水经注》又作《水经注校正》三十五卷（一作四十卷）、《策算》一卷、《句（勾）股割圜记》三卷、《文集》十卷、《诗经补注》二卷、《文集》十卷等

① 《［道光］徽州府志·人物志·儒林》卷十一之三第二十二页。

② 《中国丛书广录·汇编丛书·自著类·清代前期》第299页著录，有汪中序，除末1种与附录外，均收入《安徽丛书》中。此版书只是对《安徽丛书》略加改造而已。

23种及《绪言》三卷、《尚书义考》二卷、《经考》五卷、《重编文集》十二卷等。《安徽丛书》第六期载胡朴安著《戴先生所著书考》共列了戴震著书39种265卷以上，校书计50种。《扬州画舫录》还著录他著有《医学指南》（佚）、《戴氏注难经》（佚）、《金匮要略注》（佚）、《伤寒论注》（佚）、对《五经算术》二卷的《考证》一卷等。还有《六书论》三卷[①]、《转语》二十章[②]、《尔雅文字考》十卷[③]、《七经小记》不分卷[④]、《诂训篇》[⑤]、《学礼篇》[⑥]、《金山志》无卷数[⑦]、《仪礼考证》一卷[⑧]、《大学补注》一卷[⑨]、《历问》一卷[⑩]、《古历考》二卷[⑪]、《水

---

① 清段玉裁：《戴东原先生年谱》有乾隆乙丑（十年，1745）孟冬“成《六书论》三卷”，“其稿未见”，《戴震文集·六书论序》说：“考自汉已来，迄于近代，各存其说，驳别得失，为《六书论》三卷。”

② 清段玉裁：《戴东原先生年谱》有乾隆丁卯（十二年，1747）仲春“成《转语》二十章”，“书未成”，“孔检讨广森序《戴氏遗书》亦云未见”。但《戴震文集·转语二十章序》称：“昔人既作《尔雅》《方言》《释名》，余以谓犹阙一卷书，创为是篇，用补其阙。”

③ 清段玉裁：《戴东原先生年谱》有乾隆己巳（十四年，1749）载“有《尔雅文字考》十卷”，“书稿藏曲阜孔户部家”，后又在苏州吴慈鹤家，“未刊”。《戴震文集·尔雅文字考序》称：“偶有所记，惧过而旋忘，录之成帙，为题曰若干卷《尔雅文字考》。”

④ 清段玉裁：《戴东原先生年谱》记载此书名，但记为未成。

⑤ 清段玉裁：《戴东原先生年谱》记载此书名，但记为未成。

⑥ 清段玉裁：《戴东原先生年谱》记载此书名，但记为未成。

⑦ 清段玉裁：《戴东原先生年谱》载乾隆丁丑（二十二年，1757）“有《金山志》一小册”。

⑧ 清段玉裁：《戴东原先生年谱》载此书藏曲阜孔继涵处，孔继涵也在《戴氏遗书总序》中说：“君入书局”，“为《仪礼正误》一卷”。

⑨ 清段玉裁：《戴东原先生年谱》载乾隆癸未（二十八年，1763）以前所为，未成。但《［道光］徽州府志》本传均著录此书。

⑩ 《仪郑堂总序》作二卷，《［道光］休宁县志》、《［道光］徽州府志》本传皆载，余无考。

⑪ 清段玉裁：《戴东原先生年谱》载，《古历考》疑即已刊之《续天文略》二卷，但清洪榜撰《戴先生行状》及孔继涵《戴氏遗书总序》、《［道光］休宁县志》、《［道光］徽州府志》本传皆载此书，余无考。

地记》三十卷[①]、《唐宋文知言集》二卷[②]、《气穴记》一卷[③]、《藏府象经论》四卷[④]、《葬法赘言》四卷[⑤]、《制义》一卷[⑥]、《经义》十八首[⑦]、《季氏将伐》一章[⑧]、《书补传》[⑨]、《历法起例》二卷[⑩]、《皖桐香山戴氏家谱》二十卷[⑪]、《檀弓评点》[⑫]、《史记评点》[⑬]、《春秋即位改元考》一卷等均见有关资料记载，未查出刊刻情况及稿本存留如《准望简法》一卷《割圜弧矢补论》一卷《句股割圜全义图》一卷《方圜比例数表》一卷计 4 种 4 卷之类、《孟子私淑录》三卷、《水经考次》一卷、《戴氏经考》二十六卷、《水地记》五卷、《深衣解》一卷、《声韵考》四卷、《古今岁实考》不分卷及 17 岁所写《说文解字》等。此外，还编刊《汾州府志》三十四卷、《首》一卷、《末》一卷，《汾阳县志》十四卷、《首》一卷，删定《直隶河渠书》一百一十卷，参修《［乾隆］寿阳县志》十卷、《首》一卷及参编《四库全书》《五礼通考》等官书。

---

① 清段玉裁：《戴东原先生年谱》载，此书孔继涵只刻一卷。洪榜：《戴先生行状》载“《水地记》三十卷。”王昶：《戴东原先生墓志铭》《［道光］徽州府志》本传皆载其未成之书有“《水地记》七册”。《中国古籍总目·史部·地理类·山水志之属·水》第 3932 ~ 3933 页、《中国古籍善本书目·史部·地理类》第 1029 页著录，北京大学图书馆藏 1 卷本稿本，国家图书馆藏乾隆四十二年（1777）孔继涵家抄 3 卷本有孔继涵跋，南通市图书馆藏 5 卷清抄本等。此书收入《微波榭丛书》、道光本《昭代丛书》、《安徽丛书》、《问影楼舆地丛书》（第一集）、《丛书集成初编》中。

② 清段玉裁：《戴东原先生年谱》载“《唐宋文知言集》上、下二册，集上五十九篇，集下七十二篇。”

③ 清洪榜：《戴先生行状》著录此书，余无考。

④ 清洪榜：《戴先生行状》著录此书，余无考。

⑤ 清洪榜：《戴先生行状》著录此书，余无考。

⑥ 清洪榜：《戴先生行状》著录此书，余无考。但戴中立说有“古文时文集计六卷。”

⑦ 清段玉裁：《戴东原先生年谱》载此书，余无考。

⑧ 清周永年选《制义类编》收此书一章事迹，余无考。

⑨ 查清秦蕙田纂《五礼通考·观象授时》篇引用此书三段话，余无考。

⑩ 《清史稿·艺文志补编》著录此书，余无考。

⑪ 《清史稿·艺文志补编》著录此书，余无考。

⑫ 清段玉裁：《戴东原先生年谱》载此书，余无考。

⑬ 清段玉裁：《戴东原先生年谱》载此书，余无考。

其中，收入道光九年（1829）广东学海堂刻及咸丰十一年（1861）补刻阮元辑《皇清经解》一千四百〇八卷中经学著作有《毛郑诗考正》四卷、《杲溪诗经补注》二卷、《考工记图》二卷、《戴东原集》二卷计 4 种 10 卷。还校正《大戴礼记》十三卷等。

他的稿本存世的还有《北京大学图书馆藏古籍善本书目·史部·地理类》第 154 页著录馆藏与其亲家清孔继涵辑《文选注引水经注》一卷本合订 1 册的稿本，第 155 页著录馆藏 1 册《水地记》一卷稿本；《子部·杂家类》第 299 页著录馆藏乾隆三十六年（1771）清戴震等撰《戴氏杂录》1 册稿本；《集部·别集类》第 490 页及《中国古籍善本书目·集部·清别集类》第 1215 页著录馆藏《戴东原先生文》一卷 1 册稿本，有胡适跋；湖北省图书馆藏《经雅》不分卷稿本；清华大学图书馆藏《续方言》二卷稿本。上海图书馆藏《声韵考》四卷，系 1973 年文物图书清理部门送交霉烂成饼的残稿，由顾廷龙馆长委托潘美娣修复。此稿为戴氏在乾隆三十七至三十八年改定，李文藻在广东刻行此书的底本，钤有“李南涧藏书印”及“青州东郭李氏藏书”印，为李文藻所藏。此外，杨守敬撰《水经注戴赵校勘本》不分卷属戴学研究性著作。戴震在编史修志领域十分注重地理沿革的考证，提出“志之首，沿革也”的主张。

其次，他是一位编辑大家。他校勘的《大戴礼记》十三卷、《水经注》尤为精辟；他主纂的《［乾隆］汾州府志》三十四卷、《直隶河渠书》一百一十一卷，向被方志界视为范本；他又从《永乐大典》内得《九章》《五曹算经》《周髀》《海岛》七种等王锡阐、梅文鼎未见数学书，经他校勘整理加上自撰《勾股割圜记》一卷，并著《迎日推策记》一卷、《策算》一卷编成《算经十书》丛书。由于过于劳累，在他生命后期已患上部分瘫痪症，但仍坚持著书立说，在弥留前的 10 天内写出《声类表》。

戴震是一位卓有贡献的古籍整理家。他在编辑校勘整理中的最大贡献是在累死前 5 年的四库全书馆整理旧籍工作上，尤其是对整理《永乐大典》及编纂校勘《四库全书》注《水经注》方面的贡献是很大的。如对《水经注》的校勘用力10年，补缺漏字2128个，删除妄增字1448个及臆改字3715个。他对老师江永的著述也用力甚勤，参订江永撰《古韵标准》四卷、《诗韵举例》一卷，批《仪礼注疏》十七卷，校《五礼通考》二百六十二卷、《大戴礼记》十三卷等。

他又是藏书家刻书家。《四库全书总目》集部中著录了他家藏书中的2部38卷，存目也著录了两部。藏书印有“葺荷散人”和“白玉兮为镇疏石兰兮为芳”。他与曲阜孔继涵为挚友，又系姻亲，其子广根为戴的女婿，从子广森是戴的高足，因此，戴在乾隆四十二年（1777）五月累死后藏书与遗稿尽归孔氏。孔氏家刻，我也将其列入戴氏家刻范围。他本人所刻书并不多。此外，他的高足段玉裁也是他著作的积极刊布者。他24岁所成《考工记图》为河间纪昀所刻；他30岁前在汪梧凤不疏园就读时，著《屈原赋注》七卷、《通释》二卷、《音义》三卷，汪氏为他所刻；33岁所作《句（勾）股割圜记》三卷，歙县吴行先刻；51岁校成《校水经注》四十卷自刻等。他死后，他的亲家与高足孔氏一门对他的遗书又大部进行刊刻行世，这些应视为家刻。因此，洪亮吉在《北江诗话》中将藏书家分为考订、校雠、收藏、赏鉴、掠贩五等，把戴震、钱大昕等人列为一等，对于这样的大师来说，确实当之无愧。戴震的思想高度和学术水平是我国18世纪学术高峰中“乾嘉朴学”的领袖。戴震逝世后，当时著名学者王昶撰《戴东原先生墓志铭》、钱大昕作《戴震先生传》、洪榜写《戴东原先生行状》、门生段玉裁更编《戴东原先生年谱》，详细地追述了戴氏一生坎坷和学术成就，成为今人研究戴震学术思想的第一手资料。

戴震继承并弘扬江慎修学说，共创皖派哲学即徽派朴学，成为学海中的领军人物。他的学术成就培养和造就了一批乾嘉学派中坚力量。戴震卒后，“其小学，则高邮王念孙、金坛段玉裁传之；测算之学，则曲阜孔广森传之；典章制度之学，则兴化任大椿传之，皆其弟子也。[①]”戴震生于徽商家庭，长期生活在徽商人群中，在经济上提出了“富民为本”“好货好色”，在哲学思想上对程朱理学以理杀人进行无情批判，并提出“理存于欲”的主张及在多科领域的杰出贡献，使他成为皖派经学第一人。侯外庐先生称“他复活了十七世纪清初大儒的人文主义统绪，启导了十九世纪的一线曙光”，“戴震所为‘人等于我’的社会哲学思想和他借用商业资本活动的术语权衡轻重的方法，都是近代资本主义的议题。”可见他是中国思想史上的一位伟大哲人。[②]但学术界尚有微词。除胡适等大师已辩明的《水经注》之争外，还有《直隶河渠书》一〇二卷被窃一案。这部书稿原系桐城方观承在乾隆（1736—1795）中叶任直隶总督任上，初延请杭州赵东潜撰《直隶河渠水利书》一百三十二卷。乾隆三十三年（1768），复请休宁戴东原先生删定，易名为《直隶河渠书》，删去“水利”2字，定102卷。是年秋，观承卒，故书未竟，接任总督周元理，拟请杭州余萧客续成未果，原稿存戴震处，清稿存周总督处。嘉庆十四年（1809）吴江捐职王履泰窃得此书，易名《畿辅安澜志》五十六卷，呈给嘉庆帝，嘉庆帝认为这是一部有用的书，命武英殿刊行，同时以同知衔发河北。追其原由，王履泰系周元理姻亲，由周处得之。这个不学无术的文盗妄自删改定为56卷，使戴著顿失“庐山真面目”。这则案例反映了清中后期政治腐败、学术腐败之一斑。清段玉裁在《经韵楼集•赵戴直隶河渠书辩》卷七记载此段公案甚详。缪全孙也分别在《艺风藏书记》卷一至三、《艺风堂文续集·戴氏直隶河渠书跋》卷六记载此事，张均衡《适园藏书志》卷四还载藏《直隶河渠书》一〇二卷的戴氏手稿本，系桐城方观承在直隶总督任上延请戴震在莲花池编撰，并指出：“诸水源流，古今迁变，先生地学略见一斑。此其手稿本，夹签乙钩皆先生手笔。”对于戴震在学术界的地位和学术实力，一些蚍蜉企图

① 《清史列传·儒林传下一·戴震》卷六十八第五五一六页。

② 《中国早期启蒙思想史》第455页。

撼动这棵大树，真乃不自量力，学术江河仍在历史长河中不废万古流。

一个成功人士的背后往往离不开另一半的支持。其夫人为本邑朱氏，乾隆十三年（1748）与戴震结婚后，恪守清贫，勤劳持家，不遗余力地支持戴震一心向学。在戴震因祖坟产权遭族豪迫害而离家入京，奔波于大江南北课徒谋生，朱氏苦撑戴氏门庭，孝谨奉伺公婆，养育儿女，夫妻分居几 20 年。乾隆三十八年（1773）戴震奉诏入四库馆校书，朱氏才随夫入京团聚，承担一切家务，使戴震全身心地投入到《四库全书》的编纂业上。戴震累死在编校《四库全书》任上，朱氏率其子中立扶柩南归，葬于休宁几山。次年（1778），中立病卒，朱氏后将戴震胞弟之子中孚过继为嗣。当朱氏 80 岁大寿时，中孚为嗣母朱氏办了盛大的生日聚会，戴震弟子段玉裁为其华诞纪念册作序称朱氏太夫人“夙夜匪懈，以勤劳节俭持其家，持门户于先生逝后三十余年，其为戴氏功臣可知”，盛赞这位与戴震相濡以沫贤惠温顺的师母。

现将他生前著述中的自刻、徽版、弟子段玉裁等及逝世后亲家孔氏为他的著述刊行情况作简单胪列。

乾隆九年（1744）孔氏微波榭刻清戴震撰《策算》一卷。《中国古籍总目・子部・天文算法类・算书之属・算法》第 1113 页著录，东北师范大学图书馆、黑龙江大学图书馆藏。

乾隆二十三年（1758）孔氏微波榭刻清戴震撰、清吴思孝注《勾股割圜记》三卷。《中国古籍总目・子部・天文算法类・算书之属・算法》第 1113 页著录，北京大学图书馆藏。

乾隆间（1736—1795）曲阜孔继涵刻微波榭刻清戴震撰、清吴思孝注《勾股割圜记》三卷。《中国古籍总目・子部・天文算法类・算书之属・算法》第 1113 页著录，北京大学图书馆、东北师范大学图书馆、黑龙江大学图书馆藏，国家图书馆藏本由孔继涵校并跋。

附　乾隆三十六年（1771）刻清孙和相修、戴震纂《［乾隆］汾州府志》三十四卷、《首》一卷计 35 卷。《中国古籍总目・史部・方志类・地志之属·山西省》第4162页、《北京图书馆普通古籍总目·地志门·方志》第四卷第175页、《中国历史博物馆藏普通古籍目录·史部·地理类》第104页、《中国地方志联合目录·山西省·吕梁地区》第97页、《安徽省馆藏皖人书目》第403页、《皖人书录》第649页、《安徽文献书目》第325页、《安徽省古籍善本书目·史部·地理类》卷二第五十九页著录，国家图书馆（2函16册本4部，2函14册本1部）、首都图书馆、中国科学院图书馆、故宫博物院图书馆、水利电力部科学研究院图书馆、民族文化宫图书馆、中共中央党校图书馆、北京大学图书馆、清华大学图书馆、中国人民大学图书馆、北京师范大学图书馆、中央民族大学图书馆、首都师范大学图书馆、上海图书馆、复旦大学图书馆、华东师范大学图书馆、上海辞书出版社图书馆、天津图书馆、南开大学图书馆、天津师范大学图书馆、石家庄市图书馆、山西省图书馆、内蒙古大学图书馆、辽宁省图书馆、大连市图书馆、浙江大学图书馆、安徽省图书馆（16册本）、台湾图书馆、湖北省图书馆、武汉大学图书馆、湖南省图书馆、湖南师范大学图书馆、华南师范大学图书馆、广西壮族自治区图书馆、广西壮族自治区桂林图书馆、四川省图书馆、重庆市北碚区图书馆、中国社会科学院考古研究所图书馆及中国历史博物馆（16册本）、国家文物局文保所、山西省文物局、山西省文史馆藏。该志与下部县志系乾隆三十四年（1769）的夏天，时任山西布政使的朱珪邀戴震与段玉裁入幕，段玉裁主讲寿阳书院，戴震在朱的幕府中主修了这部府志和《汾阳县志》。

乾隆壬辰（三十七年，1772）刻清休宁戴震撰又作北魏郦道元撰、清戴震校订《水经注》无卷数。《贩书偶记·史部·地理类》卷七第171页、《北京图书馆古籍善本书目·史部·地理类》第七九五页著录，国家图书馆藏乾隆刻本14册本，由赵坦、李慈铭校。经考证《水经郦道元注序》就是戴氏自刻本《水经注》序。该序与自刻本均未署年月日。但查段玉裁《戴氏年谱》说自刻本与“聚珍版同时而出”。胡适说：“聚珍版的《水经注》是乾隆四十年（1775）排印发行的。”① 乾隆四十一年(1776) 十一月二十二日，戴震在京作《与段玉裁书》之八，同时寄去了14册装自刻本《水经注》。因此，自刻本《水经注》成书、刊行应在乾隆四十年或四十一年。该刊本半页10行，行21字，白口，左右双边。《贩书偶记》作乾隆三十七年刻，误。

附 乾隆三十七年（1772）刻清李文起修、戴震纂《［乾隆］汾阳县志》十四卷、《首》一卷计15卷。《中国古籍总目·史部·方志类·地志之属·山西省》第4162页、《北京师范大学图书馆古籍善本书目·史部·地理类·方志－山西》第93页、《中国历史博物馆藏普通古籍目录·史部·地理类》第104页、《北京图书馆普通古籍总目·地志门·方志》第四卷第175页、《安徽省古籍善本书目·史部·地理类》卷二第五十九页、《中国地方志联合目录·山西省·吕梁地区》第98页、《皖人书录》第649页、《安徽艺文考·地理二下》著录，国家图书馆（6册本3部，8册本1部，2函10册本1部，均有图）、首都图书馆、中国科学院图书馆、水利电力部科学研究院图书馆、民族文化宫图书馆、中共中央党校图书馆、北京大学图书馆、清华大学图书馆、中国人民大学图书馆、北京师范大学图书馆（6册本、14册本各1部）、中央民族大学图书馆、首都师范大学图书馆、上海图书馆、复旦大学图书馆、华东师范大学图书馆、上海师范大学图书馆、天津图书馆、南开大学图书馆、天津师范大学图书馆、山西省图书馆、山西大学图书馆、内蒙古大学图书馆、辽宁省图书馆、吉林省图书馆、吉林大学图书馆、东北师范大学图书馆、甘肃省图书馆、新疆大学图书馆、山东大学图书馆、南京图书馆、南京大学图书馆、中国科学院南京地理研究所图书馆、江苏师范大学图书馆、南通市图书馆、扬州市图书馆、浙江大学图书馆、安徽师范大学图书馆、台湾图书馆、河南省图书馆、湖北省图书馆、武汉大

---

① 台湾胡适纪念馆编《胡氏手稿》第一集第一卷第一五八页。

学图书馆、广东省中山图书馆、中山大学图书馆、华南师范大学图书馆、广西壮族自治区图书馆、重庆市图书馆、重庆市北碚区图书馆、中国社会科学院考古研究所图书馆及中国历史博物馆(8册本)、山西省文物局、山西文史馆藏。该刊本半页10行，行21字，白口，左右双边。

乾隆间（1736—1795）刻北魏郦道元撰、清戴震校订《水经注》不分卷。《中国古籍总目·史部·地理类·山水志之属》第3928页著录，国家图书馆（清赵坦、清李慈铭校）、上海图书馆（清杨传第校）、天津图书馆（佚名录清洪亮吉批校）、山东省图书馆、浙江图书馆藏。

乾隆三十八年(1773)清休宁戴震自刻《校水经注》四十卷。《山东省图书馆馆藏海源阁书目·史部·专志》第98页、梁启超《戴东原著述纂校书目考》著录，山东省图书馆藏2函14册本。该刊本半页10行，行21字（19.1×14.1），白口，左右双边，无鱼尾。徐按，《水经注》旧无善本，经注混乱且又错简，令人难以卒读。梁启超在《戴东原著述纂校书目考》中对《水经注》功臣戴东原大加赞赏："校是《水经注》，实先生毕生大业之一。经始于乾隆三十年乙酉，越九年，至三十八年癸巳乃告成。乙酉八月初校定一卷，自定云：夏六月阅胡朏明《禹贡锥指》引《水经注》，疑云，展转推求，始知朏明所由致谬之故，实由唐以来经注至讹……所以今得其立文定例，就郦氏所注考定经文，别为一卷，兼取注中前后倒紊不可读者而为之订正，以附于后。是役也，为治郦氏书者棼如乱丝而还其注之脉络，俾得条贯，非治《水经》而为之也(《文集·书水经注后》六)。段茂堂云：按此《水经》一卷今未著录，然别《注》于《经》，今《经》《注》不相乱，此卷最为明晰。后召入四库馆纂修此书，纲领不外乎是，特以讨论字句加详耳(《年谱》十五页)。据此可见先生著此书之动机及其先后研精进益之迹，此书大段成于壬辰以前，癸巳入四库馆，不过据《永乐大典》本稍补葺耳。聚珍本全列校语，最能表出先生研索之勤，《遗书》实宜刊此本。聚珍版为官书，反可以用《遗书》写定本也。""启超又案，孔巽轩《总序》题此书为四十卷，即聚珍版卷数，循宋以来之旧也。《遗书》本以水为篇，不复厘分卷数，其理详《自序》中。”按前条，此书刻于乾隆四十年后。

清刻汉桑钦撰、北魏郦道元注、清戴震校《水经注》四十卷、《卷首》一卷计 41 卷。《北京图书馆普通古籍总目·地志门·专类地志》第四卷第 509 页著录，国家图书馆分别藏 3 函 12 册、4 函 16 册本各 1 部。还藏乾隆间浙江刻 18 册本 1 部；咸丰九年（1859）步月楼刻分别为 12 册、2 函 19 册、2 函 16 册本各 1 部；光绪元年（1875）湖北崇文书局刻 10 册本 2 部；光绪三年（1877）湖北崇文书局刻分别为 12、13 册本各 1 部全，另 1 部缺卷二十四计 33 卷 10 册不全本。其中 13 卷本还含清黄宗羲撰《今水经》一卷、《表》一卷，其他 2 部无。

清刻清休宁戴震撰《声类表》九卷、《卷首》一卷计 10 卷。《徽州地区博物馆藏书目录·有关徽州资料古藉（籍）·经部·小学类》第一集著录，中国徽文化博物馆藏 2 册本。

清刻清休宁戴震撰《声韵考》四卷。《徽州地区博物馆藏书目录·有关徽州资料古藉（籍）·经部·小学类》第一集著录，中国徽文化博物馆藏 1 册本。

清刻清戴震撰《勾股割圜记》三卷。《安徽省馆藏皖人书目》第 402 页著录，安徽省图书馆藏。

清聚奎楼刻清戴震撰《考工记图》二卷。《安徽省馆藏皖人书目》第 403 页著录，安徽省图书馆藏。

乾隆四十一年（1776）西湖楼刻清戴震撰《声韵考》四卷。《北京图书馆普通古籍总目·文字学门》第十卷第 100 页、《贩书偶记续编·经部·小学类》卷四第 36 页（作四十一年丙申西湖楼刊）、《安徽省古籍善本书目·经部·小学类》卷一第三十九页著录，国家图书馆（西谛藏 1 册本）、中国徽文化博物馆（1 册本）藏。此书收入《经韵楼丛书》中。

乾隆丁酉（四十二年，1777）刊休宁戴震撰《声韵考》四卷。《中国古籍善本总目·经部·小学类》第一八九页（作《微波榭丛书》本）、中华书局（北京）版《续修四库全书总目提要·经部·小学类》第一二二〇至一二二一页、《贩书偶记·经部·小学类》卷四第94页著录，上海图书馆藏孔继涵刻《微波榭丛书》本逸出此子书，有朱锡庚批校并题识。

乾隆己亥（四十四年，1779）刻休宁戴震撰《声类表》十卷。中华书局（北京）版《续修四库全书总目提要·经部·小学类》第一二二一至一二二二页、《贩书偶记·经部·小学类》卷四第94页著录。此书作于丁酉年（1777）五月上旬为9卷，至临终前成10卷。

乾隆五十年（1785）弟子段玉裁经韵楼刻清戴震撰《戴东原集》十二卷。《中国历史博物馆藏普通古籍目录·集部·别集类》第326页、《中国古旧书刊拍卖目录》第266页著录，中国历史博物馆藏2册本，为先印本。中日书店拍卖此刻附《札记》一卷计2种13卷竹纸4册本。该刊本半页尺寸18×13.5。

乾隆壬子（五十七年，1792）刻清戴震撰《戴东原集》十二卷、《补遗》一卷计2种13卷。《中国人民大学图书馆古籍善本书目·集部·别集类》第246页、《安徽省古籍善本书目·集部·别集类·清代》卷四第一百页著录，安徽省图书馆（无《补遗》，4册本）、中国人民大学图书馆（1函4册本2部，无《补遗》但有《覆校札记》一卷）、安徽师范大学图书馆（4册本）藏。此为先印本。该刊本半页10行，行21字，白口，单鱼尾，左右双边。

乾隆壬子（五十七年）弟子段玉裁经韵楼刻清休宁戴震撰《戴东原集》十二卷，清段玉裁撰《札记》又名《复校札记》一卷，弟子金坛段玉裁撰《年谱》一卷计3种14卷。《中国古籍善本书目·集部·清别集类》第1215页、《中国古籍善本总目·集部·清别集》第一五九三页、《贩书偶记·集部·别集类》卷十五第381～382页著录，北京大学图书馆、复旦大学图书馆、山西师范大学图书馆、齐齐哈尔市图书馆、安徽师范大学图书馆、湖南省图书馆、四川省图书馆、重庆市图书馆、中国社会科学院近代史研究所图书馆藏，南京图书馆藏本无《年谱》一卷为清陈鳣批校本，上海图书馆藏本无《年谱》一卷为清顾广圻校、邓邦述跋，复旦大学图书馆藏本无《年谱》一卷为清诸可宝校。该刊本半页10行，行21字，小字双行同，白口，左右双边。国家图书馆还藏光绪十年（1884）张氏秋树根刻《戴段合刻》本清戴震撰《戴东原集》十二卷，有王国维注。

乾隆五十七年（1792）段玉裁经韵楼刻清休宁戴震撰《戴东原集》十二卷、清段玉裁撰《复校札记》一卷计2种13卷。《中国古籍善本总目·集部·清别集》第一五九三页著录，国家图书馆、中国社会科学院近代史研究所图书馆、山西师范大学图书馆、齐齐哈尔市图书馆、上海图书馆（清顾广圻、邓邦述跋）、南京图书馆（清陈鳣批校）、复旦大学图书馆（清诸可宝校）、安徽师范大学图书馆、湖南省图书馆、四川省图书馆、重庆市图书馆藏。该刊本半页10行，行21字，白口，左右双边。此目均无《年谱》一卷，不知孰对。

清刊清戴震撰《水地记》一卷。《安徽地震史料辑注》第241页著录，安徽省博物馆藏。

清刻清戴震撰《东源文集》十二卷。《安徽地震史料辑注》第262页著录，安庆市图书馆藏。

同治二年（1863）南昌梅启照翻刻乾隆间（1736—1795）休宁戴震校、曲阜孔继涵微波榭刻《算经十书》三十四卷。《中国丛书综录补正·汇编·杂纂类（清代前期）》第28页（作《算经十书》）、《书目答问补正·子部》卷三第223页（著录为《戴校算经十书》三十七卷）、《汇刻书目》第二函第十一册第三十四页、《香港所藏古籍书目·丛部·子类》第439页著录。此书分别有光绪十年（1884）上海刊本和光绪二十二年（1896）上海鸿宝斋据微波榭丛书石印本。

乾隆间（1736—1795）又作乾隆四十三年（1778）曲阜微波榭刻孔广森编刊休宁戴东原著《戴氏遗书》又名《微波榭丛书》15种八十七卷。《丛书书目汇编》第四册第五六〇页至五六一页、《安徽地震史料辑注》

第263页（作乾隆四十年刻，不准确）、《中国丛书综录续编·汇编·独撰类（清代）》第138页、《中国历史博物馆藏普通古籍目录·丛书部·一人所著书类》第364页、《汇刻书目》第一函第十册第七页著录，安庆市图书馆、中国历史博物馆（24册、46册本各1部）藏丛书。《书目答问补正》先后著录子书多种，此丛书卷首有乾隆四十三年（1778）八月东里卢文弨撰《戴氏遗书·序》。而《山东省图书馆馆藏海源阁书目·丛书·自著类》第385～386页则著录乾隆间曲阜孔氏微波榭刻《戴氏遗书》14种六十卷。山东省图书馆藏2函16册本，版心下镌“微波榭刻”。该刊本半页10行，行21字（18.5×13.9），白口，四周双边，单黑鱼尾。与上面所列子目略有区别，更主要的是缺《水经注》三十卷。其中，《经书小记》原定有7种，故定名为《七经小记》，已刊行6种9卷。它们是：《原象》一卷、《原善》三卷、《诂训》一卷、《学礼篇》一卷、《水地记》一卷、《考工记图》二卷。《安徽大学图书馆重编古籍善本书目·丛书》卷五第179～180页著录，安徽大学图书馆藏乾隆间微波榭刻3种版本合28册本清戴震撰、清孔继涵辑《戴氏丛书》附《水经注》《算经十书》。《香港所藏古籍书目·集部·别集类》第299页著录。另外《香港所藏古籍书目·丛部·汇编类》第542～543页著录，香港中山图书馆藏含戴震、孔继涵辑撰乾隆间曲阜孔氏微波榭家刻清孔继涵辑《微波榭丛书》（38种子书145卷）48册本。其中，包括《戴氏遗书》和《算经十书》两种分丛书。而《中国古籍总目·丛书部·杂纂类·清代前期》第377页著录清孔继涵编《微波榭丛书十一种》中清孔氏汇印本收清戴震撰《戴氏遗书》12种52卷。

乾隆三十八年（1773）孔氏微波榭刻清孔继涵编《算经十书》及附录中涉及戴震的有清戴震订讹补图魏刘徽注、唐李淳风等注释《九章算术》九卷、《音义》一卷戴震撰《决算》一卷，戴震正讹魏刘徽撰、唐李淳风等注释《海岛算经（九章重差）》一卷，北周甄鸾撰、唐李淳风等注释《五经算术》二卷附戴震撰《考证》一卷，清戴震撰、清吴思孝注《勾股割圜记》三卷，乾隆间（1736—1795）刻清戴震订正北魏郦道元撰《水经注》不分卷，乾隆三十七年（1772）孔氏微波榭刻清戴震校汉赵岐注、宋孙奭音义《孟子》十四卷、《音义》二卷计 6 种。全套丛书国家图书馆、中国科学院图书馆、北京大学图书馆、上海图书馆、复旦大学图书馆、天津图书馆、辽宁省图书馆、浙江图书馆、四川省图书馆藏。

乾隆四十四年（1779）孔继涵刻《微波榭丛书》本逸出清戴震撰《声韵考》四卷、《声韵表》九卷《首》一卷计 2 种 14 卷。《中国古籍善本总目·经部·小学类》第一八九页著录，国家图书馆藏，有清李慈铭跋并录段玉裁序。

附　重印清乾隆间（1736—1795）曲阜孔氏刻《微波榭丛书》本清戴震撰《戴氏遗书十三种》五十七卷（不分卷作 1 卷计）。《中国古籍总目·丛书部·独撰类·清代前期》第 1142 页著录，辽宁省图书馆、浙江图书馆、湖北省图书馆藏。其中《原善》三卷、《孟子字义疏证》三卷、《附录》一卷、《绪言》三卷 3 种 10 卷分别收入 1924 年北平谱社铅印（上海图书馆、天津图书馆、浙江图书馆、福建师范大学图书馆、江西省图书馆藏）、1931 年北平景山书社铅印（北京师范大学图书馆藏）《戴氏三种》丛书中。

附　光绪间（1875—1908）刻清休宁戴震撰《屈原赋注》七卷、《屈原赋通释》二卷、《屈原赋音义》三卷计 3 种 12 卷。《徽州地区博物馆藏书目录·有关徽州资料古藉（籍）·集部·楚辞类》第一集著录，中国徽文化博物馆藏 1 册本。

附　民国二十五年（1936）影印出版的《安徽丛书》第六期系戴震专辑，定名为《戴东原先生全集》计 25 种一百卷。《中国丛书综录》第一册第 425 ～ 426 页、《中国古籍总目·丛书部·郡邑类》第 936 ～ 937 页著录，国家图书馆、首都图书馆、北京大学图书馆、北京师范大学图书馆、清华大学图书馆、中国科学院图书馆、天津图书馆、中国中医科学院图书馆、上海图书馆、复旦大学图书馆、华东师范大学图书馆、上海师范大学图书馆、上海辞书出版社图书馆、辽宁省图书馆（不全）、吉林省图书馆、吉林大学图书馆、甘肃省图书馆、山东省图书馆、山东大学图书馆、南京图书馆、南京大学图书馆、苏州市图书馆、安徽省图书馆、浙江图书馆、浙江大学图书馆（不全）、福建省图书馆、福建师范大学图书馆、河南省图书馆、湖北省图书馆、武汉图书馆、武汉大学图书馆、江西省图书馆、四川省图书馆、重庆市图书馆、四川大学图书馆、云南省图书馆、广西壮族自治区桂林图书馆（不全）、中央民族大学图书馆藏。这次影印加大了戴氏有关著述的传世。此套丛书台湾大化书局影印定名为《戴东原先生全集》增《屈原赋注初稿》三卷及附录《遗墨》《戴先生所著书考》《（戴东原先生）年谱》《戴先生行状》《戴先生震传》《戴东原先生墓志铭》计 32 种。此套丛书《中国丛书广录·汇编丛书·自著类·清代前期》第 299 页著录。

乾隆五十七年（1792）弟子段玉裁经韵楼刻清戴震撰《戴东原集》十二卷。《安徽省馆藏皖人书目》第 405 页、《安徽文献书目》第 325 页、《北京大学图书馆藏古籍善本书目·集部·别集类》第 490 页著录，北京大学图书馆（2 册本）、安徽省图书馆（6 册本）藏，还有本年刻 1 册本。《香港所藏古籍书目·集部·别集类》第 299 页著录，广东省中山图书馆藏宣统二年（1910）渭南严氏孝义家塾成都刻《戴东原集》十二卷附《年谱》一卷、《札记》一卷计 3 种 14 卷 6 册本。

清刻清休宁戴震校正《大戴礼记》十三卷。《徽州地区博物馆藏书目录·有关徽州资料古藉（籍）·经部·礼类》第一集著录，中国徽文化博物馆藏 2 册本。

清刻清戴震撰《原善》三卷、《绪言》三卷计 2 种 6 卷。《中国古籍善本书目·子部·儒家类》第 101 页、《中国古籍善本总目·子部·儒家类》第八〇七页著录，国家图书馆藏。

值得一提的是，民国十二年（1923），梁启超发起戴震诞辰二百周年纪念会，戴震嗣孙戴祖荫（字绳武）以戴震遗著及家藏图书一万数千卷，成立隆阜戴东原私立图书馆，对外开放。其中，为“力能保存者，历年既久，未敢稍忽。东原公遗著藏版，经兵灾散失，购求不易，近所藏不过十之三四”，于是加上家藏图书计一万数千卷辟东原图书馆，使之成为徽州最早的戴震及徽州文化研究中心。戴祖荫著《隆阜戴氏私立图书馆纪念册》。现在戴氏故居已于1983年建成戴震纪念馆，馆内设有休息室、瞻仰厅、藏书楼、阅览室，内存戴震手稿、乾隆手谕复印件等珍贵名物及戴震多种版本著作。

“三胡礼学”及世泽楼刻书

胡姓是绩溪县的名族大姓，但绩溪县的胡姓并非源于一脉，著名的有四派。一派系明代抗倭英雄胡宗宪，又出胡富、胡松，即今胡锦涛同志祖上，称尚书胡；一派为李改姓，清代四大制墨家之一的上庄胡开文祖先，原系李唐王朝皇室，随其养父改姓胡，又名明经胡，就是胡适先生的祖上；绩溪城里还有遵义胡，上述三胡非同宗。本文所说的是另一派，是主要根据地在绩溪县城里的金紫胡。金紫胡始迁祖为青州濮阳县板桥村胡宓，在唐僖宗（873—888年在位）时官散骑常侍，持节歙州，卒葬绩溪县城西门外，子孙定居绩溪。至第7世于宋代出了直臣胡舜陟（谱称三山公）、大文学家胡仔（谱称苕溪公），因舜陟曾为宋金紫大夫而称金紫胡。

金紫胡氏历代名人辈出，家学薪火代代接续。而胡培翚则更进一步确切地指出这个家族中杰出的学术人物：“吾家至瑜公公（胡廷玑）而益显，梅溪公（胡清焘）、思平公（胡清愍）承父志，力学著书，益振励之，故其后人人皆思奋于儒术，以《诗》《书》为业。”[①]还指出：“尝读班、范两汉史，见汉人传经，各有家法，递相授受，然惟欧阳氏之《尚

① 《胡培翚集·研六室文钞·叔祖绳轩公行状》卷九第277页，台北：台湾“中央研究院”文哲所编，2005。

书》传至八世，虞氏之《周礼》传至五世，为最盛。他如张兴之《易》、孔霸之《书》、韦贤之《诗》、郑兴之《周礼》、贾徽之《春秋》，仅传其子。韩婴之《诗》、贾谊之《左氏传》、江公之《穀梁传》，亦仅传至其孙而止。盖世业之难如是。我家蛰蛰振振，将必有才如韩、贾，学如虞、郑，功名如韦、孔者应运而兴，非祖德积累之深，曷克臻此？"[①] 这个学术渊源深厚的家族自宋出现胡舜陟父子高擎学术大旗后，又过了8世至明胡永淳[②]以治《尚书》称世，再次擎起学术大旗后，入清后学者辈出。胡秉虔在追述家学史时尚未触及其后。这个家族自秉虔以下学人繁庶直至清末，是世间少有的家学世家，这个家族树起的"世泽楼"，言实相符。尤其自清中期后以礼学传家，并先后出了胡匡衷、胡秉虔、胡培翚三位礼学大师。他们祖孙三代人对诸经都有研究，尤其是对"三礼"的研究独成一家，世称"三胡礼学"，为徽州府哲学史也是中国哲学史上一颗亮丽的星辰式人物群体。

这个家族从清康熙间（1662—1722）开始刊刻先人遗泽，至嘉庆、道光间（1796—1850）随着"三胡礼学"的影响，本家族也先后出了一大批经学家。他们著述丰富，家刻也十分兴旺发达，并一直绵延至民国中期仍有刻书行世，成为中国刻书史上少有的家族群体。"三胡礼学"首家胡匡衷，他的叔父胡清愍，字思平，是易学大家。乾隆间（1736—1795）贡生。著《四书注说参证》七卷等。他共有五子，匡衷是他的侄子。匡衷的儿子秉钦虽不出名，但他的侄子胡秉虔成就很大，成为第二代中的学术代表人物、"三胡礼学"家之一。到了第三代，胡匡衷的孙子（秉钦子）胡培翚成为第三代中的学术代表人物及"三胡礼学"家之一。

---

① 光绪甲申（十年，1884）春世泽楼刻《绩溪金紫胡氏家谱·艺文·胡秉虔〈永淳公支图序〉》卷首下。

② 胡永淳，号东峰，其生平可参见其8世孙胡秉虔所作《赠奉直大夫叔祖绳轩公行状》（载《研六室文钞》卷九）。

清赵之谦在《汉学师承续记》中列入胡匡宪、胡秉虔、胡秉元、胡培翚、胡廷绶传记附胡肇昕、胡澍、胡绍勋、胡绍瑛、胡培系、胡培受、胡培字、胡培孝等人。据不完全统计，这个家族自五代至清末著述154种。其中，仅清代20多人的著述就有123种，而其中的经学著作多达60余种。[①]

绩溪金紫胡氏文脉及刻书自宋迄清绵延不断。本文所述绩溪胡氏家刻及代表人物主要以“礼学三胡”为代表，并以世泽楼为重点的主要家刻群体。

胡匡衷（1728—1801），字寅臣，号朴斋，《易》学家胡清焘[②]四子，绩溪县城（今华阳镇）人。其祖父廷玑[③]专攻《周易》和“三礼”，为绩溪三胡礼学开山祖。匡衷为乾隆朝岁贡生，候补训导，貤赠承德郎，官户部广东司主事，累赠资政大夫。以孝父母闻名乡里，更以治学严谨，“以经证据”，“不敢轻信一家之言”，不苟先儒旧说而著名的皖派经学家。他易学、礼学并重，为“三胡礼学”中的首位。他以毕生的精力考证经传，历官户部库司主事、吏部左侍郎。他对《易经》颇有研究，著有《周易传义疑参》十二卷，其旨为“析程朱之异同，补程朱之罅漏，大抵多采宋元各家，羽翼程朱之说以相订正，而亦时出己见，于二书深

① 见《绩溪文史》1996年第4期载徐子超撰《绩溪金紫胡氏书目》。

② 胡清焘（1686—1774），号梅溪，字且字，县增生。著《思孝录》《梅溪集》等。

③ 胡廷玑（1654—1730），字瑜公，康熙丙寅（二十五年，1686）以选贡生入太学。《[嘉庆]绩溪县志·文苑》卷十说他后因父母年高而“居家课四子，诸经皆有随笔集说”“解经独有心得”，尤其是对《周易》和“三礼”有造诣。著《周易臆见》《五经解随笔》等。幼孙胡匡定赓续其志作《周易臆见补义》，惜上述3书已佚。其四子中以三子胡清恩（1691—1762，号思平），自“幼随父读书，即知笃志圣贤之道。其学刻苦自励，以致知力行为本，剖析义理，不肯苟同”，为岁贡生，学术成就最大。清恩为候选训导，后以秉虔贵，赠朝仪大夫。著有《四书注说参证》七卷、《胡清恩诗文集》、《尚书存真》、《诗经积疑》、《春秋两端》二卷、《礼经辨误》一卷等书。其中《四书注说参证》一书时评极高，为“推阐道源，补苴罅漏，洵为朱子功臣，而性情之辨，尤是证两汉以来诠解之误”。

有裨益”[1]。在礼经方面著有《三礼札记》、《周礼井田图考》一卷、《井田出赋考》一卷、《春秋列国职官谱》三卷、《畿内授田考》又名《周礼畿内授田考实》一卷、《仪礼释官》六卷、《郑氏仪礼目录校证》一卷、《侯国官制考》二卷、《礼记职官考》、《侯国职官考》一卷、《左传翼服》二卷、《论语古本证异》四卷、《论语补笺》一卷、《庄子集评》、《离骚集注》、《汉西京博士考》二卷、《绳轩读经记》十二卷和诗文集《朴斋文集》（佚）等。他的这些著作都具有立论持平，体现实事求是的治学精神。

胡秉虔（1770—1840），字伯敬，号春乔，有惜分斋、授经堂、绳轩等堂号，经学家匡宪长子，匡衷侄，培翚族叔，“三胡礼学”家之一，清代著名的朴学家，尤精于“小学”，对“三礼”研究精到。其父匡宪（1743—1802），字懋中，号绳轩，有绳轩堂号，著有《绳轩文集》三卷、《毛诗集释》二十卷、《绳轩读经记》十二卷、《石经详考》四卷、《读史随笔》六卷等。匡宪精通诸经，尤精《诗》学，指出“传注之中，毛诗最古，郑氏已不能尽通。今本毛诗，多被王肃窜乱，异同之迹尚可考见”，而著《毛诗集释》二十卷。他治经注重音声，批评唐宋研究者借声转误解经，使之失去原旨。

秉虔家道贫寒，同里章炳义资助学费并以女妻之，在家学的影响下，自幼嗜学，18岁时就博通经史，尤擅长“小学”，精于占韵，对“三礼”有独到的研究。他学长于家学，又积极吸收当代学术前沿，如名士纪昀、阮元、翁方纲、王念孙都对他有影响。嘉庆四年（1799）中己未科进士，签刑部山西司主事，改授甘肃灵台知县、江苏宝应知县，后任陕西乡试同考官、直隶泾州，调张掖知县，擢河州知州、署直隶肃州，调补甘肃丹噶尔厅（今青海省湟源县）同知，卒于官所。他为官所至，造福一方。在繁冗的官务中也不断充电，“每夜读书必尽银烛二条，虽日间应酬纷

① 支伟成：《清代朴学大师列传·绩溪胡氏祖孙传》第六及《清史列传·儒林传下一·胡匡衷》卷六十八第五四九二页（中华书局，1987年版）。

纭，而夜课不减”[①]。还著有《毛诗序录》四卷、《论语小识》八卷、《毛诗集释》、《周易小识》八卷、《尚书序录》一卷、《周礼八识》、《说文管见》三卷、《古韵论》三卷、《周礼小识》八卷、《惜分斋诗文集》、《销夏录》、《汉西京博士考》二卷、《十三经条考》数十卷、《尚书小识》六卷、《四书释名》[②]、《大学札记》、《方言札记》、《说文札记》、《尔雅札记》、《夏小正札记》、《对床夜话》、《小学卮言》、《槐南丽泽编》、《孟子小识》、《受经堂诗存》一卷《附存》一卷、《经义闻斯录》不分卷、《仪礼小识》、《河州景忠录》一卷《附记》二卷、《卦本图考》一卷、《大戴礼记札记》、《古韵论》三卷、《孝经小识》、《胡春乔手写说文引经》不分卷、《甘州明季成仁录》四卷、《月令小识》、《惜分斋丛录》[③]等40余种。所著均有真知灼见，得到当时学者纪昀、汪由敦、王念孙等名家赞许。尤其是其《说文管见》三卷被学术界视为“所论细入毫芒”的“绝学”；其声韵训诂学著作《古韵论》三卷，辨江、戴、段、孔各家学说细入毫芒。他还参与编纂《扬州府志》等。

因胡氏卒于任所，著述多在甘肃，仅民国间甘肃周子扬处就有《说文札记》、《论语小识》八卷、《尔雅札记》、《夏小正札记》、《礼记小识》、《大戴礼记札记》、《孝经小识》、《大学札记》、《方言札记》、《中庸札记》、《春秋三传小识》、《四书释名》、《周礼小识》、《周易小识》八卷、《尚书小识》六卷等15册（种）稿本。民国初年，历经百年，地隔万里，屡经沧桑才先后由许承尧、胡适、汪孟邹交胡晋接带回故乡，这也是学术史上一件值得一书的奇事，此稿本均未登《胡氏书目》，特在此补笔以志纪念。

胡培翚（1782—1849），字载平，又字载屏，号竹村、竹邨、竹匡、

---

① 胡培翚《研六室文钞·从叔父同知公遗书记》，载《胡培翚集》卷八。

② 以上3种据胡培翚《从叔父同知遗书记》补。

③ 以上2种据《清史列传·儒林传下二·胡秉虔》卷六十九第五六〇三页（1987年中华书局版）补。

紫蒙，有研六室、世泽楼等堂号，木樨香馆为胡氏家刻堂号，清焘曾孙，匡衷孙，秉钦子，绩溪县城（今华阳镇）人，皖派朴学大师，“三胡礼学”家之一。培翚四代经学传家，沿承10代家学，自幼从师叔祖匡宪和叔父秉虔，学识广博，又继承皖派经学大师江永、戴震一脉遗风，并师事经学大师凌廷堪、数学大家汪莱，学业日益精进。嘉庆十五年(1810)中举，次年赴京寓族叔胡秉虔处。每夜读书必燃尽两支银烛才肯休息。二十四年(1819)中己卯科进士（殿试二甲），授内阁中书、实录馆详校，升户部广东司主事。因办事认真，为官清正廉明，时获“治官如治经，一字不肯放过”的赞语。道光八年(1828)十月改为捐纳房差，揭露前任假照流弊。十年吏部追查窜稿假照案，唯培翚及蔡绍江经审查无任何污点，但因培翚附和乞情者奏请免议，被降二级调用。道光十三年(1833)官复原职。在京做官时，与新城陈用光，泾县朱珔、胡承珙，桐城徐璈、光聪谐，武进张成孙，元和蒋廷恩，太仓陈奂、陈兆熊，鹤山冯启蓁，邵阳魏源等切磋经义，并考定郑康成生于永建二年（127）七月五日。后以奉事亲老告归，从事地方文化教育事业，在县东门外大屏山麓集资创建东山书院。道光十七年(1837)发起，在绩溪县城金紫派胡氏宗祠特祭祠内的世泽楼建世泽楼藏书楼兼作金紫胡氏先人著作整理编辑刊布之所，原拟刻金紫胡氏著述100多种，惜未完工。因此，胡培翚也是金紫胡氏、“三胡礼学”中最大的出版家之一，世泽楼也成了绩溪胡氏最大的宗祠家刻坊号。此外，他“笃友谊，好懿行，胡承珙遗书皆赖培翚次第付梓”①。

他离职后，主讲于钟山、惜阴等书院，往来讲学于徽州、江宁、云间、庐州及泾县各地大书院间，尤其对相邻的泾川书院影响很大。新编《绩溪县志》也说：“每至一处，负笈从之者恒数百人。所成就，半海

---

① 《清史列传·儒林传下二·胡培翚》卷六十九第五六一九页，北京：中华书局，1987。

内知名士。卒之日，四方吊者万人。”[①]《清史列传》说他：“引翼后进为己任。去泾川日，门人设饮饯者，相望于道。”[②]泾川书院所刻胡氏著述，也可视为胡培翚的家刻范围。他是一个很有成就的教育家，在教学上奉行因材施教的办学宗旨，江宁汪士铎就是他早期的弟子。他在学术上有多方面的贡献，在经学上尤其是《礼经》特著。认为唐贾公彦疏解《仪礼》多失误，乃博采众说，对经书加以补注、申注、附注、订注，花了40余年时间著成《仪礼正义》四十卷。此书从周公、孔子、子夏的宗旨说起，对汉郑康成、唐贾公彦疏解的《仪礼》错误进行订正，可惜未成而卒，尚有“《士昏礼》《乡饮酒礼》《乡射礼》《燕礼》《大射仪》五篇”由其族侄胡肇昕和弟子杨大堉续成。但此书学术价值极高，被称为是一部“张皇幽渺，阐扬圣绪，二千余岁绝学”的礼学专著。王引之在给顺德罗惇衍书中称：“培翚撰《正义》，约有四例：一曰疏经以补注，二曰通疏以申注，三曰汇各家之说以附注，四曰采他说以订注，书凡四十卷。至贾氏公彦之疏，或解经而违经旨，或申注而失注意，不可不辨，别为《仪礼贾疏订疑》一书。”[③]在经学著作中还承其祖《释宫》另作《燕寝考》三卷，还有《仪礼宫室定制考》、《宫室提纲》十七篇、《仪礼释文校补》[④]、《禘祫问答》一卷等。其他著述有《研六室文钞》又名《研六室杂著》十卷《补遗》一卷附《墓志铭》一卷《行状》一卷、《杂著》一卷及《绩溪损助宾兴盘费规条》不分卷。还校注了先祖宋胡仔撰《孔子编年》五卷等。自撰并由族弟胡培系补《胡少师年谱》二卷，

---

① 绩溪县地方志编纂委员会：《绩溪县志·人物传记》第32章，合肥：黄山书社，1998。

② 《清史列传·儒林传下二·胡培翚》卷六十九第五六一九页，北京：中华书局，1987。

③ 《清史列传·儒林传下二·胡培翚》卷六十九第五六一九页，北京：中华书局，1987。

④ 《清史列传·儒林传下二·胡培翚》卷六十九第五六二〇页，北京：中华书局，1987。

对其一生介绍很详细。学界评价说："是时海内学者，率宗汉学；培翚不宥于时习，泯除门户，于乡先正朱子之说，采辑特多。"[①]

此外，他还对古籍如《史记校》不分卷、《春秋战国文选》三十四卷等留下序跋文字及批校《律服考古录》一卷。

"三胡礼学"中经学著作收入道光九年（1829）广东学海堂刻及咸丰十一年（1861）补刻清阮元辑《皇清经解》一千四百〇八卷中有清胡匡衷撰《仪礼释宫》九卷，清胡培翚撰《燕寝考》三卷、《研六室杂著》一卷计 3 种 13 卷；收入光绪十四年（1888）南菁书院刻及光绪十五年上海蚕英馆石印清王先谦辑《皇清经解续编》一千四百三十卷中有清胡匡衷撰《郑氏仪礼目录校证》一卷，清胡秉虔撰《卦本图考》一卷，清胡培翚撰清杨大堉补《仪礼正义》四十卷、《禘祫问答》一卷计 4 种 43 卷两丛书合计收胡氏 3 人 7 种 56 卷。

金紫派胡氏除在礼学上重点介绍"三胡礼学"大家外，在先世、同代、后代，在学术上卓有成就者不乏其人。囿于篇幅和题旨，重点介绍世泽楼家刻及这一脉与出版有关的重点人物著作按时间顺序摘要排列如下。

康熙间（1662—1722）绩溪胡氏耘经堂仿宋校刻宋胡仔撰《苕溪渔隐诗评丛话·前集》六十卷、《后集》四十卷计 100 卷。《安徽大学图书馆重编古籍善本书目·集部·诗文评类》卷四第 172 页、《丛书书目汇编》第三册第三一〇页、《书目答问补正·集部》卷四第 322 页、北京师范大学图书馆《中文古籍书目·集部·诗文评类》第 424 页著录，北京师范大学图书馆（10 册本）、安徽大学图书馆（8 册本）藏。此书系北宋诗话专著。该刊本半页 13 行，行 23 字，左右双边，细黑口。收入《四库全书》。

乾隆间（1736—1795）胡氏耘经楼仿宋刻宋胡仔辑《苕溪渔隐丛话·前集》六十卷、《后集》四十卷计 100 卷。《中国古籍善本书目·集

---

① 王集成：《绩溪经学三胡先生传》，载 1935 年 12 月《浙江省图书馆馆刊》4 卷 6 期。

部·诗文评类》第1876页、《北京师范大学图书馆古籍善本书目·集部·诗文评类》第289页、《香港所藏古籍书目·集部·诗文评类》第370页（作乾隆五至六年杨佑启耘经楼刻本，应是胡氏转让）、《山东省图书馆馆藏海源阁书目·集部·诗文评类》第312页、《中国人民大学图书馆古籍善本书目·集部·诗文评类》第265页、《中国历史博物馆藏普通古籍目录·集部·诗话文话》第346页、《北京大学图书馆藏古籍善本书目·集部·诗文评类》第503页、《安徽省馆藏皖人书目》第197页、《安徽省古籍善本书目·集部·诗文评类》卷四第一百十六页、《安徽文献书目》第23页著录，北京大学图书馆（3部，均为10册装，但第三部仅存《前集》。此为后印本）、安徽省图书馆（清刊10册、8册本各1部）、安徽大学图书馆（8册清刊本）、安徽劳动大学图书馆（10册本有傅增湘校并跋）、中国人民大学图书馆（作乾隆五至六年杨佑启耘经楼刻本2函10册本，应仍为胡氏家刻本2部，1函10册本1部，1函8册本2部）藏。山东省图书馆（1函6册本，封面题“依宋板重雕，耘经楼藏板”）、首都图书馆、北京师范大学图书馆（10册本）、首都师范大学图书馆、中央民族大学图书馆、南开大学图书馆、山西省河津县图书馆、辽宁省图书馆、辽宁大学图书馆、哈尔滨市图书馆、兰州大学图书馆、浙江省平湖市图书馆、福建省图书馆、福建师范大学图书馆、华侨大学图书馆、河南省图书馆、郑州市图书馆、湖北省图书馆、武汉图书馆、武汉大学图书馆、华中师范大学图书馆、湖南省图书馆、广东省中山图书馆、中山大学图书馆、广东省社会科学院图书馆、香港大学图书馆（10册本）及北京市文物局、山西省文史研究馆、广东省潮安县博物馆藏乾隆五至六年（1740—1741）杨佑启耘经楼刻此书，国家图书馆还藏傅增湘校并跋此书2部。该刊本半页13行，行21字至23字不等（18.3×13.2），黑口，左右双边，双对黑鱼尾。胡氏耘经楼刻转版杨佑启，应是同一版本再印，加上清刊本，共有4印以上。

嘉庆二十一年（1816）胡氏研六阁刻清胡匡衷撰《仪礼释官》九卷、

《首》一卷计 10 卷。《中国古籍总目·经部·礼类·仪礼·传说之属》第 455 页著录，国家图书馆、浙江图书馆藏。

嘉庆丙子（二十一年，1816）刊、清胡匡衷撰《仪礼释官》六卷、《侯国官制考》二卷、《侯国职官表》一卷计 3 种 9 卷。《安徽省馆藏皖人书目》第 197 页、《增订四库简明目录标注·经部四·仪礼之属》卷第二第 85 页、《安徽艺文考·礼一》《贩书偶记》第 29 页、《皖人书录》第 729 页、《安徽文献书目》第 190 页（作《仪礼释官》九卷，系合 3 书的总卷数，应仍指此版）著录，安徽省图书馆藏 2 册本。

嘉庆丙子（二十一年）刊、同治八年（1869）研六阁重刊绩溪胡匡衷撰《仪礼释官》九卷、《首》一卷计 10 卷。《安徽省馆藏皖人书目》第 197 页、《安徽文献书目》第 190 页、《书目答问补正·经部》卷一第 29 页、《增订四库简明目录标注·经部四·礼类之属》卷第二第 85 页、《贩书偶记·经部·仪礼类》卷二第 29 页著录，安徽省图书馆（4 册本）、安徽大学图书馆（4 册本）藏。还藏有胡肇智重刻本，《书目答问补正》卷一第 29 页著录。《增订四库简明目录标注》第 85 页仅录胡氏刊本《仪礼释官》九卷。

嘉庆间（1796—1820）清胡清惢受经堂刻自撰《四书注说考证》七卷。《贩书偶记·经部·四书类》卷三第 55 页、《安徽艺文考·经部·四书二》、《皖人书录》第 722 页、雷梦水《古书经眼录》第 16 页载，抄本《四书注说参证》七卷，有归安姚文田嘉庆己巳（1809）五月序及乾隆辛巳（1761）十一月自序。中华书局（北京）版《续修四库全书总目提要·经部·四书类》第九五九页著录传抄本为《四书注说考证》七卷，有胡清惢自序。刻本藏处待考。

嘉庆戊寅（二十三年，1818）金紫胡氏家祠耘经堂刻宋胡仔撰、裔孙清胡培翚校注《孔子编年》五卷。《中国古籍总目·史部·传记类·年谱之属》第 846 页、《国家图书馆普通古籍总目·传记门·分传·个人年谱》第 237 页、《增订四库简明目录校注·史部七·传记类》第 249 页、

《安徽省馆藏皖人书目》第197页、《山西省图书馆普通线装书目录·传记门·年谱》第286页、《贩书偶记·史部·传记类》卷六第129页、《书目答问补正》卷二第135页、北京师范大学图书馆《中文古籍书目·史部·传记类》第132页、《四库全书总目·史部·传记一》卷五七第五一三页、《安徽文献书目》第23页著录，国家图书馆（2部，分别为1、2册本）、安徽省图书馆（旌德汤氏刻4册本）、辽宁省图书馆、南京图书馆、山西省图书馆、北京师范大学图书馆藏，余均线装2册本。此书既有嘉庆二十三年胡氏耘经轩及嘉庆间胡培翚刻又有同治间（1862—1874）重刊本，应为3刻3种15卷。安徽省图书馆藏同治间重刊2册本。上海图书馆还藏清顾氏艺海楼抄本。此书收入《四库全书》。

道光甲午（十四年，1834）胡绍勋夏吟经楼自刊绩溪胡绍勋撰《四书拾遗》又作《四书拾义》五卷。《中国古籍善本书目·经部·四书类》第350页、《北京图书馆古籍善本书目·经部·四书类》第一三〇页、《安徽省馆藏皖人书目》第203页、《安徽文献书目》第196页、《贩书偶记·经部·四书类》卷三第57页、《安徽艺文考·经部·四书二》、《皖人书录》第719页著录，国家图书馆、湖北省图书馆、安徽省图书馆藏2册本。而《贩书偶记续编·经部·四书类》卷三第26页著录为《四书拾义》六卷，"义"字误，为后印本。此书道光通行本缺卷六，实五卷。此书道光二十四年（1844）又有重刊本，应算3刻16卷。此书收入《聚学轩丛书》中。该刊本半页10行，行21字，白口，左右双边。中华书局（北京）版《续修四库全书总目提要·经部·四书类》第九八六页著录为自刻本，无《续》一卷。

道光十四年（1834）胡绍勋吟经楼刻增补清胡绍勋撰《四书拾义（遗）》五卷、《续》一卷计2种6卷。《中国古籍总目·经部·四书类·四书总义·传说之属》第913页、《北京图书馆古籍善本书目·经部·四书类》第一三〇页著录，国家图书馆（1册本）、北京大学图书馆、天津图书馆、上海图书馆、南京图书馆、浙江图书馆、湖北省图书馆藏。该刊本半页10行，行21字，白口，左右双边。收入光绪间（1875—1908）刻《聚学轩丛书》本中。

道光十七年(1837)泾川书院刻清绩溪胡培翚撰《研六室文钞》十卷。《中国古籍善本书目·集部·清别集类》第1271页、《中国古籍善本总目·集部·清别集》第一六〇九页、《北京图书馆古籍善本书目·集部·清别集类》第二六二五页、《中国古籍总目·集部·别集类·清代之属·清中期》第1903页、《北京师范大学图书馆古籍善本书目·集部·别集类·清》第284页、《山西省图书馆普通线装书目录·文学门·诗文别集》第665页、《西谛书目·集部上·清别集类》卷三第五〇页、《清人别集总目》第1595页、《贩书偶记·集部·别集类》卷十七第436页、北京师范大学《中文古籍书目·集部·清别集类》第395页著录，国家图书馆（4册、6册本各1部）、南京图书馆、广东省中山图书馆、四川省图书馆（线装4册本）、辽宁省图书馆、山西省图书馆（2册本）、湖南省图书馆、北京大学图书馆、北京师范大学图书馆（4册本）及日本京都大学人文科学研究所、日本京都大学文学部中哲文研究室藏。该刊本半页9行，行22字，小字双行同，白口，左右双边。四川省图书馆、北京师范大学图书馆（4册本）藏本还附《补遗》一卷附《行状》，此书为考订文字，此版毁于咸丰兵燹。

道光十八年(1838)绩溪胡培翚刻元舒頔撰《华阳贞素斋集》八卷、《附录》一卷附弟舒远撰《北庄遗稿》一卷计2种10卷。具体待考。卷首有舒頔作于洪武辛亥(1371)自序、《贞素斋集自传》，卷一为记，卷二为序，卷三为辨、碑、跋、文，卷四为传、赋、说、墓志铭，卷五至六为古体诗，卷七为五七言近体六言绝句，卷八为七言长律、词，《附录》为《贞素斋铭》《贞素斋记》及洪武十二年(1379)张梓撰《故贞素先生舒公行状》。南京图书馆藏《华阳贞素斋文集》嘉靖间（1522—1566）抄本。

道光十九年(1839)胡培翚辑刊宋胡伟（舜申子）撰《宫词集句》一卷。《安徽艺文考·别集四》、《皖人书录》第719页著录。

道光十九年（1839）刊宋胡舜陟撰、绩溪金紫裔孙胡培翚辑刻《明少师总集》六卷、《卷首》一卷、《附录》一卷计8卷。《安徽艺文考·别集》、《中国古籍总目·集部·别集类·宋代之属》第287页著录，国家图书馆、北京大学图书馆、南京图书馆、浙江图书馆、辽宁省图书馆藏。此版毁于咸丰兵燹。又有清胡氏金紫家祠刊本著录为《胡少师总集》六卷、《附录》一卷，当为同一版本。此书系胡培翚在嘉庆、道光间（1796—1850）多方收罗其存世遗作编辑而成。

清刊本清胡培翚撰《绩溪捐助宾兴盘费规条》不分卷。《安徽省馆藏皖人书目》第203页、《安徽文献书目》第196页著录，安徽省图书馆藏1册本。

道光间（1821—1850）绩溪胡氏受经堂刊清绩溪胡秉虔辑《甘州明季成仁录》四卷。《中国古籍善本书目·史部·传记类一》第455页、《中国古籍善本总目·史部·传记类·总传》第三九四页、《北京图书馆古籍善本书目·史部·传记类》第四二九页、《山东省图书馆馆藏海源阁书目·史部·传记类》第70页、《贩书偶记·史部·传记类》卷六第148页著录，国家图书馆、山东省图书馆藏1册本。该刊本半页9行，行21字（17.5×13.9），白口，左右双边，单黑鱼尾。《安徽艺文考·传记二下》、《皖人书录》716页著录光绪间（1875—1908）受经堂刊，应为重刊本。

清绩溪胡氏刻清胡培翚撰《仪礼正义》四十卷。《徽州地区博物馆藏书目录·有关徽州资料古藉（籍）·经部·礼类》第一集著录，中国徽文化博物馆仅藏20卷10册不全本。

咸丰二年（1852）木樨香馆家刻绩溪胡培翚撰、杨大堉补《仪礼正义》四十卷。中华书局（北京）版《续修四库全书总目提要·经部·礼类》第五一五至五一六页、《山东省图书馆馆藏海源阁书目·经部·礼类·仪礼》第23页、《北京图书馆古籍善本书目·经部·议礼》第七二页、《中国古籍善本书目·经部·礼类》卷二第三一页（影印本第188页仅著录咸丰二年刻）、《贩书偶记·经部·仪礼类》卷二第30页著录，武汉（清谢章铤校并跋）、国家图书馆（线装40册本）、山东省图书馆（2函20册本）、福建省图书馆（由清陈宝璐校）藏。该刊本半页10行，行22字，小字双行同（17.6×13.2），白口，左右双边，单黑鱼尾。山东省图书馆藏本封面题“木樨香馆家刻藏板”，目录后题“苏州汤晋苑局刊印”。

同治二年（1863）绩溪金紫胡肇智重刊清胡培翚辑、宋胡伟撰《宫词集句》一卷。《安徽艺文考·别集四》、《皖人书录》第719页著录。

同治三年（1864）绩溪金紫裔孙胡肇智重刊宋胡舜陟撰《胡少师总集》六卷、《卷首》一卷、《附录》一卷计8卷。《中国古籍总目·集部·别集类·宋代之属》第287页、《安徽省馆藏皖人书目》第203页、《安徽地震史料辑注》第247页、《皖人书录》第715页、《安徽文献书目》第23页著录，国家图书馆、北京大学图书馆、天津图书馆、上海图书馆、南京图书馆、浙江图书馆、安徽省图书馆（2册本）藏。

同治八年（1869）曾孙胡肇智重刊清胡匡衷撰《仪礼释官》六卷、《侯国官制考》二卷、《侯国职官表》一卷计3种9卷。《皖人书录》第729页著录，《山西省图书馆普通线装书目录·经籍门·礼类》第66页仅著录山西省图书馆藏同治八年（1869）研六阁刻《仪礼释官》九卷4册本。

同治八年曾孙胡肇智刻清胡匡衷撰《仪礼释宫》九卷、《首》一卷计10卷。《中国古籍总目·经部·礼类·仪礼·传说之属》第455页、《徽州地区博物馆藏书目录·有关徽州资料古藉（籍）·经部·礼类》第一集（作同治间刻）著录，国家图书馆、北京大学图书馆、南京图书馆、辽宁省图书馆，中国徽文化博物馆（4册本）藏。

附　同治九年（1870）胡湛刻宋胡仔编《孔子编年》五卷。《中国古籍总目·史部·传记类·年谱之属》第846页、《徽州地区博物馆藏书目录·有关徽州资料古藉（籍）·史部·传记类》第一集（作同治间绩溪胡氏刻）著录，国家图书馆、上海图书馆、辽宁省图书馆、南京图书馆及中国徽文化博物馆（2册本）藏。

同治癸酉（十二年，1873）世泽楼刊绩溪胡秉虔撰《说文管见》三卷。《北京图书馆普通古籍总目·文字学门》第十卷第60页、《安徽省馆藏皖人书目》第199页、《书目答问补正·经部》卷一第73页、《贩书偶记·经部·小学类》卷四第82页、《安徽文献书目》第192页著录，国家图书馆、安徽省图书馆均藏1册本。该馆还有光绪七年（1881）望益山房重刊1册本。此书分别为《滂喜斋丛书》《聚学轩丛书》《受经堂丛书》《丛书集成初编》等丛书收录。

同治间（1862—1874）绩溪胡氏刻清胡秉虔撰《说文管见》三卷。《徽州地区博物馆藏书目录·有关徽州资料古藉（籍）·经部·小学类》第一集著录，中国徽文化博物馆藏1册本，还藏同治间刻另一种版1册本。

同治十二年（1873）至光绪五年（1879）绩溪胡氏刊世泽楼清胡培系辑《世泽楼三种》七卷。《中国丛书广录·汇编丛书·家族类》第252页、南京大学《中国丛书目录及子目索引汇编》第79页著录。

清写刊清胡澍纂《说文部目》不分卷。《皖人书目》第722页、《国学图书馆总目》著录，南京图书馆藏。

清刊清胡秉虔撰《古韵论》二卷。《安徽省馆藏皖人书目》第198页著录，安徽省图书馆藏3册本。本书收入《滂喜斋丛书》《丛书集成初编》等丛书中。

同治间刻唐释湛然撰、清胡澍辑《止观辅行传宏决》又名《辅行记》一卷。《中国古籍总目·子部·释家类·撰述之属·论著部·天台宗》第3350页著录，大连市图书馆、吉林省图书馆藏。

同治、光绪间（1862—1908）绩溪县胡氏世泽楼刊清胡培系辑《绩溪胡氏丛书》又名《世泽楼丛刊》11种七十三卷。《中国古籍总目·丛书部·氏族类》第1012页、《中国丛书综录·总目·汇编·氏族类》第460～461页、《中国丛书综录补正》第79页、《中国丛书广录·汇编丛书·家族类》第252页、《丛书目录拾遗》卷十二第九页著录，国家图书馆、复旦大学图书馆藏全书。《中国丛书综录·类编·氏族类》460～461页著录，此套丛书仅还有5种18卷，国家图书馆藏。

此套丛书原订刻胡氏著述100余种。如全部问世，则是一个非常大的出版工程，堪称全国家族刻书之最。有清一代，在学术史上著例有宣城数学梅氏世家，东吴惠氏四世传经，桐城方孔炤、方以智、方中通祖孙三代，余均不超过两代，如余姚黄、四明万、阳湖（实歙县）洪亮吉、江都汪（也是歙县人）、高邮王、宝应刘、侯官陈、桐城马、定海黄都是父子相传，他们的前后辈在学术史上都无大手笔，能与绩溪胡氏经学传家前后达6代以上，而连续家刻8代之多，追溯前贤历宋元明清4朝，这实是历史上少有的学术家族，也是少有的刻书家族。

清写刊本清胡澍纂《说文部目》不分卷。《国学图书馆总目》著录，应藏今南京图书馆。

光绪二年(1876)世泽楼刊绩溪胡秉虔撰《古韵论》三卷。《安徽文献书目》第192页、《贩书偶记》第96页著录，安徽省图书馆藏3册本。

光绪间（1875—1908）胡氏家刻清绩溪胡秉虔撰《古韵论》三卷。《徽州地区博物馆藏书目录·有关徽州资料古藉（籍）·经部·小学类》第一集著录，中国徽文化博物馆藏1册本。

光绪四年(1878)世泽楼刊清胡培翚自撰、清胡培系补《胡少师年谱》二卷。《安徽艺文考·史部·传记一》、《皖人书录》第725页著录。

光绪四年（1878）胡培系世泽楼刻清胡培翚撰《研六室文钞》十卷、《补遗》一卷附《墓志铭》一卷、《行状》一卷计4种13卷。《中国古籍总目·集部·别集类·清代之属·清中期》第1903页著录，中国科学院图书馆藏。

光绪四年世泽楼重刻清胡培翚撰《研六室文钞》十卷、《补遗》一卷计2种11卷。《安徽省馆藏皖人书目》第202页、《山西省图书馆普通线装书目录·文学门·诗文别集》第665页、《安徽文献书目》第195页、《清人别集总目》第1595页、北京师范大学《中文古籍书目·集部·清别集类》第395页、《藏园群书经眼录·集部五》卷十六第一四四四页、《书目答问补正·子部》卷三第212页、《贩书偶记·集部·别集类》卷十七第436页著录，国家图书馆、上海图书馆、南京图书馆、广东省中山图书馆、安徽省图书馆（4册本）、山西省图书馆（4册本）、中国科学院图书馆、中国人民大学图书馆、北京师范大学图书馆、山东师范大学图书馆、华东师范大学图书馆、浙江大学图书馆、南通师范学院图书馆、镇江市图书馆、日本国会图书馆、大阪府立图书馆及安徽科研所、日本京都大学人文科学研究所、日本京都大学文学部中哲文研究室藏。

光绪间（1875—1908）绩溪胡氏刻清胡培翚撰《研六室文钞》十卷、《补遗》一卷计2种11卷。《徽州地区博物馆藏书目录·有关徽州资料古藉（籍）·集部·别集类》第一集著录，中国徽文化博物馆藏4册本。

光绪间绩溪胡氏刻清胡澍撰《黄帝内经素问校义》一卷。《徽州地区博物馆藏书目录·有关徽州资料古藉（籍）·子部·医家类》第一集著录，中国徽文化博物馆藏1册本，为后印本。

光绪己卯（五年，1879）胡氏世泽楼刻清胡澍撰《黄帝内经素问校义》不分卷。《中国古籍总目·子部·医家类·医经之属·素问·发挥》第504页、《全国中医图书联合目录·医经》第19页著录，国家图书馆、故宫博物院图书馆、内蒙古自治区图书馆、辽宁省图书馆、吉林省图书馆、黑龙江省图书馆、上海图书馆、上海中医药大学图书馆、南京图书馆、浙江图书馆、江西省图书馆、湖北省图书馆、四川省图书馆、成都中医药大学图书馆藏，国家图书馆藏抄本。《贩书偶记·子部·医家类》卷九第228页著录为光绪乙卯世泽楼刻绩溪胡澍撰《黄帝内经校义》一卷附绩溪胡培系撰《事状》一卷，误，因光绪间无乙卯，有己卯年。

光绪己卯（五年，1879）世泽楼刊绩溪胡澍撰《黄帝内经素问校义》一卷，绩溪胡培系撰《附事状》一卷计2种2卷。《贩书偶记》第228页著录，先后收入《三三医书》《珍本医书集成》《丛书集成初编》等丛书中。

光绪六年（1880）七月绩溪胡培翚刊自著《研六室集》4种五十三卷。刘声木《续补汇刻书目》卷二十第十二页著录。

光绪七年（1881）刊清胡秉虔撰《说文管见》三卷。《山西省图书馆普通线装书目录·文字学门·字书》第507页著录，山西省图书馆藏1册本。

光绪七年刊清胡培系撰《教士迩言》三卷。《安徽省馆藏皖人书目》第202页、《贩书偶记》第221页、《安徽文献书目》第195页著录，安徽省博物馆藏清刊1册本。

光绪九年（1883）蛟川二仁堂刊清胡澍撰《黄帝内经素问校义》不分卷。《中国古籍总目·子部·医家类·医经之属·素问·发挥》第504页（作1卷）、《全国中医图书联合目录·医经》第19页著录，国家图书馆、中国科学院图书馆、中国医学科学院图书馆、中国中医科学院图书馆、北京中医药大学图书馆、山东省图书馆、青岛医学院图书馆、大连市图书馆、黑龙江中医药大学图书馆、上海图书馆、南京中医药大学图书馆、苏州市中医院图书馆、浙江医科大学图书馆、浙江省中医药研究院图书馆、江西省图书馆、湖北省图书馆、湖南中医学院图书馆、四川省图书馆藏。该书前有仪征刘寿曾序，后有族叔祖胡培系撰事状，即家刻《事状》及《附录》即此。刘序称：胡澍得宋本内经，乃用元熊氏本，明道藏本，及唐以前载籍勘正之，未成而卒，仅存此数十条。其体略如王氏《读书杂志》，而刊正文字，达其训故，颇为精审。如首条《释素问》，谓素者法也。郑注士丧礼曰："形法定为素。宣十一年《左传》曰：'不愆于素，并训素为法。'素问者，法问也。犹扬雄著书，谓之法言也。"郑文焯撰《医故》据此谓素问之名，始于汉季。此其考证之功，诚足与曹应钟《说文解字论》相提并论。

光绪间（1875—1908）世泽楼刊清胡澍撰《内经素问校义》一卷附《事状》一卷计2种2卷。《皖人书录》第722页、《安徽艺文考·医家》著录。

光绪十年（1884）绩溪胡金紫胡廷桢刻宋胡舜陟撰《胡少师总集》六卷、《附录》一卷，清胡培系补编《胡少师年谱》二卷计2种9卷。《中国古籍总目·集部·别集类·宋代之属》第287页著录，浙江图书馆藏。

光绪十年胡氏世泽楼家刻清绩溪胡培系编《胡氏著作书目》又名《绩溪金紫胡氏所著书目》二卷。《中国古籍总目·史部·目录类·总录之属·氏族》第4969页、《北京图书馆普通古籍总目·目录门·目录学》第一卷第43页、《安徽省馆藏皖人书目》第202页、《安徽文献书目》第195页著录，国家图书馆（1册本2部，还有西谛藏民国间抄本2册本1部）、安徽省图书馆（1册本）、浙江图书馆藏。

光绪十年刻清绩溪胡培翚原辑、胡培系补《胡少师年谱》二卷。《贩书偶记·史部·传记类》卷六第130页著录。

光绪丁亥（十三年，1887）世泽楼木刻绩溪胡绍瑛撰《文选笺证》三十二卷。《中国古籍总目·集部·总集类·通代之属》第2898页（作木活字印本）、《安徽省馆藏皖人书目》第202页、《贩书偶记》第514页、《安徽文献书目》第196页著录，为世泽楼重刊本，安徽省图书馆藏10册本。国家图书馆藏木活字印本。此书收入《聚学轩丛书》中。

光绪间(1875—1908)刻清绩溪胡绍煐(瑛)撰《文选笺证》三十二卷。《徽州地区博物馆藏书目录·有关徽州资料古藉（籍）·集部·总集类》第一集著录，中国徽文化博物馆藏10册本。

光绪十三年世泽楼刊胡培系继室孙采芙撰《笔轩遗稿》三卷、《附录》一卷计4卷。《安徽文献书目》第228页仅著录安徽省博物馆藏抄本5卷1册本。《清人别集总目》第645页作活字本，刻本藏家待考。

光绪十五年（1889）胡氏世泽楼刊《绩溪金紫胡氏所著书目》二卷。《西谛书目·史部·目类类》卷一第五四页著录1册本，另有抄本2册。

光绪二十五年（1899）从子胡晋接世泽楼刊清胡肇昕撰《斋中读书诗》一卷。《中国古籍总目·集部·别集类·清代之属·清中期》第2076页、《安徽省馆藏皖人书目》第205页、《安徽文献书目》第198页、

《安徽艺文考·集部·别集二五》、《皖人书录》第 923 页、《徽州地区博物馆藏书目录·有关徽州资料古藉（籍）·集部·别集类》第一集（作光绪间刻）著录，安徽省图书馆、黄山市博物馆（2 部）藏 1 册本。《贩书偶记·经部·诸经总义类》卷三第 71 页作《斋中读书》一卷，为初学治经桥梁。

清胡氏世泽楼（应光绪间）刊清胡匡衷撰《郑氏仪礼目录校证》一卷附《仪礼释官》六卷计 2 种 7 卷。《安徽艺文考·礼一》、《皖人书录》第 730 页著录。

光绪间（1875—1908）刻清绩溪胡肇昕撰《斋中读书诗》一卷。《清人别集总目》第 1599 页著录，安徽省图书馆藏。

光绪间绩溪胡氏刻清胡培系辑《绩溪金紫胡氏所著书目》二卷。《徽州地区博物馆藏书目录·有关徽州资料古藉（籍）·史部·目录类》第一集著录，中国徽文化博物馆藏 1 册本。

光绪二十五年世泽楼刊绩溪胡肇昕撰《斋中读书》一卷。《贩书偶记》第 71 页著录。此书为初学治经者的入门书。

民国九年（1920）门人胡宣铎辑刊清胡肇昕撰《仪礼正义正误》。《安徽艺文考·经部·考礼一》、《皖人书录》第 723 页著录。

民国十五年（1926）胡氏家刻清绩溪胡肇龄撰《存斋诗草》二卷。《清人别集总目》第 1599 页、《安徽地震史料辑注》第 255、259 页（均作民国本）著录，南京图书馆、安徽省图书馆、中国徽文化博物馆图书馆藏。《中国古籍总目·集部·别集类·清代之属·清后期》第 2401 页、《安徽文献书目》第 198 页著录，中国科学院图书馆、安徽省图书馆藏胡氏辨志堂于民国十五年印行聚珍 1 册本。

民国二十二年（1933）胡晋接重印光绪十年（1884）世泽楼刊清胡培系撰《绩溪金紫胡氏所著书目》二卷。《安徽艺文考·目录》、《皖人书录》第 725 页著录。

民国二十二年从子胡运中辑印绩溪县清胡晋文（1835—1916）撰

《醉月山房诗草》一卷。《清人别集总目》第 1593 页著录，安徽省图书馆藏。

民国二十三年（1934）油印清胡培系撰《十年读书室遗诗》一卷。《清人别集总目》第 1595 页著录，安徽省图书馆、南京图书馆、安庆市图书馆藏。

凌廷堪的著述与出版

凌廷堪（约 1755—1809），字仲子，又字次仲，有校礼堂、杞菊轩，歙县沙溪人，父凌文焻（一作文焞，字灿然）自歙县迁于海州板浦场（今江苏省灌云县），也是廷堪出生地。

廷堪自幼有异禀，接受能力特别强。6 岁丧父，由母亲王氏变卖首饰供他读书，为歙县监生。12 岁即弃学依其长兄在海州从贾，曾任商店学徒，仍坚持自学不懈，工诗善文兼为长短句。江藩称："仲子于诗，不分唐宋门户，专论声韵对偶，雅善属文，尤工骈体，世人不知，为经术所掩也。"[①] 李慈铭对其诗评价称："格调清俊，时有佳句。"并指出"乾隆（1736—1795）中经儒之称诗者，沃田最胜，兰泉次之。先生诗可以上肩西庄，下揖芸台。其中往往自出名论，又时证发经谊则诸家所未及。"[②] 乾隆四十六年（1781）为修改词曲游扬州，金兆燕目为奇人，劝他去京师游翁方纲门，研心经史，传承徽州江戴朴学。以国子生应京兆试不售，南下应鹾使伊龄阿之请，删改古剧本传奇，赘亲于扬州华氏，并与阮元、钱大昕订文字交。再试仍未中，决心勤读苦念，广交各方名彦，使他知识面特别广博，经史、历算、六书、乐律等均有造诣。对六书、九章、八线，以及古今地理沿革、职官异同、史传参错、藩属源流，均能条理井然，对历代名人诗歌文章均娴熟在心，一提便能成诵。

① 详见陈诗（字子言）辑《皖雅初集·校礼堂诗》注。

② 《李慈铭日记》第十五册第二十六页。

尤精礼乐，所讲乐律的声谱，均为宋以来音乐家所未悟，以凌为精到，文章也多有创见。最难得的是廷堪孤学独鸣，并无师友，全为自学成才。廷堪在礼学研究上贡献很大，所著《礼经释例》，提出礼仪委屈繁重，必须会通体例，分为八例，一为通例、二为饮食、三为宾客、四为射例、五为变例、六为祭例、七为器服、八为杂例，以明古礼经中的异同。并指出，自汉以来，诸儒众说纷纭，但由于不明白主旨，所解不得要领，并特撰《封建尊尊服制考》附变例之后。此书一出，深得学界注目，阮元特命其子阮常生拜他为师学礼，并指出凌之《乡射五物考》《九拜解》《九祭解》《释牲》《诗楚茨考》等篇发古人之未发，尤其《复礼》三篇更为精彩。他对乐的研究也有独到之处，江藩称《燕乐考原》为思通鬼神之作。该书考证了音乐根源。词是在隋唐时期由西域传入内地的燕乐歌曲发展为一种特殊的抒情诗体，其诗体“敛雄心，抗高调，变温婉成悲凉”（周济《宋四家词选序》），至北宋已形成燕乐学。该派以南唐后主李煜及此后的苏轼、张炎、辛弃疾、李清照、姜夔等为代表人物。该书还以考据学方法论证了燕乐二十八调（四种调式各七种高度的二十八种音阶）在燕乐主旋律乐器琵琶上的位置，是一种科学的定量和计量方法。揭示了宋乐复古的七声音阶与燕乐七声音阶的矛盾和问题。燕乐的七声音阶是“宫、商、角变、徵、羽、润”，而古乐七声音阶是“宫、商、角、变徵、羽、润”。它们之间的区别产生不同的艺术效果，并对文学中的词曲产生不同的影响。李斗称他：“始不为时文之学。既与黄文旸交，文旸最精于制艺，仲子乃尽阅有明之文，得其指归，洞彻其底蕴。每语人曰：‘人之刺刺言时文法者，终于此道未深。时文如词曲，无一定资格也。’善属文，工于选体，通诸经，于三礼尤深。好天文历算之学，与江都焦循并称……里堂称以歙县凌仲子、吴县李锐尚之、歙县汪莱孝婴为‘论天三孝’。”[①] 并进一步评价道：“予按推步之学，梅氏、江氏、

① 清李斗：《扬州画舫录》卷五第一〇八页，北京：中华书局，1960。

戴氏为最精，而仲子、里堂、尚之三君，复推其所不足而有以补之。”[①]尤其是他坚韧不拔、百折不挠的苦学精神及追求目标不气馁的毅力是值得总结的。如中年为考科举，数试不中，并不放弃。直至乾隆五十四年(1789)在江南乡试中举，次年34岁中进士，名列第四，与李赓芸、邢澍、黄钺、洪亮吉、桂馥、洪梧、张问陶同科进士。用为知县，自请改教职，任宁国府教授。奉母弟到任，极尽孝悌，母殁，因哀毁一目，而妻也相继谢世，无亲生子，孑然一身，归依徽州程丽仲，程以师礼事之。因丁母忧离任，后主讲敬亭、紫阳书院，“以实学教授乡里”。阮元抚浙，延为其子业师。嘉庆十四年（1809）四月中归歙，寓问政书塾，日事著述。因长年思虑劳神，六月初一日晚饭间突然跌倒失语，初二日丑时为痰阻逝。在他居歙生命的最后日子里草创《封建尊尊服制考》尚未杀青，留下《纸鸢戏和陈桂堂太守》5首诗词及临死当天正在草《南宋七闺表说》。可以说，先生一生辛劳，最后累死在写作台上。第二年（1810）三月十九日葬于歙西梅山十亩园，与其父合墓。由于无后裔，生病期间主要由程丽仲亲伺汤药，并经纪丧事，虽死故乡，实同旅殡，实为徽州学者的悲剧人生之一。

廷堪安贫乐道，著述丰富。主要有《校礼堂全集》，与洪亮吉等纂修《宁国府志》三十六卷首末各一卷，又与善化唐仲冕等纂修《［嘉庆］直隶海州志》三十二卷、《首编》一卷，还编有《后魏书音义》一百三十卷、《元经释例目录》一卷、《凌次仲复礼三篇》一卷、《礼经释例》十四卷、《礼经释例目录》一卷等。今上海图书馆还藏有他的手稿《校礼堂初稿·文》不分卷、《梅边吹笛谱》二卷，《礼经释例》十三卷、《首》一卷中的一至十卷稿本，余厥。还著有《充渠新书》二卷、《晋泰始笛律匡谬》一卷，编《元遗山先生年谱》二卷，参与笺《困学纪闻五笺集证》二十卷等。其中，收入道光九年（1829）广东学海堂刻及咸丰十一

① 清李斗：《扬州画舫录》卷五第一一〇页，北京：中华书局，1960。

年（1861）补刻阮元辑《皇清经解》一千四百〇八卷中有《礼经释例》十三卷、《校礼堂文集》一卷计2种14卷经学著作。还有《复礼》三篇附《张彦惟答方彦闻书》三篇等。

凌廷堪在古籍整理方面也留下遗迹。如对汉郑玄注、唐贾公彦等疏、唐陆德明释文《仪礼注疏》十七卷进行校勘。

他的著述除方志由官刻行世，《礼经释例》十三卷在他逝世后由阮元于嘉庆十四年（1809）刊于扬州外，其余著述主要由他在宣城的学生张其锦（字褧伯）刊行。在他死后，张其锦"徒步至歙，访君遗书，无所得，又北走海州，于败簏中捃拾残稿，假居僧寺，辑录以归"[①]，分次刊行，此后又汇刻行世，应算作凌氏家刻范围。

张其锦在《凌次仲先生年谱》卷四末二段系张氏在道光六年（1826）季秋朔日较详细地记述凌氏大部著作整理刊刻情况，兹移录于下："忆壬戌（嘉庆八年，1802）、癸亥（九年）间，阮宫保（元）尝以书索刻所著述。先生以古人每悔成书太早辞之。及卒，时只一《礼经释例》清本在杭节署，其一切遗稿皆系程丽仲收藏，拟将设局编校。其锦赴歙，并面约襄其事。当以《燕乐考原》为著述之亚于《礼经》者，爰乞稿本归。次年（1810）夏，先生犹子晋昭来宣，乃谓遗书尽归板浦，且以编校相属。因思遗书在徽，有程君胜其任。若海隅僻壤，恐无珍重而爱惜之者，遂于十月间往海州搜辑。其为友人携去者则乞反之，底草重复者则剔去之，从杂载归，编辑为《校礼堂文集》三十六卷、《诗集》十四卷、《札记》六卷、《晋泰始笛律匡谬》一卷。其手定者《礼经释例》十三卷、《燕乐考原》六卷、《元遗山年谱》二卷、《充渠新书》二卷、《梅边吹笛谱》二卷。《礼经释例》己巳（十四年，1809）春云台先生刻于杭州节署，《燕乐考原》辛未（十六年，1811）夏其锦刻于家塾曲肱亭。时阮宫保在史馆编纂《儒林》，寓书学使顾筠岩先生，采访吾师遗书，

① 清江藩纂辑、许啸天整理《清儒学案·凌廷堪》卷七第二二页。

下问及锦，当将已刻之《燕乐考原》呈寄。壬申（十七年，1812）秋，并赍未刻各种北行，拟献诸史馆。适值云台先生督漕来淮，代为筹划。命回宣刻《文集》三十六卷。”“乙亥岁（二十年，1815）学使白小山先生作诗集序，谓当与文并传。庚辰（二十五年，1820），学使胡书农先生亦问及此。去冬（1825），海盐朱尚斋邑侯锦琮爱民恤士，博学能文，读先生诗与词而好之。今夏（1826）给以资斧，命刻之，以成《校礼堂全集》。则知己之感，师若弟皆永戴之矣！噫，其锦夙奉先严命汇刻凌氏遗书，乃始之以力绵暂辍，继之以事故稽迟，屈指数之今已忽忽焉十有八年矣。”他的学生张其锦所编《凌次仲先生年谱》四卷，道光间（1821—1850）刊附《校礼堂全集》，上海图书馆藏，约 2.5 万字，详记谱主的学术活动，前有朱锦琮《序》、阮元撰《别传》、戴大昌撰《事略状》等都是研究凌廷堪的宝贵史料。

他的著作刊行如下：

嘉庆间（1796—1820）刊歙凌廷堪撰《燕乐考原》六卷。中华书局（北京）版《续修四库全书总目提要·经部·乐类》第六五三页（《粤雅堂丛书》）、《贩书偶记·经部·乐类》卷二第 35 页、《中国古籍善本书目·经部·乐类》卷二第五四页著录，国家图书馆藏嘉庆十六年(1811) 夏宣城张其锦刻本，由清陈澧批校并跋。

嘉庆丁卯（十二年，1807）门生张其锦刻清歙县凌廷堪撰《校礼堂文集》三十六卷、《诗集》十四卷计 2 种 50 卷。《贩书偶记·集部·别集类》卷十六第 403 页著录，此书后收入《校礼堂全集》中。

嘉庆十四年（1809）刻清凌廷堪撰《礼经释例》十三卷、《首》一卷计 14 卷。《中国古籍善本书目·经部·礼类》第 178 页著录，浙江大学图书馆藏。张其锦撰《凌次仲先生年谱》卷四作“《礼经释例》己巳春云台先生刻于杭州节署。”

道光间（1821—1850）汇印嘉庆、道光间（1796—1850）门生宣城张其锦、泾县潘锡恩、池州章氏刊清凌廷堪撰《校礼堂全集》

7种六十六卷。《中国古籍总目·丛书部·独撰类·清代前期》第1165～1166页、《中国丛书综录·汇编·独撰类（清代前期）》第一册第513～514页、《香港所藏古籍书目·丛部·汇编类》第559页、《丛书目录拾遗》卷八第六页、《山东省图书馆馆藏海源阁书目·丛书·自著类》第389页著录，国家图书馆、中国科学院图书馆、山东省图书馆（仅存4种63卷1函16册）、上海图书馆、复旦大学图书馆、甘肃省图书馆、南京图书馆、浙江图书馆、广东省中山图书馆、四川大学图书馆、香港新亚研究所图书馆（12册本）藏。《汇刻书目》第二函第十五册第七十二页著录5种60卷，无《补录》一卷、《晋泰始笛律匡谬》一卷，《燕乐考原》仅4卷，余同。中央民族大学图书馆仅存4种。《中国书店三十年所收善本书目·集部·清别集类》第二〇八页著录道光中刻，白纸14册系不全本。《丛书书目汇编》第三册第三三一页仅著录4种57卷也是不全目。该刊本半页10行，行21字（17.9×13），白口，四周双边，单黑鱼尾。《校礼堂文集》原名《校礼堂初编》，由卢文弨序于乾隆六十年（1795）。凌氏殁后，门人张其锦再次重编，由江藩、白熔为序。1935年《安徽丛书》第四期为凌廷堪专辑，已增为7种八十卷，除《礼经释例》十三卷，《首》一卷据文选楼本外，余均影印本版本。

嘉庆十八年（1813）张其锦刻清凌廷堪撰《校礼堂文集》三十六卷。《中国古籍善本总目·集部·清别集》第一五九四页、《中国古籍总目·集部·别集类·清代之属·清中期》第1698页、《清人别集总目》第1967页著录，国家图书馆（由清李慈铭批并校）、广东省中山图书馆、中国人民大学图书馆、山东大学图书馆藏。该刊本半页10行，行21字，白口，左右双边。

嘉庆十八年刻清凌廷堪撰《校礼堂文集》三十六卷[①]，道光六年（1826）宣城张其锦曲肱亭刻清凌廷堪撰《校礼堂诗集》十四卷。《中

① 此书原名《校礼堂初编》，有乾隆六十年（1795）卢文弨序。凌氏殁后，宣城门人张其锦进行重编，有所增益，此刊本有汪藩、白镕序。

国古籍善本书目·集部·清别集类》第1238页、《中国古籍善本总目·集部·清别集》第一五九四页（分两条分别著录）、《中国古籍总目·集部·别集类·清代之属·清中期》第1698页、《北京图书馆古籍善本书目·集部·清别集类》第二六一三页、《清人别集总目》第1967页著录，国家图书馆（6册本，有李慈铭批并跋）、大连市图书馆、台湾“中央研究院”历史语言研究所傅斯年图书馆、日本广岛大学图书馆及日本京都大学人文科学研究室、日本京都大学文学部中哲文研究室藏。此应为道光六年（1826）后汇印本。该刊本半页10行，行21字，白口，左右双边。

道光六年（1826）刻清张其锦撰《凌次仲先生年谱》四卷。《国家图书馆普通古籍总目·传记门·分传·个人年谱》第288页著录，国家图书馆藏1册本有像，为《校礼堂三种》之一，说明有此小丛书，藏处待查。

道光间（1821—1850）刊清凌廷堪撰《梅边吹笛谱》二卷。《西谛书目·集部中·诗余类》卷五第一六页著录上下两卷2册本。该书为凌氏词集，名取于南宋姜夔《暗香》词中“旧时月色，算几回照我，梅边吹笛”句而名。据道光六年（1826）仲秋月望日受业宣城张其锦序称，此书为凌廷堪手定，其中上卷收77首，下卷收72首，张氏又补录17首计166首词。又据道光六年孟夏望日海盐朱锦琮《〈校礼堂词〉序》指出张氏“又出所藏诗与词若干卷，属余付梓”句，说明此书有道光六年朱锦琮版。收入《校礼堂全集》。

道光六年张其锦刻清凌廷堪撰《校礼堂诗集》十四卷。《清人别集总目》第1967页著录，国家图书馆（有清李慈铭批并跋）、日本大阪府立图书馆及日本京都大学人文科学研究所藏。民国二十四年（1935）《安徽丛书》第四期对凌氏《凌次仲先生遗书》即《校礼堂全集》进行影印，实为再次印行的同一版本，使此版本流传更广。不全本更多。如安徽师范大学图书馆、安庆市图书馆及日本京都大学人文科学研究所藏其中《校礼堂文集》三十六卷、《诗集》十四卷等。

道光二十九年(1849)泾县潘锡恩(芸阁)刻清凌廷堪撰《校礼堂全集》中的2种三卷。国家图书馆、中国科学院图书馆、上海图书馆、复旦大学图书馆、甘肃省图书馆、南京图书馆、浙江图书馆、广东省中山图书馆、四川大学图书馆藏。

此外，还有嘉庆十四年（1809）阮氏文选楼刻清凌廷堪撰《礼经释例》十四卷。中华书局（北京）版《续修四库全书总目提要·经部·礼类》第五〇四至五〇五页、《中国古籍善本总目·经部·礼类》第八一页（作13卷）、《安徽省馆藏皖人书目》第311页、《安徽文献书目》第231页、《中国古籍善本书目·经部·礼类》第187页著录，国家图书馆（由清吕贤基校，有李慈铭跋）、安徽省图书馆（6册本）藏。此书《安徽丛书》《皇清经解》《丛书集成初编》等丛书收录均作十三卷。

民国二十四年（1935）安徽丛书编委会在上海汇印第四期《安徽丛书》为影印凌廷堪专辑7种八十卷。《中国丛书综录》第一册第424页、《中国丛书综录汇编·郡邑类》第425页著录，国家图书馆、首都图书馆、北京大学图书馆、北京师范大学图书馆、清华大学图书馆、中国中医科学院图书馆、上海图书馆、复旦大学图书馆、华东师范大学图书馆、上海师范大学图书馆、上海辞书出版社图书馆、天津图书馆、吉林省图书馆、吉林大学图书馆、甘肃省图书馆、山东省图书馆、山东大学图书馆、南京图书馆、南京大学图书馆、苏州市图书馆、安徽省图书馆、浙江图书馆、福建省图书馆、福建师范大学图书馆、河南省图书馆、湖北省图书馆、武汉图书馆、武汉大学图书馆、江西省图书馆、四川省图书馆、重庆市图书馆、四川大学图书馆、云南省图书馆、中央民族大学图书馆等藏，辽宁省图书馆、浙江大学图书馆、广西壮族自治区桂林图书馆藏本不全。这次影印出版更加大了本书的存世量。

附　嘉庆十六年(1811)刻清唐仲冕修、汪梅鼎、凌廷堪等纂《[嘉庆]海州直隶州志》三十二卷、《首》一卷计33卷。《贩书偶记·史部·地理类》卷七第167页、《中国地方志联合目录》第373～374页著录，国家图书馆、中国科学院图书馆、中国历史博物馆图书馆、水利电力部科学研究院图书馆、民族文化宫图书馆、中共中央党校图书馆、北京大学图书馆、清华大学图书馆、中国人民大学图书馆、北京师范大学图书馆、民族大学图书馆、中国科学院南京地理研究所图书馆、中国社会科学院考古研究所图书馆、上海图书馆、复旦大学图书馆、华东师范大学图书馆、上海师范大学图书馆、上海辞书出版社图书馆、天津图书馆、天津师范大学图书馆、南开大学图书馆、山西省图书馆、辽宁省图书馆、大连市图书馆、吉林省图书馆、吉林大学图书馆、东北师范大学图书馆、哈尔滨师范大学图书馆、西北大学图书馆、山东大学图书馆、南京图书馆、南京大学图书馆、南通市图书馆、苏州市图书馆、常熟市图书馆、无锡市图书馆、扬州市图书馆、镇江市图书馆、浙江图书馆、浙江大学图书馆、温州市图书馆、安徽大学图书馆、安徽师范大学图书馆、福建师范大学图书馆、台湾图书馆、郑州大学图书馆、湖北省图书馆、武汉大学图书馆、湖南省图书馆、湖南师范大学图书馆、广东省中山图书馆、中山大学图书馆（不全）、华南师范大学图书馆、四川省图书馆及国家文物局文物保护科学技术研究所、南京博物院藏。

清前期家刻代表人物

“三风”太守吴绮

吴绮（1619—1688以后），后改名吴钟，字薗次，号蓰翁、听翁、林晚、栎杼、丰南、归鸿柴、亭皋、红豆词人，有种字林、林惠堂、莼芗舸、天地间亭等堂号，歙县丰南西溪南（今属徽州区）人，侨居扬州。顺治九年（1652）拔贡，廷试第一，授秘书院中书舍人。奉诏谱《杨继盛乐府》，升兵部主事，擀历郎中，官至湖州知府。他好交天下名士，因所任名胜地与四方嘉宾唱酬无虚日，但并不妨碍公务。在任上多惠政，享誉学术界，人称“三风”（多风力、尚风节、饶风雅）太守①。吴绮性坦率，好宾客，与人相交直言无所隐，有不如意的地方张口怒骂，以释胸中块垒。后因此而去职。所以吴梅村在赠诗中说他：“官如残短，客比乱山多。”吴绮最工诗词，尤善长骈体文，意深韵奇，通俗易懂，深得庾信、徐陵精髓。与宜兴陈维崧（其年）并称当世。他的名号都是有出典的。他告归后，结春江花月社，凡求其诗文者都要以花木抵润笔资金，其圃“种字林”就缘于此。以有“把酒祝东风，种出双红豆”句，号“红豆词人”。“听翁”则由常自诩“吾才不逮古人，而冒忝方州；性懒不能为导引术，而年及古稀；不事家人生产，而莱妻伶妾，无北门之谪。诸儿子不营利禄，而皆拈弄笔墨，粗能为诗古文词。吾知造物之与我已为过矣。于是以修短衰健听之天，以利钝荣辱听之人，以是非毁誉听之千百世而后，流行坎止，吾何心焉”而自号。在家偕内子江夏君过着春而花，秋而月，以诗酒自适的淡泊田园耕读生活。他因为官廉洁，两袖清风，归隐后生活还是比较清苦的。他在《听翁自传》中叙述得很清楚：“听翁出于延陵，逸其名与字。仕至二千石，多惠政，不畏强御，以忤上官投劾归，归而贫甚，不能自给。长婿江子辰六醵金筑室于广陵之南门，曰‘天地间亭’，翁于是乎有居。癸亥（康熙二十二年，1683）游粤东，制府吴

① 大兴人，曾任歙县令靳治荆在《思旧录》中说：“‘三风太守’之号，翕然归之，谓风流、风雅、风力也。”

留村（吴兴祚）赠以买山钱，归得粉庄巷赵氏之废圃而移居焉，翁于是乎有园。又以钱二百缗得东陵田七十亩，翁于是乎有田。田种秫与豆，仅足供半岁食。居以移后，复为他人所有。”著有《亭皋诗钞》四卷、《六怀词》、《唐诗注》、《纪红集》三卷（与程洪同撰）、《岭南风物记》一卷、《林惠堂文集》又作《林惠堂全集》二十六卷《续刻》六卷、《艺香词钞》六卷、《选声集》三卷附《词韵简》一卷、《艺圃诗为姜仲子赋》一卷，还作传奇《秦楼月》[①]及辑《宋金元诗永》二十卷《补遗》二卷、《扬州鼓吹词序》一卷、《萧瑟词》一卷等。其全集由粤中鲁方伯刻行于世。还选编《宋金元诗选》等。其妻黄之柔，字静宜，号玉琴，有玉琴斋，著《玉琴斋集》一卷[②]。又与汪士鋐、程谦等人赞助闵宾连修《黄山志》。

他留下骈文体《西溪南仁德社庙碑及诗文集序》《江辰六春芜词序》《家岱观大令西塞诗序》《端（瑞）阳阿集序》《程山尊春帆集序》《家逸园岱观大令西搴诗序》《黄元龙先生诗序》《汪扶晨谷玉堂诗序》《汪子沧披云阁诗序》《家叠峰诗集序》《张山来心斋聊复集序》《汪栗亭诗集序》《江允凝咏古诗序》《吴子远亦安乐窝诗序》文字是其在有关古籍上留下的痕迹。

其著作行世情况如下：

清初刻清吴绮撰《选声集》不分卷附《词韵括略》不分卷计 2 种。《中国书店三十年所收善本书目・集部・诗余类》第二三三页著录，中国书店收购白纸 2 册本。

清初刻清吴绮、清程洪辑《选声集》三卷、《词韵简》一卷计 2 种 4 卷。《中国古籍总目・集部・词类・词谱之属》第 3410 页、《四库全书总目・集部・词曲类存目》卷二〇〇第一八三三页著录，中国科学院图书馆藏。

附　清大来堂刻清吴绮、清程洪辑《选声集》三卷、《词韵简》一卷计 2 种 4 卷。《中国古籍总目・集部・词类・词谱之属》第 3410 页、

① 《传奇汇考标目・国朝》第一五六吴绮条著录。

② 《［民国］歙县志・艺文志・书目》卷十五第十三页著录。

《四库全书总目·集部·词曲类存目》卷二〇〇第一八三三页著录，国家图书馆、中国科学院图书馆藏。

康熙四年(1665)家刻清吴绮撰并序刊《林惠堂文集》十二卷。《清人别集总目》第851页著录，上海图书馆、中国科学院图书馆、湖南师范大学图书馆、日本大阪府立图书馆及日本京都大学人文科学研究所藏。齐齐哈尔市图书馆还藏康熙间（1662—1722）博古堂刻楷字巾箱本。

康熙十七年(1678)思永堂刻清吴绮辑《宋金元诗永》二十卷。《中国古籍善本总目·集部·总集类·通代》第一七二七页、《东北师范大学图书馆馆藏古籍善本书目解题·集部·通代》第277页著录，东北师范大学图书馆（12册本）、齐齐哈尔市图书馆藏。应为先印本或不全本。该刊本半页9行，行19字，白口，四周双边。

康熙十七年思永堂刻清吴绮辑《宋金元诗永》二十卷、《补遗》二卷计2种22卷。《中国古籍善本书目·集部·总集类》第1596页、《中国古籍总目·集部·总集类·通代之属》第2914页、《中国人民大学图书馆古籍善本书目·集部·总集类》第160页、《歙事闲谭》卷十一第三六〇页、《北京师范大学图书馆古籍善本书目·集部·总集类·通代》第196页、《安徽省古籍善本书目·集部·总集·通代》卷四第十八页著录，北京师范大学图书馆（10册本）、中国人民大学图书馆（2函14册本）、首都师范大学图书馆、南京图书馆、山西师范大学图书馆、齐齐哈尔市图书馆及安徽省博物馆（10册本）藏。该刊本半页9行，行19字，白口，单鱼尾，左右双边，封面镌“思永堂藏板”5字。卷首书延陵吴绮薗次选，蒲吾崔华莲生订，济阳江闿辰六、江湘文江校。前有康熙十七年(1678)昆山徐乾学序、薗次自序。吴自序后书“康熙戊午（十七年）柘月望日丰南吴绮书于看弈轩”。此书负责校对为其婿江辰六，在凡例中有“所选多秘本，博搜非易，阅两寒暑而成。助之者淡心、孝威、鹤问、亦陶、郢上诸君，而始终厥事，订正剞劂，又得郢上之力为多。”

康熙十七年广陵千古堂刻清吴绮辑《宋金元诗永》二十卷、《补遗》二卷计 2 种 22 卷。《中国古籍总目・集部・总集类・通代之属》第 2914 页著录，南京图书馆藏。

康熙二十五年（1686）刊丰南吴绮、岑山程洪同编《纪（记）红集》四卷。《安徽艺文考・词曲》、《中国书店三十年所收善本书目・集部・诗余类》第二三三页、《贩书偶记・集部・词曲类・词选之属》卷二十第 555 页著录，中国书店收购竹纸 2 册本。此书卷一为小令，卷二为中调，卷三为长调，卷四为词韵简。

康熙二十五年（1686）自刻清吴绮、程洪辑《纪（记）红集》三卷、《词韵简》一卷计 2 种 4 卷。《中国古籍善本书目・集部・词类》第 2013 页、《中国古籍总目・集部・词类・词谱之属》第 3410 页、《北京图书馆古籍善本书目・集部・词类》第二九八二至二九八三页著录，国家图书馆（2 册、6 册本各 1 部，6 册本由李日华校注）、中国科学院图书馆、北京师范大学图书馆、上海图书馆、山西省图书馆、南京图书馆、平湖市图书馆及南京博物院藏，北京大学、中国社会科学院文学研究所图书馆藏不全。首都图书馆还藏清玉禾堂刻此书，中国人民大学图书馆藏清大余堂刻此书。该刊本半页 9 行，行 20 字，白口，四周双边。吉林大学图书馆藏清抄本。

康熙二十五年刻清吴绮、程洪辑《记红集》四卷、《词韵简》一卷计 2 种 5 卷。《北京师范大学图书馆古籍善本书目・集部・词谱词韵》第 295 页著录，北京师范大学图书馆藏 2 册本。该刊本半页 9 行，行 20 字，白口，四周双边。

康熙二十八年（1689）序刻本《林惠堂文集》六卷。《清人别集总目》第 851 页著录，上海图书馆、南京图书馆藏，应为续刻本。《西谛书目・集部上・清别集类》卷三第三六页著录 24 册本。

康熙二十八年（林惠堂刊清广陵吴绮选《唐近体诗永》十四卷、《首》一卷计 15 卷。《中国古籍善本书目・集部・总集类》第 1675 页、《中国古籍总目・集部・总集类・断代之属》第 3001 页、《中国古籍善本总目・集部・总集类・断代》第一七六六页、《贩书偶记续编・集部・总集类》

卷十九第 302 页著录，湖北省图书馆、山西大学图书馆藏。该刊本半页9 行，行 19 字，白口，左右双边，版心下镌“林蕙堂”3 字。

康熙间（1662—1722）刻清吴绮撰《艺香词钞》四卷。《中国古籍总目·集部·词类·别集之属》第 3202 页著录，国家图书馆藏。

康熙间（1662—1722）刊清丰南吴绮选《选声集》三卷附《词韵简》一卷计 2 种 4 卷。《四库全书总目·集部·词曲类存目》卷二〇〇第一八三三页、《贩书偶记续编·附录·四库存目有》第 378 页著录。此书为小令、中调、长调各 1 卷，收入《四库全书存目丛书》中。

康熙间刻清江都吴绮撰《艺圃诗为姜仲子赋》又名《艺圃诗》一卷附清济南王士祯撰《和艺圃诗十二咏》计 2 种。《清人别集总目》第 851 页、《贩书偶记续编·集部·别集类》卷十四第 235 页著录，国家图书馆、南京图书馆藏。

康熙间刊清吴绮撰《亭皋集》六卷。《清人别集总目》第 851 页著录，复旦大学图书馆藏。

康熙二十八年（1689）吴绮林惠堂刻自辑《唐近体诗咏》四卷、《宋金元诗永》十四卷计 2 种 18 卷。《四库全书总目·集部·别集类二六》卷一七三第一五二一页、《皖人书录》第 363 页著录。

康熙间刻清吴绮选《宋金元诗永》二十卷、《补遗》二卷计 2 种 22 卷。《西谛书目·集部中·总集类》第二七页、《四库全书总目·集部·总集类存目四》卷一九四第一七六九页、《皖人书录》第 363 页著录，国家图书馆（西谛藏 12 册本）、东北师范大学图书馆（20 卷 12 册）藏。此书系选编宋金元诗合为 1 集。封面页题：“思永堂藏版”5 字。该刊本半页 9 行，行 19 字不等，白口，左右双边。

康熙间刻清吴绮撰《艺圃诗为姜仲子赋》一卷，清王士禛、王士祜撰《和艺圃十二咏》一卷计 2 种 2 卷。《中国古籍总目·集部·别集类·清代之属·清前期》第 1082 页（分两次著录）、《北京图书馆古籍善本书目·集部·清别集类》第二五三五页著录，国家图书馆藏 1 册本。该刊本半页

10行，行19字，白口，左右双边。

康熙间博古堂刻楷字巾箱本清吴绮撰《林惠堂文集》十二卷。《清人别集总目》第851页著录，齐齐哈尔市图书馆藏。

康熙二十九年（1690）吴寿潜刻清吴绮撰《林蕙堂全集》二十六卷。《中国古籍总目·集部·别集类·清代之属·清前期》第1082页著录，中国科学院图书馆、辽宁省图书馆、天津图书馆、首都图书馆藏。

康熙间（1662—1722）刻本题《吴绮全集》二十六卷。《增订四库简明目录标注·集部·别集类六》卷第十八第863页、《丛书书目汇编》第二册第二七一页著录。

康熙间写刻清吴绮撰《林蕙堂全集》十二卷。《中国古籍总目·集部·别集类·清代之属·清前期》第1082页著录，中国科学院图书馆藏。

康熙间刻清吴绮撰《艺香词》6种六卷。《中国古籍善本书目·集部·词类》第1975页、《中国古籍善本总目·集部·词类·词别集类》第一八五七页、《中国古籍总目·集部·词类·别集之属》第3302页、《北京图书馆古籍善本书目·集部·词类》第二九六三页著录，国家图书馆藏4册本。该刊本半页10行，行20字，无直格，白口，左右双边。内多典故。

上述有不少是吴绮生前家刻。吴绮逝世后，在康熙间的家刻本有：

康熙间广陵千古堂刊清歙县吴绮撰《宋金元诗咏》二十卷。《安徽省馆藏皖人书目》第142页著录，安徽省图书馆藏7册本。

附　康熙间濂溪书屋刻清吴绮辑《宋金元诗咏》二十卷、《补遗》二卷计2种22卷。《中国古籍总目·集部·总集类·通代之属》第2914页著录，国家图书馆、南京图书馆藏。

康熙三十九年（1700）江都吴氏家刻清吴绮撰、其子吴寿潜编《林惠堂全集》4种二十六卷。《中国古籍善本书目·集部·清别集类》第999页、《中国古籍善本总目·集部·清别集类》第一五二四页、《清人别集总目》第851页（但无后1种4卷）、《山东省图书馆馆藏海源阁书目·集部·别集类·清》第257～258页、《汇刻书目》第十五册第五十八页、《四库全书总目·集部·别集类二六》卷一七三第一五二一页、《西谛书目·集部上·诗余类》卷五第一四页著录，国家图书馆、首都图书馆、山东省图书馆（2函12册本）、上海图书馆、南京图书馆、山西省图书馆、山西大学图书馆、福建师范大学图书馆、中国科学院图书馆、复旦大学图书馆、大连市图书馆、日本京都大学图书馆及日本内阁文库、东京静嘉堂文库、东洋文库藏。该刊本半页9行，行21字（17.4×14.1），白口，左右双边，无鱼尾。《安徽省馆藏皖人书目》第142页著录，安徽省图书馆藏12册本康熙间刻本。此书在乾隆三十九年、四十一年由吴琥琇衷白堂再刻，细目略有区别。

康熙四十六年(1707)其据堂刻清吴绮撰《林惠堂文集》十八卷。《清人别集总目》第851页著录，中国社会科学院文学研究所图书馆藏。

清刊清吴绮撰《歌吹词》一卷、《登楼词》一卷、《扶醉词》一卷、《萧瑟词》一卷、《凤乡词》一卷、《水嬉词》一卷计6种6卷。《西谛书目·集部下·诗余类》卷五第一四页著录4册本。

康熙间（1662—1722）刻清吴绮撰《艺圃诗为姜仲子赋》一卷，清王士禛、王士祜撰《和艺圃十二咏》一卷计2种2卷。《中国古籍善本书目·集部·清别集类》第999页、《中国古籍善本总目·集部·清别集》第一五二四页著录，国家图书馆藏。该刊本半页10行，行19字，白口，左右双边。

以后家刻主要在乾隆间（1736—1795）为吴琥琇定梓，直至民国十四年(1925)其子孙如清绮斋还影印了清吴绮的《林惠堂全集》十八卷。《清人别集总目》第851页著录，福建省图书馆、江西省图书馆藏。余为吴琥琇[①]刻为多。

乾隆三十九年(1774)衷白堂刻巾箱本清吴绮撰《林惠堂文集》十二卷。《清人别集总目》第851页著录，国家图书馆、南京图书馆、

① 吴琥琇，字水之，有知止草堂，一说延陵人，延陵应是吴氏家谱延原籍号一支，应为歙县人，吴绮族人或后人，有衷白堂家刻坊号。

辽宁省图书馆、山东省图书馆、台湾“中央研究院”历史语言研究所傅斯年图书馆及日本京都大学人文科学研究所藏。《安徽省馆藏皖人书目》第 142 页著录，安徽省图书馆藏清乾隆间刊本缺第二卷计 11 卷 11 册。

乾隆三十九年至四十一年 (1774—1776) 衷白堂刻巾箱本《林惠堂全集》计 4 种二十六卷。《中国古籍善本书目·集部·清别集类》第 999 页、《四库全书总目·集部·别集类二六》卷一七三第一五二一页、《中国人民大学图书馆古籍善本书目·集部·别集类》第 228 页、《安徽省馆藏皖人书目》第 142 页、《清人别集总目》第 851 页著录，国家图书馆、清华大学图书馆、天津图书馆、山西省祁县图书馆、齐齐哈尔市图书馆（不全）、新乡市图书馆（不全）、湖北省图书馆（不全）、广东省梅州市剑英图书馆（不全）、上海图书馆、南京图书馆、辽宁省图书馆、广东省中山图书馆、四川省图书馆、安徽省图书馆（16 册本）、山西省图书馆、首都图书馆、中国科学院图书馆、南开大学图书馆、山西大学图书馆、中国人民大学图书馆（2 函 12 册本）、华东师范大学图书馆、山西大学图书馆、福建师范大学图书馆、台湾大学图书馆藏。其中，《文集》由龚鼎孳定，刊于乾隆三十九年；其余由吴琥琇定刊于乾隆四十一年。该刊本半页 8 行，行 17 字，无直格，白口，单鱼尾，左右双边，封面镌“林蕙堂全集”“乾隆甲午冬镌”“乾隆丙申秋镌”“衷白堂藏板”。此书刻印精湛。

乾隆三十九年 (1774) 衷白堂刻巾箱本《林惠堂文集》十二卷。《中国古旧书刊拍卖目录》第 406 页、《清人别集总目》第 851 页著录，上海图书馆、中国科学院图书馆、湖南师范大学图书馆及台湾“中央研究院”历史语言研究所傅斯年图书馆，日本京都大学人文科学研究所藏，中国书店拍卖 12 册本。

乾隆四十一年 (1776) 刻清吴绮撰《艺香词钞》四卷。《中国古籍总目·集部·词类·别集之属》第 3302 页、《北京大学图书馆藏古籍善本书目·集部·词类》第 513 页著录，国家图书馆、南京图书馆、北京大学图书馆（5册本）藏。系后人家刻本，《林惠堂全集》中的1种。

乾隆四十一年衷白堂刻巾箱本清吴绮撰《亭皋诗钞》四卷。《安徽地震史料辑注》第257页（作乾隆本）、《安徽省馆藏皖人书目》第142页、《清人别集总目》第851页著录，上海图书馆、南京图书馆、辽宁省图书馆、安徽省图书馆（1册本）、南开大学图书馆，歙县博物馆藏。

乾隆四十一年（1776）衷白堂刊吴琥琇重校、清吴绮撰《林惠堂文集》十二卷。《安徽地震史料辑注》第257页（作乾隆本）、《清人别集总目》第851页著录，山东省图书馆（缺二、九、十卷3卷）、安徽师范大学图书馆，歙县博物馆藏。

乾隆四十一年衷白堂刻《林惠堂集》十四卷。《清人别集总目》第851页著录，山东省图书馆藏。

乾隆四十一年衷白堂刻清吴绮撰《林惠堂文集续刻》八卷。《清人别集总目》第851页著录，中国人民大学图书馆、南通师范学院图书馆藏。

乾隆四十一年南京衷白堂刻清吴绮撰《林惠堂全集》3种二十二卷。《清人别集总目》第851页著录，国家图书馆、上海图书馆、南京图书馆、辽宁省图书馆、广东省中山图书馆、四川省图书馆、安徽省图书馆、山西省图书馆、首都图书馆、中国科学院图书馆、南开大学图书馆、山东大学图书馆、中国人民大学图书馆、华东师范大学图书馆、山西大学图书馆、福建师范大学图书馆、台湾大学图书馆藏。

清刊清吴绮撰《艺香词钞》四卷。《中国古籍总目·集部·词类·别集之属》第3302页著录，国家图书馆、北京师范大学图书馆藏。

乾隆间（1736—1795）衷白堂刻清吴兆骞撰《秋笳集》八卷。《清人别集总目》第883页著录，南京图书馆、北京师范大学图书馆藏。

安边抚藩重臣汪楫

汪楫（1636—1699），字舟次，号耻人、觉堂居士，别号悔斋，家富藏书，惠栋常去汪家藏书楼借观，因题其居为“借书楼”并赠诗说：“弓良织遍海东关，博奥曾闻贯九丘。犹喜遗编仍藻秀，更翻频到借书楼。”原籍休宁城西（今海阳镇），其曾祖侨居扬州，入仪征籍[①]。其父汪如蕃又写成汝蕃（约1604—1684），字生伯，少孤贫，为人倜傥，有智谋，以盐策起家，被推为祭酒。崇祯十七年（1644），明末四镇之一镇主高杰率部抵扬州。因高部军纪不整，扬人不让入城，高杰围城，为扬人安危，汪如蕃毅然赴高杰营劝解，使扬人免受高部蹂躏。可见，汪楫家庭环境还是不错的。汪楫从小就在这样的家庭里成长，自幼习儒。在诸生时已是与吴嘉纪、孙枝蔚并名。清初名士王士祯因汪楫为人识人而感叹说：“予居扬州三年而后知海陵吴嘉纪。嘉纪贫士，所居濒海斥卤之地，老屋败瓦，苦竹数亩蔽亏之，蛇虎蒙翳，鼷鼯啼啸，人迹昼绝，四方宾客之所不至，嘉纪苦吟其中。不求知于人，而名亦不出百里之外。广陵去海陵百里，嘉纪所居去海陵又百里。虽见其诗而无由见其人。一夕雪甚，风籁窈窕，街鼓寂然，灯下简匣中故书，得嘉纪诗，读且叹，遂为之序。明日遗急足驰二百里，寄嘉纪于所居之陋轩。嘉纪感予意，一来郡城，相见极欢。始予知嘉纪以前，户部侍郎浚仪周公知。周公知嘉纪，天下之人不知之，乡曲之人不知之，即其妻孥亦且骇异唾弃之。举世无知之者，而独汪楫

---

① 关于汪楫的籍贯，清乾隆二十九年（1764）敕撰的《钦定大清一统志》卷六十八载为：“汪楫，字舟次，仪真（征）人。康熙己未（1679）举博学宏儒（词），授检讨，与修《明史》，充册封琉球正使，累官福建布政使。著有《中山沿革志》《琉球奉使录》《悔斋诗》《山闻续集》《观海集》。”而同书《名宦传》卷三百二十四又作：“汪楫，仪征籍休宁人。”而清李桓撰《国朝耆献类征初编·疆臣十四·唐绍祖撰〈墓志铭〉》第二二五页（扬州：广陵古籍刻印社，1990）说得更明白：“公讳楫，字舟次，别字悔斋，本徽州之休宁人。系出鲁成公次子，颍川君某。之后四十四传为唐越国公华，六十一传为接公，始著籍于休宁。再二十一传而汝蕃公迁于扬州，是为本生考。”《[乾隆]江南通志·人物志》卷一六六更详细地记载：“汪楫，字舟次，其先休宁人，徙居仪征。少为诸生，知名。与吴嘉纪、孙枝蔚并称，由赣榆学，应博学宏词（鸿辞）之荐，授检讨使，封琉球，升福建按察使，寻迁布政使。所著《中山沿革志》《琉球奉使录》《悔斋诗》《山闻续集》《观海集》。”由此断定，汪楫父母始迁扬州，以业盐寄籍仪征。故清乾隆时人李斗在《扬州画舫录》卷二中已称他为“江都人”。

知之，然则楫之为何如也。自是思见楫，如前之欲见嘉纪。”[①] 可见汪楫为人及所交之友。康熙十六年（1677）以岁贡生任江苏赣榆训导。十八年（1679）荐试博学鸿词科，召试列一等，授翰林院检讨，入史馆参修《明史》。他修史重资料搜集，向总裁官提出明史要仿宋李焘《长编》，将诏谕、奏议、邸报等类第一手资料汇编成册，然后再编写正史，对明史编纂贡献很大。二十一年（1682）春，汪楫以翰林院检讨身份奉旨充册封琉球（日本占领后易名冲绳）正使，[②] 成为明清时期中央政府第21次、清代第2任册封琉球正使。他在履职期间，修缮该国文庙，刊石立碑撰《孔子庙碑》全称《琉球国新建至圣庙记》，促进了儒学在琉球的传播，

① 清王士祯：《带经堂集·悔斋诗集序》卷四十，转引自《续修四库全书》第1414册第324～325页。

② 关于汪楫充使琉球册封正使及出使情况，据汪楫在《使琉球杂录·使事》卷一中载："康熙二十一年（1682）中山王世子尚贞遣耳目官毛见龙、正义大夫梁邦翰奉表贡方物，以其父中山王质之丧来告，贞以嫡裔当袭，请授封。礼臣议，航海道远，应如暹罗例，不遣官恤封，仪物敕贡使赍回使。龖等搏颡固请，礼臣持不可。上念贞父子世守节，如所请。命九卿詹事府科道官会推可使者以闻。于是翰林院检讨臣汪楫、内阁中书舍人臣麟焻谬膺是选。"《清实录·圣祖仁皇帝实录·康熙二十一年正月壬申（二十四日）》卷一百也有类似记载。汪楫任册封正使时，曾上书康熙帝提出七项要求，今据汪楫在《中山沿革志·尚贞》卷下载为："一请领御笔，现今各省皆蒙颁赐，琉球向化既久，夙称守礼之邦，似应颁赐，俾海外臣民群瞻睿藻。一请照例谕祭海神。一渡海之期部议候贡使同往，但贡使方去未必即来，臣请但有彼国响导便可出洋，不必专候贡使，庶公事得以早竣，廪给不致虚糜。一请带修船官匠一同渡海，庶任事经心。一请给关防，以稽诈冒。一请增兵护行，以壮国威。一请预支俸银为办装赀。"结果几经周折，康熙帝同意颁赐琉球征笔"中山世土"四字、带修船匠役同行、制祭文二道祈报海神、发给两年俸四项。汪楫这次出使琉球比较艰苦，正值清廷平定三藩乱后，决心收复台湾，准备攻打台湾郑氏政权之机。为节约造船费用，汪楫选用福建总督姚启圣准备攻打台湾的战舰，自康熙二十二年（1683）六月二十三日自虎门出发，六月二十六日到达冲绳，受到琉球上下的热烈欢迎。《清实录·圣祖仁皇帝实录·康熙二十三年六月丁未（十三日）》卷一一五第二〇一页（北京：中华书局，1986）载："礼部议复。册封琉球国王使臣翰林院检讨汪楫、内阁中书林麟焻奏言，中山国尚贞亲诣馆舍，恳臣等转奏，愿陪臣子弟四人赴京受业。考之史册，唐贞观中，新罗、百济俱遣子入学。琉球自明初内附，洪武、永乐、宣德、成化间，琉球官生俱入监读书。今国王尚贞远被皇仁，倾心向学，应准所请，听其陪臣子弟入监读书。从之。"汪楫在琉球正使任内恪尽职守，为琉球政治、文化上做了大量工作，圆满地完成使命，于康熙二十三年（1684）回朝复命。

沟通清王朝与琉球的联系，并婉言谢绝馈赠，当地特建“却金亭”以示纪念。当时其父年80，琉球君臣作诗文以为寿。作为史官出身的汪楫，他在出使琉球正使临行前，他的好友朱彝尊还特作《送汪检讨使琉球诗》中“属望汪检讨以史馆之职，考琉球本末，上诸史馆。”汪楫不负众望，在赴任期间完成《使琉球杂录》一卷；详记琉球山川、风物，结合琉球史料，追溯自隋至清琉球与大陆密切关系，编著《中山沿革志》二卷、《奉使琉球杂录》又名《使琉球杂录》五卷。复命称旨，以中允赞善用。

明清时期，琉球是中央王朝通过册封和朝贡间接管理的行政区域。[①]

① 据有关中外史料记载，从洪武五年(1372)明太祖朱元璋派遣杨载赴琉球招谕至同治五年(1866)赵新作为清政府使臣出使琉球，成为明清时期第27任、清朝第8位册封琉球使，清代安徽就有两位。其中，第一位就是汪楫，还有1位是太湖县状元赵文楷，在嘉庆五年(1800)以翰林院修撰身份赴琉球，并留下《槎上存稿》。明清时期中央政府派出的封琉球正使都为琉球建设作出不懈的努力。如《明史·琉球传》就载：“嘉靖五年（1526），尚真卒，其世子尚清以六年来贡。因报讣，使者还至海，溺死。九年（1530）遣他使来贡，并请封。命福建守臣勘报。十一年，世子以国中臣民状来，上乃命给事中陈侃、行人高澄持节往封。及还，却其赠。十四年贡使至，仍以所赠黄金四十两进于朝，乃敕侃等受之。”今考陈侃、高澄等在嘉靖十二年五月奉命赴琉球，先在福建造船，至翌年四月造成。五月初八日放洋，五月二十五日抵琉球。七月初二日行封琉球王礼，在列岛巡视150日，九月二十日还朝，十月初二抵达福州港。这次安边半载，屡经风涛，备尝艰辛及尽悉列岛风土人情，撰为《使事纪略》又作《使琉球录》一卷，副使高澄作《操舟记》。又将琉球史料分别收入他们参撰的《大明一统志》《蠃虫录》《星槎胜览》《集事渊海》《使职要务》等专著中，为琉球文化建设留下宝贵资料。此外，明代使臣留下关于琉球境内史籍还有嘉靖四十一年（1562）明朝第15任正使郭汝（以刑部给事中身份出任）撰《使琉球录》；万历三至九年（1575—1581）以户科左给事中身份出任第16任正使萧崇业也著《使琉球录》，副使谢杰撰《琉球录撮要补遗》；万历二十八至三十四年（1600—1606）以兵科右给事中身份任第17任正使夏子阳撰《使琉球录》，副使王士桢撰《琉球入太学始末》；康熙元年至二年（1662—1663）清朝首任正使张学礼撰《使琉球记》《中山纪略》；康熙五十五年至五十八年（1716—1719）清第3任正使海宝以翰林院检讨身份为正使，徐葆光以翰林院编修为副使，徐葆光撰《中山传言录》《游山南记》；清第4任以翰林院侍读全魁、编修周煌为正、副使，周煌撰《琉球国志略》；第5任除清正使赵文楷外，以内阁中书身份任副使的李鼎元也著《使琉球记》；嘉庆十一至十三年（1806—1808）以翰林院修撰身份出任正使的齐鲲、费锡章以工科给事中身份任副使的团队中有齐鲲撰《续琉球国志略》《东瀛百咏》等。这些资料都是使臣留下的亲见、亲闻、亲撰明清两代中国对琉球的实际管理情况及对琉球群岛的开发、开化实录，成为研究琉球最正规和权威史料。

不久，汪楫以祖父丧归。康熙二十八年（1689）改授河南知府，政绩昭著，考核中州第一。他在任上置学田于嵩阳书院，聘詹事耿介主持书院，使学风蔚然。康熙三十二年（1693）二月丙戌（十二日），迁福建按察使。《［乾隆］福建通志》卷三九、《［乾隆］福州府志》卷四六说他："莅任甫三日，逢热审，楫剖析钦部大狱五十余案。省释坐诬逮系者八十余人，囹圄几空。"康熙三十四年（1695）九月庚午（十一日），升任福建布政使。康熙三十五年（1696）闹饥荒，采取积谷平粜，将上游米运到台州，价银归项。康熙三十七年（1698）奉诏入京。康熙三十八年（1699），升光禄寺卿，因病归里卒，未赴任。恰值康熙帝第三次南巡驻跸扬州，汪楫强起迎驾，康熙帝注视好久才认出他，说："非汪楫耶？今老矣！"特以御书命侍郎李枬就第宣慰，可见汪楫为王事劬劳，也说明康熙帝与他关系密切。没过多久，汪楫去世。

汪楫工诗能曲。少为诸生时就负诗名，诗风清冷峭蒨，与吴野人（嘉纪）、孙豹人（枝蔚）齐名。王士祯称"其诗以古为宗，以洁为体，以清冷峭蒨为致"。据《广林诗事》载他与施愚山游豫时作《山闻集》《山闻续集》各一卷，有施愚山、孙豹人序。施序说："往岁丁未（康熙六年，1667）与汪子舟次、高郭、阮怀同同游西山，汪子又独游匡庐，纪其所见，穷幽极渺，不过人而已。其家广陵，南北辐辏鱼盐之地，日大索古文杂编麇聚而读之，四方客至，非著声实而近文章者，则闭户不出。"孙序说："舟次年弱冠，即善笑骂，今一切为诗文者。后因东淘吴野人与之定交，舟次故恂恂善下人。舟次每一篇成，余与野人未尝不惮之。笔锋犀利，如干将莫邪新出冶，光芒不可逼视，近且变其利者而为钝，则益不测识矣。"汪氏著述颇丰，生前已辑《悔斋集》数种，大都有刻本。其子汪寅衷，字同君，号萃园，能传其家学。雍正、乾隆间（1723—1795），他的后人将他的遗著汇为《悔斋集》又称《悔斋全集》8种19卷。此外，他还将徐沁《易水歌》改编为《补天石传奇》，可惜已失传。汪楫除在史学和文学上的成就外，他在音乐和书法上也造诣很深。他在书法上宗唐杨凝式，具有宋米芾书法的神韵。清朱彝尊在《曝书亭集·汪楫墓表》全名《通奉大夫福建布政使内升汪公墓表》卷七十三[①]上说他“书法以骨胜，得杨凝式、米芾之神。”其墨宝存世有琉球中央图书馆东恩纳文库及琉球大学附属图书馆伊波普猷文库还珍藏了汪楫康熙二十二年秋九月朔日所写的《琉球国新建圣庙记》，冲绳县立博物馆也藏有汪楫手迹。清乾隆时人李斗也有类似说法[②]。汪楫在音乐和书法上的造诣也可从朱氏的《曝书亭集》卷七十三中他在琉球国王的宴会上的一段记载看出：“国王之宴公也，酒半，手自弹琴以悦公，公故善乐律与谭长清短侧之辨，王大悦服。及请公书殿榜，公纵笔为掰窝书，王大惊，以为神。”汪楫不仅是政治上有作为的古代清廉官吏，而且在学术上是造诣深的学者，同时还是一位杰出的安边抚藩重臣。

汪氏家刻包括他生前及死后多次刊刻汪楫的著述。汪氏家刻重要人物为其子汪寅衷。

清刊清汪楫撰《京华诗》不分卷。《西谛书目·集部上·清别集类》卷三第三八页著录1册本。

康熙三年（1664）自刻《悔斋集》不分卷。《清人别集总目》第986页著录，江西省图书馆藏。

康熙五年（1666）初夏自刊白岳汪楫（舟次）著《悔斋全集》4种四卷。刘声木《直介堂丛刻·再续补汇刻书目》卷十第一页著录，国家图书馆藏。

康熙丙午（五年，1666）精刊白岳汪楫撰《悔斋集》六卷。《贩书偶记·集部·别集类》卷十四第345页著录，此书收入《四库全书存目》中。此书将其诗集中的五古、七古、五律、七律、五绝句、七绝句按类分卷。《中国古籍善本书目·集部·清别集类》第1032页著录，国家图书馆藏《悔

---

① 台北：台湾商务印书馆，1968。

② 李斗在《扬州画舫录》卷二第五〇页说：“书法以骨胜，有杨凝式、米芾之神、举博学鸿词，授检讨，充封琉球正使。为其国王书殿榜，纵笔为掰窝大书，王惊以为神。著《琉球使录》。”北京：中华书局，1960。

斋诗》六卷稿本，有丁钧跋。

康熙癸丑至丁巳（1673—1677）刊白岳汪楫撰《山闻诗》一卷、《山闻续集》一卷计2种2卷。《贩书偶记·集部·别集类》卷十四第345页、《清人别集总目》第986页著录，南京图书馆、江西省图书馆、河南省图书馆及日本内阁文库藏。

康熙二十五年（1686）刻清汪楫撰《敕撰奉使录》3种八卷。《北京图书馆古籍善本书目·史部·地理类》第八一六页著录，国家图书馆藏线装2册本。该刊本半页8行，行20字，白口，四周双边。《使琉球杂录》系汪楫见过去使琉球使著作中的错误，而将他亲见并参考琉球人的大量著作编辑成书，分为使事、疆域、俗尚、物产、神导五部分成五卷。《中山沿革志》系作者利用进入琉球国王宗庙的机会，搞清琉球历代国王世系沿革，并绘《琉球世赞图》一卷，参照《明实录》而写成，纠正了中国古籍上的一些错误记载。因此汪氏此丛书是研究中国与琉球关系的最有价值的史料。

康熙间（1662—1722）精刻清汪楫撰《悔斋诗》①、《山闻诗》一卷、《山闻续集》一卷②、《京华诗》一卷③计4种。《清人别集总目》第986页著录，中国社会科学院文学研究所图书馆藏。

康熙丙寅至雍正癸丑（二十五年至雍正十一年，1686—1733）刊休宁汪楫撰《京华诗》一卷、《经进诗文》无卷数（一作一卷）、《册封

---

① 《北京图书馆古籍善本书目·集部·清别集类》第二五六一、《清人别集总目》第986页著录，国家图书馆藏1册本《悔斋诗》稿本6卷，有丁钧跋。该稿本半页7行，行19字，无格。日本静嘉文库藏抄本5卷《悔斋诗》。

② 《北京图书馆古籍善本书目·集部·清别集类》第二五六一页著录，国家图书馆藏清刻《山闻诗》一卷、《续集》一卷与《观海集》一卷、《京华诗》一卷合订1册本。该刊本半页8行，行19字，黑口，四周单边。

③ 《北京图书馆古籍善本书目·集部·清别集类》第二五六一页著录，国家图书馆藏清康熙间（1662—1722）刻此书与《观海集》《山闻诗》合订1册本。该刊本半页11行，行21字，黑口，左右双边。

疏钞》一卷、《观海集》一卷[①]、《使琉球杂录》五卷附《中山诗文》一卷计6种10卷。《贩书偶记·集部·别集类》卷十四第345页著录。此刻应为他的儿子汪寅衷等人家刻本。

康熙间（1662—1722）刻清大梁周亮工撰、豫章陈允衡、黄山汪楫辑《偶遂堂近诗》一卷。《中国古籍善本书目·集部·清别集类》第933页、《北京图书馆古籍善本书目·集部·清别集类》第二四八三页、《贩书偶记·集部·别集类》卷十四第332页著录，国家图书馆（1册本）、南开大学图书馆藏。该刊本半页9行，行18字，中黑口，上下白口，四周单边。

康熙、雍正间（1662—1735）刻清汪楫撰《悔斋集》十卷。《中国古籍总目·集部·别集类·清代之属·清前期》第1174页著录，国家图书馆藏。

康熙、雍正间刻清汪楫撰《奉使录》一卷。《中国古籍总目·集部·别集类·清代之属·清前期》第1174页著录，日本东洋文库藏。

康熙、雍正间寓居扬州的休宁汪楫子寅衷家刻汪楫撰《悔斋集》又名《悔斋全集》8种十九卷。《中国古籍善本书目·丛部·自著丛书》第637页、《中国古籍善本总目·丛部·自著丛书》第二〇〇六页、《中国古籍总目·丛书部·独撰类·清代前期》第1107页、《中国丛书综录·汇编·独撰类（清代前期）》第一册第493页、《中国丛书综录补正》第104页、《丛书目录拾遗》卷七第六页、《安徽艺文志稿·别集十四》第三十册第十四页著录，上海图书馆、复旦大学图书馆均完本收藏，国家图书馆、中国科学院图书馆、浙江图书馆、中国社会科学院文学研究所图书馆收藏不全。该刊本半页10行，行19字，黑口，四周单边。为汪氏后人家刻本中的最著者。孙殿起《丛书目录拾遗》卷七第六页载，还漏收《经进诗文》、《玉衡赋》无卷数，内含《玉衡赋》、《省

① 《北京图书馆古籍善本书目·集部·清别集类》第二五六一页著录，国家图书馆藏清雍正间（1723—1735）刻此书与《山闻诗》一卷、《京华诗》一卷合订1册本。该刊本半页8行，行19字，白口，左右双边。

耕五律二十韵》、《平蜀颂》、《平滇凯歌》、《恭纪》八首、《恭纪》十一首附《恭纪七言百韵拟皇舆表后序》。《清人别集总目》第986页还著录有此套丛书中的《消寒集》一卷，国家图书馆藏此子书。

编刊先贤著述为己任的汪立名

汪立名，字西亭，号青斋，有一隅草堂，是著名的家刻堂号，歙县瞻淇人，但《四库全书总目·经部·小学类存目一》卷四三第380页《钟鼎字源》五卷条下著录汪立名为婺源县人，可见旧志及《四库全书提要》作者对汪立民、汪立名这两位汪氏已经混淆。立名由内阁中书迁郎中、工部主事，出守顺宁、辰州，摄兵备道事。他在历届任上，整治吏治，政渥风清，尤以振兴风雅为务。结交多名流，肆力于诗古文辞。晚年定居杭州。他工诗文，精六书。著《今韵笺略》五卷、《汪立名论古韵通》一卷、《钟鼎字源》五卷，辑校《天下名山记钞》十六卷、《名山图》一卷、《白香山诗集》四十卷、《附录年谱》二卷、《唐四家诗》又名《王柳韦孟四家诗》、《中州文表》等。家富藏书，喜刻书。他藏书丰富且珍贵。莫友芝《藏目》卷二十一中载有汪立名写本《天下同文集》五十卷、《道古堂文集》二十六卷，并在跋中说："予得南轩《易繁辞说》于汪西亭比部家。西亭，汲古之士，所藏宋元经说尤多。"黄荛圃在《荛识》卷六《耆旧续闻》十卷跋中说，吴翌凤校此书，一用红笔录余仲林本校语，一用雌黄笔录"汪西亭立名钞本校定"，"故多是正"。其藏书处为一隅草堂。藏印有"汪西亭氏藏本"朱方、"西亭收藏"、"歙州汪氏一隅草堂藏书"等。

汪立名刻书精善，并以编刻先贤优秀作品为己任。据不完全统计，不包括重印数主要刻书计有25种134卷以上。如所刻《白香山诗集》，考据精准，论引允当。

康熙乙亥(三十四年，1695)天都汪立名刻自辑《唐四家诗》又名《唐朝四家集》、《校定唐四家诗》4种八卷。《中国古籍善本书目·集部·总集类》第1394页、《中国古籍善本总目·集部·总集类·丛编·断代》第一六八八页、《中国古籍总目·集部·总集类·丛编之属·分体·断代》第2823页、《北京图书馆古籍善本书目·集部·总集类》第二六六七至二六六八页、《中国古旧书刊拍卖目录》第591页、《北京师范大学图书馆古籍善本书目·集部·总集类·丛编》第182页、《安徽大学图书馆重编古籍善本书目·集部·总集类·断代》卷四第118页、《安徽省古籍善本书目·集部·总集类·丛编》卷四第三页、《四库全书总目·集部·总集类存目四》卷一九四第一七七四页、《北京大学图书馆藏古籍善本书目·集部·总集类》第368页、《香港所藏古籍书目·丛部·集类》第486页、《安徽省馆藏皖人书目》第157页、《中国丛书综录·类编·总集(唐代)》第833页、《中国丛书综录补正》第238页、《西谛书目·集部中·总集类》卷四第一三页、《安徽文献书目》第129页著录，国家图书馆（5册本，傅增湘校并跋）、北京大学图书馆（8册本）、北京师范大学图书馆（10册本）、清华大学图书馆、天津师范大学图书馆（有清张进批校并跋）、南开大学图书馆（清王鸣盛批校并跋）、四川省图书馆（有郑珍批）、复旦大学图书馆（有清黄二梧批校）、上海图书馆（清王庆麟批，还有一部为清张鸣珂批校计2部）、华东师范大学图书馆、上海辞书出版社图书馆、吉林市图书馆、吉林大学图书馆、山东大学图书馆、四川大学图书馆、辽宁省图书馆、齐齐哈尔市图书馆、吴江市图书馆、浙江平湖市图书馆、安徽大学图书馆（16册本）、厦门市图书馆、福建师范大学图书馆、厦门大学图书馆、湖北省图书馆、湖北省襄阳市图书馆、湖南省图书馆、中山大学图书馆、香港中文大学图书馆(6册本)、香港大学图书馆（6册本）及安徽省博物馆（6册本）、湖北省博物馆，中国徽文化博物馆收藏不全，博古斋拍卖竹纸3册本。该刊本半页10行，行19字，黑口，左右双边。

康熙三十四年（1695）汪立名刻清吴秋士辑《天下名山记钞》十六

卷、《图》一卷计 2 种 17 卷。《中国古籍总目·史部·地理类·山水志之属·山》第 3892 页（作康熙三十四年刻，无《名山图》一卷）、《北京图书馆普通古籍总目·地志门·专类地志》第四卷第 547 页、《北京师范大学图书馆古籍善本书目·史部·地理类·山水志》第 111 ～ 112 页（作康熙三十四年即 1695）、《中国古籍善本总目·史部·地理类·游记》第五三二页著录，国家图书馆（无《名山图》，6 册本有图）、北京师范大学图书馆（8 册本）、上海图书馆及北京市文物局藏。

康熙三十六年（1697）天都汪氏遥青斋刻清新安吴秋士选、天都汪立名校《天下名山记钞》十六卷、《名山图》一卷计 2 种 17 卷。《中国古籍善本总目·史部·地理类·游记》第五三二页、北京师范大学编印《中文古籍书目·史部·地理类·游记》第 168 页、《贩书偶记续编·附录·史部》第 352 页著录，北京大学图书馆、中国科学院图书馆、上海图书馆、南京图书馆及广东省潮安县博物馆藏。《天下名山记》收入《道藏辑要》丛书中（国家图书馆藏清刻 2 函 10 册《天下名山记》六卷）。据序言称，此书题者多人。其中，曹能始伤于太繁，都玄敬伤于过简，何振卿伤于丛杂，乔白岩伤于拘方，应以选为佳。该刊本半页 10 行，行 22 字，下黑口，左右双边。

康熙庚辰（三十九年，1700）精刊袖珍本天都汪立名撰《今韵笺略》五卷。《中国古籍善本书目·经部·小学类》第 486 页（作康熙间刻）、《中国古籍善本总目·经部·小学类》第一八九页（作康熙间刻）、《北京图书馆普通古籍总目·文字学门》第十卷第 97 页、《贩书偶记·经部·小学类》卷四第 99 页著录，国家图书馆（附《古韵通转》5 册本）、广西师范大学图书馆（康熙间刻）藏。国家图书馆还藏民国十七年（1928）上海大东书局石印 1 册本。

康熙三十九年刻清汪立名撰《今韵笺略》五卷附《古韵通转》不分卷计 2 种。《中国古籍总目·经部·小学类·音韵之属·韵书》第 1148 页、同书《音说》第 1166 页（后 1 种）著录，国家图书馆、广西民族大学图书馆藏。

康熙四十一年至四十二年（1702—1703）汪立名一隅草堂精刻清汪立名编、佚名临何焯批校并跋、唐白居易撰《白香山诗集》四十卷[①]、《附录年谱》二卷6种四十二卷。《中国古籍善本书目·集部·唐五代别集类》第142～143页、《中国古籍善本总目·集部·唐五代别集类》第一二一二页、《北京图书馆古籍善本书目·集部·唐五代别集类》第二〇五七页、《中国古籍总目·集部·别集类·唐五代之属》第122页、《北京师范大学图书馆古籍善本书目·集部·别集类·唐》第233页、《书目答问补正·集部》四卷第266页、《中国人民大学图书馆古籍善本书目·集部·别集类》第192页、《安徽省古籍善本书目·集部·别集类·唐五代》卷四第四十九页、《丛书书目汇编》第二册第一八七页、《增订四库简明目录标注·集部二·别集类一》卷第十五第669页（作康熙间刻）、《四库全书总目·集部·别集类四》卷一五一第一二九六页、《山东省图书馆馆藏海源阁书目·集部·别集类》第226页、《中国古旧书刊拍卖目录》第209页、《香港所藏古籍书目·集部·别集类》第258～259页、《青海省古籍善本书目·集部·别集类》第一三八页、《中国古旧书刊拍卖目录》第244页著录，国家图书馆（20册、24册本各1部，其中1部有佚名录清何焯校跋）、北京大学图书馆、中国人民大学图书馆（1函8册本、1函10册本、4函24册本各1部，2函12册本2部）、北京师范大学图书馆（10、12、20册本各1部）、清华大学图书馆、中央民族大学图书馆、公安部群众出版社图书馆、中共北京市委图书馆、上海图书馆（2部，其中1部由清潘亦隽批点）、华东师范大学图书馆、上海师范大学图书馆、石家庄市图书馆、河北大学图书馆、河北师范大学图书馆、山西省图书馆（民国五年影印12册本，民国二十五年中华

---

① 《藏园群书经眼录·集部一·唐五代别集类》卷十二第一〇六五页、《中国古旧书刊拍卖目录》第717、758、805页著录，涵芬楼藏书，为临河焯校本，改正较多。博古斋拍卖竹纸10册本、黄纸12册本、白纸20册本各1部。

书局铅印线装 10 册本）、山西省祁县图书馆、山西师范大学图书馆、内蒙古自治区图书馆、辽宁省图书馆、大连市图书馆、吉林省图书馆、吉林市图书馆、吉林大学图书馆、黑龙江省图书馆、哈尔滨市图书馆、齐齐哈尔市图书馆、黑龙江大学图书馆、黑龙江师范大学图书馆、黑龙江省社会科学院图书馆、山东省图书馆（1 函 14 册本）、青海省图书馆（10 册本 1 部，12 册本 2 部）、安徽省图书馆（10 册本 2 部）、桐城市图书馆（6 种 42 卷 12 册本）、芜湖市图书馆（6 种 42 卷 12 册本）、安庆市图书馆（1 部 6 种 42 卷无《年谱旧本》一卷 12 册，1 部仅 4 种 40 卷 5 册，均不全）、福建省图书馆、泉州市图书馆、福建省莆田县图书馆、福建师范大学图书馆、开封市图书馆、河南省新乡市图书馆、湖北省图书馆、武汉图书馆、武汉师范大学图书馆、湖南省图书馆、广东省中山图书馆、中山大学图书馆、华南农业大学图书馆、广东省社会科学院图书馆、广西壮族自治区桂林图书馆、广西壮族自治区图书馆、广西柳州市图书馆、广西民族大学图书馆、四川师范大学图书馆、香港大学图书馆（3 部中 1 部 20 册本，2 部修补后印 10 册本）、香港中文大学图书馆（20 册本）及安徽省博物馆（12 册本）、中国徽文化博物馆（6 种 42 卷 12 册本），浙江图书馆天一阁分馆、北京市文物局藏。中国书店拍卖半页 18×14，竹纸 8 册合订 4 册本。《中国书店三十年所收善本书目·集部·唐别集类》第一七一页著录为初印本，竹纸 16 册本。《四库全书总目·集部·别集类四》卷一五一第一二九六页著录与此同，但书名为《白香山诗集》。指出此书编成于康熙壬午（四十一年），说明当年就开刻印行。该刊本半页 12 行，行 21 字（18.7×14.9），白口，左右双边，单黑鱼尾，版心下镌“一隅草堂”4 字，封面镌“一隅草堂藏板”6 字。中国书店拍卖过民国间石印此书 40 卷附《年谱》2 卷计 42 卷半页 15.6×11，白纸 12 册本。

康熙四十一年 (1702) 余月歙县汪立名（西亭）一隅草堂刊自编写字本《白香山诗集》7 种四十四卷。刘声木《直介堂丛刻·再续补汇刻书目》卷九第一页、《安徽省古籍善本书目·集部·别集类·唐五代》卷四第四十九页、《北京大学图书馆藏古籍善本书目·集部·别集类》第418页著录，北京大学图书馆（2部，分别为4册、24册本）、安徽师范大学图书馆（10册本、12册本各1部）藏。《西谛书目·集部上·唐五代·别集类》卷三第一〇页著录5册本。此书考据精确，向为学者所重，作为研究白居易诗的善本。

康熙四十二年(1703)钱塘汪立名一隅草堂刻宋郭忠恕撰《汗简》七卷、《目录叙略》一卷计2种8卷。《中国古籍善本总目·经部·小学类》第一六七页（无后1种）、《中国古籍总目·经部·小学类·文字之属·字体》第1092页（无后1种）、《中国古籍善本书目·经部·小学类》卷四第430页、《安徽大学图书馆重编古籍善本书目·经部·小学类·字书》卷一第23页、《北京图书馆古籍善本书目·经部·小学类》第一七三页（无《目录叙略》一卷）、《北京师范大学图书馆古籍善本书目·经部·小学类·字书》第31页（无《目录叙略》一卷）、《安徽省古籍善本书目·经部·小学类》卷一第三十页、《北京大学图书馆藏古籍善本书目·经部·小学类》第42页、《香港所藏古籍书目·经部·小学类·字书》第45页（无《目录叙略》一卷）著录，南京图书馆（有清江声校并跋及清江驰风跋本）、国家图书馆（朱文钧跋，1册本）、安徽大学图书馆（3册本2部）、香港中文大学图书馆、香港大学图书馆、北京大学图书馆（2部）、北京师范大学图书馆（2册本）及歙县博物馆（2册本）藏。该刊本半页8行，大小字不等，白口，左右双边。版心下刻“一隅草堂”。原书卷中有卷，连《叙目》应为7卷。关于汪立名所刻此书，张士俊刻《泽存堂丛书·佩觿》跋说：“《佩觿》一书，考诸宋艺文志，与《汗简》并列，皆郭忠恕所撰述。康熙岁在昭阳协洽（即癸未，四十二年，1703)，秀水朱检讨以《汗简》授汪子立名付梓，阅三载驾幸苏州，四方士大夫云集，而竹垞、查田、晚研、忍斋、朴村竞好古学，寓水周林，论及字书。余以汪子之仅刻《汗简》，而《佩觿》

未及见为恨”，所以这套丛书里才收了《佩觿》。而《书目答问补正·经部》卷一第76页著录为《汗简》三卷、《目录叙略》一卷，当是另一种版本，说明此书最起码汪氏有两刻行世。

康熙四十二年（1703）一隅草堂刻清汪立名编《白香山年谱》一卷。《中国古籍总目·史部·传记类·年谱之属》第856页著录，国家图书馆藏。此书收入《四库全书》中为2卷本，收入《四库备要》本中为《白香山年谱》一卷《年谱旧本》一卷计2种2卷。

康熙四十五年（1706）歙县汪立名在钱塘刻明刘昌辑《中州名贤文表内集》6种三十卷。《中国古籍善本书目·集部·总集类》第1793页、《中国古籍善本总目·集部·地方艺文》第一六五四页、《北京师范大学图书馆古籍善本书目·集部·总集类·郡邑》第214页、《北京图书馆古籍善本书目·集部·总集类》第二八四四页、《中国人民大学图书馆古籍善本书目·集部·总集类》第179页、《中国丛书综录·类编·集类·总集（郡邑）》第一册第879页、《中国丛书综录补正》第257页著录，国家图书馆（4册本1部，8册本2部）、北京师范大学图书馆（6册本）、中国人民大学图书馆（1函8册本，1部不全）、中央民族大学图书馆、上海图书馆、上海辞书出版社图书馆、天津图书馆、辽宁省图书馆、山西祁县图书馆、吉林大学图书馆、江西省图书馆、河南师范大学图书馆、湖北省安陆县图书馆、中山大学图书馆、苏州市图书馆、广东省中山图书馆、广东省社会科学院图书馆、河南省图书馆、广西师范大学图书馆、四川大学图书馆、中国社会科学院文学研究所图书馆及北京市文物局等藏。该刊本半页12行，行22字，黑口，单鱼尾，左右双边。原钤“一隅草堂”印。

康熙丙申（五十五年，1716）汪氏一隅草堂在杭州刻巾箱本自辑《钟鼎字源》五卷、《附录》一卷计6卷。《中国古籍善本总目·经部·小学类》第一七四页、《中国古籍总目·经部·小学类·文字之属·字体》第1097页、《四库全书总目·经部·小学类存目一》卷四三第三八〇页（但作婺源人，误）、《安徽大学图书馆重编古籍善本书目·经部·小学类·字书》卷一第24页、《北京图书馆普通古籍总目·古器物学门·金文·字书》第六卷第41页、《中国古籍善本书目·经部·小学类》卷四第449页、《香港所藏古籍书目·经部·小学类·字书》第43页、《安徽省馆藏皖人书目》第157页、《安徽省古籍善本书目·经部·小学类》卷一第三十四页著录，中国人民大学图书馆（1函6册本）、中国社会科学院考古研究所图书馆（有清陈介祺跋）、国家图书馆（2册本3部）、上海图书馆、南开大学图书馆、辽宁大学图书馆、吉林省图书馆、齐齐哈尔市图书馆、黑龙江大学图书馆、华侨大学图书馆、贵阳师范大学图书馆、浙江图书馆、安徽省图书馆（无附录，1册本）、安徽大学图书馆（存2部，分别为线装2册、4册本）、香港大学图书馆（2册本）及浙江图书馆天一阁分馆藏，安徽省图书馆还藏影印3册本。此书成于康熙丙申，此书依韵编收钟鼎成5卷，将石刻于铭的石鼓文作附录，当年开刻。该刊本半页6行，行字不等，大字占3行，小字双行不等，左右双边，白口，封面镌“江氏集刊”“一隅草堂藏”木记。收入《四库全书总目·存目》中。

康熙间（1662—1722）刻唐李商隐撰、清徐树谷笺、徐炯注《李义山文集》十卷。《北京大学图书馆藏古籍善本书目·集部·别集类》第419页著录，北京大学图书馆藏4册本。

清刊清汪立名集（辑）《钟鼎字源》五卷。《中国古旧书刊拍卖目录》第285页著录，中国书店拍卖白纸2册本。该刊本半页尺寸17.5×12.5。

附　光绪二年（1876）一隅草堂家刻清汪立名辑《钟鼎字源》五卷。《中国历史博物馆藏普通古籍目录·史部·金石类》第235页著录，中国历史博物馆藏4册、2册本各1部。为汪立名后人刻。《北京图书馆普通古籍总目·古器物学门·金文·字书》第六卷第41页还著录，国家图书馆藏光绪二年（1876）洞庭秦氏麟庆堂刻2册本2部，3册本1部。还藏民国四年（1915）上海扫叶山房上海石印秦氏刻3册本。

刻写精湛的小溪项絪

项絪，字书存，项宪子，有玉渊堂、群玉山房，歙县绍濂乡小溪人。小溪原名桂溪，南宋理学家朱熹曾题“莫道溪流小，深源更可寻”而易名。此处为后唐清泰三年（936）睦州项氏第27世祖绍公隐居处，并成为徽州项氏始迁祖。朱熹还为小溪亲题《岑山书堂诗》。明唐寅、董其昌、梁同书、丁云鹏、八大山人曾对此处风景流连忘返，留下芳踪墨宝，成为徽州文化圣地之一。入清，文脉薪传，尤其是项絪刻书精好，名重当时。其刻书堂号群玉山房也成了小溪项氏家刻堂号，其后人直至光绪间（1875—1908）仍沿用此家刻堂号。他生平喜藏书，重交游，如中国人民大学图书馆藏梁萧统辑、明邹思明删定《文选尤》十四卷2函14册天启二年（1622）刻三色套印本上就钤印“群玉山房藏书记”印章。初官延安府同知摄府谷令，后在扬州业盐致富，寓居扬州，主要出版活动在扬州。《［民国］歙县志·人物志·义行》卷九第三十一页说，他在任上“除总练以被袪民害，裁公费以恤民生，三秦称道弗置。”项絪与其父项宪[①]都是好行义举的人。为官一方为民造福，在家乡也都关心公益事业，为兴学出力。其父为修府学出资万缗，并建“东南邹鲁”石坊，修斗山文会。著《斗山文录》。项絪还有建宗祠等义行不少。同时，他还是一个爱刻图书的出版家。其后人仍用群玉山房家刻堂号刻书，使项氏刻书薪火不断。

康熙五十三年至五十四年（1714—1715）项絪群玉书堂刻晋郭璞传《山海经》十八卷。《中国古籍总目·子部·小说类·文言之属·笔记·异闻》第2148页著录，国家图书馆藏清王念孙校注、费念慈跋，□□泰临、

① 项宪，字景原，又作景元，歙县绍濂乡小溪人。自祖父时已在扬州业盐，宪承祖业，成为两淮大盐商。康熙间（1662—1722），刑部尚书徐乾学曾“发本银十万两，交盐商项景元于扬州贸易”。好义行。又一子项纶，承学业，治盐策，捐输巨资于朝，朝廷追封其曾祖德明、祖父时瑞、父宪为一品光禄大夫。

何焯校跋本。

康熙五十四年(1715)项絪群玉书堂刻晋郭璞传《山海经》十八卷。《中国古籍总目・子部・小说类・文言之属・笔记・异闻》第2148页著录，北京大学图书馆、南京图书馆、佳木斯市图书馆藏。

清歙县项氏群玉书堂刻晋郭璞传《山海经》十八卷。《中国古籍总目・子部・小说类・文言之属・笔记・异闻》第2148页著录，南京图书馆藏清孙星衍校本。

康熙五十三年至五十四年歙县项絪群玉书堂仿宋刻《山水二经合刻》又名《山海经水经合刻》2种五十八卷。《中国古籍善本书目・史部・地理类二》第1022页(著录藏9部)、《中国丛书综录补正・类编・史类・舆地》第178页(作康熙间刻)、《中国古籍总目・史部・地理类・山水志之属》第3927页、《中国丛书综录续编・类编・史类・舆地》第222～223页、《北京图书馆普通古籍总目・地志门・专类地志》第四卷第501、509页、《安徽省古籍善本书目・史部・地理类》卷二第六十五页、《中国书店三十年所收善本书目・史部・地理类》第六三页及《小说家类》第一三二页、《中国古籍善本书目・史部・地理类》第1022～1023页、《中国丛书综录补正・类编・史类・舆地》第178页著录(清康熙间项氏刊本，当指此丛书)著录9部单行本《水经注》及同上《子部》第729页著录，分别为1、4册本共2部《山海经》，均藏国家图书馆，1部为清王念孙校注、费念慈跋，另1部为清佚名校并录清何焯校跋本。国家图书馆还藏1部《水经》四十卷7册本为项氏刻本。此版就是《汇刻书目》第一函第二册第五十六页著录的项氏重刻本，即明嘉靖间(1522—1566)吴郡黄省曾刻本，国朝乾隆癸酉(十八年，1753)天都黄氏刻本，又项氏重刻本《山水二经》：晋郭璞《山海经注》十八卷，后魏郦道元《水经注》四十卷。这是合刻山水经中的名版，单本保藏的更多，北京师范大学图书馆《中文古籍书目・史部・地理类・水》第154页著录作“康熙五十四年(1715)歙县项氏群玉书堂刻汉桑钦撰、后魏郦道元注、明朱谋㙔笺《水经注》

四十卷”，北京师范大学图书馆藏线装24册本，南京图书馆藏佚名录明赵琦美、清孙潜、何焯校，清丁丙跋本，国家图书馆藏清何焯校跋本，中国社会科学院考古研究所藏佚名录、清何焯校跋本，文学研究所藏清佚名校跋并录何焯批校，复旦大学图书馆藏2部，一部为清王峻校跋并录清何焯批校，清季锡畴、杨沂孙跋本，清吴小谷校并录清沈炳巽校跋本，上海图书馆藏佚名录清何焯校跋、顾廷龙录清王峻跋，北京师范大学图书馆藏清小隐批，清金凤清录，清赵一清、戴震校本，北京大学图书馆藏清陈璞批校本，浙江图书馆、山东省图书馆藏等。此书项氏共有两刻。中国书店收购此两部子书分别为棉纸16册本、竹纸4册本。芜湖市图书馆藏《水经注》四十卷12册本。

康熙五十四年（1715）项氏群玉书堂刻清项萨编《水经山海经合刻二种》五十八卷。《中国古籍总目·丛书部·杂纂类·明代》第137页著录，中国科学院图书馆藏。

康熙乙未（五十四年，1715）歙县项絪群玉书堂刻汉桑钦撰、北魏郦道元注、明朱谋㙔笺《水经》又名《水经注笺》四十卷。《北京大学图书馆藏古籍善本书目·子部·小说家类》第301页及同书《史部·地理类》第154页、《北京师范大学图书馆古籍善本书目·史部·地理类·山水志》第114页、《北京图书馆普通古籍总目·地志门·专类地志》第四卷第509页著录，国家图书馆（分别藏8册、10册，其中3部中2部2函、5函21册计5部）、北京大学图书馆（6册本）、北京师范大学图书馆（2部中1部由清小隐批点、清金凤清过录清赵一清、戴震校并批题识，钤“香山小隐”“香山草堂”“徐恕读过”等印；另1部24册本，钤“南齐秘笈”印。该刊本封面刻“项氏群玉书堂”）藏。每卷卷末刻“歙县项絪校刊”，半页11行，行21字，细黑口，四周单边。

康熙五十四年（1715）项絪刻唐张参撰《五经文字》三卷、唐唐玄度撰《新加九经字样》一卷计2种4卷。《中国古籍善本书目·经部·小学类》第430页、《中国古籍善本总目·经部·小学类》第一六七页（但误唐张参为“线参”）、《中国古籍总目·经部·小学类·文字之属·正字》第1079页（分2条）、《北京图书馆古籍善本书目·经部·小学类》第一七二页著录，国家图书馆（1册本）、上海师范大学图书馆藏。该刊本半页9行，大小字不等，细黑口，四周单边。

康熙间（1662—1722）天都项氏玉渊堂仿宋刻清项絪辑《王韦合刻》2种十六卷。《中国古籍总目·集部·总集类·丛编之属·分体·断代》第2823页、《中国丛书综录·类编·集类·总集（唐代）》第834页、《丛书书目汇编》第二册第一三三页、《增订四库简明目录标注》第651页及655页、《中国书店三十年所收善本书目·集部·唐别集类》第一六七页著录，天津图书馆、上海图书馆、南京图书馆、浙江图书馆藏，中国书店收购2种共4册开花纸本。此丛书《汇刻书目》第二函第十六册二十一页著录为“天都项氏玉渊堂仿宋刊本《王韦合刻》二种十六卷。即《王摩诘集》六卷、《韦苏州集》十卷。”此丛书单行本保藏更多，如《北京图书馆古籍善本书目·集部·唐五代别集类》第二〇二〇页著录此版中的唐王维撰《王摩诘集》六卷3部，该刊本半页11行，行21字，细黑口，四周单边。其中，有1部为黄丕烈校跋并录何焯题识，分别为线装1册或2册。同书二〇三九页著录此版唐韦应物撰《韦苏州集》十卷，线装2册，版式相同。唐张参撰《五经文字》三卷，唐唐玄度撰清康熙五十四年项絪刻本《新加九经字样》一卷。《西谛书目·集部上·唐五代别集类》第七页著录2册清项氏玉渊堂刊唐王维撰《王摩诘集》六卷。《北京图书馆古籍善本书目·经部·小学类》第一七二页著录1册本。该刊本半页9行，大小字不等，细黑口，四周单边。《丛书书目汇编》第一三三页说：“明天都项絪所刻各书均系写本付刊，颇精美。此刻尤为世所欣赏。”但误作“明”，应为“清”。但《江西历代刻书·清代·坊刻》第306页作星子县人，大误。

康熙间玉渊堂精刊清泸州先著（字蠲斋，号染庵、之溪老生，晚号盍旦子，有劝影堂）撰《之溪老生集》八卷附《劝影堂词》三卷计2种

11卷。《贩书偶记·集部·别集类》卷十四第343页著录。

清秀水项氏玉渊堂依宋版重刻唐王维撰《王摩诘集》六卷。《安徽省古籍善本书目·集部·别集类·唐五代》卷四第四十二页著录，安庆市图书馆藏2册本，为逸出本，题秀水，误。

康熙五十七年（1718）项氏玉渊堂在秀水刻清顾蔼吉撰《隶辨》八卷。《中国古籍善本书目·经部·小学类》第49页、《中国古籍善本总目·经部·小学类》第一七四页、《中国古籍总目·经部·小学类·文字之属·字体》第1096页、《北京图书馆古籍善本书目·经部·小学类》第一七七页、《北京大学图书馆藏古籍善本书目·经部·小学类》第45页、《北京师范大学图书馆古籍善本书目·经部·小学类·字书》第33页、《中国人民大学图书馆古籍善本书目·经部·小学类》第25页、《香港所藏古籍书目·经部·小学类·字书》第46页、《北京图书馆普通古籍总目·文字学门》第十卷第70页、《安徽省古籍善本书目·经部·小学类》卷一第三十四页、《中国书店三十年所收善本书目·经部·小学类》第二三页著录，国家图书馆（8册本，普通古籍部藏四当斋藏书8册本1部，另1部也是8册本）、北京大学图书馆（2部，分别为4册、8册本。清影刻康熙五十七年项氏玉渊堂刻清顾蔼吉撰《隶辨》八卷，也是8册本装）、北京师范大学图书馆（8册本2部）、中国人民大学图书馆（1函8册本）、上海图书馆（由清许瀚校本）、安徽省图书馆（8册本）、芜湖市图书馆（8册本）、香港中文大学图书馆（8册本）藏。该刊本半页大字6行小字12行，行20字，间大字，细黑口，四周单边。此版天都黄晟在乾隆八年（1743）按玉渊堂原本刻8册本，国家图书馆4部8册本，1部4册本。但《江西历代刻书·清代·坊刻》第306页作星子县人，大误。

雍正二年（1724）项道晖群玉书堂刻梁何逊撰《何水部集》二卷。《中国古籍善本书目·集部·汉魏六朝别集类》第36页著录，中国社会科学院文学研究所图书馆、山西省文物局藏。

雍正三年（1725）项絪群玉书堂刻宋周密辑《绝妙好词》七卷。《北京图书馆古籍善本书目·集部·词类》第二九七四页、《中国古籍总目·集部·词类·总集之属》第3397～3398页、《中国古籍善本总目·集部·词类·总集》第一八五一页、《中国古籍善本书目·集部·词类》第2004页著录，国家图书馆（1册本）、华东师范大学图书馆、吉林大学图书馆、南京图书馆（3部，其中1部有清戴熙、徐楙校、清丁丙跋本，还有1部有清周星诒跋）、四川省图书馆藏。该刊本半页11行，行21字，细黑口，四周单边。

乾隆八年（1743）项氏玉渊堂刻清顾蔼吉撰《隶辨》八卷。《江西历代刻书·清代·坊刻》第306页误作星子县人。此版应为重印。

项絪逝世后，后人仍延群玉山房、玉渊堂号进行重印，打上不同时代印记。

乾隆壬午（二十七年，1762）群玉山房刻清朱东（钥）樵撰《本草诗笺》十卷。《中国古籍总目·子部·医家类·本草之属·歌括便读》第545页、《全国中医图书联合目录·本草》第192页著录，中国科学院图书馆、北京中医药大学图书馆、天津卫生职工医学院图书馆、山东省图书馆、河南省图书馆、陕西中医学院图书馆、陕西省中医药研究院图书馆、辽宁中医药大学图书馆、上海图书馆、黑龙江中医药大学图书馆、上海第一医科大学图书馆、中华医学会上海分会图书馆、上海第二医科大学图书馆、浙江中医药大学图书馆、湖南省图书馆、福建中医学院图书馆藏。

此书在光绪壬午（八年，1882）又由群玉山房重刻，军事医学科学院图书馆、天津图书馆、苏州市中医院图书馆、成都中医药大学图书馆藏。此书项氏有两刻计20卷。

嘉庆十九年（1814）临川纪氏家刻纪大奎撰、清纪大毕等编《笔算便览》五卷。《北京图书馆普通古籍总目·自然科学门》第十三卷第15页著录，国家图书馆藏1册本1部系群玉山房藏板，说明系转版后重印本。

清群玉山房刻原题金李杲编《珍珠囊指掌补遗药性赋》四卷、明李梓（字士林，号念莪、尽凡居士）编《雷公炮制药性赋解》六卷计 2 种 10 卷。《中国古籍总目·子部·医家类·本草之属·综合本草·宋金元》第 517 ～ 518 卷、《全国中医图书联合目录·本草》第 166 ～ 167 页著录，上海图书馆、黑龙江省图书馆、辽宁中医药大学图书馆、上海中医药大学图书馆藏，江西中医学院图书馆藏不全。

道光二十六年 (1846) 群玉山房重刊袖珍本清虞山顾椷辑《归钱尺牍》2 种五卷。《中国丛书综录补正》第 253 页著录，该刊本藏处待考。但康熙三十八年（1699）委宛山堂刻本，国家图书馆、清华大学图书馆、山东大学图书馆、南京图书馆藏，宣统二年（1910）保定官书局石印本，首都图书馆、北京师范大学图书馆、上海图书馆藏。

清群玉山房刻明李中梓编、钱允治补《雷公炮制药性解》六卷。《中国古籍总目·子部·医家类·本草之属·综合本草·明》第 523 ～ 524 页（作光绪三十二年）、《全国中医图书联合目录·本草》第 167 ～ 168 页著录，国家图书馆（光绪本）、南京图书馆（有佚名批，光绪本）、甘肃省图书馆、上海图书馆、苏州市图书馆、江西省图书馆、广西壮族自治区桂林图书馆、辽宁中医药大学图书馆、吉林省图书馆、南京图书馆及浙江中医药研究院藏，为上书单行本。

道光间（1821—1850）歙县项氏刻《山海经》十八卷。安庆市图书馆藏线装 5 册本。

光绪七年（1881）群玉山房刻清江永撰《翼梅》八卷。《安徽省馆藏皖人书目》第 78 页著录，安徽省图书馆藏 4 册本。

光绪七年群玉山房刻清江永撰《重刊江氏数学翼梅》又名《翼梅》。《北京图书馆普通古籍总目·自然科学门》第十三卷第 1 页、《皖人书录》第 483 页、《安徽文献书目》第 113 页、《四库全书总目·子部十六·天文算法类一》卷一〇六第九〇一页著录，国家图书馆（4 册本 2 部，未刻《续》一卷）、安徽省图书馆（4 册本）藏。

光绪八年（1882）群玉山房刻清朱鑰撰《本草诗笺》十卷。《中国古籍总目·子部·医家类·本草之属·歌括便读》第 545 页著录，军事医学科学院图书馆、天津图书馆、辽宁中医药大学图书馆、苏州市中医院图书馆、成都中医药大学图书馆藏。

光绪八年群玉山房刻清李述来撰《通鉴纲目条记》二十卷、《卷首》一卷计 21 卷。《山西省图书馆普通线装书目录·史乘门·通史》第 106 页著录，山西省图书馆藏 6 册本。

光绪九年（1883）群玉山房校刊明云间李中梓（字士材，号念我，尽凡居士）撰《医宗必读》十卷。《全国中医图书联合目录·伤寒金匮》第 705 页、《贩书偶记续编·子部·医家类》卷九第 128 页著录，陕西省中医药研究院图书馆、黑龙江中医药大学图书馆、南京图书馆藏。

清宁波群玉山房刻清吴瑭（字鞠通）撰《温病条辨》六卷、《卷首》一卷计 7 卷。《全国中医图书联合目录·临证各科》第 373 页著录，中国中医科学院图书馆、北京中医学校图书馆、天津中医药大学图书馆、山西省图书馆、内蒙古自治区图书馆、陕西省图书馆、上海图书馆、上海中医药大学图书馆、南京图书馆、南京中医药大学图书馆、苏州市中医院图书馆、安徽省图书馆、安徽医科大学图书馆、湖北省图书馆、湖北医科大学图书馆、广西壮族自治区桂林图书馆、广东省中山图书馆藏。

清群玉山房刻原题金李杲撰《珍珠囊指掌补遗药性赋》又名《药性赋珍珠囊》四卷。《全国中医图书联合目录·本草》第 191 页著录，中国中医科学院图书馆、辽宁中医药大学图书馆、江西中医学院图书馆藏，为上书单行本。

宣统三年（1911）项氏玉渊堂刻唐韦应物撰《韦苏州集》十卷。《香港所藏古籍书目·集部·别集类》第 257 页著录，香港中文大学图书馆藏 6 册本。

广传师述的程哲

程哲，字圣歧，号蓉槎，有七略书堂，歙县岑山渡人，居扬州。官至潮州同知。程哲幼颖悟好学，从师山东新城王士禛[①]，博学精思，经史百家无不通贯，收藏图书、金石、字画甚富。其师曾在《分甘余话》中说："门人程圣歧，喜藏书，尝求斋额于余，名之曰'七略'。又闻其善鉴别古今图画尊彝之属，所蓄甚富。筑楼三楹居之，焚香帘阁，精洁不减清閟，可谓风雅好事者也。"曾为王渔洋校刊《分甘余话》，仿其体例而将小考据、小评论编为《蓉槎蠡说》十二卷，王渔洋在该书序中称其"抱博辨之才，具论断之识。则古昔，称先王，要之毋雷同，毋剿说，大可供畜德之助，细亦可佐多识之功，时时有广老人耳目所不逮者"。又著《窑器说》一卷。尤其是谢职后，把精力放在读书、刻书业上，并 3 次为其师王士禛精刻专著《带经堂全集》累计达 435 卷，在师生友谊上也是中国出版史少见的。他所刻另一部大书是晋刘昫等撰《旧唐书》二百卷。他所刻书品种 30 余种，670 余卷，可谓清代家刻中的大家了。

---

① 王士禛（1634—1711），字子真，又字贻上，小字豫孙，号阮亭、香祖、萧亭、蚕尾、羼提居士、诗亭逸老、文游台主人等，有落笺堂、伴偶阁、石帆亭、清寤斋、信古堂、带经堂、樵唱轩、得树堂、睡足轩、抱山堂、慎墨堂、古夫子亭、池北书库、蚕尾山房等室名斋号，晚年自号渔洋山人，因官扬州推官时以太湖渔洋山为号，卒谥文简，因避雍正帝胤禛讳改名士正、士祯，乾隆朝复旧名。先世自山东诸城迁居新城（今桓台县），成为济南府望族。顺治八年（1651）中举，十二年（1655）中进士，十五年（1658）任扬州推官。康熙间（1662—1722）历任侍讲、侍读、国子监祭酒、少詹事、兵部督捕侍郎、户部右侍郎、左都御史、刑部尚书等。康熙四十三年（1704）以失察免官归里。为清初著名学者。诗有一代正宗之称，提倡神韵之说，领袖诗坛 50 余载。文章雅饬，著述丰富。著《渔洋前集》二十二卷、《续集》十六卷、《蚕尾集》三十八卷、《渔洋山人精华录》十卷、《渔洋文略》十四卷、《带经堂集》九十二卷、《池北偶谈》二十六卷、《香祖笔记》十二卷、《居易录》三十四卷、《分甘余话》四卷、《渔洋诗话》三卷、《古夫子亭杂录》五卷等。其中，《渔洋山人精华录》收其诗 1000 余首，托名门下曹禾、符盛编，实为自编，有门人林佶写刻本。林佶写刻本之《渔洋山人精华录》与西园书屋刻清汪琬《尧峰文钞》、清陈廷敬《午亭文编》、王士祯《古夫午亭稿》为林佶四大写本之一，时称"林佶四写"。

所刻书内容严肃，名作居多。

康熙间（1662—1722）七略书堂刻清王士禛撰《蚕尾续集》十卷。《清人别集总目》第 91 页著录，南京图书馆藏，为此书先印本。

康熙间七略书堂刻清王士祯撰《蚕尾集》三十八卷。《清人别集总目》第 91 页著录，南开大学图书馆藏，为此书的后印本。复旦大学图书馆还藏乾隆间（1736—1795）刻本。此两刻就达 76 卷。

康熙庚寅（四十九年，1710）歙县程哲七略书堂精刻又作程哲、殷誉庆刻清林古度撰、济南王士禛选《林茂之诗选》二卷。《中国古籍善本总目・集部・清别集》第一五一二页、《中国古籍总目・经部・别集类・清代之属・清前期》第 1014 页、《北京师范大学图书馆古籍善本书目・集部・别集类・清》第 263 页、《贩书偶记・集部・别集类》卷十四第 342 页、《中国古籍善本书目・集部・清别集类》第 897 页、《北京图书馆古籍善本书目・集部・清别集类》第二五二二至二五二三页著录，国家图书馆（2 册本 2 部，其中 1 部有严可均跋）、北京师范大学图书馆（1 册本）、泰州市图书馆、福建师范大学图书馆及宁波天一阁文物保管所（今浙江图书馆天一阁分馆）藏。该刊本半页 10 行，行 19 字，大黑口，左右双边。

康熙庚寅（四十九年）至辛卯（五十年，1711）冬歙县程哲七略书堂精刊其师清新城王士禛撰、程哲校编《带经堂全集》7 种九十二卷。《中国古籍善本总目・集部・清别集》第一五二〇页、《中国古籍总目・集部・别集类・清代之属・清前期》第 1164 页（作康熙五十一年刻）、《北京大学图书馆藏古籍善本书目・集部・别集类》第 480 页、《贩书偶记・集部・别集类》卷十四第 352 页、《清人别集总目》第 91 ～ 92 页、《北京图书馆古籍善本书目・集部・清别集类》第二五一七页、《中国人民大学图书馆古籍善本书目・集部・别集类》第 226 页、《中国古籍善本书目・集部・清别集类》第 989 页、《汇刻书目》第十五册第五十九页、北京师范大学《中文古籍书目・集部・清别集类》第 382 页、《美国俄亥俄州立大学图书馆中文古籍书录·集部》第55～56页、《香港所藏古籍书目·集部·别集类》第291页、《中国书店三十年所收古籍善本书目·集部·清别集类》第二〇三页、安徽师范大学图书馆《古籍善本书目·集部·别集类》（初稿）第83页等著录，国家图书馆（20册本）、北京大学图书馆（2部，分别为20册、24册本）、清华大学图书馆、中国人民大学图书馆、中共中央党校图书馆、中国科学院图书馆、天津图书馆、上海图书馆、江西省图书馆、云南省图书馆、四川省图书馆、山东师范大学图书馆、江西师范大学图书馆、安徽大学图书馆、中山大学图书馆、新疆大学图书馆、华东师范大学图书馆、上海师范大学图书馆、南京图书馆、天津图书馆、南开大学图书馆、保定市图书馆、山西省图书馆、山西师范大学图书馆、辽宁省图书馆、吉林省图书馆、吉林市图书馆、吉林大学图书馆、吉林省社科院图书馆、黑龙江省图书馆、哈尔滨市图书馆、哈尔滨师范大学图书馆、中国科学院新疆分院图书馆、浙江图书馆、浙江诸暨市图书馆、安徽省图书馆、芜湖市图书馆、安徽师范大学图书馆、皖南农学院图书馆、厦门大学图书馆、湖北省图书馆、武汉图书馆、武汉大学图书馆、武汉师范大学图书馆、湖南省图书馆、广东省中山图书馆、华南师范大学图书馆、四川西南师范学院图书馆、台湾“中央”图书馆、美国俄亥俄州立大学图书馆（32册2函本）、美国加利福尼亚大学伯克利分校图书馆、中国社科院近代史研究所图书馆、中国社科院文学研究所图书馆及北京市文物局、安徽省博物馆藏。此为一刻，北京中国书店收开花纸24册本。该刊本半页10行，行19字（18.5×14），书口上标字数，白口，单黑鱼尾，左右双边，版心上镌集名，中镌卷数，下镌页码，封面镌“七略书堂校刊”，原钤“七略书堂”印。香港大学图书馆藏此版乾隆间（1736—1795）复印20册本。卷端题“带经堂集，新城王士祯贻上，歙门人程哲校编”，卷首乾隆丁卯（十二年，1747）槐荫草堂的“带经堂全集序”，次为程哲“带经堂集序”，复旦大学图书馆藏。系此书版转让给黄晟。安徽省图书馆、芜湖市图书馆藏署康熙七略书堂刻线装36册本，有图像，首都图书馆还藏嘉庆三年（1798）程氏重印本。

康熙五十年(1711)新安程哲七略书堂校刻清王士祯撰《分甘余话》四卷。《中国古籍善本书目·子部·杂家类》第590页、《中国古籍善本总目·子部·杂家类·杂学杂说》第九八五页、《歙县志·人物·艺苑》卷七著录，南京、华南师范大学图书馆藏。

康熙辛卯（五十年，1711)新安程氏七略书堂精写刊清歙程哲撰《蓉槎蠡说》十二卷。《中国古籍善本书目·子部·杂家类》第593页、《中国古籍善本总目·子部·杂家类·杂学杂说》第九八六页、《中国书店三十年所收善本书目·子部·杂家类》第一二八页、《中国人民大学图书馆古籍善本书目·子部·杂家类·杂学杂说》第119页、《安徽省馆藏皖人书目》第344页、《安徽文献书目》第277页、《安徽省古籍善本书目·子部·杂家类》第五十七页、《北京大学图书馆藏古籍善本书目·子部·杂家类》卷三第293页、《四库全书总目·子部·杂家类存目六》卷一二九第一一一〇页、《中国古籍总目·子部·杂家类·杂学杂说之属》第1731页、《贩书偶记续编·附录·子部》第360页著录，中国书店收购线装竹纸2册本，国家图书馆（2册本1部，6册本2部）、首都图书馆、北京大学图书馆（6卷1册）、中国人民大学图书馆（1函2册本）、中共中央党校图书馆、中央民族大学图书馆、中国科学院图书馆、上海图书馆、复旦大学图书馆、辽宁省图书馆、天津图书馆、南京图书馆（佚名批）、无锡市图书馆、浙江图书馆、湖北省图书馆、武汉图书馆、安徽省图书馆（仅存一至六卷6卷6册）、中国社会科学院文学研究所图书馆、上海辞书出版社图书馆藏。该刊本半页11行，行21字，小字双行字数不等，白口，单鱼尾，左右双边，封面镌“七略书堂藏板”，原钤“七略书堂”印。《皖人书录》第846页著录此书为歙县陈哲刻，误。

康熙间（1662—1722）程哲七略书堂刻清王士禛撰、程哲校编《带经堂集》又名《王渔洋遗书》38种二百七十三卷。《中国古籍善本书目·丛部·自著丛书》第632～633页、《中国古籍善本总目·丛部·自著丛书》第二〇〇六页（未注程刻）、《中国人民大学图书馆古籍善本书目·丛书部·自著类》第312～313页、《安徽省古籍善本书目·集部·别集类·清代》卷四第九十一页著录，北京大学图书馆、复旦大学图书馆、吉林市图书馆、中国科学院新疆分院图书馆藏，清华大学图书馆、中国人民大学图书馆（1部14函76册本中少《古欢录》八卷、《渔洋诗话》三卷、《阮亭选古诗·五言诗》十七卷、《七言诗》十五卷、《香祖笔记》十二卷，其中《渔洋山人诗集》《续集》《雍益集》《文略》《精华录》《池北偶谈》《居易录》《古夫亭杂录》《唐贤三昧集》《十种唐诗选》《唐人万首绝句选》11种子书以同版不同印次补配；另1部仅存32种220卷12函94册，缺《古欢录》八卷、《古夫亭杂录》五卷、《渔洋诗话》三卷、《唐贤三昧集》三卷、《阮亭选古诗·五言诗》十七卷、《七言诗》十五卷、《徐诗》二卷）、天津图书馆、南京图书馆、广东省中山图书馆、广东省社会科学院图书馆及安徽省博物馆藏不全。其中，安徽省博物馆藏12册，作《带经堂集》一百七十一卷、《附录》八十卷，计251卷，南京图书馆仅存《蜀道驿程记》二卷、《皇华纪闻》四卷、《粤行三志》三卷、《谥法考》一卷、《秦蜀驿程后记》二卷、《陇蜀余闻》一卷、《长白山录》一卷、《补遗》一卷、《浯溪考》二卷8种17卷，有清叶凤毛校并跋。此套丛书因系康熙期间辑刻的汇印本，版本行款字体各异。此套丛书还在雍正间（1723—1735）重印，因尚未查到藏处，故不单列条目，应计为2种版本76种546卷。《中国古籍总目·子部·杂家类·杂学杂说之属》第1725页著录，上海图书馆藏雍正间印《分甘余话》四卷有清焦循批跋。

康熙五十二年(1713)歙县程氏七略书堂刻宋罗愿撰、清程哲辑《鄂州小集》六卷、《附录》二卷计8卷。《增订四库简明目录标注·南宋别集》第734页、《安徽省古籍善本书目·集部·别集类·宋代》卷四第六十三页（作宋罗愿撰、清程哲辑《罗鄂州小集》六卷、《遗文》一卷）著录，安徽师范大学图书馆（4册）、桐城市图书馆（1册）以善本收藏，但无《附录》，有《遗文》一卷。王渔洋很推重此书，曾说："宋罗鄂州古文，南渡后第一，朱文公所推重。《尔雅翼后序》通篇用韵，尤奇创。"[①]程哲重刻此书实为尊其师意。

康熙癸巳（五十二年，1713）七略书堂刻宋罗愿撰、清程哲辑《罗鄂州小集》六卷、《附录》一卷，宋罗颂撰、清程哲辑《罗郢州遗文》一卷计2种8卷。《中国古籍善本书目·集部·宋别集类》第328页、《中国古籍总目·集部·别集类·宋代之属》第304页及333页、《北京师范大学图书馆古籍善本书目·集部·别集类·宋》第243页、《安徽大学图书馆重编古籍善本书目·集部·别集类》卷四第139～140页、《北京图书馆古籍善本书目·集部·宋别集类》第二一八一页、《北京大学图书馆藏古籍善本书目·集部·别集类》第432页著录，国家图书馆（2册本，有莫棠跋）、北京大学图书馆（2部，分别为1册、2册本）、清华大学图书馆、北京师范大学图书馆（2册本2部，其中1部为歙南曹吉城过云楼鉴藏）、中央民族大学图书馆、中国科学院图书馆、中国社会科学院文学研究所图书馆、南京图书馆、上海图书馆、复旦大学图书馆、上海辞书出版社图书馆、辽宁省图书馆、黑龙江省图书馆、泰州市图书馆、浙江图书馆、湖北省图书馆、华中师范大学图书馆、湖南省图书馆、广东省中山图书馆、暨南大学图书馆、安徽大学图书馆（1册本）、安徽师范大学图书馆（4册本）、桐城市图书馆（1册本）藏。《清人别集总目》第1403页著录中国科学院图书馆藏清刻本，但将罗鄂州作清人列目，大误。该刊本半页11行，行21字，左右双边，白口。封面镌"七略书堂藏板"，原钤"七略书堂""诗文斋六经"印。此书收入《四库全书》。

---

① 见程哲《蓉槎蠡说》。

康熙五十二年歙县程氏七略书堂刻宋罗愿撰《鄂州小集》六卷、宋罗颂撰《罗郢州遗文》一卷计 2 种 7 卷。《中国古籍善本总目·集部·宋别集类》第一二七八页著录，国家图书馆（莫棠跋）、北京大学图书馆、清华大学图书馆、中央民族大学图书馆、中国科学院图书馆、中国社会科学院文学研究所图书馆、上海图书馆、上海辞书出版社图书馆、吉林省图书馆、黑龙江省图书馆、泰州市图书馆、浙江图书馆、桐城市图书馆、安庆市图书馆、湖北省图书馆、华中师范大学图书馆、湖南省图书馆、广东省中山图书馆、暨南大学图书馆藏。该刊本半页 11 行，行 21 字，白口，左右双边。

康熙间（1662—1722）程哲七略书堂刻清王士禛撰《分甘余话》四卷。《中国古籍总目·子部·杂家类·杂学杂说之属》第 1725 页著录，南京图书馆、北京大学图书馆、上海图书馆、华南师范大学图书馆藏。

康熙五十七年（1718）刻清王士禛撰、清程哲编校《带经堂集》九十二卷。《清人别集总目》第 92 页、《山西善本书目》著录。

乾隆十二年 (1747) 歙县程哲七略书堂精刻清王士祯撰、林佶（字同门）精写重刊《带经堂全集》7 种九十二卷。《中国古籍总目·集部·别集类·清代之属·清前期》第 1164 页（明确注明为康熙五十一年程哲七略书堂刻乾隆十二年黄晟修补本）、《中国古籍印刷史》第 155 页、《香港所藏古籍书目·集部·别集类》第 291 页、《安徽省古籍善本书目·集部·别集类·清代》卷四第九十一页、北京师范大学图书馆《中文古籍书目·集部·清别集类》第 382 页著录，北京师范大学图书馆、复旦大学图书馆、安徽省图书馆（36 册本，有图像）、安徽师范大学图书馆（40 册本）、芜湖市图书馆（36 册本）、香港中山图书馆（40 册本）藏。

歙县程哲校刊后晋刘昫等撰《旧唐书》二百卷。《增订四库简明目录标注·史部》第 201 ～ 202 页著录，并指出：“歙县程哲校刊，半叶十三行，行二十五字，甚精。”但清末学者莫友芝说曾见校样，是否刊出待考。

乾隆三十七年（1772）印清王士禛撰、清程哲编校《带经堂集》九十二卷。《清人别集总目》第92页著录，首都图书馆、中共中央党校图书馆（有徐继畬批点）、复旦大学图书馆、天津师范大学图书馆、台湾大学图书馆藏。

嘉庆三年（1798）程氏刻清王士禛撰、清程哲编校《带经堂集》九十二卷。《清人别集总目》第92页著录，首都图书馆藏。应是程哲后人家刻。

附　民国十年（1921）上海鸿宝斋印清王士禛撰、清程哲编校《带经堂集》九十二卷。《清人别集总目》第92页著录，河南省图书馆、南京大学图书馆、大连市图书馆、青岛市图书馆藏。

附　民国十年上海锦文堂石印清程哲校编《王渔洋文集》十四卷。《清人别集总目》第91页著录，四川省图书馆藏。

有个性的李绂

李绂(1673—1750)，字巨来，号穆堂、巨洲，人称穆堂先生，有紫藤轩，祖籍歙县临河（今属徽州区），祖父时始迁江西临川，居北京宣武门南。他家境贫寒，幼丧父母，好学上进，幼以神童著称，日读书20余卷，下笔千言立就，秉性不阿。曾于大风雪中独身于武汉寻兄，匝月走三千里。又离家徒步来徽州故里，去江苏吴县谋生路，没有得到帮助。江巡郎大人一见讶为“非凡人也”，助其读书。《北京歙县会馆观光堂题名榜》载解元十三人中，他属康熙戊子(四十七年，1708)科江西乡试解元，康熙四十八年(1709)中己丑科进士，选庶吉士。散馆授翰林院编修，迁侍讲学士。康熙五十四年（1715），充武会试副考官。康熙五十六年（1717），任日讲起居注官，任云南乡试正考官。康熙五十七年（1718）九月，任武会试正考官。康熙五十九年（1720）六月，任浙江乡试正考官。九月，升内阁学士。十二月，迁左副都御史，仍兼学士。经蔡珽荐，与后来的世宗雍正帝胤禛相识。康熙六十年（1721）二月，充会试副考官，因下第举子闹事不报告而遭御史舒库弹劾革职，去永定河效力。

雍正元年（1723）正月，特旨恢复原职，署吏部右侍郎，寻充经筵讲官。七月，迁兵部右侍郎。雍正二年（1724）四月，授广西巡抚。他体恤民情，常微服私访，处理积案，并追回督、府、司、道官吏贪污82万两银钱。雍正三年（1725）九月，因在广西任上办事得宜，升为直隶总督，雍正四年（1726）三月到任，受雍正帝指使，幽禁允禟。因在广西任上来京陛见为田文镜参劾黄振国、汪诚、邵言纶冤案，得罪雍正帝宠臣田文镜，十二月雍正帝特谕："此案免深究。"寻召李绂来京，补工部右侍郎。雍正五年（1727）二月，雍正帝严令李绂、甘汝来前往广西办结他们任内有遗留土司事。十二月，议政大臣等会议李绂在广西巡抚、直隶总督等任上被罗织21条大罪，"律应斩决，妻子、财产入官。"后雍正帝还假惺惺地颁旨："李绂既知悔过认罪，情词恳切，且其学问尚好，着革职从宽免死，令在纂修八旗志书馆效力行走。其妻子财产入官之处，俱着宽免。"[①] 这就是全祖望《临川李公神道碑铭》说："下狱当诛。寻奉诏赦，令纂修《八旗志书》。杜门八年，授户部三库侍郎，左迁詹事，以阁学致仕。"他为什么下狱呢？袁枚《临川李公传》载："世宗（雍正）恶其倔强，欲摧折之。两次决囚，皆缚至菜市，宣旨赦还。"可见，他在清廷高压政策中的宦海生涯并不顺利。袁枚在《临川李公传》中还说他"博闻强记，藏书五万卷，手自丹黄。其宏纲巨旨，都能省记。刑部郎中杨某欲试公，故于押赴市曹时探问经史疑义。公对赭衣白刃，应答如流。杨退而告人曰：'李公真铁胎人也。'"

雍正十三年（1735）八月，乾隆帝接位，九月任命李绂以户部侍郎衔管户部三库事。十月，补户部左侍郎，仍管三库。乾隆元年（1736）

---

① 此圣旨引自《满汉名臣传·李绂列传》卷三十一第2291页，哈尔滨：黑龙江人民出版社，1991。

正月，因自乾隆登极以来多所建言，并保举后进而使乾隆不快而降二级调用。十一月，补詹事。十二月，任三礼馆副总裁。乾隆二年（1737）十月，丁母忧守制。乾隆六年（1741）三月，任明史纲目馆副总裁，不久改补光禄寺卿。乾隆八年（1743）六月，任江西乡试正考官。八月，授内阁学士。因他生性耿直，厌恶官场生涯，加上平时讲学，称颂朱子学问、陆九渊尊德性，使乾隆帝对他不满，很快批准他以病致仕。临行，乾隆帝问他有无陈奏，他答以慎终如始。乾隆帝特赠诗曰："三朝曾侍陛，七十竟悬车。进退诚无忝，邱园信有诸。病余宜乐志，老去尚耽书。素悃依阊魏，高年息阖庐。学尝兼慕陆，节应上同苏。尤喜怜辞阙，嘉谋实起予。"[①] 算是对这位有知识分子傲气的康雍乾三朝老臣的评判。他以病回临川归养，直至逝世。他生前为官受性情所累，多次受折磨蒙难，死后也不安身，江西巡抚吴绍诗还给他制造个"李绂诗文案"。此案经过是这样的：乾隆三十二年（1767）二月，江西巡抚吴绍诗给乾隆帝上了个奏折，说李绂的《穆堂初稿》《续稿》以及在京为官与同僚们的唱和诗文中有对当世不满字句，请求割除李绂生前官秩，并累及子孙，还指出李伍瑛、傅占衡文集中也有狂悖语，也累及子孙。乾隆帝命军机处将李绂不妥文字用黄签粘出呈送，乾隆阅后认为李绂诗中虽有牢骚，但非悖逆讪谤，不好追究。李伍瑛在文集中论文法时虽推崇吕留良，但在吕案发生前，谈不上与吕留良文字狱案沾边儿，且傅占衡明末事，更沾不上边儿。因此，乾隆帝对此案提出对李绂子孙及财产处置"毋庸置疑"，仅对李绂已刻著作下谕"但此等悖谬语言既已刊刻成书，倘仍听其谬种流传，其于世道人心贻误不浅，所有各项书本板片，该抚可逐一查明，即行销毁，毋令稍有留遗"而以焚书、毁板了结此桩文字狱案。《藏书纪事诗》在李绂条写道："写书相约到蓬山，麦饭葱汤互往返。西市从容弹一曲，广陵散未绝人间"，高度地概括了这位不同凡响的知

① 此诗引自《满汉名臣传·李绂列传》卷三十一第2292页，哈尔滨：黑龙江人民出版社，1991。

识分子在那特定的年代里所走过的曲折人生。

他还是著名的藏书家，藏书处在北京宣武门南有紫藤轩。曾与全祖望借抄翰林院藏《永乐大典》副本，全祖望在《钞永乐大典记》中说：“取所流传于世者概置之，即近世所无而不关大义者亦不录，但钞其所欲见而不可得者。”“每日夜漏三下而寝，可尽二十卷，而以签分令四人钞之，或至浃旬未毕，则欲卒业非易事也。”[①] 所以，全祖望在《临川李公神道碑铭》中说：“公天性好士，取放翁诗题楹曰：‘远闻佳士辄心许，老见异书犹眼明。’盖实录也。”他藏书丰富。《湖海文传》六十二说他“藏书五万卷，手加丹黄，其宏纲巨旨，都能省记”。他的收藏中有不少抄本。

他博闻强记，学识渊博。他在学术上宗陆王心学，雅好文史。在大批方志纂修实践中对方志的性质、体例、章法、功用、文辞表述等方志理论都有湛密的研究并有独到的见解。他指出，“志，固史之属也”，把方志归入史部，大大地提高方志在典籍中的地位。他提倡编纂方志应“以诸史为宗”，“悉按列史时代统辖”，编纂中要突出“籍征考”“资援据”“纂言记事必载原书”等内容。如他从雍正五年（1727）始至乾隆四年（1739）历时 13 年所修《八旗通志》分旗务、土田、营建、兵制、职官、学校、典礼、艺文 8 志，封爵、世职、八旗大臣、宗人府、内阁大臣、部院大臣、省直大臣、选举 8 表及列传三部分，集满族档案、图书大成，为我们研究清朝前期的政治、军事、经济、文化等历史提供了重要参考史料。他著述丰富，著有《穆堂类稿》三编共 150 卷、《春秋一是》二十卷、《陆象山年谱》二卷、《朱子晚年全论》八卷、《陆子学谱》二十卷、《志学编》一卷《附编》一卷、《大学士白公家传》不分卷、《穆堂兵记别稿》一卷及为官修八旗志书应曾日瑛等之邀，写成《八

① 清全祖望：《钞永乐大典记》。

旗通志》二百五十卷[①]，与熊为霖等纂《[乾隆]汀州府志》四十五卷《卷首》一卷，修《广西通志》《畿辅通志》《[乾隆]临川县志》，自撰《江西志补》《抚州续志》等。还有《陆象山先生（九渊）年谱》一卷、《阳明学录》等。还与王原祁等纂修《万寿盛典·初集》一百二十卷、评点《陆象山先生全集》又名《陆象山先生文集》三十六卷等。

李绂在古籍整理上也留下文字。如抄跋《野鹤老人书》等。

李绂的著作在他生前和逝后家刻较多。他的后人中值得一提的是孙子李友棠（？—1798），字西伯，号西华，有侯鲭阁。乾隆元年（1736）中举，十年（1745）成进士，曾官四库全书馆副总裁，官至工部右侍郎。著《侯鲭集》十卷等。

雍正十年（1732）刻清李绂撰《穆堂初稿》五十卷。《清人别集总目》第741页著录，韩国汉城大学图书馆藏。

雍正十年临川无怒轩刻清李绂撰《陆子学谱》二十卷。《中国古籍善本书目·子部·儒家类》第100页、《中国古籍善本总目·子部·儒家类》第八〇七页、《中国古籍总目·子部·儒家类·儒学之属·宋元》第83页著录，国家图书馆、天津图书馆、上海图书馆、南京图书馆（佚名批校）、北京大学图书馆、中国科学院图书馆、湖北省图书馆藏。国家图书馆还藏雍正间（1723—1735）刻本，南京图书馆（佚名批校）、上海图书馆还藏光绪三年（1877）素位堂刻本。

雍正十三年（1735）临川李氏无怒轩刻清李绂撰《朱子晚年全论》八卷。《中国古籍善本书目·子部·儒家类》第100页、《中国古籍善本总目·子部·儒家类》第八〇七页、《中国古籍总目·子部·儒家类·儒学之属·清》第145页、《江西历代刻书·清代·私刻》第253页著录，

① 以上6种，《[民国]歙县志·艺文志·书目》卷十五第十六页著录。其中《八旗通志》为雍正五年（1727）官撰《八旗通志·初集》二百五十卷，即李绂所撰，内府刊，至乾隆末年重修时卷帙大增，有清刊本已达354卷。这类官修书中《列传》较国史详细得多，因此，很有史料价值。

国家图书馆、中国科学院图书馆、北京大学图书馆、江西省图书馆、福建省图书馆藏。

雍正十三年临川李绂刻自撰《志学编》一卷、《志学附编》一卷计2种2卷。《江西历代刻书·清代·私刻》第253页著录。

雍正间（1723—1735）无怒轩刊清临川李绂撰《朱子晚年全论》八卷。《贩书偶记续编·附录·子部》第354页著录。

雍正间精刊清袁燮、傅子云同撰初稿，临川李绂增订《象山先生年谱》二卷。《贩书偶记续编·附录·史部》第348页著录。

乾隆二年（1737）刻清李绂撰《穆堂初稿》五十卷。《清人别集总目》第741页著录，河南省图书馆、江西省图书馆藏。同页著录乾隆九年（1744）刻本，江西省图书馆、南开大学图书馆藏；乾隆间（1736—1795）刻本，北京大学图书馆、大连市图书馆藏；清刻本，广东省中山图书馆、徐州市图书馆藏。

乾隆庚申（五年，1740）无怒轩刻清李绂撰《穆堂初稿》五十卷。《中国古籍善本书目·集部·清别集类》第1102页、《中国古籍善本总目·集部·清别集》第一五九四页、《中国古籍总目·集部·别集类·清代之属·清前期》第1313页（作安居王氏无恕轩刻）、《中国人民大学图书馆古籍善本书目·集部·别集类》第247页、《安徽省古籍善本书目·集部·别集类》卷四第九十七页、《贩书偶记·集部·别集类》卷十四第370页、《安徽省馆藏皖人书目》第108页著录，中国人民大学图书馆（2函16册本，1函10册本各1部）、国家图书馆（不全）、北京大学图书馆（不全）、清华大学图书馆、上海图书馆、复旦大学图书馆、天津图书馆、厦门大学图书馆、湖北省图书馆、华中师范大学图书馆、安徽省图书馆（11册本）、中国社科院考古研究所图书馆、中国社科院近代史研究所图书馆藏。但误作凤台人。该刊本半页11行，行23字，小字双行同，白口，单鱼尾，左右双边，版心下刻“无怒轩”3字。

乾隆间刻清李绂撰《志学编》一卷、《附编》一卷计2种2卷。《中国古籍总目·子部·儒家类·儒学之属·清》第145页著录，国家图书馆藏。

附　乾隆庚申（五年，1740）刻清李廷友修、李绂纂《［乾隆］临川县志》四十九卷。《中国古籍总目·史部·方志类·地志之属·江西省》第4397～4398页、《中国地方志联合目录》第499～500页著录，上海图书馆（不全）、江西省图书馆、福建省图书馆、湖北省图书馆等藏。

乾隆丁卯（十二年，1747）临川李光墺奉国堂刊临川李绂撰《穆堂别稿》五十卷。《中国古籍善本书目·集部·清别集类》第1102页、《中国古籍善本总目·集部·清别集》第一五九四页、《中国古籍总目·集部·别集类·清代之属·清前期》第1313页、《中国人民大学图书馆古籍善本书目·集部·别集类》第247页、《北京师范大学图书馆古籍善本书目·集部·别集类·清》第274页、《贩书偶记·集部·别集类》卷十四第370页、《江西历代刻书·清代·私刻》第253页、《清人别集总目》第741页著录，中国人民大学图书馆（1函10册本）、北京师范大学图书馆（12册本）、复旦大学图书馆、上海图书馆、南京图书馆、辽宁省图书馆、中国科学院图书馆、山东师范大学图书馆、大连市图书馆、厦门大学图书馆、武汉大学图书馆、日本大阪府立图书馆藏。该刊本半页12行，行21字，白口，单鱼尾，左右双边。

清刻清临川李绂撰《李穆堂集》3种一百五十卷。《丛书书目汇编》第二册第二三四页著录。

乾隆间（1736—1795）刻清李绂撰《大学士白公家传》（不分卷）。《国家图书馆普通古籍总目·传记门·分传》第114页著录，国家图书馆藏1册本。按，白公指清白潢（？—1733）。

附　乾隆十七年（1752）刻清曾日瑛等修、李绂等纂《［乾隆］汀州府志》四十五卷、《首》一卷计46卷。《中国古籍总目·史部·方志类·地志之属·福建省》第4367页、《中国地方志联合目录·福建省·龙岩地区》第540～541页、《北京图书馆普通古籍总目·地志门·方志》

第四卷第413页、《贩书偶记续编·史部·地理类》卷七第74页、《香港所藏古籍书目·史部·地理类·方志》第104页著录，首都图书馆、北京大学图书馆、上海辞书出版社图书馆、浙江大学图书馆、福建师范大学图书馆、厦门市图书馆、武汉大学图书馆、湖南省图书馆（不全）、泸州市图书馆藏。

此外，同治六年（1867）满洲延楷刻本，国家图书馆（2函20册本2部及另1部2函18册本缺卷四十二、四十五2卷不全本，均有图）、中国科学院图书馆、中共中央党校图书馆、北京大学图书馆、清华大学图书馆、北京师范大学图书馆、中央民族大学图书馆、上海图书馆、复旦大学图书馆、华东师范大学图书馆、天津图书馆、大连市图书馆、吉林省图书馆、吉林大学图书馆、南京图书馆、南京大学图书馆、中国科学院南京地理研究所图书馆、浙江图书馆、温州市图书馆、安徽师范大学图书馆、江西省图书馆（不全）、福建省图书馆、厦门大学图书馆、福建师范大学图书馆、台湾图书馆、郑州大学图书馆、湖北省图书馆、湖南省图书馆（不全）、湖南师范大学图书馆、广东省中山图书馆、中山大学图书馆、暨南大学图书馆、华南师范大学图书馆、香港大学图书馆（20册本）及国家文物局文物保护科学技术研究所、福建省博物馆藏。

附　乾隆间（1736—1795）临川李氏侯鲭阁刻清临川李友棠撰《侯鲭集》十卷。《中国古籍总目·集部·别集类·清代之属·清前期》第1504页（作静香阁刻）、《江西历代刻书·清代·私刻》第253页著录，首都图书馆藏。

李绂身后著述家刻主要有：

嘉庆二十三年（1818）刻清李绂撰《穆堂诗文钞》十一卷。《清人别集总目》第741页著录，大连市图书馆藏。

道光元年（1821）临川李氏容轩刻清李绂《穆堂诗文钞》十一卷。《清人别集总目》第741页、《中国古籍总目·集部·别集类·清代之属·清前期》第1313页、《山西省图书馆普通线装书目录·文学门·诗文别集》第647页著录，湖南省图书馆、山西省图书馆（8册本）、台湾“中央研究院”历史语言研究所傅斯年图书馆藏，应为嘉庆二十三年（1818）版重印。

清刊清李绂撰《穆堂诗文钞》十一卷。《清人别集总目》第741页著录，南京大学图书馆藏。

道光十一年(1831)奉国堂重刻李绂撰《穆堂初稿》五十卷。《清人别集总目》第741页著录，国家图书馆、辽宁省图书馆、河南省图书馆、湖南省图书馆、江西省图书馆、四川省图书馆、中国人民大学图书馆、北京师范大学图书馆、山东大学图书馆、南开大学图书馆、大连市图书馆、台湾“中央研究院”历史语言研究所傅斯年图书馆、台湾大学图书馆、日本国会图书馆及日本静嘉堂文库藏。

道光十一年奉国堂重刻清李绂撰《穆堂别稿》五十卷。《清人别集总目》第741页著录，上海图书馆、南京图书馆、河南省图书馆、四川省图书馆、北京师范大学图书馆、山东大学图书馆、南京大学图书馆、台湾大学图书馆、日本国会图书馆、日本大阪府立图书馆及日本静嘉堂文库藏。

道光十一年奉国堂刻清李绂撰《李穆堂诗文全集》一百卷。《中国古籍总目·集部·别集类·清代之属·清前期》第1313页著录，中国科学院图书馆、复旦大学图书馆、首都图书馆藏。

道光十一年珊城阜祺堂刻清李绂撰《穆堂初稿》五十卷、《别稿》五十卷计2种100卷。《中国历史博物馆藏普通古籍目录·集部·别集类》第329页、《香港所藏古籍书目·集部·别集类》第293页、《山东省图书馆馆藏海源阁书目·集部·别集类·清》第296页著录，山东省图书馆（4函32册本）、香港新亚研究所图书馆（26册本）及中国历史博物馆（14册本）藏，封面题“道光辛卯重镌，珊城阜祺堂藏板”。该刊本半页10行，行23字（21.1×14.7），白口，四周双边，单黑鱼尾。

道光间（1821—1850）李氏容轩刊临川李绂撰《穆堂诗文钞》十一

卷。《贩书偶记·集部·别集类》卷十四第370页著录。

附　光绪六年(1880)红杏山房刻清李绂孙李友棠撰《侯鲭集》十卷。《中国古籍总目·集部·别集类·清代之属·清前期》第1504页著录，湖南省图书馆藏。

弘扬师学的刻书家程崟

程崟（1687—1767），字夔州，号南坡、渐干、二峰，程銮弟，原籍歙县，居仪征。康熙五十二年(1713)进士，授兵部主事，升员外，迁福建清吏司郎中。值台湾朱一贵事，治狱平慎。程崟师事方苞，受古文法。著《二峰诗稿》又名《二峰诗集》不分卷，编辑清朝文200余篇，定名《发引集》，原本为人偷去，复编《明文偶钞》一卷、《国朝文偶钞》一卷，很受方苞赞赏，谓其义合乎古，复编有《汉书读本》、《望溪删订评阅八家文读本》一卷，撰《编年诗集》，整理《左传义法举要》一卷、《望溪先生文》不分卷、《方望溪偶钞》不分卷（详见方苞条），注《玉谿生诗》[1]等。

康熙四十四年(1705)门人程崟刻清吴瞻泰辑《陶诗汇注》四卷、《首》一卷、《末》一卷，清吴崧撰《论陶》一卷计2种7卷。《中国古籍善本总目·集部·汉魏六朝别集类》第一一七〇页、《中国古籍总目·集部·别集类·汉魏六朝之属》第38页、《北京图书馆古籍善本书目·集部上·汉魏六朝别集类》第二〇〇一页至二〇〇二页、《中国人民大学图书馆古籍善本书目·集部·别集类》第184页、《西谛书目·集部上·汉魏六朝别集类》卷三第五页(著录4册)、《中国古籍善本书目·集部·别集·汉魏六朝别集类》第30～31页、《安徽省馆藏皖人书目》第145页、《安徽省古籍善本书目·集部·别集·汉魏六朝》卷四第三十八页著录，

---

① 程哲撰《蓉槎蠡说》:“家渐干孝廉崟，补注义山集，言上句本左思《吴都赋》‘翡翠列巢以重行’，下句本谢惠连《雪赋》‘对庭鹍之双舞’。洵非熟精选理，不能窥寻及此。”

国家图书馆（4册本2部中1部有章钰校并跋）、北京大学图书馆、清华大学图书馆、中国人民大学图书馆（1函1册本）、中国科学院图书馆、上海图书馆（由清郑午生录清钱陆灿等批、清陈本礼校并录诸家批清黄景洛跋各1套）、辽宁省图书馆（清胡嗣瑗批校本）、上海辞书出版社图书馆（清狷甫录清查慎行批校本）、山东省图书馆、华东师范大学图书馆、南开大学图书馆、青海民族大学图书馆、武汉市图书馆、四川省图书馆、安徽省图书馆（4册本）藏，北京市文物局、中国徽文化博物馆藏，安徽省博物馆藏2册多《诗话》一卷，歙县博物馆藏2册不全。该刊本半页10行，行19字，小字双行28字、29字不等，白口，单鱼尾，四周单边。

雍正八年（1730）程崟刻唐韩愈撰、清卢轩评《韩笔酌蠡》三十卷。《中国古籍善本书目·集部·唐五代别集类》第121页、《中国古籍善本总目·集部·唐五代别集类》第一二〇四页、《中国古籍总目·集部·别集类·唐五代之属》第121页、《西谛书目·集部上·唐五代别集类》卷三第一〇页著录，国家图书馆、北京师范大学图书馆、首都师范大学图书馆、山东省图书馆、福建省图书馆、湖北省图书馆、广东省中山图书馆、云南省图书馆、广西壮族自治区桂林图书馆及浙江图书馆天一阁分馆藏，首都图书馆、清华大学图书馆藏不全，浙江省绍兴市鲁迅图书馆、上海图书馆分别藏清张朝晋批校、清韩应陛校各1部，又有乾隆十四年（1749）重修雍正八年本，上海图书馆藏。以上两种版本均为半页9行，行24字，白口，四周单边。上海师范大学图书馆还藏清卢轩撰原稿本。

乾隆三年（1738）程崟刻明冯琦撰《冯用韫先生书牍》四卷。《中国古籍善本书目·集部·明别集类》第756页、《中国古籍善本总目·集部·明别集类》第一四五〇页著录，北京大学图书馆、南京图书馆、中国社科院文学研究所图书馆、浙江图书馆藏。该刊本半页9行，行24字，白口，左右双边。

乾隆四年（1739）刻清程崟撰《二峰诗稿》不分卷。《清人别集总目》第 2221 页著录，南京、中国社会科学院文学研究所图书馆藏。

乾隆十一年（1746）程崟刻清方苞撰、清王兆符、程崟辑《望溪集》不分卷。《中国古籍善本书目·集部·清别集类》第 1100 页、《中国古籍善本总目·集部·清别集》第一五三七页、《中国古籍总目·集部·别集类·清代之属·清前期》第 1295 页、《北京图书馆古籍善本书目·集部·清别集类》第二五七二页、《安徽省古籍善本书目·集部·别集类·清代》卷四第九十三页、《安徽省馆藏皖人书目》第 22 页著录，国家图书馆（8 册本 2 部其中一部有清刘履芬抄补、章珏跋本）、清华大学图书馆、安徽省图书馆（6 册本，扉页及目录前题“望溪先生文偶钞”字样）、南开大学图书馆、广东省社会科学院图书馆、河南安阳市图书馆（有清吕公溥跋）藏。该刊本半页 9 行，行 19 字，白口，左右双边。详见方苞条。

乾隆间（1736—1795）刻清程崟撰《二峰诗稿》一卷。《中国古籍善本书目·集部·清别集类》第 1107 页、《中国古籍善本总目·集部·清别集》第一五三九页著录，中国社会科学院文学研究所图书馆藏。该刊本半页 9 行，行 18 字，白口，左右双边。

乾隆间程崟刻清杜首昌撰《绾绣园诗选》一卷、《词选》一卷计 2 种 2 卷。《中国古籍总目·集部·别集类·清代之属·清前期》第 1156 页著录，北京大学图书馆、中国科学院图书馆藏。

乾隆十一年（1746）程崟校刊受业大兴王兆符、歙县程崟同辑，清方苞撰《望溪先生文偶钞》不分卷。雷梦水《古书经眼录》第 151 页著录，为墨钉本，首有雍正癸卯（元年，1723）秋八月后三日门人王兆符序，又乾隆五年（1740）三月顾琮序，乾隆十一年仲冬门人程崟序。

乾隆十一年门人歙县程崟刻其师清方苞撰，王兆符、程崟辑《望溪全集》16 种一百四十八卷。《中国丛书综录·汇编·独撰类》第 497 页、《中国丛书综录补正》第 106 页、《安徽省古籍善本书目·丛书·自著》卷五第十页、《安徽文献书目》第 92 页、《安徽省馆藏皖人书目》第 22 页著录，安徽省图书馆（线装 40 册本）、北京师范大学图书馆（线装48册本）藏。《书目答问补正》第333页著录为《望溪全集》十七种。《中国丛书综录补正》第106页著录有清末安徽排印本。今中央民族大学、安庆市图书馆均全藏光绪二十四年（1898）桐城方宫声嫏嬛阁重刊本，为线装64册，细目基本上同康熙间（1662—1722）、嘉庆间（1796—1820）桐城方氏抗希堂本，可视为方氏家刻修补本。因方苞文多散在学生和朋友间，门人大兴王兆符录经说及文集，但均刻行。门人程崟就王、顾琮所录及近稿编刻。阙佚较多，所以桐城戴钧衡又重新编刊，其中综合诸家之长编成《文集》十八卷、《集外文》十卷、《补遗》二卷较善。《汇刻书目》第九册第四十七页著录与此子目稍异，如《仪礼或问》著录为《丧礼或问》等。

乾隆十四年（1749）刻清程崟撰《二峰诗稿》一卷。《中国古籍总目・集部・别集类・清代之属・清前期》第1356页著录，中国社会科学院文学研究所图书馆藏。

乾隆十四年程崟增刻唐韩愈撰、清卢轩评《韩笔酌蠡》三十卷。《中国人民大学图书馆古籍善本书目・集部・别集类》第191页著录，中国人民大学图书馆藏1函8册本。该刊本半页9行，行24字，白口，单鱼尾，四周单边，眉上镌评。

雍正八年（1730）歙县程崟刻乾隆十四年（1749）重修增刻唐韩愈撰、清卢轩编《韩笔酌蠡》三十卷。《中国古籍善本书目・集部・唐五代别集类》第121页、《中国古籍总目・集部・别集类・唐五代之属》第121页、《中国人民大学图书馆古籍善本书目・集部・别集类》第191页著录，国家图书馆、上海图书馆、中国人民大学图书馆（1函8册本）藏。该刊本半页9行，行24字，白口，单鱼尾，四周单边，眉上镌评。

歙县程崟刻宋朱熹撰、清戴南山辑《四书朱子大全》。《朱子全书・序跋》第式拾柒册第六八八至六八九页著录《四书朱子大全序》，指出"《四书朱子大全》乃吾师南山先生原辑，而吾族兄凤来实襄其成，崟与参订雠校之役。"同书第六九一至六九二页收录康熙戊子（四十七年，1708）春二月桐城戴名世序。

附　民国十八年（1929）庐江刘声木直介堂刻自辑《望溪文集·再续》《三续》《补遗》六卷，收遗文更多。

乾隆间（1736—1795）刻清方苞撰，王兆符、程崟辑《望溪集》不分卷。《中国人民大学图书馆古籍善本书目·集部·别集类》第233页著录，中国人民大学图书馆藏1函8册本。该刊本半页9行，行19字，小字双行同，白口，单鱼尾，左右双边。

东南诗坛主程梦星

程梦星(1679—1755，一说1678—1747、1675—1755)，字午桥、伍乔，号茗柯、洴江、香溪、杏溪，有今有堂、红药栏、畅余轩、来雨阁、馆松庵、清隐斋、修到亭、五觊楼、小漪南亭、漪南别业等堂号，歙县岑山渡人，为岑山渡四大诗人之一，居扬州，主扬州诗坛盟主数十年。其伍乔名源于《南唐书》：“伍乔居庐山，僧梦大星庐山，旁一星曰伍乔星也。”后改午桥为伍乔。尤其是在扬州名胜平山堂附近，比邻瘦西湖风景区，今铁道部扬州培训中心旧址就为当年程梦星篠园[①]，专储图书字画，筑漪南别墅，供接待宾客、吟诗会友场所，是扬州盐商中的豪富，歙县岑山渡人。他就是友人吴敬梓作品《儒林外史》中所塑造的未沾铜臭极具侠肝义胆的正面富商典型形象庄濯江的原型。而平步青在《霞外捃屑》卷九说“庄濯江为程鱼门”，胡适在《吴敬梓年谱》中说庄濯江是程丽山原型，是很不准确的。

---

① 《扬州画舫录·冈西录》卷十五载：“篠园本小园，在廿四桥旁。康熙间土人种芍药处也……康熙丙申(1716)，翰林程梦星告归，购为家园。于园外临湖浚芹田十数亩，尽种荷花，架水榭其上……中筑厅事，取谢康乐‘药中为天地物’……名今有堂，种梅百本，构亭其中，取谢叠山‘几生修得到梅花’句，名修到亭”，“是园向有竹畦，久而枯死，马秋玉以竹赠之，方士庶为绘《赠竹图》，因以篠名园”。还有来雨阁、畅余轩、馆松庵、漪南别墅等景点都在此园中（详中华书局版第三四三至三四五页）。

其父程文正，字笏山，号范村，康熙辛未（三十年，1691）科进士，官工部都水司主事，定居江都，从事盐业，使家道遽富。文正工诗善文，精书法，从小就给梦星以家学熏陶。梦星将他的父亲遗诗辑为《水部遗诗》一卷[①]。

梦星自幼聪颖，早年就有诗名。康熙壬辰（五十一年，1712）科进士，官庶吉士，授翰林院编修。五十五年（1716），以亲丧归养扬州，购篠园自娱，不复出仕，与当时名彦交往，并聘请文士方世举（字息峰）、韦谦恒（字药仙）等对家藏图籍进行整理鉴别校勘，请鉴赏家张鉴（方谷）鉴定书画，自己也把精力集中在业盐、读书、著述上。程梦星"诗格在韦、柳之间，于艺事无所不能，尤工书画弹琴、肆意吟咏。每园花报放，辄携诗牌酒榼，偕同社游赏，以是推为一时风雅之宗。"[②]他十分重视公益建设，尤其是所在地方修志事业上，并主持东南诗坛数十年。李斗在《扬州画舫录》卷八中称："扬州诗文之会，以马氏小玲珑山馆、程氏篠园及郑氏休园为最盛。"《［嘉庆］江都县续志》卷六说："歙程氏之在扬州者最盛。梦星以清华之望，蔚负时名。江淮冠盖之冲，往来投赠，殆无虚日。筑篠园于湖上，诗酒敦槃，风流会。辈行既高，后进望若龙门。"所以，袁枚在《随园诗话》中说："淮南程氏虽业禺策甚富，而前后有四诗人：一风衣，名嗣立；一夔州，名崟；一午桥，名梦星；一鱼门，名晋芳。四人俱与余交，而风衣、夔州求其诗不得，鱼门虽呼午桥为伯父，意颇轻之。余曰：'午桥先生古风力弱，近体风华不可没也。'"点出歙县岑山渡程氏家族中四诗人中各自优势。程梦星著有诗集《今有堂诗集》六卷附《茗柯词》一卷、《香溪集》一卷、《程午桥集》等及《重订李义山诗集笺注》三卷、《集外诗笺注》一卷、《诗话》一卷、《年谱》一卷、《平山堂小志》十二卷，修《江都县志》三十二卷附《舆图》一卷、《两淮盐法志》十六卷《图》一卷，由尹会一修、程梦星等纂《扬

---

① 《［民国］歙县志·艺文志·书目》卷十五第十九页著录。

② 清李斗：《扬州画舫录》卷十五第三四五页，北京：中华书局，1960。

州府志》四十卷等，辑《词调备考》不分卷、《广陵倡和集》四卷、《山心室倡和甲乙集》一卷《城南联句诗》一卷计 2 种 2 卷等。

其《重订李义山诗集笺注》据程氏自称："是书采录始于康熙癸巳（1713），迨乙未（1715）放归田里，益事探讨，粗得梗概。本意藏诸箧笥，非敢出而问世。同邑汪澹人从晋一见击节，商付梓氏。未几，澹人归道山，遂寝其事。乾隆癸（1743）亥冬，澹人仲子友于增宁欲继先人之志，即为开雕。"① 此书为程氏吸收松陵朱长孺及道源草本中的研究成果，并有不少发明创见，是李商隐诗接受史中的一部重要笺注，目的和内容系要对朱注择焉未精、语焉未详的数十例进行纠正和质补。汪增宁也在《李义山诗集笺注序》中说："松陵朱长孺氏取道源草本增删刊布，几于家有其书，是真足为玉谿功臣。惟是长孺只详征其隶事来历而句释字疏之，至于作者之精神意旨，不过间有一二发明处。未有若太史之望古遥集，临风结想，以意逆志，或以彼诗证此诗，或以文集参诗集，兼复博稽史传，详考时事，谓某篇为谋事而发，某什系某时而抒，千祀而下，觉玉谿之交游出处，襟抱行藏，一一涌现纸上，凡有识者宁得牵合傅会目之乎？"② 综观全书，程氏在李诗创作背景、动机、内容、诠释及创作年代用力甚多，多所创获。如《曲江》诗，朱注为追感玄宗与贵妃临幸事，而程则考定为文宗时事，就比历代注家高明。又如《陈后宫》诗，程氏认为是刺敬宗奢华佚游行为。类此还有《无愁果有愁曲北齐歌》《旧将军》《海客》《复京》《浑河中》《牡丹》释意都比前后注家妥帖。但仔细读程氏笺注发现程氏解诗穿凿附会、索引猜谜的毛病很突出，尤其是在对每篇创作时间考证，及所涉及重要事件的年代考订存在不少错误，如《赠刘司户蕡》中对刘蕡贬柳年（程说大中元年，847）显误，《乐游原》七绝与五绝，程说为文宗、武宗而作的考订比附是很不应该的，在列举朱注数十例大部分是错误的，说明程氏在训诂、

① 乾隆八年（1743）歙县汪增宁刊程梦星辑《重订李义山诗集笺注凡例》《序》。
② 乾隆八年（1743）歙县汪增宁刊程梦星辑《重订李义山诗集笺注凡例》《序》。

注释方面还是存在不少问题的。

自后，程家在扬州日盛，是个大家族，代出名人。同时，扬州程氏一脉也是刻书大家族，尤以梦星为最。他的最大出版活动除了编印地方志外，要数刊康熙间（1662—1722）歙县程梦星在扬州漪南别墅刻清朱彝尊辑《经义考》7 种三百卷[①]了。程氏的主要刻书今胪列如下：

雍正间（1723—1735）刻清程梦星撰《今有堂诗集》4 种四卷。《中国古籍总目·集部·别集类·清代之属·清前期》第 1331 页、《中国人民大学图书馆古籍善本书目·集部·别集类》第 234 页、《清人别集总目》第 2234 页著录，中国科学院图书馆、中国人民大学图书馆藏 1 函 2 册本。该刊本半页 9 行，行 19 字，小字双行同，白口，单鱼尾，四周单边。

雍正间（1723—1735）刊清程梦星等纂《两淮盐法志》十六卷、《图》一卷计 17 卷。《贩书偶记续编·史部·政书类》卷八第 88 页著录，本人藏复印本。

雍正七年（1729）刻清程梦星纂《江都县志》二十卷。《吴敬梓与扬州》第 365 页著录，列在善本书目，30 册本。

附　雍正七年刻清陆朝玑修，程梦星、蒋继轼纂《［雍正］江都县志》二十卷、《图》一卷计 21 卷。《中国古籍总目·史部·方志类·地志之属·江苏省·扬州市》第 4221 页、《中国地方志联合目录·江苏省·扬州地区》第 350 页著录，国家图书馆、首都图书馆、上海图书馆、复旦大学图书馆、华东师范大学图书馆、上海师范大学图书馆、上海辞书出版社图书馆（有抄配）、天津图书馆、辽宁省图书馆、南京图书馆、南京大学图书馆、中国科学院南京地理研究所图书馆、南通市图书馆（不全）、扬州市图书馆、镇江市图书馆、安徽大学图书馆、中国科学院图书馆（胶卷）藏。

---

① 《安徽历史述要》第 566 页著录，实二百九十八卷。

附　雍正七年（1729）重修，八年刊清陆朝玑修，程梦星、蒋继轼纂《江都县志》三十二卷、《舆图》又作《卷首》一卷计33卷。《中国古籍总目·史部·方志类·地志之属·江苏省·扬州市》第4221页、《北京图书馆古籍善本书目·史部·地理类》第五八六页、《中国地方志联合目录·江苏省·扬州地区》第350页、《安徽省古籍善本书目·史部·地理类》卷二第五十六页、《中国历史博物馆藏普通古籍目录·史部·地理类》第127页、《北京图书馆普通古籍总目·地志门·方志》第四卷第242页、《安徽大学图书馆重编古籍善本书目·史部·地方志》卷二第56页、《贩书偶记·史部·地理类》卷七第167页（作乾隆七年重修八年刊）著录，国家图书馆（2函10册本）、首都图书馆、上海图书馆、复旦大学图书馆、华东师范大学图书馆、上海师范大学图书馆、上海辞书出版社图书馆（有抄配）、天津图书馆、辽宁省图书馆、南京图书馆、南京大学图书馆、南通市图书馆（不全）、扬州市图书馆、镇江市图书馆、安徽大学图书馆（10册本）、中国科学院南京地理研究所图书馆及中国历史博物馆（12册本）藏，中国科学院图书馆藏胶卷。该刊本半页10行，行21字，小字双行同，左右双边，白口。

附　雍正十一年（1733）刻清尹会一等修、程梦星等纂《［雍正］重修扬州府志》四十卷。《中国古籍总目·史部·方志类·地志之属·江苏省·扬州市》第4220页、《北京师范大学图书馆古籍善本书目·史部·地理类·方志—江苏》第99页、《安徽省古籍善本书目·史部·地理类》卷二第五十六页、《北京图书馆普通古籍总目·地志门·方志》第四卷第239页、《北京大学图书馆藏古籍善本书目·史部·地理类》第136页、《青海省古籍善本书目·史部·地理类》第三四页、《中国历史博物馆藏普通古籍目录·史部·地理类》第126页、《中国地方志联合目录·江苏省·扬州地区》第349页著录，国家图书馆（2函12册本有图2部）、首都图书馆、中国科学院图书馆、中共中央党校图书馆、北京大学图书馆（16册本）、北京师范大学图书馆（40册本）、民族文化宫图书馆、中央民族大学图书馆、上海图书馆、复旦大学图书馆、华东师范大学图书馆、上海师范大学图书馆、上海辞书出版社图书馆、天津图书馆、南开大学图书馆、辽宁省图书馆、大连市图书馆、吉林省图书馆、吉林大学图书馆、甘肃省图书馆、青海省图书馆（40 册本）、南京图书馆、南京大学图书馆、南通市图书馆、苏州市图书馆、常熟市图书馆、扬州市图书馆、镇江市图书馆、浙江图书馆、浙江大学图书馆、温州市图书馆、安徽师范大学图书馆（12 册本，有图）、江西省图书馆、湖北省图书馆、湖南省图书馆、广西民族大学图书馆、重庆市图书馆、重庆市北碚区图书馆、云南大学图书馆、中国科学院南京地理研究所图书馆及中国历史博物馆（12 册本）、国家文物局文物保护科学技术研究所、上海博物馆、南京博物院藏。该刊本半页 10 行，行 21 字，白口，左右双边。此书卷三十五为《撰述》、三十六至三十九为《艺文》。

乾隆间（1736—1795）刻清程梦星撰《今有堂诗集》4 种四卷。《清人别集总目》第 2234 页著录，复旦大学图书馆藏。按，雍正初刻、乾隆重印，此书最少两印。

乾隆间江都程氏刻清程梦星撰《茗柯词》一卷。《中国古籍总目·集部·词类·别集之属》第 3313 页著录，国家图书馆藏。

附　乾隆八年（1743）刻清五格、黄湘修，清程梦星纂《江都县志》三十二卷。《中国古籍总目·史部·方志类·地志之属·江苏省·扬州市》第 4221 页、《吴敬梓与扬州·主要参考文献》第 364 页著录，还有光绪七年（1881）重刻本。但《中国地方志联合目录·江苏省·扬州地区》第 350 页却著录为清五格、黄湘纂修《［乾隆］江都县志》三十卷，国家图书馆、中国科学院图书馆、故宫博物院图书馆、中央民族大学图书馆、上海辞书出版社图书馆、天津图书馆、辽宁省图书馆、南京图书馆、南京大学图书馆、中国科学院南京地理研究所图书馆、镇江市图书馆、温州市图书馆、福建师范大学图书馆、郑州大学图书馆、武汉大学图书馆（不全）、湖南师范大学图书馆、中山大学图书馆、华南师范大学图书馆、四川师范大学图书馆及中国历史博物馆、南京博物院藏乾隆八年刻本；国家图书馆、中共中央党校图书馆、北京大学图书馆、北京师范大学图书馆、中央民族大学图书馆、上海图书馆、复旦大学图书馆、华东师范大学图书馆、上海师范大学图书馆、上海辞书出版社图书馆、天津图书馆、南开大学图书馆、大连市图书馆、吉林省图书馆、吉林大学图书馆、山东大学图书馆、南京图书馆、中国科学院南京地理研究所图书馆、南通市图书馆、苏州市图书馆、常熟市图书馆、无锡市图书馆、扬州市图书馆、镇江市图书馆、浙江图书馆、安徽师范大学图书馆、江西师范大学图书馆、台湾图书馆、湖北省图书馆、武汉大学图书馆、湖南省图书馆、四川省图书馆、云南大学图书馆、中国社会科学院考古研究所图书馆，第一历史档案馆、国家文物局文物保护科学技术研究所（院）藏光绪七年（1881）刘汝贤刻本，并没有注程梦星名，不知是否有误。

乾隆八年（1743）江都刻唐李商隐撰、清朱鹤龄笺注、清程梦星删补《重订李义山诗集笺注》三卷、《集外诗笺注》一卷，清程梦星编《诗话》一卷、《年谱》一卷计 4 种 6 卷。《香港所藏古籍书目·集部·别集类》第 260 页著录，香港大学图书馆藏 4 册本。此版应为今有堂版后印本。

乾隆八年程梦星今有堂刻自辑唐李商隐撰、清朱鹤龄笺注、清程梦星删补《重订李义山诗集笺注》三卷、《集外诗笺注》一卷计 2 种 4 卷。《中国古籍善本书目·集部·唐五代别集类》第 155 ～ 156 页著录，南开大学图书馆、国家图书馆（有清方世举批校本）、湖南省图书馆（清刘喜海批校本）藏。

乾隆八年刻清程梦星辑《广陵倡和集》四卷。《中国古籍善本书目·集部·总集类》第 1758 页、《中国古籍善本总目·集部·总集类·断代》第一七八九页、《中国古籍总目·集部·总集类·断代之属》第 3059 页著录，中国社科院文学研究所图书馆藏，国家图书馆藏本不全。该刊本半页 10 行，行 21 字，白口，四周单边。

乾隆八年程梦星（一作汪增宁）在江都今有堂刻唐李商隐撰、清朱鹤龄笺注、清程梦星删补《重订李义山诗集笺注》三卷、《集外诗笺注》一卷附清程梦星辑《年谱》一卷、《诗话》一卷计4种6卷。《中国古籍善本总目·集部·唐五代别集类》第一二一五页、《中国古籍总目·集部·别集类·唐五代之属》第143页著录，国家图书馆（清方世举批校）、南开大学图书馆、湖南省图书馆（清刘喜海批校）藏。该刊本半页10行，行21字，黑口，四周单边。

乾隆九年（1744）东柯草堂刻唐李商隐撰、清朱鹤龄笺注、程梦星删补《重订李义山诗集笺注》三卷、《集外诗笺注》一卷，清程梦星辑《诗话》一卷、《重订李义山年谱》一卷计4种6卷。《中国古籍总目·集部·别集类·唐五代之属》第143页、《中国人民大学图书馆古籍善本书目·集部·别集类》第193页、《安徽省古籍善本书目·集部·别集类·唐五代》卷四第五十二页、《香港所藏古籍书目·集部·别集类》第260页、《青海省古籍善本书目·集部·别集类》第一二九页著录，国家图书馆、清华大学图书馆、太原市图书馆、齐齐哈尔市图书馆、内蒙古自治区图书馆、武汉图书馆、重庆市图书馆、中国人民大学图书馆（1函5册本，有佚名录清朱彝尊、清钱湘灵评）、蚌埠市图书馆（4册本）、安庆市图书馆（4册本）、香港中文大学图书馆（仅存卷首及《诗话》计2卷1册）、青海省图书馆（8册本）藏。该刊本半页10行，行21字，小字双行31字，黑口，单鱼尾，四周单边，封面题“东柯草堂校刊”6字。此应为两印本。

乾隆十年（1745）刻清程梦星辑《山心室倡和甲乙集》一卷、《城南联句诗》一卷计2种2卷。《中国古籍善本书目·集部·总集类》第1758页、《中国古籍总目·集部·总集类·断代之属》第3059页、《中国古籍善本总目·集部·地方艺文》第一六五二页著录，上海图书馆藏。前书一作《山心集》不分卷。该刊本半页10行，行21字，白口，四周单边。说明先后两版。

乾隆十一年（1746）东柯草堂刻唐李商隐撰、清朱鹤龄笺注、清程梦星删补《重订李义山诗集笺注》三卷、《集外诗笺注》一卷附清程梦星辑《年谱》一卷、《诗话》一卷计 4 种 6 卷。《中国古籍善本书目·集部·唐五代别集类》第 157 页、《中国古籍善本总目·集部·唐五代别集类》第一二一五页、《中国古籍总目·集部·别集类·唐五代之属》第 143 页著录，清华大学图书馆、复旦大学图书馆（为清刘庠录清纪昀评点、王大隆跋本）、中山大学图书馆（仅存卷二下、集外诗、年谱、诗话计 5 卷为清唐仲实批点本）、山东省图书馆、辽宁省图书馆、山西师范大学图书馆、内蒙古自治区图书馆、齐齐哈尔市图书馆、安庆市图书馆、武汉图书馆、重庆市图书馆藏。该刊本半页 10 行，行 21 字，黑口，四周单边。

清刻唐李商隐撰、清朱鹤龄笺注、清程梦星删补《重订李义山诗集笺注》三卷、《集外诗笺注》一卷附清程梦星辑《年谱》一卷、《诗话》一卷计 4 种 6 卷。《中国古籍总目·集部·别集类·唐五代之属》第 143 页著录，国家图书馆藏。

乾隆十二年（1747）刻清程梦星撰《今有堂诗后集》六卷、《茗柯词》一卷计 2 种 7 卷。《中国古籍总目·集部·别集类·清代之属·清前期》第 1331 页著录，中国科学院图书馆藏。

乾隆十二年自刻《楮叶词》二卷。《江苏出版人物志》第 818 页著录。

乾隆间（1736—1795）程氏自刻《今有堂诗集》四卷、《后集》三卷计 2 种 7 卷。《中国古籍善本书目·集部·清别集类》第 1105 页、《中国古籍善本总目·集部·清别集》第一五三九页、《清人别集总目》第 2234 页著录，复旦大学图书馆、上海师范大学图书馆、厦门大学图书馆、华东师范大学图书馆藏，南开大学图书馆藏本不全。该刊本半页 9 行，行 19 字，白口，四周单边。

乾隆十六年（1751）自撰《平山堂小志》十二卷。《中国古籍善本总目·史部·地理类·专志》第五一二页著录，宁夏回族自治区图书馆藏。《安徽历史述要》作乾隆十七年刻。

乾隆十七年（1752）自刻《今有堂诗集》四卷、《诗后集》六卷、《茗柯词》一卷计3种十一卷。《清人别集总目》第2234页著录，台湾大学图书馆藏乾隆间（1736—1795）刻本。

清汇印本《今有堂诗集》四卷、《诗后集》六卷、《茗柯词》一卷计3种十一卷。《清人别集总目》第2234页著录，中国科学院图书馆藏。

乾隆间自刻《香溪集》一卷。《清人别集总目》第2234页著录，南京图书馆藏。

乾隆间刻自撰《程午桥太史诗词集》4种四卷。《清人别集总目》第2234页著录，南开大学图书馆藏。

乾隆间刻清朱彝尊辑《经义考》28种三百卷。《安徽历史述要》第566页著录等。

乾隆间江都程氏刻清程梦星撰《程午桥集》。《清人别集总目》第2235页著录，国家图书馆藏。

子程赞和刻清程名世撰《思纯堂集》十四卷。《清人别集总目》第2228页著录，上海图书馆藏。

乾隆二十九年（1764）刻清叶抱崧、清程洵等辑《本朝馆阁赋前集》十二卷。《中国古籍总目·集部·总集类·断代之属》第3067页著录，上海图书馆、南京图书馆藏。

道光间（1821—1850）刻清程名世撰《思纯堂集》十四卷。《清人别集总目》第2228页著录，南京图书馆藏。

程氏仅先后刻印与己有关专著就达38种100卷，加上刊刻别人著述，先后零种超过40种700卷，当然是清代的大家刻群体了。

“扬州铁门限”汪廷璋

《扬州画舫录·冈西录》卷十五用了大篇幅介绍歙县稠堡迁扬始祖

汪大千业盐致富，其后裔在乾隆间（1736—1795）成为扬州望族，“甲第为淮南之冠，人谓其族为铁门限”。盛时汪氏三兄弟三代均负盛名。其中，汪廷璋，在乾隆甲辰（四十九年，1784）购扬州三贤祠旧址建篠园[①]，“人称为汪园，于熙春台左撤苏亭，构阁道二十四楹，以最后之九楹，开阁下门为篠园水门”，“晚筑六浅村自居”。“篠园自令闻后，硕公更葺之”，此园经其侄汪坦夫妇经营成为扬州名园。诸汪各有所长，其中最负文名的子辈中要数汪廷珍，孙辈中要数汪灏。

汪廷璋（？—1760），字令闻，号敬亭，为乾隆朝两淮八盐总，歙县恒占其四人之一，歙县稠墅人，有六浅村舍、篠园堂号。自祖父汪景昱（大千）迁扬州，以盐筴起家，甲第为扬州豪宅，五世同居，人称扬州汪氏为“铁门限”。其父汪允信（1679—1760），字资政，号松溪、交如，时家已拥资千万，享年82岁。为这个家族首位担任两淮盐总。廷璋为长子，13岁就善作文，平素喜读经史，古为今用。青年时继承父业业盐，谨慎坦荡，善于筹划。乾隆十六年（1751）入都祝皇太后万寿，受到乾隆帝接见达6次，并赏貂皮30张等。乾隆南巡驻跸扬州，加封为奉宸苑卿衔。家有篠园，为扬州名园。同时，汪廷璋还是收藏家，聘请著名画家黄鼎（1660—1730）、桐城方贞观、歙县方士庶等名流在此品鉴名画古籍、诗酒往还。晚年筑六浅村舍自住。廷璋长子为汪焘（1734—1769），字春明，号蘅洲，有莲西阁，建春台祝寿，分担父祖盐务而弃举业，因时制宜，处分得当，继祖、父担任两淮总商，因体弱劳卒，成为这个家族中第三位总商，官至按察使，惜英年早逝；次为汪熙，字宇周，孙玉坡、元坡。廷璋弟觐侯，有勇力，有子汪坦，字硕公，生有承璧（字观成）、承基（字培初）、承塾（字起群）。汪廷璋叔汪允傚，字载南，医药专家。乐善好施，对贫苦人施放珍贵名药紫雪丹、再造丸，

① 原种植芍药小园旧址，康熙五十五年（1716）程梦星在此购建别墅名篠园。乾隆二十年（1755）园圮，为两淮都转盐运使卢见曾购建园囿，并建春雨阁以祀欧阳修、苏轼、王士祯而名“三贤祠”。乾隆四十九年（1784）归汪廷璋，自名篠园，又名汪园。

还对孤寡进行周恤，世称“笃行君子”。子廷珍，居山阳。廷珍长子汪羲，字暨和，号报原，一品荫生，官刑部员外郎；次子汪义，字质夫，江鹤亭婿，号报闰，官江西南安知府，兄弟友爱。家遽落后靠挚友朱思堂运使子江南驿传道朱尔登接济。廷璋另一位叔父字学山，生子廷琎，字度昭，据《两淮盐法志》载，在瓜洲立普济堂，活几千人。廷琎子灏；还有弟汪廷瑄，字鲁佩，号朴园，性好游历，曾九游黄山，晚年信佛，隐于真州西石人头别墅。廷璋另一弟廷楷，博学通经，为名诸生。廷楷子字兰圃，工书法，博学精诗。

主要刻书有：

乾隆三年（1738）歙县汪廷璋刻清方贞观撰《方贞观诗集》六卷。《中国古籍善本书目·集部·清别集类》第1135页、《中国古籍善本总目·集部·清别集》第一五九五页著录，国家图书馆、北京大学图书馆、中国科学院图书馆（有邓之诚跋）、南京图书馆、苏州市图书馆、福建省图书馆、重庆市图书馆藏。该刊本半页10行，行19字，白口，左右双边。

乾隆三年歙县汪廷璋在扬州刻清桐城方贞观撰《方贞观诗集》又名《南堂诗集》《方南堂诗稿》六卷附《辍耕录》一卷计2种7卷。《中国古籍总目·集部·别集类·清代之属·清前期》第1330页、《清人别集总目》第233页、《中国古籍善本书目·集部·清别集类》第1135页著录，国家图书馆、北京大学图书馆、北京师范大学图书馆、中国科学院图书馆、南京图书馆（不全）、安徽省图书馆、复旦大学图书馆、苏州市图书馆、福建省图书馆、重庆市图书馆及日本京都大学文学部中哲文研究室藏，而有邓之诚跋的藏中国科学院图书馆。此书版本较多，自刻及本版均为6卷本。

道光二十三年（1843）汪氏刻清汪椿年撰《逸园吟草》四卷。《清人别集总目》第1013页著录，南京图书馆及日本京都大学人文科学研究所藏。

深受文字狱之累而翻身的方观承

考桐城方氏六族，追本溯源都深深打上徽州烙印[①]。徽人经商则成帮，治学则成派，其学术影响惠及域内外，并影响中华传统文化前进方向。开派桐城的方氏群体就是中国学术史上的典型。桂林派余部则是受清朝第一大文字狱《南山集》案祸害最深的家族。其主角之一为方孝标，方苞也因家藏《南山集》书版差点被挟私报复的御史赵申乔陷为绞刑，孝标子登峄、云旅，孙世樵等也差点被斩首，康熙帝因久谙方苞文才才将"绞者改编旗"，"孝标族属徙黑龙江"，孝标本人也遭刨坟剉尸之辱。但这派方孝标后裔从灾难中奋然崛起，以方观承、方维甸父子及侄方受畴为坐标，竟然凭靠自身的实力位居封圻；方苞自文字狱后再也不敢论史，但却成为桐城派举旗人物，因之亦以方观承、方苞为代表成为清前期盛世名臣，因以各立分目。

方观承（1698—1768），字遐谷、嘉谷，号宜田、问亭，有东阁、述本堂，式济子，今枞阳县义津镇人。观承自幼随父读书，自小练就刚劲潇洒的一手好字，工诗。因康熙五十年（1711）戴名世《南山集》案株连桐城戴方二氏 300 余口，使其曾祖方孝标被剖棺剉骨，祖父登峄及生父式济被流放黑龙江卜魁（今齐齐哈尔市）。当时年方 4 岁的他与尚未成年的兄长观永寄居江宁城西清凉寺。后随兄步行至黑龙江谋生及探视父祖。雍正六年（1728）将卜魁见闻写成《卜魁风土记》计 18 条，又将当地风土人情、民风民俗写成《卜魁竹枝词》24 首，为其父《龙沙纪略》的补遗。他生活无着，原本南下投奔浙江宁波富有亲戚，打听其亲戚嫌穷无情，在屠户帮助下北上求生，在直隶境内被强盗抢去行李，走到白河遭遇大雨，冻僵于古寺外，被寺僧救活。在漫漫的求生路上靠卖字弥补生活不足。在北京东华门街头卖字时为清皇族平郡王福彭赏识，

① 参见《皖志列传稿》卷六第十页方东树条。

被聘为记室。雍正十年（1732），福彭出征准噶尔，观承以诸生为其记室。雍正十一年（1733），平准噶尔乱。雍正十三年（1735）回京，雍正帝去平郡王府看到方观承书写的门联，当即召见方观承，赏赐中书官衔，从此得到雍正帝赏识。方观承由监生升任内阁中书。乾隆二年（1737）升军机处章京。乾隆三年（1738），迁兵部主事，再升吏部郎中。乾隆七年（1742）七月授直隶清河道。乾隆八年（1743），升按察使。乾隆九年（1744）十月，迁直隶布政使。乾隆十一年（1746）出任山东巡抚。乾隆十二年（1747）二月，回任直隶布政使。乾隆十三年（1748）三月，升任浙江巡抚。在任上勘查海塘淤地，招民垦田。乾隆十四年（1749）三月，纂辑《两浙海塘通志》，当年升任直隶总督，兼理河道，积极修治永定河。乾隆二十年（1755）四月，加太子太保。九月，改署陕甘总督。乾隆二十一年（1756）正月，回任直隶总督。任职期间勤于王事，但也因小有疏忽曾受过处分：一是乾隆二十八年（1763）三月，因天津等地水患交部严议，后从宽留用；二是六月因胥役勒索事遭受批评。乾隆三十三年（1768）卒于任所。

他因家境凄凉，青少年时期备尝艰辛，所以从政期间十分勤勉，成为著名的水利专家和植棉专家，为桐城桂林方氏中的盛世名臣。他关心民瘼，救荒赈济、建立义仓、常平仓和留养局，兴惠政、倡教化，治水利，作出不平凡的业绩。乾隆十二年，在任浙江巡抚时修建海塘。在任直隶布政使（1743—1744）时，作《赈纪》，任山东巡抚倡建义仓。乾隆十八年（1753），在直隶总督时在全省 144 州县卫 35210 村庄中建义仓 1005 处，并以州县卫为单位绘《义仓图》。乾隆二十年（1755）任直隶总督时对永定河下游进行大规模人工改道，疏通直隶境内水道沟洫，使畿辅安澜十余年。乾隆三十一年（1766），在各州县建 561 处保养局。他在水利建设中卓有成效，先后上治河方略数十疏。在直隶总督任上延请赵一清、戴震修整《直隶河渠书》一百三十二卷。他重视棉花生产。他根据自己长期积累的种棉经验在乾隆三十年（1765）绘成《棉花图说》

又名《棉花图》《木棉图说》16幅附文字解说，呈送乾隆帝，乾隆亲题16首诗备加赞许，成为国内最早的棉作学图谱。他的历史功绩也得到清廷最高统治者的充分肯定。乾隆帝在追悼他的逝世时降谕称："方观承老成历练，任直隶总督，兼理河务。二十年来，奉职恪勤，方资倚任……今闻溘逝，朕心深为轸恤！"谥恪敏。乾隆四十二年（1777）入祀名宦祠。乾隆四十四年（1779），乾隆帝在御制《怀旧诗》中列入五督臣内曾诗："以书记见用，古有今则无。有之只一人，曰惟观承夫。夙称习政事，铨曹尤著誉。出而为监司，洊陞督与抚。在直二十年，勤干实有余。永定筹补苴，难为永逸图。然仅能如此，诚亦蒿目予。徒以莅任久，稍与姑息俱。未至大狼藉，何必吹求吾。成全良臣多，讵非佳士乎！"[①]乾隆五十一年（1786）入祀贤良祠。著有《问亭集》、《卜魁竹枝词》一卷、《卜魁风土记》（不分卷）、《从军杂记》（不分卷）、《看蚕词》一卷、《薇香集》一卷、《燕香集》二卷《二集》二卷、《宜田汇稿》、《述本堂诗续集》三卷、《方恪敏公奏议》八卷、《敕修两浙海塘通志》二十卷《卷首》一卷计21卷、《坛庙祀典》三卷、《海塘新志》六卷、《方百川先生经义》（不分卷），辑刊族叔方苞《方望溪先生经说四种》实5种八卷，与秦蕙田合著《五礼通考》等，还将祖父方登峄、父方式济及己著诗作8种8卷辑为《述本堂诗集》又名《桐城方氏述本堂诗集》计18种二十四卷[②]，实为桐城派大家巨子。同时还是位清中期重要的刻书大家。

---

① 引自中华书局（北京）版《清史列传·大臣划一传档正编十四·方观承》卷十七第一三〇五至一三〇六页。

② 《四库全书总目·集部·总集类存目四》卷一九四第一七七四页著录收入《述本堂诗集》15种十八卷为其祖、父及己3代诗作，四库本只著录《依园诗略》一卷、《星砚斋存稿》一卷、《垢砚吟》一卷、《葆素斋集》三卷、《如是斋集》一卷计5种7卷为其祖父方登峄撰，《陆塘初稿》一卷、《出关诗》一卷计2种2卷为其父方式济作，《东闾剩稿》一卷、《入塞诗》一卷、《怀南草》一卷、《竖步吟》一卷、《叩舷吟》一卷、《宜田汇稿》一卷、《看蚕词》一卷、《松漠草》一卷8种8卷为己作，收录不全。

方观承刻书要目：

清刻清方式济撰《龙沙纪略》一卷。《四库全书总目·史部·地理类三》卷七十第六二八页、《书目答问补正·史部》卷二第 145 页作附《述本堂诗集》附刻本，《四川省图书馆古籍书目》第 318 页作《龙沙纪略》一卷，四川省图书馆藏。

清刻清方观承撰《述本堂诗续集》三卷。《清人别集总目》第 235 页著录，山东省图书馆、安徽省图书馆藏。

族子观承宜田辑录桐城方苞著、乾隆十三年（1748）浙江抚署刊仿宋字本《方望溪先生经说四种》实 5 种八卷。刘声木《直介堂丛刻·再续补汇刻书目》卷一第三页著录，藏处待考。

乾隆间（1736—1795）写刻清方观承撰《看蚕词》不分卷。《中国古籍总目·集部·词类·别集之属》第 3352 页著录，南京图书馆藏。

乾隆十四年（1749，己巳）精刻清方观承撰《看蚕词》一卷。《贩书偶记·别集类》卷十五第 372 页著录。

乾隆十六年（1751）序刊清方观承等撰《敕修两浙海塘通志》二十卷、《卷首》一卷计 21 卷。北京师范大学图书馆《中文古籍书目·史部·地理类·水》第 156 页、《北京大学图书馆藏古籍善本书目·史部·地理类》第 155 页著录，北京大学图书馆（8 册本）、北京师范大学图书馆（6 册本）藏。

乾隆辛未（十六年，1751）刻清方观承撰《海塘通志》二十卷。《书目答问补正·史部·地理类·水道之属》卷二第 149 页、《增订四库简明目录标注·史部十一·地理类·河渠之属》卷第七第 302 页著录。

清刻清方登峄撰《葆素斋集》三卷。《清人别集总目》第 240 页著录，台湾“中央研究院”历史语言研究所傅斯年图书馆藏。

乾隆十八年（1753）序刻清方观承辑《述本堂诗集》又名《桐城方氏述本堂诗集》16 种十八卷。《中国丛书综录补正·类编·集类·总集（氏族）》第 258 页、《安徽省馆藏皖人书目》第 31 页、《汇刻书目》第二函第十七册第二十六页（作乾隆间刻）、《四库全书总目·集部·总集类存目四》卷一九四第一七七四页（无方观承撰《薇香集》一卷、《燕香集》二卷、《二集》二卷计3种5卷）著录，湖北省图书馆藏，该刊本半页10行，行19字，白口，左右双边。安徽省图书馆藏本丛书。

乾隆二十年（1755）桐城方氏刻《述本堂诗集》又增刻2种5卷计18种23卷。《安徽省古籍善本书目·集部·别集类·清代》卷四第九十八页著录，安徽省图书馆藏6册本。

乾隆二十年桐城方氏刻清方观承辑《述本堂诗集》又名《桐城方氏述本堂诗集》19种二十三卷。《中国丛书综录·类编·集类·总集（氏族）》第883页、《中国古籍善本总目·集部·总集类·家集》第一六六六页（将嘉庆十四年刻算在一起作《述本堂诗集》十八卷、《续集》五卷，子目与此同，但有个别错字）、《东北师范大学图书馆藏古籍善本书目解题·集部·别集类·清》第372页著录，首都图书馆、清华大学图书馆、华东师范大学图书馆、复旦大学图书馆、上海辞书出版社图书馆、天津图书馆、大连市图书馆、东北师范大学图书馆（6册本）、甘肃省图书馆、宁夏回族自治区图书馆、湖北省图书馆、福建师范大学图书馆及北京市文物局藏。《清人别集总目》第234—235页著录，南京图书馆、齐齐哈尔市图书馆还藏本丛书中《东闾剩稿》一卷、《入塞诗》一卷、《怀南草》一卷、《竖步吟》一卷、《叩舷吟》一卷、《宜田汇稿》一卷、《看蚕词》一卷、《松漠草》一卷、《薇香集》一卷、《燕香集》二卷、《二集》二卷计11种作为单行本连同本丛书子书计为41种49卷。该版半页10行，行19字，白口，左右双边。

乾隆间（1736—1795）桐城方观承述本堂刊《桐城方氏述本堂诗集》又名《述本堂诗集》16种十八卷。清顾修编、王懿荣编《汇刻书目》第二函第十七册第二十六页著录。笔者按，此目与乾隆十八年版子书同，当为此版重印。1989年6月广陵古籍刻印社据光绪（1875—1908）刊本影印与此目同，说明清代还有光绪间刻本，流布很广。此书收入《四库全书存目丛书》中。

乾隆间桐城方氏刻清方舟撰、清方观承录次《方百川先生经义》不分卷。《中国古籍总目·经部·群经总义类·传说之属》第963页著录，北京大学图书馆、华东师范大学图书馆藏。又有四卷本为后印本。

乾隆间方观承校刻清方式济撰《述本堂诗集》二卷。《中国古籍总目·集部·别集类·清代之属·清前期》第1319页著录，南京图书馆藏。

乾隆中桐城方观承刻族叔清方苞撰《方望溪先生经说四种》实5种八卷。《中国古籍总目·经部·总类·传说之属》第26页、《中国丛书综录·类编·经类·经义》第601—602页著录，国家图书馆、上海图书馆、江西省图书馆藏。

乾隆二十三年（1758）精刻清桐城方观承撰《坛庙祀典》三卷。《贩书偶记续编·政书类·典礼之属》卷八第87页著录。

乾隆三十年（1765）朱拓清方观承制《棉花图册》不分卷。《安徽省古籍善本书目·子部·农家类》卷三第21页著录，安徽省博物馆藏1册本计14页。

清桐城方氏刻清方观承撰《方百川先生经义》不分卷。《中国古籍善本总目·经部·群经总义类》第一四六页著录，华东师范大学图书馆藏，由清华仲素批校。

清拓清方观承撰《御题棉花图》（不分卷）。北京师范大学图书馆《中文古籍书目·子部·艺术类》第269页、《安徽艺文考·农家》、《皖人书录》第115页（作《棉花图说》）著录，北京师范大学图书馆藏1册本。此书还有宣统间（1909—1911）刊本及民国间影印本。

乾隆间（1736—1795）方观承刻清方世举撰《春及草堂诗钞》4种四卷。《中国古籍总目·集部·别集类·清代之属·清前期》第1317页、《安徽省馆藏皖人书目》第17页（附《兰丛诗话》一卷）著录，中国科学院图书馆、安徽省图书馆（有附《兰丛诗话》一卷）藏1册本。

乾隆间方观承精刻清方世举撰《春及堂初集》一卷、《二集》一卷、《三集》一卷、《四集》一卷、《兰丛诗话》一卷附清方世恭撰《南唐诗钞》一卷计6种6卷。《中国古籍善本总目·集部·清别集》第一五九五页、《清人别集总目》第232页、《贩书偶记·别集类》卷十五第370页及同书《诗文评类》卷二十第539页著录，国家图书馆、安徽省图书馆、四川省图书馆、江西省图书馆、中国科学院图书馆、中国社会科学院文学研究所图书馆、南开大学图书馆藏。该刊本半页10行，行19字，白口，左右双边。此书道光间（1821—1850）重刻，安徽省图书馆藏，应为2刻12种12卷。

乾隆二十年（1755）方氏刻清方登峄、清方式济、清方观承撰《述本堂诗集》十八卷、《续集》五卷计19种23卷。《中国古籍总目·集部·总集类·氏族之属》第3112页著录，国家图书馆、上海图书馆、南京图书馆、湖北省图书馆藏。

乾隆二十年（1755）方氏刻嘉庆十四年（1809）增刻《述本堂诗集》十八卷《续集》五卷又名《述本堂诗集》、《桐城方氏述本堂诗集》19种二十三卷。《中国古籍总目·集部·总集类·氏族之属》第3112页著录，国家图书馆、天津图书馆、复旦大学图书馆、上海图书馆、湖北省图书馆藏。

清方观承刻清方世恭撰《南堂诗钞》一卷。《清人别集总目》第233页（但误作者为方贞观）、《安徽省馆藏皖人书目》第16页（但误作者为方世泰，即方式济）著录，安徽省图书馆藏1册本。

清刊清方观承撰《述本堂诗续集》三卷。《安徽省馆藏皖人书目》第36页著录，安徽省图书馆藏。

乾隆间（1736—1795）刻清方观承撰《畿辅义仓奏议》又名《义仓奏议》（不分卷）附图。《皖人书录》第115页著录，藏处待考。

乾隆间刻清方观承撰《赈记》八卷。《皖人书录》第115页、《安徽艺文考·证书二》著录，藏处待考。

乾隆间刻清方观承撰《述本堂诗集》11种十三卷。《中国古籍总目·集部·别集类·清代之属·清前期》第1391页著录，南京图书馆藏。

附　嘉庆间(1796—1820)刻清方观承撰《述本堂诗集》11种十三卷。《中国古籍总目·集部·别集类·清代之属·清前期》第1391页著录，安徽省图书馆藏。

附　乾隆间桐城方世举春及草堂刻清方世举参订《韩昌黎诗集编年笺注》十二卷。笔者亲查国家图书馆藏线装书编号为37039。

附　乾隆二十三年（1758）卢见曾雅雨堂刻唐韩愈撰、清方世举考订、清卢见曾删定《韩昌黎诗集编年笺注》十二卷。《中国古籍总目·集部·别集类·唐五代之属》第116页著录，国家图书馆、上海图书馆、山东省图书馆、辽宁省图书馆、湖北省图书馆、南开大学图书馆、北京师范大学图书馆、四川省图书馆、中国人民大学图书馆、浙江大学图书馆、中山大学图书馆藏本有不少有著名古籍整理家留下笔迹，因与本节无关略及湖北省图书馆还藏此书的春及堂刻本。

嘉庆十四年（1809）桐城方氏家刻清方观承撰、清方维甸编《述古堂诗续集》（含《薇香集》一卷、《燕香集》二卷、《燕香二集》二卷）五卷。《中国古籍总目·集部·别集类·清代之属·清前期》第1392页著录，国家图书馆藏。

嘉庆十四年桐城方氏家刻（子维甸重刊）清方观承辑《述本堂诗集》又名《桐城方氏述本堂诗集》19种二十三卷。《中国古籍总目·集部·总集类·氏族之属》第3112页、《中国丛书综录·类编·集类·总集（氏族）》第883页著录，国家图书馆、北京大学图书馆、上海图书馆、南京图书馆、华东师范大学图书馆、复旦大学图书馆、上海辞书出版社图书馆、天津图书馆、吉林市图书馆、吉林大学图书馆、安徽省图书馆、湖北省图书馆藏。该刊本与乾隆二十年为同版，半页10行，行19字，白口，左右双边。而《安徽省馆藏皖人书目》第36页著录，安徽省图书馆藏8册本却为嘉庆间（1796—1820）刻《述本堂诗集　十八种》二十卷及该馆所藏收入《四库全书存目丛书》本却为□种十八卷，应为不全本。

光绪间（1875—1908）刻清方观承撰《从军杂记》不分卷。《安徽地震史料辑注》第 264 页著录，安徽师范大学图书馆藏。

清刻清方观承撰《述本堂诗续集》三卷。《清人别集总目》第 235 页著录，山东省图书馆、安徽省图书馆藏。

以刻父书著名的汪承霈

汪由敦（1692—1758），初名良金，字师茗、师敏，号谨堂、松泉、松泉居士，有时晴阁、时晴斋、实事求是斋，休宁县上溪口人，寓居杭州，以商籍补浙江学生，故入钱塘籍。其中时晴斋名源于乾隆十七年（1752）冬，乾隆帝在了解汪由敦家世时，赐赠御临《快雪时晴帖》跋中有“时晴快雪对时晴”句而名。由敦自幼聪慧，少年时期就以读书过目不忘闻名东南。他家藏书达数十万卷，皆手自评校，且书法精湛，丹黄灿然。他多才多艺，长于吏治，办事干练，善治水，平抑物价等经邦大计外，精诗词，工文牍，书法力追晋唐，兼工篆、隶。早年入浙江巡抚徐元梦幕，后以国子监生入都。雍正元年（1723），入明史馆充纂修官。次年，在顺天府中举，八月以殿试二甲第一名（传胪）中进士，入翰林院庶常馆庶吉士，散馆授编修。雍正六年（1728）丁父品佳忧，奉旨在明史馆守制。雍正十年（1732），充日讲起居注官。雍正十一年（1733）四月，迁左赞善。八月，升侍讲。雍正十三年（1735）七月，升翰林院五品侍读。十月，授四译馆少卿。

乾隆元年（1736），任山东乡试正考官，旋任上书房行走，授内阁学士。乾隆二年（1737）六月，因官场任命失密事牵扯到汪由敦而被革去内阁学士，改为侍读学士上行走。十二月，补翰林院侍读学士。乾隆五年（1740），复授内阁学士。乾隆六年（1741）三月，任文颖馆副总裁。五月，升礼部侍郎。十月，任顺天乡试正考官。乾隆七年（1742）二月，任会试副考官、经筵讲官。乾隆九年（1744）三月，改任户部右侍郎，升工部尚书。八月，任顺天府乡试正考官。十二月，调任刑部尚书。乾隆十年（1745），改任教习庶吉士。乾隆十一年（1746），兼署左都御史，在军机处行走。乾隆十四年（1749）二月，平定金川功，议叙加太子少师。四月，任《平定金川方略》副总裁。十一月，署协办大学士事。乾隆十五年（1750）四月，同庄亲王厘定《皇朝礼器图》。八月，任顺天府乡试正考官。乾隆十六年（1751）七月，兼管户部侍郎事。八月，改任户部右侍郎。乾隆十七年（1752）升工部尚书。乾隆十九年（1754）二月，同蒋溥等修《盘山新志》。四月，加太子太傅。十月，转兼管刑部尚书事，入直军机处。乾隆二十年（1755）五月，随乾隆帝在平定金川乱中，与陈文肃同草圣旨，甚得旨意，充《平定金川方略》副总裁，以军功加少师、协办大学士。因代人奏事和荐人不当被革职，不久复职。后随乾隆帝亲征准噶尔，因军功加三级。七月，任《平定准噶尔方略》正总裁。九月，调刑部尚书，十一月署吏部尚书。卒谥文端，乾隆帝亲往祭奠，赐陀罗被，追赠太子太师，并拨银2000两作安葬费用，并亲颁谕旨，称“尚书汪由敦老成端恪，敏慎安详。学问渊深，文辞雅正。节任部务，供奉内廷。夙夜在公，勤劳匪懈”。并亲撰诗悼念，有“赞治常资理，论文每契神。在公诚匪懈，即世信何因。言行遗编简，老成谢搢绅。奠临摅一切，底计日当辰。”[①] 乾隆五十二年（1787），由敦子、户部侍郎汪承霈向乾隆帝呈进汪由敦所撰诗文集，乾隆帝亲题“《时晴》书草寿苕华，子舍兹呈遗稿嘉。诗与古期归雅正，文非时调去浮夸。席前我偶怀贾谊，书读尔休渐赵奢。旧日西清剧谈辈，祇今谁在惹咨嗟诗”[②]，作此书序言。由敦诗文雅正清醇，入直内廷30年，廷谕多出其手，现中国第一历史档案馆就存他的大批史料，仅由他亲自手书上书皇上的

---

① 均引自《清史列传·大臣划一传档正编十六·汪由敦》卷十九第一四六二、一四六三页，北京：中华书局，1987。

② 转引自《满汉名臣传·汪由敦列传》卷二十八第2222页，哈尔滨：黑龙江人民出版社，1991。

朱批奏折就有25件。他工书法，乾隆认为他书法秀润，而命词臣摹勒上石，定名《时晴斋法帖》。内府所藏小楷成册不下数十本，故宫博物院藏其乾隆乙亥（二十年，1755）书《行书自书诗》，南京博物院藏其乾隆丙寅（十一年，1746）作《行书寻主行贤臣颂》10册，休宁县文物管理所藏乾隆丙寅书多达30002字的《孝经》长幅等，可一窥其书法艺术。乾隆皇帝对由敦的书法和才华十分欣赏，曾在四十四年（1779）所作御制《怀旧诗》及五词中将汪由敦列为刑部尚书张照之后称赞说："由敦亦工书，用工过于照。而实不能及，则以天分料。古学实胜之，雅正不轻掉。任职本谨愿，书愈夙夜效。乃以师生谊，获罪所自召。不可听其然，小惩大戒劭。然亦旋重擢，改过斯堪教。饰终仍加恩，善善欲长道。"[①] 他曾任《平定金川方略》副总裁和《平定准噶尔方略》总裁。他先后数次主持中央和地方科举，桃李众多。他爱才惜士，从不掠人之美，并不失时机引贤荐才，最典型的要数他对清代著名的文学家、史学家赵翼的知遇与荐拔。乾隆十五年（1750）的一个寒冬雪夜，身居尚书高位的汪由敦正在府内拟写谕旨，初次接见了并阅读了比汪氏小35岁的默默无闻的赵翼。赵翼怀揣近期写成的30余篇文稿来汪府拜师，请求指点迷津。汪由敦停下手中工作，认真读完赵翼文字，十分欣赏赵翼文采，指出文章优劣，令赵翼十分佩服，并指出为文贵在创新。汪氏还请赵翼在汪家坐馆七八年，与赵日研文章，使赵文日精，并形成自己的风格。有一次，乾隆帝让汪由敦为北京朝阳门外的东岳庙拟副对联，赵翼拟的是："云行雨施，不崇朝而遍天下；地大物博，祖阳气之发东方。"汪由敦以赵此联作答，受到乾隆帝肯定和夸赞，汪马上更正说："非也，乃门人赵云崧所（作）诗句也。"还有一次，赵翼代汪由敦拟作《和御制司马君实玉印诗》，也为乾隆帝所欣赏，并传谕要各位大臣师事。汪由敦又如实回答这是赵翼代作。他的这种不掠人美并不失时机地荐贤的

① 王锺翰点校：《清史列传·大臣画一传档正编十六·汪由敦》卷十九第一四六三页，北京：中华书局，1987。

高尚行为为乾隆间及廷臣钦佩。汪赵这种忘年师生友谊也是中国人才史上的千古佳话。乾隆二十三年（1758），当赵翼听到令他折服的恩师汪由敦病逝消息，悲痛之余，在他的《檐曝杂记》笔记中记下："公死，天下无真知国学之人，而翼无知己之望。"可见，赵翼对恩师的尊崇。卒葬溪口镇杆村。汪由敦著有《松泉诗文集》五十卷、《汪文端题跋》不分卷、《文端公墨宝》不分卷、《汪氏杂钞》不分卷、《实事求是斋遗稿》四卷等，与梁诗正、蒋溥撰《西清古鉴》四十卷、《钱录》十六卷，辑《时晴斋法帖》不分卷、《蜀行纪事草》一卷、《汪氏书画记》不分卷、《汪氏杂钞》一卷，辑《汪文端评点古文》不分卷等。在未刻行的遗著中还有《松泉诗》一卷稿本、《休宁汪文端公诗》一卷抄本等。还参与纂修《［乾隆］盘山志》十六卷《首》五卷及《大清一统志》《盛京通志》等重大文化工程。《清史稿》《清史列传》等有传。

汪由敦著述大都由汪氏家刻或整理分次刊出，故版本较多，题名、卷数很不统一。如乾隆二十二年（1757）休宁汪氏家刻清汪由敦撰《松泉诗集》，山东大学图书馆藏。今存世中有不少稿本和抄本。如《松泉诗》一卷、《休宁汪文端公诗》一卷、《文泉文录》一卷、《松泉诗集》四十八卷、《松泉诗集》二十六卷、四川省图书馆藏《松泉文集》二十卷（缺第一卷）、复旦大学图书馆藏《松泉诗文集》四十八卷、南京图书馆藏《汪文端题跋》不分卷（抄本）、《文端公墨宝》不分卷（清抄本）等。今山西省图书馆还藏乾隆四十八年（1783）墨揚本清汪由敦等撰并书《延禧堂忆旧帖》及清常铣画《澄怀八友图》经折装 2 册。还藏乾隆二十二年（1757）勒石由清汪由敦书、清汪士超等刻《汪书吕新吾语》墨揚本经折装 2 册。又藏乾隆二十二年勒石由清汪由敦书，汤士超、刘子乐刻墨揚本《明知府知州知县之职》经折装 2 册等，乾隆帝曾将他的书法作品辑成《时晴斋法帖》十卷。可见，汪氏也是书法高手。由敦过世后，其遗著大都由其子汪承霈整理并刻行。他还辑《御制盛京赋》三十二卷附篆书《缘起》一卷，书《黄石公素书》一卷等。

汪由敦还对古籍整理做了大量工作，如整理《文选》六十卷、《朱文公校昌黎先生文集》四十卷《外集》十卷《遗文》一卷《传》一卷计4种52卷、《礼记集说》十六卷、《后汉书》九十卷《志》三十卷计120卷3部、《汉书》一百卷、《鲍氏国策》十卷、《般若波罗蜜多心经》一卷、蜀冯继先撰《春秋名号归一图》二卷、汉班固撰唐颜师古注《汉书》一百卷、宋鲍彪校注《鲍氏国策》十卷等。

乾隆间(1736—1795)汪由敦写清高宗弘历撰《御制盛京赋》一卷。《中国古籍善本书目·集部·清别集类》第1162页、《中国古籍善本总目·集部·清别集》第一五八六页著录，广东省中山图书馆藏。

附　乾隆十三年（1748）刻清汪由敦等纂《［乾隆］盛京通志》三十二卷、《图》一卷计33卷。《中国古籍总目·史部·方志类·地志之属·辽宁省》第4169页、《中国地方志联合目录》第128页（作乾隆十二年刻佚名纂）著录，故宫博物院图书馆、华东师范大学图书馆、辽宁省图书馆、山东大学图书馆、南京图书馆、中国科学院南京地理研究所图书馆、浙江图书馆、湖南省图书馆及中国第一历史档案馆藏。

汪承霈(?—1805)，字春农、时济，一字受时，号时斋，又号蕉雪、菊叟，有时晴斋(承父堂号)，休宁县人，由敦次子。乾隆十二年(1747)中举。乾隆二十五年（1760）赏给荫生，授额外主事。十一月后，入为军机处章京。乾隆二十七年（1762）七月，补户部广西司主事。乾隆三十一年（1766）四月，升户部江南司员外郎。乾隆三十二年（1767）二月，简放坐粮厅。乾隆三十三年（1768）十月，以繁缺知府用。十一月，任刑部江西司郎中。乾隆三十四年（1769），出知山东武定府。仍留坐粮厅。乾隆三十五年（1770）正月，任贵州平越府知府，以亲老，八月改任福建邵武府知府。以母年近八旬，加恩任户部郎中。十月，补广西司郎中。乾隆四十一年（1776）十二月，丁母忧，归里守制。期满回京。乾隆四十五年（1780）八月，升都察院左副都御史。乾隆四十七年（1782）二月，升刑部右侍郎。六月，调任工部左侍郎。乾隆四十八年（1783）十二月，转工部左侍郎。乾隆五十年（1785）六月，调任户部右侍郎，管理钱法堂兼署兵部右侍郎。其间先后于乾隆五十二年（1787）十月参与武会试知贡举，乾隆五十四年（1789）二月，会试知贡举，八月，任顺天乡试监临。乾隆五十五年（1790）五月，署理通政使。乾隆五十六年（1791）正月，任顺天府尹。十一月，升左都御史。

嘉庆四年（1799）正月，任刑部右侍郎。十月，调任工部右侍郎。十二月，加恩其子汪本申为一品荫生，以主事用。嘉庆五年（1800）正月，转工部左侍郎。二月，升都察院左都御史。六月，改授兵部尚书，兼管顺天府府尹事。嘉庆七年（1802）八月，调补都察院左都御史。嘉庆八年（1803）七月，署兵部尚书。嘉庆九年（1804）九月，被弹劾，即以二品顶戴致仕。嘉庆十年（1805）四月，回籍，六月死于途中。嘉庆帝给他盖棺定论的谕旨称："汪承霈之父汪由敦前在内廷供职，宣力有年。伊向在军机章京上行走，曾随出兵，荐加擢用。上年因其年老目耗谕令休致。今闻溘逝，殊勘悯惜，着加恩照尚书之例给予恤典。"[①] 承霈善诗工文，工画花卉人物，为我国指画创始人。著有《蜀行纪事草》一卷、《时晴斋集》。

其刻书最多的为其父汪由敦著述。

乾隆二十二年（1757）休宁汪氏家刻清汪由敦撰《松泉诗集》（不分卷）。《清人别集总目》第995页著录，山东大学图书馆藏。中国社会科学院文学研究所图书馆还藏清抄本。

清刊清汪承霈撰《蜀行纪事草》一卷。《中国古籍总目·集部·别集类·清代之属·清前期》第1512页著录，国家图书馆藏。

乾隆四十三年（1778）初刻清汪由敦撰《松泉诗集》二十六卷。《中国古籍善本书目·集部中·清别集类》第1137页、《清人别集总目》第996页、北京师范大学《中文古籍书目·集部·清别集类》第386页

① 转引自《满汉名臣传三集·汪承霈》第十九卷第4319页，哈尔滨市：黑龙江人民出版社，1991。

著录，北京师范大学图书馆、山西省图书馆、华东师范大学图书馆、山西师范大学图书馆、新疆大学图书馆藏，清刻本辽宁省图书馆、安徽省图书馆、北京师范大学图书馆（6册本）、北京大学图书馆藏。中国社会科学院文学研究所图书馆藏此书清抄本。

乾隆四十三年（1778）又刻《松泉文集》二十卷。《中国古籍总目·集部·别集类·清代之属·清前期》第1370页、《安徽省馆藏皖人书目》第157页、《清人别集总目》第996页著录，安徽省图书馆（8册本）、上海图书馆、南开大学图书馆、台湾大学图书馆藏，当为初印本，而北京大学图书馆（卷十七缺页）、安徽省图书馆、福建省图书馆、辽宁省图书馆又著录藏清刻本，四川省图书馆还藏仅缺1卷的精抄本。

乾隆四十三年又刻《松泉文集》又名《汪文端公集》二十二卷。《安徽省馆藏皖人书目》第157页、《安徽文献书目》第130页、《清人别集总目》第996页著录，安徽省图书馆（8册本）、复旦大学图书馆藏，当为增印本。

乾隆间（1736—1795）汪承霈刻清汪由敦撰《松泉诗集》二十六卷、《文集》二十卷计2种46卷。《中国古籍善本总目·集部·清别集》第一五五六页、《中国古籍总目·集部·别集类·清代之属·清前期》第1370页、《清人别集总目》第996页、《四库全书总目·集部·别集类二六》卷一七三第一五二九至一五三〇页著录，国家图书馆、上海图书馆、北京大学图书馆、辽宁省图书馆、吉林大学图书馆、浙江大学图书馆、湖北省图书馆、台北故宫博物院图书馆及日本东京静嘉堂文库藏。该刊本半页11行，行21字，白口，左右双边。

清刊清汪由敦撰《松泉诗集》二十六卷、《文集》二十卷计2种46卷。《安徽省馆藏皖人书目》第157页著录，安徽省图书馆藏20册本。

乾隆四十三年汪承霈刻清赵翼梅重编清汪由敦撰《松泉诗集》二十六卷、《文集》二十二卷计2种48卷。《中国人民大学图书馆古籍善本书目·集部·别集类》第238～239页（著录作乾隆间刻）、《北京大学图书馆藏古籍善本书目·集部·别集类》第490页、《安徽文献书目》第130页、《清人别集总目》第996页著录，北京大学图书馆（24册本）、中国人民大学图书馆（1函16册本）、上海图书馆、南京图书馆、安徽省图书馆（20册本）、江西省图书馆、中国人民大学图书馆、台湾“中央研究院”历史语言研究所傅斯年图书馆、美国国会图书馆藏。该刊本半页11行，行21字，小字双行31字，白口，单鱼尾，左右双边。而《中国古籍善本书目·集部·清别集类》第1137页著录为乾隆间（1736—1795）刻本，北京大学图书馆、上海图书馆、复旦大学图书馆、山西师范大学图书馆（不全）、辽宁省图书馆、吉林大学图书馆、浙江大学图书馆、湖北省图书馆、中山大学图书馆藏，当与此版有渊源关系，此为先印本，赵本当为后印本。

乾隆四十三年(1778)汪承霈刻清汪由敦撰《松泉诗集》二十六卷、《文集》二十四卷计2种50卷。《中国古籍总目·集部·别集类·清代之属·清前期》第1370页（作乾隆四十三年赵翼刻）、《北京大学图书馆藏古籍善本书目·集部·别集类》第490页、《安徽地震史料辑注》第246页（作清刊本）、《增订四库简明目录标注·集部七·别集类六》卷第十八第869页（作乾隆间刻）、《清人别集总目》第996页著录，国家图书馆、上海图书馆、复旦大学图书馆、中国科学院图书馆藏，当为增订本。《山东省图书馆馆藏海源阁书目·集部·别集类》第263页著录，山东省图书馆仅藏《松泉诗集》1函4册。同书第265～266页著录该馆藏《松泉文集》二十二卷也是1函4册。该刊本半页11行，行21字（18.35×14.1），白口，左右双边，单黑鱼尾。安徽省图书馆藏清刊本。中国社会科学院文学研究所图书馆藏诗集26卷清抄本，有清翁方纲、清吴大澂题款。

乾隆四十三年刻清汪由敦撰《汪文端公集》三十二卷。《清人别集总目》第996页著录，安徽省图书馆藏。

乾隆间刻清汪由敦撰《实事求是斋遗稿》四卷。《皖人书录》第

541 页著录。

清刻清汪承霈撰《蜀行纪事草》一卷。《清人别集总目》第 1006 页、《藏园群书经眼录·集部五》卷十六第一四四一页、《安徽省馆藏皖人书目》第 167 页著录，国家图书馆、安徽省图书馆藏 1 册本。此书为在随两金川用兵幕府中纪事之作，为手写付刊本。

这些主要为汪承霈家刻，含不重复印行版本计 10 种以上逾 292 卷。这在家刻中比较典型。

以布衣交天子的江春

打开乾隆末年成书的李斗《扬州画舫录·桥东录》卷十二中曾用很大篇幅介绍了一群江氏人物，首当其冲的是富甲王侯、以布衣多次接待皇上的江春。时下央视放映的 34 集电视剧《大清盐商》中的汪朝宗就是以江春为原型，集中徽商中盐商们的典型事例塑造的典型形象。

江春（1720—1789），幼名昌，字颖长、颖夔，号鹤亭，又因盐号江广达，又号广达，有是园、袭香轩、秋声馆、康山草堂、水南花墅、随月读书楼等斋号，为歙县江村外村人[①]，寓居扬州南河下街的大盐商。其中康山草堂原为明天启至崇祯间（1621—1644）大理寺卿姚思孝初创，清初废为民居。乾隆间（1736—1795），江春构其旁屋，开拓三面，使之成为扬州名园，并作为乾隆帝南巡驻跸之所。江氏居扬，始于其曾祖父江演。演生四子：长子江承瑞，赠资政大夫；次子江承玠，字搢五，号拙庵，任两浙都转盐运使；三子江承琦，诰授奉直大夫；四子江崑元（1695—1738），字承瑜，别字愓庵，诰授奉政大夫，晋资政大夫。据歙县新安碑园所藏 5 块高 33 厘米、宽 92 厘米的《江崑元及配熊氏田氏

① 查江村江氏始祖江汝刚为宋进士，曾官歙州，而定居歙州。后世后定居扬、真两府州江氏一门始于明末江应全迁扬入籍江都一支。江应全为江昱（排行第七，与排行第九的江恂为同母兄弟，号称“广陵二江”）的 6 世祖。

合葬墓志铭》[①] 载："君封仪魁岸，善谈论，幼警敏，攻制举有声。"仅有江春一子，性机敏，少以王己山太史为师，专攻儒业。因江春父江承瑜早逝，江春年轻时就任两淮盐总商。乾隆间（1736—1795）在江春总理两淮盐政 40 多年的时间里，由于他熟悉盐政，精通商务，作风干练，经过数十年经营成为富埒王侯的徽商领袖。清李斗在《扬州画舫录》曾有 18 处文字记载江春的事迹，指出他"为人含养圭角，风格高迈，遇事识大体"。阮元也在《江春传》称赞说"上官凡有所筹画，惟公是询"，江春也都"殚心筹策，靡不指顾集事"。据《［嘉庆］两淮盐法志》载，从乾隆三十八年至四十九年（1773—1784）江春等盐商捐出银两达 1120 万两。尤其是乾隆二十七年（1762）南巡，对黄履暹、江春、吴禧祖、汪立德等徽州在扬州盐商在接待、奏谈中的表现分别给予晋衔升级的奖励，在《［光绪］两淮盐法志》卷六中也留下乾隆的一道谕旨："朕此南巡，所有两淮商众承办差务，宜沛特恩，以示奖励。"乾隆三十一年（1766）加授布政使衔，官阶一品。乾隆三十三年（1768）因贿漏盐引税案涉及江春，被逮入京，在审案中，江春"惟自引咎，绝无牵引"，保护了涉嫌高官众商，乾隆帝也认为他诚实，而不了了之。这就是著名的两淮提引案。在江春的努力下，众盐商花了 600 余万两银

---

① 经考墓志铭："徽郡处万山中，行者惮其险阻。君奉柩归葬里门，水陆舟车屡易，躬亲牵挽，麻衣渍血行路，伤之。""将以今年（乾隆二十八年，1763）十二月十二日合葬于歙北片上村飞布山，新阡土名达桑园，壬山丙向，地曰金狮形，以其土赭色，伏踞如狮形，故状之如此。"这篇墓志铭是江春舅公熊本所撰写于乾隆二十八年（1763）。此墓共葬江崑元及 2 位夫人：熊氏（1692—1719）、田氏（江春生母，1703—1762）的合葬墓，是江春在其父卒后 26 年，其母卒后披麻戴孝，吃尽千辛万苦将父亲及两位母亲灵柩从扬州运回家乡江村，埋葬于江村边片川，又名片阳村即墓志铭中所说片上村。"文革"期间，附近的村民开荒时挖开该墓，时挖出一具衣着华丽的完好无损的沉睡女尸，头戴凤冠等贵重陪葬品，被盗墓人将一并细软盗去，并将其衣物剥下，抛尸山野，即江春生母。歙县文管会将这 5 块碑收来藏此。

子才算了结。乾隆六下江南[①]，均由江春负责接待，奏对称旨，并两次亲临康山草堂，扬州白塔就是江春一夜间建成，使乾隆叹为“盐商之财力伟哉”[②]。四十七年（1782）东省工赈，江氏捐银200万两；四十八年江春捐银400万两助清廷平定大小金川。因此，乾隆四十九年（1784）乾隆第六次南巡，江春还获得乾隆亲自在泰安行宫直接接见的殊荣。乙巳（五十年，1785）庆元，还与族兄江进同赴千叟宴。江春就是这样由布衣升为布政使、奉宸苑卿等衔，升至一品，赏戴孔雀花翎，成为以“布衣上交天子”的历史名人。乾隆五十三年（1788）荆州决堤，江氏又捐银100万两，又捐上白银200万两供军饷，致使这位巨富盐商终于至晚年“家屡空”，靠乾隆特批从国库贷帑30万两才能使其勉强惨淡经营。江春死后，乾隆帝又赏赐其子江振鸿5万两白银，作为营运盐业资本，可见江家已日暮途穷。

他收藏极富，藏书处有秋声馆、随月读书楼、康山草堂。他家的镇库物中要数宋淳熙《古玉图谱》及元元统版《周易会通》了。他从师金坛王云衢，工诗善画，与程梦星齐名江都。著有《黄海游录》八卷、《随月读书楼诗集》三卷[③]、《水南花墅吟稿》[④]。乾隆时成书的《扬州画舫录》

---

① 乾隆曾于十六年（1751）、二十二年（1757）、二十六年（1761）、三十年（1765）、四十五年（1780）、四十九年（1784）6次南巡，到过扬州、苏州、杭州及徽州等江南许多地方，均由江春承办一切供应，筹划张罗接待，并两次驻跸江春别墅“康山草堂”，赐给江氏金玉古玩，赐写“怡素堂”匾额，并发出“盐商之财力，伟哉”来赞叹江春“一夜堆盐造白塔”所创奇迹，并十分欣赏江春的接驾宴——徽菜大宴。

② 《清稗类钞·园林类》第二册记载说：“高宗巡至扬州，时江某为盐商纲总，承办一切供应。某日，高宗幸大虹园，至一处，顾左右曰：‘此处颇似南海之琼岛春阴，惜无塔耳！’江闻之，亟以万金赂近侍，图画塔状，既得图，乃鸠工庀材，一夜而成。次日，高宗又幸园，见塔巍然，大异之，以为伪也。既至，果砖石所成，询知其故，叹曰：‘盐商之财力伟哉！’”《橙阳散志》卷三也有乾隆帝“六巡江南，两幸山左，祗候供张，胥由擗画”的记载。经考，今扬州瘦西湖白塔为乾隆二十七年（1762）第三次南巡而建。

③ 《[民国]歙县志·艺文志·书目》卷十五第二十页著录，而《中国古籍总目·史部·地理类·游记之属·纪行》第4012页作1卷。

④ 清李斗：《扬州画舫录·桥东录》卷十二第二七四页，北京：中华书局，1960。

中介绍江春生平、家业比较详细，此为当时人记当时事的宝贵资料，现特转录如下："江方伯名春，字颖长，号鹤亭，歙县人。初为仪征诸生，工制艺，精于诗，与齐次风、马秋玉齐名。先是论诗有南马北查之誉。迨秋玉下世，方伯遂为秋玉后一人。体貌丰泽，美须髯，为人含养圭角，风格高迈；遇事识大体，居南河下街，建随月读书楼，选时文付梓行世，名《随月读书楼时文》。于对门为秋声馆，饲养蟋蟀，所造制沉泥盆，与宣和金戗等。徐宁门外鬻隙地以较射，人称为江家箭道。增构亭榭池沼，药栏花径，名曰水南花墅。乾隆己卯（1759）芍药开并蒂一枝，庚辰（1760）开并蒂十二枝，枝皆五色。卢转使为之绘图征诗；钱尚书、陈群为之题看袭香扁（匾）。自著有《水南花墅吟稿》。东乡构别墅，谓之深庄，著《深庄秋咏》。北郊构别墅，谓之深庄，著《深庄秋咏》。北郊构别墅，即是园，有黄芍药种，马秋玉为之征诗，丁丑（1757）改为官园，上赐今名，移家观音堂。家与康山比邻，遂构康山草堂。郡城中有三山不出头之谚，三山谓巫山、倚山、康山是也。巫山在禹王庙，倚山在蒋家桥，今茶叶馆中康山即为是地，或称为康对山读书处，又于重宁寺旁建东园，凡此皆称名胜。方伯以获逸犯张凤，钦赏布政使衔。复以两淮提引案就逮京师，获免。曾奉旨借帑三十万，与千叟宴，其际遇如此。方伯死，泣拜于门不言姓氏者日十数人，或比之陈孟公之流，非其伦也。子振鸿，字颉云，好读书，长于诗。江氏世族繁衍，名流代出，坛坫无虚日；奇才之士座中常满，亦一时之盛也。"[①] 王述庵也在《蒲褐山房诗话》中说："江都自马氏曰琯兄弟外，能读书好客者，推江鹤亭。城东高阜名康山，相传是对山遗迹，葺之以奉宸游。"

江春爱读书，今存世的墨宝有他在清抄明许士柔撰《礼记衷注》四卷、《文翰林甫田诗选》二卷等上题跋。江春对戏曲有浓厚兴趣，同时为恭迎乾隆南巡，家蓄养戏班，对徽班进京，形成京剧有特殊贡献。《扬

---

① 清李斗：《扬州画舫录》卷十二第二七四页，北京：中华书局，1960。

州画舫录》就有“江广达为德音班，复征花部为春台班；自是德音为内江班，春台为外江班。今内江班归洪箴远，外江班隶于罗荣泰。此皆谓之内班，所以备演大戏也”的记载。乾隆末年，扬州四大徽班进京中就有江春所组家班春台班。

总之，江春是一位工诗善文的儒商。他在文化事业上的建树功不可没。清李斗在《扬州画舫录》卷十二中指出：“（江春）工制艺（八股文），精于诗，与齐次风、马秋玉（曰琯）齐名。先是论诗有南马北查之誉，迨秋玉下世，方伯遂为秋玉后一人。”他的诗还享誉当时诗坛，袁枚在《随园诗话》卷十三中给予很高评价。著《黄海游录》《随月读书楼诗集》等。

江春的刻书堂号康山草堂是旅扬江氏最著名的刻坊号。

乾隆八年（1743）江都陆氏刊，二十一年（1756）歙县江春补刊陆锺辉水云书屋本宋姜夔撰《白石道人四种》实为7种十六卷。《中国历史博物馆藏普通古籍目录·史部·金石类》第246页、《北京图书馆普通古籍总目·古器物学门·石刻》第六卷第90页著录，中国历史博物馆（16册本）、国家图书馆（清刻本2函10册本）藏，可能是此版本或再印本。

乾隆八年陆锺辉刻乾隆三十六年（1771）歙县江春补刻宋姜夔撰《姜白石诗词合集》八卷。《中国古籍总目·集部·别集类·宋代之属》第354页著录，国家图书馆藏，有清洪正治、清朱全题识。

乾隆八年陆锺辉刻乾隆三十六年（1771）歙县江氏补刻宋姜夔撰《姜白石诗词合集》11种十五卷。《中国古籍善本总目·集部·宋别集类》第一二九一页、《中国古籍总目·集部·别集类·宋代之属》第354页著录，广东省中山图书馆藏，北京师范大学图书馆、文化部文学艺术研究院图书馆、天津师范大学图书馆、辽宁省图书馆、辽宁大学图书馆藏不全本。该刊本半页11行，行19字，白口，左右双边。

乾隆三十六年（1771）随月读书楼刻宋姜夔撰《白石道人诗集》二卷、《集外诗》一卷、《附录》一卷、《补遗》一卷、《诗说》一卷、

《歌曲》四卷附《诗词评论》一卷、《补遗》一卷、《集事》一卷、《补遗》一卷计 9 种 14 卷。《中国古籍总目·集部·别集类·宋代之属》第 355 页著录，上海图书馆、南京图书馆藏。

乾隆四十四年 (1779) 歙县寓扬州江春康山草堂刻宋龙大渊等奉敕纂《宋淳熙敕编古玉图》一百卷。《中国古籍总目·史部·金石考古类·玉之属》第 4898 页、《中国古籍总目·子部·谱录类·器用之属·器物·玉》第 1534 页、《北京师范大学图书馆古籍善本书目·史部·金石类》第 125～126 页、《香港所藏古籍书目·史部·金石类·杂类》第 150 页、《北京图书馆普通古籍总目·古器物学门·石刻》第六卷第 89 页、《山东省图书馆馆藏海源阁书目·子部·谱录类·器物》第 151 页、《中国人民大学图书馆古籍善本书目·史部·金石类》第 86 页、《北京图书馆古籍善本书目·子部·谱录类》一三七三页著录，国家图书馆（善本书编号 19264，线装 32 册本 1 部，4 函 32 册、16 册、10 册、30 册本各 1 部）、中国科学院图书馆、天津图书馆、南京图书馆、北京师范大学图书馆（36 册本）、中国人民大学图书馆（4 函 24 册本、2 函 10 册本各 1 部）、山东省图书馆（2 函 20 册本）、上海图书馆、浙江图书馆、香港大学图书馆（16 册本）藏。该刊本半页 8 行，行 17 字（23.5×15.5），白口，四周单边，单白鱼尾。封面题“乾隆己亥年镌”“康山草堂藏板”。

清兰雪堂刻清江春撰《黄海游录》一卷。《中国古籍总目·史部·地理类·游记之属·纪行》第 4012 页著录，国家图书馆、南京图书馆藏。

清兰雪堂刻清江春撰《黄海游录》八卷。《北京图书馆普通古籍总目·地志门·专类地志》第四卷第 627 页著录，国家图书馆藏 1 册本。

江春刻清沈大成撰《学福斋诗集》。《歙事闲谭·江氏诸人诗》卷八第二四七页著录：“又馆学子于其秋声馆别墅。及卒，刻其《学福斋诗集》。”按，学子名沈大成，金山贡生。

江春还资助过金农出版画集。诸如此类的例子不说了。

江春死后，其子振鸿仍以江春康山草堂为号刻书。

嘉庆甲子（九年，1804）扬州江春康山草堂刊清江振鸿辑《新安二江先生集》4种八卷附2种二卷计6种10卷。《中国古籍善本总目·集部·总集类·家集》第一六六九页（但误江振鸿为江昉振鸿编）、《中国丛书综录·总目·集类·总集（氏族）》第一册第885～886页、《中国古籍善本书目·集部·总集类》第1827页、《中国古籍总目·集部·总集类·氏族之属》第3114～3115页、《山东省图书馆馆藏海源阁书目·集部·总集类》第213页、《安徽省古籍善本书目·集部·总集类·地方艺文》卷四第三十五页、《［民国］歙县志·艺文志·书目》卷十五第二十四页、《安徽省馆藏皖人书目》第80页、《丛书书目汇编》第三册第四五三页、《安徽艺文考·总集三》第39册第六页著录，国家图书馆、上海图书馆、上海辞书出版社图书馆、山东省图书馆（1函4册本）、南京图书馆（不全）、安徽省图书馆（8册本）、福建师范大学图书馆、重庆市图书馆、中国社会科学院文学研究所图书馆及北京市文物局均有完本收藏。卷末有“大清嘉庆九年岁在甲子九月九日扬州康山草堂开雕，吴县袁廷梼、江都张镠同校字”牌记。该刊本半页10行，行18字（19.8×12.3），白口，左右双边，单黑鱼尾，有刻工。

同治八年（1869）歙县江春康山草堂刻宋龙大渊等编《宋淳熙奉敕编古玉图谱》一百卷。《中国古籍总目·子部·谱录类·器用之属·器物·玉》第1534页著录，南京图书馆藏。

徽人引为自豪的曹文埴、曹振镛父子

安徽人父子位极人臣的大有人在，尤其是清代南北均有父子名相。北就是桐城张英、张廷玉父子宰相，南则为歙县雄村曹文埴、曹振镛父子，均为官居一品的尚书，即民间谥为“父子宰相”。虽然曹文埴官高不如张英，但急流勇退，其子振镛也位居宰辅，曾任道光朝武英殿大学士、军机大臣兼上书房总师傅，尤其是嘉庆皇帝6次谒陵，5次秋狝木兰，都由振镛留京监国，处理国家大事。道光十五年（1835）曹振镛卒，道光帝亲临吊丧，并下诏褒恤说："皇帝咨故太傅、武英殿大学士曹振镛禀灵纯懿，含和中正，仪标人伦，忠形百世。自掌纶薇阁，登翼槐廷，弼亮三朝，式敷六典，天下蒸庶，咸以康宁。朕初践宸极，思古隆理，惟君一德，允副重寄，而天不憖遗，梁摧奄及，中心忧伤，如何可言。诗不云乎：'人之云亡，邦国殄瘁。'今使内务大臣某持节护丧事，官供所需，赐祭葬，备物典仪如故事，乌（呜）乎哀哉，魂而有灵，嘉兹宠锡。"并诏谥"文正"，从祀京师贤良祠，成为自朱珪后以师傅恩赐"文正"的第二人。二曹宠荣至极人臣，也是歙县人引为自豪的"宰相代代有，监国世间无"又作"宰相朝朝有，代君三月无"的清廷宠臣。

曹文埴（1735—1798）一作文植，字竹虚，号近薇，又号荠原、香山，有直庐、石鼓砚斋、带星草堂，振镛父，歙县雄村人。学诗于曹震亭。乾隆七年（1742）中举，乾隆二十二年（1757）乾隆帝南巡，召试二等，恩赏大缎。乾隆二十五年（1760）传胪（二甲一名进士），选庶吉士。乾隆二十六年（1761）散馆，授编修。乾隆二十八年（1763），御试詹事二等。乾隆三十一年（1766），派教习庶吉士。乾隆三十二年（1767），入直懋勤殿。乾隆三十三年（1768），擢中允，充日讲起居注官。十二月，升翰林院侍读。乾隆三十四年（1769），升右春坊右庶子。乾隆三十六年（1771）五月，任广东乡试正考官。九月，授江西学政。乾隆三十八年（1773），升侍读学士。乾隆三十九年（1774）十二月，直南书房行走。乾隆四十年（1775）十月，任殿试读卷官，升詹事府少詹事。十一月，以侍读学士出督浙江学政。十二月，入为太子詹事，教习皇子，命在南书房行走。乾隆四十二年（1777）父丧归里。服丧期满后返京，历任左都副御史，刑、兵、工、户部侍郎，兼顺天府府尹。曹家原是在扬州大盐商，家资雄厚，乾隆帝6次南巡，落脚扬州，文埴承办差务也十分稳妥。在京期间还充任《四库全书》总阅官、参与修纂《一统志》、任三通馆副总裁，同办《辽史》《元史》，后充武英殿总裁，并多次担任殿试阅卷官等职。在奉命查办潍县和京城宗室海昇疑案中定案准确，受到乾隆帝“文埴等不徇隐。公正得大臣体”的奖谕，升任户部尚书。乾隆五十二年(1787)，因不愿与和珅为伍，以母老为由乞致仕，加太子太保。在家乡侍母尽孝，在其母 80、90 岁寿辰时，乾隆帝都亲写匾额并赐赠诗文。在归养期间，重建古紫阳书院。在返乡伺母后，曹文埴曾于乾隆五十五年（1790）、六十年（1795）两次去京参拜乾隆帝，都得到乾隆帝的厚赐。他在乾隆五十五年（1790）进京，为祝乾隆帝 80 岁生日带去私家“廉家班”并更名为“庆升班”，为乾隆帝演出《水淹七军》《奇双会》等 8 出戏得到好评，成为徽班进京的先矢。所以在乾隆六十年乾隆帝御极，曹文埴赴阙申祝，乾隆在特谕中说：“曹文埴奏请进京瞻觐，随班庆祝一折，曹文埴于五十五年来京祝嘏逮今已逾五载，该尚书瞻恋之忱自属出于真切，朕亦思欲一见，惟念伊母年近九十，侍养需人，曹文埴实未便远裔。今阅所奏伊母体履宁适，优游寿宇，中心感悦。令曹文埴早治行装，代申葵向等语。情词悃悃（愊）款又未便却其所请，着传谕曹文埴自行酌量，如届期母气体微觉软弱，曹文埴自不可远涉来京。若伊母仍旧强健，亦不必急于起程。着计算日期，于万寿前赶到热河，于随班行礼后迅速归里侍奉，既得伸其就瞻之念，兼可遂其奉养之私，以示朕体恤至意。将此谕令知之。”八月，曹文埴诣京，获恩赐文埴母御书匾额、寿佛、文绮、貂皮等。十一月，文埴刊刻《四库全书总目》二百卷工毕，进呈御览，交武英殿刷印行世。嘉庆三年（1798）在家乡病卒。嘉庆五年（1800）二月，嘉庆帝特谕礼部：“原任户部尚书曹文埴、原任左都御史胡高望，于前岁先后溘逝。其时正值皇考圣体违豫，朕心实深焦切，未经加恩赐恤。今思曹文埴在南书房行走有年，胡高望久直上书房，又曾在南书房行走，均属勤慎。身后未蒙恩恤，殊堪轸念。曹文埴、胡高望着加恩补行给予恤典，该部察例具奏。其原任内如有降革处分，着俱准其开复，以示优恤旧臣至意。”四月，嘉庆帝又特谕：

“曹文埴之母年逾九旬，着加恩赏给大缎二端，即交曹振镛带回。”[①]卒后谥文敏。可见，乾隆、嘉庆两位皇帝对曹文埴的眷念与重视。文埴机敏醇厚，学博干练，自入翰林院后常向皇上、太子进忠言，讲仁义，设事以国家、百姓利益为重，办案公正，定案准确，兴学重教，礼贤下士，工诗善词文优。著有《古鼓砚斋全集》[②]、《曹文敏诗稿》不分卷、《石鼓砚斋诗钞》七卷、《黄山纪游诗》不分卷、《游黄山记》一卷等，订《香山诗选》六卷。他的著述主要由他生前或卒后由子振镛家刻行世。文埴弃世后家刻的著作全由振镛刊刻。同时，他还手抄了一批佛经，如今故宫博物院就藏了 3 种 205 卷。

曹文埴的诗文清丽，气势磅礴，今查看他的《石鼓砚斋诗钞》中就有不少歌咏徽州秀丽山河的诗篇。如他在乾隆二十年（1755）所作《乘竹筏看披云峰麓红叶》诗中说：“我居枫柏中，未识丹黄炫。如人不揽镜，难自觏其面。无船且乘筏，泛溪转窥岸。烟紫簇重重，霞红蒸片片。艳如文绮张，烂若春花茜。仰接峰抹青，俯映水拖练。奚翅五色迷，几使双目眩。迁延倘弗游，好景掷流电。譬彼衣锦行，徒博路人羡。何如身外观，指点惬闲宴。我欲下转语，云烟过眼变。有色皆是空，冥然付不见。”[③]40 年后，作者经历了官场风雨，回到故土乍见到雄村竹溪有一潭清泉而作《竹溪观鱼有感》说：“竹溪之潭潭不深，寒冬水仅三两寻。如何大鱼小鱼集，不啻乐土无猜心。生而无知若有觉，能远危机择仁托。东村西村网罟多，此方独禁相侵虐。可怜趋避人转迷，往往触藩

① 以上三份特谕均摘自《满汉名臣传·曹文埴》第六十二卷第 3550—3551 页，哈尔滨：黑龙江人民出版社，1991。

② 《［民国］歙县志·艺文志·书目》卷十五第二十一页著录了《石鼓砚斋文钞》二十卷、《诗钞》三十二卷、《直庐集》八卷（集）、《带星草堂诗集》四卷，辑《白香山诗选》二卷计 5 种 66 卷。北京大学图书馆藏其中《古鼓砚斋诗钞》七卷稿本。该全集含《石鼓砚斋文钞》二十二卷、《石鼓砚斋诗钞》三十二卷、《石鼓砚斋试帖》二卷、《直庐集》八卷等。

③ 《石鼓砚斋诗集》卷二。

嗟如瓶。人言凶吉岂难晓，只恐如此潭亦少。君不见，江湖水阔接寥天，张网日有鱼师船。”[①]触景生情，表现了一位志得气满的官场游子脱离官场后的欢悦心情。他的诗作都表现了钟爱故乡山水的情愫。如他在《山顶梅》中说：“风饕雪虐独花开，铁骨冰心故让梅。位置若非高绝处，如何踪迹出尘埃。”在《幽兰》中说：“寄迹羞同百卉偕，不惟空谷更悬崖。山僧欲采愁无路，才是幽人避世怀。”在《山玉兰》中说：“冰枝朵朵绽春阑，卅六峰中独耐寒。不羡玉兰堂下客，暖风和日始能看。”寄托了他对家乡山水风物的情思。他的著作除家刻子书外，还有《游黄山记》一卷等。

曹文埴最著名的抄本是写释教经卷。

乾隆三十六年（1771）曹文埴等泥金写本唐释菩提流志译、唐释菩提流志辑《大宝积经》一百二十卷。《中国古籍善本书目·子部·释家类》第887页、《中国古籍善本总目·子部·释家类·译经》第一〇九三页、《中国古籍总目·子部·释家类·经藏之属·宝积部》第3210页著录，故宫博物院图书馆藏。该写本半页6行，行17字，左右单边。

乾隆间（1736—1795）曹文埴、彭元瑞、沈初、董诰等写刘宋释智严、南朝宋释宝云译《无尽意菩萨经》四卷。《中国古籍善本书目·子部·释家类》第888页、《中国古籍善本总目·子部·释家类·译经》第一〇九三页、《中国古籍总目·子部·释家类·经藏之属·宝积部》第3216页著录，故宫博物院图书馆藏。

乾隆三十六年曹文埴等写唐释实叉难陀释《大方广佛华严经》八十卷，唐释般若译《大方广佛华严经入不思议解脱境界普贤行愿品》一卷计2种81卷。《中国古籍善本书目·子部·释家类》第900页、《中国古籍善本总目·子部·释家类·译经》第一〇九六页、《中国古籍总目·子部·释家类·经藏之属·华严部》第3232页著录，故宫博物院图书馆藏。

---

① 《石鼓砚斋诗集》卷三十。

乾隆间王杰、曹文埴、彭元瑞、金士松、沈初泥金写后秦释竺佛念译《菩萨璎珞经》二十卷。《中国古籍善本总目·子部·释家类·译经》第一〇九三页著录，故宫博物院图书馆藏。

他还在清宋荦撰《绵津山人诗集》三十二卷[①]上题诗等。

家刻本有：

乾隆二十四年(1759)写刻初印清曹文埴撰《带星草堂诗钞》二卷。《中国古籍善本书目·集部·清别集类》第1204页（作乾隆间刻）、《中国古籍善本总目·集部·清别集》第一五九一页（作乾隆间刻）、《中国人民大学图书馆古籍善本书目·集部·别集类》第245页（作乾隆间刻）、《安徽省馆藏皖人书目》第296页、《安徽文献书目》第240页、《清人别集总目》第2065页著录，南京图书馆、中国人民大学图书馆（1函1册本）、中山大学图书馆，安徽省博物馆（1册清刻本）藏。《皖人书录》第764页作乾隆间（1736—1795）刻，当是一刻，或非一印。该刊本半页9行，行19字，白口，单鱼尾，左右双边。有沈归愚、齐召南序。

清刻清曹文埴撰《庐山纪游诗》不分卷。《安徽文献书目》第241页、《皖人书录》第764页、《清人别集总目》第2065页著录，安徽省图书馆藏1册本。

乾隆三十八年（1773）刻清曹文埴撰《庐山纪游诗》一卷。《安徽省馆藏皖人书目》第296页著录，安徽省图书馆藏1册本，当为后印本。

清刻清曹文埴辑《香山诗选》六卷。《皖人书录》第764页、《安

---

① 《中国古籍善本书目·集部·清别集类》第1015页著录，复旦大学图书馆藏清王士禛、朱彝尊、邵长蘅批点，清朱彝尊、邵长蘅、冯浩、梁同书、汪志伊、阮元、舒位、端方跋，清王士禛、钱大昕、秦瀛、吴锡麒、李尧栋、尹秉绶、曹振镛、曾燠、许兆椿、汪志伊、舒位、许宗彦、姚椿、李葆询题诗于此书稿本上。此稿本《啸雪集》配清刻本，但仍仅存《漫堂草》中4卷、《啸云集》一卷、《庐山诗》一卷、《述鹿轩近诗》二卷、《韦庵草》一卷、《迎銮集》一卷、《论画绝句》一卷、《清德堂诗》一卷计12卷。

徽文献书目》第 240 页、《安徽省馆藏皖人书目》第 296 页著录，安徽省博物馆藏 1 册本。

清刊清曹文埴撰《直庐集》八卷。《安徽文献书目》第 240 页、《安徽省馆藏皖人书目》第 296 页、《安徽地震史料辑注》第 240 页（作乾隆间刻）著录，安徽省博物馆藏 1 册本。

清刊清曹文埴撰《石鼓研斋诗钞》三十二卷、《直庐集》八卷、《试帖》二卷计 3 种 42 卷。《安徽省馆藏皖人书目》第 296 页、《安徽文献书目》第 241 页著录，安徽省图书馆藏 8 册本。

乾隆三十八年（1773）刻清曹文埴撰《庐山纪游诗》一卷。《安徽省古籍善本书目·史部·地理类》卷二第六十七页著录，安徽省图书馆藏 1 册本。

乾隆四十一年 (1776) 曹振镛在翠微山堂以巾箱本刻清彭元瑞搜纂、门人曹振镛辑《宋四六选》二十四卷。《中国古籍善本书目·集部·总集类》第 1692 页、《中国古籍善本总目·集部·总集类·断代》第一七七〇页、《北京图书馆古籍善本书目·集部·总集类》第二七九七页、《北京大学图书馆藏古籍善本书目·集部·总集类》第 394 页、《安徽省馆藏皖人书目》第 297 页、《安徽文献书目》第 242 页、《安徽省古籍善本书目·集部·总集·断代》卷四第二十七页著录，国家图书馆（6 册本，为清翁同龢录清翁同书批点本）、北京大学图书馆（10 册本，为宝翰楼旧藏）、清华大学图书馆、山西省图书馆、安徽省图书馆（乾隆间刻 10 册本）、黑龙江省图书馆、湖北省图书馆、安庆市图书馆（16 册本）、宜昌师范学院图书馆、南充师范学院图书馆及中国徽文化博物馆 (12 册本) 藏。该刊本半页 9 行，行 25 字，白口，左右双边。

乾隆五十四年 (1789) 刻清曹文埴撰《黄山纪游诗》不分卷。《皖人书录》第 764 页、《清人别集总目》第 2065 页著录，南京等图书馆藏。《安徽文献书目》第 241 页著录此书黄山天都文物社在民国二十四年（1935）重排铅印，收藏家更多，如上海图书馆、南京图书馆、安徽省图书馆（1

册本）、复旦大学图书馆、南京大学图书馆均藏。《安徽省馆藏皖人书目》第296页还录安徽省图书馆藏有《小方壶斋舆地丛钞》丛书中收《游黄山记》一卷。

乾隆间（1736—1795）写刻清曹文埴撰《带星草堂诗钞》二卷。《中国古籍总目·集部·别集类·清代之属·清前期》第1559页著录，南京图书馆、中山大学图书馆藏。

乾隆间（1736—1795）刻清曹文埴撰《黄山纪游诗》一卷。《中国古籍总目·集部·别集类·清代之属·清前期》第1560页著录，中国科学院图书馆藏。

乾隆五十四年（1789）刻清曹文埴撰《黄山纪游诗》一卷。《中国古籍总目·集部·别集类·清代之属·清前期》第1560页著录，安徽省图书馆藏。

曹振镛（1755—1835），字怿嘉，号俪笙，有云轩、纶阁、话云轩、一罫轩、春草轩，文埴次子。在今屯溪区黄口老渡头有一方曹振镛为其姻亲、屯溪柏树程氏夫妇合墓题词的墓碑上下方右边签署为“赐进士出身，诰授光禄大夫、太子太保、体仁阁大学士、文渊阁领阁事……”则为曹氏官阶的主要部分。他于乾隆四十六年（1781）中进士，选翰林院庶吉士。乾隆五十二年（1787）散馆，任翰林院编修。高宗以他有父风，迁侍讲学士。乾隆五十六年（1791）二月，大考翰詹列三等，乾隆帝特谕：“曹振镛虽列三等，然观其才具，尚堪造就，且系曹文埴之子，着加恩授侍讲。”[①]当年十月，任日讲起居注官。乾隆五十七年（1792）六月，任浙江乡试副考官。九月，任河南学政。

嘉庆元年（1796）二月，转侍读。四月，升右春坊右庶子。十一月，升侍讲学士。十二月，转侍读学士。嘉庆三年（1798）二月，升詹事府少詹事。六月，任湖北乡试正考官。八月，任广东学政。九月，升詹事。

---

① 《清史列传·大臣传次编七·曹振镛》卷三十二第二四七七页，北京：中华书局，1987。

十二月，丁父忧，归里守制。嘉庆六年（1801），守丧期满回朝。嘉庆七年（1802）五月，任通政使司通政使。嘉庆八年（1803）九月，任实录馆副总裁。十二月，升内阁学士，兼礼部侍郎。旋任经筵讲官、文渊阁直学士。嘉庆九年（1804）六月，署吏部右侍郎。七月，升工部右侍郎。八月，出任江西学政。嘉庆十一年（1806）六月，调任吏部右侍郎。十月，升工部尚书。嘉庆十二年（1807）三月，任实录馆正总裁。四月，完成《圣训》《高宗实录》，恩加太子少保。十二月，任文颖馆正总裁。嘉庆十三年（1808）三月，改任吏部尚书，不久转任户部尚书。四月，任殿试读卷官。六月，任刑部尚书。八月，任顺天乡试正考官。嘉庆十四年（1809）四月，任殿试读卷官。五月，管理户部三库事务。七月，调任户部尚书。嘉庆十五年（1810）五月，充会典馆副总裁。十月，任顺天府乡试正考官。嘉庆十六年（1811）三月，任会试正考官，四月，授翰林院掌院学士，任经筵日讲起居注官。嘉庆十八年（1813）隆宗门之变时，他留京办事，主张“镇之以静”，他的这种不作为的做法，与在热河亲侍嘉庆帝的董诰形成强烈对比，当时董诰闻变，涕泣劝驾回銮处理此变。事平后，时人撰联嘲讽说：“庸庸碌碌曹丞相，哭哭啼啼董太师。”曹、董两人知道后相顾一笑并自鸣得意。八月，任吏部尚书。九月，调吏部尚书、协办大学士，寻升体仁阁大学士，管理工部事务。十二月，以平定滑城功，升太子太保，任文渊阁领阁事。嘉庆十九年（1814）闰二月，总司续纂《河工方略》，并完成纂辑《全唐文》。五月，任国史馆正总裁。七月，嘉庆帝谒东陵，命留京办事。九月，任会典馆正总裁。十月，嘉庆帝亲书“纶阁延晖”匾额，以庆贺他六十岁诞辰。嘉庆二十年（1815）三月，嘉庆帝上谒东陵，再次命留京办事。七月，嘉庆帝秋狝木兰，再次命留京办事。嘉庆二十一年（1816）二月，嘉庆帝谒东陵，命留京办事。七月，嘉庆帝秋狝木兰，复命留京办事。嘉庆二十二年（1817）三月，任会试正考官。七月，嘉庆帝秋狝木兰，命留京办事。嘉庆二十三年（1818）三月，嘉庆帝谒西陵，命留京办事。五月，纂辑《明鉴》。嘉庆二十四年（1819）七月，嘉庆帝秋狝木兰，命留京办事。嘉庆二十五年（1820）三月，嘉庆帝谒东陵，命留京办事。七月，嘉庆帝秋狝木兰，命留京办事。九月，任军机大臣，充实录馆监修总裁。

道光元年（1821）三月，升太子太傅。五月，授武英殿大学士。道光二年（1822）四月，任殿试读卷官。道光三年（1823）二月，任直讲。三月，任会试正考官。道光四年（1824）四月，完成《仁宗睿皇帝实录》。七月，任上书房总师傅。十月，道光帝亲书"调元笃祜"匾额，并赐"秉钧日赞资良弼，杖国时康引大年"联句以庆贺曹振镛七十寿辰。道光六年（1826）四月，任殿试读卷官。十二月，入直南书房。道光七年（1827），曹振镛随军平新疆叛乱功，封太子太师、太傅。道光九年（1829）元旦，道光帝亲赐御制曹振镛像赞，入紫光阁，列功臣之首。三月，任会试正考官。八月，随驾去沈阳谒清祖陵。道光十年（1830）十二月，任殿试读卷官。道光十三年（1833），任会试正考官。道光十四年（1834）三月，道光帝谒西陵，命留京办事。十月，振镛八十岁生日，特谕："大学士曹振镛由乾隆年间供职词垣，嘉庆年间荐擢大学士。朕亲政之初，简授军机大臣。久赞纶扉，倍加勤慎。现在年登八帙，精神强固，朕心实深嘉悦，允宜特沛殊恩，以昭懋眷。伊孙曹绍櫄，著加恩赏给举人，准其一体会试，用示朕笃祜耆臣有加无已之至意。"并写诗赞称："八帙洪开甲午年，嘉予元老弼存肩。三朝雨露沾深泽，一德谋猷济巨川。梁栋有征资启沃，丝纶必慎冠班联。长兹寿寓君臣庆，政在亲贤幸得贤。"又亲书"领袖耆英"匾额、"紫阁图勋嘉辅弼，玉澜锡庆介期颐"对联。[①]十五年正月病卒后，道光帝特谕中称赞其"学问渊博，献替精醇，公正慎勤，老成持重"，"丝纶首掌，巨细毕周。夙夜在公，始终如一。实朕股肱心膂之臣。服官五十余年，历事三朝，身跻崇要，从未稍蹈愆尤，

① 《清史列传·大臣传次编七·曹振镛》卷三十二第二四八二页，北京：中华书局，1987。

动循矩法，克副赞襄”。谥文正，入祠贤良祠[1]。可见，他尽心王事，深受恩渥，并赐画像入紫光阁，列功臣之首。

曹振镛从政 53 年，直至 80 岁才致仕，历事乾嘉道三朝，三任省学使、四任会试主考官，向以谨慎著称。他每逢奏事，手捧黄匣高过头顶；他任主考官，终日危坐堂皇，尽心阅卷；在朝房候驾时，坐而假寐，默诵经书，数十年如一日。有人问他为官之道，他回答说：“多磕头，少说话。”与北宰相桐城张英、张廷玉父子何其相似乃尔。他的这种小心谨慎恰恰迎合了道光皇帝兢兢守成的心理，深受道光信任，并视为股肱。他谨伺三位皇上，尤其是在道光朝光大康熙、乾隆朝楷法取士、楷法衡文、品人风气。此风源于道光帝勤于政务，事无巨细亲自过问朝政，尤其是每天要翻阅批复蝇头细书的大批奏章。他每见到道光帝批阅高达数尺的奏章而面露倦容后心中很是不忍，于是他建议：“方今天下承平，可仍然有人危言耸听，指陈时政，其意在沽名钓誉。对此等人物，若予责斥，则有损圣上虚心纳谏之名；不予责斥，则各地奏章络绎不绝，连篇累牍，实难遍阅。臣愚认为，嗣后中外奏章，皇上无庸遍阅无遗，每次拣出数份，见有字体不正、点划谬误者，用朱笔抹出，传旨申斥。如此，则臣下震于皇上圣明，以为察及秋毫，纤细不漏，自无人敢事无大小缓急，贸然上陈，扰乱圣听，必谨慎从事，仅以大事要事陈奏，而且无错讹。皇上即可减轻批阅之苦，稍得闲暇。”道光帝采纳了曹振镛的意见，于是奏章大减，从而在道光朝形成回避现实、粉饰太平，专在文字点画上下功夫的文风、世风，也使清廷日益走下坡路。曹振镛倡导此风消极影响不可低估。他在主考官任上就出现扼杀人才的事。如大学者龚自珍就是一位典型的受害者。道光六年（1826），才名横世的 35 岁龚自珍在屡败科场后曾写诗自比落月，他愤懑地写道：“气塞西北何人剑？声满东南几处箫。斗大明星烂无数，长天一月坠林梢。”道光九年（1829），

---

① 《清史列传·大臣传次编七·曹振镛》卷三十二第二四八二页，北京：中华书局，1987。

在会试时以他长达数千言的精辟时论，使阅卷官惊服其才，可作为主考官的曹振镛却以“楷法不中程”为由，降置95名，殿试后获三甲第19名，赐同进士出身，仅居闲散的内阁中书之职20年，使他一生无法施展才华，报国无门。他在回家的路上发出“九州生气恃风雷，万马齐喑究可哀。我劝天公重抖擞，不拘一格降人才”，抒发了官场庸碌之风的沉痛和悲愤。大学者魏源也在《都中吟》中讽刺了朝中服青罩紫的庸碌官场小楷先生咬文嚼字之徒，他写道：“小楷书，八韵诗，青紫拾芥惊童儿；书小楷，诗八韵，将相文武此中进。”可见，当权者的提倡与力行对世俗影响是很大的，一个好的风气形成是要靠正确的言行来引导的。

曹氏父子还有一件在中国文化史上值得一书的事迹是乾隆五十五年（1790）为乾隆帝八秩大寿（1790.8.13）而进京祝寿的是由曹氏父子倡建的“庆升班”家班担纲，使徽剧初露头角，此后才有“四大徽班进京”，并形成京剧。同时“庆升班”活动在中国戏曲舞台上长达150多年，是徽班中纪录的名班。同时，他历任《会典》、乾嘉两朝《实录》《河工方略明鉴》《皇朝文颖》《全唐文》等御纂类书的总裁，与乃父一样是官方出版的大编辑出版家。著有《纶阁延辉集》又名《纶阁延晖文集》一卷、《话云轩集》不分卷、《话云轩咏史诗》二卷、《一罫轩诗钞》及撰《夏湘人出塞日记》、《曹文正公诗集》一卷及自订年谱，辑《宋四六选》[①]、《钦定平定回疆剿捦逆裔方略》八十卷《卷首》六卷，编《御制文初集》十卷等，纂修《大清仁宗睿皇帝（嘉庆帝颙琰）实录》三百七十四卷《首》四卷计378卷等皇家史料。上海图书馆还藏有《曹文正公诗集》一卷稿本。

他还留下一些跋文。他在出版方面主要是家刻其父曹文埴和自著为主。现撮要胪列如下：

乾隆四十年（1775）刻清曹振镛辑《宋四六选》二十四卷。《安徽

---

① 《［民国］歙县志·艺文志·书目》卷十五第二十四页仅录以上4种。

省馆藏皖人书目》第 297 页著录，安徽省图书馆藏 8 册本。

乾隆四十一年（1776）曹振镛自刻清彭元瑞撰、清曹振镛辑《宋四六选》二十四卷。《中国古籍总目·集部·总集类·断代之属》第 3017 页、《安徽省古籍善本书目·集部·总集·断代》卷四第二十七页、《山东省图书馆馆藏海源阁书目·集部·总集类》第 204 页、《安徽省馆藏皖人书目》第 297 页、《香港所藏古籍书目·集部·总集类·断代》第 355 页、《徽州地区博物馆藏书目录·有关徽州资料古藉（籍）·集部·总集类》第一集（作乾隆间刻）著录，国家图书馆（清翁同龢录翁同书批点）、上海图书馆（清翁曾源评点）、南京图书馆、湖北省图书馆、安徽省图书馆（10 册本）、山东省图书馆（1 函 8 册本）、香港大学图书馆（12 册本）、香港新亚研究所图书馆（10 册本）、香港中山图书馆（10 册本）、安徽省博物馆（12 册本）、中国徽文化博物馆（乾隆间刻 12 册本）藏。该刊本半页 9 行，行 25 字（19×14.3），白口，左右双边，单黑鱼尾。

乾隆四十一年（1776）曹振镛刻五十一年（1786）瑶翰楼印清彭元瑞、曹振镛辑《宋四六选》二十四卷。《中国古籍善本总目·集部·总集类·断代》第一七七〇页、《中国古籍总目·集部·总集类·断代之属》第 3017 ～ 3018 页著录，北京大学图书馆藏。该刊本半页 9 行，行 25 字，白口，左右双边。上海图书馆、南京图书馆还藏同治四年（1865）连元阁刻本。

清刻清彭元瑞、清曹振镛辑《宋四六选》二十四卷。《中国古籍总目·集部·总集类·断代之属》第 3017 ～ 3018 页、《山东省图书馆馆藏海源阁书目·集部·总集类》第 204 页、《安徽省馆藏皖人书目》第 297 页著录，国家图书馆、上海图书馆、南京图书馆、安徽省图书馆（12 册本）、山东省图书馆（1 函 12 册本）藏。该刊本半页 9 行，行 19 字（14.5×10.4），白口，四周双边，单黑鱼尾。安徽省图书馆还藏乾隆间（1736—1795）刻本 10 册本及宣统二年（1910）南通州铅印 9 册本。

嘉庆四年（1799）刊其父清新安曹文埴撰《石鼓砚斋诗钞》三十二卷、

《试帖》二卷、《直庐集》八卷、《文钞》二十卷又称《石鼓砚斋全集》六十二卷附子振镛撰《行状》一卷计 5 种 63 卷。《中国古籍善本总目·集部·清别集》第一九五一页（作嘉庆五年刻，但误“斋”作“垒”）、《安徽地震史料辑注》第 258 页（作嘉庆本）、《贩书偶记续编·集部·别集类》卷十六第 257 页、《清人别集总目》第 2065 页（嘉庆五年家刻本）著录，南京图书馆、安徽省图书馆、上海图书馆、广东省中山图书馆、浙江图书馆、复旦大学图书馆、台湾大学图书馆、日本国会图书馆及歙县博物馆藏。该刊本半页 12 行，行 21 字，白口，四周单边。

嘉庆五年（1800）刊清新安曹振镛撰《话云轩咏史诗》二卷。《山西省图书馆普通线装书目录·文学门·诗文别集》第 668 页、《安徽文献书目》第 242 页、《清人别集总目》第 2074 页、《贩书偶记续编·集部·别集类》卷十八第 291 页著录，南京图书馆、山西省图书馆（1 册本）、安徽省图书馆（2 册本）、南京大学图书馆藏。

嘉庆间（1796—1820）刊新安曹文埴撰《石鼓砚斋文钞》二十卷、《直庐集》八卷、《诗钞》三十二卷、《试帖》二卷又称《石鼓砚斋全集》计 4 种 62 卷。《中国古籍善本书目·集部·清别集类》第 1204 页、《贩书偶记·集部·别集类》卷十六第 415 页、《山东省图书馆馆藏海源阁书目·集部·别集类·清》第 270 页、《安徽省馆藏皖人书目》第 296 页著录，安徽省图书馆（清刻曹文埴撰《石鼓砚斋诗钞》三十二卷、《直庐集》八卷、《试帖》二卷 3 种 42 卷 8 册本）、山东省图书馆（1 函 8 册本）及歙县博物馆（作嘉庆五年刻本）藏。该刊本半页 12 行，行 21 字（19.5×14），白口，左右双边，单黑鱼尾。

嘉庆五年刻清曹文埴撰《石鼓砚斋文钞》二十卷附《行状》（一卷）计 2 种 21 卷。《清人别集总目》第 2065 页、《安徽省馆藏皖人书目》第 296 页著录，山东省图书馆、安徽省图书馆（6 册本）、中国人民大学图书馆、南开大学图书馆、青岛市图书馆、日本京都大学图书馆藏。

嘉庆五年（1800）刻清曹文埴撰《石鼓砚斋诗钞》三十二卷。《清人别集总目》第2065页、《安徽地震史料辑注》第248页（作嘉庆间刻）、《安徽省馆藏皖人书目》第296页著录，安徽省图书馆（6册本）、中国科学院图书馆藏。

嘉庆五年（1800）曹振镛刻清曹文埴撰《石鼓砚斋全集》六十二卷。《中国古籍总目·集部·别集类·清代之属·清前期》第1559页著录，国家图书馆、歙县博物馆藏。

嘉庆五年（1800）曹錤、曹振镛刻清曹文埴撰《石鼓砚斋诗钞》三十卷。《中国古籍总目·集部·别集类·清代之属·清前期》第1559～1560页著录，中国科学院图书馆藏。

嘉庆六年（1801）带星草堂（其父曹文埴堂号）刊清朱宫桂撰《咏史百律》一卷。《贩书偶记续编·集部·别集类》卷十八第291页著录。

嘉庆八年（1803）刊清南昌彭元瑞撰、歙县曹振镛编《宋四六话》十二卷。《贩书偶记续编·集部·诗文评类》卷二十第322页著录。此书在乾隆间（1736—1795）已数次刻印，可见是曹家重要的家刻本。《安徽省馆藏皖人书目》第297页著录宣统间（1909—1911）铅印本，安徽省图书馆藏24卷9册本。

嘉庆间（1796—1820）刻曹振镛撰《话云轩咏史诗》二卷。《安徽省馆藏皖人书目》第297页著录，安徽省图书馆藏2册本。

嘉庆间刊歙曹振镛子恩濙撰《曹文正公行述》一卷。《贩书偶记·史部·传记类》卷六第140页、《安徽省馆藏皖人书目》第297页、《安徽省古籍善本书目·史部·传记类》卷二第三十三页、《安徽文献书目》第242页著录，安徽省图书馆藏清嘉庆间稿1册本。

清曹祖培重印清曹振镛撰《曹文正公咏史诗》（原名《话云轩咏史诗》）二卷。《安徽地震史料辑注》第257页著录，歙县博物馆藏。

道光间（1821—1850）间刻清曹恩滢撰《俪笙府君行述》（不分卷）。《国家图书馆普通古籍总目·传记门·分传》第116页著录，国家图书馆藏1册本。卷端题“皇清诰授光禄大夫、经筵日讲起居注官、太傅、武英殿大学士管理工部事务、翰林院掌院学士入直南书房、上书房总师傅、军机大臣，赐谥文正、入祀贤良祠，显考俪笙府君行述”，几乎概括了传主曹振镛一生主要职务。

制墨名家程瑶田

程瑶田（1725—1814，一作 1706—1796，误），初名易，以瑶田字行，又字易田、易畴[①]，号亦田、让堂[②]、伯易、益寿翁、葺翁、葺郎、葺荷、辨谷老民、醉翁之年、宝疆道人、让堂先生、让老人、让堂主人、让堂老人，附让堂之号（按，让堂为嘉定学舍堂名），歙县徽城镇荷花池人。他的名号中易田系生而有“田”字在手而名，五十以伯仲，因字“伯易”，因世居县城荷花池，加上屈原赋中有“葺之兮荷盖”句而自号“葺荷”，39 岁（乾隆癸未）游醉翁亭，恰与欧阳修取醉翁同岁而取“葺翁”，为怀念死去双亲而常署“葺郎”。出身盐商家庭，兄弟 7 人继承祖业，唯瑶田一人例外。瑶田自幼立有大志。少从师淳安方棨如、方粹然父子，后又师从桐城刘大櫆，古文功底深厚。幼入塾，先生问：“盍言尔志！”答：“无志。穷达由天命。穷为匹夫，不得曰非吾志而却之也；达为卿相，不得曰吾志不及此而逃之也。”受到先生赞赏：“是圣贤之志也！”他的另一位老师是同县汪云岫，也是饱学之士。少年时代与戴震、金榜同拜经学大师江永为师，学问大有长进。他一贯学习刻苦，数十年如一日，鸡鸣而起，夜分才休息，善于思考，长于考证，不为经传注疏所束缚，成为当代经学大师。补诸生，深得紫阳书院山长郑虎文的赏识。他

---

① 此字系程在京辞曹大宗伯，作书以赠，题款将易田误作“易畴”，时年 60，田旁益寿，从此保留此字，并刻“易其田畴”“长寿童子”章。

② 让堂为号，《清史列传·儒林传下一·程瑶田》卷六十八第五五二五页说：“瑶田性退让，初效郑康成为礼堂，继念非让，无以明礼。官嘉定时，以身率教，复以让名堂。”可见，程瑶田名号均有来历。

学贯古今，多才多艺，既精训诂、制度名物、声律，又对义理、象数无不精赅，并有独到的见解。他对碑帖都有精到研究，所跋《夏承碑》十分详核，精金石，对积古斋款识有不少释文。他精篆刻，并将考据学引入篆刻领域，主张“用实物以整理史料”，开启了传统史料学与考古学相结合的治学新路。

因举业不顺，曾以“程一卿”名从事制墨业，并名扬当时。姚鼐曾在《论墨绝句》中盛赞程墨：“我爱瑶田善论琴，博闻思复好渊湛。才传墨法五千杵，已失家财十万金。”他多才多艺还体现在书法艺术上，为乾隆间（1736—1795）与方辅齐名的书法家。王引之在《汪容甫行状》中曾记有：“毕尚书沅总督湖广，招徕文学之士，先生往就之。为撰《黄鹤楼铭》，歙程孝廉方正瑶田书石，嘉定钱州判坫篆额，时人以为‘三绝’。”他尤精铁笔，步武晋唐，为其淹贯学问名气所掩，世人鲜知，常往来于歙县与扬州间，主要是应同邑大盐商徐赞侯之邀。他还是能诗并画的高手。《李铭慈日记》第四十九册第三十九页有“为伯羲祭酒（孔荭谷）题程易畴墨兰，其幅中无题绝句云：‘天生玉骨与冰胎，写入芳兰狎雪开。谁道严冬十二月，只宜绛笔点寒梅。’下题为‘荭谷老先生笑正’”。他九应乡试，至乾隆三十五年（1770，时年46岁）才在庚寅恩科中中举，大挑二等，选嘉定县教谕。次年，赴京应礼部试，结识朱筠、王念孙，并与戴震、金榜同研考据，相继撰成《九谷考》《禹贡三江考》。乾隆五十三年（1788），任太仓州学正，廉洁自持[①]，为人师表，为钱大昕、王鸣盛等敬服。王鸣盛赠诗有“官惟当湖陆，师则新安程，一百五十载，卓然两先生”[②]句。嘉庆元年（1796），举孝廉方正，与钱大昕、江声、

① 《清史列传·儒林传下一·程瑶田》卷六十八第五五二六页载：在嘉定任告归“邑人购忠烈名流手迹赠之，不肯受，曰：‘先生不取吾邑一钱，岂破纸亦不受耶？’”可见其为人洁身之一斑。

② 石柱国、楼文钊修，许承尧等纂《［民国］歙县志·人物志·儒林》卷八，1937。

陈鳣3人同科，故《皇清经解》称征君。阮元评价同科4人中程瑶田为冠。阮元任浙江巡抚，在杭州办诂经精舍，聘瑶田修《杭州府学乐器考》。

后程瑶田因仕途不顺，把治学主攻方向放在朴学研究上，归故里闭门读书、著书。著述丰富，多达26种，统名《通艺录》近百万字。举凡义理、训诂、典章、制度、声律、象数无不囊括。不少著作是针对先儒失误而予以质实拨正的有的放矢之作。如《仪礼丧服·缌麻章》末“长殇中殇降一等”4句，郑氏作为传文，《大功章》“惟子不报”“公妾以及士妾为其父母”传文，郑氏以为失误，这些实为郑氏失误，为此而作《仪礼丧服（文）足征记》十卷，以纠正郑玄的错误；《考工记》中郑解磬折不妥，指出：“磬折之不明，由倨句之义之不明也；欲明倨句，先辨矩字，有直者，有曲者，倨句之云折其直矩而为曲矩，故直矩无角。”[①]曰：“‘车人为耒’曰‘倨句磬折’，‘辉人为皋鼓’曰‘倨句磬折’，‘匠人行奠水’曰‘磬折以参伍’。此三磬折，不见倨句之度者，同乎《磬氏》之‘倨句一矩有半’为磬折也”[②]而成《磬折古义》；向来说九谷均粱、稷不分，而作《九谷考》；针对三江在古籍中的混乱而作《禹贡三江考》，以正郦道元的《水经注》，定三江为一江；考沟洫之制而成《沟洫疆理小记》。其余诸作也只根据经传而释词。晚年双目失明，还口授其孙写定《琴音记》三卷[③]及《续编》。还有《莲饮集》四卷、《让堂诗钞》十八卷[④]、《莲饮集濠上吟稿》一卷、《程让堂先生遗书》不分卷、《纪砚》一卷、《嘉定赠别诗文》一卷、《书势》一卷、《补汪中尚书考异》

---

① 《程瑶田全集·磬折古义》第2册第二八八页，黄山书社，2009。

② 《程瑶田全集·磬折古义》第2册第二九〇页，黄山书社，2009，及《清史列传·儒林传下一·程瑶田》卷六十八第五五二六页，北京：中华书局，1987。

③ 《［民国］歙县志·艺文志·书目》卷十五第十四、第十五页著录《琴音记》《亦政录》《果赢转语记》《读书求解》《数度小记》及由吴承仕辑录的《仪礼经注疑直》三卷等。

④ 《清史列传·儒林传下一·程瑶田》卷六十八第五五二六页有“诗为桐城刘大魁所称，有集十八卷”，北京：中华书局，1987。

等。全书收入民国间《安徽丛书》影印本中，大部分收入《皇清经解》中，《书目答问补正》也大部分收录。

瑶田治学严谨，“平生著述，长于旁搜曲证，不屑依傍传注”，把考古与文献研究有机地结合起来，用他的话说是“考订之事须得多见古物，以彼此错证而互明之”。他的这种重实学精神和研究方法深得学者肯定。郭沫若说：“清人程瑶田，中国近世考古学之先驱。其学即主于就存世古物以追考古制，得发明者特多。”[①] 国学大师王国维在全面评价清代学术时指出：“天道剥复，钟美本朝，顾（按，指顾炎武）、阎（按，指阎若璩）浚其源，江（按，指江永）、戴（按，指戴震）拓其宇，小学之奥启于金坛（段玉裁），名物之赜理于通艺（指程瑶田文集《通艺录》）。”“自汉以后学术之盛，莫过于近三百年。此三百年中，经学、中学皆凌驾于前代。然其尤卓越者则曰小学。小学之中，如高邮王氏（按，指王念孙）、栖霞郝氏之于训诂，歙县程氏（按，指程瑶田）之于名物，金坛段氏（按，指段玉裁）之于《说文》，皆足以掩前哲。”[②]

程瑶田在学术上的贡献是多方面的。除了在经学、语言学等方面有特殊贡献外，在地理学上也很有贡献。《禹贡三江考》《考工创物小记》《释宫小记》《沟洫疆理小记》《水地小记》等为他的代表作。

程瑶田在对旧经研究中不拘泥旧说，如他在《沟洫疆理小记》一书中认为：“沟，冓也，纵横之说也，名之曰沟，所以象其形。象形曰沟，会意曰洫。洫字从血，以洫承沟，谓是血脉只流通也。”[③] 还说：“训故家释阡陌者，皆言‘南北曰阡，东西曰陌。’……此阡陌之通义，以其义出于东亩。盖东亩者，天下之大势也。然有东亩者，亦有南亩者，天下之川，大势虽皆东流，而河东之川独南流。河为川之最大者，而或

---

① 郭沫若：《沫若文集·殷周青铜器铭文研究·说戟》卷14，第516页，北京：人民文学出版社，1963。

② 王国维：《国学丛刊·周代金石文韵读序》。

③ 《程瑶田全集·沟洫疆理小记》第2册第三三九页，黄山书社，2009。

南流，则其亩必南陈而为南亩矣。南亩□横则遂纵，径亦纵而为南北行，岂不‘南北为陌’乎！”[①]他还在《沟洫疆理小记》中绘制了地图，以图证文。所以，周中孚在《郑堂读书记》说程瑶田著《沟洫疆理小记》，“具有图以发明之。于制度、形体及命名之精意，一字不可假借处，皆反复考证，俾无遗义。其郑贾氏（按，指汉代郑玄、唐代贾公彦）注《礼》之精至，为阐发之；其有小误，则据经文证之，不复援据他说，以经文即其佐证也。”并进一步评价说：“让堂说经，不主故常。故能成一家之言。”戴震也著有《考工图记》，有图有文。但戴震自己说这方面的研究不如程瑶田精密。[②]

《禹贡三江考》是他考证长江中下游水道的专书。他认为《禹贡》扬州的三江，实只一江。其价值正如他的学生洪巘在刻印这部书稿时所说：“先生力破二千年来诸家之说，而专涵泳《禹贡》导汉导江及荆、扬二州诸经文，得其端绪而是正之者也。”[③]

还有程氏在地理论著《水地小记》中解决了《周官》中畿内的土地划分和受田等田亩制度，纠正了《水经注》中关于灅水、庚水记载上的错误，指出《水经注》所说“北黄水”，应当是“灅水”，当地称为“淋河”。程瑶田还进行了实地考察，他说：“余之考灅水也，从丰润县西行四十五里，渡沙流河。又西北行四十里，里许间，两渡”[④]今之所谓梨河。方言变化很大，灅水流经“平安城”，其水俗称“梨河”，又称“果河”；灅水流经“淋河庄”，称“淋河”。又指出《水经注》所说“石门口”，应当为“水门口”。还有《仪礼经注疑直》五卷及《周髀矩数图注》类数学专著。总之，程氏是一位知识广博的学者。

---

① 《程瑶田全集·沟洫疆理小记》第2册第三八五页，黄山书社，2009。

② 赵尔巽：《清史稿·儒林二·江永传附程瑶田传》卷四百八十一第一三一九〇页，北京：中华书局，1977。

③ 洪巘：《安徽丛书·通艺录·禹贡三江考序》第二集，上海：安徽丛书编审会，1933。

④ 《程瑶田全集·沟洫疆理小记》第2册第四八七页，黄山书社，2009。

他在古籍整理方面也是有贡献的，留下一些序跋和题识，如对《庚子销夏记》八卷、《华阳国志》十二卷、《肇域志》八册的题跋，校《仪礼经注疑直辑本》五卷，批《四书大成》、《说文解字篆韵谱》五卷等。

他关心同好朋友著作行世，他在《五友记》中记叙了与江衡交往，当他再次去杭州得知老友已逝，仅有一子为诸生，提出："他日当求其诗文遗稿，为叙而传之。"他还为另一位朋友汪随刻途中所咏《重研集》。

程氏刻书以自著为主，主要有：

乾隆间（1736—1795）刻清程瑶田撰《琴音记》二卷。《中国古籍总目·子部·艺术类·音乐之属·论·琴学》第1464页、《安徽省古籍善本书目·子部·艺术类》卷三第四十七页著录，南京图书馆、安徽省博物馆（1册本）藏。

乾隆庚寅（三十五年，1770）精写刊清歙县程瑶田撰《琴音记》三卷、《续编》一卷计2种4卷。《安徽省古籍善本书目·子部·艺术类》卷三第四十七页、《贩书偶记续编·子部·艺术类》卷十第153页著录（作《琴音记》二卷、《续编》一卷），安徽省博物馆藏1册本。《安徽文献书目》第282页著录，安徽省图书馆藏1册本著录为2卷写刊本。

乾隆间刻清程瑶田撰《莲饮集濠上吟稿》一卷。《清人别集总目》第2237页著录，南京图书馆藏。

附　新安黄瀚如刊《琴音记续编》一卷、《莲饮集》一卷计2种2卷。《安徽省馆藏皖人书目》第350页、《安徽文献书目》第282页著录，安徽省图书馆藏1册本。

清刊清程瑶田撰《通艺录》21种四十二卷。《中国古籍善本总目·子部·杂家类·杂考》第一〇〇六页、《中国古籍总目·子部·杂家类·杂考之属》第1822页、《徽州地区博物馆藏书目录·有关徽州资料古藉（籍）·子部·杂家类》第一集著录，吉林省图书馆藏。中国徽文化博物馆仅藏此套丛书5卷3册不全本，说明有乾隆间（1736—1795）刻本。复旦大学图书馆仅藏嘉庆间（1796—1820）刻本中卷三、五、七至八、拾遗、十三计6卷不全本，由清焦循校。

嘉庆八年(1803)时年79岁自刊歙程瑶田撰《通艺录》21种四十二卷连附录应为23种（不分卷按1卷计）实50卷。中华书局（北京）版《续修四库全书总目提要·经部·群经总义类》第一三四三至一三四四页、《安徽省馆藏皖人书目》第350页、《安徽文献书目》第282页著录，安徽省图书馆藏13册本。《贩书偶记·子部·杂家类·杂考之属》卷十一第273页著录为最初刻印本，印有“造分天地化成万物”8字，有自序。《中国古籍善本书目·子部·杂家类》第627页、《中国古籍总目·子部·杂家类·杂考之属》第1822页著录，复旦大学图书馆藏清焦循校并跋当年刻《通艺录》四十二卷本中仅存卷三、五、七至八、十一、十三计6卷都是善本书，可见全套丛书更应属善本，但被漏收。

嘉庆八年歙程瑶田自刊《通艺录》22种四十八卷。《中国古籍总目·经部·总类·传说之属》第28页（作嘉庆间刻）、《中国丛书综录·总目·经类·类编·经义》第一册第603页（作嘉庆中）、《山西省图书馆普通线装书目录·总记门·丛书类》第994页、《山东省图书馆馆藏海源阁书目·子部·杂家类·杂考》第159页及《丛书·自著类》第388页著录，首都图书馆、北京师范大学图书馆、山西省图书馆（13册本）、上海图书馆、吉林市图书馆、四川大学图书馆全藏，复旦大学图书馆藏不全。此刊本初印本有“造分天地化成万物”8字。山东省图书馆分别藏42卷2函16册本、48卷8函48册本其中16册本著录为杭州让老人刻本，即程刻本，有图。封面题“嘉庆乙亥年刊，雪浪斋藏板”。该刊本半页10行，行21字（19×14.3），白口，左右双边，单黑鱼尾。民国二十二年(1933)影印《安徽丛书》本据此刊本加上石印《琴音记原续》三卷、单行本《琴音记》下篇、《原纪琴音之数》一卷、《濠上吟稿》一卷、《仪礼经郑注疑直》五卷、《果赢转语记》一卷6种。《中国丛书综录·汇编·郡邑类》第一册第423页著录《声律小记》一卷后加单行本《琴音记》下篇原《纪琴音之数》一卷，又加上据传抄本影印清程瑶田撰《莲饮集濠上吟稿》一卷，据传抄本影印清程瑶田撰《果蠃转语记》一卷附民国洪汝闿撰《校记》一卷，据传抄本影印清程瑶田撰、民国吴承仕辑《仪礼经郑注疑直》五卷计 4 种 9 卷。民国影印本《安徽丛书》全套丛书国家图书馆、首都图书馆、北京大学图书馆、北京师范大学图书馆、清华大学图书馆、中国中医科学院图书馆、上海图书馆、复旦大学图书馆、华东师范大学图书馆、上海师范大学图书馆、上海辞书出版社图书馆、天津图书馆、吉林市图书馆、吉林大学图书馆、甘肃省图书馆、山东省图书馆、山东大学图书馆、南京图书馆、南京大学图书馆、苏州市图书馆、安徽省图书馆、浙江图书馆、福建省图书馆、福建师范大学图书馆、河南省图书馆、湖北省图书馆、武汉图书馆、武汉大学图书馆、江西省图书馆、四川省图书馆、重庆市图书馆、四川大学图书馆、云南省图书馆、中央民族大学图书馆藏，广西壮族自治区桂林图书馆、浙江大学图书馆、辽宁省图书馆收藏不全。这次影印扩大了《通艺录》及程瑶田著作的传播。《中国丛书综录续编·类编·经类·经义》第 195—196 页著录为 26 种 49 卷，与此目区别主要在三个方面：一是卷数不同，本目《解字小记》为一卷，《续编》为四卷等，二是本目《声律小记》一卷后《续编》增《琴音记续编》一卷，在《乐器三事能言》一卷后《续编》缺《补编》一卷，三是《续编》收有《琴音纪原本》一卷、《濠上吟稿》一卷、《莲饮集》一卷、《藤笈编》一卷、《非能编》一卷，本目无。这套丛书首有《通艺录》总目及嘉庆八年（1803）让老人撰《通艺录》自叙。

乾隆间（1736—1795）刻嘉庆十三年（1808）印清程瑶田撰《琴音记》二卷。《中国古籍总目·子部·艺术类·音乐之属·论·琴学》第 1464 页著录，国家图书馆、北京大学图书馆、南京图书馆藏。

嘉庆十三年刻清程瑶田撰《琴音记续编》一卷。《中国古籍总目·子部·艺术类·音乐之属·论·琴学》第 1464 页著录，国家图书馆、北京大学图书馆、南京图书馆藏。

嘉庆间（1796—1820）刻清程瑶田撰《修辞余钞》一卷。《中国古籍总目·集部·别集类·清代之属·清前期》第1502页著录，南京图书馆藏。

嘉庆间通艺堂刻清程瑶田撰《乐器三事能言》不分卷。《中国古籍总目·子部·艺术类·音乐之属·论·琴学》第1464页著录，沈阳音乐学院图书馆藏。

清刊清程瑶田撰《单行本琴音记下篇原纪琴音之数》一卷。《中国古籍总目·子部·艺术类·音乐之属·论·琴学》第1464页著录，藏处待考，收入嘉庆间刻《通艺录》、民国间影印《安徽丛书》本中。

程氏专著收入《安徽丛书》第二期，于民国二十二年（1933）由嘉庆本影印26种五十七卷。《中国丛书综录·汇编·郡邑类》第425页、《安徽地震史料辑注》第340页著录，全套《安徽丛书》藏国家图书馆、首都图书馆、北京大学图书馆、北京师范大学图书馆、清华大学图书馆、中国中医科学院图书馆、上海图书馆、复旦大学图书馆、华东师范大学图书馆、上海师范大学图书馆、上海辞书出版社图书馆、天津图书馆、吉林市图书馆、吉林大学图书馆、甘肃省图书馆、山东省图书馆、山东大学图书馆、南京图书馆、南京大学图书馆、苏州市图书馆、安徽省图书馆、浙江图书馆、福建省图书馆、福建师范大学图书馆、河南省图书馆、湖北省图书馆、武汉图书馆、武汉大学图书馆、江西省图书馆、四川省图书馆、重庆市图书馆、四川大学图书馆、云南省图书馆、中央民族大学图书馆及安徽省博物馆藏，广西壮族自治区桂林图书馆、浙江大学图书馆、辽宁省图书馆藏本不全。另《续编》中还著录书首有《通艺录》总目及嘉庆八年（1803）让老人撰《通艺录自序》。《汇刻书目》第一函第十册第五至六页、《丛书书目汇编》第三册第三五三页（无“未成书”3种）则著录为歙程瑶田著嘉庆八年自刊本《通艺录》30种（实27种）42卷。

嘉庆间拓清程瑶田辑《让堂砚谱》一卷、《附》一卷计2卷。《中国古籍总目·子部·谱录类·器用之属·文房·砚》第1546页著录，南京图书馆藏。

程氏著作除《通艺录》《安徽丛书》收录外，还有《纪砚》一卷、《书势》不分卷，收入民国铅印《美术丛书》中，收入《皇清经解》的子书有《九谷考》四卷、《水地小记》一卷、《考工创物小记》八卷、《宗法小记》不分卷、《禹贡三江考》三卷、《解字小记》不分卷、《沟洫疆理小记》一卷、《仪礼丧服文足征记》十卷、《磬折古义》一卷、《声律小记》一卷、《释草小记》二卷、《释宫小记》一卷、《释虫小纪（记）》一卷13种为以上两套丛书相重子书。另有《让堂诗钞》十八卷，尚有《仪礼经注疑直》《说文解字会极》《古今体诗》3种尚未成书。

程氏著作还有安徽省博物馆藏《程让堂先生遗书》抄本一册、《周髀矩数图注》、《周髀用炬（矩）述》等。综上不完全统计，程氏著作多达30余种，且大多行世。

“经训克家”的毕沅

在我国浩如烟海的史籍中，编年体史书名著《续资治通鉴》就是由清代的皖籍编辑大家毕沅主纂。

毕沅(1730—1797)，字湘衡，又字纕衡、缃蘅、襄蘅，小字潮生，号秋帆，又号秋驲，自号弇山、弇庵，因从沈德潜学于灵岩山而号灵岩山人，人称灵岩毕公，有灵岩山馆、静逸园堂号。他爱才惜士，孝友尊母，究学穷经，乾隆四十五年（1780）乾隆帝在他西安官邸亲赐“经训克家”的匾额以资褒奖，乃择灵岩山南建御书楼，并建藏书处，因名书斋为经训堂。祖籍徽州府休宁县东南22公里黎阳镇闵口村对岸下毕村，现名新江（今属安徽省黄山市屯溪区）。现仍悬挂在毕氏宗祠内“状元及第”匾额就是族人为纪念毕沅中乾隆庚辰科（1760）状元而用真金铸成的。该祠规模宏伟，祠内松柏青翠，祠前树、旗杆、石墩林立，在红水河畔还有一座矗立的毕家官厅，作为毕沅宗族接待官员的招待所。

毕沅祖上于明末避难于江苏昆山。明季，世居休宁毕国志子即毕沅曾祖毕祖泰迁江苏太仓，清雍正间分置太仓、镇洋两县，于是寄籍江苏镇洋（今江苏省苏州市太仓市）西关。毕沅就在雍正八年（1730）八月十八日生于镇洋西关卖秧桥荣庆堂宅第。他的祖父毕礼、父毕镛（素庵）都是乡里名绅。父素庵“少羸弱，久谢举业”；其母张藻与武林闺秀林以宁、顾姒齐名，时号“西泠十子”[①]。张藻（？—1719），字在湘，长洲人，印江知县张之顼女。其母顾若宪也以诗名，著《挹翠轩诗钞》。张藻幼受母教，渊源有自。张藻是当时才女，学问渊博，尤善诗，她学自母家，诗格高远，风骨清新，直白隽永，情深意挚。如《正月十二夜》有“夜吟多遣兴，春梦不离乡。庭下微风起，梅花入幕香”句；其七言《敬和母韵·春日遣怀四首》有“花朝渐近昼初长，小阁研朱点老庄。为有盆兰同砚席，金炉数日未焚香”句，袁随园在诗话中对她的诗推崇备至，认为吐属清奇，脱尽人间烟火气。她更把教育子女作为人生第一要务，故名其堂号培远。在毕沅已登陕西巡抚这样封疆大吏高位时，她还作54句270言《训子》诗，谆谆教导毕沅“不负平生学，弗存温饱志。上酬高厚恩，下为家门庇”。毕沅谨遵母训勤勉国事，这就是乾隆题匾“经训克家”的来源。著《一叶斋诗钞》不分卷、《培远堂诗集》四卷、《培远堂稿》一卷等。其子女俱有诗名，孙女智珠为袁随园弟子，真是一门风雅。毕沅就是出身于这样的书香家庭。

毕沅自少而孤，但是天资聪慧。5岁由母亲亲授《毛诗》《离骚》，8岁会音韵声学，14岁能诗属文。稍长，读书苏州的灵岩山，从师长洲惠栋、沈德潜，学业日进，经学功底深厚。20岁后游历京师，已有“国士”的称誉。乾隆二十二年（1757）中举，补内阁中书、军机处行走（章京）。乾隆庚辰（二十五年，1760）以内阁中书应礼部会试，中第二名进士。

① 史善长：《灵岩山人诗集·弇山毕公年谱》。

数日后殿试，因毕沅熟读新近由陕甘总督黄廷桂有关新疆的屯田奏折，上“发策新贡士即及之。（毕）公经学、屯田二策条对独详核，遂由拟进第四改第一”[①]，成为庚辰科状元，授编修、侍讲。乾隆三十年（1765），升侍读。乾隆三十一年（1766）升左庶子，外放，历任甘肃巩泰阶道、甘肃道道员。乾隆三十二年（1767），乾隆东巡，在行在接见毕沅，询问甘肃旱情。毕据实汇报，奉旨豁免积欠400万，擢升陕西布政使，护巡抚印务。乾隆三十八年（1773）任陕西巡抚。乾隆四十一年（1776），赏戴花翎。毕沅在任陕西巡抚期间于乾隆四十四年（1779）十二月，丁母忧。在居里门守孝期间的乾隆四十五年（1780），谒乾隆帝于行在，禀告母亲懿行贤德，乾隆帝亲赐“经训克家”四字。乾隆四十五年十月，特谕署理陕西巡抚。乾隆四十六年（1781）三月，因安边平乱功，赏给一品顶戴，乾隆帝还在特谕中说：“毕沅在陕西境内闻甘省有事，即能调度，事事安协，实属可嘉。”[②]可在七月就以捏灾冒赈罪遭御史钱沣参劾，乾隆四十七年（1782）十二月，受降三级顶戴，仍留巡抚，停止俸廉处分。乾隆四十八年（1783）正月，复还原顶戴，支给养廉，实授巡抚。乾隆五十年（1785）二月，调任河南巡抚。乾隆五十一年（1786）正月，因毕沅在河南任政绩昭著，恩旨赏穿黄马褂。六月，升湖广总督，因陕西省巡抚任内旧案未结而未赴新任，仍留陕西巡抚旧任。乾隆五十三年（1788），因荆州水灾才复任湖广总督。乾隆五十九年（1794），因陕西、四川、湖南、湖北等地白莲教起义，以毕沅督察不力，降为山东巡抚。乾隆六十年（1795）复任湖广总督，嘉庆元年（1796）赏车都尉世袭。因劳疾于嘉庆二年（1797）七月三日卒于湖南辰州军营。嘉庆帝在特谕中说：“湖广总督毕沅宣力封圻二十余年，办理军需积劳婴疾，

---

① 梁章钜：《枢垣纪略·杂记》卷二十七。

② 转引自《满汉名臣传续集·毕沅》第六十四卷第3607页，哈尔滨：黑龙江人民出版社，1991。

兹闻溘逝，殊深轸惜，着晋赠太子太保，世职令其孙承袭。”[1] 嘉庆当政后，已殁后的毕沅以附和珅在湖广总督位上失察教军初起事为口实，于嘉庆四年（1799）被褫夺原赐轻车都尉世职，遭籍家处分，后平反昭雪。

毕沅虽身处“乾嘉盛世”，当时实已危机四伏，政治风云变幻。因此，他虽官至极品，屡任地方封疆大吏，但他在官场上也并非左右逢源，青云直上，而是尝尽了官场的酸甜苦辣。据《清史列传》卷三十载，毕沅在陕甘总督任上被参“折捐倡赈”而降为三品顶戴，而改任陕西巡抚。在湖广总督任上又因对陕省戕官首犯秦国栋缉查不力，仍降回巡抚本任。又因在湖北巡抚任上对湖北王占魁等“传于邪教，殴毙差役”事件没有上报朝廷，改降山东巡抚，摘去花翎，罚缴湖广总督养廉 5 年，再罚山东巡抚养廉 3 年。毕沅死后，朝廷以他在“湖广办理教匪失察过多”而不给谥号。之后，又因倭什布查奏毕沅提用军需帑馈送领兵大员，而遭“田产资蓄皆没入官”，并将“所有承袭轻车都尉世职之长孙毕兰庆，及承袭毕沅荫生之次子毕嵩珠俱著革去，不准承荫”的处罚，累及身后，有人分析他仕途一波三折的原因是“以文学起”，“军旅非其所长，又易为属吏欺蔽”的缘故是不确切的。

毕沅一生宦海升沉，但为政有为，造福一方，为清代能员干吏，也是清代徽州籍状元中做到最高地方官的人，履任地方军政要职，历时长达二三十年。其为官居甘陕最久，长达 10 余年，历地方封疆大吏多任。在陕西任上，他赈灾招垦，兴文重学，增加科额，修西安灞桥、西安碑林、韩城司马迁祠、周公墓、西岳庙，留办新疆经费局，出嘉峪关勘察屯田，办农田水利畜牧；在河南，他兴修水利，截漕济民，平抑市价，豁免钱粮；在湖北，他修武汉古琴台，赈济水灾难民，整顿吏治民风，制订云南铜运平安过境章程；在山东，他请蠲免漕米及积欠，赈济水灾难民。总之，他在地方官任上，为政一方，革除弊政，发展经济，倡导

① 转引自《满汉名臣传续集·毕沅》第六十四卷第 3607 页，哈尔滨：黑龙江人民出版社，1991。子孙所承袭世职为次子毕嵩珠承袭毕沅荫生，长孙毕兰庆承袭轻车都尉。

文教，泽被后世。他勤劳国事，仅中国第一历史档案馆就保存他上奏皇帝的奏折1000余件原件。尤其是他在整理重修三秦古迹名胜，如对碑林、乾陵、茂陵、西安明城墙的修葺等方面是有战略远见的。在清军征剿大小金川中，毕沅护理军需，使民无兵扰，治绩昭著，也深得弘历帝的宠信，但他为维护清王朝，多次参加血腥镇压甘肃河州、平凉回民起义，湘黔石三保、石柳邓回民起义，以及湖北白莲教起义。这是他历史上的污点。他在60自寿诗中说："为恋主恩非恋取，只求民隐不求名。私愿康宁同物我，最虞衾影负君亲。"道出了他为官的心态。

毕沅不仅是一位有作为的政治家，而且还是一位饱学的学者、收藏家和著名的编辑出版家。他学识渊博，对经史、小学、金石、地理等无不有较深的研究。他曾深有体会地说："经义当宗汉儒，说文当宗许氏。"他少嗜著述，官至极品也是铅椠从不离手，王昶说他"每遇古书善本，校而录之，校书甚众"[①]。工诗善画，尤长于书法，喜校刻古本善籍。《弇山毕公年谱》说他："性恬淡，无他嗜好，独爱鉴别名人手迹，凡晋魏以来法书名画秘籍秘简及金石之文，抉剔搜罗，吴下诸藏家群推第一。"宋翰林张择端为进呈颂德所绘国宝《清明上河图》历代有13位收藏家所写的14款跋文，钤章96枚，宋元明清多次藏入内廷，在乾隆间（1736—1795）即为毕沅及其弟著名的收藏鉴赏家毕泷的秘笈收藏，今故宫博物院藏该品中仍有二人的印记。乾隆四十五年（1780）御书"经训克家"匾额后在灵山阳建御书楼，将藏书处命名为经训堂，著有《经训堂书目》，有"毕氏珍藏"朱长方藏书印。钱大昕还为他写《御书楼记》。"经训克家"4字源于其母张藻对毕沅的训育之恩。张藻病故后，乾隆特书"经训克家"加以褒扬。毕沅将居室称作"经训堂"，集名《经训堂集》缘于铭记母亲和皇上的恩德。他的学术成就与丰富收藏有密切关系。同时，他爱才惜士，奖掖后进，使他成为文人集团的核心人物。当时名士严长

① 王昶《春融堂集·毕公神道碑》卷五十二。

明、邵晋涵、洪亮吉、孙星衍、黄仲则、程晋芳、章学诚等苏皖学者，均慕其为人而不惜千里跋涉，入幕其府，参与他编校刊刻古籍和主编史书方志活动。他主持的最大编史工程要数《续资治通鉴》二百二十卷。

这部著名的编年体历史名著是以清徐乾学《资治通鉴后编》为底本，博采宋、辽、金、元 4 史和李焘《续资治通鉴长编》、李心传《建炎以来系年要录》等 110 多种史书，加以剪辑充实，采取直录诸史原文，不作论断，不作改写的编辑方法。凡遇到歧异点，附以考异，以辨真伪。毕氏主纂的《续资治通鉴》记事始自北宋建隆元年 (960)，截至元至正三十年 (1370) 七月，历宋、辽、金、元 4 朝 26 帝，411 年。综观全书，博采宋辽金元正史、野史、文集、说部，特别是对辽、金、西夏诸史与两宋史（宋纪 183 卷）并重，总的感觉是因受资料限制（元纪仅 38 卷），元代部分过于简略。但比之历代续作均高一筹，确实后来居上。毕书出版后，明薛应旂《宋元资治通鉴》一百五十七卷、王宗沐《宋元通鉴》六十四卷、清初徐乾学《资治通鉴后编》一百八十四卷等《资治通鉴》续作均废。由此可见，这部编年体史书的重大价值。

此书缺点也是明显的。主要是通篇文字缺乏锤炼，讹夺、颠倒处甚多。对于辽、金、元人名采用乾隆朝《辽金元三史国语解》改译，有的不改，使用很不方便。更不应该的是沿用《资治通鉴》旧例，采用久弃不用的《尔雅·释天》中的岁阳、岁阴名词纪年，给后学者带来诸多不便。

毕氏主纂的《续资治通鉴》于嘉庆二年 (1797) 以德裕堂号自刊 103 卷，注明为“初定之本”。遽殁后，因横遭籍没财产，削世荫之虞，嘉庆五年 (1800) 虽给还田屋，致使其兄弟及后人无力刊毕。嘉庆六年 (1801) 冯集梧购回毕氏初刊残版及余稿，补齐 117 卷刊刻印行，成为最初的完整印本。此完本经邵晋涵审定，原拟请钱大昕作序，钱竹汀仅复一短函，婉言拒绝，可见对此书有不同的看法，不想对本书负责。此书的其他版本还有同治间江苏局本、1957 年台湾版容肇祖、聂崇岐点校本、中华书局点校本、上海古籍出版社影印本。据《山东省图书馆馆藏海源阁书目·史部·编年类》第61页著录，山东省图书馆藏冯版完本8函64册。该刊本半页10行，行21字（22×15.6），白口，四周双边，单黑鱼尾，有刻工，卷末题："江宁监生王景桓镌"，封面题"德裕堂藏板"。

在毕沅的编辑生涯中，还有与江宁汪以诚等纂修《渭南志》十四卷，与江宁严长明等纂修《西安府志》八十卷、《首》一卷，与仪征阮元同撰《山左金石志》二十四卷，在陕西巡抚任上监修《关中胜迹图志》三十卷，搜集秦中文献1500余种撰《关中金石记》一百卷，自辑《秦汉瓦当图》一卷，《苏文忠公寿晏诗》一卷，《吴会英才集》十七种二十四卷，以及山东、两浙金石志，纂修《三辅黄图》、《朝邑县志》、《湖广通志》一百卷等。他一生著述丰富，除《经训堂丛书》中收辑自著外，还著有《史籍考》一百卷、《河间书画录》、《灵岩山人诗文集》四十卷，《灵岩山馆诗钞》又名《官阁围炉集》一卷、《传经表》、《通经表》等。还辑《毕秋帆各家蕉林挥麈图题咏》、《灵岩山馆文钞》不分卷等。

他礼贤下士例子很多。著名诗人黄景仁因不愿出仕，家道贫寒。一天，毕沅读到他"一家俱在西风里，九月寒衣未剪裁"句后，马上派人送去50两银子。黄卒后，又出资抚养其老母，还为他整理出版诗集。歙县汪中不认识毕沅，仅写一纸条"天下有汪中，先生无不知之理；天下有先生，汪中无穷困之理"传到毕沅手里，立即派人送去500两银子。在陕西巡抚任上路过一座寺院，开玩笑问主持僧："一部《法华经》，不知有多少个阿弥陀佛？"老僧答道："我一个破庙老和尚，非常惭愧生成钝根。大人是天上文曲星，非同一般，不知一部《四书》有多少个'子曰'？"毕沅非常佩服老和尚思路敏捷，谈吐不俗，于是把寺院修葺一新，为寺庙添置田产。

毕沅著述丰富，仅《丛书书目汇编》第三册第三七四至三七五页著录《毕弇山著书》就列毕氏所著和组织编纂、编辑著作已刻达33种之多，还有未刊书5种，加上遗留计40余种近700卷。它们是《灵岩山人诗集》四十四卷、《砚山怡云集》四卷、《三山揽胜集》、《白门访古集》、《渡江燕台集》、《莲池吟草》二卷、《五湖载酒集》二卷、《吟香集》三卷、《听雨楼存稿》四卷、《萍心漫草》一卷、《陇头吟》一卷、《崆峒山房集》一卷、《秋月吟笳集》一卷、《杏花亭吟草》一卷、《青门集》一卷、《关中胜迹图志》三十卷、《西安府志》八十卷、《首》一卷、《培远堂诗集》四卷、《关中金石记》八卷、《终南仙馆续集》二卷、《玉井搴莲集》一卷、《乐游联唱集》二卷、《围炉诗》二卷、《嵩阳吟馆集》三卷、《中州金石记》五卷、《自订经训堂集》四十卷、《绘声漫稿》、《海岱骖鸾集》（同上合一卷）、《五豁筹笔集》一卷、《采芑集》一卷、《续通鉴》二百二十卷、《凡例》二卷、《五豁筹笔续集》一卷。经训堂丛书·未刊书：《灵岩山人文集》八卷、《史籍考》一百卷、《河间书画舫》四卷、《三楚金石记》三卷、《湖广通志》一百卷。

还撰有《毕秋帆奏稿》不分卷、《夏小正考注》一卷、《传经表》二卷、《通经表》二卷、《闽中金石记》八卷、《灵岩山馆文钞》不分卷、《灵岩山馆诗钞》不分卷、《灵岩山人诗集后》八卷、《卜砚集》二卷、《苏文忠公生日设祀诗》一卷、《经典文字辨证书》五卷、《经训堂书目》等。此外，还与仪征阮元同撰《山左金石志》二十四卷、与王鸣盛撰《蕉林挥麈图题咏》一卷等及疏《释名疏证》八卷、《续释名》一卷、《补遗》又名《释名补遗》一卷、《说文解字旧音》一卷、《音同异义辨》一卷，辑《王隐晋书地道记》一卷、《太康三年地记》一卷、《晋书地理志新补正》五卷，订正《山海经》十八卷、《校注墨子》十六卷、《校正吕氏春秋》二十六卷、《老子道德经考异》二卷等，辑刻其母遗作《培远堂诗集》四卷、《史籍考》等。

他在陕西巡抚任上辑刻的《经训堂丛书》22种一百七十卷，就是亲手编校，并由著名学者洪亮吉、孙星衍、汪中等参与校理的大型丛书。内收毕氏专著《关中金石记》八卷，《夏小正考注》一卷，《老子道德经考异》二卷，《说文解字旧音》一卷，《晋书地理志新补正》五卷，《经典文字辨证》五卷，《中州金石记》五卷，《释名疏证》八卷、《补遗》一卷，《续释名》一卷，篆写体《释名疏证》八卷、《补遗》一卷，《续释名》一卷，计 9 种 47 卷。还校注并撰《墨子》十五卷、《目》一卷、《篇目考》一卷计 17 卷等。这套丛书从乾隆四十六年（1781）始，至乾隆五十五年（1790）终，共花了 10 年时间，校勘精审，为举世瞩目的佳本。其中，《山海经》《吕氏春秋》《释名疏证》校本尤为精善；《晋太康三年地志》《长安志》为稀世传本，经毕氏刊行后，成为研究西北地区古代史地的重要资料。光绪十三年（1887）上海大同书局据毕氏刊本影印，加大了这套丛书的流通量。他的著作除大量行世作品外，还有上海图书馆藏清抄本《灵岩山馆文钞》不分卷及由阮元辑刻的《山左金石志》、《秦汉瓦当图》一卷，还校汉人《三辅黄图》六卷《补遗》一卷、校《［熙宁］长安志》二十卷《图》三卷等。他还对《新语》二卷等留下题跋文字。

清史善长所编《弇山毕公年谱》是研究毕沅的重要史料。

他的主要刻书及家刻具体是：

乾隆三十五年（1770）毕沅刻清严长明辑《千首宋人绝句》十卷。《中国古籍善本书目·集部·总集类》第 1686 页、《中国古籍善本总目·集部·总集类·断代》第一七六八页、《中国古籍总目·集部·总集类·断代之属》第 3015 页著录，国家图书馆、南京图书馆、湖北省图书馆、扬州市图书馆（由清潘德舆批校）藏。该刊本半页 11 行，行 21 字，黑口，左右双边。

乾隆四十二年（1777）镇洋毕沅刻清会稽吴璜撰《黄琢山房集》十卷。《中国古籍总目·集部·别集类·清代之属·清前期》第 1511 页、《清人别集总目》第 859 页著录，国家图书馆、中国科学院图书馆（邓之诚题字）、上海图书馆、中国人民大学图书馆、中国社会科学院文学研究所图书馆、南开大学图书馆、首都师范大学图书馆、湖南师范大学图书馆、台湾大学图书馆藏。

附　乾隆己亥（四十四年，1779）毕沅刻清毕沅、舒其绅修，严长明纂《［乾隆］西安府志》八十卷、《首》一卷计81卷。《贩书偶记·史部·地理类》卷七第166页、《中国地方志联合目录·陕西省·西安市》第162页著录，国家图书馆、中国科学院图书馆、水利电力部科学研究院图书馆、故宫博物院图书馆、中共中央党校图书馆、北京大学图书馆、北京师范大学图书馆、中央民族大学图书馆、上海图书馆、天津图书馆、南开大学图书馆、石家庄市图书馆、内蒙古自治区图书馆、大连市图书馆、陕西省图书馆、西北大学图书馆、甘肃省图书馆、青海省图书馆、山东省图书馆、山东大学图书馆、南京图书馆、南京大学图书馆、中国科学院南京地理研究所图书馆、浙江图书馆、安徽大学图书馆、福建师范大学图书馆、台湾图书馆、河南师范大学图书馆、湖北省图书馆、武汉大学图书馆、湖南省图书馆、广东省中山图书馆、四川省图书馆、重庆市图书馆及国家文物局文物保护技术研究所、陕西省博物馆藏。

附　乾隆四十四年（己亥，1779）刻清江宁汪以诚、镇洋毕沅等纂修《［乾隆］渭南志》十四卷。《贩书偶记续编·史部·地理类》卷七第71页、《中国地方志联合目录·陕西省·渭南地区》第171页著录，故宫博物院图书馆、山西省图书馆、陕西省图书馆、中国科学院南京地理研究所图书馆、台湾图书馆、湖北省图书馆藏。

乾隆壬寅（四十七年，1782）冬西安节署刊清镇洋毕沅编《苏文忠公寿晏诗》一卷。《贩书偶记续编·集部·总集类》卷十九第313页著录。

乾隆四十八年（1783）毕氏灵岩山馆刻清毕沅撰《传经表》二卷。《中国古籍总目·经部·群经总义类·沿革之属》第989页著录，国家图书馆、浙江图书馆、湖北省图书馆藏。

乾隆四十八年毕氏灵岩山馆刻清毕沅撰《通经表》二卷。《中国古籍总目·经部·群经总义类·沿革之属》第990页著录，国家图书馆、浙江图书馆、湖北省图书馆藏。

乾隆间（1736—1795）毕氏灵岩山馆毕沅刻自辑《经训堂丛书》22种一百六十九卷。《中国丛书综录·汇编·杂纂类（清代前期）》第一册第143页、《中国古籍总目·丛书部·杂纂类·清代前期》第399～400页、《中国历史博物馆藏普通古籍目录·丛书部·杂丛部》第357页、《安徽省古籍善本书目·丛书·汇编》卷五第八页、《丛书书目汇编》第三册第四〇四页、《汇刻书目》第五册第五十四至五十五页、《山西省图书馆普通线装书目录·总记门·丛书类》第993页、《增订四库简明目录标注》第551页、《香港所藏古籍书目·丛部·汇编类》第541～542页、《中国丛书综录补正·汇编·杂纂类（清代前期）》第28页著录，国家图书馆、中国科学院图书馆、北京大学图书馆、北京师范大学图书馆、上海图书馆、复旦大学图书馆、上海辞书出版社图书馆、天津图书馆、辽宁省图书馆、吉林大学图书馆、山东省图书馆、青岛市图书馆、山东大学图书馆、南京图书馆、苏州市图书馆、安徽省图书馆、芜湖市图书馆（32册本）、浙江图书馆、浙江大学图书馆、湖北省图书馆、福建省图书馆、福建师范大学图书馆、河南省图书馆、湖北省图书馆、武汉图书馆、武汉大学图书馆、江西省图书馆、四川省图书馆、云南省图书馆、中央民族大学图书馆藏，重庆市图书馆、南京大学图书馆、清华大学图书馆、香港新亚研究所图书馆（40册本缺《乐游联唱》二卷）藏不全，中国历史博物馆（32册本，有补配）。清光绪十三年（1887）上海大同书局据毕沅刊本景（影）印了这套丛书，加大了它的流播范围，今查国家图书馆、首都图书馆、北京大学图书馆、北京师范大学图书馆、清华大学图书馆、复旦大学图书馆、华东师范大学图书馆、上海师范大学图书馆、辽宁省图书馆、吉林大学图书馆、山东省图书馆、青岛市图书馆、南京图书馆、南京大学图书馆、苏州市图书馆、浙江图书馆、浙江大学图书馆、湖北省图书馆、福建师范大学图书馆、广东省中山图书馆、重庆市图书馆、四川大学图书馆、云南省图书馆、广西壮族自治区桂林图书馆、广西壮族自治区图书馆、宁夏回族自治区图书馆、山西省图书馆（20 册本）、中央民族大学图书馆、香港中文大学图书馆（20 册本）、香港大学图书馆（20 册本）、香港中山图书馆（20 册本），中国历史博物馆（16 册本 2 部）藏。该刊本半页 10 行，行 22 字（18×14.2），白口，左右双边，单黑鱼尾。经查《中国古籍总目・丛书部・杂纂类・清代后期》第 526 ～ 527 页著录，国家图书馆、中国科学院图书馆、北京大学图书馆、上海图书馆、复旦大学图书馆、天津图书馆、辽宁省图书馆、甘肃省图书馆、南京图书馆、浙江图书馆、广东省中山图书馆、四川省图书馆等藏光绪三十年（1904）孙溪朱氏槐庐家塾刻清朱记荣重编印《式训堂丛书》本不少子书易名《校经山房丛书二十七种》一百〇七卷为毕氏此套丛书的延伸或衍版。

乾隆四十八年（1783）刻清毕沅辑《说文解字旧音》一卷、《经典文字辨证书》五卷、《音同异意》一卷、《乐游联唱集》二卷计 4 种 9 卷。《中国古籍善本总目・经部・小学类》第一六二页著录，陕西省图书馆藏。

乾隆四十八年（1783）毕氏经训堂刻唐傅奕校《老子道德经考异》二卷。《中国古籍总目・子部・道家类・先秦之属・老子》第 2326 页著录，上海图书馆藏。

清灵岩山馆刻唐傅奕校《老子道德经考异》二卷。《中国古籍总目・子部・道家类・先秦之属・老子》第 2326 页著录，北京大学图书馆藏。

乾隆四十八年毕氏灵岩山馆刻清毕沅撰《传经表》二卷、《通经表》二卷计 2 种 4 卷。《中国古籍善本书目・经部・群经总义类》第 364 页、《中国古籍善本总目・经部・群经总义类》第一四六页、《北京图书馆古籍善本书目・集部・群经总义类》第一四二页著录，国家图书馆（2 册本）、湖北省图书馆藏。该刊本黑口，左右双边。国家图书馆还藏 1 部 2 册清抄本，为红格红口，四周单边。此书收入光绪四年至十一年（1878—1885）会稽章氏刻清章寿康辑《式训堂丛书》41 种丛书、光绪八至十四年（1882—1888）蛟川张氏花雨楼刻清张寿荣辑《花雨楼丛钞》31 种丛书中。而收入光绪三十年（1904）孙溪朱氏槐庐家塾据《式训堂丛书》版重编刻清朱记荣辑《校经山房丛书》28 种丛书中则分别为 1 卷本。

乾隆甲辰（四十九年，1784）经训堂刻佚名辑《卜砚集》二卷。《贩书偶记·集部·总集类·唱和题咏之属》卷十九第 533 页著录。此书为宋谢文节公桥亭卜卦砚诸题咏汇编。

乾隆四十九年毕氏经训堂刻毕沅辑《卜砚集》二卷、《苏文忠公生日设祀诗》一卷计 2 种 3 卷。《中国古籍善本书目·集部·总集类》第 1760 页、《中国古籍善本总目·集部·总集类·断代》第一七九〇页、《中国古籍总目·集部·总集类·断代之属》第 3060 页著录，湖北省图书馆藏。该刊本半页 11 行，行 21 字，黑口，左右双边。

乾隆四十九年（1784）刊清毕沅撰《墨子校注》十六卷。《西谛书目·子部·杂家类》卷二第二九页著录 3 册本。此为《经训堂丛书》本中的单行本。

乾隆四十九年经训堂刻毕沅撰《灵岩山馆诗钞》又名《官阁围炉集》一卷。《贩书偶记续编·集部·总集类》卷十九第 313 页（作乾隆间刻）、《东北师范大学图书馆藏古籍善本书目解题·集部·别集类·清》第 389 页著录，东北师范大学图书馆藏 2 册本。此书系毕沅与友朋往来唱酬诗结集的单行本。该刊本半页 11 行，行 22 字，黑口，四周单边。还附不著撰人名氏《卜砚集》二卷，封面题“乾隆甲辰四十九年经训堂刻本”。此书为毕沅与友朋酬唱诗合集。

乾隆四十九年灵岩山馆刻清毕沅校注《墨子》十五卷、《墨子目录》一卷、《篇目考》一卷计 17 卷。《安徽省古籍善本书目·子部·杂家类》卷三第五十页（著为乾隆间刻）、《北京大学图书馆藏古籍善本书目·子部·杂家类》第 280 页、《青海省古籍善本书目·子部·杂家类》第五四页、《山东省图书馆馆藏海源阁书目·子部·杂家类·杂学杂说》第 152 页、《香港所藏古籍书目·子部·墨家类》第 170 页（作 16 卷）著录，北京大学图书馆（3 部，分别为 1 册、3 册、4 册本，其中 3 册本有朱兰笔校）、山东省图书馆（1函4册本，有清黄丕烈临惠士埼批校并跋）、青海省图书馆（4册本），中国徽文化博物馆（4册本）藏。此书为《经训堂丛书》中的1种。该刊本半页11行，行22字，大黑口，四周单边，双黑鱼尾。《中国历史博物馆藏普通古籍目录·子部·艺术类》第301页还分别著录中国历史博物馆藏光绪元年（1875）湖北崇文书局刻清毕沅校注《墨子》十五卷、光绪二年（1876）浙江书局据毕氏灵岩山馆校刻清毕沅校注《墨子》十五卷，香港中文大学图书馆（4册本）、香港大学图书馆（16卷本）藏。

乾隆四十九年（1784）青门节院刻清毕沅辑《苏文忠公生日设祀诗》一卷。《香港所藏古籍书目·集部·总集类·断代》第358～359页著录，香港中文大学图书馆藏1册本。

乾隆五十年（1785）毕沅刻其母张藻撰《培远堂诗集》四卷。《中国古籍总目·集部·别集类·清代之属·清前期》第1460页（但作毕沅刻）、《清人别集总目》第1107页（作乾隆间写刻）著录，国家图书馆、中国科学院图书馆、天津图书馆、南京图书馆、温州市图书馆藏。天津图书馆还藏此书清抄本。

乾隆五十三年（1788）灵岩山馆刻汉高诱注、清毕沅辑校《吕氏春秋》二十六卷附《考》一卷计27卷。《中国历史博物馆藏普通古籍目录·子部·艺术类》第301页、《山东省图书馆馆藏海源阁书目·子部·杂家类·杂学杂说》第153页、《北京大学图书馆藏古籍善本书目·子部·杂家类》第281页著录，北京大学图书馆（4册本）、山东省图书馆（1函6册本），中国历史博物馆（6册本）藏。此书为《经训堂丛书》中的1种。该刊本半页11行，行22字（19.4×14.6），小字双行同，大黑口，四周单边，双对黑鱼尾。

附　乾隆五十三年刻清毕沅、清刘锺之、清德昌徐郎斋修纂《［乾隆］卫辉府志》五十三卷、《卷首》一卷、《卷末》一卷计55卷。《中国地方志联合目录·河南省·新乡地区》第564页、《北京图书馆普通古籍总目·地志门·方志》第四卷第 137 页著录，国家图书馆（4 函 24 册本 3 部，6 函 24 册本 1 部）、中国科学院图书馆、故宫博物院图书馆、中共中央党校图书馆、北京大学图书馆、中国人民大学图书馆、北京师范大学图书馆、中央民族大学图书馆、上海图书馆、华东师范大学图书馆、上海辞书出版社图书馆、天津图书馆、大连市图书馆、甘肃省图书馆、新疆大学图书馆、山东大学图书馆、南京图书馆、南京大学图书馆（不全）、中国科学院南京地理研究所图书馆、南通市图书馆、台湾图书馆、河南省图书馆、郑州市图书馆（不全）、河南师范大学图书馆、新乡市图书馆、湖北省图书馆、湖南省图书馆、四川大学图书馆及国家文物局文物保护科学技术研究所、河南省文物研究所、湖南省文史馆藏。

乾隆间（1736—1795）南亭毕氏经训堂刻汉高诱注、明李鸣春评《吕氏春秋》二十六卷。《中国古籍总目·子部·杂家类·杂学杂说之属》第 1612 页著录，天津图书馆、齐齐哈尔市图书馆藏。

乾隆五十四年(1789)灵岩山馆刻清毕沅撰《释名疏证》八卷、《补遗》一卷、《续释名》一卷计 3 种 10 卷。《北京大学图书馆藏古籍善本书目·经部·小学类》第 39 页著录 2 册。此为《经训堂丛书》中的单行本。

乾隆五十五年（1790）重刊清毕沅撰、江声篆书《篆文释名疏证》八卷附《补遗》一卷计 2 种 9 卷。中华书局（北京）版《续修四库全书总目提要·经部·小学类》第一〇四〇页著录。

乾隆五十五年刻清毕沅撰《续释名》一卷附江声篆《篆文续释名》一卷计 2 种 2 卷。中华书局（北京）版《续修四库全书总目提要·经部·小学类》第一〇四〇页著录。

乾隆五十五年刻清毕沅撰《灵岩山人诗集》四十卷。《中国古籍总目·集部·别集类·清代之属·清前期》第 1526 页、《清人别集总目》第 378 页著录，湖南省图书馆、中国科学院图书馆及日本京都大学文学部中哲文研究室藏。

乾隆五十五年刻清毕沅撰《灵岩山人诗集》二十一卷。《清人别集总目》第378页著录，河南省图书馆藏，应为不全本。

乾隆间刊清毕沅撰《灵岩山人诗集》四十卷。《清人别集总目》第378页、《西谛书目·集部上·清别集类》卷三第四六页著录，西谛藏书（国家图书馆，10册本）、浙江大学图书馆藏。

乾隆间经训堂自刻清毕沅纂修《关中胜迹图志》三十卷。《中国古籍善本书目·史部·地理类二》第1048页、《中国古籍善本总目·史部·地理类·专志》第五一三页、《北京图书馆普通古籍总目·地志门·专类地志》第四卷第572页、《北京大学图书馆藏古籍善本书目·史部·地理类》第157页、《贩书偶记续编·附录·史部》第351页、《山东省图书馆馆藏海源阁书目·史部·专志·古迹》第95页、《增订四库简明目录标注》第311页著录，国家图书馆（8册本）、北京大学图书馆（2函12册本1部为西谛藏书，经训堂藏版，末页有黄裳墨笔题识，另1部有图无志4册本）、中国科学院图书馆、上海图书馆、大连市图书馆、山东省图书馆（1函6册本）藏。该刊本半页10行，行21字（20.8×13.6），小字双行同，白口，四周双边，单黑鱼尾。

乾隆间（1736—1795）写刻毕沅母清张藻撰《培远堂诗集》四卷。《续修四库全书总目提要（稿本）》第21～128页、《清人别集总目》第1107页著录，国家图书馆、南京图书馆、中国科学院图书馆、温州市图书馆藏。该书约刊于乾隆五十年前后，卷一收诗90余首，卷二收诗80余首，卷三收70余首，卷四收百余首。所收诗不分体例，不按编年。天津图书馆藏抄本。这部诗作部分还先后被收入道光二十四年（1844）序刻蔡殿齐辑《国朝闺阁诗》抄本（《培远堂诗集》一卷）、光绪间（1875—1908）《河间诗集》本（《培远堂稿》一卷，中国科学院图书馆藏）。

乾隆五十七年（1792）毕沅刻清江都申甫撰《笏山诗集》十卷。《中国古籍总目·集部·别集类·清代之属·清前期》第1424页、《清人别集总目》第299页著录，南京图书馆、复旦大学图书馆藏。

嘉庆丁巳(二年,1797)刊清毕沅、阮元同辑《山左金石志》二十四卷。《贩书偶记·史部·金石类》卷八第207页、《增订四库简明目录标注》第366页、《中国历史博物馆藏普通古籍目录·史部·金石类》第231页著录，中国历史博物馆藏3册本，为仪征阮氏小琅嬛仙馆刻本。

嘉庆间（1796—1820）毕氏刻清毕沅辑《吴会英才集》17种二十四卷。《中国人民大学图书馆古籍善本书目·集部·总集类》第178页、《安徽地震史料辑注》第241页（作清刊本）、《山西省图书馆普通线装书目录·文学门·地方艺文》第556页著录，中国人民大学图书馆（1函3册本）、山西省图书馆（6册本），安徽省博物馆藏。该刊本半页11行，行22字，黑口，双鱼尾，左右双边。

嘉庆二年（1797）小琅嬛仙馆自刻清毕沅、阮元撰《山左金石志》二十四卷。《中国古籍总目·史部·金石考古类·郡邑之属》第4819页著录，国家图书馆、上海图书馆、南京图书馆藏。

毕沅读书善于比勘。他认为前人诸种《资治通鉴》续作都或多或少地存在不尽如人意处，因此，决心编纂《续资治通鉴》这部编年体史书。

他延请著名学者严长明、程晋芳、邵晋涵、洪亮吉、孙星衍、章学诚等参与这项编辑工程。从乾隆中到末年，历经20多个寒暑纂成《续资治通鉴》二百二十卷。

嘉庆二年德裕堂刊清镇洋毕沅等撰《续资治通鉴》二百二十卷之初定本103卷。《贩书偶记·史部·编年类》卷五第114页（还有同治间［1862—1874］江苏书局补刊本。但作“三百二十卷”，误）、《香港所藏古籍书目·史部·编年类》第61页著录，除毕氏家刻本外，尚有香港中文大学图书馆藏同治六年（1867）上海刻60册本，香港新亚研究所图书馆藏同治八年（1869）刻此书60册本，香港中文大学图书馆、香港大学图书馆藏光绪七年（1881）番禺任氏寄螺斋刻66册本等。可见，此大书版本多，广受欢迎。尤其是香港中文大学图书馆藏光绪二十二年（1896）上海蜚英馆石印宋司马光撰、元胡三省注《资治通鉴》

二百九十四卷，清毕沅撰《续资治通鉴》二百二十卷计2种514卷60册本；香港大学图书馆还藏光绪十六年至二十四年（1890—1898）上海积山书局石印宋司马光撰、元胡三省音注《资治通鉴注》三百九十四卷，清毕沅撰《续资治通鉴》二百二十卷，清陈鹤撰《通鉴明纪》六十卷，宋刘恕撰《通鉴外纪》十卷，元胡三省撰《通鉴辨误》十二卷计5种696卷60册本。这是涉及毕氏著作的合印本。

毕氏殁后，其后人仍用经训堂刊刻了毕氏著述。著名的有：

嘉庆三年（1798）刻清史善长编《弇山毕公年谱》一卷。《国家图书馆普通古籍总目·传记门·分传·个人年谱》第285页著录，国家图书馆藏1册本。

嘉庆四年(1799)经训堂刊毕沅撰《灵岩山人诗集》四十卷附门人吴江史善长撰《年谱》又名《弇山毕公年谱》一卷计2种41卷。《山东省图书馆馆藏海源阁书目·集部·别集类·清》第274页、《贩书偶记·集部·别集类》卷十六第399页、《清人别集总目》第378页著录，国家图书馆、上海图书馆、南京图书馆、辽宁省图书馆、四川省图书馆、北京师范大学图书馆、山东省图书馆（1函9册本）、山东师范大学图书馆、南京大学图书馆、复旦大学图书馆、厦门市图书馆、温州市图书馆、台湾大学图书馆、日本大阪府立图书馆及日本内阁文库、日本东洋文库藏。该刊本半页11行，行22字（20.2×14.2），白口，左右双边，单黑鱼尾。封面题“嘉庆己未秋镌，经训堂藏板”。还有同治十一年(1872)重刊本，天津图书馆、上海图书馆、浙江大学图书馆等藏。汪訚《馆藏历代名人年谱集目》、浙江大学图书馆《中国历代人物年谱集录》著录为清乾隆原刊《灵岩山人集》附本，误。因谱成于嘉庆间（1796—1820），乾隆间（1736—1795）尚未问世。此谱梁廷灿在《年谱考略》中还进一步说：“著者清史善长，字仲文，吴江人。谱主之门人。此书秋帆临卒之年命仲文为之编次。仲文侍秋帆最久，故所记其事迹尚完备。书成于嘉庆戊午年(1798)，即秋帆卒后之一年也。有自跋。”

嘉庆四年经训堂刻清毕沅撰《灵岩山人诗集》二十一卷。《清人别集总目》第378页著录，江西省图书馆藏，为不全本。

嘉庆四年毕氏经训堂刻清毕沅撰《灵岩山人诗集》四十卷。《中国古籍总目·集部·别集类·清代之属·清前期》第1526页、《香港所藏古籍书目·集部·别集类》第301页著录，北京大学图书馆、中国科学院图书馆、辽宁省图书馆、天津图书馆、复旦大学图书馆、香港新亚研究所图书馆（10册本）藏。

嘉庆间（1796—1820）镇洋毕氏刻清吴璜撰《黄琢山房集》十卷。《清人别集总目》第859页著录，上海图书馆藏。

道光十五年（1835）刻清毕沅撰《灵岩山人诗集》四十卷。《中国古籍总目·集部·别集类·清代之属·清前期》第1526页、《清人别集总目》第378页著录，国家图书馆藏。

道光二十七年（1847）重刻清毕沅撰《关中金石记》八卷。《中国历史博物馆藏普通古籍目录·史部·金石类》第232页著录，中国历史博物馆藏5册本。

道光间（1821—1850）毕氏家刻清毕沅辑《吴会英才集》17种二十四卷。《中国丛书综录·类编·集类·总集（郡邑）》第一册第874页、《西谛书目·集部中·总集类》卷四第四四页、《山东省图书馆馆藏海源阁书目·集部·总集类》第214页著录，国家图书馆、清华大学图书馆、上海图书馆、上海辞书出版社图书馆、辽宁省图书馆、南京图书馆、青海省图书馆藏，西谛藏书（6册本）、山东省图书馆（20卷1函4册）及华东师范大学图书馆藏不全。该刊本半页11行，行22字（18.1×14.7），大黑口，左右双边，双黑鱼尾。

同治十一年（1872）镇洋毕氏（毕长庆）家刻清史善长编《弇山毕公年谱》一卷。《国家图书馆普通古籍总目·传记门·分传·个人年谱》第285页、《贩书偶记·史部·传记类》卷六第135页、《山西省图书馆普通线装书目·传记门·年谱》第290页著录，国家图书馆（1册本5部，还藏后印即同治间本1册本2部）、山西省图书馆（1册本，为后印本）藏。

光绪七年（1881）毕氏德裕堂刻清毕沅撰《续资治通鉴》二百二十卷。《香港所藏古籍书目·史部·编年类》第61页著录，香港大学图书馆藏64册本。

毕沅把他毕生精力投入到编辑、著述、刻书活动中，使他成为我国历史上有成就的编辑家、著述丰富的史学学者和出版家。

命运坎坷的编辑家洪亮吉

在寓外有成就的皖籍学者中，要数清乾隆、嘉庆间（1736—1820）的经学家、文学家、史志学家，同时也是一位命运坎坷，勤奋为学的编辑家、出版家和杰出的思想家洪亮吉了。

洪亮吉（1746—1809），初名洪莲，乾隆三十七年（1772）改名礼吉，四十六年（1781）就试礼闱改名亮吉，字君直，又字稚存、又蛣、元阳，号北江，又号华峰、华封、对岩、藕庄、藕庄氏、玉麈、梦殊、更生、天山戍客、北江居士、更生居士等，有更生斋、墨铭轩、卷施（葹）阁、晓读书斋、附鲒轩、附蛣轩、上下三千年纵横二万里之轩等室名斋号，安徽歙县洪源[①]（今安徽省黄山市徽州区洪坑）人。其先祖宏经纶任唐宣歙观察使，定居歙县，改姓洪。曾祖洪璟拔贡出身，以教习升交城县知县。在任上重文兴教，设义学，修卢川书院、薛公祠，捐俸筑郭外卧虹堤，升任大同知府。著《事物汇源》四卷、《秋山诗草》四卷、《北游集》一卷，纂修《［康熙］交城县志》十九卷等。祖父公寀候选直隶州同。父洪翘，字楚珩，又字午峰，国子监生。能诗，有集。因祖父洪

① 洪源又名洪源里、洪门里，今名洪坑，距徽州区岩寺镇5公里，是徽州著名的进士村。从北宋景德二年（1005）至清嘉庆十四年（1809），该村就出过17位进士、4位榜眼。状元洪莹故居为该村状元厅。洪源洪氏祠所挂一甲二名及第匾有洪亮吉。

公寀入赘于武进赵氏，后武进分设阳湖，寄籍阳湖（今江苏省常州市武进区）左厢花桥里。洪璟至孙洪翘三代多灾多难，在大同知府任上亏帑巨万，其子公寀倾其所有赔偿。公寀外舅赵熊诏之弟凤诏知太原府，获罪籍没家产，寄孤于公寀处，为仇家所告，籍没其家。洪翘因一个朋友在江西提督任上负券三千金，洪翘为其赔偿，看门佯为好话，要求合券，等到洪翘将券拿出，看门的将券撕裂，洪翘连校也不校，以火烧毁。在金陵，有 6 个参加乡试的学子渡江，船覆获救，其中有洪翘朋友通州盛聪。洪翘知道后为 6 人治装。他们 3 代人都这样尚义济人，所以祖籍《歙县志》将他们列入《义行传》。该传还记“后翘殁，停柩天宁寺。夜半火起，且及门。火光中，有一老人突烟仆，且呼曰：‘此洪楚珩柩也。’众欢曰：‘是当救。’争前举柩，并掖老人出。须发尽燔，肤如灸，审视，则盛聪也。其行谊动人如此。”可见其家风、家教优渥。洪翘著《两间书屋集》二卷，由李兆洛收入《旧言集》丛书中行世。《清史列传》卷六十九本传说亮吉：“其学于经史、注疏、说文、地理，靡不参稽钩贯，穷日著书，老而不倦。”家富藏书，喜抄书。其抄本采用黑格半页 10 行，四周双边，双鱼尾，版心上方印“更生斋”3 字。

亮吉少孤贫。6 岁（乾隆十六年）丧父，在母亲蒋氏的严督下，奋发读书，虽风雪夜都要读到鸡鸣。他于书无不读，知识广博，学有所成。20 岁后以教书养母及弟。他生性孝悌，乾隆四十一年（1776），在游学途中听到母亲不幸病逝，恸绝坠水，遇救生还。守制期间，3 年撤酒肉，不入中门。乾隆三十五年（1770)，在顺天乡试中举。乾隆三十六年（1771）与戴震、邵晋涵、王念孙、汪中诸名彦入朱筠幕府，佐安徽学政朱筠校文。乾隆四十六年（1781），入陕西巡抚毕沅幕府校刻古书，参与编修由毕沅主纂的《续资治通鉴》及参与毕氏主政西北河南地区主修的方志编纂工作，为毕氏刻书校文。毕沅主纂《关中金石记》《中州金石记》均为亮吉主笔。乾隆五十五年（1790），以一甲第二名进士（榜眼）授翰林院编修，派充国史馆纂修官。未散馆就分校顺天乡试。乾隆五十七年(1792)，出任贵州学政。在督学任上，他重文兴教，广置经史文选，广设书院，刊刻图书。任满返京，嘉庆丙辰(1796)，充咸安宫总裁，寻入直上书房，为皇孙奕纯侍读。嘉庆三年(1798)，因弟蔼吉丧归里。嘉庆四年(1799)，太上皇乾隆崩，由嘉庆帝亲政，由于大学士朱珪的推荐，参与纂修《高宗(乾隆)实录》。同年八月，稿本成后准备告归。《清史稿》洪亮吉本传说他“性豪迈，喜论当世事”。嘉庆四年（1799）八月，他作数千言《平邪教疏》，“力陈内外弊政”。当年又上书成亲王等执政大臣，因上书指斥朝政，部议拟大辟，后免死被流放到新疆伊犁。嘉庆五年（1800）二月，至伊犁。四月，京师大旱，嘉庆帝醒悟赦免。其诏书有：“罪亮吉后，言事者日少，即有，亦论官吏常事，于君德民隐休戚相关，之实绝无言者。岂非因亮吉获罪，钳口不复敢言？朕不闻过，下情复壅，为害甚巨。亮吉所论实足启沃朕心，故铭诸座右，时常观览。勤政远佞，警省朕躬。今特宣示亮吉原书，使内外诸臣知朕非拒谏饰非之主，实为可与言之君，诸臣遇可与言之君而不与言，负朕求治苦心。即传谕伊犁将军，释亮吉回籍。”这中间还有一段几令洪亮吉再次丧命的插曲。据朱克敬在《暝庵杂识》里记载：“伊犁将军闻之，密奏洪某狂悖，至当以事诛之。上曰：‘亮吉之罪，不合上书藩邸，尔至其所言忠直，朕甚嘉之，近以装潢成册，日夕观览。汝安得以不肖之心迎测。’即罢将军，赦免亮吉还。”就这样，遣戍边疆才百日的洪亮吉被释归。时恰值京师久旱，诏下而雨，所以嘉庆帝在其《得雨诗》中的“御制诗注”中写下“本日亲书谕旨，将去年违例上书发往新疆之编修洪亮吉立予释回，宣谕中外，并将其原书装潢成卷，常置左右，以作良规。正在颁发，是夜子时，甘霖大沛，连宵达昼。旋捷报近郊入土三寸有余，保定一带亦皆深透。天鉴中诚，捷于呼吸，可感益可畏也”①的句子，就是指释放洪亮吉这件事。亮吉为感不杀之恩，也自号更生居

① 转引自《清史列传·儒林传下二·洪亮吉》卷六十九第五五六〇页，北京：中华书局，1987。

士，改书斋为更生斋，其自号、斋号有多种与此事有关。嘉庆帝为此还制《导言纳谏论》，指出："亮吉原书，无违碍之句，有爱君之诚，贯足启沃朕心。"并将其书装潢成卷，常置左右，作为良规以劝言事者。可见，亮吉差点丧命才使嘉庆帝醒悟，故其本人也号更生。

遭此变故后，洪亮吉再也无心仕进了，潜心精研经史，专事讲学著述。嘉庆七年(1802)至八年(1803)携带第三子符孙及婿缪梓出任由安徽旌德县富商谭廷桂独资创办的，与当时著名的杭州诂经精舍、广州学海堂齐名的，位于今旌德县城南50里的洋山洋川毓文书院的第四任山长。嘉庆八年（1803）三月又应鹾政额勒布之聘，任扬州梅花书院山长。次年(1804)三月，重返洋川毓文书院。四月回老家洪源村谒先祠，展大同府君墓。此后，除执教外，各地频请亮吉、饴孙父子编史修志。如嘉庆十年(1805)三月至次年十一月，应泾县知县李德淦之聘，纂修《泾县志》三十二卷、《首》一卷、《续志》九卷。此志设局萧公祠，与该邑舍人赵良霨（第五任毓文书院山长）、广文赵绍祖、左明经赵煊、广文朱瑛等共订志例、纲目，分头编写，由亮吉总纂，使之成为清代名志。清张之洞在《书目答问》中就将这部《泾县志》列为方志的典范。嘉庆十一年(1806)二月到次年十一月，又应宁国知府鲁铨之聘，与歙县凌廷堪在府治（今安徽省宣城市宣州区）城北戚氏故居开局同纂《宁国府志》五十卷。他一生纂修方志多种，除上述志书外，嘉庆九年(1804)在任毓文书院山长时纂修《毓文书院志》八卷。早在入毕沅幕府时长期担任毕氏校刊古籍和主持的编史修志工作，先后纂修的志书有《长武县志》十二卷、《续刻》一卷，《固始县志》二十六卷、《首》一卷，《登封县志》三十二卷，《怀庆府志》三十四卷、《淳化县志》三十一卷，以及与孙星衍同纂的《澄城县志》二十卷等9种257卷。他在方志理论上主张体例应因地制宜，形式为内容服务，注重地理考证，资料应以历史文献为主，繁简适当。他明确提出："一方之志，苟简不可，滥收亦不可。苟简则舆图疆域容有不详"，"滥收则或采传闻，不搜载籍，借人才于异地，侈景物于一方，以致以讹传讹，误中复误”，“撰方志之法，贵因不贵创，信载籍而不信传闻，博考旁稽，义归一是”的原则。因此，他所撰写的方志都是严谨的佳作。他的这些方志理论，至今对于新方志的编纂仍有借鉴作用。

亮吉工诗善文，尤精历史地理学。他诗负奇才，与黄景仁齐名，世有洪黄并称，黄景仁客死汾州，亮吉赴山西料理其丧事；与孙星衍论学相长，为阳湖史学扛鼎作家，他在经学上有成就，世有孙洪之称。洪氏一生命运坎坷，但他为学勤勉，著述丰富，足迹所至无不留下墨迹，毕生精力用于著述和编校书籍上。北京市文物局存《洪北江诗稿》一卷稿本，山东省博物馆存《更生斋诗》不分卷，上海图书馆存《更生斋诗》卷九至十一、卷十三至十四计5卷，北京大学图书馆藏《更生斋诗》残稿6页、山东省博物馆还藏《卷施阁近诗》一卷稿本，我们可以从中一睹这位大学者娴熟功深的手泽。他的不少著作生前已有刊本。著名的有乾隆、嘉庆间（1736—1820）刊本《北江全集》八种一百三十八卷。卒后又有其后人于道光二十二年（1842）辑刻的《续刻北江遗书》六种十四卷。

光绪三至五年（1877—1879）亮吉曾孙洪用懃的授经堂在上述两种丛书的基础上，加上亮吉自刊、补遗以及未刊著作整理为《洪北江全集》又名《洪北江遗集》、《授经堂重刊遗集》21种二百一十卷，此次重刊未毕，后版归湖北崇文书局。这是洪氏著作的集大成者。还有杂著及独自编选、注疏、考证多种，总计著述除方志外，计有50余种300余卷。其中，《春秋左传诂》是他花了十年工夫完成的经学代表作。此书遵《汉书艺文志》例一依本经二传及汉唐《石经》、陆氏《释文》为据，并以贾、许、郑、服氏作为训诂，分经为4卷，传为16卷。除已收入丛书外，还有：《大清一统志辑要》五十卷、《玉麈集》二卷（题藕庄氏撰）、《毛诗天文考》一卷、《上成亲王书》不分卷、《塞外录》一卷、《塞外纪闻》

一卷[①]、《传经表》二卷、《通经表》不分卷、《注续通鉴地理》不分卷、《冰天雪窖词》一卷、《净海记》一卷、《游庐山记》一卷、《游京口南山记》一卷、《游天台山记》一卷、《游武夷山记》一卷、《游清凉山记》一卷、《游消夏湾记》一卷、《游九华山记》一卷、《万里荷戈集》、《百日赐环集》[②]、《游南湖记》一卷、《游幕府山泛舟江口记》一卷、《少寨洞记》一卷、《狮子崖记》一卷、《七招》二卷、《七招》一卷、《历代史案》二十卷、《卷施阁墨余四种》又名《洪北江杂著四种》、《比雅》十二卷、《春秋三传古义》四卷[③]、《春秋十论》一卷、《国语释地》四卷[④]、《声类辑》一卷[⑤]、《魏书地形志补正》四卷[⑥]、《西夏国志》十二卷[⑦]、《谢承后汉书辨误》一卷[⑧]、《注续通鉴地理》不分卷，《丛书书目汇编·洪北江集》第三册第三〇九页著录除已有外的《公羊穀梁古义》二卷、《意言》二十篇、《西晋南北史乐府》二卷、《冰天雪窖词》一卷、《机声灯影词》一卷[⑨]、《贵州水道考》三卷[⑩]、《天山纪程》二卷[⑪]、《四书发伏》又名《四史发伏》十卷（即《史记》二卷、《汉书》四卷、《后汉书》二卷、《三国志》二卷）、《卷施阁诗》一卷、《唐宋小乐府》一卷、《国语韦昭注疏》十六卷、《公羊穀梁古义》二卷、《释岁》不分卷、《骈体文》、《邪教疏》一卷、《东归日记》一

---

① 《［民国］歙县志·艺文志·书目》卷十五第十五页著录为二卷。

② 以上两种见马大正著《中国边疆研究论稿》第350页，哈尔滨：黑龙江教育出版社，2002。

③ 《［民国］歙县志·艺文志·书目》卷十五第十五页著录。

④ 《［民国］歙县志·艺文志·书目》卷十五第十五页著录。

⑤ 《［民国］歙县志·艺文志·书目》卷十五第十五页著录。

⑥ 《［民国］歙县志·艺文志·书目》卷十五第十五页著录。

⑦ 《［民国］歙县志·艺文志·书目》卷十五第十五页著录。但《清史列传·洪亮吉》卷六十九第五五六一页（1987年中华书局版）作16卷。

⑧ 《［民国］歙县志·艺文志·书目》卷十五第十五页著录。

⑨ 《［民国］歙县志·艺文志·书目》卷十五第十五页著录。

⑩ 《［民国］歙县志·艺文志·书目》卷十五第十五页著录。

⑪ 《［民国］歙县志·艺文志·书目》卷十五第十五页著录。

卷、《更生斋文录》一卷、《比雅》十九卷、《卷施阁近诗》一卷，选编《京江三上人诗选》五卷，以及他的后人将他的尺牍编为《洪稚存先生尺牍》一卷、《洪雅存评史》四卷及编写多种地方志等，还编辑出版了一些名人著述，如清吴裕垂撰《史案》又名《历朝史案》二十卷，辑《韵典》不分卷，评选《远游诗钞》十卷附《词钞》一卷计2种11卷。还有将其诗文集单行编刊行世。了解洪亮吉生平的重要史料有吕培等编《洪北江先生年谱》一卷。

洪亮吉在古籍整理上成就杰出。如批校《水经注》四十卷、批校《水经注》不分卷、批注《春庭说录》一卷、批校《双树生诗草》一卷，清王芑孙撰《惕甫时文稿》一卷稿本有清徐嵩、洪亮吉、何道生等跋，莫友芝题款，对清王念孙撰《广雅疏证》十卷嘉庆刻本进行点读并跋，由他与莫友芝校乾隆四年（1739）武英殿刻汉班固撰、唐颜师古注《汉书》一百卷，与孙原湘、舒位、徐渭仁等批校清林镐撰《双树生诗草》一卷稿本、与卢文弨批校清刻宋朱熹撰《仪礼经传通释》三十七卷宋黄榦撰《续》二十九卷，对《顺治九年壬辰科进士履历便览》全称《顺治九年壬辰科会试四百七名进士三代履历便览》一卷、《顺治十二年乙未科进士履历便览》全称《顺治十二年乙未科会试三百八十五名进士三代履历便览》一卷、《顺治十五年戊戌科进士履历便览》全称《顺治十五年戊戌科会试四百一名进士三代履历便览》一卷、《合刻山水二经》2种58卷、《梅花喜神谱》二卷、《春庭说录》一卷等题跋批注。还对清陈树华撰《春秋经传集解考正》七卷进行校对等。

他的著作除被有关丛书收录外，被重编出版更多。如道光壬寅（二十二年，1842）姑苏刻阳湖洪亮吉撰《洪北江杂著》2种十二卷、咸丰甲寅（四年，1854）广东徐灏校刊清阳湖洪亮吉撰《洪北江杂著四种》四卷等。

洪亮吉在乾隆五十五年（1790）前在帮助毕沅编刊古籍史志工作中一直是其得力的助手之一。他在编史修志实践中所增长的才干和见解，以及他在学术道路上的丰硕成果，无疑是与这段幕府生活和在河南巡抚任上主持的《史籍考》等巨著的分任编纂工作休戚相关的。

他在长期的著述编辑生涯中，在学术上贡献最大的是在历史地理学方面。他仿《宋书·州郡志》作《补三国疆域志》二卷，对于要地加以考证，作为郡县目下的补注；对没有分割的郡县，依《续汉书·郡国志》排列；对已分割或废而复置者，据《晋书·地理志》予以订正；对于东汉和西晋迥然不同的宁缺而不妄加断定。晋室东迁后，侨置、帖治现象严重，他参照《晋书》《宋书》《魏书》等中的有关纪、传及古地理、方志书，编成《东晋疆域志》四卷。该书以东晋义熙间（405—418）为断，附见各旋得旋失的州、郡；又采取十六国有关的史书和《晋书》《宋书》中的纪、传，杂采《御览》及当时的霸史，编成《十六国疆域志》十六卷。亮吉及其季子洪齮孙撰《补梁疆域志》四卷，填补了我国古代地方行政区划最乱的东晋南北朝时期正史所缺的地理志的空白。洪氏父子的这类著作均收入《二十五史补编》中。洪亮吉还将《一统志》《舆地表》《会典》等书中关于府、厅、州、县的建置资料结合当时的实际设置节编为《乾隆府厅州县图志》五十卷。该书以乾隆朝所辖省及三京为单位制作20图，着重介绍所辖区的户口、道里、物产，对城池兴废以及同知、通判驻地，邮亭、镇、堡、水道、陂塘等都由今溯古详细地作了介绍，对军事战略要地也因事附录，是一部实用性很强的历史地理著作。在史学方面，著有《西夏国志》十六卷，可惜未梓而稿佚。他还重编了清吴裕垂撰《历朝史案》二十卷。他在史学方面最大的著述活动要数去西北入幕毕沅府中参与由毕沅主持纂修的《续资治通鉴》的分编工作。

洪亮吉还是乾嘉时期我国最杰出的思想家、战斗的无神论者。他的诗文集中揭露了当时统治集团的腐败与黑暗，体现了一个平民出身的知识分子对社会危机的深刻观察。尤其是他为官廉洁奉公，关心民瘼，谠论敢言的自我牺牲精神，表现出了一个忧国忧民思想家的高风亮节。他的哲学思想集中表现在写于乾隆五十八年（1793）的《意言》10篇中

（收于《卷施阁文·甲集》卷一）。他以犀利的笔触，从批判神学的目的论中否定了人格神的天和鬼神的存在；又从批判宿命论中否定了儒家的“人生有命，富贵在天”的传统命定论和释家的因果报应思想；还批判了道家对成仙、长生术的迷信。这些方面都表现了他的唯物主义哲学思想的光辉和无神论的特色，在中国古代哲学史上应占有重要的一席地位。特别是他的人口论思想，是在总结乾嘉时代人口迅速增长和社会生产发展迟缓而形成尖锐的矛盾和隐伏的诸多社会问题的背景下，在1793年所写的《治平篇》中敏锐地抓住了这个导致社会危机的矛盾，提出人口繁殖与粮食产量增加存在着矛盾问题，提出这一具有战略意义的社会命题。清前期，中国人口已以几何级数猛增。顺治间（1644—1661），中国人口近1亿，至乾隆间（1736—1795），在短短百余年间，中国人口已增加2倍多，达到3亿。作为农业大国的农耕土地已由人均5亩下降为人均2亩多一点。针对人口增殖与生产资源占有的矛盾，他忧虑地写道：“（人口）则视三十年以前增五倍焉，视六十年以前增十倍焉，视百年、百数十年以前不啻增二十倍焉”，“一人之居以供十人已不足，何况供百人乎？一人之食以供十人已不足，何况供百人乎？此吾所以为治乎之民虑也。”在当时已是“田与屋之数常处其不足，而户与口之数常处其有余。农者十倍于前而田不加增，商贾者十倍于前而货不加增，士者十倍于前而佣书教授之馆不加增”的情况下，他在《生计篇》中建议广开土地，进行人口迁徙，禁止土地兼并，并减轻赋税，厉行节约，使物尽其用。他的人口论思想虽然在政治制度、解决出路等方面存在着致命的无法解决的属于时代局限的缺点，但在当时的历史背景下，提出人口发展和生产增长的矛盾，引起人们关注，寻找解决问题的出路，无疑是十分可贵的。他是中国早期提出控制人口论者，比英国著名的经济学家马尔萨斯提出的人口论要早得多。其客观上的进步意义是值得充分肯定的。

总之，在中国封建社会末期，在腐朽的政治、残酷的文化高压政策下，洪亮吉无论是对乾嘉学派的学术贡献，还是其明智的政治主张、进步的哲学思想对思想界的振聋发聩作用以及对清末龚自珍、魏源等为代表的贤哲们的经世致用思潮的启蒙作用，都是值得大书一笔的。

洪亮吉之所以有这么大的成就，与他还是一位藏书家的身份是分不开的。洪亮吉在《卷施阁文乙集·南楼赠书图记》卷四中说他的外祖父有赵氏南楼，是阳湖大藏书家，“有田十双，岁以半所入购积轴，历数十年而仓粟未满，书签已盈。又赴洛之后，增蓄异书，校阅之余，兼存别本”。他不仅深受其益，而且他的外祖母后来还从南楼藏书中抽了不少书给他，使得他自己的藏书也很丰富。《滂喜斋藏书目录》中有他亲手批校的葛刻《周易》《礼记》《仪礼》3 种。他对藏书家也进行了分析评价：“藏书家有数等，钱少詹大昕、戴吉士为考订家；卢学士文弨、翁阁学方纲为校雠家；鄞县范氏天一阁、钱塘吴氏瓶花斋、昆山徐氏传是楼为收藏家；吴门黄主事丕烈、邬镇鲍处士廷博为赏鉴家；吴门书估钱景开、陶五柳，湖南书估施汉英，为掠贩家。”当然了，能称得起为藏书家的一般都具有很高的学术水平和鉴赏能力，这只是个大体的评价。他的藏书处有卷施阁、更生斋、红豆山房、墨云轩、晓读书斋。他的藏书印有“藏书万卷”“书直黄金三百两”“亮吉”“稚存”“蓬壶散曲”“石经详复官”“更生居士”“君直一字稚存”“对策上第”“扫花使者”“平生爱我无如酒，凡事输人不但棋”“当三皇五帝之书”等。

洪家家刻在洪亮吉前并不显。主要有：

康熙四十二年（1703）写刻清洪璟撰《北游集》一卷。《中国古籍善本书目·集部·清别集类》第 1089 页、《中国古籍总目·集部·别集类·清代之属·清前期》第 1276 页、《皖人书录》第 577 页、《贩书偶记续编·集部·别集类》卷十四第 230 页、《清人别集总目》第 1673 页著录，清华大学图书馆藏。

清刊清王懋竑撰《朱子年谱》四卷、《考异》四卷、《附录》二卷计 2 种 10 卷。《增订四库简明目录标注·史部七·传记类》卷六第

253～254页著录，但说“婺源洪氏璟本”，误，洪璟应为歙县洪源人。

附　康熙四十八年(1709)刻清洪璟纂修《[康熙]交城县志》十八卷、《首》一卷计19卷。《中国古籍总目·史部·方志类·地志之属·山西省》第4163页、《北京图书馆古籍善本书目·史部·地理类》第六〇七页、《中国地方志联合目录·山西省·吕梁地区》第97页著录，国家图书馆（6册本）、中国科学院图书馆、故宫博物院图书馆、北京大学图书馆、清华大学图书馆、上海图书馆、天津图书馆、山西省图书馆、大连市图书馆、南京图书馆、南京大学图书馆、中国科学院南京地理研究所图书馆、台湾图书馆、武汉大学图书馆及中国第一历史档案馆藏。该刊本半页9行，行20字，小字双行同，白口，四周双边。

洪亮吉还是一名出版家。他自刊的主要著作计有：

乾隆三十六年(1771)刻清洪亮吉撰《拟两晋南北史乐府》二卷。《中国古籍善本书目·集部·清别集类》第1236页、《中国古籍善本总目·集部·清别集》第一五九四页、《中国古籍总目·集部·别集类·清代之属·清中期》第1622页、《北京图书馆古籍善本书目·集部·清别集类》第二六一三页、《清人别集总目》第1676页著录，国家图书馆（2册本）、辽宁省图书馆、福建省图书馆藏。该刊本半页8行，行19字，小字双行同，白口，左右双边。

附　乾隆四十八年（1783）刻嘉庆二十四年（1819）在陕西增刻清樊士锋修，清洪亮吉、李泰交纂，清李大成增修《［乾隆］长武县志》十二卷、《续刻》一卷计2种13卷。《中国古籍总目·史部·方志类·地志之属·陕西省·咸阳市》第4730页、《中国地方志联合目录·陕西省·咸阳地区》第170页、《北京大学图书馆藏古籍善本书目·史部·地理类》第127页、《北京图书馆普通古籍总目·地志门·方志》第四卷第195页、《贩书偶记·史部·地理类》卷七第168页、《山东省图书馆馆藏海源阁书目·史部·专志》第110页（乾隆本）著录，国家图书馆（4册本2部，有图，其中1部附《续刻》一卷）、中国科学院图书馆、故宫博物院图书馆、中共中央党校图书馆、北京大学图书馆（4 册本）、中国人民大学图书馆、中央民族大学图书馆、上海图书馆、上海辞书出版社图书馆、大连市图书馆、山东大学图书馆、山东省图书馆（1 函 4 册本，有图）、南京图书馆、南京大学图书馆、中国科学院南京地理研究所图书馆、浙江图书馆、台湾图书馆、湖北省图书馆及陕西省考古研究所、陕西省博物馆藏。

此书在嘉庆二十四年（1819）进行增刻，附嘉庆二十四年李大成续刊一卷，华东师范大学图书馆、天津图书馆、陕西省图书馆、甘肃省图书馆、山东省图书馆、南京图书馆藏。该刊本半页 10 行，行 22 字（20.9×14.6），白口，四周单边，单黑鱼尾。

附　乾隆四十九年（1784）刻清万廷树修、清洪亮吉纂《［乾隆］淳化县志》三十卷、《图》一卷计 31 卷。《中国古籍总目·史部·方志类·地志之属·陕西省·咸阳市》第 4731 页、《北京图书馆普通古籍总目·地志门·方志》第四卷第 195 页、《中国历史博物馆藏普通古籍目录·史部·地理类》第 108 页、《中国地方志联合目录·陕西省·咸阳地区》第 170 页、《北京大学图书馆藏古籍善本书目·史部·地理类》第 127 页、《山东省图书馆馆藏海源阁书目·史部·专志》第 110 页著录，国家图书馆（4 册本 2 部，有图。还藏民国二十年、二十三年西安克兴印书馆铅印 4 册有图本各 1 部）、北京大学图书馆（4 册本）、山东省图书馆（1 函 4 册本）、中国科学院图书馆、故宫博物院图书馆、北京师范大学图书馆、中央民族大学图书馆、上海图书馆、上海辞书出版社图书馆、天津图书馆、南开大学图书馆、辽宁省图书馆、大连市图书馆、吉林省图书馆、吉林大学图书馆、东北师范大学图书馆、陕西省图书馆、陕西师范大学图书馆、甘肃省图书馆、山东大学图书馆、南京图书馆、南京大学图书馆、中国科学院南京地理研究所图书馆、浙江图书馆、福建省图书馆、台湾图书馆、湖北省图书馆、武汉大学图书馆、四川省图书馆、四川大学图书馆、重庆市图书馆及中国历史博物馆（12 册本）、陕西省博物馆、河南省文物研究所藏。此书为参与官刻本。该刊本半页11行，行21字（18×13.1），黑口，左右双边，无鱼尾，封面题“乾隆甲辰春月”。

附　乾隆甲辰（四十九年，1784）修刻清戴治修，清洪亮吉、孙星衍纂《澄城县志》二十卷。《中国古籍总目·史部·方志类·地志之属·陕西省》第4724～4725页、《北京图书馆普通古籍总目·地志门·方志》第四卷第203页、《中国地方志联合目录·陕西省·渭南地区》第177～178页、《贩书偶记·史部·地理类》卷七第168页、《北京大学图书馆藏古籍善本书目·史部·地理类》第128页、《安徽省古籍善本书目·史部·地理类》卷二第五十九页、《山东省图书馆馆藏海源阁书目·史部·专志》第110页著录，国家图书馆（4册本有图4部）、北京大学图书馆（4册本）、山东省图书馆（1函4册本）、首都图书馆、中国科学院图书馆、故宫博物院图书馆、水利电力部科学研究院图书馆、民族文化宫图书馆、中共中央党校图书馆、中国人民大学图书馆、北京师范大学图书馆、中央民族大学图书馆、首都师范大学图书馆、上海图书馆、复旦大学图书馆、华东师范大学图书馆、上海辞书出版社图书馆、天津图书馆、辽宁省图书馆、大连市图书馆、吉林省图书馆、吉林大学图书馆、陕西省图书馆、陕西师范大学图书馆、西北大学图书馆、甘肃省图书馆、山东大学图书馆、南京图书馆、南京大学图书馆、中国科学院南京地理研究所图书馆、江苏师范大学图书馆、浙江图书馆、台湾图书馆、湖北省图书馆、武汉大学图书馆、湖南省图书馆、湖南省社会科学院图书馆、华南师范大学图书馆、四川省图书馆、重庆市图书馆、重庆市北碚区图书馆及国家文物局文保所、陕西省考古研究所、陕西省博物馆、安徽省博物馆（4册本）等藏。不少单位还藏嘉庆十三年增刻本。此书为参与官刻本。该刊本半页12行，行24字（19.7×15.1），粗黑口，四周单边，双对黑鱼尾，封面题“乾隆甲辰秋镌，本衙藏板”。

乾隆五十年（1785）阳湖洪亮吉在西安刻自撰《汉魏音》四卷。《北京图书馆普通古籍总目·文字学门》第十卷第101页著录，国家图书馆藏1册本1部，2册本2部。还藏光绪四年（1878）宏达堂刻1册本，为《宏达堂丛书》逸出本。

附　乾隆五十一年（1786）刻清谢聘修、洪亮吉纂《［乾隆］重修固始县志》二十六卷、《首》一卷计27卷。《中国古籍总目·史部·方志类·地志之属·河南省》第4497页、《北京图书馆普通古籍总目·地志门·方志》第四卷第154页、《中国地方志联合目录》第594页著录，国家图书馆（2函16册本有图3部）、中国科学院图书馆、民族文化宫图书馆、北京大学图书馆、北京师范大学图书馆、上海图书馆、华东师范大学图书馆、上海辞书出版社图书馆、天津图书馆、辽宁省图书馆、大连市图书馆、甘肃省图书馆、山东省图书馆、山东大学图书馆、南京图书馆、南京大学图书馆、中国科学院南京地理研究所图书馆、台湾图书馆、南通市图书馆、河南省图书馆、河南省社科院图书馆、河南师范大学图书馆、新乡市图书馆、湖北省图书馆、武汉大学图书馆、湖南省图书馆、中山大学图书馆、华南师范大学图书馆、四川大学图书馆及中国第一历史档案馆、河南省博物馆、河南省文史馆藏。此志属河南省信阳地区，今信阳市。

附　乾隆丁未（五十二年，1787）刻清陆继萼修、洪亮吉纂《［乾隆］登封县志》三十二卷。《中国古籍总目·史部·方志类·地志之属·河南省》第4460页、《中国历史博物馆藏普通古籍目录·史部·地理类》第140页、《贩书偶记·史部·地理类》卷七第168页、《北京图书馆普通古籍总目·地志门·方志》第四卷第131页、《中国地方志联合目录》第561页著录，国家图书馆（5部8册本有图，其中2部为2函，1部为陈垣赠书）、首都图书馆、中国科学院图书馆、水利电力部科学研究院图书馆、中共中央党校图书馆、北京大学图书馆、清华大学图书馆、中国人民大学图书馆、北京师范大学图书馆、中央民族大学图书馆、首都师范大学图书馆、上海图书馆、复旦大学图书馆、华东师范大学图书馆、上海师范大学图书馆、上海辞书出版社图书馆、天津图书馆、南开大学图书馆、天津师范大学图书馆、辽宁省图书馆、大连市图书馆、吉林省图书馆、吉林大学图书馆、东北师范大学图书馆、甘肃省图书馆、山东省图书馆、山东大学图书馆、南京图书馆、南京大学图书馆、中国科学院南京地理研究所图书馆、南通市图书馆、镇江市图书馆、浙江图书馆、江西省图书馆（不全）、福建师范大学图书馆、台湾图书馆、河南省图书馆、河南省社科院图书馆、郑州市图书馆、郑州大学图书馆、开封市图书馆、河南师范大学图书馆、新乡市图书馆、洛阳市图书馆、湖北省图书馆、武汉大学图书馆、武汉图书馆、武汉师范大学图书馆、中山大学图书馆、华南师范大学图书馆、广西师范大学图书馆、四川省图书馆、重庆市图书馆、重庆市北碚区图书馆、泸州市图书馆、云南大学图书馆及中国第一历史档案馆、中国历史博物馆（8 册本）、国家文物局文保所、浙江图书馆天一阁分馆、山东省博物馆、河南省博物馆、河南省档案馆、河南省文史馆、河南省文物研究所藏。以上所藏有的系乾隆六十年补刻本。此外，还有咸丰五年（1855）刻本，国家图书馆、河南师范大学图书馆藏，计 3 个刻本，共 96 卷。

乾隆戊申（五十三年，1788）洪氏卷施阁刻清洪亮吉撰《乾隆府厅州县图志》五十卷。《中国古籍善本书目·史部·史抄类》第 740 页、《安徽大学图书馆重编古籍善本书目·史部·地理志·总志》卷二第 49 页著录，安徽大学图书馆（分别藏 10 册本有图 1 部，20 册本有图 2 部）、复旦大学图书馆（由清王士铎校）藏。该刊本半页 12 行，行 24 字，小字双行同，四周双边，黑口。此书《四库全书》未涉及。

乾隆戊申刊《乾隆府厅州县图志》五十卷，嘉庆八年（1803）又重刊于旌德洋川毓文书院。《北京图书馆普通古籍总目·地志门·地理学》第四卷第 44 页、《青海省古籍善本书目·史部·地理类》第三三页著录，国家图书馆（4 部 2 函 12 册本中其中 1 部还附清吕培等编《洪江北先生年谱》一卷，为《全集》逸出本，有 1 部有李慈铭墨笔眉批。还有1部为2函10册本。还藏光绪五年洪用懃授经堂刻2函20册本2部，为《洪江北全集》逸出单行本。还藏光绪二十三年新化三味书室刻2函20册本2部，16册本2部。还藏1987年天津古籍出版社编并扫描油印此书嘉庆八年重刻本2函20册本1部）、青海省图书馆（12册本）藏。《增订四库简明目录标注》第294页著录："清洪亮吉撰。其书无甚发明，特《一统志》节本，便于携带，较之世所通行《广舆记》稍为雅饬耳。乾隆戊申洪氏刊本。"同时指出洪书中出汉阴厅、贵阳府等差错。此书分别收入《北江全集》《洪北江全集》等丛书中。

乾隆五十四年(1789)刊《东晋疆域志》四卷，嘉庆元年(1796)洪氏又自刊于京师。《贩书偶记·史部·正史类》卷五第107页、《安徽省古籍善本书目·史部·纪传类》卷二第八页著录，安徽劳动大学图书馆藏嘉庆元年（1796）刻2册本。还有光绪间（1875—1908）广雅书局刻本，藏处待考。

附　乾隆五十四年(1789)刻 清唐侍陛、杜琮修，洪亮吉纂《［乾隆］新修怀庆府志》三十二卷、《首》一卷、《图经》一卷计2种34卷。《中国地方志联合目录》第570页著录，国家图书馆、中国科学院图书馆、中国历史博物馆图书馆、故宫博物院图书馆（不全）、民族文化宫图书馆、北京大学图书馆、清华大学图书馆、中国人民大学图书馆、北京师范大学图书馆、中央民族大学图书馆、首都师范大学图书馆、上海图书馆、复旦大学图书馆、上海辞书出版社图书馆、天津图书馆、南开大学图书馆、辽宁省图书馆、大连市图书馆、吉林大学图书馆、东北师范大学图书馆、甘肃省图书馆、山东省图书馆、山东大学图书馆、南京图书馆、南京大学图书馆、中国科学院南京地理研究所图书馆、南通市图书馆、扬州市图书馆、镇江市图书馆（不全）、浙江大学图书馆、福建省图书馆、台湾图书馆、河南省图书馆、郑州大学图书馆、河南师范大学图书馆、湖北省图书馆、武汉大学图书馆、华南师范大学图书馆、四川省图书馆、重庆市北碚区图书馆及中国第一历史档案馆、国家文物局文保所、河南省博物馆、河南省文史馆、河南省文物研究所藏。此志今属河南省新乡地区。

乾隆五十九年(1794)在视学贵州任上自刊《卷施阁集》38卷，至乾隆六十年(1795)贵阳节署刊本已增为52卷，此书两刻计为90卷。《安徽省馆藏皖人书目》第220页著录，安徽省图书馆藏38卷10册本，又藏《甲集》十卷乾隆间（1736—1795）刻本1册本。

乾隆六十年又于贵阳节署刊《附鲒轩诗》八卷。《安徽省馆藏皖人书目》第220页、《香港所藏古籍书目·集部·别集类》第303页著录，安徽省图书馆（2册本）、香港大学图书馆（2册本）藏。

乾隆六十年至嘉庆初贵阳节署刻清洪亮吉撰《卷施阁诗集》二十卷、《文甲集》十卷、《文乙集》十卷附《鲒轩诗》八卷计4种48卷。《中国古籍总目·集部·别集类·清代之属·清中期》第1623页著录，北京大学图书馆藏。

乾隆六十年至嘉庆初又于贵阳学署刊《卷施阁文·甲集》十卷、《乙集》十卷、《诗集》二十卷附《鲒轩诗》八卷，《更生斋文·甲集》四卷、《乙集》四卷、《诗集》八卷、《诗余》二卷、《年谱》一卷计9种67卷。《北京大学图书馆藏古籍善本书目·集部·别集类》第493页著录，北京大学图书馆藏2部不全本，分别存4册、11册。《贩书偶记·集部·别集类》卷十五第394～395页著录作乾隆乙卯（六十年，1795）至嘉庆间（1796—1820）贵阳学署刊清阳湖洪亮吉撰上述9种67卷。

乾隆间（1736—1795）刻清吴裕垂撰、洪亮吉编《历朝史案》二十卷。《安徽大学图书馆重编古籍善本书目·史部·史抄史评类》卷二第43页著录，安徽大学图书馆藏6册本。该刊本半页10行，行22字，四周双边，白口，《四库全书》未收录。吴氏原著有咸丰间、光绪六年（1880）大成堂刻本作《史案》二十卷，而道光四年（1824）其子吴篢刊本附《咏史诗》。

乾隆间刊清洪亮吉撰《汉魏音》四卷。《安徽省馆藏皖人书目》第

222页、《北京大学图书馆藏古籍善本书目·经部·小学类》第51页著录，北京大学图书馆（藏2部，均为1册装）、安徽省图书馆（2册本）藏。

乾隆间在西安刻清洪亮吉撰《补三国疆域志》二卷。《安徽省馆藏皖人书目》第222页、《北京大学图书馆藏古籍善本书目·史部·地理类》第114页、《山东省图书馆馆藏海源阁书目·史部·地理类》第93页著录，北京大学图书馆（2册本）、安徽省图书馆（1册本）、山东省图书馆（1函2册本）藏。该刊本半页12行，行24字（20.1×14.9），黑口，四周单边，双黑鱼尾。此书收入《史学丛书》《丛书集成初编》等丛书中。

清刻清洪亮吉撰《春秋左传诂》二十卷。《安徽省馆藏皖人书目》第220页著录，安徽省图书馆藏10册本。此书先后收入《四部备要》《万有文库》《皇清经解续编》《洪北江全集》《国学基本丛书》等丛书中。

嘉庆元年（1796）洪亮吉在京师自刻《东晋疆域志》四卷。《安徽省馆藏皖人书目》第220页、《香港所藏古籍书目·史部·地理类·总志》第100页著录，安徽省图书馆（2册本）、香港中文大学图书馆（4册本）藏。此书先后收入《二十五史补编》《史学丛书》《广雅书局丛书》《洪北江全集》《丛书集成初编》等丛书中。

嘉庆元年、三年（1798）于京师自刊《十六国疆域志》十六卷。《北京图书馆普通古籍总目·地志门·地理学》第四卷第34页、《安徽省馆藏皖人书目》第218页、《山东省图书馆馆藏海源阁书目·史部·地理类》第93页著录，国家图书馆（4册本）、山东省图书馆（1函3册本）、安徽省图书馆（10册本）藏。封面题“嘉庆三年刊于京师”。该刊本半页10行，行24字（18.9×14），粗黑口，四周单边，双黑对鱼尾。此书分别收入《万有文库》《二十五史补编》《北江全集》《史学丛书》《洪北江全集》《广雅书局丛书》《丛书集成初编》《国学基本丛书》等丛书中。

嘉庆元年刻清洪亮吉撰《东晋疆域志》四卷、《十六国疆域志》十六卷计2种20卷。《安徽省古籍善本书目·史部·纪传类》卷二第八页著录，安徽省图书馆藏12册本。

嘉庆七年（1802）孟夏在旌德洋川毓文书院山长任上刊清洪亮吉撰《更生斋集》十八卷附旌德县门人吕培等编《年谱》一卷。《贩书偶记续编·集部·别集类》卷十五第253页著录。

嘉庆七年在洋川（毓文）书院刻清洪亮吉撰《更生斋集》十六卷。《安徽省馆藏皖人书目》第220页著录，安徽省图书馆藏2册本。

嘉庆八年（1803）洪氏卷施阁刻清洪亮吉撰《乾隆府厅州县图志》五十卷。《中国古籍善本总目·史部·地理类·总志》第五〇三页、《安徽省馆藏皖人书目》第221页著录，安徽省图书馆（16册本）及浙江图书馆天一阁分馆（由清汪士铎校）藏。

嘉庆间（1796—1820）刻清洪亮吉撰《卷施阁诗集》二十卷、《文甲集》十卷、《文乙集》八卷附《鲒轩诗》八卷计4种46卷。《中国古籍总目·集部·别集类·清代之属·清中期》第1623页著录，国家图书馆藏。

嘉庆间刻清洪亮吉撰《乾隆府州县图志》五十卷。《中国古籍总目·史部·地理类·杂志之属》第3724页著录，南京图书馆藏。此书收入《北江全集》《洪北江全集》等中。国家图书馆、上海图书馆还藏光绪二十三年（1897）新化三味书室刻本。

附　嘉庆十一年（1806）刻清李德淦、周鹤立修，洪亮吉纂《[嘉庆]泾县志》三十二卷、《续》九卷、《首》一卷、《图经》一卷计3种43卷。《北京图书馆普通古籍总目·地志门·方志》第四卷第266页、《安徽地震史料辑注》第220页、《安徽省馆藏皖人书目》第221页、《中国历史博物馆藏普通古籍目录·史部·地理类》第141页、《贩书偶记·史部·地理类》卷七第168页、《安徽省古籍善本书目·史部·地理类》卷二第五十五页、《中国地方志联合目录》第467页著录，国家图书馆（4函24册本，2函14册本各1部，有图）、首都图书馆、中国科学院图书馆、中国历史博物馆图书馆、北京大学图书馆、北京师范大学图书馆、中国人民大学图书馆、中央民族大学图书馆、上海图书馆、上海师范大学图书馆、上海辞书出版社图书馆、天津图书馆、吉林大学图书馆、西北大学图书馆、甘肃省图书馆、新疆大学图书馆、南京图书馆、中国科学院南京地理研究所图书馆、南通市图书馆、浙江图书馆、浙江大学图书馆、安徽省图书馆（16册本）、安徽师范大学图书馆、台湾图书馆、郑州大学图书馆、湖北省图书馆、华中师范大学图书馆、湖南省图书馆（不全）、重庆市北碚区图书馆、贵阳师范大学图书馆及中国历史博物馆（存无《续》九卷12册）、山东省博物馆、安徽省博物馆（16册本，还有乐输题名上下卷本）、河南省博物馆藏。

此外，民国三年（1914）泾县翟凤翔石印本收藏更夥、易得。如国家图书馆（2函14册本5部，其中1部附《修府县两志乐输题名》二卷）、首都图书馆、故宫博物院图书馆、民族文化宫图书馆、中共中央党校图书馆、清华大学图书馆、北京师范大学图书馆、中国人民大学图书馆、民族大学图书馆、首都师范大学图书馆、上海图书馆、复旦大学图书馆、华东师范大学图书馆、天津图书馆、南开大学图书馆、山西省图书馆、山西大学图书馆、辽宁省图书馆、大连市图书馆、吉林省图书馆、吉林大学图书馆、东北师范大学图书馆、吉林市图书馆、陕西师范大学图书馆、西北农业大学图书馆、甘肃省图书馆、青海省图书馆、山东省图书馆、南京图书馆、南京大学图书馆、中国科学院南京地理研究所图书馆、江苏师范大学图书馆、苏州市图书馆、常熟市图书馆、扬州市图书馆、镇江市图书馆、浙江图书馆、浙江大学图书馆、安徽省图书馆（16册本）、芜湖市图书馆、安徽大学图书馆、安徽师范大学图书馆、安徽劳动大学图书馆、安庆市图书馆、江西省图书馆、江西师范大学图书馆、福建省图书馆、福建师范大学图书馆、厦门大学图书馆、河南省图书馆、郑州大学图书馆、河南省社科院图书馆、郑州市图书馆、湖北省图书馆、武汉大学图书馆、华中师范大学图书馆、武汉师范大学图书馆、湖南省图书馆、湖南省社科院图书馆、湖南师范大学图书馆、广东省中山图书馆、中山大学图书馆、暨南大学图书馆、华南师范大学图书馆、广西壮族自治区图书馆、广西壮族自治区桂林图书馆、四川省图书馆、云南大学图书馆、中国社会科学院考古研究所图书馆及中国第一历史档案馆、安徽省博物馆藏。此版《安徽省馆藏皖人书目》第221页作铅印本。

在毓文书院山长任上完成的《毓文书院志》八卷于嘉庆九年（1804）在书院月午楼刻。《中国古籍总目·史部·地理类·专志之属·书院》第3885页著录，上海图书馆藏。该志洪氏初版《人物·山长门》中仅收有黄征乂、杨花、朱文翰、洪亮吉4位山长，后印本续有增加。毓文书院由旌德县洋川（与江村一路之隔）谭子文（1733—1813，名廷柱）于乾隆五十九年至嘉庆元年（1794—1796）分家产之半捐钱二万两独资兴办，是与歙县紫阳书院、杭州诂经书院、广州学海堂齐名的著名书院。该书院因山就势建屋136间，由生云阁、文渊所、适野别境、文星楼、适意亭等高低曲折亭、馆、廊、庑组成，正层楼上为月午楼，收藏经、史、子、集60种4213卷，楼下讲堂为亦乐堂，建有小阁供奉紫阳文公朱熹。该校教学以宋明理学为宗旨。先后聘请24位山长，历时48年。山长都是满腹经纶的进士、举人（16名进士、8名举人）。其中，《清史稿》立传5位山长，《中国名人大辞典》列入7人。从这个书院走出去的生徒仅据嘉庆九年（1804）所载前8年就有76名获取功名。作为资本并不雄厚的商人，谭子文因办学功劳被清廷授予四品知府衔以示褒扬。

嘉庆丁卯（十二年，1807）阳湖洪贻孙刊《春秋左传诂》二十卷。《中国古籍总目·经部·春秋类·左传·传说之属》第594页著录，国家图书馆、北京大学图书馆、中国科学院图书馆藏。

嘉庆十八年（1813）金陵刻清洪亮吉撰《春秋左传诂》二十卷。《中国古籍总目·经部·春秋类·左传·传说之属》第594页著录，国家图书馆藏。

嘉庆十八年金陵刻道光八年（1828）印清洪亮吉撰《春秋左传诂》二十卷。《中国古籍总目·经部·春秋类·左传·传说之属》第594页、《贩书偶记续编·经部·春秋左传类》卷二第16页、《山西省图书馆普通线装书目录·经籍门·春秋》第173页著录，国家图书馆、山西省图书馆藏道光八年刻16册本，当为第二次印刷。

嘉庆间（1796—1820）刻旌德吕培等编《洪北江年谱》一卷。《贩书偶记续编·史部·传记类》卷六第54页著录。

附　嘉庆二十年（1815）刻清鲁铨、锺英修，洪亮吉、施晋纂《［嘉庆］宁国府志》三十六卷、《首》一卷、《末》一卷附嘉庆十四年（1809）沈湘葵撰《卷末补遗》计2种39卷。《北京图书馆普通古籍总目·地志门·方志》第四卷第265页、《安徽地震史料辑注》第218页、《中国地方志联合目录》第466页、《贩书偶记·史部·地理类》卷七第166页（著录作嘉庆丁卯与凌廷堪同编，不准确）、《安徽省馆藏皖人书目》第222页著录，国家图书馆（32册本）、水利电力部科学研究院图书馆、中共中央党校图书馆、上海辞书出版社图书馆、天津师范大学图书馆、内蒙古自治区图书馆、内蒙古师范大学图书馆、辽宁省图书馆、陕西师范大学图书馆、甘肃省图书馆、新疆大学图书馆、山东大学图书馆、南通市图书馆、无锡市图书馆、安徽省图书馆（作嘉庆十二年刻21册本）、郑州大学图书馆、重庆市北碚区图书馆、中国社会科学院考古研究所图书馆及中国第一历史档案馆藏。

此外，民国八年（1919）泾县翟凤翔宁郡清华斋影印本，国家图书馆（4函32册本5部，均有图）、首都图书馆、中国科学院图书馆、故宫博物院图书馆、中国历史博物馆图书馆、民族文化宫图书馆、中共中央党校图书馆、北京大学图书馆、清华大学图书馆、北京师范大学图书馆、中国人民大学图书馆、中央民族大学图书馆、首都师范大学图书馆、上海图书馆、复旦大学图书馆、华东师范大学图书馆、上海师范大学图书馆、上海辞书出版社图书馆、天津图书馆、南开大学图书馆、山西省图书馆、山西大学图书馆、辽宁省图书馆、大连市图书馆、吉林省图书馆、吉林大学图书馆、东北师范大学图书馆、黑龙江省图书馆、哈尔滨师范大学图书馆、陕西师范大学图书馆、西北大学图书馆、甘肃省图书馆、青海省图书馆、山东省图书馆、山东大学图书馆、山东师范大学图书馆、南京图书馆、南京大学图书馆、中国科学院南京地理研究所图书馆、江苏师范大学图书馆、苏州市图书馆、扬州市图书馆、镇江市图书馆、浙江图书馆、浙江大学图书馆、安徽省图书馆（32 册本）、安徽大学图书馆、安徽劳动大学图书馆、安徽师范大学图书馆、安庆市图书馆、芜湖市图书馆、江西省图书馆、福建省图书馆、福建师范大学图书馆、河南省社科院图书馆、郑州大学图书馆、湖北省图书馆、武汉大学图书馆、武汉图书馆、湖南省图书馆、湖南省社科院图书馆、广东省中山图书馆、中山大学图书馆、暨南大学图书馆、华南师范大学图书馆、广西壮族自治区桂林图书馆、四川省图书馆、重庆市图书馆、云南大学图书馆及中国第一历史档案馆、国家文物局文保所（院）、安徽省博物馆藏。民国本还附《太平郡志》。

清刊清洪亮吉撰《北江诗话》六卷。《中国古籍总目・集部・诗文评类》第 3212 页著录，南京图书馆、北京大学图书馆藏。

洪氏家刻也是历史上有名的家刻。其子孙仅刻其遗著就分别有《北江全集》9 种一百四十三卷；道光二十二年 (1842) 的《续刻北江遗书》6 种十六卷。最大的出版工程要数其曾孙洪用懃授经堂在光绪间辑刻未毕的《洪北江全集》22 种二百二十二卷，共 3 部大丛书。

乾隆、嘉庆间（1736—1820）刻清洪亮吉撰《北江全集》9 种一百四十三卷。《中国古籍总目・丛书部・独撰类・清代前期》第 1160 页、《中国丛书综录・汇编・独撰类（清代前期）》第一册第 511 页、《安徽省馆藏皖人书目》第 219 页、《山东省图书馆馆藏海源阁书目・丛书・自著类》第 387 页、《清人别集总目》第 1067 页著录，国家图书馆、中国科学院图书馆、北京师范大学图书馆、安徽省图书馆（40 册本）、上海图书馆、复旦大学图书馆、天津图书馆、吉林大学图书馆、山东省图书馆（6 函 48 册本）、南京图书馆、浙江图书馆、河南省图书馆、江西省图书馆、重庆市图书馆、台湾大学图书馆、日本大阪府立图书馆及日本内阁文库藏，上海辞书出版社图书馆收藏不全。收此书逸出及不全本更多，如新疆大学图书馆、太原市图书馆等均有零本收藏。该刊本半页 12 行，行 24 字（19.3×14.9），大黑口，四周双边，双黑鱼尾。

道光五年（1825）刻清洪亮吉撰《更生斋诗・续集》十卷、《文续集》二卷、《文甲集补遗》一卷、《文乙集续编》一卷计 4 种 14 卷。《中国古籍总目・集部・别集类・清代之属・清中期》第 1623 页著录，湖南省图书馆藏。

道光二十二年（1842）刻清洪亮吉撰《续刻北江遗书》7 种十六卷。《中国古籍善本书目・丛部・自著丛书》第 661 ～ 662 页、《中国古籍善本总目・丛部・自著丛书》第二〇一〇页、《中国古籍总目・丛书部・独撰类・清代前期》第 1160 页、《北京图书馆古籍善本书目・子部・丛书类》第一九六四至一九六五页、《中国丛书综录・汇编・独撰类（清代前期）》第一册第 511 页、《中国丛书综录补正》第 115 页著录，国家图书馆（清李慈铭批注 4 册本）、清华大学图书馆、江西省图书馆、中央民族大学图书馆藏，武汉图书馆收藏不全。该刊本半页 11 行，行 22 字，小字双行同，黑口，四周单边。

道光二十六年（1846）刻清阳湖洪亮吉撰《六书转注录》十卷。《贩书偶记・经部・小学类》卷四第 86 页著录。

道光己酉（二十九年，1849）刻清阳湖洪亮吉撰《更生斋诗续集》十卷、《文续集》二卷、《文甲集补遗》一卷、《文乙集续编》一卷计 4 种 14 卷。《贩书偶记・集部・别集类》卷十五第 395 页、《香港所藏古籍书目・集部・别集类》第 303 页著录，香港大学图书馆藏 6 册本。

道光三十年（1850）刻清洪亮吉撰《毛诗天文考》一卷。《中国古籍善本书目・经部・诗类》第 158 页著录，复旦大学图书馆藏。

咸丰五年（1855）刻清洪亮吉撰《洪北江先生杂著四种》四卷附《传记》。《中国古籍总目・子部・杂家类・杂记之属》第 1879 页著录，辽宁大学图书馆藏。

咸丰五年洪饴孙刻其父、清洪亮吉撰《洪北江杂著四种》又名《卷施阁墨余》4种四卷附2种计6种6卷。《中国古籍总目·丛书部·独撰类·清代前期》第1161页、《中国丛书广录·汇编丛书·自著类·清代前期》第304页著录，中国科学院图书馆藏。

咸丰间（1851—1861）刻清泾县吴裕垂撰、江左洪亮吉编《历朝史案》二十卷。《贩书偶记续编·史部·史评类》卷八第101页著录。此书其子吴篑曾在道光间校刊过。

光绪三年（1877）鄂垣刻清洪亮吉撰《更生斋集》十六卷。《中国古籍总目·集部·别集类·清代之属·清中期》第1623页著录，中国科学院图书馆藏。

光绪三年鄂垣刻清洪亮吉撰《更生斋文集·甲集》四卷、《续集》二卷、《诗》八卷、《续集》十卷计4种24卷。《中国古籍总目·集部·别集类·清代之属·清中期》第1623页著录，辽宁省图书馆藏。

光绪三年洪用懃授经堂刻清洪亮吉撰《更生斋文集》八卷、《诗集》八卷、《续文集》二卷、《续诗集》十卷、《诗余》一卷计5种29卷。《安徽省馆藏皖人书目》第219～220页著录，安徽省图书馆藏13册本。此为洪用懃辑刻《洪北江全集》前先印不全全集本。

光绪三年（1877）洪用懃授经堂刻清洪亮吉撰《晓读书斋初录》二卷、《二录》二卷、《三录》二卷、《四录》二卷计4种8卷。《安徽省馆藏皖人书目》第222页著录，安徽省图书馆藏4册本。此应为洪用懃刻其祖洪亮吉全集前的初印单行本。

光绪三年至五年（1877—1879）曾孙洪用懃授经堂在鄂垣重刊清洪亮吉撰《洪北江先生遗集》23种二百二十三卷。《中国古籍总目·丛书部·独撰类·清代前期》第1160～1161页、《中国丛书综录续编·汇编·独撰类（清代）》第157～158页、《香港所藏古籍书目·丛部·汇编类》第606页、《中国古旧书刊拍卖目录》第118页、《清人别集总目》第1676～1677页、《中国历史博物馆藏普通古籍目录·丛书部·一人所著书类》第366页著录，国家图书馆、北京大学图书馆、中国人民大学图书馆、首都师范大学图书馆、上海图书馆、复旦大学图书馆、天津图书馆、辽宁省图书馆、甘肃省图书馆、山东省图书馆、南京图书馆、浙江图书馆、湖北省图书馆、四川省图书馆、无锡市图书馆、诸暨市图书馆、大连市图书馆、太原市图书馆、镇江图书馆、南开大学图书馆、武汉师范大学图书馆、台湾东海大学图书馆、台北故宫博物院图书馆、台湾大学图书馆、香港新亚研究所图书馆（84册本）、日本京都大学图书馆、大阪府立图书馆、日本国会图书馆及中国历史博物馆图书馆（缺第4册计84册）、日本东京静嘉堂文库图书馆、日本东洋文库图书馆、日本京都大学人文科学研究所图书馆及日本东京大学东洋文化研究所藏，中国书店拍卖版式29.2×17.8，白纸28册本。此书首有授经堂重刊上述目录，目录后有："以上共二百二十二卷，光绪四年（1878）开雕，迄己卯（1879）闰三月上竣。其未刊书集，另具目录，购获另梓"字两行，另附授经堂未刊书目一页。此套丛书用懃已刊毕以上子目，光绪十五年（1889）十月板归湖北崇文书局即后来的湖北官书局。

光绪间（1875—1908）曾孙洪用懃授经堂刻清洪亮吉撰《洪北江全集》又名《授经堂重刊遗集》、《洪北江遗集》23种二百二十三卷。《中国丛书综录·汇编·独撰类（清代前期）》第一册第511～512页、《中国丛书综录补正》第115页、《安徽省馆藏皖人书目》第221页、《山西省图书馆普通线装书目录·总记门·丛书类》第1010页著录，国家图书馆、首都图书馆、北京大学图书馆、北京师范大学图书馆、清华大学图书馆、安徽省图书馆（84册本）、山西省图书馆（96册本）、上海图书馆、复旦大学图书馆、华东师范大学图书馆、上海辞书出版社图书馆、天津图书馆、辽宁省图书馆、吉林市图书馆、哈尔滨市图书馆、甘肃省图书馆、山东省图书馆、山东大学图书馆、南京图书馆、广州市图书馆、浙江图书馆、福建省图书馆、福建师范大学图书馆、湖北省图书馆、武汉大学图书馆、江西省图书馆、广东省中山图书馆、四川省图书馆、重庆市图书馆、四川大学图书馆、云南省图书馆、黑龙江省图书馆、广西壮族自治区桂林图书馆、广西图书馆、青海省图书馆、中央民族大学图书馆藏，武汉图书馆收藏不全。该刊本洪氏家刻未毕，后版移交湖北崇文书局印行。与上条有别。而光绪四年（1878）武昌重刊本清洪亮吉撰《洪北江全集》15种一百九十三卷。《汇刻书目》第十册第十六页著录。此丛书也系不全本，但有的子目卷数与历次不同。

光绪三年（1877）洪用懃刻清洪亮吉撰《弟子职笺释》一卷。《安徽省馆藏皖人书目》第220页著录，安徽省图书馆藏1册本。此应为《洪北江全集》先印单行本。

光绪三年洪用懃刻清洪亮吉撰《附鲒轩诗》八卷。《安徽省馆藏皖人书目》第220页著录，安徽省图书馆藏2册本。应为《全集》先印单行本。

光绪三年洪用懃刻清洪亮吉撰《卷施阁文集·甲集》十卷、《续》一卷、《补遗》一卷、《乙集》八卷、《续编》一卷、《诗》二十卷计6种41卷。《安徽省馆藏皖人书目》第220页著录，安徽省图书馆藏14册本。此应为《全集》先印单行本。

光绪四年刻清歙县洪亮吉撰《六书转注录》不分卷。《安徽省馆藏皖人书目》第219页著录，安徽省图书馆藏4册本。此书分别收入《洪北江全集》《粤雅堂丛书》《丛书集成初编》等丛书中。

光绪间（1875—1908）刻清歙县洪亮吉撰《北江诗话》五卷。《安徽省馆藏皖人书目》第219页著录，安徽省图书馆藏1册本。此书除收入《洪北江全集》外，还分别收入《粤雅堂丛书》《丛书集成初编》等丛书中。

光绪二十三年（1897）刻清歙县洪亮吉撰《乾隆府厅州县图志》五十卷。《安徽省馆藏皖人书目》第221页著录，安徽省图书馆藏16册本。此应为《全集》中的单行本。

光绪间刻清藕庄氏（洪亮吉别号）撰《玉麈集》二卷。《中国古籍总目·集部·别集类·清代之属·清中期》第1623页、《贩书偶记·集部·别集类》卷十五第395页著录，国家图书馆藏。

由于洪亮吉著述广博丰富，尤其对时政、疆域等关注，史学价值大。洪亮吉著作不仅收藏遍及中外，引起学人的广泛重视，而且学术界对他的著作收集整理也是不遗余力的，除了当时家刻及流行版外，还对其著述进行全面整理刊行，如《四部备要》对其部分著作进行重刊，《万有文库》《四部丛刊》及世界书局早在1937年前就重刊了《洪北江诗文集》66卷。今天，我们更有必要出版一部洪北江的全集了。

寓居杭州的丛睦里家刻

寓居杭州的歙县丛睦里（今属安徽省黄山市徽州区）汪氏自明末汪汝谦自歙迁来避地后，世居杭州，书香馨远，官宦相续，代出著述，并为使后代不忘故里，将主要著述汇辑为《丛睦汪氏遗书》，自乾隆间（1736—1795）迄光绪间（1875—1908）不断增辑后人遗书品种，是一个专门汇刻汪氏旅居杭州一脉的遗著而著名的家刻群体。

汪汝谦后人中入仕及著述的重要人物有：

汪继昌（1617—1683），字征五，号悔岸，有悔岸斋，汝谦子，歙县丛睦人，随父居钱塘，入籍嘉兴。他嗜书籍金石文，工诗善画，长于尺牍。顺治五年（1648）进士。授琼州（今海南省）守，徙广西左江参议。顺治十二年（1655），梦见父病，乞假归省，果病，侍父半载，汝谦殁，将全部财产包括田园、舟楫、彝鼎、书画让给诸兄。顺治十四年（1657）春，任湖广按察副使，备兵下江，驻蕲州。他以防御、察奸、除暴为己任，廉洁律己，重文兴教，奖掖后进。因抗征滇大军征夫并不迎将领，并自担责任，得罪当道。人劝他诿过下属，他不肯，说：“有司奚罪？彼属意于我耳。”越月被逮，湖北蕲黄百姓奔走呼号，持筐送酒二百里外，闾巷叹息之声二月不绝。康熙帝特宥削官放归，百姓复迎于二百里外，可见他为官一方深得民心。既解官后，浮家汉上，绝口不谈时务，钟情于山水之间。曾先后居于杭州、嘉兴。《碑集传》卷七十八载顾景星撰《汪公继昌家传》介绍他的生平甚详。他也像乃父一样，酷嗜书籍，工诗，长于尺牍，喜收金石文字。著《悔岸斋诗文集》四卷。

汪鹤孙，字雯远、仁远，又字闻远，号碧台、梅坡，有蔗阁、延芬堂，继昌侄，汝谦孙，歙县丛睦里（今属安徽省黄山市徽州区）人，居钱塘。康熙十二年（1673）进士，授庶吉士。著《延芬堂集》二卷、《汇香词》一卷、《蔗阁诗余》一卷。

汪文孙，钱塘人。著《羁音集》四卷。

汪麟孙，钱塘人，汝谦孙。著《碧台集》八卷。

汪振甲（1682—1739），字昆鲸，号毅亭、紫峦，有詹詹室。雍正八年（1730）庚戌科进士。官桐城县知县。著《詹詹集》一卷。

汪援甲，字麟先，号沤亭、朴庐，有夕秀斋、夕绣斋，汪汝谦曾孙。康熙五十九年（1720）举人，官绛县知县。举乾隆丙辰（1736）博学鸿词。著《夕秀斋诗钞》不分卷（一作二十五卷）。

汪德容（1683—1739），初名抡甲，字云尺，号重阆、蔚亭，有蔚亭、重阆斋，援甲弟，汝谦曾孙。雍正二年（1724）探花，授编修，后谪戍不还。著《重阆斋诗集》一卷、《文集》二卷。

汪师韩（1707—?），字抒怀，又字韩门、舒怀、抑怀，号上湖、上湖居士、上湖坦桥，别署九曜山民，有春星堂、易农庐、敬竹轩、观象居、上湖草堂、春星草堂。少以工诗善文名传四方。学习满文后曾赋《龙书》50韵，得到李绂赞许，带进八旗馆以作范文。中年以后改究经学，尤精于《易》。雍正十一年（1733）进士，改翰林院庶吉士，散馆授编修。乾隆元年（1736）为直起居注官。因母病，数月就归里奉养，旋丁母忧。服满，尚书张照荐为武英殿校勘经史。乾隆八年（1743），充湖南学政，降调回京，大学士傅恒荐入上书房，复授编修。按惯例，举主为师，但师韩却说：“古人讥拜爵公朝，谢恩私室，公贤者，我何得循俗例以薄待公也？”[①]不久，再次去职。他博学多才，为经学大师，尤以通《易》为著，著述丰富。晚年受直隶总督方观承之邀，主讲河北保定莲池书院。值奉旨核天下书院山长，观承因此入奏，乾隆帝还记得他，以“好学问”称之。师韩闻后感泣，作诗四章以纪其事。朱文藻称：“师韩自莲池书院归里，携所刻著述《春星堂诗集》、《上湖纪岁诗编》（五卷）、《文编》（又名《上湖分类文编》十卷）《续编》一卷、《诗学纂闻》一卷、《谈书录》（一卷）[②]、《韩门缀学》五卷《续编》一卷计 2 种 6 卷、《文选理学权舆》八卷、《孝经约义》（一卷）、《观象居易传笺》（十三卷）凡八种。”他的著述还有《谈诗录》一卷、《诗四家故训》、《上湖经解》一卷、《孝经约注》一卷、《春秋三传注解补正》、《补正文选》[③]、《金丝录》四卷，还有杂记读书所得的《坦桥脞说》一卷、《清晖小志》三卷、《文选理学权舆》八卷附《文选理学权舆补》一卷《文选考异》四卷《文选李注补正》四卷计 4 种 17 卷、《选学汇函》十七卷，还有笺释《苏诗选评笺释》六卷等。存世文稿有《上湖分类文编》不分卷（一作十卷）、《纪岁诗编》四卷《续编》一卷的稿本，在掌莲池书院时录《书目》4 册。藏书处为敬竹轩，悬签插架，十分壮观，数十年归里，已为鼠啮霉黦者十之二三。其作《韩门缀学》系仿顾炎武《日知录》体例，考证详洽，为清代学部中的重要著述。

汪师亮，号澹园，钱塘人。著《澹园集》一卷。

汪贤衢，号水亭，汪汝谦后。著《水亭诗存》二卷、《远春集》一卷。

汪绪宜，字远春，汝谦后。著《磵村集》一卷。

汪科显，字小亭，有朴树庐。著《朴树庐剩稿》一卷。

---

① 转引自《清史列传·文苑传二·汪师韩》卷七十一第五八五二页，北京：中华书局，1987。

② 丁申：《武林藏书录·汪师韩》卷下著录。

③ 以上 4 种，据《清史列传·文苑传二·汪师韩》卷七十一第五八五三页补，北京：中华书局，1987。

汪科达，有艺兰室。著《艺兰室存稿》二卷。

汪科爵，字荔裳，有远春楼。官江西莲花厅同知。著《远春楼读经笔存》二卷、《远春楼四史笔存》四卷。

汪籛（1813—1864），字伯年、柏年、伯研，号百研、年道士、南湖老渔、硐广居士，钱塘人。官清流知县，有水荭花馆、樽山饮水草堂。著《水荭花馆诗钞》二卷。

汪箴（1813—1867），字季铭，号留下村农，钱塘人。雅负经济，客游四方，在福建最久，与刘韵珂、徐宗干最为交契。太平军李世贤部克汀、漳州，汪箴入清军文职，叙功以同知候补，坚以疾归。著作等身，惜焚于台州、屿地兵火中，唯存《劫余草》《征信录》。《春星堂续集·劫余草》卷端所附小传。著《劫余草》一卷、《征信录》二卷。

汪玉立，字与可，有棣萼堂、听雪轩等号。著《棣萼堂文集》二卷、《听雪轩尺牍》四卷等。

汪世隽，号丙庵、丙莽、凭隐、秉庵居士，有双桂堂，祖籍新安，钱塘人。乾隆四十九年（1784）进士。著有《丙庵诗词四种合编》八卷、《凭隐诗余》三卷。

汪大任，字西受，号益其，汝谦后。著《诗序辨正》八卷《首》一卷、《四书疏注通纂》八卷等。

汪篁（1837—1888），字铁山，汝谦后，科爵子，有春星堂。父科爵卒时篁方14岁，奉母避太平军乱趋福建，为治生养母，学吏事，决疑案，援例以通判分发湖南，历任清泉、咸宁、衡阳知县，摄浏阳县事。善治狱，巡抚邀其办清泉积案八百余，他按序办理，使邑无留狱。辑《春星堂续集》8种十卷、《丛睦汪氏遗书》44种八十八卷。

汪氏家刻自明末绵延至清末，几近3个世纪。历清要数汪师韩、汪篁以自乾隆朝开始延及光绪十二年（1886）历次增辑汇印的《丛睦汪氏遗书》并以歙县故里丛睦为名为著。

汪汝谦（1577—1655），字然明，号松溪道人、镜堂，歙县丛睦里人，有梦草斋、梦草堂、梦香楼、随喜庵、不系园、随喜龕、听雪轩、春星草堂等堂号。性轻财乐施，亲朋得其周济者达数百人。博雅工诗，与当代名士董其昌、文徵明、陈继儒交往深厚。明末移居武林（今杭州市），召集名流，为湖山诗酒会，并置舟西湖，题曰不系园，成为风雅领袖。尤其是他在西湖结识与柳如是诗名才艺比肩的名妓王微[①]，不惜重金为之赎身，并在西湖西陵桥边建“净居”，使她重获自由身的义举，值得一书。汝谦著有《四书记悟》十四卷、《西湖韵事》一卷、《不系园》

---

① 王微（1600—1647）又名欢微、修微，又字纤若，小字玉冠，自号草衣道人，文士们称之为微道人、纤道人，闺蜜称为纤郎，明末扬州人，因常去云间（今上海松江）大儒董其昌、陈继儒家吟诗赏画，故又称云间王微，江南名妓。她自幼（7岁）丧父，随母流落风尘。她在青楼中接受文化和才艺培养，后在杭州西湖画舫中卖艺。结识豪士汪汝谦、潘之恒后，汪汝谦为之赎身，使之成为自由身。先后成为名士汪汝谦、潘之恒、陈继儒、董其昌、钱谦益、钟惺、谭元春、李流芳等人的吟诗作画中的红颜知己。查陈、董等人诗集中都有吟王诗篇。她本人不仅貌美、风雅，而且还是才华横溢的诗人词客。明末清初三大学者之一的黄宗羲对其评价为：“当是时，虞山有柳如是，云间有王修微，皆以唱随风雅闻于天下。”钱谦益亦说：“今天下诗文衰熸，奎壁间光气黯然。草衣道人与吾家河东君，清文俪句秀出西泠、六桥之间。”清人许仲元指出：“明季多奇女子，若柳是（柳如是）之殉节保家、方芷之相夫死国，次之则李香（李香君）之却币洁身、玉京（卞玉京）之潜使入道，皆可入《青泥莲花记》，然不如草衣道人之绝伦拔萃者。”近人施蛰存在编辑《王修微集》和对明末女诗人研究中则进一步指出王微的诗词成就在柳如是之上，王微胸襟、胆识、品格更超过柳如是。她一生结过两次婚。第一次是结识文学家茅坤的孙子、好武并投笔从戎的茅元仪，两人成亲后定居南京，并与其妾杨宛相处融洽，后茅氏又纳燕雪为妾，燕雪使茅、王最终分手，王微回到西湖读书写经。继之，独身远游大江南北，在庐山受高僧憨山点拨，看破红尘，归来后在西湖六桥建造生圹，陈继儒还专为她写了《草衣道人生圹记》。此后，只身远游成为她的生活常态。在一次出游苏州时，王微遭到一个无赖的百般骚扰与纠缠，在东林党名士、进士，时任给事中许誉卿的救助下才摆脱魔掌。两人情投意合，成为夫妻。许也在明末阉党把持政局的艰难宦途中急流勇退，与王微隐居于西湖小桃园，读诗论道。甲申事变，清军南下，在颠沛逃难中一向体弱的王微身染重疴，两年后死于动乱颠沛中。许誉卿也因失去这位生活中的伴侣、精神上的良师益友而出家为僧。王微一生创作了许多诗词，今存世诗190余首、词50余首，有《期山草》《远游篇》《宛在篇》《闲草》《焚余草》《越馆诗草》等集，施蛰存先生还为其编《王修微集》四卷。

一卷、《春星堂集》一卷、《画舫约》一卷、《春星堂诗集》十卷[①]、《随喜盦集》一卷、《闽游诗纪》一卷、《听雪轩集》一卷、《松溪集》一卷、《梦草》一卷、《游草》一卷、《梦香楼集》一卷、《绮咏集》正续集各一卷[②]等。所著有春星堂、梦草斋诸刻。汪汝谦辑评《孟子读本》一卷，还辑有《新增医方药性捷径合编》4种二十二卷（不分卷按一卷计）。此书在清光绪间（1875—1908）有澹雅书局和经纶元记刻本。

还与陈继儒合辑宋周邦彦撰《汴都赋》一卷中《附录》一卷。

家刻要目：

万历四十四年（1616）汪汝淳与汪汝谦刻明释大壑撰《南屏净慈寺志》十卷。《中国古籍善本书目·史部·地理类二》第1054页著录，重庆市图书馆仅藏卷一至二、七至八计4卷不全本。

崇祯四年（1631）刻明汪汝谦撰《绮咏续集》一卷。《中国古籍善本总目·集部·明别集类》第一四八三页著录，安徽省博物馆藏1册本。该刊本半页8行，行18字，白口，四周单边。

崇祯四年刻明汪汝谦自撰《绮咏集》正、续二卷。《中国古籍善本书目·集部·明别集类》第881页著录，安徽省博物馆藏此子书单行本。《安徽省古籍善本书目·集部·别集类·明代》卷四第八十四页著录，安徽省博物馆藏《续集》一卷1册本。《四库全书总目·集部·别集类存目七》卷一八〇第一六二八页对此书评价很低，认为前集虽有陈继儒序，后集经陈继儒选定也仅是“大抵征歌选妓之作”。

崇祯八年（1635）古歙汪汝谦刻宋释道潜撰、宋释法颖辑《参寥子诗集》十二卷，宋苏轼撰、明汪汝谦辑《东坡称赏道潜之诗》一卷，宋秦观撰《秦少游集摘》一卷计3种14卷。《中国古籍善本书目·集部·宋别集类》第274页、《中国古籍总目·集部·别集类·宋代之属》第

① 《［民国］歙县志·艺文志·书目》卷十五第九十九页仅录此1种及《绮咏集》正续集各一卷，丢失太多。

② 以上8种均收入《丛睦汪氏遗书》丛书中。

246 页（作万历间刻）、《贩书偶记续编·集部·别集类》卷十八第 295 页、《藏园群书经眼录·集部二·北宋·别集类》卷十三第一一九〇页、《北京图书馆古籍善本书目·集部·宋别集类》第二一五三页著录，国家图书馆（2 册本，由清傅增湘藏校并跋）、首都图书馆、中国科学院图书馆、上海图书馆、复旦大学图书馆、甘肃省图书馆、南京图书馆（清丁丙跋）、苏州市图书馆、湖北省图书馆及日本静嘉堂文库（清陈鳣跋）藏。该刊本半页 9 行，行 18 字，白口，四周单边。

崇祯十五年 (1642) 歙县汪然明在西湖智果寺刻宋释道潜撰《参寥子诗集》十二卷、自辑《东坡称赏道潜之诗》一卷计 2 种 13 卷。《明代版刻综录》第二卷第二十四页、《增订四库简明目录标注·集部三·别集类二》卷第十五第 270 页（作康熙间刻，仅前 1 种）著录，南京图书馆藏，应为重印本。说明此书有多次重印并打上年号的版本。

崇祯十五年刻宋秦观撰、自辑《秦少游集摘》一卷。《明代版刻综录》第二卷第二十四页、《南京图书馆善本书目》、《贩书偶记续编》第 295 页、《中国古籍善本书目·集部·宋别集类》第 274 页著录，南京图书馆藏 3 部。

崇祯十五年刻宋释道潜撰《参寥子诗集》十二卷附宋苏轼撰、明汪汝谦校《东坡称赏道潜之诗》一卷，宋秦观撰、明陈继儒校《秦少游集摘》一卷计 3 种 14 卷。《中国古籍善本总目·集部·宋别集类》第一二六四页著录，国家图书馆（傅增湘校并跋）、首都图书馆、中国科学院图书馆、上海图书馆、复旦大学图书馆、南京图书馆（清丁丙跋）、甘肃省图书馆、苏州市图书馆、湖北省图书馆藏。该刊本半页 9 行，行 18 字，白口，四周单边。

明末刊明歙县汪汝谦撰《汪然明绮咏集》不分卷。《清人别集总目》第 1000 页著录，安徽省博物馆藏 1 册本。

明末刊明歙县汪汝谦撰《汪然明绮咏续集》不分卷。《安徽省馆藏皖人书目》第 160 页、《安徽文献书目》第 40 页著录，安徽省博物馆藏1册本。

清刊清汪汝谦撰《绮咏集》一卷、《续集》一卷计2种2卷。《中国古籍总目·集部·别集类·清代之属·清前期》第1013页著录，安徽省博物馆藏。

乾隆十四年（1749）钱塘汪氏刊清汪师韩撰《观象居易传笺》十二卷。《中国古籍善本总目·经部·易类》第二四页著录，清华大学图书馆藏。

乾隆间（1736—1795）刻清汪师韩撰《上湖分类文编》不分卷。《贩书偶记·集部·别集类》卷十五第377页、《清人别集总目》第997页著录，国家图书馆、南京图书馆、江西省图书馆藏。

乾隆间刻清汪师韩撰《上湖纪岁诗编》四卷、《续编》一卷、《上湖分类文编》一卷计3种6卷。《中国古籍善本书目·集部·清别集类》第1143页、《北京图书馆古籍善本书目·集部·清别集类》第二五八四页著录，国家图书馆藏2册本。该刊本半页13行，行26字，小字双行38或39字不等，白口，四周单边。

乾隆间刻清钱塘汪师韩撰《韩门缀学》五卷、《续编》一卷、《谈书录》一卷计3种7卷。《增订四库简明目录标注·子部十·杂家类·杂考之属》卷十三第524页、《贩书偶记·子部·杂家类·杂考之属》卷十第272页著录，为先印不全本。此书后收入《丛睦汪氏丛书》。

乾隆间刻钱塘汪师韩撰《上湖分类文编》无卷数。《贩书偶记·集部·别集类》卷十五第377页著录。

乾隆间汪师韩自刻《汪韩门四种》（实6种）十三卷。《北京图书馆古籍善本书目·子部·丛书类》第一九六〇页、《中国丛书广录·汇编丛书·自著类·清代前期》第301页著录，国家图书馆藏线装6册本。该刊本半页13行，行26字，小字双行38字，白口，四周单边。

清刻清汪师韩撰《韩门缀学》五卷、《续编》一卷计2种6卷。《中国古籍总目·子部·杂家类·杂考之属》第1827页著录，北京大学图书馆、南京图书馆、辽宁省图书馆、大连市图书馆藏。

乾隆间（1736—1795）刊清钱塘汪师韩撰《诗学纂闻》一卷。《贩书偶记续编·集部·诗文评类》卷二十第319页著录。

清刊清汪师韩撰《诗学纂闻》一卷。《中国古籍总目·集部·诗文评类》第3206页著录，国家图书馆、北京大学图书馆、南京图书馆、辽宁省图书馆藏，国家图书馆还藏祁门铅印本。此书分别收入乾隆间刻《上湖遗集》、道光间（1821—1850）刻《昭代丛书》、光绪间（1875—1908）刻《丛睦汪氏遗书》本及光绪间铅印《国朝名人著述丛编》本等丛书中。

清刻清汪师韩撰《孝经约义》一卷。《中国古籍总目·经部·孝经类·传说之属》第709页著录，南京图书馆藏。

清刻清汪师韩撰《诗学纂闻》一卷、《谈书录》一卷计2种2卷。《北京大学图书馆藏古籍善本书目·集部·诗文评类》第506页著录，北京大学图书馆藏4册本。

乾隆间刊清汪师韩撰《孝经约注》一卷。《中国古籍总目·经部·孝经类·传说之属》第709页（作《孝经约义》）、中华书局（北京）版《续修四库全书总目提要·经部·孝经类》第八二五页著录，国家图书馆藏。不知此书与《孝经约义》一卷间关系，姑录备考。

乾隆间刻清汪师韩撰《上湖经解》一卷。《中国古籍总目·经部·群经总义类·传说之属》第966页著录，北京大学图书馆藏。

乾隆间刻清汪师韩撰《上湖纪岁诗编》四卷、《续编》一卷计2种5卷。《中国古籍总目·集部·别集类·清代之属·清前期》第1427页著录，南京图书馆藏。收入光绪间（1875—1908）刻《丛睦汪氏遗书》中。

乾隆间刻清汪师韩撰《上湖分类文编》十卷。《中国古籍总目·集部·别集类·清代之属·清前期》第1428页著录，南京图书馆藏。收入光绪间刻《丛睦汪氏遗书》本中。

乾隆间（1736—1795）刻清汪师韩撰、清佚名校《上湖遗集八种》又名《上湖遗书》9种三十六卷。《中国古籍善本书目·丛部·自著丛书》第650页、《中国古籍善本总目·丛部·自著丛书》第二〇〇八页、《中国丛书综录·汇编·独撰类（清代前期）》第501～502页、《中国丛书综录补正》第109页著录，上海图书馆藏。应为早期刊本，但有的书目径作《丛睦汪氏遗书》一名《上湖遗书》不妥。此套丛书又有光绪刊本。此书实两刻18种72卷。《中国丛书综录》第501页收有《上湖遗集》，汪师韩撰，清乾隆刊本，经比较此书少《春星堂诗集》九卷。有的书目著录《丛睦汪氏遗书》一名《上湖遗集》，不妥。柳州市图书馆藏乾隆二十三年（1758）刻《上湖遗集》本中的《上湖纪事诗编》四卷、《续编》一卷、《分类文编》十卷、《文编补钞》二卷。《［民国］歙县志·艺文志·书目》卷十五第十四页所著书中多《文选理学权舆》八卷1种。

乾隆间钱塘汪师韩韩门辑刊《丛睦汪氏遗书》8种四十六卷。《中国古籍善本书目·丛部·家集丛书》第579～580页、《中国古籍善本总目·丛部·家集丛书》第一九九七页（《春星堂诗集》作九卷）、《中国丛书综录补正·汇编·氏族卷》第78页、《丛书书目汇编》第四册第五六五页、《汇刻书目》第一函第九册第五十八页、《中国丛书广录·汇编丛书·家族类》第246页（子目稍异，而《春星堂诗集》为9卷）著录，国家图书馆、清华大学图书馆藏。此刻当为比较早的刻本，比后来的本子要少收得多。该刊本半页13行，行26字，白口，四周单边。

乾隆戊寅（二十三年，1758）刻清钱塘汪师韩撰《上湖纪岁诗编》四卷、《续编》一卷计2种5卷。《贩书偶记·集部·别集类》卷十五第377页著录。

乾隆间刻清汪援甲撰《夕秀斋诗钞》不分卷。《中国古籍善本总目·集部·清别集》第一五四八页、《中国古籍总目·集部·别集类·清代之属·清前期》第1387页、《清人别集总目》第1011页著录，辽宁省图书馆、四川省图书馆藏。该刊本半页10行，行19字，黑口，左右双边。

乾隆二十三年（1758）刻《上湖遗集》本中《上湖纪岁诗编》四卷、《续编》一卷、《分类文编》十卷、《文编补钞》二卷计4种17卷。《清人别集总目》第997页著录，苏州市图书馆及日本京都大学人文科学研究所藏。

乾隆三十八年（1773）汪氏刻清汪师韩辑《春星堂诗集》十卷。《中国古籍总目·集部·总集类·氏族之属》第3117页著录，国家图书馆、上海图书馆、南京图书馆藏。收入光绪间（1875—1908）刻《丛睦汪氏遗书》中。

乾隆间刻清汪援甲撰《夕秀斋诗钞》二十五卷。《中国古籍善本书目·集部·清别集类》第1112页著录，四川省图书馆藏，应为后印本。

乾隆间刻明汪汝谦等撰《春星堂诗集》十卷附清汪鹤孙撰《延芬堂集》二卷计2种12卷。《中国古籍总目·集部·别集类·清代之属·清前期》第1222页著录，南京图书馆藏。

乾隆间刻《丛睦汪氏遗书八种》又名《丛睦汪氏遗书》10种四十五卷。《中国古籍总目·丛书部·氏族类》第1022页、《北京图书馆古籍善本书目·子部·丛书部》第一九二九页、《中国丛书综录·汇编·氏族类》第458～459页、《中国丛书综录补正》第78页、《中国古籍善本书目·丛部·家集》第579～580页、《中国丛书广录·类编丛书·家族类》第246页著录，国家图书馆（24册本）、首都图书馆、中国科学院图书馆、北京大学图书馆、北京师范大学图书馆、清华大学图书馆（24册本）、上海图书馆、复旦大学图书馆、上海师范大学图书馆、上海辞书出版社图书馆、天津图书馆、辽宁省图书馆、山东大学图书馆、南京图书馆、南京大学图书馆、苏州市图书馆、安徽省图书馆、浙江图书馆、浙江大学图书馆、福建师范大学图书馆、四川省图书馆、重庆市图书馆、四川大学图书馆、云南省图书馆收藏完整，内蒙古自治区图书馆、青岛市图书馆藏不全。此刻系原刻本，半页 13 行，行 26 字，白口，四周单边，与《综录》前所录子目有异。

嘉庆十九年（1814）刊清汪世雋撰《凭隐诗余》三卷。《中国古籍总目·集部·词类·别集之属》第 3329 页、《西谛书目·集部下·诗余类》卷五第一六页著录，国家图书馆、上海图书馆藏 1 册本。

道光元年（1821）刻清汪世雋撰《凭隐诗余》三卷。《中国古籍总目·集部·词类·别集之属》第 3329 页著录，国家图书馆藏。

道光元年从桂堂刊钱塘汪世雋撰《丙庵诗词四种合编》八卷。《贩书偶记·集部·别集类》卷十七第 427 页、《清人别集总目》第 995 页著录。

光绪十二年 (1886) 钱塘汪氏长沙刊清汪篯辑《丛睦汪氏遗书》44 种八十八卷。《中国古籍总目·丛书部·氏族类》第 1022 ~ 1023 页、《中国丛书综录·汇编·氏族类》第一册第 458 页、《中国丛书综录补正》第 78 页、《香港所藏古籍书目·丛部·汇编类》第 620 ～ 621 页著录，国家图书馆、首都图书馆、中国科学院图书馆、北京大学图书馆、北京师范大学图书馆、清华大学图书馆、上海图书馆、复旦大学图书馆、上海师范大学图书馆、上海辞书出版社图书馆、天津图书馆、内蒙古自治区图书馆（不全）、辽宁省图书馆、青岛市图书馆（不全）、南京图书馆、南京大学图书馆、苏州市图书馆、安徽省图书馆（仅存 24 卷 8 册）、浙江图书馆、浙江大学图书馆、福建师范大学图书馆、四川省图书馆、重庆市图书馆、四川大学图书馆、云南省图书馆、香港新亚研究所图书馆（32 册本）、香港中山图书馆（32 册本）藏。除前所列子目与《中国丛书综录续编·汇编·氏族类》第 118 页著录稍异外，还漏收计 19 种 70 卷。这套丛书总目应为 53 种 158 卷。这是依据卷首所附《丛睦汪氏遗书》总目统计，目录后有光绪十二年裔孙汪篯撰《述略》。但后补部分大部均逸，说明这套丛书未刊完。这套丛书中的单行本及逸出本藏处很多。如《清人别集总目》第1000页著录苏州市图书馆及日本京都大学人文科学研究所藏清汪汝谦撰《不系园集》一卷、《随喜庵集》一卷、《西湖韵事》一卷及《春星堂诗集》十卷。《清人别集总目》第997页著录，苏州市图书馆及日本京都大学人文科学研究所存光绪间（1875—1908）刻《丛睦汪氏遗书》本中的《上湖纪岁诗编》四卷、《续编》一卷、《分类文编》十卷、《文编补钞》二卷。

清刊清汪师韩撰《上湖遗集》又名《上湖遗书》8种三十六卷。《中国古籍总目·丛书部·独撰类·清代前期》第1136页著录，上海图书馆（由佚名校）、中国科学院图书馆藏。

光绪间刻钱塘清汪师韩撰《上湖遗集》又名《上湖遗书》8种三十六卷。《中国丛书综录补正·汇编·独撰类（清代前期）》第109页著录，藏处待考。

以上所刻9种（套）丛书其子目就达125种，计414卷。如再加上汪氏家刻的其他零本就更多了。这也可算作徽州家刻史上一个比较典型旅外家刻群体，常署外迁始祖堂号（汪汝谦的春星堂、春星草堂这个老堂号）并不忘故里（歙县丛睦里）。

他们还刻汪氏丛睦堂丛书以外图书。

嘉庆十四年（1809）汪振甲刻清汪廷楷撰、松筠纂、祁韵士编《［乾隆］西陲总统事略》又名《伊犁总统事略》十二卷。《中国地方志联合目录·新疆维吾尔自治区》第238页著录，国家图书馆、首都图书馆、北京大学图书馆、清华大学图书馆、中国人民大学图书馆、北京师范大学图书馆、中央民族大学图书馆、首都师范大学图书馆、上海图书馆、上海师范大学图书馆、天津图书馆、南开大学图书馆、石家庄市图书馆、河北师范大学图书馆、内蒙古自治区图书馆、内蒙古师范大学图书馆、辽宁省图书馆、大连市图书馆、吉林大学图书馆、西北大学图书馆、新疆大学图书馆、山东省图书馆、山东大学图书馆、南京图书馆、南京大学图书馆、中国科学院南京地理研究所图书馆、徐州市图书馆、浙江图书馆、福建师范大学图书馆、厦门大学图书馆、河南省图书馆、河南师范大学图书馆、武汉大学图书馆、广东省中山图书馆、中山大学图书馆、重庆市图书馆、云南省图书馆、中国社会科学院考古研究所图书馆，民族文化宫、新疆维吾尔自治区博物馆藏（以上各馆间有嘉庆十六年刻本）。1959年北京中国书店影印清嘉庆本，国家图书馆、中共中央党校图书馆、北京大学图书馆、中央民族大学图书馆、首都师范大学图书馆、复旦大学图书馆、南开大学图书馆、天津师范大学图书馆、河北师范大学图书馆、吉林省图书馆、哈尔滨师范大学图书馆、西北大学图书馆、甘肃省图书馆、兰州大学图书馆、青海省图书馆、新疆维吾尔自治区图书馆、南京大学图书馆、江苏师范大学图书馆、河南省社会科学院图书馆、广东省中山图书馆、广西壮族自治区图书馆、中央水利部科学研究院图书馆、四川师范大学图书馆及甘肃省博物馆藏。兰州大学图书馆、湖南省社会科学院图书馆藏传抄嘉庆本。

同治十三年（1874）刻清汪汝谦辑评《孟子读本》二卷。《中国古籍总目·经部·四书类·孟子·传说之属》第841页著录，国家图书馆、天津图书馆藏。

光绪十二年（1886）刻清汪继昌撰《悔岸斋诗文集》四卷。《中国古籍总目·集部·别集类·清代之属·清前期》第1071页、《清人别集总目》第1009页著录，云南省图书馆藏。

科学家齐彦槐父子的家刻

婺源县翀田（今冲田，以后同）齐氏早在宋代就是大世族。北宋景祐间（1034—1038）就出了进士、工部尚书齐士宽，齐知佑为南宋绍兴间（1131—1162）金华府通判，齐嵩为嘉泰间（1201—1204）进士、大名府知府，齐一政为朝议大夫。至清乾隆间（1736—1795）及其后至清末，冲田齐氏更出了以齐翀、齐彦槐、齐学裘祖孙三代著书立说，家刻自己著作延及学裘从侄齐康的家刻群体，尤以齐学裘家刻书为著。

清代这个齐氏家刻的第一代为齐翀，字羽峰，又作雨峰，有思补斋，婺源县冲田人。乾隆二十八年（1763）进士，历任广东始兴、高要等县知县、嘉应知州。工诗善文。著《雨峰诗钞》八卷、《雨峰文钞》一卷、《杜诗本义》二卷，纂有《南澳志》《三晋见闻录》等。

齐彦槐（1774—1841），字荫三、梦树，号梅麓，又号彦拊，别署罨画溪渔，有寿鼎斋、双溪草堂室名，齐翀子，婺源县冲田人，徙居宜兴。7岁能文，14岁补博士弟子员，从姚鼐学古文。文笔古雅，学问渊博。嘉庆十三年（1808）召试中戊辰科举人，翌年中己巳科进士，改翰林院庶吉士，充武英殿协修，散馆任江苏金匮知县，治绩昭著，毁淫祠、平冤狱、赈荒饥，公务之余，与全椒江临泰（字云樵）、金华张作楠研究天文、历法，有关这类著作约作为斯时。尤重视文化，造望亭桥，修泰伯墓，并留下《衙斋书壁诗》19首，晋知州秩，升苏州府同知，保荐升知府，曾向江苏巡抚陈海运策。嘉庆二十四年（1819）他对旧有的通过日影定时的日晷进行改造，发明了面向东西的双面日晷，安有调节装置，可适应不同地区的测定时间，得到天文学家张作楠的充分肯定。他在《揣籥小录》（载《翠微山房数学》丛书中）说：“己卯（按嘉庆二十四年）秋，婺源齐梅麓以新制东西日晷并所衍北极高度表见赠……辄成小帙，命之曰《揣籥小录》。”道光十六年（1836），他在家乡冲田村红庙东侧安装了一座双面日晷，供乡亲们占候验时。嘉庆二十五年（1820），以病归宜兴双溪草堂奉养祖母、母亲。道光甲申（四年，1824），因参与治理水患功以知府候补。任职期间，为官一处，造福一方，民称“齐青天”。丁母忧后不再出仕。彦槐工诗善文，诗宗韩、柳，尤长于骈体律诗，袁枚惊为异才。文宗桐城派，经术攻天官家言，承江永之余绪，又精研数学、机械制造原理，曾制中星仪、自动浑天仪[①]，能准确了解天上的星象位置和运行情况，被时人称赞为“千古以来未有之能事”；道光十三年（1833），为抗旱，深入民间采访，创造农业排灌机械龙尾（又作龙骨车）、恒升车（又名撩车），以一车带五车，大大提高了抗旱排涝能力。林则徐亲督使用。齐彦槐还作了《龙尾车歌》七言诗，记载了时任江苏巡抚的林则徐亲临观看试车现场及观众如堵的场面和林则徐的肯定。[②]彦槐精鉴藏，工书法。好山水，喜摩崖题咏，晚年更是手不释卷。道光辛丑（二十一年）六月，在去世的前一天还在手校《藏书目录》。所著诗文、书画录达百余卷[③]。可惜的是他对自著不爱惜，加上动乱，散佚大半。主要著作由其子学裘辑为《双溪草堂全集》三十八卷，其他零本有《天球浅说》一卷[④]、《北极经纬度分表》四卷[⑤]、《北极高度表》、《海运南漕丛议》一卷[⑥]、《韫川胡公崇祀乡贤录》一卷、《梅麓诗钞》六卷[⑦]、《梅麓文集》二十卷、《中经仪说》

---

① 根据《［民国］婺源县志·人物·宦绩》卷二十四载，道光十年（1830），齐彦槐制造上述2个仪器。其中，中星仪类似时钟，以发条为动力装置，使之成为集计时与演示天体运行为一体的自动天文仪器，把过去模拟天体运行的球形仪器改为平面仪器，故他在《中星仪说》中载：“中星仪者，有北极无南极，得大圜之半……初为俯仪……改作仰仪，故天球者，天外观天也；中星仪者，对面观天也。”浑天仪现藏中国历史博物馆，高33.4厘米，外形为圆形球体，表面刻有周天星座，内以发条为动力装置，插入钥匙，上紧发条，仪器就会自转，使天象和运行情况一目了然。梁章钜在《浪迹丛谈·续编》卷八中称赞说：“齐梅麓太守彦槐，以精铜制天球全具，界以地平，中用钟表之法，自能报时报刻，以测星象节候，不差毫厘。”

② 齐彦槐撰《梅麓诗钞·龙尾车歌》。

③ 《清史稿》及方濬颐撰《墓表》载。

④ 《清史列传·文苑传四·齐彦槐》卷七十三第六〇一五页（1987年，中华书局版）、《安徽艺文考·历算》第二十册第十七页著录。

⑤ 《清史列传·文苑传四·齐彦槐》卷七十三第六〇一五页（1987年，中华书局版）、《安徽艺文考·历算》第二十册第十七页著录。

⑥ 《清史列传·文苑传四·齐彦槐》卷七十三第六〇一五页（1987年，中华书局版）、《安徽艺文考·政书》第十六册第七页著录。

⑦ 《清史列传·文苑传四·齐彦槐》作《梅麓诗文集》二十六卷，北京：中华书局，1987。《皖志列传稿》本传作“存诗十六卷”。

又作《中星仪说》一卷[1]及《藏书目录》等。道光十六年（1836）纂修《翀麓齐氏族谱》二十卷、《首》一卷、《末》一卷计22卷。

他在整理古籍时留下的文字有在《历代钟鼎彝器款识法帖》二十卷上的题记等。

齐学裘（1802—1875），字子冶、子贞，号玉溪、老颠、蕉窗，有金石龛、宝楔室、碧梧翠竹山房、云起楼、碧梧书屋、春柳吟社、听雨舫等室名，彦槐子，齐翀孙，婺源人，居扬州。道光间（1821—1850）诸生，承续家学，不求仕进，性闲适淡泊。工诗善画，曾谓作诗如作人，宜真不宜假。黄安涛对其全诗评为古体胜过近体，长歌胜于短章。所居窗前有蕉百株，绘画题“蕉隐”。光绪间（1875—1908）寓居上海，与刘熙载、毛祥麟过从甚密，互为酬唱。著有《见闻随笔》二十六卷、《续笔》二十四卷、《蕉窗诗钞》十二卷、《庚申苏城见闻录》、《云起楼词》三卷、《科场异闻》十三卷《附录》二卷、《劫余吟》不分卷等。他还为《小红泉山庄诗稿》七卷题诗。

齐氏家刻还有齐康。齐康，字晋蕃，号药浔、穉园，又号秋舫，学裘从侄。嘉庆十九年（1814）进士，官江苏淮安府学教授。善诗，不存稿，由其子和友人收存汇编为《秋舫诗存》一卷，道光十二年（1832）家刻行世，还有《穉园诗钞》四卷等。

齐氏祖孙父子著作主要以家刻行世，齐氏家刻主要由齐学裘辑刻，道光间（1821—1850）、光绪间（1875—1908）还辑刻其祖父齐翀的著作。现将乾隆间（1736—1795）以齐翀为主的家刻，嘉庆、道光间（1796—1850）齐彦槐、道光至光绪间（1821—1908）以齐学裘为主的家刻按时序胪列如下。

乾隆间家刻清齐翀撰《雨峰诗钞》七卷。《清人别集总目》第494页著录，南京图书馆藏。此应为初刻本。

---

① 《清史列传·文苑传四·齐彦槐》卷七十三第六〇一五页（1987年，中华书局版）、《安徽艺文考·历算》第二十册第十七页著录。

乾隆四十四年（1779）刻清齐翀撰《雨峰诗钞》八卷。《中国古籍总目·集部·别集类·清代之属·清前期》第1552页、《安徽艺文考·别集十九》三十三册第十五页、《皖人书录》第79页著录，国家图书馆、上海图书馆、湖南省图书馆藏。《贩书偶记·集部·别集类》卷十五第391页著录为乾隆间刻，. 应为同一版刻本。

乾隆四十七年（1782）刻唐杜甫撰、清齐翀集注《杜诗本义》二卷。《中国古籍总目·集部·别集类·唐五代之属》第88页著录，国家图书馆藏。

乾隆间刻清齐翀撰《杜诗本义》二卷。《贩书偶记·集部·别集类》卷十三第319页、《皖人书录》第80页著录。

乾隆间刻清齐翀撰《雨峰诗钞》八卷附《杜诗本义》二卷、《三晋见闻录》一卷、《思补斋日录》一卷计4种12卷。《清人别集总目》第494页著录，上海图书馆藏。

乾隆四十八年（1783）刻清齐翀撰《南澳志》十二卷、《图》一卷计13卷。《中国古籍总目·史部·方志类·地志之属·广东省·汕头市》第4576页、《皖人书录》第80页、《贩书偶记·史部·地理志》卷七第170页、《北京图书馆古籍善本书目·史部·地理类》第七四九页、《香港所藏古籍书目·史部·地理类·方志》第105页、《中国历史博物馆藏普通古籍目录·史部·地理类》第159页、《中国地方志联合目录》第691页著录，国家图书馆（4册本）、中国科学院图书馆、北京大学图书馆、中央民族大学图书馆、上海图书馆、天津图书馆、大连市图书馆、南京图书馆、山东省图书馆、辽宁省图书馆、浙江图书馆、温州市图书馆、湖北省图书馆、广东省中山图书馆、中山大学图书馆、暨南大学图书馆、华南师范大学图书馆、中国科学院南京地理研究所图书馆及中国历史博物馆（4册本）、广东省博物馆藏。该刊本半页9行，行23字，小字双行同，白口，左右双边。上述藏书单位间有如香港大学图书馆藏4册本道光二十一年（1841）补刻本。此志属广东汕头地区今汕头市方志。

附　嘉庆十八年（1813）刻清韩履宠、齐彦槐修，清秦瀛纂《［嘉庆］无锡金匮县志》四十卷、《首》一卷计41卷。《中国古籍总目·史部·方志类·地志之属·江苏省·无锡市》第4237页、《中国地方志联合目录·江苏省·苏州地区》第336页著录，国家图书馆、民族文化宫图书馆、北京大学图书馆、上海图书馆、复旦大学图书馆、华东师范大学图书馆、上海师范大学图书馆、天津图书馆、哈尔滨师范大学图书馆、南京图书馆、中国科学院南京地理研究所图书馆、苏州市图书馆、无锡市图书馆、浙江图书馆、江西省图书馆、湖南省图书馆、中山大学图书馆及南京博物院藏。

清刻清齐翀撰《三晋见闻录》不分卷。《北京图书馆普通古籍总目·地志门·方志》第159页著录，国家图书馆藏1册本。

清刻清齐彦槐撰《韫川胡公崇祀乡贤录》一卷。《安徽文献书目》第293页、《皖人书录》第79页著录，安徽省图书馆藏1册本。

嘉庆间（1796—1820）刻清齐彦槐撰《梅麓诗钞》六卷。《安徽文献书目》第293页（作清刊本）、《清人别集总目》第497页著录，上海图书馆（由王庆勋批校）、安徽省图书馆（2册清刻本）藏。《清人别集总目》同页还著录温州市图书馆藏清刻本《梅麓诗钞》，与此版应有渊源。

道光六年（1826）刻清齐彦槐撰《梅麓先生诗文集》。《清人别集总目》第497页著录，中国人民大学图书馆藏。

道光十一年（1831）刻清齐学裘撰《蕉窗诗钞》八卷。《中国古籍总目·集部·别集类·清代之属·清中期》第2115页著录，国家图书馆藏。

道光十一年刻清齐彦槐撰《梅麓文钞》八卷、《诗钞》九卷、《试帖》一卷、《词存》一卷计4种19卷。《清人别集总目》第497页著录，华东师范大学图书馆藏。

道光壬辰（十二年，1832）齐康刻自撰《秋舫诗存》一卷。《贩书偶记·集部·别集类》卷十七第430页著录为无卷数，当是先印本。

附　道光十六年（1836）木活字印清齐彦槐纂修婺源《翀麓齐氏族谱》二十六卷、《首》一卷、《末》一卷计 22 卷。《中国家谱总目》第 4026 页著录，婺源县赋清镇冲田行政村沙坦自然村齐建藏 18 册本。该谱尊北宋工部尚书齐士宽（字公绰）为迁婺源县新屋始祖，宋齐知佑（字仁杰）为再徙翀麓为始迁祖。

道光辛丑（二十一年，1841）增刻乾隆癸卯（四十八年，1783）刻清齐翀纂修《［乾隆］南澳志》十二卷。《北京图书馆普通古籍总目・地志门・方志》第四卷第 423 页著录，国家图书馆藏 4 册本有图 2 部。这是广东省南澳县志，其中卷十一为《艺文志》。

道光间（1821—1850）刻清齐康撰《稚园诗钞》四卷。《中国古籍总目・集部・别集类・清代之属・清中期》第 1929 页著录，国家图书馆藏。

道光二十一年刻清齐康撰《秋舫诗存》不分卷。《中国古籍总目・集部・别集类・清代之属・清中期》第 1929 页著录，国家图书馆、南京图书馆藏。

道光二十二年（1842）刻清齐彦槐撰《梅麓诗钞》三卷。《中国古籍总目・集部・别集类・清代之属・清中期》第 1839 页著录，中国科学院图书馆藏。

道光间（1821—1850）刻清齐彦槐撰《梅麓诗钞》六卷。《中国古籍总目・集部・别集类・清代之属・清中期》第 1839 页著录，上海图书馆、安徽省图书馆藏。

道光癸卯（二十三年，1843）刊清婺源齐学裘撰《蕉窗诗钞》六卷。《贩书偶记续编・集部・别集类》卷十七第 279 页著录。《贩书偶记》第 447 页著录同治、光绪间（1862—1908）刊本为十二卷，当是后印本。《贩书偶记》第 295 页还著录所著《见闻随笔》二十六卷在同治十年（1871）、《见闻随笔》二十四卷在光绪二年（1876）有刊本均为天空海阔之居刊巾箱本。

道光间婺源齐学裘刻清婺源齐翀撰《雨峰全集》5 种十三卷。《江西历代刻书·清代·私刻》第 225 页著录。

道光间刻清齐康撰《稚园诗钞》四卷。《清人别集总目》第 494 页著录，国家图书馆藏。

道光间刻清齐康撰《秋舫古近体诗存》不分卷。《清人别集总目》第 495 页著录，国家图书馆藏。

道光间刻清齐学裘撰《蕉窗诗钞》八卷。《清人别集总目》第 496 页著录，国家图书馆藏。

道光间刊婺源齐学裘撰《蕉窗诗钞》十二卷。《贩书偶记·集部·别集类》卷十七第 447 页著录。

道光间刻清齐学裘撰《蕉窗诗钞》二十卷、《赋存》一卷附《同人酬赠集》四卷计 3 种 25 卷。《山东省图书馆馆藏海源阁书目·集部·别集类·清》第 283 页著录，山东省图书馆藏 1 函 6 册本。该刊本半页 8 行，行 19 字（17.9×12.7），大黑口，左右双边，单黑鱼尾。

道光二十三年 (1843) 齐学裘家刻清齐学裘整理、齐彦槐撰《双溪草堂全集》二十卷。《皖人书录》第 81 页、《江西历代刻书·清代·私刻》第 225 页著录。此书应为全集先印本。

道光二十五年（1845）刻清齐学裘撰《蕉窗诗钞》二十卷附《同人酬唱集》五卷计 2 种 25 卷。《中国古籍总目·集部·别集类·清代之属·清中期》第 2115 页著录，南京图书馆藏。

道光二十五年齐学裘刻其父清齐彦槐撰《梅麓诗钞》、《文钞》附《蕉窗诗钞》计 3 种 24 卷。《清人别集总目》第 497 页著录，中国科学院图书馆藏。

道光乙巳年（二十五年）齐学裘刊婺源齐彦槐撰《双溪草堂全集》7 种三十八卷。《中国古籍总目·集部·别集类·清代之属·清中期》第 1839 页、《山东省图书馆馆藏海源阁书目·集部·别集类·清》第 283 页、《安徽艺文考·别集》第三十三册第三十三页、《清人别集总目》第 497 页、《贩书偶记》第 444 页著录，国家图书馆、山东省图书馆（1

函 11 册本）、南京图书馆藏。该刊本半页 10 行，行 19 字（16×13.8），大黑口，左右双边，单黑鱼尾。南京图书馆还藏《梅麓文钞》八卷，为不全本。

道光二十五年齐学裘汇印清齐彦槐撰《双溪草堂全集》[①]连附 11 种六十五卷。《清人别集总目》第 496 页著录，国家图书馆、南京图书馆、中国科学院图书馆藏。

道光三十年 (1850) 仲夏刊婺源齐翀撰《思补斋日录》一卷。《皖人书录》第 80 页、《贩书偶记·子部·杂家类·杂考之类》卷十一第 284 页著录，上海图书馆藏。

道光中（1821—1850）齐学裘刊、光绪二年 (1876) 重刊清齐翀撰《雨峰全集》5 种十三卷。《中国古籍总目·丛书部·独撰类·清代前期》第 1148 页、《中国古籍总目·集部·别集类·清代之属·清前期》第 1552 页（载前 2 种）、《中国丛书综录·汇编·独撰类（清代前期）》第 507 页、《中国丛书综录补正》第 112 页著录，道光中刻本上海图书馆藏。光绪重刊本藏处待考。按，齐学裘刊本比光绪重刊本多《杜诗本义》二卷。此书在学裘手中就两刻计 9 种 24 卷。

咸丰六年 (1856) 齐彦槐寿鼎斋刻清齐翀撰《雨峰文钞》不分卷。《清人别集总目》第 494 页著录，上海图书馆藏。

清刻清齐彦槐撰《梅麓诗钞·谈海集》一卷、《出山集》二卷、《还山集》一卷计 3 种 4 卷。《清人别集总目》第 497 页著录，河南省图书馆藏。

清刻清齐彦槐撰《梅麓文钞》八卷、《补》四卷、《首》一卷计 2 种 13 卷。《清人别集总目》第 497 页著录，日本静嘉堂文库藏。

同治八年 (1869) 天空海阔之居刻增修清齐学裘撰《劫余诗选》

---

① 齐彦槐对自著不爱惜，子学裘整理遗稿，道光二十三年刻诗 9 卷，二十四年续刻。咸丰毁版，仅存诗集，光绪初重刻本题《梅麓诗钞》六卷。《安徽艺文考·别集》作《梅麓诗文集》又作《双溪草堂全集》二十四卷，不确。

二十三卷。《中国古籍总目·集部·别集类·清代之属·清中期》第2115页、《清人别集总目》第497页著录，中国科学院图书馆藏。

同治十年（1871）天空海阔之居刻清齐学裘撰《云起楼词》三卷。《中国古籍总目·集部·词类·别集之属》第3356页著录，国家图书馆、天津图书馆、上海图书馆藏。

同治十年婺源齐氏家刻清齐学裘撰《云起楼词》三卷。《香港所藏古籍书目·集部·词类·别集》第384页、《皖人书录》第81页、《西谛书目·集部下·诗余类》卷五第二二页著录，国家图书馆、香港中山图书馆（1册本）藏。

同治十年(1871)天空海阔之居刊巾箱本婺源齐学裘撰《见闻随笔》二十六卷。《中国古籍总目·子部·小说类·文言之属·笔记·杂事》第2133页、《皖人书录》第81页、《贩书偶记·子部·小说家类·杂事之属》卷十二第295页著录，国家图书馆、北京大学图书馆、上海图书馆藏。此为先印不全本。

光绪元年(1875)邗上天空海阔之居刻清齐学裘自撰《课儿草》一卷。《清人别集总目》第497页著录，南京图书馆藏。

光绪元年齐学裘扬州随安室刻光绪二十九年（1903）增刻清齐彦槐撰《双溪草堂全集》7种三十八卷。《中国古籍总目·集部·别集类·清代之属·清中期》第1839页著录，中国科学院图书馆、复旦大学图书馆藏。

光绪元年扬州随安室重刻清齐彦槐撰《梅麓诗钞》六卷。《安徽省馆藏皖人书目》第374页、《清人别集总目》第497页著录，安徽省图书馆藏6册本。《清人别集总目》同页著录光绪元年刻清齐彦槐撰《梅麓诗钞》不分卷，南开大学图书馆藏，同页又著录光绪二年刻清齐彦槐撰《梅麓诗钞》十八卷，国家图书馆、上海图书馆、南京图书馆、复旦大学图书馆、台湾大学图书馆、日本国会图书馆藏；及光绪元年刻清齐彦槐撰《梅麓诗文钞》十八卷，计2种先后4刻近50卷应为先后印行同一版子，至少定稿为2种24卷。

光绪二年(1876)天空海阔之居刻清齐学裘撰《见闻随笔》二十四卷。《中国古籍总目·子部·小说类·文言之属·笔记·异闻》第2186页著录，北京大学图书馆、上海图书馆、南京图书馆藏。

清刻清齐学裘撰《见闻随笔》二十四卷。《中国古籍总目·子部·小说类·文言之属·笔记·异闻》第2186页著录，南京图书馆仅存19卷不全本。

光绪二年刻清齐学裘撰《见闻随笔》二十六卷。《中国古籍总目·子部·小说类·文言之属·笔记·杂事》第2133页著录，国家图书馆藏。

光绪二年刻清婺源齐学裘撰《见闻随笔》二十六卷、《续笔》二卷计2种28卷。《安徽省馆藏皖人书目》第374页著录，安徽省图书馆藏缺《随笔》卷一至卷九计9卷，实2种19卷10册不全本。此为后印本。

光绪二年天空海阔之居刊巾箱本婺源齐学裘自撰《见闻续笔》二十四卷。《皖人书录》第81页、《贩书偶记·子部·小说家类·杂事之属》卷十二第295页著录。

光绪二年冬月孙学裘（玉溪）在扬州随安室重刊婺源齐翀（雨峰）著《雨峰全集》6种六十卷。刘声木《续补汇刻书目》卷二十第一至二页著录。

光绪初齐学裘刻清齐翀撰《雨峰诗钞》七卷。《皖人书录》第79页著录，《清人别集总目》第494页著录为光绪二年扬州随安堂重刻清齐翀撰《雨峰诗钞》七卷、《文钞》一卷，复旦大学图书馆藏。

光绪二年婺源齐氏家刻清婺源齐彦槐撰《梅麓诗钞》十八卷、《文钞》八卷、《词存》一卷、《赋钞》二卷、《试帖》二卷、《制艺》六卷、《联存》一卷计7种38卷。《江西历代刻书·清代·私刻》第225页著录。

光绪五年（1879）齐学裘刻清齐翀撰《雨峰诗钞》三卷。《中国古籍总目·集部·别集类·清代之属·清前期》第1552页著录，中国科学院图书馆藏。

光绪六年（1880）齐氏天空海阔之居家刻重刊清婺源齐翀撰《三晋见闻录》一卷。《中国古籍总目·史部·地理类·杂志之属》第3741页、《北京图书馆普通古籍总目·地志门·方志》第四卷第159页、《安徽艺文考·地理五》第十五册第五页、《贩书偶记·史部·地理类·杂记之属》卷七第178页、《皖人书录》第79页著录，国家图书馆藏1册本3部，其中1部为西谛藏书。

光绪六年扬州随安室刻清齐彦槐撰《双溪草堂全集》7种三十八卷连附2种计9种六十九卷。附清齐翀撰《雨峰诗钞》八卷附清齐学裘撰《劫余诗选》二十三卷。《清人别集总目》第494页、第497页著录，辽宁省图书馆藏。中国科学院图书馆藏其中的《雨峰诗钞》，上海图书馆藏其中的《劫余诗选》二十三卷中的卷十八、十九计2卷不全本。

光绪六年上海随安室刻清齐翀撰《雨峰文钞》一卷。《中国古籍总目·集部·别集类·清代之属·清前期》第1552页著录，中国科学院图书馆藏。

光绪八年（1882）申江婺源齐学裘随安室刻清齐彦槐撰《北极高度表》一卷。《中国古籍总目·子部·天文算法类·算书之属·算法》第1117页著录，国家图书馆藏。

光绪八年申江婺源齐学裘随安室刻清齐彦槐撰《北极经纬度分表》（不分卷）。《中国古籍总目·子部·天文算法类·算书之属·算法》第1117页著录，国家图书馆藏。

光绪八年申江婺源齐学裘随安室刻□□辑《新测恒星黄赤经纬度表》不分卷。《中国古籍总目·子部·天文算法类·推步之属·天文》第1028页著录，国家图书馆藏。

光绪八年（1882）婺源齐学裘随安室申江刻《新测恒星黄赤经纬度表》不分卷、清齐彦槐撰《北极经纬度分表》不分卷、清齐彦槐撰《北极高度表》不分卷计3种。《北京图书馆普通古籍总目·自然科学门·数理科学》第十三卷第51页著录，国家图书馆藏1册本。

附　清石印本清齐学裘撰《科场异闻》十三卷、《附录》二卷计15卷。《皖人书录》第80页著录，具体出版情况及藏处待考。

齐康家刻以自著为主。

道光间（1821—1850）刻清齐康撰《稚园诗钞》四卷。《清人别集总目》第494页著录，国家图书馆藏。

道光十二年（1832）刻清婺源齐康撰《秋舫诗存》一卷。《清人别集总目》第495页著录，南京图书馆藏。《贩书偶记》第430页著录为无卷数，应为不同版本。

道光中刻清齐康撰《秋舫古近体诗存》。《清人别集总目》第495页著录，国家图书馆藏。

清刊清婺源齐彦槐撰《梅麓诗钞》六卷。《安徽省馆藏皖人书目》第374页著录，安徽省图书馆藏2册本。

清刊清婺源齐彦槐撰《韫川胡公祀乡贤录》一卷。《安徽省馆藏皖人书目》第374页著录，安徽省图书馆藏1册本。

清刊清齐彦槐撰《天球浅说》一卷、《中星仪说》一卷计2种2卷。《中国古籍总目·子部·天文算法类·推步之属·天文》第1027页著录，大连市图书馆藏。

状元洪莹刻书

洪莹，字宾华，号铃庵，读书、刻书堂号为绩学堂，歙县洪坑村即洪源（今属安徽省黄山市徽州区岩寺镇）人，洪榜族子，今存洪坑状元厅为其故居，居扬州。因其族叔洪梧任梅花书院山长，师从孙星衍，读书于马曰琯创办的梅花书院（遗址在今扬州市广陵路248号，今为扬州市职业高级中学）。嘉庆九年（1804）中甲子科举人，嘉庆十四年（1809）

成己巳恩科状元[①]，授修撰，掌修国史。洪莹状元头衔得来可不容易。当洪莹考取状元后，御史花杰参劾主持本届会试的协办大学士兼翰林院掌院学士兼阅卷大臣戴衢亨读卷舞弊。嘉庆帝亲自调取洪莹考试原卷，召入上书房，令洪莹默写试策，并派次子监视，亲自披阅，见并无不符处，于是将原卷与默写卷一并交花杰阅看，以使花杰心悦诚服，然后治了花杰任意诽谤罪，保住了洪莹的状元。想当年，洪莹中状元，扬州造了文昌阁，设立了专为举人授课的孝廉堂，他曾住过的街巷命名状元巷，在家乡洪源建状元厅，何等荣耀。未想到心存忌恨的花杰从中来了这么一杠子。关于这段史事，清末民初的徐珂在《清稗类钞》中说："嘉庆己巳殿试后两月，给事中花杰诬劾戴文端公营私舞弊各款，并连状元洪莹，谓与戴衢亨交接情密，故援引为一甲一名。仁宗特派满洲军机章京传洪由福园门带至上书房，命二阿哥监看。令其默写试策，核与原卷相符，上称为真才实学，并以洪横被诋诬，赏纱二件，以示奖异。花所劾文端他事，经诸大臣会讯，均子虚，交部议罪。"遇此周折后他看淡仕途，仅于嘉庆十八年（1813）出任顺天府乡试同考官，累官至知府后辞官回扬州，把精力花在收书、读书、刻书和著述上。许承尧在《歙事闲谭·洪宾华》卷九采用稗官野史说道："《先正事略》称其恬于仕进。乡里传闻，谓因昵一妇人构讼，宁去官，不为屈。事远不能详，要亦奇人也。"不仅没有抓住这位醒悟官场的哲人思想本质，还大有传讹之嫌。洪莹博通经史，著述丰富，对五经各有撰述，是清代才华横溢的状元。可惜，著作大多散佚。顾广圻曾应召去扬州为他校刻宋椠本《宋名臣言行录》，就见他藏书中还有经曹寅递藏的宋椠本《广韵》。赵诒琛在《顾千里先生年谱》中称他的藏书、刻书都精审。

嘉庆七年 (1802) 古歙状元洪莹校刻唐林宝撰，清孙星衍、洪莹校刻《元和姓纂》十卷。《中国古籍善本总目·子部·类书类》第

① 许承尧：《歙事闲谭·清代歙京官及科第》卷一一（合肥：黄山书社标点本，2001）讹作"嘉庆乙巳科洪莹"，今据《明清进士题名碑录索引》改。此后类此径改不注。

一〇五四页（径作清洪莹刻）、《北京图书馆古籍善本书目·子部·类书类》第一五一六页、《山东省图书馆馆藏海源阁书目·子部·类书类》第169～170页、《贩书偶记·史部·姓名类》卷六第157页、《增订四库简明目录标注》第557页、《书目答问补正·史记》卷二第167页、《中国古籍善本书目·子部·类书类》第787页、北京师范大学图书馆《中文古籍书目·史部·传记类·姓谱》第140页著录，国家图书馆（4册本，由李慈铭校补并跋）、北京师范大学图书馆（4册本）、山东省图书馆（1函4册本）、四川省图书馆（6册本）藏。按，原书久佚，此从《永乐大典》辑出，《四库全书提要》著录作18卷，歙县洪莹与孙星衍重校辑，仍分10卷。封面题“嘉庆七年刊版，古歙洪氏校藏”。该刊本半页12行，行24字，小字双行同（18.2×14.2），大黑口，左右双边，双黑鱼尾。《香港所藏古籍书目·史部·传记类·总传》第91页著录，香港中文大学图书馆、香港新亚研究所图书馆藏光绪六年（1880）南京金陵书局刻此书4册本。

道光元年（1821）歙县状元洪莹绩学堂刊仿宋佚名辑《宋名臣言行录》5种七十五卷。《中国丛书综录·类编·史类·传记》第一册第650～651页、《中国丛书综录补正》第173～174页、《中国人民大学图书馆古籍善本书目·史部·传记类》第47页、《安徽省馆藏皖人书目》第59页、《香港所藏古籍书目·史部·传记类·总传》第85页、《安徽文献书目》第17页著录，国家图书馆、中国人民大学图书馆（2函12册本，上钤“恭亲王章”“正谊书屋珍藏图书”印）、上海图书馆、华东师范大学图书馆、湖北省图书馆、山东大学图书馆、南京图书馆、安徽省图书馆（12册本）、浙江大学图书馆、福建省图书馆、福建师范大学图书馆、江西省图书馆、四川大学图书馆、香港中文大学图书馆（12册本）完藏。此版于道光二十二年（1842）、同治七年（1868）分别有歙县包氏、临川桂氏重修本。如加在一起，此版3印，计15种225卷。现将该版前附署“赐进士及策文渊阁校理、翰林院修撰、教习庶吉士”

清（歙县）洪莹撰《重刊宋本名臣言行录·序》摘抄如下：“《名臣言行录》一书，凡《五朝名臣言行录》十卷、《三朝名臣言行录》十四卷、《皇朝名臣言行续录》八卷、《四朝名臣言行录》上十三卷、下十三卷、《皇朝道学名臣言行外录》十七卷。五朝谓开国至英宗，三朝则英宗以后至徽宗也，皆朱子撰；四朝谓中兴以后，皆朋溪李幼武士英撰。陈均备要，从其朔而标名景定镂版，合全书而汇刻。国史家乘，并见搜罗嘉言懿行，悉加编记。”按此说法，可知首次将朱、李所撰五集汇刻是在南宋景定元年至五年间（1260—1264）。是谁辑刊无考，但题名“宋名臣言行录”当在后世。洪氏为什么要重刊仿宋本此书呢？他在《序》中说得很清楚：“是书传刊旧多讹舛，近得宋椠完善可观，则太平老圃校正，砼平翁序，识者也靖本肇末，篇次秩然，乃知吕祖谦之初见草创本非完书。赵希弁之所藏差误，必属另本。靓兹全璧，爰付重雕，冀广流传，共资探讨。至于错简更厘，讹文纠正，则元和顾千里之功多焉。乌丝竵扁，存麻沙旧日之模，青简摩挲，竭兰膏数夕之力，细遗编于石室，实赖弆藏操坠简于崇山，斯深景仰云尔。”并附新安朱熹自序及宝祐戊午（六年，1258）庐陵李居安叙。《中国丛书综录补正》第173页指出，是编历代多有刊印：宋刊本，[①] 国家图书馆藏有汇刻前之单刻本《五朝名臣言行录》十卷、《三朝名臣言行录》十四卷，宋淳熙间（1174—1189）刻。半页十行，行十七字，小字双行，行二十字，白口，四周双边。“元刊本，按：有几种刻本，皆为半页十二行，行二十三字，左右双边；有刻工名。但书口可以区分：一为细黑口，一为黑口，一为上下细黑口；一为双鱼尾，一为双鱼尾间有单鱼尾。”“明万历三十五年（1607）黄吉士等刊本，按：是刻半页十一行，行二十三字；白口，四周单边，有刻工名。”“明万历三十七年（1609）汪国楠刊本，明崇祯十一年（1638）刊本，按：是刻半页十行，行二十字，白口，左右双边，单鱼尾。”“清

① 原本已不可觅，现在能见到的只是重刊本。

道光元年（1821）歙县洪氏刊，道光二十二年（1842）包氏修补印本。""清道光元年歙县洪氏刊。同治七年（1868）临川桂氏重修本。"可见洪氏版本精好，多家重刊补修。顾广圻参与洪氏此书校勘，并代撰序、后序。洪氏刻本半页12行，行23字，黑口，单鱼尾，左右双边，封面镌"道光元年歙绩学堂洪氏校刊"3行12字。经考，洪氏仿宋麻沙本刻行。《国家图书馆普通古籍总目·传记门·总传·宋代》第33～34页著录，国家图书馆收藏洪氏刊12册本4部及1部仅藏《皇朝道学名臣言行外录》卷一至十三计13卷5册不全本1部；道光二十二年鲍氏重修16册、12册本各1部；同治七年（1868）临川桂氏重修14册、12册本各1部及缺《四朝名臣言行录》卷七至十三计19卷11册不全本1部；1987年江苏广陵古籍刻印社扬州影印同治七年桂氏递修本16册2部。可见此书影响大。

洪莹还刻过《隶释》《隶续》等书。赵诒琛《顾千里先生年谱》载顾广圻去扬州为洪氏刻校宋本《名臣言行录》，辑刻集《隶释》《隶续》等书。

著丰刻书家鲍桂星

鲍桂星（1764—1826），字双五，号觉生、兰谷，又号琴舫、双湖，自称黄海雪渔，有清誉堂藏书处，善基孙，倚云子，歙县岩寺镇（今属安徽省黄山市徽州区）人。桂星自幼聪颖，8岁能诗会文，15岁入县学。17岁从吴定学经，后拜师桐城刘大櫆，精于古文诗咏。乾隆五十一年（1786）副贡生，嘉庆四年（1799）中己未科二甲第十名进士，选庶吉士。散馆，授编修。嘉庆八年（1803）三月，大考御试迁中允。八月，转左中允。这一时期是先生在学术上最活跃时期。《松轩随笔》载："嘉庆癸亥（八年），觉生先生在都中，一时从游者甚众。先生赋长歌记之，自注：'穆常轩彰阿、那昆峰峨、岳中峰魁、三蔼室福、永谧斋宁、福绪堂保、钟云亭祥、敏禹民德、永清园泰、毓云桥书、荣显堂第、奕礼淦溥、福禹门申、铁荔岩麟、吉蔼人云布、张图南颉云、云翥青麟、庆枢之辰。’以上名字，皆见觉生诗钞注中。其后诸公或赞纶扉，或建旄节，或登台省，或膺民社。盖都中以制艺授徒，自管韫山侍御后，当推先生；而科名之盛，仕宦之显，则管之及门犹逊于鲍。”嘉庆九年（1804）二月，嘉庆帝巡视翰林院，撰进奉文字而获赐文绮。七月，典试河南，充河南乡试正考官。嘉庆十年（1805）十月，视学河南。嘉庆十一年（1806）正月，擢司经局洗马[①]，九月，升侍讲。嘉庆十二年（1807），晋侍读学士。嘉庆十三年（1808）正月，充文颖馆总校，七月，典试山西，十一月，署日讲起居注官。嘉庆十五年（1810）四月，升侍讲学士。嘉庆十五年八月，督学湖北。他曾在写给弟信中说：“视楚学三年，心血耗其斗许，须发白其四分，而秋闱所拔者，尽无名之士。此仇不共戴天。”又自撰挽联说：“功名气节文章，他生未卜；嬉笑悲歌怒骂，此时方休。”可见其性情。嘉庆十七年（1812），转侍讲学士。九月，升少詹事。嘉庆十八年（1813）四月，授詹事。九月，除内阁学士，兼礼部侍郎衔。十二月充文渊阁直阁事。嘉庆十九年（1814）闰三月，升工部右侍郎。七月，署武英殿总裁。九月，充武会试正考官。因弹劾提调及副管失职，被反诬罢职，令在京闭门思过。52岁辑成《唐诗品》八十五卷，以司空表圣二十四品推次。53岁辑并手抄《廉吏录》十卷及《廉士录》。同时留下咏史、咏物、感旧诗300余首。嘉庆二十四年（1819）九月，复官编修。道光元年（1821）58岁请假归里，捐千金倡修岩镇水口浮图、凤山台、科第坊、芥舟文会，劝洪阆城比部炘任塔工。

道光二年（1822）七月，授侍讲。八月署日讲起居注官。十二月，授侍讲学士。道光三年（1823），补通政使司副使，兼稽察左翼宗学。道光四年（1824）二月，升詹事府詹事。十二月，充文渊阁直阁事。道

① 东宫官属，太子出时，负责导前驱威仪。晋以后职掌图籍。

光五年（1825），因病请假，翌年卒于任上。他精于诗古文辞，家有清誉堂藏书室，藏弆丰富，有“古歙鲍氏觉生藏书印”。在诗学上遵从其师吴澹泉（定）的：“诗之有格，犹射有鹄，工有规矩。入格则为诗，不入格则不可以为诗。不入格之诗，其工者骈俪文耳，其奥者古赋耳，其妍者词耳，其快者曲耳，其朴直者语录耳，其新颖者小说耳，其纡曲委备者公牍与私书耳。”他在《读孟东野集》诗中阐述己见：“我为定诗品，五子压四唐；杜李孟韩白，泰华恒嵩衡。”这种对唐诗的评价得到张南山的赞许，他在《听松庐诗话》中说：“昌黎低头拜东野，而东坡乃云：‘何苦将两耳，听此寒虫号？’至鲍觉生则尊孟于杜、李、韩、白之间，比五公于五岳。可见自辟町畦，后世必有欣赏者。”著《觉生诗钞》十卷、《续钞》四卷、《进奉文钞》二卷、《时文钞》四卷、《咏史诗钞》三卷、《咏物诗钞》四卷、《自订年谱》四卷、《觉生奉进文钞》一卷、《觉生赋钞》一卷、《赋则》四卷、《岩镇重修水口塔记》一卷、《觉生感旧诗钞》二卷、《觉生未刻诗》一卷、《鲍康五先生家书》一卷等，辑《唐诗品》八十五卷，与南州何鸿器同辑《续近思录》十四卷、《廉吏录》十卷、《廉士录》十卷、诗史《怀人诗》十卷、《鲍兰谷日记》不分卷及自编年谱等。

鲍桂星整理的古籍有《徂徕文集》二十卷、《梁昭明文选》二十四卷、《壶园诗钞》不分卷、《黄太史精华录》八卷等。

鲍桂星家刻要目如下：

嘉庆乙丑（十年，1805）鲍桂星序刊本《杏轩医案》三卷。《全国中医图书联合目录·医案医话医论》第635页著录，中国科学院图书馆、南京中医药大学图书馆藏。

嘉庆戊辰（十三年，1808）鲍桂星刻其父清鲍倚云撰《寿藤斋诗》三十五卷。《中国古籍善本总目·集部·清别集》第一六〇〇页、《贩书偶记·集部·别集类》卷十六第420页、《中国古籍善本书目·集部·清别集类》第1217页、《北京图书馆古籍善本书目·集部·清别集类》

第二五九一页著录，国家图书馆（8 册本）、北京大学图书馆、开封市图书馆（不全）藏。应为先印本。该刊本半页 9 行，行 20 余字，白口，四周单边，无直格。

嘉庆十三年（1808）摹录刻父清鲍倚云撰《寿藤斋诗集》三十五卷（原缺卷八、十三、十四计 3 卷）、《诗剩》五卷、《古文》十卷计 3 种 50 卷。《中国古籍善本书目・集部・清别集类》、《中国古籍总目・集部・别集类・清代之属・清前期》第 1432 页、《清人别集总目》第 2330 页（无后两种）著录，国家图书馆、南京图书馆、山东省图书馆、辽宁省图书馆、广东省中山图书馆、中国科学院图书馆、北京大学图书馆、南京大学图书馆、复旦大学图书馆、开封市图书馆（不全）藏。应为后印本。

嘉庆间（1796—1820）门人鲍桂星刻清歙县吴定撰《紫石泉山房文集》十二卷。《安徽艺文考・别集十九》、《清人别集总目》第 845 页著录，上海图书馆、南京图书馆、江西省图书馆、山西省图书馆及安徽科研所藏。应为先印本。

嘉庆十五年（1810）门人鲍桂星刻清吴定撰《紫石泉山房诗钞》二卷。《安徽艺文考・别集十九》著录。

嘉庆庚午（十五年）鲍桂星刻清吴定撰《紫石泉山房诗文集》2 种十五卷。《中国古籍总目・集部・别集类・清代之属・清中期》第 1609 页、《贩书偶记・集部・别集类》卷十六第 414 页、《清人别集总目》第 845 页著录，上海图书馆、南开大学图书馆藏，上海图书馆还藏其中《紫石泉山房诗钞》三卷。此为后印本。

嘉庆十七年（1812）鲍桂星序刊清程文囿撰《观泉诗钞》二卷。《皖人书录》第 400 页、《安徽艺文考・别集二三》、《清人别集总目》第 2225 页、《安徽文献书目》第 272 页著录，安徽省图书馆藏 1 册本。

嘉庆庚辰（二十五年，1820）刊歙鲍桂星撰《觉生自订年谱》四卷。《贩书偶记・史部・传记类》卷六第 135 页著录。该自订谱述及谱主家事、受业、科第、仕历、学术等。其中，记载家事及仕历较详细。《贩书偶记续编·史部·传记类》卷六第55页还著录道光间（1821—1850）刊本为一卷。

嘉庆二十五年自刊歙县鲍桂星撰《觉生诗钞》十卷、《咏物诗钞》四卷、《咏史诗钞》三卷、《感旧诗钞》二卷计4种19卷。《山东省图书馆馆藏海源阁书目·集部·别集类·清》第271页、《清人别集总目》第2329页、《贩书偶记》第422页、《安徽省馆藏皖人书目》第396页著录，上海图书馆、南京图书馆、首都图书馆、辽宁省图书馆、安徽省图书馆（6册本）、山东省图书馆（1函6册本）、河南省图书馆、湖南省图书馆、广东省中山图书馆、中国科学院图书馆、台湾“中央研究院”历史语言研究所傅斯年图书馆及安徽科研所、日本东洋文库藏。该刊本半页10行，行21字（17.4×13.1），白口，左右双边，单黑鱼尾。此前清刻本《觉生诗钞》四卷，河南省图书馆藏；嘉庆二十五年刻《觉生诗钞》十卷，南京图书馆、江西省图书馆藏。

嘉庆二十五年刻清鲍桂星撰《觉生诗钞》十卷、《咏物诗钞》四卷、《咏史诗钞》三卷、《感旧诗钞》二卷、《试律钞》一卷、《赋钞》一卷、《进奉文钞》一卷、《时文钞》一卷计8种23卷。《山西省图书馆普通线装书目录·文学门·诗文别集》第665页著录，山西省图书馆藏8册本。

嘉庆二十五年在扬州自刻清鲍桂星撰《觉生诗钞》十四卷、《咏物诗钞》四卷、《咏史诗钞》三卷、《感旧诗钞》二卷计4种23卷。《中国古籍总目·集部·别集类·清代之属·清中期》第1761页著录，国家图书馆、湖南省图书馆、中国科学院图书馆、辽宁省图书馆、天津图书馆藏。

清刊清鲍桂星撰《觉生诗钞》十卷、《咏物诗钞》四卷、《咏史诗钞》三卷、《感旧诗钞》二卷、《续钞》四卷附《年谱》一卷计6种24卷。《安徽省馆藏皖人书目》第396页著录，安徽省图书馆藏10册本。此书内容为同时英俊人各1诗，诗有小序，歙人居多。如吴熊、吴珏、吴云、金云槐、汪沆、金应球、方辅、金榜、金式玉、鲍之钟、鲍漱芳、吴尊楣、程国陛、吴定、鲍士贞、吴焜、汪士相、吴大冀、胡荣林等歙县人，除特注外，本书都有记载，是研究徽学的宝贵资料。

嘉庆庚辰（二十五年，1820）自刻《鲍觉生集》9种二十七卷。《丛书书目汇编》第四册第五五〇页著录，《贩书偶记·集部·别集类》卷十六第422页著录前4种19卷。

清鲍桂星、胡吉晖序刊清旌德倪殿标撰《医选》二十四卷。《安徽艺文考·医家》、《皖人书录》第442页著录。

清刊清鲍桂星撰《觉生进奉文钞》一卷、《时文钞》四卷计2种5卷。《中国古籍总目·集部·别集类·清代之属·清中期》第1761页著录，安徽省图书馆藏。

清刻清鲍桂星撰《觉生感旧诗钞》二卷。《安徽地震史料辑注》第251页、《清人别集总目》第2329页、《徽州地区博物馆藏书目录·有关徽州资料古藉（籍）·集部·别集类》第一集著录，国家图书馆及日本京都大学人文科学研究所、中国徽文化博物馆（1册本）藏。

清刻清鲍桂星撰《觉生诗文集》。《清人别集总目》第2329页著录，山东省图书馆藏。

清刻清鲍桂星撰《觉生咏物诗钞》四卷。《清人别集总目》第2329页著录，南京图书馆、安徽省图书馆及日本京都大学人文科学研究所藏。

清刻清鲍桂星撰《觉生时文钞》一卷、《试律钞》一卷、《赋钞》一卷、《进奉文钞》一卷计4种4卷。《清人别集总目》第2329页著录，日本京都大学人文科学研究所藏。

嘉庆间（1796—1820）刻清鲍桂星撰《鲍觉生全集》。《清人别集总目》第2329页著录，南充师范学院图书馆藏。

嘉庆、道光间（1796—1850）刻清朱雅撰、清鲍桂星选《芥生诗选》六卷、《续选》六卷计2种12卷。《中国古籍总目·集部·别集类·清代之属·清中期》第1600页（作道光间刻）、《清人别集总目》第407页（作嘉庆间刻）著录，桐城市图书馆藏。

清刻清鲍桂星合撰《海壖唱和诗》六卷。《清人别集总目》第2329页著录，中国科学院图书馆藏。

上述诸刻一般均为鲍氏生前以家刻为主。

道光二年(1822)刊清鲍桂星辑《赋则》四卷、《首》一卷计5卷。《中国古籍总目·集部·总集类·通代之属》第2937页、《皖人书录》第450页著录，上海图书馆藏。

道光间（1821—1850）刊清歙鲍桂星自撰《觉生自订年谱》一卷。《贩书偶记续编·史部·传记类》卷六第55页、《安徽省馆藏皖人书目》第395页著录，安徽省图书馆藏1册本不分卷。说明此书前后两刻以上。

附　道光十四年(1834)来鹿堂重刻清鲍桂星评选《赋则》四卷、《首》一卷计5卷。《中国古籍总目·集部·总集类·通代之属》第2937页、《香港所藏古籍书目·集部·总集类·通代》第249页著录，国家图书馆藏。

道光间歙县鲍桂星原刻清吴定撰《紫石山房文集》十二卷。《香港所藏古籍书目·集部·别集类》第309页著录，香港中山图书馆藏4册本。

鲍桂星逝世后，次年子长庚死，他的著作在同治、光绪间（1862—1908）多次刊行，主要为其后人和家族家刻行世。

同治四年(1865)六月退一步斋刊清歙鲍桂星撰《觉生诗续钞》四卷、《自订年谱》一卷计2种5卷。《贩书偶记》第422页著录，北京大学图书馆藏。

同治四年刻清鲍桂星撰《觉生诗钞》二十四卷、《续钞》四卷计2种28卷。《清人别集总目》第2329页著录，温州市图书馆藏。

同治四年退一步斋刻清鲍桂星撰《觉生诗续钞》四卷附《年谱》又名《自订年谱》一卷计2种5卷。《中国古籍总目·集部·别集类·清代之属·清中期》第1761页、《安徽省馆藏皖人书目》第396页、《清人别集总目》第2329页著录，国家图书馆、上海图书馆、安徽省图书馆（4册本）、湖南省图书馆、广东省中山图书馆、山西大学图书馆、复旦大学图书馆藏。

同治五年（1866）刻清鲍桂星撰《觉生诗钞》十卷、《咏物诗钞》四卷、《咏史诗钞》三卷、《感旧诗钞》二卷计4种19卷。《清人别集总目》第2329页著录，安徽师范大学图书馆藏。

同治间（1862—1874）刻清鲍桂星撰《觉生诗钞》十卷、《咏物诗钞》四卷、《咏史诗钞》三卷、《感旧诗钞》二卷、《续钞》四卷计5种23卷。《清人别集总目》第2329页著录，河南省图书馆、安徽省图书馆、青岛市图书馆、日本大阪府立图书馆藏。

同治间重刻清鲍桂星撰《觉生赋钞》一卷。《清人别集总目》第2329页、《安徽地震史料辑注》第259页（不注版本）著录，北京大学图书馆、南通师范专科学校图书馆藏，歙县博物馆藏（不注版本）。

同治间刻清鲍桂星撰《觉生诗续钞》。《安徽地震史料辑注》第259页著录，歙县博物馆藏。

同治十一年（1872）两淮运署刊清鲍桂星撰《鲍觉生未刻诗》一卷。《清人别集总目》第2329页、《皖人书录》第450页著录，附《蔗余偶笔》后，温州市图书馆藏。

光绪二十二年（1896）刻清鲍桂星撰《觉生赋钞》一卷。《清人别集总目》第2329页著录，湖南省图书馆藏等。

还有待考的：

清刻清鲍桂星撰《觉生时文钞》四卷。《安徽文献书目》第316页、《安徽省馆藏皖人书目》第395页著录，安徽省图书馆藏2册本。

清刻清鲍桂星撰《觉生进奉文钞》一卷。《安徽文献书目》第316页、《安徽省馆藏皖人书目》第395页著录，安徽省图书馆藏1册本。

清刻清鲍桂星撰《觉生诗钞》十卷、《咏物诗钞》四卷、《咏史诗钞》三卷、《感旧诗钞》二卷、《续钞》四卷附《年谱》一卷计6种24卷。

《安徽文献书目》第 316 页、《安徽省馆藏皖人书目》第 396 页著录，安徽省图书馆藏 11 册本。

清刊清鲍桂星撰《鲍觉生未刻诗》一卷。《安徽文献书目》第 316 页著录，安徽省图书馆藏清刊 1 册本。

桐城派后期作家方东树

明从婺源县迁居桐城鲁谼方氏始迁祖方共支至雍正、乾隆间(1723—1795）方孟晙始以儒学起家。其长子方泽开始在学界崭露头角。其孙方绩为桐城派干臣姚鼐师，生子方东树，方泽次子方源生方护，方护子方松生方宗诚，东树和宗诚这两位堂兄弟是桐城派重要作家，也是这支学术成就最大的学人与行世著作最丰的代表人物。尤其是方东树与姚莹分别在“穷理之学”与“经济之学”两方面为各自论学的侧重点，把桐城古文学引向深入，成为桐城派中兴的重要作家和先导。他的族弟在《〈桐城文录〉序》（载《柏堂集》次编卷一）中评之为：“桐城之文，自植之先生后，学者多务为穷理之学；自石甫先生后，学者多务为经济之学。”可见，他在桐城派中的学术地位。

方东树（1772—1851），字植之，号考槃，别号副墨子，晚号仪卫、仪卫老人，有思适居、仪卫轩、涛浣亭，方绩子，方训孙，祖籍婺源，桐城县（今为市）鲁谼人。出身于儒学世家。

东树少承家学，广览秦汉载籍及诗文训诂，传承桐城派文论之风。11 岁作《火树诗》，享誉乡里。22 岁补县诸生（增广生），由于科场屡屡失利，遂绝意仕途，专心治学、讲学，所著《汉学商兑》《书林扬觯》二书，标榜朱熹，批评汉学，以竭力维护理学闻名当世。先后辗转于庐州、亳州、廉州、韶州、龙州等地授徒，客游四方。乾隆六十年（1795）在江宁从师古文大家姚鼐，使他学术根底更加扎实，成为与梅曾亮、管同、刘开齐名的“姚门四杰”（亦说姚莹、梅曾亮、管同、方东树），与同宗弟方宗诚同为清后期桐城派大家。他身处社会变革前夜，已觉察到社会巨变即将山雨欲至风满楼，积极投身于士大夫经世救时的激流中，提出："要之，文不能经世者，皆无用之言，大雅君子所弗为。"[①] 进一步提出："君子立言，为足以救乎时而已"[②]，并在《与罗月川太守书》中明言"道德""文章""政事"都应该统一至"通于事务"的基础上。在学术上综纳汉宋儒学，不为时学所左右。其文骏逸有余，含蓄不足，坚持桐城派义理之风。他在教学实践中倡导理论结合实践。如他在任大雷院主讲席时指出："所论于学术盛衰之辨，士风升降之由，国脉所以维持，人才所由兴替，剀切详明，如指诸掌，而且悱恻深厚之意，绻绻流露于行墨之间。"[③] 先后在庐州、亳州、宿松、祁门、廉州（今广西合浦）、韶州（今广东韶关）等地书院任讲席，并经常受聘编纂或校正文集、地方志，还完成工程浩大百余卷的《待定录》[④]。先后入阮元、邓廷桢、豫堃等人幕府，时值乾隆、嘉庆间（1736—1820）汉学大兴，其宗主就是两广总督阮元[⑤]，阮氏还在广州设立学海堂，广览天下名士。嘉庆二十四年（1819），48岁的方东树去广州入阮元幕府。方东树虽厕身其间，但却另辟蹊径，独树一帜，排斥汉学益力，因江藩所撰《国朝汉学师承记》而著《汉学商兑》三卷，坚持折衷于汉宋儒学之间，影响所及，使阮元等一大批汉学大家不得不在著作中体现调和汉宋儒学的

---

① 方东树：《仪卫轩文集·复罗月川太守书》卷七，同治七年（1868）刊本。

② 方东树：《仪卫轩文集·辩道论》卷一，同治七年刊本。

③ 刘声木撰、徐天祥点校：《桐城文学渊源·撰述考》第159页，合肥：黄山书社，1989。

④ 《安徽艺文考·儒家二》著录，此书原为百余卷，未刊行，咸丰间（1851—1861）毁于兵火。

⑤ 阮元（1764—1849）字伯元，号芸台，江苏仪征人。著有《研经室集》，督浙学时，修《经籍纂诂》；抚浙，立诂经精舍，延名师讲学；抚江西，刻《十三经注疏》；督两广，立学海堂，延师讲学。又编刻《皇清经解》丛书，收书180余种，著述丰富，出版大部头书多种。其文化建设幕僚主要是徽州人士。与歙县程恩泽（1787—1839，一说1785—1837）号称嘉庆、道光间（1796—1850）儒林两大宗，系乾嘉学派中的举旗人物之一。

观点。鸦片战争后，东树客居广东，著《匡民正俗对》，陈述禁烟之道；道光二十二年（1842）71岁时著《病榻罪言》，主张抗英，并提出对策。指出：英人入侵中华“不在近年之禁烟、缴烟也。盖由于不肖洋商之侮辱自蛊，各前督之姑息养痈，内地奸民之贪财卖国，积弊久矣”，对外国入侵中华保持清醒的头脑。晚年专注研究佛学、道学。咸丰元年（1851）卒于祁门东山书院，归葬桐城挂车山吴家嘴（今汪河乡汪河村）。其从弟方宗诚撰其形状、同县苏惇元撰传及郑福照所著年谱对其生平交代甚详。其著述还有《昭昧詹言》二十一卷、《书林扬觯》二卷、《大意尊闻》三卷、《向果微言》三卷、《仪卫轩文集》十三卷、《一得拳膺录》二卷、《进修谱》、《半字集》二卷、《考槃集》三卷、《王余集》一卷、《考槃集文录》十二卷、《仪卫轩遗诗》二卷、《仪卫轩遗书三种》三卷、《考槃集杂稿六种》七卷、《方氏老子章义》二卷、《思适居铃语》四卷、《天山依闻》一卷、《昭昧詹言续录》不分卷、《汉学商兑》、《仪卫轩文钞》不分卷、《方植之文》、《方植之文钞》一卷、《援鹑堂笔记刊误》一卷《补遗》一卷、《感应篇畅隐》三卷《续略》一卷《诗集》五卷、《外集》一卷、《续昭昧詹言》八卷、《仪卫轩遗书》不分卷、《昭昧詹言节录》四卷等30余种200卷。其中《昭昧詹言》是诗学理论著作，分别以五言古诗、七言古诗和七言律诗为例来对先秦至元代重要诗人诗作进行评析。所著《方植之全集》除清郑福照撰《方植之先生年谱》一卷，方泽撰《待庐遗集文》一卷、《诗》二卷，其父方绩撰《鹤鸣集》六卷外，方植之自撰11种58卷。还与邓廷桢同订补其父方绩所撰《屈子正音》三卷。还要说明的是《考槃集文录》与《仪卫轩文集》均为12卷，但因《文集》是方东树生前自辑并于同治七年（1868）由方氏后人刊刻，收文99篇（外集不计），20年后出全集时增益遗文累达239篇。还纂有《桐城鲁禚方氏族谱》二十三卷。

方东树整理古籍存世有：

不著撰人姓名著《岭云轩琐记》四卷、清全祖望撰清董秉纯清蒋学镛重编《鲒埼亭集》三十八卷《全谢山先生经史问答》十卷附《年谱》一卷计 3 种 49 卷等。

方东树为主刊刻要目如下：

道光六年（1826）刻清方东树撰《汉学商兑》三卷。《安徽省馆藏皖人书目》第 24 页著录，安徽大学图书馆藏。收入《槐庐丛书》为 3 卷本，而收入《万有文库》丛书本中为不分卷。

道光七年（1827）清江宁邓廷桢及方东树同订补并由邓廷桢精刻方东树父方绩撰《屈子正音》三卷。《贩书偶记·集部·楚辞类》卷十三第 316 页、《安徽艺文考·楚辞》、《皖人书录》第 92 页著录。此书还有从孙方守彝方氏网旧闻斋于光绪六年（1880）八月以巾箱本刻此书。《［光绪］安徽通志》作 1 卷，误。

道光间（1821—1850）刻清方东树撰《半字集》二卷。《清人别集总目》第 232 页著录，国学图书馆（今南京图书馆）藏。此书后收入《仪卫轩全集》题《半字诗集》。

清刊清方东树撰《考槃集》不分卷。《清人别集总目》第 232 页著录，南京图书馆藏。此书后经方东树自订分为三卷，其子方闻增附《遗诗》14 首，重刻，惜毁于兵燹。收入《仪卫轩遗书》本改题《考槃集诗录》。

道光十一年（1831）刻清方东树撰《汉学商兑》四卷。《中国古籍总目·子部·儒家类·儒学之属·清》第 154 页著录，国家图书馆藏。该馆还藏光绪二十六年（1900）浙江书局刻本。

道光十一年刻清方东树撰《汉学商兑》四卷、《刊误》一卷附《笺补》四卷计 3 种 9 卷。《安徽艺文考·儒家二》、《皖人书录》第 118 页著录。

道光十一年刻清方东树撰《汉学商兑》四卷、《刊误》一卷附《书林扬觯》二卷计 3 种 7 卷。《安徽省馆藏皖人书目 》第 24 页（无《刊误》一卷）、《安徽艺文考·儒家二》、《皖人书录》第 118 页著录，安庆市图书馆藏 6 册本。

道光十一年（辛卯）冬仪卫轩自刻清方东树撰《书林扬觯》三卷、

《刊误》一卷计 2 种 4 卷。《安徽艺文考・儒家三》、《皖人书录》第 119 页著录。此书收入《仪卫轩遗书》《宝墨斋丛书》《文学山房丛书》中。《贩书偶记・子部・杂家类・杂考之属》卷十一第 275 页著录为《书林扬觯》无卷数，应为初刊本。此书同治十年（1871）望三益斋重刊本为 2 卷，近代刊本补《刊误补义》一卷。

道光十一年（辛卯）冬刻清方东树撰《汉学商兑》三卷（其中中卷分中下）实 4 卷。《贩书偶记・子部・儒家类・理学》卷九第 219 页著录。此书还有同治十年（1871）盱眙（今安徽省滁州明光市三界）吴棠望三益斋、大司马六安涂宗瀛求我斋、光绪十年（1884）宁乡成氏重刻巾箱本。

道光十一年至十三年（1831—1833）桐城方氏刻清方东树撰《方植之杂著》6 种十八卷。《中国丛书综录续编・汇编・独撰类（清代）》第 148 页著录，但未交代藏处。

道光十三年（1833）胡方朔广州刻清方东树撰《半字集》二卷。《安徽艺文考・别集二三》、《皖人书录》第 119 页著录。

道光十四年（1834）佟敬堂安庆刻清方东树撰《考正感兴篇畅隐》三卷。《安徽艺文考・道家》、《皖人书录》第 118 页著录，此版书板毁于兵燹。

道光十七年（1837）广东刻方东树父清方绩撰《鹤鸣集》又名《牧青堂诗钞》六卷。《中国古籍总目・集部・别集类・清代之属・清中期》第 1660 页、《清人别集总目》第 226 页、《安徽艺文考・别集十九》、《皖人书录》第 92 页著录，安徽省图书馆藏。此书安徽省图书馆还藏抄本，光绪十五年（1889）桐城方氏重刻《方植之全集》本中收此子书，国家图书馆、江西省图书馆及日本京都大学人文科学研究所藏，安庆市图书馆藏《仪卫轩遗书》本中此子书。

道光十七年方东树重订在广东刻自撰《考正感兴篇畅隐》三卷。《皖人书录》第 119 页著录，此版书板后毁于兵燹。

道光间（1821—1850）刊清方东树撰《向果微言述旨》不分卷。《皖人书录》第118页著录，收入《仪卫轩全集》中。

道光十八年（1838）刻清方东树撰《援鹑堂笔记刊误》二卷。《中国古籍总目·子部·杂家类·杂考之属》第1826页著录，南京图书馆藏。

清方东校（树）初刻后在淮南盐掣官署刻清姚范撰、清姚莹编《援鹑堂笔记》五十四卷。《中国丛书广录·汇编丛书·自著类·清代前期》第298页著录，湖北省图书馆藏。《贩书偶记·杂家类》卷十一第275页作道光十六年（1836）曾孙姚莹在淮南盐掣官署重刻本，计2版2种子目实为74种108卷。

清刊清方东树撰《进修谱》一卷。《中国古籍总目·子部·儒家类·儒学之属·清》第155页著录，国家图书馆藏。

清刊清方东树撰《山天依闻》一卷。《中国古籍总目·子部·儒家类·儒学之属·清》第155页著录，国家图书馆藏。

道光间刻清方东树撰《向果微言》二卷、《述恉》一卷计2种3卷。《中国古籍总目·子部·儒家类·儒学之属·清》第155页著录，南京图书馆藏。收入光绪间（1875—1908）刻《方植之全集》中。

清刊清方东树撰《向果微言》三卷、《述恉》一卷计2种4卷。《中国古籍总目·子部·儒家类·儒学之属·清》第155页著录，国家图书馆藏。

方东树逝后其后人及本家家刻家族图书如下：

同治间（1862—1874）刊清方东树撰《仪卫轩诗文集》十八卷附《外集》一卷、《遗书》一卷附《年谱》一卷计4种21卷。《安徽文献书目》、《皖人书录》第118页、《安徽地震史料辑注》第248页著录，安徽省图书馆藏。

同治五年（1866）刊清方东树撰《天意尊闻》三卷、清方宗诚撰《附录》一卷计4卷。《中国古籍总目·子部·儒家类·儒学之属·清》第155页、《安徽艺文考·儒家五》、《安徽省馆藏皖人书目》第22页、《皖人书录》第118页著录，国家图书馆、南京图书馆、上海图书馆、辽宁省图书馆、吉林省图书馆、长春市图书馆、东北师范大学图书馆藏。东北师范大学图书馆、安徽省图书馆（1册本）还藏光绪元年（1875）解梁书院刻本。此书收入《仪卫轩全集》中。

同治六年（1867）刊清方东树撰《仪卫轩全集》17种六十五卷。《安徽文献书目》、《皖人书录》第118页著录。

同治戊辰（七年，1868）刊清方东树撰《天意尊闻》三卷、《附录》一卷计4卷。《安徽艺文考·儒家五》、《皖人书录》第118页、《贩书偶记·子部·杂家类·杂说之属》卷十一第285页著录。

同治七年刻清方东树撰《仪卫轩文集》6种。《四川省图书馆古籍书目》著录，四川省图书馆藏。

同治戊辰刊桐城清方东树撰《仪卫轩文集》十二卷、《外集》一卷、《附录》一卷、《诗集》五卷、《遗书》三卷计4种22卷。《贩书偶记·集部·别集类》卷十八第467页著录。

同治七年刻清方东树撰《考槃集文录》十二卷。《清人别集总目》第232页著录，湖南省图书馆、安徽省图书馆藏。

同治七年刻清方东树撰《仪卫轩诗集》五卷。《清人别集总目》第232页、《安徽省馆藏皖人书目》第24页著录，湖南省图书馆、江西省图书馆、安徽省图书馆（2册本）、安徽师范大学图书馆及日本京都大学人文科学研究所藏。

同治七年刻清方东树撰《仪卫轩文集》十二卷、《外集》一卷、《诗集》五卷计3种18卷。《清人别集总目》第233页著录，国家图书馆、上海图书馆、浙江图书馆、河南省图书馆、广东省中山图书馆、湖南省图书馆、安徽省图书馆、南京图书馆、北京师范大学图书馆、天津师范大学图书馆、安徽科研所图书馆及日本东京静嘉堂文库藏。

附　同治七年（1868）李鸿章刻清方东树撰《仪卫轩文集》十二卷、《文外集》一卷、《诗集》五卷附《方仪卫先生年谱》一卷计4种19卷。《中国古籍总目·集部·别集类·清代之属·清中期》第1822页、《安徽省馆藏皖人书目》第 24 页（《文集》作十三卷应包括《文外集》）著录，国家图书馆、安徽省图书馆（6 册本）藏，中国科学院图书馆藏本中无《诗集》五卷。

同治、光绪间（1862—1908）刻清方东树撰《仪卫轩文集》十二卷、《文外集》一卷、《诗集》五卷附《补遗大意尊闻》三卷、《行状》一卷、《附录》一卷、《遗书》一卷计 6 种 24 卷。《安徽省馆藏皖人书目》第 24 页著录，安徽大学图书馆藏 12 册本。

同治七年刻清方东树撰《仪卫轩文集》十二卷。《安徽省馆藏皖人书目》第 24 页著录，安徽省图书馆藏 4 册本。

同治间（1862—1874）刻清方东树撰《仪卫轩诗文集》十八卷、《外集》一卷、《遗书》一卷附《年谱》计 4 种 20 卷。《安徽省馆藏皖人书目》第 24 页著录，安徽省图书馆藏 7 册本。

同治七年至光绪十七年（1868—1891）安徽桐城方氏家刻清方东树撰《仪卫轩全集》32 种一百〇二卷（不分卷作 1 卷计）。《中国丛书广录·汇编丛书·自著类·清代后期》第 316 ～ 317 页、孙殿起《丛书目录拾遗》卷九、《四川省图书馆古籍书目》、北京师范大学图书馆编《中文古籍书目·集部·清别集类》第 394 页著录，北京师范大学图书馆（6 册本）、四川省图书馆（10 册本）仅藏同治七年刻前 6 种 21 卷。

附　同治七年李鸿章等刻清方东树撰《仪卫轩文集》十二卷、《外集》一卷、《附录》一卷计 2 种 14 卷。《清人别集总目》第 232 页著录，上海图书馆、南京图书馆、广东省中山图书馆、福建省图书馆、中国科学院图书馆、南开大学图书馆、华东师范大学图书馆、山东大学图书馆、安徽研究所图书馆、青岛市图书馆、台湾“中央研究院”历史语言研究所傅斯年图书馆、日本京都大学图书馆、日本大阪府立图书馆及日本京都大学人文科学研究所藏。

同治间（1862—1874）刻清方东树撰《考槃集》三卷。《安徽地震史料辑注》第 248 页著录，安徽省图书馆藏。

同治间刻清方东树撰《仪卫轩遗诗》一卷。《安徽地震史料辑注》第248页著录，安徽省图书馆藏。

同治八年（1869）刊清方东树撰《昭昧詹言》十八卷[①]、《续》八卷、《续录》二卷计3种28卷。《安徽艺文考·诗文评》（题《副墨子闇解》）、《皖人书录》第119页著录。

附　同治八年（1869）李鸿章刻清方东树撰《考槃集》三卷。《安徽艺文考·别集二二》、《皖人书录》第119页著录。

附　同治八年李鸿章刊清方东树撰《半字集》二卷。《皖人书录》第119页著录。

同治十三年（1874）刻清方东树撰《仪卫轩遗书》不分卷。北京师范大学图书馆《中文古籍书目·子部·杂家类》第281页著录，北京师范大学图书馆藏1册本。

同治十三年桐城方氏刻《仪卫轩遗书》本收清方泽撰《待庐文集》十四卷。《中国古籍总目·集部·别集类·清代之属·清前期》第1388页著录，国家图书馆、安庆市图书馆藏。

光绪元年（1875）重刻清方东树撰《考正感应篇畅隐》三卷。《安徽艺文考·道家》、《皖人书录》第119页、《安徽省馆藏皖人书目》第23页著录，安徽省图书馆藏3册本。

光绪四年（1878）刻清方东树撰《方植之全集》二十四卷附清郑福照辑《年谱》一卷计25卷。《安徽省馆藏皖人书目》第22～23页著录，

---

① 此处疑误。《昭昧詹言》是方东树晚年以桐城派眼光评诗结集，是以王士禛《古诗选》、姚鼐《今体诗钞》及刘大櫆《历朝诗约选》《盛唐诗选》《唐诗正宗》选本为据，并以姚鼐为主体综合百家之说。今以光绪版《方植之全集》刻本、宣统元年（1909）安徽省官纸印刷局排印本及民国戊午（1918）上海亚东图书馆重版安徽官纸印刷局排印本，均为《昭昧詹言》十卷、《续》八卷、《续录》二卷或作三卷计21卷。国家图书馆还藏一抄本为正集同名本为十卷、《续》十卷以二卷并入三卷，四、五卷为三卷，五卷为三、四卷，又以五卷中“白乐天”及六卷中“李义山”为五卷，七卷中“苏黄”为六卷，八卷中“集各家诗话”为七、八、九、十卷，余稍异于刻本与排印本。因此十八卷未见藏家，故疑误。

桐城市图书馆藏 24 册本。

光绪四年刻清方东树撰《考槃集文录》十二卷。《清人别集总目》第 232 页著录，江西省图书馆藏。《中国丛书综录·汇编·独撰类（清代前期）》第 521 页著录，此书收入光绪二十年（1894）刻《方植之全集》，上海图书馆、安徽师范大学图书馆及日本东洋文库、日本京都大学人文科学研究所藏，安庆市图书馆藏《仪卫轩遗书》本。

光绪六年（1880）从孙方守彝网旧闻斋以巾箱本精刊清方绩撰《屈子正音》三卷。《贩书偶记·集部·楚辞类》卷十三第 316 页、《安徽省馆藏皖人书目》第 35 页、《增订四库简明目录标注·集部一·楚词类》卷十五第 634 页著录，安徽省图书馆藏 1 册本。

光绪七年（1881）刻清方东树撰《仪卫轩全集》。《安徽省馆藏皖人书目》第 24 页著录，安徽省图书馆藏 30 册本。

光绪八年（1882）刻清方东树撰《汉学商兑》四卷。《中国古籍总目·子部·儒家类·儒学之属·清》第 154 页著录，国家图书馆藏。此书收入光绪间（1875—1908）刻《西京清麓丛书》《槐庐丛书》《方植之全集》等丛书为 3 卷本。同时，国家图书馆、上海图书馆、南京图书馆藏同治十年（1871）今明光市三界吴棠望三益斋刻本，国家图书馆、南京图书馆藏光绪十年（1884）六安涂宗瀛求我斋刻本，南京图书馆藏光绪十年宁乡成氏刻本，上海图书馆藏光绪十五年（1889）孙溪朱氏刻本，上海图书馆藏光绪十七年（1891）刻本，上海图书馆、南京图书馆、香港中文大学图书馆藏光绪二十六年（1900）浙江书局刻本等也是 3 卷本。

光绪九年（1883）刻清方东树纂桐城鲁谼《桐城鲁谼方氏族谱》二十三卷。《安徽省馆藏皖人书目》第 23 页、《中华百家姓秘典》第 722 页（作方宗诚修）著录，安徽省图书馆藏 8 册本。

清刊清方东树撰《汉学商兑刊误补义》不分卷。《中国古籍总目·子部·儒家类·儒学之属·清》第 154 页著录，南京图书馆藏。

清刊清方东树撰《跋南雷文定》一卷。《中国古籍总目·子部·儒家类·儒学之属·清》第154页著录，国家图书馆藏，上海图书馆藏宣统元年（1909）江浦陈氏刻此书，分别收入《方植之全集》《房山山房丛书》中。

光绪十五年（1889）刊清方东树撰《王余集》一卷。《安徽艺文考·别集二二》、《皖人书录》第118页著录，收入《仪卫轩全集》改题《王余集诗录》。

光绪十五年清方东树撰《考槃集》三卷。《安徽省馆藏皖人书目》第23页著录，安徽省图书馆藏1册本。

光绪十五年清方东树刻《考槃集文录》本附清方泽撰《待庐遗集》三卷。《中国古籍总目·集部·别集类·清代之属·清前期》第1388页著录，国家图书馆藏。

光绪十五年（1889）刊清方东树撰《山天衣闻》一卷。《安徽艺文考·儒家五》、《皖人书录》第118页、《安徽省馆藏皖人书目》第22页著录，安徽省图书馆藏1册本。后收入《仪卫轩全集》中。

光绪十五年刻清方东树撰《半字集》二卷。《清人别集总目》第232页、《安徽省馆藏皖人书目》第23页著录，诸暨市图书馆、国学图书馆（今南京图书馆）、安徽省图书馆（1册本）及日本京都大学人文科学研究所藏。

光绪十五年重刻清方东树撰《仪卫轩遗诗》二卷、《半字集》二卷计2种4卷。《清人别集总目》第232页著录，上海图书馆、安徽省图书馆藏。

光绪十五年刻清方东树撰《方植之全集》本收《半字集》二卷、《考槃集》三卷、《王余集》一卷、《仪卫轩遗诗》二卷计4种8卷。《清人别集总目》第233页、《中国丛书综录·汇编·独撰类（清代前期）》第521页著录，安徽师范大学图书馆、日本东洋文库、日本京都大学人文科学研究所藏。而收入《仪卫轩遗书》本中此4种8卷，安庆市图书馆、日本京都大学人文科学研究所藏。

光绪十五年至二十年（1889—1894）桐城东树后人方氏家刻清方东树撰《方植之全集》14种六十八卷。安庆市图书馆编油印《馆藏古籍书目·丛部·独撰类》第九五页、《中国丛书综录·汇编·独撰类（清代前期）》第521页、《皖人书录》第118页及《安徽文献书目》（作《仪卫轩遗书》十七种五十卷）著录，上海图书馆、上海辞书出版社图书馆、南京图书馆、福建师范大学图书馆、重庆市图书馆及日本京都大学藏，安庆市图书馆藏本缺《考槃集文录》1～4卷29册不全本。

光绪十六年（1890）刊清方东树撰《未能录》二卷。《安徽艺文考·儒家二》、《皖人书录》第119页、《安徽省馆藏皖人书目》第24页著录，安徽省图书馆藏1册本。

光绪十六年刊清方东树撰《跋南雷文定》一卷。《安徽省馆藏皖人书目》第23页、《安徽艺文考·儒家二》、《皖人书录》第119页著录，安徽省图书馆藏1册本。后分别收入《房山山房丛书》《仪卫轩遗书》中。安庆市图书馆所藏此子书就系《房山山房丛书》本。

光绪十六年刻清方东树撰《陶诗附考》一卷、《招魂》一卷计2种2卷。《安徽省馆藏皖人书目》第23页著录，安徽省图书馆藏1册本。

光绪十六年刻清方东树撰《大意尊闻》三卷附方宗诚撰《附录》一卷计2种4卷。《中国古籍总目·子部·儒家类·儒学之属·清》第155页著录，国家图书馆、上海图书馆、东北师范大学图书馆藏。

光绪间（1875—1908）刻清方东树撰《大意尊闻》一卷。《中国古籍总目·子部·儒家类·儒学之属·清》第155页著录，国家图书馆藏。此书收入光绪间刻《有诸己斋格言丛书》中。

光绪十七年（1891）刻清方东树撰《书林杨（扬）觯》二卷。《安徽省馆藏皖人书目》第23页著录，安徽省图书馆藏24册本，而民国间中国书店据《仪卫轩全集》考校印铅排为1册本，安庆市图书馆藏民国十年（1921）中国书店铅印为1册本。

光绪十七年刊清方东树撰《书林扬觯》三卷、《刊误》一卷计2

种 4 卷。《安徽艺文考·儒家三》、《皖人书录》第 119 页著录。此书还有同治十三年（1874）盱眙（今安徽省滁州明光市三界）吴棠望三益斋重刊本。还分别收入《仪卫轩丛书》《宝墨斋丛书》《文学山房丛书》本中。

光绪十七年（1891）方氏重刊清方东树撰《昭昧詹言》十八卷、《续》八卷、《续录》二卷附《陶诗附考》一卷、《招魂》即《解招魂》一卷计 5 种 30 卷。《安徽艺文考·诗文评》、《皖人书录》第 119 页、《安徽省馆藏皖人书目》第 23 页著录，安徽省图书馆藏 7 册本。此书民国七年（1918）上海亚东图书馆排印本还增入补遗 23 则，另以《解招魂》及《陶诗附考》为《续录》第 3 卷，南京图书馆藏抄本，安庆市图书馆藏方宗诚节录稿本为 4 卷。还有 1961 年人民文学出版社版。

光绪辛卯（十七年）刊清副墨子（方东树）撰《昭昧詹言》十卷、《续》八卷、《续录》无卷数计 3 种 20 卷左右。《贩书偶记·集部·诗文评类·诗评之属》卷二十第 543 页著录。而《安徽省馆藏皖人书目》第 23 页著录，安徽省图书馆藏宣统元年（1909）安徽官纸印刷局铅印此丛书《续录》为 3 卷本，余同。安徽大学图书馆藏光绪间（1875—1908）铅印 4 册本《续录》为二卷本，还有《汇录考》一卷。

光绪二十年（1894）刻清方东树撰《考槃集文录》十卷。《中国古籍总目·集部·别集类·清代之属·清中期》第 1822 页著录，国家图书馆藏。

光绪甲午（二十年）刊桐城方东树撰《考槃集文录》十二卷。《中国古籍总目·集部·别集类·清代之属·清中期》第 1822 页、《安徽省馆藏皖人书目》第 23 页、《贩书偶记·集部·别集类》卷十八第 467 页、《安徽地震史料辑注》第 248 页著录，安徽省图书馆藏 8 册本，中国科学院图书馆仅藏卷一、卷三至四、卷六至十二计 10 卷不全本。

光绪二十年刻清方东树撰《考槃集文录》十四卷。《中国古籍总目·集部·别集类·清代之属·清中期》第 1822 页著录，湖南省图书馆藏。

光绪间刻清方东树撰《仪卫轩遗书》不分卷。《安徽省馆藏皖人书目》第 24 页著录，桐城市图书馆藏 1 册本，还藏 1 册本稿本。

光绪间（1875—1908）刊清方东树撰《解招魂》一卷、《陶诗附考》一卷计 2 种 2 卷。《安徽文献书目》、《皖人书录》第 118 页著录，后收入《仪卫轩全集》中。

光绪二十六年（1900）刊《汉学商兑》四卷、《刊误》一卷计 2 种 5 卷。《安徽省馆藏皖人书目》第 24 页、《安徽艺文考·儒家二》、《皖人书录》第 118 页著录，安徽省图书馆藏 4 册本。后收入《仪卫轩全集》中。

宣统元年（1909）刻清方东树撰《跋南雷文定》一卷。《清人别集总目》第 232 ～ 233 页著录，上海图书馆藏。

附　宣统元年铅印清方东树撰《未能录》二卷。《中国古籍总目·子部·儒家类·儒学之属·清》第 154 页著录，上海图书馆、国家图书馆藏。

宣统元年铅印清方东树撰《进修谱》一卷。《中国古籍总目·子部·儒家类·儒学之属·清》第 155 页著录，国家图书馆、上海图书馆藏。

光绪十五年（1889）方龙光重刻清方东树撰《仪卫轩遗诗》二卷。《安徽省馆藏皖人书目》第 24 页、《皖人书录》第 118 页、《安徽文献书目》著录，安徽省图书馆藏 1 册本。

光绪十五年方龙光重刻清方东树撰《半字集》二卷。《皖人书录》第 119 页、《安徽艺文考·别集二二》著录。

身世显赫的状元潘世恩

清代吴县出了一个潘氏大世家，他们的始迁祖是明末清初往来于苏、杭之间的盐商潘景文，由歙县丰南大阜迁往寄籍地苏州的一支潘姓，自后代出名人。其裔孙上海图书馆原副馆长潘景郑先生在乙卯三月二十六日《跋先泽鳞羽》里说："溯吾家自明季九世祖其蔚府君[①]，由歙迁吴，支裔渐繁。三百年来，可以占见其盛衰矣。余竭十余年之搜罗，得八世祖以来书翰，都四五百通，部次先后，装成二十四册。观此而吾家三百年中文字因缘，堪称大备。"[②]他又在同书《〈奉思录〉跋》中更详细地叙其籍贯渊源说："追唐广明、光启间，始祖逢时公[③]以闽人两任歙州刺史。任满致仕，父老攀辕，遂家于歙县之西篁墩，卒葬狮山之阳，今名潘村。四传至大阜公，迁歙南大阜后山坞，是为迁大阜始祖。又十一传至德辅公，自后山坞迁来龙山南，即今之大阜村。至今全村潘姓居多，盛称大阜潘氏是也。又七传至玉溪公，生筠友公，有子二：长讳景隆，次即其蔚公，讳景文……吾家自宋元明三朝，未列仕履，其蔚公以盐商往来苏杭间，籍杭州府，岁贡生，候选主事，卜居苏城，是为迁吴始祖，卒仍归葬歙县之飞布山。其蔚公生子九人，敷九公最长，籍浙江钱唐县，岁贡生，处州府松阳县教谕，卒葬吴县光福之河亭桥，是为葬吴始祖。敷九公以顺治十五年生，有子七人，吾七世祖闲斋公讳暄，其第四子也。生六世祖贡湖公，讳冕又名宗冕。贡湖公生五世祖云浦公，讳奕基。云浦公生高祖芝轩公，登巍科，居相位。自是而支系繁盛，称

---

① 蔚公，讳景文（1639—1706），字其蔚，与其父潘谷馨（1609—1677），号筠友、兄景隆业浙盐，往来于吴中，开始侨居吴县南濠街。康熙（1662年以后）初，购买万历帝时首辅申时行八大宅院之一苏州城黄鹂坊桥街研经堂，正式定居于苏州后入吴籍。潘景文为杭州府岁贡生，候选州同、内阁中书，候选主事，加一级，授奉直大夫。生9子7女，成为迁吴潘姓人丁最旺一门。又以其长子兆鼎（1658—1724，字敷九，浙江钱塘县岁贡生，任处州松阳县教谕）支最著。

② 潘景郑：《寄沤剩稿·跋先泽鳞羽》，85页，济南：齐鲁书社，1985。

③ 逢时公指唐僖宗（873—888在位）朝潘名（836—902），字逢时，祖籍荥阳古潘地（今郑州市西郊黄河南岸），福建三山人。乾符间（874—879）进士，授度支员外郎。广明元年（880）出任歙州刺史。因父丧去职，但因黄巢乱无法返里，寓居歙县篁墩（时名黄墩，今属安徽省黄山市屯溪区）。服阙，授青州盐铁转运副使。光启二年（886）复任歙州刺史。因在歙州省刑、薄赋、劝农、兴学，政绩昭著，朝廷准备调入另付重任，在百姓的挽留下，任满致仕，留居黄墩，成为新安大阜潘氏一世祖。卒与妻林氏合葬于歙县敬爱乡涌泉里狮山南榧山营潘坞。其第五世（长子敬祖曾孙、潘瑫孙、细公长子）潘现奉母迁大阜，成为大阜潘氏始迁祖。

吴中望族矣。”[①]尤其是大阜迁吴潘氏二世景文及其长子兆鼎（三世）派人丁最为兴旺，科举最盛。自清中叶以后文人学士不断，自迁吴五世奕隽、奕藻兄弟先后中进士，拉开苏州“大阜贵潘”科举入仕大幕后，世恩、世璜、曾莹、遵祁、祖荫、祖同、尚志相踵，共出了9位进士，其中前8位均出兆鼎长房。该支还出了36位举人（中进士不计），21名贡生，142位庠生，真是官宦相接。正如郑逸梅就在《艺林散叶续编》第1765、2053条中记载自潘奕隽一门至祖同辈仅4代既有状元，又有9名进士，其中潘世恩、潘祖荫祖孙两人官至六部尚书、军机大臣行走、太子太保，可见是苏州名门望族、世代书香、官势赫奕。道光朝体仁阁大学士阮元在《大阜潘氏支谱·科名草序》中称：“苏州潘氏，由歙而杭而苏，百余年来为吴会巨族，好行其善，子弟除读书无旁骛，是以列黉宫、登贤书、捷春榜者，指不胜屈。”潘家出仕最优者状元潘世恩也在序中说：“四朝崇遇，昔宋王禹玉历仁宗、英宗、神宗三朝，为翰林学士，其家自太平兴国至元丰，十榜皆有人登科，故有三朝遇主，维文翰十榜，传家有姓名之句。今予家科第已逾廿榜，较之禹玉，有过之也。”不为虚语。本文仅说潘世恩。

潘世恩（1769—1854），初名世辅，字槐庭，号芝轩、槐堂，自号思补老人，有思补堂、思补斋、有真意斋、清颂堂等，奕基子，先世自明末由歙县迁吴县，复家钱塘。他的父亲改入吴县籍。世恩自幼敏捷，才华横溢。参加童子试时，整天坐在考桌上，中秀才后，吴县令李昶亭曾出“范文公天下为任”上联，潘世恩脱口而出“韩昌黎百世之师”对仗十分工整，李旋出横批“直云直上”，潘旋对“朱绂方来”，令李令赏识惊诧不已。乾隆癸丑（五十八年，1793）廷试第一，是徽州旅外状元之一，授编修。嘉庆三年（1798）三月，大考一等，升侍读。十月，升左春坊左庶子，署日讲起居注官。四年正月，迁翰林院侍讲学士。三

① 潘景郑：《寄沤剩稿·〈奉思录〉跋》，第94～95页，济南：齐鲁书社，1985。

月，任会试同考官，转侍读学士、咸安宫总裁。五月，升詹事府少詹事，充日讲起居注官。六月，升詹事。八月，出任云南学政。十月，升内阁学士，兼礼部侍郎衔，仍留学政任。嘉庆六年（1801），升礼部左侍郎，仍留学政任。嘉庆七年（1802）回京，历任兵部左、右侍郎，兼署户部左侍郎。嘉庆八年（1803）四月，与纪昀经理缮办《四库全书》。七月，任教习庶吉士。嘉庆九年（1804）初，改署户部左侍郎。二月，在翰林院和嘉庆帝诗获《御制味余书屋全集》等赏赐。五月，任考试试差阅卷大臣。六月，转兵部左侍郎，并兼户部左侍郎。七月，外任浙江乡试正考官，寻调户部左侍郎，提督浙江学政。嘉庆十一年（1806）五月，调任吏部右侍郎。六月，转兵部左侍郎，仍兼户部左侍郎。七月，充浙江乡试正考官，寻调户部左侍郎，提督浙江学政。嘉庆十二年（1807），回京，任户部右侍郎。九月，任教习庶吉士。十一月，任续办《四库全书》总裁、文颖馆总裁。嘉庆十三年（1808）三月，任翰林院掌院学士、殿试读卷官、朝考阅卷官、考试试差阅卷大臣。六月，改任刑部左侍郎。七月，改任户部右侍郎。八月，出任顺天府乡试副考官。十二月，复任户部右侍郎。嘉庆十四年（1809）二月，《文颖》《四库全书》定稿，升二级。三月，任刑部右侍郎。四月，任朝考阅卷官。闰七月，改任户部右侍郎。嘉庆十五年（1810）八月，提督江西学政。嘉庆十七年（1812）回京，升任工部尚书。嘉庆十八年（1813）九月，改任户部尚书，仍兼工部尚书，不久还兼吏部尚书。十二月，充经筵讲官。嘉庆十九年（1814）二月，任武英殿总裁，并完成《全唐文》缮刊工作。三月，又兼吏部尚书。四月，任庶吉士散馆阅卷大臣。五月，任国史馆总裁，复兼武英殿总裁。六月，丁母忧归里，守制三年，以父老未回京而降为侍郎。

道光四年（1824）丁父忧至道光七年（1827）四月。五月，署工部左侍郎，不久改任吏部左侍郎，充国史馆副总裁。十月，升都察院左都御史。道光八年（1828）四月，任考试试差阅卷大臣。八月，改任吏部尚书。九月，任翰林院掌院学士。十月，任武会试正考官兼吏部尚书、经筵讲官。道光九年（1829）四月，出任殿试读卷官、朝考阅卷官，复兼翰林院掌院学士。十月，复任吏部尚书。十二月，充经筵讲官。道光十年（1830）九月，升工部尚书，仍兼左都御史。道光十一年四月，任考试试差阅卷大臣。五月，改任吏部尚书。道光十二年（1832）正月，兼任工部尚书。二月，复任翰林院掌院学士。三月，任会试正考官。四月，任考试试差阅卷大臣。八月，兼任工部尚书。十月，任教习庶吉士。道光十三年（1833）四月，授体仁阁大学士，分管户部，兼任国史馆正总裁。五月，改管兵部，兼任朝考阅卷官。六月，充教习庶吉士。七月，任大考翰林詹阅卷大臣，命查三库。十二月，任文渊阁领阁事。道光十四年（1834）正月，命在军机大臣上行走，并赐第圆明园。四月，任考试试差阅卷大臣。道光十五年（1835）正月，任翰林院掌院学士、上谕事件处，充经筵日讲起居注官。二月，授东阁大学士，分管工部。四月，任殿试读卷官、朝考阅卷官、考试试差阅卷大臣。七月，复改管户部。道光十六年（1836）正月，任上书房总师傅。三月，任会试正考官。五月，任朝考阅卷官。道光十七年（1837）正月，赏太子太保衔。四月，任考试试差阅卷大臣。道光十八年（1838）四月，任殿试读卷官、朝考阅卷官。五月，升武英殿大学士。十二月，70 岁生日，道光帝亲书“熙载延祺”匾额及“弼亮宣猷襄密勿，靖共介福锡康强”对联，并赏戴花翎。道光十九年（1839）二月，道光帝谒东陵，命留京办事。四月，任考试试差阅卷大臣。八月，任顺天府乡试正考官。道光二十二年（1842）三月，任会试正考官。四月，任考试试差阅卷大臣。道光二十三年（1843）十月，因季子曾玮在顺天乡试被控以管教不严降三级留用，后因荐及李汝峤不妥，改任殿试读卷官。五月，任教习庶吉士。道光二十七年（1847）三月，任会试正考官。道光二十八年（1848）正月，加太傅衔，并赏用紫缰。十二月，当他 80 华诞时，御赐“寿”字，“三朝耆硕”额及“望重三公资燮理，祥开八勤衍期颐”对联。80 岁后多次乞休不准。道光三十年（1850）六月，以大学士全俸致仕。

咸丰三年（1853）参加癸丑科鹿鸣筵宴，主持本科主考官恰是世恩孙子、礼部侍郎潘祖荫，又适自己中状元甲子，是科举史难见的盛事，并受咸丰帝亲赐“琼林人瑞”匾。他作诗有“却喜新荫桃李盛，小门生认老同年”句，缘由于此。咸丰四年（1854）卒，谥文恭，入祀贤良祠。他年高位显，时人赠联有“大富贵亦寿考，蓄道德能文章”，赞其全身以终，传为士林美谈。

他做官五十余载，力伺四朝，久在枢廷，饱经官场浮沉，他自撰《思补老人自订年谱》一卷，详细真实地记录了他一生历官武英殿大学士、太子太保、太傅、军机大臣，管理户、兵、工部事务，他为人处世端正，谨慎小心，善始善终，深得朝野爱戴。道光帝特命肩舆入直，晋太傅，赏戴花翎，穿黄马褂，位显恩渥的官宦生涯。不仅在他 70、80 华诞时，道光帝都有奖谕，而且嘉庆、道光帝也多次特谕，给他很高的评价。在咸丰朝力荐林则徐、姚莹等近代历史名人。他卒后，咸丰帝在特谕中称他“立品端方，学问醇正”，“服官五十余年，小心谨慎，克称厥职”。卒谥文恭，特旨入祀贤良祠。

他是清中期著名的官书编纂家，为《文颖》《四库全书》《全唐文》等钦定大型文化工程编纂定稿作出过巨大贡献，他多次参与清廷招揽人才的科举考试及多任学政，桃李满天下。同时，也是一位学博著丰的显宦。著有《钦定续纂外藩蒙古回部王公表》十二卷《传》十二卷计 2 种 24 卷、《思补斋奏稿偶存》、《思补斋笔记》、《思补斋笔记续编》一卷、《读史随笔》不分卷、《消暑随笔》一卷、《熙朝宰辅录》、《亦吾庐随笔》不分卷及《潘世恩日记》不分卷、《有真意斋诗文集》、《湖山杖履录》等。今苏州市文管会还保留他的《有真意斋诗集》不分卷、《正学编》

一卷又作八卷、《思补斋诗稿》一卷[①]、《杂录》一卷、《思补斋文钞》一卷及辑《东坡诗话》一卷等，稿本存世的还有《读史镜古编》不分卷、《思补老人自订年谱》一卷等稿本及《使滇日记》手稿1册、《思补斋文钞》一卷《诗稿》一卷《杂录》一卷《有真意斋诗集》不分卷4种。《使滇日记》系记他嘉庆四年（1799）八月至七年（1802）正月至京，奉命提督云南学政事的手稿，后来由潘承弼（景郑）传诸墨版问世。潘世恩的4个儿子曾沂、曾莹、曾绶、曾玮均有著述，尤其是他的孙子潘祖荫不仅是藏书家，也是这个家刻群体里最大的出版家。

潘世恩在古籍上留下文字存世不多。除清梁同书题耑，清吴云、黄丕烈、阮元、潘世恩、倪稻孙、林从炯跋，清吴翌凤、钮树玉、许宗彦题诗清陈经辑《求古精舍金石图题辞》一卷稿本外，还有辑清汪元爵撰《泾西书屋诗稿》四卷《文稿》二卷《附录》一卷计2种7卷、清陆陇其辑《莅政摘要》二卷、清吴敬梓撰清□□评《儒林外史》五十六回等。

他的家刻本有：

道光十一年(1831)刻清潘世恩撰《藤花厅偶吟草》不分卷。《清人别集总目》第2408页著录，国家图书馆藏。

道光十三年（1833）刻清潘世恩撰《有真意斋文集》不分卷。《中国古籍总目·集部·别集类·清代之属·清中期》第1807页著录，首都图书馆藏。

道光十八年（1838）思补轩刻清潘世恩撰《熙朝宰辅录》不分卷。《国家图书馆普通古籍总目·传记门·总传》第47～48页、《中国历史博物馆藏普通古籍目录·史部·杂史类》第48页著录，国家图书馆藏1册本3部、中国历史博物馆藏1册本。

---

① 《[民国]歙县志·艺文志·书目》卷十五第二十五页仅录《思补斋诗集》1种。《中国古籍善本书目·集部·清别集类》第1237页著录，苏州市文管会藏《思补堂文钞》一卷、《思补堂诗稿》一卷、《杂录》一卷、《有真意斋诗集》不分卷4种稿本。《清人别集总目》第2408页作苏州文管会藏中间2种稿本。

道光十八年刻清潘世恩撰《有真意斋文集》二卷。《清人别集总目》第2408页著录，福建省图书馆、南京大学图书馆、南开大学图书馆、无锡市图书馆、苏州市图书馆、大连市图书馆及日本东洋文库藏。同页还著录山东省图书馆藏清刻本。

道光间（1821—1850）吴县潘氏刊《清颂堂丛书》8种五十六卷。《丛书书目汇编》第三册第三六五页、《汇刻书目》第七册第六十三页著录。

道光间潘氏刻清黄奭编、清潘世恩重编《清颂堂丛书九种附一种》10种五十八卷。《中国古籍总目·丛书部·杂纂类·清代前期》第473页、《增订丛书举要》卷五十一（作潘世恩辑，道光庚子潘氏刻本）著录，中国科学院图书馆藏。按，庚子，道光二十年（1840），当为此年刻。

道光庚子（二十年）刻清潘世恩撰《医略》一卷。《全国中医图书联合目录·临证各科》第348页著录，陕西中医学院图书馆藏，该馆还藏此书抄本，中国中医科学院图书馆藏抄本不全。

道光二十年吴县潘氏刻清潘世恩撰《消暑随笔》四卷。《中国古籍总目·子部·杂家类·杂记之属》第1879页著录，上海图书馆藏。此书收入道光间（1821—1850）刻《清颂堂丛书》本中。

道光间刻清潘世恩撰《有真意斋文集》不分卷。《中国古籍总目·集部·别集类·清代之属·清中期》第1807页著录，中国科学院图书馆藏。

道光间刻续修清潘世恩撰《有真意斋文集》二卷。《中国古籍总目·集部·别集类·清代之属·清中期》第1808页著录，中国科学院图书馆藏。

清刊清潘世恩撰《甲辰重游泮宫诗》一卷。《中国古籍总目·集部·别集类·清代之属·清中期》第1808页著录，国家图书馆藏。

道光间刻清潘世恩撰《藤花厅偶吟草》一卷。《中国古籍总目·集部·别集类·清代之属·清中期》第1808页著录，国家图书馆藏。

道光间刻清潘世恩撰《感旧诗》一卷。《清人别集总目》第2408页著录，上海图书馆、南京图书馆藏。

道光间刻清潘世恩等撰《岁朝赏菊诗》不分卷。《山东省图书馆馆藏海源阁书目·集部·总集类》第208页著录，山东省图书馆藏1册本。该刊本半页6行，行16字（14.8×10.8），白口，四周单边，单黑鱼尾。此书无序，无目录，无卷端。

道光二十八年（1848）刻清潘世恩撰《熙朝宰辅录》不分卷。《国家图书馆普通古籍总目·传记门·总传》第48页著录，国家图书馆藏1册本3部。

道光二十九年（1849）序刊吴县潘世恩撰《思补斋诗集》六卷。《贩书偶记·集部·别集类》卷十七第454页、《香港所藏古籍书目·集部·别集类》第308页（作道光三十年）、《清人别集总目》第2408页著录道光三十年（1850）此书刻本，我以为应为同一版本，国家图书馆、上海图书馆、南京图书馆、广东省中山图书馆、山东省图书馆、南京大学图书馆、南开大学图书馆、南京师范大学图书馆、台湾"中央研究院"历史语言研究所傅斯年图书馆、香港大学图书馆（2册本）、台湾大学图书馆及日本东京静嘉堂文库和日本京都大学人文科学研究所藏。南京大学图书馆还藏民国间铅印本。

咸丰间（1851—1861）刊吴县潘世恩撰《思补斋笔记》八卷。《中国古籍总目·子部·杂家类·杂学杂说之属》第1741页、《贩书偶记·子部·杂家类·杂考之属》卷十一第285页著录，吉林省图书馆、吉林大学图书馆、东北师范大学图书馆、黑龙江省图书馆藏。

道光三十年（1850）刻清潘世恩撰《思补斋诗集》六卷。《中国古籍总目·集部·别集类·清代之属·清中期》第1807页著录，国家图书馆、中国科学院图书馆藏。

据我的上述不完全统计，潘世恩生前家刻他的著述加上他自刻他人著述超过34种150余卷（不分卷按1卷计算）。他逝世后，家刻他的著作主要有：

咸丰五年（1855）吴县（一作吴门）潘氏刻清思补老人（潘世恩）撰《思补老人自订年谱》时改名为《先文恭公自订年谱》一卷。《中国古籍总目·史部·传记类·年谱之属》第914页、《国家图书馆普通古籍总目·传记门·分传·个人年谱》第292页著录，国家图书馆（1册本3部）、上海图书馆藏。此书收入《历代名人年谱大成》本中。

咸丰七年（1857）刻清潘世恩撰《熙朝宰辅录》不分卷。《国家图书馆普通古籍总目·传记门·总传》第48页著录，国家图书馆藏1册本1部，有李慈铭手注批语及补录。

同治二年（1863）吴门潘仪凤刻清思补老人编《先文恭公自订年谱》一卷。《国家图书馆普通古籍总目·传记门·分传·个人年谱》第292页著录，国家图书馆藏1册本4部。与咸丰五年应为同版。

同治癸亥（二年）重刊吴县潘世恩撰《潘文恭公自订年谱》定名《先文恭公自订年谱》一卷。《中国古籍总目·史部·传记类·年谱之属》第914页、《贩书偶记·史部·传记类》卷六第136页、《安徽地震史料辑注》第275页著录，国家图书馆、上海图书馆、安徽省图书馆藏。

同治六年（1867）刊清吴县潘世恩辑、子曾玮疏解《正学编》八卷。《中国古籍善本总目·子部·儒家类》第八〇七页、《中国古籍总目·子部·儒家类·儒学之属·清》第152页、《贩书偶记》第220页、《香港所藏古籍书目·子部·儒家类》第164页著录，北京大学图书馆、上海图书馆、南京图书馆、湖南师范大学图书馆（清郭嵩焘批注）、香港大学图书馆藏同治六年刻《潘氏丛刻》本1册本。

同治十二年（1873）刊吴县潘世恩撰《有真意斋文集》二卷。《中国古籍总目·集部·别集类·清代之属·清中期》第1807页（仍作不分卷）、《贩书偶记·集部·别集类》卷十七第454页、《清人别集总目》第2408页著录，国家图书馆、上海图书馆、南京图书馆、复旦大学图书馆、安庆市图书馆、日本国会图书馆及日本京都大学人文科学研究所藏。

同治甲戌（十三年，1874）刊吴县潘世恩撰《读史镜古编》三十二卷。《贩书偶记·史部·史评类》卷八第213页著录。

同治间（1862—1874）刻清潘世恩撰《思补斋笔记》八卷。《中国古籍总目·子部·杂家类·杂学杂说之属》第1741页著录，国家图书馆藏。此书收入光绪间（1875—1908）刻《潘刻五种》本中。上海图书馆、北京大学图书馆、辽宁省图书馆、哈尔滨师范大学图书馆、南京图书馆藏清会文斋刻本，国家图书馆、北京大学图书馆、天津图书馆、南京图书馆藏清刻本，连同咸丰间（1851—1861）刻不下4种单刻本。

光绪三年（1877）刻清潘世恩撰《熙朝宰辅录》不分卷。《国家图书馆普通古籍总目·传记门·总传》第48页著录，国家图书馆藏1册本2部。

光绪三年刻清潘世恩编、宛平沈桂芬补《熙朝宰辅录》一卷。《贩书偶记续编·史部·传记类》卷六第62页著录。

光绪二十二年（1896）刻清潘世恩撰、清麟书续编《熙朝宰辅录》不分卷。《国家图书馆普通古籍总目·传记门·总传》第48页著录，国家图书馆藏1册本2部。

光绪二十四年（1898）吴县潘氏刻清潘世恩撰《有真意斋文集》二卷。《清人别集总目》第2408页著录，南京大学图书馆藏。

清刊清潘世恩撰《有真意斋文集》二卷。《清人别集总目》第2408页著录，山东省图书馆藏。

据以上不完全统计，在他逝世后家刻他的著述不下十多种次60余卷（不分卷按1卷计），如加上与他人合刻则更多。

徽州书人丛说

近现代书人

徐学林◎著

图书在版编目(CIP)数据

近现代书人 / 徐学林著. -- 北京 : 中国书籍出版社, 2024. 10. -- (徽州书人丛说). -- ISBN 978-7-5068-9976-5

Ⅰ. K825.4

中国国家版本馆CIP数据核字第2024RZ0849号

近现代书人

徐学林　著

责任编辑	杨铠瑞
责任印制	孙马飞　马　芝
封面设计	程　跃
出版发行	中国书籍出版社
地　　址	北京市丰台区三路居路 97 号（邮编：100073）
电　　话	(010) 52257143（总编室）　(010) 52257140（发行部）
电子邮箱	eo@chinabp.com.cn
经　　销	全国新华书店
印　　刷	三河市富华印刷包装有限公司
开　　本	710毫米 × 1000毫米　1/16
印　　张	113.75
字　　数	1680千字
版　　次	2024 年 10 月第 1 版
印　　次	2024 年 10 月第 1 次印刷
书　　号	ISBN 978-7-5068-9976-5
定　　价	680.00元（全五册）

目录

“采访未登朱氏门”的祖孙三代学者

明伦在《辛亥以来藏书纪事诗》中吟道：“著述百种稿犹完，绝学留贻到子孙。皖中山水减颜色，采访未登朱氏门。”并加注“黟县朱少（绍）滨，其祖（指骏声）、父（指孔彰）著述满家，多未刊……前岁皖人刊《安徽丛书》而不及君家，盖丰芑先生（骏声）寄籍元和（苏州），仲我先生（孔彰）又寄籍常州也。”指出他们祖孙三代应属徽州人，而安徽丛书编委会不把他们列入是不妥当的。

朱骏声（1788—1858），小字庆元，字丰芑，号允倩、石隐山人、惜花词客，有经韵楼、临啸阁、传经室等，祖籍歙县，入籍元和，孔彰父，师辙祖父。道光间（1821—1850）任黟县训导，老病离职后，因爱黟县山水，定居于黟县石村，并自号石隐山人。

骏声出身于家世书香。其祖父朱焕，有临啸阁。通经术，乾隆间（1736—1795）举人。著《临啸阁遗稿》。其父朱德恒，承其家学，通经术，附贡生。骏声少从钱竹汀游，因此著述中常述钱语。与朱友曾友善，与其商订朱著《逸周书集训》，后与汪文台、俞正燮、程鸿诏及弟子程朝珏、朝仪等质疑问难，成为有影响的经学大师。嘉庆二十三年（1818）中戊寅恩科举人，七上春宫不第。林则徐抚苏，荐主讲江阴暨阳书院，继主讲于吴江、萧山等书院，复馆于山东、扬州、浙江。道光中大挑，选授官黟县训导，造门受学者常使官舍容纳不下。他的门生黟县程仲威就撰有《四书改错改》四十卷[①]。咸丰元年（1851），以截取知县入都，因进呈《说文通训定声》等40卷著作，咸丰帝阅后认为赅洽而赏国子监博士衔，升任扬州府学教授，因病未上任，卒于家。著《诗传笺补》十二卷、《仪礼经注一隅》二卷、《夏小正补传》二卷、《大戴礼记校正》二卷、《左传旁通》十卷、《左传识小录》三卷又作

① 中华书局（北京）版《续修四库全书总目提要·经部·四书类》第一〇〇〇页著录原稿本。

《春秋左传识小录》二卷、《论孟塙解》二卷、《悬解》四卷、《经史问答》二十六卷、《天算琐记》四卷、《数度衍约》四卷、《经史答问》四卷[①]、《逸周书集训校释增校》、《说文引书分录》、《易消息升降图》、《易学杂记》、《诗序异同汇考》、《诗地理今释》、《离骚补注》一卷、《淮南书校正》六卷、《说解商》十卷、《春秋平议》一卷[②]、《小学识余》四卷[③]、《小尔雅约注》一卷、《说丛》十二卷[④]、《拜石词》一卷[⑤]、《说文通训定声》十八卷（定本为四十卷）、《分部柬韵》一卷[⑥]、《说雅十九篇》一卷[⑦]、《古今韵准》一卷、《临啸阁笔记》无卷数[⑧]、《六十四卦经解》一卷[⑨]、《杜少陵年谱》一卷[⑩]、《尚书学》

---

① 见《苏州府志》本条。

② 《中国古籍总目·经部·春秋类·春秋总义·传说之属》第670页著录，辽宁省图书馆藏民国二十五年(1936)华西协和大学哈佛燕京学社铅印本，收入光绪间(1875—1908)刻《木樨轩丛书》本中。

③ 《中国古籍总目·经部·小学类·总义之属》第1245页、中华书局(北京)版《续修四库全书总目提要·经部·小学类》第一二七四至一二七五页著录，收入民国间影印《稷香馆丛书》影印稿本为5卷本。该书据朱孔彰《说文定声后跋》所记原为4卷，此书为其孙师撤编次为5卷。主要内容为记文字声音训诂类小学专书。

④ 以上16种104卷据1987年中华书局（北京）版《清史列传·儒林传下二·朱骏声》卷六十九第五六一四页补。

⑤ 《北京师范大学图书馆古籍善本书目·集部·词类》第294页著录，北京师范大学图书馆藏清抄1册本，有佚名朱笔校。该抄本半页9行，行20字，无格。

⑥ 以上2种19卷，《中国古籍善本书目·经部·小学类》第417页著录，安徽省博物馆藏稿本。

⑦ 《中国古籍总目·经部·小学类·训诂之属·群雅》第1214页、中华书局（北京）版《续修四库全书总目提要·经部·小学类》第一〇三七至一〇三八页著录，《花雨楼丛钞》校本为2卷。

⑧ 《贩书偶记·子部·杂家类·杂考之属》卷十一第286页著录有传抄本。

⑨ 中华书局(北京)版《续修四库全书总目提要·经部·易类》第一二七至一二八页、《贩书偶记》卷一第9页、《中国古籍总目·经部·易类·传说之属》第168页著录，浙江图书馆藏稿本不分卷，国家图书馆藏清艺古堂抄本不分卷、中国科学院图书馆藏抄本不分卷，《清史列传·儒林传下二·朱骏声》卷六十九第五六一四页作8卷。

⑩ 《中国古籍总目·史部·传记类·年谱之属》第855页著录，收入《求恕斋丛书》本中。

四卷[①]、《尚书古注便读》四卷[②]、《六书假借经征》四卷[③]、《学易记》三卷[④]、《易郑氏爻辰广义》一卷[⑤]、《易章句异同》一卷[⑥]、《易经传互卦卮言》一卷[⑦]、《传经室诗存》四卷[⑧]、《朱骏声文集》不分卷[⑨]、《朱骏声文集》五卷《补遗》一卷计2种6卷[⑩]、《传经室文集》十卷、

---

① 《中国古籍总目·经部·书类·传说之属》第273页、中华书局（北京）版《续修四库全书总目提要·经部·书类》第二四六至二四七页、《贩书偶记》卷一第15页著录，国家图书馆藏清抄本。

② 《中国古籍总目·经部·书类·传说之属》第273页、中华书局（北京）版《续修四库全书总目提要·经部·书类》第二四六页（作成都排印本，有咸丰六年二月朱骏声自跋，称此书在道光十三年在济南脱稿）著录，国家图书馆藏抄本为4卷本。《贩书偶记》卷一第15页著录有民国二十四年（1935）成都华西协和大学铅排《华西大学国学丛书》本，为其孙朱师辙校，第四卷分上中下3卷，实为7卷。

③ 《中国古籍总目·经部·小学类·说文之属·六书》第1038页、中华书局（北京）版《续修四库全书总目提要·经部·小学类》第一一三三至一一三四页著录，收入《大停山馆丛书》本中。

④ 《中国古籍总目·经部·易类·传说之属》第168页著录，浙江图书馆分别藏稿本和朱师辙抄本各1部。

⑤ 《中国古籍总目·经部·易类·传说之属》第168页著录，浙江图书馆藏朱师辙抄本。

⑥ 《中国古籍总目·经部·易类·传说之属》第168页著录，浙江图书馆藏朱师辙抄本。

⑦ 《中国古籍总目·经部·易类·传说之属》第168页著录，浙江图书馆藏朱师辙抄本。

⑧ 《中国古籍总目·集部·别集类·清代之属·清中期》第1964页、《清人别集总目》第444页著录，浙江图书馆藏张宗祥手抄本，南京图书馆、中国科学院图书馆、复旦大学图书馆藏1955年油印本。

⑨ 《中国古籍总目·集部·别集类·清代之属·清中期》第1964页、《清人别集总目》第445页著录，国家图书馆藏匡微室抄本无卷数。

⑩ 《中国古籍总目·集部·别集类·清代之属·清中期》第1964页、《清人别集总目》第445页著录，国家图书馆、中国科学院图书馆、上海图书馆、辽宁省图书馆、复旦大学图书馆、北京师范大学图书馆、台湾“中央研究院”历史语言研究所傅斯年图书馆藏民国七年（1918）排印本。

《赋钞》一卷[①]及《岁星表》一卷[②]、《小学释疑》、《六书假借经注》、《七经纬韵》、《小字本说文简端记》、《古说字形谬误》、《释庙》、《释车》、《释帛》、《释色》、《释词》、《释农具》、《俪语拾锦》、《战国策评唐》、《秦汉郡国考》、《春秋地官人名考略》、《三代礼损异考》、《春秋列女表》、《春秋左传旁通》、《春秋阙文考》、《春秋三家异文核》又名《春秋三传异文核》一卷[③]、《春秋乱贼考》一卷[④]、《说文段注拈误》一卷[⑤]等"朱氏群书"80余种数百余卷。其中，《说文通训定声》为其重要著作，他也在自序中说："此书以苴《说文》转注假借之隐略，以稽群经子史用字之通融。题曰《说文》，表所宗也；曰《通训》，发明转注假借之例也；曰《定声》，证《广韵》、今韵之非古而导其源也。先之以东字，遵《康熙字典》之例，使学者便于检阅也。终之以韵准，就今一百六韵区分之，俾不缪于古，亦不悖于今也。附之以《说雅》，明《说文》之上继《尔雅》，可资以参互考订也。"今考，在《说文》9000余字基础上再增7000余字，分形声声符1137，依古韵分为18部，以音为纲，以类相从释本义，次则假借。成书于道光十三年（1833）。梁启超称此书是把说文学

---

① 《中国古籍总目·集部·别集类·清代之属·清中期》第1964页、《贩书偶记·集部·别集类》卷十八第475页、《清人别集总目》第444页、《中国丛书综录》等著录，台湾"中央研究院"历史语言研究所傅斯年图书馆有民国庚辰即1940年南陵刘氏求恕斋刊。《求恕斋丛书》本，中国人民大学图书馆、无锡市图书馆藏同治二年（1863）南陵刘氏求恕斋刻本。

② 收入1893年刘世珩刻《聚学轩丛书》本。

③ 《中国古籍总目·经部·春秋类·春秋总义·文字音义之属》第680页、中华书局（北京）版《续修四库全书总目提要·经部·春秋类》第七七九页著录，南京图书馆藏稿本。收入刘世珩刻《聚学轩丛书》中。

④ 《中国古籍总目·经部·春秋类·春秋总义·传说之属》第670页、中华书局（北京）版《续修四库全书总目提要·经部·春秋类》第七七九至七八〇页著录，收入刘世珩刻《聚学轩丛书》中。以上两书均有创见。南京图书馆藏稿本。

⑤ 《中国古籍总目·经部·小学类·说文之属·注解》第1012页著录，收入民国间影印《稷香馆丛书》本中。

向韵学的方向发展的上乘著述。还自撰《石隐山人自订年谱》[①]等。

朱孔彰（1842—1919），原名孔阳，字仲武，改字仲我，有半隐庐，朱骏声子，祖籍歙县，徙居长洲（今苏州市）。孔彰道光间（1821—1850）诸生，精小学，以补其父《说文通训定声》一书闻名于世。曾以最年少出任曾国藩幕。改任襄校江南官书局，日与名流莫友芝、张文虎、戴望、李善兰诸耆宿为文友，学业大进。光绪八年（1882）中举，受刘忠诚之聘，修纂《两淮盐法志》，又修纂《凤阳府志》，兼主两淮书院，历掌蒙城书院、江楚编译局及任江南通志局协修、安徽存古学堂教授。入民国后任职清史馆。著《题江南曾文公祠百咏》一卷又名《题曾文正公祠百咏》一卷、《半隐庐丛稿》六卷[②]、《林和靖诗集附录》一卷[③]、《咸丰以来功臣别传》三十卷[④]、《古今女将传赞》[⑤]、《中山王徐达传注》一卷、《中兴将帅别传》四十九卷[⑥]、《中兴名将别传》

---

① 《国家图书馆普通古籍总目·传记门·分传·个人年谱》第297页著录，国家图书馆藏民国十八年（1929）铅印清朱骏声编、清程朝仪续编、朱师辙补注《石隐山人自订年谱》（一卷，原载《国立北平图书馆月刊》第3卷第5号），与《陈士元先生年谱》合印1册本。《中国古籍总目·丛书部·郡邑类》第920页著录，北京师范大学图书馆、上海图书馆、上海师范大学图书馆、福建师范大学图书馆、中央民族大学图书馆藏。

② 《中国古籍总目·集部·别集类·清代之属·清后期》第2494页、《清人别集总目》第423页著录，南京图书馆、中国科学院图书馆及台湾“中央研究院”历史语言研究所傅斯年图书馆藏民国二十五年（1936）成都华西协和大学排印本。

③ 收入《四部备要》丛书中。

④ 《国家图书馆普通古籍总目·传记门·总传》第54页著录，国家图书馆藏光绪二十四年（1898）元和胡氏渐学庐石印（《渐学庐丛书》之一）此书6册本3部。

⑤ 《国家图书馆普通古籍总目·传记门·列女》第81页著录，国家图书馆藏民国二十六年（1937）茹古书局成都刻1册本2部，其中1部为陈垣赠书。

⑥ 分别收入《四部备要》《渐学庐丛书》中，在《渐学庐丛书》中名为《咸丰以来功臣别传》。

三十卷、《中兴名臣事略》八卷[①]，辑《刘文庄公奏议》八卷[②]、《国朝先正事略》又名《中兴名臣史略》八卷《续编》四卷《目录》三十卷[③]、《林和靖诗集附录》一卷[④]，辑《尔雅汉注》不分卷[⑤]、《说文重文考》不分卷[⑥]、《说文通训定声》十八卷《说文通训定声补遗》十八卷《首》一卷[⑦]《柬韵》一卷[⑧]又作《说文通训定声》二十卷、《说雅》一卷、《古今韵准》一卷附清朱孔彰撰《行述》一卷、《序注》又名《朱

---

① 有光绪间（1875—1908）扫叶山房石印本。《中国历史博物馆藏普通古籍目录·史部·传记类》第74页、《国家图书馆普通古籍总目·传记门·总传》第53页著录，国家图书馆藏光绪二十五年（1899）上海图书集成印书局铅印《中兴名臣事例》书名页及书签题《续先正事略》八卷4册本3部中1部为陈垣赠书；光绪间山东官印书局铅印此书4册本1部；光绪二十四年（1898）上海书局石印4册本1部；光绪二十七年（1901）文盛书局上海石印《续先正事略》书名页及书签题《国朝先正事略续编》八卷4册本1部；中国历史博物馆藏光绪二十四年上海书局石印4册本。

② 《皖人书录》第308页著录，有民国排印本。

③ 《国家图书馆普通古籍总目·传记门·总传》第49页、《山西省图书馆普通线装书目录·传记门·断代总传》第269页、《香港所藏古籍书目·史部·传记类·总传》第83、86页著录，国家图书馆（藏光绪二十八年广益书局上海石印清李元度纂《国朝先正事略·正编》八卷、朱孔彰撰《续编》四卷计2种12卷8册本1部，同年石印朱孔彰编《国朝先正事略续编》四卷2册本1部）、山西省图书馆（光绪二十六年石印4册本）、香港中文大学图书馆（光绪二十八年上海书局石印朱孔彰撰《国朝先正事略续编》四卷2册本）、香港中山图书馆（光绪二十三年江宁刻清朱孔彰撰《中兴名将别集》三十卷）、香港浸会大学图书馆（光绪二十八年上海书局石印清朱孔彰撰《中兴名臣事略》八卷2册本）藏。

④ 详《四部备要》。

⑤ 《中国古籍总目·经部·尔雅类·注解之属》第941页、中华书局（北京）版《续修四库全书总目提要·经部·小学类》第一〇〇七至一〇〇八页（传抄本）著录，中国科学院图书馆藏抄本。

⑥ 《中国古籍总目·经部·小学类·说文之属·注解》第1027页著录，国家图书馆藏民国间铅印朱孔彰撰此书。

⑦ 《中国古籍总目·经部·小学类·说文之属·音释》第1032页著录，收入光绪间（1875—1908）刻《朱氏群书》本中。

⑧ 《中国古籍善本总目·经部·小学类》第一六五页、《中国古籍总目·经部·小学类·说文之属·音释》第1031页著录，安徽省博物馆藏清朱骏声撰《说文通训定声》十八卷、《柬韵》又名《说文通训定声分部柬韵》一卷计2种19卷稿本。

氏说文定声序注》一卷[①]等。其著作还有《周易汉注》十卷(一作二十卷)、《尚书汉注》二十卷、《诗汉注》二十卷、《仪礼汉注》十七卷、《周礼汉注》四十二卷、《礼记汉注》四十九卷、《春秋左传汉注》三十卷、《春秋公羊传汉注》二十八卷、《春秋穀梁传汉注》二十卷、《论语汉注》二十卷、《孟子汉注》十四卷、《孝经汉注》九卷、《尔雅汉注》十卷、《说文粹·初编》十四卷《二编》十四卷《三编》十四卷[②]、《说文重文笺》六卷、《说文读若例》又名《释说文读若例》一卷[③]、《说文札记》四卷、《中兴将帅别传》三十卷《续编》六卷、《三朝闻见录》十卷、《国朝事略》八卷、《古今理学家言》三十卷、《血性语》三卷、《建康笔记》四卷、《濠梁笔记》四卷、《小桃源》三卷、《淮甸志》十卷、《江东半隐诗文集》八卷、《赋》二卷、《古今女将传赞》四卷、《圣和老人诗文集》十卷、《曾国藩列传附子纪泽》不分卷[④]，还辑《周易说文字样》[⑤]等。还为《徐骑省集》作《校徐集札记》一卷、《补遗》一卷计 2 种 2 卷[⑥]等。

---

① 《中国古籍总目·经部·小学类·说文之属·音释》第 1032 页著录，北京大学图书馆、辽宁省图书馆藏民国二十三年(1934)上海商务印书馆石印清朱骏声撰、朱文蔚注释此书。

② 《中国古籍总目·经部·小学类·说文之属·总义》第 1050 页著录，中国科学院图书馆藏民国间影印清朱孔彰辑、朱师鼎篆书《说文粹三编》一卷本。

③ 中华书局(北京)版《续修四库全书总目提要·经部·小学类》第一一二〇页著录，为朱孔彰代陶有铭撰。此书专就音韵以释读若，为补诸家未备。

④ 《中国历史博物馆藏普通古籍书目·史部·传记类》第 71 页著录，中国历史博物馆藏光绪间(1875—1908)抄 1 册本。

⑤ 《中国古籍总目·经部·易类·丛编之属》第 213 页著录，浙江图书馆分别藏稿本和抄本。

⑥ 《中国古籍善本总目·集部·宋别集类》第一二三七页、《香港所藏古籍书目·集部·别集类》第 261 页著录，香港中文大学图书馆藏光绪十九年(1893)南京金陵书局刻宋徐铉撰《徐骑省集》三十卷附清朱孔彰撰《校徐集札记》一卷、《补遗》一卷计 3 种 32 卷 8 册本。南京图书馆(清孙诒让校)、湖北省图书馆(分别为清萧穆依明州本校、清朱彝尊家藏抄本校各 1 部)藏光绪十七年(1891)黟县李宗煝刻徐著此书也附朱氏此 2 种子书。据《丛书书目汇编》第二册第二一三页著录，从“其中著作还有”至“此注中”还有多种子书在列。

国家图书馆藏尹炎武撰朱孔彰、李详二先生传记《朱李二先生传》[①]可供作研究资料。

朱师辙（1879—1969），字绍滨，又字少波，别署无隐，孔彰子，元和朱骏声孙，祖籍歙县，黟县石村人，居长洲。他在当黟县小学教员时曾两度迁居黟县。曾任清史馆纂修，担任《清史稿·艺文志》主笔。先后任北平辅仁大学、北京私立中国大学教授。他作为长洲庠生，汉学功底很深。抗战期间任成都华西大学教授。战后出任北平辅仁大学、安徽学院教授。1947年夏任中山大学教授。1951年退休后，毛泽东同志亲自指示广东省教育厅厅长，从优发给退休金。晚年，与社会名流徐元伯、马一孚、张宗祥、钱士清等共研学术。朱师辙是我国著名的汉学家、文字学家。著有《商君书解诂》七卷[②]、《清史艺文志稿》四卷[③]、《黄山樵唱》不分卷、《清方略馆书目》一卷[④]、《清史述闻》、《商君书解诂》、《和清真词》。据《丛书书目汇编》第二册第二一三页著录还有《春秋三传翼》五十卷、《史记补注》三卷、《孔孟编年注》四卷、《管窥录》、《读经锁（琐）记》、《读史锁（琐）记》、《读子锁（琐）记》、《说文疑问》一卷等。

在古籍整理中他们祖孙三代均有所为。如校跋《贾子》十卷[⑤]、《重

① 《国家图书馆普通古籍总目·传记门·总传》第54页著录，国家图书馆藏民国间铅印此书1册本5部，中有1部为陈垣赠书。

② 《安徽文献书目》第336页著录，安徽省博物馆藏民国间排印4册本。《贩书偶记·子部·法家类》卷九第224页、《安徽省馆藏皖人书目》第48页著录，安徽省图书馆藏民国十年（1921）广益书局铅印2册本。

③ 《贩书偶记·史部·正史类》卷五第110页著录，从《清史稿》抽印出朱氏此分著以铅印排印。

④ 《中国古籍总目·史部·目录类·总录之属·公藏》第4929页著录，浙江图书馆藏稿本。

⑤ 《中国古籍善本书目·子部·儒家类》第31页、《中国古籍善本总目·子部·儒家类》第七八七页著录，扬州师范学院图书馆藏清汪文台、朱骏声校，朱师辙跋明万历十年（1582）胡维新刻《两京遗编》本汉贾谊撰此书。该刊本半页9行，行17字，白口，四周双边，有刻工。

刻说苑新序》2 种三十卷[①]等。朱孔彰批校《毛诗故训传》三十卷[②]、朱骏声批校《大戴礼记》十三卷[③]、《夏小正直解》一卷补传[④]、校明万历间（1573—1620）吴勉学刻自辑《二十子全书》又名《二十子》、《吴刻二十子》20 种一百七十卷[⑤]、批《林和靖诗集》四卷《省心录》一卷《林集诗话》一卷计 3 种 6 卷[⑥]、批《周易兼义》九卷[⑦]、校《淮南鸿烈解》二十一卷[⑧]等。

朱骏声、朱孔彰、朱师辙三代都是著述丰富的大学者，都家刻了不少著作。大体上道光、咸丰间为朱骏声自刻，间有朱孔彰刻，光绪至民

---

① 《中国古籍善本书目·子部·儒家类》第 34 页、《中国古籍善本总目·子部·儒家类》第七八七页、《中国古籍总目·子部·儒家类·儒学之属·两汉至唐》第 54 页著录，国家图书馆藏清朱骏声校嘉靖二十六年（1547）何良俊刻汉刘向撰《新序》十卷、《新序》二十卷计 2 种 30 卷。该刊本半页 10 行，行 20 字，白口，左右双边。

② 《中国古籍善本总目·经部·诗类》第五六页著录，浙江图书馆藏道光九年（1829）广东学海堂刻《皇清经解》本中卷一至二十九计 29 卷不全本由清朱孔彰批校。

③ 《中国古籍善本总目·经部·诗类》第七六页著录，浙江图书馆藏乾隆二十三年（1758）卢见曾刻《雅雨堂丛书》本汉戴德传、北周卢辨注此书。

④ 《中国古籍善本总目·经部·诗类》第七七页著录，上海图书馆藏清佚名录朱骏声补传、清许克勤校乾隆二十六年（1761）刻清罗登选撰此书。

⑤ 《中国古籍总目·子部·总类·丛编之属》第 10 页著录，浙江图书馆藏朱骏声校本。其细目为：《老子道德经》二卷，《文子》二卷，《关尹子文始真经》二卷，《列子冲虚真经》八卷，《庄子南华真经》三卷、《难字音义》一卷，《司马子》一卷，五代谭峭撰《谭子化书》六卷，《管子》二十四卷，《晏子春秋》四卷，《孙子》一卷，《吴子》一卷，《鬼谷子》一卷、《外篇》一卷，《黄石公素书》一卷，《商子》五卷，《韩非子》二十卷，《吕氏春秋》二十六卷，汉刘安撰《淮南子》二十一卷，《荀子》二十卷，汉扬雄撰《扬子法言》十卷，题隋王通撰《中说》十卷。

⑥ 《中国古籍善本总目·集部·宋别集类》第一二三九页、《中国古籍总目·经部·别集类·宋代之属》第 175 页著录，南京图书馆、浙江图书馆藏康熙四十七年（1708）吴调元辨义堂刻宋林逋撰此 3 种 6 卷中有清鲍廷博批校并跋、清丁丙跋及清朱孔彰批注各 1 部。该刊本半页 8 行，行 18 字，白口，左右双边。

⑦ 《中国古籍善本总目·经部·易类》第一〇页著录，中共中央党校图书馆藏明崇祯四年（1631）毛氏汲古阁刻《十三经注疏》本中唐孔颖达撰此书由其批。

⑧ 《中国古籍善本总目·子部·杂家类·杂学杂说》第九六四页著录，浙江图书馆藏万历八年（1580）汪一鸾刻汉刘安撰、高诱注此书，由清朱骏声校。

国间为朱孔彰、朱师辙父子家刻。

道光二十八年（1848）黟县学舍刻清朱骏声撰《说雅》一卷。《中国古籍总目·经部·小学类·训诂之属·群雅》第1214页著录，北京大学图书馆、复旦大学图书馆藏。

道光戊申（二十八年）本衙家刻清元和朱骏声撰、朱镜蓉参订《说文通训定声》十八卷（各卷皆有附录）、《分部柬韵》一卷、《说雅》一卷、《古今韵准》一卷计4种21卷。《中国古籍总目·经部·小学类·说文之属·音释》第1031～1032页（作黟县学舍刻）、《香港所藏古籍书目·经部·小学类·字书》第41页、《贩书偶记·经部·小学类·说文》卷四第81页著录，北京大学图书馆、复旦大学图书馆、香港中文大学图书馆（作道光二十九年刻20册本）藏。中华书局（北京）版《续修四库全书总目提要·经部·小学类》第一二四五至一二四六页仅著录后1种。《书目答问补正·经部》卷一第73页仅著录泾县洪氏刻前2种，指出“原刻本甚便学者”。

道光二十八年黟县学舍刻清朱骏声撰《检（柬）韵》一卷。《中国古籍总目·经部·小学类·说文之属·音释》第1031页、中华书局（北京）版《续修四库全书总目提要·经部·小学类》第一〇八九页著录，北京大学图书馆、复旦大学图书馆藏。是书为《说文通训定声》而设。

道光二十九年（1849）朱氏家塾刻清朱骏声著《仪礼经注一隅》二卷。《中国古籍总目·经部·礼类·仪礼·传说之属》第457～458页著录，国家图书馆、北京大学图书馆、南京图书馆藏，收入光绪间（1875—1908）刻《朱氏群书》本中。

道光间（1821—1850）刻清朱骏声撰《夏小正补传》一卷。《中国古籍总目·经部·礼类·礼记附录·夏小正之属》第508页著录，国家图书馆、南京图书馆藏，收入光绪八年间（1882）刻《朱氏群书》本中。

道光间刻清朱骏声撰《离骚赋补注》又名《离骚赋》一卷。《中国古籍总目·集部·楚辞类》第11页著录，国家图书馆、上海图书馆、南京图书馆藏。收入光绪间刻《朱氏群书》本中。

清临啸阁刊清朱骏声编辑《说文通训定声》十八卷、《柬韵》一卷计2种19卷。《中国古旧书刊拍卖目录》第146页著录，中国书店拍卖版式18.8×12.7竹纸线装28册本。

不注日期临啸阁刻清朱骏声撰《说文通训定声》十八卷、《柬韵》一卷附《说雅》十九卷[①]、《古今韵准》一卷计4种39卷（应为21卷）。《万卷精华楼藏书记·经部十·小学类四》卷十六第533页著录，清耿文光藏4函24册本。前有咸丰元年（1851）祈代奏进书表，顺德罗惇衍序（视学新安作），道光十三年（1833）自序。又述《说文》、述通训、述定声3篇，转注、假借各1篇，凡例21条，声母千文，六书爻例，镜蓉后叙，受业仪征谢增跋。全书末有男朱孔彰跋并行述。此版应在咸丰元年后刻。

道光二十九（1849）年刻咸丰元年（1851）朱孔彰临啸阁补刻清朱骏声辑《说文通训定声分部柬韵》一卷。《中国古籍总目·经部·小学类·说文之属·音释》第1031页著录，北京大学图书馆、复旦大学图书馆、辽宁省图书馆、湖北省图书馆藏。北京大学图书馆还分别藏光绪十二年（1886）上海积山书局石印、光绪十四年（1888）上海鸿文书局石印、民国十七年（1928）上海扫叶山房石印此书，浙江图书馆藏光绪十二年上海积山书局石印此书。

道光二十九年（1849）刻咸丰元年（1851）朱孔彰临啸阁补刻清朱骏声撰《说文通训定声》十八卷、《分部柬韵》一卷、《说雅》一卷、《古今韵准》一卷附朱孔彰撰《行述》一卷计5种22卷。《中国古籍总目·经部·小学类·说文之属·音释》第1032页著录，国家图书馆、

① 《说雅》应为19篇一卷。前有引韵准，有自序。

复旦大学图书馆、辽宁省图书馆、湖北省图书馆藏。北京大学图书馆还分别藏光绪十二年上海积山书局石印、光绪十四年上海鸿文书局石印、民国十七年上海扫叶山房石印及浙江图书馆藏光绪十二年上海积山书局石印此 5 种 22 卷。

道光二十九年刻咸丰元年朱孔彰临啸阁补刻清朱骏声撰《说雅》一卷。《中国古籍总目・经部・小学类・训诂之属・群雅》第 1214 页著录，复旦大学图书馆、湖北省图书馆藏。

道光二十九年刻同治九年（1870）朱孔彰临啸阁补刻清朱骏声撰《说雅》一卷。《中国古籍总目・经部・小学类・训诂之属・群雅》第 1214 页著录，国家图书馆、辽宁省图书馆藏。北京大学图书馆、浙江图书馆、辽宁省图书馆藏光绪十二年上海积山书局石印本，北京大学图书馆还分别藏光绪十四年上海鸿文书局石印本和民国十七年上海扫叶山房石印本，以上 3 种石印本已与朱家无关。

咸丰辛亥（元年）朱骏声临啸阁刊、同治九年补刊清朱骏声撰《说文通训定声》十八卷、《分部柬韵》一卷、《说雅》一卷、《古今韵准》一卷计 4 种 21 卷。《香港所藏古籍书目・经部・小学类・字书》第 41 页、《贩书偶记・经部・小学类・说文》卷四第 81 页著录，香港新亚研究所图书馆藏咸丰元年元和临啸阁刻《说文通训定声》十八卷、《分部柬韵》一卷计 19 卷 28 册本，香港大学图书馆、香港中山图书馆藏同治九年（1870）元和临啸阁刻《说文通训定声》十八卷、《柬韵》一卷附《说雅》一卷、《古今韵准》一卷、《行状》一卷计 5 种 22 卷 24 册本。此书朱氏自刻本先后 3 次，计 63 卷。

同治间（1862—1874）朱孔彰刻宋林逋撰《宋林和靖先生诗集》四卷、《补遗》一卷、《省心录》一卷，明何养纯、诸时宝等辑《附录》一卷计 4 种 7 卷。《美国哈佛大学哈佛燕京图书馆中文善本书志・集部》第 628 页著录。此条称朱孔彰刻本，为《四部备要》排印本工作底本。

同治九年元和朱孔彰刻清朱骏声撰《说文通训定声》十八卷、《分部柬韵》一卷、《说雅十九篇》一卷、《古今韵准》一卷计 4 种 21 卷。中华书局（北京）版《续修四库全书总目提要·经部·小学类》第一〇八八至一〇八九页（作同治九年补刊前 1 种）、《香港所藏古籍书目·经部·小学类·字书》第 41 页、《北京图书馆普通古籍总目·文字学门》第十卷第 47 页著录，国家图书馆（3 函 24 册本 3 部、4 函 28 册本 1 部、8 册本 1 部。此书每卷后附有清朱孔彰撰《附录》《声母千文》《说文六书爻例》，末附《行述》。此书有道光二十八年朱骏声自刻本、咸丰辛亥临啸阁刊本及本刊本，均为家刻本）、香港大学图书馆、香港中山图书馆藏。

光绪壬午（八年，1882）元和朱孔彰刻《说文通训定声补遗》十八卷、《卷首》一卷计 19 卷。《北京图书馆普通古籍总目·文字学门》第十卷第 47 页著录，国家图书馆藏 1 册本，收入《朱氏群书》丛书中，而收入 1932 ～ 1958 年上海商务印书馆铅印《国学基本丛书》则为《说文通训定声》二十卷。

光绪八年临啸阁刻清朱骏声撰《朱氏群书六种》二十五卷。其细目为：《说文通训定声补遗》十八卷[①]，《夏小正补传》一卷[②]，《仪礼经注一隅》二卷[③]，《春秋左传识小录》二卷[④]，《小尔雅约注》一卷[⑤]，《离骚赋补注》一卷。《中国古籍总目·丛书部·独撰类·清代

① 中华书局（北京）版《续修四库全书总目提要·经部·小学类》第一〇八九页著录，为本丛书子书为 1 卷本，误。应为单行本。

② 中华书局（北京）版《续修四库全书总目提要·经部·礼类》第六〇二至六〇三页著录此子书。

③ 中华书局（北京）版《续修四库全书总目提要·经部·礼类》第五一八页著录此子书。

④ 中华书局（北京）版《续修四库全书总目提要·经部·春秋类》第六九九至七〇〇页著录收入《朱氏遗书》本书中。

⑤ 中华书局（北京）版《续修四库全书总目提要·经部·小学类》第一〇三三页著录光绪八年（1882）临啸阁刊本。

前（后）期》第 1198 页、《中国丛书综录·汇编·独撰类（清代后期）》第 526 页著录，首都图书馆、中国科学院图书馆、北京师范大学图书馆、中央民族大学图书馆、上海图书馆、上海辞书出版社图书馆、辽宁省图书馆、吉林大学图书馆、山东大学图书馆、广西壮族自治区桂林图书馆、四川大学图书馆藏，复旦大学图书馆藏本不全。

光绪十三年 (1887) 金陵刻清朱孔彰撰《题江南曾文公祠百咏》一卷。《国家图书馆普通古籍总目·传记门·分传》第 136 页、《清人别集总目》第 423 页著录，国家图书馆（2 部）、南京图书馆、江西省图书馆、复旦大学图书馆、杭州大学图书馆、苏州市图书馆藏 1 册本。

光绪十六年（1890）刻清朱骏声撰《春秋平议》一卷。中华书局（北京）版《续修四库全书总目提要·经部·春秋类》第七八〇页著录，有李盛铎序，称此书能持左公穀之平，以正杜、何、范之失。

光绪壬辰（十八年，1892）金陵元和朱氏刻清元和朱骏声撰《六书假借经征》四卷。《中国古籍总目·经部·小学类·说文之属·六书》第 1038 页、《贩书偶记·经部·小学类》卷四第 86 页著录，北京大学图书馆、中国科学院图书馆、上海图书馆藏。收入《大亭山馆丛书》本中。

光绪甲午（二十年，1894）吴县朱氏金陵刻清朱孔彰撰《经史问答》又名《经史答问》四卷。《中国古籍总目·子部·杂家类·杂考之属》第 1840 页、中华书局（北京）版《续修四库全书总目提要·经部·群经总义类》第一三七五至一三七六页、《贩书偶记·子部·杂家类·杂考之属》卷十一第 278 页、《中国历史博物馆藏普通古籍目录·子部·儒家类》第 258 页著录，国家图书馆、北京大学图书馆、南京图书馆，中国历史博物馆（4 册本）藏。

光绪二十三年（1897）江宁刻光绪三十二年（1906）刻清朱孔彰撰《中兴将帅别传》三十卷。《国家图书馆普通古籍总目·传记门·总传》第 53 页著录，国家图书馆藏 8 册、10 册、12 册本各 1 部，还藏缺卷一至三计 27 卷 9 册不全本 1 部。

光绪二十三年（1897）江宁刻光绪三十二年续修清朱孔彰撰《中兴将帅别传》三十卷、《续编》六卷计 2 种 36 卷。《国家图书馆普通古籍总目·传记门·总传》第 53 页、《皖人书录》第 308 页、《贩书偶记》卷六第 152 页、《山西省图书馆普通线装书目录·传记门·断代总传》第 269 页著录，国家图书馆（2 部）、山西省图书馆（12 册本）藏，而《中国历史博物馆藏普通古籍目录·史部·传记类》第 72 页著录该馆藏无《续编》六卷 10 册本。

光绪间（1875—1908）长洲朱孔彰（仲我）陆续自刊《圣和老人著述》9 种（其中 4 种注卷数为 40 卷，5 种未注卷数）。其细目为：《咸丰以来功臣别传》又名《中兴将帅别传》三十卷[①]，《别传补编》六卷，《题曾文正公祠百咏》一卷，《说文粹》三卷，《十三经汉注》□卷，《圣和老人笔记》□卷，《诗稿》□卷，《文稿》□卷，《北京正志中学经学讲义》。刘声木《续补汇刻书目》卷二十五第五页著录。

民国二十一年（1932）在燕京刻朱师辙撰《黄山樵唱》不分卷。《中国古籍总目·集部·别集类·清代之属·清后期》第 2761 页、《安徽省馆藏皖人书目》第 48 页、《安徽文献书目》第 336 页、《清人别集总目》第 428 页（作民国间）著录，国家图书馆（不分卷）、南京图书馆（民国刊不分卷）、安徽省图书馆（民国二十一年刊 1 卷 1 册本）、安徽省博物馆（民国刊 1 册本不分卷）藏。此书还有民国排印本。

民国二十四年（1935）朱师辙补刻光绪十三年（1887）金陵刻朱孔彰撰《题江南曾文公祠百咏》一卷。《国家图书馆普通古籍总目·传记门·分传》第 136 页、《清人别集总目》第 428 页著录，国家图书馆（3 部）、四川省图书馆、北京师范大学图书馆、南开大学图书馆

---

① 《香港所藏古籍书目·史部·传记类·总传》第 86 页、《贩书偶记·史部·传记类》卷六第 152 页著录，香港中山图书馆藏光绪丁酉（二十三年）刊本，为单行先印本，后收入本丛书。

藏1册本。

医儒世家叶志诜与其子叶名琛、叶名沣兄弟

寓居汉口的叶氏中医世家家刻，主要家刻主为叶志诜、叶名琛、叶名沣、叶非纲等。尤以叶名琛任职广东及在两广刻书为多。这个世家的开创者为歙县叶文基，自幼在故里习医，成为新安名医，后挟技寻食四方。崇祯十年（1637）至湖北汉口鲍家码头创建叶开泰药室，作为店主及驻店医师，既为人治病又卖自制“人宝光明散”“虎骨追风酒”等中成药，因价廉药好，成为汉口老字号，成为汉口医药世家。乾隆间（1736—1795），其曾孙叶松亭[①]将叶开泰药室改名为叶开泰药堂，经过3个多世纪的苦心经营，叶开泰药堂与北京同仁堂、杭州胡雪岩创办的胡庆余堂、广州陈李济堂并称全国四大老字号药堂。文基治家严格，以礼义诗书传家，家族昌荣，其后辈中叶松亭、叶继雯[②]分别为乾隆间（1736—1795）进士、道光间（1821—1850）进士。尤其是叶继雯还是官书编纂家[③]，叶名琛官至两广总督。这个家族不仅是杏坛巨族，也是仕宦、文化巨族。同时，也是武汉著名的藏书世家，并自叶继雯开始闻于世。他们的老乡潘祖荫在为叶名沣所著《桥西杂记》序里引蕲水陈沆《叶云素

---

① 叶廷芳（1726—1779），字松亭，有花馀亭、花馀堂，祖籍歙县，落籍江宁，居汉阳，后占籍汉阳。著名医学家，为叶名琛曾祖。为汉阳乾隆间名医，尝集倪涵初《痢疾诸方》《疟疾诸方》，吴伟度《疔疮诸方》及汪晓山、汪松岩所刻《疔疮诸方》《喉科诸方》等汇编为《经验方五种》于乾隆四十三年（1778）刊行。藏处待考。其孙叶志诜编其遗诗为《花馀亭诗存》一卷。

② 叶继雯（1757—1832），字桐封，号云素，有硁林馆，廷芳子，志诜父。乾隆五十五年（1790）进士，官至刑科给事中。遗诗为其子志诜编《硁林馆诗集》不分卷，稿本现藏上海图书馆。还纂《钦定大清会典》《事例》等官书。关于叶继雯事迹，程鸿诏在《有恒心斋文（集）》卷九中有详细记载。

③ 嘉庆二十三年（1818）武英殿刻清叶继雯等编纂《钦定大清会典》八十卷、《事例》九百二十卷、《目录》八卷计2种1000卷。《中国古籍善本总目·史部·政书类·通制》第六四二页著录，故宫博物院图书馆、辽宁省图书馆藏。

师移居虎坊桥长歌志贺》（载《简学斋诗钞》）中盛赞叶继雯藏书。他写道："人言先生一钱无，谁知其富兼京都。不见移家先移书，琳琅压倒双轮车。马驮不足继以骡，背负篋笥长须奴。前街后街行贯鱼，众星移舍连斗枢。八万卷过秀水朱，甲乙丙丁无差殊。屋三十间堂台厨，人与书各分区区。先生有德德不孤，古今事如发在梳，心细足偿书中逋。长年家无隔日储，不改其乐水与蔬。独抱一编坐咿唔，午热不废丹黄涂。"可见，他藏书之富，爱书之深。继雯的儿子叶志诜不仅继承父业，光大其父藏书，还收藏了丰富的金石书画，并与其子叶名琛、名沣有"叶志诜及见记""叶名琛名沣兄弟同鉴定"等藏书印。尤其是名沣拥书数万卷，勤于著述，故叶昌炽在《藏书纪事诗》里称赞名沣在《桥西杂记》里记其后悔不广泛阅读，往往难认识古人之误。他举《后汉书》郑康成传衍了"不"字造成不少引郑康成诫子书言："吾家旧贫，不为父母昆弟所容。"经查元刻《后汉书》本传无"不"字，与唐史承节所撰《郑公碑》合，因此，叶昌炽在介绍叶名沣藏书诗中说："不为父母兄弟容，旧诬一息郑司农。从前几被南昌误，堂密原来有美枞。"可见，叶家祖孙三代都是藏书丰富的大家。因时代关系，这里仅介绍叶志诜及其子叶名琛、叶名沣兄弟。

叶志诜（1779—1863），字东卿，有平安馆。曾官兵部武选司郎中。家世善医，在汉口开设叶开泰药堂。本人继承家学，注重养生学，精通针灸、经络学，辑刻多种医书。著《咽喉脉通论》、《御览集》十七卷附《金鼎题咏汇存》一卷计 2 种 18 卷、《周鼎题咏汇存》不分卷、《周遂鼎图款识》一卷、《仿铸汉建初铜尺》一卷[①]、《蕴奇录》八卷、《御览集》，纂修《叶氏宗谱》二十卷，编《观身集》4 种、《平安馆金石文字四种》、《五种验方》、《颐身集》及汇编《汉阳叶氏丛刻》、《平

---

① 《中国古籍总目·史部·金石考古类·金之属》第 4843 页著录，收入《平安馆金石文字》本中。

安馆藏器目》一卷[①]，辑《岱顶秦篆残刻》一卷[②]、《酸枣令刘熊碑》一卷[③]、《娄寿碑》一卷[④]、《虞恭公温彦博碑》一卷[⑤]、《平安馆藏碑目》不分卷[⑥]、《日本残碑》一卷[⑦]等。其两子中长子叶名琛，次子叶名沣均有名。

叶志诜在古籍整理上留下不少文字。如清叶志诜跋清抄清吴江吴兆骞撰《吴汉槎诗集》不分卷[⑧]、清汉阳叶氏平安馆抄《叶钞五种》八卷（无卷数作1卷）[⑨]、清汉阳叶氏抄清黄叔琳撰《砚北杂录》十六卷《札记》一卷计2种17卷[⑩]、清汉阳叶氏抄《宋季三朝政要》六卷[⑪]、汉阳叶氏抄清翁方纲撰《化度寺碑考》一卷[⑫]、清叶志诜李彦章李彦彬跋清翁方纲撰《苏斋遗稿十种》十五卷[⑬]、清叶志诜赵之谦校并跋清抄汉郑玄撰清孔广森辑《郑学十八种》又名《通德遗书所见录》19种七十二

---

① 《中国古籍总目·史部·金石考古类·金之属》第4844页著录，收入《灵鹣阁丛书》《丛书集成初编》中。

② 《中国古籍总目·史部·金石考古类·石之属》第4860页著录，收入《平安馆金石文字》本中。

③ 《中国古籍总目·史部·金石考古类·石之属》第4865页著录，收入《平安馆金石文字》本中。

④ 《中国古籍总目·史部·金石考古类·石之属》第4865页著录，收入《平安馆金石文字》本中。

⑤ 《中国古籍总目·史部·金石考古类·石之属》第4871页著录，收入《平安馆金石文字》本中。

⑥ 《中国古籍总目·史部·金石考古类·石之属》第4874页著录，台湾图书馆藏稿本。

⑦ 《中国古籍总目·史部·金石考古类·石之属》第4831页著录，收入《平安馆金石文字》本中。

⑧ 《清人别集总目》第883～884页著录，国家图书馆藏。

⑨ 《中国古籍总目·子部·术数类·汇编之属》第1136页著录，国家图书馆藏。

⑩ 《中国古籍总目·子部·杂家类·杂学杂说之属》第1745页著录，国家图书馆藏。

⑪ 《中国古籍善本总目·史部·编年类·断代》第二七六页著录，上海图书馆藏。

⑫ 《中国古籍善本总目·史部·金石类·石类》第七四九页著录，国家图书馆藏。

⑬ 《中国古籍善本书目·丛部·自著丛书》第654～655页著录，国家图书馆藏稿本。

卷[①]、清翁方纲批校清叶志诜沈维骧跋顺治三年（1646）李际期宛委山堂刻明陶宗仪编《说郛目录》一卷、清陶珽续编《说郛续目录》一卷计2种2卷[②]、清叶志诜校清抄清翁方纲撰《苏斋笔记》□卷[③]、清叶志诜跋清成瓘撰《篛园日札初稿》五卷《续》不分卷计2种稿本[④]、清叶志诜清孙星衍跋景泰七年（1456）姚堂刻明李时勉撰《古廉李先生诗集》十一卷[⑤]、清叶志诜跋清抄吴江吴兆骞撰《吴汉槎诗集》不分卷[⑥]、清汉阳叶氏抄佚名撰《学庸论语讲义》不分卷[⑦]、叶氏平安馆抄元释幕讲撰《三元运气说》一卷[⑧]、清叶志诜跋万历四十一年（1613）刻明杨慎辑杜祝进订补《百琲明珠》五卷[⑨]、叶志诜跋清抄清顾彩孔尚任撰《小忽雷传奇》二卷[⑩]、清叶志诜等题款崇祯六年（1633）寒山赵均小宛堂

---

① 《中国古籍总目·经部·总类·传说之属》第10页（最后作者作孔广林）、《中国丛书广录·类编丛书·经类·群经总义类》第402页著录，国家图书馆藏。国家图书馆还藏1部有李盛铎校，福建省图书馆藏1部仅13种不全本由清赵在翰批校。但《孝经注》作《孝经解》一卷。

② 《中国古籍善本书目·丛部·汇编丛书（一）》第146页著录，中国社会科学院考古研究所藏。

③ 《中国古籍善本总目·子部·杂家类·杂考》第一〇〇六页、《中国古籍总目·子部·杂家类·杂考之属》第1819页著录，上海图书馆仅藏四、七、九、十七计4卷不全本。

④ 《中国古籍善本总目·子部·杂家类·杂考》第一〇〇七页、《中国古籍总目·子部·杂家类·杂考之属》第1829页著录，山东省图书馆藏仅缺《篛园日札初稿》第五卷不全本。

⑤ 《中国古籍总目·集部·别集类·明代之属》第569页著录，湖南省图书馆藏。

⑥ 《中国古籍总目·集部·别集类·清代之属·清前期》第1149页、《中国古籍善本总目·集部·清别集》第一五二四页著录，国家图书馆藏。该抄本半页11行，行20字，无格。

⑦ 《中国古籍总目·经部·四书类·四书总义·传说之属》第851页著录，上海图书馆藏。

⑧ 《中国古籍总目·子部·术数类·堪舆之属·地理》第1177页著录，上海图书馆藏。

⑨ 《中国古籍善本总目·集部·词类·总集》第一八四九页、《中国古籍总目·集部·词类·总集之属》第3399页著录，上海图书馆藏。该刊本半页10行，行20字，白口，四周单边。

⑩ 《中国古籍善本总目·集部·曲类·传奇》第一八九四页著录，上海图书馆藏。

刻南朝陈徐陵辑《玉台新咏》十卷[①]、清叶志诜跋清翁方纲辑《覃溪杂录》不分卷稿本[②]、叶志诜跋清彭元瑞校并跋清彭氏知圣道斋抄宋曹勋撰《北狩见闻录》一卷[③]、清叶志诜题记旧抄宋蒲积中辑《古今岁时杂咏》又名《新刊古今岁时杂咏》四十六卷《目录》二卷计48卷[④]、清汉阳叶氏抄清汪中撰《容甫先生遗诗》五卷《附录》一卷计6卷[⑤]、民国间上元宋氏影印汉阳叶氏抄清阮元撰《揅经室文集》不分卷[⑥]、道光间（1821—1850）汉阳叶氏抄清史□□撰《梅花阁集》七卷[⑦]、清叶志诜跋清翁方纲校并跋乾隆四十四年（1779）汪启淑刻宋夏竦撰《新集古文四声韵》五卷《附录》一卷计6卷[⑧]、清翁方纲陈崇本校叶志诜批跋康熙五十三年（1714）朱稻孙刻清朱彝尊撰《曝书亭集》八十卷《附录》一卷清朱昆田撰《笛渔小稿》十卷计2种91卷[⑨]、清叶志诜

---

① 《中国古籍善本总目·集部·总集类·通代》第一七二一页（但误叶志诜为叶志许）、《中国古籍总目·集部·总集类·通代之属》第2905页著录，国家图书馆藏，有清叶裕校并跋；清翁方纲、清许乃普跋，清董文焕、周叔弢题款；清伊秉绶、清王霖、清叶志诜、清屠倬、清刘嗣绾、清汪喜孙、清管同、清梅曾亮、清邓瑶、清李士芬等题款，清陈鸿寿跋。该刊本半页15行，行30字，细黑口，左右双边。

② 《中国古籍善本总目·字部·杂家类·杂纂》第一〇二九页著录，上海图书馆藏。

③ 《中国古籍善本总目·史部·杂史类·断代》第三一一页著录，国家图书馆藏。

④ 《中国古籍总目·集部·总集类·通代之属》第2911页著录，北京大学图书馆藏。

⑤ 《中国古籍善本总目·集部·清别集》第一六〇一页、《中国古籍总目·集部·别集类·清代之属·清中期》第1613页著录，国家图书馆藏。该抄本半页12行，行24字，白口，四周双边。

⑥ 《中国古籍总目·集部·别集类·清代之属·清中期》第1758页著录，山东大学图书馆藏。

⑦ 《中国古籍总目·集部·别集类·清代之属·清中期》第1786页著录，复旦大学图书馆藏。

⑧ 《中国古籍善本总目·经部·小学类》第一六八页著录，国家图书馆藏。

⑨ 《中国古籍善本总目·集部·清别集》第一五三一页著录，上海图书馆藏。该刊本半页12行，行23字，白口，左右双边。

题款于清冰蕸阁抄宋魏野撰《东观集》七卷[①]、清鲍廷博校并跋清黄丕烈校并跋清叶志诜题款清抄宋魏野撰《东观集》十卷[②]、清李文藻跋清罗有高校清叶志诜题款清抄宋高登撰《高东溪先生文集》二卷《附录》一卷计3卷[③]、清叶志诜沈维𫘪跋清翁方纲校顺治三年（1646）李际期宛委山堂刻明陶宗仪编清陶珽续编《说郛目录》一卷《说郛续目录》一卷计2种2卷[④]、清陈劢题识清叶志诜题款清王楚材辑清全祖望撰《水经注重校本》又名《金（全）氏七校水经注汇录》四十卷附《全校水经郦注水道表》四十卷计2种80卷[⑤]、清叶志诜李彦章李彦彬跋清翁方纲撰《御制热河考鄂博说滦河濡水源考证》一卷[⑥]、清叶志诜校清阮元辑《文选楼丛书》中清阮元朱为弼撰《积古斋钟鼎彝器款识》十卷[⑦]、清叶志诜题款于乾隆五十九年（1794）钤印清钱塘黄易辑《秦汉铜印》一卷[⑧]、清叶志诜录清何焯校清董醇录清何焯校清翁同龢跋清张廷济校并跋顺治七年（1650）谢世箕刻宋赵明诚撰《金石录》三十

① 《中国古籍善本总目·集部·宋别集类》第一二四〇页、《中国古籍总目·集部·别集类·宋代之属》第174页著录，国家图书馆藏。此书又名《钜鹿东观集》。该抄本半页9行，行16字，白口，四周双边。

② 《中国古籍善本总目·集部·宋别集类》第一二四〇页、《中国古籍总目·集部·别集类·宋代之属》第174页著录，国家图书馆藏。该抄本半页9行，行21字，无格。

③ 《中国古籍善本总目·集部·宋别集类》第一二七五页、《中国古籍总目·集部·别集类·宋代之属》第295页著录，国家图书馆藏。此书又名《东溪先生集》《东溪集》。

④ 《中国古籍善本书目·丛部·汇编丛书（一）》第146页著录，中国社会科学院考古研究所图书馆藏。

⑤ 《中国古籍善本总目·史部·地理类·山水志》第五二四页、《中国古籍总目·史部·地理类·山水志之属·水》第3929页著录，天津图书馆仅藏清抄本《水经注重校本》四十卷及《水道表》七至四十计2种74卷不全本。其中后1种收入《四明丛书》中。

⑥ 《中国古籍总目·史部·地理类·山水志之属·水》第3939页著录，收入《苏斋遗稿》本中。

⑦ 《中国古籍善本总目·史部·金石类·金类》第七四五页、《中国古籍总目·史部·金石考古类·金之属》第4834页著录，中国社会科学院文学研究所图书馆藏此子书有顾廷龙跋并录清翁树培、叶志诜、潘祖荫、龚橙、吴大澂、汪鸣銮校，王同愈、顾颉刚、容庚、董作宾、唐兰、刘节、闻宥、商承祚跋。

⑧ 《中国古籍善本总目·史部·金石类·玺印》第七五六页著录，上海博物馆藏。

卷[①]、清叶志诜跋清朱为弼撰《鉏经堂金石跋》不分卷《伯右甫金文释》不分卷2种稿本[②]、清叶志诜跋清徐同柏撰《从古堂款识学》不分卷稿本[③]、清叶志诜翁方纲张开福跋清抄清叶树廉辑《古碑证文》不分卷[④]、清翁方纲叶志诜批注题字于康熙四十六年（1707）无锡华希闵剑光阁刻金元好问撰《遗山先生文集》又名《遗山集》《元遗山先生集》四十卷、明储瓘辑《附录》一卷计41卷[⑤]、嘉庆十六年（1811）汉阳叶氏抄清武进臧庸撰《臧庸堂杂稿》不分卷[⑥]、嘉庆十八年（1813）叶志诜家抄清张端木撰《钱录》又名《张端木钱录》十二卷[⑦]、清汉阳叶氏抄清李文藻撰《李南涧集》不分卷[⑧]、清刘喜海、叶志诜跋道光六年（1826）刘氏味经书屋抄题明叶盛藏并撰《菉竹堂书目》不分卷[⑨]等。

叶氏主要家刻有：

嘉庆二十五年（1820）汉阳叶氏平安馆刻清翁方纲等撰《三元喜晏诗》二卷。《中国古籍总目·集部·总集类·断代之属》第3060页著录，上海图书馆藏。

---

① 《中国古籍总目·史部·金石考古类·总志之属》第4789页著录，上海图书馆藏。

② 《中国古籍善本总目·史部·金石类·金类》第七四五页、《中国古籍总目·史部·金石考古类·金之属》第4835页著录，国家图书馆藏，还有清朱善旂、张廷济、徐同柏、路慎庄、汤金钊、陈庆镛、莫友芝、俞樾、吴云、黄彭年、朱之榛跋。

③ 《中国古籍善本总目·史部·金石类·金类》第七四五页、《中国古籍总目·史部·金石考古类·金之属》第4835页著录，上海图书馆藏，还有清阮元、何绍基、陈介祺跋。

④ 《中国古籍善本总目·史部·金石类·石类》第七四八页、《中国古籍总目·史部·金石考古类·石之属》第4852页著录，国家图书馆藏。

⑤ 《中国古籍总目·集部·别集类·金元之属》第424页著录，北京大学图书馆藏。

⑥ 《清人别集总目》第2352页著录，湖南省图书馆藏。

⑦ 《中国古籍善本总目·史部·金石类·钱币》第七五三页、《中国古籍总目·史部·金石考古类·钱币之属》第4878页著录，国家图书馆藏，有叶志诜跋。

⑧ 《清人别集总目》第771页著录，上海图书馆藏，有清赵之谦题记。

⑨ 《中国古籍善本总目·史部·目录类·家藏》第七一七页、《中国古籍总目·史部·目录类·总录之属·私藏》第4933页著录，国家图书馆藏。

道光元年（1821）汉阳叶氏在京师刻清叶志诜撰《御览集》一卷。《清人别集总目》第311页著录，国家图书馆、南京图书馆、北京大学图书馆、大连市图书馆藏。

道光元年刻清叶志诜撰《御览集》五卷附《金鼎题咏汇存》一卷计2种6卷。《中国古籍总目・集部・别集类・清代之属・清中期》第1875页著录，中国科学院图书馆、北京大学图书馆藏。

道光元年增刻清叶志诜撰《御览集》十七卷。《中国古籍总目・集部・别集类・清代之属・清中期》第1875页著录，中国科学院图书馆藏。

道光十七年（1837）叶氏平安馆刻清叶志诜辑《岱顶秦篆残刻题跋》一卷、《汉刘熊残碑并题跋》一卷、《宋拓虞公碑并题跋》一卷计3种3卷。《中国古籍善本总目・史部・金石类・石类》第七五〇页著录，上海图书馆藏，有清龚橙校徐渭仁跋、叶景葵跋。

道光二十五年（1845）叶志诜刻清翁方纲撰《复初斋诗集》七十卷。《中国古籍总目・集部・别集类・清代之属・清前期》第1547页、《中国古籍善本总目・集部・清别集》第一五九〇页、《清人别集总目》第1908页著录，国家图书馆、上海图书馆、南京图书馆（有李明裔批、褚德彝跋）、华东师范大学图书馆、台湾大学图书馆、韩国成钧馆大学图书馆、韩国延世大学图书馆及日本东洋文库藏。此版有民国4年（1915）上海同文书局石印本，上海图书馆、辽宁省图书馆、河南省图书馆、广东省中山图书馆、安徽省图书馆、四川省图书馆、南开大学图书馆、山东师范大学图书馆、华中师范大学图书馆、南通师范学院图书馆、厦门市图书馆、青岛市图书馆、徐州市图书馆藏。该刊本半页11行，行21字，白口，左右双边。

道光二十六年（1846）汉阳叶氏刻双钩本《娄寿碑》不分卷。《中国古籍总目・子部・艺术类・书画之属・书・谱帖》第1311页著录，北京大学图书馆藏。

道光间（1821—1850）摹刻清叶志诜辑《平安馆金石文字》仅存

4种4卷。其细目为：《岱顶秦篆残刻》一卷，《仿铸汉建初铜尺》一卷，《（汉）娄寿碑》一卷，《日本残碑》一卷。《中国古籍总目·史部·金石考古类·丛编之属》第4780页著录，国家图书馆藏。上海图书馆仅存《岱顶秦篆残刻》一卷、《酸枣令刘熊碑》一卷、《虞恭公温彦博碑》一卷计3种3卷不全本，由龚橙校，有清徐渭仁、叶景葵跋。而《中国丛书广录·类编丛书·史类·金石类》第622页、《北平图书馆善本书目·乙编续》卷二第三十九页却著录道光间摹刻清叶志诜编《平安馆金石文字四种》无卷数细目为：《秦篆残石附题跋》，《汉娄寿碑》，《日本残碑》，《仿铸汉建初铜尺》4种，略有区别，应为另一种丛书。

道光间（1821—1850）刻清叶志诜等撰《周鼎题咏汇存》不分卷。《中国古籍总目·史部·金石考古类·金之属》第4836页著录，国家图书馆藏。

道光间刻清叶志诜等撰《周遂鼎图款识》一卷。《中国古籍总目·史部·金石考古类·金之属》第4841页著录，国家图书馆藏。

咸丰二年（1852）汉阳叶志诜刻清汪士鋐撰《瘗鹤铭考》一卷、清翁方纲撰《瘗（埋）鹤铭见存字》一卷计2种2卷。《中国古籍总目·史部·金石考古类·石之属》第4868页著录，国家图书馆、上海图书馆（有杨宝镛跋）藏。

咸丰三年（1853）汉阳叶氏刻清叶志诜编《五种经验方》（不分卷）。其子目为：《痢疾诸方》不分卷，《疟疾诸方》不分卷，《金疮花蕊石散方》不分卷，《疔疮诸方》不分卷，《喉科诸方》不分卷。《全国中医图书联合目录·方书》第267页著录，故宫博物院图书馆、南京图书馆藏。

咸丰四年（1854）叶志诜刻宋释□□撰《咽喉脉证通论》一卷。《中国古籍总目·子部·医家类·方论之属·五官·咽喉口齿》第697页著录，北京大学图书馆、南京图书馆藏。

同治元年（1862）刻清叶廷芳撰、孙叶志诜编《花馀亭诗存》一卷。《中国古籍总目·集部·别集类·清代之属·清前期》第1507页、《清人别集总目》第309页著录，上海图书馆、南京图书馆、温州市图书馆藏。

道光、同治间（1821—1850、1862—1874）刻清叶志诜编《汉阳叶氏丛刻》37种。其细目为：道光元年（1821）京师刻清叶志诜撰《御览集》不分卷，道光二十四年（1844）刻清叶志诜等撰《周遂鼎图款识题咏》不分卷，道光三十年（1850）粤东抚署刻三国魏吴普等述、清叶志诜撰《神农本草经赞》三卷，道光三十年粤东抚署刻三国魏吴普等述、清叶志诜撰《月令七十二候赞》一卷，道光三十年粤东抚署刻宋释口口撰《咽喉脉证通论》一卷，道光三十年粤东抚署刻清倪涵初撰《五种经验方》不分卷：《痢疾诸方》不分卷、《疟疾诸方》不分卷、《金疮花蕊石散方》不分卷、《疔疮诸方》不分卷、《喉科诸方》不分卷，咸丰元年（1851）广东刻清秦蕙田撰《地理元宗图说》二卷，咸丰元年刻清叶志诜等撰《清远文木图记》不分卷，咸丰二年（1852）广东刻《颐身集》不分卷：元邱处机撰《摄生消息论》不分卷、明冷谦撰《修龄要指》不分卷、清汪昂撰《勿药元诠》不分卷、清汪晸撰《寿人经》不分卷、清方开辑《延年九转法》不分卷，咸丰二年粤东刻清翁方纲撰《焦山鼎铭考》一卷，咸丰二年粤东刻清汪士鋐撰《瘞鹤铭考》一卷、《图》一卷，咸丰二年（1852）粤东刻清翁方纲撰《瘞鹤铭见存字》一卷，咸丰三年（1853）两广刻题云川道人撰《绛囊撮要》五卷[①]，咸丰三年两广刻《观身集》不分卷：清陈会撰《全身百穴歌》不分卷[②]、清沈绂撰《十二经

---

① 《中国古籍总目·子部·医家类·方论之属·验方·清》第861页著录，收入道光、咸丰间（1821—1861）刻此子书为2卷本，而此年以两广督署刊本为5卷本，中医科学院图书馆（还藏抄本1部）、故宫博物院图书馆、河南中医学院图书馆、湖北省图书馆、广西壮族自治区桂林图书馆藏。

② 《中国古籍总目·子部·医家类·针灸推拿之属·经络孔穴》第929页著录，中医科学院图书馆藏此子书逸出本。

脉络》不分卷、清沈金鳌撰《脉象统类》不分卷、清沈彤撰《释骨》不分卷，咸丰四年（1854）两广刻清卢荫长撰《信验方录》八卷，咸丰五年（1855）两广刻宋宋伯仁撰《梅花喜神谱》二卷，咸丰六年（1856）两广刻题渎蒙翁撰《历代世系纪年编》一卷、清姚文田撰《建元重号》一卷，咸丰六年两广刻清任兆麟撰《寿者传》二卷，咸丰六年福元书室精刻清高凤台撰《国朝三元题咏》又名《三元喜宴诗》二卷，咸丰六年两广刻明汤宾尹撰《明状元图考》三卷，咸丰九年（1859）刻清李因笃撰《古今韵考》一卷、清杨传第撰《附记》一卷，道光二十五年（1845）刻清翁方纲撰《复初斋诗集》七十卷，同治四年（1865）刻清叶志诜撰《蕴奇录》八卷，同治五年（1866）刻清叶名澧撰《读易丛记》二卷，道光二十八年（1848）刻宋王顺伯撰《王复斋钟鼎款识》一卷。《中国丛书广录·汇编丛书·杂纂类》第 184 ～ 185 页、孙殿起《丛书书目拾遗》卷十二第四页著录，但无藏家。这套丛书系从道光元年（1821）至同治五年（1866）长达 46 年随刻随印随售，根据所发现叶刻本注出版年代，是否按丛书汇印尚未发现藏家。《中国古籍总目·子部·医家类·丛编之属》第 413 页仅著录上海中医药大学图书馆仅藏清叶志诜《观身集》计 11 种，所著录子书为：《神农本草经赞》附《月令七十二候赞》（一卷），清叶志诜撰《观身集》，明陈会撰《全身百穴歌》，清沈绂撰《十二经脉络》，清沈金鳌撰《脉象统类》，清沈彤撰《释骨》，清叶志诜辑《颐身集》五卷，《绛囊撮要》二卷，清卢荫长撰《信验方录》八卷，《五种验方》（原缺），《咽喉脉证通论》一卷。而中国医学科学院图书馆仅藏上述子书中第 1 ～ 5、7 计 6 种不全本清道光、咸丰间（1821—1861）两广督署刻本，全书藏家待查。

叶名琛（1807—1859），字昆臣，号海上苏武，有长春仙馆。道光十五年（1835）中进士，改翰林院庶吉士。翌年散馆授编修。后历地方知府道官员及按、布大员。道光二十八年（1848）任广东巡抚，与总督安徽太和人徐广缙协力阻止英国侵略军入广州城，封一等男爵。咸丰二年（1852）升两广总督。咸丰四年（1854）接受英、法、美侵略者军火接济，残酷地镇压广东天地会起义。咸丰五年（1855）十二月升体仁阁大学士，仍留总督任。咸丰六年（1856）夏，广东水师检查走私船只，并从中国亚罗号船上逮捕 12 名海盗及嫌犯。英国广州领事巴夏礼借口被查船只曾领有英国登记证而横加干涉，伪造情节，诬称中国水师撕毁英国国旗。其实连英国下议院也查出此登记证已过期，故不能挂英国国旗，实际也未挂英国国旗。但英军仍借“亚罗号”事件进犯广州，遭到广州军民奋起抵抗而败退。咸丰七年（1857），英法联军攻入广州，因其不修战守，城陷，名琛准备去英舰谈判，被英人虏往印度孟加拉城内镇海楼。时身边仅有武巡捕蓝云宾、一梆工、二仆相随。不久，英人挟其至大里恩寺楼上囚禁。至咸丰九年（1859）二月，所带食物已尽，随从请示在当地购买，名琛不允，说：“我之不死来者，闻洋人欲送我（去）英国，其国主应明理，故欲见该国王。问其既经和好，何以无故起衅，谁是谁非，折服其心，以存国体。不料日复一日，总不能到他国，淹留此处，要生何为，食物既完，何面目食外国之物。”遂于二月十九日得病，至三月十七日，以大臣不受辱而扼喉绝食而亡。叶名琛因疏于战守城陷被俘，咸丰帝获悉后下旨：“叶名琛以钦差大臣办理洋务，如果该领事非理妄求，不能允准，自当设法开导，一面会同将军、巡抚等妥为抚驭。乃该领事两次投递将军、督抚、副都统等照会，该督并不会商办理，即照会中情节，亦密不宣示。迁延日久，以致英人忿激，突入省城，实属刚愎自用，办理乖谬，大负委任。叶名琛著即革职。”[①]作了丧权辱国清廷的替罪羊。咸丰九年四月二十日，英人归其尸。叶名琛是一位重气节、重文兴教的干吏。他曾经拿出一万两俸银修汉阳长江大堤，又捐出 2 万两俸银兴文重教。文章诗词均有才气。如他在被囚印度孟加拉城镇海楼留下：“镇海楼头月色寒，将星翻作客星单。纵云一范军中有，

① 《清史列传·大臣列传续编五》卷四十第三一九二页及《清人七百名人传·政治·政事》第三一三页本传。

怎奈诸君壁上看。向戍何心求免死，苏卿无恙劝加餐。任他日把丹青绘，恨态愁容下笔难”及在大里恩寺所作“零丁洋泊叹无家，雁札犯传节度衙。海外难寻高士粟，斗边远泛使臣槎。心惊跃虎笳声急，望断慈乌日影斜。惟有春光依旧返，隔墙红遍木棉花”的悲凉诗句。但国人仍计其不修战备误国之虞。

其刻书要目：

道光三十年（1850）粤东汉阳叶氏刻著者佚名《咽喉脉证通论》一卷。《全国中医图书联合目录》第583页著录，河南中医学院图书馆、上海中医药大学图书馆、湖北中医学院图书馆藏，此书版本众多。

道光三十年广东抚署刻（时叶名琛任职广东巡抚）清叶志诜编《五种经验方》。《中国古籍总目·子部·医家类·方论之属·验方·清》第887页、《全国中医图书联合目录·方书》第267页著录，中国医学科学院图书馆、中国中医科学院图书馆、北京中医药大学图书馆、上海中医药大学图书馆、江西中医学院图书馆、四川省图书馆藏。

咸丰二年（1852）广东抚署（时叶名琛升任两广总督）刻清叶志诜编《颐身集》又作《颐身集五种》。其细目为：元丘处机撰《摄生消息论》二卷，明冷谦撰《修龄要旨（指）》（不分卷），清汪昂撰《勿药元诠》（不分卷），清汪昂（晸）撰《寿人经》（不分卷），清方开撰《延年九传法》（不分卷）。《中国古籍总目·子部·医家类·养生之属·通论》第992页、《全国中医图书联合目录·养生》第613页著录，中国科学院图书馆、中国医学科学院图书馆、首都图书馆、中国中医科学院图书馆、北京中医药大学图书馆、天津图书馆、中国药科大学图书馆、东北师范大学图书馆、上海中医药大学图书馆、南京图书馆、南京中医药大学图书馆、湖北省图书馆、湖南中医学院图书馆、成都中医药大学图书馆藏。首都图书馆、中国科学院图书馆、中国医学科学院图书馆、中医科学院图书馆、天津图书馆、中国医科大学图书馆、南京图书馆、湖北省图书馆、湖南中医学院图书馆、成都医科大学图书馆藏光绪三年（1877）花莲峰刻此丛书，但上海图书馆藏本不全。

咸丰二年（1852）汉阳叶志诜粤东督署刻清翁方纲撰《焦山鼎铭考》一卷。《中国古籍总目・史部・金石考古类・金之类》第4834页著录，国家图书馆、上海图书馆、南京图书馆藏。此书还分别收入《苏斋丛书》《艺苑丛钞》《昭代丛书》《百一庐金石丛书》本中。

咸丰二年广东抚署刻清方开撰、白颜伟记、叶志诜编《延年九转法》（不分卷）。《全国中医图书联合目录・养生》第620页著录，上海中医药大学图书馆、南京图书馆、湖北省图书馆藏。

道光、咸丰间（1821—1861）两广督署刻清叶志诜编《汉阳叶氏丛刻》18种。其细目为：《神农本草经赞附月令七十二候赞》，清叶志诜撰（编）《观身集》4种：明陈会撰《全身百穴歌》、清沈金鳌《脉象统类》、清沈绂撰《十二经脉歌》、清沈彤撰《释骨》，清叶志诜编《颐身集》5种：元丘处机撰《摄生消息论》二卷、明冷谦撰《修龄要旨》、清汪昂撰《勿药元诠》、清汪晸撰《寿人经》、清方开撰《延年九传法》，《降囊撮要》二卷，清卢荫长撰《信验方录》八卷，清叶志诜编《五种经验方》5种（原缺），著者佚名《咽喉脉证通论》一卷。《全国中医图书联合目录・综合性著作》第748页著录，中国中医科学院图书馆藏本缺《五种经验方》，上海中医药大学图书馆仅藏《观身集》4种子书。

叶名沣（1811—1859），字翰源，号润臣，自号凤栖里人，有敦夙好斋、宝芸斋、宗涤楼、八万卷书楼，名琛弟。道光十七年（1837）中举，官内阁中书。迁内阁侍读。咸丰九年（1859），援例出为浙江候补道。名沣精经尤以《易》《尔雅》造诣深，博学好古，尤工诗，称得潘德舆之旨，诗风近陶、韦、王、孟之间，张际亮评其诗为深得唐贤三昧。他虽家门鼎贵，但为人低调，广交友朋，喜游山水，中年足迹大江大河南北，与汤鹏、王栢生、陈文述、宗稷辰、戴絅孙、姚燮、张际亮、符葆森等名士诗文交往神游。他重风谊。在京期间，听说翁方纲曾孙女流落街头，无以度日，引为己女，择名门嫁之，深获士林称颂。后因受兄名琛死讯打击，侘傺失意而卒于杭州。著有《敦夙好斋诗全集·初编》十二卷《续编》又名《敦夙好斋诗续编》八卷（实11卷）[①]、《桥西杂记》一卷[②]、《宝芸斋诗草》不分卷[③]、《凤栖里人诗集》二卷[④]、《敦夙好斋诗集》四卷[⑤]、《沂舞集》一卷、《读易丛记》二卷等，据潘祖荫给名沣所撰《桥西杂记》序知他的《周易异文疏证》《礼记郑续疏证》《战国策地名考》三种尚未写竣。他还辑《拜经堂文集》五卷[⑥]、《城南集》不分卷[⑦]，还于道光十二年（1832）辑《说文校勘集三种》三卷。其细目为：清何焯撰《何义门校说文》一卷，清惠栋撰《惠定宇校说文》一

① 《中国古籍总目·集部·别集类·清代之属·清中期》第2188页、《清人别集总目》第310页著录，中国科学院图书馆、南京图书馆及上海黄裳藏咸丰九年（1859）胡心耘（珽琳琅秘室）木活字印本。

② 《清史列传·文苑传四》卷七十三第六〇四二页本传、《清人别集总目》第310页（作《续编》十一卷）、《中国古籍善本总目·子部·杂家类·杂考》第一〇〇八页、《中国丛书综录·汇编·杂纂类（清代后期）》第200～201页、《中国古籍总目·子部·杂家类·杂学杂说之属》第1768页著录，南京图书馆及上海黄裳处藏胡心耘排印本。收入《滂喜斋丛书》中。湖北省图书馆藏此书稿本。国家图书馆、上海图书馆、南京图书馆、东北师范大学图书馆藏宣统三年（1911）国学扶轮社铅印本。桥西为书名系指名沣为京官时住北京虎坊桥西原纪昀旧居。该书是一部随记随录记事书。

③ 《中国古籍总目·集部·别集类·清代之属·清中期》第2187页、《清人别集总目》第310页著录，浙江图书馆藏此书稿本不分卷，有佚名批语。

④ 《中国古籍总目·集部·别集类·清代之属·清中期》第2188页、《清人别集总目》第310页著录，北京大学图书馆藏蓝格抄本，有墨笔评点。

⑤ 《中国古籍善本总目·集部·清别集》第一六二二页、《中国古籍总目·集部·别集类·清代之属·清中期》第2188页、《清人别集总目》第310页著录，广东省中山图书馆藏此书稿本，有孔继镤圈点眉批。

⑥ 《中国古籍总目·集部·别集类·清代之属·清中期》第1785页著录，上海图书馆藏清臧庸撰、清叶名沣辑此书稿本，有宗舜年跋。四川省图书馆、中国科学院图书馆藏民国十九年（1930）上元余氏影印汉阳叶氏写本清臧庸撰《臧拜经文集》五卷。

⑦ 《中国古籍总目·集部·别集类·清代之属·清中期》第2187页著录，美国哈佛大学哈佛燕京图书馆藏《城南集》不分卷《宝芸斋诗草》不分卷2种稿本。

卷，清王念孙撰《王怀祖校说文》一卷[①]。

他整理的古籍有：抄跋《林汲山房遗文》不分卷各1部[②]、《读书敏求记》四卷[③]、抄《南烬纪闻》一卷《窃愤录》一卷《续录》一卷计3种3卷[④]、《襄阳守城录》一卷[⑤]、《淳熙玉堂杂记》三卷[⑥]，摘抄《说文校勘集》本中《何义门校说文》一卷[⑦]、《惠定宇校说文》一卷[⑧]、抄《多野斋印说》一卷[⑨]、《说文校勘记》三卷[⑩]、《说文解字考异》

---

① 《中国古籍总目·经部·小学类·论文之属·丛刻》第1054页著录，上海图书馆藏稿本。

② 《中国古籍善本总目·集部·清别集》第一五九二页、《中国古籍总目·集部·别集类·清代之属·清前期》第1525页、《清人别集总目》第2352页著录，南京图书馆藏清叶氏宝芝斋抄清周永年撰此书，国家图书馆藏此书清抄本有叶名沣题款。该抄本半页9行、行25字，无格。上海图书馆藏叶名沣辑清臧庸撰此书稿本，有宗舜年跋。福建省图书馆藏此书道光九年（1829）学海堂刻本，国家图书馆、南京图书馆、辽宁省图书馆、四川省图书馆、北京师范大学图书馆、中国人民大学图书馆、南开大学图书馆、南京大学图书馆、复旦大学图书馆、安徽师范大学图书馆及日本京都大学人文科学研究所藏民国十九年（1930）上元宗舜民影印汉阳叶氏抄本。

③ 《中国古籍善本总目·史部·目录类·其它》第七二六页著录，国家图书馆藏清叶名沣跋并倩人录清黄丕烈批校题识于清抄清钱曾撰此书。

④ 《中国古籍善本总目·史部·杂史类》第三一二页著录，山东省图书馆藏清叶名沣宝芸斋抄题宋辛弃疾撰此3书3卷，有王献唐批校，并录徐乾学批校。

⑤ 《中国古籍善本总目·史部·杂史类》第三一三页著录，南京图书馆藏清叶名沣宝芸斋抄宋赵万年撰此书。

⑥ 《中国古籍善本总目·史部·职官类·官制》第六三〇页著录，国家图书馆藏清叶名沣家抄宋周必大撰此书。

⑦ 《中国古籍总目·经部·小学类·说文之属·二徐本》第1003页著录，上海图书馆藏清何焯撰此书。

⑧ 《中国古籍总目·经部·小学类·说文之属·二徐本》第1003页著录，上海图书馆藏清惠栋撰此书。

⑨ 《中国古籍总目·史部·金石考古类·玉之属》第4898页著录，国家图书馆藏清叶名沣抄清董洵撰此书。

⑩ 《中国古籍善本总目·经部·小学类》第一六二页著录，上海图书馆藏道光十二年（1832）叶名沣摘钞清何焯、惠栋、王念孙撰此书。

十五卷[①]、《三国史辨》一卷[②]、《臧庸堂杂稿》不分卷[③]、《秋舫诗钞》一卷[④]、《读秋水斋诗》六卷[⑤]，校跋《九经古义》12种二十五卷[⑥]、《九经古义》十六卷[⑦]、《菰中随笔》三卷附《诗律蒙告》一卷清顾衍生辑《亭林著书目录》一卷计3种5卷[⑧]及抄《多野斋印说》一卷[⑨]等。

他的著作及刻行的图书有：

道光二十八年（1848）汉阳叶氏敦夙好斋刻清归安孙宪仪撰《秋士诗存》一卷。《中国古籍总目·集部·别集类·清代之属·清后期》第

---

① 《中国古籍善本总目·经部·小学类》第一六三页、《中国古籍总目·经部·小学类·说文之属·二徐本》第1003页著录，南京图书馆藏清叶名沣宝芸斋抄由清沈树镛校清姚文田、清严可均撰本缺卷七、八2卷计13卷本，国家图书馆藏2部原稿本，浙江图书馆仅藏卷一至四计4卷、大连市博物馆仅存卷四上不全原稿本。

② 《中国古籍善本总目·史部·纪传类》第二二五页著录，湖南省图书馆藏清叶名沣抄、叶德辉跋此书。

③ 《中国古籍总目·集部·别集类·清代之属·清中期》第1785页著录，湖南省图书馆藏嘉庆十六年（1811）汉阳叶氏写本清臧庸撰此书。

④ 《中国古籍善本总目·集部·清别集》第一六〇九页、《中国古籍总目·集部·别集类·清代之属·清中期》第1936页著录，浙江图书馆藏清白石山馆抄清蕲水陈沆撰此书，有清吴嵩梁批校、清叶名沣题款。该抄本半页8行，行21字，蓝格。

⑤ 《中国古籍善本总目·集部·清别集》第一六二二页著录，南京图书馆藏清陆檄恩撰此书稿本，有清汤成彦、叶名沣、梅植之等题诗。

⑥ 《中国丛书广录·类编丛书·经类·群经总义类》第401页著录，南京图书馆藏清蒋光弼省吾堂刻清惠栋撰《九经古义》12种二十五卷（实为《省吾堂四种》之一），有清叶名澧（实“沣”）校并跋。其细目为：《周易》二卷，《尚书》二卷，《毛诗》二卷，《周礼》二卷，《仪礼》二卷，《礼记》二卷，《公羊传》二卷，《穀梁传》一卷，《论语》一卷，附刻3种9卷：《周易本义辨正》五卷、清顾炎武撰《五经同异》三卷、清万斯同撰《石经考》一卷。

⑦ 《中国古籍善本总目·经部·群经总义类》第一四六页著录，南京图书馆藏清叶名沣校并跋清蒋光弼省吾堂刻清惠栋撰此书。

⑧ 《中国古籍善本总目·子部·杂家类·杂考》第一〇〇五页、《中国古籍总目·子部·杂家类·杂考之属》第1810页著录，东北师范大学图书馆藏光绪十一年（1885）刻清顾炎武撰此书。山西省图书馆藏乾隆五十九年（1794）黄丕烈家抄此书，有清黄丕烈、孔宪庚、孔宪彝跋，叶名沣、何庆涵题款，傅增湘校并跋。

⑨ 《中国古籍善本总目·史部·金石类·印玺》第七五六页著录，国家图书馆藏清叶名沣家抄清山阴董洵撰此书。

2309 页著录，国家图书馆、中国科学院图书馆藏。

道光二十九年（1849）刻清叶名沣撰《沂舞集》一卷。《中国古籍善本总目·集部·清别集》第一六二一页、《中国古籍总目·集部·别集类·清代之属·清中期》第 2187 页（作《泝舞集》）、《清人别集总目》第 310 页著录，国家图书馆、中国科学院图书馆、首都图书馆、南京图书馆、上海图书馆、河南省图书馆及上海黄裳藏。该刊本半页 10 行，行 21 字，白口，左右双边。

咸丰二年（1852）印道光三十年（1850）粤东抚署刻三国魏吴普等述、清叶志诜撰《神农本草经赞》三卷附《月令十二候赞》一卷计 2 种 4 卷。《中国古籍总目·子部·医家类·本草之属·歌括便读》第 5452 页著录，南京图书馆藏。

咸丰三年（1853）叶氏在北京刻清叶名沣撰《敦夙好斋诗·初编》十二卷。《中国古籍总目·集部·别集类·清代之属·清中期》第 2188 页、《清人别集总目》第 310 页著录，国家图书馆、上海图书馆、辽宁省图书馆、四川省图书馆、南京图书馆、中国科学院图书馆藏。

咸丰九年（1859）叶名沣刻清李因笃撰《古今韵考》四卷附清杨传第撰《校刻古今韵考附记》一卷计 2 种 5 卷。《中国古籍总目·经部·小学类·音韵之属·音说》第 1166 页著录（分两次著录），中国科学院图书馆藏。

同治四年（1865）刻清叶志诜撰《蕴奇录》八卷。《中国古籍总目·子部·杂家类·杂纂之属》第 1963 页著录，国家图书馆、南京图书馆藏。

同治间（1862—1874）刻清叶名沣撰《读易丛记》二卷。中华书局（北京）版《续修四库全书总目提要·经部·易类》第一三六页著录。

同治五年（1866）刻清叶名丰（应为“沣”）撰、清叶颐编《读易丛记》二卷。《中国古籍总目·经部·易类·传说之属》第 175 页著录，国家图书馆、中国科学院图书馆、湖北省图书馆、南京图书馆、浙江图书馆藏。

附　同治九年（1870）京师嫏嬛别馆刊《故友诗录》二编中收清叶名沣撰、清蔡寿祺编《敦夙好斋诗稿》一卷。《中国丛书综录·类编·集类·总集（清代）》第863页著录，国家图书馆、首都图书馆、上海图书馆、华东师范大学图书馆、湖北省图书馆藏全套丛书。

同治十二年（1873）汉阳叶氏滋本堂刻清叶志诜纂修湖北汉阳《叶氏宗谱》二十卷、《首》一卷、《末》一卷计22卷。《中国古籍总目·史部·谱牒类》第2645页、《中国家谱联合目录》第497页著录，日本东京大学东洋文化研究所及美国藏28册本。

光绪十六年（1890）其孙叶兆纲重刻清叶名沣撰《敦夙好斋全集·初编》十二卷、《续编》十一卷计2种23卷《首》一卷共24卷。《中国古籍总目·集部·别集类·清代之属·清中期》第2188页、《清人别集总目》第310页著录，国家图书馆、上海图书馆、南京图书馆、湖南省图书馆、江西省图书馆、广东省中山图书馆、中国科学院图书馆、台湾大学图书馆藏。

钱币学者鲍康家刻

鲍康（1810—1878），字子年，号薇垣，其室有观古阁，故自号观古阁主人，又号臆园叟，臆园野人，又有青园、嘉荫簃，鲍桂星侄辈，歙县人。道光十九年（1839）中举，官至夔州知府，后因忤上官去职，退隐臆园，遂有臆园叟、臆园野人之号。鲍氏生平痴嗜钱币学，藏弆丰富，工篆刻，是著名的钱币收藏家，集收藏、鉴定历代钱币史长达40余年。在京师与著名钱币学家吕佺孙、李佐贤、刘师陆诸同好邮简往还，几无虚夕；流寓秦中时与刘燕庭晨夕过从甚密，至出所藏相与质正；咸丰三年（1853），又获交太守李竹朋，以同好遍拓得四五千品。晚年著成《观古阁泉说》附《续泉说》《泉辨》《大钱图录》等钱币专著，考说精详。从同治十二年至光绪二年（1873—1876）鲍氏自刊自著及选刊嘉道间钱币学家已刊遗著十种，除《海东金石苑》外，均为钱币学专著，为第一部卷帙浩繁，刻印精审的钱币学丛书，汇为《观古阁丛刻》又名《观古阁丛书》。鲍氏是清代著名钱币学专家，精鉴别。鲍氏关于钱币学还有与李竹朋合编《续泉汇》，向称选钱审慎的严谨之作，有未刊稿《古泉丛考》《古泉考略》《观古阁泉目》，还有《观古阁泉说》一卷等。鲍康著述还有《皇清谥法考》又名《皇朝谥法考》五卷、《内阁撰拟文字》、《大钱图谱》、《外潘表签式》不分卷、《观古阁泉拓》不分卷、《观古阁丛稿泉说诗钞》、《鲍臆园手札》又名《鲍臆园丈手札》一卷及已失诗集稿八卷、《虞夏赎金释文》、《鲍子年书札》、《观古阁杂录》口口卷、《鲍子年藏各家泉拓细目》、《薇垣日记》不分卷，辑《各家金石考证》一卷附姚华辑《目录》一卷撰其行述，介绍其一生甚详。

鲍康在《泉文》不分卷、《寰宇访碑录》十二卷、《泉币汇考》十六卷《首》一卷、《制钱通考》四卷、《秋笳集》八卷、《杨幼云藏空首布拓本》不分卷等古籍上留下笔迹。

鲍康抄《洞天清禄集》一卷。

鲍康刻书以己著为主。

咸丰十一年（1861）刻清鲍康撰《内阁汉票签中书舍人题名》一卷、清徐士夔续撰《续》一卷计 2 种 2 卷。

《山西省图书馆普通线装书目录·社会科学门·政治学》第 354 页、《中国历史博物馆藏普通古籍目录·史部·职官类》第 186 页、《安徽文献书目》第 316 页、《安徽省馆藏皖人书目》第 396 页、《皖人书录》第 447 页著录，安徽省图书馆（2 册本）、山西省图书馆（1 册本）图书馆，中国历史博物馆（光绪十六年刻 2 册本）藏。此书起码两印。

咸丰辛酉至光绪十一年（1860—1885）刻鲍康辑《内阁汉票签中书舍人题名》二卷、《续补补遗》二卷计 2 种 4 卷。《安徽艺文考·政书一》第十六册第四页、《皖人书录》第 447 页、《贩书偶记》第 188

页著录。

同治三至十一年（1864－1870）自刻清鲍康辑《皇朝谥法考》五卷、《续编》一卷、《外编》一卷附清徐士銮辑《续补编》一卷计4种8卷。《山东省图书馆馆藏海源阁书目·史部·政书类·典礼》第82页、《山西省图书馆普通线装书目录·社会科学门·礼制》第384页、北京师范大学印《中文古籍书目》、《北京图书馆古籍善本书目·史部·政书类》第八六一页著录，国家图书馆（1册本，有李慈铭补并跋）、山东省图书馆（1册本）、山西省图书馆（2册本）、北京师范大学图书馆（有李慈铭补并跋，线装1册）藏。书牌题“同治三年甲子十二月刊”，卷末题“富文斋刻”。该刊本半页10行，行24字，小字双行同（18.25×12.7），白口，左右双边，单黑鱼尾。《安徽文献书目》第317页、《安徽省馆藏皖人书目》第396页著录安徽省图书馆仅藏《皇朝谥法考》五卷、《续》一卷，系不全本。国家图书馆还藏清鲍康辑翁同龢订《皇朝谥法考》五卷1册本。《中国古籍善本书目·史部·政书类》第1157页著录，浙江图书馆藏清抄清鲍康辑《皇朝谥法考》五卷、《续编》一卷、《补续》一卷，清天津徐士銮辑《皇朝谥法考续补编》一卷。

同治三年（1864）刻清鲍康辑《皇朝谥法考》五卷、《续编》一卷计2种6卷。《中国古籍善本书目·史部·政书类》第1156页、《中国古籍善本总目·史部·政书类·典礼》第六四七页著录，国家图书馆藏本由清李慈铭补并跋。

同治三年刻清鲍康辑、翁同龢订补《皇朝谥法考》五卷，光绪间（1875—1908）刻清王鹏运辑、翁同龢订补光绪刻《续编》五卷计2种10卷。《中国古籍善本书目·史部·政书类》第1156页、《中国古籍善本总目·史部·政书类·典礼》第六四七页、《贩书偶记·史部·政书类·典礼之属》卷八第190页、《北京图书馆古籍善本书目·史部·政书类》第八六一页著录，国家图书馆藏线装1册本。该刊本半页10行，行 24 字，白口，左右双边。

同治甲子（三年，1864）至光绪乙亥（元年，1875）辑刊泉币著述 2 种七十八卷。《贩书偶记·子部·谱录类》卷十第 262 页、《香港所藏古籍书目·史部·金石类·杂类》第 151 页（作 70 卷）、《中国历史博物馆藏普通古籍目录·史部·金石类》第 240 页著录，中国历史博物馆藏同治三年（1864）石泉书屋刻清李佐贤编辑《古泉汇》六十卷、《续》十四卷、《补遗》二卷分别为 20 册（4 部）、15 册本，香港中文大学图书馆藏《古泉汇》64 卷、《续泉汇》16 卷计 2 种 80 卷 16 册本。

同治七年（1868）刻清鲍康辑《内阁撰拟文字》二卷附清泮门徐士銮辑《二编》二卷、《续编》一卷计 3 种 5 卷。《安徽文献书目》第 316 页、《皖人书录》第 447 页、《贩书偶记·史部·诏令奏议类》卷六第 161 页（作同治七至十三年刻）、《安徽艺文考·诏令奏议类》、《安徽省馆藏皖人书目》第 396 页著录，安徽省图书馆藏 4 册本。说明此书有两个以上印本。

同治七年（1868）刊鲍康辑《内阁撰拟文字》二卷。《山东省图书馆馆藏海源阁书目·史部·诏令奏议类》第 89 页、《贩书偶记》第 161 页著录，山东省图书馆藏 1 函 2 册本。封面题“同治七年戊辰三月刊成”。该刊本半页 10 行，行 24 字（17.7×12.8），白口，左右双边，单黑鱼尾。

同治十年（1871）刻清鲍康撰《内阁汉票签中书舍人题名》一卷、《续》一卷计 2 种 2 卷。《安徽省馆藏皖人书目》第 396 页著录，安徽省图书馆藏 1 册本。《贩书偶记·史部·职官类·官制之属》卷八第 188 页作咸丰辛酉（十一年，1861）至光绪乙酉（十一年，1885）刊清歙县鲍康辑《内阁汉票签中书舍人题名》一卷、《补遗》一卷，当为 3 刻。

同治十一年（1872）拓清鲍康辑《李竹朋藏泉拓本》不分卷。《中国历史博物馆藏普通古籍目录·史部·金石类》第 243 页著录，中国历史博物馆藏 7 册本。

同治十二年（1873）刊清鲍康撰《观古阁丛说》二卷、《泉说》二卷计 2 种 4 卷。《安徽省馆藏皖人书目》第 397 页、《安徽文献书目》第 317 页著录，安徽省图书馆藏 3 册本。

同治十二年刊歙鲍康撰《观古阁丛稿》二卷。《贩书偶记·子部·谱录类》卷十第 263 页、《中国历史博物馆藏普通古籍目录·集部·别集类》第 330 页著录，中国历史博物馆藏 1 册本 2 部。

同治十二年刻清鲍康撰《续泉汇》五卷、《补遗》二卷计 2 种 7 卷。《安徽文献书目》第 317 页、《安徽省馆藏皖人书目》第 396 页著录，安徽省图书馆藏 8 册本。

同治癸酉（十二年，1873）精刊歙鲍康撰《观古阁泉说》一卷。《贩书偶记·子部·谱录类》卷十第 263 页著录。

同治十二年（1873）鲍康刻清灵石何耿绳撰、清鲍康编《退学诗斋诗集》五卷。《中国古籍总目·集部·别集类·清代之属·清中期》第 1945 页、《山东省图书馆馆藏海源阁书目·集部·别集类·清》第 304 页著录，国家图书馆、山东省图书馆（1 册本）藏。该刊本半页 12 行，行 24 字（18.2×14.6），粗黑口，四周单边，双对黑鱼尾。

同治十二年（1873）鲍康重修嘉庆十三年（1808）鲍桂星刻清鲍倚云撰《寿藤斋诗》三十五卷。《中国古籍善本书目·集部·清别集类》第 1217 页、《北京图书馆古籍善本书目·集部·清别集类》第二五九一页著录，国家图书馆藏 8 册本。该刊本半页 9 行，行 20 余字，白口，四周单边，无直格。说明此书有两个以上版本。

同治间（1862—1874）歙鲍康精刊清东武刘喜海辑《长安获古编》二卷、《补》一卷计 2 种 3 卷。《贩书偶记·史部·金石类》卷八第 204 页著录。

同治间（1862—1874）刻清鲍康著《观古阁丛稿》。《中国古旧书刊拍卖目录》第53页著录，中国书店拍卖版式28.5×18.2，白纸2册本。

同治十二年至光绪二年（1873—1876）歙县鲍氏观古阁刊清鲍康撰《观古阁丛刻》又名《观古阁丛书》9种十二卷。《中国丛书综录·汇编·独撰类（清代后期）》第536页、《中国丛书综录补正》第127页、《香港所藏古籍书目·丛部·汇编类》第592页、《安徽省馆藏皖人书目》第397页著录，首都图书馆、安徽省图书馆（8册本）、中国科学院图书馆、北京师范大学图书馆、清华大学图书馆、上海图书馆、复旦大学图书馆（不全）、华东师范大学图书馆、天津图书馆、吉林大学图书馆（不全）、山东大学图书馆、南京图书馆、南京大学图书馆、浙江大学图书馆、福建师范大学图书馆（不全）、武汉大学图书馆、江西省图书馆、四川省图书馆、四川大学图书馆、香港中文大学图书馆（5册本）、香港中央图书馆（7册本）、香港新亚研究所图书馆（5册本）藏。该刊本半页10行，行21字（20.1×13.8），白口，四周单边，单黑鱼尾。

同治十二年（1873）歙县鲍氏观古阁刻清刘喜海撰、清刘廙采等注《嘉荫簃论泉绝句》二卷。《中国古籍总目·集部·别集类·清代之属·清中期》第2021页、《中国历史博物馆藏普通古籍目录·史部·金石类》第243页著录，首都图书馆、浙江图书馆藏，中国历史博物馆藏1册本。另还藏道光十八年（1838）刘氏自刻2册本。

同治十二年至光绪二年（1873—1876）歙县鲍康刊自辑《观古阁丛刻》又名《观古阁丛书》10种十三卷。《中国丛书综录》第536页、《中国丛书综录补正》第127页、《北京图书馆普通古籍总目·古器物学门·古器物学》第4页著录，国家图书馆（10册本1部、8册本2部，其中1部为西谛藏书，还有2部分别为1册、2册为不全本）、首都图书馆、中国科学院图书馆、北京师范大学图书馆、清华大学图书馆、华东师范大学图书馆、天津图书馆、辽宁省图书馆、山东省图书馆（仅存7种12卷1函8册）、南京图书馆、南京大学图书馆、浙江大学图书馆、武汉大学图书馆、江西省图书馆、四川省图书馆、四川大学图书馆藏；复旦大学图书馆、吉林大学图书馆、福建师范大学图书馆收藏不全。此套丛书为我国古代第一部钱币学丛书。

同治十二年至光绪二年（1873—1876）刻《观古阁丛稿》二卷、《续稿》一卷、《三编》二卷计3种5卷。《清人别集总目》第2326页著录，中国人民大学图书馆、日本京都大学人文科学研究所、日本东洋文库藏。

同治十二年刻清鲍康撰《观古阁泉说》一卷、《续泉说》一卷计2种2卷。《香港所藏古籍书目·史部·金石类·杂类》第151页著录，香港大学图书馆藏2册本。

鲍氏原刊歙鲍致高善基、薇省倚云、觉生桂星、子年康撰《鲍氏丛书》，种、卷、子目待考。许承尧《疑庵所藏古籍善本书目》著录，此丛书原刊32册本，应藏安徽省博物馆。

嘉庆十一年至光绪二十一年（1806—1895）歙县鲍氏刻清鲍康编《观古阁丛刻十五种》实24种八十八卷。《中国古籍总目·丛书部·氏族类》第1011页著录，国家图书馆、中国科学院图书馆及日本京都大学人文科学研究所藏。

同治间（1862—1874）、光绪间（1875—1908）歙县鲍氏（康）观古阁刊自辑《观古阁丛刻》18种八十八卷（无卷数作一卷计）。《中国丛书广录·汇编丛书·杂纂类》第187页、南京大学图书馆历史系资料室编《中国丛书目录及子目索引汇编》第33页著录。藏处待考。

同治十三年（1874）刊利津李佐贤、潍县陈介祺同撰《续泉说》一卷，歙鲍康撰《续丛稿》一卷计2种2卷。《贩书偶记》第263页、《中国历史博物馆藏普通古籍目录·史部·金石类》第240页著录，中国历史博物馆藏1册本。

同治间（1862—1874）刻清鲍康撰《内阁撰拟文字》二卷、《二编》一卷、《三编》一卷计3种4卷。《安徽省馆藏皖人书目》第396页著录，安徽省图书馆藏 4 册本。

光绪元年（1875）刻清鲍康、李佐贤撰《续泉汇》十六卷、《补遗》二卷、《首集》一卷计 3 种 19 卷。《北京大学图书馆藏古籍善本书目·史部·考古类》第 210 页著录，北京大学图书馆藏 4 册本，有鲍康跋并过录陈介祺评识。《安徽省馆藏皖人书目》第 396 页著录，安徽省图书馆仅藏《续泉汇》十六卷 6 册本。《山西省图书馆普通线装书目录·古器物学门·金文》第 310 页著录《续泉汇》十六卷 8 册本。《香港所藏古籍书目·史部·金石类·杂类》第 151 页著录，香港中文大学图书馆、香港新亚研究所图书馆藏 4 册本。

光绪二年(1876) 刊歙鲍康撰《观古阁丛稿三编》二卷。《贩书偶记·子部·谱录类》卷十第 263 页、《中国历史博物馆藏普通古籍目录·集部·别集类》第 330 页著录，中国历史博物馆藏 1 册本 2 部。

光绪十六年（1890）鲍氏刻清朱枫辑《古金待问录》四卷、《录余·补遗》不分卷计 2 种。《中国历史博物馆藏普通古籍目录·史部·金石类》第 243 页著录，中国历史博物馆藏 2 册本及仅存卷一至三计 3 卷不全本各 1 部。

光绪十七年 (1891) 刻清鲍康撰《皇朝谥法考》五卷附清临桂王鹏运撰《续编》五卷、徐士銮撰《续编》一卷计 2 种 6 卷。《皖人书录》第 446 页、《贩书偶记·史部·政书类·典礼之属》卷八第 190 页、《安徽艺文考·政书二》第 16 册第十二页、《安徽省馆藏皖人书目》第 396 页著录，安徽省图书馆藏光绪间（1875—1908）刻清鲍康撰《皇朝谥法考》五卷 1 册本。

光绪二十一年 (1895) 刻清鲍康撰《观古阁诗钞》八卷。《安徽省馆藏皖人书目》第 397 页、《清人别集总目》第 2326 页著录，上海图书馆、广东省图书馆、安徽省图书馆（2 册本）、中国科学院图书馆及日本京都大学人文科学研究所藏。

清李佐贤、鲍康（原题李竹朋、鲍子年）摩拓《鲍李二家泉拓》。

《北京大学图书馆藏古籍善本书目·史部·考古类》第210页著录，北京大学图书馆藏4册拓本。

清鲍康集《观古阁泉拓》。《北京大学图书馆藏古籍善本书目·史部·考古类》第210页著录，北京大学图书馆藏1册清拓本。

清歙县鲍康观古阁拓鲍康辑《各家藏泉拓本》不分卷。《中国古籍总目·史部·金石考古类·钱币之属》第4882页、《北京图书馆普通古籍总目·古器物学门·金文·泉币》第六卷第54页著录，国家图书馆藏2册本。此书收王戟门、苏兆年、刘喜海、石查、吕佺孙诸家藏泉拓本。

清鲍康（原题鲍子年）选《古今泉印拓本》。《北京大学图书馆藏古籍善本书目·史部·考古类》第210页著录，北京大学图书馆藏1922年周康元拓本6册。

清刻清鲍康撰《古钱图录》不分卷。《安徽文献书目》第317页、《安徽省馆藏皖人书目》第396页著录，安徽省博物馆藏1册本。

光绪间（1875—1908）刻清鲍康撰《观古阁诗钞》八卷。《安徽省馆藏皖人书目》第397页著录，安徽省图书馆藏2册本，当为《观古阁丛刻》逸出或单行本。

清鲍康拓自辑《洪洞刘氏古今拓本》不分卷。《中国历史博物馆藏普通古籍目录·史部·金石类》第225页著录，中国历史博物馆藏1册本。

清鲍康拓自辑《东武刘氏古今拓本》不分卷。《中国历史博物馆藏普通古籍目录·史部·金石类》第225页著录，中国历史博物馆藏1册本。

清鲍康辑东武刘氏所藏拓本《嘉荫簃泉拓》不分卷附《补遗》。《中国历史博物馆藏普通古籍目录·史部·金石类》第244页著录，中国历史博物馆藏2册本。

清鲍康辑洪洞刘氏所藏拓本《小谟觞室泉拓》不分卷。《中国历史博物馆藏普通古籍目录·史部·金石类》第244页著录，中国历史博物馆藏5册本。

清鲍康东辑拓《陈氏寿卿藏泉拓本》不分卷。《中国历史博物馆藏普通古籍目录·史部·金石类》第244页著录，中国历史博物馆藏1册本。

清拓清黄易辑《泉文》不分卷。《北京图书馆古籍善本书目·史部·金石类》第一一〇七页著录，国家图书馆藏4册本，有鲍康跋。

晚清官书局的倡导者鲍源深

鲍源深（1812—1884），字穆堂，号花潭，晚号澹庵，有补竹轩、补竹斋、酿斋，祖籍歙县，6世祖鲍启忠于康熙间（1662—1722）从歙县迁居和州梁山镇西梁山下。其父鲍东里，字古村，号师侨，有酿斋，嘉道间（1796—1850）例贡生。精于史学，不乐仕进。著《酿斋训蒙杂编五种》五卷[①]。还著有《酿斋诗文稿》二卷[②]、《孔门弟子姓氏考》[③]、

---

① 《中国古籍总目·丛书部·独撰类·清代前期》第1198—1199页、《中国丛书综录·汇编·独撰类·（清代后期）》第560—561页著录，国家图书馆、北京大学图书馆、辽宁省图书馆、云南省图书馆藏光绪二十八年（1902）云南官书局刻清鲍东里撰此书。其细目为：

《历代国号总括歌》一卷，

《直省府名歌诀》一卷，

《圣门诸贤述略》一卷，

《十三经源流口诀》一卷，

《廿三史评口诀》一卷。

② 《安徽艺文考·别集二三》第三十四册三十八页著录。

③ 《安徽艺文考·传记一》第十册四页著录。

《陈检讨四六补注》[①]、《舆地沿革考》[②]、《正蒙必读》十二卷[③]等。因之，源深作直隶和州（今和县）人。他生于西梁山，在父严督下，刻苦读书，承传光大家学，对东西梁山历史颇有研究，曾作《忆江南·天门好》中有："天门好，战地血犹腥，僧薜墓荒烟影碧，梁王城废草痕青，苔蚀六朝铭。"高度概括了这个南朝刘宋武帝刘骏命名的古战场、长江险要的历史，并指出西梁山悬崖下"振衣濯足"4字为王羲之真迹。道光二十六年（1846）中举。道光丁未（二十七年，1847）与李鸿章、沈葆桢殿试同榜中二甲进士，入翰林院。道光三十年（1850）散馆授编修，充国史馆协修官。旋补纂修官。咸丰四年（1854）督学贵州，出谋镇压黔中苗民起义。咸丰十年（1860）七月，奉命协助恭亲王奕䜣帮办洋务。同治中（1862—1874），四任学政，四入上书房行走，累迁侍讲学士，历任太常寺卿、大理寺卿、左副都御史。此后分别为 工、吏、兵、户、礼部左侍郎、右侍郎，宣宗（道光）、文宗（咸丰）两朝实录纂修官，会试朝考与阅卷大臣。同治十年（1871），官至山西巡抚。光绪二年（1876），以疾告归，寓居江苏宝应，主讲金陵、上海书院。

他在文化史上的贡献是平定太平军后，在曾国藩攻下安庆后，在安庆军械库内创设书局，刊刻其乡贤王夫之的《王船山遗书》，后攻下金陵，移书局飞霞阁（今南京市朝天宫内），易名金陵书局，并在此启示、影响下，在江苏学政任上，于同治六年（1867）四月上了一道《请购刊经史疏》[④]，提出："今年各省因经兵燹，书多散佚。臣视学江苏，按试所经，留心访察，如江苏松、常、镇、扬诸府，向称人文极盛之地，学校中旧藏书籍，荡然无存，藩署旧有恭刊钦定经史诸书板片……以东南文明大省，士子竟无书可读，其何以兴学校而育人才？"因此，奏请

---

① 《安徽艺文考·别集二三》第三十四册三十八页。

② 《安徽艺文考·地理一》第十二册五页著录。

③ 《中国古籍总目·子部·儒家类·礼教之属·蒙学》第247页著录，齐齐哈尔市图书馆藏光绪二十八年（1902）会文堂石印此书。

④ 该文载陈韬编《同治中兴京外奏议约编》卷五。

批准广刻书籍以解决太平军乱后书荒，还提到“现在江宁省府已设局（指金陵官书局）刊刻四书五经，惟所刊皆系学中读本，于经史大部书尚未遑及”，故请旨至各抚藩衙门，先行重刊钦定、御纂类图书，还要对“其余各书，再行陆续刊刻”。鲍学政这道奏折，在当年五月戊午（初六日）就获得以皇帝名义批准的上谕。全文是：“奉上谕，鲍源深奏请刊刻书籍颁发各学一折。江苏等省自遭兵燹以后，各府州县学中旧藏书籍大半散佚，经史版（板）片亦皆毁失无存。现在地方已就肃清，亟应振兴文教。士子有志读书而载籍艰于购觅，其何以资讲贯而惠艺林？著各直省督抚转饬所属，将旧存学中书籍广为购补，并将列圣、御纂、钦定经史各书先行敬谨重刊，颁发各学，并准书肆刷印，以广流传。俾各省士子得所研求，同敦实学，用副朝廷，教育人才至意。钦此。”[①]鲍学政的这一提议，开启晚清创办官书局的先声。相继设立江楚官书局、浙江官书局、淮南书局、苏州书局、江西书局、湖南官书局、四川书局、濬文书局、广雅书局、福建书局又名福州书局、湖北官书局（含前崇文书局）、山东官书局、云南官书局等。这些官书局大都采用传统的雕版印刷技术，刻印了一批经史著述。如金陵官书局曾依汲古阁本复制《史记》《汉书》《后汉书》《三国志》《晋书》《文选》等，浙江官书局刻印了《御纂通鉴辑览》《四书集注》等，湖南官书局刻印了《王船山遗书》《曾国藩全集》《湖南丛书》等，福建官书局复刻武英殿《聚珍版丛书》，尤其是由曾国藩在咸丰十一年（1862）八月打下安庆后，在安庆军械库内命莫友芝创办的官刻机构，在湘军攻下金陵后，在冶城山正式命名金陵书局，至光绪初改名为江南书局，光绪二十七年（1901）并入江楚编译局与定远方濬颐在淮南盐运使任上创办的淮南书局、曾为湖广总督合肥李瀚章督下的湖北官书局、淮军领袖四川总督庐江刘秉璋创办的四川官书局成为光绪间（1875—1908）著名的四大官书局。随着各地官书局的

---

① 《大清穆宗毅皇帝圣训·文教》卷十三。

纷纷开办，使中国古代繁荣昌盛的刻书业在清后期出现回光返照，使清末官刻图书出现畸形繁荣。这里面起关键作用的是兴起于皖中地区并代替湘军左右清廷的淮系军事、政治集团。据《官书局书目汇编》的不完全统计，截至清末不到半个世纪，官书局刻书千种以上，如加上丛书中的子书则数字更巨。民国以后，它们已完成历史使命，逐渐退出刻书业，为新兴的出版业所取代。

鲍源深一生忙于政务，尤其是在教育和文化复兴大业上关注颇多，著述亦丰，计著《补竹斋诗集》三卷、《文集》六卷、《补竹轩时文》四卷、《史鉴节要便读》六卷[①]，辑其父著《酿斋训蒙》6 种六卷等。其子鲍孝光撰《穆堂行述》一卷附《陈夫人行述》一卷是考证了解他的宝贵资料。孝光与弟孝裕辑其奏议数卷藏于家。

光绪九年（1883）和州鲍源深在上海刻清石赞清撰《紫荃山馆诗余偶存》一卷。《中国古籍总目·集部·词类·别集之属》第 3358 页、《香港所藏古籍书目·集部·词类·别集》第 378 页著录，国家图书馆、上海图书馆、香港中山图书馆藏（1 册本）。

他的主要主办活动有：

光绪十年（1884）清鲍源深刻其父鲍东里撰《酿斋训蒙》又名《酿斋训蒙杂编》6 种六卷。其细目为：

《酿斋杂编》一卷，

《十三经源流口诀》一卷[②]，

《二十三史评口诀》一卷，

---

① 《安徽文献书目》第 317 页著录，安徽省图书馆藏同治间（1862—1874）崇文书局重刊 2 册本。还有江苏书局本，待考藏处。《安徽艺文考·史钞》十一册九页、《[光绪]安徽通志》作《史鉴摘要便读》均二卷，道光十六年（1836）刊本、同治十三年（1874）江苏书局重刊本，光绪十一年（1885）自刊本、光绪间（1875—1908）崇文书局刊本均为六卷。

② 《中国古籍总目·经部·群经总义类·沿革之属》第 990 页著录，湖北省图书馆藏此子书。

《圣门诸贤述略》一卷，

《历代同号总括歌》一卷，

《直省府名歌诀》一卷。

《安徽文献书目》第 317 页著录，安徽省图书馆藏 1 册本。有光绪十年春二月年家子俞樾序。

光绪十年（1884）刻清鲍源深撰《补竹斋文集》六卷、《诗集》三卷附《三天入直琐记》一卷计 3 种 10 卷。

《安徽艺文考·别集二四》卷三五第四十页、《安徽文献书目》第 318 页著录，安徽省图书馆藏光绪间（1875—1908）刻 5 册本。

光绪十年甲申四月家刊和州鲍源深（穆堂）著《补竹轩全集》3 种十卷（不分卷按 1 卷计）。其细目为：

《诗集》三卷，

《文集》六卷，

《奏议》（不分卷）。

刘声木《续补汇刻书目》卷二十一第九页著录。

光绪十年刻清鲍源深撰《补竹轩诗集》三卷。

《清人别集总目》第 2331 页、《清人诗集叙录》著录，安徽省图书馆、湖南省图书馆藏。复旦大学图书馆藏清末写本《补竹轩诗草》三卷。

光绪十一年（1885）和州鲍氏家刻鲍东里撰《酿斋训蒙杂编》6 种十一卷。其细目为：

《十三经源流口诀》一卷，

《二十三史评口诀》一卷，

《圣门诸贤述略》一卷（以上 3 种均为四言韵文），

《历代国号总括歌》一卷，

《直省府名歌诀》一卷（以上 2 种均为七言韵文），

《史鉴节要便读》六卷。

《中国丛书综录补正》第 135 页著录，藏处待考。

光绪间（1875—1908）家刻清鲍孝光撰《穆堂行述》一卷附《陈夫人行述》一卷计 2 种 2 卷。《贩书偶记·史部·传记类》卷六第 142 — 143 页著录。

光绪间（1875—1908）刻清鲍源深撰《补竹轩文集》六卷。《清人别集总目》第 2331 页著录，南开大学图书馆、旅大市图书馆藏。

光绪间（1875—1908）刻清鲍源深撰《补竹轩时文》四卷。《中国古籍总目·集部·别集类·清代之属·清中期》第 2199 页、《清人别集总目》第 2331 页著录，南京图书馆藏。

光绪间（1875—1908）刻清鲍源深撰《补竹轩文集》六卷、《诗集》三卷计 2 种 9 卷。《清人别集总目》第 2331 页著录，南京图书馆、安徽省图书馆、广东省图书馆、安徽师范大学图书馆、无锡市图书馆藏。

光绪十四年（1888）后人家刻清鲍源深撰《补竹斋文集》六卷、《诗集》三卷[①]、《时文》又名《补竹轩时文》四卷计 3 种 13 卷。《清人别集总目》第 2331 页著录，上海图书馆、镇江市图书馆藏。

光绪戊子（十四年，1888）后人家刻清和州鲍源深撰《补竹轩文集》六卷、《诗集》三卷计 2 种 9 卷。《中国古籍总目·集部·别集类·清代之属·清中期》第 2199 页、《贩书偶记·集部·别集类》卷十八第 478 页著录，北京大学图书馆、安徽省图书馆藏。

附　光绪二十五年（1899）江南书局刻清鲍东里撰《酿斋训蒙杂编》5 种五卷。其细目为：

《直省府名歌诀》一卷，

《历代国号总括歌》一卷，

《圣门诸贤述略》一卷，

《十三经源流口诀》一卷，

《廿三史评口诀》一卷。

---

① 《中国古籍总目·集部·别集类·清代之属·清中期》第 2199 页著录，复旦大学图书馆藏清末抄《补竹轩诗集》三卷。

《中国古籍总目·子部·儒家类·礼教之属·合编》第175页著录，南京图书馆藏。

附 光绪二十八年（1902）云南官书局刻清鲍东里撰《酿斋训蒙杂编》5种五卷。其细目为：

《直省府名歌诀》一卷，

《历代国号总括歌》一卷，

《圣门诸贤述略》一卷，

《十三经源流口诀》一卷，

《廿三史评口诀》一卷。

《中国古籍总目·子部·儒家类·礼教之属·合编》第175页及同书《丛书部·独撰类·清代前期》第1198—1199页（作《酿斋训蒙杂编五种》）著录，国家图书馆、北京大学图书馆、辽宁省图书馆、云南省图书馆藏。

清末刻清鲍孝光等撰《穆堂府君行述》（一卷）附《先妣陈太夫人行述》（一卷）计2种2卷。《国家图书馆普通古籍总目·传记门·分传》第137页著录，国家图书馆藏1册本。卷端题："赐进士出身、翰林院编修、上书房行走、皇清诰授光禄大夫、振威将军、兵部侍郎、都察院右副都御史、巡抚山西太原等处兼管提督盐政印务、节制太原城守尉显考穆堂府君行述。"

清末文化复兴干臣、炉桥方氏家族刻书

清末，桐城派衍支湘人曾国藩为挽救风雨飘摇中的腐朽清廷，打着复兴文化的旗号，同治二年（1863）在安庆两江总督府军械库内创办官书局，成为清末盛行的官书局的嚆矢。当时，全国最大的金陵官书局就是由安庆搬往今南京的官刻机构发展起来的。而同治八年（1869）定远县炉桥方濬颐在任两淮盐运使时，在扬州琼花观街甘泉境创办的淮南官书局是清末众多官书局中前列者并成为与金陵（后易名江南）官书局比

肩的全国四大官书局之一，方氏因之成为与李合肥瀚章、鸿章昆季及淮系军事政治集团重量级人物比肩的清末文化复兴运动的干臣之一。方濬颐及活跃在扬州文坛的从兄弟濬师、濬益也被文化、学界称之为“方氏三兄弟”，为清末文化复兴作出了特殊的贡献。

考定远县炉桥方氏一门始迁祖为休宁县鄣源方景蕃（字公衍）于顺治八年（1651）迁入炉桥。溯其先世，迁往休宁鄣源始祖为北宋熙宁四年（1071）由祁门县赤桥迁往鄣源的方游（字公悦，行二），因此，这支方氏为地地道道的徽州人。这支迁徙方氏家族经过数代经营、独身闯天下在徽州本土商儒文化的影响下科名鼎盛，仅文职官员多达 132 人。其中，8 名进士，20 名举人（含召试举人 1 名），达官贵人大有人在。如早期名宦方积（1764—1838），字有堂，有敬恕堂，乾隆五十四年（1789）拔贡，就官至四川布政使。著《敬恕堂诗存》六卷。

嘉庆十九年（1814）刻清方积撰《敬恕堂诗存》六卷。《中国古籍总目・集部・别集类・清代之属・清中期》第 1757 页、《安徽省馆藏皖人书目》第 32 页、《清人别集总目》第 225 页、《安徽文献书目》等著录，上海图书馆、安徽省图书馆（2 册本）、南京图书馆、华东师范大学图书馆藏。

在文化界崭露头角始于清中晚期，尤其是清后期活跃在政坛、文坛的方氏三兄弟及其父辈、子孙们，并成为这个家族的指标性人物。本文为省篇幅，以三兄弟为重点，对其父辈及子侄辈人作些简介。

一、方濬颐

方濬颐（1815—1889），字子箴，号饮茗、梦园、忍斋，有古香凹、待月簃、宝米斋、二知轩、碧玲珑馆等室名，署中还有题襟馆，定远县炉桥镇人。为濬师从长兄，方士淦子。

其父方士淦（1787—1849 年四月十二日），字莲舫，又作濂舫，号啖蔗居士，有啖庶轩、古錞于斋、抚松书屋。嘉庆十三年（1808）中举。历任内阁中书、湖北省德安府同知、浙江湖州府知府。以事戍伊犁，2 年后释归。尝从鲍桂星学词章，喜咏吟，但多丢失。其子濬颐辑为《啖蔗轩全集》计 6 种八卷外，尚有《生还诗草》一卷[①]、《梁文山戴文节书画杂录》一卷[②]，纂修《炉桥方氏家谱》四卷《卷首》一卷计 5 卷[③]，重辑姜虬禄《金井志》四卷《首》一卷计 5 卷[④]等。还有自订年谱、《东归日记》一卷[⑤]。

濬颐出身于官宦之家，从小受到良好的教育。道光二十四年（1844）中进士，选翰林院庶吉士，散馆授编修。道光二十七年（1847），任丁未科会试同考官。道光二十九年（1849），任己酉科云南乡试正考官。历任京畿、浙江、江西、河南、山东各道御史；户科、礼科给事中，广东南兵备道、两广盐运使兼广东布政使等职。同治八年（1869）调任官盐中心扬州任两淮盐运使。在扬州任上，他创办淮南官书局，广揽海内学士，东南文学名士桐庐袁昶、仁和谭廷献、丹徒庄中棫、泰兴朱铭盘、秀水高行笃皆集其麾下，并与之切磋学术，校刊经籍，大刀阔斧地开展文化复兴运动，世称“卢曾以后一人而已”，可见其影响与作用。他还主持纂修《续纂扬州府志》二十四卷。

他在任卓有德政，在曾国藩任两江总督期间，曾的谋士袁保恒主张西征粮台，提高盐价，遭到方濬颐的坚决反对与抵制。他在扬州创办梅花、安定书院，扩大育婴堂，在净香园故址创办蚕丝局，重建平山堂，对扬州经济、文化重建干了不少实事。光绪二年（1876）迁四川按察使。旋絓吏议，辞回扬州，创办扬州淮南志局、创修梅花书院、安定书院，

---

① 《安徽艺文考·别集二二》卷三三第二十六页、《皖人书录》著录。

② 《中国古籍总目·子部·艺术类·书画之属·著录》第 1277 页及《清史稿艺文志拾遗·子部·艺术类》著录，台湾图书馆藏清定远方氏稿本。

③ 《中国家谱综合目录》第 48 页著录，该谱修于道光十六年（1836），上海图书馆、国家图书馆藏民国间抄本。

④ 国家图书馆藏道光间（1821—1850）刻本。

⑤ 《安徽省馆藏皖人书目》第 12 页著录，收入《小方壶舆地丛钞》中。

并主讲于安定书院，从事著述、校刻群籍等文化活动。他本身就是个文化素养极高的知识精英，自幼具有诗才，同治甲戌（十三年，1874）60岁时刊行诗达4000首，在扬州任上为人作序、记、铭、传、志状文字达34卷。他精鉴藏，收藏簿籍书画丰富，平素苦读不辍，勤于笔耕，著述丰富。著有《方子箴四种》四卷（即《北行日记》《征途随笔》《朝天录》《蜀程小记》各一卷）、《古香凹词》又名《古香凹诗余》二卷[①]、《淮南课桑备要》一卷[②]、《二知轩诗文集》（《二知轩文存》三十四卷、《二知轩诗钞》十四卷、《续钞》八卷）[③]、《忍斋诗文赘》[④]、《忍斋和陶诗》二卷、《淮南盐法纪略》十五卷、《韵诂》五卷《补遗》五卷、《淮军平台湾番社纪略》一卷[⑤]、《述学校勘记》一卷[⑥]、《梦园子》一卷、《梦园试帖诗》一卷、《梦园丛说内篇》八卷《外篇》八卷、《梦园书画录》二十五卷、《梦园赋概》一卷、《梦园时文》八卷、《转徙余生记》一卷[⑦]、《读诸子新论》（不注卷）[⑧]、《二知轩文钞》三十二卷[⑨]、《柳堂师友诗录初编》中《二知轩诗钞》一卷、《东瀛唱

---

① 《安徽艺文考·词曲》作《古香凹诗余》二卷。

② 《中国古籍总目·子部·农家类·种桑》第370页著录，南京图书馆藏清末抄本。

③ 《中国古籍总目·集部·别集类·清代之属·清前期》第2229页、《清人别集总目》第243页、《丛书综录补编》著录，收入同治间（1862—1874）刻《方梦园丛书》本中有《二知轩文存》三十四卷、《二知轩诗钞》十四卷、《二知轩诗续钞》二十二卷。国家图书馆藏《二知轩文钞》三十二卷抄本。南京图书馆藏《二知轩诗钞》六卷稿本，有清林昌彝、清陈沣、清江人镜、清陈纶、清帅远燡跋。

④ 《安徽艺文考·别集二四》作《忍斋和陶诗》二卷。

⑤ 收入民国间神州国光社铅印《中国内乱外祸史丛书》中。

⑥ 《安徽省馆藏皖人书目》第35页、《皖人书录》第101页著录，收入《宝墨斋丛书》、重印《江都汪氏丛书》中。

⑦ 《安徽省馆藏皖人书目》第35页、《清史稿·艺文志·子部·杂家类》、《安徽通志稿·艺文考·传记三》、《皖人书录》第101页著录，有光绪二十年（1894）刻清许奉恩述、清方濬颐记朱印本。收入《武林掌故丛编》《振绮丛书》等中。

⑧ 有光绪二十七年（1901）文星山房石印本，藏家待考。

⑨ 《中国古籍总目·集部·别集类·清代之属·清中期》第2229页、《皖人书录》第100页著录，国家图书馆还藏《二知轩文钞》三十二卷清抄本。

答诗》一卷《附录》一卷计 2 卷、《岭南唱和诗》不分卷等。他的这些著作有不少除收入《方子箴四种》、《方忍斋所著书》又名《方忍斋所著书稿本》丛书外，还有《方忍斋全集》10 种十卷（其中 5 种不分卷）外，还有《方梦园丛书》15 种九十八卷之属。他还编辑清方士淦撰《蔗馀随笔》一卷附清鲍桂星撰《鲍觉生先生未刊诗》一卷计 2 种 2 卷[①]，辑《待月誃（簃）弈存》一卷、《待月誃（簃）棋谱三编》不分卷、《皖游弈萃》一卷[②]、《梦园琐记》十二卷[③]、《梦园琐事》不分卷[④]等，编《题襟馆唱和集》四卷、《周贞恪公传》[⑤]等百余卷，还将其父著作搜编刊行为《啖蔗轩全集》6 种八卷。还续修了《扬州府志》、校清汪中撰《述学内篇》三卷、《补遗》一卷、《外篇》一卷、《别录》一卷、《校勘记》一卷计 5 种 7 卷[⑥]等。他的这些著述大都在同光间（1862—1908）刊行于他所创办的淮南书局或以家刻行世。今台湾“中央图书馆”藏其所撰

① 《国立中央图书馆善本书目》著录，台湾“国立中央”图书馆藏稿本，收入台北联经出版事业公司影印《明清未刊稿汇编·方忍斋所著书稿本》丛书中。

② 《中国古籍总目·子部·艺术类·游艺之属·棋》第 1501 页著录，天津、上海图书馆藏光绪二年（1876）上海文瑞楼石印本。

③ 《中国古籍总目·子部·小说类·文言之属·笔记·杂事》第 2133 页著录，中国科学院图书馆藏稿本。

④ 《中国古籍善本总目·子部·小说家类·杂事》第一〇四二页、《中国古籍总目·子部·小说类·文言之属·笔记·杂事》第 2134 页著录，中国科学院图书馆藏稿本。

⑤ 传主周玉衡，在江西按察使署布政使任上总督吉安军务，于咸丰五年（1855）战死，谥贞恪。该书有清刊本，《皖人书录》著录。作者又作龙启瑞，估计两人皆参与。

⑥ 《中国丛书综录·汇编·氏族类》第 458 页、《皖人书录》第 101 页、《清史稿艺文志拾遗·集部·别集类》等著录，国家图书馆、首都图书馆、中国科学院图书馆、北京大学图书馆、北京师范大学图书馆、清华大学图书馆、上海图书馆、复旦大学图书馆、上海师范大学图书馆、上海辞书出版社图书馆、天津图书馆、内蒙古自治区图书馆、哈尔滨市图书馆、山东省图书馆、甘肃省图书馆、山东大学图书馆、南京图书馆、南京大学图书馆、苏州市图书馆、浙江图书馆、浙江大学图书馆、福建省图书馆、福建师范大学图书馆、湖北省图书馆、武汉大学图书馆、广东省图书馆、四川省图书馆、四川大学图书馆、云南省图书馆、桂林市图书馆藏民国十四年（1925）影印《重印江都汪氏丛书》全套丛书中有此子书。此书刻本有同治八年（1869）扬州书局本及光绪二十三年（1897）丰城余氏刻《宝善斋丛书》本。

《方忍斋所著书》28种（各子书均未分卷）计160册清稿本[①]。其细目为：

《二知轩文稿》三册（不分卷）[②]，

《二知轩文存》四十二册（三十四卷）[③]，

《二知轩文略》三册（不分卷）[④]，

《二知轩骈体文钞》二册（不分卷）[⑤]，

《忍斋文赘》三册（不分卷）[⑥]，

《忍斋赋略》一册（一卷）[⑦]，

《批判尺牍》三册[⑧]，

① 《中国古籍总目·丛书部·独撰类·清代后期》第1231—1232页、《中国古籍总目·丛书部·独撰类·》、《中国丛书广录·汇编丛书·自著类·清代后期》第330页、《国立中央图书馆善本书目》、《清史稿艺文志拾遗·丛部》著录，而《清人别集总目》第243页作《方忍斋所著书二十四种》三十六卷，并说台北联经版据稿本影印《明清未刊稿汇编》丛书中，使之广为流布。

② 《国立中央图书馆善本书目》《清史稿艺文志拾遗·子部·杂家类》等著录，除稿本外，收入台北联经出版事业公司影印《明清未刊稿汇编·方忍斋所著书稿本》丛书中。

③ 《贩书偶记·集部·别集类》卷十八第468页、《安徽通志稿·艺文考·别集》、《清史稿艺文志补编·集部·别集类》、《皖人书录》第100页著录（作34卷本）。

④ 《国立中央图书馆善本书目》《清史稿艺文志拾遗·子部·杂家类》等著录，除稿本外，收入台北联经出版事业公司影印《明清未刊稿汇编·方忍斋所著书稿本》丛书中。

⑤ 《中国古籍善本总目·集部·清别集》第一六一八页著录，国家图书馆藏清抄清方濬颐撰《二知轩文钞》三十二卷。该抄本半页10行，行24字，蓝格，白口，四周单边。《国立中央图书馆善本书目》《清史稿艺文志拾遗·子部·杂家类》等著录，除稿本外，收入台北联经出版事业公司影印《明清未刊稿汇编·方忍斋所著书稿本》丛书中。

⑥ 《国立中央图书馆善本书目》《清史稿艺文志拾遗·子部·杂家类》著录，稿本收入台湾“国立中央”图书馆，收入台北联经出版事业公司影印《明清未刊稿汇编·方忍斋所著书》稿本中。

⑦ 《国立中央图书馆善本书目》《清史稿艺文志拾遗·子部·杂家类》等著录，除稿本外，收入台北联经出版事业公司影印《明清未刊稿汇编·方忍斋所著书稿本》丛书中。

⑧ 《国立中央图书馆善本书目》《清史稿艺文志拾遗·子部·杂家类》著录，台湾“国立中央”图书馆藏稿本为《批判尺牍》一卷附《养志园主人墓志》一卷计2种2卷，收入台北联经出版事业公司影印《明清未刊稿汇编·方忍斋所著书稿本》丛书中。

《游记》三册（即《征途随笔》一卷，此作《游记》不分卷），

《出蜀记》一册（卷）[①]，

《北行日记》一册（卷），

《销夏随笔》二册（不分卷）[②]，

清方士淦撰《蔗余偶笔》三册，

清鲍桂星撰《鲍觉生先生未刻诗》一册（一卷），

《废言》二册（不分卷）[③]，

《梦园杂说》十四卷[④]，

《忍斋诗略》一册（一卷）[⑤]，

《二知轩诗钞》十九册（十四卷）[⑥]，

《二知轩诗续钞》二十四册（十八卷）以上2种32卷[⑦]，

---

① 《国立中央图书馆善本书目》《清史稿艺文志拾遗·史部·地理类》等著录，台湾“国立中央”图书馆藏此书稿本。还有光绪间（1875—1908）刻本，藏处待考。

② 《国立中央图书馆善本书目》《清史稿艺文志拾遗·子部·杂家类》等著录，台湾“国立中央”图书馆藏稿本，收入台北联经出版业公司影印《明清未刊稿汇编·方忍斋所著书稿本》丛书中。

③ 《国立中央图书馆善本书目》《清史稿艺文志拾遗·子部·杂家类》等著录，台湾“国立中央”图书馆藏稿本，收入台北联经出版业公司影印《明清未刊稿汇编·方忍斋所著书稿本》丛书中。

④ 《国立中央图书馆善本书目》《清史稿艺文志拾遗·子部·杂家类》等著录，台湾“国立中央”图书馆藏稿本，收入台北联经出版业公司影印《明清未刊稿汇编·方忍斋所著书稿本》丛书中为不分卷本。

⑤ 《国立中央图书馆善本书目》《清史稿艺文志拾遗·子部·杂家类》等著录，除稿本外，收入台北联经出版事业公司影印《明清未刊稿汇编·方忍斋所著书稿本》丛书中。

⑥ 《中国古籍善本总目·集部·清别集》第一六一八页著录，南京图书馆藏6卷稿本，有清林昌彝、陈沣、江人镜、陈纶、帅远燡跋。

⑦ 《贩书偶记·集部·别集类》卷十八第468页、《安徽通志稿·艺文考·别集》、《清史稿艺文志补编·集部·别集类》、《皖人书录》第100页（续抄仅作8卷，估计少了一页，应为18卷）著录，台湾“国立中央”图书馆藏稿本，收入台北联经出版事业公司影印《明清未刊稿汇编·方忍斋所著书稿本》中，而《续修四库全书·集部》影印《二知轩诗续抄》作22卷。

《梦园诗草》二册（不分卷）[①]，

《延秋社诗》附《游仙诗钞》一册（不分卷）[②]，

《宝米斋游草》三册（不分卷）[③]，

《题襟馆消夏馆倡和诗》二册（不分卷）[④]，

《古香凹试帖》三册（不分卷）[⑤]，

《古香凹时文》六册（八卷）[⑥]，

《古香凹诗稿》五册（不分卷）[⑦]，

《占香凹诗余》四册（二卷）[⑧]，

《晓风残月》二册（一卷）[⑨]，

① 《国立中央图书馆善本书目》《清史稿艺文志拾遗·子部·杂家类》等著录，除稿本外，收入台北联经出版事业公司影印《明清未刊稿汇编·方忍斋所著书稿本》丛书中。

② 《国立中央图书馆善本书目》《清史稿艺文志拾遗·子部·杂家类》等著录，除稿本外，收入台北联经出版事业公司影印《明清未刊稿汇编·方忍斋所著书稿本》丛书中。

③ 《国立中央图书馆善本书目》《清史稿艺文志拾遗·子部·杂家类》等著录，除稿本外，收入台北联经出版事业公司影印《明清未刊稿汇编·方忍斋所著书稿本》丛书中。

④ 《国立中央图书馆善本书目》、《清史稿艺文志拾遗·子部·杂家类》、《安徽通志稿·艺文考·总集》、《皖人书录》第101页（作“四卷”）著录，除稿本外，收入台北联经出版事业公司影印《明清未刊稿汇编·方忍斋所著书稿本》丛书中。

⑤ 《国立中央图书馆善本书目》《清史稿艺文志拾遗·子部·杂家类》等著录，除稿本外，收入台北联经出版事业公司影印《明清未刊稿汇编·方忍斋所著书稿本》丛书中。

⑥ 《国立中央图书馆善本书目》《清史稿艺文志拾遗·子部·杂家类》等著录，除稿本外，收入台北联经出版事业公司影印《明清未刊稿汇编·方忍斋所著书稿本》丛书中，而《安徽文献书目》作“《梦园时文》八卷”。

⑦ 《国立中央图书馆善本书目》《清史稿艺文志拾遗·集部·别集类》等著录，除稿本外，收入台北联经出版事业公司影印《明清未刊稿汇编·方忍斋所著书稿本》丛书中。

⑧ 《国立中央图书馆善本书目》著录，台湾“国立中央”图书馆藏稿本，收入台北联经出版事业公司影印《明清未刊稿汇编·方忍斋所著书稿本》丛书中。

⑨ 《国立中央图书馆善本书目》、《安徽通志稿·艺文考·词曲》、《皖人书录》第101页、《贩书偶记·集部·词曲类·词集之属》卷二十第552页著录，除稿本外，收入台北联经出版事业公司影印《明清未刊稿汇编·方忍斋所著书稿本》丛书中。

《蟭螟》四册（不分卷）《国立中央图书馆善本书目》[①]。

其存世未刊或稿本尚有《二知轩诗钞》六卷[②]、《二知轩文钞》三十二卷[③]等。

他在古籍整理上传抄《经玩》本中《毛诗异文补》一卷[④]、《盾鼻吟草》不分卷[⑤]等。

他的著述刊行如下：

道光间（1821—1850）刻清方濬颐撰《道光二十四年甲辰科会试硃卷》一卷。《中国古籍总目·史部·传记类·科举录之属》第1127页著录，上海图书馆藏。

咸丰间（1851—1861）刻清方濬颐撰《韵诂》五卷、《补遗》五卷计2种10卷。《皖人书录》第100页、《安徽艺文考·小学》著录。

同治三年（1864）广州刻清方濬颐撰《东瀛唱酬诗》一卷、《附录》一卷计2卷。藏家待考。

同治四年（1865）广州刻清方濬颐撰《岭南唱和诗》不分卷。藏家待考。

同治五年（1866）广州（羊城）刻清方濬颐撰《二知轩诗钞》十四卷。《中国古籍总目·集部·别集类·清代之属·清中期》第2229页、《清人别集总目》第243页著录，国家图书馆、中国科学院图书馆、江

① 《清史稿艺文志拾遗·集部·别集类》等著录，除稿本外，收入台北联经出版事业公司影印《明清未刊稿汇编·方忍斋所著书稿本》丛书中。

② 《清人别集总目》第243页著录，南京图书馆藏稿本，有清林昌彝、陈澧、江人镜、陈纶、帅远燡跋。

③ 《清人别集总目》第243页著录，国家图书馆藏清抄本。

④ 《中国古籍总目·经部·诗类·传说之属》第354页著录，北京大学图书馆藏清末方氏碧琳琅馆传抄《经玩》本中清沈淑撰此书。

⑤ 《中国古籍总目·集部·别集类·清代之属·清中期》第2223页、《清人别集总目》第1361页著录，安徽省图书馆藏民国间安徽通志馆红格抄清怀远林士班撰此书，有陆大枏、何璟、唐李杜、金安清、高均儒、陈国瑞、孙衣言、黄翥先、李慎、何廷谦、方濬颐、袁保恒等题词。

西省图书馆、南京图书馆、山东省图书馆、首都师范大学图书馆、南通师范学院图书馆、台湾“中央研究院”历史语言研究所傅斯年图书馆藏，还收入同治间刻《方梦园丛书》中。《中国丛书综录》还著录同治二年（1863）刻《柳堂师友诗录初编》本中收《二知轩诗钞》一卷。

同治五年至七年（1866—1868）广州刻清方濬颐撰《二知轩诗钞》十四卷、《续钞》十八卷计 2 种 32 卷。《贩书偶记・集部　・别集类》卷十八第 468 页、《安徽通志稿・艺文志・别集》、《清史稿艺文志补编・集部・别集类》、《皖人书录》第 100 页著录，但《安徽艺文考・别集二四》著录其中《续钞》仅 8 卷。此书嘉应杨懋建在广州刻行时编为正、别、外 3 集，收入《柳堂师友诗录初编》中为 1 卷。

同治五年广州刻清方濬颐撰《二知轩诗钞》十四卷、《续钞》一卷计 2 种 15 卷。《清人别集总目》第 243 页著录，南京图书馆藏。

同治五年刻清方濬颐撰《二知轩诗续钞》四卷。《中国古籍总目・集部・别集类・清代之属・清中期》第 2229 页著录，上海图书馆藏。

同治五年广州刻清方濬颐撰《二知轩诗钞》十六卷。《清人别集总目》第 243 页著录，复旦大学图书馆藏。

同治五年刻清方濬颐撰《二知轩诗钞》十四卷、七年（1868）刻《续钞》四卷计 2 种 18 卷。《清人别集总目》第 243 页著录，上海图书馆、广东省图书馆、安徽科研所图书馆藏。

同治五年至八年（1866—1869）刊自撰《二知轩诗钞》十四卷、《诗续钞》十八卷计 2 种 32 卷。《贩书偶记・集部・别集类》卷十八第 468 页著录。

同治六年（1867）刻清方濬师（颐）撰《二知轩诗续钞》八卷。《清人别集总目》第 243 页著录，国家图书馆藏。

同治六年广州方濬颐碧玲珑馆刻清杨懋建撰《禹贡新图说叙录》一卷。《中国古籍总目・经部・书类・分篇之属》第 292 页著录，国家图书馆、北京大学图书馆、中国科学院图书馆、上海图书馆、复旦大学图书馆、南京图书馆、湖北省图书馆藏。

同治六年方濬颐广州刻碧琳琅馆印清魏源撰《禹贡说》二卷。《中国古籍总目·经部·书类·分篇之属》第291页著录，国家图书馆、北京大学图书馆、中国科学院图书馆、复旦大学图书馆、南京图书馆、湖北省图书馆藏。

同治六年广州方濬颐碧琳琅馆刻清杨懋建撰《禹贡新图说》二卷。《中国古籍总目·经部·书类·分篇之属》第291页著录，国家图书馆、北京大学图书馆、中国科学院图书馆、上海图书馆、复旦大学图书馆、南京图书馆、湖北省图书馆藏。

同治七年（1868）刻清方濬师（颐）撰《二知轩诗钞正续编》（未注卷数）。《清人别集总目》第243页著录，中国科学院图书馆藏。

同治七年刻清方濬颐撰《二知轩诗续钞》八卷。《中国古籍总目·集部·别集类·清代之属·清中期》第2229页著录，国家图书馆藏。

同治七年刻清方濬师（颐）撰《二知轩诗续钞》十卷。《中国古籍总目·集部·别集类·清代之属·清中期》第2229页、《清人别集总目》第243页著录，浙江图书馆、台湾大学图书馆藏。

同治八年(1869)己巳陆续自刊定远方濬颐(子箴)著《二知轩全集》9种。刘声木《再补汇刻书目》卷十九第二页著录。所谓全集实是很不全。

同治八年刻清方濬颐撰《二知轩诗续钞》十六卷。《中国古籍总目·集部·别集类·清代之属·清中期》第2229页著录，国家图书馆、首都图书馆、中国科学院图书馆藏。

同治八年刻清方濬颐撰《二知轩诗续钞》十八卷。《中国古籍总目·集部·别集类·清代之属·清中期》第2229页著录，南京图书馆藏。

同治间(1862—1874)广州刻清方濬颐撰《二知轩诗续钞》二十二卷。《中国古籍总目·集部·别集类·清代之属·清中期》第2229页著录，国家图书馆藏。

同治八年刻清方濬颐撰《二知轩诗钞》十四卷、《续集》八卷计2

种22卷。《清人别集总目》第243页著录，山西省图书馆、湖南省图书馆、安徽省图书馆、南开大学图书馆、南京师范大学图书馆藏。

同治九年（1870）扬州书局刻单渠等纂、清方濬颐续纂《两淮盐法志》五十六卷、《首》四卷计60卷。藏处待考。

同治间（1862—1874）刻清方濬颐撰《二知轩诗续钞》十四卷。《中国古籍总目·集部·别集类·清代之属·清中期》第2229页著录，湖南省图书馆藏。

同治间（1862—1874）递刻清方濬颐撰《二知轩诗钞》十四卷、《续集》九卷计2种23卷。《清人别集总目》第243页著录，台湾大学图书馆藏。

同治间（1862—1874）刻清方濬颐撰《二知轩诗钞》十四卷、《续集》十卷计2种24卷。《清人别集总目》第243页著录，温州市学图书馆藏。

同治间（1862—1874）刻清方濬颐撰《征途随笔》一卷、《北行记》一卷计2种2卷。《安徽艺文考·地理五》《皖人书录》第100页著录。

同治间（1862—1874）递刻清方濬颐撰《二知轩诗钞》十四卷、《续钞》十六卷计2种30卷。《清人别集总目》第243页著录，湖南省图书馆、首都图书馆、华东师范大学图书馆藏。

同治间（1862—1874）递刻清方濬颐撰《二知轩诗钞》十四卷、《续钞》十八卷计2种32卷。《清人别集总目》第243页著录，南京图书馆、四川省图书馆、山东省图书馆、安徽师范大学图书馆藏。

同治间（1862—1874）刻清方濬颐编《方梦园丛书》15种98卷（细目略）。《中国丛书广录·类编丛书·集类·家集类》第817页著录，藏家待考。

同治壬申（十一年，1872）两淮运署刻定远方士淦撰《啖蔗轩诗存》二卷、《年谱》一卷、《东归日记》一卷、《蔗馀偶笔》一卷计4种5卷。《贩书偶记·集部·别集类》卷十八第471页著录，比之下条，《啖蔗轩诗存》少1卷，应是同版。

同治十一年（1872）子濬颐在两淮盐运署刻清方士淦撰《啖蔗轩全

集》6种八卷。《中国古籍总目·丛书部·独撰类·清代后期》第1197页、《中国丛书综录·汇编·独撰类（清代后期）》第526页、《清史稿艺文志拾遗·丛书部》、《国家图书馆普通古籍总目·传记门·分传·个人年谱》第296页、《清人别集总目》第228页、《贩书偶记·集部·别集类》卷十八第471页著录，国家图书馆、中国科学院图书馆、上海图书馆、华东师范大学图书馆、复旦大学图书馆、山东师范大学图书馆、南京图书馆、温州市图书馆、无锡市图书馆、大连市图书馆、福建师范大学图书馆、台湾大学图书馆、台湾“中央研究院”历史语言研究所傅斯年图书馆藏。《丛书综录补编》载，收入同治间（1862—1874）刻《方梦园丛书》本中。

同治十一年两淮运署刻清梁闻山撰、清方士淦辑《梁闻山先生评书帖》不分卷。《中国古籍总目·子部·艺术类·书画之属·书谱帖》第1320页著录，国家图书馆藏。

同治十一年壬申两淮盐运署刻清方濬颐编《题襟馆唱和集》四卷。《安徽地震史料辑注》第255页、《安徽艺文考·总集三》、《皖人书录》第101页著录，黄山市中国徽文化博物馆藏。

附 道光二十三年（1843）至二十六年岑氏懼盈斋刻同治十一年方濬颐重修、杜文澜校、后晋刘珣等撰《唐书》二百卷，清岑建功辑（逸文）十二卷，清罗士琳撰《校勘记》六十六卷计3种278卷。《中国古籍善本总目·史部·纪传类》第二三五页著录，上海图书馆藏。但误作者刘煦为刘珣。

同治十二年（1873）广州刻清方濬颐等撰《柳堂师友诗录初编》一卷。藏家待考。

同治十二年淮南书局刻清方濬颐纂《淮南盐法纪略》十卷。《清史稿艺文志补编·史部·政书类》著录，但《皖人书录》著录为15卷，与同治间（1862—1874）刻本应为同版。

同治十二年写刊清方濬颐撰《北行日记》一卷、《征途随笔》一卷计2种2卷。《安徽省馆藏皖人书目》第35页、《安徽通志稿·艺文志·地理》、《安徽文献书目》、《国立中央图书馆善本书目》、《清史稿艺文志拾遗·史部·地理》、《皖人书录》第100页著录，安庆市图书馆（1册本）、台湾“国立中央”图书馆藏。除稿本外，还有台北联经出版事业公司《明清未刊稿汇编》中影印《方忍斋所著书稿本》本中。

清刊方濬颐撰《梦园丛说》。《安徽地震史料辑注》第243页著录，安徽省图书馆藏不全本。

同治十二年刻清方濬颐辑《待月謻（簃）弈存》一卷。《中国古籍总目·子部·艺术类·游艺之属·棋》第1501页著录，吉林省图书馆藏。收入《中国历代围棋棋谱》影印本中。

同治十二年淮南书局刻清方濬颐撰《梦园子》一卷。《清史稿艺文志补编·子部·杂家类》《安徽通志稿·艺文考·儒家》《皖人书录》第101页著录。

附　同治十三年（1874）刻清方濬颐修，清晏端书、钱振伦等纂《续修扬州府志》二十四卷。《中国古籍总目·史部·方志类·地志之属·江苏省·扬州市》第4220页、《中国地方志联合目录·江苏省·扬州地区》第349页、《安徽省馆藏皖人书目》第35页著录，国家图书馆、首都图书馆、中国科学院图书馆、中国社会科学院历史研究所图书馆、中共中央党校图书馆、北京大学图书馆、清华大学图书馆、北京师范大学图书馆、中央民族大学图书馆、首都师范大学图书馆、上海图书馆、复旦大学图书馆、华东师范大学图书馆、上海师范大学图书馆、上海辞书出版社图书馆、天津图书馆、天津师范大学图书馆、山西省图书馆、内蒙古自治区图书馆、辽宁省图书馆、大连市图书馆、吉林省图书馆、吉林大学图书馆、东北师范大学图书馆、陕西师范大学图书馆、西北大学图书馆、甘肃省图书馆、兰州大学图书馆、山东省图书馆、山东大学图书馆、山东师范大学图书馆、青岛市图书馆、南京图书馆、南京大学图书馆、中国科学院南京地理研究所图书馆、江苏师范大学图书馆、南通市图书馆、苏州市图书馆、常熟市图书馆、扬州市图书馆、镇江市图书馆、浙江图书馆、浙江大学图书馆、温州市图书馆、宁波市图书馆、安徽省图书馆（8 册本）、安徽师范大学图书馆、江西省图书馆、江西师范大学图书馆、福建师范大学图书馆、厦门大学图书馆、河南省图书馆、河南省社会科学院图书馆、郑州大学图书馆、河南师范大学图书馆、湖北省图书馆、武汉大学图书馆、武汉市图书馆、湖南省图书馆、湖南省社会科学院图书馆、广东省图书馆、中山大学图书馆、华南师范大学图书馆、广西壮族自治区第二图书馆、四川省图书馆、四川大学图书馆、云南大学图书馆及浙江图书馆天一阁分馆、中国第一历史档案局、国家文物局文物保护技术科研所、南京博物院、苏州市文管会藏。《中国地方志集成》影印本使之收藏更夥。

同治十三年至光绪间（1875—1908）在扬州刻自撰《梦园丛说·内篇》八卷、《外篇》八卷计 2 种 16 卷。《中国古籍总目·子部 ·杂家类·杂学杂说之属》第 1742 页、《安徽省馆藏皖人书目》第 35 页、《贩书偶记·子部·小说家类》卷十二第 295 页、《安徽艺文考·小说家》、《皖人书录》第 101 页著录，国家图书馆、南京图书馆、辽宁省图书馆、长春市图书馆、吉林大学图书馆、东北师范大学图书馆、哈尔滨师范大学图书馆、安徽省图书馆（4 册本）、中山大学图书馆藏。又有同治间（1862—1874）扬州刻本，应为重印本。其中，《梦园丛说·内篇》八卷收入《申报馆丛书》本中。

同治间（1862—1874）刊自纂《淮南盐法纪略》十卷。《贩书偶记·政书类》卷八第 191 页著录。

同治至光绪间（1862—1908）刻清方濬颐撰《方梦园丛书》15 种九十八卷。收藏及细目待考。

清刊清方濬颐撰《方忍斋全集》10 种十卷。收藏及细目待考。其中，5 种为不分卷。

光绪元年（1875）定远方氏刻清方濬颐辑《待月誃（簃）弈存》一

卷。《中国古籍总目·子部·艺术类·游艺之属·棋》第1501页著录，国家图书馆藏。

光绪元年刻清方濬颐辑《待月簃棋谱三编》不分卷。《中国古籍总目·子部·艺术类·游艺之属·棋》第1501页著录，国家图书馆藏。收入《中国历代围棋棋谱》影印本中。

光绪元年（1875）扬州刻清方濬颐撰《梦园丛说·内篇》八卷、《外篇》八卷计2种16卷。《中国古籍总目·子部·杂家类·杂学杂说之属》第1742页、《皖人书录》第101页著录，南京图书馆、吉林省图书馆藏。

光绪三年（1877）定远方氏锦城官署刊自撰《梦园书画录》二十五卷。《中国古籍总目·子部·艺术类·书画之属·著录》第1277—1278页、《贩书偶记·子部·艺术类》卷十第248页、《清史稿·艺文志·子部·艺术类》、《安徽通志稿·艺文考·艺术》、《皖人书录》第101页著录，国家图书馆、北京大学图书馆、天津图书馆、上海图书馆、辽宁省图书馆、大连市图书馆、东北师范大学图书馆、黑龙江大学图书馆藏，吉林大学图书馆藏本不全。

光绪四年（1878）刻清方濬颐撰《二知轩诗续钞》二十二卷。《中国古籍总目·集部·别集类·清代之属·清中期》第2229页著录，中国社会科学院历史研究所图书馆藏。

光绪四年春刊自撰《二知轩文存》三十四卷。《中国古籍总目·集部·别集类·清代之属·清中期》第2229页、《安徽省馆藏皖人书目》第35页、《安徽地震史料辑注》第246页、《贩书偶记·集部·别集类》卷十八第468页、《皖人书录》第100页、《清人别集总目》第243页、《安徽艺文考·别集二四》著录，上海图书馆、安徽省图书馆（12册本）、四川省图书馆（有刘咸炘批点）、山东省图书馆、北京师范大学图书馆、南开大学图书馆、复旦大学图书馆、南京大学图书馆、日本京都大学图书馆及日本东洋文库藏。此书收入台北文海版《近代中国史料丛刊》第49辑中。

光绪四年写刊刻清方濬颐撰《朝天录》一卷。《中国古籍总目·史部·地理类·游记之属·纪行》第4013页、《安徽省馆藏皖人书目》第35页、《安徽地震史料辑注》第263页、《安徽文献书目》、《皖人书录》、《清史稿艺文志拾遗·史部·地理类》等著录，国家图书馆、上海图书馆、南京图书馆、安庆市图书馆（1册本）图书馆藏。

光绪四年淮南书局刻清方濬颐辑《韵诂》不分卷、《补遗》又名《韵诂补遗》不分卷2种。《中国古籍总目·经部·小学类·音韵之属·音说》第1176页著录，北京大学图书馆藏。

光绪四年淮南书局刻清方濬颐撰《韵诂》五卷、《补遗》五卷计2种10卷。《皖人书录》第100页著录。应为后印本。

光绪四年方氏写刻清方濬颐撰《蜀程小纪》一卷。《中国古籍总目·史部·地理类·游记之属·纪行》第4013页，《安徽文献书目》《皖人书录》《清史稿艺文志拾遗·史部·地理类》等著录，国家图书馆、上海图书馆、南京图书馆藏。《安徽通志》作《蜀程日记》。

光绪四年写刊清方濬颐撰《朝天录》一卷、《蜀程小纪（记）》一卷计2种2卷。《皖人书录》第101页，《安徽艺文考·地理五》著录。

光绪四年刻清方濬颐撰《方子箴四种》四卷。《皖人书录》第100页，《安徽文献书目》《安徽通志稿·艺文志·地理》《国立中央图书馆善本书目》《清史稿艺文志拾遗·史部·地理类》等著录，台湾“国立中央”图书馆藏作《游记》不分卷。还收入清刊《方忍斋全集》、台北联经出版事业公司影印《方忍斋所著书》稿本中。

光绪四年淮南书局刊自辑《韵诂》六卷、《补遗》五卷数计2种。《贩书偶记·经部·小学类》卷四第97页（2书均作无卷数）、《四川省图书馆古籍目录》第311页、《皖人书录》第100页著录，四川省图书馆藏。而《清史稿·艺文志·经部》《安徽通志稿·艺文志·经部·小学》《皖人书录》均各作5卷。

光绪七年（1881）刻清方濬颐撰《忍斋和陶诗》二卷。《安徽艺文考·别集二四》、《清史稿艺文志拾遗·集部·别集类》、《皖人书录》第100页著录。

光绪十年（1884）维扬刻清方濬颐撰《梦园子》一卷。《中国古籍总目·子部·杂家类·杂学杂说之属》第1742页、《安徽省馆藏皖人书目》第35页、《安徽艺文考·儒家二》、《皖人书录》第101页著录，国家图书馆、东北师范大学图书馆、安徽省图书馆（1册本）藏。

光绪甲申（十年，1884）定远方氏在扬州（维扬）刊自撰《古香凹诗余》二卷。《中国古籍总目·集部·词类·别集之属》第3358页、《安徽省馆藏皖人书目》第35页、《贩书偶记·集部·词曲类》卷二十第552页、《皖人书录》第101页、《安徽艺文考·词曲》著录，国家图书馆、上海图书馆、南京图书馆、北京师范大学图书馆、安徽省图书馆（2册本）、香港中山图书馆藏。

光绪十年维扬刻清方濬颐撰《梦园琐记》十二卷。稿本及刻本藏家待考。收入《四库未收书辑刊》影印本中。

光绪间（1875—1908）刻清方濬颐撰《二知轩诗续钞》二十二卷。《清人别集总目》第243页著录，复旦大学图书馆藏。

光绪十年方氏碧琳琅馆刻宋林之奇编、宋吕祖谦注《东莱集注类编观澜文集·甲集》二十五卷、《乙集》二十五卷、《丙集》二十卷附《札记》（不分卷）计4种70卷以上。《中国古籍总目·集部·总集类·通代之属》第2940页著录，国家图书馆、辽宁省图书馆藏。

光绪十一年（1885）扬州刻清方濬颐撰《梦园试帖诗》一卷附《梦园赋概》一卷计2种2卷。《安徽通志稿·艺文考·集部·别集类二四》、《皖人书录》第101页著录。

光绪十一年扬州刻清方濬颐撰《梦园时文》八卷。《安徽省馆藏皖人书目》第35页、《安徽文献书目》、《皖人书录》第101页著录，安徽省图书馆藏8册本。

清刻清方濬颐撰《忍斋和陶诗》二卷。《清人别集总目》第243页、

《安徽省馆藏皖人书目》第35页著录，安徽省图书馆藏1册本。

光绪间（1875—1908）扬州刻清方濬颐撰《梦园赋概》一卷、《试帖》一卷计2种2卷。《清人别集总目》第243页、《安徽省馆藏皖人书目》第35页著录，安徽省图书馆藏1册本。

光绪二十七年（1901）四川刻清方濬颐撰《二知轩文存》三十四卷。《皖人书录》第100页著录。

淮南书局刻清方濬颐撰《淮南盐法纪略》十五卷。《皖人书录》第101页著录。

清刊清方濬颐撰《梦园书画录存》又名《梦园书画录》六卷。《安徽省馆藏皖人书目》第35页、《皖人书录》第101页著录，安徽省博物馆藏6册本。

光绪间（1875—1908）刻清方濬颐撰《梦圆丛说·内编》八卷、《外编》八卷计2种16卷。《中国古籍总目·子部·杂家类·杂学杂说之属》第1742页著录，上海图书馆、南京图书馆藏。

光绪二十年（1894）刻朱印清方濬颐撰《转徙余生记》一卷。《安徽艺文考·传记三》、《皖人书录》第101页著录，分别收入《武林掌故丛编》《振绮堂丛书》《中国内乱外祸史丛书》及1953年神州国光社排印《太平天国》本。

清刻清方濬颐撰《周贞恪公传》。《皖人书录》第101页著录。

附　淮南书局存世刻书要目

嘉庆间（1796—1820）苏州书坊刻明崇祯间（1628—1644）常熟毛晋汲古阁刻《十三经注疏》13种360卷，版藏淮南书局（细目略）。清顾修撰《汇刻书目》第一册第一至二页著录，原书361卷，但汲古阁刻本将《略例》一卷刻入《津逮秘书》中。此细目与乾隆四年（1739）武英殿及同治十年（1871）贵州书局覆刻武英殿本各卷后附考证，细目有区别。

嘉庆十七年（1812）扬州阮元嫏嬛仙馆刻（国家图书馆、北京师范大学图书馆、上海图书馆藏原刻本）同治间（1862—1874）淮南书局补刻清阮元撰《经籍纂诂》一百六卷、《首》一卷计107卷。《中国古籍总目·经部·群经总义类·文字音义之属》第997页著录，天津图书馆、南京图书馆藏。

同治十一年（1872）淮南书局刻清沈嘉辙等撰《南宋集事诗》七卷。《中国古籍总目·集部·总集类·断代之属》第3062页著录，国家图书馆、南京图书馆藏。

同治十二年（1873）淮南书局刻清陆凤藻辑《小知录》十二卷。《中国古籍总目·子部·类书类·类编之属·通编》第2030页著录，国家图书馆、北京大学图书馆、天津图书馆、南京图书馆、辽宁省图书馆、大连市图书馆、黑龙江省图书馆、香港大学图书馆藏。

同治十二年淮南书局刻清高允元辑《山堂笔略》不分卷。《中国古籍总目·子部·类书类·类编之属·通编》第2030页著录，国家图书馆藏，还藏此书稿本。

同治十二年淮南书局重刻清歙县吴阆撰《十国宫词》五卷。《清人别集总目》第848页著录，国家图书馆藏。

同治十二年淮南书局刻明毛晋编《三家宫词》3种三卷。《中国古籍总目·集部·总集类·丛编之属·分体·通代》第2809页、《中国丛书综录汇编·子类·诸子》第690页著录，国家图书馆、北京师范大学图书馆、上海图书馆、上海师范大学图书馆、上海辞书出版社图书馆、天津图书馆、甘肃省图书馆、浙江图书馆藏。

同治十二年淮南书局刻明毛晋辑《二家宫词》2种二卷。《中国丛书综录汇编·子类·诸子》第690页著录，国家图书馆、北京师范大学、上海图书馆藏。

同治间（1862—1874）淮南书局刻《三家宫词》本宋杨皇后撰《杨太后宫词》一卷。《中国古籍总目·集部·别集类·宋代之属》第361页著录。

同治十三年（1874）淮南书局刻清孔广森撰《大戴礼记补注》十三卷。《中国古籍善本总目·经部·礼类》第七七页著录，浙江大学图书馆藏，有清诸可贤录丁杰、严元照、孙志祖、赵钺、刘宝楠校。

同治十三年淮南书局刻清孔广森撰《大戴礼记补注》二卷。《中国古籍善本总目·经部·礼类》第七七页著录，复旦大学图书馆藏，有清诸可贤录丁杰、严元照、孙志祖、赵钺、刘宝楠校。

同治十三年淮南书局刻清孔广森撰《大戴礼记补注》十三卷、《序录》一卷计2种14卷。《中国古籍总目·经部·礼类·礼记附录·大戴记之属》第503页著录，国家图书馆、北京大学图书馆、中国科学院图书馆、天津图书馆、复旦大学图书馆、南京图书馆、湖北省图书馆、浙江大学图书馆藏，曲阜市文管会藏稿本。

光绪元年（1875）淮南书局刻清陈立撰《白虎通疏证》十二卷。《中国古籍善本总目·子部·杂家类·杂学杂说》第九六六页著录，福建省（清谢章铤校）图书馆、辽宁省（清王仁俊校）图书馆藏。

光绪二年（1876）淮南书局刻清郜坦撰《春秋集古传注》二十六卷、《首》一卷计27卷。《中国古籍总目·经部·春秋类·春秋总义·传说之属》第661页著录，大连市图书馆、长春市图书馆、吉林大学图书馆、吉林省社会科学院图书馆、齐齐哈尔市图书馆、浙江大学图书馆、台湾大学图书馆藏。

光绪二年淮南书局刻清郜坦撰《春秋或问》六卷。《中国古籍总目·经部·春秋类·春秋总义·传说之属》第661页著录，国家图书馆、北京大学图书馆、中国科学院图书馆、上海图书馆、复旦大学图书馆、天津图书馆藏。

光绪四年（1878）淮南书局刻清魏源撰《古微堂内集》三卷、《外集》七卷计2种10卷。《中国古籍总目·集部·别集类·清代之属·清中期》第2033页、《清人别集总目》第2447页著录，国家图书馆、上海图书馆、南京图书馆、首都图书馆、辽宁省图书馆、山西省图书馆、河南省图书馆、山东省图书馆、安徽省图书馆、四川省图书馆、江西省图书馆、云南省图书馆、福建省图书馆、广东省图书馆、中国科学院图书馆、北京师范大学图书馆、山东大学图书馆、南京大学图书馆、复旦大学图书馆、华东师范大学图书馆、安徽师范大学图书馆、浙江大学图书馆、湖南师范大学图书馆、华中师范大学图书馆、华南师范大学图书馆、大连市图书馆、常州市图书馆、无锡市图书馆、台湾台北“中央研究院”历史语言研究所图书馆、台湾大学图书馆、东海大学图书馆、日本国会图书馆、日本大阪府立图书馆，日本东洋文库、日本京都大学人文科学研究所、京都大学文学部中哲文研究室、日本京都大学学部东洋史研究室、日本京都大学社会学研究室、日本东京大学中哲文研究室藏。

光绪四年淮南书局刻清魏源撰《书古微》十二卷、《首》一卷计13卷。《中国古籍总目·经部·书类·传说之属》第273页著录，国家图书馆、北京大学图书馆、日本神户市立图书馆藏。

光绪四年淮南书局刻汉毛亨传、汉毛苌撰、汉郑玄笺、唐陆德明音义、唐孔颖达疏《毛诗注疏》三十卷、《诗谱序》一卷、《毛诗谱》二卷、《毛诗注疏原目》一卷、《毛诗注解传述人》一卷计5种35卷。《中国古籍总目·经部·诗类·传说之属》第318页著录，国家图书馆、上海图书馆、辽宁省图书馆、湖北省图书馆藏，南京图书馆仅藏28卷不全本。

光绪四年淮南书局刻汉郑玄撰、唐孔颖达疏《毛诗谱》不分卷。《中国古籍总目·经部·诗类·诗谱之属》第405页著录，上海图书馆藏。

光绪四年淮南书局刻清方濬颐辑《韵诂》不分卷、《补遗》又作《韵诂补遗》不分卷2种。《中国古籍总目·经部·小学类·音韵之属·韵说》第1176页著录，北京大学图书馆藏。

光绪五年（1879）淮南书局刻隋曹宪撰、清王念孙校《博雅音》十卷。《中国古籍总目·经部·小学类·训诂之属·群雅》第1207页著录，北京大学图书馆、复旦大学图书馆、南京图书馆、湖北省图书馆、浙江图书馆藏。

光绪五年淮南书局刻清口口编《初唐文杰》4 种二十一卷。《中国古籍总目·集部·总集类·丛编之属·分体·断代》第 2882 页著录，国家图书馆藏。

光绪五年淮南书局刻清光泽胡秋涛撰《一镫精舍甲部稿》五卷。《中国古籍总目·集部·别集类·清代之属·清后期》第 2327—2328 页、《清人别集总目》第 943 页著录，上海图书馆、河南大学图书馆、辽宁省图书馆、南京图书馆、中国科学院图书馆、北京大学图书馆、中国人民大学图书馆、北京师范大学图书馆、南开大学图书馆、湖南师范大学图书馆、大连市图书馆、台湾“中央研究院”历史语言研究所傅斯年图书馆、日本大阪府立图书馆及日本京都大学人文科学研究所、日本东京大学中哲文研究室、日本京都大学文学部东洋史研究室藏。

光绪六年（1880）淮南书局补刻清阮元撰《经籍纂诂》一百六卷、《首》一卷计 107 卷、《中国古籍总目·经部·群经总义类·文字音义之属》第 997 页著录，国家图书馆、北京大学图书馆、北京师范大学图书馆藏。

光绪七年（1881）淮南书局刻清李光地等撰《音韵阐微》十八卷、《韵谱》一卷计 2 种 19 卷。《中国古籍总目·经部·小学类·音韵之属·音说》第 1146—1147 页著录，浙江图书馆、南京图书馆藏。

光绪七年淮南书局翻刻汲古阁第四次校本汉许慎撰《说文解字》十五卷附清张行孚撰《汲古阁说文解字校记》一卷计 2 种 16 卷。《中国古籍总目·经部·小学类·说文之属·二徐本》第 1003 页（分两次）著录，国家图书馆、北京师范大学图书馆、上海图书馆藏。

光绪八年（1882）淮南书局刻宋张维撰《曾乐轩稿》一卷附宋张有撰《复古编》二卷计 2 种 3 卷。《中国古籍总目·集部·别集类·宋代之属》第 307 页著录，国家图书馆（朱印）、北京大学图书馆、中国科学院图书馆、上海图书馆藏。

光绪八年淮南书局刻汉董仲舒撰《春秋繁露》十七卷、《附录》一卷计 18 卷。《中国古籍总目・经部・春秋类・春秋总义・附录・春秋繁露之属》第 682 页、《蛾术轩箧存善本书录・辛壬稿》卷一第四〇二页著录，北京大学图书馆、大连市图书馆、辽宁大学图书馆藏，复旦大学王欣夫教授藏无《附录》2 册本，由王借周幔亭集校本自临元和惠栋、长洲陈树华校。

光绪八年淮南书局刻宋张有撰、清安邑葛鸣阳校正《复古编》二卷、《校正》一卷、《附录》一卷计 4 卷。《中国古籍总目・经部・小学类・文字之属・正字》第 1080 页著录，国家图书馆、北京师范大学图书馆藏。

光绪八年淮南书局刻清葛鸣阳撰《复古编校正》一卷。《中国古籍总目・经部・小学类・文字之属・正字》第 1080 页著录，国家、北京师范大学图书馆藏。

光绪八年扬州淮南书局刻宋张先撰《安陆集》一卷。《中国古籍总目・集部・词类・别集之属》第 3257 页著录，国家图书馆藏。

光绪九年（1883）淮南书局刻清钱坫撰《说文解字斠诠》十四卷。《中国古籍总目・经部・小学类・说文之属・注解》第 1014 页著录，上海图书馆、湖北省图书馆藏。

光绪九年、十二年（1886）淮南书局刻元黄公绍撰、元熊中举要《古今韵会举要》三十卷。《中国古籍总目・经部・小学类・韵之属・韵书》第 1139 页著录，国家图书馆、中国科学院图书馆、南京图书馆、浙江图书馆、复旦大学图书馆藏。

光绪九年淮南书局刻清钱塘陈文述撰《西泠怀古集》十卷。《清人别集总目》第 1265 页著录，国家、南京、中国人民大学、安徽师范大学、温州市、洛阳市、厦门市、台湾“中央研究院”历史语言研究所傅斯年、台湾大学、韩国成钧馆大学图书馆藏。

光绪九年淮南书局刻清陈文述撰《西泠怀古集》十卷。《清人别集总目》第 1265 页著录，国家图书馆、南京图书馆、中国人民大学图书馆、安徽师范大学图书馆、温州市图书馆、洛阳市图书馆、厦门市图书馆、台湾“中央研究院”历史语言研究所傅斯年图书馆、台湾大学图书馆、韩国成均馆大学图书馆藏。

光绪十年（1884）淮南书局刻清陈文述撰《秣陵集》六卷。《清人别集总目》第1265页著录，上海图书馆、南京图书馆、辽宁省图书馆、湖南省图书馆、北京师范大学图书馆、南开大学图书馆、复旦大学图书馆、浙江大学图书馆、安徽师范大学图书馆、湖南师范大学图书馆、南京师范大学图书馆、华中师范大学图书馆、厦门市图书馆、温州市图书馆及日本东洋文库、日本京都大学文学部中哲文研究室藏。

光绪十一年（1885）淮南书局刻唐陆贽撰《唐陆宣公别集》一卷。《中国古籍总目·集部·别集类·唐五代之属》第107页著录，国家图书馆藏，与《注陆宣公奏议》合印。

光绪十一年淮南书局刻唐陆贽撰《唐陆宣公制诰》十卷、江榕辑《附录》一卷计11卷。《中国古籍总目·集部·别集类·唐五代之属》第107页著录，辽宁省图书馆藏。

光绪十三年（1887）淮南书局刻宋朱熹撰《周易本义》十二卷、宋吕祖谦撰《音训》一卷计2种13卷。《中国古籍总目·经部·易类·传说之属》第85页著录，国家图书馆、南京图书馆藏。

光绪十四年（1888）淮南书局刻民国十四年（1925）重修朱印清朱溶辑、清朱国荣续辑，清杨际春订《感应篇经史摘典养正集评注》八卷、《首》一卷计9卷。《中国古籍总目·子部·道家类·道教之属·劝戒》第2480页著录，南京图书馆藏，国家图书馆还藏不全清刻本。

光绪十八年（1892）淮南书局刻清佚名撰《四书句辨详订》一卷。《中国古籍总目·经部·四书类·四书总义·传说之属》第923页著录，北京大学图书馆藏。湖北省图书馆藏清知止阁刻本。

光绪十九年（1893）淮南书局刻元陈澔撰《礼记集说》十卷。《中国古籍总目·经部·礼类·礼记·传说之属》第480页著录，南京图书馆藏。

光绪二十一年（1895）淮南书局刻宋蔡沈撰《书集传》六卷。《中国古籍总目·经部·书类·传说之属》第245页著录，天津图书馆藏。

光绪二十二年（1896）淮南书局刻晋杜预注、宋林尧叟补注、唐陆德明音义、清冯李骅集解《春秋左传》五十卷。《中国古籍总目·经部·春秋类·左传·传说之属》第566页著录，北京大学图书馆、辽宁省图书馆藏。

光绪间（1875—1908）淮南书局刻宋朱熹撰《四书集注》又名《四书章句集注》、《四书》4种十九卷。《中国古籍总目·经部·四书类·四书总义·传说之属》第852—853页（还有以子目作4次著录）著录，国家图书馆、上海图书馆、湖北省图书馆藏。

淮南书局又名淮南官书局所刻数百种经史子集，囿于篇幅限制，故不再赘述。

二、方濬师

方濬师（1830—1889），字子严，号梦簪，有蕉轩、有斐斋、惧盈斋、退一步斋，安徽定远县炉桥人，方士鼐子，与濬颐为从兄弟。

其父方士鼐（1803—1857），字羹梅、庚梅、庚眉，号调臣，有四持轩，方士淦从弟，定远县炉桥人。工诗，力主灵性，反对堆砌。道光间（1821—1850）廪生，历署太湖、东流教谕、颍州府教授。咸丰七年（1857）守寿州时病卒。士鼐喜收藏，精鉴别，凡名人字画一见能辨真伪，所收多为宋元明清数百家金石书画。他常讲："我无他嗜好，得此亦足豪矣。"其生平在子方濬师所作其行状中介绍甚详。著《四持轩诗钞》二卷、《四持轩试帖》二卷、《顺德罗公行状》一卷[①]、《随园先生年谱》

---

① 《国家图书馆普通古籍总目·传记门·分传》第139页著录，国家图书馆藏光绪间（1875—1908）顺德罗氏增刻此书1册本。传主罗惇衍（1814—1874），字椒生，谥文恪。该书卷端题："诰授光禄大夫、经筵讲官、户部尚书、予谥文恪顺德罗公行状。"与《罗文恪公年谱》合订。

一卷[①]等。

濬师出生在这样的书香世家，从小受到良好的教育。14岁为贡生，官内阁中书。咸丰五年（1855）中举，先后出任总理各国事务衙门章京、侍读、记名御史、简广东雷琼兵备道、补肇阳罗道、两广运司、直隶永定河道署臬司、代理按察使，死于任上。濬师从政30年卓有政绩，长于吏治，随所措置得力。在总署任上，熟谙民情，处理妥当；在岭南育人兴学，端风化，亲审积狱；在永定河道任上冒严寒、顶风雪，亲自实地调研，以科学方法因势利导解决南七汛漫口水患。尤重视文化事业，喜精究古籍，治学认真，曾在两广任上与陈兰、浦沣、李恢垣、光廷等讲文史经术，因观点不同曾发生争吵以至诟骂，家藏经史子集多达60万卷。藏书印有"退一步斋藏书图记"、"有斐斋图书"、"定远方濬师号子严印"白方、"子严"墨长方、"诰掌芝泥书雠芸馆分修玉牒撰拟高文"朱文印及一朱文方印曰"我思古人，令闻令德"。著有《退一步斋诗集》、《文集》四卷[②]、《粤闱唱和集》一卷《续刊》一卷附《秋闱试题拟作》一卷计3种3卷、《岭西公牍汇存》十一卷、《鹾政备览》不分卷、《安宜日记》不分卷[③]、《罗淳衍行状》一卷[④]、《袁子才先

① 《清人别集总目》第1744页著录，国家图书馆、山东大学图书馆分别藏同治四年（1865）刻本、抄本。此书还有民国天津大公报社铅印本，民国间上海大陆书局铅印"近代名人年谱丛刊"本，藏家更多。

② 《中国古籍总目·集部·别集类·清代之属·清后期》第2382页、中国人民大学图书馆《线装书目录》第575页著录，中国人民大学图书馆藏光绪十年（1884）刻清方濬师著、吕景端编《退一步斋文集》四卷4册本。国家图书馆、中国科学院图书馆藏光绪十八年（1892）铅印清方濬师撰、清吕景端编次《退一步斋诗集》十六卷、《文集》四卷、《蕉轩续录》二卷计3种22卷。

③ 《中国古籍善本书目·史部·传记类一》第548页、《中国古籍善本总目·史部·传记类·日记》第四二四页、《清史稿艺文志拾遗·史部·传记类》著录，上海图书馆藏光绪十年至十二年（1884—1886）稿本。

④ 此书有光绪间（1875—1908）顺德罗氏刻本。

生年谱》一卷[①]、《退一步斋杂录》不分卷[②]等。《蕉轩随录》十二卷、《蕉轩续录》二卷[③]、《传鹑觚集补遗》、《蕉轩随录》十二卷、《随园先生年谱》[④]、《总理各国事务衙门同官录》一卷，辑《课蒙汇编》三卷等。藏书斋蕉轩、退一步斋，刻书堂取退一步斋和惧盈斋。其子方臻喜、孙方燕昭绍述家学，为后辈中杰出者。

方濬师整理的古籍有《滑耀编》四卷[⑤]、《饴山文集》十二卷《附录》一卷[⑥]、《饴山诗集》二十卷[⑦]、《林子会编》一百十七卷[⑧]、《琅琊代

---

① 此书先后收入影印《近代名人年谱丛刊》《北京图书馆藏珍本年谱丛刊》等丛书中，同治间（1862—1874）方氏在肇罗道署刊本名为《随园先生年谱》一卷。国家图书馆藏抄本名《袁子才先生年谱》一卷。

② 《中国古籍善本总目·子部·杂家类·杂记》第一〇一九页、《中国古籍总目·子部·杂家类·杂记之属》第1893页、《中国古籍善本书目·史部》、《清史稿艺文志拾遗·子部·杂家类》著录，上海图书馆藏清抄本。及辑《琴簧应和集》一卷，有光绪二年（1876）羊城福文斋刊本。

③ 以上2种14卷分别收入台北文海出版社影印《近代中国史料丛刊》本、《清代笔记史料丛刊》整理本、台中文听阁影印《晚清四部丛刊》本、影印《续修四库全书·子部·小说家类》本等丛书中。

④ 《安徽艺文考·传记一》著录。

⑤ 《中国古籍善本总目·集部·总集类·通代》第一七三四页、《中国古籍总目·集部·总集类·通代之属》第2951—2952页著录，上海图书馆藏万历间（1573—1620）刻明贾三近辑此书，有清方濬师跋。

⑥ 《中国古籍善本总目·集部·清别集》第一五三三页著录，北京大学图书馆藏乾隆三十九年（1774）因园刻清益都赵执信刻此书，有清方濬师跋。该刊本半页10行，行21字，白口，左右双边。

⑦ 《中国古籍善本总目·集部·清别集》第一五三三页著录，北京大学图书馆藏乾隆十七年（1752）因园刻清益都赵执信刻此书，有清方濬师跋。该刊本半页10行，行21字，白口，四周单边。

⑧ 《中国古籍善本总目·子部·杂家类·杂学杂说》第九八〇页著录，南京大学图书馆藏明刻明林兆恩撰此书，有清方濬师跋。

醉编》四十卷[①]、《藏书》六十八卷[②]等。

这支方氏家刻图书较多，要者如下：

同治二年（1863）刻清方濬师纂《总理各国事务衙门同官录》（不分卷一作一卷）。《安徽省馆藏皖人书目》第34页、《安徽文献书目》、《皖人书录》第100页著录，安徽省图书馆藏1册本。

同治四年（1865）肇罗道署刻清方濬师撰《随园先生年谱》一卷。《清史稿艺文志拾遗·史部·传记类》、《安徽通志稿·艺文考·传记一》、《清人别集总目》第1744页、《皖人书录》第100页著录，国家图书馆藏，山东大学图书馆藏抄本。

同治五年（1866）广州刻清方濬师撰《二知轩诗钞》十四卷、《续钞》八卷计2种22卷。《安徽省馆藏皖人书目》第34页著录，安徽省图书馆藏12册本。

同治八年（1869）子濬师退一步斋在广东肇罗道署刻清方士鼐撰《四持轩诗钞》二卷。《中国古籍总目·集部·别集类·清代之属·清中期》第2110页、《清人别集总目》第228页、《安徽省馆藏皖人书目》第13页、《皖人书录》第106页、《清史稿艺文志拾遗·集部·别集类》、《安徽通志稿·艺文志·集部·别集二五》著录，中国科学院图书馆、南京图书馆、安徽省图书馆（2册本）、广东省图书馆、复旦大学图书馆、台湾大学图书馆藏。

同治九年（1870）子濬师在肇罗道署刻清方士鼐撰《四持轩试帖》二卷。《安徽通志稿·艺文志·别集》、《安徽文献书目》、《皖人书录》、《清史稿艺文志拾遗·集部·别集类》、《清人别集总目》第228—229页著录，

---

① 《中国古籍善本总目·子部·杂家类·杂纂》第一〇二五页著录，南京大学图书馆藏万历二十五年（1597）陈性学刻明张鼎思辑此书，有清方濬师跋。该刊本半页10行，行21字，白口，四周双边。

② 《中国古籍善本总目·史部·纪传类》第二一三页著录，南京师范大学图书馆藏万历二十七年（1599）焦竑刻此书，有清方濬师跋。该刊本半页9行，行20字，白口，四周单边。

安徽省图书馆、山东省图书馆藏。

同治十一年（1872）退一步斋刻清方濬师撰《蕉轩随录》十二卷。《中国古籍总目·子部·杂家类·杂记之属》第1893页、《安徽省馆藏皖人书目》第34页著录，国家图书馆、天津图书馆、上海图书馆、南京图书馆、安徽省图书馆（12册本）、香港中文大学图书馆藏。

同治十一年退一步斋刻清方濬师撰《蕉轩续录》二卷。《中国古籍总目·子部·杂家类·杂记之属》第1893页著录，国家图书馆、北京大学图书馆、上海图书馆、南京图书馆、吉林省图书馆、大连市图书馆、吉林大学图书馆、香港中文大学图书馆藏。

同治十一年肇罗道署刻清方濬师编《随园先生年谱》版心题《随园年谱》一卷。《清史稿艺文志拾遗·史部·传记类》、《安徽通志稿·艺文考·传记一》、《皖人书录》第100页、《清史稿·艺文志·子部·杂家类》、《安徽通志稿·艺文考·小说家》、《国家图书馆普通古籍总目·传记门·分传·个人年谱》第283页著录，国家图书馆藏1册本，还藏清抄1册本有眉批。谱主为清袁枚（1716—1798），晚号随园。

同治十一年退一步斋刻清方濬师撰《蕉轩随录》十二卷、《续录》二卷计2种14卷。《安徽艺文考·小说家》、《皖人书录》第100页、北京师范大学图书馆《中文古籍书目·集部·小说类·笔记》第436页、《贩书偶记·子部·小说家类·杂事之属》卷十二第295页著录，北京师范大学图书馆藏14册本。

同治十一年定远方氏惧盈斋刻清罗士琳等撰《旧唐书校勘记》六十六卷、清岑建功辑《逸文》十二卷计2种78卷。北京师范大学图书馆《中文古籍书目·史部·纪传类》第79页著录，北京师范大学图书馆藏36册本。

同治十一年定远方氏惧盈斋重补刻（或称方氏翻扬州岑建功重校刻）明闻人诠原刻晋刘昫等撰《重刻闻人诠本旧唐书》二百卷附清罗士琳等撰《校勘记》六十六卷、清岑建功辑《逸文》十二卷计3种278卷。北京师范大学图书馆《中文古籍书目·史部·纪传类》第79页、《书目问答补正·史部》卷二第91页著录，北京师范大学图书馆藏78册本。

同治十二年（1873）刻清方濬师撰《粤闱唱和集》一卷、《续刊》一卷附《秋闱试题拟作》一卷计3种3卷。藏处待考。

同治间（1862—1874）刻清方濬师撰《蕉轩随录》十二卷。《安徽地震史料辑注》第240页著录，安徽省博物馆藏。

光绪二年（1876）定远方氏退一步斋在广州书局刻晋傅玄撰、定远方濬师集校《傅鹑觚集》五卷、定远方濬师辑《补遗》一卷《校勘记》一卷计3种7卷。《贩书偶记·集部·别集类》卷十三第317页、《皖人书录》第100页、《清史稿艺文志拾遗·集部·别集类》著录。

光绪二年方氏退一步斋刻清全椒黄典五撰《江上吟》一卷附《遗稿》一卷计2种2卷。《中国古籍总目·集部·别集类·清代之属·清中期》第2083页著录，安徽省图书馆藏。

光绪二年两广运使署刻清方濬师撰《鹾政备览》不分卷。台北文海出版社影印《近代中国史料丛刊》收此子书。

光绪二年定远方濬师重刻宋陈旸撰《乐书》二百卷。北京师范大学图书馆《中文古籍书目·经部·乐类》第21页著录，北京师范大学图书馆藏18册本。

光绪三年（1877）广州刻清方濬师辑《课蒙汇编》三卷。《中国古籍总目·子部·儒家类·礼教之属·蒙学》第245页著录，南京图书馆藏。

光绪四至五年（1878—1879）刻清方濬师撰《岭西公牍汇存》十一卷。台北：文海出版社《近代中国史料丛刊》影印丛书中有此子书，而收入光绪十八年（1892）武进徐氏聚珍版《退一步斋全集》9种中此子书为不分卷。

光绪七年（1881）刻吕景瑞编清方濬师撰《退一步斋文集》四卷。《清人别集总目》第243页、《安徽通志稿·艺文考·小说家》、《清史稿艺文志补编·集部·别集类》、《皖人书录》第100页著录，南京图书馆藏。

光绪十七年（1891）刻清方濬师撰《蕉轩续录》二卷。《中国古籍总目·子部·杂家类·杂记之属》第1893页著录，国家图书馆、北京大学图书馆、天津图书馆、上海图书馆、南京图书馆、吉林省图书馆藏。

附　光绪十八年（1892）铅印清方濬师撰《退一步斋诗集》十六卷、《文集》四卷、《蕉轩续录》二卷计3种22卷。《安徽省馆藏皖人书目》第34页著录，安徽省图书馆藏12册本。

附　光绪十八年仲春武进徐氏聚珍版铅印定远方濬师著，阳湖吕景端（瑞）编《退一步斋全集》9种。刘声木《续补汇刻书目》卷二十二第十二页著录。

光绪三十年（1904）子方臻喜重刻清方濬师撰、吕景端编校《退一步斋文集》四卷附《诗集》十六卷、《蕉轩续录》二卷计3种22卷。《皖人书录》第100页、《安徽通志稿·艺文考·小说家》、《清史稿艺文志补编·集部·别集类》、《安徽艺文考·别集二六》著录，分别收入台北文海出版社影印《近代中国史料丛刊》、台中文听阁影印《晚清四部丛刊》等丛书中。

光绪三十年刻清方濬师撰《退一步斋文集》四卷。《清人别集总目》第243页著录，国家图书馆、南京图书馆藏。收入台北文海版《近代中国史料丛刊》第40辑。

光绪三十年重刻清方濬师撰《退一步斋文集》四卷、《诗集》十六卷计2种20卷。《清人别集总目》第243页著录，上海图书馆、南京图书馆、安徽省图书馆、广东省图书馆、南京大学图书馆、天津师范大学图书馆、台湾“中央研究院”历史语言研究所傅斯年图书馆藏。

方燕昭（1854—？），字伯融，号蕊初、十万琳琅阁主人，有红牙吟馆、一粟园、十万琳琅阁，濬师孙。同治十三年（1874）拔贡，授内阁中书，官江苏候补道。能诗，家富藏书，如美国国会图书馆藏明活字本《异物汇苑》目录后有十万琳琅阁主人题记说系光绪丙戌（十二年，1886）二月偶游肆中，爱其纸洁板清，购归以备一种。藏书处为十万琳琅阁。藏书印有“十万琳琅阁珍藏”“定远方伯融鉴定之章”“一粟园主人”“十万琳琅阁珍藏书画金石印”“昭印”“蕊初过眼”“伯融”“仔细收藏”等印。他绍承家学，善诗。著《红牙吟馆诗余删存》三卷、《十万琳琅阁诗存》四卷、《十万琳琅阁文赋诗词删存》十一卷[①]、《十万琳琅阁律赋存》一卷[②]及《十万琳琅阁诗续存》三卷、《六朝萃珍集》三卷[③]、《五代萃珍集》三卷[④]、《训蒙诗学浅话》一卷等。

涉及他整理的古籍有《异物汇苑》[⑤]、《洛阳九老祖龙学文集》十六卷[⑥]、《古今指掌》十二卷《首》一卷计 13 卷[⑦]、《五代会要》三十卷[⑧]等。

同治十年（1871）辛未仲夏定远方燕昭（伯融）自刊《十万琳琅阁

---

① 《中国古籍总目·集部·别集类·清代之属·清后期》第 2597 页、《皖人书录》第 109 页、《安徽文献书目》等著录，国家图书馆有光绪间（1862—1908）锦州刻本为 11 卷。此书皆少年诗作，才气英发。

② 《安徽通志稿·艺文考二七》第三十七册十三页、《清史稿艺文志补编·集部·别集类》、《安徽文献书目》、《皖人书录》第 109 页著录。

③ 有光绪五年（1879）红牙吟馆邗上刊本。

④ 有光绪五年红牙吟馆邗上刊本。

⑤ 《四库全书总目·子部·类书类存目二》卷一三八第一一七一页、《中国善本书提要·子部·类书类》第 374 页著录，浙江巡抚采进明活字印浮梁闵文振（字道充）撰《异物汇苑》十八卷，美国国会图书馆藏 1—15 卷 4 册不全本。该书系杂采传记奇异事按类分 27 部。版本亟类无锡摆印《太平御览》同套字模，字体疏朗秀雅，半页 10 行，行 20 字（20×14）。《目录》后有十万琳琅阁主人题记：“此册目录未完，似不止十五卷，书贾裁去目录，矇浑（混）求售。光绪丙戌（十二年，1886）二月，偶游肆中，爱其纸洁板清，购归以备一种。倘他日获睹全本，当补钞之，以成完璧也。十万琳琅阁主人（方燕昭）。”有嘉靖十五年（1536）闵文振自序。

⑥ 《中国古籍善本总目·集部·宋别集类》第一二四七页、《中国古籍总目·集部·别集类·宋代之属》第 187 页著录，国家图书馆藏宋祖无择撰此书清抄本，有清蒋成培、方燕昭等题款。该抄本半页 11 行，行 21 字，无格。

⑦ 《中国古籍善本总目·史部·传记类·总传》第三七八页著录，辽宁省图书馆藏清欧阳魁、欧阳棫撰此书清抄本，有清方燕昭跋。

⑧ 《中国古籍善本总目·史部·政书类·通志》第六四〇页著录，上海图书馆藏清吴城跋，方燕昭、叶景葵题款清抄宋王溥撰此书。

全集》5 种十二卷。刘声木《续补汇刻书目》卷十九第四页著录。

同治十二年（1873）刻清方燕昭撰《十万琳琅阁诗存》四卷。《安徽通志稿·艺文考·别集》、《清史稿艺文志补编·集部·别集类》、《安徽文献书目》、《皖人书录》第 109 页著录。

同治十二年刻清方燕昭撰《十万琳琅阁文赋诗词删存》十二卷。《清人别集总目》第 242 页、《安徽文献书目》著录，国家图书馆、南京图书馆、安徽省图书馆、湖南师范大学图书馆藏。此书又有单行本行世，如《红牙吟馆诗余删存》三卷附刊《十万琳琅阁诗存》，同治十二年刻《十万琳琅阁诗存》四卷、《续存》三卷，同治十三年刻《十万琳琅阁律赋存》一卷，光绪三年（1877）在四川刻《十万琳琅阁诗续存》三卷等。

同治十二年（1873）刊清方燕昭撰《十万琳琅阁诗存》四卷、《续存》三卷附《十万琳琅阁词存》又名《红牙吟馆诗余删存》三卷计 3 种 10 卷。《皖人书录》第 109 页、《安徽艺文考·别集二七》著录。

同治十三年（1874）刊清方燕昭撰《十万琳琅阁律赋存》一卷。《皖人书录》第 109 页、《安徽艺文考二七》第三十七册十三页、《安徽通志稿·艺文考·别集》、《清史稿艺文志补编·集部·别集类》、《安徽文献书目》著录。

同治十三年邗上鹾署刻清方燕昭撰《红牙吟馆诗余删存》即《十万琳琅阁诗存》三卷。《安徽通志稿·艺文考·别集》、《清史稿艺文志补编·集部·别集类》、《安徽文献书目》、《皖人书录》第 99 页著录。

同治十三年刻清方燕昭撰《训蒙诗学浅话》一卷。藏处待考。

同治间（1861—1874）刊清方燕昭撰《十万琳琅阁文赋诗词删存》十一卷。《安徽省馆藏皖人书目》第 33 页、《安徽文献书目》著录，安徽省图书馆藏 2 册本。

光绪三年（1877）刻清方燕昭撰《十万琳琅阁诗续存》三卷。《安徽通志稿·艺文考·别集》、《清史稿艺文志补编·集部·别集类》、《安徽文献书目》、《皖人书录》第 109 页著录。

光绪三年四川刊清方燕昭撰《十万琳琅诗续存》三卷。《皖人书录》第109页著录。

光绪九年（1883）刻清方燕昭撰《十万琳琅阁诗存》四卷。《安徽通志稿·艺文考·别集》、《清史稿艺文志补编·集部·别集类》、《安徽文献书目》、《皖人书录》第109页著录。

光绪九年刻清方燕昭撰《十万琳琅诗续存》三卷。《安徽通志稿·艺文考·别集》、《清史稿艺文志补编·集部·别集类》、《安徽文献书目》、《皖人书录》第109页著录。

光绪九年刻清方燕昭撰《训蒙诗学浅话》一卷。藏处待考。

附　光绪十一年（1885）丹徒陈氏刻陈宗起撰、陈克劬辑次，严作霖、韩国勋、方燕昭、戴培元、刘震甲参辑《养志居仅存稿》7种十八卷、《首》一卷。《中国丛书综录·汇编·独撰类（清代后期）》第529页、《清史稿艺文志拾遗·丛部》著录。

光绪十三年（1887）定远方燕昭刻清丹徒陈克劬撰《红豆帘琴意》一卷。《中国古籍总目·集部·词类·别集之属》第3362页著录，国家图书馆、上海图书馆、北京师范大学图书馆、湖北省图书馆藏。

光绪十三年定远方燕昭刻清丹徒陈克劬撰《知悔斋文集》二卷。《中国古籍总目·集部·别集类·清代之属·清后期》第2345页著录，镇江市图书馆藏。

光绪十三年定远方燕昭刻清丹徒陈克劬撰《萍蓬类稿》一卷。《中国古籍总目·集部·别集类·清代之属·清后期》第2345页著录，镇江市图书馆藏。

三、方濬益

方濬益（？—1899），字子听，又字子聪、谦受，号伯裕，有缀遗斋，方濬颐弟，定远县炉桥人。咸丰十一年（1861）中辛酉科进士，朝考改翰林院庶吉士。出任江苏金山、南汇、奉贤知县，因故被免职。光绪初，先后入驻日大臣黎庶昌、洋务重臣张之洞幕。晚岁开复，不就。他多才多艺，善画花卉，书法六朝，又精刻印，多识古文奇字。平素省衣节食，喜收藏金石，藏有风伯敦剌鼎（即黄公鼎）、意敦哉叔朕鼎等，又在凤台得数十饼金。归田后因贫不能守，大多古玩卖给吴大澂、沈秉成，因此二氏收藏名冠当时。著有《定远方氏吉金彝器款识》一卷、《缀遗斋彝器款识考释》三十卷《首》一卷[①]、《缀遗斋彝器款识目稿》二卷、《梦园琐记》不分卷[②]、《安南小志》二卷[③]等。

他整理的古籍有在清王钞撰《裛爽亭诗钞》不分卷稿本上题款[④]。

附　民国十一年(1922)强教宧抄清方濬益撰《缀遗斋彝器款识目稿》二卷。《中国古籍总目・史部・金石考古类・金之属》第4845页著录，台湾图书馆藏。

附　民国十四年（1925）上海会文堂书局影印清方濬益辑《定远方氏吉金彝器款识》一卷。《中国古籍总目・史部・金石考古类・金之属》第4838页、《安徽通志稿・艺文考・金石》、《清史稿艺文志补编・史部・金石类》、《皖人书录》第99页著录，上海图书馆藏。

附　民国十四年（1925）商务印书馆印清方濬益撰《缀遗斋彝器考释》三十卷。《皖人书录》第101页、《安徽艺文考・小学》著录。

附　民国二十四年（1935）上海商务印书馆影印清方濬益撰、方燕年补编《缀遗斋彝器款识考释》三十卷、《首》一卷计31卷。《中国古籍总目・史部・金石考古类・金之属》第4838页、《安徽省馆藏皖人书目》第35页（但作民国二十三年）、《安徽通志稿・艺文考・金石》、

---

① 底稿藏北京大学图书馆，安徽省图书馆藏石印本。此书有刊本，待考。

② 齐鲁书社版雷梦水《古书经眼录》第108页著录清定远方濬益撰此书底稿本装订12册，钤有“江都梅植之印”。

③ 有光绪九年（1883）铅印本。

④ 《中国古籍善本总目・集部・清别集》第一五七八页著录，南京图书馆藏此稿，有清陆苍培批，沈德潜批并跋，王颂蔚跋，莫友芝、高心夔、张裕钊、方濬益、吴大澂、许增题款。

《清史稿·艺文志补编·史部·金石类》、《皖人书录》第99页著录，上海、安徽省（14册本）图书馆藏。该书主要内容为著录商周青铜器铭文一千余多个，摹写精致，卷首为《彝器说》3篇，上篇为考器，中篇为考文，下篇为考藏，重要铭文附有考释。

方燕年（1873—？），字祈叔，号鹤人、永三，定远县炉桥人。光绪十五年（1889）进士，历授山东候补道。二十六年（1901），出任山东大学堂总办，为山东大学创始人。宣统三年（1911），出任山东提学使。著《瀛洲观学记》（不分卷）、《白话三字经》一卷、《蒙学韵言》一卷，补编其祖父方濬益撰《缀遗斋彝器释考释》三十卷、《首》一卷计31卷等。

清末民初印方燕年撰《瀛洲观学记》（不分卷）。宣统二年（1910）《中西医学报》载，印本藏国家图书馆。

附　民国二十三年（1934）铅印方燕年撰《白话三字经》一卷。藏处待考。

附　民国二十三年铅印方燕年撰《蒙学韵言》一卷。藏处待考。

清末桐城派重要作家方宗诚

方宗诚（1818—1888），字存之，号柏堂，又号毛溪居士、画眉山人，有志学堂、一株红杏书斋，祖籍婺源，桐城县（今为市）北乡（今鲁褀）人。诸生。清季理学家。宗诚修髯洪声，仪表堂堂，早年操童子业。他出身儒学世家。其父方松，字春生，号鹤栖，桐城县鲁褀人。由他开始迁居县城西郊毛河，后居阳湖。宗诚少有大志，日取贾太傅疏及唐宋名篇，尤以贾、董、韩、欧、曾、归、方、姚诸大家为重，为文议论开阔，治学严谨，叙事详赡而简洁。先后师从许玉峰（鼎）及族兄方东树，尤其是从师方东树授受古文长达12年，儒学大进。太平军兴，避居鲁褀，仍操童子业，并著《俟命录》。霍山吴竹如（廷栋）在山东布政使任上从方鲁生处得《俟命录》，摘其要旨呈大学士倭仁，倭仁把它写成经筵教材，使他名噪京师。曾国藩、胡文忠争相礼聘，均坚辞不受。同治元年（1862）入河南巡抚严树森幕，专司奏疏事务。后在直隶总督曾国藩荐引下任枣强县令。他与直隶总督李鸿章也过从甚密。在10年枣强县令任上，他重文兴农，为官一方，造福一地。他办乡塾，兴书院，修方志，刻印先贤遗著；办义仓，兴水利，储粮备荒，请李鸿章奏免全国钱粮积欠，与深州知州游智开同为治地大做好事，被称誉为“深州游牧枣强方令”。光绪六年（1880）辞官归隐，以著述为事。从游甚重，姚永概兄弟、马其昶等桐城派末代作家都是他的门生。光绪十三年（1887）为安徽学政贵恒奏以“正学纯行”，请授予五品卿衔。次年去世。宗诚著述丰富，为桐城派后期名家。撰《诸经说都》三十三卷、《柏堂集》又名《毛溪居士集》《画眉山人集》九十四卷、《俟命录》十卷、《俟命录续录》一卷、《志学录》八卷、《读书笔记》、《讲义》合三十五卷，另撰写、编定书籍数十种，主要作品汇入《方柏堂全集》九十四卷、《柏堂杂著》15种四十七卷、《柏堂遗书》二十六种、《柏堂读书笔记》、《一株红杏书斋丛书十二种》、《柏堂说经》五种等个人专著丛书中，少部分收入其他丛书中。还有辑《病榻梦痕录节要》二卷、《柏堂丛录》二卷，撰《唐治殉难事略并遗墨》不分卷、《读思辨录记疑》、《登千佛山记》一卷、《登小孤山记》一卷、《柏堂自叙行年录》又名《方存之先生行年录》、《斯文正脉》、《柏堂师友言行录》又名《柏堂师友言行记》四卷、《教女彝训》（辑）、《春秋左传文法读本》（评点）十二卷及不分卷2种、《战国策去毒》二卷、《人谱补正》、《曾胡言行记》不分卷、《养蒙彝训》一卷，还辑清夏炘撰《夏氏三书》二十二卷，补正《人谱补正》一卷、《陆象山先生集辑要》六卷《首》一卷计7卷、重编《麻山文集》二卷，编《朱鲁存遗集》十卷等，还与戴钧衡删润清桐城戴名世撰、萧穆选《南山集读本》不分卷。

其存世稿本有：上海图书馆藏有《方柏堂手稿四种》二十卷不全稿

本，安徽省图书馆藏有《柏堂全集》九十四卷中12册又16页即卷九至十六、二十七至二十九、《附编》六卷、《后编》二卷、《外编》三卷计22卷不全稿本，安庆市图书馆藏光绪二年（1876）撰《柏堂丛录》不分卷1册本、光绪二年撰《柏堂杂识》1册稿本。余如《春秋集义》十二卷、《春秋传正谊》四卷、《桐邑方存之文稿》不分卷、《桐城方宗诚先生文稿》一卷、《礼记集说补义》一卷、《辅仁录》四卷、《颠沛余生录》不分卷、《方柏堂文略》不分卷、《柏堂文集》一卷又有《柏堂集》不分卷、《柏堂文稿》不分卷、《柏堂集·前编》十二卷、《柏堂集·余编》一卷，辑清刘绍攽撰《卫道编》、《南归记》一卷、《柏堂杂识》四卷、《柏堂集》十二卷、《春秋集义》十二卷、《敬义书院讲义》一卷《继总统论》二卷等。还辑《方柏堂老人春秋左氏传家塾课本》不分卷等。

方宗诚整理的古籍有：宋朱熹撰、明吴讷辑《晦庵文钞》七卷《诗》又名《诗钞》一卷计2种8卷、清方宗诚审定《节录列子》、桐城胡篟撰《诒翼堂文集》一卷、题黟县黄德华撰《竹瑞堂文钞》二卷、清桐城姚濬昌撰《幸余轩诗稿》二卷《清寐轩诗稿》二卷《养素斋诗稿》一卷计3种5卷稿本、清姚永朴撰《蜕私轩文稿》一卷、清宿松汪桂月撰《搋抱斋诗钞》十卷、清汪桂月撰《亦寄斋文存》十二卷、清曾国藩撰《求阙斋文钞》八卷、清方宗诚撰《柏堂集》8种九十九卷、清王检心撰《闇修记》四卷、清方潜撰《柏堂节录毋不敬斋全书》二卷、石埭杨德亨撰、清方宗诚删定《尚志居集》不分卷、石埭杨德亨撰清方宗诚删定《尚志居集》不分卷、石埭杨德亨撰清方宗诚删定《尚志居集》不分卷、清刘传莹撰《刘椒云先生遗集》四卷、清吴大廷撰《小酉腴山馆文钞续编》一卷、清桐城陈纪撰《松田文集》实名《陈松田先生遗文》一卷、清杨德亨重编清霍山吴廷栋撰《拙修集》十卷、清孙希旦集解《礼集（记）集解》六十一卷、吴大勈自抄辑《陆桴亭先生志学录节钞》不分卷等。

他积极参与《大清一统志》《江宁府志》《歙县志》等数以百部志

书的编修。他曾应友人应敏斋邀请校正《上海县志》稿，亲撰《枣强县志补正》五卷、《枣强书院义仓志》，并为《历阳典录》《鄢陵文献志》《续天津志》《石钟山志》等志序，提倡学者修志，在方志文论和实践中为方志理论作出了卓越的贡献。学者修志才能多出名志。梁启超指出："方志虽大半成于俗吏之手，然其间经名儒精心结撰或参订商榷者亦甚多。"[①] 他举例说："其在省志，《浙江通志》《广东通志》《云南通志》之总纂，则阮元也；《广西通志》，则谢启昆也；《湖北通志》，则章学诚原稿也。其在府县志，则《汾州府志》出戴震，《泾县志》《淳化县志》出洪亮吉，《三水县志》出孙星衍，《朝邑县志》出钱坫，《偃师志》《安阳志》出武亿，《富顺县志》出段玉裁，《和州志》《亳州志》《永清县志》《天门县志》出章学诚，《凤台县志》出李兆洛，《长沙志》出董祐诚，《遵义府志》出郑珍、莫友芝。凡作者皆一时之选，其书有别裁、有断制，其讨论体例见于各家文集者甚周备。"[②] 关于方宗诚生平及学术成就，他的学生桐城陈澹然等著《方柏堂先生事实考略》又名《方柏堂事实考略》五卷，介绍甚详。

方宗诚生前刻书要目：

咸丰间（1851—1861）景紫堂原刻、同治六年（1867）选印清夏炘撰、清方宗诚选辑《夏氏三书》3 种二十二卷。《中国丛书广录·汇编丛书·自著类·清代后期》第 324 页著录，藏处待考。该丛书所收 3 种子书在同治元年（1862）王光甲汇印及民国十年（1921）其曾孙夏正林修补重刻《景紫堂全书》中已补进。

同治四年（1865）刻清方宗诚述《书传补义》三卷。《中国古籍总目·经部·书类·传说之属》第 275 页著录，国家图书馆藏。

同治五年（1866）方宗诚刻清桐城陈纪撰、方宗诚辑《陈松田先生

---

① 梁启超：《中国近三百年学术史》之十五《清代学者整理旧学之总成绩》，上海三联书店，2006.

② 梁启超：《清代学术概论》，上海古籍出版社，1998.

遗文》一卷。《中国古籍总目·集部·别集类·清代之属·清中期》第1764页、《清人别集总目》第593页著录，中国科学院图书馆藏，南京图书馆、安徽省图书馆藏咸丰间（1851—1861）刻《许玉峰集》本附。国家图书馆、南京图书馆、湖南省图书馆、安徽省图书馆、复旦大学图书馆、南开大学图书馆、安庆市图书馆、安庆师范学院图书馆、台湾“中央研究院”历史语言研究所傅斯年图书馆藏同治五年（1866）刻清桐城许鼎撰《许玉峰先生集》三卷附清陈纪撰、方宗诚辑《松田遗文》一卷。

同治五年方宗诚刻清许鼎撰、清刘元佐、清方宗诚辑《玉峰集》又名《许玉峰先生集》三卷、《附录》一卷计4卷。《中国古籍总目·集部·别集类·清代之属·清中期》第1904页著录，国家图书馆、中国科学院图书馆、复旦大学图书馆藏。

同治六年（1867）刻清方宗诚撰《柏堂集·前编》十四卷、《次编》十三卷、《续编》十三卷、《续编》二十二卷、《后编》二十二卷计4种71卷。《皖人书录》第98页著录，江苏国学图书馆（今江苏省南京）藏。

同治六年方宗诚刊从兄清方东树撰《考槃集文录》易名《仪卫轩文集》十二卷、《外集》一卷计2种13卷。《安徽艺文考·别集二二》、《皖人书录》第119页著录。此书为道光二十二年（1842）门人戴钧衡辑录，有方东树自序，但未刻，方宗诚进行选刊，其中《外集》为骈文。

同治七年（1868）安庆刊清方宗诚辑《象山集节要》六卷附《年谱》。《安徽省馆藏皖人书目》第28页、《安徽艺文考·儒家二》、《皖人书录》第97页著录，安庆市图书馆藏3册本。收入《半亩园丛书》中易名为《陆象山先生节要》。

同治八年（1869）方宗诚刻清文汉光撰《藕孔余生集》二卷。《中国古籍总目·集部·别集类·清代之属·清中期》第2155页著录，安徽省图书馆藏，还藏旧抄本。

附　同治九年（1870）六安涂宗瀛求我斋重刻清方宗诚评点《战国

策去毒》二卷。《安徽省馆藏皖人书目》第28页、《皖人书录》第99页著录，安徽省图书馆藏2册本。

同治十一年(1872)刻清方宗诚纂修河北省衡水市辖《枣强县志补正》五卷。《安徽省馆藏皖人书目》第28页著录，安徽省图书馆藏2册本。《中国地方志联合目录》无此版本。

同治间（1862—1874）方宗诚刻清方东树撰《仪卫轩全集四种》实6种24卷（不分卷按1卷计）。《中国古籍总目·丛书部·独撰类·清代前期》第1182页著录，日本京都大学图书馆藏。

附 同治十三年（1874）修、光绪二年（1876）枣强县署刻清方宗诚纂修《枣强县志补正》五卷。《中国地方志联合目录·河北省·衡水地区》第65页、《安徽省馆藏皖人书目》第28页（作同治十一年刻）著录，国家图书馆、首都图书馆、中国科学院图书馆、故宫博物院图书馆、北京大学图书馆、清华大学图书馆、中国人民大学图书馆、北京师范大学图书馆、中央民族大学图书馆、首都师范大学图书馆、上海图书馆、复旦大学图书馆、上海辞书出版社图书馆、天津图书馆、辽宁省图书馆、大连市图书馆、吉林省图书馆、吉林大学图书馆、甘肃省图书馆、山东大学图书馆、南京图书馆、南京大学图书馆、中国科学院南京地理研究所图书馆、南通市图书馆、苏州市图书馆、浙江图书馆、浙江大学图书馆、安徽省图书馆（2册本）、安庆市图书馆、安徽师范大学图书馆、台湾省图书馆、郑州市图书馆、湖北省图书馆、武汉大学图书馆、华南师范大学图书馆、重庆市图书馆、重庆市北碚图书馆、四川大学图书馆、中国历史博物馆、国家文物局文物保护科学技术研究所、北京市文物局、河北省档案馆（局）、安徽省博物馆藏。

光绪元年（1875）刻清方宗诚述《诗传补义》三卷。《安徽省馆藏皖人书目》第28页著录，桐城市图书馆藏1册本，还藏光绪二年（1876）刻1册本。收入《柏堂遗书》本中。

光绪三年（1877）刻清方宗诚撰《柏堂经说》5种十六卷。《安徽省馆藏皖人书目》第 27 页、《安徽文献书目》、《皖人书录》第 98 页著录，安庆市图书馆藏 3 册本。此小丛书收入《柏堂遗书》中。

光绪三年刻清方宗诚撰《俟命录》十卷。《安徽省馆藏皖人书目》第 28 页、《皖人书录》第 97 页、《安徽艺文考·儒家二》、《安徽地震史料辑注》第 263 页著录，安徽省（2 册本）、安庆市图书馆藏。该书研究天时、人事及致乱根源，认为士大夫修身、处事、为政之道在于宗纲常，明正学，选拔人才，效力于当时。收入《柏堂遗书》本中。

光绪三至四年（1877—1878）刻清方宗诚撰《柏堂读书笔记》又名《读书笔记》九卷。《皖人书录》第 97 页、《安徽艺文考·儒家二》、北京师范大学图书馆编《中文古籍书目·子部·杂家类》第 283 页著录，北京师范大学图书馆藏 3 册本。

光绪三年刻清方宗诚撰《读宋鉴论》二卷。《安徽省馆藏皖人书目》第 29 页、《安徽艺文考·史评》、《皖人书录》第 97 页著录，安徽省图书馆藏 1 册本。分别收入《柏堂杂著》《柏堂遗书》中。

光绪三年刻清方宗诚撰《志学录》八卷。《安徽省馆藏皖人书目》第 26 页、《安徽艺文考·儒家二》、《皖人书录》第 97 页著录，安徽省图书馆藏 2 册本。后分别收入《柏堂杂著》、《柏堂遗书》本中。

光绪三年刻清方宗诚撰《辅仁录》四卷。《中国古籍总目·子部·儒家类·儒学之属·清》第 164 页著录，上海图书馆藏。

光绪四年（1878）刻清方宗诚撰《柏堂读书笔记》七卷。《安徽省馆藏皖人书目》第 27—28 页著录，安徽省图书馆藏 2 册本。收入《柏堂遗书》本中。

附　光绪四年畿辅志局刻清方宗诚撰《吴竹如年谱》又作《吴竹如先生年谱》一卷。《安徽省馆藏皖人书目》第 26 页、《皖人书录》第 97 页、《安徽艺文考·传记》、《安徽地震史料辑注》第 268 页（作清刊本）、《国家图书馆普通古籍总目·传记门·分传·个人年谱》第 300 页、《贩书偶记·史部·传记类·名人之属》卷六第 38 页著录，国家图书馆藏1册本4部，安徽省图书馆藏1册本。谱主为霍山县吴廷栋（1793—1873），号竹如。此书收入《柏堂遗书》中。

光绪四年刻清方宗诚撰《春秋传正谊》四卷。《安徽省馆藏皖人书目》第26页著录，安徽省图书馆藏1册本。安庆市图书馆还藏此书2卷1册不全稿本。此书收入《柏堂遗书》中。

光绪五年（1879）刻清方宗诚撰《读学庸论孟笔记》七卷。《安徽省馆藏皖人书目》第29页著录，安徽省图书馆藏2册本。

光绪五年刻清方宗诚撰《柏堂集·前编》十四卷、《次编》十三卷、《续编》十三卷、《（再）续编》二十二卷、《后编》二十二卷附《毅斋集》五卷计5种76卷。《皖人书录》第98页著录，藏处待考。但《安徽省馆藏皖人书目》第27页著录，安徽省图书馆藏20册本缺《外编》。

光绪六年（1880）刻清方宗诚撰《柏堂集·前编》十四卷。《清人别集总目》第237页著录，湖南省图书馆、浙江大学图书馆藏。

光绪六年刻清方宗诚撰《敬义书院讲义》一卷、《继总统论》二卷计2种3卷。《中国古籍总目·子部·杂家类·杂学杂说之属》第1771页著录，东北师范大学图书馆藏。

光绪六年刻清方宗诚撰《柏堂集次编》十三卷。《安徽省馆藏皖人书目》第27页著录，安徽省图书馆藏2册本。

光绪六年刻清方宗诚撰《柏堂集·前编》十八卷、《次编》十三卷、《续编》二十二卷、《后编》二十二卷计4种71卷。《安徽省馆藏皖人书目》第27页著录，安徽省图书馆藏16册本。

光绪七年（1881）刻清方宗诚撰《柏堂集·前编》十四卷、《次编》十三卷、《续编》二十二卷、《后编》二十二卷计4种71卷。《清人别集总目》第237页、《安徽省馆藏皖人书目》第27页著录，国家图书馆、湖南省图书馆、安徽师范大学图书馆、常州市图书馆藏，安徽省图书馆仅存《续集》中卷一至四计4卷1册不全本。

光绪八年（1882）刻清方宗诚撰《春秋集义》十二卷。《安徽省馆藏皖人书目》第 26 页、《安徽艺文考·春秋》、《皖人书录》第 98 页著录，安徽省图书馆藏 8 册本。分别收入《柏堂经说》《柏堂遗书》本中。

光绪八年桐城方宗诚刻石埭清杨德亨撰《尚志居集》八卷、《补遗》一卷、《读书记》四卷计 3 种 13 卷。《中国古籍总目·集部·别集类·清代之属·清中期》第 2134 页、《清人别集总目》第 734 页著录，国家图书馆、吉林省图书馆、吉林大学图书馆、南京图书馆、安徽省图书馆、江西省图书馆、湖南师范大学图书馆、大连市图书馆、安庆市图书馆、常州市图书馆、中国人民大学图书馆、华东师范大学图书馆、安徽科研所图书馆藏。

光绪八年刻清方宗诚撰《柏堂集·前编》十四卷、《次编》十三卷、《续编》二十二卷、《后编》二十二卷、《余编》八卷、《补存》三卷、《外编》十二卷计 7 种 94 卷。《清人别集总目》第 237 页著录，安徽省图书馆（2 部 1 册本，1 部为作者自批，另 1 部有戴存庄圈点）、浙江图书馆、安徽科研所图书馆、无锡市图书馆藏。但《安徽省馆藏皖人书目》第 27 页一作安徽省图书馆藏 24 册本为 99 卷。

光绪九年（1883）刻清方宗诚撰《周子通书讲义》一卷。《中国古籍总目·子部·儒家类·儒学之属·宋元》第 72 页、《安徽省馆藏皖人书目》第 26 页著录，国家图书馆、上海图书馆、安徽省图书馆（1 册本）藏，收入光绪间（1875—1908）刻《柏堂遗书》中。

光绪十年（1884）安庆刊清方宗诚撰《志学续录》三卷附《周子通书讲义》一卷计 2 种 4 卷。《安徽省馆藏皖人书目》第 26 页、《安徽艺文考·儒家二》、《皖人书录》第 98 页著录，安徽省图书馆藏 1 册本。分别收入《柏堂杂著》《柏堂遗书》本中。

光绪十年刻清方宗诚撰《柏堂集外编》十二卷。《安徽省馆藏皖人书目》第 27 页著录，安徽省图书馆藏 2 册本。

光绪十一年（1885）桐城方氏志学堂刻清方宗诚撰《吴竹如先生年谱》一卷。《国家图书馆普通古籍总目·传记门·分传·个人年谱》第 300 页、北京师范大学图书馆编《中文古籍书目·史部·传记类》第138页著录，国家图书馆、北京师范大学图书馆藏1册本。

光绪十一年重校刻清方宗诚撰《俟命录》十卷。《安徽艺文考·儒家二》《皖人书录》第97页著录，藏处待考。分别收入《柏堂杂著》《柏堂遗书》中。

清桐城方氏家刻清方宗诚辑《刘向五经通义辑本》（不分卷）。《安徽艺文考·群经总义》、《皖人书录》第99页著录，藏处待考。收入《一株红杏斋丛书》本中。

光绪十二年（1886）刻清方宗诚撰《辅仁录》四卷。《安徽省馆藏皖人书目》第28页著录，安徽省图书馆藏1册本 。收入《柏堂遗书》本中。

光绪十二年刻清方宗诚撰《柏堂集·余编》七卷、《补存》二卷计2种9卷。《清人别集总目》第237页著录，南京图书馆、山东省图书馆藏。

光绪间（1875—1908）刻清方宗诚撰《柏堂集·前编》十四卷、《次编》十三卷、《续编》二十二卷、《后编》二十二卷、《余编》八卷、《补存》三卷、《外编》十二卷、《附存》五卷计8种99卷。《中国古籍总目·集部·别集类·清代之属·清中期》第2257页、《安徽省古籍善本书目·集部·别集类·清代》卷四第一百〇二页著录，安徽省图书馆藏24册本，由方宗诚自己批校。

光绪间（1875—1908）桐城方宗诚存之著自刊本《柏堂杂著》10种三十七卷。《安徽省馆藏皖人书目》第27页著录，安徽省图书馆藏。还藏光绪间（1875—1908）刻《柏堂经说》4种13卷4册不全本。此书收入《柏堂遗书》本中。

清刻清方宗诚撰《孝经章义》一卷、《读学庸笔记》又名《读大学中庸笔记》二卷计2种3卷。《安徽省馆藏皖人书目》第26页著录，安徽省图书馆藏1册本。

清刻清方宗诚撰《柏堂集·后编》五卷。《安徽省馆藏皖人书目》第 27 页著录，桐城市图书馆藏 2 册本。

清刻清方宗诚撰《唐治殉难事略遗墨》不分卷。《安徽省馆藏皖人书目》第 28 页著录，《皖人书录》第 96 页及《安徽文献书目》等著录，安徽省博物馆藏 1 册本。

光绪间(1875—1908)刻清孙学颜撰、清方宗诚重编《麻山文集》二卷。《中国古籍总目·集部·别集类·清代之属·清前期》第 1325 页著录，上海图书馆藏。此两条拟应并为一条。

光绪间（1875—1908）刻清孙学颜、清方宗诚手编《麻山文集》二卷。《中国古籍总目·集部·别集类·清代之属·清前期》第 1325 页著录，上海图书馆藏。

光绪间（1875—1908）刊清方宗诚撰《柏堂杂著》15 种四十七卷。其细目不详。《皖人书录》第 98 页著录，藏家待考。

清桐城刻清方宗诚撰《吴竹如先生（廷栋）年谱》一卷。《皖人书录》第 97 页、《中国古籍总目·史部·传记类·年谱之属》第 842 页著录，收入台湾图书馆藏刘师培编《历代名人年谱大成存六十七种》稿本中，刻本藏处待考。

清刻清方宗诚撰《仪卫先生行状》一卷。《安徽省馆藏皖人书目》第 28 页、《安徽文献书目》、《皖人书录》第 97 页著录，安徽省图书馆藏 1 册本。

在方宗诚生前，他的《柏堂集》有多种版本行世，逝后后人家刻汇印时改为《柏堂遗书》。就《柏堂集》来说初为《前编》《次编》《续编》《后编》等，所收子书种数与卷数也多有不同。如家刻《柏堂集》九十四卷分为 7 编，初名《毛溪居士集》，后改题《画眉山人集》，其中 1 种《柏堂集》为光绪五、六年刻《前编》十四卷、《次编》十三卷，光绪七年刻《续编》二十二卷、《后编》二十二卷，光绪十年刻《外编》》十三卷，光绪十二年刻《余编》八卷、《补存》三卷计 95 卷，而清彭玉麟于光绪六年（1880）辑刻本为98卷。诸家藏目著录卷、种有微别，则是陆续印行本身不同或未收藏全。逝后家刻主要为方培浚、方守彝、守敦兄弟。

光绪元年（1875）至十二年（1886）桐城方宗诚（1818—1888）志学堂自刊，卒后方氏汇刊为《柏堂遗书》又名《方柏堂全集》31种一百七十二卷（含后附光绪十二年刻清方培浚撰《毅斋遗集》五卷）。《中国古籍总目·丛书部·独撰类·清代后期》第1234页、《中国丛书综录·汇编·独撰类（清代后期）》第539—540页、《清人别集总目》第237页、《安徽省馆藏皖人书目》第27页、安庆市图书馆《馆藏古籍书目·丛部》第九四页、《安徽地震史料辑注》第261页（录为刻本，不注年代）著录，国家图书馆、首都图书馆、中国科学院图书馆、北京大学图书馆、北京师范大学图书馆、中国人民大学图书馆、清华大学图书馆、上海图书馆、复旦大学图书馆、华东师范大学图书馆、上海辞书出版社图书馆、天津图书馆、内蒙古自治区图书馆、辽宁省图书馆、南京图书馆、无锡市图书馆、南京大学图书馆、安徽省图书馆、安庆市图书馆（50册本及后印仅存17种附1种计18种52册、光绪十二年［1886］后印本仅存20种附1种计21种41册共3种版本各1部）、浙江大学图书馆、福建省图书馆、福建师范大学图书馆、湖北省图书馆、武汉大学图书馆、江西省图书馆、广东省图书馆、云南省图书馆、黑龙江省图书馆、西北大学图书馆、台湾“中央研究院”历史语言研究所傅斯年图书馆、台湾大学图书馆、日本国会图书馆、日本大阪府立图书馆、日本京都大学图书馆及日本东京静嘉堂文库、日本东洋文库、日本京都大学人文科学研究所、日本东京大学东洋文化研究所藏。此套丛书起码有3次印刷计91种516卷。另《皖人书录》第97页著录收入《柏堂遗书》中还有《读孝经笔记》一卷。安徽省图书馆仅藏《柏堂集·前编》十四卷、《次编十三卷、《续编》二十二卷、《后编》二十二卷、《余编》八卷、《补存》三卷、《外编》十二卷计7种94卷。

光绪二十年（1894）甲午仲冬家刻方宗诚所编刊《仪卫轩集》不全桐城方东树著《考槃集》25 种近 200 卷。刘声木《续补汇刻书目》卷二十三第三至四页著录。

藏书家、活字出版家胡珽

文字因缘在石林，开禧插架尚森森。

公书剥落生芒未，愿向琳琅秘室寻。

这是清末学者叶昌炽在《藏书纪事诗》中对胡珽藏书问学的评价。诗里所用典故今引《吹网录》就是很好的注释：“《石林奏议》宋本五十卷，《百宋一廛赋》所谓‘脉石林之奏议，郁剥落而生芒’也，后归三十五峰园汪氏。未几，汪氏藏书亦散，为吾族人某所得，欲重梓而无力。近闻胡君心耕搜罗秘籍，遂介余以归之。胡君欣然影钞数本，流布四方，而以原本精装什袭。盖自开禧锓板七百余年，几至湮没而复传于世，亦公之精神默为呵护哉！”[①] 明清时期，徽州府在境内境外出版家中有一大批是搞活字出版的其中最突出的要数琳琅秘室第二代主人胡珽。

胡珽（1822—1861），字心耕，一作心耘[②]，号琳琅秘室主人，著名藏书家胡树声子，琳琅秘室第二代主人，休宁县人，寄籍仁和（今浙江省杭州市），寓居吴下（今浙江省苏州市）定慧寺巷。道光二十五年（1845）中举，授太常寺博士，官金华教谕。咸丰十年（1860）移居上

① 转引自叶昌炽著《藏书纪事诗·胡珽心耕（耘）》卷六第六七〇页，上海古籍出版社，1999.

② 《清人室名别称字号索引》下册第 1185 页。

海，次年四月病卒于旅舍。著有《石林燕语集辨》[①]《嬾真子录集证》[②]，惜未行世。还著有《净土圣贤录续编》四卷[③]。

其父胡树声（1799—1835），字震之，号雨裳，一作雨塘，原籍休宁，随其父印川在浙江从事盐业，迁苏州。树声弱冠年后应商籍，补仁和博士弟子员而隶籍仁和（今浙江省杭州市）。喜习古籍，并精通历代掌故。喜藏书，尤以不惜重金购藏宋元旧本为著，加上亲手缮录，累至千百卷，并因名居室为琳琅秘室。生子二人，长为胡珽，次为勋常。

胡珽承父志，尤喜藏古籍，对其父及自己收藏的宋元旧籍逐加校勘，并与叶廷琯研讨疑难，有得就记。琳琅秘室经过胡树声、胡珽两代人的努力，成为苏州著名的藏书楼，尤其是胡珽购求古籍也是功不可没。如购士礼居宋本《石林奏议》十五卷，乃"影钞数本流布四方，而以原本精装什袭"[④]。他的抄本现仍有存世，如咸丰六年（1856）胡氏琳琅秘室抄宋陈元靓撰《岁时广记》四十卷、《首》一卷、《末》一卷计42卷[⑤]等。又如国家图书馆藏宋刻本《尚书图》一卷[⑥]1册本。该刊本行字不等，细黑口，四周双边，就有胡珽跋，当是胡家旧物或经胡珽之手古

---

① 《中国古籍善本书目·子部·杂家类》第529页、《中国古籍总目·子部·杂家类·杂学杂说之属》第1647页著录，南京图书馆藏清叶廷琯、胡珽撰《石林燕语辨》十卷、《附录》一卷稿本。

② 《中国古籍善本书目·子部·杂家类》第531页著录，南京图书馆分别藏清劳格、胡珽撰《嬾真子录集证》五卷稿本、胡珽撰《嬾真子录集证》五卷稿本各1部。

③ 《中国古籍总目·子部·释家类·撰述之属·论著部·净土教》第3409页著录，南京图书馆、北京大学图书馆藏光绪元年（1875）钱塘许灵虚刻清彭希涑撰《净土圣贤录》九卷、清胡珽撰《净土圣贤录续编》四卷附清陈本仁辑《种莲集》一卷。此书国家图书馆、天津图书馆藏清刻本，辽宁大学图书馆藏清末刻不全本，国家图书馆还藏此书清刻本中《净土圣贤录续编》为3卷，余同，说明胡珽此《续编》有三卷、四卷本。

④ 转引自叶昌炽著《藏书纪事诗·胡珽心耕》卷六第六七〇页，上海古籍出版社，1999。此书据叶昌炽按说："《石林奏议》，今归茗上陆存斋观察，已影写付雕矣。"

⑤ 《北京图书馆古籍善本书目·史部·时令类》第一一四四页著录，国家图书馆仅藏卷一至四、六至四十、首、末计41卷8册，由胡珽、徐绍乾校并跋。该抄本半页12行，行22字，无格。

⑥ 《北京图书馆古籍善本书目·经部·书类》第三三页著录。

籍。又据姚彦侍《咫进斋善本书目·草堂雅集》引卢希晋跋说他购元本《草堂雅》十三卷，“向来藏家奉为秘宝，而首册久缺，朱竹垞从琴川毛氏得钞本1册。此书首册完善，是真绝元仅有矣。”还购得项氏万卷堂残本《东观余论》，书甚奇秘，购后束诸高阁十余年。咸丰四年又得一完本，以成完璧。因而《烬余录·东观余论》跋说：“因思天下事何奇不有，十余年前缺憾之书，孰知留以待今日之大快乎？而今而后，虽有残缺之书，总当宝而藏之已。”并有：“胡珽词翰”“胡珽校勘”“壶天小隐”“琳琅秘室藏书”“从吾所好”“第一奇书”“子孙守之”等藏书印。

胡氏对古籍整理不仅有校勘文章，也留下不少真迹，如国家图书馆藏《南部新书》十卷[①]就由胡珽校。还有《春明退朝录》三卷[②]、《旧闻证误》四卷[③]、《元城先生语录》三卷《行录》一卷计2种4卷[④]、《东

① 《中国古籍善本总目·子部·杂家类·杂学杂说》第九六八页、《中国古籍总目·子部·杂家类·杂学杂说之属》第1638页、《北京图书馆古籍善本书目·子部·杂家类》第一三九七页、《藏园群书经眼录·子部二》卷八第六七一页著录，国家图书馆藏明刻宋钱易撰《南部新书》十卷2册本，就由钱曾、胡珽校，何焯、周锡瓒、顾广圻校并跋。该抄本半页10行，行20字，白口，左右双边。

② 《中国古籍善本书目·子部·杂家类》第525页、《中国古籍善本总目·子部·杂家类·杂学杂说》第九六九页（作清抄本）、《北京图书馆古籍善本书目·子部·杂家类》第一四〇〇页、《中国古籍总目·子部·杂家类·杂学杂说之属》第1641页著录，国家图书馆藏明抄宋宋敏求撰《春明退朝录》三卷1册本，由胡珽校并跋。该抄本半页9行，行21字，无格。

③ 《中国古籍善本总目·史部·史评类》第七六八页著录，南京图书馆藏清叶廷琯校并跋，又录胡珽、劳格跋咸丰五年（1855）叶廷琯抄宋李心传撰此书。

④ 《中国古籍善本书目·子部·杂家类》第530页、《北京图书馆古籍善本书目·子部·杂家类》第一四〇三页著录，国家图书馆藏清抄宋马永卿撰《元城先生语录》三卷、《行录》一卷1册本，由胡珽、徐绍乾校。该抄本半页9行，行21字，无格。

观余论》二卷[①]、《草堂雅集》十三卷[②]、《儒林公议》一卷[③]、胡珽校《画墁录》一卷[④]、批《野客丛书》三十卷《附录野老纪闻》一卷计2种31卷[⑤]、胡珽校并跋《改正湘山野录》三卷《续录》一卷计2种4卷[⑥]、胡珽跋《晁氏三先生集五种》九卷[⑦]、跋宋刻《尚书图》一卷[⑧]、跋《文

---

① 《中国古籍总目·子部·杂家类·杂考之属》第1793页、《北京图书馆古籍善本书目·集部·总集类》第一四三七页著录，国家图书馆藏万历十二年（1584）项笃寿万卷堂刻宋黄伯思撰《东观余论》二卷4册本，有潘宗欧跋，胡珽校并跋，靳方锜、潘遵祁等题款。该刊本半页9行，行18字，白口，左右双边。

② 《北京图书馆古籍善本书目·集部·总集类》第二八〇四页、《中国古籍善本总目·集部·总集类·断代》第一七七二页、《中国古籍总目·集部·总集类·断代之属》第3020页著录，国家图书馆藏清胡珽跋、清翁同龢摹金粟道人小像并跋、清孙衣言跋、瞿熙邦校并跋清抄元顾瑛辑《草堂雅集》十三卷8册本。该抄本半页12行，行22字，白口，左右双边。

③ 《中国古籍善本总目·子部·杂家类·杂记》第一〇一一页、《北京图书馆古籍善本书目·子部·杂家类》第一四六一页著录，国家图书馆藏胡珽跋明抄宋田况撰此书1册本。该抄本半页14行，行22字，无格。

④ 《中国古籍善本书目·子部·杂家类》第647页、《中国古籍善本总目·子部·杂家类·杂记》第一〇一一页、《中国古籍总目·子部·杂家类·杂记之属》第1854页、《北京图书馆古籍善本书目·子部·杂家类》第一四六三页著录，国家图书馆藏明十洲抄宋张舜民撰此书1册本，有近人东至周叔弢跋。该抄本半页12行，行20字，黑格，白口，左右双边。

⑤ 《中国古籍总目·子部·杂家类·杂考之属》第1795页著录，台湾图书馆藏嘉靖四十一年（1562）王谷祥刻宋王楙撰此书，有叶廷琯题记，清胡珽批。

⑥ 《中国古籍善本书目·子部·杂家类》第647页、《中国古籍善本总目·子部·杂家类·杂记》第一〇一一页、《中国古籍总目·子部·杂家类·杂记之属》第1854页、《北京图书馆古籍善本书目·子部·杂家类》第一四六三页著录，国家图书馆藏清抄宋释文莹撰此书2册本，还有瞿启甲跋。该抄本半页9行，行20字，无格。

⑦ 《中国古籍善本总目·丛部·家集丛书》第一九九七页、《北京图书馆古籍善本书目·子部·丛书类》第一九二六页著录，国家图书馆藏嘉靖三十三年（1554）至三十七年晁氏宝文堂刻此丛书中仅存4种6卷4册。该刊本半页10行，行17字或20字，白口，四周单边。

⑧ 《中国古籍善本总目·经部·书类》第三五页、《中国古籍善本书目·经部·易类》第103页著录，国家图书馆藏。

选》六十卷附《考异》十卷计2种70卷[①]、校跋宋龚明之撰《中吴纪闻》六卷[②]、校宋李仝注、宋东方明疏《新雕注疏珞琭子三命消息赋》三卷《新雕李燕阴阳三命》二卷及宋王廷光、李仝、释昙莹、徐子平撰《新编四家注解经进珞琭子消息赋》六卷计3种11卷[①]、校跋宋叶梦得撰《避暑录话》二卷两部4卷[④]、校跋《石林燕语》十卷、校宋赵与旹撰《宾退录》十卷2种[⑤]、抄《释氏稽古略》四卷《续集》三卷计2种7卷[⑥]、抄《岁时广记》四十卷《首》一卷《末》一卷计42卷[⑦]、校跋《法

---

① 《中国古籍善本总目·集部·总集类·通代》第一七一五页、《中国古籍总目·集部·总集类·通代之属》第2893页著录，湖南省图书馆藏嘉庆十四年（1809）鄱阳胡克家刻南朝梁萧统辑、唐李善注《文选》六十卷附清胡克家撰《考异》十卷计2种70卷，有清胡珽跋。

② 《中国古籍善本书目·史部·地理类二》第968页、《中国古籍善本总目·史部·地理类·杂志》第五〇五页、《中国古籍总目·史部·地理类·杂志之属》第3758页著录，国家图书馆藏清王峻校并录清毛扆跋；明毛晋、清毛扆校，清陆贻典校并跋；清曹炎录清毛扆校跋，佚名录清何焯校跋、清杨廷锡跋；清黄丕烈校并跋，清劳权跋并临清何焯、卢文弨校跋，劳健跋并录清毛扆跋；清胡珽校跋并录清程世銈、程锺跋明末毛氏汲古阁刻此书。

① 《中国古籍善本书目·子部·术数类》第367页、《中国古籍善本总目·子部·术数类·命书相书》第九一三页（但误为胡珽校）著录，上海图书馆藏胡珽校清抄此书。

④ 《中国古籍善本书目·子部·杂家类》第529页、《中国古籍总目·子部·杂家类·杂学杂说之属》第1647页著录，南京图书馆藏清胡珽校、清叶廷琯校并跋、沈涛跋道光二十五年（1845）叶锺刻此书；北京大学图书馆藏此版此书则由清劳格、胡珽跋，清叶廷琯校并跋。

⑤ 《中国古籍善本总目·子部·杂家类·杂学杂说》第九七五页、《中国古籍善本书目·子部·杂家类》第549页、《中国古籍总目·子部·杂家类·杂学杂说之属》第1661页著录，上海图书馆藏清胡珽校并录清何焯校清抄此书。广东省图书馆藏潘介繁跋并录清胡珽校乾隆十七年（1752）存恕堂刻此书。

⑥ 《中国古籍善本书目·子部·释家类》第973页、《中国古籍善本总目·子部·释家类·史传》第一一二〇页、《中国古籍总目·子部·释家类·撰述之属·史传部》第3418页著录，上海图书馆藏清胡珽跋咸丰二年（1852）胡氏琳琅秘室抄并跋元刻明修、元释觉岸撰《释氏稽古略》四卷、明释大闻（又作释幻轮撰）修《续集》三卷，有清胡珽跋。

⑦ 《中国古籍善本总目·史部·时令类》第四九四页著录，国家图书馆藏咸丰六年（1856）胡氏琳琅秘室抄宋陈元靓撰此书，由清胡珽、徐绍乾校并跋。

藏碎金录》十卷[①]、跋《陈伯玉文集》十卷[②]、跋《新雕注胡曾咏史诗》三卷[③]、校《沧浪严先生吟卷》三卷[④]、跋《草堂雅集》十三经[⑤]、校《贾氏谈录》一卷[⑥]、校宋吴潜撰《宋特进左丞相许国公奏议》四卷[⑦]，校《密斋笔记》五卷《续记》一卷附清胡珽撰《校讹》一卷清董金鉴撰《续校》一卷计4种8卷[⑧]及对自印《琳琅秘室丛书》36种一百五十八卷原书进行《校讹》整理等。

这里顺便提一下，胡氏父子藏书也未能逃脱历代私藏家不能世守的厄运。据叶昌炽在《藏书纪事诗》中引叶石林后裔叶廷琯撰《浦西寓舍杂咏》有："'良友他乡慰索居，暂收秘籍劫灰余。如何遽返琅環地，

---

① 《中国古籍善本书目·子部·释家类》第987页、《中国古籍善本总目·子部·释家类·撰疏·撰述》第一一一二页、《中国古籍总目·子部·释家类·撰述之属·杂撰部》第3431—3432页著录，复旦大学图书馆藏清胡珽校并跋嘉靖二十五年（1546）晁瑮宝文堂刻宋晁迥撰此书。该刊本半页10行，行21字，白口，四周单边，有刻工。

② 《中国古籍善本书目·集部·唐五代别集类》第44页、《中国古籍善本总目·集部·唐五代别集类》第一一八〇页著录，国家图书馆藏弘治四年（1491）晋江杨澄刻唐陈子昂撰此书。该刊本半页11行，行21字，黑口，四周双边。

③ 《中国古籍善本书目·集部·唐五代别集类》第172页、《中国古籍善本总目·集部·唐五代别集类》第一二二〇页著录，国家图书馆藏清胡珽跋清影宋抄唐胡曾撰，口陈盖、米崇吉注此书。该抄本半页10行，行20字，白口，左右双边。

④ 《中国古籍善本书目·集部·宋别集类》第381页、《中国古籍善本总目·集部·宋别集类》第一二九四页、《中国古籍总目·集部·别集类·宋代之属》第367—368页著录，国家图书馆藏正德十二年（1517）胡重器（琏）刻宋严羽撰此书。该刊本半页9行，行20字，黑口，四周双边。

⑤ 《中国古籍善本书目·集部·总集类》第1698页著录，国家图书馆藏清胡珽跋清抄元顾瑛辑此书。

⑥ 《藏园群书经眼录·子部三》卷九第七五五页著录，傅增湘藏旧抄宋张洎撰此书，后附胡珽、劳格校记。全书记31事。但是世传《类说》本（17事）、《说郛》本（9事）、《四库》本（26事）等均不全。

⑦ 《中国古籍善本总目·史部·诏令奏议·奏议》第三五七页、《北京图书馆古籍善本书目·史部·诏令奏议类》第三八二页著录，国家图书馆藏清抄此书2册本，还有由徐绍乾校并跋。该抄本半页9行，行21字，白口，左右双边。

⑧ 《中国丛书广录·类编丛书·杂纂类》第235页著录宋谢采白撰此书及校讹，收入台湾广文书局编《笔记丛编》丛书中。

抛掷遗编饱蠹鱼。’注云：‘仁和胡心耕，欲广收已散之书。辛酉（咸丰十一年，1861）夏，赍志而殁，遗书且莫保矣。’”[①]《杭郡诗三辑》也说：“庚申冬，避乱沪城，旋没于旅舍。劫遗之书，斥卖几尽。”经考，胡氏图书大部为陆心源所得。因此，在下奉劝诸公类似此类收藏，在身后献给公益馆所应不失为明智之举。

胡珽的出版活动主要是从咸丰三年（1853）起开始编校《琳琅秘室丛书》又名《秘笈汇编》，并用木活字翻印其中4集30种157卷。这是一部以宋元旧本为底本，偏重于收集掌故、说部、道释的古籍丛书。胡氏在每集前列总目，后附解题，自作札记列述书的得失处，撰《校勘记》订正原书的错误，对木活字排错处另附《校讹》，并由宋于庭、徐山民作序。是一部校勘审慎印制精美的木活字丛书珍品。他还著有《石林燕语集辨》《嫩真子录集证》等收采详赡的传世著述，可惜生前未自刊。后“在及门张孝廉叔朋处”。[②]他与叶石林远孙叶廷琯（字调生）交谊深厚。叶刊其远祖叶适《石林燕语》《建康集》，而胡珽《石林燕语集辨》一书据缪荃孙跋说是胡亲“诣清秘堂亲检《大典》一万四千八百卷，‘悟’字韵中钞得汪氏辨目二百有二条，归与叶廷琯调生撰《集辨》一书。初摆印于《琳琅秘室丛书》第五集。后又于印本复校，加数十签，荃孙见于周荇农师处。”[③]可见，胡氏对出版图书的认真负责，对所刊图书都进行校讹。

咸丰三年（1853）在杭州用木活字排印清胡珽辑、董金鉴校《琳琅秘室丛书》又名《秘籍汇编》四集30种一百五十八卷。《中国古籍总目·丛书部·杂纂类·清代后期》第504—505页、《中国丛书综录·汇

① 转引自叶昌炽著《藏书纪事诗·胡珽心耕（耘）》卷六第六七〇页，上海古籍出版社，1999.

② 转引自叶昌炽著《藏书纪事诗·胡珽心耕（耘）》卷六第六七〇页，上海古籍出版社，1999.

③ 转引自《藏书纪事诗·胡珽心耕（耘）》卷六第六七一页引《吹网录》。

编·杂纂类（清代后期）》第一册第192—193页、《中国丛书综录补正·汇编·杂纂类（清代后期）》第42页著录，国家图书馆、中国科学院图书馆、上海图书馆、复旦大学图书馆、天津图书馆、陕西省图书馆、南京图书馆、浙江大学图书馆、四川省图书馆、辽宁省图书馆、甘肃省图书馆均有胡珽辑，咸丰间胡自印完本收藏。该丛书规划整肃，框高19.7cm，宽13.5cm，半页9行，行21字，小字双行，上下黑口，单鱼尾，四周单边，有图；版心中题子目书名、卷次、页数。

但由于各地收藏所印非同一时期印行的，故版本著录虽同，但种类、卷数则大相径庭。如《汇刻书目》第一函第七册第二十七至二十八页著录则为咸丰癸丑（三年，1853）仁和胡珽心耘编校用活字版印行《琳琅秘室丛书》五集36种一百二十五卷。《中国丛书综录·总目·汇编·杂纂类（清代后期）》192—193页、《中国丛书综录补正》42页、《丛书书目汇编》第三册第三九九页、《增订四库简明目录标注》553页、北京师范大学图书馆《中文古籍书目·丛书部·杂丛类》509页等著录，《书目答问补正·丛书》卷五第329页也是这样著录集、种、卷的。可见，它们并非是同一版本。此丛书董金鉴撰加续校后曾于光绪十三年（1887）于会稽（今浙江省绍兴市）董氏云瑞楼以木活字排印，该丛书藏国家图书馆、首都图书馆、北京大学图书馆、北京师范大学图书馆、清华大学图书馆、中国中医科学院图书馆、上海图书馆、复旦大学图书馆、华东师范大学图书馆、上海辞书出版社图书馆、天津图书馆、辽宁省图书馆、吉林大学图书馆、陕西省图书馆、甘肃省图书馆、山东大学图书馆、南京图书馆、南京大学图书馆、苏州市图书馆、浙江图书馆、湖北省图书馆、武汉大学图书馆、江西省图书馆、四川省图书馆、重庆市图书馆、四川大学图书馆、云南省图书馆、中央民族大学图书馆藏，广东省图书馆收藏不全。光绪十四年（1888）会稽董氏取斯家塾木活字排印本为董金鉴重印本，在重刊例言页版心下镌“取斯家塾”4字，国家图书馆、北京大学图书馆、北京师范大学图书馆（24册本）、上海图书馆、复旦大学图书馆、天津图书馆、辽宁省图书馆、甘肃省图书馆藏。《中国古籍善本总目·子部·杂家类·杂学杂说》第九七二页、《北京图书馆古籍善本书目·集部·元别集类》第二二八八页著录，国家图书馆仅藏清末傅增湘校补并跋光绪十四年（1888）董金鉴活字印《琳琅秘室丛书》本元丁鹤年撰《鹤年集》四卷，元吉雅谟丁、爱理沙、吴惟善撰《校讹》一卷，清胡珽撰《续校》一卷2册本及傅增湘校此丛书中宋庄季裕撰《鸡肋编》三卷、清胡珽撰《校勘记》一卷、清董金鉴撰《续校》一卷等子书都是善本，可见此书版本价值。该印本半页9行，行21字，黑口，四周单边。民国间《丛书集成初编》收录其中子书就采用了光绪本子。

在很短的时间内就有4种版本，可见这套丛书是很受学界重视的。胡氏不仅刻印这套活字本丛书，还排印了一些零种。

咸丰九年（1859）胡珽活字排清临桂朱琦撰《怡志堂初编》八卷。《清人别集总目》第406页著录，南京图书馆藏清佚名题识。

咸丰九年胡心耕（耘）木活字排印清叶名澧撰《敦夙好斋诗续编》十一卷。《清人别集总目》第310页著录，南京图书馆、上海黄裳藏。

胡珽在刻书方面比之活字印书要逊色得多，但也是以精工著称。

咸丰六年(1856)杨以增、胡珽校刻清陈奂校，清沈宝谦、丁士涵跋，王大隆跋，清郝懿行撰《尔雅郭注义疏》二十卷。《中国古籍善本总目·经部·小学类》第一五五页、《中国古籍总目·经部·尔雅类·注解之属》第940页、《山东省图书馆馆藏海源阁书目·经部·小学类》第40页、《中国书店三十年所收善本书目·经部·小学类》第一九页、《贩书偶记·经部·尔雅类》卷三第63页、《中国古籍善本书目·经部·小学类》卷四第384页著录，山东省图书馆（1函8册本）、国家图书馆、北京大学图书馆、上海图书馆、天津图书馆、南京图书馆、浙江图书馆、江西省图书馆、湖北省图书馆、武汉市图书馆、复旦大学图书馆（竹纸线装8册本，清沈宝谦、丁士涵跋，王大隆跋）藏。该书卷末题“吴门汤漱芳斋刻印”。该刊本半页9行，行21字，小字双行同（19.3×13.5），大黑口，左右双边，单黑鱼尾。此刻为足本，上分四卷，中分八卷，下分七卷计 19 卷，首为宋翔凤序“称是书较《经解》本及陆氏本多四分之一”。陆本指道光庚戌（1850）陆建瀛木樨香馆刊本，复旦大学图书馆、武汉市图书馆还藏民国间上海鸿章书局影印此版本。

还有《书目答问补正·史部》卷二第 131 页著录休宁清胡珽琳琅秘室别行校足本宋叶梦得撰《石林燕语》十卷、宋宇文绍奕撰《考异》一卷，湖北省图书馆藏，有胡珽本人跋语。此外，还有不少单行活字本，一般均为《琳琅秘室丛书》的子目或单印本，如宋曾季狸撰《艇斋诗话》一卷，有佚名录、劳格校、清丁丙跋；元祝诚撰《莲堂诗话》二卷，也是清劳格校、丁丙跋本，南京图书馆藏。这里不再赘述了。

重金搜刻徽州先贤著作的李宗煝

李宗煝（1827—1891）又写成李宗湄、宗楣，别名金榜，字辉亭，号爰得、芸楼，黟县南屏村人。是受人称赞的急公好义、扶贫济困、重金搜刻徽州先贤著作的清末黟县西南百万首富。宗楣幼年丧父，母子相依为命，家境贫寒，因无鞋穿，人称“疲塌金榜”。早年到今铜陵县大通镇同邑商人舒祖谟店学徒。渐聚资本后独立开一爿小店。后开设钱庄，设当铺，成为拥有遍布铜陵县城与大通店铺十数的巨商，家道迅速勃兴。咸丰间（1851—1861），因太平军兴，淮盐不畅，李宗楣乘机纳赀三百，获准经营淮盐的南运经营权。同治初，宗楣盐业兴盛，尤其是他后期转营盐业，利润增长更快，很快成为当地徽商中的首富。宗楣因童年历尽艰辛，后创业维艰，因此同情贫苦，乐善好施，积极投身当地和桑梓的公益建设。如光绪间（1875—1908）捐银一万八千余两帮助兴修铜陵县仁丰圩水利工程；在铜陵，捐资修建“徽州会馆”。此后，在大通兴建招商局码头及修桥铺路工程；花 8 万两白银、赈济晋豫、苏皖粤自然灾害等；他重文兴教，在家乡建宗祠，设家塾，尤其是先后在西递、南屏、陈闾村办了3所免费私塾，曾捐千金修碧阳书院，奖掖读书莘莘学子。他济危扶贫，广作善事，使家产耗去大半，并不图名争利，最能代表他心胸的名言是他曾对他的儿子英元说："贤而多财则损志，愚而多财则益过。聚财不散是愚也，散财而邀名是私也。"但他本人也因屡举善事，光绪四年（1878）清廷以他输赈有功，议叙道员，分发江苏，赠三代二品封典。尤其难能可贵的是他晚年崇尚读书，不惜斥巨资大量广搜乡贤遗著，并刻印流布，使他成为自鸦片战争后外资入侵而迅速衰微的徽州府刻书业中最大的刻书家，常用刻书堂为"宝文堂"。先后出资万金搜刻《徐骑省集》《紫石泉山房诗文集》《续古文辞类纂》《新安志》《汪南溟集》《七家后汉书》《癸巳存稿》及金声、曹文埴、吴定、汪宗沂和《程正通药方》等历史名作和本郡先贤著作。据不完全统计有26版种以上，总卷数超过200卷。李宗煝撰写的东西不多。今安徽省博物馆藏有他所撰的《金正希先生年谱》①。他整理古籍有跋明金声撰《金忠节公文集》八卷6册本②等。

光绪十年（1884）刻宋罗愿撰《尔雅翼》三十二卷。《安徽省馆藏皖人书目》第411页著录，安徽省图书馆藏6册本。

光绪甲申（十年，1884）黟县李氏（宗煝）重刊黟县俞正燮撰《癸巳存稿》十五卷。《贩书偶记·子部·杂家类·杂考之属》卷十一第275页著录，而《安徽艺文考·儒家三》、《皖人书录》第879页则著录为光绪十一年（1885）黟县李宗煝刻清黟县俞正燮撰、张穆编《癸巳存稿》十五卷。

光绪间（1875—1908）黟县李氏刻歙县吴定撰《紫石泉山房文集》十二卷、《诗》二卷计2种14卷。《安徽文献书目》第162页著录，

① 《国家图书馆普通古籍总目·传记门·分传·个人年谱》第266页、《安徽省馆藏皖人书目》第106页、《安徽文献书目》第150页著录，国家图书馆（清李宗煝重编清抄1册本）、安徽省博物馆（3册抄本）藏。

② 友人慈溪市政协袁宏捷《栲栳山房藏古籍书目》著录。

安徽省图书馆藏线装 5 册全。而《贩书偶记・集部・别集类》卷十六第 414 页则著录为嘉庆十五年（1810）鲍氏刊、光绪丁亥（十三年，1887）黟县李氏（宗媚）刊歙吴定撰《紫石泉山房文集》十二卷、《诗钞》三卷。看来此书应为两刻 4 种 29 卷。

光绪十三年（1887）丁亥秋月黟县李爰得（观晉、宗媚）于上海用聚珍板刊歙县吴定（殿麟）著（自刊本罕见）《紫石泉山房集》6 种二十六卷以上。刘声木《续补汇刻书目》卷二十二第三页著录。

光绪十三年黟县李氏重刻歙县吴定撰《紫石泉山房诗文集》十五卷即《紫石泉山房文集》十二卷、《诗钞》三卷计 2 种 15 卷。《中国古籍总目・集部・别集类・清代之属・清中期》第 1609 页、《安徽省馆藏皖人书目》第 133 页、《歙事闲谭・吴殿麟〈紫石泉山房集〉》卷十第三二〇至三二一页、《清代别集总目》第 845 页、《贩书偶记・集部・别集类》第 414 页、北京师范大学图书馆藏书目《中文古籍书目・集部・清别集类》390 页著录，国家图书馆、天津图书馆、上海图书馆、南京图书馆、浙江图书馆、湖南省图书馆、安徽省图书馆（5 册本）、山东省图书馆、四川省图书馆、广东省图书馆、中国科学院图书馆、北京大学图书馆、北京师范大学图书馆（5 册本）、中国人民大学图书馆、南开大学图书馆、华东师范大学图书馆、湖南师范大学图书馆、台湾“中央研究院”历史语言研究所傅斯年图书馆、台湾大学图书馆、日本国会图书馆、日本大阪府立图书馆、韩国汉城大学图书馆及日本东京尊经阁文库、静嘉堂文库等藏。而河南省、复旦大学、浙江大学、安徽师范大学图书馆仅藏《紫石泉山房文集》十二卷，屯溪一中许晓骏处存 5 册本。这些应是不同的印次。板存北京宣武门外歙县会馆，卷首有王先谦重刊序，鲍桂星所撰事实 9 条及国史文苑传。还有姚鼐撰传、王灼撰墓志铭、陈兆麒原跋。

光绪十三年刻李宗媚重刻清汪有光撰《檀弓》二卷。《中国古籍总目・经部・礼类・礼记・分篇之属》第 496 页、《安徽艺文考・礼二》、

《安徽文献书目》第 130 页著录，本刊由国家图书馆、上海图书馆、南京图书馆藏，安徽省图书馆藏康熙间（1661—1722）原刻本。

光绪十三年李宗煝刻清江有光评《标孟》七卷。《中国古籍总目·经部·四书类·孟子·传说之属》第 883 页、《安徽艺文考·四书一》、《安徽文献书目》第 130 页著录，国家图书馆、上海图书馆、安徽省图书馆（2 册本）藏。

光绪十四年(1888)黟县李氏宗煝重刻宋罗愿撰《新安志》十卷、《附录》一卷计 11 卷。《中国古旧书刊拍卖目录》第 153 页、《中国地方志联合目录》第 468 页、《安徽省馆藏皖人书目》第 411 页、《皖人书录》第 89 页、《安徽文献书目》第 28 页、《四库全书总目·史部·地理一》卷六八第五九八页著录，国家图书馆、首都图书馆、中国科学院图书馆、故宫博物院图书馆、水利电力部科学研究院图书馆、中央民族文化宫图书馆、中共中央党校图书馆、北京大学图书馆、清华大学图书馆、北京师范大学图书馆、中国人民大学图书馆、中央民族大学图书馆、首都师范大学图书馆、上海图书馆、复旦大学图书馆、华东师范大学图书馆、上海师范大学图书馆、上海辞书出版社图书馆、天津图书馆、南开大学图书馆、河北师范大学图书馆、山西省图书馆、内蒙古大学图书馆、辽宁省图书馆、大连市图书馆、吉林省图书馆、吉林大学图书馆、东北师范大学图书馆、黑龙江省图书馆、西北大学图书馆、甘肃省图书馆、青海省图书馆、山东省图书馆、山东大学图书馆、山东师范大学图书馆、南京图书馆、南京大学图书馆、中国科学院南京地理研究所图书馆、江苏师范大学图书馆、南通市图书馆、苏州市图书馆、常熟市图书馆、扬州市图书馆、镇江市图书馆、浙江图书馆、浙江大学图书馆、宁波市图书馆、温州市图书馆、安徽省图书馆（4 册本）、安徽大学图书馆、安徽师范大学图书馆、安徽劳动大学图书馆、安庆市图书馆、歙县图书馆、江西省图书馆、江西师范大学图书馆、福建师范大学图书馆、厦门大学图书馆、河南省图书馆、郑州市图书馆、河南省社会科学院图书馆、郑州大学图书馆、河南师范大学图书馆、湖北省图书馆、武汉大学图书馆、华中师范大学图书馆、武汉师范大学图书馆、湖南省图书馆、湖南省社会科学院图书馆、湖南师范大学图书馆、广东省图书馆、中山大学图书馆、暨南大学图书馆、华南师范大学图书馆、广西第一图书馆、四川省图书馆、四川大学图书馆、重庆市图书馆、重庆市北碚区图书馆、云南大学图书馆、中国社会科学院考古研究所图书馆及中国第一历史档案馆、中国历史博物馆、国家文物局文保所、山东省博物馆、安徽省博物馆、湖南省博物馆藏，中国书店拍卖竹纸线装 4 册本，慈溪市政协袁宏捷自屯溪老街“奉受长”邵和凝处购得 4 册本。该刊本 18×13.3，为治印大家黄士陵手书上版，纸墨精良。

光绪十四年黟县李氏重刻明休宁金声撰《金忠节公文集》八卷。《中国古籍总目·集部·别集类·明代之属》第 958 页、《香港所藏古籍书目·集部·别集类》第 283 页、《安徽省馆藏皖人书目》第 187 页、《安徽文献书目》第 52 页、北京师范大学图书馆藏书目《中文古籍书目·集部·明别集类》376 页、《明人室名别称字号索引·引用书目》下册第 683 页著录，国家图书馆、北京大学图书馆、天津图书馆、复旦大学图书馆、南京图书馆、辽宁省图书馆、湖北省图书馆、安徽省图书馆、北京师范大学图书馆、香港大学图书馆藏 4 册本。

光绪十七年 (1891) 黟县李宗煝序刻清程玠撰《眼科秘方》一卷。《全国中医图书联合目录·临证各科》第 572 页著录，北京中医药大学图书馆藏。中国中医科学院图书馆及浙江中医药研究院藏抄本。

光绪十七年黟南李宗煝刻宋徐铉撰《徐骑省集》三十卷、《补遗》一卷，清朱孔彰撰、清孙诒让校《札记》又名《徐集校勘记》一卷计 3 种 32 卷。《中国古籍善本书目·集部·宋别集类》第 184—185 页、《中国古籍善本总目·集部·宋别集类》第一二三七页、《中国古籍总目·集部·别集类·宋代之属》第 170 页、《增订四库简明目录标注》第 681 页、《徽州地区博物馆藏书目录·有关徽州资料古藉（籍）·集部·别集类》

第一集著录，国家图书馆、北京大学图书馆、中国科学院图书馆、南京图书馆（清孙诒让校）、浙江图书馆、辽宁省图书馆、湖北省图书馆（2部均由清桐城萧穆校，分别为明州本、清朱彝尊藏抄本）及黄山市中国徽文化博物馆（作黟县李英元辑校《校勘记》一卷，8册本）藏。该刊本半页10行，行21字，白口，四周双边。

光绪十七年黟县李宗煝在金陵书局刻唐白居易撰、清曹文植（埴）选《香山诗选》六卷。《中国古籍总目·集部·别集类·唐五代之属》第123页著录，国家图书馆藏。

光绪十七年黟县李宗煝刻清王锡元、清李鸿年纂《李刻徐骑省集校勘记》二卷、《补遗》一卷计2种3卷。《中国古籍总目·集部·别集类·宋代之属》第170页著录，国家图书馆、天津图书馆藏。

光绪间（1875—1908）黟县李氏刻清曹文埴辑《香山诗选》六卷。《徽州地区博物馆藏书目录·有关徽州资料古藉（籍）·集部·别集类》第一集著录，黄山市中国徽文化博物馆藏2册本。

光绪十九年（1893）黟县李宗煝在金陵书局刻宋徐铉撰《徐公文集》又称《徐骑省集》三十卷、《补遗》一卷、《附录》一卷，清李英元撰《校勘记》一卷计3种33卷。《中国古籍总目·集部·别集类·宋代之属》第170页、《山西省图书馆普通线装书目录·文学门·诗文别集》第585页（但误作者为李英元）、《徽州地区博物馆藏书目录·有关徽州资料古藉（籍）·集部·别集类》第一集著录，国家图书馆（吴梅批校并跋）、北京大学图书馆、南京图书馆、山西省图书馆（8册本），黄山市中国徽文化博物馆（6、7、8册本各1部）藏。

光绪十九年黟县李宗煝仿明洪武刊本刻宋罗愿撰《罗鄂州小集》六卷附《郢州遗文》一卷，又作《鄂州小集》五卷、《拾遗》一卷、《附录》一卷计3种7卷。《中国古籍总目·经部·别集类·宋代之属》第304页（前2种）及333、334页、《北京图书馆古籍善本书目·集部·宋别集类》第二一八一页、《安徽地震史料辑注》第247页（作光绪间）、

《安徽省馆藏皖人书目》第411页、《安徽文献书目》第28页、《山西省图书馆普通线装书目录·文学门·诗文别集》第599页、《增订四库简明目录标注》第734页著录，国家图书馆（2册本，由吴梅批校并跋）、上海图书馆、南京图书馆、山东省图书馆、浙江图书馆、安徽省图书馆（3册本）、山西省图书馆（2册本）、湖北省图书馆藏。北京师范大学图书馆藏书目《中文古籍书目·集部·宋别集类》第360页著录为“光绪十九年(1893)黟县李氏重刻明洪氏本，线装2册。”而《皖人书录》第790页则著录为光绪十九年(1893)黟县李宗媚刊宋罗愿撰《鄂州小集》五卷、《拾遗》一卷、《附录》一卷。该刊本半页11行，行21字，黑口，四周双边。南京图书馆还藏清刻本，台湾图书馆藏旧抄本，国家图书馆（清谢宝树校）、北京大学图书馆及浙江图书馆天一阁分馆藏清抄本等。

光绪癸巳（十九年，1893）刻宋徐弦（917—993，字鼎臣，号骑省）撰《徐骑省集》三十卷、《补遗》一卷，清朱孔彰撰、清孙诒让校《札记》又名《徐集校勘记》一卷（含本传、附录、题跋、后序）计3种32卷。《美国俄亥俄州立大学图书馆中文古籍书录·集部》第119—120页著录，美国俄亥俄州立大学图书馆、美国达特茅斯学院图书馆藏8册1函本。该刊本半页10行，行21字（18×13.5），版心白口，单黑鱼尾，上镌“徐集”，中镌卷数，下镌页码，四周双边。内封题“徐骑省集/附补遗并校勘记”。有“光绪庚寅（十六年，1890）秋镌夏季完工壬辰（十八年，1892）春仲重校癸巳（十九年，1893）夏季三校黟南李氏藏板”牌记。《重校徐骑省集后序》署“光绪十八年秋七月黟县李英元”。

清光绪二十三年(1897)黟县李氏刻清汪宗沂撰《孟子释疑》一卷。《安徽省馆藏皖人书目》第166页、《安徽文献书目》第133页、《皖人书录》第515页著录，安徽省图书馆藏1册全。

此外，还有《香山诗选》《癸巳汇稿》及大量医学书籍，这里就不一一列举了。

其子英元，赓继父志，于光绪末年刻清汪宗沂撰《孟子释疑》一卷、

《十翼逸文》、《附录》三卷计 2 种 5 卷等。

光绪间（1875—1908）黟县李氏刻清黟县汪有光撰《批檀弓》二卷。《徽州地区博物馆藏书目录·有关徽州资料古藉（籍）·经部·礼类》第一集著录，徽州地区（今安徽省黄山市中国徽文化）博物馆藏 1 册本。还藏不著刻家光绪间（1875—1908）刻此书 1 册本。

光绪间（1875—1908）黟县李氏刻清黟县汪有光撰《标孟》十四卷。《徽州地区博物馆藏书目录·有关徽州资料古藉（籍）·经部·礼类》第一集著录，徽州地区博物馆（今黄山市中国徽文化）藏 2 册本。还藏不著刻家光绪间（1875—1908）刻此书 1 册本。

光绪间（1875—1908）黟县李氏刻清歙县汪宗沂撰《孟子释疑》一卷。《徽州地区博物馆藏书目录·有关徽州资料古藉（籍）·经部·礼类》第一集著录，徽州地区博物馆（今安徽省黄山市中国徽文化）博物馆藏 1 册本。

光绪间（1875—1908）黟县李氏刻宋歙县罗愿撰《新安志》十卷。《徽州地区博物馆藏书目录·有关徽州资料古藉（籍）·史部·地理类》第一集著录，徽州地区博物馆（今安徽省黄山市中国徽文化）藏 4 册本。

光绪间（1875—1908）黟县李氏刻宋歙县罗愿撰《罗鄂州小集》六卷、宋歙县罗颂撰《罗郢州遗文》一卷计 2 种 7 卷。《徽州地区博物馆藏书目录·有关徽州资料古藉（籍）·集部·别集类》第一集著录，黄山市中国徽文化博物馆藏 2 册本。

光绪间（1875—1908）黟县李氏刻清黟县李英元撰《徐骑省集校勘记》一卷。《徽州地区博物馆藏书目录·有关徽州资料古藉（籍）·集部·别集类》第一集著录，黄山市中国徽文化博物馆藏 8 册本。

光绪间（1875—1908）黟县李氏刻清歙县吴定撰《紫石泉山房文集》十二卷、《诗钞》三卷计 2 种 15 卷。《徽州地区博物馆藏书目录·有关徽州资料古藉（籍）·集部·别集类》第一集著录，黄山市中国徽文化博物馆藏 5 册本全，另 1 部《文集》8 卷、《诗钞》3 卷计 11 卷 4 册不全本。

显宦潘祖荫的丰富收藏及其刊刻的图书

一、勤勉舍身忠于国事的一生

潘祖荫（1830—1890），字伯寅，小字凤笙，号龟盦、东镛，有郑盦、八喜楼、功顺堂、滂喜斋、佞宋斋、汉学居、攀古楼、八求精舍、芬陀利室、龙威洞天、十二钟山房，其中滂喜斋是他，也是中国近代史上著名的藏书楼及家刻坊号，状元、太傅、武英殿大学士潘世恩孙、曾绶子，道光十年十月初六日生于北京米市胡同。

道光二十八年（1848）在其祖父80华诞之际恩赏祖荫举人。咸丰二年（1852）高中壬子恩科探花（一甲三名进士），授翰林院编修。

四年（1854）二月，充国史馆协修。四月，候补侍读。六月，充实录馆纂修。

六年（1856）正月，充功臣馆纂修。三月，任会试同考官。五月，补侍读。九月，充咸安宫总裁。十一月，入值南书房。十二月，充文渊阁校理，并赏戴花翎。

七年（1857）四月，任日讲起居注官，逾月授侍讲学士。

八年（1858）六月，任陕甘乡试正考官。十月，回京任国子监祭酒。十二月，升侍读学士。

九年（1859）九月，改任日讲起居注官，大考二等，赏文绮。十二月，任大理寺少卿。

十一年（1861）八月，出任宗人府丞。

同治元年（1862）正月，升任光禄寺卿。二月，兼都察院左副都御史。七月，出任山东乡试主考官。

二年（1863）正月，署宗人府丞。

三年（1864）三月，补都察院左副都御史。七月，任工部右侍郎兼管钱法堂事。

四年（1865）十一月，署礼部右侍郎。

五年（1866）三月，署刑部右侍郎、左侍郎。十二月，补工部右侍郎，仍兼管钱法堂。

七年（1868）三月，署吏部右侍郎。闰四月，调任户部右侍郎，仍兼管钱法堂。十二月，充经筵讲官。

八年（1869），转左侍郎，兼管三库事务。

九年（1870）十月，任武乡试副考官。十一月，任吏部右侍郎。

十年（1871）正月，任会试知贡举。九月，任武会试副考官。

十一年（1872），赏头品顶戴。

十二年（1873）三月，以随扈大臣随同治帝谒东陵，因户部行印遗失，被部议革职留用。六月，任吏部左侍郎。八月，任顺天府乡试副考官。因考生徐景春试卷文理不妥中试，而被革任。

十三年（1874）正月，仍回翰林院，在南书房行走。

光绪元年（1875）三月，改授大理寺卿。八月，任礼部右侍郎。

二年（1876）正月，任刑部右侍郎。四月，补礼部右侍郎。八月，改署工部右侍郎。九月，任玉牒馆总裁。十月，充武乡试正考官。

三年（1877），任武会试正考官。

四年（1879）五月，调户部右侍郎，兼管钱法堂、三库事务。九月，充实录馆副总裁。十二月，复任经筵讲官，仍兼工部右侍郎，管理钱法堂事务。

五年（1879）正月，转左侍郎，升都察院左都御史。三月，升工部尚书，赏加太子少保衔，管理沟渠河道。旋调刑部尚书。

六年（1880）三月，改任工部尚书。

七年正月，改任国史馆正总裁。十一月，补工部尚书。

十二年（1886）十月，充会典馆副总裁。十二月，管理沟渠河道。

十三年（1887）四月，充管理八旗官学大臣。九月，兼理顺天府府尹。

十四年（1888）署户部尚书，仍管沟渠河道。

十五年（1889）正月，赏加太子太保衔。三月，出任会试副总裁。七月，出任顺天乡试监临。

他自咸丰间由翰林入值南书房，至历任各部侍郎至数部尚书、军机大臣的40年京官生涯，直至光绪十六年十月三十日（1890.12.11）殉职于筹救京畿水灾任上，卒谥文勤，恩赏太子太傅。

经考，光绪十六年春夏，直隶霪雨成灾，上下数百里一片泽国，潘祖荫奉命主持救灾。当年，俄罗斯京都圣彼得堡发生夺走全球百万人生命的俄罗斯大流感。这个暖冬，北京城也因之流行时疫。整天奔波于救灾第一线上的潘祖荫于十一月二十三日忽感寒热，热汗不止。但他仍勉强起身入直。三十日上午，已病入膏肓，不能言语，最后以坐姿告终。以今天医学看来，他死于流感。

他是多事之秋清廷的重臣，他清正廉洁，勤勉王事，办事干练，疏请持平，直声朝野。潘祖荫一生政绩不胜枚举。尤其是他自任侍郎后，“乡试复试阅卷十三次，会试复试、朝考、散馆阅卷各七次，殿试读卷四次，考试试差、优贡朝考阅卷各四次，拔贡朝考阅卷二次，考试御史阅卷六次，考试学正、学录、汉荫生阅卷各一次，考试汉教习阅卷二次，考试孝廉方正阅卷五次，考试汉滕录阅卷三次”。[①] 先后数任乡、会试考官，多得人才，时人与翁同龢并称“翁潘”。他爱才惜士，善于发现人才，敢于保护人才，满人文震也在《天咫偶闻》中说他：“居在米市胡同际会堂之对门，以提倡奖拔为己任。闻一才士，亟收罗于门下，礼节先施，人以及门为荣。”

咸丰十年（1860）三月，在太平军与清军鏖战正酣之际，因后来成为湘军悍将、清廷柱臣的湖南举人左宗棠与幕主巡抚骆秉章闹矛盾，时任工部尚书、军机大臣的潘祖荫不顾性命，连上三疏密保左宗棠，他在

① 王锺翰点校《清史列传·新办大臣传二·潘祖荫》卷五十八第四五三二页，北京：中华书局，1987。

奏章中称："楚南一军，立功本省，援救江西、湖北、广西、贵州，所向克捷，固由骆秉章调度有方，实由左宗棠于地形厄塞险要，了如指掌，故贼纵横数千里，皆在宗棠规划之中。是国家不可一日无湖南，即湖南不可一日无宗棠也。由于他的推荐，使他一举成名，后来成为御侮安疆的重臣。

光绪六年（1880）九月，时任工部尚书潘祖荫奉命与惇亲王、醇亲王、翁同龢共办中俄交涉，他条陈善后办练兵、简器、开矿、造船、筹饷五事，主张富国强兵。晚年，他在主持水利防洪救灾工作中手写告灾乞赈文字多至千数百件，病危期间仍念念不忘赈务，"病中喃喃，皆言赈务"，关心民瘼，死而后已。所以，直隶总督李鸿章在光绪十七年的奏章称赞道："原任工部尚书兼管顺天府尹潘祖荫一闻灾信，先行拨款，飞饬印委办理急抚。内则函电四 驰，为民救灾，无微不至。"[①]

最能反映他生平业绩的传记资料要数其弟祖年所撰长约 2.5 万言的《潘文勤公年谱》一卷。此谱今上海图书馆藏光绪十七年（1891）家刊本，内容记谱主出生后逐年家事、谱主祖父、父辈、同辈的仕绩及谱主访求宋元旧籍，刊刻丛书及弹劾朝廷命官，尽心王事的业绩。他无子息，仅立侄树孳为子，恩赏举人。

他学识渊博。由于他一生忙于政务，著作较少。著有《字学汇海》二卷[②]、《攀古廔（楼）彝器款识》二卷（有自印本）、《攀古廔（楼）款识目》不分卷[③]、《奏疏》一卷、《秦輶日记》一卷、《滂喜斋试帖》

---

① 以上两则引语均转引自《清史列传·新办大臣传二·潘祖荫》本传，北京：中华书局，1987。

② 《中国古籍总目·经部·小学类·文字之属·字学》第 1124 页著录，复旦大学、浙江图书馆藏光绪十五年（1889）京都琉璃厂秀文斋刻清潘祖荫编此书不分卷，而中国科学院图书馆藏光绪十二年（1886）刻本则为 2 卷本，则为不同 2 个版本。

③ 《中国古籍善本总目·史部·金石类·金类》第七四六页、《中国古籍总目·史部·金石考古类·金之属》第 4845 页、《中国古籍善本书目·史部·金石类》第 1456 页著录，山东省博物馆藏清陈介祺批校并跋清抄清潘祖荫撰此书。

不分卷、《滂喜斋尺牍》一卷[①]、《郑庵书札》不分卷[②]、《潘文勤手札》不分卷[③]、《潘文勤公书札》不分卷[④]、《攀古廔（楼）藏器目》一卷[⑤]、《延煦堂金文拓本目》一卷[⑥]、《西陵日记》一卷[⑦]、《攀古廔金文目》一卷[⑧]、《古埙考释》一卷[⑨]、《沈阳纪程》一卷[⑩]、《东陵日

---

① 《中国古籍总目·丛书部·杂纂类·民国以来》第867页、《蛾术轩箧存善本书录·辛壬稿》卷三第六〇五至六〇六页著录，复旦大学图书馆藏民国间吴县王欣夫学礼斋抄自辑《抱蜀庐杂钞三种》稿本中收此子书1册抄稿本收60余通关于金石版本通信。

② 《中国古籍总目·集部·别集类·清代之属·清后期》第2386页著录，国家图书馆藏稿本。

③ 《中国古籍总目·集部·别集类·清代之属·清后期》第2386页著录，国家图书馆藏稿本。

④ 《中国古籍总目·集部·别集类·清代之属·清后期》第2386页著录，国家图书馆藏稿本。

⑤ 《中国古籍善本总目·史部·金石类·金类》第七四六页（作不分卷）、《中国古籍总目·史部·金石考古类·金之属》第4845页（作《攀古廔款识目》一卷）、《中国古籍善本书目·史部·金石类》第1456页著录，重庆市图书馆藏清潘祖荫藏、清吴大澂辑此书稿本。

⑥ 《中国古籍善本总目·史部·金石类·金类》第七四六页、《中国古籍总目·史部·金石考古类·金之属》第4845页、《中国古籍善本书目·史部·金石类》第1456页著录，上海图书馆藏清陈介祺批、清潘祖荫校并跋同治十三年（1874）胡义赞、王懿荣、祁瑞符抄清潘祖荫撰此书。

⑦ 《中国古籍总目·史部·地理类·专志之属·陵墓》第3874页著录，国家、上海图书馆藏光绪间（1875—1908）刻本。

⑧ 《中国古籍善本总目·史部·金石类·金类》第七四六页、《中国古籍总目·史部·金石考古类·金之属》第4845页、《中国古籍善本书目·史部·金石类》第1456页、《北京图书馆古籍善本书目·史部·金石类》第一〇九四页著录，国家图书馆藏清抄1册本。该抄本半页6行，行字不等，绿格，白口，四周单边。

⑨ 《中国古籍总目·金石考古类·陶之属》第4905页著录，收入《陟冈楼丛刊》本中。

⑩ 《中国古籍总目·丛书部·郡邑类》第912页著录，国家图书馆、中国科学院图书馆、北京大学图书馆、上海图书馆、复旦大学图书馆、天津图书馆、辽宁省图书馆、甘肃省图书馆、南京图书馆、武汉大学图书馆、重庆市图书馆藏民国二十至二十三年（1931—1934）辽海书社铅印金毓黻编《辽海丛书八十种附一种》第三集中收此子书。

记》一卷[①]、《滂喜斋日记》不分卷[②]即《潘祖荫日记》不分卷[③]及《潘文勤日记》一卷[④]、《芬陀利室词》一卷[⑤]、《郑庵诗文存》二卷[⑥]、《滂喜斋藏书记》三卷[⑦]、《八囍斋随笔》不分卷[⑧]、《吴县潘氏攀古楼款识册校记》[⑨]、《汉画象（像）考》[⑩]、《郑厂所藏泥封》一卷[⑪]、《潘文勤公杂著》等。还著有《光绪己丑恩科乡试监临纪事》一卷附《武乡试监临纪事》《拙速诗存》等。这是光绪十四年（1888）祖荫任工部尚书兼顺天府尹，加太子太保，三月充会试副总裁，记七月充顺天乡试监临，九月十二日出闱，十月十五日复充武乡试监临，二十日出闱事。此外，在同治二年（1863）七月编成咸丰帝奕訢撰《诗文全集》、光绪二年（1876）编成同治帝载淳撰《全集》、光绪五年（1879）十一月编成

① 《中国古籍总目·史部·地理类·专志之属·陵墓》第3874页著录，国家、南京图书馆藏光绪间（1875—1908）刻本。

② 《中国古籍善本书目·史部·传记类一》第554页著录，上海图书馆及苏州市文管会分别藏此日记中的同治二年（1863）、光绪七至十六年（1881—1890）部分。

③ 《中国古籍善本总目·史部·传记类·日记》第四二〇页著录，苏州市博物馆藏载同治二年（1863）正月至十二月、光绪七年（1881）正月至十三年（1887）十二月、光绪十五年（1889）正月至十六年（1890）十月内容的此书稿本。

④ 《中国古籍善本总目·史部·传记类·日记》第四二〇页著录，上海图书馆藏载光绪十四年（1888）内容的此书稿本。

⑤ 收入光绪间（1875—1908）刻《郑盦（庵）遗书》本中。

⑥ 收入潘承弼在民国间石印《陟冈楼丛刊》本中。

⑦ 《北京大学图书馆藏古籍善本书目·史部·书目类》第201页著录1923年有邵章题记的杭县邵氏抄3册本。此书为叶昌炽所编定。

⑧ 《北京图书馆普通古籍总目·目录门·目录学》第一卷第31页著录，国家图书馆藏李少微编此书在民国25年（1936）天津文祐堂书铺铅印1册本4部，其中1部为西谛藏书。

⑨ 《北京大学图书馆藏古籍善本书目·史部·考古类》第209页著录该馆藏2册手稿本。

⑩ 《北京大学图书馆藏古籍善本书目·史部·考古类》第211页著录该馆藏由陆和九校考清抄2册本。

⑪ 《中国古籍总目·史部·金石考古类·玺印之属》第4897页、《北京图书馆普通古籍总目·古器物学门·砖瓦陶》第六卷第96—97页著录，国家图书馆（1册本3部）、上海图书馆、天津图书馆、山东省图书馆藏光绪二十九年（1903）上虞罗振玉上海石印本。

载淳撰《穆宗毅皇帝实录圣训》等两朝已故皇帝御撰。还辑《藏书家印记序跋》不分卷、《百宋一廛赋》一卷等。

祖荫通经史，好收藏。滂喜斋收藏特点：一是多宋元旧椠，二是多抄校本书。王季烈在《滂喜斋藏书记·序》中说潘祖荫“在朝数十年，持躬清介，屏绝馈遗，所藏商周珍器、宋元精椠，皆尽廉俸购之四方”，使滂喜斋成为东南重要的藏书楼，也是旅苏潘姓大家族中最著名的一位藏书家。叶昌炽《藏书纪事诗》卷六“潘祖荫”条说：“图书金石之富，甲于吴下。”叶昌炽在馆滂喜斋时曾“尽窥帐秘”，有“宋刻《金石录》十卷，即《敏求记》所称冯研祥家本；宋刻《白氏文集》残本、《后村先生集》残本、《葛归愚集》、《淮海居士长短句》，皆士礼旧藏；北宋本《广韵》，则泽存张氏所刊祖本也；其他高编大册，断璧零缣，皆世间希有之秘”[①]。他的藏书由叶昌炽撰《滂喜斋藏书志残稿》不分卷[②]、《滂喜斋藏书记》三卷《滂喜斋宋元本书目》一卷[③]、《艺芸书舍宋元善本书目》一卷、《滂喜斋藏记目》三卷附《湖海楼所见人名》一卷《道光五年（1825）夏季搢绅录辑要》一卷《国朝章氏进士题名录》一卷[④]及自编并藏《滂喜斋宋元本书目》一卷[⑤]等可窥见其藏书情况。

他还是古器收藏家，收藏盂鼎、克鼎、齐侯镈为宇内重器及还收藏

---

① 见1999年12月上海古籍出版社版六九〇页。

② 《中国古籍总目·史部·目录类·总录之属·私藏》第4955页著录，国家图书馆藏稿本。

③ 《中国古籍总目·史部·目录类·总录之属·私藏》第4956页著录，上海图书馆藏缪氏艺风堂抄陈乃乾辑《滂喜斋宋元本书目》潘祖荫藏叶昌炽撰《滂喜斋藏书记》，由孙敏修校附缪荃孙、朱祖谋、沈玉麒、叶昌炽手札；北京大学图书馆藏民国12年（1923）杭县邵氏抄本有邵章题记；民国13年海宁陈氏慎初堂铅印本，北京大学图书馆、上海图书馆、南京图书馆藏。笔者亲查广西师范大学图书馆藏清刻《滂喜斋藏书记》三卷2册本，同治间（1662—1674）刻清潘祖荫撰《艺芸书舍宋元善本书目》一卷1册本。

④ 《中国古籍总目·史部·目录类·总录之属·私藏》第4956页著录，国家图书馆藏清末京师图书馆抄清潘祖荫藏《滂喜斋藏书记》及后面所附3种3卷为章钰编。

⑤ 《中国古籍总目·史部·目录类·总录之属·私藏》第4956页著录，收入《晨风阁丛书》本中。

古物多达600余品。著《攀古楼彝器款识》一书是考释精审，远轶啸堂尚功之书，又藏五品古埙，为考古家所未关注。又藏山东古匋文字数千品及世间孤本碑帖等。

他的藏书来之不易。今查潘承弼在上个世纪30年代石印《陟冈楼丛刊》中所收《郑盦诗存》一卷中有潘祖荫自咏《检书》诗，"佞宋真成癖，年来不可寻。偶然珍一帙，直欲抵兼金。角折芸香蔚，签残蠹物侵。海源今宛委，万轴自森森。"清末洋务重臣张之洞也是同嗜所好，曾在和《检书》诗中称："丽色若可餐，佳墨若可啜。亦如旧椠书，未读神先悦。""掇拾甘破产，收买及断缺。借观君其许，一瓻吾已设。"[①]就是达官贵人也难获得或借阅珍稀秘籍。

据上海图书馆老副馆长潘承弼先生在《寄沤剩稿·跋张菊生丈遗札》中追述潘祖荫所藏的宋版书中的宋本《诗本义》、宋刊张九成《孟子传》、宋刊《北周书》、宋刊《唐律疏义》、元刊《辍耕录》、宋刊《张乖崖全集》、宋刊《竹友集》、宋刊《郑氏诗谱补亡》一卷[②]、庄廷鑨《明史钞》等八种宋元本及稿本，后至民国被张元济所借刊入《四部丛刊》续编，又有十余种已借摄而未及付印，因日寇侵华中辍而未及印入。如《北京图书馆普通古籍总目·古器物学门·古器物学·杂录》第六卷第23页著录，潘祖荫滂喜斋硃格抄清钱大昕、清张鉴等撰《墨妙亭著录》不分卷，北京图书馆藏1册本，版心刻"滂喜斋"3字。还藏《郑庵所藏泥封》一卷[③]，还有清潘祖荫抄清丁晏撰《论孟集注附考》二卷[④]。其他收藏更多，

---

① 清张之洞：《广雅碎金》卷三。

② 《中国古籍总目·经部·诗类·诗谱之属》第405页著录，国家、北京大学图书馆、复旦大学图书馆、辽宁省图书馆藏民国24年（1935）上海函芬楼影印吴县潘氏滂喜斋藏宋刻本宋欧阳修撰此书。收入徐乾学辑刻《通志堂经解》丛书中。

③ 《贩书偶记·子部·艺术类·篆刻之属》卷十第257页、《香港所藏古籍书目·子部·艺术类·玺印篆刻》第205页著录，光绪癸卯（二十九年，1903）上虞罗振玉石印本。香港大学图书馆藏清潘祖荫撰、罗振玉辑此书此版1卷1册本。

④ 《北京图书馆古籍善本书目·经部·四书类》第一二五页著录，国家图书馆藏1册本。该抄本半页8行，行字不等，红格，白口，四周单边。

如《北京图书馆普通古籍总目·古器物学门·石刻》第六卷第77页著录，潘祖荫藏道光二十三年（1843）刻清高学治编《陵苕馆双钩古刻》5种3册本。国家图书馆藏，封面题陵苕馆续刻，有夏承碑、娄寿碑、刘熊碑、华山庙碑、吴纪功碑，有当湖朱善建卿珍藏印、吴潘祖荫审定金石书籍印，章氏四当斋藏书等印鉴。

潘祖荫的具体藏书处有郑盦，为纪念郑玄十月五日生日而命名。又有滂喜斋、八喜斋、攀古楼、功顺堂、八求精舍、澄怀堂、芬陀利室、汉学居、龙自然室、小脉望馆。他的藏印有“吴县潘氏郑盦藏”朱隶方、“伯寅藏书”朱大方、“祖”朱小方、“荫”朱小方、“伯寅经眼”朱方、“如愿”朱长方、“攀古楼”朱长方、“滂喜斋”朱大方、“金石录十卷人家”朱长方、“侒宋斋”朱大方、“潘祖荫藏书”朱长方、“潘祖荫藏书记”朱长方、“九涛十八涧中人”、“八求精舍”、“龙威洞天”、“分廛百宋”、“迻架千元”等。

光绪九年(1883)丁父忧归省，请叶昌炽编《滂喜斋读书记》二卷，对每种珍本秘籍进行题解。叶氏还给他编写了《滂喜斋藏书志》①。祖荫逝世后，他的弟弟祖年又请叶昌炽增益，更名《滂喜斋藏书记》三卷②，涉及宋元刻本、明初刻本、日本刻本等141种善本。祖荫逝世后，书肆捡点遗书而编成的《滂喜斋宋元书目》一卷，著录宋元本127种。经贵阳陈田录入日记，宣统元年罗振玉据陈田所录刊以行世。还有《滂喜斋藏书目录》精抄本，著录160种，多系名人批校收藏本，间有宋元本。再有一本是《八喜斋随笔》，为潘祖荫撰《钱竹汀日记钞》上批注

---

① 《中国古籍善本书目·史部·目录类》第1407页、《中国古籍善本总目·史部·目录类·家藏》第七二二页（但误潘祖荫为“潘袓荫”）著录，国家图书馆藏清潘祖荫藏、清叶昌炽撰《滂喜斋藏书志残稿》不分卷稿本。

② 《中国古旧书刊拍卖目录》第267页著录，中国书店拍卖民国间海宁陈氏慎初堂排印白纸2册本。该印本半页尺寸为14×11。

所见善本，由李少微录出刊行。还有《滂喜斋藏书志》[1]、《八囍斋随笔》等反映他收藏的大体情况。潘祖荫苦心惨淡经营的滂喜斋藏书曾于咸丰十年（1860）遭火灾，损失惨重。不仅烧毁大量精善本书，连借读江标的善本书及山东杨氏海源阁旧刻《墨经》也遭焚毁。在潘祖荫逝世6年后，其夫人又故去，继子树孳幼小，由其弟祖年赴京与族弟祖颐（字祝年）将余书南运归藏滂喜斋。潘祖荫留心金石文字。咸丰三年（1853）四月，与朝鲜李尚迪（字藕船）订金石文字之交。翌年，李尚迪弟子吴庆锡与孔宪彝、叶澧、阮福、潘祖荫为文酒之会，广辑朝鲜、日本碑刻作《海东金石录》二十四卷。后每逢彝器出土，均倾囊收购，至尽衣物不恤，所得有痓钟、四齐镈、史颂鼎、匽侯鼎、盂鼎、善夫克鼎等稀世文物。曾辑《攀古楼金石款识》，仅二卷而未成。

二、丰富的收藏

在潘祖荫众多的收藏中，最值得载入史册的，系晚清收复新疆功高盖世的重臣左宗棠为感激被受陷害而身陷囹圄时，身居高位的潘祖荫在咸丰帝时三上奏章，为国存忠良冒死救下左宗棠一命并加保荐之恩，在其东山再起后，将自己珍藏多年通高101.9厘米，口径77.8厘米，重153.5公斤，内刻300余字铭文的西周大盂鼎赠送给爱好收藏的潘祖荫。几年后，左宗棠又花了300两黄金买了西周通高93.1厘米，口径75.6厘米，重201.5公斤，内刻有290多字铭文的大克鼎赠给当年救命恩人

---

① 《北京图书馆普通古籍总目·目录门·图书目·清人》第一卷第115页著录，国家图书馆藏民国间朱丝栏抄本清潘祖荫藏并编《滂喜斋藏书目录》不分卷1册本及清末京师图书馆抄清潘祖荫藏、章钰编《滂喜斋藏书记目》三卷附《湖海楼词所见人名》一卷、《道光五年（1825）夏季搢绅录辑要》一卷、《国朝章氏进士题名录》一卷1册本，《贩书偶记·史部·书目类》卷八第201页、《中国古旧书刊拍卖目录》第482页著录，中国书店拍卖民国甲子（13年，1924）海宁陈氏慎初堂铅排本3卷竹纸2册本（该印本半页尺寸14×11.5cm），《北京图书馆古籍善本书目·史部·目录类》第一一三六页著录，国家图书馆藏清潘祖荫藏、清叶昌炽撰《滂喜斋藏书志残稿》不分卷1册稿本。

潘祖荫。因此，潘家为此两件满载友谊的传家宝雕刻了一枚“天下三宝有其二”的印章以作纪念这两件稀世之珍。

不独有偶，祖籍常熟大地主出身的中国近代史上显贵家族，“父子两帝师，叔侄双状元，一门五进士，一家三巡抚”发迹后也搬到江苏省城苏州府，与时代书香之家歙县大阜贵潘家同城。

翁家发迹于从秀才到状元的翁存心，官至体仁阁大学士兼工部尚书，“加太子太保衔”，赠谥“文端”入祭贤良祠，还曾担任上书房总师傅，同治帝师。由于地位高，加之腐清皇帝赏赐及搜刮民脂民膏，广收古籍簿物书画，已成为当时九大藏书家之一。如 2000 年 4 月 28 日上海图书馆花 450 万美金重金拍来的翁家藏书 80 种 542 册古本图书中宋刻本 11 种，元刻 4 种，明刻 12 种，清刻 26 种，名家抄本、稿本 27 种中尤以宋刻《集韵》《邵子观物内外篇》《长短经》《重雕足本鉴诫录》《会昌一品制集》《丁卯集》《施顾注苏诗》《嵩山居士集》等均为海内外孤本。尤其是其三子翁同龢官至同治光绪帝师，以协办大学士兼户部尚书，两次出任晚清军机大臣、总理各国事务衙门大臣的位极人臣的权奸利用腐清皇家赏赐、社会影响继承其父的家藏及大量收藏，使家中的艺术品收藏堆积如山，成为江南藏书大家，更是以清流名义及政治上一贯正确名义，为家族报李鸿章仇不惜牺牲国家利益，勾结造成中国近现代百年国耻近 60 年的中国最可耻的咸丰及其小老婆慈禧太后这个荒淫无耻、穷奢极欲的卖国割地赔款的恶女人，在她的庇护下，在翁贼两主户部时为迎合慈禧，大造颐和园，不给李鸿章主持下的北洋水师一文经费，致使北洋水师设备陈旧，几无炮弹的情况下，在甲午海战中全军覆没，翁贼成为甲午海战失败的第一罪人和晚清的掘墓人。

洋务运动彻底失败。头脑清醒的慈禧手里的傀儡光绪帝愤怒地指出，翁老贼是这次惨败的国家罪人，下令将其“革职，永不叙用，交地方官严加管束”。遗憾的是没有对他实行抄家，否则他所收藏的国宝会留在中国。这个无子孙接嗣多本家不肖的炎黄子孙后代翁万戈（1918. 7. 28—

2020.12.9）不可能将大批国宝献给无底线毁灭人类、对中华民族更是犯下不可饶恕罪行的美国。慈禧在毒杀光绪帝后，立即对这个老贼“诏复原官，追谥文恭”。而翁同龢的长兄翁同书，官至詹事府少詹事，正四品。次兄翁同爵，官至湖北巡抚，署理湖广总督，正二品。翁同书的孙子翁孔雀，官至直隶提法使，正三品。可见这个家族在中国百年国耻最黑暗的时期在官场的“盛况”。

今上海图书馆除高价拍来一批古籍外，就仅留下2015年12月19日翁家捐赠《翁同龢日记》稿本及2016年翁万戈侄翁以钧将一批翁同书、翁同龢手稿等家族文献以及五世孙翁铭庆转让翁同龢《己酉南归应试日记》稿本等600余件。其中，《翁同龢日记》稿本47册，其日期自咸丰八年（1858）六月二十一日（7.31）至光绪三十年五月十四日（1904.6.27即翁同龢死前7天）长达46年，成为研究晚清不可多得的史料。[①]上海图书馆现存明沈周所绘《临戴文进谢安东山图》，清代王原祠绘《杜甫诗意画巨轴》及2016年转卖给上海博物馆的梁楷绘《道君像》。

翁同龢也和潘祖荫一样无后，他虽收藏不计其数的簿籍字画、瓷器等珍品，只好过继其次兄翁同爵的儿子翁曾翰为裔。翁曾翰也无子嗣，又从长兄翁同书一脉过继长子翁安孙，又因无子嗣，只好再过继同族旁支翁万戈，原名翁兴庆，生于上海，1920年时2岁的翁万戈被立为翁同龢的五世孙，成为翁同龢财产的继承人。1938年20岁的翁万戈以优异成绩毕业于上海交通大学电机工程系，继之前往美国普渡大学机电工程专业读硕士。接着，去美国威斯康辛大学美术专业学油画，从此放弃原专业，在美国从事艺术方面的工作。1948年翁万戈首次回国收拾家

① 翁家的这些资料中曾由翁万戈、侄翁以钧编校《翁同龢日记》在1925年由商务影印出版，1970—1979年由台北中文研究资料中心6册繁体竖排本出版，1989年中华书局以6册简体横排本版行世，2012年上海中西书局以8册简体横排版再次行世。因此，上海图书馆所藏《翁同龢日记》只存在文物价值。

中藏品，并从天津运往上海，乘美国轮船至1949年初到达美国，正式加入美国籍，居住新罕布什尔州莱姆小镇，以莱溪为斋号，收藏中以字画为主，尤以明清文人书画作品为最，著名的有明沈周、朱耷，清“四王”，其中梁楷的工笔画《道君像卷》最引注目。在此之前，我国曾向翁万戈提出高于市场价收购这批文物，但却遭到这个不肖炎黄子孙的无情拒绝。

2018年7月，当他百岁生日之际向家人宣布要将一批183件中国书画捐赠给美国私家波士顿艺术博物馆，遭到众人震惊，不理解，但他仍坚持这样做。并于2018年12月13日，这个中华民族败类将183件中国文物无偿地捐赠给波士顿艺术博物馆。其中130幅绘画，31幅书法，4件织绣、拓片等无偿捐给该馆。加上以前对该馆捐赠，这个不肖的炎黄子孙居然共捐给该馆中国国宝级文物计235件，成为该馆捐献最多的收藏家。这些中国国宝级珍品横跨13个世纪5个朝代，尤以《长江万里图卷》最为珍贵。

翁同龢在其重要的任上一贯卡李鸿章，断绝北洋水师后勤保障，致使北洋水师在设备落后、几无弹药的情况下，这个阴谋家却在甲午战前鼓噪要北洋水师出战，表示绝不向倭寇投降，并组织由他为首，南通状元张謇等四大恶人处处掣肘北洋水师战守；甲午战败后，又放出“宁赠赔款，必不可割地”的语言以表现他维护祖国领土完整的虚伪面目。

更值得大书一笔的这些宝贝的存世艰辛和下落。话说，潘祖荫、祖年兄弟无后，立四房奕基之后潘承镜为继孙。承镜成年后与同乡丁春之[①]之女丁达于（1905—2007.8）结秦晋之好。惜婚仅3个月，承镜因病撒手西归，没有留下子嗣。第二年，潘祖年在风烛残年时决定改丁达于为潘达于，成为潘家当家人，成为潘氏兄弟留下的文物保护人。为了

---

① 丁春之曾任山西定襄知县。民国肇启，返苏经商，成为苏州最早的民族资本家代表。

接下这支潘家的香火，潘达于从家族子侄中选潘家懋为继子。在漫长的黑夜里，这对寡母孤儿多次挫败了中外贪婪的豪夺者巧取豪夺计谋，保护了潘氏兄弟留下的大批文物。例如：在上个世纪30年代，一位美国商人曾开出600两黄金外加上海一幢5层别墅来换潘家的两只宝鼎，遭到潘达于的严厉回绝。同时代，国民党政府曾以办展览会的名义“借用”两鼎，也遭到潘达于的一口回绝。1937年8月13日，淞沪抗战，苏州危在旦夕，潘达于携子家懋在光福一带避难，还于中秋节潜入苏州家中，将盂、克两鼎装箱埋入大厅后的深坑中，并按原样作好伪装，在上面放满家具杂物，才又回到避难地。日本强盗进入苏州后，威逼苏家交出两鼎，并多次入宅进行搜查，也没有查到两鼎线索，才使之逃过一劫。1941年，由于宝鼎箱盖腐烂，致埋藏地塌陷，潘达于又将两鼎移至不引人注目的屋子里，并以破旧家具与杂物堆放其上，才使两鼎安然无恙呆到苏州解放。1957年7月，潘达于写信给上海博物馆，将潘家收藏文物无偿交给国家。获得时任中央人民政府文化部部长沈雁冰先生落款的奖状。文有：“潘达于先生家藏周代盂鼎、克鼎，为祖国名器，六十年来迭经兵火，保存无恙。今举以捐献政府，公诸人民，其爱护民族文化遗产及发扬新爱国主义之精神，至堪嘉尚，特予褒扬。此状。”现大克鼎藏于上海博物馆，成为上海博物馆中国古代青铜馆的镇馆之宝，大盂鼎藏于中国国家博物馆，并成为该馆镇馆之宝之一，也是中国首批禁止出国（境）展览文物。

上个世纪70年代，潘达于又将祖父辈珍藏的古董400多件无偿捐赠给上海博物馆。生活困难的潘家不收政府一文钱。上个世纪90年代，潘达于拒绝博物馆送去的10万元奖金。她说：“我不要钱，当年600两黄金加别墅我早卖了。这东西属于子孙后代，属于每一个中国人！”

潘达于的爱国行为成为徽州潘氏家族的典型代表之一。潘家类似爱国行为还有多人。潘家之所以能有这样的献文物人是徽州精神形成的正确家风使然。潘家的爱国之情令人感奋，而比之苏城清廷帝师出身，比潘家更富藏文物的翁同龢家的败类子孙却将大批文物捐献给中国带来深重灾难的世界警察美国，两家子孙高下立判。每当我行于美国大都会博物馆看到中国大批文物时，我恨透这些美国强盗及与盗贼为虎作伥的少数炎黄不肖子孙的所作所为，我的心都在滴血。

三、潘祖荫在文化和刻书业中的业绩

由于咸丰十年（1860）火灾，使潘祖荫抄书存世不多。

清潘氏滂喜斋抄明文震亨撰《长物志》十二卷。《中国古籍善本总目・子部・杂家类・杂品》第一〇二〇页、《中国古籍总目・子部・杂家类・杂品之属》第 1910 页著录，上海图书馆藏。

清潘祖荫家抄清丁晏撰《论孟集注附考》二卷。《中国古籍善本书目・经部・四书类》第 314 页、《中国古籍善本总目・经部・四书类》第一三六页著录，国家图书馆藏。

清潘氏滂喜斋抄明文震亨撰《长物志》十二卷。《中国古籍善本书目・子部・杂家类》第 686 页著录，上海图书馆藏。

潘氏滂喜斋抄清潘祖荫批校清潘祖荫辑《藏书家印记序跋》不分卷、清黄丕烈撰《百宋一廛赋》一卷计 2 种。《中国古籍善本总目・史部・目录类・其他》第七二八页、《中国古籍总目・史部・目录类・琐记掌故》第 4914 页、《中国古籍善本书目・史部・目录类》第 1422 页著录，上海图书馆藏。

滂喜斋学录《蒋侑石遗书》本中蒋曰豫撰《论语集解校补》一卷。《中国古籍总目・经部・四书类・论语・传说之属》第 806 页著录，北京大学图书馆藏。

潘祖荫还在古籍整理方面做了不少工作，留下一批题跋。如对《户部汇题光绪十三年各直省民数谷数清册》不分卷[①]、《渔洋诗话》一卷《赐沐纪程》一卷计 2 种 2 卷[②]、《圭斋文集》十六卷[③]、《澄怀录》二卷[④]、《半岩庐遗诗》一卷[⑤]、《十一家注孙子》三卷[⑥]、《儒林外史》五十六回[⑦]、《周益文忠公集》二百卷[⑧]、《侨吴集》十二卷《附

① 《北京图书馆古籍善本书目·史部·政书类》第八六五页著录，国家图书馆藏清抄 1 册本。该抄本半页 6 行，行 20 字，小红格，白口，四周双边。

② 《中国古籍总目·集部·诗文评类》第 3199 页、《北京图书馆古籍善本书目·集部·诗文评类》第二八九一页著录，国家图书馆藏清卢荫溥、潘祖荫跋，清王士禛撰《渔洋诗话》一卷、《赐沐纪程》一卷稿本 1 册本。

③ 《中国古籍善本书目·集部·元别集类》第 471 页、《中国古籍总目·经部·别集类·金元之属》第 480 页、《北京图书馆古籍善本书目·集部·元别集类》第二二七一页著录，国家图书馆藏黄丕烈、潘祖荫跋成化七年（1471）刘釪刻元欧阳玄撰，明欧阳铭、欧阳镛编此书 4 册本。该刊本半页 11 行，行 21 字，黑口，四周双边。

④ 《中国古籍善本书目·子部·杂家类》第 697 页、《中国古籍善本总目·子部·杂家类·杂纂》第一〇二三页、《中国古籍总目·子部 ·杂家类·杂纂之属》第 1920 页、《北京图书馆古籍善本书目·子部·杂家类》第一四八四页著录，国家图书馆藏潘祖荫跋、傅增湘校光绪二年（1876）李文田家抄宋周密辑此书 1 册本。该抄本半页 10 行，行 18 字，无格。

⑤ 《中国古籍善本书目·集部·清别集类》第 1293 页、《中国古籍总目·集部·别集类·清代之属·清中期》第 2174 页、《中国古籍善本总目·集部·清别集》第一六一九页、《北京图书馆古籍善本书目·集部·清别集类》第二六三三页著录，国家图书馆藏清邵懿辰撰此书 1 册本稿本，有朱学勤、潘祖荫、孙诒经、谭献、杨文莹、吴庆坻跋，杜文澜、林启、陈豪、梁鼎芬题诗。此条互见吴庆坻条。

⑥ 《中国古籍善本书目·子部·兵家类》第 113 页、《中国古籍善本总目·子部·兵家类》第八一九页、《北京图书馆古籍善本书目·子部·兵家类》第一二一七页著录，国家图书馆藏清潘祖荫跋宋刻汉曹操、唐杜牧等撰此书。该刊本半页 8 行，行 17 字，小字双行 26 字，白口，左右双边。

⑦ 《中国古籍善本书目·子部·小说类》第 774 页著录，上海图书馆藏清潘世恩跋、潘祖荫补吴敬梓传并题识清抄清吴敬梓撰此书。

⑧ 《中国古籍善本书目·集部·宋别集类》第 332 页、《中国古籍善本总目·集部·宋别集类》第一二八〇页、《中国古籍总目·经部·别集类·宋代之属》第 318—319 页著录，上海图书馆藏清翁同龢、潘祖荫跋宋刻周必大撰此书稿卷中、下。

录》一卷[①]、《松壶先生画赞集》二卷[②]、《万历三十五年进士登科录》一卷[③]、《注东坡先生诗》四十二卷[④]、《谷山笔麈》十八卷[⑤]、《同治十一年户部现办各案节要》不分卷[⑥]、《读书敏求记》四卷[⑦]、《京畿

---

① 《中国古籍善本书目·集部·元别集类》第494页、《中国古籍总目·经部·别集类·金元之属》第487页、《北京图书馆古籍善本书目·集部·元别集类》第二二八五页著录，国家图书馆藏清黄丕烈、顾广圻抄补并跋，清潘祖荫、费念慈跋，叶昌炽跋弘治九年（1496）张习刻书牍纸印元郑元祐撰此书8册本。该刊本半页12行，行24字，黑口，四周双边。

② 《中国古籍善本书目·集部·清别集类》第1278页、《中国古籍善本总目·集部·清别集》第一六一五页、《中国古籍总目·集部·别集类·清代之属·清中期》第1752页著录，烟台市图书馆藏清光绪五年（1879）松茂斋抄清钱杜撰此书，有清桂馥、王定国题词，清程庭鹭、潘祖荫跋。该抄本半页9行，行22—25字，红格，四周双边。

③ 《中国古籍善本总目·史部·传记类·贡举》第四四五页、《中国古籍总目·史部·传记类·科举录之类》第1025页、《中国古籍善本书目·史部·传记类二》第648页、《北京图书馆古籍善本书目·史部·传记类》第四六八页著录，国家图书馆藏万历（1573—1620）间刻本，有清潘祖荫跋。该刊本半页10行，行大小字不等，黑口，四周双边。

④ 《藏园群书经眼录·集部二·北宋别集类》卷十三第一一七二页著录，宋刻宋施元之、顾禧撰此书不全本（缺卷五至十、十九、二十，仅存34卷）中有同治十年（1871）三月二十一日吴县潘祖荫于大雨中题识。该刊本半页9行，行16字，小字双行同，白口，左右双边。还有翁同龢、汪鸣銮跋，均为周叔弢手录。

⑤ 《中国古籍总目·子部·杂家类·杂学杂说之属》第1696页著录，中国科学院图书馆藏天启间（1621—1627）沈域刻明于慎行撰此书，上有潘祖荫题记。

⑥ 《中国古籍善本书目·史部·政书类》第1317页、《中国古籍善本总目·史部·政书类·邦计》第六四八页、《中国古籍善本总目·史部·目录类·其它》第七二五页（但误潘祖荫为潘袓荫）、著录，国家图书馆藏清抄本，有潘祖荫跋。

⑦ 《中国古籍总目·史部·目录类·总录之属·私藏》第4941页、《中国古籍善本书目·史部·目录类》第1395页著录，上海图书馆藏清潘祖荫校并跋乾隆十年（1745）沈尚杰双桂草堂刻六十年（1795）沈炎耆英堂重修清钱曾撰此书。上海图书馆藏雍正四年（1726）赵孟升松雪斋刻乾隆十年（1745）沈尚杰双桂草堂剜板乾隆六十年（1795）沈炎耆英堂重修清钱曾撰此书，有清吴卓信校并跋，宗舜年校；清潘祖荫校并跋；清蒋凤藻校并录清张宗櫹、许昂霄、黄丕烈校。

金石考》二卷[①]、批《曝书杂记》三卷[②]、《后汉书》[③]、题跋、批注《积古斋钟鼎彝器款识》十卷[④]、跋《诸城金石小识》一卷、《石刻存目》一卷[⑤]、对《杨幼云藏空首布拓本》不分卷题款[⑥]、批注《竹汀日记钞》三卷[⑦]、对《历代钟鼎彝器款识法帖》二十卷[⑧]题识、对《宁寿古鉴》不分卷附《目录》一卷题签[⑨]等留下他整理古籍的文字。

潘祖荫更是旅苏潘氏家刻世家群体中的最杰出者。"所刻书几及百种，皆有功学者"[⑩]。他先后刻有《滂喜斋丛书》4函32册计61种96卷、

---

① 《中国古籍总目·史部·金石考古类·郡邑之属》第4809页著录，收入《滂喜斋丛书》中此子书由潘祖荫批校。

② 《中国古籍善本书目·史部·目录类》第1421页、《中国古籍善本总目·史部·目录类·其它》第七二七页、《中国古籍总目·史部·目录类·琐记掌故》第4913页著录，上海图书馆藏清潘祖荫批同治七年（1868）刻甘泉乡人清钱泰吉撰此书。

③ 《中国古籍善本总目·史部·纪传类》第二一九页著录，北京大学图书馆藏宋黄善夫刻刘宋范晔撰、唐李贤注《后汉书》九十卷，晋司马彪撰、梁刘昭注《志》三十卷计2种120卷，有清潘祖荫跋。该刊本半页10行，行18或19字，小字双行23字，细黑口，四周双边，双鱼尾。

④ 《中国古籍善本总目·史部·金石类·金类》第七四四页（误"斋"为"齐"）、《中国古籍总目·史部·金石考古类·金之属》第4834页、《中国古籍善本书目·史部·金石类》第1452页著录，国家图书馆藏清潘祖荫批注嘉庆九年（1804）清阮元、朱为弼撰并自刻此书；上海图书馆藏清潘祖荫校此书；中国社会科学院文学研究所藏此书此版有顾廷龙跋并录清翁树培、叶志铣、潘祖荫、龚橙、吴大澂、汪鸣銮校，王同愈、顾颉刚、容庚、董作宾、唐兰、刘节、闻宥、商承祚跋。

⑤ 《中国古籍善本书目·史部·金石类》第1480页著录，山东省图书馆藏清潘祖荫跋清尹彭寿撰此书稿本。

⑥ 《中国古籍善本书目·史部·金石类》第1494页著录，国家图书馆藏清鲍康、冯汝玠跋，清潘祖荫、董文灿、王懿荣题款清杨氏祗德东堂拓清杨继震辑此书。

⑦ 王欣夫撰《蛾术轩箧存善本书录·庚辛稿》卷二第一五二至一五七页著录，王欣夫藏清嘉定钱大昕撰，弟子钱塘何元锡编次，崑山马光楣手抄并录清诸城刘喜海、吴县潘祖荫批注此书1册本。

⑧ 《中国古籍善本总目·史部·金石类·金类》第七四四页著录，天津图书馆藏清张照抄宋薛尚功撰此书，有清潘祖荫、周斯盛、翁同龢、杨濠叟题识（跋）。

⑨ 《中国古籍善本总目·史部·金石类·金类》第七四四页著录，上海图书馆藏清陈孝泳撰此书稿本，有清潘祖荫题签。

⑩ 清李慈铭：《续碑传集·潘文勤公墓志铭》卷四。

《功顺堂丛书》4函24册计21种80卷、《潘刻五种》实6种16卷，还有大量的零本古籍等计百余种子书近350卷。

潘祖荫的主要刻书活动扼记如下。

道光间（1821—1850）清滂喜斋刻清沈涛撰《论语孔注辨伪》二卷。《中国丛书广录·汇编丛书·自著类·清代后期》第316页著录，沈乾一《丛书目录》《中国古籍善本书目》等著录收入道光间（1821—1850）刻沈涛撰《沈西雝七种》二十七卷丛书中。

咸丰间（1851—1861）刻清潘祖荫撰《咸丰二年壬子恩科会试朱卷》一卷。《中国古籍总目·史部·传记类·科举录之属》第1133页著录，上海图书馆藏。

咸丰八年（1858）刻清潘祖荫撰《秦輶日记》不分卷。《山西省图书馆普通线装书目录·地志门·专类地志》第255页著录馆藏1册本。《北京图书馆普通古籍总目·地志门·专类地志》第四卷第620页著录，国家图书馆藏清刻1册本3部，其中1部有汝椿墨笔识语。

同治四至十三年（1865—1874）滂喜斋刻清许宗衡撰《玉井山馆集·文集》五卷、《诗集》十五卷、《诗余》一卷、《文续》二卷、《笔记》一卷计5种24卷。《山西省图书馆普通线装书目录·文学门·诗文别集》第684页著录馆藏6册本。

同治六年（1867）刻清潘祖荫撰《沈阳纪程》不分卷。《山西省图书馆普通线装书目录·地志门·专类地志》第255页著录馆藏1册本。

同治间（1862—1874）刻清潘祖荫撰《沈阳纪程》一卷。《中国古籍总目·史部·地理类·游记之属·纪行》第4012页著录，国家图书馆、上海图书馆藏，为后印本。

同治间（1862—1874）吴县潘祖荫刻清邵懿辰撰《半岩庐遗集》不分卷。《清人别集总目》第1338页著录，四川省图书馆（有双流刘咸炘批）、青岛市图书馆藏。

同治八年（1869）潘祖荫等刻清沈兆霖撰《沈文忠公集》十卷、《年谱》

一卷计 2 种 11 卷。《山东省图书馆馆藏海源阁书目·集部·别集类·清》第 304 页著录，山东省图书馆藏 1 函 4 册本，有牌记“同治八年刊”。该刊本半页 12 行，行 23 字（18.7×14），白口，四周双边，单黑鱼尾。

同治八年吴县潘氏京师刻清陈寿祺[1]撰《陈比部遗集》三卷、《纂喜堂诗稿》一卷计 2 种 4 卷。《清人别集总目》第 1286 页著录，南京图书馆、南开大学图书馆、台湾大学图书馆藏。

同治八年潘氏安顺堂刻清邵懿辰撰《蕙西先生遗稿》一卷。《清人别集总目》第 1338 页著录，国家图书馆、湖南省图书馆、复旦大学图书馆、华东师范大学图书馆藏。

同治九年（1870）吴县潘氏滂喜斋刻清许宗衡撰《玉井山馆笔记》一卷。《香港所藏古籍书目·子部·小说类》第 224 页著录，香港中山图书馆藏 1 册本。

同治九年滂喜斋重刻宋王象之撰《舆地碑记目》四卷。《中国古籍总目·史部·金石考古类·石之属》第 4849 页、《山东省图书馆馆藏海源阁书目·史部·金石类》第 123 页、《北京图书馆普通古籍总目·古器物学门·石刻》第六卷第 63 页、《西谛书目·史部·金石类》卷一第四三页著录，国家图书馆（3 部 2 册本，其中 1 部为西谛藏书）、山东省图书馆（2 册本）、上海图书馆、南京图书馆、浙江图书馆藏。该刊本半页 9 行，行 20 字（20.5×13.8），小字双行同，大黑口，四周单边，单黑鱼尾。

同治十年（1871）吴县潘氏北京刻清陈寿祺撰《纂喜堂诗稿》一卷。《香港所藏古籍书目·集部·别集类》第 309 页著录，香港中山图书馆藏 1 册本。

同治十年吴县潘祖荫原刻清邵懿辰撰《半岩庐遗诗》二卷。《中国古籍总目·集部·别集类·清代之属·清中期》第 2174 页、《香港所

① 陈寿祺（1829—1867），本名陈源，字子谷，号珊士，有纂喜堂，山月人。咸丰六年（1856）中进士，官刑部主事。

藏古籍书目·集部·别集类》第319页著录，国家图书馆、浙江图书馆、香港中山图书馆（1册本）藏。

同治十一年（1872）吴县潘氏滂喜斋北京刻清潘祖荫撰《攀古廔彝器款识》不分卷。《中国古籍总目·史部·金石考古类·金之属》第4838页、《香港所藏古籍书目·史部·金石类·金类》第146页著录，香港中文大学图书馆、香港大学图书馆均藏4册本，应为先印本。南京图书馆还藏此书抄本。

同治壬申（十一年，1872）滂喜斋精刊吴县潘祖荫撰《攀古廔彝器款识》二卷附《沙南侯获刻石释文》（一卷）计2种3卷。《贩书偶记·子部·金石类》卷八第203页、《中国古旧书刊拍卖目录》第314页著录，中国书店拍卖白纸2册本。该刊本半页尺寸19.8×14.2。

同治十一年潘祖荫序刻清歙县曹应钟撰《啖敢览馆稿》一卷。《清人别集总目》第2070页著录，南京图书馆藏。此书收入《滂喜斋丛书》中。

同治十一年滂喜斋精刊清钱塘戴熙撰《古泉丛话》三卷、《附》又名《沙南侯获石刻释文》一卷计2种4卷。《中国古籍善本总目·史部·金石类·钱币》第七五三页、《中国古籍总目·史部·金石考古类·钱币之属》第4881页、《中国古籍善本书目·集部·金石类》第1491页、《中国历史博物馆藏普通古籍目录·史部·金石类》第240页、《北京图书馆普通古籍总目·古器物学门·金文·泉币》第六卷第52页、《西谛书目·史部·金石类》卷一第四四页、《北京图书馆古籍善本书目·史部·金石类》第一一〇八页、《贩书偶记·子部·谱录类》卷十第262页、《中国古旧书刊拍卖目录》第284页著录，中国历史博物馆（1册本）、国家图书馆（1册本5部，其中1部有朱笔圈点，1部有文蔚题识，1部为西谛藏书，1部有清李慈铭跋）、上海图书馆、天津图书馆、南京图书馆、浙江图书馆藏，中国书店拍卖白纸1册本。该刊本半页10行，行20字（20×13），白口，四周单边。该子书收入《潘刻五种》本中。

同治十一年潘氏滂喜斋在北京刻清潘祖荫撰《攀古廔（楼）彝器款识》

二卷。《中国古籍善本书目·史部·金石类》第1456页、《中国古籍善本总目·史部·金石类·金类》第七四六页、《北京图书馆普通古籍总目·古器物学门·金文·文字》第六卷第39页、《中国古籍总目·史部·金石考古类·金之属》第4838页、《中国历史博物馆藏普通古籍目录·史部·金石类》第222页、《贩书偶记·史部·金石类》卷八第203页、《北京图书馆古籍善本书目·史部·金石类》第一〇九四页、《山东省图书馆馆藏海源阁书目·史部·金石类》第121页著录，国家图书馆（2册本6部，其中1部为西谛藏书，1部为善本由王国维校正）、上海图书馆、天津图书馆、山东省图书馆、南京图书馆、浙江图书馆及中国历史博物馆均藏线装2册本，有图。该刊本半页10行，行24字（20×14.2），白口，四周双边，单黑鱼尾。封面题“同治十一年京西滂喜斋刻”，有“郑盦”朱印。有的藏家本还附《沙南侯获刻石释文》不分卷。

同治十二年（1873）吴县潘祖荫滂喜斋刻清吴大澂钩摹《汉沙南侯获刻石》一卷、清张之洞撰《释文》一卷计2种2卷。《中国古籍总目·史部·金石考古类·石之属》第4863页著录，国家图书馆、上海图书馆、浙江图书馆藏。

同治十二年吴县潘祖荫滂喜斋刻清吴大澂双钩《汉沙南侯获刻石双钩本》不分卷附清张之洞《释文》及诸家跋。《北京图书馆普通古籍总目·古器物学门·石刻》第六卷第77页、《香港所藏古籍书目·史部·金石类·石类》第149页著录，国家图书馆（1册本5部，封面题“攀古楼汉石纪存”，其中1部有东武尹彭寿题识）、香港大学图书馆（1册本1部，作1卷本，应为后印本）藏。与上条略异。

同治中（1862—1874）吴县潘祖荫刻《滂喜斋丛书》本清胡澍撰《黄帝内经素问校义》不分卷。《全国中医图书联合目录·医经》第19页著录，中国中医研究院图书馆、上海图书馆、南通市图书馆、广西壮族自治区第二图书馆藏。

同治间（1862—1874）潘氏滂喜斋刻朱墨套印清嘉定钱大昕撰、弟子钱塘何元锡编、诸城刘喜海评《竹汀先生日记钞》二卷。《中国古籍善本书目·史部·目录类》第1414页、《中国古籍善本总目·史部·传记类·日记》第四一四页、《中国古籍总目·史部·目录类·琐记掌故》第4912页、《北京图书馆古籍善本书目·史部·目录类》第一一三八页、《贩书偶记续编·史部·书目类》第96页著录，国家（1册本2部。其中1部为李慈铭校注，1部为孙凤钧校注，清潘祖荫录各家藏书目）、上海图书馆（由潘祖荫校）藏。该刊本半页10行，行23字，白口，左右双边。

同治十三年（1874）吴县潘氏滂喜斋刻清镇洋彭兆荪撰，清孙元培、孙长熙注《小谟觞馆全集》4种二十二卷。其细目为：

《小谟觞馆诗集》八卷、《续集》二卷、《诗余》一卷、《续》一卷、《文集》四卷、《续集》二卷，

《忏摩录》一卷，

《潘澜笔记》二卷，

《附录》四卷、《补遗》一卷。

《中国古籍总目·丛书部·独撰类·清代前期》第1180页、《中国丛书综录·汇编·独撰类》第一册第519页、《清人别集总目》第2153页著录，国家图书馆、南京图书馆、湖南省图书馆、广东省图书馆、北京大学图书馆、常州市图书馆、镇江市图书馆、无锡市图书馆、清华大学图书馆、复旦大学图书馆、甘肃省图书馆、南京大学图书馆、苏州市图书馆、安徽省图书馆、浙江图书馆、湖北省图书馆、广西壮族自治区及日本国会图书馆、韩国汉城大学图书馆藏，北京师范大学图书馆、福建师范大学图书馆、重庆市图书馆藏不全。《清人别集总目》第2153页著录仅《小谟觞馆诗集》八卷、《诗余》一卷、《续》一卷、《文集》四卷、《诗续集》二卷、《诗余·附录》一卷、《文续集》二卷计19卷，国家图书馆、南京图书馆、湖南省图书馆、广东省图书馆、北京大学图书馆、常州市图书馆、镇江市图书馆、无锡市图书馆、日本国会图书馆、韩国汉城大学图书馆藏。其中，国家图书馆藏本中1部有李慈铭批注。

同治六年至光绪四年（1867—1878）吴县潘氏在京师刊清潘祖荫辑《滂喜斋丛书》又作《滂喜斋丛书五十种》实4函55种九十四卷。其细目为：

第一函16种26卷：

同治十一年(1872)刊清胡祥麟撰《虞氏易消息图说初稿》一卷[①]，

同治六年(1867)刊清龚自珍撰《大誓答问》一卷[②]，

清金鹗撰《求古录礼说补遗》一卷、《续》一卷，

清陈奂撰《公羊逸礼考徵》一卷[③]，

同治十一年(1872)刊清吴卓信撰《丧礼经传约》一卷，清孙星衍撰《京畿金石考》二卷，[④]

唐释湛然撰、清胡澍录《止观辅行传宏决》(一名《辅行记》)一卷，[⑤]

同治十一年(1872)刊清李赓芸撰《炳烛编》四卷，

同治十年(1871)刊清叶名澧撰《桥西杂记》一卷[⑥]，

---

① 中华书局版《续修四库全书总目提要·经部·易类》第九四页著录，浙江嘉兴清胡祥麟撰此书，为丛书之一子书。

② 中华书局版《续修四库全书总目提要·经部·书类》第二九四页著录为本丛书之一。

③ 中华书局版《续修四库全书总目提要·经部·春秋类》第七二一页著录为本丛书之一。本书为撮要介绍朝制、门制、庙制、城制、禘祫礼、归宁礼，凿引礼之文异同都附注于各条之下，由门人元和陈倬校录。

④ 《北京图书馆普通古籍总目·古器物学门·金石》第六卷第100页、《香港所藏古籍书目·史部·金石类·金类》第145页著录，国家（光绪三年［1877］吴县潘祖荫在京师刻2册本1部及西谛藏1册本1部）、香港中文大学（同治十一年［1872］吴县滂喜斋重刻《滂喜斋丛书》本中2册本1部）图书馆藏。

⑤ 《中国古籍善本书目·子部·杂家类》第628页、《中国古籍善本总目·子部·杂家类·杂考》第一〇〇七页、《北京图书馆古籍善本书目·子部·杂家类》第一四五四页著录，国家图书馆藏本丛书此子书2册本，由李慈铭校注并跋。该刊本半页10行，行21字，黑口，左右双边。

⑥ 《中国古籍总目·子部·杂家类·杂学杂说之属》第1768页著录，南京图书馆藏此子书，有曹元忠批。

清邵懿辰撰《蕙西先生遗稿》一卷[①]，

同治十一年(1872)刊清张洵撰《张文节公遗集》二卷，

同治十一年刊清潘祖荫辑《越三子集》七卷：

清孙廷璋撰《亢艺堂集》三卷、

清陈寿祺撰《陈比部遗集》三卷、

清王星諴撰《西凫草》一卷，

清曹应钟撰《啖敢览馆稿》一卷，

清潘祖荫辑《壬申消夏诗》一卷。

第二函12种23卷，同治十二至十三年（1873—1874）刻。

同治十二至十三年(1873—1874)刊清胡秉虔撰《卦本图考》一卷[②]，

清胡秉虔撰《尚书序录》一卷，[③]

清臧寿恭撰《春秋左氏古义》六卷，

清胡秉虔撰《说文管见》三卷[④]，

清胡秉虔撰《古韵论》三卷，

清王守基撰《盐法议略》又名《长芦盐务议略》一卷，

清胡澍撰《黄帝内经素问校义》一卷，

清汪士钟撰《艺芸书舍宋元本书目》二卷又作《艺芸书舍宋板书目》一卷、《元板书目》一卷[⑤]，

清许宗衡撰《玉井山馆笔记》一卷、《旧游日记》一卷，

---

① 《清人别集总目》第1338页著录，日本京都大学人文科学研究所藏此逸出本。

② 中华书局版《续修四库全书总目提要·经部·易类》第九三页著录，为丛书子书。

③ 中华书局版《续修四库全书总目提要·经部·春秋类》第六九三至六九四页著录，为本丛书之子书。

④ 《北京图书馆普通古籍总目·文字学门》第十卷第60页著录，国家图书馆藏1册本3部，其中1部为西谛藏书。

⑤ 《北京图书馆普通古籍总目·目录门·图书馆书目·清人》第一卷第112页著录，国家图书馆藏同治十二年（1873）吴县潘祖荫滂喜斋刻清汪士钟藏并编《艺芸书舍宋元本书目》不分卷1册本2部，其中1部为西谛藏书，应为先印本。

清周济辑《宋四家词选》一卷，

清潘祖荫辑《癸酉消夏诗》一卷，

潘祖荫辑《南苑唱和诗》一卷。

第三函 11 种 25 卷，光绪三年（1877）刻。

光绪三年 (1877) 刊清吴玉搢撰、许瀚撰《别雅订》五卷[①]，

清许瀚撰《许印林遗著》又名《某先生校注说文条辨》一卷，

清王颂蔚辑、清钮树玉撰《非石日记钞》一卷[②]，

清钮树玉撰《钮非石遗文》一卷，

清江藩撰《炳烛室杂文》一卷，

清汪巽东撰《天马山房诗别录》一名《云间百咏》一卷，

清沈谨学撰《沈四山人诗录》六卷、《附录》一卷[③]，

清程祖庆撰《吴郡金石目》一卷[④]，

光绪三年（1877）刻清陈揆撰《稽瑞楼书目》四卷[⑤]，

---

① 《北京图书馆普通古籍总目・文字学门・其他》第十卷第 24 页《万卷精华楼藏书记・经部十・小学类一》著录，国家图书馆藏 1 册本 2 部，为本丛书逸出本前有许瀚记、丁艮善跋。

② 《中国古籍总目・史部・目录类・琐记掌故》第 4912 页著录，还有《杂文》一卷都收入《丛书集成初编》及本丛书中。

③ 《中国古籍总目・集部・别集类・清代之属・清中期》第 2086 页（作《沈四山人诗录》五卷《补遗》一卷）、《清人别集总目》第 1053 页及《中国丛书综录》著录，旅大（大连）市图书馆及日本京都大学人文科学研究所藏元和布衣沈谨学撰此丛书逸出或单行本。

④ 《北京图书馆普通古籍总目・古器物学门》第六卷第 108 页著录，国家图书馆藏本为光绪三年（1877）刻 1 册本 2 部、2 册本 1 部。

⑤ 《北京图书馆普通古籍总目・目录门・图书馆书目・清人》第一卷第 113 页、《香港所藏古籍书目・史部・目录类》第 138 页著录，国家图书馆（不分卷 1 册 3 部中有西谛藏书 1 部，还有西谛藏 2 册本 1 部，应为先印本）、香港中文大学图书馆（1 册本）、香港中山图书馆（1 册本）藏。

清冯舒辑《怀旧集》二卷[①]，

清吕世宜撰《爱吾庐文钞》一卷。

第四函 16 种 22 卷：

清刘书年撰《刘贵阳说经残稿》一卷，

清刘禧延撰《刘氏遗箸》一卷，

光绪四年 (1878) 刊清韩崇撰《宝铁斋金石文跋尾》三卷[②]，

光绪四年 (1878) 刊清吕佺孙撰《百砖考》一卷，

清陈介祺撰《陈簠斋传古别录》一卷[③]，

清陈介祺撰《陈簠斋丈笔记》一卷、《手札》一卷，

清鲍康撰《鲍臆园丈手札》一卷，

光绪四年 (1878) 刊清奔山草衣 (朱锡绶) 撰《幽梦续影》一卷，

明徐波撰《徐元叹先生残稿》一名《浪斋新旧诗》一卷，

清潘锺瑞辑《二茗诗集》计 5 卷：

清朱楡撰《万卷书屋诗存》一卷、

清叶廷琯撰《楙花盦诗》二卷、《附录》一卷、《外集》一卷，

清潘锺瑞辑《石氏乔梓诗集》计 3 种 3 卷：

清石嘉吉撰《听雨楼诗》一卷[④]、

---

① 《中国古籍善本书目 · 集部 · 总集类》第 1718 页、《中国古籍善本总目 · 集部 · 总集类 · 断代》第一七七八页、《中国古籍总目 · 集部 · 总集类 · 断代之属》第 3036 页、《北京图书馆古籍善本书目 · 集部 · 总集类》第二八二〇页著录，国家图书馆藏光绪三年(1877) 吴县潘祖荫刻清冯舒辑《怀旧集》二卷 1 册本，为《滂喜斋丛书》本，有翁同龢批点并跋。该刊本半页 11 行，行 23 字，黑口，左右双边。

② 《北京图书馆普通古籍总目 · 古器物学门 · 古器物学 · 杂录》第六卷第 21 页及本书《砖瓦陶》第 91 页著录，国家图书馆藏西谛藏书 2 册本 1 部及 1 册本 2 部。

③ 《北京图书馆普通古籍总目 · 古器物学门 · 古器物学 · 杂录》第六卷第 24 页著录，国家图书馆与《百砖考》一卷、《鲍臆园丈手札》一卷、《幽梦续影》及《陈簠斋传古别录》一卷合订 1 册本，为本丛书逸出本。

④ 《清人别集总目》第 284 页著录，南京师范大学图书馆、日本京都大学人文科学研究所藏此版子书。

清石渠撰《葵青居诗录》一卷附《梦蝕草》一卷[①]，

清屠苏撰《小草庵诗钞》一卷，

日本西田直养撰《日本金石年表》一卷[②]。

《中国丛书综录·汇编·杂纂类（清代后期）》第一册第200页、《中国古籍总目·丛书部·杂纂类·清代后期》第528—530页（作50种，但子目同）、《中国历史博物馆藏普通古籍目录·丛书部·杂丛类》第361页、《香港所藏古籍书目·丛部·汇编类》第587页著录，国家图书馆、首都图书馆、中国科学院图书馆、北京大学图书馆、北京师范大学图书馆、清华大学图书馆、中医科学院图书馆、上海图书馆、复旦大学图书馆、华东师范大学图书馆、上海师范大学图书馆、上海辞书出版社图书馆、天津图书馆、内蒙古自治区图书馆、吉林市图书馆、吉林大学图书馆、哈尔滨市图书馆、山东省图书馆、甘肃省图书馆、辽宁省图书馆、山东大学图书馆、南京图书馆、南京大学图书馆、苏州市图书馆、安徽省图书馆、浙江图书馆、杭州大学图书馆、福建省图书馆、福建师范大学图书馆、河南省图书馆、湖北省图书馆、武汉市图书馆、武汉大学图书馆、江西省图书馆、广东省图书馆、四川省图书馆、重庆市图书馆、四川大学图书馆、云南省图书馆、黑龙江省图书馆、桂林市图书馆、广西壮族自治区图书馆、青海省图书馆、中央民族大学图书馆，中国历史博物馆（24册本）及香港中央图书馆（分别藏4函96卷30册、32册本各1部）、香港新亚研究所图书馆（4函55种96卷32册本）、香港中山图书馆（4函55种96卷32册本）藏。《丛书书目汇编》第四册第四五八页仅著录第一、二两函，还有小异。《清人别集总目》第1286页著录还有旅大市图书馆、台北故宫博物院图书馆及日本京都大

---

① 《清人别集总目》第280页著录，南京师范大学图书馆、日本京都大学人文科学研究所藏此版子书。

② 《北京图书馆普通古籍总目·古器物学门》第六卷第114页著录，国家图书馆藏1册本，为本丛书逸出本。

学人文科学研究所藏。《山西省图书馆普通线装书目录·总记门·丛书类》第998页著录馆藏同、光间吴县潘氏在京师刻清潘祖荫辑《滂喜斋丛书》50种32册。而顾修《汇刻书目》第七册第三十六至三十八页著录光绪三年吴县潘祖荫伯寅校刊《滂喜斋丛书》3函计33种48卷。其细目为:

第一函:

胡祥麟撰《虞氏易消息图说初稿》一卷,

龚自珍《大誓答问》一卷,

金鹗《求古录礼说补遗》一卷,

陈奂《公羊逸礼考证》一卷,

吴卓信《吴项儒遗书》一卷,

孙星衍《京畿金石考》二卷,

唐释湛然撰、清胡澍录《辅行记》一卷,

李赓芸撰《炳烛编》四卷,

叶名澧撰《桥西杂记》一卷,

邵懿辰撰《位西先生遗稿》一卷,

张洵撰《张文节公遗集》二卷,

孙廷璋撰《亢艺堂集》三卷,

陈寿祺撰《陈比部遗集诗钞》一卷、《词钞》一卷、《诗馀别集》一卷,

王星諴撰《西凫残草》一卷,

清曹应钟撰《啖敢览馆稿》一卷,

潘祖荫等辑《壬申消夏诗》一卷;

第二函:

胡秉虔撰《卦本图考》一卷,

胡秉虔撰《尚书序录》一卷,

臧寿恭撰《春秋左氏古义》一卷,

胡秉虔撰《说文管见》三卷,

胡秉虔撰《古韵论》三卷[①]，

王守基撰《盐法议略》一卷，

胡澍撰《黄帝内经素问校义》一卷，

汪士钟撰《艺芸书舍宋元本书目》一卷，

许宗衡撰《玉井山馆笔记》一卷，

周济撰《宋四家词选》一卷，

潘祖荫等辑《癸酉消夏诗》一卷，

潘祖荫辑《南苑唱和诗》一卷；

第三函：

许瀚撰《别雅订》五卷[②]，

石嘉吉撰《听雨楼诗》二卷，

石渠撰《葵青居诗录》一卷，

屠苏撰《小草庵诗钞》一卷，

日本西田直养撰《日本金石年表》一卷[③]。

而《香港所藏古籍书目·丛部·汇编类》第587页著录香港中央图书馆（分别为30册、32册各1部）、香港新亚研究所图书馆、香港中山图书馆存55种32册，也是4函，九十六卷。其细目为：

第一函17种26卷：

清胡祥麟撰《虞氏易消息图说初稿》一卷，

清龚自珍撰《大誓答问》一卷，

清金鹗撰《求古录礼说补遗》一卷、《续》一卷，

---

① 《北京图书馆普通古籍总目·文字学门》第十卷第84页著录，国家图书馆藏同治间（1862—1874）吴县潘祖荫刻1册本4部，为本丛书逸出本。

② 中华版《续修四库全书总目提要·经部·小学类》第一〇三六页著录，为本丛书子书之一。此书张穆曾于道光甲辰（二十四年，1844）丁晏校勘，认为精核。光绪戊寅（四年，1878）由丁艮善缮写编次。

③ 《中国古籍总目·史部·金石考古类·金之属》第4831页著录，还收入《丛书集成初编》中。

清陈奂撰《公羊逸礼考征》一卷，

清吴卓信撰《丧礼经传约》一卷，

清孙星衍撰《京畿金石考》二卷，

唐释湛然撰、清胡澍录《止观辅行传宏决》(又题《辅行记》)一卷，

清李赓芸撰《炳烛编》四卷，

清叶名澧撰《桥西杂记》一卷，

清邵懿辰撰《蕙西先生遗稿》一卷，

清张洵撰《张文节公遗集》二卷，

清潘祖荫辑《越三子集》3种7卷：

清孙廷璋撰《亢艺堂集》三卷、

清陈寿棋撰《陈比部遗集》三卷、

清王星諴撰《西凫草》一卷，

清曹应钟撰《啖敢览馆稿》一卷，

清潘祖荫辑《壬申消夏诗》一卷；

第二函12种23卷：

清胡秉虔撰《卦本图考》一卷，

清胡秉虔撰《尚书序录》一卷，

清臧寿恭撰《春秋左氏古义》六卷，

清胡秉虔撰《说文管见》三卷，

清胡秉虔撰《古韵论》三卷，

清王守基撰《盐法议略》一卷，

清胡澍撰《黄帝内经素问校义》一卷，

清汪士钟撰《艺芸书舍宋元本书目》二卷，

清许宗 衡撰《玉井山馆笔记》一卷、《旧游日记》一卷，

清周济辑《宋四家词选》一卷，

清潘祖荫辑《癸酉消夏诗》一卷，

清潘祖荫辑《南苑唱和诗》一卷；

第三函 11 种 25 卷：

清许瀚撰《别雅订》五卷，

清许瀚撰《许印林遗著》一卷，

清钮树玉撰、清王颂蔚辑《非石日记钞》一卷，

清钮树玉撰《钮非石遗文》一卷，

清江藩撰《炳烛室杂文》一卷，

清汪巽东撰《天马山房诗别录》(又题《云间百咏》)一卷，

清沈谨学撰《沈四山人诗录》六卷、《附录》一卷，

清程祖庆撰《吴郡金石目》一卷，

清陈揆撰《稽瑞楼书目》四卷，

清冯舒辑《怀旧集》二卷，

清吕世宜撰《爱吾庐文钞》一卷；

第四函 15 种 22 卷：

清刘书年撰《刘贵阳说经残稿》一卷，

清刘禧延撰《刘氏遗著》一卷，

清韩崇撰《宝铁斋金石文跋尾》三卷，

清吕佺孙撰《百砖考》一卷，

清陈介祺撰《簠斋传古别录》一卷，

清陈介祺撰《陈簠斋丈笔记》一卷、《手札》一卷，

清鲍康撰《鲍臆园丈手札》一卷，

清朱锡绶撰《幽梦续影》一卷，

明徐波撰《徐元叹先生残稿》(又题《浪斋新旧诗》)一卷，

清潘锺瑞辑《二茗诗集》2 种 5 卷：

　　清朱榆撰《万卷书屋诗存》一卷、

　　清叶廷琯撰《楙花盦诗》二卷《附录》一卷《外集》一卷，

清潘锺瑞辑《石氏乔梓诗集》2 种 3 卷：

　　清石嘉吉撰《听雨楼诗》一卷、

清石渠撰《葵青居诗录》一卷附《梦婕草》一卷，

清屠苏撰《小草庵诗钞》一卷，

日本西田直养撰《日本金石年表》一卷。

光绪乙亥（元年，1875）吴县潘祖荫刻清王维德（字洪绪，号林屋先生、定定子）辑《外科症治全生集》又名《外科全生集》（六卷）附《金疮铁扇方》（一卷）计2种7卷。《全国中医图书联合目录·临证各科》第541—542页著录，湖南中医学院、贵阳中医学院图书馆藏。

光绪丁丑（三年，1877）七月潘祖荫重刊清元和顾广圻撰、吴县黄丕烈注《百宋一廛赋注》一卷。《贩书偶记续编·史部·书目类》卷八第96页、《北京图书馆普通古籍总目·目录门·图书馆学》第一卷第141页著录，国家图书馆藏朱印1册本3部、墨印本3部中有2部为西谛藏书。

光绪三年（1877）八喜斋刻清汪巽东撰《天马山房诗别录》又名《天马山房诗录》六卷。《中国古籍总目·集部·别集类·清代之属·清中期》第2034页著录，国家图书馆、广东省图书馆藏。

光绪三年潘祖荫刻清潘曾沂撰《丰豫庄本书》又名《潘丰豫庄本书》一卷。《中国古籍总目·子部·农家类·综论之属》第348页著录，南京图书馆藏。收入光绪间（1875—1908）刻、光绪间石印《区种五种》丛书及光绪间刻《津河广仁堂所刻书》中。

光绪四年（1878）潘祖荫刻清钮树玉撰《说文解字校样》十五卷。《中国古籍总目·经部·小学类·说文之属·二徐本》第1004页著录，南京图书馆藏。国家图书馆藏稿本，有李锐跋。

光绪四年滂喜斋刻清朱锡绶撰《幽梦续影》一卷。《中国古籍总目·子部·杂家类·杂纂之属》第1949页著录，国家图书馆、东北师范大学图书馆藏。

光绪四年滂喜斋刻清□□撰《蚕桑实济》六卷、《附纪韩来安遗政》一卷计2种7卷。《中国古籍总目·子部·农家类·蚕桑之属·合论》

第361页著录，国家图书馆、南京图书馆、广东省图书馆、湖北省图书馆、吉林大学图书馆藏。

光绪五年（1879）潘祖荫在京师八喜斋刻清潘曾沂撰《船庵集》十二卷。《中国古籍总目·集部·别集类·清代之属·清中期》第2009页著录，国家图书馆、中国科学院图书馆藏。

光绪五年八喜斋在京师刻清潘曾沂撰《小浮先生闭门集》又名《闭门集》六卷。《中国古籍总目·集部·别集类·清代之属·清中期》第2009页、《清人别集总目》第2418页著录，国家图书馆、广东省图书馆、中国科学院图书馆、南开大学图书馆藏。

光绪五年侄祖荫八喜斋在京师刻清潘曾沂撰《船庵集》十二卷、《词》一卷计2种13卷。《清人别集总目》第2418页著录，南京图书馆、复旦大学图书馆、华东师范大学图书馆、苏州市图书馆藏。

光绪五年吴县潘氏京师八喜斋刻清潘曾沂撰《小浮先生闭门集》六卷、《船庵集》十二卷、《词》一卷计3种19卷。《清人别集总目》第2418页著录，国家图书馆、南京图书馆及日本东京静嘉堂文库藏。

光绪六年（1880）吴县潘祖荫滂喜斋刻清钱杜撰、清程庭鹭编《松壶画赘集》二卷。《中国古籍总目·集部·别集类·清代之属·清中期》第1752页著录，国家图书馆藏。

光绪六年潘祖荫刻蓝印隋释那连提耶舍译《御制大云轮请雨经》一卷。《中国古籍总目·子部·释家类·秘藏之属·杂咒部》第3277页著录，南京图书馆藏。

光绪六年滂喜斋刻清陈崇砥撰《治蝗书》一卷。《中国古籍总目·子部·农家类·作物之属》第357页著录，国家图书馆、吉林大学图书馆藏。

光绪庚辰（六年，1880）夏六月吴县潘祖荫八囍斋精刊清钱杜撰《松壶画赘》二卷、《松壶画忆》二卷总称《松壶先生集》四卷。《中国古籍总目·子部·艺术类·书画之属·画·画论》第1360页、《贩书偶记续编·子部·医家类》卷十第151页、《中国古旧书刊拍卖目录》第

214页、《西谛书目·子部·艺术类》卷二第一九页著录，国家图书馆（西谛藏1册本）、北京大学图书馆、上海图书馆藏，中国书店拍卖版式29.9×17.5cm白纸3册本。收入光绪间（1875—1908）刻《榆园丛刻》本中。

光绪六年滂喜斋刊清叶廷琯辑《感逝集》四卷。《西谛书目·集部中·总集类》卷四第四一页著录4册本。

光绪壬午（八年，1882）潘祖荫辑刻清黄丕烈著《士礼居藏书题跋记》六卷。《美国俄亥俄州立大学图书馆中文古籍书目·史部》第31—32页著录，美国俄亥俄州立大学图书馆藏4册1函本。该刊本16.5×12.5，左右双边，半页11行，行23字，黑口，单鱼尾，上镌篇名，下镌页码，卷端题“士礼居藏书题跋记，吴县黄丕烈”，卷末题记刻书事，署“光绪壬午十二月吴县潘祖荫识”。

光绪癸未（九年，1883）吴县潘祖荫辑刊清保山吴树声撰《沂水桑麻话》一卷。《贩书偶记·子部·农家类》卷九第225页著录此书收入《滂喜斋丛书》附《刘贵阳经说》后，误。还著录有咸丰刊本。

光绪十年(1884)潘祖荫刻清汪芑汪芑，字燕庭，号茶磨山人，清吴县人。诸生，馆于潘遵祁家。著《覆瓿诗草》一卷、《茶磨山人诗钞》八卷。撰《茶磨山人诗钞》4种八卷。其细目为：

《拾燹集》二卷，

《抱山集》二卷，

《北郭集》二卷，

《饮渌集》二卷。

《中国古籍总目·集部·别集类·清代之属·清后期》第2467页、《清人别集总目》第978页著录，国家图书馆、上海图书馆、南京图书馆、山东省图书馆、广东省图书馆、中国科学院图书馆、中国人民大学图书馆、复旦大学图书馆、苏州市图书馆及日本京都大学文学部中哲文研究室藏。

光绪甲申（十年，1884）吴县潘氏滂喜斋刊嘉兴沈涛撰《说文古本考》十四卷。《中国古籍善本总目·经部·小学类》第一六四页、《中国古籍总目·经部·小学类·说文之属·二徐本》第1008页、中华书局版《续修四库全书总目提要·经部·小学类》第一一一四页、《中国丛书广录·汇编丛书·自著类·清代后期》第316页、《中国古籍善本书目·经部·小学类》第416页、《中国善本书提要·经部·小学类》第53页、《北京图书馆普通古籍总目·文字学门》第十卷第60页、《北京图书馆古籍善本书目·经部·小学类》第一六六页、《安徽省古籍善本书目·经部·小学类》卷一第三十页、《香港所藏古籍书目·经部·小学类·字书》第42页、《山西省图书馆普通线装书目录·文字学门·字书》第507页、《两浙著述考》第23页、《贩书偶记》第80页著录，国家图书馆（8册本4部，其中1部有缺页，还有1部有李慈铭跋8册本）、北京大学图书馆（6册本，由清王仁俊校）、山西省图书馆（8册本）、浙江大学图书馆（由马叙伦校补）、安徽师范大学图书馆（8册本）、香港中文大学图书馆（8册本）藏。该版本每卷分上下，应为28卷。安徽师范大学藏本首有配清抄5页，由丁福保朱笔批校。该刊本半页10行，行22字（5＋17×12.4），白口，左右双边。重庆市图书馆藏稿本及清方佺抄校沈氏稿本，复旦大学图书馆藏曹元忠节抄本则为不分卷。

光绪甲申（十年，1884）吴县潘祖荫滂喜斋朱印清吴县黄丕烈黄丕烈（1763—1825），字绍武，号尧圃，号署复翁，江苏吴县（今苏州）人。大学者、大藏书家。乾隆五十三年（1788）中举。撰、清潘祖荫辑《士礼居藏书题跋记》六卷。《中国古籍善本书目·史部·目录类》第1403页、《中国古籍总目·史部·目录类·总录之属·私藏》第4948页、《贩书偶记·史部·书目类》卷八第197页、《香港所藏古籍书目·史部·目录类》第141—142页、《北京图书馆普通古籍总目·目录门·目录学》第一卷第16页、《美国俄亥俄州立大学图书馆中文古籍书录·史部》第31页（作光绪壬午，1882年刻本）、《中国古旧书刊拍卖目录》

第151页著录，国家图书馆（5部，除1部2册本外，1部2册本为飞青阁藏书，3部4册本分别为陈垣、西谛、苦雨斋藏书。还藏2部清末石印2册本，其中1部为西谛藏书；2部5册本为民国6年上海医学书局石印光绪十年潘氏滂喜斋石印本，其中1部也是西谛藏书）、上海图书馆、南京图书馆、浙江图书馆、湖南省图书馆（有叶德辉批校并跋）、香港中文大学图书馆（5册本）、香港大学图书馆（5册本2部）、香港新亚研究所图书馆（5册本）、美国俄亥俄州立大学图书馆（4册本1函，书眉有多人批语）藏，中国书店拍卖16.5×12.6，白纸线装4册本。该刊本半页11行，行23字（16.5×12.5），黑口，单鱼尾，左右双边，版心上镌篇名，下镌页码，卷末有跋，记述刻书事，署“光绪壬午十二月吴县潘祖荫识”。此书1985年扬州广陵古籍刻印社与光绪二十二年（1896）江标刻《士礼居藏书题跋记续》二卷合刻，国家图书馆藏7册本。

光绪十年（1884）潘氏（祖荫）涝（滂）喜斋刻朱印清黄丕烈撰《士礼居藏书题跋记》六卷、《续目》一卷、《年谱》二卷计3种9卷。《中国古籍善本总目·史部·目录类·其它》第七二七页著录，湖南省图书馆藏，由清叶德辉批校并跋。

滂喜斋刻清潘锺瑞本《石氏乔梓诗集》2种二卷。其细目为：

石嘉吉撰《听雨楼诗》一卷，

石渠撰《蔡胄居诗》一卷。

《丛书书目汇编》第二册第一七五页著录。

清潘伯寅校刻清沈涛撰《说文古本考》十四卷。《中国丛书广录·汇编丛书·自著类·清代后期》第316页著录，藏家待考。

清刊清潘祖荫辑《癸酉消夏诗》一卷、《南苑唱和诗》一卷计2种2卷。《西谛书目·集部中·总集类》卷四第四一页著录1册本。《清人别集总目》第2416页著录，南京图书馆仅存《癸酉消夏诗》一卷。《山西省图书馆普通线装书目录·文学门·诗总集》第541页著录山西省图书馆藏吴县潘氏同治十三年（1874）刻1册本。

清吴县潘氏刻清潘祖荫撰《潘文勤公杂著》7 种。其细目为：

《潘文勤公奏疏日记》一卷，

《秦辅日记》一卷，

《东陵日记》一卷，

《沈阳纪程》一卷，

《西陵日记》一卷，

《芬陀利室词》（即《郑庵遗集》第九）一卷，

附　朝鲜金正喜辑《东古文存》不分卷。

《中国古籍总目·丛书部 1 独撰类·清代后期》第 1254 页、《中国丛书广录·汇编丛书·自著类·清代后期》第 331 页、《清人别集总目》第 2416 页著录，中国科学院图书馆、北京师范大学图书馆，日本京都大学人文科学研究所藏。

光绪中（1875—1908）吴县潘氏刊清潘祖荫辑《功顺堂丛书》又作《功顺堂丛书十八种》实 21 种八十一卷。其细目为：

清沈钦韩撰《春秋左氏传补注》十二卷[①]，

清沈钦韩撰《春秋左氏传地名补注》十二卷[②]，

清王绍兰撰《周人经说》八卷（原缺卷五至八），

清王绍兰撰《王氏经说》六卷[③]、《音略》一卷、《音略考证》一卷，

清沈涛撰《论语孔注辨讹》二卷，

清刘玉麟撰《尔雅补注残本》一卷，

汉史游撰《急就章》一卷、清钮树玉校并撰《考证》一卷，

---

① 中华书局版《续修四库全书总目提要·经部·春秋类》第六九六页著录清吴县出任安徽宁国县训导沈钦韩（字文起，号小宛，嘉庆丁卯举人）所撰此书，收入本丛书。

② 中华书局版《续修四库全书总目提要·经部·春秋类》第六九七页著录清吴县出任安徽宁国县训导沈钦韩所撰此书，收入本丛书。

③ 中华书局版《续修四库全书总目提要·经部·群经总义类》第一三四八页著录，王绍兰此两书为本丛书子书之一。前者是经解，分别为《易说》一卷、《书说》二卷、《诗说》四卷、《春秋说》一卷，本丛书刻时已缺《诗说》三卷、《春秋说》一卷。后者为考订经义。

清庄述祖撰《说文古籀疏证》六卷[①]，

清吴炎订、清潘柽章撰《国史考异》六卷[②]，

清□□撰《平定罗刹方略》四卷[③]，

清沈初撰《西清笔记》二卷，

明周元玮撰《泾林续记》一卷，

清刘献廷撰《广阳杂记》五卷[④]，

清韩泰华撰《无事为福斋随笔》二卷，

清沈钦韩撰《范石湖诗集注》三卷，

清江藩撰《半毡斋题跋》二卷[⑤]，

清李文藻撰《南涧文集》二卷[⑥]，

清张鉴撰、清桂荣注《冬青馆古宫词》三卷。

《中国丛书综录·汇编·杂纂类（清代后期）》第200—201页、《中国古籍总目·丛书部·杂纂类·清代后期》第530页（作18种，但子

---

① 《香港所藏古籍书目·经部·小学类·字书》第43页、中华版《续修四库全书总目提要·经部·小学类》第一〇七二页（著录为此丛书子书）、《万卷精华楼藏书记·经部十·小学类四》卷十六第526—527页著录，香港中山图书馆藏光绪十一年（1885）吴县潘祖荫刻清庄述祖撰《说文古籀疏证》六卷8册本。

② 《中国古籍善本书目·史部·杂史类》第266页、《中国古籍善本总目·史部·杂史类》第三一五页、《北京图书馆古籍善本书目·史部·杂史类》第三三六页著录，国家图书馆藏1册本，李文田校并跋，为本丛书子书。该刊本半页9行，行22字，黑口，左右双边。

③ 《藏园群书经眼录·史部二》卷四第三一六页著录，傅增湘在壬戌年阅古书流通处旧抄此书。

④ 《中国古籍善本书目·子部·杂家类》第670页、《中国古籍善本总目·子部·杂家类·杂记》第一〇一七页、《北京图书馆古籍善本书目·子部·杂家类》第一四七四页著录，国家图书馆藏此丛书子书1册本，李文田注。该刊本半页9行，行22字，黑口，左右双边。

⑤ 《北京图书馆普通古籍总目·目录门·目录学》第一卷第16页著录，国家图书馆藏1册本及原西谛藏2册本，为本丛书逸出本。

⑥ 《清人别集总目》第771页著录，大连市图书馆、日本京都大学人文科学研究所藏本丛书散逸本。

目同）、《北京师范大学图书馆古籍善本书目·丛书部·汇编类》第318页（丛书仅作18种76卷不确）、《山西省图书馆普通线装书目录·总记门·丛书类》第998页、《丛书书目汇编》第二册第一九七页、《山东省图书馆馆藏海源阁书目·丛书·汇编类》第373页著录，国家图书馆、首都图书馆、中国科学院图书馆、北京大学图书馆、北京师范大学图书馆（仅存11种37卷，但由王鹏运校，有刘盼遂题识，钤“刘盼遂印”印）、清华大学图书馆、上海图书馆、复旦大学图书馆、山西省图书馆（18种24册本）、华东师范大学图书馆、上海师范大学图书馆、上海辞书出版社图书馆、天津图书馆、内蒙古自治区图书馆、辽宁省图书馆、吉林市图书馆、吉林大学图书馆、哈尔滨市图书馆、陕西省图书馆、甘肃省图书馆、山东省图书馆（2函24册本）、青岛市图书馆、山东大学图书馆、南京图书馆、南京大学图书馆、苏州市图书馆、安徽省图书馆、浙江图书馆、杭州大学图书馆、福建师范大学图书馆、湖北省图书馆、河南省图书馆、武汉市图书馆、武汉大学图书馆、江西省图书馆、广东省图书馆、四川省图书馆、重庆市图书馆、四川大学图书馆、云南省图书馆、黑龙江省图书馆、桂林市图书馆、广西壮族自治区图书馆、青海省图书馆、中央民族学院图书馆藏。该刊本半页9行，行22字（18.9×13.7），小字双行同，大黑口，左右双边，单黑鱼尾。此书由叶昌炽帮助校刻。而《中国历史博物馆藏普通古籍书目·丛书部·杂丛类》第358页、《香港所藏古籍书目·丛部·汇编类》第587—588页著录，香港中央图书馆、香港新亚研究所图书馆，中国历史博物馆藏18种24册八十一卷。其细目为：

清沈钦韩撰《春秋左氏传补注》十二卷，

清沈钦韩撰《春秋左氏传地名补注》十二卷，

清王绍兰撰《周人经说》八卷（原缺卷五至八），

清王绍兰撰《王氏经说》六卷、《音略》一卷、《音略考证》一卷，

清沈涛撰《论语孔注辨伪》二卷，

清刘玉麐撰《尔雅补注残本》一卷[①]，

汉史游撰、清钮树玉校并撰考证《急就章》一卷、《考证》一卷[②]，

清庄述祖撰《说文古籀疏证》六卷，

清潘柽章撰、清吴炎订《国史考异》六卷，

清佚名撰《平定罗刹方略》四卷，

清沈初撰《西清笔记》二卷，

明周玄暐撰《泾林续记》一卷，

清刘献廷撰《广阳杂记》五卷，

清韩泰华撰《无事为福斋随笔》二卷，

清沈钦韩撰《范石湖诗集注》三卷，

清江藩撰《半毡斋题跋》二卷，

清李文藻撰《南涧文集》二卷，

清张鉴撰、清桂荣注《冬青馆古宫词》三卷。

光绪间（1875—1908）刻清潘祖荫撰《沈阳纪程》一卷。《中国古籍总目·史部·地理类·游记之属·纪行》第4012页著录，国家图书馆、上海图书馆、南京图书馆藏，收入《辽海丛书》本中。

光绪间（1875—1908）潘祖荫刻功顺堂丛书本清潘柽章撰《国史考异》六卷。《中国古籍善本书目·史部（上）·杂史类》第266页著录，国家图书馆藏。连分册、单行本都作为善本，可见此套丛书刻印得精好。

光绪间（1875—1908）刊吴县潘祖荫撰《芬陀利室词》一卷。《贩书偶记·集部·词曲类·词集之属》卷二十第552页著录。

---

① 中华书局版《续修四库全书总目提要·经部·小学类》第一〇一三页著录此子书，虽残缺但刻印精审。

② 中华书局版《续修四库全书总目提要·经部·小学类》第一一八二页著录此子书，名为《校定皇象本急就章》一卷。此书成于嘉庆辛未（十六年，1811）。此书取颜监注本十之二三，取王伯厚注十之一二，注外加笺，使章有所指，句各有义。

同治十一年（1872）潘祖荫滂喜斋自刊、光绪二十九年（1903）北京翰文斋据吴县潘氏刊版重编印清恩寿辑《潘刻五种》6种十六卷。其细目为：

清潘世恩撰《思补斋笔记》八卷，

清钱大昕撰、清何元锡辑《竹汀先生日记钞》又作《竹汀日记》二卷①，

同治十一年刊清戴熙撰《古泉丛话》三卷②附《藏泉记》一卷，

光绪三年（1877）刊清顾广圻撰、清黄丕烈注《百宋一廛赋》一卷，

光绪九年（1883）刊清孙从添撰《藏书记要》一卷③。

《中国丛书综录·汇编·杂纂类（清代后期）》第一册第201页、《中国丛书综录补正·汇编·杂纂类（清代后期）》第44页、《丛书书目汇编》第四册第五〇八页著录，同治十一年（1872）滂喜斋自刻本。徐按，《续修四库全书总目提要》著录潘祖荫辑，藏处待考。而光绪二十九年（1903）重编本藏国家图书馆、首都图书馆、中国科学院图书馆、北京大学图书馆、北京师范大学图书馆、清华大学图书馆、上海图书馆、天津图书馆、内蒙古自治区图书馆、吉林市图书馆、山东省图书馆（不全）、山东大学图书馆、南京大学图书馆、福建省图书馆、武汉大学图书馆、重庆市图书馆。

同治十三年（1874）滂喜斋刻清许宗衡撰《玉井山馆笔记》不分卷。《山西省图书馆普通线装书目录·文学门·小说》第759页著录，山西省图书馆藏1册本。

---

① 《丛书书目汇编》第五〇八页作三卷。

② 《香港所藏古籍书目·史部·金石类·杂类》第151页著录，香港中文大学图书馆仅藏《古泉丛话》三卷1册本，为本丛书子书。

③ 《北京图书馆普通古籍总目·目录门·图书馆学·通论》第一卷第137页著录，国家图书馆藏1册本6部，其中1部缺第一至三页、十六页计4页，光绪癸未（九年，1883）吴县潘祖荫俦宋斋朱印清孙从添撰《藏书纪要》不分卷。此书在光绪二十九年（1903）吉林恩寿北京汉文斋重印光绪九年潘刻1册本。

吴县潘氏家刻清潘祖荫撰《潘文勤公杂著》7种七卷（不分卷作一卷）。其细目为：

《潘文勤公奏疏》一卷，

《秦輶日记》一卷，

《东陵日记》一卷，

《沈阳纪程》一卷，

《西陵日记》一卷，

《芬陀利室词》即《郑庵遗集第九》一卷，

附　朝鲜金正喜辑《东古文存》不分卷。

《中国丛书广录·汇编丛书·自著类·清代后期》第331页著录。

光绪间（1875—1908）潘祖荫滂喜斋刻□□辑《种柏杂说》一卷。《中国古籍总目·子部·农家类·作物之属》第359页著录，国家图书馆藏。

光绪八年（1882）吴县潘祖荫刻清黄丕烈撰《士礼居藏书题跋记》六卷。《山西省图书馆普通线装书目录·目录门·目录学》第4页著录，山西省图书馆藏4册本。

光绪十年（1884）吴县潘氏滂喜斋刻清黄丕烈撰《士礼居藏书题跋记》六卷。《山西省图书馆普通线装书目录·目录门·目录学》第4页著录，山西省图书馆藏4册本，应是同版2印。

光绪十年吴县潘氏刻明周元暐撰《泾林续记》一卷。《中国古籍总目·子部·杂家类·杂学杂说之属》第1689页著录，国家图书馆、上海图书馆、大连市图书馆藏。

清吴县潘祖荫滂喜斋朱墨套印清何元锡编、清钱大昕撰《竹汀先生日记钞》二卷。《北京图书馆普通古籍总目·目录门·目录学》第一卷第30页著录，国家图书馆藏3部1册本中1部为西谛藏书。

光绪二十八年（1902）滂喜斋刻清□□撰《蚕桑实济》六卷。《中国古籍总目·子部·农家类·蚕桑之属·合论》第361页著录，南京图书馆藏。

清末刻清潘祖荫撰《滂喜斋试帖》不分卷。《中国古籍总目·集部·别集类·清代之属·清后期》第2386页著录，国家图书馆藏。

宣统间（1909—1911）家刻清潘祖荫撰《东陵日记》一卷、《西陵日记》一卷计2种2卷。《北京图书馆普通古籍总目·地志门·专类地志》第四卷第585页著录，国家图书馆藏2册本。

民国戊辰（十七年，1928）刻清潘祖荫撰《滂喜斋藏书记》三卷。《中国古旧书刊拍卖目录》第625页著录，博古斋拍卖白纸2册本。徐按，此书作者应题清潘祖荫藏、叶德辉辑。

从上述不完全统计上看，潘祖荫在整理保存流传优秀传统古籍上贡献是很大的。

黎阳邵氏"五凤齐飞"之后人邵震亨等人的出版活动

休宁县黎阳镇（今属黄山市屯溪区）寄籍江苏省常熟市人邵锌五子的著作与家刻在近代也是比较出名的。邵锌，字鄂亭，号昧闲，别号据梧，祖籍休宁县黎阳镇，占籍昭文（今江苏常熟市）人。博览文史，尤善书法，得二王之法，从何焯（1661—1727）学。乾隆元年（1736）所作行书扇，铁琴铜剑楼《藏扇集锦》有其遗墨。乾隆间（1736—1795）官候补主事。追溯邵氏黎阳始祖为政和元年（1111）移居休宁县黎阳（今属屯溪区）邵万成（原名迁三，字子实，号清溪）。顺治十七年（1660）邵嘉祚（字悠之，号若水）才从黎阳迁居常熟县小东门兴贤桥。关于他们的世系可查其后裔邵松年所撰《虞山邵氏宗谱》，光绪间（1875—1908）间木活字本国内馆藏较少，但1924年铅印本比较易求。邵锌五子均有文名，世称邵氏"五凤齐飞"。

其长子邵齐烈（1714—1746），字亶承，号圯园，有凝道堂。乾隆十年（1745）中进士，改翰林院庶吉士。著《凝道堂集》一卷。

次子邵齐焘（1718—1769），字荀慈，号叔宁、叔门、叔勉，有玉芝堂、道山禄隐斋。乾隆七年（1742）中进士，官翰林院编修。乾隆八年（1743），献《东巡颂》，被誉为“班扬之亚”。乾隆十七年（1752）充京兆分校，以大考罢归。后主讲毗陵书院。博学，工骈文吟咏，善书法。著《玉芝堂文集》六卷[①]、《诗集》三卷[②]。

三子邵齐熊（1724—1800），初名邵炳，字方虎、莲雨，号耐亭、芳浒，晚号松阿，有万卷楼、隐几山房。乾隆十二年（1747）中举，官内阁中书。以诗古文闻名，亦善书法。著《万卷楼诗稿草》一卷[③]、《邵松阿诗文集》二卷[④]、《隐几山房诗集》一卷[⑤]、《隐几山房文集》七卷，补《李文公集》十八卷[⑥]、《隐几山房稿》八卷[⑦]等。他还批校《李文

① 收入乾隆间（1736—1795）刻嘉庆间（1796—1820）增刻光绪间(1875—1908)补刻清吴鼒选本为一卷本，《八家四六文钞》本中为《玉芝堂文集》一卷，国家图书馆藏。

② 收入光绪间（1875—1908）刻《昭文邵氏联珠集》中为邵震亨辑本为一卷本。

③ 《中国古籍善本总目·集部·清别集》第一五九八页、《中国古籍总目·集部·别集类·清代之属·清前期》第1496页、《清人别集总目》第1334页著录，上海图书馆藏有清沈瑾跋此书稿本。该稿本半页9行，行20字，朱格。

④ 《中国古籍善本总目·集部·清别集》第一五九八页、《清人别集总目》第1334页、《中国古籍总目·集部·别集类·清代之属·清前期》第1496页著录，上海图书馆藏此书稿本。

⑤ 《中国古籍总目·集部·别集类·清代之属·清前期》第1496页、《清人别集总目》第1334页著录，北京大学图书馆藏此书抄本。收入咸丰六年（1856）刻光绪间（1875—1908）刻《昭文邵氏联珠集》本中。

⑥ 《中国古籍总目·集部·别集类·唐五代之属》第125页著录，山东省图书馆藏明末海虞毛氏汲古阁刻清道光二十八年（1848）海虞俞氏蕴玉山房补刻唐李翱撰、明毛晋订、清邵齐熊补此书。常熟市图书馆藏清邵齐熊批校、清邵震亨跋汲古阁刻《三唐人文集》中唐李翱撰《李文》又名《李文公集》、《唐李文公集》、《李习之先生文集》十八卷。

⑦ 《中国古籍总目·集部·别集类·清代之属·清前期》第1496页著录，北京大学图书馆藏抄本。

公集》十八卷[①]、校跋《校订困学纪闻三笺》二十卷[②]、评点并跋清抄《陶太常未刻稿》一卷[③]。

四子邵齐然（1727—1779），榜名邵焕，字光人，又写成光仁、光辰，号闇谷。乾隆十三年（1748）中进士，官至杭州知府。承家学，工书法类苏轼，与沈君栻齐名，今维摩、兴福寺碑为其遗构。著《聊存草》一卷，纂《［乾隆］杭州府志》一百一十卷、《首》六卷计 117 卷。

五子邵齐鳌（1738—1773），字抃山，号乐陶，有乐陶陶斋、乐陶阁。贡生。著《乐陶阁集》一卷。

他们的著作有部分为后人邵震亨所辑刻。邵震亨（1832—1887），字复初，号曼如、弢庵，江苏省常熟市人。同治九年（1870）补行元年（1862）恩科举人。著《弢庵诗存》一卷[④]。辑《昭文邵氏联珠集》6 种六卷[⑤]。

---

① 《中国古籍善本总目·集部·唐五代别集类》第一二〇八页著录，常熟市图书馆藏明末毛氏汲古阁刻《三唐人文集》本中唐李翱撰此书，由清邵齐熊批校，邵震亨跋。该刊本半页 9 行，行 19 字，小字双行同，白口，左右双边。

② 《中国古籍总目·子部·杂家类·杂考之属》第 1799 页、《中国古籍善本总目·子部·杂家类·杂考》第一〇〇三页著录，南京图书馆藏嘉庆九年（1804）刻清张惠言批，清归鹤修跋并录清钱大昕、清邵齐熊校跋宋王应麟撰、清阎若璩笺、清屠继序校补此书。邵齐熊原校跋本藏处待考。

③ 《中国古籍善本总目·集部·清别集》第一五七七页著录，上海图书馆藏清陶正靖撰此书。该抄本半页 8 行，行 24 字，无格。

④ 《中国古籍总目·集部·别集类·清代之属·清后期》第 2401 页等著录，南京图书馆、复旦大学图书馆、镇江市图书馆藏民国 3 年（1914）兰雪斋铅印《金粟山楼诗集》附。

⑤ 《中国古籍总目·集部·总集类·氏族之属》第 3118—3119 页著录，南京图书馆藏清翁同龢、清蒋鹤龄校，清钱湄、清吴庆增题款由清邵震亨编此丛书稿本。其细目为：

清邵齐烈撰《凝道堂集》一卷，
清邵齐焘撰《玉芝堂诗集》一卷，
清邵齐焘撰《梓余诗》一卷，
清邵齐熊撰《隐几山房诗集》一卷，
清邵齐然撰《聊存草》一卷，
邵齐鳌撰《乐陶阁集》一卷。

乾隆间（1736—1795）刻清邵齐焘撰《玉芝堂文集》六卷。《中国古籍总目·集部·别集类·清代之属·清前期》第1470页、《清人别集总目》第1333页著录，安徽省图书馆、南开大学图书馆藏。该书还有光绪八年（1882）宁波群玉山房刻巾箱本，南京图书馆、河南省图书馆、广东省图书馆、辽宁省图书馆、中国科学院图书馆、北京师范大学图书馆、中国人民大学图书馆、复旦大学图书馆、华东师范大学图书馆、天津师范大学图书馆、台北故宫博物院、韩国汉城大学图书馆藏；光绪十七年（1891）湘南刻本，山东大学图书馆藏。此书起码有3刻计18卷。

此外，还有《玉芝堂文集》一卷分别收入清较经堂刻《八家四六文钞》[①]丛书中。《中国丛书综录·类编·集部·总集》第869—870页著录，全套丛书分别藏首都图书馆、北京师范大学图书馆、清华大学图书馆、上海图书馆、复旦大学图书馆、华东师范大学图书馆、上海辞书出版社图书馆、吉林市图书馆、南京图书馆、南京大学图书馆、河南省图书馆、湖北省图书馆、四川大学图书馆。此套丛书又有民国间上海扫叶山房石印本，杭州大学、青海省图书馆藏。北京师范大学图书馆还藏光绪五年（1879）江左书林补刻《八家四六文钞》丛书。

光绪五年（1879）湘南节署刻清邵齐焘撰《玉芝堂文集》六卷、《诗集》三卷计2种9卷。《中国古籍总目·集部·别集类·清代之属·清前期》第1470页著录，首都图书馆藏。

---

① 清全椒吴鼒辑《八家四六文钞》8种9卷。其细目为：
袁枚撰《山仓山房外集》一卷，
清邵齐焘撰《玉芝堂文集》一卷，
清刘星炜撰《思补堂文集》一卷，
清孔广森撰《仪郑堂遗稿》一卷，
清吴锡麒撰《有正味斋文续集》二卷，
清曾燠撰《西溪渔隐外集》一卷，
清孙星衍撰《问字堂外集》一卷，
清洪亮吉撰《卷施阁文乙集》一卷。

附　光绪八年（1882）宁波群玉山房刻清邵齐焘撰《玉芝堂文集》六卷、《诗集》三卷计 2 种 9 卷。

《中国古籍总目·集部·别集类·清代之属·清前期》第 1470 页著录，南京图书馆藏，中国科学院图书馆、复旦大学图书馆仅藏《文集》六卷。

附　乾隆四十四年（1779）修、四十九年（1784）刻清郑沄修、邵齐然等纂《［乾隆］杭州府志》一百十卷、《首》六卷计 117 卷。

《中国地方志联合目录·浙江省·杭州市》第 378—379 页著录，国家图书馆、中国科学院图书馆、中央民族大学图书馆、复旦大学图书馆、上海辞书出版社图书馆、天津图书馆、吉林省图书馆、吉林大学图书馆、南京图书馆、南京大学图书馆、南京地理研究所图书馆、浙江图书馆、宁波市图书馆、温州市图书馆、台湾图书馆、湖南省图书馆、中山大学图书馆、广西第一图书馆及浙江图书馆天一阁分馆、中国历史博物馆藏，故宫博物院、北京大学图书馆、上海图书馆（不全，又有胶卷）、华东师范大学图书馆、烟台市图书馆、南通市图书馆、嘉兴市图书馆、湖北省图书馆、湖南师范大学图书馆、云南大学图书馆藏本不全。

乾隆间（1736—1795）刻清邵齐焘撰《玉芝堂文集》六卷、《诗集》三卷计 2 种 9 卷。

《中国古籍善本总目·集部·清别集》第一五八八页、《中国古籍总目·集部·别集类·清代之属·清前期》第 1470 页、《清人别集总目》第 1333 页著录，国家图书馆、上海图书馆、南京图书馆、湖南省图书馆、中国科学院图书馆、北京大学图书馆、复旦大学图书馆藏，应为后印本。此版又有湘南节署光绪五年（1879）刻本，上海图书馆、南京图书馆、四川省图书馆、云南省图书馆、湖南省图书馆、中国科学院图书馆、杭州大学图书馆、华中师范大学图书馆、湖南师范大学图书馆、旅大市图书馆及日本静嘉堂文库藏。该刊本半页 10 行，行 20 字，白口，左右双边。此书共2刻4种18卷。

道光十三年（1833）邵充有清邵齐熊撰《隐几山房文集》七卷。《中国古籍总目·集部·别集类·清代之属·清前期》第1496页、《清人别集总目》第1334页著录，上海图书馆、常熟市图书馆藏。

咸丰六年（1856）清邵震亨自刊自辑《昭文邵氏联珠集》5种五卷。其细目为：

清邵齐烈撰《凝道堂集》一卷，

清邵齐焘撰《玉芝堂诗集》一卷，

清邵齐熊撰《隐几山房诗集》一卷，

清邵齐然撰《聊存草》一卷，

清邵齐鳌撰《乐陶阁集》一卷。

《中国古籍善本总目·集部·总集类·家集》第一六六七页、《中国古籍总目·集部·总集类·氏族之属》第3119页、《中国丛书综录补正·类编·集类·总集（氏族）》第260页著录，藏处待考。南京图书馆藏咸丰八年（1858）邵枚年铅印此丛书。

光绪中（1875—1908）昭文（今常熟市别称）邵震亨刻《昭文邵氏联珠集》5种5卷。其细目为：

清邵齐烈撰《凝道堂集》一卷，

清邵齐焘撰《玉芝堂诗集》一卷，

清邵齐熊撰《隐几山房诗集》一卷，

清邵齐然撰《聊存草》一卷，

清邵齐鳌撰《乐陶阁集》一卷。

《中国丛书综录·类编·集类·总集（氏族）》第888—889页著录，上海图书馆、上海辞书出版社图书馆、南京图书馆藏。此丛书民国间用木活字排印本，上海图书馆、华东师范大学图书馆、南京图书馆藏。

光绪五年（1879）在湖南节署重刻邵震亨自辑《昭文邵氏联珠集》

5 种五卷。其细目为：

清邵齐烈撰《凝道堂集》一卷，

清邵齐焘撰《玉芝堂诗集》一卷，

清邵齐熊撰《隐几山房诗集》一卷，

清邵齐然撰《聊存草》一卷，

清邵齐鳌撰《乐陶阁集》一卷。

《中国丛书综录补正·类编·集类·总集（氏族）》第 260 页著录，藏处待考。

光绪五年湘南节署刻清邵齐焘撰《玉芝堂文集》六卷、《诗集》三卷计 2 种 9 卷。《中国古籍总目·集部·别集类·清代之属·清前期》第 1470 页、《清人别集总目》第 1333 页著录，上海图书馆、南京图书馆、四川省图书馆、云南省图书馆、中国科学院图书馆、浙江大学图书馆、华中师范大学图书馆、湖南师范大学图书馆、大连市图书馆、首都图书馆及日本静嘉堂文库藏。

附 光绪八年（1882）宁波群玉山房刻清邵齐焘撰《玉芝堂文集》六卷、《诗集》三卷计 2 种 9 卷。《中国古籍总目·集部·别集类·清代之属·清前期》第 1470 页、《清人别集总目》第 1333 页著录，南京图书馆藏，中国科学院图书馆、复旦大学图书馆、河南省图书馆、广东省图书馆、辽宁省图书馆、北京师范大学图书馆、中国人民大学图书馆、华东师范大学图书馆、天津师范大学图书馆、台北故宫博物院、韩国汉城大学图书馆仅藏《文集》六卷。

光绪十七年（1891）湘南刻清邵齐焘撰《玉芝堂集》六卷。《清人别集总目》第 1333 页著录，山东大学图书馆藏。

邵齐熊曾孙邵渊耀（1788—1858），字盅友、充有，号环林、寿泉，有金粟山楼、小石城山房。嘉庆十八年（1813）中举，官国子监学录。

著《金粟山楼诗集》四卷[①]、后增为《金粟山楼诗集》五卷[②]、再后增为20卷[③]、《盅友先生文稿》不分卷[④]、《小石城山房文集》二卷[⑤]、《茧丝集》二卷、《小石城山房文集》不分卷[⑥]等。

邵渊耀批并跋咸丰七年（1857）抄清东乡吴嵩梁（1766—1834）撰《重订香苏山馆诗钞》二卷[⑦]、跋《孔氏祖庭广记》十二卷[⑧]、《纂图

① 《中国古籍善本总目·集部·清别集》第一六一一页、《中国古籍总目·集部·别集类·清代之属·清中期》第1965页、《清人别集总目》第1336页著录，上海图书馆藏此书稿本。

② 《中国古籍善本总目·集部·清别集》第一六一一页、《中国古籍总目·集部·别集类·清代之属·清中期》第1965页、《清人别集总目》第1336页著录，南京图书馆、复旦大学图书馆、镇江市图书馆、常熟市图书馆藏民国3年（1914）兰雪斋铅印清邵渊耀撰《金粟山楼诗集》五卷附清邵震亨撰《弢庵诗存》一卷。

③ 《中国古籍善本总目·集部·清别集》第一六一一页、《中国古籍总目·集部·别集类·清代之属·清中期》第1965页、《清人别集总目》第1336页著录，常熟市文物管理委员会藏有清孙原湘、李锡畴、翁同龢、邵松年跋清邵渊耀撰《金粟山楼诗》二十卷《茧丝集》二卷《小石城山房文集》不分卷计3种。

④ 《中国古籍善本总目·集部·清别集》第一六一一页、《中国古籍总目·集部·别集类·清代之属·清中期》第1965页、《清人别集总目》第1336页著录，南京图书馆藏有清翁同龢跋清邵渊耀撰此书稿本。

⑤ 《中国古籍善本总目·集部·清别集》第一六一一页、《中国古籍总目·集部·别集类·清代之属·清中期》第1965页、《清人别集总目》第1336页著录，国家图书馆、上海图书馆、南京图书馆、南开大学图书馆、复旦大学图书馆藏民国8年（1919）族子邵松年兰雪斋铅印此3种图书，南京图书馆还藏民国21年（1932）铅印此书3种。

⑥ 《中国古籍善本总目·集部·清别集》第一六一一页著录，国家图书馆藏清邵渊耀撰《金粟山楼诗》二十卷、《茧丝集》二卷、《小石城山房文集》不分卷计3种稿本，有清孙原湘、李锡畴、翁同龢、邵松年跋（见孙原湘条）。

⑦ 《中国古籍善本总目·集部·清别集》第一六一一页、《清人别集总目》第915页著录，复旦大学图书馆藏。该抄本半页8行，行21字，无格。

⑧ 《中国古籍善本总目·史部·传记类·总传》第三七八页著录，国家图书馆藏蒙古乃马真后元年孔氏刻金孔元措撰此书，有清钱大昕、瞿中溶、黄丕烈、邵渊耀跋，孙星衍、吴翌凤题款。

互注扬子法言》十卷题款[①]、跋《景祐乾象新书》三十卷[②]、跋《东原集》七卷[③]、跋《苏斋诗中书画金石略记》不分卷[④]、《汉唐事笺对策机要》十二卷《后集》八卷计 2 种 20 卷[⑤]、《陈静成先生诗文稿》不分卷[⑥]、《会通馆印正文苑英华纂要》八十四卷[⑦]、《文苑英华纂要》八十四卷[⑧]、《明

---

① 《中国古籍善本总目·子部·儒家类》第七九一页、《中国古籍总目·子部·儒家类·儒学之属·两汉至唐》第 58 页著录，国家图书馆藏宋刻元修汉杨雄撰，晋李轨、唐柳宗元、宋宋咸、宋吴祕、宋司马光注此书，有清孙原湘、清邵渊耀、清陈銮、清王诵莪跋，清蒋因培、清刘万程、清方若蘅、清何佩芬、清何佩玉题款。该刊本半页 11 行，行 19 字，黑口，左右双边。

② 《中国古籍总目·子部·术数类·占候之属》第 1148 页、《中国古籍善本总目·子部·术数类·占候》第九〇七页著录，国家图书馆藏宋元丰元年（1078）秦孝先、苏宗亮、徐钦邻等抄宋杨惟德等撰此书仅存卷三至六、十二至十三、十六至十九、二十七至二十八计 12 卷不全本，有清邵渊跃、清钱天树、清许延吉、清钱泳、清张步瀛、清张尔旦、清李兆洛、清孙鋆跋，清蒋因培题诗，清黄廷鉴、清王家相、清高世异、清易顺鼎、清程湑等题款。

③ 《中国古籍善本总目·集部·明别集类》第一三七七页著录，国家图书馆藏明张习抄，明俞弁、清黄丕烈、清邵渊耀跋明杜琼撰此书。

④ 《中国古籍总目·子部·杂家类·杂纂之属》第 1969—1970 页著录，国家图书馆藏丁立诚、邵松年、宗舜年跋，赵不骞、张鸿、赵宽、丁祖荫、汪兆麟、傅增湘题款于清翁同龢辑此书。

⑤ 《中国古籍善本总目·子部·类书类》第一〇六七页、《中国古籍总目·子部·类书类·类编之属·专编》第 2054 页著录，国家图书馆藏元至正六年（1346）日新堂刻元朱礼撰此 2 书有清邵齐渊、清黄廷鉴跋，清程思（应为“恩”）泽题款。

⑥ 《中国古籍善本总目·集部·明别集类》第一三八七页、《中国古籍总目·集部·别集类·明代之属》第 630 页著录，上海图书馆藏明陈播撰此书稿本，有清邵渊耀跋。

⑦ 《中国古籍总目·集部·总集类·通代之属》第 2901 页著录，国家图书馆藏宋刻元修宋高似孙辑此书卷一至六、十、二十三至三十七配清抄本，卷七十一配抄本有清黄丕烈校并跋，清邵渊跃跋，蔡同瑺跋。按，会通馆印本应为明刻本，明刻本为半页 14 行，行 13 字，白口，左右双边。详见下目，不知它们间关系，如是同版，此两目肯定其中有误，抑或皆有误。

⑧ 《中国古籍善本总目·集部·总集类·通代》第一七一九页著录，国家图书馆藏宋刻元修本宋高似孙辑此书，其中卷一至六十（疑误，应为六）、二十三至三十七配清抄本、卷七十一配抄本，有清黄丕烈校并跋，邵渊耀跋。该刊本半页 10 行，行 17 字，小字双行同，细黑口，左右双边。

五七言律诗选》不分卷[①]、评点《海虞诗苑》十八卷[②]、《太上感应篇》八卷[③]、《笺注陶渊明集》十卷《总论》一卷计11卷[④]、《北山小集》又名《北山集》四十卷[⑤]、《伊川击壤集》二十卷《集外诗》一卷计2种21卷[⑥]、《后村先生大全诗集》十五卷[⑦]、《孙本芝先生诗稿》不分

① 《中国古籍善本总目·集部·总集类·断代》第一七七七页著录，上海图书馆藏清杨希铨、邵渊耀、黄廷鉴、唐翰题，沈梧跋清钱谦益辑此书稿本。

② 《中国古籍总目·集部·总集类·郡邑之属》第3079页著录，上海图书馆藏乾隆二十四年（1759）刻清嘉兴王应奎辑此书。

③ 《中国古籍善本总目·子部·道家类》第一一四九页、《中国古籍总目·子部·道家类·道教之属·劝戒》第2476页著录，群众出版社藏明刻宋李昌龄传、宋郑清之赞此书，有清钱天树、张尔旦题辞，清邵渊耀、单学傅、郑德懋跋。该刊本半页11行，行21字，黑口，左右双边，有刻工。

④ 《中国古籍善本总目·集部·汉魏六朝别集类》第一一六八页、《中国古籍总目·集部·别集类·汉魏六朝之属》第36页著录，国家图书馆藏元刻晋陶潜撰、宋汤汉笺注《笺注陶渊明集》十卷、元李公焕辑《总论》一卷计2种11卷，有清邵渊耀、清宋康济跋，傅增湘题款、张元济跋。该刊本半页9行，行16字，小字双行同，细黑口，左右双边。

⑤ 《中国古籍善本总目·集部·宋别集类》第一二七一页、《中国古籍总目·集部·别集类·宋代之属》第279页著录，国家图书馆藏道光七年（1827）张蓉镜黑格抄宋程俱撰此书，有清张金吾、清邵渊耀、清方若蘅、清柳瀛跋。该刊本半页10行，行20字，上黑口，下白口。

⑥ 《中国古籍善本总目·集部·宋别集类》第一二四八页、《中国古籍总目·集部·别集类·宋代之属》第199—200页著录，国家图书馆藏明初刻宋邵雍撰此2种21卷，有清张蓉镜、清邵渊耀跋、叶德辉跋。该刊本半页10行，行21字，小字双行同，细黑口，左右双边。

⑦ 《中国古籍善本总目·集部·宋别集类》第一二九五页、《中国古籍总目·集部·别集类·宋代之属》第377页著录，上海图书馆藏宋刻宋刘克庄撰此书，有清黄丕烈、清孙原湘、清邵渊耀、清姚畹真、清钱天树、清王芑孙、清单学傅跋。该刊本半页10行，行18字，白口，左右双边。

卷[①]、《山中白云词》八卷[②]、评点《海虞诗苑》十八卷[③]。

休宁黎阳邵氏宗祠“父子翰林”匾系对祖籍黎阳，客籍常熟，寓居顺天大兴的邵亨豫、邵松年父子的表彰。邵亨豫（1818—1883），字子立、汴生，号雪泥鸿爪，有愿学堂，落籍常熟，寄籍宛平。道光十三年（1833）中进士，授翰林院编修，历官陕西、湖北、湖南巡抚、吏部侍郎。著《新安消夏唱酬草》一卷、《愿学堂诗存》二十二卷。还与子邵松年、邵椿年编《雪泥鸿爪》四卷。

其子邵松年（1848—1923），字伯英，号息庐，有澄兰堂。光绪九年（1883）中进士，官至河南省学政。著《一斑吟草》一卷附《剪绡一束》一卷、《虞山画志补编》，辑《澄兰室古缘萃录》又名《古缘萃录》十八卷[④]、《海虞文征》三十卷、《续中州名贤文表》、《輶轩博纪续编》四卷，协修《常昭合志》等。

邵松年整理的古籍留下不多。如题款于《离骚集传》一卷[⑤]、跋《苏

① 《中国古籍善本总目·集部·明别集类》第一四七八页、《中国古籍总目·集部·别集类·明代之属》第919页著录，上海图书馆藏明朝让撰此书稿本，有清邵渊耀、清翁同龢跋。该刊本半页7行，行11字，无格。

② 《中国古籍善本总目·集部·词类·词别集类》第一八五六页、《中国古籍总目·集部·词类·别集之属》第3282页著录，南京图书馆藏康熙六十一年（1722）上海曹炳曾城书堂刻重修宋张炎撰此书，有邵渊耀录清吴蔚光、许廷诰批校。

③ 《中国古籍善本总目·集部·地方艺文》第一六五〇页著录，上海图书馆藏乾隆二十四年（1759）刻清王应奎辑此书。该刊本半页10行，行19字，黑口，左右双边。

④ 《中国古籍总目·子部·杂家类·杂纂之属》第1979页著录，北京大学图书馆藏光绪三十年（1904）澄兰室石印本。

⑤ 《中国古籍善本总目·集部·楚辞类》第一一六三页、《中国古籍总目·集部·楚辞类》第9页著录，国家图书馆藏宋刻宋钱杲之集传此书有明朱承爵、清费念慈、邵松年题款，清黄丕烈等跋。该刊本半页9行，行18字，黑口，左右双边。

斋诗中书画金石略记》不分卷[①]、题跋于《离骚经》一卷[②]，辑明曹端撰《曹月川先生文集》二卷[③]、《蚕尾续集》二卷[④]、《楞伽山人尺牍》二卷[⑤]等。

咸丰、同治间（1851—1862—1874）刻袁起撰画延年室稿本附《新安消夏唱酬草》一卷。《清人别集总目》第1335页著录，国家图书馆、上海图书馆、南京图书馆、湖南省图书馆、南开大学图书馆、复旦大学图书馆、温州市图书馆藏。

光绪十年（1884）琴川刻清邵亨豫撰《愿学堂诗存》二十二卷。《中国古籍总目·集部·别集类·清代之属·清中期》第2249页、《清人别集总目》第1335页著录，国家图书馆、中国科学院图书馆、上海图书馆、南京图书馆、广东省图书馆、河南省图书馆、南开大学图书馆藏。

光绪间（1875—1908）刻清邵松年撰《光绪九年（1883）癸未科会试朱卷》一卷。《中国古籍总目·史部·传记类·科举录之属》第1181页著录，上海图书馆藏。

光绪三十年（1904）海虞邵氏刻明刘昌辑《中州名贤文表内集》6种三十卷。其细目为：

元许衡撰《许文正公遗书》五卷、《附录》一卷，

---

① 《中国古籍善本总目·子部·杂家类·杂纂》第一〇二九页著录，国家图书馆藏清翁同龢辑此书稿本，有清丁立诚、邵松年、宗舜年跋，赵不骞、张鸿、赵宽、丁祖荫、王兆麟、傅增湘题款。

② 《中国古籍善本总目·集部·楚辞类》第一一六一页、《中国古籍总目·集部·楚辞类》第9页著录，国家图书馆藏康熙五十一年(1712)汪士鋐抄楚屈原撰此书，有清王澍、清邵松年跋。该抄本半页8行，行14字，无格。

③ 《中国古籍总目·集部·别集类·明代之属》第571页著录，收入光绪间石印《续中州名贤文表》丛书中。

④ 《中国古籍善本总目·集部·清别集》第一五二一页、《清人别集总目》第91页著录，上海图书馆藏清王士禛撰《蚕尾续集》二卷稿本，有邵松年等人跋，互见吴蔚光条。

⑤ 《清人别集总目》第116页、《中国古籍总目·集部·别集类·清代之属·清中期》第1681页著录，国家图书馆藏清王艺孙撰此书稿本，有陆懋宗、邵松年、翁同龢题跋。

元姚燧撰《姚文公牧庵集》八卷，

元马祖常撰《马文贞公石田集》五卷，

元许有壬撰《许文忠公圭塘小稿》三卷，

元王恽撰《王文定公秋涧集》六卷，

元孛术鲁翀撰《孛术鲁文靖公遗文》二卷。

《中国丛书综录·类编·集类·总集（郡邑）》第879页著录，清华大学、上海师范大学图书馆藏。

光绪间（1875—1908）间常熟邵氏刻清邵亨豫编、清邵松年、清邵椿年续编《雪泥鸿爪》书签题《诰授光禄大夫头品顶戴吏部左侍郎汴生府君自订年谱》（分前、后、闰、末）四篇。《国家图书馆普通古籍总目·传记门·分传·个人年谱》第306页著录，国家图书馆藏3册本4部及1部仅存《后编》1册不全本。

光绪三十年（1904）上海鸿文书局石印清邵松年辑《澄兰室古缘萃录》十八卷。《中国古籍总目·子部·艺术类·书画之属·著录》第1280页著录，国家图书馆、天津图书馆、上海图书馆、南京图书馆、大连市图书馆藏。

光绪三十年（1904）鸿文书局石印清邵松年辑《续中州名贤文表》10种六十八卷。其细目为：

明曹端撰《曹月川先生文集》二卷，

明薛瑄撰《薛文清公文集》八卷，

明王鸿儒撰《王文庄公凝斋集》六卷、《别集》二卷，

明何塘撰《何文定公柏斋集》十卷，

明崔铣撰《崔文敏公洹词》十二卷，

明尤时熙撰《尤西川先生文集》六卷，

明孟化鲤撰《孟云浦先生文集》四卷，

明吕坤撰《吕新吾先生去伪斋文集》十二卷，

明张信民撰《张抱初先生文集》二卷，

明理啓和撰《理寒石先生文集》四卷。

《中国古籍总目·集部·总集类·郡邑之属》第3104页、《中国丛书综录·类编·集类·总集（郡邑）》第879—880页著录，首都图书馆、上海图书馆、北京师范大学图书馆、清华大学图书馆、青海省图书馆藏。

民国八年（1919）邵松林在武昌刻朱印清翁同龢撰、翁斌孙辑《瓶庐诗稿》八卷。《中国古籍总目·集部·别集类·清代之属·清后期》第2384页、《清人别集总目》第1910页著录，国家图书馆、首都图书馆、上海图书馆、南京图书馆、湖南省图书馆、河南省图书馆、山东省图书馆、江西省图书馆、中国科学院图书馆、北京师范大学图书馆、南开大学图书馆、南京大学图书馆、浙江大学图书馆、湖南师范大学图书馆、安徽师范大学图书馆、华中师范大学图书馆、南通师范学院图书馆、乌海图书馆、台湾“中央”图书馆、台湾“中央研究院”历史语言研究所傅斯年图书馆、台湾大学图书馆、日本爱知大学图书馆藏。

民国十一年（1922）刻邵松年撰《輶轩博纪》。《中国古籍总目·丛书部·郡邑类》第944页著录，国家图书馆、中国科学院图书馆、北京大学图书馆、上海图书馆、辽宁省图书馆、南京图书馆、河南省图书馆藏光绪三十二年（1906）至民国十二年（1923）河南官书局刻张凤台编《三怡堂丛书二十种》中收民国十一年（1922）刻此子书，单行本尚未查到。又此套丛书在1990年由中国书店进行重印，加大了收藏，为辽宁省图书馆就藏此重印本。

民国十一年（1922）邵氏仿宋铅印清邵松年撰《一斑吟草》一卷附《剪绡一束》一卷计2种2卷。《中国古籍总目·集部·别集类·清代之属·清后期》第2552页（作《一斑吟稿》一卷）、《清人别集总目》第1335页著录，国家图书馆、南京图书馆、辽宁省图书馆、广东省图书馆藏。

御侮直臣、国故大家吴大澂

吴大澂（1835—1902）又简写成大澄，原名大淳，避同治帝载淳讳改大澂，字止敬，又字清卿，号恒轩、愙斋、白云病叟、二田居士、白云山樵，学者称愙斋先生，有郑龕、簠斋、镜室、双瓴居、两壶盦、师籀室、瑞芝堂、攀古楼、止敬室、双罍轩、玉佛盦、千钵斋、二旧居、八虎符斋、玉琯山房、十圭山房、瑶琴仙馆、十铜鼓斋、宝六瑞斋、汉石经室、百宋陶斋、两秦鼎室、宝秦泉斋、三百古钵斋、百二长生馆、十将军印斋、辟雍明堂镜室、龙节虚符馆、二十八将军印斋、十六金符斋等室名堂号，其中不少室名堂号源自他收藏钟鼎、石鼓、陶器、墨印、货币等文物，为翁门六子之一的大学者，歙县汪鸣銮的姨俵兄，祖籍歙县，其先人吴敏学于明成化间（1465—1487）任苏州府学教授，定居于吴，遂入籍江苏吴县（今苏州市）。大澂幼颖慧，13 岁时以文名世，17 岁入县学。

他在仕途上卓有建树。同治七年（1868）中戊辰科进士，改庶吉士，散馆授编修。十二年（1873），出为陕西学政，向以谠言直谏，声振朝野。如他力排众议，疏请停修圆明园，减少穆宗同治帝大婚典礼繁文缛节等。历官河南、河北道，升广东巡抚、河东道总督，迁湖南巡抚，成为地方封疆大吏。光绪十一年（1885），时任都察院右副都御史的吴大澂奉命去吉林，去查勘 26 年前沙俄盗贼假充第二次鸦片战争调停人，强迫丧权辱国的腐清与之签订《中俄北京条约》，窃取了中国乌苏里江以东 40 多万平方公里的土地。第二年，清廷派遣昏庸贪腐极不负责任的大烟鬼、户部仓场侍郎成琦草草了事地与沙俄完成“勘界工程”，使原立的“土”字碑距海远达 44 公里，远远大于议定的距离，致使中国无法在图们江口岸立足。会同珲春都统依克唐阿与俄使勘界，在当时国力羸弱，列强觊觎我疆土的劣势下，据理力争，遏止沙俄借划界无休止地掠我国土，并立土字碑界与沙草峰南十八里，距海口二十四五里。又以土字碑与帕字碑距离远，在来往于蒙古道中补立啦字碑，于阿济密往来道中立萨字碑，又移三岔口小孤山倭字碑于瑚布图口，由倭字碑北至那字碑，由那字碑北至东大川，准南北直线画定小沟为清疆界，索回被俄抢占的黑顶尔地区。他在与俄使巴拉诺伏的划界中还准备定图们江口为中俄公共海口，虽未达成协议，但中国船只出入图们江不再向俄方领照，为此，大澂在中俄边界处竖立铜柱，并亲自以大篆勒铭“疆域有表，国有维，此柱可立不可移”于铜柱上，捍卫了国家尊严。

具体是1886年，在中俄边务交涉会上，吴大澂严正指出：“按条约规定，应将‘土’字碑立于图们江二十里的地方。”俄方狡辩说：“海水灌入地当谓之海河，除却海河二十里才算图们江口。”妄图把“土”字碑立于距江口四十多公里的地方。吴大澂再三驳斥道：“海口即江口，有何分别？若论海水所灌，潮来时海水进口不止二十里。所谓江口者，应在海滩尽处。”在吴大澂毫不退让下的《中俄珲春东界约》中约定，插有中国国旗的船只，可以经由图们江驶入日本海，俄国“不可阻拦”。在吴大澂的据理力争下，“土”字碑大步向前推进，一块宽600米，面积10平方公里的国土重新回归中国，使中国距离昔日的中国北部属海、今变所谓“日本海”只有15公里，为中国争取到图们江的实际出海权。多亏吴大澂远见的眼光，这一斗争小胜也是功在千秋具有十分重要的战略意义。128年后，中俄两国在上海召开的亚信会议期间，签订了共建共享扎鲁比诺海港协议。建成后，这个东北亚最大港口离中国珲春只有18公里，成为中国与欧亚之间新的海上“丝绸之路”，这是吴大澂给我们预留的先天条件。

他在任地方大员时勤于国事，卓有业绩。如在广东巡抚任上，朝议与葡萄牙人通商，他亲勘葡人突破原定界限，请饬总理大臣暂缓议约。在湖南巡抚任上，广招人才，约束属吏，发展民生，先后创设课吏馆、求贤馆、蚕桑局、保节堂、百善堂。

光绪二十年（1894）中日甲午战争爆发，大澂“愤外侮之侵凌，感中国之积弱，抚膺太息，毅然请缨”，得到光绪帝批准，授帮办前部，督湘军出关御敌，兵败被革职回任。因光绪帝交恶翁同龢，误以吴为同党，罢斥归里，永不叙用。家居除进行著述外，还主讲龙门书院，从事文化事业。他在出版业上最大贡献是光绪十三年（1887），在广东巡抚任上，与两广总督张之洞在广州创设广雅书局这个官刻机构，在中国近代出版史上占有一席地位。这个著名的官方出版机构入民国后改名广东编印书局，直至民国二十七年（1938）因日寇占领广州才停业。创建之始，由王秉恩提调局务，著名学者屠敬山、陶濬寅、王仁俊、叶昌炽先后任校勘。先后刊印《广雅丛书》，复刻《全唐文》《金文最》《聚珍版丛书》等300余种，藏板十五六万片，所刻书版字体稍扁，黑口，宽栏，向称名版。随着工作变动，他所做具体工作不多，但他的开创之功不可没。

他博学多才，少从陈硕甫学篆书，中年专研古籀文，所题跋行楷方正流丽，又精于绘事，曾仿恽平山花卉册及临黄易碑，均臻精绝妙。他精于文字学，博通训诂，尤善金石文字学。“凡有所见，辄手摹之，或图其形，久之得数百十箱，辑成《恒轩吉金录》。及视学西陲，所到之处，不爱宝物，鼎卣尊簋，廉石旧装，往往载之兼两。”收藏各类文物近五千，其中考证清楚的达三千五百余种。先后撰成研究性著作有《说文古籀补》十二卷[①]、《字说》[②]、《恒轩所见藏吉金录》2册、《古玉图考》一卷、《十六金符斋印存》不分卷26册、《周秦两汉名人印考》

① 《中国古籍善本总目·经部·小学类》第一六五页著录，上海图书馆藏清吴清（卿）、盛昱校并跋《说文古籍补》十四卷《补遗》一卷《附录》一卷计2种16卷，与有关安徽人物传记记载有别，不知是否为吴大澂所撰。

② 《中国古籍善本总目·经部·小学类》第一七五页著录，湖南省图书馆藏清何绍基题识清抄不著作者《字说》二十五卷，尚未查清是否为吴大澂作品，但他曾任湖南省巡抚。

一卷、《愙斋诗文集》、《愙斋杂录六种》六卷[①]、《盂鼎释文》一卷[②]等。

尤其是他的《说文古籀补》及《字说》，填补了《说文》古籀中遗收部分，成为继《许氏说文解字》之后重要的文字学专著，在文字考释上颇多创见。还有他所集家藏彝器铭文拓片成《愙斋集古录》，是以古物考证历史，具有很高史料价值；他为考证历代权衡度量制度，作《权衡度量实验考》等专著均具有很高的学术价值。还著有《愙斋抚湘奏稿》不分卷[③]、《石门访碑记》一卷[④]、《三代古陶文字释》四卷[⑤]、《簠齐

① 《中国丛书广录·类编丛书·史类·金石类》第622页著录，上海图书馆藏此丛书稿本，其细目为：

百宋陶斋藏匋目》一卷，

古玉图考目》一卷，

集古器寿字》一卷，

李山农藏器目》一卷，

古陶文字目》一卷，

相国治录《集古目录》一卷。

上图还藏吴大澂撰《愙斋金石砖瓦题跋》一卷、《恒轩诗存》一卷、《蜀中古刻补编》一卷、《古陶稽证录》一卷、《唐善棠泥造像拓本题咏》一卷、《愙斋公手书金石书画草目》一卷稿本。而《中国古籍善本总目·史部·金石类·总类》第七四一页著录，则作上海图书馆藏吴大澂辑此6种稿本。其细目为：

百宋陶斋藏匋目》（不分卷），

古玉图考目》（不分卷），

集古器寿字》（不分卷），

李山农藏器目》（不分卷），

古陶文字目》（不分卷），

集古录目清相国治录》（不分卷）。

② 《蛾术轩箧存善本书录·辛壬稿》卷二第五五〇至五五五页著录，复旦大学教授王欣夫藏钞稿1册本。

③ 《中国古籍善本总目·史部·诏令奏议类》第三六七页著录，上海图书馆分别藏前、后每种稿本各1部，上海博物馆还藏前1种稿本。

④ 《中国古籍善本总目·史部·金石类》第七五一页著录，国家图书馆藏此书稿本。

⑤ 《中国古籍善本总目·史部·金石类·陶类》第七五二页著录，山东省博物馆藏此书稿本。

（斋）古陶文字考释》不分卷[①]、《吴清卿学使读古陶文记》一卷[②]、《二百长生馆藏瓦目》一卷[③]、《愙斋金符斋印存》不分卷附《藏符》一卷《汉人名印考》一卷计3种[④]、《愙斋所藏封泥目》一卷[⑤]、《十二金符斋印存》不分卷附《藏符》一卷《汉人名印考》一卷计3种[⑥]、《吴愙斋手书金石目录三种》三卷[⑦]、《蜀中古刻补编》一卷《古陶稽证录》一卷《唐善棠泥造像拓本题咏》一卷计3种3卷[⑧]、《愙斋金石砖瓦题跋》一卷《恒轩诗存》一卷计2种2卷[⑨]、《愙斋公手书金石书画草目》一卷[⑩]、《吴

---

① 《中国古籍善本总目·史部·金石类·陶类》第七五二页著录，国家图书馆藏此书稿本。

② 《中国古籍善本总目·史部·金石类·陶类》第七五二页著录，国家图书馆藏此书稿本。

③ 《中国古籍善本总目·史部·金石类·陶类》第七五二页著录，国家图书馆藏清吴大澂辑此书清抄本，有清陈介祺批注。

④ 《中国古籍善本总目·史部·金石类·玺印》第七五七页著录，上海博物馆光绪七年（1881）钤印清吴六澄（大澂）藏此3书稿本。

⑤ 《中国古籍善本总目·史部·金石类·玺印》第七五七页著录，国家图书馆藏清陈介祺校并跋清吴氏十二金符斋抄清吴大澂藏并撰此书。

⑥ 《中国古籍善本总目·史部·金石类·玺印》第七五七页著录，上海博物馆藏光绪七年（1881）钤印清吴六（大）澂辑此3书稿本。

⑦ 《中国古籍善本总目·史部·金石类·总类》第七四一页、《中国丛书广录·类编丛书·史类·目录类》第636页著录，上海博物馆藏吴湖帆题识于清吴大澂辑此3书稿本细目为：

师籀堂金文目》一卷，

海丰吴氏藏瓦目》一卷，

愙斋所藏古刻目》一卷。

⑧ 《中国古籍善本总目·史部·金石类·总类》第七四一页著录，上海图书馆藏此3书稿本。

⑨ 《中国古籍善本总目·史部·金石类·总类》第七四一页著录，上海图书馆藏此2书稿本。

⑩ 《中国古籍善本总目·史部·金石类·总类》第七四一页著录，上海图书馆藏稿本。

窓斋奏折》不分卷[①]、《吴清卿中丞电稿附信稿》不分卷[②]、《吴（窓）齐（斋）公函》不分卷[③]、《吴（窓）齐（斋）光绪甲午中日战事电报手稿》不分卷[④]、《吴清卿学使金文考》一卷[⑤]、《古器考目》一卷[⑥]、《窓斋集古录》十二卷及不分卷各1种[⑦]、《窓斋集古录敦文考释》一卷《爵文考释》一卷计2种2卷[⑧]、辑清潘祖荫藏《攀古楼藏器目》不分卷[⑨]、《辛酉日记》一卷[⑩]、《恒轩日记》不分卷[⑪]、《奉使吉林日记》一卷[⑫]、《北征日记》一卷[⑬]、《窓斋自省录》不分卷[⑭]、《窓斋文稿》一卷[⑮]、《窓

---

① 《中国古籍善本总目·史部·诏令奏议类·奏议》第三六七页著录，新疆大学图书馆藏稿本。

② 《中国古籍善本总目·史部·政书类·公牍档册》第七〇二页著录，上海图书馆藏稿本。

③ 《中国古籍善本总目·史部·政书类·公牍档册》第七〇二页著录，上海博物馆藏稿本。

④ 《中国古籍善本总目·史部·政书类·公牍档册》第七〇二页著录，上海博物馆藏稿本。

⑤ 《中国古籍善本总目·史部·金石类·金类》第七四六页著录，国家图书馆藏稿本。

⑥ 《中国古籍善本总目·史部·金石类·金类》第七四六页著录，国家图书馆藏稿本。

⑦ 《中国古籍善本总目·史部·金石类·金类》第七四六页著录，上海图书馆藏此两种稿本各1部。

⑧ 《中国古籍善本总目·史部·金石类·金类》第七四六页著录，上海图书馆藏此稿本。

⑨ 《中国古籍善本总目·史部·金石类·金类》第七四六页著录，重庆市图书馆藏稿本。

⑩ 《中国古籍善本总目·史部·传记类·日记》第四二二页著录，上海图书馆藏咸丰十一年（1861）日记稿本。

⑪ 《中国古籍善本总目·史部·传记类·日记》第四二二页著录，上海图书馆藏同治六年（1867）七月至九年（1870）五月、七月至八月日记稿本。

⑫ 《中国古籍善本总目·史部·传记类·日记》第四二二页著录，南京图书馆藏光绪六年（1880）四月至十二月日记稿本。

⑬ 《中国古籍善本总目·史部·传记类·日记》第四二二页著录，上海图书馆藏光绪八年（1882）至九年（1883）日记稿本。

⑭ 《中国古籍善本总目·子部·儒家类》第八〇七页著录，上海图书馆藏其书手稿本。

⑮ 《中国古籍善本总目·集部·清别集类》第一六二七页著录，上海图书馆藏稿本。

斋公遗稿》不分卷[①]、《吴清卿尺牍》一卷[②]、《论古杂识》一卷[③]、《皇华纪程》一卷，辑《千钵斋古钵选》不分卷等。顾廷龙先生曾编《吴愙斋先生年谱》[④]，可大体了解其生平。

他的后人中值得介绍的是其孙吴翼燕（1894—1968），本名吴万，又名吴倩，字通骏、东庄，好倩庵（盦）、湖帆，别署燕翼，室名有梅影书屋、四欧堂、丑簃、虞斋、迢迢阁、淮海草堂、双修阁、宝董室等，为潘景郑姑父，潘祖年女婿、潘儆淑夫，居苏州双林巷金俊明春闲房旧址。继其祖喜收藏，尤重古籍书画碑帖。有宋刻宋器之撰《梅花喜神谱》、欧阳询四帖、黄山谷手书《太白诗草书卷》、米芾手书《多景楼诗册》、金俊明《画梅》、邵氏《瘦蛟》卷、金冬心《黛影脂香图》、罗聘仿赵孟頫《二色梅》及明清多种梅花图册精品。有"吴湖帆印"、"双修阁图书记""梅景（影）书屋""湖帆鉴赏""梅景（影）书屋秘籍""铭心绝品""湖帆宝此过于明珠骏马""湖帆审定""吴万宝藏""丑簃词境""吴氏梅影书屋图书印""丑簃长乐""迢迢阁"等朱长方藏书印。吴翼燕精于绘事，为西冷印社著名编辑。解放后，历任上海市政协委员、上海中国画院画师、中国美协上海分会副主席、上海文史馆馆员。代表作品有《峒关蒲雪图》《庐山小景》《写米芾诗意》《芙蓉映初日》《荷花》等，出版画册有《梅景画笈》[⑤]等。

吴大澂整理的古籍有《在昔篇》一卷[⑥]、《集古官印考》十七卷《集

---

① 《中国古籍善本总目·集部·清别集类》第一六二七页著录，上海图书馆藏稿本。

② 《中国古籍善本总目·集部·清别集类》第一六二七页著录，上海图书馆藏稿本。

③ 《中国古籍总目·丛书部·郡邑类》第920页著录，北京师范大学、上海、上海师范大学、福建师范大学、中央民族大学图书馆藏民国二十八至三十二年（1939—1943）伪江苏省立苏州图书馆铅印伪江苏省立苏州图书馆编纂委员会编《吴中文献小丛书三十二种》丛书中收此子书。

④ 此书有哈佛燕京学社1935年版。

⑤ 据《文献家通考》第1637—1638页吴翼燕条。

⑥ 《中国古籍善本总目·经部·小学类》第一七五页著录，常熟市图书馆藏清吴大澂跋清杨沂孙撰此书稿本。

古虎符鱼符考》一卷计2种18卷[①]、《积古斋钟鼎彝器款识》十卷[②]、《通鉴纲目前编辨误》一卷[③]等。

吴大澂在出版业上最大的特色是钤印以自辑自藏各类文物图片为主。

光绪元年（1875）钤印清陈介祺藏清吴大澂辑《千钵斋古钵选》不分卷。《中国古籍善本总目・史部・金石类・玺印》第七五七页著录，上海博物馆藏。

清钤印清吴大澂辑《十六金符斋印存》十二卷。《中国古籍善本总目・史部・金石类・玺印》第七五七页著录，湖南省博物馆藏。

光绪十四年（1888）钤印清吴大澂辑《十六金符斋印存》不分卷。《中国古籍善本总目・史部・金石类・玺印》第七五七页著录，上海图书馆藏2部，其中1部有吴大澂跋。

清钤印清吴大澂辑并校注《十六金符斋印选》不分卷。《中国古籍善本总目・史部・金石类・玺印》第七五七页著录，上海图书馆藏。

光绪二十年（1894）长沙节署刻清吴大澂撰《权衡度量实验考》一卷。《中国古籍善本总目・史部・金石类・总类》第七四一页著录，国家图书馆藏。

世家大儒汪宗沂

汪宗沂（1837年11月14日—1906年10月14日卒于江宁），字仲伊，号韬庐、咏村、韬庐子、弢堂主人、天都老少年、弢庐处士，有吹

---

① 《中国古籍善本总目・史部・金石类・玺印》第七五六页著录，南京图书馆藏清吴大澂跋同治十三年（1874）瞿树镐刻光绪十八年（1892）钤印清瞿中溶撰此2书。

② 《中国古籍善本总目・史部・金石类・金类》第七四五页著录，中国社会科学院文学研究所图书馆藏嘉庆九年（1804）自刻清阮元、朱为弼合撰此书，有佚名录清翁树培、叶志诜、龚橙、潘祖荫、汪鸣銮、吴大澂等人批校，王同愈、顾廷龙等题识。

③ 《中国古籍善本总目・史部・编年类・通代》第二六四页著录，上海图书馆藏同治八年（1869）吴大澂手抄清万斛泉撰《通鉴纲目前编辨误》一卷有吴湖帆跋。

龠楼、礼兵农之室、弢庐、逸斋、敦好堂、潮溪楼、延年室、辑易轩、嘉雨轩、从容而任斋等室名，歙县西溪里郑村人，系汪梧凤亲兄弟中“善继堂”后人，王茂荫女婿。他是皖派经学发祥地不疏园世家的创始人汪泰安的6世孙，不疏园的最后一位主人，也是徽州朴学的最后一位传人。其父运镳怀才不仕，工书法，精隶书，晚年客居金陵，曾将精书司空图《诗品》一册赠曾国藩，深为曾国藩所称赏。宗沂幼从母许太夫人读《尔雅》《毛诗》。早岁补县学生员，同治三年（1864）以优行贡太学。他自己曾说“居园中数年，手披口诵，以夜继昼”，直至太平军打到徽州，使不疏园成为废墟，历年数代收藏化为灰烬。他只好随父挈病妻弱子进入黄山避乱。不久王氏妻子病死于战乱中，其岳父王茂荫将他推荐给曾国藩，延聘为忠义局编纂。

后从师临川李联琇，从师江苏仪征刘文淇研究汉学，从师桐城方宗诚治宋学，并博览群籍，精通经学。当年中丙子（1876）科举人。光绪二年（1876）又拜师翁同龢，学业更臻精博。翁师非常器重他，许为命世才，称以先生，不用师弟礼。袁昶赞其学识精博，可与江永比肩。

光绪六年（1880）中庚辰科进士，授山西知县，告病在籍。今查《韬庐古今体诗》稿中有“无虎不啖肉，无鸢不啄肠，无鼠不窃脂，悠悠我心伤”诗句中了解到他辞职的真相是不愿在清廷贪腐的官场沉浮，不能发挥他“志存济世”的理想而不愿继续做官。

光绪二十一年（1895）由安徽学政李端遇保举学行，奉旨赐五品卿衔。曾入直隶总督李鸿章幕，因不能尽其所学，干了5年于1888年辞归，主讲徽州紫阳书院7年，后受徽宁池太广道道员袁昶之邀，去芜湖中江书院主讲3年，后又受邀去安庆敬敷书院任教。嗣后又主黟县碧阳书院，后在家开经馆授徒，黄宾虹、许承尧、汪律本等辈均为他的学生。

光绪二十六年（1900）“庚子事变”，与汪宗沂交好的袁昶因直谏反对以义和团排外而被处死后，宗沂由安庆返里，在知府、知县支持下，在圣僧庵办团练，其学生黄宾虹、次子汪律本均参与带兵保卫桑梓。此后，他又于不疏园旁建弢庐，以继承先辈不疏园的收藏著述事业。他精研礼经，洞悉乐吕，著述弘富，有"江南大儒"称誉，喜舞剑谈兵，懂医。他的医学是少随侍医家祖父，常以医案当作小说来读，属家学渊源。年届七十，"以里居鲜可语，因薄游江淮，由扬州至江宁主淮扬道蒯光典家，旋卒"[①]。刘师培先生曾作《汪仲伊先生传》，对其生平学术介绍甚详，并"叹其辑古之勤，与其精识，上继乡贤先哲江、戴诸老，庶几无怍色"[②]。可见评价之高。同时也说明他是徽州地区近代高举中华传统文化大旗的旗手，尤其是他的三个高足汪律本、黄宾虹、许承尧都是徽州地区近现代学术界、教育界、思想界、政界的领军人物。

早在山西知县任上宗沂就潜心研究医学，尤其是《伤寒论》。他在医学上的贡献是辑复宋本《伤寒杂病论》中未收入的张仲景论逸方，终于在光绪十四年（1888）完成《张仲景伤寒杂病论合编》。此书系他参照王叔和《伤寒论·序例》《脉经》《诸病源候论》《肘后方》《千金要方》《外台秘要》等书中有关张仲景的医论方补入未载入宋本《伤寒杂病论》部分，追本溯源，得出张仲景这些医论方是王叔和在编《伤寒杂病论》时丢失而补入 69 条，使汪作"还仲景之旧，方论之全。仲景之本治伤寒者，兼而正之，仲景之专治温病者，理而出之"[③]。他的这种对《伤寒论》注释的创举，对当前临床实践和寒温统一论研究有指导意义。

著有《礼乐一贯录》（一卷）、《周易学统》十卷[④]、《周易乾坤谊》

---

① 《［民国］歙县志·人物志·文苑》卷七第三十页。

② 王欣夫撰，鲍正鹄、徐鹏标点整理《蛾术轩箧存善本书录》上册第三三页，上海古籍出版社，2002.

③ 见《伤寒杂病论合编·自序》。

④ 《安徽文献书目》第 133 页著录，安徽省图书馆藏 1 册清刊本。《中国古籍总目·经部·易类·传说之属》第 182 页、《中国古籍善本总目·经部·易类》第二七页著录，南京图书馆藏此书不分卷稿本。而中华书局版《续修四库全书总目提要·经部·易类》第一七二页著录光绪刊本为 9 卷。国家图书馆藏清鲍锡章刻本为 9 卷本，山东省图书馆藏清末刻本也是 9 卷本。

一卷四种[①]、《周易学统十翼遗文逸礼大谊（义）论》[②]、《附三集补遗》各1册计3册[③]、《五声音韵论》、《三家兵法》五卷《附录》一卷、《尚书合订》六卷、《管乐元音谱》又名《管乐元音谱》、《声谱》、《金元十五调南北曲谱》、《弢庐剑谱》、《诗说》一卷[④]、《诗经读本》三卷、《孟子释疑》一卷[⑤]、《黄庭经注》、《伤寒杂病论合编》又名《张仲景温疫论》十六卷[⑥]、《杂病论辑逸》[⑦]、《京氏易略》不分卷[⑧]、《旋宫四十九调谱》、《云气占候篇》一卷[⑨]、《韬庐诗稿》[⑩]、《弢庐诗

① 《蛾术轩箧存善本书录·庚辛稿》卷一第三三页至三八页著录，复旦大学王欣夫教授藏4册抄稿本。按据《皖志列传稿》本传说："著成《管乐元音谱》《声谱》《汉魏三调乐府诗谱》《金元十五调南北曲谱》若干卷，括为《五声音韵论》一篇。别著《律谱》《尺谱》及《旋宫四十九调谱》以明乐律，共八种。章梫《一山文存·仲伊传》则曰《管乐元音谱》、《五音声韵谱》各二卷，《律谱》、《声谱》、《尺谱》、《旋宫四十九调谱》一卷。今此本下注大题《弢庐子乐学》。小题第一种曰《管乐元音谱》，第二种曰《律谱》，第三种曰《声谱》，第四种曰《韵谱》，为仲伊手授周懋琦者。当为定本。"（转引自王欣夫撰《蛾术轩箧存善本书录·庚辛稿》卷一第三三页）

② 许承尧《疑庵所藏古籍善本书目》著录，汪宗沂写此书稿本实为《周易学统》《十翼遗文》《逸礼大义论》3种合订本，应藏安徽省博物馆。

③ 许承尧《疑庵所藏古籍善本书目》著录，汪宗沂手写此书稿本，应藏安徽省博物馆。

④ 《蛾术轩箧存善本书录·癸卯稿》卷一第七二八至七二九页著录，复旦大学王欣夫教授藏吴县王氏学礼斋抄稿1册本为《说诗》一卷，实为同书异名。

⑤ 《安徽文献书目》第133页著录，安徽省图书馆藏光绪二十三年（1897）黟县李氏刊1册本。

⑥ 《中国古籍总目·子部·医家类·方论之属·伤寒金匮·合编》第588页著录，中国科学院图书馆藏清汪宗沂撰《伤寒杂病论合编》又名《张仲景伤寒杂病论合编》十六卷稿本。

⑦ 《中国古籍总目·子部·医家类·方论之属·伤寒金匮·金匮要略》第642页著录，收入《连自华医书》稿本及光绪间（1875—1908）刻《张仲景伤寒杂病论合编》本中。

⑧ 《安徽省馆藏皖人书目》第166页、《安徽文献书目》第134页著录，安徽省博物馆藏1册本。

⑨ 《安徽文献书目》第134页著录，收入袁昶《渐西村舍丛书》、《丛书集成初编》丛书中。

⑩ 许承尧《疑庵所藏古籍善本书目》著录，汪宗沂手写此书稿本，应藏安徽省博物馆。

补遗》不分卷[①]、《弢庐诗略存》又作《韬庐诗略》一卷[②]、《弢庐隶谱》一卷又作2卷附（校订）《急就章草》一卷[③]、《西汉无波隶》六种[④]、《西汉急就章全文》[⑤]、《唐人分隶》[⑥]、《韬庐古今体诗》稿本、《何氏姓苑原稿》不分卷[⑦]、《后缇萦南曲》一卷[⑧]、《曲谱》、《律谱》、《尺谱》、《程可山先生年谱》一卷[⑨]、《疑龙经校注》二卷、《汪弢（韬）庐选李青莲乐府》不分卷[⑩]、《云气占候》二卷[⑪]、《汪宗沂手稿》

① 《中国古籍总目·集部·别集类·清代之属·清后期》第2445页（作1卷抄本）、《安徽文献书目》第134页著录，安徽省博物馆藏1册本。

② 《中国古籍善本书目·集部·清别集类》第1347页、《中国古籍总目·集部·别集类·清代之属·清后期》第2445页、《中国古籍善本总目·集部·清别集》第一六三〇页、《清人别集总目》第1005页、《安徽省馆藏皖人书目》第167页著录，南京图书馆藏稿本，安徽省博物馆藏1册抄本。还藏《弢庐诗补遗》不分卷抄本及《汪宗沂手稿》不分卷。

③ 《中国古籍总目·子部·艺术类·书画之属·书·谱帖》第1326页、《安徽文献书目》第134页著录，安徽省博物馆藏1册本仅为《弢庐隶谱》一卷。余见刻本。

④ 许承尧《疑庵所藏古籍善本书目》著录，汪宗沂手摹并释此书稿本6种，应藏安徽省博物馆。

⑤ 许承尧《疑庵所藏古籍善本书目》著录，汪宗沂手写此书1册本，应藏安徽省博物馆。

⑥ 许承尧《疑庵所藏古籍善本书目》著录，汪宗沂手写此书，应藏安徽省博物馆。

⑦ 《安徽省馆藏皖人书目》第165页、《安徽文献书目》第134页著录，安徽省博物馆藏1册抄本。

⑧ 《安徽省馆藏皖人书目》第165页、《安徽文献书目》第134页著录，安徽省图书馆藏光绪间（1875—1908）泰州夏氏刊1册本，而《中国古籍总目·集部·曲类·传奇之属》第3568页作南京图书馆藏光绪十一年（1885）泰州夏氏刻清汪宗沂撰、夏嘉谷评点此书不分卷，说明夏氏刻两种以上版本。

⑨ 《中国古籍善本书目·史部·传记类一》第535页、《安徽地震史料辑注》第268页、《安徽省古籍善本书目·史部·传记类》卷二第三十二页、《安徽省馆藏皖人书目》第165页、《安徽文献书目》第133页著录，安徽省图书馆藏1册红格抄本，安徽省博物馆藏清程焜撰《程可山日记》不分卷及《诗（咸丰十年至同治十年）》一卷附清汪宗沂撰《程可山先生年谱》不分卷2册稿本计8册本。程焜，字可山，有铜竹斋，歙县人。

⑩ 《安徽省馆藏皖人书目》第166页、《安徽文献书目》第134页著录，安徽省博物馆藏1册本。

⑪ 《中国古籍总目·子部·术数类·占候之属》第1152页著录，国家、上海、东北师范大学图书馆藏光绪间（1875—1908）桐庐袁昶渐西村舍刻清汪宗沂（韬庐子）撰此书。

又名《韬庐手稿》不分卷[①]、《汉魏三调乐府》、《诗谱》不分卷[②]、《逸论语一编》、《逸礼大义论》六卷[③]、《通占大象历星经上》一卷[④]、《通德经实注》二卷、《十翼遗文》一卷、《孝经十八章辑传》一卷[⑤]、《葬书校注》一作《葬经校注》一卷、《黄海前游集》一卷附子律本撰《从游小草》、《撼龙经校注》、《握奇图解》、《周易参同契五相类经文考》、《周人明堂月令篇》一卷[⑥]、《逸礼定论》五卷《周人明堂月令篇》一卷计2种6卷[⑦]、《小儿方药》一卷[⑧]、《葬书丛注》不分卷[⑨]、《太公兵法逸文》一卷[⑩]、《孟子释疑》一卷、《武侯阵法辑略》又名《武侯八阵兵法辑略》一卷[⑪]、《逸书事纬》一卷[⑫]、《逸礼古谊论原稿存》

---

① 《中国古籍总目·集部·别集类·清代之属·清后期》第2445页、《安徽省馆藏皖人书目》第166页、《安徽文献书目》第134页著录，安徽省博物馆藏3册稿本。

② 《安徽省馆藏皖人书目》第165页、《安徽文献书目》第134页著录，安徽省博物馆藏1册抄本。

③ 《中国古籍总目·经部·礼类·附录·逸礼之属》第470—471页、《蛾术轩箧存善本书录·未编年稿》卷一第一四三二至一四三三页著录，此书收入民国间铅印《己卯丛编》丛书中，国家图书馆、上海图书馆、湖北省图书馆藏此丛书中子书，中国科学院图书馆藏抄本，复旦大学图书馆（原为该校王欣夫教授藏）藏民国间吴县王氏学礼斋传抄稿1册本由赵诒琛、王大隆校。

④ 《安徽省馆藏皖人书目》第166页、《安徽文献书目》第134页著录，安徽省博物馆藏1册抄本。

⑤ 《中国古籍总目·经部·孝经类·传说之属》第715页、中华书局版《续修四库全书总目提要·经部·孝经类》第八三三页著录，国家图书馆藏民国间打字本。

⑥ 《中国古籍总目·经部·礼记·分篇之属》第498页著录，复旦大学图书馆藏王氏学礼斋晒印稿本。

⑦ 《中国古籍总目·经部·礼类·附录·逸礼之属》第471页著录，国家图书馆藏稿本，复旦大学图书馆藏王氏学礼斋晒印稿本。

⑧ 《安徽省博物馆书目》著录藏抄本。

⑨ 《安徽文献书目》第133页著录，安徽省博物馆藏1册抄本。

⑩ 《安徽省馆藏皖人书目》第165页、《安徽文献书目》第133页著录，安徽省图书馆藏光绪二十年（1894）袁昶渐西村舍刊1册本。

⑪ 《安徽省馆藏皖人书目》第166页、《安徽文献书目》第134页著录，收入袁昶辑刻《渐西村舍丛书》《丛书集成初编》。

⑫ 《中国古籍总目·经部·书类·附录·逸书之属》第310页著录，国家图书馆藏光绪三十二年（1906）汪宗沂辑此书稿本。

四卷[①]、《握机八阵心法原稿》不分卷[②]、《卫公兵法辑本》三卷[③]、《补军礼三篇》不分卷[④]、《葬地篇》不分卷、《逸书言经事纬》不分卷、《逸礼经辑本》不分卷、《尚书古今辑佚》六卷、《葬经注》[⑤]、《龙经校注》一卷、《汪宗沂集》[⑥]及与孙诒让撰《论语正义校记》一卷[⑦]等以及纂修《庐州府志》一百卷首末二卷，辑《三湘兵法》、评《青莲乐府》[⑧]。今上海图书馆藏他的光绪庚辰科进士会试朱卷刻印本。汪氏手稿本最集中要数自辑《汪仲伊所著书十二种》又称《汪仲伊所著书》不分卷。其细目为：

《管乐元音谱》不分卷，

《声谱》不分卷，

《律谱》不分卷，

《逸斋论语辑本》不分卷，

《杂病论辑逸》不分卷，

《葬地篇》不分卷，

《葬书丛注》不分卷，

《武侯八阵兵法辑略》不分卷，

---

① 《安徽文献书目》第134页著录，安徽省博物馆藏1册抄本。

② 《安徽省馆藏皖人书目》第166页、《安徽文献书目》第134页著录，安徽省博物馆藏1册抄本。

③ 分别收入《渐西村舍汇刊》《丛书集成初编》丛书中。

④ 《中国古籍善本总目·经部·礼类》第八一页、《中国古籍总目·经部·礼类·附录·逸礼之属》第471页著录，复旦大学图书馆藏清袁昶渐西村舍抄此书。

⑤ 许承尧《疑庵所藏古籍善本书目》著录，汪宗沂自写此书稿本共36册，应藏安徽省博物馆。

⑥ 《清人别集总目》第1005页著录，湖南省图书馆藏光绪六年（1880）原抄稿本。

⑦ 中华书局版《续修四库全书总目提要·经部·四书类》第八七三页、《中国古籍善本总目·经部·四书类》第一二四页、《中国古籍善本书目·经部·四书类》第308页著录，南京图书馆藏清刘氏食旧德斋抄清孙诒让、汪宗沂撰此书。

⑧ 许承尧《疑庵所藏古籍善本书目》著录，汪宗沂手评写此书1册本，应藏安徽省博物馆。

《逸司马法辑本》不分卷，

《太公兵法逸文》不分卷，

《逸书言经事纬》不分卷，

《逸礼经辑本》不分卷。

《中国古籍善本书目·丛部·自著丛书》第704—705页、《中国古籍善本总目·丛部·自著丛书》第二〇一七页、《中国古籍总目·丛书部·独撰类·清代后期》第1261页、《中国丛书广录·汇编丛书·自著类·清代后期》第336页著录，湖南省图书馆藏。

还有《周易学统》不分卷[①]、《汪韬庐集》不分卷[②]、《逸军礼》三卷[③]，还辑《太公武侯兵法合刻》[④]、《程可山年谱》不分卷[⑤]等60余部。其殁后，诸弟子 辑《弢庐文稿》，黄宾虹还从汪氏遗札中录出《新安访碑记》未完稿等。

此外，他的不少文字为有关选集所收，如光绪四年（1878）刊《惜阴书院西斋课艺》八卷、《东斋课艺》八卷[⑥]等。他还整理了清程焜撰《程可山日记》不分卷、咸丰十一年至同治十年《诗》一卷附清汪宗沂撰《程

---

① 《中国古籍善本书目·经部·易类》第99页著录，稿本藏南京图书馆。

② 《中国古籍总目·集部·别集类·清代之属·清后期》第2445页著录，湖南省图书馆藏此书光绪十六年（1890）稿本。

③ 《中国古籍善本书目·经部·礼类》第222页、《中国古籍总目·经部·礼类·附录·逸礼之属》第417页著录，复旦大学图书馆藏清抄本。

④ 《中国古籍总目·子部·兵家类》第266页著录，湖北省图书馆藏民国2年（1913）上海文瑞楼石印本。

⑤ 《中国古籍善本总目·史部·传记类·年谱》第四一六页著录，安徽省博物馆藏咸丰十一年（1861）至同治十年（1871）清程焜撰《程可山日记》不分卷附清汪宗沂撰《程可山年谱》不分卷计2种稿本。

⑥ 《贩书偶记·集部·总集类》卷十九第534页著录，光绪四年（1878）刊清全椒薛时雨编《惜阴书院西斋课艺》八卷、瑞安孙锵鸣编《东斋课艺》八卷就是专收汪宗沂、刘寿曾、王亮采、章洪钧、陈作霖、秦际唐、刘汝霖、冯煦、刘岳云、朱桂模、唐仁寿、刘贵曾、翟增容、刘富曾、姜渭、刘显曾诸大师文的集子。

可山先生年谱》2 册[①]。《［民国］歙县志·艺文志·书目》卷十五第二十七页著录汪氏著作就有《周易学统》九卷、《周易乾坤谊》一卷、《尚书今古辑佚》六卷、《诗经读本》三卷、《逸礼大义论》六卷、《孝经十八章辑传》一卷、《十翼遗文》一卷、《逸斋论语》一卷、《孟子释疑》一卷、《黄庭经注》一卷、《汪氏原姓篇》一卷、《握奇图解》一卷、《伤寒杂病论合编》十六卷、《葬经校注》一卷、《龙经校注》一卷、《三家兵法》一卷、《三湘兵法》一卷、《程可山先生年谱》一卷、《声谱》一卷、《律谱》一卷、《剑谱》一卷、《尺谱》一卷、《礼乐一贯录》一卷、《汉魏三调乐府诗谱》一卷、《管龠元音谱》二卷、《金元十五调南北曲谱》一卷、《旋宫四十九调谱》一卷、《弢庐隶谱》一卷、《后缇萦南曲》一卷、《黄海前游集》一卷、《弢庐诗》二卷计有 31 种 54 卷。他还篆文写《般若波罗密多心经》一卷[②]等。他的子孙中最著者为次子汪律本、三子汪行恕[③]、四子汪真[④]及孙汪采白[⑤]。余为

---

① 《安徽省古籍善本书目·史部·传记类》卷二第三十二页著录，安徽省博物馆藏 8 册稿本。

② 《中国古籍善本书目·子部·释家类》第 895 页著录，故宫博物院图书馆藏乾隆间（1736—1795）写唐释玄奘译此经。

③ 汪行恕，留学日本，归国后任陆军医院院长，老同盟会员。

④ 汪真，字久修，入保定军校，为徐锡麟挚友。徐刺杀安徽巡抚恩铭，株连及身，幸沈曾植、冯熙力保，才幸免于难。

⑤ 汪采白（1887—1940），名礼祁，字采白、采伯，以字行，号澹庵，别号洗桐居士，福熙（1860—1943）子。幼拜黄宾虹为师，学画受文，旋入歙城崇一学堂。21 岁入两江师范学堂国画手工科，以叔父汪律本挚友李瑞清为师。毕业后，历任武昌高等师范学校、北京女子师范大学教授，南京中央大学国画系主任，安徽省立第二中学校长，北平艺术专科学校教授。平生最擅山水画，画风秀逸。他有很强的民族气节。日寇沦陷华北期间，特作《风柳鸣蝉图》以抒发胸中郁积的块垒，为法国公使订购。一日本商人曾愿出巨金要他再画一幅，被其愤然拒绝，得到教育大家陶行知的称赞，说他“行止有耻”。今存世作品集有《采白画存》、《汪采白画集》。其中，《汪采白画集》为 1987 年安徽省博物馆举办汪采白画展时，从 150 余件展品中精选 83 幅汇编成册，由安徽美术出版社出版。还有今人所辑安徽省博物馆、黄山市中国徽文化博物馆、歙县博物馆等所藏为主的《汪采白诗画录》等，都是他遗存人间的墨宝丹青。

长子福熙，又名复本，字吉修，与黄宾虹有金兰之交。廪生，善属文，精四体书，尤擅隶书；五子汪伦，孙八。曾孙一。

他是大古籍整理家，对五经、四书、四史、《文选》、诸子群籍都进行精心研究，朱笔细录，作蝇头楷书，一笔不苟。他还留下序跋文字，如《周书》十卷附《周书逸文》一卷[①]、《礼记集说》十六卷[②]、《潜夫论》[③]，他还批校《新义录》13册本[④]、评记《汪梅村集》1册本[⑤]、手写《八分格言》[⑥]、朱墨校注《老子章义》[⑦]、校注《三文忠传》[⑧]等。

汪氏家刻确切可考不多。主要有：

光绪元年（1875）刻清汪宗沂撰《黄海前邀（游）集》一卷。《中国古籍总目·集部·别集类·清代之属·清后期》第2445页、许承尧《疑庵所藏古籍善本书目》著录，北京大学图书馆、安徽省博物馆（原刊1册本）藏。

光绪间（1875—1908）刻清汪宗沂撰《光绪六年（1880）庚辰科会试朱卷》一卷。《中国古籍总目·史部·传记类·科举录之属》第1173页著录，上海图书馆藏。

---

① 《中国古籍善本书目·史部·杂史类》第207页、《中国古籍善本总目·史部·杂史类·通代》第三〇三页著录，浙江图书馆藏清汪宗沂跋、清孙诒让校清抄清朱右曾注此书。

② 《中国古籍善本总目·经部·礼类》第七三页著录，山东省图书馆藏清汪由敦批校并跋明末二酉堂刻元陈澔撰此书。该刊本半页9行，行17字，小字双行同，白口，四周单边。

③ 许承尧《疑庵所藏古籍善本书目》载有赠一尘元大德本《潜夫论》1册，有汪韬庐题记，应藏安徽省博物馆。

④ 许承尧《疑庵所藏古籍善本书目》载有汪批此书，应藏安徽省博物馆。

⑤ 许承尧《疑庵所藏古籍善本书目》载有汪评记此书原刊本，应藏安徽省博物馆。

⑥ 许承尧《疑庵所藏古籍善本书目》著录，汪宗沂手写此书1册本，应藏安徽省博物馆。

⑦ 许承尧《疑庵所藏古籍善本书目》著录，汪宗沂全部手写朱墨校注此书1册本，应藏安徽省博物馆。

⑧ 许承尧《疑庵所藏古籍善本书目》著录，汪宗沂全部手写朱墨校注此书1册本，应藏安徽省博物馆。

光绪五年（1879）闰三月从容而任斋自刊歙县汪宗沂（仲伊）编辑《三家兵法通辑》3种六卷。其细目为：

《太公兵法逸文》一卷，

《武侯八阵兵法辑略》一卷，

唐李靖撰《卫公兵法》三卷、《附录》一卷。

《中国丛书广录·类编丛书·子类·兵家》第674页、刘声木《直介堂丛刻·再续补汇刻书目》卷三第四页著录。《安徽省馆藏皖人书目》第165页著录，安徽省图书馆藏《渐西村舍汇刊》本。

光绪七年（1881）刻题晋郭璞撰、宋蔡发编、元吴澄叙录、清汪宗沂校定《葬书校注》一卷。《中国古籍总目·子部·术数类·堪舆之属·地理》第1167页著录，上海图书馆藏。

光绪间（1875—1908）弢庐刊清汪宗沂撰《撼龙经校注》（此刊本题《龙经校注》）附《疑龙经校注》二卷。《安徽文献书目》第133页、《清人别集总目》第1005页著录，安徽省图书馆藏1册本。许承尧《疑庵所藏古籍善本书目》著录安徽省博物馆藏汪氏所著原刊《龙经校注》1册本。

光绪十一年（1885）刻清汪宗沂撰《黄海前游集》一卷附汪律本撰《从游小草》又名《黄海后游录》三卷。《安徽文献书目》第134页、《清人别集总目》第1005页、《安徽省馆藏皖人书目》第166页著录，安徽省图书馆（1册本）、南京图书馆藏。安徽省博物馆还藏汪律本撰《黄海后游录》三卷3册抄本。

光绪间（1875—1908）刻清汪宗沂撰《黄海前游集》一卷附子律本撰《从游小草》计2种。《安徽省馆藏皖人书目》第166页、《安徽文献书目》第134页著录，安徽省图书馆藏1册本。疑与上条为同版。

附　光绪十一年（1885）刻清黄云修，清林之望、汪宗沂纂《［光绪］续修庐州府志》一百卷、《首》一卷、《末》一卷计102卷。《中国古籍总目·史部·方志类·地志之属·安徽省·合肥市》第4312页、

《中国地方志联合目录·安徽省·合肥市》第444页、《美国国会图书馆藏中国方志目录》第101页、《安徽省馆藏皖人书目》第167页、《香港所藏古籍书目·史部·地理类·方志》第104页、《安徽文献书目》第134页著录，光绪十一年（1885）刻本，国家图书馆、首都图书馆、中国科学院图书馆、水利电力科学研究院图书馆、故宫博物院图书馆、中央民族文化宫图书馆、中共中央党校图书馆、北京大学图书馆、清华大学图书馆、北京师范大学图书馆、中央民族大学图书馆、首都师范大学图书馆、上海图书馆、复旦大学图书馆、华东师范大学图书馆、上海师范大学图书馆、上海辞书出版社图书馆、天津图书馆、南开大学图书馆、天津师范大学图书馆、山西省图书馆、内蒙古自治区图书馆、内蒙古师范大学图书馆、辽宁省图书馆、大连市图书馆、吉林省图书馆、东北师范大学图书馆、甘肃省图书馆、宁夏回族自治区图书馆、新疆大学图书馆、山东大学图书馆、山东师范大学图书馆、南京图书馆、南京大学图书馆、中国科学院南京地理研究所图书馆、江苏师范大学图书馆、南通市图书馆、苏州市图书馆、常熟市图书馆、无锡市图书馆、扬州市图书馆、镇江市图书馆、浙江图书馆、浙江大学图书馆、安徽省图书馆（48册本）、安庆市图书馆、芜湖市图书馆（不全）、安徽大学图书馆、安徽师范大学图书馆、江西省图书馆（不全）、福建师范大学图书馆、河南省图书馆、郑州大学图书馆、湖北省图书馆、武汉大学图书馆、湖南省图书馆、湖南省社会科学院图书馆、湖南师范大学图书馆、广东省图书馆、中山大学图书馆、暨南大学图书馆、华南师范大学图书馆、重庆市图书馆（不全）、重庆市北碚区图书馆、香港大学图书馆（48册本）、美国国会图书馆（48册本）及中国科学院历史研究所、中国历史博物馆、国家文物局文物保护科学技术研究所（今为院）、安徽省博物馆藏。上海师范大学图书馆还藏王尚辰光绪二十一年修《庐州府志剩》抄本。

光绪十三年（1887）刻其父清汪秉钊撰《琼州杂事诗》一卷。藏处待查。

光绪十四年(1888)夏序刻本清汪宗沂撰《伤寒杂病论合编》又名《杂病论辑逸》、《张仲景温疫论》一卷。《中国古籍总目·子部·医家类·方论之属·伤寒金匮·金匮要略》第642页（作光绪间刻）、《安徽艺文考·医家》、《全国中医图书联合目录》（著录作三部书，误）著录，上海中医药大学图书馆、白求恩医科大学图书馆、北京中医药大学图书馆、上海图书馆、苏州市中医院图书馆、浙江医科大学图书馆、山东省图书馆藏。

清光绪（1875—1908）刊清汪宗沂撰《周易学统》九卷。中华书局版《续修四库全书总目提要·经部·易类》第一七二页、《安徽省馆藏皖人书目》第166页、《徽州地区博物馆藏书目录·有关徽州资料古藉（籍）·经部·易类》第一集、许承尧《疑庵所藏古籍善本书目》著录，安徽省图书馆（7册本）、安徽省博物馆（原刊8册本）藏，黄山市中国徽文化博物馆仅存1卷1册不全清刻本。

光绪十四年弢庐刻题晋郭璞撰、宋蔡发编、元吴澄叙录、清汪宗沂校定《葬书校注》一卷。《中国古籍总目·子部·术数类·堪舆之属·地理》第1167页著录，国家图书馆、吉林大学图书馆、东北师范大学图书馆藏。

光绪十四年弢庐刻题唐杨筠松口诀、清汪宗沂校注《龙经校注》一卷。《中国古籍总目·子部·术数类·堪舆之属·地理》第1170页著录，国家图书馆、吉林大学图书馆、东北师范大学图书馆藏。

光绪十四年刻清汪宗沂撰《张仲景伤寒杂病论合编》十六卷。《中国古籍总目·子部·医家类·方论之属·伤寒金匮·合编》第588—589页著录，国家图书馆藏不全本。北京中医药大学图书馆、上海图书馆、上海中医药大学图书馆、吉林大学医学部图书馆、苏州市中医院图书馆、浙江医科大学图书馆藏光绪间（1875—1908）刻本，国家图书馆、山东省图书馆藏本不全。

光绪十四年汪宗沂序刊自撰《伤寒杂病论合编》又名《杂病论辑选》、《张仲景温疫论》二卷。《中国古籍总目·子部·医家类·方论之属·温病·瘟疫》第659页（作《张仲景温疫论》）、《全国中医图书联合目录·伤寒金匮》第43页、99页、392页、许承尧《疑庵所藏古籍善本书目》著录，上海中医药大学（著录为《张仲景伤寒杂病论合编》）、白求恩医科大学图书馆、北京中医药大学图书馆、上海图书馆（著录为光绪间刻《杂病论辑逸》）、苏州市中医院图书馆、浙江医科大学图书馆、山东省图书馆（残）藏，安徽省博物馆藏原刊1册本，清稿本藏中国中医科学院图书馆，还藏连子华抄本。此书连子华收入《连子华医书十五种》中，1995年安徽科学技术出版社收入《新安医籍丛刊》丛书中。《全国中医图书联合目录》误作3部书著录，大误。

光绪丙申（二十二年，1896）刊歙浦汪宗沂撰《韬庐隶谱》二卷。《贩书偶记·子部·艺术类·书画之属》卷十第249页、《安徽艺文考·艺术》著录。

光绪二十二年（1896）刻清汪宗沂辑《韬庐隶谱》二卷附《急就章草》一卷计2种3卷。《中国古籍总目·子部·艺术类·书画之属·书·谱帖》第1326页著录，国家图书馆、北京大学图书馆、复旦大学图书馆、上海图书馆藏。

光绪间（1875—1908）刊古歙汪宗沂撰《孟子释疑》一卷。《安徽艺文考·四书一》、《贩书偶记·经部·论语类》卷三第52页著录。

光绪间（1875—1908）刊歙县汪宗沂辑《孝经十八章辑传》一卷。《安徽艺文考·孝经》、《贩书偶记·经部·孝经类》卷三第62页、许承尧《疑庵所藏古籍善本书目》、《安徽省馆藏皖人书目》第165页、《皖人书录》第516页著录有光绪二十四年（1898）刊本，安徽省图书馆（1册本）、安徽省博物馆（原刊1册本）藏。

光绪二十三年（1897）刻清汪宗沂撰《孟子释疑》一卷。《中国古籍总目·经部·四书类·孟子·传说之属》第843页著录，南京图书馆、湖北省图书馆藏。《皖人书录》第515页著录为光绪二十三年（1897）黟县李宗熠刊本。经考，安徽省图书馆藏1册本即此版。

清刊清汪宗沂撰《葬书丛注》不分卷。《安徽省馆藏皖人书目》第166页著录，安徽省博物馆藏1册本。

光绪间（1875—1908）刻清汪宗沂撰《后缇萦南曲》一卷。《安徽地震史料辑注》第255页、《徽州地区博物馆藏书目录·有关徽州资料古藉（籍）·集部·曲类》第一集著录，黄山市中国徽文化博物馆藏1册本。许承尧《疑庵所藏古籍善本书目》著录，应藏安徽省博物馆书名为汪宗沂著原刊本《后缇萦南唱》1册本。

清刊清汪宗沂撰《葬经校注》又作《葬书校注》一卷。《安徽省馆藏皖人书目》第166页著录，安徽省博物馆藏1册本。

清刊清汪宗沂辑《十翼遗文》一卷。《安徽文献书目》第133页著录，安徽省图书馆藏1册本。

光绪间（1875—1908）韬庐刻汪宗沂撰《龙经校注》二卷。《安徽省馆藏皖人书目》第167页著录，安徽省图书馆藏1册本。

歙汪宗沂著原刊《葬书校勘记》。许承尧《疑庵所藏古籍善本书目》著录，安徽省博物馆藏1册本。

光绪间（1875—1908）刻清汪宗沂撰《周易学统》九卷、《十翼遗文》一卷附《三表说》三卷计3种13卷。《贩书偶记·经部·易类》卷一第10页著录。

光绪二十四年（1898）刻清汪宗沂撰《孝经十八章辑传》一卷。《中国古籍总目·经部·孝经类·传说之属》第715页、《安徽文献书目》第33页著录，国家图书馆、中国科学院图书馆、安徽省图书馆（1册本）藏。

光绪（1875—1908）刻清汪宗沂撰《急就章草》一卷。《中国古籍总目·经部·小学类·文字之属·训蒙》第1107页著录，复旦大学图书馆藏。

光绪间（1875—1908）刻清汪宗沂撰《古歙汪氏所著书》11种二十七卷。其细目为：

《周易学统》九卷、《十翼遗文》一卷附《卦表》三卷[①],

《孝经十八章辑传》一卷,

《孟子释疑》一卷,

《兵学三书》3种7卷[②]:

《太公兵法逸文》一卷、

《武侯八阵兵法辑略》一卷《杂录》一卷、

《卫公兵法辑本》三卷《附录》一卷,

《杂病论辑逸》又名《张仲景温疫论》一卷,

《葬书校注》一卷,

《撼龙经注》一卷,

《疑龙经注》一卷,

《韬庐录谱》一卷。

《中国丛书广录·汇编丛书·自著类·清代后期》第336页、孙殿起撰《丛书目录拾遗》卷十第七页著录。

光绪二十年(1894)刻清汪宗沂辑《汪氏兵学三术》七卷。其细目为:

《太公兵法逸文》一卷,

清汪宗沂撰《武侯八阵兵法辑略》一卷附《用阵杂录》一卷,

唐李靖撰《卫公兵法辑本》三卷附清汪宗沂撰《旧唐书李靖传考证》一卷。

《中国古籍总目·子部·兵家类》第266页著录,军事科学院图书馆藏。收入光绪间(1875—1908)刻袁昶在芜湖刻《渐西村舍汇刊》本中。

光绪二十年(1894)避舍盖公堂刊本题《汪氏兵学三书》又名《三家兵法》五卷、《附录》一卷。其细目为:

---

① 《贩书偶记·经部·易类》卷一第10页著录,光绪间(1875—1908)刊《周易学统》九卷、《十翼遗文》一卷附《三表说》三卷,其中后一部分书名异,为本丛书逸出单行本。

② 清袁昶渐西村舍刻。

《武侯八阵法辑略》一卷，《太公兵法逸文》一卷[①]、《用阵杂录》一卷，

《李卫公兵法》三卷、《考证》一卷等。

《皖人书录》第515—516页及《安徽艺文考·兵家》《安徽文献书目》著录。

光绪间（1875—1908）刻清歙县汪宗沂辑《杂病论辑逸》一卷。《徽州地区博物馆藏书目录·有关徽州资料古藉（籍）·子部·医家类》第一集著录，黄山市中国徽文化博物馆藏1册本。

歙汪宗沂著原刊本《汪氏原姓篇》一册。许承尧《疑庵所藏古籍善本书目》著录，应藏安徽省博物馆。

歙汪宗沂著原刊本《韬庐剑谱》一册。许承尧《疑庵所藏古籍善本书目》著录，应藏安徽省博物馆。

这些大都为家刻本。

汪律本（1867—1931），字鞠卣、鞠友、菊友、卣友，号旧游、巨游、萍蓬散人，晚号池阳渔郎，有萍蓬庵，宗沂次子。他的这些字号反映了他行迹与性格，如菊友系表明以菊为友淡泊名利的心志；鞠友则示其为推翻清廷，救民于水火的革命志士情怀；卣友则示其能豪饮的性格，旧游、巨游、萍蓬散人则表明一生为争取光明而过着漂泊不定的生活；池阳渔郎系他在与北洋军阀斗争中厌倦宦海，遁居池州乌渡湖度过晚年自况。他善诗词，工书画，精鉴别，谙史学。光绪二十年（1894）与其父另一位学生许承尧同中甲午科举人。但甲午战败，目睹晚清腐朽黑暗，他决意不走科举入仕道路，决心走推翻清廷帝制的革新之路。废科举后任教于南京两江师范学堂和上江公学，凭其学识和才干成为两江师范学堂四学监之一及上江公学督学。同时，还在芜湖与同志谋划创立安徽公学，由黄宾虹任襄理，支持许承尧在家乡兴学。

---

① 《香港所藏古籍书目·子部·兵家类》第168页著录，香港中央图书馆藏光绪二十年（1894）盖公堂刻此书1册本，应为此丛书子书。

清末，积极参加反清活动，是同盟会员，弃教从戎，参加清廷新军，谋划起义。民国初年，任参议院参议员。1923年，汪鞠友因不满当时军阀混战、官场黑暗，还邀同窗至友黄宾虹一道离京南归，隐于池州乌渡湖畔闲居，沉湎山水花竹，为汪采白启蒙老师。汪鞠友书画均精，其画得新安画派真髓；其书法“隐属励节，兼精书翰”①。

汪氏还是收藏家，收藏了不少新安画派名作。如安徽省博物馆所藏渐江《晓江风便图》为其晚年生活困难时卖给在沪歙商程霖生。程氏破产后，黄宾虹告诉许承尧，许氏花了500块银洋从程氏手中购得，再由许氏后人辗转藏入皖博。此后，在他晚年将其收藏的新安派作品分别转赠给黄宾虹和许承尧。黄、许藏品又大部分捐赠给浙江省博物书馆、安徽省博物馆。他的其他收藏一部分为徙居池州毁于大水冲毁，一部分不知去向，可能为其后人变卖。著有《萍蓬庵诗》六卷、《壶中词》一卷、《薄寒词》一卷、《曷归词》一卷、《劫尘词》一卷、《荒径词》一卷、《黄海后游录》又名《从游小草》《黄海后游集》三卷②等。

光绪十一年（1885）又作光绪间（1875—1908）刻清汪宗沂撰《黄海前游集》一卷附子清汪律本撰《从游小草》又名《黄海后游录》三卷计2种4卷。《清人别集总目》第1007页、《安徽文献书目》第338页著录，南京图书馆藏。其中《杂记》一卷有多人所未道的内容。

历尽艰辛藏书的测海楼主吴引孙

吴引孙（约1851—1920），字福茨、茨甫，乾隆（1736—1795）间其五世祖吴世尧举家由歙县长林乡梅庄坞又名梅川坞俗名

---

① 王中秀：《黄宾虹年谱》第242页，上海书画出版社，2005.

② 《安徽地震史料辑注》第241页（作民国稿本）、《安徽文献书目》第338页著录，安徽省博物馆藏3册抄本。以上7种14卷，《［民国］歙县志·艺文志·书目》卷十五第二十八页著录。

麻榨坞村（2015年7月，隶属徽州区西溪南镇，今属屯溪区新潭镇，位黄山北站附近）迁往扬州业盐。后世中吴朝睿为子吴元植参加科考，改籍江苏仪征吴元植读书上进，按当时规定需按籍考试，还需前代人有功名才能参试。吴朝睿在著名塾师周筱云帮助下，找到歙县入籍仪征吴氏，将元植过继给他作嗣子，改籍仪征，并在仪征考取秀才。因太平天国运动，被迫回到宝应县当了塾师，不久病故。留下庆孙、引孙、筠孙3子。

吴引孙是元植次子、筠孙二哥，在同治十三年（1874），朝考选任刑部浙江司行走。光绪四年（1878）八月，任军机章京。十四年（1888），朝廷考核一等，出任浙江江宁绍道道台。同年，在扬州北河下仿宁波“天一阁”建测海楼藏书楼。二十五年（1899）后，历任广东按察使，甘肃、新疆布政使，甘肃、新疆巡抚，安徽、福建、湖南布政使等职。宣统二年（1910）赐戴一品花翎。辛亥革命后，弃官隐居上海。

其弟吴筠孙（1861—1917），乳名观庆，字竹楼。先后师从叔外祖、兄引孙读书扬州。光绪三年（1877），补诸生。十四年（1888），在应天乡试中举。二十年（1894）中甲午恩科北榜传胪（二甲第一名进士），由内阁中书改授翰林院庶吉士。二十一年散馆考试，得一等一名，任翰林院编修，赏戴三品花翎。二十九年（1903）后先后出任登州、泰安、济南知府，为官谨慎务实。三十四年（1908），升调天津兵备道任道员，兼督钞关。旋归里守母孝。宣统二年（1910），服丧期满，起授湖南省岳常沣道道台，继任荆宜兵备道道员。民国元年（1912），加入以梁启超、汤化龙为首的进步党派。民国二年（1913），授赣北观察使，继任浔阳道道尹，卒于九江道尹府。生启贤、志贤、懋贤3子。

今泰州路扬州市第一人民医院内吴道台宅，为清浙江宁绍台道道员吴引孙、直隶永定河道等道道员吴筠孙兄弟宅院，家有有福读书斋，藏书处为有福读书堂，为其祖父吴次山建，又名测海楼[①]，是扬州著名的藏书楼，有“真州吴氏有福读书堂藏书”方印 4 枚及白长方藏书印 1 枚。能大体反映他藏书情况的有 3 种书目，一是《有福读书堂书目》传抄本 22 册[②]，光绪十九年十月编。分为经、史、子、集、艺、丛、医、试、说、教、缺等 11 类。根据《凡例》，其中艺术类包括“评论诗文、演著词曲，凡增删统汇，及书画、琴棋、射御、天文、地理、测量、化学、算学、说文、小学、字学、音学，下至偏长薄技，俱归艺术类”，缺类即残缺类书，“旧书每多残缺，岂易尽获全璧？凡有难得之书，不以缺少数卷而弃置者，特另编缺类附之，以俟异时购配。”二是《测海楼书目》十二卷，4 册，民国二十年富晋书社石印本[③]，分御制敕撰、经、史、子、集、杂著、丛书计 7 类。三是民国十九年（1930），由陈乃乾另编的《测海楼旧本书目》四卷《附录》一卷，2 册，民国二十年由富晋书社印行[④]。多为明刻旧钞及清初刻本、原刻本。如清抄《周氏书目》不

---

① 吴道台宅建于光绪三十年(1904)，坐北朝南，占地 30 亩，建筑面积 8 200 平方米，计有房屋 140 余间（俗称九十九间半），分 5 个序列。规模宏大，结构精巧。测海楼位于宅之东北，名源于“瓠瓢可以测海，管中可以窥豹”句，仿宁波天一阁，第二、第三、第四轴线仿宁绍台道署，系典型的浙派兼扬州建筑风格，为江南三大名宅之一，2006 年 5 月 25 日国务院列吴氏宅第为全国重点文物保护单位。吴道台宅第景区于 2007 年 11 月被列为“国家 3A 级旅游景区”，内设扬州中医博物馆。

② 《中国古籍总目·史部·目录类·总录之属·私藏》第 4960 页著录，中国科学院图书馆藏此书抄本。

③ 《北京图书馆普通古籍总目·目录门·图书馆书目·清人》第一卷第 116 页、《西谛书目·史部·目类类》第四七页著录，国家图书馆藏 2 册本 3 部，其中 1 部为西谛藏书。民国 20 年（1931）北平富晋书社石印《扬州吴氏测海楼藏书目录》七卷，国家图书馆藏 4 册本 2 部。1932 年北平富晋书社铅印清吴引孙藏、陈乃乾撰《测海楼旧本书目》四卷、《附录》一卷。

④ 《中国古籍总目·史部·目录类·总录之属·私藏》第 4960 页著录，国家、北京大学、上海图书馆藏民国 20 年（1931）北平富晋书社铅印本。

分卷[①]、清刻本《六朝选诗定论》十八卷[②]等。在刻本中，有约乾隆间（1736—1795）刻清何梦篆[③]撰《思无邪斋集》3种二十卷。其细目为：

《思无邪斋诗集》十卷，

《思无邪斋赋集》一卷，

《思无邪斋文集》九卷。

就是一种少见著录的清刻本[④]。

吴引孙在《测海楼书目》自序中详细地叙述了他在收藏上的艰辛经过："咸丰癸丑（三年，1853），余家遭兵燹，先世书籍荡然无存。幼时避难乡曲，孤陋寡闻，迨成童返郡，稍解涉猎，惜无力购书，即辗转借观，亦不易易。因思寒畯之士有意读书，恒苦于无书可读，而富厚之家又往往不能尽损狗马声色、字画奇器之好，以故其好书也必不专好之，不专亦无由知书之有易得有不易得也。若是，读书难藏书尤难。余不敏，窃谓古书自赭寇乱后，散佚几尽，宋元以前奇编异帙为希世宝，悬价购求，所遇辄鲜，即明以后精刊旧椠及国朝殿版各书，亦复昂值居奇，艰于购致。余惟视力量所及，耳目所闻，不拘一格，凡元明刊本、旧家善本、寻常坊本、殿刻局刊各本，随时购觅，意在取其完备，不必精益求精。自宦游浙、粤十余年来，节省廉俸，广购储藏，得八千零二种，计二十四万七千七百五十九卷，间有刊印不同，重复购存者。"他又在《有福读书堂丛刻》自序中说："余家藏书七千余种，寻常坊刻、家刻及各

---

① 《北京图书馆普通古籍总目·目录门·图书馆书目》第一卷第126页著录，国家图书馆藏1册本，上钤"真州吴氏有福读书堂"藏书印，原为西谛藏书。

② 《中国人民大学图书馆古籍善本书目·集部·总集类》第158页著录，中国人民大学图书馆藏康熙八年（1669）书林陈君锡、华玉森刻清吴淇撰《六朝选诗定论》十八卷1函6册本。该刊本半页9行，行22字，白口，单鱼尾，左右双边，封面镌"书林陈君锡、华玉森梓行"，上钤"真州吴氏有福读书堂藏书"印。

③ 何梦篆，字退夫，有思无邪斋，江宁人。雍正元年（1723）进士。

④ 《中国人民大学图书馆古籍善本书目·集部·别集类》第238页著录，中国人民大学图书馆藏1函6册本就钤有"真州吴氏有福读书堂"印，为吴家旧物。该刊本半页8行，行20字，黑口，四周双边。

省书局通行本约十之五六，其购自旧家贾客于通都大邑，辗转邮寄，间有元明刊本、国朝殿本、名家旧本，亦约十之四五。窃以书取其备，弗敢云精善也。”但吴氏藏书也有他自己的特点，陈乃乾指出：“吴氏藏书求备而不求精，与世之专尚版本者不同。然每得一书必钤藏印于首页，完好整洁，无虫鼠之蚀，都五百八十九箱，盖福茨先生萃毕生精力以有之者也。”①

陈乃乾在《上海书林梦忆录》中记载了测海楼图书散失经过：“民国二十年，扬州吴氏测海楼藏书出售，初由当地人黄锡生介绍于北平直隶书局主人宋星五（今已易主），拟价未谐。忽为北平富晋书社主人王君购成，王君已将书价付清，而书则尚待装运，锡生欲向其分利不遂，因扬言于众，谓富晋实代某国人经手，书将流出外洋。于是县长及国民党党部出面阻止，禁其装运。当时吴氏已收之书价即不肯付还，而地方亦无力筹款以图保存，事成僵局。后经余与孑民分向民教两厅解释，保证决不装运出国，乃由两厅令江都县长放行。”吴氏藏书今存国家图书馆、中国科学院图书馆为多。

吴氏期望子弟能以测海的勇气，不畏艰辛奋发读书。走出测海楼的一群读书人不负众望。其孙辈中成就突出者有吴征鉽（字谱初）为民国间交通部沪宁、沪杭甬路总工程师；吴征铸（字白匋）为南京大学教授、著名的剧作家；吴征鉴（字若水）为资深院士、著名医学家；吴征铠为资深院士，著名物理化学家，曾参与我国第一颗原子弹的研制；吴征镒（1916.3—2013.6，筠孙长子启贤第六子，字白坚）为资深院士，著名植物学家，2008年1月以92岁高龄荣获2007年国家最高科学技术奖。主编《中国经济植物志》《新华本草纲要》《中国植物志》《中华大典生物学典》，编撰《中国自然地理·植物地理（上）》《中国被子植物科属综论》《种子植物分布区类型及其起源和分化》等20余部学术著作。

---

① 陈乃乾：《测海楼旧本书目·序》。

吴引孙的主要出版活动是光绪间(1875—1908)刻《有福读书堂丛刻》前后续编 28 种六十二卷。其中，前编部分为光绪中（1875—1908）仪征吴氏刊清吴引孙辑《有福读书堂丛刻》5 种六卷。《中国古籍总目·丛书部·杂纂类·清代后期》第 611—612 页、《中国丛书综录·汇编·杂纂类（清代后期）》第 259 页著录，国家图书馆、首都图书馆、北京师范大学图书馆、上海图书馆、复旦大学图书馆、华东师范大学图书馆、上海师范大学图书馆、上海辞书出版社图书馆、哈尔滨市图书馆（不全）、甘肃省图书馆、山东大学图书馆、南京图书馆、福建师范大学图书馆、湖北省图书馆、广东省图书馆藏。这只是前编中的部分图书。

光绪间（1875—1908）有福读书堂刻题吕洞宾撰《吕祖金刚经心经注解》二卷附清王泽沣撰《金刚经感应录分类辑要》一卷计 2 种 3 卷。《中国古籍总目·子部·释家类·撰述之属·章疏部·经疏》第 3303 页著录，藏处待考。

光绪二十五年（1899）仪征吴氏有福读书堂刻《觉世经注证》一卷。《中国古籍总目·子部·道家类·道教之属·劝戒》第 2485 页著录，黑龙江省图书馆藏。

光绪二十七年（1901）扬州吴氏刻清吴引孙辑《有福读书堂丛刻》收书目 25 种六十二卷，分前、后、续 3 编。《中国古籍总目·丛书部·杂纂类·清代后期》第 612 页（仅录国家图书馆藏前后编两种，子目同）、《中国丛书广录·汇编丛书·杂纂类》第 198 页（光绪二十七年，1901 扬州吴氏刻实家刻）、《中国丛书综录补正·汇编·杂纂类（清代后期）》第 60 页（载杜联喆《丛书书目续编初集》）著录，《前编》《后编》光绪二十三至二十七年（1897—1901）汇印本，国家图书馆藏，但至今还没有从那家收藏处查到全书，估计还有部分没有刻竣。

光绪二十八年（1902）仪征吴氏有福读书堂刻清汪士雄撰《重订霍乱论》四卷。《中国古籍总目·子部·医家类·方论之属·温病·痧胀霍乱鼠疫》第 669 页著录，国家图书馆、桂林市图书馆藏。

宣统二年（1910）扬州吴氏家刻清吴引孙藏并撰《扬州吴氏测海楼藏书目录》十二卷。《中国古籍总目·史部·目录类·总录之属·私藏》第4960页、《北京图书馆普通古籍总目·目录门·图书馆书目》第一卷第116页、《贩书偶记·史部·书目类》卷八第199页、《山西省图书馆普通线装书目录·目录门·图书目》第28页著录，国家图书馆（6册本2部）、山西省图书馆（5册本）、上海图书馆藏。山西省图书馆还藏民国二十年（1931）上海富晋书社石印王富晋撰《扬州吴氏测海楼藏书目录》七卷线装4册本及21年龚县富晋慎初堂铅印陈乃乾所编吴引孙藏书目录《测海楼旧本书目》四卷线装2册本。《贩书偶记·史部·书目类》卷八第199页作“宣统二年（1910）自刊”。

藏书家吴焯裔孙吴昌绶

吴昌绶（1856—1914，一作1868—1924），字印臣，又作印丞、印存，号伯宛、松邻、松龄、甘遁，别号甘遁村萌、村萌、甘遁词山，有梅祖庵、半松龕、甘遁村居、侠嘉夜室、双照楼，吴焯裔孙。光绪二十三年（1897）中举，官内阁中书。先后入尚书吕海寰、侍郎吴重熹幕府。民国间，先后担任北京政府司法部秘书、陇海铁局秘书。喜藏书，藏书处为双照楼，有“仁和吴昌绶伯宛父印”白方印及“双照楼校写本”牌记。

他著辑丰富。著《梅祖庵杂诗》一卷[①]、《松邻书札》二卷[②]、《吴

---

① 《中国古籍总目·集部·别集类·清代之属·清后期》第2610页、《清人别集总目》第895页著录，国家图书馆、南京图书馆、中国科学院图书馆、北京师范大学图书馆藏民国十四年（1925）丹徒吴氏刻本。

② 《中国古籍总目·集部·别集类·清代之属·清后期》第2610页、《清人别集总目》第895页著录，国家图书馆、中国科学院图书馆、大连市图书馆藏民国十四年（1925）石印本和民国十四年丹徒吴定刻本。

松邻舍人遗札》一卷《吴昌绶书札》一卷[①]、《松邻诗词》一卷[②]、《龚定盦年谱》一卷[③]、《松邻遗集》十卷即《松邻文集》四卷《诗集》四卷《词》二卷[④]，辑《松邻丛书》20种35卷、《宋金元明词》44种139卷、《十六家墨说》16种20卷及《清帝系后妃皇子皇女》四考附《年表》一卷[⑤]、《劳氏碎金》三卷[⑥]、《吴郡通典备稿》十卷[⑦]，与缪全孙等撰《嘉业堂藏书志》不分卷[⑧]，编《清帝系后妃皇子皇女四考》四卷附《年表》一卷[⑨]，还辑清龚自珍撰《定庵文集》三卷、《续集》四卷、《续录》一卷、《古今体诗》二卷、《杂诗》一卷、《词选》一卷、《词录》一卷、《文集补编》四卷、《文拾遗》一卷、《文集补》一卷计10种19卷[⑩]等。他

① 《中国古籍总目·集部·别集类·清代之属·清后期》第2610页著录，国家图书馆藏此2书稿本。

② 《中国古籍总目·集部·别集类·清代之属·清后期》第2610页、《清人别集总目》第895页著录，南京图书馆、中国科学院图书馆、北京大学图书馆藏民国十四年（1925）石印张祖绶辑《松邻书札》一卷、《诗词》一卷。

③ 《中国古籍善本总目·史部·传记类·年谱》第四一一页著录，中国社会科学院文学研究所图书馆藏《定盦先生年谱》不分卷稿本。

④ 此书除家刻本外，《中国古籍总目·集部·别集类·清代之属·清后期》第2610页著录，国家图书馆藏清末民初长洲章钰抄吴昌绶撰《松邻文》四卷、《松邻诗》五卷、《松林词》二卷计3种11卷。

⑤ 《贩书偶记·史部·正史类》卷五第113页著录，有民国六年（1917）铅排本。

⑥ 《中国古旧书刊拍卖目录》第286页著录，中国书店拍卖民国间排印线装1册本。该印本半页尺寸为14.8×11。劳权（1817—？），字巽卿，号蟫隐，有丹铅精舍，浙江仁和人。诸生。与弟劳格精校勘，富藏书。吴昌绶将其父子4人著述辑为《劳氏碎金》。

⑦ 《中国古籍总目·史部·地理类·杂志之属》第3758页著录，上海图书馆藏1928年云自山房铅印此书。

⑧ 《中国古籍总目·史部·目录类·总录之属·私藏》第4967页著录，复旦大学图书馆藏手稿本。

⑨ 《国家图书馆普通古籍总目·传记门·氏族谱》第321页著录，国家图书馆藏民国六年（1917）仁和吴昌绶铅印此书1册本2部。

⑩ 《中国古籍总目·集部·别集类·清代之属·清中后期》第2010页著录，首都、浙江大学图书馆藏宣统元年（1909）国学扶轮社铅印此10种19卷。

还参与《清史稿》的编写，任协修[①]。

伦明说："仁和吴印臣昌绶，为龚定庵作年谱，传闻藏有定庵手订《文集》二十四卷，未之见也。君收得汲古阁影抄宋元词集，未刻者数十家，今双照楼所刻者是也，今板归陶兰泉。其未刻者，兰泉别以摄影法续之。君熟于目录，尤究心典故名物，君尝选诗晚晴簃。一日，以手抄本陈梦雷《松鹤堂诗集》示同人曰：'此未刻孤本，可宝也。'同坐关颖人知余有刻本，明日借以相示，君大恨，取己书片碎之。人或讥其褊，余谓出之君，亦雅事也。君仕宦侘傺，素善词章，所撰以题跋尤胜。殁后，有人醵资刻其遗集，欠选择，题跋亦多漏收，不足传君也。所藏书甚富，有宋本《东京梦华录》最佳，归袁寒云。"[②]他为人倜傥不羁，与章钰交谊深厚，故章钰四当斋藏书多有吴氏手批题识。晚年，生活维艰，民国六、七年间（1917、1918）嫁女吴蕊圆，曾检出所藏明刊及旧抄善本40种作价1000元卖给歙县藏书家叶景葵[③]。傅增湘还记他，在1918年"吴松邻昌绶斥书易米"。殁后，他的至友代其女吴蕊圆手辑《松邻遗集》十卷、张祖绶辑《松邻书札》一卷《诗词》一卷计2种2卷、《梅祖庵杂诗》一卷、顾廷龙先生辑得其零稿《吴伯宛先生遗墨》及吴撰《定

---

① 民国初年，袁世凯窃取辛亥革命成果，任中华民国大总统，嗣又称帝，羁縻一班前清遗老计百余位组建清史馆修纂《清史》。聘赵尔巽为馆长，柯绍忞、王树楠、吴廷燮、夏树桐为总纂，金兆蕃、章钰、金兆丰为纂修，俞陛云、李岳瑞、姚永概、吴昌绶等为协修，并以袁金铠任总理史稿发刊事宜，金梁总理史稿校刻，还有提调多人。人事几经变动，北伐军到达北京，史馆由故宫博物院接收。民国十七年（1928）端午节印成50册上部分，经故宫博物院组织专家审读，发现《清史稿》乖谬百出，只有北京（时称北平）及部分高校图书馆和少数外国大学高价收买前部分外，被封存，民国三十二年（1943）三月，这部断代史书由精华印刷公司印行，联合书店发行布面洋装两大册。

在通行的由中华书局印行的《清史稿》48册本，是新中国成立后组织专家学者对旧稿进行增删的修订稿，但仍不能作为正史。为了进一步厘正清史，"文革"后，国家成立清史编纂委员会，准备正式编纂《清史》，作为断代史"二十五史"正本。

② 伦明《辛亥以来藏书纪事诗·四〇·吴昌绶》，载上海古籍出版社版《藏书纪事诗》，1999。

③ 叶景葵《卷盦书跋·吴伯宛先生遗墨》。

盦年谱》、《吴郡通典备稿》十卷、《宋金元词集见存卷目》1册。尤其是中附自序1篇，说南宋时刻有家词已久佚，明吴讷有《四朝名贤词》，孙星远有《唐宋以来百家词》，毛氏汲古阁有抄宋词百家、元词20家，尚有数十种词无目可考。还说清宋荦得李长文抄词集数十家，鲍廷博有宋元人词百十种善本，黄丕烈得李中麓家词山曲海，署为学山海居，董康家得彭元瑞知圣道斋旧藏南宋词64家，汲古阁专刻词22家等，叙述历代词集聚散源流甚详。吴昌绶在得到董康副本后“复就丁氏（善本书屋）假录，益以向所购，辑众宋元诸集裁篇别出者，凡为百种，合之汲古（阁）、四印（斋）所刊，除去重复，尚不满二百家”而写成此书。辑《松邻丛书》《宋金元明词》，藏并辑《古铜拓片》[①]《宋金元词集见存卷目》[②]等。

昌绶藏书中不乏名善抄本。主要存世抄本有：

宋柳永撰《乐章集》又名《柳屯田乐章集》三卷、宋何铸撰《贺方回词》二卷、宋王之道撰《相山居士词》一卷、宋李曾伯撰《可斋词》六卷、宋陈允平撰《西麓继周集》一卷、金段克己撰《菊轩乐府》一卷、宋陈允平撰《西麓继周集》一卷、金段克己、段成己撰《遁庵乐府》一卷、《菊轩乐府》一卷计2种2卷、宋李石撰《方舟诗余》不分卷宋汪晫撰《康范诗余》不分卷计2种、宋李石撰《方舟诗余》一卷、宋汪晫撰《康范诗余》一卷、宋京镗撰《松坡词》一卷、清谈迁撰《国榷摘目》（不分卷）、元虞集撰《道园乐府》一卷《附》一卷计2卷、元王奕撰《玉斗山人词》一卷、宋毛滂撰《东堂词》一卷等。

他在古籍整理上也留下文字。存世有唐白居易辑《新雕白氏六帖事

---

① 《北京图书馆普通古籍总目·古器物学门·金文·钟鼎彝器》第六卷第46页著录，国家图书馆藏民国间拓一册本。

② 《北京图书馆普通古籍总目·目录门·目录学》第一卷第38页著录，国家图书馆藏光绪三十三年（1907）沪上鸿文书局石印附《汲古阁词苑英华目》、《疑辑词学丛书续编目》计1册本及本书《目录门·学科书目·文学》第70页著录，国家图书馆藏光绪三十三年（1907）鸿文书局上海石印仁和吴昌绶双照楼写本1册本2部，其中1部为西谛藏书。

类添出经》口口卷（不全本）、宋魏了翁撰《鹤山长短句》一卷、唐李贺撰《歌诗编》四卷《集外诗》一卷又作《李长吉诗集》四卷《外诗集》一卷计2种5卷、唐李贺撰，清姚佺笺，陈愫、丘象髓辩注《李长吉昌谷集句解定本》四卷、祖籍歙州的杭州人朱淑真撰宋郑元佐注《新注朱淑真断肠诗集·前集》十卷、宋苏轼撰《东坡先生后集》二十卷《外制集》三卷计2种23卷、金侃抄元张翥撰《蜕庵诗》五卷《蜕岩词》二卷《附录》一卷计3种8卷、清抄《大金集礼》四十卷（不全本）、明王绂撰《友石先生诗集》五卷、宋刘义庆撰，梁刘李标注《世说新语》六卷、宋王玩撰《义本集》一卷附《校勘记》一卷计2卷、宋向子諲撰《酒边集》一卷、明钱谷抄《老子注》二卷、清查诗继撰《深宁斋诗集》口卷（不全本）、清朱学勤撰《结一庐书目》四卷、清金农撰《冬心先生三体诗》一卷、清全祖望撰《渔埼亭集》三十八卷《外编》五十卷《经史问答》十卷清董秉纯撰《年谱》一卷《全氏世谱》一卷计4种100卷、宋陈允平撰《曰湖渔唱》一卷、清严章福撰《经典通用考》十四卷《五音类聚》十卷计2种24卷、明董斯张撰《［天启］吴兴备志》三十二卷、明杨孟瑛辑《浚复西湖录》一卷、清朱澂藏《结一庐书目》四卷、汉刘向撰《刘向说苑》二十卷、清孙冯翼辑《淮南万毕术》一卷、元释善继血书唐释实叉难陀译《大方广佛华严经》八十卷、宋苏辙注《老子》二卷、清全祖望撰《鲒埼亭集》三十八卷《外编》五十卷《经史问答》十卷清董秉纯撰《年谱》一卷《全氏世谱》一卷计4种100卷、明沈周撰《石田先生集存》二卷、唐李贺撰清姚佺笺清陈愫丘象随辩注《李长吉昌谷集句解定本》四卷、唐吴兢撰《乐府古题要解》二卷、五代何光远撰《重雕足本鉴诫录》十卷、佚名辑《南词》13种十六卷、清汪曰桢编《宋元十家词》十二卷、题吉庵居士撰《清真倡和集》4种八卷、宋向子諲撰《酒边词》二卷、宋张孝祥撰《于湖先生长短句》五卷《拾遗》一卷计2种6卷、宋张孝祥撰《于湖长短句》四卷《补遗》一卷计2种5卷、宋张孝祥撰《于湖词》五卷《拾遗》一卷计2种6卷、张习刻殷镗重修明高启撰、殷镗补辑《姑苏杂咏》一卷、宋方千里撰《和清真词》一卷、宋杨泽民撰《和清真词》一卷、清鲍氏知不足斋抄《唐宋八家词》十卷、宋陈允平撰《日湖渔唱》一卷《西麓继周集》一卷计 2 种 2 卷、宋陈允平撰《西麓继周集》一卷、清初抄《元人才调集》十四卷、清钱谦益撰《投笔集》一卷、清金农撰《冬心先生三体诗》一卷、清顾春（题清西林春）撰《天游阁集》九卷附《文选》一卷计 2 种 10 卷稿本、清杨文莹撰《幸草亭诗稿》二卷稿本等。

吴昌绶还是大出版家，刻有《松邻丛书》、影刻《宋金元明词》、《劳氏碎金》、《十六家墨说》等。还积极参与编辑出版工作。如与缪全孙等校辑清黄丕烈撰、缪全孙等辑《荛圃藏书题识》十卷、《补遗》一卷、《荛圃刻书题识》一卷、《补遗》一卷[①]计 4 种 13 卷。

同治八年（1869）仁和吴昌绶吴氏双照楼刻清吴焯撰《绣谷亭熏习录·集部》二卷。《山西省图书馆普通线装书目录·目录门》第 1 页著录，山西省图书馆、广西师范大学图书馆（笔者亲查该馆藏书卡片，作同治间刻）藏均为 2 册本。

光绪丁丑（三年，1877）刻清吴焯撰《径山游草》不分卷。《北京图书馆普通古籍总目·地志门·专类地志》第四卷第 628 页著录，国家图书馆藏 1 册本为瓶花斋藏版。

光绪二十年（1894）仁和吴氏双照楼刻清陈元鼎撰《鸳鸯宜福馆词》一卷、《遗词》一卷计 2 种 2 卷。《中国古籍总目·集部·词类·别集之属》第3347页著录，国家图书馆、上海图书馆、北京师范大学图书馆藏。

光绪间（1875—1908）刻仁和吴昌绶撰《龚定盦年谱》一卷。《贩书偶记·史部·传记类·名人之属》卷六第 137 页著录。

光绪间（1875—1908）吴氏双照楼刻宋魏了翁撰《重校鹤山先生大全文集长短句》三卷。《中国古籍总目·集部·词类·别集之属》第

① 《北京图书馆普通古籍总目·目录门·目录学》第一卷著录，国家图书馆藏民国八年（1919）金陵书局刻 10 册本 5 部，其中 1 部为西谛藏书。

3276 页著录，辽宁省图书馆藏。

光绪间（1875—1908）吴氏双照楼刻仪征刘恩黻撰《麐援词》一卷。《贩书偶记·集部·词曲类·词集之属》卷二十第 553 页著录。

光绪三十二年（1906）仁和吴氏双照楼校刻清刘恩黻撰《麐援词》一卷。《香港所藏古籍书目·集部·词类·别集》第 378 页著录，香港中山图书馆藏 1 册本。

光绪三十四年（1908）仁和吴氏双照楼刻朱印吴昌绶编《定盦先生年谱》书名页题《龚先生年谱》（为《龚礼部集·附录三》）一卷。《国家图书馆普通古籍总目·传记门·分传·个人年谱》第 298—299 页著录，国家图书馆藏 1 册本 5 部，其中 1 部为陈垣赠书。国家图书馆还藏此书宣统元年（1909）国学扶轮社上海铅印 1 册本，书签题《龚定盦年谱》（《龚礼部集·附录三》）。谱主清龚自珍（1792—1841），号定盦。

光绪三十四年（1908）仁和吴昌绶双照楼刻清刘恩黻撰《麟楥词》一卷。《中国古籍总目·集部·词类·别集之属》第 3379 页著录，国家图书馆藏。

宣统癸丑（实民国二年，1913）仁和吴氏双照楼刻清高密郑文焯撰《樵风乐府》九卷。《贩书偶记·集部·词曲类·词集之属》卷二十第 553 页著录。但考之《中国古籍总目·丛书部·独撰类·民国以来》第 1293—1294 页著录，国家图书馆、中国科学院图书馆、上海图书馆、复旦大学图书馆、辽宁省图书馆、吉林大学图书馆、青海省图书馆、南京图书馆、四川大学图书馆所藏清光绪至民国间刻民国九年（1920）苏州交通图书馆汇印郑文焯撰《大鹤山房全书十种》丛书中此子书就用的是民国二年（1913）仁和吴氏双照楼刻印此书的板子。

宣统间（1909—1911）仁和吴氏双照楼刊清仁和吴焯撰《绣谷亭熏习录》又名《绣谷熏习录》三卷。《贩书偶记续编·史部·书目类》卷八第 96 页著录。此非全书。据序称原稿本凡 8 册，余者散佚。此书为其所编藏书题跋。

宣统三年（1911）仁和吴氏双照楼刻宋晁补之撰《晁氏琴趣外篇》六卷。《中国古籍总目·集部·词类·别集之属》第3261页著录，国家图书馆藏。按，该书又名《琴趣外篇》、《晁无咎词》六卷。如《四库全书》、乾隆间（1736—1795）翰林院抄光绪间（1875—1908）刻《宋名家词》及光绪间吴氏石莲庵刻《山左人词》等就名《琴趣外篇》。

民国三年（1914）仁和双照楼刻朱印元黄裳编《元西湖书院重整书目》一卷、明梅鷟编《南雍志经籍考》二卷、明刘若愚撰《内版经书纪略》一卷计3种4卷。《山西省图书馆普通线装书目录·采录书目》第1页著录，山西省图书馆藏1册本。

宣统三年至民国六年（1911—1917）仁和吴昌绶双照楼刊，民国六至十二年（1917—1923）武进陶湘涉园续刻民国吴昌绶辑《景刊宋金元明本词四十种》又名《双照楼词正续编》实44种一百三十九卷。《中国丛书综录·类编·集类·词类》第一册第910—911页、《中国丛书综录补正·类编·集类·词集》第267页《香港所藏古籍书目·丛部·集类》第496—497页、版本图书馆《古籍目录（1949.10—1976.12）》第267页著录，国家图书馆、中国科学院图书馆、北京师范大学图书馆、复旦大学图书馆、华东师范大学图书馆、上海师范大学图书馆、上海辞书出版社图书馆、辽宁省图书馆、吉林市图书馆、吉林大学图书馆、山东大学图书馆、南京图书馆、浙江大学图书馆、四川省图书馆、重庆市图书馆、四川大学图书馆、云南省图书馆、香港中山图书馆（32册本）全藏，福建师范大学图书馆、武汉大学图书馆藏不全。此书1961年中华书局据吴陶二家原刻本增补重印，收藏更夥。《中国丛书综录补正》指出："本书初成于民国六年（1917），仅十七种；后武进陶氏续刻二十三种，合为四十种，称《双照楼词正续编》，抗日战争前曾少量发行。其后陶氏又补辑三家，即《综录》所列之'附'，但刻成后并未正式印行。此次整理旧版，列为补编，一并刷印出版。此三编词略有缺版，均据上海图书馆所藏陶氏初刻时样本景印配全。"为满足广大读者需求，

1981年北京中国书店据原板进行刷印，藏家更多，解放后版本为省篇幅，不著录藏家。

而郑伟章著《文献家通考》第1425页著录此套影刻本版本用纸为奏折纸，用墨为御制墨，所以版本十分精善。后23种稿归陶湘，吴氏17种板片亦归陶氏，至1924年刻竣，前17种仍署双照楼刊行，后23种署涉园刻。

郑氏所指吴氏双照楼影刻《双照楼宋金元词》17种五十七卷。

民国二至三年（1913—1914）仁和吴氏双照楼刊吴昌绶辑《仁和吴氏双照楼景刊宋元本词》16种五十七卷。《中国丛书综录续编·类编·集部·词集》第352页著录。藏处待考。

民国五年（1916）仁和吴昌绶双照楼刻清清世祖撰《孝献庄和至德宣仁温惠端敬皇后行状》一卷附传。《国家图书馆普通古籍总目·传记门·分传》第109页著录，国家图书馆藏1册本2部。

民国七年（1918）仁和双照楼刻清世祖撰《孝献庄和至德宣仁温惠端敬皇后行状》一卷附传。《国家图书馆普通古籍总目·传记门·分传》第109页著录，国家图书馆藏1册本。传主董鄂氏（？—1660），清世祖之孝献皇后。

民国七年（1918）仁和吴氏双照楼刻民国吴昌绶辑《松邻丛书》20种三十五卷。《中国丛书综录·汇编·杂纂类（民国）》第一册第285页著录，国家图书馆、首都图书馆、中国科学院图书馆、北京大学图书馆、北京师范大学图书馆、清华大学图书馆、上海图书馆、复旦大学图书馆、上海辞书出版社图书馆、天津图书馆、辽宁省图书馆、山东大学图书馆、南京图书馆、南京大学图书馆、苏州市图书馆、浙江大学图书馆、福建省图书馆、福建师范大学图书馆、广东省图书馆、重庆市图书馆、云南省图书馆、黑龙江省图书馆、桂林市图书馆、中央民族大学图书馆藏。此套丛书大都为书目，一般为2函16册本。

民国七年（1918）仁和吴氏双照楼刊民国吴昌绶辑《松邻丛书》甲

乙编计20种三十五卷。《中国古籍总目·丛书部·杂纂类·民国以来》第682—683页、《中国丛书综录·汇编·杂纂类（民国）》第285页著录，国家、首都、中国科学院、北京大学、北京师范大学、清华大学、上海、复旦大学、上海辞书出版社、天津、辽宁省、山东大学、南京、南京大学、苏州市、浙江大学、福建师范大学、广东省、重庆市、云南省、黑龙江省、桂林市、中央民族大学图书馆藏。

民国己未（1919）刻清吴县黄丕烈撰，江阴缪荃孙、长洲章钰、仁和吴昌绶同校辑《荛圃藏书题识》十卷、《补遗》一卷、《荛圃刻书题识》一卷附《补遗》计3种12卷。《蛾术轩箧存善本书录·未编年稿》卷二第一五一六至一五一七页著录，复旦大学王欣夫教授藏10册本，有吴县王欣夫手校并跋。此书为黄《跋》足本，初印时分连泗、赛连两种纸印本，交上海商务印书馆发兑，末页有售书牌记。此版后归吴兴张钧衡适园印了几十部。

附　民国六年（1917）仁和吴昌绶铅印自辑《清帝系后妃皇子皇女四考》四卷附《年表》一卷计2种5卷。《国家图书馆普通古籍总目·传记门·氏族谱·皇室·宗室谱系》第321页著录，国家图书馆藏1册本2部。

民国二至十一年（1913—1922）刊吴昌绶辑《双照楼景刊宋元本词》17种六十一卷。《中国丛书综录续编·类编·集部·词集》第352页著录。

民国壬戌（十一年，1922）仁和吴氏双照楼刻民国吴昌绶辑《十六家墨说》16种二十卷。《中国丛书综录·类编·子类·艺术》第一册第744页、《中国丛书综录续编·类编·子类·工艺》第245页著录，首都图书馆、北京大学图书馆、北京师范大学图书馆、上海图书馆、华东师范大学图书馆、上海师范大学图书馆、辽宁省图书馆、南京图书馆、南京大学图书馆藏。《贩书偶记·子部·谱录类》第十第265页著录民国壬戌（十一年，1922）仁和吴氏刊《十六家墨说》二卷、《附录》一卷，《增订四库简明目录标注·子部·谱录类·器物之属》卷第十二第

496 页作前书 2 卷，均不准确。

民国十一年（1922）刻朱印吴昌绶撰《顾祠小志》不分卷。《北京图书馆普通古籍总目·地志门·专类地志》第四卷第 589 页著录，国家图书馆藏 1 册本 2 部。

民国十四年（1925）刻吴昌绶撰、女吴蕊圆辑《松林遗集》3 种十卷。《中国古籍总目·集部·清代之属·清后期》第 2610 页著录，国家图书馆、中国科学院图书馆藏。

民国十七年（1928）双照楼刻清柯邵慧撰《思古斋诗钞》一卷附《楚水词》一卷计 2 种 2 卷。《中国古籍总目·集部·别集类·清代之属·清后期》第 2522 页著录，国家图书馆藏。

民国己巳年（十八年，1929）刻红色印吴昌绶撰《松邻遗集》3 种十卷。《贩书偶记·集部·别集类》卷十八第 501 页、《清人别集总目》第 895 页著录，国家图书馆、上海图书馆、南京图书馆、浙江大学图书馆藏，应为家刻本。

民国己巳年（1929）重刻清吴焯撰《渚陆鸿飞集》一卷。《贩书偶记续编·集部·别集类》卷十五第 242 页著录。

吴昌绶辑刻清劳经原、劳权、劳格撰《劳氏碎金》三卷。伦明撰《辛亥以来藏书纪事诗·四〇·吴昌绶》第三一页、《中国古籍总目·史部·目录类·总录之属·私藏》第 4952 页、《中国古籍善本书目·史部·目录类》第 1421 页著录，上海图书馆、国家图书馆（吴昌绶、章钰订补宣统元年吴氏双照楼铅印吴昌绶辑，清劳经原、劳权、劳格撰此书有吴昌绶题识）藏。此书收入《丁丑丛编》本为清劳经原、劳权、劳格撰，吴昌绶辑《劳氏碎金》三卷、王大隆、瞿熙邦补辑《附录》一卷计 4 卷藏国家图书馆有王大隆题识。

民国间刻佚名辑《松鄰挽词》。《国家图书馆普通古籍总目·传记门·分传》第 200 页著录，国家图书馆藏 1 册本 2 部。

英年早逝的维新战士江标

真赏斋中有仲宣，铭心绝品不论钱。

甘陵钩党人间籍，天上樵阳作散仙。

这是著名学者、恩师叶昌炽在《藏书纪事诗·江标建霞》卷七第七一六页对自己学生、戊戌改良运动的战士江标所作的评介。

江标（1860—1899），字建霞、蒹葭、建緺，号师许、师鄦、笘誃、红蕉、秋影盦主，有萱圃、师圃、怀珠阁、师鄦室、灵鹣阁、萧江文库等室名，元和（今苏州市吴县）人，家有“兰陵萧江”[①] 图书印，可见先祖为徽州人。

家世书香。其父江蕴之讳云，生江衡、江钧、江标 3 子。江标年幼而孤慧，由祖母华太夫人携至外家读书。他力学嗜古，10 岁擅长古诗文辞，自比洪北江亮吉，自幼立下显亲报国之志。稍长，精通许氏文字学，旁通群经三教九流及史地制度学。弱冠补诸生时，所著为大学者俞樾、陶方琦所赏识，文名大著。很快，高勉之学使邀聘而游楚北。光绪十二三年（1886—1887），入妻兄汪鸣銮幕府。先后去山左、粤东校阅试卷，结识不少学彦，学业大进。与著名古籍学者叶昌炽为密友，并为之刻《藏书纪事诗》六卷。法国侵越战起，更讲求经世之学，旁及欧西学识，使他成为学贯中西的力求变革现实的学者。光绪十四年（1888）以优贡中举，翌年中进士，得馆选，迄假游日本考察教育及日本明治维新后的社会变革。历官四品京堂，授翰林院编修，改庶吉士。曾入同文馆学习，研究时务。先后任宁国知府兼泾县知县、徽州知府。光绪二十年（1894）任湖南学政，力主新政，倡设《湘学报》，影写重刻《唐人五十家小集》，与湖南巡抚陈宝箴、按察使黄遵宪及谭嗣同等改良派创办时务学堂。戊戌变法失败后，被革职禁锢于家，郁抑而终。他有“历

---

① 海源阁藏元本《汉书》有“兰陵萧江”印记，是书为江标先人所藏。

劫不礳”印，“靡”为“磨”本字，表示他历经劫难而本性不会被磨灭，光绪二十五年十月十九日病卒。他有徽州人血统，又在徽地作官，因此受徽宁人治学刻书影响很大。

江标藏书丰富，且多精品、孤本，如叶昌炽《藏书纪事诗》卷七第七一七页载有元刊《辅教编》、元刻明印《艺文类聚》、元刻《李翰林集》、元刻巾箱本《礼记》、元刻《集千家注杜诗》等，藏书处为灵鹣阁、四位四史四子四集斋，有“灵鹣图书”、“灵鹣藏书”、“标”等朱小印，“书画翰林”“师三达堂”白方印，“江建霞秘藏印”、“江标考藏”“元和江标之章”“建庵师鄦嗜好”“师鄦乙酉岁暮检书记”“萧江书库藏书”“灵鹣阁夫妇所藏书画”等朱方印等多枚藏书印鉴。据周越然《言言斋藏书目·〈唐语林〉跋》卷四及叶昌炽《藏书纪事诗》第七一八页载，他还有一枚雕有佛像的长方朱印很特别，上有“大清光绪十二年十二月朔三十日，书窟弟子江标敬造长恩像一区，愿留不啮，蠹鱼不沾，永充供养”字样。叶昌炽还说：“（江家）本寒素，不善治生产，起居服御如豪贵家，屡讽之而不能改也。京秩本清苦，长安又不易居，所得古器及宋元精椠名画，辄以易米。”[①]

光绪二十五年（1899），江家惨遭火灾，藏书损失严重。余书后归盛宣怀愚斋图书馆，今部分归华东师范大学图书馆，该馆就还藏盛氏所藏灵鹣阁藏书150余种。

江标还是大编辑出版家。叶昌炽在《藏书纪事诗》中说：“奉使三湘，不名一钱，归装惟有辑刊《灵鹣阁丛书》五集五十六种一作六集五十七种，仿宋陈解元书棚本《唐贤小集》五十家。今遗书数十楼，其子孟聪茂才，尚能守之，然精本则寥寥无几矣。”[②] 辑刻《江刻书目三种》《灵

---

① 叶昌炽：《藏书纪事诗·江标建霞》卷七。

② 叶昌炽：《藏书纪事诗·江标建霞》卷七第七一七页，上海古籍出版社，1999。

鹣阁丛书》《宋元本书目行格表》及《附录补遗》[①]、《古泉拓存》一卷[②]，他因英年早逝，诸多著述尚未杀青。除自刻《黄荛圃年谱》、赵学南刻《红蕉词》外，还著《江氏灵鹣阁藏书残目》一卷[③]、《灵鹣阁骈文录存》一卷[④]等，编《经济实学考》八卷[⑤]，译《咸同以来中俄交涉记》三卷[⑥]，撰《笘誃日记》不分卷[⑦]，辑《江建霞古泉精选拓本》一卷[⑧]、《修书图》一卷[⑨]，评选《新学分类文编六种》二十九卷[⑩]等。还绘《望

① 《山西省图书馆普通线装书目录·目录门·采录书目》第10页著录该馆藏光绪二十三年（1897）湘潭刘肇隅刻清江标辑《宋元本书目行格表》不分卷4册本等。《续修四库全书总目提要》第1—014至015页著录，光绪丁酉（二十三年，1897）湘潭学生刘氏（肇隅）刻本为二卷本。说明此书非一版。《中国古旧书刊拍卖目录》第223页著录，中国书店拍卖民国3年（1914）上海文瑞楼石印半页16.3×12cm，白纸4册本。

② 《贩书偶记续编·子部·谱录类》卷十第162页著录约宣统间邓实于上海影印清元和江标辑《古泉拓存》一卷。

③ 复旦大学图书馆藏清末香影庵抄此书。今据王补叶《诗》江标条按语说曾在悬桥巷书贾杨馥堂处见江氏手定《目录》，中载藏有宋刻《通鉴》残本70多卷，宋刻《读史管见》30本，宋刻《古文集成》20本，元刻《李太白集》8本，元刻《王右丞集》6本，元刻巾箱本《礼记集说》20本等34种，可见江氏藏书之精好。

④ 《蛾术轩箧存善本书录·辛壬稿》卷四第六六六至六六七页著录，复旦大学王欣夫教授藏此书抄稿1册本。

⑤ 《中国历史博物馆藏普通古籍目录·新学部·新学部类》第368页著录，中国历史博物馆藏光绪二十六年（1900）上海博济书局石印12册本。

⑥ 《中国古籍总目·子部·新学类·交涉之属·外交》第3617页、《北京图书馆古籍善本书目·史部·杂史类》第三六八页著录，国家图书馆藏2册本光绪二十一年（1895）味经刻书处刻本。该刊本半页10行，行22字，小字双行同，白口，左右双边。

⑦ 《北京图书馆古籍善本书目·史部·传记类》第四六五页著录，国家图书馆藏20册稿本。该稿本半页10行，行字数不等，黑口，左右双边。

⑧ 《中国古籍总目·史部·金石考古类·钱币之属》第4884页著录，上海图书馆藏民国间神州国光社影印本。

⑨ 《中国古籍总目·子部·艺术类·书画之属·画·影印画谱》第1414页著录，上海图书馆藏民国间苏州振新书社影印本。

⑩ 《中国古籍总目·子部·新学类·丛编之属》第3568页著录，辽宁省图书馆藏光绪二十四年（1898）劲草主人刻清江标评选此丛书。

岳图咏》一卷[①]等。

其妻汪鸣琼，为钱塘世家，名宦汪鸣銮妹。江氏逝世时，次子江新、三子江中年幼，唯长子江聪虽未及入冠之年，已补博士弟子员，守父学。还有三个女儿。

江标还留下对古籍的批点和跋，如《不共书》四卷[②]、《尔雅》三卷[③]、《读说文杂识》一卷[④]、《靖康孤臣泣血录》一卷[⑤]、《汲古阁珍藏秘本书目》一卷[⑥]、《季沧苇藏书目》一卷[⑦]、《琴音阁书目》不分

---

① 《中国古籍善本书目·集部·总集类》第1763页、《中国古籍善本总目·集部·总集类·断代》第一七九一页、《中国古籍总目·集部·总集类·断代之属》第3066页、《中国古籍善本总目·集部·清别集》第一五〇四页著录，苏州大学图书馆藏清江标绘图并题诗此书稿本，还有清唐才常、蔡锺濬、江尚頣、黄人、蒋智由（维骥）、陈去病、沈作骥、裴超黄、陈侃、李祖芬、宋琛题诗，吴梅填词，章炳麟、邱震跋。

② 《中国古籍善本书目·集部·清别集类》第994页、《北京图书馆古籍善本书目·集部·清别集类》第二五一六页著录，国家图书馆藏江标对明崇祯十七年（1644）计氏枕戈草堂刻清计东撰此书1册本留下批点和跋文。该刊本半页8行，行19字，白口，左右双边。

③ 《中国古籍善本书目·经部·小学类》第379页、《中国古籍善本总目·经部·小学类》第一五三页著录，重庆市图书馆藏明刻晋郭璞注此书，分别有清江标、叶德辉跋。该刊本半页9行，行18字，小字双行同，白口，四周单边。

④ 《中国古籍善本书目·经部·小学类》第423页、《中国古籍善本总目·经部·小学类》第一六五页著录，华东师范大学图书馆藏清江标跋光绪七年（1881）湖北书局刻清许棫撰此书。

⑤ 《中国古籍善本书目·史部·杂史类》第233页、《中国古籍善本总目·史部·杂史类》第三一一页著录，南京图书馆藏清张翔、江标跋清息耕堂抄题宋丁特起撰此书。

⑥ 《中国古籍善本书目·史部·目录类》第1388页、《中国古籍善本总目·史部·目录类·家藏》第七一九页（作嘉庆十年）著录，华东师范大学图书馆藏清江标跋嘉庆五年（1800）黄氏士礼居刻清毛扆藏并撰此书。

⑦ 《中国古籍善本书目·史部·目录类》第1397页、《中国古籍善本总目·史部·目录类·家藏》第七一九页、《中国古籍总目·史部·目录类·总录之属·私藏》第4941—4942页著录，华东师范大学图书馆藏清江标跋嘉庆十年（1805）黄丕烈士礼居刻清季振宜藏此书目，有清江标跋。

卷[①]、《筠清馆金石文字》五卷[②]、《东湖丛记》六卷[③]、唐释玄应撰《一切经音义》二十五卷唐释慧苑撰《补订新译大方广佛华严经音义》二卷清臧庸辑《华严经音义叙录》一卷清曹籀撰《刻华严经音义校勘记》一卷计 4 种 29 卷[④]、《唐写本说文解字木部笺异》一卷[⑤]、《昌谷集》四卷[⑥]、《燃脂集》等 3 种[⑦]、《新编婚礼备用月老新书》二十四卷[⑧]、《仓

---

① 《中国古籍善本书目·史部·目录类》第 1402 页、《中国古籍善本总目·史部·目录类·家藏》第七二一页（作《琴清阁书目》不分卷）、《蛾术轩箧存善本书录·辛壬稿》卷二第五二七至五二八页著录，复旦大学图书馆藏清江标跋、王大隆跋清周锡瓒撰此书稿 1 册本。此书为清吴县周锡瓒香严书屋收藏，周氏为与藏书家顾抱冲小读书堆、袁焘阶五砚楼、黄荛圃士礼居合称四大藏书家。此书为周氏收藏一部目录，蓝格手稿本，版心有“香严书屋”4 字，共 105 页。每种上钤“周曰涟漪塘印”的小长方印。还有“士礼居藏”隶书朱文长方印、“萧江书库”楷书朱文长方印、“师许室藏书”朱文长方印、“汪鸣琼印”白文方印、“静君”白文方印、“愚斋圃藏”朱文大方印，分别为赵静函、江标收藏标记。

② 《中国古籍善本总目·史部·金石类·金类》第七四五页、《中国古籍善本书目·史部·金石类》第 1453 页著录，华东师范大学图书馆藏清江标校并跋道光二十二年（1842）吴氏筠清馆刻清吴荣光撰此书。

③ 《中国古籍善本书目·子部·杂家类》第 678 页著录，华东师范大学图书馆藏清江标跋光绪九年（1883）缪全孙刻《云自在龛丛书》朱印本清蒋光煦撰此书。

④ 《中国古籍善本书目·子部·释家类》第 982 页、《中国古籍善本总目·子部·释家类·目录音义等》第一一二二页、《中国古籍总目·子部·释家类·撰述之属·音义部》第 3425—3426 页著录，华东师范大学图书馆藏清江标校并跋同治八年（1869）刻上述 4 书。

⑤ 《中国古籍善本总目·经部·小学类》第一六五页著录，华东师范大学图书馆藏同治二年（1863）曾氏刻清莫友芝撰此书，有清江标跋。

⑥ 《中国古籍善本总目·集部·唐五代别集类》第一二一〇页、《中国古籍善本书目·集部·唐五代别集类》第 103 页、《中国古籍总目·集部·别集类·唐五代之属》第 135 页著录，华东师范大学图书馆藏清江标跋明末刻唐李贺撰、明曾益释此书。该刊本半页 9 行，行 20 字，小字双行同，白口，四周单边。

⑦ 《中国古籍善本书目·集部·总集类》第 1636 页著录，上海图书馆藏清江标跋清王士禄辑《燃脂集》口口卷、《首》五卷、《引用书目》一卷、《宫闺氏籍艺文考略》口卷中《首》五卷全，《赋》卷一至二、四至五、七，《诗》卷一至二、四至八、十四至十九、二十一、二十三至二十四、二十六，《引用书目》一卷及《宫闺氏籍艺文考略》计存 29 卷。

⑧ 《中国古籍总目·子部·类书类·类编之属·通编》第 1991 页著录，台湾图书馆藏宋末刻宋佚名撰此书，有清黄彭年、清江标、杨守敬、叶昌炽、叶德辉题记。

颉篇》三卷[①]、《汲古阁未刻词》26 种二十七卷[②]、《说文解字》三十卷[③]、《积书岩摹古帖》不分卷[④]、《石湖诗选》不分卷[⑤]、《宋元名家词十五种》十六卷[⑥]、《说文解字》十五卷[⑦]，抄《乐圃余稿》十卷《附录》一卷计 11 卷[⑧]等。

---

① 《中国古籍善本总目·经部·小学类》第一五八页著录，上海图书馆藏乾隆五十年（1785）孙星衍刻《岱南阁丛书》本中清孙星衍辑此书，有江标校。

② 《中国古籍善本书目·集部·词类》第 1919 页《中国古籍善本总目·集部·词类·丛编》第一八四二页（错别字径改）、《中国古籍总目·集部·词类·丛编之属》第 3237—3238 页著录，上海图书馆藏清江标跋清光绪间（1875—1908）抄清彭元瑞辑此书。该抄本半页 11 行，行 23 字，红格。

③ 《蛾术轩箧存善本书录·辛壬稿》卷一第四三四至四四〇页著录，复旦大学王欣夫教授藏同治甲戌（十三年，1874）东吴浦氏重刊孙星衍平津馆覆宋本《说文解字》三十卷 3 册本，由元和江标手校，又临宝山印康祚、益都孙文楷校并跋。有"祖选堂"白文方印、"元和江建霞收藏记"朱文方印、"元和江氏灵鹣阁所藏书籍记"隶书朱文大长方印、"灵鹣阁"朱文方印、"江标所读之书"朱文方印、"敝帚居"白文方印、"建霞"白文小长方印、"建霞草堂藏过图书"朱文方印、"萧江书库"楷书朱文长方印、"如愿"白文长方印、"江标像大清光绪十二年十二月朔三十日书窟弟子江标敬造长恩像一区（，）愿鼠不敢啮（、）蠹鱼不生（、）永充供养"楷书朱文界格长方印、"静君暴书小记"白文方印、"汪鸣琼印"白文方印、"静君"白文方印、"静君长物"白文方格印、"闲诘官"白文方印。

④ 《蛾术轩箧存善本书录·未编年稿》卷二第一五二三至一五二六页著录，复旦大学王欣夫教授藏清金坛大书法家王澍（康熙壬辰科进士，官吏部员外郎。著《淳化阁帖考正》十二卷、《二十种兰亭》、《十二种千文》、《积书岩帖》不分卷、《虚舟题跋》等）手书此书 60 册稿本并跋，有元和江标手跋。有"天宫大夫"、"澍"白文两方印及"虚舟"朱文长方印。

⑤ 《中国古籍善本书目·集部·宋别集类》第 352 页、《中国古籍善本总目·集部·宋别集类》第一二八五页、《中国古籍总目·集部·别集类·宋代之属》第 318 页著录，复旦大学图书馆藏清江标圈点并跋清抄宋范成大撰此书。该抄本半页 8 行，行 24 字。

⑥ 《中国古籍善本书目·集部·词类》第 1930 页、《中国古籍总目·集部·词类·丛编之属》第 3240 页著录，国家图书馆藏傅增湘校并跋光绪二十一年（1895）湖南思贤书局刻清江标编此丛书中 5 种 6 卷。

⑦ 《中国古籍善本总目·经部·小学类》第一六〇页著录，复旦大学图书馆藏清江标校跋并临清袁廷梼、印康祚校、清孙传凤签校、祝秉纲签校并跋同治十三年（1874）浦氏刻此书。

⑧ 《中国古籍善本总目·集部·宋别集类》第一二六五页著录，重庆市图书馆藏宋朱长文撰此书。该抄本半页 10 行，行 24—26 字，四周双边，红色界行。

江氏所刻书主要有：

光绪六年（1880）元和江标师鄦室刻清沈蓥撰《留沤吟馆词草》一卷。《中国古籍总目・集部・词类・别集之属》第3370页著录，上海图书馆藏。

光绪壬午（八年，1882）九月江氏师鄦室刻清无锡沈蓥撰《留沤吟馆词存》一卷。《中国古籍总目・集部・词类・别集之属》第3370页、《贩书偶记・集部・词曲类・词集之属》卷二十第551页著录，国家图书馆藏。

光绪十二年（1886）元和江标师鄦斋刻清陶方琦编《许君年表》一卷、《年表考》一卷计2种2卷。《国家图书馆普通古籍总目・传记门・分传・个人年谱》第239页著录，国家图书馆藏1册本，为师鄦斋刊书之一。按，传主汉许慎（约58—147），为历史上著名的文字学家。

光绪十四年（1888）元和江氏师鄦室写刻清阳湖吕耀斗撰《鹤缘词》一卷。《中国古籍总目・集部・词类・别集之属》第3371页、《香港所藏古籍书目・集部・词类・别集》第383页著录，南京图书馆、北京大学图书馆、香港中山图书馆（5册本）藏。国家图书馆、上海图书馆藏光绪十五年（1889）刻本，国家图书馆、北京大学图书馆、上海图书馆、南京图书馆、湖北省图书馆、北京师范大学图书馆还藏光绪二十六年（1900）吕氏敬止堂自刻本。

光绪十四年（1888）元和江氏师鄦室写刻清江标撰《红蕉词》一卷。《中国古籍总目・集部・词类・别集之属》第3384页、《香港所藏古籍书目・集部・词类・别集》第384页著录，国家图书馆、上海图书馆、南京图书馆、香港中山图书馆（1册本）藏。

光绪二十一年（1895）元和江氏刻清陶方琦撰《韩诗遗说补》一卷。《中国古籍总目・经部・诗类・三家诗之属》第398页著录，湖北省图书馆藏。

光绪二十一年元和江氏刻清荆溪周济辑《宋四家词选》一卷。《中国古籍总目·集部·词类·总集之属》第3405页著录，北京师范大学图书馆藏。

光绪间（1875—1908）元和江标刻自辑《江刻书目三种》十卷。《中国古籍总目·史部·目录类·丛编之属》第4907页、《北京图书馆普通古籍总目·目录门·目录学》第一卷第22页著录，国家图书馆（4册本5部，其中1部为西谛藏书）、北京大学图书馆、上海图书馆、山东省图书馆、浙江图书馆藏。

光绪中（1875—1908）元和江氏灵鹣阁刻苏州振新书社印江标辑《江刻书目三种》十卷。《中国丛书综录·类编·史类·目录》第一册第685页、《山西省图书馆普通线装书目录·目录门·书目丛书》第5页著录，国家图书馆、首都图书馆、中国科学院图书馆、北京师范大学图书馆、清华大学图书馆、上海图书馆、复旦大学图书馆、华东师范大学图书馆、上海师范大学图书馆、上海辞书出版社图书馆、天津图书馆、内蒙古图书馆、山西省图书馆（4册本）、吉林大学图书馆、甘肃省图书馆、山东省图书馆、山东大学图书馆、南京大学图书馆、苏州市图书馆、杭州大学图书馆、福建省图书馆、福建师范大学图书馆、武汉大学图书馆、四川省图书馆、重庆市图书馆、四川大学图书馆、广西第一图书馆藏。

光绪二十一年元和江氏灵鹣阁据南宋陈道人家刊本影写重刊清江标辑《唐人五十家小集》50种七十二卷。《中国古籍总目·集部·总集类·丛编之属·各体·断代》第2790页、《中国丛书综录·类编·集类·总集（唐代）》第一册第831页、《中国丛书综录补正》第235页、《丛书书目汇编》第三册第三一七至三一八页、《中国历史博物馆藏普通古籍目录·集部·总集类》第339页、《山西省图书馆普通线装书目录·文学门·诗总集》第536页、《中国丛书广录·类编丛书·集类·总集类·隋唐五代》第769—770页、《中国古旧书刊拍卖目录》第247页、607页、

《香港所藏古籍书目·丛部·集部》第485—486页著录，国家图书馆、北京师范大学图书馆、清华大学图书馆、上海图书馆、复旦大学图书馆、华东师范大学图书馆、上海师范大学图书馆、上海辞书出版社图书馆、天津图书馆、辽宁省图书馆、吉林市图书馆、吉林大学图书馆、陕西省图书馆、山西省图书馆（63卷16册本）、山东省图书馆、青岛市图书馆、山东大学图书馆、南京图书馆、苏州市图书馆、安徽省图书馆、浙江大学图书馆、福建师范大学图书馆、湖北省图书馆、广东省中山图书馆、香港中文大学图书馆、香港大学图书馆、香港中山图书馆、四川省图书馆、重庆市图书馆、四川大学图书馆、桂林市图书馆、青海省图书馆、宁夏图书馆、中央民族大学图书馆，中国历史博物馆（16册本）藏，武汉大学图书馆藏不全，中国书店拍卖版式半页18.2×13，白纸16册本，博古斋拍卖棉纸16册本。此套丛书系江标任湖南省学政时以南宋睦亲坊家刊本影写重刻，并非直接据宋本影刻。《丛书书目汇编》第三二〇页还指出江刻系据明嘉靖间朱警影宋刊本《唐百家诗》中仅有的五十种残本影刻，非直接影南宋本。

光绪二十一年（18950湖南思贤书局刊清江标辑《宋元名家词》15种十七卷。《中国丛书综录·类编·集类·词集》第一册第909页、《香港所藏古籍书目·丛部·集类》第494页、《丛书书目汇编》第二册第二二八页、《北京图书馆古籍善本书目·集部·词类》第二九二五页（仅存宋葛郯撰《信斋词》一卷、宋向镐（滈）撰《乐斋词》一卷、宋杨泽民撰《和清真词》一卷、元倪瓒撰《云林词》一卷、宋黄裳撰《演山词》二卷计5种6卷4册，由傅增湘校并跋）、《中国历史博物馆藏普通古籍目录·集部·词曲类》第348页著录，国家图书馆、首都图书馆、北京师范大学图书馆、上海图书馆、复旦大学图书馆、华东师范大学图书馆、上海师范大学图书馆、上海辞书出版社图书馆、辽宁省图书馆、吉林市图书馆、吉林大学图书馆、山东省图书馆、山东大学图书馆、南京图书馆、福建师范大学图书馆、河南省图书馆、武汉大学图书馆、广东省图书馆、重庆市图书馆、四川大学图书馆、云南省图书馆、香港大学图书馆（4 册本）、香港岭南大学图书馆（4 册本）及中国历史博物馆（4 册本）藏。该刊本半页 11 行，行 20 字，黑口，左右双边。

光绪间（一作二十三年，1897）元和江氏湖南使院刊清江标辑《灵鹣阁丛书》6 集 57 种一百〇一卷。《中国古籍总目·丛书部·杂纂类·清代后期》第 604—606 页、《中国丛书综录·汇编·杂纂类（清代后期）》第 246—247 页、《中国历史博物馆藏普通古籍目录·丛书部·杂丛类》第 361 页、《丛书书目汇编》第四册第五八四至五八五页、《香港所藏古籍书目·丛部·汇编类》第 636—637 页、《山西省图书馆普通线装书目录·总记门·丛书类》第 999 页、《中国古旧书刊拍卖目录》第 122 页著录，国家图书馆、首都图书馆、中国科学院图书馆、北京大学图书馆、北京师范大学图书馆、清华大学图书馆、上海图书馆、复旦大学图书馆、华东师范大学图书馆、上海师范大学图书馆、上海辞书出版社图书馆、天津图书馆、山西省图书馆（56 种 48 册）、内蒙古自治区图书馆、辽宁省图书馆、吉林市图书馆、哈尔滨市图书馆、甘肃省图书馆、山东省图书馆、山东大学图书馆、南京图书馆、南京大学图书馆、苏州市图书馆、浙江图书馆、福建省图书馆、福建师范大学图书馆、河南省图书馆、湖北省图书馆、武汉市图书馆、武汉大学图书馆、广东省图书馆、四川省图书馆、重庆市图书馆、四川大学图书馆、云南省图书馆、桂林市图书馆、青海省图书馆、中央民族大学图书馆、香港中文大学图书馆（48 册本）及中国历史博物馆（34 册、36 册本各 1 部）藏，黑龙江省图书馆、吉林大学图书馆藏不全。中国书店拍卖仅 93 卷白纸线装 48 册不全本，版式 25.3×14.8。此书分别为金石、诗文、经义、小学、书画、目录版本六类，尤多金石类。

光绪二十三年（1897）江氏灵鹣阁刻朱印清顺德李文田撰《和林诗》一卷。《清人别集总目》第 768 页著录，南京图书馆藏。

光绪间（1875—1908）江氏师鄦室刊清江标撰《红蕉词》一卷、清吕耀斗撰《鹤缘词》一卷计2种2卷。《西谛书目·集部下·诗余类》卷五第二四页著录合订1册。

光绪二十三年（1897）元和江标在长沙刻自辑《宋元本行格表》二卷、《附录补遗》一卷计2种3卷。《中国古籍总目·史部·目录类·琐记掌故》第4914页、《北京图书馆普通古籍总目·目录门·目录学》第一卷第2页著录，国家图书馆藏1册本1部，4册本3部，其中1种为西谛藏书，西谛还藏1种为2册本，北京大学图书馆、上海图书馆、山东省图书馆藏民国三年（1914）上海文瑞楼石印此书。

光绪己亥（二十五年，1899）元和江氏灵鹣阁刻清江都汪喜孙、绩溪胡培翚撰《汪胡尺牍》二卷。《蛾术轩箧存善本书录·辛壬稿》卷三第六〇三至六〇四页著录，复旦大学王欣夫教授藏1册本。

光绪间（1875—1908）又作光绪二十二年（1896）江标刻自摹《双钩残宋拓瘗（埋）鹤铭》（不分卷）《中国古籍总目·史部·金石考古类·石之属》第4869页、《中国古旧书刊拍卖目录》第657页著录，上海图书馆藏，博古斋拍卖黄纸1册本中首有叶潞渊墨笔题签，末有叶潞渊朱笔题跋，钤“硕庭审定”“潞渊欢喜”“叶丰”印。

江氏逝世后，尚存数十橱藏书，由其子茂才江孟聪继承，昔大部失于当年火灾。

近代美术大师、教育家、美术编辑出版大家黄宾虹

黄滨虹（1865—1955.4.25），原名黄懋质、黄质，字朴存、朴人、朴丞、劈琴，号虹叟、村岑、黄山山中人、滨虹、予向、冰祺等，后以号为名黄宾虹，歙县潭渡人，农历正月初一生于金华儒商家庭。其潭渡故居怀德堂为乾隆间（1736—1795）建筑，现为安徽省文物保护单位和旅游景点。宾虹26岁时，因父亲黄定华在浙江商界破产而回家乡，成

为大儒汪宗沂的学生，廪贡生。他在长期的艺术生涯中刻苦磨炼，终成当代著名画家、书画理论家、美术教育家、美术著作编辑出版家、收藏家。如他在青年时代收集家乡先贤汪启淑藏印辑成《宾虹集古印存》和《宾虹草堂古玺印》（16 册）。他与吴昌硕、齐白石、潘天寿并称近代四大家，与齐白石合称“南黄北齐”。早年攻读文史，工诗善文，尤擅长书画篆刻，为近代山水画大师。他因痛恨晚清屈辱史，成为反清干臣。早在 1895 年值康梁变法上书，立致函赞同，在贵池结识谭嗣同。1898 年入安庆敬敷书院。1899 年被人密告其为“维新派同谋”，避祸开封。1900 年冬，乘农闲与革命志士联系，并助芜湖安徽公学校务，结识陈独秀、柏文蔚、陈去病。

1905 年，在安徽公学任教职时与陈独秀、柏文蔚等创立岳王会，进行反清活动。为筹措革命经费，他在 1905 年回家乡，任歙县新安中学堂国文教席，与陈去病在校组织黄社，并在家中腾出大厅创办敦素初等小学堂。曾在家乡铸私钱，因筹措革命经费被告发而逃亡上海。1907 年在上海加入国学保存会，为《国粹学报》主笔。1908 年与柳亚子等人组成南社进行谴责专制，实行民主宣传。当年与邓秋枚（又名邓实）、黄节合办神州国光社，提倡国粹，鼓吹革命，创办《政艺通报》半月刊。1908 年与邓实合编《神州国光集》，每两月一集（1915 年改名《神州大观》）。

辛亥革命后，他不去南京做官，婉拒安徽督军柏文蔚和都督府秘书长韩衍电请回皖任职，潜心书画。1911 年，邓实、黄宾虹、何香凝等人在上海河南路136号集资发起创建神州国光社[①]。以早在光绪（1875—1908）间上海《神州日报》曾出版的《神州国光集》专辑命名。该社由黄宾虹任主编，下设编辑部、门市部、印刷厂三大部门，成为近代中国出版史上早期规模较大的编印发一条龙新式出版机构，同时也是我国第

① 该社前期为我国最早最大的美术专业出版社。最初以珂罗版影印书画、字帖、金石、印谱等美术作品。先后出版了古今名画、书法、印谱等200多种。尤其在创办该社当年出版由黄宾虹、邓实主编以书画内容为主的《美术丛书》30辑120册本，后增辑为40辑160册本最为著名。由于该社缺乏管理人员，致连年亏损，于1928年由陈铭枢出资盘下该社，由黄居素任经理，王礼锡任总编辑，添置机器厂房，扩大业务范围，成立读书会、函授学校，并在北京、南京、汉口、广州等地设立分支机构。除了继续出版销售美术书刊外，出版重点改为社会科学和文艺译著，创办了《读书杂志》《文化杂志》《十月》《学术界》等刊物。较有影响的出版物有搜集明清史料300多篇的《中国内乱外祸历史小丛书》17册（此套丛书在解放后由上海古籍书店重印出版）、《中国社会史论战》、《自然辩证法》（恩格斯）、《资本论大纲》、《马克思的经济学说》、《十九路军抗日血战史》、《红色延安》等。1933年淞沪“八·一三”抗战失败后，抗日名将陈铭枢与李济深、蒋光鼐、蔡廷锴等在福建莆田发动抗日反蒋事变，与冯玉祥等国民党抗战派将领在福州市成立中华共和国人民革命政府，与中国工农红军签订抗日反蒋协定，使该社各地分店全部被查封，许多书刊被查禁。这时老板陈铭枢因福建人民政府失败，逼迫流亡香港，从1937年起，由方天白任经理，后由俞巴林负责。上海方面由俞巴林代任经理，撤销河南路大门市部，搬到福州路384弄4号，因地处租界而幸免于难，但已难以立足，于是另外申请成立“言行出版社”，出版《科学小丛书》等。1941年上海租界沦陷后，先后迁往汉口、韶关。抗战胜利后迁回上海，复业后出版了《郭沫若归国秘记》，翻译出版了日文本《戏剧资本论》，波兰的《春》《夏》《秋》《冬》，重印了高尔基的《面包》《没落》，以及《十九路军抗日血战史》等。1954年，陈铭枢决定无条件地把神州国光社并入当时的公私合营的新知识出版社，结束了神州国光社43年作为进步出版社的历史。

德邓实也是近现代大编辑出版家。著名的出版物还有今国家图书馆、中国科学院图书馆、北京大学图书馆、上海辞书出版社图书馆、辽宁省图书馆、浙江图书馆、福建省图书馆、湖北省图书馆、四川省图书馆、云南省图书馆等藏宣统间（1909—1911）铅排顺德邓实编《风雨楼丛书二十三种》（实42种）157卷，国家图书馆、首都图书馆、中国科学院图书馆、北京大学图书馆、上海图书馆、吉林大学图书馆、苏州市图书馆、四川省图书馆、四川大学图书馆、云南省图书馆和广西壮族自治区等图书馆藏宣统元年（1909）至民国六年（1917）顺德邓氏风雨楼影印邓实编明清人手迹《风雨楼秘笈留真十种》11卷，国家图书馆、中国科学院图书馆、北京大学图书馆、上海图书馆、复旦大学图书馆、天津图书馆、辽宁省图书馆、甘肃省图书馆、南京图书馆、武汉大学图书馆、四川大学等图书馆藏民国元年（1912）至民国三年（1914）上海国粹报社铅排邓实等编《古学汇刊六十一种》（实2集67种）120卷等丛书。

一家专营美术业图书的专业美术出版社。该社成立伊始接替原《神州日报》出版的《神州国光集》，并从22期起出版发行该双月刊。1915年改名出版《神州大观》及广集精选古今名画、书法、印谱，如《八大山人画册》《黄子九山水画集》《文征明画集》《李清照诗选》《黄宾虹画集》《何香凝画集》等200余种，专门去日本做成珂罗版，用宣纸精印，用深蓝色书面纸做封面、封底，白色丝线装订，十分典雅质朴，成为当代图书精品。尤其是成立当年策划出版由黄宾虹、邓实合编的以书画理论为主，涉及印刻、装潢、琉璃、鼎彝、陶瓷、杖扇、游具、茶艺、琴剑、锦绣、纸笺、文房四宝等广泛内容的《美术丛书》30辑，中式线装120册，深受画坛艺林欢迎，争相宝藏。至1915年重版时，又增补10辑40册，使这次再版为40辑160册。该套丛书采用连史纸精印，深蓝色书面纸做封面、封底，用洁白丝线装订，并配木箱，在书箱拉门上篆刻“美术丛书”4字，右下方刻“神州国光社”。这套丛书不仅内容上乘，而且包装本身就是精美的美术工艺品。该丛书1936年由黄宾虹出任神州国光社编辑主任再版时改为铅排仍为160册本，1947年印刷1000套，采用红色布面精装成20巨册，也以木箱装，但比之先前初版、重版时的精装大为逊色了，但仍不失为当代精品书，现公藏较为普遍。

1912年任《神舟日报》编辑，协助高剑父兄弟在上海创办《真相画报》，并兼任上海《时报》编辑。应康有为之请，主编《国是报》副刊，因意见不合辞决。1919年主编《时报》副刊《美术专刊》。1921年出任商务印书馆美术部主任。自1912年至1924年还为有正书局[①]主编《中国名画集》25集，收375位画家作品432幅，成为继《美术丛书》后又一美术出版工程。

1926年主编《艺观画刊》双周刊，后改名《艺观杂志》。这期间，

---

① 有正书局，1904年由狄葆贤（楚青）在上海威海卫路（今威海路）创办。后迁福州路、山东路（今山东中路）口上海《时报》馆内。1943年歇业。

与孙沓公、俞剑华等人合编[①]，由神州国光社出版。1934年与郑午昌、贺天健、汪亚尘、陆丹林合编《国画月刊》。在沪期间，先后担任留美预备学堂国文教员、竟雄女学教员、上海美术专科学校、新华艺术专科学校、昌明艺术专科学校教授，暨南大学教员。1937年在北平故宫博物院审定藏画，并在国立北平艺专任教。1943年，上海张元济、傅雷在沪举办黄宾虹画展。1948年，回上海后赴杭州任国立艺专教授。新中国成立后，任中央美术学院华东分院教授、中央美术学院民族美术研究所所长。1950年选为全国政协委员，1954年选为华东美术家协会副主席。1955年3月25日逝世。

他画风受李流芳、程邃、程正揆、髡残等影响，擅长湿笔，尤其是他所画的山水画中山川雄浑，草木茂盛，笔苍墨润，所以他的高足林散之评他为新安画派集大成者。同时，他与同窗许承尧、汪鞠友一样，始终以振兴中华传统文化为己任，关心乡邦文献的收藏与整理，关心桑梓文化建设。他与许承尧默契，并以收藏徽州艺术品为主。他们在长期的收藏中，对徽州浩博的文化海洋已产生共鸣、共知、共识。尤其是黄宾虹已正式提出“歙学”在中华传统文化中的历史地位问题。他指出：“歙学为中国关系至大”[②]“宣歙国学占中国最高地位”[③]等。

这个“歙学”“宣歙国学”就是我们今天明确定位的“徽学”“徽州学”对其的进一步拓展，因为歙县城向为古徽州治所、徽文化的历史中心，古代徽州曾名歙州，可理解为徽州的代称。因此，可以说徽州近现代传统文化旗手汪宗沂的这三位高足同是近现代徽学的宗师，黄宾虹则是有据可查的提出“歙学”，经我等再定名为“徽学”这个显学的第

① 《中国画家人名大辞典》《中国画家人名辞典》原由黄宾虹、孙沓公等编撰。解放后由俞剑华增补修订，改名为《中国美术家人名辞典》，于1981年由上海人民美术出版社出版，后又多次增补、重印，成为该社常备书。

② 黄宾虹：《黄宾虹文集·书信卷》第91页，上海书画出版社，1999。

③ 黄宾虹：《黄宾虹文集·书信卷》第154页，上海书画出版社，1999。

一人。尤其是我经过比较研究后，在一次徽学会上提出徽学位于中国三大显学之首这个命题后，有同志非常感兴趣地问我，有没有权威人士的讲话或文字为依据，否则怕不为全国学界所认可。现在，我可以从黄宾虹老前辈的通讯录中找到了根据，从而印证了我的结论与大家们心有灵犀。

而立之年的我在省建委工作期间通过多次去徽州出差，进行多方调查研究提出徽州学立项问题。在我的多次进言下，我的老首长，时任安徽医学院党委书记兼省社联副主席程毅川同志多方联络努力，终于在20世纪80年代在歙县徽城镇紫阳饭店成立安徽省徽学会。当我读到徽州老前辈黄宾虹先生的这些卓见时，为之震撼，更不能秘而不发、掠人之美。黄宾虹逝世后，他的大量收藏及作品捐献给了国家，大多收藏在今浙江省博物馆里。

他著述丰富。他藏古玺印几二千纽，选其中精者辑成《冰褀古印存》十卷及《续集》八卷。据《安徽文献书目》第366—367页著录，安徽省图书馆就存《潭渡黄氏先德录》一卷附《任耕感言》一卷[①]、《六法箴言》一卷[②]、《歙县黄滨虹书画集》不分卷[③]、《滨虹印存》不分卷[④]、《频（滨）虹集古鉥印谱》不分卷[⑤]、《滨虹草堂藏古鉥印》不分卷[⑥]、《宾虹草堂藏古玺印释文》一卷[⑦]、《宾虹蜀游草》一卷[⑧]、《宾

① 藏民国间排印本1册。

② 《安徽省馆藏皖人书目》第287页著录，安徽省图书馆藏民国三十三年（1944）方氏红格抄本1册。

③ 藏1958年珂罗版影印1册本。

④ 《安徽省馆藏皖人书目》第288页著录，安徽省图书馆藏拓本1册本。

⑤ 《安徽省馆藏皖人书目》第288页著录，安徽省图书馆藏藏拓本1册本。

⑥ 安徽省图书馆藏民国间拓10册本。

⑦ 安徽省图书馆藏1958年石印1册本。

⑧ 《安徽地震史料辑注》第259页著录，安徽省图书馆、歙县博物馆藏民国初年写印1册本。

虹诗草》一卷[①]《古印概论》[②]、《黄宾虹文集》、《黄山卧游册》等。

据有关资料载，还著有《中国书画史馨香集》不分卷[③]、《古画微》不分卷[④]、《华南新业特刊》不分卷[⑤]、《潭渡黄氏先德录》一卷附《任耕感言》一卷[⑥]，绘《歙县黄宾虹画集》不分卷[⑦]、《宾虹草堂玺印释文》不分卷《附录》一卷[⑧]、《中国画学史大纲》、《画法要旨》、《古文字释》、《画学篇》及《黄山画家源流考》、《画家通论》、《虹庐谈画》、《宾虹诗草》三卷附《补遗》一卷等，辑《增辑古印一隅缘起》不分卷[⑨]、《宾𬌗藏印》不分卷[⑩]、《宜轩印娱》一卷及辑《美术丛书》[⑪]，还著《徐子远先生传略》[⑫]、《黄宾虹山水写生集》®[⑬]、《仁德庄义田旧闻》一

① 《中国古籍总目·集部·别集类·清代之属·清后期》第2675页、《安徽省馆藏皖人书目》第288页著录，国家图书馆、南京图书馆、北京师范大学图书馆、上海图书馆、安徽省（1册本）图书馆藏民国二十二年（1933）石印本。

② 此书发表于1930年《东方杂志》。

③ 收入《国学汇编丛书》中。

④ 《安徽省馆藏皖人书目》第287页著录，安徽省图书馆藏民国十八年（1929）商务印书馆铅印本。

⑤ 《安徽省馆藏皖人书目》第288页、《中国古旧书刊拍卖目录》第613页著录，安徽省图书馆藏民国十四年（1925）华南印书社铅印1册本，博古斋拍卖民国十四年印行此书线装1册本。

⑥ 《安徽省馆藏皖人书目》第288页著录，安徽省图书馆藏民国间铅印1册本。

⑦ 《安徽省馆藏皖人书目》第288页著录，安徽省图书馆藏影印1册本。

⑧ 《北京图书馆普通古籍总目·古器物学门·金文》第六卷第62页、《中国古旧书刊拍卖目录》第720页著录，国家图书馆藏1958年影印1册本2部，博古斋拍卖民国间石印白纸线装1册本。

⑨ 收入《国学汇编丛书》中。

⑩ 《中国古旧书刊拍卖目录》第784页著录，博古斋拍卖民国间钤印《宾虹藏印二集》（残）白纸2册本，为黄宾虹拓，由黄宾虹弟子张振维赠给张人杰，并钤“振维藏书”“张振维”印。内有黄宾虹数处墨笔考证。

⑪ 《安徽省馆藏皖人书目》第288页著录，安徽省图书馆藏民国二十五年（1936）排印本160册及民国三十六年（1947）神州国光社铅印20册本。

⑫ 《国家图书馆普通古籍总目·传记门·分传》第134页著录，清末民初石印黄质撰此书1册本。传主为徐灏（1809—1879），字子远。

⑬ 1962年人民美术出版社影印。

卷[①]、《浙江大师事迹佚闻》一卷[②]等。后人还辑《黄宾虹常用印集》[③]。

他整理古籍主要是在康熙七年（1668）柱笏堂刻清刘源绘《凌烟阁功臣图像》一卷[④]上与张宗祥同有题跋。

他本人作品及编辑出版物主要以新式出版形式为主。

光绪十九年（1893）古歙黄氏钤印黄宾虹辑《宜轩印娱》一卷。[⑤]

宣统间（1909—1911）钤印黄宾虹辑《宾䃭藏印》不分卷。[⑥]

民国间刊歙县近人黄质撰《浙江大师事迹佚闻》一卷、[⑦]民国间刻黄质撰《宾虹蜀游草》一卷。[⑧]

附　宣统二年(1910)上海神州国光社铅印清钱谦益辑《列朝诗集·乾集》二卷、《甲集前编》十一卷、《甲集》二十二卷、《乙集》八卷、《丙集》十六卷、《丁集》十六卷、《闺集》六卷计7种81卷。[⑨]

附　民国八年（1919）歙县黄氏在上海自费铅印黄质撰《滨虹杂著》3种三卷。其细目为：

《歙潭渡黄氏先德录》一卷，

《任耕感言》一卷，

《仁德庄义田旧闻》一卷。

---

① 收入《宾虹杂著》中。

② 有民国间刊本，详见本条。

③ 《中国古旧书刊拍卖目录》第583页与601页著录，博古斋拍卖1978年浙江美术学院钤拓连史纸线装1册本及宣纸钤拓1册本。该书收黄宾虹常用印50余方且有边款。

④ 《中国古籍善本总目·史部·传记类·总传》第三八一页著录，杭州市文物管理委员会藏。

⑤ 《中国古籍总目·子部·艺术类·篆刻之属·印谱·清》第1455页著录，南京图书馆藏。

⑥ 《中国古籍总目·子部·艺术类·篆刻之属·印谱·清》第1455页、《香港所藏古籍书目·子部·艺术类·玺印篆刻》第207页著录，香港大学图书馆藏8册本。

⑦ 《安徽文献书目》第366页著录，安徽省博物馆藏1册本。

⑧ 《安徽省馆藏皖人书目》第288页著录，安徽省图书馆藏1册本。

⑨ 《中国古籍总目·集部·总集类·断代之属》第3034页著录，国家、上海图书馆藏。

《中国丛书广录·汇编丛书·自著类·民国及其以后》第 353 页著录，藏处待考。

附　1928 年铅印黄滨虹撰《滨虹杂著三种》三卷。其细目为：

《歙潭渡黄氏先德录》一卷，

《任耕感言》一卷，

《仁德庄义田旧闻》一卷。

《安徽地震史料辑注》第 259 页（民初本）、《中国丛书综录·汇编·独撰类》第 588—589 页、《中国古籍总目·丛书部·独撰类·民国以来》第 1305 页著录，国家图书馆、上海图书馆、南京大学图书馆，歙县博物馆藏。

附　民国二十五年（1936）上海神州国光社排印民国黄宾虹、邓实辑《美术丛书》4 集 40 辑 278 种四百三十卷。其细目为：

初集 95 种 116 卷：

第一辑 14 种 14 卷：

清笪重光撰《书筏》一卷，

清笪重光撰、清王翚清恽格评《画筌》一卷，

清龚贤撰《龚安节先生画诀》一卷，

清释道济撰《苦瓜和尚画语录》一卷，

清戴熙撰《赐砚斋题画偶录》一卷，

清黄崇惺撰《草心楼读画集》一卷，

清陈澧撰《摹印述》一卷，

宋晁贯之撰《墨经》一卷，

清程雄撰《琴学八则》一卷，

清高兆撰《观石录》一卷，

清刘文淇撰《艺兰记》一卷，

清钱泳撰《履园画学》一卷，

清刘体仁撰《七颂堂词绎》一卷，

清刘体仁撰《七颂堂识小录》一卷。

第二辑 11 种 12 卷：

清吴德旋撰《初月楼论书随笔》一卷，

清王原祁撰《雨窻漫笔》一卷，

清王原祁撰《麓台题画稿》一卷，

清王昱撰《东庄论画》一卷，

清周嘉胄撰《装潢志》一卷，

清李兆洛撰《端溪砚坑记》一卷，

清陈性撰《玉纪》一卷，

清刘心瑶撰《玉纪补》一卷，

清彭孙遹撰《金粟词话》一卷，

清黄周星撰《制曲枝语》一卷，

清徐康撰《前尘梦影录》二卷。

第三辑 14 种 16 卷：

清宋曹撰《书法约言》一卷，

明董其昌撰《画眼》一卷，

清孔衍栻撰《画诀》一卷，

清金农撰《冬心画竹题记》一卷，

清金农撰《冬心画梅题记》—卷，

清金农撰《冬心画马题记》一卷，

清金农撰《冬心画佛题记》—卷，

清金农撰《冬心自写真题记》—卷，

清吴骞撰《阳羡名陶录》二卷，

清程哲撰《窑器说》一卷，

清毛奇龄撰《后观石录》一卷，

清赵之谦撰《勇卢闲诘》一卷，

清张义澍撰《士那补释》一卷，

宋陈櫄撰《负暄野录》二卷。

第四辑 11 种 11 卷：

清冯班撰《钝吟书要》一卷，

清顾凝远撰《画引》一卷，

清黄锁撰《二十四画品》一卷，

清黄钺撰《画友录》—卷，

清周亮工撰《赖古堂书画跋》一卷，

清程庭鹭撰《小松阁书画跋》—卷附《砚铭杂器铭》一卷，

清陈炼撰《秋水园印说》一卷，

明麻三衡撰《墨志》一卷，

清徐养原撰《荀勖笛律图注》一卷，

清周亮工撰《书影择录》一卷。

第五辑 12 种 12 卷：

清梁同书撰《频罗庵论书》一卷，

清唐岱撰《绘事发微》一卷，

清宋荦原唱、清朱彝尊和《论画绝句》一卷，

清宋荦撰《漫堂书画跋》一卷，

清梁同书撰《频罗庵书画跋》一卷，

清梁同书撰《古铜瓷器考》二卷：

《古铜器考》一卷、

《古窑器考》一卷，

清宋荦撰《怪石赞》一卷，

清张仁熙撰《雪堂墨品》一卷，

清宋荦撰《漫堂墨品》一卷，

清梁同书撰《笔史》一卷，

清陈贞慧撰《秋园杂佩》一卷。

第六辑 13 种 15 卷：

清周星莲撰《临池管见》一卷，

明沈颢撰《画麈》一卷，

清秦祖永撰《绘事津梁》一卷，

清徐釚辑《徐电发枫江渔父小像题咏》一卷，

明屠隆撰《书笺》一卷，

明屠隆撰《帖笺》一卷，

明屠隆撰《画笺》一卷，

明屠隆撰《琴笺》一卷，

清叶尔宽撰《摹印传灯》二卷，

清诸九鼎撰《石谱》一卷，

清曹溶撰《砚录》一卷，

明袁宏道撰《瓶史》二卷，

清王懿荣撰《天壤阁杂记》一卷。

第七辑9种9卷：

清朱和羹撰《临池心解》一卷，

清王槩撰《学画浅说》一卷，

元吾丘衍撰《学古编》一卷附清姚觐元撰《三十五举校勘记》一卷，

清桂馥撰《续三十五举》一卷，

清姚晏撰《再续三十五举》一卷，

清黄子高撰《续三十五举》一卷，

清高兆撰《端溪砚石考》一卷，

清孔尚任撰《享金簿》一卷。

第八辑6种8卷：

宋米芾撰《海岳名言》一卷，

宋米芾撰《宝章待访录》一卷，

清高秉撰《指头画说》一卷，

清陈撰撰《玉几山房画外录》二卷，

明甘旸撰《印章集说》一卷，

明张应文撰《清秘藏》二卷。

第九辑 8 种 8 卷：

清包世臣撰《安吴论书》一卷，

清邹一桂撰《小山画谱》二卷，

清朱彝尊撰《曝书亭书画跋》一卷，

清朱彝尊撰《说砚》一卷，

清周二学撰《赏延素心录》一卷，

清孙廷铨撰《琉璃志》一卷，

清王玮撰《石友赞》一卷，

宋赵希鹄撰《洞天清禄集》一卷。

第十辑 7 种 11 卷：

清翁方纲撰《天际乌云帖考》二卷，

清梁巘撰《评书帖》一卷，

明陈继儒撰《眉公书画史》一卷，

明陈继儒撰《书画金汤》一卷，

明李流芳辑《西湖卧游图题跋》一卷，

清迮朗撰《三万六千顷湖中画船录》一卷，

明陈继儒撰《妮古录》四卷。

二集 74 种 107 卷：

第一辑 8 种 8 卷：

宋米芾撰《书史》一卷，

明汪珂玉撰《汪氏珊瑚网画继》一卷、《画据》一卷、《画法》一卷，

清万寿祺撰《印说》一卷，

清万寿祺撰《论墨》一卷，

清施闰章撰《砚林拾遗》一卷，

明都穆撰《寓意编》一卷。

第二辑 11 种 14 卷：

宋周密撰《云烟过眼录》二卷，

元汤允谟撰《云烟过眼录续集》一卷，

明王穉登撰《国朝吴郡丹青志》一卷，

明李日华撰《竹嬾画剩》一卷、《续画剩》一卷、民国邓实辑《附录》一卷，

明李日华撰《竹嬾墨君题语》一卷，

明李肇亨撰《醉鸥墨君题语》一卷，

宋米芾撰《评纸帖》一卷，

清万寿祺撰《墨表》二卷、《古今墨论》一卷，

清陈介祺撰《传古别录》一卷。

第三辑 5 种 8 卷（不分卷作一卷）：

唐裴孝源撰《贞观公私画史》一卷，

清韩泰华撰《玉雨堂书画记》四卷，

清居巢撰《今夕盦读画绝句》一卷，

清居巢撰《今夕盦题画诗》一卷，

清秦祖永辑《七家印跋》不分卷。

第四辑 6 种 13 卷：

明项穆撰《书法雅言》一卷，

清潘世璜撰、清潘遵祁录《须静斋云烟过眼录》一卷，

明吕震等撰《宣德鼎彝谱》八卷，

明项元汴撰《宣炉博论》一卷，

清冒襄撰《宣炉歌注》一卷，

明董说撰《非烟香法》一卷。

第五辑 6 种 10 卷：

明赵宧光撰《寒山帚谈》二卷、《附录》二卷，

元李衎撰《竹谱》一卷，

口张退公撰《墨竹记》一卷，

宋释仲仁撰《华光梅谱》一卷，

清查礼撰《画梅题跋》一卷，

清金元钰撰《竹人录》二卷。

第六辑 6 种 6 卷：

唐朱景玄撰《唐朝名画录》一卷，

明文嘉撰《钤山堂书画记》一卷，

明朱之赤撰《朱卧庵藏书画目》一卷，

清张燕昌撰《金粟笺说》一卷，

明沈继孙撰《墨法集要》一卷，

清吴修撰《青霞馆论画绝句》一卷。

第七辑 5 种 10 卷：

宋郭熙撰《林泉高致》一卷，

清蒋骥撰《传神秘要》一卷，

清朱琰撰《陶说》六卷，

清陈丁佩撰《绣谱》一卷，

清梁九图撰《谈石》一卷。

第八辑 5 种 14 卷：

清姚孟起撰《字学忆参》一卷，

宋韩拙撰《山水纯全集》一卷，

清蓝浦撰、清郑廷桂补辑《景德镇陶录》十卷，

清王廷鼎撰《杖扇新录》一卷，

明董其昌撰《骨董十三说》一卷。

第九辑 10 种 12 卷：

宋米芾撰《画史》一卷，

明唐寅辑《六如居士画谱》三卷，

明屠隆撰《纸墨笔砚笺》一卷，

明屠隆撰《香笺》一卷，

明屠隆撰《茶笺》一卷，

明屠隆撰《山斋清供笺》一卷，

明屠隆撰《起居器服笺》一卷，

明屠隆撰《文房器具笺》一卷，

明屠隆撰《游具笺》一卷，

清吴骞辑《论印绝句》一卷。

第十辑 11 种 12 卷：

明汪挺撰《书法粹言》一卷，

明李开先撰《中麓画品》一卷，

宋米芾撰《砚史》一卷，

宋唐积撰《歙州砚谱》一卷，

宋□□撰、宋叶越订《端溪砚谱》一卷，

明张丑撰《瓶花谱》一卷，

明张丑撰《朱砂鱼谱》一卷，

明张丑撰《茶经》一卷，

宋方凤撰《野服考》一卷，

清汪镐京撰《红术轩紫泥法定本》一卷，

清姜绍书撰《韵石斋笔谈》二卷。

三集 58 种 91 卷：

第一辑 8 种 12 卷：

明赵宧光撰《篆学指南》一卷，

清丁敬撰《砚林印款》一卷，

明张丑撰《米庵鉴古百一诗》一卷，

清盛大士撰《溪山卧游录》四卷，

清金农撰《冬心先生杂画题记》一卷、《补遗》一卷，

清金农撰《冬心先生随笔》一卷，

清张廷济撰《竹里画者诗》一卷，

清张廷济撰《清仪阁杂咏》一卷。

第二辑8种9卷：

清魏锡曾撰《书学绪闻》一卷，

元汤垕撰《古今画监》一卷，

清张庚撰《图画精意识》一卷、《画论》一卷，

清□□撰《我川寓赏编》一卷，

清□□撰《我川书画记》一卷、《附录》一卷，

宋何薳撰《墨记》一卷，

清魏锡曾撰《绩语堂论印汇录》一卷。

第三辑8种8卷：

明何良俊撰《四友斋书论》一卷、《画论》一卷，

宋□□撰《歙砚说》一卷、《辨歙石说》一卷，

日本奥玄宝撰《茗壶图录》一卷，

清金农撰《论书杂诗》一卷，

清方薰撰《山静居画论》一卷，

宋周密撰《志雅堂杂钞》一卷。

第四辑6种8卷：

清王宗炎撰《论书法》一卷，

元吴镇撰《文湖州竹派》一卷，

元吴镇撰《梅道人遗墨》一卷，

清钱杜撰《松壶画忆》二卷，

清鱼翼撰《海虞画苑略》一卷、《补遗》一卷，

清叶金寿撰、清郭传璞注《曼盦壶卢铭》一卷。

第五辑7种10卷：

元陈绎曾撰《翰林要诀》一卷，

清陶元藻撰《越画见闻》三卷，

清奚冈撰《冬花庵题画绝句》一卷，

清钱杜撰《松壶画赘》二卷，

元费著撰《蜀笺谱》一卷，

元费著撰《蜀锦谱》一卷，

宋王灼撰《颐堂先生糖霜谱》一卷。

第六辑6种6卷：

明丰坊撰《书诀》一卷，

南齐谢赫撰《古画品录》一卷，

陈姚最撰《续画品》一卷，

唐李嗣真撰《续画品录》—卷，

唐释彦悰撰《后画录》一卷，

民国许之衡撰《饮流斋说瓷》一卷。

第七辑5种5卷：

元汤垕撰《画论》一卷，

清徐沁撰《明画录》一卷，

清计楠撰《端溪研坑考》一卷，

清计楠撰《石隐砚谈》一卷，

清计楠撰《墨余赘稿》一卷。

第八辑6种8卷：

宋徽宗撰《宣和论画杂评》一卷，

清姚际恒撰《好古堂家藏书画记》二卷、《续收书画奇物记》一卷，

清戴启伟撰《啸月楼印赏》一卷，

清金简撰《武英殿聚珍版程式》一卷，

清谢堃撰《金玉琐碎》二卷。

第九辑5种18卷：

清鲁一贞、清张廷相撰《玉燕楼书法》一卷，

梁元帝撰《梁元帝山水松石格》一卷，

宋李澄叟撰《画山水诀》一卷，

宋杜绾撰《云林石谱》三卷，

明文震亨撰《长物志》十二卷。

第十辑 4 种 7 卷：

清释道济撰《大涤子题画诗跋》四卷，

清华翼纶撰《画说》一卷，

明高濂撰《燕闲清赏笺》一卷，

民国邓实辑《谈艺录》一卷。

四集 51 种 116 卷：

第一辑 4 种 10 卷：

朱启钤撰《清内府藏刻丝书画录》七卷，

明莫是龙撰《画说》一卷，

清□□撰《南窑笔记》一卷，

清程瑶田撰《纪砚》一卷。

第二辑 7 种 8 卷：

唐窦臮撰、唐窦蒙注《述书赋》一卷，

清蒋骥撰《续书法论》一卷，

宋张澂撰《画录广遗》一卷，

明释莲儒撰《画禅》一卷，

清姜宸英撰《湛园题跋》一卷，

清郑燮撰《板桥题画》一卷，

朱启钤撰《丝绣笔记》二卷。

第三辑 6 种 11 卷：

清厉鹗撰《玉台书史》一卷，

清汤漱玉撰《玉台画史》五卷、《别录》一卷，

清蒋衡撰《拙存堂题跋》一卷，

梁虞荔撰《鼎录》一卷，

宋米芾撰《研史》一卷，

清贺裳撰《皱水轩词筌》一卷。

第四辑5种13卷：

清厉鹗撰《南宋院画录》八卷，

明屠本畯撰《茗笈》二卷、《品藻》一卷，

梁陶弘景撰《刀剑录》一卷，

清□继光撰《翼谱丛谈》一卷。

第五辑5种12卷：

清翁方纲撰《苏米斋兰亭考》八卷，

宋李廌撰《画品》一卷，

宋杨王休辑《宋中兴馆阁储藏图书记》一卷，

清厉鹗撰《南宋院画录补遗》一卷，

朱启钤辑《女红传徵略》一卷。

第六辑7种16卷：

清程瑶田撰《书势》一卷，

后梁荆浩撰《笔法记》一卷，

元王恽攫《书画目录》一卷，

清恽格撰《南田画跋》四卷，

清徐元润撰《铜仙传》一卷，

清钱朝鼎撰《水坑石记》一卷，

朱启钤辑《刺绣书画录》七卷。

第七辑2种7卷：

清潘正炜撰《听飒楼书画记》五卷、《续刻》二卷。

第八辑1种6卷：

清陈焯撰《湘管斋寓赏编》六卷。

第九辑3种16卷：

宋陈思撰《书小史》十卷，

元郑杓撰、元刘有定释《衍极》五卷，

清鲁一同撰《右军(王羲之)年谱》一卷。

第十辑 11 种 17 卷：

清谢堃撰《书画所见录》一卷，

清张照撰《天瓶斋书画题跋》二卷，

宋张澂撰《画录广遗》一卷，

宋□□撰《赵兰坡所藏书书目录》一卷，

宋韩拙撰《山水纯全集》五卷，

宋□□撰《悦生所藏书画别录》一卷，

明释莲儒撰《画禅》一卷，

民国刘子芬撰《竹园陶说》一卷，

民国刘子芬撰《古玉考》一卷，

明毛晋撰《香国》二卷，

明张应文撰《罗锺斋兰谱》一卷。

《中国丛书综录·类编·子类·杂家》第 749—752 页著录，国家图书馆、北京师范大学图书馆、清华大学图书馆、上海图书馆、复旦大学图书馆、吉林大学图书馆、甘肃省图书馆、山东大学图书馆、南京图书馆、南京大学图书馆、浙江大学图书馆、湖北省图书馆、四川省图书馆、中央民族大学图书馆藏。本丛书是近一个世纪以来影响最大的大型美术论著丛书，内容以书画为主，旁及各美术门类。特别珍贵的是本丛书收编了一些珍稀孤本及难见的文献。1947 年神州国光社以原书“某集某辑”编次为 40 册本增订本，至收书达 280 余种，印刷了 1000 套。

寓外徽商中最后一位藏刻大家张钧衡

清末民初的东南地区有一批以复兴文化为己任的学者群体、刻书群体。他们放弃新式出版手段，仍以旧式刻书方式传布古籍，为传统文化作出卓越的贡献。尤其是近代在浙江湖州市千年古镇南浔的藏刻大家刘承干、张钧衡，都在中国出版史上占有很重要的地位。张钧衡还是寓外徽商后人中最后一位藏刻大家。

一、张钧衡家世

张钧衡祖籍歙县，其六世祖张振先家道贫寒，靠为人弹棉花度日。康熙间（1662—1722）走出歙县，靠行艺在吴兴南浔镇娶妻生子，并定居于此，成为南浔张氏始迁祖。历三世至张维岳始，才在南浔华家桥经营糕团店，继开酱坊，从事工商业，使张家渐兴。至四世张颂贤先后在南浔、上海开设恒和丝经行，经营湖丝遽富，成为南浔顾、张、刘、庞"四象"之一。今南浔镇重要旅游点之一的张氏东园就始自鸦片战争后张颂贤在东大街东吊桥外所建大宅,并在宅后占东墅故址所建东园花园。太平天国运动期间，他目睹同乡、红顶子商人胡雪岩为与外商竞争，囤丝而破产，及时更张经营盐业。在上海设立盐务总管理处，在苏皖重要城市设立盐公堂统销食盐。太平天国运动失败后，食盐价格暴涨，使张家成巨富。同时，张家还在南浔开设张恒昌、张恒泰、张启泰、张义隆等号酱坊，在常熟开设十多家当铺，经营钱庄、通运公司、信托公司，投资商业银行，经营房地产业。由于抓住商机，与时俱进，张家资本日益膨胀。张颂贤二子中长子张宝庆（字质甫）与独子张钧衡继承祖业，经营盐业、典当、酱园，在上海经营房地产业，投资商业银行，创办东南信托公司和慎大钱庄，并持有浙江兴业银行股份，父子成为徽商中在外资打压下，少有的成功商人。钧衡生两子为乃熊、乃骥（字仲苹，英年早逝，卒年 24 岁），乃熊子张珩。

张颂贤次子张宝善（字定甫），九个子女分别习儒从政，兼营商业。宝善长子张增熙，字弁群，思想进步，早期同盟会员，与孙中山交往密切。民国间去欧美考察教育，从事教育。增熙子乃燕，曾任国民党中央委员。宝善次子张增澄，又名人杰，字静江，自幼习儒从贾。光绪二十七年（1901），花十万两白银捐官“钦加二品衔候补浙江实业道”。次年五月，随孙宝琦以一等参赞身份赴法。先后在巴黎、伦敦、纽约设立通运公司，经营丝绸、茶叶、古玩等业务。后又在巴黎设豆浆公司，使他发了洋财，并于光绪三十三年（1907）在巴黎结识孙中山后加入同盟会，他大力捐资，资助孙中山革命，后受孙中山委托负责筹划、掌管同盟会资金，成为同盟会柱石。辛亥革命胜利后，成为孙中山重要幕僚，并在 1914 年作为蒋介石加入中华革命党监誓人。1927 年“四·一二”政变后，张静江失去南京政府主席位置，改任浙江省主席。后任国民政府建设委员会委员长。因受蒋宋孔陈四大家族排挤，抗日战争爆发后，这位国民党元老、经商奇才淡出政治舞台，携眷赴美国纽约定居。1950 年病逝于异国他乡。宝善三子张增鉴，字澹如，经商。四子张增翰，字墨根，增翰子乃风，为农业专家。

徙浔张家世系图示如下：

张乃熊　张珩

张宝庆　　张钧衡　　张乃　　　燕火

张振先……张维岳　张颂贤

（1 世）　（3 世）（4 世）　　　张宝善　张增熙　张乃燕

（5 世）　张静江（增澄）

张增鉴

张增翰　张乃风

（6 世）（7 世）（8 世）

从上述世系图中可以看出，张钧衡是近代大政治家、中国国民党元老张静江的嫡堂兄弟。

二、藏刻大家张钧衡及其子孙

张钧衡（1872—1927），字石铭，号适园主人，有燕喜盦、松麐轩、萝月龛、食香艇、来鷟草堂、见髻山房、适园、九松精舍、嘉荫草堂、择是居等堂号室名，徽商张颂贤长子张宝庆的独子，居浙江湖州市南浔镇浔溪支流鹧鸪溪畔南栅补船村。钧衡出身于徽商世家，自幼失怙，由寡母桂氏抚育成人。光绪十六年（1890），入吴兴县学。二十年（1894）中甲午科举人，会试落第，捐纳为兵部车驾司候补郎中。

宝庆、钧衡父子继承分得祖业，经营盐业、典当、酱园。钧衡成立拥有仕途身份后，在继承祖业的基础上，在沪上经营房地产，投资商业银行，创办东南信托公司和慎大钱庄等，并成为浙江兴业银行的大股东。

钧衡有了钱后，在当时乱世背景下，连人身都无法保障，上海滩大流氓黄金荣、杜月笙就曾将他绑架，并勒索20万元。因所付赎金为浙江兴业银行的联号新钞，案虽破了，但只能不了了之。因此，他早就把部分精力放在复兴文化事业上，尤嗜藏书刻书，成为清末民初，与刘承干、蒋汝藻比肩的吴兴三大文献家之一。他的藏书可与同镇刘承干嘉业堂比肩，刻书也相伯仲。张钧衡的藏书处适园在鹧鸪溪上与小莲庄刘承干嘉业堂相望，占地20余亩，总称适园，有择是居、六宜阁等藏书室名，藏有宋元明精本10万余卷。其丰富的典藏来之不易，他在由缪荃孙代笔的《适园藏书志·自序》中写道："钧衡幼时受经，即喜阅书籍。稍长，闻人谈乡先辈鲍渌饮、刘疏雨、严芳椒之遗事，则慨然生仰止之思焉。比及弱冠，遂有收书之愿，织里估客，载书而来者，各如其意而去。秋试省中，春闱日下，见异则收，闻声相慕，荏苒二十年，积成万卷，雪钞露汇，日益所无。后客沪上，又值易代之际，故家大族有为匪类劫取而鬻于市者，有因饥困而授之人者，时时益之，不为限制。"就这样，经过数十年的努力，适园成为远近闻名的与嘉业堂并驾的近现代藏书名楼。该藏书楼收藏主要特色是多精善本、抄本。近代大文献家缪荃孙在整理适园藏书目付梓时也作了序言。据缪序称："吾友张君石铭孝廉广收善本，一日举其籍而数之曰：宋刻四十五种，元刻五十七种，黄荛圃跋二十六种，有前人未著录，海内未经见者，有四库采自《大典》

而今获其原书者又十余种。至名人手钞手校者几及百种，可谓富矣。”经考，适园所藏大批典籍中善本书就有 920 部，而抄本几近五百种，其中影宋抄本达 44 部。宋元版书价值连城，如眉山程舍人宅刻《东都事略》一百三十卷，曾为清怡贤亲王所收藏，历代藏书大家印信累累。后流落日本，为董康所收购并带回国内，以千元高价卖给张钧衡。1907 年在南浔筑适园建筑群，其中六宜阁为藏书之所。

张氏忙于经营，无暇顾及藏书编目，由缪荃孙代笔《适园藏书志》十六卷记载了张氏适园收藏情况。钧衡适园藏书为其长子张乃熊宝有，并续有增益。张氏适园抄本有：

民国间张氏适园抄明董其昌编《玄赏斋书目》八卷。[①]

张乃熊，字芹伯、菦圃，为张钧衡长子，光绪三十一年（1905）贡生。不仅守有其父适园全部收藏，而且收藏兴趣及鉴别版本能力超过其父。据所撰《菦圃善本书目》六卷所载，在他手上，适园所藏精善本已超过嘉业堂。其中，宋版书已增至 88 部，元版书已增至 74 部，经鉴定为善本书已达 1200 部，黄丕烈跋本已达 101 部，并编有《菦圃善本书目》。其藏书印有“菦圃考藏”朱长方。但乃熊处于倭寇侵华乱世，为使其父子收藏不致为日寇所掳，于民国三十年（1941）十月底，仅以 70 万元象征性收费转让给中央图书馆，后大部运往台湾，成为台湾“中央图书馆”14 万册精善本书的基础。张家藏书还有一位后人张珩值得在此作简介。

张珩（1915. 2. 10—1963. 8. 26），字葱玉，号希逸，有木雁斋、韫辉斋藏书处，张乃熊子，张钧衡孙。张家在倭寇乱华中，于 1934 年、1941 年已将适园所藏大部分归入中央图书馆，少部分为北京来熏阁、天津宏远堂所得，适园旧藏已所剩无几。张珩在父、祖典藏的废墟里仍不弃先人之志，先后购藏松江韩氏读有用书斋、南浔蒋汝藻密韵楼等遗

① 《北京图书馆普通古籍总目 · 目录门 · 图书馆书目 · 明人》第 106 页著录，国家图书馆藏 2 册本。

珠，诸如宋版《范文正公集》《宋文鉴》《昌黎先生集》《新编婚礼备用月老新书》及影宋抄《盘洲乐章》、校宋本《韦苏州集》等精品。还藏有历书、乡会试录等多种。但据郑振铎《西谛书话·求书目录》载，也于抗战期间归公。1947年，其所藏历代名画精品由郑振铎先生编为《韫辉斋藏唐宋以来名画集》。新中国成立后，张珩出任上海市文物保管委员会顾问，1950年调任文化部文物局文物处副处长，兼文物出版社副总编及《文物》《考古》刊物编委，住北京南锣鼓巷。

张珩以其丰富的藏书经历和鉴藏知识，任职于国家文物局兼故宫博物院文物鉴定委员。在周总理的关怀与支持下，开展对全国古代书画的鉴定工作。由文化部文物局组成以张珩同志为首的鉴定小组。

1962年率文化部书画鉴定小组巡回鉴定书画近10万件，从1960年元旦起，对国家文物留存进行普查整理，留下300万言的《木雁斋书画鉴赏笔记》5卷，对两晋以来绘画作品1380件、书法作品812件合2192件中国古代最具代表性的书画作品作了提要并注明出处藏家，由上海书画出版社整理并于2015年5月重新出版标点整理本。该书于2016年12月27日被第六届中华优秀出版物（图书）奖从新版50余万种图书中经遴选评出，是100部获奖图书之一，经公示，于2017年1月19日正式对外公布，位列该奖名单第62位。2017年4月23日在京召开“走近名家、名作、名社授奖大会”。

该奖项为中共中央办公厅、国务院办公厅、中宣部批准的中国图书三大类（余两项为中国出版政府奖、“五个一”工程奖）奖项之一。不幸的是，该鉴定工作开始不久，小组成员韩慎先（夏山楼主）和组长张珩先后过世，使这一鉴定创举被迫中断。“文化大革命”后，在谷牧副总理及中共中央书记处书记、中宣部部长邓力群及文化部第一副部长周巍峙等先贤们的支持下，从20世纪80年代开始继续开展对古书画的普查和鉴定工作，至90年代结束，专家们万里行，先后对25个省、市、自治区，121个市县，208个书画收藏单位及个人收藏家收藏的61596

件藏品进行认真鉴定，制作资料卡片34718份，并由文物出版社组织先后出版了《中国美术全集》、《中国美术分类全集》、10卷《中国古代书画目录》及24卷本《中国古代书画图录》、30卷《中国绘画全集》、《中国书法全集》等大型美术出版工程，是中国书法、绘画艺术史上重大里程碑大事。万事开头难，张珩先生开创之功是功不可没的。张珩的出版作品还有2000年12月由文物出版社影印出版的《木雁斋书画鉴赏笔记》，2011年初受顾湄女士委托，上海书画出版社先后出版了《张葱玉日记·诗稿》《怎样鉴定书画》等，最后汇总出版《张珩文集》。为纪念张珩诞辰百年及《张珩文集》出版，2015年5月23日上海书画出版社与湖州市南浔区政府联袂举行“张珩与中国古代书画鉴藏国际学术研讨会”，以表彰张珩先生对中国古书画鉴定理论及普查整理工作所作出的巨大贡献。

采用旧式出版刻书形式保存古籍的张家唯一刻书家张钧衡为徽商后人中最后的一名大刻书家。先后出版有《适园善本藏书志》十六卷、《适园丛书》十二集90种计726卷24函192册、《择是居丛书》初集19种159卷4函28册及二集、《张氏适园丛书初集》7种三十三卷10册本百余种。其中，不少是刻本。具体是：

清光绪至民国间张钧衡刻民国十五年（1926）序吴兴张氏刻（汇印）张钧衡辑《择是居丛书初集》19种一五九卷。其细目为：

据宋本景刊汉孔安国传、唐陆德明音义、唐孔颖达等疏《尚书注疏》二十卷附民国张钧衡撰《校勘记》一卷，

据宋本景刊宋楼钥撰《乐书正误》一卷，

据景宋钞本景刊宋岳珂撰《相台书塾刊正九经三传沿革例》一卷，

据宋建安魏氏本景刊宋欧阳修、宋宋祁等撰《唐书艺文志》四卷，

据景钞宋本景刊宋孙甫撰《孙谏议唐史记论》三卷，

据景钞宋本景刊宋吕夏卿撰《唐书直笔新例》四卷、《新例须知》一卷附民国张钧衡撰《校记》一卷，

缪氏对雨楼据钞本景刊宋洪迈撰《南朝史精语》十卷附民国缪荃孙撰《札记》一卷，

据宋绍定本景刊宋范成大撰《吴郡志》五十卷附民国张钧衡撰《校勘记》一卷，

据景钞宋本景刊宋洪迈辑《经子法语》二十四卷，

缪氏对雨楼据钞本景刊宋钱佃撰《荀子考异》一卷，

据宋版下卷及续据元钞本景刊宋释文莹撰《改正湘山野录》三卷、《续》一卷，

据景钞宋书棚本景刊宋徐度撰《却扫编》三卷，

缪氏对雨楼据景钞宋书棚本景刊宋赵与时撰《宾退录》十卷，

缪氏对雨楼据穴研斋钞本景刊宋黄休复撰《茅亭客话》十卷，

据宋书棚本景刊汉扬雄撰《反离骚》一卷，

据景钞宋书棚本景刊唐释寒山撰《寒山诗集》一卷附唐释丰干、唐释拾得撰《丰干拾得诗》一卷，

据元本景刊宋范仲淹撰《范文正公政府奏议》二卷，

据元至正本景刊元周权撰《此山先生诗集》十卷，

缪氏对雨楼据明正德元年退翁书院钞本景刊梁锺嵘撰《诗品》三卷。《中国丛书综录·汇编·杂纂类（民国）》第280页、《中国丛书综录补正》第66页著录，国家图书馆、首都图书馆、北京大学图书馆、北京师范大学、清华大学图书馆、上海图书馆、复旦大学图书馆、华东师范大学图书馆、上海辞书出版社图书馆、天津图书馆、辽宁省图书馆、吉林大学图书馆、甘肃省图书馆、山东省图书馆、山东大学图书馆、南京图书馆、南京大学图书馆、苏州市图书馆、浙江图书馆、浙江大学图书馆、福建师范大学图书馆、武汉大学图书馆、重庆市图书馆、四川大学图书馆、云南省图书馆、中央民族大学图书馆藏，吉林市图书馆藏本不全。此丛书中有部分汇入清光绪（1875—1908）中江阴缪荃孙影刻《对雨楼

丛书》5种三十五卷[①]。而《中国古籍总目·丛书部·杂纂类·民国以来》第668页著录，国家图书馆、北京大学图书馆、上海图书馆、复旦大学图书馆、天津图书馆、辽宁省图书馆、甘肃省图书馆、山东省图书馆、南京图书馆、浙江图书馆、武汉大学图书馆、云南省图书馆、中国科学院图书馆藏光绪至民国间刻民国十五（1926）吴兴张氏汇印本为20种178卷。其细目为：

影刻宋本汉孔安国传、唐陆德明音义、唐孔颖达等疏《尚书注疏》二十卷附民国张钧衡撰《校勘记》一卷，

影刻宋本宋楼钥撰《乐书正误》一卷，

影刻景宋抄本题宋岳珂撰《相台书塾刊正九经三传沿革例》一卷，

影刻宋建安魏氏本宋欧阳修、宋宋祁等撰《唐书艺文志》四卷，

影刻景宋抄本宋孙甫撰《孙谏议唐史记论》三卷，

影刻景宋抄本宋吕夏卿撰《唐书直笔新例》四卷、《新例须知》一卷附张钧衡校《校记》一卷，

清光绪缪氏对雨楼影刻抄本宋洪迈撰《南朝史精语》十卷附缪荃孙《札记》一卷，

影刻宋绍定本宋范成大撰《吴郡志》五十卷附张钧衡《校勘记》一卷，

影刻景宋抄本宋洪迈辑《经子法语》二十四卷，

---

① 该丛书细目为：

钞（抄）本景刊（影刻）宋洪迈撰《南朝史精语》十卷附民国缪荃孙撰《札记》一卷，

钞（抄）本景刊（影刻）宋钱佃撰《荀子考异》一卷，

明正德元年（1506）退翁书院钞（抄）本景刊（影刻）梁锺嵘撰《诗品》三卷，

穴研斋钞（抄）本景刊（影刻）宋黄休复撰《茅亭客话》十卷，

景钞（抄）宋书棚本景刊（影刻）宋赵与时（旹）撰《宾退录》十卷。

中国丛书综录·汇编·杂纂类（清代后期）》第237页、《中国古籍总目·丛书部·杂纂类·清代后期》第596页著录，该刊本国家、首都、中国科学院、北京大学、北京师范大学、清华大学、上海、复旦大学、华东师范大学、上海师范大学、上海辞书出版社、天津、辽宁省、山东大学、南京、南京大学、浙江、福建师范大学、四川大学、云南省图书馆藏，重庆市、桂林市图书馆藏本不全。

清光绪缪氏对雨楼影刻抄本宋钱佃撰《荀子考异》一卷，

影刻宋本及元抄本（下卷及续）宋释文莹撰《改正湘山野录》三卷、《续》一卷，

影刻景抄宋书棚本宋徐度撰《却扫编》三卷，

清光绪缪氏对雨楼影刻景抄宋书棚本宋赵与旹撰《宾退录》十卷，

清光绪间缪氏对雨楼影刻穴研斋抄本宋黄休复撰《茅亭客话》十卷，

影刻宋书棚本汉扬雄撰《反离骚》一卷，

影刻景抄宋书棚本唐释寒山撰《寒山诗集》一卷附唐释丰干、唐释拾得撰《丰干拾得诗》一卷，

影刻元本宋范仲淹撰《范文正公政府奏议》二卷，

影刻元至正本元周权撰《此山先生诗集》十卷，

清光绪缪氏对雨楼影刻明正德元年退翁书院抄本梁锺嵘撰《诗品》三卷。

附　宣统三年（1911）上海国学扶轮社排印民国张钧衡辑《张氏适园丛书初集》7 种 33 卷。其细目为：

廖平撰《今古学考》二卷，

《残明纪事》一卷，

明尤镗撰《清贤记》六卷，

清谈迁撰《枣林杂俎》六卷、《附录》一卷，

清吴骞撰《尖阳丛笔》十卷，

清陈梓撰《陈一斋先生文集》六卷，

清傅山撰《傅征君霜红龛诗钞》一卷。

《中国古籍总目・丛书部・杂纂类・民国以来》第 665 页、《中国丛书综录・汇编・杂纂类（民国）》第 278 页著录，国家图书馆、首都图书馆、中国科学院图书馆、北京大学图书馆、北京师范大学图书馆、清华大学图书馆、上海图书馆、复旦大学图书馆、华东师范大学图书馆、上海辞书出版社图书馆、天津图书馆、内蒙古自治区图书馆、吉林大学图

书馆、甘肃省图书馆、山东大学图书馆、南京图书馆、安徽省图书馆、浙江图书馆、浙江大学图书馆、福建师范大学图书馆、湖北省图书馆、四川省图书馆、重庆市图书馆、四川大学图书馆、黑龙江省图书馆、广西壮族自治区图书馆藏，吉林市图书馆藏本不全。

附　宣统三年（1911）上海国学扶轮社铅印张钧衡编《张氏适园丛书》仅存7种24卷。其细目为：

清万斯同撰《儒林宗派》十六卷，

宋 史口撰《钓矶立谈》一卷，

清邵懿辰撰《礼经通论》一卷，

清施国祁撰《礼耕堂丛说》一卷附《史论五答》一卷、《吉贝居暇唱》一卷，

清曹溶撰《崇祯五十年宰相表》一卷，

清廖平撰《何氏公羊解诂》一卷，

清余楙撰《白岳盦诗话》一卷。

《中国古籍总目·丛书部·杂纂类·民国以来》第655页著录，中国科学院图书馆藏。

附　宣统三年上海国学扶轮社铅印张钧衡编《精刊张氏适园丛书预约章程》《张氏适园丛书初集总目》计2种。《北京图书馆普通古籍总目·目录门》第一卷第135页著录，国家图书馆藏1册本附总序及样张。

附　宣统三年上海国学扶轮社铅印民国张钧衡辑《张氏适园丛书二集》11种二十九卷。其细目为：

廖平撰《何氏公羊解诂十论》一卷，

《再续十论》一卷，

清瀹洲老民撰《海东逸史》十八卷，

清叶名叶名澧撰《桥西杂记》一卷，

廖平撰《知圣篇》二卷，

清施国祁撰《礼耕堂丛说》一卷，

余楙撰《白岳盦诗话》一卷，

邱德生撰《邱垕圃诗集》一卷，

清曹溶撰《崇祯宰相撰》一卷，

清纳兰成德（性德）撰《渌水亭杂识》一卷，

周（清）陈梓撰《陈一斋诗集》一卷。

《中国丛书综录续编·汇编·杂纂类（近现代）》第75页著录，惜无依据与藏处。

民国二年（1913）乌程张钧衡刻清黄虞稷编《千顷堂书目》三十二卷。《北京图书馆普通古籍总目·目录门·知见书目》第30页著录，国家图书馆藏3部12册本。其中1部为西谛赠书，1部2函为《适园丛书》第三集子书，1部也为2函本。

附　民国间石印民国二年乌程张钧衡刻清黄虞稷编《千顷堂书目》三十二卷。《北京图书馆普通古籍总目·目录门·知见书目》第30页著录，国家图书馆藏3部均为2函16册本。其中，1部为西谛藏书，还重卷五至六1册。

民国二年乌程张氏刻明孙能传等编《（明）内阁藏书目录》八卷。《北京图书馆普通古籍总目·目录门·收藏书目》第81页著录，国家图书馆藏4册本3部。该书为《适园丛书》第一集子书。

民国二年乌程张钧衡硃印清黄丕烈藏并编《百宋一廛书录》。《北京图书馆普通古籍总目·目录门·图书馆书目·清人》第112页著录，国家图书馆藏2册本1部，1册本2部计3部，为《适园丛书》第一集子书。其中1部1册本有章钰校注。

民国二年张氏景（影）宋元刊张钧衡辑《择是居丛书》6种24卷。《中国丛书综录续编·汇编·杂纂类（近现代）》第76页著录。是书每种封面背有“吴兴张氏择是居丛书之”等10字，尚非刊完订次，是细目系据张钧衡交上海西泠印社发售书目所列，全书具体种数及藏书处待考，故细目也不清楚。

民国四年（1915）乌程张钧衡适园刻唐王泾撰《大唐郊祀录》十卷。《蛾术轩箧存善本书录·癸卯稿》卷二第九四六至九四七页著录，复旦大学王欣夫教授藏2册本，由吴县王欣夫属友临歙县吴承仕校。此书据何梦华抄赠吴骞本，收入重刊《适园丛书》第一集中。

附　民国间上海国学扶轮社铅印乌程张钧衡适园藏清莫友芝撰《郘亭知见传本书目》十六卷。《北京图书馆普通古籍总目·目录门·知见书目》第31页著录，国家图书馆藏5部6册本。其中，1部有批校，为西谛藏书。

民国五年（1916）南林张氏家塾刻张钧衡藏并编（缪荃孙代笔）《适园藏书志》十六卷。《北京图书馆普通古籍总目·目录门·图书馆书目·民国人》第123页著录，国家图书馆藏6册本4部，还有1部为西谛藏书，缺序目、卷一至二5册不全本，计5部。

民国二年至六年间（1913—1917）乌程张氏刊民国张钧衡辑《适园丛书》又名《适园丛书七十四种》实十二集90种726卷。其细目为：

第一集14种54卷：

民国二年（1913）刻清黄丕烈撰《百宋一廛书录》一卷，

民国三年（1914）刻清温曰鉴撰《魏书地形志校录》三卷，

民国三年（1914）刻清瞿中溶撰《汉石经考异补正》二卷，

民国三年（1914）刻元吴师道撰《敬乡录》十四卷，

民国二年（1913）刻明孙能传、张萱等撰《内阁藏书目录》八卷，

民国四年（1915）刻唐王泾撰《大唐郊祀录》十卷，

明祝渊撰《月隐先生遗集》四卷、《外编》二卷。

民国五年（1916）刻清瞿中溶撰《古泉山馆金石文编残稿》四卷，

民国二年（1913）刻《烬宫遗录》二卷，

民国二年（1913）刻明邵宝撰《对客燕谈》一卷，

清查继佐撰《鲁春秋》一卷，

附　民国三年（1914）刻明张煌言撰《北征纪略》一卷、明钱馹撰

《使臣碧血》一卷。

第二集1种32卷：

民国二年（1913）刻清黄虞稷撰《千顷堂书目》三十二卷。

第三集8种72卷：

民国二年（1913）刻宋刘克庄撰《后村先生题跋》十三卷，

民国二年（1913）刻宋刘克庄撰《后村诗话前集》二卷、《后集》二卷、《续集》四卷、《新集》六卷，

民国三年（1914）刻宋楼钥撰《攻媿题跋》十卷，

民国二年（1913）刻清钱谦益撰《国初群雄事略》十二卷，

民国三年（1914）刻唐许敬宗等辑《文馆词林存》卷一百五十二、一百五十六至一百五十八、一百六十、三百四十六、三百四十七、四百十四、四百五十二至四百五十三、四百五十七、四百五十九就、六百六十二、六百六十四至六百七十、六百九十一、六百九十五、六百九十九、附残简二计23卷。

第四集1种130卷：

民国三年（1914）刻宋宋敏求辑《唐大诏令集》一百三十卷（原缺卷十四至二十四、八十七至九十八）。

第五集14种67卷：

民国三年（1914）刻宋董逌撰《广川书跋》十卷，

民国四年（1915）刻宋董逌撰《广川画跋》六卷，

民国三年（1914）刻宋李心传撰《建炎以来朝野杂记·甲集》二十卷、《乙集》二十卷、张钧衡辑《逸文》一卷，

民国二年（1913）刻清钱绮撰《东都事略校勘记》一卷，

民国二年（1913）刻清缪荃孙撰《东都事略校记》一卷，

民国三年（1914）刻宋王益之撰《历代职源撮要》一卷，

民国五年（1916）刻明李诩撰《续吴郡志》二卷，

魏蒋济撰、清严可均辑《蒋子万机论》一卷，

魏桓范撰、清严可均辑《桓氏世要论》一卷，

魏刘廙撰、清严可均辑《刘氏政论》一卷，

吴陆景撰、清严可均辑《典语》一卷，

魏杜恕撰、清严可均辑《杜氏笃论》一卷。

第六集 3 种 58 卷：

民国五年（1916）刻明宋雷撰《西吴里语》四卷，

民国五年（1916）刻清徐炯撰《五代史记补考》二十四卷，

民国五年（1916）刻元苏天爵撰《滋溪文稿》三十卷。

第七集 15 种 84 卷：

民国三年（1914）刻清查慎行撰《得树楼杂钞》十五卷，

民国三年（1914）刻宋黄䍐撰《山谷先生（黄庭坚）年谱》三十卷，

民国四年（1915）刻清吴乔撰《围炉诗话》六卷，

附民国四年（1915）刻清赵执信撰《谈龙录》一卷，

民国五年（1916）刻宋严羽撰《沧浪严先生吟卷》三卷，

民国二年（1913）刻宋金盈之撰《新编醉翁谈录》八卷，

民国四年（1915）刻清彭孙贻撰《湖西遗事》一卷，

清彭孙贻撰《虔台节略》一卷，

附民国四年（1915）刻明彭期生撰《彭节愍公家书》一卷，

民国三年（1914）刻清丁晏撰《左传杜解集正》八卷，

民国三年（1914）刻清温睿临撰《出塞图画山川记》一卷，

民国四年《1915》刻清范光文撰《闽行随笔》一卷，

民国四年《1915》刻清朱彝尊辑、清冯登府补《逸经补正》三卷，

民国二年（1913）刻明金堡撰《岭海焚余》三卷。

第八集 2 种 48 卷：

民国五年（1916）刻明汪珂玉撰《汪氏珊瑚网法书题跋》二十四卷，

民国五年（1916）刻明汪珂玉撰《汪氏珊瑚网名画题跋》二十四卷。

第九集 7 种 54 卷：

民国三年（1914）刻宋陈师道撰《后山先生集》三十卷，

民国四年（1915）刻元杨奂撰《还山遗稿》二卷、《补遗》一卷、《附录》一卷，

民国三年（1914）刻元朱思本撰《贞一斋杂著》一卷、《诗稿》一卷，

民国四年（1915）刻明朱存理撰《珊瑚木难》八卷，

民国四年（1915）刻清朱大韶撰《春秋传礼征》十卷。

第十集 2 种 34 卷：

民国五年（1916）刻清丁绍基撰《求是斋碑跋》四卷，

民国三年（1914）刻宋彭百川撰《太平治迹统类》三十卷。

第十一集 9 种 45 卷：

民国五年（1916）刻清黄宗羲撰《孟子师说》七卷，

民国四年（1915）刻清陈鳣撰《简庄疏记》十七卷，

民国三年（1914）刻清花村看行侍者撰《花村谈往》二卷、《补遗》一卷，

民国三年（1914）刻宋陈郁撰《藏一话腴·甲集》二卷、《乙集》二卷，

民国五年（1916）刻清李光廷撰《广元遗山（好问）年谱》二卷，

民国五年（1916）刻明吴蕃昌撰《祇欠庵集》八卷，

民国五年（1916）刻清姚振宗撰《后汉艺文志》四卷。

第十二集 14 种 37 卷：

民国五年（1916）刻清姚振宗撰《三国艺文志》四卷，

民国三年（1914）刻《重刊湖海新闻夷坚续志·前集》二卷、《后集》二卷、《补遗》一卷，

民国六年（1917）刻《灯下闲谈》二卷，

民国五年（1916）刻元费著撰《成都氏族谱》一卷，

民国六年（1917）刻 宋陈翥撰《桐谱》二卷，

民国六年（1917）刻 宋陈敬撰《新纂香谱》二卷，

民国五年（1916）刻 明董斯章撰《吹景集》十四卷，

民国五年（1916）刻清沈登瀛撰《深柳堂文集》一卷，

民国五年（1916）刻清纪庆曾撰《叠翠居文集》一卷，

民国五年（1916）刻清温曰鉴撰《勘书巢未定稿》一卷，

民国五年（1916）刻清张鉴撰、清桂荣注《秋水文丛外集（古宫词注）》三卷，

民国五年（1916）刻清计发撰《鱼计轩诗话》一卷。

《中国古籍总目·丛书部·杂纂类·民国以来》第665—668页、《中国丛书综录·汇编·杂纂类（民国）》第278—279页、《中国丛书综录补正·汇编·杂纂类（民国）》第66页著录，国家图书馆、首都图书馆、中国科学院图书馆、北京大学图书馆、北京师范大学图书馆、清华大学图书馆、上海图书馆、复旦大学图书馆、华东师范大学图书馆、上海师范大学图书馆、上海辞书出版社图书馆、天津图书馆、辽宁省图书馆、吉林大学图书馆、青岛市图书馆、山东大学图书馆、南京图书馆、南京大学图书馆、苏州市图书馆、安徽省图书馆、浙江图书馆、浙江大学图书馆、福建省图书馆、福建师范大学图书馆、湖北省图书馆、武汉大学图书馆、江西省图书馆、四川省图书馆、重庆市图书馆、四川大学图书馆、云南省图书馆、黑龙江省图书馆、桂林市图书馆、青海省图书馆、宁夏回族自治区图书馆、中央民族大学图书馆藏，山东省图书馆藏本不全。板藏浙江图书馆，但缺二千余页。1963—1964年扬州古旧书店与杭州古旧书店联合据张氏原版用木活字补版印刷，藏处更多。1982年江苏广陵古籍刻印社选印《国初群雄事略》《建炎以来朝野杂记》《新编醉翁谈录》《左传杜解集正》《太平治迹统类》《岭海焚余》6种单行本。1982年中华书局出版张德信、韩志远点校《国初群雄事略》一书。

张钧衡适园在缪荃孙、丁秉衡去世后收进民国己未（1919）吴昌绶刻清吴县黄丕烈撰，江阴缪荃孙、长洲章钰、仁和吴昌绶同校辑

《荛圃藏书题识》十卷、《补遗》一卷、《荛圃刻书题识》一卷附《补遗》计 3 种 12 卷版重印。《蛾术轩箧存善本书录·未编年稿》卷二第一五一六页载复旦大学王欣夫教授约 1919 年后“时余游虞山，丁秉衡先生为代购此赛连纸印 10 册本，并言缪氏有售版意，怂恿余得之。未几，缪、丁二先生先后谢世，版归吴兴张氏适园，曾印数十部，用机制纸，今传本亦罕”。具体藏家待考。

近现代徽学宗师许承尧

许承尧（1874—1946），曾名许芚，字际唐、芚公、讷生，号疑庵，晚号芚叟、婆娑翰林，有眠琴别圃、晋魏隋唐四十卷写经楼、檀干书屋等室名，歙县西乡唐模村人（今属徽州区）。为近现代徽籍最重要的诗人、教育家、收藏家及徽学宗师。承尧家世业盐致富，至祖父许恭受（一写成恭寿，字品三，为蒙学塾师）、父许学诗（字雅初，曾经商于江西）为避太平军，逃至黄山筑茅而居，而家道败落。承尧自幼读私塾，继入府城紫阳书院，师从大儒汪宗沂，与同窗黄宾虹、汪律本（宗沂次子）有莫逆之交。光绪二十年（1894）中举，三十年（1904）中甲辰科进士，授翰林院庶吉士。许氏虽学贯中西，像徽州许多开明士子一样无意科举，奈因“之应试也，实迫于先曾祖属望之殷”而为，时值群盗侵华，国家危亡时刻，部分志士立志以教育救国，许承尧也“以清廷政治昏乱，浩然有归志，又以新潮激荡，育才为亟，乃请告返籍办学，设新安中学堂、紫阳师范学堂于徽州府城，自为监督，躬立规制，条理秩然……筚路蓝缕，导徽州教育之先路，所育人材，先后达数千人”[①]，成为徽州新式教育启蒙人和实践家。所以，在翌年（1905），清廷废科举，兴学校，告归办学，与江暐、江律本等创办新安中学堂，又助祖父在唐模创办敬

① 均引自徽州师范学校 2005 年编《许承尧纪念文集·许承尧行状》。

宗小学堂、瑞则女子学堂。1906 年 3 月又在府城紫阳书院旧址创办徽州府紫阳师范学堂，成为全省最早的师范学堂，并任监督。

光绪三十二年（1906）与同盟会友黄质（宾虹）、陈去病、汪律本、江暐（号彤侯）等成立“黄社”，以研究黄宗羲学术为名，宣传民主革命思想。因候补道员汪元浦向安徽巡抚恩铭告密，几入囹圄。黄社散后，因恩师汪宗沂关系，在安徽巡抚冯煦奏称：“皖南学务以皖歙最早，歙县兴学，则自许氏。”在他的保护下，于是许承尧在辞去新安中学堂和紫阳中学堂监督职务，去京师销假，仍入翰林院任编修，兼国史馆协修。

民国元年（1912），应安徽都督柏文蔚邀请，出任安徽省高级参议、安徽全省铁路督办。二年（1913），应甘肃督军合肥人张广建聘，任甘肃省政府秘书长，授甘南道尹，署兰州道尹、省政务厅长。五年（1916），反对袁世凯称帝。十二年（1923），任渭川道尹，因拒分赃款，愤然辞归故里，居家 20 余年，主要从事地方文化事业。

他在陇上 10 年，随行有尊师汪宗沂四子王久修及他在家乡办学的重要助手鲍蔚文等。他们都是饱学之士，在许氏影响下，形成对西北文物，尤其是敦煌文书的收藏兴趣，带回的一批敦煌写经，使许承尧成为皖籍敦煌写经的重要收藏家，今成安徽省博物馆镇馆之宝之一。继后，许承尧更成为关心乡邦文献的热心收藏者，其后半生把主要精力集中在收藏徽人，尤其是歙县文献收藏和乡邦文献收集整理上，成为近现代重视收藏徽人文物、与黄宾虹、王律友并列的三大家之一。

他还积极参加乡邦文化建设工程。自 1932 年至 1936 年成为安徽丛书编审会参与安徽大型古籍整理工程《安徽丛书》选目与编刊事宜，因抗日军兴，此项公益事业被迫停辍。但自 1929 年起至 1936 年完成 31

卷《歙事闲谭》[1]，并自1932年应歙县县长石柱国[2]聘，任《歙县志》总纂，历时4年，完成百万言《［民国］歙县志》十六卷、辑《宗乘长编》不分卷[3]，1943年手订《疑庵诗》十四卷（收诗1766首）[4]，并有多种不同版本，卷数也不一。如《黄海集》一卷[5]，《疑庵先生游黄山诗》不分卷[6]、《疑庵诗乙集》一卷[7]、《疑庵诗》一卷[8]、《疑庵诗》六卷[9]、《疑庵诗》十一卷[10]，还著《疑庵杂著》《疑庵藏书画录》《疑

① 《安徽文献书目》第361页著录，安徽省博物馆藏此书稿30册本。此书已由黄山书社于2001年5月收入《安徽古籍丛书》中正式出版精装2册本。

② 石柱国（？—1951），字丹生，安徽省全椒县人。曾任安徽省国民政府秘书长，1932年1月至1935年1月任歙县县长，后任安徽省第十行政督察区专员等职。在任内镇压共产党。1935年5月8日，围剿歙县小练，制造杀害42名共产党人的小练惨案。1951年4月8日，在歙县县城召开的万人大会上，被执行枪决。

③ 《安徽文献书目》第361页著录，安徽省博物馆藏抄本。

④ 《安徽文献书目》第361页、《安徽地震史料辑注》第252页、《徽州地区博物馆藏书目录·有关徽州资料古藉（籍）·集部·别集类》第一集著录，安徽省图书馆藏安徽省通志馆抄本11卷，黄山市中国徽文化博物馆藏民国十五年（1926）铅印2册本，黄山市中国徽文化博物馆还藏民国铅印民国歙县许承尧撰《疑庵诗·甲卷》一卷3部1册本、《己亥黄山杂诗》一卷1册本。安徽省博物馆藏民国十五年（1926）排印4卷1册本。许氏诗作已整理为《疑庵诗》，收入《安徽古籍丛书》中，于1992年由黄山书社出版。

⑤ 《中国古籍总目·集部·别集类·清代之属·清后期》第2745页著录，国家图书馆藏清末京师京华书局铅印本。

⑥ 有民国二十八年（1939）排印本。

⑦ 《中国古籍总目·集部·别集类·清代之属·清后期》第2745页著录，国家、中国科学院图书馆藏民国间甘肃政报局铅印本。

⑧ 《中国古籍总目·集部·别集类·清代之属·清后期》第2745页著录，国家图书馆藏清末京师京华书局铅印本。

⑨ 《中国古籍总目·集部·别集类·清代之属·清后期》第2745页、《安徽文献书目》第361页著录，国家图书馆、首都图书馆、安徽省图书馆（1册本）藏民国十五年（926）铅印本。

⑩ 《中国古籍总目·集部·别集类·清代之属·清后期》第2745页、《安徽文献书目》第361页著录，安徽省图书馆藏民国间安徽通志馆抄5册本。

庵日记》《〈蕙愔阁诗集〉评点》等。《重威堂所藏书画题记》[①]、《疑庵文集》、《里乘》不分卷[②]、《西干志》、《明季三遗民诗》不分卷(辑)[③]、《乙亥黄山杂诗》、《潜德录》一卷[④]、《疑庵黄海集》[⑤]、《(光绪甲辰恩科)会试墨卷》一集[⑥]、《诗观三集选歙人诗》三卷[⑦]、《集傅青主诗联》不分卷[⑧]、《集傅青主诗句》不分卷[⑨]、《里乘储材》不分卷[⑩]、《辟俗简记》不分卷[⑪]、《歙故》不分卷[⑫]、辑《新安佚诗辑》四卷[⑬]等。

他博学多才多艺，工汉隶八分书，真书作唐人体，隶书得力于张迁碑。喜收藏典籍、书画，精鉴赏。在甘肃期间曾收隋唐写经三百卷，居里时

---

① 重威堂为抗日战争中徽州驻军司令唐式遵收藏堂号。唐式遵驻徽期间，凭借他的地位和财力大肆收藏徽州文物，并邀请张君逸、罗长铭等为其把关。许承尧与唐式遵达成君子协定，对徽州流出文物，凡外地名作归唐收藏并由许氏为其题跋，凡是徽州先贤墨迹由许留下，以作徽文化研究之用。《重威堂所藏书画题记》就是许承尧为唐在徽所收外地名作的题跋，并由唐氏印刷行世。

② 《安徽文献书目》第361页著录，安徽省博物馆藏许承尧辑此书不分卷7册稿本。

③ 《安徽文献书目》第361页著录，安徽省博物馆藏许承尧辑此书不分卷1册稿本。

④ 《安徽地震史料辑注》第244页、《徽州地区博物馆藏书目录·有关徽州资料古藉（籍）·史料·传记类》第一集及同资料第二集《家谱综合目录》第17页著录，安徽省、中国徽文化博物馆藏民国排印1册本。

⑤ 《安徽地震史料辑注》第256页著录，歙县博物馆藏抄本。

⑥ 《徽州地区博物馆藏书目录·有关徽州资料古藉（籍）·史料·传记类》第一集著录，黄山市中国徽文化博物馆藏许承尧撰此书光绪稿1册本。

⑦ 《安徽文献书目》第361页著录，安徽省博物馆藏3册抄本。

⑧ 《安徽文献书目》第361页著录，安徽省博物馆藏不分卷1册抄本。

⑨ 《安徽文献书目》第361页著录，安徽省博物馆藏不分卷1册抄本。

⑩ 《安徽文献书目》第361页著录，安徽省博物馆藏不分卷1册抄本。

⑪ 《安徽文献书目》第361页著录，安徽省博物馆藏不分卷1册抄本。

⑫ 《安徽文献书目》第361页著录，安徽省博物馆藏抄本，此书即《歙事闲谭》别称。此书作为稿本先后为《歙事征谈》《歙县征》，后作《疑庵随笔·歙故》，最后定名《歙县闲谭》。

⑬ 《安徽文献书目》第361页著录，安徽省博物馆藏抄4册本。

言其居为“魏晋隋唐四十卷写经楼”[①]，藏书数万卷及书画精品近千种。在他的众多精好的藏品中，尤重对徽州乡贤手迹的收藏。如在他藏品中达数十册的《乡闾拾零》，收集了明遗民四百多人的手迹。他还辗转收藏了黄宾虹旧物中关于弘治间（1488—1505）歙县20多位诗人和书法作品《玩芳亭卷》等。当他得到江永、戴震、金榜、程瑶田这类徽州朴学大师的手迹后，立志化私藏为公宝，在写信给黄宾虹时表达了他捐赠收藏的决心。他写道：“近弟得汪双池、江慎修手校书，汪双池及江（慎修）、戴（戴震）、金（榜）、程（瑶田）四家遗墨俱收全矣，告公一慰。弟近年得乡里珍籍颇多，不忍散失，将来拟捐存徽州公共地方。”这个公共地方就是他曾先后着手筹建的天都文物社、徽州图书馆主藏徽州文献珍品，并指出他的所有珍藏“将来可为徽州图书馆之基本物矣”[②]。可惜在当时环境中，他的愿望无法实现。许承尧在1946年去世前吩咐子女分家不得分他数十年的收藏品，暂存檀干书屋。

新中国成立后，他后人根据老人遗愿将其丰富的收藏辗转捐赠给安徽省、歙县博物馆。可惜，赠非所适，应赠安徽省图书馆，可供徽学研究者随时借读，以充分发挥其作用，放在省博，至今连1份像样的收藏古籍目录都没有，一般人更难一睹这些珍贵古籍的芳容，无法发挥其学术公器的作用。

今据安徽省博物馆藏许氏后人所献《疑庵所藏古籍善本书目》所载近500种1600册（函，无册数品种按1册计），今仍藏该馆。其中，大部分为徽州府人著述和徽州人出版、整理的名著及孤稀品种，对于研究徽学很有价值。兹整理修正迻录如下：

婺源汪双池烜自手精写稿本《乐经律吕通解》十册，

---

① 《许疑庵先生年表》载其民国十四年（1925）后有：“先生归乡里，即不与闻外事，葺其所居曰眠琴别圃。”许氏游陇时，曾收得敦煌石窟流出唐人写经数十卷，故名晋魏隋唐四十卷写经楼。

② 许承尧《疑庵杂著·信札·致黄宾虹》稿本。

歙黄白山生自写并评选稿本《植芝堂今体诗选》二册，

歙许青岩楚自写未刊本《选唐诗》二册，

婺源詹天表自写稿本《拂衣草》二册，

养云山馆旧藏歙江尚一铭勋著旧写本（有尚一手写序）《治读堂存稿》一册，

婺源江慎修手批校吴勉学刊本《礼记》五册，

养云山馆旧藏歙洪澍自手精写稿本《洪氏遗集》一册，

养云山馆旧藏歙雁黄布袖著旧写二本、近写二本（旧写）《黄山游草》四册，

歙张山来潮著清初精写本《虞初新志》六册，

黟黄涵斋元治著旧未刊本旧写《黄山草》一册，

休宁戴东原震自写稿本《屈赋注》一册，

休宁戴东原震著不疏园刊本（有朱批）《屈赋注》一册，

休宁戴东原震著旧写本《经考附录》二册，

歙全檠斋榜题记旧朱批校嘉靖刊本《国语》二册。

歙全檠斋榜题记并程让堂手录、方朴山校本《困学纪闻》一册，

养云山馆旧藏歙吴澹人绶绍著于朋捷精写稿本《石林诗集》二册，

歙曹斋原文埴手写并批校本《选唐诗》一册，

养云山馆旧藏歙曹震亭学诗著旧精写本（有自校及手序）《竹荫楼诗》十册，

歙程易田瑶田手写本（有荷池易田氏印）《札记》一册，

歙方仰松成培自手精写未刊定本《词榘》七册，

养云山馆旧藏歙方仰松成培自手写评本《词综》一册，

歙方仰松成培自手写评本《白石道人歌曲》一册，

养云山馆旧藏歙汪体荣永嵛自手精写稿本《听松楼诗钞》二册，

养云山馆旧藏歙汪体荣永嵛自手精写稿本《听松楼续诗钞》一册，

养云山馆旧藏歙江澄里昉自手精写稿本《叶儿乐府》一册，

歙江澄里昉程名世诸人同辑旧写本《学宋斋词谱》一册，

绩溪胡春乔秉虔手校本《一切经音义》六册，

绩溪胡春乔秉虔自手精写本《说文引经》一册，

绩溪胡春乔秉虔手校本《尔雅正义》四册，

婺源汪双池烜著、余元遴诸人精写本《易经诠义》十五册，

婺源汪双池烜著、余元遴诸人精写本《读〈困知记〉》一册，

歙鲍渌饮以文手校旧精写本《珊瑚木难》一册，

旧精写孤本《潘方凯署评》一册，

旧精写本（有顾亦武印，全部朱批圈点）《初夏录》《观澜录读笔记》四册，

养云山馆旧藏旧精写本全部有朱蓝笔批注《东坡集选》六册，

江鹤亭旧藏歙汪连玉琏著、康熙时人写本《四书约约》四册，

江鹤亭旧藏歙虹溪牧者录古柏庄精写本《六书摘要》六册，

江鹤亭旧藏乾隆前时人精写本《文会堂诗韵》四册，

歙江梅实著旧写本（有朱批）《披云漫笔》六册，

养云山馆旧藏歙徐毅堂稿本《汉上闲吟寄红集》二册，

歙乾隆时人写本《西乡竹枝词》一册，

歙洪宪子德斌著旧写本《谢说》一册，

养云山馆旧藏歙洪谷一琮著旧写本《谷一诗抄》一册，

养云山馆旧藏歙洪口口七峰学人著手写稿本《洪氏遗集》一册，

养云山馆旧藏歙曹应钟自精写本《口口口口斋诗》，

养云山馆旧藏歙鲍揖蕉钟勋著手精写本《别有韵斋诗集》一册，

歙郑松莲来著旧影写本《松莲诗集》四册，

歙鲍薇省倚云手评本《唐律诗》二册，

金步莲旧藏歙鲍薇省倚云手评本《唐人应试诗选》二册，

歙鲍薇省倚云手校旧精写本《陶村诗集》一册，

歙王卓炎念劬自手精写本《卓炎诗文集稿》一册，

查初白著、歙鲍薇省自手精写本《忍辱庵诗稿》一册，

歙汪可舟舸自写稿本（有朱批并程耕南校字）《汪氏谱乘》一册，

歙程绵庄廷祚著旧精写稿本《晚书订疑》四册，

歙方陶山信邻著旧写本《新安志补》一册，

歙洪书升、闻升、邻、邃编辑稿本《摭语别裁》一册，

养云山馆旧藏歙郑弘祐基相著旧写稿本《四香居快书》一册，

养云山馆旧藏歙鲍光纯景熙自写稿本《丹青三昧志》二册，

歙鲍文淳手写本《十驾斋古今诗选》一册，

歙鲍文淳著孙明珂手写本《十驾斋赋稿》二册，

歙十驾斋藏旧写本《棠樾鲍氏济美录》一册，

歙郑元甫复光自写稿本《札记》一册，

歙郑元甫复光自写稿本《遗稿》二册，

歙吴诚斋钢著旧写稿本《诚求济幼》二册，

歙程且硕庭著新写本《若庵集》一册，

歙项别峰怀述著旧写本《黄山纪游》一册，

歙曹宾及鈖著旧写本《黄山纪游》一册，

歙杨龙文纂旧写本《历朝纲领》一册，

歙曹本诚永宽旧藏精写本《案头杂识》一册，

歙程易田旧藏精写本《畏雪楼枕中鸿宝》一册，

歙曹氏过云楼藏旧写本《静观自得》一册，

歙施虹玉述旧精写本《塾讲规约》一册，

歙汪碧溪棣旧藏明人精写本《笔畴》一册，

歙汪对琴口手评点本《唐诗品汇》六册，

歙郑浣香手写稿本《费隐兴知录》二册，

歙郑浣香手写稿本《镜镜詅痴》一册，

歙郑浣香手写稿本《学算尔言》一册，

歙汪渔仙手写稿本《十园杂著》一册，

歙汪济川旧藏乾隆时人精写本《对语杂著》一册，

歙黄莲坡宗羲著旧写本《古歙乡音集证》一册，

歙张山来潮著旧写本《幽梦影》一册，

歙鲍桐舟瑞骏自手精写本《桐华舸丛诗文选》十五册，

歙汪陶村焯自手精写本《梅花诗》一册，

歙王度和鼎祚手写稿本《诗稿》一册，

歙江海门观涛手精写本（有名人加墨）《卷勺轩诗稿》二册，

歙江海门观涛手精写本（有名人加墨）《晚香堂诗钞》二册，

歙郑氏旧写本《郑氏喉科》一册，

歙许口谷洪校旧影写本《重楼玉钥》三册，

歙汪椿旧藏手写本《尤氏秘传喉症真本》一册，

歙程勤斋厚著、子彦手写本《勤斋家训》一册，

歙潘承恩精写稿本《波心孝佳奇》一册，

歙棠樾鲍氏旧写本《安素轩藏书画录》二册，

养云山馆藏歙张淞著精写未刊稿本《式好楼诗稿》，

养云山馆藏休宁戴厚光著旧精写本（赠婕）《笙阁诗存》一册，

养云山馆藏歙许晚香萤著写本《舒虹烁庵》一册，

歙鲍北山有莱著精写未刊本《欣所遇斋诗集》四册，

歙汪芸石鎣手写定本《尔雅正名定本》二册，

歙汪芸石鎣手写本《尔雅正名》一册，

歙汪芸石鎣手写本《尔雅正名初稿》四册，

歙汪芸石鎣手写本《篆书尔雅》三册，

歙汪芸石鎣手写本《尔雅正名篆书楷书》二册，

歙汪芸石鎣全部批校精刊本《说文解字》四册，

歙汪芸石鎣手写本《说文解字标目》一册，

歙汪芸石鎣全部精批圈点本《文选》二十册《考异》四册，

歙汪芸石鎣全部批校本《诗经》六册，

歙汪芸石鎣全部批校本《礼记》十册，

歙汪芸石鎣全部批校本《管子》五册，

歙汪芸石鎣全部批校本《扬子法言》二册，

歙汪芸石全部精批圈点秦氏石砚斋精刊初印本《引（扬）子》四册，

歙汪芸石全部精批圈点秦氏石砚斋精刊初印本《鬼谷子》二册，

歙汪芸石手录张皋文注记本《楚辞》四册，

歙汪芸石全部精批圈点本《五代史》八册，

歙汪芸石加朱本《古文辞类纂》十二册，

歙汪芸石全部精批圈点本《古文词略》五册，

歙汪芸石精圈校雅雨堂本《李氏易经》四册，

歙汪芸石藏本《文选古字通疏证》一册，

歙汪芸石藏本《尔雅直音》一册，

歙汪芸石藏本《骈体文钞》十二册，

歙汪芸石旧藏崇文书局初印本《墨子》册，

歙许小莲佐精写本《小莲手书文稿》一册，

歙黄次荪崇惺手校本《陈后山诗注》四册，

歙黄次荪崇惺手校影抄本《精华录》一册，

歙程读山埙著、程可山焜自手精写本《雨窗绝句》一册，

歙程可山焜手写本《年谱》一册，

歙程可山焜手写本《日记》八册，

歙汪仲伊、叶步瀛、王犀园、黄芙诸人校写本《金正希年谱三种》三册，

歙许采梅绍曾手写稿本《复性真经》册，

歙许采梅绍曾手写稿本《省身录》册，

歙许采梅绍曾手写稿本《禅机语录》册，

歙许采梅绍曾手写稿本《谈兵》册，

歙许采梅绍曾手写稿本《保赤心书》册，

歙许采梅绍曾手写稿本《拟方随记》册，

歙许采梅绍曾手写稿本《梅龙诗稿》册，

歙许采梅绍曾手写稿本《辛巳至戊寅诗草》十二册，

歙许采梅绍曾手写稿本《辛酉至壬午诗草》三册，

歙许采梅绍曾手写稿本《含饴余辑诗说》一册，

歙许采梅绍曾手写稿本《诗说初稿》一册，

歙许采梅绍曾手写稿本《摘录集句便览》一册，

歙许采梅绍曾手写稿本《林下人诗集》一册，

歙许采梅绍曾手校评点本《楹联丛话》四册，

歙许采梅绍曾手写稿本《盛唐诗选》一册，

歙许采梅绍曾手写稿本《杜诗评选》一册，

歙许采梅绍曾手写稿本《吴祭酒词选》一册，

歙汪仲伊宗沂自写稿本《周易学统十翼遗文逸礼大谊论》册，

歙汪仲伊宗沂自写稿本《葬经注》共三十六册，

歙汪仲伊宗沂手摹并释稿本《西汉无波隶》六种，

歙汪仲伊宗沂手写本《八分格言》一册，

歙汪仲伊宗沂手写本《西汉急就章全文》一册，

歙汪仲伊宗沂手写本《唐人分隶》，

歙汪仲伊宗沂手评写本《青莲乐府》一册，

歙汪仲伊宗沂手写稿本《韬庐诗稿》，

歙汪仲伊宗沂手写稿本《附三集补遗》各一册，

歙汪仲伊全部朱墨校注本《老子章义》一册，

歙汪仲伊全部朱墨校注本《三文忠传》一册，

歙程可山焜手写本《易经》二册，

歙程可山焜手写本《诸子序》一册，

歙程可山焜手写本《盐铁论节钞》一册，

歙程可山焜手写本《述学节录》一册，

歙程可山焜手写本《杂文书稿》册，

歙汪印苕子涛自手精钩本《钩抚碑帖题识》六册，

歙汪印苕子涛手写本《歙道光志方技门稿》一册，

歙黄次荪手校稿本《凤山笔记》一册，

歙汪聘卿旧藏《咸同时手书简札》十一册，

歙汪旧游律本手写稿本《黄海后游集》二册，

歙许青岩楚著近写本《青岩集》四册，

养云山馆藏歙方胥成问孝著（有许少玉长怡序跋）《苍耳斋诗选》一册，

《新安名族志节录》一册，

歙潘之恒著近写本《亘史杂篇》一册，

龚半千贤著近写本《草香堂诗集》一册，

歙黄凤六吕著近写本《潭滨杂志》一册，

歙吴梅颠熊著近写本《徽歙竹枝词》一册，

养云山馆藏绩溪邵棠著近写本《徽志补正》一册，

歙许公权先生著近写本《许公权先生遗文》一册，

养云山馆藏歙明罗孔兼周旦著影明孤写本《古今画鉴》一册，

歙慈光寺沙门海岳集近写本《万松拜下堂稿》一册，

歙吴唐叔著近写本《吴唐叔诗集》，

歙徐景轼肖坡著近写本《草心阁自订年谱》一册，

歙江同文著近写本《思豫述略》二册，

歙黄朴存质自手精拓本《宾虹藏印》八册，

歙许国著明万历精刊大字本《许文穆公集》十二册，

陈仲鱼鳣手校歙罗愿著明刊初印本《尔雅翼》十二册，

明精刊孤本《新安蠹状》四册，

歙汪南溟道昆著明精刊大字本《副墨》五册，

歙郑师山玉著明原刊本《郑师山集》四册，

歙吴亦步迥辑明万历精本《晓采居印》一册，

歙吴亦步迥辑明万历精本《求定斋印章》一册，

休宁程敏政诸人汇集明万历刊本《新安文献志》三十六册，

养云山馆藏修程敏政著明弘治精刊本《程敏政文集》一册，

歙吴午叔正阳摹明精刊本《印可》一册，

歙程幼博大约编明精刊初印本《程氏墨苑》一册，

歙方建元于鲁撰明万历精写刊本《方氏墨谱》六册，

养云山馆藏歙程幼博大约编江东文校明滋兰堂写精刊本《徽郡名公尺牍》三册，

养云山馆藏歙黄玄龙焕著明精刊孤本《罗颖楼初稿》一册，

养云山馆藏歙黄玄龙焕著明精刊孤本《罗颖楼续稿》一册，

养云山馆藏休宁吴客卿应宾补订明万历精刊孤本《圣僧庵志》二册，

养云山馆藏歙潘之恒景升著明精刊初印本《亘史钞·雪浪小说》二册，

养云山馆藏歙潘之恒景升著明精刊初印本《亘史·钞谐史》一册，

歙黄山僧普门著明天启原刻刊本《黄山普门和尚行迹三种合刊》一册，

歙吴元满著明万历精本《谐音指南》一册，

曹氏过云楼藏休程汉乘化騄辑明精刊本《名人尺牍》一册，

歙明汪一鸾订、黄德进精写刊本《淮南子》，

歙吴敬甫元满著明精写刊本《六书总要》四册，

歙明程一础重订精刊本《孝经刊误》一册，

歙丁南羽云鹏绘图、刘子真然释文明原刊本《泊如斋宣和博物图》十二册，

歙吴仁叔宗尧著明刊孤本《吴谦庵忠孝录》一册，

有许青岩写刊序、歙洪飞勇校读明崇祯竹浪亭刊本》《梅花集句》一册，

养云山馆藏歙程仲秋注明朱墨本《十段锦同活弯注》二册，

歙吴鹤皋崐著明刊本《化疾因》四册，

歙孙文垣一奎辑明精刊本《医案》一册，

歙口广澄批校圈点明吴勉学刊本《性理大全》三十册，

歙方星五批校明写刊本《古文》四册，

歙程松圆嘉燧著自写精刊本《偈庵诗集》二册，

歙胡匏更渊著明崇祯阙里祠刊本《十哲奇艺》一册，

歙胡洪谷一琮著明原刊本《朱卷》一册，

歙潘在涧、郑用牧、曹非闻、许李门自手评本《时文》一册，

歙明吴琯校刊本《水经注》八册，

有乾嘉时人精批江鹤亭旧藏歙项氏群玉书堂仿宋刊本《水经注》六册，

歙洪谷一琮校刻初印本《左策史汉约选》八册，

歙王过客仕云著铁汉楼原刊本《论史异同》二册，

顺治时原刊大字本《［顺治］歙志》三册（人物、选举全），

休宁赵吉士纂修原刊本《［康熙］徽州府志》十二册，

山水名胜全《［康熙］歙志》一册，

歙闵麟嗣诸人撰原刊本《黄山志定本》，

养云山馆藏歙施璜编、吴瞻泰增订原刊初印本《紫阳书院志》五册，

王茂荫旧藏休宁鲁子兴点编辑原刊精写本《齐云山志》四册，

歙汪洋度等修精刊孤本《云岭志》二册，

歙汪栗亭士鋐校定精刊孤本《黄山翠微志》二册，

歙汪碧溪旧藏孤本《康熙南巡惠受录》一册，

歙吴瞻泰重订原刊初印本《歙贤崇社志》一册，

歙令钹精写孤本《清初徽人旅浙商籍·紫阳崇文录》四册，

歙汪洪度著原刊本《新安女史征》一册，

歙吴东岩詹泰原刊初印本《陶诗汇注》二册，

靳治荆旧藏歙吴东岩、汪栗亭诸人辑原刊初印本《林齐山集》四册，

歙许芳城楚著康熙刊初印本《青岩集》，

歙张荄岙习孔著康熙刊初印本《诒清堂全集》十册，

歙汪扶晨士鋐著康熙刊初印本《栗亭诗集》四卷，

养云山馆藏歙吴青霞唐云著康熙原刊本《秀濯堂诗》一册，

歙吴瞻泰评选原刊本《杜诗提要》四册，

歙吴瞻泰评选原刊本《陶诗汇注》二册，

歙施虹玉璜著原刊本《周易翼义集粹》二册，

歙方舒林芬辑康熙原刊本《周易补义》三册，

歙黄白山生评选浣月斋原刊本《唐诗摘抄》四册，

养云山馆藏歙黄白山生著一木堂原刊初印孤本《一木堂诗集》二册，

养云山馆藏歙汪辱斋薇自手精写原刊初印本《寒木堂看香草》一册，

歙汪辱斋薇著寒木堂精刊本《诗伦》二册，

黟黄涵斋元治著原刊本《燕晋游草》一册，

婺源江慎修永著潜德堂原刊本《群经补义》二册，

歙程德基履新纂康熙刊本《易简方论》四册，

歙吴密著康熙刊本《千文直解》一册，

养云山馆藏婺源汪双池烜著原刊本《大风集》一册，

婺源汪双池烜著栖碧山房刊本《参读礼志疑》二册，

婺源汪双池烜著原刊本《汪双池文集》十册，

婺源汪双池烜著重刊本《易经诠义》十五册，

婺源汪双池烜著原刊本《策略》六册，

婺源汪双池烜著立雪斋本《物诠》二册，

养云山馆藏歙汪西亭立名刊初印本《唐四家诗》六册，

休宁戴东原震著原刻本《勾股割圜记》一册，

休宁戴东原震著微波榭精刊本《方言统证》一册，

休宁戴东原震著重刊本《东原文集》四册，

江鹤亭旧藏歙程易田瑶田著朱批圈点原刊精本《通艺录·九谷考器

物沟洫考及补文》，

歙金榘斋榜著原刊初印本《礼笺》一册，

歙凌仲子廷堪著阮氏文选楼初印本《礼经释例》八册，

休宁汪映琴梅鼎著邀月轩原刊本《瀚云诗钞》二册，

张佩芳纂修原刊初印本《［乾隆］歙县志》八册，

张佩芳纂修原刊初印本《黄山志》二册，

歙汪秀峰启淑精刊本《退斋印类》一册，

瑶田手序歙汪秀峰启淑精刊本《秋室印粹》二册，

歙吴玉棤著闻妙香室校本《金石存》四册，

歙瞽者程良玉元如著金谷园本《易昌》一册，

绩溪胡东皋秉虔著原刊本《说文管见》一册，

养云山馆藏歙洪楚珩著原刊本《旧言集》一册，

养云山馆藏歙汪寿胥昌著原精刊本《静山堂遗诗》一册，

歙曹近薇文埴著原刊本《石鼓砚斋文钞》十四册，

养云山馆藏歙曹近薇文埴自手精写原刊初印本《带星草堂诗》一册，

歙曹近薇文埴评选原刊本《香山诗选》二册，

歙曹近薇文埴著新刊本《黄山纪胜诗》一册，

歙洪孝仪珵著原刊初印孤本《七峰草堂诗稿》二册，

歙汪在湘梧凤著不疏园原刊本《松溪文集》二册，

歙汪在湘不疏园藏朱墨评明刊本《史记》一册，

歙鲍以文廷博辑原刊初印本《知不足斋丛书》三十函，

歙鲍以文廷博花韵辑刊本《古今姓汇》一册，

歙洪稚存亮吉著原刊本《更新斋诗钞》一册，

歙胡受榖赓善著原刊本《新城伯子集》三册，

养云山馆藏歙曹学诗以南著原刊本《香雪诗钞》三册，

歙鲍觉生桂星著原刊本《进奉文钞》一册，

养云山馆藏歙鲍觉生诗选原刊本《赋则》二册，

歙鲍致高善基、薇省倚云、觉生桂星、子年康著原刊本《鲍氏丛书》三十二册，

歙王勿翦棠汇订燕在阁原刊本《知新录》十六册，

歙朱文翰著原刊本《退思粗订稿》二册，

歙朱文翰著原刊本《可斋经进文存》一册，

歙项惕孜怀述写精刊本《隶法汇纂》四册，

歙项惕孜怀述篆精刊本《伊蔚斋印谱》一册，

歙方仰松成培手写精刊袖珍本《黄山新咏》二册，

歙方仰松成培著原刊初印本《香研居词麈》二册，

歙张山来潮著诒清堂本《心斋诗集》一册，

歙张山来潮著原刊本《奚囊寸锦》二册，

歙许汝公周仁著精写刊初印本《桧古堂诗草》二册，

歙金沂仲鼎手写精刊本《说部精华》二册，

汪芸石旧藏歙汪容人伊中著原刻初印本《迹字》二册，

歙方虚谷回著有乾隆时人以朱圈校《瀛奎律髓》八册，

歙何数峰青著原刊初印本《遂初堂诗集》一册，

歙何耳山著原刊初印本《湘雪诗钞》一册，

歙朱国达咸受著原刊本《西来仅存草》一册，

歙程文囿著原刊本《观泉诗钞》一册，

歙胡城东长庚著原刊本《木雁斋诗》一册，

歙胡城东长庚著原刊本《岭云词剩稿》一册，

歙曹松堂世德著元刊本《春头院存稿》一册，

养云山馆藏歙鲍兆瑞著原刊精写本《筠庄诗钞》二册，

张惠言录宛邻书屋刊本《词选》一册，

休宁汪讱斋著治谷堂原刊本《广读书观》一册，

黟俞理初正燮著原刊本《癸巳存稿》十册，

黟俞理初正燮著原刊本《癸巳存稿》八册，

歙方密庵辅著原刊本《茹古斋稿》一册，

歙凌氏辅仁堂精刊本《凌氏六君子传》一册，

歙全郎甫式玉著精刊本《竹邻遗稿》一册，

休宁黄伯知士埙著精写刊本《瀛山笔记》一册，

歙吴殿麟定著原刊本《紫石山房诗文集》六册，

歙汪容甫中著重刊本《容甫遗诗》一册，

养云山馆藏歙程銮、吴瞻泰诸人精写刊本《程少尹传》一册，

歙程宗猷冲斗著《少林棍法阐宗》一册，

歙程云荪廷梁、方雨村如川同订原刊本《夏小正集注》一册，

婺王彦明贞笺原刊本《夏小正笺》一册，

歙江宾谷昱著精写刻初印本《韵政》二册，

休宁徐蓟牖卓著原刊初印本《休宁琐事》一册，

婺源余龙光编原刊本《汪双池年谱》二册，

养云山馆藏歙徐玉增引平著原刊本《竹坪集句》一册，

婺源余星川煜著原刊本《余氏算学》一册，

歙汪孝婴莱著原刊本《衡斋算学》二册，

歙鲍步江皋著原刊本《海门初集》二册，

歙吴兆棠阅原刊本《听秋楼丛书》二册，

劳逢源纂修原刊本《［道光］歙县志》十二册，

歙徐上镛重录原刊初印本《重修北京歙县会馆录》一册，

歙许登瀛重订原刊本《斗山文会》一册，

歙江依濂绍莲著原刊本《梅宾诗集》四册，

养云山馆藏歙江依濂绍莲著原刊本《闻见闻言》二册，

歙释清瘤江楚南绍芙著原刊本《随月楼诗钞》一册，

歙郑元甫复光著原刊本《郑元甫割圜弧五积表》一册，

歙鲍芷香之蕙著原刊本《清娱阁诗钞》一册，

歙鲍宗轼著原刊本《谁园诗存》一册，

歙王嘉霈著原刊本《黄山诗》一册，

养云山馆藏歙黄任帆蘅皋著原刊本《梅龙阁诗集》一册，

歙郑瑜著原刊本《滕王阁填词》二册，

歙徐耘叔嘉榦著原刊本《居易居不易居诗存》一册，

歙徐肖坡景轼著原刊本《草心阁诗存》一册，

养云山馆藏歙曹怿嘉振镛著原刊本《话云轩咏史诗》一册，

歙徐廉峰宝善著原刊本《壶园赋钞》一册，

养云山馆藏有许少玉序跋、歙江海门观涛著、许少玉长怡校刊本《卷勺轩诗钞》，

歙潜口水香园主人原刊本《槐荫堂挽诗》一册，

原刊初印本《徐禹和哀挽集》四册，

歙汪玉亭燮元著玉树堂精刊本《懿行编》四册，

歙程荣功、校功、梯功述原刊本《程简敬行状》一册，

原刊本《方健斋先生行述族父》一册，

原精写刊本《程大冶传状诔文》一册，

歙李淑仪著疏影楼原刊本《名姝百咏》一册，

黟胡琴生积堂辑歙古香堂精刊初印《笔啸轩书画录》二册，

歙黄次荪著原刊本《徽州府志辨证》一册，

歙黄次荪著原刊本《二江草堂》二册，

歙朱理堂濂著原刊本《毛诗补礼》二册，

养云山馆藏歙曹明銮著经农堂原刊本《墨欢吟馆诗存》四册，

歙黄谦牧承吉著原刊本《梦陔堂诗集》八册，

歙鲍桐舟瑞骏著原刊本《桐华舸诗钞》十册，

歙程仲敦荣功著原刊本《洁华馆诗集》一册，

歙程季云梯功著原刊本《初恍斋诗集》一册，

歙曹以修来复著原刊本《黄山纪游诗》一册，

绩溪胡绍煐注原刊本《文选笺证》十册，

歙郑涵斋由熙著原刊本《晚学斋全集》八册，

歙郑涵斋由熙著原刊本《涟漪词》一册，

歙汪仲伊宗沂批校本《新义录》十三册，

歙汪仲伊宗沂评记原刊本《汪梅村集》一册，

歙汪仲伊宗沂著原刊本《黄海前游集》一册，

歙汪仲伊宗沂著原刊本《汪氏原姓篇》一册，

歙徐同善公可著原刊本《小南海诗集》二册，

歙汪仲伊宗沂著原刊本《周易学统》八册，

歙汪仲伊宗沂著原刊本《孝经十八章辑传》一册，

歙汪仲伊宗沂著原刊本《伤寒杂病论合编》一册，

歙汪仲伊宗沂著原刊本《韬庐剑谱》一册，

歙汪仲伊宗沂著原刊本《龙经校注》一册，

歙汪仲伊宗沂著原刊本《葬书校勘记》一册，

歙汪仲伊宗沂著原刊本《后缇萦南唱》一册，

歙吴检斋承仕著原刊本《经籍旧音序录》一册，

歙吴检斋承仕著原刊本《淮南古注校理》一册，

黄生著《杜诗说》四册，

吴云蒸著《说文引经异字》一册，

仇梦岩秋人著（有汪瑞光跋）《［仇秋人］贻轩诗集》二册，

徐宝善岩峰著《壶园诗选》一册，

休宁赵吉士恒夫著《续表忠记》四册，

休宁杨陈复钧赞著《自携集》一册，

郑超宗著《影园集》一册，

歙罗愿著黟李氏重刊洪武本《鄂州小集》二册，

歙明黄凤池集重刊本《唐诗画谱》六册，

歙罗愿著重刊本《新安志》四册，

歙明杨光先著新刊本《不得已》二册，

歙程偈庵孟阳著重刊本《松圆浪淘集》六册，
休宁金正希声著重刊本《金忠节公文集》四册，
明嘉靖时人精写未刊孤本《唐氏昭庆录》六册，
明隆庆时人精写本《黄编古今画史》四册，
明人精写本《梅花百咏》二册，
明人精写蓝格绵纸本（有詹腾飞珍藏印）《何大复诗集》二册，
明人精写未刊本《郑昨非日墓节钞》一册，
厉樊榭鄂自手精写本附时名人题词诗词画36页《送诗纪事》三十册，
江鹤亭旧藏阮芸台元手选批校本《淮海英灵集原稿》十八册，
养云山馆藏汪水莲维宪录朱竹垞评旧精写本《李义山诗集》二册，
清初时精楷写本《书经选要》一册，
养云山馆藏康熙时人精写本《清河书画舫录》册，
康熙时人精写本《禅真逸史后集》八册，
槜李汪珂玉著康熙时人精写本《汪氏珊瑚书题跋》四册，
明冯梦龙著明人精写孤本（赠甄夏）《马币经十三篇》一册，
明时人精写蓝格纸本《嘉靖以来内阁首臣传》一册，
养云山馆旧藏明人写本《西湖游览诗文》一册，
养云楼旧藏朱雪鸿手校精写稿本《昆山朱雪鸿文稿》四册，
汪碧溪旧藏明人精写本《与闲斋杂录》一册，
有康熙兰陵周馥手序清初人写本《书谱》一册，
明圣僧庵僧玫密手写本《疏文》一册，
明昆明朱子眉昂著自手精写本《借庵诗草》二册，
贾氏过云旧藏清初写本《群芳别谱》二册，
清初人写本《曹秋岳尺牍》二册，
隆恩堂旧写本《铁网珊瑚》五册，
当时随行满员或内监写本《康熙五次南巡记》一册，
乾隆南巡时盐商汪晴崖底本《制造木器图式》一册，

乾隆南巡时盐商汪晴崖底本《都盛磐清册》册，

乾隆南巡时盐商汪晴崖底本《附恭备玉铜瓷器手折》，

之江抱阳生辑旧写未刊本《甲申朝事小纪》四册，

宛平陈嵩佺寿精写未刊本《南华真经识余》一册，

养云山馆旧藏旧精写本（有百菊溪汪庚手写序跋）《孙文定公南游记》一册，

歙汪齐（济）川旧藏乾隆时人工楷精合本《对语集著》一册，

旧写本《发音录》一册，

录程让堂瑶田评校本《南华简钞》二册，

程让堂旧藏天都秋水藕花居精校刊本《淳化秘阁法帖考正附录》二册，

乾隆时新安人通编批校藏兰亭堂刊本《渔洋古诗笺》十六册，

养云山馆旧藏清初人精写本《恽南田诸人诗选》一册，

养云山馆旧藏康熙时人精写本《书经》一册，

养云山馆旧藏康熙时人精写本《谢表》一册，

养云山馆旧藏清初时写本《策略》一册，

养云山馆旧藏雍正时释《月洲诗集》一册，

宋钱唐鲍询写钟家印本（有季振宜藏书印）《文选》一册，

元至正刊本《百文清规》二册，

赠一尘元大德本（有汪韬庐题记）《潜夫论》一册，

明初精刊本（有毛氏汲古阁印书印）《东都事略》四册，

明大字双鱼尾精刊本（有王府藏书印）《左传》十五册，

明嘉靖刊本有曹氏过云楼藏印《汤山顾氏丛书六种》一册，

明于穀山慎行著万历精刊本《穀山笔麈》二册，

明正德青藜馆刊本精刻《张芹备遗录》一册，

明祇洹馆刊初印本精刻《宅经玄女经葬经墨经》合一册，

看云楼藏明弘治精刊本（有昆山徐遗老批校）《通鉴》二十册，

养云山馆旧藏明常熟虞山陈藏原刊精校本《鹤林玉露》二册，

明吴兴闵氏精刊朱墨本《陈景园辑尺牍隽言》二册，

明林霈斋希逸注白棉纸精写刊本《三子霈斋口义》八册，

明弘光有图写刊孤本《剿闯忠孝传》一册，

明精刊黑口本全新批校《音点春秋左传》六册，

明项桂芳辑泰昌精写本《字字珠》一册，

明永乐精写刊本《神僧传》一册，

明杨升庵著精写刊本（有明人补抄配页）《禅林钩玄》一册，

养云山馆旧藏明费学卿元禄纂万历宝颜堂原刊本《龟采馆清课》，

潘次耕耒著康熙原刊初印本（精）《鸿爪集》一册，

顺治本（有四色批校，并有郭庶介休印）《春秋大成》四册，

旧精校注本明刊初印《韩文考异》四册，

旧精校注本明刊初印《尔雅直音》二册，

沈归愚德潜自手精评本《渔洋精华录》二册，

伊墨卿旧藏并题签原刊本《筠廓偶笔》二册，

蒋心余自手校勘旧写本《忠雅堂诗》四册，

江鹤亭旧藏武进唐荆川辑明嘉靖本《历代史纂左编》九十册，

明刊大字本《万历酉戌科二三场程墨》三册，

汪森裘抒楼原刊本《官校清初进士履历》六册，

养云山馆旧藏明汤宋仿宋刊大字本（有休汪季清藏印二方）《妙绝古今》一册，

孔云亭著最初刊本（精）《桃花扇传奇》二册，

程敦著《秦汉瓦当文字》三册，

东武赵明诚著雅雨堂精刊初印本（精）《赵氏金石录》四册，

孙退谷写刻初印本（精）《庚子销夏记》四册，

江鹤亭旧藏王渔洋著雅雨堂原刊初印本《感旧集》四册，

仿宋精写刻初印本（精）《洪氏隶释》十六册，

古香阁精刊初印本（精）《六书正伪》五册，

刘球纂秦敦夫仿宋石刻本《隶韵》六册，

养云山馆旧藏仁和胡敬辑（有图，精刊本）《颐园诗》二册，

秋浦龙商释（有西溪不疏园汪氏珍藏印）《史通通释》四册，

采山亭刻精写本《杜怡谷选朱文公诗钞》六册，

日本印本（有王韬紫荃珍藏印十方，精）《弇州尺牍》一册，

桐城方望溪苞著原刊本（精）《丧礼或问》一册，

江右曾宝谷燠辑原刊本《邗上题襟续集》一册，

养云山馆藏吴兴丁达甫芮模著原刊本《新安杂咏颖园杂咏》一册，

阮芸台元精写刻初本（精）《薛氏钟鼎款识》四册，

乌程范楷声山辑原刊孤本（精）《幽华诗略》二册，

武进董士锡著原刊本《齐物论斋集》一册，

桐城徐璈著新刊本《黄山纪胜》二册，

《清初徽人旅浙商籍贯·紫阳文会》四册，

程知逵妻王芦人女原刊本《贤母集》一册，

原刊本《祁门令唐治殉难事略》一册，

原刊本《程可山寿序·仪征刘毓崧集唐文》。

他整理的古籍有《李义山诗集》又名《李义山诗集注》三卷、《李义山诗谱》一卷、《诸家诗评》一卷计3种5卷[①]、《投笔集》一卷[②]、《古虞徐氏一家言诗集》四卷[③]、《冯太史评选酉戌二三场程式旁训》不分

---

① 《中国古籍善本总目·集部·唐五代别集类》第一二一五页（缺中间1种）、《中国古籍总目·集部·别集类·唐五代之属》第142—143页著录，中共中央党校图书馆藏清怀德堂刻唐李商隐撰、清朱鹤龄笺注此3种5卷本，有佚名录清朱彝尊、清云亭批，许承尧跋。

② 《中国古籍善本总目·集部·总集类·家集》第一六六八页、《中国古籍总目·集部·别集类·清代之属·清前期》第1015页著录，安徽省博物馆藏清抄清钱谦益撰此书清抄本，有许承尧跋。国家图书馆藏由清徐迪惠辑此书稿本，也有许承尧跋。该稿本半页12行，行25字，无格。

③ 《中国古籍总目·集部·总集类·氏族之属》第3121页著录，浙江图书馆藏清徐迪惠辑此书，有许承尧跋。

卷[①]《唐七律选》四卷[②]、《紫阳崇文会录》十卷《首》一卷计 12 卷[③]等。

民国乙亥（1935）木刻许承尧撰《乙亥黄山诗》。《安徽地震史料辑注》第 255 页著录，黄山市中国徽文化博物馆藏。

民国二十六年（1937）歙县旅沪同乡会铅印民国石柱国、楼文钊修，许承尧纂《[民国]歙县志》十六卷。《中国古籍总目·史部·方志类·地志之属·安徽省》第 4331 页、《中国地方志联合目录·安徽省·徽州地区》第 470 页、《北京图书馆普通古籍总目·地志门·方志》第四卷第 268 页、《安徽文献书目》第 361 页、《安徽地震史料辑注》第 215 页、《山西省图书馆普通线装书目录·地志门·方志》第 219 页、《美国国会图书馆藏中国方志目录》第 94 页、《徽州地区博物馆藏书目录·有关徽州古藉（籍）·史部·地理类》第一集著录，国家图书馆（2 函 16 册本 4 部有图，另 1 部仅存 6 卷 6 册不全本为西谛藏书）、首都图书馆、中国科学院图书馆、故宫博物院图书馆、水利电力部科学研究院图书馆、中央民族文化宫图书馆、中共中央党校图书馆、北京大学图书馆、清华大学图书馆、北京师范大学图书馆、中国人民大学图书馆、中央民族大学图书馆、首都师范大学图书馆、上海图书馆、复旦大学图书馆、华东师范大学图书馆、上海师范大学图书馆、上海辞书出版社图书馆、天津图书馆、南开大学图书馆、天津师范大学图书馆、河北师范大学图书馆、山西省图书馆（线装 16 册本）、山西大学图书馆、内蒙古大学图书馆、辽宁省图书馆、大连市图书馆、吉林省图书馆、吉林大学图书馆、东北

① 《中国古籍善本总目·集部·总集类·断代》第一七八四页、《中国古籍总目·集部·总集类·课艺之属》第 3156 页著录，安徽省博物馆藏许承尧跋明末刻明冯梦祯辑此书。该刊本半页 6 行，行 21 字，白口，左右双边。

② 《中国古籍善本总目·集部·总集类·断代》第一七六六页著录，安徽省博物馆藏康熙（1662—1722）间刻清仁和王锡等辑此书，有清许承尧跋，佚名批。该刊本半页 10 行，行 20 字，白口，四周单边。

③ 《中国古籍善本总目·史部·传记类·氏姓》第四四二页著录，安徽省博物馆藏清叶生、方时编康熙（1662—1722）间刻此书，有清末许承尧跋。

师范大学图书馆、吉林市图书馆、哈尔滨师范大学图书馆、西北大学图书馆、青海省图书馆、新疆大学图书馆、山东省图书馆、山东大学图书馆、山东师范大学图书馆、南京图书馆、南京大学图书馆、江苏师范大学图书馆、中国科学院南京地理研究所图书馆、苏州市图书馆、扬州市图书馆、镇江市图书馆、浙江图书馆、浙江大学图书馆、宁波市图书馆、安徽省图书馆（16 册本）、淮南市图书馆、安徽大学图书馆、安徽劳动大学图书馆、安徽师范大学图书馆、安庆市图书馆、安庆师范学院图书馆、芜湖市图书馆、歙县图书馆、江西省图书馆、江西师范大学图书馆、福建省图书馆、福建师范大学图书馆、厦门大学图书馆、台湾图书馆、河南省图书馆、郑州市图书馆、河南省社会科学院图书馆、郑州大学图书馆、湖北省图书馆、武汉大学图书馆、华中师范大学图书馆、武汉师范大学图书馆、湖南省图书馆、湖南省哲学社会科学院研究院图书馆、广东省图书馆、中山大学图书馆、暨南大学图书馆、华南师范大学图书馆、桂林市图书馆、四川省图书馆、重庆市图书馆、重庆市北碚区图书馆、四川大学图书馆、中国社科院考古研究所图书馆、云南省图书馆、美国国会图书馆（16 册本）及中国第一历史档案馆、中国历史博物馆、国家文物保护科学技术研究所、宁波文管会天一阁文物保管所（今浙江图书馆天一阁分馆）、安徽省图书馆（16 册本）、中国徽文化博物馆（16 册本 6 部）、安徽省档案馆、绩溪县档案馆、歙县博物馆、安徽省城建局等藏。

集藏刻于一身的后知不足斋主鲍廷爵

鲍廷爵，光绪间（1875—1908）大家刻家，字叔衡，号奂甫，有后知不足斋、抱芳阁，与长塘鲍廷博为同族，歙县人，居常熟。官浙江候补知县。他的父亲鲍振芳喜欢收藏古书，创后知不足斋藏书楼。廷爵接管后知不足斋后继续对珍稀古籍加强购藏，积书百余种，已是常熟小有名气的藏书家。藏书印为“海虞鲍氏珍藏金石书画之章”。鲍氏父子命名藏书处为后知不足斋是追慕同族鲍廷博的为人处世，是表示要继续鲍廷博的未竟事业。

后知不足斋也是鲍廷爵刻书堂号和刻丛书名。鲍廷博从乾隆四十一年(1776)始亲自点校刊刻《知不足斋丛书》这件庞大的出版工程，在刻到第27集时，心病突然发作，在弥留瞬间还叮嘱他的儿子士恭完成全书的出版计划，“言讫而瞑，时手中尚执卷未释”。他的这种执着精神、对传播传统文化的功绩为时尚所推波助澜，成为中国古代出版史上一段广传不衰的佳话。自鲍氏《知不足斋丛书》行世后，上及天子，波及整个学术界、出版业，因鲍氏而起的各类以知不足斋品牌效应为中心议题的丛书不断涌现，如仁寿堂刊《仿知不足斋丛书》、渤海高承勋在道光间（1821—1850）就推出《续知不足斋丛书》、歙县黄奭也在道光间在扬州推出《知足斋丛书》、光绪六年(1880)祖籍歙县的黄家鼎在宁波推出《补不足斋杂著》等不一而足，而在这批续作中最成功、影响最大、最有学术价值的要数鲍廷爵在光绪间（1875—1908）推出的4编8函57种一百七十六卷《后知不足斋丛书》。鲍氏的这套续作的体例、版式全循廷博《知不足斋丛书》旧例，所选书目也很精当，确可补知不足的慨叹。所以，在光绪十年(1884)，当廷爵的丛书编完第一编时，他的歙县老同乡、入籍吴县大世家中的潘曾玮欣然为他的丛书作序，他在《后知不足斋丛书序》中说：“鲍振芳、鲍廷爵，振芳字号未详，歙县人，寄居常熟，喜藏古书。其子廷爵，字叔衡，续加收采，以数十年之功，辑刻《后知不足斋丛书》。盖追慕鲍廷博之为人。”

鲍廷爵花数十年之功所编辑的这套大型丛书，从同治十一年(1872)至光绪十六年(1890)前后几20年将全书刻峻汇印。在此之前就有整编、整函、成套或单行本行世，其中最完整的要数8函57种176卷。

光绪（1875—1908）中鲍氏刊清鲍廷爵辑《后知不足斋丛书》8函57种一百七十六卷。

《中国古籍总目·丛书部·杂纂类·清代后期》第599—601页（作47种，子目同）、《中国丛书综录·汇编·杂纂类（清代后期）》第一册第205—207页、《香港所藏古籍书目·丛部·汇编类》第590—591页、《丛书书目汇编》第二册第二七五页（只著录前4函，缺后4函）著录，国家图书馆、首都图书馆、中国科学院图书馆、北京大学图书馆、清华大学图书馆、中国中医科学院图书馆、上海图书馆、复旦大学图书馆、华东师范大学图书馆、上海辞书出版社图书馆、天津图书馆、内蒙古自治区图书馆、辽宁省图书馆、吉林市图书馆、吉林大学图书馆、哈尔滨市图书馆、陕西省图书馆、甘肃省图书馆、山东省图书馆、青岛市图书馆、山东大学图书馆、南京图书馆、南京大学图书馆、苏州市图书馆、安徽省图书馆、浙江图书馆、浙江大学图书馆、福建师范大学图书馆、河南省图书馆、湖北省图书馆、江西省图书馆、广东省图书馆、四川省图书馆、四川大学图书馆、中央民族大学图书馆、香港中文大学图书馆（32册本）、香港大学图书馆（分别为60册本、34册本各1部）、香港新亚研究所图书馆（32册本）均有完本收藏，北京师范大学图书馆、武汉大学图书馆、重庆市图书馆、安庆市图书馆收藏不全。《北京大学图书馆藏古籍善本书目·史部·考古类》第210页著录该馆藏光绪十六年（1890）常熟鲍氏后知不足斋刻清朱枫辑《金石待问录》四卷、《余》一卷、《补遗》一卷。《山西省图书馆普通线装书目录·总记门·丛书类》第995页著录，山西省图书馆藏光绪十二年（1886）刻中70卷30册也是不全本。

由于该套丛书随刻随印，先后印行时间跨度大，各家收藏、书目著录迥异。如顾修《汇刻书目》、沈氏《丛书书目汇编》、李氏《增订丛书举要》等均著录一至四函，唯第五至八函传本较稀。版本目录学家稍不留意就会致误。而《汇刻书目》第一函第七册第五十六至五十七页所著录光绪甲申（十年，1884）仅著录4函25种58卷，又有作4函25种70卷，均为不全本。

光绪甲申（十年，1884）常熟鲍廷爵叔衡编刊《后知不足斋丛书》4函25种七十卷，藏家著录也有很大差别。安庆市图书馆仅藏初编4函25种78卷中的19种58卷，线装26册，成套的以丛书中的分丛书行世的就更多，如《中国书店三十年所收善本书目·经部·总类》第一页就著录收购过白纸1册光绪间刻《后不知足斋丛书》本，由张劭园录、徐栋撰批、汉郑玄撰《郑氏遗书五种》九卷。各类书目著录零本、单行本更多，如北京师范大学图书馆《中文古籍书目》除《丛书部·杂丛类》第510页著录整套《后知不足斋丛书》外，又分别在《经部》《史部》《子部》等著录了一批子书，国家图书馆《普通书录·目录门》就著录了数种子书。《贩书偶记续编》等近代书目则著录的主要是零本。

鲍氏所刻单行本书及小丛书主要有：

光绪元年（1875）虞山鲍氏抱芳阁刻清朱梓、清冷昌言辑《宋元明诗三百首》六卷、《摘句》一卷计2种7卷。《中国古籍总目·集部·总集类·通代之属》第2914页著录，辽宁省图书馆藏。

光绪（1875—1908）间后知不足斋刻《石经残字考》（一卷）。《中国古旧书刊拍卖目录》第666页著录，博古斋拍卖白纸1册本。

光绪五年（1879）常熟抱芳阁刻清桐城许奉恩（字淑平，有兰苕馆）撰《里乘》十卷。《中国古籍总目·子部·小说类·文言之属·笔记·异闻》第2186页著录，国家图书馆、上海图书馆、南京图书馆藏。

光绪五年常熟抱芳阁刻清桐城许奉恩撰《兰苕馆外史》十卷。《贩书偶记·子部·小说家类·杂事之属》卷十二第295页、《中国古籍总目·子部·小说类·文言之属·笔记·杂事》第2134页著录，南京图书馆藏，为巾箱本。

后知不足斋依高承勋校订小字本刻宋洛阳郭忠恕撰《佩觿》三卷。《万卷精华楼藏书记·经部十·小学类五》卷十七第550—551页著录。其评介谓上卷总论六书讹谬之由极为精密，中、下二卷辨析字画。

光绪六年（1880）常熟抱芳阁刻清孙偘撰《尔雅直音》二卷。《中国古籍总目·经部·尔雅类·文字音义之属》第947页著录，上海、南京图书馆藏。

光绪八年（1882）常熟抱芳阁刻明陈锺厘撰、清甘受和订定《隶诀辨释》不分卷。《中国古籍总目·经部·小学类·文字之属·字体》第1095页著录，国家图书馆、湖北省图书馆、浙江图书馆藏。

光绪八年（1882）常熟抱芳阁刻明佚名撰《篆诀辨释》一卷。《香港所藏古籍书目·经部·小学类·字书》第46页著录，香港中文大学图书馆藏1册本。

光绪八年（1882）常熟抱芳阁刻清阮元藏、清朱为弼编《积古斋钟鼎彝器款识》十卷。《中国古籍善本总目·史部·金石类·金类》第七四五页（但误“斋”为“齐”）、《香港所藏古籍书目·史部·金石类·金类》第147页著录，国家图书馆（王国维、罗振玉校注）、香港中文大学图书馆（4册本）藏此书。光绪九年收入《后知不足斋丛书》。

光绪八年常熟后知不足斋刻宋王尧臣等编、清钱侗辑释《崇文总目》五卷。《山西省图书馆普通线装书目录·目录门·收藏书目》第18—19页著录，山西省图书馆藏5册本。

光绪九年常熟抱芳阁刻明李中梓辑注《内经知要》二卷。《中国古籍总目·子部·医家类·内经·类编与摘编》第492页著录，中国科学院图书馆、上海图书馆、黑龙江中医药大学图书馆、南京图书馆、南京中医药大学图书馆、湖南中医学院图书馆藏。

光绪十年鲍廷爵后知不足斋重刻嘉定秦鉴汗筠斋本《郑志》三卷。《蛾术轩箧存善本书录·癸卯稿》卷一第七七三至七七五页著录，复旦大学王欣夫教授藏此版1册本，由吴县王欣夫临余姚卢文弨、海宁吴骞、归安丁杰、海宁陈鳣、金坛段玉裁、丹徒吴庠校。此版实为秦版重印，故校勘无误。

光绪十年后知不足斋刻汉郑玄撰、清鲍廷爵辑《郑氏遗书五种》九卷。《中国书店三十年所收善本书目·经部·总集类》第一页著录，中国书店收购张劭园录徐时栋批白纸1册本作光绪间，当为单印本。这是丛书中的丛书。

光绪十年常熟鲍氏后知不足斋刻宋张炎撰《山中白云词》八卷。《香港所藏古籍书目·集部·词类·别集》第374页著录，香港中山图书馆藏2册本。

光绪十年后不足斋刻清常熟吴卓信撰《澹成居文钞》四卷附《丧礼经传约》一卷计2种5卷。《清人别集总目》第893页著录，国家图书馆、浙江大学图书馆、安庆市图书馆及日本京都大学人文科学研究所藏。

光绪十二年（1886）常熟抱芳阁刻清叶桂撰、清叶万青辑《叶氏医案存真》三卷。《中国古籍总目·子部·医家类·医案医话之属·清》第953页著录，国家图书馆、首都图书馆、中国科学院图书馆、吉林省图书馆、南京图书馆、湖南中医学院图书馆藏。

光绪庚寅（十六年，1890）鲍氏后知不足斋刻清钱塘朱枫辑《吉金待问录》四卷、《录余》一卷、《补遗》一卷计3种6卷。《贩书偶记续编·子部·谱录类》卷十第61页著录，应为《后知不足斋丛书》逸出单行本。

清末最后一位科举状元、经学大师吴承仕

吴承仕（1884—1939），字䌹斋，又字检斋，号治吾行一、展成、济安，歙县昌溪沧山源人。他出身于书香门第。其曾祖父吴道隆，字既堂，国学生，诰赠朝议大夫，曾祖母姚氏、张氏诰赠恭人。祖父吴景桓，字渭来，号泳之，国学生，官布政使司理问，诰封奉政大夫，祖母张氏诰封宜人。父吴恩绶，原名绍绶，字鹤年，号荫亭，邑廪生。光绪二十七年（1901）中秀才，出任歙县知事。后移居北京，长期担任位于今北京宣武门外大街的京师歙县会馆馆长，直至1937年2月逝世。伯祖父吴景松，号卧云，候选同知，诰授奉政大夫。伯父吴绍纯，字学本，国学生，诰封奉政大夫；

伯父吴绍经，字体文，考取内阁供事，候选县丞，曾任温州府瑞安县典史。他的家乡位于风光旖旎的千岛湖畔，现为歙县昌溪乡驻地，与相邻的周邦头构成古街古巷的千年人文繁庶的古村落。据不完全统计，这个古村落走出 114 位秀才、24 位贡生和 9 位进士。走进吴承仕故里旧居，首先映入眼帘的是耸立在村中全国唯一的一座木牌坊，昭告游人，这里曾是中华优秀传统文化徽州大花园中一朵绚丽的奇葩。他自幼在这样的家庭和邻里环境熏陶下，5 岁入沧山源私塾读书，在严师、饱学秀才张建勋、汪沛仁的督导下，具有深厚的国学功底。

光绪十年农历二月二十三日（1884·3·20）他 17 岁与其父吴恩绶同榜中秀才，光绪二十七年（1901）18 岁中辛丑科第 39 名举人，23 岁参加光绪丁未（1907）会试获殿试一等第一名，因清末学制改革，废除科举制度，而没有授予状元头衔，但被钦点为大理院主事。民国元年(1912)，任司法部佥事。民国十三、十四年（1923—1924）后因不满北洋军阀腐败，退出政界，专治经学，为余杭章太炎入室弟子，与在南京大学任教的黄侃及钱玄同并称章门三大弟子，在经学界获“北吴南黄”两大经学大师称誉，成为著名学者、近代经学大师。尤其是自 1930 年起，在范文澜等人的帮助下，阅读了大量马列主义著作，成为我国用马克思主义观点研究经学及中国古代文化经典著作的第一人。先后担任中国大学、北京师范大学中国文学系主任，兼任北京大学、东北大学教授。1934 年，自己出资创办《文史》杂志。用历史唯物主义观点研究中国古代史，企图以此来影响文史界。1935 年，约齐燕铭、张致祥（都是吴的学生）创办《盍旦》[①] 月刊。1936 年后参加创办《时政文化》刊物。1936 年初，北平党组织吸收为特别党员。卢沟桥事变后，到天津坚持地下活动，支持《时代周刊》等两个进步刊物，传播民主革命思想。因受日本侵略者迫害，不幸得伤寒病，于 1939 年 9 月 21 日在北平逝世。

---

① “盍旦”，出自《礼记·坊记》：“夜鸣求旦之鸟也。”意即为迎接黎明而鸣。

1940年4月16日，中共中央在延安举行了隆重的吴承仕追悼大会，毛泽东、刘少奇、朱德、周恩来等中央领导都送了挽联。毛泽东的挽联为“老成凋谢”，周恩来挽联为“孤悬敌区，舍身成仁，不愧青年训导；重整国学，努力启蒙，足资后学楷模”，吴玉章挽联是“爱祖国山河，爱民族文化，尤爱马列主义真理；学贯中西，善识优于苍水；受军阀压迫，受同事排挤，终受敌寇毒刃摧残；气吞倭虏，壮烈比诸文山”等都给予崇高的评价。他的著作除生前行世外，未刊稿及未脱稿都为其学生齐燕铭收藏。齐氏一直准备整理出版，奈新中国成立初，忙于政务及历经政治运动而未果。所幸吴氏遗稿由齐燕铭生前完整地交给中华书局，得以完璧保存。早在1983年6月，纪念吴承仕诞生一百周年筹备委员会就组织并着手将其遗著编订为《吴检斋遗书》，分别由中华书局和北京师范大学出版社出版。1984年3月18日下午，邓力群、许德珩、易辰及教育界、社会科学界知名人士在政协礼堂集会，隆重召开纪念吴承仕先生诞辰一百周年大会。

吴承仕妻刘玉华，家庭主妇。两位弟弟，一为吴承侃；二为吴承传，承传子吴兴让，世居昌溪故里。承仕遗有三子二女。长子吴曼秋，曾任国民政府河北省河间县县长；二子吴鸿迈，新中国成立前历任多所大学讲师，新中国成立后任北京师范大学数学系教授，于1989年8月逝世；三子吴鸿逖，早在20世纪40年代任沧州警察局长，新中国成立后，在教育部工作；长女吴特璋娴淑重孝，在承仕逝世不久自杀殉父；二女吴特珍，在新华社工作。

他的著作丰富，著有《经籍旧音辨证》七卷[①]，《经籍旧音》一卷，《经籍旧音序录》一卷一作二十五卷，《三礼名物笔记》《禘祫郑氏义》《尚

① 《贩书偶记·经部·诸经总义类》卷三第76页著录，民国十二年（1923）排印本。

书传王孔异同考》《六书条例》二卷[①]，《淮南旧注校正》[②]《经学通论》《国故概要》《尚书三考》《尚书今古文说》《说文讲疏》《公羊徐毓考》《蜀石经考异叙录》《经典释文序录疏证》不分卷[③]，《三礼名物略例》《礼服释例》《唐写本尚书舜典释文笺》[④]《监狱解蔽篇》一卷[⑤]，《五伦说之历史观》《吴承仕文录》《检斋读书提要》《葑汉微言》一卷[⑥]，《仪礼经注疑直》五卷[⑦]，《与黄侃论声律书》《王学杂论》《通语释词》《检斋杂识》《文字形义》《汉魏音读略例》《小学概要（又名《小学要略》）》《说文韵表》《读说文随笔》《又声叠韵连语》《读汉书札记》《读南北史札记》《大唐郊祀录笺识》《历代尺度表》《歙县凌次仲先生年谱》《检斋读书记》《初学因明处》《古籍校读法》《吴检斋先生学术论文集》《左传杜注书孔传异同考》《皇甫谧帝王世纪与书孔传异同考》《尚书古文辑录》《尚书篇名表》《诺皋说》《丁丁集》（与黄侃唱和诗，收吴作 8 首，黄作 6 首），《论衡校释》《中国语言文字学概论》《王

---

① 《北京图书馆普通古籍总目·文字学门》第十卷第 45 页、《贩书偶记·小学类·说文之属》卷四第 88 页著录，民国间北平中国学院石印《北京中国学院国学系丛书》之一，国家图书馆藏 1 册本。

② 《[民国]歙县志·艺文志·书目》卷十五第二十八页著录以上 8 种。其中《淮南旧注校正》又作《淮南旧注校理》。

③ 《中国古籍总目·经部·群经总义类·文字音义之属·音义》第 992 页、《贩书偶记·经部·诸经总义类》卷三第 76 页、《安徽省馆藏皖人书目》第 133 页、《安徽文献书目》第 343 页著录，国家图书馆、北京大学图书馆、安徽省图书馆（1 册本）藏民国二十二年（1933）北平中国学院排印。

④ 收入《国学汇编》丛书中。

⑤ 《安徽文献书目》第 343 页、《安徽省馆藏皖人书目》第 133 页著录，安徽省图书馆藏宣统间（1909—1911）北京排印 1 册本。

⑥ 《安徽省馆藏皖人书目》第 133 页著录，收入《章氏丛书》，安徽省图书馆藏此丛书。该书系 1914 年 1 月 7 日，余杭大学者章太炎大闹袁世凯总统府，被囚禁于军事教练处，深得吴承仕钦佩，亲执弟子礼前往监禁处探视，并对章氏照顾得无微不至，记下民国乙卯（1915）至丙辰（1916）年间章氏向他口授的学术见解。尤其是印度哲学、中国先秦诸子、宋明理学思想、文字音韵等方面 167 首口义。

⑦ 《安徽省馆藏皖人书目》第 133 页著录，收入《安徽丛书》，安徽省图书馆藏此丛书。

制疏证》《经典释文撰述时代考》《检斋笔记》《布帛名物》《程易畴仪礼注疑直辑本》《降服三品说》《亲属名物》《宫室名物》《弁服名物》《明服志》《清服制沿革表》《丧服要略》《说文随笔》《说文略说笺识》《诗韵抄》《兼服释例》《释车》《经部礼类子部杂家类提要》《经部易类提要》等数十部著作，书《说文解字篆文》①。

他除了在中国大学编刊《国学丛刊》（后易名《国学丛编》）外，还与钱玄同一道约同杨树达将王引之、俞樾著作加以标点、整理印行，在北平校刊《章氏丛书续编》等编辑工作，还担任《安徽丛书》编审会名誉会员。

他在古籍整理上最大遗绩是参与1927年12月成立的北京人文科学研究所主持的《续修四库全书总目提要》工作，仅1934—1935年就为东方文化事业委员会撰写《续修四库全书提要》63种以上②。其中，经部就为46种古籍留下提要，它们是《汉易十三家》二卷③、《易说醒》四卷④、《易经卦变解》一卷⑤、《周易八宫纳申》一卷⑥、《增订周易

---

① 《北京图书馆普通古籍总目·文字学门》第十卷第63页著录，国家图书馆藏民国九年（1920）歙县吴承仕手稿1册本。

② 63种文稿除《十驾斋养新录提要》为草稿外，余62种有油印打印稿，并收入1972年（北京）中华书局排印《续修四库全书提要》中。该《提要》有台湾版，但差错较多。比较精善的打印本有吴承仕手校并经余嘉锡、黄寿祺批注本，还有吴承仕的原稿本。

③ 中华书局（北京）版《续修四库全书总目提要·经部·易类》第一五至一六页、《检斋读书提要》第九五页著录为清山阴胡薇元撰此书，为《玉津阁丛书》子书。13家指韩婴、蔡景君、施雠、孟喜、梁丘贺、古五子、淮南九师、京房、费直、马融、刘表、宋衷、荀爽十三家易义。

④ 中华书局（北京）版《续修四库全书总目提要·经部·易类》第四〇页著录为明泾县洪守美撰清同治间（1862—1874）洪氏刊此书。

⑤ 中华书局（北京）版《续修四库全书总目提要·经部·易类》第四二页著录为清蓬莱吴脉鬯撰、道光二十年（1840）其6世孙吴荧柏柳堂刊此书。

⑥ 中华书局（北京）版《续修四库全书总目提要·经部·易类》第四二至四三页著录为清蓬莱吴脉鬯撰、道光二十年（1840）其6世孙吴荧柏柳堂刊此书。

本义补》不分卷[①]、《周易诠义》十五卷[②]、《周易尊翼》五卷[③]、《八卦方位守传》一卷[④]、《大衍一说》一卷[⑤]、《易经补义》十二卷[⑥]、《易心存古》二卷[⑦]、《易古文》三卷[⑧]、《古周易音训》二卷[⑨]、《易确》二十卷[⑩]、《周易学》[⑪]、《周易引经通释》十卷[⑫]、《周易通论月

---

① 中华书局(北京)版《续修四库全书总目提要·经部·易类》第四八至四九页、《检斋读书提要》第五页著录清苏了心撰、洮村刘祈谷(字俶载)增订此书并于康熙间(1662—1722)刊行。

② 中华书局(北京)版《续修四库全书总目提要·经部·易类》第五四页、《检斋读书提要》第二六页著录敷文书局刻清汪绂撰此书。

③ 中华书局(北京)版《续修四库全书总目提要·经部·易类》第五六页、《检斋读书提要》第二〇页著录为清潘相撰《潘子全集》本此子书。

④ 中华书局(北京)版《续修四库全书总目提要·经部·易类》第六〇页、《检斋读书提要》第一八页著录清茹敦和撰《茹氏易学》本中此子书。

⑤ 中华书局(北京)版《续修四库全书总目提要·经部·易类》第六二页、《检斋读书提要》第一六页著录清茹敦和撰《茹氏易学》本中此子书。

⑥ 中华书局(北京)版《续修四库全书总目提要·经部·易类》第六五页、《检斋读书提要》第九页著录清桐城叶酉撰耕余堂刊此书。按，叶酉，字书山，号华南，桐城县(今为市)人。乾隆四年(1739)进士，入翰林院。升左春坊庶子。后主讲钟山书院十余年，终年81岁，为方苞门生。著《易经补义》《诗拾遗》《春秋究疑》等书。

⑦ 中华书局(北京)版《续修四库全书总目提要·经部·易类》第六五页、《检斋读书提要》第二八页著录清曲沃张六图撰乾隆庚辰(二十五年,1760)刊此书,为原刊本。

⑧ 中华书局(北京)版《续修四库全书总目提要·经部·易类》第六八页、《检斋读书提要》第二八页著录《函海》本清绵州李调元撰此书。

⑨ 中华书局(北京)版《续修四库全书总目提要·经部·易类》第八八页、《检斋读书提要》第三五页著录《式训堂丛书》本清仁和宋咸熙撰此书。

⑩ 中华书局(北京)版《续修四库全书总目提要·经部·易类》第九七页、《检斋读书提要》第三八页著录道光壬辰乙未(道光十二年至十五年，1832—1835)间弟子陶应荣在金陵刻此书。

⑪ 中华书局(北京)版《续修四库全书总目提要·经部·易类》第九七至九八页、《检斋读书提要》第三十页著录道光间(1821—1850)刻清乌程出任宜都知县并于道光二年(1822)卒于任所沈梦兰撰此书。

⑫ 中华书局(北京)版《续修四库全书总目提要·经部·易类》第九八页、《检斋读书提要》第三二页著录嘉庆甲戌(十九年，1814)刻清黄冈李钧简(？—1822)编修所撰此书。

令》二卷[1]、《易卦图说》六卷[2]、《易经衷要》十二卷[3]、《易一贯》六卷[4]、《周易倚数录》三卷[5]、《周易爻辰申郑义》一卷[6]、《周易汉读考》三卷[7]、《周易消息》十四卷[8]、《虞氏逸象考正》二卷[9]、《九家易象辨证》一卷[10]、《周易本义辨证补订》四卷[11]、《汉儒传易源流》一卷[12]、《虞氏易义补注》二卷[13]、《周易讼卦浅说》一卷[14]、《周易

---

① 中华书局（北京）版《续修四库全书总目提要·经部·易类》第一〇六页、《检斋读书提要》第四六页著录清旌德姚配中撰此书，为一经庐自刊本。

② 中华书局（北京）版《续修四库全书总目提要·经部·易类》第一一三页、《检斋读书提要》第四三页著录道光间（1821—1850）刻清武进胡嗣超撰此书。

③ 中华书局（北京）版《续修四库全书总目提要·经部·易类》第一一三页至一一四页、《检斋读书提要》第四一页著录南海叶氏风雨楼刻清仁和李式谷撰此书，为《五经题解》5种七十二卷，当南海叶梦龙准备付梓时由吴荣光易名为《五经衷要》5种七十二卷，此为之一。

④ 中华书局（北京）版《续修四库全书总目提要·经部·易类》第一三一页、《检斋读书提要》第七页著录清彭县吕调阳撰《观象庐丛书》本所收清彭县吕调阳撰此书。

⑤ 中华书局（北京）版《续修四库全书总目提要·经部·易类》第一三三至一三四页、《检斋读书提要》第四八页著录刘世珩《聚学轩丛书》中所收清丹徒杨履泰撰此书。

⑥ 中华书局（北京）版《续修四库全书总目提要·经部·易类》第一三五页、《检斋读书提要》第五一页著录《一镫精舍甲部稿》所收清光泽何秋涛撰此书。

⑦ 中华书局（北京）版《续修四库全书总目提要·经部·易类》第一三八页、《检斋读书提要》第八九页著录《春晖杂稿》丛书中清蕲水郭阶撰此书。

⑧ 中华书局（北京）版《续修四库全书总目提要·经部·易类》第一四二至一四三页、《检斋读书提要》第五三页著录刘承干嘉业堂刻清乌程纪磊撰此书。

⑨ 中华书局（北京）版《续修四库全书总目提要·经部·易类》第一四三至一四四页、《检斋读书提要》第五八页著录刘承干嘉业堂刻《吴兴丛书》中所收清乌程纪磊撰此书。

⑩ 中华书局（北京）版《续修四库全书总目提要·经部·易类》第一四四页、《检斋读书提要》第六〇页著录刘承干嘉业堂刻《吴兴丛书》中所收清乌程纪磊撰此书。

⑪ 中华书局（北京）版《续修四库全书总目提要·经部·易类》第一四四页、《检斋读书提要》第六四页著录刘承干嘉业堂刻清乌程纪磊撰此书。

⑫ 中华书局（北京）版《续修四库全书总目提要·经部·易类》第一四五页、《检斋读书提要》第六二页著录刘承干嘉业堂刻《吴兴丛书》中所收清乌程纪磊撰此书。

⑬ 中华书局（北京）版《续修四库全书总目提要·经部·易类》第一四五页、《检斋读书提要》第五六页著录刘承干嘉业堂刻《吴兴丛书》中所收清乌程纪磊撰此书。

⑭ 中华书局（北京）版《续修四库全书总目提要·经部·易类》第一四六至一四七页、《检斋读书提要》第四五页著录《颐志斋丛书》中所收清山阳丁晏撰此书。

解注传义》四十八卷[①]、《周易释爻例》一卷[②]、《易经宗翼》二十九卷[③]、《易汉学考》二卷[④]、《易汉学师承表》一卷[⑤]、《易象传大义述》二卷[⑥]、《易爻例》一卷[⑦]、《周易故训订上经》一卷[⑧]、《周易注疏剩本》一卷[⑨]、《易义来源》四卷周易说》十一卷[⑩]、《易经通论》一

① 中华书局(北京)版《续修四库全书总目提要·经部·易类》第一四七至一四八页、《检斋读书提要》第六六页著录清光绪间(1875—1908)友人李桓、李元度刻清长沙彭申甫撰此书。彭申甫撰此书花了20余年时间,先后三五易其稿,有的地方竟七八易其稿。该书全录李氏集解、王氏韩氏注、程氏传、朱氏本义原文,博采陆氏释文、孔氏正义及汉魏南北朝隋唐宋元明诸家易说,还包罗惠栋、张惠言、丁叙忠、俞樾等人发挥李王程朱学说内容。此书刊成于光绪十一年(1885),时作者已年79岁。

② 中华书局(北京)版《续修四库全书总目提要·经部·易类》第一五四至一五五页、《检斋读书提要》第六九页著录《续经解》本收清宝应成蓉镜撰此书。

③ 中华书局(北京)版《续修四库全书总目提要·经部·易类》第一五五至一五六页、《检斋读书提要》第八六页著录光绪初(约1875)刻清天门默希老圃撰此书。

④ 中华书局(北京)版《续修四库全书总目提要·经部·易类》第一六二至一六三页、《检斋读书提要》第七七页著录广雅书局刻清阳湖吴翊寅撰此书。

⑤ 中华书局(北京)版《续修四库全书总目提要·经部·易类》第一六二至一六三页、《检斋读书提要》第八二页著录广雅书局刻清阳湖吴翊寅撰此书。

⑥ 中华书局(北京)版《续修四库全书总目提要·经部·易类》第一六三页、《检斋读书提要》第八十页著录广雅书局刻清阳湖吴翊寅撰此书。

⑦ 中华书局(北京)版《续修四库全书总目提要·经部·易类》第一六三页、《检斋读书提要》第八四页著录广雅书局刻清阳湖吴翊寅撰此书。

⑧ 中华书局(北京)版《续修四库全书总目提要·经部·易类》第一六五页、《检斋读书提要》第七一页著录光绪间(1875—1908)唐文治刻清浙江定海黄以周撰此书。

⑨ 中华书局(北京)版《续修四库全书总目提要·经部·易类》第一六五至一六六页、《检斋读书提要》第七三页著录光绪间(1875—1908)唐文治刻清浙江定海黄以周撰此书。

⑩ 中华书局(北京)版《续修四库全书总目提要·经部·易类》第一六六页、《检斋读书提要》第九七页著录《刻鹄斋丛书》中所收清武进金士麟撰此书。

卷[1]、《霜菉亭易说》一卷[2]、《易说求源》六卷[3]、《仪礼经注疑直辑本》五卷[4]、《汉置五经博士考》一卷[5]等。

此外，据《吴检斋遗书·检斋读书提要》补充《周易象考》一卷[6]、《大衍守传》一卷[7]、《周易讲义》一卷[8]、《群经冠服图考》三卷[9]、《松窗百说》一卷[10]、《九曜斋笔记》三卷[11]、《松崖笔记》三卷[12]、《文史通义内篇》七卷《外篇》三卷计 2 种 10 卷[13]、《校雠通义内篇》三卷《外

① 中华书局（北京）版《续修四库全书总目提要·经部·易类》第一七四页、《检斋读书提要》第七五页著录思贤书局本清善化皮锡瑞撰此书。

② 中华书局(北京)版《续修四库全书总目提要·经部·易类》第一八一至一八二页、《检斋读书提要》第九二页著录《玉津阁丛书》中收清山阴胡薇元撰此书。

③ 中华书局（北京）版《续修四库全书总目提要·经部·易类》第一八五页、《检斋读书提要》第九九页著录乐亭武春芳撰此书排印本。

④ 中华书局（北京）版《续修四库全书总目提要·经部·礼类》第五〇八页、《检斋读书提要》第一〇三页著录，清歙县程瑶田撰此书，收入《安徽丛书》本中。

⑤ 中华书局（北京）版《续修四库全书总目提要·经部·群经总义类》第一四一三至一四一四页、《检斋读书提要》第一〇七页著录清阳湖吴翊寅著，为广雅书局本。

⑥ 《检斋读书提要》第一一页著录清茹敦和撰此书，收入《茹氏易学》本中。按，茹敦和是清代易学大家，著易学著作11种，除《变卦考》未收入《茹氏易学》，并无刊本外，其中《二闾记》《小义》二书为县人李慈铭重订外，余均为原本。

⑦ 《检斋读书提要》第一四页著录。

⑧ 《检斋读书提要》第二三页著录清嘉兴王元启撰《惺斋杂著》本中收此书。

⑨ 《蛾术轩箧存善本书录·甲辰稿》卷一第一一五二至一一五四页、《检斋读书提要》第一〇五页著录，复旦大学王欣夫藏清浙江嘉兴刘承干嘉业堂抄清晋安黄世发撰此书稿 3 册本，由歙县吴承仕、武昌徐恕手校。

⑩ 《检斋读书提要》第一一〇页著录清歙县鲍廷博知不足斋刻宋乐清李季可撰此书。

⑪ 《检斋读书提要》第一一二页著录近人贵池刘世珩辑刻《聚学轩丛书》本中收清惠栋撰此书。

⑫ 《检斋读书提要》第一一四页著录近人贵池刘世珩辑刻《聚学轩丛书》本中收清惠栋撰此书。

⑬ 《检斋读书提要》第一一六页著录近人吴兴刘承干嘉业堂刻《嘉业堂章氏遗书》本中收浙江会稽清章学诚撰此书。

篇》一卷计2种4卷[①]、《信摭》一卷[②]、《乙卯札记》一卷[③]、《丙辰札记》一卷[④]、《知非日札》一卷[⑤]、《阅书随札》一卷[⑥]、《十驾斋养新录》二十卷《余录》三卷计2种23卷[⑦]、《非石日记钞》一卷[⑧]、《无何集》十四卷[⑨]计17种经、史、集类书，总计63种古籍。

他在古籍整理上也留下遗泽，如批校汉郑玄注、唐孔颖达疏、唐陆德明音义《礼记注疏》六十三卷[⑩]，辑由清程瑶田校《仪礼经注疑直辑本》五卷（见程瑶田条）。他还校《尚书孔传参正》三十六卷[⑪]等古籍。

他的主要刻书活动有：

民国十年(1921)刻歙吴承仕撰《经籍旧音》一卷、民国十年(1921)刊歙吴承仕撰《经籍旧音序录》一卷计2种2卷。《北京图书馆普通古籍总目·文字学门》第十卷第109页、《贩书偶记·经部·诸经总义类》

---

① 《检斋读书提要》第一二〇页著录近人吴兴刘承干嘉业堂刻《嘉业堂章氏遗书》本中收浙江会稽清章学诚撰此书。

② 《检斋读书提要》第一二三页著录顺德邓实风雨楼排印清浙江会稽章学诚撰此书。

③ 《检斋读书提要》第一二五页著录顺德邓实风雨楼排印清浙江会稽章学诚撰此书。

④ 《检斋读书提要》第一二七页著录顺德邓实风雨楼排印清浙江会稽章学诚撰此书。

⑤ 《检斋读书提要》第一二九页著录吴兴刘承干嘉业堂刻《章氏遗书》本中收清浙江会稽章学诚撰此书。

⑥ 《检斋读书提要》第一三二页著录吴兴刘承干嘉业堂刻《章氏遗书》本中收清浙江会稽章学诚撰此书。

⑦ 《检斋读书提要》第一三三页著录收入清钱大昕撰此书，收入《潜研堂全书》本中。

⑧ 《检斋读书提要》第一三六页著录收入清歙县大阜居吴潘祖荫辑刻《滂喜斋丛书》本中，为清钮树玉撰。

⑨ 《检斋读书提要》第一三八页著录清熊伯龙撰此书，为今北京大学图书馆藏乾隆甲寅（1794）刻本。

⑩ 《中国古籍善本书目·经部·礼类》第192页著录，湖南省图书馆藏崇祯十二年（1639）毛氏汲古阁刻《十三经注疏》本中此书仅存卷一至九计9卷不全本。

⑪ 《蛾术轩箧存善本书录·癸卯稿》卷一第七一六至七一七页著录，复旦大学王欣夫教授藏光绪三十年（1904）王氏虚受堂刻清长沙王先谦撰此书6册本，由吴县王欣夫嘱友临歙县吴承仕、蕲春黄侃、江北陈尊默校。

卷三第76页著录，国家图书馆藏1册本。

民国十年（1921）刻吴承仕撰《经籍旧音序录》一卷。《中国古籍总目·经部·小学类·音韵之属·音说》第1180页、许承尧《疑庵所藏古籍善本书目》著录，湖北省图书馆、安徽省博物馆（1册本原刊本）藏。

附 民国十二年（1923）铅印吴承仕撰《经籍旧音辨证》七卷。《中国古籍总目·经部·小学类·音韵之属·音说》第1180页著录，湖北省图书馆藏。

民国甲子（十三年，1924）冬歙县吴氏刊歙县吴承仕撰《淮南旧注校理》三卷、《校理之余》一卷计2种4卷。《贩书偶记·子部·杂家类·杂学之属》卷十第270页著录，四川省图书馆藏1册本。《安徽省馆藏皖人书目》第133页、《安徽文献书目》第343页、许承尧《疑庵所藏古籍善本书目》著录，安徽省博物馆藏民国间刊1册本仅为《淮南旧注校理》三卷，无《校理之余》一卷，系不全本。

民国乙亥（1935）春刻歙县吴承仕撰《淮南旧注校理》三卷。《蛾术轩箧存善本书录·辛壬稿》卷三第五七五至五七七页著录，复旦大学王欣夫教授藏1册本，由如皋冒广生校并手跋。据之，检斋此书据刘泖生影写北宋本、明朱东光《中立四子》本，并参议唐宋类书，手校庄逢吉刊本成。乙亥春刊成，以1册本见赠。冒校本则借明刘绩刊本加以参校，及在20年后归还此书，则眉端校文已遍。不但为读《淮南子》善本，而且铅笔书写又为校勘家所创见，并指出庄刻虽据《道藏》本，但多处篡改，已为王怀祖、顾涧宾所纠。

新文化运动旗手、大编辑家胡适

一、悲壮的爱国者——胡适其父

胡适（1891—1962）乳名嗣糜，行原名洪骍，字适之，有希彊、期自胜生、铁儿、冬心、适广、胡天、藏晖、天风、适盦、蝶儿、骍等笔名，还有毅斋主人之号[①]，有藏晖室，绩溪县上庄人，李改胡昌翼公第42代后裔，胡传的季子。

其父胡传（1842—1895，一作1841.3.11—1895.8.22），行名祥蛟，原名守珊，字铁花、铁华、铁夫，又字守三，号钝夫，有吟月轩、近溪山房等室名，16岁随父胡奎熙[②]至上海沙川茶叶店。同治四年（1865）中秀才，翌年春考入以经学家刘熙载为院长的上海龙门书院。目睹清廷封疆大吏对边疆地理无知而误国，与沙俄侵略者签订一系列不平等条约的教训致力于边疆地理研究。九年（1870），以科考优等，例选贡三等，贡选儒学训导。光绪七年（1881），沙俄再次强迫与清签订《里瓦机亚条约》，抢占我国大批领土的教训，他痛心地指出“中国患在西北，而发端必始东北”。在妻亡子幼的情况下，决定向族兄胡嘉言借二百金，半作旅费，经兵部主事胡宝铎荐至宁古塔，求得钦差大臣吴大澂发放通行文书，对东北进行考察。足迹所至边河三姓珲春等处。翌年又深入沙俄、朝鲜交界的十三道嘎牙河山区考察。经过艰苦卓绝的实地考察，指出东北防务重点在瑷珲与珲春，主张废除不平等条约。他深受吴大澂赏识，延聘为吴幕僚，并保奏为知县，授五常厅抚民府同知，兼理儒学。于光绪九年三月，奉吴大澂命由瑚布图河历老松岭赴珲春与沙俄廓米萨

---

① 现藏胡近仁孙辈手中在国内从未发表的胡适在1907年悼念女杰秋瑾烈士《题秋女士遗影》两首诗就署“毅斋主人未定草”。

其一是：

前曾卜邻，相去仅咫尺；
何咫尺间，彼此不相识。

其二为：

后见君影，倭刀光熠爚；
雨复秋风，斯人不可作。

② 胡奎熙（1822.3.31—1906.3.5）行名贞锜，字世恩，好律钧。业茶，为李改胡昌翼长子北宋开宝（968—1003）末任绩溪令胡延政后，为明经胡昌翼公第40世孙，受清诰封奉政大夫、通议大夫。生5子，铁花为其长子。

尔会勘边界。十一年，收回黑顶子地区。十二年（1886）春卸任，留办荒政，旋奔母丧。

十三年（1887）至广州，追随迁任广东巡抚吴大澂，被委派海南岛巡察民情民生。次年（1888），吴大澂调任黄河道总督，随吴去郑州督办河工。

十四年，黄河在郑州决口，河道总督吴大澂召胡传赴河南襄赞河务。因功，吴大澂再次保举为知府用。

铁花一生三娶。第一位夫人冯氏婚后不久，于同治二年（1863）为太平军所掳，尽节身亡，没有留下子息。第二位夫人曹氏至光绪三年（1877）生双胞胎儿子难产而亡，丢下存世嗣稼①、嗣秬②、嗣秠③三子及三女。铁花在外为官，丢下一群无人管束子女，亟须找个贤内助。闻冯氏贤德旋返里，于光绪十五年（1889）九月时年47岁娶冯氏（即胡适母冯顺娣［1873.5.12—1918.11.23］，时年17岁，本县中屯村农家冯金灶长女）。十七年（1891），任淞沪厘卡总巡。

十七年十二月二十八日，在上海大东门外生下胡适。

十八年二月，胡适随母移居上海浦东川沙。同月铁花应台湾巡抚邵友濂请调台协防。他足迹遍台湾，先任全台营务处总巡，继任台南盐务提调、掌管台湾盐政。十九年（1893）五月署台东直隶知州，兼台东军务。

---

① 胡嗣稼（1871.3.4—1916.12.3）行名洪骏，字耕云。官虚领从九品，吸鸦片，不务正业，胡适隔水长兄。

② 胡嗣秬（1877.9.29—？）行名洪骓，后改名胡觉，字绍之。学习刻苦，办事干练，先后在上海梅溪书院、南洋公学堂师范科就读，国学生，候选知县，先后在上海、辽宁等地任职。

③ 胡嗣秠（1877.9.29—1894初夏），行名洪駓，字振之，与胡嗣秬为孪生兄弟，为胡适隔水三哥。国学生，先后在上海梅溪书院、南洋公学堂师范科就读。梅溪书院为胡铁花好友张焕纶（字经甫）创办，学制改革后易名梅溪学堂。胡适进此学堂时不久改为梅溪小学。胡适在这里接触了大量的进步人士和同学，阅读了不少反映新思潮的革命读物，并自命为“新人物”，并不愿参加上海道衙门毕业考试。

十九年（1893）2月26日，胡适随母及四叔介如[①]、二哥嗣秬、三哥嗣秠从上海至台湾，住台南。年底，全家迁往台东。在此期间铁花兼统镇海后军各营，赏加三品衔。次年实授台东直隶知州，以知府在任候补。二十一年（1895）1月，在日本侵华军甚嚣尘上，胡适与母及三哥随四叔离台返沪。光绪二十一年（1895）甲午战争中中国战败，4月17日，清廷与日本签订丧权辱国的《马关条约》，承认朝鲜"独立"，割让辽东半岛、台湾（含钓鱼群岛）、澎湖列岛给日本，赔款二万万两白银。台湾军民反对割台，要求台湾省巡抚唐景崧带领全台抗日，并被推为台湾民主国大总统，刘永福为主军大总统。

《马关条约》后，胡传积极协助总兵刘永福坚持抗日。因积劳成疾，患脚气病，两腿浮肿不能行动，始于当年（1895）8月18日离职，22日（阴历七月初三）病逝于厦门。由其次子嗣秬扶柩回故里安葬。受清诰授通议大夫，赏戴花翎。1958年10月11日国民党台湾当局正式颁布将胡传入祀台湾省忠烈祠命令，"以昭矜式"。

其遗著经整理为《吟月轩吟草》、《龙门书院读书日记》[②]、《铁夫笔记》、《近溪山房诗文集》、《台湾日记》[③]、《杂著》又名《胡氏杂稿》不分卷[④]、《胡铁华文钞》不分卷[⑤]、《台东州采访册》不分

---

① 胡介如，名玠，字守操。廪生，初任私塾先生，后任安徽阜阳县训导。胡适二叔祥谷、三叔祥纪、五叔祥祜。

② 《中国古籍总目·子部·杂家类·杂纂之属》第1960页著录，北京大学图书馆藏抄本。

③ 胡颂平《长编初稿》第6册载，1951年1月21日，身在美国的胡适写信给台湾省文献委员会主任委员黄纯青，商谈出版其父胡传《台湾日记》问题。此书出版后定名《台湾日记与禀启》，于1960年6月7日，他分赠多人。

④ 《中国古籍善本总目·集部·清别集》第一六三〇页、《中国古籍总目·集部·别集类·清代之属·清后期》第2484页著录，北京大学图书馆藏稿本。安徽省图书馆藏《胡氏杂稿》不分卷稿本。该稿本半页8行，行字不等。

⑤ 《中国古籍总目·集部·别集类·清代之属·清后期》第2484页著录，中国科学院图书馆藏清抄本，有寿征题识。

卷[1]、《钝夫年谱》四卷[2]及自编训子（胡适）启蒙读物《学为人诗》、《原学》（均为四言韵文诗）[3]等。

二、艰辛奋发的求学时代

胡适自幼丧父，在母亲的教导下，求学上进。光绪二十一年（1895）二月十日，从上海回故里上庄，并在四叔创办的家塾读书。他因聪明刻苦，被时人称为神童。自父亲过世后，家庭主要支撑靠其二哥嗣秬在上海经营茶叶维持全家生计。直至光绪二十九年（1903）先后由家塾四叔介如和族兄禹臣任教。当年下半年胡适随舅父冯诚厚去泾县恒盛泰药店学做生意。因亲朋故旧都认为胡适天资聪慧，应该继续读书才结束他的学徒生涯。

在家塾读书9年，使他获得深厚的古文、古典知识功底。在故里上庄完成9年乡村教育，后在次兄的帮助下，去上海求学。于1904年2月、1905年春先后在梅溪学堂、澄衷学堂[4]读小学、中学，接受大量新知识、新思想。尤其是在澄衷学堂语文老师杨千里教授《天演论》时取名胡适，

---

① 《中国古籍总目·史部·方志类·地志之属·台湾省》第4779页著录，清胡传纂《[光绪]台东州采访册》不分卷附清陈英纂《台东志》一卷收入《台湾文献丛刊》《台湾方志汇编》等丛书中。

② 1987年天津古籍出版社影印北京大学图书馆稿本丛书编辑委员会编《北京大学图书馆稿本丛书》第一批有此书。胡颂平在《长编初稿》第9册中记载1960年3月22日有人来问写自传应该看些什么书时，他推荐了清汪辉祖的《病榻梦痕录》《病痕余录》和罗思举的《罗壮勇公年谱》后说："我父亲的《钝夫年谱》是一部很好的自传，可惜没有写完。"

③ 胡适在《四十自述·九年的家乡教育》中记述他不满3周岁开始在父亲的亲自教育下认字，在其仅认千字的母亲督导下，离开台湾前已认识700多字，并指出："我念的第一部书是我父亲自己编的一部四言韵文，叫作《学为人诗》，他亲笔抄写了给我的。这部书说的是做人的道理。""我念的第二部书也是我父亲编的一部四言韵文，叫作《原学》，是略述哲理的书。"

④ 澄衷学堂为宁波富商叶成忠创办，位于今上海第58中学。该校总教白振民为胡适二哥嗣秬同学，是个课程比较完备的好学校，是白老师看了胡适在梅溪学堂的作文认为很有才气而劝入此校。

字适之。

光绪三十二年（1906）九月入中国公学[①]。（1908 年）7 月任《竟业旬报》[②]编辑。陈独秀主编的《安徽俗话报》与胡适主编的《竟业旬报》拉开白话文运动的序幕。1908 年 9 月，中国公学当局取消校内带有民主色彩的评议部和执行部，开除一批思想进步的学生，引发风潮，160 多名学生集体退学，另组“中国新公学”，并在爱而近路庆祥里新租校舍开学，胡适担任英文教员，仍主办《竟业旬报》，因不愿住原中国公学，而住庆祥里报社内。这时次兄经营的上海店不景气，而失学，其败家长兄闹分家，他又不愿回绩溪老家，并提出已是 18 岁人了，应自立，不参与分家产，1909 年 2 月《竟业旬报》停刊，闲居上海海宁路南林里。11 月，经王云五介绍，去华童公学教国文。次年（1910）春，辞掉华童公学教职，闭门读书，预备考第二期“庚款”留美官费生。5 月，同次兄嗣秬同上北京参加 6 月留美考试。1910 年 8 月 16 日，公费去美国留学，一住就是 7 年。他因家贫，虽考入公费留洋，但起程费用还是同里同学程乐亭父资助 200 元才能成行，故去美国初读不收费的康奈尔（康南耳）大学农科。1912 年春季起，离开农学院，改入该校文学院。1915 年 6 月 20 日后入哥伦比亚大学，攻读哲学博士，成为杜威实验主义信徒。1917 年 2 月获得哥伦比亚大学哲学博士学位，一直在哥伦比亚大学哲学系研究部。6 月 1 日，正式从哥伦比亚大学文学院毕业。

胡适在美留学期间，在学术上十分活跃，先后担任美（国）东（部）

---

① 中国公学是中国留日学生因 1905 年日本文部省颁布取缔中国留学生政治活动规则而愤然返国创办的公立大学，并于当年 12 月经 13 省代表全体会议决议定名中国公学。1906 年春，正式在上海新靶子路（今武进路）黄板桥（今横浜桥）北租屋成立并开学。

② 《竟业旬报》是中国公学学生组织竟业学会于 1906 年 12 月 28 日创办，至 1909 年 2 月停刊的学会刊物。其宗旨为振兴教育，提倡民气，改善社会，主张自治。胡适先后以希彊、期自胜生笔名连载 3 期《地理学》（未完），第 3 期又以铁儿笔名发表章回小说《真如岛》等，后又以适之、冬心、适广等笔名发表札记小说《毅斋杂译》、谴责小说《生死之交》及多种自撰文字等走向文学创作道路。1908 年 8 月中旬后他还接管了该刊，成为多面手报人。

学生会科学研究部文学股委员，庚款学生会中文书记兼任会报事、书记、哲学教育群学部委员长，世界学生会会长，文艺科学生同业会东部总会长等职。不断地在《留美学生年报》《季报》《月报》，美国《展望》《哥伦比亚观众》杂志，英国《皇家亚洲协会杂志》等刊物发表各类文字，翻译多种外文书籍，他关心国内外大事，并以自己的认识标准加以评论，不少文字寄往国内《甲寅》《新青年》《太平洋》等杂志上发表，多次在有关学术会上作演讲报告，传播中华文化、信息，编自选《尝试集》《去国集》等新诗集。尤其自 1913 年起担任《留美学生年报》编辑，1914 年 6 月 10 日，与在美国哈佛及康奈尔大学就读的中国留学生任鸿隽、赵元任、杨铨、周仁、胡达（明复）、秉志（农山）、章元善、过探先、金邦正（仲藩）等在纽约绮色佳城发起成立“中国科学社”，次年（1915）1 月创办《科学》杂志，“以提倡科学，鼓吹实业，审定名词，传播知识为宗旨”。1916 年秋担任《留美学生季报》总编辑，这对他的成长和在学术上的历练有很大帮助。他在留美期间的主要活动和主要文字在其所撰留学日记《藏晖室札记》十七卷中都有记载。

民国四年（1915）9 月 15 日陈独秀在上海创办《青年杂志》，后改名为《新青年》。民国五年（1916）10 月 1 日，在 美国留学的胡适给陈独秀信中提出“文学革命”的口号，并提出必须从“一曰不用典；二曰不用陈套语；三曰不讲对仗（文当废骈，诗当废律）；四曰不避俗字俗语（不嫌以白话作诗词）；五曰须讲求文法之结构。此皆形式上之革命也。六曰不作无病之呻吟；七曰不摹仿古人，语语须有个我在；八曰言之有物。此皆精神之革命也”八事入手[①]。

民国六年（1917）1 月，《新青年》由上海迁往北京，成为文学革命、新文化运动、五四运动中最有影响的刊物。胡适在《新青年》第 2 卷第 5 号发表《文学改良刍议》对此前八事作进一步阐述，说明它们是文学

① 《寄陈独秀》载《新青年》第二卷第 2 号，信中着重谈他在美蕴褱已久关于文学革命这个命题。

上的根本问题。第6号上，陈独秀也发表了《文学革命论》，特别指出："文学革命之气运，酝酿已非一日。其首举义旗之急先锋，则为吾友胡适。余甘冒全国学究之敌，高张'文学革命军'大旗，以为吾友之声援。"在他们的带动下，在全国掀起了轰轰烈烈的新文化、新思想、新思潮运动高潮，为旧的民主革命和新民主主义革命高扬起革命的大纛。

三、学成归国先后出任北大教授和中国公学校长

早在民国六年（1917）年1月，陈独秀给在美留学的胡适信中说："蔡孑民（元培）先生已接北京（教育）总长之任，力约弟为（北京大学）文科学长，弟荐足下以代，此时无人，弟暂充乏。孑民先生盼足下早日回国，即不愿任学长，校中哲学、文学教授俱乏上选，足下来此亦可担任。"[①]5月29日，决心学成归国的胡适与恩师杜威辞行。6月9日，离开纽约。10日，至绮色佳与红颜知己韦莲司女士辞行。6月14日，抵尼格拉瀑市，经水牛城、圣保罗、文苦瓦、日本横滨港、神户至7月10日抵上海，"二哥、节公、聪侄、汪孟邹、章洛声，皆在码头相待"[②]，欢迎胡适学成归国。下旬，回安徽绩溪探亲访旧。9月，应蔡元培聘请，出任北京大学教授，讲授中国哲学、中国哲学史、英国文学、亚洲文学名著等课程。年底，与北京大学诸学耆共商创建北京大学图书馆，与章士钊、王宠惠、秦汾、夏元瑮、王建祖、陈独秀同当选为北京大学编译会评议员，并受聘为北洋政府教育部主办的"国语统一筹备会"会员。12月30日，奉母命，回绩溪上庄与在光绪三十年（1904）由母亲经办、本家叔叔胡祥鉴为媒所定的旌德县江村江冬秀（原名端秀，1890.12.19（农历十一月初八—1975。）结婚。婚联是自写的，第一幅是"旧约十三年，环游七万里"；第二幅是"三十大月亮[③]，廿七岁老新郎"。

---

① 《胡适与陈独秀来往书信》，载1982年11月台北《传记文学》第四十一卷第五期。

② 《藏晖室札记》卷十七。

③ "三十夜"，指公元纪年，为农历十一月十七日，故有"大月亮"。

胡适这位自幼受儒家教育思想熏陶，成长于变革中的旧中国，又接受西方教育的新文化巨人却娶了一个没有文化的山中小脚女人，曾招来诸多非议，成为民国“七大怪事”之一。这实是中华传统美德在他身上的具体体现，胡适是个厚道人、大孝子，江冬秀在他去美国求学期间，作为尚未过门的媳妇，无怨无悔地照顾体弱多病的胡母近10年，所以胡适摈弃了中外红颜知己和无数红粉粉丝，与江冬秀相濡以沫厮守终身。

胡适为什么在婚姻上会是这样的结局呢？他在1918年给胡近仁的通信中吐露了自己的心声和修为。他说：“吾之就此婚事，全为吾母起见，故从不曾挑剔为难（若不为此，吾决不就此婚。此意但可为足下道，不足为外人言也）。今既婚矣，吾力求迁就，以博吾母欢心。吾之所以极力表示闺房之爱者，亦正欲吾母欢喜耳……此事已成往迹，足下阅此书后，乞拉烧之，亦望勿为外人道，切盼！切盼。”所以蒋介石对他的挽联为：“新文化中旧道德的模范，旧伦理中新思想的师表”[①]，这个评价倒是十分贴切的。

民国七年（1918）1月5日，《新青年》编辑部组织扩大，由陈独秀一人主编改为《新青年》社同人编委会负责编辑，办刊宗旨由宣传西方自然科学和资产阶级政治学说，逐步演变为“打倒孔家店”。胡适也在这次扩编中加入《新青年》编辑部，仍在北京大学教授中国哲学史、西洋哲学史、英文诗、欧洲文学名著等课程。11月7日，俄国十月革命胜利，列宁领导的布尔什维克党创立了世界上第一个社会主义国家，11月11日，第一次世界大战以协约国胜利结束，中国是协约国成员，是第一次世界大战中的战胜国。15、16日，在北京天安门广场上召开的庆祝会上，李大钊发表《庶民的胜利》的演讲，又撰《布尔什维主义的胜利》分别发表在《新青年》杂志上，使之成为宣传马列主义的主要阵地。

① 载1962年2月25日台北《中央日报·总统撰挽联，悼念胡适博士》。

由于《新青年》在20世纪20年代的影响，成为中国有为青年的精神家园和革命号角，以至当时只要向知识青年提问“你喜欢读什么杂志？”时，必会得到肯定的答复：“《新青年》杂志。”毛主席在学生时代最佩服的人是陈独秀和胡适。1936年，毛泽东同志和斯诺谈话中回忆说：“《新青年》是有名的新文化运动的杂志，由陈独秀主编。我在师范学校学习的时候，就开始读这个杂志了。我非常钦佩胡适和陈独秀的文章。他们代替了已经被我抛弃了的梁启超和康有为，一时成了我的楷模。”[①]可见该刊物在中国思想史上的历史地位。胡适因前期追随陈独秀，参与《新青年》，尤其是他在“五四”前后提倡白话文和文学改良，使他声名鹊起，也成为青年崇拜的偶像。

11月25日，胡适与江冬秀及侄思聪离京回绩溪上庄奔母丧。27日下午[②]，胡适与陈独秀、李大钊、周作人等在北京大学文科学长室商议创办《每周评论》，12月22日由陈独秀、李大钊任主编的《每周评论》在北京正式创刊，每周4开4版，辟有“国外大事评述”“国内大事评述”“社论”“随感录”“新文艺”等栏目。第26期后，因陈独秀被捕，李大钊避难离京，改由胡适主编，改变了该刊宗旨，胡适还在第31期上发表《多研究些问题，少谈些主义》一文，引起“问题与主义”的论战。

尤其是1919年8月李大钊在《每周评论》第35期上发表《再论问题与主义》一文，认为中国社会的各种问题要得到根本解决，必须用马克思主义进行变革，批判了胡适“多研究些问题，少谈些主义”的主张，展开了“问题主义”这个大是大非问题的论战。该刊于民国八年8月30日出至37期，被北洋政府查禁。由李大钊任主编《晨钟报》改名《晨报》，并于次年2月7日由李大钊增设“自由论坛”“译丛”专栏，使

---

① 转引自王子野撰《胡适研究丛录·序》第1页，北京：生活·读书·新知三联书店1989。

② 此时间据1982年湖南人民出版社出版的《周作人回忆录》记载的，应不确，因此间胡适正在奔丧中，应是12月某日。

之成为拥护新文化和宣传社会主义思想的理论阵地。

民国八年（1919），胡适于3月1日任北京大学评议会审计委员。5月2日下午7时，胡适为第二天请恩师杜威演讲“开辟出一条道儿”，在江苏省教育会演讲“实验主义”。5月3日，他在上海担任杜威演讲的中文翻译。5月15日，胡适参与创办的《新中国》月刊出版。5月29日陪杜威到北京，对继续高潮的爱国学生运动表示不满，要求学生复课，并提议将北京大学迁往上海，此时已体现出他与革命者的分歧。6月8日、12日，杜威在北京西城手帕胡同北洋政府教育部会场演讲“美国之民治的发展”，均由胡适担任翻译，此后他为杜威在北京、山西太原、山东济南演讲担任翻译，这就是《杜威五大演讲》一书的由来。

杜威来中国后，从社会哲学与政治哲学等5个方面全面、系统地介绍和宣传实验主义的演讲，使之风靡一时，并从1917年7月起，分别在《新青年》《每周评论》《晨报副刊》《新潮》《觉悟》《学灯》等著名杂志刊登，《五大演讲》的单行本，在他离开中国时已出至第10版，不仅提高了杜威哲学论在中国的影响，也使胡适大大提高了身价。

10月25日，胡适以最多票当选为北京大学评议会评议员，并自本月27日起，经蔡元培校长批准代理患眼疾的马寅初2周的教务长之职至12月13日马氏正式辞职，17日正式与马寅初交结。11月29日，胡适与马裕藻、钱玄同、周作人、刘复等提议北洋政府教育部颁行新式标点符号。12月2日，出任北京大学组织委员会委员。

民国九年（1920）5月，担任国语统一筹备委员会临时大会主席及审查委员会主席。6月，胡适从缎库搬后门里钟鼓寺14号居住，这时担任北京大学教职员会总务会议游艺组主席。8月1日，与蒋梦麟、陶孟和、王征、张祖训、李大钊、高一涵联名发表《争自由的宣言》。同时在本月由陈独秀、胡适分别作序亚东图书馆汪原放加新式标点和分段的《水浒》并陆续出版《儒林外史》《红楼梦》《西游记》《三国演义》等古典名著，胡适的第一部白话诗集《尝试集》也在亚东图书馆出版。

9月17日，在北京大学第23年开学日典礼上攻击新文化运动的主流，说新文化运动“就是新名词运动。拿着几个半生不熟的名词，什么解放、改造、牺牲、奋斗、自由恋爱、共产主义、无政府主义……你递给我，我递给他”。并说：“我自己是赌咒不干的，我也不希望你们北大同学加入。”他认为新文化运动旨在“普及”及“提高”两个方面。“希望北大的同人一齐用全力向‘提高’这方面做工夫。要创造文化、学术及思想，唯有真提高才能真普及。”[①]说明胡适已成“五四”运动以来进步学生的对立面，遭到知识界的严厉批判。10月16日，北京大学评议会决议，胡适为预算委员会和聘任委员会委员兼出版委员会委员长。

民国十年（1921）商务印书馆编辑部主任高梦旦多次力劝胡适“辞去北京大学的事，到商务印书馆去办编辑部”[②]。4月27日其与胡适辞行，胡适再次婉拒，只答应去上海玩3个月。7月15日，应高梦旦之邀，自北京去上海商务印书馆考察。7月18日，在商务印书馆编译所议定“做一个改良的计划”。此后，劝英文部主任邝富灼翻印西洋近代名著。在编译会议上提议编《中学国文参考丛书》，与张菊生、高梦旦谈编纂《常识小丛书》事，共拟了25个题目，建议王云五编一部中学用的《西洋历史》，与方叔远、马涯民商谈编纂《大字典》，与孙星如（毓修）谈《四部丛刊》的编纂，与顾吉刚谈编写《中国历史》等。8月27日陈独秀来信，希望他出任安徽省教育厅厅长。9月7日上午9时半乘车离开上海回北京，结束这次上海考察商务印书馆之旅，回来后写了万余字《商务印书馆的报告》。

胡适在上海期间，商务印书馆原想请他主持编译所，但因教学与写作忙，他推荐王云五代替。他只承担亚东图书馆和商务印书馆等诤友，为出版业作出了重大贡献，如商务印书馆出版的《万有文库》的提倡、策划者就是胡适。9月29日，担任北京大学预科委员会委员。11月9日，

---

① 1920年9月18日《北京大学日刊·胡适之先生的演说词》。

② 1985年中华书局版《胡适的日记（上）》。

再次任北京大学组织委员会委员、预算委员会委员、出版委员会委员长。

民国十一年（1922）1月，任北京大学研究所国学门委员会委员。2月18日，被推为北京大学研究所国学门杂志主任编辑并起草《奖学金章程》。还担任中华教育改进社筹划全国教育费委员会赔款部部员。2月23日拒绝美国哥伦比亚大学校长Nicholas Monroe高薪邀请他去教中国哲学和中国文学。3月21日，被推为《国学季刊》主任编辑。4月25日，出任北京大学教务长兼英文学系主任。5月7日，胡适与丁文江等创办《努力》周报任主编，并以胡适的《努力歌》为发刊词。该刊至十二年10月21日，《努力》周报办至75期时正式停办。上登《胡适启事》，说明停刊原因是他积劳成疾，逾年“顷来上海，再受医生的诊察，医生仍不许我多做工。我自己既不能工作，而暑假过后，我的朋友又都很忙了，我实在不敢再拿这个来累他们了。只好决定《努力》出至第七十五期为止，暂时停刊……将来拟改组月刊，或半月刊。《读书杂志》[①]仍继续出版。”他在10月15日所作的《一年半的回顾》（载第75期《努力》）中说，《努力》自48期发表《玄学与科学》一文后，成为思想革新的阵地，“最有价值的文章恐怕不是我们的政论，而是我们批评梁漱溟、张君劢一班先生的文章和《读书杂志》里讨论古史的文章”。“如果《新青年》能靠文学运动而不朽，那么《努力》将来在中国的思想史上占的地位应该靠这两组关于思想革命的文章，而不靠那些政治批评——这是我敢深信的。”他在10月9日致高一涵、陶孟和信中已说明因病请假一年不去北京上课，并停办《努力》周报，续办《读书杂志》，并指出：“二十五年来，只有三个杂志可代表三个时代，可以说是创造了三个新时代。一是《时务报》，一是《新民丛报》，一是《新青年》……我想，我们今后的事业，在于扩充《努力》，使它直接《新青年》三年前未竟的使命，再下二十年不绝的努力，在思想文艺上给中

① 《读书杂志》第一期1922年9月3日出版，为胡适主编的《努力》周报单独发行的副刊。

国政治建筑一个可靠的基础。”[1]1922 年 5 月 13 日，与蔡元培、王宠惠、罗文干、汤尔和、陶行知、王伯秋、梁漱溟、李大钊、陶孟和、朱经农、张慰慈、高一涵、徐宝璜、王征、丁文江等人联名发表《我们的政治主张》载 5 月 14 日《努力》周报第三号，提出“好政府”主张。11 月 2 日，继续担任北京大学评议会评议员。11 月 15 日，被推为北京大学第二十五周年纪年筹备委员会学术演讲部筹备员。12 月 9 日，被选为北京大学各学系分组会议第二组主席。12 月 17 日，因旧病复发，向学校请假 1 年，改选顺梦余为教务长以代胡适。当年，胡适出任《新教育》教育哲学组和高等教育组编辑员。这一年，胡适著述《章实斋先生年谱》、《尝试集》附《去国集》、《先秦名学史》（英文本的哥伦比亚大学的博士论文）、《国语文学史》、《中国哲学史大纲》、《杜威五大演讲》等分别由上海商务印书馆、亚东图书馆、北京《晨报》社出版。

民国十二年(1923)因病请假一年，住北京钟鼓寺 14 号，先后去上海、杭州休养，并从事学术活动。1 月《国学季刊》创刊，胡适任编辑委员会主任，并发表《〈国学季刊〉发刊宣言》，提倡“整理国故”。3 月 7 日，与蔡元培、范源濂、黄炎培、郭秉文、张伯苓、汪兆铭、陶行知 8 人被推为中华教育改进社代表，出席 6 月 28 日在美国旧金山召开的万国教育会议。10 月 24 日，虽人在杭州，但仍任北京大学评议部评议员；10 月 30 日人在上海，仍被选为北京大学组织委员会委员、聘任委员会委员、出版委员会委员。

民国十三年（1924）仍在北京大学任教，但大部分时间休养。10 月 9 日，继续任北京大学评议部评议员。民国十四年（1925）以养病为主。3 月，被聘为中英（退还）庚（子赔）款顾问委员会中国委员。4 月，被推为中华全国村市建设协会哲学顾问。5 月 27 日，被推举为中华图书馆协会任期 3 年董事，并分别任财政委员会、索引委员会委员。11

① 《胡适来往书信》上册。

月下旬，被推选为北平图书馆委员会书记（范源濂为委员长、陈仲骞为副委员长）。

民国十五年（1926）准备下半年去欧洲。2—5月，以卫灵顿子爵为团长、庄子敦为秘书长、胡适为委员的中英庚款顾问委员会中国访问团从上海到汉口、南京、杭州、北京、天津等地就委员会如何开展工作问题征求各地意见。其中，在4月23日夜，还在上海客利饭店为王云五的“四角号码检字法”写序。7月20日前至哈尔滨，准备到英国出席中英庚款委员会议。7月22日，与中英庚款委员会英方委员苏狄尔乘西伯利亚铁路火车经莫斯科去英国。

胡适在莫斯科停留间，受到中山大学、东方劳动大学的中国留学生和中国驻苏联大使馆工作人员的热烈欢迎，并应邀去中山大学演讲。他在这次演讲中盛赞1917年俄国革命成功，但也不忘鼓吹美国，就这样，国内还怀疑他被赤化。8月4日抵英国伦敦中英庚款委员会后，8月14日抵法国巴黎，并住了34天。主要在巴黎国家图书馆检读1908年伯希和从敦煌拿走的古写本，共看了50多卷写本，重点整理唐代禅宗史料、禅宗论著。9月底，返回伦敦，在会议之余，抓紧时间去英国博物馆查伦敦写本目录卡，不忘搜寻流落的中国古籍和宣传中华传统文化演讲。10月初，继续参加中英庚款全体委员会会议，直至12月31日夜离英，乘船去美国。在旅途中作《海外读书杂记》，主要内容为敦煌写本略史、敦煌卷子内容、神会的《显宗记》及语录、《永嘉证道歌》、《维摩诘经唱文》的作者与时代。

民国十六年（1927）1月12日，抵纽约，继续从事学术活动。这年春天，与徐志摩、余上源、丁燮林、叶公超、潘光旦、刘英士、罗隆基、闻一多、饶孟侃、梁实秋、邵洵美、张嘉铸等合资在上海创办新月书店，公推胡适为董事长，张嘉铸（禹九）为经理，梁实秋为编辑。4月中旬，在国外被增补为上海中国公学新校校董。同时由美国启程回国，途经日本横滨，在日本的23天里游历了箱根、京都、奈良、大阪等处，在东京住了14天，5月底从神户回到上海。6月，被选为中华教育文化基金会董事，并兼任秘书，掌握该基金会实权。月底租住上海极司斐尔路（今万航渡路）49号甲楼房，并一直住到1930年11月底。在上海居住3年半期间写了一百余万言稿子。8月，应聘为上海光华大学教授。10月，应蔡元培请，充任国民政府大学委员会委员，并参与筹备中央研究院的活动。当年，《国语文学史》、《词选》、《戴东原的哲学》、《短篇小说》第一集（由亚东图书馆出第10版）分别由北京文化学社、商务印书馆、亚东图书馆出版。

民国十七年（1928）1月，胡适决定退出新月社。3月10日，新月社在上海创办《新月》月刊，由徐志摩、叶公超、闻一多、梁实秋等编辑。创刊号上载《新月的态度》，提出所谓"健康""尊严"等原则，与无产阶级文学对立。2月，应聘为上海东吴大学法律学院和光华大学哲学课开讲座。4月30日，胡适就任上海中国公学校长兼文理学院院长兼讲中国文化史课程。6月10日，被选为中国公学校董仍继任校长。6月29日，被选为中华教育文化基金会名誉秘书。暑假对中国公学进行院系调整，共设文理学院及社会学院及商学系、中国文学系、外国文学系、哲学系、数理学系、史地社系、政治经济学系两院7系。并与高一涵、杨亮功、罗隆基等发起创办《吴淞月刊》。当年，《白话文学史》上卷、《庐山游记》由新月书店出版，《中国的丧礼改革》收入《秋叶集》，由上海Kelly和Walsk出版。

民国十八年（1929）1月4日，去杭州中华教育文化基金会第三次董事常会上辞去董事一职。2月1日，中华图书馆协会聘其为名誉会员。6月29—30日，又被推为中华教育文化基金会董事。民国十九年（1930）续任上海中国公学校长兼文理学院院长又兼文史学系主任。5月19日，辞去中国公学校长职，由马君武继任。

胡适在任中国公学校长期间，不挂国民党旗，敢于收政府通令不准收的上海大学转学生，周一上午不上国民党纪念周，采取蔡元培办学包容宗旨，允许学生言论自由，聘请教授不限资历，不分派别，唯才是举。如中国文学系他就先后聘请了王闿运的学生马宗霍、左派作家白薇、陆侃如冯沅君夫妇、沈从文、郑振峰等名流，并教出了像吴健雄、吴晗、罗尔纲这些高才生。尤其在1929年胡适在任中国公学校长期间先后在《新月》上发表《人权与约法》《知难行亦不易》《我们什么时候才可以有宪法》《新文化运动与国民党》等批评国民政府文章，被教育部“奉命警告”、围攻，查禁文章等，1930年5月，胡适被迫辞去仅当了3年的中国公学校长之职，仍回北京大学。由于国民党高压政策，胡适离开上海时，他的好友和心爱的学生们无一人敢去送行，只有上海大学转学来的学生罗尔纲陪同胡适带着江冬秀和两个儿子全家上火车，临上火车时，有个学生作为学生会代表跑来与胡校长拍照留念，为躲避国民党盯梢特务，照完相后跑步离开，到北京，好友们也不敢露面迎接胡适。说明此时胡适仍是个不与国民党当局合流的学者。7月2日，出任中华教育文化基金会联任名誉秘书、编译委员会委员长。10月13日，被选为北京大学评论会评议员。11月28日，搬家到北平后门内米粮库4号。12月9日，被聘为《北大学生月刊》编委会顾问。当年担任新闻学会总务。其《人权论集》《神会和尚遗集》《胡适文存》第三集等分别由新月书店、亚东图书馆出版，其《中国哲学史纲》卷上由商务印书馆印第15版。最大的写作工程是完成《中古思想史长编》，主要内容为齐学、《吕氏春秋》、秦汉之间的思想状态、道家、淮南王书、统一帝国的宗教、儒家的有为主义，有中国公学油印本，手稿现存台北胡适纪念馆。

民国二十年（1931）1月9日出任北京大学文学院院长兼中国文学系主任，主讲中古思想史。3月，被聘为北京大学演讲辩论会导师及预赛评判员。10月，去上海参加太平洋国际学会，并任会议主席。当年，《胡适文存》第三集、《神会和尚遗集》、《胡适文存》初集（15版）、《胡适文选》（第2版）由亚东图书馆出版，《散文选粹》又名《胡适文选》由上海亚洲印书馆出版，《中国文学史选例》卷一由北京大学出版部出版，《章实斋先生年谱》及《中国哲学史大纲》（收入《万有文库》作《中国哲学史》）由商务印书馆出版，《白话文学史》（第5版）由新月书店出版，《中国中古思想史纲要》（十二讲）由北京大学出版部油印，发表英文稿《儒家学说》《康有为》，由纽约麦克米兰公司出版，《中国历史里的宗教和哲学》由上海太平洋学会收入《中国文化讨论集》出版。

民国二十一年（1932）1月12日，被国民政府聘为全国财政委员会委员。2月初，去协和医院住院45天，割盲肠。4月4日夜，写信给蒋梦麟，辞谢他推其出任北大校长，并劝蒋梦麟不要抛开北大去当教育部长（此信抄稿存台湾胡适纪念馆）。4月8日夜，复汪精卫信，辞谢要他任教育部长。5月22日，由他主编设于北平后门慈慧殿北月牙胡同2号的《独立评论》第一号出版。6月2日，被聘为德国普鲁士国家学院哲学史学部通讯会员，并且是聘任中国会员第一人。11月30日，任北京大学图书委员会及财务委员会委员。本月兼任北大教育系主任。当年主要学术成果为5月19日夜，完成《中国中古思想史的提要》前12章脱稿。这是他从民国二十年至二十一年在北京大学讲义的提要，经修改后定名《中古思想小史》（此书由台湾胡适纪念馆出版）。

民国二十二年（1933）1月9日，成为中国民权保障同盟会员。1月19日，被聘为商务印书馆大学丛书委员会委员。1月30日下午，被推选为中国民权保障同盟北平分会主席，李济为副主席。4月8日，再次复汪精卫信，拒绝担任教育部长。4月25日，与翁文灏、丁文江等35人被国民政府聘任农村复兴委员会委员。4月28日，汪精卫动员胡适出任驻德公使，遭胡拒绝。6月18日，从上海乘英国轮船赴美、加等国参加太平洋国际学会第五次会议，进行学术活动，反对日本侵略中国宣传到10月初从加拿大温哥华乘船回国，经日本横滨，于10月25日晚抵达上海，10月29日夜回北平。他在国外期间，国内于7月14日推聘为国立北平图书馆委员会委员长，回校后仍任北京大学图书委员会委员长、财务委员会委员、出版委员会委员。归国后，胡适面对日本侵华步步紧逼的国内政治发表了不少政论文字，如11月19日在《独立评论》第77号上发表《建国问题引论》，11月20日在《独立评论》第78号上发表《世界形势里的中国外交方针》，11月27日夜作《福建的大变局》载《独立评论》第79号，1933年12月17日又在《独立评论》第81号上发表《建国与专制》，在该刊第82号上发表《再论建国与专制》，总的倾向维护国民政府，反日、反共、反对抗日的福建中华共和国人民革命政府，把外交重点放在欧美、日本。

国民党为了利用他，汪精卫、唐有壬等国民政府一些要员先后要他出任外交官，11月24日唐有壬希望他出任驻美大使。当年，出版著作有5月由著者书店出版《评近人考据〈老子〉年代的方法》，美国芝加哥大学出版部出版《中国的文艺复兴》（此书系在美国芝加哥大学的“中国文化的趋势”的6次演讲，从历史叙述来解释中国的文艺复兴），9月在上海亚东图书馆出版《四十自述》（当年出第2版）、《短篇小说》第二集（收入《米格尔》《扑克坦赶出的人》《戒酒》《洛斯奇尔的提琴》《苦恼》《楼梯上》6篇翻译小说），《胡适日记》（《藏晖室札记》的前两部分）由上海文化研究社出版，《尝试集》（第14版）、《胡适文选》（第3版）等由亚东图书馆出版，英文稿《对哲学法则的意见》载《太平洋事务月刊》第6卷。

民国二十三年（1934）2月，与唐擘黄合译的杜威撰《哲学的改造》由上海商务印书馆出版。4月，《庐山游记》由上海商务印书馆出版，《胡适文选》（第4版）由上海亚东图书馆出版。6月29日，任中华教育文化基金会名誉秘书，仍兼编辑委员会委员长、北平图书馆委员长，并对该馆收藏《王韬手稿》七册进行整理写跋，并考证出昆山（旧名新阳）王韬入学名王畹，字君兰有关资料，后收作《跋北平图书馆王韬手稿七册》的附录。在9月30日《独立评论》第120号上发表《论国联大会的两件事》，就9月17日苏联加入国联和中国未能连任非常任理事发表评论："苏俄加入国联，是世界国际关系史上的一件最大事。其意义重大，约有两点：第一，苏俄的参加国联可以减除世人对于国联的许多误解。""第二，苏俄的参加可以使国联增加一点新的勇气，打开一个新的生命。"文中批评了国民党"政府很大的失职"。当年，《说儒》由《国立中央研究院历史语言研究所集刊》以单本出版发行，《章实斋年谱》（姚名达订补本）由商务印书馆印第 2 版，英文稿《中国之文艺复兴》由美国芝加哥大学出版部出版。

民国二十四年（1935）1 月 5 日，接受香港大学法学名誉博士学位。2 月 1 日，自蒋介石发表"中日亲善"谈话，国民党政府下令"取缔排日"，至 6 月 9 日，国民政府代表何应钦与日本驻华北司令梅津美治郎签订《何梅协定》，出卖了我国华北主权，充分暴露了国民党媚日反共嘴脸，胡适在去香港、广州等地进行演讲后，3 月 24、25 日分别在《中国周报》第 5 卷第 12 期、《独立评论》第 143 号发表英、中文《中日提携，答客问》，在回答日本新闻联合社记者山上正义提出的 11 个问题中指出："我不信中日两国关系真渐好转"，"我今日的'日本观'，是日本还在这个整个民族自杀的路上，并不曾回头"，"我深信'以外交交涉解决满洲问题'是中日和好之根本条件。我也深信此事有'非常困难'。但伟大的政治家不应该因困难而苟安"，表现了对日本侵略者本性本质有冷静的思考。6 月 11 日晨，作《沉默的忍受》（载《独立评论》第 155 号）针对亲日派何应钦与日寇签订的卖国《何梅协定》，国民党政府作出 10 方面的可耻妥协，发表 4 点评论，斥责国民政府媚日卖国行为，提醒中外认清"中日提携"迷梦，号召国民"救国的唯一大路是齐心合力的爱护我们的国家"，"为她服务，为她尽忠"，表现了中国知识分子的良知。但他反对北大学生反对华北特殊化，反对成立冀察政务委员会的学生运动，如他在 12 月 9 日的学生游行示威中，与蒋梦麟、傅斯年等登台发言表示反对。9 月 7 日，当选为中央研究院第一届评议会评议员。10 月，出任北京大学图书馆委员会、出版委员会、学生生活委员会委员。当年还担任北大文科研究所歌谣研究会委员。本年出版的专著有10月份由上海国民出版社版《南游杂忆》，年底，上海商务印书馆版《胡适论学近著》第一集，“这一集本是《胡适文存》第四集的一部分。因为有许多讨论政治的文字——尤其是我这三四年来讨论国际政治的文字，——在这个时候不便收集印行，所以我把其中关于学术思想的一部分抽出来，编成这一集《论学近著》”。① 由郑之光选编《胡适论说文选》由上海希望出版社出版，《四十自述》由亚东图书馆出第3版。

四、为抗日大计再次赴美国

民国二十五年（1936），蒋介石继续执行联日反共的“安内攘外”卖国投降政策，中国共产党在国家危亡关口发出《八一宣言》，呼吁停止内战，一致抗战，得到爱国志士一致拥护。终于至12月12日，张学良、杨虎臣等国民党内抗日将领发动“西安事变”，扣留去西安部署剿共的蒋介石，逼蒋抗日，在周恩来等中共领导人的努力下，初步结成抗日民族统一战线。但胡适态度始终站在国民党方面，反对学生运动，反对西安事变，维护蒋介石。7月14日，由上海启程去美国，8月上旬到达美国，参加第六届太平洋国际学会大会，在8月29日闭幕会前当选为该会副主席，是年得美国哈佛大学及南加州大学荣誉文学博士学位。11月上旬，由美国旧金山启程回国，12月1日抵达上海。当年出版的著作有商务印书馆印《胡适论学近著》第2版，上海希望出版社印《胡适论说文选》第2版，由日本岩井谛亮译、胡适著《楞伽宗考》发表在《日华佛教研究会年报》第一年本中。

民国二十六年（1937）仍任北京大学文学院院长兼中国文学系主任，讲授中国思想史和中国文学史等课程。2月27日，任欧美国学会主席。

① 载1935年12月商务印书馆初版《论学近著》第一集。1953年由台湾远东图书公司重排时改名《胡适文存》第四集。

5月21日，担任政治学会会议主席。6月5日，开始为商务印书馆编高初中国语教科书。6月20日，被推为世界教育会议主席（东京之行未果）。

卢沟桥事变后，全面抗战开始。8月13日，被聘为国民政府“国防参政会”参议员。此后南下九江、汉口、香港，以及菲律宾马尼拉、关岛、中途岛、檀香山、旧金山、尼瓦克、华盛顿，于10月20日会见美国总统罗斯福，要求支持中国抗日。是年《四十自述》在上海亚东图书馆印第4版，剑桥哈佛大学出版社出版《习俗、思想和艺术中的独立、聚合和借鉴》中收入胡适英文稿《中国的印度化：文化上外来影响的研究》，日本《自然杂志》第5号发表日本梅田洁译胡适撰《读经评议》。

民国二十七年（1938）仍在美国宣传中国传统文化和时局。6月当选为“国民参政会”参政员。7月13日乘船赴欧洲，19日到法国。20日在法国夏浦港口接到蒋介石要他任驻美大使。7月27日前后在英国收到国民政府和蒋介石电文，催其去就任驻美大使。经过一个多星期考虑，他一改20年不从事政治、20年不谈政治的初衷①，在国难当头，决定响应国家征召，复电蒋介石称：“现在国家是战时，战时政府对我的征调，我不敢推辞。”10月5日赴华盛顿就任驻美大使，第二天正式履职。这一干前后长达5年的驻美大使，为中国抗日战争竭尽全力，为弘扬中华传统文化使尽浑身解数。

他是在特定历史条件下出任驻美大使的，他认为自己的职责在于增进两国间的了解与信任。因此，他的外交特色在于作为文化使者和作为一位杰出演说家而从事的活动。

今引一则新闻，可见他外交生涯忙碌之一斑。1942年上半年《华

---

① 耿云志在他所撰《胡适研究论稿·年谱》记载了1938年7月30日写信给已移居上海的夫人江冬秀的信中说，过去曾发愿“二十年不入政界，二十年不谈政治。那二十年中，‘不谈政治’一句话是早就抛弃的了。‘不入政界’一句话，总算不曾放弃……今日以后的 二十年，在这大战争怕不可避免的形势里，我还能再逃避二十年吗……我只能郑重向你再发一愿：至迟到战争完结时，我一定回到我的学术生活去。”

盛顿邮报》称："中国驻美大使胡适，最近六个月来曾遍游美国各地，行程达三万五千里，创造了国外使节在美旅行之最高纪录。胡大使接受名誉学位之多，超过罗斯福总统；其发表演说次数之多，则超过罗斯福总统夫人；其被邀出席公共集会演说之记录，亦为外交团所有人员所不及。"[①] 据统计，在1942年他先后获得美国纽约州立大学荣誉文学博士、俄亥俄州立大学荣誉法学博士、罗却斯德大学荣誉法学博士、奥白林学院荣誉法学博士、威斯康辛大学荣誉法学博士、妥尔陀大学荣誉法学博士、东北大学荣誉法学博士、普林斯顿大学荣誉法学博士、达脱茅斯学院荣誉文学博士、第纳逊大学荣誉法学博士[②]。因此，他在1942年8月15日收到国内免其大使职务电报当晚11时就回电称："蒙中枢垂念衰病，解除职务，十分感激。"[③] 胡适在极其困难的国际环境里为国家呕心沥血，在美国各地发表百次以上演说，大部分内容是宣传中国抗战的世界意义和中国抗战到底的决心，动员、感化美国各界同情中国抗战，支持中国抗战，以自己的影响和长处，为中国抗战作出了一定的贡献，尽了一个炎黄子孙在国家危难关头应尽之责。

他在美外交活动积极成果得到驻在国美国的认可，在他卸任时，美国《纽约时报》发表评论说："重庆政府寻遍中国全境，可能再也找不到比胡适更合适的人物……他在美国读书、旅行、演讲，对美国文化之熟悉，如对其本国文化之了解。他所到之处，都能为自由中国得到支持。"[④] 更使日本吓怕。1940年日本一家报纸曾以社论形式激烈攻击胡适在美国的演讲活动，说他诱导美国反对日本，煽动美国人仇日情绪，要求美国政府对胡适的演讲加以制约。1941年11月5日，日本御前会

① 据台北《传记文学》第二卷第三卷第2册载胡颂平撰《适之先生的博士学位及其他》《胡适博士学位补正》统计。

② 摘自1942年7月2日重庆版《大公报·胡大使在美之声望》。

③ 摘自耿云志撰《胡适研究论稿·年谱》。

④ 转引自台北《传记文学》第四十五卷五期，张忠栋撰《胡适使美的在评价》中所引 New York Times Sept.3.1942.

议时，首相东条英机也提出胡适在美国活动对日本的不利影响。从而说明胡适在驻美大使任上为中国抗战作出功不可没的贡献。

在任驻美大使期间除了大量繁冗政务争取外援外，最主要是演讲和写稿也耗费了大量心力。他的著述也不断出版和再版。如1938年上海商务印书馆印了他的《庐山游记》第5版，在中外刊物上发表多篇英文稿，由于太劳累，他在12月5日纽约中国文化协会再度演讲“日本对中国的战争”报告后，就住了75天医院。他发表的《日本侵华战争》英文稿也由纽约中国文化协会出版。1939年将他在1910年8月至1917年7月在美国留学期间的日记和杂记《藏晖室札记》由上海亚东图书馆出版，10月在《人民论坛》第20卷第19—20期上发表《中国文学简史1870—1920》德文稿，11月在该刊第20卷第21—22期发表《曾国藩与桐城派》德文稿，以及在纽约等出版、发表多篇英文稿。还于1939年6月6日获美国哥伦比亚大学名誉法学博士学位。

1940年3月由日本吉川幸次郎译胡适《四十自述》日文稿由日本创元社出版，当年在日本《支那及支那语》第三卷第10—12号上发表日本金子二郎译胡适撰《国语文法研究法》日文稿，在《改造》第二十二卷4号上发表日本大岳韦译胡适撰《支那之情势》日文稿。当年6月还获得美国韦斯尔阳大学法学荣誉博士、杜克大学法学荣誉博士、克拉大学法学荣誉博士、卜隆大学法学荣誉博士、耶鲁大学荣誉博士、联合学院法学荣誉博士、伯令马学院法学荣誉博士、宾州大学法学荣誉博士学位[①]。

民国三十年（1941）发表多篇外文稿在国外 刊物上。其中，伊利诺大学出版社出版的《伊利诺大学政府制度演讲集》第二卷收入胡适讲演《一个民主中国的历史基础》，宾夕佛尼亚大学二百周年纪念会编印的《政治学及社会学研究集》收入胡适关于工具主义的政治哲学的略述

---

① 台北《传记文学》第二卷第3期、卷三第2期载胡颂平撰《适之先生的博士学位及其他》、《胡适博士学位补正》及胡不归撰《胡适之先生传》。

英文稿《工具主义作为一个政治概念》及本年《美国学校行政协会会务报告》中收胡适撰英文稿《知识储备》等。本年3月28日接受加利福尼亚大学荣誉法学博士学位，5月29日接受位于加拿大蒙特利尔的麦基尔大学法学名誉博士学位，6月17日接受佛蒙特州密特雷大学法学博士学位，本年又得美国森林湖学院荣誉法学博士、狄克森学院荣誉法学博士，本年又得美国森林湖学院荣誉法学博士、狄克森学院荣誉法学博士、密达柏瑞学院荣誉法学博士、加拿大多朗多大学荣誉法学博士等，还被聘为美国新闻记者兄弟会名誉会员。

当年做了一件值得一书的文化工作是我国北平图书馆有数百部善本书运至华盛顿，委托美国国会图书馆代为保存。该馆馆长和美国国务院与胡适同往书库察看。“他一进书库，便如入宝山，情不自禁地席地而坐，旁若无人地看起书来。一看便看了个把钟头。”接着同一道来的要员们“大谈其‘善本’的经纬”[①]。这批书是北平图书馆寄存上海法租界善本书籍100箱分批运往美国，其中25箱寄存美国国会图书馆，75箱寄存加州大学。胡适所察看的应是其中寄存国会图书馆的25箱善本书[②]。

民国三十一年（1942）9月6日，国民政府中央社正式发布胡适辞去驻美大使职务消息：“我国驻美大使胡适，近来因患心脏衰弱，不胜繁剧，迭向中枢表示去志。兹闻中央已准其所请，拟另畀工作。其驻美大使继任人选，已内定由魏道明氏担任。”[③]结束驻美大使后，1942年9月8日，国民政府聘任胡适为行政院高等顾问，没有接受。9月18日，胡适离开华盛顿，移居纽约。因身体原因，暂不回国，继续在美从事学术活动。本月在华盛顿《世界事务月刊》第105卷第3期上发表《中国历史里为知识自由的奋斗》英文稿，10月在《亚洲杂志》第42卷第10

① 台北《传记文学》第三十二卷第4期载唐德刚撰《“我的朋友”的朋友—回忆胡适之先生口述历史之八》。

② 1941年10月30日《袁同礼致胡适》，收入《书信选》中册。

③ 引自1942年9月6日重庆《大公报·驻美大使胡适辞职》。

册上发表《中国人的思想》英文稿，12月14日在《现代中国月刊》第二卷第15期上发表《亚洲与广泛的世界秩序》英文稿等，还有《太平洋区域永久和平的必要因素：一个中国人的看法》《中国在当前世界竞争中的地位》等英文稿收入有关论集中。他的专著《中国章回小说考证》收入《〈水浒传〉考证》、《〈水浒传〉后考》附《致语考》、《百二十回〈忠义水浒传〉序》、《〈水浒〉续集两种序》、《〈红楼梦〉考证》、《重印乾隆壬子本〈红楼梦〉序》、《考证〈红楼梦〉的新材料》、《跋〈红楼梦考证〉》、《〈西游记〉考证》、《〈三国演义〉序》、《〈三侠五义〉序》、《〈官场现形记〉序》、《〈海上花列传〉序》、《〈镜花缘〉的引论》16篇序跋考证文字的专辑，由实业印书馆出版。

民国三十二年（1943）担任美国国会图书馆东方部名誉顾问。2月1日，出任美国学术界协会研究咨议。3月24日，入选中国史学会理事。当年获得美国的纳克尔大学荣誉文学博士学位。

民国三十三年（1944）主要在美高校及团体演讲、讲学，研究中国传统文化。10月22日，应聘到哈佛大学讲8个月的《中国思想史》。11月29日，经过3个月考虑后，决定辞谢母校康奈尔大学请他作1946—1947年度的“梅辛杰讲座”，因他决定讲完哈佛大学课后不再接受束缚他自由行动的聘约，所以不可能在康奈尔大学待上2年半。

民国三十四年（1945）3月27日，国民政府行政院发表胡适为出席旧金山联合国大会代表团成员。4月25日，中国参加在旧金山召开的联合国制宪会议，首席代表宋子文，成员有胡适、顾维钧、王宠惠、魏道明、吴贻芳、李璜、张君劢、董必武、胡霖、施肇基11人。会议期间，他与中共代表董必武就战后中国政府交换意见时，他公然要求中共放弃武力，随后又通过王世杰给毛泽东发去电报，重申他的提法，说明他反共思想自始至终未变。6月接受联合国科教文组织邀请，8月参加在荷兰召开的国际大学会议。9月3日，朱家骅电称要他去任北京大学校长。当即复电说明“去国八年，对国内教育完全隔膜，且已允两处母校（指康南耳［康奈尔］大学与哥伦比亚大学）讲学，不便废辍，拟一月底讲完即归国，故不能担任教育会议代表”。9月6日，国民政府正式任命胡适为北京大学校长。10月2日，国民政府教育部国语推行委员会聘为委员。10月10日，胡适等7人获国民政府颁发“胜利勋章”（695号）。下旬，作为由美国动身去英国参加联合国教育文化会议首席代表，还有李书华、程天放、罗家伦、赵元任为成员。当年获英国牛津大学法学荣誉博士学位。

民国三十五年（1946）3月，被推为国民党当局国民大会代表，4月20日国民政府正式公布。内战开始后，他毫不犹豫地站在蒋介石一边，反对中共。6月5日，由纽约乘塔虎脱总统号邮轮，经旧金山、巴拿马等港口，历时30天于7月5日下午抵达吴淞归国，结束他长达8年的国外生活。

五、北大校长任上

1946年7月12日晨飞抵南京，受到蒋介石及教育部长朱家骅、外交部长王世杰等迎宴。7月29日与长子祖望一道飞往北平，当日被选为协和医院董事长。到校后即履行校长之责，9月正式就任北京大学校长，直至北平和平解放。在11月中下旬召开的“国民大会”担任主席团成员，嗣又担任第一审查、第二审查及综合审查（宪法）委员会委员。12月3日，拒任联合国科教文组织秘书长。12月21日担任“国民大会”第十二次大会主席，将《宪法草案》交付二读会讨论。12月23日被推为宪草决议案整理委员会成员。12月25日被聘为国际文化合作协会理事。当年，由日本吉川幸次郎译胡适撰《胡适自传》即《四十自述》日文版由日本养德社出版，英文稿《中国人的思想》由伯克利加利福尼亚大学出版社出版《中国》收入。

民国三十六年（1947）1月14日被推为国际关系学会理事。2月坚拒蒋介石拟请加入国民政府委员兼考试院院长职位。但蒋介石为“撑面子，要如此”，仍要他参加政府人事。在他坚辞下，终于不任国府委员。4月16日被推为北京大学博物馆筹备委员会召集人。5月，胡适邀请北大、清华等校教授组织独立时论社，针对国内外重大时事政治问题撰写评论帮助蒋介石。此刊至1948年6月26日出版至29期停刊。7月19日成为新成立的平津民治促进会理事长。10月21日任北平佛教流通处筹备成立佛教图书馆董事。11月9日，当选为久大盐股份有限公司董事，后任董事长，李烛尘为总经理。11月，《藏晖室札记》由商务印书馆再版，改书名为《胡适留学日记》。12月6日，由胡适主编的《申报·文史》周刊第1期出版，作为日报副刊。12月12日，被聘为中美教育基金会董事会顾问，主持5人顾问组。11月16日夜，王世杰告诉胡适，蒋介石拟请他出任行政院院长，遭坚拒。当年胡适撰《词选》由上海商务印书馆印第3版。民国三十七年（1948）仍任北大校长，连任协和医院董事长。3月25—27日被选为中央研究院第一届人文组中国文史学院士。在3月29日至4月30日，在国民代表大会上被推为首次、二次预备会议临时主席。4月3日晚，蒋介石对王世杰说，他想请胡适为总统候选人，作蒋介石的陪衬。4月5日，胡适被选为“国大”主席团成员。

他把学术研究放在人生的第一位置，所以著述丰富。其重要著作有《中国古代哲学史》、《中国中古思想史长编》、《先秦名学史》、《戴东原的哲学》、《中国章回小说考证》、《国语文学史》、《中国白话文学史》、《胡适文存》、《尝试集》、《去国集》、《尝试后集》、《章实斋年谱》、《齐白石年谱》、《丁文江的传记》、《四十自述》、《胡适口述自传》、《胡适留学日记》、《胡适日记》、《杜威五大演讲》（译著）、《哲学的改造》（译著）、《短篇小说集》（译著）等在文学、史学、哲学等方面有代表性的著（译）作，由安徽教育出版社分册出版。安徽教育出版社还一次性推出1700万言《胡适全集》。其次序按《胡适文存》、《胡适文存二集》、《胡适文存三集》、《胡适论学近著》、《先秦名学史》、《中国古代哲学史》、《中国古代思想史长编》、《中国中古思想小史》（含哲学史著作残稿、试题等）、《〈戴东原的哲学〉及哲学类论文》、《〈神会和尚遗集〉及宗教研究论文》、《〈尝试集〉及译诗》、《〈终身大事〉及其他文学作品》、《文学翻译（如翻译小说）》、《白话文学史》、《国语文学史》、《中国文学史选例》、《词选》、《诗选》、《文学研究论文》、《四十自述》、《口述自传》、《南游杂记》、《章实斋年谱》、《齐白石年谱》、《丁文江的传记》、《〈水经注〉研究》、《史地研究论文》、《教育·语言·文字》、《科学·文化》、《时论》（一至三）、《书信》（一至二）、《日记》（一至六）、《英文著述翻译》（一至三）、《生平年表》、《著译年表》、《分类目录索引》等内容分类立卷。《胡适全集》的出版发行属已版安徽三大全集之一，另两种为《李鸿章全集》（2700万言）、《朱熹全集》（1400万言）。除《朱熹全集》由安徽教育出版社与上海古籍出版社联合出版外，余均为安徽教育出版社独家出版。它也是中华优秀传统文化中杰出代表、博大精深的徽学三大里程碑之一（朱熹是理学举旗人物、戴震是朴学举旗人物、胡适是新文化运动旗手），《朱熹全集》、《戴震全集》（黄山书社和清华大学出版社分别出版一套略有区别的全集）、《胡适全集》是徽文化的三大伟著、徽文化的三座高峰。

我是徽州人

——记上海图书馆原副馆长潘景郑先生与我的交往及我所知道的贡献

潘承弼（1907—2003），字良甫，号景郑，又号盉山，别署寄沤，有宝山楼、著砚楼、陟冈楼，宋韵金篇之居，亨谷次子，承厚弟，侨居上海。受业于章炳麟、吴梅等国学大师，后专攻古籍学。抗战期间任职于上海合众图书馆，新中国成立后一直在上海图书馆工作，并任副馆长直至1989年退休，为我国当代著名古籍文学研究员、目录版本学家、中国古籍善本书目编委会顾问，著有《敝帚存痕》《寄沤剩稿》《吴县潘氏宝山楼藏书目录》《宝山楼通俗小说书目》《著砚楼书跋》《日知录补校》《著砚楼读书札记》《词律校异》《图书金石题跋》等。

潘承弼最大贡献在版本目录学上。1956 年将携沪的宋元明刻抄校稿本，日览一书，咏绝句一首，略志内容行事，欲成《行笈千吟》，可惜“文化大革命”劫余，仅存 90 余篇。又与其姊夫顾廷龙老馆长合编《明代版本图录》[①]。又搜集整理印行毛氏《汲古阁书跋》、钱谦益《绛云楼题跋》、沈复灿《鸣野山房书目》、马瀛《吟香仙馆书目》等有功目录学的著作出版。承厚、承弼是苏州潘氏藏书世家之后，藏书中有继承祖父竹山堂的遗箧，潘氏先族滂喜斋、香雪草堂的旧藏；更多的是自购群碧楼、思园、缃素楼、怀辛斋、笺经室、铜井文房、小绿天等藏书家散出的遗书，以及搜罗乡邦及先人遗泽中的片纸只字。加上收购的通俗小说、弹词、鼓词等通俗的文学作品，清末民初稿本及宋元旧椠，使潘氏收藏十分丰富，叶景葵创办的合众图书馆就编该馆所藏《吴县潘氏宝山楼藏书目》六卷[②]。所以，王謇在《续补藏书纪事诗》中用“滂熹（喜）斋溯收藏富，金薤琳琅旧雅园。渊博当今刘子政，玄箸超超七略存”四句话来概括潘承弼、潘承厚及其姐夫顾廷龙的藏书盛况及学术贡献。

潘氏名藏中有宋绍兴婺州刊本《嘉祐集》、南宋本《春秋经左氏传句解》残本十二卷、宋大字本《陈后山集》二十卷、元本《古今韵会举要》及近人稿本有徐枋居易堂稿本《通鉴纪事类聚》，邓邦述《清世宗本纪拟稿》《群碧楼文稿》《随笔》，佚名《铭椒清馆日记》，许元澧《宾门日记》，许叶芬《少嵩日记》，张茂镛《日记》，叶昌炽《藏书

---

① 《中国古籍总目·史部·目录类·版刻之属·书影》第 5000 页著录，国家图书馆、上海图书馆、南京图书馆、广西师范大学图书馆（笔者亲查该馆藏书卡片著录为 4 册本）藏民国 30 年（1941）开明书店影印潘承弼、顾廷龙辑《明代版本图录初编》十二卷。

② 《北京图书馆普通古籍总目·目录门·图书馆书目》第一卷第 126 页著录，国家图书馆藏 1955 年上海合众图书馆印 1 册本。叶氏系近代大藏书家。

纪事诗》及《语石》，所辑古佚文《蠹淡庐丛稿》（《闻所未闻》）、《太炎先生著述目录后编初稿》[①]，还与顾廷龙合辑叶恭焯藏《番禺叶氏遐庵藏书目录》不分卷[②]、撰许厚基藏《怀辛斋书目后编》一卷[③]等。郑逸梅在《艺林散叶续编》第2132、1223条中说："潘景郑家旧藏清人诗文集一千三百多种，景郑补得一千数百种，编成目录，以待再访；清代之缙绅录、乡会试题名录及清代朱卷，旧藏亦甚多，景郑又补充缙绅录，咸同光宣四朝俱全。朱卷原有一千多种，补得千余种；又拟编苏州氏族考，因收苏州诸巨族家谱，有百余种，颇以未得申时行、宋德宜两家为遗憾；又方志亦收罗一部分，江苏、浙江两省均备，拟扩充至安徽。盖景郑原籍安徽也。综计若干年中增添图书加以旧藏，共计三十万卷，贮四百多箱。"

潘氏兄弟藏书除宝山楼外，还有著砚楼，以藏宋王著砚而名，陟冈楼及宋韵金篇之居。有"景郑收藏""曾在潘景郑家"朱长方藏书印。潘承弼兄弟收藏毁于抗日战争间日寇炮火。余书中宋元本捐送北京图书馆，余归上海合众图书馆，今归上海图书馆。今能反映当时藏书的有《著砚楼书跋》1册，著录自藏及所见403种善本书；上海合众图书馆编《吴县潘氏宝山楼藏书目录》六卷1册[④]；有讲史、烟粉、灵怪、公案、侠义、讽世、丛刻7类小说及弹词、鼓词计500余种的《宝山楼通俗小说书目》1册及《盉宁一书跋》一卷[⑤]。与姐夫、上海图书馆老馆长顾廷龙合编《明

① 《北京图书馆普通古籍总目·目录门·目录学》第一卷第42页著录，国家图书馆存民国26年（1937）铅印1册本2部。

② 《北京图书馆普通古籍总目·目录门·图书馆书目》第一卷第126页著录，国家图书馆藏1册本4部，其中2部为西谛藏，1册为陈垣赠书。此书为合众图书馆分目之二。

③ 《中国古籍总目·史部·目录类·总录之属·私藏》第4967页著录，上海图书馆藏此书稿本有潘承弼自跋。

④ 《中国古籍总目·史部·目录类·总录之属·私藏》第4968页著录，上海图书馆藏。

⑤ 《中国古籍总目·史部·目录类·总录之属·私藏》第4968页著录，上海图书馆藏。

代版本图录》[①]，辑《著砚楼辑佚书》等。

潘承弼还编辑石印先世师友的著述及罕传的珍稀秘籍。著名的有《蘧盦所藏尺牍》9种、《陟冈楼丛书》三集30种三十二卷。又印行章炳麟《春秋左传句读》、张鸣珂《寒松阁题跋》、龚自珍《定盦续集》、陈骥德《吉云居书画录》，辑有《著砚楼辑佚书》。还与兄潘承厚在1928年以原刊旧板印行宋刊某书，并附序为祖年与缪荃孙为此书所生误会辩诬。事情原委为缪荃孙据《滂喜斋藏书记》副本所录此宋刊本，遭祖年婉拒，缪氏不理解而产生误会，致书切责。祖年卒后数月，陈乃乾获缪氏副本在上海出售，附缪氏诋毁潘氏后人的序言。

潘老先人徙苏已逾3个世纪，但他始终以徽人自居，乡情依依。1986年欣然加入徽州学会，并将他所珍藏的程瑶田草书《竹庄春屋图诗》直幅捐赠给歙县博物馆，题跋为："蕲为桑梓遗永护耳。"又为《采白亭图》跋说："仆先世本歙人，徙吴已历三百年之久。唐始祖以下，先垄犹在歙之大阜村，即今聚族犹繁。顾以沧桑频仍，展墓无日。今冉冉老矣，望云恻怛，斯愿莫偿。孝文属题图卷，抚展之余，益深梦之无尽耳。是为跋。"笔者常展示潘老给笔者两函，以尽对这位乡贤的情思。

回想1986年我从安徽省基本建设委员会城市建设岗位调入安徽省新闻出版局从事《安徽省志·出版志》编纂工作，曾于翌年赴沪拜望乡贤胡道静和潘景郑两位老先生，并向他们请益安徽出版史，得到他们的多方帮助。尤其是泾县安吴胡道静先生在我寓沪期间每日给我一函，潘老先生在我离沪后还用毛笔直行给我写了热情洋溢的两封书信，严肃地盖上图章，作为我对他的永远的怀念的信物。同时也表达他对安徽尤其是徽州古代出版业孜孜为怀。回想我与潘老初次见面，值得一记。那是1987年秋天，正值潘老夫人住院才回来，潘老正在给老夫人铺被，我深感来得太突兀，很不好意思。潘老安顿好老夫人后，很热情地和我交

---

① 《中国古旧书刊拍卖目录》第683页著录，博古斋拍卖民国30年（1941）开明书店印行《明代版本图录·初编》白纸线装4册本。

谈，第一句话就说："我是徽州人！"当他看到我的介绍信后，马上从家徒四壁的抽屉里拿出徽州同志给他打印的徽学通讯录，指着上面所填安徽省基本建设委员会城市建设处徐学林问是不是重名？我告知省建委徐学林就是我，他很客气地说，早就对我在徽学研究上有所闻，因此我们谈得非常融洽。为了方便我在沪查找资料，向我推荐上海图书馆古籍部有关人员，并打招呼要他们给我查找古籍提供方便。又向我推荐在沪有关学者，其中重点介绍他的学生严佐之。我虽对严不甚了解，但他写的徽文化文章我看过了，尤其是他将徽藩误作徽州刻书人这一学术错误，令我无法释怀。因此我当面提出不想见此人，认为学术根底不深，他也不坚持。可见这样的大学者对年轻人的爱护与奖掖。临走，他还不忘找出一本新近出版的《寄沤剩稿》签名赠送给我。

潘老在古籍整理上也是功不可没。存世本有：

吴县潘氏宝山楼抄明不详纂修《明山书院私志》二卷。《中国古籍总目·史部·地理类·专志之属·书院》第3888页著录，上海图书馆藏。此书上海图书馆还藏明刻本和民国二十八年（1939）合众图书馆抄本计3个版本。

民国间吴县潘氏宝山楼抄明刘凤撰《吴郡考》二卷。《中国古籍总目·史部·地理类·杂志之属》第3758页著录，上海图书馆藏。

曹元忠、潘景郑校，程铭敬跋清初抄题金张师颜撰《金国南迁录》一卷。《中国古籍善本书目·史部·杂史类》第247页、《中国古籍善本总目·史部·杂史类》第三一四页著录，上海图书馆藏。

顾廷龙、潘承弼校清宣统刻《嘉业堂丛书》本中清沈钦韩撰《王荆公诗集李壁注刊误补正》四卷、《王荆公文集注·文集注卷之壬卷》。《中国古籍总目·集部·别集类·宋代之属》第213页著录，上海图书馆藏本中《文集朱卷之壬卷》据清稿校补。

清汪能肃校，罗振常、徐恕、潘景郑跋清抄清黄宗羲撰《行朝录》三卷。《中国古籍善本书目·史部·杂史类》第297页、《中国古籍善本总目·史部·杂史类》第三二一页著录，上海图书馆藏。

吴县潘景郑著砚楼藏旧抄本《明季野乘五种》七卷。其细目为：

清珠江寓舫撰《劫灰录》一卷，

明夏元淳撰《续幸存录》三卷，

《桂林留守始末》一卷，

《延平始末》一卷，

《舟山始末》一卷。

《中国丛书综录续编·类编·史类·杂史》第207页著录。

吴县潘氏宝山楼抄潘承弼藏并撰《宝山楼通俗小说目录》六卷。《中国古籍总目·史部·目录类·专录之属》第4988页著录，国家图书馆藏。

民国二十五年（1936）吴县潘氏宝山楼抄清葛嗣蔚辑《传朴堂方志目》一卷。《中国古籍总目·史部·目录类·专录之属》第4985页著录，上海图书馆藏。

吴县潘氏抄明浦光腾辑《东皇山志》一卷。《中国古籍总目·史部·地理类·山水志之属·山》第3899页著录，上海图书馆藏。

吴县潘氏宝山楼抄宗舜年藏、潘承弼辑《宗氏明本及印谱书目》不分卷。《中国古籍总目·史部·目录类·总录之属·私藏》第4963页著录，上海图书馆藏。

王大隆、顾廷龙、潘承弼跋清焦循撰《里堂家训》二卷手稿本。《中国古籍善本书目·子部·儒家类》第101页、《中国古籍善本总目·子部·儒家类》第八〇七页著录，上海图书馆藏。

潘承弼跋明刻题汉孔鲋撰、宋宋咸注《孔丛子》七卷、《释文》一卷计2种8卷。《中国古籍善本书目·子部·儒家类》第29页、《中国古籍善本总目·子部·儒家类》第七八七页、《中国古籍总目·子部·儒家类·儒学之属·两汉至唐》第50页著录，上海图书馆藏。该刊本半页8行，行17字，白口，四周双边。

嘉庆六年（1801）黄廷鉴抄并跋，清归兆篯、潘承弼跋五代王仁裕撰《开元天宝遗事》二卷。《中国古籍总目・子部・小说类・文言之属・笔记・杂事》第 2113 页著录，上海图书馆藏。

清黄廷鉴抄并跋，归兆篯、潘承弼跋嘉庆六年（1801）黄廷鉴抄五代王仁裕撰《开元天宝遗事》三卷。《中国古籍善本书目・子部・杂家类》第 643 页、《中国古籍善本总目・子部・杂家类・杂记》第一〇一一页、《中国古籍总目・子部・小说类・文言之属・笔记・杂事》第 2113 页著录，上海图书馆藏。

清刘履芬校、潘承弼跋清抄清王汝玉撰《梵麓山房笔记》七卷。《中国古籍善本书目・子部・杂家类》第 676 页、《中国古籍善本总目・子部・杂家类・杂记》第一〇一八页、《中国古籍总目・子部・杂家类・杂记之属》第 1876 页著录，上海图书馆藏。

范行准、潘景郑跋康熙间胡俊生抄明胡超撰《耻庵先生遗稿》不分卷。《中国古籍善本书目・集部・明别集类》第 597 页著录，上海图书馆藏。

潘景郑跋清归庄撰《归玄恭先生未刻稿》一卷手稿本。《中国古籍善本书目・集部・清别集类》第 940 页、《中国古籍善本总目・集部・清别集》第一五〇七页（但将稿本作归本）著录，上海图书馆藏。

潘景郑跋清华亭沈大成撰《学福斋诗文集残稿》□□卷稿本。《中国古籍善本书目・集部・清别集类》第 1197 页、《中国古籍总目・集部・别集类・清代之属・清前期》第 1398 页、《清人别集总目》第 1028 页著录，上海图书馆藏《学福斋诗集》中卷一、七、十一、十二、二十一、三十三计 6 卷，《文集》不分卷，《百一诗钞》卷一至三计 3 卷。此书有乾隆间（1736—1795）刻本中收《学福斋诗集》三十七卷、《首》一卷、《文集》二十卷、《近游诗钞》二卷，此书有 60 卷以上。

清张宗枘跋、潘承弼跋康熙间（1662—1722）刻清王士禛述、清郎廷德辑《诗问》四卷、《续》二卷计 2 种 6 卷。《中国古籍善本书目・集部・诗文评类》第 1895 页、《中国古籍总目・集部・诗文评类》第 3200 页、

《中国古籍善本总目·集部·诗文评》第一八一七页著录，上海图书馆藏《诗问》四卷。该刊本半页10行，行19字，白口，左右双边。

潘承弼跋清陈倬撰《隐蛛盦日记》不分卷。《中国古籍善本书目·史部·传记类一》第548页著录，上海图书馆藏稿本，记同治十三年至光绪元年（1874—1875）、六至七年（1880—1881）事。

潘承弼跋清冯芳缉撰《冯申之先生日记》不分卷稿本。《中国古籍善本书目·史部·传记类一》第560页著录，上海图书馆、上海社会科学院图书馆藏不全本，主记咸丰七年（1857）、十一年（1861）、光绪三至四年（1877—1878）、十年（1884）事。

陆廷黻、潘景郑跋清慈溪张翊隽撰《见山楼诗草》八卷。《中国古籍总目·集部·别集类·清代之属·清中期》第2265页著录，浙江图书馆藏稿本。

潘景郑著砚楼跋明抄明洧川范守己辑《肃皇外史》四十六卷。《新编天一阁书目·天一阁明抄本闻见录·史部·别史类》第277页著录，上海图书馆藏，潘景郑题跋称："此天一阁蓝格抄本，为许氏怀辛斋所藏，传世仅有抄本，此书当推第一。"

潘承弼跋弘治十七年（1504）刻公文纸印宋孟元老撰《幽兰居士东京梦华录》十卷。《中国古籍善本书目·史部·地理类二》第974页、《中国古籍善本总目·史部·地理类·杂志》第五〇七页、《中国古籍总目·史部·地理类·杂志之属》第3789页著录，国家图书馆藏。该刊本半页8行，行16字，白口，左右双边。

潘承弼跋、清许瀚录清何焯批校乾隆四十三年（1778）汪荻洲刻明都穆撰《金薤琳琅》二十卷、清宋振誉撰《补遗》一卷计2种21卷。《中国古籍善本书目·史部·金石类》第1463页著录，湖北省图书馆藏。

潘承弼跋清抄清孙星衍撰《京畿金石考》二卷。《中国古籍总目·史部·金石考古类·郡邑之属》第4809页、《中国古籍善本书目·史部·金石类》第1476页著录，上海图书馆藏。

潘景郑跋清劳权抄元郭畀撰《云山日记》不分卷。《中国古籍善本书目·史部·传记类一》第518页著录，上海图书馆藏。此日记主要记元至大元年（1308）事。

潘承弼校清杨氏邻苏园抄汉孙安国传《古文尚书》十三卷。《中国古籍善本总目·经部·书类》第三五页著录，上海图书馆藏，有杨守敬、叶景葵跋。

潘承弼跋章炳麟辑《古医方》一卷。《中国古籍善本书目·子部·医家类》第232页、《中国古籍善本总目·子部·医家类·方论》第八五六页（作《选方》一卷）著录，上海中医药大学图书馆藏稿本。

潘景郑跋、清翁同书评点嘉靖十二年（1533）顾春世德堂刻《六子书》本中晋郭象注、唐陆德明音义《南华真经》十卷。《中国古籍善本总目·子部·道家类》第一一三七页著录，上海图书馆藏。该刊本半页8行，行17字，白口，四周双边。

清陈奂校跋并录清黄丕烈题识，郭沫若、潘承弼跋清陈奂家抄唐房玄龄注《管子》二十四卷。《中国古籍善本书目·子部·法家类》第136页、《中国古籍善本总目·子部·法家类》第八二九页、《中国古籍总目·子部·法家类》第331页著录，上海图书馆藏。

潘景郑长跋旧拓《怀仁集王右军书三藏圣教序》1册裱本。《中国古旧书刊拍卖目录》第600页著录，博古斋拍卖此书。

潘景郑校古文社1958年版清马瀛撰《唫金仙馆书目》（不分卷）。笔者于1992年5月8日上午在广西师范大学图书馆藏书卡片上抄录，该馆藏。

潘景郑跋天一阁蓝丝栏抄宋苏轼撰《仇池笔记》。《新编天一阁书目·天一阁明抄本闻见录·子部·杂家类》第299页著录，见刘目，天一阁散出后曾由许氏怀辛斋收藏，潘景郑著砚楼书跋称："怀辛斋所藏天一阁抄本于志林并见者录存无遗，其声价当在各本上矣。"

民国戊寅（1938）年七月二十二日潘承弼跋清海宁陈德溥辑抄《宋

人小集四十种》（实42种）五十九卷。其细目为：

宋陶弼撰《陶邕州小集》一卷，

宋李涛撰《蒙泉诗稿》一卷，

宋严粲撰《华谷集》一卷，

宋毛珝撰《吾竹小稿》一卷，

宋邓林撰《皇荂曲》一卷，

宋胡仲参撰《竹庄小稿》一卷，

宋陈鉴之撰《东斋小集》一卷，

宋徐集孙撰《竹所吟稿》一卷，

宋陈允平撰《西麓诗稿》一卷，

宋释契嵩撰《镡津文集》二卷，

宋黄庶撰《伐檀集》一卷，

宋沈说撰《庸斋小集》一卷，

宋吴仲孚撰《菊潭诗集》一卷，

宋王同祖撰《学诗初稿》一卷，

宋葛起耕撰《桧庭吟稿》一卷，

宋吴汝弌撰《云卧诗稿》一卷，

宋黄大受撰《露香拾稿》一卷，

宋赵崇鉘撰《鸥渚微吟》一卷，

宋邹登龙撰《梅屋吟》一卷，

宋余观复撰《北窗诗稿》一卷，

宋朱南杰撰《学吟》一卷，

宋王琮撰《雅林小集》一卷，

宋释斯植撰《采芝集》一卷、《续稿》一卷，

宋陈起撰《芸居乙稿》一卷，

宋何应龙撰《橘潭诗稿》一卷，

宋释永颐撰《云泉诗集》一卷，

宋姚述尧撰《箫台公余词》一卷，

宋张镃撰《玉照堂诗钞》一卷，

宋释道璨撰《柳塘外集》二卷，

宋裘万顷撰《裘竹斋诗集》四卷，

宋刘过撰《龙洲道人诗集》一卷，

宋岳珂撰《玉楮诗稿》七卷，

宋张良臣撰《雪窗小集》一卷，

宋赵希㮣撰《抱拙小稿》一卷，

宋武衍撰《适安藏拙余稿》一卷，

宋张蕴撰《斗野支稿》一卷，

宋刘翰撰《小山集》一卷，

宋利登撰《骳稿》一卷，

宋刘仙伦撰《招山小集》一卷，

宋黄文雷撰《看云小集》一卷，

宋赵汝鐩撰《野谷诗稿》六卷。

《中国丛书综录·类编·集类·总集（宋代）》第844页、《中国丛书综录补正》第244页著录，北京大学图书馆藏。潘跋称："此钞本宋人小集四十家（应为42家），为师简堂陈氏所录。陈氏名德溥，海宁人，事迹未详。"目录后又有朱笔跋称："宋人小集，勉之侄从石门黄叶老人藏书钞出，余转钞荟萃成帙，各以钞得先后为序。今共钞四十二家，容有续钞，再为访采。丙申（光绪二十二年，1896）仲秋朔日记。"

附一　民国三十一至三十三年（1942—1944）吴县潘氏景印民国潘承厚辑、潘承弼续辑《蘧盦所藏尺牍》9种。其细目为：

民国三十一年（1942）景印《明清藏书家尺牍》，

民国三十二年（1943）景印《明清书苑尺牍》附民国潘承厚绘《蘧盦遗墨》，

民国三十三年（1944）景印《元明诗翰》，

民国三十三年(1944)景印《瞿忠宣公蜡丸书侯忠节公绝缨书合璧》,

民国三十三年(1944)景印《杨忠烈公左忠毅公遗札合璧》,

民国三十三年(1944)景印《明季忠烈尺牍初编》,

民国三十三年(1944)景印《明季忠烈尺版二编》,

民国三十三年(1944)景印《明季吴中三老手札》。

《中国丛书综录·类编·集类·总集(民国)》第一册第871页著录,上海、上海师范大学图书馆藏。

附二　民国三十二至三十四年(1943—1945)石印潘承弼辑《陟冈楼丛刊》2集30种三十二卷。其细目为:

甲集作13种实28种28卷:

清潘祖荫辑《古塤考释》一卷,

清潘世恩辑《兰陔絜养图咏》一卷,

清潘世恩辑《家庆园咏》一卷,

民国潘祖年撰《拙逮诗存》一卷,

清潘世恩撰《使滇日记》一卷,

清潘曾莹撰《丙午使滇日记》一卷,

清潘祖同撰《竹山堂联语》一卷,

清潘成谷撰《碧云仙馆吟草》一卷,

清潘祖荫撰《郑盦诗存》一卷、《文存》一卷,

清潘祖荫撰《己丑恩科乡试监临纪事》一卷附《武乡试监临纪事》一卷,

清潘志万辑、潘承弼重辑《潘氏一家言》11种13卷:

清潘宗邺撰《习虚堂草》一卷、

清潘奕兴撰《研香堂遗草》一卷、

清潘遵礼撰《草绿书窗剩稿》一卷、

清潘遵颜撰《二十四琅玕馆诗钞》一卷、

清潘雷撰《浮白小草》一卷、

清潘爵撰《烂存诗钞》一卷、

清潘介繁撰《桐西书屋诗钞》一卷《文钞》一卷、

清潘康保撰《迦兰陀室诗钞》一卷、

清潘介祉撰《藕花香榭吟草》一卷、

清潘志诒撰《燕庭遗稿》一卷、

清潘志万撰《笏盦集诗》一卷《词》一卷，

清潘曾玮辑《养闲草堂图记》一卷，

清潘曾玮辑《横塘泛月图记》一卷；

乙集 2 种 5 卷：

民国吴梅撰《霜崖词录》一卷，

民国吴梅撰《霜崖诗录》四卷。

《中国古籍总目·丛书部·氏族类》第 1002 页、《中国丛书综录·汇编·氏族类》第一册第 468 页、《中国丛书综录续编·丛书备考》第 373 页著录，国家图书馆、中国科学院图书馆、浙江图书馆、上海图书馆、吉林大学图书馆、福建师范大学图书馆、云南省图书馆、中央民族大学图书馆藏。该丛书名源潘景郑时住上海沪滨陟岗楼为名。“主要取先泽之未刊及师友遗著之有待名山者，与其他罕传秘帙有资考索者……题曰《陟岗楼丛刊》者，志永怀也，引首冠兄像传，鼎铭钟勤，示遗志也”。①

咸丰八年（1858）苏州潘氏家刊清潘遵璈撰《香隐盦词》二卷。《中国古籍总目·集部·词类·别集之属》第 3354 页、《西谛书目·集部下·诗余类》卷五第二〇页（1 册本）著录，国家图书馆、上海图书馆（清潘锺瑞跋）、南京图书馆、香港中山图书馆藏。收入光绪间（1875—1908）刻《香禅精舍集附四家诗词合刻》本中为 1 卷本。应为潘氏家刻本。《山西省图书馆普通线装书目录·文学门·词》第 740 页著录馆藏宣统二年（1910）线装 1 册本，应为重印本。

---

① 潘景郑：《寄沤剩稿·〈陟岗楼丛刊〉序》第 55 页，济南：齐鲁书社，1985。

同治八年(1869)吴门潘氏刻唐释湛然述、清胡澍录《止观辅行传决》不分卷。《山西省图书馆普通线装书目录·宗教门·佛教》第478页著录馆藏1册本。

民国间

民国十年(1921)吴县潘氏刻清叶昌炽[①]撰《奇觚庼文集》三卷、《外集》一卷计2种4卷。《清人别集总目》第312页著录,国家图书馆、上海图书馆、浙江图书馆、河南省图书馆、辽宁省图书馆、四川省图书馆、南京图书馆、福建省图书馆、广东省图书馆、北京大学图书馆、杭州大学图书馆、南京师范大学图书馆、安徽师范大学图书馆、常州市图书馆、旅大市图书馆、台湾大学图书馆、台湾"中央研究院"历史语言研究所傅斯年图书馆及日本京都大学人文科学研究所、日本京都大学文学部中哲文研究室、日本爱知大学图书馆藏。

民国十一年(1922)吴县潘氏刻清叶昌炽纂《寒山寺志》三卷。《中国古籍总目·史部·地理类·专志之属·寺观》第3835页、《山西省图书馆普通线装书目录·宗教门·佛教》第474页著录,上海图书馆、南京图书馆、山西省图书馆藏2册本。

民国十四年(1925)重印光绪(1875—1908)间刻清潘祖荫藏、叶昌炽撰、潘承弼增《滂喜斋藏书记》三卷。《北京图书馆普通古籍总目·目录门·图书馆书目·清人》第一卷第115页著录,国家图书馆藏2册本5部,其中1部为西谛藏书。此书在民国十三年(1924)有海宁陈氏慎初堂铅印本附《滂喜斋宋元本书目》一卷2册本5部及1985年扬州广陵古籍刻印社影印陈氏本2册本1部。同书第118页著录,

---

① 叶昌炽(1847—1917),字颂鲁,号鞠裳,有辛白簃、奇觚庼,长洲(今苏州市)人,辛亥革命后以遗老身份居上海,晚年回苏州并病逝于苏州。昌炽学问渊博,尤长于版本、金石学。行世著述有《藏书纪事诗》七卷、《辛白簃诗隐》三卷、《奇觚庼诗集》三卷、《前集》一卷、《补遗》一卷、《奇觚庼文集》三卷、《外集》一卷及为潘氏整理《滂喜斋藏书记》等。

国家图书馆还藏2部1册本宣统元年（1909）番禺沈宗畸晨风阁刻清潘祖荫藏并编《滂喜斋宋元本书目》不分卷与清朱学勤藏并编《结一庐书目》四卷合订1册本2部。按，叶昌炽为潘祖荫撰《滂喜斋读书记》二卷。祖荫逝世后，祖年再次请叶昌炽循《天禄琳琅书目》旧例、列入藏书家收藏经过，改订为3卷，并易名为《藏书记》，并书名为潘祖荫撰，实为藏，书已付梓。缪荃孙据之录副，函假宋刊某书，祖年婉却。缪荃孙不谅解，贻书切责，遂稍缓印行。祖年逝世数月后，陈乃乾得到缪氏副本，在上海刊售，并有序言诋毁潘家后人。民国十七年，潘承厚、潘承弼兄弟以原刊版印行，并附序言对此事进行辩诬，故有以下两种版本，实为1版。

民国十七年（1928）潘承弼刻清潘祖荫藏、叶昌炽撰、陈乃乾辑《滂喜斋藏书记》三卷、《滂喜斋宋元本书目》一卷计2种4卷。《中国古籍总目·史部·目录类·总录之属·私藏》第4956页著录，北京大学图书馆、上海图书馆、南京图书馆藏。

民国十七年（1928）吴县潘氏刻清潘祖荫撰《滂喜斋藏书记》三卷。《贩书偶记续编·史部·书目类》卷八第96页、《山西省图书馆普通线装书目录·目录门·图书馆书目》第28页著录，山西省图书馆藏2册本。

民国十八年（1929）苏州潘承弼补刻潘氏滂喜斋刻清沈涛撰《说文古本考》十四卷。《中国古籍总目·经部·小学类·说文之属·注解》第1008页著录，中国人民大学图书馆、甘肃省图书馆藏。

民国间影印潘景郑辑《潘澣臣先生象（像）传遗画集》。《国家图书馆普通古籍总目·传记门·分传》第164页著录，国家图书馆藏1册有图像本3部，其中1部为西谛藏书。传主清潘祖祯（1841—1857），字子固，号澣臣，潘景郑祖父。

附录一　徽学是中国三大显学之首

——与夕阳红徽州行的首都八院校学子谈徽学

这次126位首都八院校[①]学子及老伴共150余人夕阳红徽州行，是对当代中国三大显学之首徽学的极大关注，为此，江淮儿女深表谢意、敬意。因考虑大家曾在阜阳地区生活过，所以先谈谈源远流长的淮河文化在中华文化史上的历史地位，故本次抛砖引玉主讲两个比较大的问题。联系人赵同聚先生还提出这次徽州行主要停靠站在绩溪县，县领导希望这批在新长征中立下汗马功劳的首都学子们对徽州地区的发展战略提些建设性意见，故提些不成熟建议，仅供参考。

一、中华传统文化的源和流

中华古族主要由华夏族和四夷组成。其中，东夷活动范围主要在淮河流域东至滨海地区，文明程度最高的要数淮夷。文明发达的华夏民族通过结盟、战争、迁徙等手段向四围扩张，并逐步融合其他民族，形成多元的中华民族。

中华文明的初祖中并世的应有炎帝、黄帝、蚩尤这三位著名的部落联盟长。他们均对中华文明曙光期作出过特殊的贡献。如炎帝就是中国古代传说史中神农氏。他可是位了不起的农业专家，是数千年来农业古国前无古人的明君、先圣，教会炎黄子孙的农耕技术，并发明用火，使茹毛饮血、生食果蔬的先民能够吃到熟食。他还尝百草，发明中草药，使炎黄子孙得以健康茁壮地成长为世界上最先进的优秀民族。严格地讲，

---

① 八院校指北京大学、清华大学、中国人民大学、北京政法学院（今中国政法大学）、北京体育学院（今中国体育大学）、北京语言学院（今中国语言大学）、北京广播学院（今中国传媒大学）、中央财政金融学院（今中国财经大学）及蚌埠医学院，1970年3月17日同在部队阜阳插花庙农场锻炼，2017年9月18日在分别47周年后分别在合肥、黄山再相聚。

处于同时代的黄帝部落比之炎帝部落，经济上仍是落后的游牧部落，但他们在实践中发明了冶炼技术，并用金属制造武器，使之在生产力低下的远古时期成为部落争取生存空间的利器。在炎黄部落的东方则是史书上所说的文明程度较高的东夷、南蛮和淮夷部落，他们的联盟长则是孔武有力，既拥有农耕技术又会冶炼术的蚩尤部落。这三股势力是活跃在大河上下的华夏民族在远古时期的典型代表。当黄帝击败炎帝，蚩尤部落被黄帝追赶得东跑西窜，涉江南迁，甚至流落到贵州大山丛中形成苗瑶等少数民族的先民。胜利者黄帝成为黄淮流域诸部落的共主。此后数百年间出现的尧、舜、禹等著名的部落联盟长，只是继承了炎、黄二帝的衣钵。中国早期的中医经典《黄帝内经》只是总结神农至黄帝以来华夏子民在保卫人类健康方面留下的经验，并以胜利者黄帝命名而已。

追溯中华传统文化中的先秦文化，先弘期应以三皇五帝时在北方的游牧部落首领黄帝与北方农耕部落首领炎帝在涿鹿爆发争夺生存空间的战争，史称涿鹿大战，胜利者黄帝并吞了炎帝部落，吸收了炎帝部落的农耕文明，加上游牧生活的生产方式，养成中华北方民族的彪悍特征，使中华文明史发展沿着北强南弱的态势发展。所以司马迁说：“东方物所始生，西方物之成熟。夫作事者必于东、南，收功者常于西、北。故禹兴于西羌，汤起于亳，周之王也以丰镐伐殷，秦之帝用雍州兴，汉之兴自蜀、汉。”北方文明就是所谓的黄河流域文明，它是中华文明的摇篮之一。中华文明史昭示，经过多次改朝换代，南北纷争，造成南北民族大融合，直至中国封建社会的中后期，由于自然资源、生态条件南优北劣，南北经济、文明程度逐步平衡，至宋、金对峙始，政治中心仍在北方，南方经济日益发展，直至近现代以秦岭——淮河——漠河一线划界，东南优于西北。

黄帝时，南方属蚩尤蛮夷部落，属于农耕文明，就是我们所说的南方文明，或径称长江流域文明。黄河、长江流域文明或称北方、南方文明，是中华文明史上两大支柱文明。从近现代考古发现，南方文明早于北方文明，尤其是炎帝部落战败后，一部分遗民南下融入蚩尤部落，成为南方农耕部落主体。以数百万年前江淮大地留下先人足迹的安徽为例，从目前已发掘出几十处远古人类的遗址看，绝大多数位于淮河以南，尤以巢湖流域及长江以南为多，时间较早。其中，繁昌县人字洞遗址距今两百万年，和县龙潭洞和巢湖银山遗址发现距今数十万年前的古人类化石，分属晚期直立人和早期智人阶段，更多的旧石器、新石器遗址，说明安徽地区开发较早，古代文明璀璨辉煌，也说明长江流域是早期人类活动的重要场所，闪现出华夏文明的早期曙光。尤其是含山县凌家滩古遗址的发掘，将中国城市建设史提前到五千至五千五百年，使中华文明史不止上下五千年。

黄帝统一北方后，发动统一战争，战胜蚩尤，形成多元的中华文化为起点，历经夏、商时期，已由结绳记事至从用来表象到表意的彩陶文字、甲骨文字、钟鼎铭文等形式书写了中国远古时期的文明史，极大地提高了人类对自然理解的深化，产生远古发达的文化，且文化中心逐渐东移。夏、商的开国者已在淮河大地生根、开花、结果，从而孕育出璀璨的淮河文化，尤以处于淮河流域中心地区的淮夷文化为著。这些古文化的核心为“以天为宗，以德为本，以礼为行，以乐为和”，“以法为分，以名为表，以参为验，以稽为决”，“百官以此相齿，以事为常，以衣食为主，蕃息蓄藏，老弱孤寡为意，皆有以养，民之理也。”而古圣贤尊崇扬颂这些人与自然的法则、道术而加以规范，故“黄帝有《咸池》，尧有《大章》，舜有《大韶》，禹有《大夏》，汤有《大濩》”，[①]成为先秦先弘期的文化经典。

至以新兴的农耕经济起家的周部落兴起和周文王演易，到西周初创，中华文化中心再次在成周确立。其标杆式人物应数周朝贤相周公姬旦又称周公旦（前1204—前1105年）。周公主政时继承文王、武王遗志，

---

① 《庄子·天下》。

发动东征统一战争，建都洛阳，制礼作乐，[①]“周公吐哺，天下归心”[②]，《史记·周本纪》也说，“（成王）既绌殷命，袭淮夷，归在丰，作《周官》，兴正礼乐。度制于是政，而民和颂，颂声兴”。从而使身膺高位的姬旦成为自黄帝后至孔子前中国以学术创立政教制度的千古第一伟人，成为制定中国传统制度和治国安邦指导思想的集大成者。如果没有周公，就没有周武王灭殷统一天下之举，没有周公就不会有传统的经国制度和礼乐文明，没有这些丰富的社会保障框架、守成制度和精神文明基础，孔子就不可能开创辉映千古广博睿智的中国儒学。孔子这位儒家学说的集大成者，最尊崇周公的才华和其留下的宝贵丰富的文明遗产，曾对这位古代圣贤发出内心深处的感言，“吾学周礼，今用之，吾从周”。[③]从而开创了先秦文化后弘期全面繁荣的局面。此后，随着秦始皇统一中国，封建统治者通过行政手段，巩固和延续了中华传统文化，并沿着南北及水上丝绸之路及周边关系，向外扩张和传播了中华传统文化的影响。特别是北方强悍的匈奴、突厥、蒙古等马背民族，他们推进、畅通了通往西方的文明传播之路，使西亚、中东地区和欧洲发生剧变，曾极大地影响欧洲文明，尤其是四大发明及多项技术进步，推进了世界近现代化的历史进程。

---

① 《尚书大传》载：“周公摄政，一年救荒，二年克殷，三年践奄，四年建侯卫，五年营成周，六年制礼作乐，七年致政。”（见陈寿祺辑校、汉伏胜撰《尚书大传》第101页，北京：中华书局，1985）周公姬旦在摄政的第六年就在继承夏、商旧制度（《论语·为政》有“殷，因于夏礼所损益，可知也；周因于殷礼所损益，可知也”句）的基础上，结合西周的治理实践，进行大刀阔斧地改革，以礼“经国家，序民人，利后裔者也”（《左传·隐公十一年［前712］》），使周王朝“监于二代，郁郁乎文哉”（《论语·八佾》），成为继往开来的盛朝。

② 东汉曹操《短歌行》。

③ 《礼记·中庸》。

孔子[①]是淮河流域文化大国宋国开创者微子开的后人。孔丘学无常师，曾问礼于道家初祖老子[②]，学乐于苌弘，学琴于师襄，并将沿着淮河、古泗水、古洙水东渐的包括自尧、舜、禹、汤、文、武、周公一脉相承道统及所积淀的淮河文化进一步深化后，在政治上主张“正名”，提倡德治、中庸之道、以和为贵，实施教化。他在鲁国研究周朝的典章制度，复兴周礼的过程中深深认识到“《诗》以道志，《书》以道事，《礼》以道行，《乐》以道和，《易》以道阴阳，《春秋》以道名分”，[③]于是亲手整理《周易》《诗》《书》《礼》《乐》《射》等古籍，修订《春秋》而使它成为中国第一部当时行世的编年体史书，从而使他成为述而不作的先秦文化后弘期文化集大成的学者、编辑大家，与他的老乡、老师老子一样成为后弘期文化的坐标式人物。他聚徒讲学，提倡“有教无类”，首创私人讲学风气，是变“学在官府”为“学在民间”的伟大教育家。他的学生们将他的言行整理成《论语》，与他所整理的古籍一样都成为他所开创的儒家学说经典，成为以农为本的中国封建社会里立国安邦的指导思想、统治思想。他也因之被尊为孔子、圣人。自汉以后，孔子学

---

① 孔子（前551至前479）名丘，字仲尼，春秋末期思想家、教育家、编辑家（古籍整理大家），儒家学术创始人，宋宗室，落籍鲁国陬邑（今山东曲阜东南）。少贫贱，曾任“委吏”（司会计）、乘田（管畜牧），后聚徒讲学。年五十，由鲁国中都宰迁司寇，摄行相事。后周游宋、卫、陈、蔡、齐、楚等国，终不为世用。晚年致力于教育，编辑整理古籍，成为“述而不作”的先秦文化巨匠。

② 老子（约公元前580—前500）即老聃，名李耳，字伯阳，传说他生而皓首，故称老子，春秋时期伟大的哲学家、思想家，道家学说创始人，被神话传说成太上老君，楚国苦县厉乡曲仁里(今安徽涡阳)人。曾任周守藏室征藏史。博学多才，是古代圣人之一。尤其是他所创立的道家学说，影响华夏几千年，孔子曾问礼于老子，还想将藏书藏入周守藏室，不许。老子见周室已衰，出函谷关（今河南灵宝）退隐。后应关尹之请，作《道德经》五千言被奉为经典。这就是后人所称《老子》，又称《老子五千文》，分上、下篇，上篇37章为《道经》，下篇44章为《德经》，开创了道家学派。1976年文物出版社出版的1973年12月长沙马王堆汉墓帛书《老子》，即马王堆3号汉墓出土甲、乙两种帛书，则《德经》在前，《道经》在后。老子开启中国思想界最盛时期的哲学，故刘勰曾说：“伯阳序道德以冠百氏。”可见，老子在中国学术史上的地位。

③ 《庄子·天下》。

术被尊为两千余年封建文化的正统，把他的《论语》与《大学》《中庸》及后来的《孟子》统称“四书”，成为先期儒家的“红宝书”，成为“格物”“致知”“诚意”“正心”“修身”“齐家”“治国”“平天下”的国家大事、人生大事，做人的必修课，成为中华传统文化主流中居统治地位的第一大支柱。另两大支柱分别是以老子为初祖的道家文化和“白马驮经”，与中土儒道文化充分融合的西土舶来品释家文化，即充分中国化的佛教文化。因此，我们说，中国传统文化中的主流是以儒道文化为核心的，其在中华优秀的传统文化中的地位是无法取代的。正如世界著名的中国科学技术史权威李约瑟（J. Needham）所说：“儒家思想是成功者或希望成功的人的哲学。道家思想则是失败者或尝到成功的痛苦的人的哲学。道家思想和行为的模式包括各种对传统习俗的反抗，个人从社会上退隐、爱好并研究自然，拒绝出任官职，以及对《道德经》中悖论式的‘无欲’的体现，生而不有，为而不恃，长而不宰。中国人性格中有许多最吸引人的因素都来源于道家思想。中国如果没有道家思想，就会像是一棵某些深根已经烂掉了的大树。”[①]而他们的核心人物老子、孔子、庄子及淮南子都是春秋战国时期及此后淮河流域构建道儒学派的旗手和扛鼎人物。

博大精深的中华传统文化涵盖了人类智慧宝库中多方面的精华。上述3种为传统文化主要支柱和主导思想，其中精髓是人和自然和谐相处。治国理政，使文明古国薪火永传的重要手段还要靠拓疆、靠守边建疆，维护内部安定的军事力量和法制手段。中国古代丰富的军事思想和完整法律体系也是传统文化中的重要方面。尤其是姜尚的封地齐国到了田齐时代仍，沿着开国者姜尚及名宦管仲、鲍叔牙这批淮河故旧们的富国强兵路线，继承和光大修文尚武传统。先秦时期的齐国在中国古代军事思想形成、发展乃至成熟中贡献最大。主要标志是充分反映齐国著名军事

① 李约瑟：《中国科学技术史》第二卷第178页，北京：科学出版社、上海古籍出版社，1990.

家司马穰且的兵学思想和观点的《司马法》，又称《司马兵法》，成书于田齐威王（前356—前320年）在位时期，稷下学宫的学者们对《司马法》作了全面诠释。全书贯穿“以礼为固，以仁为胜”的军事思想，体现了春秋中期以前战争的形式与特点，成为古代军事思想发展史上的第一块里程碑。“春秋无义战”，战争越打越成规模，涉及四围及霸业扩展，诸侯兴灭无常，讲究战略战术及“诡道”用兵，齐国的杰出军事家孙子所著《孙子兵法》问世，突出以“智”用兵，以“谋”制敌，公开提出：“兵以诈立，以利动，以分合为变”，明确战争的宗旨是“伐大国”，“拔其城堕其国”，战胜强立。《孙子兵法》是适应春秋末至战国时期兵事在新形势下的要求，成为体现军事斗争的自身规律、特点的先秦时期军事思想史上的第二块里程碑。此外，《尉缭子》《六韬》等书的问世，已是春秋时期百家争鸣时代对军事科学的全面总结的集大成著作，成为先秦时期第三块里程碑，并作为中国古代军事思想成熟的标志。

综上，先秦文化后弘期发祥地也是中华传统文化中主流文化的发祥地，应是中华古族交融中心淮河流域。淮水位于大河与长江之间，因此，自然地成为黄河、长江两大中华民族文化摇篮碰撞和交融的桥头堡和前沿阵地，从而形成多元的、五彩缤纷的、我们今天所定位的中华传统文化。

中华优秀的传统文化精髓主要体现在：以诚信仁义的人格力量为君子之道来治国立身，以忠孝廉耻为指导制定人伦礼仪制度，以倡导王道、中庸、和谐的思维方式处理人与自然、与社会关系为手段，使中华古国成为反对一切极端主义负责任的君子大国、礼仪之邦、古代文明的渊薮，从而成为人类文明史上最值得总结和倡扬的优秀文化。

文化传承没有地界且深远。文化发展的永恒动力在于创新。只有海纳百川，汲取中外、南北文化的积极养分，才能使本土文化茁壮成长，永具魅力。淮河流域深厚的文化底蕴使新来的文化很快在高度融合中产生新的飞跃。短暂的北上吴越、东渐蔡和早已北上且三都淮滨[①]的楚文化都在淮河流域留下印记。楚庄王十七年（前 597），继虞丘任楚令尹蔿敖（名敖，字孙叔，又字艾猎，世称孙叔敖）在今寿县城南 30 公里处建造了中国古代最杰出的蓄水灌溉工程——安丰塘，又名芍坡，就充分吸收了两淮人民与自然相处的智慧。哲学家、诗祖屈原[②]的博学才识是在他担任楚国重臣期间，受淮河文化洗礼而形成的。楚顷襄王二十一年（前 278），他在放逐江南十余年后得知楚国政治日益黑暗，在报国无门的情况下，投汨罗江自杀。著有《离骚》《九歌》《九章》《天问》等。他在研究淮河流域道、儒思想家们关于天人关系后，为解决宇宙起源和演变理论，他在《楚辞·天问》中问道："遂古之初，谁传道之？上下未形，何由考之？冥昭瞢暗，谁能极之？冯翼惟象，何以识之？明明暗暗，惟时何为？阴阳三合，何本何化？圜则九重，孰营度之？惟兹何功，孰初作之？……"这样共提出 170 多个疑问，成为探索大自然、建立天文学的先祖。楚蔡青铜器上的铭文、楚国金币郢爰及达贾的经商通行证鄂君启节等实物证据都见证了新文化在淮河流域土地上的成长。这些都是北上东渐南方文化与淮河文化相结合，并通过创新而结出的丰硕成果。

源远流长的淮河文化的丰腴乳汁不仅孕育了此后的建安文学，而且

① 东渐北上的楚国先后征服江淮地区的许多小国，使江淮地区成为楚国控制下的"东国"，尤其在与北上吴国展开百年拉锯战后灭吴，使江淮大地成为楚国巩固的后方。前 278 年，秦昭襄王遣大良造白起击楚，郢都沦陷，楚顷襄王迁都于陈（今河南淮阳），考烈王十年（前 253）又迁都于钜阳（今安徽太和县境），考烈王二十二年（前 241）定都寿春（今安徽寿县）直至负刍五年（前 223）为秦所灭。

② 屈原（前 339 至前 278）名平，又自称名正则，字灵均，楚贵族，楚辞创始人。早年佐楚怀王（前 328 至前 298 年在位），任左徒、三闾大夫等职。后上官大夫进谗言，屈原被怀王疏远。楚顷襄王（前 298 至前 263 年在位）接位后，令尹子兰使上官大夫再次进谗言，被流放江南。前 278 年 4 月 10 日（农历五月初五日），秦将白起攻破楚都郢（今江陵），伟大的爱国诗人屈原在报国无门的情况下愤而投汨罗江而死。1953 年 4 月 10 日，在屈原逝世 2230 周年之际，世界和平理事会决议，确定屈原为当年纪念世界四大文化名人之一。

还在今后的历史长河中抚育了无数风流倜傥文星巨子，一步步地推动中华传统文化发展。还孕育了众多叱咤风云的政坛巨擘，如谯人曹操、砀山朱温、定远徐知诰、合肥杨行密、凤阳朱元璋5位开国皇帝，尤其是朱元璋建立的明王朝不仅廓定中原，统一海内，主张内部强盛，安缉边境与邻国，对周边少数民族地区实行“华夷一家”“礼从本俗”“自为声教”的宽松治理方针，放弃了大元王朝在欧洲全部及中亚、西亚扩张的部分领土，建立起当时世界上最强大的海防，有力地打击了倭寇类日本海盗对沿海地区的骚扰，有效地行使北海（今鄂霍次克海及日本海）、渤海、黄海、东海、南海广袤的海疆主权，而且妥善地处理与朝鲜、越南、中山［今琉球群岛，自洪武五年（1372）至弘光（1644—1645）间19次派遣册封使团，除弘光间未成行外，前18次都成功完成使命］、北元及后金等封藩与中央政府的关系，并将自汉唐以降至宋发达的中华优秀传统文化推向历史的最高峰。

大禹与父鲧为三代重佐，从政时间长。大禹曾封于夏丘（今泗县），其岳父为涂山国君（今怀远县境）。因此，夏禹应是淮北人，或深受淮河流域文化熏陶的部落首领。大禹接位后，建立军队、官吏、刑罚、监狱等国家机构，并传“禹铸九鼎”，标志着早期国家的产生。

大禹子夏启杀益夺权，建立奴隶制夏王朝（前21世纪至前16世纪），变传贤为传子，实行家天下，自禹至桀17君，历13代471年①。无道昏君夏桀王为新兴的商部落首领汤王讨伐，被放逐于南巢四围湖水的桀王城（今巢湖市卧牛山）囚禁，死后葬对面山峦，因之古名放王岗。说明巢湖早就存在，且水域很大，卧牛山周边仍是水域。

《尚书·禹贡》《史记·夏本纪》载，古扬州域贡“金三品”（三色铜）与锡，说明原始社会末期不仅社会分工明显，手工业与农业分离，而且江淮、江南地区已开始采矿、冶炼金属。加上文字的发明，以及在

---

① 夏朝上述数字来自《竹书纪年》。但《三统历》作432年。

相邻的江淮地区发掘的距今5500年左右的含山县凌家滩城市文明遗址、淮河流域的夏四方湖遗址、怀远县禹会村禹会诸侯的大型祭祀坑、蒙城县尉迟寺遗址等所体现的城乡文明，有力地说明这些地区古文化已成为中华文化成熟的标志。

来自东方的商部落祖先契为帝喾子，曾佐大禹治水，任舜掌管教化的司徒，其后也活跃在淮北大平原上。其中，淮北市相山曾为商部落定居点及其首领、发明马车的相土都城，亳州也是契第14世商汤的发迹地。自1899年发现殷墟出土的宫廷占卜吉凶的文献甲骨文字以来，至2003年，已分辨出4600个单字，甲骨文专家已读出并会意其中的1500个单字。这一切都充分地说明了甲骨文在商朝已发展为具有完整体系的中国早期文字，也是商文化的标志。此后的周代青铜器铭文，战国时期以及秦汉时期的帛书、简牍文字、刻石文字，魏晋时期的石刻文字、纸书文字都与它一脉相承，在继承中有所发展，并使之日臻成熟。因此，与淮河古文化关系密切的商文化也是古文化中的坐标文化之一。

今从“惟殷先人，有册，有典”①句中，我们推知，殷商文化的繁荣，可惜均无保存。除殷墟甲骨文外，我们还发现人头刻辞、兽头刻辞、铜器款识、骨器款识、石器款识、陶器款识等刻画字式的殷商史料，还能根据后人追述尚存世的《尚书·商书》《诗经·商颂》等文献及青铜器文化来认识商文化。商文化与周文化的区别，孔老夫子早在两千年前就做了总结：“殷人尊神，率民以事神，先鬼而后礼，先罚而后赏，尊而不亲，其民之敝，荡而不静，胜而无耻。周人尊礼尚施，事鬼敬神而远之，近人而忠焉，其赏罚用爵列，亲而不尊，其民之敝，利而巧，文而不惭，贼而敝。”②这也是淮河地区由原始图腾产生的原始宗教迷信而进一步发展成道教思想发祥地的根源。

来自西部的农业部落首领周文王、武王灭商建立西周后，势力东渐，

---

① 《尚书·多士》。

② 《礼记·表记》。

"普天之下，莫非王土"。文化发达的淮河流域及大江南北成为周王室重点经营区，除扶持淮夷和群舒等建立氏族方国外，还把功臣、宗族及夏、商旧部贵族加以分封，建立1000多个小国。其中，著名的有佐周建国功臣、军师、临泉姜寨人姜子牙辅助成王征东夷，灭蒲姑（亳姑、薄姑），封为齐国国君，直至康公殁（前379），此后政归田氏。姜子牙在山东半岛建藩齐国将淮河文化带往齐地，尤其是他的后裔齐桓公（前685—前643年在位）任用颍上人管仲[①]、鲍叔牙[②]，变法图强，成为春秋时期第一位霸主。齐鲁文化中的齐文化就是这样由淮河文化东渐北上后与东夷土著文化相结合形成的。

周成王二年封商纣王庶兄微子开于商丘（今河南商丘南），史称宋国，至春秋时已是势力范围主要在淮河流域的文化发达大国，也是春秋战国时期的主要国家。为什么这么说呢？因为宋为殷商宗室，它全盘继承了夏商文化并与淮河流域发达的土著文化相结合，还有存史传统，其中最

---

① 管仲（？至前645）即管敬仲，名夷吾，字仲，颍上（今颍上县）人。家贫，少与同乡鲍叔牙合资经商，他们很友善。由于管仲需钱养家，经常多取余羡，鲍也不认为他贪，而尊其贤。齐襄公时，他俩分别辅助齐公子纠与小白，襄公死后，两子争立，纠败，小白胜，是为桓公。由齐权臣鲍叔牙推荐，齐桓公任为卿，以谷（今山东东阿）为其封邑，并尊为仲父。管仲佐桓公进行大刀阔斧地改革国政，在他为相40年间，尊周室，重德化，提倡礼义廉耻，指出："四维不张，国乃灭亡"，重农开源，富国强兵，重法度，整顿"国""野"对立制度，分"国"为15个士乡和6个工商乡，立"野"为5属，并以士乡的乡里编制军民，立稷下学宫，以招揽天下名士，培养辅国人才等措施，使齐国国富民强，齐桓公也成为"春秋五霸"之首。以他命名的《管子》一书是经世的绝学，有道家言，有法家言，也有言德化内容，所以《汉书·艺文志》归入道家，《隋书·经籍志》依刘向《七略》分类，列入法家，全书原86篇，现存76篇，内容十分丰富，是战国时期对管子言行的总结。

② 鲍叔牙，管仲同乡，少与管仲友善。齐襄公（前697至前686年在位）时，为公子小白（即齐桓公）傅，管仲佐公子纠。襄公被杀，小白与纠争立，管仲纠袭击从莒归国的小白，并射中带钩。小白接位为齐桓公后，任鲍叔牙为宰，但鲍叔牙以国事为重，推荐管仲执政。

著名的著作是春秋战国时期名著宋之《春秋》[①]、“宝书”。国学大师章学诚在《方志立三书议》中指出:“国史、方志，皆《春秋》之流别也。”[②]梁启超认为最古史是方志，指出：“最古之史实为方志。如孟子所称‘晋《乘》、楚《梼杌》、鲁《春秋》’；墨子所称‘周之《春秋》、宋之《春秋》、燕之《春秋》’；庄子所称‘百二十国宝书’，比附今著，则一府州县志而已。”[③]指出了名出经传不多的国别史中的《春秋》和“宝书”就有宋国。宋襄公（前650—前637年在位）子慈父为继齐桓公称霸，宋襄公十三年（前638）与楚国在泓水（故道在今河南柘城西北）决战，由于战术错误，致使战败，自己也受了重伤，死于次年。这就是毛泽东主席所批评的“宋襄之仁”。从此，宋国国势日衰，延及5世至宋共公（前588—前576年在位），因水灾迁往商的发祥地相城故邑（今淮北市相山脚下）。宋共公九年（前580），宋国国都相邑大火，烧死守旧的共姬就葬在相山下。宋康王偃（前328—前286年在位）曾灭滕攻薛，夺回楚向北扩张的淮北地区，再度强大，直至前286年为田齐湣王所灭，在相故城立国长达3个世纪。同时，萧、蒙均为宋附庸，其他后为楚北上东渐地区。宋对统一以后的中央政权影响也很大，在“罢黜百家，独尊儒术”的汉家，还将其后人孔安分封在今太和县境内，立为宋公国，位比三公。可见，宋国的根基在淮河流域，是古代最发达的淮河流域文化大国。它的地位应比齐、鲁这些继承文化大国地位更重要。因为，道、儒、

① 《墨子·明鬼》篇载，墨子读过周之《春秋》、燕之《春秋》、宋之《春秋》、齐之《春秋》等，说明西周时期由太史按年月记载的国家史书时称《春秋》，后成为各诸侯国国史的通名。春秋时期各诸侯国的《春秋》、《乘》（晋）、《梼杌》（楚）及120国的《宝书》等国别史开创了中国地方志的先河。

② 清章学诚著、叶瑛校注《文史通义校注·外篇一·方志立三书议》卷六。

③ 梁启超著《中国近三百年学术史》第338页，北京：团结出版社，2005.

墨等学派的重要人物老子、孔子、墨子[①]、宋钘[②]、惠施[③]、庄子[④]都是淮北宋国或故宋人。尤其是儒家代表人物孔子还是宋宗室。溯其祖先可追溯到黄帝之子玄嚣。玄嚣第41代嫡长孙孔父嘉为孔子6世祖（天祖）正考父为孔子7世祖（烈祖）。正考父[⑤]、孔父嘉及孔子父叔梁纥[⑥]均为宋开国国君微子开后。尤其是孔父嘉始以孔姓，因幼时“五世亲尽，别为公族，姓孔氏”。孔子、叔梁纥分别为宋大司马孔父嘉第五、四代孙。因在前710年，宋太宰华督攻孔氏，杀孔父嘉[⑦]而夺其妻，孔家势衰。

---

① 墨子（前468至前376）名翟，宋国人，因长期居住鲁国，故一说鲁国人。出身于社会下层，曾任宋大夫。他先儒后弃儒，创立墨家学说，成为战国时期与儒家学说并重的重要学派，主张兼爱、非攻、节用、尚贤，推崇古代圣贤，反对儒家学说。著《墨子》71篇，现存53篇。后人整理其存世精要《墨书》当数清孙诒让的《墨子间诂》。

② 宋钘即宋牼、宋荣、宋荣子，战国时期宋国人。与尹文子同游稷下，提出“情欲寡”“见侮不辱”和“使人不斗”说，反对诸侯国间的兼并战争。《庄子·天下》载他“以此周行天下,上说下教,虽天下不取,强聒而不舍者也。”游齐桓公所立稷下学宫,著《宋子》18篇，属道家类，今已佚。一说《管子》一书中的《内业》《心术》等篇为宋荣子所作。

③ 惠施（约前370至约前310），名家代表人物，即惠子，战国时期宋国人。曾任魏惠王相、后为张仪所逐，去楚至宋，为庄周好友，喜藏书，好读书，博学善辩。著《惠子》，早佚。其言行散见于《庄子》《荀子》《韩非子》《吕氏春秋》等书中。《庄子·天下》说：“惠施多方，其书五车，其道舛驳，其言也不中。”

④ 庄子（约前369至前286年），名周，宋国蒙（今安徽蒙城县）人。曾为漆园吏，与梁惠王、齐宣王（前320至301年在位）同时。其学无所不窥，著《庄子》52篇，属道家类。今存33篇，分内篇7篇为庄子自撰，《外篇》15篇、《杂篇》11篇为其弟子所作。在《庄子》注本中以晋郭象注最善且最著名。

⑤ 正考父是孔子六世祖。据《左传·昭公七年（前535）》载为宋大夫，先后佐宋国戴（前799至前765年在位）、武（前765至前747年在位）、宣公（前747至前728年在位）三公。

⑥ 叔梁纥（？至前548），春秋时鲁国大夫，名纥，字叔梁，治郰（一作陬）邑（今山东曲阜），故又称郰人纥，有勇力。鲁襄公十年（前563）从诸侯之师攻入偪阳城（今山东枣庄南），所悬城门突然下坠，他举起城门，救出诸侯之士。孔子为叔梁纥与颜征在所生。

⑦ 孔父嘉（？至前710），字孔父，名嘉，殷后，宋宗室，孔子五世祖，官宋国大司马，为宋国权臣。受宋穆公（前728至前719在位）之托，立殇公（前719至前710年在位）。殇公十年（前710）由于在位10年发生11次战争，民不堪命。太宰华督早就有谋夺其妻的邪念，乘机将孔父嘉杀死，并杀死殇公。

其子孔防叔（孔子高祖父）逃到鲁国，其孙伯阳（孔子曾祖父）延及叔梁纥已成为鲁国大夫，成为鲁国贵族。这个家族不仅是宋宗室的权贵，而且还是殷商文化的传人。孔子七世祖宋大夫正考父编校《商颂》还是见诸记载的古代最早的古文献整理工作者。[①]今传《诗经·商颂》就是正考父对商文化、文献进行搜集、编校整理，并校定编排次序，并定《那》篇为首，原有12篇，至孔子在编辑《诗经》时直接将先祖故籍移入，可惜自汉迄今，只剩下5篇。为什么只有5篇，汉学者郑玄的解释是："自正考父至孔子，又亡其七篇，故余五耳。"这一方面说明孔子的家学渊源，另一方面说明宋国是殷商文化的继承大国，所以，孔子说："殷礼，吾能言之，宋不足征之，文献不足故也。"[②]只不过宋国不能像鲁国一样给他提供更多的文献资料而已。因此，孔子是受淮河文化渊源陶冶很深的最饱学之士。鲁国的开国者为伯禽，他的父亲就是周武王弟周公旦。成王时东夷叛周，周公旦东征灭淹，令伯禽率殷六族建藩鲁国。周公旦不仅是周成王重臣，而且还为周室制定了完整的典章制度。《左传·定公四年》载伯禽封于鲁时，"分之土田倍敦，祝、宗、卜、史、备物、典策、官司、彝器"，后来晋韩室宣子聘鲁时，"观书于太史氏"，称赞"周礼尽在鲁矣"。[③]伯禽后裔们不忘祖德，全盘继承了这份精神遗产。故在春秋时期礼崩乐坏，周室已丧失天下共主的地位时，只有鲁国恪守周制，这就为孔子克己复礼，弘扬周制并为创建儒学创造了条件。后来，孔子在寄籍鲁国所做的"祖述尧舜，宪章文武"的文献整理工作，就是对其祖先事业的继承弘扬与发展。因此，齐鲁文化与淮河古文化渊源有自。它是周及淮河文化沿着古泗水、洙水北上东渐并结合当地土著文化

---

① 《毛诗序》载："微子至于戴公，其间礼乐废坏。有正考父者，得《商颂》十二篇于周之太师，以《那》为首。"又《国语·鲁语下》载："昔正考父校商之名颂十二篇于周之太师，以《那》为首。"

② 《论语·八佾》

③ 《左传·昭公二年》。

发展起来的，成为中华传统文化的主流之一。

从以上分析可知，淮河文化根基深，知识面广博，传播影响力度大，在中华优秀传统文化占据重要的地位。尤其是在春秋战国时期，传承夏商文化传统的宋国是淮河流域的文化大国，这些身怀绝技、深谙淮河文明的淮上精英们由淮河通过古洙泗流域流往东夷的大本营（今山东一带）齐、鲁，形成东方文化大国，构成先秦时期后弘期的主流文化，成为中华传统文化中的最精华部分。淮河文化在中华优秀传统文化的地位类似古罗马、古希腊、古波斯文化，它们则是四大文明古国中的古埃及文明、古印度、古两河文明中过渡和衍生文明，故古代四大文明古国中没有列入古罗马、古希腊、古波斯，更没有玛雅、阿慈忒克和印第安文明的影子。中华传统文化重点分黄河、长江流域两大支，而不提它们过渡交融的淮河文化，其性质与地位是一样的道理。

春秋战国时期，百家争鸣引发了知识大爆炸，形成中华传统文化中最重要的儒、道、兵、法支柱体系，汉代“白马驮经”舶来品释家完全中国化后才融入中华传统文化。尤其是儒家，既是中国封建社会帝制的统治思想，又是齐鲁文化里程碑，其中孔孟之道，奠定了中国两千多年来封建社会的社会秩序和文化动向。汉晋、唐宋时期，随着经济重心南移，中国传统文化也过河渡江，在东南获得长足的发展。尤其是两宋以祖籍徽州篁墩的程颐、程颢兄弟举旗，婺源朱熹集其大成的宋明理学全面继承并发展了儒家思想，成为中国封建社会中后期的统治思想，他们三位也与孔子并列成为中国四大夫子。他们的学术宗旨也是徽州学人、徽州学术的灵魂，并使徽学成为饮誉世界的中国三大显学之首，影响中华南、北文化发展态势，推动整个东南文化的发展，并在江淮地区的桐城，自明后期由祖籍徽州的方学渐办学校，开民智，蔚成内容广泛的巍巍桐城文派，成为江淮文化的范儿。入清，由徽州府歙县黄生发凡，婺源县江永、汪绂举旗，休宁隆阜戴震集其大成形成的新安朴学与之相应，以桐城方学渐裔孙方苞举旗，姚鼐、刘大櫆相佐创立的桐城文学流派，左右中国学术潮流2个多世纪。清后期，随着左右中国近代史进程的湘、淮系政治、军事、经济集团的崛起，尤以合肥李鸿章为首的淮系集团掀起的文化复兴运动，成为中国旧文化的回光返照。这就是中华传统主流文化大体上的源和流。我们今天构建社会主义新文化就要批判地继承中华传统文化中的优秀元素、优秀成分、优秀遗产中的人天合一的哲学思想以及自强不息的人生观，大音希声、大象无形的审美观，“己所不欲，勿施于人”的伦理观等合理内核，去其封建性的糟粕，并加以创新式地发展。

当历史车轮驶入近现当代，安徽怀宁陈独秀、绩溪胡适、浙江绍兴周树人（鲁迅），三位先知先觉高举批判旧文化的大旗，分别成为新文化运动的三大旗手。继之，在宋周敦颐、明末王夫之举旗，清末曾国藩、左宗棠等人崛起的湖湘学故乡，湖南湘潭的毛泽东在批判地吸收中外文化的所有精髓后，高举革命帅旗，涤荡古今中外一切污泥浊水、黑恶势力，成为新中国的缔造者、中华民族的伟大复兴者。我们坚信，在毛泽东的旗帜下，具有优良传统的中华文化，作为世界上最先进的文化，正照耀着中华民族的伟大复兴之路，并引导世界潮流浩浩荡荡走向光明的未来。

二、徽文化是当代中国三大显学之首

我们先系统地介绍一下安徽的旧文化。

关于安徽文化的思考，正式公开于1994年4月20日我发表在《安徽日报》上的《怀念王子野》一文。该文是纪念绩溪乡贤王子野先生的，收入《徽州出版史叙论》中。我在该文指出：安徽历史悠久，经济文化一向发达。尤其是明清时期的徽商经济和历史悠久、成就辉煌、包罗万象的徽派文化；源远流长，以道家文化、楚文化和建安文学为主体的淮河流域古文化；从明末桐城方学渐、方大镇、方孔炤、方以智为代表的徽州桂林方氏祖孙四代开桐城文风，创桐城综合文派和左右中国中世纪末期2个多世纪的以桂林支方苞举旗，姚鼐、刘大櫆等领衔所创文学流派桐城派为代表以及封建社会文化最盛时期的凤阳人朱元璋开创的明宗室尤以藩刻为著的明文化为代表的江淮文化，以及影响和左右中国近代史进程的淮系经济文化（淮系文化为复兴文化，同时也是旧文化的回光返照），为安徽经济文化史上的四大文化代表。这四大经济、文化代表系列均在中国经济文化史上占有重要的历史地位。至今，我仍坚持安徽这四大板块文化是中华优秀传统文化中的杰出代表这一观点。它们绝对不是区域文化，而是中华传统文化中的主流文化。研究中国文化史、中华传统文化，不能不对安徽的旧文化进行系统地总结，并融入有关通史中。

我们已对源远流长的淮河文化着墨过多。下面着重讲讲徽文化及本次参观的重点绩溪县。

徽文化又称徽学、新安文化、徽州学，这里讲的仅限徽州境内历史上的6个山区小邑的学术问题，而不是大徽学、大徽州。

徽州仅指唐代定型徽州境内6县范围。在徽州境内正式地方行政设置始于秦王政二十五年（前222）仅设歙、黟（时作黝）两县。东汉末年，地属吴王孙权。建安十三年（208）十二月，吴丹阳尉、威武中郎将贺齐平息徽州境内土著山越叛乱，收复歙、黟2县，分歙县置始新、新定、黎阳（治今屯溪区黎阳镇）、休阳（今休宁县前身）4县，合歙、黟共6县，在原始新都尉治所（原属歙县东乡，原名华乡，又叫叶乡，现已没入千岛湖）置新都郡，除始新（治威平镇）、新定（今属浙江淳安县）2县今属浙江外，其余4县均在安徽境内旧徽州地区。咸宁六年（280），晋灭吴，改元太康，改新都为新安郡（仍治始新，改名雉山县）。隋开皇十一年（591），置歙州（治黟县），十八年（598）歙州改治海宁县（改海宁为休宁县，治万安镇）。大业十二年（616），歙人汪华据歙等六州地，改驻休宁县万安镇东古城岩，称吴王。义宁元年（617），迁歙州治歙县（今徽城镇）。唐武德四年（621），汪华归唐，在歙县置歙州总管府，领歙、睦、衢3州，持节总管歙、宣、杭、睦、婺、饶六州事。贞观元年（627），撤歙州都督府（由总管府改），仍保留歙州。北宋宣和三年（1121）五月甲辰，在镇压方腊起义后，改歙州为徽州（仍治歙县，领6县）。元至元十四年（1277），徽州升为徽州路（仍治歙县）。至正十七年（1357）四月，朱元璋部攻入徽州，七月改徽州路为兴安府（仍治歙县）。吴元年（1367），改兴安府为徽州府（仍治歙县），历明清不变，一直领6县。太平军占领徽州，改徽州府为徽州郡（仍治歙县）。民国元年（1912）1月，废道、府，6县直属安徽省。民国二十一年（1932）4月2日，属安徽省第十专区。民国二十七年（1938）4月15日，撤销第十专区，保留名义，6县改属皖南行署区。三十一年（1942）6县改属第七专区，专员公署设屯溪镇。新中国成立后，属皖南行署（驻芜湖）徽州专区。1951年12月19日，皖南、皖北行署合并成立安徽省，仍属徽州专区。1987年11月27日，撤销徽州地区行政公署、屯溪市、黄山市，设立地级黄山市，并胡乱将绩溪县划入宣城地区。其中，屯溪区由原县级屯溪市改，徽州区系分歙县首镇岩寺及7乡新设，黄山区则由原县级黄山市改。因此，徽州地区有以上异名，常称新安、歙州、徽州。

秦汉时歙、黟2县范围相当于今黄山市（黄山区除外），外加的原徽州地委书记胡云龙糊弄谷牧同志错误地将绩溪县划入宣城市及中国人民解放军解放徽州时，赣北游击队先行解放婺源，党内无知无识的山头主义者不归还，现仍不伦不类地属江西省，还包括今仍属浙江的建德、淳安等地。

休宁县建县当排到老三。东汉建安十三年（208），分歙县西乡地置休阳县（治今凤凰山森林公园内）；吴太平三年（258）十月，避吴景帝孙休讳，改名海阳县，仍治万安镇。晋咸宁六年（280）三月，改名海宁县。隋开皇十八年（598），改海宁县为休宁县（改治渠口乡）；隋大业十二年（616），歙人（今属绩溪县）汪华举起反隋义旗，据歙、越等六州地，称吴王，在今古城岩建吴王宫。汪华归唐，任歙州总管，统领6州，休宁县于唐武德七年（624）仍治万安镇。天宝九载（750）迁治今县城海阳镇。

排第四位为婺源县，设于唐开元二十八年（740）正月十九日，分休宁县在清华镇置。元曾为婺源州，入明仍为县，至今不变，但县城早改治紫阳镇。婺源县在蒋介石镇压共产党时划入江西省，在绩溪乡贤、文化斗士胡适先生领导下的婺源回皖运动经过13年的斗争，蒋介石不得不低头，将婺源还给安徽。可惜却在共产党内的江西山头主义影响下，解放后强行霸占不归还。但婺源人至今仍认为他们是徽州人，一些重视中华优秀传统文化有识之士仍认为婺源应属徽州，像中华人民共和国的缔造者毛泽东同志，他在同和平将军张治中谈话中还说，你们安徽婺源出了朱熹这样的哲人，了不起。

排第五数祁门县。唐永泰二年（766）平息皖南方清起义后由赤山镇吴仁欢奏准，分黟县6乡，在方清起义故垒阊门置祁门县。大历五年（770）迁治今县城祁山镇。

最后才是绩溪县，排在第六位，从此徽州 所辖6县定型。绩溪县境设县级建制早在南朝梁大同元年（535）置良安县，后改梁安县。唐武德七年（624）撤后仍回歙县。唐永徽间（650—656）睦州女子陈硕贞起义，攻下徽州，称文佳皇帝，是中国历史上第一位女皇。起义军被残酷镇压后，封建统治者对陈硕贞凌辱致死后于永徽五年（654）在今歙县北涞口（坑）村置北野县，大历二年（767，一作五年770）并入歙县。永泰二年（766）平旌德县王万敌起义后，歙州刺史长孙全绪为加强州北的地方治安，奏分歙县北部地区的故良（梁）安县，后属北野县的汉代古镇华阳镇置绩溪县。

今黄山市徽州区系分歙县置，屯溪区原属休宁县，解放后常为县级市兼徽州专（地）区治所。设黄山市后改为屯溪区，仍为市政府驻地。黄山区为外来户，原为宁国府太平县，创建于唐天宝四载（745）。时宣城郡太守李和因这一带远离郡治宣城及泾县县治，地僻山区，匪患横行，难以驾驭，奏请割泾县西南14乡地在仙源（原址已没入太平湖）置太平县，取吉利语，实际上，太平县并不太平。修泾县陈村水库时，迁县城于甘棠镇。1983年12月1日撤销太平县，组建县级黄山市；1987年11月27日，改黄山市为黄山区（一直驻甘棠镇）。因为是黄山北大门，故以黄山命名，改陈村水库为太平湖，仍沿用太平县旧名。

（一）博大精深的徽学是中华优秀传统文化中后期的主流文化

我在2003年3月29日所写的《强烈呼吁要对徽学进行深入地研究兼论要加强对徽州传播史研究》一文中，用比较研究法得出走向世界的徽学与敦煌学、藏学是当代中国并列的三大显学，并以徽学为首的结论。我在研究中发现，自宋代以后，徽州的历史文化始终贯穿于中华优秀的传统文化之中并占据着制高点。自后迄清，人杰地灵的徽州地区成为中华传统文化阶段性发展的策源地、栖息地，成为中华优秀传统文化的典型代表、标志性文化和历史名片，影响和主宰着中国封建社会的统治文化，并指导、制约着中国封建社会其他区域文化的发展，尤其对东南文化的直接影响。而敦煌学只是从公元4世纪至14世纪不足千年的区域性断代史文化，是一种沉睡千年几乎没有参与其后的中华传统文化互动的长期埋没文化；藏学更是典型的区域性文化，它只是中国传统文化中的一个重要分支及组成部分，就是自元朝开始形成的蒙藏文化也没有成为中华传统文化中的主流。这两种区域性文化在存世的资料方面更是无法与徽学比。

徽学的博大精深主要表现在涉及面广和文化底蕴深厚、研究资料丰富三个方面。徽学本身是一门综合学科，它涵盖着政治、经济、文化、科技、教育、医学等方面，尤以徽商、徽州宗族、徽州土地制度、徽州文献、徽州出版、徽派版画与新安画派、徽州戏曲、新安朴学、新安医学、徽州民俗、徽州人物等最为突出。这里面最能体现徽学博大精深的是古代徽州人给我们留下的数万种古籍，而发达的徽州出版业在徽文化的传承和推动中起着不可替代的作用。书籍是人类进步的阶梯，是人类知识海洋中最广泛的传承工具和重要载体。英国哲学家波普在他的《客观知识》一书中记载了他曾做过两个“思想实验”。他在第一个实验中假设人类发生灾难，使人类所有的创造手段和主观知识全部毁弃，但累积人类精神财富的图书馆和人类学习能力尚存，他的结论是：世界将很快从废墟中重新站立起来。他的第二个实验是人类遭遇到灾难时，图书馆一同被毁，他的结论则是：人类将一蹶不振，复兴求索之路将是漫漫长夜。因此，书籍对人类文明进步、学术繁荣的助推作用是不言而喻的。

徽州地区山清水秀，古代交通闭塞，自秦汉以后，每逢战乱，就成为南北世族大姓、贵族官宦避难和落根的场所，使徽州成为高移民区。同时，由于徽州山多地少，缺乏发展空间，又迫使徽人为寻食求发展而足迹遍四方。加上移民文化层次、智商高，并很富有，把南北地区高度发达的文化带进徽州，徽人外出又吸收外面世界的长处，他们共同开发、开化并取代了当地的土著人文化，使中原优秀的传统文化和南方先进文化在徽州交融发展，形成高度发达的徽文化。尤其是宋代理学大师程颐、程颢、朱熹的先人都是发源于歙县篁墩（今属屯溪区），他们也认祖徽州，作为程朱理学故里的徽州人更高地举起程朱理学大旗，在高度发达徽文化的社会风尚的影响下，重视教育，热心科举，崇尚学术，带动了徽州地区多学科、多领域的徽学日益发展，加上徽人大肆修谱、建祠堂、立牌坊，整合徽州宗法社会，使徽州地区封建文化达到鼎盛，成为中华优秀传统文化中后期的主流文化。

徽州人立足宇内，勇于创新、敢于创新，形成徽州人的精神世界，并在朱熹、戴震、胡适三大徽学中形成积极的家风。我在 2011 年 11 月为安徽省社会科学界第六届学术年会“转型安徽中的文化振兴”专场研讨会所写的《我与徽州出版史研究》一文中列举了徽学中的一些里程碑事件。

徽州人在中国历史上创造了许多奇迹，尤其是在各个领域里的创造发明及突破，不仅推动和丰富了徽学，而且也推动了中国乃至世界文明史的进程。

徽州人在中国四大发明中的贡献是很突出的。

首先，在推动人类进步、知识积累作用无法替代的出版业上。

众所周知，学术界已公认印刷术应包括三个部分：一是雕版印刷术，二是活字印刷术，三是彩色印刷术。我在研究徽州出版史后的结论是，徽州人是雕版印刷技术的改良者，徽州是活字印刷术的故乡，徽州人是彩色印刷术的发明者，而且徽州还出了人世间唯一的跨朝更代，长达四百年之久，拥有业精的技术尖子达四五百人的黄氏刻工家族。尤其是徽州人独力完成彩色印刷术是值得大书一笔的，时间在明万历、天启、崇祯三朝。起先是程君房与方于鲁竞争墨业，在万历中创造发明了套印法，《程氏墨苑》后印本中五十余幅彩图就是此法的最早出品，中国古代此前的彩图是用捺印、钤印法印制的。至天启、崇祯年间，寓居金陵的徽人吴发祥和休宁县的胡正言用饾版、拱花法先后刊印了《萝轩变古笺谱》《十竹斋笺谱》《十竹斋画谱》，进一步完善了彩色印刷术。

其次，在纸的改革与品种创新上的徽州人也是被载入史册的。古徽州向出良纸，南唐李后主的澄心堂纸就出在徽州。南宋理宗时，“椒房之亲”谢暨在任徽州知州时，将汪伯立笔、李廷珪墨、澄心堂纸、婺源枣心砚进贡，使徽州文房四宝名声大振。闻名遐迩的中国文房四宝名牌产品中就有徽墨与歙砚。

中国最早的土特产品展览馆就是南宋史学界“四洪”之一洪适在徽州知州任上在州城所建的“四宝堂”，展出徽州所出产的笔墨纸砚等“文房四宝”，并将苏易简撰《文房四谱》揭示于“四宝堂”上。

再次，在指南针的制作中，休宁县的万安罗盘在历史上向称一流传统产品。

最后，在火药业上，徽州人也是有贡献的。明代是我国古代热兵器制造业最盛时期。据统计，所制单发步枪——火铳多达9万余枚，比起成吉思汗征服欧洲所用火器要先进得多。正统十四年（1449）八月，兵部尚书于谦领导的北京保卫战就广泛使用着这类常规武器。此后，明代火兵器不断革新，进一步发明了连发手枪类大口轮左轮枪——五雷神机，接着有三眼火铳、神火飞鹞等地上、天上热兵器，而欧洲佛郎机（葡萄牙）在正德间（1506—1521）带炮弹壳的开花炮弹，比起明代的红衣大炮要落后得多。第一次鸦片战争后有人发现在京师某仓库封存的200年前明末制造的火兵器，比英军的装备要先进得多，可惜当局者没有很好地使用，致使列强进一步欺凌我中华。把火药用于军事武器上是宋代安徽寿州人发明的突火枪，而徽州在明代也出了一个军工大师。歙县城里的毕懋康（1571—1644）在崇祯初任南京通政使。崇祯三年（1630），拜兵部右侍郎，自请归里研制武刚车、神飞炮等军火机械，造成后亲作《军器图说》，并辑图进呈。

中国数学领域向列世界前列，十进位制就是中国的发明，在应用数学中要首推珠算宗师程大位，而1956年在《清明上河图》卷末赵太丞药铺柜台上发现中国截至目前在珠算史上最早出现算盘的也是徽州黟县人余介石教授，说明我国算盘使用起码在北宋。而程大位在珠算应用学上集大成。

在哲学史上，在政治学术史上，徽州学术引领当时学术潮流，并改变了传统学术文化的发展方向。如程朱理学曾自南宋到明中期成为中国统治思想，明中后期王阳明、湛若水的心学体系冲击了新安理学的独尊朱子的一统天下，从而推动徽学指导思想多元化，至清初朱子之学复兴，继而朴学独盛。究其源头、原动力则是徽州朴学开创者江永、汪绂、戴震诸人的历史功绩。中国古代的四大夫子，除与安徽淮北关系深厚的山东曲阜孔丘外，就剩下祖籍徽州的程颐、程颢和朱熹了。他们祖籍发祥地均在歙县篁墩（今属屯溪区），故有“程朱阙里”之称。尤其是朱熹（1130—1200），在继承和发展二程理学的基础上建立了一套完整的客观唯心主义体系，成为中国封建社会中后期的统治思想，也是徽学的指导思想。由徽州歙县黄生发凡，婺源江永、汪绂相继，休宁戴震举旗的朴学不仅改变了徽州理学方向，而且形成影响中国哲学史发展方向的坐标，成为乾嘉考证学派的重要流派。其作用及影响正如刘师培所说："及戴氏施教燕京，而其学益远被，声音训诂之学传于金坛段玉裁，而高邮王念孙所得尤精，典章之学传于兴化任大椿……山左经生孔继涵、孔巽轩，均问学戴震……又大兴二朱、河间纪昀均笃信戴震之说，后膺高位，汲引汉学之士，故戴学愈兴。"[①] 戴震所举旗的皖派朴学影响所及由皖而苏、浙，远及齐、鲁、燕、豫、岭海，并形成清中后期影响深远的乾嘉考据学派。

徽州人在学术上从不故步自封，提倡"以文会友，以友辅仁"（《论语》），总是虚心切磋，取人之长，为后代树立了典型风范。早在朱熹46岁时，他就与自己观点相异的陆九渊会于信州鹅湖寺，在吕东莱的主持下，中心议题是协调朱陆学术争论，虽终因观点相左而未果，但这种利用学术会议互相切磋学术之风却一直成为徽人向学的传统。尤其是明中后期在陆王心学及心学另一流派领袖湛若水影响下，徽州出现与朱子学为主的新安理学派及心学派并存的学术繁荣局面，在李贽等为首的思想解放运动的先驱者们的影响下，徽州文学交流活动更加频繁，像歙县汪道昆组织的丰干诗社类组织林立。明代后五子之一的南司马汪道昆于万历八年（1580）归里，组织白榆社，将当时名流李维桢、屠隆、潘之恒等人尽数网罗，使该社成为明万历初最有影响的诗社，培养造就了一大批文学新秀。万历间，由汪道昆出面召开的黄山诗会成为中国文学史上的大事件。在这次会上，王弇州率领三吴两浙名流游黄山，与东道主汪道昆互相唱和，徽州才子们显尽才气，为众宾客所钦佩，从而成为文坛盛事。类似著名结社活动还有万历间歙县名宦、老寿星方弘静创

① 刘师培：《近儒学术统系论》第781页，石家庄：河北教育出版社，1996.

办历时69年的天都社，其重要成员号称“黄山十六子”。

学术交流与互动是其发展的生命线。历史上不少有成就的大家都与徽州有渊源关系。如明代崇仰朱学的乌程学者姚舜牧就是在徽州居住20年才完成对四书五经等儒家经典的释疑工程的。桐城派初祖方苞与朴学开山祖江永也有过学术切磋。如在江永去世3个月内的乾隆二十七年（1762）五月，戴震就在怀念先师的文字《江慎修先生事略状》中载：“先生尝一游京师，以同郡程编修恂延之至也。三礼馆总裁桐城方侍郎苞素负其学，及闻先生，愿得见，见则以所疑《士冠礼》《士昏礼》中数事为问，先生从容置答，乃大折服。而荆溪吴编修绂，自其少于礼仪功深，及交于先生，质以《周礼》中疑义，先生是以有《周礼疑义举要》一书。此乾隆庚甲（五年，1740）、辛酉（六年，1741）间也。”说明乾隆五六年间江永在京与方苞等诸皖京官在学术上的交往。其后，桐城文学流派的扛鼎人物姚鼐、刘大櫆就长期活动在徽州，在徽文化的熏陶下进一步充实桐城派学术内涵。“当涂四夏”成长、成名于徽州，其中夏銮、夏炘长期在徽州任教职，最有成就的夏燮还是歙县大数学家汪莱的女婿，他们直接接受了徽文化中的理学和史学。清末革新战士江标是萧改江后裔，他先后做过宁国、徽州知府，如不是英年早逝，他的成就会更大。曾国藩曾评论近代史上两个拼命的人：合肥李鸿章是拼命做官的人，浙江德清的俞樾是个拼命著书的人。其中，俞樾既是徽州亲戚，又曾长期活动在休宁隆阜。他们都是凭藉着各自的学术造诣，在与徽州学术的良性互动中完善各自的学术领域。

在医学领域里，新安医学更是独树一帜。中国古代在医学上向称十大医学古籍，其中徽州就有2部：一是祁门人、京师著名的太医官徐春甫（1520—1596）所著的《古今医统大全》一百卷，185万字，是我国最早问世的中外医学要籍，对临床应用和理论研究有较高的参考价值。尤其是隆庆二年（1568），徐春甫集京师及海内共46位名医在北京成立了世界医学史上第一个民间医学团体——一体堂宅仁医会，成为当今盛行各类医学会的始祖。这个学会的活动情况及办会宗旨被徐氏收录在万历十四年（1586）保元堂自刻的《医学入门捷径六书》十一卷后附《一体堂宅仁医会录》中。二是歙县大出版家吴勉学师古堂出版了大批医学著作和医学丛书，其中《古今医统正脉全书》也是中国十大医学古籍之一。

徽州在各个领域类似典型事例及第一的例子很多。如中国最早的女皇不是武则天，而是唐永徽四年（653）九月，由睦州（治今浙江建德）女子陈硕贞与妹夫章叔胤发动农民起义中，领袖陈硕贞在徽州被称文佳皇帝；宋程大昌所撰并刊行《禹贡山川地理图》为世界上最早有确切刊印年代的第一部印刷的地图册；第一个将申请官方版权保护全文刻在书上的是南宋歙县祝穆的祝太傅（博）宅所刻《方舆胜览》《四六宝苑》《事文类聚》；第一个在书的版权页打上防伪标识的是明休宁县吴继仕的熙春楼，在刻自考校的《五经图》封二上所钤古双玉印；中国第一部真正丛书是万历间歙县书林程荣所刻的《汉魏丛书》；江泽民同志祖上江旭奇在明万历年间出版的 12 期《朱翼》是世界上最早的期刊；中国古代唯一一部记载漆器制作的专著——《髹饰录》一书的作者就是徽州明代最著名的漆工黄成；徽州人程大位发明的丈量田地测量工具——丈量步车被称为“世界第一卷尺”；第一个刻当代丛书的是清初歙县张潮所辑刻的《昭代丛书》；徽州歙县人清代经济改革家王茂荫是马克思在《资本论》中唯一提到的中国人；歙县郑复光在道光年间花了 10 年时间写成中国第一部光学物理专著《镜镜诊痴》，并在道光十五年（1835）在北京制造了中国第一架测天望远镜；明代歙县名医江瓘在 1549 年写成中国第一部总结历代名医医案——《名医类案》；中国第一个进京徽班——华廉班后易名为庆升班是歙县清代父子宰相曹文埴（1736—1800）、曹振镛（1755—1835）组建的家班，在乾隆五十五年（1790）为乾隆帝祝寿而随归养 3 年的重臣曹文埴进京。此后，随着“四大徽班”（三庆、春台、和春、四喜）进京才形成今天的国粹京剧。早期从理论上提出控制人口论的是清歙县洪源洪亮吉的《治平疏》；歙县潜口的汪士铎是中国提出计划生育的第一人；徽州人创造发明了种牛痘术等拥有中外第一的创造发明和成就不一而足。在这片地灵人杰的土地上更是人才辈出，徽州由科举入仕比比皆是，休宁县就是全国第一个状元县。近现代名人更多，黟县学者汤球（1804—1881）所写的《十六国春秋辑补》一书为填补晋史研究空白的史学专著；新文化运动的三大旗手之一的胡适一生曾获得35个名誉博士头衔，所写《尝试集》是我国文学史上第一部白话诗集；婺源人詹天佑是中国最早最杰出的铁路工程师；休宁县戈鲲化（1838—1882）是中国第一个登上美国哈佛大学讲台的人，开世界汉学首屈一指哈佛汉学创始人；人民教育家陶行知（1891—1946）是中国第一个提出“教学做合一”教学思想的教育大家；在美国国会图书馆的一块大理石碑上刻着“登上南极大陆的中国第一人”是歙县岔口镇大坑源十八说村的张逢铿博士，并命名南极大陆南纬70° 44′，西径126° 38′的山峰为张氏峰，因此他也成为南极大陆第一峰以中国人命名的山峰……囿于篇幅，我这里打住不说了。

在我已列入的出版计划《徽州刻书史长编》[①]（后称《长编》现已获国家出版基金资助）中，我将徽州本土和走出去的徽州人以人或出版单位为系，按姓氏、朝代时间先后为序罗列了徽州本土及境外重要出版城市系名刻主近三千，刻书品种数以万种，著述万种，他们整理的古籍（含抄本、校勘本、影印本、题跋、钤印本等复制品）也属出版物。徽州出版可谓是历史上的泱泱大国，也因之成为历代名人向

---

① 此书稿实800余万言。因当时上报国家项目时只申报500万字，为符上报并及时出版，未录入部分未上，并删去不少篇幅，仅出版其中的550万字。此书先后列入“十二五”国家重点出版规划和国家出版基金资助项目。2015年出版后，《中国出版》《中国新闻出版广电报》《中国文物报》《出版史料》《中国出版传媒商报》《中国出版传媒网》《中国出版史研究》《出版广角》等报刊均载长文进行评介，并于2016年12月27日被评为从50余万种新版图书中经遴选评出100种图书荣获中华优秀出版物（图书）奖之一，位列第19名（此前列多属陈云家书、抗战家书之类政治性读物）。

往、无梦不到徽州的地方，向有“文献之邦”“书海”“东南邹鲁”等称誉。

古代四大刻书中心之一的徽州出版，它的历史是中国出版史最重要的部分。因为徽学之博大精深主要体现在两个方面：一是自唐宋迄明清，大批徽州人留下的当时年代里的前沿著作中，现存世的著述绝大部分是以出版成书形式存留人世间的。二是徽州人出版了大批当时年代里的各类前沿著作和优秀的传统古籍。这些前沿著作和传统古籍，代表了中华传统文化的前进方向，也极大地丰富和充实了徽学的内涵，促进了徽学发展。同时，徽州的古代出版业也是中国乃至世界出版史上最辉煌的地区之一。主要体现在三个方面：一是以其数量大、印刷精而彪炳中外出版史册，二是徽州人对印刷术的贡献是其他区域无法比的，三是徽州人在明清出版业中始终领导着潮流，左右了中国出版业的态势。徽州地区早在宋元时期就是中国古代重要的区域刻书中心，明清时期成为左右全国出版形势的全国古代四大刻书中心和全国重要的家谱制作中心之一。我曾在20世纪为中国家谱国际学术会上写了《徽州谱牒及其开发利用》一文，这里不再说家谱了。

徽州人留下的3万种古籍则是个非常了不得的相对数字。我们中华民族数千年文明史留下的古籍按传统说法至清末是17万种。宋元明清四代徽州书人刻书品种、著作、整理的存世古籍的相对数已占全部古籍的六分之一以上。最近，由胡锦涛主席在党代会报告中专题提出，倾全国之力挖掘整理，并由中华书局、上海古籍出版社联合出版的《中国古籍总目》统计，自古迄民国末年，包括全世界各大收藏单位收藏的中国古籍20万种。这几乎是中华民族文化史最精粹的全部家当、最宝贵的精神财富。

徽州不少人留下的精神财富都是国字号的，除了程朱理学、徽州朴学系列外，自宋迄清，大批动用全国之力的文化工程都有徽州人的身影。除了《四库全书》编纂班子中不少是徽州人，还累死了两名徽州学宿，一是乾嘉学派的领军人物、集新安朴学大成的戴震，二是寓扬州的大学者汪中外，这类大型御纂、御览以及专设全国性编纂机构类大型文化工程，有不少是以徽州人为主体的。像南唐状元舒雅先后与吕文仲等参与《册府元龟》一千卷、《太平御览》一千卷、《太平广记》五百卷、《续通典》二百卷、《文苑英华》一千卷等北宋时期的全国性大型文化工程的编纂，南宋婺源县汪藻除了丰富的著作外，还编纂了《元符宣和实录》六百六十五卷、《元符以来诏旨》八百六十五卷、《徽宗实录》二百卷、《绍兴日历》六百六十五卷、《一统志》、《建炎中兴诏旨》三十七卷等3000卷官书。明清时期这种大型的文化编纂工程更多，徽州许多文士像明朱升、赵汸，清徐乾学兄弟、汪由敦、曹文埴父子等多次担任这类编纂组织的总裁及主要领衔官员，吴正治还被称为修史宰相。中国通鉴类史书最著名的有3部，其中2部与徽州关系极大：1部为毕沅主编的《续资治通鉴》，另1部是个人编的《明通鉴》，其作者夏燮虽然籍贯为当涂县，但他是在徽州成长起来的学者，并作了歙县大数学家汪莱的女婿。正史中最著名的元史、明史严格讲都是徽州人功劳，只不过明史最后由桐城张廷玉定稿而已。类似人物我在《长编》里均作了介绍，这里不赘了。而不包括民国间徽人著述及出版物，仅宋元明清四代徽州人涉猎的古籍几占存世中国古籍总量的相对数的七分之一以上。在古代出版条件那样艰难的情况下，以出版形式传播的古籍一般都是当时前沿著作和历史上的优秀古籍。这些都是研究徽学及中国古代史的丰富资源，尤其是徽人著述和徽人出版物，在当时年代一般都是印制精湛的前沿著作，代表着中华优秀传统文化的前进方向。

关于徽人著述的学术价值仅举一个例子就足以说明。我在一个国际学术会上发表的《〈四库全书〉涉及的徽州六邑著述》一文中对清乾隆朝编修《四库全书》进行了初步研究，此丛书共收入肯定古籍10254种，172820余卷。其中，编入全书的为3461种，79309卷，编入存目的6793种，93511卷，而收入这部大型编纂工程的徽人个人著述（不含参与的全国性文化工程）近705种，10051卷以上，分别占这项编纂工程总量的6.8%、5.8%；占《[道光]徽州府志·艺文志》所收书籍品种的相对数的16%以上。可见，徽人著作质量是很高的。你说，徽州人和徽学在中国传统文化中的作用和地位能小视吗？因此说，研究中国任何领域学术更是不能不考虑徽州这片美丽的热土。如我早在上个世纪90年代就在全国有关学术会上呼吁发起研究出版史。我在2000年6月温州近百年出版史学术会上作了《再次呼吁要重视出版史研究》的即兴发言，其中一半内容是讲徽州出版史地位的。在大家的共同努力下，终于使《中国出版通史》列入了国家双重项目，新闻出版总署正副署长亲自担任编纂委员会负责人，使这个项目成功面世。在香山召开的第十次《中国出版通史》编委会上，我作了个发言，中心是讲徽州出版史在中国出版史中的位置，引起全体编委的重视。可惜，因我的研究成果在安徽的这片土壤上尚未获得支持、扶持，没有问世，他们无法直接采用我的研究成果。我在2004年提供了三个提案中有两个是讲徽学的，其中一个就是讲徽州出版史的。讲徽学的提案早已见诸报端。另一个提案是讲边疆与政区变迁史的，作为优秀提案收入《把握人民的意愿——政协第十届全国委员会提案及复文选》2005年卷中。

古代出版非能今比，那困难程度是超出我们今人想象的。我现举出在徽州出版史上不算太复杂的明代一部家谱和清代一本集子的出版历程，可见古代出版的难度。

明初家谱学家歙县槐塘处士程孟（1375—1465）面对新安大族程氏众多支谱中“各派自续事例不同，多有讹误”，决定统一徽州各派程氏宗谱，编纂诸谱会通。他于宣德三年（1428）、八年（1433）、正统九年（1444）、十三年（1448）、景泰元年（1450），历时23年奔波于绩溪仁里，休宁汊口、率滨、芳干，婺源城东、城西、龙首山、环溪、彰睦、香田、株村、港源、龙陂，祁门善和，今江西浮梁兴田、锦里等地各派程氏聚居点，广搜各派宗谱，进行考镜源流，汰其讹误，纂成30万言的《新安程氏诸谱会通》六卷及《世谱》八卷，延请本县大学者棠樾鲍宁（1391—1462）校正作序，又花了近3年时间才完成缮写、上板、雕刻、校正，于景泰三年（1452）才印成这套谱书140部。这部花了四分之一世纪的名谱附有《汇谱刊谱记》，在这篇《记》中记载了谱本刊刻过程、刻工、刻资、校勘改正2000字等后期制作详情。他写道：

刊于景泰元年八月，以各支所付工食银货均倈各匠领揽去，刊约一百二十余板，次年邀请谧斋先生校正。

总本文字行实，弟文祥写样。工匠同邑王坑仇文聪、文质、文义兄弟六，并仇村黄士宁弟侄三，髦田方正共十人锯板，二膳夫，一起手于次年二月至六月半，总本粗成。其后对各派节次续刊。

时议刊字，供善（膳）事者每青笑银壹两，刊字三千六百；其领板并样本刊者，每两刊二千。今扣刊过，总本并派计字三十余万，供膳而刊并凿空者近二千，工至三年九月方毕。

大家算算，一部30万字的家谱，除作者辛劳不计外，涉及多少人力？其他用费不算，仅刻工包吃包住还要工资150两纹银，每部摊1两多纹银，加上上板刷印、纸张油墨等耗材及其他费用，我看每部仅制作费一项2两纹银怕是打不下来。这还多亏明朝开国皇帝朱元璋建国伊始就免征书籍税费，更遑论作者科研费（调研开支）、稿费、请人审读费等诸多费用。徽州的家谱更多的是只印数十部，甚至不足十部，印后立即毁板，并毁掉旧谱，摊入每部家谱的成本更高。

还有一本是抗清义士、歙县江村江天一[①]所著《江止庵遗集》八卷。该书在江氏慷慨就义后50年才历经艰辛，经过数代人近百位贤达努力才问世的。经考，约康熙间（1662—1722）祭书草堂刊歙江天一撰《江止庵遗集》八卷、《首》一卷计9卷是由歙县洪祚永[②]专门保存抗清义士、金声学生江天一遗集的祭书草堂保管，洪卜公后人仍延其堂号刊刻的。江氏遗稿由弟江天表（字文月）手授，门人洪祚永手抄。前7卷为正文，第八卷为附录，收魏禧（冰叔）及同县方熊（望子）所作江天一传，弟江天表《感义扶丧记》，曹鸣远（字靖庵）所作像赞，江嘉梅（晚柯）所作祭文，洪秉基（开文）、吴惟寅（孟辰）两跋。版侧镌“祭书草堂珍藏”6字。此书在先生死后50年由“后学黄琯、方熊、王寿徵、汪士铉、项斗文、唐鸿举、汪芹、吴岳、汪洪度、吴菘、吴秋士、吴之騄、王棠、方淇荩、吴芝泽、汪洋度、吴瞻泰、汪熙桢、吴楚、吴巽、胡廷凤、程乙生、程喈、吴启鹏、洪嘉植、洪泽、洪其范、洪璟、洪公仪、洪云行、洪力行、洪濯公”等32人具名的《江先生遗稿征刻小引》，号召同里名贤长者捐款，使这部饱含艰辛留下的文稿得以鸠工剞劂行世。又列有校刻名单为施璜、范延邦、毕熙旸、方以权、蔡廷治、吴荃、张

---

① 江天一，初名涵颢，字淳初，又名景城，字文石，号止庵、石嫁樵夫，人称寒江先生，有求己堂，歙县江村人。诸生。祖父东望，学官。父士润，湖广某司官员。在这样儒学世家的熏习下，天一一身正气，曾仿东林、复社结古在社、同言社，结集出版《六水集》并作序言。天一后拜金声为师，攻理学，与金声一道抗清，被俘后解往南京，大骂汉奸洪承畴，与金声一道赴义而死。乾隆四十一年（1776）赐谥节愍。据《橙阳散志》载，江村有在江天一参军所筑节愍参军台。《［民国］歙县志·艺文志·书目》卷十五第五十页著录，江天一著《止庵文集》八卷、《惊天集》、《四书说意》、《求己堂集》、《弗告集》、《六水集》、《东海集》7种。清初散文大家汪琬（1624—1691，字若文，号钝庵、尧峰先生，长洲人）著《尧峰文钞》，专门写了一篇《江天一传》，以淋漓尽致的笔触讴歌了视死如归的抗清英雄江天一大义凛然，使这位抗清英雄因这篇传记而浩气长存。

② 洪祚永，号卜公，歙县洪源人。著《抱遗集》。江天一在洪源村设馆时与诸洪交谊深厚。《止庵集》中《深林集序》交待他与该村诸洪的情谊。其中，《楚东集序》系为洪坊来作，《还山诗序》系为洪澜（运生）作，《摩松阁集序》系为洪石生作。所以，在募金刻江天一集时，诸洪出力最多。

潮、方学琴、吴阶芝、黄吉暹、吴九仪、吴惟寅、程京萼、程芝稑、江湘、张渐、张旦、洪璟、许迈龄、江梁雪、洪泽、吴飏言、闵长虹、江九锡、江世栋、吴桢、洪昭、程文蔚、洪元开、程文谟、程之秋、项纶、程梅闻、程鋆、许迎年、张兆铉、程启、郭于宫、江元椿、江宣儒、江宣兆、江文柱、张思教、张思瑄、程以训、吴瞻洛、方为源、孙大经、洪籍、洪濯玉、洪炯、毕振郊等52人。这还不包括上版缮写与刻工名单。可见，徽州每刻一部书的工程量与艰难程度。此书还有洪祚永撰《抄止庵先生遗集记事》17则，其中有："先生既殁，收籍其田产妻孥，弟文月亟取先生之文密以授我，零星墨汁，败楮残篇，无弗与者，惴惴然如良田华屋不得藏匿是惧，鬻家口为佣，在所不惜。我亦亟取先生文章，草草录过，封其削稿。俟文月放归，复来携去。越三十有余年，文月郁郁不得志以疾死，先生之子孤而痫，至不能延一脉，亦以疾死。祚永窃亦老矣。"此手稿经考，祚永手录三过，死前嘱其子洪毓健世守之，直至50年后才在乡里众人的帮助下问世。这也说明血性文章不仅用血写成，流传后世有多少令人酸鼻的艰辛历程。

今考明清的刻书费用区别还是比较大的。我查了一下明末清初的刻书费用。清徐增在《九诰堂诗选元气集七种》卷首《刻元气集例》中载，苏州私刻，每写、刻100字，需要工钱是白银7分5厘，若有圈点，每刻3个圈点相当于写、刻1个字，这道工序相当于现今的排版费，每印刷1页需要1钱。每页500字左右，仅排印费就需4—5钱纹银。此后刻书费用只涨不跌。

为此，我再举一个在中国古代出版史上有举足轻重地位并且是每位徽学学者耳熟能详的例子。徽州区鲍廷博一家祖孙3代花了半个多世纪所做的大型出版工程《知不足斋丛书》。此套丛书共30集222种821卷，精装30函240册本，3万页。今查汪辉祖《梦痕余录》载嘉庆间（1796—1820）鲍廷博在与汪辉祖谈到刻书价格上问题烦恼时，汪辉祖说，嘉庆六年（1801）"四月朔，属梓人开雕《三史同名录》。曩刻《双节赠言初集》，每百字版片共制钱五六十文，追刻《续集》增2钱七文。丙辰（嘉庆元年）儿辈刻《梦痕录》又增十七文，今欲八十文之数，承揽者尚有难色，强而后可。昨年（指嘉庆五年）以文言，杭苏已至一百十文，而刻手不如《初集》之工，镂板日增，势实使然”。他家刻书费用与鲍家相比，已是成倍增长。鲍家刻此套丛书高潮是在嘉庆间，从中，我们保守推断那时的刻印成本每页已达6钱以上纹银，也就是说比明末清初起码上涨了50%。这样，我们就很快换算出这套丛书仅刻印工费就要拿出近2万两白银。此套丛书的工作底本、延请名人校勘、题跋的润笔资费、刻印版、纸张、装订等费用更是一笔不菲的开支。那时的出版印数一般千部以下，500部就是个可观的数字，一般百部左右，大家算算，每部成本摊多少。

徽州人给我们留下的这数万种古籍可想而知，不知花了徽州人的多少心血、汗水、泪水。他们中有多少位莘莘学子为中华优秀传统文化献出了毕生精力。如清中期学界领袖戴震就是正值学术壮年累死在编纂《四库全书》任上；古籍整理大家鲍廷博一生以书为命，为弘扬文化献出毕生精力、财力，致年逾八旬的晚年过着躲债的凄惨生活，当《知不足斋丛书》刻至第27集时执卷而逝；至死不忘出版的孙默平素过着“居一椽”“蔬食而水饮”的艰苦生活，在死前还打开书笥，理四方来稿；吴翌凤抄书抄瞎了眼睛；连著书不下150余种的集大成理学家朱熹为了做学问，多次辞官，晚年还过着逃避政治迫害的流徙生活……徽州更多的学人为了文化事业倾家荡产，甚至死于清前期最惨烈的文字狱上。是徽州人的献身精神、聪明才智和沉重地付出才谱写出古徽州历史上的辉煌、文化上的璀璨。

（二）人才加勤奋是徽州社会发展、文化繁荣的主动力

世界上万事万物中人是最宝贵的财富。徽州的昔日繁荣是徽骆驼们长期奋斗的结果。徽州人敢为天下先，吃苦耐劳，特重教育，注重培

养各类人才。走出去的徽州人更是商成帮，致使天下“无徽不成镇”，成为全国工商城市的主要商帮，如扬州就有徽商留下几次再造之功；学成派，使中华优秀传统文化更加绚丽璀璨。如东南沿海，自宋以后，文化发达、学派林立，其中不少领军人物是徽骆驼中的精英。众所周知，中华优秀传统文化中的主流是祖籍淮北宋国（因宋都商丘发大水，改都于淮北相山，成为淮河流域大国和东周后期文化最发达的诸侯国）后裔孔子创立的儒家学派，成为千百年来中华农业古国“治国齐家平天下”的统治思想。儒家思想再次飞跃形成宋明理学，简称宋学，它的领军人物程颐、程颢、朱熹的祖居地为歙县黄墩（明程敏政易名篁墩），朱熹更是东南学派的领袖；明末的思想解放运动，使勃兴的清代朴学再次推动中华优秀传统文化进入新时期，其举旗人物为婺源江永、汪绂和休宁的戴震，成为乾嘉学派中的主流……徽州人在所创立的学派中都有自身的特色，本土的众多学派中的新安理学、新安画派、徽派刻书、新安医学等名目繁多，群星璀璨。如新安医学载诸史册地乘最早要数东晋新安太守、山东南城（今泰安）人羊欣在徽州任职 13 年，辑《经方小品》三十卷，造福黎民。自宋迄清在徽州 6 邑形成名医辈出、医籍充栋，在我国医药界独树一帜的新安医学，成为中国古代医学发展史中第四个高潮也是最后高峰中的一支最强劲的医学流派，尤其是对传统医学经典中的《内经》《伤寒论》等以及温热寒症、治本培元、疑难病症等中医理论、诊断学、辨证施治诸方面的突破和杰出贡献。据不完全统计，徽州六邑自宋迄清计有名医 677 位，还有一些名医已佚生平，估计不下千人，留下医学著述不下 800 余部，加上出版家出版的医籍及医学丛书，徽州人留下的医学遗产更是惊人。

按县分，歙县宋有张扩、张师孟、张挥、张彦仁、张杲 5 人，元有鲍同仁、洪徽甫、吴以凝（宁）、黄俅 4 人，明有陆彦功、程琎、程玠、江瓘、江应宿、余傅山、余淙、余时雨、余小亭、余仰亭、张守仁、张凤诏、程伊、吴意、吴崑、吴正伦、吴行简、吴冲孺、方有执、罗周彦、罗慕庵、周于藩、吴元溟、张柏、洪玥、叶紫帆（叶天士祖父）、方鼎、方超、方仁、潘仲斗、程仑、毕懋襄、黄孝友、黄鼎铉、黄允升、江子振、程尧夫、程惠生、何寅初、何公若、洪廷镇、洪钦铭、洪少罔、吴福仕、吴静川、吴继川、吴晴川、吴泰寰、吴赓载、吴洋、吴桥、吴和仲、吴文仲、方音、方一诚、方德甫、方嗣塘、方孝绩、方孝孺、陈龙、陈统尧、陈应熊、许伦、汪双泉、吴篁池、郑宁、洪基、朱国宾、汪黝、程宏宾、巴应奎、吴勉学、程衍道、程云鹏、郑重光、张遂辰等76人，清代有程应旄、吴楚、黄予石、程国彭、项天瑞、吴谦、吴澄、余士冕、余幼白、余之隽、曹恒占、罗美、朱本中、郑奠一、许宁、江兰、郑于丰、郑于藩、郑宏纲、郑宏绩、郑靖、郑承瀚、郑承洛、郑承湘、郑承海、郑钟寿、郑麟、郑塵、许豫和、汪廷元、汪序周、汪昆玠、程文囿、程文苑、程文荃、程文墀、程光台、倪榜、许朴、许俊、汪鼎彝、汪有容、叶光煦、郑立传、汪必昌、江之兰、程有功、王学健、叶馨谷、程芝田、汪仰陶、吴亦鼎、汪宗沂、程曦、洪桂、洪映中、程道周、鲍集成、洪正立、王勋、许佐廷、许维贤、许思文、杨章国、杨守伦、汪世渡、汪士震、汪元珣、江启镛、江之源、胡之煦、胡玉堂、程三才、程国汉、叶支镛、项一溶、张思教、饶埠、鲍邦伦、胡大淏、程梁、鲍漱芳、程时彬、程时亨、程时中、王禹功、巴堂试、殷长裕、巴堂谊、曹启梧、曹承隆、叶本青、坦平寺主僧、鲍增祚、连氏、胡增彬、程镜宇、方成垣、叶熙锟、叶世官、王谟、王士恕、吴起甫、吴维周、程秉烈、杨慎之、江有诰、罗世震、程国权、王卜远、许绍曾、胡雪岩、汪光爵、郑时庄、罗浩、汪烈、江昱、潘霨、叶桂等119人，自宋迄清计204人，还有旅外人士尚未全列。

休宁县宋有吴琼、吴豫、吴源 、吴冕4人，元有程浑甫、范天锡、徐道聪、徐杜真、吴瑞5人，明有汪副护、丁瓒、丁绳、程霁春、程国辅、黄宗之、吴士龙、朱之光、徐宗彝、金有奇、程宗默、程邦贤、蒋氏、程相、方氏、汪汝桂、余正宗、周英、程伯益、黄铉、陈国榜、王尚、李德卿、程绣、黄梢、黄子顺、王阳明、王一凤 、黄家（嘉）章（自宋祥符至清世传医学）、张懋辰、孙文胤、黄良佑、王有礼、孙一奎、朱各龙、方广、程充、程公礼、吴显忠、吴文冕、李光武、程知、许凝、汪奇、徐成章、吴邦宁、吴云川、程林、程履新、胡正言兄弟计51人，清代有汪十洲、汪昂、汪淇、汪文绮、汪广期、刘上金、吴有磐、程凤寿、张腾光、方徽、汪梦兰、吴徽凤、汪光正、吴大椿、王焕、吴宗硕、黄楷、朱如、汪世培、俞圣瑞、董士迪、董震金、王廷相、杨启甲、宁本瑜、黄宗縏、汪嘉谟、何鼎亨、何雍源、陈士缙、陈廷美、汪喆、王少峰、叶昶、汪明紫、吴德熙、金山农、汪钰、汪镇国、程琦、程微灏、孙佑、汪源、潘伦、汪汝磷、汪时泰、金硕祈、汪汲、汪宏、王文誉、汪羲一、汪稼苑、汪松如等53人，自宋迄清计有113人。

婺源县宋有鲍宜翁、江喆、程约3人，元有程汝清、马肃、王国瑞、王开增等4人，明有鲍山、游延受、游希大、游守正、游公庆、游公甫、汪梧、张温、江一道、汪显高、汪守斋、汪接斋、江德潘、江天元、江震亨、江原岷、汪奎、江碧云、江子汜、方仲谐、胡庆龙、江志洪、虞抟、余元懋、潘大槐、潘大桂、吴文献、吴性情、汪继昌、汪法参、汪求参、汪朝邦、江时途33人，清代有王桂元、王春榜、王联甲、程志熙、李承超、王炳照、王炎、詹之吉、江龙锡、俞塞、程如鲲、黄光霁、程履丰、何第松、潘文源、朱日辉、朱莹、詹汝震、王庭桂、张明征、张盛昌、吴甸、张起校、朱世泽、王燧周、董潮青、余冠贤、汪元本、汪启时、俞可镛、詹固维、詹元吉、詹承恩、陈炼金、齐功枚、潘文楚、王佩恭、潘国珍、余述祖、江芬、程鸾池、朱有治、詹文升、黄有祺、俞启华、俞鹭振、胡朝钢、王焕英、程希濂、汪中立、许嘉谟、朱廷銮、朱若璘、汪鼎铉、戴葆元、王荫陵、胡翔凤、余馨、余有廉、朱文玉、黄文达、詹钟珣、方锡荣、方文柱、张芳、方一乐、施成章、余德乾、潘登云、洪兆芳、余国佩、吴庚扬、吴梅玉、余鸿翥、黄炜、余光弟、江南春、江庭镛、李文来、方起煜、方维伦、王伯备、吴正檩、张文德、吕献沂、詹应城、詹新兰、胡遇管、胡以纯、黄起升、江考卿、胡邦达、余雷、施道焕、詹逢曙、胡德珃、黄迎、黄翼、汪守英、汪时珂、汪士珪、余朝杰、朱昺顺、程从钧、程良书、程泰信、施凤标、施金川、詹添虎、黄文昭、俞镇连、俞秀兰、吕士立、石世芳、汪思履、俞凤、朱桂华、李亦科、藏元圻、戴式信、戴逢瑺、戴崇俭、戴经谐、李廷桂、余德任、李上增、李文喜、李文浚、李文桂、胡允熏、俞伟、俞仲、詹永希、李昭融、汪学济、方润、方兆琪、汪允璋、汪朝瑞、余鸣盛、詹庆铭、叶炳林、潘兆元、黄玉辉、臧用城、程鑫、洪奇达、董桂苑、汪启时、杨大川、詹莹、方鸿藻、胡崇俊、戴从龙、汪莲石、俞世球、余含芳、汪绂等 158 人，自宋迄清计 198 人。

黟县明有黄鉴、黄古谭、史谋、余淳 4 人，清代有孙树藻、程国瑞、欧阳世启、欧阳志恒、胡朝瑚、胡新楫、胡维迈、胡佩丹、胡兴周、汪荃、汪济舟、汪松谷、王仁宅、何应勋、林承瀚、孙美善、孙式元、汤灶长、王国椿、林世祯、方士恩、莫春晖、胡立嘉、叶梦衢、江维城、江懋烈、程毓芳、胡梦龄、程陟州、吴麟书、潘元森、姚慎德、汤成礼、程敦煌、胡存庆、何元巩、戴荣基、汪仲伊、汪有德、胡剑华、王显傲、王树、王协太、王瀚、吴伯祥、吴毓春、吴培基、吴郁文、江源、汪香、叶嘉郡、何多祄、何士会、何多祝、程立勋、孙立鳌、汪士镛、汪士涵、朱荣国、叶斯卓、叶斯永、叶绍寿、叶德发、李体仁、胡宗升、程式玉、程式庄、程鸿烈、潘文果、潘启华、胡乔相、胡汉卿、胡舜因、鲍子文、胡学本、胡天养、程建勋、欧阳茂、李能敬、李能谦、李文意、李寿昌、李永油、余光宗、韩仁寿、韩毓蕃、汪兴昱、汪隆祥、姚嘉通、何嘉诜、江梦熊、俞正燮、卢云乘、汪纯粹等 94 人，计明迄清两代 98 人。

绩溪县明有唐玄真、程汝惠、汪一蛟、程文镇、程启潜、程国荣、程道亨、葛道遇、吴世英计 9 人，清代计有胡一俊、周少堂、周镜如、周天如、冯志铉、胡宾阳、胡裕宽、余海宁、余尔可、程少轩、周少治、黄关源、黄子玉、程春浦、吴兰若、胡仲伟、周世调、方玉简、程本遐、汪祥云、张文左、周广运、程庭献、胡再燧、程云、周诚、胡润川、周汉云、石上锦、余道溥、程康政、程嗣章、程瑞、张瑞淮、胡澍等35人，计明清两代44人。

祁门县明代有徐存诚、汪宦、陈桷、胡田、陈嘉谟、汪机、汪渭、徐春甫、黄荣、黄溥、黄廷印、王琠、胡铁、黄宰、程大中、汪时鹃、饶进计17人，清代有郑瑚、江之迈、程鸿猷、陈邦良4人，计明清两代21人。祁门县多御医，号称“御医之乡”。汪机不仅是明代四大名医之一，其著作收入《四库全书》就达8种30卷。

按姓氏笔划分，丁姓2人，马姓1人，方姓25人（这还不包括迁徙外地如桐城方以智及其家族），巴姓4人，王姓32人，叶姓16人，石姓2人，冯姓1人，史姓1人，卢姓1人，宁姓1人，江姓29人，毕姓1人，许姓11人，朱姓14人，齐姓1人，吕姓2人，孙姓7人，汤姓2人，刘姓1人，张姓20人，吴姓53人，陆姓1人，余姓26人，何姓11人，陈姓11人，汪姓80人，杨姓5人，连姓1人，李姓17人，罗姓5人，周姓10人，郑姓18人，释家1人，林姓2人，欧阳氏3人，范姓1人，金姓3人，洪姓11人，项姓2人，胡姓38人，饶姓2人，俞姓12人，施姓2人，姚姓2人，倪姓1人，殷姓1人，唐姓1人，徐姓6人，莫姓1人，黄姓30人，曹姓3人，程姓79人，游姓5人，董姓4人，葛姓1人，韩姓2人，蒋姓1人，鲍姓8人，詹姓14人，虞姓1人，臧（藏）姓2人，潘姓12人，潘姓12人，戴姓7人等。

他们中不少人著述丰富。据不完全统计，他们留下著述达500余种。其中，明代62人中写了153部医学著作，清代183人写了292部著作。

明清时期名医最多达653人。6邑加上漏收及寄籍可达700人。其中，明代190人，清代463人，使明清新安医学达到极盛。这支浩浩荡荡的新安医学大军中几乎每个成名者都有1部情况各异的个人成长奋斗史。如明末清初歙县名医程云鹏虽出身于医儒世家，家藏1790余卷医书。但他在青少年时期并没有发挥家学优势，而是力攻举子业，喜谈王霸业，精通数学、河工、兵学。他遭遇功业未成却痛失 7 位亲人的惨痛现实，迫使他无心仕途，改弦易辙，立志不作良相誓作名医。他的 7 位亲人中其母因疟疾，其妻患血症，其 3 儿 2 女因惊风及痘疹均死于庸医误诊误治中。程氏自责自己因不谙医道，致使亲人命丧黄泉，更痛恨庸医误人，尤其是每当想起亲人冤死，他失声痛哭，浑身颤抖，不能自已。于是，他将家藏医书悉数取出，昼诵夜思，很快掌握了医学基础理论及 7 位亲人命丧庸医之手的原因。今查康熙间刻程著《慈幼筏》自序，他对亲人惨死都作了认真总结，也说出他立志学医目的为"使天下父母之子若女，不致短折而死于庸妄之手"，指出："盖先慈之虐，为崩证将成，往来寒热，治宜滋水；荆妇之病，为经期逆行，血随火泛，宜因其势而导之使下。医乃以青皮、草果治先慈；以三七、血余治荆妇，克损真元，遏抑营气，致使水涸血凝，而不可救。""余儿赋质素虚，出痘值严冬之候，识务者自应调气助血，卑痘无雍遏，收功何难？乃日事石膏明粉、犀角羚羊，冰伏其生生之气，竟致不起。"其次子所得寒吐症，而医生误用发散药，再用牛黄紫雪类不对症药物导致死亡。他在研究医论中尤重中医三因制宜学说，尤其是 5 个子女的夭折，使他尤精儿科。他行医数十年，足迹遍布江夏（今武汉市）、广陵（今扬州市)，成为医术高明医技高超的名医。他著述丰富，崇祯九年(1636)，他与门生成生聘在广陵悬壶时常与门生讨论医学理论与实践中问题，评论古今医籍，著成《灵素微言》《脉复》《伤寒答问》《医贯别裁》《医人传》《慈幼筏》《种嗣玄机》7 部通俗医学读物。其中，《伤寒答问》是解决《伤寒论》中"仲景法象高深，茫无入手"而作解答的，因前人所论不足而作《医贯别裁》，为纠时弊而作《种嗣玄机》等。还有不少官宦学者虽不在名医之列，他们是关心民瘼的家刻家、坊刻家和富商大贾，也留下大批医学辑著，不少人刊刻大批医学著作，大大地推动了新安医学的发展。

走出去的徽州人独创学派或是重要学派扛鼎人物，比比皆是。明末挥动江淮文化大纛的桐城文派创始人方学渐博学多才，在桐城办学校、兴文化，开桐城讲学设馆的先河，门下士数百人，开桐城文派风气，其子孙个个满腹经纶，形成自明末始历清不衰的多学科桐城文派。其长子方大镇、孙方孔炤、孙女方维仪、重孙方以智都是该学派桂林派白鹿庄支的领军人物，如不是受改朝换代的影响，成就会更高。其中，方以智就是与明末清初雄踞东南学坛的黄宗羲、顾炎武、王夫之同列的学术泰斗式人物。而桂林派的另一支身受婺源迁桐后裔戴名世《南山集》案影响的方大美支方观承、方维甸、方受畴及方大晋支的裔孙方苞，他们为适应新环境，成为桂林派中受文字狱荼毒最深而翻身的政治、文化右族，方苞还成为左右中国封建社会后期长达两个世纪的桐城派文学流派的举旗人物。桐城方氏六族，归根结底都是徽州方氏后裔，而元末明初由祖籍歙县桂林村迁居桐城文庙街并为桐城文庙及街区建设作过巨献的方德益的桂林派第6代后裔方学渐的子孙们在桐城先后开派桐城文派、桐城派计一个综合文化派别，一个文学派别计两派。其他祖籍徽州学人在为当地文化建设上贡献更是不胜枚举，如明清的东南藏书楼、藏书家最前列者徽州后裔占压倒多数。我在《长编》中对重要的大户、大家都单独立节进行勾勒。不少学派的中坚人物、核心人物也是徽州人，如阳湖派扛鼎作家洪亮吉是歙县洪源人；东南文化巨子毕沅是休宁人；晚清文化复兴重臣定远县炉桥方濬颐、濬师、濬益从兄弟们也是自顺治朝才从歙县迁出的方氏后裔；新文化运动举旗人物胡适也是走出去的徽州人。

教育领先　科举入仕众多

徽州虽地处山区，地瘠不足养活境内不多的人口，但士林繁茂，著述弘富。

徽州人重教育，自明末即有“天下书院最盛者，无过东林、江右、关中、徽州”。据旧志上的不完全统计，自南宋迄清4代徽州书院在全国相同时期均占多数。宋代徽州能列名的书院达25所，其中歙县8所，休宁县4所，绩溪县5所，祁门县2所，婺源县6所，黟县未查出；元代徽州路有26所，其中歙县10所，休宁县3所，绩溪县1所，祁门县4所，婺源州6所，黟县2所；明代51所，其中歙县12所，休宁县8所，绩溪县6所，祁门县8所，婺源县14所，黟县3所；清代61所，其中歙县16所，休宁县5所，绩溪县11所，祁门县4所，婺源县20所，黟县5所。其中，府城的紫阳书院自宋迄清末，一直是江南重要的教学和学术交流阵地，朱子学的重镇，刻书重要基地。还有还古书院等也很出名。旧志中常提的徽州六邑著名的宋元及明清书院，按县分，歙县有问政书院、斗山书院、天都书院、道存书院、南山书院、崇正书院、西畴书院（宋鲍寿孙在棠樾建，元曹泾讲学所）、师山书院、枫林书院、飞布书院、崇本书院、友陶书院、秘阁书院、岑山书院、岩溪书院、竹山书院、凤池书院等，休宁县有海阳书院、率溪书院、西山书院（宋程大昌在会里建）、商山书院（元行枢密院判官、婺源汪同在县南浯田建商山书塾，明改）、柳溪书院、新溪书院、天泉书院，黟县有碧阳书院、集成书院（元至正十一年黄真元在四都黄村建）、中天书院、林历书院、桃源书院、松云书院，祁门县有东山书院、李源书院，绩溪县有桂枝书院（北宋景德四年胡忠建于龙井村南山阜）、颍滨书院、嵋公书院、翚阳书院（元至元十六年程璲建于仁里）、槐溪书院、谦如书院、龙峰书院、东山书院，婺源县有紫阳书院（元至元二十四年知县汪元圭创晦庵书院，明嘉靖九年改建保安山保安寺旧址，改名）、明经书院（元至大中胡淀建于县北30里考川）、福山书院、阆山书院（元至正中汪同在阆山建）、湖山书院、崇报书院、霞源书院、万山书院（宋人程传宸建于东乡九都金竺）等。

徽州的不少书院在中国古代教育史上占有重要的地位，除紫阳、还古等书院外，像歙县雄村渐江畔建于乾隆二十年（1755）的全国重点文物保护单位的竹山书院，占地面积2000多平方米，拥有清旷轩、文昌阁、百花头上楼、眺帆轩等教学设施建筑与幽静园林构成，里面走出父子宰相曹文埴、曹振镛等名宦。雄村曹姓仅明清两代就有52人中举。文风昌盛的雄村学校也因之被称为江南第一古书院。

还有些以学社、精舍、书塾、文会、书屋、堂园斋等命名的各类塾学和讲学之所也是学校。而官方常设学校，府有府学，县有县学，既是学校，又是府县教育行政管理部门。学校多，培养出的人才就多。据《明清进士题名碑索引》载，明代徽州籍进士392人，举人298名。据《[道光]徽州府志》记载，自宋明至清道光间歙县科举及第544人，其中宋128人，明181人，清235人，其中号称徽州第一进士村的许村就走出48名进士；休宁县414人，其中宋159人，明65人，清190人；祁门县136人，其中宋77人，明50人，清9人；黟县117人，其中宋92人，明13人，清12人；绩溪县413人，其中宋333人，明18人，清62人；婺源县1 480人，其中宋287人，明1 133人，清60人，6县合计3 104人。6县的武进士179人，其中宋25人，明57人，清97人；武举人630人，其中明201人，清429人。其中清6县截至道光间（1821—1850）已有568名进士，加上清后期则更多。仅3代不完全统计，徽州6邑由科举入仕人物就达3 913人，这还不包括已走出徽州落籍他乡的游子们及道光中后期至清末的科举及第人物。

今查皖苏通志《江南通志》中就有汪璪称“大江之东，以郡名者十，而士之慕学，新安为最。新安之属，以县名者六，而邑小士多，绩溪为最”的记载。徽州士人相对总数应以歙县、休宁、婺源为序，但建县最晚、人口较少的绩溪也出现诸如龙川、伏岭、湖里、仁里、旺川、宅坦、冯村类的“举人村”“进士村”。南宋时期徽州六邑七书院之一的坦头云庄书院早已退出历史舞台，但据《[乾隆]绩溪县志》记载，后人在云庄书院故址挖出的两块宋代石碑，第一块碑上刻自北宋嘉祐丙申（元年，1056）科至南宋端平甲午（元年，1234）科，第二块碑上刻南宋淳祐丙午（六年，1246）科至咸淳癸酉（九年，1273）科连绵2个多世纪年间的两宋主要科举考试中，云庄书院出身的参试童生 77 人，先后参试 107 次，其中有 7 人中进士，29 人选入太学，漕举 1 人，乡贡 11 人。《[康熙] 休宁县志》载："四方谓新安为东南邹鲁，休宁之学特盛，岁大比与贡者至千人。"

类似徽州六邑及郡级方志记载自唐兴科举迄宋元徽州入仕资料很多。据不完全统计，仅弹丸之地的绩溪自宋迄清四代有文武举人 222 人，进士 119 人（含崇祯四年，1631，尚田蜀马寄籍宜兴的状元陈于泰及 22 名武进士）。往往，各个单本资料漏误是比较多的。如根据《[民国] 歙县志》《[道光] 休宁县志》《[嘉庆] 绩溪县志》《[同治] 祁门县志》《[民国] 重修婺源县志》《[嘉庆] 黟县志》及最近出版的《绩溪县志》《祁门县志》等地方志综合统计，宋代徽州六邑有科举中试者 817 人。其中，歙县 139 人，休宁县 160 人，婺源县 288 人，祁门县 94 人，黟县 90 人，绩溪县 46 人。元代因科考不正常，6 邑中试有所下降，但明清时期遽然上升至 3600 多人。其中，明代进士 444 人，举人 1100 多人；清代进士截至道光间已有 568 人，举人 1 530 多人。据重修的徽州府衙大堂所列全府 6 邑自隋朝开科取士至清末废除科举制度的不完全统计共有进士 2297 人。其中，武科 202 名进士，文科进士 2075 人中歙县 820 人，休宁县 529 人，婺源县 535 人，祁门县 170 人，黟县 131 人，绩溪县 112 人。上述数字也难说是一网打尽，漏收肯定还有。

汪修熙在《状元与宰相》一书中列出徽州状元 28 名，占全国总数的二十四分之一，当过宰相的有 17 位，也占全国总数的二十四分之一。据吴建华的《清代徽州状元》[①] 和近代学者许承尧的《歙事闲谭》统计，仅为清代 329 个二级行政区划（215 府、73 直隶州、41 直隶厅）之一的徽州府有本籍状元 5 人，寄籍状元 13 人，占清代 114 个状元

① 载《徽学通讯》1989 年第 1 期增刊。

总数的15.7%。现在看来，这个统计肯定有遗漏。据我的不完全统计历代除休宁县19位本籍、寄籍状元外，徽州其他县尚有15位状元，这还不包括婺源县江湾尚未完成认祖归根而卒的状元韩应龙（应为江天锡）① 及清末最后1名状元吴承仕。其中，歙县有南唐保大八年（950）庚戌科状元舒雅②，官至刑部郎中，其弟舒雄为武状元；北宋宝元元年（1038）戊寅科状元吕溱，官至开封府尹；北宋嘉祐二年（1057）丁酉科状元章衡，官至集贤院院士；北宋熙宁三年（1070）歙县蓝田叶椿中庚戌科状元，官至兵部尚书；南宋景定四年（1263）槐塘程扬祖；明正德九年（1514）甲戌科状元岩镇唐皋（1469—？），官至侍讲学士，著《心庵文集》《史鉴会编》《西游记》等，参与撰《武宗实录》等；清顺治十六年（1659）己亥科状元落籍江苏昆山徐元文，官至文

---

① 据《［民国］婺源县志·佚事》载，嘉靖乙未（十四年，1535）科状元韩应龙原为江湾江天锡。正德（1506—1521）间因姚源王浩八兵乱，江天锡随母避乱丢失，被绍兴贾客携归作为养子，改姓韩，庠名“应龙”。后族人江轼任绍兴府通判，时应龙尚为诸生，谒之介绍说：“吾本婺源江湾人，名天锡。”并道出祖父江礼，父江庆，兄江天赐及宅边有枣木。江氏家谱上也作了记载。后因韩应龙中状元不久卒，故未来得及复姓。

② 舒雅字子正，《歙县志》称歙县西部四十五里中鹄乡舒村人，在金竺山有舒雅读书台。一作旌德县四都人。舒雅与吕溱、唐皋为歙县本土三位著名文状元。舒雅入宋历任监丞、太常博士等。舒雅善诗工文，又精于书画，与吴淑齐名并名垂当时，为时南唐权臣、中书侍郎、光政殿学士韩熙载所赏识，并在韩熙载知贡举时拔为南唐己未（交泰二年，959）科状元。历南唐入北宋任将作监丞、太常博士、密阁校理等，累迁职方员外郎。他多次参加官书编纂工程，奉敕纂修校订《论语正义》《周礼》《山海经注》《文苑英华》等10多部官书。迁任职方员外郎，出守舒州（治今潜山县城）。任满，主持潜山（今天柱山）灵山观。后直昭文馆学，与合肥徐铉及韩熙载齐名。晚年，舒雅尊崇道教，不闻世事，寄情山水，享年七秩。舒雅还据张僧繇画重绘《山海经图》十卷247图，为西昆体诗人，《西昆酬唱集》作者之一。罗愿也说他：“自太平兴国中编纂《文苑英华》，淳化中校《史记》《前》《后汉书》，至道中修《续通典》校定《周礼》《礼记》《公羊》《穀梁传疏》及别纂《孝经》《论语》正义，咸平中校《七经疏义》，雅必预焉。”（《新安志·先达》卷六）旌德县城北门外曾为其立了一座状元牌坊。其弟舒雄也在端拱二年（989）中己丑榜眼，一说武状元，成为徽州科举中佳话。但歙县志乘一般都将舒雅载入。

华殿大学士；清乾隆三十七年（1772）壬辰科状元金榜，官至会试副主考官；清乾隆五十八年（1793）癸丑科状元落籍苏州潘世恩，官至军机大臣；清嘉庆十四年（1809）己巳科状元洪莹，官至翰林院编修；清同治七年（1868）戊辰科状元寓居苏州洪钧，官至总理各国事务衙门大臣、近代著名外交家计11位。另3位分别是南宋乾道二年（1166）丙戌科武状元、婺源县李坑李知诚，官至抚谕使；南宋宝祐元年（1253）癸丑科武状元、文武全才的祁门县善和乡程鸣凤（1225—？），历任殿前司同正将，閤门宣赞舍人，外任知府、知州，返里后以己号创办梧冈书院，著《读史发微》《梧冈》《盘隐》诗文集等；明崇祯四年（1631）辛未科状元陈于泰，官翰林院编修，归籍后在绩溪县蜀马建谦如书院又名蜀川书院。

徽州地区的科举入仕比例是很大的。据宋元明清4代的不完全统计，徽州6邑进士多达1769人。据朱保炯、谢沛霖的《明清进士题名碑录索引》统计，明清两代共录取进士51681人，其中明代24866人，清代26815人。而据徽州府6邑旧志《选举志》的不完全统计，明确徽州府文武进士1303人，其中明代文武进士508人，清代文武进士795人，分别占全国总数的2.25%、2%以上、2.95%。这是个保守的数字，漏收很多。如《［民国］重修婺源县志·选举志》统计，明清时期婺源县仅有文武进士202人，比起有关统计自宋迄清552位进士不足一半，漏收比较多。由科举出仕，登上统治阶层的比例是非常大的。这些人都是满腹经纶的文化人，大都留下著作，不少人甚至著作等身，成为创造古徽州辉煌的精英人物中最核心人群。

徽州著名的科举故事有“连科三殿撰，十里四翰林”[①]“兄弟九进士，四尚书者；一榜十九进士者”[②]“一镇四状元”[③]“一科同郡两元者”[④]以及歙县唐模村村口所立的康熙间许承家、许承宣兄弟的“同胞翰林”坊、歙县西郊槐塘村“丞相状元”坊[⑤]等。徽州仕人干员能吏比比皆是，不少人为官一处，造福一方，扭转乾坤，千载流芳。如朱熹为官关心民瘼，曾为州官时在春节前后就接二连三数次张榜晓谕农民不误农时，抓紧春耕生产，开启地方大员关心农业而发布“三农”“第一号”文件，体现了农业古国的民本思想。抗金、抗倭英雄胡舜陟、胡宗宪、汪道昆代表了中华民族御侮的民族气节。就是官位

---

① 《歙事闲谭·科举故事》卷十一第三五五页，合肥：黄山书社，2001. 按，指乾隆三十六年辛卯（1771）科状元是休宁黄轩，乾隆三十七年壬辰科（1772）状元是歙县金榜，乾隆四十年乙未（1775）科状元是休宁吴锡龄，接连三科状元都是徽州儒生。经考证，应更正为“连科五殿撰”，应为乾隆年间徽州连续出了5位状元。它们是：乾隆辛卯科状元休宁黄轩，壬辰科状元歙县金榜，乙未科状元休宁吴锡龄，戊戌科（四十三年，1778）状元、祖籍休宁、寄籍江西省大余县戴衢亨，庚子科（四十五年，1780）状元、祖籍休宁、寄籍浙江省秀水（今嘉兴市）汪如洋。同治辛未（十年，1871）梁耀枢榜洪镔、郑成章、黄崇惺、汪运轮4人同榜进士并都是翰林院庶吉士，他们分别是歙县西乡丰乐河畔的岩镇、郑村、潭渡、西溪4村，相距10里左右。笔者按，中国历史上有案可查的状元653人，其中，徽州6邑不完全统计本籍及寄籍状元34人，占总数的5%。明清的状元计203人。其中，明代89人，清代114人。江南地区向出状元。如明代南直隶状元有23人，清代仅江苏达49人。明清时期吴地有60名寄籍、本籍状元，其中明代16人，清代44人，其中不少是徽州人。

② 赵吉士《寄园寄所寄·新安理学》卷十一。

③ 指歙县岩寺镇（今属徽州区）南唐交泰二年己未科状元舒雅，北宋宝元戊寅（元年，1038）科状元吕溱，明正德甲戌（九年，1514）科状元唐皋，清乾隆壬辰（三十七年，1772）科状元金榜四人。

④ 《休宁碎事·万青阁偶谈》卷之一。

⑤ 该坊旌表程氏丞相程元凤及其从侄状元程扬祖、从弟工部侍郎程元岳叔侄3人。程元凤中南宋绍定元年（1228）进士，官至右丞相兼枢密使、少保、少傅等职，卒赠“少师”，谥“文清”；程元岳字远甫，中宝祐元年（1253）进士，官至工部侍郎、歙县开国男“食邑三百户”、太平知州等职，著《山窗集》；程扬祖为景定四年（1263）状元。该坊正楼字板上“丞相”指程元凤、左右边楼字板上书“亚卿”“学士”分别指程元岳和其他二程，额枋“状元坊”指程扬祖，合称丞相状元坊。

不显的读书人也是竭忠尽智地做好本职工作，出现“昆仲七贤”[①]的官场佳话。

由科举及雄厚的资本爬到封建统治者最高层的历代不乏其人。歙县城中心大街上矗立的许国石坊的主人许国为明嘉靖、隆庆、万历三朝元老，官至一品。歙县人引为自豪的“宰相代代有，代君世间无”的乾隆、嘉庆、道光三朝元老，在嘉庆皇帝外出巡狩期间以宰相身份留守京师，代理皇帝处理政务的曹振镛等均为徽籍著名的重臣。类似重臣在清代任军机大臣的就有 2 人，军机章京 19 人。

歙县呈坎现为黄山市徽州区呈坎镇，是唐末罗氏聚居形成的古村落。据《罗氏族谱》的不完全统计，自南宋至清末，呈坎罗氏共有进士 20 余人，举人 40 余人，太学生 300 余人，通判、同知、知州、知府级官员达 80 余人，这还不包括林则徐两匾中所说的 9 位武举人及罗聘父罗愚溪。

歙县雄村曹氏在明清两代共出了 8 位进士，在四柱四楼的“世济其美”的石牌坊上刻了世谓“一门八进士”明代的曹祥、曹深、曹楼，清代的曹学诗、曹文埴、曹坦、曹诚、曹振镛的名字，“四世一品”坊则默默陈述了雄村巨室曹文埴及其父、伯父、祖父、曾祖父均受赠诰授一品官官衔的殊荣。就是在群山环抱溪流潆洄的深山老林小村落中也不乏

① 指魂归歙县棉溪七贤桥旁七贤村的北宋初方村七兄弟：老大方好，官泰州刺史；老二方学，官黄岩县尉；老三方广，官国子监司业；老四方爱，官侍中；老五方多，官浙东佥判；老六方威，官歙州教谕；老七方仪，任翰林院学士。他们兢兢业业做事，认认真真为人，被誉为当代贤人。他们致仕归里时，宋真宗赐其乡为“锦庭里”，以表彰七兄弟荣归。他们死后合葬于宅东 5 里同一墓穴，墓铭“七贤”。

类似小溪父子进士、四世一品的“南河四项”[①]、姻亲各有“兄弟三进士”[②]类官宦人家、书香门第。

建于乾隆年间的四柱三间五楼歙县县城南县学前门坊的正面楼匾上刻“甲第”两字，额枋上刻“状元”“会元”“解元”字样，又名“三元坊”；背面楼匾上刻“科名”两字，额枋上刻“榜眼”“探花”“传胪”字样，每块额枋空档处镌有歙县历代科举中试者的姓名。

休宁县也是官宦昌盛，如位于率水之滨的陈村从南宋绍兴二十一年（1151）至咸淳元年（1265）短短的114年间，小小的陈村竟出陈尚忠、陈尚文、陈嘉善、陈篆、陈唯、毕祈凤、陈庆勉、陈明、陈卓9位进士。尤其是“休宁之学特盛”，元代陈村出了朱熹的三传弟子、大理学家陈栎（1252—1334），不仅在他的理学著作中深刻地阐发了朱熹的学术思想，而且在元延祐初中举后不为元吏，坚持在家乡办学，足不出户，但“凡江东人来束受学者，尽遣归陈”，使这里走出像朱升、倪士毅、吴彬、吴显这样的国家栋梁、满腹经纶的学者。据统计，自唐开科取士以

① 此三句佳话中第一句指歙南小溪村南宋淳熙甲辰（十一年，1184）进士项牧（字伯谦，历郴州军事推官，《江西通志》列为名宦）、其子项仲登庆元戊午（四年，1198）进士（任开州教谕）中项牧建有岑山书院，与朱熹为同科进士，交往甚密，朱熹也亲在岑山书院讲过学。第二句指本村清代出了曾祖项德昱、祖父项时端、父项宪及项纶（字经士，号柏亭，历官殿试受卷官、典训馆纂修官升主政，诰封光禄大夫。其上三代也受诰封光禄大夫）四代荣封光禄大夫一品官。第三句为被清军事大臣曹振镛称之为“南河四项”在金石、诗文方面享誉当时的项怀述、项庚松、项道暐、项绶祖4人，因小溪村位于桂溪河南岸而名。

② 指歙县桂林村陶园主人洪启蒙的3个儿子洪翼暐圣、洪佐圣、洪辅圣先后于万历二十六年（1598）、二十九年（1601）、三十五年（1607）高登黄榜中进士，陶园中“三圣洗砚池”就是因三兄弟攻读洗砚的水池，现已成为桂林“三圣砚池”景点；另兄弟三进士指洪家世代姻亲槐塘程氏三兄弟程扶舆、坤舆、黄舆与洪氏兄弟过从甚密并为同窗与文友，其后3兄弟也成为明末进士。乾隆朝进士程瑱（坤舆裔孙）为此特作诗称“衡宇槐荫对桂椿，诘晨绿酒压羊腔。梦中树帜词坛字，盖郡香名认有双”，是说程氏三兄弟梦中坤舆与黄舆在万历二十六年（1598）同时梦见小溪官府喜报旗帜上大书“盖郡有双”，他们携酒牵羊去祝贺，见到旗帜上书“盖郡无双”4字，等到两家三兄弟均荣登黄榜后，留下“同胞三进士”的佳话。

来，该县有本籍、寄籍文武状元 19 人[①]。我所掌握，徽州本籍及寄籍文科状元有 30 人，武科状元 4 人计 34 人。这还不含尚未认祖归根的江湾韩应龙，还有歙县共产党员吴承仕（字砚斋，又作检斋）24 岁中举，26 岁举贡会考一等第一名，应为清代最后一名状元，曾官清廷大理院主事。但此时科举已废，故不计。

2005 年 11 月 6 日上午，中国状元博物馆正式在休宁县状元文化广场揭匾，科举故事也是不胜枚举。这里特别值得一提的是明末清初一向人丁并不兴旺的休宁城北名族查氏自元末查均宝从婺源县走出徽州，迁

---

① 他们是：休宁县城玉堂巷、原籍宁国的南宋嘉定十年（1217）状元吴潜（1196—1262），官至左丞相；南宋休宁县汊口武状元程若川，官至滁州知州；休宁古楼村明洪武二十一年（1388）中状元的任亨泰，官至礼部尚书；休宁城西门凤湖街人、寄籍安徽太和县嘉靖二十年（1541）状元沈坤（1507—1560），官至翰林院修撰；休宁县龙湾人在崇祯十六年（1643）中武状元的黄赓，后削发为僧；休宁县瑶溪、寄籍江苏金山卫（今上海市金山县）的康熙三十年（1691）状元戴有祺（？—1711），官翰林院修撰；休宁城西门、寄籍江苏常熟于康熙三十九年（1700）中状元汪绎（1671—1706），官翰林院修撰；休宁县梅林、寄籍常熟于康熙五十七年（1718）中状元的汪应铨，官赞善大夫；休宁县瓯山、寄籍浙江仁和（今杭州市）于乾隆元年（1736）中状元的金德瑛（1701—1762），官左都御史；休宁县闵口下毕村寄籍江苏镇洋（今太仓县）于乾隆二十五年（1760）中状元的毕沅（1730—1797），终官湖广总督；休宁县古城岩古林村于乾隆三十六年（1771）中状元的黄轩，官按察使；休宁县大斐村于乾隆四十年（1775）中状元的吴锡龄，官翰林院修撰；休宁县隆阜、寄籍江西大庾（今大余县）于乾隆四十三年（1778）中状元的戴衢亨（1755—1811），官至军机大臣；休宁县城西门、寄籍浙江秀水（今嘉兴）于乾隆四十五年（1780）中状元的汪如洋（1755—1794），官云南学政；休宁县洽阳（今属屯溪区）、寄籍归安（今浙江湖州市）于乾隆六十年（1795）中状元的王以衔（1761—1823），官礼部右侍郎；休宁县长丰、寄籍江苏吴县（今苏州市）中嘉庆十三年（1808）状元的吴信中，官侍读学士；休宁城北、寄籍安徽天长县（今为市）于道光二年（1822）中状元的戴兰芬（1781—1833），官侍读学士；休宁县松萝山东麓汪村、寄籍江西彭泽县黄花坂新屋汪村（今属黄岭乡繁荣村）于道光十三年（1833）中状元的汪鸣相（1794—1840），官翰林院修撰；休宁县五城、寄籍江苏江宁（今南京市）于光绪六年（1880）中状元的黄思永（1842—1914），官侍讲学士，计南宋状元 2 人、明代状元 3 人、清代状元 14 人中寄籍状元多达 14 人。他们的手泽和史料存世丰富。如中国第一历史档案馆特藏库与玉牒库中的皇家秘档中就藏有休宁籍状元的手迹、手书、奏折、辞章、诗赋等第一手资料数千件原件及金榜资料。如金榜上就有“第一甲赐进士及第江南休宁县人吴锡龄”的名字。

往浙江海宁的一支却奇峰异突，陆续北上分支北查成商海劲旅，他们在天津留下的水西庄成为《红楼梦》所描述的贾府大观园原型；留在海宁的南查在清康乾间出了“一门七进士，叔侄五翰林”而名噪士林。“七进士”指以查慎行为首的与查嗣瑮、查嗣庭同胞三兄弟与堂兄查嗣韩、堂弟查嗣珣五兄弟及慎行长子查克建及侄查升；“五翰林”指查慎行三兄弟、堂兄榜眼查嗣韩及侄侍讲查升。发生在雍正四年（1726）由三弟查嗣庭任江西主考官出了一道《维民所止》很好试题而被深文周纳造成著名的文字狱，使查家灾难深重并迅速衰落。

徽州多仕人，更多达官贵人，早在万历年间（1573—1620）的大文豪汪道昆就情不自禁地发出感叹：“新都为高皇帝南辅，名世代兴。都卿相者什有三，歙居其五。”①《婺源乡土志》在谈到朱熹故里婺源风俗时称：“婺人喜读书，虽十家村落，亦有讽诵之声，向科举未伫，应童子试者，常至千数百人。”②据不完全统计，位居崇山峻岭环抱中人口稀少的婺源县曾出过 550 名进士。

在县城紫阳镇西北的源头村初建于宋初任婺源县县官的孙文质，后大畈赵姓也迁居于此，使源头村遽兴，文风日炽。据民国《婺源县志·选举志·科第》载，两宋期间两姓先后有 32 位进士③，这个宋代立村仅 200 余年历史的村落成为闻名的进士村。

---

① 明汪道昆：《太函集·天佚篇寿殷相暨庄夫人百五十岁》卷之十七，第三六二页，合肥：黄山书社，2004.

② 《［光绪］婺源乡土志·婺源风俗》，见“中国方志丛书”中本志，台北：成文出版社，1985.

③ 这 32 位宋进士中孙姓 4 人：绍圣四年（1097）孙略，南宋隆兴元年（1163）孙自诚，嘉泰二年（1202）孙昌期，嘉定元年（1208）孙倬。赵姓 28 人中文科进士 18 人：淳熙八年（1181）赵崇椿，嘉定四年（1211）赵崇元，嘉定十三年（1220）赵汝兴，嘉定十七年（1224）赵必昂、赵崇賁，淳祐元年（1241）赵良鉴，宝祐四年（1256）赵良铨，开庆元年（1259）赵良锦，咸淳元年（1265）赵必瑑、赵良辀、赵崇夸、赵必翔、赵必琬、赵良璩、赵良录，咸淳七年（1271）赵良钧，咸淳十年（1274）赵必峰；武科 10 人：淳熙十六年（1189）赵彦相、赵崇重，绍熙五年（1194）赵彦规，嘉定十七年（1224）赵崇穡、赵汝漻、赵公沁、赵彦覯、赵扣夫、赵夔夫、赵必珠。

婺源县西北由唐末从黄墩迁往严田的李氏系唐王朝后裔，民国县志就载历宋一代有24名进士：嘉祐六年（1061）进士李士侐，绍兴二十四年（1154）李知己、绍兴三十年（1160）李冠之、绍兴三十二年（1162）李炳，淳熙八年（1181）李行成、淳熙十六年（1189）李则参，绍熙四年（1193）李大端、李楫，开禧元年（1205）李楠，嘉定四年（1211）李尚、李升之，嘉定七年（1214）李登、李步豹，嘉定十年（1217）李家猷，绍定二年（1229）李玘、李震宗，淳祐元年（1241）李泰来，淳祐四年（1244）李时、李念祖，宝祐元年（1253）李碧山，宝祐四年（1256）李桃、李雷雨、李应魁，咸淳四年（1268）李说。而建于宋初理田今名李坑，在宋代就出了12名进士，如元祐三年（1088）进士李文简累官至尚书右丞，他的儿子李侃也于大观三年（1109）中进士，官尚书左丞，李侃子李操为宣和三年（1121）进士，官通仕郎，一家三代都高登黄榜。尤其是乾道二年（1166）还出了武状元李知诚，官至抚谕使。为省篇幅，不再介绍了。

婺源的科举佳话有“婺之瑞有同胞而皆成进士者，则有蚺城之董；有三代而同列科甲者，则有桂岩之戴；有五服而烟户百余者，则有古段之方；有十五世而秀衣不脱者，则有沱川之余；有累叶而仕宦蝉联者，则有漳村之王、河公之单”①，还有“一门九进士，六部四尚书”②等。由科举入仕名人更多。据统计，婺源载入《明史·列传》的有“四詹”（詹同、詹徽、詹绂、詹希原）、“二余”（余懋学、余懋衡）、“三潘”（潘

---

① 《星源西冲俞氏宗谱·传文》卷十四载清婺源甲椿人，道光辛巳（元年，1821）恩贡生李之森撰《信三公传》，婺源：伦敦堂刻本，1926.

② 距婺源县城37公里坑头村是以唐潘逢辰为始祖的潘氏聚居小山村。该村在明代今知有成化二十年（1484）进士潘珏、弘治十五年（1502）进士潘珍、正德六年（1511）进士潘锜、正德十六年（1521）进士潘潢、嘉靖十七年（1538）进士潘釴、万历十一年（1583）进士潘士藻、万历二十六年（1598）进士潘之祥前后相距110余年共出7名进士，其中有4任尚书，七品以上官员23人，故时誉“一门九进士，六部四尚书”，成为当时显赫的“官宦世族”。

珍、潘旦、潘士藻）、“七汪”（汪睿、汪同、汪奎、汪舜民、汪文辉、汪应蛟）和戴铣、程思温、洪垣、方瓘等 20 余人。科举荣族的佳话在徽州 6 邑俯拾皆是，如地处万山丛中的祁门县贵溪村是唐代胡姓为主村落，宋代就出了 8 位进士[①]，其中胡姓出了 7 名进士，其中 3 名为特奏名进士，可见徽州地区科举业之盛。这里就不再多举例子了。

各类人才辈出、成果斐然

徽州地区在科举制度的影响下文风日盛，学派蕃立，加上徽州世族、家学渊源以及文化素养极高的徽商重文兴教，使徽州地区学者林立，著述弘富。

徽州地区学术队伍雄厚，各个时期所修方志中一般都有艺文专志，还辟有《人物志》。其中的儒林、文苑传中所列传主是徽人著作队伍中的主力军。今查《［道光］徽州志·儒林》《儒林续编》中就为自南宋迄清道光前 4 朝六邑儒林人士 200 余人立传。其中，南宋有程洵、程大昌、吴儆、王炎、滕璘、滕珙、吴昶、祝穆、程永奇、汪莘、吴柔胜、滕钲、滕镒、谢琎、程若庸、汪晫、胡方平、钱时、黄智孙、汪子卿、汪清卿、江致一、毕景安、汪端雄、汪楚林、程樗、汪安仁、金朋说、吴自牧、吴自中、俞士千、刘伯谌、吴垕、鲍云龙计 34 人；元代有胡一桂、程直方、胡斗元、胡炳文、程复心、陈栎、汪炎昶、王偁、倪士毅、郑玉、汪克宽、赵汸、程龙、汪一龙、李伟、汪士逊、程逢午、程荣秀、程大年、徐骧、胡孟成、程可绍、胡坊、汪泰初、张学龙、张存中 26 人；

---

① 贵溪村位于祁门县平里镇西北山区，为唐胡曈四子胡宅父子创建的古村落。该村 8 名宋朝进士为胡刚中，崇宁二年（1103）特奏名进士，官至承事郎；胡俊杰，字朝佐，绍兴三十年（1160）特奏名进士，官至抚州通判；宋舜庸，绍兴三十二年（1162）特奏名进士，官沣州慈利县主簿；胡汝器，刚中孙，乾道二年（1166）进士；胡尚礼，淳祐四年（1244）进士，官广昌县知县；胡有德，淳祐七年（1247）进士，官吉水县丞；胡景伊，开庆元年（1259）特奏名进士，官德兴县尉；胡元采，宋咸淳元年（1265）进士，官和州学正。

明代有朱升、范准、谢复、汪循、游震得、李希士、汪应蛟、范涞、余懋衡、汪有训、周彬、周原诚、金居敬、汪洗、游芳、俞彦诚、金德玹、江铨、胡珙、毕翰、周颂、张振德、金瑶、游逊、王献芪、汪大伦、孙济聘、陈履祥、汪济、刘昊、余时英、叶茂芝、余启元、程珮、余纯似、程曈、王鸿宾、戴文仲、余懋进、吴从周、郑汝砺、詹轸光、凌立、余棐、江彦明、汪士魁、程智、程汝继、洪应绍、洪启蒙、余鸣雷、江世育、江旭奇、江懋奇、汪璲、汪佑、程昌谊、汪伟、方逢龙、汪宗讯、朱存仁、江之宝、汪大海、洪德常 64 人。其中，清前期有歙县人吴曰慎、金榜、汪中、凌廷堪、吴定、汪莱、汪龙、郑旼、汪德元、汪知默、张习孔、程思聪、方启大、程宏敬、程廷祚、汪梧凤、项淳 17 人，婺源县有江永、汪绂、游有伦、胡璇、潘显道、戴思孝、詹绍庆、汪荣祖、汪于沚、潘第、俞塞、俞鲲化、汪大业、汪士汉、余元昌、叶正蕃、戴元侃、游瑄、游国良、江清征、胡文壁、王朝玶、程日宏、黄声谐、胡霞、汪陛、李健、潘书磬、胡潮、王鸿嵩、王作霖、王煜文、王祺、戴逢旦、施大业、董昌祠、王廷桂、江一鸿、余德恬、余元遴、洪滕蛟、俞皋、汪钢、汪佩兰、胡光琦、余宗英、李士睿、董桂新 48 人，休宁县有施璜、戴震、赵继序、程瑶田、汪学圣、朱宏、孙琅 7 人，祁门县有张馪、谢天达、陈二典 3 人，绩溪县有胡清愢、胡匡宪、胡匡衷、章熺、葛士光、程南、胡行学、胡从圣 8 人，黟县有孙汉、胡士育、舒度、汪廷榜 4 人，共计 87 人。

文章千古事。古人很重视立身、立德、立功、立言，尤其将立言看成人生的最大追求。“盖文章经国之大业，不朽之盛事。年寿有时而尽，荣乐止乎其身。二者必至之常期，未若文章之无穷。”[①] 作为文风盛行的徽州地区的文化人更把著书立说作为人生中的最大追求。

在徽州五千村中，著书百部，甚至数百部的村落很多。如歙县江村，

① 三国魏文帝曹丕撰《典论·论文》。

同治（1862—1874）时刊行江观涛《拳勺轩诗钞》中曹彭洛序称：“歙之江村江氏多奇人，有以邦人而夺本郡者曰恂，有以茂才而交天子者曰春，有以资郎而握学使篆者曰兰。”这个村庄著述更丰富。江村志《橙阳散志》所载江村人在嘉庆（1796—1820）前的78位作者著书155种就可知徽人著述的丰富了。主要有：江英著《悠然小稿》，江懋著《游闽诗集》，江铎著《东皋草堂文集》《环翠轩诗稿》，程璩著《周易发蒙》《悔庵诗集》，江敦著《春秋纂要》，江东之著、江允玮重梓《瑞阳阿集》《黔中五传集》，江瀚著《柏亭诗稿》，江世济著《笔花馀唾》《三莪遗稿》，江世东著《清政录》《实政录》《玄洲奏稿》，江尔桢著《蛙鸣集》，江学海著《清寤堂集》，江学海妻胡氏著《湖湘游草》，程国宾著《砚虹堂语录》，江应全著《汤剂指南》，江自成著《蝉声集》，江一鹤著《圣湖诗集》，江天一著《四书说意》《止庵遗集》《求已堂集》《弗告集》《惊天集》，江天一辑《六水集》《东海集》，江天表著《感义扶丧记》，江念祖著《玲珑庵稿》《绿萝馆稿》《二妙堂稿》《南屏山草》《平山草》，江日照著《读书疑问》，江九皋著《四书说约》《春秋宗旨》《史学珠玑》《圣济总录》，江恒著《四书正义》《王学类禅臆断》，江德震著《五声韵定》，江益著《黄白山樵文集》《投湘草》《梁园游草》，江练如辑《梦笔轩明诗钞》，江藩东著《半亩园集》，江宗涵著《筠香集》，江南春著《寄梅琴谱》，江斌著《涤露集》，江国柱著《清源镜集》，江源著《引翼集》，江嘉树著《蠖庵诗集》，江闿著《辰六文集》《河汾集》，江闿辑《友声集》《益阳县志》《均州志补》《郧阳志补》，江闿妻吴吴著《香台集》，江剡著《拙巢诗集》，江湑著《桐香书屋诗存》《蒿坪文集》，江浍著《政在堂集》，江湘著《二分斋诗集》《貊其堂集》，江湘辑《宋金元诗永》《双节赠言》，江允玮辑《胎产秘书》《痘证集验》，江进辑《集古良方》，江嗣阶著《虹桥诗草》，江春著《随月读书楼诗集》《黄海游录》，江春藏板《杜诗提要》，江嗣珏著《龙峰剩稿》《黄海纪游诗》《丽田琴谱》，江昉著《晴绮轩诗集》

《晴绮轩集词诗》《练溪渔唱词集》，江昉辑《山中白云词》《醴陵集》《何水部集》《十大家古文》，江元录著《耘石诗稿》，江世栋著《乐志轩稿》、《雁落山庄漫笔》，程起鹤著《环梓居诗存》，江旻著《柏香诗钞》，江山永著《真味集诗稿》《定斋文集》，江嘉霖著《雨亭小稿》，程廷霖著《渔山诗稿》，江邦铨著《瓣香存诗稿》，江本良著《尺循诗钞》，程天澄著《江村即景诗》，江以埙著《梧窗小咏》，江昱著《尚书私学》《韵歧》《潇湘听雨录》《松泉诗集》《梅鹤词》《萍洲渔笛谱疏证》《草窗集外词疏证》《山中白云词疏证》《药房杂志》《不可不知录》，江昱辑《唐律颔珠集》《精粹词钞》，江昱妻陈佩著《闺房集》，江恂著《通书志疑》《蔗畦诗稿》《江公谳语》《楮叶集》，江恂辑《清泉县志》《双蹲书院课艺》《衡清风萍录》《清泉试艺》，江长铠著《公饯录》《清泉士民赠江恂诗》《碧云诗集》，江以堂著《啸岩草》，江登云著《修本堂集》《素壶便录》《爱山诗草》，江文著《家政指归录》，江兰著《涵春堂试帖》《游笈集》《畹香吟选》，江启芳辑《尔雅便读》，江绍芳著《读易管窥》，江文彪著《管然吟》，江毓英著《核园诗钞》《瑞金杂咏》，江德量著《广雅注》《古泉志》，江梦笔著《进斋诗钞》，江绍莲著《披芸漫笔》（十八卷）《闻见闲言》（四卷）《松窗述梦》《梅宾诗钞》（六卷）《梅宾半稿》，江绍莲辑《唐诗醇雅集》《杜诗精义》《蟾扶文萃》十八种新书。还有《橙阳散志续编》十五卷，江绍蓉著《灼塘诗钞》，江绍汾著《潇侣诗钞》，江立功著《芷乡诗钞》，江璠著《三十六峰记游集》，江本璿著《梅花百咏》，计150余部。其中，江绍莲所辑仅列3种后注为18种新书，连同《橙阳散志》等应为170多种。这还不包括其中的漏收书目。如本文前注江天一著作7种，这里仅录2种。这些著述虽不尽流传，也有的甚至没有刻行于世，但村志所载是不会错的。加上嘉道（1796—1820，1821—1850）后江村人的著述则更多。

这个古村学人除著述中人及江春为代表一支在扬州的文人或作家群外，该村志还载江念祖、江必名、江必超、江必迈、江上文、江湛如、江益、江德坤、江德震、江嘉梅、江宏文、江嗣阶、江文彪、江元钊（字致远）、江本孝（字理孚）、江鸿怡（字茂功）、江誉增（字含章）、江立柯（字贯时）、江士铨（字鉴人）、江士镳（字谨华）、江苾及江观涛、江百谷等23位书画家。此外，还有5位具有一技之长的艺人，如明江绾、明江炫、明江老五、清江承源、清江嗣埙，还有明末武将江起龙。这个村中的女性巾帼不让须眉，该村志记载了明江学海妻胡氏、明江廷俊妻凌氏、清江鸣銮妻胡氏、清江闾继妻吴吴、清西宁知府江洪妾石氏葛氏、清江嗣阶继妻梁氏、江昱妻陈佩、江兰女江秀琼等8位女文人。可见这个古村落、徽州济阳江发祥地人文之盛。这个村不仅走出去的人为文化发展作出贡献，同时不少学者也耳濡目染或亲临该村进行文化传播和学术交流，如明代大儒、画家沈周、陈继儒、赵宧光及大书法家董其昌都来过江村。尤其董其昌、陈继儒等大家在徽州多地留下丰富的文化遗迹。

今据《新安名族志》《徽郡诗略》《黄山诗选》等勾勒文化古村郑村在文化上留下的遗物中，明代郑村人有郑忠《西溪渔隐集》、郑成德《竹轩集》、郑文节《联璧集》、郑汝庭《西坡遗稿》、郑征《观澜集》、郑超祖《潜斋遗稿》、郑越祖《南园遗草》、郑鹏《时习轩稿》、郑缙《冰蘖稿》、郑绂《一闲草》、郑昆《培庵诗稿》、郑鲸《云遨摘稿》、郑时《暇吟稿》、郑禄《修庵草》、郑璨《猥庵集》、郑明璪《五溪庸言》、郑作《方山集》、郑秉淳《蓬窗唱和集》、郑明宝《松庵集》、郑孔庶《海鹤稿》、郑孔曼《徕松集》、郑峄《安素集》、郑烛《云门集》、郑汝仕《双枫漫稿》、郑九夏《披云集》、郑晳《北峰集》、郑良梈《衡南集》、郑默《十洲集》、郑懋坊《黄海集》、郑钟谷《松石园集》、郑嘉谷《东楼遗草》、郑绍伊《溟洲遗草》、郑绍儒《集庵诗稿》、郑如龙《卧南遗草》等34种集子；郑澹成集《贞白家风录》自序中说郑村郑氏仅自11世至24世存诗达76人；《黄山画苑论略》载双桥郑氏画家有郑澹成、郑遗苏（旼）、郑成德、郑书逊、郑泰和、郑康叙、郑文琯、郑鸿、郑凤铸、郑宏绪、郑为龙等 11 人。可见，这个古老的文化村文化素质、素养很全面。

经考，清嘉庆间（1796—1820）休宁由溪人程鸿绪的《程氏所见诗钞》记歙县历代名人 68 人、著作 80 种，许承尧在《歙事闲谭·续录程氏诸人诗》卷八中又据《皖雅》增录程封、程谦、程曰葵、程增、程鸣、程兆熊、程化龙、程庭、程烽、程炤，还有程羽震、绵庄、风衣、午桥、夔州、筠榭 6 人，程沆、程洵、程晋芳、程昌期与程恩泽父子以及《皖雅》引蒋星岩："新安程氏多诗人，侨居淮扬，有专集存世者指不胜屈。余所交契，如莼江明经芪、鱼门编修晋芳、述先大使卫芳，皆筠榭兄弟行也。晴岚庶常沆、邵泉舍人洵，筠榭兄子也。筠榭四子：赞和、赞皇、赞宁、赞普皆能诗。"计共点出歙县程氏诗人 26 人，填补《程氏所见诗钞》所未载 13 人。

婺源县也是著作丰富的大县。据不完全统计，历代文人留下了 1000 多部著作，其中收入《四库全书》达 172 部。

婺源沱川余氏一脉，这个自宋政和八年（1118）由始迁祖余道潜从桐城迁此而形成的古村落据不完全统计，著作达 333 部 582 卷，其中 5 部 78 卷被列入《四库全书》。类似著述丰富的大姓名村不一而足。

如距婺源县城西 18 公里处的中云村是唐末王云所建的"不废诵读"古村落，"为书舍，为斋轩，则弦诵声相闻"，明清时期先后有骐阳书院、明经书屋、海泉精舍、积绩山房、丽泽山房、桂林书馆、桂苑书斋等教育文化设施，士人辈出，显宦不断，著述丰富。据《婺源县志》和《云川王氏世谱》等地方史乘不完全勾勒，著名的有王钜《王氏永感录》《莆乐集》《龙泉文集》，王文炽《草草亭诗集》二卷，王一清《中和堂文集》二卷、《守拙居诗集》四卷，王骥《眠琴子文集》，王廷桂《四书集解传后》《春秋提要》《一鉴斋全集》《百花诗》《医学集要》四卷，王廷椿《易经先路》《春秋五传通汇》《古文得珠》《四书舌耕录》，王廷燮《尔雅节训集注》《小学近思录汇解》《周易集解》《春台文集》

《春台诗集》《仪礼集解》《春台试帖》二卷，王衢《享堂课艺》《持家养正格言》，王鲲《四书撷要》《书经解义》，王作霖《易正宗》《毛诗正宗》《学庸阐奥》《四书诗》《大学中庸解》《陶陶居集》《论孟正宗》十二卷，王宗瑞《耕读堂稿》《爱余文集》《四书类钞》《易录钞》《尚书类钞》《仪礼章句旁训》《补牢集》，王涧琳《学庸居正》《古文正术》《一得录》，王鸿春《十三经不二字》《补蕉丛训》八卷《蕉亭诗集》四卷，王在文《大学析义》，王友仁《经学问津》《史学问津》《格言集览》《辅堂文集》《辅堂诗集》《恒存子杂著》，王培英《十三经评注》《二十一史评注》《文家要诀》，王存宽《禹贡了然》，王嘉树《政和堂文集》，王吉人《学锦堂课艺》《汲左斋诗集》，王大受《周易疏》，王藻《周易萃精》《画获堂文稿》，王楫《易义》，王根《经解》十卷、《四书释义指掌》十六卷，王本亨《留耕文集》，王本诚《五经注释》，王忠《棣华堂经义》《古文声韵正误》《勾股开方指南》，王春光《排青阁诗集》，王国圭《树德堂文集》四卷、《西泠诗集》四卷，王曜南《礼书条考》十五卷、《乐律条考》五卷、《春秋绎义》十二卷、《春秋总说》四卷、《十二公时事略》二卷、《诗经集义》九卷、《毛诗采要》四卷、《禹贡水道图释》二卷、《仪礼醒要》四卷、《离骚集注》二卷、《务本堂文集》六卷、《务本堂制艺》，王曜桂《四书汇要》十六卷、《性理真诠》六卷、《带经园文稿》，王曜櫆《周礼简义》二卷、《易学萃精》五卷、《四书要旨》六卷、《诗经简义》四卷、《书经简义》四卷、《易经简义》三卷、《礼记简义》十卷、《春秋简义》十二卷、《文选旁训》八卷、《亦政堂文稿》，王凤梧《分韵诗钞》《赋学启蒙》，王绵翰《紫园诗集》，王锦隽《性理管见》《掉杯吟》，王笔帜《四书萃精》三十四卷、《易原》四卷、《礼经提要》六卷、《听莺轩谈艺》十一卷、《恩训堂文稿》，王鉴《易虞集》《检身自怡集》，王锐《幼学充资》二卷、《垒峰文集》二卷、《珠神真经地图》二卷、《垒峰诗集》，王焱华《三礼贯义》《诗经真诠》，王焕奎《勾股浅述经》《经策纂录》《诗体流派》《四书考异》《读仪礼汇编》四卷、《百行最先集》二卷，王源《怀古集》，王锡圭《澹园文集》《澹园诗集》，王光佩《古今文集》，王质诚《随意吟诗稿》，王榛《芝麓诗集》《古槐堂文集》，王燧周《名医品难》《本草督经》，王焕英《家庭医略》等著作 134 种之多。

丰富的收藏为徽文化积累的重要源泉

徽商巨富后重文兴教，关心家乡建设，文化修养和鉴赏能力均很高。黄茨孙在《草心楼读画集》中说："新安名族，如程氏铜鼓斋、汪氏涵墨砚斋、程氏寻乐草堂、鲍氏安素轩，皆百年巨室，多蓄宋元书籍、法帖、名墨、佳砚、奇香、珍药，与夫尊彝、圭璧、盆盎之属。每出一物，皆历来赏鉴家所津津乐道者。而卷册之藏，尤为极盛。嘉道之间，里中耆宿，如汪杏帆、汪艺梅、曹芙裳诸先生，皆风雅，好奖进后学，兼工鉴赏，往来其间。每至则主人为设寒具，已而列长案，命童子取卷册进，金题玉躞，金赙绣褫，一触手，古香经日不断，相与展玩叹赏，或更相辨论，断断不休。"

茨孙家族就是收藏巨室，他回忆："余先高祖存斋公藏有黄子久《富春山水》，子久用题一诗、沈石田题一诗。二伯父藏赵千里楼台小册，界画工细，殆不减今泰西人画。又家藏仇实甫《岁寒书屋》长卷，金碧灿然，苍郁之气过宋画远甚。惟倪云林画，所见鲜真者。家有渐江画枯树竹石小景，乃深具高澹之致。渐江画，当时得之，以当云林。先高祖旧藏渐江山水卷，长丈馀，高仅四寸许，合仿四家而成，卷末附致程蚀庵小札，行书尤可爱。又戴文进尝为吾家画《春晖堂图》。余又得戴画《长江万里图》长卷。又吾家藏有吴道子画先圣象（像），外舅（鲍梦苏）家有阎立本画《百八罗汉图》，皆穷极神妙。家世父藏有陈老莲《渊明簪菊图》，先从兄崇敬藏有张择端《清明上河图》，尤奇物也。舍侄新宇藏有高房山山水。吾族承德堂藏有王叔明山水，鸾绫象匣，盖当时以奋进御者；又藏有坡公墨竹。先君藏有商喜《西园雅集图》。”又说：“仆之先世多蓄书法名画，嘉、道（1796—1850）以来，家道中落，往往归于他氏。然存者尚多。有书一楼，列几堆积，高五六尺，多有前代古本，而不容取视。又有大小竹木箧十馀，杂贮先世冠履之属，皆明代之物。一日登楼，见一笥匣盖微露，日光映射其中，似有一签轴。然巨箧层积，力不能举，又不敢公然启视。以手探之，出一小册，则柯敬仲书《月赋》小楷。”又于他室尘鼠迹中得赵承旨《西园雅集图记》小楷，以呈先君云呈，“先君云是并州牧府君遗物。”徽州类似藏家比比皆是。他在“幼时游里中诸收藏家，亲见其论画必宋元人，乃辨别其真伪工拙，明及国初不甚措意，若乾隆（1736—1795）以来，鲜有齿及者。”惜“乱后（他家）楼中百无一存”，而洪杨大乱以后，徽州“昔时中人之家，黏柱障壁比比皆是，亦无人估值也。”这些文物尤其是古籍更惨的下场是“贼至，携孥远走，他物皆不复顾，法书名画半为贼焚，其存者居人取以易饼，犹鲜有酬者。独（他表兄）雁卿（鲍艾温）居灵金山，贼氛稍远，则以馀钱收之，盖所费数十百金而名墨盈箧。犹记一日诣其家，雁卿以所得《颖上兰亭》见示，盖米老所叹为绝无仅有者，宋元以来名人题跋殆遍。雁卿以一升得于村妇，他所收多类此。然不二年，并室庐烬于贼。”曾国藩更是祸徽的罪魁祸首。《五石脂》载：“曾国藩驻师祁门，纵兵大掠，而全郡窖藏一空，故至今谈湖湘者，尤为切齿。”如不是太平军入徽州，咸丰十年（1860）六月，曾国藩设镇压太平军大营于祁门而使徽州文化惨遭大劫难，徽州可谓是民间收藏文物的天下之府。

类似收藏家还有歙县丰南乡侨居扬州的乾隆朝进士吴绍浣，是个精鉴赏、嗜书画的收藏家，藏有颜鲁公竹山联句，徐季海、朱巨川告身，怀素小草千文，王摩诘辋川图，贯休十八应真像等稀世之珍[①]。大收藏

① 《丰南志·人物·士林》第三册。

家吴其贞[①]也在《书画记》中说："昔我徽之盛，莫如休、歙二县。而雅俗之分，在于古玩之有无，故不惜重值而收入。时四方货玩者，闻风奔至；行商于外者，搜寻而归。因此，时得甚多。其风开于汪司马（指道昆）兄弟，行于溪南吴氏，从睦汪氏继之。"[②]许承尧在《歙事闲谭》中说："吾歙丰南吴用卿太学廷[③]所藏字画，入清后半归内府。著录于《石渠宝笈》甚多。其中，最著者贮养心殿上等天字一号晋王羲之《快雪时晴帖》，素版本，行字二十四字。"乾隆帝以王羲之的《快雪帖》、王献之的《中秋帖》、王洵的《伯远帖》这3件稀世书法名帖命名三希堂，并汇编《三希堂法帖》。乾隆帝在跋中说："王右军《快雪帖》为千古妙迹，收入大内养心殿有年矣。予几暇临仿不止数十百过，而爱玩不已。因合于敬中秋，元琳伯远二帖贮温室中，颜曰'三希堂'，以志希世神物，非寻常什袭可并云。"[④]经考证，这三希（稀）帖都是吴用卿家故物。这3件稀世之宝也来之不易，如《快雪帖》是宋皇宫故物，有赵孟頫"奉敕恭跋"为证，并落款为"元祐五年（1091）四月二十一日"。还有明王穉登跋文说："此帖卖画者卢生携来吴中，余倾囊购得之。欲为幼儿营负郭，新都吴用卿以三百锾售去。今复为延伯所有。神物去来，但贵

① 吴其贞，字公益一，号奇谷，歙县西溪南（今属黄山市徽州区）人。明末清初精鉴赏的古书画商人。常游苏州、杭州、扬州等文化繁荣城市，并与收藏家往来密切，积累了大量的亲闻亲见的古代名优画作。他的《书画记》六卷就是他自崇祯八年（1635）到康熙十六年（1677）所鉴赏的书法、名画记录。此书原收入《四库全书·子部·艺术类·书画之属》。在《四库全书》刚写定，《四库全书总目提要》初步完成的一次复审中，此书内有与周亮工的《读画录》等11种图书因涉所谓"语涉违碍"而被毁。故此书向无刊本，仅有故宫博物院所藏四库馆抄本，且有抽削。

② 本人查找自藏的吴其贞《书画记》影印本及清厉鹗撰《南宋院画录》所引中不少歙县本地的珍贵收藏。如《苏滩击乐图》此画得之明丛睦坊汪中（字无方，明代画家）；《萧照竹林七贤图》绢画1幅，藏于明歙县许霞远（明许国曾孙）处；《马麟西湖图》两幅高七尺、宽三尺大绢画（此图原有4幅藏于丛睦坊），《陈居中骑牍图》小绢画藏西溪南吴修远家；《麻园柳溪水阁图》斗方绢画藏于明丛睦坊画家汪中家等。

③ 吴廷，又名吴国廷，号用卿、江都，有余清斋，自号余清斋主人，歙县西溪南（今属徽州区）人。明太学生，家世商贾，富收藏。

④ 《三希堂法帖》释文一。

得所以不落沙叱手，幸矣。在此在彼，奚必置意。”[①] 此帖还有吴廷失而复至跋文为：“余与刘司隶延和（湖北麻城刘承禧）寓都门知交有年，博古往来甚多。司隶罢官而归，余往视两番，倍畴昔。余后复偕司隶至云间，携余古玩近千金，余以他事稽迟海上，而司隶舟行矣，遂不得别。余又善病，又不能往楚。越二年，闻司隶仙逝矣。司隶交游虽广，相善者最少，独注念于余。余亦伤悼不已，轻装往吊之。至其家，惟空屋壁立。寻访延伯家事并所藏之物，皆云为人攫去。又问《快雪帖》安在？则云存还与公，尚未可信。次日，往奠其家，果出一账，以物偿余前千金值，《快雪帖》亦在其中。复恐为人侵匿，闻于麻城令君用印，托汝南王思延将军付余。临终清白，历历不负，可谓千古奇事。不期吴门携去之物，复为合浦之珠。展卷三叹，用记颠末，嗟嗟！此帖在朱国成处。每谈为墨宝之冠，后流传吴下，复归余手，将来又不知归谁？天下奇物自有神护。倘多宝数百年于馀清斋中足矣。将来摹勒上石，此一段情景与司隶交谊同炳千秋，可也。天启二年（1622）三月望日于楚舟。馀清斋主人记。”下盖“吴廷私印”“江邨”印各一。吴廷收藏珍善古物先后都由大画家董其昌坐馆其家及成名后与吴廷深交而与陈继儒给其鉴定题跋。类似吴氏收藏还有莘虚村清鉴堂收藏均为明后期收藏大户，今台北故宫博物院收藏的名贵法帖半数以上来自西溪南和莘虚村诸大家收藏。

徽州许多大刻书家既是古玩鼎彝的鉴赏家、收藏家，更是饱学之士，簿籍书画的收藏家、校勘学家和版本目录学家。他们不惜一切代价搜奇斗胜，献身于整理古籍和刻书事业。明汪道昆说扬州徽商吴伯举“博古，重购商周彝鼎及晋唐以下图书，即有奇，千金勿恤”[②]。徽州人更喜欢收藏整理古籍，他们对古籍和先人著述十分珍惜，妥为保管。胡赓善在《新城伯子文集》有篇《古照堂藏书记》，记江子筠波居室名古照堂，奉其先累叶之文集，以箧藏于其中，中有觉卿先生《对问编》《嚣嚣集》，

① 《三希堂法帖》释文一。

② 《太函集·赠吴伯举》卷十五。

觉卿先生先世鸿德先生昆季《孝友堂诗文》，兆豫先生《平政录》《西台疏草》《松石园诗》，懋昭先生《尚古堂诗文》，汉石先生《卮坛对问》《西粤对问》，尚一先生《治读堂诗文》《楚粤游草》等几十种。

徽州域内藏书家比比皆是；走出去的徽州人也是嗜书如命，东南藏书群体中最活跃的是徽州人。如乾隆三十八年（1773）诏求天下遗书编《四库全书》，全国私人献书 500 种以上的有马、鲍、汪、范 4 家，而徽州籍藏书家、出版家马裕（马曰琯之子）、鲍廷博、汪启淑 3 家均是 4 家之前列者。马家最多（776 种），鲍家最善（600 余种），汪家（500 余种）也有特色。乾隆三十九年（1774）乾隆帝对献书最多的四家赏给《古今图书集成》计 32 典五千二百卷，继又奖给平定金川得胜图及御制诗；奖给献书百种以上的前 10 名中的江苏周厚堉、蒋曾荣、浙江（歙县人）吴玉墀、孙仰曾、汪汝瑮（歙县居杭州）及朝绅中（歙县居大兴）黄登贤、纪昀、励守谦、汪如藻（休宁居秀水）等 10 人各一部内府印造的《佩文韵府》，其中徽人又占 4 家。东南藏书群体是中国古代私藏图籍的核心区域。乾隆朝编纂《四库全书》征集遗书，全国收到 2 万余部，而徽人藏书群体最集中的浙江进书 4 523 种，占全部进书五分之一，安徽，江苏也是类似大户。徽州籍在东南的藏书家有的需要详细考证，才能找出他与徽州渊源。如朱马氏道古楼主就是朱熹裔孙。

在清前期东南重要的藏书家中，乾隆帝共赏赐 14 家，徽人恒占半数，可见徽州人藏书的丰富、上乘。丰富收藏不仅使人长知识，增见识，还更利于文人著述。如元代婺源桂岩藏书世家戴家藏书万卷，传至戴焴（字晋翁）、戴熠、戴炯，承传家藏家学，世称“三戴”。父亲去世，兄弟 3 人守墓 3 年，将家中藏书翻阅研究，各有心得体会，学问大进。其中，戴焴就著有《历代人臣正邪归鉴》二百卷。可见，著述家是离不开人类进步阶梯书籍的，更是只求名高的出版家传播中华优秀传统文化的所恃者。

徽商就是以丰富的珍善本收藏和本府外埠源源不绝的稿源，加上雄厚的资金介入出版界，参与全国同行业角逐的。

徽商为徽州社会繁荣、文化发达提供了经济基础

明隆万（1567—1572，1573—1620）后，一大批经济实力雄厚，文化修养很高的徽商以及亦儒亦贾的学者、附庸风雅的官僚组成庞大的徽州府内域外的坊刻网络。

在徽州特定的山多地脊的环境中形成的徽商至东晋时已在南方很有名气。《晋书·五行（志）中》西海公（即晋废帝司马奕，366—371在位）时，司马晞设宴会，“辄令娼妓作新安人歌舞离别之辞。其声悲切”[①]。经过千年的徽商历经徽文化的长期熏陶，至宋元后已渐变为儒商，至明清达极盛。此后，徽商在中国商业史上称雄四个多世纪。他们雄厚的商业资本曾左右全国，成为经济中心的主宰。明曾任徽州知府的谢肇淛说：“富室之称雄者，江南则推新安，江北则推山右。新安大贾，鱼盐为业，藏镪有至百万者，其他二三十万，则中贾耳。”[②]清汪喜孙《从政录·姚司纪德政图叙》说：“向来山西、徽歙富人之商于淮者百数十户，蓄资以七八千万（两）计。”近人陈去病说：“徽人在扬州最早。考其时代，当在有明中叶，故扬州之盛，实徽商开之。扬，盖徽商殖民地也。故徽郡大姓如汪、程、江、洪、潘、郑、黄、许诸氏，扬州莫不有之，大略皆因流寓而著籍者也。”[③]“歙之程、汪、方、吴诸大姓，累世居扬而终贯本籍者，尤不可胜数。”[④]徽商巨富者大多数以盐篋起家。

早期盐商当数歙县竦塘（今属徽州区），早在成化间（1465—1487）黄氏“已是数十年两淮称首商”。他们中黄莹（字元吉）“治鹾两淮”，他吸取历史上致富经验，“翁少读书，通大义，观太史公《货殖列传》至计然之言，曰：‘知斗则修备，用时则知物，二者形则万货

---

① 《晋书·五行中》卷二十八志第十八第八三六页，北京：中华书局，1974.

② 《五杂俎》卷四。

③ 陈去病：《五石脂》，载《国粹学报》，又见该书第309页，南京：江苏古籍出版社，1985.

④ 《［嘉庆］江都县续志》卷十二。

之请可得而观矣。故论其有余不足，则知贵贱，贵上极则反贱；贱下极则反贵。贵出如粪土，贱取如珠玉。’又见猗顿以监盐起，与王者埒富，大悟若旨不效也，用一切徂诈术，惟静观盈缩，大较揣摩低昂，恒若执左契，诚一所致，业绕声起，而礼贤赈乏终身无羁焉”[①]，成为富甲两淮的大盐商。

万历间（1573—1620），歙县西溪南（今属徽州区）大盐商吴养春一次向国家助饷就达白银30万两，得到万历帝嘉奖，“一日而五中书爵下”，吴姓时俸、养京、养都、养春、继志、希元6人为中书舍人。“两淮八总商，邑人恒占其四，各姓代兴。如江村之江，丰溪、澄塘之吴，潭渡之黄，岭山之程，稠堡、潜口之汪，傅溪之徐，郑村之郑，唐模之许，雄村之曹，上丰之宋，棠樾之鲍，蓝田之叶，皆是也”[②]，这些大盐商“资本之充实者以千万计，其次亦以数百万计”[③]。歙县江春任两淮总商时“每遇灾赈、河工、军需，百万之费，指顾主办”[④]，得到乾隆帝的嘉奖，时人谓“以布衣上交天子”。类似盐商还有马曰琯、曰璐兄弟等。

还有经营茶、木及典当成巨商大贾。古人对此已多有论述。如张瀚在《松窗梦语·商贾》卷四中说：“舍本逐末，唱棹转毂以游帝王之所都，而握其奇赢，休、歙尤伙，故贾人几遍天下。良贾近市利数倍，次倍之，最下无能者，逐什一之利。其株守乡土，而不知贸迁有无，长贫贱者，则无所比数也。”《［嘉庆］徽州府志》卷八指出：“田瘠埆，所产至薄，独宜菽麦红虾籼，不宜稻粱。壮夫健牛，田不过数亩。粪壅缛栉，视他郡农力过倍，而所入不当其半。又田皆仰高水，故丰年甚少，大都一岁所入，不能支什之一。小民多执技艺，或贩负就食他郡者常十九。转他郡粟给老幼，自桐江、自饶河、自宣池者，舰相接肩相摩也。田少

① 《竦塘黄氏宗谱》卷五。

② 《［民国］歙县志·风俗》卷一。

③ 《淮鹾备要》卷七。

④ 《［嘉庆］两淮盐法志·人物·才略》卷四十四。

而值昂，又生齿日益，庐舍坟墓不毛之地日多。山峭水激，滨河被冲啮者即废为沙碛，不复成田，以故中家而下，皆无田可业，徽人多商贾，益其势然也。”

徽商汪拱乾“精会计，贸易于外者三十余年。其所置之货，皆人弃我取，而无利市三倍”。“自此经营，日积日富”，且“自奉菲薄，并告诫诸子，不得鲜衣美食，诸子亦能守成”。他对人“然有人告借者，无不满其意而去，惟立券时，必载若干利。因其宽于取债，日积月累，子母并计之，则负久者俱有难偿之患”。“一日，诸子私相谓曰：‘昔陶朱公能积能散，故人至今称之。今吾父聚而不散，恐市恩反招怨尤也。’拱乾闻之，心里暗暗高兴，招诸子曰：‘吾有是念久矣，恐汝辈不克体吾志耳，是以蓄而不发。今既能会吾意，真吾子也！’讲完以后，遂即检箧中券（借据）数千张，尽召其人（欠债人）来而焚之，众皆颂祝罗拜。自此以后，诸子亦能自经营，家家丰裕，传其孙曾。今大江南北开质库或木商、布商，汪姓最多，大半皆其后人，当为本朝货殖之冠。”[①]这是徽商善经营，广布施而发家致富的典型例子。

徽商获取巨大资本后，除了继续培植资本，沟通兴发官路、商路外，这些有远见卓识的商人还想流芳后世。要想流芳后世，稍微有头脑的人都会想到要立言传后世，而书籍就是传言后世的最好、最重要的工具和信物。因此，清人张之洞在《书目答问》中说：“凡有力好事之人，若自揣德业学问不足过人，而欲求不朽者，莫若刊布古书之一法。但刻书必须不惜重费，延聘通人，甄择秘籍，详校精雕。其书终古不废，则刻书之人终古不泯。歙之鲍（鲍廷博）、吴之黄（黄丕烈）、南海之伍（伍崇曜）、金山之钱（钱熙祚），可决其五百年中必不泯灭。岂不胜于自著书，自刻集乎？且刻书者，传先哲之精蕴，启后学之困蒙，亦利济之先务，积善之雅谈也。”江苏虞山大刻书家、清张海鹏终身“以剞劂古

① 清钱泳：《登楼杂记》。

书为己任”，在先后辑刻《学津讨原》《墨海金壶》《借月山房汇钞》等丛书后，曾深有感悟地说：“藏书不如读书，读书不如刻书。读书只以为己；刻书可以泽人。上以寿作者之精神；下以惠后来之沾溉，其道不更广耶。”[①]因此，除了花资本办教育、培养人才，以知识改变家族、家乡人命运外，著书、刻书、搞出版就成为徽商转嫁资本的主要途径和出路，也成为徽商、官宦、学者流芳百世的主要渠道和孜孜以求的目标。

近人苏商、出版家荣德生（荣毅仁之父）认为：“图书者，文化演进之利器也。无论国家民族，但觇其图书收藏之富、版本推行之广，即可以知其文化之隆盛。故吾国文化发达乃在秦汉纸笔发明之后；而民间文学之昌盛，实始于宋元活版印刷大行之顷。证诸泰西，自阿喇伯人传入中国棉纸，平民于是有文学；逮荷兰人完成活版印书，著作于是乎广播。图书之关系于国家民族文化，其重如此。”[②]清末洋务运动巨匠盛宣怀在比较日本与埃及国势兴盛的变化时强调，传统文化和汲取先进科技知识是关乎国家命运的大事，其主要手段就是要加强出版阵地，指出：“埃及学校课西学以欧文，以故衰剧；日本更化之始，先于学校以东文编译西书，上至将帅公卿，下至贩夫走卒，皆于西学有所取裁，遂以一岛国雄视之环球，此其明效大验也。”[③]清末状元、南方最大资本家张謇在1903年癸卯东行参观日本归来后更大声疾呼：“教育者，国民之基础也；书籍者，教育之所借以转移者也。是以数千年之国髓，传于经史；五洲各国进化之程度，佥视新书出版之多寡以为衡。今者科举废、学校兴，

---

① 《藏书纪事诗》卷六第六一八页。这段话，黄廷鉴在《第六弦溪文钞·朝议大夫张君行状》卷四中载为：“藏书不如读书，读书不如刻书。读书只以为己，刻书可以泽人。上以寿作者之精神，下以惠后来之粘溉。视区区成就一己之学者，其道不更广邪？”略有区别。

② 上海大学、江南大学乐农史料整理研究小组编《荣德生文集》，上海古籍出版社，2002.

③ 盛宣怀：《愚斋存稿》卷五第34页，台北：文海出版社，1966.

著译之业盛行，群起以赴教育之的，然而书籍之不注意，何也？”[①]近代出版先贤、中华书局创始人陆费逵（1886—1941）先生也说：“我们希望国家社会进步，不能不希望教育进步；我们希望教育进步，不能不希望书业进步。”他还指出：“我书业虽然是较小的行业，但是与国家社会的关系，却比任何行业大些。”[②]他们已把提高国民教育素质和出版业相提并论。因此，他们都身体力行重视、参与出版业，为中国近代化作出了一定的贡献。这更与我们今天的出版人把出精品书、弘扬中华优秀传统文化放在首要的追求目标是一致的。

徽学的地位与推手

为什么要花这么大的气力来研究徽学呢？这就涉及研究它的重要性与意义。我们翻开中国历史的巨册，给我们留下的是丰富多彩的文化，尤其是有影响的代表文化都折光地反映了那个时代、那个区域的政治、经济，有的形成陈陈相因并有所开拓发展的区域性文化。徽文化不仅有它的地域特点，还由于它对多种学术含量高的地域文化的多重整合、长期积淀，形成更带普遍性、典型性、前沿性的综合性文化，并更广泛地融入主流文化而成为中国封建社会后期的主流文化、导向性文化，成为宋明以来的中国历史文化、中国传统文化中的主体主流文化的代表。而推动徽州社会发展、文化繁荣的最大推手是源远流长的徽州出版业，主要是刻书业，它为徽文化长期积淀和推助作用是其他任何手段和措施无法替代的。徽学的地位应从世界及中国文化史上的位置来认识。

首先，从世界文明发展史的角度来审视，它是一项具有重大世界意义的研究项目。

我们知道，世界文化的总体格局及发展脉络大体分两大阶段：一是

---

① 张謇：《张謇全集》第2册第37—38页，南京：江苏古籍出版社，1994.

② 陆费逵：《陆费逵文选·书业商会二十周年纪念册·序》第335—336页，北京：中华书局，2011.

第一代文明，或称“原生型文化”，我径称它为古代文明。二是近代文明。

古代文明的标志文化应是以欧亚大陆为中心而存在的两大文化区——欧亚大陆和中南美洲文化区。在欧亚大陆有中国、印度（应为南亚两河流域文明）[①]、中东两河（巴比伦）[②]、北非埃及[③]延及南欧希腊、波斯（今伊朗）、罗马为纽带的古代大文明区发源地产生的中国、南亚

① 说印度文明很不准确，应为南亚两河流域文明。因这一古文明区域位今恒河、印度河中下游一带，现为印度、孟加拉国、巴基斯坦分领。历史上，印度只是个地理概念，不是一个统一国家。在这一文明区兴起和发展时期存在许多部落或城邦，一直互不统属，直至英国殖民主义者占领这一地区后才统一在英国殖民当局管辖之下，“印度”作为国家政体则是近代欧洲殖民主义侵略扩张的产物。因此，说印度是四大文明古国之一十分荒谬。诞生于恒河、印度河流域的南亚两河古文明区内立国于公元前3500年。其文明涉及范围包括印度、巴基斯坦、孟加拉、不丹、尼泊尔、阿富汗。古代这一区域因受多次入侵后，古印度地区沦为第四种姓，即今贱民，使这一区域仅有长达1500年的古代文明。阿拉伯数字来源于这一地区，并通过阿拉伯传播至西方，但径名阿拉伯数字，不再提到它的发明者。世界三大宗教之一的佛教源于尼泊尔，而今它的主流已成为融入中国传统文化的舶来品，成为构成中华传统文化儒道释三大支柱之一。

② 两河指公元前4700年中东的幼发拉底河、底格里斯河所建的城邦国家文明又称美索不达米亚文明，并在公元前2000年至公元前550年期间先后建立了乌尔王朝、巴比伦王国和亚述帝国。它们以无与伦比的创造发明，如发明早期的人类文字（楔形文字）和世界七大奇迹之一的空中花园、创立数学和天文学，以及人类最早的汉谟拉比法典等，把两河文明推向高峰，并使两河文明史延续了两千多年，使巴比伦王国成为世界四大文明古国之一，巴比伦文明还是当时世界最辉煌的文明。公元前3000年立国的巴比伦王国，于公元前729年为亚述帝国取代，嗣后于公元前550年再次灭亡于波斯帝国。公元7世纪，阿拉伯帝国并吞了这片土地。13世纪为蒙古人所建的蒙元政权封藩伊尔汗国领地。16世纪成为突厥人所建奥斯曼帝国的一部分。其中心地带，1920年沦为英国“委任统治区”，1821年8月宣布独立，成立伊拉克王国费尔王朝，1932年完全独立。巴比伦遗址位于伊拉克首都巴格达以南90公里。早在4000年前就是一座拥有十几万人口，并有成熟的手工业和发达的商业城市。公元前18世纪中期，巴比伦王朝的第六代君主汉谟拉比统一了两河流域，建立了中央集权奴隶制王朝。

③ 诞生于尼罗河畔的古埃及立国于公元前32世纪，历经31个王朝，于公元前343年为雅利安蛮族所灭，至古埃及文明史长达2500多年。其范围涵盖埃及、苏丹、阿尔及利亚、以色列、耶路撒冷、土耳其、约旦、沙特阿拉伯地区。它为人类带来象形文字、金字塔、几何学和历法。世界三大宗教之一的天主教（包括基督教、东正教分支）、伊斯兰教（包括逊尼、什叶派）发源地均在“圣城”耶路撒冷。它也成为西欧后起之秀的古希腊、古罗马文明的先驱和前奏。

两河流域、埃及、巴比伦四大文明古国；在中南美洲有玛雅文化、阿慈忒克和印第安文明的原生型文化。四大文明古国文化既是古代世界文化的典型代表，又是绵延时间最长的古代最先进的文化。但埃及文化、玛雅文化早已后继无人，巴比伦文化、印度实为南亚两河文化经过多次异族入侵已被层层叠压在后起文明的底层，它们均失去传人，成为考古学研究的对象。历史证明：中东的古文明在亚历山大大帝征服下为新兴的希腊文化所取代，而穆斯林的征服使这一地区种族、语言、文化、宗教又发生了根本的变化；在南亚两河文明，约在公元前1500年的雅利安人入侵，继之公元1000年后又遭穆斯林入侵，由中亚的突厥所建的莫卧儿帝国也仅仅征服了现印度北部，南印度仍是邦国林立，及此后西方的入侵，使这里的古文化发生了根本性的变化。我们通过对世界史学习后了解到世界上曾经有过不少烜赫一时的强大国家，其军事实力，靠其掠夺、剥削弱小国家和民族而使它的经济、财富迅速地膨胀起来，但它们已经或即将退出历史舞台。究其原因之一，也是最重要的原因是缺乏文化综合力，因而缺乏民族凝聚力、可持续发展的动力，只能成为历史长河中短暂的、一瞬间的、目光短浅的暴发户，很快退出历史舞台或行将退出历史舞台是必然的、绝对的。

唯有中国传统文化薪火永传，中国的传统文化从未被历史上颠覆性的剧变动摇过，更没有出现过大规模地破裂和长足地新生过，并对世界文明近现代化具有重要的推助作用和指导意义。

中国是纸、印刷术、火药、指南针四大发明及中医中药、天文历法、十进位制、赤道坐标系等重大发明的国家。世界研究中国科技史泰斗，英国学者李约瑟在《中国科学技术史》上列举将26个字母都用完了的发明，并将纸和印刷术放在一起，还没有讲到数学中的十进位和中医中药等。中国古代科学技术一向发达。据统计，中国对世界科学技术发生影响的重要发现和发明至少有100项，近现代世界所赖以建立的各种基本发现和发明有一半以上来自中国，中国古代文化为当时世界上最先进的文化。因此，英国的世界科技史学家贝尔纳在《历史上的科学》一书中指出："中国在许多世纪以来，一直是人类文明和科学的巨大中心之一。"中国的传统文化也是世界古代文明、古代文化中最重要的文化，成为近现代文化中的母文化，或"文化之母"。中国古代文明影响所及突破欧、亚、澳、非，远达南北美洲。

世界人种学界就一直关注美洲土著文化——印第安文明与中国古代文化的关系：印第安人是黄种人，他们崇拜太阳、血祭习俗与商朝近似；1953年，美国考古学家在墨西哥奥尔梅克遗址的祭祀中心发现16尊雕像和6片玉圭，尤其在玉圭上发现刻有殷商文字蚩尤、少昊、简狄、多妇、契、相土、王亥、上甲等商人祖先的名字；在北美洲的美国新墨西哥州发现纪元前1460年的夸父追日崖画；在新墨西哥州、加州和亚利桑那州的多个岩壁上发现了商朝的甲骨文；1975年在美国加利福尼亚浅海处还发现3000年中国的石锚（因为美洲大陆没有同类石料，经鉴定确认来自中国东南沿海灰岩）；在墨西哥发现石盆中中国泥塑人像；在南美洲，中国的古文化遗迹更多：1865年在秘鲁北部的喜玉山洞发掘出一座银铸并有"武当山"3个汉字的裸体女神像；在秘鲁考古中还发现有殷商特点的陶罐花纹；在厄瓜多尔发掘出王莽古铜币；在玻利维亚发掘出刻有汉字"萨基摩尔"的石碑等，说明中华祖先拓荒美洲从殷商开始，并形成印第安族，比哥伦布发现美洲早2800余年[①]。同时也说明中华古文明早在远古时期已布满天下，并推动着世界的文明与进步。

中国的航海业及发明的指南针强烈地刺激和推动世界的航海事业，

---

① 《诗经·商颂》所说的"相土烈烈，海外有截"，史学家翦伯赞考证，"海外有截"指北美大陆西部地区。经黑龙江出版社出版《中华祖先拓荒美洲》一书考证，公元前1066年，周部落首领周武王姬发联合800多个部落起兵伐纣。公元前1046年1月26日，西周联军与商军大战牧野（今河南省卫辉市境），纣王兵败自焚，10余万商纣王精锐部队来不及回撤，连同眷属及奴隶计25万人漂洋过海来到美洲定居，形成美洲印第安人部族。印第安为"殷第安"谐音，还有说是"殷地安阳"人。4000多年成书的《山海经》一书中的《大荒东经》所描述景象就是南北美洲的山水。

英国皇家海军军官加文·孟席斯在他所著的《马背上两位皇帝：朱棣和帖木儿》《1421 年：中国发现了世界》两书中记载了明初国家海商队首领郑和在 1403—1433 年 31 年间 8 次航海[①]，中国船队中最大宝船达万吨，简直相当于现代的小航母，可见明代海防力量是十分强大的。这支航队先后经历了亚洲、非洲、澳洲、南北美洲等 30 多个国家和地区，他们是世界上最早发现美洲新大陆的航海家。可惜，由于明清封建统治者的闭关自守政策影响，并没有增强海权意识，导致中国失去了发展机遇，成为暴发户的西方强盗在近现代蹂躏我中华，造成百年国耻。

① 史书上约定俗成地说郑和自 1405 年至 1433 年七下西洋。2016 年 6 月 16 日，在南京市南郊江宁区祖堂山又名牛首山社会福利院基建中挖出一方刻于宣德九年（1434）计有 700 余言的明初太监洪保的《寿藏铭》石碑，成为研究郑和下西洋的可靠资料，说明郑和下西洋时间应从永乐元年（1403）算起，共 8 次，从而纠正了历史的差错。郑和和洪保是洪武十五年（1382）明君收复云南时将大理府太和县这两位同乡虏入军中，成为太监。因他俩追随朱棣靖难功劳，成祖篡位后，分配给他俩的任务是奉差使西域、下西洋。

块碑志打破了学术界一直认为郑和“七下西洋”，第一时间是永乐三年（1405）。而洪保《寿藏铭》明确记载为永乐元年（1403），并曾作为下西洋的副使。今考《敕封天后志》中“永乐元年，差太监郑和等往暹罗国”（今泰国，易名为祖籍广东潮州原姓吴的华人败类在 1938 年任暹罗国第三任总理的銮披汶·颂堪于第二年改为泰国意为“自由”“独立”。他在任长达 15 年，是泰国独裁者，二战间反华急先锋）的记载及此后郑和下西洋多与洪保同行的记载，正使应为郑和。因此，郑和下西洋从永乐元年至宣德八年（1433），郑和下西洋应是 8 次。而洪保还在正统六年（1441）至七年（1442）间，独立率队出航过一次，返程时“遇海风作，念佛号解脱”，祖堂山上所建祖堂寺所领小刹宁海寺，就因这次洪保出使西洋而赐建的，说明明代类此由太监郑和、洪保率队下西洋实为 9 次。另据洪保《寿藏铭》记载：“（他）充副使，统领军士，乘大福号五千料巨舶，捧诏敕使西洋各番国，抚谕远人”句，再据宝船遗址六号作塘出土的“魏家琴记”换算成现代计量单位，其大号宝船长 137.72 米，宽 56.34 米，主桅杆高度 65—70 米，排水量超过 2 万吨，甲板面积相当于一个足球场大小。1937 年南京静海寺残碑载：“永乐三年，将领官军乘驾二千料海船，并八橹船”，换算成今天的计量单位一料排水量为 0.5 吨，也是千吨大船。而洪保等人的“大福号”是 5000 料的，即有 2500 吨的排水量级别大船。还有在这方《寿藏铭》还说郑和下西洋到达“中国人古未尝到之地”，则是今南北美洲的玛雅文化所在国度。

此后，哥伦布[1]、迪亚士、达·伽马[2]、麦哲伦[3]、卡布罗等先后到美洲时，都是用中国人绘制的地图并步其后尘，并非如此前受西方片面文化影响而通行的书籍上所说的是哥伦布首先发现美洲新大陆的。欧洲海盗开展殖民史是继英国工业革命开始，1777 年 12 月 24 日，英国航海家库克率领船队到达世界上最大的珊瑚礁圣诞岛，成为首批到来的欧洲人。

西欧外国人从海路来中国是明正德十三年（1518）佛郎机（葡萄牙）人从好望角航路来中国的，并且还是破天荒的第一次。从此才开始西欧与中国等国直接从海上交通的历史。只不过中国海商们带去了中国的茶叶、丝绸、瓷器，所从事的是与各国人民平等贸易、友好往来，把文明的种子洒向天涯海角，而西方海商从一开始就在本国政府的支持下，对新发现地区进行海盗式的残酷掠夺并建立殖民地，奴役各国人民。

火药的发明及强悍的马背民族蒙古族兄弟所建的蒙元政权利用中原地区强大的经济实力，配以中原地区发明的火器征服东亚、中亚、西亚、东欧、北非，畅通了东西方道路，促进了欧亚大陆间的相互交流和影响，使中国的技术发明大批传播于西方，使欧洲形成的新文化充分吸取了东方文明的养分，使世界文明发生逆转、嬗变。可以说，资本主义就是在中国古典文明的基础上和启示下而产生发展的。

---

① 哥伦布于 1492 年 8 月 3 日（农历七月十一日）从西班牙巴罗斯港出发，二个月后即 1492 年 10 月 12 日（农历九月二十一日）发现中美洲巴哈马群岛的一个小岛，误认为是印度，故称西印度群岛，并称原住民为印第安人，这就是所谓哥伦布发现新大陆。

② 达·伽马于 1498 年开辟绕过非洲南端好望角到印度的航线。名不副实的好望角是位于南非南端的岬角，是印度洋和大西洋航线的主要通道，在苏伊士运河未开挖前是欧洲通往亚洲的必经之路。1486 年，奉葡萄牙国王之命的探险家迪亚士从里斯本出发，沿着非洲西海岸向南航行去印度，行至此处，风浪大作，把船队冲至此处岬角上，因被迪亚士称之为可怕的“风暴角”。1497 年 11 月，葡萄牙探险家达·伽马幸运地从这里驶往印度洋，第二年 5 月到达印度的西南海岸，满载而归，国王改“风暴角”为“好望角”，而好望角附近的开普敦商港和西蒙敦军港却是天然良港。从此，这条航线成为西方国家的“海上生命线”，至今仍很繁忙，每年有千万多只航船经过这个风高浪急的海上通道。

③ 1519—1522 年，麦哲伦完成第一次环球旅行。

美国史学家斯塔夫里呵诺斯也说从6世纪隋朝重新统一中国到16世纪西方人开始由海上入侵中国的整整1000年中，“中国文明以其顽强的生命力和对人类文明的巨大贡献始终居于世界领先地位”[①]。联合国教科文组织原总干事、德国大学教授波尔在1989年对中国代表的谈话中指出：“你们在现代化的建设中，可要吸取我们西方人的教训，千万不要把你们老祖宗传下来的好思想、好传统丢掉了。现在西方人解决一些社会问题，反过来还要向你们中国人的老祖宗、孔子学习呢。”

其次，从中国文明的发展史角度看，主要有两大文明体系：

一是北方及东部包括库页岛、北极北冰洋，西至中亚、西亚，甚至东欧、北非，南以长城为限并延伸到祖国西南青藏高原的农牧渔猎经济区产生的北方文明。敦煌学和藏学是中国北方地方文明中的代表文化。

二是南方农耕经济文化圈。而居世界显学的中国三大显学之首徽文化是南方农耕经济文化的典型代表，并辐射到北方经济文化区，同时影响北方经济文化区，成为中华传统文化中的代表文化。

研究中国传统文化的中外学者，研究汉学的外国学者不研究徽学，不来徽州研究这个中国封建社会唯一较完整保存的代表文化和活标本，我看也是无法领略中国传统文化精髓和汉学真味的，他也必将无法深入下去。高唱中华优秀传统文化赞歌的时髦者们，如果不清楚传统文化与儒、道、释、兵、法等几条主线的关系，或根本不懂儒道释及中华优秀传统文化发展的轨迹的人是搞不出什么名堂的；研究中华传统文化的学者们不研究传统文化中后期主流文化的策源地、栖息地徽文化也必将是碌碌无为的。因为黄山、齐云山、徽州文化基本上浓缩了中华传统文化。这里非常值得中外文化学者深入探讨，并且是一座发掘潜力很大的文化富矿。

---

① ［美］斯塔夫里呵诺斯著，董书慧、王昶、徐正源译《全球通史·第9章 中世纪文明形成欧亚大陆一致性》（第7版）第253页，北京大学出版社，2005.

（三）绩溪县建议参观的主景点及须了解的历史人物

清汪璪在《[道光]江南通志》中指出："新安之属，以县名者六，而邑小士多，绩溪为最。"绩溪县是徽州地区建县最晚，人口较少，面积也小，但名人辈出，徽州大姓中的汪氏最尊崇人物汪华故里在绩溪，胡氏更是代出名人。

绩溪县就有尚书胡、金紫胡、李改胡三个重要派系。

尚书胡又称瀛洲龙川胡，"始祖胡琰，字子琰，原居青州汉阳县，仕晋，官至散骑常侍。大兴元年（318）提兵镇歙州（时称新安郡），民赖以安，朝赐之田宅，因家于新安。初居华阳镇，后以龙川山水秀丽，遂卜筑川口周家马，名曰坑口，卒葬荆紫山前经理，土名常侍墓。"[①] 该处不仅留居秀美，还形如船形，东耸龙峰，西峙鸡冠，南有天马，北则长溪，故有小龙川之誉，因改龙川村。所形成的龙川胡氏也是江南名族。明朝自称飞来道人、桐城陆海鹤在游龙川水口后有诗为证："从来未睹山全峰，今见飞腾疑真龙，江南名族数百千，此是江南第一家。"该胡姓士林蕃茂，历代有进士 24 人，明代就出了工部尚书胡松、户部尚书胡富、兵部尚书胡宗宪 3 个尚书及副都御史大夫胡宗明，故有御赐"三府一第"宏伟建筑；其祖祠更是出类拔萃，现为国务院重点文物保护单位。村里曾有 20 余座牌坊，其中科举牌坊 14 座。考抗倭英雄胡宗宪有 3 子：长子桂奇一直随父从政，授左府都事。后坐宗宪冤狱而流落异乡。次子松奇以荫授锦衣卫副千户，住龙川胡宗宪故尚书府。今府内有松公祠，缘此。今府主人胡根林为松奇第十四代裔孙。早在 43 世的松奇支裔孙胡允源去泰兴、靖江县等地开胡源泰茶号，经营徽州茶叶。允源子树铭生子炳华、炳荣、炳文、炳衡 4 人，因炳荣、炳文早卒，由存世二兄弟经营茶庄。胡锦涛同志系这支落籍泰州茶商后裔，系次公松奇第十四代裔孙，尚书胡第 49 世传人。

---

① 明戴廷明、程尚宽等：《新安名族志·胡》前卷，第 320 页，合肥：黄山书社，2004.

金紫胡，位今绩溪县华阳镇东，金紫胡也是徽州名门望族，代出名人。其始祖“出青州琰之后曰宓，唐太和间以散骑常侍掌节新安，因家乌聊山下，卒家绩溪西门外石碑头。二世曰沼，为南唐客都之官，迁居绩溪城东，以守父业”[①]。这支虽与胡焱同里青州，但晚于唐末才迁徽，后徙绩的支派，因七世宋直臣胡舜陟贵，朝廷赠其父胡宏金紫光禄大夫，故称金紫胡。一说宋朝胡舜陟（1083—1143），大观三年（1109）进士，历官徽猷阁待制、庐寿等处安抚使，广西经略使知邕州、节制湘粤桂三路军事。因战功，进新安伯，加封金紫光禄大夫、明国公。著述丰富，因与岳飞同仇敌忾，主张抗金，为秦桧构陷冤死邕州狱中，后经其夫人几经上书鸣冤，才得平反昭雪，并赠封少师。其次子胡仔（1110—1170）著有《苕溪渔隐丛话》，与《诗话总龟》《诗人玉屑》合称宋代三部诗话总集。清代更出了清代徽州显学——以胡培翚为代表的理学大师创立的“三胡礼学”。

李改胡在徽州散布较广，发源地在婺源县考川。胡适先生就说过：“我知道敝族出于安徽徽州一带的‘考水胡’，又称‘明经胡’、‘李改胡’。相传始祖原姓李，出于唐代宗室，避朱温之乱改李为胡，故历代不与李姓通婚，故敝族向不敢自称出于胡公满之后。”[②]经考，唐昭宗李晔在年仅38岁的天祐元年（904）八月壬寅被史太弑，为避难，幼子托婺源考川胡三公逃出宫廷，作养子，改姓胡，取名昌翼，字宏远，号绎思（904—999）。后唐同光三年（925）以明经登第，故称李改胡，又称明经胡，隐居婺源考水，今黟县西递、绩溪县上庄及湖里、宅坦等均为此派支裔。此派也是代出名人、闻人。如宋胡伸、胡次焱、胡方平，元胡一桂、胡炳文均出此系，还有西递的胶州刺史胡文光，上庄的清代制墨四大家之一的胡开文、新文化运动的三大旗手之一的胡适，红顶子

① 明戴廷明、程尚宽等：《新安名族志·胡》前卷，第317页，合肥：黄山书社，2004.

② 胡适：《胡适书信》下册第1569页。

商人胡雪岩故里就在湖里村。

绩溪县还有一支遵义胡氏，系胡清于宋代自浙江乌程迁居绩溪县高车而形成胡村。传 11 世至胡福清又名胡日严自元末从胡村迁居城东遵义坊，而形成遵义派胡氏。一说缘于生于县城后岸村明直臣工部尚书胡松（1490—1572）居城遵义坊。

徽州胡氏渊源更复杂了，如婺源的清华胡氏则出于胡广后裔官宣歙的胡瞳定居黄墩迁徙的一支。而祁门城东胡姓则是唐江州总管军民都指挥使胡则死后，其孙胡炳于宋太平兴国元年（976）从江州迁往祁门县城东翠林院的一支。还有一支胡氏，系出阏父，虞舜 5 世孙为周朝陶正，为妫姓。子满在周武王时封于陈，谥胡为姓，史称胡公满。48 世孙宁、珍、学 3 人分别居祁门、婺源、歙县 3 县地。胡宁为祁门贵溪派始祖，胡珍为婺源明经派始祖，胡学为歙县常侍派始祖。

我们这一次在绩溪主要参观点集中在尚书胡、李改胡、金紫胡三家，主景点是龙川参观全国重点文物保护单位胡氏宗祠、奕世牌坊及抗倭英雄、胡锦涛同志 15 世祖胡宗宪故居，该胡涉及 3 部尚书及 1 位御史大夫，重点介绍胡宗宪。李改胡参观清代徽墨四大家之一胡开文墨店、新文化运动三大旗手之一的胡适故居、红顶子商人胡雪岩家乡湖里，简介胡适、胡雪岩。大家不要忘了，在胡适家乡一定要品尝胡适招待客人的当家菜一品锅。金紫胡在县城里，主要从历史上追述南宋抗金英雄、庐州知府、当代美学家郭因的祖上胡舜陟及其子胡仔，清代“三胡”礼学中的胡匡衷、胡秉虔、胡培翚 5 人。

胡宗宪（1512—1565），字汝贞，号梅林，绩溪县龙川村（今大坑口）人。嘉靖十七年戊戌（1538）进士，授益都、余姚县令。因政治清明，晋升 3 级，升任杭州知府。后升为御史，出按延庆，平定边乱，又安抚楚地，平定苗乱。因政绩，于嘉靖三十四年（1555）升任浙江巡按御史。旋升为总督，总制 7 省军务以剿灭倭寇入侵东南沿海。明中期，日本海盗频频入侵我东南城市，给人民带来无尽的灾难。在抗击倭寇的入侵中，他在瓜洲、上海、慈溪等地屡建奇功。如他在嘉兴用毒酒杀死数百名日本侵略者。

在他领导下的数年抗倭斗争中任用名将戚继光、俞大猷、卢镗等人，礼贤下士，广罗人才，任用著名文士徐渭、郑若曾、沈明臣、茅坤、文征明等人，他躬擐甲胄，指授方略，斩获引倭祸内的匪首徐海、陈东、麻叶、汪直，为平灭倭患多次立下赫赫战功，是明代著名的抗倭英雄，加太子太保、官升兵部尚书，加少保。时乡人南司马汪道昆曾诗赞之："防秋西北军储急，鸣甲东南战血殷。百粤宣威来汉使，三吴转饷入燕关。王程远涉干戈地，国计新辞供奉班。司马已闻兼节制，皇华应得破愁颜。"[①] 绩溪县尚书胡就是因明代出胡宗宪等3个尚书为该派名号。

天有不测风云。这个保国卫疆的社稷重臣在嘉靖四十一、四十二年（1562、1563）因被诬告为"严（嵩）党"，两次入狱。他在狱中愤然上书数千言，并发出"宝剑埋冤狱，忠魂绕白云"的感叹。终于在四十四年（1565）被庾死狱中。对这个抗倭英雄，清人编的《明史·列传·胡宗宪》卷二百五第五四一〇至五四一五页虽花了大篇幅记载了他抗倭事迹，但字里行间流露出对其不恭，是很不公正的。而他同时代后辈汪道昆则敢于直言。南司马汪道昆在《嘉则入山哭胡司马》二首诗中悲愤地写道："大鄣风雨夜潸潸，尔向孤坟洒泪还。汗马功高无白日，赭衣事去有青山。朝廷肯信流言误，弓剑犹存战血殷。回首当年留客处，三千珠履在人间。""扁舟千里荐江蓠，书记翩翩尔独奇。草色经年封马鬣，潮声入夜哭鸱夷。南人尚识天威在，上客宁忘国士知。吹笛山阳君莫听，秋风落木不胜悲。"[②]

历史法庭往往是很公正的。这位治国有方，用兵有道的文武兼济的

---

① 明汪道昆：《太函集·赠方司农监浙江漕兼呈胡司马》卷之一百十二第二四五五页，合肥：黄山书社，2004.

② 明汪道昆：《太函集·赠方司农监浙江漕兼呈胡司马》卷之一百十三第二四八六页，合肥：黄山书社，2004.

抗倭英雄直至隆庆六年（1572）才被平反昭雪。万历十七年（1589）才由其孙胡灯奏准，御赐葬故里天马山，谥号“襄懋”。该村头至今仍矗立着“恩荣”“奕世尚书坊”为其纪念碑。宗宪在宦海中关心民瘼，兴利除弊，在杭州修西湖，扩建岳坟，所到之处重文兴教，大量组织人力编刊图书，自己在戎马倥偬中也不忘笔耕，使他成为由干吏成封疆大臣中的有为政治家、操持兵柄的儒将，有影响的学者和大出版家。同时，他也是最早关注世界，加强海防建设的先行者。他在抗倭斗争中对江浙沿海的地形、防务、战具、倭患等战事进行深入的研究，与门人辑刻《筹海图编》十三卷。胡宗宪在嘉靖间（1522—1566）为备倭抗倭而召集门人幕僚集体创作，所载南北沿海冲要、日本入贡入寇始末及战守经略，为抗倭战事必备书，也是明代详备的海防史料。尤其在《福七》卷十九插图中的左上角明确标出“钓鱼屿”，并在“福州琉球针路”中明确指出：“从福州外港梅花开船，向东南取小琉球方向，跨北过鸡笼屿、彭嘉山后向东取钓鱼屿、赤坎屿方向，再到古朱山，然后抵达大琉球，在那霸泊船。”说明胡宗宪及其幕僚早在嘉靖四十一年（1562）就在中国海疆图上再次标出中国神圣领土钓鱼岛群岛。同时，琉球群岛（今日本冲绳县）早在明初已在天朝的有效管辖之下。他著述丰富，计有《三巡督抚奏议》四卷、《平倭奏议》、《海防图论》一卷、《日本国志》四十卷，纂订《武略神机火药》二卷，与薛应旂纂修首部《[嘉靖]浙江通志》七十二卷。

他组织幕僚编纂刊行的图书就更多。著名的有《历代史纂左编》《荆川稗编》等，宜属官刻，也可归入他的刻书范围。他所刻的书精勘细刻，多为善本。如《中国古籍善本书目·经部》就收有胡刻的《诗说解颐总论》《正释》《字义》3种40卷；史部有胡宗宪及其重孙胡维极刻《筹海图编》各13卷2种，《历代史纂左编》一百四十二卷、《荆川先生批点精选汉书》二卷，计5个印本5部3个品种170卷。胡宗宪在嘉靖（1522—1566）间还刊有明王守仁撰《传习录》三卷，明唐顺之撰《荆川稗编》一百二十卷，明王寅撰《十岳山人诗集》四卷、《乐府》一卷等及在嘉靖间刊行《[嘉靖]浙江通志》七十二卷等。胡氏刻书目前笔者见到的就有12种461卷。宗宪不愧为保存发扬传统文化的有心人，嘉靖间大家刻家。如他不死于冤狱，他对文化事业及出版业贡献会更大。

其主要刻书品种如下：

嘉靖二十八年（1549）刊明严嵩撰《钤山堂集》四十卷。《全明分省分县刻书考·安徽省卷》第二六页著录，惜未著收藏单位。

嘉靖三十六年（1557）刊明王守仁撰《阳明先生文录》五卷、《外集》九卷、《别录》十卷计3种24卷。《中国古籍善本书目·集部·明别集类》第617页、《中国版刻综录》第143页、《安徽省古籍善本书目·集部·别集类·明代》卷四第13至14页、《全明分省分县刻书考·安徽省卷》第26页、《西谛书目》著录，上海、山东省、上海师范大学、河南省社会科学院、湖北省、暨南大学、福建师范大学、安徽师范大学（36册本）图书馆藏，南京图书馆藏本有清沈白批并录明黄淳耀批，清翁方纲、丁丙跋，清华大学、辽宁省、山东省诸城县、福建省图书馆及北京市文物局收藏不全，安徽省博物馆仅收藏正集5卷、外集卷五至八计4卷、别集卷二至十计9卷共19卷17册不全本。卷首题：“后学新安胡宗宪重刊，门人钱德洪、王畿编次，唐尧臣校正”4行。该刊本半页9行，行19字，白口，四周双边，无刻工。

嘉靖三十七年（1558）刊明王守仁撰《传习录》三卷。《明代版刻综录》第三卷第32页、《全明分省分县刻书考·安徽省卷》第26页著录，复旦大学图书馆藏。该刊本半页9行，行19字，白口，四周双边。

嘉靖四十一年（1562）刊自辑《筹海图编》十三卷。《中国古籍善本书目·史部·地理二》第996页、《中国古籍善本总目·史部·政书类·邦计》第690页、《中国书店三十年所收善本书目·史部·地理类》第67页、《中国版刻综录》第143页、《明代版刻综录》第三卷第33页、《四库全书总目·史部·地理类二》卷六九第616页著录，国家、武汉大学图书馆藏，安徽省博物馆藏不全。书后附有嘉靖四十一年茅坤序，称“公一日闻昆山郑君伯鲁（郑若曾字）从诸生后，好言兵事，于是币聘君过幕府，裒次其事”，说明此书为胡宗宪幕僚郑若曾等撰，宗宪总其成。其后裔多次翻印直署宗宪所撰，是不准确的。该书版心黑口，下刊白文刻工有：黄瑚、黄瑄、黄瑜、黄璁、黄鈛、黄铖、黄铉、黄铄、黄炼、黄铁、黄钱、黄镑、黄锐、黄镜、黄钦、黄镇、黄鏋（镗）、黄鏒、黄铭、黄鉴、黄鍚、黄銮、黄镳、黄邱用、黄生等黄氏刻工及绩邑胡天生刊，陈大敏、陈环、陈约、章仁、张赞、沈乔、陆汉、刘叶、何金、何应、何祥、金汝南、郭昌言、郭昌时、顾钤、袁宏、袁振、彭文、彭天恩、应光、东环等刻。参加缮写的有布政司吏沈应天、施孝、孙子良、孙子真、沈世周、郭智，杭州府吏陈言、沈应元，仁和县吏叶维贤等人，似为杭州刻本，世不多见。此书为防倭兵书，对沿海形势、倭患经过叙述详尽，附图精善。该刊本半页 13 行，行 22 字。郑振铎收有天启四年（1624）印本十三卷 6 册，为白皮纸印本，刻印均佳，当为胡氏后人家刻。[①]

嘉靖四十一年（1562）胡宗宪校刊明唐顺之辑《历代史纂左编》一百四十二卷。《中国古籍善本总目·史部·史抄类》第四八七页（作嘉靖四十年刻）、《北京图书馆古籍善本书目·史部·传记类》第四〇三页、《中国古籍善本书目·史部·史钞类》第 693 页（还著录 1 种为公文纸 10 册棉纸印本藏苏州市图书馆）、《中国书店三十年所收善本书目·史部·史钞类》第 80 页、《中国善本书提要·史部·史钞类》第 146 页、《明代版刻综录》第三卷第三十三页著录，国家（80 册本）、首都、北京大学、北京师范大学、中国科学院、辽宁省、吉林省、南通市、湖南省、湖南师范大学、四川省、重庆市、南京、复旦大学、南京大学、浙江大学、苏州市图书馆及南京博物院藏，福建省图书馆收藏不全，中国书店收购每部 80 册棉纸印本，美国国会图书馆也藏完本 80 册，原

① 郑振铎：《西谛书话》第 323—324 页，北京：生活·读书·新知三联书店，1983.

题："明都察院右佥都御史提督淮阳军务左春坊右司谏兼翰林院编修武进唐顺之编辑，太子太保兵部尚书都察院右都御史总督浙直等处军务新安胡宗宪校刊。"《北京大学图书馆藏古籍善本书目·史部·史钞史表类》第89页著录北京大学图书馆藏120册装，出版年著录为嘉靖四十年（1561）。该刊本半页10行，行20字（20.5×13.6），小字双行同，白口，四周单边。中国书店收购过棉纸80册本，北京大学图书馆藏万历四十年（1612）翻刻80册本。原题："明都察院右佥都御史武进唐顺之编辑，浙江布政使桐城吴用先、参政高安程邦瞻、庐陵萧近高同校。"吴用先序称：是书"刻于嘉靖辛酉，迄今凡五十一年，读者苦其字画漶漫，而枣且垂蚀矣。向与僚友陈匡左、萧九生二公商之，重加翻校，共梓以广厥传。"该刊本半页10行，行20字（22×13.4）。《四库全书总目·史部·史钞类存目》卷六五第580页著录124卷，误。

嘉靖四十一年（1562）刊明季本撰《诗说解颐总论》二卷、《正释》三十卷、《字义》八卷计3种40卷。《中国古籍善本书目·经部·诗类》卷二第7页、《中国古籍总目·经部·诗类·传说之属》第333页、《明代版刻综录》第三卷第32页著录，国家、上海、中国社会科学院及文学研究所、美国哈佛大学哈佛燕京（16册本）、台湾"中央"图书馆，日本静嘉堂文库、日本内阁文库均有完本收藏，复旦大学图书馆收藏不全。而《全明分省分县刻书考·安徽省卷》第二六页作《诗说解颐总论》二卷，《正释》三十卷，不准确。该刊本半页10行，行21字（18.2×12.3），左右双边，单鱼尾。

嘉靖间（1522—1566）刻明唐顺之[①]撰《荆川稗编》一百二十卷。《增订四库简明目录标注》《明代版刻综录》第三卷第33页著录，惜未注藏处。

嘉靖四十二年（1563）刊明王寅撰《十岳山人诗集》四卷、《乐府》

---

① 唐顺之撰共有五编世称"荆川五编"。其细目为：《荆川左编》□□卷，刊于浙，《荆川右编》□□卷，刊于闽，《荆川文编》□□卷，《荆川武编》□□卷，《荆川稗编》一百二十卷，胡宗宪刊。此外，《明史·艺文志》还著录《荆川儒编》六十卷，应为6编。

一卷计2种5卷。《明代版刻综录》第三卷第33页、《清代禁书知见录》著录。其中，《乐府》由中原崇云山人赵大用校刊。

嘉靖间（1522—1566）胡宗宪刻明唐顺之辑《荆川先生批点精选汉书》二卷。《中国古籍善本书目·史部·史钞类》第709页著录，上海、苏州市图书馆藏。该刊本半页10行，行22字，白口，四周双边，单鱼尾。

嘉靖四十年（1561）刻胡宗宪与薛应旂纂修《[嘉靖]浙江通志》七十二卷。《中国古籍善本书目·史部·地理类一》第847页著录，国家（40册本）、北京师范大学、上海、天津、南京、浙江、中国科学院南京地理所图书馆及中国历史博物馆（不全）、浙江图书馆天一阁分馆和台湾等地均有收藏。此书为浙江省第一部通志，也几乎是胡宗宪参与的最后一项地方文化工程，参与刊刻的最后一部大书。该刊本半页10行，行20字，小字双行同，白口，四周单边。

综上所列，胡宗宪所刻书不仅品位高，而且不少品种部头大，有的还是开创性的专著，几乎都是流芳百世的优秀传统古籍。

此后，他的子孙也刻了一些他留下的书籍。

天启四年（1624）胡氏曾孙（维极）重新序刻明胡宗宪辑《筹海图编》十三卷。《中国古籍善本总目·史部·政书类·邦计》第690页、《中国古籍善本书目·史部·地理二》第996页、《中国书店三十年所收善本书目·史部·地理类》第67页、《北京大学图书馆藏古籍善本书目·史部·地理类》第159页、《山东省图书馆馆藏海源阁书目·史部·政书类·军政》第83页、《安徽省馆藏皖人书目》第199页、《安徽文献书目》第54页、《中国善本书提要·史部·政书类》第166页、《四库全书总目·史部·地理类》卷六九第616页、《西谛书目·史部·地理类》卷一第34页、《法兰西学院汉学研究所藏汉籍善本书目提要》第43页著录，西谛（国家）、北京大学（20册本，有图）、北京师范大学（8册本）、山东省（4函24册本）、东北师范大学（8册本）、安徽省（8册本）图书馆藏，中国书店收购白纸24册本，法兰西学院汉学研究所藏，美国国会图书馆分别藏8册、12册本，北京大学图书馆还藏有昆山郑氏重刻郑若曾《筹海图编》十三卷10册本。书名页题："新安少保胡宗宪辑议，孙举人胡灯等同删，曾孙胡维极重校，茅雁门先生鉴定，本衙藏板。"该刊本半页12行，行22字（20×14.4），小字双行同（20.1×14.5），白口，四周单边，单白鱼尾。

天启（1621—1627）间刻朱墨印明胡宗宪纂订《武略神机火药》二卷。《贩书偶记续编·兵家类》第108页著录。

胡光墉(1823—1885)，幼名顺官，字雪岩，号芝圃，有余庆堂号，绩溪县湖里村人。幼年家贫，因交不起"祠捐"不得入家谱，故在湖里村谱牒中查不到胡雪岩的名字。幼时在家放牛，8岁时因拾金不昧，感动失主、大阜粮商。13岁来大阜粮栈学徒，得金华火腿行客商赏识，去金华学徒，后被荐往杭州学徒。胡氏精通业务，办事干练、认真，为人老实，不贪钱财，因肆主无后，临终赠与钱庄，改名阜康钱庄，渐成为杭州巨商，家产最盛时达白银2000万两。咸丰十一年(1861)十一月，充当镇压太平军湘军采办、浙江巡抚左宗棠任为总管。同治元年（1862）初，左任其为办理粮台和转运局务。同治四年，帮助闽浙总督左宗棠创办福州船政局并主持局务。九月，左宗棠奉调陕甘，胡为船政大臣沈葆桢主持福州船政局，任提调，兼管浙江转运局，授江西候补道，加布政使衔。左宗棠在陕甘总督任上及授钦差大臣西征任上消灭阿古柏伪政权及其走狗白彦虎等叛乱收复新疆南北路战斗中积极做好后勤供应，被授予一品顶戴（即红色顶戴），赐穿黄马褂，成为著名的"红顶商人"又称"红顶子商人"。同治十三年(1874)，在杭州创办"胡庆余堂雪记"药号，从此成为国药界老字号。光绪八年(1882)，在上海创办蚕丝厂。在商场春风得意的胡雪岩不幸涉足他不熟悉的蚕丝市场和国际市场。因不能忍受外商长期垄断中国生丝的出口市场，提出"邀人集资同买，则夷人必服"的主张，与美国商人展开激烈的市场竞争，动用2000万两白银囤积14000余包生丝，达到上海年交易的三分之二。光绪九年看生丝价格止涨，为了逼迫以美国为代表的外商提高收购价格而坚持不出货。而当时因中国出口权掌握在外商手里，胡雪岩反而被外商逼迫贱卖生丝，折去1000多万两白银。时正值左宗棠领衔在越南抗法，为给左帅筹措军饷，胡雪岩为清廷向外国银行借款80万两到期，这笔费用由胡担保，内各省协饷替胡还这笔担保款，于是胡雪岩调来自家阜康银行在各地钱庄80万白银先行垫付给外国银行。由于买办万盛宣怀配合中外反动势力企图搞垮中国的抗法斗争和左宗棠左膀右臂胡雪岩，亲去上海找在收复新疆等问题上与左宗棠意见相左、更痛恨胡雪岩的李鸿章的部属、上海道道员邵友濂，让其故意迟付20天应给胡雪岩抵账的80万两协饷，勾结外国银行，布置并放出风声说阜康银行倒闭在即，造成阜康银行挤兑风潮。在盛宣怀的授意下，邵友濂躲避不见胡雪岩，胡给抗法前线左宗棠请求救急电报又被盛宣怀叫人暗中扣下。就这样，在外资的仇视和中外反动势力联合打击下，他所办的民族工业很快被挤垮。光绪十年（1884），左宗棠病倒了。曾国荃代理两江总督，他上折奏道，“胡光墉此番案属因公支用，非等侵吞”，为胡雪岩想办法规避查办，却是无果。光绪十一年，左宗棠病逝，胡雪岩最大的靠山轰然坍塌。户部尚书阎敬铭落井下石，奏请“已革道员侵取公私款项，请旨拿交刑部治罪，以正国法”，朝廷立即准奏，胡雪岩在押解入狱令到来前于光绪十一年十一月初一郁忧而终。

同治十二年（1873）余庆堂刻清田绵淮（字伯沺，号寒劲子）撰《援生四书》4种（4）卷。其细目为：

《延命金丹》（一卷），

《护身宝镜》（一卷），

《本草省长》（一卷），

《医方集锦》（一卷）。

《全国中医图书联合目录·综合性著作·丛书合刻》第748页著录，中国中医科学院、山东中医药大学图书馆藏。

光绪三年（1877）杭州胡庆余堂刻清胡光墉撰《胡庆余堂丸散膏丹全集》又名《胡庆余堂丸散膏丹目录》《胡庆余堂丸丹全集》一卷。《山西省图书馆普通线装书目录·应用科学门·中国医学》第957页、《馆藏中医线装书目·方书》第121—122页、《全国中医图书联合目录·方书》第304页著录，首都图书馆、中国中医科学院图书馆、北京中医药大学图书馆、天津中医药大学图书馆、山东中医药大学图书馆、河南中医学院图书馆、山西省图书馆（1册本）、内蒙古自治区图书馆、陕西省图书馆、陕西中医学院图书馆、甘肃省图书馆、甘肃中医学院图书馆、新疆石河子医院图书馆、中国医科大学图书馆、长春中医药大学图书馆、黑龙江省图书馆、上海中医药大学图书馆、黑龙江中医药大学图书馆、上海图书馆、上海第二医科大学图书馆、南京图书馆、南京中医药大学图书馆、南京第一医学院图书馆、苏州市中医院图书馆、南通市图书馆、镇江市图书馆、苏州医学院图书馆、南通医学院图书馆、安徽省图书馆、安徽中医药大学图书馆、浙江医科大学图书馆、浙江省中医药研究院图书馆、浙江中医药大学图书馆、江西省图书馆、湖北省图书馆、湖北中医学院图书馆、湖南中医学院图书馆、贵州中医学院图书馆、云南省图书馆、成都中医药大学图书馆、福建省图书馆、广西壮族自治区第一和第二、广西中医学院、广东省中山图书馆藏1册本。该刊本单鱼尾，《收藏》（2004.3）文定为浙江三级文物。还有光绪三年铅印本，浙江省中医药研究院藏。浙江中医药研究院还藏光绪三年（1877）铅印本及《丸散膏丹方》抄本。

光绪三年杭州胡氏庆余堂刻清胡光墉辑《胡庆堂丸散膏丹全集》十四卷、《续增》一卷计2种15卷。《中国古籍总目·子部·医家类·方论之属·验方·清》第896页著录，首都、北京中医药大学、上海、中国医科大学、黑龙江省、陕西省、甘肃省、南京、安徽省、湖北省、广东省图书馆藏。

光绪壬寅（二十八年，1902）庆余堂刻清黄子俊撰《时症汇编》一卷。

《全国中医图书联合目录·临证各科》第378页著录，江西省图书馆藏。

附清杭城胡庆余堂石印清从善堂（字敬记）撰《玉液金丹》一卷。《全国中医图书联合目录·临证各科》第464页著录，河南省图书馆藏。

胡适（1891—1962）原名洪骍，字适之，有藏晖堂，绩溪县上庄人。其父胡传（1842—1895，作1841.3.11—1895.8.22），原名守珊，字铁花，又字守三，号钝夫，16岁随父胡奎熙至上海沙川茶叶店。同治四年（1865）中秀才，翌年春考入以经学家刘熙载为院长的上海龙门书院。目睹清廷封疆大吏对边疆地理无知而误国，与沙俄侵略者签订一系列不平等条约的教训致力于边疆地理研究。九年，以科考优等，例选贡三等，贡选儒学训导。光绪七年（1881），沙俄再次强迫与清签订《里瓦机亚条约》，抢占我国大批领土的教训，他痛心地指出“中国患在西北，而发端必始东北”。在妻亡子幼的情况下，决定向族兄胡嘉言借二百金，半作旅费，经兵部主事胡宝铎荐至宁古塔，求得钦差大臣吴大澂发放通行文书，对东北进行考察。足迹所至边河三姓珲春等处。翌年又深入与沙俄、朝鲜交界的十三道嘎牙河山区考察。经过艰苦卓绝的实地考察，指出东北防务重点在艾辉与珲春，主张废除不平等条约。他深受吴大澂赏识，延聘为吴幕僚，并保奏为知县，授五常厅抚民府同知，兼理儒学。于九年三月，奉吴大澂命由瑚布图河历老松岭赴珲春与沙俄廓米萨尔会勘边界。十一年，收回黑顶子地区。十二年（1886）奔母丧。十四年，黄河在郑州决口，河道总督吴大澂召胡传赴河南襄赞河务。因功，吴大澂再次保举为知府用。旋返里，时年47岁娶冯氏（1873.5.12—1918.11.23，即胡适母冯顺娣，时年17岁，本县中屯村冯金灶长女）。胡铁花与第一位夫人冯氏婚后不久，为太平军所掳，1863年尽情身亡，未留下子息。第二位夫人曹氏生三子三女，至1878年最后一胎因孪生儿子难产而死，丢下一群子女，使在外为宦的铁花亟需一位贤内助，闻冯氏贤德，1889年九月娶冯氏，次年（1891）十二月二十八日，在上海大东门外生下胡适。十七年（1891），任淞沪厘卡总巡。十八年，应台湾巡抚邵友濂请调台协防。他足迹遍台湾，先任台南盐务提调，掌管台湾盐政。旋署台东直隶知州，兼台东军务，铁花带妻冯氏并胡适兄弟赴台就任。《马关条约》后，他积极协助总兵刘永福坚持抗日。因积劳成疾，两腿浮肿不能行动，始于二十一年（1895）8月18日离职，22日（农历七月初三日）病逝于厦门。其遗著经整理为《吟月轩吟草》、《龙门书院读书日记》①、《铁夫笔记》、《近溪山房诗文集》、《杂著》又名《胡氏杂稿》不分卷②《胡铁华文钞》不分卷③、《台东州采访册》不分卷④、《钝夫年谱》四卷⑤等。

胡适自幼丧父，在母亲的教导下，求学上进，后在兄长的帮助下，去上海求学。光绪三十二年（1906）入中国公学。三十四年（1908）任《竞业旬报》编辑。陈独秀主编的《安徽俗话报》与胡适主编的《竞业旬报》拉开白话文运动的序幕。宣统二年（1910），公费去美国留学。民国四年（1915）陈独秀在上海创办《青年杂志》，后改名为《新青年》。民国五年10月，在美国留学的胡适给陈独秀信中提出“文学革命”的口号。六年1月，《新青年》由上海迁往北京，成为文学革命、新文化运动、五四运动中最有影响的刊物。当年胡适回国出任北京大学教授。七年（1918），胡氏加入《新青年》编辑部。由陈独秀、李大钊任主编《每周评论》在北京创刊，每周4开4版，辟有“国外大事评述”“国内大

---

① 《中国古籍总目·子部·杂家类·杂纂之属》第1960页著录，北京大学图书馆藏抄本。

② 《中国古籍总目·子部·杂家类·杂纂之属》第1960页著录，北京大学图书馆藏抄本。

③ 《中国古籍总目·集部·别集类·清代之属·清后期》第2484页著录，中国科学院图书馆藏清抄本，有寿征题识。

④ 《中国古籍总目·史部·方志类·地志之属·台湾省》第4779页著录，清胡传纂《[光绪]台东州采访册》不分卷附清陈英纂《台东志》一卷收入《台湾文献丛刊》《台湾方志汇编》等丛书中。

⑤ 1987年天津古籍出版社影印北京大学图书馆稿本丛书编辑委员会编《北京大学图书馆稿本丛书》第一批有此书。

事评述”“社论”“随感录”“新文艺”等栏目。第26期后，因陈独秀被捕，李大钊避难离京，改由胡适主编，改变了该刊宗旨，胡适还在第31期上发表《多研究些问题，少谈些主义》一文，引起“问题与主义”的论战。民国八年（1919）8月出至137期，被北洋政府查禁。九年8月，由陈独秀、胡适分别作序亚东图书馆汪原放加新式标点和分段的《水浒》，并陆续出版《儒林外史》《红楼梦》《西游记》《三国演义》等古典名著，胡适的第一部白话诗集《尝试集》也在亚东出版。十一年5月，胡适与丁文江等创办《努力》周报，并以胡适的《努力歌》为发刊词。该刊至十二年10月停刊。民国十二年主编《国学季刊》，提倡“整理国故”。十六年12月，与徐志摩、闻一多、梁实秋等在上海开设新月书店，次年出版《新月》月刊。胡适的《白话文学史》出版。二十一年创办《独立评论》。十八年（1929）时任中国公学校长胡适在《新月》上发表抨击时政的文字，被教育部“奉命警告”。

胡适在上海期间，商务印书馆曾邀请过他，但因教学与写作忙，只承担亚东图书馆和商务印书馆等诤友，为出版业作出了重大贡献，如商务印书馆出版的《万有文库》[①]的提倡、策划者就是胡适。抗日战争期间出任国民政府驻美大使、行政院高等顾问等职。抗战胜利后任北京大学校长、中央研究院院士等，并组织独立时代社。1949年去美国作寓公。

胡舜陟及其子胡仔是县城金紫胡的宋代代表人物。

这个金紫胡缘于胡宏所授金紫光禄大夫一支的关键人物是胡舜陟（1083—1143），字汝明，号三山老人。大观三年（1109）进士。历任山阴县簿、儒学教谕，靖康（1126—1127）中任监察御史，曾请诛赵良嗣，力抗和议，并说：“敌气方张，何事需和，一坠其计，不可复悔”，

---

① 王子野《回忆亚东图书馆序》中说：“还有商务的《万有文库》，以前都知道是王云五搞的，读了这部回忆录才知道最初的倡议者是胡适，得到高梦旦和张元济的赞同才搞起来的（见本书九九页）。”载上海：学林出版社1983年版汪原放著《回忆亚东图书馆》第3页。

被鞭濒死。后以弹劾宰相，出任庐州（治今合肥市）知州。在庐州任上，他修城池，加强战守，使抗金前线的淮西路治庐州成为抗金的坚城。南宋高宗初，除集英殿修撰，擢徽猷阁待制，官淮西制置使，复知建康府（治今南京市），改两浙安抚司参谋官，改任广西经略。金人过江，舜陟私遣裨将陈思荣抄于太湖，大胜金兵，升为临安知府（治今杭州市）。后遭秦桧陷害，冤死于静江府（治今广西桂林）狱中。著有《奏议》《文集》《〈论语〉义咏》《古诗师阵图》《三山老人语录》《孔子编年》等。

胡仔系绩溪县金紫胡派后裔。

唐诗宋词是我国文学史上的两座丰碑。此后记论诗词著述丰出，其中宋代诗话集中而质量最高、资料最丰富的要数南宋绩溪县胡仔所著《苕溪渔隐丛话》。

胡仔（1110—1170），字元任，绩溪人。北宋末，以父荫授迪功郎，监潭州南岳庙，升从事郎，后历浙东提刑司干办公事。绍兴六年（1136），侍父去广西，任广西经略安抚司书，专司机宜文字，转文林郎，就任广西提刑司干办公事。居岭外 7 年，奉父命完成《孔子编年》一书。父丧后，卜居吴兴苕湖隐居 20 余载，自号“苕溪渔隐”，利用家里丰富的藏书，于绍兴十八年（1148）著成《苕溪渔隐丛话·前集》六十卷。绍兴三十二年（1162）去福建转运司干办公事，3 年后复归隐苕溪，仍继续他的诗话研究，于乾道三年（1167）著成《苕溪渔隐丛话·后集》四十卷。这部诗话总集前后花了 20 多年的时间。后转奉议郎，任常州晋陵县知县，未赴，卒。晚年清贫，以著述为事，曾说：“裴说诗‘读书贫里乐，搜句静中忙’，此二句乃余日用者，甘贫守静，自少至老，饱谙此味。”[①]

《苕溪渔隐丛话》一百卷是一部长达 52.5 万字诗话总集。此书前集所论按人物年表先后为系，以时间为序排列，所收对象上自《诗经·国

① 《［道光］徽州府志·人物志·文苑·胡仔》卷十一之四第九页。

风》，下迄南宋初年诸家，按国风、汉魏六朝、陶渊明、李白、杜甫、韩愈、白居易、欧阳修、梅尧臣、王安石、苏轼、黄庭坚、秦观、宋朝杂记、僧道、神鬼、长短句、妇人诗等排列。后集也按此体例相类排列，评论楚汉至宋南渡诸家。全书排列诗家百余人，尤重宋代，几占全书篇幅一半，特别是补足阮阅《诗话总龟》[①]中不收元祐党人的资料，凡阮氏已收均不录。胡仔在《前集序》中写道："绍兴丙辰（六年，1136），余侍亲赴官岭右，道过湘中，闻舒城阮阅昔为郴江守，尝编《诗总》，颇为详备。行役匆匆，不暇从知识间借观。后十三年，余居苕水，友生洪庆远、从宗子彦章获传此集。余取读之……考（阮）编此《诗总》，乃宣和癸卯（五年，1123），是时元祐文章禁而弗用，故阮因以略之。余今遂取元祐以来诸公诗话，及史传小说所载的事实，可以发明诗句，及增益见闻者，纂为一集。"明确指出自己所撰《苕溪渔隐丛话》的动机、目的。胡仔这部书无论从编纂水平和学术价值来说，都比《诗总》大。所以四库馆臣称："二书相辅而行，北宋以前之诗话，大抵略备矣。"

对这两部书的评价中四库馆臣很有见地，特别指出："阅书多录杂事，颇近小说；此则论文考义者列其名，琐闻轶句则或附录之，或类聚之，体例也较为谨严。阅书分类编辑，多立门目；此则惟以作者时代为先后，能成家者列其名，琐闻轶句则或附录之，或类聚之，体例亦较为明晰。阅书惟采摭旧文，无所考正；此则多附辨证语，尤足以资参订。

---

① 阮阅《诗话总龟》也是《前集》五十卷、《后集》五十卷计100卷。阮阅原编名《诗总》十卷，成于宣和癸卯（五年，1123）。阮阅，字闳休，又字美成，号散翁，又号松菊道人，舒城（今安徽舒城）人。元丰（1078—1085）间进士，任巢县（今安徽巢湖市）知县。政和（1111—1118）间任官宜春，宣和（1119—1125）间任柳州知州。建炎元年（1127）以中奉大夫知袁州，致仕后仍居宜春，善吟咏，时称"阮绝句"。著《郴江百咏》、《巢令君阮户部词》、《松菊集》、《阮户部诗集》和《诗总》。阮阅《诗总》流出后历经后人增纂，至南宋绍兴中已在福建刊出，易名《诗话总龟》，已为前集十卷，后集五十卷。其中，十卷本前集应为阮氏原作，以后各种版本应是后人增辑纂乱本。

故阅书不甚见重于世，而此书则诸家援据多所取资焉。”[1]

这部诗话总集初版于今属浙江的绍兴府学，分别有戊辰（淳祐八年，1148）春三月上巳、乾道三年中秋自序，字仿欧体，雕版极精。今国家图书馆藏《前集》45卷，北京大学图书馆藏《后集》38卷。今查《北京大学图书馆藏古籍善本书目·集部·诗文评类》第503页著录仅存宋刻胡仔辑《苕溪渔隐丛话·后集》四十卷中卷一至卷二、卷五至四十计38卷19册即北京大学图书馆李氏藏书目李9082的刊本的《后集》四十卷，国家图书馆藏前集卷十五至四十五卷计31卷，卷一至十四计14卷系配明抄本计45卷。该刊本半页11行，行22字，白口，左右双边，版心下有刻工名。这个宋本应是乾道三年（1167）其弟胡仰以朝散郎、直秘阁出任两浙东路提点刑狱公事任上刻于浙东的版本。

宋版还有绍熙五年（1194）万卷堂刻本，这时胡仔已不在人世，与胡氏已无关。此后的版本存世的还有元翠岩精舍刊（仅存前集卷一至五十），明嘉靖七年（1528）徐梁抄本、明抄本（仅存前集卷一至二十、卷三十一至六十一，后集卷一至七、卷三十至三十六计64卷）、明抄本（仅存后集卷一至十六计16卷）、清乾隆五至六年（1740—1741）胡氏耘经楼仿宋重刊本、清吕氏南阳讲习堂抄本、《四库全书》本、《海山仙馆丛书》本、《丛书集成》排印本、《四部备要》排印本等，1962年人民文学出版社出版了廖德明的校点本。我们可从这些存世的完本中一窥胡氏原作的内容。

金紫胡氏历代名人辈出，家学薪火代代接续。

而胡培翚则更进一步确切地指出这个家族中杰出的学术人物：“吾家至瑜公公（胡廷玑）而益显，梅溪公（胡清泰）、思平公（胡清聪）承父志，力学著书，益振励之，故其后人人皆思奋于儒术，以《诗》、

---

① 《四库全书总目·集部·诗文评类一》卷一九五第一七八七页，北京：中华书局，1965.

《书》为业。”[①]还指出：“尝读班、范两汉史，见汉人传经，各有家法，递相授受，然惟欧阳氏之《尚书》传至八世，虞氏之《周礼》传至五世，为最盛。他如张兴之《易》、孔霸之《书》、韦贤之《诗》、郑兴之《周礼》、贾徽之《春秋》，仅传其子。韩婴之《诗》、贾谊之《左氏传》、江公之《穀梁传》，亦仅传至其孙而止。盖世业之难如是。我家蛰蛰振振，将必有才如韩、贾，学如虞、郑，功名如韦、孔者应运而兴，非祖德积累之深，曷克臻此？”[②]这个学术渊源深厚的家族自宋出现胡舜陟父子高擎学术大旗后，又过了8世至明胡永淳[③]以治《尚书》称世，再次擎起学术大旗后，入清后学者辈出。

胡秉虔在追述家学史时尚未触及其后。这个家族自秉虔以下学人繁庶直至清末，是世间少有的家学世家，这个家族树起的“世泽楼”，言实相符。尤其自清中期后以礼学传家，并先后出了胡匡衷、胡秉虔、胡培翚三位礼学大师。他们祖孙三代人对诸经都有研究，尤其是对“三礼”的研究独成一家，世称“三胡礼学”，为徽州府哲学史也是中国哲学史上一颗亮丽的星辰式人物群体。

这个家族从清康熙（1662—1722）时代开始刊刻先人遗泽，至嘉道（1796—1850）后随着“三胡礼学”的影响，本家族也先后出了一大批经学家。他们著述丰富，家刻也十分兴旺发达，并一直绵延至民国中期仍有刻书行世，成为中国刻书史上少有的家族群体。“三胡礼学”首家胡匡衷。

胡匡衷（1728—1801），字寅臣，号朴斋，《易》学家胡清焘[④]四子，

---

① 《胡培翚辑·研六室文钞·叔祖绳轩公行状》卷九第277页，台北：台湾“中央”研究院文哲所编，2005.

② 光绪甲申（十年，1884）春世泽楼刻《绩溪金紫胡氏家谱·艺文·胡秉虔〈永淳公支图序〉》卷首下。

③ 胡永淳，号东峰，其生平可参见其8世孙胡秉虔所作《赠奉直大夫叔祖绳轩公行状》（载《研六室文钞》卷九）。

④ 胡清焘（1686—1774），号梅溪，字且宇，县增生。著《思孝录》《梅溪集》等。

绩溪县城（今华阳镇）人。其祖父廷玑[①]专攻《周易》和“三礼”，为绩溪三胡礼学开山祖。匡衷为乾隆朝岁贡生，候补训导，赠承德郎，官户部广东司主事，累赠资政大夫。

匡衷以孝父母闻名乡里，更以治学严谨，“以经证据”，“不敢轻信一家之言”，不苟先儒旧说而著名的皖派经学家，他易学、礼学并重，为“三胡礼学”中的首位。他以毕生的精力考证经传，历官户部库司主事、吏部左侍郎。他对《易经》颇有研究，著有《周易传义疑参》十二卷，其旨为“析程朱之异同，补程朱之罅漏，大抵多采宋元各家，羽翼程朱之说以相订正，而亦时出己见，于二书深有裨益”[②]。在礼经方面著有《三礼札记》、《周礼井田图考》一卷、《井田出赋考》一卷、《春秋列国职官谱》三卷、《畿内授田考》又名《周礼畿内授田考实》一卷、《仪礼释官》六卷、《郑氏仪礼目录校证》一卷、《侯国官制考》二卷、《礼记职官考》、《侯国职官考》一卷、《左传翼服》二卷、《论语古本证异》四卷、《论语补笺》一卷、《庄子集评》、《离骚集注》、《汉西京博士考》二卷、《绳轩读经记》十二卷和诗文集《朴斋文集》（佚）等。他的这些著作都具有立论持平，体现实事求是的治学精神。

胡秉虔（1770—1840），字伯敬，号春乔，有惜分斋、授经堂、绳轩等堂号，经学家匡宪长子，匡衷侄，培翚族叔，“三胡礼学”家之一，

---

① 胡廷玑（1654—1730），字瑜公，康熙丙寅（二十五年，1686）以选贡生入太学。《[嘉庆]绩溪县志·文苑》卷十说他后因父母年高而“居家课四子，诸经皆有随笔集说”“解经独有心得”，尤其是对《周易》和“三礼”有造诣。著《周易臆见》《五经解随笔》等。幼孙胡匡定赓续其志作《周易臆见补义》，惜上述3书已佚。其四子中以三子胡清恐（1691—1762，号思平），自“幼随父读书，即知笃志圣贤之道。其学刻苦自励，以致知力行为本，剖析义理，不肯苟同”，为岁贡生，学术成就最大。清恐为候选训导，后以秉虔贵，赠朝仪大夫。著有《四书注说参证》七卷、《胡清恐诗文集》、《尚书存真》、《诗经积疑》、《春秋两端》二卷、《礼经辨误》一卷等书。其中《四书注说参证》一书时评极高，为“推阐道源，补苴罅漏，洵为朱子功臣，而性情之辨，尤是证两汉以来诠解之误”。

② 支伟成：《清代朴学大师列传·绩溪胡氏祖孙传》第六及《清史列传·儒林传下一·胡匡衷》卷六十八第五四九二页（中华书局，1987年版）。

清代著名的朴学家，尤精于小学，对“三礼”研究精到。其父**匡宪**（1743—1802），字懋中，号绳轩，有绳轩堂号，著有《绳轩文集》三卷、《毛诗集释》二十卷、《绳轩读经记》十二卷、《石经详考》四卷、《读史随笔》六卷等。匡宪精通诸经，尤精《诗》学，指出“传注之中，毛诗最古，郑氏已不能尽通。今本毛诗，多被王肃窜乱，异同之迹尚可考见”，而著《毛诗集释》二十卷。他治经注重音声，批评唐宋研究者借声转误解经，使之失去原旨。

秉虔家道贫寒，同里章炳义资助学费并以女妻之，在家学的影响下，自幼嗜学，18岁时就博通经史，尤擅长“小学”，精于占韵，对“三礼”有独到的研究。他学长于家学，又积极吸收当代学术前沿，如名士纪昀、阮元、翁方纲、王念孙都对他有影响。嘉庆四年（1799）中己未科进士，签刑部山西司主事，改授甘肃灵台知县、江苏宝应知县，后任陕西乡试同考官、直隶泾州，调张掖知县，擢河州知州、署直隶肃州，调补甘肃丹噶尔厅（今青海省湟源县）同知，卒于官所。他为官所至，造福一方。

在烦冗的官务中也不断充电，“每夜读书必尽银烛二条，虽日间应酬纷纭，而夜课不减”[①]。著有《毛诗序录》四卷、《论语小识》八卷、《毛诗集释》、《周易小识》八卷、《尚书序录》一卷、《周礼八识》、《说文管见》三卷、《古韵论》三卷、《周礼小识》八卷、《惜分斋诗文集》、《销夏录》、《汉西京博士考》二卷、《十三经条考》数十卷、《尚书小识》六卷、《四书释名》[②]、《大学札记》、《方言札记》、《说文札记》、《尔雅札记》、《夏小正札记》、《对床夜话》、《小学卮言》、《槐南丽泽编》、《孟子小识》、《受经堂诗存》一卷《附存》一卷、《经义闻斯录》不分卷、《仪礼小识》、《河州景忠录》一卷《附记》二卷、《卦本图考》一卷、《大戴礼记札记》、《古韵论》三卷、《孝经小识》、《胡春乔手写说文引经》不分卷、《甘州明季成仁录》

① 胡培翚《研六室文钞·从叔父同知公遗书记》，载《胡培翚集》卷八。

② 以上3种据胡培翚《从叔父同知遗书记》补。

四卷、《月令小识》、《惜分斋丛录》[1]等40余种。所著均有真知灼见，得到当时学者纪昀、汪由敦、王念孙等名家赞许。尤其是其《说文管见》三卷被学术界视为“所论细入毫芒”的“绝学”；其声韵训诂学著作《古韵论》三卷，辨江、戴、段、孔各家学说细入毫芒。他还参与编纂《扬州府志》等。

因胡氏卒于任所，著述多在甘肃，仅民国间甘肃周子扬处就有《说文札记》、《论语小识》八卷、《尔雅札记》、《夏小正札记》、《礼记小识》、《大戴礼记札记》、《孝经小识》、《大学札记》、《方言札记》、《中庸札记》、《春秋三传小识》、《四书释名》、《周礼小识》、《周易小识》八卷、《尚书小识》六卷等15册（种）稿本。民国初年，历经百年，地隔万里，屡经沧桑才先后由许承尧、胡适、汪孟邹交胡晋接带回故乡，这也是学术史上一件值得一书的奇事，此稿本均未登《胡氏书目》，特在此补笔以志纪念。

胡培翚（1782—1849），字载平，又字载屏，号竹村、竹邨、竹匡、紫蒙，有研六室、世泽楼等堂号，木樨香馆为胡氏家刻堂号，清焘曾孙，匡衷孙，秉钦子，绩溪县城（今华阳镇）人，皖派朴学大师，“三胡礼学”家之一。培翚四代经学传家，沿承10代家学，自幼从师叔祖匡宪和叔父秉虔，学识广博，又继承皖派经学大师江永、戴震一脉遗风，并师事经学大师凌廷堪、数学大家汪莱，学业日益精进。嘉庆十五年（1810）中举，次年赴京寓族叔胡秉虔处。每夜读书必燃烬两支银烛才肯休息。二十四年（1819）中己卯科进士（殿试二甲），授内阁中书、实录馆详校，升户部广东司主事。因办事认真，为官清正廉明，时获“治官如治经，一字不肯放过”的赞语。道光八年（1828）十月改为捐纳房差，揭露前任假照流弊。十年吏部追查窜稿假照案，唯培翚及蔡绍江经审查无任何污点，但因培翚附和乞情者奏请免议，被降二级调用。十三年（1833）官复原

---

① 以上2种据《清史列传·儒林传下二·胡秉虔》卷六十九第五六〇三页（1987年，中华书局版）补。

职。在京做官时，与新城陈用光，泾县朱珔、胡承珙，桐城徐璈、光聪谐，武进张成孙，元和蒋廷恩，太仓陈奂、陈兆熊，鹤山冯启蓁，邵阳魏源等切磋经义，并考定郑康成生于永建二年（127）七月五日。后以奉事亲老告归，从事地方文化教育事业，在县东门外大屏山麓集资创建东山书院。十七年(1837)发起，在绩溪县城金紫派胡氏宗祠特祭祠内的世泽楼建世泽楼藏书楼兼作金紫胡氏先人著作整理编辑刊布之所，原拟刻金紫胡氏著述100多种，惜未完工。因此，胡培翚也是金紫胡氏、“三胡礼学”中最大的出版家之一，世泽楼也成了绩溪胡氏最大的宗祠家刻坊号。此外，他“笃友谊，好懿行，胡承珙遗书皆赖培翚次第付梓”[①]。他离职后，主讲于钟山、惜阴等书院，往来讲学于徽州、江宁、云间、庐州及泾县各地大书院间，尤其对相邻的泾川书院影响很大。新编《绩溪县志》也说：“每至一处，负笈从之者恒数百人。所成就，半海内知名士。卒之日，四方吊者万人。”[②]《清史列传》说他：“引翼后进为己任。去泾川日，门人设饮饯者，相望于道。”[③]泾川书院所刻胡氏著述，也可视为胡培翚的家刻范围。他是一个很有成就的教育家，在教学上奉行因材施教的办学宗旨，江宁汪士铎就是他早期的弟子。他在学术上有多方面的贡献，在经学上尤其是《礼经》特著。

认为唐贾公彦疏解《仪礼》多失误，乃博采众说，对经书加以补注、申注、附注、订注，花了40余年时间著成《仪礼正义》四十卷。此书从周公、孔子、子夏的宗旨说起，对汉郑康成、唐贾公彦疏解的《仪礼》错误进行订正，可惜未成而卒，尚有“《士昏礼》《乡饮酒礼》《乡射礼》《燕礼》《大射仪》五篇”由其族侄胡肇昕和弟子杨大堉续成。但此书

---

① 《清史列传·儒林传下二·胡培翚》卷六十九第五六一九页，北京：中华书局，1987.

② 绩溪县地方志编纂委员会：《绩溪县志·人物传记》第32章，合肥：黄山书社，1998.

③ 《清史列传·儒林传下二·胡培翚》卷六十九第五六一九页，北京：中华书局，1987.

学术价值极高，被称为是一部“张皇幽渺，阐扬圣绪 ，二千余岁绝学”的礼学专著。王引之在给顺德罗惇衍书中称：“培翚撰《正义》，约有四例：一曰疏经以补注，二曰通疏以申注，三曰汇各家之说以附注，四曰采他说以订注，书凡四十卷。至贾氏公彦之疏，或解经而违经旨，或申注而失注意，不可不辨，别为《仪礼贾疏订疑》一书。”[①] 在经学著作中还承其祖《释宫》另作《燕寝考》三卷，还有《仪礼宫室定制考》、《宫室提纲》十七篇、《仪礼释文校补》[②]、《禘祫问答》一卷等。其他著述有《研六室文钞》又名《研六室杂著》十卷《补遗》一卷附《墓志铭》一卷《行状》一卷、《杂著》一卷及《绩溪损助宾兴盘费规条》不分卷。还校注了先祖宋胡仔撰《孔子编年》五卷等。自撰并由族弟胡培系补《胡少师年谱》二卷，对其一生介绍很详细。学界评价说：“是时海内学者，率宗汉学；培翚不宥于时习，泯除门户，于乡先正朱子之说，采辑特多。”[③] 此外，他还对古籍如《史记校》不分卷、《春秋战国文选》三十四卷等留下序跋文字及批校《律服考古录》一卷。

“三胡礼学”中经学著作收入道光九年（1829）广东学海堂刻及咸丰十一年（1861）补刻清阮元辑《皇清经解》一千四百〇八卷中有清胡匡衷撰《仪礼释宫》九卷，清胡培翚撰《燕寝考》三卷、《研六室杂著》一卷计 3 种 13 卷；收入光绪十四年（1888）南菁书院刻及光绪十五年上海蚕英馆石印清王先谦辑《皇清经解续编》一千四百三十卷中有清胡匡衷撰《郑氏仪礼目录校证》一卷，清胡秉虔撰《卦本图考》一卷，清胡培翚撰清杨大堉补《仪礼正义》四十卷、《禘祫问答》一卷计 4 种 43 卷两丛书合计收胡氏 3 人 7 种 56 卷。

---

① 《清史列传·儒林传下二·胡培翚》卷六十九第五六一九页，北京：中华书局，1987.

② 《清史列传·儒林传下二·胡培翚》卷六十九第五六二〇页补，北京：中华书局，1987.

③ 王集成:《绩溪经学三胡先生传》，载1935年12月《浙江省图书馆馆刊》4卷6期。

这里还介绍一下近现代大出版家汪孟邹、汪原放叔侄在上海创办的亚东图书馆。这个私人出版机构不仅推出引领出版潮流的亚东版，而且是新文化运动中的重要推手。汪原放还是中共中央继张太雷后的第二任出版局长。

汪孟邹（1878—1953）名汪邦伊，字炼，安徽省绩溪县城内白石鼓人。幼年受业于本县学者胡晋接，20 岁中秀才。光绪二十七年（1901）进入南京陆师学堂读书，后因父兄相继去世，只好辍学还绩溪照顾家庭，为维持全家生计，决定弃学从商。光绪二十九年（1903），25 岁的汪孟邹经亲友帮助，集资 1000 余元去芜湖长街徽州码头租了一间门面，开设了科学图书社，任经理。在南京学习期间，他见清末国是日非，外国列强横行中华，在维新思想影响下，思想新潮，销售上海出版的新书新刊，兼营文具仪器，成为安徽第一家新书店。第二年，他就支持陈独秀出版《安徽俗话报》半月刊，承担该刊印刷发行业务，共出 23 期。该刊表面上普及新知识，实际上是宣传民主革命，是中共创始人、新文化运动旗手陈独秀在安徽以该社为从事革命与传播新文化、新思想的阵地，该刊也成为陈独秀鼓吹、发动革命的号角。同时，陈独秀主编的《安徽俗话报》和胡适主编的《竟业旬报》拉开了白话文运动的序幕。在汪孟邹亲自主持芜湖科学图书社期间，他常去上海办货、承印《安徽俗话报》，在上海福州路惠福里租房落脚。民国二年（1913），在这里创办亚东图书馆这一新式出版发行机构，并任经理。不久，迁往河南路平和里，后又迁往江西路福华里。亚东图书馆自 1919 年从弄堂内迁到五马路（今广东路）棋盘街（今河南中路）西首 84、85 号，主要经营北京大学出版的书籍及进步图书、杂志、仪器、文具，还继续和重新设点扩展芜湖科学图书社经营新书刊主旨不变。1920 年租牯岭路 114 号，设编辑所，业务转向出版业。这个新式出版兼营图书、杂志、文教用品私人企业又先后迁往正贤坊（今长沙路）、鸿祥里（新闸路）、温州路等，最后（1935）落脚在西藏中路 475 弄 6 号。

芜湖科学图书社和上海亚东图书馆这两个新式书业的产生都是当时在特定的历史背景下，汪孟邹紧跟形势，使之成为“维新和革命的产儿”，汪孟邹也因之成为新式出版业的弄潮儿。

自上海亚东图书馆开办后，芜湖科学图书社委人仍遵其原宗旨继续经营。由于他在上海关系，新书刊来源充裕，更是亚东图书馆出版物直销店，亚东版宣传孙中山先生主张的《建设杂志》和宣传孙中山著作的《孙文学说》等与“五四”前后经销的《新青年》[①]《向导》[②]《语丝》《创造周刊》等进步书刊成为该店业务的一大亮点，也成为安徽普及宣传新文化新思想的重要阵地。同时，也成为安徽民主革命和进步人士的重要据点。如当时省立第五中学的刘希平、高语罕，公立民生中学的李克农、宫乔岩，省立第二女师的钱杏村（阿英）等人经常出入该书店，交流思想，议论时局，尤其是五四运动期间成为各校开展运动的联络点。五四运动后，该店经理陈啸青还遭受当局传讯和扣押，最后由汪孟邹从上海回到芜湖才解决。1923年科学图书社开业20周年纪念收到一大批进步知名人士的贺词，曾选择了胡适、陈独秀、蔡元培、陶孟和（北京大学教授）4人字联挂在店堂后进。最有代表性的是胡适的“给文化做了二十年的媒婆”和陶行知的“赈济了二十年学术的饥荒”，充分肯定了该店在传播新文化中的卓越贡献。1927年，北伐军跨过长江，这里更成为宣传革命的前哨。当时北伐军国民革命军第六军进驻芜湖，一位该军政治部购书军人情不自禁地发出“这

① 民国四年(1915)陈独秀在上海创办《新青年杂志》，1916年9月1日改《新青年》正式出版。民国五年(1916)10月，在美国留学的胡适在给陈独秀的信中提出“文学革命”口号。民国六年(1917)1月《新青年》由上海迁往北京，成为文学革命、新文化运动、五四运动中最有影响的刊物。

② 1922年9月在上海创刊的中共中央机关刊物《向导》周刊至1927年8月停刊，共出201期。它与1920年在上海创办的《共产党》月刊和1920年8月陈独秀在上海创办的《劳动界》周刊为中国第一份马克思主义工人刊物，至1921年1月共出24期。这些刊物出版时间虽然不长，但影响很大，成为第一次大革命中的主要思想阵地和引擎。

个小书店抵得上一个师”的感叹。这个进步书店后在国民政府当局的白色恐怖下，不断地遭到打压，苟延至1938年芜湖沦陷，毁于日寇，前后长达35年。

亚东图书馆馆主汪孟邹因长期支持民主革命，是新文化运动的推手，与新文化运动旗手陈独秀、胡适及著名学者章士钊等交谊深厚，在这些新文化运动的著名学者的帮助和指导下，出版了一批新文化运动的代表作，如胡适的《尝试集》《胡适文存》，田寿昌（田汉）、宗白华及郭沫若的通讯集《三叶集》，高语罕的《白话书信》，朱自清的散文集《踪迹》，蒋光慈（赤）的《少年漂泊者》《短裤党》《鸭绿江上》《吴虞文录》《孙文学说》等。尤其是五四运动后，在陈独秀、胡适的支持下，亚东图书馆以汪原放首创新式标点和分段，整理和出版了《水浒传》《红楼梦》《儒林外史》等十几部中国优秀的古典小说名著，风行一时，加之汪孟邹本人“治事谨严，丝毫不苟。据接近他的人说，连一张广告稿子，他也必定规划妥善，算准字数，并且请人誊正，然后付排。在他的这种精神熏陶之下，亚东的同人也保有了这种优良作风，无怪乎亚东版的书籍，校对特别仔细，错字几乎没有，版本形式也特别优美了。”①亚东图书馆从创办伊始至正式出书，自始至终都考虑图书质量。当时，上海滩出版流行石印，他为了出书质量，最早的出版物《中国四大交通图》《中国自然地理图》等都在日本印制。以后铅排又成了中国近代出版重阵上海主流，亚东图书馆在汪孟邹的严格规范下，出书谨慎特重校对和版式，形成沪上独具一格的思想新潮、装帧典雅的亚东版，也使亚东图书馆出版业达到极盛，从业人员超过20人，国内外有380多个代

① 1947年8月10日《大公报》的《出版界》第四十四期载肖聪《汪孟舟（应为“邹”）——出版界人物印象之一》。

销点[①]，俨然成为中国近代出版史上的私营名牌出版发行机构。同时，该社编辑出版《建设杂志》《少年中国》《甲寅》等10种期刊，重排北京大学出版的《新潮》第一卷，民国六年（1917）陈独秀任北京大学文学院院长后，委托亚东图书馆为其在上海的总经销，代销《每周评论》《向导》及北京大学出版物[②]，成为五四时期传播新思想、新文化的前哨阵地。

大革命失败后，其他书店、出版社竞相仿效亚东，出版了一批粗制滥造的标点古典小说，还有的盗版亚东，削价销售，使亚东图书馆营业大受影响。1933年改由汪原放经营，书业仍无起色。致使胡适曾在1934年11月10日致王云五信中说，希望他能加入一部分资金，救济亚东图书馆[③]。1935年复由汪孟邹为经理，仍循家族家长式经营管理模式，日趋走下坡路。为振兴书业，亚东图书馆曾设想改组为股份公司式新型管理理念和经营方式，奈一直未能实现，至抗战爆发，上海沦陷，

---

① 据《回忆亚东图书馆·1934年亚东图书馆国内外代销处一览》统计，在国内辽宁、吉林、河北、山东、河南、山西、陕西、甘肃、江苏、浙江、安徽、江西、福建、湖北、湖南、四川、广东、广西、云南、贵州省及日占台湾省计21省179地368个代销处。此外，在国外东京有汇文堂书店、文求堂书局，堤岸有美群印务局，在曼谷有世界书局，吉隆坡有化南书局，新加坡有中国书局、星洲书局、中华商店、中华书局，马尼剌（拉）有前进书局，仰光有南洋书局，纽约有共和药房图书部计9地14个代销处（详见《回忆亚东图书馆》第232—239页）。

② 民国八年（1919）3月23日亚东图书馆在报上登《购北京大学出版部书籍者鉴》，所载亚东图书馆上海总经销处出售的北京大学出版的书目有杨敏曾撰《中国史讲义》上世史、中世史2种，崔适撰《史记探源》《春秋复始》《论语足征记》3种，陈怀撰《清史要略》，黄节撰《诗学》，朱宗莱撰《文字学形义篇》，程演生选《程选模范文》，张炎撰《重印词源》《南曲谱》，徐于室撰《重印北词广正谱》，钱正椿撰《本国人文地理》，石鸿翥撰《代数学讲义》第一、第二篇，杨昌济撰《西洋伦理学史一、二篇》《伦理学之根本问题》，陈大齐撰《哲学概论》，梁漱溟撰《新编印度哲学概论》，嘉塞尔撰《德意志之战时经济》，王祖建撰《财政学参考（预算篇）》、《现行律例关于民事有效部分》，堀江归撰《欧洲战时之经济财政》，左德民撰《强制执行法草案》，林行规撰《破产法草案》，周家彦撰《票据法草案》，王荫泰撰《德意志刑法草案》，张家森撰《现时战事国际法》。

③ 耿云志撰《胡适研究论稿·年谱》。

终至大量收歇门面，只留下西藏中路编辑所，人员遽减为三四人，靠卖存货勉强维持生存。日本投降后，受内战影响，亚东图书馆一直无法恢复元气。1949 年 5 月 27 日，上海解放。1950 年 8 月，亚东图书馆加入由商务、北新、中华等 74 个出版单位组成的通俗出版业联合书店，仍然以亚东名义出版了一些书。由于解放以来，对陈独秀、胡适等批判或不认可，因亚东图书馆曾出版了陈独秀、胡适著作，受此影响，在工商业改造高潮中，1953 年 2 月 13 日，上海军管会决定亚东图书馆正式歇业，存货交别家出版发行机构去卖，能继续出版的书卖完后由别家出版社出版，亚东图书馆仅有的职工陈啸青、周道谋、汪原放由军管会新闻出版处安排到通联书店。汪孟邹这位因年老体衰连 1950 年在北京召开全国第一次出版工作会议时作为特邀代表都不能成行的老出版家在亚东图书馆停业后不久也病逝于上海。他的出版生涯留给我们的是事必躬亲的科学图书社和亚东图书馆的沉重回忆和 50 年来在图书、杂志的编辑、出版、发行中辛劳及口述亚东图书馆后经其侄汪原放先生加以补充并撰写的百万言回忆亚东图书馆的口述历史。汪孟邹逝世后，亚东图书馆存下的出版物纸型由汪原放全部上交上海军管会新闻出版处，具体接收人为倪墨炎，曾写有回忆录。

汪原放（1897. 6. 9—1980. 4. 1）又名家瑾、麟书，笔名白石、严约、士敏、方泉等，绩溪县城内白石鼓人。5 岁丧父，少年时仅读 7 年书。13 岁为糊口，进入叔父汪孟邹在芜湖创办的科学图书社当学徒。1913 年，随叔父汪孟邹来上海创办亚东图书馆，业余时间进夜校学英文，后任亚东图书馆编译。他为人正直，作风正派，生活俭朴，勤奋好学。在长期的编辑出版活动中成为饱学的出版家。1925 年，由陈乔年、郭伯和同志介绍，加入中国共产党，任亚东图书馆党支部书记，积极投身入大革命中去。1927 年春，应高语罕总编之邀，在董必武同志主管的在汉口主办的《民国日报》，从事国际编辑、营业部主任，干到经理。蒋介石发动反革命“四・一二”政变后，中国共产党把出版中心移至武汉，党中央决定成立中央出版局，由张太雷同志任局长。由于工作需要，太雷同志去任，改由汪原放接任，成为中共中央第二任中央出版局局长，所辖单位有长江书店、长江印刷厂和宏源纸行。“七·一五”武汉反革命政变后，汪原放在白色恐怖中兢兢业业，为党做了大量工作。有一天，陈乔年通知汪原放去陈独秀处，陈独秀告之，由毛泽民同志接手汪原放手头工作。9月，中共武汉党组织决定，汪原放陪同陈独秀回到上海。由于孙中山“信徒”蒋介石、汪精卫背叛孙中山路线，背叛革命，陈独秀创立和领导的中国共产党惨遭屠杀，使轰轰烈烈的大革命失败。

随着陈独秀失势，中共改组，1928年6月中共中央委员、中共江苏省委组织部部长陈乔年同志牺牲，汪原放失去了与组织联系的桥梁，成为脱离党组织的孤儿，无法再为党工作，只好回到亚东图书馆任编译。在胡适、陈独秀的支持下，汪原放用新式标点、分段整理了《水浒传》《红楼梦》《西游记》《三国演义》《儒林外史》等十几种古典小说，并由胡适、陈独秀写序并考证，由亚东图书馆出版发行，成为畅销书，因此，汪原放也因之成为标点分段中国古典小说第一人。他还先后编写了《诗歌今译》，翻译出版了高尔基的《我的旅伴》《流浪人契尔卡士》《伊所伯（伊索）的寓言》《一千零一夜》《鲁滨逊漂流记》等20多种文学书籍。

他的创作、翻译因受抗战动乱和内战影响，曾返乡躲乱和短暂离开亚东影响，否则成果更多。回上海后，仍任亚东图书馆编译至新中国成立后不变。随着公私合营和亚东退出历史舞台，他先后进入新文艺出版社、古典文学出版社、中华书局上海编辑所、上海出版文献资料编辑所任编辑。生前撰写了100余万言的回忆录，学林出版社节录了其中的20万言以《回忆亚东图书馆》为书名，于1983年11月正式出版。他还标点了罗贯中的《三国志通俗演义》，还将他珍藏的中国小说研究资料——《龙图耳录》手抄本捐献给上海古籍出版社，并已出版。他一生为传播中华优秀传统文化和新式出版业鞠躬尽瘁，贡献了自己的毕生精力，给我们留下了大批精神财富。据不完全统计，他所标点、翻译、编著中当时已出版作品独立完成的有《水浒传》《儒林外史》《红楼梦》《西游记》《三国演义》《老残游记》《镜花缘》《水浒传续集》《儿女英雄传》《海上花》10种以上；已出版的参与标点的有《三侠五义》《官场现形记》《宋人话本七种》《今古奇观》《醒世姻缘传》《十二楼》《缀白裘》（由中华书局出版）7种；已出版的翻译作品有《伊所伯的寓言》《印度七十四故事》《仆人》《六裁判》《一千零一夜》《我的旅伴》《流浪人契尔卡士》及《事业与成功》（由生活书店出版）、《鲁滨逊飘流记》（由建文书店出版）等9种；编辑的出版物有《书信选辑》《诗经今译》第一册等，除在括号内注明出版社外，均为亚东版。亚东图书馆未出版的标点本有《西游补》、《娱目醒心篇》、《醉醒石》、《西厢记》、《杂剧西游记》、《三宝太监下西洋》、《西湖拾遗》、《元曲选》（一百卷套）、《封神演义》等108种以上；未出版的翻译作品有法国莫泊桑著《哲丽的一生》《爱情及其他》，英国狄根司著《圣诞颂》，美国《五十轶事重述》《三十秩事重述》，法国威伦著《海底旅行》，法国左拉著《繁殖》及美国短篇小说几十种，苏俄高尔基著《二十六个男子和一个姑娘》《在一张木排上》《“一个秋夜”和“她的情人”》《我的童年》《母亲》，俄国果戈里著《外套》《大发明故事》，丹麦安徒生著《小美人鱼》，俄国托尔斯泰著《人要多少地？》《人靠什么过活？》《两个老人》，俄国科洛连珂著《几个鬼魂》，俄国安德列夫著《瞎子拉撒路》，美国司各脱·尼尔宁著《中国的革命》等22种，连同美国短篇小说数十种，加上子书则品种更多；编辑《诗经今读并译》《诗经今译》第二至四册，累计一生著述、译注不下200多种，编辑出版物更多。

一个伟大的杰出的在历史上有影响的出版家必须具备饱学素养和深邃的开拓眼光，否则他只能是个编书匠。明末以来甚至当今流出的粗制滥造、错误百出的文化垃圾都是这些编书匠所为。这是中华传统文化中的一支谬种、一股逆流。亚东图书馆馆主汪孟邹、汪原放叔侄都是饱学的学者，眼光敏睿的出版家，因此他们能成为出版业的弄潮儿。虽然小小资本的私人出版社，在社会大变革时期能成为全国很有影响的新式出版发行机构，出版了一批时代学术前沿著作和优秀的中外名著而名垂出版史册。据不完全统计，亚东图书馆存世40年，先后编辑、出版、发行10种杂志、300多种图书，是“五四”前后出版印售新书刊最多的私人书业之一。

这种统计是以图书单种计算的，丛书也就算1种，如《崔东壁遗书》分《前编》《后编》实有34种72卷16册，本统计也按1种计。[①]

现据《中国古籍总目・丛书部・独撰类・清代前期》第1155—1156页著录，国家、中国科学院、北京大学、上海、复旦大学、天津、辽宁省、山东省、南京、浙江、武汉、四川省图书馆藏民国二十五年(1936)上海亚东图书馆铅印清崔述撰、顾颉刚编订《崔东壁遗书前编二种本书八种附一种后编十种》实34种72卷。其细目为：

前编：胡适撰《科学的古史家崔述》，

洪煨莲等撰《崔东壁先生故里访问记》，

《考信录》12种三十六卷：

《考信录提要》二卷、

《补上右考信录》二卷、

《唐虞考信录》四卷、

《夏考信录》二卷、

《商考信录》二卷、

《丰镐考信录》八卷、

① 该书作者考据家崔述(1740—1816)，字武承，号东壁，直隶大名(今属河北)人，乾隆(1736—1795)间举人，先后任罗源、上杭知县。本丛书为其主要著作。崔述在学术上重于考辨古书真伪，尤其是解析《诗》《书》《易》《论语》以外的先秦古籍真伪，以儒家经典为主，并将孔子的记载按年代编排，对传注合于经者，予以参证，不合于者加以考辨，反映了乾嘉(1736—1820)学派的疑古精神，为研究孔子思想的重要史料。

《洙泗考信录》四卷、
《丰镐考信别录》三卷、
《洙泗考信余录》三卷、
《孟子事实录》二卷、
《考古续说》二卷、
《考信附录》二卷，
《王政三大典考》3种3卷：
《三代正朔通考》一卷、
《经传禘祀通考》一卷、
《三代经界通考》一卷，
《读风偶识》四卷、《古文尚书辨讹》二卷，
《论语余说》一卷，
《五服异同汇考》三卷，
《易卦图说》一卷，
《无闻集》四卷，
附 洪业辑《崔东壁遗书引得》一卷。
后编：
《崔东壁先生佚文》一卷、《附录》一卷，
《知非集》一卷，
清成静兰撰《二余集》一卷，
清崔幼兰撰《针余吟稿》一卷，
《莜田剩笔残稿》一卷，
清崔迈撰《崔德泉先生遗书四种》七卷：
《讷庵笔谈》二卷、
《尚友堂文集》二卷、
《尚友堂说诗》一卷、
《寸心知诗集》二卷，

顾颉刚、赵贞信辑《崔东壁先生亲友事文汇辑》，

顾颉刚辑《评论》一卷，

顾颉刚辑《评论续集》一卷，

赵贞信等撰《初刻本校勘记》一卷。

还有如文言小说集《名家小说》分上、中、下3卷，上卷由烂柯山人（即章士钊）著《双枰记》、寂寞程生（即程演生）著《西泠异简记》、白虚（即陈白虚）著《孤云传》，中卷由兹著《说元室述闻》、匏夫著《啁啾漫记》《侠女记》，下卷由昙鸾（即苏曼殊）著《绛纱记》《焚剑记》，老谈撰《女蜮记》《白丝巾》《孝感记》计11种子目组成，也仅记作1种等。亚东版由于内容好，广受读者青睐，不少图书一版再版，甚至反复重印。如在亚东图书馆成立10周年纪念时的1922年统计，《短篇小说》印了4版共1.1万部，《水浒传》印了4版1.4万部，《儒林外史》印了4版1.3万部，《三叶集》印2版0.6万部，《尝试集》印4版1.5万部，《胡适文存》印3版1.2万部，《吴虞文录》印2版0.5万部，《中国语法讲义》印2版0.8万部，《红楼梦》印2版0.7万部，《西游记》印2版0.5万部，《白话书信》印6版1.8万部，《三国演义》印2版0.5万部，《独秀文存》印2版0.6万部等。此后还有加印及重排，均算作1种。

亚东图书馆出版业在近现代出版史上是很典型的。尤其是它紧跟形势、抓住潮流出现的一批新思想、新文化的新时期弄潮儿、新文化运动旗手陈独秀、胡适大批专著及当代文化巨匠和皖籍学者的专著和文集，存史之功功不可没。写到这里，我不禁想起题外事。我从事出版规划、出版计划和管理的具体工作时，曾向新闻出版总署亲撰大量专题报告，其中最令我难忘的是关于出版李鸿章、陈独秀、胡适全集的专题报告。截至目前，李鸿章全集、胡适全集已由安徽教育出版社出版，但中共创始人、新文化运动三大旗手之一、坚定的反帝反封建革命斗士陈独秀全集至今尚未行世，深为遗憾。胡适全集原定由我负责审读，因要完成省

委省政府文化工程《徽州文化大全》中的《徽州刻书》的写作，被迫中断继续审读胡适全集。从我审读10多种胡适专著看，亚东图书馆的出版物功劳是非常卓著的。

现据《回忆亚东图书馆》及有关资料，将亚东图书馆编辑出版的杂志、图书勾勒如下。

1. 出版发行的11种杂志：

章秋桐主编《甲寅》杂志[①]，1914年创刊，亚东刊行1年，出1—10期；

北京大学新潮杂志社编《新潮》杂志，亚东刊行为1919年1月至1920年6月；

上海少年中国学会编《少年中国》杂志[②]，亚东刊行自1919年7月以后2年；

上海建设社编《建设》杂志[③]，亚东刊行为1919年8月后约2年共出1—24期；

上海中国公学编译社编《新群》杂志，亚东刊行自1919年11月至1920年2月4期；上海少年中国学会编《少年世界》杂志，亚东刊行自1920年1—12月约1年；

---

① 《甲寅》杂志系湖南长沙章士钊（1881—1973）因反对袁世凯，逃亡日本后于民国三年（1914）在东京创办，自任主编，由陈独秀、杨永泰等协办。此刊只登文言文，不登白话文，并在广告上明确提出："文学须求雅训，白话恕不刊布。"五四运动前后成为章士钊反对自民国五年（1916）胡适、钱玄同、李大钊、陈独秀等人提倡白话文，反对文言文的新文化运动的对立面。后来《甲寅》杂志改由上海亚东图书馆印行的月刊，设"时评""通信""文艺"等栏目，主要发表政论文章，曾先后发表李大钊、陈独秀、胡适等人文章。民国十四年（1925）10月被北洋政府查禁停刊。

② 民国八年（1919），李大钊、王光祁等在北京成立中国学会，创办《少年中国》月刊。主张"本科学精神，为文化运动，以创造少年中国"，民国十三年（1924）因会员分化停止活动，共出4卷。还由左舜生负责编辑《少年中国学会丛书》出版了30种以文学作品为主，辅以自然科学的译著。

③ 民国八年（1919）在上海创办《建设》月刊，为五四运动时期中华革命党主办的大型理论刊物，孙中山撰发刊词。胡汉民、汪精卫、廖仲恺等为社员和刊物主笔。大约出了13期以上。

亚东图书馆主编《新的小说》月刊，亚东刊物，1920 年主编为张静庐（1898—1969）；《同德医学》杂志，1920 年；

《自觉月刊》杂志，1920 年；

《嘤鸣杂志》，年份不详，亚东共出 2 期；

顾颉刚主编《大众知识》杂志，亚东刊行自 1937 年，约 1 年。

此外，1936 年亚东图书馆重印《新青年》1—7 卷合刊本。

2. 按年分记出版图书：

亚东图书馆初创时期（1913—1918）在日本石印制作的 3 本图书：胡晋接编、程敷锴绘《中华民国地理新图》，胡晋接、程敷锴绘《中华民国分类地文挂图》（全 4 张），胡晋接著《中华民国地理讲义》；陈仲著《英文教科书》（第一册，后转给群益书社出版），方东树著《昭昧詹言》，章秋桐著《名家小说》等计 6 种；

1919 年出版上海建设社编《孙文学说》，胡适译《短篇小说》（第一集）计 2 种；

1920 年出版胡适著《尝试集》（新诗），田寿昌、宗白华、郭沫若著《三叶集》（通信集），汪原放标点《水浒（传）》，汪原放标点《儒林外史》56 回（1931 年重印 2 册）计 4 种；

1921 年出版胡适著《胡适文存初集》，吴虞著《吴虞文录》，孙俍工著《中国语法讲义》，汪原放标点《红楼梦》，汪原放标点《西游记》，李璜译《法兰西学术史略》，高语罕编《白话书信》计 7 种；

1922 年出版胡适著《先秦名学史》（英文本），陈独秀著《独秀文存》，高语罕著《国文作法》，汪原放标点《三国演义》，北社编《新诗年选》（1919 年），康白情著《草儿在前集》（新诗），汪静之著《蕙的风》（新诗），俞平伯著《冬夜》（新诗）计 8 种；

1923 年出版《科学与人生观》（论战文集），陆侃如编《屈原》，俞平伯著《红楼梦辨》，施括乾著《虚助词典》，汪原放标点《镜花缘》100 回（1932 年重印 2 册装），陆志韦著《渡河》（新诗），宗白华著

《流云小诗》（新诗），杜里舒演讲、江绍原译《实生论大旨》计 8 种；

1924 年出版胡适著《胡适文存二集》，赵诚之译《普希金小说集》，朱自清著《踪迹》（包括新诗与小品），O.M. 同人编《我们的七月》，徐嘉瑞著《中国（古）文学概论》，汪原放标点《水浒续集》（《征四寇》49 回、《水浒后传》40 回，1928 年铅印 4 册），康白情著《河上集》（旧体诗），俞平伯著《西还》（新诗），胡思永著《胡思永的遗诗》（新诗），郑康明著《实用心理学要义》 计 10 种实 11 种；

1925 年出版陶孟和著《孟和文存》，汪敬熙著《雪夜》（短篇小说），李秉之译《俄罗斯名著》（短篇选集），O.M 同人编《我们的六月》，孙俍工著《戏剧作法讲义》，（瑞士）伊里雅著、李秉之译《俄宫见闻记》，陈独秀著《字义类例》（中国博物馆藏连史纸石印本 ），俞平伯标点、石玉昆撰《三侠五义》120 回（4 册本），汪原放标点《儿女英雄传》，汪原放标点《老残游记》，丰子恺著《音乐的常识》，张慰慈著《市政制度》，程浩著《人类的性生活》，程浩著《节制生育问题》计 14 种；

1926 年出版高语罕著《白话书信二集》，任白涛著《应用新闻学》，蒋光赤著《少年漂泊者》（长篇小说），超超著《小雪》（长篇小说），张维祺著《致死者》（小说），斯丹大尔（司汤达尔）著、任白涛和朱维之合译《恋爱心理学研究》，陶孟和辑《国文故事选读》，苏儒善著《教育的理法问题》，汪原放标点《海上花》，蒋光赤著《短裤党》（长篇小说）计 10 种；

1927 年出版丘浅次郎著、刘文典译《进化论讲话》， 汪静之著《翠英及其夫的故事》（长篇小说），蒋光赤著《鸭绿江上》（短篇小说），蒋光慈和宋若瑜合著《纪念碑》（书信），任白涛辑译《近代恋爱各论》，汪协如标点、清李宝嘉撰《官场现形记》36 卷（4 册本），杨之华著《妇女运动概论》，李季译《通俗资本论》，高语罕著《现代的公民》，蒋光慈著《冲出云围的月亮》（长篇小说）计 10 种；

1928 年出版房龙著、任冬译《上古的人》，任白涛辑译《给志在文艺者》，杨鸿烈著《中国文学杂论》，戈鲁阳著《牺牲者》（短篇小说），陶知行著《中国教育改造》，杨邨人著《失踪》（长篇小说），汪协如标点《三民主义》，寒星著《流离》（小说），胡宣明著《中国公共卫生之建设》，汪原放译《仆人》（短篇小说），汪乃刚标点《宋人话本七种》，钱杏邨著《义冢》（短篇小说），洪灵菲著《转变》（长篇小说），鲁彦选译《世界短篇小说集》，魏兰女士译《欧洲近二百年名人情书》，铅印明吴承恩撰《古本西游记》100回（4册本），威廉鲁滨生著、高方译《优生学与婚姻》，孟寿椿编述《世界科学新谭》，蒋光慈著《最后的微笑》（长篇小说），蒋光慈著《丽莎的哀悲（怨）》（长篇小说）计20种实26种；

1929年出版戴万叶著《前夜》（长篇小说），林曼青著《明朝》（长篇小说），汪原放译《伊所伯的寓言》，魏兰女士译《欧洲近二百年名人情书续集》，陶知行著《知行书信》，钱杏邨著《语体应用文作法》，钱君匋著《水晶座》（新诗），志行著《孤坟》（短篇小说），高语罕著《现代情书1、2、3》，田言著《雨点集》（散文），先罗什伐斯基著、鲁彦译《苦海》（小说），谷万川编《大黑狼的故事》，罗曼诺夫著、蒋光慈与陈情合译《爱的分野》（长篇小说），莱姆斯著、李季译《社会经济发展史》，陆侃如编《宋玉》，钱杏邨编《语体应用文范本》，章铁民译《波斯传说》，平万著《都市之夜》（短篇小说），威廉布洛斯著、李季译（正文作孙望涛译）《法国革命史》，何植三著《农家的草紫》（新诗），毕尔德著、王雪华译《产业革命》，戴博林著、高语罕译《康德的辨（辩）证法》，戴博林著、高语罕译《斐斯特的辨（辩）证法》，（俄）恰耶诺夫著、李季译《社会农业及根本思想与工作方法》计24种实26种；

1930年出版汪原放译《一千〇一夜》，（日）本间久雄著、汪馥泉译《新文学概论》，林曼青著《两部失恋的故事》（中篇小说），屠格涅夫著、刘大杰译《两朋友》（中篇小说），丰子恺著《近代二大乐圣的生涯与艺术》，胡适辑《神会和尚遗集》，华汉著《两个女性》（中篇小说），祝秀侠著《紫洞艇》（短篇小说），高语罕编译《辨（辩）证法经典》，（印度）昇喀编、汪原放译《印度七十四故事》，高语罕著《理论与实践》，胡适著《胡适文存三集》，高尔基著、林曼青译《我的童年》，胡适自选《胡适文选》计 14 种；

1931 年出版程演生编注《模范文选》，程万孚译《柴霍夫书信集》，丰子恺著《世界大音乐家与名曲》，（英）谢尔顿著、程万孚译《西藏的故事》，吴敬梓著《文木山房集》，波加奇次著、鲁彦译《忏悔》，鲁彦著《童年的悲哀》（短篇小说），屠格涅夫著、效洵译《够了及其他》（中篇小说），一叶编《红叶童话集》，高语罕编《国文评选第一集》，李季译《马可波罗游记》计 11 种；

1932 年出版高语罕编《国文评选第二、三集》，李季著《我的生平》，（德）海尔博著、李季译《妇女自然史和文化史的研究》，刘剑横著《自然科学与社会科学的关系》《史的唯物论之伦理哲学》《唯物的宗教观》，孙俍工编《唐代底劳动文艺》，汪乃刚标点《醒世姻缘传》，周道谋标点《曾文正公家书》，江常师译《欧洲近百年革命运动史》计 10 种实 11 种；

1933 年出版郭果尔著、鲁彦译《肖像》（中篇小说），平万编《俄罗斯的文学》，辛克莱著、平万译《求真者》（小说），蔡雪村著《中国历史上的农民战争》，高语罕著《百花亭畔》，胡适译《短篇小说第二集》，胡适著《四十自述》，汪原放译《六裁判》，（德）海尔博著、李季译《达尔文传及其学说》，严约编《书信选辑》，（日）德富芦花著、林雪清译《不如归》（长篇小说），（法）薛纽伯著、王慧琴译《现代文明史》，汪乃刚标点《今古奇观》，清刘鹗撰《老残游记》（1 册本）计 14 种；

1934 年出版高语罕著《青年女子书信》，霭沈都夫著、绮纹译《荒唐游记》（长篇小说），郭歌里著、李秉之译《俄罗斯名著二集》（小说），伏尔佛逊著、林超真译《辨（辩）证法的唯物论》，恩格斯著、林超真译《宗教、哲学、社会主义》，中井五二著、汪协如译《实验蚕卵稀盐酸人工孵化法》，王庭珊、翟宗文、黄大中、李执中合著《美俄复交之观察》，周咸堂著《军缩会议之史的检讨》，杨玉清著《国际政治之危机》，朵斯退也夫斯基著、绮纹译《小英雄》（小说），戴自俺著《教师生活速写》，西桥工学团编《西桥小孩（？）创造记》计12种；

1935年出版高语罕著《申报读者顾问集》，高语罕著《作文与人生》，清韩邦庆著《海上花列传》64回（4册本）计3种；

1936年出版王独清著《王独清诗歌代表作》，纪德著、林伊文译《从苏联归来》，何伟译《阿比西利亚》，高语罕著《烽火归来》，顾颉刚编订《崔东壁遗书》（16册）计5种；

以下在日寇侵入租界时自行毁去。出版年月不详。有的书似是1937年抗战后出版的。陈独秀的《民族野心》《我对于抗战的意见》《告日本社会主义者》《我们断然有救》《从国际形势观察中国抗战前途》，曾恭的《中日战争论集》《中日战争论集续集》《战时良好读物》，陈碧云的《民族解放战争与妇女铁蹄下的故乡》，王耀晨的《泛滥华北的游击潮国际政论家之论文》《战地随笔》，谷华的《抗战的理论与实践》，刘海生的《显微镜下的日本》《抗日战争之意义》，高语罕的《几行血泪》（未出版），李书勋的《道德与辩证法》计16种；

1937年出版胡立民、邢舜田合编《国难教育面面观》，胡立民著《从军回忆录》，王灵皋著《中国思想界的奥伏赫变》，夫里登达著、李季译《人类在自然界的特别位置》，蒲列汉诺夫著、王凡西译《从唯心论到唯物论》，（苏）郭列夫著、西流译《辨（辩）证法易解》，马克思著、西流译《劳动价值说易解》，马克思著、郭和译《论犹太人问题》，杜威等编、李书勋译《苏联党狱的国际舆论》，纪德著、林伊文译《为我的〈从苏联归来〉答客难》，张家驹编译《苏联党狱之真相》，杜威著、江维亮译《真理在前进中》（托案报告与演讲词），陈碧云著《现代妇女问题丛谈》，许庸译《日本能否独霸远东》，《中国经济情势》计15种；

1938年出版陈独秀书《南宋胡处晦上元行》影印八幅，托洛茨基著、许庸译《在新的世家大战之前》，《九一八后》（未出版），《俄罗斯革命逸史》（寄存），《英日之对立》，顾颉刚著《顾颉刚通俗论著集》计5种；

1939年出版谭辅之著《和平与国联》《日本企业与太平洋》《太平洋的争霸战》，胡适著《藏晖室劄记》计4种；

1940年出版陈清晨《人口西迁与中国之前途》《海南岛与太平洋》，凤冈著《炮火中的世界动向》，刘少严的《美国操纵的世界大战》《大英帝国的两块基石》《论世界大战》，欧伯著《奥国是怎样失败的》《西班牙内战与国际局势前途》，李书勋译《恩格斯评传》，托洛茨基著、李书勋译《儿子·战士·朋友》，陈独秀著《实庵自传》，赵季芳编译《恩格斯等论文学》计12种；

1947年5月年出版林超真译《马克思给顾格尔曼的信》计1种；

1949年出版清李渔著、汪协如标点《十二楼》38回（2册本），林超真译《马克思恩克斯书信选》，明抱翁老人辑《今古奇观》40卷（4册本）计3种；

1951年出版汪原放编译《诗经今译（第一册）》计1种；

1952年出版高尔基著、汪原放译《我的旅伴》（短篇小说）、《流浪人契尔卡士》（短篇小说）计2种。

三、目前徽学研究存在的问题与粗浅建议

徽州地区现行行政区划零乱，造成这个中国三大显学之首徽学整体研究困难。尤其是徽学研究的两个重要县份婺源和绩溪，被无知无识的掌权者分别划入江西省和本省宣城市。这两个县可是徽文化发展的龙头县：一个是传统文化旗手朱熹的家乡，一个是新文化运动旗手胡适的家

乡。徽学的大本营在歙县，中华优秀传统文化重镇徽州就是它的缩影，徽文化是中国封建社会中后期的代表和主流文化，尤以歙县、休宁、婺源 3 县学术为重。徽学的灵魂和指导思想就是朱熹的理学，徽州人向以非朱子书不读，非朱子话不听，非朱子言行不做，离开婺源，徽州这块古文化的风水宝地就无法规划好、建设好。婺源县划到江西，江西人除了打着朱熹空招牌外，永远成不了气候。老实讲，江西老俵霸着婺源县，严重破坏了徽州这片文化生态，朱熹思想、程朱理学在江西文化发展进程中并不起多大作用。他的最主要影响在已成学的安徽徽州、福建，乃至中华传统文化中后期。江西省有自己的文化优势，如底蕴深厚的洪都文化及临川文学，尤其中国共产党毛主席领导的红色文化是中国红色文化，就是很值得深挖成学的重要课题。共产党的死对头蒋介石都在婺源和徽州的先觉者们的长期斗争中，让婺源回归徽州，想不到共产党内的赣东北游击队搞山头主义，无知地霸占婺源。重视传统文化的毛主席一贯承认朱熹是安徽人，在他老人家的心目中婺源早应回归徽州（见毛主席与张治中先生的谈话）。现在中央很重视传统文化，2017 年国务院还颁布全面复兴传统文化实施意见，我们徽州由于区划割裂，宣传不力，我们这样重要的文化板块至今在全国仍挂不上号。全国有识之士努力促成婺源县回皖，否则我们将成为当今中华民族伟大复兴中的文化自信的历史罪人。应该说，断代的沉睡千年没有参与传统文化互动的敦煌学，只是中华传统文化分支，未成为中华传统文化主流的典型的区域文化藏学，它们在中华优秀传统文化上的地位与徽学无法比。但现实是无论从国家重视、学术定位、研究班底、组织规模、投入经费、宣传阵地诸方面徽学反而与之无法比、不能比、不可比。当务之急，我认为要从三个方面进行高层设计、规划，并以实际行动加以扶持。

一是动用一切力量，对徽州现行行政区划拨乱反正，正本清源。利用党代表、人大代表、政协代表，尤其是徽州籍这些能够参政议政的人员自身积极性并通过他们动员省及中央有识之士对民政部门施以压力，用提提案的方式，逼他们表态，以期恢复旧徽州的行政区域，婺源、绩溪回归徽州。既然太平县划进成黄山区，邻近且关系密切的旌德也可以回来，设立徽州市，打出徽文化和黄山牌。

二是黄山市应主动承担宣传、组织、规划，并以实际行动承担组织领导，广开财源，支持徽学 研究的重担。我国不少文化工程是地方政府或由政府牵头一些重视传统文化的企业和出资人完成的。如《四库存目全书》就是由深圳一个区出1000万元加上企业赞助，组织全国有关部门，聘请有关专家共同完成的。有不少私企主有意为 弘扬中华传统文化作贡献，建议黄山市要主动出击，像黄山管理局这些 旅游文化企业也可放些血，支持徽学研究。我看黄山市各级政府除了管理好地面自然、人文资源外，应责无旁贷地担当起组织、规划深入研究徽文化的重任，并呼吁请省里、中央有关部门，尤其是管理学术定位部门把徽学研究放到应有的位置，对徽学研究 有个顶层设计与规划。

最能体现徽学博大精深的是徽州人在历史上留下的万种以上著作，整理并存世的万种以上优秀古籍、出版刻印万种以上的古籍，这三项相加，占全国截至新中国成立前20万种古籍的1/6以上。加上编纂先后行世属史部的万种以上家谱，数百种方志及地方文献足占中国存世古籍20%以上。可目前徽学研究在这方面还是薄弱点。徽州人引以自豪的两本书中，其一《阅读徽州》对徽州刻书只字不提，《徽州文化大辞典》版前在科学岛的评稿会上专家一致提出否定意见，最后由安师大王世华副校长加入后补充了部分这方面内容。说明徽州本土研究深度不够，应扩大范围，诚邀团结全省、全国甚至国外的资深学者加入，并从经济上加以扶持。不少有志者因得不到帮助，对神往的徽学海洋只好望洋兴叹。我在30岁左右提议应将徽学立项，我的老首长时任安徽医学院党委书记兼省社联副主席程毅川同志在我请求下，多方联络努力终于在上个世纪80年代在歙县徽城镇紫阳饭店成立安徽省徽学会。但因缺少平台，我的声音无法成为主流，更得不到有钱有权就有想法的安徽官方支持。

哀叹至今我已是皓首，留下的只是遗憾。我靠卖住房、卖女儿的房来研究徽学，晚年因安徽所谓改革，全国唯有安徽一家不按老人老办法办，将我已退休多年的养老金扣了大半，终使我经济实力不济，虽在极其困难的情况下完成800万言的 《徽州刻书史长编》，这次也仅出版了其中的550万言。从这部书的行世，我深感没有官方支持，自己又没有经济实力，个人要想做件事多难。我的千万言《徽州书人全编》就因没有官方支持和有志者赞助，现只好束之高阁。

三是当前要抓好几部大书出版。

第一是要规划、组织实施编一部高水平的徽州古籍丛书。

现在不少地区动辄搞一套地方丛书，徽州要搞丛书，我看徽州需要分门别类搞多套。为了编好丛书，首先要摸清徽学的家底，很有必要将徽州人著述（含已佚）搞个全记录，对徽州出版，尤其是刻书要摸清家底，对徽州人整理的古籍现仍存世的重要著作也应清账。我尽毕生绵薄之力所搞的《徽州书人全编》主要目的是给研究者提供门径。

第二是要分门别类编一套徽学资料丛书。

第三是要编一套成系列高规格的徽学研究丛书。

历史昭示我们：政治往往飘忽不定，经济发展变化多端，只有文化是永恒的。我们徽州祖上给我们留下比中国乃至世界上任何地方都丰富的文化，是我们徽州最大的财富。如何保护好，并在这个基础上开发和利用好徽文化是有志为官一方的仁人志士们造福地方最大作为和试金石。同时，历史再次昭示后人，因心怀叵测或无知无识的掌权人的错误决策或莽撞举措所造成的恶劣或负面影响往往是最难改正的；水过留痕，对那些中华民族的败类和蠢猪们所作所为应留下历史的无情鞭笞，对复兴中华伟业及传统文化的功臣和他们留下的历史功绩应给予充分地肯定，加以广泛地宣传、褒扬。

附录二 主要参考资料

宋原放等：《中国出版史料》现代部分、近代部分、古代部分，济南：山东教育出版社，武汉：湖北教育出版社，2001、2004；

王钟翰点校《清史列传》，北京：中华书局，1987；

《江西省志·江西省出版志》，南昌：江西人民出版社，1999；

《江苏省志·出版志》，南京：江苏人民出版社，1996；

宋原放等：《上海出版志》，上海社会科学院出版社，2000；

宫为之：《皖志史稿》，合肥：安徽人民出版社，1997；

蒋元卿：《皖人书录》，合肥：黄山书社，1989；

清马步蟾修、夏銮：《［道光］徽州府志》十六卷、《首》一卷；

明张涛修、谢陛：《［万历］歙志》三十卷；

民国石国柱、楼文钊修，许承尧纂《［民国］歙县志》十六卷；

清何应松修、方宗鼎纂《［嘉庆］休宁县志》二十四卷、《图》一卷；

清周溶修、汪韵珊纂《［同治］祁门县志》三十六卷、《首》一卷；

清吴甸华修，程汝翼、俞正燮纂《［嘉庆］黟县志》十六卷、《首》一卷；

清谢永泰修、程鸿诏纂《［同治］黟县三志》十六卷、《首》一卷、《末》一卷；

清较陈锡修，赵继序、章瑞钟纂《［乾隆］绩溪县志》七卷；

清清恺等修、席存泰等纂《［嘉庆］绩溪县志》十二卷、《首》一卷；

清吴鹗修、汪正元纂《［光绪］婺源县志》六十四卷、《首》一卷；

《中国书店三十年所收善本书目》，北京：中国书店，1982；

清叶昌炽：《藏书纪事诗附补正》、伦明著《辛亥以来藏书纪事诗附校补》，上海古籍出版社，1999年；

中国科学院图书馆整理《续修四库全书总目提要》，济南：齐鲁书社，1996（其中《经部》本书采中华书局整理版）；

上海古籍出版社编《中国古代版画丛刊》一编、二编，上海古籍出版社，1994；

北京图书馆编《北京图书馆古籍善本书目》，北京：书目文献出版社版；

清黄虞稷撰，瞿凤起、潘景郑整理《千顷堂书目》，上海古籍出版社，2001；

杜孚信纂辑《明代版刻综录》，扬州：江苏广陵古籍刻印社，1983；

许逸民、常振国编《中国历代书目丛刊》，北京：现代出版社，1987；

《安徽省古籍善本书目》（油印本）；

上海图书馆编《中国丛书综录》，上海古籍出版社，1982；

沈乾一编纂《丛书书目汇编》，上海医学书局，1927；

中国古籍善本书目编辑委员会编：《中国古籍善本书目》，上海古籍出版社，20 世纪 90 年代初陆续出版；

杨绳信编著《中国版刻综录》，西安：陕西人民出版社，1987；

江苏省社会科学院明清小说研究中心编《中国通俗小说总目提要》，北京：中国文联出版公司，1990；

中国科学院北京天文台主编《中国地方志联合目录》，北京：中华书局，1985；

严桂夫：《徽州历史档案总目提要》，合肥：黄山书社，1996；

国家档案局二处、南开大学历史系、中国社会科学院历史所图书馆编《中国家谱综合目录》，北京：中华书局，1997；

庄树藩主编《中华古文献大辞典》，长春：吉林文史出版社，1990 年 3 月后陆续出版；

王鹤鸣等主编《上海图书馆馆藏家谱提要》，上海古籍出版社，2000；

上海图书馆编、王鹤鸣主编《中国家谱总目》，上海古籍出版社，2008；

中国古籍总目编纂委员会编《中国古籍总目》，中华书局，上海古籍出版社，2009—2011；

安徽省人民政府地震局主编《安徽地震史料辑注》，合肥：安徽科学技术出版社，1983；

陈德芸：《古今人物别名索引》，上海书店，1982；

王重民撰《中国善本提要》，上海：上海古籍出版社，1983；

李灵年、杨忠主编《清人别集总目》，合肥：安徽教育出版社，2000；

阳海清编撰、蒋孝达校订《中国丛书综录补正》，扬州：江苏广陵古籍刻印社，1984；

北京图书馆编《民国时期总书目》，北京：书目文献出版社，1986；

“清人书目题跋丛刊”，北京：中华书局，1995年前后陆续出版；

中医大辞典编委会编《中医大辞典》，北京：人民卫生出版社，1981；

来新夏著《近三百年人物年谱知见录》，上海：上海人民出版社，1983；

增订本《室名别号索引》，北京：中华书局，1982；

英·李约瑟《中国科学技术史》，科学出版社、上海古籍出版社，1990年前后陆续出版；

清永瑢等撰《四库全书总目》，北京：中华书局，1965；

清顾修撰《汇刻书目》，扬州：江苏广陵古籍刻印社，1989年6月据光绪刊本影印；

北京图书馆普通古籍组编《北京图书馆普通古籍总目》，北京：书目文献出版社，1990年以后陆续出版；

《清史稿艺文志及补编》，北京：中华书局，1982；

杨廷福、杨同浦编《清人室名别号字号索引》，上海：上海古籍出版社，1988；

郑伟章著《文献家通考》，北京：中华书局，1999；

杨立诚、金步瀛编、俞运之校补《中国藏书家考略》，上海：上海古籍出版社，1987；

郑伟章、李万健著《中国著名藏书家传略》，北京：书目文献出版社，1986；

吴海林、李延沛编《中国历史人物生卒年表》，哈尔滨：黑龙江人民出版社，1981；

李济仁等主编《新安名医考》，合肥：安徽科学技术出版社，1990；

王乐匋主编《新安医籍考》，合肥：安徽科学技术出版社，1999；

缪咏禾著《明代出版史稿》，南京：江苏人民出版社，2000；

安平秋、章培恒主编《中国禁书大观》，上海：上海文化出版社，1990；

黄秀文主编《中国年谱词典》，上海：百家出版社，1997；

孙殿起录《贩书偶记》，上海：上海古籍出版社，1982；

孙殿起录《贩书偶记续编》，上海：上海古籍出版社，1980；

邵懿辰撰、邵章续录《增订四库简明目录校注》，上海：上海古籍出版社，1959；

清黄开簇纂修《［道光］虬川黄氏宗谱》；

北京师范大学图书馆：《中文古籍书目》，1961年7月印；

中国人民大学图书馆：《线装书目录》，1960年油印；

安庆市图书馆：《馆藏古籍目录》，1986年7月编印；

孙殿起撰《丛书目录拾遗》，线装 4 册全；

周芜编著《徽派版画史论集》，合肥：安徽人民出版社，1984；

清叶德辉著《书林清话附书林余话》，北京：中华书局，1957；

郑振铎著《西谛书话》，北京：生活·读书·新知三联书店，1983；

谢国桢编著《增订晚明史籍考》，上海：上海古籍出版社，1981；

清于敏中、彭元瑞等编《天禄琳琅书目》，扬州：江苏广陵古籍刻印社，1992 年 11 月据光绪甲申（十年，1884）夏季长沙王先谦校刊本影印；

吴枫等主编《简明中国古籍辞典》，长春：吉林文史出版社，1987；

宋晁公武撰、孙猛校证《郡斋读书志校证》，上海：上海古籍出版社，1990；

北京图书馆善本组编《影印善本书序跋集录》，北京：中华书局，1995；

宋陈振孙撰《直斋书录解题》，上海：上海古籍出版社，1987；

宋原放、李白坚著《中国出版史》，北京：中国书籍出版社，1991；

胡道静著《中国古代的类书》，北京：中华书局，1982；

朱士嘉编《美国国会图书馆藏中国方志目录》，北京：中华书局，1989；

魏隐儒：《中国古籍印刷史》，北京：印刷工业出版社，1984；

张秀民：《中国印刷术的发明及其影响》，北京：人民出版社，1958；

魏隐儒、王金雨：《古籍版本鉴定丛谈》，北京：印刷工业出版社，1984；

雷梦辰：《清代各省禁书汇考》，北京：书目文献出版社，1989；

栾贵明著《四库辑本别集拾遗》，北京：中华书局，1983；

施廷镛著、张秀民校《中国古籍版本概要》，天津：天津古籍出版社，1987；

傅增湘：《藏园群书经眼录》，北京：中华书局，1983；

耿文光：《万卷精华楼藏书记》，哈尔滨：黑龙江人民出版社，1992；

汪原放：《回忆亚东图书馆》，上海：学林出版社，1983；

王謇著、李希泌点注：《续补藏书纪事诗》，北京：书目文献出版社，1987；

李时人主编《中国禁毁小说大全》，合肥：黄山书社，1992；

庄一拂编著《古典戏曲存目汇考》，上海：上海古籍出版社，1982；

李盛铎著、张玉范整理《木犀轩藏书题记及书录》，北京：北京大学出版社，1985；

袁行霈、侯忠义：《中国文言小说书目》，北京：北京大学出版社，1981；

骆兆平：《新编天一阁书目》，北京：中华书局，1996；

吴承仕：《检斋读书提要》，北京：北京师范大学出版社，1986；

潘景郑：《寄沤剩稿》，济南：齐鲁书社，1985；

清钱曾撰、丁瑜点校《读书敏求记》，北京：书目文献出版社，1984；

张书才、杜景华主编《清代文字狱案》，北京：紫禁城出版社，1991；

《［民国］安徽通志·艺文志稿》，安徽：安徽通志馆排印；

张秀民：《中国印刷史》，上海：上海人民出版社，1989；

施廷镛主编，严仲仪、倪友春分编《中国丛书目录及子目索引汇编》，1982 年南京大学历史系资料室编印（该书所收除《中国丛书综录》外

977 种丛书）；

施廷镛：《中国丛书综录续编》，北京：北京图书馆出版社，2003；

田涛：《法兰西学院汉学研究所藏汉籍善本书目提要》，北京：中华书局，2002；

郑振铎：《西谛书目》，北京：文物出版社，1963；

北京大学图书馆：《北京大学图书馆藏古籍善本书目》，北京：北京大学出版社，1999；

阳海清编撰、陈彰璜参编《中国丛书广录》（上、下册），武汉：湖北人民出版社，1999；

沈津：《美国哈佛大学哈佛燕京图书馆中文善本书志》，上海：上海辞书出版社，1999；

贾晋华：《香港所藏古籍书目》，上海：上海古籍出版社，2003；

李国庆：《美国俄亥俄州立大学图书馆中文古籍书录》，桂林：广西师范大学出版社，2003；

北京师范大学图书馆古籍部：《北京师范大学图书馆古籍善本书目》，北京：北京图书馆出版社，2002；

瞿冕良：《中国古籍版刻辞典》，济南：齐鲁书社，2003；

姜寻：《中国古旧书刊拍卖目录》，北京：北京图书馆出版社，2002；

林申清：《明清著名藏书家·藏书印》，北京：北京图书馆出版社，2000；

中国中医研究院图书馆：《馆藏中医线装书目》，北京：中医古籍出版社，1986；

杜信孚、漆身起：《江西历代刻书》，南昌：江西人民出版社，1994；

翁连溪编校：《中国古籍善本总目》（1—7 册），北京：线装书局，

2005；

傅凤岐等：《青海省古籍善本书目》（内部版），西宁：青海省古籍善本书目编辑委员会，1981；

山东省图书馆：《山东省图书馆馆藏海源阁书目》，济南：齐鲁书社，1999；

胡玉缙：《续四库提要三种》，上海：上海书店出版社，2002；

山西省图书馆：《山西省图书馆普通线装书目录》，太原：北岳文艺出版社，1998；

田涛：《法兰西学院汉学研究所汉籍善本书目提要》，北京：中华书局，2002；

清黄丕烈、近人王国维：《宋版书考录》，北京：北京图书馆出版社，2003；

宋慈抱、项士元：《两浙著述考》（上、下册），杭州：浙江人民出版社，1985；

中国社科院图书馆：《续修四库全书总目提要·经部》（上、下册），北京：中华书局，1993；

阚华：《安徽省馆藏皖人书目》，合肥：黄山书社，2003；

潘雨廷：《道藏书目提要》，上海：上海古籍出版社，2003；

李瑞良：《中国出版编年史》（上、下卷），福州：福建人民出版社，2004；

刘尚恒：《徽州刻书与藏书》，扬州：广陵书社，2003；

李致忠：《宋版书叙录》，北京：北京图书馆出版社，1997；

谢国桢：《江浙访书记》，上海：上海书店出版社，2004；

明戴廷明、程尚宽等：《新安名族志》，合肥：黄山书社，2004；

王重民：《中国善本书提要补编》，北京：北京图书馆出版社，1997；

中国历史博物馆图书资料信息中心：《中国历史博物馆藏普通古籍

目录》，北京：北京图书馆出版社，2002；

许承尧：《疑庵所藏古籍善本书目》，为主藏安徽省博物馆藏许氏捐献部分文物古籍目录；

安徽省文物事业管理局：《安徽馆藏珍宝》，北京：中华书局，2008；

任继愈：《中国版本文化丛书》（14 种），南京：江苏古籍出版社，2003 后陆续出版；

王欣夫：《蛾术轩箧存善本书录》，上海：上海古籍出版社，2002；

陈谷嘉、邓洪波：《中国书院史资料》（上、中、下册），杭州：浙江教育出版社，1998；

薛清录等：《全国中医图书联合目录》，北京：中医古籍出版社，1991；

中国人民大学图书馆古籍整理研究所：《中国人民大学图书馆古籍善本书目》，北京：中国人民大学出版社，1991；

黎如芷、郑玲合编：《安徽大学图书馆重编古籍善本书目》，合肥：内部印刷，2003；

吴忠匡、褚德新校订清国史馆：《满汉名臣传》又名《清代满汉名臣传》，哈尔滨：黑龙江人民出版社，1991；

《徽州地区博物馆藏书目录·有关徽州资料古藉（籍）》第一集，屯溪：油印本，1985 ；

安徽省博物馆保管部编《安徽省博物馆藏品专题目录·族谱》，合肥：油印本，1980；

马蓉等：《永乐大典方志辑佚》，北京：中华书局，2004；

张国淦：《中国古方志考》，北京：中华书局，1962；

徐学林：《徽州刻书》，合肥：安徽人民出版社，2005；

徐学林：《徽州刻书史长编》，合肥：安徽教育出版社，2014；

徐学林等：《安徽省志·出版志》，北京：方志出版社，1998；
徐学林：《安徽出版史资料选辑》，合肥：黄山书社，1987；
徐学林：《皖版图书评论集》，合肥：安徽人民出版社，1991 年；
徐学林：《徽州出版史叙论》，合肥：安徽美术出版社，1995 年。

徽州书人丛说

卷三

清代书人（一）

徐学林◎著

图书在版编目（CIP）数据

清代书人（一） / 徐学林著. -- 北京 : 中国书籍出版社, 2024. 10. -- (徽州书人丛说). -- ISBN 978-7-5068-9976-5

Ⅰ. K825.4

中国国家版本馆CIP数据核字第202429ZR89号

清代书人（一）

徐学林　著

责任编辑　王　淼
责任印制　孙马飞　马　芝
封面设计　程　跃
出版发行　中国书籍出版社
地　　址　北京市丰台区三路居路 97 号（邮编：100073）
电　　话　(010) 52257143（总编室）　　(010) 52257140（发行部）
电子邮箱　eo@chinabp.com.cn
经　　销　全国新华书店
印　　刷　三河市富华印刷包装有限公司
开　　本　710毫米 × 1000毫米　1/16
印　　张　113.75
字　　数　1680千字
版　　次　2024 年 10 月第 1 版
印　　次　2024 年 10 月第 1 次印刷
书　　号　ISBN 978-7-5068-9976-5
定　　价　680.00元（全五册）

目录

清前期收藏丰富的出版家

清前期坊刻代表人物

清前期收藏丰富的出版家

一门并擅名山藏的官书编辑家徐乾学、徐元文

一洗空华变阘茸，瑶台牛箧出尘封。

一门并擅名山藏，白鹿争高指玉峰。

这是叶昌炽在《藏书纪事诗》卷四中对祖籍歙县朱方今名朱坊村（今属安徽省黄山市徽州区）[①]，落籍昆山兄弟四人中的徐乾学、徐秉义、徐元文三兄弟的藏书及乾学子徐炯藏书的高度评价。徐氏三兄弟都皇榜连捷，宦海名流，时称“三徐”又称“昆山三徐”，名噪当时。清人法式善在《槐厅载笔》中载时联中有“侍郎尚书都察院，状元榜眼探花郎”，葛虚存在《清代名人轶事》中载其厅联有“祖孙父子兄弟叔侄，加以外甥宅相，女婿门楣，人人得第；子午卯酉辰戌丑未，兼于丁巳乡闱、己亥会试，岁岁登科”，可见，昆山徐氏家族科举兴旺。囿于篇幅，本目仅介绍徐乾学、徐元文两人。

徐乾学（1631—1694），字原一，号健庵、碧山，学者称玉峰[②]先生，又称东海公，有憺园[③]、碧山堂、传是楼、冠山堂（位玉山镇伴山桥西）、颐保楼、愿遂室、教习堂、遂园、怡颜堂等，徐应聘曾孙，顾炎武外甥，居昆山马鞍山北的遂园。乾学聪悟过人，8岁能文。康熙九年（1670）探花（一甲第三名），授翰林院编修。十一年（1672），任顺天乡试副主考官，以给事中杨雍建劾奏他因选人不当，与正考官修撰蔡启傅（一作僔）一并降一级调用。十四年（1675），援例捐复原级，仍任编修。寻升左春坊左赞善，充日讲起居注官。顺治二年（1645）设立明史馆。康熙十八年（1679），为笼络明遗民抗节志士，诏举博学鸿辞，中式者均

---

① 上海古籍出版社1987年版《清代碑传全集》第886页载彭邦畴为徐宝善（1790—1838）撰《翰林院编修前山西道监察御史廉峰徐君墓志铭》也有“徐之族，望于安徽之歙县，所居曰徐村，徐村之大宗曰皇呈，析而为朱方。君系出朱方而祖皇呈也。上世自歙迁居吴之昆山伴山桥，七传至健庵尚书，是为君之高祖”句，证明昆山这支徐姓祖籍歙县。

② 昆山产石，晶莹剔透如玉，故又称玉峰，系昆山别称，玉峰先生系以所居地称之。

③ 徐乾学别业，徐氏诗文集《憺园集》以此命名。

延入明史馆，由徐乾学、徐元文兄弟先后担任明史馆总裁，正式修《明史》。但当时有气节的遗民如顾炎武、黄宗羲、傅山等史学家们仍不愿出仕新朝。万斯同虽客幕徐乾学家，参与他所任官修书事务，但提出以布衣参与史局、不署名、不受俸 3 个条件。其中，《明史》部分，他就写成《明史稿》416 卷，后随徐辞归后续至 500 卷。徐乾学在故里辞世后，康熙三十二年（1693），陈廷敬接任徐氏兄弟任总裁，王鸿绪担任明史列传编撰，也延请万斯同在他家住了 8 年，以终其事，直至四十一年（1702）在北京病逝。徐乾学兄弟领衔修《明史》前阶段成果即一稿《明史》稿达 500 卷。中期成果就是王鸿绪自己刻印《横元山人明史稿》205 卷及康熙五十三年（1714）增益的 310 卷。这里面干臣是不愿署名的万斯同。乾隆四年（1739）徽州汪由敦领衔续修至《明史》316 卷，最后才由桐城张廷玉领衔定稿为 332 卷。总之，徐氏兄弟对这部正史有开创之功。康熙十五年（1676）冬，乾学母丧归里守制，著《读礼通考》一百二十卷[①]。丧满于二十一年（1682）复任《明史》馆总裁，二十二年升翰林院侍讲，翌年升侍讲学士。二十三年 (1684) 十二月进詹事。二十四年廷试第一，入直南书房，教习皇子，升内阁学士，兼礼部侍郎，任《大清会典》《大清一统志》副总裁，教习庶吉士。二十五年（1686）康熙帝特命吏部："学士徐乾学、张英学问淹通，宜留办文章之事，嗣后勿开列巡抚。"[②] 改授礼部侍郎，充经筵讲官。二十六年 (1687) 九月，升左都御史，二十七年二月充会试正考官，旋升刑部尚书。由于不避权贵，弹劾罢免江西巡抚安世鼎，后屡遭权贵攻击。二十八年冬，因南北

---

① 此书除徐氏在康熙间、康熙三十五年刻本外，尚有多种版本，如《香港所藏古籍书目·经部·礼类·通礼》第 19 页著录，香港中文大学图书馆、香港中山图书馆藏光绪七年（1881）苏州江苏书局刻此书 32 册本，香港大学图书馆、香港中央图书馆藏光绪二十四年（1898）新化三味堂刻此书 36 册本。可见，此书属常备书目。《北京图书馆古籍善本书目·经部·礼类》第七二页、《汇刻书目》第一册第二十至二十八页、《中国古籍善本书目·经部·礼类》第 186 页、《中国古籍善本总目·经部·礼类》第六九页及七九页著录，国家图书馆藏稿本 22 册本。该稿本半页 13 行，行 20 字，小字双行 30 字，黑格，白口，四周单边。

② 转引自《满汉名臣传·徐乾学》卷三第 1480 页，哈尔滨：黑龙江人民出版社，1991。

党争[①]，罪名是与少詹事高士奇结党营私，徇庇子侄，徐乾学也遭抨击，上疏求免职，乞比照古人书局自随之义，归乡屏迹在家编书，诏许以原官解任，专任编书总裁。他在当年十一月的奏疏中提出："臣年六十，精神衰耗，祇以受恩深重，依恋徘徊。宪臣许三礼前因议先儒坐位，其言不合经典，臣与九卿奏对之时，斥言其非。本以公事相争，不谓触其私怒，捏造事款，逞忿劾臣。幸圣主洞烛幽隐，臣欣荷再生。但臣方寸靡宁，不能复事铅刊，且恐因循居此，更有无端弹射。乞恩终始矜全，俾得保其衰病之身，归省先臣邱陇，庶身心闲暇。愿比古人书局自随之义，屏迹编摩，少极万一。"这个请求得到康熙帝的批准，谓："卿学问淹博，总裁各馆书史，著有勤劳。览奏，请归省墓，情辞恳切，准假回籍，书籍著随带编辑。"[②]

翌年（1690）二月，赐御书"光焰万丈"榜额还乡，在太湖洞庭山设书局纂修丛书、类书及《大清一统志》。如他在修《大清一统志》时就延请著名的明末遗民、《读史方舆记要》一百三十卷、《方舆纪要州域形势说》五卷作者顾祖禹及黄仪等博学的史学家参与其事。他在归里后也并不安稳，履遭攻讦，遭两江（江南江西）总督、明珠甥傅拉塔等弹劾，罪名是徐元文、徐乾学放纵子侄家人招摇纳贿、争利害民，两被部议革职，徐元文休致回籍，徐乾学在洞庭东山设《一统志》局，请阎若璩、胡渭、顾祖禹等参与此役。康熙三十年（1691）左右，徐乾学、万斯同、阎若璩、胡渭等在该局修成编年体史书《资治通鉴后编》

---

① 左都御史徐乾学指使御史郭琇参奏大学士明珠、余国柱等结党营私。明珠罢相，余国柱革职。时有南北党，明珠为北党之首，徐乾学为南党之首。劾明珠事传出圣祖密旨。

② 此两段引文转引自《满汉名臣传·徐乾学》卷三第1484页，哈尔滨：黑龙江人民出版社，1991。

一百八十四卷[①]。三十三年（1694）四月，一代文豪病卒于家乡，至七月康熙帝特命："徐乾学等著来京修书。徐乾学之弟徐秉义学问亦优，并著来京。"[②]已是巨星弃世3月，仅得其遗疏进所纂《一统志》而已。一代巨擘在官场纷绞和献身传统文化流布中就这样了此一生。他先后参与纂修的大型御修、类书、丛书，还有《鉴古辑览》、《古文渊鉴》六十四卷、辑注《渊鉴类函》四百五十卷、编刊《通志堂经解》、《读礼通考》一百二十卷及《五礼备考》一百八十卷等。因此，他不仅是康熙朝著名儒臣，更是官书编纂大家。

他在学术上继承舅氏亭林之学，推崇程朱理学，在训诂学方面重古注而不废宋元经学。他奉命搜集唐宋元明解经专著汇成《通志堂经解》（又名《九经解》），又任校勘，于康熙十九年（1680）在纳兰性德通志堂刻竣。此丛书分"易""书""诗""春秋""三礼""孝经""论语""孟子""四书""总经解"10类，收罗这方面名著140种1860

① 此书从宋太祖建隆元年（960），迄元顺帝至正二十七年（1367），作为《资治通鉴》续编。其书体例为排比正史，参考诸书，作考异以辨史事，兼采前人论述，分附于史事之下。大凡自出议论，标出"臣乾学曰"以示区别。书成后，因徐氏忙于他书编纂及后病逝，既未呈进，又未刊行。《四库全书》著录为徐氏稿本，中缺第十一卷。此书迟到光绪间（1875—1908）才由富阳夏氏刊印行世。

② 王锺翰点校《清史列传·大臣画一传档正编七·徐乾学》卷十第六八四页，北京：中华书局，1987。

卷[1]，是一部工程浩大的编辑出版工程。今查《纂修四库全书档案》第一百三十六页记载，此丛书系借秀水朱氏曝书亭及常熟述古堂等东南藏

① 乾隆三十八年（1773）四库开馆，上元知县献此丛书，在两江总督高晋奏折中称此书共一百三十八种计一千七百九十卷，不确。叶昌炽《藏书纪事诗·纳兰性德容若》卷四第三九五页径称“尝集宋元以来诸儒说经之书，刻为《通志堂经解》一千八百余卷”，也不准确。《中国人民大学图书馆古籍善本书目·经部·总类》第1—4页、《中国古籍善本书目·经部·总类》第13—18页著录为140种1860卷。此书目以此为准。《中国古籍总目·经部·总类·传说之属》第19—22页（也作纳兰成德辑）、中华书局（北京）版《续修四库全书总目提要·经部·群经总义类》第一三二九页（作清性德编，误）、《中国丛书综录·类编·经类·经义》第154页（作武英殿据通志堂原版重修印本）、《中国古籍善本总目·经部·总类》第五至六页、《中国丛书综录·类编·经类·经义》第一册第599—601页、《中国古籍善本书目·经部·总类》第13—18页、《北京师范大学图书馆古籍善本书目·经部》第2—4页、《安徽大学图书馆重编古籍善本书目·经部·群经总义类》卷一第16页、《北京大学图书馆藏古籍善本书目·经部·经丛类》第54页、《香港所藏古籍书目·丛部·经部》第394—396页著录，国家图书馆藏康熙十二年至十四年（1673—1675）纳兰性德通志堂初刻本线装283册，另一部为乾隆五十年（1785）武英殿据通志堂康熙本进行重修印本（缺宋孙觉撰《龙学孙公春秋经解》十五卷）装订册数已达500册之巨。北京师范大学图书馆藏乾隆五十年重修本13种计1845卷457册本。经对全国大图书馆家底进行清查，发现署康熙十九年（1680）纳兰成德通志堂刻本的藏家有国家图书馆、首都图书馆、清华大学图书馆、北京大学图书馆、中国科学院地理研究所图书馆、中国人民大学图书馆（64函465册）、北京师范大学图书馆、上海图书馆、复旦大学图书馆、天津图书馆、内蒙古自治区图书馆、辽宁省图书馆、南京图书馆、安徽省图书馆、安徽大学图书馆（存495册）、芜湖市图书馆（105册本）、中共北京市委图书馆、黑龙江大学图书馆、山西富平县庄里中学图书馆、西北师范大学图书馆、山东省图书馆、山东师范大学图书馆、河南省图书馆、湖北省图书馆、云南省图书馆、浙江图书馆、福建省图书馆、福建师范大学图书馆、武汉大学图书馆、江西省图书馆、重庆市图书馆、四川大学图书馆及北京市文物局，甘肃省图书馆、故宫博物院图书馆、河南新乡市图书馆、上海辞书出版社图书馆、香港大学图书馆（仅存113种258册不全本）中只有少数全藏，不少保存不全。该刊本各书版式、行数、字数不尽同，版心下刻“通志堂”及刻工姓名。康熙十九年纳兰成德刻乾隆五十年（1785）补修本，北京大学图书馆藏，还藏日本成化八年翻刻本。此书在同治十二年（1873）粤东书局再次刻行（缺宋孙觉撰《龙学秋公春秋经解》十五卷），全国各大图书馆收藏更夥，如国家图书馆、首都图书馆、北京大学图书馆、上海图书馆、复旦大学图书馆、华东师范大学图书馆、上海师范大学图书馆、上海辞书出版社图书馆、天津图书馆、辽宁省图书馆、吉林市图书馆、吉林大学图书馆、甘肃省图书馆、山东省图书馆、山东大学图书馆、南京图书馆、南京大学图书馆、苏州市图书馆、安徽省图书馆、浙江大学图书馆、河南省图书馆、湖北省图书馆、江西省图书馆、广东省中山图书馆、四川省图书馆、重庆市图书馆、四川大学图书馆、云南省图书馆、桂林市图书馆、青海省图书馆、中央民族大学图书馆、香港中文大学图书馆（480册本）、香港大学图书馆（480册本）、香港中央图书馆（480册本）均完本收藏，哈尔滨市图书馆、武汉市图书馆、武汉大学图书馆收藏不全。香港新亚研究所图书馆还藏此丛书清刻140种400册本，且版式划一。

书家所藏秘本编成，可见东南藏书之富。

这套丛书汇集自唐迄清解经书籍，尤多罕见本，成为经学研究中的重要资料。该丛书刻行费赀40万金，时人公认为徐乾学刻，后板归纳兰性德，故版心下补刻“通志堂”3字。乾隆五十年（1785）弘历在颁谕中严正指出：“《通志堂经解》系徐乾学裒辑，令成德出名刊行，藉此以市名邀誉，为迎逢权要之具耳。”叶德辉也说：“《通志堂经解》本为徐乾学所刻，何焯所校。《通志堂经解》目录屡称东海，是当时并不属之纳兰成德也。”又说：“徐以其家所藏经解之书，荟而付梓，镌成德名，携板赠之。序中绝不一语及徐氏也。”①

因纳兰成德系权相明珠之子，徐乾学因之有逢迎权贵的讥讽，乾隆皇帝也因通志堂此套丛书影响而借名成德，可见此套丛书影响之大。康熙十九年版半页11行，行字不等，左右双边，白口，版心下镌“通志堂”3字及刻工名。此书《四库全书》未收，原名《新刊经解》。此书收罗宏富，有功士林，有许多罕见子书。但也有微瑕。如《春秋类对赋》，本为类书，归之经解，底本不尽完善。还有删补《大易集义粹言》署性德编，相传为陆翼王稿，故清丁杰曾说：“乾学此书之刻为一时好名之计，非实好古。”略有微词。此书收入唐、宋、元、明关于《易》《书》《诗》《春秋》《三礼》《孝经》《论语》《孟子》等经注释传本，以宋元诸儒著述为主。

他的著述除前说《读礼通考》一百二十卷外，还主编有《资治通鉴后编》一百八十四卷、《五礼备考》一百八十卷，著《憺园文集》三十六卷、《外集》四卷，诗集《虞浦集》《词馆集》《碧山集》计10卷及《一统志按说》十六卷、《游普陀峰记》一卷、《叶赫国贝勒家乘》（不分卷）、《教习堂条约》一卷、《健庵集》一卷、《憺园文录》二卷等，辑《春秋尊王发微》十二卷及《遂园禊饮集》、《石埭学

① 清叶德辉：《书林清话·纳兰成德刻通志堂经解之二、三》第二四三、二四四页，北京：中华书局，1957。

博张汉章传》一卷、《碧山词》一卷等。经其手连同编刊《通志堂经解》丛书子目多达近200种几3000卷。中国科学院图书馆还藏有《徐尚书健庵手札》墨迹。《四库全书总目·集部·总集类存目》卷一九四第一七七一页还著录辑《传是楼宋人小集》22人29种。经考，以上所辑均属吴之振《宋诗钞》所未收，陈起《江湖小集》中除释永颐外均收集。他还编选《十种唐诗选》[①]，并给名著留下序跋文字，如《东岳草堂评定唐诗鼓吹》十卷写叙[②]等。

徐乾学更是清初江南最大的藏书家，藏书处为传是楼。《［同治］苏州府志》说："传是楼藏书甲天下。"黄宗羲入室弟子鄞县万斯同在徐乾学家坐馆12年，是徐氏文友兼幕宾，他在《石园文集》记《传是楼藏书歌》："东海先生性爱书，胸中已贮万卷余。更向人间搜遗籍，直穷四库盈其庐。先生珍奇百不好，闻书即欲探其奥。故此网罗遍东南，犹复采访穷远道。楼高百尺势矗天，两楼并峙如比肩。左右以书为垣壁，中留方丈容人旋。光华入夜烛天汉，斗府东壁在户牖。嫏嬛秘藏不足奇，鸡林贾人都惊走。即今海内藏书家，残编散落如春花。钱氏绛云归一炬，祁国缃帙亦堪嗟。但闻白下黄氏室，亦有吾乡范氏楼。两家卷帙盈数万，高视亦足霸一州。此皆小邦自倔强，中原初未当强侯。若将此楼相絜量，何异八百归西周。玉峰当代盛人物，君家昆弟真英杰。论才宇内原无双，积书寰中亦第一。忆昔汉代有曹曾，石仓置书何嶒嵘？邺侯之架唐世羡，牙签万轴亦足称！放翁嗜书有书巢，作文自记意颇骄。遥遥今古千百载，仅此数者擅名高。先生复起书亦富，彼哉自欲呼儿曹。只此风流当世绝，眼前何人堪并豪！昨年招我置其下，亦欲啜醨还餔糟。恍如上林看春卉，

① 经考《美国俄亥俄州立大学图书馆中文古籍书录·集部》第101页著录，该馆藏清康熙三十一年（1692）刻清王士祯删纂《唐文粹诗选》六卷2册1函，本卷末有"康熙三十一年嘉平月徐乾学健庵书""十种唐诗选书后"。

② 《蛾术轩箧存善本书录·癸卯稿》卷四第一〇八五至一零八七页著录，复旦大学王欣夫教授藏康熙戊辰（二十七年，1688）怀恩堂刻清吴门朱三锡撰此书5册本，有徐暹临长洲何焯评校，卷首刻有徐乾学序。

目不给视徒郁陶。奇篇异本多未见，到此翻令人意乱。宝山身入还空回，至今追想足流汗。何日重来此室居？拓我心胸启我愚。欧九不学虽自愧，犹愿其中作蠹鱼。”[①]可见传是楼在东南藏书楼中的地位。

黄宗羲在《南雷文约·传是楼藏书记》卷四中交代传是楼藏书过程说：“健庵先生生乎丧乱之后，藏书之家多不能守，异日之尘封未触，数百年之沉于瑶台牛筐者，一时俱出。于是南北大家之藏书尽归先生。先生之门生故吏遍于天下，随其所至，莫不网罗坠简，搜抉缇帙，而先生为之海若。”其所编著都是要籍，故黄氏又说：“自传注之学变为时文，空华腐臭，人才阘茸，至于细民，亦皆转相模锓以取衣食，遂使此物汗牛充栋。而先生之大经大法，荡如荒烟野草，由大人之不悦学以致之也。数穷必复，先生主持文运，当必有以处此。人将指此楼也，与白鹿争高矣。”正如徐釚在《南州草堂集·菊庄藏书目录自序》中说：“吾吴藏书之富，数十年来推海虞钱氏、泰兴季氏，近则吾玉峰司寇。海虞自绛云一炬，锦轴牙签都归劫火；泰兴殁后，编简亦多散亡。惟司寇传是楼所藏，插架盈箱，令观者相顾怡愕，如入群玉之府，为当今第一。”他自己也在《憺园集·寄曹秋岳先生》诗中说：“嗟予才绾发，屈首事诵习。博赡服茂先，弇陋愧难及。发愤购遗书，搜罗探秘笈。从人借钞写，甀甂日不给。”其具体藏书规模，时人彭士望在《传是楼藏书记》中说：“楼十楹，跨地亩许，特远人境，无附丽，启后牖，几席与玉峰相接。中置庋阁七十有二，高广径丈有五尺，有藏古今之书，装潢精好，次第胪序。首经史，以宋版者正位南面；次有明实录、奏议，多钞本；又次诸子、百家、二氏、方术、稗官、野乘、齐谐，靡不具备。曲折纵横，部勒充四阿，各有标目。”传是楼命名缘起据汪琬《传是楼记》说这个建于住宅区后的藏书楼是“与其子登斯楼而诏之曰：‘吾徐先世故以清白起家，吾耳目濡染旧矣。盖尝慨夫为人之父祖者，每欲传其土田货财

---

① 转引自叶昌炽撰《藏书纪事诗》卷四第三九二页，上海古籍出版社，1990。

而子孙又未必能世宝也，欲传其园池台榭舞歌舆马之具，而又未必能世享其娱乐也。吾方以此为鉴，然则吾何以传汝曹哉？’因指书欣然笑曰：‘所传者惟是矣！’遂名其楼为‘传是’”[①]。

徐乾学藏书有《传是楼藏书目》又名《传是楼书目》不分卷，记载其藏书以千字文编号，设56个专橱，每橱分4格，似四库分部立类，著录徐乾学藏书7000种。又有《传是楼宋元版书目》一卷1册，著宋元版书442部，除顾维岳考证出其中有13部为非宋元版外，实有宋元版书429部，虽然复本较多，如《昌黎集》就有5部宋版，3部元版，但所收宋元不重复版本种类也是明清藏书家中罕与匹比的。如宋刊《政和五礼新仪》二百二十卷及《贩书偶记·子部·医家类》卷九第230页就著录徐氏收藏的绍兴甲戌（二十四年，1154）精刻宋李朝正撰《备全总效方》四十卷，首有“乾学”2字印1方，“徐健庵”3字印1方，“季振宜”印1方，“沧苇”2字印1方。该刊本每页20行，每行16字，四围单栏，单鱼尾，下有刻工姓名，书中凡涉及宋讳字均缺笔。这是徐氏存世难得一见的真品。还有宋刊《算学源流》一卷，刻印极精，此后再无刻本等。

另外，徐乾学是清廷早期的献书人。史载：“会有诏采购遗书，乾学以宋、元经解十种，李焘《续资治通鉴长编》及唐《开元礼》，或缮写，或仍古本，综其体要，条例奏进。被康熙帝作为至宝留下，并颁旨：‘所奏进藏书善本，足资考订，俱留览。’”[②]今查《天禄琳琅书目》就有不少是徐乾学传是楼故物。如他藏过宋孝宗淳熙间（1174—1189）在蜀刻唐韩愈撰、后裔宋临邛韩醇（字仲韶）诂训《新刊诂训唐昌黎先生文集·正集》四十卷、《外集》十卷、《遗文》一卷计3种51卷清内府藏6函32册本及宋刊唐柳宗元著、宋韩醇诂训《新刊诂训唐柳先生文集·正集》四十五卷《外集》上下二卷《新编外集》一卷计3种48卷

---

① 清汪琬：《尧峰文钞·传是楼记》卷二十三。

② 引自《满汉名臣传·徐乾学》卷三第1480页，哈尔滨：黑龙江人民出版社，1991。

清内府藏6函66册本，都曾是徐氏传是楼故物[①]。还有《四库全书总目》就说宋李焘撰《续资治通鉴长编》一百〇八卷自元以来世鲜传本。康熙初，徐乾学始获其本于泰兴季沧苇家。尝具疏进副帙，世珍秘乘。该书李焘在任左朝散郎、尚书、礼部员外郎兼国史院编修时进书入内廷，内容为自太祖建隆元年（960）正月至英宗治平（1067）四年闰三月五朝108年史事。民间收藏的珍稀名本有不少系由传是楼流出，如常熟瞿氏铁琴铜剑楼所藏北宋刻《史记集解》一百三十卷就钤有徐乾学藏印。他所藏宋绍熙（1190—1194）以前版宋程颐撰《易传》上下经六卷1函6册本后进入清内府，卷首上有“乾学”朱文方印，卷一上钤白文“徐健庵”印及“臣壆之印”白文印，每卷钤“学山审定”朱文印，说明此书为徐氏传是楼所藏后入汪壆家，再转清内府由乾隆癸卯（四十八年，1783）御题后成《御题易传》。

能比较全面反映徐乾学藏书情况，仅国家图书馆还藏有道光七年（1827）刘氏味经书屋抄4册、6册本《传是楼书目》四卷、六卷本各1部均有刘喜海跋，清陆香圃三间草堂抄《传是楼书目》六卷6册本及清抄六卷6册本、《传是楼藏书目》十卷及《传是楼书目》八卷《传是楼宋元板书目》一卷、《传是楼书目》不分卷附《马氏玉堂钞藏传是楼足本书目》不分卷等徐氏藏书目录。

鉴别徐氏藏书主要依靠徐氏藏书印来鉴别。他的藏书印有“乾学”朱方、“徐健庵”小白方、“子孙保之”小朱方、“健庵”朱文椭圆、“徐”朱方、“乾学之印”白方、“健庵”白方、“唯吾子孙永保之”朱圆、“昆山徐氏乾学健庵藏书”白方、“黄金满籯不如一经”[②]、“传是楼”朱方、“传是楼”朱长方、“健庵考藏图书”朱方、“昆山徐氏家藏”朱长方、“传是楼印记”白方、“徐氏珍玩”朱方、“徐乾学印”朱方、

---

① 详《天禄琳琅书目》卷三第九至十三页此两目。

② 语出《汉书·韦贤传》“遗子黄金满屋，不如一经”，意思是留给子孙的最好财富莫过于图书了。

“乾学”、“憺园”、“东海”、“玉峰徐氏家藏”、“玉峰徐氏传是楼藏书”、“徐氏传是楼”、“冠山堂”等。其抄书特征主要是：黑格，细黑口，双鱼尾，左右双边，版心下方印“传是楼”3字，19×14.2。

徐乾学有5子，承其父传的主要是次子徐炯和季子（五子）徐骏世守传是楼藏书，并对传是楼藏书均有各自的贡献。

传是楼藏书早在乾学生前就开始流散。钮心田所撰《非石日记》中有“传是楼藏书大半归于明珠”，应指的是徐乾学在京师的藏书。此后，传是楼后人不慎，曾在雍正十二年(1734)失火，使藏书被毁，今查《纂修四库全书档案》第八十一、八十四页记载乾隆朝修《四库全书》时，高宗于三十八年（1773）二月二十三日亲谕两江总督高晋去其家调查有无《永乐大典》佚本，结果高晋在当年闰三月十五日、二十日的两次奏折中提到：“至徐乾学之传是楼，已于雍正十二年（1734）间，不戒于火，书籍悉遭焚毁。”所以这样重要的名山藏书楼在《四库全书总目》中没有反映，实藏书史上的悲剧痛史。

徐氏留下的笔迹最大的要数今国家图书馆藏其《读礼通考》一百二十卷33册稿本。徐氏抄本也很著名。今存世的有徐氏传是楼抄宋魏了翁撰《周易要义》十卷、宋林之奇撰《三山拙斋林先生尚书全解》四十卷、唐成伯瑜撰《毛诗指说》一卷、宋庞元英撰《文昌杂录》六卷、元刘祁撰《归潜志》十四卷、宋李之仪撰《姑溪居士文集》五十卷、《后集》二十卷计2种70卷等。

徐乾学还对《皇元风雅·前集》六卷、《后集》六卷计2种12卷等题款，批校题宋辛弃疾撰《南烬纪闻》一卷、《窃愤录》一卷、《续录》一卷计3种3卷，给江苏苏州《橘社金氏家谱》六卷、《首》一卷计7卷作序、跋，《十种唐诗选》十七卷等。

徐乾学及其后人还家刻了不少图书，除前面介绍的《通志堂经解》外，现检其要者胪列如下：

清初冠山堂刻清朱士稚等辑《吴越诗选》二十二卷。《中国古籍善本书目·集部·总集类》第1745页、《中国古籍善本总目·集部·地方艺文》第一六五四页、《中国古籍总目·集部·总集类·郡邑之属》第3083页著录，国家图书馆、上海图书馆、泰州市图书馆藏不全，中国社会科学院文学研究所图书馆藏全本。该刊本半页9行，行19字，白口，左右双边。

清初徐氏冠山堂重刻明东吴徐氏东雅堂[①]刻宋本唐韩愈撰、宋廖莹中校正《韩昌黎全集》又名《昌黎先生集》四十卷、《外集》十卷、《遗文》一卷、《朱子校昌黎先生集传》一卷计4种52卷。

《中国古籍善本书目·集部·唐五代别集类》第118—119页、《中国古籍善本总目·集部·唐五代别集类》第一二〇一页、《北京师范大学图书馆古籍善本书目·集部·别集类·唐》第230页、《安徽省古籍善本书目·集部·别集类·唐五代》卷四第四十八页、《北京图书馆古籍善本书目·集部·唐五代别集类》第二〇五三页、《中国人民大学图书馆古籍善本书目·集部·别集类》第190页著录，万历间（1573—1620）徐时泰东雅堂刻清初冠山堂重修唐韩愈撰、宋廖莹中校正《昌黎先生集》四十卷、《外集》十卷、《遗文》一卷、《朱子校昌黎先生集传》一卷，国家图书馆（10册本2部，其中1部由清沈岩校并跋，另1部由清沈钦韩校注）、北京师范大学图书馆（64册本）、中国人民大学图书馆（全本2函14册本、4函20册本各1部）、上海图书馆（5部，其一有清陈景云批校，其二由清沈大成校，其三为清徐鼎录各家评校，并有清钱泰吉跋，其四有清王堉录前人批校，五是清邵玘录汪琬、何焯校）、吉林大学图书馆（有佚名录清何焯、彭元瑞批校，还有清彭清苑、吴镳跋）、南京图书馆（有清蒋宗海批校）、芜湖市图书馆（20册本，为不全本）、浙江图书馆（有清沈阆琨批校）及浙江省图书馆天一阁分

---

① 东吴徐氏东雅堂是迁吴徐氏明后期在杭州刻书老堂号。堂主徐时泰，字大来，钱塘（今浙江省杭州市）人。天启二年（1622）进士，历官工部郎中。但《明代版本图录》作长洲（今江苏省苏州市）人。万历八年（1580）进士，官太仆少卿。东雅堂刻书很多。

馆（有清姜宸英批校）藏。该刊本半页9行，行17字（20.6×13.1），小字双行同，白口，单鱼尾，四周双边，版心下镌“东雅堂”，封面镌“冠山堂藏板”。

康熙丁巳（十六年，1677）徐乾学刊明江陵张居正、吴郡顾梦麟等撰辑《四书集注直解说约》二十七卷。中华书局（北京）版《续修四库全书总目提要·经部·四书类》第九三八页（仅作7卷）、《贩书偶记·经部·四书类》卷三第52页著录。此书还有光绪间（1875—1908）八旗经正书院刊本。

康熙十八年（1679）缪彤、徐乾学等刻清溧阳宋之绳撰《载石堂诗稿》二卷、《柴雪年谱》一卷计2种3卷。《北京图书馆古籍善本书目·集部·清别集类》第二四八四页、《清人别集总目》第1066页著录，国家图书馆藏1册本2部。该刊本半页9行，行19字，白口，左右双边。

康熙二十年（1681）徐乾学为性德裒集并刻《通志堂集》二十卷。上海图书馆藏清抄徐乾学辑、清纳兰性德撰《通志堂集》十八卷、《附录》二卷。此书上海古籍出版社于1979进行影印。见上海古籍出版社1979年2月《清康熙刻〈通志堂集〉说明》，该集具体为卷一赋，卷二至卷五诗，卷六至卷九词，卷十至十三经解、序，卷十四杂文，卷十五至十八渌水亭杂识，卷十九至二十附录墓志铭、神道碑、哀词、诔、祭文、挽诗、挽词等。其中，最具特色的是收300阙分4卷的纳兰性德词。

康熙二十一年（1682）刻北周庾信撰，清徐树谷、清徐炯辑《庾开府哀江赋注》一卷。《中国古籍总目·集部·别集类·汉魏六朝之属》第54页著录，国家图书馆藏。

康熙二十五年（1686）徐树屏刻清陆圻撰《新妇谱》一卷。《中国古籍总目·子部·儒家类·礼教之属·女学》第252页著录，中国科学院图书馆藏，收入《檀几丛书》《香艳丛书》中。

康熙三十年（1691）徐乾学刻清纳兰性德撰《通志堂集》二十卷。《中国古籍善本总目·集部·清别集》第一五三一页、《中国古籍总目·集部·别集类·清代之属·清前期》第1250页、《北京图书馆古籍善本书目·集部·清别集类》第二五五八页、《中国古籍善本书目·集部·清别集类》第1029页、《清人别集总目》第1339页、《山东省图书馆馆藏海源阁书目·集部·别集类》第257页著录，国家图书馆（8册本、12册本有清莫友芝跋各1部）、北京大学图书馆、中国科学院图书馆、上海图书馆、复旦大学图书馆、山东省图书馆（1函4册本，封面题“京口耿氏十笏堂藏板”）、南京图书馆、四川省图书馆、重庆市图书馆、吴江市图书馆、日本国会图书馆、中国社科院文学研究所图书馆及日本内阁文库、日本京都大学人文科学研究所藏。该刊本半页9行，行19字（19×14.2），小字双行同，白口，左右双边，单黑鱼尾。

康熙间（1662—1722）精刊昆山徐树谷、徐炯同撰《庾开府哀江南赋注》一卷。《贩书偶记·集部·别集类》卷十三第318页著录。徐炯是徐树谷兄弟辈。

康熙三十三年（1694）写刻清徐乾学辑《遂园禊饮集》不分卷。傅增湘《题记·遂园禊饮集跋》卷十九载康熙三十三年三月三日，徐乾学在遂园宴会老朋友，由禹之鼎绘《遂园禊饮图》，与会者纷纷题诗，辑刻成《遂园禊饮集》，写刻俱精雅。此版应为初印本。

康熙三十三年自刻清徐乾学辑《遂园禊饮图》三卷。《中国古籍善本书目·集部·总集类》第1757页、《中国古籍善本总目·集部·总集类·断代》第一七八九页、《中国古籍总目·总集类·断代之属》第9057页、《北京图书馆古籍善本书目·集部·总集类》第二八二六页著录，国家图书馆（7册本）、南京图书馆及安徽省博物馆（1册本）藏。此书应为后印本。该刊本半页11行，行21字，白口，左右双边。《安徽省古籍善本书目·集部·总集·断代》卷四第三十一页著录作康熙三十二年刻，误。

康熙三十三年刻冠山堂印清徐乾学撰《憺园文集》三十六卷。《中国古籍总目·集部·别集类·清代之属·清前期》第1150页著录，中国科学院图书馆、辽宁省图书馆藏。国家图书馆还藏光绪九年（1883）

嘉兴金吴澜刻本。

康熙三十五年（1696）昆山徐氏家刻清徐乾学撰《读礼通考》一百二十卷。《中国古籍总目·经部·礼类·三礼总义·通礼之属》第530页、《北京师范大学图书馆古籍善本书目·经部·礼类》第15页、《安徽省古籍善本书目·经部·礼类》卷一第十一页、《北京图书馆古籍善本书目·经部·礼类》第七二页、《山东省图书馆馆藏海源阁书目·经部·礼类·仪礼》第23页、《青海省古籍善本书目·经部·礼类》第五页著录，北京大学图书馆、北京师范大学图书馆（32册本，钤“赐砚斋藏书”“大兴牛坤之印”“次原藏书”诸印）、辽宁省图书馆、复旦大学图书馆、天津图书馆、上海图书馆、青海民族大学图书馆（4册本）、山东省图书馆（2函20册本）、安徽省图书馆（40册本、30册本各1部）、安徽师范大学图书馆（2函20册本）、芜湖市图书馆（30册本）藏（《万卷精华楼藏书记·经部四·礼类》卷七第273—274页作原本，《蛾术轩箧存善本书录·末编》卷三第一五六一至一五六二页作康熙间刻）。此版前有康熙三十五年朱彝尊序，子树谷疏，凡例12条引用书目600种，分丧期（29卷）、丧服（8卷）、丧仪节（44卷）、葬考（13卷）、丧具（6卷）、变礼（7卷）、丧制（9卷）、二氏礼异俗礼（2卷）、庙制（2卷）9类。丧期以《仪礼·丧服篇》为主，后附古今服制；丧仪节以仪礼之丧礼、既夕、士虞记礼三篇为主。其历代国恤仪式以类相从，参考历代品式，以本朝制度为准；变礼本黄榦旧谱6篇，并闻丧、奔丧为一篇等。有图有说，古今丧礼齐备。此书五礼尚阙其四，而凶礼中荒吊禬恤等目也不详究，所以秦蕙田有《五礼通考》以补此书的阙略。该刊本白纸初印，封面题“冠心堂藏板”，半页13行，行21字（19×14.7），小字双行31字，白口，左右双边，单黑鱼尾，有刻工。国家图书馆藏33册稿本。收入《四库全书》等丛书中。《香港所藏古籍书目·经部·礼类·通礼》第18—19页（作康熙间）、《安徽省古籍善本书目·经部·礼类》卷一第十三页、《北京大学图书馆藏古籍善本书目·经部·礼类》

第 22 页、《增订四库简明目录标注》第 87 页还著录，香港新亚研究所图书馆（32 册本）、香港中央图书馆（清刻 22 册本）、北京大学图书馆（1 部为 120 册本，另 1 部 100 册本）、香港大学图书馆（116 册本）、安徽劳动大学图书馆（2 种 386 卷 200 册本）藏乾隆间（1736—1795）味经窝刻清秦蕙田撰《五礼通考》二百六十二卷、《首》四卷，清徐乾学撰《读礼通考》一百二十卷。

附　乾隆十八年（1753）味经窝刻清徐乾学撰《读礼通考》一百二十卷、清秦蕙田撰《五礼通考》二百六十二卷、《卷首》四卷、《目录》二卷计 2 种 288 卷。《中国古籍总目・经部・礼类・三礼总义・通礼之属》第 530 页、《万卷精华楼藏书记・经部四・礼类二》卷七第 275—277 页、《北京师范大学图书馆古籍善本书目・经部・礼类・仪礼》第 15 页、17 页著录，北京师范大学图书馆藏前 96 册本钤“赐砚斋”“大兴牛坤之印”“次原藏书”印，为秦氏专著，后 90 册本 1 部为合函。该刊本刻印精工，制墨均佳，半页 13 行，行 21 字，小字双行 31 字，白口，左右双边，有刻工。上海图书馆仅藏此版前 1 种。

康熙三十六年（1697）徐乾学后人仍延冠山堂号家刻清徐乾学撰《憺园文集》三十六卷。《中国古籍善本书目・集部・清别集》第 1025 页、《中国古籍善本总目・集部・清别集》第一五三〇页、《北京图书馆古籍善本书目・集部・清别集类》第二五五五页、《北京师范大学图书馆古籍善本书目・集部・别集类・清》第 270—271 页、《中国人民大学图书馆古籍善本书目・集部・别集类》第 229 页（作康熙间刻）、《中国人民大学图书馆线装书目录》第 583 页（误作 31 卷）、《香港所藏古籍书目・集部・别集类》第 290 页、《安徽省古籍善本书目・集部・别集类・清代》卷四第八十八页、《山东省图书馆馆藏海源阁书目・集部・别集类・清》第 225—226 页、《清人别集总目》第 1893 页著录，国家（另 1 部仅存卷一至三十六计 36 卷 16 册，1 部全）、首都图书馆、清华大学图书馆、北京师范大学图书馆（24 册本）、中共中央党校图书馆、复旦大学图书馆、华东师范大学图书馆、天津图书馆、山西省河津县图书馆、祁县图书馆、山西大学图书馆、辽宁省图书馆、洛阳市图书馆、辽宁大学图书馆、厦门大学图书馆、武汉大学图书馆、湖南省图书馆、中山图书馆、华南师范大学图书馆、重庆市图书馆、上海图书馆、南京图书馆、山东省图书馆（1函12册本）、山西省图书馆、四川省图书馆、河南省图书馆、福建省图书馆、中国科学院图书馆、北京师范大学图书馆、中国人民大学图书馆（2函10册本全，另1部缺后5卷）、天津师范大学图书馆、南开大学图书馆、河南大学图书馆、安徽师范大学图书馆（10册本）、山西师范大学图书馆、吉林省社会科学院图书馆、苏州市图书馆、无锡市图书馆、泰州市图书馆、昆山市图书馆、江西省乐平县图书馆（不全）、香港大学图书馆（8册本）、香港中文大学图书馆（8册本）、台湾“中央”图书馆、台湾大学图书馆、日本大阪府立图书馆、中国社会科学院文学研究所图书馆、上海辞书出版社图书馆及南京博物院、西安市文物管理委员会、日本内阁文库、日本东洋文库、日本京都大学人文科学研究所藏。该刊本半页10行，行19字（20.1×14.3），白口，左右双边，单黑鱼尾，封面镌“冠山堂藏板”，版心下刻刻工士玉、世明、齐卿等。经考，此版完本应为38卷，一般收藏仅36卷，缺后2卷。香港中文大学图书馆（12册本）、香港大学图书馆（12册本）还藏光绪九年（1883）钮月吟馆刻此书。但《中国丛书广录·汇编丛书·杂纂类》第200页著录，浙江图书馆藏6册传抄本，收入清亢树滋编《课余随录》丛书中此书仅为1卷。

康熙间（1662—1722）徐乾学刻清吴兆骞撰《秋笳集》二卷附《西曹杂诗》一卷计2种3卷。《中国古籍总目·集部·别集类·清代之属·清前期》第1149页著录，中国科学院图书馆藏，有邓之诚题记。

康熙间徐乾学刻清吴江吴兆骞撰《秋笳集》不分卷。《中国古籍善本书目·集部·清别集类》第994页、《中国古籍善本总目·集部·清别集》第一五二四页著录，中国科学院图书馆藏，有邓之诚跋。该刊本半页11行，行20字，细黑口，左右双边。《清人别集总目》第883页作乾隆间（1736—1795）徐乾学刻《秋笳集》二卷附《西曹杂诗》一卷计2种3卷，误，因徐氏早亡，应这样表述：康熙间徐乾学刻乾隆间重印。

康熙间徐乾学刻清吴江吴兆骞撰《秋笳集》八卷。《中国古籍善本总目·集部·清别集》第一五二四页、《清人别集总目》第883页、《香港所藏古籍书目·集部·别集类》第289—290页著录，上海图书馆、南京图书馆、山西省图书馆、陕西省图书馆、湖南省图书馆、广东省图书馆、福建省图书馆、首都图书馆、中国科学院图书馆（有邓之诚跋）、中国社会科学院历史研究所图书馆、文学研究所图书馆、近代史研究所图书馆、安徽省图书馆、辽宁省图书馆、四川省图书馆、广东省图书馆、上海社会科学院图书馆、清华大学图书馆、首都师范大学图书馆、复旦大学图书馆、厦门大学图书馆、锦州市图书馆、大连市图书馆、徐州市图书馆、常熟市图书馆、山西省祁县图书馆、福建省福安县图书馆、香港中文大学图书馆（2册本）、台北故宫博物院图书馆及北京市文物局藏徐版吴振臣衍厚堂于雍正四年（1726）增修本，说明徐氏有此版。该刊本半页11行，行20字，细黑口，左右双边。应为徐刻后印本。

康熙间徐氏重刻本宋宗室赵彦肃（字子钦，朱熹好友）撰《复斋易学》六卷。《万卷精华楼藏书记·经部一·易类二》卷二第60—61页著录，前几序，后喻（仲可）、许（兴裔）跋，末附赵彦肃行实。此书在赵彦肃卒后26年，由赵之门生喻仲可携书稿见严陵太守莆阳许兴裔，决定由喻仲可校勘刊置赵彦肃祠堂，为宋版最初行世本。

康熙间（1662—1722）（一作二十四年）刻五色套印清圣祖玄烨辑、徐乾学等编注《古文渊鉴》又名《御选古文渊鉴》六十四卷。

《安徽大学图书馆重编古籍善本书目·集部·总集类》卷四第113页、《安徽省古籍善本书目·集部·总集·通代》卷四第十七页、《香港所藏古籍书目·集部·总集类·通代》第345页、《青海省古籍善本书目·集部·总集类》第一三〇至一三一页著录，安徽师范大学图书馆（24

册本）、安徽劳动大学图书馆（古香斋刻28册本）、安徽大学图书馆（9册本）、安庆市图书馆（20册本，还有1部紫藤花馆刻28册本）、蚌埠市图书馆（23册本）、青海省图书馆（48册本2部）、青海民族大学图书馆（40册本）、香港中文大学图书馆（70册本）、香港大学图书馆（70册本）及安徽省博物馆（32、36、40册本各1部）、中国徽文化博物馆（40册本）、歙县博物馆（24册本）藏。此书系二十四年（1685）受康熙之命，采集自春秋至宋期间的中国古代文学名篇693种，以弘扬六经文字编为正集，以瑰丽文字为别集，以诸学所论文字为外集，是清代编纂的第一部散文集。该书雕刻、套色、刷印精工，朱、墨、黄、蓝、绿五色鲜明艳丽，是清内府套印术的代表作之一。该刊本半页9行，行20字，小字双行同（19.4×14.2），版框上彩色套印，小字行6—7个字，四周单边，黑口，双黑鱼尾。该书以康熙帝名义根据康熙帝重道崇雅的指导思想，由徐乾学主持编选，故四库馆臣说："至于甲乙品题，亲挥奎藻，别百家之工拙，穷三准之精微，则自有总集以来，历代帝王未闻斯著，无可援以为例者。"（《四库全书总目》卷一百九十）为广泛传播康熙帝对文章学的指导思想，作为官书，广泛散发。

如《清圣祖实录》卷二一九载康熙四十四年（1705）正月戊午，"颁赐王以下、内外满汉文武大臣及景山八旗、盛京官学《古文渊鉴》各一部"，卷二五〇载康熙五十一年（1712）六月"御选古文等书，各颁一部，教习进士应如所请，从之"。可见，此书是作为文章学教科书的。由于朝廷重视，因此此书版本较多。如香港中文大学图书馆藏乾隆间（1736—1795）内府刻四色套印"古香斋鉴赏袖珍丛书"本30册本，还藏同治十二年（1873）杭州浙江书局刻此书32册本，光绪十一年（1885）南海孔氏三十有三万卷堂刻此书30册本；香港中山图书馆藏光绪十一年南海孔氏三十有三万卷堂刻30册本；香港中央图书馆还分别藏此书清刻五色套印60册本及清刻32册本。可见，此书很受欢迎。

康熙间（1662—1722）徐乾学刻，雍正四年（1726）吴振臣增修清吴兆骞撰《秋笳集》八卷。

《中国古籍善本书目·集部·清别集类》第994页、《山东省图书馆馆藏海源阁书目·集部·别集类》第258页、《清人别集总目》第883页著录，中国社会科学院历史研究所图书馆、文学研究所图书馆、近代史研究所图书馆、上海图书馆、南京图书馆、山西省图书馆、陕西省图书馆、湖南省图书馆、福建省图书馆、首都图书馆、安徽省图书馆、辽宁省图书馆、山东省图书馆（1函2册本）、四川省图书馆、广东省中山图书馆、中国科学院图书馆、上海社科院图书馆、清华大学图书馆、首都师范大学图书馆、复旦大学图书馆、厦门大学图书馆、大连市图书馆、徐州市图书馆、内蒙古大学图书馆、锦州市图书馆、福建省福安县图书馆、常熟市图书馆、山西省祁县图书馆、香港中文大学图书馆、北京市文物局及台北故宫博物院藏，中国科学院图书馆藏本有邓之诚跋。上海图书馆还藏1部康熙间（1662—1722）抄本为清鲍倚云批点，鲍康跋。按此版中卷一至四计4卷为徐乾学刻，中有吴振臣补刻，卷五至八计4卷为吴刻。自卷三后各卷首题名不同，版式也有别；徐刻半页11行，行20字（19.3×15.3），小黑口，左右双边，双黑花鱼尾，吴刻半页11行，行20字（18.55×15），白口，左右双边，双黑鱼尾。卷末有吴氏增刻跋，封面题“衍厚堂藏板”。

康熙戊子（四十七年，1708）徐氏花溪草堂精刊唐李商隐撰，清昆山徐树谷笺、徐炯注《李义山文集笺注》又名《李义山文集》十卷。

《中国古籍善本书目·集部·唐五代别集类》第158页、《中国古籍善本总目·集部·唐五代别集类》第一二一六页、《北京图书馆古籍善本书目·集部·唐五代别集类》第二〇七八页、《安徽省古籍善本书目·集部·别集类·唐五代》卷四第五十二页、《中国古籍总目·集部·别集类·唐五代之属》第144页、《北京师范大学图书馆古籍善本书目·集部·别集类·唐》第234页、《中国善本书提要·集部·别集类》第508—509页、《香港所藏古籍书目·集部·别集类》第260页、《中国古旧书刊拍卖目录》第649页与669页、《安徽大学图书馆重编古籍善本书目·集部·别集类》卷四第134页、《中国人民大学图书馆古籍善本书目·集部·别集类》第193页、《四库全书总目·集部·别集类四》卷一五一第一二九八页、《贩书偶记续编·附录·集部》第364页、《增订四库简明目录标注》第671页、《青海省古籍善本书目·集部·别集类》第一三八页著录，国家图书馆（2册本）、北京大学图书馆、清华大学图书馆、北京师范大学图书馆（2册本、4册本各1部）、中国人民大学图书馆（1函2册本）、故宫博物院图书馆、中共北京市委图书馆、上海图书馆、华东师范大学图书馆、上海师范大学图书馆、辽宁省图书馆、大连市图书馆、辽宁大学图书馆、吉林市图书馆、吉林省社会科学院图书馆、哈尔滨市图书馆、哈尔滨师范大学图书馆、山东省图书馆、浙江图书馆、义乌市图书馆、无为县图书馆（4册本）、福建省图书馆、福建师范大学图书馆、河南省图书馆、河南省社会科学院图书馆、湖北省图书馆、武汉市图书馆、武汉师范大学图书馆、武汉师范大学汉口分校图书馆、湖南省图书馆、中山图书馆、华南师范大学图书馆、广西壮族自治区图书馆、重庆市北碚区图书馆、青海省图书馆（4册本1部，6册本2部）、安徽省图书馆（2册本）、安徽大学图书馆（4册本）、青海师范大学图书馆（4册本）、香港中山图书馆（4册本）、美国国会图书馆（4册本）、浙江省图书馆天一阁分馆、湖北省图书馆、中国徽文化博物馆（2册本），武汉市文物商店藏，博古斋拍卖竹纸4册本2部。该刊本半页10行，行21字（19×13.8），小字双行31字，左右双边，单鱼尾，有刻工，白口。此外，香港中央图书馆藏此书清刻3册本，不知是否此版本。山东省、四川省图书馆藏清抄本。此书收入《四库全书》《四库全书荟要》本中。唐人李商隐生前自编《樊南甲乙集》早佚，朱鹤龄搜编为5卷，炯补辑定为10卷，并以典故训诂作注，兄树谷博考典籍作笺而名《笺注》。

康熙庚寅（四十九年，1710）精刊昆山徐骏撰《石帆轩诗集》十一卷。《中国古籍善本书目·集部·清别集类》第1106页（作康熙间刻）、《中国古籍善本总目·集部·清别集》第一五三九页（作康熙间刻）、《中国古籍总目·集部·别集类·清代之属·清前期》第1344页、《贩书偶记·集部·别集类》卷十四第357页著录，国家图书馆、中国科学院图书馆（不全）、上海图书馆藏。该刊本半页11行，行21字，白口，左右双边。

附 康熙间（1662—1722）通志堂刻清顾祖禹撰《读史方舆纪要》□□卷。《中国古籍善本总目·史部·地理类·总志》第五〇三页著录，国家图书馆藏陕西卷一至十四计14卷不全本。徐按，《读史方舆纪要》一百三十卷，顾祖禹一直随徐乾学修史，应为徐氏刻本。

康熙间刻清徐骏撰《石帆轩诗集》十一卷、《续集》二卷计2种13卷。《清人别集总目》第1857页著录，国家图书馆、上海图书馆、中国科学院图书馆藏。

乾隆间（1736—1795）徐乾学后人刻清吴兆骞撰《秋笳集》二卷附《西曹杂诗》一卷计2种3卷。《清人别集总目》第883页著录，中国科学院图书馆藏，有邓之诚题记。

清古香斋新刻袖珍本清圣祖玄烨选、清徐乾学等辑注《古香斋新刻袖珍古文渊鉴》六十四卷。《山东省图书馆馆藏海源阁书目·丛书·汇编类》第320页著录，山东省图书馆仅存卷四十八至六十四计17卷9册不全本。该刊本半页9行，行20字（10.5×8.1），白口，四周双边，单黑鱼尾。

传是楼影宋本刻宋王存等撰《元丰九域志》十卷。《增订四库简明目录标注》第281页著录“字密而小，佚第十卷，以苏州朱焕家钞本补之”。

传是楼影宋本刻宋欧阳忞撰《舆地广记》三十八卷。《增订四库简明目录标注》第281页著录“朱修伯曰：宋本字密而小，曾见传是楼影宋本”。

清冠山堂刻宋吕祖谦辑、宋蔡文子注、清徐树屏考异《东莱先生古文关键》二卷。《中国古籍善本总目·集部·总集类·通代》第一七二九页、《中国古籍总目·集部·总集类·通代之属》第2941页著录，国家图书馆、北京师范大学图书馆、天津师范大学图书馆藏。该刊本半页9行，行21字，小字双行同，白口，左右双边。

康熙间（1662—1722）徐氏冠山堂刻宋吕祖谦辑、宋蔡文子注、清徐树屏考异《东莱先生古文关键》二卷。《中国古籍善本书目·集部·总集类》第1606页、《增订四库简明目录标注·集部八·总集类》卷第十九第892页、《北京师范大学图书馆古籍善本书目·集部·总集类·通代》第197页著录，北京师范大学图书馆（2册本，有佚名朱笔批注）、天津师范大学图书馆藏。该刊本半页9行，行21字，小字双行31字，白口，左右双边。山东省图书馆还藏清华绮刻此书。

乾隆二十三年（1758）梅村书屋刻清徐树谷、徐炯撰《庚开府哀江南赋笺注》不分卷。《中国古籍善本书目·集部·汉魏六朝别集类》第38页、《中国古籍善本总目·集部·汉魏六朝·别集类》第一一七二页著录，武汉图书馆藏。该刊本半页9行，行18字，小字双行，行23字，细黑口，左右双边。

徐乾学传是楼至民国间由后人卖给合肥王揖唐，就是后来成为汉奸的王揖唐定名藏书处为“今传是楼”的名源。王氏还将自己的诗集及所刻丛书取名为“今传是楼”，这是后话。徐乾学的9世孙徐衡撰《东海公年谱》一卷，稿本现藏南京大学图书馆。该谱对谱主家族文化渊源记载得很详细，对谱主交游、著述也有很详细的考证，惜未刊行。

徐元文（1634—1691），榜姓陆，字公肃，号立斋，有含经堂（位玉山镇伴山桥东塘街）藏书处及得树园，徐乾学、徐秉义弟。自幼深沉博学。顺治己亥（十六年，1659）科状元，授翰林院修撰。顺治帝称之为佳状元[①]，受到亲赐冠带、蟒袍，乘御马的恩宠。命元文进其读书处孚斋而作《孚斋说》，顺治帝嘉而刻之。康熙初年，因江南赋狱案又称江南奏销案谪任銮仪卫经历。四年后案结官复原职。丁父忧归里。八年（1669），补国史院修撰、侍读，任陕西主考官，所选均得人。康熙九年（1670），升国子监祭酒，充经筵讲官。在国子监任上政绩昭著，康熙帝称赞说："徐元文为祭酒，规条严肃，满洲子弟不率教者，辄加挞责，咸敬惮之。后人不能及也。"[②]康熙十三年(1674)，升内阁学士，任重修《太宗文皇帝实录》副总裁。十四年改翰林院掌院学士，兼日讲起居注官、教习庶吉士。十五年冬丁母忧，归里守制。十八年(1679)，再开史馆，任《明史》总裁、内阁学士，举荐顾炎武、黄宗羲、姜宸英、万斯同等著名学者任协修。历时20年草就《明史稿》四百六十卷，后被总裁王鸿绪删窜为310卷，于康熙五十三年（1714）呈奏。雍正元年（1723）复开史馆，以隆科多为监修，张玉书等4人为总裁官，孙嘉淦等25人为纂修，对王鸿绪稿本进行增删，至雍正十三年（1735）由张玉书领衔奏呈为定稿336卷。这是后话。但25史中最重要的一部史书《明史》，徐乾学、徐元文的开创之功，功不可没。康熙十九年，升左都御史。在平息三藩之乱中多所建议，如在征讨吴三桂中，对于率众归顺的人，建议胁从者准自新，分遣为民，以减少军费开支；又上疏请革除三藩暴政等项建议均被采纳。他多次弹劾贪官污吏并严加查办，如先后上疏弹劾杭州副都统高国相纵兵虐民，两淮盐运御史堪泰包庇贪官，御史啸鸣凤居丧无礼等案均被查实革职办理，直声名扬。二十二年(1683)，任湖北按察使，因"所举不实"，降三级，改领史局。仍以原官充经筵讲官。二十七年(1888)，升左都御史，迁刑部尚书，旋转户部尚书。次年五月升为文华殿大学士，兼翰林院掌院学士，开清代大学士兼管掌

① 嘉庆十九年（1814）歙县溪南进士吴振棫在《养吉斋余录》卷八载："徐立斋元文，顺治己亥廷试第一。世祖召见乾清门，还，启太皇太后曰：'今岁得一佳状元！'"

② 《清史稿·列传三十七·徐元文》卷二百五十第九七〇六页，北京：中华书局，1977。

院学士之先河。任《平定三逆方略》《政治典训》《一统志》及国史馆总裁官。二十九年(1890)四月，充三朝国史总裁官，并据《实录》写定《上俄罗斯疆界碑记》(汉文本)，勒石刻于格尔必齐河畔。六月，两江总督傅腊塔因乾学子树敏“招权竞利”“不法事”牵连，元文奏辩后竭力引退，而以原官致仕回籍。“舟过临清，榷关者欲构其罪，登舟大索，惟图史数千卷、光禄馔金三百两而已。”①

三十年七月，元文卒于家，葬于江苏吴县金鹅乡黄土桥。著有《含经堂集》二十卷(一作三十卷)《别集》二卷《附录》二卷、《得树园诗集》及《与俄罗斯国定界之碑》、《含经堂碑目》一卷、《含经堂书目》不分卷。还有未成《明史稿》。

他的墨迹还有对《许默公印谱》一卷题跋、校《珩璜新论》一卷等。

他也是一位藏书家，韩菼在《徐公元文行状》②中说：“无他嗜好，独喜购书，皆自整比精好。”张玉书也说他“退食之暇，匡坐读书而已。积书万卷，皆手自校雠，卷帙率精好。③”他的藏书处为含经堂、得树园，有《含经堂藏书目》四卷4册，著录按经史子集分类计5000种，其中宋元版本200余种，可见他藏书的精好。

他刻书不多，著作在康熙间也由家刻行世。

康熙间(1662—1722)精刊清昆山徐元文撰《含经堂集》□卷。《贩书偶记续编·集部·别集类》卷十四第236页著录。

康熙间精刊清昆山徐元文撰《含经堂集》三十卷、《别集》二卷、《附录》二卷计2种34卷。《中国古籍善本书目·集部·清别集类》第995页、《中国古籍善本总目·集部·清别集》第一五二二页、《中国古籍总目·集部·别集类·清代之属·清前期》第1165页、《北京图书馆古籍善本书目·集部·清别集类》第二五一九页、《贩书偶记续

① 《[同治]苏州府志》。
② 载《碑传集》卷十二。
③ 张玉书《徐公神道碑》，载《碑传集》卷十二。

编·集部·别集类》卷十四第236页（原缺第六卷赋，据同里潘道根抄本补）、《清人别集总目》第1868页（略有区别，就是《附录》为2卷）著录，国家（1部全，另2部仅存卷一至十五、十七至三十、《别集》、《附录》计33卷4册及仅存卷一至十五、十七至三十、《别集》计31卷6册2部不全本）、华东师范大学图书馆、复旦大学图书馆、中国社会科学院文学研究所图书馆及南京博物院藏。该刊本半页 11行，行21字，白口，左右双边。此书原缺卷十六。此外，南京图书馆藏清咸丰间（1851—1861）潘道根抄本，有清潘道根跋；上海图书馆藏民国三十二年(1943)转抄本。

徐乾学三兄弟及其子孙在著述、藏书、刻书诸方面成就都是很突出的，他的族人也在文化出版事业方面做了大量工作。

徐氏三兄弟都是学海骄子、藏书名家。尤其是徐乾学不仅是大藏书家，而且是学者、著述大家。黄宗羲在《传是楼藏书记》中评论说："世之藏书家未必能读，读者未必能文章，而先生是三者而能之，非近代藏书家所及。"这个评价是恰如其分的。同时，他还是清初的大刻书家、官书大编纂家，徐元文也是清初重要的官书编纂家，他们兄弟俩人在中国古代出版史上占有重要的一席领地。

古籍整理大家——烟波钓徒查慎行

休宁县城北原是明清查氏祖居地。香港武侠小说大写家杭州府海宁金庸先生和清代著名的经商致富者查日乾，于雍正元年（1723）在天津运河西岸建水西庄号称全国三大私家园林之一的北查传人诗人穆旦先生的先祖查姓不仅是休宁望族，而且是婺源县聚居大户。至正十七年（1357），婺源县凤山村第17世查士睿携子查瑜迁居浙江嘉兴。不久，查瑜因海宁县名与休宁在晋初县名相同，而再迁距嘉兴数十里的海宁县袁花里龙尾山（今浙江省嘉兴市海宁市袁花镇）。说起查家离开婺源故里还有一个凄冽的传说故事。话说查村北门安宅公曾孙查士睿因家中贫寒，母亲逝世无钱安葬。士睿只好连夜将母尸背出村外草草掩埋。当他背到村口河边，因力竭而使他与尸跌倒成尸体头朝下脚朝上状，士睿就地挖坑埋上。几天后，精通风水的母舅环视墓地，认为墓地风水很好，命名为“鲤鱼革磅”，说此地最宜白肉葬（即无棺埋葬）而且还要颠倒葬，这样才能使后人发达。士睿听到母舅如此说法，才敢承认对母亲的草草葬法。母舅听后很高兴，并告诉士睿：“鱼应游向大海，不能困在山中。”鼓励他走出深山，去外面世界闯荡。这是徽州穷人外出谋生而发达的典型案例。经过数代人努力，自明中叶开始崭露头角，至清前期这支外徙海宁魏塘花溪龙尾山又称查浦查姓家族成为海宁望族。以查慎行为首的家族学术群体更是浙江海宁的名门隽秀。他与二弟查嗣瑮、三弟嗣庭及堂兄榜眼嗣韩与侄子侍讲查昇都是翰林出身；此外，他的长子克建、堂弟嗣珣也是进士出身，故世称海宁查氏“一门七进士，叔侄五翰林”。康熙帝曾称之为“唐宋以来巨族，江南有数人家”。

今查康熙四十五年（1706）七月休宁知县颁布保护县北乡黄土岭地方查氏祖茔的奉宪禁文，就是海宁这支望族因祖茔被休宁当地恶棍吴公勉侵害而起。该禁文系由总督部院批转徽州府罗知府交办的，故曰“奉宪”禁文，内有“据原呈翰林院侍读学士查昇、编修查慎行、查嗣琮、查嗣珣、查嗣廷（庭）、武进士查洪，知县查曾荣、查克建，举人查克宗、查建新，训导查蒽、查溥，贡监生员查嗣鉴、查嗣镛、查显、查镕等具呈前事，称：昇等原籍治属徽州府休宁县，分迁浙地。始祖乃南唐工部尚书查文徽公（徐按，经考，婺源凤山村支原为其弟查文征支裔，至3世为2世查元修次子查陶之子查庆之迁江陵，后迁泰州。因2世查元修长子查甄无子，立休宁查道三子查永之继祧），墓仍在休宁县北乡黄土岭地方，原系昆字二千八百三十七、八两号，历朝输课世守”[①]。可见，

① 民国黟县《黟北查氏族谱·录休邑五都墓碑奉宪禁文》卷上。

这支查姓与祖籍关系、联系是很紧密的。

查家是个大家族，与东南世家曹寅、庄家等姻亲世谊绵长，关系错综复杂，因此，成为清前期文字狱集中打击的东南领袖式世家对象。尤其是海宁查家在康熙朝著名的《明史辑略》的庄廷鑨文字狱案中受涉的查继佐侥幸逃脱。

明末清初海宁南北支查氏已蔚成儒学世家，在东南学坛上独树一帜，群星璀璨，留下大批学术专著和个人文集。

查家逃掉了初一，却未逃出十五。在清康雍乾三代文字狱高潮中还是惨遭横祸，由雍正朝制造的查嗣庭案成为清廷较大文字狱案之一。该案缘于三弟嗣庭在雍正四年（1726）任江西省主考时，根据《孟子》“有茅塞子之心矣”、《易经》题“正大而天地之情之知矣”、《诗经》题“白室盈正，妇子宁止”原句中前有“正”字，后有“止”字，被前后相连变成与汪景祺“正有一止之象”相符，出了3道试题，触犯了雍正皇帝的忌讳。加上雍正早就想除掉康熙临终时唯一在场的托孤权臣隆科多，而嗣庭又深得隆科多的赏识。因此，雍正采取隔山震虎的办法，先除掉东南仕族领袖查家而进一步深纳打击东南士子。这就是外间所传的出了道触犯清人讳忌的试题《维民所止》。其实这是根据五经四书文意出的很好试题，可是在清盛行文字狱的高潮中，清廷的帮凶们用拆字法深文周纳为“维止”二字为“雍正”两字去头，被诬告为号召士人起来造反，斩掉雍正皇帝的头，而酿成文字大狱。一夜间，使查氏族人受此牵连，查家在京13口纷纷入狱。慎行也不能幸免入狱，幸不久雍正帝特许出狱而归老乡里。这个家族从此遽落。这样还不解恨，雍正还在浙江等处设观风整俗使，停了浙江乡会试。但这个家族的收藏与著述都很丰富，是海宁大刻书群体，尤以查慎行成就最显著。

查慎行（1651—1727），初名嗣琏，字初白，号悔余、夏仲、夏重、他山、初白老人、查田、烟波钓徒、查山、他山、慎旃、他山老人、南书房史官，后人称“初白太公”，有敬业堂、初白庵、得树楼、枣东书屋、窳窳轩等堂号，是清前期著名诗人，祖籍休宁县城北，也是明“海阳四家”之一的查士标族人，寓居浙江海宁，故多种工具书载为海宁人。他的堂号、外号、自号渊源有自，如“烟波钓徒”缘于查慎行任翰林院编修时，值康熙帝进南苑，捕鱼赏赐左右大臣，并命赋诗。查慎行所赋有“笠檐簑袂平生梦，臣本烟波一钓徒”句，世称“烟波钓徒查翰林”，“敬业堂”系康熙帝为他亲题匾额。

他出身于书香世家，海宁望族。其6世祖查秉彝（字性甫，号近川、觉庵）为嘉靖间（1522—1566）进士，官给事中，以劾严嵩父子遭廷杖谪边，终官顺天府尹。著《觉庵存稿》七卷。高祖查继文任明知府。曾祖查允揆赠明武库司主事。祖父查大纬为明兵部武库司主事。父查崧继（字柱青，号逸远、学圃，有澄清堂、学圃堂）入清更名查遗。明诸生，赠清礼部侍郎、翰林院编修。慎行少受学于明末清初的大思想家黄宗羲及桐城钱澄之，精于《易》学，善诗词。同时，他又喜欢作文赋诗，又喜游历，早在诸生时，南及云贵，北及燕赵，足履所至，都留下吟咏，著有《敬业堂诗集》五十卷，盛称当时，清人王士禛、赵翼、纪晓岚等名彦把他的近体诗评比宋代陆游，古体源出于苏轼。可见，其文学价值之高。尤其是他用白描手法写出的《白杨堤晚泊》《麻阳运船行》等篇反映了民间疾苦，但晚年因寓京作为随伺诗人多歌功颂德诗作。我们翻了金庸的《鹿鼎记》，均以五十相始终，而且每一回目都是集查慎行诗句中的对句。这也是金庸不忘先祖，颂扬祖德的潜心之作。

慎行于康熙三十二年（1693）在顺天乡试中举。三十七年（1698）与俵兄朱彝尊同游福建半载，尤其在参观建阳麻沙刻坊时，他们互相留下反映建阳刻书仍然繁荣的诗篇。四十一年（1702），康熙帝南巡，大学士陈廷敬、李光地、张玉书等推荐召在行在赋诗，得到赏识，诏随入都，直南书房。四十二年（1703），赐进士，改翰林院庶吉士，散馆授编修。常随康熙帝，赋诗多有名句。当时，他的侄儿查昇以宫坊侍直已久，太监为区别这一对叔侄，号查慎行为老查，查昇为小查。继充武英殿校勘官二年，仍入直南书房。后以病乞假归故里，更居槐树斜街横溪。其时值查家庭前连桂之瑞，门户正盛，但“先生片帆归里，萧然如老诸生，葛巾野褐，徜徉湖山。当事希得一见，田夫遇之时时相尔汝。克建卒官，先生亦无意人世”[①]，过着“世皆集菀，吾独集枯。青山独往，保兹故吾。人亦有言，何不競进？岂知明哲，置身安稳”的田园归隐生活。惜寻遭弟嗣庭文字狱案株连，致使“查田诸老相继归里。而风波骤起，门户荡析”，合家被逮入狱，连查昇外孙沈廷芳父子也“横遭吏议”[②]。审讯他的诸大臣叹息说：“‘彼固敝屣一官者也。其弟仕京，相隔辽阔，宁复知之？倘以此株连，不亦枉乎？’乃共以其情上闻。”[③]雍正帝向知慎行端谨，并说：“慎行诗每饭不忘君，杜甫流也。”[④]特赦而放归田里，雍正五年八月三十日卒于家中。这起文案了结后，不仅查家从此一蹶不振，雍正帝还下令作“停浙江乡会试六年”的疯狂报复。在浙江及江南地区类似文字狱的严厉打击下，使读书人一度谈书色变，更遑言著书、刻书，造成江南文风大大受挫，使徽商、徽州文化人聚居最集中的这一地区在清前期文化大受影响。

查家富藏书。管庭芬在《吴氏拜经楼题跋记》跋里说：“国初吾邑东南藏书家，首推道古楼马氏（朱熹后人，又作朱马氏）、得树楼查氏，盖两家插架多宋刻元钞，而于甲乙两部积有异本。其珍守已逾数世，不仅为充栋计也。”慎行性恬退，重名节，在翰林院时因遇同僚非理，起争不听而告归。雍正元年（1723），73岁时退居海宁故里，坐拥书城，杜门著述，啸歌自适，“贮书万卷，坐卧其中，记事纂言，惟曰不足，

---

① 钱仲联《广清碑传集·全祖望〈翰林院编修初白查先生墓表〉》卷六第三五七页，苏州大学出版社，1999。

② 叶昌炽：《藏书纪事诗》卷五第四八三页，上海古籍出版社，1999。

③ 钱仲联：《广清碑传集·全祖望〈翰林院编修初白查先生墓表〉》卷六第三五七页，苏州大学出版社，1999。

④ 转引自《清史列传·文苑传二·查慎行》卷七十一第五八一一页，北京：中华书局，1987。

殆不知老之将至云”。[1]雍正四年（1726）秋，因受弟文字狱影响系狱。世宗以其一向端谨，将他与子克念放归，筑初白庵以居，学者称初白先生。因痛心家难而卧病，“卒之日，箧无新衣，囊无余储，惟手勘书万卷而已”[2]。慎行藏书后继者为其子克念。与慎行孙岐昌，世守得树楼藏书。

查家藏书著者有宋刻《新唐书纠缪》，上有“得树楼藏书”“南书房史官”“海宁查慎行字夏重又曰悔余”三印（《天禄琳琅书目》）；所藏元刻本《吕氏春秋》二十六卷、宋嘉泰四年（1204）刻《双峰集》九卷、手抄《孝经》一卷有自题：“此金陵黄氏千顷堂钞本，乙丑（康熙二十四年，1685）余客都下，曾于俞郎案头见之。今归玉峰季子，甲午（康熙五十三年，1714）九月借钞毕。”[3]其孙查岐昌所藏《刑统赋解》，有“臣名岐昌字曰药师”朱方印；所藏《龟溪集》十二卷有乾隆庚午（十五年，1750）岩门山樵查岐昌跋等。查慎行藏书处有得树楼、竈轩、敬业堂、初白庵等处。查查氏藏书可从“慎行”白长方、“初白庵主”朱方、“得树楼藏书”朱长方、“南书房史官”、“海宁慎行又字夏重又曰悔余”、“查慎行藏”、“初白庵老人”、“查印慎行”、“初白庵主”、“查夏重”、“得树楼”、“查田查慎行”、“查氏初白”等类及孙“查岐昌印”、“臣名岐昌”、“得树楼藏书”等藏书印中获得查家藏书信息。

查慎行诗学东坡、放翁，尝注苏诗，自朱彝尊去世后，为东南诗坛领袖，著述丰富。所著有《敬业堂集》五十卷、《易说》一卷、《玩辞集解》又名《周易玩辞集解》十卷《首》一卷、《黔中风土记》一卷、《庐山游记》一卷、《壬申纪游》一卷、《查初白诗稿》一卷、《聊以备忘》四卷、《忍辱庵诗稿》二卷、《侧翅集》一卷、《他山诗钞》又名《慎旃初集》无卷数又作二卷、《慎旃初集》一卷《二集》一卷、《敬业堂诗续集》六卷、《敬业堂杂录》一卷、《查初白文札》、《查初白

---

① 陈敬璋：《查他山年谱》。

② 《碑传集·沈廷芳〈查先生慎行行状〉》卷四十七。

③ 以上俱见吴骞《拜经楼藏书题跋记》。

文集》不分卷、《查悔余文集》一卷、《初白庵读吕子笔记补订》三卷、《初白先生残稿》不分卷、《敬业堂集》三十卷、《敬业堂文集》三卷附《别集》一卷、《敬业堂集补遗》一卷、《敬业堂诗集》不分卷、《敬业堂诗钞》2 种、《敬业堂诗集》四卷、《敬业堂近体诗选》不分卷，吴昂驹辑《初白庵藏珍记》一卷《题跋》一卷《尺牍》二卷计 3 种 4 卷及张载华辑《查初白十二种诗评》又名《初白庵诗评》三卷附《词综偶评》一卷、《苏诗辨正》一卷、《人海记》二卷、《经史证讹·乙酉日记》一卷、《初白外书》六十卷、《得树楼杂钞》二十卷、《查初白先生七律约选》以及与《敬业堂诗集》相关的一卷《补词馀》、《查他山年谱》一卷，又有《敬业堂诗集》五十四卷《补遗》一卷《余波词》一卷《补遗》一卷《附录》一卷计 4 种 58 卷及《敬业堂诗集》多种抄本等，编《橘社倡（唱）和集》一卷，《补注苏（轼）诗》五十二卷[①]、注《纪批苏诗择粹》十八卷、选评《苏诗》二卷、《苏诗查注补正》四卷、《苏文忠诗注补正》三卷、《陪猎笔记》三卷、《南斋日记》不分卷、《阴阳判传奇》二卷二十八出，补注《东坡先生年表》一卷、《王宗稷编苏文忠公年谱》一卷、《得树楼杂钞》十五卷等。还纂撰《鹅湖书院志》《庐山志》《［康熙］西江志》二百〇六卷等。吴昂驹参正清查慎行撰《敬业堂诗集参正》二卷，属研究性专著。他还为名书作序。他诗风宗

① 《清史列传·文苑传二·查慎行》卷七十一第五八一一页著录，北京：中华书局，1987。而《四库全书总目·集部·别集类七》卷一五四第一三二七页、《增订四库简明目录标注·集部三·别集类二》卷第十五第 702 页则著录清查慎行撰《补注东坡编年诗》五十卷，有刊本，不载宋施元之注，后人颇以两读病。并指出初白手稿在海昌蒋氏处。《北京师范大学图书馆古籍善本书目·集部·别集类·宋》第 240 页著录，北京师范大学图书馆藏清抄清查慎行辑评《苏诗》二卷 2 册本，有清沈廷芳朱笔批点、清张佩绂题跋。该抄本半页 7 行，行 15 字，无格。钤“怡斋秘玩”“韦孺观过”“沈十三”“隐抽翁”“张”“怡斋”等印。《中国古籍善本总目·集部·宋别集类》第一二五八页、《中国古籍总目·经部·别集类·宋代之属》第 233 页著录，国家图书馆藏清抄本 50 卷本，无年表、采辑书目，《四库全书》收为宋苏轼撰、清查慎行补注《苏诗补注》五十卷、《年表》一卷、《采辑书目》一卷计 3 种 52 卷，而北京大学图书馆所藏宋苏轼撰、清查慎行补注《东坡先生编年诗补注》五十卷、《年表》一卷计 2 种 51 卷稿本，该稿本半页 11 行，行 28 字，无格。并有香雨斋两种刻本也是 2 种 51 卷。

宋，尤得力于苏轼，古诗辞意畅达；近体宗陆游，凝练有力，风格近剑南。王士祯评为“奇创之才”。他在诗词理论上倡导“诗之厚在意，不在词；诗之雄在气，不在貌；诗之灵在空，不在巧；诗之淡在脱，不在易”为行家称道。

查慎行还是古籍整理家。据其侄婿子沈廷芳说他死时“惟手勘书万卷而已”，管庭芬也在吴骞《拜经楼藏书题跋记》跋中说：“值马氏、查氏遗书散布人间，先生（指吴骞）偶得其残帙，流连景慕，每系跋语，以寄其慨。”“余尝见寒中、初白二先生收藏之本，皆有跋尾，惜无人搜辑以传。”今研究查慎行在古籍整理工作中所作贡献全貌是很困难的，但也能从沧海遗珠中能窥见一斑。笔者在有关书目中涉及整理杜甫诗作存世就达十余种。其中同一版本杜甫的《集千家注杜工部诗集》二十卷存世就达 7 部。

今存世的查氏所整理古籍著名的有《杜诗偶评》四卷2种版本计8卷、《杜诗论文》五十六卷、《昌黎先生诗集注》十一卷《年谱》一卷计 2 种 12 卷、《昌黎先生集》四十卷《外集》十卷《遗文》一卷（唐韩愈撰、宋廖莹中校）《朱子校昌黎先生集传》一卷（宋朱熹撰）《韩集点勘》四卷（清陈景云撰）计 5 种 56 卷、《东雅堂昌黎集注》四十卷《外集》十卷《遗文》一卷（唐韩愈撰、宋廖莹中校正）《朱子校昌黎先生集传》一卷（宋朱熹撰）计 4 种 52 卷及此类书江苏书局本、《白云先生许文懿公传集》四卷《附录》一卷计 5 卷、《高东溪先生文集》二卷《附录》一卷计 3 卷、《牧斋初学集诗注》二十卷《有学集诗注》十四卷计 2 种 34 卷、《周易正义》又名《周易兼义》十卷、跋《龙筋凤髓判》二卷、跋《毛诗诂训传》二十卷、跋《文公家礼集注》十卷、抄并跋《金刚般若波罗密经》一卷、《清波杂志》十二卷、批校《尔雅》三卷《音释》三卷计 2 种 6 卷、《双峰舒先生文集》九卷、《瀛奎律髓》四十九卷附清吴宝芝撰《重刻纪言》一卷计 2 种 50 卷、《刑统赋解》二卷、《鲁斋遗书》十四卷、《抚云集》九卷、《鬳斋考工记解》二卷、校《大金国志》四十卷 2 部等。

他涉及批点《杜工部集》二十卷《年谱》一卷《诸家诗话》一卷《唱酬题咏附录》一卷《附录》一卷辑 5 种 24 卷及《集千家注杜工部诗集》二十卷《文集》二卷、《集千家注分类杜工部诗》二十五卷《文集》二卷附宋黄鹤撰《年谱》一卷计 3 种 28 卷、《赵子常选杜律五言注》三卷、《施注苏诗》四十二卷《总目》二卷计 44 卷、《苏东坡诗集注》三十二卷《失编》一卷附宋王宗稷撰《年谱》一卷计 3 种 34 卷、《施注苏诗》四十二卷《目录》二卷清冯景补注《续补遗补注》二卷清邵长衡撰《王注正讹》一卷附宋王宗稷编《东坡先生年谱》一卷计 4 种 48 卷等。还对《夫台林公辅先生文集》二册不分卷题识、跋《谷城山馆全集》六十二卷、《周此山先生诗集》又名《此山诗集》四卷，手批并跋《陶渊明集》十卷、八卷本、连《总论》十一卷本、四卷本具体是《陶靖节诗集》四卷附宋苏轼撰《东坡和陶诗》一卷明王思任辑《律陶》一卷宁化黄槐开辑《敦好斋律陶纂》一卷计 4 种 7 卷、《陶诗集注》四卷附宋苏轼撰《东坡和陶诗》一卷计 2 种 5 卷、《陶诗汇注》四卷《首》一卷《末》一卷清吴菘撰《论陶》一卷计 2 种 7 卷等。

他还是抄书大家，曾作《钞书三首》，有："人言冬是岁之余，自分生涯伴蠹鱼。比拟王筠犹有愧，白头方解手钞书。无数空花乱眼生，摩挲细字欠分明。西洋镜比传神手，八廓重开为点睛。乌鸡已疗病风手，秋兔犹存见猎心。炳烛余光吾若此，儿曹那不惜分阴。"[①] 查家藏书万卷，个中有不少系慎行手抄本。存世的抄本有元傅若金撰《傅与砺诗集》八卷、明林右撰《天台林公辅先生文集》不分卷、后秦释鸠摩罗什译《金刚般若波罗蜜经》一卷等。

查慎行的行世著作中家刻较多。主要刻书有：

康熙十八年（1679）刻清查慎行撰《周易玩辞集解》十卷、《首》

---

① 转引自叶昌炽：《藏书纪事诗》卷四第四二二页，上海古籍出版社，1999。

一卷计 11 卷。《中国古籍总目·经部·易类·传说之属》第 133 页著录，南京图书馆藏。

康熙癸亥（二十二年，1683）刻清查慎行撰《他山诗钞》又名《慎旃初集》无卷数。《中国古籍总目·集部·别集类·清代之属·清前期》第 1230 页、《贩书偶记续编·集部·别集类》卷十四第 228 页、《清人别集总目》第 1611 页著录，北京大学图书馆、中国科学院图书馆（有邓之诚题记）藏。

康熙间（1662—1722）刻清查慎行撰《他山诗钞》二卷。《清人别集总目》第 1611 页著录，南京图书馆、中国科学院图书馆藏。

康熙间刻清查慎行撰《慎旃初集》一卷、《二集》一卷计 2 种 2 卷。《中国古籍善本书目·集部·清别集类》第 1095—1096 页、《中国古籍善本总目·集部·清别集》第一五三七页、《清人别集总目》第 1611 页著录，国家图书馆、上海图书馆、中国科学院图书馆（有邓之诚跋）藏。该刊本半页 10 行，行 20 字，小字双行同，白口，左右双边。

康熙间刻清查慎行撰《慎旃二集》一卷。《中国古籍善本总目·集部·清别集》第一五三七页著录，北京大学图书馆藏本，由清查慎行校、缪荃孙跋。

康熙间刻清白潢修、清查慎行等纂《西江志经籍志》三卷。《中国古籍总目·史部·目录类·总录之属·郡邑》第 4974 页著录，国家图书馆藏。

康熙间刻清查嗣琏撰《庐山纪游》一卷。《中国古籍总目·史部·地理类·游记之属·纪胜》第 3981 页著录，国家图书馆、上海图书馆藏。

康熙二十四年（1685）刻清查慎行撰、查嗣琏重订《慎旃二集》一卷。《中国古籍善本书目·集部·清别集类》第 1096 页、《中国古籍总目·集部·别集类·清代之属·清前期》第 1230 页、《清人别集总目》第 1611 页著录，中国科学院图书馆（邓之诚题记）、北京大学图书馆（查慎行校订，缪荃孙跋）藏。

康熙庚午（二十九年，1690）精刻海昌查嗣琏编，清查嗣琏、清张云章撰《橘社倡和集》一卷。《中国古籍总目·集部·总集类·断代之属》第3056页、《贩书偶记·集部·总集类·唱和题咏》卷第十九第531页著录，国家图书馆藏，还藏清抄本有费寅跋。该抄本半页9行，行22字，无格。

康熙间（1662—1722）刻清查慎行撰《阴阳判传奇》二卷二十八出。《中国古籍善本总目·集部·曲类·传奇》第一八九四页、《中国古籍总目·集部·曲类·传奇之属》第3557页著录，国家图书馆、上海图书馆、上海戏剧学院图书馆藏。该刊本半页9行，行20字，白口，四周单边。国家图书馆还藏此书清刻本上卷。

康熙间刻清查慎行撰《敬业堂诗续集》六卷。《清人别集总目》第1611页著录，湖南省图书馆、北京大学图书馆（仅存卷三至卷六计3卷）、上海辞书出版社图书馆、日本国会图书馆藏。南京图书馆藏此书清抄本，国家图书馆藏此书光绪二十二年（1896）抄本。

康熙五十二年（1713）查慎行刻清汪绎撰《秋影楼诗集》九卷。《中国古籍善本总目·集部·清别集》第一五三六页、《中国古籍总目·集部·别集类·清代之属·清前期》第1305页、《清人别集总目》第981页著录，上海图书馆、华中师范大学图书馆藏。该书分《圃田》《东郊》《曼声》《横街》《秋帆》《春草》《释耒》《邗江》等卷。该刊本半页12行，行23字，白口，左右双边。

康熙五十八年（1719）海宁查氏刻清查慎行撰《敬业堂诗集》四十八卷。《中国古籍善本书目·集部·清别集类》第1094页、《北京师范大学图书馆古籍善本书目·集部·别集类·清》第274页、《中国古籍总目·集部·别集类·清代之属·清前期》第1229页、《中国古籍善本总目·集部·清别集》第一五三七页、《清人别集总目》第1610页著录，上海图书馆、天津图书馆、北京大学图书馆、北京师范大学图书馆（10册本）、大连市图书馆、镇江市图书馆、海宁市图书馆藏，为先印不全本。该刊本半页11行，行21字，小字双行同，白口，左右双边。

康熙五十八年（1719）刻清查慎行撰《敬业堂诗集》又名《敬业堂集》五十卷。《清人别集总目》第1610页、《东北师范大学图书馆藏古籍善本书目解题》第384页、《四库全书总目·集部·别集类二六》卷一七三第一五二八页著录，国家图书馆、山西省图书馆、河南省图书馆、湖南省图书馆、首都图书馆、苏州大学图书馆、东北师范大学图书馆（20册本）、华南师范大学图书馆、温州市图书馆、镇江市图书馆、香港中文大学图书馆、台湾大学图书馆、韩国汉城大学图书馆及日本东洋文库、日本京都大学文学部中哲文研究室藏。

康熙间（1662—1722）刻清查慎行撰《敬业堂诗集》五十卷。《清人别集总目》第1610页、《香港所藏古籍书目·集部·别集类》第292页著录，上海图书馆、南京图书馆、江西省图书馆、山东大学图书馆、复旦大学图书馆、南京师范大学图书馆、安徽大学图书馆、安徽师范大学图书馆、山西师范大学图书馆、青岛市图书馆及日本京都大学文学部中哲文研究室藏。

康熙五十八年刻雍正间（1723—1735）增修清查慎行撰《敬业堂诗集》五十卷。《中国古籍善本书目·集部·清别集类》第1094页、《中国古籍善本总目·集部·清别集》第一五三七页、《中国古籍总目·集部·别集类·清代之属·清前期》第1229页、《北京师范大学图书馆古籍善本书目·集部·别集类·清》第274页、《清人别集总目》第1610页著录，国家图书馆、上海图书馆（4部：一部有清翁方纲、翁树昆批校、评点仅存卷一至二十六计26卷，一部有清翁方纲批点，一部有佚名校，一部有清陈用光批并跋）、北京师范大学图书馆（16册本）、南京图书馆、浙江图书馆、山西省图书馆、辽宁省图书馆、福建省图书馆、湖北省图书馆（2部：一部有清张诚之批，徐恕录朱洪、查奕照等评，一部有清许叶芬录清翁方纲批校）、湖南省图书馆、广西壮族自治区桂林图书馆、四川省图书馆（有清赵熙批校）、首都图书馆、中国科学院图书馆、清华大学图书馆、中央民族大学图书馆、南开大学图书馆、吉林大学图书馆、东北师范大学图书馆、山西师范大学图书馆、福建师范大学图书馆、华东师范大学图书馆、华南师范大学图书馆、南京师范大学图书馆、安徽大学图书馆、武汉图书馆（洪汝奎录前人批校并跋、徐恕跋）、暨南大学图书馆、厦门市图书馆、新乡市图书馆、梅州市图书馆、湖南省社会科学院图书馆、庐山图书馆、香港中文大学图书馆（3部分别为12册本、16册本、24册本）、香港大学图书馆（13册本）及中国徽文化博物馆（有清鲍倚云跋）、浠水县博物馆、公安部群众出版社藏。该刊本半页11行，行21字，小字双行同，白口，左右双边。

清查氏敬业堂刻清查慎行撰《聊以备忘》四卷。《中国古籍善本总目·子部·杂家类·杂纂》第一〇二八页著录，国家图书馆藏卷一、二计2卷不全本。

附　乾隆间（1736—1795）浙江刻清查慎行撰《敬业堂诗集》五十卷。《增订四库简明目录标注·集部·别集类六》卷第十八第868页（说此刊本附《续集》六卷）、《清人别集总目》第1610页著录，安庆市图书馆、日本爱知大学图书馆及日本东洋文库藏，无《续集》六卷。

清刻清查慎行撰《敬业堂诗集》五十卷。《中国古旧书刊拍卖目录》第132页、《清人别集总目》第1610页著录，山东省图书馆、南开大学图书馆、华东师范大学图书馆、青岛市图书馆、洛阳市图书馆、日本国会图书馆、日本广岛大学图书馆及日本内阁文库、日本东京静嘉堂文库藏，中国书店拍卖版式26×16.5竹纸线装16册本。此书收入《四库全书》，有当年手抄本7部，又有台湾及上海古籍出版社影印本《四库全书》，十分易得。还收入1932—1958年上海商务印书馆铅印《国学基本丛书》中，1986年上海古籍出版社还排印了周邵的标点本。仅此版本就有9种，累计达448卷。

康熙五十八年（1719）刻清查慎行撰《敬业堂诗集》四十八卷、《续集》

六卷计2种54卷。《中国古籍善本书目·集部·清别集类》第1094页、《清人别集总目》第1611页著录，江西省图书馆藏康熙间（1662—1722）刻本，有抄配，北京大学图书馆、海宁市（有清朱昌燕跋）图书馆藏本为康熙五十八年刻本，为初刻版汇印，又作康熙间，说明此版印刷不止一次。

康熙五十八年刻、雍正间（1723—1735）刻《续集》汇印清查慎行撰《敬业堂诗集》五十卷、《续集》六卷计2种56卷。《中国古籍善本书目·集部·清别集类》第1095页、《清人别集总目》第1611页著录，国家图书馆（有佚名录翁方纲批点题识并跋）、上海图书馆（有清查奕照批校）、云南省图书馆、甘肃省图书馆、大连市图书馆藏。

康熙间刻清徐昂霄抄配清查慎行撰《敬业堂诗集》五十四卷、《补遗》一卷、《余波词》一卷、《附录》一卷计3种57卷。《中国古籍总目·集部·别集类·清代之属·清前期》第1229—1230页著录，上海图书馆藏，有清徐昂霄跋，傅增湘、张元济跋。

清刻清查慎行撰《敬业堂诗集》五十卷、《续集》六卷计2种56卷。《增订四库简明目录标注·集部·别集类六》卷第十八第868页、《清人别集总目》第1611页著录，山东省图书馆、台湾大学图书馆藏。此书还有《四部丛刊》《四部备要》本，这种汇印2种版计有5个以上版本，278卷以上。

清刻清查慎行撰《敬业堂诗集》九卷。《清人别集总目》第1611页著录，台湾师范大学图书馆藏。

康熙间刻清查慎行撰《初白先生残稿》不分卷。《清人别集总目》第1611页著录，南京图书馆藏。

康熙间刻清查慎行撰《敬业堂集》三十卷。《清人别集总目》第1611页著录，台湾大学图书馆藏。

附　康熙四十一年（1702）查开香雨斋刻宋苏轼撰、清查慎行补注《东坡先生编年诗补注》五十卷、《年表》一卷计2种51卷。《中国古籍总目·集部·别集类·宋代之属》第233页著录，北京大学图书馆、天津图书馆、上海图书馆藏。

康熙五十八年（1719）青浦查氏刻清胡鸣玉撰《订讹杂录》十卷。《中国古籍总目·子部·杂家类·杂考之属》第1817页著录，国家图书馆、吉林省图书馆、北京大学图书馆、上海图书馆、吉林市图书馆藏。

附　康熙五十九年（1720）江西省署刻清白潢修、查慎行等纂《［康熙］西江志》二百〇六卷、《图》一卷计207卷。

《中国古籍总目·史部·方志类·地志之属·江西省》第4373页、《美国国会图书馆藏中国方志目录》第113页、《藏园群书经眼录·史部三·地理类》卷五第四一二页、《北京师范大学图书馆古籍善本书目·史部·地理类·方志—江西》第107页、《中国地方志联合目录·江西省》第479页、《江西历代刻书·清代·官刻》第130页著录，国家图书馆、中国科学院图书馆、中国人民大学图书馆、北京师范大学图书馆（80册本）、首都师范大学图书馆、上海图书馆、复旦大学图书馆、辽宁省图书馆、西北大学图书馆、南京图书馆、南京大学图书馆、福建省图书馆、湖北省图书馆、美国国会图书馆（80册本）、湖南省图书馆、中国社会科学院考古研究所图书馆、民族文化宫图书馆及江西省博物馆藏，中央民族大学图书馆、石家庄市图书馆、山东大学图书馆藏不全。注：西江志即江西省志。该刊本半页12行，行23字，白口，左右双边，有图。傅增湘于癸亥年（1923）花120元购李宝泉此书。此书为江西巡抚白潢修，查慎行、陆奎勋、周朱耒纂修。有白潢及巡抚王企靖、布政使许兆麟、按察使石文焯、督粮道蒋曰广序。该志艺文类多至86卷，卷一一四至一一六计3卷专载书目，是此志一大特色，前有图一卷。该书刻写精善，出自初白、陆堂2人之手。

康熙壬寅（六十一年，1722）伯兄查慎行精刻清查嗣瑮撰《查浦诗钞》十二卷附《诗余》一卷计2种13卷。

《北京师范大学图书馆古籍善本书目·集部·别集类·清》第274页、《贩书偶记·集部·别集类》卷十四第362页、《东北师范大学图书馆藏古籍善本书目解题》第384页、《清人别集总目》第1609页著录，国家图书馆、上海图书馆、南京图书馆、江西省图书馆、四川省图书馆、山西省图书馆、北京大学图书馆、北京师范大学图书馆（6册本）、东北师范大学图书馆（4册本）、南开大学图书馆、复旦大学图书馆、中山大学图书馆、芜湖市图书馆、泰州市图书馆、台湾大学图书馆、中国社会科学院文学研究所图书馆及日本内阁文库、日本京都大学文学部中哲文研究室藏。该刊本半页11行，行21字，小字双行同，白口，左右双边，有查慎行序文。

雍正二年（1724）刊清查慎行撰《周易玩辞集解》十卷。《四库全书总目·经部·易类六》卷六第四一页、《增订四库简明目录标注·经部一·易类》卷第一第34页著录，此书收入清杨循吉编《昭代丛书·己集》中，有道光间（1821—1850）世楷堂刊本。

查慎行逝世后，这个家族尤其是其直系子孙家刻不断，但都没有他生前影响大。

乾隆癸酉（十八年，1753）刻清海宁查慎行撰《周易玩辞（词）集解》十卷、《首》一卷计11卷。《中国古籍善本总目·经部·易类》第二三页（作乾隆十九年刻）、《中国古籍总目·经部·易类·传说之属》第133页、《贩书偶记续编·附录·经部》第328页著录，国家图书馆、上海图书馆、南京图书馆、浙江图书馆、湖北省图书馆藏。

附　清刻清查岐昌撰《岩门精舍诗钞》二卷。《中国古籍总目·集部·别集类·清代之属·清前期》第1411页著录，中国社会科学院文学研究所图书馆藏。

乾隆二十六年（1761）查开香雨斋在广陵刻宋苏轼注、清查慎行补注《东坡先生编年诗》又题《初白庵苏诗补注》五十卷、《年表》一卷计2种51卷。《中国古籍善本总目·集部·宋别集类》第一二五九页（刊本作半页10行，行21字，白口，左右双边）、《中国古籍总目·集部·别集类·宋代之属》第233页、《北京师范大学图书馆古籍善本书目·集部·别集类·宋》第239页、《香港所藏古籍书目·集部·别集类》第265页著录，国家图书馆（清吴骞校并跋、清朱允达临清卢文弨校，清纪昀批校并跋、清纪香林跋计2部）、北京大学图书馆（佚名录清纪昀批校题识）、清华大学图书馆、河北大学图书馆（佚名录纪昀等批校）、上海师范大学图书馆、天津师范大学图书馆、河北师范大学图书馆、山西省祁县图书馆、山西大学图书馆、山西师范大学图书馆、黑龙江省图书馆、齐齐哈尔市图书馆、中国科学院新疆分院图书馆、平湖市图书馆、福建省图书馆、华侨大学图书馆、武汉图书馆、湖北省天门县图书馆、华中师范大学图书馆、广东省梅州市图书馆、上海图书馆（清彭元瑞批点并题记，清佚名批计2部）、南京图书馆、山东省图书馆、浙江图书馆、辽宁省图书馆、湖北省图书馆、四川省图书馆（清郑珍批）、安庆市图书馆（度公跋及佚名录纪昀评语计2部）、吉林大学图书馆（林琴南批点并跋）、北京师范大学图书馆（16册本）、香港中文大学图书馆（12册本）、香港大学图书馆（12册本）藏。该刊本半页11行，行26字，白口，左右双边，版心镌“香雨斋”3字，封面刻“初白庵苏诗补注”7字。

乾隆二十六年（1761）海宁查氏香雨斋刻宋王宗稷编、清查慎行补注《东坡先生年表》一卷。《国家图书馆普通古籍总目·传记门·分传·个人年谱》第246页著录，国家图书馆藏2部1册本，其中1部有墨笔眉批圈点，为苏诗补注之一。国家图书馆还藏1部清刻宋王宗稷编、清冯应骝注1册有像本，系取王宗稷所编《年谱》、傅藻所撰《纪年录》、查慎行所编《年表合注》而成传，《苏文忠诗合注》冠卷首。

乾隆间（1736—1795）查学、查开刻清查慎行撰《敬业堂诗续集》六卷。《中国古籍善本总目·集部·清别集》第一五三七页（未注刻印日期）、《中国古籍总目·集部·别集类·清代之属·清前期》第1229页、《清人别集总目》第1611页、《香港所藏古籍书目·集部·别集类》第292页著录，国家图书馆、清华大学图书馆、中国科学院图书馆、首都图书馆、上海图书馆、辽宁省图书馆、吉林省图书馆、河南省图书馆、湖北省图书馆、湖南省图书馆、四川省图书馆、广东省图书馆、华东师范大学图书馆、梅州市图书馆、香港新亚研究所图书馆（3 册本）及湖北省浠水县博物馆藏。该刊本半页 11 行，行 21 字，白口，左右双边。

藏刻大家汪森、汪文柏兄弟

绥若安裘晏若杆，揽球结佩君子居。

司城岂必为贫仕，本读司空城旦书。

这是叶昌炽在《藏书纪事诗》中对休宁县城西门旅居浙江嘉兴桐乡以业盐致富并定居的大藏书家、出版家族汪文桂、汪森、汪文柏三兄弟为首的家族藏书的赞美。考该汪氏始迁祖为三兄弟祖父，以业盐定居桐乡梧溪凤里。其父汪淇，为岁贡生，官内阁中书。他们自幼就成长于贾而好儒、富庶的儒商家庭。兄弟三人都学富五车，喜收藏、爱刻书，尤以汪森、汪文柏为著。

汪森（1653—1732），原名文梓，字晋贤，号玉峰，又号碧巢、碧溪、碧梧、静闲居士，休宁县城西门人，徙居桐乡县。汪森 17 岁时丧父，事祖父以孝闻。在生母金氏的“学宜精进，志宜远大”的教诲下，广览群籍，广交师友，学日精进。

康熙十一年（1672），拔贡入京进国子监。时徐乾学任国子监祭酒，阅卷后拔为第一，诗名满京师。后以侍祖父疾归。诗有高岑风格，律长大历诸家，与兄文桂、弟文柏相唱酬，黄宗羲称赏为“汪氏三子”。因祖父、父亲相继去世，归家侍母。官广西十年，历临桂、永福、阳朔 3 县知县。

康熙三十二年（1693）授桂林府通判，调太平府，迁郑州知府，因丁母忧，未赴。守制期满，补刑部山西司员外郎，升户部江西司郎中。年 61 告归。

汪森自幼警悟好学，《清史列传》卷七十一说他：“少工韵语，与嘉兴周篔、沈进相切磨。既，复与黄宗羲、朱鹤龄、朱彝尊、潘耒诸大师商榷，艺业益进。乃营碧巢书屋以当吟窝，筑华及堂以宴宾客，建裘杼楼以藏典籍，海内名士，舟车接于远道，诗名籍甚。”[①] 先后有碧巢、小方壶、裘杼楼、梅雪堂、当吟窝、华及堂、拥书楼、浮溪馆、桐溪草堂、碧巢书屋、他山碧巢等堂号。其中，藏书处裘杼楼取《韩诗外传》中“君子之居也，绥若安裘，晏若覆杼（又作‘杅’）”之语，又说取《庄子·山木篇》中“孔子辞其交游，逃于大泽，衣裘褐，食杼栗”句，“杼”“杅”即“盂”。

他更是藏书家。《碑传集·储大文撰〈墓志铭〉》说，“乃营碧巢书屋，筑裘杼楼，庋书万卷，部次校勘不辍”，“又营小方壶，益罗致佚书”，“手钞经籍数百卷，雅嗜古镵碣，摹帖，核体象尤朗析，闻元明书画及古器云回款，辄诣藏弆家敬观而退”。朱彝尊也在《小方壶存稿序》中称：“休宁汪晋贤氏徙居吾桐乡。营碧巢当吟窝；筑华及之堂以燕兄弟宾客；建裘杼楼以藏典籍。其曰小方壶者，郡城东角里之书屋也。”《两浙輶轩录》载吴铭道《小方壶文钞序》说：“户部郎中碧巢汪先生自其妙年即以才藻名天下，藏书万卷，筑裘杼之楼，开浮溪之馆，手披口诵，目无停晷。”汪森也在《小方壶文钞》卷四中的《书尚书详解》后说：“乙卯（1675）二月，仲兄鸥亭偕余泛舟濮川，见居民以旧籍鬻于市，尽数购归，中有钞白本，乃《尚书详解》也。”经过多年经营，汪森成为东南著名的藏书大家，所著《裘杼楼藏书目》不分卷又有作四卷本，著录刻本530种5565册史书及别集；抄本155种720册文集、笔记之属，尤多文集。汪氏藏书印有“休阳汪氏裘杼楼藏书印”朱方、“碧巢秘籍定本”白方、“碧巢”朱圆、“汪森私印”白方、“休阳汪氏珍藏”朱方印。他在裘杼楼及碧巢、华及堂藏书数万卷。其中，抄书占相当大的比例，抄书版式特征是：黑格8行（17×10.5），白口，单

① 《清史列传·文苑传二·汪森》卷七十一第五七八一页，北京：中华书局，1987。

鱼尾，四周双边，版心下方印“裘杼楼”3字。

汪森所藏抄书主要有：宋郑清之等撰《文房四友除授集》不分卷、宋高似孙撰《骚略》三卷宋许棐撰《献丑集》一卷计2种4卷、宋胡锜撰《耕禄稿》一卷宋许棐撰《献丑集》一卷计2种2卷、宋许棐撰《献丑集》一卷、宋胡锜撰《耕禄稿》一卷、元黄庚撰《月屋漫稿》又作《月屋谩稿》一卷、元陈栎撰《陈定宇先生文集》十四卷、明吴珷撰《韫玉先生集》不分卷、明汪舜民撰《静轩文钞》不分卷、宋唐庚撰《唐先生文集》又名《唐先生集》七卷、宋罗愿撰《罗鄂州小集》五卷《附录》一卷宋罗颂撰《罗郢州遗文》一卷计2种7卷、宋陈藻撰《乐轩先生集》又名《乐轩集》八卷、宋高似孙撰《骚略》三卷、宋熊禾撰《熊勿轩先生文集》八卷《附录》一卷计9卷、元郑玉撰《师山先生文集》八卷《遗文》五卷《附录》一卷《济美录》四卷计4种18卷、明郭奎撰《望云集》五卷、明袁凯撰《海叟集》又名《海叟诗集》四卷、明陈昂撰《白云集》七卷《附录》一卷计8卷、明汪元范撰《汪明生诗草》一卷《借研斋草》一卷《齐梁草》一卷《秦草》二卷计4种5卷、明程嘉燧撰《松圆浪淘集》十八卷《耦耕堂存稿·诗》二卷《文》二卷计3种22卷、元周砥马治撰《荆南倡（唱）和诗集》一卷、清钱谦益撰清汪森集《牧斋书启》不分卷。

汪森著述丰富，计有《梅雪堂诗稿》二卷、《撰辰集》四卷、《桐扣词》三卷、《粤外行稿》一卷、《豫行吟稿》一卷、《浮溪馆吟稿》三卷、《裘杼楼诗稿》六卷、《粤行吟稿》一卷、《粤归杂咏》一卷、《月河词》一卷、《小方壶存稿》十五卷（康熙四十六年刻本为十八卷）、《小方壶文钞》六卷、《小方壶词稿》三卷及《裘杼楼藏书目》四卷、《高凉杂兴》一卷、《碧巢词》一卷等。还辑有《虫天志》、《韩柳诗选》不分卷、《名家词话》及与朱彝尊辑注《明诗综》一百卷、《湖山外稿》一卷、《湖山外稿》一卷、《诗风初集》十八卷等。尤其是他在广西为官10年，因有惠政，且在平息苗人马三奇部立功，受到督抚郊迎，并说："武弁拥铁骑千百，建功乃属文士耶？"

可见他是文武全才类显宦。尤其是在任广西地方官期间重视文化建设，因见粤西舆图阙略，考据难资，因广采历代诗文轶事，整理成册，归田后复借朱彝尊曝书亭藏书加以补充，编成《粤西诗载》二十四卷附《词》一卷、《文载》七十五卷、《丛载》三十卷，合称《粤西三载》又名《粤西统载》一百三十卷。特别是《文载》对于广西地区的形势扼塞、关卡守务、兴利除弊等项记录尤详，是一部很有价值的地方文献。四库馆臣指出此书也有些弊病。如将谢朓误录为晋人，讹《文苑英华》引《玉堂遗文》中玉堂为王堂等，这是需注意的地方。汪森在守制、归里期间以读书、著述、刻书及与文友相交为务。如朱彝尊辑、清汪森辑评《明词综》一百卷录唐宋金元词 500 余家，并对其他选本的句读淆舛及姓名爵里多有考证，是一部很有价值的词学工具书。此书也得力于汪氏裘杼楼的藏书，更得力于与汪森切磋和参与。故四库馆臣著录此书作者为朱彝尊编、汪森增订，而朱彝尊在《小方壶存稿序》中则说："乙亥（三十四年，即 1695）九月五日，得初印本《词综》三十卷，其标叶云'朱锡鬯、汪晋贤同辑'，又云'名词嗣出，裘杼楼藏板'。有'裘杼楼'大圆印、'休阳汪氏图书'大方印。"因此，《词综》作者应为朱彝尊、汪森两人，初印本为 30 卷，当年增订本为二刻，为 36 卷。

汪森为清前期重要刻书家。据不完全统计先后刻书 30 种连同多次重印达 60 种 1242 卷以上。

康熙十二年(1673)刻清徐崧、汪文桢、汪森辑《诗风初集》十八卷。《中国古籍善本书目•集部•总集类》第 1594 页、《中国古籍善本总目•集部•总集类•通代》第一七二七页、《中国古籍总目•集部•总集类•通代之属》第 2926 页著录，上海图书馆藏本中仅存卷一至二、五至十八计 16 卷，有陈去病跋。该刊本半页 11 行，行 21 字，下黑口，左右双边。

康熙十四年（1675）刻清吴江俞南史、休宁汪森辑《唐诗正》三十卷。《中国古籍善本书目•集部•总集类》第 1674 页、《中国古籍善本总目·集部·总集类·断代》第一七六五页、《中国古籍总目·集部·总集类·断代之属》第2999页著录，陕西师范大学图书馆、湖北省图书馆、中国社会科学院文学研究所图书馆藏。该刊本半页10行，行21字，黑口，左右双边。

康熙十七年（1678）汪氏裘杼楼碧巢书屋 刻清朱彝尊、汪森辑《词综》三十卷。《中国古籍善本书目·集部·词类》第2000页、《中国古籍善本总目·集部·词类·总集》第一八五〇页、《中国古籍总目·集部·词类·总集之属》第3403页、《中国人民大学图书馆古籍善本书目·经部·词类》第255页、《四库全书总目·集部·词曲类二》卷一九九第一八二五页著录，国家图书馆、故宫博物院图书馆、中国人民大学图书馆（2函12册本）、山西省图书馆、黑龙江省伊春地区图书馆、浙江大学图书馆、湖北省图书馆、四川省图书馆、重庆市图书馆及群众出版社藏，而由清汪元让录清许昂霄批并跋的藏常熟市图书馆。此为初刻本[①]。该刊本半页10行，行21字，小字双行同，黑口，单鱼尾，左右双边，封面刻“裘杼楼藏板”，原钤“休阳汪氏藏书”“裘杼楼”印。此书选录唐宋元词600余条，2200余首，所选诸家皆有小传，收录广泛，选择谨严，考证精当，为研究中国词史必备的工具书。

康熙间（1662—1722）刻清朱彝尊辑、清汪森增辑《词综》三十卷。《中国古籍总目·集部·词类·总集之属》第3403—3404页著录，中国科学院图书馆、南京图书馆藏。此书分别收入乾隆间（1736—1795）写本《四库全书荟要》《四库全书》本中。

康熙十七年汪氏裘杼楼刻，三十年增刻清朱彝尊、汪森辑《词综》三十六卷。《中国人民大学图书馆古籍善本书目·集部·词类·总集》第256页、《中国古籍善本总目·集部·词类·总集》第一八五〇页、《中国古籍总目·集部·词类·总集之属》第3404页、《中国古籍善本书目·集

---

① 《四库全书总目·集部·词曲类》卷一九九第一八二五页中下作34卷，也是不全本。

部·词类》第2000页著录，国家图书馆、中国人民大学图书馆（1函6册本）、复旦大学图书馆、南京图书馆、天津图书馆（清冯登府校）、辽宁省图书馆、福建省图书馆、湖北省图书馆、湖南省图书馆、中山图书馆藏。另一部由清冯登府校本藏南开大学图书馆。此为二刻本。该刊本半页10行，行21字，小字双行同，黑口，单鱼尾，左右双边，封面刻“裘杼楼藏板”，原钤“裘杼楼”、“休阳汪氏图书”印。此书为通行本。后王昶续辑《词综补遗》三卷，又编《明词综》十二卷、《国朝词综》四十八卷、《国朝词综二集》八卷合为《历代词综》一百〇四卷，之后又有清黄燮清辑《国朝词综续编》二十四卷、丁绍仪辑《国朝词综补编》五十八卷《续补》八卷。可见朱汪合编此书影响之大。

康熙十七年(1678)汪氏裘杼楼刻、三十年增刻、乾隆九年（1744）汪孟鋗汪氏碧梧书屋重修本清朱彝尊、汪森辑《词综》三十六卷。《中国古籍善本书目·集部·词类》第2000页、《中国古籍善本总目·集部·词类·总集》第一八五〇页、《中国古籍总目·集部·词类·总集之属》第3404页、《安徽省古籍善本书目·集部·别集类·清代》卷四第一百五页、《山东省图书馆馆藏海源阁书目·集部·词类·丛编》第306—307页著录，国家图书馆、上海图书馆（清谭献校本）、南京图书馆、北京师范大学图书馆、山西师范大学图书馆、香港中文大学图书馆、山东省图书馆（1函8册本）及安徽省博物馆（6册本）藏。此为3刻。汪氏先后3刻3印计共102卷。该刊本半页10行，行21字（18.4×14.1），大黑口，左右双边，单黑鱼尾。

清刊清朱彝尊辑、清汪森增辑《词综》三十六卷。《中国古籍总目·集部·词类·总集之属》第3403—3404页著录，辽宁省图书馆藏。

康熙十七年汪氏裘杼楼自刻清朱彝尊、汪森辑《词综》三十卷、《补遗》六卷计2种36卷。《北京图书馆古籍善本书目·集部·词类》第二九七九页著录，国家图书馆藏6册本。该刊本半页10行，行21字，小字双行同，大黑口，左右双边。

康熙十七年（1678）汪氏裘杼楼刻康熙三十年（1691）增刻乾隆九年（1744）汪氏碧梧书屋增补印清朱彝尊、汪森辑，清王昶增辑《词综》三十八卷。《香港所藏古籍书目·集部·词类·总集》第385页、《徽州地区博物馆藏书目录·有关徽州资料古藉（籍）·集部·词类》第一集（作清刻本）著录，香港中文大学图书馆、中国徽文化博物馆藏10册本。

康熙三十二年（1693）刻清汪森辑《琅玕集》三卷、《文》一卷计2种4卷。《中国古籍善本书目·集部·总集类》第1743页、《中国古籍善本总目·集部·总集类·断代》第一七八五页、《中国古籍总目·集部·总集类·断代之属》第3046页著录，中国社会科学院文学研究所图书馆藏。该刊本半页9行，行19字，黑口，四周单边。

康熙四十四年（1705）刻清朱彝尊辑、汪森等评《明诗综》一百卷。《安徽大学图书馆重编古籍善本书目·集部·总集类·断代》卷四第121页著录，安徽大学图书馆藏32册本，其中《目录》和正文末有抄配。该刊本半页11行，行21字，小字双行低3字计27字，白口，左右双边。此书选录明遗民诗人3400余人的作品。卷一为明帝王诗，从卷二开始大体按时代先后排列。前列每位作者小传，后列各家诗话，末为朱氏评论，搜罗完备，很有史料价值。

康熙间（1662—1722）刻乾隆间（1736—1795）印清朱彝尊辑、汪森等辑评《明诗综》一百卷。《安徽大学图书馆重编古籍善本书目·集部·总集类·断代》卷四第121页著录，安徽大学图书馆藏32册本，版本同上。

康熙间（1662—1722）刻后印本西泠来清堂吴氏藏板清朱彝尊辑、清汪森辑评《明诗综》一百卷。《北京大学图书馆藏古籍善本书目·集部·总集类》第397页著录，北京大学图书馆藏40册本。可见此书有多种版本。

康熙间（1662—1722）刻清汪森撰《梅雪堂诗稿》二卷。《中国古籍善本书目·集部·清别集类》第1092页、《中国古籍善本总目·集部·清别集》第一五四八页、《中国古籍总目·集部·别集类·清代之属·清前期》第1243页、《清人别集总目》第985页著录，上海图书馆藏。

该刊本半页9行，行19字，黑口，四周单边。

康熙间刻清汪森撰《裘杼楼诗稿》四卷、《桐扣词》二卷计2种6卷一作《裘杼楼诗稿》六卷。《中国古籍善本书目·集部·清别集类》第1092页、《中国古籍总目·集部·别集类·清代之属·清前期》第1243页、《北京图书馆古籍善本书目·集部·清别集类》第二五三四页、《清人别集总目》第985页著录，国家图书馆（4册本）及中国社会科学院文学研究所图书馆（有章炳麟跋）藏。该刊本半页9行，行19字，黑口，四周单边。

康熙间刻清汪森撰《粤行外稿》一卷、《豫行吟稿》一卷计2种2卷。《清人别集总目》第985页著录，上海图书馆、安徽省图书馆藏。

康熙间刻清汪森撰《浮溪馆吟稿》三卷、《裘杼楼诗稿》六卷、《粤行吟稿》一卷、《粤归杂咏》一卷计4种11卷。《中国古籍总目·集部·别集类·清代之属·清前期》第1243页著录，上海图书馆藏。

康熙间刻清汪森撰《浮溪馆吟稿》三卷、《裘杼楼诗稿》六卷、《粤行吟稿》一卷、《粤归杂咏》一卷、《粤行外稿》一卷、《豫行吟稿》一卷、《月河词》一卷、《桐扣词》二卷计8种16卷。《中国古籍善本书目·集部·清别集类》第1092页、《中国古籍善本总目·集部·清别集》第一五四八页、《清人别集总目》第985页著录，上海图书馆及上海黄裳藏，国家图书馆藏本不全。该刊本半页9行，行19字，黑口，四周单边。

康熙间刊清桐乡汪森辑《粤西文载》七十五卷。《贩书偶记续编·附录·四库存目有》第376页著录，为《粤西三载》先印本或单行本。

康熙四十三年（1704）汪氏梅雪堂刻清汪森辑《粤西三载》3种一百三十卷。《中国古籍善本书目·集部·总集类》1820页、《中国古籍善本总目·集部·地方艺文》第一六六〇页（误“丛”字为“业”）、《中国古籍总目·集部·总集类·郡邑之属》第3108页、《北京图书馆古籍善本书目·集部·总集类》第二八五六页、《丛书书目汇编》第三册第三八九页、《四库全书总目·集部·总集类五》卷一九〇第一七三一页、《中国丛书广录·类编丛书·集类·家集类》第817页著录，国家图书馆（无《丛载》三十卷计100卷24册不全本）、中央民族大学图书馆、故宫博物院图书馆、上海图书馆、复旦大学图书馆、苏州市图书馆（不全）、福建省图书馆（不全）、河南省图书馆、广西师范大学图书馆（不全）藏。《贩书偶记续编·附录·四库存目有》376、377页及《增订四库简明目录标注·集部八·总集类》卷第十九923页著录有康熙四十四年自序，定汪氏初刊本为四十四年版。还有汪氏康熙间刊本，应为全书再印本，是同一版本，多次印刷。其中，四十三年先刻《粤西诗载》二十五卷，四十四年梅雪堂刻《粤西丛载》三十卷，而《粤西文载》七十五卷刻于此两种前后间。该刊本半页11行，行21字，黑口，左右双边。

康熙四十三年汪氏梅雪堂刊清桐乡汪森辑《粤西诗载》二十五卷。《北京图书馆古籍善本书目·集部·总集类》第二八五六页、《贩书偶记续编·附录·四库存目有》第377页著录，国家图书馆藏6册本，应为《粤西三载》单行或逸出本。

康熙四十四年(1705)梅雪堂刊清桐乡汪森辑《粤西丛载》三十卷。《中国古籍总目·史部·地理类·杂志之属》第3808页、《贩书偶记续编·附录·四库存目有》第377页著录，北京师范大学图书馆、上海图书馆、南京图书馆藏，应为《粤西三载》单行或逸出本，收入《四库全书》《笔记小说大观》本中。

清刻清汪森撰《小方壶存稿》十卷。《清人别集总目》第985页著录，国家图书馆藏。

康熙四十六年(1707)汪森精刊自撰《小方壶存稿》十八卷。《中国古籍总目·集部·别集类·清代之属·清前期》第1243页、《北京图书馆古籍善本书目·集部·清别集类》第二五三四页、《清人别集总目》第985页、《贩书偶记·集部·别集类》卷十四第351页及《安徽艺文考·别集十五》著录，国家图书馆（3 册本）、南京图书馆、山东省图书馆、山西省图书馆、复旦大学图书馆、无锡市图书馆、中国社会科学院文学研究所图书馆藏。该刊本半页 10 行，行 21 字，黑口，左右双边。

康熙丁亥（四十六年）汪森刻自辑《华及堂视昔编》六卷。《中国古籍善本总目·集部·总集类·断代》第一七八九页、《中国古籍总目·集部·总集类·断代之属》第 3057 页、《北京图书馆古籍善本书目·集部·总集类》第二八二七页、《安徽省古籍善本书目·集部·总集·地方艺文》卷四第三十四页、《中国古籍善本书目·集部·总集类》第 1758 页、《安徽省馆藏皖人书目》第 175 页、《贩书偶记·集部·总集类》卷十九第 519 页、《安徽地震史料辑注》第 241 页（作康熙间刻）著录，国家图书馆（4 册本全 1 部，另 1 部仅存余南史、徐崧、周篔、沈进 4 人 4 卷 4 册不全本）、安徽省图书馆（2 册本）、复旦大学图书馆、南京图书馆、福建师范大学图书馆、重庆市图书馆及安徽省博物馆图书馆（2 册本）藏。此书为诗集汇编。其中，卷一为俞南史诗 110 首，卷二为徐崧诗 44 首，卷三为周篔诗 206 首，卷四为沈进诗 146 首，卷五为俞瑒诗 161 首附其子俞芑诗 32 首，卷六为顾文渊诗 140 首。安徽省博物馆著录为华及堂刻不分卷，应为 2 印 2 种。该刊本半页 10 行，行 21 字，黑口，左右双边。此外，《安徽文献书目》第 140 页著录，安徽省博物馆藏清刊《华及堂视昔编》仅 1 卷 2 册。

康熙四十八年（1709）盛远、汪森刻清释通复撰《冬关诗钞》六卷、《补遗》一卷计 2 种 7 卷。《中国古籍善本书目·集部·清别集类》第 958 页、《中国古籍善本总目·集部·清别集》第一五一六页、《中国古籍总目·集部·别集类·清代之属·清前期》第 1142 页、《北京图书馆古籍善本书目·集部·清别集类》第二五二三页著录，国家图书馆（1 册本）、上海图书馆藏。该刊本半页 9 行，行 21 字，黑口，左右双边。

康熙五十六年（1717）汪森刻自辑《小方壶文钞》六卷。《中国古籍善本总目·集部·清别集》第一五四八页、《中国古籍善本书目·集部·清别集类》第1092页（作康熙间）、《中国古籍总目·集部·别集类·清代之属·清前期》第1243页、《清人别集总目》第985页著录，复旦大学图书馆、清华大学图书馆、吉林大学图书馆、福建师范大学图书馆、中国社会科学院文学研究所图书馆藏。该刊本半页11行，行21字，黑口，左右双边。

康熙间（1662—1722）刻清汪森撰《小方壶存稿》十八卷、《文钞》六卷计2种24卷。《中国古籍善本书目·集部·清别集类》第1092页著录，国家图书馆、山西大学图书馆、山东省图书馆、南京图书馆、无锡市图书馆、浙江大学图书馆藏。

康熙间刻清汪森撰《小方壶存稿》十八卷。《中国古籍善本书目·集部·清别集类》第1092页、《中国古籍善本总目·集部·清别集》第一五四八页、《中国书店三十年所收善本书目·集部·清别集类》第二〇四页著录，国家图书馆、山西大学图书馆、山东省图书馆、南京图书馆、无锡市图书馆、浙江大学图书馆、复旦大学图书馆、福建师范大学图书馆、中国社会科学院文学研究所图书馆藏，中国书店收购竹纸4册本。该刊本半页10行，行21字，黑口，左右双边。

康熙间刻清汪森撰《小方壶文钞》六卷、《存稿》又名《小方壶存稿》十八卷计2种24卷。《中国书店三十年所收善本书目·集部·清别集类》第二〇四页著录，中国书店收购竹纸4册本。《贩书偶记·集部·别集类》卷四第351页仅录《存稿》十八卷。

康熙间（1662—1722）汪森自刻《裘杼楼诗稿》六卷。《中国古籍善本书目·集部·清别集类》第1092页、《中国古籍善本总目·集部·清别集》第一五四八页、《贩书偶记·集部·别集类》卷十四第351页、《安徽文献书目》第140页、《皖人书录》等著录，国家图书馆、中国社会科学院文学研究所（有章炳麟跋）图书馆藏。该刊本半页9行，行19字，黑口，四周单边。

刊有《桐溪三子集》，有黄宗羲序。具体待考。

不著编辑名氏由碧巢书屋藏板的《词综总目》4种一百二十四卷。

刘声木在《续补汇刻书目》卷二十八第四页著录，也应是汪森家刻本。

清刻清汪森撰《小方壶存稿》十卷。《清人别集总目》第985页著录，国家图书馆藏，也应是汪氏家刻本。

附　嘉庆七年（1802）青浦王氏家刻清朱彝尊辑、清汪森增辑《词综》三十八卷，清王昶增辑《明词综》十二卷、《国朝词综》四十八卷、《国朝词综二集》八卷计4种106卷。《中国古籍总目·集部·词类·总集之属》第3404页著录，国家图书馆、香港中山图书馆藏。南京图书馆、北京大学图书馆、辽宁省图书馆（嘉庆十七年）藏嘉庆间（1796—1820）刻本。国家图书馆还藏同治四年（1865）亦西斋刻本、清刻本、光绪二十八年（1902）金匮浦氏刻本；南京图书馆还藏清松江文萃堂重刻本、光绪二十八年金匮浦氏刻本等。

汪森家刻以刻自撰为主。但他的手泽也有一些不是自刻的。如《碧巢词》一卷为康熙间绿荫堂《百名家词钞》刊本，今国家图书馆藏《裘杼楼藏书目》四卷为道光十年(1830)味经书屋抄本，今南京图书馆（原江苏国学图书馆）藏《撰辰集》四卷，为道光间（1821—1850）山阴沈复粲手抄本。还有《四库大辞典》著录的《名家词话》《虫天志》也未查到自刻本。

汪森不仅本人在学术界和出版史上应占有一定的历史地位，而且也是江南绵延多代的藏书家群体、家族学术繁衍的典型和重要家刻群体。汪森兄汪文桂，自幼好学，与当时名彦相结纳，学问日益精进，由府学贡生考授官内阁中书。生有四子，其次子继爗过继给汪森为后。汪森无后，以继爗为嗣，世代书香，为桐乡藏书名门，不过延及曾孙孟鋗家道开始中落，但仍为藏书大家。他在文化出版业中还常作序等。如为清孙郁撰《漱玉堂三种传奇》六卷写总序等。

汪文柏(1659—1725)一作文伯，字季青，号柯庭、柯亭、篔溪，有屐研斋、拥书楼、摛藻堂、古香楼、载德楼、摛源堂、巽隐斋、双桂轩、听松堂、抱月窝、容忍居等堂号，与兄文桂、森均由休宁移居桐乡，定居嘉兴，监生。康熙间（1662—1722），官至北城兵马司正指挥，改行人司行人。朱彝尊在《汪司城诗序》中说汪文柏"季青方年少，结交皆老苍，海内称诗者相与订揽环结佩之好"。又说他诗风直入唐人之室。潘耒在《摛藻堂集序》中说："吴兴多佳山水，休阳汪子季青筑别业读书其中，名其堂曰摛藻之堂。"文柏工诗，善画墨兰，加之广交海内名流，他的学问淹博不亚两兄，著有《柯庭余唱》又名《柯庭余习》十二卷、《柯庭文薮》不分卷、《杜韩诗句集韵》六卷、《古香楼吟稿》三卷、《裘杼楼书目》一册、《西山纪游诗》一卷、《词稿》一卷、《摛藻堂诗稿》一卷《续稿》五卷、《古香楼诗集》不分卷、《谈往》、《未刻谈往》一卷、《谈往续录》一卷等。

汪文柏同是收藏家、刻书家。他别筑古香楼收藏书法精品和名画、簿籍，暇时焚香啜茗，与友人精研其中妙趣精髓，又筑摛藻堂别业作为读书处。沈树德在《汪柯庭先生小传》中说："所居古香楼，鼎彝图籍充列左右。"他本人也在《柯庭余习·古香楼》诗中说："何物满高楼？宋镌与秘录。青藜最可人，黄妳我所欲。香清凝座隅，色古悦心目。焉敢傲百城，拥书聊自足。"又在《古香楼偶作》中说："湘帙牙签列四围，此间渐觉古香肥。有涯岁月期从事，无限尘劳赖息机。开卷蟫鱼如水溜，下帘芸篆隔窗微。可怜文苑多名目，一自兵残世遂稀。"古香楼所藏图书多精善本。如刻本《隶释》、抄本《皇明献实》及弘治刻本《遗山先生诗集》等都是名贵珍籍。还有中国人民大学图书馆藏万历四十七年（1619）余文龙刻《大明天元玉历祥异图说》七卷1函4册本，就钤有"古香楼""休宁汪季青家藏书籍""文孟""德荣文"等诸藏书家印。藏书印有"古香楼汪氏藏书印"、"屐砚斋图书印"、"休宁汪季青家藏书籍"朱大方印、"平阳季子之章"白方印、"平阳季子收藏图书"朱大方印、"汪季子文柏柯庭氏"、"双溪草堂图记"印、"古香楼"朱文大圆印及朱方印、"摛藻堂藏书印"白大方印、"柯庭浏览所及”、“汪氏古香楼藏”朱方印、“千岩道人”白方印、“摛藻堂图书记”朱方印等。其中所藏抄本典型特征是：黑格10行，细黑口，双鱼尾，左右双边，版心上方刻“摛藻堂”3字，20×14。除藏书印外，汪氏藏书面页标识也有区别。如《本草衍义》面页署“摛藻堂藏”，《苏诗补注》面页题“初白翁原稿，拥书楼收藏”并有“梧桐乡汪氏拥书楼所藏”图记等。[①]

汪文柏与乃兄一样，也是抄书及古籍整理家。汪文柏收藏中最著者为汪氏摛藻堂抄书及经过自己整理的古籍。

现仍存世的抄书主要有：

元张翥撰《蜕岩词》二卷、宋穆修撰《宋穆参军先生文集》三卷《遗事》一卷计2种4卷、宋冯山撰《安岳冯公太师文集》三十卷、元张翥撰《蜕庵诗》四卷《集外诗》一卷《蜕岩词》二卷《附录》一卷计3种8卷、明袁凯撰《袁海叟在野集》八卷、明袁凯撰《袁海叟在野集》不分卷、梁萧统辑《文选》十二卷明吴近仁撰《音注》十二卷计2种24卷、明廖道南撰《殿阁词林记》二十二卷、宋苏轼撰《东坡集选志林》一卷、明任洛纂修《［正德］桐乡县志》十卷、宋苏轼撰《东坡集选志林》一卷、元陈孚撰《陈刚中诗集》三卷（《观光稿》《交州稿》《玉堂稿》各一卷）《附录》一卷计4卷、元释明本撰《元天目中峰和尚四居诗》一卷、元释清珙撰《石屋禅师山居诗集》六卷、元释益撰《元岳林栯堂禅师山居诗》一卷、元岑安卿撰《栲栳山人诗集》又名《栲栳山人集》三卷、元郑玉撰《师山先生文集》十一卷、明杨一清撰《石淙诗稿》十九卷、清汪文柏校宋范祖禹撰《太史范公文集钞》十八卷、朱彝叙刻元马端临撰明胡震亨辑《文献通考纂》二十四卷、宋冯山撰《安岳冯公太师文集》三十卷等。

汪氏三兄弟刻书以汪森、汪文柏为著，此后汪氏旅桐乡一脉也间有

① 详吴骞撰《拜经楼藏书题跋记》。

刻书，但比起汪森已不可同日而语，但汪氏后人家刻先人著述却一直延及至清末。

现重点胪列汪文柏主要刻书如下，余从略从简。

汪文柏及其后人先后以古香楼、凤鸣里巽隐斋等为堂号也刊刻一批丛书和单行本图书。现胪列主要书目如下。

康熙辛酉（二十年，1681）古香楼精刊清休阳汪文柏撰《柯庭余习》十二卷。《贩书偶记・集部・别集类》卷十四第351页著录。但《中国古籍总目・集部・别集类・清代之属・清前期》第1262页著录上海图书馆藏乾隆六年（1741）此书刻本。

清写刻清汪文柏撰《古香楼吟稿》二卷、《词稿》一卷计2种3卷。《中国人名大辞典》、《清人别集总目》第994页著录，上海图书馆藏。

康熙三十一年（1692）休宁汪森弟汪文柏（寄籍嘉兴）序刊自辑《汪柯庭汇刻宾朋诗》7种十一卷。《中国古籍善本书目・集部・总集类》第1540—1541页、《中国古籍善本总目・集部・总集类・丛编・断代》第一七〇七页、《中国古籍总目・集部・总集类・丛编之属・分体・断代》第2867页、《中国丛书综录・类编・集类・总集（清代）》第一册第865页、《西谛书目・集部中・总集类》卷四第三八页、《中国丛综录补正》第252页、《北京图书馆古籍善本书目・集部・总集类》第二八二六至二八二七页著录，国家图书馆（6册本）、上海图书馆（线装6册本）藏。按，《丛书综录》所列此丛书子目与原书题名有别。如《唱和诗》原题《华及堂倡和诗》，《花屿嘤鸣》原题《华屿嘤鸣》，应改正。该刊本半页10行，行21字，黑口，四周单边。

康熙三十一年（1692）凤鸣里巽隐斋自刊休宁汪文柏（柯庭）著《落岑萃钞》13种十九卷。刘声木《续补汇刻书目》卷二十七第四至五页著录。

康熙丙子（三十五年，1696）刊自撰《摛藻堂诗稿》一卷、《续稿》五卷计2种6卷。《贩书偶记・集部・别集类》卷十四第351页、《清人别集总目》第994页（仅录《续稿》五卷）著录，国家图书馆、上海图书馆、广东省图书馆、中国科学院图书馆、复旦大学图书馆及上海黄裳处藏。该刊本半页 9 行，行 19 字，小字双行同，黑口，顺鱼尾，四周单边。

康熙三十五年刻清汪文柏撰《擒藻堂诗稿》一卷、《续稿》二卷计 2 种 3 卷。《中国古籍总目・集部・别集类・清代之属・清前期》第 1261 页著录，国家图书馆藏。

康熙三十五年刻清汪文柏撰《擒藻堂续稿》五卷。《中国古籍总目・集部・别集类・清代之属・清前期》第 1261 页著录，国家图书馆藏。

康熙间（1662—1722）刻清汪文柏撰《古香楼吟稿》三卷、《词稿》一卷计 2 种 4 卷。《北京图书馆古籍善本书目・集部・清别集类》第二五三四页著录，国家图书馆藏 2 册本。该刊本半页 9 行，行 19 字，黑口，左右双边。

康熙间（1662—1722）刻清汪文柏撰《西山纪游诗》一卷。《北京图书馆古籍善本书目・集部・清别集类》第二五三四页、《清人别集总目》第 994 页著录，国家图书馆藏 1 册本。该刊本半页 9 行，行 19 字，黑口，左右双边。

康熙间刻清汪文柏撰《擒藻堂诗稿》一卷、《续稿》二卷计 2 种 3 卷。《中国古籍善本书目・集部・清别集类》第 1093 页、《北京图书馆古籍善本书目・集部・清别集类》第二五三四页、《清人别集总目》第 994 页著录，国家图书馆藏 1 册本。该刊本半页 9 行，行 19 字，黑口，四周单边。

康熙间刻清汪文柏撰《柯庭文薮》不分卷。《中国古籍善本总目・集部・清别集》第一五四八页、《中国古籍总目・集部・别集类・清代之属・清前期》第 1262 页著录，中国科学院图书馆、国家图书馆、上海图书馆、复旦大学图书馆、广东省图书馆藏。该刊本半页 9 行，行 19 字，白口，左右双边。

康熙间刻《擒藻堂续稿》五卷。《中国古籍善本书目・集部・清别集类》

第1093页、《中国古籍善本总目·集部·清别集》第一五四八页（错“藻”为“藻”、“稿”为“移”）、《北京图书馆古籍善本书目·集部·清别集类》第二五三四页、《中国人民大学图书馆古籍善本书目·集部·别集类》第236页、《清人别集总目》第994页著录，国家图书馆、上海图书馆、山东省图书馆、中国社会科学院文学研究所图书馆、中国人民大学图书馆藏。该刊本半页9行，行19字，小字双行同，黑口，顺鱼尾，四周单边。

康熙辛巳（四十年，1701）精刊自撰《古香楼吟稿》三卷、《西山纪游诗》一卷、《词稿》一卷计3种5卷。《贩书偶记·集部·别集类》卷十四第351页、《清人别集总目》第994页著录，国家图书馆、南京图书馆、江西省图书馆、天津图书馆、复旦大学图书馆及上海黄裳（计3种3卷）藏，为合印本。还有1种《西山纪游诗》一卷。上海图书馆藏清写刻本则为《古香楼吟稿》二卷、《词稿》一卷；国家图书馆还藏有康熙间刻单行本《西山纪游诗》一卷，实为康熙辛巳（1701）精刊，《贩书偶记》351页著录。中国科学院图书馆还藏有《古香楼诗集》不分卷抄本。

康熙四十年汪文柏精刊自撰《柯庭文薮》不分卷。《中国古籍善本书目·集部·清别集类》第1093页、《西谛书目·集部上·清别集类》卷三第三八页、《贩书偶记·集部·别集类》卷十四第351页、《北京图书馆古籍善本书目·集部·清别集类》第二五三四页、《清人别集总目》第994页著录，国家图书馆（2册本）、上海图书馆、广东省图书馆、中国科学院图书馆、复旦大学图书馆及上海黄裳藏。该刊本半页9行，行19字，白口，左右双边。

康熙四十年（1701）汪氏古香楼刻清汪文柏撰《古香楼吟稿》三卷、《柯庭文薮》不分卷、《西山纪游诗》一卷、《词稿》一卷计4种。《中国古籍总目·集部·别集类·清代之属·清前期》第1262页著录，国家图书馆藏。

康熙四十年精刊清休阳汪文柏撰《西山纪游诗》一卷。《贩书偶记·集部·别集类》卷十四第351页著录。

康熙四十四年(1705)汪氏古香楼刻题《柯庭余习》又名《柯庭余唱》十二卷。《中国古籍善本书目·集部·清别集类》第1093页、《中国古籍善本总目·集部·清别集》第一五四八页、《中国古籍总目·集部·别集类·清代之属·清前期》第1262页、《北京图书馆古籍善本书目·集部·清别集类》第二五三四页、《西谛书目·集部上·清别集类》卷三第三八页、《安徽省馆藏皖人书目》第156页、《清人别集总目》第994页著录，国家图书馆（2册本2部）、中国科学院图书馆、上海图书馆、复旦大学图书馆、中山大学图书馆、南京图书馆、天津图书馆、浙江图书馆、安徽省图书馆（2册本）、吉林大学图书馆、华东师范大学图书馆、苏州大学图书馆、泰州市图书馆、中国社会科学院文学研究所图书馆藏。该刊本半页10行，行21字，黑口，左右双边。《皖人书录》第498页载为《柯庭余唱》十二卷，《[光绪]安徽通志·艺文志》作《司城诗集》无卷数。复旦大学图书馆还藏汪氏家抄本，有邓之诚跋。

康熙间（1662—1722）吴调元辨义堂刻汪氏古香楼印宋寇准撰《寇忠愍公诗集》三卷。《中国古籍善本总目·集部·宋别集类》第一二三八页著录，上海图书馆藏。该刊本半页9行，行19字，白口，左右双边。

康熙四十五年（1706）汪氏古香楼刻清汪文柏辑《杜诗集韵》三卷。《北京师范大学图书馆古籍善本书目·子部·类书类》第178页、《中国人民大学图书馆古籍善本书目·子部·类书类》第144页著录，北京师范大学图书馆（3册本）、中国人民大学图书馆（1函6册本、1函4册本各1部）藏。该刊本半页8行，行11字，小字双行22字，黑口，左右双边，有刻工。卷末牌记镌“康熙岁次丙戌（1706）中秋日开雕，丁亥（1707）立夏日告竣”，封面镌“古香楼藏板”。

附　康熙四十五年麟庆堂洞庭刻清汪文柏辑《杜韩诗句集韵》三卷。

《中国古籍总目·子部·类书类·韵编之属》第2099页著录，上海图书馆、辽宁省图书馆藏。

康熙四十六年（1707）刻清汪文柏辑《杜韩诗句集韵》三卷。《中国古籍总目·子部·类书类·韵编之属》第2099页著录，辽宁省图书馆藏。

康熙四十五年刻清汪文柏辑《杜韩诗句集韵》八卷。《中国古籍总目·子部·类书类·韵编之属》第2099页著录，北京大学图书馆、南京图书馆藏。

康熙四十六年汪氏古香楼刻清汪文柏辑《杜韩诗句集韵》八卷。《中国古籍总目·子部·类书类·韵编之属》第2099页著录，国家图书馆、北京大学图书馆、上海图书馆、南京图书馆藏。

康熙四十六年（1707）序刻《柯庭余习》八卷。《清人别集总目》第994页著录，日本大阪府立图书馆藏。《安徽省馆藏皖人书目》第156页、《安徽文献书目》第128页著录，安徽省博物馆藏清刊《柯庭余习》七卷1册本，为先印本。

康熙四十六年古香楼刻清汪文柏辑《杜韩诗句集韵》又名《杜韩集韵》三卷。《香港所藏古籍书目·子部·类书类》第230页及同书《集部·别集类》第256页、《青海省古籍善本书目·子部·类书类》第七五页、《清人别集总目》第994页、《东北师范大学图书馆藏古籍善本书目解题·经部·小学类·韵书》第71页著录，首都图书馆、青海省图书馆（5册本）、东北师范大学图书馆（6册本）、香港大学图书馆（3册本）、香港中文大学图书馆（3册本）藏。该刊本半页8行，行字不等，小字双行，行23字，小黑口，左右双边。封面镌“古香楼藏板”。《北京大学图书馆藏古籍善本书目·子部·类书类》第324页著录馆藏光绪八年（1882）姑苏来青阁修补汪氏古香楼刻本2部，分别为4册、5册本，系汪氏康熙本余绪。

康熙间（1662—1722）刻清汪文柏撰《古香楼吟稿》三卷、《西山纪游诗》一卷、《词稿》一卷计3种5卷。《中国古籍善本书目·集部·清别集类》第1093页、《中国古籍善本总目·集部·清别集》第一五四八页著录，国家图书馆、上海图书馆（不全）、复旦大学图书馆、南京图书馆、江西省图书馆藏。该刊本半页9行，行19字，黑口，左右双边。

康熙间刻清王（汪）文柏辑《汪柯庭汇刻宾朋诗》十一卷。《西谛书目·集部中·总集类》卷四第三八页著录，西谛藏6册本。

清汪氏摛藻堂刻元张翥撰《蜕岩词》二卷。《北京图书馆古籍善本书目·集部·词类》第二九六一页著录，国家图书馆藏2册本。该刊本半页9行，行21字，黑口，左右双边。

收藏整理古籍大家金檀祖孙

丹凤梧桐别旧楼，桃花红到武陵豀。

写生亦复含书味，泡海居然剩一蠢。

这是叶昌炽在《藏书纪事诗》中对金檀祖孙收藏、著述事业的总结。祖籍休宁县七桥的金秉公游浙东，爱桐乡风土，定居桐乡，他的孙子辈出了大藏书家金檀及其孙心山仍守其遗书。金檀除自己的孙子外，还有个仍居桐乡的从孙及其侄锡鬯也是藏书家。在他们祖孙辈中金檀、金德舆不仅是江浙著名的藏书家，也是著名的刻书家。

本文仅介绍金檀及其侄孙金德舆俩人。

金檀（约1660—1730），字星轺，号嵛圃，随先世入浙江桐乡籍，康熙时（1662—1722）贡生。康熙四十八年（1709）迁居太仓，晚年又迁居苏州桃花坞盍簪坊。金樟[①]弟，金元功叔，可埰祖父，德舆从祖父。著《文瑞楼集》《消暑偶录》，编《青丘高季迪先生（启）年谱》一卷

---

① 顾陈垿撰《抱桐轩文集·故工部都水司主事金君墓志铭（代张廷玉）》说："君讳樟，字匡秀，别号南庐。占籍休宁，王父秉公游浙东，爱桐乡风土，又寄籍焉。考学汾生四子，君孟也。庚辰（康熙三十九年，1700）成进士，己丑（四十八年）移居太仓。子男三，弘勋，四川巴县令。"

及文瑞楼书目等。

他的藏校书处为文瑞楼，收藏丰富。刻书又署翼燕堂。《嘉兴府志》说：“桐乡金檀，字星轺，诸生。经史图书无不遍览，好聚书，遇善本虽重价不吝，或假归手钞。积数十年，收藏之富，甲于一邑。所著有《文瑞楼集》《销暑偶录》。”能反映他收藏大概的有《文瑞楼藏书志》、《文瑞楼书目》不分卷、《文瑞楼藏书目录》四卷、十二卷及《文瑞楼藏书目录》不分卷、《藏书纪要》一卷等。他把毕生精力花在收藏力学上。每遇善本珍稀秘籍必重价收购，对不能得者必假归手录，日事丹铅，亲手校勘。凡故旧无依者均延之家塾，束脩加重，使之分任抄胥，使他的收藏甲于三吴。因不事经营，家道日落，但他甘于贫困，曾说：“书如水，我则如鱼，使一日无此，我能为涸辙之鱼乎？”他的收藏中有不少著名的抄本。

其中，清金氏文瑞楼抄《宋人小集》就达68种一百〇六卷、宋陈起撰《芸居乙稿》一卷、宋刘翰撰《小山集》一卷宋杜旃撰《癖斋小集》一卷、宋陈起编《南宋群贤小集》61种九十五卷就有以金氏文瑞楼抄宋周弼撰《汶阳端平诗隽》四卷配套，说明金氏文瑞楼也抄了此套丛书、《南宋小集》9家二十七卷、宋周必大撰《周益文忠公集》二百卷宋周纶撰《年谱》一卷《附录》五卷（清抄配本）计3种206卷，两部抄本计6种412卷，是大部头抄书。还有元朱德润撰《存复斋文集》又名《存复斋集》十卷《附录》一卷计11卷、元傅若金撰《傅与砺诗集》八卷2部、宋宾王校胡惠墉跋元丁鹤年撰《丁鹤年先生诗集》一卷元吉雅谟丁爱理沙吴惟善撰《附录》一卷计2种2卷、元丁鹤年撰《丁鹤年先生诗集》一卷、明郭奎撰《望云集》五卷、明李时勉撰《谥忠文古廉文集》不分卷、元刘祁撰《归潜志》十四卷、明姚广孝撰《逃虚子诗集》十卷《续集》一卷《逃虚类稿》五卷计3种16卷、明高棅撰《高漫士木天清气集》十四卷、明宣宗朱瞻基撰《宣庙御制总集》不分卷、明杨循吉撰《松筹堂集》又名《南峰杨先生松筹堂文集》十二卷、元刘一清撰《钱塘遗事》

十卷、宋周煇撰《清波杂志》十二卷《别志》三卷计2种15卷、五代王定保撰《唐摭言》十五卷、宋牟巘撰《陵阳先生集》又名《牟氏陵阳集》《陵阳集》二十四卷、元李继本撰明李伸编《一山文集》九卷、明曾棨撰《巢睫集》五卷、宋韩驹撰《陵阳先生诗集》四卷、宋周紫芝撰《太仓稊米集》七十卷、元刘秉忠撰《刘太傅藏春集》六卷、元王奕撰明陈中州编《玉斗山文集》三卷《附录》一卷计4卷、元许谦撰《白云许先生文集》四卷、元马祖常撰清顾嗣立选《马石田文集》十五卷元虞集等撰《附录》一卷计16卷、元李士瞻撰《经济文集》六卷附元李继本撰《一山文集》一卷计2种7卷、元陈基撰《夷白斋稿》三十五卷《拾遗》一卷《外集》一卷计3种37卷、元张昱撰《张光弼诗集》二卷、明袁华撰《耕学斋诗集》十二卷、明谢常撰《桂轩诗集》一卷、明陶振撰《云间清啸集》一卷、明侯复撰《观光诗集》二卷《助教侯先生诗集》二卷《文集》四卷计3种8卷2部、明侯复撰《观光诗集》一卷《助教侯先生诗集》三卷《文集》四卷计3种8卷、明侯复撰《观光诗集》二卷《助教侯先生诗集》四卷《文集》四卷计3种10卷、明李时勉撰《谥忠文古廉文集》六卷、明姚福撰《枫树亭稿》十二卷、宋沈与求撰《沈忠敏公龟谿集》又名《龟谿集》十二卷等。

还有《文瑞楼书目》又名《文瑞楼藏书目录》二十卷、《文瑞楼藏书志》不分卷。此类书条理分明，编次得法，依四部分目，为书目中成功之作，全书收入四部两千余种。杨蟠在《文瑞楼书目序》称：“娄东金明经星轺，自幼嗜古，好蓄异书，筑文瑞楼以贮之。此《书目》十二卷，皆其所藏也。”他所藏珍贵图籍有元刻元蒋易编《皇元风雅》三十卷，后为黄丕烈得，后又为张金吾、瞿氏铁琴楼递藏，其全本当为存世孤本。又有元版元印《汉泉曹文贞公诗集》十卷，为赵孟頫手书本等及多种明刊善本。其孙可埰（心山）也在明刻本《云溪友议》三卷的识语中说：“家祖星轺公性嗜卷籍，四部裒然，幸无挂漏之议矣。乃一传而佚，殊以神物不克久聚为恨。”文瑞楼书以集部图书收藏为重点，这可从《文瑞楼书目》中可窥见。此书以四部分类立子目，对小说、诗文集均按朝代划分，很方便检阅。其中，卷一为经部，卷二、三为史部，卷四、五为子部，卷六至十二为集部，尤多明人集子，共录书2000余种。其抄书特征，黑格11行，白口，双鱼尾，左右双边，版心下印“文瑞堂”3字，19.5×13.3。金氏藏印有“金氏星轺珍藏图书记”朱方、“购此书甚不易”白方、“金星轺藏书印”朱文方印、“家在黄山白岳之间”白文方印、“金星轺藏书记”朱小方、“文瑞楼”、“结社溪山”、“文瑞楼主人”朱文方印、“身在书生侠士间”、“真意”、“此中有真意”、“金氏文瑞楼藏书记”、“文瑞楼藏书记”等。

他在古籍整理上也是有贡献的，留下校跋之类文字有元王恽撰《秋涧先生大全集》又名《秋涧先生大全文集》一百卷《附录》一卷计101卷。

金可埰（？—约1798），字心山，号溪山、甸华，有沧蠡阁、壹是堂，金檀孙，吴县诸生，寄籍嘉兴，后迁居太仓。工绘事。金檀生前家道已衰，

雍正间（1723—1735）其书已开始散失，一部分为其孙可埰所守，一部分为宋宾王所得。其后人也由桃花坞迁往马医科巷。陆心源《皕宋楼藏书志》卷九十八、一百〇六记有宋宾王在雍正间获其藏书数种如元本《汉泉曹文贞公诗集》十卷、旧抄本《丁鹤年诗集》三卷等，但可埰仍守其旧藏残余。藏书处为沧蠡阁、壹是堂，有“埰”朱圆印、“心山”、“壹是堂读书记”朱方印及“心山书画”朱长方印。士礼居《梅花百咏跋》介绍说：“心山姓金，名可埰，工文，嗜酒，而晚善画。”心山死后，金檀藏书丧尽。

金可埰在整理古籍上留下笔迹，今存世可查的不多。清金可埰、黄丕烈跋清初抄明姚广孝撰《道余录》一卷。

金氏文瑞是比较著名的刻书堂号。其主要刻书如下：

清金檀文瑞楼刻清顾炎武撰《亭林文集》六卷、《余集》一卷计2种7卷。《清人别集总目》第1791页著录，南京图书馆藏。

康熙五十八年（1719）金檀燕翼堂刻明程本立撰《程巽隐先生全集》

即《巽隐程先生诗集》二卷、《文集》二卷计2种4卷。《中国古籍善本书目·集部·明别集类》第560页、《中国古籍总目·集部·别集类·明代之属》第550页著录，国家图书馆、北京大学图书馆、清华大学图书馆、南开大学图书馆、辽宁省图书馆、吉林大学图书馆、南京图书馆、泰州市图书馆、浙江图书馆、嘉兴市图书馆、福建师范大学图书馆、华中师范大学图书馆、四川省图书馆、重庆市图书馆、中国社科院文学研究所图书馆、历史研究所图书馆藏。《西谛书目·集部上·明别集类》卷三第二二页著录4册本。

康熙五十八年（1719）桐乡金檀燕翼堂刊明贝琼撰《贝清江先生全集》四十卷即《清江贝先生诗集》十卷、《文集》三十卷计2种40卷。《中国古籍善本书目·集部·别集类》第535页、《中国古籍总目·集部·别集类·明代之属》第539页、《西谛书目·集部上·明别集类》卷三第二二页（著录6册本）著录，国家图书馆、北京大学图书馆、中国人民大学图书馆、中央民族大学图书馆、上海辞书出版社图书馆、天津图书馆、南开大学图书馆（不全）、辽宁省图书馆、吉林省图书馆（不全）、吉林大学图书馆、吉林省社会科学院图书馆、西北师范大学图书馆、山东省图书馆、山东师范大学图书馆、南京图书馆、苏州市图书馆、泰州市图书馆、扬州师范学院图书馆、浙江省嘉兴市图书馆、武汉大学图书馆、湖南省图书馆、中山图书馆、中山大学图书馆、重庆市图书馆、中国社会科学院文学研究所图书馆、北京市文物局、南京博物院藏。

雍正六年（1728）文瑞楼序刻明高启撰、清金檀辑注《青邱高季迪先生诗集》十八卷、《遗诗》一卷、《扣舷集》一卷、《凫藻集》五卷、《附录》一卷、清金檀撰《年谱》又名《青邱高季迪年谱》一卷计6种27卷。《中国古籍善本书目·集部·明别集类》第541页、《北京大学图书馆藏古籍善本书目·集部·别集类》第446页、《中国古旧书刊拍卖目录》第249及602页、《中国古籍总目·集部·别集类·明代之属》第546页、《香港所藏古籍书目·集部·别集类》第274页著录，国家图书馆（梁启超题记）、北京大学图书馆（2部，分别为8册、10册本，但缺《附录》《年谱》各1卷，同页还著录清雍正六年文瑞楼刻修订将板心“文瑞楼剜去”的后印本10册1部）、中国人民大学图书馆、中央民族大学图书馆、文化部文学艺术研究院图书馆、故宫博物院图书馆、中共北京市委图书馆、中国科学院上海分院图书馆、天津师范大学图书馆、辽宁省图书馆、大连市图书馆、吉林省图书馆、吉林大学图书馆、黑龙江省图书馆、哈尔滨师范大学图书馆、牡丹江师范学院图书馆、兰州大学图书馆、青岛市图书馆、山东师范大学图书馆、南京图书馆、江苏省吴江市图书馆、盐城师范学院图书馆、浙江图书馆、浙江省平湖市图书馆、皖南农学院图书馆、江西省图书馆、福建省图书馆、厦门大学图书馆、河南省社会科学院图书馆（不全）、湖北省图书馆、武汉市图书馆、湖南省图书馆、华南师范大学图书馆、广东省社会科学院图书馆、广西师范大学图书馆、四川省图书馆、香港中文大学图书馆（9册本3部，8册本1部，10册本1部计5部）、香港大学图书馆（8册本2部，10册本1部计3部）及浙江图书馆天一阁分馆、北京市文物局、南京博物院藏，中国书店拍卖版式半页17.8×14.5《高青邱诗集注》十八卷（缺卷八至十计3卷）、《扣舷集》一卷、《遗诗》一卷、《凫藻集》五卷计4种22卷7册本，博古斋拍卖此书6种27卷竹纸8册本。

雍正六年（1728）金氏文瑞楼刻明高启撰《青邱高季迪先生凫藻集》五卷。《中国古籍善本书目·集部·明别集类》第539页、《中国古籍善本总目·集部·明别集类》第一三六三页、《中国古籍总目·集部·别集类·明代之属》第548页著录，重庆市图书馆藏清宋宾王校本，国家图书馆藏清吴梅校补并跋本，均为逸出单行本。该刊本半页11行，行22字，白口，左右双边。收入《四库全书》定名《凫藻集》五卷。

雍正六年桐乡金氏刻清金檀编《青丘（邱）高季迪先生（启）年谱》一卷。《中国古籍总目·史部·传记类·年谱之属》第870页著录，上海图书馆藏，收入《四部备要》本中。

康熙、雍正间（1662—1722、1723—1735）休宁金檀桐乡金氏文瑞楼燕翼堂刻自辑《文瑞楼丛刊》又名《文瑞楼丛刻》《文瑞楼汇刻书》10种七十一卷。《中国古籍总目·集部·总集类·丛编之属·各体·断代》第2795页、《中国丛书综录·类编·集类·总集（明代）》第一册第855页、《中国丛书综录补正》第247页、《中国人民大学图书馆古籍善本书目·集部·总集类》第153页、《安徽省古籍善本书目·集部·别集类·明代》卷四第七十至七十一页、《青海省古籍善本书目·集部·别集类》第一四三页、《山东省图书馆馆藏海源阁书目·集部·别集类》第241页著录，国家图书馆、北京大学图书馆、南京图书馆、浙江图书馆、辽宁省图书馆、吉林省图书馆、吉林大学图书馆、湖南省图书馆、广东省图书馆、四川省图书馆、中国科学院图书馆、中国社会科学院文学研究所图书馆及北京市文物局藏全套丛书，北京师范大学、中国人民大学（仅存《青邱高季迪先生诗集》十八卷、《遗诗》一卷、《扣舷集》一卷、《凫藻集》五卷、《高季迪先生年谱》一卷、《清江贝先生诗集》十卷、《文集》三十卷7种66卷4函22册不全本）、上海辞书出版社图书馆、黑龙江省图书馆、重庆市图书馆、安徽劳动大学图书馆（仅存《诗集》十八卷、《卷首》一卷、《遗诗》一卷、《扣舷集》一卷4种21卷12册）、芜湖市图书馆（仅存《高青邱集》十八卷附《凫藻集》五卷10册）、安庆市图书馆（仅存《诗集》17卷6册）及安徽省博物馆（仅存雍正六年刊《高青邱集》中的《诗集》十八卷、《遗诗》一卷、《扣舷集》一卷、《凫藻集》五卷4种25卷8册本）图书馆藏本均不全。此书更多的是单行本。如《中国书店三十年所收善本书目·集部·明别集类》一八四著录收购到雍正六年金檀文瑞楼刻明高启撰、桐乡金檀注《青邱高季迪先生诗集》十八卷附《扣舷集》一卷。《北京大学图书馆藏古籍善本书目·集部·别集类》第446页著录馆藏7册本康熙五十八年（1719）金氏燕翼堂刻明贝琼撰《清江贝先生诗集》十卷、《文集》三十卷附明程本立撰《诗集》二卷、《文集》二卷，系不全本。《贩书偶记·集部·别集类》卷十三第322页著录为《高青邱集辑论》十八卷、《扣舷集》一卷、《遗诗》一卷、《凫藻集》五卷。此套丛书在汇印前以单行本行世，因此最起码可视为两次印行，计6种142卷。青海省化隆县图书馆藏雍正六年至七年（1728—1729）金氏文瑞楼刻明高启撰、清金檀辑注《青邱高季迪先生诗集》十八卷、《遗诗》一卷，明高启撰《扣舷集》一卷、《凫藻集》五卷，清金檀辑《附录》一卷，清金檀撰《年谱》一卷。山东省图书馆藏1函6册《青邱高季迪先生诗集》十八卷、《首》一卷、《遗诗》一卷、《扣舷集》一卷、《凫藻集》五卷、《附录》一卷，为高氏文集中最全本。该刊本半页11行，行21字或22字，小字双行，字数不一（18×14.6），白口，左右双边，单黑鱼尾。版心下镌“文瑞楼”或“燕翼堂”标记。尤其是金檀己亥（五十八年）刻《巽隐程先生全集》，首题“后学金檀星轺编辑，侄弘勋元功校”，书口有“燕翼堂”3字。

康熙五十八年（1719）桐乡金檀燕翼堂刻乾隆二十四年（1759）重修明贝琼撰《贝清江先生全集》四十卷即《文集》三十卷、《诗集》十卷。《中国古籍总目·集部·别集类·明代之属》第539页著录，南京图书馆藏。

雍正六至七年（1728—1729）金氏文瑞楼刻乾隆间（1736—1795）墨华池馆印明高启撰、清金檀辑注《青邱高季迪先生诗集》十八卷、《遗诗》一卷、《扣舷集》一卷、《凫藻集》五卷、《附录》一卷，清金檀辑注《青邱高季迪年谱》一卷计6种27卷。《中国古籍总目·集部·别集类·明代之属》第546页著录，南京图书馆藏。

乾隆间燕翼堂刻太平（今安徽省黄山市黄山区）明周怡撰《周恭节公奏疏》一卷、《年谱》一卷计2种2卷。《安徽文献书目》第52页著录，安徽省图书馆藏2册本。

清刻明高启撰、清金檀辑注《青邱高季迪先生诗集》十八卷、《遗诗》一卷计2种19卷。《中国古籍总目·集部·别集类·明代之属》

第548页著录，国家图书馆藏。

附　民国三年（1914）文瑞楼石印明高启撰、清金檀辑注《青丘（邱）高季迪先生诗集》十八卷、《首》一卷、《补遗》一卷、《诗余》一卷、《附录》一卷计3种22卷。《中国古籍总目·集部·别集类·明代之属》第546—547页著录，天津图书馆藏，天津图书馆、南京图书馆还藏民国三年东吴浦氏石印本。此文瑞楼应为上海文瑞楼，而非金氏旧楼。

金德舆（1750—1800），字鹤年，又字少权、仲权，号鄂岩、云庄，有桐华馆、华及堂、素行堂，先祖休宁县，寄籍桐乡，他基本上是金氏迁桐乡后不再迁徙的传人，金檀侄孙。监生，以献书赐官至刑部奉天司主事。喜藏书，精鉴别，工书善画，诗作亦佳。著《桐华馆吟稿》（又称《桐华馆诗集》）、《桐华馆诗钞》二卷、《金鄂岩诗稿》一卷、《史翼》等。

《[光绪]桐乡县志·文苑》卷十五说他："七岁能诗，稍长嗜读书，考求金石图史，收藏名人翰墨……乾隆庚子（四十五年，1780）南巡，献《太平欢乐图册》、宋板《礼记》等书，蒙赏缎匹。"《蒲褐山房诗话》说："云庄能诗善画，累世所藏法书名迹及宋刻书甚富。南巡时，择善本以进，有文绮之赐。所居铜（桐）华馆，擅图书花木之胜，与蒋君元龙、方君薰等留连文酒。四方名士过桐乡者，必造请盘桓而后去，招门投辖，初无倦意。"该书卷十五还说他乐善好施，"家本素封，坐此中落。晚年侨寓西湖，贫益甚。时典质书画以开文酒之会，余即以济人"。李贻德在《六哀诗·金鄂严比部》诗中说他："两峰高高避债台，岁暮逼人西湖来。遍借金钱给寒士，春风仍使梅花开。朱提手挥十四万，广厦无际生平愿。死后尽发箧中藏，百二十纸赊米券。"

金氏藏书多宋元精抄本，有"金氏云庄"藏书印。他的藏书散在他自己手中。他的死也很有意思，是死在与鲍廷博共饮谈笑间，一掷酒杯已死。鲍廷博《悼鄂岩诗》："誓同西湖毕此生，无端一语我心惊。老轻书画兼金值，死避穷愁两字名。诗卷新排宁有意，酒杯笑掷已无声。

风光石火须臾景，除是斜阳写得成。”自注说：“藏弆书画法帖数千金，晚年脱手散去，不计值也。”又说：“方与余晚酌，烛未见跋，把杯一笑而逝。”

他喜刻书。《桐乡县志·文苑》卷十五本传又说：“尝以《三国志刊误》《东观汉记》《后汉书年表》《补汉兵志》《唐书直笔》《旧闻证误》《史纠》《唐史论断》凡八种，广搜善本，校刊剞劂，名曰《史翼》。”

乾隆间（1736—1795）金德舆校刊清嘉兴李绳远撰《寻壑外言》五卷。《贩书偶记续编·附录·四库存目有》第370页著录并指出：“《李氏家集》已经载入，仍作五卷，内多删削。其所删者，诗一百三十余首，集文三十篇，尺牍九十三通。”此书还有康熙间（1662—1722）精刊本。

乾隆二十四年（1759）金寿彭、金德舆为其师秀水李良年校刊的《秋锦山房集》二十二卷、《外集》三卷计2种25卷。《中国人民大学图书馆古籍善本书目·集部·别集类》第237页、《清人别集总目》第792页著录，中国人民大学图书馆（无《外集》三卷，但有《目录》二卷2函10册本）、南京图书馆、山西省图书馆、庐山图书馆、诸暨图书馆、嘉兴市图书馆、台湾大学图书馆、江西省图书馆、中国科学院图书馆、日本国会图书馆藏。此书刻工精湛。此版系康熙三十五年（1696）李潮偕刻，金氏续印。该刊本半页11行，行21字，小字双行同，黑口，双鱼尾，四周单边，《目录》末镌“秀水张云上刻”。经考，前10卷为康熙间刻，后12卷为乾隆间续刻。

乾隆间桐溪金德舆精刊嘉兴李菊房编《李氏家集》6种五十三卷。《丛书目录拾遗》卷六第三至四页著录。

嘉庆间（1796—1820）桐华馆自刻清金德舆编《桐华馆史翼》5种四十二卷。《中国古籍善本总目·史部·纪传类》第二〇六页、《中国古籍总目·史部·总类》第1页、《中国丛书综录·类编·史类·诸史考订》第一册第636页、《中国古籍善本书目·史部·纪传类》（上）第8页、《北京图书馆古籍善本书目·子部·丛书类》第一八八五至一八八六页著录，国家图书馆（6 册本）、北京师范大学图书馆及韩城县文化馆藏。该刊本半页 12 行，行 24 字，小字双行同，黑口，左右双边。《丛书书目汇编》第三册第三三〇页、《中国丛书综录补正•类编•史类•诸史考订》第 167 页说《增订丛书举要》著录为 8 种 64 卷，所增 3 种为：宋孙甫撰《唐史论断》三卷，宋李心传撰《旧史证误》四卷，明朱明镐撰《史纠》十五卷。

嘉庆五年（1800）畬经堂刻《春桥草堂诗集》附清金德舆撰《桐华馆诗集》二卷。《中国古籍总目・集部・别集类・清代之属・清中期》第 1645 页著录，上海图书馆藏。

嘉庆中（1796—1820）休宁（寄籍浙江桐乡）金德舆自辑刊《桐华馆史翼》8 种六十四卷。《中国丛书综录・类编・史类・诸史考定》第 636 页、《中国丛书综录补正》第 167—168 页、《汇刻书目》第二册第六十页著录，国家图书馆、北京师范大学图书馆藏。《补正》后补 3 种不知全藏何处。

桐华馆校刻《九经三传沿革例》。《藏书纪事诗》卷五第五五二页著录，是著名的精善本书。

著书、献书前列的藏书家黄叔琳父子

天上图书补石渠，涓流撮壤比何如。

渔洋衣钵犹存否，铁拐斜街有故庐。

这是叶昌炽在《藏书纪事诗・黄登贤崐圃子登贤云门》中对大学者、大藏书家、康雍乾三朝重臣黄叔琳一门收藏及遗迹的赞歌。

黄叔琳（1672—1756），字昆圃、宏献，号研北，人称北平黄先生，有万卷楼、忍庐、养素堂，原系歙县程氏后裔，以父少失双亲，时母舅大兴黄尔悟任无为州（今安徽省芜湖市无为市）同知，领养为己子，因随舅氏而姓黄，入顺天府大兴籍，故居万卷楼位北京李铁拐斜街。其弟叔琬、叔琪、叔璥。其中，黄叔璥，字玉圃，号笃斋。康熙四十八年（1709）中进士，由户部主事升吏部员外郎。以荐升御史。六十年（1721）派去台湾巡视，著《台海使槎录》八卷。雍正初（约1723）归京，列海疆十要，建议加强海防。因遭蜚语中伤而落职。乾隆初（约1736年），外任河南开归道道员，调驿盐道道员。寻以母忧归里守制。服满补江南常镇扬道道员，以老致仕，居家7年卒，享年77岁。他在抚台中平余孽，释胁从，使台湾秩序安然。在河南任上，他抚灾民，修水利，为民办实事。晚年悉心研究儒学，以主诚为本，功于笃敬，曾说："道学即正学也。亲正人，闻正言，行正事，斯为实学。不然，空谈性命，何补乎？"①

叔琳于康熙三十年（1691）中一甲第三名进士，授编修，迁侍讲学士。四十四年（1705）丁父忧，归里。期满补原官，授山东提督学政。四十八年，升鸿胪寺少卿留学政任。五十一年（1712），升通政司参议。五十七年（1718），升左佥都御史。五十八年，升太常寺卿。六十一年（1722），升内阁学士，寻升刑部右侍郎。雍正元年（1723）三月，任江南乡试正考官，旋调吏部侍郎。二年二月，改任浙江巡抚。八月，将军安泰等审理黄叔琳庇护陈世侃仆金宁祥争殴罪，杖毙店员贺懋芳及他在无为的弟弟叔璥在巡视台湾过杭州时拘责铺户及杭城商户因之三次罢市，影响恶劣而遭部议革职查办。三年正月，雍正帝命他赴海塘效力。

乾隆元年（1736）二月，再起为山东按察使，二年九月，迁布政使。四年（1739），丁母忧。七年（1742），授詹事。其间，因在山东布政使任内错案而遭革职。十六年（1751），乾隆帝特谕："原任詹事黄叔琳以康熙辛未探花，年臻大耋，重遇胪传岁纪，洵称熙朝人瑞！着从优加给侍郎衔。"②

叔琳拜王渔洋为师，喜藏图籍，藏书甚富，有万卷楼、养素堂藏书处；有"北平黄氏万卷楼图书""北平黄氏养素堂曝书"印。两处藏书

---

① 转引自《清史列传·儒林传上二·黄叔璥》第五三六五页。

② 《满汉名臣传·黄叔琳》卷二十六第2154页，哈尔滨：黑龙江人民出版社，1991。

2200余种，并著有《养素堂书目》二卷1册。

他博览群书，精研其理，批注凡已见另立专著，如批校《史通》二十卷而撰《史通训故补》二十卷。类似做法还有《五代诗话》十二卷。理学、经世、坟典，诗古文词均善，常为朝廷起草诏诰敕书，他本人著述也十分丰富。主要有《养素堂文集》不分卷、《文心雕龙注》十卷、《颜氏家训节录》、《诗统说》三十二卷、《夏子正注》一卷、《砚北杂录》十六卷《札记》一卷、《砚北丛录》、《砚北易钞》十二卷、《宋元春秋解提要》、《史通训故补》二十卷、《周易书训》六卷、《西亭王公行状》一卷、《周官节训》六卷、《周礼节训》六卷、《周礼揭要》六卷《周礼序官》一卷2种7卷、《绘图周礼便蒙课本》六卷、《周礼节训增句》，增定《夏小正》一卷等，还辑《渔洋诗法》三卷。

叔琳弟黄叔璥著作也很丰富，著有《黄叔璥河南粮储驿盐道任内文稿》不分卷、《台海使槎录》八卷、《广字义》三卷、《慎终约篇》、《既惓录》、《南台旧闻》十六卷、《南征纪程》一卷、《中州金石考》八卷等，还辑《近思录集注》十四卷、《国朝御史题名》不分卷等。因他的侄子（叔琳子）登贤在四库开馆时将其父著述及其叔黄叔璥著述呈缴，故《四库全书总目》提要中收入四库及存目中仅黄叔琳就收进9种。上述所列均列入其中。此外，还有《黄氏诗钞》三卷、《养素堂文集》不分卷。他的儿子黄登贤曾将他的事迹编成年谱初稿，后经门人顾镇进行编校成《黄侍郎公年谱》三卷，乾隆间（1736—1795）刻行，后人修订重印，国家图书馆藏，书根及书签题《黄昆圃年谱》，记其仕历、政途、著述、时事等，详于政事、著述，尤其是雍正年间（1723—1735）的湖北盐价、浙江无为教活动，乾隆四年（1739）山东蝗灾、水灾都是有价值的史料。

叔琳子黄登贤（1709—1776），字筠盟，又字云门，雍正二年（1724），16岁时在顺天乡试中举，乾隆元年（1736）中进士，任户部河南司额外主事。七年（1742），任江南司主事转员外郎。十一年（1746），升御史。

十八年（1753），升吏部给事中。十九年（1754），转刑部掌印给事中，转刑科掌印给事中。二十四年（1769）五月，升太常寺少卿。二十五年正月，升光禄寺卿。三月，升太常卿。三十二年（1767），改宗人府府丞。三十三年十月，升左副都御史。三十四年（1759）二月，升仓场侍郎。六月，署漕运总督。十一月，提督江东学政，旋改任山东学政。后累官至兵部尚书。登贤继承其父的万卷楼、养素堂藏书，并“每好纠梓书籍之误”（卢文弨语）。他有“翰林院印”“北平黄氏万卷楼图记”等印。他值得一书的是乾隆三十七年（1772）四库开馆，他是全国进呈图书最多的十大家之一。《四库全书总目》著录黄家呈进的图书就达 140 种，1772 卷。其中，11 种无卷数；入存目达 93 种。黄氏兄弟著作列入四库全书正书及存目多种。其中，黄叔琳著作有《砚北易钞》十二卷、《诗统说》三十二卷①、《周礼节训》六卷②、《夏小正注》一卷③、《宋元春秋解提要》不分卷④、《史通训故补》二十卷⑤、《砚北杂录·札记》十六卷⑥、《砚北丛录》⑦、《文心雕龙辑注》十卷⑧计 9 种，还辑《国

---

① 《四库全书总目·经部·诗类存目二》卷一八第一四五页著录。四库馆臣指出，此书“杂采诸家诗说，分类钞录。所摭颇为繁富”。“十四卷以前皆总论诗之纲领，十五卷以后乃依经文次而论之，不列经文，惟聚众说，故以统说为名”。

② 《四库全书总目·经部·礼类存目一》卷二三第一六八页著录。馆臣指出其书名曰“节训”，“盖节录而训释之也。”

③ 《四库全书总目·经部·礼类存目二》卷二四第一九九页著录。此书原载《大戴礼》中，“叔琳以传注多相重复，仍汰其繁芜，以成是注，亦以己说附之。其称传者，《大戴礼》之文；其称注者，（张）履祥之说；注中称张氏曰者，尔岐说；称案者，叔琳说也。”

④ 《四库全书总目·经部·春秋类存目二》卷三一第二五六页著录。此书杂采众家之说，并未写完。

⑤ 《四库全书总目·史部·史评类存目一》卷八九第七五七页著录。

⑥ 《四库全书总目·子部·杂家类存目一〇》卷一三三第一一三二页著录。馆臣指出此书：“上至天文地理，下至昆虫草木，凡经史所载，旁及稗官小说，据其所见，各为采录，亦间附以己意。大抵主于由博返约，以为考据之资。”

⑦ 《四库全书总目·子部·小说家类存目一》卷一四三第一二二六页著录。馆臣据魏兆龙序称为黄氏罢浙江巡抚以后所偶录，“皆众采唐宋元明及近时说部，亦益以耳目所闻见”。

⑧ 《四库全书总目·集部·诗文评类一》卷一九五第一七七九页著录。收入《袖珍古书读本》《龙溪精舍丛书》等丛书中。

朝御史题名》不分卷；黄叔璥著作有《南征纪程》一卷①、《台海使槎录》八卷②、《南台旧闻》十六卷③、《中州金石考》八卷④、《广字义》三卷⑤计5种36卷、《台湾使槎录》一卷、《豫藩偶存》不分卷、《近思录集朱》十四卷。由于黄家对修《四库全书》的贡献，所以乾隆三十九年（1774）五月十四日，高宗谕有："又进呈一百种以上之江苏周厚堉、蒋曾莹，浙江吴玉墀、孙仰曾、汪汝瑮，以及朝绅中黄登贤、纪昀、励守谦、汪如藻等，亦俱藏书旧家，并著每人赏给内府初印之《佩文韵府》各一部，俾亦珍为世宝，以示嘉奖。"⑥

其家刻图书主要有：

康熙庚寅（四十九年，1710）黄叔琳在山东学政使任上刻其师清王渔洋撰《渔洋诗话》。翁方纲撰《送黄忍庐都谏视学山东》诗中有："重访渔洋书库在，娟娟香祖又成丛。"自注"尊甫崐（昆）圃先生于康熙庚寅（四十九年，1710）视学山东，刻《渔洋诗话》"。

雍正十年（1732）古音堂刻清黄叔琳撰《周礼节训》六卷。《中国古籍善本总目·经部·礼类》第六六页、《中国古籍善本书目·经部·礼

---

① 《四库全书总目·史部·传记类存目六》卷六四第五七六页著录。此书系叔璥任监察御史时自康熙元年（1662）正月至六月分日记载他巡视台湾沿途笔记。

② 《四库全书总目·史部·地理类三》卷七〇第六二八页著录。该书为巡视台湾笔记。馆臣指出："卷一至卷四为赤嵌笔谈，卷五至卷七为番俗六考，卷八为番俗杂记。台湾自康熙癸亥（二十二年，1683）始入版图。诸书记载或疏略不备，或传闻失真。叔璥裒辑诸书，参以目见，以成此书。于山川、风土、民俗、物产，言之颇详；而于攻守险隘、控制机宜及海道风信，亦皆一一究悉。于诸番情势，尤为赅备。"是研究台湾的重要史料。分别收入《四库全书》《畿辅丛书》《丛书集成初编》等丛书中。

③ 《四库全书总目·史部·职官类存目》卷八〇第六九二页著录。馆臣指出："是书详述御史典故，凡十三门。每事各注所出之书，颇为详备。其曰南台者，据王士祯《分甘余话》，今都察院可称南台，不可称西台语也。"

④ 《四库全书总目·史部·目录类存目》卷八七第七四九页著录。此书为黄氏任河南开归道员时，辑成于乾隆辛酉（六年，1741）。主录自商周至元明间中州金石。

⑤ 《四库全书总目·子部·儒家类存目四》卷九八第八三〇页著录。此书系对宋陈普作153字，在孙承泽增订基础上，复取陈淳北溪字义及陈达原字训编成一书，并加上自己的看法，故定名广义。

⑥ 《四库全书总目》卷首第二页，北京：中华书局，1965。

类》第 176 页、《中国古籍总目·经部·周礼·传说之属》第 432 页（作清黄叔琳辑、清姚培谦重订）著录，国家图书馆、华东师范大学图书馆、上海图书馆、湖北省图书馆藏。

乾隆丙辰（元年，1736）刻清黄叔璥撰《台海使槎录》八卷。《北京图书馆普通古籍总目·地志门·方志》第四卷第 415 页著录，国家图书馆藏 2 册本 1 部。还藏光绪己卯（五年，1879）定州汪灏刻《畿辅丛书·二编》单行谦德堂藏版 2 册本 3 部。

乾隆三年（1738）黄叔琳刻清姜宸英撰《湛园题跋》一卷。《北京图书馆古籍善本书目·子部·艺术类》第一三三三页、《中国古籍善本书目·子部·艺术类》第 391 页、《中国古籍总目·子部·艺术类·书画之属·书·题跋》第 1309 页及 1310 页著录，国家图书馆（1 册本，由劳权校并跋，另一部由清濮自昆批注）、北京大学图书馆、上海图书馆藏。该刊本半页 9 行，行 21 字，白口，四周双边。

乾隆三年养素堂刻梁刘勰撰、清黄叔琳辑注《文心雕龙辑注》十卷。《东北师范大学图书馆藏古籍善本书目解题·集部·诗文评类》第 405 页著录，东北师范大学图书馆藏 2 册本。该刊本半页 9 行，行 19 字，小字双行 27 字，白口，左右双边，有黄叔琳乾隆三年书。

乾隆己未（四年，1739）刻清黄叔璥辑《广字义》二卷。《贩书偶记续编·子部·儒家类》卷九第 104 页著录。

乾隆六年（1741）刻清黄叔璥辑《中州金石考》八卷。《中国古籍总目·史部·金石考古类·郡邑之属》第 4821 页、《中国古籍善本书目·史部·金石类》第 1480 页、《北京图书馆普通古籍总目·古器物学门》第六卷第 102 页、《北京大学图书馆藏古籍善本书目·史部·考古类》第 207 页著录，国家图书馆（2 册、4 册本各 1 部，西谛藏 2 册本）、北京大学图书馆（4 册本，但卷八末两页抄配有朱笔眉注）、辽宁省图书馆、齐齐哈尔市图书馆、大庆图书馆、湖北省图书馆、上海图书馆（由清严长明校本）、复旦大学图书馆（由吴庠校本）藏。此书收入《顾氏金石舆地丛书》第一集，有民国十六年（1927）铅印本。

乾隆六年黄叔琳养素堂刻自辑注梁刘勰撰、清黄叔琳辑注《文心雕龙辑注》十卷。

《中国古籍善本书目·集部·诗文评类》第1869页、《中国古籍善本总目·集部·诗文评》第一八〇九页、《北京师范大学图书馆古籍善本书目·集部·诗文评类》第288页、《北京图书馆古籍善本书目·集部·诗文评类》第二八七六页、《香港所藏古籍书目·集部·诗文评类》第370页、《山东省图书馆馆藏海源阁书目·集部·诗文评类》第311页、《西谛书目·集部中·总集类》卷四第五〇页、《中国历史博物馆藏普通古籍目录·集部·词类》第346页、《中国人民大学图书馆古籍善本书目·集部·诗文评类》第265页、《北京大学图书馆藏古籍善本书目·集部·诗文评类》第502页、《中国书店三十年所收善本书目·集部·总集类》第二二九页、《美国俄亥俄州立大学图书馆中文古籍书录·集部》第107页、《古籍版本知识》147页著录，国家图书馆（2册本，由陈鳣校跋）、北京师范大学图书馆（4册本，钤“南兰陵吕德镐珍藏金石书籍图章”印）、清华大学图书馆、北京大学图书馆（4部，分别为1册、2册、2册、4册本）、中国人民大学图书馆（1函3册本1部，1函4册本2部）、南开大学图书馆、上海图书馆（2部中1部由清莫彝、孙尼诸家批校，另1部由王文焘录诸家校并跋）、浙江大学图书馆（清孙诒让跋并录黄丕烈、顾广圻批校）、湖北省安陆县图书馆（刘浚录清冯舒、黄丕烈、顾广圻及谭献等人批校）、广东省社会科学院图书馆（2部中有清邵章录顾广圻及谭献批校）、广东省中山图书馆、中山大学图书馆（清陈澧批校）、山东省图书馆（1函2册本）、山西省图书馆、辽宁大学图书馆、东北师范大学图书馆、黑龙江省图书馆、齐齐哈尔市图书馆、黑龙江省大兴安岭地区图书馆、陕西师范大学图书馆、泉州市图书馆、湖北省黄岗市图书馆、武汉大学图书馆、美国俄亥俄州立大学图书馆（4册1函本）及中国历史博物馆（2册本）、北京市文物局藏。

按，此版本应为歙县许氏在江都的家刻本，该刊本半页9行，行19字，小字双行27字（15×11），白口，单黑鱼尾，左右双边，版心中刻“文心雕龙”、卷数、篇名及页码，下刻“养素堂”3字，封面题“养素堂藏板”。此书系对明梅庆生注本重加补缀而成。东北师范大学图书馆藏本题乾隆三年刊，应为初印本，六年应为后印本；中国书店收购乾隆六年养素堂刊竹纸4册本。上海商务印书馆于1936年第3版铅排，使之流传更广，并收入《国学基本丛书简编》中。香港中文大学图书馆、香港大学图书馆、香港中央图书馆、香港中山图书馆藏道光十三年（1833）广州两广节署刻朱墨套印南朝梁刘勰撰、清黄叔琳注、清纪昀评《文心雕龙》十卷4册本。该刊本半页10行，行21字，小字双行，白口，左右双边。香港中山图书馆还藏光绪十九年（1893）长沙思贤讲舍刻此书4册本。

乾隆十年（1745）黄氏养素堂刻宋金履祥撰、清张尔岐辑、黄叔琳增订《夏小正传注》又名《夏小正》一卷。《中国古籍善本总目·经部·礼类》第七七页、《中国古籍善本书目·经部·礼类》第209页、《北京图书馆古籍善本书目·经部·礼类》第八二页、《中国古籍总目·经部·礼类·礼记附录·夏小正之属》第505页著录，国家图书馆藏线装1册本。该刊本半页9行，行18字，小字双行同，白口，左右双边。

乾隆丁卯（十二年，1747）黄叔琳养素堂精刻清黄叔琳撰《史通训故补》二十卷。《中国古籍善本书目·史部·史评类》第1508页、《中国古籍善本总目·史部·史评类》第七六六页、《古籍版本知识》第147页、《贩书偶记续编·附录·史部》第353页、《中国人民大学图书馆古籍善本书目·史部·史评类》第58页、《北京师范大学图书馆古籍善本书目·史部·史评类》第65页、《山东省图书馆馆藏海源阁书目·史部·史评类》第79页、《北京大学图书馆藏古籍善本书目·史部·考古类》第216页著录，国家图书馆（藏2部分别为4册、12册本）、首都图书馆、清华大学图书馆、中央民族大学图书馆、天津师范大学图书馆、辽宁省图书馆、广西壮族自治区桂林图书馆、中国人民大学图书馆（1函8册本3部，1函6册本1部，其中清佚名校注并过录清卢文弨校注、浦起龙、纪昀等人校评1部，佚名据清纪昀撰《史通削繁》朱笔删节并过录批校1部）、北京师范大学图书馆（6册本）、山东省图书馆（仅存卷十至二十计11卷1函3册本由洪煨莲校勘并题记）、南京图书馆（2部，1部由清浦起龙批校本；1部有清卢文弨校跋并录明冯舒、清钱曾、何焯校，清丁丙跋本）、北京大学图书馆（由洪业校并跋本）、湖北省图书馆（由清纪昀批点并跋本）、湖北省安陆县图书馆（由清沈彤录明冯舒、清何焯批校本）、中国社会科学院文学研究所图书馆（由于石生校）藏。该刊本半页9行，行19字，小字双行同（15.5×11.3），白口，左右双边，单黑鱼尾，眉上镌评，封面刻“养素堂藏板”。北京师范大学图书馆藏道光十三年（1833）两广节署刻朱墨套印本由梁刘勰撰、清黄叔琳辑注、清纪昀评《文心雕龙》十卷4册本，有佚名墨笔批校。该刊本半页10行，行21字，小字双行，白口，左右双边。

乾隆间（1736—1795）刻清黄叔琳辑、清姚培谦重订《周礼节训》六卷。《中国古籍总目·经部 ·礼类·周礼·传说之属》第432页著录，国家图书馆、复旦大学图书馆、清华大学图书馆、中山大学图书馆藏。此后多种清版，黄氏已亡故，略。

乾隆十三年（1748）养素堂刻清王士禛撰《五代诗话》十二卷。《中国古籍善本书目·集部·诗文评类》第1894页、《中国古籍善本总目·集部·诗文评》第一八一六页、《中国古籍总目·集部·诗文评类》第3199页、《北京师范大学图书馆古籍善本书目·集部·诗文评类》第289页、《北京大学图书馆藏古籍善本书目·集部·诗文评类》第505页著录，国家图书馆、北京大学图书馆（2部，分别为3册、4册本）、清华大学图书馆、北京师范大学图书馆（6册本，钤“金子谦珍藏书画之印”等印）、中央民族大学图书馆、辽宁省图书馆、华东师范大学图书馆、山西省图书馆、湖南省图书馆、广西壮族自治区图书馆藏。该刊本半页9行，行19字，白口，左右双边。

乾隆间刻清黄叔璥撰《台海使槎录》八卷。《中国古籍总目·史部·地理类·杂志之属》第3829页、《西谛书目·史部·地理类》卷一第三三页、《北京大学图书馆藏古籍善本书目·史部·地理类》第162页著录，中国科学院图书馆、北京大学图书馆藏4册本。此书收入郑光祖辑《舟车所至》等丛书中。

乾隆间（1736—1795）刻清黄叔璥撰《南征纪程》不分卷。《中国古籍善本总目·史部·地理类·游记》第五三一页著录，清华大学图书馆藏，应为先印本。

乾隆间刻清黄叔璥撰《南征纪程》一卷。《中国古籍善本书目·史部·地理类二》第1071页、《中国古籍总目·史部·地理类·游记之属·纪行》第4005页著录，清华大学图书馆、南京图书馆藏。

乾隆间刻清黄叔璥撰《南台旧闻》十六卷。《中国古籍善本书目·史部·职官类》第1085页、《中国古籍善本总目·史部·职官类·官制》第六二七页、《北京大学图书馆藏古籍善本书目·史部·政书类》第171页著录，北京大学图书馆（6册本）、清华大学图书馆、上海图书馆、华东师范大学图书馆、浙江图书馆、湖北省图书馆藏。

乾隆十九年（1754）刻清黄叔璥撰《国朝御史题名》不分卷。《中国古籍总目·史部·传记类·科举录之属》第1014页著录，国家图书馆藏。此外，国家图书馆还藏道光间（1821—1850）刻此书及国家图书馆、南京图书馆还藏光绪间（1875—1908）刻本。

乾隆四十七年（1782）刻清黄叔琳辑《周礼节训》六卷。《安徽省古籍善本书目·经部·礼类》卷一第十页著录，安徽省图书馆藏2册本，安徽省博物馆藏1册本。

嘉庆间（1796—1820）程氏刊清北平黄叔琳撰《夏小正集注》二卷。《贩书偶记续编·附录·经部》第341页著录。应为家刻本，并是重刻本。

清刻黄叔琳撰《黄氏诗钞》三卷。《清人别集总目》第2020页著录，中国科学院图书馆藏。

清刻汉戴德传、元金履祥注、清张尔岐辑定、黄叔琳增订《夏小正》一卷附《考异》。《北京大学图书馆藏古籍善本书目·经部·礼类·周礼》第21页著录，北京大学图书馆藏，有墨笔眉批。

清刊清黄叔琳辑注《周礼节训》六卷。《山西省图书馆普通线装书目录·经籍门·礼类》第64页著录，山西省图书馆藏2册本。

此外，同治七年（1868）刻清歙县黄叔琳撰《周礼节训》六卷。《安徽省馆藏皖人书目》第284页著录，安徽省图书馆藏，已与作者无关了。

献书居第六位的瓶花斋主吴焯

燕市归来得楚弓，古藤花下一尊同。

荐桥旧日诸诗老，同作新诗告殡宫。

这是叶昌炽在《藏书纪事诗》中对吴焯父子三人收藏的记述。在刻书中吴氏家刻中最有名的为吴焯及裔孙吴昌绶。本文仅介绍吴焯。

吴焯（1676—1733），字尺凫，号绣谷、啸谷，别号蝉花（华）居士、绣谷老人、渚陆（有作“陆绪”）飞鸿、鹅笼生，有瓶花斋、瓶华斋、绣谷亭、玲珑帘、鱼睨轩，祖籍歙县严川，因高祖迁杭，入籍钱塘，居杭州荐桥街（清泰街九曲巷口）。自幼聪慧过人。《杭州府志·文苑》说，9岁就能作诗，博览群书，并与宿学相与论学，结下忘年之交。他把终生精力集中于收藏整理旧籍上。凡宋雕元椠与旧家善本他都千方百计求获。最能反映他学术成就的是把整理所藏秘籍及亲手校雠的簿籍撰成《绣谷亭熏习录》，按经、史、子、集四部分成8册，惜后散佚，仅剩下《经部·易类》一卷、《集部》二卷。其中，《经部·易类》一卷即收书105种；《集部》二卷收书210种中《楚辞》4种，“唐人集”23种，“宋人集”102种，“金人集”4种，“元人集”58种，“明人集”19

种。估计全书肯定超过千种。

他平素居家种竹莳花，足不出户而车辙常满。毛奇龄执手称为畏友。贡生。康熙四十四年（1705）康熙帝南巡，因在行在献诗、奏对均佳，帝命随行，力辞不就。四十六年，康熙再巡浙江，以自撰《岁华纪丽续编》《圣因寺志》《海潮集说》三书呈献，前2种康熙命收入内阁，而将《海潮集说》留在身边阅读，可见康熙对他的重视。雍正七年（1729），以正八品用。九年被聘修《浙江通志》①《西湖志》。十一年，有司荐参与科举，因病而卒。还著有《药园诗稿》二卷、《渚陆鸿飞集》一卷、《鱼睨集》一卷、《径山游草》一卷、《玲珑帘词》一卷、《熏习录》又名《绣谷熏习录》十卷十余种等。还与沈嘉辙等撰《南宋杂事诗》七卷。

他与长子吴城、次子吴玉墀，父子三人都是杭州著名的藏书家。传世的藏书斋名瓶花斋，与杭城另一个祖籍徽州的大藏书家汪氏振绮堂仅有里余，并为世家。他精于版本校勘之学，所著《绣谷亭熏习录》对所藏图籍叙原委、考异同，考据翔实，是继清初钱遵王的《读书敏求记》开创版本目录学滥觞之后的又一部版本目录学的力作。也是他对丰富收藏学习的心得体会，是清代著名的版本目录学专著，几与《四库全书总目》相媲美。

该书以强有力的证据叙原委，考异同。书名以绣谷读书亭为名。绣谷者，以家有古藤，花开时垂如璎珞而名亭，进而名其读书笔记。

可惜其中的子部、史部手稿已丢失，现仅存经部1卷，集部2卷。《杭郡诗辑》注吴焯及有关掌故说："尺凫喜聚书，凡宋雕、元椠与旧家善本，若饥渴之于饮食，求必获而后已。故瓶花斋藏书之名，称于天下。所辑《熏习录》，则纪所藏秘册也。家有古藤一本，构亭曰：'绣谷'，

---

① 《［雍正］浙江通志》二百八十卷、《首》三卷计283卷，正式修成于雍正十三年（1735）。此书版数多，第一次刻于乾隆元年（1736），嘉庆十七年（1812）有校补刻本，还有光绪五年（1879）墨润堂校刻巾箱本（只刻了《水利》《海防》两门14卷）、光绪二十五年（1899）浙江书局刻本，又有民国二十五年（1936）上海商务印书馆影印清光绪本、乾隆间《四库全书》本，加上上海古籍出版社影印《四库全书》本，使此书公藏普遍，十分易得。这里不注公藏单位了。

自号‘绣谷老人’。花时柔条下垂如璎珞，置酒高会，吟赏不倦。魏柳洲之琇诗云：‘武林吴氏号诗薮，亭子倚花名绣谷。雅集当时多胜流，豪吟迻日尚耆宿。’皆纪其实。”张增撰《吴绣谷先生行状》[①]说他“藏书不下数万卷，元钞宋椠，购常不赀。一书必兼数本相参比，有所举正辄疏其颠末而甄识之，海内证索家推为第一……稍暇辄坐瓶花斋，签帙纵横，手自点勘，至夜分乃罢”。叶昌炽在诗中说：“忆翁耽典籍，爱护等琼玖。往往许假钞，校十得其九。丛书精审过，运管勘不苟。”并自注说：“绣谷藏书颇矜惜，不轻借人，独许予钞。予所藏多绣谷亭本。予偶得善册，先生见之，亦必取以勘定。”[②]吴焯的藏书印有“绣谷手典”、“山川西泠吴氏尺凫”、“吴焯绣谷熏习”、“愿流传，勿损污”朱长方、“瓶花斋主人”、“性命以之”、“绣谷”朱长方二枚，“绣谷所藏”白方，“吴焯”、“尺凫”朱方四枚，“疏雨熏习”、“华笑庼藏”、“吴焯之印”白方，“流传勿污损”小长方等印。吴焯抄本基本特征是半页10行，黑格，框外左下方印“钱塘吴氏绣谷亭抄”8字，20×13.6。吴氏瓶花斋藏书在吴焯逝世后大都归广陵马氏小玲珑山馆。汪氏振绮堂，释典一门归德清许氏鉴止水斋。[③]

吴焯精小学，善填词，是古籍整理大家，他把主要精力用在抄书、校勘上。每得珍本，与赵昱等互抄存校。吴焯所传传抄秘籍，版心常署“瓶花斋”3字，在卷首常有吴氏考证心得。吴焯抄本存世尚多。主要有吴焯辑《绣谷杂钞》7种七卷、宋范坰林禹撰《吴越备史》四卷明钱受征辑《补遗》一卷《杂考》一卷计3种6卷、明周洪谟撰《疑辨录》三卷、元白珽撰《谌渊静语》二卷、元吾衍撰《闲居录》一卷、唐权德舆撰《新刊权文公文集》十卷《补遗》一卷计2种11卷、宋汪藻撰《浮

① 载《碑传集补》卷四十五。

② 叶昌炽：《藏书纪事诗》卷五第四六八页，据考，其注转引自其同郡藏书好友小山堂主赵昱话，上海古籍出版社，1999。

③ 汪士骧：《鉴止水斋藏书目·题记》目首。

溪遗集》十五卷《附录》一卷计 16 卷、宋张镃撰《玉照常（堂）词钞》一卷、明岳正撰《类博稿》十卷《附录》二卷计 2 种 12 卷、宋李石撰刘伯熊编《方舟先生易学》又名《方舟易学》二卷、清江宸英撰《拟明史传》不分卷、宋潜说友纂修《［咸淳］临安志》一百卷（不全本）、宋潜说友纂《［咸淳］临安志》一百卷、南朝陈阴铿撰《阴晋陵集》又名《阴常侍集》一卷、清释显鹏撰清丁文衡选《永嘉啸翁彬远和尚村居以后诗》又名《啸翁老人村居以后诗》三卷、清姜宸英撰《大明刑法志》二卷、宋赵彦卫撰《云麓漫抄》十五卷、明王行撰《墓铭举例》四卷、宋姚述尧撰《箫台公余词》一卷、宋汪元量撰《水云集》一卷《词》一卷《附录》一卷计 2 种 3 卷、金王若虚撰《滹南先生文集》四十六卷实《滹南遗老集》四十五卷《续集》一卷等。还将明嘉靖十五年（1536）郑氏宗文堂刊宋左圭编《百川学海》原刊本 112 种一百七十七卷重编为 20 卷并补序目进行重抄。

吴氏瓶花斋抄书有名，同时也校跋一批古籍，留下题跋文字。存世有汉扬雄撰晋李轨唐柳宗元宋宋咸吴秘司马光音注《新纂门目五臣音注扬子法言》十卷计 2 种不同版本 20 卷、宋朱长文撰《琴史》六卷、宋赵与旹撰《宾退录》十卷、元许有壬等撰《圭塘欸乃集》一卷、宋郭祥正撰《青山集》十卷又六卷计 16 卷、宋周孚撰《蠹斋先生铅刀编》三十二卷《拾遗诗》一卷《目录》二卷计 2 种 35 卷、题宋范垌林禹撰《吴越备史》四卷明钱受征辑《补遗》一卷《杂考》一卷计 3 种 6 卷、唐李吉甫纂修《元和郡县图志》四十卷、宋乐史撰《太平寰宇记》二百卷《目录》二卷计 202 卷（不全本）、宋潜说友纂修《［咸淳］临安志》一百卷道古楼抄不全本、清赵氏小山堂抄宋潜说友纂修《［咸淳］临安志》一百卷（不全本）、宋李心传撰《建炎以来朝野杂记·甲集》二十卷《乙集》二十卷计 2 种 40 卷、又旧抄宋李心传撰《建炎以来朝野杂记·乙集》二十卷、晋陶潜撰宋汤汉等笺注《笺注陶渊明集》十卷、元虞集撰《翰林珠玉》又名《新编翰林珠玉》六卷、宋吴曾撰《能改斋漫录》十八卷、宋费衮撰《梁谿漫志》十卷、宋车若水撰《脚气集》一卷、宋邹浩撰《道乡先生邹忠公文集》四十卷、勾延庆撰《锦里耆旧传》八卷、《大金集礼》四十卷、清钱曾撰《读书敏求记》四卷（3个版本5套计20卷）、宋时举撰《续宋中兴编年资治通鉴》十五卷、宋朱翌撰《猗觉寮杂记》二卷、长沙王观国撰《学林》五卷、宋洪适撰《隶续》二十七卷、宋姚宽撰《西溪丛语》二卷、《中兴馆阁续录》十卷、明陆埏撰《箕斋杂著》一卷附明杨继益撰《澹斋内言》一卷《外言》一卷计3种3卷、宋叶绍翁撰《四朝闻见录・甲集》一卷《乙集》一卷《丙集》一卷《丁集》一卷《戊集》一卷计5种5卷、宋邹浩撰《道乡先生邹忠公文集》四十卷、宋柴望撰《柴氏四隐集》二卷（计2种4卷涉及吴焯整理书）、金王若虚撰《滹南遗老王先生文集》四十五卷附《续编诗》一卷计46卷、宋陈深撰《宁极斋稿》一卷宋陈植撰《慎独斋稿》一卷计2种2卷、宋汪元量撰《湖山类稿》五卷《亡宋旧宫人诗》一卷计2种6卷、宋汪元量撰《湖山类稿》五卷《水云集》一卷《附录》一卷宋汪元量辑《亡宋旧宫人诗》一卷计3种8卷、元方回撰《虚谷桐江续集》四十八卷、元钱惟善撰《江月松风集》十二卷清吴允嘉辑并校补《补遗》一卷计13卷遗稿本、元许有壬等撰《圭塘欸乃集》一卷、唐陆龟蒙撰《重刊校正笠泽丛书》四卷《补遗》一卷《续补遗》一卷计3种6卷等。

他们家不仅是大藏书家，乾隆三十八年四库征书，在兄城已殁的情况下，吴玉墀[①]检绣谷亭、瓶花斋藏书中的305种进呈，成为马裕、

---

① 吴玉墀，字兰陵，又写作兰林，号纱谷，又号小谷、二雨，有味乳亭、西斋，吴焯之次子，吴城之弟。乾隆三十五年（1770）顺天乡试举人，由太平教谕，历官至贵阳府长寨县同知，有《味乳亭集》。玉墀承继父兄藏书、校书、家学，与兄吴城将瓶花斋历年存书著成《绣谷亭熏习录》8册，主要将吴焯收藏的每种图书对照正史、志乘、十几种书目，以及文集、野史、说部等遗事逸语及作者生平、成书经过、内容、版本、收藏经过等内容汇编入书内，是清初目录学巨著。可惜，经、史、子三部6册丢失，集部2册从瞿世瑛清吟阁散出后归杭州丁氏八千卷楼，丁氏为此遗珠2册所作序称，从《楚辞》至元明诸集记210种古籍，后其裔吴昌绶在民国间访得经部易类1册，收入《松邻丛书》中，使我们今天才能看到它的部分内容。至清末已佚5册。玉墀的藏书印为“绣谷”、“纱谷”、“吴兰林西斋书籍刻章”朱大方、“吴玉墀印”朱方等印。

鲍志祖、范懋柱、汪启淑等之后献书最多的第六大家。《四库全书总目》著录他进献中的152种1777卷，还有2种无卷数，其中有102种列入存目，直接进入《四库全书》达52种，得到乾隆帝赏赐《佩文韵府》1部及对所献《说文篆韵谱》、吕祖谦的《历代制度详说》两书上题诗的奖赏。吴氏瓶花斋收藏来之不易，故事多多。吴家藏有宋刻唐人许浑撰《丁卯集》，为时人豪夺，失书20余年后，被吴城在北京城东书肆中无意中看见，他连忙检阅全书，发现其父吴焯藏书印宛然在册，狂喜之下以高价购回。归里后，邀同好耆宿名流歌咏以纪其事，其中就有吴城自作长律三首，其中有："纵横私印犹完好，故物归来信宿缘。"

现仅将吴焯刻书及吴焯著作家刻（但收入后人名下的不计）胪列如下。

康熙中（1662—1722）刻清沈嘉辙、吴焯、陈芝光、符曾、赵昱、厉鹗、赵信同撰《南宋杂事诗》七卷。《增订四库简明目录标注·集部八·总集类》卷第十九第924—925页著录，还有近年重刊本。

康熙五十年（1711）刻清吴焯撰《药园诗稿》二卷。《中国古籍善本书目·集部·清别集类》第1134页（作康熙间）、《中国古籍善本总目·集部·清别集》第一五四六页、《中国古籍总目·集部·别集类·清代之属·清前期》第1320页、《北京图书馆古籍善本书目·集部·清别集类》第二五四七页、《清人别集总目》第855页著录，国家图书馆（2册本）、南京图书馆、浙江图书馆藏。该刊本半页10行，行21字，小字双行，黑口，左右双边。又有清吴氏刻本，青岛市图书馆藏。此书起码有两刻印本。

雍正间（1723—1735）刊清钱塘吴焯撰《渚陆鸿飞集》一卷。《中国古籍善本书目·集部·清别集类》第1134页、《中国古籍善本总目·集部·清别集》第一五四六页、《中国古籍总目·集部·别集类·清代之属·清前期》第1320页、《贩书偶记续编·集部·别集类》卷十五第242页著录，华东师范大学图书馆藏，有清吴文祐跋。该刊本半页 10 行，行 21 字，黑口，左右双边。此书于民国甲子（1924）重刊。广东省图书馆藏清抄本由徐圣状校、徐衡题跋。

雍正间精刊钱塘吴焯撰《玲珑帘词》一卷。《中国古籍善本书目·集部·词类》第 1979 页、《中国古籍善本总目·集部·词类·词别集类》第一八五八页、《中国古籍总目·词类·别集之属》第 3315 页、《北京图书馆古籍善本书目·集部·词类》第二九六七页、《贩书偶记·集部·词曲类·词集之属》卷二十第 547 页著录，国家图书馆（1 册本）、中国科学院图书馆、南京图书馆、福建省图书馆藏。该刊本半页 10 行，行 19 字，黑口，左右双边。

清刻朱印清吴焯撰《玲珑帘词》一卷。《中国古籍总目·集部·词类·别集之属》第 3315 页著录，国家图书馆藏。

藏书大家马版永传的马曰琯、曰璐兄弟

竹西觞咏街南屋，帘幕春深紫燕斜。

论定异书刚读罢，陶然同醉碧山槎。

这是叶昌炽在《藏书记事诗》卷五马曰琯、曰璐条中对祁门寓居扬州人称“扬州二马”的大盐商、大藏书家、诗坛盟主、刻书家马氏兄弟的高度概括。考马氏源流，系东汉新息侯马援之后，宋末改籍鄱阳，继迁婺源，再籍祁门。马家居祁门县城（今安徽省黄山市祁门县祁山镇）南。经考，马家乃大史学家马端临后裔中迁新安祁门一支。其高祖马尚才因年高德昭，为“举乡饮大宾”。曾祖马大级为明末诸生，明亡后隐居山中读书终生，不应新朝科举入仕。成年后来扬州业盐，生马恒、马谦、马勋 3 子，归葬扬州西北“川原清旷”的天长乡沟桥。

祖父马承运及父马谦仍在扬州业盐，定居扬州东关街薛家巷西尹氏宅总门内。马谦（1660—1717），字幼。生有马曰康（1685—？早卒）、

马曰楚（1685—1726，字开熊，号橘堂，少补邑诸生，贡入国子监，候补儒学教谕，妻为汪楫孙女，候选儒学教谕汪寅衷女）、马曰琯、马曰璐兄弟。马曰楚与曰琯、曰璐虽是同山兄弟，但兄弟友爱，均享有文名。

杭世骏也在《嶰谷马君传》中说马曰琯“敬以事兄，爱以抚弟”。以藏书、刻书闻名则为曰琯、曰璐兄弟。

马曰琯（1688—1755，一作1687—1755），字秋玉，号嶰谷，自号沙河逸老，有行庵、梅寮、石屋、红药堦、觅句廊、浇药井、南斋、看山楼、丛书楼、畬经堂、清响阁、七峰草堂、街南书屋、藤花书屋、小玲珑山馆、透风透月两明轩等室名堂号。总其成者为街南书屋，城市山林诸景点中以小玲珑山馆为最著。康熙四十九年（1710）归试祁门，为诸生，后参加乡试，录为附贡生，候选知州。乾隆元年（1736）荐博学鸿词，不赴。他因热心文化事业，享誉当世，作为社会贤达参与迎接乾隆皇帝第一次下江南巡视，当年冬天又去京祝皇太后生日而获候选主事，钦授道员衔，人称马主政。

曰琯孝顺父母，读书据案端坐似老儒，与弟曰璐互为师友，人称“扬州二马”，博通诗、史、金石文字。曰琯诗意境缠绵，格韵清婉。沈德潜评为：“峭刻得山之峻，明净得水之澄。”著《沙河逸老小稿》、《沙河逸老诗文集》六卷、《嶰谷词》一卷及《南斋词》二卷、《摄山游草》一卷等，编《林屋唱酬录》五卷，辑《焦山纪游集》一卷等及与厉鹗辑《宋诗纪事》一百卷。

马曰琯无子，以弟长子振伯为后，即献书最多的马裕。马曰琯兄弟平生勤学好客，建梅花书院及街南老屋来招待宿儒名士，并与家里常客组建邗江诗社，成为扬州名流领袖。杭世骏在《马君墓志铭》中说他“合四方名硕，结社韩（邗）江，人比之汉上题襟、玉山雅集”，与全祖望、符曾、陈撰、厉鹗、金农、陈章、姚世钰、闵华组建“邗江吟社”，定期主扬州文会，成为乾隆间（1736—1795）扬州诗坛盟主。姚世钰也在

《丛书楼铭序》（载《孱守斋遗稿》）中说："筑别墅街南，有丛书楼，楼若干楹，书若干万卷。其著录之富，丹铅点勘之勤，视唐宋藏书家，如郸侯李氏、宣献宋氏、庐山李氏、石林叶氏，未知谁为后生？若近代所称天一阁、旷园、绛云楼、千顷斋，以暨倦园、传是楼、曝书亭，正恐无所不及也。而二君奉母闲居，兄弟自相师友，定省余暇，间出而与四方博雅君子稽经诹律，焉文字之契好，意恳言下，缺然若惧，恐类于多夸多斗靡者之所为，而以不克体夫书之所以云之意为己病。"他们还慷慨好义，曾捐资开扬州沟渠，筑渔亭孔道，设义渡，造救生船等，并广结四方名士。

《扬州画舫录》卷八说："扬州诗文之会，以马氏小玲珑山馆、程氏筱园及郑氏休园为最盛。至会期，于园中各设一案，上置笔二，墨一，端研一，水注一，笺纸四，诗韵一，茶壶一，碗一，果盒、茶食盒各一，诗成即发刻，三日内尚可改易重刻，出日遍送城中矣。"①

马氏兄弟关心教育，独立重修了雍正十一年（1733）在广储门外创建的梅花书院。这个书院的旧址为明崇雅书院（原明甘泉山书馆）。马氏所创的这所书院是当时扬州城里最著名的书院之一。②

马曰琯兄弟更是东南大藏书家，藏书10万余卷，有"甲大江南北"之称。四库全书开馆，搜求天下遗书，乾隆三十八年（1773）马曰璐之子马裕③三次进呈776种，为全国献书超过500种的4家之首。《四库全书总目》著录马家藏本373种5529卷，其中经部57种670卷，史部123部1658卷，子部43种731卷，集部150种2470卷。其中，珍稀品种有《鹖冠子》三卷、《干禄文字》一卷、《九经字样》一卷、《汗

---

① 清李斗：《扬州画舫录·城西录》卷八第一七八页，北京：中华书局，1960。

② 柳诒徵：《江苏书院志初稿》指出：在扬州诸书院中，"其著者，有安定、梅花、广陵三书院"。据《扬州画舫录》载，位于扬州府治东北隅三元坊的安定书院为祖籍徽州的巡盐御史胡文学在康熙元年（1662）所创建。康熙五十一年（1712）由知府赵宏煜在府治西的广陵书院初名广陵义学，后升格为广陵竹西书院，再后易名广陵书院，为扬州官办书院。

③ 马裕，字元益，号话山，小字阿买，有畬经堂。工诗文，尤精于长短句。

简》三卷、《目录叙略》一卷、《佩觿》三卷、《类篇》四十五卷、《字鉴》五卷、《重修广韵》五卷、《集韵》十卷、《汇雅》三十卷、《六书精蕴》六卷《音释》一卷、《集古隶韵》五卷、《石鼓文正误》二卷、《韵原表》一卷、《韵略易通》二卷、《篇韵贯珠集》一卷、《古韵通》八卷、《韵雅》五卷等书列入《四库全书》或存目中。乾隆三十九年，爱新觉罗·弘历在阅过各家进呈书目后，在乾隆三十九年（1774）五月十四日高宗谕中称："其进书百种以上者，并命择其中精醇之本进呈乙览，朕几馀亲为评咏，题识简端……其已经题咏诸本，并令书馆先行录副，将原书发还，俾收藏之人益增荣幸。今阅进到各家书目，其最多者如浙江之鲍士恭、范懋柱、汪启淑、两淮之马裕四家，为数至五六七百种，皆其累世弆藏，子孙克守其业，甚可嘉尚。因思内府所有《古今图书集成》为书城钜观，人间罕觏。此等世守陈编之家，宜俾专藏勿失，以裨留贻。鲍士恭、范懋柱、汪启淑、马裕四家，著赏《古今图书集成》各一部，以为好古之劝。又如进呈一百种以上之江苏周厚堉、蒋曾莹，浙江吴玉墀、孙仰曾、汪汝瑮及朝绅中黄登贤、纪昀、励守谦、汪如藻等，亦俱藏书旧家，并著每人赏内府初印之《佩文韵府》各一部，俾亦珍为世宝，以示嘉奖。"①

为此，特奖励马家《古今图书集成》1部，马家将它"装成五百二十匣，藏贮十柜，供奉正厅"。继又赐给《平定伊犁御制诗》三十二咏、《平定金川得胜图》1部，并亲在《鹖冠子》上题诗以还。②

《清史列传》卷七十一本传说马氏兄弟酷嗜典籍，见古本秘籍"必重价购之，或世人所愿见者，不惜千百金付梓，藏书甲大江南北"。程晋芳介绍他们藏书十余万卷，曾"以数万金购得传是楼、曝书亭藏书"③，

① 《四库全书总目》首卷附及《高宗实录·乾隆三十九年五月丙寅》。

② 其诗云："鈇器原归厚德将，杂刑匪独老和黄。朱评陆注同因显，柳谤韩誉两不妨。完帙幸存书著楚，失篇却胜代称唐。帝常师处王友处，戒合书绅识弗忘。"

③ 程晋芳《勉行堂文集·桂宜藏书序》卷二。

他们的藏书"皆精装，聘善手数人写书脑，终岁不得辍"[①]。吴翌凤《逊志堂杂钞》丙集说："秋玉尤富藏书，有稀见者不惜千金购之。玲珑山馆中四部略备，与天一阁、传是楼相埒。"终于使他们兄弟的藏书跻入名家，小玲珑山馆的丛书楼也成为清代东南藏书名楼。《鹤征后录》注说："马氏小玲珑山馆储书之富，著于东南。"马氏兄弟时居扬州新城东关街，在对门建有别墅"街南书屋"，又总称小玲珑山馆，内有小玲珑山馆、看山楼、红药阶（堦）、觅句廊、石屋、透风透月两明轩、藤花庵、浇药井、梅寮、七峰草亭、丛书楼、清响阁 12 景。丛书楼是马氏兄弟藏书楼。全祖望在《丛书楼记》中指出："居之南有小玲珑山馆，园亭明瑟，而岿然高出者，丛书楼也。迸叠十万余卷"，"百年以来，海内聚书之有名者，昆山徐氏、新城王氏、秀水朱氏其尤也。今以马氏昆弟所有，几过之。"姚世钰也在《孱守斋遗稿·丛书楼铭序》中说："广陵二马君秋玉、佩兮筑别墅街南，有丛书楼焉。楼若干楹，书若干万卷，其著录之富，丹铅点勘之勤，视唐宋藏书家如邺侯李氏，宣献宋氏、庐山李氏、石林叶氏，未知孰为后先？若近代所称天一阁、旷园、绛云楼、千顷斋以暨倦圃、传是楼、曝书亭，正恐无所不及也。"他们的藏书来之不易。当时全祖望奔走于南北，十分留心世间藏书。每当全氏住进马家丛书楼时，马氏兄弟与之交谈的中心话题是查问他在书市中所闻、所见、所得，并根据全氏记述的书目，采取借抄、转购等办法，以加强其藏弆。马曰琯藏书印有"玲珑山馆"、"玉山草堂珍赏"、"小玲珑山馆"朱方、"马嶰谷收藏书画印"、"玲珑马氏丛书楼珍藏图籍记"等。

马氏兄弟暮年，藏书就开始流散，但有《丛书楼书目》可以窥见当年藏书的大体情况。由于马氏兄弟乐善好客，大文学家阮元住扬州几30年，主要居处在马氏小玲珑山馆，充分利用该馆藏书写成《辽史拾遗》

---

① 《皖志列传稿》卷三本传。

《宋诗纪事》等。著名史学家全祖望、书法家蒋衡等都是他家常客。蒋衡花了12年时间书写13部80万字的儒家十三经，马曰璐花数千金将它装订成册，进呈乾隆帝，使之获得国子监学正之职，十三经也被命刊在190块石碑上，这就是著名的“十三经”碑林，又称《太学石经》。徐珂的《青稗类钞》还记载“扬州八怪”常为马家座上客，曾送给郑板桥200两白银。所以，马曰琯去世后，袁枚在《游马氏玲珑山馆感吊秋玉主人》的悼诗中说：“山馆玲珑水石清，邗江此处最知名。横陈图史常千架，供奉文人过一生。客散兰亭碑尚在，草荒金谷鸟空鸣。我来难忍风前泪，曾识当年顾阿瑛。”

马曰璐（1697—1761），字佩兮，号半槎，又作半查，国子监生，与兄虽分门户，但他们兄弟之间的情谊深厚，财产与藏书并不分开，因此堂号也相同。曰璐由贡生例选候补知州。乾隆元年（1736）中博学鸿词科，不就。《清史列传》本传卷七十一说他：“与兄并擅清才，博览旁稽，沉酣深造……一时名流交相倾倒。生平亲贤乐善，惟恐不及。方闻之士，过邗沟者，以不踏其户限为阙事。诗笔清刻。”藏书印有“马佩兮家珍藏”朱长方、“马曰璐南斋秘籍”、“小玲珑山馆马佩兮珍藏”、“马印曰璐”朱方、“半查”朱白方各一、“高卧楼”白方、“臣璐私印”朱小方、“丛书楼”白长方、“南斋”朱长方、“南斋秘籍”朱文小方印等。经考证，马氏兄弟藏书多来自杭州赵氏小山堂吴氏瓶花斋等这些东南大藏书家收藏，所以，版本价值都比较高。著有《南斋集》六卷、《南斋词》二卷，编《丛书楼书目》及《韩柳年谱》2种八卷，辑《水经注摘抄》不分卷等。

想当年，马氏兄弟在扬州作为文人领袖，风流倜傥。全祖望曾称颂道：“马氏兄弟，服习高僧之旧德，沉酣深造，屏绝世俗剽贼之陋，而又旁搜远绍，萃荟儒林文苑之部居，参之百家九流，如观王会之图，以求其斗杓之所向，进进不已，以文则为雄文，以学则为正学，是岂特闭阁不观之藏书者所可比，抑亦非玩物丧志之读者所可伦也。韩江先正实式凭之，而励励与葛氏争雄长乎哉。”[①] 著名的学者惠栋、全祖望、厉鹗、陈章、陈撰、金农、姚世钰、高翔、汪士慎等都是他家常客和藏书读者，有的还投靠“二马”，如《清史列传·马曰琯传》卷七十一就有“（阮）鹗奇嗜博，馆于扬州马曰琯小玲珑山馆者数年，肆意探讨”句。“二马”乐善好施，崇尚学术，广交学者，服务学术研究，赢得广泛赞誉，惠栋就有“玲珑山馆辟疆俦，邱索搜罗苦未休。数卷论衡藏秘笈，多君慷慨借荆州”的谢诗。全祖望在《丛书楼记》中说：“扬州马氏嶰谷、半查兄弟居之，南有小玲珑山馆，园亭明瑟，而岿然高出者，丛书楼也，迸叠十万余卷。予南北往还，道出此间，苟有宿留，未尝不借其书。而嶰谷相见，寒暄之外，必问近来得未见之书几何，其有闻而未得者几何，随予所答，辄记其目。或借钞，或转购，穷年兀兀，不以为疲。其得异书，则必出以示予。席上满斟碧山朱氏银槎，侑以佳果，得予论定一语，即浮白相向。方予官于京师，从馆中得见《永乐大典》万册，惊喜贻书告之，半查即来问写人当得多少，其直若干，从臾予甚锐，予甫为钞宋人《周礼》诸种，而遽罢官，归途过之，则属予钞天一阁所藏遗籍。盖其嗜书之笃如此。”[②]

私藏图书时间有限，马氏名藏也难逃厄运，早在马氏兄弟健在时已开始散佚转入书商之手。程晋芳在《勉行堂文集·桂官藏书序》卷二中载：“然窃闻有湖州书贾设小肆于其宅旁，以利啖司书者，潜获异书去。主人年笃老，防察疏，可叹也。” 今查缪全孙《艺风藏书续记·贞居词》卷七就载道光间（1821—1850）张愫购《贞居词》一卷后跋称：“比年来，马氏储蓄书籍散落苕贾不少，余曾购得数种。今复得是词，不觉转闷为喜。”可见，公藏往往是珍本秘籍的最佳去处。

现存马氏兄弟主要抄书有《词林韵释》不分卷、清吴雯撰《莲洋诗选》又名《吴征君莲洋诗钞》不分卷、北魏郦道元撰清马曰璐辑《水经注摘

---

① 清全祖望《鲒埼亭集外编·丛书楼记》卷二十。

② 转引自叶昌炽：《藏书纪事诗》卷五第四七五至四七六页，上海古籍出版社，1999。

钞》不分卷、宋王庶撰《定倾论》一卷、清黄奭撰《近思录集说》十四卷、宋王铚撰《雪溪诗》五卷、宋姜夔撰《白石道人歌曲》六卷《别集》一卷计2种7卷、宋杜范撰《杜清献公集》十九卷《首》一卷计20卷、唐吴融撰《唐英歌诗》三卷、明梁寅撰《石门集》七卷、清吴雯撰《莲洋诗》一卷等。其抄书一般为黑格10行，细黑口，单鱼尾，版心下印“小玲珑山馆抄本”7字，18.1×12.1。

马氏兄弟除购书、抄书成癖外，他们还是著名的古籍整理家。全祖望在《鲒埼亭文集·外编·丛书楼记》卷十七中说：“（马氏兄弟）于楼上两头各置一案，以丹铅为商榷。中霄风雨，互相引申，真如刑子才思误书为适者。珠帘十里，箫鼓不至，夜分不息，而双灯炯炯，时闻雒诵。楼下过者，多窃笑之。以故其书精核，更无讹本，而架阁之沉沉者，遂尽收之腹中矣。”今查黄丕烈《荛圃藏书题识续录·吴礼部别集》卷三载《吴礼部别集》厉鹗跋说：“邗江马四兄半槎癖嗜异书，搜剔隐秘，购得元时刻本。方与余同辑《宋诗纪事》，获睹南宋诸贤逸唱，叹为未有。”叶德辉也在《书林清话》中说：“马征君曰璐丛书楼、玲珑山馆，考证、校雠、收藏、鉴赏皆兼之。”[①]他们更把转播优秀的传统古籍作为己任。

他们整理的古籍有《谢宣城诗集》五卷、《石门集》七卷等。

马氏兄弟也是刻书大家。阮元在《淮海英灵集》中说：“秋玉生平勤学好客，酷爱典籍，有未见书，必重价购之。世人愿见之书，如《经义考》[②]之类，不惜千百金付梓。”丛书楼、小玲珑山馆分别是他们兄弟常用的刻书堂号，家设刻印工场，受两淮盐运使卢见曾之托为王士祯刻《渔阳感旧集》，又刻《许氏说文》《玉篇》《广韵》《字鉴》等书，校勘精审，时称“马版”，成为当代刻书大家。现大体按人按年摘要胪

① 清叶德辉《书林清话》卷九，长沙：岳麓书社，1999。

② 《皖志列传稿》卷三本传载：“出高价以购人间未见书，而梓行巨著如朱彝尊《经义考》之类，以饷学者。”

列如下。

康熙间（1662—1722）扬州马氏丛书楼刻唐张参撰《五经文字》三卷。《中国古籍总目·经部·小学类·文字之属·正字》第1079页著录，北京师范大学图书馆藏。

康熙间扬州马氏丛书楼刻唐唐玄度撰《新加九经字样》一卷。《中国古籍总目·经部·小学类·文字之属·正字》第1079页著录，北京师范大学图书馆藏。

康熙间扬州马氏丛书楼刻唐颜元孙撰《干禄字书》一卷。《中国古籍总目·经部·小学类·文字之属·正字》第1079页著录，浙江图书馆藏。

康熙中祁门马曰琯丛书楼刻清马曰璐辑《小玲珑山馆丛刻》6种十三卷。《书目答问补正·丛书》卷五第328页、《丛书书目汇编》第三册第三〇九页著录，安徽劳动大学图书馆藏。

雍正七年（1729）广陵马氏小玲珑山馆仿宋刻宋洪兴祖等纂、清马曰璐辑《韩柳二先生年谱》又名《宋本韩柳二先生年谱》4种八卷。《中国古籍善本书目·史部·传记类一》第502—503页、《中国古籍善本总目·史部·传记类·别传》第四〇七页（误马曰琯为马白琯）、《中国古籍总目·史部·传记类·年谱之属》第843页、《中国丛书综录·类编·史类·舆地》第652页、《国家图书馆普通古籍总目·传记门·分传》第231页、《香港所藏古籍书目·史部·传记类·年谱》第94页、《中国丛书广录·类编丛书·史类·传记类》第457页、《北京图书馆古籍善本书目·史部·传记类》第四五五页、《中国人民大学图书馆古籍善本书目·史部·传记类·年谱》第50页、《丛书书目汇编》第四册第五五六页、《增订四库简明目录标注·史部七·传记类·名人之属》卷第六第251页著录，国家图书馆（4册本2部）、北京大学图书馆、辽宁省图书馆、吉林大学图书馆、上海图书馆、上海辞书出版社图书馆、甘肃省图书馆、北京师范大学图书馆、南京图书馆、青海省图书馆、武汉图书馆、华中师范大学图书馆、中国人民大学图书馆（1 函 4 册本，有“嘉荫簃藏书印”）、湖北省图书馆、武汉师范大学图书馆、湖南省图书馆（有清莫友芝题识）、香港中山图书馆（2 册本）藏。

国家图书馆还藏 2 部咸丰五年（1855）南海伍崇曜粤雅堂刻《粤雅堂丛书》收此小丛书 4 种 8 卷 1 册本、2 册本各 1 部，还藏光绪元年（1875）隶释斋在金陵刻此丛书 1 册本 3 部，4 册本 1 部。国家图书馆普通古籍部有 1 部为雍正八年长洲陈景云跋，卷末有小莲墨笔题字。

该刊本封面镌“宋本韩柳二先生年谱，小玲珑山馆重雕”，各卷末有“雍正己酉（七年，1729）八月小玲珑山馆依宋本校刊”木记，卷末镌“吴郡李士芳镌”。该刊本半页 10 行，行 18 字，白口，单鱼尾，左右双边。国家图书馆、上海图书馆、南京图书馆还藏光绪元年隶释斋刻本。

雍正八年（1730）马氏小玲珑山馆刻宋魏仲举编《韩文类谱》七卷、宋文安礼撰《柳先生年谱》一卷计 2 种八卷。《北京师范大学图书馆古籍善本书目·史部·传记类·年谱》第 73 页、《青海省古籍善本书目·史部·年谱》第二六页著录，北京师范大学图书馆（6 册本）、青海省图书馆（4 册本）藏。该刊本半页 10 行，行 18 字，白口，左右双边。卷末有“雍正己酉八月小玲珑山馆依宋本校刊”。

康熙、乾隆间（1662—1722、1736—1795）祁门马曰琯在扬州丛书楼刻唐张参撰《五经文字》三卷，唐唐玄度撰《新加九经字样》一卷，东汉许慎撰《许氏说文》十五卷，梁顾野王撰《玉篇》三十卷，北宋陈彭年撰《广韵》五卷计 5 种 54 卷等书。《安徽历史述要》第 573 页著录。其中，《安徽省古籍善本书目·经部·小学类》第三十页著录，安徽省图书馆、博物馆各藏 1 部 4 册本。

约乾隆间丛书楼刻其中唐张参撰《五经文字》三卷、唐唐玄度撰《新加九经字样》一卷计 2 种 4 卷。《藏园群书经眼录·经部二·小学类》卷二第一三四页、《安徽省古籍善本书目·经部·小学类》卷一第三十页、

《山东省图书馆馆藏海源阁书目·经部·小学类》第45页著录，安徽省图书馆、山东省图书馆（1函4册本）及安徽省博物馆藏。该刊本白口，四周单边，无鱼尾，有刻工。傅增湘于己未（1919）年见卷端有莫友芝题："道光丁酉（十七年，1837），独山莫氏据遵义郑氏巢经巢藏孙季逑校祁门马氏本写藏影山草堂。"后有郑珍跋称："此《五经文字》《九经字样》锓本，孙渊如先生手写细校，密书上方，于张、唐之阙失补正殆尽。乙未（1895）春得之京师，适友人莫紫湘得西安石本，就取对校，然后知马氏此刻有脱有误。"说明马版也有瑕疵。

不明具体年月马氏丛书楼刻宋娄机撰《班马字类》二卷。《中国古籍善本书目·经部·小学类》卷四第435页、《中国古籍善本总目·经部·小学类》第一六九页、《中国古籍总目·经部·小学类·文字之属·正字》第1081—1082页（作康熙间刻）、《北京图书馆古籍善本书目·经部·小学类》第一七六页著录，国家图书馆藏线装2册本，由褚南崖录，顾广圻校并录、宋李曾伯补遗、清袁廷梼校并跋。该刊本半页9行，行17字，细黑口，左右双边。同版本，有清钱泰吉跋本藏上海图书馆；由清沈炳垣校本藏复旦大学图书馆；常熟市文物管理委员会也藏有本版1部由清褚南崖录、清顾广圻校并录宋李曾伯补遗、清袁廷梼校并跋。国家图书馆还藏清初抄五卷本，仅存卷二至五计4卷，缺卷一。

清扬州马氏丛书楼刻宋娄机撰《汉隶字源》六卷。《中国古籍总目·经部·小学类·文字之属·字体》第1093页著录，国家图书馆藏。

清扬州马氏小玲珑山馆重刻宋本（仿宋刻苕溪经锄堂）宋娄机撰《班马字类》五卷。《北京师范大学图书馆古籍善本书目·经部·小学类·字书》第31页、《北京大学图书馆藏古籍善本书目·经部·小学类》第42页、《安徽省古籍善本书目·经部·小学类》卷一第三十一页著录，北京大学图书馆（2册本）、北京师范大学图书馆（1册本、5册本各1部）、安徽劳动大学图书馆（线装4册本），安徽省图书馆（仅存上平声、下平声、入声3卷3册不全本）藏。该刊本半页6行，行字不等，小字双行 18 字，细黑口，四周单边。

清扬州马氏小玲珑山馆重刻宋娄机撰《班马字类》五卷。《中国古籍总目·经部·小学类·文字之属·正字》第 1081 页著录，故宫博物院图书馆、天津图书馆藏。

附　清扬州马氏小玲珑山馆刻吴兴倪氏苕溪经钼堂印宋娄机撰《班马字类》五卷。《中国古籍总目·经部·小学类·文字之属·正字》第 1081 页著录，中国人民大学图书馆、北京师范大学图书馆藏。

乾隆初马氏助资并由玲珑山馆藏板刻清汪士慎撰《巢林集》七卷。乾隆九年 (1744) 陈撰序称："《巢林》近刻成，因识数语于简端。"按，道光十三年 (1833) 金世禄跋称："《巢林诗集》七卷，富溪汪近人先生侨寓邗江时所著者，其椠板旧为玲珑山馆马氏藏本。"

乾隆三年 (1738) 祁门马氏在扬州丛书楼刻阁笺本（清阎若璩笺）宋王应麟撰《困学纪闻》二十卷。

《中国古籍善本书目·子部·杂家类》第 612—613 页、《中国古籍善本总目·子部·杂家类·杂考》第一〇〇三页、《中国古籍总目·子部·杂家类·杂考之属》第 1199 页、《北京图书馆古籍善本书目·子部·杂家类》第一四四七页、《北京大学图书馆藏古籍善本书目·子部·杂家类》第 285 页、《中国人民大学图书馆古籍善本书目·子部·杂家类·杂学杂说》第 119 页、《四库全书总目·子部·杂家类二》卷一一八第一〇二四页、《增订四库简明目录标注·子部·杂家》第 519 页、《青海省古籍善本书目·子部·杂家类》第五五页、《徽州地区博物馆藏书目录·有关徽州资料古藉（籍）·子部·杂家类》第一集（作乾隆间刻）著录，国家图书馆（6 册本由钱大昕校注、瞿中溶校并跋 1 部，8 册本 1 部，16 册本由清全祖望笺注并录何焯批语 1 部）、北京大学图书馆（8 册本）、中国人民大学图书馆（1 函 8 册本、1 函 6 册本各 1 部）、天津图书馆、上海图书馆（2 部，1 部为清卢文弨校并跋，1 部为顾广圻校并录钱大昕校、清蒋凤藻跋）、复旦大学图书馆（佚名录清浦起龙批点）、南京图书馆（2 部，

1部为清顾震跋并录清何焯、全祖望批识，清丁丙跋；另1部为清瞿清垂录清何焯、钱大昕校并跋本中的卷一至八、十二至二十计17卷不全本）、辽宁省图书馆、大连市图书馆、吉林省图书馆、青海省图书馆（6册本）、台湾图书馆（清钱大昕批校，清夏文焘校并跋、清黄丕烈跋各1部），中国徽文化博物馆（乾隆间刻6册本）藏。该刊本半页11行，行20字，小字双行30字，白口，单鱼尾，左右双边，封面镌“阎百诗先生校勘”“丛书楼藏板”。卷末有“阎百诗先生勘本，乾隆戊午（三年）春月马氏丛书楼校刊”木记。

乾隆五年（1740）祁门马氏丛书楼刻唐张参撰《五经文字》三卷。《北京大学图书馆藏古籍善本书目·经部·小学类》第42页著录，北京大学图书馆藏2部，分别装订为4册、8册本。

乾隆辛酉（六年，1741）玲珑山馆精刊清吴如珩撰《念一史弹词注》二卷。《贩书偶记续编·子部·小说家类》卷十二第189页著录。

乾隆十三年（1748）清钱塘厉鹗序刻清马曰琯辑《焦山纪游集》一卷。《皖人书录》第807页、《安徽艺文考·总集二》著录，此书收入《粤雅堂丛书》《丛书集成初编》等丛书中。

清刻清马曰琯与厉鹗同辑《宋诗纪事》一百卷。《安徽文献书目》第216页著录，安徽省图书馆藏35册本，应为马氏家刻本。

乾隆间（1736—1795）祁门马曰琯在扬州不惜千金刊清秀水朱彝尊撰《经义考》28种三百卷。《北京图书馆普通古籍总目·目录门·目录学》第一卷第50页、《四库全书总目·史部·目录类二》卷八五第七三二页、《丛书书目汇编》第三册第四〇五页、《书目答问补正》卷一第61页著录，国家图书馆仅藏民国二十五年（1936）上海中华书局铅印扬州马氏刻297卷，缺二八六、二九九至三百卷4函36册，收入中华书局辑《四部备要·经部》。即其中《宣讲立学》《家学》《自述》有录无书，为撰辑未竟。按，《经义考》是统考历朝经义的专书。初仅记载存亡，取名《经义存亡考》。后增加内容，列为存、佚、阙、未见4例，改名《经义考》。每子书首列撰人姓名、书名、卷数，对著述卷数相异的注明出处；次列存、佚、阙、未见；再次列原数序跋、诸儒论说及作者籍贯，后附朱彝尊考正。由于受当时条件限制，朱彝尊所注的有不少佚、阙、未见的书籍。今查《四库全书总目》，发现有不少有著录，至今发现仍存人间的著述也是大有存在。特此提醒读者，不能尽信书。

乾隆二十一年（1756）刻清马曰琯等撰《摄山游草》一卷。《中国古籍总目·集部·总集类·断代之属》第3062页著录，南京图书馆藏。

乾隆间刻清马曰琯、全祖望编《韩江雅集》六卷。《北京大学图书馆藏古籍善本书目·集部·总集类》第398页、《安徽地震史料辑注》第256页（作乾隆本）著录，北京大学图书馆（6册本）、歙县博物馆藏。此书为马氏兄弟在小玲珑山馆召开邗江诗会作品汇集，其中最著名的作者要数“扬州八怪”中的高翔，竟在乾隆七年（1742）诗会现场作出120首即兴诗。

马曰琯逝世后，马氏兄弟著作大多由曰璐校刊行世。

雍正七年(1729)祁门马曰璐小玲珑山馆辑刊景宋本《宋本韩柳二先生年谱》4种八卷。《北京大学图书馆藏古籍善本书目·史部·别传一年谱》第100页、《北京图书馆古籍善本书目·史部·传记类》第四五五页、《中国古籍善本书目·史部·传记类》第502—503页、《中国丛书综录·类编·史类·传记》第一册第652页、《书目答问补正·史部》卷二第168—169页、《增订四库简明目录标注·史部·传记·续录》第251页（作八年）著录，国家图书馆、北京大学图书馆、北京师范大学图书馆、上海图书馆、上海辞书出版社图书馆、甘肃省图书馆、南京图书馆、中央民族大学图书馆藏。此版后转让泾县洪氏公善堂重印收入《洪氏公善堂丛书》，中央民族大学图书馆藏，该馆还藏咸丰五年(1855)刊本1部。光绪元年(1875)隶释斋刊本，山东大学图书馆、南京大学图书馆藏。该刊本线装4册，半页10行，行18字，白口，左右双边。

小玲珑山馆刻清黄宗羲撰《金石要例》一卷。《书目答问补正·史部》卷二第 182 页著录。

马曰璐仿宋重雕唐颜元孙撰《干禄字书》一卷。《增订四库简明目录标注·经部·小学》第 167 页著录。

乾隆二十一年 (1756) 马曰璐刻马曰琯等撰《摄山游草》一卷。《中国古籍善本书目·集部·总集类》第 1751 页、《中国古籍善本总目·集部·总集类·断代》第一七九〇页、《清人别集总目》第 35 页著录，南京图书馆藏。该刊本半页 9 行，行 19 字，白口，四周单边。

乾隆二十三年 (1758) 马曰璐精刻马曰琯撰《沙河逸老小稿》又名《沙河逸老诗集文集》六卷、《嶰谷词》一卷计 2 种 7 卷。《中国古籍总目·集部·别集类·清代之属·清前期》第 1358 页、《北京图书馆古籍善本书目·集部·清别集类》第二五八七页、《中国古籍善本总目·集部·清别集》第一五八四页、《贩书偶记续编·集部·别集类》卷十五第 246 页、《安徽艺文考·别集十八》、《贩书偶记》第 264 页、《中国古籍善本书目·别集·清别集类》第 1186 页、《藏园群书经眼录·集部五》卷十六第一四四〇页、《皖人书录》第 807 页、《清人别集总目》第 35 页著录，国家图书馆（3 册本，作乾隆间刻）、上海图书馆、南京图书馆、浙江图书馆、广东省图书馆、中山图书馆、复旦大学图书馆、大连市图书馆及上海文物管理委员会藏。该刊本半页 10 行，行 19 字，黑口，四周单边。此书收入咸丰间（1851—1861）刻《粤雅堂丛书》、民国间铅印《丛书集成初编》等丛书中。

乾隆间（1736—1795）刻清马曰璐撰《南斋集》六卷、《南斋词》二卷计 2 种 8 卷。《中国古籍总目·集部·别集类·清代之属·清前期》第 1383 页（作乾隆二十五年刻）、《北京图书馆古籍善本书目·集部·清别集类》第二五八七页、《中国古籍善本总目·集部·清别集》第一五八四页、《清人别集总目》第 35 页、《中国古籍善本书目·集部·清别集类》第 1188 页著录，国家图书馆（存乾隆间刻两种版本，6 册本 1 部半页 10 行，行 19 字，小字双行，白口，左右双边；7 册本 1 部，半页 10 行，行 19 字，白口，左右双边）、上海图书馆、复旦大学图书馆、南京图书馆、广东省图书馆、大连市图书馆、中山图书馆、中国社科院文学研究所图书馆藏。《清人别集总目》第 24 页又著录二十四年 (1759) 本，复旦大学图书馆藏；二十六年 (1761) 序刻本，日本京都大学文学部中哲文研究室藏。此书先后收入咸丰间（1856—1861）刻《粤雅堂丛书》、民国间铅印《丛书集成初编》等丛书中。

乾隆间刻清马曰琯、马曰璐、陈章、闵华、楼锜撰《林屋唱酬录》五卷。《中国古籍善本书目·集部·总集类》第 1777 页、《中国古籍善本总目·集部·清别集》第一六四九页、《中国古籍总目·集部·总集类·郡邑之属》第 3077 页、《北京图书馆古籍善本书目·集部·总集类》第二八四九页著录，国家图书馆藏 1 册本。该刊本半页 10 行，行 21 字，白口，四周单边。国家图书馆还藏道光至光绪间（1821—1908）南海伍氏刻清马曰琯等辑此书 1 卷本。

马曰璐还翻刻清汪启淑小字本南唐徐锴撰《说文系传》四十卷。

此外，马氏兄弟还刻自编自刻《韩（邗）江雅集》传世十二卷、《林屋唱酬录》一卷计 2 种 13 卷，属诗酒文会应酬类出版物。姚世钰去世后，“二马”不仅周恤其家小，还收其遗文，为其开雕遗集《莲花庄集》①。正因为他们兄弟乐于助人，好行义举，马氏兄弟在文化史上的贡献独留人间。

马版由于深受时人喜爱，后马氏部分书版转入虞山顾湘手，在充分利用马版的基础上，顾湘还要打出马记招牌。道光二十九年（1849）虞山顾氏汇印丛书时仍定名《玲珑山馆丛刻》计 6 种十三卷。《中国丛书

---

① 见清李斗：《扬州画舫录》卷四第九四页有：“姚世钰，字玉裁，号薏田，吴兴人。与同王立甫敬所齐名，时人谓之‘王姚’。后敬所以事逮系西曹，追解网归，不逾年死。世钰以贫困授徒江都，与陈章同举博学鸿词，时又谓之‘陈姚’。后世钰客死扬州，马氏为之经纪其丧，刻其《莲花庄集》。”少负才华，与弟姚汝金有“二陆双丁”之目。还著有《孱守斋遗稿》四卷。全祖望在《鲒埼亭集·姚薏田墓志铭》卷二十中称赞此举，有“可谓行古之道者也”句。

综录·汇编·杂纂类（清代前期）》第一册第185页著录，国家图书馆、首都图书馆、中国科学院图书馆、北京大学图书馆、上海图书馆、天津图书馆、辽宁省图书馆、吉林大学图书馆、南京图书馆藏。

马氏玲珑山馆作为刻书名坊，到了民国时期还有人打他的旗号。如民国间刻巾箱本《玲珑山馆丛书》68种。《丛书书目汇编》第三册第三〇九页著录。可见，不仅马版传千古，连马氏字号亦为世人借重。

总之，马氏兄弟是乐善好施，热心文化教育和社会公益事业的儒商，尤其是他善于交际文人，在文化事业上留下的精神财富，使他名垂青史。阮元在嘉庆三年（1798）所修的《淮海英灵集》中总结道："征君昆弟业鹾，资产逊于他氏，而卒能名闻九重，交满天下，则稽古能文之效也。当时拥重资过于征君者，奚翅什伯，至今无人能举其姓氏矣。"后来，他还在《马半槎园林行乐肖像图跋》中发出"扬州业盐者多，今求一如马君者，不可得矣"的感叹。可见，马氏兄弟在仕林墨客中的地位。

不忘故里的丛书出版家吴志忠

门外香溪送客帆，氤氲花药满灵岩。

池塘犹绕孤山梦，兄弟何尝痛不咸。

这是叶昌炽在《藏书纪事诗》中对吴铨一门收藏的赞叹诗。吴氏一门自歙县璜源官吉安太守。吴铨归田后在木渎镇筑遂初园，藏书万卷，开始这支旅外吴氏收藏力学后，长子吴用仪又增购弆藏数万卷，次子吴成佐又在璜川书屋基础上增建乐意轩藏书楼三楹，孙辈中吴泰来、吴元润、吴英虽经析产并产生纠纷，但都是喜收藏的大家。至曾孙吴志忠更使吴氏收藏刻书达到鼎盛。吴家经过4代人的努力，使璜川吴氏成为吴中最重要的收藏大户。本文仅介绍吴志忠1人及其家刻。

吴志忠，字有堂，号妙道人，祖籍歙县璜源（璜川由来），江苏长洲（江苏省苏州市）人，居渎川望信桥遂初园，为吴铨的曾孙，吴成佐孙子，吴英的儿子，与陈奂为表兄弟，继承先人遂初园、璜川书屋等号，并有真意堂。与苏州文献学家黄丕烈、顾广圻等辈交好，娴熟版本目录学。著《校（汉蔡邕撰）蔡中郎文集疏证》十卷、《外集疏证》一卷，辑《蔡中郎文集补》一卷等。

吴氏出身于藏书世家，顾广圻在《思适斋〈吕衡州文集〉序》卷十中说：吴氏“先世在吴中负藏书望，所谓璜川吴氏者也。闻其家稍落，不能多剞劂”。因不忘祖籍而将读书处取名璜川书屋，内藏秘籍万卷，因此在吴铨时已有北宋本《礼记》[①]、单疏足本《前汉书》[②]，是苏州著名的藏书家。因此，吴志忠在《璜川吴氏经学丛书缘起》中交代这就是“璜川吴氏”的由来[③]。吴氏藏书与东南不少藏书楼一样，有大量抄本书。吴志忠的抄本有清潢川吴氏抄唐权德舆撰《新刊权文公文集》、宋刘时举撰《续宋中兴编年资治通鉴》十五卷等。

吴氏在古籍整理工作中也做了大量工作，除抄丛书、单行本书外，还对不少古籍进行校勘，留下序跋之类文字。如汉郑玄注唐孔颖达疏唐陆德明音义《礼记注疏》六十三卷、宋朱熹撰清吴志忠校日本佐藤坦训点《吴氏校本四书章句集注》4 种二十六卷、唐颜师古撰清吴省兰注《刊谬正俗》八卷、宋傅崧卿注《夏小正戴氏传》四卷、唐陆淳撰《春秋啖赵二先生集传纂例》十卷、清初钱氏也是园影元抄《相台书塾刊正九经

---

① 据王文进《文禄堂访书记》录吴志忠《礼记注疏》跋称，此书后归曲阜孔莌谷家。

② 《天禄琳琅书目》载此书，经考就是吴铨所藏故物，为当道者呈进内廷，成为皇家收藏品。

③ 今转引叶昌炽《藏书纪事诗》卷四第四五一页（上海古籍出版社 1999 年 12 月版）：“璜川者，吾曾祖容斋先生自题其书屋之名也。曾祖于雍正守吉安。归田后居渎川遂初园，读书其中。架上万卷，皆秘笈也。所以题书屋曰‘璜川’者，以我曾祖生于新安之璜源，随我高祖乡贤公侨居松江之上海。老而自松迁苏，以故里题其读书处，怀旧之思也。是时载酒问奇而来者，如惠松厓征君辈，尽吴下知名士，而我家遂以‘璜川吴氏’著矣。曾祖殁后，我祖最幼，故无如书籍之散逸。若北宋本《礼记单疏》，今归曲阜孔氏者，其最显者耳。我祖嫩庵先生，重自搜罗，书楼三楹，环列四周。有《乐意轩书目》四卷、《嫩庵偶存稿》八卷、《读史小论》二卷行于世。昔人论藏书有二：一则聚书者之藏书，一则读书者之藏书。如我祖非所谓读书者之藏书欤！然乐意轩所藏书，至今又分析遗散矣。家君独好甲部书，著有《经句说》二十余卷，其续者正未央也。”

三传沿革例》一卷、唐颜师古撰《匡谬正俗》八卷、宋龚明之撰《吴中纪闻》六卷、唐陆龟蒙撰《重刊校正笠泽丛书》四卷、《仪礼注疏》十七卷、清钱曾撰《读书敏求记》四卷、宋赵明诚撰《金石类》三十卷（2 部）、晋郭璞注《穆天子传》六卷、晋葛洪撰《西京杂记》六卷、宋辛弃疾撰《窃愤录》一卷《续录》一卷计 2 种 2 卷、宋洪适撰《隶续》二十一卷、唐房玄龄注《管子》二十四卷、唐封演撰《封氏闻见记》十卷、唐高彦休撰《阙史》二卷等。

清吴志忠撰《校蔡中郎文集疏证》十卷、《外集疏证》一卷，清吴志忠辑《蔡中郎文集补》一卷计 3 种 12 卷稿本。吴志忠还印了活字本书，作为刻书部分中附，这里就不说了。

吴铨有“璜川吴氏收藏图书”朱方、“璜川吴氏探梅山房”、“璜川吴氏”等藏书印，并有《璜川吴氏书目》。王昶在序他的孙子吴泰来《净名轩遗集》中说：“君祖父之素封称家，有璜川书屋，别业在砚山下，园名遂初，有花木亭台之胜，藏书万余卷，书画古器称是，吴下多胜友，四方文士簪裾毕集。”[①] 顾广圻在为秦恩复代撰刻《吕衡州文集》十卷序称：吴氏“先世在吴中负藏书望，所谓璜川吴氏者也。闻其家稍落，不能多剞劂”[②]。这是对吴铨时代璜川吴氏收藏的真实写照。至吴氏四代吴志忠时，不仅世守藏书，并有增加，有“志忠”小印、“有堂”、“吴志忠之印”、“志忠手校”等藏书印鉴。吴志忠在《璜川吴氏经学缘起》中详述吴氏藏书历史。吴志忠是这支外徙吴氏家族中最大的刻书家，并以刻印经学著作闻名。

因吴氏三代收藏，吴志忠从小就在这样的环境中成长，世代重收藏校勘对他的影响很大，成为喜刻古人钞本中未刻的经义类图书的出版家，有“志忠”小印、“有堂”、“吴志忠”印、“志忠手校”等藏书印。他自撰的《璜川吴氏经学丛书缘起》详述了吴氏世代藏书源流。吴氏藏

① 收入《春融堂集》卷三十九。

② 顾广圻：《思适斋集·〈吕衡州文集〉序》卷十。

书到了第三代，据王昶《蒲褐山房诗话》讲，因兄弟分家析产，收藏书及园圃卖掉，使吴氏藏书大伤元气。经考证，因吴氏“先世在吴中负藏书望，所谓璜川吴氏者也。闻其家稍落，不能多剞劂”[①]，陈奂在《师友渊源记·璜川吴氏经学丛书序》中说：“有堂表弟喜刻古人钞本未刻之书，恐其湮没，为之流传。其所刻者大抵经义为多，故总其名曰《经学丛书》。”因此，吴家刻书的重点人物是吴志忠。主要出版三部丛书。

其主要家刻胪列如下。

璜川吴氏刻《吴中七子诗合刊》□种□卷。

《文禄堂访书记·吴志忠校〈礼记注疏跋〉》：松崖所校北宋单疏，书属我家故物，惠称璜川书屋，先曾祖（按指吴铨）藏书之舍也。□读遂初园中，园甚著，沈归愚宗伯辈皆有诗文以纪，今为灵岩名迹。称拙庵行人者（按指吴用仪），忠先伯祖也。称企晋博士者，忠之伯父，号竹屿，名泰来。后举乾隆庚辰（二十五年，1760）进士，壬午（二十七年，1762）南巡，召试，授内阁中书，与松崖先生等七人齐名都中，目为“吴中七子”，有《吴中七子诗合刊》行于世。

康熙间（1662—1722）刻清吴泰来撰《古香堂诗集》七卷附《词集》二卷计2种9卷。《清人别集总目》第905页著录，华东师范大学图书馆藏。此目问题大，因吴泰来生于康熙末，此间尚未出世，更不可能已有此书出版。

康熙五十八年（1719）字香亭刊清□□辑《吴氏四种》五卷。《中国丛书综录·类编·集类·总集（氏族）》第一册第886页著录，广东省图书馆藏。

雍正九年（1731）刻清吴铨撰《阴骘文像注》四卷。《中国历史博物馆藏普通古籍目录·子部·道家类》第317页著录，中国历史博物馆藏4册本。

---

① 顾广圻：《思适斋集·吕衡州文集·序》卷十。

乾隆己未（四年，1739）吴氏璜川书屋刻清长洲任时懋撰《四书日课录》三十卷。《贩书偶记·经部·四书类》卷三第54页著录。

乾隆十四年（1749）璜川书屋刻清惠士奇撰《易说》六卷。《中国古籍总目·经部·易说·传说之属》第138页（作“璜川书局刻”，误）著录，南京图书馆藏。此书分别收入《四库全书》、阮元辑《皇清经解》及乾隆间（1736—1795）刻道光间（1821—1850）刻《璜川吴氏经学丛书》中。

乾隆十四年吴氏璜川书屋刻清惠士奇撰《半农先生春秋说》十五卷。《中国古籍善本总目·经部·春秋类》第一一二页、《中国古籍善本书目·经部·春秋类》第285页、《中国古籍总目·经部·春秋类·春秋总义·传说之属》第659页、《北京图书馆古籍善本书目·经部·春秋类》第一〇九页著录，国家图书馆（4册本，有翁方纲跋）、清华大学图书馆、中国科学院图书馆、复旦大学图书馆、吉林省图书馆、吉林省社会科学院图书馆、武汉图书馆、中山大学图书馆、华南师范大学图书馆藏。该刊本半页9行，行21字，白口，左右双边。收入《璜川吴氏经学丛书》中。

乾隆间（1736—1795）刊清吴县吴成佐撰《懒庵偶存稿》四卷、《续稿》二卷、《又续》二卷、《三续》二卷计4种10卷。《中国古籍总目·集部·别集类·清代之属·清中期》第1778页、《贩书偶记·集部·别集类》卷十五第374页、《清人别集总目》第877页（漏收《又续》二卷）著录，南京图书馆藏，又有说南京图书馆仅藏《偶存稿》二卷、《续稿》二卷计4卷不全本。

乾隆间刻道光十年（1830）重刻清吴志忠编《璜川吴氏经学丛书十三种》五十四卷附一种二十四卷计14种78卷。中华版《续修四库全书总目提要·经部·汇编类》第一四四一页著录以上两种刻本计28种156卷。

乾隆间刻清吴泰来撰《砚山堂诗集》十卷。《清人别集总目》第

904页著录，台湾“中央研究院”历史语言研究所傅斯年图书馆藏。

乾隆间刻清吴泰来撰《砚山堂诗集》八卷。《中国古籍总目·集部·别集类·清代之属·清前期》第1489页著录，台湾“中央研究院”历史语言研究所傅斯年图书馆藏。

乾隆间刻清吴泰来撰《砚山堂集》四卷。《中国古籍总目·集部·别集类·清代之属·清前期》第1489页著录，国家图书馆藏。

乾隆间刻清吴泰来撰《砚山堂诗集》五卷。《中国古籍总目·集部·别集类·清代之属·清前期》第1489—1490页著录，苏州市图书馆藏。

乾隆间刻清吴泰来撰《古香堂集》十卷。《中国古籍总目·集部·别集类·清代之属·清前期》第1490页著录，华东师范大学图书馆藏。

乾隆十八年（1753）刻清吴泰来撰《砚山堂集》二卷。《中国丛书综录》著录民国二十九年（1940）石印《七子诗选》本著录。

乾隆十九年（1754）吴泰来近文斋刻清梦麟撰、清严长明编《太谷山堂集》六卷。《中国古籍总目·集部·别集类·清代之属·清前期》第1516页著录，国家图书馆、中国科学院图书馆、湖南省图书馆藏。

乾隆二十四年（1759）璜川书屋刻清吴用仪辑《全唐诗钞》八十卷、《补》十六卷计96卷。《中国古籍善本书目·集部·总集类》第1680页、《中国古籍善本总目·集部·总集类·断代》第一七六七页（作吴成仪）、《中国古籍总目·集部·总集类·断代之属》第3006页（作吴成仪辑）、《中国人民大学图书馆古籍善本书目·集部·总集类》第170页著录，国家图书馆、上海图书馆、南京图书馆、清华大学图书馆、中国人民大学图书馆（4函32册本）、湖北省图书馆藏。该刊本半页11行，行21字，白口，双鱼尾，左右双边，封面镌“璜川书屋藏板”字样。叶景葵从于晦若家得此书的璜川书屋写本。

乾隆间刻清吴泰来撰《研山堂集》一卷。《中国丛书综录》著录《钞三家绝句选》本著录。

乾隆间刻清吴成佐撰《懒庵偶存稿残存》二卷、《续稿》二卷计2

种4卷。《清人别集总目》第877以著录，南京图书馆藏。

乾隆甲午（三十九年，1774）吴氏精刻清吴成佐撰《读史小论》二卷。《中国古籍善本书目·史部·史评类》第1531页、《中国古籍善本总目·史部·史评类》第七七四页、《贩书偶记续编·史部·史评类》卷八第100页著录，辽宁省图书馆藏。

附　乾隆四十六年（1781）刻清闵鉴修、清吴泰来纂《［乾隆］同州府志》六十卷、《卷首》一卷计61卷。《中国古籍总目·史部·方志类·地志之属·陕西省·渭南市》第4722页（作乾隆四十七年刻）、《中国地方志联合目录·陕西省·渭南地区》第173页、《北京图书馆普通古籍总目·地志门·方志》第四卷第204页著录，国家图书馆（有图4函22册本1部）、中国科学院图书馆、故宫博物院图书馆、北京大学图书馆、上海图书馆、内蒙古自治区图书馆、陕西省图书馆、西北大学图书馆、山东省图书馆、南京大学图书馆、南京地理研究所图书馆、浙江图书馆、台湾省图书馆藏，湖南师范大学图书馆藏不全。

附　乾隆四十七年（1782）刻清张心镜修、吴泰来纂《［乾隆］蒲城县志》十五卷。《中国古籍总目·史部·方志类·地志之属·陕西省·渭南市》第4724页、《中国地方志联合目录·陕西省·渭南地区》第180页、《北京图书馆普通古籍总目·地志门·方志》第四卷第203页、《中国历史博物馆藏普通古籍目录·史部·地理类》第110页著录，国家图书馆（6册本有图2部）、中国科学院图书馆、故宫博物院图书馆、中共中央党校图书馆、北京大学图书馆、中国人民大学图书馆、北京师范大学图书馆、中央民族大学图书馆、首都师范大学图书馆、上海图书馆、复旦大学图书馆、上海师范大学图书馆、上海辞书出版社图书馆、天津图书馆、石家庄市图书馆、内蒙古大学图书馆、辽宁省图书馆、大连市图书馆、吉林大学图书馆、东北师范大学图书馆、陕西省图书馆、陕西师范大学图书馆、甘肃省图书馆、兰州大学图书馆、山东大学图书馆、南京图书馆、南京大学图书馆、南京地理研究所图书馆、南通市图书馆、福建师范大学图书馆、河南省社会科学院图书馆、台湾省图书馆、郑州大学图书馆、湖北省图书馆、武汉大学图书馆、湖南省社会科学院图书馆、华南师范大学图书馆、四川大学图书馆、重庆市北碚区图书馆、水利电力部研究院图书馆及中国历史博物馆（6 册本）、国家文物局文物保护科学技术研究所、陕西省文物考古研究院、陕西省博物馆、甘肃省博物馆藏。

附　乾隆五十二年（1787）刻清黄文莲修、吴泰来纂《[乾隆]唐县志》十卷。《中国古籍总目·史部·方志类·地志之属·河南省》第 4494 页、《中国地方志联合目录·河南省》第 597 页、《北京图书馆普通古籍总目·地志门·方志》第四卷第 155 页著录，国家图书馆（4 册本有图 2 部）、中国科学院图书馆、故宫博物馆图书馆、北京大学图书馆、北京师范大学图书馆、中央民族大学图书馆、上海图书馆、华东师范大学图书馆、上海辞书出版社图书馆、天津图书馆、南开大学图书馆、大连市图书馆、山东大学图书馆、南京图书馆、南京大学图书馆、南京地理研究所图书馆、浙江图书馆、台湾省图书馆、河南省图书馆、湖北省图书馆、华南师范大学图书馆及中国第一历史档案局、国家文物局文物保护科学技术研究所藏；开封市图书馆、河南师范大学图书馆等藏民国间石印本。唐县今名唐河县。

乾隆六十年（1795）刻清吴成（用）仪辑《全唐诗钞》八十卷、《补遗》十六卷计 2 种 96 卷。《中国古籍总目·集部·总集类·断代之属》第 3006 页著录，上海图书馆藏。

嘉庆十三年（1808）元和吴泰来等家刻清吴成（用）仪、清张熙纯辑《全唐诗钞》八十卷、《补遗》十六卷计 2 种 96 卷。《香港所藏古籍书目·集部·总集类·断代》第 354 页著录，香港中山图书馆藏 16 册本。

清刻清吴泰来撰《砚山堂集》四卷。《清人别集总目》第 905 页著录，国家图书馆藏。

嘉庆十五年（1810）吴氏真意堂刻清惠士奇撰《易说》六卷。《中国古籍总目·经部·易类·传说之属》第138页、《香港所藏古籍书目·经部·易类》第4页著录，国家图书馆、天津图书馆、上海图书馆、湖北省图书馆、南京图书馆、浙江图书馆、香港中文大学图书馆（4册本）藏。

嘉庆十五年璜川吴氏刻清吴英辑《经学丛书》。《香港所藏古籍书目·丛部·经类》第394页著录，香港中央图书馆仅存《易说》《诗说》2种5册不全本。

嘉庆十六年（1811）吴县吴志忠真意堂影宋校刻宋朱熹撰《四书章句集注》又名《璜川吴氏四书学》7种三十二卷即《四书章句集注》4种二十六卷、《附录》3种六卷。《中国古籍善本总目·经部·四书类》第一二八页、《中国丛书广录·类编丛书·经类·四书类》第386页、《中国古籍总目·经部·四书类·四书总义·传说之属》第854页（未注出版年份，并分两次著录）、《藏园群书经眼录·经部二·四书类》卷二第九七页、《安徽文献书目》第16页、《安徽省馆藏皖人书目》第55页（无附录3种6卷）、北京师范大学图书馆《中文古籍书目·经部·四书类·四书总义》第30页著录，国家图书馆、北京大学图书馆、中共中央党校图书馆（清焦循批）、天津图书馆、上海图书馆、辽宁省图书馆、北京师范大学图书馆（8册本）、安徽省图书馆（7册本，无附录3种6卷）藏。有淳熙己酉（十六年，1189）二月甲子新安朱子序。扉页反面镌有“嘉庆辛未潢川吴氏校刊于真意堂”14字，《孟子集注》卷六有“吴县吴志忠校刊”9字。该刊本半页9行，行17字，每卷后有“吴县吴志忠刊”1行。此书应有两种版本计14种54卷。

嘉庆辛未（十六年）璜川吴氏家刻（又作吴县吴志忠校刊，璜川吴氏真意堂刻）宋朱熹集注《四书章句集注》二十六卷、清吴英撰《附考》四卷计5种30卷。《北京大学图书馆藏古籍善本书目·经部·四书类》第33页著录，北京大学图书馆（6册本，由方功惠校，为上书不全本），安徽省图书馆（6 册本）藏。

嘉庆十六年（1811）序刊清吴志忠辑《璜川吴氏四书学》3 种六卷。《中国丛书综录·类编·经类·经义》第一册第 617 页著录，上海图书馆藏。

附　嘉庆十六年璜川吴氏木活字排印清吴志忠辑《真意堂三种》又名《真意堂丛书》3 种十三卷。《中国古籍善本总目·丛部·汇编丛书》第一九七六页、《中国古籍善本书目·丛部·汇编丛书（三）》第 415 页、《中国古籍总目·丛书部·杂纂类·清代前期》第 445 页、《中国丛书综录·汇编·杂纂类（清代前期）》第一册第 165—166 页、《中国丛书综录补正·汇编·杂纂类（清代前期）》第 32 页、《丛书书目汇编》第三册第三四六页、《北京图书馆古籍善本书目·子部·类书类》第一八九一页著录，国家图书馆（由傅增湘校并跋）、首都图书馆、中国科学院图书馆、北京大学图书馆、天津图书馆、上海图书馆藏，南京图书馆藏不全。该印本半页 9 行，行 20、21 字，白口，左右双边。

嘉庆十六年真意堂精刊宋朱熹撰《四书章句集注》又名《四书章句》4 种二十六卷，璜川吴英撰《定本辨》一卷、《家塾读本句读》一卷，璜川吴志忠撰《附考》四卷计 7 种 32 卷。《贩书偶记·经部·四书类》卷三第 52 页、《皖人书录》第 325 页、《北京大学图书馆藏古籍善本书目·经部·四书类》第 33 页、《安徽文献书目》第 16—17 页著录，安徽省图书馆藏 7 册本。北京大学图书馆藏由方功惠校 6 册本仅有宋朱熹集注《四书章句集注》二十六卷及清吴志忠撰《附考》四卷，缺清吴英《定本辨》一卷、《家塾读本句读》一卷 2 种 2 卷。

嘉庆十七年（1812）璜川吴氏真意堂重刻清惠周惕撰、清吴志忠校《诗说》三卷、《附录》一卷计 4 卷。《中国古籍总目·经部·诗类·传说之属》第 351 页著录，国家图书馆、北京大学图书馆、中国科学院图书馆、天津图书馆、上海图书馆、复旦大学图书馆、南京图书馆、湖北省图书馆藏。分别收入《璜川吴氏经学丛书》《皇清经解》丛书中。

嘉庆壬申（十七年，1812）璜川吴氏刻清李言恭（字思可）撰《医师秘籍》又名《医学秘籍》二卷。《全国中医图书联合目录·临证各科》第337页著录，上海中医药大学、苏州市中医院、广州中医药大学图书馆藏。

约嘉庆间（1796—1820）刻清长洲吴泰来撰《砚山堂诗集》八卷。《贩书偶记·集部·别集类》卷十六第420页著录。

嘉庆十九年（1814）吴氏真意堂刻清吴成佐撰《懒庵先生经史论存》四卷、《补》四卷计2种8卷。《清人别集总目》第8776页著录，北京大学图书馆藏。此书日本内阁文库、日本京都大学人文科学研究所藏道光十年（1830）宝仁堂刻《璜川吴氏经学丛书》本。

嘉庆十九年吴氏真意堂刻明张岐然辑《春秋四家五传平文》四十一卷、《首》一卷计42卷。《中国古籍总目·经部·春秋类·春秋总义·传说之属》第649页著录，南京图书馆藏。

嘉庆二十年（1815）吴英有竹石轩刻清吴英撰《有竹石轩经句说》二十卷。《中国古籍总目·经部·群经总义类·传说之属》第963页著录，北京大学图书馆藏。

嘉庆间吴英有竹石轩刻清吴英撰《有竹石轩经句说前》七卷。《中国古籍总目·经部·群经总义类·传说之属》第963页著录，北京大学图书馆藏。

嘉庆间刻汇印清吴志忠编《真意堂五种》二十二卷。《中国古籍总目·丛书部·杂纂类·清代前期》第445页著录，中国科学院图书馆藏。

嘉庆间吴县吴志忠校刊宋朱熹撰《大学章句》一卷、《中庸章句》一卷计2种2卷。《安徽文献书目》第15页著录，安徽省图书馆藏1册本。

嘉庆戊寅（二十三年，1818）竹石轩刊清吴英撰《经句说》十二卷。《贩书偶记·经部·诸经经义类》卷三第67页著录，并说道光间（1821—1850）续刊本24卷不准确。实际上嘉庆二十三年有竹石轩刻清吴英著《经句说》二十七卷，《山西省普通线装书目录·经籍门·经解》第41页著录山西省图书馆藏24册本。此书当年两印。《香港所藏古籍书目·经部·群经总义类》第33页著录，香港中文大学图书馆藏此书22卷14册本。此书后印本卷数相差很大。

嘉庆庚辰（二十五年，1820）璜川吴氏重刊清桐川顾修辑《汇刻书目》十卷附佚名撰《补编》一卷、《续编》各1册。《中国古籍总目·史部·目录类·总录之属·汇刻》第4975页、《中国丛书综录续编·丛书概述》第8页、《贩书偶记续编·史部·书目类》卷八第97页著录，上海图书馆、北京大学图书馆藏。此书顾氏初刊于嘉庆己未（四年，1799），为《汇刻书目》10册。自吴氏刊行后，同治庚午（九年，1870）群玉堂，仲夏崇雅堂木活字重印并附《续编》2册。光绪元年（1875）北京琉璃厂书肆刊本及长洲陈光昭无梦园增刻本（多陈光昭《续编》二卷、《新编》一卷及佚名《补编》）、光绪壬午（八年，1882）冬李氏木犀轩又重刊。还有日本文政元年刻本。本人自有1989年6月江苏广陵古籍刻印社据光绪本影印，线装2函20册本。可见，此书深受学界重视。

嘉庆间潢川吴氏真意堂刊清吴志忠等辑《璜川吴氏经学丛书》甲、乙、丙、附4辑15种九十卷。《中国丛书综录续编·类编·经类·经义》第196页、《丛书书目汇编》第三册第四〇五页（缺《懒庵先生经史论存》及《补》八卷）、《汇刻书目》第一册第五十页、《中国丛书广录·类编丛书·经类·群经总意类》第403—404页（仅著录为14种82卷，无《经史论存》四卷《补》四卷）著录。

清吴志忠真意堂江宁刻宋彭耜撰《道德真经集注释文》一卷。《中国古籍总目·子部·道家类·先秦之属·老子》第2335页著录，南京图书馆藏。

清吴氏真意堂刻清吴志忠等辑《璜川吴氏经学丛书》9种五十七卷。《中国古籍总目·子部·道家类·先秦之属·老子》第2335页（作道光间刻）、《山东省图书馆馆藏海源阁书目·经部·总类》第12页著录，山东省图书馆藏4函32册本。该刊本版心下镌“真意堂、兰陔书屋”7

字，半页10行，行22字（17.6×14.3），粗黑口，左右双边，单黑鱼尾。

道光五年（1825）真意堂刊清吴县吴成佐撰《经史论存》四卷、《补》四卷计2种8卷。《中国古籍总目·子部·杂家类·杂考之属》第1826页、《贩书偶记·子部·杂家类·杂考之属》卷十一第274页著录，北京大学图书馆藏。

道光七年（1827）金阊桐石山房刻清吴铨撰《阴骘文像注》四卷。《中国古籍总目·子部·道家类·道教之属·劝戒》第2482页著录，天津图书馆藏。

道光己丑（九年，1829）璜川吴氏刻清璜川吴志忠撰《释名定本》八卷。《贩书偶记续编·经部·小学类》卷四第38页著录。

道光十年（1830）宝仁堂刊清吴志忠等辑《璜川吴氏经学丛书》又名《经学丛书》15种八十八卷。《中国古籍总目·经部·总类·传说之属》第34—35页、《中国丛书综录·类编·经类·经义》第一册第601页、《中国丛书综录续编·类编·经类·经义》第196页、《中国丛书综录补正》第154页著录，首都图书馆、中国科学院图书馆、北京大学图书馆、北京师范大学图书馆（40册本）、清华大学图书馆、上海图书馆、华东师范大学图书馆、辽宁省图书馆、山东省图书馆、南京图书馆、苏州市图书馆、安徽省图书馆、浙江图书馆、四川省图书馆藏。《西谛书目·子部·丛书类》卷二第八二页著录《璜川吴氏经学丛书十四种》八十卷，无清吴成佐撰《懒庵先生经史论存》四卷、《补》四卷，其余子目与此相同，线装28册。此为重刊本，原刊本署嘉庆间璜川吴氏真意堂刊。《山东省图书馆馆藏海源阁书目》第12页著录，道光十年（1830）宝仁堂重刊清吴志忠等辑《璜川吴氏经学丛书》15种八十一卷，封面题："道光庚寅（1830）重镌，宝仁堂藏板。"日本内阁文库藏，京都大学人文科学研究所藏《懒庵先生经史论存》四卷、《补》四卷。该刊本半页9行，行21字，小字双行同（18.8×14.4），白口，左右双边，单黑鱼尾，6函48册本。

道光间（1821—1850）吴氏璜川书塾刻汉刘熙撰、清吴志忠校《释名》八卷。《中国古籍善本书目·经部·小学类》第388页、《中国古籍善本总目·经部·小学类》第一五六页、《北京图书馆古籍善本书目·经部·小学类》第一五二页、《北京图书馆普通古籍总目·文学学门》第十卷第21页著录，国家图书馆藏1册本、4册本各1部。该刊本半页9行，行21字，小字双行同，白口，四周单边。

清刻清吴泰来撰《古香堂诗集》七卷、《词集》二卷计2种9卷。《中国古籍善本书目·集部·清别集类》第1205页著录，华东师范大学图书馆藏。

1928年璜川吴氏后人还影印《唐拓十七帖》。北京师范大学图书馆《中文古籍书目·子部·艺术类》第266页著录，北京师范大学图书馆藏1册本。

《红楼梦》大观园原型——水西庄主查为仁

北查的始迁祖为查秀，初定居宛平，故世称为宛平人，但他们世代不忘祖籍休宁。延及日乾，据杭世骏《查君墓志铭》和《［嘉庆］长芦盐法志》本传记载①，其父查如鉴卒于江都县典史任上。幼随母依姐夫马章玉（仪征知县）生活。康熙中（1662—1722）始北游。始投天津大盐商张霖门下，任天津关书办，并“分领十万两，霸占长芦盐之利”，后“领本行京师盐一万引，而张霖与查日乾以一万官引带卖私盐，约行十万引之盐，每年得余利一二十万不止”，因此发家致富。康熙四十四年（1705）因张霖事发所牵连，受了4年牢狱之灾。雍正元年（1723）帮助长芦盐运使莽鹄立革除长芦盐务积弊，称其有经济之才。北查从此成为北方以盐策起家的巨贾。

① 参见清杭世骏《道古堂文集·江南淮南仪所监制通判查君墓志铭》卷四十三、清黄掌纶《［嘉庆］长芦盐法志·人物·孝义》。

查为仁（1694—1749）又名成甦，字心谷，号莲坡、莲坡居士、心谷居士、蔗塘、蔗斋、花海翁、花影庵主、澹宜居士，有花影庵、绣野簃、水西庄、于斯堂、蔗斋、昨非斋，祖籍休宁，是海宁经商的北查支查日乾长子，查礼长兄。康熙五十年（1711）中浙江乡试第一（解元），主事者为司农赵申乔，赵氏因革铜商事，与执金吾陶和气发生矛盾，久欲陷害之，陶以查为富人，赵曲意奉承查才得榜首而构成大狱，使为仁几为死囚，在狱中度过8年后才获释归。从此，为仁绝意仕途，发愤读书，以经营长芦盐业，复由海宁徙居宛平（今北京市丰台区）。家居天津水西庄，有南碕草堂、数帆台、揽翠轩、枕溪廊、水琴山、画堂诸名胜景点，从而成为曹雪芹撰写《红楼梦》中大观园的原型。

筑花影庵，贮书数万卷，“慕古人顾阿瑛、徐良夫之风，蓄积书籍，广开坛坫，名流宴咏，殆无虚日”[①]，成为南北文士交通中心，与扬州江春康山草堂、祁门马曰琯曰璐兄弟小玲珑山馆、清江浦汪氏观复堂同样成为四方英彦投缟赠纻的场所，因之学业也有长进，并向其族叔查慎行学诗，大有长进。袁枚评“其诗清妙，深得初白老人之教者”。乾隆十年（1745）因捐资助赈，赏七品顶戴，同举人。与厉鹗同选南宋120家绝妙好词进行笺注，成《绝妙好词笺》七卷，收入《四库全书》。还著《蔗斋未定稿》九卷、《蔗塘外集》又名《蔗斋外集》八卷、《押交词》一卷、《昨非斋草》不分卷、《莲坡诗话》一卷等。

其妻金至元（1696—1721），字含英，撰《外集》八卷。其群女也是兰室吐芬。如次女查调凤与三女容端、五女绮文均以诗名当时。调凤，字鸣祥，著《鸣祥诗钞》。容端字淑正，有晓镜阁。嫁曲沃裴升文，博学善诗，教子裴振成名。著《晓镜阁稿》《淑正诗稿》。绮文字丽言，著《丽言诗草》行世。

他们的著作刻行如下。

---

① 《［光绪］顺天府志·先贤十》。

雍正三年（1725）写刻清查为仁撰《蔗塘外集》一卷。《东北师范大学图书馆藏古籍善本书目解题·集部》第299页著录，东北师范大学图书馆藏1册本。该刊本半页10行，行21字，白口，四周单边。

雍正间（1723—1735）刻查为仁妻金至元撰《外集》一卷、乾隆间（1736—1795）刻清查为仁撰《蔗斋未定稿》四卷计2种5卷。《清人别集总目》第1606页著录，国家图书馆藏。

乾隆二年（1737）刻清查为仁撰《蔗塘未定稿》四卷。《中国古籍总目·集部·别集类·清代之属·清前期》第1374页著录，国家图书馆、首都图书馆藏。

乾隆二年刻清查为仁撰《蔗斋未定稿》四卷、《外集》四卷计2种8卷。《清人别集总目》第1606页著录，首都图书馆藏。

乾隆五年（1740）水西庄选刻清查为仁、清查礼辑《沽上题襟集》八卷。法式善：《陶庐杂录》卷三著录，卷三为查为仁诗73首，卷四为汪沆诗104首，卷八为查礼诗103首。该刻本刻印精好，具体藏处待考。该诗集主收刘文煊、吴廷华、查为仁、汪沆、陈皋、万光泰、胡睿烈、查礼8人，每人1集，另附查为义、朱岷等20余人赞美河山、抒发他们失意心情的作品。

乾隆六年（1741）查氏刻清查为仁、清查礼辑《沽上题襟集》八卷。《中国古籍善本总目·集部·总集类·断代》第一七八九页、《中国古籍总目·集部·总集类·断代之属》第3059页著录，国家图书馆、中国人民大学图书馆、中国社会科学院文学研究所图书馆、上海图书馆、南京图书馆、福建省图书馆、中山大学图书馆、重庆市图书馆藏。该刊本半页10行，行22字，细黑口，左右双边。

乾隆八年（1743）刻清查为仁撰《蔗塘未定稿》七卷。《中国古籍总目·集部·别集类·清代之属·清前期》第1374页著录，台湾图书馆藏。

乾隆八年刻清查为仁撰《蔗斋未定稿》不分卷。《清人别集总目》第1606页著录，山西省图书馆、山东省图书馆、上海师范大学图书馆、日本大阪府立图书馆及日本京都大学文学部中哲文研究室、日本京都大学人文科学研究所藏。

乾隆十五年（1750）查氏澹宜书屋刻宋周密辑，清查为仁、厉鹗笺《绝妙好词笺》七卷。《中国古籍善本总目·集部·词类·总集》第一八五一页、《中国古籍总目·集部·词类·总集之属》第3398页著录，国家图书馆、中国人民大学图书馆、上海师范大学图书馆、天津图书馆、南开大学图书馆、浙江大学图书馆及北京市文物局、南京博物院（谭仪圈点并跋，周贞亮、邵章跋）藏。该刊本半页9行，行21字，白口，四周单边。国家图书馆还藏同治十一年（1872）章寿康刻宋周密辑、清查为仁，厉鹗笺《绝妙好词笺》七卷，清余集辑《续钞》一卷计2种8卷本有清李慈铭评注并跋，该刊本半页11行，行23字，白口，左右双边。该书由清汪沆、陈皋共同校勘。按，《绝妙好词笺》原为南京周密辑，从张孝祥起，至仇远止，收录132家词作。查为仁“采摭诸书，以为之笺，各详其里居出处，或因词而考证本事，或因人而附载其轶闻，以及诸家评论之语与名篇秀句，不见于此集者，咸附隶之”[①]。后厉鹗任县令，去京过津门，查为仁与之在水西庄“篝灯茗碗，商榷笺注”[②]，成此书。此书其他版本有《四库全书》本，经影印后，收藏比较普遍，四川省图书馆藏光绪间（1875—1908）刻本，有清顾复初批，天津图书馆藏清末刻本。

乾隆间（1736—1795）刻清查为仁撰《蔗塘未定稿》五卷。《中国古籍总目·集部·别集类·清代之属·清前期》第1374页著录，国家图书馆藏。

乾隆间刻清查为仁撰《蔗塘外集》四卷。《中国古籍总目·集部·别集类·清代之属·清前期》第1374页著录，国家图书馆、首都图书馆藏。

乾隆间刻清查为仁撰《蔗塘未定稿》八卷、《押｢孬｣词》一卷、《外

① 《四库全书总目·集部·词曲类》卷一九九第一八二四页，北京：中华书局，1985。

② 清查善长、查善和撰《绝妙好词笺跋》，北京：中华书局影印本，1957。

集》八卷计 3 种 17 卷。《中国古籍总目·集部·别集类·清代之属·清前期》第 1374 页著录，国家图书馆、中国科学院图书馆藏。

清刻清查为仁撰《昨非斋草》不分卷。《中国古籍总目·集部·别集类·清代之属·清前期》第 1374—1375 页著录，国家图书馆藏。

乾隆间写刻清查为仁撰《蔗斋未定稿三种》。《清人别集总目》第 1606 页著录，上海市文管会藏。应为下目未完稿或不全子书 3 种。

乾隆间刻清查为仁撰并辑《蔗斋未定稿》九卷、《外集》八卷计 12 种 17 卷。《中国古籍善本书目·集部·清别集类》第 1106 页、《中国古籍善本总目·集部·清别集》第一五八二页、《清人别集总目》第 1607 页著录，国家图书馆、中国人民大学图书馆、中国科学院图书馆、中共北京市委图书馆、上海图书馆、复旦大学图书馆、华东师范大学图书馆、天津图书馆、南开大学图书馆、山西省图书馆、辽宁省图书馆、陕西省图书馆、山东省图书馆、江苏省宝应县图书馆、泰州市图书馆、扬州师范学院图书馆、安徽师范大学图书馆、广东省（中山）图书馆、重庆市图书馆、台湾大学图书馆、日本广岛大学图书馆及日本京都大学人文科学研究所藏。该刊本半页 10 行，行 21 字，白口，四周单边。

北查铜鼓楼主查礼

查礼（1716—1783），原名为礼，又名学礼，字恂叔，号俭堂、榕巢、铁桥，有铜鼓书堂，查为仁三弟，查日乾三子，祖籍休宁，海宁北查支，居宛平（今北京市丰台区）。其铜鼓堂号源于在广西得东汉马援铜鼓；刻书处名沽上校经书房。

乾隆元年（1736）举博学鸿辞。十三年（1748）授户部陕西司主事，以同知发云南，旋改广东庆远府理苗同知、太平府知府。乾隆间（1736—1795）以道员随征金川，任督运。四十四年（1779），授四川按察使，次年平金川后升任四川布政使。四十七年（1782），再升湖南巡抚，未到任卒。他嗜古印章、金石、书画，收藏甚富。好收藏古籍，有“宛平查氏藏书印”朱方、“古燕查氏家藏”朱长方、“宛平查礼恂叔氏图书”朱方、“查氏隐书楼藏书印”白大方、“查氏所藏”朱方、“榕巢”朱方等藏书印。他书法宋黄庭坚，精山水、花鸟画，尤善画梅。著《铜鼓书堂遗稿》三十二卷、《画梅题跋》一卷、《安南纪略》二卷、《印谱》、《草题上方二山纪游集》一卷、《沽上题襟集》一卷、《铜鼓书堂遗稿文集》四卷、《铜鼓书堂藏印谱》不分卷、《恂叔随笔》不分卷、《榕巢词话》一卷等，辑《咸熙录》不分卷。查礼逝世后主要著作为其子查淳再次刊行。查淳，字厚之，号梅舫、篆仙，有铜鼓书堂。承家学，嗜印成癖。将其父及已藏印品于嘉庆四年（1799）编成《铜鼓书堂印藏》四卷。该刊本每面 3 印，计收官印 223 方，私印 595 方，装 4 册本，有翁方纲、王文治序。

查礼在古籍上留下文字有对《吴文定公诗稿》不分卷稿本上题诗、跋《清风草堂诗钞》六卷等。

乾隆六年（1741）清查礼在沽上校经书房自刻《沽上题襟集》一卷。《中国古籍总目·集部·别集类·清代之属·清前期》第 1458 页著录，中国科学院图书馆藏。

乾隆十二年（1747）查礼自刻《愢题上方二山纪游集》一卷。《中国古籍善本书目·集部·清别集类》第 1222 页、《中国古籍善本总目·史部·地理类·游记》第五三二页、《中国古籍总目·集部·别集类·清代之属·清前期》第 1458 页、《清人别集总目》第 1604 页著录，国家图书馆、北京大学图书馆及旅顺市博物馆藏。

乾隆三十七年（1772）刻清查礼撰《铜鼓书堂遗稿》三十二卷。《中国古籍善本书目·集部·清别集类》第 1222 页、《清人别集总目》第 1604 页著录，国家图书馆、湖南省图书馆、南开大学图书馆、台湾大学图书馆、台湾师范大学图书馆藏，中国科学院图书馆仅藏卷九、二十、二十一计 3 卷不全稿本。按，查礼当年尚在世，不应作《遗稿》。

乾隆四十二年（1777）刻清查礼辑《咸熙录》不分卷。《中国古籍善本总目·史部·传记类·总传》第三九一页著录，清华大学图书馆藏。

乾隆五十三年（1788）宛平查淳在北京刻清查礼撰《铜鼓书堂遗稿》三十二卷。《中国古籍善本书目·集部·清别集类》第1222页、《中国人民大学图书馆线装书目录》第554页（不注版本、时代、卷数）、《清人别集总目》第1604页著录，国家图书馆、中国科学院图书馆、北京市东城区图书馆、北京大学图书馆、清华大学图书馆、中共中央党校图书馆、上海图书馆、南京图书馆、浙江图书馆、天津图书馆、河南省图书馆、中国人民大学图书馆（4册本）、北京师范大学图书馆、复旦大学图书馆、山西省图书馆、山西师范大学图书馆、辽宁省图书馆、沈阳市图书馆、长春市图书馆、吉林省社会科学院图书馆、黑龙江省图书馆、黑龙江大学图书馆、南京大学图书馆、华东师范大学图书馆、浙江大学图书馆、南通师范学院图书馆、陕西师范大学图书馆、陕西省图书馆、宝鸡市图书馆、安徽省图书馆、芜湖市图书馆、江西省乐平县图书馆、湖北省图书馆、武汉图书馆、武汉大学图书馆、湖南省图书馆、湖南师范大学图书馆、中山大学图书馆、暨南大学图书馆、桂林市图书馆、四川省图书馆、台湾图书馆、台湾大学图书馆、日本国会图书馆及北京市文物管理局、山西省文史研究馆藏。

乾隆间（1736—1795）刻清查礼撰《铜鼓书堂遗稿》三十二卷。《中国古籍善本总目·集部·清别集》第一六〇二页、《清人别集总目》第1604页著录，国家图书馆、北京市东城区图书馆、北京大学图书馆、清华大学图书馆、南京图书馆、山东省图书馆、中国科学院图书馆、天津师范大学图书馆、常州市图书馆、大连市图书馆、泰州市图书馆、山西省图书馆、陕西师范大学图书馆、辽宁省图书馆、沈阳市图书馆、吉林省社科院图书馆、黑龙江省图书馆、黑龙江大学图书馆、陕西省图书馆、陕西省宝鸡市图书馆、安徽省图书馆、芜湖市图书馆、江西省乐平县图书馆、湖北省图书馆、武汉图书馆、武汉大学图书馆、湖南省图书馆、暨南大学图书馆、广西壮族自治区桂林图书馆、四川省图书馆及北京市文物局、山西省文史馆、日本东京静嘉堂文库藏。该刊本半页12行，行22字，白口，左右双边。

乾隆间刻清查礼撰《铜鼓书堂遗稿·文集》四卷。《清人别集总目》第1604页著录，福建省图书馆藏。

乾隆五十七年（1792）刻清查礼撰《铜鼓书堂遗稿》二十四卷。《清人别集总目》第1604页、《天津联合目录》著录，大连市图书馆藏。

乾隆五十七年清查淳刻清查礼撰《铜鼓书堂遗稿》三十二卷。《清人别集总目》第1604页、《中国古籍总目·集部·别集类·清代之属·清前期》第1458页、《中国人民大学图书馆线装书目录》第554页著录，首都图书馆、中国科学院图书馆、复旦大学图书馆、中国人民大学图书馆（4册本）、安徽省图书馆、安徽师范大学图书馆、芜湖市图书馆藏。

嘉庆间（1796—1820）铜鼓书堂钤印清查礼辑《铜鼓书堂藏印谱》不分卷。《中国古籍善本总目·史部·金石类·玺印》第七五六页（作嘉庆四年查氏铜鼓书堂钤印）、《中国古籍总目·子部·艺术类·篆刻之属·印谱·清》第1435页著录，国家图书馆、清华大学图书馆、辽宁省图书馆、上海图书馆、四川省图书馆藏。

咸丰九年（1859）刻清查礼撰《铜鼓书堂遗稿》三十二卷。《中国古籍总目·集部·别集类·清代之属·清前期》第1458页、《清人别集总目》第1604页著录，湖南省图书馆藏。

不明出版日期清查礼撰《铜鼓书堂遗集》。中国人民大学图书馆《线装书目录》第554页著录，中国人民大学图书馆藏4册本。

家私散尽穷死旅途——著作等身的程晋芳

奇书交易两家钞，三十年前事未遥。

只道尧编同骨葬，何论《论语》当薪烧！

丹黄批抹人如在，鱼蠹丛残经乱漂。

我亦苦搜三万卷，不能自念不魂销。

这是袁枚《小仓山房诗集》卷三十三中的一首七律，袁记云："辛未（乾隆十六年，1751）、壬申（十七年，1752）间，余与鱼门太史广购书籍，有无通共。今鱼门亡仅十年，其家欲卖以自赡，属余检校，已亡失十之七八矣。"记中憾叹程晋芳与其情谊、情趣及人故物非。

程晋芳（1718—1785），原名志钥，又名廷镄，取名晋芳是因为梦天开榜有晋芳名而改，字鱼门，号蕺园、桂宧，有勉行堂、桂宧室、三长物斋、勉行斋，歙县岑山渡人，为大盐商程梦星子侄辈，程廷祚的族孙。自高祖时由歙迁扬经营盐策，并以此发家。程文正从孙。程文正为康熙辛未（1691）科进士，官至工部都水司主事。工诗词古文，善书法，著有诗文稿。先后居江都（今扬州市）、淮安。晋芳身材魁梧，人称美髯公，"蕺园"是少年时读明末蕺山刘念台先生列宗周《人谱》，仰慕其道德文章而自号；"桂宧"是藏书处，翁方纲在《程先生墓志铭》中说：君有"《桂宧书目》若干卷。桂宧者，君读书室名。"[①] 先世业盐，是两淮盐商世家，本人也从事盐业而成巨富。

程晋芳与一般流寓扬州豪门沉湎于声色犬马之徒不同。他的诗友袁枚在《翰林院编修程君墓志铭》中介绍他的身世及家世说："君名晋芳，字鱼门，一字蕺园。祖居新安，治盐于淮。父迁益，生子三人，长原衡，季述先，君其仲也。乾隆初，两淮殷富，程氏尤豪侈，多蓄声色狗马。君独好儒，罄其赀购书五万卷，招致方闻缀学之士，与共讨论。

---

① 清翁方纲撰《复初斋文集·程先生墓志铭》卷十四。

癸未（二十八年，1763），天子南巡，召试第一，赐中书舍人，再举进士[①]。未几，《四库》开馆，君为纂修，授翰林院编修。死年六十七。先嗣子瀚，后生子溧。”[②]《［民国］歙县志·文苑传》说他“家素殷富，举族豪侈。晋芳独购书五万卷，招致缀学之士与共讨论，据案开卷，百务废不理。又好施与，略无吝惜。其学无所不窥，星经、地志、尔雅、方言俱宣究根柢。”[③]他们兄弟3人居处相连，食口百人，宾客不断，宴集无虚日，系乾隆初两淮殷富户中豪侈之家，唯程晋芳“独愔愔好儒”，喜读书，研经义、作文词。袁枚也在《翰林院编修程君鱼门墓志铭》中说他“罄其赀购书五万卷，招致方闻缀学之士，与共讨论，海内之略识字能握笔者，俱走下风，如龙鱼之越大壑”。《［嘉庆］两淮盐法志》说他“独好儒术，购书五万卷，招致天下高才博学，与其讨论，四方宾客游士辐辏其门，由此交日广，名日高，而家日替”，使他倾家荡产。他不仅与名士袁枚、赵翼、蒋士铨为文友，与全椒吴敬梓更是莫逆之交。吴敬梓早在33岁时从安徽全椒移家南京，常受晋芳族祖程丽山接济生活。而早在乾隆六年（1741）冬，吴敬梓在他家住了3个月，为他写《儒林外史》积累了丰富的素材。乾隆十九年（1754）十月初，吴敬梓在扬州再会程晋芳时，程晋芳已倾家荡产，使得两人执手相泣，经历相同的两位学者都落得个殊途同归，尝尽世态炎凉。清《［道光］徽州府志·文苑传》说：“晋芳为人和厚，遇文学士惵然意下敬若严师，虽已下者亦必推毂延誉使其满意。京中语曰：‘自竹君先生（笔者按，指朱筠）死，士无谈处；自鱼门先生死，士无走处。’”[④]民国辛酉年（1921）刊《续修山阳县志》卷十《人物》中也有类似介绍：“幼嗜学，善属文，藏书五万卷，手披口诵，昼夜不辍。喜与老宿游，四方名流至淮，即主其家。

---

① 乾隆壬辰（三十七年，1772）中进士。《馆选录》作乾隆辛卯（三十六年，1771）进士。

② 清袁枚撰《小仓山房文集·翰林院编修程君墓志铭》卷二十六。

③ 《［民国］歙县志·人物·文苑》卷七第十八页。

④ 《［道光］徽州府志·人物·文苑》卷十之四第五十二页。

好周人之急，遇文学人，延誉不容口。家事了不问，逋负山积。晚至陕，依毕制军沅，忽病殁。”其妻方芬，字采芝，方维翰女，有红蕊山房、绮云阁、绮云春阁，行世作品有咸丰六年（1856）程氏家刻本《绮云春阁诗钞》二卷。

他是一个挥金如土、仗义疏财的学者、大藏书家。他“愔愔好儒，罄其资购书五万卷，招致多闻博学之士，与共讨论”[①]。同时也是一位很重感情的人，晋芳少与学士朱筠《勉行堂文集》卷二《桂宧藏书序》说：“余年十三四岁，即好求异书，家所故藏凡五千六百余卷，有室在东偏，上下楼六间，庭前杂栽桂树，名之曰桂宧，四方文士来者，觞咏其中，得一书则置楼中，题识装潢，怡然得意。吾友秀水李情田知余所好，往往自其乡挟善本来。且购且钞，积三十年而有书三万余卷。其后家益贫，不获已则以书偿宿矣，减三分之一。自来京师十年，坊肆间遇有异书，辄典衣以购，亦知玩物丧志之无益，而弗能革也。壬辰（三十七年，1772）长夏，病卧一室，取旧时书目阅视，为之慨然。回顾江南，家无一椽片瓦，故书之寄在戚友家者，知能完整如旧否？而随身书籍尚有万五千卷，足供循览。因就旧目详为编次，以志余畴昔之苦心，其存者稍为别识，他日或幸有力，犹将补所未备。要之，视范（天一阁）、马（曰琯）、朱（奂）氏所藏，终不逮远矣。”他这样尽其家产聚书五万卷，经常召集学者精研学问，并拜朱筠为师，向刘大櫆学古文，向从祖程廷祚请教经义，与商盘、袁枚为诗友，晚年与朱筠、戴震精研经学，使其在文学、历史、地理、考据等方面均有很深的造诣，是高扬桐城学派大旗，高扬程朱理学的理学大师。过着“洎既冠成人，图史左右堆。好之恒不足，博取旁搜该。所怀资性钝，臃肿樗栎材。然其好书籍，鲛子求珠胎。有则必求观，无亦久系怀”[②]的研读生活。同时，他也是一位大诗人。袁枚在《随园诗话》中说，淮南程氏业盐而富，共出四位诗人：

---

① 《啸亭杂录》卷九。

② 引自李调元撰《函海·程晋芳诗》首册附。

一风衣，名嗣立；一夔州，名崟；一午桥，名梦星；一鱼门，名晋芳。四程均是歙县岑山渡人，其中午桥为鱼门伯父。程鱼门给袁简斋书也自称生平所学，诗第一，古文第二，经解在外。袁赠程鱼门诗有："束发愔愔便苦吟，白头才许入词林。平生绝学都探遍，第一诗功海样深。"[①]程晋芳不仅诗好，其中不乏名作。如所作《刘姬行长古》就是事奇、诗奇名篇。

程晋芳虽学富五车，但举业始终不顺。直至乾隆二十七年（1762）乾隆帝南巡，晋芳应召试，名列第一，授内阁中书。乾隆三十六年（1771）中辛卯科进士，改吏部文选司主事。四库开馆任四库全书馆总目协勘官。书成，任四库全书馆编修，改翰林院编修。在《四库全书》纂修中，馆中不少人核书多有错误，惟晋芳所辑几乎无差错。[②]可见其治学精究。后授吏部文选司主事，迁员外郎。在北京任职期间住琉璃厂东门原王渔洋旧寓。他在藏书方面有一点要特别提起的是乾隆朝修四库全书，进呈图书收入《总目》就达183种332卷，收入存目达167种，多为单卷零星小品。藏书有"桂宧"二字朱方印，并著有《桂宧书目》。可惜他的藏书在生前已遭劫难。乾隆三十九年（1774）藏书曾遭洪水淹，李调元在《函海·程晋芳诗》中说："自甲午秋水，故册沦于淮。凡十六钞橱，痛绝泥沙埋。随身插架者，缺鼎断碣碑。"

程氏丰富的藏书散失很快。因程晋芳购书和周济亲友向来挥金如土，进入中年后在盐业上又几次受挫，家产锐减。在京官期间不善理财，由仆人掌管家业，结果家产荡尽。至晚年，家无以举火，赶到西安投奔毕沅，索逋者呼噪随之，不到半月就因贫病而亡于关中。著有《蕺园诗》三十

① 转引自许承尧撰《歙事闲谭》（上）第七〇页，合肥：黄山书社，2001。

② 金天翮《皖志列传稿·程晋芳》卷三第十二页。

卷[①]、《勉行堂诗集》二十五卷、《勉行堂文集》十卷[②]、《读书疏笺钞》不分卷[③]、《群书题跋》六卷[④]、《礼记集释》[⑤]、《诸经问答》十二卷、《春秋左传翼疏》三十三卷、《诗毛郑异同考》又名《毛郑异同考》十卷、《读诗疏笺钞》不分卷、《尚书古文解略》六卷、《春秋左传翼疏》十二卷[⑥]、《尚书今文释义》四十卷[⑦]、《周易知旨编》二卷[⑧]、《程鱼门选七言古诗》不分卷、《程氏正学论》七卷[⑨]、《桂宧书目》、《正学论》等 16 种近 300 卷，可谓著作等身。除专著外，他的文字还散落在其他著述中，如《东书堂砚铭》等。

他还对古籍进行校勘批注，如对清郑元庆撰《礼记集说》八十卷进行批注、跋明张洪撰《南夷书》一卷、对乾隆三十六年（1771）拓《东书堂砚铭》不分卷题诗、校《罗氏识遗》十卷、批校《礼记集说》八十卷等。

程氏在刻书上的最大贡献是将其好友清吴敬梓于乾隆十四年（1749）前后撰成的文学名著《儒林外史》准备刊行于世。因其破产后无力资助行世，但他对这部名著还是推崇备至。他在乾隆十四年深秋所写的《怀

---

① 《［民国］歙县志·艺文志·书目》卷十五第十四页著录。

② 《［民国］歙县志·艺文志·书目》卷十五第十四页著录。而《中国古籍总目·集部·别集类·清代之属·清前期》第 1471 页著录，中国科学院图书馆藏嘉庆二十五年（1820）冀兰泰、吴鸣捷刻本则为 6 卷不全本。

③ 《中国古籍善本总目·经部·诗类》第五六页著录，上海图书馆藏此书稿本。

④ 《清史列传·文苑传三·程晋芳》卷七十二第五八八六页、《安徽艺文考·目录》著录。

⑤ 《中国古籍善本书目·经部·礼类》卷二第三九页、《安徽艺文考·礼二》著录天一阁文物所所存清抄本清郑元庆撰、清程晋芳批注《礼记集释》八十卷。《［民国］歙县志·艺文志·书目》卷十五第十四页仅作四十九卷。《清史列传·文苑传三·程晋芳》卷七十二第五八八六页作《礼记集释诸经答问》十二卷，北京：中华书局，1987，误。

⑥ 《［民国］歙县志·艺文志·书目》卷十五第十四页著录，而《清史列传·文苑传三·程晋芳》卷七十二第五八八六页作 32 卷，北京：中华书局，1987。

⑦ 《［民国］歙县志·艺文志·书目》卷十五第十四页仅著录为四卷。《安徽艺文考·书》著录。

⑧ 《安徽艺文考·易二》著录。《［民国］歙县志·艺文志·书目》卷十五第十四页仅著录为一卷。《清史列传·文苑传三·程晋芳》卷七十二第五八八五页作 30 余卷，北京：中华书局，1987。

⑨ 《［民国］歙县志·艺文志·书目》卷十五第十四页、《安徽艺文考·儒家二》著录。

人诗》中有一首是专写吴敬梓的，其诗云："寒花无冶姿，贫士无欢颜。嗟嗟吴敏轩，短褐不得完。家世盛华缨，落魄中南迁。偶游淮海间，设帐依空园。飕飕窗纸响，槭槭庭树喧。山鬼忽调笑，野狐来说禅。心惊不得寐，归去澄江边。白门三日雨，灶冷囊无钱。逝将乞食去，亦且赁舂焉。《外史》传儒林，刻画何工妍！吾为斯人悲，竟以稗说传。"①并在吴去世十六七年即乾隆三十五至三十六年（1770—1771）间留下唯一专写吴敬梓的传记（载《勉行堂文集》卷六），勾勒了吴敬梓的家世、生平、交游、学术成果及他们的友谊。他的著作生前行世，大多属家刻。

他在古籍整理上也是有功的，并留下一批题跋，如对明张洪撰《南夷书》一卷等。

他死后不到十年图籍尽佚。

他的主要刻书为：

乾隆二十七年（1762）敬箴堂刻清程晋芳撰《蕺园诗集》十卷。《中国古籍善本书目·集部·清别集类》第1211页、《中国古籍善本总目·集部·清别集》第一五九二页、《中国古籍总目·集部·别集类·清代之属·清前期》第1471页著录，中国国家图书馆、南京图书馆、辽宁省图书馆藏。该刊本半页10行，行19字，白口，四周单边。此书据袁随园说仅为十分之三，未刻中有不少佳句，如《书怀》中"才难问生产，气不识金银"，《对雪》中"闹市收声归阒寂，虚堂敛抱对寒清"，《乞假》"官书百卷从担去，病牒三行有印钤"等都是他心境、处事的真实写照。

乾隆三十一年（1766）刻《勉行堂诗集》二十四卷、《卷首》一卷计25卷。《安徽艺文考·别集十九》、《清人别集总目》第2232页著录，大连市图书馆藏。《安徽文献书目》第276页著录为嘉庆（1796—1820）间刊本，但无《卷首》一卷，安徽省图书馆藏4册本，当为后印本。

乾隆（1736—1795）间刻清程晋芳撰《蕺园近诗》二卷。《中国古

① 程晋芳撰《勉行堂诗集·春帆集》卷二。

籍总目·集部·别集类·清代之属·清前期》第1471页、《安徽省馆藏皖人书目》第344页、《清人别集总目》第2232页著录，大连市图书馆藏。安徽省图书馆还藏清刻此书1册本计2刻2种4卷。

乾隆（约1772—1779）间全椒金棕亭（兆燕）任扬州府教授时刻清吴敬梓撰《儒林外史》五十六回。《中国古旧书刊拍卖目录》第193页著录，中国书店拍卖版式半页12.8×9.4白纸16册本。人民文学出版社2002年1月北京版李汉秋辑校《吴敬梓诗文集·前言》第2页引吴敬梓从外曾孙金和跋称：惟是书为全椒金棕亭先生官扬州府教授时，“梓以行世，自后扬州书肆刻本非一”。程晋芳多次在扬州资助吴敬梓，并有意出版吴所著此书，金棕亭刻本为初刻本，无论是合作和出版均与程晋芳等资助有关。此前，这部名著只有抄本行世。该书嘉庆八年（1803）卧闲草堂本，中国国家图书馆、复旦大学图书馆及伦敦英国博物院藏。这个版本又有嘉庆二十一年（1816）清江浦注礼阁本简称清本，系卧闲堂本复印本，中国国家图书馆等图书馆藏；还有艺古堂也是卧版复印本。该刊本半页9行，行18字，卷首有假托于乾隆元年（1736）闲斋老人序，全书除四十二至四十四、五十三至五十五等6回无回评外，其余五十回均附回评约15 000余字。卧闲草堂及其衍本清本、艺古堂本都应是金和所指此后扬州书肆本。

清刻清程晋芳撰《蕺园诗集》十卷。《安徽省馆藏皖人书目》第344页、《安徽文献书目》第277页、《清人别集总目》第2232页著录，中国国家图书馆、南京图书馆、安徽省图书馆（4册本）、辽宁省图书馆及安徽科研所、日本京都大学人文科学研究所藏。安徽省图书馆还藏光绪（1875—1908）间刻2册本。此书两刻以上计2种20卷。

清刊清程晋芳撰《勉行堂文集》六卷。《安徽省馆藏皖人书目》第344页、《安徽文献书目》第277页著录，安徽省博物馆藏4册本。

程瀚，歙县人。程晋芳长子。辑《广六书通》十卷。为程晋芳家刻主要人物。嘉庆（1796—1820）间，其后人也刻了他的一些著作，应算作家刻本。

嘉庆二十三年（1818）至嘉庆二十五年（1820）长子程瀚在陕西刻清程晋芳撰《勉行堂诗集》二十四卷、《文集》六卷、《卷首》一卷计2种31卷。与邓廷桢西安刻本应为同一刻本。

嘉庆二十三年至二十五年（1818—1820）在陕西刻清程晋芳撰、清程瀚辑《勉行堂诗集》二十四卷、《文集》六卷、《卷首》一卷计2种31卷。

《清人别集总目》第2232页、《贩书偶记·集部·别集类》卷十六第415页（作嘉庆庚辰刻，无《卷首》一卷）、《安徽省馆藏皖人书目》第344页、北京师范大学《中文古籍书目·集部·清别集类》第388页著录，中国国家图书馆图书馆、上海图书馆、南京图书馆、首都图书馆、河南省图书馆、浙江图书馆、江西省图书馆、四川省图书馆（12册本）、福建省图书馆、北京大学图书馆、北京师范大学图书馆（8册本）、南开大学图书馆、湖南师范大学图书馆、大连市图书馆、徐州市图书馆、台湾“中央”研究院历史语言研究所傅斯年图书馆、台湾大学图书馆及日本大阪府立图书馆、日本广岛大学图书馆及日本京都大学人文科学研究所藏。《西谛书目·集部上·清别集类》卷三第四五页著录仅有24卷8册，应为此版不全本。而嘉庆二十五年邓廷桢刻本题《勉行堂诗集》二十四卷、《首》一卷，无《文集》六卷，上海图书馆、四川省图书馆、安徽省图书馆（4册本）、山东省图书馆、复旦大学图书馆、安徽师范大学图书馆、徐州市图书馆藏。安徽省图书馆还藏抄《勉行堂诗集》二十四卷8册本。

还有嘉庆二十五年（1820）邓廷桢在西安刻清程晋芳撰、清程瀚辑《勉行堂诗集》二十四卷、《首》一卷计25卷。《中国古籍总目·集部·别集类·清代之属·清前期》第1471页、《清人别集总目》第2232页著录，中国国家图书馆、南京图书馆、中国科学院图书馆、天津图书馆、上海图书馆、四川省图书馆、安徽省图书馆、山东省图书馆、复旦大学图书馆、安徽师范大学图书馆、徐州市图书馆藏。

道光十六年（1836）刊清程瀚撰《合浦珠传奇》二卷。《西谛书目·集部下·曲类》卷五第五二页著录2册本。

道光（1821—1850）间勉行堂刻宋朱熹撰《四书集注》又名《四书章句集注》、《四书》4种十九卷。《中国古籍总目·经部·四书类·四书总义·传说之属》第852页著录，浙江图书馆、西北师范大学图书馆（清郑国琳批校）藏。

道光（1821—1850）间刻清程晋芳撰、清程瀚辑《勉行堂诗集》二十四卷、《文集》六卷、《首》一卷计2种31卷。《中国古籍总目·集部·别集类·清代之属·清前期》第1471页著录，中国科学院图书馆藏。

咸丰六年（1856）刻清程晋芳撰、清程瀚辑《勉行堂诗集》二十四卷、《文集》六卷、《首》一卷计2种31卷。《中国古籍总目·集部·别集类·清代之属·清前期》第1471页著录，中国社会科学院历史研究所图书馆藏。

咸丰六年（1856）歙县程氏家刻清桐城方芬撰《绮云阁诗钞》二卷。《中国古籍总目·集部·别集类·清代之属·清后期》第2572页、《清人别集总目》第221页、《安徽文献书目》第91页著录，中国国家图书馆、徐州市图书馆，安徽省博物馆（2册清刊本）藏。中国科学院图书馆还藏咸丰（1851—1861）间刻1卷本。

光绪（1875—1908）间刻清程晋芳撰《蕺园诗集》十卷。《清人别集总目》第2232页著录，安徽省图书馆藏。

这些已与程晋芳本人无关，有的连家刻也不是，但可证程氏影响还是很大的。

世重收藏的汪氏振绮堂

振绮堂中万轴书，乾嘉九野有谁如？

这是龚自珍诗中对居杭州藏书丰富的汪氏振绮堂藏书的高度评价。

而叶昌炽的《藏书纪事诗》对其家族藏书评介说：

握手城东问纪群，兄弟父子并能文。

勘书难似孙深柳，池馆松声坐水云。

旅居杭州汪氏振绮堂家刻源于世居黟县宏村的汪氏中有一位名叫汪元台（字文宇）的盐商，自明末从宏村迁居杭州钱塘县普宁里贺衙巷，从此世居杭州，成为徽州汪氏一支居住杭州的书香世家、名门望族。今查汪适孙撰《蚕豆花馆琁籍小录》抄稿本后附洪煨莲先生撰《跋汪又村藏书簿记钞》说：汪氏“虽皆科试得举，然终居乡里，不求仕进，结社吟诗，著书刻书。汪氏虽妇女辈亦辄以书画诗词名闻于世。一家四代文雅风流，冠冕全郡。”尤其是延及汪宪、汪璐、汪諴、迈孙、曾唯、康年这六世，以汪宪藏书楼振绮堂为号，为江南著名的藏书楼，此后家刻也以此为号不断刻书，因此，振绮堂也是江南著名的跨代刻书堂号。此堂藏书自汪宪初创于乾隆（1736—1795）间，至咸丰庚申（十年，1860）、辛酉（十一年，1861）太平军两占杭州城大受损失，日趋衰落。此外，振绮堂所刊书作者中还有汪鉽、汪初（瑜子）等人均为与这个家族有关。此家刻以振绮堂为名刻书主要为流通本家族汪姓著述和友人、名人专著，尤以刻《振绮堂丛刻》《振绮堂遗书》《振绮堂丛书》为著。今宏村正街中段南侧有道光二十五年（1845）所建振绮堂，是汪氏不忘故里而建。后为我国著名外交家、民国十一年（1922）黎元洪总统任内国务总理兼财政总长汪大燮（1859—1929）的故居。关于汪大燮的生平，后人汪庚撰《讣告》所辑《挽联》及邵章所撰《行状》都是研究史料。

汪宪（1721—1771），字千陂，号鱼亭，博雅好古，在经学方面尤精《易经》和文字学，所作诗文精诣一字，是东南著名的藏书家。其先世为黟县宏村人，万历（1573—1620）间汪元台（文宇公）自宏村迁杭为一世祖。

《杭州汪氏振绮堂宗谱·志乘》卷三说：“文宇公以业鹾故，自黟县宏村迁居杭州，先后四世皆葬于灵隐，并晴山麓建筑宗祠。”但未入商籍，为入杭州籍，康熙（1662—1722）间在短短8年间这支汪氏曾先后3次移葬曾祖考妣，一是“康熙二十九年庚午（1690）夏，曾祖考妣卜葬于新安休邑之壁山”。二是“康熙三十四年（1695），先考妣卜葬于灵隐之莲花峰”。三是“康熙三十六年（1697）先祖妣又自黟而迁浙，卜葬于龙门山”。按清廷入籍法，康熙末，这个家族已取得杭州籍，所以自汪宪后有的史料记作杭州人。但他们世代不忘祖籍。汪宪为文宇迁杭第6世。后，家道日隆，延及汪宪日显。宪于乾隆九年(1744)中举，十年中进士，官刑部主事。二十三年(1758)赴京，以资补刑部陕西司员外郎。次年就以父母年老乞归养，从此不复出。有振绮堂、存悔斋、静寄东轩书斋，集丰富藏书及花木水石之胜。所著有《说文系传考异》四卷朱文藻编《附录》一卷、《易说存悔》二卷、《振绮堂稿》、《振绮堂诗存》不分卷、《苔谱》六卷、《振绮堂书目》十卷，还辑《宋金元明赋选》八卷等。尤其是所著《说文系传考异》，《四库全书提要》指出：自徐锴《说文系传》出，世间抄本差错百出，汪宪影宋钞本参以今本《说文》，旁引诸书，证其异同，讹者正之，不可解者并存，以俟核定。所附《附录》，上卷收诸家评《说文系传》的文字，下卷记徐锴诗及兄弟轶事，有一定的学术价值。还与乾隆进士、官刑部员外郎吴颖芳合著《石金文释》六卷①。

汪宪是藏书家，振绮堂从此成为杭州藏书名楼。胡敬在汪远孙《墓志铭》中说：“先是，千陂公性耽插架，多善本，甲乙编排，丹黄多所手定，吾乡之藏书家，若赵氏（昱）小山堂、吴氏（焯）瓶花斋，杭、厉辈所借观珍惜者，今皆散佚不存，惟振绮堂所藏岿然俱在。”《杭郡诗辑》注：“鱼亭性耽蓄书，有求售者，不惜丰价购之，点注丹黄，终日不倦。乾隆三十七年诏求遗书，其长君汝瑮以秘籍经进，御题《曲洧旧闻》《书苑菁华》二种，恩赐《佩文韵府》一部，文绮二端，是为海内嗜学之儒劝矣。”汪诚在《振绮堂书目》序中也提及汪宪在中进士后

---

① 《［光绪］杭州府志·艺文》。

15 年及归养 12 年间把精力放在收藏图书上，他说祖父汪宪“博学能文，好储书。归田后日事校雠，居恒丹铅不释手。其时，推弃藏之家者，吾杭振绮堂汪氏与小山堂赵氏、瓶花斋吴氏，名相埒也”。汪宪藏书除收购外，还有一部分来源是借抄。如《增订四库简明目录标注》第 242 页就著录振绮堂抄宋宋敏求编《唐大诏令》一百三十卷。这个本子史无刊本，主要靠传抄留世，现存世由于多种原因已不全了，主要缺卷十四至二十四、卷八十七至九十八，计缺 23 卷。该书第 257 页还著录汪氏振绮堂收 24 册宋刊本宋杜大珪编《名臣碑传琬琰集》一百〇七卷，内有抄补 6 册，原系季沧苇藏本。其中上集 27 卷，中集 55 卷，下集 25 卷。同书卷八《史部十二・职官类》第 339—340 页著录，振绮堂藏原系璜川吴氏藏抄本唐萧嵩等撰《大唐开元礼》一百五十卷。该藏原系璜川吴氏藏宋郑居中等撰《政和御制冠礼》十卷、《五礼新仪》二百二十卷，抄本为 240 卷、《目录》6 卷，为足本，此书原本散失，已佚 19 卷，缺 3 卷。钱曾在《读书敏求记》中说：“卷首冠以御制序，题政和心元三月一日，不知心元何谓？次九卷御笔指挥，次十卷御制冠礼。其二百二十卷，乃郑居中等所编，政和三年（1113）四月廿九日进呈者也。札子云：‘悉禀训指，靡所建明’。殆有微意欤！《目录》六卷，《文献通考》谓五卷者误。”[①]

还藏宋周必大撰《周省斋文集》一百五卷、《附录》五卷、《年谱》二卷计 3 种 112 卷，末页有朱竹垞从子朱袭远朱笔题康熙壬辰（五十一年，1712）校毕字样。

振绮堂抄宋洪适撰《盘洲集》八十卷。此书世罕有传本，朱彝尊所藏最多也仅有诗，但毛晋汲古阁影抄宋版系完本。可见，振绮堂所藏不少是罕见的优秀古籍。

他与杭州诸藏书家赵氏赵昱、赵信小山堂、汪氏（歙县汪启淑）飞

---

① 清钱曾撰、丁瑜点校：《读书敏求记・史》卷二第 36—37 页，北京：书目文献出版社，1984。

鸿堂、鲍氏（歙县鲍廷博）知不足斋、吴氏（焯，歙县人）瓶花斋、孙氏（宗濂、仰曾父子）寿松堂、汪氏（日桂）欣托山房互相交换收藏信息并互相抄校，使振绮堂收藏更为丰富。汪宪曾请朱文藻协助他编撰《振绮堂书录》十卷册，正如汪曾唯等《振绮堂书目跋》概括其内容为“摭其要旨，载明某某撰述、何时刻本、某某钞藏、校读评跋于后”，是一本十分有价值的目录学专著。龚自珍有《杂诗》赞宪说：“振绮堂中万卷书，乾嘉九野有谁如？季方玉碎元方死，握手城东问蠹鱼。”乾隆三十六年（1771）八月汪宪逝世，时人鲍夕阳（廷博）有《挽汪鱼亭比部》诗：“整整牙签万轴陈，林间早乞著书身。种松渐喜龙鳞老，埋玉俄惊马鬣新。清白家声钦有素，丹黄手泽借还频。西风谁送山阳笛，偏感春明僦宅人。”汪宪藏书印有“汪鱼亭藏阅书”朱方、“振绮堂藏阅书”“桐轩主人藏书印”“振绮堂兵燹后收藏书”等朱大方印。他还有刻：“聚书藏书，良匪易事。善观书者，澄神端虑。净几焚香，勿卷脑，勿折角，勿以爪侵字，勿以唾揭幅，勿把秽手，勿展衾案，勿以作枕，勿以夹刺，随损随修，随开随掩。后有得吾书者，并奉赠此法。”计 71 字的方木大楷书印。其抄书在版心下印有“振绮堂”三字。

汪宪整理的古籍有宋陆九渊撰《象山先生文集》二十八卷、《外集》四卷、《附录》二卷，宋傅子云、宋严松等辑《语录》四卷计 3 种 38 卷等。

振绮堂存世的抄本还有《水经注释》四十卷《首》一卷《附录》二卷《水经注笺刊误》十二卷计 55 卷、《水云村氓稿》、《鸣秋集》二卷、《吴兴沈梦麟先生花溪集》三卷、《吹豳录》五十卷，《张文忠公文集》二十八卷《附录》一卷计 29 卷等。

汪汝瑮，汪宪长子，字坤伯，号涤原，有北窗、湛兰书屋。捐大理寺丞，著有《北窗吟稿》，还有未见但载于《杭州府志 • 艺文》中的《湛兰书屋杂记》。汪氏承继父志，藏书丰富，尤以集部居多。是乾隆朝修《四库全书》时进书较多，居民间进书前十名之一。据朱文藻《说文系传考异》跋称：“先以储藏善本经大吏遣官精选，得二百余种，汇进于朝。

最后，中丞以振绮堂藏书选剩者，尚堪增采，命重选百种，以毕购访之局。”可知汝瑮两次进书达300余种，今查《四为全书总目》著录汪家进书151种1894卷。其中，经部3种，史部14种，子部11种，集部达123部1665卷。汪家献书中最值得一记的是北宋末年徽州人朱弁（字少章）使金被扣于淯水。朱氏在被扣期间追思宋都汴梁旧闻、诗文及评，成《曲洧旧闻》，通行本仅2卷，而汪氏进呈本则为10卷。乾隆帝见后大悦，题诗曰：“留金弗纪金间事，曲洧依然纪旧闻。二帝播迁虽自取，祸源新法变更纷。”还在所呈《书苑菁华》上题：“清浊渭泾本自殊，操戈同室若为乎？因翻汝瑮独藏本，略恨尔时程与苏。”可见汪氏收藏的价值。朱彝尊《经义考》刊板后归汪汝瑮，汪印本将乾隆帝于三十九年（1774）五月十四日发布“上谕”，表彰进呈百部以上藏书家，有“著每人赏给内府初印之《佩文韵府》各一部，俾亦珍为世宝，以示嘉奖”。汪家属此奖励范围。因此，汪汝瑮在重印《经义考》时，将此“上谕”刻于篇首行之，这也是汪汝瑮最重要的出版活动。

汪璐（1746—1813），宪次子，字仲琏、仲连，号春园、九一翁，有振绮堂、松声池馆。乾隆五十一年（1786）中举，官太常寺博士。著有《松声池馆诗存》四卷，辑《藏书题识》五卷，编清汪筠著《谦谷集》六卷。

汪璐在父宪卒后继守振绮堂遗藏。今查其子汪诚《振绮堂书目》序称：“自比部（即汪宪）弃养，先府君昆弟四人性好宾客，里中诸名士时相假借，竟有久而不归者。迨嘉庆癸亥（八年，1803）立秋，季叔将卜迁吴门，伯父涤原公乘间谓府君曰：余弟兄析居已久，所未忍分者，此遗书耳。余老矣，季弟又将远离，子读书，且家居，曷不全畀之子，为永久珍守计乎？府君强应曰：诺。谋之两叔，咸如伯父言。于是，议捐祭资若干，而振绮堂遗书遂全归我府君矣。府君亦笃嗜经籍，及是，又广为搜罗，逾数岁，插架益富。虽旧藏秘本不少散佚，而以视他氏之全归乌有者，不足多乎？”此外，汪璐根据朱文藻编《振绮堂书录》而编了《藏书题识》五卷，该书著录了汪家“珍秘之本”中汪宪等人在上面所写题记文字，是一部很珍贵的藏书史料。其序言称：“余家藏弆无多，言家乡前辈所储，传归架上者，简端册尾，朱墨犹新。爰于翻阅之时，钞写成帙。即已刻者，亦简列一二，用志珍惜之怀。其中已失之书，据朱朗斋所订《书录》录之，而朗斋跋语则低一字于后，以其昔年编录，颇费苦心，且于书多所正定也。若夫旁搜远采，侈示大观，则力有未逮，姑就所有而汇录之，稍资考证之一助云。嘉庆甲子腊月二十九日，春园汪璐记。”可惜仅存经、史、子三部2卷，缺集部3卷。璐子诚、孙远孙，俱承家学。

汪诚，璐子，字孔皆，号十村、十村散人、武陵驿人。乾隆五十九年（1794）举人，官刑部江西司主事。

汪诚继承父祖遗志，他的父亲汪璐也承其父志，“凡有善本求售者，又不惜重赀增益架上。近年始衰，病中手编第一部《振绮堂书目》五册一作五卷，其中经史子各为1册，集部为2册。首录乾隆恩旨并御赐书、御题书、进呈书，后分为经史子集四部”。该书目现存5册，为无锡玉笥山房抄本，有汪诚自序说：“今距府君（汪璐）之丧又六年矣。客夏闭户养疴，仿前人法，编次厘为四部。其中病绕人事羁，搁笔数月，至今年闰夏乃得成。凡得书三千三百种有奇，通计六万五千卷有奇，以毕我先人未竟之志。嘉庆二十四年（1819）乙卯闰四月望后二日，振绮堂后人汪诚谨识。”[①] 汪诚世守父、祖藏书，并“笃志缥缃，无他嗜好，先世藏书最富，而未有书目，因取所藏书，编分四部，详考撰书人，并注明得自何本，阅岁而成，凡书三千三百余种，计六万五千余卷”。[②] 其价值古人已有多种评述。如《杭州府志·艺文》就有：“《振绮堂书目》五卷，刑部主事钱塘汪诚十村撰。诚祖宪，有《书录》十卷。父璐，有《题识》五卷。子迈孙，有《简明目》二卷。此五卷最为详括。”

汪诚的藏书印为“金石录十卷人家”；抄书书心上均标“金石录十

---

① 均见汪璐《藏书题识》序。

② 《杭郡诗辑》注。

卷人家钞书”。其孙汪曾唯曾在《振绮堂书目跋》中详细介绍振绮堂藏书目说：“高大父鱼亭公嗜之尤笃，点注丹黄，插架甚富。朱朗斋茂才为辑《振绮堂书录》，摭其要旨，载明某某撰述、何时刊本、某某所藏、校读之跋于后，手编十册。曾大父春园公又本《书录》手编《藏书题识》五卷，皆珍秘之本也。大父十村公，凡有善本求售者，又不惜重资，增益插架。近年始衰，病中手编《振绮堂书目》五册。”

汪诚有六子：远孙、适孙、迈孙、遹孙、迪孙、述孙。兄弟们均在学术上有建树，为振绮堂第四代传人。还有才女汪菊孙值得介绍。

汪远孙（1793—1836），诚长子，振绮堂第四代主人之一，字久也，号小米、借闲生、借闲居士、借闲漫士，有观驯斋，在水磨头购别业取名借闲小筑、水北楼等堂号。远孙自幼好学，深得其父汪诚赏识。胡敬《内阁中书汪小米传》有“孔皆公以君之嗜学也，病中指楹书示曰：‘他日以畀汝。’君著书务为根柢之学。子一曾撰。”嘉庆十九年（1814）入学，二十一年中举，两赴会试未中，循例为内阁中书。二十三年在京待诠叙，闻父疾归里，从此绝意仕途，着意收藏，倾力于著述，并与里中名彦耆宿结东轩吟社诗酒唱和。道光十五年（1835），病重时以遗书付长洲陈奂卒。陈奂花了数年时间才将他遗著编定。著有《国语考异发正古注》二十一卷、《国语明道本考异》四卷、《古注汉书地理志校勘记》、《诗考补遗》、《借闲生词》一卷、《借闲生诗》三卷、《三家诗考证》、《世本集证》[①]、《国语古注辑存》四卷、《经典释文补续略例》又名《经典释文补续偶存》一卷，辑《清尊集》十六卷等。还有《振绮堂遗书》及《两浙著述考》下册著录的《借闲小筑藏书目录》等。陈用光《振绮堂书目序》中有“余来杭州，闻汪舍人远孙家藏书甚富，借观其目，舍人即以《临安志》见赠，并索为目录序。舍人之藏书，分经、史、子、集为四部，部各有子目。而所考证其书之佳否、真伪及得书之缘起，自

① 以上4种，据1987年中华书局版《清史列传·儒林传下一·汪远孙》卷六十八第五五四二页著录补。

注于上方甚详，且秩然有条理也”。十分有价值。能比较客观反映远孙时代藏书情况可比勘中国国家图书馆所藏3部《振绮堂书目》的清抄本等。

汪远孙在振绮堂收藏中重要贡献在校勘古籍上。他校勘的古籍书目有《张说之文集》二十五卷、《意林》五卷清周广业辑《逸文》一卷清李遇孙《补》二卷计3种8卷、《王荆文公诗》五十卷、明赵文华撰《世敬堂集》四卷清汪远孙撰《校勘记》四卷计2种8卷等，录《诗考》四卷等。他也在孙颐谷侍御自题《深柳勘书图》句注中说：“校书难比著书难。”张廷济在《题汪小米松声勘书图》中说他：“校书难比著书难，《深柳图》传孙叔然，难得水云今健者，更搜文字到庐前。”《杭郡诗三辑》引严杰《题小米重得旧藏吕东莱春秋大事记后》有诗赞说：“聚书甲我杭，牙签睹盈屋。尤多宋元镌，雌黄勤勘覆。误字每思摘，精深远过仆。不遭俗士污，是乃书之福。出示《大事记》，畴昔储家塾。佚而今复得，仰思等乔木。脑角虑卷折，展颂反瑟缩。《百宋一廛厘赋》亦足补其目。”汪远孙不仅在振绮堂藏书及整理上功劳最大，而且也是振绮堂一脉刻书大家。胡敬在《汪公小米墓志铭》中说：“吾乡志乘以南宋咸淳《临安志》为最古，君重雕以广其传。他若厉樊榭《辽史拾遗》、《东城杂记》、梁处素《左通》、汪选楼《三祠志》，俱次第梓行，以及亡友诗文，代为校刊者，难以悉数。”他刻书勘校谨严。钱泰吉在《曝书杂记》卷中盛赞他所刻《［咸淳］临安志》是家藏旧本、汪士钟所藏宋本、卢氏抱经堂本、黄氏琴趣轩本及旧藏300余种属海昌吴子撰（春照）等比勘精校后才上版印行，可见他刻书之精之善。

远孙弟秉健，字小逸，号实甫、蛰翁、筱逸，有织烟楼、课水山房，著《织烟楼词草隅存》一卷。

汪适孙(1804—1843)，诚次子，字亚虞，号又村，因生于嘉庆甲子（九年）七月二十日，又号甲子生。著有《甲子生梦余词》及98页2册抄稿本，主记藏书、字画、古玩、器具、衣物之类的《蚕豆花馆琁籍小录》藏于清华大学图书馆。今查书前有吴庆坻（补松）跋，后有洪煨莲先生撰《跋汪又村藏书簿记钞》。洪氏在跋中称："今册子中之前部，虽不足以书目称，然究为适孙之藏书籍记。其中所记之珍刻孤稿，宋版《隋书》六十四本、惠栋《竹南漫录稿本》十一本，不见于《振绮堂书目》中，殆适孙所自购，非公帐物也。至于清代禁书，如钱氏之《列朝诗集小传》、吕留良《评钱吉士稿》等宗，或为振绮堂所亦存，其不见于目录也固宜，但如《松声池馆诗存》《借闲生诗词稿》，适孙所藏家刻书目，不见于《书目》，迈孙、遹孙之《简目》疏略可知。诸如此类，可补《振目》者尚夥。是此四十余页，虽记载重复，杂乱无章，亦尚可宝也。"此书前半为藏书目录，著录了 1 000 余种图书目录，并以宋元旧椠及稿本为主，是十分珍贵的藏书资料。他还辑吟社 8 人诗作成《清尊集》十六卷。

汪迈孙（1806—1851），字我斯，号少洪，有道盥斋，汪诚三子。据遹孙子汪曾唯、汪曾学撰 《振绮堂书目》跋载，迈孙与弟遹孙两人在汪氏兄弟远孙、适孙、迪孙、述孙弃世后，"继承先志，偶有佳帙，购求又夥"，"恐子侄年幼，书籍散佚"，自道光丁未至咸丰癸丑（道光二十七年至咸丰三年，1847—1853）间重缮《振绮堂简明书目》四卷2 册，与汪诚撰《振绮堂书目》分类目录大相径庭，而是按唐张说"东壁图书府，西园翰墨林。诵诗闻国政，讲易见天心。位列和羹重，恩叨醉酒深。载歌春兴典，情畅为知音"之说，加上振绮堂计 43 字排橱分目，分一类御制书，二类宋元版（56 种）、稿本、批校本、家刻（63 种）、抄本（千种），三为普通本（1500 种）三大类，并按藏地分东楼、中楼、是亦楼等。

汪遹孙，字次律，号蓉垞、锄梅，有余闲虚室，汪诚四子，钱塘人。参与兄迈孙世守汪氏藏书。

汪菊孙，字静芳，汪宪曾孙女、汪璐孙女、汪诚女，同县（钱塘）诸生金文炳室，有停琴俟月轩。幼承从姑母汪端学，尤擅诗。其诗由魏滋伯评选刊刻命名《停琴俟月轩诗钞》行世。并训育二子能诗善画。

汪康年（1860—1911），是振绮堂第六代传人，汪迈孙孙，汪增本[①]子，小名初官，字穰卿、梁卿，号灏年、毅伯、毅白、桐翁，年19更名康年，因晚年灰心时事，自号恢白、恢伯、醒醉生，除世守振绮堂号外还有振练亭堂号，光绪十五年（1889）中举，二十年（1894）中进士，以病不参与殿试。三十年（1904），以进士补殿试，官内阁中书。他壮游南北，曾入洋务运动中坚人物张之洞的幕府，充当张之洞的孙子刚孙、道孙兄弟塾师。康年也是着意收藏图书的大家，常出入于书肆购求秘书，常向朋友借书、抄书、校书，所以得到不少罕见的图籍，多次想刊刻行世，以受财力限制而未果。后任自强书院编辑、两湖书院史学斋分教。汪康年与梁启超一样都是主张变法图强的旧民主主义运动的先驱者之一。甲午中日战中清军丧失大东沟、闻讯愤而思图变法，在上海创办《时务报》，聘梁启超为主编，著自强三策。光绪二十一年（1895）加入上海强学会，主办《时务报》和《时务日报》，不久分别更名《昌言报》和《中外日报》，以日人安藤虎雄为总董，接受两江总督魏光焘的津贴，成为拥护清室报纸。三十三年（1907）又办《京报》；宣统二年（1910）办《刍言报》，皆风行海内外。宣统三年九月十三日（1911.11.3）卒于天津，葬杭州西湖桃源岭。著《雅言录》、《汪穰卿遗书》又名《汪穰卿先生遗书》《汪穰卿遗著》八卷、《汪穰卿先生传记》附《遗文三种》、《汪穰卿先生朝考卷》、《汪穰卿笔记》八卷等，辑《庄谐选录》十二卷、《汪穰卿先生传记》七卷《首》一卷及《年谱》一卷介绍其生平甚详。

振绮堂藏书始于乾隆（1736—1795）间，毁于咸丰（1851—1861）间兵燹。据汪曾唯、汪曾学撰《振绮堂书目·跋》称，至咸丰庚申（十年，1860）、辛酉（十一年，1861），“杭城两遭兵燹，散佚殆尽”，“插架之书百不存一”。能反映这个东南百余年著名藏书楼的发展变化情况有汪宪《书泉》十卷，次子春园公汪璐所编《春园公藏书题识》5卷2册，

① 汪增本又作曾本，字子养，号养云，有钝庵、小颍仙庐。官知县，卒于岭南。

第三代传人汪诚撰《振绮堂书目》5册5卷，汪远孙撰《振绮堂书目》（有不分卷及四卷之分）3册，朱文藻代撰《振绮堂书录》十卷，汪迈孙撰《简明书目》又名《振绮堂藏书总目》2册等。

但咸丰十年（1860）正月初三生的汪康年身受家学影响，在一生为旧民主主义革命奔波中仍时时不忘读书、抄书、藏书事业。其弟汪诒年（颂阁）在他所作的《汪穰卿先生年谱》中追述道："于书无所不览，自群经、诸子、历史、舆地、小学、天算以至古文骈文、诗词之学，靡不探讨而研究之。三十五岁以后，从事报馆，公私应酬，日不暇给，而就寝之顷，犹必阅书十数页以为常云。又好抄古籍秘本，非力所能蓄者，不惮辗转假借手自移录。课徒里中时，尝觅得沈氏《南北朝舆地表》，时方岁暮，得解课一月，即将原书手录一本，一字不遗。其后往来南北，随时搜购秘籍，又从交好中借抄。故生平所得罕见之书颇夥。"康年深感私家藏书不能世守的教训，康年将毕生所藏"以其遗籍捐置上海工业学校之图书馆"[①]。他的《雅言录》也是藏书史话，有非常宝贵的史料价值，正如伦明在《续补藏书纪事诗》（手稿本）中说："述所见遗籍皆载明现藏某家。如张石洲《延昌地形志》、祁韵士《皇朝藩部要略》稿本，存陈士可处；纪文达《四库全书提要》稿本，存河间张氏；钱辛楣《元史纪事》，存翁叔平处；王船山《龙源夜话》，存朱肯甫处；毛岳生《元史》，在应敏新处，按图索骥。又言江建霞有屈翁山《崇祯宫词》及《三吴纪》、《五藩记》，又有《测圆海镜》，与今本多异。又沈子良家多写本野史，葛止水家有元裕之《算书》，所举之人，或尚在，即殁亦未远，宜可指名以索也。"汪康年除办报外，还是振绮堂最著名的出版家，其弟汪诒年在《汪穰卿先生年谱》中追述道："晚年，乃议用活字版次第排印，以六册为一集，名曰《振绮堂丛书》。惜初集甫竣，先生即逝世矣。身后，诒年检点遗箧，得未刻书十余种，又得遗稿数册，

---

① 见唐文治《同年汪穰卿先生传》，载《碑传集补》卷五十二。

皆杂记旧闻及时事。复裒集生平所作报论，得数十篇，拟为次第刊行。先生毕生辛勤所留遗于身后者，仅此而已。”先后编有《振绮堂丛书》初集、二集。

汪氏家族重视收藏和整理古籍。其中，抄本有清赵一清撰《水经注释》四十卷《首》一卷《附录》二卷《水经注笺刊误》十二卷计2种55卷、宋饶节撰《倚松老人诗集》三卷、清吴颖芳撰《吹豳录》五十卷、宋张耒撰《张右史集》六十卷、宋范祖禹明程敏政摘编《范太史集》十八卷、宋冯时行撰《缙云文集》四卷、唐姚汝能撰《安禄山事迹》三卷、清曹溶辑《刘豫事迹》一卷、元刘埙撰《水云村泯稿》□卷、元沈梦麟撰明沈清编《吴兴沈梦麟先生花溪集》又名《花溪集》三卷、明赵文华撰《世敬堂集》四卷清汪远孙撰《校勘记》四卷计2种8卷等。

现将这个家族存世刊行主要书籍胪列如下。

乾隆（1736—1795）间汪宪静寄东轩刻元成廷珪撰《居竹轩诗集》四卷。《中国古籍善本书目·集部·元别集类》第493页、《北京图书馆古籍善本书目·集部·元别集类》第二二八四页著录，中国国家图书馆藏乾隆三十四年（1769）二月二十二日有鲍廷博题识说：“乾隆己丑二月，借钱塘汪氏东轩（即静寄东轩）刻本影写，二十二日毕并校，知不足斋识。”可见汪宪有此刻本。

乾隆八年(1743)汪璐编刻清汪筠撰《谦谷集》六卷。《中国古籍善本书目·集部·清别集类》第1201页、《中国古籍善本总目·集部·清别集》第一六〇一页、《中国古籍总目·集部·别集类·清代之属·清前期》第1457页、《北京图书馆古籍善本书目·集部·清别集类》第二五八一页、《清人别集总目》第987页著录，中国国家图书馆（1册本）、上海图书馆、天津图书馆、中国科学院图书馆、复旦大学图书馆、湖南师范大学图书馆、中国社科院文学研究所图书馆藏。该刊本半页12行，行22字，细黑口，左右双边。山东省图书馆还藏清末石印此书。

乾隆十年（1745）刻同治六年（1867）汪氏振绮堂重修刊清阎若璩

撰《尚书古文疏证》八卷、《朱子古文书疑》计 2 种。《北京大学图书馆藏古籍善本书目·经部》第 9 页著录，北京大学图书馆藏线装 8 册本。

乾隆十年（1745）眷西堂刻同治六年钱塘汪氏振绮堂补刻清阎若璩撰《尚书古文疏证》九卷（原缺卷三）附清阎咏辑《朱子古文书疑》一卷计 2 种 9 卷。《中国古籍总目·经部·书类·传说之属》第 261 页、264 页著录，中国国家图书馆、北京大学图书馆、天津图书馆、上海图书馆、湖北省图书馆、南京图书馆藏，而乾隆十年本，中国科学院图书馆、上海图书馆、复旦大学图书馆、南京图书馆、浙江图书馆、湖北省图书馆、山东省图书馆、山西省图书馆、贵州省图书馆藏。

乾隆三十八年（1773）刻清汪师韩辑《春星堂诗集》十卷。《中国书店三十年所收善本书目·集部·清别集类》第二〇七页著录，中国书店收购竹纸 6 册本。

乾隆四十一年（1776）汪氏振绮堂刻清杭世骏撰《道古堂文集》四十八卷、《诗集》二十六卷计 2 种 74 卷。《中国古籍总目·集部·别集类·清代之属·清前期》第 1385 页著录，中国国家图书馆、复旦大学图书馆藏。

乾隆丁酉（四十二年，1777）汪汝瑮重印乾隆乙亥（二十年，1755）德州卢见曾续刻康熙（1662—1722）间秀水朱氏曝书亭刻清朱彝尊撰《经义考》三百卷、《目录》二卷计 302 卷。《中国古籍总目·史部·目录类·专录之属》第 4983 页、《北京图书馆普通古籍总目·目录门·目录学》第一卷第 49—50 页著录，国家（64 册。此书原缺卷二八六、二九九、三〇〇计 3 卷，初名《经义存亡考存》二百九十七卷。此版首冠《御题朱彝尊经义考·序》。还藏乾隆四十二年［1777］胡尔荣重印本 5 函 40 册本 1 部、48 册本 3 部，还有 1 部 6 函 48 册本为西谛藏书等及多种其他版本及对此书的订正增补本多种）、上海图书馆、浙江图书馆、山东省图书馆藏。

乾隆四十九年（1784）汪氏振绮堂又作汪汝瑮刻宋陈思辑《御览书

苑菁华》二十卷。《中国古籍总目·子部·艺术类·书画之属·书·书论》第1294页（作乾隆间刻）、《北京图书馆古籍善本书目·子部·艺术类》第一三三九页、《中国古籍善本书目·子部·艺术类》第405页、《增订四库简明目录标注》第481页著录，中国国家图书馆（8册本）、北京大学图书馆、中国科学院图书馆、天津图书馆、上海图书馆藏，南京图书馆（仅存卷十六至二十计5卷，由清卢文弨校并跋）藏不全本。该刊本半页10行，行21字，小字双行同，黑口，左右双边。中国国家图书馆还藏同治十三年（1874）古岗刘氏藏修书屋本。

乾隆五十年（1785）汪氏重校刊《圣济总录》二百卷。《增订四库简明目录标注·子部五·医家类》卷第十第430页著录，内缺10卷计190卷不全本。

清汪汝瑮刻宋朱弁撰《曲洧旧闻》十卷。《藏园群书经眼录·子部二》卷八第六八八页著录，傅增湘于癸丑（1913）记此刊本甚精。据跋以旧抄本校刊，前有清高宗诗。《中国古籍总目·子部·杂家类·杂学杂说之属》第1651页著录作乾隆（1736—1795）间汪氏振绮堂刻，中国科学院图书馆、南京图书馆、台湾省图书馆（有清顾广圻录清惠栋校语并跋）藏。

嘉庆癸亥（八年，1803）本衙刻巾箱本清嘉定垣赤道人撰《续秋雨》又名《两般秋雨续随笔》四卷。《贩书偶记续编·子部·小说家类》卷十二第182页著录。

嘉庆甲子（九年，1804）汪氏振绮堂刊钱塘汪初撰《沧江虹月词》三卷。北京师范大学图书馆《中文古籍书目·集部·词曲类·词集》第458页、《西谛书目·集部下·诗余类》卷五第一六页、《贩书偶记·集部·词曲类·词集之属》卷二十第548页著录，北京师范大学图书馆藏线装2册本。

汪氏振绮堂重印乾隆十九年（1754）赵氏刻三国桑钦（题汉）撰、后魏郦道元注《水经注》四卷、清赵一清撰《朱笺刊误》十二卷计2种

16 卷。《增订四库简明目录标注·史部十一·地理类·河渠之属》卷第七第 299 页著录："赵氏刊板，后归振绮堂汪氏。"此版 2 种 16 卷。

嘉庆（1796—1820）间初刻清汪璐撰《松声池馆诗存》四卷。《中国古籍总目·集部·别集类·清代之属·清中期》第 1619 页著录，首都图书馆藏。

嘉庆（1796—1820）间刻清汪璐撰《松声池馆诗存》四卷。《清人别集总目》第 989 页著录，南京图书馆藏此刻本配抄本。

嘉庆庚辰（二十五年，1820）夏五月钱塘汪氏振绮堂刊清钱塘厉鹗撰《东城杂记》二卷。《香港所藏古籍书目·史部·地理类·杂志》第 109 页、《北京图书馆普通古籍总目·地志门·方志》第四卷第 277 页、《贩书偶记续编·附录·史部》第 351 页、《增订四库简明目录标注·史部十一·地理类·中外杂记游记之属》卷第七第 319 页著录，卢跋称为"城东杂录"，中国国家图书馆（1 册本 2 部）、香港中文大学图书馆（1 册本）、香港新亚研究所图书馆（1 册本）藏。

嘉庆(1796—1820)、道光(1821—1850)间钱塘汪氏刻清汪远孙编《汪氏振绮堂丛刻》残存 7 种四十卷。《中国古籍总目·丛书部·杂纂类·清代后期》第 569 页（作清刻本）、《中国古籍善本总目·丛部·汇编丛书》第一九八一页（作清刻本）、《中国古籍善本书目·丛书·汇编丛书（三）》卷三四第 449 页（作清刻本）、《北京图书馆古籍善本书目·子部·丛书类》第一八八六页、《中国丛书综录续编·汇编·杂纂类（清代）》第 63 页、《中国丛书广录·汇编丛书·杂纂类》第 171 页著录，中国国家图书馆藏 8 册本。该馆藏另 1 部由傅增湘校 15 册本，唯《阙史》为《御览阙史》，均为半页 10 行，行 21 字，小字双行同，细黑口，左右双边。

嘉靖（应为嘉庆，1796—1820）间振绮堂重刻明刘基撰《诚意伯文集》二十卷。《增订四库简明目录标注·集部六·别集类五（明洪武至崇祯）》卷第十八第 812 页著录"《绣谷亭书录》云：'成化六年（1470）汇刻《诚意伯文集》二十卷。第一卷《翊运录》，二至四《郁离子》，五至十四《覆瓿集》，十五、十六《犁眉公集》，十七、十八《写情词集》，十九、二十《春秋明经》。按《郁离子》原编五卷，《覆瓿集》二十卷，《犁眉公集》五卷，《写情集》《春秋明》各四卷，后人以其卷繁而约之。其文则仍旧也。至丽水何镗再刻文已编乱，尽削旧序，并集名俱不可得见矣。’”笔者按，作“振绮堂有嘉靖（1522—1566）中重刊本二十卷”，误。

道光元年至二年（1821—1822）汪氏振绮堂刻清厉鹗撰《辽史拾遗》二十四卷，清汪远孙辑《辽史纪年表》一卷、《西辽纪年表》一卷计3种26卷。《中国古籍善本总目·史部·纪传类》第二四一页、《北京图书馆古籍善本书目·史部·纪传类》第二五五页、《山东省图书馆馆藏海源阁书目·史部·纪传类》第58页著录，国家（8册本）、山东省（2函10册本）、湖北省图书馆藏，山东省图书馆藏本还多附清杨复吉辑《辽史拾遗补》五卷。该刊本半页10行，行21字，白口，左右双边，单黑鱼尾。

道光二年（1822）汪端自然好学斋自刻自辑《明三十家诗选初集》八卷、《二集》八卷计2种16卷。《中国古籍善本书目·集部·总集类》第1721页、《中国古籍善本总目·集部·总集类·断代》第一七七八页、《中国古籍总目·集部·总集类·断代之属》第3036页、《中国人民大学图书馆古籍善本书目·集部·总集类》第172页、《香港所藏古籍书目·集部·总集类·断代》第357页著录，中国国家图书馆、中国人民大学图书馆（1函8册本）、上海图书馆、南京图书馆、哈尔滨市图书馆、香港中文大学图书馆（6册本）藏。有梁德绳、曹贞秀序，汪端凡例及评语（见前此条重刊本注）。该刊本半页11行，行22字，黑口，左右双边。封面镌“道光壬午冬镌”“自然好学斋藏板”，稀见。

道光壬午（二年，1822）闰三月振绮堂汪氏刊清东吴惠栋撰《太上感应篇笺注》二卷。《贩书偶记续编·子部·道家类》卷十二第199页著录。

道光九年（1829）钱塘汪氏振绮堂刻清梁履绳撰《左传补释》

三十二卷。《中国古籍总目·经部·春秋类·左传·传说之属》第594页著录，上海图书馆、南京图书馆藏。

道光九年（1829）杭州钱塘汪氏振绮堂刻光绪元年（1875）补刻清梁履绳撰《左传补释》三十二卷。《中国古籍总目·经部·春秋类·左传·传说之属》第594页、《香港所藏古籍书目·经部·春秋类·左传》第22页著录，中国国家图书馆、北京大学图书馆、中国科学院图书馆、复旦大学图书馆、天津图书馆、香港中文大学图书馆、香港新亚研究所图书馆藏16册本。此书起码2种版本计64卷。

道光十年（1830）钱塘汪远孙振绮堂刻宋潜说友纂修《［咸淳］临安志》一百卷、清黄士珣撰《校刊札记》三卷计2种103卷。《北京图书馆古籍善本书目·史部·传记类》第六六八页著录，中国国家图书馆藏卷一至八十九、九十一至九十七计96卷24册2部。该刊本半页10行，行20字，小字双行同，黑口，左右双边。

道光十年（1830）钱塘汪氏振绮堂刻宋咸淳四年（1268）宋潜说友纂、咸淳间刻《［咸淳］临安志》一百卷（原缺卷六十四、九十、九十八至一百）。《中国古籍总目·史部·方志类·地志之属·浙江省·杭州市》第4258页、《北京图书馆古籍善本书目·史部·地理类》第六六八页、《山东省图书馆馆藏海源阁书目·史部·专志》第107页、《香港所藏古籍书目·史部·地理类·方志》第104页、《四库全书总目·史部·地理类一》卷六八第六〇〇页、《中国地方志联合目录·浙江省·杭州市》第378页著录，中国国家图书馆、首都图书馆、中国科学院图书馆、中央民族文化宫图书馆、中共中央党校图书馆、北京大学图书馆、清华大学图书馆、中国人民大学图书馆、北京师范大学图书馆、中央民族大学图书馆、首都师范大学图书馆、上海图书馆、复旦大学图书馆、华东师范大学图书馆、上海师范大学图书馆、上海辞书出版社图书馆、天津图书馆、南开大学图书馆、天津师范大学图书馆、内蒙古自治区图书馆、内蒙古大学图书馆、辽宁省图书馆、大连市图书馆、吉林省图书馆、吉林大学图书馆、东北师范大学图书馆、吉林市图书馆、西北大学图书馆、甘肃省图书馆、新疆大学图书馆、山东大学图书馆、南京图书馆、南京大学图书馆、江苏师范大学图书馆、苏州市图书馆、常熟市图书馆、镇江市图书馆、无锡市图书馆、南通市图书馆、浙江图书馆、浙江大学图书馆、宁波市图书馆、温州市图书馆、嘉兴市图书馆、安徽省图书馆、安徽大学图书馆、安徽师范大学图书馆、安徽劳动大学图书馆、江西省图书馆、江西师范大学图书馆、福建师范大学图书馆、台湾省图书馆、河南省社科院图书馆、郑州大学图书馆、河南师范大学图书馆、湖北省图书馆、武汉大学图书馆、武汉师范大学图书馆、湖南省图书馆、湖南省社会科学院图书馆、湖南师范大学图书馆、广东省图书馆、中山大学图书馆、暨南大学图书馆、华南师范大学图书馆（不全）、广西第一图书馆、广西师范大学图书馆、四川大学图书馆、重庆市图书馆、泸州市图书馆、重庆市北碚区图书馆、云南大学图书馆、香港中文大学图书馆（24 册本）、中国社会科学院考古研究所图书馆及浙江图书馆天一阁分馆、中国第一历史档案馆、中国国家博物馆、国家文物局文物保护所、山东省博物馆、苏州市文管会、安徽省博物馆、河南省文物研究所藏，山东省图书馆藏原缺卷九十，卷九十八至一百计 4 卷 4 函 24 册本，有图。封面题“道光庚寅钱唐（塘）振绮堂汪氏仿宋本重雕”。该刊本半页 10 行，行 20 字（19.3×14.3），小字双行同，黑口，左右双边，单黑鱼尾。这些图书馆大部分还藏有同治六年（1867）补刻本或光绪十七年（1891）补刻本，附黄士珣校刊记三卷。此书宋咸淳刻本存世汇总已缺卷六十四、卷九十八至一百计 5 卷。其中，国家（仅存卷二十二、二十三、卷二十九至三十二、卷六十至六十三、卷六十五至七十四、卷八十至八十三计 24 卷及胶卷）、南京（仅存卷一至六十三、六十五至八十九卷、九十一至九十七卷计 95 卷及胶卷）。最著名的抄本要数中国国家图书馆、故宫博物院图书馆、浙江图书馆、甘肃省图书馆藏乾隆（1736—1795）间修《四库全书》本。可见，此刻本重要，余为各地藏清抄本。其中，中国国家图书馆藏24册抄本一百卷为道光（1821—1850）间据汪氏所刻祖本抄，该抄本半页10行，行20字（19.9×13.6）。

道光十年（1830）杭州汪氏振绮堂刻宋潜说友撰《［咸淳］临安志》九十三卷。《北京图书馆普通古籍总目·地志门·方志》第四卷第275—276页、《增订四库简明目录标注》第289页（“道光十年杭州汪氏刊本九十五卷，《补阙》一卷，清黄士珣撰《札记》三卷。原本百卷，［卢］抱经从知不足斋残宋本补得六十五、六十六两卷，尚缺六十四、九十、九十八、九十九、一百凡五卷。宋版十行，行大小二十字。”）著录，中国国家图书馆藏4函24册本，有图。此书汪氏在同治六年(1867)、光绪十年（1884）、十七年（1891）重印3次，计4版次就有4种400卷。此外，中国国家图书馆还藏1986年江苏广陵刻印社印道光十年版附清黄士珣撰《札记》三卷3函28册本。

道光辛卯（十一年，1831）钱塘振绮堂刻清钱塘女史汤漱玉辑《玉台画史》五卷附清钱塘汪远孙辑《别录》一卷计2种6卷。《香港所藏古籍书目·史部·传记类·总传》第88页、北京师范大学图书馆编《中文古籍书目·子部·艺术类》第269页著录，北京师范大学（线装1册本。但《贩书偶记·子部·艺术类·书画之属》卷十第248页著录作“丁卯”，误，因道光间无丁卯年）、香港中文大学图书馆（3册本）藏。

道光十二年（1832）钱塘汪氏振绮堂刻清海宁吴衡照编《莲子居词话》四卷。《中国古籍总目·集部·词类·词话之属》第3418页著录，中国国家图书馆、南京图书馆、北京师范大学图书馆藏。

道光十二年(1832)清钱塘汪氏振绮堂写刻元赵雍撰《赵待制遗稿》又名《赵仲穆遗稿》一卷。《中国古籍总目·集部·别集类·金元之属》第485页著录，中国国家图书馆、南京图书馆藏。

道光癸巳（十三年，1833）汪氏振绮堂刊祖籍海宁仁和吴衡照撰《辛卯生诗》四卷。《中国古籍总目·集部·别集类·清代之属·清中期》第1812页（作道光间刻）、《贩书偶记·集部·别集类》卷十七第447页著录，上海图书馆（由清冯登府评并跋）、中国科学院图书馆藏。

道光（1821—1850）间钱塘汪氏振绮堂刻清汤潄玉辑《玉台画史》五卷附《别录》一卷计2种6卷。《中国古籍总目·子部·艺术类·书画之属·画·史传》第1370页著录，中国国家图书馆、北京大学图书馆、天津图书馆、南京图书馆、辽宁省图书馆、大连市图书馆、黑龙江省图书馆、吉林省图书馆、哈尔滨市图书馆藏。

道光十三年（1833）汪氏振绮堂刻清舒位撰《瓶笙馆修箫谱》4种四卷。《中国丛书综录·类编·集类·戏曲》第一册第925页、《中国古籍善本书目·集部·曲类》第2058页、《中国古籍总目·集部·曲类·杂剧之属》第3495—3496页、《西谛书目·集部下·曲类》卷五第三八页著录，四川省图书馆、重庆市图书馆、中国国家图书馆、首都图书馆、复旦大学图书馆、上海师范大学图书馆、上海辞书出版社图书馆、天津图书馆、辽宁省图书馆、吉林市图书馆、广东省中山图书馆、四川大学图书馆、云南省图书馆藏，有图。此书还有《今乐府选》本稿本。

道光十三年（1833）钱塘汪远孙振绮堂刻、汉刘向撰、清梁端校注《列女传》书名页题《列女传校读本》八卷。《国家图书馆普通古籍总目·传记门·列女》第76页著录，中国国家图书馆藏1册、2册本各1部。牌记题“道光丁卯秋七月钱塘汪氏振绮堂开雕”，误。因道光间无丁卯年，仅有丁亥（七年）、丁酉（十七年），而道光十三年为癸巳年。此版本精好。中国国家图书馆还藏4部2册本1部4册本同治十三年（1874）汪曾学粤东补刻本，书名页也题《列女传校读本》，有光绪元年（1875）吴县潘介繁跋。还藏民国八年（1919）铸记书局上海石印此书4册本1部，也是据钱塘汪氏振绮堂藏本校正，还藏民国间锦章图书局上海石印4册本1部书名页则题《校正列女传读本》，而另1部1册本为民国间广益书局上海石印本书名页题《女子模范列女传》、书签题《精校列女传读本》，并仿道光十三年刊本印，仅中国国家图书馆普通古籍部存此书5种版本，可见梁端此书影响之大。

道光（1821—1850）间刻清汪端辑《明三十家诗选初集》八卷、《二集》八卷附《自题三十家诗选后》一卷计3种17卷。《中国古籍总目·集部·总集类·断代之属》第3036页著录，南京图书馆藏有抄配。

道光（1821—1850）间汪氏振绮堂刻清舒位撰《瓶笙馆修箫谱》4种四卷。《中国古籍总目·子部·艺术类·音乐之属·谱·其它》第1483页著录，北京大学图书馆、上海图书馆、吉林省图书馆、四川省图书馆、重庆市图书馆藏。

清刊《瓶笙馆修箫谱》4种四卷。《中国古旧书刊拍卖目录》第290页著录，中国书店拍卖白纸1册本。该刊本半页尺寸18×11。

道光十七年（1837）振绮堂精刊清汪适孙撰《甲子生梦余词》一卷。《贩书偶记·集部·词曲类·词集之属》卷二十第550页著录，但误作丁酉年为丁卯年。

道光十七年（1837）汪氏振绮堂刻汉刘向撰、清梁端注《列女传》又名《列女传校读本》八卷。《中国古籍善本书目·史部·传记类一》第404页、《中国古籍善本总目·史部·传记类·总传》第三七五页、《中国古旧书刊拍卖目录》第207、578页（作道光间刻）著录，上海图书馆藏，有清陈倬校并跋。中国书店分别拍卖仅刘向撰《列女传》半页17.7×12白纸4册本、2册本（内有同治十三年补刊）。

道光十七年（1837）钱塘振绮堂刻清梁绍壬撰《两般秋雨盦随笔》八卷。《中国古籍总目·子部·杂家类·杂记之属》第1885页著录，中国国家图书馆、沈阳市图书馆、抚顺市图书馆、吉林省图书馆、黑龙江省图书馆藏。

道光十七年（1837）汪氏振绮堂刊巾箱本、光绪十年（1884）重刊钱塘梁绍壬撰《两般秋雨盦随笔》八卷。《山西省图书馆普通线装书目录·文学门·小说》第767页、《贩书偶记·子部·小说家类·杂事之属》卷十二第294页著录，山西省图书馆藏8册本。此书起码两刻2种16卷。

道光丁酉（十七年，1837）瞿氏清吟阁刊，光绪（1875—1908）间八杉斋重刊清钱塘汪宪撰《说文系传考异》四卷、《附录》二卷计6卷。《贩书偶记续编·附录·经部》第344页著录。

道光十七年（1837）钱塘汪氏振绮堂精刊钱塘女史汤漱玉辑《玉台画史》五卷附钱塘汪远孙辑《别录》一卷计2种6卷。《贩书偶记·子部·艺术类·书画之属》第248页、《国家图书馆普通古籍总目·传记门·总传》第23页著录，中国国家图书馆藏1册本2部。

道光十七年（1837）钱塘振绮堂刻清汪适孙撰《甲子生梦余词》（不分卷）。《中国古籍总目·集部·词类·别集之属》第3333页著录，中国国家图书馆、天津图书馆藏。

道光十九年（1839）钱塘汪氏振绮堂刻清汪远孙辑《清尊集》十六卷。《中国古籍善本总目·集部·总集类·断代》第一七九一页、《中国古籍总目·集部·总集类·断代之属》第3065页、《香港所藏古籍书目·集部·总集类·断代》第359页著录，中国国家图书馆、上海图书馆、南京图书馆、湖北省图书馆、香港中文大学图书馆、香港大学图书馆藏4册本。该刊本半页11行，行24字，黑口，左右双边，有刻工。

道光十九年（1839）钱塘汪氏振绮堂刻清汪端撰《自然好学集》又名《自然好学斋诗钞》五卷。《中国古籍总目·集部·别集类·清代之属·清中期》第2017页、《清人别集总目》第988页著录，中国国家图书馆、中国科学院图书馆、上海图书馆、南京图书馆藏。此书为从侄汪适孙重编，刻印极精，前有许宗彦、梁同书、萧抡、石韫玉、张云敖序。

道光庚子（二十年，1840）钱塘振绮堂精刊汪远孙撰《借闲生诗》三卷、《词》一卷计2种4卷。《中国古籍总目·集部·别集类·清代之属·清中期》第2030页、《山西省图书馆普通线装书目录·文学门·诗文别集》第673页、《清人别集总目》第1000页、北京师范大学图书馆《中文古籍书目·集部·别集类》第392页、《贩书偶记·集部·别集类》卷十七第438页著录，北京师范大学图书馆（线装2册本）、中国国家图书馆、南京图书馆、广东省图书馆、山西省图书馆（2册本）、山东省图书馆、湖南省图书馆、河南省图书馆、辽宁省图书馆、中国科学院图书馆、北京大学图书馆、南开大学图书馆、南京大学图书馆、复旦大学图书馆、南京师范大学图书馆、温州市图书馆、台湾“中央”研究院历史语言研究所傅斯年图书馆、台湾大学图书馆及日本京都大学人文科学研究所藏。

道光（1821—1850）间刻钱塘汪远孙撰《汪氏国语三种》5种三十九卷。《丛书书目汇编》第二册第二三八页著录。

道光（1821—1850）间振绮堂刻清震泽杨复吉撰《辽史拾遗补》五卷。《贩书偶记·史部·正史类》卷五第109页著录，有道光壬子振绮堂刊本。按，道光间无壬子年，故宜为道光间刊本。

道光二十二年（1842）刊、民国十一年（1922）钱塘汪氏汇印本清汪远孙辑撰《振绮堂遗书》10种四十九卷。《中国古籍总目·丛书部·独撰类·清代前期》第1207页（作道光间刻）、《山西省图书馆普通线装书目录·总计门·丛书类》第1011页、《清人别集总目》第1001页、北京师范大学图书馆编《中文古籍书目·丛书部·独著类》第528页、《中国丛书综录·汇编·独撰类（清代后期）》第一册第528页、《中国丛书综录补正》第124页著录，北京师范大学图书馆（道光刻本线装12册，1922年汇印本24册）、中国国家图书馆、北京大学图书馆、清华大学图书馆、中国中医科学院图书馆、山西省图书馆（道光中刻，民国十一年印线装12册本）、上海图书馆、复旦大学图书馆、华东师范大学图书馆、上海师范大学图书馆、天津图书馆、甘肃省图书馆、山东省图书馆、南京图书馆、苏州市图书馆、浙江图书馆、浙江大学图书馆、福建师范大学图书馆（不全）、湖北省图书馆、武汉大学图书馆、重庆市图书馆及日本京都大学人文科学研究所、日本东京大学东洋文化研究所藏。还有不少单位藏逸出的丛书单行本。

道光乙巳（二十五年，1845）冬月钱塘汪氏振绮堂刊钱塘黄士珣撰《北隅掌录》二卷。《北京图书馆普通古籍总目·地志门·方志》第四卷第277页、北京师范大学图书馆编《中文古籍书目·史部·地理类·杂记》第152页、《增订四库简明目录标注·史部十一·地理类·中外杂记游记之属》卷第七第319页、《贩书偶记·史部·地理类·古迹之属》卷七第177页著录，中国国家图书馆（1册本1部，2册本2部）、北京师范大学图书馆（1册本）藏。

道光丙午（二十六年，1846）振绮堂汪氏精刊钱塘汪远孙撰《国语校注本三种》又名《国语三君注辑存》5种三十九卷。《中国丛书综录续编·类编·史类·杂史》第210页、《汇刻书目》第二册第十六页（著录为道光间刻）、《香港所藏古籍书目·丛部·史部》第409页、《汇刻书目》第一函第二册第十六页、《山东省图书馆馆藏海源阁书目·史部·杂史类》第64页、北京师范大学图书馆《中文古籍书目·史部·杂史类》第98页及《史丛类》第231页分别著录，北京师范大学图书馆（为道光二十五年、二十六年刻本藏均线装6册本）、山东省图书馆（1函5册本）、香港岭南大学图书馆、香港新亚研究所图书馆藏清道光二十六年（1846）钱塘汪氏《振绮堂遗书》本。

道光二十六年（1846）刻《国语校注本三种》又名《国语三君注辑存》应指《国语明道本考异》四卷、《国语三君注辑存》四卷、《国语发正》二十一卷，计3种29卷。《中国丛书综录·汇编·独撰类（清代后期）》第528页及《增订四库简明目录标注·史部五·杂史类》卷第五第234页、《贩书偶记·史部·古史类》卷五第119页、《中国丛书综录补正》第124页著录，当为另1种小丛书，藏家待考，收入民国十一年（1922）钱塘汇印《振绮堂遗书》中，全部丛书藏家见后此条。该刊本半页10行，行21字（17×12.2），白口，左右双边，单黑鱼尾，书牌题“道光丙午闰五月振绮堂汪氏刊藏”。

道光二十七年（1847）钱塘汪氏刻清厉鹗撰《湖船录》一卷。《中国古籍总目·子部·谱录类·器用之属·器物·杂物》第1538页著录，中国国家图书馆、长春市图书馆藏。

道光二十八年（1848）汪氏振绮堂刻清汪远孙撰《汉书地理志校本》二卷。《中国古籍善本总目·史部·纪传类》第二一八页、《山西省普通线装书目录·史乘门·断代史》第115页、《中国历史博物馆藏普通古籍目录·史部·正史类》第34页、《贩书偶记·史部·正史类》卷五第104页、《中国古籍善本书目·史部（上）断代》第42页著录，中国国家博物馆（2册本）及山西省图书馆（4册本）、吉林大学图书馆（清谢钟英批校本）、湖北省图书馆（清陈倬批注本及杨守敬批校本各1部）藏。

道光（1821—1850）间振绮堂刻钱塘女史梁端撰《列女传校注》八卷。《贩书偶记·史部·传记类》卷六第147页著录本版，又录同治十三年（1874）其从子曾本补刊本为2个刻本计2种16卷及光绪十七年（1891）陕西咸宁赵刘氏重刊本。

清钱塘汪氏振绮堂刻大兴舒位撰《瓶笙馆修箫谱》4种不分卷。《丛书书目汇编》第四册第四六〇页著录。

道光（1821—1850）间汪氏振绮堂刻清舒位撰《瓶笙馆修箫谱》4种四卷。《中国古籍善本总目·集部·曲类·杂剧》第一八八〇页著录，四川省图书馆、重庆市图书馆藏。该刊本半页7行，行17字，白口，四周单边，有图。比之上目，应为后印本。

清汪氏振绮堂刻清乌程费丹旭撰《依旧草堂遗稿》二卷、《钞本未刻诗》一卷计2种3卷。《清人别集总目》第1686页著录，南京图书馆藏。

同治初刻清汪端撰《自然好学斋诗钞》七卷。《中国古籍总目·集部·别集类·清代之属·清中期》第2017页著录，南京图书馆藏。

道光壬辰（十二年，1832）秋钱塘汪氏振绮堂刊，同治六年（1867）补刊、同治庚午（九年，1870）冬退补斋重刊海宁吴衡照撰《莲子居词话》四卷。《中国古籍总目·集部·词类·词话之属》第3418页（作同治间印）、北京师范大学图书馆《中文古籍书目·集部·词曲类·词话》第468页、《贩书偶记·集部·词曲类·词话之属》卷二十第557页、《西谛书目·集部下·曲类》卷五第三〇页著录，中国国家图书馆、天津图书馆、南京图书馆、北京师范大学图书馆（线装2册本）藏。此书起码为3版计12卷。

乾隆十年（1745）眷西堂刻、同治六年（1867）钱塘汪氏振绮堂补刻清阎若璩撰《尚书古文疏证》八卷附阎咏复辑《朱子古文书疑》一卷计2种9卷。《中国古籍善本书目·经部·书类》第117页、北京师范大学图书馆《中文古籍书目·经部·书类》第6页、《北京大学图书馆藏古籍善本书目·经部·书类》第9页著录，北京大学图书馆（8册本）、上海图书馆（由叶景葵校并跋）、北京师范大学图书馆藏。此书起码有2版4种8卷。

道光十九年（1839）振绮堂精刊、光绪二年（1876）重刊钱塘汪远孙辑《清尊集》十六卷。《山西省图书馆普通线装书目录·文学门·诗总集》第539页、《贩书偶记·集部·总集类·唱和题咏之属》卷十九第532页、《西谛书目·集部上·清别集类》卷三第五二页、北京师范大学图书馆编《中文古籍书目·集部·总集类·断代·清至近代》第335页、《清人别集总目》第1001页（道光十九年版）著录，北京师范大学图书馆、中国人民大学图书馆（线装8册本）、山西省图书馆（4册本）藏。此书两版计32卷。

同治六年（1867）钱塘汪氏振绮堂刻清阎若璩撰《尚书古文疏证》八卷。《香港所藏古籍书目·经部·书类》第8页著录，香港中文大学图书馆藏8册本。

同治六年（1867）汪氏振绮堂补刻清乾隆十年（1745）朱续晫近堂刻清阎若璩撰《尚书古文疏证》八卷、清阎咏辑《朱子古文书疑》一卷计2种9卷。《中国古籍善本总目·经部·书类》第四〇至四一页著录，上海图书馆藏本由叶景葵校。该刊本半页11行，行21字，白口，单鱼尾，左右双边。

同治六年（1867）增刻道光十年（1830）钱塘汪氏振绮堂刻宋潜说友纂修《［咸淳］临安志》一百卷。《中国地方志联合目录·浙江省·杭州市》第 378 页、《北京图书馆普通古籍总目·地志门·方志》第四卷第 275—276 页著录，中国国家图书馆藏 4 函 20 册本有图 2 部，4 函 24 册本 3 部，原缺卷九十、九十八至一百计缺 4 卷但附清黄士珣撰《札记》三卷。还藏此书光绪十七年（1891）印本 4 函 24 册本 5 部，1986 年江苏广陵古籍刻印社对此书进行重印，且有部分影印补记 3 函 28 册本有图，各地收藏更多。该志以《乾道临安志》、《［咸淳］临安志》为基础，旁征博引增补而成。前 15 卷为行在所录，记皇城及中央官署等内容，余为疆域、山川、诏令、御制、秩官、官寺、文事、武备、风土、贡赋、人物、祠祀、寺观、园亭、古迹、冢墓、恤民、祥异、纪遗等内容。该志所绘皇城、府署、浙江、西湖及府治、属县疆域、山川等图十分详明。

同治七年（1868）钱塘汪氏振绮堂刻乌程费丹旭撰《依旧草堂遗稿》一卷附吴受藻撰《劫余存稿》一卷计 2 种 2 卷。《清人别集总目》第 1686 页著录，中国国家图书馆、上海图书馆、南京图书馆、南开大学图书馆、大连市图书馆、温州市图书馆及日本京都大学人文科学研究所藏。同书第 896 页著录，中国国家图书馆、上海图书馆、南京图书馆、台湾“中央”研究院历史语言研究所傅斯年图书馆藏吴受藻所撰。

同治七年（1868）钱塘汪氏振绮堂刻清费丹旭撰《依旧草堂遗稿》二卷。《中国古籍总目·集部·别集类·清代之属·清中期》第 2105 页著录，中国国家图书馆藏。

同治七年（1868）钱塘汪氏振绮堂刻清吴受藻撰、清吴积鉴辑《劫余存稿》不分卷。《中国古籍总目·集部·别集类·清代之属·清中期》第 2263 页著录，中国国家图书馆藏。

同治十年（1871）刻《林下雅音集》本中有清汪端撰《自然好学斋诗钞》十卷。《中国古籍总目·集部·别集类·清代之属·清中期》第 2017 页著录，中国国家图书馆藏。

同治十二年（1873）刊清汪端辑《明三十家诗选·初集》八卷、《二集》八卷计 2 种 16 卷。《中国古旧书刊拍卖目录》第 118 页、《西谛书目·集部中·总集类》卷四第三六页著录，西谛藏，中国书店拍卖版式 26.8×16.2 白纸线装 8 册本。

道光（1821—1850）间振绮堂刻同治（1862—1874）间从子汪曾本补刻钱塘女史梁端撰《列女传》又名《列女传校注》八卷。《中国古旧书刊拍卖目录》第 721 页、《贩书偶记·史部·传记类》卷六第 147 页著录，博古斋拍卖 2 册本。

同治十三年（1874）汪氏补刊清汪远孙妻梁端校注明汪道昆刻汉刘向撰、明汪氏增辑、明仇英绘《古列女传》十六卷，汉班昭（一说项原）撰《续列女传》一卷计 2 种 17 卷。《中国古旧书刊拍卖目录》第 92 页、《增订四库简明目录标注·史部七·传记类·总录之属》卷第六第 254 页著录，中国书店拍卖版式 17.5×30 白纸 2 册本。经考证，汪道昆版转给鲍廷博，再传至汪氏家族。

同治十三年（1874）振绮堂重刊清汪端辑《自然好学斋诗钞》十卷。《中国古籍总目·集部·别集类·清代之属·清中期》第 2017 页、《西谛书目·集部上·清别集类》卷三第五二页、《清人别集总目》第 988 页著录，中国国家图书馆、中国科学院图书馆、辽宁省图书馆、天津图书馆、上海图书馆、南京图书馆、江西省图书馆、广东省图书馆、云南省图书馆、河北省图书馆、南开大学图书馆、复旦大学图书馆、北京师范大学图书馆、台湾“中央”研究院历史语言研究所傅斯年图书馆、日本大阪府立图书馆及日本京都大学文学部中哲文研究室藏，南京图书馆著录为 7 卷，应为不全本。《中国丛书综录·类编·集类·总集（清代）》第 871 页著录，收入光绪十年（1884）如皋冒氏如不及斋刻清冒俊辑《林下雅音集》4 种 13 卷丛书中。经查，中国国家图书馆、首都图书馆、上海图书馆、华东师范大学图书馆、吉林大学图书馆、浙江图书馆藏全套丛书。

道光三十年（1850）汪氏振绮堂刻光绪元年（1875）补修清汪远孙撰《借闲生诗》三卷、《词》一卷计 2 种 4 卷。《中国古籍总目·集部·别集类·清代之属·清中期》第2030页著录，中国科学院图书馆藏。收入光绪（1875—1908）间刻《汪氏家集》本中。

光绪二年（1876）汪氏振绮堂刊清费丹旭绘、清黄士珣记《东轩吟社画象（像）》一卷[①]，清诸可宝撰《小传》一卷、《题词》一卷、《跋语》一卷计4种4卷。《国家图书馆普通古籍总目·传记门·总传》第56页、《西谛书目·子部·艺术类》卷二第二二页（1册本）、《中国古旧书刊拍卖目录》第68页著录，中国国家图书馆藏2册本1部、1册本4部，其中两部为西谛赠书，中国书店拍卖《东轩吟社画像》（一卷）版式18.2×30线装1册本。该书收图像线条流畅精美，是刻本中佳者。

光绪二年（1876）汪氏振绮堂刊清汪远孙辑《东轩吟社画像》一卷、《小传》一卷、《题词》一卷计3种3卷。《西谛书目·史部·传记类》卷一第二二页著录2册本，有图。

约光绪（1875—1908）间振绮堂刊东乡罗思举自撰《罗壮勇公年谱》二卷。《贩书偶记·史部·传记类》卷六第139页著录。

光绪四年（1878）汪曾唯振绮堂刻清张之洞撰《輶轩语》七卷。《中国古籍总目·子部·儒家类·礼教之属·劝学》第213页著录，南京图书馆藏。

光绪八年（1882）钱塘汪氏重校秀野草堂刻唐温庭筠撰、清曾益原注、清顾予咸补注《温飞卿诗集笺注》九卷。《香港所藏古籍书目·集部·别集类》第260页著录，香港中文大学图书馆、香港大学图书馆均藏2册本。

光绪（1875—1908）间振绮堂刻清厉鹗撰《樊榭山房全集》三十三卷。《中国古旧书刊拍卖目录》第264页著录，中国书店拍卖尺寸16.3×11.3竹纸10册本。

光绪十年（1884）振绮堂刻清厉鹗撰《樊榭山房集》十卷、《续集》

---

① 东轩吟社创办于道光甲申年（1824），社员27人。费晓楼作图27人。

十卷计2种20卷。《清人别集总目》第277页著录，辽宁省图书馆、山东大学图书馆、浙江大学图书馆、日本京都大学图书馆藏。此外，此书的乾隆（1736—1795）间刻本虽非汪氏刻本，但在众收藏大户中，上海图书馆还藏1部有清翁方纲批点，另1部有清吴骞跋并录汪师韩题识，浙江省博物馆藏本有清沈曾植录清翁方纲等评，湖南省图书馆藏本有清钱师载批和叶启勋跋，可资对本版进行比勘。

光绪十年（1884）钱塘汪氏振绮堂刻清汪宪撰《振绮堂诗存》一卷。《香港所藏古籍书目·集部·别集类》第299页著录，香港中文大学图书馆藏1册本。

光绪十年（1884）汪氏振绮堂刻清厉鹗撰《樊榭山房全集》四十二卷、《集外文》一卷附清龚胡崟辑《挽辞》一卷、《轶事》一卷计4种45卷。《中国古籍善本书目·集部·清别集类》第1113页、《中国古籍善本总目·集部·清别集》第一五八四页、《中国古籍总目·集部·别集类·清代之属·清前期》第1372页、北京师范大学图书馆编《中文古籍书目·集部·清别集类》第386页、《北京图书馆古籍善本书目·集部·清别集类》第二五七六页著录，中国国家图书馆（10册本，有章钰跋并录清翁方纲、钱仪吉、钱泰吉等评点题识）、中国科学院图书馆（邓之诚题记）、复旦大学图书馆、北京师范大学图书馆藏。该刊本半页11行，行21字，黑口，左右双边。

光绪十年（1884）钱塘汪氏振绮堂刻清厉鹗撰《樊榭山房集》十卷、《续集》十卷、《文集》八卷、《集外诗》三卷、《外词》四卷、《外典》二卷计6种37卷。《山西省图书馆普通线装书目录·文学门·诗文别集》第644页著录，山西省图书馆藏10册本。该馆还藏民国间上海商务印书馆《四部丛刊》影印线装8册本。

光绪十年（1884）钱塘汪氏振绮堂刻清汪璐撰《松声池馆诗存》一卷。《香港所藏古籍书目·集部·别集类》第303页著录，香港中文大学图书馆藏1册本。

光绪十年（1884）钱塘汪氏振绮堂杭州刻清厉鹗撰《樊榭山房集》十卷、《续集》十卷、《文集》八卷、《游仙百咏》一卷、《词》四卷附《集外诗集外词集外文合》一卷计6种34卷。《香港所藏古籍书目·集部·别集类》第296页著录，香港中文大学图书馆（2部）、香港中央图书馆、香港中山图书馆藏均10册本。

光绪十年(1884)汪氏振绮堂刻清厉鹗撰《樊榭山房集》十卷、《续集》十卷、《文集》八卷、《集外诗》三卷又一卷计4种32卷。

《清人别集总目》第277页著录，中国国家图书馆（其中1部有章钰跋并录清翁方纲、钱仪吉、钱泰吉等评点题识）、上海图书馆、南京图书馆、浙江图书馆、安徽省图书馆、四川省图书馆、河南省图书馆、江西省图书馆、广东省图书馆、山东省图书馆、首都图书馆、中国人民大学图书馆、北京师范大学图书馆、南开大学图书馆、天津师范大学图书馆、复旦大学图书馆、华东师范大学图书馆、山东师范大学图书馆、华中师范大学图书馆、安徽师范大学图书馆、苏州大学图书馆、大连市图书馆、徐州市图书馆、厦门市图书馆、温州市图书馆、台湾“中央”研究院历史语言研究所傅斯年图书馆、日本京都大学图书馆、大阪府立图书馆、日本爱知大学图书馆、日本广岛大学图书馆、韩国汉城大学图书馆及日本京都大学人文科学研究所、日本东洋文库藏。同页还著录光绪十五年(1889)重刻本，中国国家图书馆、辽宁省图书馆、山东大学图书馆、南京师范大学图书馆、台湾大学图书馆及日本东洋文库藏。可见，此书一版在当年就先后有多种多单行本行世，后才汇印为全集本。此书收入《四部备要》、《四部丛刊》等丛书中。辽宁省图书馆、河南省图书馆、四川省图书馆、台湾图书馆、台湾东海大学图书馆还藏民国间上海文瑞楼石印本。

乾隆丙申（四十一年，1776）歙县槐塘汪沆刻本、光绪十四年(1888)汪曾唯振绮堂将旧板校订补刊仁和杭世骏撰《道古堂文集》四十八卷、《诗集》二十六卷、并增《集外诗》一卷、《集外文》一卷、《轶事》

一卷计 5 种 77 卷。《中国古籍总目·集部·别集类·清代之属·清前期》第 1385 页（无《轶事》一卷）、北京师范大学图书馆编《中文古籍书目·集部·清别集类》第 386 页、《清人别集总目》第 1380 页、《香港所藏古籍书目·集部·别集类》第 296 页、《贩书偶记·集部·别集类》卷十五第 391 页著录，中国国家图书馆、上海图书馆、首都图书馆、辽宁省图书馆、河南省图书馆、广东省图书馆、山东省图书馆、中国科学院图书馆、北京师范大学图书馆（线装 16 册本）、中国人民大学图书馆、山东师范大学图书馆、南京大学图书馆、浙江大学图书馆、复旦大学图书馆、华东师范大学图书馆、武汉师范大学图书馆、大连市图书馆、香港中文大学图书馆（16 册本）、香港大学图书馆（16 册本）、香港中央图书馆（2 部均 16 册本）、香港新亚研究所图书馆（16 册本）、日本国会图书馆、日本京都大学图书馆、日本大阪府立图书馆、日本爱知大学图书馆、日本广岛大学图书馆、美国国会图书馆及日本东洋文库、日本东京大学文学部中哲文研究室、日本京都大学人文科学研究所藏。此书两刻计 7 种 151 卷。其中，光绪版比乾隆版多出后 3 种 3 卷。

光绪十四年（1888）汪氏振绮堂刻清杭世骏撰《道古堂诗文集》又称《道古堂集》四十八卷。《清人别集总目》第 1379 页著录，安徽省图书馆、天津师范大学图书馆藏。

光绪十四年（1888）汪氏振绮堂刻清杭世骏撰《道古堂文集》四十八卷、《集外文》一卷计 2 种 49 卷。《清人别集总目》第 1379 页著录，南京图书馆、辽宁省图书馆、湖南省图书馆、天津师范大学图书馆藏。

光绪十五年 (1889) 钱塘汪氏振绮堂刻清厉鹗撰《樊榭山房集》十卷、《续集》十卷、《文集》八卷、《集外诗》四卷、又一卷、《集外词》五卷、又一卷、《集外曲》二卷、《集外文》一卷，清汪宪撰《振绮堂诗存》一卷，清汪璐撰《松声池馆诗存》四卷计 11 种 47 卷。《山西省图书馆普通线装书目录·文学门·诗文别集》第 644 页著录，山西省图书馆藏12册本。仅此5印就有27种148卷。

嘉庆刻、光绪十五年（1889）钱塘汪氏振绮堂重刻清汪璐撰《松声池馆诗存》四卷。《山西省图书馆普通线装书目录·文学门·诗文别集》第654页、《清人别集总目》第989页著录，嘉庆刻配抄本存南京图书馆，光绪刻本藏南京图书馆、上海图书馆、广东省图书馆、山西省图书馆（1册本）、湖南省图书馆、首都师范大学图书馆、湖南师范大学图书馆、温州市图书馆、厦门市图书馆、台湾大学图书馆，日本东洋文库、日本京都大学人文科学研究所。

光绪十五年（1889）钱塘汪曾唯振绮堂刻清汪璐撰《松声池馆诗存》四卷。《中国古籍总目·集部·别集类·清代之属·清中期》第1619页著录，中国国家图书馆、中国科学院图书馆、天津图书馆藏。

光绪十五年（1889）刻清汪宪撰《振绮堂存稿》不分卷。《清人别集总目》第981页著录，上海图书馆、南京图书馆、河北省图书馆、广东省图书馆、湖南师范大学图书馆、温州市图书馆、厦门市图书馆、台湾大学图书馆及日本京都大学人文科学研究所藏。

光绪十五年（1889）补刊嘉庆九年汪氏振绮堂刊清汪初撰《沧江虹月词》三卷。《西谛书目·集部下·诗余类》卷五第一六页著录1册本。

光绪十六年（1890）汪氏家刻清汪康年撰《汪穰卿先生遗著》八卷。《清人别集总目》第1010页著录，安徽省图书馆藏。此目著录有问题，因光绪十六年康年仍在世。

光绪十七年（1891）钱塘汪氏振绮堂刻清汪鉽撰《二如居赠答诗》二卷、《赠答词》一卷计2种3卷。《中国古籍总目·集部·别集类·清代之属·清中期》第2030页、北京师范大学图书馆编《中文古籍书目·集部·清别集类》第397页、《清人别集总目》第982页著录，中国国家图书馆、南京图书馆、广东省图书馆、中国科学院图书馆、北京师范大学图书馆、台湾“中央”研究院历史语言研究所傅斯年图书馆藏。

光绪二十年（1894）杭州汪氏振绮堂刻《克复谅山大略》一卷。《香港所藏古籍书目·史部·纪事本末类》第69页著录，香港中山图书馆藏1册本。

光绪二十年（1894）杭州振绮堂刻清文廷式辑《中兴政要》一卷。《香港所藏古籍书目·史部·杂史类》第74页著录，香港中山图书馆藏1册本。

光绪二十年（1894）钱塘汪氏合刻清镇洋彭兆荪撰《小谟觞馆诗文集注诗集》八卷、《文集》四卷、《诗续集》二卷、《文续集》二卷、《附录诗余》一卷计5种17卷。《清人别集总目》第2153页著录，中国国家图书馆、辽宁省图书馆、首都图书馆、河南省图书馆、中国科学院图书馆、南京大学图书馆、常州市图书馆及日本东洋文库藏。

光绪二十年（1894）清汪康年撰《汪穰卿先生朝考卷》遗留墨迹。《清人别集总目》第1010页著录，上海图书馆藏。

振绮堂刻清夏鸾翔编《万象一原》二卷。北京师范大学图书馆编《中文古籍书目·子部·天文算法类》第261页著录，北京师范大学图书馆藏，为不全本。

光绪二十年（1894）刻清汪康年辑《振绮堂丛书》二集12种24卷。《中国历史博物馆藏普通古籍书目·丛书部·杂丛类》第362页著录，中国国家博物馆藏8册本，为先印不全本。

乾隆五十三年（1788）补史亭刻光绪二十二年（1896）汪氏振绮堂增刻清杭世骏撰《道古堂文集》四十六卷、《诗集》二十六卷计2种72卷。《中国古籍总目·集部·别集类·清代之属·清前期》第1385页著录，首都图书馆藏。

附　光绪、宣统（1875—1911）间泉唐（钱塘）汪氏排印本、刊本清汪康年辑《振绮堂丛书》28种五十五卷。《中国古籍总目·丛书部·杂纂类·清代后期》第570页（作《振绮堂丛书初集》十种《二集》十二种，但子书与所列同上惟少《罗壮勇公自纪年谱》一卷）、《中国丛书综录·汇编·杂纂类（清代后期）》第一册第246页、《中国丛书综录补正·汇编·杂纂类（清代后期）》第56页、《丛书书目汇编》第三册第三二九页著录，中国国家图书馆、首都图书馆、中国科学院图书馆、北京大学图书馆、北京师范大学图书馆、清华大学图书馆、中国中医科学院图书馆、上海图书馆、复旦大学图书馆、华东师范大学图书馆、上海师范大学图书馆、上海辞书出版社图书馆、天津图书馆、辽宁省图书馆、吉林大学图书馆、甘肃省图书馆、山东省图书馆、山东大学图书馆、南京图书馆、南京大学图书馆、浙江图书馆、福建师范大学图书馆、河南省图书馆、湖北省图书馆（不全）、武汉大学图书馆、江西省图书馆、广东省图书馆、四川省图书馆、重庆市图书馆、四川大学图书馆、中央民族大学图书馆藏。其中，初集为汪康年所刻，二集为汪诒年续刻。汪氏此套丛书初集中的《拳匪闻见录》为管鹤手稿本，《韩南溪四种》及汪远孙《经典释文补续偶存》一卷、《借闲随笔》等均为家藏稿本，其余为抄本及传抄本；二集除汪宪《列女传》外，均收单卷小品。这套丛书不仅内容精雅，而且多为罕见秘籍及初次行世作品，具有很高的版本价值。尤其是二集载有《振绮堂丛书》序，有汪康年编此套丛书的主旨是："吾于是书务张阐幽微，适世用而已。"

嘉庆（1796—1820）、道光（1821—1850）、光绪（1875—1908）、宣统（1909—1911）间清汪康年编刊《振绮堂丛刊》8 种十八卷。《中国古籍总目·丛书部·杂纂类·清代后期》第 569—570 页、《中国丛书广录·汇编丛书·杂纂类》第 212 页著录，浙江图书馆藏。此书浙江省立图书馆于 1923 年依汪氏原刻本重印，更增加了该丛书的存世量。

光绪十四年（1888）钱塘汪氏重刊明汲古阁本明毛晋辑《宋名家词》又名《宋六十名家词》、《宋名家词六十一种》、《六十名家词》6 集 61 种九十一卷。《中国丛书综录续编·类编·集类·词集》第 343—344 页、《中国丛书综录·类编·集类·词集》第 912 页、《中国丛书综录补正》第 267 页、《中国古旧书刊拍卖目录》第 188 页、《香港所藏古籍书目·丛部·集类》第 495—496 页著录，北京大学图书馆、北京师范大学图书馆、上海图书馆、上海辞书出版社图书馆、天津图书馆、辽宁省图书馆、吉林大学图书馆、山东大学图书馆、南京图书馆、湖北省图书馆、重庆市图书馆、四川大学图书馆、云南省图书馆、黑龙江省图书馆、青海省图书馆藏，复旦大学图书馆、武汉大学图书馆、香港中文大学图书馆（26册本）、香港大学图书馆（28册本）、香港中山图书馆（26册本）馆藏，中国书店拍卖半框20.2×14.5白纸30册本。该重刊本书衣正右题“六十名家词”，左上有“光绪戊子中夏”，左下有“黟黄士陵署”，背面有“汲古阁原本，钱唐（塘）汪氏重校刊”牌记，卷首附“宋名家词”总目。此版因明海虞毛晋汲古阁刊板归兴贤桥邵氏，被火，仅存晏殊《珠玉词》1种，故汪氏决定对这一传统书目进行重刻。

汪氏后人在民国间仍不忘祖上喜藏书、刻书的懿德，并对先人著述进行排印。

附　民国九年（1920）杭州铅印清汪康年撰《汪穰卿先生遗著》八卷。《清人别集总目》第1010页著录，中国国家图书馆、上海图书馆、南京图书馆、浙江图书馆、四川省图书馆、山西省图书馆、辽宁省图书馆、河南省图书馆、福建省图书馆、安徽省图书馆、北京大学图书馆、北京师范大学图书馆、南京大学图书馆、南京师范大学图书馆、复旦大学图书馆、浙江大学图书馆、武汉师范大学图书馆、南开大学图书馆、南通师范学院图书馆、镇江市图书馆、常州市图书馆、无锡市图书馆、大连市图书馆、台湾大学图书馆、台湾师范大学图书馆、台湾“中央”图书馆分馆、台湾“中央”研究院历史语言研究所傅斯年图书馆及日本京都大学人文科学研究所、日本京都大学文学部中哲文研究室、日本东京大学东洋文化研究所等藏。

民国十一年（1922）钱塘汪氏汇印道光（1821—1850）间刻《振绮堂遗书》10种四十九卷。《中国丛书综录·汇编·独撰类（清代后期）》第528页、《清人别集总目》第1001页著录，中国国家图书馆、北京师范大学图书馆、清华大学图书馆、中国中医科学院图书馆、上海图书馆、复旦大学图书馆、华东师范大学图书馆、上海师范大学图书馆、天津图书馆、甘肃省图书馆、山东省图书馆、南京图书馆、苏州市图书馆、浙江图书馆、浙江大学图书馆、湖北省图书馆、武汉大学图书馆、重庆市图书馆及日本京都大学人文科学研究所及日本东京大学东洋文化研究所等藏，福建师范大学图书馆藏不全，更多的是单行本、逸出本。

附　1923 年浙江省立图书馆依汪氏原刻本重印清汪康年编《振绮堂丛刊》8 种十七卷。《中国丛书广录·汇编丛书·杂纂类》第 212 页著录，藏家待考。此书目录与此前所列汪康年编辑此类丛书子书目不同，是否有汪氏自刻本及藏家待查。

附　民国二十七年（1938）杭州汪氏铅排清汪康年撰《汪穰卿先生传记》七卷附《遗文》三种。《清人别集总目》等著录，南京图书馆藏此书收入台北文海出版社版《近代中国史料丛刊》第 1 辑。

附　1938 年汪氏铅印汪诒年编《汪穰卿先生传记遗文二种》十二卷。《中国古籍总目·丛书部·杂纂类·民国以来》第 853 页、《中国丛书广录·汇编丛书·杂纂类》第 225 页著录，中国国家图书馆藏。

加上在介绍振绮堂一脉重要人物时所列刻书线索，大体能代表这个家刻群体参与出版活动的情况。

朴学功臣汪梧凤、汪灼父子

汪梧凤（1726—1772），字在湘，号松溪、松琴，歙县西溪里（原贞白里）郑村人，出身于世代书香家庭。

考西溪汪氏一世祖为元汪人鉴，为避元隐居于此。他的第 10 世孙中汪良钟为万历（1573—1620）间太学生，文名乡闾，筑别馆于西溪村口，成为远近闻名的文人聚会场所，诗人秦京馆于汪家，著名书画家董其昌及时任徽州府教谕的袁中道都赶到汪家聚会，汪良钟父亲逝世，袁中道还亲撰墓志铭。汪家经过数代经营，尤其是汪景晃[①]弃儒经商，事业兴旺发达。50 岁后归里，由子汪泰安经商，继承父亲大举“赈穷济困”善事，并“治田为园”，家资富厚，有不疏园作为藏读书和刻书堂号。他的祖父汪景晃，系汪良钟曾孙，享年 94 岁，德高望重，朴学大师江永为他立生传。他的父亲泰安（1699—1761），隐居不仕，创办不疏园。现郑村有徽州古建筑享有“最后的贵族”之称的“汪家大屋”共分务本堂、和义堂、善继堂、善述堂是他为四子所建相连的古屋，占地面积几达万平方米，是徽州最庞大的古民居之一。

不疏园藏书丰富。其藏书处为勤思楼，汪梧凤在《勤思楼记》中说：“环书架十余，于楼西而错列之。于是楼分四室，皆灿然陈经史诸子百家之书。”时人有诗赞曰：“高楼何所有，二十四橱书。”汪灼在《半隐阁赋》序中也称：“先大父于南宅之偏，治田为园，颜之曰‘不疏’……又于西隅五丈地建半隐阁。阁半与四部之书楼通，半俯曲池之外，其形虽椭，亦足以偃仰栖息焉。先君子读书其上几三十年，洵可乐也。”不疏园惜无藏书目录，但据以上记载也可看出它不仅是文人聚会场所，更是藏书丰富的宝地，尤其是不疏园几代园主耽风雅，好读书，广延学者，当代学术界名人如方檕如、江永、戴震以及以江为师，以戴为友的郑牧、汪肇龙、程瑶田、方矩、金榜都长期在这里切磋学术，加上汪梧凤形成名闻当时的“江门七子”，尤其是江永馆于不疏园，戴震两馆不疏园，在这里完成多部著作，使这里成为经学研究中心。江、戴等人举旗所形成的皖派汉学、后人称为徽派朴学，又称江戴之学的发祥地也在此。志称徽州朴学首推金辅之、程易畴，其源出于江、戴。其中，东原深于经；郑牧精于史；梧凤精于子，尤肆力《葩经》。梧凤在父祖的教导下，敦醇至孝，精研经学，倡举朴学，成为早逝的学者。他既贡太学而谢绝科举，在不疏园读书 12 载。时当乾隆朝，由于康雍乾三代厉行文网和文字狱，

① 汪景晃，字明若，泰安父、梧凤祖。服贾 30 年，使家境富饶，50 岁后将商务交子泰安打理，自己从事慈善业。

南北经师凋零几尽，此时婺源县江永高举朴学大旗崛起于徽州，休宁县戴震为之呼应，遂使徽州朴学成为清代主要哲学流派，并取代了程朱理学的位置。汪中在《大清故贡士汪君墓志铭》中说："追乾隆初纪，老师略尽，而处士江慎修崛起于婺源，休宁戴东原继之，经籍之道复明。始此两人自奋于末流，常为乡俗所怪，又孤介少所合，而地僻陋，无以得书。是时歙西汪君独礼而致诸其家，饮食供具惟所欲，又斥千金置书，亦招好学之士日夜诵习讲贯其中。久者十数年，近者七八年、四五年，业成散去。"[①] 汪梧凤在制义上师淳安古文家方楘如、古文师桐城古文家刘大櫆[②]，经学与同里戴震、汪肇龙同师事江永，尝礼致江永于不疏园中，饮食供具甚设，江永在此著《乡党图考》，并在此授徒。同时，与同学戴震、郑牧、汪肇龙、程瑶田、方矩、金榜及后来改学词章之学的吴绍泽等长期在不疏园内精研藏书，中举后不应考。尤其是汪梧凤等前七名"江门七子"，使不疏园成为徽派朴学的发源地。他23岁为诸生，36岁贡太学，因5应省试不中，遂绝意科举业。他于书无不读，尤精于《尔雅》《说文》《三礼》《三传》《史记》《汉书》。又从桐城派巨擘刘大櫆学古文，晚年致力于《毛诗》，毕生精力耗于读书、著书、刻书和督课他的儿子汪灼及门生程敦身上。病革，还念老母，恨无法尽为人之子的职责。著有《诗学女为》二十六卷、《松溪文集》二卷、《屈原赋戴氏注音义》三卷等。还著有《楚辞音义》三卷及尚未成编《毛诗义》。还辑刻为方楘如定汪梧凤、戴震、郑牧《新安三子课艺》。

汪家自泰安后，人丁繁庶，名人辈出，薪火永传。徽州著名的科举故事"连科三殿撰，十里四翰林"中的汪运轮就是"和义堂"的后人。在光绪（1875—1908）间"善继堂"就出了大教育家、学者汪宗沂。直

---

① 引自《四部丛刊》本汪中撰《述学·别录》中载此文。

② 刘大櫆在乾隆二十八年（1763）67岁时出任黟县教谕，与时俊彦汪梧凤、程瑶田、汪肇龙、方矩、金榜、郑牧、吴定等已有学术交往。乾隆三十二年（1767）71岁时辞去黟县教谕，应聘至问政书院任主讲，至乾隆三十六年（1771）75岁时才离开歙县，返回桐城。

至近现代，从汪家大屋还走出反对袁世凯称帝的两江师范教习汪鞠友，著名书法家、北洋大学教习汪福熙，民国期间陆军医院院长、留日医学博士汪行恕及新安画派的继承者汪采白。

他的儿子有辉、灼、忻、照4子，唯灼好学，承其家学。汪灼，号渔村，其父梧凤因苦读、嗜酒下血中年而卒，灼继承父志，日以读书著述及刻书为事。著有《毛诗周韵诵法》十卷、《渔村诗集》二十三卷、《渔村文集》八卷、《诗经言志》二十六卷、《广韵母位转切》五卷等。

他的门生程敦，歙县怀唐里人，少负才学，游学苏杭间。有一次，在读毕汪梧凤文后，深为感服，遂拜梧凤为师，梧凤也对其子汪灼说：“异日成吾志者，敦也。吾为若得良友也。”程敦后在陕西为县令时，留意收藏秦汉宫阙闾巷瓦当，著有《秦汉瓦当文字》三卷。孙星衍在北京见到此书后称赞并为文说：“敦为此书，附诸小学末，窃谓非他金石文字所可比数。盖秦汉篆文，留于今者绝少。许氏《说文解字序》所列秦书八体，自小篆摹印隶佐外，不可得而见矣。瓦当诸文虽不知何人造，要是署书之遗，颇有鸟虫之属，得瞻八体大略。又说，文所录，但取正文，而瓦当则一字之变多至数十。是盖帝王宫阙所施，非向壁虚造，而已不免变乱常行，违失古书同文之旨……然存此于今，足以觇一代风尚所趋且于说字解经不无裨助。至玄武朱鸟等瓦可以识古行阵旌旗所绘，而朱鸟之象说者未有明文，观此知为鸷捷之鸟，若鹰隼类也。夫自昔传注之学，得于意度者，恒不若目击其物为审。以郑居之精博，而读牺尊为娑，训凤凰毛羽婆娑。迨晋太康凿背之牺出，其说遂破。古制流传足宝贵也。然则敦之著录，所关非浅，诚恐世俗不察，但以篆文为观美，则玩物丧志，将侪诸好事之流失硁硁之指趋矣。故于足下一发胸臆，并请质之任子田邵二云王怀祖诸君，以为然乎否也。又此书瓦文，始用枣木摹刻，较诸原字终有差池。后以汉人铸印翻沙之法，取本瓦为范，熔铸锡成之，独长毋相忘、有万憙二瓦犹为放本，他日倘观真文，尚当更铸之。此序录所未及，亦并以闻足下焉。”可见，程敦此书的文物考古价值。这也是徽州出版史上另一支奇葩——锡版书原本。

汪梧凤在徽学史册上是个举足轻重的人物，他不仅尽一切力量帮助扶持徽派朴学成为卓然大家，成为清代哲学（经学）重要流派，而且交往并培养了一批在各个学术领域里卓有成就的大家学者。同时，不疏园也是梧凤汪灼父子家刻堂号，乾嘉（1736—1820）间重要的家刻坊，尤以家刻汪氏父子著述 8 种百卷为著，主要刻书有：

乾隆二十五年（1760）汪梧凤刻清戴震撰《屈原赋通释》二卷附清汪梧凤撰《屈原赋音义》三卷计 2 种 5 卷。《香港所藏古籍书目·集部·别集类》第 250—251 页著录，香港中文大学图书馆藏 1 册本，应为先印本。

乾隆庚辰（二十五年，1760）汪梧凤不疏园刊清戴震撰《屈原赋戴氏（震）注》又名《屈原赋注》七卷、《通释》二卷附清汪梧凤撰《音义》三卷计 3 种 12 卷。《中国古籍善本书目·集部·楚辞类》第 14 页、《中国古籍善本总目·集部·楚辞类》第一一六五页、《中国古籍总目·集部·楚辞类》第 13 页、《北京图书馆古籍善本书目·集部·楚辞类》第一九九二页、《贩书偶记·集部·楚辞类》卷十三第 316 页、《安徽丛书》第六期著录，中国国家图书馆（1 册本 2 部）、北京大学图书馆、天津图书馆、上海图书馆、南京图书馆、辽宁省图书馆、湖北省图书馆、湖南省图书馆、中国社会科学院文学研究所图书馆藏。该刊本半页 10 行，行 21 字，小字双行 31—32 字不等，白口，左右双边。四川省图书馆藏清抄本。分别收入《安徽丛书》《广雅书局丛书》《湖北先正遗书》《国学基本丛书》等丛书中本，收藏更夥。

乾隆三十七年（1772）不疏园刻清汪梧凤撰《诗学女为》二十六卷。中华书局(北京)版《续修四库全书总目提要·经部·诗类》第三三九页、《中国古籍善本书目·经部·诗类》第 150 页、《北京师范大学图书馆古籍善本书目·经部·诗类》第 13 页、《北京大学图书馆藏古籍善本书目·经部》第 14 页、《贩书偶记·经部·诗类》卷一第 19 页、《安徽文献书目》第 139 页、《安徽艺文考·诗》著录，中国社科院文学研究所、上海图书馆、复旦大学图书馆、安徽省图书馆（4册本）、北京大学图书馆（4册本）、北京师范大学图书馆（作乾隆间刻4册本）及北京市文物局藏。该刊本半页10行，行21字，白口，左右双边。封面刻“不疏园藏板”。前附乾隆三十七年（1772）郑虎文撰《明经松溪先生汪君行状》，可了解汪梧凤一生简况。《安徽省馆藏皖人书目》第170页著录，安徽省图书馆还藏清刻4册本。

乾隆（1736—1795）间不疏园刻清汪梧凤讲授、清汪灼编次《诗学女为》二十六卷、《总论》一卷计2种27卷。《中国古籍总目·经部·诗类·传说之属》第359页著录，北京大学图书馆、中国科学院图书馆、上海图书馆、复旦大学图书馆、南京图书馆及北京市文物局藏。

乾隆（1736—1795）间不疏园刻清汪梧凤撰、子清汪灼辑《松溪文集》无卷数（一作一卷）。《中国古籍总目·集部·别集类·清代之属·清前期》第1509页（作1卷）、《贩书偶记·集部·别集类》卷十五第370页、《清人别集总目》第1009页、《安徽文献书目》第139页、《安徽省馆藏皖人书目》第170页著录，中国国家图书馆、南京图书馆、安徽省图书馆（2册本）、华东师范大学图书馆藏。《安徽艺文考·别集十九》著录为二卷。说明此书有多种印本。

乾隆、嘉庆（1736—1795，1796—1820）间随刻随印清□□编《不疏园丛刊》6种九十八卷（不分卷作一卷计）。《中国丛书广录·汇编丛书·家族类》第247页、孙殿起《丛书目录拾遗》卷七第十二页著录，惜该两书未注藏处。

嘉庆十四年（1809）不疏园刻清汪灼撰《渔村文集》八卷、《诗集》二十二卷计2种30卷。《中国古籍总目·集部·别集类·清代之属·清中期》第1633页著录，中国国家图书馆仅藏《文集》八卷。

嘉庆甲戌（十九年，1814）不疏园刻清汪灼撰《毛诗周韵诵法》十卷。中华书局（北京）版《续修四库全书总目提要·经部·诗类》第三六三页、《中国古籍善本书目·经部·诗类》第160页、《中国古籍总目·经部·诗类·文字音义之属》第411页、《贩书偶记·经部·诗类》卷一第20页、《北京图书馆古籍善本书目·经部·诗类》第五十九页著录，上海图书馆、中国国家图书馆（5册本）、北京大学图书馆、复旦大学图书馆、湖北省图书馆藏。该刊本半页10行，行20字，白口，左右双边。北京大学图书馆还藏清抄本。

嘉庆甲戌（十九年，1814）不疏园刻清汪灼撰《诗经言志》二十六卷。《中国古籍总目·经部·诗类·传说之属》第373页、中华书局（北京）版《续修四库全书总目提要·经部·诗类》第三六二页、《贩书偶记·经部·诗类》卷一第20页著录，复旦大学图书馆、湖北省图书馆藏，安徽省博物馆藏传抄本。

嘉庆（1796—1820）间不疏园刻清汪灼撰《渔村诗集》二十三卷。《贩书偶记·集部·别集类》卷十六第405页、《清人别集总目》第979页著录，上海图书馆藏。中国国家图书馆藏清抄本《渔村文集》八卷、《诗集》二十二卷。

清刻清汪灼撰《渔村文集》八卷。《清人别集总目》第979页著录，中国国家图书馆、华东师范大学图书馆藏。中国国家图书馆还藏1部清抄本，也是8卷。《贩书偶记·集部·别集类》卷十六第406页还著录旧抄本有“武昌柯逢时考藏”图记一方。

清刊清汪梧凤撰《松溪文集》二卷。《安徽地震史料辑注》第244页著录，安徽省博物馆藏。

道光（1821—1850）间刻清汪灼撰《渔村诗集》二十三卷。《清人别集总目》第979页著录，南京图书馆藏。

同治十二年（1873）汪梧凤玄孙汪应溥在金陵重刻清汪梧凤撰、子汪灼辑《松溪文集》一卷。《中国古籍总目·集部·别集类·清代之属·清前期》第1509页、《安徽省馆藏皖人书目》第170页、《清人别集总目》第1009页著录，中国国家图书馆、天津图书馆、上海图书馆、安徽省图书馆（1册本）、中国科学院图书馆藏。日本京都大学人文科学研究所还藏清刻一卷本。

清刊清汪梧凤撰、清汪灼辑《松溪文集》一卷。《中国古籍总目·集部·别集类·清代之属·清前期》第1509页著录，中国科学院图书馆、日本京都大学人文科学研究所藏。

汪氏父子及后人刻书除上述外，《［道光］徽州府志·人物·儒林》卷十一之三还说梧凤“曾刻戴震《经考》、《屈原赋注》”。《屈原赋注》前已著录，《经考》五卷，约写于乾隆癸酉（1753），成于丁丑年（1757）。是戴氏在入京前在不疏园早年读经时所写的札记。戴震在《与是仲明论学书》中说：“仆所为《经考》，未尝敢以闻于人，恐闻之而謷顾狂惑者众。”卷一为《易考》，卷二为《尚书考》，卷三为《诗经考》，卷四为《礼经考》，包括《周礼》《仪礼》《逸礼》《礼记》《大戴礼记》等，卷五为《春秋考》《论语考》《孟子考》《尔雅考》等。据统计，使用典籍70多种，涉及作者70余人，6万余言，另有按语48条，约1.2万字。这是一部研究戴震学术渊源及发展的心理路程的重要资料。此外，还有戴氏在不疏园所撰《经考附录》七卷，未见刊行。后经太平天国乱后从不疏园流归湖田草堂，后为许承尧得，影印入《安徽丛书》戴东原先生全集中。

藏书家、美术出版家、“印痴”汪启淑

我年六十四，君今四十强。
衰老我不惧，所惧学殖荒。
羡君保先业，束发事文章。
力祛膏粱习，结交多老苍。
聚书十万卷，四部纷琳琅。
筑楼高贮之，临风诵琅琅。

这是歙县老乡汪沆在《槐塘诗稿》中送给大藏书家、美术出版家汪

启淑的《赠秀峰弟四十初度》诗。诗中对汪启淑的收藏著述事业称赞有加。

汪启淑(1727—1799)，原名华国，字慎仪(义)，号秀峰，又号讱庵、槐谷，自称秀峰山人、退斋居士，人称印癖先生，歙县绵潭人。盐商出身，寓居杭州小粉场，并颜其居为“飞鸿堂”，时人称飞鸿堂汪氏，有秋堂、退斋、悔堂、敏书楼、安拙窝、喜雨亭、一泓斋、开万楼、漱霞轩、静乐居、敦朴堂、香雪亭、居易庵、春晖堂、丛退斋、琴砚楼、临学山堂、听泉精舍等室名堂号，故又称悔堂老人。是清前期东南著名的藏书家、古玩收藏家、大美术出版家。他好收藏，也好诗，与顾之珽、朱樟、杭世骏、厉鹗等江浙名流结为南屏诗社，因此，他的著述也十分丰富。秦祖永辑《七家印跋》说，丁敬身曾为讱庵刻“啸云楼藏印”，又“平阳旧族”印。黄小松曾为讱庵刻“砚田无恶岁”及“愿学未能”等印，跋言称：“秀峰水部精脉理，立论著书皆发人所未尽。其辨温热痰饮脚气成方，折衷先贤，更出心裁。四方就诊纷纷不绝。君不惮劳苦，无力者复施以药，盖今之伯休也。丁丈龙泓曾赠‘霍去病’三字汉铜印。水部欣喜累月，以‘愿学未能’嘱治，何其学问虚怀若谷也。易不敏，勉仿汉法以报。”这里还透露出汪启淑还精医学的信息。除辑印大批美术作品外，还著有《印人传》一卷、《印人姓氏里居》一卷、《飞鸿堂印余》十二卷、《飞鸿堂印存》四卷、《啸云楼集印》不分卷、《飞鸿遗迹》二卷、《飞鸿堂印谱》四十卷、《集古印存》三十卷、《讱庵集古印存》三十二卷、《古印丛》二卷、《退斋印类》一卷、《秋室印粹》二卷、《水曹清暇录》二卷、《撷芳集》、《焠掌录》、《兰溪棹歌》一卷、《小粉场杂识》、《讱庵诗存》六卷(《绵潭渔唱》一卷、《飞鸿堂初稿》一卷、《兰溪棹歌》一卷、《瓯江游草》一卷、《邗沟集》一卷、《客燕偶存》一卷)[①]、《于役新吟》一卷、《酒帘唱和诗》四卷、《瓯江游草》一卷、《飞鸿堂初稿》一卷、《小粉场杂识》等诗文集。

---

① 以上12种，《[民国]歙县志·艺文志·书目》卷十五第十七页著录。

他还辑《飞鸿堂砚谱》三卷《墨谱》一卷《瓶谱》一卷《鼎炉谱》一卷计 4 种 6 卷等。他的这些诗文集也绝大多数以家刻行世，现遗物分别存有关图书馆、博物馆中。

汪启淑家道富厚，世受封赏。启淑于乾隆（1736—1795）朝援例授官工部都水司郎中，升兵部职方司郎中、刑部员外郎。旋辞官归杭。他嗜古成癖，尤爱收藏古籍书画、印章、古玩。其开万楼、飞鸿堂等为江东著名的藏书楼和清前期著名的以刊刻印存古籍为主的家刻。所收书画多珍本秘籍，但汪氏属典型的收藏家，从不轻易示人。他的同乡鲍廷博在跋《庶斋老学丛谈》中说："吾友郁君潜亭所贻也，间有误书，思之不适"，为了校勘，他听说汪启淑处有善本，想借来互校，结果遭到拒绝，这就是鲍氏接着写"闻某公有善本，欣然偕亭往借，秘不肯宣，仅录林吉人（佶）两跋相授耳。是为乾隆甲午（三十九年，1774）。迨嘉庆甲子（九年，1804），始据钱功父本一扫乌焉之讹。往读某公所著《清暇录》，历数近来藏书家，而自述其储蓄之富。曾几何时，已散为云烟矣"，对汪氏收藏流散有微言之讥。鲍氏为人坦荡，藏书从不自秘，但他向汪启淑借书仅为校已收藏反遭拒绝，难免心中不爽而耿耿于怀。汪启淑所收藏的秦汉魏晋唐宋元明古印、古铜、玉石、象齿、水晶、玛瑙、蜜蜡、犀角、檀香、黄杨达数万枚。因邻家失火连累，损失其半。乾隆二十五年（1760），仅以其剩余的印玺就编刊《讱庵集古印存》三十二卷。其雕拓之精美，为印玺收藏家们所珍视。尤以每印后有金农分签的小传为最佳。他也在自著的《水曹清暇录》中自豪地说："江浙藏书家向推项子京白雪堂、常熟之绛云楼、范西斋天一阁、徐健庵传是楼、朱竹垞曝书亭、毛子晋汲古阁、曹倦圃古林、钮石溪世学堂［明会稽（今浙江绍兴）藏书家，有"万卷楼""世学楼""御书揽胜斋"等藏书室名及印章。清黄宗羲在《天一阁藏书记》中说："古今书籍之厄，不可胜计，以余所见言之，越中藏书之家钮石溪世学楼其著也。余见其小说目录亦数百种。商氏之《稗海》皆从彼借刻。崇祯庚午（1630）间，其书初散，余仅从故书铺得十余部而已。”]、马寒中道古楼、黄明立千顷斋、祁东亭旷园。近时则赵谷林小山堂、马秋玉玲珑山馆、吴尺凫瓶花斋及予家开万楼。”汪家开万楼是举世当之无愧的私家藏书名楼。他收藏的价值极高，黄丕烈《荛圃藏书题识》卷二的嘉庆四年《战国策》跋中指出汪启淑所藏此书为宋版中仅有的两部之一，另一部藏桐乡金云庄家。汪家为宋刻高汪氏版。由此可见其藏弆的丰富和价值。

乾隆三十七年(1772)，诏访遗书，他家呈进精醇秘本600余种（一说524种），是乾隆开馆修《四库全书》时，广征天下簿籍，私人献书中超过500册以上的马（曰璐之子马裕）、鲍（廷博）、汪（启淑）、范（懋柱）四大家之一，徽商中藏书丰富，献书最多的三大家（祁门马曰琯，寓扬州；鲍廷博，歙县人，先后寓居杭州、乌镇及汪启淑）之一，获得乾隆帝奖赐的《古今图书集成》1部。经考证《四库全书总目》，汪氏所进的书，馆臣著录了其中的265种计3 412卷（含列入存目中的199种）。著录数位列四大家中的第四位。所献书，经四库馆臣著录后，乾隆帝还亲笔在其中的元刘一清撰《钱塘遗事》和唐许嵩撰《建康实录》两书上题诗归还。乾隆四十五年(1780)，高宗弘历第五次南巡后，为奖励其藏书、献书之功，又赐送《平定伊犁战图》和《小金川战图》各1部，以资鼓励。为此，他家特建御书楼加以宝藏，翁方纲还为他专撰了《新安汪氏恭建御书楼记》。

汪启淑开万楼收藏图书逾百橱，所藏以精醇抄本、珍稀本为主。就拿《钱塘遗事》来说，此书虽名“钱塘”，实是记载南宋一代史事的专著，属史部杂史类。钱塘为杭州的别称，杭州为南宋的都城。刻书所记史实与《鹤林玉露》《齐东野语》《古杭杂记》相类，显系杂采宋人说部类编纂而成。该书对高、孝、光、宁4朝史事记述较略，对理、度之后记载较详实。尤其是“度宗即位”“襄樊失陷”“诏兵勤王”等重大事件及记载忠奸进退，诸如“李璮挂冠”“似道专政”等尤为详尽，可补正史之不足，是研究宋末军国大事的重要资料。此书脱稿后，世无刊本，传写颇稀。汪启淑所藏抄本为10卷，为旧抄本中最善的足本。此书至乾隆（1736—1795）间始刊入《说郛》，后《古今说部丛书》《武林掌故丛编》也先后收入，才使此珍本秘籍通行于世。再如《建康实录》二十卷，是编年体史书。《四库全书总目》卷五〇第四四七页著录为江苏巡抚采进本，归入史部别史类。此书记事始自东汉兴平元年（194），终至陈朝祯明三年（589），主记东吴、东晋、南朝6代建都建康（先名建业，后避晋帝司马邺讳改名建康，今南京市）近4个世纪的历朝政权变迁、军国大事、君臣事迹，兼及山川古迹，附记异事别闻，附萧琮的后梁史事。所记事件多引史乘、方志、佚书，不少史事正史无载，在体例上兼采实录和纪传体，是研究南京地方历史及江南6朝史的重要史料。汪启淑的呈进本为"实录抄宋本"，为南宋绍兴十八年（1148）十一月荆湖北路安抚使司重刊嘉祐三年（1058）江宁府开刻别雕本。此书史料价值大，又有宋版遗构，为难得的珍本秘籍。今查《四库全书》本为12册，扉页有清高宗的题诗，但非汪藏本。此书叙事间有重复矛盾处，是本书的最大缺点。其次，体例不统一，刘宋以前采实录体，以编年叙事，宋、齐、梁、陈4代用纪传体，以具君臣行事。因此，受到四库馆臣的讥讽，谓其体例驳杂不纯，也是切中要害的评语。还有中国人民大学图书馆藏嘉靖（1522—1566）间童汉臣刻明季本撰、汪慎中订正《孔孟事迹图谱》四卷1函2册本上钤有"乾隆三十八年（1773）十一月浙江巡抚王宾送到汪启淑家藏孔孟事迹图谱壹部计书式本"印，卷末有"此书初刻事实尚有舛讹，今更定之，当以此本为正"的长方木记。该刊本半页10行，行21字，小字双行同，白口，白鱼尾，左右双边。由此可见，汪氏藏书多精善本和珍本秘籍。

汪启淑收藏中的刻、抄本存世为精善本不在少数，除上述外，著名的抄本还有《阅耕余录》六卷、《太平寰宇记》二百卷《目录》二卷、《识大录》五十二册等。

汪启淑收藏古董更是不惜金钱，不择手段，如痴入迷。凡好古之家，鬻古之市，都是他常涉足的场所。他因不精于鉴别，也常被商贾糊弄欺骗。他曾有一个广为士林传布的笑柄：有一次，他与钱泳同在尚书毕沅处作客，见钱泳的行包中有汉杨恽的铜印。他竟然不顾场合，强行索取，弄得钱泳被迫把行包裹得紧紧的，以防汪启淑。启淑竟长跪以求，钱泳只好解囊相送。足见其嗜古印之痴情。

他平生致力于整理刊印所藏古玩、金石、印玺，对我国考古学贡献很大。曾资助汪梧凤弟子程敦搜刻《秦汉瓦当》，是保护文物，奖掖后进的有心人。编辑这些艺术类书籍计有《飞鸿堂印谱》5 集四十卷（每集 8 卷），《讱庵集古印存》三十二卷，《汉铜印原》十六卷，《汉铜印丛》十二卷，《汉铜印存》八卷，《袖珍印赏》四卷，《退斋印类》十卷，《退斋印谱》八卷，《时贤印谱》四十余卷，《续印人传》八卷、《印人姓居里》一卷等近 200 卷；临摹《锦囊印林》四卷，《静乐居印娱》四卷，《秋室印剩》无卷数；鉴赏珍藏的有《秋室印粹》四卷，《枕宝斋印粹》四卷，《安拙窝印寄》八卷及集古铜、古玉、古牙、古晶、古瓷等印林珍品为《悔堂印外》8 卷、《飞鸿堂印余》十二卷、《飞鸿堂印存》四卷等不下 17 种，200 余卷，成为我国古代最著名的美术编辑大师。《扬州画舫录》卷十说他："性情古雅不群。刻有《许氏说文系传》、郑樵《通志》、《缬（撷）芳集》一百卷，汉印、图书谱无算。因《缬芳集》少二十卷，征诗来扬州，持论与汪中多所抵牾，拂衣而去。"[①] 故今能见到的《撷芳集》仅 80 卷。他为编辑此书，数十年如一日，足迹所至，遍搜遗文，流传口碑必录备用，凡地方史乘、丛编杂记无不编采。

他所辑著的艺术书籍均于他 30 岁后分别以飞鸿堂、开万楼、香雪亭等堂号刊刻或钤印行世。他所出版的这类美术书籍大都以巾箱本行世，皆精雕细刻，潜心摹拓，具有装璜、印刷均极精美的特点，在我国古代美术出版史上占有重要的地位，他因之成为中国古代令人瞩目的大美术

① 清李斗：《清代史料笔记丛刊·扬州画舫录》卷十第二四五页，北京：中华书局，1960。

出版家。

他在古籍整理上也留下笔迹，如跋《阅耕余录》六卷，辑《悔堂手钞二十种》三十五卷等。

今存世及近人目睹的汪氏出版的艺术图籍主要有：

乾隆丁卯（十二年，1747）古歙汪启淑摹印自辑《飞鸿堂印谱·初集》八卷、《二集》八卷、《三集》八卷、《四集》八卷、《五集》八卷计5种40卷。《贩书偶记·子部·艺术类·篆刻之属》卷十第254页著录。

乾隆十三年（1748）汪氏飞鸿堂刻钤印清汪启淑辑《飞鸿堂印谱·二集》八卷。《北京图书馆古籍善本书目·子部·艺术类》第一三六〇页著录，中国国家图书馆藏4册本。

乾隆十七年（1752）汪启淑刻钤印自辑《汉铜印丛》八卷。《中国古籍善本总目·史部·金石类·玺印》第七五五页、《中国古籍总目·史部·金石考古类·玺印之属》第4887页、《中国古旧书刊拍卖目录》第790页、《皖人书录》第523页著录，中国国家图书馆（8册本2部、12卷12册本1部为后印本）、吉林大学图书馆藏，应为先印本。博古斋拍卖宣纸12册本。

乾隆十七年（1752）刻钤印清汪启淑辑《汉铜印丛》十二卷。《中国古籍善本总目·史部·金石类·玺印》第七五五页、《中国古籍总目·史部·金石考古类·玺印之属》第4887页、《中国古籍善本书目·史部·金石类》第1498页著录，上海图书馆、山东省图书馆、四川省图书馆及上海博物馆、浙江西泠印社藏。上海图书馆还藏民国二十四年（1935）上海商务印书馆影印本。

乾隆壬申（十七年，1752）印巾箱本清汪启淑撰《汉铜印丛》十二卷。《贩书偶记·子部·艺术类·篆刻之属》卷十第254页、《北京图书馆普通古籍总目·古器物学门·金文·古镜》第六卷第58页著录，中国国家图书馆藏民国二十四年（1935）上海商务印书馆在上海影印本版钤印本4册本，1962年中华书局在北京又朱墨影印此书，中国国家图书馆藏5部4册本。此书两次影印本在全国流布更广。该书每页6印，收官印152枚及杂印930方，有朱樟序，汪澎跋。

乾隆十七年（1752）钤印清汪启淑辑《汉铜印存》八卷。《北京图书馆古籍善本书目·史部·金石类》第一一一〇页、《皖人书录》第523页著录，中国国家图书馆藏8册本2部。还藏12卷12册本1部为后印本。《皖人书录》该页还著录民国二十四年（1935）商务印书馆还将此书与《汉铜印丛》十二卷一道影印，题《汉铜印丛》十二卷。

乾隆十九年（1754）汪氏香雪亭钤印清汪启淑辑刻《锦囊印林》四卷。《中国古籍善本书目·子部·艺术类》第439页、《中国古籍善本总目·子部·艺术类·篆刻》第九二七页、《北京图书馆古籍善本书目·子部·艺术类》第一三六〇页、《中国古籍总目·子部·艺术类·篆刻之属·印谱·清》第1433页著录，国家（4册本）、上海图书馆及西泠印社藏。

乾隆丙子（二十一年，1756）刻钤印清汪启淑珍赏《秋室印粹》四卷。《中国古籍善本书目·子部·艺术类》第439页、《中国古籍善本总目·子部·艺术类·篆刻》第九二七页、《中国古籍总目·子部·艺术类·篆刻之属·印谱·清》第1433页、《北京图书馆古籍善本书目·子部·艺术类》第一三六〇页、《北京大学图书馆藏古籍善本书目·子部·艺术类》第274页、《贩书偶记续编·子部·艺术类》卷十第154页著录，中国国家图书馆、北京大学图书馆（4册本）、上海图书馆、吉林省图书馆、辽宁省图书馆、南京图书馆、四川省图书馆藏。

乾隆二十二年（1757）钤印清汪启淑鉴藏《飞鸿堂印谱》第三集（八卷）。《安徽省古籍善本书目·子部·艺术类》卷三第四十六页著录，安徽省博物馆藏8册本。

乾隆二十三年（1758）又作乾隆二十五年（1760）汪氏开万楼钤印清汪启淑辑《集古印存》又名《讱庵集古印存》三十二卷。《贩书偶记·子部·艺术类·篆刻之属》卷十第254页、《香港所藏古籍书目·子部·艺术类·玺印篆刻》第204页、《北京图书馆古籍善本书目·史部·金石类》

第一一一〇至一一一一页、《安徽文献书目》第138页、《安徽省馆藏皖人书目》第171页、《中国书店三十年所收善本书目·子部·艺术类》第一一五页著录，中国国家图书馆（16册本2部及有1部仅存卷一至二、五至六、九至十二、十七至十八、二十三至二十四、二十七至二十八、三十一至三十二计17卷16册，有周棠跋，还有1部仅存卷二至七计6卷，有佚名题识）、香港中文大学图书馆（32册本）、香港大学图书馆（32册本）藏，中国书店收购的白纸16册本，每部之后有小传，由金农鉴定本全帙，为最佳印本，为乾隆二十五年钤印本，署名《讱庵集古印存》三十三卷为后印本。《贩书偶记》第254页著录二十三年，为初印本。安徽省图书馆藏清双钩本1册应为另一种书。此版应统计为2版或2印计3种65卷。该书每页1—5方印，下注印质。内收古玺39方，汉晋官印587枚，元明杂印160方，有金农题签、徐光文序、马冲绘汪启淑小像、金洪铨跋。

乾隆二十三年(1758)钤印清汪启淑鉴藏《飞鸿堂印谱》5集四十卷。《中国古籍善本书目·子部·艺术类》第439页、《北京师范大学图书馆古籍善本书目·子部·艺术类·篆刻》第144页（作乾隆间）、《中国古旧书刊拍卖目录》第515页、《中国书店三十年所收善本书目·子部·艺术类》第一一五页、《贩书偶记·子部·艺术类·篆刻之属》卷十第254页（著录为乾隆丁卯即十二年，1747）、《安徽文献书目》第138页著录，国家（不全）、北京师范大学（20册本）、首都师范大学、上海(不全)、东北师范大学图书馆及西泠印社、安徽省博物馆(不全)藏。中国书店收购过每部20册花榜纸印本及拍卖影印5集40卷1函20册竹纸印本。北京师范大学图书馆藏本注为石印本，误。东北师范大学图书馆藏乾隆十年至三十年（1745—1765）钤印20册本。此书专收清人名作，各体兼备，下署刻印人姓名。该印本22.5×14，白口，四周双边。安徽省博物馆仅藏第3集8卷。安徽省图书馆藏乾隆（1736—1795）间拓印4集4卷4册。则此书多次印刷。此书与清周亮工《赖古堂印谱》、明张灏《学山堂印谱》八卷并称“三堂印谱”，影响很大。

乾隆二十五年（1760）新安汪氏开万楼钤印清汪启淑藏编《讱庵集古印存四集》三十二卷即《初集》八卷、《二集》八卷、《三集》八卷、《四集》八卷。《中国古籍善本总目·史部·金石类·玺印》第七五五页、《中国古籍善本书目·史部·金石类》第1498页、《中国古籍总目·史部·金石考古类·玺印之属》第4887页、《北京大学图书馆藏古籍善本书目·子部·艺术类》第274页、《中国书店三十年所收善本书目·子部·艺术类》第一一五页著录，中国国家图书馆、北京大学图书馆（16册本）、上海图书馆、复旦大学图书馆、华东师范大学图书馆、南开大学图书馆、辽宁省图书馆、吉林大学图书馆、南京图书馆、扬州市图书馆、福建师范大学图书馆、湖北省图书馆、湖南省社会科学院图书馆、四川省图书馆及上海博物馆、南京博物院、浙江西泠印社藏。北京大学图书馆还藏1部此版由汪绍增在嘉庆九年（1804）钤印的仍为三十二卷32册本，应算本版本的第二次印刷并加上汪绍增的名字。《西谛书目·史部·金石类》卷一第四四页著录16册本。中国书店收购过每部16册的白纸印本，四川省图书馆藏。《安徽文献书目》第138页著录，安徽省图书馆藏双钩《集古印存》不分卷1册。重庆市图书馆藏此书稿本，中山大学图书馆藏此书稿本中的卷五至六、九至十一、十三至二十、二十五至三十一计20卷不全本。

乾隆三十年（1765）钤印汪启淑辑《飞鸿堂印谱》四十卷即《初集》八卷、《二集》八卷、《三集》八卷、《四集》八卷、《五集》八卷计40卷。《东北师范大学图书馆藏古籍善本书目解题·子部·艺术类》第201页（作乾隆十年至三十年钤印）、《香港所藏古籍书目·子部·艺术类·玺印篆刻》第205页著录，东北师范大学图书馆、香港大学图书馆藏20册本。该刊本白口，四周双边。

乾隆三十一年（1766）刻钤印清汪启淑辑《古铜印丛》四卷。《中国古籍善本总目·史部·金石类·玺印》第七五五页、《中国古籍总目·史部·金石考古类·玺印之属》第4887页、《中国古籍善本书目·史部·金石类》第1498页著录，浙江西泠印社藏。

乾隆三十二年(1767)拓印《退斋印谱》八卷。《安徽省馆藏皖人书目》第171页、《安徽文献书目》第138页著录，安徽省图书馆藏2册本。

乾隆三十二年(1767)刻钤印清汪启淑集（辑）《退斋印类》十卷。《中国古籍善本书目·子部·艺术类》第440页、《中国古籍善本总目·子部·艺术类·篆刻》第九三七页、《中国古籍总目·子部·艺术类·篆刻之属·印谱·清》第1434页、《北京图书馆古籍善本书目·子部·艺术类》第一三六一页、《贩书偶记·子部·艺术类·篆刻之属》卷十第254页、《西谛书目·子部·艺术类》第二五页、《北京大学图书馆藏古籍善本书目·子部·艺术类》第274页著录，中国国家图书馆（西谛6册本、10册本各1部）、北京大学图书馆（4册本）、上海图书馆、吉林大学图书馆、南京图书馆、台湾省图书馆及西泠印社藏。

乾隆三十二年(1767)钤印清汪启淑辑《袖珍印赏》四卷。《贩书偶记》第254页、《中国书店三十年所收善本书目·子部·艺术类》第一一五页著录，中国书店收购过每部2册的白纸印本。

乾隆三十四年（1769）刻钤印清汪启淑辑《汉铜印原》十六卷。《中国古籍善本总目·史部·金石类·玺印》第七五五页、《中国古籍总目·史部·金石考古类·玺印之属》第4888页、《中国古籍善本书目·史部·金石类》第1498页、《香港所藏古籍书目·子部·艺术类·玺印篆刻》第204页著录，上海图书馆、香港大学图书馆（8册本）藏。

乾隆三十六年（1771）刻钤印清汪启淑辑《袖珍印赏》四卷。《中国古籍善本书目·子部·艺术类》第440页、《中国古籍善本总目·子部·艺术类·篆刻》第九三七页、《中国古籍总目·子部·艺术类·篆刻之属·印谱·清》第1434页、《中国书店三十年所收善本书目·子部·艺术类》第一一五页著录，吉林大学图书馆及上海博物馆、西泠印社藏，中国书店收购过白纸2册本。

乾隆（1736—1795）间汪氏刻清汪启淑撰《焠掌录》二卷。《中国古籍总目·子部·杂家类·杂考之属》第1819页著录，北京大学图书馆藏。

乾隆三十七年（1772）飞鸿堂以巾箱本刻自撰《讱庵诗存》八卷。《贩书偶记·集部·别集类》卷十五第391页著录。《安徽艺文考·别集类十八》著录作一卷，为不全本。

乾隆三十八年（1773）飞鸿堂刊印自辑《撷芳集》四十四卷。《安徽文献书目》第138页著录，安徽省图书馆藏11册本，《贩书偶记·集部·总集类·闺秀之属》卷十九第536页著录为80卷。此辑为清代闺秀诗，附以无名氏及仙鬼，因定本遭火灾已失原本，仅剩下44卷而刊行。

清钤印清汪启淑辑《啸云楼集印》不分卷。《中国古籍总目·子部·艺术类·篆刻之属·印谱·清》第1434页著录，上海图书馆藏。

乾隆三十八年（1773）汪氏飞鸿堂刻清汪启淑自辑《撷芳集》八十卷。《中国古籍善本书目·集部·总集类》第1752页著录，中国国家图书馆、上海图书馆、复旦大学图书馆、上海师范大学图书馆、保定市图书馆、浙江图书馆、吉林白求恩大学图书馆藏。

乾隆四十三年（1778）刊印清汪启淑摹《静乐居印娱》四卷。《中国古籍善本书目·子部·艺术类》第440页、《中国古籍善本总目·子部·艺术类·篆刻》第九三七页、《中国古籍总目·子部·艺术类·篆刻之属·印谱·清》第1434页、《贩书偶记·子部·艺术类·篆刻之属》卷十第254页著录，上海图书馆、复旦大学图书馆，西泠印社藏。

乾隆五十年（1785）飞鸿堂刻清汪启淑辑《撷芳集》八十卷。《中国古籍善本总目·集部·总集类·断代》第一七八八页、《中国古籍总目·集部·总集类·断代之属》第3054页、《北京图书馆古籍善本书目·集部·总集类》第二八二六页、《安徽省馆藏皖人书目》第171页著录，中国国家图书馆（16册本）、保定市图书馆、上海图书馆、上海师范大学图书馆、复旦大学图书馆、南京图书馆、安徽省图书馆（不全本44卷11册）藏。《贩书偶记·集部·总集类·闺秀之属》卷十九第536页著录为飞鸿堂乾隆（1736—1795）间刊本。说明此书在乾隆间多次印刷。该刊本半页10行，行21字，小字双行同，白口，左右双边。该书分节妇、贞女、才媛、姬侍、方外、青楼、无名氏、仙鬼8类，是清前期洋洋大观的名媛集。

乾隆五十三年（1788）印清汪启淑鉴藏《悔堂印外》八卷。《中国古籍善本书目·子部·艺术类》第440页、《中国古籍善本总目·史部·金石类·玺印》第七五五页、《中国古籍总目·子部·艺术类·篆刻之属·印谱·清》第1434页、《贩书偶记续编·子部·艺术类·篆刻之属》卷十第154页著录，西泠印社藏。有自序称，年逾花甲，复检笥中，于《集古印存》已成之后所得古铜、古玉、古牙、古晶、古瓷各印，不忍弃置箧衍，爰编成四卷，名曰“印外”，并为记其始末云。

乾隆五十四年（1789）己酉刊清汪启淑撰《飞鸿堂印人传》又称《续印人传》八卷。《中国古籍善本书目·子部·艺术类》第444页、《中国古籍善本总目·子部·艺术类·篆刻》第九三八页、《中国古籍总目·子部·艺术类·篆刻之属·印学》第1423页、《北京图书馆古籍善本书目·子部·艺术类》第一三六一页、《贩书偶记续编·子部·艺术类·篆刻之属》卷十第158页著录，中国国家图书馆（12册本）、复旦大学图书馆、南京图书馆藏。该刊本半页8行，行14字，白口，四周双边，无直格。《书目答问补正》卷三第241页作“周亮工撰，自刻《印人传》三卷，歙县汪启淑《续》八卷”。收入篆刻家129人，附有名无传61人与印谱相辅印行，为研究篆刻艺术的重要史料。许承尧将他刻印与鲍廷博刻书并称：“汪（启淑）传印而鲍（廷博）刻书，同时所成就者皆极大，真所谓乡里珍闻也。”收入《艺术丛书》、《篆学琐著》又名《篆学丛书》、光绪（1875—1908）间刻《翠琅玕馆丛书》本中。

乾隆己酉（五十四年，1789）刻钤印清汪启淑鉴藏《安拙窝印寄》八卷。《中国古籍善本书目·子部·艺术类》第440页、《中国古籍善本总目·子部·艺术类·篆刻》第九三八页、《中国古籍总目·子部·艺术类·篆刻之属·印谱·清》第1434页、《贩书偶记续编·子部·艺术类》卷十第154页著录，吉林大学图书馆及西泠印社藏，有嘉禾魏攀龙序。

乾隆（1736—1795）间拓印清汪启淑撰《飞鸿堂印谱》四集。《安徽省馆藏皖人书目》第171页著录，安徽省图书馆藏4册本，还藏石印20册本。

乾隆（1736—1795）间印巾箱本清汪启淑辑《退斋印类》十卷。《中国书店三十年所收善本书目·子部·艺术类》第一一五页著录，中国书店收购过卷一至三计3册3卷白纸印本。

乾隆（1736—1795）间钤印清汪启淑辑《退斋印类》十卷。《中国书店所收善本书目·子部·艺术类》第一一五页著录，中国书店收购过卷一至三计3册3卷白纸印本。两条应为一条。

乾隆（1736—1795）间刻钤印清汪启淑辑《秋室印剩》八卷。《中国古籍善本书目·子部·艺术类》第440页、《中国古籍善本总目·子部·艺术类·篆刻》第九三七页、《中国古籍总目·子部·艺术类·篆刻之属·印谱·清》第1433页著录，上海图书馆藏。

乾隆（1736—1795）间印巾箱本清汪启淑辑《汉铜印原》十六卷。《贩书偶记·子部·艺术类·篆刻之属》卷十第254页著录，有翁方纲书签。《中国书店三十年所收善本书目·子部·艺术类》第一一五页著录，中国书店收购过不著编者钤印白纸16册本，可能就是汪氏印本。

乾隆（1736—1795）间拓印清汪启淑摹《秋室印剩》无卷数。《贩书偶记续编·子部·艺术类》卷十第155页、《安徽省馆藏皖人书目》第171页著录，安徽省图书馆藏2册本。应为先印本。

乾隆（1736—1795）间钤印清汪启淑集《飞鸿堂印谱初集》八卷、《二集》八卷、《三集》八卷、《四集》八卷、《五集》八卷计5集四十卷。《中国古籍善本总目·子部·艺术类·篆刻》第九三七页、《中国古籍总目·子部·艺术类·篆刻之属·印谱·清》第1433页、《北京大学图书馆藏古籍善本书目·子部·艺术类》第274页著录，中国国家图书馆、北京大学图书馆（20 册本）、北京师范大学图书馆、首都师范大学图书馆、天津图书馆、上海图书馆、吉林省图书馆、东北师范大学图书馆、南京图书馆（20 册本）及西泠印社、安徽省博物馆藏，中国国家图书馆、南京图书馆还藏清末影印乾隆（1736—1795）间钤印本。此谱为汪启淑请名手如丁敬、金农、周芬、董洵、林皋及少年才俊黄易、邓石如、桂馥等刻印万钮而从中选取汇编，也收不少故土篆刻家的作品。如其族弟汪斌就收有“葆真子”“啸云楼”“乐真养性”“延年益寿”“修性以保神”“节俭者不竭之源”“在有意无意之间”“顾有至愚极陋之累”等印。还收族侄汪成印近 30 方，如“啸阁”“平阳世家”“安贞抱朴”“淡薄之中滋味长”“世事原堪笑，吾生固有涯”“万法皆空，一诚为实”等及其族侄汪芬印品。如“蓼山病农”“但恨微志未展”“士穷乃见节义”“紫鹭飞破夕阳红”“暮蝉多在夕阳边”“天竟如何人竟如何”“寡能可以节劳”等，可谓集当代篆刻大成。

乾隆（1736—1795）间摹绘清汪启淑辑《飞鸿堂砚谱》三卷、《墨谱》一卷、《瓶谱》一卷、《鼎炉谱》一卷计 4 种 6 卷。《中国古籍善本书目·子部·谱录类》第 463 页、《中国古籍善本总目·子部·谱录类·器物》第九五二页著录，南京图书馆藏。

乾隆（1736—1795）间香雪亭印袖珍本清汪启淑摹《锦囊印林》四卷。《贩书偶记续编·子部·艺术类》卷十第 155 页著录等。

清拓印清汪启淑撰《枕宝印粹》四卷。《安徽省馆藏皖人书目》第 171 页、《安徽文献书目》第 138 页著录，安徽省博物馆藏 2 册本。

启淑交游广泛，与当世名士厉鹗、杭世骏、钱泳、朱樟、顾之珽等交谊深厚，并共结南屏诗社，诗文皆佳，尤精小学，著有诗文杂著多种。著名的有《焠掌录》二卷、《讱庵诗存》八卷、《水曹清暇录》十六卷、《飞鸿堂印人传》又名《续印人传》八卷、《于役新吟》一卷、《兰溪棹歌》一卷、《小粉场杂识》等专著，均自刻行世。另有《砚谱》二卷、《飞鸿堂鼎炉谱》一卷、《瓶谱》一卷、《墨谱》二卷等没有刊行，稿本原藏南京清凉山龙蟠里图书馆，后归藏江苏国学图书馆，今大部庋藏南京图书馆等。

启淑还好刊刻古籍。今见存或近人目睹其除美术类图书外，还有自刻自著或精刻古籍多种。著名的有：

乾隆十四年（1749）汪启淑飞鸿堂刻宋郑樵撰《通志略》五十二卷。《中国古籍善本总目·史部·纪传类》第二一二页、《北京图书馆古籍善本书目·史部·纪传类》第二一八页、《北京师范大学图书馆古籍善本书目·史部·纪传类·通代》第43页、《中国人民大学图书馆古籍善本书目·史部·纪传类》第30页、《增订四库简明目录标注》第228页著录，中国国家图书馆（20册本）、中国人民大学图书馆（4函20册本）、北京师范大学图书馆（24册本）、浙江图书馆、湖北省图书馆藏。并指出：宋郑樵撰《通志》二百卷，“明陈宗夔等校刊二十略本，于敏中重刻陈本，名《通志略》五十一卷。”“乾隆己巳（十四年，1749）钱唐汪启淑重刻陈本二十略，序言从赵徵士意林借南宋本复校，藉以正讹误，较于刻为佳。”该刊本半页10行，行20字，小字双行同，白口，四周单边，左右板框不连，封面刻“新安汪启淑校刊”“飞鸿堂藏板”。

乾隆（1736—1795）间汪启淑大中堂刻宋郑樵撰《通志略》五十一卷。《安徽大学图书馆重编古籍善本书目·史部·政书类》卷二第5页著录，安徽大学图书馆藏16册本。该刊本半页10行，行20字，四周单边，白口。此书《四库全书》未涉及。此书应为52卷。

乾隆二十年（1755）刻清汪启淑撰《兰溪棹歌》不分卷。《安徽省古籍善本书目·集部·别集类·清代》卷四第九十七页、《清代别集总目》第1003页著录，歙县博物馆藏本为1册本。

乾隆二十六年（1761）飞鸿堂刻清姚培谦、张景星辑录《通鉴揽要前编》二卷、《正编》十九卷、《续编》八卷、《明史揽要》八卷计4种37卷。《北京大学图书馆藏古籍善本书目·史部·编年类》第70页著录，北京大学图书馆藏16册本。

乾隆二十九年（1764）刻清汪启淑撰《瓯江游草》一卷。《中国古籍善本书目·集部·清别集类》第1241页、《北京图书馆古籍善本书目·集部·清别集类》第二五九二页、《清人别集总目》第1003页著录，中国国家图书馆（1册本）、中国科学院图书馆藏。该刊本半页8行，行16字，黑口，左右双边，无直格。

乾隆（1736—1795）间汪氏刻清汪启淑撰《焠掌录》二卷。《中国古籍总目·子部·杂家类·杂考之属》第1819页著录，北京大学图书馆藏。

清汪氏开万楼刻清汪启淑撰《焠掌录》二卷。《中国古籍善本总目·子部·杂家类·杂考》第一〇〇六页、《中国古籍总目·子部·杂家类·杂考之属》第1819页著录（衍"卷"径删），中国国家图书馆（清焦循跋）、北京大学图书馆、北京师范大学图书馆、上海图书馆、大连市图书馆、河南省图书馆、南京图书馆、浙江图书馆、重庆市图书馆藏。

清刻清汪启淑撰《焠掌录》二卷。《中国古籍总目·子部·杂家类·杂考之属》第1819页著录，中国国家图书馆藏。

乾隆三十七年（1772）刻巾箱本古歙汪启淑撰《讱庵诗存》八卷。《贩书偶记·集部·别集类》卷十五第391页著录。

乾隆丁酉（四十二年，1777）刊清汪启淑撰《于役新吟》一卷。《中国古籍总目·集部·别集类·清代之属·清前期》第1515页、《贩书偶记续编·集部·别集类》卷十五第249页、《清人别集总目》第1003页著录，中国社会科学院文学研究所图书馆藏。

乾隆四十四年（1779）汪启淑刻宋夏竦撰《古文四声韵》五卷。《中国古籍善本总目·经部·小学类》第一六八页著录，山东省博物馆藏，由清桂馥批校。

乾隆四十四年（1779）汪启淑刻宋夏竦撰《新集古文四声韵》五卷、《附录》一卷计6卷。

《中国古籍善本书目·经部·小学类》第433—434页、《中国古籍善本总目·经部·小学类》第一六八页、《中国古籍总目·经部·小学类·文字之属·字体》第1093页、《香港所藏古籍书目·经部·小学类·韵书》第48页、《北京图书馆普通古籍总目·文字学门》第十卷第67页、《中国人民大学图书馆古籍善本书目·经部·小学类》第22页、《书目答问补正》卷一第79页著录，中国国家图书馆（5部，其中2册本3部，5册本1部有罗振玉亲笔题识，1部1册本有孙星衍印为西谛藏书。还藏民国间影印此书4册本及清翁方纲校并跋，清叶志诜跋本）、北京大学图书馆、复旦大学图书馆、中国人民大学图书馆（1函2册本）、香港中文大学图书馆（5册本）及山东省博物馆藏清桂馥批校；北京师范大学图书馆、辽宁省图书馆藏1925年上虞罗氏影印此版本。该刊本半页6行，大小字不等，白口，单鱼尾，左右双边。

乾隆四十七年（1782）新安汪启淑刻南唐徐锴撰、南唐朱翱反切《说文解字通释》又名《说文解字系传》四十卷、清朱文藻辑《附录》一卷计2种41卷。《中国古籍善本书目·经部·小学类》第406页、《中国古籍善本总目·经部·小学类》第一六〇页、《中国古籍总目·经部·小学类·说文之属·二徐本》第1007页、《北京师范大学图书馆古籍善本书目·经部·小学类·字书》第29页、《安徽省古籍善本书目·经部·小学类》卷一第二十九页、《北京图书馆普通古籍总目·文字学门》第十卷第33页、《安徽大学图书馆重编古籍善本书目·经部·小学类》卷一第20页、《［民国］歙县志·艺文志·书目》卷十五第十七页、《北京图书馆古籍善本书目·经部·小学类》第一六一页著录，中国国家图书馆（12册本有清陈鳣校注并跋，阮元题款、吴起潜跋；普通古籍部藏8册本、2函10册本各1部，其中8册本卷十一为抄配，有清过人远墨笔过录批校和识语，有“延古堂李氏藏书印”）、北京师范大学图书馆（10册本，有佚名朱笔校注）、安徽省图书馆（10册本）、南京图书馆（清卢文弨、清汪启淑校，清梁同书校并跋，清阮元题款，清吴起潜跋本）、上海图书馆（清严杰校本和清张成孙校本；清叶维干校本；

佚名录清惠栋校本共 4 部）、山东省图书馆（清王筠批校并录清朱文藻跋本）、福建省图书馆（清谢章铤校本）、安徽大学图书馆（8 册本）及中国徽州文化博物馆（8 册本）藏。该刊本半页 7 行，行字不等，大字占小字 3 字，小字双行 21 字，板框上小字行 15 字，黑口，左右双边。中国书店收购过卢抱经［文弨］手校大字本卷二十九至三十六计 8 卷 1 册竹纸印本。此版本有汪氏跋说："南唐内史徐锴以博洽著名江左，与兄铉并称。《系传》凡四十卷，考据尤尽精核，然在宋时已多残阙，淑慕想有年，幸逢圣朝馆开四库，淑得与诸贤士大夫游，获见《系传》稿本，爱而欲广其传　，因合旧钞数本校录付梓。其相沿传写既久，无善本可稽者，不敢以臆改也。"据张成孙朱笔批校，阙佚较多。此书收入乾隆（1736—1795）间刻《龙威秘书》本中。

乾隆（1736—1795）间刻清汪启淑撰《讱庵诗存》四卷。《清人别集总目》第 1003 页著录，南京图书馆、苏州市图书馆藏，应为先印本。

乾隆四十七年（1782）刻清汪启淑撰《讱庵诗存》6 种六卷。《中国古籍善本书目·集部·清别集类》第 1241 页（作乾隆间刻）、《中国古籍善本总目·集部·清别集》第一六〇一页（作乾隆间刻）、《中国古籍总目·集部·别集类·清代之属·清前期》第 1515 页、《北京图书馆古籍善本书目·集部·清别集类》第二五九二页、《清人别集总目》第 1003 页、《中国古籍总目·集部·总集类·断代之属》第 3064 页著录，中国国家图书馆（6 册本）、南京图书馆、苏州市图书馆、中国科学院图书馆藏。该刊本半页 8 行，行 16 字，黑口，左右双边。

乾隆四十八年（1783）刻清汪启淑撰《酒帘唱和诗》四卷。《中国古籍总目·集部·总集类·断代之属》第 3064 页、《清人别集总目》第 1003 页著录，南京图书馆藏。

乾隆（1736—1795）间刻清汪启淑撰《飞鸿堂初稿》一卷、《邗沟集》一卷、《客燕偶存》一卷计 3 种 3 卷。《清人别集总目》第 1003 页著录，上海图书馆藏。

汪启淑刻宋郭忠恕撰《汗简》三卷、《目录叙略》一卷计2种4卷。《书目答问补正》卷一第76页著录。

乾隆五十七年（1792）汪氏飞鸿堂刊清汪启淑撰《水曹清暇录》十六卷。《中国古籍善本书目·子部·杂家类》第598页、《中国古籍善本总目·子部·杂家类·杂学杂说》第九八七页、《中国古籍总目·子部·杂家类·杂学杂说之属》第1740页、《北京图书馆古籍善本书目·子部·杂家类》第一四三三页、《贩书偶记·子部·杂家类·杂考之属》卷十一第282页（作乾隆间刻）、《北京大学图书馆藏古籍善本书目·子部·小说家类》第308页著录，中国国家图书馆（5册、6册本各1部）、北京大学图书馆（分别为4册、5册本，其中4册本书尾有鸳湖外史手跋）、清华大学图书馆、天津图书馆、上海图书馆、复旦大学图书馆、华东师范大学图书馆、南京图书馆（由清汪启淑亲校、清马贞榆跋）、福建省图书馆及北京市文物局藏。该刊本半页9行，行18字，白口，左右双边。此书日本文久二年，即清同治元年（1862）有重刻本，江苏国学图书馆藏。中国国家图书馆还藏清抄本。

乾隆六十年（1795）飞鸿堂刻清汪启淑辑《酒帘唱和诗》六卷。《中国古籍善本书目·集部·总集类》第1760页、《中国古籍善本总目·集部·总集类·断代》第一七九〇页、《中国古籍总目·集部·总集类·断代之属》第3064页著录，杭州市图书馆藏。该刊本半页9行，行18字，白口，左右双边。

飞鸿堂重印明末刻唐李贺撰、明曾益释《昌谷集》四卷。《中国古籍善本书目·集部·唐五代别集类》第103—104页、《美国哈佛大学哈佛燕京图书馆中文善本书志·集部》第627页著录，国家（有郑振铎跋）、首都、北京大学、清华大学、中央民族大学、中国科学院、上海（2部中1部由清佚名录清何焯校）、复旦大学、华东师范大学（有清江标跋）、吉林市、吉林大学、陕西师范大学、山东省、山东大学、南京、苏州市、扬州市、扬州师范学院、浙江、杭州市、南京大学（有清邵鸣鸾批并跋）、湖北省（有清佚名批点及清罗宏洞跋）、四川省、重庆市、美国哈佛大学哈佛燕京（飞鸿堂版4册本）、中国社会科学院文学研究所图书馆及日本内阁文库中收明末刻本中有飞鸿堂重印本，凡在扉页刻“李贺诗解，会稽曾益（按，字子谦，山阴人）释，飞鸿堂藏板”者应为飞鸿重印本。该刊本半页9行，行20字（21.5×13.9），白口，单鱼尾，四周单边。题“唐陇西李贺著，明会稽曾益释”。此书《四库全书总目》未收。

清钱塘飞鸿堂刻清徐乾学撰《读礼通考》一百二十卷。《中国古籍总目·经部·礼类·三礼总义·通礼之属》第530页著录，湖北省图书馆藏。

嘉庆（1796—1820）间开万楼汪氏刻巾箱本清汪启淑撰《焠掌录》二卷。《中国古籍善本书目·子部·杂家类》第626页、《北京师范大学图书馆古籍善本书目·子部·杂家类·杂考》第154页、《北京图书馆古籍善本书目·子部·杂家类》第一四五二页、《北京大学图书馆藏古籍善本书目·子部·杂家类》第288页、《中国书店三十年所收善本书目·子部·杂家类》第一二九页、《贩书偶记·子部·杂家类·杂考之属》卷十一第282页著录，中国国家图书馆（1册本1部有焦循跋，2册本1部）、北京师范大学图书馆（1册本、2册本各1部）、北京大学图书馆（藏1册本，还藏1部2册清抄本）、南京图书馆、浙江图书馆、重庆市图书馆藏，中国书店收购过每部为1册的竹纸印本上钤“伏跗室”“冯印贞群”“烟屿楼”“徐印时栋”“柳泉”等藏书印鉴。该刊本半页8行，行17字，白口，左右双边。版心刻“开万楼”3字。《安徽省馆藏皖人书目》第171页、《安徽文献书目》第138页著录，安徽省图书馆藏民国间安徽通志馆抄1册本。

汪氏刻书精好，举世瞩目。尤其是刻印的古籍《说文解字通释》又名《说文解字系传》及《汗简》等，印工精湛，校勘准确，为时人所重，名家藏弆至今均列入国家善本书之列。他将清代妇女诗作辑编成《撷芳集》八十卷，附以无名氏及仙鬼，因邻里失火连累失去原稿，又重辑44卷于乾隆三十八年（1773）以飞鸿堂为号自刊行世，为闺阁中诗集中的重要总集之一。他的其他自刻自印的著述集辑都具有印制精美的特色，为收藏家所珍视。

综合现存版本及诸家书目著录，汪启淑刊行各类图书多达27种以上，计近500卷。这在明清家刻中就数量来说也卓然列为大家。所刻印的印玺类图书之多、之精，更是美术出版史上少有的大家，也是乾隆朝全国著名的家刻之一。今故宫博物院藏其篆书《春江曲》轴。

想当年，汪氏收藏踌躇满志。厉鹗在《樊榭山房集》中有一首《汪秀峰自松江载书归招同人小集分韵》诗盛赞汪启淑收书事："雪压扁舟浪有棱，载来书重恐难胜。排联清兴惟同鹤，增长多闻似得朋。归洛旧传东野句，入杭新并蓼塘称。衔杯不独相欣赏，欲赁邻居翦（剪）烛誊。"自注"孟郊有《喜卢仝书船归洛》诗。"可见，汪氏一次购书之多。君子之泽，三世而斩。汪启淑的藏书也逃不出流散的厄运。汪氏身后不久就开始流出。大藏书家鲍廷博就目睹汪氏收藏流出。嘉庆七年（1802）顾广圻所得开万楼散出的影宋抄本《韩非子》二十卷，后归黄丕烈；黄丕烈在嘉庆十四年（1809）三月在杭州逗留期间，多次去城隍山陶士秀集古斋书肆寻找开万楼流出书籍，但据书目查找，均被售罄。《士礼居藏书题跋记》就载有："嘉庆辛酉（六年，1801）秋，坊间收得汪秀峰家书，内有《五行类事占》三册，其纸皆明嘉靖（1522—1566）时册籍，纸背间可辨识。"在《续录》中又记有："己巳（嘉庆十四年，1809）春，余为武林之游，上城隍山索观古书于集古斋。盖其主人在杭城书估中为巨擘，而去岁又新收开万楼书也。"汪氏不少书归铁琴铜剑楼、皕宋楼收藏。今鉴别汪氏旧藏可据其"汪启淑印信富贵长寿"白方、"开万楼藏书印"朱长方、"新安汪氏"朱方、"启淑私印"朱方、"启淑印信"白方、"汪氏开万楼"、"启淑"、"汪印启淑山父氏"等藏书印鉴考求。

此外，值得交待一笔的是汪启淑一生最费其心力的收藏品是古印。这批汪氏“搜罗自周、秦，迄元、明印至数万钮”的藏印在道咸（1821—1861）间于松江有数巨箧俱归“与绵潭汪启淑有连”（许承尧所纂《［民国］歙县志》语）的西溪不疏园分支善述堂主人汪绍曾。

咸丰（1851—1861）间歙县驻兵，主要藏品散入桐城马峨园、仁和许迈孙两家近千余，余为村夫牧竖毁去大半。此后经百年也分别为其后人所败。其中乡人黄宾虹也偶得不少。黄宾虹早就关注汪氏藏印。我们从黄宾虹的回忆中也得到印证。其文为：“自来藏印之多，无如汪讱庵。余族聚新安之潭上，去讱庵飞鸿堂故址仅六七十里，往来江淮间，舟行必经其地，至则徘徊瞻望，未尝不怀想遗风，询所藏印，则归西溪汪氏已久矣。自客游归里门，与西溪汪宅衡宇相望，又获交其贤士大夫，始稍得窥其所存印谱。不数年间，又得印谱中所有之印。”

以书为命的古籍整理大家鲍廷博

知不足斋奚不足，渴于书籍是贤乎。

长编大部都庋阁，小说卮言亦入厨。

阙史两编传摭拾，晚唐遗迹见规模。

彦休自号参寥子，参得寥天一也无？

这是乾隆四十年（1775）发还鲍廷博所进呈的书籍时清高宗在所呈《唐阙史》《武经总要》时所题的诗。鲍氏也荣耀地将这个御笔刻在《知不足斋丛书》首册首页上。乾隆帝因此改题内府藏书处为“知不足斋”，向称内廷知不足斋。今查翁广平《听莺居文钞》卷二十载《鲍渌饮传》说，乾隆帝还专为此做了一首《内府知不足斋诗》，并注“斋额沿杭城鲍氏藏书室名”。可见，鲍氏藏书、刻书影响之大。同时，他也是乾隆朝修《四库全书》时向清廷献书的四大家之一。

一、藏书、古籍整理大家

鲍廷博（1728—1814），字以文，号渌饮，又号通介叟、得闲居士、援鹑居士、通介居士，为清中叶徽州府最大的藏书家、校勘编辑家、刻书家，有知不足斋、惇典堂、借一轩、绣溪寓舍、清风万卷堂、芦浦寓舍、清爱堂、花（华）韵轩、赐书堂、宝绘堂、困学斋、贞复堂、镫味轩、世守陈编之家、青柯亭等堂号斋名。其中，“知不足斋”为藏书和刻书堂号名，据朱文藻在《古文孝经》序中称，取《大戴礼记》三十四中之“学然后知不足”句为号；其“赐书堂”号缘于乾隆三十七年（1772）诏修《四库全书》时，鲍廷博命子士恭精选庋藏秘籍遗书 626 种[①]进呈，获得乾隆帝赏赐 1 部《古今图书集成》；乾隆四十五年（1780），乾隆帝第五次南巡后又赏赐《伊犁得胜图》《金川得胜图》各 1 部。此堂就是为贮藏这些御赐书籍而建的三楹藏书室。鲍廷博建成赐书堂后，嘱翁广平（1760—1842，字海琛，号莺脰渔翁，有听莺居，吴江人）作记，并刻“老屋三间，赐书万卷”“世守陈编之家”朱文篆印两枚以示纪念。该赐书堂除藏御赐书外还藏乾隆四十（1775）年所还呈进书中有乾隆亲题诗的唐高彦休撰《唐阙史》，宋曾公亮、丁度等奉敕编《武经总要》四十卷。翁广平也在《赐书堂记》（载上海图书馆藏抄清翁广平撰《听莺居文钞》卷八）里说：“先生既拜受是书，乃辟堂三楹，分贮四大橱，

① 鲍家进呈书实数次。据清吴慰祖撰《四库采进书目》、清永瑢撰《四库全书总目》所录胪列总计为 718 种。其中，经部 24 种，史部 116 种，子部 186 种，集部 392 种。其中有 92 部《四库全书总目》著录而《四库采进书目》未见著录；《四库全书总目》收入鲍氏进呈 249 种，列入存目 131 种，两项合计为 380 种，位列马、范、汪 4 家前列。郑伟章在《书林丛考》中列 251 种入《四库全书》是误将吴玉墀家藏本属子部的《砚谱》、浙江范懋柱天一阁藏《金漳兰谱》、集部的《风雅翼》是编修汪如藻家藏本作鲍廷博家藏，还漏录了鲍家的《乾坤清气集》。而台湾学者蔡文晋统计为呈书 724 种，录入《四库全书》279 种，录入存目 140 种，合计 419 种。鲍氏在乾隆开四库馆进呈书目郑玲已逐一列出，为省篇幅，这里不一一再列了。经考，鲍廷博家献书 626 种，根据《纂修四库全书档案史料》载乾隆三十八年（1773）浙江巡抚三宝奏折有“计鲍士恭家有六百二十六种、吴玉墀家有三百五种、汪启淑家有五百二十四种、孙仰曾家有二百三十一种”，“均愿将原书进呈，毋庸再为抄誊”，源此一次呈进，后续呈未计。

颜其堂之额曰‘赐书’。平昔常登其堂，因得伏读圣祖仁皇帝御制序文，知此书大凡列为六编，析为三十二典，其部六千有馀，其卷一万。始之以历象，观天文也；次之以方舆，察地理也；次之以明伦，立人极也；又次之以博物、理学、经济，则格物致知，诚意正心，治国平天下之道，咸具于是矣。呜呼观止矣！”“先生辟堂后，三十馀年未有记之者。忽一日，先生嘱平叙其事。”可见，鲍氏对“御赐”书籍重视，也是激励他终生以书为伴，为中华优秀传统文化献身的动力。

嘉庆初，嘉庆帝作《内府知不足斋诗》又作《御制内府知不足斋诗》，有“斋名沿鲍氏，《阙史》御题诗。集书若不足，《千文》以序推”句，下注：“鲍氏藏书最为精夥，内《唐阙史》一书，曾经奎藻题咏，嗣后其家刊刻《知不足斋丛书》，以《唐阙史》冠册，用周兴嗣《千文》，以次排编。每集八册，今已十八九集，可为好事之家矣。”[①] 对鲍廷博作了高度评价。鲍廷博还是诗人、文学家，著述多种没于火。存世的有《花韵轩咏物诗存》三卷（又名《花韵轩小稿》二卷、《咏物诗》一卷）[②]，为晚年所作。曾作《夕阳诗》20韵名重于时。阮元在《定香亭笔谈》中说：“以文尝作《夕阳诗》甚工，世盛传之，呼为‘鲍夕阳’。余赠以诗云：‘清名即是长生诀，当世应无未见书。何处见君常觅句，小阑干外夕阳疏。’”因此，又有鲍夕阳之别称。他的著作存世的还有《知不足斋丛书目》不分卷，辑录《玉山遗稿》四卷《附录》一卷、《花韵轩咏物诗存》一卷，校订《道统源流图》一卷，辑《读画斋偶辑》十一卷、《履素斋稿》二卷、《存悔斋集》一卷《遗诗》一卷《补遗》一卷、

---

① 转引自《清史列传·文苑传三·鲍廷博》卷七十二第五九三一页，北京：中华书局，1987。

② 《［民国］歙县志·艺文志·书目》卷十五第十九页、《中国古籍善本书目·集部·清别集类》第1241页、《北京图书馆古籍善本书目·集部·清别集类》第二五九三页、《安徽文献书目》第315页著录，安徽省图书馆藏陈氏慎初堂黑格抄《花韵轩咏物诗存》一卷1册本。中国国家图书馆藏清抄半页10行，行20字，无格1册本1部，还藏1部半页8行，行20字，白口，四周单边清抄本。中山大学图书馆藏清抄《花韵轩咏物诗存》一卷，2007年4月广东人民出版社据此本影印行世，收入国家清史编纂委员会《文献丛刊·清代稿抄本》第25册中。

《彝斋文编》四卷《补遗》一卷、《金粟道人逸诗》四卷、《知不足斋宋元文集书目》又名《知不足斋宋元人文集书目》、《山村遗稿》附录及补遗各1卷、《困学斋杂录》、《知不足斋书跋辑本》四卷[①]、《庶斋老学丛谈跋》、《知不足斋随笔》2册又作2卷等，还为清闵苕旉《金盖心灯》六卷、《入蜀记》六卷作注[②]。

鲍廷博原籍歙县西乡长塘村（今黄山市徽州区西溪南镇大址村阶檐上今名上长林）[③]，故又有"长塘鲍氏"之称。鲍廷博生平由民国黟县王立中所撰《鲍以文先生年谱》一卷可为参考。

他的祖父鲍贵（字国槐）与他的父亲鲍思诩（字鸿远，号敏庵）均寓浙经商，思诩娶于胡，胡卒，又娶于仁和顾氏，生廷博。长塘鲍氏出身官宦书香世家，鲍贵虽身在商家，仍身染儒气，注意收藏祖传文献，教子习文。

他的父亲自娶杭州顾氏后定居杭州。据钱泳《履园丛话·耆旧类》说廷博"少习会计，流寓浙中，因家焉，以冶坊为世业"，说明祖孙3代从事冶炼制作业，思诩是博学的藏书家，好儒的徽商，生前创知不足斋藏书堂，廷博自幼就在优越的环境内读书，9岁就外傅，23岁时补歙县庠生，后来曾两次参加乡试未中。他是在"曾两应乡举，自惭制义不工，遂留心于典籍"[④]的。他一生交游广泛，既有领军学者，更多的是藏书大家。如阮元、袁廷梼、顾广圻、孙志祖、赵怀玉、戴光曾、黄丕烈、卢文弨、钱大昕、吴骞、吴翌凤、朱文藻、翁广平、顾修、金德舆、厉鹗、郁礼等东南学者耆宿无不与之交善，切磋学问，使他成为博学的

---

① 此书为清末孙毓修辑鲍氏79篇藏书题跋。

② 由鲍廷博校注宋陆游撰此书，有章钰跋，藏中国国家图书馆，为《知不足斋丛书》此子书工作底本。

③ 考长塘村今无，长塘为明初大址村（今属徽州区西溪南镇上长林），源于鲍时昌于"明初举贤良不就，捐赀开筑燕坑、石堨、长塘以兴水利，赐额'免征'，乡民至今赖之"。至今尚未找至此支鲍氏宗谱。

④ 清翁广平撰《听莺居文钞·鲍渌饮传》卷十二。

学者。由于科场失意，遂绝意仕进，在杭州致力于藏书、校书、刻书事业。鲍廷博壮岁，父母相继卒后，葬于湖州乌镇，晚年移居桐乡青镇（今浙江桐乡乌镇）东乡杨树湾。今据鲍廷博在《西塘集耆旧续闻》卷十跋文说：“乾隆己亥（四十四年，1779）八月廿六日己亥校完。是日为桐乡之行，勘毕解维矣。”说明从水路用船搬家约在乾隆四十四年八月廿六日，他时年52岁。但在《白石道人歌曲》记中有乾隆四十八年（1783）十一月下旬至十二月上旬在杭州与桐乡间半山、原上、乌青、临平舟次上题识，乾隆五十年（1785）三月吴骞在《小寒食同兰坻乌青泛舟即事》诗中有“渌饮移居宋堡”句，五十年九月，鲍廷博在《鉴诫录》题识中有“由乌青镇至苏州，舟次宝带桥”句等说明这段时间他还往返于乌青至杭州两处寓所中。他移居乌青镇一方面是为守父母墓，另一方面是找个安度晚年的环境，把精力更集中在整理古籍和刻书上。《［光绪］桐乡县志·建置下·园宅》卷五就载其故居“多蓄异书，隐居不出。阮文达公（元）视浙学时，尝就观之，老屋数椽，至今无恙，惜孙曾无继起者。”金德舆也在《过渌饮村居》中描述道：“豆花棚下结书堂，秋到窗前引兴长。久住渐知耕凿趣，爱闲翻为校雠忙。偶烹野蔬如兼味，每借奇书润薄装。如此村居良不易，劝君何必羡衡阳。”正如黄廷鉴在《第六弦溪文钞·读知不足斋赐书图记》卷二中所记鲍氏隐居地“村落几家，绿水环门，青山入牖，桑麻竹树，弥望一色，真读书耕隐之所也”。

作为布衣的鲍廷博以终生的实践证明自己所说的“生以书为命”[①]，为弘扬祖国的传统文化殚精竭思，耗尽家资，走完了鞠躬尽瘁、死而后已的献身道路。他所校刻的丛书和单行本为我们民族文化树立了丰碑。嘉庆十八年（1813），当仁宗颙琰收到由浙江巡抚方受畴转呈的鲍氏已刻的《知不足斋丛书》前26集时，嘉庆帝对鲍氏之举盛加赞扬，并在六月二十五日的谕旨中称：“鲍廷博年逾八旬，好古绩学，老而不倦。

① 见戴光曾《宋国史秋堂公诗集·跋》。

著加恩赏给举人，俾其世衍书香，广刊秘籍，亦艺林之胜事也。”年已逾86岁高龄的鲍廷博获得这项恩赏举人的虚华功名。翌年八月十三日，当丛书刻到第27集时，心病突然发作，在其弥留之际，嘱子士恭将这套丛书刻完，“言讫而瞑，时手中尚执卷未释”。

据翁广平撰《鲍渌饮传》和《[光绪]桐乡县志·鲍廷博传》卷十五载，其二子中长者士恭，字志祖，仁和县国学生。次子士宽，先鲍翁卒。三孙中长孙正言、次孙正字（勋）为士宽子，三孙正身为士恭生，俱以文学世其家。正言好听香，后更号衍香，取嘉庆帝上谕中“世衍书香”意。幼时随鲍翁见汪辉祖，汪赞之“好学可爱”，又善书法工诗，擅篆刻，也以贫老以终。

鲍廷博是乾嘉间江南著名的藏书家。日本学者在介绍江南私人藏书楼时，列举了有影响的41家。其中就有歙县的鲍廷博知不足斋和凌廷堪的校礼堂。鲍氏知不足斋始自廷博父思诩，自廷博至子士恭，孙正言4代藏书之精、之富，历时之久，名甲东南。据阮元、翁广平《鲍廷博传》记载，鲍氏藏书以廷博为最，乾隆（1736—1795）间已逾6 000余种。如阮元在《揅经室二集·知不足斋鲍君传》卷五中说：“君以父性嗜读书，乃力购前人书以为欢。既久，而所得书益多且精，遂裒然为大藏书家。”乾隆三十七年(1772)四库开馆，诏求天下遗书，鲍廷博一次呈进珍稀秘籍626种，是当时私人献书超过500种的四大家之一。其余3家：一是徽州府祁门县寓居扬州的盐商兼藏书、出版家马曰琯之子马裕；二是歙县寓居杭州的藏书家、美术出版家汪启淑。另一家是宁波范懋柱的天一阁。四家之中，徽商居三。廷博献书数量少于马氏，屈居第二，而质量则为翘楚。经查《四库全书总目》，馆臣著录鲍氏献书380种，3 581卷。其中，“集部”最多，169种；“子部”次之，138种；次为“史部”，61种；“经部”最少，仅10种。正式编入《四库全书》达250种。由此推知，鲍氏藏书以实用及“海内宋元古椠暨善

（缮）写本”为主[①]。其中，两宋图书就达300余种，可见其藏书之精。鲍氏进呈本多重头货，如知不足斋所藏抄本宋周必大撰《周益文忠公集》二百卷《目录》五卷《年谱》一卷得自金氏文瑞楼，《四库全书》收入《集部·别集类》，改题《文忠集》[②]。鲍氏进呈书经馆臣著录后诏还原书时，乾隆帝还于甲午（1774）年清和上浣亲笔在所呈《唐阙史》《武经总要》两书上题诗。

鲍氏丰富而珍贵的藏书得之不易。清朱文藻在乾隆四十一年（1776）鲍氏所刊《知不足斋丛书·古文孝经序》中记叙了鲍廷博在刊刻《知不足斋丛书》第一集前购书、抄藏的情况说：“三十年来，近自嘉禾、吴兴，远而大江南北，客有以异书来售武林者，必先过君之门，或远不可致，则邮书致之。浙东、西藏书家，若赵氏小山堂、卢氏抱经堂、汪氏振绮堂、吴氏瓶花斋、孙氏寿松堂、郁氏东啸轩、吴氏拜经楼、郑氏二老阁、金氏桐华馆，参合有无，互为借钞；至（若）先哲后人家藏手泽，亦多假录。一编在手，废寝忘食，丹铅无已时。一字之疑，一行之缺，必博征以证之，广询以求之。有得则狂喜，如获珍贝，不得虽积思累岁月不休。溪山薄游，常携简册自随。年几五旬，精明不惫，勤勤恳恳，若将终身。”鲍氏为购求刊刻古籍，耗尽家资。清代学者翁广平在《鲍廷博传》、徐世昌在所辑《清儒学案·思适学案·鲍先生廷博》中分别说廷博“或遇未见之书，必典衣购之”“见秘籍必典衣购之”。鲍氏藏书多江浙藏书家旧物，购求不易。如所藏清劳权抄《典雅词十种》来历就不一般。据《藏园群书经眼录·集部八·诗余类》卷十九第一五九三页著录朱竹垞（彝尊）跋后题：“咸丰壬子（1852）夏借知不足斋所藏曝书亭传录宋钞本影写。丹铅生题。”类似收藏，《知不足斋丛书·世善堂书目跋》说：“例如福建陈氏世善堂，书散以后，鲍以文案（按）其目以求之，凡四十年，一无所得。”鲍氏不仅百计寻求海内善本和珍稀秘

① 《［民国］歙县志·人物志·士林》卷十。

② 《涵芬楼烬馀书录》第695页。

籍，他还是清代最早请人去日本寻求中土久佚古籍的有心人。《知不足斋丛书》就收入从日本寻访的中土已佚古籍 5 种。

藏书与毁书往往互为因果。旧社会兵荒马乱，种种原因，往往子孙不能世守先辈藏书。陈登原的《古今典籍聚散考》就是一部书籍痛史。鲍氏所藏，生前已有散佚。清人戴光曾在《宋国史秋堂公诗集・跋》及《竹素山房诗集・跋》中分别有鲍氏“藏书之散”“所藏之书，半为不肖子孙变卖”句。戴氏在这段跋中追溯了鲍氏与之交谊及藏书由盛至衰的酸鼻历史。他说：“余与鲍丈渌饮交二十余年矣。余之性爱古书及搜罗前人秘笈，与渌饮讲习讨论，每得异书彼此借抄，相与传观订正以为乐。渌饮年老贫病，且有家累，不通音问经年矣。癸酉（嘉庆十八年，1813）五月十日，忽偕夏君俨过余，形神枯槁，索然意尽。新患头疽虽逾，而窘态日甚，心计日粗。询以近况，自云平生以书为命，今开卷辄忘，精神不能检束，藏书已散，不复向此中讨生活矣。余闻之酸鼻。送之去，因检渌饮归余之书及借抄之本，内有二册系渌饮手校前人遗集久假未归者，共四种。此秋堂集则余已录之副本也。既叹渌饮老境之衰，兼惜秘书之可再得，因附记于此。”[①] 鲍氏一生为中华古籍流传耗尽心力。鲍氏收藏与一般藏书家目的不同，从不自秘，只要有人借阅，总是尽量满足学人要求，并常以珍本秘籍赠给同好[②]，就是鲍氏在刻《知不足斋

① 转引自傅增湘：《藏园群书经眼录・集部七》卷十八第一五三五页，北京：中华书局，1983。此跋与苏州元和顾鹤逸所藏乾隆二十七年（1762）郁氏抄元吾衍撰《竹素山房诗集》三卷《附录》一卷《闲居录》一卷，戴光曾题跋文字相异处甚多。现移录如下：“余与鲍丈渌饮交二十余年矣。余之性爱古书及搜罗前人秘笈，皆得渌饮讲习，匡所不逮，每获异书，相与传观，订正以为乐。渌饮老矣，贫病且多家累，不通音经年矣。癸酉五月十五日忽偕夏君俨过余，形神枯槁，索然意尽。自云：‘平生以书为命，今开卷辄乏精神，不自检束，所藏之书半为不肖子孙变卖，恐不能再向此中讨生活矣。’余闻之酸鼻，自恨无力倾助。既去，因检渌饮归余之书，此二册系渌饮手校增订之本，久假未归者，既叹渌饮老境之衰，益惜秘书之不可再得，因附记于此。松门戴光曾。”傅氏抄中有略及改写。

② 如王文进撰《文禄堂访书记》载芳椒堂主人严元照 3 个跋，就讲了乾隆五十六年（1791）八月下浣，严元照于乌镇访鲍廷博，鲍以宋庆元（1195—1200）刻本宋周必大撰《周益文忠公书稿》残存卷一、卷二计两册、宋陈思刻《中兴群公吟稿・戊集》七卷计 5 册相赠。

丛书》高潮时，由于乏资，也变卖了一批。所以，在廷博生前已流出不少。据有关书目载，黄丕烈士礼居、汪士钟艺芸书舍得了鲍氏不少宋元本书。如《士礼居藏书题跋记》卷五就载嘉庆十一年（1806）春以老病购药需钱而斥卖明吴宽丛书堂抄本《嵇康集》、元刻《契丹国志》、活字本《范石湖集》、旧抄残本《元朝秘史》等书，黄丕烈付番饼四十枚。同书卷四《宾退录》载此年夏散出毛抄《宾退录》、毛抄《苹洲渔笛谱》、沈彤过录惠士奇、惠栋父子校阅本《逸周书》。

他在生前也因种种原因将心爱的古籍送人。如《嵇康集》十卷在向无宋刻本的情况下，这本经过吴匏庵先生亲手校定的十分珍贵的明丛书堂抄本后辗转为鲍廷博家收藏。就因为鲍氏贫乏转入黄丕烈收藏，有黄氏3则题记，首记嘉庆丙寅（十一年，1806）寒食日，有“余得于知不足斋。渌饮年老患病，思以去书为买参之资，去冬曾作札，往询其旧藏残本《元朝秘史》，今果寄余，并以此集及元刻《契丹国志》，活本《范石湖集》为副，余赠之番饼四十枚”。

道光庚寅（十一年，1831）秋八月上浣在鲍抄明叶盛撰《菉竹堂碑目》上载，为答谢贝墉在嘉庆十五年刻印《履斋示儿编》在校勘、助资上的帮助送给贝墉手抄明叶盛《菉竹堂碑目》、朱之赤《书画目》、高士奇《书画目》这3种“外间甚少”的珍籍。嘉庆十六年（1811）冬，赠给来乌镇探视的赵怀玉“颇不易覯，余欲购之久矣”的万历（1573—1620）间其后裔戴洵刻元戴表元撰《剡源戴先生文集》三十卷。

有不少原本计划刊行的书因乏资而无法实现。最典型的例子是嘉庆十一年（1806）九月二十三日鲍翁专访汪辉祖，告之所撰《学治臆说》《善俗书》已收入《知不足斋丛书》第二十四集，此事汪辉祖在《梦痕录馀》中记之凿凿，但查第24集无此二书，为鲍氏拟刻未果。经考其《学治臆说》二卷后收入顾修《读画斋丛书》，估计也是此丛书参与者鲍翁的鼎力，以聊表疚意。另一稿收入《龙庄遗书》，鲍氏实在无能为力。鲍翁欲刻类似图书例子比比皆是，如嘉庆十二年（1807）四月，鲍廷博乘船过吴访陈鳣，谈及计划要刻宋赵彦卫撰《云麓漫钞》，收入《知不足斋丛书》（详《简庄文钞续编》卷一），提出尚缺数页图，实则是阮囊羞涩，缺乏刻资。如收入丛书第二十五集中的《履斋示儿编》就是吴县贝墉（1780—1846）捐资助刊才完成的。此事贝墉在嘉庆庚午（十五年，1810）四月下旬所写的该书《重刻履斋示儿编序》中说得很清楚。嘉庆十八年（1813）十二月二十四日，他在致书张燕昌信中已全面呈现随着垂老，鲍翁晚境日趋凄惨。信中说："小儿于廿一日返舍，浦阳之望，全属子虚，空劳跋涉，卒岁之计，毫无措置。于廿四日同两儿往乌镇作避债台矣。大知堂主人廿二日还杭，索纸价甚迫。渠缘丧费之后，百凡拮据，亦不能代偿行账。吾兄往吊时，亦未向西兄致意，以至渠有后言。弟不得已于陆氏钱船□汇付四千文与彼，馀约正月内清偿。陆船到日，祈措付四千文归之。弟近况兄所深悉，谅不以此见罪也。如吾兄年内稍可支吾，并望将此项一并付陆船新正带杭，更为妥帖，以渠碎刮不置耳。汪纸二块计八千四百文，馀纸系弟付，此项意欲周朗斋兄之急，恐年内不及矣。沉香一枝，弟前与金圣兄谈及，渠肯出价十六金，如吾兄无用处，便中付陆船带桐乡交金宅。"[①] 看了这段鲍翁在年关给比他小 10 岁的朋友酸鼻万难的信，真令人肝肠寸断。

乾隆五十六年（1791）冬十二月火灾，也使鲍氏藏书受了损失。鲍廷博卒后，大致在孙辈鲍正言、曾孙寅时所处道、咸（1821—1850、1851—1861）间散佚严重，不少抄校本归仁和劳氏丹铅精舍、归安陆氏皕宋楼、杭州丁氏。至光绪六年（1880）曾孙鲍寅将乾隆帝钦赐的《古今图书集成》1 000 余卷 4 大橱由杨树湾赐书楼献给杭州修复的文澜阁庋藏后，盛极一时的知不足斋藏书楼，百余年著名的私人图书馆终于湮没于历史的长河中。

鉴定鲍氏流散藏书可据有关鲍氏藏书印鉴。据考，其印鉴分别有"世

① 《上海图书馆藏明清名家手稿》第 162 页，上海古籍出版社，2006。

守陈编之家”双龙朱椭印、“老屋三间赐书万卷”朱大方印、“歙西长塘鲍氏知不足斋藏书印”（一大一小朱方印）及“遗稿天留”朱方印、“通介叟”白方印、“老眼向书明”及“黄金散尽为收书”白方印、“鲍氏知不足斋藏书”及“知不足斋鲍以文藏书”朱方印、“知不足斋鲍氏正本”及“知不足斋藏书”白方印、“鲍廷博”“倚文”“生长湖山曲”“金石录十卷人家”“万卷书藏一老身”“一生勤苦书千卷”“镫味轩”“长塘”等朱圆印、“鲍家田”“天都鲍氏困学斋”“天都鲍氏困学斋图籍”等朱方印、“困学斋主人心赏”及“知不足斋鲍氏藏本”等白方印、“鲍氏收藏”“歙鲍氏知不足斋藏书”“以文手钞”“好书堆案转甘贫”“奇书无价”“皆大欢喜”“知不足斋钞传秘册”“鲍以文藏书”“知不足斋主人所怡”“曾在鲍以文处”等朱方印及“御赐清爱堂”双龙朱长方印及“鲍以文藏书记”（朱长方）、“廷博”（白文小长方）、“知不足斋鲍以文藏本”（白长方）、“阶庭横古今”（白长方）、“喜借人看”“为流传，勿损污”“万卷藏书一老身”“以文手抄”“好书堆案转甘贫”等。其孙有“鲍正言印”（长方）、“慎斋”（白方）等印。

鲍廷博是我国中世纪最大的古籍整理家。他把毕生精力贡献于整理、刊刻旧籍上。他天趣清远，由于长期收书、校书、抄书的实践，使他对版本学、校勘学贡献尤大。他每定一书，都是经过反复校勘。他读书每一过目，就能记得卷页。每遇人访问古籍，凡某书美恶所在，旨趣精华，某代某家书目著录，经几家收藏，几次抄刊以及版本真伪，校勘精当和错漏之处都能一一指出，问难无竭。

鲍氏熟识版本，及在古籍整理工作上所下的功夫，时人记述他不避奇寒酷暑，履步行舟都手不释卷的事迹不绝如缕。徐康在《前尘梦影录》卷下说他“夜间偶有所得，即起书之，可校勘秘籍，夜凡三四起不厌”。阮元在《揅经室二集·知不足斋鲍君传》卷五中说：“元在浙，常常见君，从君访问古籍。凡某书美恶所在，意旨所在，见于某代某家目录，经几家收藏，几次钞刊，真伪若何，校误若何，无不矢口而出，问难不竭。古人云：‘读书破万卷。’君所读破者奚翅数万卷哉！”翁广平也在《鲍渌饮传》中说：“平生酷嗜书籍，每一过目，即能记其某卷、某叶、某讹字。有持书来问者，不待翻阅，见其板口即曰此某氏板，某卷刊讹若干字。案之历历不爽。”[①] 顾广圻还说：“其称说一书，辄举见刻本若钞本、校本凡几，及某刻本如何，某钞本如何，某校本如何，不爽一二也。每定一书，或再勘三勘，或屡勘数四勘，祁寒毒暑，舟行旅舍，未尝造次铅椠去手也。”[②]

真是功夫不负刻苦人。经他整理的古籍除已刊刻的《知不足斋丛书》和著名的单行本外，突出地表现在校勘抄录旧籍上。现存的精善抄本不下数十种。笔者已整理出各地收藏及诸家书目著录的抄校本近 60 种，800 卷。其中，多种精善本列为国家级或省级以上的馆藏善本。例如，中国国家图书馆珍藏由他批校的汲古阁本《陆放翁剑南诗稿》就是根据 9 种本子，花费了十几年的功夫，采用朱、黄、蓝、绿数色批注。再如，世称秦氏享帚精舍据元起善斋抄本精刻本为善本。鲍廷博的抄本除了元本外，还据汪苏潭校本加以厘正，就比秦刻更胜一筹。抄校本中最大的部头达数百卷，数种、十数种。如今中国国家图书馆善本特藏部庋藏的宋徐梦莘编《三朝北盟会编》就是一部长达 250 卷的大书。《四库全书总目》著录知不足斋抄宋周必大撰、其子周纶编《文忠集》二百卷、宋潜说友纂修《［咸淳］临安志》一百卷等大部头古籍。同馆还藏鲍氏知不足斋抄本《唐宋八家词》8 种 10 卷。1922 年上海古书流通处在影印明汲古阁影抄宋起辑《南宋六十家小集》之后就附有鲍廷博知不足斋辑抄及《宋集补遗》及景写《南宋八家集》两部 19 种 24 卷。《知不足斋辑录宋集补遗》11 种 11 卷，《南宋八家集》8 种 16 卷的影印本。鲍氏的辑抄本在当时就为士林所重，为出版家所侧目。《中国丛书综录·类编·集类·总集（宋代）》第一册第 845 页著录民国十一年（1922）上

① 载翁广平《听莺居文钞》卷二十。

② 载《知不足斋丛书·序》，《思适斋集》卷二十收有此序。

海古书流通处据清长塘鲍氏知不足斋影印，使鲍抄本复印件传世较夥。如中国国家图书馆、首都图书馆、北京师范大学图书馆、上海图书馆、复旦大学图书馆、华东师范大学图书馆、上海师范大学图书馆、上海辞书出版社图书馆、吉林市图书馆、吉林大学图书馆、山东省图书馆、山东大学图书馆、南京图书馆、南京大学图书馆、苏州市图书馆、浙江大学图书馆、福建师范大学图书馆、湖北省图书馆、武汉大学图书馆、四川省图书馆、重庆市图书馆、桂林市图书馆、青海省图书馆均有完本收藏。类似收藏有嘉庆六年（1801）石门顾修读画斋重新辑刻宋陈起辑《南宋群贤小集》易名《江湖小集》又名《读画斋重刻群贤小集》时就附刻了鲍廷博辑《群贤小集补遗》15 种 15 卷，收录了鲍廷博抄辑的《知不足斋辑录宋集补遗》全部 11 种 11 卷和《南宋八家集》16 卷中的四家 4 种 4 卷《补遗》部分。清嘉庆六年（1801）石门顾修读画斋刻宋陈起辑、清顾修重辑《南宋群贤小集》中清鲍廷博集《群贤小集补遗》15 种 15 卷，使鲍氏抄本随顾氏刊本传世较多。《南宋群贤小集》是研究南宋江湖诗派特辑，向为学者关注。嘉庆六年（1801）鲍廷博描述此书传录经过曹楝亭—郎温勤—石仓—厉鹗—马曰琯—钱景开—汪雪礓等 7 人。乾隆二十六年（1761）春，鲍氏从钱景开处抄得此书，然后再请善书手抄写，并经严昆季、潘德园、郝潜亭等人校勘，故向称抄本中善本。其存世抄本还有：佚名编《唐宋八家词》8 种十卷（2 种抄本）、《宋八家诗钞》9 种十五卷、《宋八家诗钞》又名《宋人小集》8 种十六卷、宋陈起编《江湖后集》22 种二十四卷、《景德龛丛钞二十种》实 24 种二十九卷（不分卷作 1 卷计）。

鲍廷博抄补类存世单本更多。如南宋名志《［咸淳］临安志》，以《［乾道］临安志》《［咸淳］临安志》为基础，通过抄录增补成 100 卷，成为志书中难得的善本。还有《相台书塾刊正九经三传沿革例》一卷、宋李季可撰《松窗百说》一卷、明都穆撰《南濠居士文跋》四卷、宋徐铉撰《徐公文集》三十卷、元杨允孚撰《滦京杂咏》二卷、唐吕温撰《吕和叔文集》十卷、元李冶撰《敬斋古今黈》八卷、元吴景奎撰《药房樵唱》三卷《附录》一卷计4卷、明朱珪撰《名迹录》六卷《附录》一卷计7卷、宋刘昌诗撰《芦浦笔记》十卷、宋赵叔向撰《肯綮录》一卷、宋赵彦卫撰《云麓漫钞》10卷、5卷计十五卷、清厉鹗撰《南宋院画录》八卷、元吕诚（字敬夫）撰《乐志园诗集》八卷《补遗》一卷计2种9卷、宋陈深撰《宁极斋稿》一卷、元陈植撰《慎独斋稿》一卷2种2卷、元许有壬撰《圭塘欸乃集》一卷、明朱存理辑元龚璛撰《存悔斋诗》一卷明朱存理辑《附补》又作《补遗》一卷计2种2卷、宋陈植撰《慎独斋稿》又名《慎独叟稿》一卷、宋徐玑撰《二薇亭集》又名《二薇亭诗集》一卷、元刘祁撰《归潜志》十四卷《附录》一卷计15卷、宋陈经国撰《龟峰词》一卷、元遂昌柘溪尹廷高撰《玉井樵唱》三卷、元成廷珪撰《居竹轩诗集》又名《居竹轩集》四卷、宋胡铨《澹庵先生文集》六卷、元曹志撰《拱和诗集》一卷《附》一卷计2卷、元张玉娘撰《张大家兰雪集》二卷《后附》一卷计3卷、元张玉娘撰《张大家兰雪集》二卷、元袁士元撰《书林外集》七卷、清鲍廷博校并补遗诗元吴海撰《闻过斋集》八卷、元顾瑛撰《玉山逸稿》四卷《附录》一卷计5卷、朱彝尊曝书亭藏元魏仲远辑《敦交集》一卷、宋徐照撰《芳兰轩集》一卷、元邓文原撰《巴西文集》不分卷、元刘实撰元刘茂实注《敏求机要》十六卷、影宋抄唐李淳风等注《孙子算经》三卷、后蜀何光远撰《鉴诫录》十卷、宋宋□撰《钓矶立谈》一卷、宋张唐英撰《蜀梼杌》不分卷清劳格辑《补遗》一卷清缪荃孙撰《校记》一卷计3种3卷以上稿本、宋张唐英撰《蜀梼杌》不分卷、元鲜于枢撰《困学斋杂录》一卷抄本、宋吴潜撰《履斋四明吟稿》二卷《诗余》二卷计2种4卷、宋李上交撰《近事会元》五卷、宋毛滂撰《东堂集》十卷、宋谢枋得撰《诗传注疏》三卷、宋谢逸撰《溪堂集》十卷、宋谢逸撰《溪堂集》十五卷、宋陈棣撰《蒙隐集》二卷、唐李淳风等注释《五曹筭经》又名《五曹算经》五卷、唐温庭筠撰《金奁集》一卷、宋谢薖撰《谢幼槃文集》又名《竹友集》十卷、宋孙锐撰《孙耕闲集》一卷、宋洪炎撰《西渡诗集》又名《西渡集》一卷、元周伯琦撰《周翰林近光集》三卷据澹生堂本及振绮堂本校过《扈从集》一卷鲍廷博辑《周翰林集补遗》三卷计3种7卷、元周伯琦撰《近光集》三卷《扈从诗》一卷鲍正言辑抄《周翰林集补遗》二卷计3种6卷、明叶盛撰《菉竹堂碑目》又名《叶氏菉竹堂碑目》六卷、宋赵与衮撰《辛巳泣蕲录》一卷、三国魏刘徽注唐李淳风等释《九章算术》九卷(因仅存卷一至五故又名《九章算经存》五卷）、元揭傒斯撰《揭文安公文集》九卷《诗集》三卷《续集》二卷计3种14卷、明都穆撰《南濠居士文跋》四卷、元揭傒斯撰《揭文安公文集》九卷、宋孙复撰《孙明复小集》一卷宋石介等撰《附录》一卷计2卷、宋孙复撰《孙明复先生小集》一卷、宋吴曾撰《能改斋漫录》十八卷、清万斯同辑《南宋六陵遗事》一卷《庚申君遗事》一卷计2种2卷、清万斯同辑《南宋六陵遗事》一卷、清雷亮功撰《桂林田海记》一卷、宋苏泂撰《泠然斋诗集》八卷、明徐弘祖撰《徐霞客游记》不分卷、宋王炎午撰《吾汶稿》十卷、宋□□撰《宝刻类编》八卷、明都穆辑《吴下冢墓遗文》三卷、清周二学撰《一角编》不分卷、元顾瑛辑《草堂雅集》十三卷《后》四卷即卷一、二、三、九均有后卷计2种17卷、元龚璛撰《存悔斋诗》一卷明朱存理辑《附补》一卷计2种2卷、元龚璛撰《存悔斋诗》一卷《补》一卷《续补》一卷计3卷4部、元钱惟善撰《江月松风集》十二卷《补遗》一卷计2种13卷、元钱惟善撰《江月松风集》十二卷清吴允嘉辑《续集》一卷清吴焯等辑《补遗》一卷计3种14卷、宋胡铨撰《胡澹庵先生文集》六卷附清鲍廷博补本辑《附》一卷计7卷、宋郑伯熊撰《敷文郑氏书说》一卷、元仇远撰《兴观集》一卷、宋陶弼撰《陶邕州小集》一卷、宋刘安上撰《刘给事文集》五卷《行状》一卷计2种6卷、宋洪刍撰《老圃集》又名《洪老圃集》二卷《补遗》一卷计2种3卷、宋邓牧撰《伯牙琴》一卷、宋李彭撰《日涉园集》十卷、宋彭大雅撰宋徐霆疏证《黑鞑事略》一卷、清万斯同辑《庚申君遗事》一卷、宋张唐英撰《蜀梼杌》一卷清劳格辑《补遗》一卷稿本清缪荃孙撰《校记》一卷计3种3卷稿本、宋赵孟坚撰《彝斋文编》四卷清鲍廷博辑《补遗》一卷计2种5卷、宋赵孟坚撰《彝斋文编》四卷清鲍廷博辑《补遗》一卷计2种5卷、宋赵孟坚撰清鲍廷博辑清劳权续辑《彝斋文编》四卷（《补遗》一卷）、宋赵孟坚撰《彝斋文编》四卷清鲍廷博辑《补遗》一卷计5卷、宋柴望撰《秋堂集》二卷《补遗》一卷《附录》一卷计2种4卷、宋潘音撰《待清轩遗稿》一卷、宋柴望等撰《柴氏四隐集》五卷宋柴望撰《秋堂集补遗》一卷《附录》一卷计2种7卷、宋郑樵撰《夹漈遗稿》三卷、明杨士奇等纂录《文渊阁书目》四卷、元丁鹤年撰明戴稷等编《丁鹤年诗集》四卷《附诗》一卷《诗补》一卷《集外诗》一卷《附录》一卷计5种8卷、元方回撰《桐江集》四卷、清黄虞稷撰《千顷堂书目》三十二卷、唐姚汝能撰《安禄山事迹》三卷、明释道恂辑《师子林纪胜集》二卷、宋徐侨撰《毅斋诗别录》一卷《家传》一卷计2种2卷、宋王铚撰《默记》一卷、明董其昌撰《筠轩清闷录》三卷、元周权撰《周此山先生诗集》又名《此山诗集》四卷、元张翥撰《蜕庵诗》四卷、元张翥撰《蜕庵诗》五卷《蜕岩词》二卷计2种7卷、元李孝光撰《五峰集》六卷《文集》一卷《雁山十记》一卷清鲍廷博辑《补遗》三卷计4种11卷、清常钧撰《敦煌集钞》二卷、清常钧撰《敦煌随笔》二卷、宋赵明诚撰《金石录》二十卷《目录》十卷计30卷又作《金石录》三十卷、宋李心传撰《建炎以来朝野杂记·乙集》二十卷、宋李心传撰《建炎以来朝野杂记·甲集》二十卷、宋李心传撰《建炎以来朝野杂记·甲集》二十卷、元杨朝英撰《乐府新编阳春白雪·前集》四卷《后集》五卷计2种9卷、宋赵闻礼辑《阳春白雪》八卷《外集》一卷计2种9卷、宋魏野撰《东观集》十卷、宋魏野《钜鹿东观集》十卷《补遗》一卷计2种11卷、宋刘安上撰《刘给事文集》五卷《附录》一卷计6卷、宋冯山撰《安岳公太师文集》又名《安岳冯公太师文集》三十卷、元邓文原撰《巴西文集》一卷、宋吴则礼撰《北湖集》五卷、宋洪炎撰《西渡诗集》一卷、宋刘过撰《龙洲道人集》十五卷、宋刘过撰《龙洲道人集》十卷、宋柴望撰《柴氏四隐集》二卷《附录》一卷计2种3卷、明危素撰《说学斋稿》四卷、明危素撰《云林集》二卷、宋张淏撰《云谷杂纪》四卷《首》一卷《末》一卷计6卷、宋真山民撰《山民诗集》一卷、宋于石撰《紫岩于先生诗选》三卷、元释英撰《白云集》三卷《题赠附录》一卷计2种4卷、宋刘克庄撰《后村诗话》十四卷、元方回撰《虚谷桐江续集》四十八卷、元刘仁本撰《羽庭集》六卷、元郑元祐撰《侨吴集》十二卷《附录》一卷《补遗》一卷计3种14卷、元王翰撰《友石山人遗稿》一卷元吴海撰《附录》一卷计2种2卷、元吴海撰《闻过斋集》八卷、元许恕撰《北郭集》又名《北郭诗集》六卷《补遗》一卷《遗集》一卷计3种8卷2部、元张宪撰《玉笥集》十卷、元赵偕撰《赵宝峰先生文集》二卷、宋赵公豫撰《燕堂诗稿》一卷、宋高翥撰《书寮小稿》一卷、宋岳珂撰《棠湖诗稿》一卷、宋吴龙翰撰《古梅吟稿》六卷、元陈孚撰《陈刚中诗集》（《观光稿》《交州稿》《玉堂稿》各一卷）三卷《附录》一卷计4卷、元顾瑛辑《草堂雅集》十三卷后四卷计17卷、元张翥撰《蜕庵诗》五卷《补遗》一卷《附录》一卷计2种7卷、元张翥撰鲍廷博校并补录遗诗《蜕庵诗》五卷、元邓文原撰《巴西邓先生文集》一卷清鲍廷博辑《补遗》一卷计2种2卷、元张翥撰《蜕庵诗》四卷、元吾丘衍撰《竹素山房诗集》三卷《附录》一卷计4卷、宋王称撰《张邦昌事略》（不分卷）、赵氏竹崦庵本明张翰撰《松窗梦语》八卷、赵氏竹崦庵本明张翰撰《松窗梦语》八卷、宋俞文豹撰《吹剑录》一卷《外集》一卷计2种2卷、元黄庚撰《月屋樵吟》四卷、宋张先撰《安陆集词》四卷、宋桂万荣撰《棠阴比事》二卷、宋汪炎昶撰《古逸民先生集》一卷、宋汪炎昶撰《古逸民先生集》一卷《附录》一卷计2卷、清曹溶藏并撰《静惕堂藏书目录》一卷、清朱彝尊藏并撰《曝书亭书目》一卷、清季振宜藏并撰《延令宋板书目》一卷、题汉孔安国传日本太宰纯音《古文孝经孔氏传》一卷附《宋本古文孝经》一卷计2种2卷、《元典章奉使类纂》一卷等。

可见，知不足斋所藏抄本中无论是大部头著述，还是丛书、单行本古籍，都是十分有价值的。

鲍氏抄校本主要以知不足斋、困学斋为堂号，抄书字体宗颜、柳，行楷皆用。主要用纸为毛太纸，无格栏。是古代抄本中的佼佼者。除上列丛书抄本外，他的其他抄校单本也很有名。如抄南宋庐陵胡铨撰《胡澹庵先生文集》六卷，今藏上海图书馆，抄本版心印有“知不足斋正本”的格纸抄录，大约抄于乾隆三十四年（1769）八月至三十五年二月间，仅有140余页，鲍廷博居然花了7个月时间作校勘工作，因在开刻《知不足斋丛书》时此书已呈进四库馆，四库馆臣也准备以抄本为底本收入《四库全书》中，并作整理，后因得了马裕家的藏抄本为底本，而放弃了鲍抄本。鲍廷博抄本常以知不足斋、清风万卷堂、困学斋为号。知不足斋抄本一般为黑格10行，黑口，双鱼尾，左右双边，版心下印“知不足斋正本”6字，17.7×11.5；清风万卷堂抄本为黑格10行，白口，无鱼尾，左右双边，版心下方印“清风万卷堂藏书鲍廷博以文手校”14字，19×13.4；以困学斋名义抄书为黑格10行，细黑口，无鱼尾，左右双边，框外左下方印“鲍氏困学斋”5字，18.2×12.8。由于鲍氏抄本精好，就是转仿抄本也闻名于世。如北京师范大学图书馆（6册本，有清金德舆跋）、中国人民大学图书馆藏元邓文原撰《巴西文集》不分卷1函6册本的清抄本，有汤贻汾朱笔跋，还有乾隆四十年（1775）鲍廷博跋，上钤“遗稿天留”“知不足斋传秘册”“以文”“鲍家田”等印，但经细考，均属伪印，系仿鲍廷博知不足斋抄本，甚精。该抄本半页10行，行19字，细黑口，左右双边。[①]类似打着鲍廷博知不足斋旗号的抄本，今上海图书馆、中国科学院图书馆、清华大学图书馆、中山大学图书馆等十几个图书馆均有此所谓鲍廷博题跋本，用纸版式全同，字也同出一家抄工手。可见鲍氏抄本影响之大。

---

① 《中国人民大学图书馆古籍善本书目·集部·别集类》第204页、《北京师范大学图书馆古籍善本书目·集部·别集类·元》第247页著录。

鲍廷博在整理古籍方面功绩不仅体现在大批存世的抄、刻本上，在阅读大量古籍的基础上往往在校记、题识、题跋上留下大量手泽，其中数百种题识跋文等充分体现了鲍氏学术观点、编校水平和版本知识。今全国各大图书馆就留下鲍氏阅后留下大量手泽的古籍。

鲍廷博父子批校题识序跋存世著名古籍有：

清赵箕编《唐宋元三朝名贤小集》29种四十九卷、清陆烜奇晋斋刻自编《奇晋斋丛书十六种》十九卷。辑跋等单行本更多计有元仇远撰《山村遗稿》四卷元仇远撰清顾维岳辑《杂著》一卷鲍廷博辑《附录》二卷《补遗》一卷元吾衍撰《附录续》一卷《闲居录》一卷计5种10卷、元仇远撰《山村遗稿》一卷《附录》二卷《补遗附录续》（一卷）计3种4卷、宋陈思编元陈世隆补编《两宋名贤小集》一百十一卷、《宋明十一家词》十二卷、明抄《宋名贤七家词》七卷等，都是小丛书抄本。以上几种丛书就达150余种200余卷。

丛书之外的单行本更多，著名的有元李恕撰《易经旁训》四卷、明权衡撰《宝颜堂订正庚申外史》二卷、《五国故事》二卷2部、宋杨尧弼撰《伪齐录》二卷、宋李心传撰《建炎以来朝野杂记·甲集》二十卷《乙集》二十卷计2种40卷、宋晁公武撰《昭德先生郡斋读书志》四卷《后志》二卷及宋赵希弁撰《附志》一卷《考异》一卷计4种8卷、清钱曾藏并撰《也是园藏书目》十卷、梁陶弘景注清秦恩复校《鬼谷子》三卷清秦恩复辑《篇目考》一卷《附录》一卷计2种5卷、《毗陵集》二十卷《补遗》一卷《附录》一卷计2种22卷、《猗觉寮杂记》二卷、《颜氏家训》七卷、《颜氏家训》二卷《考证》一卷计2种3卷、《东斋记事》五卷《补逸（遗）》一卷计2种6卷、《宋景文公笔记》又名《笔记》三卷、《游志续编》一卷、《宝刻类编》八卷、《清波杂志》十二卷《别志》三卷计2种15卷、《清波杂志》二卷、《肯綮录》一卷、《玉山名胜集》二十六卷、《玉山名胜集》二十六卷《外集》二卷计2种28卷、《玉山名胜集》八卷、《三孔先生清江文集》三十卷、《燕堂诗稿》一卷、《山村遗稿》四卷《杂著》一卷《附录》二卷《补遗》一卷《附录续》一卷元吾衍撰《闲居录》一卷计4种10卷、《元郭天锡日记》（不分卷）、《优古堂诗话》一卷、《娱书堂诗话》二卷、《后村诗话》二卷、《后村诗余》二卷、《钱塘韦先生文集》十八卷、《西溪丛语》二卷、《乖崖先生全集》十二卷、《金盖心灯》六卷、《对床夜话》五卷、《贺方回词》二卷《东山词》二卷计2种4卷2部、《贺方回词》二卷、《离骚草木疏》四卷、《句曲外史贞居先生集》七卷、《离骚集传》一卷、《司空表圣文集》十卷、《河南穆先生文集》三卷《穆参军遗事》又名《河南集》《河南穆公集》《穆参军集》《宋穆参军先生文集》一卷计2种4卷、《钜鹿东观集》十卷、《危太朴集》二册及《（战）国策》一部跋、《虚谷桐江续集》四十八卷、《方虚谷桐江集》四卷、《桐江集》四卷、《桐江集》不分卷2部、《江月松风集》十二卷、《公是先生文集》不分卷、《钱塘韦先生文集》十八卷、《老圃集》又名《洪驹父老圃集》上下卷计2卷、《皇朝名臣续碑传琬琰录》十六卷、《增广笺注简斋诗集》三十卷《无住词》一卷《胡学士续添简斋诗笺正误》一卷《简斋先生年谱》一卷计4种33卷、《剑南诗稿》八十五卷、《放翁逸稿》二卷、《南湖集》十卷、《翠微南征录》诗集十卷《首》一卷计11卷2种、《后梁春秋》二卷、《汉书》一百卷、《靖康孤臣泣血录》一卷、《唐虢国公杨花台铭》、《两汉刊误补遗》一卷、《桂堂诗话》、《钱塘遗事》十卷2部、《契丹国志》二十七卷、《日涉园集》十卷、《［咸淳］临安志序录》不分卷、《中吴纪闻》六卷、《武林旧事逸》四卷、《涑水纪闻》二卷、《续宋编年资治通鉴》十八卷、《玉照新志》六卷、《桯史》十五卷、《山居新话》一卷、《梧溪集》七卷、《白氏文集》七十一卷、《墨史》三卷、《林和靖先生诗集》四卷《省心录》一卷《诗话》又名《林集诗话》一卷计3种6卷2部、《北湖集》五卷、《斜川集》六卷《附录》二卷计8卷、《斜川集》六卷《订误》一卷《附录》二卷《补遗》二卷《续抄》一卷《附录》一卷计4种13卷、《洪龟父集》

又名《清非集》二卷、《刘给事文集》五卷《附录》一卷计6卷、《刘左史》又名《刘左史文集》《刘左史集》四卷、《胡澹庵先生文集》六卷、《野谷诗稿》六卷、《柳塘外集》二卷、《湖山类稿》五卷《外稿》一卷《附录》一卷计2种7卷又有《湖山类稿》五卷《水云集》一卷《附录》一卷《亡宋旧宫人词》一卷计3种8卷、《剡源戴先生文集》三十卷、《霁山先生白石樵唱》六卷《文集》四卷计2种10卷、《存悔斋集》一卷《遗诗》一卷《补遗》一卷计3种3卷、《圭斋文集》又名《圭斋集》十六卷、《张大家兰雪集》又名《兰雪集》二卷《后附》一卷计2种3卷、《九灵山房集》三十卷、《乐志园诗集》八卷《补遗》一卷计2种9卷、《重刊校正笠泽丛书》四卷《补遗诗》一卷计2种5卷、《东堂词》一卷、《重刊校正笠泽丛书》四卷《补遗诗》一卷《续补遗》一卷计3种6卷、《吾汶稿》十卷、《三朝北盟会编》二百五十卷、《南海百咏》一卷、《沧浪集》又名《沧浪诗集》四卷、《真山民诗集》一卷、《白石道人歌曲》七卷、《滹南集》四卷《诗话》三卷计2种7卷、《九灵山房稿》三十卷、《野趣有声画》二卷、《竹素山房诗集》三卷《附录》一卷《闲居录》一卷计2种5卷、《玉井樵唱正续》不分卷、《弁山小隐吟录》二卷、《栲栳山人诗集》又名《栲栳山人集》三卷、《句曲外史贞居先生集》七卷、《竹素山房集》三卷《附录》一卷计4卷、宋郑震撰《三山郑菊山先生清隽集》一卷宋郑思肖撰《所南翁一百二十图诗集》一卷《郑所南先生文集》一卷计3种3卷、《信斋词》一卷、《简斋词》一卷、《丁鹤年先生诗集》一卷、《金粟道人逸诗》四卷、《玉山逸稿》四卷、《虞山人诗》三卷、《竹斋诗集》4种6卷、《默记》一卷和二卷计2种3卷、《默记》一卷、《佩韦斋辑闻》四卷、校并跋《宝颜堂订正庚申外史》二卷、《建炎复辟记》一卷、《元云林书画壁卷》、《松雨轩集》八卷《附录》一卷计9卷、《梦庵词》一卷、《元遗山诗集》八卷《元郭天锡手书日记真迹》不分卷2种、《世善堂书目》一卷、《金石录补》不分卷、《侯鲭录》八卷、《避暑录话》二卷、《寓简》十卷2部、《墨庄漫录》十卷4部、《吹剑录外集》一卷、《吹剑录》一卷、《揭文安公文集》九卷《诗集》三卷《续集》二卷计3种14卷、《阳春白雪》八卷《外集》一卷计2种9卷、《志雅堂杂钞》一卷、《经锄堂杂志》八卷、《闲居录》一卷、《五总志》一卷、《西塘集耆旧续闻》十卷、《敦交集》一卷、《庶斋老学丛谈》三卷、《优古堂诗话》一卷、《虚斋乐府》二卷、跋《申斋文集》又名《申斋刘先生文集》十五卷、《千顷堂书目》三十二卷、《遂昌山人杂录》、校《寇忠愍公诗集》又名《忠愍公诗集》《忠愍集》《忠愍公诗》三卷、《钜鹿东观集》十卷《补遗》一卷计2种11卷、《夹漈遗稿》三卷和不分卷2种、《高峰先生文集 》七卷又四卷计2种11卷、《晞发集》五卷《外集》一卷计2种6卷、《吴允文集》一卷、《吾汶稿》十卷、《夷白斋稿》十二卷、《冯秋水先生评定存雅堂遗稿》十三卷《补刊》一卷计2种14卷、《闲闲老人滏水文集》二十卷《附录》一卷计21卷、《月屋樵吟》四卷、《陈刚中诗集》三卷《附录》一卷计4卷、《傅与砺诗集》八卷、《野处类稿》二卷、《鼓枻稿》六卷及一卷计2种7卷、《圭塘欸乃集》一卷、《乾坤清气集》十四卷、《入蜀记》六卷、《四朝闻见录·甲集》一卷《乙集》一卷《丙集》一卷《丁集》一卷《戊集》一卷计5种5卷、《弁山小隐吟录》二卷、《云烟过眼录》一卷、《江淮异人传》又作《江淮异人录》一卷、《绍陶录》二卷、《徐公文集》三十卷、《素履斋稿》二卷、《钱塘韦先生文集》十卷、《乐府雅词》三卷《拾遗》二卷计2种5卷、《霏雪录》不分卷、《金楼子附校》六卷、《词源》二卷、校点《诗传注疏》三卷及《汴都遗闻》一卷、《洞天清禄集》、《云庄四六馀话》一卷、《金盖心灯》八卷、《汴都遗闻》一卷附《兴龙节集英殿教坊词》一卷计2种2卷、《昭德先生郡斋读书志》四卷《后志》二卷宋赵希弁撰《附志》一卷《考异》一卷计4种8卷、《玉楮集》、《棠湖诗稿》一卷、《乐志园诗集》八卷《补遗》一卷计2种9卷、《辛巳泣蕲录》一卷、《断肠集》十卷《后集》四卷计2种14卷、《断肠集》十卷、《申斋刘先生文集》十五卷、《笠芸诗瓢》十二卷、《翠微南征录》十一卷、《丁鹤年先生诗集》一卷、《华夷花木鸟兽珍玩考》十二卷等。

此外，他还对《汉书》一百卷题款，留下笔迹。

鲍廷博在整理古籍中突出的成就是编辑出版著名的《知不足斋丛书》和丛书外的一些著名的单行本。曾说："物无聚而不散，吾将以散为聚耳。金玉玑贝，世之所重，然地不爱宝，耗则复生。至于书，则作者之精神性命托焉。著古昔之唔唔，传千里之忞忞者甚伟也。书逾少则传逾难，设不广为之所，古人几微之绪，不将自我而绝乎？乞火莫若取燧，寄汲莫若凿井，惧其书之不能久聚，莫若及吾身而善散之也。"因此，他生平最大的愿望是"惟有多刊善本公诸海内，使承学之士，得所观摩"。卢文弨对他高度评价。在《征刻古今名人著作疏》中说："吾友鲍君以文者，生而笃好书籍，于人世一切富贵利达之足以艳人者，举无所概于中，而惟文史是耽。所藏弆多善本，并有人间所未尽见者。进之秘省之外，复不私以为枕秘，而欲公之。晨书暝写，句核字雠，乃始付之梓人氏。枣梨既精，剞劂亦良，以是毁其家，不恤也。"他矢志刊刻的《知不足斋丛书》主要选择经史考订、算书、金石、地理、书画、诗文集、书目等专著，均精抄旧刻，亲自校订，过细勘刻，使之成为清代巾箱（袖珍）本中精校、精刻的大型善本丛书。综观整部丛书，偏重于仿刻宋元旧椠，以广博见长，以网罗遗编为主。今据各大图书馆所藏全本丛书统计，共30集，每集8册，计240册，连同细目中的分目222种，834卷。既非如陈登原《古今典籍聚散考·藏弆卷》卷三和安徽省博物馆藏民国歙县许承尧手稿本《歙事闲谭》第9册等文献所称32集，也非书目上常说的781卷。

二、刻书大家

鲍廷博更是刻书大家。这是他"以散为聚"的藏书思想的进一步实践，以刻书的方法把书永存于世。所刻最著名的要数他精选藏书家互相传抄从未问世者、名人著作未刻行者及绝版或已收入丛书但版本较差的经精审校勘后家藏珍籍汇刻《知不足斋丛书》和首刊文学巨制《聊斋志异》。此外，他还对优秀的文学作品中“卓然可传者”，另刻单行本行世。

经考证，《知不足斋丛书》的刊刻始自乾隆三十四年（1769），终止于道光三年（1823）。鲍廷博在世时刊完前26集，第27集尚未刊毕，因心病发作而卒。子士恭[①]续刊至28集，其孙正言[②]在道光初继续刊完第29、30集，前后历3朝，经过3代人的努力，长达半个多世纪才完成这项重大的出版工程。

乾隆道光（1736—1850）间长塘鲍氏刊清鲍廷博辑、清鲍志祖续辑《知不足斋丛书》30集222 种八百二十一卷连同细目为834卷。《中国古籍总目·丛书部·杂纂类·清代前期》第385—390页（乾隆三十七年至道光三年长塘鲍氏刻汇印本作196种）、《中国丛书综录·汇编·杂纂类（清代前期）》第一册第134—137页、北京师范大学图书馆《中文古籍书目》下册第506页、《中国丛书综录补正·汇编·杂纂类（清代前期）》第28页、《汇刻书目》第五册第七十至八十页、《丛书书目汇编》第二册第二七二页至二七五页（仅著录至第二十八集，缺后两集）、《香港所藏古籍书目·丛部·汇编类》第545—548页（作226种）、《安徽文献书目》第315页（安徽省图书馆藏238册）、《安徽省馆藏皖人书目》第395页、《山东省图书馆馆藏海源阁书目·丛书·汇编类》第337页、《山西省图书馆普通线装书目录·总记门·丛书类》第993

---

① 鲍士恭，字志祖，又字青溪，鲍廷博子，仁和县诸生。乾隆（1736—1795）间开四库馆征书，今查《纂修四库全书档案》上册第九十页载，乾隆三十八年（1773）闰三月二十六日浙江巡抚三宝上奏：“访知省城内尚有鲍士恭、吴玉墀、汪启淑、孙仰曾、汪汝瑮五家，素号藏书……鲍士恭等俱能仰承德意，情愿呈献。”又从该书第九十七页载当年四月十三日三宝奏折称，鲍士恭奉父命进呈626种。《知不足斋丛书》第二十七、二十八集为士恭所刊。还刊汪氏《水云集》《湖山类稿》《参寥子》《唐阙史》等6册十余种，参校杨复吉编《昭代丛书》己集，还将御赐《古今图书集成》呈缴给文澜阁保存。

② 鲍正言，为鲍士宽长子，士恭侄，廷博孙，将《知不足斋丛书》第二十九、三十集刻竣，有“正言之印”“鲍大”等藏书印鉴。

页、《青海省古籍善本书目·丛书·汇编类》第二三五至二五一页著录，中国国家图书馆、首都图书馆、中国科学院图书馆、山西省图书馆（240册本）、北京师范大学图书馆（本版240册本，还藏1921年上海古书流通处影印鲍氏本240册本）、北京大学图书馆、中国中医科学院图书馆、上海图书馆、复旦大学图书馆、上海辞书出版社图书馆、天津图书馆、内蒙古自治区图书馆、辽宁省图书馆、吉林市图书馆、陕西省图书馆、甘肃省图书馆、山东省图书馆（30函240册本）、山东大学图书馆、南京图书馆、苏州市图书馆、安徽省图书馆（240册本）、浙江图书馆、浙江大学图书馆、福建省图书馆、河南省图书馆、湖北省图书馆、武汉图书馆、武汉大学图书馆、江西省图书馆、广东省（中山）图书馆、四川省图书馆、重庆市图书馆、四川大学图书馆、桂林市图书馆、广西壮族自治区图书馆、青海省图书馆（240册本）、青海民族大学图书馆（240册本）、青海师范大学图书馆（240册本）、宁夏回族自治区图书馆、中央民族大学图书馆、香港中文大学图书馆（240册本）、香港大学图书馆（240册本）、香港中央图书馆（240册本）、香港中山图书馆（240册本）、香港新亚研究所图书馆（224册本）均有完本收藏，北京大学图书馆[①]、黑龙江省、福建师范大学图书馆收藏不全。《增订四库简明目录标注》第550页也仅见过28集200种不全本。光绪八年（1882）岭南芸林仙馆又对鲍版进行修补重印，系鲍版易主第二次印刷，天津图书馆、湖北省图书馆藏。民国十年（1921）上海古书流通处据苏州许厚基（博明）家藏乾隆道光（1736—1850）间鲍氏刊本影印，使鲍氏这一巨大的出版工程流布更广，藏家更多。中国国家图书馆、中国科学院图书馆、北京大学图书馆、北京师范大学图书馆、上海图书馆、复旦大学图书馆、华东师范大学图书馆、上海师范大学图书馆、天津图书馆、内蒙古自治区图书馆、辽宁省图书馆、吉林大学图书馆、哈尔滨市图书馆、

---

① 《北京大学图书馆藏古籍善本书目·丛书部·杂丛类》第532页著录，北京大学图书馆仅存197种235册。

甘肃省图书馆、青岛市图书馆、浙江图书馆、福建师范大学图书馆、武汉大学图书馆、江西省图书馆、四川省图书馆、重庆市图书馆、四川大学图书馆、云南省图书馆、黑龙江省图书馆、桂林市图书馆、宁夏回族自治区图书馆、安徽省图书馆（218 册本）均完本收藏，还有清华大学图书馆、南京大学图书馆、湖北省图书馆、广东省图书馆、广西壮族自治区等图书馆收藏已不全。此外，《御览阙史》又名《御题唐阙史》未列入第一集内，作为首帙。由于统计口径不一，有的工具书作 197 种、202 种、226 种等。该刊本半页 9 行，行 21 字（13.3×10），黑口，左右双边，无鱼尾，版心下镌“知不足斋丛书”。民国二十四年（1935）上海商务印书馆汇编百部丛书定名《丛书集成》，收入鲍氏《知不足斋丛书》、高承勋《续知不足斋丛书》、鲍廷爵《后知不足斋丛书》，使之更为广传。

廷博刊刻古籍极其严谨，搜求善本不遗余力，为使所刻精益求精，鲍氏校刊古籍时总是字斟字酌，一丝不苟。正如鲍氏在《知不足斋丛书·古文孝经跋》中所自白的，为使刊本避免明人妄改古籍的弊病，除博采多种版本外，还要与赵氏小山堂、卢氏抱经堂、郁氏东啸轩、吴氏拜经楼、郑氏二老阁、金氏桐华馆等所藏精善本互校，抄补。“每刻一书，必广借诸藏家善本，参互校准。遇有互异之处，择其善者从之，义皆可通者两存之。虽然可疑而未有依据者仍之，而附注按语于下。从未尝以己见妄改一字。盖恐古人使事措辞，后人不习见，误以致疑，反失作者本来也。详慎于写样之时，精审于刻竣之后，更番铅椠，不厌再三，以期无负古人。”[①] 如刊刻王辟之的《渑水燕谈录》时就参考了明正德（1506—1521）间江阴（今扬州）白沙山人贡大章的本子、吴郡（今虞山）赵清常家藏本及宋刻本，以补足卷十之《谈谑》。对于该书《先兆》门的缺页造成不符王氏自序所称“三百六十余事”之数，经过多方考证，找出

① 《知不足斋丛书》第一集第一册。

《先兆》门和其他不完文。正式付刻时，他亲为丛书点校、作注、题跋。如《重雕足本鉴戒录》十卷的底本就是依上海图书馆所购清翁同龢旧藏宋浙刻本，已是罕秘孤笈，先后经项元汴、朱彝尊、王士禛、曹寅、顾千里、赵怀玉、鲍廷博及黄丕烈等众多明清两代名家赏鉴，印章、题跋众多，朱墨灿烂。该书主要纂辑唐五代有关政事，旨在“明其祸乱之胎，示以君臣之丑”以鉴世，内有不少并非史实，类似小说。黄丕烈在嘉庆九年（1804）题跋中称，追寻此书找了很久，才见到宋本，对方要价白镪三十金。因为太珍爱此本，恐怕机会失之交臂，遂以番钱三十三圆买下。书总共五十七叶，题跋一叶，如果以叶论价，则每叶银子四钱六分，不由感叹宋刻本实在贵得厉害，而自己于宋本书之痴迷，可谓达到了极点。这时有位同好在旁说：“此书的可贵，不仅在宋刻本身，而且还在于题跋。书画碑帖往往以有名家题跋而显得更为珍贵，对书来说，也是如此。”这真是知己之言，不由得不为之拍手称快。此书特点一是仿唐以前卷子本来面目各卷卷端书名大字占双行，标题另起，上加鱼尾，是宋坊刻本中不可多见的排版形式；二是多简字、俗字，如乱、宝、国、弃、无、声、礼、数、灯等及骵（体）、忻（惊）、斈（学）、挙（举）等。鲍氏刻本成为此书的通行本。

鲍廷博选刊《知不足斋丛书》精于选择，尤重搜求海内外善本、孤本。丛书的《凡例》对选刊的宗旨就明确表明以世间难觅书为主及“藏弆家仅有传钞而无刻本者，有时贤先辈撰著脱稿而未流传行世者，有刻本行世久远而旧板散亡者，有诸家丛书编刻而讹误脱略未经人勘正者”。据鲍氏在《世善堂书目跋》中称，他为了求得厉征君（鹗）家出售的《辽史拾遗》手稿所缺50页，“百计求之不得”。“一日步至青云街，见拾字僧肩废纸双巨簏。检视之，皆厉氏所弃”，“亟市以归，纷如乱丝，一一为之整理，适符如缺”。还有刻入丛书中第1集第2册中的汉孔安国撰、（日本）太宰纯音《古文孝经孔氏传》一卷，刻入第21集161册中的汉郑玄撰、（日本）冈田挺之辑刻《孝经郑注》三卷，刻入丛书第7集的魏何晏集解、梁皇侃义疏的日本刻本《论语集解义疏》十卷，刻入第26集201册的隋萧吉撰《五行大义》五卷及刻入第30集的日本人上毛河世宁编纂的《全唐诗逸》三卷，还是鲍廷博延请杭州商人汪鹏[①]等人从日本百计求得的中土早已失传的珍秘本。其中，汪翼沧求购的就有《孝经》孔传、郑注、《论语集解义疏》《全唐诗逸》4种，实为鲍氏搜奇揽胜三到东瀛的功臣。鲍氏早在乾隆四十一年（1776）在刻《孝经》孔传跋里就给汪氏这一大功载入史册，称为寻此书，“汪君所至为长崎岙，距其东部尚三千里。此书购访数年，得之甚艰。”汪氏也在自著《日本碎语》又名《袖海编》[②]中的第11则中记载了他到日本访书、购书的情况：“书籍甚多，间有中国所无之本。亦建圣庙，有官称圣庙先生。客有携书往售者，必由圣庙官检阅，恐涉天主教耳。余购得《古文孝经孔氏传》及《七经孟子考文补遗》等。传之士林焉。”

由于鲍廷博殚精竭思，选本精当，校雠审慎，使这部丛书的学术、资料价值大大得高，成为公认的“学者必需之书”，古籍整理中的善本、珍本，他也因之名垂青史。如收入丛书中的《渑水燕谈录》是袁桷纂修辽、金、宋史的书目；《九章算术》在中华数学史上享有盛誉；余如程敏政撰《宋遗民录》、佚名的《庆元党禁》、董史著《皇宋书录》、佚名的《学士年表》以及钱大昕著《修唐书史臣表》等书均被列入宋代47种传记中。还有传记类史籍，如宋释文莹著《玉壶清话》、洪遵著《翰苑遗事》、桑世昌著《兰亭考》、俞松著《兰亭续考》、岳珂著《愧郯录》、吴仁杰著《两汉刊误补遗》、李季可著《松窗百说》、赵德麟著《侯鲭录》、吴可著《藏海诗话》、刘昌诗著《芦浦笔记》、元陈世隆著《北轩笔记》、吴师道著《吴礼部诗话》、明赵崡的《石墨镌华》等都是难得的珍本秘

① 汪鹏，字翼沧，又作翼苍、翼昌，号竹里山人，钱塘（今杭州市）人。是乾嘉道（1736—1850）间常去日本购求古籍的书贾，善画，著《日本碎语》又名《袖海编》一卷。他去日本频繁，几乎是一年一次，所购古本佚书，或归呈四库馆，或付鲍廷博、阮元传刻行世。

② 此书清梁玉绳《瞥记》附入该书的16则，余佚。

籍。再如，乾隆五十八年（1793）刻入本丛书第19集的宋陈鹄撰《西塘集耆旧续闻》十卷，此书收入《四库全书总目·子部·小说家类》就是鲍家藏本题作《耆旧续闻》。此书自乾隆四十四年（1779）八月起迄五十一年（1786）十月止，以丁杰藏本校历时7年多，经过多次重校才开雕的。《标点善本题跋集录·子部·小说家类》详细记载了校勘整个过程。乾隆五十三年(1788)刊，收入丛书第26集中最后一部书稿是宋苏过（字叔党）撰《斜川集》六卷。此书自明代就已丢失。很多藏书家高价求真本不得，书贾常以刘过的《龙洲集》改题欺售。乾隆四十六年（1781），在翁方纲家集会时，翁方纲展示周永年从《永乐大典》中辑出的《斜川集》，使众与会者大饱眼福，赵怀玉欣然领任此书校雠之役，并厘为6卷，由知不足斋校刻，使之从金匮石室中回到人间。嘉庆十五年(1810)鲍氏又将由全唐文馆总纂、清法式善从《永乐大典》中检索的苏过遗诗53首，文15篇编为《斜川集补遗》二卷，作为《附录》刊刻。收入第十一集由南宋邓牧（1247—1306）所撰《伯牙琴》一书，《四库全书》仅收入24篇文章，无诗作，而鲍氏此刻增收5篇文章，增补13章诗作，将古籍中的遗珠尽量收罗。类似上述恢复古籍的本来面貌的例子不胜枚举，细心的读者只要认真地翻阅一下各书的序、跋就会了然。

为了确保这套丛书质量和体例完整统一，鲍廷博于乾隆四十一年（1776）十一月自撰《知不足斋丛书序》，并手定《凡例》八则，规定了《丛书》的收录范围、标准、文字校勘、刊刻样式、资金来源等问题。具体为：

“一是编以八册为一函，以一函为一集。得书既有先后，校订亦有迟速，故不能统集部分，只于每集略有诠次。自癸巳岁(乾隆三十八年，1773)恭进遗书，钦蒙皇上御题《唐阙史》及《武经总要》二书，颁示珍藏，因先以《唐阙史》敬谨校刻，冠一集之首。其《武经总要》卷帙稍繁，尚俟续刻。

一（二）先儒论著凡有涉经史诸子者，取其羽翼经传，裨益见闻，供学者考镜之助，方为入集，以资实用。馀如诗文专集，卓然可传者间为另刻单行，概不搀入，非尽谓吟咏篇章无关学问，盖是编裒集之体例宜然也。至于诗话、文史，每及风雅遗事，多类说家，存之以备尚论取益焉。

一（三）是编诸书有向来藏弆家仅有传抄而无刻本者，有时贤先辈撰著脱稿而未流传行世者，有刻本行世久远，旧板散亡者，有诸家丛书编刻而讹误脱略，未经人勘正者，始为择取校正入集，若前人已刻传世甚广，而卷帙更富，概未暇及。

一（四）编中诸书，或敝箧旧藏，或书肆新得，或友人持赠，或同志借抄，其间流移授受之原委，与夫反覆订证之苦心，皆为表微缀之卷末，多藉光于良友间，僭附以鄙言，至于原本跋语，虽仅记年月，无关书指者，亦悉仍旧观，不敢湮没也。

一（五）旧本转写承讹袭谬，是编每刻一书，必广借诸藏书家善本参互校雠，遇有互异之处，择其善者从之，义皆可通者两存之，显然可疑而未有依据者仍之，而附注按语之下，从未尝以己见妄改一字。盖恐古人使事措辞，后人不习见，误以致疑，反失作者本来也。详慎于写样之时，精审于刻竣之后，更番铅椠，不厌再三，以期无负古人，间有未尽，则几尘风叶之喻，前人已难之矣，尚期同志随时指示，以便刊正。

一（六）古书流传，每多缺佚，万难求全者，留心购访，久而不得，姑仍其旧。每憾昔人刻书遇脱简处连缀及之，贻误后人，非细故矣。海内之大，岂无完善异本珍秘石仓！凡大雅君子得有邺架善本，可以补集中诸书之阙者，尚冀多方因缘寄示，俾成完书，此则公世之盛心，爱及古人，惠施来学，非廷博一人之私幸也。

一（七）廷博一介寒士，囊橐易尽而刻书之志无已时，是编经营已半，藉同人之力，兹后尚望爱我者慨然将伯之助，俾得丛编嗣出，津逮无穷，实古哲先灵所抃手称庆者也。

一（八）是集不独阐述陈编，兼之表扬幽隐，海内名人贤裔家藏祖父遗书、前贤秘册未经流布，悉望寄刊，使不朽之业显出于名山，而集腋之裘日有所增益。盖家集专行未始不可以传永久，然与名贤日制荟萃一函，存与俱存，相为依倚，刻费多寡随有力者助之，总期成全美举而已。知不足斋后人鲍廷博识。”

因此，《知不足斋丛书》问世后就为士林珍视，获得当时的著名学者阮元、卢文弨、顾广圻、朱文藻、翁广平、吴翌凤等辈的交口称赞。乾隆三十七年（1772）四月既望，东里卢文弨在钟山书院须友堂为《知不足斋丛书》作序[①]称：“昔人丛书之刻为嘉惠于学者至也。虽然亦有反以为病者，真伪不分，雅俗不辨，或删削而非完善，或脱误而鲜校雠……吾常以谓必得深于书旨而有馀力者，始足任此事。择之必其精，如《三坟》《端木诗传》《鲁诗说》《素书》《忠经》《天禄外史》之类勿录也。取之必其雅，如《百川学海》《百家名书》所辑之繁芜猥杂者勿录也。而且勿惜工费，一书必使其首尾完备，勿加删节。至于校雠之功，如去疾焉，期于尽而后止。如此，古人之精神始有所寄，而后人之聪明亦有所入，则丛书之刻乃有益而无弊。或问余曰：‘子所属望者，今岂有其人乎？’余曰：‘必吾友鲍君。’既答友人，然未语鲍也。今鲍君果有斯举，先以其目视余，凡百数十种，皆善本，无伪书、俗书得间厕焉。其校雠之精，则其曩时尝刻《销夏记》《名医类案》等书已有明证，不待言已……吾之有取于鲍君者，正以其深于书者，年力方富而无他事之累，又不因之以为刊。其书之成，必优于陶九成（宗仪）、商濬、屠隆、吴琯、胡文焕诸人所集可知也。噫！自唐以来，说部之流传于今者盖寡矣。安得天下多生鲍君其人，而使前人之著述有所藉而不至澌灭也欤！”对这部丛书给予极高的评价。

乾隆五十七年（1792）八月二十七日，卢文弨在《知不足斋丛书》

---

① 鲍刻《知不足斋丛书》卢序末署“乾隆三十七年四月既望，东里卢文弨书于钟山书院之须友堂”，刘尚恒先生在《鲍廷博年谱》第72页依《抱经堂文集》卷五收入此序作乾隆四十年（1775）而归入此年。

第二十六集撰《征刻古今名人著述疏》中更竭力推崇鲍廷博为人和献身书业精神，呼吁有识之士鼎立共襄盛举。卢文指出："若吾友鲍君以文者，生而笃好书籍，于人世一切富贵利达之足以艳人者举无所概于中，而唯文史是耽，所藏弆多善本，并人间所未尽见者，进之秘省之外，复不私以为枕秘，而欲公之，晨书暝写，句核字雠，乃始付之梓人氏，枣梨既精，剞劂亦良，以是毁其家不恤也。同志者乐斯举也，而率金以为助，已裒然成数十百种行于世，世之学者每闻《知不足斋丛书》出，必争先购之以为快，抑其未尽出者尚多也，向之相助者，鲍君之交游也，闻风而踊跃者，近地之人也。""今好行其德者世多有，有佐公上之急者，有助国家养其民者，其善之所及，可以济一乡一邑，既久而不倦，亦仅及身而止耳，孰知传书之利益于人也。中国海外罔不暨焉，传之二三百年犹不尽，纸敝而墨渝焉，二三百年中亦必有能继斯志者。鲍君岂独享其名？嘉鲍者亦必嘉众君子相与为助之功，旧刻之班班具列者，至今犹未沫也。年寿有时尽，荣禄止于其身，孰若斯名之不朽也。"李调元在《函海》总序中说它是一部深受"海内推崇"的大型丛书。王鸣盛在《知不足斋丛书序》中也说它："有功于艺林为甚巨。今夫经之有传注训诂，史之有辨证援据，学问之大者，尽于此矣。"清末洋务派首领张之洞评述鲍廷博这一古籍整理史上的丰碑时也说："如歙之鲍（廷博）、吴之黄（丕烈）、南海之伍（崇曜）、金山之钱（熙祚），可决其五百年中，必不泯灭。"正确评价了这部丛书的历史地位。

鲍氏《知不足斋丛书》多次重印，供不应求。鲍氏衰落后，后残版辗转归岭南苏氏芸林仙馆，苏氏分别于同治十一年（1872）、光绪八年（1882）补修重印。今查安徽大学古籍整理办公室资料室和安庆市图书馆藏岭南苏氏同治十一年补残巾箱本《知不足斋丛书》，也是30集，子目和卷数与鲍氏原刻本完全相同。光绪八年本天津图书馆、湖北省等图书馆藏，也同。还有一种江西翻刻本，即清马俊良辑，乾隆五十九年（1794）石门马氏大酉山房刊本以及清世德堂重刊本中的《龙威秘书二集——〈四库论录〉》13 种 25 卷，实由《知不足斋丛书》抽凑。其中，唐人两种：唐参寥子（高彦休）撰《御览阙史》二卷，唐冯贽撰《云仙杂记》一卷。宋人 8 种：吴淑《江淮异人录》一卷，钱杲之《离骚集传》一卷，吴仁杰《离骚草木疏》一卷，陈旉《农书》三卷，秦观《蚕书》一卷，楼琇《於潜令楼公进耕织二图诗》一卷、《附录》一卷，郑文宝《江南余载》二卷，佚名《五国故事》二卷。明代两种：萧洵《故宫遗录》二卷，邝露《赤雅》三卷及清代蓝鼎元著《平台纪略》一卷 1 种。1921 年上海古书流通处还据鲍氏原刻本进行影印，使鲍刻流通更广。鲍氏刻书也有类似书商根据需要将已刻和新印重新拼凑的丛书出售的现象。如中国科学院图书馆所藏《鲍刻六种》三十一卷，印制精良，线装 2 函 14 册中的宋朱弁撰《曲洧旧闻》十卷系《丛书》中第 7 集收录本；明郭宗昌撰《金石史》二卷系《丛书》中第 4 集收录，唐樊绰撰《蛮书》十卷、宋张淏撰《云谷杂记》五卷则系新刻或单行本，而非如郑伟章同志所说的“都刻入了丛书”[①]。

除鲍氏原版、修补版、衍版广为流传外，仿鲍氏知不足斋新编新刻也不在少数。著名的有渤海高承勋辑刻的《续知不足斋丛书》、同族鲍廷爵辑刻的《后知不足斋丛书》，又有《仿知不足斋丛书》《补不足斋丛书》，还有《勉不足斋》《知足斋丛书》等皆因鲍氏而起。嘉庆三年（1798）就是不按鲍刻丛书取名的桐川顾修在编刊《读画斋丛书》[②]时不仅遵照《知不足斋丛书》体例，而且鲍廷博还不遗余力为其提供版本，亲自为其校勘了不少子书。所以，当年十月仁和孙志祖（字诒谷，号约斋）在《读画斋丛书序》中说：“由是鲍君以文感赐书之荣，悉出其所藏善本，不限时代，凡可以信今而传后者汇付之梓，世所行《知不足斋丛书》已刻二十集，计一百数十种而未有已也。士之笃志嗜古者擩染沐

① 详 1989 年第 8 期《出版工作·鲍廷博知不足斋刻书》第 109 页。

② 《读画斋丛书》刻于嘉庆四年至十六年（1799—1811），分甲、乙、丙、丁、戊、己、庚、辛 8 集巾箱本，每集 1 函 8 册，既不按四部分类，也不分时代先后为序。

浴，闻风兴起，予所知桐川顾司马菉厓（修）性好蓄书，而虑其采之弗广，择之弗精也，每得一书，必与以文商榷论定之。萧山徐君北溟（鲲）互相校勘，书中一字之误，必参验众本，求其至是而后安，因仿鲍书之例，刻《读画斋丛书》。”

其中，不乏名版，但比起鲍氏原版不啻是东施效颦，在中国古代出版史和古籍整理史上的地位远不能与之相媲美。更重要的是他还掀起刊刻古籍的风气。金天翮曾评价道：“廷博文学不足传于后，而有力好事，能精雕秘籍以饷当世，书为当世重，其名不朽。自是而士礼居、守山阁、粤雅堂等继踵而起，遗风且至于今未沫，以视稽古之荣，亦何多让哉！”[①] 还有一点需要点出的是：鲍氏刻书有的为代人所刻，有的靠人助资。如本丛书第七集中《论语集解义疏》十卷即为浙江巡抚伍纳拉出资所刻。伍纳拉获罪论斩后，鲍氏为避嫌，立即将其姓名剜去。前面在讲到他因刻书耗尽家产后，已举为人刻书而未成的例子，这里就不再重复了。

乾隆（1736—1795）间杭州刻清鲍廷博编《鲍刻六种》三十一卷。《中国古籍总目·丛书部·杂纂类·清代前期》第385页著录，中国科学院图书馆藏。

乾隆二十六年（1761）鲍氏知不足斋刻清孙承泽撰《七十二家集》三百四十六卷、《附录》七十二卷计418卷。笔者曾在故宫博物院图书馆原馆长朱赛虹办公室查该馆藏书中该版本。时未来得及详记细目，今按明天启崇祯（1621—1644）间刻明张燮编《七十二家集》三百四十六卷、《附录》七十二卷。中国国家图书馆藏120册本中《陆平原集》一卷、《附录》一卷系抄配本。还藏1部仅有72家409卷72册不全本。该刊本半页9行，行18字，小字双行同，白口，左右双边。而《藏园群书经眼录·集部六》卷十七第一四四七至一四四八页作242卷，没有附录，系不全本。

乾隆（1736—1795）间华韵轩以巾箱本刊清□□辑《巾箱小品》13

---

① 《皖志列传稿·鲍廷博》卷三。

种十三卷。《中国古籍总目·子部·艺术类·丛编之属》第1263页、《中国丛书综录·类编·子类·艺术》第一册第740页（作清刊本）、《中国丛书综录补正》第215—216页（作乾隆间刻）、《北京大学图书馆藏古籍善本书目·子部·杂家类》第298页著录，首都图书馆、北京大学图书馆（6册本）、清华大学图书馆、山东大学图书馆、南京图书馆藏。

鲍氏除刊刻大型巾箱本《知不足斋丛书》《七十二家集》《巾箱小品》仅此3种丛书就有308种1253卷外，还刊刻了大批单行本。笔者粗略统计了一下所整理的鲍氏刻书、校书资料，《丛书》之外的近40余种，300余卷。这里面有很多是精善本和当时的名版。如早在乾隆三十年（1765）校刻的宋汪元量撰《知不足斋合刻汪水云诗》2种六卷，今中国国家图书馆、四川省图书馆藏本列入国家级善本书。乾隆（1736—1795）间还刻明汪氏所增《列女传》十六卷，明江瓘撰《名医类案》十二卷，清万斯同撰《历代纪元汇考》五卷等，尤以合刻《聊斋志异》十六卷为著。此书早在乾隆二十八年（1763）赵起杲任浙江杭州知府时鲍廷博就极力劝赵刊行，赵因事未刻。乾隆三十一年（1766）赵任严州知府才由余集、鲍廷博任校勘，进行刊刻，书刻至十二卷时，赵起杲病逝。初任余集也于乾隆三十一年考中进士，进入四库馆任纂修。起杲弟赵皋亭托付鲍廷博全权负责全书，也称青柯亭本。因鲍廷博从策划、出资、校勘均负主要责任，故学人称之为鲍本。这类刻书具体有：

乾隆八年（1743）知不足斋刻宋姜夔撰《白石道人诗集》一卷附《诗说》一卷、《歌曲》四卷、《别集》一卷计4种7卷。《安徽省古籍善本书目·集部·别集类·宋代》卷四第六十五页著录，芜湖市图书馆藏2册本。此为不全本。

清鲍氏知不足斋重刻陆钟辉本宋姜夔撰《白石道人诗集》二卷、《集外诗》一卷、《诗说》一卷、《歌曲》四卷、《歌曲别集》一卷、《附录》一卷计6种10卷。《中国古籍善本总目·集部·宋别集类》第一二九一页、《北京师范大学图书馆古籍善本书目·集部·别集类·宋》第246页、《中国人民大学图书馆古籍善本书目·集部·别集类》第203页著录，北京师范大学图书馆（2册本）、中国人民大学图书馆（1函4册本4部及1部仅存《诗集》二卷、《集外诗》一卷、《附录》一卷、《诗说》一卷4种5卷1函1册不全本）、湖北艺术学院图书馆、湖南省图书馆及北京市文物局藏。该刊本半页11行，行19字，白口，单鱼尾，左右双边，封面镌“知不足斋重雕”。

清鲍氏知不足斋刻宋姜夔撰《白石道人诗》一卷、《集外诗》一卷、《诗说》一卷、《诸贤酬赠诗》一卷计4种4卷。《中国古籍总目·集部·别集类·宋代之属》第355页著录，中国国家图书馆、浙江图书馆、上海辞书出版社图书馆（有清叶德辉跋）藏。

清鲍氏知不足斋刻宋姜夔撰《姜白石集》九卷《附录》一卷计10卷。《中国古籍善本总目·集部·宋别集类》第一二九一页著录，上海辞书出版社图书馆藏。

清鲍氏知不足斋刻宋姜夔撰《白石道人诗》二卷、《集外诗》一卷、《诗说》一卷、《歌曲》四卷、《别集》一卷、《附录》一卷计5种10卷。《中国古籍总目·集部·别集类·宋代之属》第355页著录，中国国家图书馆、上海图书馆、南京图书馆藏。

清鲍氏知不足斋刻宋姜夔撰《姜白石集》九卷、《集外诗》一卷计2种10卷。《中国古籍总目·集部·别集类·宋代之属》第357页著录，南京图书馆藏。

乾隆十年（1745）花韵轩刻好友清锁冯普撰《古今姓汇》二卷。《中国古籍善本总目·史部·传记类·氏姓》第四四一页、《安徽省古籍善本书目》著录，原藏安徽省文史馆，后转入安徽省图书馆藏，吉林省某单位藏。牌记：“《古今姓汇》，乾隆乙丑（十年，1745）花韵轩梓藏。”封面题：“歙鲍氏花韵轩精刻”，有乾隆十年曹学诗序。由方敦德校。

清鲍氏知不足斋刻宋姜夔（字尧章）撰《白石道人诗集》二卷、《集外诗》一卷、《歌曲》四卷、《歌曲别集》一卷、《附录》一卷计5种9卷。

《中国古籍善本书目・集部・宋别集类》第 317 页、《中国古旧书刊拍卖目录》第 155 页著录，上海辞书出版社图书馆藏。以上 3 种种类及卷数不一，应为 1 种版本 3 种印本，总品种应为 13 种 24 卷。中国书店拍卖版式为 18×17，白纸 2 册本。

乾隆二十一年（1756）鲍廷博刻清钱塘魏之琇撰《岭云诗钞》一卷。《中国古籍善本书目・集部・清别集》第 1192 页、《中国古籍善本总目・集部・清别集类》第一五八〇页、《中国古籍总目・集部・别集类・清代之属・清前期》第 1417 页、《清人别集总目》第 2450 页著录，中国国家图书馆、南京图书馆（有吴骞跋）藏。该刊本半页 10 行，行 20 字，黑口，四周单边。

乾隆（1736—1795）间刻清厉鹗撰《樊榭山房集》十卷、《续集》十卷计 2 种 20 卷。《中国古籍善本书目・集部・清别集类》第 1112—1113 页、《中国古籍善本总目・集部・清别集类》第一五八四页著录，上海图书馆（清翁方纲评点及清吴骞跋并录清汪师韩跋各 1 部）、湖南省图书馆（清钱载批、叶启勋跋），浙江博物馆（沈曾植录清翁方纲等评）藏。该刊本半页 12 行，行 24 字，白口，四周单边。据目录学家清叶德辉三弟德炯次子叶启勋在《拾经楼细书录》中说："乾隆辛巳（二十六年，1761）其子（厉）志巘以手稿附鲍以文廷博校刊本。"此书为鲍氏刻于乾隆二十六年。还有北京大学图书馆、清华大学图书馆、山西省图书馆、安庆市图书馆、福建省图书馆、湖北省图书馆藏乾隆（1736—1795）间刻《樊榭山房集》十卷、《续集》十卷、《文集》八卷计 3 种 28 卷不知是否为鲍刻？但查《中国古籍善本总目》第一五八四页还著录北京大学图书馆、安庆市图书馆、湖北省图书馆藏乾隆四十三年（1778）歙县汪沆刻《樊榭山房集文集》八卷，也是半页 12 行，行 24 字，白口，四周单边，疑这两位老乡先后均刻了与安徽关系极大的厉鹗集子，这些版本是否有他们有共同关系，待考。

乾隆二十五年至二十六年（1760—1761）鲍廷博、郑竺刻清孙承泽撰《庚子销夏记》八卷附《闲者轩帖考》一卷计2种9卷。

《中国古籍善本总目·子部·艺术类·书画》第九二四页至九二五页、《中国古籍总目·子部·艺术类·书画之属·著录》第1271页、《鲍廷博年谱》第353页著录，中国国家图书馆（清叶商跋并录清何焯批注，清何焯、清朱筠、清余集、清夏璜、清卢文弨题识）、中国科学院图书馆、上海（清龚橙录清何焯校）、辽宁图书馆、大连市图书馆、沈阳鲁迅美术学院图书馆、吉林省图书馆、长春市图书馆、吉林大学图书馆、东北师范大学图书馆、南京图书馆及北京市文物局（傅增湘跋并录清何焯、清翁方纲、清何绍基题识）、辽宁省博物馆藏。南京图书馆还藏此版增修本，有徐圣秋批。此书分别收入《四库全书》、宣统民国初铅印《风雨楼丛书》等丛书中。鲍氏此书计2种版本。

乾隆二十六年（1761）二月鲍廷博、郑竺刻清孙承泽撰《庚子销夏记》八卷。《中国古籍善本总目·子部·艺术类·书画》第九二四页（作乾隆二十五年至二十六年刻）、《北京师范大学图书馆古籍善本书目·子部·艺术类·书画》第142页、《徽州地区博物馆藏书目录·有关徽州资料古藉（籍）·子部·艺术类》第一集（作乾隆间刻）著录，中国国家图书馆（清叶商跋并录何焯批注，何焯、朱筠、余集、夏璜、卢文弨题识）、浙江（清陈鳣跋）、天津图书馆、北京师范大学图书馆（4册本3部），中国徽州文化博物馆（2册本）藏。该刊本半页10行，行20字，黑口，左右双边。应为先印本。

乾隆辛巳（二十六年，1761）清鲍廷博、郑竺在鲍氏知不足斋刊清孙承泽撰《庚子销夏记》八卷附《闲者轩帖考》一卷计2种9卷。《中国古籍善本书目·子部·艺术类》第390页、《北京大学图书馆藏古籍善本书目·子部·艺术类》第256页、《中国人民大学图书馆古籍善本书目·子部·艺术类·书画》第111页、《安徽省古籍善本书目·子部·艺术类》卷三第四十三页、《西谛书目·子部·艺术类》卷二第一三页、《香港所藏古籍书目·子部·艺术类·书画总类》第189页著录，西谛（中国国家图书馆）、天津图书馆、上海图书馆（有清龚橙录清何焯校）、安徽省图书馆（2 部）、安庆市图书馆、北京大学图书馆、中国人民大学图书馆（1 函 4 册本）、香港大学图书馆（2 部 6 册本，其中 1 部缺《闲者轩帖考》一卷）及北京市文物局（有傅增湘跋并录清何焯、翁方纲、何绍基题识），安徽省博物馆（4 册本）、歙县（4 册本）博物馆藏，安徽劳动大学图书馆及中国徽州文化博物馆藏 4 册本无后 1 种。《北京图书馆古籍善本书目·子部·艺术类》第一三三三页著录，中国国家图书馆仅藏《庚子销夏记》八卷 2 册本，有叶商跋并录何焯批注，何焯、朱筠、余集、夏璜、卢文弨题识。该刊本半页 10 行，行 20 字，黑口，左右双边。该书有卢文弨、余集、周二学、张宾鹤序，在目录后附鲍廷博题识："退谷先生（孙承泽）际沧桑之后，杜门却轨，日以书画自娱，名迹灿然，备著于录，周草窗（密）之《云烟录》、都南濠（穆）之《寓意编》不是过也。偶于吴下抄得之，窃有贫儿暴富之喜。惜多误书，无从是正，纸窗竹屋风雨萧然，惟吾友身山居士（夏璜）来，焚香瀹茗，细商略之。乾隆乙亥（二十年，1755）除夕前二日，鲍廷博书于知不足斋。"可见，此书学术价值。此书为余集、张宾鹤手书上版，行款疏朗，刻印皆精，版本价值大。《增订四库简明目录标注》第 487 页著录鲍氏单刊本为 10 卷。此版本在光绪四年（1878）葛氏山隐居重刊，稿本藏北京人文科学研究所。

乾隆（1736—1795）间歙县鲍氏知不足斋刻宋桑世昌集（辑）《兰亭考》十三卷、宋俞松集（辑）《兰亭续考》二卷计 2 种 15 卷。《徽州地区博物馆藏书目录·有关徽州资料古藉（籍）·子部·艺术类》第一集著录，中国徽州文化博物馆藏 4 册本，应为单行本。

乾隆二十五至二十六年鲍廷博、郑竺刻清孙承泽撰《闲者轩帖考》一卷。《中国古籍总目·子部·艺术类·书画之属·书·谱帖》第 1316 页著录，北京市文物局藏有傅增湘跋并录清何焯、清翁方纲、清何绍基题识，上海图书馆藏清龚橙录清何焯校，中国国家图书馆藏乾隆二十六年刻本。收入乾隆道光（1736—1795—1850）间刻本及民国影印《知不足斋丛书》《榆园丛刻》、宣统民国间铅印《风雨楼丛书》本中。

乾隆二十六年（1761）知不足斋刻清厉鹗撰《游仙集》又名《悔少集》三卷。《中国古籍总目·集部·别集类·清代之属·清前期》1372页、《清人别集总目》第277页著录，上海图书馆、浙江图书馆、湖南省图书馆藏。

乾隆三十年（1765）鲍廷博知不足斋刻宋汪元量撰《湖山类稿》五卷、《水云集》一卷、《附录》一卷、宋汪元量集《亡宋旧宫人诗》一卷计3种8卷。《中国古籍总目·经部·别集类·宋代之属》第407页著录，中国国家图书馆（王国维校并跋、赵万里校）、北京大学图书馆、南京图书馆（清丁丙跋）藏。

乾隆三十年（1765）鲍廷博知不足斋刻宋汪元量撰《湖山类稿》五卷、《水云集》一卷、《附录》三卷计2种9卷。《中国古籍善本书目·集部·宋别集类》第403页、《中国古籍善本总目·集部·宋别集类》第一二九九至一三〇〇页著录，清华大学图书馆、南京图书馆（2部中1部有清丁丙跋）、江西省波阳县图书馆及北京市文物局、上海博物馆藏，为不全本或先印本。该刊本半页10行，行10字，细黑口，左右双边。

乾隆三十年五月鲍氏知不足斋刊宋汪元量撰《湖山类稿》五卷、《水云集》一卷、《附录》三卷、《亡宋旧宫人诗》一卷计3种10卷。《西谛书目·集部上·宋别集类》卷三第一九页(仅著录前2种6卷2册本)、《中国古籍善本总目·集部·宋别集类》第一三〇〇页、《中国古籍善本书目·集部·宋别集类》第403页（作乾隆三十年刻）、《北京图书馆古籍善本书目·集部·宋别集类》第二二三二至二二三三页、《鲍廷博年谱》第29页著录，中国国家图书馆（由王国维校并跋、赵万里校此书4种10卷2册本）、天津图书馆藏2册本。该刊本半页10行，行19字，黑口，左右双边。书名页镌“知不足斋开雕”，末署“仁和陈载周刻”。

乾隆三十一年（1766）由睦州（故严州，今浙江建德）太守赵起杲[1]提供抄本，余集、鲍廷博审定由鲍廷博出资在严州青柯亭刻清淄川蒲松龄[2]撰《聊斋志异》十六卷。《中国古籍善本书目·子部·小说类》第756页、《中国古籍善本总目·集部·小说类》第一九二九页、《中国古籍总目·子部·小说类·文言之属·短篇》第2214页、《贩书偶记·子部·小说家类·异闻之属》卷十二第296页、《中国古旧书刊拍卖目录》第531页、《中国历史博物馆藏普通古籍目录·子部·小说家类》第311页著录，中国国家图书馆、首都图书馆、清华大学图书馆（不全）、天津图书馆、上海图书馆、南京图书馆、辽宁省图书馆、山西省介休县图书馆、湖南省图书馆、四川省图书馆、甘肃师范大学图书馆（清徐康批校并跋）及中国国家博物馆藏16册本，即俗称鲍廷博刊本，又称赵起杲青柯亭本。青柯亭原是严州府建于明的桂花亭，入清后易此名，是赵太守在此刻此书处。此后坊刻本较多，但均不如青柯亭本。此版有赵起杲《聊斋志异弁言》、鲍廷博《青本刻聊斋志异纪事》介绍此刻过程甚详。按，此书最早刻本要数大连市图书馆藏乾隆五年（1740）刻不全本。中国书店拍卖竹纸16册本。该刊本半页9行，行21字，13.2×9.7，黑口，左右双边。其手稿几经辗转，1949年蒲文珊所珍藏献给国家的半部手稿藏入东北图书馆（今辽宁省图书馆）。

乾隆三十四年（1769）十月歙县鲍氏知不足斋校刻明邝露撰《赤雅》三卷。《徽州地区博物馆藏书目录·有关徽州资料古藉（籍）·子部·杂家类》第一集（作乾隆间刻）著录，中国徽州文化博物馆藏1册本。此书先出单行本，后于乾隆四十一年收入《知不足斋丛书》第二集中。有

---

① 赵起杲（1715—1766），有青柯亭，山东莱阳人。历官严州、杭州知府。清余集《秋室学古录·严州太守赵公暨两夫人合葬墓志铭》对其行履介绍甚详。曾从福建郑方坤（字则厚，号荔乡）后人处得蒲松龄撰《聊斋志异》稿本，又传是抄本，由鲍廷博资助校勘刻印成书。

② 蒲松龄（1640—1715），字留仙，剑臣，号柳泉居士，有聊斋，淄川（今山东淄博）人。因屡试不第，长期在乡里操童子业。他花了数十年时间搜罗民间异闻逸事，后整理近500篇文言小说，成《聊斋志异》这部多描写花妖狐魅、人鬼神仙等构思精巧、想象丰富、引人入胜的神话故事。还著有《帝京景物选略》《农桑经》《药崇经》《小学节要》《日用俗字》《婚嫁全书》等。

鲍廷博乾隆己丑（1769）十一月上浣六日跋称“予亟为校刊”。

乾隆庚寅（三十五年，1770）新安鲍氏知不足斋刻明江瓘编《名医类案》十二卷《附录》一卷计13卷。《安徽省馆藏皖人书目》第85页、《馆藏中医线装书目·医案》第264页著录，中国中医科学院图书馆、安徽省图书馆（8册本）藏。此书为钱塘学者、好友魏之琇任校勘。有余集、杭世骏序。该书版心下镌“知不足斋正本”，卷端下署“后学仁和余集蓉裳、钱塘魏之琇玉横、仁和沈烺敦曾、歙鲍廷博以文重校”，卷一末有“仁和陈立方写刻”。《目录》卷十二《小儿症》有“博按，此卷异症、汤火金疮、食忌、丹毒、中毒五条附入小儿症中非是”。此书工作底本为万历十九年（1591）子应元、应宿家刻本。鲍刻本克服了原家刻本中的错讹，乾隆三十五年二月余集在写于新慵斋序中称：“吾友魏君玉衡（横）、鲍君以文精加雠比，网罗史氏，研搜家集，毕力补缀，丹铅告疲，始称完好，重付杀青。”写于当年五月朔杭世骏序也指出：“吾友魏玉横氏精于医术，能穷其源，附以己见，而议论不致混淆。鲍以文氏博于考索，能知某故刊其讹字，而汤剂不致贻误，过而请序，余不知医之术，而能深见其理，是书也，出医学入门之阶梯也。”还有四库馆臣也指出：“近时歙县鲍廷博又为重刊。其中间附考证，称琇案者，乃魏之琇所加。”因此版本价值更大。《附录》系收明汪道昆撰《江山人传》《明处士江民莹墓志铭》，是研究江瓘的资料。中国中医科学院图书馆还藏同治辛未（十年，1871）重刻知不足斋本，当是鲍氏后人家刻本。安徽省图书馆还藏同治（1862—1874）间藏修堂刻12册本及民国五年（1916）石印20册本。此版与下条应为同版。

乾隆庚寅（三十五年，1770）五月歙县鲍氏知不足斋刻明江瓘辑、子江应宿增补《名医类案》十二卷、清汪道昆撰《江山人传》一卷计2种13卷。《中国古籍总目·子部·医家类·医案医话之属·汉唐宋元明》第945页、《增订四库简明目录标注》第443页、《四库全书总目·子部·医家类》卷一〇四第八七四页、《徽州地区博物馆藏书目录·有关徽州资料古藉（籍）·子部·医家类》第一集（作乾隆间刻）、《全国中医图书联合目录·医案》第627页、《北京大学图书馆藏古籍善本书目·子部·医家类》第248页、《安徽文献书目》第38页、《山西省图书馆普通线装书目录·应用科学门·中国医学》第953页著录，中国国家图书馆、中国科学院图书馆、中国医学科学院图书馆、北京大学图书馆（6册本）、首都图书馆、中国中医科学院图书馆、军事医学科学院图书馆、北京医科大学图书馆、北京市中医学校图书馆、天津图书馆、天津市医学高等专科学校图书馆、天津中医药大学图书馆、山东省图书馆、青岛市图书馆、山东中医药大学图书馆、河南中医药大学图书馆、山西省图书馆（清刊知不足斋6册本、同治辛未［十年，1871］藏修堂据知不足斋本重刻12册本）、甘肃省图书馆、新疆石河子医院图书馆、辽宁中医药大学图书馆、吉林省图书馆、哈尔滨医科大学图书馆、黑龙江祖国医学研究所图书馆、上海图书馆、上海交通大学医学院图书馆、上海中医药大学图书馆、南京图书馆、南京中医药大学图书馆、苏州医学院图书馆、安徽省（8册本）、浙江图书馆、浙江中医药大学图书馆、江西省图书馆、湖北中医药大学图书馆、湖南省图书馆、四川省图书馆、华西医科大学（成都）、福建省图书馆、福建中医药大学图书馆、广西中医药大学（桂林市）图书馆及天津市医药技术情报站、上海中医文献馆、浙江中医药研究院、中国徽州文化博物馆（仅存10卷10册不全本及同治［1862—1874］间刻知不足斋12册本1部）藏。该书版心下镌“知不足斋正本”，卷端下署“后学仁和余集蓉裳、钱塘魏之琇玉横、仁和沈烺敦曾、歙鲍廷博以文重校”，卷一末有“仁和陈立方写刻”。《目录》卷十二《小儿症》有“博按，此卷异症、汤火金疮、食忌、丹毒、中毒五条附入小儿症中非是”。《江山人传》又作《附录》，收明汪道昆撰《江山人传》及《明处士江民莹墓志铭》两文。安徽省图书馆还藏同治（1862—1874）间藏修堂重刊12册本及民国五年（1916）石印20册本。同治（1862—1874）间鲍廷博后人还对此书进行重刻。该书收入《四库全书》《基本医书集成》《名医类案》《续名医类案》等丛书中。

乾隆三十七年(1772)知不足斋刻元戴良撰《九灵山房集》三十卷、《补编》二卷附清戴殿江、清戴殿泗编《戴九灵先生年谱》一卷计3种33卷。《中国古籍总目·经部·别集类·金元之属》第510页著录，中国社会科学院文学研究所图书馆藏末题《年谱》《补编》由清鲍廷博、清曹秉钧校。

乾隆三十九年（1774）三月刻清朱琰撰《陶说》六卷。《鲍廷博年谱》第59—60页著录，北京大学图书馆藏，有鲍廷博乾隆甲午三月朔署新安后学鲍廷博识于知不足斋跋，指出："典籍于今大备矣！考工之书，汉隋唐宋诸志撰述寥寥，若朱遵度《漆经》、杜镐《铸钱故事》之类，不过数种而已。《宣和博古图》、吕与叔《考古图》，大率详列彝器款识，无关民间日用之器具。前明则吕棠之《宣德彝器谱》、傅浚之《铁冶志》、汪砢玉之《古今鹾略》，皆莅其官，亲其事，纂辑成书。而陶器一艺古今曾未闻述作。海盐朱笠亭先生经世才也。丁亥（乾隆三十二年，1767）岁馆于江西大中丞吴公宪署，因得悉景德窑器之制，撰成《陶说》六卷，考古验今，灿然具陈。草野编氓，目不睹先王礼器法物，而瓦盆土缶，无人不资为饮食之用。此书流传，天下之乐闻其说者广矣，岂特补古人未备已哉！先生需次就诠，属博雠校付之梓氏。即竣，因书数语于后。"可见，此书价值。先后收入《龙威秘书》《翠琅玕馆》《说库》《艺术丛书》《芋园丛书》《美术丛书》等丛书中。

乾隆四十四年（1779）孟夏鲍氏知不足斋重印万历（1573—1620）间新安汪道昆刻汉刘向撰、明汪道昆辑、明仇英绘图《列女传》十六卷。《中国古籍善本书目·史部·传记类一》第404页、《中国古籍善本总目·史部·传记类·总传》第三七五页、《国家图书馆普通古籍总目·传记门·列女》第75页、《北京图书馆古籍善本书目·史部·传记类》第四〇九页、《安徽省古籍善本书目·史部·传记类》卷二第二十七页、《青海省古籍善本书目·史部·传记类》第二五页、《山东省图书馆馆藏海源阁书目・史部・传记类・总传》第 68 页著录，中国国家图书馆（8 册本 1 部，普通部藏 8 册本 1 部、16 册本 2 部，20 册本为西谛赠书 1 部，24 册本 1 部计 6 部）、首都图书馆、清华大学图书馆、北京师范大学图书馆（16 册本 2 部，20 册本 1 部）、中共中央党校图书馆、中央民族大学图书馆、中国社会科学院文学研究所图书馆、文化部文学艺术研究院图书馆、中国国家博物馆、上海图书馆、复旦大学图书馆、天津图书馆、南开大学图书馆、河南省图书馆、四川省图书馆、湖北省图书馆、湖南省图书馆、中山大学图书馆、暨南大学图书馆、重庆市图书馆、青海省图书馆（16 册，有图）、山东省图书馆（1 函 8 册本）及山东省博物馆、重庆市博物馆、安徽省博物馆（8 册本，有图），北京市文物局藏。该刊本半页 10 行，行 21 字（22.8×16.3），白口，四周单边，单黑鱼尾，有图。每卷首页版心下刻“仇英实甫绘图”，封面刻“知不足斋藏板”。此书由卢文弨于乾隆四十四年孟夏之吉在西湖崇文书院作序、钱塘汪庚书。卢序指出：“（汪刻《列女传》）剞劂既备，未及印行，距今几二百年无知之者，有得其版以示吾友鲍君以文。鲍君固歙人，重其乡前辈之书，为重价购焉。”叶德辉也在《书林清话・绘图书籍不始于宋人》卷八中说：“明仇英绘图《列女传》十六卷，明汪道昆本，刘书增辑，至乾隆时原版犹存，售于鲍以文廷博，始印行之。”此书刻印精美，是插图本上乘之作。王重民先生在《中国善本书提要补编》第 10 页指出汪廷讷《人镜阳秋》图正与此书图相似，汪书卷十六《宋明帝劝裸妇图》亦见《列女传》卷七，故《列女传》当为汪廷讷辑刻，刻绘出于一手。《西谛书目・史部・传记类》卷一第二〇页著录 20 册本，有图，为汪氏版转入鲍廷博修补重印。《增订四库简明目录标注》第 254 页著录还有汉班昭（一说项原）撰《续列女传》一卷。《安徽艺文考・传记二上》及《皖人书录》第 495 页作明佚名汪氏《增辑列女传》十六卷“是书每卷有仇十洲补图，剞劂已竣，迄未付印。清嘉庆（1796—1820）间，歙县鲍廷博购得此版，印以行世。”则鲍廷博还有另一种嘉庆行世本，应与此书有区别。郑振铎指出：“知不足斋得此书版片，重为印行，而加注仇十洲绘图字样。其实，图非十洲笔。余初得知不足斋后印本，图已模糊。后在中国书店得白棉纸残本二册，每则之后，'汪'字皆尚为墨钉，洵是最初印者。又于杭州某肆得竹纸印残本二册，亦尚为明代初印本，有汪辉祖藏印。携以至囊。孝慈见之，赞叹不已，因以贻之。而白棉纸本始终珍秘之。不意人事栗六，竟失所在，遍觅不获。战后，树仁书店以此本（指万历间知不足斋初印《汪氏列女传》十六卷8册本）求售，价尚廉，且较初印，因复收之。忆竹纸本及白棉纸本，于'烈'部较今本均多出数十则，皆是宋末殉难之妇女。知不足斋本皆去之，殆以违碍故也。惜今不可得而补入矣！”1991年中国书店北京影印据鲍廷博重印本，中国国家图书馆藏8册本1部；该馆还藏日本大正十二至十四年（1923—1925）东京图本丛刊会影印也是据鲍氏重印本影印中仅存卷一至十计10卷10册不全本1部。而光绪五年（1879）点石斋上海铅印暨影印2册本则更名《历代名媛图说》二卷，中国国家图书馆藏2册本3部，均有图。

清鲍氏知不足斋刻元孟宗宝编《洞霄诗集》十四卷、《附录》一卷计15卷。《中国古籍总目·子部·道家类·道教之属·诗文杂著》第2582页著录，中国国家图书馆藏，还藏无附录一卷的清刻本。

清翻刻知不足斋刻清孙承泽撰《庚子销夏记》八卷。《北京大学图书馆藏古籍善本书目·子部·艺术类》第265页著录，北京大学图书馆藏4册本，为鲍氏本衍版，即与鲍版有渊源关系。

乾隆（1736—1795）间鲍氏知不足斋刊清歙县何青辑《黄海问津诗略》一卷。《安徽省馆藏皖人书目》第148页、《安徽文献书目》第173页著录，安徽省图书馆藏1册本。

乾隆（1736—1795）间知不足斋刻宋姜夔撰《白石道人诗集》二卷、《集外诗》一卷附录《诸贤酬唱诗》一卷、《诗说》一卷、《歌曲》四卷、《歌曲别集》一卷、《诗词评论》一卷、《逸事》一卷计8种12卷。《青海省古籍善本书目·集部·别集类》第一四二页著录，青海省图书馆藏 4 册本。《丛书书目汇编》第一册第一八七页著录不全。

鲍氏知不足斋刊宋姜夔撰《白石道人诗集》二卷、《歌曲》四卷、《别集》一卷计 3 种 7 卷。《西谛书目·集部上·宋别集类》卷三第一八页著录 2 册，《中国书店三十年所收善本书目·集部·宋别集类》第一七九页著录中国书店收购少《别集》一卷，计竹纸 4 册。以上均为不全本。

乾隆（1736—1795）间知不足斋刊清朱琰撰《陶说》六卷。《中国古籍总目·子部·谱录类·器用之属·器物·器》第 1533 页、《北京大学图书馆藏古籍善本书目·子部·谱录类》第 278 页、《西谛书目·子部·谱录类》卷二第二六页、《增订四库简明目录标注》第 498 页著录，北京大学图书馆、中国国家图书馆（西谛）均藏 4 册本。

乾隆（1736—1795）间刻清魏之琇撰《柳洲遗稿》二卷。《叶景葵杂著》第 138 页及上海图书馆藏本，有叶景葵跋："柳洲先生与我六世祖登南公友好，卷中《登端州试院望七星岩》《端州试院烹荣》《送登南赴阙补官》诸作，曩见丁氏刻《五布衣诗》本，已写入《先友诗翰》卷中。兹又得原刻本，颇为罕见。其版式与《樊榭集》相同，读之殊有前辈典型之慕。丙子（1936）夏日。"此书应为鲍刻。魏本人也在《自序》中说："前者友人鲍子为余刻《岭云集》。"该刊本半页 10 行，行 24 字，黑口。

鲍氏知不足斋据叶石君抄本刻宋吴仁杰撰《两汉刊误补遗》十卷。《中国善本书提要·史部·纪传类》第 80 页、《徽州地区博物馆藏书目录·有关徽州资料古藉（籍）·子部·杂家类》第一集（作乾隆间刻）著录，中国徽州文化博物馆藏 2 册本，中国国家图书馆藏明抄本 2 册本。该抄本半页 10 行，行 18 字，王重民说，此书原无刻本，鲍氏知不足斋始据叶石君抄本付梓。鲍刻本尚未查到藏处。

乾隆（1736—1795）间鲍氏知不足斋刻汉郑玄撰、题宋王应麟辑《古文论语注》二卷、《附录》一卷计 3 卷。《中国古籍善本总目·经部·四书类》第一二三页、《中国古籍总目·经部·四书类·论语·传说之属》

第774页、《北京图书馆古籍善本书目·经部·四书类》第一二五页著录，中国国家图书馆藏清陈鳣、吴骞校补并跋，陈鳣录丁杰校补题识，莫棠跋1册本。该刊本半页9行，行21字，小字双行同，黑口，左右双边。中国科学院图书馆藏清抄本。收入光绪（1875—1908）间刻《碧琳琅馆丛书》本中。

乾隆（1736—1795）间鲍氏知不足斋刻《岱南阁丛书》4种十九卷。笔者亲查，故宫博物院图书馆藏10册本。

乾隆（1736—1795）间鲍氏知不足斋刻《丹铅总录》二十七卷。笔者亲查，故宫博物院图书馆藏。

乾隆（1736—1795）间鲍氏知不足斋刻明赵崡撰《石墨镌华》八卷。《中国古籍善本总目·史部·金石类·石类》第七四八页著录，上海图书馆藏，有清刘履芬校并跋。

乾隆（1736—1795）间刻宋熊方集补，乾隆四十三年（1778）三月清鲍廷博、卢文弨校正又延请钱大昕、大昭兄弟重校《后汉书年表》十卷。《中国古籍善本总目·史部·纪传类》第二二二页（但误鲍廷博为鲍廷传）、《北京图书馆古籍善本书目·史部·传记类》第二二九页著录，国家（2册本）、北京大学、湖北省、湖南省图书馆藏。该刊本半页10行，行18字，黑口，左右双边。《潜研堂文集·后汉书年表后序》卷二十四有："歙鲍君以文得熊氏《后汉书年表》，手自雠校，将刻以行世。以予粗涉史学，属复校焉。予弟晦之尤熟于范史（范晔《后汉书》），因与参考商略，正其传写之讹脱者，两阅月而毕事，乃识其后。"

乾隆（1736—1795）中鲍氏知不足斋以巾箱本将张丑所著书画秘藏合刻计5种19卷。《增订四库简明目录标注·子部八·艺术类·书画之属》卷第十二第485—486页著录，均为知不足斋别行本。今考吴长元（丽煌）在《清河书画舫》前附《校书略例》、傅增湘《藏园订补郘亭知见传本书目》卷九、耿文光《万卷精华楼藏书记》卷八十七，鲍廷博还助好友、浙江仁和藏书家吴长元池北草堂刻明张丑《清河画舫录》十二卷、《真迹日录》三卷、《法书名画见闻表》《南阳法书表》《南阳名画表》《清河秘箧书画表》（又作《清河书画表》）。吴长元也在《校书例略》中说："米庵（按，张丑）元稿，以'莺嘴啄花红溜，燕尾点波绿皱'编号，别本编次作十二卷，颇多缺略，然亦有元稿不载者，今依元本刊定，而以别本所得补于每卷之后。""是书向无刊本，传抄既久，讹以滋讹，今于援引诸书，悉取元书细加校勘，间遇插架所无，阙疑以俟，不敢臆改。至《真迹》有显然脱误者，博求善本是正。""开雕于壬午（乾隆二十七年，1762）四月，蒇事于癸未（1763）五月。与予朝夕商榷，正讹补阙不遗余力者，友人鲍子以文之功居多，附书于此，以志相与有成之意。"说明此书经鲍廷博定本分别为鲍氏、吴氏池北草堂分别刊行，且池北草堂本也是鲍氏助吴氏刻成此套丛书。

乾隆(1736—1795)间鲍氏知不足斋刻宋晁冲之撰《晁具茨先生诗集》又名《晁具茨诗集》十五卷。《中国古籍总目·集部·别集类·宋代之属》第263—264页著录，中国国家图书馆、北京大学图书馆、南京图书馆藏。此版后转给章氏式训堂，于光绪七年（1881）重印，中国国家图书馆、天津图书馆藏。应为2个印版2种30卷。

乾隆（1736—1795）间鲍氏刊乾隆壬寅（四十七年，1782）陈焯撰《湘管斋寓赏编》六卷、嘉庆六年（1801）刊《续编》六卷计2种12卷。《增订四库简明目录标注·子部八·艺术类·书画之属》卷第十二第488页著录。

乾隆四十四年(1779)三月刻宋赵叔向撰《肯綮录》一卷。台北"中央"图书馆编《标点善本题跋集录·子部·杂家类》著录，引鲍廷博跋："《肯綮录》己亥（1779）三月开雕。"该书工作底本原系鲍氏困学斋抄于乾隆（1736—1795）间，乾隆二十七年（1762）五月十一日午刻借赵氏小山堂本及乾隆三十九年（1774）十月十七日辰刻再借汪氏（启淑）飞鸿堂本再校于芦楮寓庐。该刻本藏处未见，台湾省图书馆藏乾隆（1736—1795）间困学斋乌丝栏抄本，中国国家图书馆仅藏鲍廷博校清抄本。考此书《四库全书总目·子部·杂家类存目》所收为程晋芳家藏本，分别收入《函海》《学海类编》《艺海珠尘》等丛书中。

乾隆五十三年（1788）刻清方槑撰《雪屏诗存》一卷。《鲍廷博年谱》第149页著录，上海图书馆、南京图书馆藏。鲍廷博在跋中说："乙巳（乾隆五十年，1785）冬，过方君兰坻（方薰）寓斋，见其检点箧中故纸，偶举一诗，风格甚古。询之，即其尊甫雪屏先生所作也。先生著有《白岳樵唱》《舟车漫兴》等集。舟覆上海、片楮不存，晚年手稿懒自收拾，多散落交游间。兰坻于先生身后缀辑成编，予荐为诠次，请付剞劂，才十一耳，名曰《诗存》。益诗存而先生之品谊、先生之性情有与俱存者，固不独存其诗而已。同学侄歙鲍廷博谨识。"经考，此书为单行本。

乾隆五十九年（1794）鲍士恭等出资刻文澜阁本《四库（全）书提要》二百卷。阮元撰《定香亭笔谈》卷三有鲍廷博"尝刻《知不足斋丛书》及《四库书提要》"。系乾隆五十八年（1793）冬由武英殿刊刻成书，分贮南北藏《四库全书》7阁。《四库全书总目·阮元附纪》中指出乾隆五十九年浙江三司及都转运司负责人请示浙江巡抚批准将文澜阁藏本校刊以惠士林。阮元又在《浙江刻四库书提要》（载阮元撰《揅经室二集》卷八）中指出："贡生沈青、鲍士恭等咸愿输资鸠工集事，以广流传。""得仰文澜阁于杭州之西湖，而是书适刊成，士林传播，家有一编，由此得以津逮全书，广所未见，文治涵濡，欢腾海宇。"

乾隆六十年（1795）岁末刻完亡友卢文弨撰《抱经堂文集》三十四卷。《抱经堂文集》目录后有嘉庆二年（1797）萧山徐鲲跋："乙卯（乾隆六十年，1795）之春，先生整此自著文集，至冬十一月已刻成二十五帙，犹未定卷数先后，而先生遽归道山，鲍君以文力任剞劂蒇工。"

清歙县鲍氏知不足斋刻宋岳珂撰《愧郯录》十五卷。《徽州地区博物馆藏书目录·有关徽州资料古藉（籍）·子部·杂家类》第一集著录，中国徽州文化博物馆藏4册本，应为单行本。

清知不足斋刊陈旉撰《农书》三卷附《耕织图诗》一卷计 2 种 4 卷。《中国古旧书刊拍卖目录》第 287 页著录，中国书店拍卖白纸 2 册本。该刊本半页尺寸为 12.8×9.3。

清知不足斋刻清何青撰《黄山同游草》又名《黄海问津诗略》一卷。《安徽文献书目》第 173 页著录，安徽省图书馆藏 1 册本。

清鲍氏知不足斋刊宋朱翼中撰《北山酒经》三卷。《增订四库简明目录标注・子部十・杂家类・杂考之属》卷第十三第 499 页著录。

知不足斋刻宋李上交撰《近事会元》五卷。《增订四库简明目录标注・子部十・杂家类・杂考之属》卷第十三第 514 页著录。

知不足斋刻元刘埙撰《隐居通议》三十一卷。《增订四库简明目录标注・子部十・杂家类・杂说之属》卷第十三第 537 页著录。

知不足斋刊明张应文撰、子张谦德润色《清秘藏》二卷。《增订四库简明目录标注・子部十・杂家类・杂品之属》卷第十三第 544 页著录："附其子丑《真迹日录》后。后人析为三卷，改题《筠轩清秘录》，托名董其昌撰。"

知不足斋刊清姜绍书撰《韵石斋笔谈》二卷。《增订四库简明目录标注・子部十・杂家类・杂品之属》卷第十三第 544 页著录。

乾隆（1736—1795）间清知不足斋刻清万斯同撰、万经补《历代纪元汇考》五卷。《中国古籍善本总目・史部・编年类・通代》第二七一页（作清知不足斋刻，不署日期）、《北京图书馆古籍善本书目・史部・编年类》第二七九页、《鲍廷博年谱》第 171—172 页著录，中国国家图书馆（有李慈铭跋）、天津图书馆藏 1 册本。该刊本大开本半页 12 行，黑口，左右双边。书名页题"纪元汇考，知不足斋重雕"。

乾隆（1736—1795）间知不足斋单刊宋林逋撰《和靖诗集》四卷。《善本书室藏书志・集部・别集类》卷二十六、《增订四库简明目录标注・集部三・别集类二（北宋建隆至靖康）》卷第十五第 683 页著录。该书系由正统八年（1443）陈摰刻本校清吴调元刻本，并留下不署日期鲍廷博跋。其工作底本今藏南京图书馆。

知不足斋刊宋毛滂撰《东堂集》十卷。《增订四库简明目录标注·集部三·别集类二（北宋建隆至靖康）》卷第十五第714页著录。此书原本久佚，从《永乐大典》中录出。

知不足斋单刊宋姜夔撰《白石诗集》一卷附《诗说》一卷计2种2卷。《增订四库简明目录标注·集部四·别集类三（南宋建炎至德祐）》卷第十六第753页著录。

鲍氏知不足斋刻宋苏轼、沈括等编《苏沈内翰良方》十卷。《馆藏中医线装书目·方书》第97页著录，中国中医科学院图书馆藏道光二十六年丙午（1846）大兴施禹泉据鲍氏知不足斋本重刻此书及光绪二十三年丁酉（1897）武强贺氏仿知不足斋刊本，可证鲍氏有此刻本。

清鲍氏知不足斋刻清万经补、清万斯同撰《历代纪元汇考》五卷。《中国古籍善本书目·史部·编年类》第138页著录，中国国家图书馆藏，有清李慈铭跋。

清乾道（1736—1850）间知不足斋袖珍正本刻明张泰阶辑《宝绘录》又名《四朝宝绘录》二十卷。《中国古籍总目·子部·艺术类·书画之属·画·著录》第1380页（作《知不足斋丛书》本，误）、《藏园群书经眼录·子部·艺术类·书画》卷七第六三八页著录。有佚名识语："是编所录文则锺谭，诗则王李，而皆嫁名于宋元。渌饮不曾一阅，遽与青父书并刻，极缪！此内伪迹，今或流传，厚民万不可收，切戒切戒。存此书以验伪迹亦妙。"按："此不知何人所题，余观篇中所载，斯言良然。"（癸丑，1913）

清知不足斋刻明东吴张泰阶辑《宝绘录》二十卷。《藏园群书经眼录·子部一·艺术类·书画》卷七第六三八页著录，傅增湘藏袖珍本，题"知不足斋正本"。有识语说："是编所录文则锺谭，诗则王李，而皆嫁名于宋元。渌饮不曾一阅，遽与青父书并刻，极缪！此内伪迹今或流传，厚民万不可收，切戒切戒。存此书以验伪迹亦妙。"

嘉庆六年（1801）鲍廷博刻清臧庸辑《孝经郑氏解辑》一卷。中华书局（北京）版《续修四库全书总目提要·经部·孝经类》第八一三至八一四页著录。

嘉庆十九年（1814）长塘鲍氏刻宋杜绾撰《云林石谱》三卷。《中国古籍总目·子部·谱录类·观赏之属·石》第1595页著录，中国国家图书馆、吉林大学图书馆藏，应为单行本。中国国家图书馆还藏嘉庆至道光（1796—1850）间此书刻本。

嘉庆（1796—1820）间歙县鲍氏知不足斋刻宋吴可撰《藏海诗话》一卷、元吴师道撰《吴礼部诗话》一卷计2种2卷。《徽州地区博物馆藏书目录·有关徽州资料古藉（籍）·集部·诗文评类》第一集著录，中国徽州文化博物馆藏1册本。

嘉庆（1796—1820）间歙县鲍氏知不足斋刻宋李季可撰《松窗百说》一卷、元陈世隆撰《北轩笔记》一卷计2种2卷。《徽州地区博物馆藏书目录·有关徽州资料古藉（籍）·子部·杂家类》第一集著录，中国徽州文化博物馆藏1册本。

嘉庆（1796—1820）间鲍氏知不足斋刻汉郑玄注、题宋王应麟辑《古文论语》二卷、《附录》一卷计3卷。《中国古籍善本书目·经部·四书类》第303页著录，中国国家图书馆藏，有清陈鳣、吴骞校补并跋，清陈鳣录清丁杰校补及跋、莫棠跋。

道光三年前（约乾隆二十八年至道光三年）歙县鲍氏知不足斋刻明唐寅辑《唐六如先生画谱》又名《六如画谱》《六如居士画谱》三卷。《中国古籍总目·子部·艺术类·书画之属·画·画论》第1354页著录，南京图书馆藏。

道光九年（1829）知不足斋刻清慵讷居士撰《咫闻录》十二卷。《香港所藏古籍书目·子部·小说类》第223页著录，香港中文大学图书馆藏12册本。

清长塘鲍氏刻隋萧吉撰《五行大义》五卷。《中国古籍总目·子部·术数类·阴阳五行之属·其它》第1254页著录，中国国家图书馆藏。

道光（1821—1850）间长塘鲍氏刻清汪辉祖编《佐治药言》《续佐治药言》不分卷。《山西省图书馆普通线装书目录·哲学门·伦理学》第436页著录，山西省图书馆藏1册本。

道光二十二年（1842）鲍氏知不足斋以巾箱本刻清胡本渊编《子史辑要题解合编》四卷。《山西省图书馆普通线装书目录·总计门·类书类》第975页著录，山西省图书馆藏4册本。

知不足斋刻清鄞县全祖望撰《读易别录》三卷。中华书局（北京）版《续修四库全书总目提要·经部·易类》第五三页著录。

光绪九年（1883）知不足斋刻清钱良择辑《唐音审体》二十卷。《香港所藏古籍书目·集部·总集类·断代》第353页著录，香港大学图书馆藏4册本。

光绪十年（1884）知不足斋刻清张行孚撰《说文楬原》二卷。《中国历史博物馆藏普通古籍目录·经部·小学类》第20页著录，中国国家博物馆藏2册本。

光绪十年（1884）知不足斋刻清吴镐撰《汉魏六朝志墓金石例》三卷附《唐人志墓诸例》一卷计2种4卷。《中国历史博物馆藏普通古籍目录·史部·金石录》第239页著录，中国国家博物馆藏2册本。

知不足斋刻周际云撰《知不足斋省遇录》不分卷。《中国古籍总目·子部·杂家类·杂记之属》第1904页著录，南京图书馆藏。

还有清华（花）韵轩刻巾箱小品本明唐寅撰《才子文》一卷。《中国古籍总目·集部·别集类·明代之属》第633页著录，中国国家图书馆藏。

鲍氏所刻古籍的数质量无疑是明清时期全国最大的私刻（坊刻）家之一。有不少古籍和重要著述有赖于鲍氏刊刻才得通行问世。如所刻《列女传》《名医类案》及宋元遗著多种就是珍本秘籍。杨复吉《昭代丛书·梦阑琐笔》第五三页载：蒲留仙《聊斋志异》脱稿后百年，无人任剞劂。乾隆乙酉（1765）、丙戌（1766）楚中、浙中同时授梓。楚本为王令君某，浙本为赵太守起杲所刊。鲍以文云，留仙尚有《醒世姻缘》小说，盖实有所指；书成，为其家所讦，至褫其衿……岁庚子（1780），赵太守之子曾与留仙之孙遇于棘闱，备述其故；且言《志异》有未刊者数百篇，尚藏于家。《胡适全集》第四卷《〈醒世姻缘传〉考证》引邓之诚《骨董琐记·蒲留仙》说："《聊斋志异》，乾隆三十一年莱阳赵起杲守睦州，以稿本授鲍以文廷博刊行。余蓉裳集时客于赵，为之校雠是正焉。鲍以文云：留仙尚有《醒世姻缘》小说，实有所指。"著名的文学作品《聊斋志异》成书以后，蒲松林无力印行，只有稿本铸雪斋抄本等传世，影响不大。莱阳赵起杲在福建做官时从福建藏书家郑荔芗的后人处得到据说是蒲氏稿本《聊斋志异》，交由余集审定。乾隆二十八年（1763）赵任杭州府丞，鲍廷博鼓动付梓。三十一年（1766），赵升任严州知府，开始刊刻此书，不料书刻至第十二卷时，赵起杲去世，他的弟弟赵皋亭嘱托鲍廷博接着主持此书刻至第十六卷。今查赵氏《弁言》中有："此书之成，出资襄力事者鲍子以文。"因此，此书实为鲍氏刻本。乾隆三十二年（1767），由鲍廷博刊行于世，即36卷421篇通行本的最初刊本，世称青柯亭刊本，俗称鲍廷博刊本，使这部盖世文学名著得以广泛流传。笔者在徽州师范专科学校（今黄山学院）胡家祚教授处还看到鲍氏知不足斋后人在扉页上印有"光绪十四年（1888）孟春之月知不足斋上石摩印"的插图精美，印制精湛，线装8册古越高昌寒食生撰序的《详注聊斋志异图咏》十六卷，说明知不足斋继承者开皖籍出版家较早使用西洋印刷术的先河。

无论从藏书、校书、抄书、刻书诸方面来看，鲍廷博都是皖籍当之无愧的最大的卓有成效的古籍整理大家、出版大师。《知不足斋丛书》的整理出版是中国古籍整理史和古代出版史上高高耸立的丰碑。

用一分为二的观点来分析，鲍氏辑刻这部被卢文弨称为既无伪书，又无俗书，王鸣盛极推崇其淹雅通博、正定可传的最重要的名刻丛书及其他单行本，也绝非无隙可击。过细审读，也是能发现一些疵病的。如元代大藏书家袁通甫所撰《静春堂集》八卷，四库馆臣据马曰琯丛书楼藏本著录为4卷，鲍刻也是4卷，对照黄荛翁的五砚楼抄本为5卷，再对照其下的存目无文，知《四库全书》和鲍刻仅有其中的一半。据上海图书馆潘景郑先生在《著砚楼书跋》中指出，宋葛洪《涉史随笔》，鲍氏刻本是据最早的刊本校刻的，但对照明弘治（1488—1505）间王朝言本就发现两种版本互有得失。如在《赵公仲连止烈赐郑歌者田》章中，鲍误刊“相国”为“国相”；在《杨琯请更贡举之制》章中，鲍氏刊“士拘一日之食”句中改“食”为“限”就不妥。鲍本也有改正弘治本中的错误处。如在《隋文帝褒擢宋令》章中的“竦功”的“竦”，弘治本误作“疏”；在《宋璟随笔才录用》章中的“竦”字，弘治本误作“景”字，鲍氏刊本予以改正；还有如若有一介臣之“若”，弘治本误作“之如”，鲍本也予以改正等。总之，鲍氏刊本的长处是很多的，虽小有疵瑕，也绝对掩盖不了璧玉的光辉的。任何大家也难免有失手之举，大版本目录学家鲍廷博也有过疏忽的地方。如《士礼居藏书题跋记·陶靖节先生诗注》卷五就记载：“辛丑（乾隆四十六年，1781）四月晦日，武林鲍以文自苏州回棹，同新仓吴葵里（骞）过松霭先生（周春）著述斋。是夜以文痁病作，不能饮，灯下谈及（阙字）陶渊明诗一本，《序》末标汤汉，不知汤汉何许人。先生（周春）便拍案称好书，且告以《宋史》有传，《文献通考》著录，以文爽然若失。随叩《陶集》携行箧否？则答云已送海盐张芑堂（燕昌）矣。重午日，先生（周春）即从芑堂借观，芑堂见书虽破碎，而装面用金粟笺，心疑其为秘册，索还甚急。赖张佩兼（载华）调停互易。初以书画、铜瓷、端砚，俱不可；芑堂适需古墨，先生（周春）因出叶元卿“梦笔生花”大圆墨易之，墨重一斤，值白金如数。至癸卯（乾隆四十八年，1783）五月，阅两年而议始定。此书乃为先生（周春）所有。”是说鲍廷博因不知道诗注撰者宋汤汉的身份而轻易地把宋刻《陶靖节先生诗注》给了张燕昌，张又转给周春，令鲍廷博懊悔莫及。该书为晋陶渊明撰、宋汤汉注南宋刻2册本。周春得此书后，将收藏此书及宋刻《礼》书所藏室名易名“礼陶斋”。后周春卖掉《礼》书，仍名“宝陶斋”，后再卖此书，改为“梦陶斋”。黄丕烈花了一百两银子购此书，与原有宋刻《陶渊明集》收藏一室，取名“陶陶室”，并分别称“陶陶室藏靖节集第一本”“陶陶室藏靖节集第二本”，后又增藏宋刻苏轼撰《东坡和陶诗》计3种有关陶渊明的宋刻本而使陶陶室享誉书林。可见，此书价值。惜鲍氏一时失手而成书史憾事。类似不足处还有所刻《宝绘录》有佚名识语：“是编所录文则锺谭，诗则王李，而皆嫁名于宋元。渌饮不曾一阅，遽与青父书并刻，极缪！此内伪迹，今或流传，厚民万不可收，切戒切戒。存此书以验伪迹亦妙。”按：“此不知何人所题，余观篇中所载，斯言良然。”（癸丑，1913）

提出鲍刊本、抄校本的一些疵病，目的在于提醒的古籍整理者，在学习古人治学精神的同时，在古籍整理工作中需要慎之又慎，精益求精。千万不要造成今人整理古籍而古籍亡的被动局面。目前不少出版社出版的古籍真是金玉其外，败絮其中，其中的错误令人无法卒读，极大地损害了古籍的价值，对中华传统文化无疑是一种亵渎。

著述丰富的古籍整理大家吴骞

为慕一廛藏百宋，更移十架度千元。

生儿即以周官字，俾守楹书比孝辕。

这是清末叶昌炽赞扬东南百年藏书楼——拜经楼的诗句。又有《河庄诗钞》中有诗称赞吴骞拜经楼藏书道：

人生不用觅封侯，但问奇书且校雠。

却羡溪南吴季子，百城高拥拜经楼。

清乾隆（1736—1795）年间，苏州大藏书家黄丕烈的百宋一廛称雄东南，与之相匹的唯有浙江海宁吴骞的千元十架。《海昌备志》记载楼主吴骞“笃嗜典籍，遇善本倾囊购之弗惜。所得不下五万卷，筑拜经楼藏之。晨夕坐楼中，展诵摩挲，非同志不得登也”。陈鳣在《愚谷文存序》中进一步说：“筑拜经楼，聚书数十万卷，丹黄甲乙，排列几筵。又有图绘、碑铭、鼎彝、剑戟、币布、圭璧、印章之属，丹漆、陶瓬、象犀、竹木之器，充牣其中，皆辨其名物制度，稽其时代款识，著之谱录。”对吴骞拜经楼作了高度概述。拜经楼的开创者吴骞与其子寿照、寿旸、孙之淳、之澄、之柟经过 3 代拜经楼主人的百年惨淡经营，使之成为东南著名的藏书名楼。

吴骞（1733—1813），幼字益郎，又字槎客，号愚谷、兔床、漫叟、葵里、海槎、揆礼、月树、兔床客、桃溪客、滓江渔父、沧江缦叟、墨阳小隐、兔床山人，72 岁时署名齐云采药叟（主要纪念祖籍休宁县）、西施亡国人家、夜明竹轩主人、虎步挫绛司马、小桐溪上人家、百卷人家，有拜经楼、千元十驾、富春轩、双声馆、桃溪山馆、耕烟山馆等，祖籍休宁县，因其曾祖父吴万钟徙家浙江海宁长平乡尖山阳新仓里小桐溪而入籍海宁，故《清史列传》说是海宁人[①]。吴骞系休宁左台一世祖吴少微[②]第 37 世孙，属休宁县市支派。他能诗、善书、擅画，尤喜藏书，筑有拜经楼藏其图籍。他因好友黄丕烈曾颜其室为“百宋一廛”而题其居为“千元十驾”，说明所藏多宋元旧刻，且有千部元版，可见其藏书之丰、之珍。今中国国家图书馆藏嘉靖七年（1528）刻《休宁县市吴氏本宗谱》十卷 4 册本就是吴骞收藏的家谱。其中第一册末有吴骞跋，既

---

① 王钟翰点校《清史列传·文苑传三》卷七十二第五八九一页，北京：中华书局，1987。

② 吴少微（659—743），名远，字仲芳，又字仲材，号遂谷，祖籍渤海（《唐御史台记》），落籍歙县（《新安志·先达》卷六说《新唐书》《旧唐书》说为新安人，《祥符图经》说是歙县人）。唐长安（701—705）中进士，唐景云（710—711）中官至左台监察御史。谢职后定居休宁石舌山，卒葬凤山，成为左台吴氏一世祖。罗愿在《新安志》中说：“（少微）长安中累官至晋阳尉，与武功富嘉谟同官友善。先是天下文章以徐、庾为宗，气调益弱。独少微、嘉谟属词本经学，雄迈高雅，时人慕之，文体一变，称为吴富体。”他定居歙州后改变了歙地尚武的习气，是开徽学文风的先行者。著《文集》五卷、《经籍志》十卷等。

能证明吴骞是休宁人，又能说明吴骞对家谱的重视。他自己还纂修《休宁厚田吴氏宗谱》六卷。

吴骞“生负异禀，过目成诵”，因年幼多病而弃举业，仅获“明经”贡生出身，“性慈善，尝买一婢，询之，良家女也，抚为己女，嫁之。一时咸颂其厚德”①。他工诗善文，少与陈鳣讲训诂之学，所为诗文，旨趣清远，晚年间绘山水，实为多才多艺的大儒，是与乾嘉（1736—1820）间的黄丕烈、陈鳣、鲍廷博齐名的文献学家。陈鳣也在《愚谷文存》序中称：“吴槎客先生品甚高，谊甚古，而学甚富，著述等身，顾不屑为流俗之文，夙共当世贤士大夫相往还，与之上下议论。晚年益深造自得，远近学者宗之”，“粹然为儒林之望”。黄丕烈还赠以：“千元百宋竞相夸，引得吴人道是娃。我为嗜奇荒产业，君因勤学耗年华。良朋隔世亡双璧，异地同心有几家？真个苏杭闻见广，艺林佳话遍天涯。”诗句盛赞吴骞学术成就和执着精神。他博综好古，著述丰富。

据《海宁州志》载及现存世的吴氏著作有《蠡塘渔乃》一卷《续》一卷、《拜经楼》正续十七卷其中有《拜经楼诗集》十二卷、《愚谷文存》正续十六卷、《桃溪客语》五卷、《金石类稿》一卷、《唐石经考异》二卷、《子夏易传钩遗》二卷、《蜀石经毛诗残本考异》又名《蜀石经毛诗考异》二卷、《蜀石经诗考异》又名《蜀石经考异》一卷、《典裘购书歌》一卷②、《遗训笺释》一卷、《涉园修禊集》一卷、《皇侃氏论语义疏参订》

① 王钟翰点校《清史列传·文苑传三·吴骞》卷七十二第五八九二页，北京：中华书局，1987。

② 《皖人书录》卷三第 367 页仅著录当涂吴骞，多与寓居海宁吴骞相混。当涂吴骞字益存，号乐园，又字香亭。康熙三十年（1691）中进士，官至广东惠州知府。奉诏入京授京堂，病归，仅著《粤东怀古诗》一卷、《遗训笔释》一卷（以上两种有雍正间怀远亭刻本）、《惠阳山水纪胜》四卷（《四库全书总目·史部·地理类存目五》著录，有清刻本）、《典裘购书吟》又名《典裘购书唫》一卷（《中国古籍总目·子部·杂家类·杂记之属》第 1876 页著录，南京图书馆分别藏康熙 [1662—1722] 间及康熙至乾隆 [1736—1795] 间字香亭刻本，显然不是本节传主所刻）等，而蒋元卿老先生误将《休宁厚田吴氏宗谱》六卷、《皇氏论语义疏参订》十卷、《桃溪客语》五卷等书误录入当涂吴骞。

十卷、《蠡塘渔乃》一卷、《唐开成石经考异》二卷、《海宁经籍志》不分卷、《海宁名宦修志》一卷、《海宁经籍志备考》二卷、《海宁倭事始末》二卷、《海宁倭寇始末》一卷、《小桐溪录》一卷、《随笔》二卷又作《小桐溪随笔》不分卷、《尖阳丛笔》十卷《续笔》一卷、《尖阳载笔》一卷、《槎客日谱》六卷及不分卷两种、《尺苑》二卷、《阳羡名陶录》二卷《续录》一卷、《国山碑考》一卷《补遗》一卷计2种2卷、《阳羡摩崖纪略》无卷数、《子夏易传义疏》二卷2种、《子夏易传释存》二卷、《孟子外书附订》四卷、《拜经楼诗草》不分卷、《拜经楼诗稿续集》一卷、《白虎通义校稿》一卷、《兔床清玩录》不分卷、《拜经楼研录》一卷、《南宋方炉诗》又名《南宋方炉题咏》一卷、《愚谷文稿》不分卷、《愚谷文存》不分卷、《愚谷文存续编》二卷《再续编》一卷、《拜经楼诗文稿》十四卷、《论印绝句》一卷《续编》一卷及《论印绝句》二卷、《拜经楼诗集续稿》不分卷、《哀兰集些》一卷并辑《挽篇》一卷、《愚谷诗稿》5种六卷、《诗谱补亡后订》一卷、《诗谱拾遗》一卷、《孙氏诗评摭遗》一卷、《吴氏仪则》一卷2部稿本、《烟云供养录》一卷（辑）、《拜经楼集外诗》一卷、《商卣唱和诗》一卷、《清秘录》一卷《续录》一卷《尺苑》不分卷、《拜经楼杂钞》一卷、《拜经楼诗话》三卷、《沈蘧翁寿杯歌》一卷、《拜经楼诗话》一卷、《拜经楼诗话》四卷、《拜经楼诗话续编》二卷、《万花渔唱》一卷，辑《扶风传信录》一卷、《海宁州志校勘记》一卷、《壶口辨》一卷、《蛟桥折柳图题咏》一卷、《西湖纪胜》二卷、《拜经楼书目》不分卷一卷又有二卷四卷本、《兔床山人藏书目录》不分卷、《观复堂藏书总目》一卷《分目》一卷、《拜经楼分拨总记》一卷、《拜经楼碑帖目录》一卷、《耕崖先生传》一卷附海宁周广业撰其子编《题辞》一卷、《陈乾初先生年谱》二卷、《皇氏论语义疏参订》十卷、撰《兔床日记》不分卷、《桐阴日省编》不分卷，校订《明党祸始末记》二卷2部，辑《四朝经籍志补》不分卷、《明诗综姓氏表》不分卷、《文衡山拙政园图真迹》

一卷、《徐俟斋邓尉十景题跋》一卷，辑唐吴少微吴巩撰《休宁吴氏济美集》一卷、与清黄虞稷同辑《千顷堂书目》三十二卷附《四朝经籍志补》不分卷及撰《集俎》一卷、《汪义妇辞》一卷、《游龙池山记》一卷、《游张公洞记》一卷、《惠阳山水纪胜》二卷、《罗浮纪胜》二卷、《武林游记》一卷、《拜经楼藏书题跋记》五卷《附录》一卷计6卷、《小桐溪吴氏家乘》八卷、《桐阴小牍》一卷、《休宁吴氏济美集》一卷、《许氏诗谱钞》《孙氏尔雅正义拾遗》[①]、《唐开成石经考》二卷，辑《静庵集》一卷并附录2种各1卷计3卷，校注《疑年录》四卷、注《七秩赠言》一卷、《六井考》一卷《希世新编》一卷、《金石类稿》一卷，辑《董令升遗事》不分卷、《禺园悼往录》不分卷、清吴嵘撰《石斋遗稿》一卷、《金楼子附校》六卷、《古今乐府声律源流考》一卷、《孙氏尔雅正义钞》一卷、《蛟桥折柳图题咏》一卷、《輶轩续录》一卷、《顾令君政绩卷》一卷、《杨忠愍公手札题跋》一卷，还有《闽中书画录跋》等，辑宋潜说友纂修《［咸淳］临安志钞》不分卷、增辑《历代纪元汇考》九卷附清赵骏烈万斯同撰清吴骞增定《纪元余论》一卷计2种10卷，纂修《休宁厚田吴氏宗谱》六卷，编《海昌丽则》5种十卷、《书画题跋五种》五卷，批注《陆放翁先生年谱》一卷等著作集注百种。其中，除吴骞及一门已刻部分著作外，收入吴骞兔床著《拜经楼未刊各书》就达19种40卷以上（不分卷按一卷计）。收入清吴骞撰并辑《拜经楼诗文稿》13种十四卷，收入《愚谷诗稿》5种六卷，清吴骞编《书画题跋五种》五卷等。吴骞的著作大多仍在世，藏于全国各大图书馆等公藏机构，且大都均列为善本，可见其学术质量高，版本价值大。

丰富的收藏使出版家知识面广，学术功底富厚，更为出版活动打下了坚实的基础，并提供了丰富的稿源，对古籍整理和出版工作者更是如此。拜经楼藏书多达5万卷，一说数十万卷，有吴骞与儿辈辑录《拜经

---

① 以上2种见《贩书偶记·集部·别集类》卷十六第410页。《中国古籍总目·经部·尔雅类·注解之属》第933页著录，三国魏孙炎撰、清吴骞辑此书，收入《拜经楼丛书》本中。

楼书目》不分卷与四卷等多种，著录珍藏1000余种。其中四卷本依四库分类，经部约200种，史部150种，子部250种，集部550余种。而集部中大多为清人文集及乡贤师友文集。《拜经楼藏书题跋记》五卷、《附录》一卷，系其子吴寿旸辑吴骞藏书跋语，详载辨误新疑，兼及藏书印记、书版行款、抄书岁月，系清代著名目录学著作，寿旸在世时秘不示人。卒后其子之淳收录遗稿以赠蒋光煦，蒋光煦认为比《读书敏求记》好。还著有《海宁经籍志备考》一卷及东来阁书店专收吴氏拜经楼善本书目的《东来阁书目补遗》一卷。他有“吴骞幼字益郎”白方、“吴骞之印”半白朱方二枚、“兔床”朱方、“吴骞读过”白方、“临安志百卷人家”白长大方、“兔”白朱方各一枚、“床”朱方、“拜经楼”朱长方、“臣骞”半白半朱方、“兔床经眼”、“槎客”朱长方、“小桐溪上人家”朱文圆印、“兔床漫叟”、“漫叟”白方二枚、“兔床山人”、“兔床拜经楼吴氏藏书”、“兔床真赏之家”、“海昌吴葵里收藏记”、“吴骞字槎客别字兔床”朱长方、“千元十驾人家藏本”白长方、“宋本”椭圆、“拜经楼吴氏藏书”朱大方印、“吴氏兔床书画印”朱长方、“吴兔床书籍印”白长方、“知不足斋主人所贻吴骞子子孙孙永宝”白长方，有藏书铭为“‘寒可无衣，饥可无食，至于书不可一日失’，此昔贤诒厥之名言，允可为拜经楼藏书之雅率。呜呼！后之人或什袭珍之，或土苴视之，其贤不肖真竹垞所谓视书之幸不幸，吾不得而前知矣”的朱长大方印等藏书图章。尤其值得一提的是他有一个长文木刻朱印为：“聚书藏书，良匪易事。善观书者，澄神端虑，净几焚香，勿卷脑、勿折角、勿以爪侵字、勿以唾揭页、勿把秽手、勿展食案、勿以作枕、勿以夹刺，随损随修，随开随掩。后有得吾书者，并奉赠此法。”他还有类似朱文大长方印：“寒可无衣，饥可无食，至于书不可一日无，此昔人诒厥之名言，是可为拜经楼藏书之雅则”[①]，与此印略有区别。可见，

① 转引自《藏园群书经眼录·史部四·职官类》卷六第四六四页著录傅增湘在丙寅年（1926）收自文有堂明嘉靖（1522—1566）间内府抄宋洪遵辑《翰苑群书》上下卷中下卷钤有此藏书印。

这些藏书大家多么重视藏书文化。他的一些藏书印还有藏书掌故，如他的“临安志百卷人家”及“宋本”印就是为纪念他收藏到宋《［乾道］临安志》三卷、宋《［淳祐］临安志》六卷两种抄本及宋大字本《［咸淳］临安志》九十五卷这 3 种 104 卷杭州地方志而雕刻的。这三部宋志也是他的镇库之宝。吴骞还在《拜经楼书目》自序中谆谆告诫说：“日后凡家资产业等，二子寿照、寿旸均派作两股分受，惟书籍公同阅看，若得后人更加充拓，永远保守，如四明范氏者尤妙。万一子孙长成有愿各自收藏，再议分析，是亦不得已之思耳。然终需念我致此之艰难，忽土苴视之。遇至戚密友暂时借阅，亦须彼此关会，不可一人专之，致有遗失散亡之患。嗟乎，昔人有言，遗子籯金不若教子一经。予因无籯金之遗，的知书之有益神智，岂止百倍于金？后人苟不知宝爱而使之散为云烟过眼，是真愚子弟，虽然籯金满匮亦何益哉！亦何益哉！”这是多么感人的对藏书处理的遗嘱家规。还有他的藏书处也很有意思。拜经楼名据吴骞自己解释说：“予以庚子岁（按指乾隆四十五年，1780）筑藏书之楼，名以拜经。顷渌饮游新安，购得明郑旼画《拜经图》见贻，率酬二绝：‘学古名楼事偶符，故人携赠出天都。只缘个里诗书气，不共烟云化绿芙。’‘三径荒烟带草青，千竿纡竹自娉婷。主人未必全如我，不解穷经只拜经。’”系取武进臧庸有拜经家塾同义[①]。如拜经楼千元十驾，蒋光煦在《东湖丛记》里说：“黄荛圃主政百宋一廛，吴兔床明经以千元十架相敌，故老风流，犹令闻者色飞眉舞。”拜经楼的十驾斋，诸家均记作插架的“架”，但黄荛圃在《席上辅谈跋》中说：“余藏书所曰‘百宋一廛’，海昌吴槎客闻之，即自题其居曰‘千元十驾’，谓千部元板，遂及百部之宋板，如驽马十驾耳。潜研老人《十驾斋养新录》即此十驾之义。”可见，学者们之趣同趋。再如他的另一枚“小桐溪上人家”印，则是吴骞所居海宁新仓里的籍贯。据陈鳣在《新坂土风》注

① 吴骞：《拜经楼诗集》卷五。

中说："新仓一名小桐溪，吴上舍兔床尝驾一舟，载书百卷，往来溪桥渔汊间。"简直再现了一幅儒雅的风情画面。还有以苏阁名其楼系吴骞出访时得宋刻百家注《苏东坡先生集》。寿旸成年后，吴骞将《苏东坡先生集》赠之，寿旸也因之自号苏阁，吴氏父子充满了书卷气。

吴骞藏书也确实来之不易。我们在查看他的有关著述时发现在他60岁后曾两次谈及他的收藏情况，与他的藏书印相契。他在60岁时曾说："吾家先世颇乏藏书。予生平酷嗜典籍，几寝馈以之。自束发迄于衰老，置得书万本，性复喜厚帙，计不下四五万卷，分归大、二两房者不在此数。皆节衣缩食、竭平生之精力而致之者也。非特装潢端整，且多以善本校勘，丹黄精审，非世俗藏书可比。至于宋元本、精抄，往往经名人学士赏鉴题跋，如杭堇浦、卢抱经、钱辛楣、周松霭诸先生，鲍渌饮、周耕厓、朱巢饮、张芑堂、钱绿窗、陈简庄、黄荛圃诸良友，均有题识，尤足宝贵。故余藏书之铭曰：'寒可无衣，饥可无食，至于书，不可一日失。'此昔贤诒厥之名言，允可为拜经楼藏书之雅率。"[①]64岁时又说："吾家先世颇鲜藏书，予兄拙巢先生始稍稍购置，然尚不多。予乃有独嗜，盖由束发及壮，无日不以此为事。奈所居僻左，邻里又乏同志者，每出游过通都大道，恒遍阅于市肆，日夕忘返，比归必载数簏以还，置之瓦屋东西，以借对床之乐。乾隆岁在庚辰（二十五年，1760），先君子以食指殷繁，为予兄弟析箸，凡资产器物三股分授，而书籍、字画、碑帖亦均作三股阄分，大房得□字号，二房得□字号，三房得仁字号。予既受而藏之，念门类未广，乃益多方搜觅，又常苦力有不足，往往摒挡称贷，仅而获酬。间闻人有异书，则必展转借录，露钞雪购，具费苦心。盖自少迄老，孜孜矻矻，数十年如一日，亦不自知其所以然。昔人方诸衔姜之鼠、穴纸之蝇，殆不为虚语矣。每自顾姿禀凡平，不能沉研精讨，为淹通博贯之儒，良用内愧。忽忽年逾耳顺，精力日衰，

① 吴骞：《愚谷文存·桐阴日省编下》卷十三。

学殖益落，一切世味皆淡漠视之，惟嗜书之癖如故。今年（乾隆六十年，1795）春，与儿辈逐加点检，先成《草目》，以备寻觅，约可三四万卷，九千余册，虽不为多，亦一生心力之所萃也。”[①]吴骞不仅爱藏古籍并孜孜不倦献身于古籍整理上。他“兼好金石，以所藏商鸟、篆戈、吴季子剑等，作《拜经楼十铜器诗》”[②]。管庭芬还进一步介绍他的部分收藏道：“值马氏、查氏遗书散布人间，先生偶得其残帙，流连景慕，每系跋语，以寄其慨。迨后搜讨益勤，兼于吴门、武林诸藏书家，互相钞校，并与同邑周松霭大令、陈简庄征君，赏奇析疑，获一秘册，则共为题识歌诗以纪其事。故拜经楼之藏弆足与道古、得树二家后先鼎峙。”[③]吴骞的《拜经楼藏书题跋记》详细地记载了他与当时文献家陈鳣、鲍廷博、黄丕烈、丁杰、杨复吉、吴翌凤、卢文弨、钱馥、周广业、张燕昌等人相互借抄传校及吴骞重大收藏情况，是研究吴氏拜经楼收藏史的重要资料。

想当年，吴骞收藏名闻东南，蒋光煦在《东湖丛记》中说：“黄荛圃主政百宋一廛，吴兔床明经以千元十架相敌，故老风流，犹令闻者色飞眉舞。”《海昌备志》也说：“海昌百年来藏书家，若前步桥许氏之惇叙楼，今遗籍荡然，楼亦毁矣。胡陈村胡氏华鄂堂，所藏仅有存者。独拜经楼完好无恙，贤子孙善守之效也。”

但藏书家往往事与愿违，个人保管更有不测风云，拜经楼虽然对图书保管采取了有力措施，但也往往出现意想不到的天灾人祸，为遭偷盗之类，《前尘梦影录》卷上就记载了拜经楼中：“所藏碑帖、书籍、字画，因居住幽僻，未遭兵火劫。有飞凫人结伴至其家，捆载至申，约直三千余金。盖与槎客酬酢者，皆乾嘉名士，不但卷册等可得厚值，即往

---

① 吴骞：《拜经楼书目》自序。

② 王钟翰点校《清史列传·文苑传三·吴骞》卷七十二第五八九二页，北京：中华书局，1987。

③ 管庭芬跋《拜经楼藏书题跋记》。

复诗笺尺牍，无不争先购去。唐蕉翁得南宋巾箱本《老子》《文子》二种，又钞本明末国初野史数册。”藏书家收藏早晚是免不了要遭流散的厄运的。

吴骞在古籍整理方面的杰出贡献主要体现在阅读整理古籍、抄辑古籍工作上，这也是出版古籍的重要准备阶段，他的贡献之一是对古籍留下大量批校题跋文字，体现了文献学家对所涉古籍的功力和见解及其编辑思想。之二是抄辑整理了大批古籍。抄书也是一种重要的复制传播手段，属于出版范围，因此，也是出版史研究的重点方面。

吴骞整理古籍不遗余力。吴氏拜经楼除收藏大批珍稀本簿籍，仅据其子吴寿旸所辑《拜经楼藏书题跋记》收录各种善本古籍题跋达320种。其中，收有宋版21种，元版24种，蒙古中统本《史记》、元抄《方叔渊稿》及16人稿本，抄本150余种，名人校本50余种及大量题跋及其校勘的古籍。为省篇幅，不再罗列细目，可参见中华书局1995年版《清人书目题跋丛刊十·拜经楼藏书题跋记》。他也因此成为与黄丕烈、鲍廷博等并列大文献学家。

吴骞校勘古籍十分勤奋缜密。其孙吴之淳说：“昔先大父聚书万卷，手不停披，潜志探讨。”[①] 吴骞在《拜经楼藏书题跋记〈南唐书注〉跋》卷二中记载乾隆四十五年（1780）了解到张燕昌在易州山中访得周在浚著《南唐书注》一书后，马上借归，与吴家所藏本“逐条校勘，凡诸异同，悉笔之简端”。还有他精校《水经注》四十卷，用朱、绿、蓝、墨各色七校《笠泽丛书》都是他校勘古籍的代表作。他校勘古籍类似例子比比皆是，一部《拜经楼藏书题跋记》就记载了他对宋本元本及蒙古本等宋元珍稀秘籍，朱彝尊、查慎行16人的手稿、旧抄及自抄、名人校本320种古籍的辨误析疑，兼及藏书印记、版本行款、抄刻年月等内容而留下的珍贵书史资料。估计尚有遗漏，如本书所列乾隆三十九年

---

① 转引自叶昌炽：《藏书纪事诗·吴骞槎客》卷五第五四四页吴之淳《尖阳丛笔》跋。

（1774）四月从鲍廷博处借抄《困学纪闻》二十卷跋就不在《拜经楼藏书题跋记》上。

经他整理的古籍，今存世不少。主要有宋常棠纂修《海盐澉水志》八卷明董谷纂修《续澉水志》九卷计2种17卷、宋陆游撰《南唐书》十八卷元戚光撰《唐年世总释》一卷《州军总音释》一卷计3种20卷、明刻《九经》9种十卷、《蜀石经残字三种》四卷、明末崇祯（1628—1644）间毛氏汲古阁刻《津逮秘书》本中唐李鼎祚撰唐陆德明音义《周易集解》十七卷《周易经典释文》一卷三国魏王弼撰唐邢琦注《周易集解略例》一卷计3种19卷、唐李鼎祚集解《易传》十七、卷清戴震撰《毛郑诗考正》四卷《首》一卷计5卷、清周亮工抄题双华山人乔辑《金石古文》八卷、宋王应麟撰清何焯评阎若璩笺《困学纪闻》二十卷、清钱大昕撰《孱守斋所编年谱五种》五卷、清方中履撰《古今释疑》十八卷《附录》一卷计19卷、明朱升撰《周易旁注前图》二卷、宋张大亨撰《春秋五礼例宗》十卷、明初赵汸撰《春秋金锁匙》一卷、汉郑玄注题王应麟辑《古文论语》又名《古文论语注》二卷《附录》一卷计3卷、明浦羲升撰《赤霞公诗钞》不分卷、汉扬雄撰晋郭璞注清卢文弨校正《輶轩使者绝代语释别国方言》十三卷清卢文弨撰《校正补遗》一卷计2种14卷、清毕沅撰《释名疏证》八卷、清阮元撰《仪礼石经校勘记》四卷、汉许慎撰《说文解字》十五卷、宋董楷撰《周易传义附录》十四卷、宋郭忠恕撰《佩觿》三卷、元李文仲撰《字鉴》五卷、元刻《汉隶分韵》七卷、元□□撰《汉隶分韵》七卷、北齐刘昼撰唐袁孝政注《刘子》十卷、明黄谏撰《从古正文》五卷《字原释义》一卷计2种6卷、宋丁度等撰《集韵》十卷、宋王称撰《东都事略》一百三十卷、清万经补清万斯同撰《历代纪元汇考》五卷、清赵骏烈万斯同撰《历代纪元汇考》九卷《纪元余论》一卷计2种10卷、晋常璩撰《华阳国志》十二卷、明李实撰《李侍郎使北录》不分卷、清李逊之撰《泰昌朝记事》一卷、汉刘向撰《说苑》二十卷、清沈宗骞撰《芥舟学画编》四卷、汉高诱注《吕氏春秋》

二十六卷、汉贾逵服虔等撰清惠栋辑《古文春秋左传》十二卷、宋杨万里撰《诚斋集》四十二卷、清庄述祖撰《白虎通考证》四卷、清庄述祖校订汉班固撰《白虎通》四卷、宋施德操撰《北窗炙輠录》二卷、宋洪迈撰《容斋随笔》十六卷《续笔》十六卷《三笔》十六卷《四笔》十六卷《五笔》十卷计5种74卷、明镏绩撰《霏雪录》不分卷、唐王冰撰《素问六气玄珠密语》十六卷、明叶子奇撰《草木子》四卷、清谈迁撰《枣林杂俎》六卷、清谈迁撰《枣林外索》六卷、清沈珩撰《庭训录》一卷、宋董楷撰《周易程朱先生传义附录》二十卷宋程颐撰《程子上下篇义》一卷董楷辑宋朱熹撰《朱子易图说》一卷《周易五赞》一卷《筮仪》一卷计5种24卷、清吴玫中撰《不惑论》一卷、清阎若璩撰《潜邱札记》七卷、清钱大昕撰《十驾斋养新录》二十卷、清程廷祚撰《晚书订疑》三卷、刘宋刘义庆撰梁刘孝标注明王世懋批点《世说新语》三卷、宋王铚撰《默记》一卷、清初朱一是子愿愚刻康熙六年（1667）修《为可堂文集》四十二卷《诗集》十六卷《史论》十卷《梅里词》三卷计4种71卷、宋王铚撰《默记》二卷、宋王铚撰《默记》三卷、清史承谦撰《菊丛新话》二卷、宋柳开撰《河东先生集》十五卷、宋孔平仲撰《珩璜新论》一卷、宋李昉等辑《太平广记》五百卷《目录》十卷计510卷、题汉严遵撰唐谷神子（玄德）注《道德真经指归》十三卷《玄德纂疏》一卷计2种14卷、清吴日萱辑《养生编》一卷稿本、晋陶潜撰宋汤汉等笺注《陶靖节集》八卷宋苏轼撰《苏东坡和陶诗》二卷《附录》一卷计2种11卷、宋苏轼撰《苏东坡先生和陶诗》又名《苏东坡和陶诗》二卷、南朝徐陵撰《徐孝穆集》七卷、清沈德潜撰《杜诗偶评》四卷、元朱公迁疏义明王逢辑录明何英增释《诗经疏义》二十卷《诗经疏义纲领》一卷计2种21卷、唐陆龟蒙撰《重刊校正笠泽丛书》四卷《补遗诗》一卷计2种5卷2部、唐陆龟蒙撰《重刊校正笠泽丛书》四卷《补遗（诗）》一卷《续补遗》一卷计3种6卷3部、唐陆龟蒙撰《陆鲁望先生笠泽丛书》八卷《补遗》一卷计2种9卷、宋梅尧臣撰《宛陵先生文集》六十卷《拾遗》

一卷计 2 种 61 卷、宋刘过撰《斜川诗集》十卷 2 部、宋张栻撰《南轩先生诗集》七卷、元戴表元撰《剡源先生文钞》四卷、陈武威阴铿子坚撰清周春辑《阴晋陵集》一卷、元至正（1341—1368）间刻明修元陈旅撰元陈吁编《陈众仲文集》又名《安雅堂集》《安雅堂文集》十三卷、唐罗隐撰《谗书》五卷清吴骞撰《补校》一卷计 2 种 6 卷稿本、元贡师泰撰《贡礼部玩斋集》十卷《拾遗》一卷元朱燧撰《纪年录》一卷计 3 种 12 卷、元吕诚撰《乐志园诗集》八卷《补遗》一卷计 2 种 9 卷、元郑允端撰《肃雍集》一卷、明朱朴撰《西村诗集》二卷《补遗》一卷计 2 种 3 卷、明郑元勋撰清郑开基辑《影园诗稿》一卷、清李确（李天植）撰《李潜夫先生遗文》一卷、清谈迁撰《枣林诗集》不分卷、清朱中楣撰《随草》二卷《续编》一卷计 2 种 3 卷、清石门曹度撰《带存堂诗集》七卷《文集》十卷计 2 种 17 卷、清王士禛撰《渔洋山人精华录》十卷、清王士禛撰清惠栋注《渔洋山人精华录训纂》十卷清惠栋撰《年谱注补》二卷《金氏精华录笺注辩讹》一卷计 3 种 13 卷、清王士禛撰《渔洋山人精华录训纂》十卷《目录》二卷清惠栋注补《年谱注补》二卷计 2 种 14 卷、宋周密撰《齐东野语》二十卷、宋史能之纂《［咸淳］重修毗陵志》三十卷、宋刘敚注《孟子外书四篇》四卷、清吕留良撰《何求老人诗稿》七卷《集外诗》一卷计 2 种 8 卷、明谈迁纂《［崇祯］海昌外志》八卷、明修元陈旅撰《陈众仲文集》十三卷、清金鳌修清黄簪世续修清王又曾纂《［乾隆］海宁县志》十二卷《首》一卷计 13 卷、清查慎行撰《敬业堂诗集》不分卷稿本、清查慎行撰《查初白文集》不分卷、清厉鹗撰《樊榭山房集》十卷《续集》十卷计 2 种 20 卷、清汪立仁撰《汪立仁遗稿》一卷、清海盐吴文晖撰《吴孝廉诗》一卷、清王昶撰《春融堂集》六十八卷清严荣撰《年谱》二卷计 2 种 70 卷、清周澍撰《台阳内编百咏》一卷《外编百咏》一卷计 2 种 2 卷、清魏之琇撰《岭云诗钞》一卷、清万之蘅撰《小兰山房稿》一卷、清万之蘅撰《小兰山房稿》一卷清储元临撰《湘云阁诗》一卷清史承豫等撰《秋怀唱和诗》一卷计

3种3卷、清青阳鲍兰皋撰《小瀛洲吟稿》四卷、清冯克家撰《不厌吟录》八卷、清冯念祖撰《东游草》一卷、清任安上撰《双溪乐府》一卷《花鸟词》一卷计2种2卷、清张赐采撰《竺岩诗存》不分卷、宋赵孟奎辑《分门纂类唐歌诗》一百卷、清朱彝尊辑《明诗综》一百卷、影抄宋刊宋王存等纂修《[元丰]新定九域志》十卷、宋王存等纂修《[元丰]九域志》十卷、宋王存等纂修《[元丰]新定九域志》十卷、元刻宋杨复撰《仪礼图》十七卷、清黄宗羲辑《明文授读》六十二卷、明释方策辑《善权寺古今文录》十卷、清周广业辑清周勋懋续辑《海昌诗系》二十卷稿本、题梁任昉撰明陈懋仁注《文章缘起》一卷明陈懋仁撰《续文章缘起》一卷计2种2卷、清史承谦撰《青梅轩诗话》二卷、清杭世骏撰《榕城诗话》三卷、清史承谦撰《青梅轩诗话》二卷、清查继佐撰《国寿录》四卷《便记》一卷计2种5卷、汉刘向撰明黄鲁曾赞《刘向古列女传》七卷《续》一卷计2种8卷、汉刘向撰《古列女传》七卷《续》一卷清顾广圻撰《考证》一卷计3种9卷、汉刘向撰《刘向古列女传》七卷《续》一卷计2种8卷、清佚名辑《词人姓氏爵里表》一卷《词综作者异同表》一卷《同调异名录》一卷计3种3卷、清钱大昕撰《疑年录》四卷、清查继佐撰《敬修堂诸子出处偶记》一卷、题元申继贤撰《荣氏二奇女传》一卷、清吴骞批注《陆放翁先生年谱》一卷、明堵胤锡自撰《堵文襄公年谱》一卷、清查慎行撰《陪猎笔记》三卷、宋朱熹集传《诗集传》二十卷《诗序辨说》一卷计2种21卷、清战效曾高瀛洲纂修《[乾隆]海宁州志》十六卷《首》一卷计17卷、清查慎行撰《人海记》一卷、题宋苏轼撰《历代地理指掌图》一卷、题宋苏轼撰《历代地理指掌图》不分卷、北魏郦道元撰《水经注》四十卷、明陈遴玮王升纂修《[万历]宜兴县志》十卷、清徐滨撰《宜兴县志刊讹》不分卷、清李斗撰《扬州画舫录》十八卷、宋范致明撰《岳阳风土记》一卷、五代李中撰《碧云集》三卷、明朱谋㙔撰《水经注笺》四十卷、清赵一清撰《水经注释》四十卷《附录》二卷计42卷、元本校旧抄《汉隶分韵》七卷、吴骞为鲍廷博撰《花韵轩咏物诗》题诗五首、清抄《渡海舆记》一卷附《褒海编》一卷计2种2卷、明徐石麒撰《官爵志》三卷、清周广业撰《季汉官爵考》三卷稿本、元王士点商企翁撰《秘书志》十一卷、清钱谦益藏《虞山钱牧斋绛云楼书目》不分卷、清曹溶藏并撰《静惕堂藏书目录》一卷、清朱彝尊藏并撰《曝书亭书目》一卷、清季振宜藏并撰《延令宋板（版）书目》一卷、清钱曾撰《读书敏求记》四卷6部、元刘大彬撰《茅山志》十五卷、清徐乾学藏《传是楼书目》不分卷稿本、清黄虞稷撰《千顷堂书目》三十二卷4部、清何焯撰《通志堂经解目录》一卷、宋程迥撰《三器图义》一卷、清张燕昌撰《石鼓文释存》一卷《补注》一卷计2种2卷、清钱曾藏并撰《述古堂书目》十卷、明徐献忠撰《吴兴掌故集》十七卷、清抄朱长文纂修《［元丰］吴郡图经续记》三卷、唐陆龟蒙撰《重刊校正笠泽丛书》四卷《补遗诗》一卷计2种5卷、唐陆龟蒙撰《陆鲁望先生笠泽丛书》八卷《补遗》一卷计2种9卷、明麻三衡撰《墨志》一卷、清阮元撰《仪礼石经校勘记》四卷、宋王俅撰《啸堂集古录》二卷、元许衡撰《许氏诗谱钞》一卷、明都穆撰《金薤琳琅》二十卷清宋振誉撰《补遗》一卷计2种21卷、刘宋刘义庆撰梁刘孝标注《世说新语注》三卷、重修清钱曾撰《读书敏求记》四卷、汉刘向撰《说苑》二十卷、清查慎行撰《东坡先生编年诗补注》五十卷《年表》一卷计2种51卷、明朱谋垾撰《水经注笺》四十卷、清卢文弨撰《抱经堂文集》三十四卷、明陈贞慧撰《山阳录》一卷、晋郭璞注《山海经》十八卷、明郑元勋撰清郑开基辑《影园诗稿文稿》一卷、清宋林之奇撰《三山拙斋林先生尚书全解》四十卷清丁杰辑《林拙斋书集解附录》一卷计2种41卷、清王载宣撰《慎终录要》一卷、旧写元贡奎撰《贡文靖公云林诗集》六卷、宋阮逸宋胡瑗撰《圣宋皇祐新乐图记》又名《皇祐新乐图记》三卷、清抄《蜀石经残字三种》四卷、清抄清阎若璩撰《四书释地》一卷《续》一卷《又续》二卷《三续》二卷附《孟子生卒年月考》一卷计5种7卷、清抄清阎若璩撰《四书释地又续》二卷、清抄清阎若璩撰《四书释地三续》二卷、清黄丕烈辑清吴骞校《蜀石经残字三种》四卷、清王亶望刊魏何晏集解梁皇侃疏《论语集解义疏》十卷、宋陈祥道撰《重广陈用之真本入经论语全解义》十卷、明王崇庆撰《周易议卦》二卷、宋王辟之撰《渑水燕谈录》十卷、宋周密撰《癸辛杂识·前集》一卷《后集》一卷《续集》二卷《别集》二卷计 4 种 6 卷、宋阮逸胡瑗撰《圣宋皇祐新乐图记》三卷、清李逊之撰《泰昌朝记事》一卷、清万斯同撰清抄《明史列传稿》二百六十七卷、不著撰人《明党祸始末记》二卷、汉刘向撰《刘向古列女传》七卷《续》一卷计 2 种 8 卷、明徐弘祖撰《徐霞客游记》不分卷、元夏文彦撰《图绘宝鉴》五卷《补遗》一卷《续补》一卷计 3 种 7 卷、宋王质撰《绍陶录》三卷、唐成伯瑜撰《毛诗指说》一卷、清阎若璩撰《四书释地》一卷《续》一卷《又续》一卷《孟子生卒年月考》一卷计 4 种 4 卷、武英殿活字印《聚珍版丛书》本魏郑小同撰《郑志》三卷附清吴骞辑《补》一卷计 2 种 4 卷、魏郑小同撰清孔广林辑《郑志》八卷、《七经孟子考文补遗》二百卷《卷首》一卷计 201 卷、宋张大亨撰《春秋五礼例宗》十卷、清叶奕苞撰《金石录补》二十七卷、清海宁周春撰《古文尚书冤词补正》一卷、明徐谦撰《痘疹仁端录》八卷、题唐王冰撰《素问六气玄珠密语》十六卷、宋苏轼撰《苏氏易解》八卷计 2 种 16 卷、清陈奕禧撰《小名补录》一卷、清查继佐撰《国寿录》四卷、晋陶潜撰宋汤汉等笺注《陶靖节集》十卷《总论》一卷计 11 卷、清魏之琇撰《岭云诗钞》一卷、旧抄宋进士临川涂溍生易庵撰《周易经义》三卷、宋程颐撰《伊川易传》四卷附《上下篇义》一卷计 5 卷、陈徐陵撰《徐孝穆集》七卷、元董彝撰《四书经疑问对》八卷、汉扬雄撰晋郭璞注《輶轩使者绝代语释别国方言》十三卷清卢文弨校正《校正补遗》一卷计 2 种 14 卷、元刘一清撰《钱塘遗事》十卷、清厉鹗撰《东城杂记》二卷 2 部、宋张大亨撰《春秋五礼例宗》一卷、清全祖望撰清董秉纯清蒋学镛重编《鲒埼亭集》三十八卷《全谢山先生经史问答》十卷附《年谱》一卷计 3 种 49 卷等。

吴寿旸在《赠家（严）枚庵先生》诗中说："槐市幽栖比鹤巢（先生居吴之槐树街），高风几为俗情淆；商山此日方山子，万卷藏书手自钞（先生祖籍休宁，系商山派，家藏书皆手钞精本。先君尝以方山子相拟）。"[①] 因此，拜经楼藏书中手抄古籍比例很大。其抄本一般都经过严格校勘、批注或题跋。吴骞及其家族现仍存世抄本多种。不仅有丛抄，还有大部头著作。 吴骞与陈鳣、鲍廷博、黄丕烈、丁杰、杨复吉、吴翌凤、卢文弨、钱馥、周广业、张燕昌等诸学宿与东南大藏书家们来往密切，互通有无，相互借钞校勘秘籍。因此，吴氏所藏抄书不仅版本价值大、校勘质量高，而且来之不易，学界十分珍视，存世多为善本。乾隆四十一年（1776）重九日，吴骞偶得海昌《遗老高风》这本诗文杂著，"予不敢自秘，别录一本，以赠吾友陈君仲鱼，俾与《大学辨》诸书同藏于新坂家塾"[②]。沈昭子编《十三经名文钞》，仅以稿本藏家中，吴骞访其后人沈吕璜借归，"炳烛细书，几至达旦"[③]。嘉庆十年（1805），陈鳣买到从文渊阁抄出的《钱塘逸事》足本，吴骞则出示经吴翌凤手校的旧抄本，"遂借至津逮舫中，互相勘正"[④]。乾隆三十八年（1773），鲍廷博从友人处看到柳大中影宋抄《水经注》，马上驰书告诉吴骞。当年冬天，吴骞很快借归，以小溪项细刻本加以校雠勘正，表出异同，至次年仲秋历时 9 个月完成此书校勘。乾隆四十五年（1780），吴骞获悉张燕昌从易州山中访到周在浚所撰《南唐书注》，马上跑去借归，并以家藏本逐条校勘，凡相异处均批注在家藏本上。

吴骞在抄书中事迹不胜枚举。钱泰吉在《拜经楼藏书题跋记》序中说："兔床先生生平得一异本，必传示知交，共相抄校，非私为己有者。"他每得一部秘籍，马上组织子侄辈分抄或自抄，往往通宵达旦。因此，

① 引自清吴寿旸撰《拜经楼藏书题跋记》五卷《附录》一卷第八页，载道光版蒋光煦刊《别下斋丛书》。

② 吴骞：《拜经楼藏书题跋记·遗老高风跋》卷五，又《大学辨跋》卷一。

③ 吴骞：《拜经楼藏书题跋记·十三经名文钞跋》卷一。

④ 吴骞：《拜经楼藏书题跋记·钱塘遗事跋》卷二。

现存世的吴氏抄书仍然很多。它们是吴骞自辑《拜经楼杂钞》4种四卷、吴骞自辑《拜经楼丛钞》22种二十五卷、清王夫之撰《四经稗疏》4种十四卷、吴骞辑《拜经楼钞书七种》又名《拜经楼丛钞》7种八卷、《海昌闺秀诗》5种等。

此外，吴氏还藏有不少由吴氏拜经楼抄著名的抄本如清张为儒撰清吴昂驹辑《虫获轩笔记纂》一卷、清谷应泰撰《明史纪事本末》八十卷、影宋抄汉郑玄注唐陆德明音义《京本点校附音重言重意互注周礼》十二卷、宋傅察撰《傅忠肃公文集》三卷、《皇朝书刻》不分卷、清徐乾学藏《传是楼书目》不分卷、清吴骞校《虞山钱牧斋（谦益）绛云楼书目》不分卷、宋陆游撰清周在浚笺注《南唐书》十八卷元戚光撰《音释》一卷计2种19卷、宋王应麟撰《困学纪闻》二十卷、清吴骞校清张继才撰《补元史艺文志》四卷、《保越录》一卷、清吴蕃昌撰《阃职三仪》一卷《祠居三仪》一卷清吴骞辑《桐阴小牍》一卷计3种3卷、清陈奕禧清吴骞辑《香泉论书偶记》一卷、清张燕昌撰《藏经纸说》一卷、《名花异木记》一卷、宋王存等纂修《［元丰］新定九域志》十卷、宋赵彦卫撰《云麓漫钞》十五卷、清吴骞撰并校《蠡塘渔乃》一卷、清陈奕禧辑《小名补录》一卷、明朱妙端撰清吴骞辑《静庵集》一卷《附录》一卷明周济等撰《附录》一卷计3卷、清许楹撰《罔极录·前编》四卷《后编》四卷附《观化轩杂咏》一卷计3种9卷、清全祖望撰《鲒埼亭集》三十七卷、清卢文弨撰《抱经堂文钞》一卷、唐李吉甫纂修《元和郡县图志》四十卷、明堵胤锡自撰《堵忠肃公年谱》一卷、清厉鹗撰《东城杂记》二卷、唐陆龟蒙撰《陆鲁望先生笠泽丛书》八卷《补遗》一卷计2种9卷、清马思赞藏《道古楼藏书目》一卷、清吴之淳辑《拜经楼书目》不分卷、清吴骞撰《海宁经籍备考》二卷、清吴骞撰《海宁州志校勘记》一卷、清孙星衍撰《秦汉瓦当文字》一卷、宋潜说友纂修《［咸淳］临安志序录》不分卷、魏郑小同撰清王复辑《郑志》三卷《补》一卷计2种4卷、元许谦《诗集传名物钞》中附许谦撰《许氏诗谱钞》一卷、宋陈骙撰《中兴馆阁录》十卷、元吴师道撰《吴礼部别集》一卷、清鄞县全祖望撰《鲒埼亭集》三十七卷、唐赵蕤撰《长短经》九卷、清海宁查容撰《查浒翁文集》四卷、清陆莘行撰《秋思草堂遗集》又名《老父云游始末》一卷、清赵一清撰《水经注释》四十卷《附录》二卷计 42 卷、清卢文弨撰《抱经堂文钞》一卷、清吴骞藏《拜经楼书目》四卷、《海宁倭寇始末》一卷、清周春辑《悉昙奥论》三卷、明朱妙端撰《朱静庵自怡集》一卷、明朱妙端撰清吴骞辑《静庵集》又名《静庵剩稿》一卷明周济等撰《附录》一卷计 2 卷、清施谦撰《兰坨遗稿》四卷、清潘允喆等撰《秋籁同声集》一卷、唐崔湜撰《御史台精舍碑题名》一卷、清吴骞藏并撰《观复堂藏书总目》一卷《分目》一卷附《拜经楼分拨总记》一卷计 3 种 3 卷、宋张浚撰《紫岩易传》十卷等。

吴骞与儿辈在古籍整理中也留下痕迹，如跋元刘一清撰《钱塘遗事》十卷 2 部、《仪礼图》十七卷、宋刘时举撰《续资治通鉴》又名《续宋中兴编年资治通鉴》十五卷、影宋抄《京本点校附音重言重意互注周礼》十二卷、清丁敬撰《武林石刻记》一卷、宋刘昌诗撰《芦浦笔记》十卷、宋朱熹《诗集传》二十卷、唐司马贞撰《史记索隐》三十卷、汉应劭撰《风俗通义》十卷、《唐张处士诗集》六卷、《对床夜话》五卷等。还抄清唐宇昭撰《拟故宫词》一卷及抄其父所撰《阳羡摩崖纪略》一卷等。其兄双目失明后在子辈中就数他协助其父吴骞守拜经楼收藏，并将其父藏书跋语亲自手录撰为《拜经楼藏书题跋记》六卷，并“秘之箧衍，不以示人”[①]。该书辨误析疑，兼及藏书印记、书版行款、钞刻年月等内容，对读者了解有关古籍作者生平、著述大旨及版本流传大有裨益。还有《吴兔床日记》记载了吴骞中年至晚年的藏书、读书、著述、交游等第一手资料，是研究吴骞的重要史料[②]。

在吴氏三代人的艰苦创业、精心保护下，日益丰富的收藏，使著名

---

① 见管庭芬在此书后的跋语。

② 此日记收入凤凰出版社 2015 年 5 月版《中国近现代稀见史料丛刊》第二辑中，十分易得。

藏书楼拜经楼历经百年盛名，名列海昌许氏惇叙楼、胡氏华鄂堂、马氏道古堂、许氏学稼轩、陈氏向山阁、士乡堂等藏家之冠。地方史乘和当时名人也对它作出高度评价。《海昌备志》说："海昌百年来藏书家……独拜经楼完好无恙，贤子孙善守之效也。"管庭芬在《拜经楼藏书题跋记·跋》中说："苏阁父子保守遗籍，累世不怠，亦自来藏书家所难能也。"但自吴之淳逝世后，管庭芬在《拜经楼藏书题跋记·跋》中说已"遗书尘封，问奇无自"了，最后毁于太平军战事。《安徽省馆藏皖人书目》第146—148页没有弄清本目中的吴骞，多处标为当涂人，误。《皖人书录》第267页更径录当涂吴骞，且多处将休宁吴骞事迹相混。

王昶在《蒲褐山房诗话》中说："槎客喜搜罗宋元刻本，如陶渊明、谢玄晖诸集，皆取而重刻之，学者珍为秘宝。"说明吴氏不仅是收藏大家，古籍整理大家，还是大刻书家。

吴骞一门还刻了不少古籍。吴氏刻书重点是第一代吴骞，其子寿旸、孙之淳也刻了些书。

康熙（1662—1722）间刻清吴骞撰《罗浮纪胜》二卷。《中国古籍善本总目·史部·地理类·山水志》第五二二页（作康熙六十一年刻清吴骞辑）、《中国古籍总目·史部·地理类·山水志之属·山》第3922页著录，安徽省博物馆藏。此应为当涂吴骞刻。

乾隆五十年（1785）拜经楼刻由清吴骞校跋自撰《诗谱补亡后订》不分卷。《中国古籍善本总目·经部·诗类》第五七页著录，复旦大学图书馆藏，应为先印本。

乾隆五十年（1785）海宁吴骞葵里校刻《拜经楼丛书》13种三十四卷。《汇刻书目》第六册第五页著录。应为先印本。

乾隆五十一年（1786）刻清吴骞撰《阳羡名陶录》二卷附《书画说铃》《频罗庵论书》《赏延素心录》《漫堂墨品》《笔史》《金粟笺说》计7种（无卷数作1卷计）8卷。《中国历史博物馆藏普通古籍目录·子部·艺术类》第298页著录，中国国家博物馆藏2册本。

乾隆（1736—1795）间吴骞拜经楼刻清徐灿撰《拙政园诗余》三卷。《中国古籍善本总目·集部·词类·词别集类》第一八五七页、《北京师范大学图书馆古籍善本书目·集部·词类》第293页著录，北京大学图书馆、北京师范大学图书馆（2册本）及北京市文物局藏。该刊本半页9行，行17字，黑口，左右双边。封面镌“耕烟馆藏板”。卷末镌“褚堂芹香斋刊”。

乾隆嘉庆（1736—1795—1820）间吴氏拜经楼刻清吴骞编《海昌丽则》5种十卷。《中国古籍善本书目·集部·总集类》第1543—1544页、《北京图书馆古籍善本书目·集部·总集类》第二八三六至二八三七页、《中国古籍善本总目·集部·总集类·丛编·通代》第一六八三页、《中国古籍总目·集部·总集类·丛编之属·分体·通代》第2803—2804页著录，中国国家图书馆（5册本）及群众出版社藏。该刊本半页9行，行17字，黑口，左右双边。

乾隆嘉庆（1736—1795—1820）间海昌吴氏刻汇印清吴骞辑《拜经楼丛书》又名《愚谷丛书》23种六十六卷。《中国古籍总目·丛书部·杂纂类·清代前期》第446页著录，中国国家图书馆、中国科学院图书馆、北京大学图书馆、上海图书馆、复旦大学图书馆、辽宁省图书馆、安徽省图书馆、四川省图书馆藏，应为再次汇印本。

乾隆嘉庆（1736—1795—1820）间（又作乾隆五十一年刻嘉庆元年重定印）海昌吴氏拜经楼刊清吴骞自辑《拜经楼丛书》又名《愚谷丛书》31种九十八卷。《中国古籍总目·丛书部·杂纂类·清代前期》第447—448页、《中国丛书综录·汇编·杂纂类（清代前期）》第一册第138页、《中国丛书综录补正·汇编·杂纂类（清代前期）》第28页、《安徽省馆藏皖人书目》第147页著录，中国国家图书馆、中国科学院图书馆、北京大学图书馆、上海图书馆、复旦大学图书馆、华东师范大学图书馆（不全）、上海师范大学图书馆、吉林市图书馆、南京大学图书馆、苏州市图书馆、安徽省图书馆、浙江图书馆、浙江大学图书馆、河南省图书馆、江西省图书馆、四川省图书馆、重庆市图书馆（不全）藏。《增订四库简明目录标注》第552页仅著录21种系不全本。民国十一年（1922）上海博古斋据清吴氏刻本增辑影印《拜经楼丛书》本收藏更多，今中国国家图书馆、首都图书馆、中国科学院图书馆、北京大学图书馆、北京师范大学图书馆、清华大学图书馆、上海图书馆、复旦大学图书馆、华东师范大学图书馆、天津图书馆、辽宁省图书馆、吉林市图书馆、吉林大学图书馆、甘肃省图书馆、山东省图书馆、山东大学图书馆、安徽省图书馆（48册本）、南京图书馆、南京大学图书馆、苏州市图书馆、浙江图书馆、浙江大学图书馆、福建师范大学图书馆、湖北省图书馆、武汉大学图书馆、广东省图书馆、重庆市图书馆、四川大学图书馆、云南省图书馆、中央民族大学等图书馆藏。此版后转吴县朱氏校经堂，光绪二十年（1894）吴县朱氏校经堂刊《重校拜经楼丛书十种》又名《重定拜经楼丛书》、《重刊拜经楼丛书》31种九十八卷。《中国丛书综录·汇编·杂纂类（清代前期）》第一册第138页、《中国丛书综录补正》第28页、《增订四库简明目录标注·子部·杂家类·杂编之属》卷第十三第552页著录，北京师范大学图书馆、清华大学图书馆、上海图书馆、华东师范大学图书馆、上海辞书出版社图书馆、天津图书馆、辽宁省图书馆、吉林市图书馆、哈尔滨市图书馆、山东大学图书馆、南京图书馆、苏州市图书馆、湖北省图书馆、武汉图书馆、江西省图书馆、广东省图书馆、重庆市图书馆、云南省图书馆、青海省图书馆藏。此版实是吴氏版余绪。民国十一年（1922）上海博古斋据清吴氏刊本增辑景印，子目相同，中国国家图书馆、首都图书馆、北京大学图书馆、北京师范大学图书馆、清华大学图书馆、上海图书馆、复旦大学图书馆、华东师范大学图书馆、天津图书馆、辽宁省图书馆、吉林市图书馆、吉林大学图书馆、甘肃省图书馆、山东省图书馆、山东大学图书馆、南京图书馆、南京大学图书馆、苏州市图书馆、浙江图书馆、浙江大学图书馆、福建师范大学图书馆、湖北省图书馆、武汉大学图书馆、广东省图书馆、重庆市图书馆、四川大学图书馆、云南省图书馆、中央民族大学图书馆藏，更是吴版衍版。此套丛书版本就达 93 种 294 卷。

又有光绪十一年（1885）会稽章氏鄂渚刊《重刊拜经楼丛书》中的 7 种二十六卷易名为《重校拜经楼丛书七种》。《中国丛书综录·汇编·杂纂类（清代前期）》第 137—138 页、《中国古籍总目·丛书部·杂纂类·清代前期》第 446 页、《安徽省馆藏皖人书目》第 147 页等著录，中国国家图书馆、首都图书馆、中国科学院图书馆、北京大学图书馆、北京师范大学图书馆、天津图书馆、上海图书馆、复旦大学图书馆、华东师范大学图书馆、上海师范大学图书馆、上海辞书出版社图书馆、吉林市图书馆、山东省图书馆、青岛市图书馆、南京图书馆、南京大学图书馆、安徽省图书馆（10 册本，还藏《愚谷丛书》8 册本）、浙江、福建省图书馆（不全）、湖北省图书馆、武汉大学图书馆、重庆市图书馆、云南省图书馆、桂林市图书馆、青海省图书馆、中央民族大学图书馆藏，为不全本，《香港所藏古籍书目·丛部·汇编类》第 545 页著录，香港中文大学图书馆（4 册本）、香港中央图书馆（6 册本）、香港新亚研究所图书馆（8 册本）藏为 7 种 25 卷。

还有光绪二十年（1894）吴县朱氏校经堂刊清吴骞辑《重校拜经楼丛书十种》又名《重定拜经楼丛书》二十六卷。《中国丛书综录补正》第 28 页著录，北京师范大学图书馆、清华大学图书馆、上海图书馆、华东师范大学图书馆、上海辞书出版社图书馆、天津图书馆、辽宁省图书馆、吉林市图书馆、哈尔滨市图书馆、山东大学图书馆、南京图书馆、苏州市图书馆、湖北省图书馆、武汉图书馆、江西省图书馆、广东省图书馆、重庆市图书馆、云南省图书馆、青海省图书馆藏。此外，此套丛书零本收藏也有不少。如嘉庆十七年（1812）吴氏拜经楼刊清吴骞撰《拜经楼诗集》十二卷、《续编》四卷、《再续编》一卷，《清人别集总目》858 页著录，台湾师范大学图书馆及日本京都大学人文科学研究所藏；民国十一年（1922）影印本台湾“中央研究院”历史语言研究所傅斯年图书馆、台北"中央"图书馆、台湾东海大学图书馆藏；嘉庆十七年（1812）刊清吴骞撰《哀兰绝句》一卷、清吴骞辑《南宋方炉题咏》一卷，《清人别集总目》858页著录，台湾师范大学研究所、日本京都大学人文科学研究所藏；嘉庆十二年（1807）刊《愚谷文存》十四卷，《清人别集总目》第858页著录，四川省图书馆、福建省图书馆藏；民国十一年影印本，台湾"中央"研究院历史语言研究所傅斯年图书馆、台北"中央"图书馆、台湾东海大学图书馆藏。

而《香港所藏古籍书目·丛部·汇编类》第545页著录，香港大学图书馆（6册本）、香港新亚研究所图书馆（10册本）藏此版为10种28卷，子目又有区别。《中国古籍总目·丛书部·杂纂类·清代前期》第446—447页著录光绪二十年（1894）吴县朱氏校经堂补刻清吴骞原编、清朱记荣补辑《重校拜经楼丛书》又名《重定拜经楼丛书》10种二十七卷与上述又略有区别，经查北京大学图书馆、北京师范大学图书馆、清华大学图书馆、上海图书馆、天津图书馆、辽宁省图书馆、山东大学图书馆、南京图书馆、湖北省图书馆、广东省图书馆、重庆市图书馆、云南省图书馆、青海省等图书馆藏。

乾隆五十三年（1788）刻清吴骞撰《桃溪客语》五卷。《清人别集总目》第858页著录，中国科学院图书馆藏。

乾隆（1736—1795）间吴氏拜经楼刻宋刘敞注《孟子外书四篇》四卷。《中国古籍善本总目·经部·四书类》第一二五页、《北京图书馆古籍善本书目·子部·儒家类》第一一八一页著录，中国国家图书馆藏1册本，有吴骞校跋。该刊本半页9行，行20字，小字双行同，白口，四周双边。该馆还藏清抄宋刘敞注《孟子外书四篇》四卷、清吴骞撰《孟子外书附订》四卷稿本1册。该稿本半页10行，行25字，无格。

乾隆嘉庆（1736—1820）间原刻、嘉庆八年（1803）刻清徐贞撰《珠楼遗稿》一卷。《清人别集总目》第1851页著录，上海图书馆藏，收入《重校拜经楼丛书》《丛书集成初编》中。

乾嘉（1736—1820）间吴氏拜经楼刻清吴骞校辑《海昌丽则》又名《海昌丽则四种》八卷。《中国丛书综录续编·类编·集类·总集（清代）》第330页、《丛书书目汇编》第三册第三二六页著录。

乾隆、嘉庆（1736—1820）间吴氏拜经楼刻清吴骞辑《海昌丽则》5种十二卷。《中国丛书广录·类编丛书·集类·总集类·通代》第749页著录，中国国家图书馆、群众出版社藏。《中国书店三十年所收善本书目·集部·总集类》第二一三页著录乾隆、嘉庆间吴氏拜经楼刻本子目又有区别。中国书店收购竹纸8册本，应属不全丛书。

乾隆嘉庆（1736—1820）间刻清吴骞辑《扶风传信录》一卷。《中国古籍总目·子部·小说类·文言之属·笔记·异闻》第2177页著录，中国国家图书馆藏。

嘉庆元年（1796）吴氏拜经楼刻南齐谢朓撰《谢宣城诗集》五卷。《中国古籍善本总目·集部·汉魏六朝别集类》第一一七一页著录，中国国家图书馆，有清王芑孙批点并跋。该刊本半页10行，行20字，细黑口，左右双边，版心下镌“拜经楼正本”5字，与前《中国古籍总目》矛盾，肯定有误，不知谁误。

嘉庆元年（1796）吴氏拜经楼刻南齐谢朓撰《谢宣城诗集》五卷。《中国古籍善本总目·集部·汉魏六朝别集类》第一一七一页著录，中国国家图书馆，有傅增湘校跋，并录清马曰璐题识。该刊本半页10行，行20字，黑口，左右双边。与上目肯定不是同一版本，又与《中国古籍总目》本目著录相异。

嘉庆三年（1798）海宁吴骞自刊《拜经楼诗话》四卷。《贩书偶记·集部·诗文评类》卷二十第540页著录。

嘉庆丙寅（十一年，1806）拜经楼刊清吴骞辑《许氏诗谱钞》一卷。《贩书偶记·经部·诗类》卷一第20页著录。

嘉庆丙寅（十一年，1806）拜经楼刻清吴骞辑《孙氏尔雅正义拾遗》一卷。《贩书偶记·经部·尔雅类》卷三第63页著录，收入《拜经楼藏书》中。

嘉庆丁卯(十二年,1807)刻吴骞撰《愚谷文存》十四卷。《贩书偶记·集部·别集类》卷十六第411页、《安徽省馆藏皖人书目》第147页、《清人别集总目》第858页著录，四川省图书馆、安徽省图书馆、福建省图书馆藏。此书存题跋多。

嘉庆（1796—1820）间刻清吴寿照、吴寿旸撰《吴兔床行述》一卷。《中国古籍善本书目·史部·传记类一》第497页、《中国古籍善本总目·史部·传记类·别传》第四〇六页、《北京图书馆古籍善本书目·史部·传记类》第四五三页著录，中国国家图书馆藏1册本。该刊本半页8行，行19字，白口，左右双边。

嘉庆（1796—1820）间刻吴骞撰《愚谷文存续编》二卷、《再续编》一卷计2种3卷。《清人别集总目》第858页著录，南京图书馆藏。

嘉庆(1796—1820)间刻清海宁吴骞撰《拜经楼诗集》十二卷、《续编》四卷附《万花渔唱》一卷、《文存》十四卷、《续编》二卷附《补遗》(一卷）计6种34卷。《贩书偶记·集部·别集类》卷十六第411页著录，并指出近代影印《拜经楼丛书》中缺《文存续编》及《补遗》。

嘉庆（1796—1820）间清海宁葵里辑刻《拜经楼丛书》10种二十七卷(不分卷按一卷计)。《丛书书目汇编》第二册第三〇二页著录。

嘉庆（1796—1820）间授梓清吴昂驹撰《〈敬业堂集〉参正》一卷。钱泰吉《曝书杂记》卷中“吴子撰校《史记》”条说：“（吴春照）其兄醒园昂驹，亦好古籍，近校《敬业堂集》，撰《参正》一卷授梓，老年犹矻矻不倦也。”

嘉庆（1796—1820）间刻清吴骞辑《扶风传信录》一卷。《安徽省馆藏皖人书目》第146页著录，安徽省图书馆藏，但误为当涂人。

嘉庆辛未（十六年，1811）刻清吴骞撰《愚谷文存》十四卷、《续编》二卷、《补遗》一卷、《拜经楼诗集》二十卷、《续编》四卷、《万花渔唱》一卷、《拜经楼诗话》四卷计7种46卷。《中国古籍总目·集部·别集类·清代之属·清前期》第 1545 页、《清人别集总目》第 858 页著录，上海图书馆藏。此 7 种 46 卷应为汇集前的单行本。

嘉庆（1796—1820）间刻清吴骞撰《拜经楼诗集》十二卷。《中国古籍总目·集部·别集类·清代之属·清前期》第 1545 页著录，中国科学院图书馆藏，有邓之诚题记。

嘉庆八至十七年（1803—1812）吴氏自刻《拜经楼诗集》十二卷、《续集》四卷、《万花渔唱》一卷计 3 种 17 卷。《中国古籍总目·集部·别集类·清代之属·清前期》第 1545 页著录，四川省图书馆藏。

嘉庆（1796—1820）间刻清吴骞撰《拜经楼诗集再续》一卷。《中国古籍总目·集部·别集类·清代之属·清前期》第 1545 页著录，中国科学院图书馆藏。

嘉庆十九年（1814）刻清吴骞撰《愚谷文存续编》二卷。《中国古籍总目·集部·别集类·清代之属·清前期》第 1545 页著录，中国科学院图书馆、天津图书馆藏。

嘉庆（1796—1820）间刻清吴骞撰《愚谷文存续编》二卷、《拜经楼诗集再续编》一卷计 2 种 3 卷。《中国古籍总目·集部·别集类·清代之属·清前期》第 1545 页著录，中国科学院图书馆藏。

道光二十七年（1847）吴氏家刻清吴寿旸撰《拜经楼藏书题跋记》五卷、《附录》一卷计 6 卷。《香港所藏古籍书目·史部·目录类》第 141 页著录，香港新亚研究所图书馆藏 4 册本。

道光二十七年（1847）吴氏家刻清吴寿旸辑《拜经楼藏书题跋记》五卷。据该书蒋光煦《跋》中称本来秘不示人的此书，因之淳至友蒋光煦要借拜经楼善本以校所藏不足处，“鲈乡曾手录其稿以见遗，因授之梓，而附其父子诗文若干首于后”。

民国二十一（1932）吴氏后裔还在家刻清吴骞撰《愚谷文存续编》二卷、《再续编》一卷计 2 种 3 卷。《清人别集总目》第 858 页著录，中国国家图书馆藏。

据以上不完全统计，吴氏一门家刻达百余种数百卷，而与吴氏家刻关系比较密切的坊刻还没有统计在内。

有一点需要说明的是，就是这样学博刻苦的版本目录学家也有疏忽大意的时候。如《四库全书总目·子部·儒家类二》卷九二第七八七页著录两江总督采进宋熊节编、熊刚大注《性理群书句解》二十三卷，仅为前集，吴骞后得《后集》二十三卷，误认为是《近思录正续录》。吴氏此书后归陆心源，仪顾堂题跋已考证清楚这是元刻本，今中国国家图书馆所藏《新编音点性理群书解·前集》二十三卷、《后集》残存卷一至十二、十七至二十三计 19 卷 8 册不全本，就是这个版本。今查缪荃孙《艺风堂藏书记》卷三知其得此全书，不少版本学家也误以为宋麻沙本，但发现不避宋讳，才断定是元刻本。这个刻本在前集目录后题："考亭门人通直郎知福州闽清县事赐绯鱼袋臣熊节编，觉轩门人掌御赐建安书院朱文公诸贤从祀祠熊刚大集解。"该刊本半页 13 行，行 24 字（18.5×11.9）。可见版本学知识是很深奥的，万万不可粗心大意。

综上所述，吴骞在中国古代出版史上应占有一席位置。

抄书至眚的藏书家吴翌凤

槐市尘封有敝庐，半生饱食武昌鱼。

归来嚄唶摩昏眼，充栋云烟付太虚。

这是叶昌炽在《藏书纪事诗》中对酷嗜异书、抄书至眚的贫而工诗的藏书家吴翌凤收藏事业的概括性总结。戴延年也说他：因家贫而"酷嗜异书，无力购致，往往从人借得，露钞雪纂，目为之眚"。[①]

吴翌凤（1742—1819），初名凤鸣，又名翼凤，字伊仲，号枚庵、漫士、梅村（邨）、眉庵、梅莽、梅盦、枚庵漫士、古欢堂主人，晚号漫叟，

① 戴延年：《持沙录》，转引自《藏书纪事诗·吴翌凤伊仲》卷五第五三九页，上海古籍出版社，1999。

有古香楼、东斋、古欢堂藏书斋，居浏阳有逊志堂、与稽斋等，老归故里有归云舫、归云草堂及松卧居、奇怀室、见山楼等，祖籍休宁县商山，先世迁吴郡，侨居苏州槐树街干将里仅有能避风雨的老屋里，世称长洲、吴县人。嘉庆（1796—1820）间诸生。家贫，无力购书，只得向人借抄。工诗善文。少好学，曾手抄《秘册汇函》《古香楼汇丛》《秘籍丛函》等秘书数百卷，书法精美，通金石，学识广博，多才多艺。先在家乡以教书为业，尤其自乾隆三十三年至五十二年（1768—1787）寓陶氏东斋钻研书史，广交名士，作《东斋脞语》，名噪艺林。五十二年因吴中饥荒，应湖北巡抚姜晟之聘，为他的儿子塾师，携母、妻同往。嘉庆元年（1796），在湖南浏阳掌教南台书院。十七年（1812），七十高龄辞归故里，白头奉母，并题其室为“归云舫”。逾7年卒。著辑有《怀旧集》十二卷《续集》五卷《女士诗录》一卷计3种18卷、《怀旧集》十二卷《续集》六卷《又续集》二卷《女士诗录》一卷计4种21卷、《吴牧庵怀旧集》四卷《作者姓氏摘录》一卷、《怀旧集》二十卷、《印须集》二十卷、《女士诗录》一卷、《与稽斋丛稿》三十一卷（刻18卷）、《与稽斋诗集摘录》不分卷《国朝诗》十卷、《曼香词》四卷、《国朝诗补》六卷、《外编》一卷、《国朝诗选》十卷《外编》一卷计2种11卷、《国朝诗选》五卷《附》一卷计6卷、《国朝诗》十卷《外编》十卷《补》六卷计3种26卷、《东斋脞语》一卷、《历代帝王统系考》八卷、《灯窗丛录》五卷《补遗》一卷计2种6卷、《与稽斋丛稿》十六卷《曼香词》四卷2种20卷、《歧音备览》五卷、《逊志堂杂钞》又作《逊志斋杂钞》十卷、《稗史》四卷《续编》四卷计2种8卷、《吴梅村诗集笺注》二十卷，辑《国朝文征》四十卷、《国朝诗选》十卷《外编》一卷《补》六卷计3种17卷、《古欢堂经籍略·第一集》不分卷、《古欢堂经籍举要》一卷及自作词汇为一卷[①]，辑《宋金元诗选》六卷、《宋金元诗删》三卷、唐余知古撰《渚宫旧事》五卷清吴翌凤辑《补遗》一卷、《唐诗选》六卷、《国朝词选》二卷、《吾与汇编》十卷《附录》一卷计 11 卷，注吴伟业撰《梅村诗集笺注》十八卷、《艺海汇编》29 种 48 卷（不分卷作 1 卷计）、《秘册汇丛》20 种、《经史秘汇》6 种等。

他还是乾嘉（1736—1820）间东南著名的藏书家，与吴骞、黄丕烈齐名。主要藏书为抄本，其露抄雪纂而积抄本中多秘籍善本，多达 12 000 卷，并将抄本汇编成丛书。如他现藏湖南省图书馆的一部名抄《秘册汇丛》就达 18 种 51 卷。他在丛抄书前所附序称："窃叹经史子集浩如星海，学者不能遍观尽识，予潜心于此有年矣。闻见单行之本未经镂板者，随所见闻，不惜馆谷，辄购得之。偕吾友鲍君渌饮、黄君荛圃、阮君芸台、张君月霄辈，时相往来，出所未见善本，不惮钞写。予适楚回里，家居十数载，积有数十箧，前已集成《艺海汇编》《古香楼汇丛》等十余部。今复得秘籍若干种，汇装成帙，颜之曰《秘册汇丛》，虽未能梓之行世，而随积随编，随编随装，庶传写善本，不致散佚失传。"吴骞在《愚谷文存·桐阴日省编》里说："伊仲家吴趋，甚贫而有书癖，凡收藏家珍秘善本，罔不宛转借钞，且手自校勘。"石韫玉说他："性乐闲静，外通内合，家无担石储，而口不言贫。"[②]甚至家里穷到揭不开锅，孩子告诉他，他也不着急。所以戴延年赠他的诗中有"儿童报道晨烟断,余事青山换米来"句,把他安贫乐道和实际困境描述得跃然纸上。

乾隆五十二年(1787)，他仿《郡斋读书志》和《直斋书录解题》体例，

---

① 《东斋脞语》有："数年以来，余得词四十馀阙，汇为一卷。长塘鲍廷博怂恿刻之，并题四诗于后。云：'乌丝艳趁烛花红，乐府新调锦字工。不枉江宁夸白苧，高楼一带雁声中。'（自注：'一带高楼都在雁声中'，武林词人艳称之）'玉筝银筅冷无声，一树幽花扑眼明。楼影沉沉帘寂寞，更知何处觅深情。''爱唱西湖杨柳枝，扶烟泣雨一丝丝。晓风残月红牙板，多久吴郎绝妙词。'（自注：'集中柳词极工'）'老来客里恨情多，子夜清词午夜哦。已是无肠为君断，不须重唤雪儿歌。''"经查吴翌凤自云："余自惭荒秽，终未敢出以问世也。"估计已佚。

② 石韫玉：《独学庐四稿·吴枚庵先生墓志铭》卷五。

将其收藏130种经书编成《古欢堂经籍略》，这是他的部分藏书，原计划编成十余集，此为第一集。后吴翌凤为生活所迫，入楚几30年[①]，寄存亲友家的藏书已被卖掉大半，故吴骞在《拜经楼藏书题跋记》说："伊仲本休宁商山人，侨居吴郡。家贫而好书，与朱文游为莫逆交，手钞秘册极多。予至金阊，必为留连日夕，得佳本辄互相传录。后应姜度香中丞之辟，挈家入楚，邮筒不接者十载，闻其书亦皆散失矣。"吴翌凤的不幸与执着赢得同好的尊敬与赞誉，纷纷以文字或诗相赠。其中，王芑孙赠以："君昔富搜罗，藏家所争诧。偶食武昌鱼，倏然皆羽化。晚归空四壁，往梦咐嚄唶。虽无千金市，幸可一瓻藉。久亡忆之频，骤得喜如乍。昏灯摩老眼，积渐仍满架。图成应自哂，兹身亦传舍。"真实地再现了这位家贫嗜书寒士终生一片痴情。吴氏也在《古欢堂经籍略·自序》（载《庚辰丛编》）中自述他藏书经历："忆自出就外傅，略晓文义，残编断简，即宝藏之，不四五年，率满一椟，自以为始有书矣。乙亥(1755)饥馑，尽斥以易米，后复稍稍收集。己卯(1759)岁假馆城东，又遭胠箧之厄，而案无一书矣。戊子(1768)以后，与同志创买书之会，遇有善本，不惜典衣购之。尝有故家，以古书数种求售者，谋诸妇，典双跳脱往购，则已为多财翁买置高阁，惘惘者数月。每逢暇日，流览坊肆，有零星小本，不论价，易之归。若巨部累数十百册者，力不可竞得，然梦寐不能释也。迩年来传钞颇广，于吴则青芝堂张氏、滋兰堂朱氏、抱蜀轩王氏、甫里严氏，于浙则抱经堂卢氏、知不足斋鲍氏、拜经楼吴氏，俱不吝以善本相饷，早夜矻矻，遂成目眚。近惟督门徒馆童或出资倩人书之。"因藏书、抄书、编书苦中有乐，故其藏书处命名古香楼、古欢堂。《古欢堂经籍略》就是他的藏书目录。吴翌凤抄书注意校勘，所以质量都很高。石韫玉曾说他："获一未见书，必手抄，所钞书盈笥箧，皆雠校精核，无一讹字。"[②]。因此，吴氏抄书名本很多。如钱谦益在

① 即应湖北巡抚姜晟之请，全家入楚，任姜家儿子塾师，后又任湖南浏阳南台书院山长。

② 石韫玉：《独学庐四稿·吴枚庵先生墓志铭》卷五。

62 岁高龄时将生平积蓄搜购的古本书籍藏于所建“绛云楼”，其中不乏宋元精刻。可惜在 7 年后失火，将钱氏毕生精力毁之殆尽。钱氏就回忆所及，追录《绛云楼书目》二卷，仅为绛云楼藏书的十分之三四，成为书林憾事。此书目的吴翌凤抄本（1 函 1 册）后归汉唐斋主马玉堂，马氏马上钤上“汉唐斋”“马玉堂”“笏斋”及蓝方印“道光乙未岁武原马氏汉唐斋收藏书籍”等藏书章。今国内外所藏《绛目》均以吴抄本为祖本，今中国国家图书馆、上海图书馆所藏《绛目》则由曹大铁藏本中抄录转录，可见吴抄《绛目》的学术价值。

吴翌凤抄书并编成丛部都有十多部，散抄本更多。吴氏抄本今存世很多。尤其是按类汇编成丛书，版本价值、学术价值很大。陆其荣盛赞吴翌凤这类抄辑的丛书，曾说：“窃闻先生尝念前人著述孤本未刊者，经乱散佚为多，因偕同志旁搜远绍，遇有缮写秘册，别类分门。阅有年，曾集成《秘册汇函》《学海丛编》十余部，嗣复得经史若干种，汇装成帙，颜之曰《经史丛编合璧》。其中，多世间单行之本未经镂版者，今并不可得见矣。”① 王大隆曾目睹吴氏手抄“《秘册汇函》《古香楼汇丛》《秘籍丛函》诸书，皆巍然巨帙，而自所著稿本……皆楷书精整。尝谓当乾嘉时，吾吴多藏书家，而劬学笃好，盖未过枚庵者”②。阜阳寓杭文献家谭献也说：“枚庵喜钞秘册，说部、别集，未著人间者往往写藏。乱后零落，而吾乡有丁氏，吴兴有陆氏，闻皆收得数十百卷。今又在厂肆见残帙，亦盈二三尺。度《（国朝）文征》之成，不尽据行世刻本也，去取之旨多载德独行，不事门户，远胜姚春木、李迈堂之识。”③ 综上所述，吴翌凤抄而汇编成丛书的有十余种，其中有不少子书全赖此抄书保存，今遍查公藏书目，有的已杳如黄鹤。

现将存世的抄辑丛书及单行抄本胪列于后。

---

① 陆其荣：《槐庐丛书·〈逊志堂杂钞〉序》第 75 册。
② 王大隆：《庚辰丛编·〈古欢堂经籍举要〉跋》。
③ 谭献：《复堂日记》卷五。

清吴翌凤辑《艺海汇编》29种四十八卷清稿本、清吴翌凤辑《秘册汇丛》17种□□卷中仅存元朱倬撰《诗经疑问》七卷元朱倬撰《隶释刊误》一卷清赵魏撰《竹崦盦金石录》一卷计3种9卷、《三朝野乘》9种二十卷、《经史秘汇》6种六卷、清吴翌凤辑《秘册汇丛》18种五十一卷（不分卷作一卷）抄本、元朱倬撰《诗经疑问》七卷元朱倬撰《隶释刊误》一卷清赵魏撰《竹崦盦金石录》一卷计3种9卷、元黎崱撰《安南志略》三卷、唐裴庭裕撰《东观奏记》三卷、宋翟耆年撰《籀史》二卷、宋释希昼等撰《九僧诗》一卷、宋周羽翀撰《三楚新录》三卷涉吴翌凤抄此书3种9卷、宋洪皓撰《松漠纪闻》二卷《补遗》一卷计2种3卷、宋范垧林禹撰《吴越备史》四卷、宋朱翌撰《猗觉寮杂记》二卷、宋王禹偁撰《王黄州小畜外集》十三卷、宋王禹偁撰《王黄州小畜外集》二十卷、宋宋祁撰《宋景文笔记》三卷、唐莫休符撰《桂林风土记》一卷、宋汪元量撰《湖山类稿》五卷《汪水云诗钞》一卷《补遗》一卷附《亡宋旧宫人诗词》一卷《附录》一卷计5种9卷、唐韩愈李翱撰《论语笔解》二卷、宋王得臣撰《麈史》三卷、宋洪炎撰《西渡诗集》又名《西渡集》一卷、明程敏政辑《宋遗民录》十五卷、宋宋敏求纂修《长安志》二十卷元李好文撰《图》三卷计2种23卷、宋李心传撰《建炎以来朝野杂记·乙集》二十卷、宋曾宏父撰《石刻铺叙》二卷、唐余知古撰《渚宫旧事》五卷清吴翌凤辑《补遗》一卷计2种6卷、宋刘安节撰《刘左史文集》又名《刘左史集》四卷、唐沈亚之撰《沈下贤文集》十二卷、唐温大雅撰《大唐创业起居注》三卷、元熊太古撰《冀越集记》一卷《后集》一卷及不著撰人撰《相宅管说》一卷计3种3卷、《乌台诗案》一卷、清汪文柏撰《未刻谈往》一卷、题汉伶玄撰《飞燕外传》一卷、宋□□撰《梅妃传》一卷、宋钱杲之撰《离骚集传》一卷、宋尹洙撰《河南先生文集》二十七卷《附录》一卷计28卷、明张登云撰《疑砭录》二卷、宋陈模撰《东宫备览》六卷、清钱曾藏并撰《述古堂书目》十卷、元陶宗仪撰《游志续编》一卷、唐温大雅撰《大唐创业起居注》

三卷、汉宋衷注《世本》一卷、题秦台樵史徐晟曾铭氏述《续名贤小纪》（不分卷）、元周达观撰《真腊风土记》一卷、清查慎行撰清吴翌凤选《敬业堂诗集》四卷、宋郑文宝撰《南唐近事》三卷、《虎丘山志》一卷《总集文》一卷《诗》二卷计 3 种 4 卷、宋凌万顷边实纂《［淳祐］玉峰志》三卷《续志》一卷计 2 种 4 卷、元黎崱撰《安南志略》三卷、元黎崱撰《安南志略》十九卷、宋周密辑《澄怀录》二卷、清顾公燮撰《燕间笔记》三卷、宋吴淑撰《江淮异人录》一卷、宋乐史撰《杨太真外传》又名《太真外传》《杨妃外传》二卷、唐国子监四门助教欧阳詹撰《欧阳先生文集》八卷、宋潜说友纂修《［咸淳］临安志》一百卷、元范梈撰《诗学禁脔》一卷、元许有壬等撰《圭塘欸乃》二卷、明苏祐杨循吉纂修《［嘉靖］吴邑志》十六卷明曹自守撰《图说》一卷计 2 种 17 卷、宋周淙纂《［乾道］临安志》十五卷、宋刘昌诗撰《芦浦笔记》十卷、清徐晟撰《续名贤小记》一卷、元朱倬撰《诗经疑问》七卷、明王宾撰《虎丘志》不分卷、宋洪炎撰《西渡诗集》一卷等。

他有“吴印翌凤”白方、“枚庵浏览所及”朱方、“吴翌凤家藏文苑”白长方、“枚庵藏本”朱方、“吴枚庵藏印”、“古香楼吴翌凤枚庵氏珍藏”、“爱读奇书手自钞”、“翌凤评阅”、“枚庵翰墨缘”、“吴氏钞书”白方、“古欢堂钞书”白方、“秘本”朱方、“古欢堂”朱方、“翌凤私印”白方、“枚庵”朱小方、“吴翌凤枚庵甫珍藏”朱方、“翌凤钞藏”、“伊仲”及“吴翌凤枚庵氏珍藏”、“好古敏术浏览所及”等藏书印。

吴翌凤不仅在抄书、刻书方面为保存中华传统优秀古籍做出了杰出贡献，在古籍整理方面也做出一定的贡献，留下一批题跋、题识。如《新唐书纠谬》二十卷、宋张唐英撰《蜀梼杌》二卷、校清抄《建炎复辟记》一卷、吴校乾隆五十一年（1786）吴禹敷抄元刘一清撰《钱塘遗事》十卷、对明卢襄撰《石湖志略》一卷明卢襄辑《文略》一卷计 2 种 2 卷、宋翟耆年撰《籀史》二卷（原缺卷下）、清陈经辑《求古精舍金石图题词》

一卷稿本、《孔氏祖庭广记》十二卷、佚名录吴翌凤跋并录吴翌凤录陈景云批注翁同龢跋清抄清钱谦益藏《绛云楼书目》二卷及佚名临吴翌凤校注题识清抄清钱谦益藏《绛云楼书目》二卷计涉6种12卷、清吴翌凤跋钱谦益藏《绛云楼书目》不分卷计11部、批注并跋《述古堂书目》十卷、《述古堂书目》不分卷、元郑杓撰刘有定释《衍极》五卷、宋何薳撰《春渚纪闻》十卷、唐王绩撰《东皋子集》三卷《附录》一卷计4卷、唐王绩撰《东皋子》三卷《附录》一卷计4卷、元杨瑀撰《山居新话》不分卷、元汤允谟撰《云烟过眼续录》一卷、宋吴淑撰《江淮异人录》一卷、《国语》二十一卷、《使金录》一卷、《南迁录》一卷、《道古堂外集》二十六卷、《道古堂文集》四十六卷《诗集》二十六卷计2种72卷、《文正王公遗事》一卷、《麈史》三卷、《乌台诗案》一卷、《[嘉靖]吴邑志》十六卷明曹自守撰《图说》一卷计17卷、《[淳祐]玉峰志》三卷宋边实纂修《[咸淳]续志》一卷计2种4卷、《剡录》十二卷、《[至元]嘉禾志》三十二卷、《幽兰居士东京梦华录》十卷、《忘怀录》一卷、《文房四谱》五卷、《芦浦笔记》十卷、《梦粱录》二十卷、《华阳国志》十二卷及清廖寅撰《补三州郡县目录》一卷计2种13卷、《洛阳伽蓝记》五卷、《真腊风土记》一卷、《文正王公遗事》一卷、《求古精舍金石图题词》一卷稿本、《籀史》二卷、《刘向新序》十卷、《钱塘遗事》十卷、《药园文集》二十七卷、《周易经义》三卷、《说苑新序》本汉刘向撰《刘向说苑》二十卷、《衍极》五卷、《说苑》二卷、《兰亭序考》一卷、《金壶记》三卷、《文房四谱》五卷2部10卷、《南部新书》十卷、《奇晋斋丛书》本宋施德操撰《北窗炙輠录》二卷、《齐东埜（野）语》二十卷、《姬侍类偶》一卷、《唐李元宾文集》五卷《补遗》一卷计2种6卷、《文心雕龙》十卷、《沈下贤文集》十二卷涉及4部48卷、《唐先生文集》二十卷、《石林居士建康集》又名《建康集》八卷、《燕石集》十卷、《梧溪集》七卷、《史记》一百三十卷、《角力记》一卷、《姬侍类偶》不分卷、《大宋宝祐四年丙辰岁会天万年具注历》一卷、《高季迪先生大全集》十八卷、《九僧诗》一卷、《游粤草》二卷、《周易经义》三卷、《咸淳临安志》一百卷、《重刊校正笠泽丛书》四卷《补遗诗》一卷计2种5卷、《宋王黄州小畜集》三十卷、《西溪丛语》二卷、《兰亭序考》一卷、《龙筋凤髓判注》四卷、《江淮异人录》一卷、《石经考异》二卷、《经进讲义》一卷、《续方言》二卷、《重刊校正笠泽丛书》四卷、《重刊校正笠泽丛书》四卷《补遗诗》一卷《续补遗》一卷计3种6卷、《新刻巾箱蔡伯喈琵琶记》二卷等。

同时，吴翌凤也是一个编辑家，编有《古欢堂经籍略》、《秘册汇函》、《国朝文征》四十卷、《国朝诗》六卷《外编》一卷《补》六卷、《古香楼汇丛》、《秘籍丛函》、唐宋金元明清诗选六种五十八卷、《吾与汇编》十卷十余部手抄丛书。此外，还注吴伟业《梅村诗集笺注》二十卷、选抄查慎行《敬业堂诗集》等。

吴翌凤辛辛苦苦积攒图书散失得更快。黄丕烈在《洞天清禄集跋》中说："枚庵久客楚中，旧藏书籍寄贮亲友所者，半皆散逸。"《文房四谱跋》更说："枚庵久而不归，故亲友无忌惮而为此也。"他自己也说："余积二十余年心力，储书一万二千余卷，饥驱之日，所托非良，尽落贾人之手。"[①]嘉庆十七年（1812）从楚归里，已家徒四壁。受此打击，他仍不改旧志，与黄丕烈、吴骞、鲍廷博、朱文游等东南藏书名家们互相借抄，"昏灯摩老眼，积渐仍满架"。吴氏卒后，其子宝芾（晋斋）守其藏书。吴氏生前最担心的是收藏成为书商牟利工具，或去非所适。曾说："吾后人能读则宝之，如不能读，又不能守，则传诸好事，毋落贾人之手。尚令面麦坊论秤而尽，不如尘封虫蚀，犹为贤也。呜呼！人事茫茫，胡可逆料？卖帖买书，前车可鉴，而沾沾以此责望后人，不亦左乎？"[②]吴氏藏书除入贾人及散于亲朋间外，其余散出书大多归黄丕烈、吴骞、陈鳣、鲍廷博等诸大家。则这部分珍籍算是物归其"主人真

① 吴翌凤：《怀旧集》卷三。

② 吴翌凤：《古欢堂经籍略·后序》，载《庚辰丛编》。

好古”之士。

吴氏刻书很少。

康熙（1662—1722）间刻清吴翌凤撰《稗史》四卷、《续编》四卷计2种8卷。《中国古籍总目·子部·小说类·文言之属·笔记·杂事》第2123页著录，中国社会科学院文学研究所图书馆藏。

乾隆五十八年（1793）长洲吴氏古欢堂自刻吴翌凤辑《宋金元诗选》六卷。《中国古籍善本书目·集部·总集类》第1600页、《中国古籍善本总目·集部·总集类·通代》第一七四三页、《中国古籍总目·集部·总集类·通代之属》第2914页、《中国人民大学图书馆古籍善本书目·集部·总集类》第160页、《山东省图书馆馆藏海源阁书目·集部·总集类》第190页、《香港所藏古籍书目·集部·总集类·通代》第342页著录，中国国家图书馆、中国人民大学图书馆（1函2册本）、天津师范大学图书馆、山西大学图书馆、福建省图书馆、中山图书馆、华南师范大学图书馆、山东省图书馆（1函4册本）、香港大学图书馆（2册本）及湖州市博物馆藏。封面题“斯雅堂藏板”。该刊本半页9行，行19字（18×13.9），小字双行同，粗黑口，左右双边，无鱼尾，封面镌“斯雅堂藏板”5字。

乾隆六十年（1795）刻清钱曾撰、沈炎校《读书敏求记》四卷。《安徽省古籍善本书目·史部·金石类》卷二第七十页著录，安徽省博物馆藏4册本。由蒋凤藻批，璜川吴氏转录黄荛圃评。

嘉庆壬戌（七年，1802）刻清吴翌凤撰《与稽斋丛稿》14种十八卷。《中国古籍善本书目·集部·清别集类》第1246页（作嘉庆间刻）、《清人别集总目》第910页、《贩书偶记·集部·别集类》卷十六第398页著录，中国国家图书馆、上海图书馆、南京图书馆、广东省图书馆（仅藏14卷）、湖南省图书馆（作嘉庆间刻）、北京大学图书馆、日本国会图书馆，日本内阁文库藏。

嘉庆十年（1805）沧浪吟榭刻清吴翌凤辑《唐诗选》六卷。《中国古籍总目·集部·总集类·断代之属》第3007页著录，上海、南京图书馆藏。

嘉庆十六年（1811）刻清吴翌凤撰《与稽斋丛稿》十八卷。《中国古籍总目·集部·别集类·清代之属·清中期》第1597页著录，中国国家图书馆藏。

嘉庆十八年（1813）刻清吴翌凤辑《怀旧集》十二卷、《续集》五卷、《女士诗录》一卷计3种18卷。《中国古籍总目·集部·总集类·断代之属》第3053页著录，上海图书馆藏。

嘉庆十八年(1813)刊清长洲吴翌凤辑《怀旧集》十二卷、《续集》六卷、《又续集》二卷、《女士诗录》一卷计4种21卷。《中国古籍总目·集部·总集类·断代之属》第3053页（作嘉庆间刻）、《贩书偶记·集部·总集类·各朝诗之属》卷十九第520页、《西谛书目·集部中·总集类》卷四第四〇页著录，中国国家图书馆（西谛）藏10册本。

嘉庆十九年(1814)至二十二年(1817)刊清长洲吴翌凤辑《印须集·前集》八卷、《续集》六卷、《又续》五卷、《女士诗录》一卷计4种20卷。北京师范大学图书馆《中文古籍书目·集部·总集类》第333页（无后1种1卷）、《贩书偶记·集部·总集类·各朝诗之属》卷十九第520页著录，北京师范大学图书馆藏10册本，而郑振铎：《西谛书话·印须集》第620—621页中著录为《印须集》八卷、《续集》六卷、《又续集》六卷、《女士诗录》一卷（12册）为嘉庆（1796—1820）间刻本。

嘉庆二十一年（1816）刻清吴翌凤辑《吾与汇编》十卷、《附录》一卷计11卷。《中国古籍总目·集部·总集类·断代之属》第3053页著录，上海图书馆藏。

他编著辑汇的书有不少由他人刻出。如《西谛书目·集部中·总集类》卷四第四〇页、《美国俄亥俄州立大学图书馆中文古籍书录·集部》第66页就著录由新阳赵氏刊《国朝诗》十卷、《国朝诗补》六卷、《外编》一卷等。西谛著录藏10册本，美国俄亥俄州立大学图书馆藏6册1函本。

该刊本半页10行，行22字（18.5×13.8），版心上为白口，下为黑口，双黑鱼尾，上镌书名，中镌作者，下镌页码，前有吴翌凤嘉庆元年序。

咸丰（1851—1861）间世美堂刻清吴翌凤辑《国朝文征》四十卷。《西谛书目·集部中·总集类》第四二页著录，西谛藏20册本。

学问大脾气大的问礼堂主汪中

商瞿一经可传子，先生虽死犹不死。

道家何处有蓬莱，即在苏门百泉里。

这是叶昌炽在《藏书纪事诗》里对江都汪氏七世中的第四、第五代中的汪中、汪喜孙父子学术影响的追忆。

汪氏家刻包括曾祖汪镐京、汪中及其子汪喜孙、孙保和、延熙及汪中曾孙汪祖同7代主要家刻。尤以喜孙两次汇刻《江都汪氏丛书》为著。是歙县古唐（又作古塘，今徽州区澄塘）迁往扬州汪氏的重要家刻群体。本文介绍的是学问大脾气大的问礼堂主汪中。

汪中（1745—1794），原名秉中，字容甫，号庸夫、思复、颂父，人称容甫先生，自号“古唐倦翁”是不忘故里之谓也，先曾祖汪镐京自歙县潜口古唐里（今属徽州区澄塘）迁居江都（今扬州市），遂定居旧城缸巷，后迁居仪征县花园巷，有问礼堂藏书处。父一元（1708—1749），字兆初，汪镐京孙，江都县增广生，精推步之学兼通音乐。汪中亲撰《江都县学增广生员先考灵表》中称“中生凡七岁，寝息嬉游未尝不在君侧，会文吊丧，咸置于抱，一食不甘，辄罔罔不自得，乡党僚友莫不异之”。“迨君即世，然后知君于中父子之恩至深，而为日至浅，故汲汲用之，惟恐其不尽，即君亦莫能解于心也。”可见，虽英年早逝，但对汪中影响至深。其遗作有三簏，手书一簏，因荒年家室流散而丢失，使其遗著没入历史长河中。

汪中虚7岁时父卒，少孤贫无所依，靠母亲缉屦维持生计，冬夜借薪而卧。在这种艰难情况下，母邹氏还亲授小学及四书。14 岁，帮助书商卖书为生，并向书商借阅群经，发愤苦读，学业日进，并能对古籍中存在的黑白讹误进行甄辨。十四五岁时开始收集金石文字。20 岁，在李因培督学江苏时以《射雁赋》第一，补诸生。乾隆三十六年（1771）入学使朱筠幕，乾隆丁酉（四十二年，1777）34 岁拔贡生，以母老不应朝考，绝意仕进，专意收藏、读书、著述。乾隆丙午（五十一年，1786），朱筠典试江南，原准备将他作为选首，结果，汪中没有应试。当他知道此事后，为报朱文正知遇之恩，执弟子礼，这就是汪中并非朱筠门生而执弟子礼的典故。几十年下来，收藏颇丰，且多善本。遍读诸子百家之言，推崇顾炎武、阎若璩、梅文鼎、胡渭、惠栋、戴震、于时彦等名彦宿学、汉学大家，与王念孙父子、刘台拱、杭世骏、朱筠、孙渊如、卢文弨、江德量为友，一生作幕治学，于经史诸子多所发明，博考先秦古籍，研究古代学制兴废，于先秦诸子研究颇多创见，对传统史学伦理提出质疑。

如《墨子序》对墨学推崇备至，认为是显学，墨子是救世仁人。又作《荀卿子通论》，将孔荀并提，而在以孔孟并列的当时，否定宋儒的“道统说”，被视为“名教之罪人”。他治古文以汉魏六朝为宗，不取韩欧，工骈体文，以词采、真实感情见长，词章古朴，才华横溢，尤其是仪征盐船火灾，溺死千余人，汪中作《哀盐船文》，在杭世骏的大力推崇下，名噪当代。毕沅在任湖广总督时任幕僚，遵嘱撰《琴台铭》及《黄鹤楼铭》被广泛传诵。尤其是乾隆五十四年（1789）撰写的《黄鹤楼铭》由本邑程瑶田书石，嘉定钱坫篆额，时人称为“三绝”。曾任歙县知县的阜阳人居杭州的大书法家、学者谭献在《谭复堂日记》里称赞说：“阅八家四六文，子才才气秽，荀慈体弱，然邵则正宗雅器。读《述学》一过，每展卷，则心开目明，不自知也。如《释三九》《自序》《哀盐船文》《宋世系表序》《汉上琴台之铭》，振古奇作；《吊黄祖文》《广陵对》《黄鹤楼铭》《荀子通论》次之，八家可与抗颜；《戴氏遗书序》《尹方护昭陵碑》而外，不多得也。”又说：“汪先生文章麟凤，师资二十年，妙处不待言。其往复自道，一笔盘折，多至十数句。于叙事中，多有此体，盖学襄昭以后《左氏传》耳。”又说：“阅《文献征存录》汪中篇中，载学制废兴篇目，盖容甫先生《述学》本书也，他传志所未备。又采遗论数则，与实斋先生《文史通义》相发，造车合辙，益坚予私淑之志。”可见受时人评价之高。他的老乡洪亮吉在《更生斋文・甲集》中记载汪中的逸事有：“时侨居扬州程吏部晋芳、兴化任礼部大椿、顾明经九苞，皆以读书该博，有盛名。中众中语曰：‘扬州一府，通者三人，不通者三人。通者高邮王念孙、宝应刘台拱与中是也。’不通者即指吏部等。”此是确语，也是谐语。洪氏载汪中类似逸事尚多。李斗说：“谢少宰督学江苏时，自逊以为己学不及中，拔为贡生，名冠大江南北。盐政全公延之经理金山御书楼。为经史之学，尤工属文，曾选《哀江南》以下数十篇为《伤心集》。”[①] 乾隆五十五年（1790），典校文宗阁《四库全书》2年，后在浙江西湖文澜阁校勘《四库全书》，暴死于西湖葛岭园僧舍。他在这两阁中校勘《四库全书》4年，纠正了其中的很多差错。他累死后，全靠卢文弨、鲍廷博、梁玉绳这帮文友给其料理后事。《清史稿》《碑传集》《国朝先正事略》《清代七百名人传》等书有传，孙星衍、刘台拱、凌廷堪等撰《传》分别载《五松园文稿》《刘端临先生遗书》《校礼堂文集》，子汪喜孙亲撰《汪容甫先生年谱》一卷。他是既精通经学，又擅长文学的哲学家、思想家，在学术观点上反对宋明理学，并开近代诸子学的先驱，学问大，脾气也大，对欺世盗名之流更是愤然大骂。如江藩在《汉学师承记》中就指出汪中“情性亢直，不信释老阴阳神怪之说……且言世多淫祀，犹为惑人心、害政事。见人邀福祠祷者，辄骂不休。聆者掩耳疾走，而君益自喜。于时流不轻许可，有盛名于世者，必肆讥弹。人或规之，则曰吾所骂者，皆非不知古今者，惟

① 清李斗：《扬州画舫录》卷六第一五二页，北京：中华书局，1960。

恐莠乱苗耳”，体现了知识分子愤世疾俗的正义感。

汪氏藏书处问礼堂，据江藩在《汪中记》[①]说：“好金石碑版，尝从射阳湖项氏墓得汉石阙孔子见老子画像，因署其堂曰问礼。”他收藏丰富且多珍稀品种。刘台拱在《汪君传》[②]中说：“君藏书多善本，朱墨烂然，横列座右，杂以金石彝器之属，凡数十年未尝去手。”《荛圃藏书题识》卷九载黄丕烈有用朱笔校改的抄本《中庵诗》的陈鳣跋说：“昔见先生家藏宋元别集，多人间未见之书，皆从掌理阁书时所钞藏，此其一也。”其藏书印有“庸夫校定”“甘泉汪氏钞秘书之一”“江都汪氏问礼堂收藏印”。

著有《广陵通典》十卷、《经义知新记》又名《国语》一卷、《诗义知新记》、《述学》四种六卷、《春秋述义》一卷、《秦蚕食六国表》一卷、《金陵地图考》、《春秋后传》、《伤心集》[③]、《汪氏尚书考异》、《大戴礼记正误》一卷、《荀卿子年表》一卷、《旧学蓄疑》一卷、《春秋列国官名异同考》一卷、《国语校文》、《策略谀闻》无卷数、《荀子年谱》一卷、《贾子（谊）年谱》一卷、《容甫先生遗诗》七卷、《遗文》二卷、《汪容甫文笺》三卷、《容甫金石跋尾》一卷，还著《石鼓文五证》、《汉雁足镫槃铭释文》、《王基碑》、《云麾将军碑》、《高府君墓志跋尾》等关于金石文字。《文宗阁杂记》三卷，为汪中晚年在文宗阁校《四库全书》时撰。大抵一事一条，随阅随记。每事参酌时事，既考古史旧事，又采当时轶闻，经史子集并包。稿本今已收入台湾文海出版社影印《清代稿本百种汇刊》中。他的大部分著述为其子汪喜孙（荀）先后于道光（1821—1850）间辑刻汇为《江都汪氏丛书八种》三十八卷及《重印江都汪氏丛书》(22 种）四十二卷。收入宝晋书院本的《汪氏丛书》有 17 种 42 卷。

---

① 见《碑传集》卷一百三十四。

② 见《碑传集》卷一百三十四。

③ 以上 11 种，《［民国］歙县志·艺文志·书目》卷十五第十五页著录。

他“治《礼》，有《仪礼校本》、《大戴礼记校本》；治《春秋》，有《春秋述义》；治《小学》，有《尔雅校本》及《小学说文求端》。”“其有功经义者，则有若《释三九》、《妇人无主答问》、《女子许嫁而婿死从死及守志议》、《居丧释服解义》；其表章经传及先儒者，则有若《周官征文》、《左氏春秋释疑》、《荀卿子通论》、《贾谊新书序》”，“所作《广陵对》、《黄鹤楼铭》、《汉上琴台铭》，皆见称于时”。[①]可见，汪中著述之丰，影响之大，思想之进步。

此外，汪中在古籍整理上也留下文字。如在校清刻汉戴德撰北周卢辩注《大戴礼记》十三卷、汉高诱注宋姚宏校正《战国策》三十三卷等。校勘考释有《老子》、《墨子》、《荀子》、《贾谊新书》、《吕氏春秋》等。他在治学中一反儒学传统，推崇荀子，为墨子张目。他考定《大学》非孔子所作，反对程朱理学，抨击封建礼教，反对妇女殉节、死节。

汪氏家刻要目如下：

清拓本清汪镐京撰《磨兜坚室铜印谱》不分卷。原江苏国学图书馆藏。

清扬州汪氏问礼堂刻汉何休撰《春秋公羊经传解诂》十二卷附《校记》一卷计13卷。《安徽省古籍善本书目·经部·春秋类》卷一第十七页著录，安徽省图书馆藏由戴望圈点题识的3册本。

康熙三十五年（1696）红术轩刻清汪镐京撰《红术轩紫泥法定本》又名《红术轩紫泥法》一卷。《中国古籍总目·子部·艺术类·篆刻之属·印学》第1419页著录，上海图书馆藏。此书分别收入康熙（1662—1722）间刻《檀几丛书》、嘉庆（1796—1820）间博古斋影印《借月山房汇钞》本名《红术轩紫泥法》一卷及泽古斋重抄本，还分别收入《艺苑丛钞》、《一瓻笔存》中藏稿本。

康熙（1662—1722）间清汪镐京写刊本《红术轩山水篆册》不分卷。《安徽文献书目》第146页、《安徽省馆藏皖人书目》第181页著录，

① 《清史列传·儒林传下一·汪中》卷六十八第五五三七、五五三八页，北京：中华书局，1987。

安徽省图书馆藏 1 册本。

皖版还有清张潮刊《檀几丛书》本清汪镐京撰《红术轩紫泥法》一卷。《安徽艺文考·艺术》第二十二册第十六页著录，安庆市图书馆藏咸丰七年 (1857) 南汉渔子精抄本。

汪中自刻《述学》三卷。《中国古籍善本总目·集部·清别集》第一六〇一页、《清人别集总目》第 977 页著录，南开大学、杭州市、开封市、浙江、山东省图书馆藏自刻本。该刊本半页 9 行，行 21 字，白口，左右双边。

乾隆十六年（1751）江都汪氏刻清程梦星辑《平山堂小志》十二卷。《北京图书馆普通古籍总目·地志门·专类地志》第四卷第 591 页著录，中国国家图书馆藏 6 册、10 册本各 1 部。

乾隆（1736—1795）间刻清汪中撰《述学》三卷。《清人别集总目》第 977 页著录，日本京都大学人文科学研究所、日本京都大学文学部中哲文研究室藏乾隆间刻本；南开大学图书馆藏为校样本，由刘台拱手校。

附　嘉庆（1796—1820）间汪氏自刻清汪中撰《述学》三卷。《中国古籍总目·集部·别集类·清代之属·清中期》第 1613 页著录，中国国家图书馆（清汪中校改）、天津图书馆、南开大学图书馆藏。应为生前版，后人重印。

以上属汪中生前刻本。其后家刻主要为承其学术的儿子汪喜孙所刻为多。

嘉庆三年（1798）江都汪氏刻吴趋、吴昌宗撰《四书经注集证》4 种十九卷。《贩书偶记·经部·四书类》卷三第 56 页（作嘉庆间）、《安徽文献书目》第 166 页著录，安徽省图书馆藏 14 册本。

嘉庆（1796—1820）间汪氏精刊清江都汪中撰《述学》一卷。《贩书偶记续编·集部·别集类》卷十六第 265 页著录，封面间刊“汪氏藏板”4 字，并有篆书“容甫”2 字木记。

清刻清汪中撰《述学·内、外篇》二卷。《安徽省馆藏皖人书目》

第155页、《清人别集总目》第977页著录，安徽省图书馆藏1册本，也是非完本，收入《皇清经解》也是2卷本。此书还有嘉庆三年（1798）仪征阮氏刻小嫏嬛仙馆叙录本、嘉道（1796—1850）间阮氏《文选楼丛书》本（日本京都大学人文科学研究所藏），安徽省图书馆、武汉师范大学图书馆藏点石斋石印本，安徽省图书馆藏清刻本，并选入光绪《学海堂丛书》中。

清刊清汪中撰《述学·内篇》三卷、《外篇》一卷计2种4卷。《中国古籍善本总目·集部·清别集》第一六〇一页著录，中国国家图书馆藏。该刊本半页13行，行30字，白口，左右双边，由清吴廷康校。

清刻清汪中撰《述学》三卷。《中国古籍善本书目·集部·清别集类》第1245页著录，浙江图书馆（有叶德辉跋）、杭州市图书馆（有郑文焯跋）、开封市图书馆（有武慕姚跋）藏。

嘉庆十一年（1806）刻清汪中辑《策略谀闻》一卷、《附录》一卷计2卷。《中国古籍总目·子部·杂家类·杂学杂说之属》第1740页著录，中国国家图书馆藏。

清刻清汪中撰《述学内篇》三卷、《补遗》一卷计2种4卷。《中国古旧书刊拍卖目录》第287页著录，中国书店拍卖白纸1册本。该刊本半页尺寸为20×12.5。

嘉庆（1796—1820）间刻清汪中撰《容甫先生遗诗》五卷、《补遗》一卷、《附录》一卷计2种7卷。《中国古籍总目·集部·别集类·清代之属·清中期》第1613页著录，中国国家图书馆藏。

清刻清汪中撰《容甫先生遗诗》五卷、《补遗》一卷、《附录》一卷计2种7卷。《中国古籍总目·集部·别集类·清代之属·清中期》第1613页著录，南京图书馆藏清刻《汪氏秘籍》本中此2种7卷子书。还收入光绪（1875—1908）间《刻鹄斋丛书》本中。此外，首都图书馆、中国科学院图书馆、天津图书馆、复旦大学图书馆藏光绪十一年（1885）维扬述古斋木活字印本，中国科学院图书馆、广东省图书馆藏宣统元年

（1909）正谊书局铅印本，湖南省图书馆藏宣统二年（1910）顺德邓氏铅印本等。

嘉庆（1796—1820）间江都汪氏家刻清汪中撰《汪容甫先生诗集》六卷、《附录》一卷计 7 卷。《清人别集总目》第 976 页、《安徽省馆藏皖人书目》第 155 页著录，中国国家图书馆藏。安徽省图书馆收藏光绪二十六年（1900）扬州述古斋木活字印《容甫先生遗诗》六卷、《附》一卷 1 册本，当属此书。此书收入光绪二十三年至二十六年（1897—1900）刻《刻鹄斋丛书》本中，安徽省图书馆还收光绪二十六年（1900）述古斋刻本。

嘉庆（1796—1820）间江宁刻清汪中撰《春秋述义》一卷。《中国古籍总目·经部·春秋类·春秋总义·传说之属》第 665 页著录，中国国家图书馆藏。分别收入光绪（1875—1908）间刻《宝墨斋丛书》、中国书店影印《江都汪氏丛书》本中。

嘉庆（1796—1820）间汪氏家刻清汪中撰《述学》一卷。《贩书偶记续编·集部·别集类》卷十六第 265 页、《清人别集总目》第 977 页著录，安徽科研所藏，封面刊有“汪氏藏板”4 字，并有篆书“容甫”2 字木记。《西谛书目·集部上·清别集类》卷三第四六页著录清刊本为《述学内篇》三卷、《外篇》一卷，可见安徽科研所藏本非全本。

嘉庆二十年（1815）汪氏家刻清汪中撰《述学内篇》三卷、《外篇》一卷、《补遗》一卷、《别录》一卷计 4 种 6 卷。《清人别集总目》第 977 页著录，上海图书馆、南京图书馆、首都图书馆、四川省图书馆、辽宁省图书馆、广东省图书馆、云南省图书馆、浙江图书馆、中国科学院图书馆、北京师范大学图书馆、大连市图书馆及台北故宫博物院藏。南开大学图书馆还藏嘉庆道光（1796—1821—1850）间刘文奎精刊此书。《安徽省馆藏皖人书目》第 155 页著录，光绪二十年（1894）茶热香温室刻清歙县汪中撰《述学篇》六卷 4 册本。应为此种书不分篇。《中国古籍善本书目·集部·清别集类》第 1245 页著录，华东师范大学图书馆、复旦大学图书馆分别藏由严复校并跋、王礼培跋的同治八年（1869）扬州书局刻本。

嘉庆二十年（1815）刻清汪中撰、清汪喜孙编《述学·内篇》三卷、《补遗》一卷、《外篇》一卷、《别录》一卷、《附录》一卷、《校勘记》一卷计5种8卷。《中国古籍总目·集部·别集类·清代之属·清中期》第1613页著录，广东省图书馆、大连市图书馆藏。

嘉庆二十年（1815）精刊清汪中撰《述学内篇》三卷、《外篇》一卷、《补遗、附录、汪氏学行记》六卷（应为《补遗》一卷、《附录》一卷、《汪氏学行记》四卷）计5种10卷。《中国书店三十年所收善本书目·子部·杂家类》第一三〇页著录，中国书店收购过开花纸4册本。

嘉庆（1796—1820）间问经堂刻清江都汪中撰《述学内篇》三卷、《外篇》一卷计2种4卷。《北京师范大学图书馆古籍善本书目·集部·别集类·清》第283页、《贩书偶记·集部·别集类》卷十六第407页、《清人别集总目》第977页著录，北京师范大学图书馆（1册本）、中国国家图书馆（吴廷康校本）藏。该刊本半页13行，行30字，白口，左右双边。封面镌“问礼堂藏板”。

江都汪中著其子喜孙在江都刊《汪容甫所著书》6种二十一卷。《中国丛书广录·汇编丛书·自著类·清代前期》第300—301页（作清刊本）、《汇刻书目》第十册第十二页、南京大学编印《中国丛书目录及子目索引汇编》第109页、顾修撰《汇刻书目》第一函第十册第十二页著录。而《中国丛书综录续编·汇编·氏族类》第120页著录已更丛书名为《江都汪氏丛书》，也是6种，卷数则为12卷。如不是标错，此丛书在其子汪喜孙手中已刻印最少2次，应为12种33卷了。但杨家骆《丛书大辞典》所收《汪氏丛书》子目要比两版多。

清汪喜孙问经堂刻清汪中撰《述学内篇》三卷、《外篇》一卷计2种4卷。《清人别集总目》第977页、《中国古籍善本书目·集部·清别集类》第1245页、《北京图书馆古籍善本书目·集部·清别集类》

第二六一四页著录，中国国家图书馆（清刻2册本，由吴廷康校）、浙江图书馆（有清叶德辉跋）藏。该刊本半页13行，行30字，白口，左右双边。

道光三年（1823）刻清汪中撰《广陵通典》十卷。《香港所藏古籍书目·史部·地理类·杂志》第109页著录，香港大学图书馆藏2册本，香港中央图书馆还藏同治八年（1869）扬州书局刻此书2册本。

道光（1821—1850）中汪喜孙刻自辑《甘泉汪氏遗书》5种三十卷。《北京图书馆古籍善本书目·子部·丛书类》第一九三〇页著录，中国国家图书馆藏线装16册本。

道光（1821—1850）中又作道光三年（1823）汪喜孙刻清汪中撰《述学内篇》三卷、《外篇》一卷、《补遗》一卷、《别录》一卷计4种6卷。《中国古籍善本书目·集部·清别集类》第1245页、《北京图书馆古籍善本书目·子部·丛书类》一九三〇页和同书《集部·清别集类》第二六一三页、《清人别集总目》第977页、《贩书偶记·集部·别集类》卷十六第408页、《青海省古籍善本书目·集部·别集类》第一五〇页著录，中国国家图书馆（4册本）、南京图书馆（有清吕贤基圈点、清翁同龢批并跋）、中国科学院图书馆、天津图书馆（有丁晏题款）、安徽师范大学图书馆、大连市图书馆、上海图书馆、吉林大学图书馆、黑龙江省图书馆、陕西师范大学图书馆、青海省图书馆（2册本）、浙江图书馆、庐山图书馆、湖南省图书馆、广东罗定市图书馆、重庆市图书馆及南京博物馆藏。该刊本半页13行，行30字，白口，左右双边。此版首有嘉庆乙亥（二十年，1815）王念孙序。按，道光间指道光三年汪喜孙刻《汪氏丛书》本及道光二十年抽印本。此子书在同治（1862—1874）间有扬州书局重刊本。光绪（1875—1908）间版本更多，收藏更夥。

道光（1821—1850）间汪喜孙刻清汪中撰《述学内篇》三卷、《外篇》一卷、《补遗》一卷、《别录》一卷附《春秋述义》（一卷）计5种7卷。《北京师范大学图书馆古籍善本书目·集部·别集类·清》第283页著录，北京师范大学图书馆藏2册本。该刊本半页13行，行30字，白口，左右双边。

道光（1821—1850）中汪氏家刻清汪中撰《容甫先生遗诗》五卷、《附录》一卷计6卷。《清人别集总目》第976页著录，南开大学图书馆藏，为抽印本或单行本。此书中国国家图书馆、安徽省图书馆藏汉阳叶氏抄本。《贩书偶记·集部·别集类》卷十六第408页作道光（1821—1850）间精刊，《附录》作《补遗》，并指出有光绪乙酉（十一年，1885）木活字本及光绪庚子（二十六年，1900）刻鹄斋七卷刊本。

道光（1821—1850）中汪喜孙刻清汪中撰《述学内篇》三卷、《外篇》一卷、《补遗》一卷、《别录》一卷、《容甫先生遗诗》五卷、《补遗》一卷、《广陵通典》十卷，清汪喜孙撰《汪氏学行记》六卷、《年表》一卷、《年谱》一卷计10种30卷。《山东省图书馆馆藏海源阁书目·丛书·家集类》第375页著录，山东省图书馆藏1函6册本。

道光（1821—1850）间汪喜孙刻自编《江都汪氏丛书》8种四十卷。《中国古籍善本书目·丛部·家集丛书》卷三第583—584页、《中国古籍善本总目·丛部·家集丛书》第一九九八页、《中国古籍总目·丛书部·氏族类》第1007页、《京都大学人文科学研究所汉籍目录》、《中国丛书广录·汇编丛书·家族类》第247页、《中国丛书综录补正·汇编·氏族类》第78页著录，中国国家图书馆、中国科学院图书馆、复旦大学图书馆、天津图书馆及中国教育科学研究院、日本京都大学人文科学研究所藏。汪喜孙所刻本丛书收家不一，一是先后刊行，二是收藏不全造成。此刊本版心尺寸不一，行字不一，白口亦有黑口等版式不统一，但均为左右双边，单黑鱼尾，有刻工，说明随刻随印随配套。此刊本上海中国书店于民国十四年（1925）影印，收家更多。

道光（1821—1850）间汪喜孙辑刊《江都汪氏丛书》22种四十二卷。《中国丛书综录·汇编·氏族类》第一册第459页、《中国丛书综录补正》第78页（著录重刊，原刊具体藏处不清。民国十四年［1925］上海中国书店影印秦更年等辑《重印江都汪氏丛书》14种五十一卷）、《中国丛书广录·汇编·自著类·清代前期》第301页及同书《汇编丛书·家族类》第247页著录，中国国家图书馆、复旦大学图书馆藏道光间原刻本，日本《京都大学人文科学研究所汉籍目录》著录日本京都大学人文科学研究所藏本稍异。中国书店影印本（为清汪中撰、秦更年等编）为13种41卷，这类图书收藏更夥。《中国古籍总目·丛书部·氏族类》第1007页、《中国丛书广录·汇编丛书·自著类·清代前期》第301页（子目略异）、《中国丛书综录·汇编·氏族类》第一册第459页（子书略少些）、《中国丛书综录补正·汇编·氏族类》第78页著录，中国国家图书馆、中国科学院图书馆、首都图书馆、北京大学图书馆、北京师范大学图书馆、清华大学图书馆、上海图书馆、复旦大学图书馆、华东师范大学图书馆、上海师范大学图书馆、上海辞书出版社图书馆、天津图书馆、内蒙古自治区图书馆、哈尔滨市图书馆、甘肃省图书馆、山东省图书馆、山东大学图书馆、南京图书馆、南京大学图书馆、苏州市图书馆、浙江图书馆、浙江大学图书馆、福建省图书馆、福建师范大学图书馆、湖北省图书馆、武汉大学图书馆、广东省图书馆（一作中山）、四川省图书馆、四川大学图书馆、云南省图书馆、桂林市图书馆藏。此书与汪家自编刻各套丛书目录及与书名有异，在整理汪氏家族书中可资参考。《中国丛书综录续编·汇编·氏族类》第120页著录为13种45卷，比《中国丛书综录》少，应为不全本，或初印本。这里不赘述了。

道光三年（1823）汪喜孙刻清汪中撰《述学内篇》三卷、《外篇》一卷、《补遗》一卷、《别录》一卷计4种6卷。《清人别集总目》第977页著录，中国国家图书馆、南京图书馆（有吕贤基圈点，翁同龢批并跋）、青海省图书馆、中国科学院图书馆、安徽师范大学图书馆、大连市图书馆藏。上海图书馆藏道光二十年（1840）刻本。《安徽省馆藏皖人书目》第154页著录，同治八年（1869）扬州书局刻清汪中撰《述学内外篇》四卷、《补遗》一卷、《别录》一卷，安徽图书馆藏2册本；民国间中华书局铅印《述学内篇》三卷、《外篇》一卷、《补遗》一卷、《别录》一卷，安徽图书馆藏也是2册本。此书坊间版本更多，主要有光绪元年收入《粤雅堂丛书》本、光绪二十年茶热香温室重刻本、光绪二十二年古香阁石印本、光绪二十三年收入《宝墨斋丛书》刻本、宣统元年正谊书局排印本、民国三年上海同文图书馆石印本、民国十四年中国书店影印《重印江都汪氏丛书》本、民国十六年成都志古堂刻《志古堂丛书》本、上海千顷堂书局石印本及分别收入《四部丛刊》《四部备要》本中。目前查看馆藏目录刻本中收藏最夥的要数扬州诗局本，除已介绍外，尚有上海图书馆、南京图书馆、浙江图书馆、首都图书馆、山西省图书馆、湖南省图书馆（有王礼培跋）、云南省图书馆、四川省图书馆、山东大学图书馆、华东师范大学（有严复校并跋）、华南师范大学图书馆、华中师范大学图书馆、武汉师范大学图书馆、浙江大学图书馆、南京师范大学图书馆、北京师范大学图书馆、郑州市图书馆、太原市图书馆、台北“中央”图书馆分馆、台北故宫博物院、台湾东海大学等图书馆均有收藏。可见，此书价值与市场需求。

道光三年（1823）刻清汪中撰《广陵通典》三十卷。《北京图书馆普通古籍总目·地志门·方志》第四卷第239页著录，中国国家图书馆藏2部不全本。其中一部存卷一至十计10卷4册，另1部仅存卷一至十计10卷2册。

道光癸未（三年，1823）精刊、同治乙丑（四年，1865）扬州书局重刊清江都汪中撰《广陵通典》十卷。《贩书偶记·地理类·杂记之属》卷七第179页著录，但作“同治乙巳”，误，因同治无乙巳年。

道光四年（1824）扬州汪氏问礼堂刻汉何休撰《春秋公羊经传解诂》十二卷。《中国古籍总目·经部 ·总类·传说之属》第36页著录，清□□编同治（1862—1874）间金陵书局刻《十三经读本》一百五十二卷本中收此子书并附《重刊宋绍熙公羊传注》附同治二年（1863）刻清魏彦撰《晋本校记》一卷。全套丛书上海图书馆藏。

道光四年（1824）扬州汪氏问礼堂重刻（影刻宋绍熙本）汉何休注、唐陆德明音义《宋绍熙本公羊传注》又名《春秋公羊经传解诂》十二卷。《中国古籍总目·经部·春秋类·公羊传·传说之属》第611页、《中国国家博物馆藏普通古籍目录·经部·春秋类》第9页著录，北京大学图书馆及中国国家博物馆2册本。

道光四年（1824）孟冬扬州汪氏问礼堂影刊宋绍熙（1190—1194）间余仁仲万卷堂本汉何休撰、唐陆德明音义（无校记）《春秋公羊经传解诂》十二卷、清邵阳魏彦及龚自珍子龚橙撰《校记》一卷计13卷。《中国古籍总目·经部·春秋类·公羊传·传说之属》第611页、中华书局（北京）版《续修四库全书总目提要·经部·春秋类》第七一四页、《中国国家博物馆藏普通古籍目录·经部·春秋类》第9页、《北京师范大学图书馆古籍善本书目·经部·春秋类·公羊传》第20页、《香港所藏古籍书目·春秋类·公羊传》第22页、《贩书偶记续编·经部·春秋左传类》卷二第16页、《中国古旧书刊拍卖目录》第627页著录，中国国家博物馆藏6册本，北京师范大学图书馆（4册本无《校记》一卷）、香港中文大学图书馆（4册本）藏，博古斋拍卖此版同治间印黄纸2册本。经考，只有同治（1862—1874）间重印本才有魏彦、龚橙[①]，该刊本以嘉道（1796—1850）间问礼堂收藏宋本影摹重刻，纤毫毕肖，宛如宋椠，共印数十部。半页11行，行18、19字，小字双行27字，白口，左右双边，又记余氏刊于万卷堂，或余仁仲刊于家塾等字，卷十一、十二末记仁仲比较讫，卷首序末题绍熙辛亥（二年，1191）孟冬朔日建安余仁仲题记。

道光六年（1826）汪喜孙精刊自撰《汪氏学行记》六卷。《青海省古籍善本书目·史部·家传》第二七页、《贩书偶记·史部·传记类》卷六第136页著录，青海省图书馆藏3册本。

---

① 校记1卷，因《校记》实成于同治二年（1863），以此年魏氏自序为证。按，龚橙，字公襄，号石匏，更号孝拱，少负奇才，但久不中科考，流寓上海，尤耽经史，治经宗周、汉。

道光六年（1826）刻清汪喜孙撰《汪氏学行记》六卷、《寿母小记》一卷计2种7卷。《中国古籍善本总目·史部·传记类·家传》第四二五页著录，中国社会科学院文学研究所、武汉图书馆、湖南省图书馆藏。

道光癸巳（十三年，1833）刻清江都汪喜孙撰《丧服答问纪实》一卷。《贩书偶记续编·经部·仪礼类》卷二第13页著录。《贩书偶记·经部·仪礼类》卷二第30页还著录此书有光绪十九年（1893）赵逵仪刊本。

道光二十年（1840）汪喜孙精刊自辑《孤儿编》三卷。《贩书偶记·史部·传记类》卷六第136页著录。

道光二十年刻清汪中撰《述学内篇》三卷、《外篇》一卷、《补遗》一卷、《别录》一卷计4种6卷。《清人别集总目》第977页著录，上海图书馆藏。

道光二十一年（1841）汪喜孙精刊写刻自撰《从政录》四卷。《中国古籍总目·集部·别集类·清代之属·清中期》第1944页、《山东省图书馆馆藏海源阁书目·集部·别集类·清》第279页、《贩书偶记·集部·别集类》卷十七第440页著录，中国科学院图书馆、山东省图书馆（1函4册本）藏。该刊本半页10行，行20字（21.9×15），白口，四周双边，无鱼尾。此书收入民国十四年（1925）排印《江都汪氏丛书》本中。

道光二十五年（1845）扬州汪氏重刊清吴鼒辑《韩晏合编》2种三十一卷。《中国古籍总目·子部·总类·丛编之属》第17页、《中国丛书综录续编·类编·子类·诸子》第233页著录，上海图书馆藏。该书书牌正面左题“宋本校刊《韩晏合编》”，右题“道光乙巳重镌”，背面题“扬州汪氏藏板”题记。

道光二十五年（1845）汪喜荀刻清方申撰《方氏易学五书》5种五卷。《中国古籍总目·经部·易类·传说之属》第167页著录，北京大学图书馆藏。收入光绪（1875—1908）间刻《南菁书院丛书》本中。

清写刻清汪喜荀撰《抱璞斋时文》不分卷。《中国古籍总目·集部·别集类·清代之属·清中期》第1944页著录，南京图书馆藏。

清刻清汪喜荀撰《抱璞斋时文》一卷。《清人别集总目》第1011页著录，南京图书馆藏。

附　道光（1821—1850）间阮元刻清汪中撰《述学》不分卷。《中国古籍总目·集部·别集类·清代之属·清中期》第1613页著录，复旦大学图书馆藏。此书收入嘉道（1796—1850）间阮元刻《文选楼丛书》本中。

附　道光（1821—1850）间江宁刘文奎等刻清汪中撰《述学》六卷、《附录》一卷计7卷。《中国古籍总目·集部·别集类·清代之属·清中期》第1613页著录，中国科学院图书馆藏。

附　同治八年（1869）扬州书局刻清汪中撰、清汪喜孙编《述学·内篇》三卷、《外篇》一卷、《补遗》一卷、《别录》一卷计4种6卷。《中国古籍善本总目·集部·清别集》第一六〇一页、《中国古籍总目·集部·别集类·清代之属·清中期》第1613页著录，复旦大学图书馆、湖南省图书馆（有王礼培跋）、华东师范大学图书馆（由严复校）藏。该刊本半页13行，行30字，白口，左右双边。收入咸丰（1851—1861）间刻《粤雅堂丛书》本中。

道光（1821—1850）中汪喜孙精刊自撰《容甫先生年谱》一卷。《贩书偶记·史部·传记类》卷六第136页著录。

道光（1821—1850）中精刊其子清汪保和等撰《汪孟慈（喜荀）行述》一卷。《贩书偶记·史部·传记类》卷六第141页著录。

同治二年（1863）扬州汪氏问礼堂重刻汉何休撰《宋绍熙本公羊传注》十二卷。《香港所藏古籍书目·经部·春秋类·公羊传》第22页著录，香港中山图书馆藏6册本。

同治二年（1863）印道光四年扬州汪氏问礼堂影刻宋绍熙（1190—1194）间（余仁仲万卷堂）刻汉何休撰、唐陆德明音义《春秋公羊传解诂》又名《春秋公羊传》十二卷、清魏彦撰《重刊宋绍熙公羊传注附音本校记》一卷计 2 种 13 卷。《中国古籍总目·经部·春秋类·公羊传·传说之属》第 611—612 页（分 2 次 2 条著录）著录，中国国家图书馆、北京大学图书馆、中国科学院图书馆、天津图书馆、上海图书馆、复旦大学图书馆、南京图书馆、苏州大学图书馆（清杨沂孙批点并跋）、安徽省图书馆（清戴望圈点题识）、浙江图书馆、湖北省图书馆（武昌徐氏录佚名批校）、辽宁省图书馆藏，与上条应为同版。

附　同治八年（1869）扬州书局刻清汪中撰《广陵通典》三十卷。《北京图书馆普通古籍总目·地志门·方志》第四卷第 240 页著录，中国国家图书馆仅存卷一至十计 10 卷 2 册 2 部不全本。

同治八年（1869）扬州刻清汪中撰《容甫先生遗诗》五卷、《补遗》一卷计 2 种 6 卷。《山西省图书馆普通线装书目录·文学门·诗文别集》第 645 页著录，山西省图书馆藏 1 册本。

同治（1862—1874）间扬州书局影仿宋刊清汪中撰《述学内篇》三卷、《补遗》一卷、《外篇》一卷、《别录》一卷计 4 种 6 卷。《中国古旧书刊拍卖目录》第 303 页著录，中国书店拍卖白纸 2 册本。该刊本半页尺寸 19.8×12.9。

附　光绪十一年（1885）汪中曾孙汪祖同述古斋木活字排印清汪中撰《容甫先生遗诗》五卷、《附录》一卷计 6 卷。《清人别集总目》第 976 页著录，中国国家图书馆、上海图书馆、南京图书馆、天津图书馆、湖南省图书馆、中国科学院图书馆、中央民族文化宫图书馆、南京大学图书馆、复旦大学图书馆、华南师范大学图书馆、镇江市图书馆、无锡市图书馆及日本京都大学文学部中哲文研究室均有收藏。

光绪十五年（1889）刻清汪宪撰《振绮堂诗存》不分卷。《山西省图书馆普通线装书目录·文学门·诗文别集》第 646 页著录，山西省图书馆藏线装 1 册本。

附　光绪二十二年（1896）上海古香阁石印清汪中撰《述学》六卷、《附录》一卷计 7 卷。《中国古籍总目·集部·别集类·清代之属·清中期》第 1613 页著录，中国国家图书馆藏。

光绪二十六年 (1900) 曾孙汪祖同述古斋刻清汪中撰《汪容甫先生诗集》六卷、《附录》一卷计 7 卷。《清人别集总目》第 976 页著录，安徽省图书馆藏。

汪氏丛书除家刻外，比较重要的大型出版活动要数民国十四年（1925）上海中国书店影印秦更年等辑《重印江都汪氏丛书》14 种四十七卷。其中，据汪氏丛书本影印 8 种 41 卷。《中国丛书综录·汇编·氏族类》第一册 459 页著录，中国国家图书馆、首都图书馆、北京大学图书馆、北京师范大学图书馆、清华大学图书馆、上海图书馆、复旦大学图书馆、华东师范大学图书馆、上海师范大学图书馆、上海辞书出版社图书馆、天津图书馆、内蒙古自治区图书馆、哈尔滨市图书馆、甘肃省图书馆、山东省图书馆、山东大学图书馆、南京图书馆、南京大学图书馆、苏州市图书馆、浙江图书馆、浙江大学图书馆、福建省图书馆、福建师范大学图书馆、湖北省图书馆、武汉大学图书馆、广东省图书馆、四川省图书馆、四川大学图书馆、云南省图书馆、桂林市等图书馆及日本京都大学人文科学研究所藏。《中国丛书综录续编·汇编·氏族类》第 120 页著录为 1925 年江都秦更年等影印本是不准确的，亦未注明藏处。

汪中著述不仅家族反复刻印，外人也很重视。著名的刻本有嘉庆三年（1798）仪征阮氏《文选楼丛书》本、刘台拱刻本、嘉道（1796—1850）间刘文奎精刻本、同治八年（1869）淮南书局、扬州书局本，光绪元年（1875）《粤雅堂丛书》本、光绪二十年（1894）茶热香温室重刻本、光绪二十三年（1897）《宝墨斋丛书》本、光绪（1875—1908）间《刻鹄斋丛书》本，直至民国十六年（1927）成都志古堂还在刻《志古堂丛书》本中收入汪氏《述学篇》诗文等重要著作。其他形式的出版物更多，说明汪中著作影响大，也是江都汪氏家刻的主要内容。

碑帖出版家鲍漱芳父子

鲍志道、漱芳父子兴建了一座保艾堂。它是古徽州罕见的大宅，全部建筑有大屋108间，36个天井，门户曲折相通，厢房、斋室隐现互见。其中三个厅堂单用一种名贵树木建成白果厅、楠木厅、红木厅；还有安素轩书斋，著名的《安素轩法帖》即藏于此书斋内。保艾堂名取于《诗经》，有安养的意思。这座大房子抗日战争其间为从南京迁来的钟英中学校舍；后被国民党集团军罗卓英、陶广等作为司令部。可是在解放后却遭到了不应有的破坏。

鲍志道遗物中现在世的要数目前徽州发现人数最多、尺幅最大、保存最好的一幅徽州棠樾鲍氏祖容像。该幅祖容是当年两淮总商鲍志道在嘉庆（1796—1820）间花了17两黄金从宫廷里请了两位画师在棠樾村画了2个月才完成的。该幅祖容画长2.5米，宽1.6米，上面描绘了棠樾鲍氏第16世祖、嘉靖（1522—1566）间工部尚书鲍象贤至鲍氏嘉庆（1796—1820）间第25世鲍氏族人49位，祖先牌位从上而下，男人在中间，妻妾在两旁，清一色身着明清官服，画面个个栩栩如生，整个画面至今色彩鲜明。因太平军乱徽时，为避乱兵毁，棠樾鲍氏第21代长孙鲍崇莹将家谱及祖容抢运往时设江苏东台县钱庄里，今传至30世长孙仍居东台鲍训声家中，现已被摄影收进张建平所著《徽州：捡拾历史的碎片》画册中。

鲍漱芳（1763—1807），字惜分，又作袭芬、席芬、惜芬，乾隆时两淮总商鲍志道（即鲍肯园）长子，歙县棠樾人，侨居扬州，藏书、刻书堂为安素轩、古歙鲍氏慎余堂。他家自高祖士臣起开始经商，至志道时已家境日窘。他由太学生捐职员外郎，接着任两淮总商。他与其父轻财好义，但生活一向节俭。己未（嘉庆四年，1799）冬，曾着乡俗布底鞋出访，并诙谐地笑谈："吾足素不靴。"可见，财多不奢靡。嘉庆八年（1803）因输饷助军功授盐运使。

他重视收藏簿籍图册，并与其两子治亭、约亭于嘉庆己未（1799）至道光九年（1829）夏历30年、两代完成著名的《安素轩法帖》的收藏刻碑，并刊刻行世。歙县摹刻丛帖，汪印苔在《歙浦馀辉录》中记载，明董其昌、陈继儒先后去歙，共同主持溪南吴廷（用卿）家刻《馀清斋（帖）》、莘墟吴桢（周生）家《清鉴堂（帖）》，皆为他两人选跋上石。后《清鉴堂帖》原石归溪南吴氏，《馀清斋帖》原石为鲍蔚文所得。这两家刻石是歙县明末最大的上石工程，并开棠樾鲍氏父子安素轩刻石的先矢，鲍氏安素轩刻石原石在扬州，而明末两帖今在徽园。还刻仿宋本《说文》等古籍。

鲍漱芳的收藏，据黄茨孙在《草心楼读画集》中说："多蓄宋元书籍、法帖、名墨、佳砚、奇香、珍药，与夫尊彝、圭璧、盆盎之属，每出一物，皆历来赏鉴家所津津称道。"他尤重书画和唐宋元明大家墨宝。据鲍漱芳自撰《棠樾鲍氏安素轩藏书画目录》中统计，有元明清历朝画品140件，唐宋元明各大家墨述和宋拓本46件，并将毕生收集的唐宋元明大家书法墨迹择其精者汇为《安素轩法帖》，并从嘉庆四年（1799）开始，延请扬州著名篆刻家党锡龄（字梦涛）钩摹镌刻。逝世后由其子治亭、约亭继续父志，其间治亭又中道而殁，由约亭最后完成。该法帖是一部内容丰富的丛帖，是清代一部名帖，也是清代徽州府人集刻的唯一一部名帖。据崇川冯羲跋文诗载，原刻计唐8册、宋22册、元24册、明8册，共12卷。其中著名的有唐代钟绍京小楷《郁单越经》、《七宝转轮王经》、李北海楷书《诸葛亮出师表》、《和上碑》及佚名的小楷《妙法莲华经》、《心经》和临摹的《兰亭序》；宋代有苏轼、黄庭坚等手书书札及诗作，米芾的小楷《千字文》、《宋宗室崇国公墓志铭》，行书《王涣之诗》、《朱乐圃墓志铭》，宋徽宗临摹《兰亭序》，南宋高宗临摹《兰亭序》，岳飞的行书《奏札》、草书《奏稿》，文天祥楷书《陈情表》、《行状》等；元代最有名的是赵孟頫行书《洛神赋》、《试问水归何处天》、《赤壁赋》，楷书《陈情表》，小楷《四十二章经》、《急就草》、《芳草怨》，真草书《千字文》，及临摹《兰亭序》等；明代名帖有文徵明小楷《道德经》、行书《千字文》，祝枝山小楷《四十章经》，董其昌的行草书唐诗，行书《雪赋》，楷书《仿颜鲁公帖》、小楷《妙法莲华经》等。它们均是从真迹或是早期拓本上勾摹上石的，体势严谨，勾摹甚工，镌刻精微。鲍漱芳还著有《灵枢要略》，至今没有发现刻本及本书。

鲍漱芳刻书最著者要数在扬州安素轩刻《安素轩法帖》十二卷。他还以古歙鲍氏慎余堂名义刻了一批书籍。

嘉庆己未（四年，1799）至道光九年（1829）扬州鲍氏安素轩刻清鲍漱芳辑《安素轩法帖》十二卷。安徽省博物馆藏鲍漱芳第四世孙鲍训初、鲍训经于1981年捐献该丛帖初期印本中的唐8册、宋4册、元8册、明4册，计182张半，收集唐、宋、元、明书法作品50余件名帖。此刻系延请扬州著名篆刻家党锡龄镌刻，系鲍漱芳与其子治亭、约亭两代人历时30年才完成的大出版工程。

嘉庆十年（1805）古歙鲍漱芳慎余堂刻明马莳撰《黄帝内经素问注证发微》九卷、《补遗》一卷、《黄帝内经灵枢注证发微》九卷计3种19卷。《中国古籍总目·子部·医家类·医经之属·内经·注释》第490页著录，中国科学院图书馆、天津图书馆、上海图书馆、南京图书馆、浙江图书馆、湖北省图书馆、香港中央图书馆藏。光绪（1875—1908）间大文堂刻本，中国中医科学院图书馆、上海图书馆、上海中医药大学图书馆、南京图书馆藏。

嘉庆十年（1805）古歙鲍漱芳慎余堂刻明马莳撰《黄帝内经素问注证发微》九卷。《中国古籍总目·子部·医家类·医经之属·灵枢》第505页、《徽州地区博物馆藏书目录·有关徽州资料古藉（籍）·子部·医家类》第一集著录，中国科学院图书馆、天津图书馆、上海图书馆、南京图书馆、浙江图书馆、湖北省图书馆、四川省图书馆，中国徽州文化博物馆（作嘉庆间歙县鲍氏刻10册本）藏。

嘉庆乙丑（十年，1805）古歙鲍氏慎余堂重刻，大文堂藏板明马莳注《黄帝内经素问灵枢注证发微》九卷、《黄帝内经灵枢注证发微》九卷又名《黄帝内经素问灵枢注证发微》十八卷附《补遗》一卷计3种19卷。《中国古籍总目·子部·医家类·医经之属·素问·注释》第500页、《全国中医图书联合目录·医经》第3页、《山西省图书馆普通线装书目录·应用科学门·中国医学》第922页、《馆藏中医线装书目·医经》第1页著录，中国中医科学院图书馆、北京市中医学校图书馆、北京中医药大学图书馆、天津图书馆、天津市医学高等专科学校图书馆、山东医科大学图书馆、新疆医学院图书馆、上海图书馆、中华医学会上海分会图书馆、上海中医药大学图书馆、南京第一医学院图书馆、浙江图书馆、江西省图书馆、湖北省图书馆、湖北医科大学图书馆、湖南医科大学图书馆、四川省图书馆、福建省图书馆、广东省中山图书馆、广州中医药大学图书馆藏。光绪（1875—1908）间大文堂刻本，中国中医科学院图书馆、上海图书馆、上海中医药大学图书馆、辽宁中医药大学图书馆、陕西省图书馆、南京中医药大学图书馆藏。

仅存《素问》，中国国家图书馆、首都图书馆、内蒙古自治区图书馆、新疆医学院图书馆、吉林省图书馆、黑龙江中医药大学图书馆（残存卷一至六计6卷）、浙江中医药大学图书馆及浙江中医药研究院藏。

仅存《灵枢》，中国医学科学院、河南中医药大学、广西壮族自治区第一图书馆、山西省图书馆（24册本）藏。

嘉庆十年（1805）古歙鲍漱芳慎余堂刻明马莳注《黄帝内经素问注证发微》九卷。《山西省图书馆普通线装书目录·应用科学门·中国医学》第923页著录，山西省图书馆藏10册本。

清歙县慎余堂鲍氏重刻明马莳注《黄帝内经灵枢注证发微》九卷、《补遗》一卷计2种10卷。《中国古籍总目·子部·医家类·医经之属·内经·注释》第500页、《香港所藏古籍书目·子部·医家类》第173页著录，中国国家图书馆、中国科学院图书馆、天津图书馆、上海图书馆、黑龙江省图书馆、浙江图书馆、湖北省图书馆、香港中央图书馆（6册本）藏。

津逮后学的古籍整理大家朱珔

徽州朱氏涉外族裔中落籍各地均有建树。这支徙外朱姓自离开徽州本土后历时7个世纪，族人中只有嘉靖二十五年（1546）、三十四年（1555）出了两位乡荐，崇祯九年（1636）出了个武举人，其余都是以农耕与商贾为业，没有出过历史名人。到了乾隆（1736—1795）间因朱武勋[①]（1662—1742）创建培风阁藏书楼，重文兴教后才使这支朱氏奋然崛起。据《［光绪］泾川张香都续修支谱·甲科贡衿录》载，自后该族先后出朱理、朱珔、朱椙、朱宝璇4位进士，还有19位举人、6位副贡生、3位拔贡生、1位优贡生、1位恩贡生、3位岁贡生、14位廪贡生、1位增贡生、9位附贡生及1位孝廉方正，使该族读书入仕者达62人。此外，有成就的读书人也列了143人。据笔者不完全统计，他们存世的著作约50种左右。今特举泾县右族中在清中叶的著名学者朱珔在学术上的贡献以窥一斑。

考朱珔兄弟所属始祖为唐朱瑰（又名古僚，号舜臣，行二十一）。泾县始迁祖为朱瑰6世孙朱纬（字中立、中孚，号拙翁，与朱熹曾祖朱绚为兄弟行）携子朱旦于北宋中期从婺源县迁居泾县丰登乡即今黄田张香都。朱旦三子中的季子仍留居张香都，为朱珔所在支派祖，属茶院系，与朱熹为同脉。这支后裔自朱熹成名后，秉承朱学，仅从光绪三十三年（1907）刻朱彝纂修的张香都朱氏家谱中就有专章收入朱子家训、治家格言、白鹿书院教条学规及所办村学也以紫阳命名中可以看出他们秉承徽州故里的学术渊源。

朱珔（1769—1850），字玉存，号兰坡、兰友，有培风阁、小万卷楼、小万卷斋、藤花吟舫、双槐书屋、松竹轩、绿竹山房、式训堂、师

---

① 朱武勋，字燕侯，号东园，泾县黄田人。国学生。性孝友，非常重视读书。少年经营商业，渐有资本后于乾隆间创办培风阁藏书楼，贮书教育子孙。该藏书楼历经增购多达数万卷，特钤上“东园遗泽”藏书印，以示家族共有。

范堂、征远堂、肆雅堂等，朱武勋曾孙，生父朱安邦，出嗣四叔安桂，祖父朱庆需[①]，泾县张香都（今黄田）人。早年过继给叔父朱安桂为嗣。嗣父未婚早逝，叔母汪氏未婚守寡，抚养朱珔，朱珔侍奉嗣母如生母。朱珔自幼有异禀，而祖传培风阁、松竹轩藏书4万卷，使他坐拥书城，未及弱冠为庠生，很快中举。嘉庆七年（1802）中壬戌科二甲二名进士，选翰林院庶吉士，与幸翰林院柏梁体联句晏，散馆授编修。历任武英殿纂修、国史馆协修、总纂、右春坊赞善、中允、洗马、侍讲。道光元年(1821)直上书房，获"品学兼优"褒奖，升右春坊赞善。道光二年（1822）任会试同考官。朱珔淡于仕禄，以嗣母汪氏病告归。汪氏殁后，复丧赵氏生母，守制后不再复出，先后在南京钟山、苏州正谊、紫阳书院讲学25年。朱珔向为词坛名宿，主持风雅，深受后进瞻慕，在讲学期间与石韫玉、韩桂舲、吴廷琛、彭希郑、董国华等结问梅诗社，神采飘逸的《沧浪七友图》就是他在这些活动中的真实写照。他的成就也使他与姚鼐、李兆洛同在儒林为三鼎足。平生致力经学，被誉为"江左经师之冠"。他在长期教学与文坛活动中为江苏文化发展作出了巨大的贡献，并培养造就了一大批学者。其中，壬辰会元马学易、状元吴钟骏都是他的得意门生。他是著名的藏书家。据其在《小万卷斋文稿·〈培风阁藏书目录〉序》载，其曾祖父朱武勋所遗培风阁有3万余卷藏书，创建于乾隆五十八年（1793）松竹轩藏书7千余卷，加上自己所建小万卷楼藏书数万卷及其从兄朱理藏书合计逾十万卷。因宋朱遵度有万卷斋、朱昂有小万卷斋，因此也取书斋号为小万卷斋，藏书印为"东园遗泽"。他著述丰富，计有《纪游新吟》、《小万卷斋文稿》二十四卷、《经文广录》十二卷、《小万卷斋经进稿》四卷、《诗稿》三十二卷《续稿》十二卷、《说文假借义证》二十八卷《首》一卷、《文选集释》二十四卷、《小万卷斋试帖诗》

---

① 朱庆需，字沛深，朱武勋五子。太学生。因家贫亲老，遂弃科举业，改作商人。他以诚信为本，性好施舍，且重然诺。在家日必去培风阁，增购藏书，严督子孙，是对培风阁藏书有重大贡献的人。

四卷、《培风阁藏书目录》十卷、《正谊书院小课》四卷、《经文广异》十二卷，修泾县《［道光］泾川张香都朱氏支谱》三十二卷《首》一卷《末》一卷，辑有《紫阳家塾诗钞》二十四卷、《国朝古文汇钞·初集》一百七十六卷《二集》一百卷、《国朝诂经文钞》六十二卷等近600卷，成为津逮后学的著述家、古籍整理大家。他生前刻行了大批自著，但他所辑的《国朝古文汇钞》因无力刊行，直至道光二十六年（1846）才由吴江沈氏世美堂刊行于世。四当斋主章式之（钰）处有精抄本。这是一部工程浩大的古籍整理项目，仅《二集》一百卷就收集作者322家并附有小传，是文学史上的宝贵资料。

他死后，其后人在泾川（今泾县别称）朱氏梅村家塾（如光绪元年刻《文选集释》）、家刻（如光绪元年小万卷楼刻《文选集释》，十一年重刻《小万卷斋文稿》等，十八年其孙朱之塝刻《说文假借义证》）刊行了他的不少著述。朱氏梅村家塾不仅刻行了朱氏家族书籍，同时也刻了不少其他书，现择其要者附后作朱琦专辑。

他整理的古籍存世的有《吴文定公诗稿》不分卷稿本、《易用》五卷、清朱鑅撰《养泉遗诗》六卷等。

朱琦生前行世作品有：

乾隆（1736—1795）间刻清朱琦撰《小万卷斋诗稿》二十卷、《续稿》四卷计2种24卷。《清人别集总目》第401页著录，南京图书馆藏。

道光六年（1826）刻清朱琦撰《小万卷斋诗稿》二十八卷、《续稿》十二卷计2种40卷。《清人别集总目》第401页著录，上海图书馆藏缺卷一至四计36卷不全本。

道光六年（1826）刻清朱琦撰《小万卷斋经进稿》四卷。《清人别集总目》第401页著录，上海图书馆、南京大学图书馆藏。

道光六年（1826）刻清朱琦撰《小万卷斋经进稿》四卷、《诗稿》三十六卷计2种40卷。《清人别集总目》第401页著录，安徽省图书馆藏。

道光九年（1829）刻清朱琦撰《小万卷斋诗稿》三十二卷、《续稿》

四卷计 2 种 36 卷。《清人别集总目》第 401 页著录，南京图书馆、安徽省图书馆藏。

道光九年（1829）江宁顾晴崖写刻清朱珔撰《小万卷斋诗稿》三十二卷、《续稿》八卷计 2 种 40 卷。《清人别集总目》第 401 页著录，湖南省图书馆、四川省图书馆藏。

道光六至九年精刊清泾县朱珔撰《小万卷斋经进稿》四卷、《诗稿》三十二卷、道光十九年（1839）刻《续稿》十二卷计 3 种 48 卷。《安徽艺文考・集部・别集类二二》、《贩书偶记・集部・别集类》卷十七第 442 页著录，应为汇印本。

道光九年（1829）刻清朱珔撰《小万卷斋经进稿》四卷。《清人别集总目》第 401 页著录，安徽省图书馆、四川省图书馆藏。

道光十二年（1832，壬辰）泾县朱珔培风阁自刻清朱珔辑泾县族人撰《紫阳家塾诗钞》二十四卷。《安徽艺文考・集部・总集三》、《贩书偶记续编・总集类・家集之属》卷十九第 311 页著录。该版毁于兵燹。

道光十八年（1838）刻清朱珔撰《小万卷斋诗稿》三十二卷、《续稿》十二卷、《遗稿》一卷计 3 种 45 卷。《清人别集总目》第 401 页著录，上海图书馆、南京图书馆藏。

道光十八年（1838）刻清朱珔撰《小万卷斋文稿》二十四卷。《清人别集总目》第 401 页著录，南开大学图书馆藏。

道光十八年（1838）刻清朱珔撰《小万卷斋经进稿》四卷。《清人别集总目》第 401 页著录，上海图书馆藏。

道光十九年（1839）泾县朱珔自刻《小万卷斋文集》二十四卷。《安徽艺文考・集部・别集类二二》著录。此版毁于乱。

道光二十二年（1842，壬寅）刻清泾县朱珔撰《小万卷斋文稿》二十四卷。《贩书偶记・集部・别集类》卷十七第 442 页著录。

道光六至二十二年（1826—1842）刻清朱珔撰《小万卷斋诗稿》三十二卷、《诗续稿》十二卷、《文稿》二十四卷、《经进稿》四卷计

4种72卷。《中国古籍总目·集部·别集类·清代之属·清中期》第1797页著录，安徽省图书馆藏。

道光二十六年（1846）思聚堂刻清朱珔撰《小万卷斋文稿》二十四卷。《清人别集总目》第401页著录，南京图书馆、安徽省图书馆藏。

清朱珔自刻《文选集释》二十四卷。《书目答问补正·集部》卷四第304页著录，还有江西重刻本，藏处待查。

清安徽约古阁刻清朱珔撰《说文假借义证》二十五卷。《四川省图书馆古籍书目》著录，四川省图书馆藏民国十五年（1926）中国图书刊传会景（影）印此版25册本。

道光（1821—1850）间刻清朱珔撰《小万卷斋文稿》二十四卷。《清人别集总目》第401页著录，中国国家图书馆藏。

道光（1821—1850）间刻清朱珔撰《小万卷斋文稿》二十四卷、《诗稿》三十二卷、《续稿》十二卷、《经进稿》四卷计4种72卷。《清人别集总目》第401页著录，安徽省图书馆藏。

附　道光二十六年（1846）吴江沈（沈翠岭）氏世美堂刻清泾县朱珔辑《国朝古文汇钞·初集》一百七十六卷、《二集》一百卷计276卷。《贩书偶记·总集类·各朝文之属》卷十九第515页、北京师范大学图书馆《中文古籍书目·集部·总集类》第334页（作道光二十七年刻）、沈乾一编《丛书书目汇编》第三册第三五六页、《书目答问补正·集部》卷四第307页著录，北京师范大学图书馆藏120册本。

朱珔逝后后人及朱氏梅村家塾及家族刻书要目：

同治（1862—1874）间梅村家塾刻清朱珔撰《小万卷斋试帖诗》四卷。《清人别集总目》第401页、《安徽文献书目》著录。

光绪元年（1875）小万卷斋刻清泾县朱珔撰《文选集释》二十四卷。《贩书偶记·总集类·文选之属》第513页、北京师范大学图书馆《中文古籍书目·集部·总集类》第316页著录，北京师范大学图书馆藏12册本。

光绪元年（1875）泾川朱氏梅村家塾刻清朱珔撰《文选集释》

二十四卷。《中国古籍总目·集部·总集类·通代之属》第2898页、《增订四库简明目录标注·总集类》卷十九第879页、北京师范大学图书馆《中文古籍书目·集部·总集类》第316页、《北京大学图书馆藏李氏书目下·集部·总集类》第三六页著录，中国国家图书馆、北京大学图书馆、北京师范大学图书馆（12册本）藏。

光绪十一年（1885）重孙朱臧成嘉树山房重刻清朱琦撰《小万卷斋诗稿》三十二卷、《续稿》十二卷、《遗稿》一卷计3种45卷。《清人别集总目》第401页、《中国人民大学图书馆线装书目录》第587页（仅作《小万卷斋稿》）著录，中国国家图书馆、上海图书馆、南京图书馆、首都图书馆、安徽省图书馆、湖南省图书馆、江西省图书馆、广东省图书馆、中国人民大学图书馆（24册本）、南开大学图书馆、南京大学图书馆、南京师范大学图书馆、复旦大学图书馆、华东师范大学图书馆、华中师范大学图书馆、南通师范学院图书馆、徐州市图书馆、安庆市图书馆、台湾“中央”研究院历史语言研究所傅斯年图书馆、日本国会图书馆藏。

光绪十一年（1885）重孙朱臧成嘉树山房重刻清朱琦撰《小万卷斋文稿》二十四卷。《清人别集总目》第401页、《贩书偶记·别集类》卷十七第442页著录，中国国家图书馆、上海图书馆、南京图书馆、首都图书馆、辽宁省图书馆、安徽省图书馆、江西省图书馆、广东省图书馆、中国人民大学图书馆、南开大学图书馆、天津师范大学图书馆、南京大学图书馆、南京师范大学图书馆、复旦大学图书馆、华东师范大学图书馆、南通师范学院图书馆、安庆市图书馆、台湾“中央”研究院历史语言研究所傅斯年图书馆、日本国会图书馆藏。

光绪十一年（1885）重孙朱臧成嘉树山房重刻清朱琦撰《小万卷斋经进稿》四卷。《清人别集总目》第401页、《贩书偶记·别集类》卷十七第442页著录，中国国家图书馆、上海图书馆、南京图书馆、首都图书馆、安徽省图书馆、江西省图书馆、广东省图书馆、中国人民大学图书馆、南开大学图书馆、南京大学图书馆、南京师范大学图书馆、复旦大学图书馆、华东师范大学图书馆、安庆市图书馆、台湾“中央”研究院历史语言研究所傅斯年图书馆、日本国会图书馆藏。

光绪十一年（1885）重孙朱臧成嘉树山房重刻清朱琦撰《小万卷斋文稿》二十四卷、《诗稿》十二卷计 2 种 36 卷。《清人别集总目》第 401 页、《贩书偶记·别集类》卷十七第 442 页著录，安徽省图书馆藏。

光绪十一年（1885）重孙朱臧成嘉树山房重刻清朱琦撰《小万卷斋经进稿》四卷、《诗稿》三十二卷、《续稿》十二卷、《诗遗稿》一卷计 4 种 49 卷。《贩书偶记·集部·别集类》卷十七第 442 页著录，应为汇印本。

光绪十一年（1885）朱臧成嘉树山房刻清朱琦撰《小万卷斋诗稿》三十二卷、《诗续稿》十二卷、《文稿》二十四卷、《经进稿》四卷、《小万卷斋诗遗稿》一卷计 5 种 73 卷。《中国古籍总目·集部·别集类·清代之属·清中期》第 1797 页著录，中国科学院图书馆、天津图书馆藏，复旦大学图书馆藏《文稿》二十四卷。

附　光绪十五年（1889）三余堂刻清朱理撰《大中丞静斋朱公奏疏》一卷、《诗文遗稿》一卷计 2 种 2 卷。《清人别集总目》第 404 页著录，南京图书馆藏。

附　光绪（1875—1908）间刻清朱理撰《朱中丞诗文遗稿》一卷、《奏议》一卷计 2 种 2 卷。《中国古籍总目·集部·别集类·清代之属·清中期》第 1733 页著录，安徽省图书馆藏。

附　光绪十五年己丑（1889）三余堂刻清朱理撰《大中丞静斋朱公奏疏》一卷、《诗文遗稿》一卷计 2 种 2 卷。《清人别集总目》第 404 页、《安徽地震史料辑注》第 364 页著录，南京图书馆藏，安庆市图书馆仅藏前 1 种。

光绪十八年（1892）秋树山房重刻清朱琦辑泾县族人撰《紫阳家塾诗钞》二十四卷。《中国古籍总目·集部·总集类·郡邑之属》第 3110 页、

《贩书偶记续编·总集类·家集之属》卷十九第311—312页著录，上海图书馆藏。

光绪十九年（1893）一说十八年其孙朱之埒刻清朱珔撰、清朱之埒补《说文假借义证》二十八卷、《首》一卷计29卷。《贩书偶记·小学类·说文之属》卷四第80页、《书目答问补正·经部》卷一第73页著录泾县朱氏家刻本，民国十五年（1926）上海书店影印家刻本。

光绪二十一年（1895）泾县朱氏嘉树山房刻清朱珔撰《说文假借义证》二十八卷。《中国古籍总目·经部·小学类·说文之属·六书》第1038页、中华书局（北京）版《续修四库全书总目提要·经部·小学类》第一〇八九至一〇九〇页著录，北京大学图书馆、中国科学院图书馆、上海图书馆藏。此书还有光绪二十五年（1899）约古阁刻本，辽宁省图书馆、湖北省图书馆藏，北京大学图书馆、北京师范大学图书馆还藏民国十五年（1926）、十八年（1929）中国图书刊传会影印约古阁刻本。

附　光绪十七年（1891）泾县朱氏琴溪梅村家塾在汉口重刊清程文囿撰《医述》8种十六卷。《中国丛书综录·类编·子类·医家》第725页、《中国丛书综录补正》第207页（道光六年［1826］、十三年［1833］刊本，藏处待考）著录，中国国家图书馆、首都图书馆、中国中医科学院图书馆、南京图书馆、四川省图书馆、云南省图书馆藏。1983年7月安徽科学技术出版社新版点校本分精装、线装2种，现收入《新安医学丛书》中，使之流布更广。

附　光绪（1875—1908）间泾县朱氏刊清陶福履辑《豫章丛书》3集26种四十八卷。《中国丛书综录·汇编·郡邑类》第448页（新建陶氏刊本）、《中国丛书综录补正》第77页（和诸家著录均作泾县朱氏）著录，中国国家图书馆、南京大学图书馆、安徽省图书馆、河南省图书馆、江西省图书馆藏，上海图书馆、南京图书馆藏本不全。

清前期坊刻代表人物

至死不忘出版的孙默

孙默(1613—1678)，字无言，号桴庵、浮庵子、红桥，有留松阁堂号，休宁县草市人。他与王士祯、朱彝尊、孙枝蔚、汪楫、汪懋麟、程邃等为诗友。清李斗在《扬州画舫录》中记载称其："工诗，广交游，急友谊，风雅声气，不介而孚。早年居扬州，晚归黄山旧隐，海内名士以诗文送之，满匣盈帙。"[①]《今世说》称默："凡有工一诗，擅一技者，莫不折节下之。"他本人也以布衣善诗见称于当世，寓居江都（今扬州市），"居一椽，从一奴，白衣青鞋，蔬食而水饮"[②]。

王士祯在《冶春诗》中有"白岳黄山两遗民"句就是指孙默与歙人程邃。虽贫穷而好客，广交四方名士学子，以诚信厚笃交人。他生性豪爽，潇洒绝俗，急人所难，重情笃义。他穷至无钱回休宁老家葬双亲，穷到晚年多次想回到老家都无法实现。与之同病相怜的清计东在《送孙无言归黄山序》中记载道："五六年以来，予所见同人诗送孙无言归黄山者多矣，而无言未尝归也。一日予遇之邗上，诘其故，无言曰：'凡我所为欲归者，为营两先人葬也，而葬之资无从得，故久未能归也。予交游中，远者无暇论。即予流寓广陵十七年矣，广陵货贿人物甲天下，然怜才而与予相亲爱、共饮食、通缓急者，必贫士也！即贵而能贫者，方亲爱于予。夫彼既贫矣，纵通缓急，能大周予急乎？其既贵而富甚或未贵而富者，遥见予，则疑予之有所请也。先为煦煦相悯恤之状，即盛陈己应酬不赀之苦，若贫甚于予者，以阴钳于舌，使不得伸其意，予亦深悯之，不忍复与之言也。如是，而予安得归乎？故予所积同人赠归诗凡一千七百余首。其中，最知名而诗最工者，如顾与治、王于一、胡彦远、侯研德、梁公狄兄弟，其人之死者且五十余人矣！予既无以葬亲，

① 《扬州画舫录》第156页，北京：中华书局，1960。

② 《皖志列传稿》本传。

且又重负予亡友之意，予所以日夜思归，如负心疾者也。’予闻其言，执其手泣曰：‘先生今日之言，与仆癸卯（1663）十月以前无异。予先祖父两世亦殁，十七年而不能葬，致我长子准抱恨痛哭于垂绝之时。予自是日夜泣祷于天，祈得善地鸠赀成礼，以葬我祖父。后果旬日之内，若天牖其衷，集多金以毕大事，皆同学与及门之贫士及好义而未尝读书者，勉力相缓急也。彼富人者，予不忍使之望见予而可使之有疑于予乎？且恐富人自负其才，亦如贫士出一诗以相赠，仆益不堪，仆愿先生且归矣，积赠诗且得数千轴无庸也。’”[①] 这段世态炎凉的对话洞彻了当时世人心态，也是孙氏一生贫困生活的真实写照。类似赠送他归里的诗文比比皆是。如清江西宁都人魏禧也在《送孙无言归黄山叙》中说：“休宁孙无言将自广陵归隐乎黄山，十年而未行。四方之士各为文以送之，诗歌之属凡千，文若叙凡百数十。壬寅（1662）予客广陵，吾乡涂子山数为余言其人，余因得交之。癸卯（1663）再来广陵，则无言已新易居，其言归黄山如旧，时作诗文送者日益多。子山曰：‘无言悦子文，子盍为文以趣其归？’予谓子山曰：‘广陵为南北大都会，四方商贾辐辏，仕宦游侠买田宅、长子孙者十余万家，舟车过其地，餓廛而食者先后踵相接不绝。广陵故利薮，豪俊非常之人，失志无聊，恒就利以自养，而天下之欲因是以愿见其人者，又往往寄迹于此。故广陵非独商贾仕宦之都会，亦天下豪俊非常之人之都会也。无言居广陵，以能诗闻。布衣之士有工一诗，擅一技者，无言莫不折节下之。其少旧通籍，自方伯郡守以下或招之，亦不往。吾乡王于一，客死武林，无言为之奔告故人，经营其丧，纪其妻子而归葬于南昌。然则无言之居广陵与归黄山，其轻重盖可知。’”[②] 真是先人还不厚己，是古代文人的楷模。

康熙二年（1663）除夕前，为将王士祯、邹祇谟、彭孙遹所作词合

---

① 转引自《续修四库全书》第 1408 册第 156 页之清计东撰《改亭诗文集 · 文集》卷六。

② 转引自《四库禁毁书丛刊 · 集部 ·〈宁都三魏全集〉》第 4 册第 631 页中清魏禧撰《魏叔子文集 · 外篇〈送孙无言归黄山叙〉》卷十。

刻，急忙赶往海盐。友人中南昌诗人王于一死于浙中，为之奔告故人，经营丧事，安顿妻儿，归葬原籍。而他“不善生产，终其生于交游、文字中，未尝涉毫发私。妻死，三十年不娶，遗两子，亦不强教诲，使从江淮估人博升斗糊口。晚年思归隐黄山，四方之士，各为文送之，诗歌之属凡千，文若序凡百数十，十年而未行，卒以穷老死扬州，年六十有六，康熙十七年五月也”。①

他创留松阁书坊，曾拟集孙姓以诗名者为一家言刻梓行世；又曾设想将所收集的各名家词，准备每凑足百人为一辑予以刻行于世，都因刻资无着而未果。晚年在扬州筑“茧室”以处，但却拼命为梓行朋友赠送的当代诗词而拼搏。如《［道光］徽州府志·人物志·风雅》卷十二之六第三十七页载“默不多作诗词而好友朋之作。尝刻诸家词，独彭孙遹《延露词》，未得。一日，将附估船往海盐，王士正问之，默曰：‘将访彭君耳。’然舟楫虽具，实无隔宿之舂，渡江径去不顾。陈维崧赠以诗，所谓：‘秦七黄九自佳耳，此事何与卿饥寒。’盖其好事又如此”。从康熙三年以留松阁为号刻行《三家词存》二种四卷附二种四卷开始，每年都增刻印行若干种若干卷，至康熙七年已达 19 家 47 卷。加上 5 年内重复出版印行，总品种从三家、四家、六家、十家至十七家（连附已有 19 家），含重复印行几达 40 种子书，100 余卷。康熙十七年五月，他穷死在扬州，在断气的当天还打开敝笥，理四方朋友书札，一一交待他的儿子自省、自益。死后归葬休宁县白岳（齐云山）。友人汪懋麟撰《孙处士墓志铭》，为其一生作了盖棺定论。

他是至死仍在关心出版当代人诗词的开出版昭代诗词之风的出版家。他留下的遗作不多，但清新淡雅，功底深厚。他的主要创作活动今查有关资料，有顺治十三年（1656），孙默欲归故里，友人孙枝蔚、吴嘉纪等纷纷赠诗送别：“四方之士各为文以送之，诗歌属凡千，文若序

① 《皖志列传稿》本传。

凡百数十”，王士祯也情不自禁地赞叹说“一穷老布衣，而名闻天下”，可见他的影响之大。康熙三年（1664）清明，红桥修禊，孙默与王士祯、程邃、许承宣等与会，留下《冶春诗》。五年（1666）九月，应歙人吴延九之邀，与程邃、王士禄等同饮吴家。九年（1670），应汪楫之邀，与施闰章、刘体仁等泛舟红桥，赋诗2首以纪其事。十三年（1674），朱彝尊来扬州与孙默等泛舟红桥。卓尔堪《明遗民诗》收其4首，席居中《昭代词存》收其《寄程穆倩》诗，全文为：“江城兵火后，愁思席门人。水涨孤村失，秋凉数卷亲。野航娱稚子，短褐卧遗民。满眼多群盗，归来整日贫。”诗文结集有《留松阁集》《桴庵集》。还有评《梅里词》三卷等。

他刻行昭代诗词历年品种、卷数都大相径庭，诸家著录也区别很大。如南京大学图书馆历史系资料室重编印《中国丛书目录及子目索引汇编》266页就著录清康熙丁未（六年，1667）休宁孙氏留松阁刊清孙默辑《六家诗余》，戊申（七年，1668）《四家诗余》《十家词》等。《中国古籍善本书目》著录也各异，今特举以下几例。

康熙三年（1664）天都孙氏留松阁刊孙默自辑《三家词》3种七卷。《中国丛书综录续编·类编·集类·词类》第347页、《安徽省馆藏皖人书目》第280页、《安徽文献书目》第230页著录，安徽省图书馆藏《三家词》2种4卷附2种4卷计4种8卷4册。王士祯在《居易录》中说：“新安孙布衣默，居广陵，贫而好客。四方名士至者，必徒步访之。尝告予欲渡江往海盐。询以有底急。则云欲访彭十羡门，索其新词，与子及邹程村作合刻为三家耳。”即指此书。

康熙六年（1667）休宁孙氏留松阁刻清孙默自辑《六家诗余》6种十三卷。《中国古籍善本书目·集部·词类》第1955页、《中国古籍总目·集部·词类·丛编之属》第3250页、《中国古籍善本总目·集部·词类·丛编》第一八四七、《中国丛书综录续编·类编·集类·词集》第347—348页著录，北京大学图书馆、清华大学图书馆、上海图书馆、中国社会科学院文学研究所图书馆藏，中国国家图书馆藏不全。该刊本半页 9 行，行 21 字，白口，左右双边，版心下镌“留松阁”3 字。

康熙七年(1668)孙氏留松阁刻清孙默编《四家诗余》4 种十一卷。《北京图书馆古籍善本书目·集部·词类》第二九五二页、《中国古籍总目·集部·词类·丛编之属》第 3250 页、《中国古籍善本总目·集部·词类·丛编》第一八四七页、《中国古籍善本书目·集部·词类》第 1955 页著录，中国国家图书馆（4 册本）、南京图书馆藏。该刊本半页 9 行，行 21 字，小字双行同，白口，左右双边，版心下镌“留松阁”3 字。

康熙（1662—1722）间留松阁刻清孙默辑《国朝名家诗余八种》十九卷。《中国书店三十年所收善本书目·集部·诗余类》第二三一页著录，中国书店收购竹纸 8 册本。

康熙七年（1668）休宁孙氏留松阁刊孙默自辑《十家词》二十四卷。《中国古籍善本书目·集部·词类》第 348 页著录，系将康熙六年所刻 6 种及本年 4 种合订为 10 种，并非新刻。

康熙十六年（1677）孙氏留松阁刻清孙默辑《十五家词》三十七卷。《四库全书总目·集部·词曲类二》卷一九九第一八二五页著录。此书除收入《四库全书》外，还收入《四库备要》等丛书中。原刊本载其原集序于前，并录时人评语，但收入《四库全书》时被删削。原刊本藏家待考。

康熙（1662—1722）间孙氏留松阁刻清孙默自辑《国朝名家诗余》19 种四十二卷又作《国朝名家诗余》四十卷、《附》二卷。《丛书书目汇编》第三册第三五八页、《北京图书馆古籍善本书目·集部·词类》第二九三二页、《中国古籍善本书目·集部·词类》第 1955—1956 页著录，中国国家图书馆（不全缺后附 2 种 2 卷计 40 卷 24 册）、北京大学图书馆、上海图书馆、中国社会科学院文学研究所图书馆藏。有邓之诚跋的藏中国科学院图书馆仅四十卷。《北京大学图书馆藏古籍善本书目·集部·词类》第 509 页著录馆藏 10 册本康熙间留松阁刻清王士祯、陈维崧辑《国朝名家诗余十八种》四十一卷。该刊本半页9行，行21字，白口，左右双边。

康熙初（主要三至七年）休宁孙默留松阁在扬州刊自辑《国朝名家集》又名《留松阁词集》19种四十三卷。南京大学编印《中国丛书目录及子目索引汇编》第269页（原江苏省立国学图书馆藏抄本为19种四十七卷中《广陵倡和词》七卷）、《中国丛书综录·类编·集类·词类》第一册第917—918页、《中国丛书综录补正》第271页、《汇刻书目》第2函第17集第四十八页著录，上海图书馆藏，重庆市图书馆藏不全。此外，《棠村词》著录为二卷。《江西历代刻书·清代·私刻》第220—221页著录为清水县孙默，大误。

孙氏刊本初为三家，初刊于康熙三年(1664)；六年又增三家；七年又增四家；十六年增至十五家，后止于十六家。所以，各家书目分别有《六家诗集》《四家诗余》《十家词》等目。刊本最多至十七家。现全国各地图书馆不仅收藏卷数差别很大，而且单本零种收藏得更多。如重庆市图书馆收藏不全，安徽大学图书馆有多种零本，北京师范大学抄本为16种，中国书店收购过8种，《书目答问补正·集部》也是16种，《四库全书总目·集部·词曲类二》卷一九九第一八二五页题名为《十五家词》三十七卷。南京大学图书馆丛书目录有《六家诗余》《四家诗余》《十家词》等目。《安徽文献书目》著录康熙三年(1664)留松阁刊《三家词存》二种四卷附二种四卷。最多的要数原江苏省立国学图书馆藏抄本为《十六家词》19种四十七卷。总之，出版时间不同，子目相差很大。此套丛书据《中国丛书综录续编·类编·集类·词集》第351页、南京大学《中国丛书目录及子目索引汇编》269页载原江苏省立国学图书馆藏清孙默辑抄本《十六家词》19种四十六卷。而《中国古籍善本总目·集部·词类·丛编》第一八四七页、《汇刻书目》第十七册第四十八页著录康熙（1662—1722）孙氏留松阁刻清孙默编《国朝名家诗余》为19种四十二卷即《国朝名家诗余》四十卷附二卷。该刊本半页9行，行21字，白口，左右双边，版心下镌“留松阁”3字。经考，北京大学图书馆、中国科学院图书馆（邓之诚跋）、中国社会科学院文学研究所图书馆、上海图书馆藏，中国国家图书馆藏本不全。不少子目卷数较少，应为先印本。

康熙十六年（1677）留松阁刻清孙默辑校《十六家词》16种三十八卷。《中国丛书广录·类编丛书·集类·词集类》第854页著录，施廷镛收录书目以原江苏省立国学图书馆今南京图书馆抄本为丛书子目，比此目与《中国丛书综录》多《红桥唱和集》一卷、《广陵倡和词》七卷、《衍愚词》一卷3种。北京师范大学图书馆藏另一抄本多出后二种。子目与《中国丛书综录》所收也稍有出入，姑存备考。该刊本半页9行，行21字，白口，左右双边，版心下镌“留松阁”3字，有圈点。

康熙十六年（1677）留松阁刻清孙默辑《国朝名家诗余》17种四十卷。《中国古籍总目·集部·词类·丛编之属》第3250—3251页、《西谛书目·集部下·诗余类》卷五第五页著录，中国国家图书馆（西谛藏24册本）、北京大学图书馆、上海图书馆、南京图书馆、中国科学院图书馆藏。按，与《中国丛书广录》所收比较，多出《衍愚词》1种，但丛书名与子目有些区别，姑录备考。

康熙（1662—1722）间孙氏留松阁刻清越闿撰《春芜词》二卷。《中国古籍善本总目·集部·词类·词别集类》第一八五七页著录，中国科学院图书馆、天津图书馆藏。该刊本半页9行，行21字，白口，左右双边，版心下镌“留松阁”3字。

孙氏自康熙三年起就开始有计划地刻清人诗词集，虽陆续出版，但均统一版式，如半页均9行，行21字，白口，左右双边，在版心下刻“留松阁”3字，并有圈点批评，这比一般坊刻要精慎得多。

以著述刻书为务的汪士汉

汪士汉，字暗然，有居仁堂、集古山房，婺源县城西（今紫阳镇）人，寓居金陵（今南京市）。岁贡生。《［道光］徽州府志·人物志·儒林》卷十一之三说他："幼英敏能文，弱冠入庠序。亲丧，哀毁骨立，事继母尽孝。学使者旌焉，贡入成均，考授州司马，以继母老告归。"为明末岁贡生，家有居仁堂、集古山房等堂号。"晚侨寓秣陵，日以著述为务，有《四书传旨》（四卷）、《易经集解》（一卷）、《廿一种秘书》（21种105卷）[①]、《古今记林》（二十九卷）、《祖书存余（集）》、《集古山房文集》（六卷）行世。"《［光绪］婺源县志·人物志六·学林》卷二十四进一步说"资英敏，幼即能文。潘公之祥从乡塾中见而奇之……为文博洽淹贯，根极性命之旨，而出以条达，文坛推为领袖。尤负至性，居亲丧，哀毁骨立，事继母备极孝养，抚育诸幼弟不遗余力。以内行醇笃举于有司，学使者旌焉。旋贡入成均，司成王李赏其文，考授州司马。谏垣汪公蝶庵谓：汉长材，不宜短驭。欲请于当事为改选。汉念继母春秋高，不欲忘亲干进，力陈谢归。晚侨寓秣陵，日以著述为务，尝坐藜影阁讲《易》，瞑目指画神与道契，听者无不欣然有得。所著有《四书传旨》、《易经集解》、《廿一种秘书》、《古今记林》二十九卷、《祖书存余》、《集古山房文集》（六卷）诸书，皆锓板行世。"士汉所著分别列入《四库全书总目·子部·类书类存目三》卷一三九第一一八一页、《四库全书总目·子部·杂家类存目一一》卷一三四第一一四〇页著录《古事记（纪）林》又题《古今纪林》二十九卷[②]，整理、抽印的《秘书二十一种》一百〇五卷。但四库馆臣说《秘书廿一种》为其所编，不准确，应为从吴琯《古今逸史》中抽印。还有的书说为汪士汉著，更误。

士汉岁贡生出身，因不愿入仕，自明末就将精力放在整理旧籍，着

① 此套丛书系抽印，通其量也只能说是抽刻，更不能说为著。

② 此书非完书，仅安徽省图书馆藏不全本就达37卷。

意著述和刊刻图书上。早在明末就刊刻过《风俗通义》十卷附《卢氏拾补》一卷、《白虎通》二卷等书。入清后更以著述刻书为务，使他成为清初的大学者、刻书家。

主要刻书有：

康熙七年(1668)汪士汉居仁堂刻先祖宋汪藻撰《浮溪遗集》十五卷、《附录》一卷计16卷。《中国古籍善本书目·集部·宋别集类》第296页、《中国古籍善本总目·集部·宋别集类》第一二七〇页、《中国古籍总目·集部·别集类·宋代之属》第280页、《中国人民大学图书馆古籍善本书目·集部·别集类》第200页、《北京图书馆古籍善本书目·集部·宋别集类》第二一六五页、《藏园群书经眼录·集部三·南宋别集类》卷十四第一二〇九页著录，中国国家图书馆（存3部中1部为清吴氏绣谷亭抄本有傅增湘跋，2部汪士汉刻本中1部有傅增湘校并跋）、中国人民大学图书馆（1函4册本）、南京图书馆藏。该刊本半页10行，行22字，白口，单鱼尾、四周双边。《四库全书总目·集部·别集类九》卷一五六第一三四七页著录为《浮溪文粹》十五卷。中国人民大学图书馆还藏1函8册本明刻本，刊本为半页9行，行19字，白口，单鱼尾、四周单边，为明中期楷体刻本，是稀见本。

康熙七年（1668）新安汪氏刻汪士汉辑《名贤杂著十三种》□□卷。《北京大学图书馆藏古籍善本书目·丛书部·杂丛类》第530页著录，北京大学图书馆藏12册本。

康熙七年(1668)新安汪士汉据《古今逸史》刊版重编校刊《秘书廿一种》九十四卷（又有一百〇五卷）。《中国古籍善本书目·丛部·汇编丛书（三）》第369—370页、《中国古籍善本总目·丛部·汇编丛书》第一九六九页、《中国古籍总目·丛书部·杂编类·明代》第172页、《中国丛书综录·汇编·杂纂类（清代前期）》第67—68页、《中国丛书综录补正·汇编·杂纂类（清代前期）》第24页、《北京大学图书馆藏古籍善本书目·丛书部·杂丛类》第530页、《安徽大学图书馆重编古籍善本书目·丛书》卷五第175页、《香港所藏古籍书目·丛部·汇编类》第529—530页、《北京师范大学图书馆古籍善本书目·丛书部·汇编类》第315页、《增订四库简明目录标注·子部十·杂家类·杂编之属》卷十三第550页、《西谛书目·子部·丛书类》卷二第七五页（10册本）、《丛书书目汇编》第三册第三三二页、《安徽省馆藏皖人书目》第153页、《山西省图书馆普通线装书目录·总记门·丛书类》第992页、《安徽省古籍善本书目·丛书·汇编》卷五第七页、《青海省古籍善本书目·丛书·汇编类》第二〇二至二〇三页、顾修《汇刻书目》第一函第三册第五十一页著录，中国国家图书馆（清翁同龢批）、中国科学院图书馆、北京大学图书馆（16册本，另藏仅5种1册本零种）、北京师范大学图书馆（12册本）、复旦大学图书馆、华东师范大学图书馆、上海辞书出版社图书馆、天津图书馆、南京图书馆（由清翁同龢批）、南京大学图书馆、苏州市图书馆、安徽省图书馆（7册、9册本各1部，其中9册本为重编刊本）、安徽大学图书馆（10册本）、浙江图书馆、湖北省图书馆、甘肃省图书馆、河南省图书馆、青海民族大学图书馆（16册本）、四川省图书馆、四川大学图书馆、香港大学图书馆（94卷12册本）、香港中央图书馆（12册本）藏。此刊本为汪士汉在收购明吴琯《古今逸史》旧版片时对完好者进行重编印行，实是吴刻部分重印本，并对丛书进行易名。该刊本半页10行，行20字，左右双边，白口。因是重编本，各家著录各异。如乾隆七年（1742）刊本为91卷，北京大学图书馆、北京师范大学图书馆、辽宁省图书馆藏文盛堂印本。嘉庆五年（1800）玉轴楼刊本，中央民族大学图书馆藏。《中国国家博物馆藏普通古籍目录·丛书部·杂丛类》第358页著录馆藏嘉庆六年（1801）刻16册本。嘉庆九年（1804）新安汪氏鸣凤楼再刊本则为28种106卷，此版本今藏中国国家图书馆、上海图书馆、复旦大学图书馆、上海师范大学图书馆、天津图书馆、辽宁省图书馆、吉林市图书馆、山东省图书馆、山东大学图书馆、南京大学图书馆、安徽省图书馆、浙江图书馆、福建师范大学图书馆、四川省图书馆、重庆市图书馆、云南省图书馆、桂林市图书馆、宁夏图书馆、中央民族大学图书馆、香港中央图书馆（16 册本）。安徽省图书馆还藏康熙七年（1668）刻《秘书十种》4 册本及康熙（1662—1722）间刻《秘书》2 册本，均为初刻、先刻或不全本。山西省图书馆藏嘉庆九年（1804）新安汪氏刻 11 册本；又藏嘉庆九年姑苏聚文堂刻 20 册本，中国国家图书馆、北京大学图书馆、上海图书馆、复旦大学图书馆、天津图书馆、辽宁省图书馆、山东省图书馆、南京大学图书馆、浙江图书馆、四川省图书馆、桂林市图书馆藏，应为同一版本 2 印。此书《四库全书总目》存目编入子部杂家类。经考学术界有种意见，称《三坟》为宋伪书，楚史《梼杌》、《晋史乘》为元伪书，《剑侠传》《竹书纪年》为明伪书。

嘉庆十至十三年（1805—1808）汪氏鸣凤楼补刊本则易为《秘书二十八种》一百三十三卷。《中国丛书广录·汇编丛书·杂纂类》第169—170 页（作嘉庆间刻）、《中国古籍总目·丛书部·杂纂类·明代》第 172—173 页、《中国丛书综录补正·汇编·杂纂类（清代前期）》第 24 页、《中国丛书综录续编·汇编·杂纂类（清代）》第 38—29 页（28种 123 卷）著录，浙江图书馆藏，而《香港所藏古籍书目·丛部·汇编类》第 529—530 页著录两种：一种是康熙八年（1669）新安汪士汉重编明《古今逸史》本为香港大学图书馆藏本《秘书廿一种》，线装 12 册；另一部为清嘉庆九年（1804）重刻本，藏香港中央图书馆线装 16 册。28 种本比 21 种本少宋范成大撰《桂海虞衡志》一卷，多下列 8 种 30 卷：梁吴均撰《续齐谐记》一卷，□任兆麟注《夏小正》四卷，晋郭璞注《穆天子传》六卷，汉鲁申培撰《古鲁诗》一卷，卫端木赐撰《子贡诗传》一卷，汉戴德撰《大戴礼记》十三卷，汉孔鲋撰《小尔雅》一卷，梁锺嵘撰《诗品》三卷。此书已不是士汉印，而是其后人了。

道光二十六年（1846）以巾箱本刊行的《秘书》28 种一百二十三卷。《中国丛书广录·汇编丛书·杂纂类》第 169—170 页（作重刻本）、《中国古籍总目·丛书部·杂纂类·明代》第 172 页、《安徽省馆藏皖人书目》第153页、《安徽文献书目》第127页著录，安徽省（22册本）、安庆市、湖北省等图书馆藏。此书更是其后人重印本。此书还有同治四年（1865）紫文阁刻本。

康熙三十七年(1698)新安汪氏居仁堂家刻明汪应蛟辑《古今彝语》十六卷。北京师范大学图书馆藏。

乾隆四年(1739)汪士汉后人仍延居仁堂号刊汪士汉辑《古今记林》二十六卷。《四库全书总目·子部·类书类存目三》卷三一九第一一八一页著录为二十九卷。此书为汪士汉从正史及百家随笔中所记淑慝以示劝诫、搜奇揽胜以资见闻类资料按类分编的类书。

乾隆四年(1739)刻清婺源汪士汉撰《古今纪林》□□□卷。《安徽省馆藏皖人书目》第153页著录，安徽省图书馆存37卷7册本。

乾隆（1736—1795）间居仁堂刻清汪士汉辑、清汪时珂重订《古今记林》二十九卷。《中国古籍总目·子部·类书类·类编之属·通编》第2034页著录，中国国家图书馆、华南师范大学图书馆藏。

据府、县志载，汪士汉所有著述均有家刻本行世。综合上述，汪士汉及其后人家刻图书最起码逾160余种，已载印制卷帙超过600卷。其后人中曾孙汪勋最值得介绍。

汪勋字雨苍，号椒园，士汉曾孙。自幼聪颖，嗜学工书，后补府学生。他网罗群籍，延请同邑宿耆江永在家教子，并与之切磋考订。年70岁时才出任清河训导。但他督课有方，使当地文风日盛，告归后仍以书史为娱。辑《先儒格言》《周礼精要》等书。《［道光］徽州府志·人物志·文苑》说他尝开雕先世遗书数十种及塾师江永所撰《四书典林》。上述所版士汉后人刻书中为他所为居多。

开时代风气的编辑出版家张潮

明清时期群星闪烁的徽派文化孕育出一批杰出的社会精英，而徽派出版业又是徽州府百花园里最艳丽夺目的一枝奇葩。清初歙县籍学者、文学家张潮就是一位开创时代新风气的集藏书、刻书、著书于一身的大编辑出版家。

张潮（1650.7.11—1707），字山来，号心斋，别号香雪、焦山，自号心斋居士、三在道人，有鹿葱花馆、诒清堂、霞举堂等号，歙县绍村（柔岭下）人。康熙（1662—1722）间岁贡生。

张潮出身于书香世家。祖籍婺源县甲道，第19世张百八在南宋时迁至歙县柔岭下柔川，形成柔川张氏分支。曾祖张顺卒于万历三十五年（1607），享年80余，原先是个家徒四壁的穷人，后经商致富，好义举，成为名重乡里的富人。他的两个儿子中长子即张习孔父张正茂（？—1615），自幼喜习诗文，经商失败后再次复走科举路，考中秀才，喜收藏古籍习文，并辑刻自著《元晨山人集》。他十分重视对子孙的教育，希望他们广大儒学，故将二子取名“习孔”“法孔”，两个侄子为“师孔”“尊孔”，并在世给3个孙子以“士”字起首，冀他们仕途顺利。他自己也通过自身努力，官至中书舍人，惜壮志未酬身先死，但以他道德文章入祀乡贤祠。

张潮父张习孔（1607—1684），字念难，号黄岳，又号云谷，自号黄岳道人，世称张山南先生，歙县绍村（今柔岭下）人，晚年随次子张潮侨居江都。“甫弱冠，通达强立屹然，以绍明绝绪、摧陷淫诐为己任，于书无所不窥，于词章无所不能。”他“生于紫阳桑梓之邦，一言一行以紫阳为家法”。①他在自撰《家训》序言中讲到习孔青少年时家境贫寒，“幸列黉序，始奉老母，携家属，复归祖居，栖败屋半间，此外无寸土片瓦，一碗一箸，恃舌耕为养”。他通过自己的努力，致他在不惑之年的顺治六年（1649）中己丑科进士，官至刑部郎中。顺治九年（1652），外放任山东提学佥事。第二年春，这个以奉母孝友弟闻之人将年逾80

① 《星源甲道张氏宗谱·黄岳先生传》卷六十。

高龄的老母接到济南。不久，老母病逝，他回到老家柔川守制 3 年。十三年（1656）回京。从此，再未任命，只好再回老家歙县读书、著述，也常去紫阳书院讲学，关心乡邦文化事业、宗族事务，修宗祠、置义田，与长子张士麟同修宗谱。康熙十四年（1675）习孔妻徐氏病故。自康熙十年（1671）从柔川走出去的次子张潮已在扬州落下脚，并将孤老的张习孔接到扬州，直至康熙二十三年（1684）孟春病逝于扬州。他与子张潮建诒清堂作为藏、校书和家刻堂号。张习孔是一位饱学的官僚，尤精经史。他的诗文与清代诗坛名将宣城施闰章属同一流派，四库馆臣称“直抒胸臆，无明末钩棘纤佻之习”。[①] 他热心公益事业，首捐在京寓牛穴胡同住宅为新安会馆，后并入嘉靖(1522—1566)间创立的北京歙县会馆。所著据《［民国］歙县志·艺文志·书目》卷十五第十、十一页著录有《清堂集》十六卷、《补遗》四卷，《云谷卧余》二十六卷、《续》八卷，《周易辨志》又名《大易辨志》二十四卷，《礼记檀弓问》四卷计 4 种 82 卷及短篇《七劝口号》一卷，《家训》一卷，《系辞字训》一卷，《使蜀纪事》一卷等。还与长子张士麟编纂了《新安张氏宗谱》三十卷，顺治十六年 (1659) 刊刻于诒清堂。他还在康熙戊午（1678）73 岁时厘正被鹭洲周公恕窜乱并冒叶氏名作《分类集解》的朱熹等撰《近思录》，辑《近思录传》十四卷。还留下《资治通鉴评释》《朱子大全集发明》《曾子固文集辨》等书稿。

张习孔不仅自己努力，更希望诸子光大书香门第。他在《家训》中特别强调读书：“书香一绝，则家声渐夷于卑贱，家声既卑，则出入渐鄙陋，则上无君子之交，下无治生之智。”

张习孔刻书不多，主要有：

他的诒清堂在顺治五年 (1648) 刊自撰《云谷卧余》二十卷、顺治十八年重印增《续》八卷计 2 种 28 卷。《北京图书馆古籍善本书目·子

---

① 《四库全书总目·集部·别集存目八》卷一八一第一六四三页《贻清堂集》十三卷、《补遗》四卷提要语，北京：中华书局，1965。

部·杂家类》第一四三〇页、《四库全书总目·子部·杂家类存目六》卷一二九第一一〇八页著录，中国国家图书馆藏6册、8册本各1部。该刊本半页8行，行19字，白口，四周单边。

顺治十八年（1661）自刻重印时又增刊《续》八卷计2种28卷。《中国古籍善本书目·子部·杂家类》第589页、《中国古籍善本总目·子部·杂家类·杂学杂说》第九八五页、《中国古籍总目·子部·杂家类·杂学杂说之属》第1723页、《北京大学图书馆藏古籍善本书目·子部·杂家类》第293页著录，中国国家图书馆、北京大学图书馆（8册本）、中国科学院图书馆、复旦大学图书馆、南京图书馆（仅藏《云谷卧余》二十卷，有丁立诚跋）、台湾省图书馆藏。中国国家图书馆还藏清抄本。

顺治（1644—1661）间还自刊《诒清堂文集》十二卷、《补遗》二卷计2种14卷，康熙（1662—1722）间增刻为十三卷、《补遗》四卷计2种17卷。《贩书偶记续编·附录·集部》第367页、《四库全书总目·集部·别集类存目八》卷一八一第一六四三至一六四四页、《安徽文献书目》第253页（径著录为清刊十七卷）著录，安徽省博物馆藏12册本，应即康熙间刻本。此书先后2印31卷。

康熙八年（1669）刻清张习孔撰《诒清堂集》十二卷、《补遗》四卷计2种16卷。《中国古籍善本总目·集部·清别集》第一五一八页、《中国古籍总目·集部·别集类·清代之属·清前期》第1085页著录，中国国家图书馆及安徽省博物馆藏。该刊本半页8行，行19字，白口，四周单边。

清刻清张习孔撰《使蜀纪事》一卷。《中国古籍善本总目·集部·清别集》第一五一八页、《中国古籍总目·集部·别集类·清代之属·清前期》第1085页著录，中国国家图书馆藏。该刊本半页8行，行18字，白口，四周单边。

诒清堂还有清刊清陶元淳撰《南崖集》四卷。《中国古籍善本总目·集部·清别集》第一五三四页著录，清华大学图书馆、中国科学院图书馆、华东师范大学图书馆、南开大学图书馆、吉林大学图书馆、常熟市图书馆（有清翁同龢、杨沂孙跋）藏。该刊本半页9行，行21字，白口，左右双边。

张潮从小就受到家庭文化的熏陶，好学善文。及长广泛交游，学识日博。康熙初补诸生[①]。15岁中秀才，19岁入国子监。大约在康熙七年（1668）游金陵，[②]十年（1671）归扬州新城东南角寓所。曾一度居住如皋，与冒襄为邻。在京师，因尚未办妥有关报考手续，使他失去参加康熙己酉科顺天府乡试。人的一生命运与机遇关系很大，得到机会和失去机会往往能决定一切。回到扬州的张潮实指望通过江南乡试来补救在京的缺憾，可又碰上了江南学政新定的南京乡试游戏规则。这个学政又别出心裁地规定，鉴于国子监诸生均已获得任职候补资格，一律不得参加康熙十一年（1672）南京乡试，彻底堵塞了张潮入仕之路。因其父只做了3年学官，家中经济困难，为了生计，张潮只得下海经商，重操祖业，经营盐业，在湖北、芜湖均设分号，使其渐脱困境。康熙二十七年（1688），武昌兵变，使他在湖北生意发生亏损，后又扭亏为盈，使他成为徽商中的中贾。有了钱，张潮就尽最大努力投入到文化事业和行善积德的功业上。后援例捐纳京官，以岁贡生授翰林院孔目[③]又称翰林院待诏。官位虽不显，仅为九品并未出仕的虚官。但为张潮广结学硕鸿博，搜奇揽胜，纵观当代簿籍，从事编刊图书和著述事业创造了条件。他的友朋遍及父、己、下3代。与其父辈中交挚的有纪映钟（1609—1681以后）、余本（1609—1685）、杜浚（1611—1687），属同辈有孙致弥（1642—1688后）、洪嘉植（1646—1697后）、孔尚任（1648—1718），属下辈有周稚廉（1660—1700）、张竹坡（1670—1698）、石庞（1670—1703后）等，尤以同乡为多。如方淇荩、江柱、汪士鋐、

① 清张潮：《聊复集·八股诗自序》说康熙四年（1665）补诸生。

② 清张潮辑《虞初新志·柳敬亭传》按语。

③ 《［民国］歙县志·人物志·文苑》卷七。

郑晋德、王棠、殷曙、洪嘉植、江之兰、吴雯炯、程京萼、闵麟嗣、程均等歙县老乡为多，及久居江都老乡为最。如居扬州徽州老乡闵麟嗣、程均（表亲）、汪楫、查士标、程邃、吴绮、许承宣、许承家等。还有寓金陵及江浙一带老乡及亲朋、寓居地故旧。这些庞大的友朋、老乡组成庞大的关系网为他编刊《昭代丛书》创造了有利的条件。清陈鼎在《心斋居士传》中说他："居士性沉静，寡嗜欲，不爱浓鲜轻肥，惟爱客，客常满座。淮南富商大贾惟尚奢华、骄纵自处，贤士大夫至，皆傲然拒不见。惟居士开门延客，四方士至者必留饮酒赋诗，经年累月无倦色，贫乏者多资之以往，或囊匮则宛转以济。盖居士未尝富有也，以好客，故竭蹶为之耳……著述等身，名走四海，虽黔、滇、粤、蜀僻处荒徼之地，皆知江南有心斋居士矣。"尤其是南下杭州，在康熙甲戌（三十三年，1694）初夏与王晫湖上相会，从此与仁和籍著名的藏书家、编辑家王晫互为师友，他们共同致力于编刊图书事业后，使张潮在出版事业上成就更显得突出。

王晫著作刊行大部与张潮有关。因此，王晫出版物也一并列此。

他自己也在《昭代丛书》自序中说："仆赋性迂拙，于世事一无所好，独异书秘籍，则不啻性命以之。"又在《檀几丛书》自序中说："天下非无书可读之为难，而聚书为难；非徒聚书之为难，而聚而传之之为难；聚之者所以供我之读，传之者所以供天下千万世人之读也。""夫至天下与千万世之人皆读之而乐，则著书者之心与聚书者之心，不咸大慰乎哉！""余之蓄此志也，盖已有年。"但天有不测风云，张潮的刻书业遭受清代文字狱影响甚巨，他本人也未免受牢狱之灾。康熙三十八年（1699）被诬下狱[1]，旋释。不料，四十四年（1705），他"复堕坑阱"，"几不免于中山狼中口"。四十五年（1706）六月初三，张潮夫人病逝；五天后，他的四弟也离开人间。冬天，他又遭"无妄之灾"，"书

① 《虞初新志·总跋》："予不幸，于己卯岁（三十八年，1699）误堕坑阱中，而肺附中山不以其困也而贯之，犹时时相嘬啮。"

室中为强暴女流所蹂躏，詈骂污秽不堪所闻”。康熙四十六年（1707）还自刻《奚囊寸锦》[①]，说明他还在世并刻了自著。在这种多重打击下，当年（1707），一代文学家、大出版家张潮含憾离开人世。

由于受文字狱影响及受牢狱之灾重创，其家道衰落，尤其是入狱后，生活更趋贫困，我们可读《昭代丛书·乙集凡例》：“仆赋性迂拙，不谙经营。自去岁孟夏以来，生计萧条益甚。此集之成，盖已拮据万状矣。”“何妨略偿工价，每书百叶实银五分。”如不是贫困和受文字狱影响，按照他原定的出版计划，他在刻书业中的成就会更大。

张潮接管诒清堂后，一变家刻为坊刻，以编刊书籍和著述为主业。在杭州以王晫霞举堂为编校图籍基地后，索性以霞举堂为号编刊书籍，所以藏书家著录张潮版本常录新安诒清堂、新安张氏霞举堂号，张潮成为清前期徽州府籍最大的坊刻家之一。张潮身后，其子孙在乾隆（1736—1795）间及以后仍以诒清堂为号，继续从事编刊出版业，因此，绵延百余年的诒清堂为徽州府籍张氏著名的刻坊。

张潮是一位多产作家。著有《联庄》、《联骚》各一卷、《饮中八仙令》、《幽梦影》、《贫卦》、《书本草》、《酒律》、《花鸟春秋》一卷、《补花底拾遗》、《七疗初集》、《玩月约》等小品各1卷，均收入他与王晫编刊的《檀几丛书》中，还有《鹿葱花馆诗钞》一卷、《咏物诗》一卷、《聊复集》一卷、《焦山古鼎考》一卷[②]、《奚囊寸锦》三卷、《心斋杂俎》四卷、《心斋诗钞》四卷、《心斋词》一卷、《心斋三种》（即《下酒物》、《酒律》［收入《檀几丛书》］、《唐诗酒底》各1卷）三卷、《友声集》一卷、《尺牍》、《友声后集》不分卷、《友声集咏物诗》、《新集》五卷、《四书会意解》六卷、《亦禅录》二卷以及《古文尤雅》、《笙诗补辞》、《南崖集》、《花影词》，辑录《增订改元考同》一卷、《曹陶谢三家诗集》八卷，辑清黄周星撰《非想非

---

① 《［民国］歙县志·人物志·文苑》卷七。

② 《四库全书总目·子部·谱录类存目》卷一一六第九九七页著录。

想非非想》不分卷等。他的《幽梦影》是一部在中国古典文学史上久享盛誉的散文集，《花影词》也盛行当时。尤其是他与王晫合作编刊的《檀几丛书》，与三弟张渐合作编辑的《昭代丛书》，以及自编的明末清初的短篇笔记文言小说集《虞初新志》等都是开创一代编辑出版新风气的名书名版。他所撰《幽梦影》是一部格言式杂感集，并附有百余位同时代的评点500余条，出版数种版本，在出版史上也是一种创新，并为我们提供了不少反映当代的资料。

《虞初新志》所收多明末清初人仿拟传奇故事的作品，有神仙、英杰、艺人、女流各种人物，也有对动物如义猴、孝犬的描写。其中，第十五卷中的潘介《中泠泉记》，第十九卷中南怀仁的《七奇图说》等少数篇章则为地理、景物记述。这部意在“表彰轶事，传布奇文”的短篇小说集每篇后均有作者评语，体现了张潮的编选思想。尤其是部分篇章反映的社会现实生活较为深刻，成为广受广大士民欢迎的文学作品，使本书一版再版，仿制作品不断，成为中国小说史上的一块丰碑。

众所周知，“虞初”是汉武帝时期的宫廷小说家，专以讲故事的形式敷说周朝史事。他就是张衡在《西京赋》上所说“小说九百，本自虞初”，《汉书·艺文志》所著录的《虞初周说》的作者，他创作故事多达943篇。所以，顾实在《汉书艺文志讲疏》中说：“本志篇帙，莫引为众。”可惜，这部中国古代小说史上的开山之作已佚1000多年。据清代嘉定研究《周书》学者朱右曾在《逸周书集训校释》卷十一中就校出《山海经》郭璞注十六引、《文选注》李善注十四引、《太平御览》三引33处所引《周书》又名《汲冢周书》、《逸周书》的引文实为《虞初周说》的逸文。虞初也以他在小说创作中的成就而被作为小说的代名词。

千余年后，在明正德（1506—1521）、嘉靖（1522—1566）间又有人辑录了一部自梁朝至唐朝的志怪小说和传奇文学集，命名《虞初志》八卷。明汤显祖评点，除卷一选录梁吴均《续齐谐记》17则外，大部分为唐人志怪小说和传奇名篇。计收《李娃传》《柳毅传》等31篇。

加上明汤显祖辑《续虞初志》四卷，明邓乔林辑《广虞初志》四卷，此类书明版较多。其中皖中名版有吴琯西爽堂刻本和黄正位尊生馆刊本。明代这种以老瓶装新酒的套用旧名的说集对《虞初周说》来说已是很大变革，张潮在这次变革的基础上选录以传记文学为主体的散文小说为辑录对象，开创了这类小说的新模式。

自张潮《虞初新志》后，仿张潮模式的这类短篇小说选集主要有清嘉庆（1796—1820）间郑醒愚（澍若）辑笔记小说的《虞初续志》十二卷，收蒲松龄、袁枚、李渔等名家88篇；同时期歙县黄承增辑刻《虞初广志》四十卷，所收为诸本中最广博的一种；近代有湖北罗田青垞山人编、其子王夔强缮录《虞初支志·甲编》四卷，其余各编因未刊行，不知具体篇什，据自序说编辑历时自光绪、宣统至民国初，“所得不下千篇”；民国间泾县胡怀琛（1886—1938）所编《虞初近志》十二卷及宁波姜泣群选编《重订虞初广志》十六卷等。

张潮的《虞初新志》风行于世后，人人争阅，版本连绵不断。据笔者统计，计有康熙二十二年（1683）刊本、三十九年（1700）自刊本、乾隆二十五年（1760）其后人在广陵诒清堂重印巾箱本、嘉庆八年（1803）寄鸥闲舫刊巾箱本、咸丰元年（1851）小嫏嬛山馆刊本、咸丰六年（1856）琅环山馆刊本、1922年文明书局石印本、民国间进步书局石印本、1926年上海梁溪图书馆铅印沈子英校点本、1931年扫叶山房石印本、1932年开明书店排印本、民国间上海商务印书馆铅印本、上海文瑞楼石印本、1935年上海大达图书供应社铅印本、1954年文学古籍刊行社铅印本及《清代笔记丛刊》本、《笔记小说大观》本、1987年上海书店《虞初志合集》本等。

张潮在刻书业中开刻最著名的为两部大丛书，尤其是他所辑《虞初新志》二十卷是部名著。

康熙三十四年（1695）至三十六年（1697）新安张氏霞举堂在钱塘刻清王晫、清张潮辑《檀几丛书》157种（其中57种无卷数，页按每种 1 卷计，共 158 卷）。《中国古籍总目·丛书部·杂纂类·清代前期》第 244—247 页（作康熙间王晫霞举堂刻，前一、二集按子书编卷，后分法也略异）、《香港所藏古籍书目·丛部·汇编类》第 538—540 页、《中国人民大学图书馆古籍善本书目·丛书部·汇编类》第 804—806 页、《北京大学图书馆藏古籍善本书目·丛书部·杂丛类》第 530 页、《安徽大学图书馆重编古籍善本书目·丛书》卷五第 175—176 页、《安徽省古籍善本书目·丛书·汇编》卷五第七页（作 157 种 103 卷）、《丛书书目汇编》第四册第五五八页至五五九页、《中国丛书综录·汇编·杂纂类（清代前期）》第一册第 68—69 页、《青海省古籍善本书目·丛书·汇编类》第二〇六至二一七页著录，中国国家图书馆、首都图书馆、中国科学院图书馆、北京师范大学图书馆、清华大学图书馆、中国人民大学图书馆（与《昭代丛书》合函均 4 函 28 册，清窦奉家墨笔评点）、上海图书馆、复旦大学图书馆、上海师范大学图书馆、上海辞书出版社图书馆、天津图书馆、内蒙古自治区图书馆、辽宁省图书馆、吉林市图书馆、吉林大学图书馆、哈尔滨市图书馆、陕西省图书馆、甘肃省图书馆、青海省图书馆（12 册、14 册本）、南京图书馆、南京大学图书馆、苏州市图书馆、安徽省图书馆、浙江图书馆、福建省图书馆、安徽大学图书馆（12 册本）、福建师范大学图书馆、湖北省图书馆、武汉图书馆、武汉大学图书馆、江西省图书馆、广东省图书馆（中山）、四川省图书馆、重庆市图书馆、四川大学图书馆、黑龙江省图书馆、桂林市图书馆、中央民族大学图书馆、香港大学图书馆（16 册本）、香港新亚研究所图书馆（16 册本）藏，山东省图书馆（仅存 53 种 53 卷 12 册不全本）、云南省图书馆、河南省图书馆、华东师范大学图书馆收藏不全。《中国国家博物馆藏普通古籍目录·丛书部·杂丛类》第 35 页著录馆藏乙集四十卷 20 册本，甲集五十卷 16 册本。该刊本半页 9 行，行 20 字（18×13.8），小字双行同，白口，四周单边，无鱼尾，各集版心下分别刻“霞举堂”“二集”“余集”等字样。《汇刻书目》第八册第十三至二十页著录书名与上有小异，为省篇幅，不另列目了。清苏州扫叶山房翻刻本湖北省图书馆藏，所载目与《中国古籍总目・丛书部》同。北京大学图书馆藏康熙（1662—1722）间钱塘王氏霞举堂刻清王晫、张潮同辑《檀几丛书・初集》50 种、《二集》50 种、《余集》47 种、《附正》10 种计 157 种 2 部，分别为 12 册、16 册本。《增订四库简明目录标注》第 550 页著录 158 种，因未列细目，不知多出哪 1 种子书。《西谛书目・子部・丛书类》卷二第七五页仅著录清康熙间霞举堂刊清王晫编《檀几丛书》一集 50 种中 1 种 附无卷数，仍有 50 卷，西谛（中国国家图书馆）藏 5 册本。

《檀几丛书》是一部开卷有益、随意性很大的专收清初诸家杂著中的小品或节载，特别是小品文学作品的大型丛书。尤其是丛书中保留了一批珍稀秘籍和难得一见的行世作品。如《韵史》《怪石赞》《端溪砚石考》《兽经》《江南鱼鲜品》《虎丘茶经注补》等。书名来历，据该书凡例称："古有七宝灵檀几，几上有文字，随意所及，文字辄现。今书中为经、为传、为史、为子集、为礼节大端、为家门训戒（诫）、为土物琐屑，种种毕具。有意披览，展卷即得，名曰'檀几'。"这是张潮在杭州与王晫共同编选的，多达 157 种，凡注卷数的达 100 余卷，共分 2 集，加上没有注卷数的小品文 57 种，辑为《余集》上 (30 种)、下 (17 种) 卷，《附政》(10 种)，如按每种 1 卷计，总卷数 158 卷。总之，都是短篇。今全国各大图书馆均藏有清康熙三十四年 (1695) 至三十六年 (1697) 歙县张潮霞举堂刊本。该丛书收录了编刊者张潮父子和王晫的大量小品文，也是研究他们的编辑思想和学术成就的有益资料。此套丛书没有再编下去，除经济原因外，还与当时人对它提出意见有关。今查《檀几丛书・二集王晫序》称："有见者曰：'何汝二人不惮烦也？前集所刻已极美善。日月未几，岂复更有美善者待君辈采录耶？'予曰：'天地之岁月无穷，文人之心思亦与之为无尽。文章经萧《选》以后而选事益繁，丛书自《汉魏》之外，其类每难指屈。吾虑嗣后采录有未尽者，尚将操铅椠以从，矧兹二集又多乎哉？’客曰：‘闻之著作有裨世道，虽拙可观；文章无补心术，虽工何用？二集所收，岂更有加于前集欤？’”经考，该书命名源自元人伊世珍《嫏嬛记》说古时候有一张檀木制的案几叫“七宝灵檀几”，“几上有文字，随意所及，文字辄现”而被张潮命名他所辑刊的丛书名。康熙三十四年（1695）初集小品50种问世不久，二集、余集就在筹划出版中，于三十六年刻竣。此书因系与王晫合作的丛书，改用霞举堂号，仅初集刻工费即花去60两纹银。该刊本刻写工整，版面宽松，刊刻甚精。

本丛书《四库全书总目·子部·杂家类存目一一》卷一三四第一一四〇页著录浙江藏书家吴玉墀家藏本为50种，是不全本。由于张潮提倡短文，又收录了一批关于才子佳人如张芳《黛史》、丁雄飞《小星谱》、程羽文《鸳鸯牒》中艳史情愁之类的文学作品，使四库馆臣大为不满。尤其是《鸳鸯牒》中序文引谭元春话：古来多少才子佳人被愚拗父母扳住，不能成对，赍情而死。乃悟文君奔相如是上上妙策。于是从良好的愿望出发，将王昭君配苏武，班昭配郑康成，王婉仪配文天祥，甄后配曹植，辽萧后配南唐后主李煜，汉班婕妤、晋左贵嫔配梁简文帝。诸如此类，表现了这些文学作品对吃人的封建伦理道德的抗争，对封建礼节的牺牲品给予极大的同情，触犯了封建纲常，使四库馆臣发出“其书可烧，奈何以秽简牍也”的叫嚣，使此书在清代没有再版。但从全国各大图书馆收藏普遍的情况看，清初的文字狱和多次禁书运动没有使这部著名的丛书受到多大的损失。

此丛书刊行后，清灵石何思钧将其中姚廷杰的《教孝编》、崔学古《幼训》、《少学》、陈芳生《训蒙条例》、张习孔《家训》、高拱京《高氏塾铎》刘德新《余庆堂十二戒》7种各1卷的家规、教规编选为《檀几丛书录要》，分别有道光八年（1828）新安程正桀刻本和光绪四年（1878）绵竹官廨刻本，为《檀几丛书》的余绪。

《昭代丛书》是张潮领衔主编的一套大型清人杂著丛书。昭代就是当代的意思，张潮新创刊刻昭代丛书的新风。从此，《昭代丛书》时有续编、改编。这套丛书张潮自编甲、乙集，与其弟张渐（字进也）合编丙集，每集50种，50卷，分别于康熙三十六年(1697)、三十九年(1700)、四十二年(1703)，以诒清堂号刊刻行世。《四库全书总目·子部·杂家类存目一一》卷一三四著录编修励守谦家藏本与此相合。

清康熙三十六年至三十九年(1697—1700)刻清张潮辑《昭代丛书》90种16册。以上子目《中国丛书综录·汇编·杂纂类（清代前期）》第69—71页（作康熙中）、《香港所藏古籍书目·丛部·汇编类》第530—531页著录，清华大学图书馆、复旦大学图书馆、天津图书馆、吉林大学图书馆、哈尔滨市图书馆、甘肃省图书馆、山东大学图书馆、浙江图书馆、福建省图书馆、湖北省图书馆、广东省图书馆、四川大学图书馆、黑龙江省图书馆、宁夏回族自治区图书馆、中央民族大学图书馆、香港中文大学图书馆（16册本）、香港中央图书馆（12册本）藏，中国国家图书馆、北京师范大学图书馆、内蒙古自治区图书馆、吉林市图书馆、南京图书馆、武汉市图书馆、云南省图书馆藏不全。《中国人民大学图书馆古籍善本书目·丛书部·汇编类》第803—806页仅著录中国人民大学图书馆藏《昭代丛书·甲集》50种五十卷、《乙集》40种四十卷（与本目子书稍异，为省篇幅不一一单列细目了）与《檀几丛书》50种50卷、《二集》50种50卷、《余集》二卷《附政》一卷合函4函28册，均有清窦奉家墨笔评点，不全本。《汇刻书目》第八册第二十一至二十五页著录甲乙两集目录与此也有异，这里不再列了。

此种著录中的甲集中的第二帙末一种为清石庞撰《悟语》一卷，但无清狄亿撰《畅春苑御试恭纪》一卷；第四帙无清毛先舒的《声韵丛说》一卷，而增清余怀撰《板桥杂记》一卷。乙集按“常”“富”“贵”“乐”“未”“央”分帙，子目与道光间世楷堂本同，但相比较，第一帙多出清顾彩撰《第十一段锦》一卷；第三帙多清释道忞撰《奏对机缘》一卷；第六帙多清俞长城撰《花甲数谱》一卷，清高兆撰《荔社纪事》一卷，清陈均撰《画眉笔谈》一卷，清陈鼎撰《蛇谱》一卷计 4 种 4 卷，累计乙集多出 6 种 6 卷。这肯定与前 90 种非出同一版本，应为两种以上版本，因收藏和配套不同，致子目相异，应每集都为 50 种 50 卷。香港所藏加上补佚基本上凑全，现将《综录》所收缺丙集补充如下。

清张潮与弟清张渐合辑丙集含“黄”“绢”“幼”“妇”“外”“孙”“齑”“臼”8 帙计 50 种 50 卷，但据道光十三年（1833）吴江沈氏世楷墨刊本补，仅有 45 种 45 卷。以上丙集 50 种 50 卷的道光本系世楷堂本中所补，是否与原刻本相同，及张氏原刻本藏处待考。但此丙集沈刻本与全书《中国丛书综录·汇编·杂纂类（清代前期）》第 72 页著录，沈刻本全藏中国国家图书馆、首都图书馆、中国科学院图书馆、北京大学图书馆、北京师范大学图书馆、上海图书馆、复旦大学图书馆、华东师范大学图书馆、上海师范大学图书馆、上海辞书出版社图书馆、天津图书馆、辽宁省图书馆、吉林大学图书馆、哈尔滨市图书馆、甘肃省图书馆、山东省图书馆、青岛市图书馆、南京图书馆、南京大学图书馆、苏州市图书馆、安徽省图书馆、浙江图书馆、浙江大学图书馆、福建省图书馆、福建师范大学图书馆、河南省图书馆、武汉图书馆、江西省图书馆、广东省图书馆、四川省图书馆、重庆市图书馆、四川大学图书馆、云南省图书馆、黑龙江省图书馆、桂林市图书馆、青海省图书馆、中央民族大学图书馆，内蒙古自治区图书馆、吉林市图书馆、武汉大学图书馆藏本不全。但据《中国丛书综录补正》第 24 页著录对沈刻本进行比较，第七帙多清张延世撰《广钱谱》一卷，清叶奕苞撰《醉乡约法》一卷，清黄百家撰《内家拳法》一卷，清吴陈炎撰《放生会约》一卷 4 种 4 卷；第八帙多清钱涛撰《百花弹词》一卷，清程石邻撰《鹌鹑谱》一卷 2 种 2 卷，计 6 种 6 卷。

还有 1 种由清张潮、清张渐辑丙集仍分“黄”“绢”“幼”“妇”“外”“孙”“齑”“臼”8 帙及《补》计 50 种 50 卷系按《香港所藏古籍书目·丛部·汇编类》第531页补入。《中国丛书综录·汇编·杂纂类（清代前期）》第一册第69—71页、《中国丛书综录补正·汇编·杂纂类（清代前期）》第24—25页、《香港所藏古籍书目·丛部·汇编类》第530—531页著录，甲乙集，清华大学图书馆、复旦大学图书馆、天津图书馆、吉林大学图书馆、哈尔滨市图书馆、甘肃省图书馆、山东大学图书馆、浙江图书馆、福建师范大学图书馆、湖北省图书馆、广东省图书馆（中山）、四川大学图书馆、黑龙江省图书馆、宁夏图书馆、中央民族大学图书馆藏全本，中国国家图书馆、北京师范大学图书馆、内蒙古自治区图书馆、吉林市图书馆、南京图书馆、武汉图书馆、云南省图书馆、香港大学图书馆、香港中央图书馆（12册本）藏本皆不全及安徽大学图书馆仅藏乙集40种40卷等细目比勘，张潮刊刻的3集146种146卷，与例言及《四库全书总目》著录不同，应为后印本。《增订四库简明目录标注》第550页也仅说百种且未列子目，是不全本。

康熙三十六年至四十二年（1697—1703）诒清堂家刻清歙县张潮编《昭代丛书》一百五十卷。其中，甲集分6帙计50种50卷，康熙三十六年（1697）刻；乙集分6帙计50种50卷，康熙三十九年（1700）刻；丙集分8帙计50种50卷。《中国古籍善本书目·丛部·汇编丛书（三）》第370—376页、《中国古籍善本总目·丛部·汇编丛书》第一九六九至一九七〇页、《中国古籍总目·丛书部·杂纂类·清代前期》第248—250页著录，上海图书馆全藏，北京大学图书馆、天津图书馆、天津师范大学图书馆、保定市图书馆、山西师范大学图书馆、山西忻州市图书馆、宁夏回族自治区、华南师范大学图书馆、四川省图书馆收藏均不全。该刊本半页9行，行20字，白口，四周单边。《安徽大学图书馆重编古籍善本书目·丛书》卷五第176页著录安徽大学图书馆仅藏康熙三十九年刻乙集40种40卷12册本为不全本。此丛书据《安徽地震史料辑注》第240页著录，安徽省博物馆藏民国间刊本。

《昭代丛书》最大的续补刊行本是由杨复吉续编完丁、戊、己、庚、辛5集；沈楙德又就原书删去60种小品，编为别集，补以他书以完10集之数，先后于道光十三年（1833）至道光二十九年（1849）将全编刊行的吴江沈氏世楷堂刻本。今据中国国家图书馆收藏看，这部续补本中最大的《昭代丛书》刻本共分10集501卷。经考证，沈氏刊本甲集只剩下张辑34种34卷，补上沈楙德补辑16种16卷，仍按礼、乐、射、御、书、数6种分类；乙集剩下44种44卷，加上沈辑6种6卷，按常、富、贵、乐、未、央6种分类；丙集保留张辑45种45卷，加上沈补辑5种5卷，按黄、绢、幼、妇、外、孙、齑、臼8帙分类；丁集由杨复吉新编37种37卷，沈补13种13卷；戊集由杨续编43种43卷，沈补7种7卷；已集为“广编”，杨辑48种48卷，沈补3种3卷；庚集为“埤编”，杨辑46种46卷，沈补4种4卷；辛集为“别编”，杨辑44种44卷，沈补6种6卷（以上8集401种刻于道光十三年）；壬集为“补编”，沈辑50种50卷；癸集为“萃编”，沈辑50种50卷（以上2集刊于道光二十四年）。道光二十九年（1849）又将所删张潮和杨复吉的选文60种60卷编为“别集”刊行，使总数达561种561卷。今中国科学院图书馆收藏有杨复吉续辑的《昭代丛书》稿本。杨氏稿本丁集为“新编”，50种50卷；戊集为“续编”，50种50卷；已集为“广编”，45种45卷；庚集为“埤编”，50种50卷；辛集为“别编”，50种50卷。杨氏辑本无完整的印本，因与张潮关系不大，故不列细目了。

道光十三年至二十九年（1833—1849）吴江沈氏世楷堂刻清张潮清张渐辑，清杨复吉、清沈楙德续辑《昭代丛书》560种144册五百六十卷。其中张潮原书为清张潮辑甲集分“礼”“乐”“射”“御”“书”“数”6帙34种34卷及补计50种50卷；清张潮辑乙集分“常”“富”“贵”“乐”“未”“央”6帙计44种44卷加上补计50种50卷；清张潮与弟清张渐合辑丙集分“黄”“绢”“幼”“妇”“外”“孙”“齑”“臼”8帙45种45卷加上补5种5卷计50种50卷。《中国古籍总目·丛书部·杂纂类·清代前期》第257—274页、《中国丛书综录·汇编·杂纂类（清代前期）》第一册第71—77页、《中国丛书综录补正·汇编·杂纂类（清代前期）》第25页（作道光间）、《汇刻书目》第八册第二十六至五十二页、《中国国家博物馆藏普通古籍目录·丛书部·杂丛类》第357页、《丛书书目汇编》第二册第二九七页至三〇二页、《香港所藏古籍书目·丛部·汇编类》第531—538页著录，中国国家图书馆、首都图书馆、中国科学院图书馆、北京大学图书馆、北京师范大学图书馆、上海图书馆、复旦大学图书馆、华东师范大学图书馆、上海师范大学图书馆、上海辞书出版社图书馆、天津图书馆、辽宁省图书馆、吉林大学图书馆、哈尔滨市图书馆、甘肃省图书馆、山东省图书馆、青岛市图书馆、南京图书馆、南京大学图书馆、苏州市图书馆、安徽省图书馆、浙江图书馆、浙江大学图书馆、福建省图书馆、福建师范大学图书馆、河南省图书馆、武汉市图书馆、江西省图书馆、广东省图书馆（中山）、四川省图书馆、重庆市图书馆、四川大学图书馆、云南省图书馆、黑龙江省图书馆、桂林市图书馆、青海省图书馆、中央民族大学图书馆均全本收藏，内蒙古自治区图书馆、吉林市图书馆、武汉大学图书馆收藏不全，香港大学图书馆（154册本）、香港中文大学图书馆（戊集43种、辛集44种、癸集50种、别集14种，共53册）、香港中央图书馆（144册本）、香港新亚研究所图书馆（560种144册本）藏，中国国家博物馆（240册本）藏。《中国古籍善本书目·丛部·汇编丛书（三）》第376—385页、《中国古籍善本总目·丛部·汇编丛书》第一九七〇至一九七一页著录，中国科学院图书馆还藏清杨复吉编《昭代丛书新编》50种五十卷、《续编》50种五十卷、《广编》45种四十五卷、《埤编》50种五十卷、《别编》50种五十卷计245种二百四十五卷稿本。该稿本半页9行，行20字，小字双行同，白口，四周单边。乾隆丙申（四十一年，1776）震泽杨复吉辑新、续、广、埤、别5编，道光癸巳（十三年，1833）吴江沈楙悳取杨本易为丁、戊、己、庚、辛5集合刻，甲辰（二十四年，1844）续辑壬、癸2集，共合10集，各为50卷，计500种，基本上仍按张潮所定体例。此套丛书当刻完第8集后，因嘉兴沈维铄侍郎建议删去60种，但所删60种仍作为附后，这就是吴江沈楙惪560种由来。为省篇幅，就不列细目了。《中国丛书综录补正》第25页著录南京图书馆藏清杨复吉辑稿本《新编》50种五十卷、《续编》50种五十卷、《广编》45种四十五卷、《埤编》50种五十卷、《别编》50种五十卷计245种二百四十五卷，与《中国古籍善本书目》重目，但提出藏南京图书馆一部稿本著录两处藏不可能，有一书肯定误。张潮与其弟张渐辑刻的《昭代丛书》因受清代文字狱及刻资等因素影响，没有按原先计划每年出50种，但杨氏继承张氏未竟事业，由沈氏在文网已收的道光中刊行，足见其书影响之大。

《昭代丛书》是一部内容广泛，旁及四部，尤以掌故琐记为重的大型清代人杂著选本。张潮刻书的目的是很明确的，他的弟弟张渐说："家兄《昭代丛书》之辑所由久矣。然而名公硕彦一言一字尽属珠玑，吉光片羽，皆成拱璧。其中多有古今经史之考订、方今制度之昭乘，岂得尽谓之识小乎？独是每种篇帙为数无多，不能独成一书，虽藏之名山，传之其人，然或杀青，有待副墨，无存几何，不朽蠹于残编敝簏之间也即是。故此，书不可以不辑，而辑之既久，则辑者固赖作者以传，作者亦赖辑者以行远，是辑者与作者交相需殷。"[①]张潮也说："穷愁著书乃其人一生精神学问所存，原欲流传于世，然未及梓行，势必终归淹没，故仆前后请选于友人，未刻钞本，尤所萦怀"。[②]可见，张潮辑刻当代图书意在保存文献资料。张潮所辑刻的前3集中的《宁古塔纪略》《旗军志》《异域志》等书都是难得的史料。整部大型小品丛书保存了清前期大批文献资料，在中国古代出版史上占有重要的地位。综观张潮的辑刻本和杨复吉的续本、道光中沈氏补辑刻本都遵循着张潮刻在《昭代丛书·甲集·选例》中所规定的选录原则。本丛书的选录原则是"务去陈

① 张渐：《昭代丛书·丙集序》。

② 张潮：《昭代丛书·丙集例言》。

言，专收小品。只以继松溪之胜举，原非续《文选》之鸿裁。为庄、为谑，自可同观，或劝或规，无容二视。”他针对清代著述繁荣的局面，指出“昭代右文新编日盛，计耳目所及，可入《丛书》者何啻数百种”，每集选数“只（能）以五十种为额”，因为“盖少则易于成书，且便于行世也”。原则说过了还广征昭代书目：“倘世有大力者，合海内之奇书都为一集，是则仆所引领而望者也。仆性耽幽寂，终岁杜门，足迹不逾里闬，缟纻罔及都邑。即生平素所仰慕以为泰山北斗者，概不敢妄通姓字，以故名山大业未能遍览。如王阮亭先生之《谈文》《谈献》《谈艺》《谈异》，王西樵先生之《朱鸟逸史》《闺阁语林》《群书头屑》《毛角阳秋》，蒋虎臣先生《蒋说》，毛大可先生之《说麻》，余怀广霞先生之《东山谈苑》《秋雪丛谈》《古今书字辨讹》，李映碧先生之《不知姓名录》，以至诸子虎男之《橘谱》，李子考叔之《续南华》，柴子虎臣之十九种，宏觉禅师之《奏对机缘》之类三十九种，或已经剞劂，或未授枣梨，寓目无由，徒深饥渴。倘有觅以见惠者，真不啻百朋之锡也。”[①]张潮初期计划这部出版工程是很浩大的。准备“天假我以年，俾得每年刻五十种行世，斯则仆之所矢愿也”。

今考证，张潮印本只有甲、乙、丙3集，生前没有完成宏愿。这部丛书断断续续，张氏版本本身也有改换。没有按预定出版计划刊行的原因，与康熙朝开始的文字狱及自己也受牢狱之灾有关，最直接原因是经济贫困，及与张氏出版宗旨有关系。张潮与弟张渐同力出版这套丛书正值康乾文字狱开始时期，出当代人的作品，难免会遇到麻烦。同时，因张氏出书并不像一般书商那样追求利润，经济不济也是这套丛书难以再续的另一个重要原因。他在《乙集凡例》中就明白无误地声明：“种种拙选，只为扬芳，匪图射利。自去岁孟夏以来，生计萧条益甚，此集之成，盖已拮据万状矣。”由于经济拮据，乙集《凡例》已更张前旨，改

---

① 《昭代丛书·甲集选例》。

称：“是集只从所见者稍为编次，并不敢征之四方。”就其内容看，《昭代丛书》甲集所选全是清初闲情小品。乙丙两集除闲情小品外，增加了阎若璩、吴陈琰、吴肃公、张愉曾、毛奇龄、万斯同等人的解经证史类著作。在编辑上，甲乙两集各子书前均有张潮作《小引》、书后附张潮作《跋语》，主要介绍作者简介及本书内容大要，丙集已无《小引》和《跋语》了。丙集出版已更显艰难，张潮在《昭代丛书·乙集凡例》中已指出：“嗣后或有投赠新编，窃恐向往有心，流通无力，徒滋颜甲而已。即此集之外存为《丙集》之用者，尚余多种未审，何岁始副予怀。姑即其名目，录之别楮以自策励云”，但“良朋枉顾，辄赠新编”。他还在《丙集例言》中说：“仆自己卯岁失足以来，生计萧然，日就困惫。《乙集》已自拮据，故不复作铅椠之想，缘舍弟木山力为怂恿拽辑，艺襄厥成，是以复有是设。自后诸知交或有大著见贻，姑什袭珍藏，以待机缘之至。”张渐也在《昭代丛书·丙集序》中说：“故《甲集》之后，遂不能不继之以乙矣。《乙集》出则又事多于前，文异于旧，天下之人之读之者安得不引领而望其更有以继此乎！”《丙集》刻行后，这项出版工程终于被迫戛然而止。在这套大型出版工程中张潮不仅开创了编刊当代人著作的风气，而且他的导读文字留下难得史料，也方便了读者。

但本书也存在一些缺点。主要是宥于篇幅限制，一些好文字不能入选，一些长文章进行了取舍，没有保留全文。这些，张潮在《丙集凡例》中已作了说明：“凡骚赋传铭之类，自难入选，然其中实有不能割爱者，不得不用裁剪之法。”但这绝不是四库馆臣所批评的那样是：“徐怀祖之《海赋》，去其赋而存其自注，改名《台湾随笔》；黄百家之《征南先生传》，芟其首尾，改名《内家拳法》，犹是明季书贾改头换面之积习。”[①] 张氏丛书还有另一个方面，版本变换是坊刻的本身特点。估计初版如《四库全书总目》存目所著甲乙丙 3 集 150 种 150 卷。至今各大

① 《四库全书总目·子部·杂家类存目一一》卷一三四第一一四〇页。

图书馆所存张潮版本已是再印本。其中，乙集现只存 40 种 40 卷，还有 10 种 10 卷现已无法考出原书原文。就是这种后印本，其分类装帙也有区别。据笔者所知，至少有两种：一是今各大图书馆所藏张潮辑刻版，甲集 50 种 50 卷，分礼、乐、射、御、书、数 6 帙，刻于康熙三十六年 (1697)；乙集分为山、水、鱼、花、酒、鸟 6 帙，40 种 40 卷；丙集 51 种 51 卷，分为黄、绢、幼、妇、外、孙、齑、臼 8 帙，刻于康熙四十二年 (1703)。另一种张潮版，甲、丙集基本相同，20 集为 50 种 50 卷，按常、富、贵、乐、未、央分帙序列，子目比道光间沈氏世楷堂本多 6 种 6 卷："常帙"多顾彩《第十一段锦》、"贵帙"多释道忞《奏对机缘》，"央帙"多俞长城《花甲数谱》、高兆《荔社纪事》、陈均《画眉笔谈》、陈鼎《蛇谱》各 1 卷。《北京大学图书馆藏古籍善本书目·丛书部·杂丛类》第 530 页著录，该馆藏康熙（1662—1722）间刻清张潮编《昭代丛书·甲集》50 种、《乙集》50 种、《丙集》50 种计 118 册本。还有两种仅有 12 册、14 册残本。

由于《昭代丛书》影响大，张渐在《昭代丛书·丙集序》中说"矧夫邮筒投赠之来，日接于亭，琳琅璀璨之篇，日盈于几。家仲兄顾而乐之，左把酒盏，右施丹铅，矻矻而不能已，不仅投稿踊跃，而且颇为宇内诸名流所欣赏"[①]。进而发展到盗版，令张氏兄弟十分苦恼。《丙集例言》就有："翻刻之禁，昔人所严。迩来当事诸公类多宽厚长者，而选刻之家，其力又不能赴闽终讼，是以此辈无忌惮，惟有付之浩叹而已。仆所梓《四书尊注会意解》大受翻版之累，伏愿今八闽当道诸先生，凡遇此等流力为追劈伪版，究拟如法。其所造诚非浅鲜，仆当以瓣香供养之。"这让我们也从侧面了解到张潮所刻书的价值。可厌的盗版现象自古至今都是出版业的毒瘤。

康熙（1662—1722）年间刊清张潮、卓尔堪、张师孔等辑《曹陶谢

---

① 《昭代丛书·乙集自序》。

三家诗》又名《三家诗选》3种八卷。《汇刻书目》第二函第十六册第三页、《丛书书目汇编》第一册第一九页、《藏园群书经眼录·集部六》卷十七第一四四九页、《中国丛书综录续编·类编·集类·总集（汉魏六朝）》第318页、《北京大学图书馆藏古籍善本书目·集部·总集类》第362页著录，北京大学图书馆藏魏曹植、晋陶潜、宋谢灵运3人诗集分别为2册、3册本各1部。《皖人书目》第243页作清初徽州刊本。此版写刻精雅，前有卓尔堪序。

清刻张潮撰《心斋三种》3种三卷。《中国古籍总目·丛书部·独撰类·清代前期》第1117页、《中国丛书广录·汇编丛书·自著类·清代前期》第291页、《西谛书目·子部·杂家类》卷二第三九页著录，中国国家图书馆藏4册本。

张潮刻印的第五套丛书是清康熙（1662—1722）中又作清刻霞举堂刻清王晫撰《杂著十种》又名《丹麓杂著十种》[①]十卷。《中国丛书综录·汇编·独撰类（清代前期）》第一册第493页、《中国丛书综录补正·汇编·独撰类（清代前期）》第104页、《丛书书目汇编》第二册第一四三页、《北京图书馆古籍善本书目·子部·丛书类》第一九五三至一九五四页、《西谛书目·子部·丛书类》卷二第九一页著录，中国国家图书馆藏西谛2册本及另1部缺《武林北墅竹枝词》一卷计9种9卷4册本。该刊本半页9行，行20字，白口，四周单边。中国科学院图书馆仅存其中的《连珠》一卷、《禽言》一卷、《孤子吟》一卷、《武林北墅竹枝词》一卷4种4卷。此书收入《四库全书总目》存目中。

康熙十九年（1680）刻清仁和王晫撰《霞举堂集六种》三十五卷。《中国古籍善本书目·丛部·自著丛书》第634页、《中国古籍善本总目·丛部·自著丛书》第二〇〇六页、《中国丛书综录·汇编·独撰类（清代前期）》第493页、《中国古籍总目·丛书部·独撰类·清代前期》第

---

① 《四库全书总目·子部·杂家类存目一一》卷一三四第一一四〇页著录为《丹麓杂著十种》十卷。该丛书是杂文汇编集。

1111页、《北京图书馆古籍善本书目·集部·清别集类》第二四九九页、《贩书偶记·集部·别集类》卷十四第346页（文沾堂刊）、《清人别集总目》第71页、《北京大学图书馆藏古籍善本书目·丛书部·自著类》第535页著录，中国国家图书馆、北京大学图书馆（12册本）、中国科学院图书馆、南京图书馆、福建省图书馆藏，中国国家图书馆（仅存卷一至七计7卷1册不全本）、南开大学图书馆、中国社会科学院文学研究所图书馆藏不全。经考证，康熙（1662—1722）间共有2种刻本，以北京大学图书馆、南开大学图书馆藏本为一刻，半页9行，行20字，白口，四周单边；以南京图书馆、福建省图书馆、中国科学院图书馆藏本为一刻，半页10行，行20字，白口，四周双边。此外，上海黄裳藏本仅30卷，为初印或不全本。

张潮所刻单行本书要目有：

清张氏心斋刻清张潮辑《唐诗酒底》二卷。《中国古籍总目·子部·艺术类·游艺之属·酒令》第1516页著录，上海图书馆藏。

康熙三年（1664）霞举堂刊清王晫辑《文津》二卷。《中国古籍善本书目·集部·总集类》第1637页、《中国古籍总目·集部·总集类·通代之属》第2967页、《中国古籍善本总目·集部·总集类·通代》第一七三九页、《西谛书目·集部中·总集类》卷四第四一页著录，中国国家图书馆（西谛2册本）、首都图书馆、中国科学院图书馆、上海图书馆、天津图书馆、武汉图书馆及中国社会科学院文学研究所藏。该刊本半页9行，行20字，白口，四周单边，版心下镌“霞举堂”3字。

康熙十七年（1678）饮醇阁刻清张习孔撰《近思录传》十四卷。《中国古籍总目·子部·儒家类·儒学之属·宋元》第85页著录，上海图书馆藏。

康熙（1662—1722）间诒清堂刻清张潮撰《心斋聊复集》不分卷。《清人别集总目》第1102页著录，北京师范大学图书馆、复旦大学图书馆藏。

康熙壬戌（二十一年，1682）刻清张潮撰《心斋诗集》又名《心斋诗钞》四卷。《歙事闲谭·张山来〈心斋诗集〉》卷二十一第七三七页著录1册本，藏处待考。前有吴山涛、程守、龚贤三序，后两序还为之亲书上木，后有洪嘉植跋。内收《送程山尊汪扶晨归里》诗，王仔园评语有："山尊同扶晨归里时，高朋云集，坐满溪亭，酒间各赋诗赠行。醉歌达旦，阳关折柳，可称极盛。尤爱山来以同里交情，缱绻不舍，古道如存，固不啻一唱三叹。"

康熙二十一年（1682）诒清堂刻清张潮撰《心斋聊复集》不分卷。《中国古籍总目·集部·别集类·清代之属·清前期》第1230页著录，复旦大学图书馆、北京师范大学图书馆藏。

康熙癸亥（二十二年，1683）霞举堂刻清仁和王晫撰《今世说》八卷。《中国古籍善本书目·子部·杂家类》第670页、《中国古籍总目·子部·小说类·文言之属·笔记·杂事》第2124页、《贩书偶记续编·附录·子部》第362页著录，中国国家图书馆、上海图书馆、辽宁省图书馆、南京图书馆、江苏省吴县图书馆藏。

康熙二十二年（1683）刻清张潮辑《虞初新志》十卷。《安徽省馆藏皖人书目》第326页、《安徽文献书目》第255页著录，安徽省图书馆藏10册本。

康熙二十二年（1683）张潮诒清堂刻自辑《虞初新志》二十卷。《中国古籍善本书目·子部·小说类·短篇》第751页、《中国古籍总目·子部·小说类·文言之属·短篇》第2217页、《中国善本书提要·子部·小说类》第396页、《中国人民大学图书馆古籍善本书目·子部·小说家类》第130页、《安徽省古籍善本书目·子部·小说家类》卷三第七十页、《西谛书目·子部·小说家类》卷二第四三页、《青海省古籍善本书目·集部·小说类》第一六〇页著录，西谛（中国国家图书馆藏6册本）、北京大学图书馆、天津图书馆、中国人民大学图书馆（1函6册本）、首都图书馆、清华大学图书馆、中国科学院图书馆、上海图书馆、复旦大学图书馆、宁夏回族自治区图书馆、青岛市图书馆、厦门大学图书馆、青海民族大学图书馆（10册本）、美国国会图书馆（12册本），安徽省博物馆（作康熙间刻4册本）藏。该刊本半页9行，行20字（18.1×12.6）。这是张潮在康熙二十二年（1683）前所编选的短篇文言小说集。康熙三十九年(1700)，再次由张潮诒清堂以袖珍本首刻于广陵(今扬州市)，并有张潮癸亥(1683)自序和庚辰(1700)自跋为证，今原刻本美国国会图书馆、山东省图书馆（1函6册本）、北京大学图书馆、北京师范大学图书馆藏。该刊本半页9行，行20字(18.6×13.9)，白口，左右双边，单白鱼尾。

附　康熙二十四年（1685）王晫自刻《兰言集》二十四卷。《中国古籍总目•集部•总集类•断代之属》第3046页著录，中国国家图书馆藏。

康熙二十五年（1686）刻清张潮撰《诗幻》二卷。《中国古籍善本书目・集部・清别集类》第1058页、《中国古籍总目・集部・别集类・清代之属・清前期》第1230页、《清人别集总目》第1102页著录，清华大学图书馆藏。

康熙二十九(1690)诒清堂刻张习孔撰《大易辩志》二十四卷。《贩书偶记续编・经部・易类》卷一第2页著录。

康熙二十九年(1690)子张潮刻天都张习孔撰《大易辨志》又名《周易辨志》《大易辨志说约》二十四卷。《中国古籍总目・经部・易类・传说之属》第126—127页（作康熙六十三年梅墅石渠阁刻，误，因康熙无六十三年，“辨”作“辩”、）《贩书偶记续编・经部・易类》卷一第2页、《安徽省馆藏皖人书目》第323页、《安徽艺文考・易二》著录，南京图书馆、浙江图书馆藏，安徽省图书馆藏清刻本。

康熙三十年（1691）刻清王晫撰《霞举堂集》三十五卷。《中国古籍善本总目・集部・清别集》第一五四二页、《清人别集总目》第71页、《中国古籍总目・集部・别集类・清代之属・清前期》第1174页著录，中国科学院图书馆、南京图书馆、福建省图书馆藏。该刊本半页10行，行20字，白口，四周双边。

附　康熙（1662—1722）间王氏墙东草堂刻清王晫辑《千秋岁倡和词》一卷。《中国古籍总目·集部·词类·总集之属》第 3403 页著录，中国国家图书馆藏，还藏清书林文治堂刻本。

康熙（1662—1722）间刻自撰《檀弓问》四卷。《安徽艺文考·易二》、《贩书偶记·经部·礼记类》卷二第 31 页著录，藏处待考。

康熙三十四年（1695）新安张氏霞举堂刻清沈士瑛撰《美人揉碎梅花回文图》（不分卷）。《清人别集总目》第 1027 页著录，中国国家图书馆、北京大学图书馆、上海图书馆、南京图书馆、浙江图书馆藏。

康熙三十四年（1695）新安张氏霞举堂刻清沈士瑛撰《美人揉碎梅花回文图》不分卷。《清人别集总目》第 1027 页著录，中国国家图书馆、上海图书馆、南京图书馆、浙江图书馆、北京大学图书馆藏。

康熙三十六年（1697）张潮序刻清张九达原辑、张庸德补辑《四书尊注会意解》三十六卷。中华版《续修四库全书总目提要·经部·四书类》第九五四页著录，首有张潮序，庸德自序及凡例，因专宗朱熹注，故名其解为“尊注会意解”。

康熙三十七年(1698)张氏诒清堂刻清吴肃公撰《读书论世》十六卷。《贩书偶记·史部·史评类》卷八第 212 页、《北京大学图书馆藏古籍善本书目·史部·史评类》第 218 页著录，北京大学图书馆藏 4 册本。

康熙（1662—1722）间诒清堂吴肃公撰《读书论世》十六卷。《中国古籍善本总目·史部·史评类》第七七三页著录，中国国家图书馆、北京大学图书馆、中国科学院图书馆、上海图书馆、南京图书馆藏。

康熙戊寅（三十七年，1698）张潮以诒清堂名义刻宣城吴肃公撰《读书论世》十六卷。《中国古籍善本书目·史部·史评类》第 1528 页（作康熙间刻）、《北京图书馆古籍善本书目·史部·史评类》第一一五四页、《皖人书录》第 386 页、《安徽艺文考·史评》、《贩书偶记·史部·史评类》卷八第 212 页著录，中国国家图书馆（1 册、3 册本各 1 部）、北京大学图书馆、中国人民大学图书馆、中国科学院图书馆、上海图书馆、南京图书馆藏。该刊本半页9行，行20字，白口，左右双边。

康熙三十八年（1699）刻清张习孔撰《诒清堂集》十三卷、《补遗》四卷计2种17卷。《中国古籍总目·集部·别集类·清代之属·清前期》第1085页著录，安徽省图书馆藏。

康熙（1662—1722）间刻清张习孔撰《诒清堂集》十二卷、《补遗》四卷计2种16卷。《北京图书馆古籍善本书目·集部·清别集类》第二五一〇页著录，中国国家图书馆藏6册本。该刊本半页8行，行19字，白口，四周双边。与下面非同一版本。

清诒清堂刻清陶元淳撰《南崖集》四卷。《中国古籍善本书目·集部·清别集类》第1067页著录，清华大学图书馆、中国科学院图书馆、南开大学图书馆、吉林大学图书馆、常熟市图书馆（有清翁同龢、杨沂孙跋）藏。

康熙（1662—1722）间刻张习孔撰《诒清堂文集》十三卷、《补遗》四卷计2种17卷。《中国人民大学图书馆古籍善本书目·史部·史评类》第60—61页、《中国古籍善本书目·集部·清别集类》第978页、《安徽省古籍善本书目·集部·别集类·清代》卷四第八十七页、《清人别集总目》第1116页著录，中国国家图书馆、中国人民大学图书馆（1函4册本），安徽省博物馆（12册本）藏。该刊本版心及封面均镌“诒清堂藏板”，半页9行，行20字，小字双行同，白口，单鱼尾，左右双边。

康熙（1662—1722）间诒清堂精刻清常熟陶元淳撰《南屋（崖）集》四卷。《贩书偶记·集部·别集类》卷十四第350页著录为诒清堂刊本。

清刊清张习孔撰《诒清堂文集》十七卷。《安徽省馆藏皖人书目》第323页、《安徽文献书目》第253页著录，安徽省博物馆藏12册本。

清刻又作康熙（1662—1722）间刻清张习礼撰《使蜀纪事》一卷。《中国古籍善本书目·集部·清别集类》第978页、《北京图书馆古籍善本书目·集部·清别集类》第二五一〇页、《清人别集总目》第1116页著录，中国国家图书馆藏1册本。该刊本半页8行，行18字，白口，四周单边。

康熙（1662—1722）间霞举堂刊清武林王晫辑《墙东志》五卷。《贩书偶记续编·集部·总集类》卷十九第313页著录。

康熙（1662—1722）间霞举堂自刻清王晫撰《墙东杂钞》四卷。《中国古籍总目·集部·别集类·清代之属·清前期》第1174页、《中国古籍善本总目·集部·清别集》第一五四二页、《清人别集总目》第71页、《北京图书馆古籍善本书目·集部·清别集类》第二四九九页著录，中国国家图书馆（2册本）、南开大学图书馆、北京大学图书馆藏。该刊本半页10行，行20字，白口，四周双边。

康熙（1662—1722）间霞举堂刻清王晫撰《广闻录》八卷。《中国古籍善本书目·子部·小说类》第747页、《中国古籍善本总目·子部·小说家类·杂事》第一〇四八页、《中国古籍总目·子部·小说类·文言之属·笔记·异闻》第2173页著录，南京图书馆藏。

康熙（1662—1722）间刻清张潮辑《虞初新志》二十卷。《中国古籍善本总目·子部·小说家类·杂事》第一〇四八页、《中国古籍总目·子部·小说类·文言之属·短篇》第2217页著录，中国国家图书馆、首都图书馆、清华大学图书馆、中国科学院图书馆、上海图书馆、复旦大学图书馆、辽宁省图书馆、宁夏回族自治区图书馆、青岛市图书馆、厦门市图书馆、厦门大学图书馆、吉林大学图书馆藏。

康熙四十六年（1707）刻清张潮撰《奚囊寸锦》不分卷。《中国古籍善本书目·集部·清别集类》第1058页著录，长治市图书馆藏。

霞举堂刻王晫撰《松溪漫兴》十卷。《安徽省古籍善本书目·集部·别集类·清代》卷四第九十四页、《清人别集总目》第71页著录，安徽省博物馆藏1册本。

康熙（1662—1722）间霞举堂刻清钱塘王晫辑《千秋雅调》又名《千秋岁倡和词》一卷附《诗赋》计3种。《贩书偶记·集部·词曲类·词选之属》卷二十第555页著录。

约康熙（1662—1722）间刻清心斋张潮撰《亦禅录》二卷。《贩书偶记续编·集部·别集类》卷十四第235页著录。

康熙（1662—1722）间诒清堂刻清张潮撰《心斋聊复集》不分卷。《中国古籍善本书目·集部·清别集类》第1058页、《北京师范大学图书馆古籍善本书目·集部·别集类·清》第272页、《清人别集总目》第1102页著录，北京师范大学图书馆（4册本）、复旦大学图书馆藏。该刊本半页8行，行8字，白口，四周单边。版心下镌“诒清堂”3字。

康熙（1662—1722）间诒清堂刻张习孔撰《檀弓问》四卷、重刊《诒清堂集》十三卷、《补遗》四卷及康熙（1662—1722）间霞举堂刊清仁和王湛撰、子王晫辑《幽光集》二卷计4种23卷。《贩书偶记续编·史部·传记类》卷六第59页著录。

康熙（1662—1722）间霞举堂刻清王晫撰《峡流词》三卷。《中国古籍善本书目·集部·词类》第1978页、《中国古籍善本总目·集部·词类·词别集类》第一八五七页（不注时间刻）、《中国古籍总目·集部·词类·别集之属》第3308页、《贩书偶记·集部·词曲类·词集之属》卷二十第546页、《西谛书目·集部下·诗余类》卷五第一四页著录，西谛（中国国家图书馆2册本）、上海图书馆藏。该刊本半页9行，行20字，白口，四周单边。

康熙（1662—1722）间霞举堂刻清王晫撰《兰言集》二十四卷。《中国古籍善本书目·集部·总集类》第1743页、《中国古籍善本总目·集部·总集类·断代》第一七八五页、《北京图书馆古籍善本书目·集部·总集类》第二八二一页、《贩书偶记·集部·总集类·各朝诗之属》卷十九第519页、《西谛书目·集部下·总集类》卷四第三七页著录，中国国家图书馆（2册、4册本各1部）、湖南省图书馆藏。该刊本半页10行，行20字，白口，四周双边。

还有清仁和王氏霞举堂刻清王晫撰《墙东杂钞》四卷。《中国古籍善本书目·集部·清别集类》第1017页、《清人别集总目》第71页、

《北京大学图书馆藏古籍善本书目·集部·别集类》第 479 页著录，中国国家图书馆、北京大学图书馆（1 册本）、南开大学图书馆藏。

清诒清堂刊清张潮撰《心斋杂俎》二卷。《皖人书录》第 242 页著录。《安徽艺文考·小说家》著录为 4 卷。

张潮的作品家刻本有《古文尤雅》、《四书会意解》、《心斋诗钞》、《聊复集》、《友声集》（六卷）、《后集》四卷、《尺牍偶存》、《笙诗补》、《咏物诗》、《心斋杂俎》、《幽梦影》二卷、《奚囊寸锦》、《南崖集》、《增订改元考同》一卷等。其后张潮的作品及霞举堂刻行的还有：

康熙（1662—1722）间刻清张潮撰《幽梦影》二卷。《中国古籍总目·子部·杂家类·杂纂之属》第 1949 页著录，上海图书馆（叶恭绰题识）、南京图书馆、辽宁省图书馆藏。

康熙（1662—1722）间刻清王晫撰《霞举堂集》三十五卷。《中国古籍善本总目·集部·清别集》第一五四二页、《清人别集总目》第 71 页著录，康熙（1662—1722）间刻本有 2 种，北京大学图书馆、南开大学图书馆藏，中国社会科学院文学研究所藏不全本。该刊本半页 10 行，行 20 字，白口，四周单边，南京图书馆、福建省图书馆、中国科学院图书馆藏本为半页 10 行，四周双边。

清刻清张潮撰《幽梦影》二卷。《中国古籍总目·子部·杂家类·杂纂之属》第 1949 页、《安徽省馆藏皖人书目》第 326 页、《安徽地震史料辑注》第 250 页著录，中国国家图书馆、黑龙江大学图书馆、安徽省图书馆（2 册本）藏。此书分别收入《昭代丛书》、《晨风阁丛书》、《檀几丛书》、《古今说部》、《啸园丛书》等丛书中，有的著录为一卷，有的著录为二卷不等。坊间刻本更多，如安徽省图书馆就收有民国二十四年（1935）上海中央书店铅印清歙县张潮撰《幽梦影》、《小窗幽记》、《雪涛小书》合为 1 册本，民国二十五年（1936）中央书局铅印《幽梦影》1 册本，辽宁省图书馆、吉林省图书馆、吉林大学图书馆藏同治十三年（1874）迟云楼主人刻 2 卷本，吉林大学图书馆藏清末铅印 2 卷本，南京图书馆藏民国六年（1917）上海有正书局铅印本，还藏清志闲抄本等。

清刊清张潮撰《下酒物》二卷。《中国古籍总目·子部·杂家类·杂记之属》第 1880 页著录，中国国家图书馆、南京图书馆藏。

清霞举堂刻清王晫撰《松溪漫兴》十卷。《清人别集总目》第 71 页著录，安徽省博物馆藏。

康熙（1662—1722）间刻清王晫撰《霞举堂集》三十卷。《清人别集总目》第 71 页著录，上海黄裳藏，应为先印或不全本。

乾隆五年（1740）诒清堂（应为张潮后人）重刻清张潮辑《虞初新志》二十卷。《中国古籍总目·子部·小说类·文言之属·短篇》第 2217 页著录，中国国家图书馆藏。

清新安张氏家刻清张潮辑《虞初新志》二十卷。《中国古籍总目·子部·小说类·文言之属·短篇》第 2217 页著录，南京图书馆藏。张氏家刻加上乾隆二十五年（1760）版就达 6 版以上达 120 卷开外，余为待考及其他版本多种。此书还收入民国间石印《笔记小说大观》本中。可见，此书广受欢迎。

乾隆庚辰（二十五年，1760）张氏后人在诒清堂重刻袖珍本清新安张潮辑《虞初新志》二十卷。《贩书偶记·子部·小说家类·杂事之属》卷十二第 293 页著录。

乾隆四十年（1775）后人仍以心斋刻清张潮辑《友声》五卷、《后集》五卷、《新集》五卷，清张潮撰《尺牍偶存》十一卷计 4 种 26 卷。《中国古籍总目·集部·总集类·尺牍之属》第 3146 页著录，北京大学图书馆、辽宁省图书馆藏。

康熙（1662—1722）间刻，乾隆四十五年（1780）后人仍以心斋名义刻清张潮撰《尺牍偶存》十一卷、《友声集》十五卷即《友声集》五卷、《后集》五卷、《新集》五卷计 4 种 26 卷。《中国古籍善本书目·集部·总集类》第1766页、《中国古籍善本总目·集部·总集类·断代》第一七九一页、《中国古籍总目·集部·总集类·尺牍之属》第3146页、《中国人民大学图书馆古籍善本书目·集部·总集类》第178页、《北京大学图书馆藏古籍善本书目·集部·别集类》第486页著录，中国国家图书馆、北京大学图书馆（16册本）、中国人民大学图书馆（10册本）、清华大学图书馆、辽宁省图书馆藏，中国科学院图书馆、湖南省图书馆藏本不全。该刊本半页8行，行20字，白口，四周单边，版心下镌“心斋”2字，封面镌“乾隆庚子（四十五年，1780）秋镌”“本衙藏板”，为张氏后人家刻本。

乾隆（1736—1795）间诒清堂刻清张潮撰《心斋杂俎》二卷。《中国古籍总目·子部·杂家类·杂纂之属》第1949页著录，北京大学图书馆藏。

清自刻《心斋杂俎》二卷。《中国古籍总目·子部·杂家类·杂纂之属》第1949页著录，中国国家图书馆、南京图书馆藏。

乾隆（1736—1795）间刊清张潮辑《尺牍友声后集》不分卷、《新集》五卷计2种。《西谛书目·集部中·总集类》卷四第四二页著录8册本。

乾隆四十五年（1780）刻清张潮撰《尺牍偶存》十一卷。《中国古籍总目·集部·别集类·清代之属·清前期》第1230页著录，北京大学图书馆藏。

张潮刻清徐与乔撰《五经读法》不分卷。中华版《续修四库全书总目提要·经部·群经总义类》第一三二八页著录，作《昭代丛书》本，窃为误，应为单行本。

乾隆（1736—1795）间诒清堂刻清常熟陶贞一撰《退庵文集》无卷数。《贩书偶记·集部·别集类》卷十四第370页著录，为考订之类文字，藏处待考。

嘉庆二十五年（1820）刻清张潮撰《奚囊寸锦》不分卷。《安徽省馆藏皖人书目》第326页著录，安徽省图书馆藏6册本。

嘉庆（1796—1820）间诒清堂刻清张潮撰《幽梦影》二卷。《中国古籍总目·子部·杂家类·杂纂之属》第1949页著录，北京大学图书馆、上海图书馆藏。

嘉庆（1796—1820）间诒清堂刻清张潮撰《心斋杂俎》二卷。《中国古籍总目·子部·杂家类·杂纂之属》第1949页著录，中国科学院图书馆、北京大学图书馆、上海图书馆、南京图书馆藏，吉林省图书馆还藏清木活字印本。

嘉庆二十五年（1820）刻清张潮撰《奚囊寸锦》三卷、《读法》一卷计2种4卷。《香港所藏古籍书目·集部·别集类》第293页著录，香港大学图书馆藏3册本。

清款月轩刻清张潮撰《奚囊寸锦》不分卷。《安徽省馆藏皖人书目》第326页著录，安徽省图书馆藏2册本。

张潮无论在编辑创作上，还是在出版事业中都不愧为清代开风气的大家。因为张潮的编著事业有不利于清代政治方面，不为清廷所重，在康熙朝残酷的高压政策和肇启的文字狱中受到压制、控制。因此，他的事迹不显，记载不多，连对本邑文风非常重视的《歙县志》，如《［康熙］歙县志》卷七、《［乾隆］歙县志》卷十二、《［民国］歙县志》卷七、十五在介绍张潮生平时都语焉不详，使我们很难巨细缕析其毕生轨迹。我们只能从他留给世人的精神产品来充分肯定他在中国古代编辑出版史和文学史上的地位。作为书商，张潮所刊丛书中有些子目确实存在着斩头去尾现象，有从长篇中截取部分为篇，犯了明代书商的通病，为四库馆臣所讥。但这些瑕疵不足掩玉。

“徽商四元宝”中的黄晟、黄履暹兄弟

多有名园绿水滨，清游不事羽林纷。
何曾日涉原成趣，恰值云开亦觉欣。

得句便前无系恋，遇花且止足芳芬。

问予喜处诚奚托，宜雨宜旸利种耘。

这是乾隆帝在游览“徽商四元宝”所居黄氏别墅易园留下的御制诗，并改名为趣园，为扬州名景“四桥烟雨”处。

《扬州画舫录》载：“黄氏本徽州歙县潭渡人，寓居扬州，兄弟四人，以盐筴起家，俗有‘四元宝’之称。”这里所说的“四元宝”系指清代占籍扬州的盐商歙县潭渡人黄晟、黄履暹、黄履昊、黄履昴四兄弟。黄氏兄弟四人因业盐豪富后，定居扬州，喜构园囿。黄氏兄弟曾以千金购得营造宫室和园林的秘书，故其园林建设诸小品，虽淹博之士也无法考出出处。如黄晟的藏刻书处，在乾隆二十二年（1757）南巡时，赐名趣园，在康山筑易园，又构跨虹桥、长春桥、春波桥、莲花桥在一个飞檐重屋的别墅内取名四桥烟雨，又构槐荫草堂、亦政堂。其弟履暹，有十间房花园，又开青芝堂药铺。兄弟四人也都能文善咏，爱藏图籍，热心于社会公益和文化建设事业。黄履昊，晟与履暹的三弟，字昆华，寓居扬州。由刑部官至武汉黄德道员。他把自己在北京宣武门外邸宅捐为歙县会馆。扬州城阙口街流芳巷内家有“容园”。曾出资置田于歙县的梅渡及莘墟，以所入济族中的穷人。季弟黄履昴，字中荷，在扬州阙口门内家有“别园”又名别圃，捐资改建扬州虹桥为石桥，其长子为蒲（有候补同知衔，有跨红阁、韩园及别业长堤春柳）、次子为荃（有桃花坞别业）捐资建修扬州名胜。尤其是黄晟、黄履昊俩兄弟是在我国古代出版史上有一定地位的大出版家。

黄晟又写成黄履晟（约1684—1753以后），字东曙，号晓峰，又号退庵，有易园、槐荫草堂、亦政堂、趣园等堂号，歙县潭渡人，家世业盐，寓居扬州康山南，筑有易园。黄晟巨富后不同于扬州城内暴发户那样热衷于声色狗马。他除了把精力放在构筑有一定文化氛围的园林建筑上和社会公益上，如乾隆己未（四年，1739）秋，他自扬州归里展墓，他出资数千金首倡并委托堂叔黄楚兰任主管，在黄以铨、以瓒、履昊、景光等人资助下，自庚申（1740）至癸亥（八年，1743）历时5年费银1万4千两建成潭渡三元桥，还把更多的精力放在藏书刻书上，曾以千金购书一卷，晚年更加嗜古、喜欢刻书业。他的藏书印有“黄晟东曙氏一字晓峰”“重校刊于槐荫草堂”“黄晟东曙之印”“晓峰一字退庵”等印。如在乾隆十八年（1753），他取明嘉隆（1522—1566—1572）间十山（无锡）谈恺《太平广记》原刻本翻雕为袖珍本，又不惜重金将万历三十一年（1603）吴万化刻《三古图》四十二卷、万历三十七年（1609）云间王氏刻《三才图会》一百〇六卷、康熙五十三年（1714）歙县小溪项絪刻《合刻山海经》五十八卷等原刻板片购回进行修补重刊行世，是乾隆前期重要的出版家。他所刻图书都具有学术价值大，历史名籍多，部头大，版本精等特点。《古籍版本知识》说：“乾隆十二年林佶同门歙县程哲七略书堂写刻之《带经堂全集》，黄晟写刻的《水经注》，都是精工绝伦。”他的著述不多，主要有乾隆辛未（1751）与李灼同编的《至圣编年世纪》二十四卷[①]，辑《集验良方》等。他刻书很多，而《［民国］歙县志·艺文志·书目》卷十五第十一、十二页仅录刊刻《诗经注》四卷、《三古图·博古图》三十卷、《考古图》十卷、《古玉图》二卷（与李灼合编）、《至圣编年世纪》二十四卷、《通志二十略》二十四卷6种94卷，仅为黄氏所刻冰山一角。

据我仅对他所刻几种图书的粗略统计，总卷数就近1 300卷，卓然是个大出版家。现将黄晟主要刻书活动胪列如下。

康熙（1662—1722）间王棠燕在阁刻、乾隆（1736—1795）间潭滨黄晓峰氏校刊清王棠《知新录》三十二卷。《中国古籍总目·子部·杂家类·杂考之属》第1813页、《中国人民大学图书馆古籍善本书目·子部·杂家类·杂学杂说》第119页著录，中国科学院图书馆、南京图书馆、中国人民大学图书馆（2函20册本，钤“李氏藏书”“冬涵阅过”

---

① 《四库全书总目·史部·传记类存目》卷五九第五三五页著录。

印。此书为黄晟重印本）藏。该刊本封面镌“燕在阁藏板”，卷端镌“潭滨黄晓峰氏校刊”，半页 10 行，行 21 字，白口，单鱼尾，四周单边。

雍正（1723—1735）间黄氏槐荫草堂刻清年希尧（字允恭，号偶斋主人）辑《本草类方》十卷。《全国中医图书联合目录·方书》第 302 页著录，中国中医科学院图书馆、北京中医药大学图书馆、天津图书馆、苏州市图书馆及浙江中医药研究院藏，甘肃省图书馆藏不全。

乾隆己未（四年，1739）亦政堂刻清沈德祖（字王修，号中华子）编《越人难经真本说约》四卷附《指南集》不分卷计 2 种。《全国中医图书联合目录·医经》第 24—25 页著录，中国科学院图书馆、中华医学会上海分会图书馆、浙江图书馆、广州中医药大学图书馆藏，四川省图书馆还藏乾隆（1736—1795）间刻本。

乾隆八年（1743）黄晟翻康熙五十七年（1718）项氏玉渊堂原刻清顾蔼吉撰《隶辨》八卷。《北京师范大学图书馆古籍善本书目·经部·小学类》第 34 页、《中国古籍总目·经部·小学类·文字之属·字体》第 1096 页、《北京图书馆普通古籍总目·文字学门》第十卷第 70 页、《安徽大学图书馆重编古籍善本书目·经部·小学类·字书》卷一第 24 页、《书目答问补正·经部》卷一第 79 页、《香港所藏古籍书目·经部·小学类·字书》第 46 页、《青海省古籍善本书目·经部·小学类》第一一页、《山东省图书馆馆藏海源阁书目·经部·小学类》第 46 页、《北京大学图书馆藏古籍善本书目·经部·小学类》第 45 页著录，中国国家图书馆（4 部 8 册本、1 部 4 册本）、中国科学院图书馆、北京大学图书馆、北京师范大学图书馆（8 册本）、山东省图书馆（1 函 8 册本）、青海省图书馆（3 部 8 册本）、安徽大学图书馆（8 册本）、青海民族学院图书馆（8 册本）、香港大学图书馆（8 册本）藏。该刊本半页 12 行，行 10 字，小字双行 20 字（19.1×14.7），细黑口，四周单边，单鱼尾，有乾隆癸亥（八年）黄晟序。此版在同治十二年（1873）有渔古山房翻刻本，湖北省图书馆藏。

乾隆十二年（1747）黄晟刻清陈士铎撰《辨证录》十四卷。《中国古籍总目·子部·医家类·综论之属》第457页著录，南京图书馆藏，有佚名批校题跋。

乾隆十二年（1747）黄晟重刻清王士祯撰、清程哲校编《带经堂集》九十二卷。《清人别集总目》第92页著录，上海图书馆、湖南省图书馆、广东省图书馆、北京大学图书馆、中国人民大学图书馆、北京师范大学图书馆、南开大学图书馆、新疆大学图书馆、苏州大学图书馆、河南师范大学图书馆、湖南师范大学图书馆、韩国成钧馆大学图书馆藏。

乾隆十二年(1747)黄晟重印康熙四十九至五十年(1710—1711)程哲七略书堂刻清王士禛撰、程哲校《带经堂集》7种九十二卷。《中国古籍总目·集部·别集类·清代之属·清前期》第1164页、《北京师范大学图书馆古籍善本书目·集部·别集类·清》第268页、《中国人民大学图书馆古籍善本书目·集部·别集类》第226页、《清人别集总目》第92页著录，上海图书馆、湖南省图书馆、广东省图书馆、北京大学图书馆、中国人民大学图书馆（4函20册本）、北京师范大学图书馆（48册本）、南开大学图书馆、新疆大学图书馆、复旦大学图书馆、苏州大学图书馆、河南师范大学图书馆、湖南师范大学图书馆、韩国成均馆大学图书馆藏。该刊本半页10行，行19字，小字双行字数不等，白口，单鱼尾，左右双边，封面镌“槐荫草堂藏板”6字。此条与上条应为同目。

乾隆十二年(1747)歙县黄晟槐荫草堂刻明黄省曾辑《山海经合刻》又名《山水二经合刻》《山海经水经合刻》2种五十八卷。《中国古籍总目·史部·地理类·山水志之属》第3927页、《中国丛书综录·类编·史类·舆地》第一册第679页、《中国丛书综录补正》第178页、《中国丛书综录续编·类编·史类·舆地》第222—223页、《安徽省古籍善本书目·史部·地理类》卷二第六十五页著录，上海图书馆、复旦大学图书馆、四川省图书馆藏全，安徽省图书馆（《水经注》四十卷10册）、安庆市图书馆藏不全（仅有《水经注》40卷14册）。该刊本半页10行，行22字，小字双行同，白口，左右双边。此套书黄氏先后有乾隆十二年、十八年（北京师范大学图书馆藏）、乾隆间等3种以上印本，计6种174卷以上，如加衍版则更多。

乾隆（1736—1795）间天都黄氏槐荫草堂刻《合刻山水经》2种五十八卷。《中国古籍总目·史部·地理类·山水志之属》第3927页著录，国家（清孙星衍校注并跋；清顾广圻跋，佚名校）、上海（佚名录清王峻校跋；存卷十四至四十，清沈大成录清何焯校，清周星诒跋）、天津（清邵作舟批校并跋）、南京（清杨沂孙跋并录清王峻校跋，清俞廷飏、沈诚焘批并跋，清孙诒让录清洪亮吉、孙星衍、顾广圻校，清孙衣言跋）、湖北省图书馆（佚名校）藏。此版在同治二年（1863）由余氏明辨斋重修印、为此版本衍版，中国国家图书馆藏本有清刘履芬跋并录清孙星衍校注。

乾隆己巳（十四年，1749）黄晓峰刻清年希尧辑《经验四种》十一卷。《中国古籍总目·子部·医家类·丛编之属》第392页、《全国中医图书联合目录·综合性著作·丛书合刻》第726页著录，中国中医科学院图书馆藏残本。

乾隆十四年己巳（1749）天都黄晓峰重刻清年希尧辑《年希尧集验良方》六卷。《馆藏中医线装书目·方书》第106页著录，中国中医科学院图书馆藏，为单行本。

乾隆十五年（1750）黄晓峰刻宋胡安国撰《春秋传》三十卷。《中国古籍总目·经部·春秋类·春秋总义·传说之属》第632—633页著录，浙江图书馆藏。

乾隆十五年（1750）黄氏槐荫草堂以巾箱本刻宋朱熹撰《周易本义》四卷附《易图》一卷、《卦歌》一卷、《筮仪》一卷、《五赞》一卷计5种8卷。《中国古籍总目·经部·易类·传说之属》第80—81页著录，上海图书馆藏。

乾隆辛未（十六年，1751）亦政堂刊清嘉定李灼、古歙黄晟同辑《至圣编年世纪》二十四卷。《中国古籍善本书目·史部·传记类一》第501页、《中国古籍善本总目·史部·传记类·别传》第四〇七页、《国家图书馆普通古籍总目·传记门·分传》第83页、《贩书偶记续编·附录·史部》第348页、《四库全书总目·史部·传记类存目一》卷五九第五三五页、《北京师范大学图书馆古籍善本书目·史部·传记类·年谱》第73页、北京师范大学《中文古籍书目·史部·传记类》第132页、《中国古籍总目·史部·传记类·年谱之属》第846页著录，中国国家图书馆（8册、24册本各1部）、北京师范大学图书馆（14册本）、清华大学图书馆、上海图书馆藏。该刊本半页9行，行20字，白口，左右双边。其中，卷一至十六为孔子年谱，十七至二十四卷为尊典。此书收入《四库全书存目丛书》中。

乾隆十五至十七年（1750—1752）歙县黄晟亦政堂刻清黄晟辑《三古图》又名《三古图汇刊》3种四十二卷。《中国古籍总目·史部·金石考古类·丛编之属》第4780页（作乾隆十七年天都黄氏亦政堂重印）、《北京师范大学图书馆古籍善本书目·史部·金石类》第124页、《中国丛书综录·类编·史类·金石》第685页、《中国人民大学图书馆古籍善本书目·史部·金石类》第85页、《北京图书馆普通古籍总目·古器物学门·古器物学·丛书》第六卷第4页、《香港所藏古籍书目·丛部·史部》第428页（作天都黄氏槐荫草堂刻）、《丛书书目汇编》第一册第二〇至二一页、《安徽省古籍善本书目·史部·金石类》卷二第六十八页、《书目答问补正·史部》卷二174页、《山东省图书馆馆藏海源阁书目·史部·金石类·金类》第121页、《北京大学图书馆藏古籍善本书目·史部·考古类》第208页、《北京图书馆古籍善本书目·史部·金石类》第一〇八二页著录，中国国家图书馆（48册本、32册本各1部）、北京大学图书馆（24册本）、中国人民大学图书馆（4函24册本）、北京师范大学图书馆（1部44册本、1部36册本、1部24册本计3部）、上海图书馆、复旦大学图书馆、山东省图书馆（5

函39册本）、安徽省图书馆（24册本）、华东师范大学图书馆、上海师范大学图书馆、天津图书馆、南京图书馆、南京大学图书馆、浙江大学图书馆、福建师范大学图书馆、四川省图书馆、重庆市图书馆、四川大学图书馆、黑龙江省图书馆、香港中文大学图书馆（34册本）藏，安徽大学图书馆及徽州博物馆藏不全。零本收藏的更多，有的藏本题法也有别。有的题亦政堂，也有的题槐荫草堂刻。如《安徽省古籍善本书目·史部·金石类》卷二第六十八、六十九页著录，安徽省图书馆收藏线装24册本题乾隆十八年天都黄晓峰亦政堂刻宋吕大临辑《亦政堂重修考古图》十卷、元朱德润辑《重考古玉图》二卷，宋王黼等辑《重修宣和博古图录》三十卷，而中国国家图书馆藏为32册本；安徽大学图书馆著录乾隆十七年亦政堂刻元朱德润撰《亦政堂重考古玉图》二卷，线装1册；中国徽州文化博物馆藏乾隆十七年亦政堂刻宋王黼撰《东书堂重修宣和博古图录》三十卷，线装16册。该刊本半页8行，行17字，小字双行不等（24.2×15.4），白口，四周单边，单白鱼尾。封面题“乾隆壬申秋月亦政堂藏板”。山东省馆藏有“东郡杨绍和字彦合藏书之印”“东郡杨氏海源阁珍藏”印。黄氏所印《三古图》原版为吴养春泊如斋版。郑振铎还说泊如斋版又源于丁禹生宝古堂版。[①]而《香港所藏古籍书目·丛部·子类》第428页著录为乾隆十八年（1753）刻，香港中文大学图书馆藏线装34册本。《北京大学图书馆藏古籍善本书目·史部·考古类》第208页著录该馆还藏4册本乾隆十八年（1753）天都黄晟亦政堂修补明刻宋吕大临撰《考古图》十卷，也是从书流出的单行本或零本。《北京大学图书馆藏古籍善本书目·子部·谱录类》第277页著录北京大学图书馆藏1册本乾隆壬申（十七年，1752）亦政堂刻清黄晟校《古玉图》二卷。为丛书流出的单行本或零本。《增订四库简明目录标注》第492、493页著录，乾隆十八年（1753）天都黄氏刊宋吕大

① 郑振铎：《西谛书话》第373—374页，北京：生活·读书·新知三联书店，1983。

防（一作“临”）撰《考古图》十卷附：朱德润集《古玉图》二卷，乾隆（1736—1795）间天都黄氏刊宋大观（1107—1110）中王黼等撰《宣和博古图》三十卷。《青海省古籍善本书目·史部·金类》第三八页著录，青海省图书馆藏乾隆十七年黄氏亦政堂刻宋王黼等撰《亦政堂重修宣和博古图录》三十卷、宋吕大临撰《亦政堂重修考古图》十卷、元朱德润撰《宝古堂重考古玉图》十卷，则为 3 种 50 卷。此书工作底本为万历三十一年（1603）吴万化《三古》刻本。

《安徽大学图书馆重编古籍善本书目·史部·金石类》卷二第 64—65 页则著录，安徽大学图书馆藏乾隆十七年亦政堂刻宋王黼等撰《亦政堂重修宣和博古图录》三十卷 30 册本，其中卷一有补配，该刊本也是 8 行，行 17 字，四周单边，白口，也应是同种刻本非同一次印行，应为两种版本。此书《四库全书》未涉及。该馆还藏十七年刻宋吕大临撰《亦政堂重修考古图》十卷 9 册本，《四库全书》收录；还藏十七年刻元朱德润撰《亦政堂重考古玉图》二卷 1 册本。以上 3 种分别为此丛书 3 种逸出单行子书。

乾隆十七年（1752）天都黄晟亦政堂刻元朱德润撰《宝古堂重修古玉图》二卷。《中国古籍总目·子部·谱录类·器用之属·器物·玉》第 1524 页著录，中国国家图书馆、北京大学图书馆、南京图书馆藏。

乾隆十七年（1752）亦政堂刻宋王黼撰《东书堂重修宣和博古图录》三十卷。《安徽省古籍善本书目·史部·金石类》卷二第六十九页著录，中国徽州文化博物馆藏仅存卷一至二十计 20 卷 16 册不全本。

乾隆十七年(1752)黄晟槐荫草堂刻清年希尧辑《本草类方》十卷。《中国古籍总目·子部·医家类·方论之属·验方·清》第 861 页著录，中国国家图书馆（还藏清刻本 1 部）、北京中医药大学图书馆、天津图书馆、苏州市图书馆藏，甘肃省图书馆收藏不全本。

乾隆十八年（1753）黄晟槐荫草堂刻北魏郦道元撰《水经注》四十卷。《中国古籍善本书目·史部·地理类二》第 1023 页、《中国古籍善本总目·史部·地理类·山水志》第五二三页、北京师范大学《中文古籍书目·史部·地理类·水》第154页著录，中国国家图书馆（3部，1部由孙星衍校注并跋、清顾广圻跋本，另1部由佚名校，还藏清刘履芬跋并录清孙星衍校注乾隆十八年黄晟槐荫草堂刻同治二年（1863）余氏明辨斋重修本）、北京师范大学图书馆（8册本）、上海图书馆（2部，1部由佚名录清王峻校跋，另1部为清沈大成录清何焯校、清周星诒跋本中仅存卷十四至四十计27卷不全本）、南京图书馆（3部，1部为清杨沂孙跋并录清王峻校跋，1部为清俞廷飏、沈诚焘批并跋本，还有1部为清孙诒让录清洪亮吉、孙星衍、顾广圻校，清孙衣言跋本）、湖北省图书馆（2部，1部为佚名校、杨守敬题签本，1部为清乾隆间张氏励志书屋刻本，清叶德辉校跋并录清顾广圻、洪亮吉、孙星衍批校并跋本）藏。

乾隆（1736—1795）间黄晟重刻项䌹本《隶辨》八卷。《中国古旧书刊拍卖目录》第662页、713页著录，博古斋拍卖竹纸8册本2部。

乾隆癸酉（十八年，1753）天都黄晟槐荫草堂刻汉桑钦撰、北魏郦道元注、明朱谋㙔地韦笺《水经》又名《水经注笺》四十卷、晋郭璞注《山海经》十八卷计2种58卷。《中国古籍总目·史部·地理类·山水志之属》第3927页、《北京图书馆普通古籍总目·地志门·专类地志》第四卷第509页著录，中国国家图书馆藏分别为20册、32册本4函各1部为全本，其中32册本为陈垣赠书，还藏分别为9册、10册及12册本1部无函均无《山海经》十八卷计3部不全本计5部。此版与同年无笺本应为两版。南京图书馆藏卷一至四配康熙项䌹群玉书堂刻本。《香港所藏古籍书目·史部·地理类·山水志》第115页著录，香港大学图书馆藏《水经注》四十卷14册本，同书《子部·小说类》第220页著录还藏《山海经》十八卷2册本计2种58卷16册本。

乾隆十八年（1753）天都黄晟用小字本校刊宋李昉等敕撰《太平广记》五百卷、《目录》十卷计510卷。《中国古籍总目·子部·小说类·文言之属·笔记·异闻》第2161页、《北京大学图书馆藏古籍善本书目·子部·类书类》第316页、《书目答问补正》卷三第248页、《安徽历史述要》第510页著录，中国国家图书馆、北京大学图书馆（48册本）、天津图书馆、上海图书馆、南京图书馆、四川省图书馆（著录为乾隆二十年［1755］天都黄氏槐荫草堂刊本，外加《目录》十卷，线装60册本）藏。《西谛书目·子部·类书类》卷二第四五页著录仅存卷一至二百三十九计239卷24册不全本。此书明刻渐少，黄氏取谈恺原刻翻雕为袖珍本。

乾隆十八年（1753）黄晟槐荫草堂刻清黄晟编《水经山海经合刻二种》五十八卷。《中国古籍总目·丛书部·杂纂类·明代》第138页著录，中国科学院图书馆藏。

乾隆（1736—1795）间潭滨黄晟刻明王圻辑、明王思义续辑《三才图会》又名《三才图书》一〇六卷。《中国古籍总目·子部·类书类·类编之属·通编》第2007页（作万历间刻清黄晟槐荫草堂重修）、《中国善本书提要·子部·类书类》第380页、《安徽省古籍善本书目·子部·类书类》卷三第八十六页、《安徽历史述要》570页、《四库全书总目·子部·类书类存目二》卷一三八第一一七〇页著录，南京图书馆、辽宁省图书馆、香港大学图书馆、安徽省图书馆（仅存《鸟兽》卷一至四计4卷2册不全本）藏。此书为汇集各家书中天地诸物图形及人物画像。此书系取万历三十七年（1609）云间王氏刻本为工作底本。

乾隆（1736—1795）间潭滨黄晟刻南宋郑樵撰《通志二十略》二十四卷。《安徽省古籍善本书目·子部·类书类》卷三第八十六页、《安徽历史述要》第570页著录，安徽省图书馆仅存此书鸟兽卷一至四卷计4卷线装2册不全本。此书为《通志》中的最重要部分。

黄晟重印康熙五十六年（1717）燕在阁自刻清王棠撰《知新录》三十二卷。《四库全书总目·集部·杂家类存目》卷一二六第一〇九二页、《中国人民大学图书馆古籍善本书目·子部·杂家类·杂学杂说》

第119页、《安徽省古籍善本书目·子部·杂家类》卷三第六十五页、《山东省图书馆馆藏海源阁书目·子部·杂家类·杂记》第162页、《皖人书录》第201—202页著录，中国人民大学图书馆（2函20册本）、山东省图书馆（1函16册本），安徽省博物馆（16册本）藏。该刊本半页10行，行21字（18×13.6），白口，四周单边，单黑鱼尾。封面镌"燕在阁藏板"，卷端镌"潭滨黄晓峰氏校刊"。说明此版后转徽商四元宝黄晟重印。

乾隆（1736—1795）间槐荫堂刻清陈士铎（字敬之，号远公、朱华子、大雅堂主人）撰《辨证录》又名《伤寒辨证录》十四卷附《脉诀阐微》计2种。《全国中医图书联合目录·临证各科》第333页著录，上海中医药大学图书馆藏。

天都黄晟以巾箱本刻《五经四书》9种一百〇七卷。《丛书书目汇编》第一册第一二八页著录。

潭滨黄晟校刻明王思义编《身体图会》六卷。《全国中医图书联合目录·基础理论》第33—34页著录，中国中医科学院图书馆藏。

天都黄晓峰重刻清年希尧集《本草类方》十卷。《馆藏中医线装书目·方书》第107页著录，中国中医科学院图书馆藏。还藏嘉庆十年己丑(1805)古吴书业巽记据黄晓峰重刻本书及雍正十三年(1735)初刻本。

嘉庆元年（1796）槐荫草堂刻宋李昉等纂《太平广记》五百卷。《香港所藏古籍书目·子部·小说类》第222页著录，香港中文大学图书馆、香港大学图书馆藏64册本。应为乾隆十八年刻本后人重印本。

黄履暹，字仲升，号星宇，有十间房花园及在扬州长春桥西岸别业趣园，晟弟，同寓居扬州康山南倚山，构十间屋花园。扬州"四桥烟雨""水云胜概"为其北郊别墅。

履暹于乾隆二十七年（1762）接待乾隆南巡，曾驻跸趣园，乾隆帝亲赠"目属高低石，步延曲折廊"楹联，曾获奉宸苑卿衔。巨富后，延请名医叶天士、王晋三、杨天池、黄瑞云等在家考订药性，并在城内开青芝堂药铺，广施汤药。还以青芝堂为名刻《圣济总录》及《叶氏指南》等书，是乾隆中期医学要籍出版家。

乾隆（1736—1795）间歙县黄履暹青芝堂刻宋敕纂《圣济总录》又名《政和圣济总录》《大德重校圣济总录》二百卷。《扬州画舫录》卷十二第二九〇页著录，此为方书，录方近2万个，是著名中医要籍。此书未刻竟，后震泽汪鸣珂补刊完成全帙。

乾隆三十一年（1766）青芝堂刻清叶天士（名叶桂）撰、门人锡山华岫云辑录整理《叶氏指南》又名《临证指南》、《临证指南医案》十卷。《扬州画舫录》卷十二第二九〇页、《［民国］歙县志·人物·义行》卷九载。

清青芝堂刻宋龙大渊等奉敕撰《古玉图谱》一百卷。《中国古籍总目·史部·金石考古类·玉之属》第4898页著录，上海图书馆藏。

《红楼梦》出版的始作俑者程伟元

程伟元（约1745—约1819）[①]，字小泉，又字臣元，徽州徽商定居苏州后裔。他出身于书香世家，诗文画兼善，是清前期最值得提起的文学作品出版家、书商。

他早年与李棨（字沧云）为同学。以科场失意，终身未仕。乾隆五十五年（1790）前流寓北京，与高鹗相识，并共同合作搜集整理出版著名小说——曹雪芹著《红楼梦》。程伟元在北京广泛搜集《红楼梦》原著前80回的各种抄本进行校勘。后又与高鹗合作，对前80回进行编辑加工，并根据现有续作后40回进行改写，合成120回《红楼梦》，在乾隆五十六年（1791）在北京琉璃厂萃文书屋用木活字印行。封面题《绣像红楼梦》，扉页题《新镌全部绣像红楼梦》，这就是世称“程甲

① 关于程伟元的籍贯，据《文学研究集刊》第5册第34页说法为祖籍徽州，其他考证文字这里不引了。

本”《红楼梦》。次年，程伟元与高鹗又对程甲本进行编辑加工，再次由萃文书屋以木活字排印，这就是“程乙本”《红楼梦》。比勘两种版本《红楼梦》，其行款、序言均同。只是“程乙本”增加了由程高俩人合写的《引言》。同时，“程乙本”对“程甲本”原著改动也较大，并改动了“程甲本”中的错误。“程甲本”“程乙本”共有的程、高序言记载了这部封建社会活标本式的小说名著正式出版过程。程序有：“《红楼梦》小说本名《石头记》，作者相传不一，究未知出自何人，惟书内记雪芹曹先生删改数过。好事者每传钞一部，置庙市中，昂其值得数十金，可谓不胫而走者矣。然原目一百廿卷，今所传者只八十卷，殊非全本。即间称有全部者，及检阅仍只八十卷，读者颇以为憾。不佞以是书既有百廿卷之目，岂无全璧？爰为竭力搜罗，自藏书家甚至故纸堆中无不留心，数年以来，仅积有廿余卷。一日偶于鼓担上得十余卷，遂重价购之，欣然翻阅，见其前后起伏，尚属接笋。然漶漫不可收拾。乃同友人细加厘剔，截长补短，钞成全部，复为镌板，以公同好，《红楼梦》全书始至是告成矣。”高序说：“友人程子小泉过予，以其所购全书见示，且曰：‘此仆数年铢积寸累之苦心，将付剞劂，公同好，子闲且惫矣，盍分任之？’予以是书虽稗官野史之流，然尚不谬于名教，欣然拜诺，正以波斯奴见宝为幸，遂襄其役。”而在“程乙本”中由程高合写的《引言》中说明此版本由来是（“程甲本”）因急欲公诸同好，故初印时不及细校，间有纰缪。今复聚集各原本详加校阅，改订无讹”，“书中前八十回钞本，各家互异；今广集核勘，准情酌理，补遗订讹”，“书中后四十回系就历年所得，集腋成裘，更无他本可考，惟按其前后关照者略为修辑，使其有应接而无矛盾。至其原文，未敢臆改，俟再得善本，更为厘定，且不欲尽掩其本来面目也”。“程甲本”“程乙本”《红楼梦》是中国古代出版史上的一个里程碑事件，它的意义是不言而喻的。

嘉庆初年，程伟元到辽东与晋昌、刘大观、善怡庵、孙锡等名流交游。嘉庆五年（1800）入盛京将军晋昌幕，帮助他整理书翰奏牍，七年（1802）

为晋昌编纂《且住草堂诗稿》，兼执教于沈阳书院。后死于辽东。程伟元生前所作诗文大多散失，今仅存“程甲本”《红楼梦·序》、“程乙本”《红楼梦·引言》、《且住草堂诗稿·序》、晋昌与程伟元唱和诗九题计46首、刘大观《玉磬山房诗钞》中有程伟元《柳荫垂钓图》古风一首，以及《双松并茂图》《山水扇面》《柳荫垂钓图》《松柏祝寿图》《指画罗汉册》等。

附　活字版程甲、程乙本《红楼梦》：

乾隆五十六年（1791）萃文书屋活字排印清曹霑撰、清铁岭高鹗补、程伟元同删定《红楼梦》全称为《新镌全部绣像红楼梦》一百二十回、木刻《图像》一卷（程甲本）。《中国古籍善本总目·集部·小说·长篇》第一八三五页、《中国古籍总目·子部·小说类·白话之属·长篇·世情》第2278页、《西谛书目·集部中·小说类》卷四第七一页、《中国书店三十年所收善本书目·集部·小说类》第二四七页著录，西谛藏2部不全本：一是存曹霑撰前80回16册，有图，有清张汝执跋，今藏中国国家图书馆；二是存第三十一至六十九、第九十一至一百二十回计60回12册不全本。北京大学、中国社会科学院文学研究所图书馆、中国戏曲研究院图书馆藏全本。中央书店收购插图本白纸24册本，该刊本半页10行，行24字，白口，四周双边。程甲本首为程伟元、高鹗序。

乾隆辛亥（五十六年，1791）程氏东观阁木活字本即程甲本清曹霑撰、清高鹗增订《绣像红楼梦》一百二十回。《中国古籍善本书目·子部·小说类·长篇》第775页、《中国古籍总目·子部·小说类·白话之属·长篇·世情》第2278页、《北京图书馆古籍善本书目·集部·小说类》第二九一四页、《北京大学图书馆藏古籍善本书目·子部·小说家类》第313页著录，中国国家图书馆、北京大学图书馆（32册本，有胡适识语）、中国社会科学院文学研究所图书馆、中国戏曲研究院图书馆藏。

乾隆五十七年（1792）萃文书屋排印清曹霑撰、清高鹗补《红楼梦》

一百二十回（程乙本）。《中国古籍善本书目・子部・小说类・长篇》第775页、《中国古籍善本总目・集部・小说・长编》第一八三五页、《中国古籍总目・子部・小说类・白话之属・长篇・世情》第2278页、《中国人民大学图书馆古籍善本书目・集部・小说类》第264页、《西谛书目・集部中・小说类》卷四第七一页、《北京图书馆古籍善本书目・集部・小说类》第二九一四页、《北京师范大学图书馆古籍善本书目・集部・小说类》第307页、《北京大学图书馆藏古籍善本书目・子部・小说家类》第313页、《中国书店三十年所收善本书目・集部・小说类》第二四八页著录，中国国家图书馆（24册本2部）、西谛图书馆（24册本，有图）、北京大学图书馆（2部，分别为24册、32册本）、中国人民大学图书馆（6函36册本）、北京师范大学图书馆（24册本。该馆还藏清抄36册本，该抄本半页10行，行22字，白口，四周单边，有图，为盐城孙人和家藏本）、上海图书馆、天津图书馆、云南省图书馆、杭州市图书馆（有清陈其泰批校并跋）、云南省图书馆、武汉图书馆（清陈其泰批校并跋）及中国国家博物馆、绍兴市文物管理委员会藏，中国书店收购插图本白纸24册本。该刊本半页10行，行24字，白口，四周双边或上下双边，附刻图，封面镌“萃文书屋”4字，有刻版插图。程乙本改首为高鹗序，次为高鹗、程伟元引言。

乾隆（1736—1795）间刊巾箱本清曹霑撰、铁岭高鹗、程伟元同删定《红楼梦》一百二十回（十六卷）、《图像》一卷计17卷。《贩书偶记续编・子部・小说家类・演义之属》卷十二第299页著录。此书于嘉庆（1796—1820）间重刊加上嘉庆十一年（1806）计3版与程伟元有关。道光壬辰（十二年，1832）刊洞庭王希廉评本多《论赞》一卷、《大观园图》一卷计19卷，已与程伟元无关。

嘉庆十一年丙寅（1806）小泉程伟元校刊、宝兴堂藏板、清不著撰人姓名《红楼梦》十六卷（一百二十回）、《图像》一卷。《贩书偶记续编・子部・小说家类・演义之属》卷十二第299页著录。此书实为清曹霑撰、高鹗增补，计120回，首有木刻图像8页。还录有道光壬辰（十二年，1832）刊本，洞庭王希廉评本还多《论赞》一卷、《大观园图说》一卷。

他的主要出版活动和最大出版工程是先后用活字、刻印方式4次印行中国最伟大的小说之一《红楼梦》，使《红楼梦》从最初的传抄至公开发行，并成为众多版本中的祖本。活字本中的插图也是版刻的。因此，与刻书关系也是很密切的。

刻书千卷的鲍崇城

鲍崇城，歙县人，寓扬州盐商，家资富厚，耽于文史。为在书林立脚，他从阮元处借到精校本北宋太平兴国二年（977）李昉奉敕编纂的大型类书《太平御览》。此书原名《太平总类》，宋太宗按日阅览而改题书名。此书正文分55门，广达1 000卷，内容丰富，引书浩博，计有1 690种。其中，汉人传记就达100余种，旧地志200余种都是失传的古籍，可见其学术、资料价值极高。因卷帙浩繁，虽有两种宋版（一是半页13行，行23字，二是每页26字，行22字），但均存世绝少残帙。明代也有4种版本：一是明隆庆（1567—1572）间福建饶氏等铜活字印本，仅台北“中央”图书馆藏，已是孤本。二是万历元年（1573）黄正色[①]活字版，三是浙人倪炳续定刊本。相比较，黄正色的本子较好，但也有差错。还有万历甲戌（二年）仅印百部的苏熟周堂活字本。余为历代抄本及此后印本。至清，宋明版已难求，一般出版家没有魄力敢于

---

① 黄正色，歙县黄家坞人，官楚王府典仪。隆庆二年至万历二年（1568—1574）在无锡摆印《太平御览》千卷百部，是徽州出版史上的一项大出版工程。《中国古籍总目·子部·类书类·类编之属·通编》第1986页著录，万历元年（1573）刻本完本收藏较多，如中国国家图书馆（何元锡校并跋、宋炳经跋）、北京大学图书馆、天津图书馆、上海图书馆、浙江图书馆、江西省图书馆、河南省图书馆、湖南省图书馆、四川省图书馆、云南省图书馆及浙江图书馆天一阁分馆藏，收入《四库全书》。中国国家图书馆、北京大学图书馆、大连市图书馆、南京图书馆还藏嘉庆十一年（1806）扬州汪氏木活字印本，中国科学院图书馆藏清木活字印本。

行世，作为有远见卓识的徽商鲍崇城气魄盖世，对阮元藏宋版本进行校勘，从嘉庆十二年至十七年刻成行世，成为存世最完整的精好版本。此外，存世清刻本就要数嘉庆九至十四年（1804—1809）张海鹏从善堂刻本了。

嘉庆十二年（1807）至十七年（1812）歙县鲍崇城校宋版刻宋李昉等奉敕辑《太平御览》一千卷、《总目》一卷、《目录》十五卷计1016卷。《中国古籍善本书目·子部·类书类》第792页、《中国古籍善本总目·子部·类书类》第一〇五五页、《中国古籍总目·子部·类书类·类编之属·通编》第1987页、《增订四库简明目录标注》第560页、《山东省图书馆馆藏海源阁书目·子部·类书类》第170页、《香港所藏古籍书目·子部·类书类》第228页、《青海省古籍善本书目·子部·类书类》第七二页、北京师范大学图书馆《中文古籍书目·子部·类书类》第301页、《山西省图书馆普通线装书目录·总记门·类书类》第971页、《合肥师范学院图书馆藏书目录·集部后（二）·总部·书类》第22页、《北京图书馆线装书目》等著录，中国国家图书馆（120册本）、北京大学图书馆、南京图书馆、上海图书馆（仅存220卷即三十一至五十、二百四十一至二百七十、四百三十一至四百七十、六百一十一至六百四十、六百五十一至六百七十、六百九十一至七百二十、八百九十一至九百四十，由清韩泰华校，有叶景葵跋。又1部全）、长春市图书馆、吉林大学图书馆、东北师范大学图书馆、黑龙江大学图书馆、哈尔滨师范大学图书馆、四川省图书馆（120册本）、北京师范大学图书馆（120册本）、山东省图书馆（10函102册本）、山西省图书馆（120册本）、青海省图书馆（120册本）、合肥师范学院图书馆（100册本）、香港新亚研究所图书馆（100册本）、香港中文大学图书馆（作嘉庆二十三年刻，未注刻家120册本）藏。香港大学图书馆（2部中1部80册本，1部120册本）、香港中央图书馆（80册本）还藏光绪十八年（1892）南海李氏重刻嘉庆间歙县鲍崇城仿宋刻本。山西省图书馆还藏上海积山书局光绪二十年（1894）石印宋李昉等编、清鲍崇城校刻《太平御览》一千卷、《目录》十五卷线装32册本，为鲍氏刻本余绪。鲍氏这个刻本最起码要算3个版本。该刊本半页13行，行22字（18.6×13.5），白口，左右双边，单黑鱼尾。

嘉庆十二年至十七年（1807—1812）鲍崇城刻二十三年（1818）印宋李昉等辑《太平御览》一千卷、《目录》十五卷、《总目》一卷计1016卷。《中国古籍总目·子部·类书类·类编之属·通编》第1986—1987页著录，青海省图书馆、南京图书馆、香港中山图书馆及日本东京大学东洋文化研究所藏。

嘉庆十二年至十七年（1807—1812）鲍崇城刻光绪十八年（1892）印宋李昉等辑《太平御览》一千卷、《目录》十五卷、《总目》一卷计1016卷。《中国古籍总目·子部·类书类·类编之属·通编》第1986—1987页著录，北京大学图书馆、吉林省图书馆、吉林市图书馆、吉林大学图书馆、东北师范大学图书馆藏。

光绪十八年（1892）南海李氏学海堂重修嘉庆间鲍崇城仿宋刻宋李昉等辑《太平御览》一千卷、《目录》十五卷、《总目》一卷计1016卷。《中国古籍总目·子部·类书类·类编之属·通编》第1986—1987页著录，中国国家图书馆、上海图书馆、南京图书馆、辽宁省图书馆、沈阳市图书馆、辽宁大学图书馆、黑龙江省图书馆、香港大学图书馆、香港中央图书馆藏。

可见，鲍氏这个刻本价值高，影响大。这个大部头书在清中后期短短80余年间就有4种次以上版本。

搜遗辑佚的大出版家黄奭

黄奭，字右原，天都（歙县）人，以父黄至筠（字个园）为道光（1821—1850）间两淮盐总而居扬州，延甘泉籍，有汉学堂、存悔斋、清松堂、知足斋、求是居、清颂堂、光裕堂等书斋及刻书堂号。黄奭出身监生，以纳赀为刑部郎中。道光壬辰（十二年，1832）钦赐举人，咸丰初（1851年后）卒。

黄奭家世盐策，家道富庶，富藏图籍，曾拜南城曾燠为师，曾见其可成大器，推荐江藩为师，奭备重礼，延江藩坐馆四年，使之更精通经史，尤擅小学。著有《胪云集》二卷、《端绮集》二十八卷①、《近思录集说》十四卷、《律纲》六卷、《秋审实缓》五卷、《秋审章程》一卷、《秋审直省附录》一卷及《孙过庭书谱跋》、《赵文敏公书国策墨迹跋》、《鲜于扬州诗墨迹二跋》、《颜鲁公大麻姑坛记跋》、《快雪堂乐毅论跋》、《红都胜境记》、《拟修平山栖灵塔记》、《宋季昭忠祠记》等各一卷，辑有西汉《神农本草经》三卷、《晋太康三年地记》一卷、《括地志》一卷、《唐张著建康宫殿簿》一卷、《子夏易传》不分卷、汉京房撰《京房易章句》一卷、《孟喜易章句》不分卷、《陆绩易述》一卷、《王肃易注》、《薛虞易音注》无卷数、《九家周易集注》一卷、《翟子元易义》、《刘瓛乾坤义》一卷、《褚氏易注》一卷、《周易周氏义疏》一卷、《河图稽命征》不分卷、《易纬》、《河图纬》不分卷、《河图圣洽符》不分卷、《雒书》、《雒书甄曜度》、《雒书摘六辟》、《尚书古文注》一卷、《尚书大传注》一卷、《顾彪尚书义疏》一卷、《淮南万毕术》一卷、《物理论》一卷（王鉴修补）、《正谊录》五卷、《诗谱》一卷、《毛诗申郑义》一卷、《诗含神雾》一卷、《诗推度灾》一卷、《周官马融传》一卷、《卢植礼记解诂》一卷、《鲁礼禘祫义》一卷、《礼稽命征》不分卷、《礼含文嘉》不分卷、《礼纬》不分卷及1卷本、《乐纬》不分卷、《乐恊图征》不分卷、《春秋左氏传述义》一卷、《春秋内事》不分卷、《春秋纬》不分卷、《春秋演孔图》不分卷、《春秋潜潭巴》不分卷、《春秋合诚图》不分卷、《春秋握诚图》不分卷、《春

---

① 据1987年中华书局版《清史列传·儒林传下二·黄奭》卷六十九第五六一二页补。

秋佐助期》不分卷、《春秋运斗枢》不分卷、《春秋感精符》不分卷、《春秋考异邮》不分卷、《春秋保乾图》不分卷、《春秋说题辞》不分卷、《春秋文耀钩》不分卷、《春秋命历序》不分卷、《郑氏孝经解》一卷、《孝经》不分卷、《孝经纬》不分卷、《孝经援神契》一卷、《孝经钩命决》一卷、《孝经左契》一卷、《孝经右契》一卷、《孝经古秘》一卷、《孝经中契》一卷、《孝经内记图》一卷、《字书》二卷、《桂苑珠丛》一卷、《开元文字音义》一卷、《唐韵》二卷、《韵海镜源》一卷、《唐李舟切韵》二卷、《小学》一卷、《驳五经异义》十卷、《郭氏玄中记》一卷、《六艺论》一卷、《尔雅古义》十二卷等。

他把毕生精力放在搜集遗佚，辑校刊刻古籍上。如《存悔斋集杜诗注》三卷[①]、《通纬》、《子史钩沉》、《汉学堂经解》等丛书都是他亲自辑校整理，他的大多著述还放在丛书里一并刊行。还有中国国家图书馆藏清抄清黄奭编《汉学堂知足斋丛书二百十五种》二百十五卷，绝大部分为黄奭亲自辑校，为省篇幅，不再细列了。他的这些专著和辑佚大都收入自编的有关丛书中，如《尔雅古义》十二卷12种全为黄奭所辑，不仅是单独丛书，还分别收入自刻的《汉学堂丛书》、《黄氏逸书考》丛书中，还收入同治（1862—1874）间刻民国印《榕园丛书》等本中。

他整理刊行的古籍丛书有《汉学堂丛书》又名《黄氏逸书考》291种250卷、《汉学堂知足斋丛书》4集214种219卷、《知足斋丛书》15种32卷及66种66卷、《清颂堂丛书》8种62卷、《高密遗书》19种19卷等，仅以上所列就多达623种649卷，如再加上丛书中又有丛书在汇印前已单印，如《汉学堂丛书》就有《经解》86种88卷、《尔雅古义》12种12卷、《通纬》55种55卷、《子史钩沉》88种88卷、《汉学堂经解》5种5卷，《汉学堂知足斋丛书》四集实为4套小丛书如《知足斋丛书》66种66卷、《通纬》55种55卷、《子史钩沉》88种88卷（另

---

① 据1987年中华书局版《清史列传·儒林传下二·黄奭》卷六十九第五六一二页补。

一种为121种90卷）、《汉学堂经解》5种10卷等这9种丛书中的丛书就达247种221卷，估计加上不同配套及单行本行世印行子目近900种900卷。其中，不少为其亲辑，全部出版物都由其亲校。可见黄奭是道光间古籍整理大家，也是著名的刻书家。尤其是《以黄氏逸书考》又名《汉学堂丛书》最为著名。这套丛书所选为自汉至六朝的逸书、遗书。共收“经解逸书考”80种，分易、书、诗、礼、春秋、五经总义、小学等类；“通纬逸书考”55种，分河图、雒书、易、书、诗、礼、乐、春秋、论语、孝经等类及附谶；“子史钩沉逸书考”73种，分子部儒、兵、法、农、医、天文、术数、艺术、杂家、道家和史部正史、编年、别史、杂史、传记、时令、地理、职官、政书等类，皆为1种1卷。有道光（1821—1850）间甘泉黄氏自刊本，光绪（1875—1908）间仪征阮氏重编印本，民国十四年（1925）王鉴（王翕廷）修补印本，改名为《黄氏逸书考》，及民国二十三年（1934）江都朱长圻修补印本。尤以民国二十三年补刊本最善，版藏江苏广陵古籍刻印社，1958年扬州古旧书店及1984年江苏广陵古籍刻印社均以民国二十三年原版重印，共有6次印刷，可见这是一部非常成功、非常有价值的古籍整理丛书。他辑的单行本书有《青霞仙馆诗录》又名《青霞仙馆集》一卷等。

现将黄奭辑刻的丛书胪列如下。

道光（1821—1850）中歙县黄奭在扬州刊自辑《汉学堂丛书》又名《黄氏逸书考》[1]215种（实291种）二百五十卷。《中国古籍总目·丛书部·辑佚类》第878—883页（著录为道光间刻光绪间印本213种，子目与此略有区别，如《经解》作76种，但《易类》就多汉荀爽撰《易言》一卷，为省篇幅，不重出）、《中国丛书综录·汇编·辑佚类》第一册第400—404页、《中国丛书综录补正·汇编·辑佚类》第70—71页、《中国古籍善本书目》第1873—1882页、《中国丛书综录续编·汇编·辑

① 民国十四年王鉴修补时改为此名。

佚类》第109页（作光绪间甘泉黄氏刊巾箱本，注子目略，但未注藏处）著录，中国国家图书馆、首都图书馆、中国科学院图书馆、北京大学图书馆、北京师范大学图书馆、中国中医科学院图书馆、上海图书馆、华东师范大学图书馆、上海辞书出版社图书馆、天津图书馆、内蒙古自治区图书馆、甘肃省图书馆、青岛市图书馆、山东大学图书馆、南京图书馆、南京大学图书馆、苏州市图书馆、浙江图书馆、浙江大学图书馆、福建省图书馆、福建师范大学图书馆、湖北省图书馆、武汉大学图书馆、广东省图书馆、四川省图书馆、重庆市图书馆、四川大学图书馆、中央民族大学图书馆藏，清华大学图书馆、复旦大学图书馆藏不全。《丛书书目汇编》第四册第四六五页至四六八页（著录较粗且缺目）、《山西省图书馆普通线装书目录·总记门·丛书类》第1013页、1004页著录，山西省图书馆藏215种80册，应为不全本，又有民国二十三年（1934）影印江都朱氏刻线装160册本。《香港所藏古籍书目·丛部·汇编类》第565—568页著录，香港中央图书馆藏清道光（1821—1850）间甘泉黄氏刻光绪（1875—1908）中印此丛书291种80册本。可证此书还有光绪版。

《中国古籍总目·丛书部·辑佚类》第874—878页（中国国家图书馆藏黄奭辑清刻本《汉学堂知足斋丛书》215种二百二十四卷，分四集）、《中国古籍善本书目·丛部·汇编丛书（四）》卷三五第469—477页、《中国丛书广录·汇编丛书·杂纂类》上册第194—196页（作清刻本，与《中国丛书综录》子书有区别）著录，中国国家图书馆藏本中的清刻本《知足斋丛书》半页10行，行20字，黑口，四周单边；《通纬》刊本字数不等，并多种有黄奭亲校，与前列清道光间黄奭在扬州原刻本，光绪、民国间补修重印本在版本上有一定区别，应视作另一种版本。黄奭辑刊的丛书在光绪（1875—1908）间经仪征阮氏重编再刊，实为重新序列原版，后改名《黄氏逸书考》。黄氏也以巾箱本印行。民国十四年(1925)王鉴修补重印为357种，但《中国古籍总目·丛书部·辑佚类》

第 883—888 页著录，中国国家图书馆、北京大学图书馆、上海图书馆、辽宁省图书馆、陕西省图书馆、南京图书馆、四川省图书馆、青海省等图书馆藏道光（1821—1850）间黄奭刻民国十四年王鉴修补印本，首都图书馆、北京师范大学图书馆、甘肃省图书馆、河南省图书馆、黑龙江省图书馆、宁夏回族自治区图书馆藏民国二十三年江都朱长圻补刻汇印黄氏刻本均为 274 种另附 6 种计 280 种。

民国二十三年（1934）江都（今扬州市）朱长圻据甘泉黄氏原版补刊重印本为最善版，名题《黄氏逸书考》（原名《汉学堂丛书》）全目 350 种三百零三卷。1984 年江苏广陵古籍刻印社用民国二十三年用补刊本原版校补重印，版藏广陵古籍刻印社，收藏更多。《中国丛书综录·汇编·辑佚类》第 404—407 页、《中国丛书综录补正·汇编·辑佚类》第 70—71 页、《中国丛书综录续编·汇编·辑佚类·郡邑类》第 109 页、《中国古籍善本书目·丛部·汇编丛书（四）》第 469—471 页、《北京图书馆古籍善本书目》第一八七三至一八八二页著录，中国国家图书馆（道光本 4 集 240 种 214 卷 80 册本，还藏民国十四年王鉴修补本）、北京大学图书馆、北京师范大学图书馆、中国中医科学院图书馆、上海图书馆、上海师范大学图书馆、内蒙古自治区图书馆、辽宁省图书馆、甘肃省图书馆、山东大学图书馆、南京图书馆、南京大学图书馆、浙江大学图书馆、湖北省图书馆、重庆市图书馆、青海省图书馆藏民国十四年王鉴修补印本；首都图书馆、北京师范大学图书馆、清华大学图书馆、吉林大学图书馆、哈尔滨市图书馆、甘肃省图书馆、福建师范大学图书馆、湖北省图书馆、云南省图书馆、黑龙江省图书馆、宁夏回族自治区图书馆、中央民族大学图书馆藏民国二十三年朱长圻修补印本。

经考，黄氏这套大型丛书不仅自己重印，别人修印，版本众多，但都以黄刻为祖版，可见黄刻及黄辑本书的重要。除上面所述版本外，还有清光绪仪征阮氏重编刊本，实与《黄氏逸书考》为同一刻版，改变了名称。民国二十三年补刊本为黄刻中最善版。版藏江苏广陵古籍刻印社。

1958年扬州古旧书店重印用的是民国二十三年原版；1984年江苏广陵古籍刻印社对二十三年原版加以校补又加以重印，更增加了行世量。

道光（1821—1850）中刻歙县侨居甘泉清黄奭编《知足斋丛书十三种》三十二卷。《中国古籍善本书目·丛部·汇编丛书（四）》第469页、《中国古籍善本总目·丛部·汇编丛书》第一九八五页、《中国古籍总目·丛书部·杂纂类·清代前期》第472页著录，上海图书馆、浙江图书馆藏，中国国家图书馆仅存11种23卷，缺《儒林传稿》、《正谊录》五卷应为不全本或初印本。该刊本半页9行，行17字，小字双行同，黑口，四周单边。

道光（1821—1850）中歙县黄奭在甘泉（今扬州市）辑刊《知足斋丛书》15种三十二卷。《北京图书馆古籍善本书目》第一八八二页、《中国丛书综录·汇编·杂纂类（清代前期）》第173页、《中国丛书综录补正》第40页、《中国古籍善本书目·丛部·汇编丛书（四）》卷三五第469页著录，上海图书馆、浙江大学图书馆藏，中国国家图书馆善本部藏本缺清阮元撰《儒林传稿》四卷、《正谊录》五卷2种，计13种23卷8册不全本。该刊本半页9行，行17字，小字双行同，黑口，四周单边。收入《汉学堂知足斋丛书》中的《知足斋丛书》66种66卷，子目与此不同，详下条。

黄奭的清刻本还有一种《汉学堂知足斋丛书》215种二百一十五卷。《中国丛书广录·汇编丛书·杂纂类》第194—196页、《北京图书馆古籍善本书目·子部·丛书类》第一八七三至一八八二页、《中国古籍善本书目·丛部·汇编丛书（四）》第469—477页（子目略异）著录，中国国家图书馆藏80册本。该刊本半页10行，行20字，黑口，四周单边。其中《通纬》行字不等，并由黄奭亲校。

黄奭还有一种辑刻本《知足斋丛书》子目与此套丛书不同，系因鲍廷博而起，子目达66种六十六卷。书目文献出版社版《北京图书馆古籍善本书目·子部·丛书类》第一八七三至一八七六页、《中国丛书综录补正·汇编·杂纂类（清代前期）》第40页著录。此书系中国国家图书馆藏《汉学堂知足斋丛书》四集214种二百十四卷中的一部分。该刊本半页9行，行17字，小字双行同，黑口，四周单边。该丛书还有“通纬”55种五十五卷，“子史钩沉”88种八十八卷，“汉学堂经解”五种五卷，子目与《汉学堂丛书》不同。

甘泉黄奭汉学堂辑刻汉郑玄撰《高密遗书》19种十九卷。《中国古籍善本总目·经部·总类》第七页、《中国古籍总目·经部·总类·传说之属》第11页（作道光二十三年刻）、《汇刻书目》第一册第五十一页、《丛书书目汇编》第三册第三二九页、《北京图书馆古籍善本书目·经部·总类》第七至八页著录，《汉学堂经解》本中的分丛书。中国国家图书馆藏道光二十三年（1843）刻12册本。该刊本半页9行，行17字，白口，四周单边。由清黄奭辑校。

道光（1821—1850）中歙县黄奭在甘泉（今扬州市）辑刊《清颂堂丛书》8种六十二卷。《中国丛书综录·汇编·杂纂类（清代前期）》第一册第173页、《中国丛书综录补正》第40页、《中国古籍总目·丛书部·杂纂类·清代前期》第472—473页著录，中国国家图书馆、中国科学院图书馆、北京大学图书馆、北京师范大学图书馆、清华大学图书馆、上海图书馆、上海辞书出版社图书馆、天津图书馆、辽宁省图书馆、山东大学图书馆、南京图书馆、南京大学图书馆、苏州市图书馆、安徽省图书馆、浙江图书馆、福建师范大学图书馆藏；山东省图书馆收藏不全。据《增订丛书举要》卷五十一著录潘世恩辑，道光庚子（1840）潘氏刊本“为九种五十九卷”。其中，无《古文尚书辨》八卷，多清刘凤诰集《存悔斋集杜》三卷，清吴永和集《集陶诗》一卷附清黄奭注《集陶诗注》一卷。徐按，《中国丛书综录补正》第40页指出：“《增订丛书举要》卷五十一著录‘潘世恩辑、道光庚子潘氏刊本’，多清刘凤诰集《存悔斋集杜》三卷；清吴永和集《集陶诗》一卷，附清黄奭注《集陶诗注》一卷。无《古文尚书辨》。”《中国丛书广录·别录》上册第

1062 页著录，收入台湾新文丰出版公司版《丛书集成续编》丛书中。此丛书应为初印本。

道光（1821—1850）中歙县黄奭在甘泉辑刊《清颂堂丛书》11 种七十七卷。《山东省图书馆馆藏海源阁书目 · 丛书 · 汇编类》第 360—361 页著录，山东省图书馆仅藏 9 种 58 卷 3 函 21 册，缺《春秋世族谱》一卷、《古文尚书辨》八卷。该刊本半页 9 行，行 19 字（17.2×12.3），黑口，四周单边，无鱼尾，有刻工。此丛书应为后印本。

道光二十三年 (1843) 歙县黄氏（黄奭）刻汉学堂经解本汉郑玄撰、清黄奭辑、清黄奭校《高密遗书》19 种十九卷。《中国丛书广录 · 补遗》第 996 页、南京大学编印《中国丛书目录及子目索引汇编》第 130 页、《北京图书馆古籍善本书目 · 经部 · 总类》第七至八页、《中国古籍善本书目 · 经部 · 总类》第 22 页著录，中国国家图书馆藏线装 12 册本，为道光二十三年 (1843) 黄奭汇刻本清黄奭辑校《高密遗书》十九种十九卷，比南京大学目录多郑玄撰《尚书中候》1 种 1 卷。该刊本半页 9 行，行 17 字，白口，四周单边。而《汇刻书目》第一函第一册第五十一页则著录为甘泉黄奭辑刻汉学堂经解本《高密遗书》13 种。即《六艺论》、《易注》、《尚书注》、《尚书大传注》、《毛诗谱》、《箴膏肓释废疾发墨守丧服变除》、《驳五经异义》、《答临孝存周礼难》、《三礼目录》、《鲁礼禘祫义》、《论语注》、《郑志》、《郑记》，子目少的更多了。但比《中国丛书综录》第 404—407 页《汉学堂丛书》中所收子目要多。

道光（1821—1850）间刻甘泉黄奭右原辑刻汉樊光、李巡等撰《尔雅古义》12 种。《中国古籍善本总目 · 经部 · 小学类》第一五三页（作 11 卷）、《汇刻书目》第一册第六十二页著录，中国国家图书馆藏，由清黄奭校补，为《汉学堂经解》本中的小丛书。该刊本半页 9 行，行 17 字，黑口，四周单边。

道光（1821—1850）间甘泉黄奭刻民国十四年（1925）王鉴修补印汉樊光、李巡等撰，清黄奭辑《黄氏逸书考》中的《尔雅古义》12 种。《北京图书馆古籍善本书目·经部·小学类》第一四七页、《北京图书馆普通古籍总目·文学学门》第十卷第17页著录，中国国家图书馆藏6册本，应为重印本，还藏道光间刻《尔雅古义》十一卷10册本，由黄奭校补。该刊本半页9行，行17字，黑口，四周单边。

道光二十八年（1848）甘泉黄奭辑刊汉学堂经解本《尔雅古义》12种十二卷。《贩书偶记·经部·尔雅类》卷三第63页著录，藏处待考，抑或就是上述的版子或重印本。

徽州书人丛说

卷二

明代书人

徐学林◎著

图书在版编目（CIP）数据

明代书人 / 徐学林著. -- 北京：中国书籍出版社，2024. 10. -- (徽州书人丛说). -- ISBN 978-7-5068-9976-5

Ⅰ. K825.4

中国国家版本馆CIP数据核字第2024XD9033号

明代书人

徐学林　著

责任编辑　李　新
责任印制　孙马飞　马　芝
封面设计　程　跃
出版发行　中国书籍出版社
地　　址　北京市丰台区三路居路 97 号（邮编：100073）
电　　话　(010) 52257143（总编室）　(010) 52257140（发行部）
电子邮箱　eo@chinabp.com.cn
经　　销　全国新华书店
印　　刷　三河市富华印刷包装有限公司
开　　本　710毫米 × 1000毫米　1/16
印　　张　113.75
字　　数　1680千字
版　　次　2024 年 10 月第 1 版
印　　次　2024 年 10 月第 1 次印刷
书　　号　ISBN 978-7-5068-9976-5
定　　价　680.00元（全五册）

目录

家刻代表人物

坊刻代表人物

家刻代表人物

学者型编纂家、刻书家程敏政

程敏政（1444—1499），字克勤，以祖籍歙县篁墩（原名黄墩，敏政改[1]，今属安徽省黄山市屯溪区）为号，先后有篁墩、篁墩居士、篁墩老人，留暖道人之号，人称“篁墩先生、程篁墩”，有篁墩书舍室名，休宁县陪郭（今县城郊）人。明代著名学者、编辑出版家。程家世代武官之家，其父程信官至南京兵部尚书。他自幼聪慧，有“神童”之称。《休宁名族志·陪郭程三》卷一说他：“秉资灵异，一目数行下。其为文宏博伟丽，自成一家。质之当代，盖绝无而仅有者。”10岁随父入川，为巡抚罗绮钟爱，荐与英宗。英宗令作《瑞雪》诗和《经书义论》文，挥笔立就，被破格送入翰林院读书。其才学为学士李贤、彭时都赏识，李贤招他为婿。才入冠就中顺天魁，成化二年（1466）中进士，授翰林院编修，历左谕德，直讲东宫，参与英宗、宪宗两朝实录的编写工作。弘治初，擢少詹事，任太子侍读，后升为侍讲学士。孝宗称为“先生”，时人评论在翰林院中：“学问渊博程敏政，文章最好李东阳。”《明史》也说：“翰林中，学问该博称敏政，文章古雅称李东阳，性行真纯称陈音，各为一时冠。”[2]

程敏政因出身名宦之家，又在学界久负盛名，才高遭忌，树大招风，为群小所妒。弘治元年（1488）冬遭御史魏璋弹劾，以暧昧之词下诏致仕，归南山读书、著书。曾出任浙江嘉兴县官。五年（1492）复起用，任太常寺卿兼侍讲学士，掌院事。后又任礼部右侍郎，专管内阁诰敕。十二年（1499）与李东阳同主会试，考生唐寅、徐经预先做的文章恰与试题雷同，又遭执事给事中华昶诬劾泄题而下狱，罪及唐、徐。后事明

① 程敏政《篁墩录》说，篁墩之名以其地之产竹，为程氏世居之里。唐末，黄巢乱，所过地无噍类，见里名同其姓者不加残毒，墩之人因改“篁”为“黄”，以脱祸，裔孙敏政复正之以为号。

② 《明史·列传·文苑二·程敏政》卷二百八十六第七三四三页，中华书局，1974。

出狱，坚请致仕，愤而成疾，痈发而亡。卒后追赠礼部尚书。著有《宋遗民录》十五卷、《道一编》六卷、《篁墩集》九十三卷、《咏史集解》七卷、《宋纪受终考》三卷、《心经附注》四卷、《新安文献志》一百卷，以上 7 种 228 卷及自编《明文衡》九十八卷、《唐氏三先生集》3 种二十八卷《附录》三卷、《别本汪文定集》十三卷计 5 种 142 卷共 12 种 370 卷均为《四库全书总目》著录。附《先贤事略》二卷以及《咏史集》和传状、碑记 30 余卷，保存宋明社会大量历史资料。他选录自明初迄弘治间的辞、赋、乐府、琴操及散文、古近体诗总汇《明文衡》一百卷、《咏史集解》七卷、《唐氏三先生集》二十八卷《附录》三卷、《程氏贻范集》（诗词）三十卷，删定《别本汪文定集》十三卷及《宋遗民录》十五卷[①]等。

他的著述和所辑都有很高的学术价值，一向为学术界重视，也是博大精深徽学领域里的重要著作。如他辑刻的《新安文献志》是徽州府第一部地方文献总汇。全书正编一百卷，120 万余言，前 60 卷为甲集，后 40 卷为乙集。甲集录汉代以后徽州人所作诗文，并仿真德秀撰《文章正宗》的体例分为 33 类。乙集收罗徽州地区先贤及徽州官宦行实、文字，分神迹、道原、忠孝、儒硕、勋贤、风节、才望、吏治、遗逸、世德、寓公、文苑、材武、列女、方伎 15 目，是徽学研究的重要资料库。所以，四库馆臣对其学术地位和价值极为称道："征引繁博，条理淹贯，凡徽州一郡之典故，汇萃极为赅备，遗文轶事，咸得藉以考见大凡。故自明以来，推为巨制。"[②]此书，无论是从学术价值，还是版本价值都是历代名书名版。此书稿初截止于永乐，得文 1087 篇，诗 1034 首。后增加 51 篇文，59 首诗。有弘治十年（1497）程敏政自跋叙述校刻维艰，文曰："以字计者，一百二十万有奇；以板计者，一千六百有奇"，"工钜役繁"，"积三十年始克成"。可见，其书行世的艰难，加之耗费大

① 收入清鲍廷博辑刻《知不足斋丛书》中。
② 《四库全书总目·集部·总集类四》卷一八九。

量刻资，故后记乐助人姓名。《目录》后记编写校对人姓氏，其次排列本书黄仇诸刻工为黄文敬、文汉、文通、文迪、以昇、永晟、道清、道齐、永旻、杲、永翯、昱、昊、士环；仇以寿、以茂、以忠、以顺、以才、以淳、廷永、廷海。这套徽学研究重要资料书是通家合作而成的典范。

他所辑的《皇明文衡》一百卷也是一部当代作品的精选集。这是第一部搜录明洪武至成化以前的明前期时文总集，以类分编，计有代言、赋、骚、乐府、琴操、表笺、奏议、论、说、解、辨、原、箴、铭、赞、策问、问对、书、记、序、题跋、杂著、传、行状、碑帖、神道碑、墓碣、墓志铭、墓表、哀诔、祭文、字说等38类。正德五年（1510）徽州府这个官刻本是最初的版本，是此后翻刻、重刻祖本，在出版史上地位显赫。这本总集式类编开编刊昭代文论的风气，是后人编纂《明文海》《明文在》《皇明文范》的基础，因此在明代学术史上有很重要的地位。所以，四库馆臣说："稽明初之文者，固当以是编为正轨矣。"[1]

还有他的著作辑为《篁墩先生文集》九十三卷、《拾遗》一卷是他除专著外所撰各类文字的总集。他还是地方文献的大编纂家，他编了第一部休宁县志和多种程氏家谱。

程氏这些编著不少由当时的徽州府官刻行世。程敏政及其后人，尤其是其子程壎多次以家刻刊行敏政等人著述。程氏家刻是明前期徽州府重要的家刻大家。《明代版刻综录》第五卷第二十四页仅著录弘治四年刊自撰《宋纪受终考》三卷，弘治十年（1497）刻元汪克宽撰《经礼补逸》九卷，十年刻元吴澄撰《仪礼逸经》一卷、《传》一卷，弘治间刻宋汪应辰撰、程敏政辑《王文定公集》十四卷4种28卷，遗漏太多。

程氏著述自刻、家刻、官刻、坊刻在他生前逝后的明前期就很流行。著名的刻书有：

成化（1465—1487）间程敏政刊元敖继公撰《仪礼集说》十七卷。

---

① 《四库全书总目·集部·总集类四》卷一八九第一七五页。

《增订四库简明目录标注》第83页著录。

成化十八年（1482）家刻明程敏政纂修休宁《新安程氏统宗世谱》二十卷、《谱辨》一卷、《附录》一卷计22卷。《中国家谱综合目录》第516页、《北京图书馆古籍善本书目·史部·传记类》第五〇一页、《中国书店三十年所收善本书目·史部·传记类》第30页著录，国家图书馆仅存卷一至卷四、卷十八至卷二十及《附录》《谱辨》计9卷2册。中国书店收购过。该谱全录44支，录53代，入谱人物逾万。国家图书馆还藏本版本一至五卷及《谱辨》一卷计6卷1册。该刊本半页14行，行30字，黑口，四周双边。该馆还藏卷一至十一、十四至二十及《谱辨》一卷、《附录》二卷计21卷4册明抄本，此抄本半页14行，行30字，黑口，四周双边。但这3部残本总起来也缺卷十二、十三两卷。《上海图书馆馆藏家谱提要》第823页著录上海图书馆藏本为卷一至十一、卷十八至二十及《附》计16卷3册。版心下题黄文汉、黄文达等刊。此谱是学者所撰，黄氏刻工所刻上乘家谱。此为汇谱。

成化十八年（1482）刻自辑《程氏贻范集》三十卷。《中国善本书提要·史部·传记类》第141页著录，美国国会图书馆藏12册本。成化十八年程敏政在自序中说："文简公序《世录》，有《贻范集》之名。更代亡佚，因广搜博采，追成百卷。先掇其要，为五集。"经考，即甲集为王言及公移7卷，乙集为行实传志碑表20卷，丙集为像赞1卷，丁集为谱辨1卷，戊集为谱号1卷。自序后为牌记："婺源大畈汪道全、休宁西门汪克正缮写；歙仇村黄文敬、文希、文达、文汉、文通、永暹、永昇，王充，仇以兴、以茂、以忠、以森刊。"该刊本半页11行，行21字（11.2×12.3）。《安徽文献书目》第69页著录，安徽省图书馆仅存3卷1册不全本。

弘治三年（1490）序刊明程敏政辑《新安文献志》一百卷。《北京大学图书馆藏古籍善本书目·集部·总集类》第400页、《藏园群书经眼录·集部七》卷十八第一五五八页（多《先贤事略》二卷）、《安徽省古籍善本书目·总集·地方艺文》卷四第三十三页、安徽师范大学图书馆《古籍善本书目·集部·地方文艺》（初稿）第57页著录，北京大学图书馆（仅缺卷四十五至七十、卷八十六至九十五上，计存63卷15册）、安徽师范大学图书馆（4函24册本）、安徽省图书馆（仅存24卷4册不全本）及安徽省博物馆（2部中1部全本14册，1部仅10卷3册不全本）藏。

弘治四年(1491)刻自撰《宋纪受终考》三卷。《中国古籍善本书目·史部·史评类》第1515—1516页、《四库全书总目·史部·史评类存目一》卷八十九第七六〇页、《明代版刻综录》第五卷第二十四页、《中国书店三十年所收善本书目》、《［道光］徽州府志》卷十一之四等著录，福建省图书馆藏。此书引证《通鉴》等书辨论宋太祖、太宗受终事，以辟胡一桂、陈桱、杨维祯、贝琼等人的讹错。

弘治五年（1492）自刻宋真德秀注《心经附注》四卷。《中国古籍善本总目·子部·儒家类》第七九八页、《四库全书总目·子部·儒家类存目一》卷九十五第八〇六页、《全明分省分县刻书考·安徽省卷》第二十五页著录，湖南省图书馆仅藏卷三至四计2卷不全本。该刊本半页13行，行23字，黑口，四周双边，有刻工。

弘治癸丑（六年，1493）刻程敏政序刊宋吴儆撰《竹洲集》二十卷附宋吴俯撰《棣华杂著》一卷计2种21卷。《增订四库简明目录标注》第733—734页著录，并指出“明弘治癸丑刊小字本，程敏政序”，但又指出：“傅沅叔有明刊本十卷，十行二十字，附录一卷，有程敏政序，未知即程刊本否？”误。因十卷本为吴继良刊万历本，为诸吴家刻本之一。

弘治十年（1497）刻明程敏政纂修《休宁陪郭程氏本宗谱》不分卷。《中国家谱综合目录》第513页、《安徽省古籍善本书目·史部·传记类》第三十三页著录，安徽省图书馆藏1册本。该谱修成于成化十年（1474）。该刊本半页13行，行23字，粗黑口，四周双边，有刻工。《安徽文献书目》第69页著录为成化十年刊本，作2卷，应为两种不同版本。

弘治十年校刻元汪克宽撰《经礼补逸》九卷。《北京大学图书馆藏古籍善本书目·经部·礼类》第 18 页、《明代版刻综录》第五卷第二十四页、《增订四库简明目录标注》第 83 页著录，北京大学图书馆藏线装 4 册本。

弘治十年（1497）刻元吴澄撰《仪礼逸经》一卷、《传》一卷计 2 种 2 卷。《中国古籍善本总目·经部·礼类》第六十八页、《中国古籍善本书目·经部·礼类》卷二第三〇页、《北京图书馆古籍善本书目·经部·仪礼》第七十二页、《全明分省分县刻书考·安徽省卷》第二十五页、《明代版刻综录》第五卷第二十四页著录，国家图书馆藏 10 册本。该刊本半页 10 行，行 28 字，小字双行同，白口，左右双边。

弘治十年刻自编《程氏贻范集·己集·诗词》十卷。《安徽省馆藏皖人书目》第 346 页、《安徽省古籍善本书目·史部·传记类》卷二第三十一页著录，安徽省图书馆仅存卷一至三计 3 卷 1 册。该刊本半页 11 行，行 21 字，四周双边，粗黑口，有刻工。此为成化十八年版补编。

弘治十年在众人资助下又辑刻《新安文献志》一百卷附《先贤事略》二卷（又有徽州府祁司员、彭哲刻本多《目录》二卷）。《中国善本书提要·集部·总集类》第 486 页、《增订四库简明目录标注》第 910 页、《安徽省古籍善本书目·集部·总集·地方文艺》卷四第三十三页、《四库全书总目·集部·总集类四》卷一八九第一七一五页著录，国家图书馆藏 20 册本，安徽省博物馆藏 14 册本全，还藏 1 部仅存卷八十六至九十五计 10 卷 3 册，安徽师范大学图书馆藏 4 函 24 册本全，安徽省图书馆藏仅存 24 卷 4 册不全本。该刊本半页 13 行，行 17（一说 27）字（18.8×12.6），白口，左右双边。

弘治间（1488—1505）刻明程敏政修《休宁桃梅程氏本宗谱世系》一卷、《事略》一卷、《附录》三卷计 5 卷。《中国书店三十年所收善本书目·史部·传记类》第五十七页著录，中国书店收购棉纸 1 册本。该刊本黑口。

弘治间刻宋汪应辰撰、程敏政编定《汪文公集》十四卷。《全明分省分县刻书考·安徽省卷》第二十五页、《增订四库简明目录标注》第730页著录。《四库全书总目·集部·别集类存目一》卷一七四第一五四〇页载为《别本汪文定集》十三卷。

弘治间（1488—1505）刻自辑元唐元①、明唐桂芳、唐文凤撰《唐氏三先生集》3种三十三卷。《中国丛书综录·类编·集类·总集（氏族）》第一册第891页、《中国丛书综录补正》第261页、《汇刻书目》第二函第十五册第五十五页、《四库全书总目·集部·总集类存目二》卷一九二第一七四二页著录，国家图书馆藏。

程氏生前主持的刻书不完全统计有15种356卷以上，且大多数部头大，刻工好，存世大部为善本。他的著作在当代以官刻、私刻形式行世更多。

弘治十八年（1505）开刻，正德元年（1506）刻竣明程敏政撰，明程曾、戴铣辑《篁墩程先生文粹》二十五卷。《中国古籍善本书目·集部·明别集类》第592页、《中国古籍善本总目·集部·明别集类》第一三八一页、《北京大学图书馆藏古籍善本书目·集部·别集类》第449页著录，北京大学图书馆（6册、12册本）、国家图书馆（6册本）、首都图书馆、中国科学院图书馆、上海图书馆、复旦大学图书馆、吉林省图书馆、山东省图书馆、南京图书馆、重庆市图书馆、中央民族大学图书馆、台湾“中央”图书馆（2部中1部为原北平图书馆藏）、中国社会科学院文学研究所图书馆及日本内阁文库（2部）藏。同页还著录将仅存的17卷的目录末页作伪充全的7册本1部。该刊本半页11行，

---

① 唐元（1269—1345），字长孺，号筠轩，元歙县人。泰定四年（1327）以文学授平江路学录，升南轩书院山长，后以徽州路教授致仕。为文纡余典雅，作诗含蓄隽永，与洪焱祖、赵俞老并称“新安三俊”。著《见闻录》二十卷、《易传义大意》十卷、《筠轩集》十三卷、《金陵杂著》、《分阳杂草》、《吴门杂著》、《分阳杂著》等。其中子桂芳辑其著述为《敬堂杂著》、《思乐杂著》、《吴门杂著》、《金陵杂著》、《老学丛稿》计50卷，程敏政编成《筠轩集》十三卷即《诗稿》八卷、《文稿》五卷。

行21字（18.6×12.2），白口，四周单边。此书缘起是程敏政卒后，门人张九逵[①]任休宁知县，准备为其出版全集，先出约本，得到知府何韵的批准，并决定仍由张九逵主其事。

弘治间（1488—1505）新安程敏政编刊《唐氏三先生集》3种二十八卷。《汇刻书目》第十五册第五十五页著录，应为初刻本。《中国丛书综录》第一册第891页、《中国丛书综录补正》第261页著录，国家图书馆藏后印本为33卷。

正德二年（1507）徽州知府何韵[②]刻明程敏政撰《篁墩先生文集》九十三卷、《拾遗》一卷计2种94卷。《中国古籍善本书目·集部·明别集类》第592页、《中国古籍善本总目·集部·明别集类》第一三八一页、《四库全书总目·集部·别集类二四》卷一七一第一四九一页、《北京大学图书馆藏古籍善本书目·集部·别集类》第449页、《中国善本书提要·集部·别集类》第571页、《书目答问补正·集部》卷四第二八三页、《中国书店三十年所收善本书目·集部·明别集类》第一八五页著录，国家图书馆（32册本全1部，另一部为92卷31册不全本）、南京图书馆（清丁丙跋本）、台湾“中央”图书馆（2部中1部为原北平图书馆藏本）、中国社会科学院文学研究所及历史研究所图书馆、北京大学图书馆（24册本）、北京师范大学图书馆（32册本）、美国国会图书馆（44册本）藏，中国书店收购32册本。该刊本半页13行，行27字（19.1×12.4）。这也是又署新安正德二年刻本，具体操持者应是张九逵。据王立中《歙县剞劂氏姓氏征略》一文称，刻此书者有：黄昇、黄晟、黄旻、黄暠、黄杲、黄昊、黄昱、黄昶、黄勖（勗）、黄晨、黄珑、黄琥、黄琼等黄姓刻工，仇以寿、以茂、以忠、以顺、以才、以淳、仇裕、仇方、仇学、廷永、廷海等仇姓刻工，别署单字如通、

---

① 张九逵，字天衢，江西省大余县人。弘治十二年（1490）中进士，任休宁知县，主持尊师程敏政全集出版工作。

② 何韵，字子敬，广东博罗人。弘治间进士，由御史衔出任徽州知府。

安、士、实、于等待考，皆歙县西乡虬村人。经考，署“通”，或为《黄氏宗谱》22世黄文通，署“黄昇”即23世“永”字辈黄永昇，署“黄珑”为24世黄仕珑。黄氏刻工往往仅刻后字，略去辈分。魏隐儒先生在《中国古籍印刷史》第134页上将黄铨等25世数十人同刻《篁墩集》与《郑师山集》，误。《江西历代刻书·明代·官刻·各府刻书》第53页更误作“休宁即修水”。《安徽文献书目》第69页著录，安徽省博物馆仅存明刊本7卷1册，安徽省图书馆也仅存明刊本41卷7册。

正德五年(1510)徽州府推官张鹏校刻程敏政辑《明文衡》九十八卷。《四库全书总目·集部·总集类四》卷一八九第一七一五页、《增订四库简明目录标注》第910页、《书目答问补正·集部》卷四第三〇七页及上海古籍书店编印（油印）《珍本善本书目·文学》第10页著录嘉靖间重刻明程敏政选编《皇明文衡》一百卷，小字本，线装16册。今安徽省图书馆存嘉靖十二年（1534）书林文宗堂刻《篁墩程先生文集》九十四卷不全本。今安图、安博先后收藏有徽州万历间刻《新安文献志》一百卷。《中国古籍善本书目·集部·总集类》第1722页、《中国古籍善本总目·集部·总集类·断代》第一七七八页等著录，南开大学图书馆、吉林省图书馆藏此书连目录计102卷。

正德十三年（1518）知府张芹[①]刻明程敏政辑《唐氏三先生集》3种二十八卷、《附录》三卷计31卷。《中国丛书综录·类编·集类·总集（氏族）第一册第891页、《中国丛书综录补正》第261页著录，国家图书馆藏。该刊本半页10行，行20字，白口，四周单边。此书在明代就有程敏政弘治自刻本、正德十三年张芹刻本等，国家图书馆均收藏。该丛书系程氏弘治本版片毁于火，裔孙程泽濂在程师鲁处得副本，更为补辑交付徽州知府张文林刊行。

嘉靖六年（1527）卢焕重刻明程敏政辑《皇明文衡》一百卷、《目

---

① 张芹，字文林，江西新淦峡江人。弘治十五年(1502)进士，授福州推官。正德中任南京御史，正德十一年（1516）出任徽州知府。嘉靖初迁浙江海宁副使，历右参政，终官右布政使。

录》二卷计102卷。《中国书店三十年所收善本书目、集部、总集类》第二二四页著录，中国书店收购棉纸20册本，有“四库著录本”、“方功惠藏书印”、“巴陵方氏珍藏”印。

嘉靖六年范震、李文会刻明程敏政辑《皇明文衡》一百卷、《目录》二卷计102卷。《北京图书馆古籍善本书目·集部·总集类》第二八〇七页、《北京大学图书馆藏古籍善本书目·集部·总集类》第394—395页著录，国家图书馆（2部中1部为嘉靖八年书林宗文堂刻36册本，1部为明刻一百卷20册本）、北京大学图书馆（3部，分别为20册、24册、32册本。其中20册本缺卷一、卷三十二至卷三十七、卷五十四至卷五十九计13卷，实存88卷）藏。

嘉靖（1522—1566）间刻明程敏政辑《道一编》五卷。《中国古籍善本书目·子部·儒家类》第79页、《中国古籍善本总目·子部·儒家类》第八〇二页、《北京大学图书馆藏古籍善本书目·子部·儒家类》第224页、《四库全书总目·子部·儒家类存目一》卷九十五第八〇八页著录，北京大学图书馆藏2册本。明刻本及收入《四库全书》中大多数均为6卷本，此应为不全本。

嘉靖十二年（1533）书林文宗堂刻明程敏政撰《篁墩程先生文集》九十四卷。《中国古籍善本书目·集部·明别集类》第592页、《中国古籍善本总目·集部·明别集类》第一三八一页、《安徽省古籍善本书目·集部·别集类·明代》卷四第七十二页著录，国家图书馆（32册本）、天津图书馆（不全）、安徽省图书馆（仅存卷一至六、卷十九至二十二、卷二十五至四十二、卷四十八至五十三、卷八十三至九十计43卷7册）藏。该刊本半页13行，行27字，白口，四周单边，无刻工。

万历三十七年（1609）毕懋康刻《新安文献志》一百卷、《先贤事略》二卷计102卷。《中国善本书提要·集部·总集类》第486页著录，美国国会图书馆藏42册本。原题：“明礼部尚书兼翰林院学士郡人程敏政汇辑，后学光禄寺少卿洪文衡、广西道监察御史毕懋康、礼部精缮司郎中毕懋良、祠祭司员外郎鲍应鳌、仪制司主事游汉龙、主客司主事洪世俊、兵部职方司主事胡思伸、武库司主事程寰、刑部福建司主事吴国仕重订。”北京师范大学图书馆《中文古籍书目·集部·总集类·地方》第338页著录馆藏48册本。该刊本半页9行，行28字（20.3×13.3）。

万历间（1573—1620）歙西刻工黄文敬、文善、文斌等刻明程敏政撰《新安文献志》一百卷、《先贤事略》二卷、《目录》二卷计104卷。《中国古籍总目·集部·总集类·郡邑之属》第3097页、《安徽省古籍善本书目·集部·总集·地方文艺》卷四第三十三页著录，中国科学院图书馆、上海图书馆、山东省图书馆、安徽省图书馆（44册本）藏，安徽省博物馆藏36册本（其中98—100页为抄配）。还有明刊《程篁墩诗》□卷。《安徽文献书目》第69页著录，安徽省博物馆仅存15卷2册不全本。

弘治四年（1491）刻程敏政修弘治《休宁县志》三十八卷。经考，此志程敏政花了功夫，早在他第一次被弹归里后就开始纂修，后因回朝而搁浅。成化二十一年（1485）秋缀拾而成图1、志18、文16 、诗4卷。弘治元年（1488）程敏政再次“斥归”，继任知县张錞于弘治三年（1490）秋请卒其事，弘治四年程敏政带病完稿付梓。这是休宁县第一部志书，是学者修志的典范。美中不足的是篇目设置过繁。此书目前所知仅国家图书馆藏卷一至十九、二十六至三十八卷计32卷6册，缺6卷。

可见，有明一代程氏著述广受欢迎，不少大部头著作一版再版。就是明代以后，程敏政著作也是不断地被出版。如康熙七年（1668）就补刻程敏政辑《新安文献志》一百卷、《先贤事略》二卷计102卷。《中国书店三十年所收善本书目·集部·总集类》第二二七页著录，中国书店收购竹纸32册本。

程敏政的子孙也是家传世学，尤以编刊敏政著述为著。如其子程壎、字本和就是其中一位。正德元年（1506）刻其父撰《篁墩先生文集》九十三卷、《外集拾遗》一卷，又《行素稿》一卷、《杂著》十卷、《别录》二卷计 5 种 107 卷。《明代版刻综录》第五卷第二十二页、罗振常《善本书所见录·集部》卷四第 176 页著录，并注有："正德丙寅李东阳序，前有《目录》一卷，自《行素稿》以下，注子部汪氏刊，集中无之，但存其目耳。后有正德年门人李汎跋，正德丁卯广东博罗何韵跋。正德丙寅子壎刊，小字本，半页十三行，行二十七字。"说明此刊本翌年才刻成，国家图书馆完整收藏此版本。

好文重义的刻书家鲍松

鲍松（1467—1517），字懋承，号纯庵，又号悉丞，歙县城西 15 里棠樾人。嗜古籍，高价收购异书，售书者纷纷奔走其门，为歙县大藏书家，并精选其藏刊行于世。《新安名族志》前卷第九十页也载其为"新安卫指挥佥事[①]，好文重义，梓行诸儒遗书"。可见，鲍松是个大刻书家。这里仅举他从正德三至八年先后刻李白、杜甫集就达 7 种 117 卷。

正德三年（1508）刻唐李白撰《李翰林集》三十卷。

《明代版刻综录》第七卷第八页、《增订四库简明目录标注》第 646 页著录，浙江大学图书馆藏。此为《李杜全集》无注单行本。该刊本半页 11 行，行 20 字，为此类书中的精善本。

正德八年（1513）合刻自辑《李杜全集》唐李白撰《李翰林集》三十卷，唐杜甫撰《杜工部集》五十卷、《外集》一卷、《文集》二卷，宋赵子栎撰《年谱》一卷 5 种八十四卷。《中国丛书综录·类编·集类·总集（唐代）》第一册第 834 页、《中国丛书综录补正》第 238 页、《中国古籍善本书目·集部·总集类》第 1437 页著录，北京大学图书馆、中央民族大学图书馆、上海图书馆、复旦大学图书馆、中国社会科学院文学研究所图书馆，成都杜甫草堂藏。另一部有清丁耀亢跋本藏浙江大学

① 新安卫，据《续文献通考》载设于洪武二十年（1387），经查道光《徽州府志·职官志·武职官》卷八之一明新安卫指挥佥事名单中列 16 人，但无鲍松。

图书馆。还有一部有清赵烈文批语，四川省图书馆藏。该刊本半页 10 行，行 20 字，白口，四周单边。南京图书馆藏明刻本，有明徐渭批。

正德八年刻唐杜甫撰《杜工部诗集》五十卷、《外集》一卷、《文集》二卷计 3 种 53 卷。《明代版刻综录》第七卷第八页、《增订四库简明目录标注》第 646 页、《美国哈佛大学哈佛燕京图书馆中文善本书志·集部》第 617—618 页著录，南京图书馆、浙江大学图书馆、台湾“中央”图书馆、美国哈佛大学哈佛燕京图书馆（6 册本中少《文集》二卷多《年谱》一卷）藏，应为丛书单行本。

正德八年鲍松刻唐杜甫撰、元赵汸注《类选杜诗五言律》三卷。《中国古籍善本书目·集部·唐五代别集类》第 76 页、《中国古籍善本总目·集部·唐五代别集类》第一一九〇页、《中国古籍总目·集部·别集类·唐五代之属》第 83 页著录，上海图书馆、中国科学院上海分院图书馆、安徽省图书馆藏。而正德八年歙县鲍氏刻明赵汸选注、唐杜甫撰《类选杜诗五言律》三卷，《安徽省古籍善本书目·集部·别集类·唐五代》卷四第四十四页著录，安徽省图书馆藏线装 1 册本，即鲍松版本。该刊本半页 9 行，行 20 字，小字双行不定，白口，四周单边[①]。

以书见志的家刻大家汪云程

汪云程（约天启年前在世），歙县人，一说婺源人[②]。嘉靖间（1522—1566）贡生，官广平府通判。著有《蹴鞠图诗》一卷[③]、《欣赏续编》

① 此书至万历十六年在建邑书林郑云竹翻刻时改名为《翰林考正杜律五言赵注句解》。

② 《婺源县志·人物》，档案出版社，1993，第 598 页。

③ 收入《说郛》丛书中。

一卷并将自辑自汉至唐宋小说140种汇编为10集100卷[①]的《逸史搜奇》类书，是徽州府前期一位有一定文学修养、有政治抱负的家刻大家，刻书超过170卷。其主要刻书有：

嘉靖三十年（1551）新安汪云程刊明黄训[②]辑《皇明名臣经济录》五十三卷。《中国善本书提要·史部·政书类》第170页、《明代版刻综录》第二卷第二十五页、《北京图书馆古籍善本书目·史部·诏令奏议类》第三七六页、《中国古籍善本书目·史部·诏令奏议类》第345页、《安徽文献书目》第64页、《中国古籍善本总目·史部·诏令奏议》第三五三页、《东北师范大学图书馆藏古籍善本书目解题》第138页、《北京大学图书馆藏古籍善本书目·史部·政书类》第174页、《浙江图书馆古籍善本书目》著录，国家图书馆（30册本）、北京大学图书馆（仅存卷八至卷十七计10卷10册，系不全本）、南京图书馆、浙江图书馆、上海图书馆、台湾“中央”图书馆（原北平图书馆藏）、美国国会图书馆（48册本）、美国哈佛大学哈佛燕京图书馆（24册本）及安徽省博物馆、日本静嘉堂文库、日本内阁文库藏，东北师范大学图书馆及日本东京大学东洋文化研究所藏本均不全。有汪云程嘉靖三十年序，原题“新安黄训集，新安汪云程校”。此书辑洪武至嘉靖9朝近160年名臣以奏议为主的经世言论，因避讳，不编建文朝。此书上接永乐十四年（1416）黄淮、杨士奇等奉敕编《历代名臣奏议》三百五十卷。

这是一部采摭赅备，分为64门的古奏议渊海的历史名书。本书分开国、保治、内阁、吏部、户部、礼部、兵部、刑部、工部、都察院、通政司、大理寺十门，门下设子目。因本书取材以奏议为主，兼及行状、墓志铭、年谱及名臣言行等各类资料而定名《名臣经济录》。所以四库

① 《四库全书总目·子部·小说家类存目》卷一四四第一二三一页著录为无卷数。江苏国学（今属江苏省南京市）图书馆藏，但四库馆臣对此书评价不高，指出：“其书杂采汉唐迄宋小说一百四十种汇为一编，分十集，大抵皆猥鄙荒怪之语。”因不是正经正史，所以不合卫道者口味，但迎合广大读者需求，所以在明末一刻、再刻，广受市场青睐，这就是此书价值所在。

② 黄训，歙县人。嘉靖八年（1529）进士，官至副都御史。

馆臣说："是编所载，如陶安传、刘基行状、蹇义墓志、李东阳年谱诸篇，兼纪言行。汉府、赵府、石亨、曹吉祥之变诸篇，并录时事，以及谢铎焉用彼相说、何依休庵诗序之类，采及杂文。邱濬大学衍义补之类，至节取所著之书"，正因为广采博取，故有"颇足以资考镜"[①] 的作用，也是这部书的价值所在。该刊本半页10行，行19字（16.5×11.7），白口，四周单边。该刊本有黄锺、黄镃、黄铨及瑄、沛、锡、琇、瑛等黄氏刻工所刻，故版本精好。

嘉靖三十年（1551）刊明沈津编、汪云程续编《欣赏编》十二集、《欣赏续编》一卷计 2 种。《安徽省古籍善本书目·子部·总集类》卷三第六十一页著录，安徽省图书馆仅存子集（第一集）《古玉考图》，序作《集古考图》，题新安汪云程续，序后署"歙虹村黄钟刊"，版心下刻"黄琏刊"。所附插图，绘制古朴简略。《古玉考图》半页 8 行，行 14 字，白口，左右双边，有刻工，系徽刻单行本。浙江图书馆藏书题名为《文房图》，正编在前，汪云程的续编多古玉器，绘制古朴简略。

嘉靖三十年汪云程刻明莫旦撰《大明一统赋》三卷。《中国古籍善本书目·集部·明别集类》第 595 页、《中国古籍善本总目·史部·地理类·总志》第五〇〇页、《中国古籍总目·集部·明代之属》第 582 页著录，国家图书馆藏 3 册本。该刊本半页 9 行，行 19 字，小字双行同，白口，四周单边。

天启间（1621—1627）汪云程刻自辑《逸史搜奇》十集一百卷。《中国古籍总目·子部·小说类·文言之属·短篇》第 2213 页、《中国古籍善本书目·子部·小说类》第 753 页（均作明刻本）、《四库全书总目·子部·小说家类存目二》卷一四四第一二三一页、《北京图书馆古籍善本书目·集部·小说类》第二九〇一页著录，中国科学院图书馆藏，上海图书馆收藏不全，南京图书馆藏本为无卷数，应为初刻本，国家图

---

① 《四库全书总目·史部·诏令奏议类》卷五十五第五〇二页。

书馆善本部收藏甲、乙、丙、丁4集40卷。该刊本半页8行，行16字，白口，四周单边。

此外，嘉靖间（1522—1566）活字印行汪云程撰《犹贤集》四卷。《中国古籍总目·子部·艺术类·游艺之属·棋》第1494页、《北京图书馆古籍善本书目·子部·艺术类》第一三六五页著录，国家图书馆善本部仅存一、四两卷，线装2册，全部应为4册。该印本半页8行，行18字，白口，四周单边。

医学家、出版家汪机

汪机（1463—1539），字省之，又字省三，取“吾日三省吾身”之意，可见人品的高尚，号石山居士，以世居祁门石山而名，人称“汪石山先生”，明代著名的医学出版家，祁门县城南朴墅石山坞人，刻书堂号朴墅斋。汪机出自医儒世家，父子均为明诸生。父汪渭[①]精医。本人是嘉靖朝本邑诸生，因母病呕，遂弃儒研医，尤其精研歧黄古籍，探其肯綮，对疑难病症探索尤深。他在医学上的贡献是创立了调气补血，固本培源学说，成为新安医学培源派的创始人。他在医学上贡献还表现在“治外必本于内”的机理阐述上，认为外科病虽表现在体表，但发病的根源在体内，要从人的五脏六腑寻找病因，以便对症下药，标本兼治。他在针灸领域内不仅是针灸疗法高手，还在长期医疗实践中摸索出一套规律，著成《针灸问对》一书，既讲清针灸适应症，又指出误针的危害性。他在中医温病学方面的贡献也是突出的，提出了“伏气”和“新感”的不同命题。

---

① 汪渭（1433—1515），字以望，号古朴，人称“古朴先生”，明祁门名医，主治各类疑难病症。在医理上调和金李东垣为代表的“补土派”和元朱丹溪的“滋阴降火”派医学观点，采取辨证施治思想，主张病当升阳采东垣治法，病当滋阴采丹溪治法。他重医德，治病救人，不计报酬，常亲临病家为人解除痛苦，深受人民爱戴，也影响汪机一生歧黄生涯。

他博览群书，博采众家之说以充实自己的学说。当他花甲之年听说歙县南乡石门朱升在南京抄有《脉诀刊误》一书，竟不辞徒步往返200余公里备礼求朱升后裔获得此书。归来后，精心补订，并撰《矫世惑脉论》附其后梓行传世。他在研究朱丹溪医学理论的过程中听到歙县有一本朱丹溪门人戴原礼《推求师意》的手稿，年届七秩的汪机把该手稿全部抄录下来刊行于世。由于长期把理论研究与临床实践相结合，使医学大师汪机达到了出神入化的境界，所以《明史·方技传》称他“精通医术，治病多奇中”。汪机在行医施救时重医德，认为“不可轻视人之生死”，对病人应“竭力治之，至忘寝食”[①]。史载，嘉靖年间（1522—1566）年，瘟疫流行，祁门县城死亡相继，哭声载道，汪机慷慨解囊购药，免费医治，救人无数。但自己却衣食简朴，甘守清贫，不求闻达，深受人们敬仰。著有《续素问钞》[②]九卷、《黄帝内经素问钞》三卷、《外科理例》七卷《附方》一卷、《补遗》一卷、《补订脉诀刊误》二卷《附录》一卷、《痘证理辨》一卷附《痘方》一卷、《运气易览》三卷、《针灸问对》三卷及陈桷辑《石山医案》三卷《附录》一卷，以上7种36卷习称《汪氏医学七书》。还著有《医学原理》十三卷、《伤寒选录》八卷、《本草会编》二十卷[③]、《诊脉早晏法》一卷[④]附《矫石惑脉论》一卷、《推求师意》二卷、《医读》七卷[⑤]、《伤寒选录》八卷[⑥]、《医

---

① 《石山医案·石山居士传》。

② 《四库全书总目·子部·医家类存目》卷一〇五第八八一页著录为9卷，而书目大多载为《读素问钞》3卷、4卷本。

③ 此书国内至今未见，但明李时珍《本草纲目》说：“《本草会编》，嘉靖中祁门医士汪机所编。机，字省之。遵王氏《本草集要》，不收草木形状，乃削去《本草》上、中、下三品，以类相从，菜、谷通为草部，果品通为木部，并诸家序例，共二十卷。”

④ 《全国中医图书联合目录》著录，见存于上海石竹山房石印本《汪氏医书八种》中，苏州市中医院图书馆、泸州市图书馆藏。明刊本未见此书。

⑤ 《全国中医图书联合目录》著录，上海中医药大学图书馆、南京图书馆藏康熙八年（1669）程应旄序刊本。

⑥ 《中国医籍考》著录存，《中国医籍通考》说佚。此书与汪撰《本草会编》是国内尚未见到的汪著之一。此书有嘉靖丙申（十五年，1536）三月朔旦新安汪机自序。

藏目录》十三卷、《内经补注》等近20种，100余卷医学著述。收入《四库全书》中就有汪氏所著《针灸问对》三卷、《外科理例》七卷《附方》一卷两种11卷，收入存目的有《续素问钞》九卷、《运气易览》三卷、《痘证理辨》一卷、《附方》一卷计3种14卷。

汪机的主要著作行世，正如他在《医学原理》自序中所说："幸诸从游者协力锓梓，以广其传。"大多为这类家刻本。

正德六年（1511）汪氏朴墅斋刻明王纶编《本草辑要》八卷。《贩书偶记续编》第119页、《明代版刻综录》第二卷第二十三页著录。

正德十四年（1519）刊明祁门汪机撰《续素问钞》□卷。《安徽文献书目》第42页著录，安徽省图书馆藏仅存4卷1册不全本。

嘉靖间（1522—1566）刻元戴启宗撰《脉诀刊误》二卷、明汪机辑《附录》二卷计4卷。《中国古籍善本总目·子部·医家类·诊法》第八四八页、《中国古籍总目·子部·医家类·医经之属·脉经脉诀》第565页（均作元年刻）、《明代版刻综录》第二卷第二十三页、《增订四库简明目录标注》第144页、《全明分省分县刻书考·安徽省卷》第二十六页著录，国家图书馆藏。该刊本半页9行，行20字或22字，黑口，四周双边，有刻工。《四库全书总目提要》说：《脉诀刊误》二卷，明嘉靖间祁门汪机刊之。又以诸家脉书要语类为一卷，及所撰《矫世惑脉论》一卷，并附录于后，以其说足相发明，仍并载之，资参考焉。

嘉靖十年（1531）刻明汪机辑《外科理例》七卷附《补遗》一卷计8卷。《安徽省馆藏皖人书目》第179页、《四库全书总目·子部·医家类二》卷一〇四第八七四页、《中国书店三十年所收善本书目·子部·医家类》第一〇一页著录，中国书店收购棉纸2册本，安徽省图书馆藏3册本。此系《石山医案》中的原印单行本。此书成于嘉靖十年，当年刊行，连补遗共分154门，附方计156通，前有自序。

嘉靖十年刊明汪机撰《石山医案》□种□卷。《安徽文献书目》第43页著录，安徽省图书馆藏本仅存2种7卷2册。

嘉靖十一年（1532）刊明汪机撰《针灸问对》三卷。《北京图书馆古籍善本书目·子部·医家类》第一二七六页、《四库全书总目·子部·医家类二》卷一〇四第八七四页、《全国中医图书联合目录》第130页著录，国家图书馆（作自刻1册本）、上海图书馆、安徽省图书馆、华西医科大学图书馆、江西省图书馆、中国科学院图书馆、天津图书馆藏。道光《祁门县志·艺文考·子部》均著录《针灸问对》三卷，旧志作“四卷”，误。此书成于嘉靖壬辰（十一年），前有程镔序，当年就刊，为《汪石山医书七种》、《八种》本前先印本。

嘉靖十二年(1533)刊明汪机撰《痘治理辨》又名《痘证理辨》一卷、《痘方》一卷计2种2卷。《四库全书总目·子部·医家类存目》卷一〇五第八八六页、《安徽文献书目》第43页著录，安徽省图书馆藏2册本。

嘉靖十三年（1534）休宁项恬、祁门陈桷刻明戴原礼撰、汪机编《推求师意》二卷。《全国中医图书联合目录》著录，上海图书馆、上海中医药大学图书馆、南京中医药大学图书馆、山东中医药大学图书馆、哈尔滨医科大学图书馆、苏州市图书馆藏。此书为戴原礼校补恩师朱震亨《金匮钩玄》而编，意在推求阐发朱氏未竟之意。此书在嘉靖中被汪机发现于歙县，录之以归，并由陈、项2人刻于休宁，后收入《汪石山医书七种》《八种》中。

嘉靖十三年（1534）刻明汪机撰《痘治理辨》一卷、《附方》一卷计2种2卷。《中国古籍总目·子部·医家类·方论之属·妇幼科附痘疹》第793页、《全国中医图书联合目录》第497页著录，南京中医药大学图书馆、华西医科大学图书馆藏，河南中医学院图书馆、上海图书馆、上海中医药大学图书馆、苏州市图书馆藏明刻本，上海中医药大学图书馆还藏抄本。此书有嘉靖辛卯（十年，1531）十一月长至日新安祁门汪机自序，嘉靖甲午（十三年）六月廿六日邑人辉山胡希绍题辞。此书前列诸家治痘方法，后引浙中桂岩魏《博爱心鉴》中所说加以辨证。此书后收入《汪氏医学七种》《八种》中。

嘉靖间（1522—1566）祁门朴墅汪宅刻明汪机撰《外科理例》七卷、《附方》一卷计2种8卷。《中国古籍总目·子部·医家类·方论之属·外科》第716页、《全国中医图书联合目录》第497页著录，国家图书馆（8册本1部，另一部仅存《附方》一卷1册）、中国中医科学院图书馆、北京中医药大学图书馆、山东省图书馆、上海中医药大学图书馆、安徽省图书馆、中国科学院图书馆、台湾“中央”图书馆藏。该刊本半页12行，行23字，黑口，四周单边。此书收入《石山医案》丛书中。

嘉靖间（1522—1566）朴墅斋刻自撰辑《石山医案》，又名《石山八种》，亦名《汪石山医学八书》8种二十九卷。《中国丛书综录·类编·子类·医家》第一册第720页、《中国丛书综录补正》第199页著录，国家图书馆、中国科学院图书馆、北京大学图书馆、中国中医科学院图书馆、上海图书馆、华东师范大学图书馆、南京图书馆、湖北省图书馆、四川省图书馆藏。这是家刻汇印本。而《中国古籍善本总目·子部·医家类·丛编》第八三九页至八四〇页著录北京大学图书馆、清华大学图书馆、中国科学院图书馆、四川省图书馆藏《汪石山医书七种》二十六卷则为先印本。该刊本行格不一。

又将明戴原礼撰《推求师意》重订刊行。他的学生陈桷不仅将他丰富的临床经验整理出《石山医案》作为附刻，还在嘉靖十三年（1534）将他的主要著作整理为《汪石山医书七种》二十三卷刊刻行世。今综合嘉靖元年（1522）至崇祯六年（1633）的百年间朴墅汪氏家刻及祁门朴墅祠堂共汇刻明汪机撰《汪石山医书八种》三十卷。《中国丛书综录补正·类编·子类·医家》第199页、《馆藏中医线装书目·丛书》第297页、《全国中医图书联合目录》著录，中国科学院图书馆、中国医学科学院图书馆、北京大学图书馆、中国中医科学院图书馆、军事医学科学院图书馆、北京中医学校图书馆、山东中医药大学图书馆、河南中医学院图书馆、山西中医研究院图书馆、中蒙医研究所图书馆、辽宁中医药大学图书馆、黑龙江中医药大学图书馆、上海图书馆、上海中医药大学图书馆、南京图书馆、南京中医药大学图书馆、安徽省图书馆、浙江中医药研究院图书馆、湖北省图书馆、四川省图书馆、华西医科大学图书馆藏，中山医科大学图书馆残存第二至第八种。中国中医科学院图书馆所藏也是不全本，所藏明刻及上海石竹山房石印两种版本明汪机等撰《汪石山医书八种》二十五卷。而《汇刻书目》第十一册第十八页则著录《汪石山医学七书》7种二十五卷，其细目又有区别。

嘉靖十年（1531）陈桷校刻明汪机撰《石山医案》三卷。《全国中医图书联合目录》第627页著录，哈尔滨医科大学图书馆、上海中医药大学图书馆、中国中医科学院图书馆、贵阳中医学院图书馆藏，有休宁率口程曾嘉靖辛卯闰六月中浣序。此外，嘉靖间刻本，苏州市中医院图书馆、中华医学会上海分会图书馆及陕西省中医药研究院藏；崇祯六年汪惟校刻本，北京中医药大学图书馆、上海图书馆藏；湖北中医药大学图书馆还藏日本元禄九年（1696）大畈涩川清右卫门刻本，可见是一部名作。还收入《石山医书七种》《八种》《四库全书》中。

明刻明汪机撰《外科理例》七卷。《馆藏中医线装书目·临证各科》第228页著录，中国中医科学院图书馆藏祁门朴墅汪宅藏板及嘉靖间新安陈桷校刻本等5种版本。

汪氏朴墅斋在汪机过世后直至清代仍以家刻重印汪氏医学著作为主。如嘉靖间（1522—1566）汪邦铎刻其祖父汪机撰《石山医案》又名《汪石山医学七书》7种二十六卷（后增为8种32卷）。《中国古籍善本书目·子部·医家类》第163页、《中国丛书广录·类编丛书·子类·医家类·总类》第677页、《增订四库简明目录标注》第441—443页著录，北京大学图书馆、清华大学图书馆、中国科学院图书馆、四川省图书馆藏。这实际上是对原家本进行修订重印。汪氏这套医学丛书各子书间行格字数不一，说明刊刻时间不一，不少版次都是反复被利用，故各家书目著录子目均有区别，也不整齐划一。

嘉靖间刻崇祯间（1628—1644）祁门朴墅增刻明汪机撰《石山医案

八种》三十二卷。

《中国古籍善本书目·子部上·医家类》第163页著录，首都图书馆、北京中医药大学图书馆、中国医学科学院图书馆、中国中医科学院图书馆、华东师范大学图书馆、天津中医药大学第一附属医院图书馆、浙江省中医药研究院图书馆、湖北省图书馆、广州中山医科大学图书馆藏。与该套丛书子目相同的子书单行本收藏家更多，不举了。

朴墅斋刊本各本格式字数都有区别。如《外科理例》为半页12行，行23字，黑口，四周单边，无刻工。安徽省图书馆藏《续素问钞》为半页9行，行18字，小字双行同，白口，四周单边，有刻工。《石山医案》《痘辨》《痘方》则为半页11行，行21字，白口，四周单边。其他刊本《汪氏医书》卷数、种数均有区别。北京大学图书馆藏李氏书目就是7种23卷，未附《推求师意》。版式不统一，说明这套丛书并非一次性推出，而是历次版本汇编汇印而成的。

还有明吴继武刻明汪机撰《医学原理》十三卷。《中国古籍善本总目·子部·医家类·杂录》第八六六页、《全国中医图书联合目录》第325页著录，天津图书馆、上海中医药大学图书馆、广东医学科学院中心图书馆藏；明刻本国家图书馆藏；抄本，中国中医科学院图书馆藏，有汪机自序，称此书“首以经络穴法列于前，继以六淫之邪与夫气血之病，次以内伤诸症，妇人、幼科终焉。凡十三卷，命曰《医学原理》。其中，所论病机、药性悉本《内经》、《本草》，治方、脉法皆据名贤格言，朝究暮绎，废寝忘食，历经八春而始克就”。此书未收入《汪石山医书七种》《八种》中，也不清楚有无汪氏家刻本。

宝剑埋冤狱的出版家胡宗宪

胡宗宪（1512—1565），字汝贞，号梅林，绩溪县龙川村（今安徽省宣城市绩溪县大坑口村）人。嘉靖十七年戊戌（1538）进士，授益都、余姚县令。因政治清明，晋升3级，升任杭州知府。后升为御史，出按延庆，平定边乱，又按抚楚地，平定苗乱。因政绩，于嘉靖三十四年(1555)升任浙江巡按御史。旋升为总督，总制7省军务以剿灭倭寇入侵东南沿海。明中期，日本海盗频频入侵我东南城市，给人民带来无尽的灾难。在抗击倭寇的入侵中，他在瓜洲、上海、慈溪等地屡建奇功。如他在嘉兴用毒酒杀死数百名日本侵略者。

在他领导下的数年抗倭斗争中任用名将戚继光、俞大猷、卢镗等人，礼贤下士，广罗人才，任用著名文士徐渭、郑若曾、沈明臣、茅坤、文征明等人，躬擐甲胄，指授方略，斩获引倭祸内的匪首徐海、陈东、麻叶、汪直，为平灭倭患多次立下赫赫战功，是明代著名的抗倭英雄，加太子太保、官升兵部尚书，加少保。时乡人南司马汪道昆曾诗赞之：“防秋西北军储急，鸣甲东南战血殷。百粤宣威来汉使，三吴转饷入燕关。王程远涉干戈地，国计新辞供奉班。司马已闻兼节制，皇华应得破愁颜。”[①]绩溪县尚书胡就是因明代出胡宗宪等3个尚书为该派名号。

考尚书胡又称“瀛洲龙川胡”，“始祖胡琰，字子琰，原居青州汉阳县，仕晋，官至散骑常侍。大兴元年（318）提兵镇歙州（笔者按，时为新安郡），民赖以安，朝赐之田宅，因家于新安。初居华阳镇，后以龙川山水秀丽，遂卜筑川口周家马，名曰坑口，卒葬荆紫山前经理，土名常侍墓。”[②]该处不仅留居秀美，还形如船形，东耸龙峰，西峙鸡冠，南有天马，北则长溪，故有小龙川之誉，因改“龙川村”。因该胡氏代出名人，成为江南名族。明朝自称飞来道人、桐城陆海鹤在游龙川水口后有诗为证：“从来未睹石金峰，今见飞腾疑真龙，江南名族数百千，此是江南第一家。”该胡姓士林蕃茂，历代有进士24人，明代就出了工部尚书胡松、户部尚书胡富、兵部尚书胡宗宪3个尚书及副都御史大

① 明汪道昆：《太函集·赠方司农监浙江漕兼呈胡司马》卷之一百一十二第二四五五页，合肥：黄山书社，2004。

② 戴廷明、程尚宽等撰《新安名族志·胡》前卷，第三二〇页，黄山书社，2004。

夫胡宗明，故有御赐“三府一第”宏伟建筑。其祖祠更是出类拔萃，现为国务院重点文物保护单位。村里曾有20余座牌坊，其中科举牌坊14座。考抗倭英雄胡宗宪有3子：长子桂奇一直随父从政，授左府都事。后坐宗宪冤狱而流落异乡。次子松奇以荫授锦衣卫副千户，住龙川胡宗宪故尚书府。今府内有松公祠，缘此。今府主人胡根林为松奇第十四代裔孙。早在43世的松奇支裔孙胡允源就去泰兴、靖江县等地开胡源泰茶号，经营徽州茶叶。允源子树铭生子炳华、炳荣、炳文、炳衡4人，因炳荣、炳文早卒，由存世两兄弟经营茶庄。

天有不测风云。这个保国卫疆的社稷重臣在嘉靖四十一、四十二年（1562、1563）因被诬告为“严（嵩）党”，两次入狱。他在狱中愤然上书数千言，并发出“宝剑埋冤狱，忠魂绕白云”的感叹。终于在四十四年（1565）被瘐死狱中。对这个抗倭英雄，清人编的《明史·列传·胡宗宪》卷二百零五第五四一〇至五四一五页虽花了大篇幅记载了他抗倭事迹，但字里行间流露出对其不恭，是很不公正的。而他同时代后辈汪道昆则敢于直言。南司马汪道昆在《嘉则入山哭胡司马》二首诗中悲愤地写道：“大鄣风雨夜潸潸，尔向孤坟洒泪还。汗马功高无白日，赭衣事去有青山。朝廷肯信流言误，弓剑犹存战血殷。回首当年留客处，三千珠履在人间。”“扁舟千里荐江蓠，书记翩翩尔独奇。草色经年封马鬣，潮声入夜哭鸱夷。南人尚识天威在，上客宁忘国士知。吹笛山阳君莫听，秋风落木不胜悲。”①

历史法庭往往是很公正的。这位治国有方，用兵有道的文武兼济的抗倭英雄直至隆庆六年（1572）才昭雪。万历十七年（1589）才由其孙胡灯奏准，御赐葬故里天马山，谥号“襄懋”。该村头至今仍矗立着“恩荣”“奕世尚书坊”为其纪念碑。宗宪在宦海中关心民瘼，兴利除弊，在杭州修西湖，扩建岳坟，所到之处重文兴教，大量组织人力编刊图书，

---

① 汪道昆：《太函集·赠方司农监浙江漕兼呈胡司马》卷之一百一十三第二四八六页，黄山书社，2004。

自己在戎马倥偬中也不忘笔耕，使他成为由干吏成封疆大臣中的有为政治家、操持兵柄的儒将，有影响的学者和大出版家。同时，他也是最早关注世界，加强海防建设的先行者。他在抗倭斗争中对江浙沿海的地形、防务、战具、倭患等战事进行深入研究，与门人辑刻《筹海图编》十三卷。胡宗宪在嘉靖间为备倭抗倭而召集门人幕僚集体创作，所载南北沿海冲要、日本入贡入寇始末及战守经略，为抗倭战事必备书，也是明代详备的海防史料。尤其在《福七》卷十九插图中的左上角明确标出“钓鱼屿”，并在“福州琉球针路”中明确指出：“从福州外港梅花开船，向东南取小琉球方向，跨北过鸡笼屿、彭嘉山后向东取钓鱼屿、赤坎屿方向，再到古朱山，然后抵达大琉球，在那霸泊船。”说明胡宗宪及其幕僚早在嘉靖四十一年（1562）就在中国海疆图上再次标出中国神圣领土钓鱼岛群岛。同时，琉球群岛（今日本冲绳县）早在明初已在天朝的有效管辖之下。

他著述丰富，计有《三巡督抚奏议》四卷、《平倭奏议》、《海防图论》一卷、《日本国志》四十卷，纂订《武略神机火药》二卷，与薛应旂纂修首部《〔嘉靖〕浙江通志》七十二卷。

他组织幕僚编纂刊行的图书就更多了。著名的有《历代史纂左编》《荆川稗编》等，宜属官刻，也可归入他的刻书范围。他所刻的书精勘细刻，多为善本。如《中国古籍善本书目·经部》就收有胡刻的《诗说解颐总论》《正释》《字义》3 种 40 卷；史部有胡宗宪及其重孙胡维极刻《筹海图编》各 13 卷 2 种，《历代史纂左编》一百四十二卷、《荆川先生批点精选汉书》二卷，计 5 个印本 5 部 3 个品种 170 卷。胡宗宪在嘉靖间还刊有明王守仁撰《传习录》三卷，明唐顺之撰《荆川稗编》一百二十卷，明王寅撰《十岳山人诗集》四卷、《乐府》一卷等及在嘉靖间刊行《〔嘉靖〕浙江通志》七十二卷等。胡氏刻书目前笔者见到的就有 12 种 461 卷。宗宪不愧为保存发扬传统文化的有心人，嘉靖间大家刻家。如他不死冤狱，他对文化事业及出版业贡献会更大。

其主要刻书品种如下：

嘉靖二十八年（1549）刊明严嵩撰《钤山堂集》四十卷。《全明分省分县刻书考·安徽省卷》第二十六页著录，惜未著收藏单位。

嘉靖三十六年（1557）刊明王守仁撰《阳明先生文录》五卷、《外集》九卷、《别录》十卷计3种24卷。《中国古籍善本书目·集部·明别集类》第617页、《中国版刻综录》第一四三页、《安徽省古籍善本书目·集部·别集类·明代》卷四第十三至十四页、《全明分省分县刻书考·安徽省卷》第二十六页、《西谛书目》著录，上海图书馆、山东省图书馆、上海师范大学图书馆、河南省社会科学院图书馆、湖北省图书馆、暨南大学图书馆、福建大学图书馆、安徽师范大学图书馆（36册本）藏，南京图书馆藏本有清沈白批并录明黄淳耀批，清翁方纲、丁丙跋，清华大学图书馆、辽宁省图书馆、山东省诸城县图书馆、福建省图书馆及北京市文物局收藏不全，安徽省博物馆仅收藏正集5卷、外集卷五至八计4卷、别集卷二至十计9卷，共19卷17册不全本。卷首题："后学新安胡宗宪重刊，门人钱德洪、王畿编次，唐尧臣校正"4行。该刊本半页9行，行19字，白口，四周双边，无刻工。

嘉靖三十七年（1558）刊明王守仁撰《传习录》三卷。《明代版刻综录》第三卷第三十二页、《全明分省分县刻书考·安徽省卷》第二十六页著录，复旦大学图书馆藏。该刊本半页9行，行19字，白口，四周双边。

嘉靖四十一年（1562）刊自辑《筹海图编》十三卷。《中国古籍善本书目·史部·地理二》第996页、《中国古籍善本总目·史部·政书类·邦计》第六九〇页、《中国书店三十年所收善本书目·史部·地理类》第六十七页、《中国版刻综录》第一四三页、《明代版刻综录》第三卷第三十三页、《四库全书总目·史部·地理类二》卷六十九第六一六页著录，国家图书馆、武汉大学图书馆藏，安徽省博物馆藏不全。书后附有嘉靖四十一年茅坤序，称"公一日闻昆山郑君伯鲁（郑若曾字）从诸生后，好言兵事，于是币聘君过幕府，裒次其事”，说明此书为胡宗宪幕僚郑若曾等撰，宗宪总其成。其后裔多次翻印直署宗宪所撰，是不准确的。该书版心黑口，下刊白文刻工有：黄瑚、黄瑄、黄瑜、黄璁、黄釴、黄钺、黄铉、黄铄、黄炼、黄铁、黄钱、黄镑、黄锐、黄镜、黄钦、黄镇、黄锵（镗）、黄鏒、黄铭、黄鉴、黄鐊、黄銮、黄镳、黄邱用、黄生等黄氏刻工及绩邑胡天生刊，陈大敏、陈环、陈约、章仁、张赞、沈乔、陆汉、刘叶、何金、何应、何祥、金汝南、郭昌言、郭昌时、顾钤、袁宏、袁振、彭文、彭天恩、应光、东环等刻。参加缮写的有布政司吏沈应天、施孝、孙子良、孙子真、沈世周、郭智，杭州府吏陈言、沈应元，仁和县吏叶维贤等人，似为杭州刻本，世不多见。此书为防倭兵书，对沿海形势、倭患经过叙述详尽，附图精善。该刊本半页 13 行，行 22 字。郑振铎收有天启四年（1624）印本十三卷 6 册，为白皮纸印本，刻印均佳，当为胡氏后人家刻。①

嘉靖四十一年（1562）胡宗宪校刊明唐顺之辑《历代史纂左编》一百四十二卷。《中国古籍善本总目·史部·史抄类》第四八七页（作嘉靖四十年刻）、《北京图书馆古籍善本书目·史部·传记类》第四〇三页、《中国古籍善本书目·史部·史钞类》第 693 页（还著录 1 种为公文纸 10 册棉纸印本藏苏州市图书馆。）、《中国书店三十年所收善本书目·史部·史钞类》第八十页、《中国善本书提要·史部·史钞类》第 146 页、《明代版刻综录》第三卷第三十三页著录，国家图书馆（80 册本）、首都图书馆、北京大学图书馆、北京师范大学图书馆、中国科学院图书馆、辽宁省图书馆、吉林省图书馆、南通市图书馆、湖南省图书馆、湖南师范大学图书馆、四川省图书馆、重庆市图书馆、南京图书馆、复旦大学图书馆、南京大学图书馆、浙江大学图书馆、苏州市图书馆及南京博物院藏，福建省图书馆收藏不全，中国书店收购每部

---

① 郑振铎：《西谛书话》第 323—324 页，生活·读书·新知三联书店，1983。

80册棉纸印本，美国国会图书馆也藏完本80册，原题：“明都察院右佥都御史提督淮阳军务左春坊右司谏兼翰林院编修武进唐顺之编辑，太子太保兵部尚书都察院右都御史总督浙直等处军务新安胡宗宪校刊”。《北京大学图书馆藏古籍善本书目·史部·史钞史表类》第89页著录北京大学图书馆藏120册装，出版年著录为嘉靖四十年（1561）。该刊本半页10行，行20字（20.5×13.6），小字双行同，白口，四周单边。中国书店收购过棉纸80册本，北京大学图书馆藏万历四十年（1612）翻刻80册本。原题：“明都察院右佥都御史武进唐顺之编辑，浙江布政使桐城吴用先、参政高安程邦瞻、庐陵萧近高同校。”吴用先序称：是书“刻于嘉靖辛酉，迄今凡五十一年，读者苦其字画漶漫，而枣且垂蚀矣。向与僚友陈匡左、萧九生二公商之，重加翻校，共梓以广厥传”。该刊本半页10行，行20字（22×13.4）。《四库全书总目·史部·史钞类存目》卷六十五第五八〇页著录124卷，误。

嘉靖四十一年（1562）刊明季本撰《诗说解颐总论》二卷、《正释》三十卷、《字义》八卷计3种40卷。《中国古籍善本书目·经部·诗类》卷二第七页、《中国古籍总目·经部·诗类·传说之属》第333页、《明代版刻综录》第三卷第三十二页著录，国家图书馆、上海图书馆、中国社会科学院文学研究所图书馆、美国哈佛大学哈佛燕京图书馆（16册本）、台湾“中央”图书馆，日本静嘉堂文库、日本内阁文库均有完本收藏，复旦大学图书馆收藏不全。而《全明分省分县刻书考·安徽省卷》第二十六页作《诗说解颐总论》二卷，《正释》三十卷，不准确。该刊本半页10行，行21字（18.2×12.3），左右双边，贵刊，单鱼尾。

嘉靖间（1522—1566）刻明唐顺之撰共有五编世称“荆川五编”。其细目为：

《荆川左编》□□卷，刊于浙；

《荆川右编》□□卷，刊于闽；

《荆川文编》□□卷；

《荆川武编》□□卷；

《荆川稗编》一百二十卷，胡宗宪刊。

此外，《明史·艺文志》还著录《荆川儒编》六十卷，应为6编。撰《荆川稗编》一百二十卷。《增订四库简明目录标注》、《明代版刻综录》第三卷第三十三页著录，惜未注藏处。

嘉靖四十二年（1563）刊明王寅撰《十岳山人诗集》四卷、《乐府》一卷计2种5卷。《明代版刻综录》第三卷第三十三页、《清代禁书知见录》著录。其中，《乐府》由中原崇云山人赵大用校刊。

嘉靖间胡宗宪刻明唐顺之辑《荆川先生批点精选汉书》二卷。《中国古籍善本书目·史部·史钞类》第709页著录，上海图书馆、苏州市图书馆藏。该刊本半页10行，行22字，白口，四周双边，单鱼尾。

嘉靖四十年（1561）刻胡宗宪与薛应旂纂修《〔嘉靖〕浙江通志》七十二卷。《中国古籍善本书目·史部·地理类一》第847页著录，国家图书馆（40册本）、北京师范大学图书馆、上海图书馆、天津图书馆、南京图书馆、浙江图书馆、南京地理所图书馆及中国国家博物馆（不全）、浙江图书馆天一阁分馆和中国台湾等地均有收藏。此书为浙江省第一部通志，也几乎是胡宗宪参与的最后一项地方文化工程，参与刊刻的最后一部大书。该刊本半页10行，行20字，小字双行同，白口，四周单边。

综上所列，胡宗宪所刻书不仅品位高，而且不少品种部头大，有的还是开创性的专著，几乎都是流芳百世的优秀传统古籍。

此后，他的子孙也刻了一些他留下的书籍。

天启四年（1624）胡氏曾孙（维极）重新序刻明胡宗宪辑《筹海图编》十三卷。《中国古籍善本总目·史部·政书类·邦计》第六九〇页、《中国古籍善本书目·史部·地理二》第996页、《中国书店三十年所收善本书目·史部·地理类》第六十七页、《北京大学图书馆藏古籍善本书目·史部·地理类》第159页、《山东省图书馆馆藏海源阁书目·史部·政书类·军政》第83页、《安徽省馆藏皖人书目》第199页、《安徽文献书目》第 54 页、《中国善本书提要·史部·政书类》第 166 页、《四库全书总目·史部·地理类》卷六十九第六一六页、《西谛书目·史部·地理类》卷一第三十四页、《法兰西学院汉学研究所藏汉籍善本书目提要》第 43 页著录，西谛（国家）图书馆、北京大学图书馆（20 册本，有图）、北京师范大学图书馆（8 册本）、山东省图书馆（4 函 24 册本）、东北师范大学图书馆（8 册本）、安徽省图书馆（8 册本）藏，中国书店收购白纸 24 册本，法兰西学院汉学研究所藏，美国国会图书馆分别藏8册、12册本，北京大学图书馆还藏有昆山郑氏重刻郑若曾《筹海图编》十三卷 10 册本。书名页题："新安少保胡宗宪辑议，孙举人胡灯等同删，曾孙胡维极重校，茅雁门先生鉴定，本衙藏板。"该刊本半页 12 行，行 22 字（20×14.4），小字双行同（20.1×14.5），白口，四周单边，单白鱼尾。

天启间（1621—1627）刻朱墨印明胡宗宪纂订《武略神机火药》二卷。《贩书偶记续编·兵家类》第 108 页著录。

最早用活字印刷大型类书的黄正色

黄正色（1501—1576），字士尚，号囧卿、子征、斗南，歙县黄家坞人，寓居无锡[①]。嘉靖八年（1529）进士，出任仁和令。嘉靖十三年（1534）丁忧家居，孝满出补香山，改南海知县。在知县任上不徇私情，对座主霍韬宗人横行乡里绳之以法，使县中大治，豪强遁迹。官楚府典仪[②]，嘉靖十七年（1538）召为南京监察御史。正色为官刚正不阿，敢于弹劾不法权贵。如弹劾兵部尚书张瓒奸贪，证据确凿，只因弹劾状中用词不准，有"历官藩臬，无一善状"语，张瓒自辩自己没有做过藩臬，被作

① 《中国人名大辞典·历史人物卷》第 551 页竟作无锡人。上海辞书出版社，1990。

② 万历《歙志·表·贤级》卷三称其为王府典仪正，万历《徽州府志·舍选》卷十一则直接指为楚王府典仪。

诬劾，夺俸两月。嘉庆十八年（1539），正色负责护送章圣太后梓棺南葬。事毕，正色又弹劾中官鲍忠、驸马都尉崔元、礼部尚书温仁和接受沿途官府馈赠，遭到他们陷害说他对太后不敬，被捕下狱，遣戍辽东30年，历尽艰辛，所著《辽阳稿》就是这段生活留下的痕迹。直至隆庆初（约1567）才召为大理丞，进少卿。不久升南京太仆寺卿，翌年致仕。

隆庆二年至万历二年（1568—1574）在无锡摆印千卷大书《太平御览》活字本。《增订四库简明目录标注·子部·类书类》第560页、《影印善本书序跋集录·宋本及日本聚珍本太平御览跋》第七八〇至七八三页著录，万历元年黄正色在无锡用活字板印宋李昉等撰《太平御览》一千卷。万历元年（1573）黄正色刊宋李昉等奉敕撰《太平御览》一千卷，《明代版刻综录》第四卷第四十一页著录，惜未著录藏处。

这部由李昉等于太平兴国二年（977）奉太宗之命编辑的大型类书初名《太平总类》，因宋太宗赵炅按日阅览而改题书名《太平御览》。此书正文分55门，广达1000卷，内容十分丰富，引书浩博，计有1690种。其中十之八九今已不存世，像汉人传记就达100种，旧地志200余种等都是失传古籍，可见其学术、资料价值高。因卷帙浩繁，宋明版已难求。从版本善的角度来说，除掉宋版就数黄正色版本了，从明版本存世最多卷数也是黄正色版；今存世较全刻本要数清歙县棠樾盐商鲍崇城在嘉庆十二年至十七年（1807—1812）刻本及民国间《四部丛刊三编》本。

张元济在《四部丛刊三编》本目中称："今所行者，有明代活字本，有锡邑刻本。其所从出，周堂序谓其祖曾得故本，黄正色序则谓据薛登甲所校善本缮写付刻。然胡应麟讥其姓名颠倒，世代鲁鱼，学者病焉。明《文渊阁书目》存一部，一百三十册；一部，一百册，均残缺。其后散出，递入于苏人朱文游、周锡瓒、黄丕烈、汪士钟家，最后为湖州陆心源所得，仅存三百六十余卷，今已流入东瀛，为岩崎氏静嘉堂中物矣。”[①] 孙如渊也说：“此书世无善本，吴门周明经锡瓒藏有明文渊阁残宋本三百六十卷，十三行，行二十二字。黄孝廉丕烈藏有明季旧抄本，阙一百五十卷。孙茂才衡亦藏有不全影宋本。余属何上舍元锡合钞成书，尚共阙六十五卷，以明刊本钞补。虽视黄正色本较为完善，然讹舛处终不免。”[②]

今据张元济《宋本及日本聚珍本太平御览跋》载 1935 年仲冬所写他于戊辰（1928）赴日本访这部旷世名著情况：“先至静嘉堂文库观所得陆氏本，其文渊阁印灿然溢目，琳琅满架，且于己国增得如（若）干卷，为之欣羡者不置。嗣复于帝室图书寮、京都东福寺，获见宋蜀刻本，虽各有残佚，然视陆氏所得为赢。因乞假影印，主者慨然允诺，凡得目录十五卷、正书九百四十五卷，又于静嘉堂文库补卷第四十二至六十一，第一百二十五至一百七十。此二十九卷者，均半页十三行，同于蜀刻，惟版心无刻工姓名，且每行悉二十二字，与蜀刻之偶有盈缩者不同，疑即在前之建宁刊本。”[③] 可见民国间商务印书馆影印《四部丛刊三编》中所收此书来之不易及宝贵价值。

经考，宋版主要有宋庆历五年（1045）刊本，吴门黄氏藏不全宋小字本即宋刊本半页 12 行，行 22 字及每页 26 行，行 22 字本，还有张氏在日本看到的蜀本、建本，估计在世仅此 4 种宋刊本，而且都是残破不全本或零星残卷残页，且多流入日本。明代版主要有万历元年黄正色活字本、锡邑刻本，万历二年苏熟周堂仅印百余部本，今查《明代版刻综录》、锡邑刊本就是黄正色刊本，则黄正色应有两种版本，其在出版《太平御览》一书不仅存世版本缺佚最少，而且也最精，《四部丛刊》三编收此书也是主要依据版本。可见黄正色不仅是第一个将这样大的类书首次以活字印行，成为最早以活字术印刷这部大书的先行者，也是个人以

① 《一九一一——一九八四影印善本书序跋集录》第七八〇页，中华书局，1995。
② 《贩书偶记》第 560 页，上海古籍出版社，1982。
③ 《一九一一——一九八四影印善本书序跋集录》第七八一页，中华书局，1995。

一己之力印行这样大的活字出版工程。黄正色在出版史上的地位应予充分肯定。

正色子黄学海，字宗宇，随父居无锡。嘉靖四十一年（1562）进士，官赣州知府。他于万历二十七年（1599）刻明黄正色撰《斗南黄先生辽阳稿》二卷、《别稿》一卷、《附录》一卷计2种4卷。《明代版刻综录》第四卷第四十四页著录，福建大学图书馆、南京图书馆藏。这个家刻本也是今天我们研究黄正色的主要资料。此书万历三十七年版，南京图书馆藏，中国社会科学院文学研究所图书馆藏万历三十七年版天启间（1621—1627）增刻本，均见于《中国古籍善本书目·集部·明别集类》第675页著录。

许国牌坊与许氏家刻

在古徽州政治、经济、文化中心，今歙县县城徽城镇内有一座傲然跨街屹立的奇特八脚牌坊，可谓全国罕见的古代石碑坊，现为全国重点文物保护单位。因它的主人是许国，故名“许国牌坊”，又名“大学士坊”，俗称“八脚牌楼”。该坊呈长方形，南北长11.54米，东西宽6.77米，四面八柱，梁枋相联，由前后二座三间四柱三楼和左右两座单间双柱三楼的石牌坊组合而成。石坊遍布雕饰，梁枋两端浅镌如意头、缠枝、锦地开光，中部菱形框内为游龙走兽、彩凤珍禽的深浮雕，直柱中段为散点团花锦纹中点缀姿态各异的翔鹤，与徽州古民居风格融为一体。柱础外侧的台基上放置12只奔扑的大狮子，有的还怀抱小狮，形态生动活泼。台基左右还雕有各种仪态的獬豸图案，显示朝廷恩荣及官家气派。牌坊上有明大书法家董其昌书写许国主要官衔的“大学士”“少保兼太子太保礼部尚书武英殿大学士许国”“先学后臣”“上台元老”等擘窠大字，既尽善尽美地展现了徽州石牌坊建筑艺术，又突显了徽州独特的文化氛围。

许国（1527—1596），字维桢，号颍阳，有云龙书屋，歙县徽城镇东关人。早年在家乡作私塾先生，以教授蒙馆为生。嘉靖四十年（1561）中乡试第一名举人，四十四年（1565）中进士，入翰林院，选庶吉士，寻兼司经局校书。隆庆元年（1567）授检讨，特赐一品朝服出使朝鲜，拒朝鲜馈赠礼品，受到赞颂，并勒碑铭以记。万历元年（1573）升右青坊赞善，充日讲官，专门教授太子。后历任礼部、吏部侍郎，掌詹事府，先后主持顺天乡试、会试。万历十一年（1583），先后升任礼部尚书兼东阁大学士、太子太保、文渊阁大学士。次年，因平云南功，升少保兼太子太保、礼部尚书、武英殿大学士。十二年（1584）十月，万历帝恩赐在今徽城镇建八脚牌坊。十三年，改任文渊阁大学士，晋少傅兼太子太傅，成为仅次于首辅的内阁重臣。万历十五年主修《会典》，书成改授建极殿大学士，旋兼吏部尚书。许国历仕嘉靖、隆庆、万历3朝，任宰辅9年，二度代祀先师孔子，三次分献南北郊，诰赠三代，任子四人。余如以扈驾、阅工应制而受赐蟒玉银币等不可胜纪。因许国谠谳敢言，又接近皇权，不与权势交往，故忤逆权要，在朝历遭攻讦，屡遭挫折指责，五次上书请退，于万历十九年（1591）致仕，卒赠太保，谥文穆。许国任事三朝，老成持重，身为三朝帝师，人称廉慎自守的许阁老。《明史》说他："廉慎自守，故累遭攻击，不能被以污名。"[①] 许国诗文并善，作品意境深远，风格典雅。王世贞对他诗文评价很高，著有《许文穆公集》十六卷，辑《大学衍义补摘粹》，万历十五年纂修《会典》等书，并积极参与图书出版等文化建设工程。著《许文穆公集》[②]、《许文穆公奏疏》不分卷[③]，辑《大学衍义补摘粹》

---

① 《明史·列传·许国》卷二百一十九第五七七四页，中华书局，1974。

② 《[民国]歙县志·艺文志·书目》第十五之第五页仅录此1种，且版本不同，卷数相差很大，如收入民国间铅印《新安许氏先集》本中为《许文穆公集》十六卷、《附录》一卷。

③ 齐鲁书社版《续修四库全书总目提要（稿本）》第1册第22页著录，此书有旧抄本，收入《许文穆公集》刻本不全。乾隆三十九年（1774）列入禁书总目，故传世绝少。

十二卷[①]、《新刻隽英珠玑》不分卷、《新刊论策标题古今三十三朝史纲纪要》七十二卷《外纪》七卷[②]，纂修《会典》等书。

隆庆四年（1570）刻明许国辑《新刻隽英珠玑》不分卷。《中国古籍善本总目・子部・类书类》第一〇七一页著录，山东大学图书馆藏。该刊本半页10行，行20字，白口，四周双边。

隆庆间（1567—1572）刻明许国辑《新刻隽英珠玑》不分卷。《中国古籍善本书目・子部・类书类》第843页、《中国古籍善本总目・子部・杂家类・杂纂》第一〇二五页、《中国古籍总目・子部・类书类・类编之属・通编》第2006页著录，国家图书馆（2部中其中1部为明刻4册本，半页10行，行20字，白口，四周单边）、山东大学图书馆藏。该刊本半页10行，行20字，白口，四周单边。

万历间（1573—1620）许国在徽州参与出版明焦竑撰《新镌焦太史汇选中原文献》二十三卷。《四库全书总目・集部・总集类存目三》卷一九三第一七五六页著录，国家图书馆藏。该刊本半页10行，行21字(20.3×13.4)。原题："修撰漪园焦竑撰，少傅颍阳许国校，编修石蒉陶望龄评，修撰兰嵎朱之蕃注，新安庠生汪宗淳启文父、汪元湛若水父、许继登尔先父、汪宗伋予淑父阅梓。"有万历二十四年(1596)焦竑序，末记"歙邑黄钤刻"。内分《经集》六卷、《史集》六卷、《子集》七卷、《文集》四卷。四库馆臣认为这是新安诸汪伪托"三状元"会选之义，但刻印校勘都是比其他书贾为精，不失为一部精善古籍版本。

① 《中国古籍善本书目・子部・儒家类》第68页、《中国古籍善本总目・子部・儒家类》第八〇四页、《中国古籍总目・子部・儒家类・儒学之属・宋元》第95页著录，中央教育科学院藏隆庆(1567—1572)间查策刻明许国辑《精刻大学衍义补摘粹》十二卷。该刊本半页11行，行24字，白口，四周双边。

② 《中国古籍善本书目・史部・编年类》第132页、《中国古籍善本总目・史部・编年》第二七〇页著录，浙江图书馆、重庆市图书馆藏万历间(1573—1620)书林詹氏刻明许国撰、明黄洪宪补此2书存《外纪》卷一至七、《史纲纪要》卷一至四十二、五十至七十二计79卷。该刊本半页10行，行24字，白口，四周双边。

万历间刻明许国撰《许文穆公集》五卷。《中国古籍总目·集部·别集类·明代之属》第784页著录，日本尊经阁文库藏。

万历间刻明许国辑《新镌十翰林评选注释名家程墨论纂》二卷。《中国古籍总目·集部·总集类·课艺之属》第3151页著录，国家图书馆藏。

许国因早年从政忙碌，家刻不显。许氏家刻主要由其子许立言、许立礼及族人许志才等人家刻许国著述为主。立言，万历举人，官户部主事。立礼，字季履，号莲岫，许国季子，喜读经史，工晋唐书法，荫补中书舍人。奉使朝鲜，却朝鲜馈赠，升工部主事，因清正廉明，两升员外郎，督修京城，终官云南知府。

许氏家刻计有：

隆庆元年(1567)许立言、立礼家刻明许国选辑《精刻大学衍义摘粹》四卷。《安徽省古籍善本书目·子部·儒家类》卷四第十页著录，安徽省博物馆藏2册本。

万历三十九年(1611)许立言、许立礼家刻明许国撰，明叶向高、方从哲纂辑《许文穆公集》六卷附《许文穆公墓志（铭）》一卷计2种7卷。《明代版刻综录》第四卷第三十四页、《北京大学图书馆藏古籍善本书目·集部·别集类》第461页、《中国善本书提要·集部·别集类》第635页和《中国善本书提要·补遗》第14页、《中国古籍善本书目·集部·明别集类》第720页、《安徽省古籍善本书目·集部·别集类·明代》卷四第七十七页著录，北京大学图书馆（2部6册本，1部8册本）、南京图书馆、中央民族大学图书馆、中国科学院图书馆、美国国会图书馆（4册本）、上海图书馆、华东师范大学图书馆、上海辞书出版社图书馆、天津图书馆、西北大学图书馆、苏州市图书馆、浙江图书馆、浙江大学图书馆、中山大学图书馆及安徽省博物馆（6册本）、中国社会科学院民族研究所藏。上海图书馆还藏有该版重修本。卷内题：“门人福塘叶向高、燕山方从哲纂辑，琅琊焦竑校阅，男立言、立礼辑梓。”卷末附《墓志铭》：“以万历丙申十月十八日卒于里，母汪夫人以嘉靖丁亥六月六日生公。”该刊本半页10行，行20字（21.4×13.7），此书为清代禁书。

万历间（1573—1620）许立言、许立礼重修刻明许国撰《许文穆公集》六卷。《中国古籍善本书目·集部·明别集类》第720页著录，上海图书馆藏，有清徐时栋跋。

万历间刻明许国撰《许文穆公遗文》不分卷。《中国古籍善本总目·集部·明别集类》第一四二九页、《中国古籍总目·集部·别集类·明代之属》第784页、《中国古籍善本书目·集部·明别集类》第720页著录，南开大学图书馆、武汉大学图书馆藏。该刊本半页10行，行20字，白口，四周单边。《安徽艺文考·别集八》作16卷。

天启五年（1625）序刻明许国撰《许文穆公全集》二十卷。《北京大学图书馆藏古籍善本书目·集部·别集类》第461页著录馆藏10册本，书已有虫蛀。《皖人书录》第164页著录作30卷。此书在乾隆朝列为禁书。以上历次卷帙不同，说明版次不详。

许志才，字成孺，号桃石、荷衣漫士，许国孙，立德子，刻书堂号为“畹香堂”，歙县人。由祖荫符卿至太常，历官敬慎。明亡后不仕新朝，为明遗民。《全明分省分县刻书考·安徽省卷》二十页作许志成，误。

天启五年歙县许志才畹香堂家刻明许国撰《许文穆公全集》二十卷。《明代版刻综录》第四卷第四十七页、《中国古籍善本书目·集部·明别集类》第720页著录，北京大学图书馆、天津图书馆、南京图书馆、中国社科院文学研究所图书馆藏。《全明分省分县刻书考·安徽省卷》二十页作“三十卷”。

天启、崇祯间（1621—1644）还刻其兄许志古纂《城阳山志》三卷。《中国古籍善本书目·史部·地理类二》第1009页（作明刻本）、《北京图书馆古籍善本书目·史部·地理类》第七八八页著录，国家图书馆藏。该刊本半页10行，行20字，白口，四周单边。

孙一奎的医学贡献及家刻

孙一奎（1522—1619），字文垣，号东宿，又号生生子，休宁县前坑口人。家世儒业，父孙文学以儒术起家，为诸生且多病。孙一奎稍长，随堂兄在浙江省括苍一带经商而与医家结缘，请示父亲，其父说：“何不可为也。良医济施，与良相同博比众。”得到支持，决定弃贾业医，师事祁门名医汪机弟子黟县名医黄古潭。后业医游庐山、三吴一带30余年，不断取长于学有专长的名医医术和民间疗法，使其名震三吴，成为一代名医，术重温补。他在全面论述人体生命观后，提出“生命运动在于气”的命题，属新安医学中固本培元派巨匠。

他的学术观点主要体现在对命门、三焦、相火等理论的阐发上。他认为，命门为两肾间动气，属坎中之阳，为生命的根本。他在《医旨绪余·命门图说》中就说：“夫二五之精，妙合而凝，男女未判，而先生二肾。如豆子果实，出土时两瓣分开，而中间所生之根蒂，内含一点真气，以为生生不息之机，命曰动气，又曰原气，禀于有生之初，从无而有。此原气者，即太极之本体也。”他还在《赤水玄珠·肾无痘辨》中说人生“赖此动气为生生不息之根，有是动则生，无是动则呼吸绝而物化矣”。他宗《难经》无形之说，认为三焦为上、中、下三焦地位的合称，其内无形，其外有经，因称“外府”，持三焦外有经，内无形论。他反对《脉诀》命门配三焦属相火之说，主张“命门不得为相火，三焦不与命门配”。他在《医旨绪余·丹溪相火篇议》中指出这三者关系是“三焦、包络为相火”，认为命门为三焦之原，三焦相火始于原气，出于上焦，为原气的别使，并将其应用在临床辨治上，重治三焦元气，尚温补升降法，对中医临床理论与实践经验的发展作出了自己的贡献。他的这些观点和临床实践集中体现在他所著《赤水玄珠全集》含《赤水玄珠》《医旨绪余》《痘疹心印》《三吴医案》。四种三十九卷。

《赤水玄珠》三十卷[①]为孙氏最重要的医学专著，书名为罗浮道人取黄帝探“玄珠”于“赤水”之意而题名，为孙氏参阅92种经史，182种方书并结合自己30年经验写成，分内、伤寒、妇、儿、外5科，70门，以病证为题，综合各家学说，条辨古今相混病症，医家向奉为矩矱。《医旨绪余》二卷[②]是对基础理论里的三焦、包络、命门等作了阐发，并由其子泰来、朋来加以考订的医学理论书。《痘疹心印》二卷是专讲痘疹方书的著作，发明相对少些。《三吴医案》五卷[③]实为《三吴医案》二卷、《新都医案》二卷、《宜兴医案》一卷，为门人余煌、徐景奇及其子泰来、朋来按时序将250多个医案进行整理编辑成册。还有《孙一奎临诊录存医案》[④]。他还辑有《医学粹览》7种十卷[⑤]。

孙一奎著述结集出版工作主要由其子孙泰来字中儒、孙朋来字济儒编辑成册，即世称《生生子医案》又名《孙文垣医案》《赤水玄珠医案》《三吴医案》，又将孙氏其余医著统一编辑成《赤水玄珠全集》。

孙氏著作不仅在国内中医界影响很大，而且很快流布国外。如《北京大学图书馆藏古籍善本书目·子部·医家类》第247页著录馆藏2部：一为26册本，另一为仅存《医案》十三卷7册的日本明历三年（1657）室町鲤山町田中清左卫门刻明孙一奎撰《赤水玄珠》三十六卷、《医案》十三卷。《馆藏中医线装书目·丛书》第299页也著录该馆藏日本明历三年丁酉风月堂庄左卫门刻本，且卷数均比国内版多。孙氏著述刻行情况如下：

---

① 《四库全书总目·子部·医家类》卷一〇四第八七五页著录为《赤水元珠》三十卷。其“玄”作“元”，系避康熙帝讳。

② 《四库全书总目·子部·医家类》卷一〇四第八七五页著录。

③ 《四库全书总目·子部·医家类存目》卷一〇五第八八七页著录为明孙一奎撰、明孙泰来、孙朋来同编《孙氏医案》五卷。

④ 《全国中医图书联合目录》著录，上海图书馆藏抄本。

⑤ 有明刊本，《中国丛书综录续编·类编·子类·医家》第249页著录，惜未著录藏处。

万历元年（1573）刊明孙一奎撰《孙文垣医案》五卷。《馆藏中医线装书目·医案》第264—265页、《全国中医图书联合目录》著录，中国中医科学院图书馆、上海图书馆藏。此外，上海图书馆藏万历二十七年（1599）刻本；中国中医科学院图书馆、北京中医药大学图书馆、山西省图书馆藏万历间（1573—1620）刻本，休宁溪口王仲衡处藏明末黄鼎刻本；北京大学图书馆藏日本于明历三年刊本。此医案包括《三吴治验》二卷，《宜兴治验》二卷，《新都治验》一卷3种。此书零种散出较多，各地图书馆收藏比较普遍，由于版本不同，各子书卷数也不同。对于同年版本这里不再作介绍了。

万历间（1573—1620）刻明孙一奎撰《赤水玄珠全集》《赤水玄珠》三十卷、《医旨绪余》二卷、《三吴医案》二卷、《宜兴医案》二卷4种三十六卷。《全国中医图书联合目录》著录，全国各大图书馆皆有藏本。

万历间孙一奎自刻《孙氏医学三种》即《赤水玄珠》三十卷[①]，《医案》又名《孙文垣医案》《赤水玄珠医案》《生生子医案》五卷[②]，《医旨绪录》又称《医旨绪余》二卷[③]计三十七卷。《中国丛书广录·类编丛书·子类·医家类·总类》第678页、南京大学图书馆历史系资料室重编印《中国丛书目录及子目索引汇编》第199页、《北京大学图书馆藏古籍善本书目·子部·医家类》第234页、《安徽省古籍善本书目·子部·医家类》第三十七页著录，国家图书馆、首都图书馆、辽宁省图书馆、福建省图书馆、湖北省图书馆、北京大学图书馆（32册本）、安徽省图书馆(20册本)藏。今从《赤水玄珠》休宁县令祝世禄万历丙申（二十四年，1596）序称《医旨绪余》早在万历十八年（1590）就已刊行[④]，《赤

① 《安徽文献书目》第57页著录，安徽省图书馆藏20册本。

② 《安徽文献书目》第57页著录，安徽省图书馆仅藏4卷4册，但藏传抄本《孙氏医案》五卷10册本，上海图书馆藏本题《生生子医案》五卷与《赤水玄珠》本非同版次。

③ 《安徽文献书目》第57页著录，安徽省图书馆藏1册本。

④ 此刊行本上海图书馆藏。

水玄珠》已完稿，并有多人为序，并即将付梓。《全国中医图书联合目录》著录《赤水玄珠全集》11个版本，最早的单行本刻本为万历十二年（1584）山东图书馆藏刻本，这些早期的版本应为孙氏家刻本，可算作孙一奎自刻本。

孙一奎刻书还有万历十八年刻明罗汝芳撰、明陈履祥辑《罗子要录》一卷。《中国古籍善本总目·子部·儒家类》第八〇三页、《中国古籍总目·子部·儒家类·儒学之属·明》第114页、《中国古籍善本书目·子部·儒家类》第86页著录，上海图书馆藏。该刊本半页8行，行18字，白口，四周单边。

万历十八年（1590）刻明孙一奎撰《医旨绪余》二卷。《四库全书总目·子部·医家类》卷一〇四第八七五页、《全国中医图书联合目录》第28页、《安徽省馆藏皖人书目》第277页著录，上海图书馆藏。此外，万历间刊本，上海图书馆、安徽省图书馆、哈尔滨医科大学图书馆藏。此书分别收入《赤水玄珠全集》及《四库全书》中。

万历二十四年（1596）写刊明孙一奎辑《医案三吴治验》五卷。《贩书偶记续编》第132页著录。

孙泰来、孙朋来于万历二十四年辑刻其父明孙一奎撰《赤水玄珠》三十卷、《医旨绪余》二卷、《医案》五卷，计3种37卷。《安徽文献书目》第57页、《中国善本书提要·子部·医家类》第272页、《中国古籍善本书目·子部·医家类》第225页、《中国古籍总目·子部·医家类·综论之属》第451页、《明代版刻综录》卷四第二十七页、《安徽省古籍善本书目·子部·医家类》卷三第三十七页著录，南京图书馆、北京大学图书馆、上海中医药大学图书馆、辽宁中医药大学图书馆、山东省图书馆、浙江医科大学图书馆及浙江图书馆天一阁分馆藏，安徽省（其中《医案》仅存卷一、卷二2卷计20册）图书馆藏不全本，美国国会图书馆所藏为明刻清康熙间印本，纸墨均较差。原题："明新安休阳生生子东宿孙一奎著辑；友人楚铜壁山人桂峰黄廉，古歙抱拙子锺山程弘宾、和宇方中声校阅；门人婺邑汪甘节吉甫、潘士梧惟美、查道立仲修，休宁程铨口衡、徐景奇士伟、余煌明德，子泰来中孺、朋来济孺校梓。”卷一下书口题：“歙邑黄鼎刊。”该刊本半页9行，行19字(18.8×12.5)。《青海省古籍善本书目・子部・医家类》第四十六页著录，青海省图书馆藏万历间刻清印明孙一奎撰《赤水玄珠》三十卷、《医旨绪余》二卷20册本。

万历间（1573—1620）二孙刻明孙一奎撰《赤水玄珠》三十卷、《医案》五卷计2种35卷。《明代版刻综录》第四卷第二十七页著录，南京图书馆藏。《全国中医图书联合目录・医案医论医话》第627页著录《赤水玄珠全集》四种三十六卷，不包括《痘疹心印》。此版本全国各大图书馆收藏更夥。而《痘疹心印》二卷有万历三十年（1602）由张良韫捐资刻梓，中国中医科学院图书馆藏。但《三吴医案》三种五卷中的最早刻本有上海图书馆、中国中医科学院图书馆藏万历元年（1573）刻本。

万历三十年刻明孙一奎撰《痘疹心印》二卷。《中国古籍善本书目・子部・医家类》第246页、《中国古籍善本总目・子部・医家类・儿科》第八六四页、《中国古籍总目・子部・医家类・方论之属》第800页、《馆藏中医线装书目・临证各科》第212页、《全国中医图书联合目录・临证各科》第501页著录，中国中医科学院图书馆藏，上海中医药大学图书馆、安徽省图书馆藏抄本。据孙一奎自序称，“苦力绵而未授剞劂”。由苕上张瑶（字良韫）捐资助刻行世。中国中医科学院图书馆还藏有宣统元年（1909）湖北刘洪烈重刻本。

孙氏父子家刻估计汇成全集前单行其中专著均不只一次，先后单行及综合发行更多。

戏剧家徽派版画转折者郑之珍

郑之珍（1518—1595）初名郑集，字汝席，号高石，明代诸生，安徽祁门县西乡清幽（今安徽省黄山市祁门县渚口乡）清溪村人。他是一位在中国戏曲发展史上有影响的戏曲作家和私人刻书家，刻书堂号“高石山房”。

《清溪郑氏族谱》[①]载：“之珍，字汝席，号高石。生（于）正德戊寅（十三年）九月二十四日，补邑庠生，博览群书，善诗文，尤工词调。郎中叶宗春称其文如怪云，变态万状，高才不第，时论惜之。载入《祁（门县）志·文苑》。编有《目连劝善记》。又为太平（今属安徽省黄山市黄山区）焦村编有《五福记》行于世，及编修家乘，井井有条。邑王祝、儒学胡，奖以‘盛世耆儒’匾额，恩列儒官。享寿七旬有八，殁（于）万历乙未（二十三年）三月初四，像图绘前。配芦溪汪以金女宪真……合葬堂坞。”今实地考察该祁门县渚口乡清溪村三里圣堂坞郑之珍夫妇合葬墓碑。见碑为其子郑为德、调元立，族侄荥阳郡赐进士出身真定府推官郑履祥题字，“明庠生高石郑公讳之珍夫妇墓”。墓正中镶有1米见方的青石墓志铭，为其婿、云南按察司副使叶宗春所撰，有“岳父郑公，讳之珍，字汝席，号高石”，并指出“唐吾祁郑司徒公之后，传至仲友公，迁居清溪，代有闻人载诸志乘”。这段记载也与道光《祁门县志·氏族考》所说：“清溪郑氏，唐有讳选者，由歙州（今安徽省黄山市歙县）官塘迁祁西营前”相合。据《清溪郑氏族谱》推算，郑之珍为迁祁门县一支的第26代孙。从上述资料和实物中对郑之珍的籍贯，生卒已考证明白。但上海古籍出版社出版的庄一拂编著的《古典戏曲存目汇考·郑之珍》、中国大百科全书出版社出版的《中国大百科全书·戏曲曲艺》卷，及上海辞书出版社出版的《中国戏曲曲艺辞典》中的郑之珍条，均说籍贯徽州、新安（歙县）人，还有的说生卒不详，是不妥当的。

目连戏是流传于古徽州的地方戏，代表作为郑之珍根据民间传说的变文和说唱故事编辑加工而成的《目连救母劝善戏文》。后印本戏文分上、

① 祁门县清溪村郑永发收藏《清溪郑氏族谱》。

中、下 3 卷，100 折，历叙傅相妻刘青亵渎神明，被打入地狱受尽煎熬。其子傅萝卜救母历尽艰辛，劝人为善，遍历地狱十殿，终于母子团圆。该剧种将唱、做、念、打融为一体，表演形式有翻筋斗、跳索、蹬坛等杂技穿插其间，在思想上把儒、佛、道三教说教杂糅在一起，很受观众欢迎。原为每逢阴历闰年徽州民间演此戏禳灾，影响普及浙、苏、赣、闽等省，甚至演至明清皇宫，可见影响之大。至今徽剧、川剧、婺剧、湘剧、昆曲中的《双下山》又称《僧尼会》《哑背疯》《王婆骂鸡》等折子戏就是此剧的移植和保留。因此，郑之珍在中国戏曲史上享有盛誉。

万历十年（1582）[①] 郑之珍高石山房在祁门刊刻自撰《新编目连救母劝善戏文》三卷。《安徽文献书目》第 75 页、《西谛书目·集部下·曲类》卷五第四十三页、《北京图书馆善本书目》、《安徽省古籍善本书目·集部·曲类》卷四第一百一十页、安徽师范大学《古籍善本书目（初稿）·集部·别集类·曲类》第 93—94 页、《南京图书馆善本书草目》、《上海图书馆善本书目》、《福建大学图书馆善本书目》及《中国古籍善本书目·集部·曲类》第 2108 页、《中国书店三十年所收善本书目·集部·曲类》第二三八页著录，国家图书馆、首都图书馆、北京大学图书馆、中共中央党校图书馆、中国科学院图书馆、复旦大学图书馆、上海戏剧学院图书馆、天津图书馆、河北大学图书馆、陕西师范大学图书馆、甘肃省图书馆、新疆大学图书馆、山东省图书馆、南京大学图书馆、浙江图书馆、安徽省图书馆（3 册本）、安徽师范大学图书馆、福建省图书馆、郑州大学图书馆、武汉师范学院图书馆、湖南省图书馆、四川省图书馆、四川大学图书馆、中国社会科学院文学研究所图书馆，文化部文学艺术研究院图书馆、戏曲研究院图书馆、音乐研究院图书馆、中国国家博物馆、群众出版社图书馆、陕西考古研究所图书馆、安徽省博物馆藏。清修本题《新编目莲（连）救母劝善戏文》三卷，上海图书馆、南京图书

① 《明代版刻综录》说万历十五年。

馆、南京师范大学图书馆藏。中国书店收购过每部6册竹纸万历十年高石山房刻清印本。1954年《古本戏曲丛刊》初集还据此版为工作底本影印收入此书。《明代版刻综录》第四卷第五页、第六卷第二十一页著录是万历十五年，当为后印本，国家图书馆、南京图书馆、上海图书馆、福建大学图书馆藏。该刊本共有插图57幅，单、双面不一，具有浓厚的徽派版画古风，由著名刻工黄铤、黄钫雕刻，版本精善。世称为“徽州版画的转折作品”，在古代出版史占有一定的地位。据载，清代道光年间（1821—1850）祁门还在用原版印行此书。可见流传之多之广。

此书作为传统书种，历代都有翻刻，如《西谛书目》卷五第四十三页还著录清种福堂刊《新刻出相音注劝善目莲（连）救母行孝戏文》三卷，也是6册本，有图。《中国古籍善本书目·集部·曲类》第2108页、《中国古籍善本总目·集部·曲类·传奇》第一八九一页、《中国善本书提要·集部·曲类》第692页、《北京大学图书馆藏古籍善本书目·集部·曲类》第517页（误录作者为元时人）等著录，此书出版后很快为金陵富春堂等翻刻。国家图书馆，文化部文学艺术研究院图书馆、戏曲研究院图书馆，上海图书馆，北京大学图书馆（不全）藏八卷万历（1573—1620）间刻6册本《新刻出相（像）音注劝善目连救母行孝戏文》八卷，原题：“新安郑之珍编，金陵富春堂梓。”而《五十万卷楼藏书目录》卷二十二载另一刻本不分卷。多家多次刊行此书，可见广受欢迎。

现将郑之珍所撰不同刻版情况胪列如下：

万历七年（1579）高石山房刻自编《目连救母劝善戏文》三卷。《西谛书目·集部下·曲类》卷五第四十三页著录，西谛藏有图6册本。

万历十年（1582）刻明郑之珍编《新编目连救母劝善戏文》二卷。《北京大学图书馆藏古籍善本书目·集部·曲类》第517页著录（作者为元人，误），北京大学图书馆藏3册本。同时又著录该馆藏万历间（1573—1620）刻《新编目连救母劝善戏文》三卷6册本，上海图书馆、安徽省图书馆藏。又有明刻《劝善目连救母行孝戏文》六卷2册本。又有3卷本，前面已作介绍，为后印本。

郑之珍还自刻《五福记》。经考证，《五福记》本源于太平县（今安徽省黄山市黄山区）焦村苏氏祖先的事迹。据《苏氏宗谱》载，其祖“显荣公，因父造京廒迟限罹狱，公至京辩冤，愿以身代。上感其孝，诏立宥，遂侍父归。舟次芜湖，见江中有五福神像，心异之，负回里，约众立庙供奉。每年中秋，神一出巡，至今以为常。”①

著名小学学者吴元满

吴元满，字敬甫，歙县丰南西溪南（今属安徽省黄山市徽州区）人。万历间（1573—1620）布衣，明后期著名的小学学者。他自幼勤于思索，遇到问题决不马虎。儿时读私塾时，塾师只教章句，不解字义，元满逐字询问，使塾师下不了台，被迫辞去。从此，广贮书籍，刻苦钻研文字学，自学成才。焦竑在他的《笔乘》中称赞他：“新安吴敬甫，博雅士也。精意字学。”《〔民国〕歙县志·士林》卷十载吴元满：“生而独目。常曰：‘吾以一目外观，而以一目内照，觉内之所得者较多。’因广贮书，力探六书意义，点画音韵，矻矻几五十年，学始成。东走吴，证于赵凡夫；西走楚，证于朱宗良。二人并许之，惟云：‘音声一部少有未协，则以方言不同之故。’元满方欲加究，暴病殁。”指出他在小学方面取得的成就。《书史会要》还说他对三代秦汉所葬碑铭也有很深的研究。著有《六书正义》十二卷、《六书总要》五卷、《六书沂原》又名《六书沂原直音》二卷、《谐声指南》一卷、《正小篆之讹》一卷、《万籁中声》二十卷、《分部备考》一卷、《隶书正讹》二卷、《切韵枢纽》二卷、《四声韵母》一卷、《韵学释疑》一卷等。

吴氏著述有案可稽的有11种48卷，均在万历十二年（1584）至

① 转引自郑之珍撰、朱万曙校点《新编目莲救母劝善戏文》整理注明中的注五，第一十七页，黄山书社，2005。

三十三年（1605）前后以家刻行世。为他著述行世最力是吴时莘、仙嗣、养春、百昌等丰南（西溪南）同村从孙辈。有的如吴养春就是著名的刻书家。

吴氏刻书极讲究刻印质量，大都请徽州剞劂高手中黄氏刻工雕刻，如万历十二年自刻《六书总要》五卷、《纲领》一卷、《正小篆之讹》一卷、《谐声指南》一卷计 4 种 8 卷就由黄钺、黄锦雕版上手，雕椠极精。如《中国古籍善本书目·经部》就收吴氏专著《六书总要》《纲领》《正小篆之讹》《谐声指南》《六书泝原直音》《分部备考》《隶书正讹》7 种 13 卷；《全明分省分县刻书考·安徽省卷》一十六页著录万历间刻自撰《万籁中声》二十卷；《四库全书总目·经部·小学类存目一》就列其专著《六书正义》、《六书总要》、《六书泝原直音》、《谐声指南》4 种 18 卷。加上其独到的研究，使他在中国学术史和出版史上均占有一席位置。

吴元满著述刊行存佚情况大体如下：

万历壬午（十年，1582）刊明歙西吴元满撰《万籁中声》一卷、《切韵枢纽》一卷、《四声韵母》一卷、《韵学释疑》一卷计 4 种 4 卷。《贩书偶记续编·经部·小学类》第 35 页著录。此应为初刻本。

明刊明吴元满撰《谐声指南》不分卷。《安徽文献书目》第 45 页著录，安徽省图书馆、歙县博物馆藏 1 册本。《四库全书总目·经部·小学类存目一》卷四十三第三七七页著录为 1 卷本，应为后印本。

明刊明吴元满撰《六书泝原直音》三卷。《安徽文献书目》第 45 页著录，安徽省博物馆藏 3 册本。《四库全书总目·经部·小学类存目一》卷四十三第三七七页著录为 2 卷本，为不全本。

万历十二年（1584）新安吴氏刻自辑《六书总要》五卷附《谐声指南》一卷计 2 种 6 卷。《北京大学图书馆藏古籍善本书目·经部·小学类》第 44 页、《明代版刻综录》第二卷第四十一页著录，北大图书馆藏 6 册本。《中国书店三十年所收善本书目·经部·小学类》第二十三页著录收购过棉纸6册本。《四库全书总目·经部·小学类存目一》卷四十三第三七七页著录《六书总要》五卷。《安徽文献书目》第45页著录为明刊《吴敬甫六书总要》六卷，安徽省博物馆藏4册本。

万历十二年刻明吴元满撰《六书总要》五卷附《正小篆之讹》一卷、《谐声指南》一卷计3种7卷。《中国古籍善本书目·经部·小学类》卷四第三十五页、《青海省古籍善本书目·经部·小学类》第一〇页著录，国家图书馆、北京大学图书馆、中国科学院图书馆、群众出版社图书馆、上海图书馆、东北师范大学图书馆、青海医学院图书馆（8册本）、浙江图书馆、河南省图书馆藏。安徽省图书馆、歙县博物馆各藏1部1册的《谐声指南》一卷著录为万历十一年刻。该刊本雕椠极精，为黄钺、黄锦等刻。

万历十二年（1584）新安吴元满刻自辑《六书总要》五卷、《纲领》一卷、《正讹》一卷计3种7卷。《中国善本书提要·经部·小学类》第58页、《四库全书总目·经部·小学类存目一》卷四十三第三七七页著录，国家图书馆藏5册本。原题："新安吴元满编集。"记黄钺、黄锦等刻工。该刊本半页14行，行25字（20.8×13.6）。

万历十二年刻明吴元满撰《六书总要》五卷附《正小篆之讹》一卷计2种6卷。《明代版刻综录》第二卷第四十一页、《中国古籍善本书目·经部·小学类》卷四第三十五页著录，山东省博物馆完本藏。《四库全书总目·经部·小学类存目一》卷四十三第三七七页仅著录《六书总要》五卷。

万历十四年（1586）刻明吴元满撰《六书泝原直音》二卷、《分部备考》一卷计2种3卷。《北京图书馆古籍善本书目·经部·小学类》第一八一页、《安徽省古籍善本书目·经部·小学类》卷一第三十七页、《四库全书总目·经部·小学类存目一》卷四十三第三七七页、《中国古籍善本书目·经部·小学类》卷四第三十五页著录，国家图书馆（1册本）、上海图书馆、复旦大学图书馆，安徽省博物馆藏。该刊本半页8行，大小字不等，白口，四周单边。

万历间（1573—1620）刻明吴元满撰《隶书正讹》二卷。《中国古籍善本书目·经部·小学类》卷四第三十五页、《四库全书总目·经部·小学类存目一》卷四十三第三七七页著录，中国科学院图书馆藏。

万历三十三年（1605）刻自撰《六书正义》十二卷。《中国古籍善本书目·经部·小学类》卷一第三十三页、《安徽省古籍善本书目·经部·小学类》卷一第三十三页、《四库全书总目·经部·小学类存目一》卷四十三第三七七页、北京师范大学图书馆编《中文古籍书目·经部·小学类·论文》第40页著录，北京师范大学图书馆、安徽省图书馆均藏12册本，安徽省博物馆藏著录为明刊8册本。

万历间（1573—1620）刻吴元满撰《六书总要》五卷附《正小篆之讹》一卷、《谐声指南》四卷计3种10卷。《北京图书馆古籍善本书目·经部·小学类》第一八一页著录，国家图书馆藏5册本。该刊本半页14行，行24字，白口，四周单边。

万历间自刊《万籁中声》二十卷。《明代版刻综录》第二卷第四十一页著录，惜未著录收藏单位和依据。

万历间自刻《韵学释疑》一卷。雷梦水著《古书经眼录》第32页著录，并指出此刊本罕见，惜未著录收藏单位和依据。

明刻明吴元满篆铭，刘然书录，江昶补录，新都丁云鹏、王耕绘图，罗更翁考订，宋吕大临撰《重修考古图》十卷。《天禄琳琅书目》续卷十六第十八页著录，清内府藏两函10册本。此书皆绘图主说，并载藏主。由虬村黄德时、德懋刻。

著述丰富的史学家吴士奇

吴士奇，字无奇，号恒初，有绿滋馆，歙县西溪南（今属安徽省黄山市徽州区）人。万历十二年（1584）中进士，历任宁化县令，升南京户部郎中，出守吉安。为政务简静，改督四川，擢湖南右布政使、陕西左布政使、太常寺卿。因拒魏忠贤党，坚拒任吏部右侍郎，以中旨致仕归。卒赠工部右侍郎。长于史学，为诗文不蹈前人窠臼，著述丰富，计有《明副书》一百卷[①]、《征信编》五卷、《考信编》二卷、《史裁》二十六卷[②]、《三祀志》一卷[③]、《楞严词》十卷、《西青集》二十集（卷）[④]、《绿滋馆稿》九卷、《不多集》二十二卷、《文章又玄》十二卷计10种207卷。《全明分省分县刻书考·安徽卷》一十六页作二十年（1592）中进士，误。

万历间（1573—1620）刻明吴士奇选《不多集》二十二卷。《北京大学图书馆藏古籍善本书目·集部·总集类》第384页著录，北京大学图书馆藏16册本，有抄配。《中国古籍善本书目·集部·总集类》第1625页、《中国古籍善本总目·集部·总集类·通代》第一七三五页等著录为万历四十年（1612）刻，收藏单位更多。

万历间刻明吴勉学编《唐乐府》十八卷。《明代版刻综录》第二卷第四十一页著录，天津图书馆藏。《全明分省分县刻书考·安徽卷》一十六页作万历二十二年（1594）刻。

万历四十八年（1620）歙县吴士奇刻自撰《绿滋馆考信编》二卷、《征信编》五卷计2种7卷。《中国善本书提要·子部·杂家类》第336页、《安徽艺文考·别史》、《四库全书总目·集部·别集类存目六》卷一七九第一六一八页著录，国家图书馆藏3册明刻清印本。原题："新都吴士奇无奇撰。"有万历四十八年李叔元序和康熙二十八年（1689）吴之騄序。该刊本半页9行，行18字（19.6×13.3）。国家图书馆还藏明刻清印2册本。此书收文8卷，诗1卷。美国国会图书馆还藏10册本《绿

---

① 《中国古籍善本书目·史部上·纪传类》第89页著录，上海图书馆藏清抄本明吴士奇撰《皇明副书》九十九卷、《续》一卷2部，其中1部有清张愫跋。

② 《四库全书总目·史部·史钞类存目》卷六十五第五八一页著录。此书采自春秋至宋元史文旧论。

③ 《安徽艺文考·政书一》。

④ 《徽州府志·艺文志》。

滋馆稿》九卷、《考信编》二卷、《征信编》五卷康熙间（约二十八年）按万历刻本补印本对书内容已进行了技术处理，如铲除原文中的胡、夷等字文。考《考信编》为论自春秋至宋代史，与《史裁》相辅而行；《征信编》记明代事，与《皇明副书》相辅行世。

明刻明吴士奇撰《文章又玄》十二卷。《安徽省古籍善本书目·史部·史抄类》卷二第四十二页著录，安徽省博物馆藏4册本，为先印不全本。

万历间刻自撰《绿滋馆稿》九卷。《四库全书总目·集部·别集类存目六》卷一七九第一六一八页著录。

万历间刻自撰《皇明副书》一百卷，收藏情况及依据待考。此书为载明代一朝行事。此书原稿为江都汪楫存贮。

明刻明吴士奇辑《文章又玄》二十卷。《中国古籍善本书目·集部·总集类》第1625页、《中国古籍总目·集部·总集类·通代之属》第2954页著录，清华大学图书馆、南京图书馆藏，山西大学图书馆及安徽省博物馆藏本不全。该刊本半页9行，行22字，白口，四周单边。

多才多艺的画坛圣手詹景凤

詹景凤（1519—1602），字东图，号白岳山人，有遐梦庵、寒松草堂，休宁县流塘人。其父商于福建、于湖（今安徽省芜湖市）。詹景凤自幼在母亲吴氏[①]的严督下，作为次子，3岁好读书，10岁能作诗，修成大儒，但仕途不张，学术成就很大，是明代书画家兼诗人，擅长山水画，法自倪瓒和黄公望，在书法上初学王羲之父子并形成自己的独特风格，兼精鉴书画，书法与祝枝山并名，有手书狂草《千字文》行世。《千字文》长卷系横幅草书纸本，高31.8厘米，横1030厘米，共有148行，每行六七八九字不等。全轴字体大小参差，疏密相间，雄浑自然，笔法刚健

① “督诲其二子为贾、为儒，谓贾任父劳，儒当显名亢宗”明吴国伦撰《甔甀洞续稿·文部·明詹母吴孺人墓志铭》卷二。

多姿，跌宕有致，浑然一体，为詹氏存世手泽的精品。

他在15岁为诸生时，与许少傅、黄进士、吴博士世称“新安四俊”，但他迟在隆庆元年(1567)才中举人，旋成进士。曾官南丰、麻城县教谕，升南京翰林院孔目，复升南吏部司务。曾主讲于休宁齐云山石桥岩天泉书院。在四川保宁府知府任上，遍历山川胜水。今游者尚可在齐云山石桥岩附近找到詹景凤在岩壁上所筑书斋并题“詹东图读书台”留下的题刻：“明隆庆二年（1568）十月初七日，都御史汪道昆、知县王瑶、山人陈有守、南京进士詹景凤、都御史弟文学道贯、道会，僧祖启，自齐云山而抵岐山，登石桥，寻棋盘石，下观大龙井，与山中主人国子生朱家相、家宝，文学汪尚嗣遇，遂宿此。”这既是詹氏游踪及相交的史料，也是詹氏留下的遗墨，为诗山摩崖石刻、石碑中名迹。又官广西平乐府通判，终官南京吏部司，以病卒于官。著有《古今寓言》九卷[①]、《画苑补益》四卷[②]、《书苑补益》八卷[③]、《明辨类函》六十四卷[④]及《西游稿》、《詹氏性理小辨》六十四卷、《东图全集》三十卷等，辑补明王世贞辑《王氏书画苑》45种95卷。[⑤]。今查国家图书馆、中国科学院图书馆、北京大学图书馆[⑥]、清华大学图书馆、复旦大学图书馆、南京大学图书馆、重庆市图书馆全本收藏，其中“书苑”4种18卷，“书

---

① 《西谛书目·集部中·总集类》卷四第二十八页著录明刊，国家图书馆藏3册本不全本。但《中国古籍善本书目·集部·总集类》第620页著录，上海图书馆、浙江图书馆藏明刻明陈世宝、詹景凤辑，明李大任批点《古今寓言》十二卷。

② 《四库全书总目·子部·艺术类存目》卷一一四第九七四页著录，南京（前江苏国学）图书馆藏明抄本。

③ 《四库全书总目·子部·艺术类存目》卷一一四第九七五页著录。

④ 《四库全书总目·子部·杂家类存目五》卷一二八第一一〇五页著录。

⑤ 其中王辑19种55卷，詹补益26种40卷。此书有明刊本。今据《中国丛书综录·类编·子类·艺术》第一册第740页、《中国丛书综录补正》第215页著录的明刊本由明王世贞辑《王氏书画苑》及由明詹景凤辑《补益》部分，大大多于四库馆臣《四库全书总目·子部·艺术类存目》卷一一四第九七五页著录。

⑥ 《北京大学图书馆藏古籍善本书目·子部·艺术类》第263页著录，明朱衣等校刻明王世贞编、明詹景凤补《王氏书画苑四十三种》。北京大学图书馆藏22册本。

苑补益”9种19卷，“画苑”15种37卷，“画苑补益”16种21卷。此丛书系收集整理自梁至元，尤重唐宋元中国书法绘画艺术黄金时期的有关书画名作，是中国美术绘画史上的重要资料。

但查湖北省安陆图书馆所藏仅为12卷，《补益》仅收《广川书跋》十卷1种，武汉市图书馆著录为万历十八至十九年（1590—1591）版，仅有《书苑》十卷、《书苑补益》十二卷、《画苑》十卷、《画苑补益》四卷，估计也是与《综录》同版，它们与山东大学图书馆、浙江图书馆所藏均非完本。此套丛书至民国十一年（1923）由泰东图书局据明本影印，全国不少图书馆均有收藏。李维祯还说：有“《文集》六十卷，《书苑》、《画苑》二十卷，《增定尺牍》十卷，《六纬撷华》十卷，《二十一史汇钞》十卷，《纲鉴性理》、《纂要》各十卷，与同人集《类腴寓言》、《粤郡志》、《齐云志》复百余卷。”李氏在文中接着对他的学术成就评价道：“苞（包）举三才，囊括万有，扬扢千古，鼓吹六籍，洋洋乎大观矣。贾其余力以攻临池，则为右军、大令、褚、颜、芝、素、米、苏、鲜于；以施绘事，则为李、郭、马、夏、二赵、叔明、子久、仲圭、元镇；以蓄古迹，则为鼎彝、敦罍、钟磬、剑削、名画、法书、越窑、宋绣。金石之勒，宝玉之器，远者夏商，近者宣嘉，光怪烛天，连城同价，通人韵士升堂入室，欣然若窥帝之册府。”[①]可见，詹景凤是一位多才多艺的大学者、大书画家、大收藏家。

值得强调的《东图全集》三十卷中前26卷为诗文杂著，根据景凤在万历辛卯（1591）自序称后附4卷《东图玄览编》又名《东图玄览》《玄览编》等，由600余条鉴赏书法名画的笔记和38首题书画碑铭组成。这可是一部内容丰富的记载书画历史及鉴赏方法的专著，著录了书画质地、形象、画法、题跋与流传经过，同时考察技法承袭演变迹象，并根据自己多年鉴赏书画经历和对书画艺术的造诣，发表鉴赏真伪优劣的意

① 明李维桢《大泌山房集·通判平乐府事詹公墓志铭》卷八十三。

见，很有资料和实用价值，尤其是提供了明末社会艺术品交换信息，是研究中国艺术和贸易史的宝贵资料。此书久无足本，仅清代《佩文斋书画谱》第99卷刊过162条，民国《故宫周刊》曾以《绘事杂录》专栏刊发了427条，直至1947年北平故宫博物院根据万历抄本《东图全集》抽出此书后4卷单独刊印发行，才使人得窥全貌。所以启功先生在《东图玄览编》跋语中说："此编所记不斤斤于款识印章而详于笔墨法度。昔读张浦山（庚）《图画精意识》，以其备论画法得失，于书画著录体例中独辟蹊径，赏鉴之道始不坠于空谈，而能有益于学者。及见东图之书，则已先乎浦山矣。盖东图书画既精，闻见又博，其所论皆自甘苦中来，精辟如此，岂偶然哉。"可见此书的价值。

詹景凤除全集未发现刊行本外，他自刻及后人刻他著作主要有：

嘉靖三十七年(1558)宋詹初[①]著《流塘集》二十一卷。16世孙詹景凤寒松草阁刻宋詹初撰《寒松阁集》又名《宋国录流塘詹先生集》[②]三卷、《附录》一卷计4卷。《中国古籍善本总目·集部·宋别集类》第一二九四页、《中国古籍总目·集部·别集类·宋代之属》第367页、《四库全书总目·集部·别集类一六》卷一六三第一三九九页、《明代版刻综录》卷五第四十九页、《中国古籍善本书目·集部·宋别集类》第381页著录，上海图书馆藏詹景凤寒松草阁刻宋詹初撰《宋国录流塘詹先生集》三卷、《附录》一卷。该刊本半页9行，行13字，白口，四周单边。

万历间（1573—1620）刻明詹景凤撰《詹氏性理小辨》六十四卷。《中国古籍善本书目·子部·杂家类》第573页、《中国古籍善本总目·子部·杂家类·杂学杂说》第九八一页著录，国家图书馆、故宫博物院图

① 詹初，字以元，宋休宁县流塘人。以县尉荐入太学，任学录。因上《乞辨邪正疏》，得罪权臣韩侂胄，罢归。

② 此书稿原名《流塘集》，原为21卷，惜毁于火。其子詹阳得残本。其第16世孙詹景凤在嘉靖三十七年刊刻时改名《寒松阁集》，厘定为3卷。国家图书馆还存此书的清初抄本题《宋国录流塘詹先生集》三卷、《附录》一卷。

书馆、南京图书馆、南京大学图书馆藏。该刊本半页10行，行20字，白口，左右双边。

明刊休宁明詹景凤撰《明辨类函》六十四卷。《安徽省馆藏皖人书目》第365页、《中国古籍总目·子部·杂家类·杂学杂说之属》第1697页（作崇祯间张溥刻本）、《安徽文献书目》第73页著录，国家图书馆、上海图书馆、南京图书馆、山东省图书馆及北京市文物局藏，安徽省博物馆仅存明刊8卷5册。

詹景凤子詹万善，字长卿，号小詹子。以茂才减资入南太学，师事汪道昆，但染明末习气较重，没有取得什么成就。曾为其父作9000余字行状，宏博藻丽，成为李维桢作《通判平乐府事詹公墓志铭》主要依据。

万历十三年（1585），詹万善在南京刻自撰《小詹子尺牍》二卷。《中国善本书提要·集部·别集类》第650页著录，国家图书馆藏4册本。该刊本半页10行，行20字（19×13.6）。

徽学泰斗、家刻楷模汪道昆

汪道昆（1525—1593.5.19），字伯玉，又字玉卿，号太函、守昆、南溟、南明、高明、高阳氏、高阳生、太函氏、太函子、函居士、函翁、泰茅氏、天游子、天都外臣等，歙县岩镇千秋里（今属安徽省黄山市徽州区松明山村）人。祖父玄仪，父良彬，叔良植均为大盐商。他于嘉靖二十五年（1546）与同里方弘静同中应天举人，嘉靖丁未（二十六年，1547）与王世贞、张居正、陆光祖、殷士儋[①]等同中进士，先后任义乌县令、南京工部主事、北京户部主事，兵部武库司员外郎、襄阳知府、福建按察副使、按察使、右佥都御史、福建巡抚。嘉靖四十五年（1566）

---

① 汪道昆参试丁未科礼经取士10人，均为显官。如江陵张居正太岳，官至首辅、太师；历城殷棠川士儋，官少保；长洲陆五台光祖，官太宰；徽州汪伯玉道昆，官左司马；余胡石门正蒙，官太常寺卿，掌国子监；于谷峰、肖岳峰等皆登台省监司。

六月罢归。曾在沿海参加抗倭斗争，任抗倭英雄戚继光监军[①]。尤其是嘉靖四十一年（1562）倭寇侵略福建沿海，侵占福清、宁德等地，福建按察副使汪道昆奉命去浙江求援，浙江总督胡宗宪派总兵戚继光率领八千壮勇增援福建，与汪道昆并肩作战，斩敌六千，削平沿海贼巢，夺回被掠人口和辎重。道昆也因功升兵部右侍郎。隆庆四年（1570）二月以原职任郧阳巡抚。五年调任湖广巡抚。六年在巡视蕲辽边防任上裁革冒领兵饷，并上《防务方略》奏折，受到朝廷嘉奖，出任兵部左侍郎，与王世贞并称"两司马"。万历三年（1575）六月后乞终老归，在歙县东门外桃源坞创太函书院隐居，直至逝世。

《[万历]歙志·传·文艺》卷五说他："生有异质，天性孝友，聚伯顺以奉二人，推任子于弟道贯，此其大者，原不暇数也。弱冠即登籍，始而为邑，寻而为郎，既而出守，既而出兵，既而开府，入佐邦政，出阅边关。循良则暴诬冤，弹压则推戚畹。经济则歼闽寇而功不赏，议辅兵而志未行。于艺则文法左马，诗法杜陵。于学则远推象山，近推东越。于教则主以邹鲁，宾以苦蒙。于禅则顿以南宗大安，渐以北宗天际。至其生平知交，居则有耆园会，出则有沧州会，谈艺则有白榆社，谈禅则有肇林社。所最交绥者，文则有弇州、云杜；所最推毂者，武则有宜黄、孟诸。酒德甚饶，一领可百觥。终身而无一乱，三配之外绝无二色，末年饮戏三昧间，一征歌而已。大都自邑中而署中其名立，自闽中而褂中其造深，自侍中而函中其境化。所著《函三子》，上函揭性命之宗，中函核经济之实，下函阐经国之程。未就而卒，惟有集存。甲午年，诸宗人奉主入淳安越国公祠，配享忠烈。今年举祀乡贤。弟道贯别有传，

---

① 现将此前任职情况详叙如下：嘉靖二十六年任浙江义乌知县。嘉靖三十年（1551）改南京工部主事。嘉靖三十一年改北京户部主事，督工修缮京师城墙。嘉靖三十二年（1553）改任兵部职方司主事。嘉靖三十三年（1554）升兵部武库司员外郎。嘉靖三十六年署郎中事员外郎。嘉靖三十七年（1558）赴襄阳任知府。嘉靖四十年（1561）升福建按察副使备兵福宁。嘉靖四十二年（1563）四月因事夺俸半年，十月升福建按察使。嘉靖四十三年（1564）升福建巡抚。四十五年（1566）六月自福建巡抚罢归。

道会字仲嘉，皆其爱弟，并名士，海内称太函二仲云。”他自己也在《太函集》中自暴身世：“由吾曾大祖而上历十有五世，率孝悌力田。吾曾大父、先伯大父，始用贾起家，至十弟始累钜万”，说明他出身于新安大贾之家，发迹始自他曾祖父。汪道昆在明后期文坛上享有盛名，为明后五子[①]，与李攀龙、王世贞等七子[②]齐名。主要学术成果在诗、戏曲和对徽学的贡献上。他为文简而有法，赵吉士在《云谷卧余》中对李维祯称赞说：“李北地梦阳之才，能小而不能大，能短而不能长。李于麟历之才，能高而不能下，能奇而不能正。王弇州世贞之才聘法，而法不能胜于才。人生几何，其书充栋微伤率耳。汪新安道昆文，大小高下，长短奇正，随所结撰，积句成篇，积字成句，无不精丽，其才能经纬错综也。”《明史·文苑·王世贞传》卷二百八十七第七三八二页附汪道昆传也说：“大学士张居正亦其同年生也，父七十寿，道昆文当其意，居正亟称之。世贞笔之《艺苑卮言》曰：‘文繁而有法者于麟，简而有法者伯玉。’道昆由是名大起。”

万历八年（1580）王道昆组织白榆诗社，比他小32岁的同辈潘之恒就是该社最早的成员。今查《太函集·送龙相君考绩序》卷七就有：“乃构白榆社，据北斗城，入社七人。谬长不佞，君御为宰，丁元甫奉楚前茅，郭次甫隐焦山，岁一至，居守吾家二仲洎潘景升。”后来，李维桢、屠隆、吕玉绳、俞羡长、徐茂吴等名彦也是该社成员，使该诗社成为明万历初最具影响的诗社，培养造就了一大批文学新秀。万历间，王弇州率三吴两浙名流游黄山，道昆为东道主，互相唱和，为文坛盛事。又结丰干诗社，自任盟主，推动了新安文学的繁荣。著有诗文集《太函集》一百二十卷。其中，文106卷；诗14卷，收诗1500余首。胡应麟

① 《明史·列传·文苑三》卷二百八十七第七三八一页（世贞曰）：“后五子则南昌余曰德、蒲圻魏裳、歙汪道昆、铜梁张佳胤、新蔡张九一也。”

② 《明史·列传·文苑三》卷二百八十七第七三八一页（世贞）“曰前五子者，（李）攀龙、（徐）中行、（梁）有誉、（吴）国伦、（宗）臣也”。

在《诗薮》中评价说："汪司马伯玉以文章名天下。中岁尤刻意诗歌。五七言近体，尽刷铅体，独有天骨，雄厚浑朴，壁立嘉隆诸子间，自为一家。"

他知识广博，多才多艺，奖掖后进。著名的刻印大师何震成名就与汪道昆有一定的关系。周亮工在《印人传·何主臣》条中说：何主臣（震）一字长卿，昊雪渔，新安人，往来白下（南京）最久。其与文国博（彭）关系在师友间。文国博究心六书，何主臣从文诗论尝曰：六书不能精义入神，怎能驱刀如笔呢？故何主臣刻印，无一讹笔。主臣成名于国博，而腾于褉中汪司马。

他兼通音律，工乐府，是明代戏剧家。所创作杂剧现知收入明末沈泰辑《盛明杂剧》中就有《高唐梦》《五湖游》《远山戏》《洛水悲》4种。这4种杂剧后自辑为《大雅堂杂剧四种》四卷，后附徐渭撰《四声猿》4种4卷。此外，在戏曲创作方面还有《唐明皇七夕长生殿》《赢诎令名谱》及一些散曲。汪道昆与同里戏曲家潘之恒是同辈亲戚，又是三代世交。他与潘之恒祖父潘侃是好朋友，之恒叔父潘道南女儿为汪道昆弟汪道贯填房，之恒长女潘轮是汪道会子汪无极妻，即道昆侄媳妇。因此，他是徽州府万历年间诗坛、戏曲界杰出领袖，被誉为"文坛五子"之一。

汪道昆的文史著述有《北虏纪略》一卷[①]、《春秋左传节文》十五卷、《南溟副墨》又称《太函副墨》二十二卷附《年谱》一卷、《浙江先生江公传行状墓志铭》一卷[②]、《七烈传》一卷、《楚骚品》一卷收入《说郛》丛书中。《楞严纂注》十卷、《数钱叶谱》一卷[③]、《南溟文选》四卷、《汪南溟集》八卷、《岩镇汪氏家谱》不分卷又称《汪氏十六族谱》附《典

① 收入《说郛》、《广百川学海》丛书中。

② 《安徽省馆藏皖人书目》第176页著录，安徽省图书馆藏汪道昆撰《江浙先生传》抄本1册，估计是笔误。

③ 收入《说郛》丛书中。

籍》等，辑《新刊汇编秦汉精华》十四卷、《秦汉六朝文》十卷等。他还增订明吴昭明撰《五车霏玉》三十四卷、张九韶编《群书拾唾》十二卷、《烈女传》十卷，编百回本《水浒传》等。

汪氏著述收入《四库全书·存目类》有《五车霏玉》三十四卷、《太函集》一百二十卷、《副墨》五卷计 3 种 159 卷。其中，《五车霏玉》疑是书贾伪托。四库馆臣指出："是编于诸类书中掇拾残剩，割裂饾饤，又皆不著其出典。盖兔园册子之最陋者。道昆虽陋，尚未必至是。疑坊刻托名也。"

汪道昆又是明后期徽州府重要的刻书家，其刻书堂号为大雅堂。所刻书精，刻工良著称于世，所刻至今仍为国家级善本书。其主要刻书以家刻自撰为主。

明刻明汪道昆撰《副墨》四卷。《安徽省馆藏皖人书目》第 176 页著录，安徽省图书馆藏 6 册本。

嘉靖间（1522—1566）刻明汪道昆撰《副墨》八卷。《中国古籍总目·集部·别集类·明代之属》第 778 页、《山东省图书馆馆藏海源阁书目·集部·别集类·明》第 247 页、《北京大学图书馆藏古籍善本书目·集部·别集类》第 459 页著录，北京大学图书馆、东北师范大学图书馆（16 册本）、山东省图书馆（仅藏卷一至六计 6 卷 1 函 3 册，此非完本，系初刻本）均藏。该刊本半页 9 行，行 18 字（19.9×13.4），白口，四周单边，单白鱼尾，有刻工。《贩书偶记续编·附录·集部》第 365 页等著录 5 卷本。台湾"中央"图书馆藏隆庆（1567—1572）间刻本也为 8 卷本。

万历三年（1575）明大雅堂刻明臧继华撰《大学衍义补编述》二卷。《中国古籍善本总目·子部·儒家类》第八〇一页著录，东北师范大学图书馆藏。该刊本半页 9 行，行 18 字，白口，左右双边。

万历五年（1577）刻自撰《春秋文》十二卷。《明代版刻综录》第二卷第二十五页、《全明分省分县刻书考·安徽省卷》第一十五页著录，南京图书馆藏。

万历五年(1577)序刻明汪道昆纂《春秋左传节文》十五卷附《音义》。《中国古籍善本书目·经部·春秋类》卷三第七页、《北京大学图书馆藏古籍善本书目·经部·春秋类》第27页、《中国古籍总目·经部·春秋类·左传·传说之属》第577页、《中国人民大学图书馆古籍善本书目·经部·春秋类》第13页、《中国古籍善本总目·经部·春秋类》第九十八页、《香港所藏古籍书目·经部·春秋类·左传》第21页(作万历间刻)、《安徽省馆藏皖人书目》第176页、《安徽省古籍善本书目·经部·春秋类》卷一第十六页著录,北京大学图书馆(10册本)、北京师范大学图书馆(4册本)、中国人民大学图书馆、天津图书馆、江苏泰州市图书馆、福建师范大学图书馆、云南大学图书馆、安徽省图书馆(5册、10册本各1套)、东北师范大学图书馆(5册本)、香港大学图书馆(5册本),安徽省博物馆(明刻4册本)藏。该刊本半页9行,行18字,白口,左右双边,分别有刻工"锵""钺""鉉"等黄氏刻工及万历十五年序。说明有两种以上明刻本。上海图书馆还藏康熙间(1662—1722)贻谷堂刻本。

万历十二年(1584)刻自撰、周光镐注《春秋节文注略》十五卷。《中国古籍善本书目·集部·春秋类》卷三第七页著录,中国科学院图书馆、故宫博物院图书馆、山东省博物馆藏。该刊本半页9行,行18字,小字双行同,白口,四周单边,有刻工。

万历十三年(1585)汪道昆刻楚屈原、宋玉,汉贾谊纂《楚辞》二卷。《中国古籍善本书目·集部·楚辞类》第1页著录,重庆市图书馆藏。该刊本半页9行,行20字,白口,左右双边。

万历十三年(1585)刻明汪道昆、詹惟修[①]著《云寥乐府》十卷、《汉书裒赡》、《史记拔奇》等,辑《六朝文脍》、《秦汉精华》等,除《秦汉精华》外,余均见《安徽艺文考》著录,未见刊本。选《新刊汇编秦汉精华》十四卷。《中国古籍善本书目·集部·总集类》第1619页、《中

---

① 詹惟修,字六宏,婺源县人。府学生,爱好文史,奖掖后进。

国古籍善本总目·集部·总集类·通代》第一七三三页、《山东省图书馆馆藏海源阁书目·集部·总集类》第188页著录，北京师范大学图书馆（4册本）、浙江图书馆、山东省图书馆（1函4册本）藏。该刊本半页10行，行22字（19.6×12.8），白口，四周单边，单黑鱼尾，有刻工。

万历十四年（1586）刻梁释僧祐辑《弘明集》十四卷。《中国古籍总目·子部·释家类·撰述之属·纂集部》第3410页、《明代版刻综录》第二卷第二十五页、《书目答问补正·子部》卷三第249页、《全明分省分县刻书考·安徽省卷》第一十四页、《增订四库简明目录标注》第611页著录，国家图书馆、大连市图书馆、吉林市图书馆、台湾“中央”图书馆、南京图书馆，上海文物保管会藏。《四部丛刊》以此为祖本。有金陵刻经处于光绪二十年刻本。

万历十四年刻唐释道宣撰《广弘明集》三十卷。《中国古籍善本总目·子部　·释家类·撰疏·撰述》第一一〇〇页、《明代版刻综录》第二卷第二十五页、《全明分省分县刻书考·安徽省卷》第一十五页著录，上海文物管理委员会藏。国家图书馆藏万历间（1573—1620）刻本，吉林省图书馆藏明刻本。

万历丙戌（十四年，1586）汪道昆刻梁释僧祐撰《弘明集》十四卷、唐释道宣撰《广弘明集》三十卷计2种44卷。《北京大学图书馆藏古籍善本书目·子部·释家类·史传》第342页著录馆藏18册本，还藏两部无《广弘明集》，分别为5册、12册黑口本。

万历十九年（1591）在金陵刊自撰《太函集》一百二十卷附《目录》十卷计130卷。《中国古籍总目·集部·别集类·明代之属》第778页（作目录6卷计126卷）、《北京大学图书馆藏古籍善本书目·集部·别集类》第459页、《安徽省馆藏皖人书目》第175页著录，国家图书馆（万历间刻）、北京大学图书馆（2部，均为30册本，唯《目录》仅有6卷）、中国科学院图书馆、上海图书馆、复旦大学图书馆、华东师范大学图书馆、福建师范大学图书馆、湖北省图书馆、湖南师范大学图书馆、中山图书馆、中山大学图书馆、重庆市图书馆、安徽省图书馆（36册本）藏。《全明分省分县刻书考·安徽省卷》第一十五页著录为一百卷，为不全印本。《西谛书目·集部上·明别集类》卷三第二十七页著录《目录》为四卷，其中正文卷三十三至卷三十六为配抄本，计28册。[①]该刊本半页9行，行18字(19.5×12.2)。内除诗外，文中有丰富的徽学资料。[②]《中国古籍善本书目·集部·明别集类》第710页著录为万历间（1573—1620）刻本。

万历十九年(1591)在金陵刊明汪道昆撰《世医吴洋[③]吴桥传》一卷。《太函集》卷三十一著录，安徽省图书馆、国家图书馆藏。

万历二十年(1592)刊汉郑玄注、唐贾公彦疏《周礼注疏》四十二卷。《明代版刻综录》第二卷第二十五页、《增订四库简明目录标注》第75页、《全明分省分县刻书考·安徽省卷》第一十五页著录为万历二十五年，卷数为四十三卷，南京图书馆藏。

万历间刻自编《大雅堂杂剧四种》四卷还附有徐渭撰《四声猿》4种4卷计8种8卷。《中国古籍善本总目·集部·曲类·杂剧》第一八七八页、《西谛书目·集部下·曲类》卷五第三十五页著录，国家图书馆藏。此刊本所附插图4幅，双面大版，为黄应瑞（伯符）所刻，插图精美，为徽派版画中的白眉，所附《四声猿》无图，疑为后人夺去。此刊本南京图书馆藏单行本插图4幅，双面大版，也是黄应瑞（伯符）所刻，绘刻精致。1954年《古本戏曲丛刊》初集中以该刊本为祖本影印。

汪道昆修补印明嘉靖间（1522—1566）覆刻相台岳氏版汉郑玄注、唐陆德明音义《周礼》十二卷。《北京大学图书馆藏古籍善本书目·经

① 沈德符《万历野获编·评论·汪南溟文》卷二十五："太函垂殁，自刻全集。"

② 收《四库全书》存目中。

③ 吴洋，歙县岩镇（今安徽省黄山市徽州区岩寺镇）人。嘉靖间（1522—1566）新安名医，其子吴桥，孙文仲、和仲传其家学。他系汪道昆亲戚，师从汪机，综合诸家之长，重用黄芪，所著医案大多亡佚，《太函集》中仅录万字以上合一卷。

部·礼类》第16页著录，北京大学图书馆藏2部：1部为6册装，卷三至卷六由清顾广圻据宋本校，李木斋有跋；另一部4册装。

万历间（1573—1620）刻自撰《副墨》八卷。《中国古籍善本书目·集部·明别集类》第702页、《中国古籍善本总目·集部·明别集类》第一四二四页、《四库全书总目·集部·别集类存目四》卷一七七第一五九六页、《中国善本书提要·集部·别集类》第627页著录，国家图书馆（6册本）、北京大学图书馆、中国科学院图书馆、东北师范大学图书馆、南京图书馆、浙江图书馆藏。该刊本半页9行，行18字（19.5×12.7），白口，四周单边。据崇祯间汪康运《太函副墨纪事》说："先司马自成一家言，著有《副墨》九卷、《太函集》一百二十卷。"此则最初刊本，虽缺1卷，但仍为国家级善本书。

万历间刊明汪道昆等撰《渐江先生江公传行状墓志铭》一卷。《中国古籍善本书目·史部·传记类一》第482页、《西谛书目·史部·传记类》卷一第二十五页著录，国家图书馆藏1册本。该刊本半页9行，行18字，白口，左右双边。

万历二十七年（1599）家刻自纂修《岩镇汪氏家谱》不分卷及《汪氏十六族近属家谱》十卷等。《中国古籍善本书目·史部·传记类》第589页、《中国家谱综合目录》第174页、179页等著录，国家图书馆、南京图书馆藏。

万历间刻《列女传》十六卷、汉班昭（又说项原）撰《续列女传》一卷计2种17卷。《中国善本书提要补编·史部·传记类》第10页、《西谛书目·史部·传记类》第二十页、《增订四库简明目录标注》第254页、《中国书店三十年所收善本书目·史部·传记类》第五十页著录，美国国会图书馆藏16册本，中国书店收购卷十四至十六计3卷3册明刻竹纸印本，有王孝慈手跋。西谛藏明刊乾隆间知不足斋印本20册，有图，说明汪版转入鲍廷博手，在乾隆间由知不足斋重印，同治十三年（1874）汪氏又补刊清汪远孙妻梁端校注本。该版由仇英插图，为徽派版画中的代表作。

还刻有《群书拾唾》十二卷。《中国善本书提要·子部·类书类》第371页著录，美国国会图书馆藏8册本。原题："临江张九绍美和父编集，新都汪道昆伯玉父增订，吴昭明玄白父校阅。"

崇祯六年（1633）序刻明汪道昆撰《太函副墨》二十二卷、《附录》一卷计23卷。《中国善本书提要·集部·别集类》第627页、《四库全书总目·集部·别集类存目四》卷一七七第二五九六页、《北京大学图书馆藏古籍善本书目·集部·别集类》第459页著录，国家图书馆、北京大学图书馆分别藏30册（无附录）、20册本。此书为汪道昆季子无竞手编，无竞子瑶光编次的家刻本。原题："新都汪道昆伯玉著。"此书系从《副墨》及《太函集》中选出本。该刊本半页9行，行18字（19.8×12.7），白口，四周单边。

汪道昆还是中国通俗小说出版的先驱者之一。众所周知，中国四大古典小说名著中的《水浒传》最早刊本是明南直隶凤阳府（今属安徽省）开国元勋武定侯郭英的第六代裔孙郭勋（不详—1551）在北京所为。这就是著名的嘉靖间精刊《水浒传》100卷的百回本子。此后，在徽州出现了新安汪道昆托名"天都外臣"刻行的徽州版《水浒传》一百二十卷一百二十回本及新安刻《忠义水浒传》一百回本不分卷[①]。从此，徽州版《水浒传》成为流行的一百二十回《水浒全传》的祖本。著名的古籍名著《金瓶梅》今存世的刻本也是徽州万历和崇祯间版本。读者只要认真阅读书中的内容、描写的场景以及使用的特定方言，经考证，很多与古代徽州相似相近，有的就是徽州方言、徽州环境、徽商的艺术形象，因此万历间传世版本《金瓶梅》作者与出版者很可能就是汪道昆。

徽州自此后就成为中国古代通俗小说的重要出版基地，徽人也走出乡邦，为通俗文学的出版竭尽全力。《红楼梦》早期只是以传抄形式流传，

---

① 详万有文库一百二十回本《水浒传·水浒传新考》。

直至乾隆五十六年（1791）、五十七年（1792）才由祖籍古歙，寓居苏州的程伟元将曹雪芹原著的八十回和高鹗续作的四十回合为完璧，由萃文书屋用活字排印，前附版刻插图。这就是著名的程甲本、程乙本①。《聊斋志异》写成后，作者蒲松龄无力刊行，直至乾隆三十二年（1766）才由歙县长塘鲍廷博刊行于世。这就是十六卷四百二十一篇的青柯亭本子②。《儒林外史》的出版功臣也是歙县寓扬州盐商、官僚程晋芳。

明代戏曲家、插图出版家汪廷讷

汪廷讷（1553—1619），一说享年80岁，字昌朝，又字无如，号坐隐，人称“坐隐先生”，又号全一真人、松萝道人，亦称“无无居士、清痴叟”，新安亦署新都（今安徽省黄山市休宁县徽光乡汪村）人。汪氏为明后期重要的戏曲作家，是以刻制插图本图书称誉于万历时代的家刻大家。他的环翠堂插图工巧细致，为金陵书坊独擎创新大旗，一改金陵版画粗放泼辣的画风，引领金陵版画新风，在中国版画史上占有一席重要的位置。

廷讷早年以业盐致富，家道殷实。万历间，曾官南京盐运使、宁波府同知等职。辞归后隐居不出，在家乡休宁松萝山东麓汪村经营规模庞大的坐隐园，在金陵（今安徽省南京市）开设环翠堂书坊。他爱好诗词，更善作曲，与戏曲大家汤显祖及王伯谷、陈继儒、方于鲁、李贽等名彦学宿交流甚广，互有唱酬。这些人在隆庆、万历间（1567—1572—1620）是思想比较开放的学者，因此，他们的学术交流与出版活动对明末社会思潮和民间风尚都产生一定的影响。

汪廷讷学富著丰，著有《环翠堂集》《华衮集》《无如子正续赘言》《文坛列俎》《人镜阳秋》及18种传奇总称的《环翠堂乐府》。此外，

---

① 详《文学研究集刊》第五册第34页。经考，程伟元第二次排印本即程乙本比第一次排印程甲本变动5900余字，并增撰《红楼梦》引言。

② 详1961年7月30日《光明日报·文学遗产》第374期。

还有9种杂剧。今传世的剧本有《狮吼记》《种玉记》《长生记》《二阁记》《威凤记》《飞鱼记》《高士记》《同升记》《彩舟记》《投桃记》《三祝记》《义烈记》《天书记》等。尤以讽刺剧《狮吼记》最为著名，今日本东京大学图书馆收藏。汪氏还著有《汪氏短剧》8种未见刊本，它们是：《中山救狼》《青梅佳句》《捐佞嫁婢》《诡男为客》《绍兴府同僚认父》《叶孝女报仇归释》《薛季昌石室悟棋》《广陵月重会姻缘》8种及《太平乐事》等。郑振铎在《插图本中国文学史》中说："汪廷讷的《长生》、《同升》二记，也和屠隆的《修文》、《昙花》同样的荒唐可笑。《长生记》叙述某人因虔敬吕仙得子成道事；《同升记》写三教讲度人事；其中主人翁也皆为汪氏他自己……其中有写得很好的，像《狮吼记》，叙述陈季常妻柳氏的奇妒事，便是绝好的一部喜剧。清人所作《醒世姻缘》小说中的有一部分故事，便系剽窃《狮吼》的。《三祝记》写范仲淹微时事；《种玉记》之写霍中孺事；《义烈记》之写汉末党祸事（以张俭为主人公）；《天书记》之写七国时孙、庞斗智事，都很不坏。惟《三祝记》的情境，间亦窃之于古剧（即《吕蒙正破窑记》）。在浓妆淡抹、斗艳竞芳的风尚之中，廷讷诸作，还算是很灵隽自然的。"[①]可见，汪廷讷在中国文学史上是有一定地位的。

汪氏在金陵的环翠堂书坊为金陵徽派名坊，所刻书籍一般都有当时名家绘刻的精美绝伦的插图、纸印均精绝的时版，有的还用彩色套印，对版画的革新贡献很大。尤其是插图小说、戏曲最享声誉。如著名的插图本《坐隐先生精订草堂诗余》《人镜阳秋》为明刻徽派版画插图本的代表作，在中国版画史上占有重要的地位。所刻的《环翠堂精订五种曲》传世极稀，弥足珍贵。汪廷讷的环翠堂刻书很多，今传世的有40余种120余卷，大都为精善本，列入国家级善本书目中。《全明分省分县刻书考》将环翠堂刻书列入《江苏省书林卷》杜信孚[②]是不够准确的。

---

① 郑振铎：《插图本中国文学史》，八五一至八五二页，人民文学出版社，1957。

② 杜同书：《全明分省分县刻书考·江苏省书林卷》，第十页，线装书局，2001。

环翠堂刻书也是难以尽考的。今据传世的环翠堂刻本看，集中在万历二十七年至三十九年（1599—1611）。《［康熙］休宁县志》说汪是“休宁汪村人，加例盐提举”，而《［乾隆］汀州府志》卷一十六又说他“天启（1567—1572）时任长汀县丞”，现在绝大多数记载都说他在万历间（1573—1620）官盐运使，因以致富，遂归隐，以著书、刻书为娱，因此，天启间长汀县丞之任应有问题，如有此任也应在盐运使前，即应是万历前期。

万历二十七年刊宋陈显微撰《关尹子文始真经注》九卷。《中国古籍善本书目·子部·道家类》第1025页、《中国古籍善本总目·子部·道家类》第一一四一页、《中国古籍总目·子部·道家类·先秦之属·其他》第2362页、《明代版刻综录》卷七第十一页、《北京图书馆古籍善本书目》、《中国古籍善本书目·子部·道家类》第1025页等著录，国家图书馆、故宫博物院图书馆藏。该刊本半页8行，行18字，白口，四周单边。

万历二十八年（1600）休宁汪氏环翠堂刻自撰《人镜阳秋》二十二卷。《中国古籍善本书目·史部·传记类一》第412页（作万历二十七年刻）、《中国古籍善本总目·史部·传记类·总传》第三七七页、《香港所藏古籍书目·史部·传记类·总传》第90页（作万历二十七年刻）、《明代版刻综录》第七卷第十一页、《南京图书馆善本书目》、《上海图书馆善本书目》、《南京图书馆善本卡片目录》、《西谛书目·史部·传记类》卷一第二十页、《中山图书馆善本书目》、《北京图书馆古籍善本书目·史部·传记类》第四〇八页（著录存4部均不全）[①]、《中国版刻图录》第一册第101页《图版》609、《西谛书目》著录，南京图书馆、上海图书馆、内蒙古自治区图书馆、西北大学图书馆、山东省图

① 国家图书馆藏最多的也缺卷一、卷十二计20卷14册，次为仅存卷一至十一、十四至十五、十七至二十一计18卷16册，再次为仅存卷二至六、卷八至十、卷十二、卷十四至十五、卷二十至二十一计13卷15册，最少的1部为仅存卷四至六、十至十一、十四至十八计10卷3册。

书馆、中山图书馆及上海博物馆完藏，国家图书馆仅存20卷，西谛存两部不全本：1部14册，存卷二至十一、十三至二十二计20卷，有图；另一部3册，存卷四至六，十至十二、十四至十八计11卷，有图。该书所收历代人物故事以宣传封建道德类内容为主，每一故事均有插图，由徽派版画高手汪耕绘图，名匠黄应祖雕镂上版。此书属历史人物传记类，据称考索书目多达600余种，可见这是一部治学比较严谨的图书。《坐隐先生全集》卷五有《刻〈人镜阳秋〉成》诗："千古人伦鉴，兼收迹未跙。纂修分作数，记述绘为图。叙事愧司马，诛心愧董狐。闲窗日披阅，黑白岂模糊。"《西谛书目·题跋》第一一页指出他所藏的4册本明金陵王氏刊本《新刻出像音释古今幼学连珠统汇故事》四卷："此是金陵坊刊通俗的训蒙书，和日记故事甚相类似。书中插图系从汪氏《人镜阳秋》复印下去的。"此书在日本后西天皇宽文九年（1669）翻刻本则易名为《全一道人劝惩故事》。该刊本半页9行，行18字（23.3×15.7），白口，单鱼尾，四周单边。

万历三十三年（1605）（一作三十五年）环翠堂刻明汪廷讷辑《文坛列俎》十卷。《中国古籍善本总目·集部·诗文评》第一八一六页及同书《总集类·通代》第一七三七页、《中国古籍善本书目·集部·诗文评类》第1891页及同书《总集类》第1629页、《中国善本书提要·集部·诗文评类》第451—452页及《总集类》1629页、《山东省图书馆馆藏海源阁书目·集部·总集类》第188页、《四库全书总目·集部·总集类存目三》卷一九三第一七六一页、《明代版刻综录》第七卷第十一页、《中国书店三十年所收善本书目·集部·总集类》第二一八页著录，美国国会图书馆（4册本）、北京大学图书馆（12册本）、山东省图书馆（作35年，2函12册本）、山西祁县图书馆、南京图书馆、浙江图书馆、新疆大学图书馆、中国科学院图书馆、湖南师范大学图书馆、四川省图书馆（不全）、南京图书馆、中国社会科学院文学研究所图书馆、群众出版社图书馆均以善本收藏，中国书店收购过12册竹纸印本。此书收入《四库全书总目·集部·总集类存目》中。内容为自先秦至明代的经翼、治资、鉴林、史摘、清尚、掇藻、情趣、别教、赋则、诗概计10类总汇，内容比较繁杂。美国国会图书馆藏本有休宁知县祝世禄序，原题："明新都无如汪廷讷昌期父编辑，了我玉尚哲镜达父参阅。"全书40册6函。该刊本半页10行，行20字（20.9×13.8），白口，四周单边，单白鱼尾，书口下方有"环翠堂藏板"5字。

万历三十七年（1609）汪氏环翠堂刻自撰《坐隐先生全集》4种十八卷。《中国古籍善本书目·丛部·自著丛书》卷三十五第616页、《中国古籍善本总目·丛部·自著丛书》第二〇〇三页、《中国古籍总目·丛书部·独撰类·明代》第1065页、《北京图书馆古籍善本书目》、《中国丛书综录·总目·汇编·独撰类》第一册第480页、《四川省图书馆古籍书目》(作万历三十六年)、《南京图书馆善本卡片目录》、《明代版刻综录》卷七第十一页著录，国家图书馆（8册本2部）、南京图书馆、中国科学院图书馆、北京大学图书馆①、甘肃省图书馆藏，四川省图书馆、大连市图书馆及中国国家博物馆收藏不全，《中国书店三十年所收善本书目·集部·明别集类》第一九五页著录为竹纸6册含《坐隐先生集》十二卷附《订棋谱》；第一一五页著录为全部，棉纸2册，为"明万历徽郡汪衙环翠堂精刻初印本"。该刊本卷首两面连式的坐隐图，绘刻精致，为徽派版画上乘之作，为明汪耕（于田）手绘，古歙仇村黄应祖刻，《四库全书总目·集部 ·别集类存目七》卷一百八十第1625页上、中作"《环翠堂坐隐集选》四卷"，而萧中和序称廷讷本有《环翠堂集》三十卷，说明此版非全本，也不只12卷。该刊本半页13行，行20字，白口，四周单边。

万历三十七年（1609）汪廷讷环翠堂刊自撰《环翠堂园景图》一卷。《明代版刻综录》第七卷第十一页、周芜《徽派版画史论集》第66页

① 《北京大学图书馆藏古籍善本书目·丛书部·自著类》第535页著录馆藏万历三十七年(1617)汪氏环翠堂刻汪廷讷撰《坐隐先生全集三种》8册本。

著录，人民美术出版社出版此书。原傅增华先生藏，今收藏情况不明。该刊本为明钱贡画，黄应祖刻。原本框高 24 厘米，长 1486 厘米。1981 年人民美术出版社精印 500 册，国内仅有少量印本。本人从张国标先生处按原大复印一轴。此园向认为汪氏在金陵的汪衙内，今实地考察应在休宁县境内。此图描绘了汪氏庄园景色，极精致美奂，是中国园林建筑中的精妙佳构。经考证，《坐隐先生全集》就收有王穉登于万历三十年（1602）所写的《坐隐先生环翠堂记》，顾起元也在《坐隐先生传》中对此图进行过描述，它是万历二十八年至三十年（1600—1602），汪廷讷在家乡汪村构筑的以坐隐园为中心的环翠花园。花园外北倚黄山、松萝、金佛群峰为屏障，南绕陈坑、横江水带，西接齐云、夹源云雨，东迎高岗、卧涧日月。园内房宇相间，池沼流水，曲径通幽，并以清澈的昌公湖和幽雅的百鹤楼布于其中，成为历代私家花园中的翘楚，曾吸引无数官僚墨客。万历三十六年（1608）秋，《牡丹亭》作者汤显祖就慕名与程伯书一道远跋山水来此，留下《坐乩笔记》。这帧版画也成为徽派版画的精品。我们从中可从坐隐园的内景、外景中找出 120 多个景点及出场人物 320 余人，以及相应场景中的众多精美物件，既表现了这座园林的恢宏气魄，又充分展示出徽派版画的精细入微。

万历间（1573—1620）刻明汪廷讷撰《坐隐先生订谱》二卷、《坐隐先生集》十二卷、《戏墨》一卷计 3 种 15 卷。《中国书店三十年所收善本书目·集部·明别集类》第一九五页、《北京大学图书馆藏古籍善本书目·子部·艺术类》第 276 页著录，北京大学图书馆藏 8 册本，中国书店收购竹纸 6 册本。与《全集》比较严重不足，应为初印本。

明刻明汪廷讷撰《坐隐先生订棋谱》不分卷。《安徽省馆藏皖人书目》第 158 页、《安徽文献书目》第 41 页著录，安徽省博物馆藏 1 册本。

万历间（1573—1620）刊明汪廷讷辑《文坛列俎》四卷。《四库全书总目·集部·别集类存目三》卷一九三第一七六一页、《西谛书目·集部中·总集类》卷四第二十九页著录 4 册本。四库馆臣指出：“其书分十类：一曰经翼，二曰治资，三曰鉴林，四曰史摘，五曰清尚，六曰掇藻，七曰博趣，八曰别教，九曰赋则，十曰诗概。所录上及周秦，下迄明代。如无名氏之雕传、佛家之心经，俱载入之，特为冗杂。其诗概部序曰：'六朝以上去四言，无四言也。于唐去五言古，无五言古也。'知为依附太仓、历下者矣。”此为初印不全本。

万历间环翠堂刻元王德信撰、关汉卿续、明汪廷讷校《元本出相西厢记》二卷。《中国古籍总目·集部·曲类·杂剧之属》第3440页著录，国家图书馆、上海图书馆藏。《明代版刻综录》第七卷第十一页、傅惜华《元代杂剧全目》及吴梅待价书目均著录《元本出相西厢记》为明万历间环翠堂刊本，版口题“环翠堂乐府”，插图较精，并署陈聘洲、陈震衷刻，插图风韵异于环翠堂诸本。两陈所刻《袁了凡先生释义西厢记》二卷，半页10行，行25字，半边，单鱼尾，版心也刻有“环翠堂乐府”5字。说明此两版源于翻印环翠堂版，而非重刻本。

万历间汪氏环翠堂刻明汪廷讷撰《环翠堂坐隐集选》4种四卷。《四库全书总目·集部·别集类存目七》卷一八〇第一六二五页著录。该书萧和中序说：“'廷讷本有环翠堂集三十卷，与此本多重见。'盖坐隐乃其园名，故别自摘选为此集，而仍以环翠堂冠之。集中酬唱，皆陈继儒、方于鲁之流。又与李贽赠答。”本书分别收集汪氏集古今体诗、词、南北曲、随笔各1卷。

万历间刻自撰《彩舟记》二卷。《中国古籍善本书目·集部·曲类》第2119页、《中国古籍总目·集部·曲类·传奇之属》第3533页、《中国古籍善本总目·集部·曲类·传奇》第一八八七页、《明代版刻综录》第七卷第十一页、《北京图书馆古籍善本书目》、《贩书偶记续编·集部·词曲类》第331页（著录为天启间刻）著录，国家图书馆善本部藏2册本。该刊本为汪氏《环翠堂乐府》本，半页10行，行20字，白口，单边，版心上刻有“环翠堂乐府”5字。1955年《古本戏曲丛刊》第2集第20种据此版本影印。此书还有天启间环翠堂刊本。全书34出，内容同《情史》、《名媛诗归》及《醒世恒言·吴衙内邻舟赴约》，演江生与吴女私合舟中。此书为黄应祖刻。

万历间（1573—1620）刻自撰《义烈记》二卷。《中国古籍善本书目·集部·曲类》第2119页、《中国古籍总目·集部·曲类·传奇之属》第3533页、《明代版刻综录》第七卷第十一页、《北京图书馆善本书目》著录，国家图书馆藏，郑振铎《中国版画图录·金陵版画》收录此刊本，为汪氏《环翠堂乐府》本之一，1955年《古本戏曲丛刊》第2集第21种据此影印，题“环翠堂乐府义烈记”。据傅惜华称此本插图为黄应祖刻。全书34出，内容由《汉书》张俭、孔褒、孔融传史事演东汉党锢之争，张山阳亡命，孔氏一门争死的高义伟举。

万历间刻自撰《投桃记》二卷。《中国古籍善本书目·集部·曲类》第2119页、《中国古籍总目·集部·曲类·传奇之属》第3533页、《明代版刻综录》第七卷第十一页著录，国家图书馆藏2册本。收入1955年《古本戏曲丛刊》第2集第19种，并据此版本影印，题“环翠堂乐府投桃记”。其内容据吕天成《曲品》说：“潘用中事，见小说。余初欲谱之，今汪此记，甚有情趣。”该刊本半页10行，行20字，小字双行同，白口，四周单边，有图。

万历间刻自撰《环翠堂乐府狮吼记》二卷。《中国古籍善本书目·集部·曲类》第2119页、《中国古籍总目·集部·曲类·传奇之属》第3533页、《明代版刻综录》第七卷第十一页著录（收藏情况不明），日本京都大学人文科学研究所藏汪刻原本。今存世《古本戏曲丛刊》二集本是据明末汲古阁原刊本影印。此剧共30出，内容源于宋人随笔《调谑篇》。演陈慥（字季常，居黄州坡亭，自称“龙丘先生”，又称“方山子”）好宾客，喜蓄声伎，但是他的妻子柳氏奇妒，称“河东狮子”。苏东坡曾诗：“龙丘居士亦可怜，谈空说有夜不眠。忽闻河东狮子吼，拄杖落于心茫然。”因名。吕天成在《曲品》里说：“惧内从无南剧，汪初制一剧以讽枌榆，旋演为全本，备极丑态，总堪捧腹。”

万历间（1573—1620）刻自撰《三祝记》二卷。《中国古籍善本书目·集部·曲类》第2119页、《中国古籍善本总目·集部·曲类·传奇》第一八八七页、《中国古籍总目·集部·曲类·传奇之属》第3533页、《西谛书目》、《古本戏曲丛刊》二集著录，国家图书馆藏，《古本戏曲丛刊》二集第18种系据明万历间环翠堂刊本影印。全本36出，内容为讲范仲淹及其四子纯祐（字天成）、纯礼（字彝叟）、纯粹（字德儒）、纯仁（字尧夫）5人事迹和道德文章以及福寿子孙兼全，故名《三祝》。

万历间刻自撰《长生记》二卷。吕天成《曲品》、远山堂《曲品》、《传奇品》、《曲考》、《曲海目》、《曲录》、《曲海总目提要》均著录，今佚，原记有环翠堂刊本，唯存明人戏曲选集佚曲。内容据《曲海总目提要》引陈弘世序说："友人汪昌朝，尊奉吕祖甚谨。一旦梦感纯阳之异，若以玄解授之者。乃搜罗仙籍，摭纯阳证果之始末，演为传奇，标曰《长生记》。"

万历间刊自撰《种玉记》二卷。《中国古籍善本书目·集部·曲类》第2119页、《中国古籍总目·集部·曲类·传奇之属》第3533页、《北京图书馆善本书目》、《汲古阁》刊《六十种曲》本、《古本戏曲丛刊》第二集本题"玉茗堂批评种玉记"，国家图书馆收有明刊本，原有万历间环翠堂及明末汲古阁原刊本。全书30出，内容为依据《汉书》演霍仲孺事。吕天成《曲品》称："吾越金叟撰《摘星记》，即霍仲孺事。此记略具幽情，兼扬将相之业，胜《摘星》多矣。"

万历间（1573—1620）休宁环翠堂刊自撰《环翠堂华衮集》二卷。《中国古籍善本总目·集部·总集类·断代》第一七七七页、《中国古籍总目·集部·总集类·断代之属》第3032页（以上均作不分卷）、《明代版刻综录》第七卷第十一页、《北京大学图书馆藏古籍善本书目·集部·别集类》第469页著录，北京大学图书馆藏2册本。

明刻明祝世禄撰、汪廷讷校《环碧斋尺牍》一卷。《北京大学图书馆藏古籍善本书目·集部·别集类》第466页著录馆藏2册本，为万历间刻二卷。

万历间刻自撰《无如子赘言》一卷、《赘言续》一卷计2种2卷。《中国古籍总目·子部 ·杂家类》第1693页、《明代版刻综录》第七卷第十一页、《南京图书馆善本书草目》著录，南京图书馆、台湾“中央”图书馆藏。

万历间刊自撰《天书记》又名《七国传》二卷。《北京图书馆善本书目》著录，国家图书馆藏。该刊本半页10行，行20字，小字双行同，白口，四周单边，有图。1955年《古本戏曲丛刊》第2集第17种据此影印，为汪氏《环翠堂乐府》刊本。内容为演孙膑、庞涓为鬼谷子学生。其后涓妒膑而图谋杀膑，结果膑杀涓这一历史事实并附会一些虚构情节。

《环翠堂乐府》为传奇总集，均为汪廷讷撰，现考证共15种，一说其中8种为陈所闻作。经考证，包括《二阁记》①、《三祝记》②、《五多记》③、《天书记》④、《同升记》⑤、《青梅记》⑥、《长生记》⑦、《投

---

① 详见吕天成《曲品》、远山堂《曲品》、《传奇品》、《曲考》、《曲海目》、《曲录》、《今乐考证》。

② 《西谛书目》、《今乐考证》、吕天成《曲品》、远山堂《曲品》、《传奇品》、《曲考》、《曲海目》、《曲录》、《西谛善本戏曲目录》著录。

③ 《传奇汇考标目》著录，指福、禄、寿、康、男子五段，今佚。

④ 又名《七国志》，《今乐考证》、吕天成《曲品》、远山堂《曲品》、《传奇品》、《曲考》、《曲海目》、《曲录》、《曲海总目提要》著录。

⑤ 《今乐考证》、吕天成《曲品》、远山堂《曲品》、《传奇品》、《曲考》、《曲海目》、《曲录》、《曲海总目提要》等著录，今佚。据《曲海总目提要》说：“纽合三教，凭空撮撰。如儒则潘凌云，释则了悟禅师，道则全一真人，皆以当时所交，现身说法。冶城老人序云：海内梵刹，间设三教之堂，龛三师于上。有儒者进曰：‘吾孔氏之尊，岂居二氏之下。’奉而中移。嗣道者进曰：‘孔子吾师之弟子也，而位师上耶？’又奉而中移。主僧更复其故位。嗣是屡屡更移，而像旋坏。三师因相谓曰：‘吾三人本相忘，乃各为劣徒搬坏。’”此冶城老人据其著《衍庄新剧》考证为徐渭，全一真人为汪廷讷别号，余不详。

⑥ 《今乐考证》、《笠阁评目》、《传奇汇考标目·补目》著录，全书今佚，仅戏曲选集《月露音》残存佚曲。

⑦ 《今乐考证》、吕天成《曲品》、远山堂《曲品》、《传奇品》、《曲考》、《曲海目》、《曲录》著录。

桃记》[①]、《威凤记》[②]、《飞鱼记》[③]、《高士记》[④]、《彩舟记》[⑤]、《彩凤记》[⑥]、《种玉记》[⑦]、《狮吼记》[⑧]等18种传奇计36卷[⑨]。今仅存可考《三祝记》、《天书记》、《投桃记》、《彩舟记》、《义烈记》、《种玉记》、《狮吼记》7种14卷，并有环翠堂万历间刊本及部分天启间刊本。对汪氏环翠堂所刻自著《环翠堂乐府》也有疑义，如周晖在《续金陵琐事》中说："此等俱为陈所闻所著，而书坊汪廷讷皆刻为己作。"陈所闻字荩卿，也是明末戏曲家，曾编刻过《南北宫词记》，是汪廷讷的好友，窃为不可能，可能是互相间切磋过这类作品。该刊本半页10行，行20字，小字双行同，白口，四周单边，均有精美插图。

万历三十年（1602）新安门人汪廷讷辑刻明祝世禄撰《留园疏草》二卷。北京大学图书馆藏。该刻本半页9行，行19字（20.5×13）。

万历三十七年(1609)汪氏环翠堂刻自撰《坐隐先生订棋谱》八卷。《西谛书目》著录，国家图书馆、安徽省博物馆收藏，《中国书店三十年所收善本书目·子部·艺术类》第一一五页著录为明万历刻本，竹纸1册；又《坐隐先生全集》上署万历徽郡汪衙环翠堂精刻初印本，棉纸2册；

---

① 《今乐考证》、吕天成《曲品》、远山堂《曲品》、《传奇品》、《曲考》、《曲海目》、《曲录》著录。

② 《曲品》、《曲海总目提要》著录，今佚。据《曲海总目提要》引马翼如序称："坐隐先生以豪爽之才，愤时嫉俗之抢，莫由宣泄，往往触发于新声。以故乐府之夥，直入高、王阃奥。兹观《威凤》一记，不尤可喜可愕，而大系风教者乎。"

③ 远山堂《曲品》著录，今佚。据《曲品》称："渔隐子垂钓溪头，不过一渺小丈夫耳。及见弃于杨翁有意外之得，遂据峕自雄，结客破贼，以豪侠终，岂不可垂之青翰，为我明一奇事。所以清远道人作序嘉赏之。"

④ 《今乐考证》、吕天成《曲品》、远山堂《曲品》、《传奇品》、《曲考》、《曲海目》、《曲录》著录，今佚。

⑤ 远山堂《曲品》著录。

⑥ 仅《传奇汇考标目》别本著录，今佚。

⑦ 《今乐考证》、吕天成《曲品》、远山堂《曲品》、《传奇品》、《曲考》、《曲海目》、《曲录》著录。

⑧ 《今乐考证》、吕天成《曲品》、远山堂《曲品》、《传奇品》、《曲考》、《曲海目》、《曲录》著录。

⑨ 尚有3种笔者未考证出，有待专家续考。

又国家图书馆藏本题《坐隐先生精订捷径棋谱》二卷，为明汪耕画，古歙黄应祖刻。此本卷首所附“坐隐图”绘制得特别精致，为徽派版画的白眉。该刊本按金、石、丝、竹、匏、土、革、木分卷，附图6幅，半页13行，行20字，白口，单边。版心刻“环翠堂”3字。前有蓝印封面，题“坐隐先生精订捷径弈谱，徽郡汪衙环翠堂识”，有万历己酉六月焦竑序，序后有“星源詹国礼督梓，古歙黄应祖绣梓”2行。

万历三十九年（1611）刻明原休宁县令祝世禄撰《留垣〔园〕疏草》二卷、《环碧斋诗集》三卷、《尺牍》五卷、《小言》一卷计4种11卷。《四库全书总目·集部·别集类存目四》卷一七七第一五八六页、《中国善本书提要·集部·别集类》第653—654页著录，北京大学图书馆藏14册本。此书非同时刻印。最早刻印的为汪廷讷所刻《疏草》，《诗集》《尺牍》为陈昭祥、吴时元刻于万历末年，汪廷讷为校阅人。该刊本半页9行，行19字，诗以下均18字（20.5×13）。

万历间（1573—1620）汪氏环翠堂刻明陈铎撰、汪廷讷订《坐隐先生精订陈大声乐府全集》7种十二卷。《中国古籍善本书目·集部·曲类》第2169页、《中国古籍总目·集部·曲类·散曲之属》第3579页（作万历三十九年刻，并误“珂”为“可”）、《北京图书馆古籍善本书目》第三一〇四页、《中国丛书广录·类编丛书集类·曲类·散曲》第887页著录，国家图书馆以善本收录。此书散出或先印单行本收藏更多，这里不作介绍了。该刊本半页10行，行20字，白口，四周单边。

万历间环翠堂刻《坐隐先生精订四词宗合刻》又名《四词宗合刻》4种五卷。《中国古籍善本书目·集部·曲类》第2164页、《中国古籍总目·集部·曲类·散曲之属》第3575页、《北京图书馆古籍善本书目》第三一〇七页、《中国丛书广录·类编丛书·集类·曲类·散曲》第886页著录，国家图书馆收藏，天津图书馆藏不全。该刊本线装7册，半页10行，行20字，白口，四周单边。这是一部散曲合集。零本收藏更广泛，这里不作介绍。

万历间刻自撰《环翠堂精订五种曲》又名《名家杂剧五种》5种五卷。《中国古籍善本总目·集部·曲类·杂剧》第一八七三页、《中国丛书广录·类编丛书·集类·曲类·曲选》第886页、《北京大学图书馆藏古籍善本书目·集部·曲类》第516页著录，北京大学图书馆藏4册本。该刊本半页9行，行20字，白口，左右双边。前封面上端横题“名家杂剧”，竖题“环翠堂精订五种曲”。

汪氏环翠堂为金陵重要的徽派刻坊，所刻书版本精校勘审，注重插图。尤其是插图本图书版画刻印极为精雅，版式富创造性，一般分单面大版图和合页连式两种。如《义烈记》中22幅插图就采取合页连式，且请名画家如汪耕之流绘画，剞劂高手如黄应祖等人雕刻上版。因此，汪廷讷的环翠堂不仅是金陵名坊，而且是以插图本图书见长于同类刻坊。

深受徽州学术影响的外籍程朱理学家姚舜牧

姚舜牧（1543—1623以后），字虞佐，号承庵，有来恩堂，乌程人。家世明经。万历元年（1573）中癸酉科举人。初为新兴县令，再补广昌知县。万历十七年（己丑，1589）春，居歙县南山，长达20年，始著《四书疑问》，后再作《易》《书》《诗》《礼》《春秋》诸疑问，完成对《四书》《五经》这部儒家经典的释疑工程。在完成这项著述工程归里时吴士奇有《送姚承庵还吴兴》诗：“余僻和弥寡，君贞知亦稀。何当长者撤，独扣故人扉。陶菊秋深吐，吴菰霜下肥。偶逢关令尹，强为著书归。”原注“公著《疑问》诸书。”归里后再游歙，正值程朱阙里初创崇文书院，并主讲该书院。明代徽俗，最尊礼外来主讲席的名儒。歙县刘知县正好与其同县，也以正学自任，尊崇程朱之学，首祀程朱，并在歙县南山姚舜牧故居立“姚承庵著书碑”，以表彰先生对徽学的贡献。吴士奇《绿滋馆稿》中收有《姚承庵著书碑记》可作佐证。因此，他的著述和刻书活动也附在此。他著述丰富，仅收入《四库全书》及存目的就有《易学疑问》十二卷[①]、《书经疑问》十二卷[②]、《诗经疑问》十二卷[③]、《礼记疑问》十二卷[④]、《春秋疑问》十二卷[⑤]、《孝经疑问》一卷[⑥]、《四书疑问》十一卷[⑦]、《乐陶吟草》三卷[⑧]计8种75卷。这些经学成就也主要在歙县完成。还有《来恩堂草》十六卷、《姚承庵文集》十六卷、《性理指归》二十八卷、《姚氏药言》又名《药言》一卷[⑨]、《诗文全集》、《史纲要领》三十六卷等。

万历十一年（1583）刻明姚舜牧撰《春秋疑问》十二卷。《中国古籍总目·经部·春秋类·春秋总义·传说之属》第645页著录，上海图书馆藏。

万历三十一年（1603）序刻明姚舜牧撰《春秋疑问》十二卷。《中国古籍善本总目·经部·春秋·春秋总义》第一一〇页（作万历间刻）、《中国古籍总目·经部·春秋类·春秋总义·传说之属》第645页著录，国家图书馆、北京大学图书馆、中国科学院图书馆、天津图书馆、上海图书馆、辽宁省图书馆藏。该刊本半页10行，行19—20字不等，白口，

---

① 《四库全书总目·经部·易类存目二》卷八第五十九页著录为浙江巡抚采进本。馆臣指出："其《五经疑问》皆年过六十所撰。迨年过八十又重订诗、礼二经及此书，其序并载所著《来恩堂集》中，岁月先后一一可考。计其一生精力，殚于穷经。然此书率敷衍旧说，实无可取。"

② 《四库全书总目·经部·书类存目二》卷一十四第一一一页著录浙江巡抚采进本。四库馆臣指出："于经义罕所考定，惟推寻文句，以意说之，往往穿凿杜撰。"

③ 《四库全书总目·经部·诗类二》卷一十六第一二九页著录内府藏本。四库馆臣指出此书"释诗兼用毛传、朱传及严粲《诗缉》，时亦自出新论。"

④ 《四库全书总目·经部·礼类存目二》卷二十四第一九四页著录浙江巡抚采进本。馆臣指出此书"依文训义，多作语录之体，间有新说，则多与经义违背。"

⑤ 《四库全书总目·经部·春秋类存目一》卷三十第二四八页著录浙江巡抚采进本。馆臣指出此书"不尽从胡传，亦颇能扫诸家穿凿之说，正历来刻深严酷之论。视所注诸经，较多可取，而亦不免于以意推求，自生义例"。

⑥ 《四库全书总目·经部·孝经类存目》卷三十二第二六七页著录浙江巡抚采进本。该书指出："孝经语意联贯，不应分章，尤不宜立章名。"

⑦ 《四库全书总目·经部·四书类存目》卷三十七第三一一页著录浙江巡抚采进本。此书各章总论大旨，不再是逐句笺释，立说多与朱熹相佐。

⑧ 《四库全书总目·集部·别集类存目六》卷一七九第一六一二页著录浙江巡抚采进本。

⑨ 收入光绪间（1875—1908）刻《咫进斋丛书》中。

四周单边。

万历间（1573—1620）刻顺治十四年（1657）姚氏（姚作重等）补刻明姚舜牧撰《春秋疑问》十二卷。《中国古籍善本总目·经部·春秋·春秋总义》第一一〇页、《中国古籍总目·经部·春秋类·春秋总义·传说之属》第645页著录，国家图书馆、上海图书馆、浙江图书馆、四川大学图书馆藏。该刊本半页10行，行20字，白口，四周单边。

万历间刻《五经疑问》本中明姚舜牧撰《春秋疑问》十二卷。《中国古籍总目·经部·春秋类·春秋总义·传说之属》第645页著录，北京大学图书馆、复旦大学图书馆、南京图书馆藏。

明来恩堂刻清乾隆二十七年（1762）六经堂重修《姚承菴（庵）文集》本明姚舜牧撰《孝经疑问》一卷。《中国古籍善本总目·经部·孝经类》第一二一页、《中国古籍总目·经部·孝经类·传说之属》第705页著录，上海图书馆、上海辞书出版社图书馆藏。该刊本半页10行，行20字，白口，四周单边。国家图书馆还藏光绪六年（1800）归安姚氏刻本，收入光绪间刻《咫进斋丛书》中。

万历间刻明姚舜牧撰《四书疑问》六卷。《中国古籍总目·经部·四书类·四书总义·传说之属》第869页著录，日本内阁文库、日本尊经阁文库藏。

万历三十二年（1604）刻明姚舜牧撰《书经疑问》十二卷。《中国古籍总目·经部·书类·传说之属》第255页著录，北京大学图书馆、上海图书馆、吉林省社会科学院图书馆藏。

万历三十二年（1604）刻明姚舜牧撰《重订书经疑问》十二卷。《中国古籍善本总目·经部·书类》第三十九页著录，吉林省社会科学院图书馆藏，有清李玉壹圈点。该刊本半页10行，行20字，白口，四周单边。

万历三十八年（1610）刻明姚舜牧撰《史纲要领》三十六卷。《东北师范大学图书馆藏古籍善本书目解题·史部·断代》第97页著录，东北师范大学图书馆藏8册本。该刊本半页10行，行20字，白口，四周单边。该书载唐尧至元计 3724 年史事。

万历三十八年刻明姚舜牧撰《重订易经疑问》十二卷。《中国古籍善本总目·经部·易类》第二十一页著录，北京大学图书馆、浙江图书馆、河南省新乡市图书馆藏。该刊本半页 10 行，行 20 字，白口，四周单边。

万历三十八年刻明姚舜牧撰《性理指归》二十八卷。《中国古籍总目·子部·儒家类·儒学之属·明》第 120 页著录，上海图书馆藏。

万历三十八年刻清顺治十三年（1656）重修明姚舜牧撰《性理指归》二十八卷。《中国古籍善本总目·子部·儒家类》第八〇四页、《中国古籍总目·子部·儒家类·儒学之属·明》第 120 页著录，湖北省图书馆藏。该刊本半页 10 行，行 20 字，白口，四周单边。

万历三十九年（1611）刻明姚舜牧撰《书经疑问》十二卷。《中国古籍总目·经部·书类·传说之属》第 255 页著录，湖北省图书馆藏。收入万历间（1573—1620）刻《五经疑问》丛书（南京图书馆、复旦大学图书馆藏）中。

万历三十九年刻明姚舜牧撰《重订诗经疑问》十二卷。《中国古籍善本总目·经部·诗类》第五十三页著录，浙江图书馆天一阁分馆藏，有清徐时栋跋。该刊本半页 10 行，行 20 字，白口，四周单边。

万历四十年（1612）刻天启间（1621—1627）增修明姚舜牧撰《乐陶吟草》三卷。《中国古籍总目·集部·别集类·明代之属》第 819 页著录，美国哈佛大学燕京图书馆藏。

明刻明姚舜牧撰《乐陶吟草》六卷。《中国古籍总目·集部·别集类·明代之属》第 819 页著录，南京图书馆藏，有清丁丙跋。

万历间（1573—1620）刻明姚舜牧撰《四书疑问》十卷。《中国古籍总目·经部·四书类·四书总义·传说之属》第 869 页著录，日本龙谷大学藏。

万历四十一年（1613）刻明姚舜牧撰《姚承庵文集》十六卷。《中国古籍总目·集部·别集类·明代之属》第 819 页著录，日本东洋文库藏。

万历四十五年（1617）六经堂刻明姚舜牧撰《重订四书疑问》十一卷。《中国古籍总目·经部·四书类·四书总义·传说之属》第869页著录，北京大学图书馆、故宫博物院图书馆、河南省图书馆藏。

万历间六经堂刻明姚舜牧撰《重订四书疑问》十一卷。《中国古籍总目·经部·四书类·四书总义·传说之属》第869页著录，日本内阁文库藏。

万历间六经堂刻明姚舜牧撰《五经疑问》5种六十卷。其细目为：

《重订易经疑问》十二卷；

《重订书经疑问》十二卷；

《重订诗经疑问》十二卷；

《重订礼记疑问》十二卷；

《重订春秋疑问》十二卷。

《中国古籍善本总目·经部·群经总义》第一四五页著录，中国科学院图书馆、复旦大学图书馆、上海辞书出版社图书馆藏，南京图书馆藏本有清丁丙跋。该刊本半页10行，行20字，白口，四周单边。

万历末刻天启间（1621—1627）修补明姚舜牧撰《来恩草堂》十六卷。《中国古籍总目·集部·别集类·明代之属》第819页著录，国家图书馆藏。

天启间姚弥瑞等校刻明姚舜牧撰《姚承庵文集》十六卷。《中国古籍总目·集部·别集类·明代之属》第819页著录，华东师范大学图书馆藏。

明刻明姚舜牧撰《来恩草堂》十六卷。《中国古籍总目·集部·别集类·明代之属》第819页著录，国家图书馆藏。

康熙间（1662—1722）刻明姚舜牧撰《重订四书疑问》十一卷。《中国古籍总目·经部·四书类·四书总义·传说之属》第869页著录，上海图书馆藏。

康熙癸丑（十二年，1673）曾孙姚淳显刻明姚舜牧撰《诗文全集》。《四库全书总目·集部·别集类存目六》卷一七九第一六一二页著录，浙江巡抚采进本仅存《乐陶吟草》三卷，为诗集部分，但据姚淳显所作后序称这次刊刻应是诗文集即全集，其文集藏处待考。

康熙十二年孙姚淳显补修明姚舜牧撰《来恩堂草》十六卷、《乐陶吟草》三卷计2种19卷。《中国古籍总目·集部·别集类·明代之属》第819页著录，复旦大学图书馆、湖北省图书馆、首都图书馆藏。

万历间（1573—1620）刻清乾隆二十七年（1762）重修明姚舜牧撰《重订四书疑问》十一卷。《中国古籍善本总目·经部·四书》第一三三页、《中国古籍总目·经部·四书类·四书总义·传说之属》第869页著录，北京大学图书馆、故宫博物院图书馆、上海辞书出版社图书馆、河南省图书馆藏。该刊本半页10行，行20字，白口，四周单边。

沉冤中断刻书业的吴养春

吴养春（?—1626），字伯昌，号弘甫，歙县西溪南（今属安徽省黄山市徽州区）人。其祖父吴守礼以盐起家，成为歙西富户。吴养春家资富厚，且有黄山山场2400亩，广交名士，博藏钟鼎文物。泊如斋为其收藏及刻书堂号，为万历（1573—1620）间徽州府著名的吴氏家刻堂号。他重文兴教，热心文化事业。曾在家乡捐资建崇文书院。万历间，朝廷出师征关酋，养春上疏，捐银30万两饷粮助征，诏赐吴家养春、时俸、养都、养京、继志、希元6人为中书舍人。为阉竖魏忠贤忌恨，诬以侵占黄山案，被捕入狱，籍没家产。这就是徽州有名的黄山大狱案。

此案原委是天启（1621—1627）间，吴养春胞弟吴养泽逝世后，家仆吴荣不仅侵吞了吴养泽的家产，还霸占了他的妻妾。吴氏族人联合告官，治吴荣死罪。由于吴荣投靠魏忠贤，魏忠贤勾结熹宗天启帝乳母客氏，大兴党狱，陷害忠良。魏忠贤为侵吞西溪南吴氏家族财产，指使吴荣反告吴养春家族黄山欺隐案。天启六年（1626）十二月，以“助工”为名，派工部营缮司主事吕下问来歙县追缴所谓“黄山山场银三十余万两”及“赃银六十余万两”。将吴养春父子3人及族人计8人逮捕入狱。吴养春含冤惨死于狱中。与吴养春冤狱同时折磨至死者5人，吴养春的妻子汪氏也上吊自尽，只有3人侥幸留下活命。

事情还不得了结。吴氏遭殃后从西溪南至岩寺，捕差为索钱，凡吴氏富户及亲戚都成了被勒索的对象，激起民愤。天启七年（1627）二月，当捕差闯入岩寺潘谟邻家富户潘家彦家时，义愤的民众齐集救护潘家女眷，两捕差在夺路逃窜中跌倒，被众人打死并毁尸。魏忠贤爪牙的胡作非为行径激起歙县广大民众公愤，到处张贴“杀部安民”的标语以示抗议。农历三月初一日，十万多民众涌向吕下问住宿的察院，吓得吕下问及差人妻女30人越墙躲入同知署中。后由歙县知县倪元珙百般劝阻，加上巡按直隶监察御史杨春茂一方面恫吓已经发动起来的民众，一方面积极“请正吕下问之罪，并速诛逆仆吴荣得旨”，才平息了这次民变。事后，吕下问被解职，倪元珙升任广西道监察御史，上奏朝廷批准对黄山冤案进行平反昭雪，黄山大案真相大白，发还家资三十七万五千余两。在通向黄山风景区的南大门徽州区岩寺镇下街有座“大夫祠”，就是纪念天启间在西溪吴养春冤案中秉公办事的徽州巡按御史杨春茂、知县倪元珙、宁国推官邓启龙三位大夫的专祠。真是公道在人心，为官持正义，人民是不会忘记他们的。

这件黄山大狱让徽商们汲取血的教训，从而使他们明白，徽商必须进一步结交官府，平衡各种封建政治势力，才能在忍气吞声中求发展，历代政治势力左右着徽商商道，因此，这也历史地注定，徽商虽是中国明清社会里最杰出的商帮，他们重文兴教，亦贾亦儒，特别是把巨额的资本转移到再造文化事业上，为中国优秀传统文化曾作出了巨大的贡献，可是他们的命运却是悲剧性的。他们只能与中国封建社会相始终，在中国近现代化的历史车轮辗转下，终于画上句号。

泊如斋刻书历史很长，自万历（1573—1620）前期至清康熙间（1662—1722），其后人仍以泊如斋为号刻书。他所创办的崇文书院也在万历间刻过书，如刻明佘永宁辑《佘先生讲学记录》二卷等。泊如斋刻书中名著多，如《〔道光〕徽州府志·选举志·例仕》卷十之二载："刻朱紫阳全书十六种。"尤其是泊如斋在万历间所刻两种古物图及《闺范》均为徽派版画中的白眉。

泊如斋具体刻书如下：

万历十六年（1588）泊如斋刻宋王黼[①]等奉敕撰，明丁云鹏、吴左千绘图《泊如斋重修宣和博古图录》三十卷。《中国古籍善本书目·史部·金石类》第1448页、《中国古籍善本总目·史部·金石类·金类》第七四三页、《中国古籍总目·史部·金石考古类·金之属》第4831—4832页、《中国善本书提要·子部·谱录类》第304页、《明代版刻综录》第三卷第一页、《中国版刻综录》第62页、周芜《徽派版画史论集》第54页、《山东省图书馆馆藏海源阁书目·史部·金石类》第121页、《青海省古籍善本书目·史部·金类》第三十八页、《安徽省古籍善本书目·史部·金石类》卷二第六十九页、《增订四库简明目录标注》第493页、《北京大学善本书目》、《苏州市图书馆书目》等著录，国家图书馆（30册本）、首都图书馆、南京图书馆、苏州市图书馆、青海省图书馆（10、30册本各1部）、山东省图书馆（2函12册本）、安徽省图书馆、安庆市图书馆、东北师范大学图书馆（24册本）、美国国会图书馆（16册、30册本各1套）及安徽省博物馆、歙县博物馆藏。该刊本半页8行，行17字（24.7×15.7），白口，四周单边，单白鱼尾，有刻工，本立堂藏板。《博古图》请虬村刻工高手黄德时上板，有程士庄万历十六年序，称："予友吴公弘甫，洽闻君子也……后令墨卿绘而镌。"今考证，书名宣和，并非系徽宗改年号，而是此前有宣和殿，以殿名书。本书所

① 王黼，字将明，宋祥符人。由进士及第升校书郎，除左谏议大夫。钦宗继位诛死。

收古物真赝杂糅，且文字说明多疏谬，但它却完整保存古物原形、原铭，对考古有重要参考价值，因此在历史上被多次出版。

郑振铎在《劫中得书记》中称，泊如斋窃取宝古堂本重印，是不妥当的。因吴氏宝古堂印本在万历三十二年（1604），泊如斋印本在先，宝古堂印本在后，郑说不攻自破。还有休宁籍书籍史学者施廷镛也在《中国古籍版本概要》（第105页）中说："明嘉靖七年（1528）蒋暘属掌盐司黄景星翻刻。初印本为宝古堂本，前有蒋暘序。后版归于新安吴公宏（按，指弘甫），得者攘为己刻，于明万历三十一年（1603）重印时，挖改宝古堂为泊如斋本，增焦竑、洪世俊二序。再转入天都黄氏。于清初再印时，又挖泊如斋为亦政堂本，于是一书经三印，便成三种版本，其实只是蒋氏一种。此汇三种印本，察其版式、行款、字体即可辨知。"今考证，国家图书馆藏元印宋大观（1107—1110）中王黼等奉敕撰《至大重修宣和博古图》三十卷的残册，谓"雕造精工，字杌欧阳。此是模宋如此耳"。《皕宋楼藏书志》对元刊本马玉堂旧藏有段话为："按此宋刊而元人修补者，故至大（1308—1311）重修。每页十六行，每行十七字，每图皆注明减少制照原样制。明宝古堂、泊如斋两刊删去，又将各图一律改小，失其旧矣。惟嘉靖（1522—1566）蒋暘刊与此本同。"因此，施说更为不妥，蒋刊与两吴刊本大相径庭，两吴也是门径大别。如果说，浙江图书馆藏宝古堂万历三十二年本与南京、苏州及皖省各馆所藏泊如斋刊本属同种版本，也是泊如斋在先，宝古堂在后，结论应与郑氏、施氏相反。因此，周芜先生在《徽派版画史论集》（58页）中说："此本各处著录不一。安徽省博物馆（皖305）题万历十八年（1590）黄应淳等刻，复旦922号书目题康熙间（1662—1722）吴氏泊如斋精刊本，安徽省博物馆（善117）题康熙四十七年（1708）刊，（善214）题康熙三十五年刊。王立中著称是书刊于万历十八年[①]，并引刘若愚《酌中志》载神庙赐郑贵妃刻此本。贵妃作序重刊在万历二十三年。其第三卷载汉‘明德马后’，初为贵人，后居位正宫。郑妃刻之，攻者遂以此为借口，曾掀起大狱，所谓‘续忧危忧竑议’，万历三十一年视为‘妖书’，故少有印行传世[②]。至清康熙二十九年（1690）以后，歙人吴养春泊如斋之后代，枤得原版，补其残缺者，重新印刷行世。故所见各家藏本亦触手如新。就余所见，版心刊记刻工有：玄、宇、元、黄应淳、黄应亨、黄应渭、黄应瑞、黄一彬、黄一楷、黄应祥、黄应兆、黄旸谷、黄元则等为原本刻工。黄建中（子立）、黄一中（肇初）、黄允中、黄用中、黄师教（子修）、黄一枝、黄亮中（子明）、黄方中（正如）等人为康熙间补版刻工。绘图者黄应澄，谱载应澄字兆圣，号沦吾，善书画。长于写真，人得其真迹，视之如宝。父黄铨，兄国华，居族里‘声振扬镳’。应澄所绘《状元图考》及此本插图，是徽州版画的重要作品。”泊如斋此种版本在中国版画史上的地位应予首肯。泊如斋所印书精好绝伦，广受收藏者欢迎，往往一版再版，反复重印。《北京大学图书馆藏古籍善本书目·史部·考古类》第208页著录该馆藏24册本，但著录为泊如斋重修立本堂刻王黼等撰《宣和博古图录》三十卷，误。

万历间（1573—1620）泊如斋印明佘永宁等刻明吕坤[③]撰《闺范》又名《闺范图说》四卷。《增订四库简明目录标注》第400页（明泊如斋刊本）、《西谛书目》、《北京图书馆藏古籍善本书目·史部·传记类》第四一〇页著录，国家图书馆分别藏10册、12册本各1部。《闺范》的写作动机及内容，吕坤在自序中说：“乃拟《列女传》，辑先哲嘉言，诸贤善行，绘之图像；其奇文奥义，则间为音释；又于每类之前，各题

① 编者按，此书原本为万历十八年山西所刊上图下文本。

② 事见于沈德符《野获编》。

③ 吕坤，字叔简，明归德府宁陵（今属河南省）人。万历二年（1574）进士，历任山西按察使、巡抚，召为左佥都御史及刑部左、右侍郎。此书为作者在万历十八年（1590）于山西按察使任上所撰。

大旨，每传之后，各赞数言，以示激劝。”全书共附图像150幅。其中，卷一为“嘉言”，采自经、史、古语，无图；卷二至卷四为“善行”，每传1图。据国家图书馆藏郑振铎所藏此书系歙县佘永宁初刻，分别由歙县黄氏刻工应淳、旸谷、亮中、伯符、方中、宇等雕刻上板，刀法细腻，线条流畅，是徽派版画中的白眉。内附佘氏《书刻缘起》，据“缘起”称，歙县佘永宁与吴允清合资付刻，才刻成，允清就去世了，成书中断，由吴允清母亲谋于长媳徐氏及永宁第二个妹妹的帮助，共同捐资刻成。一部宣扬封建社会三从四德的古代妇女教科书由妇女帮助问世，成为书林佳话。该刊本半页8行，行18字，白口，四周单边。

万历十八年（1590）泊如斋刻明吕坤撰《闺范》又称《闺范图说》、《古今女范》十集六卷。《西谛书目》、《安徽省古籍善本书目·子部·杂家》第五页著录，安徽省图书馆（4册本）、安徽省博物馆（4册本）藏。《中国版刻综录》第62页著录题余永宁泊如斋刊明李坤撰《闺范》四卷误有三：一是斋主误，二是作者误，三是误将“佘永宁”写成“余永宁”。

该书其他差错太多，不足信。《闺范》原版《女范编》，系由周泰至明邹元标妻，每人一传并配图一幅，所以仅称《古今女范》。最初版本为单色印刷。这个最初版本由歙县黄家坞人黄尚文（字希周）作传，程起龙（伯阳）绘图，黄应瑞（伯符）雕镂上板。该书因系多次印刷，并有多种版本，如四川省图书馆藏本题《女范编》为黄河清等刻本。国家图书馆藏《闺范》十集是套色双印本。墨版是《女范编》原版，朱版上有批评和圈点是新刻的。《女范编》仅4卷，《闺范》十集前4卷改换了原版书题。由于剜改不工致，新书所题“闺范十集卷×”6字歪斜不齐。卷五题为“闺范十集补遗”，也有剜改的痕迹。卷六为《皇明内训》《女孝经》集曹大家的《女论语》《女诫》，当为后补本。朱墨套印本铲去撰书、绘图及刻工姓名，仍有程伯阳题名，说明程起龙参与后刻本工作，但《女范编》原有黄惟兆、程起龙两篇序文在朱墨套印本中被删去了而换了程涓的序。说明此间版权已发生转移，由黄家转到程家，此朱墨版属程涓刻本。经考，程涓死于1607年。所以，这部用套印法印刷的程涓版当在公元1602—1607年之间，是套印法印刷的最早实物之一，徽州是中国乃至世界上彩色印刷术的故乡。

泊如斋在万历四十年（1612）又刊《闺范》四卷，线装12册，后又有刘氏增订本。所以，周芜先生在《徽派版画史论集》58页中说对《闺范》介绍了万历三十年（1602）版、三十一年冯汝京序刊本、刘氏增订本、万历四十年泊如斋本，并指出："据郑振铎《劫中得书记》称万历壬寅（三十年）本为陈乃乾原藏，《古今女范》四卷，图近二百幅，后复得《女范编》残本三册，有万历三十一年冯汝京序刊本，编者刘岩并增补刘氏一门，刻工除应瑞一人，全为刘氏一门所刻，刻工计：刘家煜、刘振之、刘益甫、刘肇和、刘玉成、刘汝信等人。其所补绘刻俱不弱原本。"如《闺范》，插图堪称徽派版画中的代表，由黄伯符（应瑞）、黄应淳等诸黄高手上版，是用套版双印法印的，开彩色印刷术的先河。说明套印法发明于徽州，并是最早的印本，大约发明于1602至1607年之间。在中国版画史上占有重要的地位。各收藏家著录日期迥异，就属此类。此书版直至康熙二十九年（1690）后泊如斋后人还在印行此书。经考，《闺范》为吕坤作于万历十八年，并于当年刻于山西，初名《闺范图说》，有焦竑序。此后的版本为万历二十年至二十四年刻于北京的郑承恩重刻本，有郑贵妃序，径称《闺范》及郑贵妃兄郑国泰重刻并加入《后妃》门本。据《明史・吕坤传》及《国榷》载，郑版还造成一场政治纠纷。原因是吕自刻本传入禁中，神宗赐给郑贵妃，郑贵妃增加12人，并作序交由侄郑承恩重刊，遭到科臣戴士衡弹劾"结纳宫掖，包藏祸心"，结果神宗没有归罪吕坤，反治了戴士衡罪而结案。除这两个早期本子外，还有朱东吉跋（《忧危竑议》）本《闺范图说》及万历二十四年（1596）宝善堂本《闺范》四卷，《四库全书总目》列入存目，今日本国立国会图书馆藏，计5种版本，在国内已找不到原本。余永宁刻、泊如斋本今仍存，但决不会早于郑本，因此怀疑著录万历十八年刻有误。徽州版应在万历后期。

万历二十七年（1599）泊如斋刻宋吕大临纂，元陈翼校补，罗更翁考订，明丁云鹏、吴左干、汪耕摹图（传宋李公麟画）《泊如斋重修考古图》十卷。《中国古籍善本书目·史部·金石类》第1446页、《北京图书馆古籍善本书目·史部·金石类》第一〇八八页、《徽派版画史论集》第55页、《安徽省古籍善本书目·史部·金石类》卷二第六十九页著录，国家图书馆（8册本）、故宫博物院图书馆、辽宁省图书馆、上海图书馆、中共陕西省委党校图书馆、安徽省图书馆，安徽省博物馆及浙江图书馆天一阁分馆藏。《增订四库简明目录标注》第492页著录此书后还附《续图》五卷、《释音》一卷。

王立中称，《考古图》与《博古图录》同时绣梓，工致绝伦，无分轩轾。清乾隆间（1736—1795）天都（歙县）黄晟槐荫堂（按，亦政堂主黄氏）在广陵辑刻《博古》《考古》《古玉》为《三古图》即此板子。徽派版画中的另一个代表作是吴养春子继序所解的由明焦竑撰《养正图解》就是请徽派版画家丁南羽绘图，黄氏剞劂高手黄鏻镂刻，同邑吴怀让（继序子侄辈）捐资由歙县书林玩虎轩主人汪光华刻于徽州。

泊如斋刻的名书要数万历间（1573—1620）吴养春与吴勉学在自办的崇文书院合刻宋朱熹撰《朱子大全集》，又名《朱紫阳全书》60种121卷。《［道光］徽州府志·选举志·例仕》卷十之二第四页、民国《歙县志·人物志·士林·吴勉学传》卷十、《书目答问补正·集部》卷四第二七六至二七七页著录。

万历三十三年（1605）吴养春、朱崇沐等刻宋朱熹撰《晦庵先生朱文公文集》八十八卷、《目录》二卷、《续集》十一卷、《别集》十卷计3种111卷。《中国古籍善本书目·集部·宋别集类》第330页、《中国古籍善本总目·集部·宋别集类》第一二七九页、《北京图书馆古籍善本书目·集部·宋别集类》第二一八六页著录，国家图书馆、首都图书馆、北京大学图书馆、天津图书馆全藏，上海图书馆藏不全。此版本在崇祯七年（1634）由李寅宾重修再印行于世，河南省新乡市图书馆、中山大学图书馆、广西壮族自治区桂林图书馆藏。说明此刻2印计242卷。

此外，泊如斋还是一个具有开拓精神的出版机构，其出版的代表作品是万历间刊印的中国乃至世界期刊史上最早的期刊性质的类书——《朱翼》。

万历四十四年（1616）刻明江旭奇编辑、明吴养春校阅《朱翼》不分卷。《北京大学图书馆藏古籍善本书目·子部·儒家类》第225页、《四库全书总目·子部·类书类存目二》卷一三八第一一七三页、《中国善本书提要·子部·类书类》第383页著录，北京大学图书馆藏12册本。该刊本半页9行，行24字（1.9＋20×13）。

今查北京大学图书馆藏《朱翼》不分卷原题："新安江旭奇舜升甫编辑，吴养春百昌甫校阅，江应贡君常甫参订。"此书名为《朱翼》只是借重朱熹的声名而编辑的一部普通类书，具有现代刊物性质，内容为征引古人的至理名言来阐明当代新思想新知识，如当时天主教士译著刚流行，《朱翼》就引用了利玛窦《友论》数则，《七克》5则，庞迪我20则，西说1则，及时传播时学、新知识，开中国期刊的先河。因此，此书被四库馆臣讥之为庞杂不伦，这正是它的价值所在。该书附汪尚谊、游之光及自序均署万历四十四年（1616）。今按此书12册，正如江旭奇在子册中说："愚按正月寅、二月卯、三月辰、四月巳、五月午、六月未、七月申、八月酉、九月戌、十月亥、十一月子、十二月丑"的说法，此书初集为子册，至万历四十四年十月正好与十二地支相符，说明此书初印于四十三年十一月，至次年十月结束，是一种连续出版物。符合现代期刊的基本特征，因此，成为世界上最早的期刊。

还有明泊如斋刻《礼记集说》十六卷。今笔者查到故宫博物院图书馆藏。

总之，无论从吴养春在出版业中的出版物及印刷技术的应用上，都在中国乃至世界出版史上占有一席重要地位。如果他享有天年，他在出版史上的贡献会更大。

珠算宗师程大位

程大位（1533 年 5 月 3 日—1606 年 9 月 18 日）生于嘉靖十二年四月初六，卒于万历三十四年八月十七日，字汝思[①]，号宾渠，休宁县屯溪隆阜（故居位于今安徽省黄山市屯溪区屯光乡前园村率口渠东 8 号）人，万历间著名的数学家，刻书坊名宾渠旅舍，位于今屯溪市区老区。[②]

大位原是商人，自少经商吴楚，六十始返。在经商期间，“遨游吴楚，遍坊闻人达士”，精研古九章等算学，终于在万历二十年（1592）写出《算法统宗》十七卷。又花了 6 年时间将《算法统宗》一书删繁就简编成《新编直指算法纂要》四卷。又作《详注全图算法大成》八卷附《西学集要》一卷等数学著作。

《算法统宗》是我国集十六、十七世纪数学及珠算学的大成著作。这部数学巨著内容十分丰富，内含加减乘除、开平方、立方、解方程等运算用以丈量土地、计算货物，以及用勾、股、弦测高、深、广、远的方法。它全面确定了我国创造发明的计算工具——算盘的定式，完善了珠算口诀，详细地介绍了算盘的制度和用法，搜集了 595 道数学难题和计算方法，还载有许多数学家的传记，是明代一部重要的数学著作。《算法统宗》早在明代就传入朝鲜、日本和东南亚地区，“被作为研究珠算的范本”[③]。明

① 《琉璃厂小志》作汝恩，误。

② 《全明分省分县刻书考·安徽省卷》一十七页作歙县人，误。

③ 李俨:《中国算学史》第 361 页，商务印书馆，1955。经考证，大约在万历二十年《算法统宗》问世后，日本前来中国学算学的毛利重能就来到屯溪，带走程氏著作，历经浙江平湖市乍浦港达日本长崎港。毛利重能回到日本，立即着手翻译程氏著作，并定名为《归除滥觞》，作为日本算学教科书。从此，珠算学在日本普及起来。

末意大利传教士利玛窦与徽州学人交谊深厚，更汲取徽人先进学术思想和先进的科技成果，他与李之藻合编的《同文算指》的主要参考书就是欧洲数学家克拉维斯的《实用算术概论》和程大位的《算法统宗》[①]。所以，世界中国科技史学者李约瑟说：“在明代数学家当中，最引人注目的是程大位”，“在程大位《算法统宗》以前，没有任何关于近代珠算算盘的完整叙述”[②]。其中，《算法统宗》除明清两代家刻本外，由于实用价值大、社会版本更多。如安徽省图书馆就藏有光绪间（1875—1908）江南制造局刻 4 册本《（增删）算法统宗》十一卷及清石印 4 册本等。

万历间（1573—1620）刻明程大位撰《原本直指算法统宗》十二卷、《首》一卷计 13 卷。《中国古籍总目・子部・天文算法类・算书之属・算法》第 1104—1105 页著录，国家图书馆藏。

程大位的《算法统宗》十七卷写成后立即于万历二十年 (1592) 在程氏宾渠旅舍刊刻行世。《中国古籍善本书目・子部・天文算法类》第 322—323 页、《中国古籍善本总目・子部・天文算法类・算书》第八九四页、《中国古籍总目・子部・天文算法类・算书之属・算法》第 1105 页、《北京图书馆古籍善本书目・子部・天文算法类》第一二九九页、《安徽省馆藏皖人书目》第 335 页、《安徽文献书目》第 66 页、《西谛书目・子部・天文算法类》卷二第九页、《明代版刻综录》第六卷第一页、《安徽省古籍善本书目・子部・天文算法类》第三十九页等著录，国家图书馆（10 册本）、西谛图书馆、安徽省图书馆（2 册本）藏。该刊本还附《首篇》一卷，半页 10 行，行 22 字，白口，四周双边。此书行世，很快流传到日本、越南及欧洲，在国内外享有盛誉。此书收入《四库全书・子部》存目及《续修四库全书总目提要・子部》等丛书中。此

---

① 转引自《安徽科学技术史稿》第 258 页，安徽科学技术出版社。此论点来自李俨《中国数学史大纲》。

② 李约瑟：《中国科学技术史》卷三，第 113、165 页，科学出版社，1985。

书在雍正元年（1723）经宣城大数学家梅彀成等编《数理精蕴》中引用本书，并改编为《增删算法统宗》十一卷，很快在市场上出现众多版本。

万历二十六年（1598）程大位写成《新编直指算法纂要》四卷后也是立即自行在宾渠旅舍刻行。《中国古籍善本总目・子部・天文算法类・算书》第八九四页、《中国古籍总目・子部・天文算法・算书之属・算法》第 1106 页、《北京图书馆古籍善本书目・子部 ・天文算法类》第一二九九页、《安徽省馆藏皖人书目》第 336 页、《明代版刻综录》第六卷第一页、《中国书店三十年所收善本书目・子部・天文算法类》第一〇六页、《西谛书目・子部・天文算法类》卷二第十页著录，国家图书馆（1 册本 3 部）、中国科学院自然科学史研究所图书馆、上海图书馆、西谛图书馆、南京图书馆、安徽省图书馆，而安徽省图书馆（2 部，还藏 1 部加《附》一卷）、中国徽文化博物馆均藏 1 册本。

该书是《算法统宗》的节要本，要通俗得多，民间计算及算账常以此为教材。该刊本半页 10 行，行 22 字，白口，四周双边，卷四后有“万历戊戌（1598）五月宾渠旅舍梓行”的篆文牌记。安徽省图书馆还藏该书崇祯九年（1636）刊本，其孙程光绅（字佩章）、程坊（字洪声）还在清康熙丙申（1716）将其重印。

万历二十六年（1598）休邑维新堂刊明程大位撰《算法纂要》又名《新编直指算法纂要》四卷。《青海省古籍善本书目・子部・天文算法类》第四十八页、《安徽文献书目》第 66 页、《明代版刻综录》第六卷第十五页著录，安徽省图书馆（1 册本）、青海民族大学图书馆（2 册本）藏。

万历二十六年宾渠旅舍刻明程大位撰《新编直指算法统宗》十七卷、《首》一卷计 18 卷。《中国古籍善本总目・子部・天文算法类・算书》第八九四页、《中国古籍总目・子部・天文算法类・算书之属・算法》第 1105 页著录，安徽省图书馆藏。该刊本半页 10 行，行 21 字，白口，四周双边。国家图书馆分别藏明荣观堂刻本 5 册、明刻本。

万历三十年（1602）宾渠旅舍刻明程大位撰《新编直指算法统宗》十七卷、《首篇》一卷计 18 卷。《北京图书馆古籍善本书目·子部·天文算法类》第一二九九页著录，国家图书馆藏 6 册本。

崇祯九年刻明休宁程大位撰《新编直指算法纂要》四卷。《中国古籍善本总目·子部·天文算法类·算书》第八九四页、《中国古籍善本书目·子部·天文算法类》第 323 页、《中国古籍总目·子部·天文算法类·算书之属·算法》第 1106 页、《安徽省古籍善本书目·子部·天文算法类》卷三第三十九页、《安徽省馆藏皖人书目》第 336 页著录，安徽省图书馆藏 1 册本。该刊本半页 10 行，每行字数不等，白口，四周双边。

算盘又称“珠算”，历史悠久。“珠算”一词最早出现在东汉末年徐岳所撰《数术记遗》一书中，在北齐甄鸾的《周髀注》中也有类似记载，但那还不是真正作为取代古代筹算法意义上的珠算术术语。经过漫长年华的历史轮回，至宋代珠算作为数学应用工具已经盛行。反映宋代商业繁荣的张择端《清明上河图》上就能见到算盘这类计算工具。《算法统宗》是一部注重实用的通俗数学教科书。尤其是全面系统地介绍了珠算的各种方法和归除口诀，并辅以插图说明，成为珠算术中的集大成数学巨著。后附《算经源流》论述了自宋迄明万历间（1573—1620）的 51 种算书，是一篇提纲挈领式的中国数学史纲要。程大位在数学中的贡献，尤其是在珠算学方面更为突出，世称“珠算的一代宗师”[①]。

---

① 康熙间（1662—1722）程大位重孙程光绅重印《算法统宗》十七卷及安徽科学技术出版社再次整理出版此书，均收入程世绥序，就有“（《算法统宗》）风行宇内，迄今盖一百有数十余年。海内握算持筹之士，莫不家藏一编，若业制举者之四子书、五经义，翕然奉以为宗”。又说，“比来京师，属天子留心律历，开置馆局，修明算法。四方经纬通达之彦云集辐辏，予尝以暇过从诸公游，亟为余称道，以谓此书实集算学大成，亟为今上所许，而名公巨卿辈亦各争相购以为重”。

积极参加出版活动的江湛然

江湛然，字清臣，新安又题新都（今安徽省黄山市歙县北部3公里江村）人。万历十三年（1585）举人，官泰安县令。在任上抑制豪强，升夔州同知，两署府事，升两浙盐运司同知，出任桂林知府，告归。江湛然晚年在家乡积极参加出版等文化工程，也刻了一些很有影响的大书。其中最有影响的是辑刻胡应麟[①]的《少室山房全集》。

该《全集》主体分三部分：一是《少室山房笔丛》三十二卷、《续笔丛》十六卷，是作者生平读书考据杂记汇编，广征博引，资料宏富，内容广泛，分为16门，既勾勒古今藏书聚散史、伪书考，又有史论、杂论，还有对古典文学中的主要问题，如李白的籍贯、小说戏曲的评考等考辨与讨论等。《四库全书总目·子部·杂家类七》卷一二三第一〇六三至一〇六四页著录，收入《四库全书》。二是《少室山房类稿》一百二十卷。这是胡氏的诗文集。胡氏几乎都是模仿附和王世贞《艺苑卮言》，成就不高，价值没有笔丛、续笔丛大。《四库全书总目·集部·别集类二五》卷一七二第一五一二页著录，收入《四库全书》。三是《诗薮》二十卷，是一部文学批评专著。全书分为内、外、杂、续4编。内编系统阐述了诗歌创作的各种体裁起源、发展、变化，属总论性质，理论色

---

① 胡应麟（1551—1602），字元瑞，改明瑞，号少室山人、石羊生、芙蓉峰客、壁观子等，有二酉山房、少室山房，浙江兰溪人。胡氏学识渊博，好诗文，明代著名史学家，与京山李维桢、鄞县屠隆、南乐魏允中及常熟赵用贤称“明末五子”，师从前后五子中的太仓王世贞、歙县汪道昆。二酉山房是他的藏书楼号，藏书4万余卷。早在15岁时就辑《百家艺苑》。16岁补博士弟子员，后随父官游山东、河北、湖广、北京等地，广交师友。万历四年（1576）中举，后三次赴京应试不第，遂绝意仕进，广交学术名人，专事著述。他与王世贞、世懋兄弟及徽州汪道昆兄弟、江湛然等徽州学人交往甚密，常来徽州，参加徽人组织的学术活动如汪道昆白榆社等，互相吟唱，切磋学术。著《少室山房全集》4集15种189卷。汪道昆在《太函集》中多次提到他们的交往，还先后给他写过《少室山房续稿序》、《诗薮序》等，还写过《送胡元瑞东归记》等数篇纪念胡应麟游徽州及黄山、白岳的诗篇，称赞他“当世博学鸿词，胡元瑞其人也”。所以，胡应麟对徽州人和事的研究也载入他的著作中。王世贞、汪道昆死后，他自然成为文人集团首领，在学界很有影响。

彩较浓；外编按历史朝代更替次序分周汉、六朝、唐上、唐下、宋、元6卷，分别对作家作品及相关史事进行考述评论；杂编6卷，实际上是对外编的补充，论述了古佚篇章以及三国、五代、南宋、金代作家作品；续编专论明初至嘉靖间诗歌的变迁、发展及诗人作品，分“洪（武）永（乐）成（化）弘（治）”、“正（德）嘉（靖）”2卷。这部分很有学术价值和创见，但四库馆臣却把它列入《四库全书总目·集部·诗文评类存目》中（见卷一九七第一八〇三页）。

总之，这是一部十分重要的著作。现行世的明本主要有约万历十八年（1590）江湛然辑刻及万历三十七年（1609）张养正刊行他的《诗薮》二十卷。对《全集》这样浩大的出版工程行世就要数江湛然整理刻行的这部大书了。

万历间（约十八年）刻明胡应麟撰、明江湛然辑、明赵凤城校《诗薮内编》六卷、《外编》六卷、《续编》二卷、《杂编》六卷计4种20卷。《四库全书总目·集部·诗文评类存目》卷一九七第一八〇三页、《中国善本书提要·集部·诗文评类》第705页、《北京大学图书馆藏古籍善本书目·集部·诗文评类》第505页著录，北京大学图书馆藏2册、10册本各1部。这是《少室山房全集》中的初印本。该刊本半页9行，行18字（19.6×13）。

万历四十六年（1618）新都江湛然刻明周之龙撰《熊南文集》六卷。《中国古籍总目·集部·别集类·明代之属》第841页著录，北京大学图书馆藏。该馆还藏清光绪二十一年（1895）刻明周之龙撰、清周翼高编此书，可资对照。

万历四十六年新都江湛然刻明胡应麟撰、江湛然辑《少室山房四集》又称《少室山房全稿》《少室山房类稿》《少室山房汇稿》《少室山房全集》《少室山房四部》4集15种一百八十九卷。《中国古籍善本总目·丛部·自著丛书》第二〇〇一至二〇〇二页、《中国善本书提要·补遗·集部·别集类》第10页、《中国丛书综录补正》第89页、《中国丛书综录·汇编·独撰类（明代）》第一册第477—478页、《北京大学图书馆藏古籍善本书目·丛书部·自著类》第535页、《明代版刻综录》第一卷第一页、《中国古籍善本书目·丛部·自著丛书》601—602页著录，中国科学院图书馆、北京大学图书馆（100册本）、群众出版社图书馆及山西省文史研究馆、浙江图书馆天一阁分馆全藏，但国家图书馆、上海图书馆、中国社会科学院文学研究所图书馆、天津图书馆、山东省图书馆、甘肃省图书馆、浙江图书馆、中山图书馆、华南师范大学图书馆、华东师范大学图书馆、重庆市图书馆收藏不全，美国国会图书馆仅藏120卷32册。该刊本半页9行，行18字（19.6×13），小字双行同，白口，白鱼尾，四周单边，版心上刻“少室山房”4字。而《中国丛书综录续编·汇编·独撰类（明代）》第129—130页著录明刻本中《诗薮》为18卷，多出《少室山房笔丛》四十八卷，余同。

创办世界上第一部杂志的江旭奇

徽州大姓萧江，黄墩的萧祯墓系该姓始祖墓。该姓的祖籍应是从淮北萧县迁往江南萧姓的一个分支，是迄今仅10个多世纪才形成的古姓，原姓萧。考萧姓族源，为殷商六族之一，原为子姓。周微子支孙大心平南宫长万有功，封于萧（今萧县一带，并为今县名），为宋附庸。楚灭萧，其后以邑为姓。

据清江永《兰陵萧氏二书》（清乾隆十八年永思堂刻本）载该萧姓属萧县迁兰陵一支后裔中南朝梁昭明太子一系。至唐，后裔中萧瑀、萧嵩、萧华、萧复、萧俛、萧倣、萧廪、萧遘8人相继出任唐朝宰相，故史称萧氏“八叶宰相”，是个与唐王朝相始终的大世家。萧遘七子中二子萧祯为避黄巢战乱，徙居歙县黄墩，为萧氏的渡江始祖。萧祯官拜唐兵马使、柱国上国将军，在镇压黄巾起义中屡立战功，后因在战事中缺粮绝援的战危中指江为誓，决不投降，最后弹尽粮绝，撞石壁而死。改萧为江是“指江易姓”①。还有一种说法是徽州江姓为宋太宗赵光义在听到金紫光禄大夫兼御史丞、上柱国江瑾祖父萧祯事迹后，于太平兴国元年（976）下了一道《敕赐萧江氏姓并梓历代忠良报功阵图》的圣旨，钦赐“赐姓故臣萧祯子孙氏萧江”而从此改萧姓为江姓。这道圣旨追封了萧祯的祖先南朝萧梁的9个皇帝，也就是“报功阵图中的“九梁”、今歙县江湾江姓的始祖就是南唐上将军萧瑾（萧祯孙、萧董子）的定居地（先后迁婺源县皋泾、中平、旃坑），也是徽州萧江姓的发源地和以后江姓分支迁徙族的祖源。如婺源县江姓源于萧江江氏一世祖江祯长子、二世祖江董由歙县（今属安徽省黄山市屯溪区）黄墩（今篁墩）从水路迁往今婺源县皋径。6世祖江文寀迁居旃坑。而江湾的江氏则是北宋元丰二年（1079），8世祖江敌由旃坑迁往距今婺源县城紫阳镇东偏南28公里的梨园河下游名叫“云湾”的河湾处，后因江氏种族繁衍，原早在唐初就入驻的滕、叶、鲍诸姓凋落而易名“江湾”。现已是一个拥有2700余人的千年古村落。江氏代出名人，仅在明清时期就有学者江旭奇、朴学大师江永等土生土长的江湾人。属于这个江姓系统主要分布在歙县的有县城故学宫峻街、县北七里的江村，休宁县南二十里的石佛，婺源县北六十里长田、县后碧山，绩溪县西南诸派。故兰陵萧氏改姓江姓后，谱名为兰陵萧江氏，或径称萧江氏。而与江泽民同志家族有渊源（其叔江上清归宗处）的旌德县江氏也是由徽州迁徙的另一支，称济阳江氏，故谱名《济阳江氏金鳌派宗谱》，其辈分中有“洪图绍世泽，丕显振家声”，也有扬州徙族人丁。徽州两种家谱均未直载江泽民同志，因其祖父离徽时与家乡断了音讯，近代故籍修谱时漏收造成的。徽州还有一支江姓系“先从济阳宦留宛陵。石晋时，曰仲容迁居于此”②的歙县北十里的岑山，与这两个江氏又有区别。

江旭奇，字舜升，婺源县江湾人。江一鹏孙，幼丧父，由母余氏口

---

① 见清翰林庶吉士程恂撰《萧江始祖上柱国江南节度使府君赞并序》。

② 《新安名族志》后卷第七十四页。

授《孝经》《小学》启蒙，发奋读书，著述丰富。入太学，值帝临太学，以所撰《孝经疏义》进，并奏请设孝经科及文庙配祀诸葛亮、岳飞及张巡，均诏许。万历（1573—1620）中，授安岳丞，移台州经历，享年70岁。所著有：《朱翼》、《通纪集要》六十卷、《孝经疏义》一卷、《尚书传翼》二卷4种75卷均收入《四库全书总目》存目中。还著有《汉魏春秋》、《檀弓义疏》、《孝经考义》一卷、《笔花斋集》、《小学义疏》、《学诗略》、《书经义疏》、《续皇明通纪》等书。尤其是《朱翼》又名《论策全书》不分卷，装订12册，又作12卷。此书题名《朱翼》，实为类书，只不过借朱子名相号召。此书一面征引历史人物的名言懿行，一面汇入明末的新知识、新思想及自己的言论、师友的言论，分门别类，极似今日报纸刊物栏目，实中国第一部发行一年的期刊，也是世界上最早的期刊。正是因为它是新生事物，所以守旧的四库馆臣们讥其为“庞杂不伦”。该刊本原题：“新安江旭奇舜升甫编辑，吴养春百昌甫校阅，江应贡君常甫参订。”是一部众学者编印合一的产物。

江旭奇还是一位出版家。江刻不仅印制精好，内容丰富，而且也是研究中国出版史的重要资料。

万历四十四年（1616）江旭奇辑刻《朱翼》十二本（卷）。《中国古籍善本书目·子部·类书类》第861页、《中国古籍善本总目·子部·类书类》第一〇七六页（作不分卷）、《中国古籍总目·子部·类书类·类编之属·通编》第2021页、《安徽省馆藏皖人书目》第79页、《安徽文献书目》第37页著录，中国中医科学院图书馆、北京大学图书馆、浙江图书馆、安徽省图书馆（仅存7卷7册）、衡阳市图书馆及安徽省博物馆（12册本）藏。评介详见吴养春条。该刊本半页9行，行24字（1.9+20×13），白口，四周单边。

万历四十六年（1618）辑刻《朱翼管窥》十二卷。《中国古籍善本书目·子部·类书类》第861页、《中国古籍总目·子部·类书类·类编之属·通编》第2021页著录，华东师范大学图书馆藏。

崇祯间（1628—1644）刻明陈建撰、江旭奇补订《皇明通纪集要》六十卷。《中国古籍善本书目·史部·编年类》第160页、《中国古籍善本总目·史部·编年》第二七二页、《北京图书馆古籍善本书目·史记·杂史类》第二九二页、《北京大学图书馆藏古籍善本书目·史部·编年类》第72页著录，国家图书馆、北京大学图书馆（20册本）、广东省社会科学院图书馆、中国科学院图书馆、上海图书馆、台湾“中央”图书馆、美国哈佛大学哈佛燕京图书馆藏。该刊本半页10行，行20字，白口，四周单边。还著录另一部明崇祯刻本线装16册，半页19行，行20字，白口，左右双边。

明刊明婺源江旭奇撰《文公小学》六卷。《安徽省古籍善本书目·子部·儒家类》卷三第五页、《安徽省馆藏皖人书目》第79页、《安徽文献书目》第37页著录，安徽省图书馆藏2册本。

崇祯间（1628—1644）刻明王世贞辑、明江旭奇补《二三场经济考》六卷。《中国古籍善本书目·子部·类书类》第842页、《中国古籍善本总目·子部·类书类》第一〇七〇页、《中国古籍总目·子部·类书类·类编之属·专编》第2061页著录，湖北省图书馆、湖南师范大学图书馆藏。该刊本半页9行，行20字，白口，四周单边。

文学类图书出版家曹道

曹道，字达之，号玉几山人、明易山人，又号芸斋，汝弼孙，有玉几山房、六经堂，休宁县人。幼孤贫力学，好购诵古书。著《玉几山人稿》《芸斋集》《松萝社稿》等。

他是徽州府早期刻文学类图书的大家，尤其是刻李白、杜甫诗集，因刻工好，选材精，广受欢迎，在嘉靖间（1522—1566）就数次再版。其后人也作为常备书目，反复印行，各大图书馆收藏普遍。曹道不愧是文学类图书出版大家。

嘉靖十五年（1536）休宁县玉几山房刻唐杜甫撰、宋黄鹤补注《集千家注杜工部诗集》二十卷、《文集》二卷附《儆学诗》一卷、《存古约言》六卷、《孝经翼》一卷、《孝经本义》二卷、《孝经或问》三卷、《四译馆则》二十卷、《四礼约言》一卷、《吕明德先生文集》又名《慎独堂集》二十六卷附《制艺》一卷等11种83卷。《西谛书目·集部上·唐五代别集类》卷三第八页仅著录存卷一至卷三计3卷，（吉林）东北师范大学图书馆仅藏《集千家注杜工部诗集》二十卷、《文集》二卷附唐元稹《唐杜工部墓志铭》一卷计23卷12册，全藏待考。《天禄琳琅书目》卷十第六页著录内府藏2函23册本玉几山校刻《集千家注杜工部诗集》二十卷附《文集》二卷。

嘉靖十五年（1536）玉几山人刻唐杜甫撰、宋黄鹤补注《集千家注杜工部诗集》二十卷、《文集》二卷、《附录》一卷计2种23卷。《中国古籍善本书目·集部·唐五代·别集类》第70页、《中国古籍善本总目·集部·唐五代别集类》第一一八八页、《中国古籍总目·集部·别集类·唐五代之属》第81页著录，首都图书馆、清华大学图书馆、北京师范大学图书馆、国家图书馆、南京大学图书馆、浙江图书馆、南京图书馆、安徽省图书馆、安徽师范大学图书馆、华东师范大学图书馆、中国科学院图书馆、上海图书馆、复旦大学图书馆、上海师范大学图书馆、上海辞书出版社图书馆、天津图书馆、辽宁省图书馆、陕西省图书馆、西北大学图书馆、嘉兴市图书馆、福建省图书馆、郑州大学图书馆、湖北省图书馆、武汉图书馆、湖北省襄阳市图书馆、湖南省图书馆、四川省图书馆、成都市图书馆、四川大学图书馆、西南师范大学图书馆、云南省图书馆及浙江图书馆天一阁分馆，中国国家博物馆、安徽省博物馆、陕西省博物馆、长安县杜公祠、成都杜甫草堂藏、吉林省图书馆、吉林大学图书馆、哈尔滨市图书馆、福建师范大学图书馆、中山图书馆藏不全；陕西师范大学图书馆藏此版有清项奎批注；湖南省图书馆藏此版无《附录》一卷，有清陈谟跋；南京图书馆藏此全书，有清丁丙跋。美国国会图书馆藏卷内题："大明嘉靖丙申（十五年，1536）玉几山人校刻。"该刊本半页 8 行，行 17 字，小字双行 17 字（21.5×13），白口，左右双边，有刻工。

嘉靖十五年明易山人刻唐杜甫撰、宋黄鹤补注《集千家注杜工部诗集》二十卷、《文集》二卷计 2 种 22 卷。《中国古籍善本总目·集部·唐五代别集类》第一一八八页、《中国古籍总目·集部·别集类·唐五代之属》第 81 页、《北京大学图书馆藏古籍善本书目·集部·别集类》第 413 页、《中国善本书提要·集部·别集类》第 500 页、《中国书店三十年所收善本书目·集部·唐别集类》第一六五页著录，国家图书馆、中国社会科学院文学研究所图书馆、上海图书馆、北京大学图书馆、美国国会图书馆藏，中国书店收购均为棉纸 12 册本，比前子目要少，应为初印本或不全本。该刊本半页 8 行，行 17 字，注双行（21.5×13），白口，四周双边，有刻工。

嘉靖间（1522—1566）刻［卷前第二行中的"嘉靖十五年玉几（或明易）山人校刻"已被挖掉］唐杜甫撰、宋黄鹤补注《集千家注杜工部诗集》二十卷、《文集》二卷、《附录》一卷计 2 种 23 卷。《中国古籍善本书目·集部·唐五代·别集类》第 70 页、《中国书店三十年所收善本书目·集部·唐别集类》第一六五页著录，国家图书馆、北京师范大学图书馆、上海图书馆、天津师范大学图书馆、大连市图书馆、吉林大学图书馆、山东省图书馆、南京图书馆、四川省图书馆、重庆市图书馆、四川师范大学图书馆及中国社会科学院文学研究所图书馆、山东省博物馆、青岛市博物馆、安徽省博物馆、河北省博物馆、成都杜甫草堂藏，中医科学院图书馆、中国教育科学研究院图书馆、哈尔滨市图书馆、福建师范大学图书馆藏不全，中国书店收购棉纸 24 册本。此系已转版的后印本，说明此书已多次刷印了。

嘉靖二十五年（1546）玉几山人六经堂补刻唐李白撰、宋杨齐贤集注、元萧士赟补注《分类补注李太白诗》二十五卷，宋薛仲邕撰《年谱》

一卷计2种26卷。《中国古籍善本书目·集部·唐五代·别集类》第58页、《中国古籍总目·集部·别集类·唐五代之属》第71页、《香港所藏古籍书目·集部·别集类》第254页（作重修本）、《北京图书馆古籍善本书目·集部·唐五代别集类》第二〇一八页、《北京大学图书馆藏古籍善本书目·集部·别集类》第411页、《青海省古籍善本书目·集部·别集类》第一三六页、《中国书店三十年所收善本书目·集部·唐别集类》第一六四页、《明代版刻综录》第一卷第三十七页著录，国家图书馆（3部分别为线装20、22、30册本）、南京图书馆、北京师范大学图书馆、北京大学图书馆（12册本）、复旦大学图书馆、青海师范学院图书馆（12册本）、重庆市图书馆、福建师范大学图书馆藏，中国书店仅收购《分类补注李太白诗》二十五卷棉纸12册本。

李延之跋的版本，国家图书馆、上海图书馆、北京师范大学图书馆、中国科学院图书馆、华东师范大学图书馆、天津师范大学图书馆、吉林大学图书馆、东北师范大学图书馆、黑龙江省社会科学院图书馆、山东省图书馆、南京图书馆、南京师范大学图书馆、武汉大学图书馆及中国历史图书馆、陕西省图书馆、南京市图书馆、湖北省博物馆图书馆、长安县杜公祠、成都杜甫草堂藏，温州市图书馆、江西省永丰县图书馆藏本不全；当年再版重修本，北京大学图书馆、中共中央党校图书馆、上海图书馆、上海辞书出版社图书馆、天津图书馆、山西大学图书馆、齐齐哈尔市图书馆、哈尔滨师范大学图书馆、青海师范大学图书馆、山东省图书馆、山东大学图书馆、无锡市图书馆、扬州市图书馆、南京大学图书馆、南京师范大学图书馆、淮阴师范专科学校图书馆、浙江图书馆、福建大学图书馆、华侨大学图书馆、河南省图书馆、河南大学图书馆、武汉市图书馆、湖南省图书馆、中山大学图书馆、西南师范大学图书馆及浙江图书馆天一阁分馆、曲阜文物管理委员会藏；上海图书馆藏本为清李鸿裔校重修本。《明代版刻综录》卷一第三十七页、《增订四库简明目录标注》第646页、《福建大学图书馆善本书目》、《南京图书馆善本卡片目录》、《北京师范大学图书馆善本书目》、《复旦大学图书馆善本书目》等著录，福建大学图书馆、南京图书馆、北京师范大学图书馆、复旦大学图书馆藏本无《年谱》一卷。可见，曹道本广受欢迎，当年就印行2次以上。该刊本半页8行，行17字，小字双行同，白口，四周双边。

嘉靖二十五年（1546）玉几山人刊唐杜甫撰、宋黄鹤补注《集千家注杜工部诗集》二十卷、《文集》二卷、《附录》一卷计2种23卷。《明代版刻综录》第一卷第三十七页、《西谛书目》等著录，国家图书馆、南京图书馆、浙江图书馆、华东师范大学图书馆藏。该刊本半页8行，行17字，白口，四周双边。

崇祯七年(1634)复刻曹道参与刻梓明吕维祺撰自撰《音韵日月灯》中的《韵母》五卷，《同文铎》三十卷、《首》四卷，《韵钥》二十五卷计3种64卷。《中国丛书综录·类编·经类·小学》第626页、《四库全书总目·经部·小学类存目二》卷四四第三八六页著录，北京大学图书馆、美国国会图书馆藏。原题："明新安豫石吕维祺著，泰石吕维祜诠。"封面题："志清堂藏板，龙友居士校梓。"此版系杨文骢刻梓，有崇祯六年自序、杨文骢序及毕懋康序，崇祯七年吕维祜、郑鄤序。该刊本半页8行，行16字(21.1×14.1)。原江苏省国学图书馆（今并入南京图书馆）藏60卷，应为不全本①。《安徽省古籍善本书目·集部·别集类·唐五代》卷四第四十三页、《西谛书目》等著录，国家图书馆、南京大学图书馆、浙江图书馆、南京图书馆、安徽省图书馆、安徽师范大学图书馆、华东师范大学图书馆、美国国会图书馆及安徽省博物馆藏。卷内题："大明嘉靖丙申(1536)玉几山人校刻。"该刊本半页8行，行17字(21.5×13)，小字双行同，白口，四周双边，有刻工。崇祯版

---

① 吕氏著述还有明刊本《孝经或问》三卷附《孝经翼》一卷。《安徽文献书目》第44页著录，安徽省图书馆藏《经苑》有二十五年本；《皖人书录》第77页著录《南录》一卷。《明代版刻综录》卷一第三十七页著录为嘉靖二十五年，余同下述资料。

系曹版重修再印，仍有曹名，实非曹道本人印行，因其已不在人世。其嘉靖十五年（1536）刻本，尚未查到收藏单位。

还有书林六经堂刻本与曹家后人有无联系，待考。

如万历三十八年（1610）书林六经堂刊明姚舜牧[①]撰《易经疑问》十二卷，《书经疑问》十二卷，《诗经疑问》十二卷，《礼记疑问》十二卷，《春秋疑问》十二卷，总称《五经疑问五种》六十卷。《明代版刻综录》第一卷第九页著录，南京图书馆藏。

万历三十八年书林六经堂刻明姚舜牧撰《史纲要领》三十六卷。《明代版刻综录》第一卷第九页著录。

最大医学古籍编纂者、世界医学会创始人徐春圃

徐春圃（1520—1596），字汝元，号东皋，又号思敏、思鹤，祁门县城东人，祁门杰出的新安医学大家。年幼因多病，弃儒从本邑名医汪宦[②]学医。他刻苦自砺，博览医书，精内、妇、儿科，推崇《内经》，认为“灵素为万世医学之鼻祖，邈乎不可尚已”，“医之精奥，《内经》一书备之。”他尤重李杲学说，主张良医必须兼通针灸与药物药理学，用药不拘泥古方，应根据病情加减药味。他的这些医学理论与医学主张对后世影响很大，成为京师名医，曾官太医院。春圃一生勤学赅博，著作丰富，计著有《古今医统大全》一百卷及含《内经要旨》二卷、《妇科心镜》三卷、《螽斯广育》一卷、《幼幼汇集》三卷、《瘟瘳泄秘》

① 姚舜牧（1543—1627），字虞佐，号承庵，乌程（今属浙江省湖州市）人。万历元年（1573）中举，后举业不张，直至50岁才任新兴知县，再知广昌县。著《四书疑问》《五经疑问》《乐陶吟草》《来恩堂草》等行世。姚与徽州关系密切，曾3次来歙县，曾居歙县南山20年，完成对《四书》《五经》的释疑工程。

② 汪宦，字子良，号心谷，又号寅谷，系汪机弟子休宁汪副护嗣孙，医儒世家，为新安名医，对脉学造诣尤深。著《医学质疑》四卷。徐春圃对汪宦此书的评说是：“潜心《内·素》，有神领心得之妙，证王氏之谬注，如分鳞介于深泉峥嵘之中，诚有功于轩岐，启迪天下后世，医学如瞽复明，《质疑·尺寸》等论可见矣。”足见汪氏此书的价值。

一卷、《医学捷径》一卷总名《医学入门捷径六书》十一卷[①]、《医学未然金鉴》等。尤其是他经过长期探索，广征博引自黄帝至汉唐宋元明时期 200 余家 400 多种文献编成的《古今医统大全》一百卷，全书 317 万字。内容涉及《内经》旨义、历代名医传略、众家医论、脉学、运气、经络针灸、养生、本草及各科临床验治、医案验方等，是古今中外医学要籍，也是中国中医十大医学古籍之一，对临床应用和理论研究有较高的参考价值。此书一问世，获誉学界，明代大儒王家屏称之为"医宗之孔孟，方书之六经"。此书自嘉靖三十五年（1556）修成，翌年（1557）就由古吴陈长卿刻梓行世[②]。隆庆四年（1570），太师朱成国再次刻行[③]。此后，还有金陵唐氏版[④]。顺治十四年（1657）及日本万治三年（1660）日本据金陵唐氏本进行翻刻[⑤]，惠及扶桑人民。可见，这部著作的学术价值和实用价值。此书收入安徽科学技术出版社《新安医籍丛刊》丛书中。

徐氏不仅医学成就令人瞩目，而且眼界开扩、提倡学术交流，为倡导提高医德，发展医疗水平，他于隆庆二年 (1568)，集京师及海内 46 位名医，其中安徽名医 22 人，如胡铁、徐良佐、李应节、汪腾蛟、徐良名、许应奇、胡允中、徐本诚等多是汪宦的高足，在北京发起成立在世界医学史上第一个民间医学团体——一体堂宅仁医会，订立会款会规 22 项，

① 还有万历二十五年（1597）刘双松刻本，《全国中医图书联合目录》著录北京中医药大学图书馆藏本不全。

② 《馆藏中医线装书目·医学通论》第 331 页、《全国中医图书联合目录》第 702 页著录，中国医学科学院图书馆、中国中医科学院图书馆、上海图书馆、山东省图书馆藏。

③ 《全国中医图书联合目录》第 702 页著录，中国中医科学院图书馆、上海中医药大学图书馆、中华医学会上海分会图书馆、南京图书馆、四川省图书馆藏，天津图书馆藏不全。

④ 《全国中医图书联合目录》第 702 页著录，明刻本上海中医药大学图书馆、重庆市图书馆、广州中医药大学图书馆藏。

⑤ 《全国中医图书联合目录》第 702 页著录，中国医学科学院图书馆、南京中医研究院图书馆藏日本万治三年（1660）刻本。此外，中国科学院图书馆藏清嘉庆刻本，北京中医学校图书馆藏日本半半堂抄本 18 卷，1995 年安徽科学技术出版社收入《新安医籍丛刊》，更加大了这部大型医学古籍的流布。

是一部最早最完善的医学会章程。该会办会宗旨是穷探《内经》及张、刘、李、朱四子学术精髓，切磋医技，“取善辅仁”。刻书堂号为保元堂。

晚年更注重医学实践和总结医疗成果，著《古今医学捷要六书》又名《医学入门捷要六书》六卷。该书明刊本目前仅发现长春中医药大学图书馆收藏。经查该书卷一《内经正脉》，专论脉学；卷二《雷公四要纲领发微》，阐发诊脉、审证、治要、处方的精义；卷三《病机药性歌赋》、卷四《诸症药方歌括》，都是为便于记诵而使用七言韵语论述病机、药性、方剂学；卷五《二十四方》，是在宣、通、补、泻、轻、重、滑、涩、燥、湿10种古方剂的基础上增加调、和、解、利、寒、温、水、火、平、夺、安、缓、清、淡14剂合成24方；卷六《评秘济世三十六方》，收应验方36种，后附简要评语。

万历十四年(1586)新安徐氏保元堂刻自辑《医学入门捷径六书》又名《医学捷径》十一卷附《一体堂宅仁医会录》。《中国古籍总目·子部·医家类·综论之属》第447—448页、《安徽省馆藏皖人书目》第261页、《安徽文献书目》第56页、《安徽省古籍善本书目·子部·医家类》卷三第二十二页、《明代版刻综录》第三卷第三十八页、《全国中医图书联合目录》第715页著录，安徽省图书馆藏线装1册，为一体堂金陵重刊本，中国中医科学院图书馆藏本不全。安徽省图书馆藏保元堂刊6卷1册本 ，为初刻本。

万历十四年新安徐氏保元堂刻自撰《医学未然金鉴》一卷。《安徽省图书馆馆藏目录》第261页、《安徽省古籍善本书目·子部·医家类》卷三第三十九页著录，安徽省图书馆藏1册本。《明代版刻综录》卷三第三十八页著录为6卷。此书已收入1995年安徽科学技术出版社《新安医籍丛刊》丛书中。

其后人仍延此堂号在乾隆癸未（二十八年，1763）刻唐孙思邈撰《千金翼方》三十卷。《贩书偶记·子部·医家类》卷九第230页著录。

一生为学的文化苦旅者谢陛

谢陛（1547—1615），字少连，歙县开黄里（今安徽省黄山市徽州区呈坎汪村）人。史学家。父弃儒从商，本人少攻举业寻弃，专攻古文、史学。足履所至苏、杭、宣、真州府及南京等地，积极参加各地诗社和出版活动。在徽州他就积极参与吴琯刻《唐诗纪》等重大出版工程，是徽州府丰干诗社“七君子”之一。[①] 著述丰富。因尊朱熹列蜀汉为正统作《季汉书》六十卷，并附《正论》《答问》各一卷，还著《定唐书》[②]及纂《［万历］歙志》三十卷，并于万历三十七年（1609）完成《歙志》[③]。除此外，还著有《闺典》《酒史》《花乘》《品藻》《开黄稿》等书。谢氏一生忙碌于著述，他的重要史著《定唐书》在他死后才问世，据李维桢《大泌山房集·谢少连家传》卷七一载：“晚年刊定新旧《唐书》，析为正、伏、闰、蚀、附五等。冯元敏亟欲观成，会元敏官楚，而龙君御方里居，因西上吊张山是母丧。比至武陵，元敏入贺矣。君御馆之滮园，杨侍御修龄适馆授餐。遗书越鹾使，谋剞劂《定唐书》。命其子先归，而忽病不可起，了无恐怖罣礙，授之笔辞，命盥漱，诸僧梵呗送之而瞑。”一代史学大家在奔波写作中因劳累而结束生命。他的遗稿由门人秦万年、秦子成敦匠于万历四十四年（1616）刻成，应属家刻。

万历三十二年（1604）参与刻自撰《季汉书》六十卷、《正论》一卷、《答问》一卷计 3 种 62 卷。《中国古籍善本书目·史部·纪传类》第 61 页、《中国古籍善本总目·史部·纪传类》第二二五页（作万历间刻）、《中国善本书提要·史部·传记类》第 74 页、《北京图书馆古籍善本书目·史部·纪传类》第二三四页、《增订四库简明目录标注》第 230 页、《西

① 明李维桢在《大泌山房集》卷七十里有《谢少连家传》，汪道昆的《丰干社记》介绍了谢的活动。

② 《安徽艺文考·别史》著录此书已佚，仅存自序一篇。此书有万历四十四年（1616）门人秦万年、秦子成敦刻本。

③ 国家图书馆藏万历间（1573—1620）刊万历《歙志》三十卷。

谛书目·史部·纪传类》第一十二页、《四库全书总目·史部·别史类存目》卷五〇第四五六页著录，国家图书馆（12 册本）、北京大学图书馆（20 册本）、东北师范大学图书馆（明末刻 10 册本）、原江苏国学图书馆（今南京）、安徽省图书馆、哈佛大学哈佛燕京图书馆藏。原题："歙邑谢陛撰，长兴臧懋循订。"有休宁知县钟人杰、祝世禄等人序及万历三十年 (1602) 自序，故安徽省图书馆藏线装 14 册著录为万历三十年刻。该刊本半页 10 行，行 22 字 (20.5×13)，白口，四周单边。《北京图书馆古籍善本书目·史部·纪传类》二三四页著录国家图书馆藏明万历刻本线装 12 册 1 部，另著录明末刻本 2 部。《四库全书总目》著录为《季汉书》五十六卷，不准或系不全本。谢陛此书名系宗朱熹以蜀为汉胄，尊蜀汉为三国传承中的正统，列魏为世家，故名。

明末刻明谢陛撰《季汉书》六十卷、《正论》一卷、《答问》一卷计 3 种 62 卷。《安徽文献书目》第 78 页、《北京图书馆古籍善本书目·史部·纪传类》第二三四页著录，国家图书馆分别藏 8 册、10 册本各 1 部，安徽省图书馆藏万历三十年（1602）刊 14 册本。明末刊本半页 9 行，行 20 字，白口，四周单边，与万历间刊本版式有区别，为二刻。《增订四库简明目录标注》第 230 页也著录有刊本。

万历三十九年 (1611) 前与方日升等校刻明李维桢[①]撰《大泌山房集》一百三十四卷、《目录》二卷计 136 卷。《中国古籍善本书目·集部·明别集类》第 740 页、《中国古籍善本总目·集部·明别集类》第一四三三页、《中国善本书提要·集部·别集类》第 640 页著录，国家图书馆藏 48 册本为万历三十九年张师绎、许天叙等复印本，美国国会图书馆藏 8 册本为初印本。王世贞把他与胡应麟、屠隆、魏允中、李用

---

① 李维桢（1547—1626），字本宁，京山（今属湖北省）人。嘉靖四十三年（1564）中举，隆庆二年（1568）进士，选翰林院庶吉士，除编修，进修撰，出为陕西参议，以南京礼部尚书致仕。维桢诗文丰富，博文强记，在史馆与许国齐名，钱谦益在《列朝诗集·李尚书维桢》丁集第六中说史馆有"记不得，问老许；做不得，问小李。自词林左迁，海内谒文者如市，洪裁艳词，援笔挥洒，又能骫骳曲随，以属厌求者意"。著《大泌山房集》等。

贤并列为“末五子”，与“后五子”汪道昆等徽州学人关系密切。万历八年（1580）自郢来徽州参加汪道昆组织的白榆诗社活动。万历十二年（1584）李维桢与朱多炡[①]再次来歙县访汪道昆，然后去太仓访王世贞。说明他与徽州学术界关系是很密切的，所以他的著作由当时的全国刻书中心刻行问世是很自然的事。此本谢陛、方日升用力最多。该刊本半页10行，行21字(21.3×13.9)，白口，四周单边。

万历四十四年(1616)徽郡谢少连刻明陈继儒[②]辑《陈眉公选乐府先春》又名《精选点板昆调十部集乐府先春》三卷。《明代版刻综录》第七卷第九页、《西谛书目·题跋》第三十至三十一页著录，国家图书馆藏5册本，首附插图8幅，为黄应光镌刻南曲选本，图中人物古朴，类似唐画。卷首收20套，上卷收65套，下卷收57套曲。大约印于万历四十年。郑振铎收有一部。[③]郑振铎在该书跋中称：“未见诸家著录之奇书也。不仅于版画书藏中多一精品，亦为明人曲选发掘一奇物也。”该刊本插图画法古雅，类似《吴骚集》，是徽派版画黄金时期前期的杰作。“书首尾破烂，貌不警（惊）人。然实未见诸家著录之奇书也。不仅予版画书藏中多一精品，亦为明人曲选掘发一奇物也。书凡三卷，不作上、中、下，却为首卷及上、下各一卷，不知何意。题松江陈眉公选，徽郡谢少连校”。无序跋，殆已佚去。首附图八帧，未知全否？草书小字题曰：‘黄氏应光镌’。书法古雅，六类《吴骚集》，当是徽郡版画作家黄金时代之初期作品也。所选均南曲套数，首卷凡二十套，上卷凡六十五套，下卷凡五十七套，都为一百四十二套。中如谢木斋、张春阳、

---

① 朱多炡(1541—1589)，字贞吉，号瀑泉、来相如，门人私谥清敏先生，明宗室，宁献王孙，封奉国将军，居江西南昌，八大山人即其孙。尝变姓名出游，足迹遍吴楚，聪慧过人，善诗工画。著有《试游篇》《薄游篇》《澹游篇》等。

② 陈继儒(1558—1639)，字仲醇，号眉公、麋公、一腐儒、扫花头陀、顽仙等，明松江华亭(今上海市松江区)人。善诗工文精书画，诸生时以文才闻名三吴，因屡试不中，万历十四年(1586)焚烧儒士衣冠，绝意仕进，先后隐于昆山、佘山，杜门著述。刻《晚香堂帖》，著《陈眉公全集》等。

③ 郑振铎：《西谛书话》，生活·读书·新知三联书店，1983，319—320页。

姜凤阿、郑翰卿、马孟河、潘雪松、李石麓、朱射皮、陈五岳、李复初、王观涛、宗方城、黄葵阳、张肖甫、徐存斋、吴川楼、茅平仲、赵谷阳、吴崐麓、张瀛海诸家所作，诸曲选皆未见。”可见此书价值。

万历间（1573—1620）吴琯、谢陛、陆弼、余策刻明冯惟讷辑《诗纪》一百三十卷、《前集》十卷、《外集》十四卷、《别集》十二卷、《目录》三十六卷计4种202卷。《中国古籍善本总目·集部·总集类·通代》第一七二五页著录，国家图书馆（2部中1部全，另一部不全本有清丁晏批校）、北京大学图书馆、清华大学图书馆、中国人民大学图书馆、北京师范大学图书馆、中央戏剧学院图书馆、故宫博物院图书馆、中共北京市委图书馆、群众出版社图书馆、上海图书馆、复旦大学图书馆、华东师范大学图书馆、天津图书馆、辽宁省图书馆、吉林市图书馆、东北师范大学图书馆、哈尔滨市图书馆、黑龙江大学图书馆、陕西省图书馆、西北大学图书馆、河南省图书馆、河南师范大学图书馆、华中师范大学图书馆、武汉师范大学图书馆、广西师范大学图书馆、重庆市图书馆、西南师范大学图书馆、贵州省图书馆、贵州师范大学图书馆、甘肃省图书馆、山东省图书馆、山东大学图书馆（2部中1部有清莫棠跋，另一部不全本有陈允倩跋）、南京图书馆（不全本有清丁丙跋）、山东省文登市图书馆、山东师范大学图书馆、徐州市图书馆、南京大学图书馆、南京师范大学图书馆、浙江图书馆、温州市图书馆、余姚中学图书馆、安徽省图书馆、江西大学图书馆、福建师范大学图书馆及中国国家博物馆、北京市文物局、西安市文管会、甘肃省博物馆、浙江图书馆天一阁分馆藏。该刊本半页9行，行19字，小字双行同，白口，四周单边。万历四十年（1612）此版6种192卷归入吴琯条。此类书版后转让给方天眷聚锦堂，均无后3种，《目录》仅34卷。前后还有嘉靖三十九年（1560）甄敬刻本，万历四十一年（1613）秀水黄承玄等刻本，均少于吴琯、谢陛版。

经学插图本出版大家吴继仕

吴继仕，字公信，有熙春楼、熙春堂、玉辉堂，休宁县商山人，以贡生升授耀州判官。治耀 4 年，多惠政，清正廉明，平素穷经不辍，关中文人多师从之。离职后不复仕，归卧丘园，日以著作为事。

著有《音声纪元》六卷、《四书引经节解图考》又名《四书图考》十七卷、《仪礼会通图》一卷、《六经始末原流》、《易占》一卷、《易辞述旨》二卷、《易数》三卷、《周易象变述旨》二卷①等以及编辑加工《七经图》七卷等。《四库全书总目·经部》的小学类存目、五经总义类存目就分别载其《音声纪元》六卷、《七经图》七卷 2 种 13 卷。吴继仕是万历朝（1573—1620）著名的经学家。其刻书堂号为熙春楼，为万历后期出版以经学为主并附有大量插图著称的著名家刻。尤其是所刻《六经图》六卷，后有“图象俱精，字纸兼美，一照宋本，校刻无讹”广告式的识语，真实地反映了熙春楼版的版本价值。②

万历三十四年（1606）吴氏熙春楼刻宋杨甲撰、毛邦翰补《六经图》六卷及自撰《仪礼会通图》一卷计 7 种 7 卷。《天禄琳琅书目》卷一第十六页及卷七第十九至二十一页、《明代版刻综录》第六卷第十页、《上海图书馆善本书目》、《杭州大学图书馆善本书目》等著录，上海图书馆、浙江大学图书馆藏，清内府藏 1 函 6 册本宋乾道元年（1165）刻本。吴继仕购得明中叶文渊阁散出宋乾道元年刻本后重刻。

此后吴继仕煦春楼又刻宋吴翚飞等辑《六经图》七卷。《中国版刻综录》第五十八页、《安徽省古籍善本书目·经部·群经总义类》卷一第二十五页、《四川省图书馆古籍书目》等均著录，四川省图书馆、安徽省图书馆藏线装 5 册本。

万历三十九年（1611）又自刻《音声纪元》六卷。《中国古籍善本

---

① 以上 4 种，《安徽艺文考·易一》著录。

② 《全明分省分县刻书考·安徽省卷》二十一页作歙县人，误。

书目·经部·小学类》卷四第五十三页（作“万历刻本”）、《中国古籍善本总目·经部·小学类》第一八七页（作万历间刻）、《中国古籍总目·经部·小学类·音韵之属·等韵》第1184页（作万历间刻）、《北京图书馆古籍善本书目·经部·小学类》第一九五页、《四库全书总目·经部·小学类存目二》卷四十四第三八五页著录，国家图书馆（6册本）、南京图书馆、东北师范大学图书馆藏。该刊本半页10行，行20字，小字双行同，白口，四周单边，有吴继仕及焦竑万历三十九年序。

四库馆臣指出该书内容：“以沈约以来诸韵书，但论四声七音，而不以律吕风气为本，未为尽善。惟邵子《皇极经世书》、李文利《律吕元声》为能穷天地之原而正律吕之误。于是根据二家作为此书。综以五音，合以八风，加以十二律，应以二十四气，有图有表，有论有述，而以风雅十二诗附焉。然所见未精，得失参半。如八风之配八卦，本之服虔《左传注》。十二律之配十二支，八风之分为十二风，以及十二支十二律之配二十四气，本之郑康成《周礼注》。其说尚有根据。至于黄钟律长九寸，历代相传，初无异说。惟李文利独据《吕氏春秋》，谓黄钟之长三寸九分，而以司马迁九寸之说为误。又即其三寸九分之说推之，以为黄钟极清，而以宫声极浊之说为误。单文孤证，乖谬无凭，而此书独以之为本，遂致宫羽舛错，清浊逆施，以是审音，未睹其可。又论舆表自相矛盾，亦为例不纯。他如以风雅十二诗谱为传自汉儒，以礼部韵为毛晃作，以平水韵为韵会，以礼部韵略为唐韵，又云是今所传诗韵。失于考据之处，不一而足，更不必论矣。”可供参考。而《全明分省分县刻书考·安徽省卷》二十一页作万历二十九年刻《声音纪元》一卷，应为初印本，但书名有误（颠倒）。

万历四十三年（1615）吴继仕煦春楼重刻宋杨甲撰、宋毛邦翰补《大易象数钩深图》一卷，《尚书轨范撮要图》一卷，《毛诗正变指南图》一卷，《春秋笔削发微图》一卷，《礼记制度示掌图》一卷，《周礼文物大全图》一卷，合称《六经图》6种六卷。《中国古籍善本书目·经部·群经总义类》卷三第六十一页、《中国丛书广录·类编丛书·经类·群经总义类》第399页及多种汇刻书目著录，故宫博物院图书馆、内蒙古自治区图书馆、烟台市图书馆、河南省图书馆、山西大学图书馆、东北师范大学图书馆、延边大学图书馆及青岛市博物馆藏。《宋馆阁书目》载此书有图309幅。

万历四十三年（1615）吴继仕煦春楼刻自编《七经图》七卷。《中国古籍善本书目·经部群经总义类》卷三第六十三页（作“明万历刻本”）、《中国古籍善本总目·经部·群经总义类》第一四一页、《中国古籍总目·经部·群经总义类·图说之属》第984页、《中国善本书提要·经部·群经总义类》第37页、《安徽省古籍善本书目·经部·群经总义类》卷一第二十五页、《四库全书总目·经部·五经总义类》卷三十四第二八三页著录，中国国家博物馆、群众出版社图书馆、南京博物院、北京大学图书馆（4册本）、东北师范大学图书馆、浙江图书馆、浙江大学图书馆、甘肃省图书馆藏，南京图书馆藏本有清丁丙跋，安徽省图书馆仅存《尚书》、《仪礼》共2卷线装2册。此书《宋史·艺文志》载有叶仲堪《六经图》七卷，宋陈振孙《书录解题》注为叶仲堪补毛邦翰本。根据吴继仕版前附告白也成得旧本摹校，旧图三百有九，今加校正为三百二十有一，又增《仪礼图》二百二十有七，共为图五百四十有八。因此，本书只是吴继仕对毛邦翰、叶仲堪《六经图》及杨复之《仪礼》图进行编辑加工，并非自著。该刊本半页22.3+13.3×23.9，白口，四周单边。《中国书店三十年所收善本书目·经部·群经总义类》第一十七页著录收购过棉纸6册本，《安徽文献书目》第49页著录，安徽省图书馆存5种5册。《皖人书目》第361页著录原江苏国学图书馆藏万历间（1573—1620）六经堂刊本。

崇祯元年（1628）刊明吴继仕撰《六经始末原流》又名《六经原流》无卷数。中华书局版《续修四库全书总目提要·经部·群经总义类》第一三二七页、《贩书偶记续编·经部·诸经总义类》第28页著录。吴自序首论六经原，次经学，再次论周易、书、诗、春秋、三礼原流。其所考诸经原流较正确，归功于宋儒所论差错。但他欲将其析出别为经传是此书的败笔。

崇祯九年(1636)又刻由明吴应箕点定的自撰《四书图考》又名《四书引经节解图考》十七卷等。《中国古籍善本书目·经部·四书类》卷三第五十五页、《中国古籍善本总目·经部·四书类》第一三四页、《中国古籍总目·经部·四书类·四书总义·传说之属》第876页、《安徽文献书目》第49页、《安徽省古籍善本书目·经部·四书类》卷一第二三页、《贩书偶记》第53页著录，天津师范大学图书馆、南开大学图书馆、安徽省图书馆（线装8册本）及日本内阁文库、日本尊经阁文库、日本东京大学东洋文化研究所藏。该刊本半页10行，行20字，白口，四周单边。

崇祯十三年（1640）刊明吴继仕撰《六经始末原流》六卷。《西谛书目·经部·群经总义类》卷一第八页、《贩书偶记续编·经部·诸经总义类》(无卷数)第28页著录，西谛藏4册本，说明此版先后两印以上。

明刊吴继仕校《周礼文物大全图》不分卷。《西谛书目·经部·礼类·周礼》卷一第四页著录线装1册本。

吴氏熙春楼刻书以自著自编插图本经学著作为主，讲究质量。所刻书籍中《六经图》《音声纪元》《七经图》《四书图考》等均为国家级善本书，为书籍史学者所珍视。其家刻标识明显。如北京大学图书馆藏《七经图》原题："明新都吴继仕考校"，卷七《仪礼会通图》则题："明新安吴继仕公甫编纂"，《仪礼图目录》后题："太学生男吴怀忠、庠生男怀恺、怀葱、怀懋、怀恽同校。新安吴氏熙春楼藏板"牌记。

煦春楼刻书还有一个重大贡献是首用防伪标识。鉴于明万历间（1573—1620）坊刻中翻版即今日所谓盗版现象严重，尤其是徽州人出版的一些插图本热销书，在杭州、南京、苏州等全国重要的出版城市书林很快就采用翻刻手法盗版上市的现象，制作特定的防伪标识。如吴继仕煦春楼刻自考校的《五经图》（《周易图》《尚书图》《毛诗图》《礼记图》《春秋图》）封二上就钤印古双玉印，下印“棉纸双印，恐有赝本，用古双雕玉为记”的防伪标识。我们查考《七经图》的封二也钤有防伪古双玉印记。这是中国古代出版史上最早的防伪标识，为中国版权保护作出了积极的贡献。

因此，吴继仕在中国出版史上是一个值得一记的人物。

徽墨与套版印刷术创始人程君房

程君房（1541—1606 以后），名大约，又字士芳，号篠野，以字行，歙县岩镇（今属安徽省黄山市徽州区）人。明代徽州府四大制墨名家，曾任鸿胪寺班，归里从事制墨业，店名初为“还朴斋”，后改为“墨宝斋”。君房首创烧漆取烟制墨法，讲究配方，强调锤工，注重墨模装潢艺术，深受士大夫青睐。尤其是在漆烟里加入麝香、冰片、珍珠等名贵原料，制成“坚而有光，黝而能润，舐笔不胶，入纸不晕”的超顶漆烟，成为明廷贡墨，万历皇帝称赞程墨“能入木三分”。程氏墨具此优良品质是成坯后十分重视锤工。清桐城派举旗人物姚鼐在《惜抱轩诗集·论墨绝句》九首中盛赞程墨这一特色说：“程瑶田语云，墨以多杵为佳，然自千杵以上则难杵数倍于初时。墨不过千杵，瑶田用古法三千已极难，而程君房必五千杵。”并且情不自禁地感叹道：“才传墨法五千杵，已失家财十万金。”著名书法家董其昌在《程氏墨苑·人文爵里序》卷二里夸赞程墨“横绝四海”，还说：“百年之后无君房，而有君房之墨；千年之后无君房之墨，而有君房之名。”程君房自己也夸下海口：“我墨百年之后可化黄金”，他的“玄元灵气”“寥天一”还真是为收藏家以一两倍于黄金的价格买走。

考徽墨发展简史，自唐末奚超和南唐李廷珪父子创设以来，千百年来享誉不衰。综观徽墨发展历史，大致可分为两个时期。

第一个时期是唐宋时代，是徽墨的发生发展时期。这一时期的产品主要是作为贡品为生产目的，以松烟为主要原料。我的这个结论有下面两个证据证明：其一是宋代文学家苏东坡有“墨成不敢用，进入蓬莱宫”的诗句；其二是陶宗仪在《辍耕录》中说：“廷珪父子之墨，始集大成，然亦尚用松烟。”

徽墨发展至宋代，已是制墨大家林立，高手辈出。何薳的《春渚纪闻》列举了宋元时期大批制墨名家，很大一部分是徽州制墨高手。这一时期著名的制墨名工有潘谷、张遇、沈珪、高庆和、高景修、汪通、戴彦衡、张处厚、吴滋、胡智等人。尤其是潘谷，不仅是制纸、造墨的能工巧匠，而且是辨墨大师。他在友人黄山谷家曾将手伸进口袋里当众表演，能摸出是哪家墨。据《砚山斋墨谱》载，潘谷制墨“注油取烟，和胶制料，悉以己意为之，不用作墨家常法”，说明他在宋代对制墨工艺有很多创新。他所制出的墨因用料精细，内有麝香、冰片、沉香等增香剂，被称为“神品”，具有“香彻骨肌，磨研至尽而香不衰”的特点。潘谷酒后落水淹死后，苏东坡写诗悼念他，把他与李白并提，称他为“画墨仙”。

唐宋时期，徽墨的主要特色是质量好，造型美观。这与大量使用墨模有关。南唐李廷珪能造出小挺双脊龙纹这种造型精美的墨锭，肯定是用墨模压制而成的。到宋代墨模就大量使用了，而且墨模绘画和雕刻都很讲究，许多著名的书画家和雕刻工人一道参加了这项工作。南宋陆游在《老学庵笔记》中记载了“绍兴间（1131—1162），复古殿，供御墨，盖新安墨工戴彦衡所造。自禁中出，双角龙纹。或云，米友仁侍郎（米芾之子）所画也”。宋王应麟在《玉海》中说：“雍熙三年（986）二月，钱俶进草书绢画。翌日，墨诏奖谕，赐玉砚一，金匣付之，龙凤墨百挺。”这既说明了唐宋时期，我国制墨工艺的重大改革是广泛使用墨模，又说明唐宋时期徽墨不仅作为贡品，而且也作为珍物御赐，也说明了徽墨当时的主要生产目的是作为贡品的。

随着城市资本主义的萌芽，城市的商品资本逐步转化为手工业、商业的联合资本。同时，随着都市经济的繁荣、科举制度的需要以及社会时尚，使市场需求量增大，大大促进了徽墨的生产，使徽墨生产进一步商品化、社会化，徽墨业走向了繁荣昌盛的第二个历史时期。

第二个时期是明清时期，徽墨的主要销售对象是广大读书仕人阶层。这个时期，徽墨的制造工艺和原料配比也较以前有较大的进步，主要是以油漆烟为主要原料。

明代著名的制墨大师有邵格之、程君房、方于鲁、罗小华四家，分为休、歙两大派。邵格之是休宁派代表人物。其余3家是歙县派。尤其是程君房和方于鲁，不仅在制墨技术，如选烟、和胶、蒸扦等方面继承和发扬了徽墨名工的传统技艺，而且在墨模的雕刻、题字、绘画等方面均延请丹青高手和雕刻名家上版，产品质量和造型艺术比前人有大幅度提高。

歙县派开山祖罗小华字龙纹，为严嵩子幕宾，官中书舍人。罗氏擅长墨薮，一改唐宋松烟制墨的旧法，发明油烟制墨，并掺以玉屑金珠，使罗墨格外名贵，明万历帝尤其珍爱罗墨，使罗墨价比圭璧。

万历间（1573—1620）著名的制墨大师程君房、方于鲁崛起于歙县岩镇。他们两家不仅继承了徽墨的传统制艺，而且在墨模制作上特别讲究，尤其是程君房还发明用漆烟制墨，制出坚而有光，黝而能润，舔笔不胶，入纸不洇的上品好墨，深得当时文人达官的欣赏。程君房还在总结前人经验和自己实践基础上编写了《程氏墨苑》传世，延请著名画师丁云鹏等人绘图，由新安雕刻名工精雕细刻，列图385式。方、程两家构讼致使君房入狱。君房出狱后，采用套印法重印《程氏墨苑》，使之成为我国早期著名的彩色印刷画册。程君房的店伙方于鲁师承和发展了程君房传统的制墨工艺，自立门户，著了《方氏墨谱》，列图500式。《墨谱》《墨苑》两本画册内容丰富，包括花鸟鱼虫、山川草木、楼台亭阁、样样齐备；掌故情节完整，人物栩栩如生，形象生动逼真。这两本画册交相辉映，在我国版画史上占有突出的地位。同时，也说明徽商有相当高的文化修养，非常重视产品的广告宣传。这两本画册不啻为我国古代最杰出的商品广告画册。明代徽墨还揣摹人们心理，迎合社会习俗，制出像百子图、群仙祝寿等集锦墨，作为喜庆馈赠的礼品，供人们赏玩珍藏，以期扩大销路。故宫博物院收藏的方于鲁“廖天”，程君房“金不换”，上海博物馆藏的方于鲁“九鼎图”，以及清代仿方于鲁的“百子图”“圣之器墨”，程君房的“祝瑶池”“蓬莱”“众流归海”“百牛图”等古墨，真实地再现了当时的徽墨质量和精湛的制艺。方于鲁自立门户后，因与程君房在生意场中角逐获胜而成死对头。程君房有一美妾，因程妻妒而出之。方于鲁谋娶后，两家仇隙更深，并因之对簿公堂。后方于鲁构陷程君房杀人罪，使程君房坐了大牢。所以程君房出狱后，重整墨业，将他以前以滋兰堂为号多次修订所刻的《程氏墨苑》的墨品广告宣传画册其中的《天老对庭图》《巨川舟楫图》等50余幅图改用四五色彩色套印，以便与方氏竞争角逐，并绘中山狼以诋毁方于鲁。方于鲁也很快采用彩色套印法印制他的《方氏墨谱》。

明代休、歙两派徽墨各著千秋。总的说来，休宁派徽墨质量高，但在造型上不如歙县派。休派创始人邵格之与歙派开山祖罗小华是同时代人。休派墨工大多数是具有丰富制墨经验的高手，很少与文人交往。因此，历史记载和文人称赞之词较少。歙派则补救了休派的这个缺陷，尽量发挥自己和休派的长处，使歙派徽墨一直占优势。所以今人程十发有“一丸佳制有余声，歙墨从来举世尊”的赞语。明代著名的墨工有查文通、龙忠迪、方正、方澹云、方伯合、苏眉阳、潘方凯、潘方回、汪仲嘉、潘喜容、汪中山、邵青丘（格之父）、邵琼林、汪春元、桑林里、汪渐鸿、汪时梦、吴佐干、丁南羽父子等；明末清初制墨名工有叶玄卿、吴叔大、吴天章、程公瑜、程正路等人，所制徽墨各具特色，深受时人赞许。麻三衡的《墨志》记载的明代制墨名工120多人，其中大部分为徽派制墨能手，足见徽墨制造业盛况空前。这时，久负盛名的徽墨，随着海外贸易的发展，开始远销日本、东南亚国家。

程君房所著为主要介绍制墨图《程氏墨苑》十二卷（亦说二十一卷、二十四卷不等）附《程君房墨赞》七卷、《人文爵里》九卷等。如罗振常在《善本书所见录》中说：“《墨苑》二十一卷，明程大约辑。其书有图者分十二卷，目录如此。而书口则六卷，分上下也。又序及题词等九卷，中亦有分上下者，绘图极精。《四库存目》作十二卷，恐无序、跋等，非足本。题词有利玛窦西文字。又有十三四卷，则各门之补遗耳。目颇纷错不一。”更说明这种产品广告类图书不断更新，多次印刷，越来越完备、丰富[①]。雷梦水说：“流传之版本中，有附《中山狼图》者，亦有不附者，但并不以有无此图而定残缺，凡后来续印之版本，在附录九卷中也互有增删和此全彼缺之弊。”此书现在北京图书馆藏有多种版本，其中以彩版为最早精印本，附录有万历戊申（三十六年，1608）萧近高及己酉（三十七年，1609）黄辉二人题辞者为最晚，系程氏续刻补入者……此书其间要以带印之二十八宿图及带有彩版墨图者为初印本。

“程君房之《程氏墨苑》，滋兰堂刻本，编刻始于万历二十二年(1594)，终于万历三十三年(1605)，费了十年多之力，才完成了这部名刻。雕刻是由当时著名刻工黄鏻、黄应泰、黄应道所手刻。墨图十二卷，图为五百二十余幅，按玄工、兴图、人官、物华、儒藏、缁黄分为六卷；每类分上下卷，连同补遗共为十四卷。画则出自丁云鹏，江世会等人之手。附录自序和各家题跋九卷，书法都是当时各地名人手笔，名繁不详述。其中亦有分上下卷。目多纷错不一，且流传版本甚多……此彩印经本是我国彩雕杰作，彩色板（版）画宝贵遗产。”[②]

他在与方于鲁竞争中，广集徽邑剞劂名手，分别扶持和采用徽州名工开创的套印法印刷推销自己的制墨产品，开了彩色套印法的先河。正是落花无意，流水有情。因此，他所创研的彩色套印法成为中国雕版印刷法技术改革的中坚人物。其刻书堂为滋兰堂。

程君房事迹，《四库全书总目》提要出入较大。书籍史上也往往将他同休宁籍的程大约，字幼博相混。明沈德符《飞凫语略》说，由方于

① 见本书《子部》卷三第100页。

② 雷梦水：《古书经眼录·程氏墨苑》，第97—98页，齐鲁书社。

鲁致不良死。程、方二人均为明代徽州府四大制墨名家之一。方原系程家店伙，程家墨已进贡内廷。方氏独立门户后，方墨声誉鹊起，也进贡内廷，两家引起争夺，结怨于内廷进墨。故《四库全书总目·程氏墨苑》条载："是编以所制诸墨摹画成图，分为六类……每类各分上下二卷。雕镂题识，颇为精巧。与方于鲁《墨谱》斗新角异，实两不相下。考沈德符《飞凫语略》载：方、程两人以名相轧为深仇。程墨尝介内廷，进之神宗，方于鲁恨之。程以不良死，实方之力，真墨妖亦墨兵也。姜绍书《韵石斋笔谈》则云：方、程以治墨互相角胜。方汇《墨谱》，请名手为图，刻画研精、细入毫发。程作《墨苑》以骄之。盖于鲁微时，曾受造墨法于君房，仍假馆授粲。程有妾颇美丽，其妻妒而出之，正方所慕，令媒者辗转谋娶。程讼之有司，遂成隙。未几，程坐杀人系狱，疑方暗嗾之。故《墨苑》内绘中山狼以诋方焉。两书所载，虽情事稍殊，而其为构衅则一。"两书所述事实是方、程龃龉30余年后，方纳程妾而正式反目。方于鲁与程文登联合控告程君房，以公霖杀人以诬君房系狱6年。君房出狱后，撰《续中山狼传》以诋程大德、程嘉士、洪光祖。经考《人文爵里表》内有《钦训堂书画记》，证得所谓方于鲁娶妾之事可能为洪光祖初许程大约兄振卿，后振卿悔婚，大约助成振卿退婚。及公霖杀人，光祖、大德、嘉士均助公霖，为其开脱，共图害死程大约（君房）。君房在万历三十三年出狱后迅速恢复制墨业，并彩印《程氏墨苑》，内绘《中山狼》以诋方于鲁。程君房的业绩主要在制墨业上，是明代徽墨业中歙县派的代表人物，以创制漆烟墨和在制墨技术、墨模刻制方面突出的徽州制墨大家。为提高商业竞争的需要，他所组织编刊的《程氏墨苑》无论在编者、绘画者还是雕版上手及刷印者，都是当代的艺林、书林中的高手、名家。尤其是后印的彩图本更精于墨图本。其刻印精工达到"刀头具眼，指节通灵，一丝末毫，全依削鐻之神。人物故事、山水宫室，细纹密镂，栩然如真"的程度，是徽派版画中的代表作，尤其是后印本有50多幅彩色插图系率先采用套印法印制而成，在中国古代出版史上占有重要地位。其所附《人文爵里表》九卷为汇刻遍布南北君房文友百家所赠亲书诗序跋文字，是一部百家书法高手的书法写真集，是具有很高欣赏价值和对书法史研究资料价值的书画作品集。

滋兰堂所刻是以版画插图为特色的著名徽派刻坊，所刻书都为历代名家所珍视，至今仍为公认的善本书。万历二十二年（1594）起开刊印，经过几次增订重修刊行，三十三年（1605）程氏恢复墨业后，为加强竞争，改用套印法印刷彩色画册式自辑，由丁云鹏、吴佐干绘图，黄氏刻工高手黄麟、黄应泰、黄应道等刻《程氏墨苑》十二卷（有作十四卷）附《人文爵里》无卷数（有作八卷、九卷）、《中山狼传》一卷、《续中山狼传》一卷。程氏历次增辑修补重印使版本、图式、刻家等均有区别，所以各藏家著录均有区别，且收藏也不一定齐全。如二十三年（1595）滋兰堂程氏刊本为初刻本，不如后来增辑本内容丰富。据傅惜华《中国版画重要书目》著录三十三年刊本刻工为黄一彬。此书初印本中附《中山狼续传》，意在诋毁竞争对手方于鲁，出版后迅速为方于鲁套购几乎殆尽，并予以销毁。武进人陶湘在 1927 年以涉园为号石印《涉园墨萃》时收入此传，以石版临摹影印。又有附刻意大利传教士利玛窦[①]贻赠程

---

① 利玛窦（Mathew Ricci，1552.10—1610.5.11）意大利人。1571 年加入耶稣会，成为天主教神父。万历六年（1578）3月，离开本土里斯本，于当年10月跨越印度洋，到达印度果阿。万历十年（1582）奉教会之命抵达澳门，开始了他从西方进入中土的传教士生涯。翌年夏天，他离开澳门，历广州、肇庆、韶州、南昌、南京抵达明都北京。此后，他往来南北间，不遗余力地力图中国化地进行传教，把明末的著名学者李之藻、徐光启等人拉入天主教，输入西方科学，尤其是欧洲历算术，为西学东渐作出了杰出的贡献。至公历 1610 年（万历三十八年）5月 11 日，病危中的利玛窦回光返照，在临终时还安静慈祥地和教父们谈话，直至黄昏才安静地正寝于病榻之上，结束他的传教士生涯。卒后葬于北京平则门乡下，即今北京市阜成门二里沟，著有意大利文《耶稣会士利玛窦神父基督教远征中国史》。这是利氏晚年整理的他在中国近 30 年的传教经历及以一个西方传教士的眼光观察到的中国。这本书在欧洲由从中国回国的天主教神父金尼阁译成拉丁文于万历四十三年（1615）出版，成为西方认识中国的重要著作，从而促进了中西文化交流。当今在中国流行的是由何高济译的 1983 年由中华书局出版定名为《利玛窦札记》。利玛窦在他的传教生涯中为赢得中国学术界认可，改装为中国儒士，融进中华传统文化，广交中国学者。如他在南京认识曾为休宁县令的祝世禄后，通过祝的介绍与活跃在徽州学术界的程君房、程百二等交谊很深，使他们在出版物中留下中西文化交流的痕迹。

氏西洋宗教画《圣田子》等4幅铜版画并刻有罗马字，当在三十年后事。此4幅铜版画为日本神学院据西洋铜版画原稿及壁画刻成，辗转到意大利传教士利玛窦手中，一说此画原出比利时安特卫普的布兰丁印刷所，原画为维拉科斯等3人雕刻的圣经插图。圣母图画面描绘圣母抱着耶稣，上有两位天使徜徉在天国美丽的画图中，下有“SMARIA 圣玛利亚”及“1597”字样。经祝世禄介绍，利玛窦在南京见到程大约后持赠之，大约作为至宝转刻到《墨苑》第十二卷缁黄下卷末，成为第一个介绍西洋铜版画的人，4幅画也是研究中西美术交流的主要资料。程君房从此与利氏交好，还亲撰赠文[①]。该彩印本日本静嘉堂文库书目、天津图书馆、西谛书目91294号藏书均见著录，内有50余幅彩图，多半为四色、五色，皆为先用颜色涂于版上，然后印出一版数色；后为墨色，其中异同处很多，是典型的彩色套印本。尤其是改印《墨苑》中的《天老对庭图》的红、黄诸色凤凰和绿色竹子非常美观。1941年，郑振铎先生购得海内孤本彩图本后赞为“国宝”，并题记为：“施彩色者近五十幅，多半为四色、五色印者。今所知之彩色木板画，当以此书为嚆矢。元明之交，我国受欧洲中世纪手钞本的影响，一时盛行金碧钞本。今存者尚多。嘉靖间，宫妃布施经藏，亦每施以彩绘。惟皆于版画上手绘金彩。无以彩色施之版上者。此书各彩图，皆以颜色涂渍于刻版上，然后印出；虽一版而具数色。”还说：“我人谈及彩色套版，每不知起源于何时。得此书，则此疑可决矣。”[②]书籍出版史专家王重民先生也认定套版印刷始于徽州，时间大约在万历三十年至三十四年（1602—1606）之间。万历年间（1573—1620）程氏滋兰堂又刻程君房辑《墨赞》七卷。程氏滋兰堂《程氏墨苑》及与之竞争对手方于鲁《方氏墨谱》采用套印法出版后，不仅对徽派彩色版画印刷

① 北京师范大学图书馆《中文古籍善本书目·子部·艺术类》第268页著录该馆藏1927年涉园石印《程氏墨苑》本中就附《利玛窦题宝象图》并附《赠程幼博文》1册。

② 郑振铎：《西谛书话·程氏墨苑》，生活·读书·新知三联书店，1983，311—312页。

技术有巨大的改进和推动作用，成为饾版、拱花彩印法的先驱，也对徽州本土的特产产品宣传产生巨大影响。

聪明的徽州商人出版了一大批商业实用书籍，明末的产品广告宣传品中最杰出的要数徽墨四大名谱，除程、方外，还有万历四十年（1612）歙县如皋馆的《潘氏墨谱》、万历四十六年（1618）歙县方氏的《方瑞生墨海》。

程氏多次刻行宣传自己所制徽墨广告《程氏墨苑》，由于出版先后不同，各次版本差别很大。现择几种主要版本介绍如下：

万历间滋兰堂刻明程大约撰《程氏墨苑》九卷。《中国书店三十年所收善本书目·子部·谱录类》第一一五页著录，中国书店收购过棉纸24册本，上钤“曾藏汪阆源家”印。

万历间程氏滋兰堂刻套印明程大约撰《程氏墨苑》十二卷、《人文爵里》八卷计2种20卷。《北京图书馆古籍善本书目·子部·谱录类》第一三七一页著录，国家图书馆存1部20册全，另一部仅存《程氏墨苑》十二卷计12卷12册。该刊本白口，四周单边。

万历间程氏滋兰堂刊彩色套印明程大约撰《程氏墨苑》十四卷附《人文爵里》九卷计2种23卷。《中国古籍善本书目·子部·谱录类》第465页、《北京图书馆古籍善本书目·子部·谱录类》第一三七一页、《西谛书目·子部·谱录类》卷二第二十六页著录，国家图书馆、首都图书馆、辽宁省图书馆、吉林大学图书馆、宁夏回族自治区图书馆、南京图书馆、重庆市图书馆藏。西谛著录4部：1部初印本全24册；2部不全本，其中一部《墨苑》存卷一、卷五至卷六，《人文爵里》存卷四至卷九，共9卷16册；另一种无《人文爵里》，仅存卷一至卷六（每卷分上下卷）计6卷12册，有图；还有一部为彩色套印本，无《人文爵里》、《程氏墨苑》也仅剩卷一至卷十二，共12册。甘肃省博物馆仅藏11卷。

万历间（1573—1620）程氏滋兰堂刻彩色套印明程大约撰《程氏墨

苑》十四卷、《人文爵里》八卷计 2 种 22 卷。《中国古籍善本书目·子部·谱录类》第 466 页、《中国古籍善本总目·子部·谱录类·器物》第九五三页、《中国古籍总目·子部·谱录类·器用之属·文房墨》第 1548—1549 页、《北京图书馆古籍善本书目·子部·谱录类》第一三七一页、《明代版刻综录》第五卷第一页、《四库全书总目·子部·谱录类存目》卷一一六第九九八页著录，上海图书馆、南京图书馆、福建大学图书馆藏，国家图书馆藏 1 部 16 册全本，另一部仅存 12 卷 12 册。此为墨本。

万历三十三年（1605）滋兰堂彩印明程大约编、明丁云鹏绘图《程氏墨苑》十二卷、《人文爵里》九卷计 2 种 21 卷。《明代版刻综录》第五卷第一页著录。此书初印本有 50 余幅四色、五色彩图，余仍为墨图，也与以前图有区别。为徽派版画中的白眉，是套印法印出的最早本之一。此书也证明套印法大约在此前后创造发明于徽州地区。

万历间滋兰堂刻明程君房撰、丁云鹏绘图《程氏墨苑》十三卷、《人文爵里》九卷计 2 种 22 卷。《中国古籍善本书目·子部·谱录类》第 465—466 页、《中国古籍善本总目·子部·谱录类·器物》第九五三页、《增订四库简明目录标注》第 496 页、《中国善本书提要·子部·谱录类》第 305 页、《安徽省古籍善本书目·子部·谱录类》卷三第四十八页著录，中国国家博物馆、上海博物馆、国家图书馆（18 册本）、南京图书馆藏，安徽省博物馆仅藏卷一至五、四至七计 13 卷 8 册，安徽省图书馆仅存卷一、四至七、九计 6 卷 6 册。此版本后附 18 序，最后日期为万历三十三年（1605）。该刊本 23.8×14.2。

万历间（1573—1620）程氏滋兰堂刻明程大约撰《程氏墨苑》十二卷、《人文爵里》九卷，题宋谢枋得撰《中山狼传》一卷，明程大约撰《续中山狼传》一卷计 4 种 23 卷。《中国古籍善本书目·子部·谱录类》第 466 页、《中国古籍善本总目·子部·谱录类·器物》第九五三页、《明代版刻综录》第五卷第一页著录，国家图书馆、上海图书馆、福建大学图书馆、南京图书馆藏。《北京图书馆古籍善本书目·集部·小说类》第二八九七页著录，国家图书馆藏仅后2种2卷1册本。该刊本半页8行，行17字，白口，四周单边，无直格。

明新安程氏滋兰堂写刊明程君房辑《墨赞》□卷。《安徽文献书目》第67页、《安徽省古籍善本书目·子部·谱录类》卷三第四十八页著录，安徽省图书馆藏仅存卷一1卷1册不全本。

明刊明程大约撰《墨苑》二十卷。《皕宋楼藏书志》卷五十三第十三页著录。此书待考。类似记载还有很多，这里从略。

此外，程氏还在万历间（1573—1620）刻了其他不少书籍，如刻彩色套印《花史》，分春、夏、秋、冬四集四卷。《中国古籍善本书目·子部·谱录类》第479页、《西谛书目·子部·谱录类》第二十七页著录仅存夏、秋、冬3集2册，有图。为郑振铎收藏彩图本之一，《西谛书目》著录登记号为9176。他在《劫中得书记》中说："是书可能与《程氏墨苑》同时刊行，足以珍惜。"郑振铎更说这部书的价值："余收版画书二十年，于梦寐中不能忘者，惟彩色本程君房《墨苑》，胡日从《十竹斋笺谱》及初印本《十竹斋画谱》等三伟著耳。"[①] 今据《中国版刻图录》收框高21.1厘米、宽13.5厘米彩印图一幅审视，可能是程氏在印刷《墨苑》彩印本前的试印本。

万历间（1573—1620）程君房刻明丁云鹏绘《观世音菩萨三十二变相》一卷。中华书局版《安徽馆藏珍宝》第394页说民国二十八年（1939）许承尧在辗转得到程君房此刊本版片5块30幅图雕板附科题记："以《程氏墨苑》校观，知出丁南羽笔，且精美更胜《墨苑》。"该雕板在程逝世后归岩镇方绍祚，并于天启二年（1622）印《观世音菩萨三十二大悲心忏》，已缺2图，仅为30幅。该雕板片现存安徽省博物馆（今改为院）。《歙事闲谭·程君房所刊尺牍》卷三十一第一一〇九

① 郑振铎：《劫中得书记》，上海古籍文学出版社，1956。

页还称程晋芳与钟山子辑刻《竿牍》一编（卷）、《徽郡新刻名公尺牍》三册（卷[①]），还刻过《青黎初稿》等。

为套印法推波助澜的方于鲁

方于鲁（1541—1608），本名大激，又名遂初，后改字建元，以字行，歙县岩镇（今安徽省黄山市徽州区）人。据程君房《程氏墨苑》后附《中山狼续传》中介绍方于鲁与他关系时称：“方于鲁，一名大激。父贾江汉间，幸一娼，遂生于鲁。于鲁长楚中，从父受贾。父死，亦溺志娼家，丧其赀而还，居乡贫甚。数从人寄食饮，人多厌之。”可见发迹前方于鲁寒伧困顿。大激青年时期周游各地，西至四川、云南，北至山东、直隶、北京。后到仗义施财、附庸风雅的程君房家做店伙。于鲁也是文人，初从汪道昆学诗而工诗，为汪道昆丰干社成员，并与之联姻。方于鲁得程君房制墨法后另立门户从事制墨业，并利用以前在程家的业务关系，很快打开销路。方于鲁在程墨重质量讲美观的基础上加以创新，曾造九元三极墨，自谓前无古人，成为明末徽州府四大制墨名家之一，撰有《方氏墨谱》六卷[②]、《方建元诗集》十二卷、《续集》一卷。

为与程君房竞争，与程君房一样邀请文人墨客如王世贞、汪道昆、李维桢、朱多炡、王稚登、莫是龙、俞安期、王世懋、徐桂、袁福征、汪道贯、汪道会、潘之恒等人对方墨大加宣传，专设美荫堂，请休宁著名画家丁云鹏给他的方墨作广告宣传书绘画，请虬村黄氏剞劂高手给他撰辑的《方氏墨谱》雕镂上板，于万历二十六年（1598）正式出版他的《方氏墨谱》，比万历二十三年（1595）初版的《程

---

① 以上3书详许承尧撰《歙事闲谭·程君房所刊尺牍》卷三十一第一一〇九页，黄山书社，2001。

② 《四库全书总目·子部·谱录类》卷一一六第九九八至九九九页著录。

氏墨苑》要高档得多。同时，方于鲁利用君房族人程文登联合诬陷君房，使之系狱6载，使方氏墨业在没有竞争对手的情况下更加发展，并取代程君房在制墨业中的位置。方氏起初为其刻印墨业产品宣传广告画册的刻书坊方氏美荫堂也多次对《方氏墨谱》进行出版印行，使之与《程氏墨苑》一样成为徽派版画中的杰作，因地处同一地区的两个竞争对手在刻印宣传品时刻印绘均请的是同一套人马，所以也不自觉地与程君房一样推动了徽州地区版画业的发展和印刷技术的改革。方氏美荫堂也是明末刻印版画和采用套印法印彩色插图本书的名坊。

方氏美荫堂主要出版活动是：

万历十六年(1588)方氏美荫堂刊明方于鲁编、丁云鹏、吴左干、余仲康等绘《方氏墨谱》六卷。《中国善本书提要·子部·谱录类》第305页、《中国古籍善本书目·子部·谱录类》第466页、《北京大学图书馆藏古籍善本书目·子部·谱录类》第271页、《增订四库简明目录标注》第496页、《明代版刻综录》第三卷第二十五页、《西谛书目·子部、谱录类》卷二第二十六页等著录，国家图书馆、苏州市图书馆、北京大学图书馆、美国国会图书馆(8册本)藏，西谛著录2部6册本有图。诸家赠序后有袁福征《墨按》、汪道贯《墨书》、汪道会《墨赋》、汪道昆《墨表》等吹捧方墨文字。卷一目录末题“歙黄守言刻”。该刊本框版24.6×13.8。

万历二十四年(1596)刻明方于鲁撰《方氏墨谱》六卷。《北京大学图书馆藏古籍善本书目·子部·谱录类》第271页、《北京图书馆古籍善本书目·子部·谱录类》第一三七一页、《中国书店三十年所收善本书目·子部·谱录类》第一一五页著录，北京大学图书馆藏，中国书店收购过棉纸印线装6册本。

万历二十六年(1598)方氏美荫堂刻明方于鲁编，丁云鹏、吴左千、俞仲康绘《方氏墨谱》六卷附《墨书》《墨赋》《墨表》各一卷计

4种9卷。《安徽省古籍善本书目·子部·谱录类》卷三第四十八页、《安徽文献书目》第34页、《中国古籍善本书目·史部·谱牒类》第466页著录，国家图书馆、安徽师范大学图书馆、安徽省图书馆（仅存4卷有图3册及明刊本仅存2卷2册）、苏州市图书馆、首都图书馆、北京大学图书馆、中央民族大学图书馆、故宫博物院图书馆、上海图书馆、复旦大学图书馆、中国科学院上海图书馆、天津图书馆、南开大学图书馆、辽宁省图书馆、大连市图书馆、吉林省图书馆、长春市图书馆、吉林大学图书馆、南京图书馆、南京大学图书馆、浙江图书馆、温州市图书馆、福建师范大学图书馆、河南省图书馆、湖北省图书馆、湖南省图书馆、湖南师范大学图书馆、陕西省图书馆、西北大学图书馆、陕西师范大学图书馆、甘肃省图书馆、山东省图书馆、山东师范大学图书馆、曲阜师范学院图书馆、（广东）中山图书馆、广西壮族自治区图书馆、四川省图书馆、重庆市图书馆、重庆市北碚区图书馆、四川师范大学图书馆、云南大学图书馆及中国历史图书馆、青岛市图书馆、贵州省图书馆、安徽省图书馆、黄山市歙县博物馆图书馆、南京博物院、苏州市和杭州市文管会、中国社会科学院文学历史研究所，北京文物管理局藏，国家图书馆藏万历间刻本3部，其中2部8册本，1部2册本。该刊本书口上题书名，四周单边，版心下镌“美荫堂”3字，中国书店曾收购过棉纸印本。因这是一部商品广告式的墨模集锦，各地藏本卷册、出版年代著录不一，是因原本无定数，随印随送的缘故。前期刻工有黄德时、黄德懋。冀淑英见有刻工黄守言者，则为泰昌间（1620）后刻续辑本。所附为袁福征《墨按》、汪道贯《墨书》、汪道全《墨赋》、汪道昆《墨表》。

万历三十四年（1606）方氏美荫堂还印了由黄一明等刻《风流绝畅图》，除墨印本外，还有彩印本，插图中几幅小巧版画中的人物衣履、窗帏乃至肤色、目光都印得很出色，从而显示出套印技术越发精熟，成为徽派版画作品中的白眉。

他的诗集由其子方嘉树先后于万历十六年、万历三十六年（1608）刊刻。

万历十六年（1588）方嘉树刻明方于鲁撰《方建元集》十二卷、《佳日楼词》一卷、《师心草》一卷计 3 种 14 卷。《明代版刻综录》第一卷第十四页著录，南京图书馆藏。该刊本半页 8 行，行 17 字，白口，四周单边，书口下方有“佳日楼集”4 字。

万历三十四年（1606）至三十六年方氏美荫堂刻明方于鲁撰《方建元集》又名《佳日楼集》十四卷、《续集》又称《师心草》一卷、《佳日楼词》一卷计 3 种 16 卷。《中国古籍善本总目·集部·明别集类》第一四六七页、《中国古籍总目·集部·别集类·明代之属》第 879 页著录，上海图书馆、南京图书馆藏。

万历三十六年刻本题为《方建元集》（又总称《佳日楼集》）十二卷、《续集》又称《师心草》一卷、《佳日楼词》一卷计 3 种 14 卷。《四库全书总目·经部·别集类存目五》卷一七八第一六〇七页著录，南京图书馆藏。此书郑振铎收藏为 13 卷 6 册不全本，认为是明人集中最罕见者之一。①

万历间（1573—1620）刻明方于鲁撰《方建元集》十四卷、《佳日楼词》一卷、《续集》又名《师心草》一卷计 3 种 16 卷。《中国古籍善本书目·集部·明别集类》第 828 页、《中国古籍善本总目·集部·明别集类》第一四六七页著录，南京图书馆、中国社会科学院文学研究所图书馆藏。该刊本半页 8 行，行 17 字，白口，四周单边。此版为最足本。

---

① 郑振铎：《西谛书话》，生活·读书·新知三联书店，1983，361—362 页。

徽派版画与大作手丁云鹏

徽派刻书业的最大优势是美轮美奂的版画插图。徽派版画插图大都出自黄、汪、刘等剞劂大姓的高手。其中，十之八九出自歙县虬村的黄氏刻工。他们之中有不少人不仅是刻书能手，而且多系能书善画及自行布稿的版画雕刻大师。对于难度大、内容复杂的画稿，他们也能从理解制作上充分表达画家的思想境界，达到渲染环境、烘托主题的目的，做到阐工尽巧、神达韵臻、栩栩如生地再现原作。在众多的徽派插图本出版物中，黄氏刻工参与插图的名工不下百人，插图书数百种。称得上木刻版画家的也不下30余人。他们精雕细刻的版画，刀法精熟传神，当时就获“雕龙手”“宇内奇士”的称誉。

著名的插图本，初期要数嘉靖间（1522—1566）黄钟所刻的《文房图》。此插图人物造型尚简略，线条板滞，刀法也不够活泼。万历十年(1582)，祁门郑之珍的高石山房刻自编《新编目连救母劝善戏文》的插图由黄铤主刀，一变传统技法，成为可与金陵世德堂、富春堂插图相媲美的版画集。之后，徽派插图本竞相豪华、精工富丽，渐渐形成独特细腻、大胆泼辣的艺术风格，世称“徽派版画”。万历（1573—1620）以后，徽派版画与徽州府的刻书业一样达到极盛。斯时，无论是在徽州本土，还是徽籍书商设在金陵、杭州、苏州等地的书坊，还有各出版城市著名刻坊都不惜重金聘请徽州地区的刻工，使徽派风格成为当时左右全国重要出版城市出版形势的重要流派。

著名的黄氏所刻插图本，不仅在徽州府境内，而且在域外也很有影响。明代杭州最盛行的雕版画，几乎全出于徽州刻工名手。如为杭州起凤馆刻《王凤洲、李卓吾批评西厢记》插图的黄一楷，为顾曲斋刻《古杂剧》的黄一凤，又与黄应淳、黄一彬合刻《原本牡丹亭还魂记》。黄应龙刻《图绘宗彝》，黄子立刻《水浒传》。黄一彬为吴兴凌濛初刻《西厢记五剧》中的20幅插图，还与黄伯符、黄亮中、黄师教、黄旸谷合刻《闺范》，与黄桂芳合刻《青楼韵语》等。黄应光刻过《昆仑奴杂剧》，又为香雪居刻《校注古本西厢记》，还与黄应瑞合刻《元曲选》，与吴凤台、姜体乾同在武林容与堂刻多种传奇和小说，如《琵琶记》《玉合记》《红拂记》等，以及与歙县黄子立、黄汝耀同刻崇祯本《金瓶梅》等书。黄应瑞还刻过《程朱阙里志》《状元图考》等。黄应瑞所刻插图版面精整，所刻器物仕女无不精绝流畅。黄应祖在金陵为汪廷讷环翠堂刻《人镜阳秋》《汪廷讷坐隐图》等书。还有黄建中刻陈洪绶绘《博古叶子》《九歌图》。黄镐为黄嘉育刻《古烈女传》。黄伯符、黄应泰、黄应济合刻《女范编》，黄应泰还与黄鏻合刻过《方氏墨谱》《程氏墨苑》，黄应泰、应瑞还合刻《古今女范》等。黄应孝、黄秀野合刻《帝鉴图说》。黄诚之、士衡合刻《遗香堂绘像三国志》。黄君蒨刻《彩笔情辞》。黄奇刻丁云鹏绘《养正图解》。黄一明刻《风流绝畅图》。黄子和刻《清夜钟》。黄吉顺刻《女开科》。黄真如刻《盛明杂剧》。黄中秀为芥子园刻《第七才子书》。黄光宇刻《太霞新奏》。万历四十五年（1617），黄刻图像《新刻金瓶梅词话》100 回本等。清沈德符在《野获编》中盛赞新安刻本，指出新安本《水浒传》有汪太涵序，《养正图解》“梨枣极工”，丁云鹏所绘图像被刻画得“飞动如生”。

这些都是有精美典雅徽派插图的名善版图书。周芜在《徽派版画史论集》中收插图 360 幅，其中标名黄氏刻工的作品就有 50 余种。黄氏刻工主刀的名版还有黄文枝、仇以寿刻《新安文献志》、黄玙刻《竦坑黄氏统宗谱》、黄镘刻《［嘉靖］徽州府志》、黄龙刻《郑师山集》、黄应乾刻《古今印章》、黄德时刻《宣和博古图》等。吴勉学所刻多精善本，也全赖黄氏刻工高手如黄一桂、黄一绪等主刀。

这些刻本的插图风格各异，匠心独运。如由黄应澄创绘、黄应缵书写的《明状元图考》，在诸黄的通力合作、精雕细刻下图文并茂，至臻完美。所以，郑振铎说这本书的插图：“几乎没有一点地方是被疏忽了的。栏杆、屏风和桌子的线条是那么齐整；老妇、少年以至侍女的衣衫襞裙是那么柔软；大树、盆景、假山，乃至屏风上的图画、侍女衣上的绣花，椅上垫子的花纹，哪一些曾被刻者所忽略过？连假山边生长的一丛百合花，也都不曾轻心地处理着。”

万历丙辰（1616），黄桂芳、黄应甫等人合刻《青楼韵语》的十幅插图，人物在版面的位置成比例地缩小，整个画面繁杂的人物和背景被处理得十分匀称。而《古今女范》中的200幅插图。郑氏称之为：“线条细若毛发，柔如绢丝，是徽派版画最佳者。”郑振铎在《劫后得书记》中，盛赞黄一中精雕细刻陈洪绶所绘《水浒页子》中的人物，“须眉毕现，目睛若有光射出纸面”。

徽派版画传神若此。所以郑振铎在《中国版画史序》中说：“我国版画的兴起，远在世界诸国之先。欧洲之版画，为德、荷二国所创，始施于博戏之纸牌上，并以刻印圣经图像。时约在西历一千四百年左右（当我国永乐初）。日本之浮世绘版画则盛于江户时代（当我国万历至同治间）。独我国则于晚唐已见流行。迄万历、崇祯之际光芒万丈。歙人黄、刘诸氏所刊，流丽工致，极见意匠。十竹斋所刊画谱、笺谱则纤妙精雅，旷古无伦，实臻彩色版画最精至美之境。其时欧西木刻画固犹在萌芽也。”足见徽派版画在中国乃至世界版画史及古代刻书史上的历史地位。

徽派版画除黄氏刻工主刀外，著名的版画作品还有新安汪忠信在杭州为杨尔曾的夷白堂刻《海内奇观》，汪文宦刻《仙佛奇踪》，汪士珩刻《唐诗画谱》，刘应祖、洪国良、黄子立、黄汝耀合刻明末新安版《新刻锈像批评金瓶梅》插图100页。洪国良还参与刻《七十二朝四书人物演义》《吴骚合编》《怡春锦》《孙庞演义》《怡春锦续集》《醋葫芦》等书的插图。洪国良是一位很有才华的版画高手，但他所刻诸如《金瓶梅》、《怡春锦》正、续集等书中猥亵下流、不堪入目的春画图则为后世所不齿。还有新安的汪文佐与刘杲卿同刻《牡丹亭记》。与黄一彬同受聘为吴兴凌氏，闵氏刻书的刘杲卿、郑圣卿刻《西厢记》《琵琶记》，还有汪成甫为张氏白云斋刻《吴骚合编》等书，都是徽派版画插图本中的名作。他们这些杰作全赖徽派版画家的画稿，其中最突出的版画家要数徽州本土的丁云鹏。

丁云鹏（1547—1628），字南羽，号圣华居士，休宁县西门人，出身书画门第。丁氏自宋始业医。父丁瓒，字汝器，原师其父名医丁绳学医，术精号海仙。喜古敦彝，名法书画，有米芾风。受其影响，云鹏也善书画诗书，并以绘事闻名海内，成为徽州府著名的版画家，参与出版绘图图书很多。尤善人物画像兼工山水。尤其是在晚年画了大量的罗汉神佛和历史名人肖像画，所画人物生动细腻、传神，与陈洪绶等同享盛誉。董其昌在看到他所画的罗汉、观音画像时曾情不自禁地称赞说“三百年无此作手”。丁云鹏绘画常钤“毫生馆”印章，据董其昌《容台集》说：“南羽在余斋中写大阿罗汉，余因赠印章曰‘毫生馆’。众生有胎生卵生湿生化生，余以菩萨为毫生，盖从画师指头放光拈笔之时，菩萨下生矣。”因此，丁氏非常看中他的“毫生馆”印章，每逢得意之作均钤上这个印章。

丁云鹏一生为徽州插图书留下了大批优秀作品和一批历史人物和神佛画像。著名的有《陶渊明漉酒图》《孔子问政图》《待朝图》《白岳全图》《秋溪渔隐》《十八应真图卷》《古佛调狮图》《罗汉图》等，尤其《观世音菩萨相》更是他的代表作。《程氏墨苑》中的西洋宗教画《宝象图》更开中国版画引入西方画法的先河。今歙南20余公里的小溪村东南1公里处的丛林寺为歙县十大丛林中的第十丛林，《［道光］歙县志》载：“殿后有丁云鹏水墨罗汉。”《［民国］歙县志》也说：“壁有丁云鹏水墨观音罗汉像。”经考证，该壁画在大雄宝殿影壁背后，由于长期失修及疏于保护，壁画已漫漶破损，但丁绘罗汉形象仍栩栩如生，在殿后的墙壁上直径为67厘米圆形工笔观音画像共有“童子拜观音”“观音渡海”“观音打坐”等24幅。人物丰满，神态自若，线条流畅。其中 1 幅尚未完工，故号称 23 幅半观音画像。这里还有一个动人的传说，说丁云鹏出身于医儒世家，其父为明代御医，因此他有强烈的反清情绪，并在反清复明的斗争中遭到清兵追捕，这组画中的第 24 幅图仅画到一半就遇到追兵，从此大师音讯全无。这是人们怀念伟大的版画家而杜撰出的一段佳话。其时清兵入徽，丁氏已不在人间。但丛林寺留下的壁画不仅是大师存世的罕见作品，也是大师仅存的绝笔，它的价值是很大的。《休宁名族志·西门丁》四卷三页说："汪司马伯玉习禅学，为瓒立传，称'天下放民'。交其子未识其父，式其庐未见其人，惜矣。"汪道昆自己也在《太函集》中两次提到丁云鹏，在卷二十五《万玉山房卷引》中赞他"海阳丁生云鹏称良史，受命元父，仿赵文敏为《山房图》"。在卷三十八《丁海仙传》里介绍丁瓒次子云鹏时称赞他"工绘事，倾当世，儒行而禅心"。说明汪道昆在当时就对他有很高的评价。可见，丁云鹏早有文名。

丁云鹏在徽派版画群林中是享誉很高的大作手。代表作品有黄鏻、黄（德）奇刻《养正图解》，由黄心斋、黄伯符刻《性命双修万神圭旨》等，主要为黄氏刻工雕镂的名作还有《泊如斋重修宣和博古图》《泊如斋重修考古图》《方氏墨谱》《程氏墨苑》等，在中国版画史上留下了浓墨重彩、价值连城的作品。

天启间（1621—1627）刻明丁云鹏绘《观世音菩萨相》又称《观音菩萨三十二相大悲心忏》三十幅。《安徽省古籍善本书目·子部·艺术类》卷三第四十一页著录，安徽省图书馆藏本 1 套 11 页，1 套 20 页计两套。

明精绘本题明丁云鹏绘《观音二十二像册》。《北京大学图书馆藏古籍善本书目·子部·艺术类》第 273 页著录馆藏一折册本。

明刻明焦竑辑、休宁丁云鹏绘图《养正图解》一卷。《北京大学图书馆藏古籍善本书目·子部·儒家类》第 225 页著录该馆藏 2 册本。

著述丰富的文学出版家潘之恒

潘之恒（1556—1622），字景升，号山史、鸾啸生，自号冰华生或署天都逸史冰华生，歙县岩镇（今属安徽省黄山市徽州区）人，潘侃孙。先祖是盐商，又开当铺，家资雄厚，寓居金陵（今江苏省南京市）。嘉靖间（1522—1566）历官中书舍人等职。两试太学不中后绝意仕途，把毕生精力投入古文诗歌研究上，恣情山水，勤奋写作，尤工诗。曾师事汪道昆、王世贞、袁宏道兄弟，参与汪道昆等组建白榆诗社，汪道昆《太函集》中就记载了潘之恒在文坛中的不少史料。汪道昆赞他“负隽才，博学好古”[①]。同时，潘之恒又在自己的著作中收集了汪道昆不少诗文，对研究汪道昆生平思想很有价值。他与剧作家汤显祖、沈璟为友，参与《盛明杂剧》的编校工作。

晚年归里后钟爱黄山，在黄山汤泉附近建“有䕡堂”，一作“有芑堂”，接迎宾客，畅游黄山，又于万历间（1573—1620）重编黄山志，取名《黄海》，随撰随刻，至去世尚未完稿，对开发黄山，提高黄山知名度作出自己的贡献。

潘氏一生著述丰富，主要著作有《名山注》、《涉江诗选》、《鸾啸小品》、《鸾啸集》、《叶子谱》、《续叶子谱》、《广菌谱》、《六博图》、《三吴杂志》、《曲艳品》、《后艳品》、《续艳品》、《剧品》、《太湖泉志》、《秦淮剧品》、《曲中志》、《金陵妓品》、《半塘小志》及《新安山水志》十卷、《黄海》六十卷、《亘史》103 卷（按，四库馆臣说应为 996 卷）。还有《亘史钞》数百卷国家图书馆存明刻本 111 卷即内纪 19 卷，外纪 49 卷，杂篇 11 卷，内篇 14 卷，外篇 11 卷，杂记 7 卷等 20 余种 200 余卷。《西谛书目·史部·传记类》第二十二页著录仅存外纪八至九、十一至十二、二十二至二十三、

① 汪道昆：《太函集·潘母吴伯姬传》卷三十二第七〇八页，黄山书社，2004。

二十六、二十九、三十一至三十六计14卷3册。编制图书更多，仅《合刻三志》就有81种81卷。其中《黄海》六十卷、《名山注》含《江上山志》、《蜀山志》、《淮上杂志》、《新安山水志》、《越中山水志》、《三吴杂志》6种。无卷数、《亘史钞》《明史·艺文志》作91卷，经统计有79目，计996卷。无卷数，《涉江诗选》七卷4种列入《四库全书总目》存目中。尤其是《亘史》内篇内纪主述“忠孝节义，懿行名言”，外纪、外篇专记“豪杰奇伟、技术艳异，山川名胜”，杂记杂篇专讲“草木鸟兽、鬼怪琐屑、诙谐隐蔽之用别”。其中，“纪以类其事，篇以类其言”。四库馆臣指出，此书全本篇幅很大，“内之目十七，外之目三十，杂之目三十二，为目七十九，为表九百九十有六”。本书仅是其中部分章节。经查，《内纪》多记徽州地区耆寿节妇等徽州掌故；《外纪》系据明末徽州士商巨富所作挥霍狎妓的现实，多记金陵妓女；《杂篇》论曲尤多曲史资料，是一部研究明末城市社会和徽学的很有价值的史料著作。《四库全书总目》卷一百三十八所载为残目。《亘史》定稿则在潘之恒卒后由其子弼亮整理题跋。此刊本为最足最完善本。

潘之恒不仅是一位文学家、史学家，同时也是一位刻书家。主要刻书据不完全统计连同子目有百种，总卷数超过1160卷。

万历二十九年（1601）刻明释憎悦撰、明潘之恒编《尧山藏草》三卷。《中国古籍总目·集部·别集类·明代之属》第923页、《南京图书馆善本书目》、《明代版刻综录》第六卷第十七页著录，南京图书馆、台湾“中央”图书馆藏。《全明分省分县刻书考·江苏家刻卷》二页著录为九卷，并列为江苏家刻，误。

万历二十九年刻明释法杲撰、释法通润辑、潘之恒选《雪山草》九卷。《明代版刻综录》第六卷第十七页、《南京图书馆善本书草目》著录，国家图书馆、南京图书馆藏。该刊本半页9行，行18字（19.5×12.6）。

万历三十年至三十一年（1602—1603）校刻明李梦阳撰《空同（崆峒）子集》六十六卷、《目录》三卷、《附录》二卷计71卷。《四库全书总目·经部·别集类二四》卷一七一第一四九七页、《中国善本书提要·集部·别集类》第579页著录，美国国会图书馆藏。该刊本半页10行，行20字（19.8×13.8），原题："北郡李梦阳撰，东莞邓云霄、歙潘之恒搜校。"此本为凤阳、苏杭等本的汇编，为最完整的校刻本。

万历间（1573—1620）明天都逸史冰华生辑刻《亘史内纪》十卷。《中国书店三十年所收善本书目·史部·传记类》第五十一页著录，中国书店收购过每部2册的竹纸印本。此系潘氏生前自刻未完本。

万历三十八年（1610）仲秋潘之恒自刻写字本明天都逸史冰华生辑、五湖渔父郝公琰校《亘史外纪》6种七卷。刘声木《直介堂丛刻·再续补汇刻书目》卷四第一页著录。此系潘氏生前自刊未完本。《全明分省分县刻书考·江苏家刻卷》第二页著录万历四十年刊《亘史》三十五卷。

明刻明潘之恒撰《亘史钞》九百九十六卷。《中国古籍善本书目·子部·类书类》第844—845页、《中国古籍善本总目·史部·地理类·杂志》第五〇六页、《中国古籍总目·子部·类书类·类编之属·通编》第2007页（作□□卷）、《北京图书馆古籍善本书目·史部·传记类》第四一九页著录，国家图书馆、浙江图书馆藏本均不全，仅存《内纪》19卷、《外纪》49卷、《杂篇》11卷、《内篇》14卷、《外篇》11卷、《杂记》7卷计存111卷。详见下引《四库全书总目·子目·类书类存目二》卷一三八第一一七〇页。估计潘之恒自刻本未刻竣，其子才在天启间（1621—1627）约刻93卷。

万历四十八年（1620）刻黄海本唐王冰注、宋林亿等校正《黄帝内经素问》二十四卷、《灵枢》九卷计2种33卷。《中国古籍善本书目·子部·医家类》第176页、《明代版刻综录》第六卷第十七页、《天津市人民图书馆善本书目》、《全国中医图书联合目录》第3页著录，中国中医科学院图书馆、天津图书馆藏，天津中医药大学图书馆、上海图书馆藏本不全。

明末冰华居士编刻《合刻三志》81种八十一卷。《中国古籍善本书目·丛部·汇编丛书（三）》卷三十四第324—367页、《中国古籍善本总目·丛部·汇编丛书》第一九六二页至一九六三页、《中国古籍总目·丛书部·杂纂类·明代》第234—235页、《中国善本书提要·子部·小学类》第397页、《中国丛书综录·子类·小说》第一册第760—761页、《中国丛书广录·汇编丛书·杂纂类》第155—156页著录，国家图书馆、天津图书馆、福建师范大学图书馆、中国科学院图书馆、上海图书馆、湖南省图书馆、美国国会图书馆（16册本）藏。此书为选编历代志怪传记小说类文艺书籍，分为“志奇类”“志怪类”“志异类”“志幻类”“志鬼类”“志梦类”“志寓类”七大类。该刊本半页9行，行20字（19.7×13.3），白口，左右双边。经考证，这部精选的81种小说均在《五朝小说》内。前有冰华居士序，称：“稗官家无虑数百，唯《虞初》、《齐谐》、《夷坚》三志称焉。何也？猥谈鄙事，田舍翁、村学究多好为之；而雅俗之辨，真薰莸之别，以三书裁自才手，而又出自唐、宋诸词人墨卿，不得行其胸怀所寓作也。矧如《广陵妖乱志》、《周秦行记》、《集异记》，当时《涑水》、《通鉴》，尚藉采摭焉。何怪诞不语之有？余故汇三家，多弃彼就此，为世人消忧破梦之一助，岂第比于博弈而已。”

万历末潘之恒刻自撰《黄海》六十卷。《全明分省分县刻书考·江苏家刻卷》第二页著录，国家图书馆藏。但作江苏家刻，误。此书收入《四库全书总目·史部·地理类存目五》中。

以上为潘之恒所刻主要品种。其子潘弼亮，刻书堂号仍延鸾啸轩。

天启六年（1626）潘弼亮鸾啸轩辑刻其父潘之恒辑《亘史》中的《亘史内纪》十二卷，《内篇》二十三卷，《外纪》四十五卷，《外篇》二卷，《杂记》五卷，《杂篇》六卷计6种九十三卷。《中国古籍善本书目·子部·类书类》第874页、《中国古籍善本总目·子部·类书类》第一〇七一页、《中国古籍总目·子部·类书类·类编之属·通编》第2007页、《中国善本书提要·子部·类书类》第374页、《四库全书总目·子部·类书类存目二》卷一三八第一一七〇页、《明代版刻综录》第八卷第十一页著录，国家图书馆（24册本）、上海图书馆、温州市图书馆、中国社会科学院文学研究所图书馆、南京图书馆藏。而《全明分省分县刻书考·安徽省卷》一十八页作潘之恒鸾啸轩刊自编《亘史》九十二卷，《明史·艺文志》作九十一卷，均不准确。该刊本半页10行，行20字（20.4×14.1）。

潘之恒的其他作品刻行的还有：

明刻明潘之恒撰《亘史》十九卷。《中国古籍总目·子部·类书类·类编之属·通编》第2007页著录，中国科学院图书馆分别藏明刻《外纪》卷一至六计6卷不全本，明末刻《内纪》卷十至十二、《内编》卷一至四、八至十五、《外纪》卷六至九计19卷不全本。以上两种明刻本应大大超过19卷，只不过现存世最多才19卷而已。

明刻明潘之恒辑《黄海》不分卷。《北京图书馆古籍善本书目·史部·地理类》第七八四页著录，国家图书馆藏8册本。该刊本半页10行，行20字，白口，左右双边，应为先刻本。

明刻明潘之恒辑《越中山水志》不分卷。《中国古籍总目·史部·地理类·山水志之属》第3890页、《藏园群书经眼录·史部三·地理类》卷五第四四〇页、《北京图书馆普通古籍总目·地志门·专类地志》第四卷第557页著录，国家图书馆藏题“五如居士俞恩烨僧密定”4册本有图。此书收会稽山诸山、天台山、普陀山、四明山、雁荡山、五泄山。题“天都逸史潘之恒景升撰，烟霞外史乔时敏君求阅”。

明刻明潘之恒撰《涉江诗选》七卷。《中国古籍总目·集部·别集类·明代之属》第850页（作万历间刻）、《皖人书录》第557页、《四库全书总目·集部·别集类存目五》卷一七八第一六〇五页著录，日本尊经阁文库藏。此书原为20卷，袁宏道删定为甲、乙集各3卷，丙集1卷。收入顺治间（1644—1661）刻《诗慰》本中为清陈允衡选《涉江集选》一卷。

万历间（1573—1620）刻明潘之恒撰、明江盈科选《金昌诗草》□卷。《中国古籍善本书目·集部·明别集类》第739页、《中国古籍善本总目·集部·明别集类》第一四三二页、《中国古籍总目·集部 ·别集类·明代之属》第850页著录，上海图书馆藏卷二计1卷不全本。该刊本半页9行，行18字，白口，左右双边。

万历间刻明潘之恒撰《漪游草》三卷。《中国古籍善本书目·集部·明别集类》第739页、《中国古籍善本总目·集部·明别集类》第一四三二页、《中国古籍总目·集部·别集类·明代之属》第850页、《北京图书馆古籍善本书目·集部·明别集类》第二四四二页著录，国家图书馆藏1册本。该刊本半页8行，行18字，白口，四周单边。

万历（1573—1620）间刻明潘之恒撰《白榆社诗草初草》一卷。《中国古籍总目·集部·别集类·明代之属》第850页著录，日本尊经阁文库藏。

万历间刻明潘之恒撰《黍谷诗草初草》二卷。《中国古籍总目·集部·别集类·明代之属》第850页著录，日本尊经阁文库藏。

万历间刻明潘之恒撰《冶城诗草初草》一卷。《中国古籍总目·集部·别集类·明代之属》第850页著录，日本尊经阁文库藏。

万历（1573—1620）间刻明潘之恒撰《蒹葭馆诗草初草》一卷、《续草》二卷计2种3卷。《中国古籍总目·集部·别集类·明代之属》第850页著录，日本尊经阁文库藏。

万历间刻明潘之恒撰《东游诗草初草》一卷、《续草》二卷计2种3卷。《中国古籍总目·集部·别集类·明代之属》第850页著录，日本尊经阁文库藏。

万历间刻明潘之恒撰《鸾啸轩集》十六卷。《中国古籍总目·集部·别集类·明代之属》第850页著录，台湾“中央”图书馆藏。

万历间刻明潘之恒撰《三吴杂志》不分卷。《中国古籍善本书目·史部·地理二》第970页、《中国古籍善本总目·史部·地理类·杂志》第五〇六页、《中国古籍总目·史部·地理类·杂志之属》第3760页、《皖人书录》第557页著录，国家图书馆（8册本）、上海图书馆藏。该刊本半页10行，行20字，白口，左右双边。

崇祯二年（1629）刻明潘之恒撰《鸾啸轩小品》十二卷。《中国古籍善本书目·集部·曲类·曲评曲话》第2189页、《中国古籍善本总目·集部·曲类·曲品·曲话》第一九〇七页著录，上海图书馆藏。该刊本半页9行，行19字，白口，左右双边。

他还刻了不少医书、佛教、文学等类书籍，积极参与他人刻书业，为多种出版物题序等。

少林传人程宗猷

程冲斗（1561—？），字宗猷，又字伯嘉，号新都耕叟，休宁县汊口人，为明末著名的武术家。《全明分省分县刻书考·安徽省卷》一十九页作歙县人，误。冲斗出身富商之家，家资富厚，从小习武，多次去嵩山少林寺学艺，累计长达10余年时光，精谙少林白眉棍法，师事洪纪、承洪转、宗想、宗岱、广按法师等少林高手；单刀学自浙江刘三峰的倭刀真传，河南刘光度、李克复传授其杨家将的刀法。他还对古代的弩进行改造，使之便于腰肘携带，使用方便迅捷。著有《少林棍法阐宗》[①]《蹶张心法》《长枪法选》《单刀法选》，并汇编为《耕余剩技》这套4种6卷专讲武术的丛书。其中的《少林棍法禅宗》书中把少林棍法列为棍家“正传”，后成为诸家棍法之首，成为正宗武术。此书成为武术中传世最早的著作，

---

① 《［民国］歙县志·艺文志·书目》卷十九页仅著录此书1种1卷，缺额多。

写成于万历三十八年（1610）。其后，茅元仪在《武备志》中进一步提出“诸艺宗于棍，棍宗于少林”，第一次将少林棍术列为诸家棍法之首。同时，少林棍术已被公认为武术正宗。

考少林棍法兴起于明嘉靖间（1522—1566）倭寇入侵我国东南沿海的特定历史环境。当时全国寺院设有僧兵的有五台、代牛、少林3家，但仅有少林寺月空大师率领80余名少林武僧勇挫敌焰，先后有30余人战死在抗倭第一线。嘉靖四十年（1561），抗倭名将俞大猷亲临少林寺指点拳术和棍法，并亲领少林寺宗擎、普从二人南下从军，亲授武艺，并于万历五年（1577）在京师将专讲棍法的《剑经》传授给宗擎。从此少林棍法享誉武术界，成为抗倭先锋，故《吴淞甲乙倭变志》载少林武僧“俱持铁棍，长七尺，重三十斤，运转便捷如竹枝，骁勇雄杰。官兵每临阵，辄用为先锋”。少林棍法就是这样在名家的指点下，充分汲取民间棍法的精华，并经过实战的磨练，成为明代武坛劲旅，洪承转大和尚的少林巨子程宗猷所撰《少林棍法阐宗》一书，把少林棍艺提高到新阶段。程氏晚年在家乡传授武术。

万历间（1573—1620）刻明程冲斗撰《少林棍法阐宗》三卷。《中国善本书提要·子部·艺术类》第302页、《中国古籍总目·子部 ·兵家类》第300页、《安徽省古籍善本书目·子部·兵家类》卷三第二十页著录，国家图书馆（3册本）、北华大学图书馆、台湾“中央”图书馆、安徽省博物馆（1册本）藏。原题：“新都程冲斗宗猷著，叔祖云水廷甫，弟伯诚宗信、同物、侯民胤万，侄君信儒家、涵初子颐校，甥孙广微致广、侄观其时泾、仲深时通、禹迹时涞、德正时泽、观正时湏阅梓。”有万历四十二年（1614）汪以时、陈世埈等4序3跋，为单行本。该刊本半页12行，行22字（25.6×18.6）。安徽省图书馆还藏有清抄2册本插图本。

万历间刻明程冲斗撰《耕余剩技》4种六卷。《中国古籍总目·子部·兵家类》第299—300页分别著录4种子书。还有雍正间（1723—

1735）抄本及清抄本。

天启元年（1621）刻明程宗猷撰《程氏心法三种》。《中国古籍总目·子部·兵家类》第299页著录，中国社会科学院历史研究所图书馆藏。

天启元年自刻《耕余剩技》4种六卷。《中国丛书综录·类编·子部·兵家》第一册第706页、《安徽省古籍善本书目·子部·兵家类》卷三第二十页、《安徽省馆藏皖人书目》第343页、《西谛书目·子部·兵家类》卷二第四页（5册本，有图）著录，国家图书馆、上海图书馆、南京大学图书馆、湖北省图书馆、安徽省博物馆藏，安徽省图书馆缺页也以抄配补全。该刊本图文并茂，绘刻至为精工，人物生动准确，为徽派版画中的上乘作品，可惜未署绘刻人姓名。《安徽文献书目》第67—68页著录，安徽省图书馆藏后3种3卷1册为新安刊本及传抄1册本各1套。还有《耕余剩技摘要》旧抄1册本。此书在民国间曾由周越然影印行世，易名为《国术四书》。

天启间（1621—1627）刻明程冲斗撰《少林棍法阐宗》三卷、《蹶张心法》（一卷）附《长枪法选》（一卷）、《单刀法选》（一卷）计4种6卷。《中国书店三十年所收善本书目·子部·兵家类》第九十四页著录，收购过棉纸6册本。应为天启元年重印本。

崇祯元年（1628）又著《射史》八卷，二年就自刻行世。《中国古籍善本书目·子部·兵家类》第133页、《中国古籍善本总目·子部·兵家类》第八二四页、《中国古籍总目·子部·兵家类》第300页、《明代版刻综录》第五卷第二十三页、《全明分省分县刻书考·安徽省卷》第一十九页著录，国家图书馆（5册本）、上海图书馆、南京图书馆（清丁丙跋）藏。

其书内容分为大射之仪、乡射之礼、《周礼》六官、射义射录、名射、弓矢录、射器图、射法直述并图，对比历史上类似著作，比顾煜《射书》简洁，在叙述射法方面也比程道生《射义新书》纯正。该刊本半页9行，行19字，白口，四周双边。

程禹迹，字时涞，又作程时来，为宗猷侄辈。

万历四十二年至天启元年（1614—1621）刻明程宗猷撰《耕余剩技》4种六卷。《中国古籍善本书目·子部·兵家类》第132页、《中国古籍善本总目·子部·兵家类》第八二四页、《中国古籍总目·子部·兵家类》第261—262页、《北京图书馆古籍善本书目·子部·兵家类》第一二二五页、《中国丛书综录·类编·兵家》第一册第706页、《中国丛书综录补正》第191页、《明代版刻综录》第五卷第二十四页著录，国家图书馆（4册本、5册本各1部）、上海图书馆、华东师范大学图书馆、南京图书馆、浙江大学图书馆、杭州市图书馆、绍兴市鲁迅图书馆、福建省图书馆藏。该刊本半页12行，行22字（25.6×18.6），白口，四周双边。原题："新都程冲斗宗猷著，叔祖云水廷甫，弟伯诚宗信、同物，侯民胤万，侄君信儒家、涵初子颐校，甥孙广微致广，侄观其时澜、仲深时通、禹迹时涞、德正时泽、观正时浈阅梓。"《全明分省分县刻书考·安徽省卷》二十页作万历四十三年刻，误书名"技"为"枝"。此书版画细腻，人物绘刻准确，书品宽大，为明刊本中的精品。版框26.5厘米×19厘米。

军器制作大师毕懋康及毕氏家刻

毕氏在安徽分布不广，徽州毕氏集中于歙、休两县。毕氏刻书人明代主要集中在歙县，著名的除家谱编写者编修毕济川外，尚有毕效钦、毕懋康、毕懋良、毕懋谦4人。据不完全统计，刻书14套87种335卷。

毕效钦，字仲平，歙县人。嘉靖（1522—1566）举人，官至南昌府通判。为明嘉万中徽州府著名家刻家，辑刊图书据不完全统计刻3套25种103卷。

明毕效钦刻汉刘熙撰《释名》八卷。《北京图书馆古籍善本书目·经部·小学类》第一五二页、《北京图书馆普通古籍总目·文字学门·释名》

第十卷第21页著录，国家图书馆藏2册、3册本各1部。该刊本半页9行，行24字，白口，四周单边。此版本与毕刻《五雅》不同，当为另一版本。

嘉隆间（1522—1566、1567—1572）新安毕效钦刻自辑《五雅》中晋郭璞注《新刊注释尔雅》三卷，魏张揖撰、隋曹宪音释《广雅》十卷，宋陆佃撰《新刊埤雅》二十卷，宋罗愿撰《尔雅翼》三十二卷，汉刘熙撰《释名》八卷计5种七十三卷。《中国古籍善本总目·经部·小学类·训诂》第一五三页、《明代版刻综录》第四卷第十六页、《北京大学图书馆藏古籍善本书目·经部·小学类》第38页、《中国古籍善本书目·经部·小学类》第377页、《中国丛书综录·总目·类编·经类·小学》第一册第623—624页、《中国丛书综录补正》第164页、《中国书店三十年所收善本书目·经部·小学类》第一十八至一十九页、《北京大学图书馆藏李氏书目》、《汇刻书目》第一册第六十三页、《安徽省古籍善本书目·经部·小学类》卷一第二十七页、《安徽师范大学图书馆古籍善本书目（初稿）·经部·训诂》第3—4页著录，北京大学图书馆（20册本）、中国科学院图书馆、天津图书馆、南开大学图书馆（清朱筠批校）、上海图书馆、吉林大学图书馆、东北师范大学图书馆（10册本）、山东省图书馆、南京图书馆、武汉大学图书馆、四川省图书馆、四川大学图书馆、安徽师范大学图书馆（20册本）及安徽省博物馆均藏，国家图书馆（6册不全本，缺《尔雅翼》三十二卷）、重庆市图书馆收藏不全，中国书店收购过每部8册竹纸印本。该刊本半页9行，行18字，小字24字，还有10行，行19字不等，小字双行同，白口，左右双边，无刻工。嘉靖间刊本半页11行，行大字12—14字不等，小字双行8至22字不等，白口，四周单边，线装10册本。万历十六年（1588）瑞桃堂刻本则全改为加“新刊”字样，北京大学图书馆、山西祁县图书馆、辽宁省图书馆、吉林省图书馆、长春市图书馆、东北师范大学图书馆、曲阜师范学院图书馆、南京图书馆、安徽师范大学图书馆、武汉大学图书馆藏。《释名》直至清嘉庆九年（1804）才由杭州郎奎金堂策槛刊本改为《逸雅》。《中国善本书提要·经部·小学类》第51页著录北京图书馆藏5册本毕效钦刻《重刊埤雅》二十卷，原题："中大夫守尚书左丞上柱国吴郡开国公赐紫金鱼袋陆佃撰，新安毕效钦重校。"为本丛书单行本。该刊本半页10行，行19字（17.3×10.4）。

万历中（1573—1620）毕效钦辑刻《十九家唐诗》初、盛、中、晚唐4期19种二十卷中"初唐"4种5卷，"盛唐"6种6卷，"中唐"4种4卷，"晚唐"5种5卷。《北京大学图书馆藏古籍善本书目·集部·总集类》第366页、《中国丛书综录续编·类编·集类·总集（唐代）》第319—320页、《明代版刻综录》第四卷第十六页、《北京大学图书馆藏李氏书目·集部·总集类》、南京大学《中国丛书目录及子目索引汇编》第245页著录，北京大学图书馆藏20册本。另原江苏国学图书馆（今南京图书馆）藏毕效钦于明万历间辑刻《十家唐诗》10种10卷，系毕氏随印随发的一部分，说明这套丛书不是一次性推出，最后定19家。这19家是初唐收李峤、张说、苏颋、张九龄4家5卷，盛唐收崔颢、李欣、王咏、王昌龄、储光羲6家6卷，中唐收耿湋、韩翃、张祜、秦系4家4卷，晚唐收刘沧、项斯、李咸用、曹松、温庭筠5家5卷。

万历中（1573—1620）毕效钦刻梁江淹撰《江光禄集》十卷。《明代版本图录初编·家刻》第3本卷六第七至八页著录，惜未著录藏处。

毕懋良（1563—1644），字师皋，号见素，歙县城（今徽城镇）人。以进士任万载令。因实行与民休息政策功升南京吏部验封司。不久，因守孝归里讲学斗山书院。服满补礼部，先后以副使出任浙江两台、福建督粮道，升福建观察使管屯盐道事，因改革盐法升福建左布政使。曾因病乞归故里年余，因赈灾有方，招抚海盗功，起为南京府尹，升户部右侍郎，总督仓场。因忤当道阉竖魏忠贤而罢官。崇祯（1628—1644）间复任工部左侍郎，因病告归，听到农民起义军占领北京、崇祯缢死的消息，掷盏于地而逝，终年83岁。毕氏一生勤政爱民，保境安民，加强战备，重文兴教，是明末难得的政治家、经济家、军事家。

他在归里期间积极参与家乡整理刊刻先贤著述等文化事业。美国国会图书馆藏万历间族弟毕懋康刻《新安文献志》一百卷原题重订人中就有时任礼部精缮司郎中毕懋良。

毕懋康（1571—1644），字孟侯，号东郊，歙县城（今安徽省黄山市歙县徽城镇）人。少聪颖，工古文辞，学力雄博，精书善画，深得同里学者少司马汪道昆、少傅许国、少司徒方弘静的器重，引为忘年交。与族兄毕懋良名震当时，人称“二毕”。万历二十六年（1598）中进士，授中书舍人，先后出任广西道监察御史、陕西巡按使、山东巡按使、顺天府丞、京兆丞，以忧返里。他在御史任上巡视长芦盐政，尽除宿弊。曾奏请兴修保定清河、汤家河，以通舟船，资以灌溉。巡抚陕西时，天旱，广设粥厂，发仓米，救济饥民12万。在巡视山东时，救济饥民249万。由于办赈得法，升顺天府丞。天启四年（1624）起为右佥部御史出任郧阳巡抚，因得罪阉党，魏忠贤以懋康为赵南星引荐而削籍告归。崇祯初，起任南京通政使。越二年（1630），拜兵部右侍郎，自请归里研制武刚车、神飞炮等军事机器，造成后并辑图进呈，起任南总督，再任户部右侍郎，督粮储，因在任上书言“宜剔财赋稽耗弊事”，触动阉竖利益而遭排斥，归卒于家。著有《西清集》二十卷、《疏草》又名《孟侯疏草》二十卷、《管涔集》五卷、《军器图说》不分卷及《孝经大全》、《武冈车神飞炮图说》二卷、《医汇》十五卷等书。

毕懋康不仅是一位军事科学家、政绩昭著的政治家，还是一位著名的学者，他在家乡和任上积极参与编刊图书。如万历四十七年（1619）为徽州刊本《袁中郎先生全集》二十三卷写序等。他刊刻的图书很多，据不完全统计有9套28种277卷，是明末徽州府大家刻家。

嘉靖二十一年（1542）序刊明临江张九韶编辑、歙县毕懋康参订《理学类编》八卷。《东北师范大学图书馆藏古籍善本书目解题·子部·儒家类》第176页著录，东北师范大学图书馆藏2册本。该刊本半页10行，行19—20字不等，白口，四周双边。此条出版时间肯定有误，因此年毕氏尚未出生，应为万历二十一年（1593）。

万历二十五年（1597）刻明毕懋康辑《两苏经解七种》即宋苏轼撰《东坡先生易传》九卷、《东坡先生书传》二十卷，宋苏辙撰《颖滨先生诗集传》十九卷、《颖滨先生春秋集解》十二卷、《论语拾遗》一卷、《孟子解》一卷、《颖滨先生道德经解》二卷计 7 种六十四卷。《中国古籍善本总目·经部·总类》第四页、《中国古籍总目·经部·总类·传说之属》第 12 页、《中国丛书综录·类编·经类·经义》第一册第 598 页、《中国丛书综录补正》第 153 页、《北京大学图书馆藏古籍善本书目·经部·小学类》第 53 页著录，国家图书馆（24 册本）、浙江图书馆、甘肃省图书馆、北京大学图书馆（12 册本）、浙江大学图书馆藏，辽宁省图书馆、南京图书馆藏不全，故宫博物院图书馆藏此版《东坡先生书传》二十卷。该刊本半页 10 行，行 21 字，白口，左右双边。

万历三十一年（1603）刻明程敏政辑《新安文献志》一百卷、《先贤事略》二卷计 102 卷。《明代版刻综录》第四卷第十六页、《北京师范大学图书馆善本书目·集部·总集类·地方》第 338 页著录，国家图书馆、北京师范大学图书馆（48 册本）藏。美国国会图书馆藏本原题："明礼部尚书兼翰林院学士郡人程敏政汇辑，后学光禄寺少卿洪文衡、广西道监察御史毕懋康、礼部精缮司郎中毕懋良、祠祭司员外郎鲍应鳌、仪制司主事游汉龙、生客司主事洪世俊、兵部职方司主事胡思伸、武库司主事程寰、刑部福建司主事吴国仕重订。"可见是由毕懋康主持，徽州府名宦学者通力协作而编刊的地方综合文献。该书刻工均是歙县黄、仇名工所刊。该刊本半页 9 行，行 20 字（20.3×13.3），白口，单鱼尾，四周单边，是徽州府包括官刻在内及数种家刻版本子中较好的一部徽刻版本。

万历三十七年（1609）毕懋康刻《新安文献志》六十七卷，其中《文》60 卷，《行实》7 卷。《明代版刻综录》第四卷第十六页著录，惜未著录藏处。此刊本应为印刷三十一年不全本。

万历三十八年（1610）新都毕懋康刻明陈翼飞[①]辑《文俪》十八卷。《中国古籍善本书目·集部·总集类》第1628页（作万历间刻）、《美国哈佛大学哈佛燕京图书馆中文善本书志·集部》第558—559页（作万历三十九年刻）、《东北师范大学图书馆藏古籍善本书目解题·子部·儒家类》第176页、《明代版刻综录》第四卷第十六页、《南京图书馆善本书草目》著录，上海图书馆、复旦大学图书馆、吉林大学图书馆、浙江图书馆、河南省图书馆、四川省图书馆、台湾"中央"图书馆（2部）、南京图书馆、中国社会科学院文学研究所图书馆、美国普林斯顿大学葛思德东方图书馆、美国哈佛大学哈佛燕京图书馆及安徽省博物馆、日本尊经阁文库藏，收入《四库全书》存目中。《全明分省分县刻书考·安徽省卷》一十四页著录，东北师范大学图书馆仅存6卷6册不全本。此书专收自汉迄唐时期的骈体文。该刊本半页10行，行20字，白口，四周单边。

万历四十年（1612）毕懋康刻明冯从吾撰《冯少墟集》又名《冯恭定公全书》18种二十二卷。《中国古籍善本书目·集部·明别集类》第775页、《中国古籍善本总目·集部·明别集类》第一四五五页（仅作20卷）、《美国哈佛大学哈佛燕京图书馆中文善本书志·集部》第754—755页、《北京师范大学图书馆古籍善本书目·集部·别集类·明》第260—261页、《中国丛书综录补正·汇编·独纂类（明代）》第89页、《明代版刻综录》第四卷第十六页著录，但《中国丛书综录·汇编·独撰类（明代）》第一册第478页（万历四十五年[1617]和天启元年[1621]刊本，应为此书后印本）、《浙江图书馆善本书目》著录，浙江图书馆藏。该刊本半页9行，行18字，白口，四周单边。但《全明分省分县刻书考·安徽省卷》第一十四页著录为崇祯间刻，更为后印本。万历四十五年印本分别藏北京师范大学图书馆、上海图书馆、内蒙古自治区图书馆、重庆

① 陈翼飞，字天明，平河人。万历三十八年（1610）进士，官宜兴知县。

市图书馆。说明此刊本多次印刷，上列已是3印。国家图书馆、北京师范大学图书馆、首都师范大学图书馆、内蒙古自治区图书馆、内蒙古师范大学图书馆、吉林大学图书馆、南京图书馆、上海图书馆、中山图书馆、暨南大学图书馆、华南师范大学图书馆、四川师范大学图书馆（14册本）、云南省图书馆、美国哈佛大学哈佛燕京图书馆、中国社会科学院文学研究所图书馆及中国教育科学研究院图书馆、中共陕西省委宣传部图书馆、日本静嘉堂文库藏万历四十年毕懋康刻天启元年（1621）冯嘉年增修本。该刊本半页9行，行18字（19.8×13.7），白口，单鱼尾，四周单边。此书收入《四库全书总目·集部·别集类》。余由毕版衍生再印本，这里从略。

万历四十五年(1617)毕懋康刻自辑《合刻浮溪鄂州二集》中宋汪藻撰、宋罗愿评《浮溪文粹》十五卷、《附录》一卷，宋罗愿撰《罗鄂州小集》六卷计2种二十二卷。《中国古籍善本书目·集部·总集类》第1502页、《中国古籍善本总目·集部·总集类·丛编·断代》第一六九九页、《中国丛书广录·类编丛书·集类·总集类·宋代》第786页著录，上海（不全）、中国社科院文学研究所图书馆（不全）及历史研究所图书馆（全）藏。该刊本半页9行，行19字，白口，四周单边。其中，宋汪藻撰、宋罗愿评《浮溪文粹》十五卷、《附录》一卷。《全明分省分县刻书考·安徽省卷》作崇祯间刻，应为后印本；宋罗愿撰《罗鄂州小集》六卷，《全明分省分县刻书考·安徽省卷》第一十四页著录为《罗鄂州小集》十五卷，为不全本。

万历四十六年(1618)新都毕懋康刻明洪应绍[①]撰《道德经测》二卷。《明代版刻综录》第四卷第十六页、《中国古籍善本书目·子部·道家类》第1011页、《中国古籍总目·子部·道家类·先秦之属·老子》第2341页、《北京图书馆善本书目》、《中国版刻综录》第98页著录，

---

① 洪应绍，字彦卿，号海洲，歙县人。万历四十年（1612）中举，任昆山教谕。著《道德经测》《四书解》《易解》等书。

国家图书馆藏1册本。该刊本半页9行，行18字，白口，四周单边。

天启间（1621—1627）刻宋沈作喆撰《寓简》十卷。《全明分省分县刻书考·安徽省卷》第一十四页著录。《明代版刻综录》第四卷第十六页作崇祯九年（1636）刻，当是后印本。惜均未著录收藏处。

毕懋谦，歙县城（今安徽省黄山市歙县徽城镇）人。与前述诸毕为同时代人，家刻家。

万历中（1573—1620）刻自辑《十家唐诗》十二卷。其中，“初唐”4种6卷，“盛唐”6种6卷。《中国古籍善本书目·集部·总集类》第1399—1400页、《中国古籍善本总目·集部·总集类·丛编·断代》第一六八七页、《中国古籍总目·集部·总集类·丛编之属·分编·断代》第2816页、《明代版刻综录》第四卷第十六页、《全明分省分县刻书考·安徽省卷》第一十四页著录，浙江图书馆、南京图书馆（清丁丙跋）、徐州市图书馆藏。该刊本半页9行，行19字，白口，四周双边。

万历中（1573—1620）毕懋谦刻明毕效钦辑《十家唐诗》十二卷。《中国古籍善本书目·集部·总集类》第1399—1400页、《中国丛书广录·类编丛书·集类·总集类·隋唐五代》第759页著录，浙江图书馆及中国社会科学院文学研究所图书馆藏。此刊本仅收初唐李峤、张说、张九龄、苏颋4家6卷，盛唐储光羲、令欣、常建、崔颢、王昌龄、祖咏6家6卷。还有一部有清丁丙跋藏南京图书馆。该刊本半页9行，行19字，白口，四周双边。

万历间毕懋谦增刻明毕效钦辑《二十二家唐诗》分初、盛、中、晚唐四个历史时期，共收22种，有称《十家唐诗》（增刻本）二十四卷。即“初唐”4种6卷，“盛唐”6种6卷，“中唐”4种4卷，“晚唐”8种8卷。《中国古籍善本书目·集部·总集类》第1400—1401页、《中国古籍善本总目·集部·总集类·丛编·断代》第一六八七页、《中国古籍总目·集部·总集类·丛编之属·分编·断代》第2816页、《中国丛书广录·类编丛书·集类·总集类·隋唐五代》第759—760页著录，南京图书馆（清丁丙跋）、武汉大学图书馆藏，北京大学图书馆藏不全，属在《十家唐诗》基础上的增补本。此刊本仅收初唐张九龄诗集由前刊本 2 卷改为 1 卷，余同；中唐为张祜、韩翃、秦系、耿湋 4 家 4 卷，晚唐收项斯、温廷筠、许浑、李咸用、李洞、曹松、于邺、刘沧 8 人 8 卷。北京大学图书馆（不全）、武汉大学图书馆藏。毕懋谦刊本与毕效钦自刻本也略有区别。毕懋谦此刻也不是一次性推出，最起码可算为 2 部计 22 种 36 卷。

以刻朱子著述为己任的朱崇沐

朱崇沐，字汝洁，乳名文喜，朱熹 13 世孙，婺源县紫阳镇人。庠生。《［道光］徽州府志·人物志·义行》卷十二之五第七十九页载："母方娠，历数日不下，父危之，欲去子存母。夜梦文公衣冠俨然呼其父曰：'汝将诞子，吾窃自喜。他日昌吾道者在是。'果诞，乳名文喜，从梦征也……及长，系心先世，修韦斋祠，求文公遗书，裒集梓之。如《年谱》、《家礼》、《语类》、《文集》、《韩文》、《文衡录要》、《奏议》、《楚辞》、《四书》、《易经》、《诗经》、《小学》、《近思录》、《学的》不下数十种，一时卒业如日中天。建藏书楼，广储家籍，装罄挫产峻事。最后刻《纲目》，仅经始而卒，妻程氏成夫志，竭力完功。"因此，他是明末徽州府朱熹后人家刻中数成就最大的刻书家。万历三十三年（1605）朱吾弼在《朱文公校昌黎先生文集》序中称："崇沐尽刻紫阳遗集。"他与当时徽州府大出版家吴勉学、吴养春等互相协作，除家刻朱熹遗著外，还刻了不少有价值的书。据我所接触的不完全统计，超过 30 种 629 卷。他所刻的朱熹著作中最大的合作者是族人朱吾弼。

朱吾弼，字谐卿，高安人。万历进士，官南京御史，累迁南京太仆寺卿。

他在万历间（1573—1620）主要刻书有：

万历十四年（1586）朱崇沐刻明朱吾弼重编《朱子语类》一百四十卷。安徽省图书馆收藏 39 册 137 卷，缺二十五至卷后 3 卷。三十二年本应为同版后印本。

万历二十九年（1601）朱崇沐刻裔孙明朱吾弼重编，朱家栐校，明李默、朱河重订《紫阳文公先生年谱》上、下册五卷。《中国古籍善本书目·史部·传记类一·年谱》第 504 页、《中国古籍总目·史部·传记类·年谱之属》第 864 页著录，北京大学图书馆、上海图书馆、东北师范大学图书馆、山东省图书馆藏。《北京大学图书馆藏古籍善本书目·史部·别传一·年谱》卷八第 100 页著录，北京大学图书馆藏本为万历三十年（1602）朱崇沐序刊 4 册本。

万历三十二年(1604)朱崇沐刻宋黎靖德辑《朱子语类》一百四十卷。《中国古籍善本书目·子部·儒家类》第 62 页、《中国古籍善本总目·子部·儒家类》第七九五页著录，中国科学院图书馆、人民教育出版社图书馆、上海图书馆、浙江图书馆、江西大学图书馆、中山大学图书馆藏本为 140 卷。该刊本半页 11 行，行 22 字，白口，四周单边。《全明分省分县刻书考·安徽省卷》第八页著录为一百卷，误。

万历三十二年朱崇沐刻宋朱熹撰、明朱吾弼编《重锓朱文公先生奏议》十五卷。《中国古籍善本总目·史部·诏令奏议·奏议》第三五六页、《中国人民大学图书馆善本书目·史部·诏令奏议类·奏议》第 66 页、《安徽省古籍善本书目·史部·诏令奏议类》卷二第四十七页、《安徽省馆藏皖人书目》第 61 页、《明代版刻综录》第二卷第十五页、《中国书店三十年所收善本书目·史部·诏令奏议类》第四十七页、《上海图书馆善本书目》、《中国古籍善本书目·史部·诏令奏议类》第 359 页著录，首都图书馆、北京大学图书馆、中国人民大学图书馆（1函 8 册本）、故宫博物院图书馆、上海图书馆、华东师范大学图书馆、安徽省图书馆（8 册本）、河南新乡市图书馆、华中师范大学图书馆、重庆市图书馆藏。另一部有清丁丙跋藏南京图书馆，中国书店收购竹纸印10册本。该刊本半页9行，行19字，小字双行同，白口，白鱼尾，四周单边，有刻工。

万历三十二年朱崇沐刻唐韩愈撰、宋朱熹考异、宋王伯大音释、明朱吾弼编《朱文公校昌黎先生文集》四十卷、《外集》十卷、《集传》一卷、《遗文》一卷、《序目》一卷计4种53卷。《中国古籍善本总目·集部·唐五代别集类》第一二〇〇页（无《序目》一卷）、《中国古籍总目·集部·别集类·唐五代之属》第118页（作万历间刻）、《北京师范大学图书馆古籍善本书目·集部·别集类·唐》第230页、《山东省图书馆馆藏海源阁书目·集部·别集类》第225页、《北京大学图书馆藏古籍善本书目·集部·别集类》第416页、《中国善本书提要·集部·别集类》第504页、《明代版刻综录》第二卷第十五页、《中国古籍善本书目·集部·唐五代别集类》第114—115页（作万历间刻）、《北京图书馆古籍善本书目·集部·唐五代别集类》第二〇五一至二〇五二页、《西谛书目·集部上·唐五代别集类》卷三第一〇页、《青海省古籍善本书目·集部·别集类》第一三八页、《浙江图书馆善本书目》、《杭州大学图书馆善本书目》等著录，北京大学图书馆、北京师范大学图书馆、东北师范大学图书馆（30册本）、国家图书馆（12册本）、浙江图书馆、浙江大学图书馆、安徽劳动大学图书馆、苏州市图书馆、安徽省图书馆（2部）、青海省图书馆（16册本）、山东省图书馆（1函8册本）、美国国会等图书馆及安徽省博物馆（2部）藏，安庆市图书馆多收《遗诗》一卷，徽州博物馆及桐城县图书馆收藏不全。题：“宗后学监察御史高安朱吾弼重编，礼部仪制司郎中婺源汪国楠、松江府通判新淦朱家楙、婺源县知县长水谭昌言、教谕武昌任家相、训导姑孰徐有德、金陵刘迁乔同校，选贡县丞长汀马孟复重阅，文公裔孙庠生朱崇沐订梓。”有朱吾弼序。该刊本半页9行，行18字（22.1×15），小字双行不等，白口，四周双边，单白鱼尾，卷端下题：“文公裔孙庠生朱崇沐订梓。”《全明分省分县刻书考·安徽省卷》第八页作万历三十一年刻本。

万历三十三年(1605)朱崇沐刻明冯应京辑《重辑朱子录要》十五卷。《中国古籍善本书目·子部·儒家类》第63页、《中国古籍总目·子部·儒家类·儒学之属·宋元》第90页著录，南京图书馆、中国科学院图书馆、浙江图书馆天一阁分馆藏。《明代版刻综录》第二卷第十五页作四十三年。其中，安徽省博物馆收藏2部中有一部有清桐城姚范、姚鼐批校题记并盖有姚鼐藏书印两方。

万历三十三年吴养春、吴勉学、朱崇沐刻《晦庵先生朱文公集》又称《朱子大全集》八十八卷、《目录》二卷、《续集》十一卷、《别集》十卷、《考异》一卷计5种112卷。《中国古籍善本书目·集部·宋别集类》第330页、《中国古籍善本总目·集部·宋别集类》第一二七九页、《中国古籍总目·集部·别集类·宋代之属》第325—326页著录，国家图书馆、首都图书馆、北京大学图书馆、天津图书馆藏全，上海图书馆收藏不全。前书本页还著录崇祯七年（1634）李寅宾重修万历三十三年吴养春、李崇沐等刻的这个本子，河南省新乡市图书馆、中山大学图书馆、广西壮族自治区桂林图书馆均完本收藏。该刊本半页12行，行22字，白口，四周单边。可见，这是名版。

万历三十四年（1606）朱崇沐刻宋滕珙[①]辑《类编标注文公朱先生经济文衡·前集》二十五卷、《后集》二十五卷、《续集》二十二卷计3种72卷。《中国古籍善本书目·子部·儒家类》第62页、《中国古籍善本总目·子部·儒家类》第七九六页、《中国古籍总目·子部·儒家类·儒学之属·宋元》第87页、《北京图书馆古籍善本书目·子部·儒家类》第一二〇〇至一二〇一页、《中国人民大学图书馆古籍善本书目·子部·儒家类》第93页、《全明分省分县刻书考·安徽省卷》第八页、《明代版刻综录》第二卷第十四页著录，国家图书馆（10册本）、故宫博物院图书馆、中国人民大学图书馆（1函10册本）、南京图书馆

---

① 滕珙，字德章，号蒙斋，朱熹门人，滕璘弟，婺源县城北3里三都朱绯塘人。淳熙十四年（1187）进士，官合肥令，有政绩。著《蒙斋集》。朱熹第二次回婺源就在滕氏草堂讲学。

（2 部中 1 部为明刻本）、辽宁省图书馆、大连市图书馆、山东省图书馆、济南市图书馆、无锡市图书馆、扬州市图书馆、湖北省图书馆及浙江图书馆天一阁分馆藏。该刊本半页 9 行，行 20 字，白口，四周单边。《中国古籍善本书目·子部·儒家类》第 62 页还著录北京大学图书馆、南京图书馆分别藏崇祯七年李寅宾重修万历三十四年朱崇沐刻宋滕珙辑《类编标注文公先生经济文衡·前集》二十五卷、《后集》二十五卷各 1 套，但均无《续集》二十二卷，书名中也少一“朱”字，李氏重修本似未印《续集》。其中，南京图书馆藏本有丁丙跋，南京图书馆还藏 1 部明刻本宋滕珙辑《朱子经济文衡类编·前集》二十五卷、《后集》二十五卷、《续集》二十二卷，与朱崇沐刻本可能是一种底本，内容也应相当。综上，宋朱熹撰、宋滕珙辑的这本书明代（尤其是在明末）有三刻以上。北京大学图书馆藏《李氏书目》作李 7632。有万历丙午（1606）仲秋高安朱吾弼序。前集卷一标题后有宗后学监督御史高安朱吾弼等 17 人衔名 13 行，及“文公十三世孙朱崇沐订梓”1 行。该刊本半页 9 行，行 20 字，白口，四周单边。又《增订四库简明目录标注》第 395 页作朱崇沐刻本为《经济文衡·前集》二十五卷、《后集》二十五卷、《续集》二十五卷。此应为朱刻中全本。

万历三十四年（1606）朱崇沐刻明朱吾弼辑《重编朱子学的》二卷。《中国古籍善本书目·子部·儒家类》第 78 页、《中国古籍善本总目·子部·儒家类》第八〇一页、《中国古籍总目·子部·儒家类·儒学之属·明》第 103 页、《中国人民大学图书馆古籍善本书目·子部·儒家类》第 95 页、《全明分省分县刻书考·安徽省卷》第八页著录，北京大学图书馆、中国人民大学图书馆（1 函 2 册本）藏。该刊本半页 9 行，行 19 字，白口，左右双边。

万历三十五年（1607）朱崇沐刻宋朱熹、吕祖谦撰《近思录》十四卷。《中国古籍善本书目·子部·儒家类》第 58 页、《中国古籍善本总目·子部·儒家类》第七九四页、《中国古籍总目·子部·儒家类·儒学之属·宋元》第84页、《全明分省分县刻书考·安徽省卷》第八页著录，湖南省图书馆藏。该刊本半页9行，行19字，白口，左右双边。

万历间（1573—1620）刊宋朱熹集注《楚辞集注》八卷、《后语》六卷、《辩证》二卷计3种16卷。《中国古籍善本总目·集部·楚辞类》第一一六二页 、《北京师范大学图书馆古籍善本书目·集部·楚辞类》第218页、《中国古籍总目·集部·楚辞类》第3页、《四库全书总目·集部·楚辞类》卷一四八第一二六八页、《中国善本书提要·集部·楚辞类》第490页、《中国古籍善本书目·集部·楚辞类》第7页、《北京图书馆古籍善本书目·集部·楚辞类》一九八八页、《福建大学图书馆善本书目》、《南京图书馆善本书目》、《明代版刻综录》第二卷第十五页、《全明分省分县刻书考·安徽省卷》第八页著录，国家图书馆（4册本）、北京师范大学图书馆（8册本）、中国科学院图书馆、中共北京市委图书馆、中国社会科学院文学研究所图书馆、上海图书馆、吉林大学图书馆、山东省图书馆、山东省文登市图书馆、浙江图书馆、福建省图书馆、中共中央党校图书馆、福建大学图书馆、南京图书馆、美国国会图书馆（6册本1部）及镇江博物馆、北京市文物管理局、成都杜甫草堂藏。原题：“朱子集注，后学监察御史高安朱吾弼重编，礼部郎中婺源汪国楠、婺源知县嘉兴谭昌言、婺源教谕新淦朱家栐、光禄署丞歙邑吴勉学同校，婺源庠生王正己、文公裔孙庠生朱崇沐阅梓。”为崇沐所刻文公遗集之一。《考异》《音释》用王伯大原书。该刊本半页9行，行19字（19.9×13.4），小字双行同，白口，四周双边。此本由清黄景仁校阅，并在卷端记：“同治元年仲冬中旬，照听雨斋刻版八十四家评点本较阅，并节录评语，师山黄景仁志。”

万历间（1573—1620）朱崇沐刻宋朱熹撰、明朱吾弼重编《晦庵先生朱文公文集》八十八卷、《续》十一卷、《别集》十卷附《考异》一卷计4种110卷。《北京大学图书馆藏古籍善本书目·集部·别集类》第432页、《增订四库简明目录标注》第735页著录，北京大学图书馆藏40册本。

万历间朱崇沐刻宋朱熹撰《楚辞集注》八卷。《北京大学图书馆藏古籍善本书目·集部·别集类》第 379 页著录馆藏 5 册本。

万历间朱崇沐刻明李默、朱河重订，明朱吾弼辑《紫阳文公先生年谱》五卷。《中国古籍善本书目·史部·传记类一》第 504 页、《中国古籍善本总目·史部·传记类·年谱》第四〇八页、《全明分省分县刻书考·安徽省卷》第八页著录，北京大学图书馆、上海图书馆、东北师范大学图书馆（2 册本）、山东省图书馆（2 册本）藏。该刊本半页 7 行，行 17 字、18 字，小字双行 18 字，白口，四周单边。

万历四十三年 (1615) 朱崇沐刊明冯应京辑《重辑朱子录要》十五卷。《明代版刻综录》第二卷第十五页、《全明分省分县刻书考·安徽省卷》第八页著录，惜未著录藏处。

朱崇沐单刊宋朱熹撰《奏议》十五卷。《增订四库简明目录标注》第 735 页著录。

明刻明朱吾弼辑《重锓文公家传注解小学》六卷。《中国古籍总目·子部·儒家类·礼教之属·蒙学》第 230 页著录，上海图书馆藏。

朱崇沐刻书精好，所刻书绝大部分列入《中国古籍善本书目》中。

亦医亦儒的编辑出版家张遂辰

张遂辰（1589—1668），字卿子，号相期、西农、西农老人，原籍歙县，随父迁居钱塘武康城东三里桥，为明末清初名医。少时羸弱，医治无效，于是自学方书，上自岐伯、扁鹊，下至刘完素、张子和、朱丹溪、李东垣等医药书无不研读，并穷究其旨，精于医理，治好自身不治之症。他帮人治病，辄见功效，早有医名。早年习举子业，万历末以国子监生游南雍（南京），才名大振。由于应试不中，慨然曰：“制艺本以取功名，既入官，即弃去，此不是学。”于是改攻四部古籍及天文星象、医学、内外典，尤精于《易》，成为赅博的学者，并善诗，长于七言律排。

《［康熙］浙江通志·文苑》卷三十七说他“所著书甚多。其丹黄评定凡百余种行世。又以岐黄术济人。其子若孙及门下，皆能传其业，多以医学名世”。《［乾隆］海州府志·艺术》卷二十五说他：“精于医理。早岁入南雍，与四方贤俊交。性喜读黄帝书，在成钧日，遇病者辄为之辨强弱、决生死。适武康骆侍御家有病者，延之立效，术遂大行。买宅一区，山田数亩，携妻子力耕，丐求诊者倾动海内。生平工吟咏，富著述，有《蓬宅编》、《易医合参》。”《［乾隆］杭州府志·人物十·隐逸》卷九十五载万历中（1573—1620）“以国子生游金陵，时名大起，见赏于董其昌诸公。明末潜名里巷，为医自给，能起死，人争迎致之。卜居东城，诗格益澄澹孤峭，多自得之语，在西泠流派外，可自名家。”“义尝述其祖龙墩公，贫只一布袍，除日逢急者，即解赠之。清门世德，可以激薄停浇矣”。据考其所居悬壶处旧呼张卿子巷缘其名。所著医书存世的《张卿子伤寒论》七卷自明迄清有多种版本，如《中国古籍总目·子部·医家类·方论之属·伤寒金匮·伤寒论》第592页、《全国中医图书联合目录·伤寒金匮》第48—49页、《馆藏中医线装书目·伤寒金匮》第22页著录，中国中医科学院图书馆就藏有明刻本及日本京师书坊刻《仲景全书》本、清初刻圣济堂藏版本（中国中医科学院图书馆、四川省图书馆藏）、清锦和堂刻本（中国中医科学院图书馆藏）、清文翰楼刻本（中国医学科学院图书馆、中华医学会上海分会图书馆、成都中医药大学图书馆藏）、苏州大学医学院图书馆藏清刻本等，明张遂辰注《张卿子伤寒论》七卷，并流布日本[①]，是综合诸家各派主旨，于崇祯十七年（1644）杀青；张氏所著书中的《张卿子经验方》不见明刊本[②]，因

① 先后有两刻，民国间有石印本（湖北医科大学图书馆藏）、新中国成立后有1956年上海卫生出版社版，收入《仲景全书》5种、《中国医学大成》等丛书中，可见其学术价值大。

② 《中国古籍总目·子部·医家类·方论之属·验方·清》第853页、《全国中医图书联合目录·方书》第243页著录，清海宁蒋氏别下斋咸丰间（1851—1861）校刊本《汇刊经验方丛书》，中国中医科学院图书馆藏；清刻本，上海中医药大学图书馆藏；清粤东富文斋刊本，浙江医科大学图书馆、江西省图书馆藏。

其书成于顺治十四年（1657）。还有《杂症纂要》也无明刻本[①]，《杂症纂要》[②]等，辑《简验良方集要》[③]、《集注伤寒论》十卷[④]等。

《张卿子伤寒论》七卷是以张仲景《伤寒论》为宗，参以成无己注，吸收许叔微、张洁古、庞安常、李东垣、朱丹溪、王安道等历代伤寒名医著中的精华，结合实践形成自己对伤寒病的独到见解，尤其是对脉性及六经辨证等深有阐发，立论平正。该书卷一为辨脉法、平脉法，卷二至卷四为伤寒例、辨痉湿暍脉证并治，辨太阳病脉证并治，卷五为辨阳明病脉证并治、辨少阳病脉证并治，卷六为辨太阴病脉证并治，卷七为霍乱、阴阳易及汗吐诸证，成为医家诊治伤寒病的重要参考书。还著《湖上编》二卷《白下编》二卷《蓬宅编》二卷《衰晚编》二卷计4种8卷合称《张卿子先生遗集四种》[⑤]，有清初刻本，但尚未查到藏处。与山阴名士祁尔光为文字交，并为他校订《澹生堂诗集》。

他的最大编辑出版活动是与曾在万历末任休宁知县的钟人杰编辑整理并刊行《唐宋丛书》100余种。此丛书为杂采唐宋诸书全部或摘录不一组成。其祖本为陶宗仪《说郛》丛书改头换面，变换次第而成。

万历间（1573—1620）刻明钟人杰、张遂辰辑《唐宋丛书》102种一百三十七卷。其细目略。

---

① 《全国中医图书联合目录·临证各科》第331页著录，上海中医药大学图书馆仅藏抄本。

② 《中国古籍总目·子部·医家类·方论之属·验方·清》第854页、《全国中医图书联合目录·临证各科》第331页著录，上海中医药大学图书馆藏明张遂辰撰、郑日新订《杂症纂要》一卷抄本。

③ 《中国古籍总目·子部·医家类·方论之属·验方·清》第853页、《全国中医图书联合目录·方书》第249页著录，辽宁省图书馆藏乾隆四十七年（1782）刻本。

④ 明张遂辰注此书，收入光绪间（1875—1908）刻《仲景全书》本中。

⑤ 《中国古籍善本书目·集部·明别集类》第862页、《中国古籍善本总目·集部·明别集类》第一四七六页、《中国古籍总目·经部·别集类·明代之属》第937页、《清人别集总目》第1188页著录，中国科学院图书馆藏清初刻康熙二十七年（1688）金张补修此书，其中《蓬宅编》卷二、《衰晚编》配抄本，有邓之诚跋。该刊本半页9行，行19字，白口，左右双边。南京图书馆藏清卢文弨校跋、清丁丙跋清乾隆间（1736—1795）卢氏抱经堂抄明张遂辰撰此书。北京大学图书馆藏乾隆间刻本。国家图书馆、上海图书馆、南京图书馆、南开大学图书馆还藏民国十五年（1926）刻本。

《中国丛书综录·汇编·杂纂类（明代）》第一册第56—57页、《中国丛书综录补正》第20页、《中国丛书广录·汇编丛书·杂纂类》第159—161页（所收子目与上述有异。如《诗小序》卷端题周卜商撰，《新书》目录作《武侯心书》，《野老纪闻》目录不载，《邻几杂志》目录作《嘉祐集志》，《佩觿》作者时代原书作"后周"，《籁纪》作者卷端作"陈侍中王叔齐"目录作"王叔斋"，《酒谱》作者目录作"窦宪"，《挥麈录》作者卷端题宋杨万里）、《香港所藏古籍书目·丛部·汇编类》第505—506页、《安徽省古籍善本书目·丛书汇编》卷五第五页著录，首都图书馆、北京大学图书馆、北京师范大学图书馆、上海图书馆、天津图书馆、吉林市图书馆、甘肃省图书馆、山东省图书馆、南京大学图书馆、苏州市图书馆、浙江图书馆、福建省图书馆、江西省图书馆、四川大学图书馆、中央民族大学图书馆、安庆市图书馆（22册本）、香港中文大学图书馆（32册本）全藏，吉林大学图书馆、广东省图书馆、香港大学图书馆（仅存88种29册）收藏不全。武汉大学图书馆还藏1种90种467卷（《补正》作330卷）本为天启、崇祯（1621—1644）间增刻本。此两刻计192种442卷，一般著录为钟人杰刻。该刊本半页9行，行20字，白口，左右双边。而《中国古籍善本书目·丛部·汇编丛书（三）》第312—316页著录，安庆市图书馆藏不全本，首都、湖南省图书馆藏明刻《唐宋丛书》88种一百四十六卷。其细目略。

同书（《中国古籍善本书目》）第316—319页著录，天津图书馆、南京图书馆、温州市图书馆、武汉大学图书馆全藏，但福建省图书馆、河南省图书馆藏不全本明刻《唐宋丛书》则为90种三百二十一卷。其细目略。

《中国古籍总目·丛书部·杂纂类·宋元》第116—118页著录，北京大学图书馆、首都图书馆、安庆市图书馆、湖南省图书馆、台湾"中央"图书馆藏明末刻《说郛》及《说郛续》重编印明锺人杰、张遂辰编《唐宋丛书九十二种》实112种一百五十卷。其细目略。同书第118—120页及《中国古籍善本总目·丛部·汇编丛书》第一九六一至一九六二页

（但误作三百二十一卷）著录，首都图书馆、天津图书馆、南京图书馆、温州市图书馆、福建省图书馆、湖南省图书馆、武汉大学图书馆、台湾“中央”图书馆藏，河南省图书馆藏不全本明末刻《说郛》及《说郛续》重编印明锺人杰、张遂辰编《唐宋丛书九十二种》实子目125种二百二十三卷。其细目略。同书第120—122页著录天津图书馆藏此书120种一百二十六卷。其细目略。

此套丛书各家书目著录子书种数不一，说明所谓全藏也并非整套丛书，只是有以上所列子书，不全的子书则更少。

明末张遂辰刻题梁沈约注《竹书纪年》二卷。《中国人民大学图书馆古籍善本书目·史部·编年类·通代》第36页著录，中国人民大学图书馆藏1函2册本。该刊本半页9行，行20字，白口，白鱼尾，左右双边。

明末刻汉张机撰、晋王叔和纂次、金成无己注、明张遂辰鉴《张卿子伤寒论》又名《伤寒论集解》、《集注伤论》七卷。《全国中医图书联合目录·伤寒金匮》第49页著录，中国医学科学院图书馆藏。还有清初圣济堂刻本，中国中医科学院图书馆、四川省图书馆藏，均在张氏生前刻本。此书先后收入《仲景全书》、《中国医学大成》及日本京师书坊刻《仲景全书》中。日本《仲景全书》本，中国中医科学院图书馆藏；日本刻单行本，上海中医药大学图书馆藏。入清，版本更多，详前本条注。

崇祯九年（1636）刻山阴祁承㸁撰《澹生堂集》二十一卷。《中国善本书提要·集部·别集类》第665页著录，国家图书馆藏36册本。原题：“山阴祁承㸁尔光著，钱塘张遂辰卿子校。”该刊本半页9行，行20字（20.7×13.8）。

附　清初刻康熙二十七年（1688）金张补清张遂辰撰《张卿子先生遗集四种》八卷。其细目略。《清人别集总目》第1188页著录，南京图书馆藏，中国科学院图书馆藏此丛书中《莲（蓬）宅编》二卷及《衰晚编》二卷不全本，有邓之诚题字。

附　民国十五年(1926)刻清张遂辰撰《张卿子先生遗集四种》八卷。

其细目略。《清人别集总目》第1188页著录，国家图书馆、上海图书馆、南京图书馆、南开大学图书馆藏。

钟人杰出版活动与徽州本土及徽人关系密切。他除与张遂辰合作外，还刻了谢陛的《季汉书》及多种重要典籍。

戏曲出版家陈与郊

陈与郊，本姓高，字广野，号子野、玉阳、䇑川、高漫卿、玉阳仙史、嵎阳，有隅园、任诞轩、碧浪斋，歙县岩镇（今安徽省黄山市歙县徽州区）人，有作海宁人，应为寓居地。万历二年（1574）甲戌科进士，官吏科给事中、太常寺卿。

著多种传奇[①]和《檀弓集注》二卷、《古今乐考》二卷、《樱桃梦》二卷、《黄门集》三卷、《广修辞指南》二十卷[②]、《文章选句》二十八卷[③]及《昭君出塞》一卷、《詅痴符》、《文姬入塞》一卷等杂剧[④]，《隅园集》十八卷、《袁氏义犬》一卷[⑤]、《陈奉常集》3种

① 中国戏剧出版社1959年版《中国古籍戏曲论著集成·清姚燮〈今乐考证著录六·明院本〉》第二一八页著录《樱桃梦》《灵宝刀》《麒麟罽》《鹦鹉洲》4种，并指出《曲考》误将《麒麟罽》归入清代无名氏，《曲考》《曲目》误将《樱桃梦》《灵宝刀》2种误作任诞先，是误“轩”为“先”造成的，任诞轩为陈与郊居所名。

② 《中国古籍善本总目·子部·类书类》第一〇七二页著录，中山大学图书馆藏明陈甫伸刻本。该刊本半页10行，行20字，小字双行同，白口，左右双边。

③ 《［民国］歙县志·艺文志·书目》卷十五第六至七页著录上述5种。

④ 《重订曲海总目·明人杂剧》陈与郊著录以上3种杂剧也误将陈氏堂号任诞轩易为任诞先人名，加上《樱桃梦》《鹦鹉洲》计5种杂剧。明祁彪佳将《淮阴侯》南北四折、《蔡文姬》南一折、《义犬记》南北五折、《中山狼》南北五折计5剧收入《远山堂曲品》中。

⑤ 以上3种3卷均为明陈与郊撰、明张亦临评，均收入明崇祯间（1628—1644）刻明沈泰编《盛明杂剧三十种》三十卷的丛书中，《中国古籍善本书目》及《美国哈佛大学哈佛燕京图书馆中文善本书志·集部》第779—780页著录，国家图书馆、大连市图书馆、台湾“中央”图书馆（原属北平馆藏）、美国哈佛大学哈佛燕京图书馆（16册本）及日本内阁文库藏全套丛书。清姚燮撰《今乐考证》第一五四页（《中国古典戏曲论著集成》第十册，中国戏剧出版社，1959）著录此3种明杂剧。

29 卷中有颍川集》八卷[①]。还辑《浮修杂志》十三卷[②]、《卮言倪》八卷[③]，辑编《古名家杂剧》，还编《輶轩使者绝代语释别国方言类聚》四卷，编绘并自刻《詅痴符四种曲》等。其中，《灵宝刀》二卷最为著名。

他在古籍整理上留下的文字有批校并跋《文选》六十卷[④]等。

主要刻书为：

明刻明秦继宗辑《礼记疏意》二十三卷、明陈（与）郊纂辑《礼记疏意恭新》一卷计 2 种 24 卷。《中国古籍善本总目·经部·礼类·礼记》第七十四页著录，北京大学图书馆藏。该刊本半页 10 行，行 18—19 字不等，小字双行，白口，四周单边。

万历二十五年（1597）陈与郊在浙江刻明许相卿撰《黄门集》十二卷、《附录》一卷，明许闻造编《云邨先生年谱》一卷计 2 种 14 卷。《中国古籍总目·集部·别集类·明代之属》第 659 页著录，台湾“中央”图书馆、台北故宫博物院、日本内阁文库（国立公文书馆）藏。

万历二十五年刻明陈与郊撰《文选章句》二十八卷。《中国古籍善本书目·集部·总集类》第 1558 页、《中国古籍善本总目·集部·总集类·通代》第一七一八页、《中国古籍总目·集部·总集类·通代之属》第 2895—2896 页、《北京师范大学图书馆古籍善本书目·集部·总集类·通代》第 192 页、《东北师范大学图书馆藏古籍善本书目解题·集部·通

---

① 《中国古籍总目·集部·别集类·明代之属》第 826 页著录，国家图书馆藏此书清黑格抄本。

② 《中国古籍善本书目·子部·类书类》第 846 页、《中国古籍善本总目·子部·类书类》第一〇七一页（误作陈舆郊）、《中国古籍总目·子部·类书类·类编之属·通编》第 2009 页、《北京图书馆古籍善本书目·子部·类书类》第一五六五页著录，国家图书馆仅存清抄本卷一至七、十至十三计 11 卷 1 册，有□德滋、傅增湘跋。该抄本半页 13 行，行 20 字，无格。台湾“中央”图书馆藏明蓝格抄仅存 8 卷不全本。

③ 《中国古籍善本总目·集部·诗文评》第一八一五页、《中国古籍总目·集部·诗文评类》第 3189 页著录，云南大学图书馆藏崇祯元年（1628）赐绯堂刻明王世贞撰、明陈与郊辑此书。该刊本半页 9 行，行 19 字，白口，左右双边。

④ 《中国古籍善本书目·集部·总集类》第 1553 页、《中国古籍善本总目·集部·总集类·通代》第一七一六页、《中国古籍总目·集部·总集类·通代之属》第 2892 页著录，辽宁省图书馆藏清刘鹏怅（振）录明陈与郊、清孙鑛、清钱陆灿批校并跋乾隆十一年（1746）周氏怀德堂刻梁萧统辑、唐李善注《文选》六十卷。该刊本半页 12 行，行 25 字，小字双行 37 字，白口，左右双边。

代》第274页著录，首都图书馆、北京大学图书馆、清华大学图书馆、中国人民大学图书馆、北京师范大学图书馆（15册本）、中共中央党校图书馆、中央民族大学图书馆、故宫博物院图书馆、天津图书馆、上海图书馆、华东师范大学图书馆（清圣寿节跋）、上海辞书出版社图书馆、吉林大学图书馆、东北师范大学图书馆（10册本）、甘肃省图书馆、济南市图书馆、烟台市图书馆、南京图书馆、苏州市图书馆、扬州师范学院图书馆、浙江图书馆、重庆市图书馆、中国社会科学院文学研究所图书馆及浙江图书馆天一阁分馆、浙江博物馆藏。该刊本半页10行，行20字，小字双行同，白口，左右双边。国家图书馆还分别藏万历间（1573—1620）赐绯堂及世麟堂刻本。

万历三十二年（1604）刻明陈与郊辑《檀弓辑注》二卷。《中国古籍总目·经部·礼类·礼记·分篇之属》第495页著录，北京大学图书馆、上海图书馆、浙江图书馆藏。

万历三十二年（1604 ）刻明陈与郊辑注《檀弓考工记集注》2种四卷。《中国古籍善本总目·经部·礼类》第七十四页（但误“与”为“兴”）、《中国古籍善本书目·经部·礼类》第167页、《中国丛书广录·汇编丛书·经部·礼类》第380页著录，北京大学图书馆、上海图书馆、吉林大学图书馆、东北师范大学图书馆、苏州市图书馆、浙江图书馆、江西省图书馆藏。该刊本半页10行，行19—20字，小字双行19—20字，白口，左右双边。

万历间（1573—1620）海昌陈氏自刻明陈与郊撰《麒麟罽》二卷。《中国古籍总目·集部·别集类·明代之属》第659页著录，国家图书馆藏，有吴梅跋。

万历四十四年（1616）刻明陈与郊撰《鹦鹉洲》二卷。《中国古籍总目·集部·别集类·明代之属》第659页著录，南京、台湾“中央”图书馆藏。

万历四十四年（1616）海昌陈氏自刻明陈与郊撰《樱桃梦》二卷。《中国善本书提要·集部·曲类》第692页（作万历间刻）、《中国古籍善本总目·集部·曲类·传奇》第一八九〇页、《中国古籍总目·集部·曲类·传奇之属》第 3525 页、《中国古籍善本书目·集部·曲类》第 2112 页著录，国家图书馆（3 册本）、南京图书馆藏，浙江图书馆藏此版本有清姚燮校并跋。原题“浙汜任诞轩编”，任诞轩为作者陈与郊齐懿斋名，本次印据序称为 4 种传奇。插图极精，末记“万历丙辰（四十四年）修玄之年，海昌陈绘像镂版”。该刊本半页 9 行，行 18 字（14.9×10.3），白口，四周单边，有图。

万历间（1573—1620）刻汉扬雄撰、晋郭璞注、明陈与郊类聚《輶轩使者绝代语释别国方言类聚》四卷。《中国古籍善本总目·经部·小学类·训诂》第一五六页、《中国古籍总目·经部·小学类·训诂之属·方言》第 1226 页、《香港所藏古籍书目·经部·小学类·训诂》第 37 页、《中国古籍善本书目·经部·小学类》第 387 页著录，上海图书馆、香港中文大学图书馆（2 册本）藏。该刊本半页 10 行，行 20 字，白口，左右双边，单鱼尾。

万历四十五年（1617）陈与郊自刻《鹦鹉洲》二卷。《中国古籍善本书目·集部·曲类》第 2112 页（作万历四十四年）、《中国古籍总目·集部·曲类·传奇之属》第 3525 页、《中国古籍善本总目·集部·曲类·传奇》第一八九〇页、《北京图书馆古籍善本书目·集部·曲类》第三〇六一页著录，国家图书馆（2 册本）、南京大学图书馆藏。该刊本半页 9 行，行 18 字，白口，四周单边，眉栏镌音注。上海图书馆藏明福建建阳萧少衢师俭堂刻此书，由陈广野重编。该刊本半页 10 行，行 22 字，白口，四周单边，有图。

万历四十五年（1617）陈与郊自刻《灵宝刀》二卷。《中国古籍善本书目·集部·曲类》第 2112 页、《北京图书馆古籍善本书目·集部·曲类》第三〇六一页著录，国家图书馆藏 2 册本。该刊本半页 9 行，行 18 字，小字双行同，白口，四周单边，眉栏镌音注。

明刻明陈与郊辑《广修辞指南》二十卷。《中国古籍善本书目·子部·类书类》第 846 页、《中国古籍总目·子部·类书类·类编之属·通编》第2009页著录，北京大学图书馆（陈瓛校）、中山大学图书馆藏。

附　明清白堂刻明陈与郊撰《麒麟罽》二卷。《中国古籍善本书目·集部·曲类》第2112页、《中国古籍善本总目·集部·曲类·传奇》第一八九〇页、《中国古籍总目·集部·曲类·传奇之属》第3525页、《北京图书馆古籍善本书目·集部·曲类》第三〇六一页著录，国家图书馆藏1册本，有清吴梅跋。该刊本半页10行，行22字，白口，四周单边，眉栏镌评。上海图书馆藏明师俭堂刻本，陈继儒评。该刊本半页10行，行22字，白口，四周单边，眉栏镌评。

万历间（1573—1620）刻明陈与郊撰《黄门集》三卷。《中国古籍善本书目·集部·明别集类》第751页、《中国古籍善本总目·集部·明别集类》第一四四九页、《中国古籍总目·集部·别集类·明代之属》第826页著录，北京大学图书馆藏。该刊本半页8行，行19字，白口，左右双边。

万历四十八年（1620）林于阁重刻明陈与郊撰《灵宝刀》二卷。《中国古籍善本书目·集部·曲类》第2112页、《中国古籍总目·集部·曲类·传奇之属》第3525页著录，上海图书馆藏。该刊本由任诞轩（陈与郊）重编，半页10行，行22字，白口，四周单边。

附　明师俭堂刻明陈与郊撰《鹦鹉洲》二卷。《中国古籍善本书目·集部·曲类》第2112页、《中国古籍总目·集部·曲类·传奇之属》第3525页著录，上海图书馆藏。

万历四十五年至天启元年（1617—1621）赐绯堂刻明陈与郊撰《隅园集》十八卷。《中国古籍善本书目·集部·明别集类》第751页、《中国古籍善本总目·集部·明别集类》第一四四九页著录，北京大学图书馆、故宫博物院图书馆、云南大学图书馆藏，国家图书馆、上海图书馆、山西大学图书馆藏本不全。该刊本半页8行，行19字，白口，左右双边。

万历四十五年至天启元年赐绯堂刻明陈与郊撰《薋川集》八卷。《中国古籍善本书目·集部·明别集类》第751页、《中国古籍善本总目·集部·明别集类》第一四四九页著录，上海图书馆藏。该刊本半页8行，行 19 字，白口，左右双边。

万历四十五年（1617）至天启元年（1621）陈氏赐绯堂刻明陈与郊撰《陈奉常集》3 种二十九卷。其细目略。《中国古籍总目·集部·别集类·明代之属》第 826 页著录，国家图书馆（仅缺第一种中卷十五计 28 卷不全本）、上海图书馆（仅存第 3 种 8 卷）、日本内阁文库（国立公文书馆，缺第一种卷一至二计 27 卷不全本）藏。

万历四十八年（1620）海昌陈氏自刻明陈与郊撰《鹦鹉洲》二卷。《中国古籍总目·集部·曲类·传奇之属》第 3525 页著录，南京图书馆藏。

天启元年（1621）赐绯堂刻《隅园集》本中明陈与郊撰《隅园集》一卷。《中国古籍总目·集部·曲类·散曲之属》第 3582 页著录，国家图书馆、北京大学图书馆、上海图书馆藏。

崇祯元年（1628）赐绯堂刻明王世贞撰、明陈与郊辑《卮言倪》八卷。《中国古籍善本书目·集部·诗文评类》第 1889 页、《藏园群书经眼录·子部二》卷八第七二一页著录，云南大学图书馆藏。

明末刻明陈与郊辑《考工记辑注》二卷。《中国古籍总目·经部·礼类·周礼·分篇之属》第 444 页（作万历间刻）、《香港所藏古籍书目·经部·礼类·周礼》第 15 页著录，北京大学图书馆、上海图书馆、香港中山图书馆（2 册本）藏 2 册本。

明刻明陈与郊编《古名家杂剧》中今存 34 种 34 卷。其细目略。《中国古籍善本书目·集部·曲类》第 2033—2034 页、《中国古籍总目·集部·曲类·杂剧之属》第 3426—3427 页、《中国古籍善本总目·集部·曲类·杂剧》第一八七三页著录，国家图书馆（藏 34 种），南京图书馆及浙江图书馆天一阁分馆藏均不全。该刊本半页 10 行，行 21 字，白口，四周单边或四周双边。

万历间（1573—1620）刻明陈与郊辑《古名家杂剧》65 种六十五卷。其细目略。《中国丛书综录·类编·集类·戏曲》第 933—934 页著录，国家图书馆藏。

开桐城文风的方学渐及方大镇父子

考桐城方氏六族，追本溯源都深深打上徽州烙印[①]。这批徽州方氏徙民或转徙民后裔，自明末崛起桐城文派和清初兴起的桐城派成为江淮文化的旗手，方氏作家群在桐城文学史上建树非凡，清中期桐城作家方于谷[②]就辑《桐城方氏诗辑》达六十七卷[③]。尤以方氏桂林（含白鹿庄支）、会宫、鲁洪3支为著。

考桐城方氏桂林宗以祖籍歙县桂林村为本族地望号，为桐城明末至清最显赫的家族，始迁祖为元末人方德益（原名耶，人称“耶公”，字怀远，行二），自池口迁桐城县学宫，以好义著称并立身，曾出让所居一半宅基拓展桐城学宫，又捐资在桐溪上建桥。方以智和方苞分别为其9世、11世孙。除白鹿庄以儒学起家，蔚成江淮文化右族，余部也在桐城崭露头角。在清初第一文字狱《南山集》案的打击下，一度销声于学界。自方贞观及其子侄崛起后，很快又成为桐城显族，其坐标式人物为

① 参见《皖志列传稿》卷六第十页方东树条。

② 方于谷，字石武，又作“五伍”，初有稻花寨，后迁拳庄，又有饲经堂书斋及家刻堂号，清桐城县诗人，岁贡生，与王灼、吴赓枚、张敏求互为文友，很受姚鼐器重。著《饲经堂四六》六卷（《安徽艺文考·别集二三》第34册9页著录）、《稻花斋诗钞》二十余卷（《安徽省馆藏皖人书目》第12页著录，安徽省图书馆藏嘉庆二十二年刻14卷8册本），后其中的《荆襄吴越游草》四卷被人窃去，余诗经重编改为《拳庄诗钞》八卷、《续钞》五卷（《安徽艺文考·别集二三》第34册13页著录，《贩书偶记》第530页著录嘉庆二十二年至二十五年刊《拳庄诗钞》八卷、《续钞》六卷。《贩书偶记续编》64页著录有嘉庆二十二年刊本《拳庄诗钞》八卷）、《拳庄赋钞》四卷（《安徽艺文考·别集二三》第34册14页著录）、《拳庄诗话》四卷（《安徽艺文考·诗文评》第39册9页著录），辑《桐城方氏诗辑》六十七卷（《安徽省馆藏皖人书目》第12页、26页著录，安徽省图书馆藏道光元年饲经堂抄32册本及清刻40册本）等。

③ 《安徽省馆藏皖人书目》第12页、北京师范大学图书馆编《中文古籍书目·集部·总集类·族姓》第340页、《西谛书目·集部中·总集类》第二十八页、《贩书偶记·集部·总集类·家集之属》卷十九第530页、《贩书偶记续编·集部·别集类》卷十六第264页等著录，嘉庆丁丑（二十二年）至庚辰（二十五年，即1817—1820）刊清桐城方于谷辑《桐城方氏诗辑》六十七卷附《拳庄诗钞》八卷、《续钞》六卷计3种81卷，北京师范大学图书馆藏道光元年（1821）饲经堂刻《桐城方氏诗辑》六十七卷附《稻花斋诗钞》八卷、《稻花斋续钞》三卷 计3种78卷40册本。国家图书馆藏道光元年刻《桐城方氏诗辑》六十七卷32册本，安徽省图书馆藏抄本32册本。

方观承，为迁桐城桂林支第 12 世，为迁桐城七世方大美支。

白鹿庄支以明人方大镇、方孔炤、方以智为标志性人物。尤其方以智是明末清初与顾炎武、王夫之、黄宗羲同是东南学派领军人物，并形成江右学派。

该族自明后期在以桐城为中心的江淮文化发展中作出巨大贡献，且为桐城本土旁及四邻的传统文化兴起的桐城文派右族作家群体中最杰出的一支。该支自第 10 世高祖方学渐以布衣身份与高攀龙、顾宪成诸学耆宣讲理学，开启桐城文风。

方学渐（1539—1615），字达卿，号木庵、桐川，为桂林派迁桐城第六世，有连理亭[①]、连理堂、崇本堂，桐城浮山（今安徽省铜陵市枞阳县浮山乡白块）人。方学渐好古善文，诗宗盛唐，精通医学，自幼读经研史，10 岁能文，为县教谕汉阳张甑山所重。但他淡泊守志，疏于仕进，不与应试。与邹东郭（守益）、吕新吾（坤）、冯少墟（从梧）、顾泾阳（宪成）、高景逸（攀龙）等名士交游磋学，成为理学大师，以布衣主讲坛 20 余载。他自 12 岁丧父，由于学重乡里，桐城麻山学者赵锐以奇才招为女婿，并厚陪嫁田、房产。因家境贫寒，方氏兄弟异居，学渐以岳家产业让兄，并说："弟笔耕自足活，藉是以奉兄耳。"

万历戊戌（二十六年，1598）岁贡生。并在县城北门创办桐川会馆，邀请教谕张甑山、本邑学者何唐任主讲，门下士数百人，开桐城讲学设馆先河，人称"明善先生"，享年 75 岁。卒葬今枞阳县城方家墩烈马攀鞍地，今墓仍存，由何如宠篆碑额，张麟撰碑文，张秉文书丹。他在游历、讲学活动中著有《东游》《北游》《南游》等书[②]，记下了他的足迹，在家乡热心文化事业，著《祠规》、修家谱、办塾学，开明末桐

① 连理亭堂号源于方学渐友兄学恒悌弟，见弟院中枫杞二树连理，人称"情同昆仲"，于是学渐在此树下建亭，并以连理为号。

② 《安徽艺文考·儒家一》、《皖人书录》第 126 页著录为《东游西记》三卷，收入《桐城方氏七代遗书》本中。

城文派风气，以子大镇贵，赠大理寺少卿。还著有《桐川语》四卷、《易蠡》十卷[①]、《孝经绎》一卷[②]、《心学宗》四卷《续编》四卷、《桐彝》三卷《续集》二卷[③]、《治平十二箴》[④]、《崇本堂稿》二十二卷《续稿》二卷《别稿》四卷[⑤]、《庸言》一卷[⑥]、《性善绎》一卷、《连理堂集》[⑦]，辑《迩训》二十卷[⑧]等。其中列入《四库全书总目》3种分别为《心学宗》四卷《续编》四卷、《桐彝》三卷、《迩训》二十卷。收入清陈元善编《二十八种藏书》（主要为此支藏书）稿本中除明方法撰《断事集》一卷外，主要为明方学渐、方大镇、方孔炤、清方以智、方中通、方中履6人著述。其中，收入明方学渐撰《庸言》一卷、《方子一言》十卷、《性善绎》一卷、《孝经绎》一卷、《八百铭》一卷、《先正编》一卷、《东游记》三卷、《祠规》一卷计8种19卷，其中前5种14卷及方法[⑨]《断事集》一卷计6种15卷藏上海图书馆[⑩]。其子方大镇、大铉、大钦都有著述，以大镇最著。大镇及子方孔炤为桂林支方氏显宦，如不是受改朝换代的影响，这个家族无论在政治上、文化上都会对江淮历史进行改写。

---

① 《安徽艺文考·易一》、《皖人书录》第126页著录。

② 《桐城县志·方学渐》著录。

③ 《安徽省馆藏皖人书目》第34页著录，桐城市图书馆藏民国十四年（1925）铅印此2书5卷1册本。

④ 《安徽艺文考·职官》、《皖人书录》第126页著录。

⑤ 《桐城县志·方学渐》著录。

⑥ 《中国古籍总目·子部·儒家类·儒学之属·明》第117页著录，收入光绪间（1875—1908）刊《方氏七代遗书》本中，而《江南通志》作《续庸言》、《安徽通志》作《桐彝续庸言》，均误。

⑦ 《安徽艺文考·别集九》、《皖人书录》第126页著录。

⑧ 《国家图书馆普通古籍总目·传记门·总传》第65—66页著录，国家图书馆藏光绪九年（1883）铅印此书3册本附《方明善先生行状》2部，民国十四年（1925）桐城官纸印刷所石印3册本附《方明善先生行状》2部。

⑨ 方法，字伯通，明初桐城人。幼孤，由其母靠纺织为生并供其读书。建文元年（1399）中应天乡试，历政台寺，授四川都指挥使司断事。朱棣潜位，不肯签署贺表，尤其是宗师方孝孺死于建文之难后，弃官逃走，不久被抓，舟行望江，北拜后，投江而死。著《断事集》一卷。

⑩ 《中国丛书广录·汇编丛书·家族类》第241页著录。

方学渐行世著述除其裔孙方昌翰辑刻《桐城方氏七代遗书》3 种 5 卷外，还有明刻明方学渐撰《桐川语》四卷。《中国古籍善本总目・子部・儒家类》第八〇四页著录，中国社会科学院历史研究所图书馆藏。该刊本半页 8 行，行 18 字，白口，四周双边。

明刻明方学渐撰《东游记》一卷。《安徽地震史料辑注》第 265 页著录，安徽师范大学图书馆藏。收入《桐城方氏七代遗书》中。

明刻明方学渐撰《迩训》二十卷。《中国古籍善本总目・子部・杂家类・杂记》第一〇一五页、《中国古籍总目・子部・杂家类・杂记之属》第 1856 页著录，国家图书馆藏。该刊本半页 8 行，行 18 字，白口，四周双边。该馆还藏光绪九年（1883）铅印本。

康熙间（1662—1722）崇实会馆刻明方学渐辑《迩训》二十卷。《皖人书录》第 126 页、《四库全书总目・子部・小说家类存目一》卷一四三第一二二一至一二二二页著录。此书为两淮马裕家藏本，内容为记载乡人行谊及先世有垂范后世的事迹，共分 41 类，是研究桐城地方史资料。该书有光绪九年（1883）安庆排印本。

清刻明方学渐撰《桐彝》三卷、《续》二卷计 2 种 5 卷。《安徽省馆藏皖人书目》第 34 页著录，安徽省图书馆、安徽大学图书馆藏 2 册本。

附　光绪九年（1883）皖垣（安徽省安庆市）铅印明方学渐撰《桐彝》三卷、《续》二卷、《迩训》二十卷计 3 种 25 卷。《安徽省馆藏皖人书目》第 34 页著录，安徽省图书馆藏 4 册本。

附　民国十四年（1925）桐城石印明方学渐撰《桐彝》三卷、《续》二卷、《迩训》二十卷计 3 种 25 卷。《安徽省馆藏皖人书目》第 34 页著录，安徽省图书馆藏 4 册本。

清方氏重刻明方学渐撰《桐彝》三卷附《续》二卷计 2 种 5 卷。《国家图书馆普通古籍总目・传记门・总传》第 65 页、《皖人书录》第 126 页、《四库全书总目・史部・传记类存目四》卷六二第五五六页（仅录前三卷）著录，国家图书馆藏。此书为浙江巡抚采进本，内容为载家乡忠孝义烈50人立23传，书名据序称："风世莫如彝，充彝莫如学"而冠以地名为《桐彝》。此书还有光绪九年（1883）安庆排印本，国家图书馆藏刘之泗跋清抄《桐彝》三卷附《续》二卷计5卷1册本1部。还藏民国十四年（1925）桐城官纸印刷所石印1册本2部。

光绪七年（1881）方氏重刻明方学渐撰《心学宗》四卷附《续编》四卷计2种8卷。《安徽省馆藏皖人书目》第33页、《皖人书录》第126页、《四库全书总目·子部·儒家类存目二》卷九十六第八一四页（仅录前1种4卷）著录，安徽省图书馆藏3册本。此书为浙江巡抚采进本，是心学著述，取自尧舜至明历代儒家关于心学语录加上已注。收入《龙眠丛书》本中为2卷本，收入《四库全书存目丛书》中为4卷本。

附　光绪间（1875—1908）皖垣（安徽省安庆市）铅印明方学渐撰《迩训》二十卷。《安徽省馆藏皖人书目》第34页著录，安徽省图书馆藏3册本。收入《四库全书存目丛书》本中。

附　民国十四年桐城官纸印刷所铅印明方学渐撰《迩训》二十卷。《安徽省馆藏皖人书目》第34页著录，桐城市图书馆藏2册本。

方大镇（1560—1629），字君静，号鲁岳，野同翁，有此藏轩、宁澹（淡）居、在陆居，方学渐长子。治学以修养、力学并重。万历十七年（1589）中己丑科进士，授大名府推官，以平反冤狱救活130余人功，升御史。以病乞归。万历三十五年（1607）再起，改任浙江巡盐，在盐官任内上疏将皖属6邑原吃黑盐改食白盐，累官至大理寺少卿。宦官魏珰当政，为避东林党祸，乞休归里，隐居浮山，与父友高、顾、邹、冯等学耆在首善书院讲学。在枞阳浮山西麓的丹丘、墨历岩下建在陆居又称"在陆山庄"（今名"陆庄"），自号野同翁，题在陆居中堂为"此藏轩"。

魏竖毁书院，隐居白鹿山又名"小龙山"（今安庆市郊区），建白鹿山庄（位今安徽省安庆市郊区小龙湾），这也是此支方氏系名由来。大镇在此仍坚持讲学，卒谥文孝，人称"文孝先生"。著《方大理奏议》

又名《宁澹居奏议》六卷[①]、《诗意》[②]、《宁澹语》三卷[③]、《宁澹居文集》十二卷[④]、《宁澹居诗集》三十卷[⑤]、《宁澹居遗文》一卷[⑥]、《礼说》[⑦]、《荷薪韵》二卷、《荷薪义》八卷[⑧]、《〈易〉意》四卷[⑨]、《田居乙记》四卷[⑩]、《居敬论》六篇[⑪]等数十种。《中国丛书广录·汇编丛书·家族类》第241页著录收入清陈元善编《二十八种藏书》中收明方大镇撰《宁澹语》二卷、《性论》一卷、《慕亭集》一卷计3种4卷。

大镇子方孔炤，女儿方孟式、方维仪、方维则都学有所成，尤以子方孔炤为著。

方大镇在整理古籍上留下的痕迹，如为《文公家礼仪节》八卷写序[⑫]。

大镇著述除《桐城方氏七代遗书》中收3种4卷外，行世尚有：

万历三十五年（1607）刻明方大镇撰《田居乙记》四卷。《中国古籍总目·子部·杂家类·杂纂之属》第1932页著录，中国戏曲研究院图书馆藏，南京图书馆藏清抄本。

万历间（1573—1620）刻明方大镇撰《田居乙记》四卷。《皖人

① 《安徽省馆藏皖人书目》第13页著录，收入《桐城方氏七代遗书》中仅为1卷，非完帙。

② 《皖人书录》第105页、《安徽艺文考·诗》著录。

③ 《安徽省馆藏皖人书目》第13页著录，收入《桐城方氏七代遗书》为二卷。

④ 收入《桐城方氏七代遗书》中仅为1卷非完帙。

⑤ 《皖人书录》第105页、《安徽艺文考·别集九》著录。

⑥ 《中国古籍总目·经部·别集类·明代之属》第855页、《安徽省馆藏皖人书目》第13页著录，收入光绪（1875—1908）间刻《桐城方氏七代遗书》中。

⑦ 《皖人书录》第105页、《安徽艺文考·礼二》著录。

⑧ 《安徽省馆藏皖人书目》第13页著录，安徽省图书馆藏《四库全书存目丛书》收入此书为8卷本。

⑨ 《皖人书录》第105页、《安徽艺文考·易一》著录。

⑩ 《安徽省馆藏皖人书目》第13页著录，安徽大学图书馆藏收入《五朝小说大观》丛书中为1卷本，分别收入《四库全书存目丛书》、《说郛》、《宝颜堂秘笈》丛书中均为4卷本。

⑪ 《皖人书录》第105页、《安徽艺文考·儒家一》著录。

⑫ 《安徽省馆藏皖人书目》第55页著录，安徽省图书馆藏2册本明末晋陵司礼钱时刻宋朱熹撰此书有杜承式序、临川周孔教书《家礼仪节》序、桐城方大镇撰书《家礼仪节》序（5页）、于越钱时撰序、武林杨光鸰书《家礼仪节》序计5篇，为督学杨公校毘陵搜及是书，司礼钱君校次剞劂。

书录》第105页、《四库全书总目·子部·杂家类存目九》卷一三二第一一二三页著录。此书为浙江巡抚采进本。据自序称，大镇家居时读书遇有心得处，叫二子录下，故名“乙记”。分潜见、筌宰、伐阅、居息4门，皆载前人格言、善事。该书分别收入明刊《明人百家小说》《宝颜堂秘笈》等丛书中。

明刻明方大镇撰《荷薪韵》二卷。《中国古籍总目·集部·别集类·明代之属》第855页著录，日本内阁文库藏。

崇祯间（1628—1644）运心堂刻明方大镇撰《宁澹居集》七卷。《中国古籍总目·集部·别集类·明代之属》第855页著录，台湾“中央”研究院傅斯年图书馆藏。

明刻明方大镇撰《荷薪义》六卷。《中国古籍总目·子部·儒家类·儒学之属·明》第122页著录，日本内阁文库（国立公文书馆）藏。

万历四十八年（1620）刻明方大镇撰《宁澹语》三卷。《中国古籍总目·子部·儒家类·儒学之属·明》第122页著录，新乡市图书馆藏，上海图书馆藏明刻2卷本。收入光绪间（1875—1908）刻《桐城方氏七代遗书》本中。

明刻明方大镇撰《宁澹语》三卷。《中国古籍善本总目·子部·儒家类》第八〇五页著录，河南省新乡市图书馆藏。该刊本半页8行，行18字，白口，四周单边。与上条应为同版，或不同印次。

崇祯元年（1628）刻明方大镇撰《宁澹居文集》十二卷。《安徽艺文考·别集九》、《安徽省馆藏皖人书目》第13页、《皖人书录》第105页著录，安徽省图书馆藏4卷不全本。而收入《桐城方氏七代遗书》中为一卷，也是不全本。

明末刻明方大镇撰《宁澹居文集·荷薪义》八卷。《皖人书录》第105页、《四库全书总目·子部·儒家类存目二》卷九十六第八一七页著录。此书为内府藏本。该书为追述其父方学渐在自办桐川塾馆讲述儒释区别及良知类问答语。

方孔炤（？—1655），字潜夫，号仁植、南浮野人、环中，有环中堂。父祖家传《易学》，本人通医学、地理、军事，好“西学”，是个通达时事、明于地理山川险要的政治家。历3代藏书丰富，稽古堂所蓄，尤远近闻名。方孔炤博览群籍，知识广博。万历四十四年（1616）中丙辰科进士，初任嘉定知州，嗣调福宁。入京为兵部主事。天启初（约1621）升职方员外郎。天启六年（1626）因忤崔呈秀，反对魏忠贤欲封其兄魏良卿为伯而被削籍。崇祯元年（1628），复起故官，授尚宝卿。十一年（1638）迁右佥都御史、巡抚湖广，曾八战八捷打击起义军，反对与明末农民起义军张献忠议和，他与督师杨嗣昌不合，遭弹劾下狱。长子以智怀血书伏阙讼冤，坚持膝行沙坂两年并日夜号哭于宫门外，感动了崇祯帝，使之发出“求忠臣必于孝子之门”的感叹，下议：孔炤护陵寝功多，而下令免其死罪，移戍绍兴。后荐复官，仍以右佥都御史屯田山东、河北。复兼理军务，督大名、广平二盐司抵抗农民起义军命甫下，北京已被李自成攻下，孔炤南下，归隐白鹿山。方大镇隐居白鹿庄后，将浮山在陆居移交给方孔炤，也是孔炤归隐地之一。洪承畴多次引荐不出，十余年而终。私谥贞述先生。著《西库随笔》一卷、《环中堂诗集》二卷、《职方旧草》二卷、《刍荛小言》一卷、《抚楚疏稿》四卷、《抚楚公牍》一卷、《知生或问》一卷①、《全边记略》二十卷附《大明神势图》②、《〈周易〉时论》十五卷、《〈周易〉时论合编图像几表》八卷、《大明师中表》不分卷、《〈诗经〉永论》四卷③、《〈春秋〉窃论》、《环中堂集》④等。其子方以智、方其义及长女方子耀都是学

① 以上6种均收入《桐城方氏七代遗书》本中，但《抚楚疏稿》收入时仅为1卷，为不全本。其中《知生或问》一卷还收入清陈元善编《二十八种藏书》稿本中。

② 《中国古籍善本总目·史部·政书类·邦计》第六九〇页、《安徽省馆藏皖人书目》第16页著录，但作国家图书馆藏清抄《全边略记》十二卷，由清李文田校注并跋。安徽省图书馆藏北平图书馆于1930年铅印此书12卷6册本，无后一种。

③ 《中国古籍总目·经部·诗类·传说之属》第340页著录，中国科学院、国家图书馆分别藏不同清抄本。

④ 后4种俱见《桐城县志》方孔炤条载。

有所长，尤以方以智为著。

其妻吴令仪，字棣倩，有繖佩室，年三十卒。令仪出身书香门第，其父吴应宾长于文史，自己也娴于书画琴棋。著《吴令仪集》，但《龙眠风雅》作《繖佩园壶遗稿》、《然脂集》作《繖佩居遗集》。孔炤著作除收入《桐城方氏七代遗书》中6种7卷外，行世的还有：

崇祯六年（1633）刻明方孔炤撰《全边纪略》二十卷[①]附《大明神势图》。《中国古籍善本总目·史部·政书类·邦计》第六九〇页（但作崇祯间刻《全边略记》十二卷）、《安徽艺文考·地理三》、《皖人书录》第89页、《安徽省馆藏皖人书目》第16页著录，国家图书馆藏。安徽省图书馆藏崇祯间（1628—1644）刻10卷4册本。该刊本半页9行，行20字，白口，四周单边。此书民国十九年（1930）北平图书馆重印崇祯本，流布更广，如故宫博物院图书馆藏此版。

崇祯间（1628—1644）刻明方孔炤撰《大明师中表》不分卷。《中国古籍善本总目·史部·编年类·断代》第二七八页著录，辽宁省博物馆藏。该刊本半页行数不一，句（白）口，四周双边。

顺治十七年（1660）刻明方孔炤撰　《周易时论》十五卷。《中国古籍总目·经部·易类·传说之属》第116页、《桐城县志》方孔炤条、《皖人书录》第89页、《四库全书总目·经部·易类存目二》卷八第六十三至六十四页（作《〈周易〉时论合编》二十二卷）著录，北京大学图书馆藏。此书为安徽巡抚采进本，为孔炤罢官后所撰，论以时事为主。朱彝尊《经义考》也著录为15卷，系无图象几表8卷本。收入《四库全书存目丛书》为《周易时论合编》二十三卷。

顺治十七年刻明方孔炤撰《〈周易〉时论合编图像几表》八卷。《中国古籍总目·经部·易类·传说之属》第116页著录，北京大学图书馆藏。

---

① 《安徽地震史料辑注》第258页著录，歙县博物馆藏民国18年（1929）本《全（全）边纪略》二十卷。

坊刻代表人物

家刻转入坊刻的汪灿、汪宗尼父子

汪灿，字彦兮，新安（安徽省黄山市休宁县西门）人，与子宗尼，为北宋休宁汪莘[①]裔孙，明代徽州府著名的刻书家。大体上，其父汪灿晴云精舍为家刻堂号，在正德（1506—1521）末至嘉靖间（1522—1566）刻书不多。至其子宗尼，字仲逸，又字子玉，号一梧，万历间（1573—1620）国子监生。在徽州府坊刻兴起初期，宗尼成为徽州府早期书林大家，以主刻大部头诗词汇编著称。从汪氏父子存世刻书品种看，虽仅知14种，但卷帙就达461卷之多。尤其是宗尼所刻宋文学家、史学家洪迈编《万首唐人绝句》多达101卷，所刻明高棅编《唐诗品汇》及《唐诗拾遗》达100卷，确是刻工精湛的大部头刻书家中的佼佼者。今存世9种就达265卷，均为精善本书。

其父子刻书要目为：

正德十四年（1519）汪灿晴云精舍刻明张廷登撰《增注唐策》十卷。《中国古籍善本总目·集部·总集类·断代》第一七六七页、《增订四库简明目录标注》第900页、《北京图书馆善本书目》著录，国家图书馆（善本、定本）、上海图书馆，南京市博物馆藏。该刊本半页10行，行18字，小字双行同，白口，四周单边。《增订四库简明目录标注·总集》第900页注为丁丑（1517）新安汪灿刊。

嘉靖六年（1527）家刊明汪灿与汪尚同纂修《休宁西门汪氏族谱》十一卷、《附录》一卷计12卷。《中国古籍善本书目·史部·传记类》第589页、《中国家谱综合目录》第180页著录，国家图书馆、上海图

① 汪莘，字叔耕，自号方壶居士，嘉定间（1208—1224）布衣，从朱子学，不屑仕进，精研道佛。屏居黄山，居家柳塘，人称柳塘先生。著有《柳塘集》（自编三编九卷，裔孙灿等重辑仅存八卷，改名《方壶存稿》）。其中词系清休宁汪森从《方壶存稿》中抽出，编为三卷，《四库全书总目·集部·词曲存目》卷二〇〇第一八三二页讲得很清楚。类似做法尚有"彊村丛书"将诗余编为《方壶诗余》二卷，均出《方壶存稿》。还著《归愚集》等。

书馆、安徽省图书馆分别藏 2 册、4 册本。此宗系北宋初年自婺源回岭迁来。还详述此支分徙山西、广东、云南、山东、福建等地资料，是研究人口史的重要资料。

万历初（约 1573）汪灿刻其先祖宋汪莘撰《方壶存稿》九卷。《四库全书总目·集部·别集类一六》卷一六三第一三九七页著录，国家图书馆藏。其内容："是编第一卷为书辨、序、说、颂，第二卷为赋、歌行，第三卷至第七卷为古今体诗，第八卷为诗余。附录（有）李以申所撰传及交游往来书"及有关序跋。并指出："集中诸文，皆排宕有奇气。诗源出李白，而天资高秀不及之，故往往落卢仝蹊径。虽非中声，要也不俗。诗余前有自序，称所爱者苏轼、朱希真、辛弃疾三人，谓之词家三变，故作稍近粗豪。"于此可见汪作价值。经考有关序跋，此书初名《柳塘集》，为汪莘自编，嘉定元年（1208）刊本应为 9 卷，后遗失部分稿件，所以明裔孙汪循在跋里称存稿，裔孙灿、尚和、孝海辑而传之，改名《方壶存稿》，定编为 8 卷。

万历间（1573—1620）刻唐芮挺章辑《国秀集》三卷。《中国古籍善本书目·集部·总集类》第 1655 页、《中国古籍善本总目·集部·总集类·断代》第一七五九页、《明代版刻综录》第二卷第二十四页、《南京图书馆善本书草目》、《全明分省分县刻书考·安徽省卷》第八页著录，南京图书馆、上海图书馆（清佚名校清王文焘补目）、厦门大学图书馆藏。

明新安汪宗尼校刻明高棅辑《唐诗品汇》九十卷、《唐诗拾遗》十卷、《诗人爵里详节》一卷计 3 种 101 卷。《中国古籍善本书目·集部·总集类》第 1665 页、《中国古籍善本总目·集部·总集类·断代》第一七六二页、《中国古籍总目·集部·总集类·断代之属》第 2991 页、《北京大学图书馆藏古籍善本书目·集部·总集类》第 391 页、《明代版刻综录》第二卷第二十四页、《全明分省分县刻书考·安徽省卷》第八页著录，北京大学图书馆（48 册本）、南京图书馆、辽宁省图书馆、山西师范大学图书馆、东北师范大学图书馆、上海辞书出版社图书馆、福建师范大学图书馆、武汉大学图书馆藏。该刊本半页10行，行20字，白口，左右双边。

万历十九年（1591）刊宋洪迈辑《万首唐人绝句》一百〇一卷。《明代版刻综录》第二卷第二十四页、《全明分省分县刻书考·安徽省卷》第八页著录，惜未交代藏处和根据。

万历间（1573—1620）新安汪宗尼刊唐高仲武辑《中兴间气集》二卷。《中国古籍善本总目·集部·总集类·断代》第一七五九页、《中国古籍总目·集部·总集类·断代之属》第2985页、《全明分省分县刻书考·安徽省卷》第八页著录，上海图书馆藏，由清佚名校，王文焘补序。该刊本半页10行，行20字，白口，左右双边。

万历间刻明杨慎撰，明陆弼、汪宗尼校订《丹铅总录》二十七卷。《中国古籍总目·子部·杂家类·杂考之属》第1802页、《香港所藏古籍书目·子部·杂家类·杂论》第211页、《藏园群书经眼录·子部》卷九第七四五页著录，中国科学院图书馆、香港中文大学图书馆（14册本）藏。该刊本半页10行，行20字。

歙县书林名坊杨金四知馆

杨金，字丽泉，号君临，又号轸飞，安徽当涂人。嘉靖十七年（1538）进士，累官至福建副使。喜刻书，谢职后在歙县设书肆，为万历（1573—1620）、天启间（1621—1627）歙县重要刻坊，堂号四知馆。据不完全统计，该书坊先后刻18种295卷（无卷数按1卷计）以上图书，可见是歙县名坊。清初此馆仍在刻书，说明其后人还在继承他的事业。

嘉靖十五年（1536）杨金四知馆刊元朱震亨撰《丹溪心法》二十四卷、《首》一卷计25卷。《中国古籍善本书目·子部·医家类》第210页（作书林杨氏刻）、《中国古籍善本总目·子部·医家类·方论》第八五二页、《中国古籍总目·子部·医家类·方论之属·验方·明》第845页（作书林杨氏刻）、《安徽省馆藏皖人书目》第32页、《美国哈佛大学哈佛燕京图书馆中文善本书志·子部》第327—328页、《明代版刻综录》第一卷第四十二页、《全国中医图书联合目录·临证各科》第321页著录，天津中医药大学第一附属医院图书馆、辽宁省图书馆、安徽省图书馆（10册本）、山东省图书馆、美国国会图书馆、美国哈佛大学哈佛燕京图书馆（10册本，还藏1部杨氏修补后印15册本，缺首卷）藏。该刊本半页11行，行24字（19.8×12.1），四周单边，上白口，下黑口，卷首题“休宁东山古庵方广约之类集”。此书为方广在程充所定朱震亨《丹溪心法》的基础上加以删补而成。收入《四库全书总目·子部·医家类存目》及《四库全书存目丛书》中。

嘉靖十五年（1536）书林四知馆杨君临刻明方广撰《丹溪心法附余》二十四卷。《四库全书总目·子部·医家类存目》卷一〇五第八八六页、《全国中医图书联合目录》第321页著录，辽宁省图书馆藏。

嘉靖间（1522—1566）杨金四知馆刊明黄儒卿辑《精选南北乐府时调青崑》不分卷。《明代版刻综录》第一卷第四十二页著录，惜未著录根据与藏家。

嘉靖三十三年（1554）杨金刊宋何士信辑《草堂诗余》四卷。《中国古籍善本书目·集部·词类》第1996页、《中国古籍善本总目·集部·词类·总集》第一八四八页、《中国古籍总目·集部·词类·总集之属》第3393页、《北京图书馆古籍善本书目·集部·词类》第二九七二页、《明代版刻综录》第五卷第四十一页著录，国家图书馆、南京图书馆藏。

万历新岁春月四知馆杨丽泉梓行明休宁黄惟亮撰《医林统要通玄方论》四卷。《中国医籍考》著录杨刻在国内已成绝版。但从日本国立公文书馆内阁文库藏万历三十七年（1609）序刊本已改题“太医院增补捷法医林统要通玄大全”并伪造序言说李竹轩“杏林标芬，撰一部统要”，可二、三、四卷的首页仍留下“新刊医林统要捷法通玄方论，新安休邑西丘黄惟亮识”字样。细看马继兴等人从日本复制回国的序文中知此书初刻本应为杨氏在万历初刊本。

万历九年（1581）歙县杨金四知馆刊叶子谷撰《醒睡编》九卷。《中国善本书提要·集部·总集类》第447页、《全明分省分县刻书考·安徽省卷》十页著录，美国国会图书馆藏本全称为《精刻徽郡原板醒睡编》九卷。封面题：“精刻徽郡原板，书林四知馆梓。”该刊本半页10行，行24字（20.6×11.5）。《中国古籍总目·集部·总集类·通代之属》第2961页也著录美国国会图书馆藏万历间（1573—1620）刻本。应为后印本或即万历九年刻本。

万历十七年（1589）杨四知刻清增修明周鈇撰《周钝轩先生文集》二卷。《中国古籍善本书目·集部·明别集类》第669页、《中国古籍善本总目·集部·明别集类》第一四一四页、《中国古籍总目·集部·别集类·明代之属》第701页著录，清华大学图书馆藏。该刊本半页9行，行19字，白口，四周双边。

万历二十七年（1599）歙县书林杨金四知馆刊宋苏轼撰《苏文忠公集选》三十卷。《中国古籍善本书目·集部·宋别集类》第58页、《中国古籍善本总目·集部·宋别集类》第一二五九页、《中国古籍总目·集部·别集类·宋代之属》第266页、《全明分省分县刻书考·安徽省卷》第十页著录，齐齐哈尔市图书馆、山东省图书馆、安徽省图书馆、四川省图书馆及中国历史博物馆藏。该刊本半页10行，行20字，白口，四周双边。

万历间歙县书林杨金四知馆刊明午荣编《新锲京版工师雕斫正式鲁班经匠家镜》二卷。《全明分省分县刻书考·安徽省卷》第十页、《明代版刻综录》第一卷第四十二页著录，惜未交待根据与藏处。

万历间歙县书林杨金四知馆刊元朱震亨撰《丹溪心法》二十四卷。《全明分省分县刻书考·安徽省卷》第十页、《明代版刻综录》第一卷第四十二页著录，均未著录依据和藏处。后有“中贤士人吴国伦精校”大字3行。

万历间歙县书林杨金四知馆刊宋陈自明撰、明薛己补注《三刻太医院补注妇人良方》二十四卷。《中国古籍善本书目·子部·医家类》第236页、《中国古籍善本总目·子部·医家类·妇科》第八六一页（作明杨轸飞四知馆刻）、《中国古籍总目·子部·医家类·方论之属·妇幼科·妇科》第742页、《全明分省分县刻书考·安徽省卷》第十页、《明代版刻综录》第一卷第四十三页著录，浙江图书馆藏。该刊本半页11行，行25字，白口，四周单边。收入《四库全书总目·子部·医家类》《薛氏医书十六种》等丛书中。

万历间（1573—1620）歙县书林杨金四知馆刊晋鲁伯嗣撰《婴童百问》十卷。《中国古籍善本书目·子部·医家类》第241页、《中国古籍善本总目·子部·医家类·儿科》第八六二页（作明杨丽泉四知馆刻）、《中国古籍总目·子部·医家类·方论之属·妇幼科·儿科》第773页、《全明分省分县刻书考·安徽省卷》第十页、《明代版刻综录》第一卷第四十二页著录，南京图书馆藏。该刊本半页10行，行20字，白口，四周单边。卷十后有“艺林四知杨丽泉梓”正楷小字1行牌记。

万历三十九年（1611）歙县书林杨金四知馆刊明郑灵撰《武经通鉴》七卷。《全明分省分县刻书考·安徽省卷》第十页、《明代版刻综录》第一卷第四十二页著录，惜未著录根据与藏处。

万历间歙县书林杨金四知馆刊明揭瑄撰《揭子战书》十七卷、《兵经百篇》三卷、《行军积善录》一卷计3种21卷。《全明分省分县刻书考·安徽省卷》第十页、《明代版刻综录》第一卷第四十二页著录，惜未著录根据与藏处。

万历间歙县书林杨金四知馆刊明张楠撰《命理正宗大全》六卷。《全明分省分县刻书考·安徽省卷》第十页著录，惜未著录根据与藏处。卷六后有“艺林四知馆杨绣梓”牌记。

万历间歙县书林杨金四知馆刊《三教源流圣帝佛师搜神大全》即《搜

神记》。[①]《日本藏中国古代版画精品》第543页著录，日本京都大学文学部、日本东京大学东洋文化研究所藏，该刊本19.8×12.4。署“四知馆杨鹿（丽）泉梓行”，中刊“西域天竺图书馆藏板”。

天启间（1621—1627）间歙县书林杨金四知馆刊元施耐庵撰、明钟惺评《钟伯敬先生批评忠义水浒传》一百卷一百回。《全明分省分县刻书考·安徽省卷》第十页、《明代版刻综录》第一卷第四十二页著录，惜未著录依据和藏处。经考证，此版本有征辽，而无田虎、王庆等内容。序文中有“哈赤猖獗辽东”，据之推为天启间刊本。

天启间歙县书林杨金四知馆刊明黄儒卿辑《选辑南北乐府时调青崑》一卷。《全明分省分县刻书考·安徽省卷》第十页、《明代版刻综录》第一卷第四十二页著录，惜未著录依据和藏处。

清初书林四知馆刻明黄儒卿汇选《新选南北乐府时调青崐》四卷。《中国善本书提要·集部·曲类》第699页著录，国家图书馆藏1册本。原题：“江湖黄儒卿汇选，书林四知馆绣梓。”其中首卷第二十二至三十三页有：“泰昌一月崩了驾，天启七载不周全，崇祯皇帝登龙位，一旦江山属清朝”的歌诀，说明此版为明刻清续刻印本。该刊本半页9行，行14字（6.6＋10.8×11）。

明四知馆刻明翁仲仁撰、陆道元补遗、陆道光参补《重刻补遗秘传痘疹全婴金镜录》三卷、明陆金辑《小儿染痘秘传便蒙捷法》一卷计2种4卷。《北京图书馆古籍善本书目·子部·医家类》第一二七四页著录，国家图书馆藏1册本2部。该刊本半页10行，行22字，白口，四周单边。

崇祯元年（1628）书林四知馆杨丽泉绣梓明许一德撰《增补评林西天竺藏版（板）佛教源流高僧传宗》又题《佛教源流高僧传宗》八卷。《香港所藏古籍书目·子部·佛教类》第245页著录，香港中文大学图

① 中国版画2000年展第三部《中国古代版画展》，138页，日本：町田市立国际版画美术馆，1988。

书馆藏4册本。

明末四知馆刻明陈翌九编《鼎镌漱石山房汇编注释士民便观云笺柬》四卷，分上下层各4卷实为8卷。《美国哈佛大学哈佛燕京图书馆中文善本书志·集部》第571页著录，美国哈佛大学哈佛燕京图书馆藏1册本。该刊本半页上栏10行，行10字，下栏9行，行18字（20.5×11.7），四周单边，白口，无鱼尾。此书为通俗实用性读物。

清杨氏四知馆刻明张楠撰《神峰张先生通考辟谬命理正宗大全》六卷。《中国古籍总目·子部·术数类·命相之属》第1226页著录，国家图书馆藏。

还刻《揭子战书》十七卷等。该刻坊品种多，内容广。

从刻鼻祖程荣

程荣，字伯仁，歙县人，是万历间（1573—1620）徽州府以编刊大型丛书行世著名的坊刻家，世称真正的刻印丛书从程荣始，所刻自辑的《汉魏丛书》38种251卷，装订40册，号称中国古代出版史上第一部真正的丛书。此书出版后，成为常备书种，明清版本不断[①]。

明万历二十年（1592）新安程荣刻自辑《汉魏丛书》38种二百五十一卷[②]。

《中国古籍善本书目·丛部·汇编丛书（二）》第212—213页、《中国古籍善本总目·丛部·汇编丛书》第一九四七页、《中国丛书综录·汇编·杂纂类（明代）》第一册第42页、《中国古籍总目·丛书部·杂纂类·明代》第154页、《北京师范大学图书馆古籍善本书目·丛

---

① 《中国古旧书刊拍卖目录》第89页著录，中国书店拍卖版式26×17.4清乾隆辛亥年（1791）刊此丛书251卷白纸线装80册本1部。

② 《[民国]歙县志·艺文志·书目》卷十五第八页作校刻《汉魏丛书三十八种》二百三十九卷，不准确。

书部·汇编类》第309—310页、《天禄琳琅书目》续卷十六第一至二页、《北京图书馆古籍善本书目·子部·丛书类》第一七七七至一七八〇页、《中国历史博物馆藏普通古籍书目·丛书部·杂丛类》第356页、《[民国]歙县志·艺文志·书目》卷十五第八页、《丛书书目汇编》第四册第四七一页、《安徽省古籍善本书目·丛书·汇编》卷五第四页、《东北师范大学图书馆藏古籍善本书目解题·丛书部》第482—484页、《汇刻书目》第一函第三册第二十六页、《明代版刻综录》第五卷第二十二页、《中国人民大学图书馆古籍善本书目·丛书部·汇编类》第297页、《北京大学图书馆藏古籍善本书目·丛部·杂丛类》第524页、《中国书店三十年所收善本书目·子部·丛书类》第一五五页、《增订四库简明目录标注·子部十·杂家类·杂编之属》卷第十三第549页（著录初编最佳，即指程荣版）、《中国丛书综录补正·汇编·杂纂类（明代）》第8页、《美国哈佛大学哈佛燕京图书馆中文善本书志·丛部》第810页著录，国家图书馆（64册本1部全，另1部仅存30种195卷46册。还藏1部35种208卷的不全本，子目也有区别，有傅增湘校并跋）、中国科学院图书馆、北京大学图书馆（23册、40册本）、北京师范大学图书馆（24册本）、故宫博物院图书馆、上海图书馆、复旦大学图书馆、华东师范大学图书馆（72册本）、上海辞书出版社图书馆、辽宁省图书馆、天津图书馆、南开大学图书馆、青岛市图书馆、山东大学图书馆、南京图书馆、浙江图书馆、浙江大学图书馆、福建师范大学图书馆、河南省图书馆、江西省图书馆、重庆市图书馆、黑龙江省图书馆、山西省图书馆、内蒙古师范大学图书馆、吉林省图书馆、吉林大学图书馆、东北师范大学图书馆（72册本）、黑龙江大学图书馆、山东省图书馆、温州市图书馆、湖北省图书馆、湖南省图书馆、中山图书馆、中山大学图书馆、华南师范大学图书馆、华南农业大学图书馆、四川省图书馆、重庆市图书馆、西南师范大学图书馆（四川）、贵州大学图书馆、台湾“中央”图书馆、美国哈佛大学哈佛燕京图书馆（24册本）、中国社会科学院文学研究所图书馆及中国历史博物馆（64册本）、公安部群众出版社、北京市文物局、天一阁文物保管所（现浙江图书馆天一阁分馆）、河南省博物馆、日本内阁文库、静嘉堂文库、京都大学人文科学研究所、东京大学东洋文化研究所收藏全，清内府藏5函34册本；国家图书馆（35种208卷）、湖北省图书馆、中国人民大学图书馆（35种208卷5函24册）及安徽省博物馆（仅存3种16卷）收藏不全，中国书店收购竹纸24册本。该刊本半页9行，行20字（19.9×13.5），有小字双行注，白口，单鱼尾，左右双边，有屠隆万历壬辰二十年（1592）序。刻工有黄尚澜、仇俊、孙爱瑚、王茂、黄中元、蔡孟龙、汝信、黄德宠、光宇、黄华、仇高、国岳、国卿、黄池、黄惟濬、黄组、黄汝贞、吕、玉、兆、百、柱、守、润、少、山、丁、铝、子、六、魏、锦、太、元、高、济、秀、中、格、朱、宫、余、梓、水、时、江、今、瀚、方、五、良、闾。经考，蔡孟龙为萧山人。中国历史博物馆还藏光绪二十一年（1895）石印16册本。

此外，《中国古籍总目·丛书部·杂纂类·明代》第154页、《中国丛书综录》第42页、《安徽省馆藏皖人书目》第352页等著录，民国十四年（1925）上海商务印书馆据明万历程氏38种本影印，加大了这套真正的丛书流布范围，如国家图书馆、北京师范大学图书馆、北京大学图书馆、中国科学院图书馆、中国中医科学院图书馆、上海图书馆、复旦大学图书馆、华东师范大学图书馆、上海师范大学图书馆、天津图书馆、内蒙古图书馆、辽宁省图书馆、吉林市图书馆、哈尔滨市图书馆、山东省图书馆、山东大学图书馆、南京图书馆、南京大学图书馆、安徽省图书馆（40册本）、安庆市图书馆、浙江图书馆、杭州大学图书馆、福建师范大学图书馆、河南省图书馆、湖北省图书馆、武汉市图书馆、广东省中山图书馆、四川省图书馆、重庆市图书馆、四川大学图书馆、云南省图书馆、黑龙江省图书馆、广西图书馆、青海省图书馆、宁夏回族自治区图书馆、中央民族大学图书馆藏，中国书店收购竹纸24册本。该刊本半页9行，行20字（19.8×14.4），有小字双行注，白口，左右双边，单白鱼尾。《南方草木状》三卷应属《山居清赏》丛书零本。

杨家骆在《四库全书辞典·第六章》（1946年10月版第70页）中说：“综观有明丛刻，其中流传至今，稍可称述者，雕刻之精，则有新安程荣之《汉魏丛书》……摭拾之富，则有海盐胡震亨之《秘册汇函》，常熟毛子晋之《津逮秘书》《诗词杂俎》，新安吴琯之《古今逸史》。”程荣的《汉魏丛书》在中国古代出版史上的地位不言而喻。此书刻于万历二十年（1592），内容包罗汉魏时人著作为主，间有晋、梁、陈、隋人的著作的丛书，分经、史、子3部分，均为古经逸史，稗官野乘之类。经籍取《京氏易传》等11种64卷；史籍取《元经薛氏传》等4种32卷；子籍取《素书》等23种155卷，为一部名符其实的大型丛书。明万历中（1573—1620），程荣先后陆续刊行，至二十年刻峻，在当时影响就很大。万历二十年（1592）就有何允中辑刻的《广汉魏丛书》76种，今北京大学图书馆、复旦大学图书馆、天津图书馆、浙江大学图书馆、江西大学图书馆、福建省图书馆及安徽省博物馆等藏明刻本已达96种，但到嘉庆间（1796—1820）再刻本北京师范大学图书馆、辽宁省图书馆、上海图书馆、复旦大学图书馆、安徽省图书馆、浙江图书馆、湖北省图书馆、山东省图书馆所藏又变成80种。清乾隆五十六年（1791）又有金溪王谟辑刊的《增订汉魏丛书》86种、96种。以后这套丛书又有多次重印本，故著录家记载出版年数、种数、卷数均不等，大凡随刻随印，装帧成书，这是坊刻的典型特征。如《全明分省分县刻书考·安徽省卷》第一九页作万历二十八年（1600）刊《汉魏丛书三十八种》二百五十卷。受这种风气影响，类似丛书还有万历四十六年（1618）曾熙丙刻明张邦翼编《汉魏丛书钞二十九种》，明天启三年（1623）刻明吴世济编《汉魏丛书钞》六卷23种等。

还有民间的坊刻本多种，正如顾修的《汇刻书目·汉魏丛书》最后按语指出：“此九十六种本不著编辑姓氏，各书真伪杂出，未免务博好奇，且诸书有全载者，有摘钞者，有一书而全录其半，摘钞其半者，殊失古书之面目。现在江西新刊巾箱本盛行，卷帙虽繁，不足取也。”只有程刻本才真有价值。

关于程刻本价值，民国间《丛书集成初编·丛书百部提要》中介绍时称：“明程荣、何允中，清王谟辑刻，八十六种，四百四十八卷。《汉魏丛书》先后三刻，前程荣本，次何允中，又次王谟。此即王本。按王序：‘是书辑自括苍何镗，旧目原有百种。新安程氏版行，仅梓三十七种[①]，武林何允中又搜益其半，合七十六种，而前序则东海屠隆撰。按何氏原跋云，往见纬真别本。分典雅、奇古、闳肆、藻艳四家，以类相从，殊为巨观。纬真即隆字也，则似纬真又自有丛书行世。《明史·艺文志·类书门》载有屠隆《汉魏丛书》六十卷，必何氏所见纬真别本。但不应何本又冠以屠序也。’屠本今不可见，王氏增订凡例，亦言：‘二百余年，何本原书亦仅有存者，坊间所鬻，多以建阳书林所刻汉魏名文乘冒允。’今惟程本尚存，其前亦有屠序，总目经籍十一种，史籍四种，子籍二十三种，独集籍仅存一行，下无书名。颇疑氏即复刻屠本。其集籍一门，尚未口口嘎然中止。故行世者仅存三十八种，虽迭经何、王二氏增补，然以视口口原编，尚缺四十种。其目不存，无可考矣。何镗，字振卿，号宾岩，处州卫人，嘉靖二十六年进士，官至江西提学佥事。屠隆，字长卿，一字纬真，鄞县人，万历五年进士，官至礼部主事。程荣，字伯仁，歙县人。何允中，仁和人，天启二年进士。王谟，字仁甫，一字汝上，金溪人，乾隆四十三年进士。”此段考证真伪参半，但关键地方不可取，不可信。屠本原与程刻无涉，这是不争的事实。何镗名气大，官位高，影响大，与程荣相去不远，程荣若依何本，绝不会大张旗鼓刻这么大部头书而不署何名，所以，王序提出程刻《汉魏丛书》编辑者可能不是程荣，王的推测是不值一驳的无稽之谈。顾修的《汇刻书目·汉魏丛书》条中按语说：“是书编自括苍何镗，凡七十六种，有檇李屠隆

① 程本实38种，王本总目缺商子，故误。

序。万历间新安程荣始刊行之，未竟而版旋毁。至崇祯间，武林何允中又刊之。”这段话也是很不准确的。这里不再打笔墨官司了。实际上，是程荣刻这部丛书行世后，由于影响大，所以当年就有何允中辑刻的《广汉魏丛书》[①]，清代又有王谟辑的《增订汉魏丛书》[②]，开古代出版丛书的风气。尤其是程刻丛书编审慎，篇什全，刻印精，成为历史上出版丛书的鼻祖和精善本。

程荣所刻的另一部丛书是在万历间(1573—1620)刻自辑《山居清赏》15 种二十八卷。《四库全书总目·子部·杂家类存目一一》卷一三四第一一三六页、《［民国］歙县志·艺文志·书目》卷十五第八页、《增订四库简明目录标注·子部·谱录类·草木禽鱼之属》卷第十二第 500 页著录。这是一部关于农家园囿知识而编列南方草木及禽虫类丛书，多为兴农、友农的普及知识读物，内容比较简单，唯有《茶谱》属程荣自撰，余皆选辑。国家图书馆藏程荣刻《汉魏丛书》三十五种有晋嵇含撰《南方草木状》三卷[③]应为本丛书的一种。还有《增订四库简明目录标注》第 50 页中的晋戴凯之撰并注《竹谱》一卷著录为《汉魏丛书》本，也应为《山居清赏》本之一种。

除两种丛书外，傅增湘还说程荣刻《汉魏二十一家》丛书附有葛长庚撰《海琼玉蟾先生文集》六卷《续集》二卷《附录》一卷计 2 种 9 卷[④]《华

---

① 该丛书 80 种 451 卷，刊本为半页 9 行，行 20 字（20×14.5），白口，左右双边，单白鱼尾。《汇刻书目》第三册第二十七页著录为 76 种。《安徽省古籍善本书目·丛书·汇编》卷五第四页著录万历二十年刻 80 种 450 卷 70 册藏安徽省博物馆。

② 该丛书 96 种 474 卷，乾隆五十六年（1791）王氏自刻本半页 9 行，行 20 字（19.6×14.3），白口，左右双边，单白鱼尾。《安徽省古籍善本书目·丛书·汇编》卷五第五页作 86 种，安徽劳动大学图书馆藏金豁王氏刻本 80 册。

③ 《北京图书馆普通古籍总目·自然科学门·生物科学》第十三卷第 85 页、《北京大学图书馆藏古籍善本书目·子部·谱录类》第 278 页著录，国家图书馆（1 册本为西谛藏书）、北京大学图书馆（1 册本，有朱笔批校）藏明程荣校刻晋嵇含撰《南方草木状》三卷，为《山居清赏》丛书零本。

④ 《藏园群书经眼录·集部三·南宋别集类》卷十四第一二六二页此目作：“程荣刻汉魏廿一家附有此集，惜不及一校。（己未）”尚未查到此丛书具体细目及藏家。

阳国志》十二卷[①]。

程荣还刻了不少优秀的传统古籍。

明程荣刻梁沈约撰《沈修文集》五卷。《中国古籍善本书目·集部·汉魏六朝别集类》第34页、《中国古籍善本总目·集部·汉魏六朝别集类》第一一七一页、《中国古籍总目·集部·别集类·汉魏六朝之属》第44页（作《沈休文集》）、《美国哈佛大学哈佛燕京图书馆中文善本书志·集部》第606页著录，南京图书馆（有清丁丙跋）、美国哈佛大学哈佛燕京图书馆(6册本)、美国普林斯顿大学葛思德东方图书馆藏。该刊本半页9行，行20字（19.6×13.4），白口，单鱼尾，左右双边。题“梁吴兴沈约著、明新安程荣校”，前有万历十三年（1585）张之象序。明程荣翻刻正德五年（1510）维扬朱氏刻宋鲍照撰《鲍明远集》十卷。《北京大学图书馆藏古籍善本书目·集部·别集类》第409页著录，北京大学图书馆藏4册本。

嘉靖元年（1522）刻汉班固撰、明程荣校《白虎通德论》二卷。《中国历史博物馆藏普通古籍目录·经部·诸经总义类》第14页著录，中国历史博物馆藏1册本。

嘉靖三十三年（1554）张之象猗兰堂刻明程荣重修汉桓宽撰、明张象之注《盐铁论》十二卷。《中国古籍善本书目·子部·儒家类》第33页、《中国古籍善本总目·子部·儒家类》第七八八页著录，国家图书馆（由佚名跋并录卢文弨校）、湖北省图书馆（由熙徵校）藏。该刊本半页9行，行17字，白口，左右双边。

万历间（1573—1620）刻魏嵇康撰《嵇中散集》十卷。《中国古籍善本书目·集部·汉魏六朝别集类》第21页、《中国古籍善本总目·集部·汉魏六朝别集类》第一一六七页、《北京图书馆古籍善本书目·集部·汉魏六朝别集类》第一九九六页、《西谛书目·集部上·汉魏六朝

---

① 《中国古籍善本总目·史部·杂史类·通代》第三〇七页著录，国家图书馆藏清初刻《汉魏丛书》本中收晋常璩撰此书，有清陈鳣跋。说明程氏《汉魏丛书》有另外版本，且子目有区别。

别集类》卷三第二页、《安徽省古籍善本书目·集部·别集类·汉魏六朝》卷四第三十七页著录，西谛图书馆（1册本）、国家图书馆（2册本，有缪全孙校并录黄丕烈、张燕昌题识）、中国中医科学院图书馆、群众出版社图书馆、延安大学图书馆、湖南省图书馆、广西壮族自治区图书馆、四川省图书馆及安徽省博物馆（2册本）、广东省文史馆藏。该刊本半页9行，行20字，白口，左右双边。

万历间（1573—1620）程荣刻题汉东方朔撰《神异经》一卷、傅增湘辑《佚文》一卷计2种2卷（实刻本1卷）。《中国古籍总目·子部·小说类·文言之属·笔记·异闻》第2151页著录，国家图书馆藏。

明程荣刻题汉郭宪撰《别国洞冥记》四卷。《中国古籍总目·子部·小说类·文言之属·笔记·异闻》第2151页著录，南京图书馆藏。此书收入万历间刻《汉魏丛书》中，国家图书馆藏由傅增湘校并跋此子书。

万历间程荣刻题梁任昉撰《述异记》二卷。《中国古籍总目·子部·小说类·文言之属·笔记·异闻》第2155—2156页著录，国家图书馆（附傅增湘辑《佚文》一卷，由傅增湘校并跋）、北京大学图书馆、上海图书馆藏。此书前认为是子书，但此总目认为是单行本。

明程荣刻魏阮籍撰《阮嗣宗集》二卷。《中国古籍善本书目·集部·汉魏六朝别集类》第20页、《中国古籍善本总目·集部·汉魏六朝别集类》第一一六七页、《中国古籍总目·集部·别集类·汉魏六朝之属》第25页、《安徽省古籍善本书目·集部·别集类·汉魏六朝》卷四第三十七页著录，中国中医科学院图书馆、延安大学图书馆、湖南省图书馆、广西壮族自治区图书馆、四川省图书馆、北京大学图书馆、中国科学院图书馆、上海辞书出版社图书馆、无锡市图书馆、河南省图书馆及群众出版社、安徽省博物馆（2册本2部）、广东省文史研究馆藏。该刊本半页9行，行20字，白口，左右双边。

明程荣刻唐韦续撰《墨薮》二卷、宋陈与义撰《法帖音释刊误》一卷计2种3卷。《中国古籍善本书目·子部·艺术类》第401页、《中国古籍善本总目·子部·艺术类·书画》第九二七页、《北京图书馆古籍善本书目·子部·艺术类》第一三三七页著录，国家图书馆藏1册本，有傅增湘跋。该刊本半页9行，行20字，白口，左右双边。

明程荣刻汉蔡邕撰《蔡中郎集》十卷。《中国古籍善本书目·集部·汉魏六朝别集类》第16页著录，中共中央党校、河南省图书馆藏。

明程荣刻宋陈与义撰《法帖音释刊误》一卷。《中国古籍总目·子部·艺术类·书画之属·谱帖》第1312页著录，国家图书馆藏本有傅增湘跋，还藏明刻本、清初刻本、清抄本计4种版本。收入《四库全书》，但收入清抄《书家要览》丛书中为10卷本。

明程荣刻唐韦续撰《墨薮》二卷。《中国古籍总目·子部·艺术类·书画之属·书·书论》第1292页著录，国家图书馆藏，有傅增湘跋。

明程荣刻汉董仲舒撰、明孙矿评《春秋繁露》十七卷。《东北师范大学图书馆藏古籍善本书目解题·经部·春秋类》第26页著录，东北师范大学图书馆藏6册本。该刊本半页9行，行20字，白口，四周单边。

万历二十年（1592）程荣刻魏刘劭馔、西凉刘昺注《人物志》三卷。《香港所藏古籍书目·子部·杂家类·杂论》第209页著录，香港中文大学图书馆藏1册本，作《汉魏丛书》子书不确。

万历间（1573—1620）程荣刻明王世贞撰《新刻增补艺苑卮言》十二卷。《中国善本书提要补遗·集部·诗文评类》第25页、《全明分省分县刻书考·安徽省卷》第一九页著录，美国国会图书馆藏8册本。原题“吴郡王世贞元美著，新安程荣仲仁梓。”该刊本半页9行，行20字。

万历间程荣刻宋黟县邱濬[①]撰《牡丹荣辱志》一卷。《中国古籍总目·子部·谱录类·花木鸟兽之属·花草树木》第1578页、《皖人书录》第849页、《四库全书总目·子部·小说家类存目二》卷一四四第

---

① 邱濬，字道原，宋黟县人。天圣五年（1027）中进士，以卫骑寺丞任句容知县，终官殿中丞，精易学。据《安徽艺文考》等书著录著有《霸国环周立成历》一卷、《征蛮议》、《洛阳贵尚录》一卷、《太乙遁甲针》一卷、《观时感事诗》一卷、《囷编》一卷、《邱道原文集》十五卷。

一二三二页著录，原江苏国学图书馆（今南京图书馆）藏。

明程荣校刊唐韦续纂《墨薮》二卷附宋陈与义撰《法帖音释刊误》一卷计 2 种 3 卷。《藏园群书经眼录 · 子部一 · 艺术类》卷七第六二四页著录，傅增湘于癸亥年收于来青阁书肆。该刊本半页 9 行，行 20 字，字按原体写刻，与程刻《汉魏丛书》版式不同。

明程荣刻题汉东方朔撰《神异经》一卷。《中国古籍总目 · 子部 · 小说类 · 文言之属 · 笔记 · 异闻》第 2151 页著录，南京图书馆藏。

程氏刻书精好，为历代收藏家所津津乐道，现连程刻《汉魏丛书》中逸出的零本子书都被列为国家级善本书，可见程刻整套最完整的《汉魏丛书》的价值了。

明代徽州府最大的坊刻家吴勉学父子

吴勉学，字肖愚，又字师古，歙县丰南又称西溪南人（今属安徽省黄山市徽州区）。吴勉学也是读书人，官光禄寺丞。后弃官从事刻书事业，成为明隆、万间（1567—1573—1620）徽州府历史上最大的刻书家，身兼编校、书商，是规模大、分工细的明代名坊师古斋主人。家世业商，是典型的“贾而好儒”的徽商世家，博学富藏的藏书世家。著有《对类考注》二十卷，辑《师古斋汇聚简便单方》七卷、[①]《唐乐府》十八卷等，并自刊行世。还著有《海藏瘢论萃英》不分卷[②]等。他把毕生精力集中用在整理古籍，编校刻书事业上。所刻《性理大全》中的《纂修人衔名刻书启》是研究师古斋刻书坊的重要史料。他对古籍研究是比较深入的，如《得宜本草》四卷[③]等就留下他的题跋文字。

---

① 《中国古籍总目·子部·医家类·方论之属·验方·明》第 548 页、《全国中医图书联合目录·方书》第 221 页著录，上海中医药大学图书馆藏顺治庚子（十七年，1660）刻不全本。

② 《安徽省馆藏皖人书目》第 135 页著录，安徽省图书馆藏 1 册石印本。

③ 《中国古籍善本书目 · 子部 · 医家类》第 188 页、《中国古籍善本总目 · 子部 · 医家类 · 本草》第八四七页、《中国古籍总目 · 子部 · 医家类 · 本草之属 · 综合本草 · 清》第 530 页著录，上海图书馆藏明吴勉学跋明抄此书。

吴氏凭借富厚的家资和丰富的藏书，发挥徽人讲乡谊、团结互助的传统，联合同好共同作战、协同作战的优势，聘用徽州府著名的刻工，所刻书范围广，种类多，部头大，刻工精，使师古堂成为明后期全国最著名的书坊之一。

吴勉学在万历间（1573—1620）刻《资治通鉴》，由隆庆二年（1568）同乡进士张一桂校，万历二十年（1592）吴勉学续校、复校；吴勉学刻《古今医统正脉全书》分别由吴勉学、吴中珩校；《性理全书》分别署吴勉学、文枢堂吴桂宇梓；吴勉学与吴养春校刻乡贤《朱子大全书》及万历十三年（1585）吴琯刻《唐诗纪》时，吴中珩又参与其事，后吴中珩又将吴琯辑刻《古今逸史》从42种增至55种等，都是他们合作的明证。他们既是同乡，又是同时代人，更是徽州刻书业中的名人。上述所刻诸书也是徽州书商们协作互助的典范，绝非王重民教授所说，在转版时窜入己名。

由于吴勉学学识渊博，编书审慎，版式划一，所刻书都成为当代藏书家乐于收藏的精善本。明末学者谢肇淛在《五杂俎》卷十三中评论当时的全国刻书业时说："新安所刻《庄》《骚》等本，皆极精工，不下宋人。然亦多费校雠，故舛讹绝少。"谢氏所说的新安本《庄》《骚》就是指吴勉学所辑刻的《二十子》中的《庄子南华真经》和《楚辞集注》中的《离骚》。对于这样一位大出版家，清乾隆时《徽州府志》说他："尝刻经史子集数百种，雠校精审。"民国二十六年（1936）石柱国铅印的清光绪间的《歙县志·人物·士林》卷十第九页中也认真总结了吴氏一生的刻书生涯，并说："博学藏书，曾校刊经史子集及医书数百种，雠校精审。"《［乾隆］徽州府志》也有类似记载。吴氏在刊刻医学书籍上的贡献更为世人所称道。清代学者赵吉士在《寄园寄所寄》中记载了一则吴勉学大肆刻行医书的故事，说："歙县吴勉学，梦为冥司所录，叩头求生。旁有一判官禀曰：'吴生阳禄未尽。'吴连叩头曰：'愿作好事。'冥司曰：'汝作何好事？'吴曰：'吾视医集率多讹舛，当为订正而重梓之。’冥司曰：‘刻几何书？’吴曰：‘尽家私刻之。’冥司曰：‘汝家私几何？’吴曰：‘三万。’冥司可而释之。吴梦醒，广刻医书，因而获利，乃搜古今典籍，并而梓之，刻资费几十万。”[①]为了表彰他在保存流布中国传统医学宝库的功劳，同时又指出他在编选中的不足处。《四库全书总目》分别将他辑刻的《河间六书》二十七卷、《唐乐府》二十八卷载入存目。他在万历辛丑（1601）所辑刻的《古今医统正脉全书》44种二百〇四卷为最早的汇刻医学丛书之一，也是迄今中华十大古典医学丛书之一，还是此类丛书中最好的版本之一。该书由万历间（1573—1620）金坛学者王肯堂辑，内容广泛，时间跨度大，上始《黄帝内经素问》，历代医家如汉代的张机，唐代王冰，金宋的成无已、刘元素、张从正、李杲，元代的王好古、朱震亨、齐德之、滑寿及明代的戴原礼、陶节安等，收他们的著述多的达六七种。王肯堂是著名医学家，官至福建布政司参政，据吴勉学在该版序后题万历辛丑，则此书汇辑成书在王著《证治准绳》成书前后。此书为王氏纂辑成书，先后修订，吴勉学第一个予以刊布者。吴勉学刻板后印本为其子中珩所为，或题勉学，或题中珩。《千顷堂书目·医家类》仅记为吴勉学《医统正脉》四十二种，而没有记载王肯堂的名字，今据吴刻《古今医统正脉全书》有吴勉学序，题刻于万历辛丑，其吴序称：“医有统有脉，医之正脉，始于神农、黄帝，而诸贤直溯正脉，以绍其统于不衰，因诠次成篇，名曰‘医统正脉’而刻之。”说明了吴氏始刊布日期及书名缘由。

传世的吴勉学刻本很多，如《春秋左传》《周礼》《毛诗》《仪礼》《资治通鉴》《宋元资治通鉴》《两汉书》《近思录》《世说新语》《文选》《唐诗正声》《花间集》《国语》《国策》《二十二子》《性理大全》《东垣十书》《新乐府》《楚辞集注》等。他校刻的书绝大部分为世传善本，今并列入国家级善本书。如经部就有《十三经》15种九十卷、

① 清赵吉士：《寄园寄所寄·泛叶寄·故老杂记》卷十一。

《周易本义》十四卷、《书经集传》六卷、《礼记集说》三十卷、《家礼集说》五卷、《春秋三传》三十八卷、《四书集注》4种十九卷计24种202卷，列入史、子、集、丛书部的更多。

吴勉学一生究竟刻了多少种书？据我的不完全统计，吴勉学所刻书今存世的主要有：

一、经部

要者计有13种连同子目32种286卷。

明吴勉学刻自辑《十三经》又名《十三经注疏》15种九十卷。《中国古籍善本总目·经部·总类》第三页、《中国古籍总目·经部·总类·正文之属》第3页、《北京图书馆古籍善本书目·经部·总类》卷一第四至五页、《中国丛书综录补正·类编·经类·正文注疏》第149页、《中国丛书广录·汇编丛书·经类·易类》第375—376页著录，国家图书馆（24册本）、北京大学图书馆、西北大学图书馆藏。上海古籍出版社版《中国古籍善本书目·经部·总类》卷一第6—7页上载九十卷，但细检细目不对。实应改《周礼》一卷为六卷，改《仪礼》一卷为十七卷，改《孝经》二卷为一卷，余同。或非同版。该刊本半页9行，行18字，白口，左右双边。

万历间（1573—1620）新安吴勉学刻明□□辑《春秋左传》三十卷。《中国善本书提要·经部·春秋类》第23页、《中国古籍总目·经部·春秋类·左传·正文之属》第558页著录，国家图书馆、上海图书馆（卷内有“宝书堂藏书印”“慎氏家藏”等印章）藏。该刊本半页9行，行18字（19.6×13.4），原题“明新安吴勉学校”。有杜预序而无杜注，属于吴刻《九经白文》一类。

吴勉学刻《仪礼》十七卷。《中国古籍善本书目·经部·礼类》第一八页[①]著录，北京大学图书馆（2册本）、天一阁文物保管所（今浙

① 此书凡用中文标页者为线装本，今也不改。以后同，不注。

江图书馆天一阁分馆）藏。该刊本半页9行，行18字（20.7×13.5.），卷末无题记。

明新安吴勉学刻宋程颐撰《周易程传》二卷。《中国古籍善本总目·经部·易类》第一一页著录，延边大学图书馆藏。该刊本半页9行，行17字，双行36字，白口，左右双边。

万历间吴勉学刻宋朱熹撰《周易本义》四卷、《首》一卷计5卷。《中国古籍善本总目·经部·易类》第一三页、《中国古籍善本书目·经部·易类》卷一第48页、《中国古籍总目·经部·易类·传说之属》第80页著录，南京图书馆、重庆市图书馆藏。该刊本半页9行，行17字，上栏刊注释，白口，左右双边，左右两版不相连。

吴勉学万历间刻宋蔡沈撰《书经集传》六卷。《中国古籍善本总目·经部·书类》第三六页、《中国古籍善本书目·经部·书类》第107页、《中国古籍总目·经部·书类·传说之属》第245页、《中国书店三十年所收善本书目·经部·书类》第四页著录，辽宁大学图书馆、沈阳鲁迅美术学院图书馆、无锡市图书馆、南京图书馆及南京博物院藏，中国书店收购过每部6册棉纸印本。该刊本半页9行，行17字，小字双行同，白口，左右双边。

吴勉学刻宋朱熹撰《诗经集传》八卷。《中国古籍善本总目·经部·诗类》第四八页、《中国古籍善本书目·经部·诗类》卷二第三页（影印本第131页）、《中国书店三十年所收善本书目·经部·书类》第四页著录，南京图书馆藏，中国书店收购过棉纸6册本。该刊本半页9行，行17字，白口，左右双边。

吴勉学刊宋朱熹撰《诗集传》八卷附《诗序辨》一卷计2种9卷。《增订四库简明目录标注·经部三·诗类》卷第二第60页著录。

吴勉学刻元陈澔撰《礼记集说》三十卷。《中国古籍善本书目·经部·礼类》卷二第195页著录，山西师范大学、湖北省襄阳市、四川省图书馆藏。

明吴勉学刻明冯善撰《家礼集说》不分卷。《中国古籍善本总目·经部·礼类》第八〇页著录，中国科学院图书馆藏。该刊本半页9行，行18字，白口，四周双边，卷末残破，应为先印本。

万历间（1573—1620）吴勉学刻明冯善撰《家礼集说》五卷。《中国古籍善本书目·经部·礼类》卷二第221页、《中国古籍总目·经部·礼类·三礼总义·杂礼之属》第533页著录，中国科学院图书馆藏。

吴勉学刻《春秋三传》三十八卷。《中国古籍善本书目·经部·春秋类》第273页、《中国古籍善本总目·经部·春秋类·春秋总义》第一〇三页、《中国古籍总目·经部·春秋类·春秋总义·传说之属》第641页著录，故宫博物院图书馆、南京图书馆、镇江市图书馆、浙江图书馆、中共福建省委党校图书馆藏。该刊本半页9行，行17字，小字双行同，白口，左右双边。

万历间吴勉学刻宋朱熹撰《四书集注》4种十九卷。《中国善本书提要·经部·诗类》第9页著录，北京大学图书馆藏1册本。卷末题："明新安吴勉学校。"该刊本半页9行，行18字（19.8×13.3）。

万历间（1573—1620）吴勉学刻元陈浩撰《礼记集说》十六卷。《中国古籍善本总目·经部·礼类》第七二页、《中国古籍总目·经部·礼类·礼记·传说之属》第479页（作30卷本）著录，山西师范大学图书馆、湖北省襄阳市图书馆、四川省图书馆藏。该刊本半页9行，行17字，小字双行17字，白口，左右双边。但误录"勉"为"免"。

二、史部

要者计有27种次2598卷。

隆庆六年（1572）刻汉司马迁撰，汉褚少孙、唐司马贞补《史记》一百三十卷。《北京图书馆古籍善本书目·史部·纪传类》第二〇六页（著录为明吴勉学刻）、《增订四库简明目录标志·史部一·正史类》卷第五第186—187页（吴勉刻本，少"学"字）、《中国古籍善本书目·史部（上）·通代》第8页、《中国书店三十年所收善本书目·史部·纪传类》第二九页、《北京大学图书馆藏古籍善本书目·史部·纪传类》第56页、《明代版刻综录》第二卷第四十五页、《史记书录》、《东北师范大学图书馆藏古籍善本书目解题·史部·丛编·通代》第76页等著录，国家图书馆（藏32册本，由翁元圻批点并跋、张业跋。此书于万历间再次刻行，线装32册本）、中国社会科学院文学研究所图书馆、中国科学院图书馆、上海图书馆、复旦大学图书馆、吉林大学图书馆、东北师范大学图书馆（8册本）、吉林省社会科学院图书馆（8册本）、南通市图书馆、江西省图书馆、河南省图书馆、湖南师范大学图书馆、中山大学图书馆、贵阳师范大学图书馆、云南省图书馆藏，中国书店收购万历间（1573—1620）校刻本竹纸线装32册本，北京大学图书馆藏仅存卷五至卷六、卷二十三至卷三十、卷三十九至卷六十计32卷5册不全本。该刊本半页10行，行20字，白口，左右双边。卷端题："明后学新安吴勉学校。"此书明确署刊行日期为2种版本，计260卷。

明吴勉学刻汉司马迁撰《史记》一百三十卷。《中国古籍善本总目·史部·纪传类》第二〇六页著录，中国科学院图书馆、上海图书馆、复旦大学图书馆、吉林大学图书馆、东北师范大学图书馆、吉林省社会科学院图书馆、南通市图书馆、江西省图书馆、河南省图书馆、湖南师范大学图书馆、中山大学图书馆、云南省图书馆藏。该刊本半页10行，行20字，小字双行同，白口，上下单边，左右双边，单线鱼尾。

明吴勉学刻汉司马迁撰《史记》一百三十卷。《中国古籍善本总目·史部·纪传类》第二〇六页著录，国家图书馆藏，清翁元圻批点并跋、清张业跋。该刊本半页10行，行20字，白口，左右双边。

吴勉学刻明陈桱续编、宋金履祥撰《通鉴前编》十八卷、《举要》二卷，明陈桱撰《首》一卷计2种21卷。《中国古籍善本书目·史部·编年类》第110页、《中国古籍善本总目·史部·编年类·通代》第二五五页、《山东省图书馆馆藏海源阁书目·史部·编年类·通代》第59页著录，中共中央党校图书馆、故宫博物院图书馆、上海辞书出版社图书馆、湖南省图书馆、中山大学图书馆、四川省图书馆藏，南京图书馆藏明祁承㸁批本，山东省图书馆仅存《前编》卷三至八计6卷、《举要》二卷、《首》一卷计9卷1函4册。该刊本半页10行，行20字（20.1×14.3），小字双行同，白口，左右双边，单黑鱼尾。

万历间（1573—1620）刊明饶汝梧撰《历代史正》二卷。《明代版刻综录》第二卷第四十五页著录，惜未著录依据和藏家。

万历间吴勉学刻明吴士奇辑《史裁》二十六卷。《中国古籍善本总目·集部·史抄类》第四八七页（作万历三十年刻）、《中国善本书提要·史部·史钞类》第146页、《北京师范大学图书馆古籍善本书目·史部·史抄类》第61页（作万历三十年即1602）、《四库全书总目·史部·史钞类存目》卷六五第五八一页、《中国古籍善本书目·史部·史抄类》第695页、《明代版刻综录》第二卷第四十五页、《清代禁书知见录》（著录为清代禁书）、《北京大学图书馆藏古籍善本书目·史部·史评类》第217页著录，国家图书馆、北京大学图书馆（10册、20册本各1部）、北京师范大学图书馆（10册本）、中国科学院图书馆、上海图书馆、华东师范大学图书馆、山东省图书馆藏。该刊本半页10行，行20字（20×12.8），白口，四周双边。

万历间（1573—1620）校刻吴韦昭注《（白文）国语》二十一卷。《中国古籍善本书目·史部（上）·杂史类》第207页、《中国古籍善本总目·史部·杂史类》第三〇三页、《明代版刻综录》第二卷第四十六页、《安徽省古籍善本书目·史部·杂史类》卷二第二一页、《青海省古籍善本书目·史部·杂史类》第二四页、《中国善本书提要·史部·杂史类》第113页、《四库全书总目·史部·杂史类》卷五一第四六〇页著录，上海图书馆（2部中1部由清严虞惇批校）、吉林大学图书馆、青海省图书馆（2册本）、浙江图书馆、安徽省图书馆（4册本）、湖北省图书馆、美国国会图书馆（4册、12册本各1部）藏。该刊本半页9行，行18字（19.6×13.3），白口，左右双边，单鱼尾，有刻工。

万历间校刻《（白文）战国策》十卷。《中国古籍善本书目·史部·杂史类》第213页、《中国古籍善本总目·史部·杂史类》第三〇五页（径作明吴勉学刻《战国策》十卷）、《北京大学图书馆藏古籍善本书目·史部·记事本末类》第77页、《明代版刻综录》第二卷第四十六页、《浙江图书馆善本书目》著录，北京大学图书馆（4册本及附《索引表》并过录张榜等评注）、上海图书馆（清严鎏录清严虞淳批校并跋）、吉林大学图书馆、浙江图书馆及浙江图书馆天一阁分馆藏。该刊本半页9行，行18字，白口，左右双边，有刻工。

万历三十八年（1610）师古斋刻明彭以明辑《二十一史论赞辑要》三十六卷。《中国古籍善本书目·史部·史抄类》第695页、《中国古籍善本总目·史部·史抄类》第四八八页、《明代版刻综录》第四卷第十八页、《福建大学图书馆善本书目》、《南京图书馆善本书草目》著录，上海图书馆、福建师范大学图书馆、南京图书馆藏。《中国人民大学图书馆古籍善本书目·史部·史抄类》第57页著录，中国人民大学图书馆藏万历三十七年（1609）彭惟成、彭惟直刻明彭以明辑《二十一史论赞辑要》三十六卷2函10册本，《凡例》后镌“师古斋藏板”，三十六卷末有墨笔题“道光十一年静乐堂”，点明该书原版自吴氏、彭氏后人及中国人民大学图书馆藏版原主，均为吴勉学版。则此书版最起码有3个印本。该刊本半页10行，行20字，白口，单线白鱼尾，左右双边。

明新安吴勉学刻宋江贽等撰《增订资治通鉴前编》五卷。《中国古籍善本总目·史部·编年类·通代》第二五五页、《新编天一阁书目·史部·编年类》第15页著录，中国徽文化博物馆、浙江图书馆天一阁分馆（1册本）藏。该刊本半页10行，行20字，白口，左右双边。

万历二十年（1592）间吴勉学重校刊宋司马光撰、元胡三省注《资治通鉴》二百九十四卷附胡三省撰《释文辩误》又名《通鉴释文辩误》

十二卷计2种306卷。《中国古籍善本书目·史部（上）·编年类》第106页、《中国古籍善本总目·史部·编年类·通代》第三五九页、《中国善本书提要·史部·编年类》第90—91页、《北京大学图书馆藏古籍善本书目·史部·编年类》第68页、《四库全书总目·史部·编年类》卷四七第四二〇页、《美国哈佛大学哈佛燕京图书馆中文善本书志·史部》第118页著录，北京大学图书馆（100册本）、中国科学院图书馆、天津图书馆、吉林市图书馆、甘肃省图书馆、新疆大学图书馆、南京图书馆、美国国会图书馆（100册本）、河南省图书馆、湖南省图书馆、四川省图书馆、重庆市北碚区图书馆及安徽省博物馆、中国徽文化博物馆、广东省文史研究馆藏，济南市图书馆、福建省图书馆、济南市图书馆、湖北省襄阳市图书馆收藏不全。该刊本半页10行，行20字（21.5×13.5），小字双行同，左右双边，白口，单鱼尾，有刻工。卷一至八在胡三省题名后，刻“新安张一桂[①]校正”1行，卷八以前的每卷末刻：“大明万历二十年新安吴勉学复校”一行。卷九后改刊“新安吴勉学续校”一行。在胡三省序后又刻“新安俞允顺督刻”7字。说明这部广达三百余卷的大书工程量浩大，合作者众。此版在吴勉学校刻群书中最为精美，有人说犹在鄱阳胡氏翻本上，并非虚语，为同书群版中的最好版本，为国家级善本书。此版后由其子吴中珩再版时加上中珩己名。邵懿辰所举明翻善本中介绍了吴中珩印本，实为吴勉学刻版。美国哈佛大学哈佛燕京图书馆（6册本）、中国徽文化博物馆（3册本）藏《通鉴释文辩误》十二卷，为正书的附刻。

万历间（1573—1620）吴勉学刻宋司马光撰、元胡三省音注《资治通鉴》二百九十四卷，元胡三省撰《通鉴释文辨误》十二卷，明陈桱撰《增订资治通鉴前编》五卷计3种311卷。《中国古籍善本总目·史部·编

① 张一桂为歙县人，为吴勉学同乡，几乎同时代人，字稚圭，号玉阳，父在大梁经商，寓居大梁。隆庆二年（1568）进士，官至礼部左侍郎兼翰林院侍读学士。《献征录》卷三五收赵志皋撰张之墓志铭，介绍其生平事迹甚详。

年类·通代》第二五九页著录，河南省图书馆、安徽省博物馆藏，新疆大学图书馆、四川省图书馆藏本不全。该刊本半页10行，行20字，小字双行同，白口，单黑鱼尾，上下单边，左右双边。

万历间吴勉学刻宋司马光撰、元胡三省音注《资治通鉴》二百九十四卷，明王宗沐撰《宋元资治通鉴》六十四卷，宋金履祥撰《通鉴前编》十八卷计3种276卷。《中国古籍善本总目·史部·编年类·通代》第二五九页著录，吉林市图书馆藏，中国科学院图书馆藏本不全。该刊本半页10行，行20字，白口，左右双边。

万历间吴勉学刻明王宗沐撰《松原资治通鉴》六十四卷。《中国古籍善本总目·史部·编年类·通代》第二六七页著录，江西省图书馆藏。该刊本半页10行，行20字，白口，左右双边，有清印亭氏校并跋，与下版显非同版。

明吴勉学刻明王宗沐撰《宋元资治通鉴》六十四卷。《中国古籍善本书目·史部（上）·编年类》第127页、《中国古籍善本总目·史部·编年类·通代》第二六七页著录，故宫博物院图书馆、上海图书馆、天津师范大学图书馆、辽宁大学图书馆、山东省图书馆、新疆大学图书馆、南京图书馆、南京大学图书馆、南通市图书馆、浙江大学图书馆、湖南省图书馆及黑龙江省博物馆藏。该刊本半页10行，行20字，小黑口，左右双边。

吴勉学校刻明薛应旂撰《宋元资治通鉴》一百五十七卷。《安徽历史述要》第546页著录。

吴勉学校刻《两汉书》2种230卷、《三国志》六十五卷及《近思录》十四卷计4种309卷等。李则纲《安徽历史述要》第546页及《中国古籍印刷史》、《［民国］歙县志·人物志·士林》十卷第九页，谈吴勉学刻书中均举此例。

明吴勉学刻汉班固撰《前汉书》一百卷。《中国古籍善本书目·史部·（上）·纪传类》第34页、《中国古籍善本总目·史部·纪传类》

第二一四页、《北京图书馆古籍善本书目·史记·纪传类》第二一八页著录，国家图书馆（20册本）、吉林省图书馆、东北师范大学图书馆、吉林省社会科学院图书馆、常熟市图书馆、温州市图书馆、湖南省图书馆藏，上海图书馆藏清任兆麟批（其中卷卷一至六配清抄本）本1套。该刊本半页10行，行20字，白口，左右双边，单鱼尾。

明吴勉学刻佚名批校、刘宋范晔撰《后汉书》九十卷，晋司马彪撰，梁刘昭注、唐李贤注《志》三十卷计2种120卷。《中国古籍善本总目·史部·纪传类》第二一八页、《山东省图书馆馆藏海源阁书目·史部·纪传类·断代》第55页、《中国古籍善本书目·史部（上）·纪传类》第45页、《北京图书馆古籍善本书目·史部·纪传类》第二二三页、《东北师范大学图书馆藏古籍善本书目解题·史部·断代》第85页著录，国家图书馆（20册本）、上海图书馆、东北师范大学图书馆（30册本）、天津图书馆、吉林省图书馆、吉林市图书馆、山东省图书馆（2函20册本）、温州市图书馆、湖北省襄阳市图书馆、湖南省图书馆、重庆市图书馆藏。该刊本半页10行，行20字（20.8×14.3），白口，左右双边，单线鱼尾。

吴勉学刻《大明一统志》九十卷。今查故宫博物院图书馆藏12册本。

三、子部

要者计有53种连同子目224种1452卷。其中最突出的要数吴氏所刻医学著作计有22种连同子目126种531卷（未计其中6个子目未标卷数及重复印和版权转让后有关印本）。首先介绍吴氏所刻医书如下：

万历二十九年（1601）刻元（一作金）李杲（字明之，号东垣）撰《东垣十书》又名《医学十书》[1]12种二十二卷。《中国丛书综录·总目·类编·子类·医家》第一册第707—708页、《中国丛书综录补正》第192—193页、

---

① 东垣即李杲（1180—1253），字明之，晚号东垣老人。金元间，河北真定县（古称东垣）人。尝以纳赀，任济源税监。李杲学医缘于其母患病被众医不知何病治死，为此，李杲绝意仕进，花千金从易州张元素学医，成为名医。

《安徽省古籍善本书目·子部·医家类》卷三第二十一页、《全国中医图书联合目录·综合性著作·丛书合刻》第714页、《明代版刻综录》第二卷第四十五页著录，中国中医科学院图书馆、河南中医学院图书馆、中蒙医研究所图书馆、辽宁省图书馆、黑龙江省图书馆、成都中医药大学图书馆、安徽中医药大学图书馆（16册本并注吴勉学此版可能是岁月楼本年版的翻刻祖本）藏。王重民见美国国会图书馆藏本有王肯堂序，认为为吴氏刻，并增《医垒元戎》《斑（瘢、瘢）论萃英》各1卷，四川省图书馆藏明刊本，藏家更多，这里略而不再举了。此为《古今医统正脉全书》中的小丛书之一。此刻半页10行，行20字（19×12.8），四周双边，白口，单鱼尾。《美国哈佛大学哈佛燕京图书馆中文善本书志·子部》第313页著录该馆藏此丛书明刻6册本。其中，《脉诀》一卷题紫虚崖真人撰、新安吴勉学校，《医学发明》一卷题新安吴勉学校，《汤液本草》三卷题海藏王好古类集，新安吴中珩校正，《内外伤分辨》三卷题东垣李杲撰、新安吴勉学校，《医垒元戎》一卷题新安吴中珩校，《海藏瘢论萃英》一卷题新安吴勉学校，《东垣先生此事难知集》二卷题新安吴勉学校，《外科精义》二卷题医学博士选充御药院外科太医齐德之纂集、明新安后学吴勉学校正，《活法机要》一卷题新安吴中珩楚白校正，《医经溯洄集》一卷题魏博王履著、新安吴勉学校，说明此套丛书先后为吴勉学、吴中珩印行过。此丛书收入《四库全书总目·子部·医家类存目》。

万历二十九年（1601）吴勉学刻元朱震亨等撰、明吴中珩辑校《丹溪心法》6种三十二卷。《全国中医图书联合目录·综合性著作·丛书合刻》第716页、《丛书书目汇编》第二册第一四三页著录，国家图书馆、中国中医科学院图书馆、陕西中医药研究院图书馆、白求恩医科大学图书馆、上海中医药大学图书馆、南京图书馆、广西壮族自治区第二图书馆、广西中医学院图书馆及浙江中医药研究院藏。

万历辛丑（二十九年）吴勉学校刻金刘完素（字守真，号河间居士、通玄处士）等撰《刘河间伤寒三书》3种十九卷。《全国中医图书联合目录·综合性著作·丛书合刻》第710页著录，中国中医科学院图书馆、陕西中医学院图书馆藏，为《古今医统正脉全书》本中的抽印小丛书之一。

万历二十九年吴勉学刻自编，金刘完素（守真）撰《刘河间伤寒六书》又名《河间六书》8种二十七卷。《全国中医图书联合目录·丛书合刻》第710页、《四库全书总目·子部·医家类存目》卷一〇五第八八七页、《安徽省古籍善本书目·子部·医家》卷三第三十一页、《中国丛书综录·总目·类编·子类·医家》第一册第719页著录，国家图书馆、中国中医科学院图书馆、天津图书馆、天津市医学高等专科学校图书馆、河北中医学院图书馆、山东中医药大学图书馆、兰州医科大学图书馆、白求恩医科大学（长春）图书馆、黑龙江中医药大学图书馆、上海中医药大学图书馆、苏州医学院图书馆、同济医科大学（武汉）图书馆、湖南省图书馆、重庆市图书馆、贵州中医药大学图书馆、成都中医药大学图书馆、广西中医学院图书馆、中山医科大学（广州）图书馆藏吴刻《古今医统正脉全书》本映旭斋藏版，还有待考的明刻本藏黑龙江中医药大学图书馆，为《古今医统正脉全书》中的抽印小丛书之一。

《刘河间伤寒三书》《六书》均存的有陕西省中医药研究院、广西中医学院（桂林）图书馆全藏，上海图书馆藏此两种小丛书不全。此编《四库全书总目·子部·医家类存目》卷一〇五第八八七页指出："多非完素所作。已分别各著于录。今存其总目于此，以不没勉学缀辑刊刻之功焉。"安徽中医药大学图书馆收藏不全，仅有《素问玄机病原式》二卷，《黄帝素问宣明论方》十五卷，《素问病机宜保命集》三卷（一、二卷为配抄本），《刘河间伤寒医鉴》一卷，《刘河间伤寒直格论方》三卷，《伤寒标本心法类萃》二卷，共6种8册。

吴勉学校刻明陶华（字尚文，号节庵）撰《伤寒六书》6种十卷。《中国善本书提要·子部·医家类》第267页、《安徽省古籍善本书目·子部·医家》卷三第三十一页著录，安徽省图书馆（5册本）、安徽中医药大学图书馆（6 册本）藏。此版为《古今医统正脉全书》本中子书汇印成小丛书，后归吴中珩而再转步月楼，步月楼本封面题“步月楼梓行”，原题“余杭节庵陶华述，新安吴勉学校”。卷一、三、四、五题“新安吴中珩校”，“中珩”二字显为剜改。美国国会图书馆藏为《六书》6 种 6 卷 4 册本，同上细目，各为一卷。说明吴勉学的版子已转让 2 次以上，此版最起码为 3 印本。该刊本半页 10 行，行 20 字（19.5×12.8），小字双行 30 字，白口，四周单边或左右双边。《全国中医图书联合目录·伤寒金匮》第 68 页、《中国丛书广录·类编丛书·子类·医家类·内科》第 700 页著录，万历二十九年（1601）吴勉学校刻本，国家图书馆、中国医学科学院图书馆、天津图书馆、山东省图书馆、甘肃中医学院图书馆、辽宁中医药大学图书馆、上海中医药大学图书馆、南京第一医学院图书馆、浙江中医药大学图书馆、湖北中医药大学图书馆、四川省图书馆、云南中医学院图书馆、广西壮族第二图书馆、广西中医学院图书馆、浙江图书馆及浙江中医研究院藏为 6 种 6 卷本：这应是不全本或不同版本。此书别种版本子目又有不同。如《全国中医图书联合目录·伤寒金匮》第 68 页、《馆藏中医线装书目·伤寒金匮》第 32 页著录明书林锡环堂刻本，中国中医科学院、天津市医学高等专科学校图书馆藏；万历间（1573—1620）刻本，中国科学院图书馆、中国中医科学院图书馆、陕西中医学院图书馆藏；还有 1 种明刻本，中国科学院图书馆、上海图书馆、成都中医药大学图书馆藏；类似明版本还有嘉靖元年（1522）刻本、武林何景道刻本、学会堂刻本、书林遗德堂刻本等不再举藏家了；日本宽永七年庚午（1630）书林道伴加点新刻本，中国中医科学院图书馆、上海第二医科大学图书馆、上海中医药大学图书馆、南京图书馆、中山医科大学图书馆藏。还有道光十三年癸巳（1833）文发堂刻天德堂藏板本、清末江阴朱氏校刻本、清敦化堂刻本，1930 年上海千顷堂书局石印本等也不尽举藏家了。

《中国善本书提要·子部·医家类》第 267 页、《中国丛书广录·类编丛书·子类·医家类·内科》第700页、《安徽省古籍善本书目·子部·医家》卷三第三十一页著录，安徽省图书馆、安徽中医药大学图书馆（6册本）藏。此版后归吴中珩而再转步月楼，步月楼本封面题“步月楼梓行”，原题“余杭节庵陶华述，新安吴勉学校”，卷一、三、四、五题“新安吴中珩校”，“中珩”二字显为剜改。美国国会图书馆藏为《六书》6种6卷4册本，同上细目，各为一卷。说明吴勉学的版子已转让2次以上，此版最起码为3印本。该刊本半页10行，行20字（19.5×12.8）。浙江图书馆、浙江中医研究院藏为6种6卷本，应是不全本或不同版本。此书别种版本子目又有不同。如《馆藏中医线装书目·伤寒金匮》第32页著录，中国科学院图书馆藏明书林锡环堂刻本、日本宽永七年庚午（1630）书林道伴加点新刻本、道光十三年癸巳（1833）文发堂刻天德堂藏板本、清末江阴朱氏校刻本、清敦化堂刻本，1930年上海千顷堂书局石印本等细目又有很大的区别，说明已对原书进行大规模改编。

万历二十九年（1601）新安吴勉学刻明金坛王肯堂辑《古今医统正脉全书》44种二〇六卷。《全国中医图书联合目录·综合性著作·丛书合刻》第716—717页、《中国古籍善本总目·子部·医家类·丛编》第八四一页、《馆藏中医线装书目·丛书》第300页、《中国古籍总目·子部·医家类·丛编之属》第3281—3282页、《［民国］歙县志·艺文志·书目》卷十五第八页（录为44种215卷）、《中国丛书综录·总目·类编·子类·医家》第一册第708—709页、《中国丛书综录补正·类编·子类·医家》第193页、《中国古籍善本书目·子部上·医家类》第167—168页、《中国书店三十年所收善本书目·子部·明·医家类》第九六页、《丛书书目汇编》第四册第五六二至五六三页、《汇刻书目》第一函第十一册第五至七页（子目略异，不注出版年份）、《明代版刻综录》第二卷第四五页、《北京图书馆古籍善本书目·子部·医家类》第一二三九页至一二四〇页、《美国哈佛大学哈佛燕京图书馆中文善本书志·子部》第313—314页、《安徽省古籍善本书目·子部·医家类》

卷三第二十一页等著录，国家图书馆、中国医学科学院图书馆、故宫博物院图书馆、天津图书馆、吉林省图书馆、河南中医学院图书馆(配补本)、上海图书馆、中华医学会上海分会图书馆、湖南省图书馆、南京图书馆、甘肃省图书馆、中国科学院图书馆、北京大学图书馆、陕西中医药研究院图书馆、上海第二医科大学图书馆、浙江医科大学图书馆、浙江中医药大学图书馆、中山图书馆、广州中医药大学图书馆、复旦大学图书馆、天津图书馆、浙江图书馆、四川省图书馆及台北故宫博物院、日本内阁文库藏，中国中医科学院图书馆藏本题“吴勉学校步月楼刻本，映旭斋藏板”，北京师范大学图书馆、上海图书馆、河南中医学院图书馆、重庆市图书馆、安徽省图书馆(清朱文震修补吴勉学版中30种108卷30册)收藏不全。该刊本半页10行，行20字，白口，四周单边，有刻工。

该书还有万历二十九年（1601）吴勉学刻清初金陵蕴古堂重修本，北京大学图书馆藏，上海图书馆藏不全本；清初映旭斋重修本北京大学图书馆藏；清江阴朱文震刻本（也与吴勉学旧版有关），故宫博物院图书馆、天津中医药大学图书馆、辽宁中医药大学图书馆、陕西中医药研究院图书馆、重庆市图书馆藏；清江阴朱文震刻光绪三十三年（1907）京师医局修补印本，国家图书馆、天津图书馆藏，南京图书馆藏本不全。该刊本半页10行，行20字，白口，四周双边。这些都与吴勉学刻本有直接和间接关系。有关此书资料还有《南京图书馆善本卡片目录》、《北京师范大学善本书目》、《甘肃省图书馆善本书目》、《书目答问补正·子部》卷三、《中国版刻图录》、《明清徽商资料选编》、《明清徽州农村社会关系与佃仆制度》、《安徽历史述要》、《［宣统］歙县志·人物·士林》、《中国古籍印刷史》、《徽州刻书》、《丛书集成初编·丛书百部提要》等。

明吴勉学编刊，书贾从《古今医统正脉全书》内抽印别题《河间医学六书》又名《刘河间伤寒六书》8种二十七卷。《四库全书总目·子部·医家类存目》卷一〇五第八八七页、《北京师范大学图书馆古籍善本书目·子部·医家类》第137页、《全国中医图书联合目录·伤寒金匮》第68页、《汇刻书目》第一函第十一册第九页、《安徽大学图书馆重编古籍善本书目·子部·医家类》卷三第77—78页著录，映旭斋藏本，国家图书馆、中国中医科学院图书馆、天津图书馆、天津市医学高等专科学校图书馆、河北中医学院图书馆、山东中医药大学图书馆、兰州医科大学图书馆、白求恩医科大学图书馆、黑龙江中医药大学图书馆、安徽大学图书馆（12册本）、上海中医药大学图书馆、苏州医学院、同济医科大学图书馆、河南省图书馆、重庆市图书馆、贵州中医药大学图书馆、成都中医药大学图书馆、广西中医学院图书馆、中山医科大学图书馆藏。北京师范大学图书馆仅藏此丛书中唐王冰注、宋林亿等校正《重广补注黄帝内经素问》二十四卷、《黄帝素问灵枢经》十二卷计2种36卷8册不全本 。

书贾抽印吴氏《古今医统正脉全书》别行又作万历二十九年（1601）吴勉学刻《东垣十书》二十二卷。《汇刻书目》第二函第十一册第十一页、《中国丛书综录补正·类编·子类·医家》第192页（作万历二十九年吴勉学刻）著录。还有万历二十九年岁月楼刊本拟为翻刻本。

万历间（1573—1620）吴勉学刻汉谯郡华佗撰《中藏经》八卷。《安徽省馆藏皖人书目》第247页著录，安徽省图书馆藏6册本。此书为《古今医统正脉全书》中的单行本。

万历间（1573—1620）吴勉学刻宋张杲撰《医说》十卷。《中国古籍善本总目·子部·医家类·杂录》第八六六页（不注刻书日期）、《中国古籍总目·子部·医家类·综论之属》第440页著录，北京中医药大学图书馆、中国中医科学院图书馆藏。该刊本半页10行，行20字，白口，四周双边。

万历间吴勉学刻明俞弁撰《续医说》十卷。《中国古籍善本总目·子部·医家类·杂录》第八六六页（不注刻书日期）、《中国古籍总目·子部·医家类·综论之属》第444页著录，北京市文物局藏。该刊本半页10行，行20字，白口，四周双边。

万历间又作明吴勉学刻宋张杲撰《医说》十卷、明俞弁撰《续医说》十卷计2种20卷。《明代版刻综录》第二卷第四十六页、《中国古籍善本书目·子部·医家类》第204页、《增订四库简明目录标注·子部五·医家类》卷第十第434页、《全国中医图书联合目录·医史》第696页、《中国古籍善本书目·子部·医家类》第204页、《馆藏中医线装书目·医史》第292页著录，北京中医药大学图书馆、中国中医科学院图书馆、上海第二医科大学图书馆、贵州中医药大学图书馆藏明新安吴勉学师古斋校刻宋张杲（字季明）撰《医说》十卷。

万历间新安吴勉学校刻明吴勉学辑《痘疹四种》五卷。《全国中医图书联合目录·临证各科》第501页、《馆藏中医线装书目·临证各科》第213页著录，中国中医科学院图书馆藏，应系此套丛书的不全本或先印本。

万历间新安吴勉学刻自辑《痘疹大全》8种二十一卷。《中国古籍善本书目·子部·医家类》第239页、《中国古籍善本总目·子部·医家类·儿科》第八六三至八六四页（作《痘疹大全□种》□卷存8种21卷）、《中国古籍总目·子部·医家类·妇幼科附痘疹》第797页、《中国丛书综录·总目·类编·子类·医家》第一册第729页、《馆藏中医线装书目·临证各科》第213页、《北京图书馆善本书目》、《中国书店三十年所收善本书目·史部·纪传类》第二九页、《明代版刻综录》第二卷第四十五页、《全国中医图书联合目录·临证各科》第501页、《美国哈佛大学哈佛燕京图书馆中文善本书志·子部》第338页著录，中国科学院图书馆（仅存7种）、中国医学科学院图书馆、中国中医科学院图书馆、南京图书馆（1部由佚名批校）、甘肃省图书馆、美国哈佛大学哈佛燕京图书馆（仅存4种5卷2册不全本）藏。该刊本半页10行，行20字（19.8×13.1），四周双边，白口，单鱼尾。

还有南京图书馆藏梅墅石渠阁印《痘疹大全》仅存7种十一卷的本子。

以上丛书都是吴勉学辑，初刻本与重印本子目区别很大，系增订本。但这两种丛书均非吴勉学辑刻的完本，吴氏此书原编规模要大得多。

明吴勉学刻汉张机撰、晋王叔和编、金成无已注解《法解伤寒论》十卷、《图》一卷计 11 卷。《北京大学图书馆藏古籍善本书目·子部·医家类》第 237 页著录，北京大学图书馆藏 1 册本，已收入《古今医统正脉全书》，此为单行本。

明新安吴勉学刻晋王叔和撰、宋林亿等辑《脉经》十卷。《北京大学图书馆藏古籍善本书目·子部·医家类》第 237 页著录，北京大学图书馆藏 4 册本，已收入《古今医统正脉全书》，此为单行本。

明新安吴勉学刻晋皇甫谧辑《针灸甲乙经》十二卷。《北京大学图书馆藏古籍善本书目·子部·医家类》第 239 页著录，北京大学图书馆藏 6 册本，已收入《古今医统正脉全书》，此为单行本。

万历间（1573—1620）吴勉学校刻宋闻人规（字伯圜）撰《［闻人氏］痘疹论》四卷。《全国中医图书联合目录·临证各科》第 496 页著录，陕西省中医药研究院图书馆藏。此书收入《痘疹大全》丛书中为 2 卷本，此当为后印单行本。

万历间（1573—1620）吴勉学刻宋朱肱《重校类证活人书》二十二卷。《明代版刻综录》第二卷第四十五页、《增订四库简明目录标注》第 433 页著录。此书直至光绪间仍在刊行。

万历间吴勉学刻明程充订《丹溪心法》五卷。《皖人书目》第 399 页著录，原江苏国学（併入今南京）图书馆藏。

万历间吴勉学刻明顾从德编《医学六经》6 种六十八卷。《全国中医图书联合目录·综合性著作》第 715 页、《中国古籍总目·子部·医家类·丛编之属》第 383 页、《明代版刻综录》第二卷第四十六页、《复旦大学图书馆善本书目》著录，上海中医药大学、复旦大学图书馆藏。

万历间吴勉学校刻晋皇甫谧撰《针灸甲乙经》十二卷。《中国善本书提要·子部·医家类》第 273 页、《馆藏中医线装书目·针灸推拿》

第61页著录，中国中医科学院图书馆、美国国会图书馆（6册本，为步月楼梓行）藏吴勉学校刻《医学六种》本。该刊本半页12行，行20字（19.7×14.1）。收入《四库全书》。

万历间新安吴勉学校刻隋巢元方等撰《巢氏诸病源候论》五十卷。《全国中医图书联合目录·基础理论》第38页著录，大连市图书馆、上海图书馆、上海中医药大学图书馆藏。

明新安吴勉学刻明戴原礼辑《证治要诀类方》四卷、《医学发明》一卷、《活发机要》一卷计3种6卷。《安徽省古籍善本书目·子部·医家》第二十八页著录，安徽中医药大学图书馆藏6册本。

新安吴勉学校刻明吴勉学、鲍士奇同校，元滑寿撰《新刊滑伯仁先生痧家枢要》附《一四经发挥》三卷。《四川省图书馆古籍目录》著录，四川省图书馆藏线装1册本。

吴勉学刻自编《师古斋汇聚简便单方》七卷。《中国医籍考》、《全国中医图书联合目录·方书》第221页著录，上海中医药大学图书馆藏顺治七年(1650)刊不全本，已与吴勉学无关，但极有可能是同一个版子。

吴勉学校本金张从政（字子和，号戴人）撰《儒门事亲》十五卷。《安徽省古籍善本书目·子部·医家类》卷三第二十八页、北京师范大学图书馆编《中文古籍书目·子部·医家类》第259页著录，安徽中医药大学图书馆（5册本）、北京师范大学图书馆（8册本）图书馆藏。

该书为金元四大医家之一金张从政（1156—1228）撰述，麻知几等记补的综合类医学著作。全书从风、暑、火、热、湿、燥、寒、内伤、内积、外积十形详细地阐述了张氏最擅长的汗、吐、下三法的学术见解和临床实践，内有不少创见及诸多治案，被世人称为攻下派经典著作。考该书《太医张子和儒门事亲》三卷为张氏亲撰，余为其学生麻知几据张氏向学生麻知几、常仲明讲授医术时记录补充整理成书。书名源于医理唯儒家可明，事亲当知医而名。但应指出张氏提出“汗、下、吐三法该（赅）尽治病”的观点有片面性。其次，介绍其余子部31种连同子目99种882卷（不分卷按1卷计）。

万历十五年（1587）吴勉学刻明彭好古辑《新刻彭氏类编杂说》六卷。《北京师范大学图书馆古籍善本书目·子部·类书类》第174页著录，北京师范大学图书馆藏12册本。该刊本半页10行，行22字，白口，四周单边，卷端镌“门人吴勉学吴时集校”。

万历二十三年（1595）吴勉学刻自考注《对类》二十卷。《中国古籍善本书目·子部·类书类》第835页、《中国古籍善本总目·子部·类书类》第一〇六九页、《中国古籍总目·子部·类书类·类编之属·专编》第2055页著录，国家图书馆、北京大学图书馆、中国科学院图书馆、复旦大学图书馆、安徽大学图书馆及安徽省博物馆藏。该刊本半页12行，行24字，小字双行同，白口，左右双边。清华大学、中共中央党校、中国科学院、故宫博物院、华东师范大学、东北师范大学藏明聚锦堂刻本。该刊本半页12行，行24字，白口，左右双边。国家图书馆、上海图书馆、南京图书馆、浙江图书馆、福建省图书馆、河南省图书馆、清华大学图书馆、重庆市图书馆、北京师范大学图书馆、江西省乐平县图书馆、河南省图书馆、美国哈佛大学哈佛燕京图书馆、台湾“中央”图书馆藏明刻本。该刊本半页12行，行24字，小字双行同，白口，左右双边。

万历丁酉（二十五年，1597）吴勉学师古斋刻明胡广等奉敕撰《性理大全书》七十卷。《中国古籍善本书目·子部·儒家类》第74页、《中国古籍善本总目·子部·儒家类》第八〇〇页、《中国古籍总目·子部·儒家类·儒学之属·合编》第31页、《安徽大学图书馆重编古籍善本书目·子部·儒家类》卷三第70页、《安徽省古籍善本总目·子部·儒家》第七页、《明代版刻综录》第十八页、《中国版刻综录》第六〇页、《福建大学善本书目》、《北京师范大学图书馆中文古籍书目·子部·儒家类》第240页、《东北师范大学图书馆藏古籍善本书目解题·子部·儒家类》第178页著录，首都图书馆、北京大学图书馆（2种版本）、清华大学图书馆、北京师范大学图书馆、天津图书馆、上海图书馆（由清胡期恒批点本）、河北大学图书馆、东北师范大学图书馆（24册本）、吉林省图书馆、吉林省社会科学院图书馆、西北师范大学图书馆（作万历间刻本）、甘肃师范大学图书馆、四川大学图书馆、中国科学院新疆分院图书馆、镇江市图书馆、安徽省图书馆（《新刻性理大全书》36册本仅录为吴勉学刻，未著录刻书日期及另1部为万历二十五年刻30册本）、安徽大学图书馆(4函24册本)、温州市图书馆、芜湖市图书馆(缺2卷)、福建省图书馆、福建师范大学图书馆、四川大学图书馆藏。该刊本半页10行，行20字，小字双行同，左右双边，白口，有墨笔圈点。该书采120家宋儒之说，其中有9人有专卷，余为其他人汇编，共分13类。此书收入《四库全书》。

附　万历二十五年文枢堂刻明胡广等奉敕撰《新刻京本性理大全》七十卷。《中国古籍善本书目·子部·儒家类》第76页、《中国古籍善本总目·子部·儒家类》第八〇〇页著录（作明吴勉学刻本），北京大学图书馆、安徽省图书馆(36册本)、重庆市图书馆、贵州省图书馆藏。该刊本半页10行，行20字，白口，左右双边。

此书姓氏页后有“万历丁酉（1592）春师古斋刊”题记10行，称监察御史杨宜董学南畿，命应天府学翻刻。又说：“迨今岁久模糊，新安吴勉学重校，付之剞劂。”每卷后都刻有“新安吴勉学重校”一行。细看此版师古斋题记与每卷后吴勉学题名的刀刻与原书不一，疑此版原版为应天府学旧板，后有“文枢堂吴桂宇梓”。它们之间的关系应为吴勉学对应天府学版（即京版）进行重校后，加上新刻京本字样，后转版给吴桂宇，吴桂宇以文枢堂号再版，吴桂宇版缘于吴勉学版。

万历二十五年（1597）吴勉学师古斋刻明胡广、杨荣编《历代名画记》十卷。笔者查故宫博物院图书馆藏24册本。

万历二十六年（1598）新安吴勉学刻明钱应充撰并注《史学璧珠》十八卷。《中国古籍总目·子部·类书类·类编之属·专编》第2072页著录，台湾图书馆藏。

万历二十八年（1600）新安吴勉学刊明吴嘉言撰《四季须知》二卷。

《明代版刻综录》第二卷第四十六页著录，南京图书馆藏。

万历三十一年（1603）吴勉学刻明胡广等撰《新刻九我李太史校正大方性理全书》七十卷。《中国古籍善本书目·子部·儒家类》第76页、《中国古籍善本总目·子部·儒家类》第八〇〇页、《中国古籍总目·子部·儒家类·儒学之属合编》第32页著录，上海图书馆、齐齐哈尔市图书馆、新疆大学图书馆、青海民族大学图书馆、扬州市图书馆、苏州大学图书馆、浙江大学图书馆、杭州市图书馆、湖南省社会科学院图书馆及公安部群众出版社藏。该刊本半页10行，行20字，白口，左右双边。台湾图书馆还藏明温陵李廷机刻本。

万历三十一年（1603）刻明彭俨撰《五侯鲭》十二卷。《中国古籍善本书目·子部·类书类》第856页、《中国古籍善本总目·集部·类书类》第一〇七四页、《中国古籍总目·子部·类书类·类编之属·通编》第2017页、《明代版刻综录》第二卷第四十五页、《北京图书馆古籍善本书目·子部·类书类》第一五五九页著录，国家(4册、6册本各1部)、北京大学图书馆、南京图书馆、武汉大学图书馆、华南师范大学图书馆藏。该刊本半页9行，行18字，白口，四周双边。

万历三十三年（1605）刻自撰《对类考注》又名《对类》二十卷。《中国古籍善本书目·子部·类书类》第835页、《中国善本书提要》第373页左、《明代版刻综录》第二卷第四十五页、《北京图书馆古籍善本书目·子部·类书类》第一五五二页、《浙江图书馆善本书目》、《中国书店三十年所收善本书目·子部·类书类》第一四〇页、《安徽省古籍善本书目·子部·类书类》卷三第八十四页、《安徽大学图书馆重编古籍善本书目·子部·类书类》卷三第98页著录，国家图书馆（竹纸8册本）、浙江图书馆、安徽大学图书馆（7册本）、安徽省博物馆（16册本）藏完本，安徽省图书馆缺第二卷计19卷6册，美国国会图书馆藏本还附刻《习对发蒙格式》一卷。中国书店收购8册竹纸印本。该刊本半页12行，行24字（21.7×14.3），小字双行同，左右双边，白口。《总目》后题："新安吴勉学考注重梓，金陵徐智督刊。"作万历二十三年刻，国家图书馆、华东师范大学图书馆、安徽大学图书馆（7册本）及安徽省博物馆藏。还有明聚锦堂刻本，清华大学图书馆、中共中央党校图书馆、中国科学院图书馆、故宫博物院图书馆、华东师范大学图书馆、东北师范大学图书馆藏；明刻本，北京师范大学图书馆、江西省乐平县图书馆、河南省图书馆藏。

万历间（1573—1620）吴勉学刻明胡广等撰《新刻京本性理大全》七十卷。《中国古籍总目·子部·儒家类·儒学之属·合编》第32页著录，北京大学、重庆市、贵州省图书馆藏。

万历三十一年（1603）吴勉学刻明胡广等撰《新刻九我李太史校正大方性理全书》七十卷。《中国古籍总目·子部·儒家类·儒学之属·合编》第32页著录，上海图书馆、齐齐哈尔市图书馆、青海民族大学图书馆、扬州市图书馆、苏州大学图书馆、浙江大学图书馆、湖南省社会科学院图书馆藏。

万历三十四年（1606）吴勉学刻明胡应麟撰《笔丛正集》三十二卷、《续集》十六卷计12种48卷。《中国古籍善本书目·子部·杂家类》第575页、《中国古籍善本总目·子部·杂家类·杂学杂说》第九八二页、《中国古籍总目·子部·杂家类·杂学杂说之属》第1700页、《中国人民大学图书馆古籍善本书目·子部·杂家类》第117页、《明代版刻综录》第二卷第四十五页、《北京图书馆古籍善本书目·子部·丛书类》第一九四四页至一九四五页、《中国善本书提要·子部·杂家类》第350页、《安徽省古籍善本书目·子部·杂家类》卷三第五十八至五十九页、安徽师范大学图书馆《古籍善本书目（初稿）·子部·杂家类》第34页、《四库全书总目·子部·杂家类七》卷一二三第一〇六三至一〇六四页著录，国家图书馆（分别藏14册本1部，16册本2部）、北京大学图书馆、中国人民大学图书馆（1函8册本）、首都师范大学图书馆、中国科学院图书馆、上海图书馆、复旦大学图书馆、天津图书馆、山西大学图书馆、大连市图书馆、西北大学图书馆、南京图书馆、浙江大学图书馆、安徽师范大学图书馆（20册本）、福建省图书馆、湖南省社会科学院图书馆、甘肃省图书馆、山东省图书馆、辽宁省图书馆、南充师范学院图书馆、云南省图书馆、美国国会图书馆（14册本）及北京市文物局、安徽省博物馆（12册本）藏。原题："安定胡应麟著，新城邓渼、殷城黄吉士、沁水孙居相同校，新安吴勉学阅梓。"该刊本半页10行，行20字（19.6×13.3），小字双行同，白口或细黑口，左右双边，书口上题《笔丛》及卷数。此为先印或未竣本。

万历三十四年刻明胡应麟撰、明新都江湛然辑《少室山房四集》一名《少室山房类稿》，又名《少室山房汇稿》《少室山房全稿》《少室山房全集》《少室山房四部》，即《笔丛》10种三十二卷，《续笔丛》3种十七卷，《诗薮内编》《外编》《续编》《杂编》4种二十卷及《少室山房类稿》一百二十卷计18种199卷。《四库全书总目·子部·杂家类七》卷一二三第一〇六三至一〇六四页、《杭州大学图书馆善本书目》、《北京图书馆善本书目》、《南京图书馆善本卡片目录》、《福建大学图书馆善本书目》、《中国丛书综录·总目·汇编·独纂类（明代）》第一册第477—478页、《明代版刻综录》第二卷第四十六页、《中国丛书综录补正·汇编·独纂类》第89页著录，国家图书馆、南京图书馆、浙江大学图书馆、福建大学图书馆、苏州市图书馆藏。原题："安定胡应麟著，新城邓渼、殷城黄吉士、沁水孙居相同校，新安吴勉学阅刻。"

万历四十三年（1615）吴勉学套印唐赵崇祚编、明汤显祖评《花间集》十卷、《补遗》二卷计2种12卷。《安徽历史述要》第546页、《[民国]歙县志·人物志·士林》第十卷第九页均举吴勉学刻书例中有《花间集》、《增订四库简明目录标注·集部·词曲》第955页著录，安徽省图书馆有明万历四十三年刻套印3册本。

万历间（1573—1620）吴勉学刻元董德彰撰《四神秘诀》四卷。《中国古籍善本书目·子部·术数类》第353页、《中国古籍善本总目·子部·术数类·相宅相墓》第九一五页、《中国古籍总目·子部·术数类·堪舆之属·地理》第1177页、《全明分省分县刻书考·安徽省卷》第十一页、《北京大学图书馆藏古籍善本书目·子部·术数类》第257页著录，北京大学图书馆藏4册本，有李盛铎跋。该刊本半页9行，行18字，白口，左右双边。

万历间吴勉学、江中澄刻《八宅四书》7种十三卷。《中国丛书广录·类编丛书·子类·术数类》第725页著录，武汉市图书馆藏。

明吴勉学校刻《宅宝经》一卷。《［民国］歙县志·艺文志·书目》卷十五第八页著录。

万历间（1573—1620）吴勉学刻《阳宅大全》6种十一卷。《中国古籍善本总目·子部·术数类·相宅相墓》第九一四页、《中国古籍善本书目·子部·术数类》第348页、《中国古籍总目·子部·术数类·堪舆之属·阴阳二宅》第1159页、《中国丛书广录·类编丛书·子类·术数类》第725页著录，辽宁省图书馆、浙江图书馆、杭州市图书馆、重庆市图书馆藏。该刊本半页9行，行18字，白口，四周单边。

万历间师古斋刻唐释般剌密谛、唐释弥伽释迦译、宋释思坦（怀坦）法师集注《大佛顶如来密因修正了义诸菩萨万行首楞严经》十卷。《中国古籍善本书目·子部·释家类》第947页、《明代版刻综录》第二卷第四十五页、《中国古籍总目·子部·释家类·撰述之属·章疏部·密教经轨疏》第3340页著录，四川省图书馆藏。

万历间吴氏师古斋刻题宋释思坦（怀坦）辑、题明杨起元批校《大佛顶如来密因修正了义诸菩萨万行首楞严经集注节要》十卷。《中国古籍总目·子部·释家类·撰述之属·章疏部·密教经轨疏》第3340页、《北京大学图书馆藏古籍善本书目·子部·释家类》第339页著录，北京大学图书馆藏题明杨起元批校10册本。

万历间（有的注为二十五年，1597）新安吴勉学师古斋刻明胡广[①]等奉敕撰《新刻京本性理大全书》又名《性理大全书》七十卷。《中国古籍善本书目·子部·儒家类》第74页、《山东省图书馆馆藏海源阁书目·子部·儒家类》第133页（万历二十五年刻）、《明代版刻综录》第二卷第四十五页、《中国善本书提要·子部·儒家》第228页、《安徽省古籍善本书目·子部·儒家》第七页、《美国哈佛大学哈佛燕京图书馆中文善本书志·子部》第284—285页、《北京师范大学图书馆古籍善本书目·子部·儒家类》第131页（作万历二十五年）、《天禄琳琅书目》续卷十六第十一页、《中国版刻综录》第六〇页等著录，安徽省图书馆（30册本、36册本各1部）、安徽大学图书馆（30册本）、北京大学图书馆（24册、32册本各1部）、北京师范大学图书馆（48册本）、首都图书馆、清华大学图书馆、天津图书馆、河北大学图书馆、山东省图书馆（2函20册本）、东北师范大学图书馆（24册本）、吉林省社会科学院图书馆、（甘肃）西北师范学院图书馆、中国社会科学院新疆分院图书馆、上海图书馆（清胡期恒批点）、镇江市图书馆、温州市图书馆、福建省图书馆、四川大学图书馆、福建师范大学图书馆、西北大学图书馆、美国哈佛大学哈佛燕京图书馆（24册本）及日本东京大学东洋文化研究所藏，芜湖市图书馆藏缺两卷29册不全本。清内府藏此版2函12册本1部。该刊本半页10行，行20字（21×14.7），小字双行同，白口，左右双边，双黑鱼尾。此版封面有“五车楼”印，在目录前页有师古斋题识：“取官降善本校录翻刻布之庠序。迨今岁久模糊，新安吴勉学重校付之剞劂，庶广极之敷言，为誉髦斯士之一助云尔。万历丁酉春师古斋刊。”山东省图书馆藏本封面题“呈祥馆周誉吾藏板”，又有“留耕堂藏板”印，说明吴氏这一名版多次转版。此书收

① 胡广，字光大，吉水人。建文时举进士第一，授翰林院编修，赐名靖。成祖时复名广，累官至文渊阁大学士兼左春坊大学士。是明前期著名的官修御纂类大书的官修书著名编辑，卒谥文穆。永乐十三年（1415）九月将奉敕编纂《性理大全书》与《五经四书大全》同上奏进。

入《四库全书总目·子部·儒家类》。徐按，此书原为129卷，成于永乐十三年（1415），成祖御制序颁刊天下。

万历间（1573—1620）吴勉学刻刘宋刘义庆撰、梁刘孝标注《世说新语》六卷。《中国古籍善本书目·子部·杂家类》第637页、《中国古籍善本总目·子部·杂家类·杂记》第一〇〇九页（不注刻书日期）、《中国古籍总目·子部·杂家类·杂记之属》第1844页、《明代版刻综录》第二卷第四十五页、《浙江图书馆善本书目》、《安徽省古籍善本书目·子部·小说家类》卷三第六十七页著录，北京市文物管理局、九华山管理处、安徽省博物馆（6册本）及国家图书馆、吉林省图书馆、上海图书馆、天津图书馆、山西省河津市图书馆、吉林市图书馆、南京图书馆、广西民族大学图书馆、四川省图书馆、重庆市图书馆、浙江图书馆藏。该刊本半页9行，行18字，白口，四周双边。安徽劳动大学图书馆（6册本）收有此版的清修本。

万历间新安吴勉学重刻《对类》二十卷附《习对发蒙格式》一卷计2种21卷。《中国善本书提要·子部·类书类》第373页著录，美国国会图书馆藏16册本。《总目》后题："新安吴勉学考注重梓，金陵徐智督刊。"该刊本半页12行，行24字，小字双行同（21.7×14.3），白口，左右双边。总目后刻"新安吴勉学考注重梓""金陵徐智督刊"字样。明末新安吴氏刻《对类》二十卷。《北京大学图书馆藏古籍善本书目·子部·类书类》第319页著录，北京大学图书馆藏10册本。《北京师范大学图书馆古籍善本书目·子部·类书类》第172页、《皖人书录》第362页（作万历二十三年［1595］自刻《对类考注》十卷）著录。北京师范大学图书馆藏本版还有《首》一卷计12册本。说明该书版本有3种以上。

万历间刻明赵光裕批选、赵子玄辑《新镌批选皇明百将传合法兵戎事类》三卷。《明代版刻综录》第二卷第四十六页、《北京大学图书馆藏古籍善本书目·子部·兵家类》第230页著录，北京大学图书馆藏3册本。

吴勉学刻唐释道宣撰《广宏明集》三十卷。《书目答问补正·子部》卷三第一四九页著录（按，清人避清高宗弘历讳，易“弘”为“宏”）。

万历间刻新安吴勉学自辑《二十子全书》又名《二十子》《吴刻二十子》《二十家子书》20种一百七十卷。《中国古籍善本书目·子部·总类》第11—12页、《中国古籍善本总目·子部·总类》第七八一页（径作吴勉学编刻，不注刻书日期）、《汇刻书目》第三册第十四页（无《难字音义》《外篇》各一卷）、《中国古籍总目·子部·总类·丛编之属》第10页、《中国古旧书刊拍卖目录》第214页、《天禄琳琅书目》续卷十六第一页、《安徽省馆藏皖人书目》第135页、《丛书书目汇编》第一册第五页（略有区别，为省篇幅，不另立）、《［民国］歙县志·艺文志·书目》卷十五第八页（录作142卷，为不全本）、《北京图书馆古籍善本书目·子部·总类》第一一七二页至一一七三页、《明代版刻综录》第二卷第四十五页、《北京大学图书馆藏李氏书目》、四川省图书馆《古籍目录》、《增订四库简明目录标注·子部·儒家类》卷第九第384页、《安徽省古籍善本书目·子部·总类》卷三第一页、《中国版刻综录》第一一七页、《中国丛书综录·总目·类编·子类·诸子》第一册第692页、《中国丛书综录补正·类编·子类·诸子》第187页、《中国书店三十年所收善本书目·子部·总类》第八四页著录，国家图书馆（分别为36册、60册本）、北京大学图书馆、中国科学院图书馆、上海图书馆、吉林省图书馆、吉林大学图书馆、吉林市图书馆（佚名批校）、宁夏回族自治区图书馆、南京大学图书馆、南京图书馆、浙江图书馆（老子、文子、韩非子、淮南子、荀子由清朱骏声校）、武汉大学图书馆、重庆市图书馆、四川省图书馆（36册全）收有完本，安徽省（仅存7种33卷16册）、南京大学图书馆收藏不全，中国书店收竹纸线装40册本。该刊本半页9行，行18字，白口，左右双边。清内府藏此丛书3函18册本1部，子目与上略有区别。如《关尹子文始真经》作《关尹子文治真经》等。潘景郑在《著砚楼书跋》第172页中说：“明新安吴勉学、吴中珩校刊本《韩非子》二十卷，不附《识误》，字体与赵用贤相类。前后序跋俱无，传本绝少。前人亦见著录，所出不知何本？间有讹字，经王友光氏以朱笔改正。”此为又一种版本。明季汇刻子书以吉藩和吴勉学汇刻《二十子》为最著。吉府本与吴刻目录相同者有10种。吴刻版籍后转让黄之寀。黄氏将“吴勉学”3字剜去，补入“黄之寀”3字。黄氏又小动了原版，少刻了《吕氏春秋》，加入《楚词（辞）》，再加细检，其《庄子》《楚词》2种又与各种题衔不同，每卷首无校刻姓名，篇末则有“明新安吴勉学校刻”一行。黄之寀重校版的《黄刻二十一子》一百四十三卷为国家级善本书。《明代版刻综录》卷二第四六页著录万历间（1573—1620）刻唐房玄龄注《管子》二十四卷，应为《二十子》之一种。《北京大学图书馆藏古籍善本书目·集部·总集类》第360页著录馆藏2部均不全（1种仅存13种16册，另1种仅存4种7册）。该刊本半页9行，行18字（19.5×14.4），白口，左右双边，大字无注。版心上刻“万历五年（1577）刊”5字，有刻工。《北京师范大学图书馆古籍善本书目·子部·总类》第127页著录该馆仅存题（周）李耳撰《老子道德经》二卷、题（周）尹喜撰《关尹子文始真经》一卷、（五代）谭峭撰《谭子化书》六卷计3部子书9卷2册不全本。

万历间吴勉学刻明彭好古[①]辑《道言内外》六卷。《中国古籍善本书目·子部·道家类》第1067页、《中国古籍善本总目·子部·道家类》第一一四五页、《中国古籍总目·子部·道家类·道教之属·合编》第2411页著录，北京大学图书馆、吉林省图书馆及北京市文物局藏。

---

① 彭好古，字熙阳，号伯钱，湖北麻城人。万历十四年（1586）进士，任歙县知县。他为人刚正不阿。升御史，历佥事。在歙县任上网罗一批知识分子，大出版商吴勉学及吴时集等都同称为其门人。著《类编杂说》六卷、《道言内外》六卷、《镌彭会魁类编古今文髓》六卷等。今查《中国古籍善本书目·子部·类书类》第849页著录，北京大学图书馆、北京师范大学图书馆、上海图书馆、上海辞书出版社图书馆及常熟市文物管理委员会藏明万历十五年刻本，河南省图书馆、广东省社会科学院图书馆、四川大学图书馆、台湾“中央”图书馆、美国哈佛大学哈佛燕京图书馆（6册本）还藏明万历十九年（1591）金亭毛氏五德堂《新刻彭氏类编杂说》六卷。

同页还著录黄之寀重修吴勉学此版重印本，首都图书馆、中共中央党校图书馆、上海图书馆、华东师范大学图书馆、上海辞书出版社图书馆、陕西省中医药研究院图书馆、南京图书馆、无锡市图书馆、河南省图书馆、河南大学图书馆、中山大学图书馆、四川省图书馆、青海省图书馆、云南大学图书馆藏，辽宁省图书馆藏本不全。此两个版子其实是同一版本，属《道言内外秘诀全书》丛书中的一种。该刊本半页 9 行，行 18 字，白口，左右双边。

万历间（1573—1620）吴勉学刻明黄一正辑注《事物绀珠》四十六卷。《中国古籍善本书目·子部·类书类》第 852 页、《中国古籍善本总目·子部·类书类》第一〇七三页、《中国古籍总目·子部·类书类·类编之属·专编》第 2063 页、《北京图书馆古籍善本书目·子部·类书类》第一五五六页、《北京大学图书馆藏古籍善本书目·子部·类书类》第 321 页、《中国善本书提要·子部·类书类》第 377 页、《四库全书总目·子部·类书类存目二》卷一三八第一一七二页、《安徽省古籍善本书目·子部·类书》卷三第八十九页（作吴中珩刻）著录，国家图书馆（16 册本）、故宫博物院图书馆、北京大学图书馆（10 册本）、美国国会图书馆（16 册本）藏，安徽省图书馆仅存卷一至二十、卷二八至四六计 39 卷 5 册不全本。原题："广陵黄一正辑注，新安吴勉学校正。"该刊本半页 10 行，行 20 字（20.1×13.2），白口，四周单边。国家图书馆还藏明刻本。经考证自序为万历十九年（1591），崔光玉序为万历三十二年（1604），出版日期当在后序后。四库馆臣指出："《明史·艺文志》著录四十六卷。今考其目，自《天文》《地理》至《琐言》《琐事》，凡四十六目，非四十六卷也。"今据实物知馆臣系据残本定，误，实 46 卷。

明新安吴勉学编刻宋刘潜撰、吴勉学编《堪舆秘传》不分卷，《堪舆续论》不分卷，宋赖克俊撰《阴阳正源堪舆至秘寓集》不分卷计 3 种不分卷。《安徽省古籍善本书目·子部·术数类》卷三第七十四页著录，安徽省图书馆藏 1 册本。

明刻明吴勉学辑《堪舆秘传》一卷、《续论》一卷、《赖仙心印》一卷计3种3卷。《安徽省馆藏皖人书目》第135页、《安徽文献书目》第47页著录，安徽省图书馆藏1册本。

万历间（1573—1620）新安吴氏刻明一壑居士集（辑）《阳宅大全》又名《重镌官板阳宅大全》十卷。《中国古籍总目·子部·术数类·堪舆之属·阴阳二宅》第1160页著录，国家图书馆藏。

明吴勉学刻汉刘向撰《刘向新序》十卷。《中国古籍善本总目·子部·儒家类》第七八八页著录，北京师范大学图书馆、吉林省图书馆、山东省图书馆、浙江图书馆及浙江图书馆天一阁分馆藏。该刊本半页9行，行18字，白口，左右双边。

明吴勉学刻汉刘向撰《刘向说苑》二十卷。《中国古籍善本总目·子部·儒家类》第七八九页著录，北京师范大学图书馆、吉林市图书馆、南京图书馆（清顾观光校）、浙江图书馆、安徽省图书馆及浙江图书馆天一阁分馆藏。该刊本半页9行，行18字，白口，左右双边。

新安吴勉学刻汉刘向撰《刘向说苑》二十卷、《刘向新序》十卷计2种30卷。《中国古籍善本书目·子部·儒家类》第38页、《北京师范大学图书馆古籍善本书目·子部·儒家类》第129页、《中国古籍总目·子部·儒家类·儒学之属·两汉至唐》第55页（仅录后1种）及第56页（录前1种）、北京师范大学图书馆编《中文古籍书目·子部·儒家类》第237页、《安徽省古籍善本书目·子部·儒家》卷三第三页著录，安徽省图书馆（4册本）、北京师范大学图书馆（1函12册本）藏。《中国古籍善本书目·子部·儒家类》第36页、《山东省图书馆馆藏海源阁书目·子部·儒家类》第129页著录，北京师范大学图书馆（6册本1部、10册本各1部）、吉林省图书馆（《刘向新序》十卷）、吉林市图书馆（前1种）、南京图书馆（前1种）、吉林大学图书馆、新疆大学图书馆、山东省图书馆（1函2册本）、浙江图书馆及天一阁分馆藏吴勉学刻汉刘向撰《刘向新序》十卷；北京师范大学图书馆、吉林省图书馆、浙江图书馆、安徽省图书馆、南京图书馆（由清顾观光校）及浙江图书馆天一阁分馆藏吴勉学刻汉刘向撰《刘向说苑》二十卷。该刊本半页9行，行18字（20.1×14.9），白口，左右双边，单黑鱼尾。为单行本。

明刻明吴勉学注《家语》十卷。《中国古籍善本书目·子部·儒家类》第23页、《中国古籍总目·子部·儒家类·儒学之属·先秦》第40页、《北京图书馆古籍善本书目·子部·儒家类》第一一八〇页、《天禄琳琅书目》续卷十六第二页著录，国家图书馆藏2册本，由清汪喜孙校。该刊本半页9行，行19字，白口，四周单边。清内府藏此版1函4册本，前有素王事实，历聘纪年，王世贞序。

吴勉学刻魏王肃注《孔子家语》十卷。《中国古籍善本总目·子部·儒家类》第七八五页（作万历间刻）、《中国古籍总目·子部·儒家类·儒学之属·先秦》第38页（作万历间刻）、《中国古籍善本书目·子部·儒家类》第21页、《安徽省古籍善本书目·子部·儒家》第二十一页、四川图书馆编《古籍目录》（著录为晋王肃注）著录，中国科学院图书馆、上海图书馆、华东师范大学图书馆、浙江图书馆、华侨大学图书馆、安庆市图书馆（2册本，有图）、中山大学图书馆、四川省图书馆（6册本，卷首附版图14幅）藏。该刊本半页9行，行18字，白口。

吴勉学校刻宋朱熹、吕祖谦编，叶采集解《分类经进近思录集解》十四卷。《中国古籍善本书目·子部·儒家类》第58页、《中国古籍善本总目·子部·儒家类》第七九五页、《美国哈佛大学哈佛燕京图书馆中文善本书志·子部》第281页著录，国家图书馆、北京大学图书馆（李氏书目著为李7958）、上海图书馆、复旦大学图书馆、山东省图书馆、南京图书馆、杭州市图书馆、福建省图书馆、美国哈佛大学哈佛燕京图书馆（1册本、4册本各1部）、普林斯顿大学葛思德东方图书馆及青岛市、安徽省博物馆和日本内阁文库藏。吴中珩再印本安徽省博物馆藏。该刊本半页9行，行18字（19.5×13.5），左右双边，白口，单鱼尾，题“建安叶采集进，鹭洲后学周公恕类次，新安吴勉学校阅”。而该馆还藏万历四十六年（1618）陈以跃刻宋叶采撰《分类近思录集解》十四卷3册本，为陈以跃据嘉靖十七年（1538）刘仕贤刻本重梓，在刘序后题“万历戊午（1618）秋月两浙运使泰和陈以跃重梓”。该刊本半页9行，行18字，四周双边，白口，单鱼尾，书口下刻字数，题“建安叶采进，鹭洲后学周公恕类次，新安吴勉学校阅，泰和后学陈以跃校梓”，说明此版也由吴勉学参与。

万历间（1573—1620）刻明周汝登[①]纂《朱子语录》不分卷。《东北师范大学图书馆藏古籍善本书目解题·子部·儒家类》第179页著录，东北师范大学图书馆藏1册本，有吴勉学万历癸卯（三十一年，1603）年序。该刊本半页10行，行20字，白口，左右双边。

吴勉学校刻《楚辞集注》八卷、《后语》六卷、《辩正》二卷计3种16卷。《中国善本书提要》第490页著录为校。

万历间刻唐李翰撰、宋徐子光补注、明吴勉学校正《标题补注蒙求》三卷。《中国古籍善本书目·子部·类书类》第787页、《中国古籍总目·子部·类书类·类编之属·通编》第2048页著录，辽宁省图书馆藏。

明吴勉学刻明耿定向[②]辑《象山先生语录》三卷。《东北师范大学图书馆藏古籍善本书目解题·子部·儒家类》第176页著录，东北师范大学图书馆藏1册本。该刊本半页10行，行20字，白口，四周双边。卷端题：“新安吴勉学校梓。”此书举象山激发人语、指点人语、锻炼人语为三编，以改正世人视象山学为禅学的消极印象。

明刊明吴勉学辑《刻宋明四先生语录》4种八卷。《中国丛书综录续编·类编·子类·儒家》第237页著录，惜未录藏家。

---

① 周汝登，字继元，明嵊人。万历间进士，累官至南京尚宝卿。

② 耿定向，字在伦，黄安人。嘉靖（1522—1566）进士，升御史，出按甘肃。万历间累官至户部尚书。学宗王守仁，著《耿子庸言》《硕轻宝鉴》《耿天台文集》等。

四、集部

要者计有19种连同子目28种937卷。

万历十九年（1591）刻明陈文烛[①]撰《二酉园尺牍选》二十卷。《明代版刻综录》第二卷第四十六页、《华东师范大学图书馆善本书目》著录，华东师范大学图书馆藏。

万历二十九年（1601）崇古堂刻梁萧统选、明吴勉学校《古诗正声》七卷附明高棅选、明吴中珩校《唐诗正声》二十二卷计2种29卷。《安徽省古籍善本书目·集部·总集·通代》卷四第八页著录，安徽省博物馆藏8册本。

万历三十年（1602）吴勉学刻《四唐汇诗·初唐汇诗》七十卷、《诗人氏系履历》一卷、《目录》十卷计2种81卷。《中国古籍善本书目·集部·总集类》第1671页、《中国古籍善本总目·集部·总集类·断代》第一七六四页、《中国古籍总目·集部·总集类·断代之属》第2996页、《北京图书馆古籍善本书目·集部·总集类》第二七八九页、《安徽省古籍善本书目·集部·总集类·断代》卷四第二十四页、《安徽省馆藏皖人书目》第135页、《安徽文献书目》第46页著录，国家图书馆（12册本）、首都图书馆、北京师范大学图书馆、徐州市图书馆、安徽省图书馆（12册本）藏。该刊本半页9行，行18字，白口，左右双边。此书为万历三十年吴勉学所刻《四唐汇诗》本之一。全书现尚未查到藏处。

万历三十年（1602）吴勉学刻《四唐汇诗·盛唐汇诗》一百二十四卷、《诗人氏系履历》一卷、《目录》二十二卷计3种147卷。《中国古籍善本书目·集部·总集类》1671页、《中国古籍善本总目·集部·总集类·断代》第一七六四页、《中国古籍总目·集部·总集类·断代之属》第2996页、《北京图书馆古籍善本书目·集部·总集类》第二七九〇

---

① 陈文烛，字玉叔，沔阳人。嘉靖间（1522—1566）进士。

页著录，国家图书馆（24 册本）、首都图书馆、北京师范大学图书馆、东北师范大学图书馆、浙江图书馆、湖北省图书馆、四川大学图书馆藏。该刊本半页 9 行，行 18 字，白口，左右双边。

万历三十年刊吴勉学辑、明江湛之等校订《初唐汇诗》七十卷、《目录》十卷，《盛唐汇诗》一百二十四卷、《目录》二十二卷计 2 种 226 卷。《北京师范大学图书馆古籍善本书目·集部·总集类·断代》第 206 页、《西谛书目·集部中·总集类》卷四第三二页著录，西谛曾藏 36 册本，国家图书馆、浙江图书馆、湖北省图书馆还藏仅存《初唐汇诗》七十卷。全书应名《四唐汇诗》□□□卷。今存世作为国家善本书的仅有初、盛唐两集就达 226 卷。首都图书馆藏万历三十年善盈斋刊明吴勉学辑《四唐汇诗》。北京师范大学图书馆藏明万历间（1573—1620）吴勉学刻《四唐汇诗》本中此书并在初、盛唐集中各多《诗人氏系履历》一卷计 228 卷 24 册本。该刊本半页 9 行，行 18 字，白口，左右双边。可见，这是一部大型的唐诗搜集整理编辑出版工程，总卷帙几达 500 卷，堪称最早的全唐诗或唐诗集成。吴勉学刻本不止一个版本，起码算 2 版，近千卷。

万历三十年新安吴勉学合刻明李三才辑《李何二先生诗集》2 种四十八卷。《中国丛书综录·总目·类编·集类·总集（明代）》第 855 页、《明代版刻综录》第二卷第四十五页、《北京图书馆善本书目》、《四川省图书馆古籍目录》第 41 页著录，北京大学图书馆、天津图书馆、国家图书馆、四川省图书馆（仅藏《李崆峒先生诗集》三十三卷，线装 5 册本）藏。

万历三十五年（1607）新安吴勉学师古斋刊明郭造卿撰《海岳山房存稿》4 种二十六卷。《中国古籍善本书目·集部·明别集类》第 736—737 页、《中国古籍总目·集部·别集类·明代之属》第 791 页、《明代版刻综录》第二卷第四十五页、《北京图书馆古籍善本书目·集部·明别集类》第二三九八页、《中国版刻综录》第六〇页著录，国家图书馆（6 册本，有伦明跋）、北京大学图书馆、天津图书馆藏，山东省图书馆、浙江大学图书馆及安徽省博物馆藏不全。该刊本半页9行，行18字，白口，左右双边。

吴勉学刻宋金履祥补撰《古诗归》十五卷。今查故宫博物院图书馆藏20册本。

吴勉学刻明王宗沐撰《古诗归》十五卷。今查故宫博物院图书馆藏16册本。

明刊明吴勉学辑、明吴士奇校正《唐乐府》十八卷。《中国古籍善本书目·集部·总集类》第1672页、《中国古籍善本总目·集部·总集类·断代》第一七六四页、《北京图书馆古籍善本书目·集部·总集类》第二七九〇页、《中国善本书提要·集部·总集类》第462页、《中国古籍总目·集部·总集类·断代之属》第2996页、《东北师范大学图书馆藏古籍善本书目解题·集部》第286页、《［民国］歙县志·艺文志·书目》卷十五第八页、《四库全书总目·集部·总集类存目三》卷一九三第一七六一页、《北京大学图书馆藏古籍善本书目·集部·总集类》第391页、《西谛书目·集部中·总集类》卷四第三二页著录，西谛图书馆（6册本）、东北师范大学图书馆（3册本）、国家图书馆（6册本）、北京大学图书馆（8册本）、天津图书馆、上海图书馆、吉林大学图书馆、广东省社会科学院图书馆、重庆市图书馆及美国国会图书馆（6册本）藏。该刊本半页9行，行19字（19.8×12.9），白口，四周双边。原题："朱子集注，后学监察御史高安朱吾弼重编，礼部郎中婺源汪国楠、婺源知县嘉兴谭昌言、婺源教谕新淦朱家栐、光禄寺丞歙县吴勉学同校，婺源庠生王正己、文公裔孙朱崇沐阅梓。"按该刊本校刻人题名与万历二十三年刻本《朱文公校昌黎先生文集》相同。考朱吾弼在《韩集》序中说："崇沐尽刻紫阳遗集。"则此刻本应为朱崇沐刻本，吴勉学等大家们参与。后又以吴勉学名义重印过。该刊本半页9行，行19字，白口，四周双边。卷端题"明新安吴勉学师古编辑，吴士奇无奇校正"牌记。此书汇辑唐人乐府中的初唐时期，未取中晚唐时期的作品。四库馆臣指出："只登初盛，而不及中晚"，且"小增损即多有不当"等毛病。

明刻明吴勉学撰、明江湛之等校订《盛唐汇诗》一百二十四卷、《目录》二十二卷附《盛唐诗人氏系历履》计 3 种 146 卷。《东北师范大学图书馆藏古籍善本书目解题·集部》第 286—287 页著录，东北师范大学图书馆藏 36 册本。是书辑盛唐 234 人诗作，计分四言古体、七言古体、五言律体、五言排律、七言律体、五言绝句、七言绝句 8 类，为"四唐乐府"之一。该刊本半页 9 行，行 18 字，白口，左右双边。

明刻明吴勉学校汉刘向辑《楚辞》十卷。《中国古籍总目·集部·楚辞类》第 2 页著录，天津图书馆藏。

明吴勉学刻楚屈原、宋玉，汉贾谊等撰《楚辞》二卷。《中国古籍善本总目·集部·楚辞类》第一一六一页著录，北京师范大学图书馆、中国社会科学院文学研究所图书馆、湖南省图书馆藏。该刊本半页 9 行，行 18 字，白口，左右双边。

明吴勉学刻汉刘向辑、明吴勉学校《楚辞》二卷。《中国古籍善本总目·集部·楚辞类》第一一六一页著录，国家图书馆藏 2 册本。该刊本半页 9 行，行 19 字，白口，四周单边，有清蓝涟跋。说明是两种不同版本。《明代版刻综录》卷二第四六页、《北京图书馆古籍善本书目·集部·楚辞类》第一九八四页则著录为万历间（1573—1620）刻。

万历间吴勉学刻明张之象辑《唐雅》二十六卷。《中国古籍善本总目·集部·总集类·断代》第一七六三页、《明代版刻综录》第二卷第四十六页、《浙江图书馆善本书目》、《安徽省古籍善本书目·集部·总集·断代》第二十四页著录，北京大学图书馆、上海图书馆、山东省图书馆、山东大学图书馆、河南省图书馆、浙江图书馆藏，安徽省博物馆注为二十一卷线装 4 册，则是不全本。该刊本半页 9 行，行 19 字，白口，四周双边。

万历间（1573—1620）吴勉学刻明张之象辑《唐雅》二十一卷。《中国古籍善本书目·集部·总集类》第 1669 页、《中国古籍总目·集部·总集类·断代之属》第2993页、《北京大学图书馆藏古籍善本书目·集部·总集类》第391页著录，国家图书馆、北京大学图书馆、上海图书馆、山东省图书馆、山东大学图书馆、河南省图书馆及安徽省博物馆藏。丛书选自唐武德至开元间（618—741）。《唐雅》最多为26卷，此为初印或不全本。

万历间吴勉学刻明杨慎编《赤（尺）牍清裁》十卷、明吴勉学辑《补遗》又名《存赤（尺）牍清裁补遗》四卷计2种14卷。《中国古籍善本书目·集部·总集类》第1642页、《中国古籍善本总目·集部·总集类·通代》第一七四一页、《中国古籍总目·集部·总集类·尺牍之属》第3138页、《明代版刻综录》第二卷第四十六页、《浙江图书馆善本书目》著录，浙江、西南师范大学图书馆藏。该刊本半页9行，行18字，白口，四周双边。

万历间吴勉学校刻楚屈原、宋玉，汉贾谊撰《楚辞》二卷、汉司马迁撰《屈原传》一卷计2种3卷。《中国古籍善本书目·集部·楚辞类》第1页、《北京师范大学图书馆古籍善本书目·集部·楚辞类》第217页、《中国古籍总目·集部·楚辞类》第1页、《北京图书馆古籍善本书目·集部·楚辞类》第一九八四页、《明代版刻综录》第二卷第四十五页、北京师范大学图书馆编《中文古籍书目·集部·总集类·通代》第313页著录，国家图书馆（2册本有清蓝涟跋）、北京师范大学图书馆（2册本）、南京图书馆、湖南省图书馆、中国社会科学院文学研究所图书馆藏。该刊本半页9行，行18字，白口，四周双边。

附　万历间（1573—1620）刻宋朱熹注《楚辞集注》八卷、《后语》六卷、《辩证》二卷计3种16卷。《中国善本书提要·集部·楚辞类》第490页著录，美国国会图书馆藏6册本。原题："朱子集注，后学监察御史高安朱吾弼重编，礼部郎中婺源汪国楠、婺源知县嘉兴谭昌言、婺源教谕新淦朱家栐、光禄署丞歙邑吴勉学同校，婺源庠生王正己、文公裔孙庠生朱崇沐阅梓。"此书充分说明是多名刻书家合作典范，应算作朱崇沐刻本，吴勉学参与。该刊本半页9行，行19字（19.9×13.4）。

此书由黄景仁校阅并在卷端留下同治元年（1862）仲冬中旬题记说：“照听雨斋刻八十四家评点本较（校）阅，并节录评语。”

明歙县吴勉学校刊无名氏编《六臣文选》六十卷。《四库简明目录标注·集部·总集》第877页、《东北师范大学图书馆藏古籍善本书目解题·集部·通代》第255页著录，东北师范大学图书馆藏30册本。该刊本半页9行，行18字，白口，左右双边。

万历间吴勉学刻梁萧统辑《文选》十二卷。《中国古籍善本书目·集部·总集类》第1548页、《中国古籍善本总目·集部·总集类·通代》第一七一五页、《中国古籍总目·集部·总集类·通代之属》第2891页著录，首都图书馆、山东省图书馆、重庆市图书馆藏。该刊本半页9行，行17字，白口，左右双边，眉栏镌音释。

万历间吴勉学刻梁萧统辑，唐李善、吕延济、刘良、张铣、吕向、李周翰注《六臣注文选》六十卷①。《中国古籍善本书目·集部·总集类》第1556页著录，上海图书馆（有莫棠跋）、长春市图书馆、东北师范大学图书馆、南京图书馆（有清丁丙跋）、山东大学图书馆（有莫棠跋）、浙江图书馆、华侨大学图书馆、武汉市图书馆、广西壮族自治区桂林图书馆藏，国家图书馆仅藏卷一至二十九计29卷不全本有清丁晏批校。

明潘惟时、潘惟德刻吴勉学重修、蒋先庚递修，南朝梁萧统辑，唐李善、唐吕延济、唐刘良、唐吕向、唐李周翰注《文选》定名《六臣注文选》六十卷。《中国古籍总目·集部·总集类·通代之属》第2894页著录，青海民族大学图书馆、武汉市图书馆藏。

吴勉学刻梁萧统选、明吴勉学校《古诗正声》七卷附明高棅选、明吴中珩校《唐诗正声》二十二卷计2种29卷。《安徽省古籍善本书目·集部·总集·通代》卷四第七页著录，安徽省博物馆藏明万历二十九年（1601）

---

① 《中国古籍总目·集部·总集类·通代之属》第2894页著录浙江图书馆藏明潘惟时、潘惟德刻吴勉学重修南朝梁萧统辑，唐李善、唐吕延济、唐刘良、唐吕向、唐李周翰注《文选》定名《六臣注文选》六十卷。

崇古堂本8册，为吴刻再版或翻刻本。《安徽历史述要》第546页举吴勉学刻本中有《唐诗正声》。

至此合计（不含重印）已达95种连同子目311种5273卷。以一己之力，校刻如此多价值高、版本善的名著及实用图书确实了不起。

五、吴中珩刻书

吴勉学之子吴中珩，字子美，也是继承父业的刻书大家。其父子刻坊师古斋至清康熙间（1662--1722）仍在刻书。如康熙间刻赵吉士纂《徽州府志》十八卷、《寄园寄所寄》十二卷等。吴中珩还参与吴桂宇文枢堂刻明冯惟讷辑《诗纪》又称《古诗纪》11种一百五十六卷、《目录》三十六卷，还有《广弘明集》三十卷、《东垣十书》二十六卷、《伤寒六书》六卷等，当为其父吴勉学本的重新印行。吴中珩校刻的书有不少是参与徽州府出版家吴勉学、吴琯等出版活动。吴勉学死后，他继续用其父吴勉学及吴琯转让版权的原版加上己名修版和新版印了不少书。

兹摘要介绍吴中珩的主要出版活动如下：

吴中珩校刻《东垣十书》12种二十二卷。《馆藏中医线装书目·本草》第77页、《四库全书总目·子部·医家类存目》卷一〇五第八八三页（作20卷本为非完本）、《中国善本书提要·子部·医家类》第267页著录，中国中医科学院图书馆、美国国会图书馆（16册明刻清印本）藏。该版初为吴勉学版，后由吴中珩重印。或题“新安吴勉学校”，或题“新安吴中珩校”，该刊本为半页10行，行20字（19×12.8）。

明吴中珩刻后唐马缟撰《中华古今注》三卷。《中国古籍总目·子部·杂家类·杂考之属》第1792页、《北京大学图书馆藏古籍善本书目·子部·杂家类》第284页著录，北京大学图书馆藏1册本。此书为《古今逸史》单行本。

吴中珩刻宋范晔撰、唐章怀太子注《后汉书》一百二十卷。《增订四库简明目录标注》第194页注为：“吴勉学之子中珩刊《史记》《两汉书》均白文无注。”

吴中珩刻汉司马迁撰，唐储少孙、司马贞补《史记》一百三十卷。《中国古籍善本总目·史部·纪传类》第二〇六页著录，中国社会科学院文学研究所图书馆藏卷七、三七、九二、一三〇卷抄配，三八卷全抄不全本。该刊本半页10行，行20字，白口，左右双边。

吴中珩刻汉司马迁撰《史记》一百三十卷、《目录》一卷计131卷。《中国古籍善本总目·史部·纪传类》第二〇六页、《增订四库简明目录标注·正史类·附录》第186—188页（但作武进人）著录，贵阳师范大学图书馆藏。该刊本半页10行，行20字，小字双行同，白口，左右双边。

明吴中珩刻五代马缟撰《中华古今注》三卷。《中国古籍总目·子部·杂家类·杂考之属》第1792页、《北京大学图书馆藏古籍善本书目·子部·杂家类》第284页著录，北京大学图书馆藏合1册本。此书为《古今逸史》丛书散出的单行本。

明吴中珩刻晋崔豹撰《古今注》三卷、后唐马缟撰《中华古今注》三卷计2种6卷。《安徽省古籍善本书目·子部·杂家类》卷三第五十八页著录，安徽省图书馆藏2册本，安徽省博物馆藏1册本。

明吴中珩刻晋崔豹撰《古今注》三卷。《中国古籍总目·子部·杂家类·杂考之属》第1791页著录，北京大学图书馆藏，由佚名校。同书第1792页还著录大连市、抚顺市图书馆藏清末刻晋崔豹撰、明吴中珩校此书，说明刻印版次多。

吴中珩刻印增订明吴琯辑《古今逸史》应名《增订古今逸史》55种二百二十三卷。《中国丛书综录·总目·汇编·杂纂类（明代）》（第一册）第38—39页、《中国丛书综录补正·汇编·杂纂类（明代）》第6—7页著录。详见吴琯条。

吴琯辑刻的《古今逸史》万历间（1573—1620）先后有22种、26种、42种、55种本均为吴琯刻印。前2版刷印颇精，分别藏于美国国会图书馆和国家图书馆。该刊本半页10行，行20字（20×12.9）。其中，

22种比26种本少《博物志》《续博物志》《列仙传》《剑侠传》4种。42种本已有吴中珩名，说明中珩参与其事。吴琯刻42种一百六十三卷稀见古今史地古籍后定版印刷后转让给吴中珩。吴琯和吴中珩所印的最后定本增加《逸志》5种：《广雅》十卷、《刊误》二卷、《中华古今注》三卷、《拾遗记》十卷、《雍录》十卷，《逸记》增加8种：《汲冢周书》十卷、《汉武故事》一卷、《赵后外传》一卷、《海山记》一卷、《迷楼记》一卷、《开河记》一卷、《神僧传》九卷、《本事诗》一卷，合为55种。该刊本也是半页10行，行20字（19.8×13）。吴中珩参与《古今逸史》的编辑出版工作。吴琯后将此书版转让中珩，所以有序文改吴琯为吴中珩。书内也多处改吴琯为吴中珩，如影印本中的《合志》中的《白虎通》《小尔雅》《古今注》吴琯也改成吴中珩。《中国古籍善本书目·子部·丛书》（油印本）第417页说："吴琯下世，中珩遂多窜入己名。"笔者不能苟同，吴琯在崇祯间（1628—1644）仍在世，他们又是合作者，不可能当面或尸骨未寒而篡改，但版权转让后，吴中珩当然要改为自己的名字。我倒是同意"然则五十五种本虽有前后印本改名之不同，当为最后定本"的说法。也就是说吴琯、吴中珩所印的《增定古今逸史》五十五种本是同一种版本，当版权转到吴中珩手中时，尽量将校刊者原名吴琯改署为吴中珩。吴琯本为民国时商务印书馆影印本《景印元明善本丛书十种》中的该部分祖本。后转吴中珩时多剜改吴琯为吴中珩。吴中珩印本，国家图书馆、首都图书馆、北京大学图书馆、清华大学图书馆、上海师范大学图书馆、南京图书馆、安徽省图书馆、浙江图书馆、浙江大学图书馆均有完本收藏，上海图书馆、南京大学图书馆、重庆市图书馆收藏不全。此版至清康熙初年，书板散失严重，汪士汉所辑刻的《秘书二十一种》和《秘书二十八种》均为该版残版重修编印。《安徽省古籍善本书目·丛书·汇编》卷五第四页著录，安徽省图书馆仅藏7种15卷1册不全本。

吴中珩校刻汉班固撰《前汉书》一百卷。《东北师范大学图书馆藏古籍善本书目解题·史部·断代》第84页著录，东北师范大学图书馆藏10册本。该刊本半页10行，行20字，白口，左右双边。卷端题："明后学新安吴中珩校。"由虬村诸黄参刻。

万历间（1573—1620）吴中珩校刻陶华撰《伤寒六书》6种六卷。《中国善本书提要·子部·医家类·内科》第267页著录，美国国会图书馆藏4册本。原题："余杭节庵陶华述，新安吴勉学校"，卷一、三、四、五又题吴中珩校，说明此版后转入吴中珩手。该刊本半页10行，行20字（19.5×12.8），封面题"步月楼梓行"。说明此版由吴勉学转吴中珩，再转步月楼。因此，吴家先后算2版。

明吴中珩校刻元朱震亨（字彦修，号丹溪）撰《活法机要》一卷。《全国中医图书联合目录·临证各科》第319页著录，中国医科大学图书馆、陕西省中医研究院图书馆藏，但误为吴中衍校刻本。此书先后收入《济生拔萃》《古今医统正脉全书》《丹溪心法附余六种》《丛书集成初编》等丛书中。

吴中珩刊明王好古撰《汤液本草》二卷。《中国版刻综录》第一一六页、《西谛书目》著录，为吴勉学刻《古今医统正脉全书》本，但卷数不对。

明吴中珩刊元王好古撰《汤液本草》三卷。《馆藏中医线装书目·本草》第77页、《西谛书目·子部·医家类》卷二一第七页著录，中国中医科学院图书馆及西谛（6册本）藏。此书为吴中珩刻《东垣十书》之一种，系单行本。

万历间（1573—1620）明吴中珩刻刘宋刘义庆撰、梁刘孝标注《世说新语》六卷。《中国古籍善本书目·子部·杂家类》第637页、《中国古籍善本总目·子部·杂家类·杂记》第一〇〇九页（不注刻书日期）、《北京师范大学图书馆古籍善本书目·子部·小说家类》第159页、《中国人民大学图书馆古籍善本书目·子部·杂家类·杂考》第121页、《全明分省分县刻书考·安徽省卷》第一六页、《明代版刻综录》卷二第四十三页、《安徽省古籍善本书目·子部·杂家类》卷三第六十七页著录，北京大学图书馆、中国人民大学图书馆（1函6册本）、北京师范大学图书馆（6册本）、复旦大学图书馆、哈尔滨市图书馆、山东师范大学图书馆及安徽省博物馆（方苞批本为3卷线装11册不全本）藏。该刊本半页9行，行18字，小字双行同，白口或细黑口，白鱼尾或黑鱼尾，左右双边，间有四周双边或四周单边。

明吴中珩刻《晏子春秋》四卷。《中国古籍善本书目·史部·传记类一》第461页、《中国古籍善本总目·史部·传记类·别传》第三九五页著录，上海图书馆藏。该刊本半页9行，行18字，白口，单鱼尾，左右双边。

万历间吴中珩刻《资治通鉴》二百九十四卷。《全明分省分县刻书考·安徽省卷》第一六页、《明代版刻综录》第二卷第四十三页著录，惜均未著录藏处和依据。

万历间（1573—1620）吴中珩刻唐释道宣撰《广弘明集》三十卷。《中国古籍总目·子部·释家类·撰述之属·纂集部》第3410页、《全明分省分县刻书考·安徽省卷》第一六页、《明代版刻综录》第二卷第四十三页著录，台湾“中央”图书馆藏。

明吴中珩刻明王宗沐撰《宋元资治通鉴》六十四卷。《中国古籍善本书目·史部（上）·编年类》第127页著录，南通市、江西省图书馆藏。

明吴中珩校刻《七编》计7种四百三十八卷。《汇刻书目》第二册第九页著录。

经考证，这些版本大多已由吴勉学刻行，吴中珩校勘汇印为主。

吴中珩刻宋朱熹、吕祖谦编，叶采集解《分类经进近思录集解》十四卷。《安徽省古籍善本书目·子部·儒家类》卷三第五页著录，安徽省博物馆藏线装2册本。

万历间吴中珩刻《合刻山海经》2种五十八卷。《北京图书馆普通古籍总目·地志门·专类地志》第四卷第501页、《北京大学图书馆藏古籍善本书目·子部·小说礼类》第301页著录，国家图书馆（1部2册本卷端钤“上虞经利彬珍藏”印，还有2部1册本有缺页）、北京大学图书馆（明吴中珩刻晋郭璞注《山海经》十八卷 2 册本，为《合刻山海经》丛书散出单行本）藏。

万历间新安吴中珩刻明黄一正辑注《事物绀珠》四十六卷。《安徽省古籍善本书目·子部·类书类》卷三第八十九页著录，安徽省图书馆仅存卷一至二十、二十八至四十六计 39 卷 5 册不全本。

吴中珩还参与吴桂宇文枢堂刻，又参与吴琯刻明冯维讷集《诗记》又称《古诗记》一百五十六卷，《目录》三十六卷计 192 卷。《中国善本书提要·集部·总集类》第 437—438 页、安徽师范大学图书馆《古籍善本书目（初稿）·集部·总集类·丛编》第 47 页著录，北京大学图书馆(32 册本)、安徽师范大学图书馆藏本在各卷正文卷端下，或题“海宁方天眷重订”，或题“钱塘李弥重订，新安吴中珩校定，钱塘王机重订”。有嘉靖三十七年张四维序，凡例称本书截至隋，还有《拾遗》附后。该刊本半页 9 行，行 19 字，小字双行 17 字，书口上题诗记，四周双边。说明此书也是转版后由方氏印。

万历间（1573—1620）吴中珩印行《诗纪》一百五十六卷、《目录》三十六卷，《唐诗纪》一百七十卷、《目录》三十四卷计 2 种 396 卷。《中国善本书提要·集部·总集类》第 437—438 页著录，北京大学图书馆藏 60 册本。此书版原为吴琯刻并先印，很快转给吴中珩，后转方天眷、方一元等。故本书卷一题：“北海冯惟讷汇编，海宁方天眷重订。”他卷重订人有方家振、方湛、李秘等。《唐诗纪》卷一题：“吴郡黄德水汇编，鄣郡吴琯校订。”但其他卷则题：“鄣郡吴中珩汇编。”经考《唐诗纪》为吴中珩印，《古诗纪》已转入方氏，两次印刷合订而成。北京大学图书馆藏另 2 部 24 册、48 册本《唐诗纪》一百七十卷、《目录》三十四卷，原题：“豫章李明睿阅，滁阳方一元汇编，海宁方天眷重订”，系崇祯间吴中珩转让给方一元印行的版子。此版本与《四库全书总目·集部·总集类存目二》卷一九二第一七五三页所录相符。该刊本半页 9 行，行 19 字（19.7×12.7）。

明新安吴中珩校刻宋张杲撰《医说》十卷附《续医说》十卷计 2 种 20 卷。《中国古籍总目·子部·医家类·综论之属》第 440 页、《全国中医图书联合目录·医史》第 696 页、《馆藏中医线装书目·医史史料》第 292 页著录，中国中医科学院图书馆、上海图书馆、中华医学会上海分会图书馆、浙江图书馆藏。

明吴中珩刻南朝宋刘义庆撰、梁刘孝标注《世说新语》六卷。《中国古籍总目·子部·杂家类·杂记之属》第 1844 页著录，北京大学图书馆、中国人民大学图书馆、复旦大学图书馆、哈尔滨市图书馆、山东师范大学图书馆及安徽省博物馆藏。

综上不完全统计，吴中珩署名刻书 18 种连同子目 97 种加上清代两种应为 21 种 99 种子书计 1967 卷。这还不包括重印、初印、先印本。

吴氏父子及其后人的师古斋刻坊刻书及先后印行达 117 种连同子目 408 种 7220 余卷。还有许多尚未统计在内。如他所刻《白文九经》吴勉学万历间（1573—1620）刻《白文九经》今存世尚有《毛诗》三卷、《周礼》六卷、《仪礼》十七卷、《春秋左氏传》三十卷、《国语》二十一卷、《战国策》十卷计 6 种 87 卷。仅统计其中存世一部分及朱墨套印本《虞初志》七卷等等。这里面不排除吴氏父子互易姓名的少数重复版本采取分别印行各打上自己标记的书籍。但明代刻坊能刻如此多的书却是少见。绝不像《［民国］歙县志·艺文志·书目》卷十五所说的仅为《古今医统正脉全书》44 种二百一十五卷、《二十子》20 种一百四十二卷，《唐乐府》十八卷、《阳宅真诀》一卷、《凿井图经》一卷、《神授心传秘法》一卷、《宅宝经》一卷，仅为 69 种 389 卷。实际上要多得多。

这里面的重要手段是吴勉学及其子吴中珩（字子美）与同族吴琯、吴桂宇、吴养春等经济实力雄厚的出版家联合协作、联合经营。如万历间（1573—1620）吴勉学刻《资治通鉴》就有隆庆二年（1568）进士张一桂[①]校，万历二十年（1592）吴勉学续校、重校字样。吴勉学刻《古今医统正脉全书》分别由吴勉学、吴中珩校。《性理全书》则分别署吴勉学、文枢堂吴桂宇梓，内刻有《纂修人衔名刻书启》是研究他们合作的重要资料。吴勉学还与吴养春校刻过《朱子大全书》。吴琯在万历十三年（1585）刻《唐诗纪》时，吴中珩参与其事，后吴中珩又将吴琯辑刻的《古今逸史》从42种增至55种，即增加《逸志》5种：《广雅》十卷、《刊误》二卷、《中华古今注》三卷、《拾遗记》十卷、《雍录》十卷；《逸记》8种：《汲冢周书》十卷、《海山记》一卷、《迷楼记》一卷、《开河记》一卷、《神僧传》九卷、《本事诗》一卷。此版至清康熙初年由于版片散失严重，汪士汉将明吴氏残版进行整理重新辑印行世易名为《秘书二十一种》和《秘书二十八种》，民国时商务印书馆《景印元明善本丛书十种》就据汪士汉本，其祖本还是吴琯及中珩的增订版。民国二十六年（1937）商务印书馆（有著录作“涵芬楼”）《景印元明善本书十种》就是据吴琯的刻本影印。此版有吴琯序，也有吴中珩名，这是吴琯生前的定本，吴中珩也参与这一出版活动。该刊本刊印精善，为国家级善本书。此版比一百六十三卷本在《逸志》中增《广雅》十卷、《刊误》二卷、《中华古今注》三卷、《拾遗记》十卷、《雍录》十卷，计5种；《逸记》增《汲冢周书》十卷、《汉武故事》一卷、《赵后外传》一卷、《海山记》一卷、《迷楼记》一卷、《开河记》一卷、《神僧传》九卷、《本事诗》一卷。吴琯《古今逸史》55种版后在万历中就转入参与其事的吴中珩手中。“关于吴琯改吴中珩”一事本文前面已作考定。

该刊本半页10行，行20字（19.8×13）。但《全明分省分县刻书考》四十九页著录入《福建省卷》不妥。这套逸史丛书中的《海山记》《迷楼记》《开河记》不属于历史类著作，故《四库全书总目》卷一四三第

---

① 张一桂，号玉阳，歙县人。隆庆二年进士。家世业商，父行贾大梁，因家焉，常署“新安张一桂”。

一二一六页归入《子部·小说家类存目一》中是比较妥当的。并指出：“《海山记》述隋炀帝西苑事。所录炀帝诸歌，其调乃唐李德裕所作《望江南调》。段安节《乐府杂录》述其缘起甚详。大业中，安有是体？考刘斧《青琐高议·后集》载有此记，分上下二篇，其文较详。盖宋人所依托，此本删并为一卷，益伪中之伪矣。《迷楼记》亦见《青琐高议》，载炀帝幸江都，唐帝入京见迷楼云云。竟以为迷楼在长安，乖谬殊甚。《开河记》述麻叔谋开汴河事，词尤鄙俚，皆近于委巷之传奇。同出依托，不足道也。”此版迨至清康熙初年，版片散失严重，汪士汉搜索残片重新编印时仅有二十余种，分别题名为《秘书二十一种》或《秘书二十八种》。从书中的单行本及逸出零子目各馆作为善本收藏更多。上述所讲的同族诸吴都是同时代人，都是刻书业中的名人大家，这种在同一部书里出现的多人衔名现象是他们通力合作的明证。

王重民先生认为这可能是转让版权时窜入己名是不妥当的。当然，在明代刻书版片作为出版资本转让后剜改原版主人名，改配新刻主人名是常有的事。如明代著名的刻书家毛晋死后，书版中的《十三经注疏》《十七史》归席氏扫叶山房等书商。吴勉学的书版后来也分散卖给书商，书商挖改旧版题名充作己刻在明末也是正常的。如吴勉学所刻《二十子》版片卖给黄之寀后，黄氏就把“吴勉学校刊”挖改为“黄之寀校刊”。这与诸吴及当时名流协作出版时的情形、性质是绝对不同的。

吴勉学父子及其刻坊师古斋在中国出版史和优秀传统古籍流传史上具有重要的历史地位。

以刻印精湛著称的明代大坊刻主吴琯父子

吴琯，字仲虚，又字孟白，号中云，歙县人。隆庆（1562—1572）进士，万历间（1573—1620）徽州府重要的坊刻家，刻坊名为“西爽堂”。有关文献记载他为漳浦（今福建省漳州市漳浦县）人，而他刻书则自署为“新安吴琯”。新安为徽州府别称，徽州六邑人士喜欢称自己为新安人，歙县人则更甚。清《［道光］婺源县志·官师·名宦》卷十载，吴琯于隆庆五年（1571）中进士，任婺源县令六载，政治清明，民甚德之，征为给事中。《［道光］徽州府志·职官志·名宦》卷八之二第四十九页也说他：“知婺源县，甫下车即揭四语于仪门，曰‘赞愬不行，强御不避，苞苴不入，关节不通’。历六载如一日，精明敏决，是非一谳立判。时朝廷初行久任法，三载觐回，设保甲，置乡约，遍访善恶得其实，躬巡村落，中系不率者于约所同，众面诘置之法，四境肃然。又立社仓，劝富室出谷留账，擢给事中。”吴琯先人为歙县人。从他的刻书活动喜与吴勉学子吴中珩合作的关系来看，他可能是吴勉学的同宗、同时代人。其先人经商或出任福建，后客籍漳浦，吴琯谢职后认宗定居新安，从事编校刻印书籍事业，并创办西爽堂刻坊，使之成为徽州府重要的坊刻大家。关于吴琯籍贯书史记载不一：《［康熙］漳浦县志·选举上》卷三：“隆庆五年辛未张元忭榜：吴琯，吏科给事中。”《［乾隆］婺源县志·官师、县职》卷十：“吴琯，由进士隆庆五年任（知县）。”同书同卷《官师·名宦·吴琯》记：“吴琯，漳浦人，字仲虚，号中云……（任知县）历六载……征为给事中。”而吴琯所刻书常署“新安吴琯”，如《古今逸史》卷端下署“新安吴琯校订”，而《古诗纪》卷端下题：“鄣郡吴琯校订”，秦末汉初鄣郡含今徽州地区，因与新安贯籍是一回事。因此，笔者认识如上，应归之为徽州刻书家。而王重民在上海古籍出版社版《中国善本书提要》第82页吴琯西爽堂所刻《晋书》提要中有：“按吴琯，字仲虚，漳浦人，隆庆五年进士。曾为冯惟讷校刊《古诗纪》一百五十六卷，刻《古今逸史》之吴琯，别是一人。”在417页《增定古今逸史五十五种》提要中又有：“自《四库提要》误以为吴琯为隆庆辛未（五年，1571）进士，后人多沿其谬，而吴琯与吴中珩之关系，亦至今未能考证明白，余将另撰专文以论之。”提出两个吴琯：一、刻《古今逸史》之新安吴琯；二、西爽堂主人漳浦吴琯，今查王氏著作，未发现王氏有专文论及此事，王氏虽是大家，仅一家无确据澄清两吴琯之说，因此笔者不予采纳。

吴琯学识渊博，编刊了大批大部头重点书和多种丛书。据有关资料统计，其刻书种类包括丛书的子目多达246种，除《古今逸史》中的二十二、二十六、四十二种子目版本外，仅不同的种类总卷数也达1282卷。如加上重版重印数及丛书中抽印的单行本或子丛书则数量及品种数更多。

他所辑刻的丛书在明刻中名气很大，一般都具有摭拾宏富、刻工精究等特色。如著名的丛书《古今逸史》就是传名的精善本，虽少有脱讹，但瑕不掩玉，为书籍史家所津津乐道。西爽堂所刻的《三国志》《晋书》等模仿宋刻，常被书贾挖去牌记，抽去序跋，冒充宋版，可见吴刻剞劂校勘的精审程度。吴琯辑刻的图书一般都具有部头大、学术价值高等特点，他也与同时代的徽刻大家一样，往往与人联合经营，与人合作、协作。如《四库全书总目·集部·总集类存目三》卷一九二第一七五三页上就载有吴琯编的《唐诗纪》，是吴琯仿效自刻的冯惟讷《古诗纪》的体例，组织黄清甫、陆弼、谢陛、俞体初、俞策等当时名彦学硕汇编，最后由吴琯审稿编定。我们从本书的《卷首》题滁阳方一元汇编看，这一套编辑班子所出分头撰写稿子由方毕其事。此书并非完本，只刊出初唐、盛唐的170卷；中、晚唐未见刊行，未审是书是否终编。

吴琯刊印的《古今逸史》主要行世版本有二十二种、二十六种、四十二种、五十五种[①]4种版本。其中，五十五种版本应名《增定古今逸史》，先后有吴琯、吴中珩的印本。此版在吴琯生前就由吴中珩参与，并为定本。其所印四十二种本，分“逸志”“逸纪”两大类，共收正史以外的重要史籍42种182卷，主要为记风土、地理、宫室的属志类和记人物、史实的入记类。其中，“志”又分为“合志”（9种）、“志”（13种）两部，“纪”分为“纪”（6种）、“世家”（5种）、“列传”（9

---

① 《[民国]歙县志·艺文志·书目》卷十五第八页仅录《古今逸史》40种一百五十二卷及《古今逸史》55种三百十七卷，两种丛书，漏收太多，且此种丛书总卷数都不准确。

种）。此书的编选原则在本书的《凡例》中规定为：“其人则一时巨公，其文则千载鸿笔。入正史可补其阙，出正史则可拾其遗。”“六朝之士，不厌其多，六朝之下，更严其选。”“是编所书，不列学官，不收秘阁，山镵冢出，几亡仅存，毋论善本，即全本亦希，毋论刻本，即钞本多误。故今所集，幸使流传。少加订证，何从伐异党同，愿以保残守阙云耳。”此书及转版至吴中珩时，印本已增至55种，吴琯搜集勘选稀见古今史籍之功不可没。

吴琯的刻本也有一些不足之处，如善于吹毛求疵的四库馆臣们就指出此书不慎，毛病尤其集中于后增收的13种古籍中。如《海山记》一卷中隋炀帝幸西苑诸歌，段安节早在《乐府杂识》中已考出为唐代李德裕《望江南调》。《海山记》《迷楼记》也早在刘斧的《清琐高议后集》中就有记载，《开河记》已有传奇性质，不能作史[①]。

吴琯西爽堂究竟刻了多少部书呢？《全明分省分县刻书考·福建省卷》四九页著录18种连同子目180种883卷。吴琯西爽堂在万崇年间（1573—1644）刻书据不完全统计已超过240种1808卷，当为该刻坊全盛时期。今据存世书要目及有关资料记载，其刻书活动主要在万历年间（1573—1620）。其在万历之前及前期刻的书有：

嘉靖三十七年（1558）吴琯、谢陛、陆弼、俞策校刻明冯惟讷[②]辑《诗纪》一百五十六卷、《目录》三十六卷计192卷。《中国古籍善本书目·集部·总集类》第1583页、《中国古籍总目·集部·总集类·通代之属》第2906页（作万历间海宁方天眷印本，但误“眷”为“春”）、《美国哈佛大学哈佛燕京图书馆中文善本书志·集部》第538—539页、《北京大学图书馆藏古籍善本书目·集部·总集类》第384页、《东北

① 《四库全书总目·子部·小说家类存目一》卷一四三第一二一六页下。

② 冯惟讷，字汝言，号少洲，临朐人。嘉靖十七年（1538）中进士，由宜兴令累迁江西左布政使，以光禄寺卿致仕。著有《风雅广逸》、《楚辞旁注》、《选诗约注》、《文献通考纂要》、《杜律删注》、《冯光禄诗集》、《汉魏诗纪》二十卷（国家图书馆藏自刻6册本）、《古诗纪》等。他与其兄惟健、弟惟敏皆以诗文闻名于齐鲁间。

师范大学图书馆藏古籍善本书目解题·集部·通代》第264页及265页著录，北京大学图书馆（4部均40册本，还有1部第一册抄配的80册本）、东北师范大学图书馆（40册本。该馆还藏1套60册本明万历间海宁方天眷重订吴氏刻明冯惟讷辑《诗纪》一百五十六卷、《目录》三十六卷附明方一元辑《唐诗纪》二百〇四卷本，应系吴刻重印本）、上海图书馆（万历间吴琯刻，方天眷重印，佚名录清陈祚明评点，有莫棠跋）、台湾“中央”图书馆、美国哈佛大学哈佛燕京图书馆（32册本，但目录著录为34卷）藏。湖南省图书馆藏万历间吴琯刻聚锦堂藏板（印本，缺卷五十二至五十六、七十五至八十七、一百五十一至一百五十六计24卷不全本，由王闿运批校）也是方天眷印本，上海图书馆藏为方氏印本，有佚名录清陈祚明评点、清吴棠跋。此版方天眷也有应为两版两印。题“北海冯惟讷汇编，海宁方天眷重订”。此书系专收尚古迄隋的诗歌总集。该刊本半页9行，行19字不等（20.1×13），白口，单鱼尾，四周双边。

附 嘉靖四十四年（1565）刻明赵公辅修、明吴琯纂《［嘉靖］靖安县志》六卷。《中国古籍总目·史部·方志类·地志之属·江西省》第4406页、《中国地方志联合目录·江西省》第498页著录，国家图书馆藏，国家图书馆、上海图书馆、南京图书馆藏胶卷，上海、南京地理研究所图书馆藏抄本计4种版本24卷。

万历间（1573—1620）吴琯、谢陛、陆弼、俞策在金陵校刻明冯惟讷辑《诗纪》又名《古诗纪》一百五十六卷、《目录》三十六卷计192卷。《中国古籍善本书目·集部·总集类》第1583页、《中国古籍善本总目·集部·总集类·通代》第一七二五页、《中国古籍总目·集部·总集类·通代之属》第2906页（作万历间刻）、《北京图书馆古籍善本书目·集部·总集类》第二七六〇至二七六一页著录，国家图书馆（20册、41册本各1部及1部仅存卷一至二十九计29卷6册为丁晏批校不全本）、首都图书馆、北京大学图书馆、清华大学图书馆、中国人民大学图书馆、北京师范大学图书馆、中央戏剧学院图书馆、故宫博物院图书馆、中共北京市委图书馆、上海图书馆、复旦大学图书馆、华东师范大学图书馆（不全）、天津图书馆、辽宁省图书馆、吉林市图书馆、东北师范大学图书馆、哈尔滨市图书馆、黑龙江大学图书馆、陕西省图书馆、山东省图书馆(不全)、山东省文登市图书馆、山东大学图书馆（还有1部有莫棠跋，由清陈允倩校）、山东师范大学图书馆、南京图书馆（有清丁丙跋）、徐州市图书馆、南京大学图书馆、南京师范大学图书馆、浙江图书馆、温州市图书馆、浙江大学图书馆、安徽省图书馆、江西大学图书馆、福建师范大学图书馆、河南省图书馆（不全）、河南师范大学图书馆、华中师范大学图书馆、武汉师范大学图书馆、广西师范大学图书馆、重庆市图书馆、西南师范大学图书馆、贵州省图书馆、贵阳师范大学图书馆、台湾“中央”图书馆（4部）及中国历史博物馆、群众出版社、北京市文物局、西安市文管会、甘肃省博物馆、浙江图书馆天一阁分馆藏。该刊本半页9行，行19字（20.1×13），小字双行同，白口，单鱼尾，四周双边。《全明分省分县刻书考》第四九页著录作《诗经》一百五十六卷，误。此书连同方天眷再印本实为三版。日本内阁文库有万历十四年（1586）序刻本4部，日本静嘉堂文库有明万历间刻本2部，说明吴琯此刻多次印行。据此书嘉靖三十七年（1558）张思维序称：“右《诗纪前集》十卷、《诗纪》百三十卷、《外集》四卷、诗话及拾遗为《别集》十二卷，北海少洲冯先生所纂辑也。先生以隽才大雅，高步一时，见世之为诗者，多根抵于唐，鲜能穷本知变，以窥风雅之始。乃溯隋而上极于黄轩，凡三百篇之外，逸文断简、片辞只韵，无不具焉。秦汉而下，词客墨卿，孤章浩帙，乐府声歌，童谣里谚，无不括焉。七略、四部之所鸠藏，齐谐、虞初之所志述，无不搜焉。始事于甲辰之冬，集成于丁巳之夏，岁凡十四稔。先生宦迹且遍四方矣，遇通儒博士，无不出而订焉。骤见之编、郡邑之载、金石之刻，无不取而核焉。呜呼！先生之加意斯篇，其可谓勤且笃矣。”“先生于是荟萃遗失，裒为成书。诗以人系，人以代分，代以时次，火齐明月，的皪错陈，镛磬柷敔，翕如并奏。使艺林之士，因诗考人，因人论世，得以绎祖述之渊源，第古今之优劣，猎皇王之菁华，而穷性术之变化也，岂不伟哉！”王世贞序称：“惟讷竭生平之精力为此书，书成，而御史甄敬刻之陕西行台。其刻既不能精，又无为之校订者，豕鱼之误相属。盖至万历中，而古鄣吴琯氏，与其乡人谢陛氏、江都陆弼氏、吴郡俞策氏相与雠校，而复刻之金陵，大约吴氏居其资，而谢氏、陆氏、俞氏与其力，其书遂完好无遗憾。”说明早在吴琯万历刻本前尚有嘉靖三十九年（1560）甄敬刻关中本《诗纪·前集》十卷、《外集》四卷、《别集》十二卷及万历四十一年（1613）黄承玄、冯珣刻本[①]吴琯等氏整理重刻系因“是编冯公捃摭有年，几乎无遗矣，然有未睹诸书，如《古今风谣》等，及金石中流传于世者，间有未尽，今别辑一编曰《拾遗》，以附于后”，又由于关中本“刻既不佳，校多遗误。今悉取冯公引用诸书，酌量改易，至有彼此俱不可解者，姑且存疑，不敢妄加臆见也”。（以上均见本书所附21则凡例。）《四库全书总目》收名《古诗纪》。

万历十三年（1585）西爽堂刻南朝宋刘义庆撰、梁刘孝标注、明何良俊增补、王世贞删定、王世懋批释、张文柱校注《世说新语补》二十卷附《释名》一卷计2种21卷。《中国古籍善本书目·子部·杂家类》第638页、《美国哈佛大学哈佛燕京图书馆中文善本书志·子部》第391—392页著录，国家图书馆、北京师范大学图书馆、中国科学院图书馆、中共北京市委图书馆、上海图书馆、复旦大学图书馆、华东师范

---

① 目录同前。《中国古籍善本书目·集部·总集类》第158页著录，前一种，国家图书馆、北京大学图书馆、上海辞书出版社图书馆、山西省祁县图书馆、南京图书馆、华侨大学图书馆、重庆市图书馆、四川大学图书馆、西南师范学院图书馆、云南省图书馆、中国社会科学院文学研究所图书馆、历史研究所图书馆藏，复旦大学图书馆、吉林大学图书馆、东北师范大学图书馆、山东省图书馆、浙江图书馆、河南省唐河县图书馆、中山大学图书馆藏本不全；后一种，国家图书馆、首都图书馆、上海师范大学图书馆、山东省图书馆、东北师范大学图书馆（逯钦立批校本）、山东师范大学图书馆、南京师范大学图书馆、湖北省图书馆、湖南省图书馆、四川省图书馆、四川师范大学图书馆藏，南开大学藏本不全。

大学图书馆、上海师范大学图书馆、天津图书馆、内蒙古师范大学图书馆、辽宁省图书馆、山东省图书馆、南京图书馆、扬州市图书馆、浙江图书馆、平湖市图书馆、浙江大学图书馆、安徽大学图书馆、武汉大学图书馆、湖南省图书馆、湖南师范大学图书馆、中山大学图书馆、四川省图书馆、四川师范大学图书馆、台湾“中央”图书馆、美国国会图书馆、哈佛大学哈佛燕京图书馆（5 册本）、普林斯顿大学葛思德东方图书馆及南京博物院、苏州市文物管理委员会、浙江图书馆天一阁分馆、安徽省博物馆、日本内阁文库、东京大学东洋文化研究所、京都大学人文科学研究所藏张文柱刻本，但在扉页刊“王凤洲先生删定世说新语补，西爽堂藏板”，说明此版与吴氏有渊源关系。该刊本半页 9 行，行 18 字（18.9×12.8），左右双边，白口，单鱼尾，书眉刻评。《四库全书总目·子部·小说家类存目》此条说：“良俊《语林》三十卷，于汉晋之事全采《世说新语》，而摭他书以附益之。本非补《世说新语》，亦无《世说补》之名。凌濛初刊刘义庆书，始取《语林》所载，削去义庆书重见者，别立此名，托之世贞，盖明世作伪之习。”径署吴刻本，但尚未查到藏处。

万历十三年（1585）吴琯与陆弼刻自辑《合刻山海经水经注》2 种五十八卷。《中国古籍善本总目·丛部·汇编丛书》第一九三七页、《中国丛书综录补正·类编·史类·舆地》第 178 页、《中国古籍总目·丛书部·杂纂类·明代》第 137 页及同书《子部·小说类·文言之属·笔记·异闻》第 2148 页、《明代版刻综录》第二卷第三十九页、《北京图书馆普通古籍总目·地志门·专类地志》第四卷第 508 页、《四库全书总目·史部·地理类》及《子部·小说家类》、《安徽师范大学图书馆古籍善本书目·丛书》第 98 页、《中国古籍善本书提要》第 209 页、《全明分省分县刻书考》第四九页（作万历三十五年）、《北京图书馆古籍善本书目·史部·地理类》第七九四页及同书《子部·丛书类》第一六九五页至一六九六页、《中国古籍善本书目·丛部·汇编丛书（一）》第 150—151 页、《增订四库简明目录标注·史部·地理》第 298 页、《安徽省古籍善本书目·丛书·汇编》卷五第四页、《中国书店三十年所收善本书目·史部·地理类》第六三页等著录，国家图书馆（1部2函10册本卷端钤胡惟德印，有罗振玉识语，1部4函28册本，5函30册本3部为全本，另1部有朱笔题识仅存《水经》四十卷，还有1部2函18册仅存《水经》四十卷计5部。还有清惠栋校注、清邵恩多校并跋。还藏《水经注》四十卷单行本6册、16册本各1部均为善本，善本部还收12册1部此书全本，其中《山海经传》十八卷有傅增湘跋并录王念孙校，《水经注》四十卷由傅增湘校、王国维校并跋；还有2部全本均为16册本）、北京大学图书馆、中央民族大学图书馆、吉林省图书馆、吉林大学图书馆、河北大学图书馆、山东省图书馆、山东大学图书馆、江西省图书馆、四川省图书馆、重庆市图书馆、南京图书馆、上海图书馆（有清张溥校并跋）、云南省图书馆、中山大学图书馆（由清黄丕烈校、周叔弢校并录明文彭、清何焯题识）、南京大学图书馆、浙江图书馆、安徽师范大学图书馆（2函线装16册本）、北京师范大学图书馆藏。该刊本一般半页10行，行20字，小字双行同，白口，左右双边。该合刻本中还发现《山海经》吴琯校刻本半页10行，行22字（20.1×12.9），小字双行同，白口，山下单边，左右双边。郭璞序后有："金陵徐智督刊"一行。《水经注》四十卷吴琯本为半页10行，行22字（20.8×13），小字双行同，白口，左右双边。有方沆序，万历十三年（1585）王世懋序，黄生曾序。中国书店曾收购过棉纸16册完书。《全明分省分县刻书考·福建省卷》四九页著录为万历三十五年刊。该刊本半页10行，行22字，白口，上下单边，左右双边。国家图书馆藏自刊本为明万历十三年（1585），则此刊本吴氏在万历间起码有2次印刷。《北京大学图书馆藏古籍善本书目》在第301页《子部·小说家类》著录馆藏6册本《山海经》，在第154页《史部·地理类》著录馆藏2部《水经注》，分别为8册、12册本，其中12册本为徐鸿宝据宋刻本校并跋，还有李木斋跋，为李氏藏书。陕西韩城县文化馆藏本中傅增湘跋并录清王念孙校《山海经》十八卷，傅增湘校、王国维校并跋《水经注》四十卷。

万历十三年（1585）吴琯刻明黄德水[①]编、吴琯续编《唐诗纪》一百七十卷、《目录》三十四卷计204卷。《中国古籍善本总目·集部·总集类·断代》第一七六四页、《中国古籍总目·集部·总集类·断代之属》第2995页、《北京图书馆古籍善本书目·集部·总集类》第二七八九页、《四库全书总目·集部·总集类存目二》卷一九二第一七五三页、《中国古籍善本书目·集部·总集类》第1670页、《北京大学图书馆藏古籍善本书目·集部·总集类》第391页、《北京师范大学图书馆古籍善本书目·集部·总集类·断代》第206页、《明代版刻综录》第二卷第三十九页、《西谛书目·集部中·总集类》卷四第三二页、《中国书店三十年所收善本书目·集部·总集类》第二二二页（仅作明冯惟讷辑，误）、北京师范大学图书馆《中文古籍书目·集部·总集类·断代·先秦至五代》第328页、《美国哈佛大学哈佛燕京图书馆中文善本书志·集部》第580页著录，国家图书馆（1部30册本，另1部仅存卷二十一至三十计10卷2册有傅增湘跋并录何焯批校题识）、北京大学图书馆（3部，分别为24册本、31册本、48册本装）、北京师范大学图书馆（30册本2部）、西谛图书馆、故宫博物院图书馆、上海图书馆、天津图书馆、天津师范大学图书馆、山西大学图书馆、辽宁省图书馆、吉林市图书馆、吉林大学图书馆、洛阳市图书馆、陕西韩城县图书馆、陕西师范大学图书馆、南京图书馆、扬州师范学院图书馆、浙江图书馆、江西师范大学图书馆、厦门大学图书馆、郑州大学图书馆、武汉师范大学图书馆、重庆市图书馆、云南省图书馆、台湾“中央”图书馆（2部）及成都杜甫草堂藏，中国书店收购则为棉纸32册本。该刊本半页9行，行19字，白口，四周双边。西谛处还藏仅有目录卷六至三十四，初唐卷九至三十、卷三十八至六十，盛唐卷一至一百一十计184卷的明吴琯辑《初

① 黄德水，为初名，后易名为河水，字清父，吴县人，黄鲁曾子。诸生。工诗。

盛唐诗纪》□□□卷不全本。北京大学图书馆藏原题："豫章李明睿阅，滁阳方一元汇编，海宁方天眷重订"者，吴琯刻板后归吴中珩，由吴中珩卖版给方一元所印本。北京师范大学图书馆藏和中国书店收购过这一类版本。此书并非完本，只编至初、盛唐，中、晚唐未见刻本。现在不少书目均著录吴琯为福建漳浦人，源于《四库全书总目》一七五三页《唐诗纪》一百七十卷目中说："明吴琯编。琯，漳浦人，隆庆辛未进士，尝校刊冯惟讷《古诗纪》，因准其例辑此书。甫成初唐、盛唐诗，即先刊行。故止一百七十卷，非完书也。其始事者，为黄清甫，同时纂辑者为陆弼、谢陛、俞体初、俞策诸人，俱见于序例。"而汪道昆在《太函集·诗纪序》说："北海冯汝言既辑历代诗纪，版之关中。坐踔远而购之难，且病校者疏而梓者拙也。吴琯自新都起，拓什二以张东秦，身帅吴俞策、歙谢陛、江都陆弼分校之，召吴工敦劀劂，既告成事，莫不精良……"[①]说明吴琯刻行此书的原委，但肯定吴氏并非此书的第一任出版人，但吴版精好。东北师范大学图书馆仅存初唐部分计60卷及《目录》12卷10册。该刊本半页9行，19字（19.6×12.7），小字双行14—17字不等，白口，四周双边。

万历十三年（1585）吴琯刻方天眷重修题明方一元辑《唐诗纪》一百七十卷、《目录》三十四卷计204卷。《中国古籍善本总目·集部·总集类·断代》第一七六四页著录，清华大学图书馆、中央民族大学图书馆、中国科学院图书馆、中国社会科学院文学研究所图书馆、华东师范大学图书馆、吉林省图书馆、山东省图书馆、山东省文登市图书馆、南京图书馆、苏州市图书馆、南京大学图书馆、浙江大学图书馆、福建师范大学图书馆、中山大学图书馆、云南大学图书馆藏，郑州市图书馆藏本不全。该刊本半页9行，行19字，白口，四周双边，有刻工。

万历十三年吴琯刻海阳方天眷重修歙县吴桂宇文枢堂印题滁阳明方

① 明汪道昆：《太函集·诗纪序》第五一七页，合肥：黄山书社，2004。

一元辑《唐诗纪》一百七十卷、《目录》三十四卷计204卷。《中国古籍善本总目·集部·总集类·断代》第一七六四页著录，首都图书馆藏，由清王士禛批。该刊本半页9行，行19字，白口，四周双边，有刻工。与吴桂宇条互见。此书原刻者为吴琯，已先后转让给方一元、方天眷、吴桂宇等人，他们刷印时分别加上自己名字，方一元印本尚未找到藏家。

万历间（1573—1620）刻豫章李明睿阅、滁阳方一元汇编、海宁方天眷重订《唐诗纪》一百七十卷、《目录》三十四卷计204卷。《中国善本书提要·集部·总集类》第461—462页、《四库全书总目·集部·总集类存目二》卷一九二第一七五三页著录，北京大学图书馆分别藏24册本、48册本各1部，有李维桢万历十三年、方沆万历十三年序。该刊本半页9行，行19字（19.6×12.7），白口，四周双边，有刻工。经考，其祖本即吴琯刻本，此版本由吴中珩转给方一元刷印本。

万历十三年吴琯刻方天春（卷）重修明黄德水、明吴琯辑《唐诗纪》一百七十卷、《目录》三十四卷计204卷。《中国古籍总目·集部·总集类·断代之属》第2995页著录，中国科学院图书馆、南京图书馆、山东省图书馆、首都图书馆（有清王士禛）藏。

万历十三年（1585）吴琯刻北海冯惟讷汇编、海宁方天眷重订，吴郡黄德水汇编，鄣郡吴琯校订《诗纪》一百五十六卷、《目录》三十六卷，《唐诗纪》一百七十卷、《目录》三十四卷计2种396卷。《中国古籍善本书目·集部·总集类》第1670页、《中国善本书提要·集部·总集类》第437—438页著录，国家图书馆、北京大学图书馆（60册本）、北京师范大学图书馆、故宫博物院图书馆、上海图书馆、天津图书馆、天津师范大学图书馆、山西大学图书馆、辽宁省图书馆、吉林市图书馆、吉林大学图书馆、陕西省图书馆、陕西师范大学图书馆、南京图书馆、扬州师范学院图书馆、浙江图书馆、江西师范大学图书馆、洛阳市图书馆、郑州大学图书馆、武汉师范学院图书馆、重庆市图书馆、云南省图书馆及成都杜甫草堂藏。而明刻题明方一元辑《唐诗纪》一百七十卷、

《目录》三十四卷，清华大学图书馆、中共中央党校图书馆、华东师范大学图书馆、吉林省图书馆、山东省图书馆、山东省文登市图书馆、南京图书馆、苏州市图书馆、南京大学图书馆、浙江大学图书馆、福建师范大学图书馆、郑州市图书馆（不全）、中山大学图书馆、云南大学图书馆、中国社会科学院文学研究所图书馆藏。首都图书馆还藏此版明刻文枢堂印、清王士禛批本。该刊本半页9行，行19字（19.7×12.7），白口，四周双边。考吴琯先后转让给吴中珩、方天眷、方一元等人。

万历丙戌（十四年，1586）刻明吴郡黄德水、鄣郡吴琯等编、明汪道昆作序《唐诗纪》又名《初盛唐诗纪》2种一百七十卷。《中国古籍善本书目·集部·总集类》第1670页（作万历十三年）、《贩书偶记·集部·总集类·各朝诗之属》卷十九第517页、《东北师范大学图书馆藏古籍善本书目解题·集部·总集类·断代》第290页（仅作《唐诗纪》六十卷《目录》二十卷，应为先印或不全本）著录，国家图书馆仅存卷二十一至三十计10卷不全本，东北师范大学图书馆藏10册本。该刊本半页9行，大字行19字，小字双行14—17字不等，白口，四周双边。

万历间（1573—1620）吴琯、谢陛、陆弼、俞策刻方天眷印明冯惟讷辑《诗纪》一百五十六卷、《目录》三十六卷计192卷。《中国古籍善本书目·集部·总集类》第1583页、《北京师范大学图书馆古籍善本书目·集部·总集类·通代》第195页著录，北京师范大学图书馆（48册本2部）、上海图书馆（佚名录清陈祚明评点，莫棠跋本）藏，系吴版转给方天眷再印本。该刊本半页9行，行19字，小字双行同，白口，四周双边。吴琯等校书人姓名被剜改为“重订”者方天眷、李秘等。

万历间吴琯、谢陛、陆弼、俞策刻聚锦堂印明冯惟讷辑《诗纪》一百五十六卷、《目录》三十六卷计192卷。《北京师范大学图书馆古籍善本书目·集部·总集类·通代》第194—195页、《中国古籍善本书目·集部·总集类》第1583页著录，北京师范大学图书馆（20册本1部，48册本1部计2部）、湖南省图书馆（仅藏《诗纪》卷一至

五十一、五十七至七十四、八十八至一百五十及《目录》卷一至三十四计 166 卷，由王闿运批校本，也是吴琯版转版后方天眷再印本）藏。方氏就用2个以上堂号再印，版次超过2版。吴琯原版有万历十四年（1586）汪道昆序，序后镌“金陵徐智督刊”，另 1 种在王世贞序镌“金陵徐智督刊”，吴氏原刻本也是多次印刷，并在序上略有区别。该刊本半页9行，行 19 字，小字双行同，白口，四周单边。

万历间吴琯、谢陛、陆弼、俞策刻崇祯五年（1632）南部玉函堂方虞升重修印明冯惟讷辑《诗纪》一百五十六卷、《目录》三十六卷计192卷。《中国古籍善本总目·集部·总集类·通代》第一七二五页、《北京师范大学图书馆古籍善本书目·集部·总集类·通代》第 195 页著录，北京师范大学（18 册本）、上海图书馆藏。该刊本半页 9 行，行 19 字，小字双行同，白口，四周双边。封面镌“崇祯五年冬□□”“南部玉函堂主人方虞升纪事”等。此为吴琯版再次转版。

万历间吴氏西爽堂刻晋陈寿撰、刘宋裴松之注《三国志》六十五卷。《中国古籍善本书目·史部（上）·纪传类》第 57 页、《中国古籍善本总目·史部·纪传类》第二二四页、《全明分省分县刻书考》第四九页、《明代版刻综录》第二卷第三十九页、《上海图书馆善本书目》、《南京图书馆善本书目》、《增订四库简明目录标注·史部·正史类》第 197 页、《北京大学图书馆藏古籍善本书目·史部·传记类》第 62 页、《藏园群书经眼录·史部一·纪传类》卷三第二〇四页著录，国家图书馆（全祖望删定，陈劢跋 18 册本及顾起贞批点 40 册本的同版各 1 部）、北京大学图书馆（20 册本）、上海图书馆、南京图书馆、湖南省、四川省、华东师范大学图书馆、山西省文物局藏，吉林省（由清袁芳瑛校本）。此刊本为仿宋版，刻印至精，书贾挖去吴琯牌记，抽去序跋，冒充宋版。可见，西爽堂所刻《三国志》《晋书》等类正史刻印装订之精好。该刊本半页 10 行，行 20 字，注双行同，每卷后有“西爽堂吴氏校梓”1 行，字体清爽。

万历间吴仲虚西爽堂刻唐太宗文皇帝御撰《晋书》一百三十卷。《增订四库简明目录标注·史部·正史类》第198页、《中国古籍善本书目·史部·传记类》（油印本）第82页著录，此版本半页10行，行20字（20.4×13.9），线装20册。该书封面题“会稽王思任、季重民藏本，明万历二十五年（1597）重装，山阴李廷机师周氏志”，卷内有“山阴李廷机师周之章”“王印思任”“季重”两印，疑伪。

明吴氏西爽堂刻唐房玄龄等撰《晋书》一百三十卷，唐何超撰《音义》三卷计2种133卷。《中国古籍善本总目·史部·纪传类》第二二七页著录，湖南省图书馆藏，有清王念曾题识。该刊本半页10行，行20字，白口，四周单边。

万历间吴氏西爽堂刊唐房玄龄等撰、何超音义《晋书》一百三十卷。《中国古籍善本书目·史部·纪传类》第64页、《中国古籍善本总目·史部·纪传类》第二二七页（径作明吴氏西爽堂刻本）、《北京图书馆古籍善本书目·史部·纪传类》第二三五页、《中国善本书提要·史部·纪传类》第82页、《全明分省分县刻书考》第四九页、《明代版刻综录》第二卷第三十九页、《中国版刻综录》第四七页、《藏园群书经眼录·史部一·纪传类》卷三第二〇九页著录，国家图书馆（2部：一是清顾起贞批点本40册；二是清全祖望删订，清陈劢跋18册本）、北京大学图书馆、中国科学院图书馆、故宫博物院图书馆、上海图书馆、辽宁省图书馆、南京图书馆、浙江图书馆、广东省图书馆、中山大学图书馆藏及山西省文物局（清唐翰题跋本，原系缪氏艺风堂藏，后归傅增湘）、中国历史博物馆，该刊本半页10行，行20字（20.4×14），注双行同，白口，左右双边，有刻工。与上版非同版。

万历间吴琯刻自辑《古今逸史》22种。《中国善本书提要·子部·丛书类》第417页著录，美国国会图书馆藏24册本，有《凡例》，《目录》为后补刻。与国家图书馆所藏二十六种本缺《博物志》《续博物志》《列仙传》《剑侠传》4种。该刊本印刷墨色颇佳，半页10行，行20

字（20×12.9）。

万历间吴琯刻自辑《古今逸史》26种。《中国善本书提要·子部·丛书类》第417页著录，国家图书馆藏本中有《凡例》及《目录》，刻印均极精，《目录》为原刻，线装24册本。可能为本版的最初印本之一。该刊本半页10行，行20字（20×12.9），卷内有："古瞟擓百城楼主人珍藏书画印记。"

万历间吴琯刻自辑《古今逸史》40种一百五十二卷。《丛书集成初编·丛书百部提要》八至九页著录，并指出："吴琯，新安人，明隆庆进士。是编分逸志、逸记。志分为二：曰合志，凡九种；曰志，凡十三种。记分为三：曰纪，凡六种；曰世家，凡五种；曰列传，凡九种。凡例有言：其人则一时钜公，其文则千载鸿笔。入正史则可补其阙。出正史则可拾其遗，又言六朝之士，不厌其多，六朝之下，更严其选，又言是编所书，不列学官，不收秘阁，山镵冢出，几亡仅存，毋论善本，即全本亦希，毋论刻本，即抄本多误。故今所集，幸使流传。少加订证，何从伐异党同，愿以保残守阙云耳。在明刻丛书中，此可为善本。"四十二种本分"志"13种，"纪"6种，"世家"5种。《增订四库简明目录标注》第549页则记有四十种本分"志"11种，"纪"5种，"世家"6种，并注甚佳。

明新安吴琯刻自辑《古今逸史》42种一百六十三卷。《中国古籍善本书目·丛部·汇编丛书（二）》第219—221页、《中国古籍善本总目·丛部·汇编丛书》第一九四八页、《明代版刻综录》卷二第三十九页、《北京大学图书馆善本书目》、《中国书店三十年所收善本书目·子部·丛书类》第155页、《南京大学图书馆善本书目》、《中国丛书综录·总目·汇编·杂纂类（明代）》第38—39页、《中国丛书综录补正》第6—7页、《中国丛书广录·汇编丛书·杂纂类》第137—138页、《中国古籍总目·丛书部·杂纂类·明代》第170—171页、《北京图书馆古籍善本书目·子部·丛书类》第一七八〇至一七八二页、

《[民国]歙县志·艺文志·书目》卷十五第八页（误作153卷）、《天禄琳琅书目》续卷十七第四至六页、《山西省图书馆普通线装书目录·总计类·类书类》第991页、《丛书书目汇编》第二册第一五四至一五五页、《汇刻书目》第三册第四十至四十二页著录，国家图书馆（2部均32册本，一为有傅增湘校并跋本，另一部中的《海内十洲记》《洛阳伽蓝记》《穆天子传》3种有清袁廷梼校并跋。该刊本半页10行，行20字，白口，四周双边）、中央民族大学图书馆、上海图书馆、吉林省图书馆、青海省图书馆、山西省图书馆（民国二十六年上海商务印书馆影印线装56册本）、南京图书馆、南京大学图书馆、中国社会科学院文学研究所图书馆、考古研究所图书馆（清内府藏歙县许志古家藏初印5函30册本）藏，中国书店收购过竹纸印24册本。此书与程荣辑刻《汉魏丛书》比肩，刻印精工，但所收书目不及程刻，子书芜杂，如“逸史”所收《三坟》《晋乘》《楚檮杌》及《真腊风土记》等，收书远逊《汉魏丛书》精干。初印本吴琯自序钤朱印。此版半页10行，行20字，白口，左右双边。

万历间新安吴琯辑刻《古今逸史》应名《增定古今逸史》55种实56种二百二十三卷。《中国古籍善本书目·丛书类·汇编丛书（二）》第221—223页、《中国古籍善本总目·丛部·汇编丛书》第一九四八至一九四九页、《中国丛书综录·总目·汇编·杂纂类（明代）》第一册第38—39页、同书（民国）第327—334页、《中国丛书综录补正·汇编·杂纂类（明代）》第6—7页、《中国古籍总目·丛书部·杂纂类·明代》第171—172页、《北京师范大学图书馆古籍善本书目·丛书部·汇编类》第310—311页、《北京大学图书馆藏古籍善本书目·丛书部·杂丛类》第524—525页、《西谛书目·子部·丛书类》卷二第七〇至七一页、《北京图书馆古籍善本书目·子部·丛书类》第一七八二至一七八四页、《中国书店三十年所收善本书目·子部·丛书类》第一五五页、《安徽省馆藏皖人书目》第136—137页、《汇刻书目》第三册第四十三至四十五页、《明代版刻综录》第二卷第三十九页、《美国哈佛大学哈佛燕京图书馆中文善本书志·丛部》第810—811页著录，国家图书馆（24册本）、首都图书馆、中国科学院图书馆、北京大学图书馆（27册本）、清华大学图书馆、北京师范大学图书馆（40册本）、天津图书馆、辽宁省图书馆、山东省图书馆、山东师范大学图书馆、无锡市图书馆、湖南省图书馆、中山大学图书馆、西谛图书馆（28册本）、上海师范大学图书馆、南京图书馆、安徽省图书馆（仅藏原刻本7种15卷1册、6种11卷1册及民国二十六年涵芬楼影印明刻56册本）、浙江图书馆、杭州市图书馆、杭州大学图书馆、浙江大学图书馆、台湾“中央”图书馆、美国国会图书馆（24册本）、美国哈佛大学哈佛燕京图书馆（35册本）及西安文物管委会藏，中国科学院图书馆、上海图书馆、南京大学图书馆、广东中山图书馆、重庆市图书馆收藏不全，中国书店收购过竹纸24册本。该刊本半页10行，行20字，小字双行同，白口，左右双边。民国二十六年（1937）至二十九年（1940）商务印书馆（有著录作“涵芬楼”）《景印元明善本书十种》就是据吴琯的刻本影印。经查这部影印丛书，国家图书馆、北京师范大学图书馆、中国中医科学院图书馆、上海图书馆、华东师范大学图书馆、上海师范大学图书馆、上海辞书出版社图书馆、天津图书馆、吉林大学图书馆、甘肃省图书馆、山东大学图书馆、福建师范大学图书馆、江西省图书馆、四川省图书馆、重庆市图书馆、四川大学图书馆、云南省图书馆、广西壮族自治区图书馆全藏，中央民族大学图书馆、宁夏回族自治区图书馆、桂林市图书馆、黑龙江省图书馆、哈尔滨市图书馆、内蒙古自治区图书馆、复旦大学图书馆藏不全。此版有吴琯序，也有吴中珩名，这是吴琯生前的定本，吴中珩也参与这一出版活动。该刊本刊印精善，为国家级善本书。此版比之一百六十三卷本在《逸志》中增《广雅》十卷、《刊误》二卷、《中华古今注》三卷、《拾遗记》十卷、《雍录》十卷，计5种35卷；《逸记》增《汲冢周书》十卷、《汉武故事》一卷、《赵后外传》一卷、《海山记》一卷、《迷楼记》一卷、《开河记》一卷、《神僧传》九卷、《本事诗》一卷计8种25卷。吴琯《古今逸史》55种版后在万历中（1573—1620）就转入参与其事的吴中珩手中。有序文，吴琯改为吴中珩，书内题名也多处改吴琯为吴中珩。如商务印书馆影印本《合志》中的《白虎通》《小尔雅》《古今注》中的吴琯在吴中珩印本中就统统剜改为吴中珩。

吴琯、吴中珩所印的《增定古今逸史》55种为同一版本。当版权转让到吴中珩手中时，尽量将校刊者署名改署为吴中珩。该刊本半页10行，行20字（19.8×13），小字双行同，白口，单鱼尾，左右双边。刻工有刘、夕、邓、伦、武。但《全明分省分县刻书考》四十九页著录入《福建省卷》不妥。

此版迨至清康熙初年，版片散失严重，汪士汉搜索残片重新编印时仅有二十余种，分别题名为《秘书二十一种》或《秘书二十八种》。民国二十六年（1937）涵芬楼据明刻本再次进行影印，收入《景印元明善本丛书十种》中，收藏更夥。丛书中的单行本及逸出零子目各馆作为善本收藏更多，为省篇目，不再列举了。此丛书《四库全书总目》未收。

万历间延陵吴氏西爽堂刻明高棅编《唐诗正声》二十二卷。《中国古籍善本书目·集部·总集类》第1666页、《全明分省分县刻书考》第四九页、《安徽大学图书馆重编古籍善本书目·集部·总集类·断代》卷四第117页、《北京大学图书馆藏古籍善本书目·集部·总集类》第391页、《明代版刻综录》第二卷第三十九页著录，北京大学图书馆（还藏日本传抄此版并由日本人校阅的4册本）、安徽大学图书馆（10册本）、浙江图书馆及安徽省博物馆藏。该刊本半页9行，行20字，小字双行同，左右双边，白口。此书《四库全书》未涉及。

万历间新安吴琯西爽堂刻明薛己撰、吴琯辑《薛氏医按》又名《薛氏医按二十四种》《薛氏医按合刻》《薛氏全书》[①]24 种一百〇七卷。《中国古籍善本总目·子部·医家类·丛编》第八四〇页、《明代版刻综录》第二卷第三十九页、《浙江图书馆善本书目》、《中国古籍总目·子部·医家类·丛编之属》第 380 页、《全明分省分县刻书考》第四九页（误著录为《薛氏医案》）、《中国古籍善本书目·子部上·医家类》第 164—165 页、《中国丛书综录·类编·子类·医家》第一册第 719—720 页、《中国丛书综录补正·类编·子类·医家》第 198 页、《全国中医图书联合目录·综合性著作》第 713 页（为万历间、明刻本）、《安徽省馆藏皖人书目》第 137 页、《丛书书目汇编》第四册第五五七页、《［民国］歙县志·艺文志·书目》卷十五第八页（作 317 卷）、《安徽省古籍善本书目·子部·医家类》卷三第三十页著录，国家图书馆、上海图书馆、中国科学院图书馆、北京大学图书馆、北京中医药大学图书馆、陕西省中医药研究院图书馆、山东省图书馆、上海交通大学医学院图书馆、上海第二医科大学图书馆、黑龙江中医药大学图书馆（不全）、甘肃省图书馆、上海中医药大学图书馆（残存 8 种）、苏州市中医院图书馆、江西省图书馆、湖南中医学院图书馆、云南省图书馆、云南中医学院图书馆、中山医科大学图书馆、南京图书馆、浙江图书馆、湖北省图书馆、安徽省无为县图书馆（38 册本）及浙江中医药研究院藏，云南省图书馆、青海省图书馆（仅存 7 种 54 卷 23 册）、无为县图书馆（线装 38 册）、安徽省图书馆（仅存 22 种 105 卷 38 册、11 卷 6 册）、安徽中医药大学图书馆（仅存 11 种 27 卷 13 册）藏。该刊本半页 10 行，行 20 字，

① 经考《中国丛书综录补正·类编·子类·医家》第 198 页所记，此书早在嘉靖七年（1528）就有渔古山房刻本，吴琯为隆庆五年（1571）进士，然后到徽州婺源任县令，刻书则在万历中，说明此书在吴琯刻前已定型，并有刻本行世，吴琯只是再整理重刊而已。此书至嘉庆十四年（1809）书业堂刻本已易名为《薛氏医案》，山西省图书馆藏线装 48 册，民国十年（1921）上海大成书局石印时易名《薛立斋医案全集》，山西省图书馆藏线装 24 册本；民国间上海焕文书局石印时也易名为《薛立斋医案》，山西省图书馆藏线装 20 册本。这时改“按”为“案”，是不妥的。《丛书书目汇编》第四册第五五七页作“新吴吴琯刻”，误。

白口，左右双边。《中国古籍善本书目·子部·医家类》第165—166页、《中国古籍善本总目·子部·医家类·丛编》第八四〇页还著录明陈长卿刻明吴琯编《薛氏医按二十四种》一百〇七卷，中国科学院图书馆、复旦大学图书馆、湖南省图书馆藏本与吴氏所刻子目同，但刊本半页10行，行20字，白口，四周单边，应为不同版本。

《安徽省馆藏皖人书目》第137页著录，安徽省图书馆还藏嘉庆十四年（1809）书业堂刻26册本。此书名气很大，早在明代就有嘉靖七年（1528）渔古山房刊本，还有秀水沈氏刊本，清代还有聚锦堂刊本、东溪堂刊本、乾嘉间（1736—1820）博古堂本、嘉庆十四年书页堂本、两仪堂刊本、光华堂刊本、裕元堂刊本、光绪二十二年（1896）大成书局刊本、锦章书局石印本、上海朱氏焕文书局石印本、民国十年（1921）大成书局石印本等。

明吴氏西爽堂刻唐释玄奘译、唐释辩机撰《大唐西域记》十二卷。《中国古籍善本书目·史部·地理类二》第1073页、《中国古籍善本总目·史部·地理类·外纪》第五三二页（误“爽”为“夹”）、《中国古籍总目·史部·地理类·中外杂记之属》第4025页著录，上海图书馆（不全）、重庆市图书馆及北京市文物局（不全）藏。该刊本半页10行，行20字，小字双行，白口，左右双边。

万历间刻唐释玄奘撰《大唐西域记》十二卷附《音释》一卷计2种13卷。《明代版刻综录》第二卷第三十九页、《全明分省分县刻书考》第四九页、《上海图书馆善本书目》著录，上海图书馆藏。

万历间刻后魏杨衒之撰《洛阳伽蓝记》五卷。《明代版刻综录》第二卷第三十九页、《全明分省分县刻书考》第四九页、《北京大学图书馆藏李氏书目》、《北京大学图书馆藏古籍善本书目·史部·地理类》第157页著录，北京大学图书馆藏2册本。经考证，此为《增订古今逸史》之一种。

明吴琯校刻汉赵晔撰、元徐天祜音注《吴越春秋》六卷。北京师范大学《中文古籍书目·史部·杂史类》第99页著录，北京师范大学图书馆藏线装2册本。为《古今逸史》之一种。

万历间刻元朱德润撰《宝古堂重考古玉图》二卷。《明代版刻综录》第二卷第三十九页著录，惜未著录藏处。

万历间刻汉王逸章句《楚辞》十卷。《明代版刻综录》第二卷第三十九页、《复旦大学图书馆善本书目》著录，复旦大学图书馆藏。

万历间刻明石公袁宏道参评、赤水屠隆点阅《虞初志》七卷。《中国善本书提要·子部·小说类》第395—396页著录，北京大学图书馆、美国国会图书馆（8册本）藏朱墨印本。该刊本半页8行，行19字（20.9×13.4）。《四库全书总目·子部·小说家类存目二》卷一四四第一二二八页著录浙江巡抚天一阁藏本有："旧本题《陆氏虞初志》，不著其名。惟第一卷中《续齐谐记》有跋，称得于外舅都家，疑为都穆婿也。"此书也存此跋，唯不题陆氏，还少1卷。

明新安吴琯校刻晋崔豹撰《古今注》三卷、后唐马缟撰《中华古今注》三卷计2种6卷。《中国古籍总目·子部·杂家类·杂考之属》第1792页著录，南京图书馆藏。

万历间新安吴琯刻明程荣辑《汉魏丛书》38种二百五十一卷。《明代版刻图录初编·家刻》第三本卷六第7—8页著录，今据《中国丛书综录·汇编·杂纂类（明代）》第一册第42页补上子目。程荣比吴琯年龄稍大，同是万历间著名的私刻家。程荣此刻为中国古代真正的丛书，刻印均精，作为同时代同地区无必要刻同一个人编辑的这么大部头的丛书。此版当为程荣转让版权给吴琯，然后加上吴琯作为印刷者的名字。版权转让时改换刊版者姓名，这在明代书商中是司空见惯的事。

万历间海宁方天眷重订吴氏刻明冯惟讷辑、明吴琯校订《诗纪》一百五十六卷、《目录》三十六卷计192卷。《中国古籍善本书目·集部·总集类》第1583页、《北京大学图书馆藏古籍善本书目·集部·总集类》第384页、《中国人民大学图书馆古籍善本书目·集部·总集类》

第159页、《中国善本书提要·集部·总集类》第438页、《美国哈佛大学哈佛燕京图书馆中文善本书志·集部》第580页（《目录》作34卷）著录，上海图书馆、北京大学图书馆（存4部：32册本1部，1部36册本，2部40册本）、中国人民大学图书馆（4函24册本）、湖南省图书馆（仅藏《诗纪》卷一至五十一、五十七至七十四、八十八至一百五十及《目录》34卷计166卷不全本，著录为聚锦堂本，实为方天眷再印吴琯本）、美国哈佛大学哈佛燕京图书馆（作《目录》34卷，缺卷一百六十二至一百七十，仅存32册）、台湾"中央"图书馆（2部）及日本内阁文库藏。原题："北海冯惟讷汇编，鄣郡吴琯校订。"王世贞在序中交代了此版演变情况及价值："嘉靖中故光禄卿北海冯惟讷氏，集古诗诸《三百篇》之所逸而不载，至孔子没而逮秦者凡十卷，汉十卷，魏九卷，吴一卷，晋二十四卷，自是而南（朝）宋十一卷，齐八卷，梁三十四卷，陈十卷，北则魏二卷，齐二卷，周八卷，复合而为隋十一卷，外集四卷，则仙真神鬼之什焉。人各叙其略，与诗之所系作矣；已又采昔人之所统论，及品藻、杂解、辨证，而复志其遗，凡二十卷，合之而名之曰《诗纪》，共得百五十六卷。惟讷竭生平之精力为此书，书成而御史甄敬刻之陕西行台，其刻既不能精，又无为之校订者，豖鱼之误相属。盖至万历中，而古鄣吴琯氏，与其乡人谢陛氏、江都陆弼氏、吴郡俞策氏，相与雠校，而复刻之金陵。大约吴氏居其资，而谢氏、陆氏、俞氏居其力，其书遂完好无遗憾。"吴刻本是重新刻印的最好版本，很快转让给吴中珩，后又转让给方氏等。转版方氏后，剜改题"豫章李明睿阅、海宁方天眷重订"，卷二题"滁阳方一元汇编、海宁方天眷重订"，也是剜改。该刊本半页9行，行19字（19.9×13.1），四周双边，白口，单鱼尾。有万历十三年（1585）方沆序称："古鄣吴太学琯，既校刻六朝以上《诗纪》，传之四方矣。复汇编有唐一代之业，而以初盛唐百七十卷先之，其凡例壹准诸《诗纪》。"其13则凡例中有"是编原举唐诗之全，以成一代之业，缘中、晚篇什繁多，一时不能竣事，故先刻初、盛，以急副海内之望，而中、晚方在编摩，续刻有待”。“是编初唐，原系黄清甫首事，止编一十六卷，今特列其名，以示不忘始之者”。因此，吴刻本是在黄德水初编16卷的基础上，在德水病卒后，吴琯于陆无从、俞公临、谢少廉等人仿冯汝言《诗纪》体例，编全唐诗纪。因此，方刊本与吴琯等刻本同，应为万历间吴琯、谢陛、陆弼、俞策刻本聚锦堂印本，封面镌“聚锦堂藏板”。此印本中吴琯等校书人姓名被剜改为方天眷、李秘等。北京大学图书馆藏36册本有万历十四年（1586）汪道昆合刻序，说明此版也转给过汪道昆。

万历间海宁方天眷重订吴氏刻明冯惟讷辑《诗纪》一百五十六卷、《前集》十卷、《附录》一卷、《外集》四卷、《别集》十二卷、《目录》三十六卷计4种219卷。《北京大学图书馆藏古籍善本书目·集部·总集类》第384页著录，北京大学图书馆藏29册本。此为吴琯刻版转版后版本，可作四印本。

万历中吴琯刻宋计有功撰、吴琯编《唐诗纪事》八十一卷。《中国书店三十年所收善本书目·集部·诗文评类》第二二九页著录，中国书店曾收购过每部20册棉纸印本。

万历间吴仲虚（琯）西爽堂刻唐释慧立撰、唐释彦悰笺《大慈恩寺三藏法师传》十卷。《中国古籍善本书目·子部·释家类》第980页、《中国古籍善本总目·子部·释家类·史传》第一一一九页、《全明分省分县刻书考》第四九页著录，重庆市图书馆藏。该刊本半页10行，行20字，白口，左右双边。

万历四十年（1612）一作万历间吴琯与谢陛、陆弼、俞策合刻明冯惟讷辑《诗纪》又作《古诗纪》6种一百九十三卷①。《中国古籍善

① 《天禄琳琅书目》续卷二十第十二页著录，清内府藏万历丙戌（十四年，1586）此书156卷3函18册本，作《古逸》十卷、《汉》十卷、《魏》九卷、《吴》一卷、《晋》二十四卷、《宋》十一卷、《齐》八卷、《梁》三十四卷、《陈》十卷、《北魏》二卷、《北齐》二卷、《北周》八卷、《隋》十卷，《外集·仙鬼诗》四卷，《别集·统论》二卷、《品藻》六卷、《杂解》二卷、《辨证》一卷、《驳异》一卷、《志异》一卷，应为先印本。

本书目·集部·总集类》第1583页、《北京图书馆善本书目》、《中国善本书提要》第438页、《书目答问补正·集部》卷四第三一一页、《全明分省分县刻书考》第四九页（作《诗“经”》一百五十六卷及谢陛为谢“阶”均误）、《中国人民大学图书馆古籍善本书目·集部·总集类》第159页、《明代版刻综录》第二卷第三十九页、《增订四库简明目录标注·集部·总集类》第917页、《中国书店三十年所收善本书目·集部·总集类》第二一六页、《中国版刻综录》一七〇页等著录，国家图书馆、首都图书馆、清华大学图书馆、中国人民大学图书馆（7函42册本）、北京师范大学图书馆、中国戏曲学院图书馆、故宫博物院图书馆、中共北京市委图书馆、上海图书馆、复旦大学图书馆、天津图书馆、辽宁省图书馆、吉林市图书馆、东北师范大学图书馆、哈尔滨市图书馆、南京大学图书馆、北京大学图书馆藏，华东师范大学图书馆收藏不全。该刊本半页9行，行19字，小字双行同，白口，单鱼尾，四周双边，并在王世贞序后镌“金陵徐智督刊”6字。中国书店收购《诗纪》一百五十六卷棉纸42册本。此书与吴桂宇文枢堂所刻《古诗纪》的区别在于文枢堂刻本分朝代，与此不同。《增订四库简明目录标注》说："浙目云，琯有二刻，一刻于陕，一刻于金陵。金陵本分四集。”而王重民在《中国善本书提要》中列举北京大学图书馆所藏4部原题均注："北海冯惟讷汇编，鄣郡吴琯校订”的版本均为《诗纪》一百五十六卷，《目录》三十六卷。有两种版本均为半页9行，行19字（20×12.7），一种有万历十四年（1586）汪道昆合刻序，是与《唐诗纪》合刻本；另一种无汪道昆与《唐诗纪》合刻序，且王世贞序与张四维序顺序不同。另两种版本也是半页9行，行19字（19.8×12.7），也是一有汪道昆合刻序，一无，且王世贞序与张四维序顺序不同。说明吴琯版印有四次，可能为两版。今据王世贞序称其内容："嘉靖中故光禄卿北海冯惟讷氏，集古诗诸《三百篇》之所逸而不载（者），至孔子没而逮秦者凡十卷，汉十卷，魏九卷，吴一卷，晋二十四卷，自是而刘宋十一卷，齐八卷，梁三十四卷，陈十卷，北则魏二卷，齐二卷，周八卷，复合而为隋十一卷，外集四卷，则仙真神鬼之什焉。人各叙其略，与诗之所系作矣；已又采昔人之所统论，及品藻、杂解、辩证，而复志其遗，凡十二卷，合之而名之曰《诗纪》，共得百五十六卷。”称陕西刻本为“惟讷生平之精力为此书，书成而御史甄敬刻之陕西行台，其刻既不能精，又无为之校订者，豕鱼之误相属。”指出陕刻非吴氏所为。邵氏及浙目有误。吴氏刻此书的经过是：“至万历中，而古鄣吴琯氏，与其乡人谢陛氏、江都陆弼氏、吴郡俞策氏，相与仇校，而复刻之金陵。大约吴氏居其资，而谢氏、陆氏、俞氏居其力，其书遂完好无遗憾。”万历十四年（1586）有汪道昆合刻序，说明在此之前就有吴琯此书的刻本。关于《唐诗纪》，罗振常在《善本书所见录·集部》卷四第191页著录万历刻本为明吴琯辑《唐诗纪》一百七十卷，前有万历乙酉（十三年，1585）李维祯序。《中国书店三十年所收善本书目·集部·总集类》第二二二页著录也是170卷版棉纸32册。《西谛书目·集部中·总集类》卷四第三二页著录30册，著录为万历间刊明黄德水、吴琯辑《唐诗纪》一百七十卷。同页又著录仅有目录卷六至卷三十四，初唐卷九至三十、卷三十八至卷六十，盛唐卷一至卷一百一十计184卷的明刻明吴琯辑《初盛唐诗纪》□□□卷。两种合刻篇幅更大。

吴琯刻晋常璩撰《华阳国志》十二卷。《中国古籍善本书目·史部·杂史类》（油印本）第116页、《四库全书总目》卷六六著录2册本，半页10行，行20字（20×12.8）。应与《古今逸史》此子书为同种版本。

万历四十一年（1613）刻明顾起元撰《说略》三十卷。《明代版刻综录》第二卷第三十九页、《南京大学图书馆书目》著录，南京大学图书馆藏。

万历四十三年（1615）刻明王世贞撰《王元美先生文选》二十六卷。《明代版刻综录》第二卷第三十九页、《华东师范大学图书馆善本书目》著录，华东师范大学图书馆藏。

明刊明吴琯辑《初盛唐诗纪》□□□卷。《西谛书目·集部中·总集类》第三二页著录，西谛仅存《目录》卷六至三十四、《初唐》卷九至三十、卷三十八至六十、《盛唐》卷一至一百一十计184卷28册不全本。

明吴琯刻《三辅黄图》六卷。《北京大学图书馆藏古籍善本书目·史部·地理类》第157页著录该馆藏1册本。该馆还藏姚世珏据明吴琯刻本校并跋的清康熙间（1662—1722）刻2册本1部。经考，此书为《增订古今逸史》丛书之一种单行本。

明吴琯刻汉东方朔撰《海内十洲记》一卷。《中国古籍总目·子部·小说类·文言之属·笔记·异闻》第2151页著录，南京图书馆藏。

明吴琯刻汉东方朔撰《海内十洲记》一卷、宋李石撰《续志》十卷计2种11卷。《中国古籍总目·子部·小说类·文言之属·笔记·异闻》第2151页著录，国家图书馆藏。

万历间（1573—1620）吴琯刻梁吴均撰《续齐谐记》一卷。《中国古籍总目·子部·小说类·文言之属·笔记·异闻》第2156页著录，南京图书馆藏。

万历间吴琯刻佚名撰《剑侠传》四卷。《中国古籍总目·子部·小说类·文言之属·短篇》第2211页著录，南京图书馆藏。

明新安吴氏刻佚名撰《剑侠传》四卷。《中国古籍总目·子部·小说类·文言之属·短篇》第2211页著录，国家图书馆藏，由明吴琯校。

明延陵吴氏西爽堂刻明高棅辑《唐诗正声》二十二卷。《中国古籍善本书目·集部·总集类》第1666页、《中国古籍善本总目·集部·总集类·断代》第一七六二页、《中国古籍总目·集部·总集类·断代之属》第2991页、《安徽省古籍善本书目·集部·总集·断代》卷四第二十三页著录，浙江图书馆、安徽大学图书馆（10册本）藏。该刊本半页9行，行20字，白口，左右双边。

天启四年（1624）西爽堂刊题明止云居士撰《新镌出像点板北调万壑清音》八卷。《中国古籍善本书目·集部·曲类》第2181页、《中国古籍善本总目·集部·曲类·曲选》第一九〇二页（作“止园居士辑”）、《北京图书馆古籍善本书目·集部·曲类》第三一一一页著录，国家图书馆（4册本）、中国戏曲研究院图书馆藏。该刊本半页9行，行20字，小字双行同，白口，四周单边。

崇祯三年（1630）吴氏西爽堂刻元杨士弘辑、明顾璘批点《唐音》又名《批点唐音》十五卷。《中国古籍善本书目·集部·总集类》第1664页、《中国古籍善本总目·集部·总集类·断代》第一七六二页、《中国古籍总目·集部·总集类·断代之属》第2990页著录，吉林大学图书馆、南京图书馆、安徽大学图书馆、厦门大学图书馆藏。该刊本半页9行，行19字，白口，四周单边。

崇祯庚午（三年）西爽堂刻明延陵吴钺重订《唐诗始音》十五卷。雷梦水著《古书经眼录》第166页（齐鲁书社版）著录。《中国书店三十年所收善本书目·集部·总集类》第二二一页著录为元杨士弘辑、明吴钺重刻《唐音》十五卷，竹纸线装6册当是此书。《明代版刻综录》第二卷第四十页（为吴钺西爽堂刻本）、《南京图书馆善本书草目》著录，南京图书馆藏。

明末吴氏西爽堂刻唐杜牧撰，明朱一是、吴玙评《杜樊川集》十七卷。《中国古籍善本书目·集部·唐五代别集类》第151—152页、《中国古籍善本总目·集部·唐五代别集类》第一二一四页、《中国古籍总目·集部·别集类·唐五代之属》第139页、《北京图书馆古籍善本书目·集部·唐五代别集类》第二〇七六页、《中国书店三十年所收善本书目·集部·唐别集类》一七一页著录，国家图书馆（4册、6册本各1部）、北京大学图书馆、清华大学图书馆、中国科学院图书馆、复旦大学图书馆、上海辞书出版社图书馆、辽宁省图书馆、吉林省图书馆、陕西省图书馆、青海民族大学图书馆、山东省图书馆、南京图书馆、上海图书馆（有王培孙跋）、杭州市图书馆、华中师范大学图书馆、湖南省图书馆、四川省、中国社会科学院文学研究所图书馆及浙江图书馆天一阁分馆藏，中国书店收购竹纸印8册本。该刊本半页9行，行18字，白口，四周单边。

崇祯四年（1631）西爽堂刻明王徵撰《新制诸器图说》一卷。《中国古籍善本书目·子部·谱录类》第470页、《中国古籍善本总目·子部·谱录类·器物》第九五四页、《明代版刻综录》第二卷第三十九页、《南京图书馆善本书草目》著录，南京图书馆藏，有清顾广圻、吴树声跋。该刊本半页9行，行18字，白口，四周双边。

明刻明王世贞辑、陈仁锡评《尺牍清裁》六十卷、《补遗》一卷计2种61卷。《美国哈佛大学哈佛燕京图书馆中文善本书志·集部》第567—568页著录，美国哈佛大学哈佛燕京图书馆（5册本）及日本内阁文库（2部）藏。该刊本半页9行，行20字（19.8×13.6），四周单边，白口，单鱼尾，眉端刻评，题“吴郡王世贞编、陈仁锡评”，扉页刊“尺牍清裁，王凤洲先生选，古今名文不朽，西爽堂藏板”。

至清，这个刻坊还在刻书。

顺治十四年（1657）西爽堂刻清李雯撰《蓼斋集》四十七卷、《后集》五卷计2种52卷。《北京图书馆古籍善本书目·集部·清别集类》第二四九八页著录，国家图书馆藏10册本。该刊本半页9行，行19字，白口，四周单边。

康熙十八年（1679）西爽堂刻清胡吉豫辑述《四六纂组》九卷、《历代官制》一卷计2种10卷。《中国古籍善本书目·集部·总集类》第1604页、《中国古籍善本总目·集部·总集类·通代》第一七二九页、《北京大学图书馆藏古籍善本书目·集部·总集类》第387页著录，北京大学图书馆（6册本）、清华大学图书馆、华中师范大学图书馆、湖北财经大学图书馆藏。该刊本半页9行，行22字，白口，左右双边。

康熙癸亥（二十二年，1683）西爽堂刻清姚江黄宗羲、姜希辙同撰《历学假如》二卷。《中国古籍总目·子部·天文算法类·推步之属·历法·总论》第1036页、《北京图书馆古籍善本书目·子部·天文算法类》

第一二八四页、《贩书偶记·子部·天文算学类》卷九第236页著录，国家图书馆藏1册本。该刊本半页15行，行25字，小字双行同，白口，四周单边。原封面题附《勾股矩测解》，但未见，仅有《西历假如》《授时假如》各1卷。

康熙二十五年（1686）西爽堂刻宋朱熹撰《周易本义》四卷附《易图》一卷、《卦歌》一卷、《筮仪》一卷、《五赞》一卷计5种8卷。《中国古籍总目·经部·易类·传说之属》第80—81页著录，美国哈佛大学哈佛燕京图书馆藏。

康熙二十五年西爽堂刻清万经撰《易经集解》四卷、《上下篇义》一卷、《筮仪》一卷、《图》一卷、《卦歌》一卷计5种8卷。《中国古籍总目·经部·易类·传说之属》第135页著录，美国哈佛大学哈佛燕京图书馆藏。

康熙二十五年西爽堂刻题宋朱熹撰《周易筮仪》一卷。《中国古籍总目·经部·易类·附录·易占之属》第221页著录，美国哈佛大学哈佛燕京图书馆藏。

康熙四十九年(1710)长岭西爽堂刻宋曾巩撰《元丰类稿》五十卷、《卷首》一卷计51卷。《北京大学图书馆藏古籍善本书目·集部·别集类》第420页著录，北京大学图书馆藏8册本。

康熙间（1573—1620）西爽堂刻清姚江黄宗羲撰《南雷文案》十卷、《外卷》一卷、《续》又名《吾悔集》四卷、《撰杖集》又名《文案三刻》一卷、《子刘子行状》二卷、《南雷诗历》三卷计6种21卷。《贩书偶记·集部·别集类》卷十四第341页著录。

综合上述不完全统计，吴琯西爽堂在万历前及万历中刻书子目近240种，刻书存世3000余卷。

吴钺可能是吴琯的后人，吴琯西爽堂刻书有明确记载比较晚的日期是万历四十三年（1615），估计万历朝吴琯仍在世，吴钺极可能是其子，在崇祯朝刻书已是强弩之末了。就是吴琯在世时，已有不少名著版片有转版现象，如《增订古今逸史》丛书增订本不仅在吴琯生前吴中珩已参与此项工作，并形成定本，估计也是在吴琯生前已转版给吴中珩了。吴琯也购入中国第一部真正丛书、同乡程荣辑刻的《汉魏丛书》。综合吴琯及吴钺西爽堂在万崇间刻书最起码有250种，加上先后单行的丛书超过300种，总卷数近4000卷。

吴琯、吴钺的西爽堂刻书一般都具有内容正统、保存古籍价值大、版本精、校勘审等特点，不少图籍如《合刻山海经水经注》《晋书》《华阳国志》，及《古今逸史》诸版本，甚至个别零本都是国家级善本书。吴氏父子不仅是徽州府大出版家，所出图书大多为重要的传统古籍，也是在中国古代出版史册上可数的大出版家，吴氏及其刻坊西爽堂在中国古代出版史上占有一席很重要的地位。

汉籍引入西洋地图第一人程百二

程百二又名开敏，字幼舆，自号瓦全道人，安徽休宁县人，与程大约（幼博）是同宗兄弟。大约豪爽好士，故诸名公为其墨作赞、制铭，《程氏墨苑》后附万历三十三年（1605）利玛窦《赠程幼博文》，可见程利关系深厚。这位宗兄也适时将其文友转介给他，使他得以与这些社会名流交往。焦竑常将自己的收藏善本珍籍借给程百二辑刻，所以校书处也常借用焦竑的欣赏斋，使之成为万历后期以布衣著称的学者和坊刻家，其校刻坊号名“师古斋”“欣赏斋”又写成“忻赏斋”。他与焦竑、胡应麟等辈及意大利传教士利玛窦交往深密，所刻书往往请利玛窦、焦竑作序，尤其在万历间所纂刻的《方舆胜略》附《外夷》全载利玛窦的《世界舆地全图》，开汉籍引入西洋地图的先河。

利玛窦带来的《世界舆地全图》与中国人认识世界的视野大相径庭。中国人一向认为天圆地方，中国位于中央，余者均为四夷，没有想到地球居然是圆的，而且中国不过是在众多大洲东部的边上。已经认识到中国儒家文化的影响的利玛窦为了在中国站住脚，听从别人建议，将地图放大后改用中国汉字标注，并把中国位置也向图中央挪了位置定名为《山海舆地全图》刊行，成为很有影响的受西方地图学影响的中国新型地图。我们今天从《方舆胜略》中看到的这张地图就是已经利氏中国化后的改良《世界舆地全图》。该刻书均延请徽州黄氏刻工高手雕版上手，版本精美，刻艺绝妙，所刻自著《方舆胜略》及自辑专讲石、酒、茶、画等小品的《程氏丛刻》均为国家级善本书。在中国古代编辑出版史上占有一定的历史地位。王重民教授在《中国善本书提要》中考证程氏所著《方舆胜略》说："实袭《广舆记》（明陆应阳辑）而以参考《一统志》虚张声势。"同时指出它的价值是"是书在明季通俗地学书中，开《舆图备考》《舆图摘要》等之先声"，"所以较他书为可贵也"。[①]

万历三十八年（1610）程百二刻明程百二、吴勉学等辑《晋书》一百三十卷、《目录》一卷计 131 卷。经查故宫博物院图书馆目录卡片等资料说该馆藏 5 册本，怀疑有误。

万历三十八年程百二刻明程百二、汪有道等撰《方舆胜略》十八卷、《总目》一卷，明程百二、李蒙等撰《外夷》六卷又明唐时升、焦尊生等辑又一卷计 2 种 26 卷。《中国古籍善本书目·史部·地理类一》第 732 页、《中国古籍善本总目·史部·地理类·总志》第五〇〇页（其中《外夷》六卷作明程百二纂，吴免（勉）学辑）、《中国古籍总目·史部·地理类·总志之属》第 3716 页、《北京图书馆古籍善本书目·史部·地理类》第五四三页著录，国家图书馆（8 册本）、北京师范大学图书馆、北京大学图书馆、中央民族大学图书馆、故宫博物院图书馆、上海图书馆、天津图书馆、甘肃省图书馆（不全）、南京图书馆、南京大学图书馆藏。该刊本半页 10 行，行 20 字，白口，四周双边。

程百二一生刻书很多，著名的有：

---

① 王重民：《中国善本书提要·史部·地理部》第 186 页，上海古籍出版社，1983。

万历四十二年（1614）刻自辑《方舆胜略》十八卷附《外夷》六卷计2种24卷。

《中国善本书提要·史部·地理类》第185页、《明代版刻综录》第五卷第二十四页、《全明分省分县刻书考·安徽省卷》第九页、《西谛书目·史部·地理类》第三〇页、《北京大学图书馆藏古籍善本书目·史部·地理类》第113页、《中国善本书提要》第185—186页等著录，今将北京大学图书馆、美国国会图书馆收藏对照看，所列序不同，可证两馆收藏并非同一版本。该刊本半页10行，行20字，线装8册，总目题："程百二幼舆氏辑。"但从所列版心尺寸看，前者为19.5×12.8，后者为20×13，线装12册，也可证明并非同一版本。该刊本还有不同处是各卷题名不同，如卷一题新安程百二，卷二为虎林汪有道，卷三为古鄣胡邦直，卷四为盱眙冯霆，卷五为新安程度，卷六为新安汪家骝，卷七为新安胡光吉，卷八为古鄣吴继志，卷九为新安程可征，卷十为新安吴腾骧，卷十一为新安潘一骥，卷十二为海阳戴任，卷十三为新安李春逢，卷十四为广陵潘一驹，卷十五为新安应聘，卷十六为新安程明剑，卷十七为新安贺攀龙，卷十八为新安程策；《外夷》卷一题："嘉定唐时升、秣陵焦尊生、豫宗刘一灿、新安程百二同辑"，卷二题"豫章李蒙纂，李克家辑"，卷三题"新安孙光寓纂，吴继恩辑"，卷四题"新安郑本烈纂，吴腾骧辑"，卷五题"新安胡邦直纂，方世业辑"，卷六题"新安吴来凤纂，潘一驭辑"。但大部分都是徽州人。还有两书所附不同，均有朱谋玮、李维桢、南师仲、焦竑、徐来凤序，但顺序有别，美国国会图书馆藏本还多出王锡爵、李本固序，应为后印本。北京大学图书馆藏本题万历三十八年（1610）刻本3部：其中两部均为12册装，另一部仅存《外夷》卷三至卷六计3卷6册不全本。

万历四十三年（1615）程百二与胡之衍刻程百二辑《程氏丛刻》9

种十三卷。[①]《中国古籍善本总目·丛部·汇编丛书》第一九五四页、《中国古籍总目·丛书部·杂纂类·明代》第202页、《中国丛书综录·汇编·杂纂类（明代）》第一册第50页、《中国丛书综录补正·汇编·杂纂类（明代）》第17页、《北京图书馆古籍善本书目·子部·丛书类》第一七八七页、《全明分省分县刻书考·安徽省卷》第九页、《中国善本书提要·子部·谱录类》第303—304页、《明代版刻综录》第五卷第二十三页、《中国古籍善本书目·丛部·汇编丛书（二）》第258页著录，国家图书馆藏4册本，属生活艺术类书籍。该刊本半页11行，行22字（版心22.1×14.5），白口，四周单边。

万历四十三年（1615）程百二刻《合刻酒经觞政》2种四卷。《中国古籍善本书目·子部·谱录类·食谱》第477页、《中国古籍善本总目·子部·谱录类·饮食》第九五二页、《中国古籍总目·子部·谱录类·饮食之属·酒》第1569页、《北京图书馆古籍善本书目·子部·谱录类》第一三七八页、《中国丛书广录·类编丛书·子类·谱录类》第719页著录，国家图书馆、中国科学院图书馆藏1册本。该刊本半页11行，行22字，白口，四周单边，刻工精好。

程百二因是布衣，有关他的传记资料极少，今查《酒经》《画鉴》《石谱》《品茶要录补》《茶说》等子书可获得以下资料：一是程百二所刻上述5种子书中有两种为焦竑旧藏，可见他们交谊之深。二是助其校阅者有同乡胡之衍、程安国等。三是程百二校刻书堂号有二：师古斋、欣赏斋。四是根据《云林石谱》胡之衍序末记"黄玄立刻"，则刻工均为歙县黄氏诸名工。五是此书刻于万历四十三年，后于利玛窦撰《赠程幼博文》9年，换句话说，百二与利氏相交已逾九载以上。在《茶品要录补》中还有："李大司徒当玫瑰盛开时，令竖子清晨收花上露水煮茶，味似欧罗巴国人利西泰所制蔷薇露。"西泰（利玛窦）卒于万历三十八

① 王重民：《中国善本书提要·史部·地理类》第186页，上海古籍出版社，1983。

年（1610），此证系追忆往事，但更加说明程、利两人交谊深厚。

此外，查《振绮堂书目》载“明新安程幼舆开敏撰《品茶要录补》”，而清汪沆在《小眠斋读书日札》中则说“明新安程幼舆百二采夏茂卿树芳《茶董》中隽语续辑之者”。王重民先生还亲见高丽活字本《诗薮》中的汪道昆序后题：“寓二酉园程百二”一行，说明程百二与当时名彦胡应麟、汪道昆等交谊都很深，并在文坛很活跃，有一定名望，但在学术上没有什么大的建树。

黄尚文与《女范编》在版画史上的地位

黄尚文，字无文，号希周、希图，又号三操，歙县黄家坞人，著名书贾。家有古柏一株，因自号三操，指嫠母、古柏、自己。工书画，能诗善文。《[万历]歙志·文艺·艺能》卷九说：“工书，小楷、行书、草书无所不工，而于《兰亭》《圣教序》深得其妙。工画，于宋元近代诸名家无所不临摩（摹），而自有一种天趣，超然尘外。吾乡丹青素逊吴下，一出而与之抗者，自无文始也。能诗，往往有隽语，以多技而不能颛精，故遗稿亦少。且家贫体孱而酷有男宠，甫壮，病瘵以死。”辑《女范编》又名《古今女范》，上起周、秦，下迄万历间邹元标妻，每人一传一画，传为自作，画为著名画家程起龙[①]绘，由黄应泰（伯符）、应瑞等黄氏雕龙手雕版，用朱墨两色套色，世称徽派版画中的白眉，是集传、绘、雕三方面高手通力合作的成功典范，也是中国图书插页中双色套版印刷之始。它要比欧洲早一百多年，在世界版画史上占有重要的历史地位。

---

① 程起龙，字薰沐，号伯阳，徽派版画插图家，除《女范编》外，还为吴嘉谟集校《孔圣家语图》十一卷摹图写文，黄组刻。今国家图书馆藏此版6册本，半页10行，行20字（20.8×13.6）。该刊本卷一有图40幅，图依阙里所传《圣迹图》编成，第一幅为《先圣像》，题：“新都程起龙伯阳甫薰沐写，歙人黄组镌。”

他的主要刻书活动有万历三十年(1602)套版印刷明黄尚文辑《女范编》又名《古今女范》四卷。

《中国古籍善本书目·史部·传记类一》第404页、《中国古籍善本总目·子部·儒家类》第八〇五页及《史部·传记类·总传》第三七六页、《北京图书馆古籍善本书目·史部·传记类》第四一〇页(作万历间)、《国家图书馆普通古籍总目·传记门·列女》第77页(作黄应泰版)著录,国家图书馆(四卷4册本为后印本,还藏缺卷一计3卷3册及缺卷一至二计2卷2册2部不全本为西谛赠书)、清华大学图书馆、四川省图书馆藏,山东省博物馆藏本有清王芑孙跋。郑振铎指出此版“图近二百幅,为程伯阳绘,黄应泰、黄应瑞(伯符)昆仲所刊,线条细若毛发,柔如绢丝,是徽派版画书最佳者之一”。郑振铎先生“十余年来,未尝瞬息忘此书也”。丁丑(1937)冬,国民政府西撤,陈乃乾以此书易米才转给郑振铎,数日后又在中国书店得3册残本。经考歙县(今属安徽省黄山市徽州区)明末刻工刘振之也参与此书插图。[①]美国国会图书馆分别藏有3册、2册的不全,3卷本则为初印本,均为半页9行,行20字(20.7×13.2),白口,四周单边,有刻工。原题:“新都黄尚文希周父编次,吴从龙云从父、吴允修仲懋父、吴允吉季迪父、吴从敬心一父同校,程起龙伯阳父写图,吴从善心纯父督梓。”《安徽艺文考·传记二》上作明黄尚文,字希图,休宁人。此书出版还借助于歙县岩镇程君房滋兰堂的技术力量,或为合作产品,故又有著录为滋兰堂刊本。《国家图书馆普通古籍总目·传记门·列女》第77页、《全明分省分县刻书考·安徽省卷》第一八页、《明代版刻综录》第四卷第四十页均作黄应泰刊,误,应泰系刻工,不宜作刻主。

① 郑振铎著《西谛书话·古今女范》第279页,北京:生活·读书·新知三联书店,1983。

万历三十四年（1606）朱墨套印黄尚文撰《闺范十集》六卷。

《中国善本书提要·子部·杂家类》第343页著录，国家图书馆藏6册本。该刊本半页9行，行20字（20.5×13.1），有程涓序。

此书为《女范编》原版改换重印，每卷题“《闺范十集》卷第×”7字。其中，卷五还题“《闺范十集》补遗”6字；卷六增载《皇明内训》《女孝经》及曹大家《女论语》《女诫》等内容。这次重修重印时铲去伯符等名，而题伯阳（起龙）绘图，眉评也改用朱色套印，补入刘金煌、刘玉成、刘振之、刘汝性等名，系刘氏得黄氏刻工原版，改挖增补刘氏，尤其是末增入刘宜人、吴氏节、天佑双节、节妇刘氏、贞烈汪氏等数篇与刘氏有关的人与事。但所增绘的图也很典雅精整，可与黄氏原图相媲美，因此，也不失为徽派版画中的珍品。因此，黄尚文应与程大约一起名列为彩色印刷先驱——套印法的创制者。

图文并茂的黄凤池《唐诗画谱》

万历后期在版画插图书的影响下，发展成图文并茂的画谱类图书。大约在万历三十至四十年间（1602—1612），在当时的三大刻书中心之一的杭州就出版了顾炳编印的《顾氏画谱》，在徽州府这个执全国版画牛耳的刻书中心相邻的宁国府宛陵（今安徽省宣城市宣州区）汪君出版了《诗余画谱》[①]很受读者欢迎，成为社会时尚。而此后的歙县黄凤池出版的《唐诗画谱》后来居上，正如程涓在序中所言“俾览者阅诗以探文之神，摩字以索文之机，绘画以窥文之巧”，使人赏心悦目，收到“如步月林皋，不尽幽赏之怀”的感觉。

黄凤池，歙县人。善画，书贾，在杭州花市设集雅斋，为徽派在杭州所设的著名刻书坊，以刻插图本文学类书著名。黄凤池取唐人五、六、

① 《中国古籍善本书目·子部·艺术类》第430页著录，国家图书馆、绍兴市鲁迅图书馆藏万历四十年（1612）汪君刻《诗余画谱》不分卷。

七言绝句诗各50首，聘请当时书法高手书写，并请同乡画师蔡冲寰（字元勋，又字汝佐）为画谱创稿施丹。他自己也根据诗的意境绘画，亲自画《木本花鸟谱》《六言唐诗画谱》《七言唐诗画谱》《梅竹兰菊画谱》《唐解元仿古今画谱》《张白云选名公扇谱》《草木花诗谱》《木本花鸟谱》共8种，合刻为《唐诗画谱》又名《集雅斋画谱》《黄氏画谱》①。该刊本极力摹绘了古人的多种不同的绘画技法，加上书法娴熟的原诗，精湛刻艺组成万历（1573—1620）、天启（1621—1627）年间徽派版画的代表作。②

明刻明黄凤池辑《黄氏画谱》8种八卷。《中国古籍总目·子部·艺术类·书画之属·画·画谱》第1384页著录，国家图书馆、上海图书馆（有王修跋）藏。

万历、天启间黄凤池集雅斋清绘斋刊自辑《黄氏画谱》又名《黄氏画谱八种》《八种画谱》8种八卷。《中国古籍善本书目·子部·艺术类》第430页、《中国古籍善本总目·子部·艺术类·画谱》第九三五页、《中国古籍总目·子部·艺术类·书画之属·画·画谱》第1384页（均无“新镌”字样）、《中国人民大学图书馆古籍善本书目·子部·艺术类·画谱》第112—113页、《中国丛书广录·类编丛书·子类·艺术类》第712页、《明代版刻综录》第五卷第二十七页、《中国书店三十年所收善本书目·子部·艺术类》第一一一页、《香港所藏古籍书目·子部·艺术类·画类》第203页（但作68卷误，应为8卷）、《美国哈佛大学哈佛燕京图书馆中文善本书志·子部》第358—359页著

① 《［民国］歙县志·艺文志·书目》卷十五第八页著录。

② 《四库全书总目·子部·艺术类存目》卷一一四第九七六页著录为5卷，为初印不全本。《明代版刻综录》卷五第三百三十页著录集雅斋于万历四十八年（1620）刊7种7卷，即明黄凤池编、丁云鹏绘的《唐诗五言画谱》一卷，万历黄凤池集雅堂刊自编《选刻扇谱》一卷，万历四十八年（1620）刊明黄凤池编《梅兰竹菊四谱》一卷；万历（1573—1620）间刊明黄凤池编《唐诗六言画谱》一卷和《唐诗七言画谱》一卷以及《草木花诗谱》一卷、《唐解元仿古今画谱》一卷。也是不全本。以上7种《全明分省分县刻书考·浙江省卷》四页均著录。

录，北京大学图书馆、中国人民大学图书馆（1函8册本）、天津图书馆、台湾“中央”图书馆、美国哈佛大学哈佛燕京图书馆（8册本1部及另1部金镶玉装，系后印本）、香港中文大学图书馆（8册本）和烟台市博物馆及日本内阁文库（2部）、东京大学东洋文化研究所藏，青岛市博物馆藏，中国书店收购过每部16册粗棉纸印本为全帙，余如安徽省图书馆、安徽师范大学图书馆、北京大学图书馆、扬州市图书馆、甘肃省图书馆、河南省图书馆及郑振铎博物馆、安徽省博物馆、上海博物馆、歙县博物馆等所收均不全。该刊本半页四周单边，白口，无鱼尾，26.9×18.1。经考证，《唐六如古今画谱》《张白云选名公扇谱》，原为清绘斋刻本，后板片归黄凤池，其余6种为黄氏集雅斋自刻本。再细考《唐解元仿古今画谱》也非唐寅画作，而是宋旭、陈里、曹羲等人作品。经考周芜的《徽派版画史论集》，黄氏这套画谱有两种版本，凡有署刻工刘次泉的为原刻本，无刘次泉者为后印本。陈继儒还在《张白云选名公扇谱》中说张氏所摹孙克弘等人48幅扇图为武林金氏所刻。《新镌梅竹兰菊四谱》为孙继先（汉凌）绘图，蔡冲寰仅绘唐诗五言、六言、七言画谱。此书收入《四库全书总目·子部·艺术类存目》，但四库馆臣仅作五卷，系不全本。此书出版后影响很大，翻印、翻刻、影印本迭出。著名的后印本有徽州刻工汪士珩本、刘素明刻本等。1982年文物出版社影印出版的合订本就是以青岛市博物馆藏的黄氏原刻本为底本。这部徽派版画集是很杰出的，在日本也很有影响。该书画“刻线稳健，刃锋不露。尤其对配景山水的皴法，大胆地变阳刻为阴刻，颇饶趣味，在版画中不多见。所以说，此书乃集诗、书、画、刻四美于一集，不是侈言”①。

《西谛书目·子部·艺术类》卷二第二一页著录两部：一为8册全，均为新镌；二为12册不全本，缺《选刻扇谱》一种一卷，且子目署名

① 王伯敏：《中国古代版画丛刊二编·唐诗画谱跋》，上海古籍出版社，1994。

不一，一般无“新镌”字样。该刊本白口，四周单边，封面镌“集雅斋”或“清绘斋”，在《唐诗七言画谱》首图左下镌“刘次泉刻”4字。《全明分省分县刻书考·安徽省卷》第七页作万历四十八年刻不分卷。上海图书馆藏明刻本《唐诗画谱》不分卷，有王修跋。可见，这套插图本丛书影响之大。

此书在日本宽文十二年（1672）唐本屋清兵卫覆刻明本《唐诗画谱》8种八卷。《中国古籍总目·子部·艺术类·书画之属·画·画谱》第1384页、《北京大学图书馆藏古籍善本书目·子部·艺术类》第272页著录，北京大学图书馆藏5册本。该馆还藏一部明集雅斋刻《画谱》8册本。又日本静嘉堂文库藏日本宽永七年（1630）翻刻本名叫《八集画谱》。此书还有日本庆安三年（1710）中川茂兵卫翻刻本、日本安政五年（1918）文永堂书肆重摹并缩刻中川茂兵卫翻刻本成为日本著名的腐蚀铜版印本。可见，黄氏此书在日本影响之大。

明集雅斋刻□□辑《画谱》不分卷。《中国古籍总目·子部·艺术类·书画之属·画·画谱》第1384页著录，北京大学图书馆藏。

明刻明黄凤池辑《唐诗画谱》五卷。《安徽省古籍善本书目·子部·艺术类》卷三第四十一页著录，安徽师范大学图书馆（存卷一至三计3卷3册）、歙县博物馆（仅存《五言唐诗画谱》一卷、《七言唐诗画谱》一卷计2卷2册）、安徽省博物馆仅存《五言唐诗画谱》一卷1册，收藏均不全。收入《四库全书总目·子部·艺术类存目》中。该书于天启元年（1621）由汪士珩[①]刊行。全书收唐五言、六言、七言绝句各50首，内容包括唐诗画谱、梅兰竹菊谱、古今画谱、名公扇谱、草木花草谱、

① 汪士珩，万历（1573—1620）天启（1621—1627）间歙县人，书贾兼木刻版画高手。天启元年（1621）刊刻新安黄凤池、唐文如、张白云等辑，新安蔡元勋（汝佐）绘，刘次泉刻《唐诗画谱》。又与人合刻万历间《唐诗画谱》插图等。

木本花鸟等。由丁云鹏、蔡汝佐[①]绘图，刘次泉[②]、汪成甫[③]镌刻。

明刻明黄凤池辑《新镌五言唐诗画谱》一卷。《中国古籍总目·子部·艺术类·书画之属·画·画谱》第1384页著录，南京图书馆藏。

明末刻明黄凤池辑《六言唐诗画谱》不分卷。《中国古籍总目·子部·艺术类·书画之属·画·画谱》第1385页著录，国家图书馆藏。

明末刻明黄凤池辑《新镌草木花草诗谱》一卷。《中国古籍总目·子部·艺术类·书画之属·画·画谱》第1385页著录，国家图书馆藏。

明末刻明黄凤池辑《新镌梅竹兰菊四谱》一卷。《中国古籍总目·子部·艺术类·书画之属·画·画谱》第1385页著录，国家图书馆藏。

明刻明张成龙绘、明黄凤池辑《张白云选名公扇谱》一卷。《中国古籍总目·子部·艺术类·书画之属·画·画谱》第1385页著录，国家图书馆藏。

附　光绪九年（1883）金陵王氏影印明黄凤池辑《四君子诗画舫》不分卷。《中国古籍总目·子部·艺术类·书画之属·画·画谱》第1385页著录，国家图书馆藏。

此书出版后影响很大，翻印、翻刻、影印本迭出。著名的后印本有徽州刻工汪士珩本、刘素明刻本等。1982年文物出版社影印出版的合订本就是以青岛市博物馆藏的黄氏原刻本为底本。这部徽派版画集在日本也很有影响，并有多次翻刻本及铜版刻印本。

---

① 蔡汝佐，字元勋，号冲寰，歙县著名版画家。善画人物、山水、花鸟、梅、兰、竹、鳞介杂画，尤工诗意图从而创作版画。

② 刘次泉，歙县流寓杭州的万历间（1573—1620）木版画刻工。为黄凤池辑、汪士珩刊《唐诗画谱》中五言、六言、七言3种镌刻者。还刻汤海若批评《琵琶记》《集雅斋画谱》等。其刻艺高超，刀法圆浑。

③ 汪成甫，歙县著名木版画刻工。天启元年（1621）为明黄凤池辑、蔡汝佐绘、汪士珩刊《唐诗画谱》刻图文，崇祯十年（1637）与项南州、洪国良等为张楚叔编、白雪斋选订乐府《吴骚合编》镌刻插图等。所刻人物、楼台、行云、流水细腻明快，所雕山石树木苍劲古朴，形成风格协调、形式完美的画面，成为徽派版画中的佳品。

通俗读物刻坊主黄裔我

黄裔我，字尔昭，歙县人，明末著名书贾，刻坊号存诚堂。该刻书堂主要刻实用类书籍。以出版通俗实用类图书见长。

万历间（1573—1620）书林存诚堂刻明华山居士撰、明魏浣初评、李裔蕃注释《新刻魏仲雪先生批评投笔记》二卷。《中国古籍总目·集部·曲类·传奇之属》第3520页著录，国家图书馆、南京图书馆藏。

天启间（1621—1627）潭阳黄氏存诚堂刻明郑之玄评点、明谢维升注释《鼎镌郑道圭先生评点红杏记》二卷三十六出。《中国古籍总目·集部·曲类·传奇之属》第3536页著录，国家图书馆藏。

崇祯间（1628—1644）歙县书林黄裔我存诚堂刻明邱濬撰、魏浣初评、李裔蕃注《新刻魏仲雪先生批评投笔记》二卷。《中国古籍善本总目·集部·曲类·传奇》第一八九〇页、《明代版刻综录》第二卷第八页、《全明分省分县刻书考·安徽省卷》第十页著录，国家图书馆藏。该刊本半页10行，行27字，小字双行同，白口，四周单边，有图。

崇祯间（1628—1644）存诚堂黄裔我刻明吴从先辑《鼎镌吴宁野汇选四民切要时制尺牍芳规》四卷。《中国古籍善本书目·子部·类书类》第867页、《中国古籍善本总目·子部·类书类》第一〇七七页（径作明黄裔我存诚堂刻）、《中国古籍总目·子部·类书类·类编之属·专编》第2070页、《北京图书馆古籍善本书目·子部·类书类》第一五六〇页、《西谛书目·子部·类书类》卷二第四八页、《明代版刻综录》第二卷第八页、《全明分省分县刻书考·安徽省卷》第十页著录，国家图书馆藏2册本。该刊本半页分两栏，上栏11行，行10字，下栏10行，17字，分上下2栏，白口，四周单边。

崇祯间存诚堂黄尔昭刻《新刻张天如先生增补注释启蒙会海玉堂对类》四卷。《西谛书目·子部·类书类》卷二第四八页、《明代版刻综录》第二卷第八页、《全明分省分县刻书考·安徽省卷》第十页著录，国家图书馆藏2册本，有图。《西谛书目·题跋》第一一页西谛跋称："此是明刊的兔园册子之一，凡四卷。为通俗简要的士人作诗写赋的入门书。"

天启、崇祯间（1621—1644）存诚堂刻《玉堂对类》十九卷、《卷首》一卷计20卷。《中国善本书提要·子部·类书类》第373页著录，美国国会图书馆藏6册本。卷内书题："新刻张天如（溥字）先生增补注释启蒙会海玉堂对类"，书题后题："艺林存诚堂黄尔昭绣梓"。经考，内容同正统十二年司礼监刊《对类》，《卷首》为《习对发蒙格式》改，并将卷二十的《巧对门》作眉栏《巧联摘锦》，实系尔昭伪托张溥作。该刊本半页13行，行27字（2.5＋18.3×11.6）。

明书林黄尔昭刊明陈士龙注释《新刻张侗初先生汇编四民便用注释扎柬五朵云》四卷。《北京图书馆古籍善本书目·子部·类书类》第一五六〇页、《中国古籍善本总目·子部·类书类》第一〇七八页、《中国古籍善本书目·子部·类书类》第868页、《西谛书目·子部·类书类》卷二第四八页、《中国古籍总目·子部·类书类·类编之属·专编》第2071页著录，国家图书馆藏1册本。该刊本上下两栏，上栏12行，行10字，下栏11行，行21字，白口，四周单边。

明书林存诚堂刻佚名辑《新刻太医院何先生校正便用医方捷径药性赋》三卷。《中国古籍善本总目·子部·医家类·本草》第八四七页、《中国古籍总目·子部·医家类·本草之属·歌括便读》第544页著录，中国中医科学院图书馆藏。该刊本半页分两栏，上栏12行，行11字，下栏11行，行18字，白口，四周单边。

崇祯间（1628—1644）刻明张侗初编、谢维新注《八刻张侗初先生汇编四民便用注释札柬五朵云》四卷。《明代版刻综录》第二卷第八页、《全明分省分县刻书考·安徽省卷》第十页等著录，该刊本每卷冠单面图。此书至此版已是八刻，说明这类通俗读物是广受欢迎的。

崇祯间书林存诚堂刻题明漱石生辑《新刻张侗初先生分类四民便用

注释五朵云》四卷。《中国古籍善本书目·子部·类书类》第868页、《中国古籍善本总目·子部·类书类》第一〇七八页(径作明书林存诚堂刻)、《中国古籍总目·子部·类书类·类编之属·专编》第2070页著录,上海图书馆藏。该刊本半页10行,行20字,白口,四周单边。

崇祯间歙县书林黄氏存诚堂刊明魏浣初评、李裔蕃注《新刻魏仲雪先生批点西厢记》二卷。《全明分省分县刻书考·安徽省卷》第十页著录。

崇祯间歙县黄裔我存诚堂刊明郑之玄评点、明谢维升注释《鼎镌郑道圭先生评点红杏记》二卷。《中国古籍善本书目·集部·曲类》第1221页(作明刻本)、《中国古籍善本总目·集部·曲类·传奇》第一八九一页(作明刻本)、《北京图书馆古籍善本书目·集部·曲类》第三〇七二页、《全明分省分县刻书考·安徽省卷》第十页著录,国家图书馆藏2册本。该刊本半页9行,行25字,小字双行同,白口,四周单边,眉栏镌评,有图。

乾隆五十五年(1790)存诚堂刻明汝阳傅振商撰《爱鼎堂遗集·前集》十卷、《后集》二十卷、《卷首》一卷计2种31卷。《东北师范大学图书馆藏古籍善本书目解题·集部·别集类·明》第348页著录,东北师范大学图书馆藏10册本。该刊本半页9行,行21字,白口,四周单边,封面页题:“乾隆庚戌重梓,存诚堂藏版”字样。说明这个老字号入清仍在刻书。

附　道光二十八年(1848)存诚堂刻清崔建庵撰《妇科宗主》四卷附《续增胎产心法》计2种。《中国古籍总目·子部　·医家类·方论之属·妇幼科·妇科》第762页著录,湖北中医药大学图书馆藏,上海中医药大学藏本不全。

寓居金陵的徽派刻坊奎璧斋主人郑思鸣

郑思鸣又名思明,字元美,一字大经,歙县人。为明末徽州府著名的书商，在金陵设奎璧斋又写成奎璧（壁）堂、四德堂书坊，为著名的徽派刻坊。此坊直至清代其后人仍在刻书，刻书种类多，旁及四部。据笔者不完全统计，明代刻有68种256卷。他出书品种重儒学正统教材五经四书类读物，所出图书大多为有插图的精善本。尤以《歌林》初集、二集所收30种为著。《中国古籍善本书目》经部就收其所刻书6种121卷。可见其刻书精好。据不完全统计，郑氏刻书要目如下：

万历间（1573—1620）金陵状元坊歙县书林郑思鸣分别以奎璧斋、宗圣楼刊《歌林初集》十六种不分卷、《二集》14种不分卷（一说30卷，40种子书）。《明代版刻综录》第三卷第三十五页著录，镇江市博物馆藏。

万历间（1573—1620）书林郑思鸣奎璧斋刊《新镌乐府名时曲万家锦》二卷。《明代版刻综录》第三卷第三十五页著录。

万历二十二年（1594）金陵书林郑思鸣奎璧阁刻明焦竑著、丁云鹏绘、黄德奇刻《养正图解》二卷。傅惜华及《明代版刻综录》第三卷第三十五页著录。此刊本与前一年汪云鹏玩虎轩所刻为同一底本。

明书林郑大经在金陵刻明郭岱辑《汇古萃玉》五卷。《中国古籍善本书目·子部·类书类》第855页、《中国古籍善本总目·子部 ·类书类》第一〇七四页著录，中共中央党校图书馆、中央民族大学图书馆藏。该刊本半页10行，行20字，白口，四周双边，单鱼尾。

万历四十年（1612）书林思德堂郑大经刻明邓志谟撰《新锲袁中郎校订旁训古事镜》十二卷。《中国古籍总目·子部·类书类·类编之属·通编》第2020页著录，中国科学院图书馆、台湾图书馆藏。

万历四十三年（1615）金陵书林郑大经四德堂刻明邓志谟撰《新锲袁中郎校订旁训古事镜》十二卷。《中国古籍善本书目·子部·类书类》第860页、《中国古籍总目·子部·类书类·类编之属·通编》第2020页著录，国家图书馆、首都图书馆、北京大学图书馆、中国科学院图书馆、中共北京市委图书馆、天津图书馆、山东省图书馆、台湾图书馆藏。

万历四十五年（1617）金陵书林郑大经四德堂刻明邓志谟撰《新刻四六旁训古事苑》二十三卷。《中国古籍善本书目·子部·类书类》第860页、《中国古籍善本总目·子部·类书类》第一〇七六页、《中国古籍总目·子部·类书类·类编之属·通编》第2021页著录，上海图书馆、天津图书馆、辽宁省图书馆、南京图书馆、中山大学图书馆藏。该刊本半页8行，行18字，白口，四周单边，单鱼尾。

万历四十三年至四十六年（1615—1618）金陵书坊郑大经奎壁堂刻明临川徐奋鹏撰《古今道脉》又名《四书古今道脉》4种四十五卷。《中国古籍善本总目·经部·四书类》第一三四页、《中国古籍总目·经部·四书类·四书总义·传说之属》第870页、《中国丛书广录·类编丛书·经类·四书类》第392页、《安徽省古籍善本书目·经部·四书类》卷一第二十四页、《中国古籍善本书目·经部·四书类》卷三第339页、《贩书偶记·经部·四书类》卷三第52页著录，首都图书馆、山西运城市图书馆、南京图书馆、安徽省图书馆（30册本），山西新绛县文化馆，日本尊经阁文库、日本东京大学东洋文化研究所藏。此套丛书系收专讲四书等儒家正统的经书。该刊本半页10行，行22字，白口，无格，四周双边。

明金陵奎壁堂郑思鸣刻明袁宏道辑、明邱兆麟补、明吴从先释、明陈万言汇评《鼎镌诸方家汇编皇明名公文隽》八卷。《中国古籍善本总目·集部·总集类·断代》第一七七九页、《北京大学图书馆藏古籍善本书目·集部·总集类》第396页、《中国古籍善本书目·集部·总集类》第1724页、《美国哈佛大学哈佛燕京图书馆中文善本书志·集部》第588页著录，首都图书馆、北京大学图书馆（8册本）、中国人民大学图书馆、上海图书馆（不全）、东北师范大学图书馆、吉林大学图书馆、陕西省图书馆、山东大学图书馆、南京图书馆、甘肃省图书馆、西南师范大学图书馆、美国国会图书馆、哈佛大学哈佛燕京图书馆（5册本）、普林斯顿大学葛思德东方图书馆及山东省博物馆、镇江市博物馆，日本内阁文库藏。该刊本半页9行，行20字（21.1×12.3），白口，无鱼尾，四周单边，书眉上刻评。题“石公袁宏道精选，侗初张鼐校阅、毛伯丘兆麟参校，宁野吴从先解释、眉公陈继儒标指、居一陈万言汇评”。扉页刻“镌袁中郎先生评选今文化玉，奎璧堂郑思鸣绣梓”。卷八末有牌记，刻“金陵奎璧堂郑思鸣绣梓”。《四库全书总目·集部》著录为《明文隽》即此书。此书为明人文选。

泰昌元年（1620）书林郑思鸣奎璧斋刊明袁宏道辑、明丘兆麟补、明陈万言汇评、明吴从先注《鼎镌诸方家汇编皇明名公文隽》八卷。《中国古籍总目·集部·总集类·断代之属》第3041页、《东北师范大学图书馆藏古籍善本书目解题·集部·总集类·断代》第289页、《北京大学图书馆善本书目》、《明代版刻综录》第三卷第三十五页著录，国家图书馆、北京大学图书馆、南京图书馆、东北师范大学图书馆（10册本）藏。该丛书汇集明人194篇文字，分为8卷，每篇前有题解，段有注评，篇末有总评，有周宗建庚申年（万历四十八年，1620）序。书签题：“袁中郎先生精撰今文化玉。”该刊本半页9行，行20字，小字双行13—16字不等，白口，四周单边。卷八后有“金陵奎璧斋郑思鸣镌梓”牌记。

天启元年（1621）奎璧堂郑思鸣刻明闽施泽深辑《古今名文走盘珠》四卷、《读古喻言》一卷计2种5卷。《中国古籍善本书目·集部·总集类》第1631页、《中国古籍善本总目·集部·总集类·通代》第一七三八页、《中国古籍总目·集部·总集类·通代之属》第2960页著录，首都图书馆、清华大学图书馆及安徽省博物馆藏。该刊本半页9行，行20字，白口，四周单边。

金陵郑思明（按，原为此字）天启三年（1623）刊明喻龙德[①]著《喻子十三种秘书兵衡》十三卷。《中国古籍善本书目·子部·兵家类》第127页、《中国善本书提要·子部·兵家类》第247—248页、《美国

① 喻龙德，字明时，号实实子、达用生，豫章人。因报国无路著此书，但无发明，尤自第九卷后依方家言谈兵更加荒谬。自乾隆后作为禁书，传世较少。

哈佛大学哈佛燕京图书馆中文善本书志·子部》第302—303页著录，国家图书馆（12册本）、中国科学院图书馆（仅存卷一至七、九至十三计12卷著郑大经刻本）、台湾“中央”图书馆、美国国会图书馆（8册本）、哈佛大学燕京图书馆及日本内阁文库、尊经阁文库藏。原题：“姑苏金之丹九还汇成，云林龚居中应圆传辑，南州徐惟惕乐行参论，庐陵萧士巩鼎然订录，钟山郑大经道常梓行。”署页题：“郑思鸣梓行。”国家图书馆藏本远比美国国会图书馆藏本精。该刊本半页10行，行20字（20.8×13.8），四周单边，白口，无鱼尾。题姑苏《清代禁毁书目》补遗二说：“记载违谬，语多触犯。”

天启间（1621—1627）奎壁堂刊明闽施泽深撰《急览类编》十卷。《中国古籍总目·子部·类书类·类编之属·通编》第2009页、《中国善本书提要·子部·类书类》第385页、《贩书偶记·子部·儒家类·议论经济之属》卷九第215页、《明代版刻综录》第三卷第三十五页、《美国哈佛大学哈佛燕京图书馆中文善本书志·子部》第462页著录，国家图书馆（10册本）、美国哈佛大学哈佛燕京图书馆（10册本）、台湾“中央”图书馆藏。原题：“闽施泽深厚甫纂述，吴陈台鼎侯阅正。”封面刻“奎壁堂郑思鸣梓”。该刊本半页9行，行20字（21.5×12.9），四周单边，白口，无鱼尾。扉页刻“刻施厚甫先生辑评《急览类编》，奎壁堂郑思鸣梓”。此书《四库全书总目》未收。北京大学图书馆藏天启间刻本，尚未考证出是否此版。

天启六年（1626）书林郑大经刻朱墨套印明陈遂卿辑《诗经秘旨》八卷。《中国古籍善本总目·经部·诗类》第五三页、《中国古籍善本书目·经部·诗类》第144页、《中国古籍总目·经部·诗类·传说之属》第343页著录，重庆市图书馆藏。该刊本半页分两截，上截16行，行14字，下截9行，行大字17字，小字双行同，白口，四周双边。

天启七年（1627）郑氏奎壁堂刻朱墨套印本题宋蔡沈撰《尚书秘旨》六卷、明陈台撰《精镌尚书笥中利试题旨秘诀》不分卷2种。《中国古籍善本书目·经部·书类》卷一第五八页、《中国古籍总目·经部·书类·传说之属》第256页（仅录后1种）著录，天津图书馆藏。

天启间郑大经刻明喻龙德撰《喻子十三种秘书兵衡》十三卷。《中国古籍善本总目·子部·兵家类》第八二三页、《中国古籍总目·子部·兵家类》第264页著录，国家图书馆（不全）、南京图书馆（仅存卷一至七、九至十三计12卷不全本）、中国科学院图书馆（不全）、美国国会图书馆藏。该刊本半页10行，行20字，白口，左右双边。

金陵奎壁堂郑思鸣刻《精镌海若汤先生校订音释海篇统汇》又名《精镌海若汤先生校订海篇统汇》二十卷、《卷首》一卷、《次卷》一卷计22卷。《中国古籍善本书目·经部·小学类》卷四第445页、《中国古籍善本总目·经部·小学类》第一七一页、《中国古籍总目·经部·小学类·文字之属·字典》第1066页著录，北京大学图书馆、河北大学图书馆、东北师范大学图书馆、南京大学图书馆藏。该刊本半页10行，行18字，小字双行36字，白口，四周单边，无刻工。

金陵奎壁斋刻宋朱熹撰《诗集传》八卷。《中国古籍善本总目·经部·诗类》第四八页、《中国古籍善本书目·经部·诗类》卷二第三页（影印本第131页）、《中国古籍总目·经部·诗类·传说之属》第322页著录，中国科学院图书馆藏。该刊本半页9行，行17字，小字双行同，白口，四周单边。

崇祯十三年（1640）莆阳郑氏重订金陵奎壁斋刻元陈澔撰《礼记集说》十卷。《中国古籍总目·经部·礼类·礼记·传说之属》第479页著录，上海图书馆藏。

金陵奎壁斋刻宋蔡沈撰《书经集传》六卷。《中国古籍善本总目·经部·书类》第三六页、《中国古籍善本书目·经部·书类》卷一第五三页（影印本为106页）著录，辽宁大学图书馆藏。该刊本半页9行，行17字，白口，左右双边。

明末金陵奎壁斋刻宋胡安国撰、宋林尧叟音注《春秋传》三十卷、

《纲领》一卷、《提要》一卷、《列国图说》又名《春秋列国图说》一卷、《诸国兴废说》一卷计 5 种 34 卷。《中国古籍善本书目·经部·春秋类》卷一第 263 页、《中国古籍善本总目·经部·春秋类·春秋总义》第一〇六页、《中国古籍总目·经部·春秋类·春秋总义·传说之属》第 633 页、《美国哈佛大学哈佛燕京图书馆中文善本书志·经部》第 43 页、《青海省古籍善本书目·经部·春秋类》第六页著录，青海省图书馆、美国哈佛大学哈佛燕京图书馆均藏 8 册本。该刊本半页 9 行，行 18 字（18.9×12.4），小字双行 18 字，左右双边，白口，无鱼尾，上刻注，书口下刻卷数。书后牌记为“莆阳郑氏订本，金陵奎璧斋梓”。《全明分省分县刻书考·江苏省书林卷》第三页著录为《春秋传》三十八卷，但未录藏家。

明末郑思鸣奎璧堂刻明余应虬辑《新编古今品汇故事启牍》二十卷。《中国古籍总目·子部·类书类·类编之属·通编》第 2015 页著录，辽宁省图书馆藏。首都图书馆藏明末刻本，尚未考证出与此版关系。

明金陵书林郑大经刻明郭岱辑《汇古萃玉》五卷。《中国古籍总目·子部·类书类·类编之属·通编》第 2016 页著录，中央民族大学图书馆藏。

明书林郑大经刻明周伯畊撰、明徐奋鹏评、明周家贤注《新锲官板批评注释虞精集》八卷。《中国古籍善本书目·子部·杂家类》第 583 页、《中国古籍总目·子部·杂家类·杂学杂说之属》第 1711 页著录，无锡市图书馆、四川省图书馆、台湾图书馆藏。

崇祯间（1628—1644）还刻有《忠经孝经小学》十卷等书。顺治己亥（十六年，1659）金陵书林郑氏奎璧斋刻《新镌乐府清音歌林拾翠》初、二集 29 种二十九卷。《中国丛书广录·类编丛书·集类·曲类·传奇》第 878 页、孙殿起撰《丛书书目拾遗》卷六第十九页著录。为插图本传奇丛书，前附 10 页图像。但《中国古籍总目·集部·曲类·曲谱之属》第 3846 页著录，国家图书馆、四川大学图书馆、西南师范大学图书馆藏清书林奎璧斋刻□□辑《新镌乐府清音歌林拾翠二集》三十种，北京大学图书馆还藏清宝圣楼刻本。

清金陵奎壁斋刻《女四书》又名《状元阁女四书》《校订女四书笺注》《闺阁女四书集注》4种四卷。《中国古籍总目·子部·儒家类·礼教之属》第176页著录，国家图书馆藏。

同治八年（1869）金陵奎壁斋刻宋程颐注《周易》四卷。《山西省图书馆普通线装书目录·经籍门·易类》第44页著录，山西省图书馆藏2册本。

清金陵奎壁斋刻朱墨套印宋朱熹撰《周易本义》四卷附《易图》一卷、《卦歌》一卷、《筮仪》一卷、《五赞》一卷计5种8卷。《中国古籍总目·经部·易类·传说之属》第80—81页著录，国家图书馆藏。

清奎璧斋刻清郑汉（字濯之）编《胎产须知》一卷附《保产要录》一卷计2种2卷。《全国中医图书联合目录·临证各科》第466页著录，上海图书馆、上海中医药大学图书馆藏。

金陵奎壁（璧）斋刻元陈澔集说《礼记》十卷。《山西省图书馆普通线装书目录·经籍门·礼类》第68页著录，山西省图书馆藏10册本。

光绪十三年（1887）有益堂翻刻金陵奎壁斋刻泰山堂宋朱熹撰《周易本义》四卷附《易图》一卷、《卦歌》一卷、《筮仪》一卷、《五赞》一卷计5种8卷。《中国古籍总目·经部·易类·传说之属》第80—81页著录，北京大学图书馆藏。

光绪二十八年（1902）金陵奎壁斋刻泰山堂宋朱熹撰《周易本义》四卷附《易图》一卷、《卦歌》一卷、《筮仪》一卷、《五赞》一卷计5种8卷。《中国古籍总目·经部·易类·传说之属》第80—81页著录，国家图书馆藏。

清金陵奎壁斋刻宋蔡沈撰《书经集传》六卷。《中国古籍总目·经部·书类·传说之属》第246页著录，国家图书馆藏。

综上所述，明季该刻坊就刻了67种200余卷书。入清，这个刻坊也一直活跃在文艺类书市上。

轻财重义的学者、书商吴从先

吴从先（1608—?），字宁野，歙县人，曾居苏州，久寓金陵，筑“燕园”别业，而以“小窗”名斋号，常以族望署延陵[①]，有黎云馆、霞漪阁等堂号，著名出版家、书商。从先家资豪富，从太史冯梦祯受业，广交书友，刻《快书》《广快书》的何伟然、刻《群言液》的张榜及陈继儒等都是他的座上常客，书酒往还。焦竑称他为“新安吴君”，其叔吴逵在《清纪》序中称从先“慷慨澹漠，好读书，多著述，世以文称之。重视一诺，轻挥千金，世以侠名之。而不善生产，不屑争便径，不解作深机，世又以痴目之”[②]。著有《小窗自纪》，辑《小窗清笺》四卷[③]、《小窗别纪》四卷、《鼎镌吴宁野汇选四民切要时制尺牍芳规》四卷[④]、《交友观》一卷[⑤]、《儒禅》一卷[⑥]、《书宪》一卷、《酒缘》一卷[⑦]、《香本记》又作《香本纪》一卷[⑧]、《徐郎小传》一卷、《妓虎传》一卷、《顿子

① 延陵吴氏系吴季子之后。越灭吴，改吴为濮，子孙世代隐居洞庭莫釐（厘）的武山，形成武峰派系。宋孝宗时，濮百生赴阙陈情，复姓吴。

② 见本书吴逵万历四十一年（1613）序。

③ 《中国古籍善本书目·集部·总集类》第1731页、《中国古籍善本总目·集部·总集类·通代》第一七四一页、《中国古籍总目·子部·杂家类·杂纂之属》第1930页、《中国古籍总目·集部·总集类·尺牍之属》第3140页著录，北京大学图书馆、清华大学图书馆、上海图书馆、吉林大学图书馆藏，明书林李潮金陵聚奎楼刻明吴从先辑、明陈继儒评《新刻小窗清笺》四卷。该刊本半页8行，行19字，白口，四周单边。

④ 《中国古籍善本书目·子部·类书类》第867页、《中国古籍善本总目·子部·类书类》第一〇七七页著录，国家图书馆藏明存诚堂黄裔我刊2册本。互见黄裔我条。

⑤ 《中国古籍总目·子部·杂家类·杂纂之属》第1930页著录，收入明刻《快书六种》本中。

⑥ 以上2种收入《广快书》丛书中，《西谛书目》卷二著录《儒禅》一卷还收入《瓶花史》丛书中。

⑦ 以上2种《中国丛书广录·汇编丛书·杂纂类》第156—157页、《中国古籍总目·子部·谱录类·饮食之属·酒》第1571页著录，收入《枕中秘二十三种》丛书中。

⑧ 《中国古籍总目·子部·谱录类·器用之属·香类》第1555页著录，收入宣统（1909—1911）间铅印《香艳丛书》中。

真小传》一卷、《拟合德谏飞燕书》一卷[①]、《小窗自纪杂著》一卷[②]等，尤以《自纪·读水浒传》一文最为著名。还辑有《新编历代悬鉴古事隽》又作《古今悬鉴》七卷[③]、《新刻李于麟先生批评注释草堂诗余隽》四卷[④]。常以霞漪阁为刻书堂号，编刊多种书籍。还参与其他书籍的出版活动，如参与《皇明文隽》八卷[⑤]、《梨云馆类定袁中郎全集》二十四卷[⑥]的编刊工作及精校《青莲露六笺》6种六卷[⑦]等。他还评《鼎镌诸方

① 《安徽省馆藏皖人书目》第136页著录，以上5种收入《香艳丛书》中。

② 《安徽省馆藏皖人书目》第136页著录，安徽省图书馆藏宣统民国间铅印《古今说部丛书》中有此书。

③ 《中国古籍善本总目·子部·类书类》第一〇七七页著录，安徽省博物馆藏天启间（1621—1627）萧少衢师俭堂刻明吴从先辑此书。该刊本半页上、下两栏，上栏14行，行8字，下栏10行，行18字。

④ 《中国古籍善本书目·集部·词类》第1997页、《中国古籍善本总目·集部·词类·总集》第一八四八页、《中国古籍总目·集部·词类·总集之属》第3396页著录，上海图书馆、西北师范大学图书馆、南京图书馆藏明书林萧少衢师俭堂刻明吴从生辑此书。该刊本半页9行，行20字，白口，四周单边。

⑤ 《四库全书总目·集部·总集类存目三》卷一九三第一七五五页、《中国善本书提要·集部·总集类》第480页著录美国国会图书馆藏8册本泰昌元年（1620）刻本，由吴从先解释。

⑥ 《中国古籍善本书目·集部·明别集类》第780页、《美国哈佛大学哈佛燕京图书馆中文善本书志·集部》第755—756页著录，中国人民大学图书馆、中共中央党校图书馆、中央民族大学图书馆、故宫博物院图书馆、上海图书馆、华东师范大学图书馆、天津图书馆、河南省社会科学院图书馆、重庆市图书馆、台湾“中央”图书馆（2部）、美国哈佛大学哈佛燕京图书馆（24册本）及日本尊经阁文库、京都大学人文科学研究所藏，山东省图书馆、山东省文登县图书馆收藏明末周文炜刻不全本。该刊本半页8行，行18字（21.9×13.1），白口，无鱼尾，无直格，四周单边。题“公安袁宏道中郎著，芜城王缘督经倩、仁和何伟然欲仙、古歙吴从先宁野阅，南雍周文炜如山镌”。此书扉页刻“袁中郎全集，梨云馆类定，大业堂重梓”，并钤有“醉耕堂藏板”印，为大业堂得板重印，并非重刻本。中国科学院图书馆、吉林省图书馆、山东大学图书馆、南通市图书馆、扬州市图书馆、浙江图书馆、广西民族大学图书馆藏此书的明刻本，亦即万历四十五年（1617）何伟然刻本，行款同周文炜刻本，估计是同一版本。此书日本元禄九年有翻刻本。《四库全书总目·集部·别集类存目》所收为《袁中郎集》四十卷。

⑦ 《中国丛书广录·汇编丛书·杂纂类》第146页、《中国古籍总目·丛书部·独撰类·明代》第1047页著录，天津图书馆藏万历间（1573—1620）树德堂刻明叶华撰并编、明陈继儒、吴从先等校《陈眉公吴宁野精校青莲露六笺》6种6卷。该刊本半页8行，行17字，白口，四周单边。

家汇编皇明名公文隽》八卷[①]，与陈继儒等校定由明叶华编《陈眉公吴宁野精校青莲露六笺》6种六卷[②]等。

他主要刻书有：

万历间（1573—1620）刻《新编历代悬鉴古事隽》七卷[③]。

万历四十一年（1613）歙县吴从先霞漪阁刻明李贽撰，吴从先订、何伟然校《霞漪阁校订史纲评要》，简称《史纲评要》三十六卷。《中国古籍善本书目·史部·史评类》第1518页、《中国古籍善本总目·史部·史评类》第七六九页、《中国书店三十年所收善本书目·史部·史评类》第七九页、《明代版刻综录》第七卷第十五页著录，安徽省图书馆、湖南省社会科学院图书馆藏本不全，上海图书馆（有清袁自超跋）、浙江图书馆天一阁分馆、中国历史博物馆、泉州市文管会藏，中国书店曾收购过竹纸12册本。该刊本半页9行，行18字，单黑鱼尾，左右双边。

该书有一桩历史公案需要在这里厘清。明代乌程籍学者，在歙县南山长期居住进行教学与研究的姚舜牧所著的《史纲要领》三十六卷，经考有万历九年（1581）、万历三十八年（1610）版刻本，国内外均有收藏。而万历四十一年（1613）吴氏此刻署名为“明温陵卓吾李贽评纂，新都宁野吴从先参订，武林仙郎何伟然校阅”。经有人以美国国会图书馆本进行比较，发现吴从先此版与早已成书并有两种版本的姚著《史纲要领》三十六卷的分卷、史文、注文均同，吴从先所作《史纲评要序》也采用姚著的语句，可以断定此两书实为一书，只不过吴版的错字、脱

① 《北京师范大学图书馆古籍善本书目·集部·总集类·断代》第210页著录该馆藏明末师俭堂萧少衢刻明袁宏道辑，明丘兆麟补，明吴从先、陈万言评此书16册本。该刊本半页9行，行20字，小字双行同，白口，四周单边。眉栏镌评，卷末有“师俭堂萧少衢依京板刻”牌记。

② 《中国丛书广录·汇编丛书·杂纂类》第146页著录，天津图书馆藏明树德堂刻明叶华编、明陈继儒等校此丛书。该刊本半页8行，行17字，白口，四周单边。

③ 《中国古籍善本书目·子部·类书类》第867页、《中国古籍总目·子部·类书类·类编之属·通编》第2009页及第2025页、《安徽省古籍善本书目·子部·类书类》卷三第八十九页著录，台湾图书馆、安徽省博物馆（2册本）藏天启元年（1621）福建建阳萧少衢师俭堂刻。吴从先原刻本尚未找到收藏处。

字较多而已。至于吴氏为何改易署名和书名，虽笔者未查到历史解答史料，只好理解为改头换面，甚至采用作伪的办法招徕读者是坊刻的一贯手段，吴氏据此可断为坊刻家。这样，就能理解：作为学人书商吴从先不会不知道这位在家乡长期居住的外乡学者姚舜牧及其著作。只不过吴氏认为此书肯定有销路，大有再版价值。因此，吴氏在李贽这样大家死后十多年后，把姚著挂出李贽大名的原因，是故意作伪，以打开销路。由于变换作者和书名后，此版销路畅，流行广，万历四十二年（1614）就有茂勤堂翻刻本，加大了此版造成的错误影响。

明刻明吴从先评辑、何伟然校阅《小窗清纪》不分卷。《中国古籍总目·子部·杂家类·杂纂之属》第1929页、《青海省古籍善本书目·子部·杂家类》第五六页著录，国家图书馆、中国科学院图书馆、青海民族大学图书馆（10册本）藏，系明刻《小窗四纪》本中的初刻本，后刻本定为5卷。

万历间（1573—1620）刻明吴从先辑《小窗清纪》不分卷。《中国古籍总目·子部·杂家类·杂纂之属》第1929页著录，国家图书馆藏，分别收入万历间、明刻《小窗四纪》本中。

明刻明吴从先辑《小窗清纪》不分卷。《中国古籍总目·子部·杂家类·杂纂之属》第1929页著录，国家图书馆、中国科学院图书馆藏。

崇祯间（1628—1644）刻明吴从先辑《小窗清纪》不分卷。《中国古籍总目·子部·杂家类·杂纂之属》第1929页著录，上海图书馆藏。

万历四十二年（1614）刻明吴从先辑《小窗别纪》四卷。《中国古籍总目·子部·杂家类·杂纂之属》第1929页著录，齐齐哈尔市图书馆藏。分别收入万历间、明刻《小窗四纪》本中。

明刻明吴从先辑《小窗清纪》五卷。《中国古籍总目·子部·杂家类·杂纂之属》第1929页著录，国家图书馆藏。

明末刻明吴从先辑《小窗清纪》二卷。《中国古籍总目·子部·杂家类·杂纂之属》第1929页著录，上海图书馆藏。

明刻明吴从先评辑、陈继儒订正《小窗自纪》四卷。《中国古籍总目·子部·杂家类·杂纂之属》第1930页、《安徽省古籍善本书目·子部、小说家类》卷三第七十一页著录，国家图书馆藏，安徽省图书馆仅存卷一、二计2卷1册不全本。此书分别收入万历间刻、明刻《小窗四纪》本中。

万历间（1573—1620）刻明吴从先撰《小窗自纪》四卷、《小窗别纪》四卷、《小窗清纪》不分卷、《小窗艳纪》不分卷计4种。《中国古籍善本总目·子部·小说家类·琐语》第一〇四八页、《中国丛书综录·类编·子部·小说》第759页、《中国古籍善本书目·子部·小说类》第748页、《中国古籍总目·子部·杂家类·杂纂之属》第1929页、《美国哈佛大学哈佛燕京图书馆中文善本书志·子部》第411页著录，国家图书馆、北京大学图书馆、上海图书馆、华东师范大学图书馆、天津图书馆、南开大学图书馆、南京图书馆、美国哈佛大学哈佛燕京图书馆（32册本及1部仅有《艳纪》复本12册）及日本内阁文库藏，应为先刻本，清华大学图书馆、复旦大学图书馆、南京大学图书馆、浙江图书馆、福建师范大学图书馆藏本不全。该刊本半页8行，行18字，四周单边，白口，无鱼尾，各种子书版框有异，如《自纪》21.6×13.1，题“延陵吴从先著，福朐张榜选，云间陈继儒订，武林沈明宠、平湖俞恩烨、武林何伟然校”，前有吴逵序、俞恩烨序，在俞序后有“白下吴天祥刻”。《清纪》为21.4×13.3，题“延陵吴从先宁野评辑，西湖何伟然仙郎校阅”“延陵吴从先宁野评辑，蚺城汪宇灿羽六校阅”等，前有万历四十一年（1613）王宇序、吴逵序、吴从先序等，扉页题“吴宁野《小窗清纪》，霞漪阁藏板”。《艳纪》为21.9×13.2，题“延陵吴从先批选，冶城孙起都参定，白沙王道新、武林何伟然校阅”“延陵吴从先批选，福朐张榜参定，平湖俞恩烨、江宁孙石校阅”等，前有万历四十三年朱谋玮序、万历四十二年吴从先自序，扉页题“吴宁野《小窗自纪》霞漪阁藏板”。《别纪》为21.9×13.1，题“延陵为此书评选，华亭施沛校”“延陵吴从先评选，武林金维城订”等，前有万历四十三年张寿朋序，万历四十二年吴从先自序。《清纪附》为21×13.8，题“新都吴从先宁野父著，冶城孙起都子京父评”，前有万历四十一年孙起都序。说明此刻始于万历四十三年前后。《四库全书总目·子部·小说家类存目》收此四纪，但与一般书目一样，不著录《清纪附》，说明一般藏家无此子书。

万历间（1573—1620）霞漪阁刻明吴从先辑《小窗四纪四种》二十七卷。《中国古籍善本书目·子部·小说类》第748页、《北京师范大学图书馆古籍善本书目·子部·杂家类·杂纂》第157页、《中国古籍善本总目·子部 ·小说家类·琐语》第一〇四八页、《中国古籍总目·子部·杂家类·杂纂之属》第1929页著录，北京师范大学图书馆（40册本、《清纪》仅存3卷，余同。另1部仅存《清纪》四卷、《附》一卷、《自纪》四卷、《别纪》四卷附《杂记》一卷计3种14卷17册不全本）、南京图书馆、吉林省图书馆、河南省图书馆、湖南省图书馆藏。该刊本半页8行，行18字，白口，四周单边。

明刻明吴从先辑《小窗四纪四种》。《中国古籍总目·子部·杂家类·杂纂之属》第1929页著录，北京师范大学图书馆、天津图书馆、上海图书馆、南京图书馆藏，清华大学图书馆、复旦大学图书馆、浙江图书馆、南京大学图书馆、福建师范大学图书馆藏本不全。

明梨云馆刻明吴从先、王缘督撰《梨云馆广清纪》四卷。《中国古籍善本书目·子部·小说类》第748页、《中国古籍总目·子部·杂家类·杂纂之属》第1930页、《美国哈佛大学哈佛燕京图书馆中文善本书志·子部》第411—412页著录，国家图书馆、中国科学院图书馆、武汉师范大学图书馆、美国哈佛大学哈佛燕京图书馆（4册本）及日本内阁文库藏。该刊本半页8行，行18字（21.1×13.2），四周单边，白口，无鱼尾。题“古歙吴从先宁野、江都王缘督经倩纂，西湖何伟然仙郎、宣城郭化肩吾参阅”，扉页题“《广清纪》，吴宁野、王经倩同纂，梨云馆藏板”。此书《四库全书总目》未收。首都图书馆、华东师范大学图书馆还藏明金溪居祥符的周文炜刻明吴从先、王缘督撰《梨云馆广清纪》四卷。

明梨云馆刻明吴从先、王缘督撰《梨云馆广清纪》四卷。《中国古籍善本总目·子部·小说家类·琐语》第一〇四八页、《中国古籍总目·子部·杂家类·杂纂之属》第1930页著录，首都图书馆、华东师范大学图书馆、武汉师范大学图书馆、湖北大学图书馆藏。该刊本半页8行，行18字。

万历四十三年（1615）吴氏霞漪阁刻自辑《小窗四纪》又名《宁野四纪》4种二十七卷。《中国丛书综录·类编·子类·小说》第一册第759页（作万历间）、《明代版刻综录》第二卷第十五页、《丛书书目汇编（一）》第一一八页、《四库全书总目·子部·小说家类存目二》卷一四四第一二三五页、《中国丛书综录补正》第220页（作万历四十二年）著录，上海图书馆、天津图书馆、南京图书馆藏，清华大学图书馆、复旦大学图书馆、南京大学图书馆、浙江图书馆、福建师范大学图书馆藏不全本。它们均为初刻本，其中《清纪》《艳纪》不分卷，《别纪》仅四卷。该刊本半页8行，行18字，白口，四周单边，在《艳纪》后有"甲寅（1614年）季冬十又四日延陵吴从先题于霞漪阁"的牌记。而《全明分省分县刻书考·安徽卷》二一页作《小窗自记》四卷，明吴继先辑《艳纪》十四卷、《清纪》五卷、《别纪》四卷，吉林大学图书馆、河南省图书馆、南京图书馆、湖南省图书馆藏。该刊本半页8行，行18字，白口，四周单边。《中国善本书提要·子部·小说类》第398页著录美国国会图书馆所藏2部分别为两个版本：一是20册本《小窗自纪》四卷、《别纪》四卷、《清纪》四卷、《艳纪》十四卷计4种26卷，该刊本半页8行，行18字（21×13）；另1种12册本《小窗自纪》四卷、《别纪》四卷、《清纪》四卷、《附录》二卷计4种14卷，其中《清纪》中的《清事》《清享》《清韵》《清语》次序已异于前书，又卷末多《附录》《新语》各1卷，为后来增印本。美国国会图书馆藏本均题"延陵吴从先著，福胸张榜选，云间陈继儒订，平湖俞恩烨、武林沈明龙、武林何伟然校”字样。上海古籍书店编印（油印本）《珍本善本书目·文学》10页还著录明刻明延陵吴从先批选《小窗艳记》十四卷。《中国书店三十年所收善本书目·子部·杂家类》第一二七页著录中国书店收购过“清纪”“艳纪”等。

万历间（1573—1620）刻明吴从先撰《小窗自纪》四卷、《别纪》四卷、《清纪》不分卷、《艳纪》不分卷。《中国人民大学图书馆古籍善本书目·子部·小说家类》第130页著录，中国人民大学图书馆藏3函22册本，又1部仅存《清纪》不分卷、《艳纪》不分卷2种子书1函不全本。该刊本半页8行，行18字，白口，四周单边。

万历间刻明吴从先撰《小窗四纪》三十二卷。《北京大学图书馆藏古籍善本书目·子部·杂家类》第297页著录，北京大学图书馆藏2部：1部全为26册本，另1部存《别纪》四卷本12册本。该馆还藏日本宽文十年（1670）风月堂刻明吴从先辑《小窗别纪》四卷4册本。《四库全书总目·子部·小说家类存目二》卷一四四第一二三五页著录，但《小窗清纪》作5卷，系先印本或不全本。

崇祯二年(1629)序刊明何伟然、吴从先辑《广快书》50种五十卷。《中国丛书综录·汇编·杂纂类（明代）》第一册第51—52页、《中国古籍总目·丛书部·杂纂类·明代》第209—211页（作崇祯间，并以每种为一卷按序编卷）、《中国丛书综录补正·汇编·杂纂类（明代）》第18页（作崇祯间）、《中国善本书提要·子部·丛书类》第422页、《四库全书总目·子部·杂家类存目一一》卷一三四第一一三八页、《中国丛书广录·汇编丛书·杂纂类》第153—154页（作崇祯间刻）著录，国家图书馆、中国科学院图书馆、北京师范大学图书馆、北京大学图书馆、清华大学图书馆、复旦大学图书馆、上海辞书出版社图书馆、辽宁省图书馆、南开大学图书馆、华东师范大学图书馆、山东大学图书馆、南京图书馆、南京大学图书馆、四川省图书馆、广东省图书馆、中央民族大学图书馆、美国国会图书馆（16册、20册本各1部）藏，重庆市图书馆收藏不全。该刊本半页8行，行18字（19.9×13.5），白口，左右双边。美国国会图书馆藏本原题：“西湖何伟然仙臞纂，延陵吴从先宁野定。”他的霞漪阁所刻书以自撰、朋友、同乡、同好新著为主，是明末寓金陵的徽州府重要的刻坊。按，此书与天启六年（1626）闵景贤辑刻《快书》为姐妹书，版式、种、卷均同，唯左右双边。

明末刊明吴从先撰《小窗四纪》4种十九卷。《北京大学图书馆藏古籍善本书目·子部·杂家类》第297页、《西谛书目·集部上·明别集类》卷三第二九页、《东北师范大学图书馆藏古籍善本书目解题·集部·别集类·明》第350—351页著录，西谛藏36册本，东北师范大学图书馆（仅藏《小窗清纪》五卷、《别纪》四卷计9卷16册不全本，是编《清纪》仿世说，分清语、清事、清韵、清学4门。《别纪》则兼涉志怪。该刊本半页8行，行16字，白口，四周单边）、北京大学图书馆（2部：1部全为26册本，另1部存《别纪》四卷本12册本。该馆还藏日本宽文十年即1670年风月堂刻明吴从先辑《小窗别纪》四卷4册本）藏。从以上相同子目所列多种不同卷数看，这套丛书已有多种版本、多次刷印。

天启四年（1624）刻朱墨套印宋苏轼撰、明吴京省辑《苏长公密语》十六卷、《卷首》一卷计17卷。《东北师范大学图书馆藏古籍善本书目解题·集部·别集类·宋》第329页著录，东北师范大学图书馆藏8册本。该刊本半页8行，行19字，白口，四周单边，书口题“东坡密语”4字。

启祯间（1621—1627、1628—1644）刻明西蜀胡我琨纂，古杭何伟然、方新，天都吴从先、古歙鲍山等订《钱通》三十二卷。《四库全书总目·史部·政书类二》卷八二第七〇九页、《中国善本书提要补编·史部·政书类》第39页著录，国家图书馆藏10册本。该刊本半页8行，行18字（20×13.4）。此书成于天启六年（1626）闰六月，时胡我琨在度支郎任内。此书分13门，每门之下有目，专记明洪武至万历间（1368—

1620）钱法，是研究明代经济的重要史书。

寓居金陵的徽派刻坊玩虎轩主人汪云鹏

汪云鹏，字光华，安徽歙县西乡人，为万历间（1573—1620）开设在金陵（今江苏省南京市）著名徽派刻坊玩虎轩主人，徽州府著名的坊刻家，以刻工精细，插图精美迎合市民阶层的绣像小说而冠压老牌出版城市刻坊中的群芳而享誉出版史册。他在万历间刻元王实甫撰、元关汉卿续《北西厢记》三卷及汪廷讷《环翠堂精订五种曲》，翻印黄琏等刻图本《欣赏续编》等一二十种通俗文艺作品，深受市民阶层的欢迎。尤其是《琵琶记》，列图38幅，画面极其富丽，刻工十分精细，为徽派版画中的精品。该书出版行世不久，金陵、杭州等地书坊很快就有翻刻本。如傅惜华所藏的由黄一楷、黄一彬兄弟刻画的同名剧本，经考证就是杭州起凤馆翻刻汪氏玩虎轩本，其插图署“汪耕于田甫摹图”，刻工已是黄一楷、黄一彬兄弟所为，图中增入繁缛图案花纹，首一幅单面“莺莺遗照”，系翻刻隆庆间（1567—1572）顾去炜版何钤刻《西厢记杂录》本，其余虽翻汪版，但确实是后来居上，并再次成为徽派名版。汪氏所刻《北西厢记》，即由元王德信、关汉卿撰又名《元本出相北西厢记》二卷，后附《会真记诗词跋序辨证年谱碑文附后》一卷。本剧共20出，每出1图，双面对页连式，由明汪耕（于田）绘图，虬村剞劂高手黄镃、黄应岳刻雕，版心下镌“玩虎轩”3字，今传世极稀。《中国古籍善本书目·集部·曲类》第2043页著录，国家图书馆、安徽省博物馆藏，可惜均非完本。此书行世不久也被杭州起凤馆翻刻。仅《明代版刻综录》第三卷第三页就著录万历间汪光华所刻广受市民欢迎的通俗文艺作品明焦竑撰《养正图解》二卷、王世贞辑《有像列仙全传》九卷、张凤翼传《重校祝发记》二卷、《会真记》三卷、元高明撰《琵琶记》三卷、张凤翼撰《新镌红拂记》三卷、《蹇征歌集》六卷等7部。

现将有关刻印情况详介如下。

万历间（1573—1620）歙县书林汪云鹏玩虎轩刊明焦竑撰《养正图解》不分卷。《明代版刻综录》第三卷第三页著录，藏处待考，当为初印本。

万历二十一年（1593）刻明焦竑著、吴养春之子吴继序解、丁云鹏绘、黄鏻主刀镂刻、歙县吴怀让捐资刻《养正图解》二卷。《西谛书目·史部·传记类》卷一第二〇页、《安徽省古籍善本书目·子部·儒家类》卷三第九页著录，西谛藏仅存卷一1册，有图。为此书的初刻本，也是徽派插图本中的白眉，历代深受学者好评，郑振铎在《西谛书话》中说："明新安汪光华玩虎轩镌行戏曲书不少，亦万历季年一重要之书肆也。"他引用了沈德符《野获编》的话说："《养正图解》，徽州人所刻，梨枣极精工。其图像出丁南羽手，飞动如生。"他还指出汪光华版后转入清人曹钤，在康熙己酉（1669）作重刊，实为重印汪版。[①]安徽省图书馆仅藏上卷1卷1册，有图。周芜《徽派版画史论集》第55—56页著录，郑振铎在《劫中得书记》称康熙己酉（八年，1669）曹钤重刊《养正图解》，图式字型与明本同出一版，原本刊于徽州，凡版口下方刊"玩虎轩"3字者均为原刊本。

万历二十五年（1597）汪云鹏玩虎轩刻明王世贞[②]辑、汪云鹏补辑刊梓《有象（像）列仙全传》九卷。《北京图书馆古籍善本书目·子部·道家类》第一六六九页、《明代版刻综录》第三卷第三页、《西谛书目·子部·道家类》卷二第五六页著录，国家图书馆（4册、8册本各1部）、浙江图书馆藏。该刊本半页11行，行22字，白口，四周单边。西谛著

① 郑振铎：《西谛书话》，374—375页、498页，北京：生活·读书·新知三联书店，1983。

② 王世贞（1526—1593），字元美，号凤洲，别号弇州山人，江苏太仓人。王氏才华极高，学识渊博，著述丰富，有《弇州山人四部稿》一百七十四卷、《弇州山人四部稿续稿》二百零七卷。其《四部稿》中《说部》有《艺苑卮言》八卷、《附录》二卷，论述词曲，多有创见。早在明代就有人摘出其中曲论部分，题为《曲藻》单刻行于世。

录两种万历间刊本：一为8册，有图全本；二为仅存卷七1册，也有图。此刊本还在日本庆安三年为藤田庄右卫门复刻了。

万历二十五年汪光华玩虎轩刊元高明撰《琵琶记》三卷。《中国古籍善本书目·集部·曲类》第2104页、《中国古籍善本总目·集部·曲类·传奇》第一八八四页、《北京图书馆古籍善本书目·集部·曲类》第三〇五二页、周芜《徽派版画史论集》第56页、《中国古籍总目·集部·曲类·传奇之属》第3514页著录，国家图书馆藏6册本。该刊本半页10行，行22字，白口，四周单边，有图，版心有“玩虎轩”3字。大兴傅氏藏本著录有金陵刻本，为复玩虎轩本，图版绘制大同小异，但绝非玩虎轩原本。

万历二十五年还刊行了明张凤翼[①]著《重校孝义祝发记》二卷，明张凤翼著《新镌红拂记》三卷、《会真记》三卷，元高明著《琵琶记》三卷4种11卷等通俗绣像小说、戏曲剧本。《明代版刻综录》第三卷第三页、《中国古籍善本书目·集部·曲类》第2110页、《西谛书目·集部下·曲类》卷五第四二页著录，国家图书馆藏玩虎轩刊明张凤翼撰《新镌红拂记》卷下1卷1册，有图。《琵琶记》刊本半页10行，行22字（20.3×13.2），白口，四周单边，列图38幅，富丽精工，为徽派版画中的上乘之作。

万历二十八年（1600）汪氏玩虎轩刻明吴郡王世贞辑、新都汪云鹏补辑校梓、黄一木刻《有象（像）列仙全传》九卷。《中国古籍善本书目·子部·道家类》第1071页、《中国古籍善本总目·子部·道家类》第一一五三页、《美国哈佛大学哈佛燕京图书馆中文善本书志·子部》第518页著录，国家图书馆、中共北京市委图书馆、上海图书馆、浙江

---

① 张凤翼（1527—1613），字伯起，号灵墟先生、冷然居士，江苏长洲人。凤翼与其弟燕翼、献翼号称“三张”，并有才名。张凤翼多次会试不第，从此不修举子业，专以词曲为乐，是吴中著名的曲师。著有《处实堂集》，传奇作品有《红拂记》、《祝发记》、《窃符记》、《灌园记》、《扊扅记》、《虎符记》、《芦花记》（佚）等。

图书馆、重庆市图书馆、美国哈佛大学哈佛燕京图书馆（6 册本）及文化部文学艺术研究院、山西省文物局、日本内阁文库藏。该刊本半页 11 行，行 22 字（20.7×12.6），四周单边，白口，无鱼尾，书口下有“玩虎轩”3 字。题“吴郡王世贞辑次，新都汪云鹏校梓”。前有李攀龙序。此书插图精美，为徽派版画中白眉，但《四库全书总目》未收。国家图书馆还藏明刻清初德让堂重修本，半页 11 行，行 22 字，白口，四周单边，也应与此版有关系。

1958 年《中国古代版画丛刊》影收此本。查此本《翠芬阁书目》著录为嘉靖精刊初印本，为汪氏校梓。周芜《徽派版画史论集》第 56 页著录，浙江图书馆、上海图书馆及西谛、安徽省博物馆藏明刊本，另有刻工曾章刊图本，图与汪氏刻本大同小异，可视为翻刻本。

万历间（1573—1620）汪氏玩虎轩刻明张凤翼撰《祝发记》二卷。《中国古籍总目·集部·曲类·传奇之属》第 3522 页著录，国家图书馆存上卷不全本。

明汪氏玩虎轩刻明张凤翼撰《新镌红拂记》二卷。《中国古籍善本总目·集部·曲类·传奇》第一八八五页、《中国古籍总目·集部·曲类·传奇之属》第 3522 页著录，国家图书馆仅藏卷下 1 卷不全本。该刊本半页 10 行，行 22 字，白口，四周单边，版心下镌“玩虎轩”3 字，有图。

万历间（约 1597 年前后）玩虎轩刻明张凤翼撰《新镌红拂记》三卷。《中国古籍善本书目·集部·曲类》第 2110 页、《北京图书馆古籍善本书目·集部·曲类》第三〇六二页、周芜《徽派版画史论集》第 56 页著录，国家图书馆、傅惜华藏本仅存卷下 1 册。该刊本半页 10 行，行 22 字，白口，四周单边。

万历间（1573—1620）汪光华玩虎轩刻不著撰人，明汪耕画，黄鏻、黄应岳刻《北西厢记》三卷。周芜《徽派版画史论集》第 56 页著录，安徽省博物馆藏 2 册本。此本罕见，首序已残，《目录》作二卷，共 20 出，每出1图，双面对页连式，绘制精工，版心下刻“玩虎轩”3字。

万历间（1573—1620）汪光华玩虎轩还刊行了《塞征歌乐》六卷、《征歌集》□□卷。《中国古籍善本书目·集部·曲类》第2182页、《中国古籍善本总目·集部·曲类·曲选》第一九〇二页、《北京图书馆古籍善本书目·集部·曲类》第三一一二页、《明代版刻综录》第三卷第三页著录，国家图书馆仅存卷一1卷1册。该刊本半页10行，行22字，小字双行同，白口，四周单边。

附　万历三十八年（1610）曹以杜起凤馆刻元王德信、关汉卿撰，明王世贞、李贽评《元本出相北西厢记》二卷，唐元稹撰《会真记》一卷、《释义》一卷计3种4卷。《中国古籍善本书目·集部·曲类》2042页、《北京图书馆古籍善本书目·集部·曲类》第三〇一二页、《明代版刻综录》第三卷第三页、《西谛书目》著录，国家图书馆、上海图书馆、南京图书馆（不全）及戏曲研究院藏的版本也与玩虎轩有渊源关系。该刊本半页10行，行22字，小字双行同，白口，四周单边。

明玩虎轩刻《元本出相北西厢记》二卷。《安徽省古籍善本书目·集部·曲类》卷四第一〇八页著录，安徽省博物馆藏2册本。

明玩虎轩刻唐元稹撰《会真记》一卷、《诗词辩证年谱碑文》一卷计2种2卷。《西谛书目·集部中·小说类》卷四第五三页著录为1册本。

万历间（1573—1620）玩虎轩刊元高明撰《琵琶记》二卷。《贩书偶记续编·集部·词曲类》卷二十第331页著录，附精图版心下有“玩虎轩”3字。该刊本半页10行，行22字（20.3×13.2），白口，四周单边。

明玩虎轩刻元王德信、关汉卿撰《元本出相北西厢记》二卷。《安徽省古籍善本书目·集部·曲类》卷四第一百八页著录，安徽省博物馆藏2册本。

万历间汪氏玩虎轩刻元王德信、关汉卿撰《元本出相北厢记》二卷，□□辑《会真记诗词跋序辩证年谱碑文附后》一卷计2种3卷。《中国古籍善本书目·集部·曲类》第2042页、《中国古籍善本总目·集部·曲类杂剧》第一八七六页、《中国古籍总目·集部·曲类·杂剧之属》第3441页及同书《子部·小说类·文言之属·短篇》第2205页（仅著录后1种）著录，国家图书馆及安徽省博物馆均藏不全本。而与歙县黄氏刻工有关的万历三十八年（1610）起凤馆刻元王德信、关汉卿撰，明王世贞、李贽评《元本出相北西厢记》二卷，唐元稹撰《会真记》一卷、《释义》一卷，国家图书馆、上海图书馆藏，南京图书馆及中国社会科学院文学研究所藏本不全。该刊本半页10行，行22字，小字双行同，白口，四周单边，版心下镌“玩虎轩”3字。

万历单间（1573—1620）汪氏玩虎轩刻、崇祯七年（1634）宋国标补刻元王德信、关汉卿撰《元本出相北西厢记》二卷附《会真记诗词跋序辩证年谱碑文》一卷计2种3卷。《北京图书馆古籍善本书目·集部·曲类》第三〇一八页著录，国家图书馆仅藏附1卷1册。该刊本半页10行，行22字，小字双行同，白口，四周单边。这也是一部与汪刻本有渊源的版本。

明末坊刻佼佼者黄之寀

黄之寀，歙县人。万历间（1573—1620）徽州府以经营经史子集图书为主的坊刻家。明末，书商转版现象普遍，徽州书商相互间转版或参与协作现象很普遍。吴勉学刻《二十子》版片就转让给同县书林黄之寀，黄将原版中的“吴勉学校刊”一行挖改成“黄之寀校刊”的牌记，作为鉴定版本不能忽略这一现象。黄刻《二十子》就是吴刻《二十子》，类此黄刻版本也是精善本。黄氏本身也刻了不少书版，因此，黄氏也是明末坊刻中较大的刻书家。

黄之寀刻书，著名的版本有：

明黄氏自刻明黄之寀校《黄刻五子》5种四十五卷。《中国丛书广录·类编丛书·子类·总类》第641页著录杨守敬书目收。

万历间刻《六子书》6种二十一卷。《中国丛书综录补正·类编·子类·诸子》第186页、《明代版刻综录》第四卷第四十页著录。杜孚信既不交代藏处及子目，又不指出分类，此六子不知何指，杜氏此书此类毛病不少。

万历间（1573—1620）黄之寀刻《文子》二卷。《中国古籍总目·子部·道家类·先秦之属·其他》第2367页著录，台湾图书馆藏。

明黄之寀刻明西陵彭好古辑《道言内外》六卷。《青海省古籍善本书目·子部·宗教类·道教一经论》第七二页著录，青海省图书馆仅存道言外3卷6册不全本。《贩书偶记续编·子部·道家类》卷十二第200页著录约崇祯间（1628—1644）新安黄之寀刊。

明黄之寀重修明万历吴勉学刻明彭好古辑《道言内外》又名《道言内外秘诀全书》六卷。《中国古籍善本书目·子部·道家类》1067页、《中国古籍善本总目·子部　·道家类》第一一四五页、《中国古籍总目·子部·道家类·道教之属·合编》第2411页、《美国哈佛大学哈佛燕京图书馆中文善本书志·子部》第513—514页著录，国家图书馆、首都图书馆、清华大学图书馆、中共中央党校图书馆、上海图书馆、华东师范大学图书馆、上海辞书出版社图书馆、陕西中医药研究院图书馆、南京图书馆、无锡市图书馆、河南省图书馆、河南师范大学图书馆、中山大学图书馆、湖南中医学院图书馆、四川省图书馆、云南大学图书馆、台湾“中央”图书馆、青海省图书馆、美国哈佛大学哈佛燕京图书馆（20册本）、普林斯顿大学葛思德东方图书馆及日本内阁文库藏。说明此书共有3刻以上。该刊本半页9行，行18字（18.9×13.5），左右双边，白口，单鱼尾。

万历间刻明彭好古辑《道言内外秘诀全书》三十四卷。《中国古籍善本书目·子部·道家类》第1067页、《明代版刻综录》第四卷第四十页著录，国家图书馆、中共中央党校图书馆、上海图书馆、华东师范大学图书馆、上海辞书出版社图书馆、陕西省中医药研究院图书馆、南京图书馆、无锡市图书馆、河南省图书馆、河南大学图书馆、中山大学图书馆、四川省图书馆、云南大学图书馆等14家图书馆所藏仅为《道言内外》六卷，都列入国家级善本书。《西谛书目・子部・道家类》卷二第五五页著录仅存5种5卷线装1册。此书彭好古所编细目达60种60余卷。说明杜孚信、西谛所据及所收均是缺额很大的不全本，且杜氏根本就无子目，无法使人找出所缺。

万历间（1573—1620）黄之寀刻宋吕祖谦撰《吕东莱先生左氏博议》十二卷。《中国古籍善本总目・经部・春秋类》第九六页（不注日期）、《中国古籍总目・经部・春秋类・左传・传说之属》第571页、《明代版刻综录》第四卷第四十一页、《北京大学图书馆藏古籍善本书目・经部・春秋类》第26页著录，北京大学图书馆（2册本，有朱批）、清华大学图书馆、中共中央党校图书馆、齐齐哈尔市图书馆藏。该刊本半页9行，行18字，小字双行，白口，单鱼尾，四周双边。

万历间黄之寀刻白文汉司马迁撰，褚少孙、唐司马贞补《史记》一百三十卷。《藏园群书经眼录・史部一・纪传类》卷三第一五九页、《全明分省分县刻书考・安徽省卷》第十二页著录，傅增湘藏，原为汪由敦藏物，有黄、朱、墨色评点，并录归震川评点及佚名跋。

万历间黄之寀重刊吴勉学辑刻《二十子》又称《黄刻二十子》20种一百六十八卷。《中国古籍善本书目・子部・总类》第12—13页、《中国古籍善本总目・子部・总类》第七八一页、《中国善本书提要・子部・丛编类》第218页、《增订四库简明目录标注・子部・儒家类》卷第九第384页著录，四川大学图书馆（仅存4种.31卷）及青岛市博物馆（仅存17子98卷）藏均不全，为省篇幅，不一一列目。美国国会图书馆藏16册1部《黄刻二十子》一百四十三卷也是不全本，为民国间武汉大学汉阳周贞亮旧藏，卷端有跋，卷内有“汉阳周贞亮退舟民国纪元后所收善本”等印记。经考，周贞亮为武汉大学教授，为近代图书收藏家，与李之鼎辑《书目学要》。卒后有遗著7种，归木斋图书馆藏。

经与吴勉学刻本对勘，同者19种，为吴版转让后重印本，唯比吴刻少《吕氏春秋》，而以《楚辞》代之。虽各种子书均将吴勉学挖改为黄之寀，但细加检索仍发现《庄子》《楚辞》每卷卷首无校刻姓名，而篇末却有“吴勉学校刻”一行，更证明系吴刻再印本。该刊本半页9行，行18字（19.3.×13.4），白口，左右双边，无小注。周贞亮在跋中辨正黄刻此丛书实为吴勉学版片转让后改题，并非重刻，有一定史料价值。兹移录如下：

明季人好汇刻子书，其卷帙多者，以万历间吉藩及吴勉学刻两种《二十子》为最著。吉府本余已收得，以较吴刻，目录同者十种，惟吴本竟未之见。近得吴刻零本，仅《管》《韩》《淮南》《商君》《晏子》五种，谐价每本一圆，犹未肯售。喜其刊印甚工，拟勉收之。忽见此本，亦称《二十子》，题明新安黄之寀校刻，各家书目都未著录，仅邵氏目载其《管子》一种，以与吴本零种对勘，则尺寸、框廓、行款、字画，无一不同。即刓阙处，亦豪发不异，竟是出于一版。其种类则同者十九，只较吴刻少《吕氏春秋》，而以《楚词》一种代之耳。细审其题衔处，竟似将吴勉学三字刓去，补入黄之寀三字者。再加检阅，则《庄子》《楚词》二种又与各种题衔不同，每卷首无校刻姓名，篇末则有明新安吴勉学校刻一行。检《郘亭书目》《楚词》一种载有吴勉学本，而不入所刻《二十子》中。此书全帙题黄刻，而庄、屈二书仍存吴名，其即为吴刻，殆无疑义。窃疑此书乃吴氏原刻，后其版为黄所得，因刓去吴名，改题己名。其《吕氏春秋》一种或当时版已无存，故将吴刻《楚词》足成，仍题为《二十子》耳。同一汇刻子书，在吴本则称贵一时，求其全帙不可复得。（近缪艺风得吴刻《二十子》，特于续藏记注明完善无缺，其矜贵可知矣。）一经改刻黄名，竟无称道及之者。然则刻书之传不传，与传本之是否见珍于后世，岂亦有幸不幸与？此本于无意中得之，仅费金廿八圆。其中《扬子》缺二页，《关尹子》缺四页，竟无原本可借影抄。爰依吉府本手写补完，俾成全璧。篇首无总序总目，编次以《管子》居首，亦与吴本不同。因原书纸幅已狭，未便改装，姑仍其旧，併成十六册，为写总目于左。特著数言表章其事，俾后之览者有考焉。民国三年十二月，汉阳周贞亮退舟识。（下钤“周贞亮”长方印。）

笔者按，周氏编目为：《管子》二十四卷、《扬子法言》十卷、《文中子》十卷、《荀子》二十卷、《老子》二卷、《庄子》三卷、《文子》二卷、《商子》五卷、《晏子》四卷、《吴子》一卷、《鬼谷子》一卷、《孙子》一卷、《黄石公素书》一卷、《司马兵法》一卷、《列子》八卷、《关尹子》一卷、《韩非子》二十卷、《谭子化书》六卷计 18 种 120 卷。

万历间（1573—1620）黄之寀辑刻《二十子》仅存 18 种 132 卷。《中国古籍善本书目·子部·总类》第 12 页、《中国丛书广录·类编丛书·子类·总类》第 643 页、《北京大学图书馆藏古籍善本书目·子部·法家类》第 232 页著录，青岛市博物馆藏 17 种（无《管子》），四川大学图书馆仅藏 5 种。

以上两处仅能凑出不同子目计 18 种 122 卷。其单行本有明黄之寀刻《韩非子》二十卷。北京大学图书馆藏 2 部：1 部 5 册全，第 2 部 4 册中卷二十缺页若干。吴版名重当时，垂范后世，各家书目纷纷著录，黄刻关注较少，旧目中仅有《增订四库简明目录标注》中著录一些零本，可见书家不重视它。但因吴刻版本精善，虽转版后仍不失其价值，所以《中国古籍善本书目·子部·总类》仍著录为国家级善本书。

明吴勉学刻黄之寀重修汉刘安撰、汉高诱注《淮南子》二十一卷。《中国古籍总目·子部·杂家类·杂学杂说之属》第 1615 页著录，国家图书馆藏单行本。

明黄之寀刻编《六子全书》6 种五十三卷。《中国古籍总目·子部·总类·丛编之属》第 11 页著录，国家图书馆藏。

明黄之寀刻自编《二十子》实 19 种一百四十五卷。《中国古籍总目·子部·总类·丛编之属》第 11 页著录，辽宁省图书馆、四川大学图书馆及青岛博物馆藏不全本。

黄之寀还校刻题周吕不韦撰、汉高诱注、明黄之寀校《吕氏春秋》二十六卷。《中国古籍善本书目·子部·杂家类》第496页、《中国古籍善本总目·子部·杂家类·杂学杂说》第九六二页、《中国古籍总目·子部·杂家类·杂学杂说之属》第1611—1612页著录，北京大学图书馆、南京图书馆、重庆市图书馆、台湾图书馆藏。该刊本半页9行，行18字，白口，左右双边，单鱼尾。

明黄之寀刻刘宋刘义庆撰、梁刘孝标注《世说新语》六卷。《北京大学图书馆藏古籍善本书目·子部·小说家类》第302页著录，北京大学图书馆藏6册本。

据我的不完全统计，黄之寀刻书达超百种460余卷，且大部分属国家级善本，可见黄之寀刻本在明末坊刻本中是比较好的。

戏剧出版大家黄正位

黄正位，字黄叔，有尊生馆、淑躬堂，歙县虬村人。家世刻书，为黄珙之后，刻坊为尊生馆。尤以校刻戏曲小说著称明末书林。同时也是一位“气禀醇和，志嘐慕古，往所镌《草玄》《虞初》诸书，悬之国门，纸价为高矣”，“博学而才高，其于纯成药黝，犹日孜孜不倦。兹箕踞北窗之下，潜心著刻，以嘉惠后人。其志盖有足多矣”的学者（见于若瀛序）。

天顺（1457—1464）间一作三年（1459）新都黄珙重校刻明曹昭撰、明王佐增补《新增格古要论》十三卷。《北京师范大学图书馆古籍善本书目·子部·杂家类·杂品》第154页著录，北京师范大学图书馆藏10册本。该刊本半页10行，行20字，白口，四周单边，序首页版心下镌“吴应芝”，卷一首页版心下镌“吴应芝梓”。此书非黄正位刻。

万历末年刻明瞿佑撰《剪灯新语》四卷、《附录》一卷，李昌祺撰

《剪灯余话》四卷计2种9卷。《明代版刻综录》第四卷第四十一页著录，国家图书馆藏本刻工为黄守言（父）、黄一木、黄一林、黄一森（子）等黄氏父子刻工高手。插图均为双面连式。

明黄正位刻明瞿祐撰《剪灯新话》四卷、明李昌祺撰《剪灯余话》四卷计2种8卷。《北京图书馆古籍善本书目·集部·小说类》第二九〇一页著录，国家图书馆仅存《新话》卷四、《余话》卷一至三计7卷4册不全本。该刊本半页9行，行20字，白口，四周单边。

万历间（1573—1620）以巾箱本刻题周庄周撰、晋郭象注《庄子南华真经》八卷。《明代版刻综录》第四卷第四十一页、《安徽省馆藏皖人书目》第247页、《安徽省古籍善本书目·子部·道家类》卷三第十四页著录，安徽省图书馆（2册本）、福建大学图书馆藏。

万历间新都黄正位校刻清淑躬堂重修巾箱本明曹昭撰、许敏编、王佐增订《新增格古要论》十三卷。《中国古籍善本总目·子部·杂家类·杂品》第一〇二〇页（作明黄正位刻）、《北京图书馆古籍善本书目·子部·杂家类》第一四七八页、《中国古籍总目·子部·杂家类·杂品之属》第1908页、《中国善本书提要·子部·杂家类》第348页、《北京师范大学图书馆古籍善本书目·子部·杂家类·杂品》第154页、《香港所藏古籍书目·子部·艺术类·书画总类》第188页、《明代版刻综录》第四卷第四十一页、《中国古籍善本书目·子部·杂家类》第684页、《北京图书馆普通古籍总目·古器物学门·古器物学·杂录》第23页、《中国书店三十年所收善本书目·史部·杂家类》卷三第一二五页、《美国哈佛大学哈佛燕京图书馆中文善本书志·子部》第395—396页著录，国家图书馆（连西谛藏书计2部8册本，2部6册本，1部12册本）、北京大学图书馆、北京师范大学图书馆（6册本）、中国人民大学图书馆、中国科学院图书馆、中国社会科学院考古研究所图书馆、苏州市图书馆、华东师范大学图书馆、南京大学图书馆、厦门大学图书馆、中山大学图书馆、暨南大学图书馆、广东省社会科学院图书馆、重庆市图书馆、云南大学图书馆、浙江图书馆（清丁寿昌批校并跋）、南京图书馆（清卢文弨校并跋）、保定市图书馆、辽宁省图书馆、甘肃省图书馆、广西壮族自治区图书馆、安徽大学图书馆、香港中文大学图书馆（4册本）、台湾“中央”图书馆（3部）、美国哈佛大学哈佛燕京图书馆（6册本）、美国国会图书馆（2部分别为4册、8册本）及安徽省博物馆藏，中国书店收购过4册竹纸印本。该刊本半页10行，行20字（18.8×12），白口，单鱼尾，四周单边。原题：“云间曹昭明仲著，云间舒敏志学编校，吉水王佐功载校增，新都黄正位黄叔重校。”序首页版心下镌“吴应芝”。卷一首页版心下镌“吴应芝梓”说明此版为重印黄珙刻本。封面镌“清淑躬堂藏板”。别本有作黄珙珙璧者，为其父所刻，美国普林斯顿大学葛思德东方图书馆藏。此刊本中“新都”两字很小，显系剜改。疑为嘉靖间（1522—1566）刊本，珙后人正位重印。此书后由清淑躬堂重修，国家图书馆、首都图书馆、中国科学院图书馆、中国社会科学院文学研究所图书馆、上海图书馆、华东师范大学图书馆、保定市图书馆、陕西师范大学图书馆、辽宁省图书馆、大连市图书馆、吉林大学图书馆、甘肃省图书馆、广西壮族自治区桂林图书馆、广西壮族自治区图书馆、重庆市北碚区图书馆、南京图书馆（清卢文弨校并跋本）、浙江图书馆（清丁寿昌批校并跋本）及山东省博物馆、南京博物院、安徽省博物馆藏，而转版给黄珙刻本，国家图书馆、北京师范大学图书馆、上海图书馆及日本内阁文库藏。《安徽大学图书馆重编古籍善本书目·子部·杂家类》卷三第85页著录，安徽大学图书馆藏10册本明黄正位刻、清淑躬堂重修本，但《凡例》中还说：“天顺己卯（三年，1459）命工归梓点校始完。”说明有天顺三年版本。此版半页10行，行20字，白口，四周单边。《四库全书》仅收《格古要论》三卷为不全本。说明此书为黄氏祖传版本，多次印刷。

附　清叔躬堂刻明曹昭撰、明舒敏编、明王佐增补《新增格古要论》十三卷。《中国古籍总目·子部·杂家类·杂品之属》第1908—1909

页著录，南京图书馆、吉林省图书馆、哈尔滨师范大学图书馆藏。说明此书入清仍在印行。

万历（1573—1620）间刻唐冯贽撰《云仙杂记》十卷。《明代版刻综录》第四卷第四十一页、《中国人民大学图书馆古籍善本书目·子部·杂家类·杂纂》第123页、《西谛书目·子部·小说家类》卷二第四一页著录，西谛图书馆（1册本）、中国人民大学图书馆（1函4册本）藏。该刊本半页9行，行20字，小字双行同，白口，白鱼尾，四周单边，原题“唐金城冯贽编，明新安黄正位校”。

万历间刻袖珍本元高明撰《琵琶记》三卷。《中国善本书提要·集部·曲类》第690页、《明代版刻综录》第四卷第四十一页著录，国家图书馆藏4册、6册本各1部。该刊本半页7行，行16字（14.1×8.6），下书口刻“尊生馆校刊”5字。

万历间黄正位刻明沈麐元辑《绢柳编》三卷。《中国古籍善本书目·子部·杂家类》第708页、《中国古籍总目·子部·杂家类·杂纂之属》第1933页著录，辽宁省图书馆藏。

明新安黄正位刻《庄子南华真经》八卷。《中国古籍总目·子部·道家类·先秦之属·庄子》第2345页著录，台湾图书馆藏。

另据于若瀛序称，黄正位在刻《阳春奏》前曾刻过《草玄》《虞初》（七卷）等书，影响之大，“悬之国门，纸价为贵”[①]。可见，尊生馆在明末是一个刻书精湛，影响非常大的通俗文艺作品出版机构。

现将存世这部丛书出版情况归纳如下：

万历三十六年（1608）黄正位尊生馆刻明黄正位辑《阳春奏》不分卷。《明代版刻综录》第四卷第四十一页著录。

---

① 王重民：《中国善本书提要》第689页，上海古籍出版社版载于若瀛《阳春奏序》云：“吾友黄叔，气禀醇和，志嘐慕古，往所镌《草玄》《虞初》诸书，悬之国门，纸价为高矣。”又说：“黄叔博学才高，其于纯成药黝，犹日孜孜不倦。兹箕踞北窗之下，潜心著刻，以嘉惠后人。其志盖有足多矣。”

万历三十七年（1609）刻自辑《阳春奏》□□卷。该丛书是元明杂剧专集，目前仅找到国家图书馆藏元代剧本3种，明代剧本10种，《西谛书话》下420页注说39种。[①]《明代版刻综录》卷四第四十一页著录为万历三十六年刊自辑《阳春奏》不分卷。还有3卷、10卷等多种。具体共选多少种目前尚无定论。这个杂剧选本为什么叫《阳春奏》呢？万历三十七年于若瀛序作了很好的说明："兹复选名家杂剧，付之剞劂；乃以杂剧之名为未雅也，而题之曰《阳春奏》。夫《阳春白雪》和者素寡，黄叔以是命名，岂不为元时诸君子吐气乎？"该刊本卷端有凡例，末署"尊生馆主人漫语"，每选剧在撰人姓名次行署"尊生馆校"字样。该刊本半页9行，行18字（20.5×13.4）。1958年上海商务印书馆刊《古本戏曲丛刊四集》就以此刊本为祖本影印。

万历三十七年刊元代人著、明黄正位辑《阳春奏》3种三卷。《中国丛书综录·类编·集类·戏曲》第一册第944页、《中国善本书提要·集部·曲类》第689页、《中国丛书综录补正·类编·集类·戏曲》第281—282页著录，国家图书馆藏2册本。该刊本半页9行，行18字（20.5×13.4），白口，四周单边。此书又收入1958年上海商务印书馆影印古本戏曲丛刊编辑委员会辑《古本戏曲丛刊四集》中，据《中国丛书综录·类编·集类·戏曲》第一册第932页著录，全书国家图书馆、首都图书馆、北京师范大学图书馆、上海图书馆、复旦大学图书馆、华东师范大学图书馆、上海师范大学图书馆、上海辞书出版社图书馆、内蒙古图书馆、辽宁省图书馆、吉林市图书馆、吉林大学图书馆、哈尔滨市图书馆、山东大学图书馆、南京图书馆、安徽省图书馆、浙江图书馆、浙江大学图书馆、福建省图书馆、福建师范大学图书馆、河南省图书馆、武汉大学图书馆、四川省图书馆、重庆市图书馆、四川大学图书馆、云南省图书馆、黑龙江省图书馆、桂林市图书馆、青海图书馆、宁夏回族

---

① 郑振铎：《西谛书话》，420页，北京：生活·读书·新知三联书店，1983。

自治区图书馆藏，中央民族大学图书馆藏不全，这个版本的影印本十分易得。

万历三十七年（1609）尊生馆刻黄正位自辑明人戏曲合集《阳春奏》中仅存10种10卷。《中国古籍善本书目·集部·曲类》第2039—2040页、《中国古籍总目·集部·曲类·杂剧之属》第3425页、《中国古籍善本总目·集部·曲类·杂剧》第一八七三至一八七四页、《北京图书馆古籍善本书目·集部·曲类》第三〇〇九页、《中国丛书综录补正·类编·集类·戏曲》第281—282页著录，国家图书馆收另1种仅存10种10卷2册。该刊本半页9行，行18字，白口，四周单边。

万历三十七年黄正位尊生馆刻自辑《阳春奏》8卷（集）39种三十九卷。《中国丛书综录续编·类编·集类·戏曲》第357页、《丛书书目汇编》第三册第三八七页、《中国丛书广录·类编丛书·集类·曲类杂剧》第862页著录，惜均未著录依据和藏处。

明新都黄正位刻元高明撰《琵琶记》三卷。《中国古籍总目·集部·曲类·传奇之属》第3514页著录，台湾图书馆藏。

明黄正位校刻明曹昭撰、王佐增订《新增格古要论》十三卷。《安徽省古籍善本书目·子部·杂家类》卷三第六十二页著录，安徽大学图书馆藏10册本。此书胡文焕等刻本仅选5卷。

学者型坊刻家黄嘉惠

黄嘉惠，字长吉，休宁县南五十里古林人，黄楹子。由太学授广东盐运提举司正提举。三子邦基、邦城、邦珪均为太学生。明末徽州府在杭州著名的坊刻家兼戏剧评论家。由王应麟编、黄嘉惠评《逍遥游》一卷[①]等书，收入《盛明杂剧》二集。他评的杂剧还有《写风情》一卷、

① 明王应麟撰、明黄嘉惠评此书收入天启间（1621—1627）刻《王应遴集》中，已将原作《衍庄新调》一卷改名为《逍遥游》一卷。

《赤壁游》一卷、《龙山宴》一卷、《午日吟》一卷[①]、《北邙说法》一卷[②]、《真傀儡》一卷[③]等。

崇祯间自刻汉司马迁撰、刘宋裴骃集解、唐司马贞索隐、唐张守节正义、明黄嘉惠辑评《史记》一百三十卷。《中国古籍善本书目·史部·纪传类》第17页、《中国古籍善本总目·史部·纪传类》第二一〇页（径作明黄嘉惠刻）、《中国人民大学图书馆古籍善本书目·史部·纪传类·通代》第29页、《安徽省古籍善本书目·史部·纪传类》卷二第二页、《明代版刻综录》第四卷第四十二页著录，中国人民大学图书馆（2函8册本）、安徽省图书馆（20册本）、江西省图书馆、中山大学图书馆、四川省图书馆、浙江图书馆藏。该刊本半页9行，行20字，小字双行同，白口，左右双边，眉上镌评。

明末黄嘉惠刊《董解元西厢记》二卷。《中国古籍善本书目·集部·曲类》第2017页、《中国古籍总目·集部·曲类·诸宫调之属》第3421页（作《古本董解元西厢记》二卷）、《中国古籍善本总目·集部·曲类·诸宫调》第一八七一页、《明代版刻综录》第四卷第四十二页、《西谛书目·集部下·曲类》卷五第三二页著录，国家图书馆（西谛藏2册本，有郑振铎跋）、山东省图书馆（清王筠批校并跋）、中山大学图书馆藏。该刊本半页9行，行18字，白口，四周单边，有图。郑振铎在《西谛书话·董解元西厢记》中说："予初读西厢记诸宫调，乃用坊间排印本。再读则用西厢十则本。后得西厢六幻本，则未遑三读之矣。曾见朱墨本，又见海阳适适子本，今复得黄嘉惠本，共凡六本。闻更有屠隆评本，则未之见也。何时能合诸本细细校读一过欤？西谛。""偶过修绠堂，见明黄嘉惠本董西厢，虽夺去序、图，犹神采动人，亟为收得。一九五八

① 以上4种4卷均为明许潮撰、明黄嘉惠评，均收入崇祯间（1628—1644）版《盛明杂剧》本中。

② 明叶宪祖撰、明黄嘉惠评此书收入崇祯间刻《盛明杂剧》本中。

③ 由题绿野堂无名氏编、明黄嘉惠评此书，收入崇祯间刻《盛明杂剧》本中。

年四月十日西谛记。”[①]

崇祯间（1628—1644）刻《董解元西厢记》二卷。《中国古籍善本书目·史部·传记类》第2017页著录，中国人民大学图书馆、浙江图书馆、安徽省图书馆、江西省图书馆、中山大学图书馆、四川省图书馆藏。

明海阳黄嘉惠刻宋苏轼撰《东坡小词》二卷。《中国古籍总目·集部·词类·别集之属》第3259页著录，台湾图书馆藏。

崇祯间尔如堂刻黄嘉惠自辑，宋苏轼、黄庭坚撰《苏黄风流小品》又名《苏黄题跋尺牍合刻》6种十六卷。《中国古籍善本书目·集部·总集类》第1501页、《中国古籍总目·集部·总集类·丛编之属·分体·断代》第2883—2884页、《中国人民大学图书馆古籍善本书目·集部·总集类》第151页、《明代版刻综录》第四卷第四十二页、南京大学《中国丛书目录及子目索引汇编》第258页、《中国丛书广录·汇编丛书·杂纂类》第153页（作明刻本）及787页、《丛书目录拾遗》卷六第十页、《西谛书目·集部中·总集类》卷四第一四页著录，北京大学图书馆（1函6册本、4册本各1部）、清华大学图书馆、中国人民大学图书馆、上海图书馆、辽宁省图书馆、甘肃省图书馆、南京图书馆（1部仅存12卷的清祁理孙跋本）、浙江图书馆、南京大学图书馆、湖南省图书馆（有本版清王芑孙跋本及明刻本各1部）、福建师范大学图书馆及浙江图书馆天一阁分馆藏。

明刻明黄嘉惠校宋苏轼撰《东坡题跋》四卷、《尺牍》二卷、《小词》二卷计3种8卷。《北京大学图书馆藏古籍善本书目·集部·别集类》第427页著录，北京大学图书馆藏4册本，但虫蚀严重；明刻明黄嘉惠辑宋黄庭坚撰《山谷题跋》四卷，《西谛书目·子部·艺术类》第一三页著录4册本，都是丛书中的零种。该刊本半页9行，行20字，白口，四周单边，眉上镌评。杨家骆《丛书大辞典》作《苏黄小品》，谓“无

① 郑振铎：《西谛书话》，640—601页，北京：生活·读书·新知三联书店，1983。

刊书年月，约崇祯间刊”，应是此版。

明刻明黄嘉惠阅汉王充撰《论衡》三十卷。《中国古籍总目·子部·杂家类·杂学杂说之属》第1622—1623页著录，中国科学院图书馆藏。

明刻明黄嘉惠阅北齐颜之推撰《颜氏家训》二卷。《中国古籍总目·子部·杂家类·杂学杂说之属》第1633页著录，中国科学院图书馆藏。

以上所列均收入崇祯版《盛明杂剧》本中。在明末社会大动乱中，作为书林还能刻出如此精好大部头书，确实不简单。明末，徽州类似对戏剧艺术有贡献的出版家、评论家还有黄之尧（评明叶宪祖撰《丹桂钿合》一卷）、新安如道人（评明王澹撰《樱桃园》一卷、评明陈汝元撰《红莲债》一卷）等。

专意刻书的汪士贤

汪士贤，字隐侯，号朝用，婺源县古坑人，直臣汪文辉[①]子。士贤承其父遗范，不思仕进，为明诸生，仅官铅山令（一说县丞）。后弃绝仕途，专司刻书，是明万历年间（1573—1620）徽州府著名的编辑家和书商，刻书堂号为省吾堂，以编刻大型丛书著称当世。所辑刻的《汉魏名家集》刊行于张溥辑刻的《汉魏六朝一百三家集》之前，与张燮《七十二家》互有出入，并与当时著名的丛书出版家们互相协作，共同参与出版大型丛书。如《汉魏名家集》中就有吕兆僖、焦竑、程荣等题名。士贤印书常署徽州府旧称新安，刻书堂常署“省吾堂”。顾廷龙等《明代版

① 汪文辉，据《明史·列传第一百三·汪文辉》讲：“字德充，婺源古坑人。嘉靖四十四年（1565）进士，授工部主事。隆庆四年（1570）改御史。”文辉与韩楫、宋之韩、程文、涂梦桂4位言官均为权臣内阁吏部尚书高拱的门生，但这4位言官“日夜走其（高拱）门，专务搏击”，为害朝政，与文辉不同志趣，于是文辉在五年二月向穆宗“疏陈四事，专责言官”，激怒高拱，不到三天，出为宁夏佥事。文辉勤政爱民。在宁夏，“修屯政，蠲浮粮，建水闸，流亡渐归”。神宗（万历帝）嗣位，撤换高拱，召文辉为尚宝卿。不久，告归。家居杜门著述，计著有《四书易草》《窗见意四君司直》等书。后诏起用，未赴任而卒。

刻图录初编》卷六第一〇七页载："士贤，婺源人，嘉靖四十四年进士，文辉子，铅山县丞。"今对照《明史·汪文辉传》，显误。今查《［道光］徽州府志·选举志·进士》也说明是汪文辉，而非其子士贤。蒋元卿《皖人书录》第528页著录作"歙县人"，也误。他整理的古籍有《庾开府集》十二卷[①]。

汪氏省吾堂这家老店一直延续至清，其后人仍以此堂号刻书。如嘉庆间（1796—1820）还刻了托名清顾炎武撰《五经同异》三卷[②]。

士贤除万历间（1573—1620）刊行《汉魏二十二家集》一百二十八卷外，还辑刻了大型丛书《山居杂志二十一种》三十八卷。此外，还刻了不少不在丛书内的单行本，累计不同子目47种，214卷。其主要刻本有：

万历十一年（1583）刻明汪士贤辑《三谢全集》□种□卷。《皖人书录》第528页著录，首都图书馆藏。

万历（1573—1620）、天启间（1621—1627）新安汪士贤刊自辑《汉魏诸名家集》又名《汉魏六朝二十名家集》又名《汉魏六朝二十一名家集》21种一百二十三卷。《中国古籍善本书目·集部·总集类》第1352—1353页、《中国善本书提要·集部·总集类》第450页、《中国古籍善本总目·集部·总集类·丛编·断代》第一六七七页、《中国古籍总目·集部·总集类·丛编之属·各体·通代》第2779—2780页、《丛书书目汇编》第四册第四六八页、《［民国］歙县志·艺文志·书目》卷十五第八页（仅作20家75卷，不准确）、《北京师范大学图书馆古籍善本书目·集部·总集类·丛编》第180页、《安徽省古籍善本书目·集

① 《中国古籍总目·集部·别集类·汉魏六朝之属》第53页著录，山东省图书馆藏清桂芳堂刻北周庾信撰、清（明）汪士贤校此书。

② 中华书局版《续修四库全书总目提要·经部·群经总义类》第一三二八页著录。此书分上、中、下3卷，上卷《易》书，中卷《诗》《春秋》，下卷《礼》附《大学》《中庸》《论语》。但把《论语》归于五经不妥。今考顾氏《日知录》中对诸经考证中只有《卦变》《九族》《西伯戡黎》《微子之命》4条与顾氏同，但后两条与顾氏《日知录》差异简直是风马牛不相及，至于下卷引万斯大、汪琬说中万斯大子万经刊行其礼学四经，顾炎武是绝对看不到的，因此断定此书是伪托顾氏之名。

部·总集类·丛编》卷四第二页、《四库全书总目·集部·总集类存目三》卷一九三第一七六〇页、《中国书店三十年所收善本书目·集部·总集类》第二一二页、《北京大学图书馆藏李氏书目》、《汇刻书目》、《书目答问补正》卷四第305页、《明代版刻综录》、《中国丛书综录类编·集类·总集（汉魏六朝）》第一册第824—825页、《中国丛书综录补正》第230—231页、《安徽省馆藏皖人书目》第153页及154页、《青海省古籍善本书目·集部·总集类》第八二页等著录，国家图书馆、北京大学图书馆、北京师范大学图书馆（仅存《陆士衡集》《陆士龙文集》《潘黄门集》《谢宣城集》《江文通集》《庾开府集》计6种53卷19册不全本）、上海图书馆、上海辞书出版社图书馆、天津图书馆（仅存此版14种98卷，有清姚莹俊跋）、浙江大学图书馆（22种128卷）、安徽省图书馆（18种95卷20册及7种33卷10册2种不全本）、青海省图书馆（存5种16卷7册）、中国社会科学院文学研究所图书馆均有二十名家集收藏；重庆市图书馆收藏不全，四川省图书馆等仅有部分收藏；美国国会图书馆藏22种28册本；中国书店收购过32册的竹纸印本；其他图书馆藏零本的更多。该刊本半页9行，行20字（19.8×13.3），白口，四周单边，间有左右双边。清顾修编、王懿荣续编的光绪刊本《汇刻书目》则记为《汉魏六朝廿一名家集》，记“有上元焦竑、仁和葛寅亮两序”，列目少《昭明太子文集》，多附宋葛长庚《海琼玉蟾先生文集》六卷、《续》二卷，实22家。故诸藏家所记品种、卷数大相径庭，如《书目答问补正·集部》卷四第305页载：“明汪士贤刻《汉魏六朝二十名家集》一百〇三卷，明万历间刻，并《陶靖节集》十卷，一名《二十一名家集》。”此套丛书单行本散藏更多，如东北师范大学图书馆就藏《陶贞白集》十二卷分别为1册、6册本。

笔者按，名二十家集者，无《陶靖节集》；名二十一家者，将《晋二俊集》视为二家；又视为一家，增《梁昭明太子文集》者。《梁昭明太子文集》五卷，初为辽藩宝训堂刻版，转让给汪士贤后再版，此刊本半页8行，行16字与汪氏它版半页9行，行20字，间有18字，白口，四周单边，间有左右双边本不同。其书从题名上看，先后出现过吕兆僖、焦竑、程荣校字样，说明非士贤一人手定。应该说，这是一部自汉董仲舒迄北周庾信计22家较好的选本，也是自程荣《汉魏丛书》后较好的丛书选本。但也有不少疵病，甚至错误，正如四库馆臣指出"《谢惠连集》，以南史本传为李焘撰，亦多舛谬"[①]。而北京大学图书馆藏最多的一种明汪士贤刻本兼用明宝训堂及程荣辑刻《汉魏丛书》等旧版重印自辑《汉魏六朝诸名家集二十三种》一百三十五卷。

《北京大学图书馆藏古籍善本书目·集部·总集类》第362页著录馆藏3部：1部20册本但缺《庾开府集》1种12卷；另1部缺《陶潜集》《沈约集》两种14卷合36册。而《江西历代刻书·明代·私刻》第91页著录为《汉魏二十二家集》128卷，因无子目，无法考证。还有一部仅存13种9册不全本。

还有汪士贤编此书（《汉魏诸名家集》）22种一百三十二卷有万历十一年（1583）南城翁少麓刻本，属此套丛书衍版。《中国古籍总目·集部·总集类·丛编之属·各体·通代》第2780页著录，国家图书馆、北京大学图书馆、上海图书馆、南京图书馆藏。无梁萧统撰《梁昭明太子文集》五卷、梁沈约撰《沈休文集》五卷，增最后2种8卷。

万历间（1573—1620）刊新安汪士贤自辑《山居杂志》23种实29种四十一卷。《中国古籍善本书目·子部·谱录类》第459—460页、《中国古籍善本总目·子部·谱录类·丛编》第九五〇页、《中国古籍总目·子部·谱录类·汇编之属》第1529页、《中国丛书综录·汇编·杂纂类（明代）》第50—51页、《北京大学图书馆藏古籍善本书目·丛书部·杂丛类》第524页、《［民国］歙县志·艺文志·书目》卷十五第八页（仅作22种38卷，不准确）、《丛书书目汇编》第一册第二三

① 《四库全书总目·集部·总集类存目三·汉魏名家》卷一九三第一七六〇页下本条。

页、《汇刻书目》第二函第十一册第六十一至六十二页、《明代版刻综录·汇编·杂纂类（明代）》第一册第五十至五十一页、《中国丛书综录补正·汇编·杂纂类（明代）》第17页著录，中国科学院图书馆、国家图书馆、北京大学图书馆（12册、16册本各1部）、上海图书馆、上海辞书出版社图书馆、苏州市图书馆、天津图书馆、安徽省图书馆、台湾图书馆、美国哈佛大学哈佛燕京图书馆收藏较全；辽宁省图书馆、重庆市图书馆收藏不全。该刊本半页9行，行20字，小字双行字数同，白口，左右双边，有刻工名，各种收藏品种、卷数相异。作"《山居杂志二十一种》三十八卷"，《中国丛书综录·汇编·杂纂类（明代）》第一册第50—51页列目23种计41卷。这套丛书子目均为子部谱录类，篇幅较小，专业性强。中国书店收购本中为27种，但比较旧书目则缺《竹谱》《诸菊品目》《禽虫述》3种3卷，系竹纸印本6册。《汇刻书目》第二函第十一册第六十一至六十二页仅著录明新安汪士贤编《山居杂志》22种36卷，肯定是不完本。

经考证，《汇刻书目》所收本丛书中子目与上面少宋史铸撰《诸菊评目》一卷，唐陆羽附□□撰《茶具图赞》一卷、《水辨》一卷，孙大绶撰《茶经外集》一卷，明顾元庆撰《茶谱》一卷，但肯定它们是同1种版本。《江西历代刻书·明代·私刻》第91页著录为38卷，无子目，无法考定。

万历间（1573—1620）新都汪士贤刻唐段成式撰《酉阳杂俎》二十卷。《北京大学图书馆藏古籍善本书目·子部·小说家类》第303页、李盛铎著《木犀轩藏书题记及书录》第23—24页载，北京大学图书馆收藏及李氏藏号为李7869（8册本），有李木斋跋。李氏认为比毛刻本精，名家书目未注，实属罕见本。该刊本半页9行，行20字，刊本刻字精整，板心下注字数。

万历间刻宋释道原撰《万僧问答景德传灯全录》三十卷。《中国古籍善本书目·子部·释家类》第975页（仅作明汪士贤刻）、《中国古籍善本总目·子部·释家类·史传》第一一一九页、《中国古籍总目·子部·释家类·撰述之属·史传部》第3419页（作新安汪士贤刻）、《江西历代刻书·明代·私刻》第91页、《全明分省分县刻书考·江西省卷》二六页著录，中国科学院图书馆、浙江图书馆、湖南省图书馆、台湾“中央”图书馆藏，南京图书馆仅藏卷一至二十五计25卷不全本。该刊本半页9行，行20字，白口，左右双边。

万历间汪士贤单行宋徐民瞻辑《晋二俊文集》又名《晋二俊集》2种二十卷。《中国丛书综录补正·类编·集类·总集（汉魏六朝）》第232—233页、《北京大学图书馆藏古籍善本书目·集部·总集类》第402页、《江西历代刻书·明代·私刻》第91页、《明代版刻综录》第二卷第二十六页等著录，北京大学图书馆、南京图书馆、中山图书馆作为善本收藏。该刊本半页10行，行27字，白口，四周单边。又有清光绪四年（1878）长沙寄生草堂重刻汪士贤本，也是《汉魏名家集》中的分丛书。

万历间刊《茶经》一卷、《水辨》一卷、《外集》一卷、《茶具图赞》一卷及宋史铸撰《百菊集谱》六卷、《菊史补遗》一卷计6种11卷。《全明分省分县刻书考·江西省卷》第二六页、《明代版刻综录》第二卷第二十六页著录，为《山居杂志》中的抽印本或零种。《江西历代刻书·明代·私刻》第91页仅著录后2种7卷。

明汪士贤刊梁昭明太子撰《昭明太子集》五卷。《增订四库简明目录标注·集部·别集类一（汉至五代）》卷十五第639页著录。

汪士贤刻唐杨炯撰《杨盈川集》十卷。《藏园群书经眼录·集部一·唐五代别集类》卷十二第一〇〇六页著录，明武胜沈巘校刊此书“与汪士贤刻《汉魏二十一家》同”，不确。因汪刻无此子书，只能说明汪士贤刻过此书，应为单行本。

明汪士贤刻明孙大绶编《茶谱》一卷、《茶谱外集》一卷计2种2卷。《中国古籍总目·子部·谱录类·饮食之属·茶》第1566页著录，南京图书馆藏，收入万历间（1573—1620）刻《山居杂志》丛书中。

明汪士贤刻明孙大绶辑《茶经外集》一卷。《中国古籍总目·子部·谱录类·饮食之属·茶》第1565页著录，南京图书馆藏，收入万历间刻《山居杂志》丛书中。

文学类坊刻大家潘是仁

潘是仁，字讱叔，新安人。明末徽州府著名文学类图书编辑家、坊刻家。他所编刊的大型丛书《宋元名家诗集》是最著名的通代诗集大出版工程。全书如按目录刻竣应是77家356卷。全书在明末多次刻印，一般都是随印随售，故藏家收藏著录子种和总卷数相差很大。但存世的均列入中国古籍善本书行列。后来收藏家收到零星散本也如获至宝，可见潘刻精好。如北京大学图书馆李氏书目所著录潘刻元贡性之撰《南湖诗集》七卷、元萨都剌撰《萨天锡诗集》八卷、元倪瓒撰《倪雪林诗集》六卷；李盛铎著《木樨轩藏书题记及书录》44页注李藏618载："此本虽题'诗集"，其实'铭''赞''传''记'数篇亦附于后，金陵孙澄之又从《茅山志》《元诗选》诸书补录其不载各诗，洵称此集善本矣。"

万历四十三年（1615）潘是仁刻自辑《宋元诗》又名《宋元名家诗集》42种二百〇八卷。《中国古籍善本书目·集部·总集类》第1380—1383页、《中国古籍善本总目·集部·总集类·丛编·断代》第一六八二页、《中国古籍总目·集部·别集类·宋代之属》第314页及本书《集部·总集类·丛编之属·分体·通代》第2800页、《中国丛书综录·类编·集类·总集（通代）》第一册第823页、《中国丛书综录补正》第229—230页、《北京图书馆古籍善本书目·集部·总集类》第二六五三至二六五五页、《北京大学图书馆藏古籍善本书目·集部·总集类》第364页、《西谛书目·集部中·总集类》卷四第二至三页著录，国家图书馆（30册本）、西谛图书馆（48 册本，有西谛跋。西谛藏另 1 部 42 种 208 卷）、北京大学图书馆（2 部不全本均存 19 种分别为 14 册、24 册不全本。其中 24 册本存林逋、唐庚、米芾、蔡襄、王十朋、葛长庚、陈师道、赵抃、裘万倾北宋 9 家，曾几、陈与义、陆游、戴复古、翁卷、赵师秀、徐照、徐玑南宋 8 家，龙从云、郑允端元末 2 家）、上海图书馆、浙江图书馆、山东省图书馆及青岛市博物馆、日本内阁文库藏，四川省图书馆藏本不全。该刊本半页 9 行，行 19 字，白口，四周单边。

万历四十三年新安潘是仁编刊《宋元四十三家集》又名《宋元名家集》《宋元诗》（实 45 种）一百九十卷。《中国古籍善本书目·集部·总集类》第 1380—1384 页、《中国古籍善本总目·集部·总集类·丛编·断代》第一六八二页、《中国古籍总目·集部·别集类·宋代之属》第 314 页、《北京图书馆善本书目》卷八第四页、《北京大学图书馆藏古籍善本书目·集部·总集类》第 364 页、《西谛书目·集部中·总集类》卷四第二至三页、《中国丛书综录·类编·集类·总集（通代）》第一册第 823 页、《中国丛书综录补正》第 229—230 页著录，国家图书馆（30 册本）、上海图书馆、山东省图书馆、浙江图书馆及青岛市博物馆藏，北京大学图书馆（2 部不全本均存 19 种分别为 14 册、24 册不全本。其中 24 册本存林逋、唐庚、米芾、蔡襄、王十朋、葛长庚、陈师道、赵抃、裘万倾北宋 9 家，曾几、陈与义、陆游、戴复古、翁卷、赵师秀、徐照、徐玑南宋 8 家，龙从云、郑允端元末 2 家。西谛藏 48 册本，有西谛跋及藏 1 部 42 种 208 卷）、四川省图书馆藏不全。该刊本半页 9 行，行 19 字，白口，四周单边，有刻工。

明潘是仁于万历四十三年（1615）版，至天启二年（1622）重修增刻自辑《宋元诗》又作《宋元诗六十一种》分北宋、南宋、元初、元末 4 辑 61 种二百七十三卷。《中国古籍善本书目·集部·总集类》第 1382—1384 页、《中国古籍善本总目·集部·总集类·丛编·通代》第一六八二页、《中国古籍总目·集部·总集类·丛编之属·分体·通代》第 2800—2801 页、《北京图书馆古籍善本书目·集部·总集类》第二六五五至二六五七页、《丛书书目汇编》第二册第二二八至二二九页、《西谛书话·元名家诗集》上第 294—297 页（著录缺 6 家，仅 28 家 117 卷 16 册）、《西谛书目·集部中·总集类》卷四第二至三页、《中国丛书综录续编·类编·集类·总集（宋代）》第 325—326 页、《中国丛书综录补正》第 229—230 页、《中国丛书广录·类编丛书·集类·总集类·通代》第 747 页、《青海省古籍善本书目·集部·总集类》第八三至八七页、《明代版刻综录》第六卷第十八页、《全明分省分县刻书考·安徽省卷》第九页著录，国家图书馆（48 册本，有西谛跋）、北京大学图书馆（不全）、中央民族大学图书馆（不全）、华东师范大学图书馆（不全）、天津师范大学图书馆（不全）、内蒙古自治区社会科学院图书馆（不全）、辽宁省图书馆（不全）、山东省图书馆（不全）、甘肃省图书馆、青海省图书馆（48 册本）、新疆维吾尔自治区图书馆（不全）、重庆市图书馆（不全）及北京市文物管理局（不全）藏。该刊本半页 9 行，行 19 字，白口，四周单边，有刻工。据 1956 年 7 月 1 日郑振铎跋称："潘是仁辑宋元名公诗集于王李七子拟古之风既息之后，三袁、钟、谭诸家方起之际，诚豪杰士哉！惜采撷未广，取舍难当人意，犹是明人急就成章之习。书分北宋、南宋、元初、元末四编，编各有序目。检其目，间有有目无书者。如北宋一编阙王曾、晁端友、孙觉、晁补之、李植五集；南宋一编阙鲍由、贺铸、刘克庄、方岳、江端友、李清照六家；元初一编阙黄溍、戴表元、王沂、黄清老、欧阳玄五人；独元末一编不阙。日本东方文化学院京都研究所汉籍目录载此书，所阙亦同。岂潘氏当日并未全刻欤？《丛书书目汇编》录其全目下注阙者，与此本亦均合。每家自卷数至十数卷，实则每卷有仅一二页者，是故炫人目也。以其为选辑宋元集之祖祢，故漫收之。"[①] 评介了潘刻本情况与

---

① 《西谛书目·西谛题跋》第一九页。

价值。同时，他还说“惟潘氏究未脱明人习气，未言名家集所据之本，且每与原集相出入；若陈旅集，此本仅有诗三十七首，实则四库著录之安雅堂集，诗凡三百二十八首，此仅十之一耳。疑罕见诸家，仍是从诸选本汇辑录入。潘氏实未睹原本也”[①]，指出潘刻本的不足处。

经对万历（1573—1620）刻比勘天启增刻本，新增16种83卷。此版为后印本。尚有14家未刻，全部刻竣应为75家。

明潘氏刻宋戴复古撰、明潘是仁辑《石屏诗集》六卷。《中国古籍善本总目·集部·宋别集类》第一二八七页著录，北京大学、湖南省图书馆藏。该刊本半页9行，行19字，白口，四周单边。

明潘是仁刻元宣城贡性之撰《贡南湖诗集》又名《南湖集》七卷。《中国古籍总目·集部·别集类·金元之属》第505页著录，北京大学图书馆藏。

明潘是仁刻宋林逋撰、明潘是仁辑校《和靖诗集》六卷。《中国古籍总目·集部·别集类·宋代之属》第176页著录，台湾图书馆藏。

万历间（1573—1620）潘是仁校刻宋谢翱撰《晞发集》六卷。《北京大学图书馆藏古籍善本书目·集部·别集类》第438页著录，北京大学图书馆藏仅存四卷2册本。此与《宋元诗》丛书卷数不同，应为订补后印本。其他与丛书子目完全一致的单行本一律不录了。

万历四十三年（1615）潘是仁刻《宋元诗》，天启二年（1622）重修元萨都剌撰《萨天锡诗集》八卷。《中国古籍善本书目·集部·元别集类》第478页著录，北京大学图书馆（有李盛铎跋）、山东文登市图书馆（清吕肇龄跋）图书馆藏。

明潘是仁辑校刻《宋诗三十七家》□□卷。《藏园群书经眼录·集部六》卷十七第一四六二页著录有李维桢序。该刊本半页9行，行19字。

明潘是仁讱叔编刊《宋元名家诗集》77种三百五十六卷，实刻61

---

① 《西谛书话》上第296—297页，北京：生活·读书·新知三联书店，1983。

家 270 卷。《汇刻书目》第二函第十六册第四十九至五十二页著录。

仔细检索顾修《汇刻书目》第 16 册四十九至五十二页著录为 77 种，已刻 61 家 270 卷与天启二年重修本目录相符。但顾目中列出尚有 16 家未刻，今查《中国丛书综录补正》计有 83 卷，即北宋 17 人中有 5 家未刻，仅刻 12 种 74 卷；南宋 20 人中有 6 家未刻，计刻 14 种 60 卷；元初 21 种中有 5 家未刻，已刻 16 家计 72 卷；元末 19 人全刻，计 64 卷。按顾目 77 种全部刻竣应为 356 卷。此书多次随刻随印，但比较定型的应为万历、天启两种：一为 43 种（实 45 种）208 卷，二为 61 种 273 卷。如补全为 3 刻，则 3 刻定本印行总数应为 183 种 839 卷了。可见，潘是仁是倾全力以赴的宋元诗辑刻大家了。

博学多才的坊刻家胡文焕

胡文焕，字德文，又字德甫，一作德父，号全庵，自号抱琴居士、全庵道人、全庵子、西湖醉翁，婺源县人。通诗文、音乐，精通医学，博学多才，家富藏书。青年时经商南北，遽富后在金陵、杭州改操刻书业，是个知识广博的编辑大家。万历间（1573—1620），他在杭州开设的刻坊文会堂名气很大，为其总店。他在南京还开办了思莼馆分店，仍用文会堂牌记，所刻图书世称“胡文焕版”。他所出图书内容广泛，是以名家撰写的序跋著称的武林名坊。所出大型丛书名震万历、天启间（1621—1627）。所刻丛书版式、字体划一，半页 10 行，行 20 字，白口，左右双边，花鱼尾，是明末坊刻本中的佼佼者。

但胡氏刻书最大毛病是从原书查不出总书名、总目录，又不断地变换丛书中的子书，是明代坊刻本中的典型标志。他在万历三十一年（1603）左右由文会堂自辑刊的《格致丛书》，杂采诸书，更易名目，随刻随印，达数十种就刻一书目，多次变换，部部子目均异，使世人很难精确地确定该套丛书的具体子书的品种数及卷数。《中国古籍总目·丛书部·杂纂类·明代》第190页著录，万历间刻本存333种；《中国丛书综录》此条仅收173种460卷，《中国丛书综录补正》又补充了151种443卷，基本上找到了这套丛书的大部分子书；《中国古籍善本书目·丛部·汇编丛书》综合国家图书馆、首都图书馆等全国21家著名图书馆所藏不同子目仅凑出198种，604卷。笔者综合全国各大图书馆所藏该套丛书不同种子目在350种上下，1000余卷。而邵懿辰、邵章撰录《增订四库简明目录标注·子部·杂家类》卷第十三第549页则说："《格致丛书》初编四十六种，存目一百八十一种，二编三百四十种，胡文焕编，初编佳。"则子书超过500种，更巨。所以，四库馆臣在《四库全书总目》将此书列入存目，并狠狠地批评说："是编杂采诸书，更易名目；古书一经其点窜，使人厌观。且所列之书亦无定数，随印数十种，即随刻一目录，意在变幻，以新耳目。故世所行之本，部部各殊，究不知其全书凡几种。"经考证，这套丛书子书存世的累加及有关书目介绍不同子目多达600余种，1223卷以上。

他由文会堂刊辑的另一部大型丛书是新刊《百家名书》，各家书目著录子书书目也是悬殊很大。如《中国古籍善本书目·丛部·汇编丛书》著录旅大市图书馆藏为100种223卷，山东省图书馆藏本则为103种229卷，中国科学院藏本则仅存75种169卷；而南京大学图书馆历史系资料室编印《中国丛书目录及子目索引汇编·丛书部》所收《中国丛书综录》外的977种丛书中的该部丛书则著录了154种子书，其中70种注有卷数的就有219卷。看来，这部丛书也与《格致丛书》一样，是随印随售，很难搞全全书全部子书，仔细勘查，子目中有不少与《格致丛书》相同。估计也是一套近200种子书四五百卷的大型丛书。

此外，他又将稗家、游览、诸史、寸札、寓文5种20卷编为《胡氏粹编》。他所辑刻的《诗法统宗》收有子书45种，其中注有卷数的5种就达66卷。他刻的《佛经汇要》18种54卷。《寿养丛书》则分别有16种36卷、35种72卷等藏家著录。胡氏编刊的《青囊杂纂》8种、

《医经萃录》20 种 40 卷、《延寿书》13 种 25 卷等系名的丛书，据我所掌握的 7 种套 90 多种子书就达 1400 余卷。还有《儒门教珠》《古今原始》《大明一统图书》《全庵胡氏丛书》等也属于随印随定名类丛书，有不少丛书子目相重，致使书史家对他这种做法提出严厉的批评。胡氏在南京的思莼斋主要在万历二十四年（1596）刻印《新刊松盛旧编》，二十七年刻印专讲画像的启蒙书《传真秘要》等。

同时，胡氏也是一个勤奋的作者，所编撰著述绝大部分收入自己编刊的胡氏文会堂本丛书中就有 60 种。著名的文史著述有《文会堂诗韵》、《文会堂词韵》[①]、《文会堂琴谱》、《祝寿编年》、《万世统谱》、《省身格言》、《华夷风土志》、《寰宇杂记》、《皇舆要览》、《胡氏诗识》三卷、《逸诗》一卷附《论语会心诗》一卷[②]等二三十种。在医学方面辑校的有《素问心得》《灵枢经心得》《香奁润色》《金鉴本草》《医学要数》[③]等。尤其是新作传奇《三晋》（赵简子事）、《奇货》（吕不韦事）、《犀珮》又写成《犀佩》《玉章》、《余庆记》[④]及杂剧《桂花风》南北六折。[⑤]

编辑《群音类选》二十六卷、《新刻四书图要》二卷[⑥]，为明代罕见的曲选，不载宾白，仅有录曲。《杭州府志 · 艺文》还载他撰有

---

① 《中国书店三十年所收善本书目 · 集部 · 曲类》第二三四页著录，中国书店收购过万历间（1573—1620）刻《文会堂词韵》二卷、《诗韵》竹纸 2 册本。

② 《中国丛书综录 · 汇编 · 杂纂类（明代）》第 52 页、《中国古籍总目 · 丛书部 · 杂纂类 · 明代》第 211 页著录，收入天启七年（1627）序刊明邵闇生辑《薆古介书》前集中。整套丛书藏北京大学图书馆、上海图书馆、南京图书馆图书馆、湖南省图书馆、台湾省图书馆及浙江图书馆天一阁分馆等。

③ 《馆藏中医线装书目 · 基础理论》第 11 页、《中国古籍总目 · 子部 · 医家类 · 综论之属》第 447 页、《全国中医图书联合目录 · 基础理论》第 28 页著录，中国中医科学院图书馆藏赭格精抄本，与《太素脉诀》合刻。

④ 《传奇汇考标目》第八七胡文焕条及别本第一百四十二载其 2 种传奇。《远山堂曲品 · 具品》录以上 4 种。

⑤ 明祁彪佳撰《远山堂剧品 · 具品》著录。

⑥ 《中国古籍总目 · 经部 · 四书类 · 四书总义 · 传说之属》第 870 页著录，上海图书馆藏道光十七年（1837）刻本。

《食物本草》二卷、《应急良方》一卷、《新刻茶集》一卷《附说》一卷[①]，重修《新刻趋避检》三卷、校正《新刻法师选择纪》等。还有《墨娥小录》十四卷、《书法三昧》一卷、《古器具名》三卷、《附古器总说》一卷、《名物法言》二卷、《玉海纪诗》一卷[②]、《困学纪诗》[③]、《诗识》三卷[④]等。还辑《茶谱五种》等，选《格古要论》五卷[⑤]，为元陈坚撰《太上感应灵篇图说》一卷撰《附录》一卷[⑥]，辑《逸诗》一卷[⑦]，校《重订冠解助词辞》一卷[⑧]、《新刻彤管摘奇》二卷[⑨]，还编《寿养丛书选抄三种》[⑩]等。

现将胡文焕具体刻书情况大体胪列如下：

明胡文焕校刻《新刻诸葛武侯心法》六卷附《八阵图义》一卷、《新刻太公六韬》一卷计 3 种 8 卷。《安徽省古籍善本书目 • 子部 • 兵家类》卷三第十九页著录，中国徽文化博物馆仅存《心法》卷一、二 2 卷，《六韬》也残缺，计 1 册。此版与收入丛书有别。

明刻明铁峰居士撰、胡文焕校正《保生心鉴》一卷。《馆藏中医线装书目 • 养生》第 259 页著录，中国中医科学院图书馆藏。

明刻汉扬雄撰、晋郭璞注《新刻绝代语释别国方言》十三卷。《北

① 收入胡氏万历间（1573—1620）自刻《格致丛书》本中。

② 中华版《续修四库全书总目提要 · 经部 · 诗类》第三二二页著录此书收入《格致丛书》中。

③ 中华版《续修四库全书总目提要 · 经部 · 诗类》第三二二页著录此书收入《格致丛书》中。

④ 中华版《续修四库全书总目提要 · 经部 · 诗类》第三二二页著录此书收入《格致丛书》中。

⑤ 《中国古籍总目 · 子部 · 杂家类 · 杂品之属》第 1909 页著录，北京大学图书馆藏道光九年（1829）项氏抄明曹昭撰、明舒敏编、明王佐增补、明胡文焕选此书。

⑥ 《中国古籍总目 · 子部 · 道家类 · 道教之属 · 劝戒》第 2476 页著录，收入光绪间（1875—1908）刻《武林往哲遗著》中。

⑦ 《中国古籍总目 · 经部 · 诗类 · 附录 · 逸诗之属》第 417 页著录，收入天启间（1621—1627）刻《夔古介书》本中。

⑧ 《中国古籍总目 · 经部 · 小学类 · 文法之属》第 1232—1233 页著录，复旦大学图书馆藏日本亨保二年神洛书林梅村玉池堂刻元卢以纬撰、明胡文焕校、日本毛利党斋辑此书。

⑨ 《中国古籍总目 · 集部 · 总集类 · 通代之属》第 2923 页著录，收入万历间（1573—1620）刻《格致丛书》中。

⑩ 《中国丛书广录 · 类编丛书 · 子类 · 医家类 · 总类》第 679 页著录，中国中医科学院图书馆藏此丛书明胡文焕原编清清德堂精抄此书 3 种 3 卷。

京图书馆普通古籍总目·文字学门》第十卷第113页著录，国家图书馆藏2册本，为明胡文焕辑《格致丛书》逸出本。

万历壬辰（二十年，1592）文会堂刻明周礼（字正伦，号梅屋老人）辑《医学碎金》四卷。《全国中医图书联合目录·临证各科》第325页著录，中国中医科学院图书馆藏，上海中医药大学图书馆藏不全。

万历壬辰文会堂胡文焕校刻明宁源撰、胡文焕校《食鉴本草》二卷附胡文焕校《养生食忌》一卷、《养生导引法》一卷计3种4卷。《全国中医图书联合目录·本草》第196页著录，中国科学院图书馆、中国医学科学院图书馆（仅藏卷一1卷）、北京大学图书馆、上海中医药大学图书馆、南通市图书馆藏，国家图书馆藏抄本。此书后收入《格致丛书》《寿养丛书》中。

万历二十年虎林胡氏文会堂刻明胡文焕校《养生导引法》一卷、《保生心鉴》一卷计2种2卷。《馆藏中医线装书目·养生》第259页著录，中国中医科学院图书馆藏。

万历二十年钱塘胡氏刻明李攀龙辑、明胡文焕删《新刻韵学事类》十二卷。《北京大学图书馆藏古籍善本书目·子部·类书类》第319页著录，北京大学图书馆藏10册本。

万历二十年胡文焕刊题明李攀龙辑《新刻诗学事类》二十四卷、《新刻韵学事类》十二卷计2种36卷。《西谛书目·子部·类书类》卷二第四六页、《北京大学图书馆藏古籍善本书目·子部·类书类》第319页著录，西谛图书馆（8册本）、北京大学图书馆（仅藏10册本《新刻韵学事类》）藏。

胡文焕校刻明李攀龙编《新刻诗学大成》二十四卷。《安徽省古籍善本书目·子部·类书类》卷三第八十六页著录，安徽省图书馆藏4册本。

万历壬辰（二十年，1592）虎林胡氏文会堂校刻宋周守中辑《养生月览》二卷。《馆藏中医线装书目·养生》第256页著录，中国中医科学院图书馆藏。

万历二十年胡文焕文会堂刻宋王应麟撰《新刻表学指南》一卷。《中国古籍总目·子部·类书类·类编之属·通编》第1998页著录，中国科学院图书馆藏。

万历癸巳（二十一年，1593）钱塘胡氏校刻明朱橚撰《救荒本草》二卷、《附录》一卷计3卷。《全国中医图书联合目录·本草》第199页著录，中国中医科学院图书馆、上海图书馆藏。此书1959年中华书局有影印本，传布更广。此书后收入《格致丛书》《丛书集成初编》中。

万历二十一年癸巳虎林胡氏文会堂校刻宋陈直撰《新刻寿亲养老书》一卷。《馆藏中医线装书目·养生》第256页著录，中国中医科学院图书馆藏此版及据宋本抄写本。

万历二十三年（1595）明胡文焕校刻宋罗愿撰《新刻尔雅翼》三十二卷。《北京图书馆普通古籍总目·文字学门·文字学》第十卷第15页、《北京大学图书馆藏古籍善本书目·经部·小学类》第38页著录，国家图书馆（万历间刻8册本）、北京大学图书馆（8册本）藏。

万历二十三年（1595）钱塘胡文焕校刻明孟继孔撰《（新刊）幼幼集》三卷。《馆藏中医线装书目·临证各科》第203页著录，中国中医科学院图书馆藏，为先印不全本。

万历乙未（二十三年）钱塘胡文焕校刻明孟继孔（字春沂）撰《幼幼集》四卷附《本草药性》一卷计2种5卷。《中国古籍总目·子部·医家类·方论之属·妇幼科·儿科》第776页、《全国中医图书联合目录·临证各科》第476页著录，中国中医科学院图书馆、山东省图书馆藏。

万历二十四年（1596）胡文焕刻宋胡宏撰《新刻胡子知言》四卷。《中国古籍总目·子部·儒家类·儒学之属·宋元》第81—82页著录，中国科学院图书馆藏。此书后收入万历间（1573—1620）胡刻《格致丛书》中。

万历间刻明胡文焕校《新刻太素心要》。《中国古籍总目·子部·医家类·诊法之属·其他诊法》第586页著录，成都中医药大学图书馆藏。

万历间刻元张养浩撰、明胡文焕校刊《新刻牧民忠告》一卷、《新刻风宪忠告》一卷、《新刻庙堂忠告》一卷计 3 种 3 卷。《安徽省古籍善本书目·史部·政书类》卷二第四十五页著录，安徽省图书馆藏 1 册本，为《格致丛书》逸出本。

万历间胡文焕刻明朱权撰《地理正言》一卷。《中国古籍总目·子部·术数类·堪舆之属·地理》第 1180 页著录，台湾图书馆藏，收入明刻《奚囊广要》本中。

明钱塘胡氏刻明胡泰撰、明胡文焕重修《新刻趋避检》三卷。《中国古籍总目·子部·术数类·阴阳五行之属·诹吉通书》第 1248 页著录，台湾图书馆藏。

明刻明胡文焕校正《新刻法师选择纪》。《中国古籍总目·子部·术数类·阴阳五行之属·诹吉通书》第 1248 页著录，国家图书馆藏。

附　明刻佚名撰、明午荣编、明章严集《灵驱解法洞明真言秘书》一卷、《新刻法师选择纪》一卷、明胡文焕校正《新镌京板工师雕斫正式鲁班经匠家镜》三卷计 3 种 5 卷。《中国古籍总目·子部·术数类·杂术之属》第 1259 页著录，国家图书馆藏，上海图书馆藏本不全。

明刻明胡文焕辑《茶谱五种》。《中国古籍总目·子部·谱录类·饮食之属·茶》第 1566 页著录，国家图书馆藏（书名拟）。

明钱塘胡文焕刻宋朱晨辑《新刻古今碑帖考》一卷。《安徽省古籍善本书目·史部·金石类》卷二第六十九页著录，安徽省图书馆、安徽省博物馆均藏 1 册本。

明胡文焕校刻元至元十年（1273）官撰《新刻农桑辑要》七卷。《安徽省古籍善本书目·子部·农家类》卷三第二十一页著录，安徽省图书馆藏 1 册本。《格致丛书》此目无“新刻”2 字。

明刻明胡文焕辑《新刻古器具名》二卷、《古器物总说附》一卷计 2 种 3 卷。《安徽省古籍善本书目·子部·谱录类》卷三第四十九页著录，安徽省图书馆藏仅有《古器具名》上卷、《古器总说》一卷计 2 卷 1 册不全本，有图。

万历间（1573—1620）刻元朱震亨撰《风水问答》一卷。《中国古籍总目·子部·术数类·堪舆之属·地理》第1177页著录，台湾图书馆藏，收入明刻《奚囊广要》中。

万历癸卯（三十一年，1603）刻题晋张华撰《新刻博物志》十卷。《安徽省古籍善本书目·子部·小说家类》卷三第七十页著录，安徽劳动大学图书馆藏1册本，注为《格致丛书》本，但凡冠“新刻”字样书目无此书，应算另刻书。

万历间（1573—1620）刻明胡文焕撰《素问心得》二卷。《中国古籍总目·子部·医家类·医经之属·素问·发挥》第504页著录，广州中医药大学图书馆藏。

万历三十一年胡氏文会堂自刊明胡文焕辑 《格致丛书》173种四百六十卷。《中国丛书综录·汇编·杂纂类（明代）》第一册第48—49页、《中国丛书综录补正·汇编·杂纂类（明代）》第11—15页、《全国中医图书联合目录·综合性著作·医学著作》第784页、《北京大学图书馆藏古籍善本书目·丛书部·杂丛类》第525—526页、《东北师范大学图书馆藏古籍善本书目解题·丛书部》第485—487页（作万历间刻）著录，国家图书馆、首都图书馆、上海辞书出版社图书馆藏全，中国科学院图书馆、北京大学图书馆（仅存38种40册不全本）、清华大学图书馆、中国中医科学院图书馆、东北师范大学图书馆（分别藏新刻49种56册、12种5册不全本各1部）、上海图书馆、复旦大学图书馆、华东师范大学图书馆、天津图书馆、山东大学图书馆、南京大学图书馆、浙江图书馆、重庆市图书馆藏本不全。

《明代版刻综录》第一卷第十二页作169种450卷，与上目录比较接近，指出系国家图书馆西谛藏目。其中，该丛书中的医学著作根据国家图书馆、中国中医科学院图书馆藏本中主要有17种四十卷。

《中国丛书综录补正》对此条提出更多意见说：“另有所谓《百家

名书》《寿养丛书》《胡氏粹编五种》，亦为胡文焕辑刊，版式、字体均与《格致丛书》同，皆半页十行，行二十字，白口，左右双边，花鱼尾。未知其关系若何？如同《格致丛书》一样，原书上均查不到总书名、总目录，疑为后世书贾或藏书者将胡氏版刻汇集、制目而成，但无足据。

《综录》收录一百七十三种（460 卷）。依卷端题名，子目各书名前均冠“新刻”二字。《沙中全集》应为《沙中金集》；《诗学规范》之著者张鉴应为“张镃”；戴埴《鼠璞》应为二卷。就个人所见，并参照诸家目录，除《综录》所列子目外，尚有（补 151 种 443 卷）[①] 而《汇刻书目》第一函第四册第二十三至四十页（括号为此书目）著录这套丛书共分 37 类，子目多达 346 种 893 卷。其中，胡氏自著达 60 种，145 卷。1982 年南京大学图书馆印历史系资料室由施廷镛主编，严仲仪、倪友春分编的《中国丛书目录及子目索引汇编》第 12—17 页著录了该丛书分 37 类收有 345 种子目，计达 878 卷。2003 年 3 月由北京图书馆出版社出版的由施廷镛之子施锐整理的《中国丛书综录续编・汇编・杂纂类（明代）》第 7—12 页著录为 345 种 868 卷，与《汇编书目》大体相当。还有《中国古籍善本书目・子部・杂家类》第 682 页、《北京图书馆古籍善本书目・子部・杂家类》第一四七六页、一四七八页还著录，国家图书馆藏 1 册本本丛书子书由傅增湘校并跋，宋赵希鹄撰《新刻洞天清录》一卷 1 册本、《新刻墨娥小录》十四卷 6 册本 [②] 不在此列。为省篇幅，不作细说。《增订四库简明目录标注・子部 1・杂家类・杂编之属》卷第十三第 549 页、《丛书书目汇编》第三册第三三七至三四一页（括号为此目录）、《中国古籍善本书目・丛部・汇编丛书（二）》卷三三第 224—231 页、《北京图书馆古籍善本书目・子部・丛书类》

① 《增订四库简明目录标注・子部・杂家类・杂编之属》卷第十三第 549 页著录：“《格致丛书・初编》四十六种，存目一百八十一种，《二编》三百四十种，明胡文焕编，初编佳。”提出其中的 1 种总目就达 567 种子目。

② 国家图书馆还藏另 1 部仅有卷一至七计 7 卷 1 册本，均为本丛书子书之一。该刊本半页 10 行，行 20 字，白口，左右双边。

第一七五八页至一七六五页著录，国家图书馆[①]、首都图书馆、北京师范大学图书馆图书馆、首都师范大学图书馆、故宫博物院图书馆、上海图书馆、华东师范大学图书馆、清华大学图书馆、天津图书馆、大连市图书馆、吉林省图书馆、东北师范大学图书馆、山东省图书馆、山东大学图书馆、无锡市图书馆、南京大学图书馆、浙江图书馆、河南省图书馆、唐河县图书馆（河南省）、中山大学图书馆、四川省图书馆均有不同子目保存。《丛书书目汇编》第三册第三三七页还著录子目比较少的一部《格致丛书》46种二百二十四卷。

《中国古籍善本书目·丛部·汇编丛书（二）》第224—231页、《中国古籍善本总目·丛部·汇编丛书》第一九四九至一九五〇页、《中国古籍善本总目·丛部·汇编丛书》第一九四九至一九五〇页著录，以上子目今国家图书馆[②]、首都图书馆、北京大学图书馆、清华大学图书馆、首都师范大学图书馆、故宫博物院图书馆、上海图书馆、华东师范大学图书馆、天津图书馆、大连市图书馆、吉林省图书馆、东北师范大学图书馆、山东省图书馆、山东大学图书馆、无锡市图书馆、南京大学图书馆、浙江图书馆、河南省图书馆、中山大学图书馆、四川省图书馆及河南省唐县文化馆都有不全本收藏，《中国善本书提要·子部·丛书类》第419页著录，美国国会图书馆藏2部：1部为156种162册不全本，另1部则仅存6种6册。该刊本半页10行，行20字（19.4×12.9），白口，左右双边。《中国古籍善本书目·丛部·汇编丛书（二）》卷三三第231—234页、《中国古籍善本总目·丛部·汇编丛书》第一九五〇页著录，

---

① 1部郑振铎跋本仅存67种80卷38册；1部仅存45种115卷18册，半页10行，行20字，小字双行同，白口，左右双边；1部仅存24种94卷10册，半页10行，行20字，白口，四周单边；1部仅存13种68卷16册，半页10行，行20字，白口，左右双边。计4套不全本。这4部并非同一版本。

② 1部郑振铎跋本仅存67种80卷38册；1部仅存45种115卷18册，半页10行，行20字，小字双行同，白口，左右双边；1部仅存24种94卷10册，半页10行，行20字，白口，四周单边；1部仅存13种68卷16册，半页10行，行20字，白口，左右双边。计4套不全本。这4部并非同一版本。

国家图书馆藏的另一部仅有 67 种 80 卷。有清丁晏、郑振铎跋，其中新刻版中有新子目。《香港所藏古籍书目·丛部·汇编类》第 504 页著录，香港新亚研究所图书馆仅存 9 种 14 卷 3 册。经查《中国古籍总目·丛书部·杂纂类·明代》第 190—196 页著录万历间（1573—1620）胡氏文会堂刻这部丛书，目前存世最多子目的藏家有国家图书馆、首都图书馆、北京大学图书馆、清华大学图书馆、北京师范大学图书馆、故宫博物院图书馆、上海图书馆、华东师范大学图书馆、天津图书馆、大连市图书馆、吉林省图书馆、东北师范大学图书馆、山东省图书馆、山东大学图书馆、无锡市图书馆、南京大学图书馆、浙江图书馆、河南省图书馆、中山大学图书馆、四川省图书馆及唐河县文化馆、日本京都大学人文科学研究所藏本为 333 种，是目前能看到胪列最多的 1 种。

囿于篇幅，不再说这部丛书了。据笔者不完全统计，已归纳出子目 587 种，1223 卷，这还不包括《北京图书馆古籍善本书目·集部·总集类》第二七六七页著录，国家图书馆藏明胡文焕自辑《新刻彤管摘奇》二卷 2 册本等子书及《北京师范大学图书馆古籍善本书目·子部·杂家类·杂学杂说》第 147 页著录，北京师范大学图书馆藏此丛书本《新刻白虎通德论》二卷 1 册本等。以上各处所藏《新刻》本丛书版中收藏是很不全面的。如《新刻平冤录》一卷[①]就没有在上述新刻本中发现。估计《格致丛书》不同子目不下 600 种，总卷数更多。关于《格致丛书》问题的讨论，至此暂告一段落。

万历间（1573—1620）胡文焕校刻《五雅》5 种六十五卷。《中国书店三十年所收善本书目·经部·小学类》第一九页著录，中国书店收购过竹纸 10 册本。

万历间胡氏文会堂刻明胡文焕编《百家名书》103 种二百二十九卷。《中国古籍善本书目·丛部·汇编丛书（二）》卷三三第 238—241 页、

① 《中国古籍善本总目·子部·法家类》第八三一页著录，国家图书馆藏宋宋慈撰此书，由清顾广圻校。该刊本半页 10 行，行 20 字，白口，左右双边。

《中国古籍善本总目·丛部·汇编丛书》第一九五〇至一九五一页、《中国丛书广录·汇编丛书·杂纂类》第139—141页、《中国古籍总目·丛书部·杂纂类·明代》第196—197页（少明吕道爔撰《新刻字学源流》一卷，多《新刻天隐子》一卷，其中山东省图书馆藏无此子书，但作104种）、《汇刻书目》第三册第四十六至五十页著录，山东省图书馆藏103种229卷由清方功惠跋本为该书子目最多的一种。其次为第234—238页著录的大连市图书馆藏本为100种223卷。少《新刻农圃四书》四卷、《新刻温隐居海上仙方前集》一卷、《新刻孙真人海上仙方后集》一卷、《新刻纪历》一卷4种，而多《新刻天隐子》一卷。大连市图书馆所藏这100种子书本丛书与《中国丛书综录续编》不知藏处所列100种不仅总卷数不同，且都冠上“新刻”字样。《中国古籍善本书目·丛部》第241—244页及《中国古籍善本总目·丛部·汇编丛书》第一九五一页还著录中国科学院图书馆仅存75种169卷，系更少的本子，其子目又与以上诸录既少的多，又有区别，并且署名为尚论斋汇印本，说明胡氏原书刻板片已移主，由其重新配套刷印，囿于篇幅，不再列目了。该刊本半页10行，行20字，白口，左右双边，花鱼尾，所有子书均冠“新刻”，卷端下题胡文焕名，书前无总目录及丛书名。

《中国丛书广录·汇编丛书·杂纂类》的139—140页著录了100种子书，并都冠上“新刻”字样，南京大学施廷镛主编的《中国丛书目录及子目索引汇编》第10—12页著录及《汇刻书目》第一函第三册第四十六至五十页著录又有区别，为进一步认识胡文焕刻书中变换子目导致各家收藏迥异情况，今举由施廷镛之子施锐整理的《中国丛书综录续编·汇编·杂纂类（明代）》第5—7页著录本丛书子目多达148种321卷，《中国丛书目录及子目索引》中注卷数70种就达219卷，计从《汇刻书目》中增补2种1卷计71种221卷。为省篇幅，本词目就以《中国丛书综录续编》为主。此套丛书与《格致丛书》一样没有定数，因此各藏家及版本学家著录不一。如《中国古籍总目·丛书部·杂纂类·明代》

第197—198页著录中国科学院图书馆藏万历间（1573—1620）胡文焕刻尚论斋汇印明胡文焕编《百家名书》中仅存75种，《增订四库简明目录标注》第549页、《丛书书目汇编》第二册第二〇八页著录为98种，肯定是不全本。囿于篇幅，关于这套丛书的讨论也就此打住。

胡文焕文会堂刻明胡文焕编《发微历眼通书大全》9种十二卷。《美国哈佛大学哈佛燕京图书馆中文善本书志·子部》第345—346页著录，美国哈佛大学哈佛燕京图书馆藏5册本。该刊本半页10行，行20字，左右双边，白口，双鱼尾。前有胡泰发《微通书》序。扉页刊“发微历眼通书大全，钦天监纂定。附历合览、连珠历、金符经、神会历、选择纪、大明历、拜命历、玉匣记。沈定宇梓”。著录为胡文焕刻《格致丛书》本。经考证，《中国丛书综录》著录的《格致丛书》中有《金符经》，但《中国古籍善本书目》丛部《格致丛书》中无此书子书。又查《格致丛书》新刻本中也无《神会历》《选择纪》。更说明随印随配《格致丛书》很难考证清楚有多少种、卷。这里出现的沈定宇应为书商，他得到《格致丛书》中部分板片后再次组印小丛书，实为书贾抽印拼成丛书之属。

万历间一作万历壬辰（二十年，1592）虎林胡氏文会堂胡文焕校刻自辑《寿养丛书》35种七十二卷。《中国古籍善本书目·丛部·汇编丛书（二）》卷三三第244—246页、《中国古籍善本总目·丛部·汇编丛书》第一九五一页、《中国古籍总目·丛书部·杂纂类·明代》第199页、《中国丛书广录·补遗》第925页、《北京图书馆古籍善本书目·子部·丛书类》第一七六五页至一七六六页及同书第1024页、《中国丛书广录·汇编丛书·杂纂类》第141页、《明代版刻综录》第一卷第十二页（是比较少的存目）著录，国家图书馆（16种36卷16册本，存目较少）、北京大学图书馆、北京师范大学图书馆、上海中医药大学图书馆、中国中医科学院图书馆、第四军医大学图书馆、无锡市图书馆及浙江图书馆天一阁分馆等均有此丛书收藏。但著录子目不同，上述子目为异目相排成上述子书。这套丛书到底有多少子目？按胡氏丛书惯例，也不一定是全目。这是一部古代养生保健及气功导引类丛书，原为万历间（1573—1620）文会堂初刻。该刊本半页10行，行20字，白口，左右双边。

1989年中医古籍出版社据清抄本影印明胡文焕校刊、傅景华重编《寿养丛书》32种64卷，使之传播更加广泛。但比起上列子目要少。《馆藏中医线装书目·丛书》第299页、《中国古籍总目·子部·医家类·丛编之属》第383页、《全国中医图书联合目录·综合性著作·丛书合刻》第716页著录，中国中医科学院图书馆藏清德堂精抄本明胡文焕辑《寿养丛书选抄三种》，其子目与刻本有区别。而《全国中医图书联合目录·养生》第609页著录，中国中医科学院图书馆藏明映旭斋刻为16种二十九卷。而《馆藏中医线装书目·丛书》第299—300页著录，中国中医科学院图书馆藏明余氏种德堂刻明胡文焕辑《寿养丛书》18种四十二卷。《馆藏中医线装书目·养生》第257页还著录，中国中医科学院图书馆藏万历壬辰（二十年，1592）虎林胡氏文会堂校刻《寿养丛书》5种二十一卷[①]。《全国中医图书联合目录·方书》第221页还著录，中国中医科学院图书馆还藏明末钱塘胡文焕刻《寿养丛书》本佚名撰《轩辕黄帝治病秘法》一卷、《应急良方》一卷不全本，其中《轩辕黄帝治病秘法》为上列本丛书所无，说明是另1种《寿养丛书》逸出单行本。可见，这也是一部随意性比较大，随编随印的丛书，很难弄清本丛书的具体子目与全部品种卷数。

明胡文焕编刊《医经萃录》20种四十卷。《中国丛书综录续编·类编·子类·医家》第248页、《丛书书目汇编》第四册第五六三页、《汇

---

① 《全国中医图书联合目录·养生》第610页著录，北京大学图书馆、北京中医药大学图书馆还藏万历壬辰（二十年）虎林文会堂校刻明胡文焕辑《类修要诀》二卷，应属本丛书1种子书，此书分别收入《寿养丛书》《格致丛书》。该目惜未收此子书。同书第618页还著录中国医学科学院图书馆、首都图书馆藏万历壬辰（二十年）文会堂刻明王蔡传《修真秘要》一卷，也应是本丛书子书，还分别收入《格致丛书》《平阳府所刻医书六种》中。首都图书馆、中国中医科学院图书馆还藏《养生导引法》一卷，应属此丛书子书。

刻书目》第二函第十一册第十六页著录。

明刊明胡文焕辑《延寿书》又名《合刻延寿书》13种二十八卷。《中国丛书综录续编·类编·子类·医家》第249页、《丛书书目汇编》第二册第二二〇页、《中国丛书目录及子目索引汇编》第200页著录。

万历间（1573—1620）胡文焕刻汇印自编《医家萃览》10种十五卷。《中国古籍总目·子部·医家类·丛编之属》第383页著录，中国科学院图书馆藏。

明末刻明胡文焕辑《医家萃览》3种四卷。《全国中医图书联合目录·综合性著作·丛书合刻》第716页著录，中国科学院图书馆藏。

明胡文焕编《青囊杂纂》8种八卷。《汇刻书目》第二函第十一册第十七页、《丛书书目汇编》第二册第二七七页著录，也应是胡文焕刻本。

万历间胡氏文会堂刻明胡文焕编《胡氏粹编》5种二十卷。《中国古籍善本书目·丛部·汇编丛书（二）》卷三三第246页、《中国古籍善本总目·丛部·汇编丛书》第一九五二页、《中国古籍总目·丛书部·杂纂类·明代》第199页、《中国丛书广录·补遗》第924页、《北京图书馆古籍善本书目·子部·丛书类》第一七六五页、《中国丛书广录·汇编丛书·杂纂类》第141页及杨守敬、李之鼎编《增订丛书举要》，沈乾一撰《丛书书目汇编》、《北京图书馆善本目录》等均著录，国家图书馆藏20册本，故宫博物院图书馆收藏不全。该刊本半页10行，行20字，白口，左右双边。

明刊明胡文焕辑《诗法统宗》45种一百〇六卷。《中国丛书广录·类编丛书·集类·诗文评类》第904页、南京大学印施廷镛主编《中国丛书目录及子目索引汇编》第239—240页著录，当为胡氏刻本。这也是一套分合无定的丛书，系随刻随印随售，因此藏家、目录学家无法统一论定此书品种及卷数。这个书目也是综合而成，并与其他丛书互有掺杂。

万历二十年（1592）文会堂刻明周礼撰《医学碎金》四卷。《中国古籍总目·子部·医家类·医案医话之属·汉唐宋元明》第945—946

页著录，中国科学院图书馆藏，上海中医药大学图书馆藏本不全。此书《济世全书》本作 1 卷本。

万历间（1573—1620）胡文焕校刻明周继、胡经编《卜居合编》2 种二卷。《中国书店三十年所收善本书目・子部・术数类》第一〇八页著录，中国书店收购竹纸 2 册本。

明胡文焕刻《新刻卜居合编》2 种四卷。《北京图书馆古籍善本书目・子部・术数类》第一三一四页著录，国家图书馆藏 1 册本。该刊本半页 10 行，行 20 字，小字双行同，白口，四周单边。

万历间胡文焕辑刻宋龚颐正等撰《新刻芥隐笔记五种》（五卷）。《中国书店三十年所收善本书目・子部・杂家类》第一二一页著录，中国书店收购竹纸印 1 册本。

万历间文会堂刻明胡文焕辑《幽径寻香》六卷。《中国书店三十年所收善本书目・子部・总集类》第二二五页著录，中国书店收购竹纸印 1 册本。

万历间钱塘胡氏觉因山房刊明胡文焕辑《佛经会要》18 种五十四卷[①]。《中国丛书综录续编・类编・子类・释家》第 278—279 页、《中国丛书目录及子目索引汇编》第 137—138 页著录。

万历间明胡文焕选辑《游艺四家》4 种十卷。《中国古籍总目・子部・艺术类・丛编之属》第 1263 页（但误“弈选”为“奕选”）、《北京大学图书馆藏古籍善本书目・子部・艺术类》第 263 页著录，北京大学图书馆藏 6 册本。

万历二十五年（1597）胡氏文会堂刊明胡文焕撰《新刻文会堂琴谱》六卷。《西谛书目・子部・艺术类》卷二第二五页著录 6 册本。此为《游艺四家》丛书单行本。

① 《中国丛书综录续编・类编・子类・释家》作 49 卷。

万历间刻明胡文焕辑《（新刻）茶集》。《北京大学图书馆藏古籍善本书目·子部·谱录类》第278页著录，北京大学图书馆藏1册本。

万历间胡氏文会堂刻明陈继儒辑《新刻游览粹编》六卷。《中国古籍总目·子部·杂家类·杂纂之属》第1941页著录，国家图书馆藏。

明胡文焕刻题梁任昉撰《述异记》二卷。《中国古籍总目·子部·小说类·文言之属·笔记·异闻》第2156页著录，南京图书馆藏。

明末刻明胡文焕辑《新刻历代圣贤像赞》二卷。《西谛书目·史部·传记类》第一九页著录，西谛（国家图书馆）藏4册本，有图，《格致丛书》中的单行本。类此丛书中的单行本《中国善本书提要》等工具书中收录多种，本书不再一一列出了。

明胡氏文会堂刻明孙笙撰、明洪梗辑《医学权舆》四卷。《中国古籍总目·子部·医家类·综论之属》第445页著录，国家图书馆藏。

明胡氏文会堂刻明解桢撰《医学便览》四卷。《中国古籍总目·子部·医家类·综论之属》第447页著录，国家图书馆藏。

明末刻明胡文焕辑《新刻寰宇杂记》二卷。《中国古籍总目·子部·杂家类·杂记之属》第1867页著录，辽宁省图书馆藏。

明胡文焕刻晋郭璞传《山海经》十八卷。《中国古籍总目·子部·小说类·文言之属·笔记·异闻》第2148页著录，北京大学图书馆藏佚名朱笔校本。

明刻明李攀龙撰《新刻韵学大成》十二卷附明胡文焕编《文会堂诗韵》五卷计2种17卷。《东北师范大学图书馆藏古籍善本书目解题·经部·小学类·韵书》第67页著录，东北师范大学图书馆藏5册本。该刊本白口，左右双边。

以上仅举主要丛书及先于丛书行世的部分单行本为例，更多的单行本已作为善本书，为省篇幅也不再列举了。

胡氏刻书虽是明坊刻本中的佼佼者，除丛书变换子书弊病外，再一个大毛病要数擅改原书，使古籍失去本来的面貌。如《格致丛书》中的宋慈《洗冤录》就有改卷第、添条目的毛病。因此，我们古籍整理工作者在整理《丛书》涉及的一些子书时要特别谨慎，在有精善本的情况下，最好不要以胡文焕版为唯一的工作底本。当然胡刻虽有上述疵病，但瑕不掩玉，对他在出版史上的地位还是应该肯定的。

彩色印刷术奠基者胡正言

胡正言（1584—1674），字曰从，自号十竹主人，别号默庵道人，有此君轩、蒂古堂、十竹斋堂号，休宁县文昌坊（今安徽省黄山市休宁县海阳镇）人。出身于世代医儒家庭，故他自我介绍说“家世著书，不肩畚耜”（《十竹斋笺谱叙》）。他天资聪颖，巧思执着，博学多才，为事无不精绝。初为郎中，行医于大别山中，后从学者何天玉学经，又从李登治六书，博通经史，精古文字，善书工画，又能治印。与时彦交好，使他不仅能画得一手好画，写得一手好字，刻得一手好印，尤以篆籀名振当世。青年时期随其兄胡正心先后徙居六安望江湾，不久再徙霍山县。他们兄弟恪守医德，“为人醇穆幽湛”，颇受人们称赞。30岁后即万历末年，与其兄胡正心一道徙居金陵（今江苏省南京市）鸡笼山侧北极阁下。从此，广交社会名流，如画家萧云从、魏之璜、魏之光、高阳、高友、吴士冠、周鼐等人，文士有杨文聪、林古度、米万钟、周亮工、杜楯、施愚山、顾梦游、戴本孝、陈丹衷等辈，使他的学术艺术上的成就日臻完善丰硕，他的出版事业也日趋根深蒂固。他的朋友李克恭说他酷爱翠竹，在住处“尝种翠筠十余竿于楯间，昕夕博古，对此自娱，因以十竹名斋”，自号十竹斋主人。

由于他精于篆籀，风格折中猛利与平和。崇祯朝（1628—1644）曾授他翰林院职。因明末在李自成、张献忠农民起义狂飙席卷下，胡氏没有赴北京任职。明王朝覆灭后，南京成为宗室福王政权首府。关于胡正言任职事，《南疆逸史》卷四十一称：胡“所摹金石古文大小篆，推重一时，为国子监上舍生。南京礼部檄令纂辑诏制全书，校刊钦颁小学表忠记诸书，以劳咨诠部，当受翰林职，未赴而京师陷”。由于南明署礼部侍郎吕大器推荐曰从督造雕刻国玺。玺成，胡正言献玺时还附奏《大宝箴》疏文给福王，称：“祖宗大宝，传历永世。自天启中，宦竖窃弄，宝几坠地。先帝圣明继统，虔虔奉持十有七年，忧勤不怠，不幸沦丧，光启陆下。易曰：圣人之大宝曰位，何以守位曰仁。惟陛下祈天永命，以仁为宝，克赞中兴，报仇雪耻，缵复旧物。则大宝永永，与天无极。诗曰：天难谌斯，命不易哉。守宝之道，在是而已。”南明昏庸的福王根本没有采纳胡正言的意见，仅赐给一个在南明内廷掌书写机密文字之事的中书舍人。他怀着满腔愤怒辞谢了福王的任命，也未去上任。清军攻陷金陵，南明亡后，胡正言怀着强烈的民族感情，既要保持民族气节，不与清廷苟合，又要面对清廷残酷镇压南方反清势力，厉行文字狱的现实生活，起一居楼，隐居十竹斋 30 年，闭门不出，自号“默庵老人”，更专心于图书的编刊与数十名刻印工匠精研印刷技术改革，尤墨的改良上，使十竹斋成为明末清初徽派在金陵的名坊，也是传播祖国文化艺术的宝库。

由于胡正言知识面广博，著述涉及诸多方面，十分丰富。《休宁县志》卷十九统计他的遗泽为“所摹历代篆文法帖、印存、画谱，不下数百卷”。其中，最大的贡献是完善印刷术中的彩色印刷术，其代表作品为《十竹斋画谱》和《笺谱》。这方面，赵万里先生在对西谛的藏书评价中已作了很好的说明：“西谛还藏有明末胡正言编印的《十竹斋画谱》和《笺谱》，这是中国古代版画艺术举世闻名的划时代的杰出作品。它巧妙地运用了当时流行的饾板、拱花二法，把彩色木刻画印刷术推向新的高峰。书中春风杨柳、秋日芙蓉、碧树凝烟、寒梢笼月、松下听涛、篱边访菊等富有诗意的图象（像），和一草一木、一拳一石等彩色木刻画，都用饾板法来显示画面的深浅浓淡和阴阳向背的痕迹。他如山际行云、江上流水、禽类羽毛、花朵轮廓等则兼用拱花法。”[①]《新安人物志》说胡正言是“与以典雅工整、章法不爽著称的徽州著名刻工精诚合作，朝夕共讨，经过二十七个春秋的艺术磨砺，先后创造了饾版、拱花等制板法”的。经查上元程家珏《门外偶谈》也记载十竹斋雇用刻工十余人，胡氏与之亲密相处，朝夕研讨，十年如一日，从而使诸剞劂高手技艺日臻，才在反复实践中创造出此法的。王伯敏在《中国版画史》上说：“两谱销售全由刻工汪楷经手，汪可能是一个徽派汪姓刻工。”两谱刊行后，十分畅销，负责两谱销售的歙县（今划属安徽省黄山市徽州区）著名刻工，也是胡氏所请十余人中的杰出版画刻工汪楷因此致富，成为书贾。

《明代版刻综录》与《全明分省分县刻书考》差不多，杜孚信先生正式将休宁胡正言在南京刻书并入江苏省书林卷，是不妥的。为展示十竹斋刻书成就，现将两书收目对比如下。

《明代版刻综录》第一卷第二至三页著录 24 种 205 卷（不分卷按 1 卷计）。《中国古籍善本书目·子部·医家类》第 230 页、《全国中医图书联合书目》著录，中国中医科学院图书馆藏，济南市图书馆藏不全本作崇祯间（1628—1644）胡氏十竹斋刻明胡正心、胡正言辑《订补简易备验方》十六卷。

崇祯五年（1632 ）十竹斋刊《薛氏医案九种》二十三卷。其细目及藏处待考，与下收对不上。

崇祯五年十竹斋刊明胡正心辑《十竹斋刊袖珍本医书十三种》二十三卷。此书即《薛氏医按》，但杜作“按”为“案”，误。

崇祯七年（1634）胡正言十竹斋刻元周伯琦编、明胡正言订篆《六书正讹》五卷。《中国古籍善本书目·经部·小学类》第 439 页、《中国人民大学图书馆古籍善本书目·经部·小学类》第 23 页著录，北京大学图书馆、中国人民大学图书馆（1 函 4 册本）、山西省图书馆、山

① 赵万里：《西谛书目·序》第五页，北京：文物出版社，1963。

西省祁县图书馆、山西师范大学图书馆、辽宁省图书馆、大连市图书馆、齐齐哈尔市图书馆、西北师范大学图书馆、新疆大学图书馆、南京图书馆、安徽省图书馆、芜湖市图书馆、江西省图书馆（清帅石生校）、福建省图书馆、福建师范大学图书馆、湖南师范大学图书馆、中山图书馆、广西壮族自治区桂林图书馆及安徽省博物馆、青岛市博物馆、福建惠安县文化馆藏。该刊本半页 5 行，字数不等，小字双行 18 字，白口，白鱼尾，版心下刻“十竹斋”3 字，封面刻“古香阁藏板”5 字，并钤“高桥氏”印。

崇祯七年（1634）十竹斋刻元周伯琦撰《说文字原》一卷。《中国古籍善本书目·经部·小学类》第 438 页、《北京图书馆古籍善本书目·经部·小学类》第一七九页（《说文字原》一卷、《六书正讹》五卷合订）著录，国家图书馆（2 册、6 册本各 1 部）、中共中央党校图书馆、江西省图书馆、湖北省图书馆、武汉师范大学图书馆、山西省图书馆、吉林大学图书馆、宁夏大学图书馆、安徽师范大学图书馆藏。该刊本半页 5 行，小字双行 18 字，白口，四周单边。

崇祯八年(1635)胡正言十竹斋刊明叶廷秀[①]撰《诗谭》十卷、《续录》一卷计 2 种 11 卷。《中国古籍善本书目·集部·诗文评类》第 1892 页、《中国古籍善本总目·集部·诗文评》第一八一六页、《中国古籍总目·集部·诗文评类》第 3195 页、《北京图书馆古籍善本书目·集部·诗文评类》第二八九一页、《中国人民大学图书馆古籍善本书目·集部·诗文评类》第 266 页、《美国哈佛大学哈佛燕京图书馆中文善本书志·集部》第 803 页、《香港所藏古籍书目·集部·诗文评类》第 371 页著录，国家图书馆（1 函 6 册本）、中国人民大学图书馆（1 函 6 册本）、上

① 叶廷秀，字谦斋，濮州人。受业于刘宗周，为其高足弟子。天启五年（1625）进士，崇祯间（1628—1644）任南京户部主事。黄道周被逮下狱，他们并不相识，但廷秀冒死抗疏相救，获重罪，遣戍福建，道周深服其品格。福王时召为佥都御史。南都覆，唐王召拜左都御史，升兵部右侍郎。事败后，削发为僧，终生不复出。

海图书馆、南京图书馆、台湾“中央”图书馆、香港大学图书馆（6 册本）、美国哈佛大学哈佛燕京图书馆（7 册本）、中国社会科学院文学研究所图书馆及曲阜市文管会、日本内阁文库藏。该刊本半页 8 行，行 18 字（20.5×13.6），白口，白鱼尾，四周单边，版心下刻“十竹斋”3 字，眉上镌评 3 行。题“东鲁谦斋叶廷秀辑评；新都无所胡正心、曰从胡正言、子著胡正行较订”。此书收入《四库全书总目·集部·诗文评类存目》。

崇祯九年（1636）胡正言十竹斋刊明潘游龙辑《精选古今诗余醉》十五卷。《中国善本书提要·集部·词类》第 684—685 页（作崇祯间刻）、《中国古籍总目·集部·词类·总集之属》第 3399 页、《中国古籍善本书目·集部·词类》第 2000 页著录，国家图书馆（8 册本）、中国科学院图书馆、北京大学图书馆、南京图书馆、浙江大学图书馆、山东大学图书馆、甘肃省图书馆、徐州市图书馆、杭州市图书馆、江西大学图书馆、中山大学图书馆及北京市文物局藏，上海、吉林省图书馆（仅藏卷一至七不全本）藏本不全。原题：“荆南潘游龙选、内江范文光参、秣陵陈珽订、海阳胡正言校。”下书口刻“十竹斋”3 字。该刊本半页 8 行，行 18 字（20.1×13.4）。

崇祯十年（1637）十竹斋刊明胡正心辑《古今辞命达》八卷。

崇祯十二年（1639）胡氏十竹斋刻明钱士升撰《皇明表忠记》十卷、《首》一卷、《附录》一卷计 12 卷[①]。

① 经考《四库全书总目·史部·传记类存目》及《中国古籍善本书目·史部》、《中国古籍善本总目·史部·传记类·总传》第三八七页著录，国家图书馆、湖北省图书馆（不全）藏。该刊本半页 8 行，行 18 字，四周单边，白口。此书主要表彰靖难之变建文帝死难诸臣传。其中卷一为亲臣传，卷二为殉难列传，卷三为死义列传，卷四为死事列传，卷五为死战列传，卷六为从亡列传，卷七为隐遁列传，卷八为后死列传，卷九为三不忠传。以上 9 卷收 243 人。卷十为正讹 17 则，附录一收南京户部侍郎汪宗伊于万历四年撰《应天府奉诏建表忠祠碑铭》及崇祯五年钱士升撰《重修表忠祠碑记》2 篇碑铭。

崇祯十三年（1640）十竹斋刻题栖筠子撰《牌统孚玉》四卷。《中国古籍善本书目·子部·艺术类·杂技》第455页、《北京图书馆古籍善本书目·子部·艺术类》第一三六七页著录，国家图书馆（2册、4册本各1部）、首都图书馆、中国科学院图书馆、上海图书馆、重庆市图书馆藏。该刊本半页9行，行20字，白口，四周单边。

崇祯十三年十竹斋刻明何伟然纂，明吴正炳、吴宗郘增订《四六霞肆》十六卷。《贩书偶记续编·附录·子部》第362页作崇祯间。此刊本书口下方有“十竹斋”3字。

崇祯十七年（1644）十竹斋彩色套印明胡正言辑《十竹斋笺谱》四卷。此刊本书口下方有“十竹斋”3字。

崇祯间十竹斋刻明孔贞运撰《敬事草》五卷。《中国古籍善本书目·史部·杂史类》第277页、《中国古籍善本总目·史部·杂史类·断代》第三二〇页著录，中山图书馆藏。该刊本半页9行，行20字，白口，四周单边，书口下方有“十竹斋”3字。

崇祯间十竹斋刻明孔贞运撰《皇明诏制》四十卷。该刊本半页9行，行20字，白口，四周单边，书口下方有“儒士胡正言督刻”1行。

崇祯间十竹斋刊明胡正言辑《千文六书统要》二卷。《北京图书馆普通古籍总目·文字学门》第十卷第125页著录，国家图书馆藏2册本为西谛藏书十竹斋藏板，该刊本书口下方有“十竹斋”3字。

崇祯间十竹斋刊明李世泽撰《韵法横图》一卷、明梅鼎祚撰《韵法直图》一卷计2种2卷。该刊本书口下方有“十竹斋”3字。

崇祯间十竹斋刊明吕坤撰《交泰韵》二卷。《中国古籍善本书目·经部·小学类》第481页著录，南京图书馆藏明末刻此书。该刊本书口下方有“十竹斋”3字。

崇祯间十竹斋刊明胡正言辑《书法必稽》一卷。《中国古籍善本总目·子部·艺术类·书画》第九三〇页（作明末刻）、《中国古籍总目·子部·艺术类·书画之属·书·书论》第1299页（作明末刻）、《北京图书馆古籍善本书目·子部·艺术类》第一三四三页（作明末刻）著录，国家图书馆、北京大学图书馆、南京图书馆藏1册本。该刊本半页8行，行18字，白口，四周单边，书口下方有“十竹斋”3字。

崇祯间（1628—1644）十竹斋刊明胡正言撰《黎云馆竹谱》一卷。《中国古籍总目·子部·艺术类·书画之属·画·画谱》第1385页（作明末刻彩印套印本）著录，国家图书馆藏。

崇祯间十竹斋刻明胡正言辑《石谱》一卷。

入清，十竹斋仍以这个斋号印书：

顺治四年（1647）十竹斋钤印明胡正言撰《十竹斋印谱》四卷。

康熙二十四年（1685）十竹斋刊清池州郎遂辑《杏花村志》十二卷。

《全明分省分县刻书考·江苏省书林卷》二二至二十三页著录十竹斋所刻书在明代刻书54种212卷。它们是：

万历间（1573—1620）刊明郭化辑《苏米谭史广》六卷。

天启七年（1627）刊彩色套印明胡正言自辑《十竹斋画谱》不分卷。

崇祯五年（1632）刊明胡正心辑《十竹斋刊袖珍本医书十三种》二十三卷。

崇祯六年（1633）胡氏十竹斋刊明董铉撰、明胡正心补《伤寒秘要》二卷。《北京图书馆古籍善本书目·子部·医家类》第一二六八页著录，国家图书馆藏1册本。该刊本半页7行，行13字，白口，四周单边。

崇祯七年（1634）刊元周伯琦编明胡正言订篆《六书正讹》五卷（书口下方有“十竹斋”3字）、元周伯琦编《说文字原》一卷计2种6卷。

崇祯八年（1635）刊明叶廷秀辑《诗谭》十卷、《续录》一卷计2种11卷。

崇祯九年（1636）刊明陈琇编《古今诗余醉》十五卷。

崇祯间先后刊北齐颜之推撰《谷诒汇》十四卷，明胡正言辑《格言类编》六卷[①]，明何伟然纂《世说新语》八卷，明郑二阳撰《孙子明解》八卷、《师卦解》一卷，明胡正心胡正言辑《诸证简易备验方》十六卷，明孔贞运撰《敬事草》五卷，明胡正心辑《薛氏医案九种》二十三卷，明胡正言辑《千字文六书纂要》二卷，明孔贞运撰《皇明昭制》四十卷[②]，明李世泽撰《韵法横图》一卷，梅鼎祚撰《韵法直图》一卷，明吕坤撰《交泰韵》二卷，明胡正言辑《书法必稽》一卷，明胡正言绘《黎云馆竹谱》一卷，明胡正言辑《石谱》一卷，明周汝登辑《类选唐诗助道征机》六卷、明胡正言辑《或问记》一卷[③]，宋邵雍撰《邵康节先生诗钞》一卷，宋杨简撰《杨慈湖先生诗钞》一卷，明陈长卿撰《伤寒五法》二卷。

明胡正言十竹斋刻宋杨简撰《杨慈湖先生诗钞》一卷。《中国古籍总目·集部·别集类·宋代之属》第342页著录，湖南省图书馆藏。

崇祯十年（1637）刊明胡正心辑《古今辞命达》八卷。《中国古籍善本书目·集部·总集类》第1634页著录，国家图书馆藏崇祯十二年（1639）胡氏十竹斋刻明胡正心辑此书，应与十年系同版后印本。

崇祯十二年（1639）十竹斋刻明周汝登辑《类选唐诗助道征机》（六

---

① 《中国古籍善本书目·子部·杂家类》第715页、《北京师范大学图书馆古籍善本书目·子部·杂家类·杂纂》第157页（作崇祯六年刻）著录，北京大学图书馆、北京师范大学图书馆（6册本）、公安部群众出版社图书馆、南京图书馆、贵州省图书馆藏。《中国丛书综录续编·丛书备考》第376页著录为6册本。该刊本半页9行，行21字，白口，四周单边。

② 书口下方有"儒士胡正言督刻"一行，该刻本半页9行，行13字，白口，四周单边。《美国哈佛大学哈佛燕京图书馆中文善本书志·史部》第153—154页著录，该馆（10册本）、南京图书馆及日本内阁文库、日本尊经阁藏，中国科学院图书馆藏本不全。该刊本半页9行，行20字（21.2×13.6），四周单边，白口，单鱼尾，每卷第一页书口下刻"儒士胡正言督刻"。前有崇祯七年（1634）孔贞运序，序后刻"通议大夫南京礼部右侍郎臣孔贞运编辑，司务厅司务臣薛邦献、仪制清吏司主事臣刘光震、祠祭清吏司郎中臣赵之骅、主事臣孙必显、主客清吏司郎中臣黄学元、精缮清吏司郎中臣曾应瑞较阅，儒士胡正言督刻"。此书收从洪武传示中原檄至崇祯八年共247封诏书，为清初禁书。

③ 此两书《中国古籍善本书目·集部·总集类》第1671页、《中国古籍善本总目·集部·总集类·断代》第一七六四页（误"斋"为"垒"）著录，湖南省图书馆藏。该刊本半页8行，行18字，白口，四周单边，版心下镌"十竹斋"3字。

卷）。《东北师范大学图书馆藏古籍善本书目解题·集部·总集类·通代》第278页著录，东北师范大学图书馆藏卷五至六计2卷1册不全本。该刊本半页8行，行18字，白口，四周单边。

崇祯十二年刊明胡正言辑《十竹斋笺谱》四卷。

崇祯十三年（1640）刊题栖筠子撰《牌统孚玉》四卷、明何伟然纂《四六霞肆》十六卷计2种20卷。

此外，其他工具书及存世实物还有：

天启（1621—1627）、崇祯间（1628—1644）十竹斋刻彩色套印胡正言辑《十竹斋书画谱》八卷。《中国古籍善本总目·子部·艺术类·画谱》第九三五页、《中国古籍善本书目·子部·艺术类》第431页、《中国古籍总目·子部·艺术类·书画之属·书画谱》第1285页（次页又将此8种子书分别列目）、《中国人民大学图书馆古籍善本书目·子部·艺术类·画谱》第113页、《安徽省古籍善本书目·子部·艺术类》卷三第四十二页、《北京图书馆古籍善本书目·子部·艺术类》第一三五四页至一三五五页、《中国善本书提要·子部·艺术类》第296页、《中国书店三十年所收善本书目·子部·艺术类》第一一二页、《北京大学图书馆藏古籍善本书目·子部·艺术类》第272页、《法兰西学院汉学研究所藏汉籍善本书目提要》第111页、《中国古旧书刊拍卖目录》第123页与142页著录，国家图书馆（16册本1部，还有1部缺《翎毛谱》一卷计7种7卷7册不全本）、首都图书馆、故宫博物院图书馆、北京大学图书馆（8册本）、中国科学院图书馆、南京图书馆、中国人民大学图书馆（仅藏清前期翻刻明胡正言十竹斋彩色套印《十竹斋书画谱七种》不分卷1函16册，为蝴蝶装）、安庆市图书馆（8册，但有缺页）、辽宁省图书馆、美国国会图书馆（明刻清印8册本）及中国历史博物馆、法兰西学院汉学研究所（11册本，但《石谱》有缺页）藏，中国书店收购残本开花纸5册。此书开刻于万历四十七年（1619），至天启七年（1627）刻竣，为饾版拱花法的滥觞。此谱每种收画20幅，计160幅，精选当时名家吴彬、倪瑛、魏之克、未万钟、文震亨及前辈赵孟頫、唐寅、沈周、文徵明、陆治、陈道复等人作品，并请一批艺术高手组成审定队伍定稿。我们从《兰谱》首署“胡曰从辑选，高阳、凌云翰、吴士冠、魏之克、胡家智、高友及行一和尚等同校”可窥见这部出版工程的编选定稿的认真细致流程，后又以新创饾版法上版印成“玩兹幻相，韵足乱真”的五色缤纷的巨型彩色画册，成为中国版画史上的白眉。此书一出，不仅震动出版界，而且引发出版业的一场大革命，仿效此书不断，并有效颦的翻刻、影印本不下十种。如嘉庆二十二年（1817）绣水王氏芥子园刻彩色套印本，国家图书馆、上海图书馆藏。《安徽省馆藏皖人书目》第196页著录，安徽省图书馆仅藏《石谱》《竹谱》2册，余均为清代翻印本。如《中国历史博物馆藏普通古籍目录·子部·艺术类》第284页就著录中国历史博物馆分别藏清初甘文耀斋套印明胡正言撰《十竹斋书画谱》八卷8册本2部，光绪五年（1879）元和邱氏刻彩色套印明胡正言撰《十竹斋书画谱》八卷8册本。分目均加上“十竹斋”3字，国家图书馆、北京大学图书馆、上海图书馆、南京图书馆藏。清末校经山房刻彩色套印本，子目均加上“十竹斋”3字，国家图书馆、天津图书馆、南京图书馆藏。中国书店拍卖清五色套印中《石谱》《翎毛谱》白纸折装2册不全本，版式25.2×15.2及版式20.5×27民国间江东书局彩印此书刊本白纸线装8册本，版式26.5×20册本各1部。

崇祯元年（1628）胡正言刻明郑二阳撰《孙子明解》八卷附《师卦解》一卷计2种9卷。《中国古籍善本书目·子部·兵家类》第114页、《中国古籍善本总目·子部·兵家类》第八一九页（作崇祯间刻）、《中国古籍总目·子部·兵家类》第271页著录，清华大学图书馆、上海图书馆、山东省图书馆藏。该刊本半页8行，行18字，白口，四周单边。

明新安胡正言十竹斋刻宋邵雍撰《邵康节先生诗钞》一卷。《中国古籍总目·经部·别集类·宋代之属》第201页著录，湖南省图书馆藏。

明新安胡正言十竹斋刻宋邵雍撰《邵康节先生诗钞》一卷，宋杨简撰《杨慈湖先生诗钞》一卷计2种2卷。《中国古籍善本书目·集部·宋别集类》第224页、《中国古籍善本总目·集部·宋别集类》第一二四八页著录，湖南省图书馆藏。该刊本半页8行，行18字，白口，四周单边。

崇祯间（1628—1644）胡正言刻明郑二阳撰《师卦解》一卷。《中国古籍总目·经部·易类·传说之属》第120页著录，山东省图书馆藏。

明末十竹斋刻明杭州何伟然辑，明休宁吴正炳、吴宗邵增删《四六霞肆》十六卷。《中国古籍善本书目·子部·类书类》第863页、《中国古籍善本总目·子部·类书类》第一〇七六页（误作十行斋刻）、《中国古籍总目·子部·类书类·类编之属·通编》第2023页、《中国善本书提要·子部·类书类》第387页、《北京大学图书馆藏古籍善本书目·子部·类书类》第323页、《北京师范大学图书馆古籍善本书目·子部·类书类》第176页（作聚锦堂印本）、《中国人民大学图书馆古籍善本书目·子部·类书类》第141页、《香港所藏古籍书目·子部·类书类》第230页、《中国书店三十年所收善本书目·集部·总集类》第二一八页、《四库全书总目·子部·类书类存目二》卷一三八第一一七六页著录，国家图书馆、北京大学图书馆、清华大学图书馆、中国人民大学图书馆（2函10册本）、河北大学图书馆、吉林大学图书馆、浙江图书馆、重庆市图书馆、香港中文大学图书馆（8册本）图书馆藏，中国书店收购竹纸10册本。原题："西湖何伟然仙癯汇纂，甥戴汝钧秉衡校，白岳吴正炳订斋、吴宗邵敬斋增删。"下书口有"十竹斋"3字，因胡正言与两吴老乡关系而刊。此书系将历史掌故以骈体文，按类编排，没有什么长处。该刊本半页8行，行18字（20×13.4），白口，四周单边。北京师范大学图书馆藏10册本，版心下镌"十竹斋"，封面原钤"聚锦堂"印，说明胡氏此版很快就转版再印并打上"聚锦堂"的牌记。

万历间（1573—1620）十竹斋刊明郭化辑《苏米谭史广》2种六卷。《西谛书目》著录。

明末胡正言十竹斋刻明吕坤撰《交泰韵》二卷。《中国古籍善本总目·经部·小学类》第一八七页、《中国古籍总目·经部·小学类·音韵之属·韵书》第1144页著录，南京图书馆藏。该刊本半页8行，行18字，小字双行18字，白口，四周单边，无刻工。

明末胡正言刻明郭化辑《苏米谭史广》2种六卷。《中国古籍善本书目·子部·杂家类》第711页、《中国古籍善本总目·子部·杂家类·杂品》第一〇二七页、《中国古籍总目·子部·杂家类·杂纂之属》第1938页、《北京图书馆古籍善本书目·子部·杂家类》第一四九一页、《中国善本书提要·史部·传记类》第135页、《中国丛书广录·类编丛书·子类·术数类》第722页著录，国家（4册本）、南京图书馆、美国国会图书馆、台湾图书馆藏。该刊本半页8行，行20字（21.8×12.3），白口，四周单边。

崇祯间（1628—1644）刊明胡正言辑《梨云馆竹谱》一卷。《中国古籍总目·子部·艺术类·书画之属·画·画谱》第1385页（作明末彩印）、《西谛书目·子部·艺术类》卷二第二三页著录，国家图书馆藏西谛赠1册本。

崇祯间彩色套印明胡正言辑《十竹斋画谱》不分卷。《西谛书目·子部·艺术类》卷二第二三页著录4部：一是5册，二是18册，均是全本；三是15册存“墨华册”“梅”“果”“竹”“兰”“石”“翎毛”谱7种；四是存“书画册”“墨华册”“梅谱”3种3册。《贩书偶记·子部·艺术类·书画之属》卷十第245页著录作崇祯癸未（十六年，1643）刊，应为重刊本。

崇祯间十竹斋刻明钱士升撰《皇明表忠记》十卷、《首》一卷、《附录》一卷计12卷。《中国古籍善本书目·史部·传记类》第437页、《北京图书馆古籍善本书目·史部·传记类》第四二〇页、《中国书店三十年所收善本书目·史部·传记类》第五三页著录，国家图书馆（8册本）[①]、湖北省图书馆、故宫博物院图书馆及上海博物馆藏，中国书店收购过竹纸8册本。该刊本半页8行，行18字，白口，四周单边。

崇祯六年（1633）序刊明胡正言编《格言类编》又名《古今格言类编》六卷。《中国古籍善本书目·子部·杂家类》第715页、《中国古籍善本总目·子部 ·杂家类·杂品》第一〇二八页（作崇祯间刻）、《北京大学图书馆藏古籍善本书目·子部·杂家类》第291页、《中国古籍总目·子部·杂家类·杂纂之属》第1940页著录，北京大学图书馆（7册本）、北京师范大学图书馆、上海图书馆、南京图书馆、贵州省图书馆及群众出版社藏。

崇祯七年（1634）胡正言十竹斋刻元周伯琦撰《说文字原》一卷。《中国古籍善本总目·经部·小学类》第一七〇页、《中国古籍总目·经部·小学类·说文之属·部目》第1043页著录，国家图书馆、北京大学图书馆、辽宁省图书馆、华侨大学图书馆藏。该刊本字数不等，白口，四周单边。

崇祯七年（1634）胡正言十竹斋刻元周伯琦撰《六书正讹》五卷。《中国古籍善本总目·经部·小学类》第一七〇页、《中国古籍总目·经部·小学类·说文之属·六书》第1034页著录，北京大学图书馆、辽宁省图书馆、山西省图书馆、山西省祁县图书馆、山西师范大学图书馆、大连市图书馆、甘肃师范大学图书馆、新疆大学图书馆、南京图书馆、安徽省图书馆、芜湖市图书馆、江西省图书馆（帅石生校注）、福建省图书馆、福建师范大学图书馆、湖南师范大学图书馆、广东省图书馆、广西壮族自治区桂林图书馆及青岛市博物馆、安徽省博物馆、福建省惠安县文化馆图书室藏。该刊本半页5行，行字不等，小字双行18字，白口，四周单边。

崇祯七年胡正言十竹斋刻清古香阁印元周伯琦撰、明胡正言订篆《六书正讹》五卷。《香港所藏古籍书目·经部·小学类·字书》第42页著录，

① 还存4部，其中3部4册本全，第4部仅1卷有徐康、沈树镛跋1册。

香港中文大学图书馆藏5册本。

崇祯七年十竹斋刊元周伯琦撰、明胡正言订《说文字原》十卷、《六书正讹》五卷计2种15卷。《中国古籍善本总目·经部·小学类》第一七〇页（作《说文字原》一卷）、《北京图书馆古籍善本书目·经部·小学类》第一七九页、《北京图书馆普通古籍总目·文字学门》第十卷第54页、《西谛书目·经部·小学类》卷一第九页、《安徽省古籍善本书目·经部·小学类》卷一第三十一页著录，国家图书馆（2册、6册本各1部，还藏乾隆间善成堂刻1册本）、山西省图书馆、吉林大学图书馆、宁夏大学图书馆、武汉师范大学图书馆、安徽师范大学图书馆（6册本）、安徽省图书馆（4册本）、安徽大学图书馆（5册本）及安徽省博物馆（4册本，还藏仅《六书正讹》五卷1种）藏。该刊本半页8行，小字双行18字，白口，四周单边。

崇祯七年十竹斋刻北齐颜之推撰《谷诒汇》十四卷、《卷首》二卷计16卷。《中国善本书提要·子部·杂家类》第351页著录，美国国会图书馆藏8册本。原题："北齐琅琊颜之推著，海阳胡正言较，明滇南陶希皋辑，男珙订，孙男以鉽、以铸督梓。"该刊本半页8行，行18字（19.9×13.5）。

崇祯七年（1634）胡正言十竹斋刻巾箱本明苏琰汇纂《鸳鸯谱》又题《四六鸳鸯谱》六卷、《目录》一卷计7卷。《香港所藏古籍书目·子部·类书类》第230页、《中国古籍总目·子部·类书类·类编之属·专编》第2066页著录，香港大学图书馆藏10册本。

崇祯间（1628—1644）海阳胡正言十竹斋刻元周伯琦撰、明胡正言订纂《六书正讹》五卷。《北京图书馆普通古籍总目·文字学门》第十卷第41页著录，国家图书馆藏古香阁藏板4册本，叙首有"延古堂李氏藏书"印。

崇祯十二年（1639）十竹斋刻唐韦应物撰《类选唐诗助道征机》六卷。《东北师范大学图书馆藏古籍善本书目解题·集部·总集类·通代》

第278页著录，东北师范大学图书馆仅存卷五至卷六计2卷1册不全本。该刊本半页8行，行18字，白口，四周单边，有刘明运崇祯十二年序。此书按类排比，分愿策、对治、禅门、玄门等类。

崇祯十二年胡氏十竹斋刻明胡正心辑《古今辞命达》八卷。《中国古籍善本书目·集部·总集类》第1634页、《中国古籍总目·集部·总集类·通代之属》第2963页、《北京图书馆古籍善本书目·集部·总集类》第二七七八页、《西谛书目·集部中·总集类》卷四第二九页著录，国家图书馆藏4册本2部。该刊本半页8行，行18字，白口，四周单边。

崇祯十三年(1640)胡氏十竹斋刻钟离栖筠子撰《牌统孚玉》四卷。《中国古籍善本书目·子部·艺术类》第455页、《中国古籍善本总目·子部·艺术类·杂技》第九四一页、《中国古籍总目·子部·艺术类·游戏之属·博戏》第1510页、《中国善本书提要·子部·艺术类》第302页著录，国家图书馆、首都图书馆、中国科学院图书馆、上海图书馆、四川省图书馆、重庆市图书馆藏，美国国会图书馆藏4册本。国家图书馆还藏乾隆五年（1740）刻本。

崇祯间（1628—1644）胡氏十竹斋刻明潘游龙撰《精选古今诗余醉》十五卷。《中国古籍善本书目·集部·词类》第2000页、《中国古籍善本总目·集部·词类·总集》第一八四九页（但误成“十竹垒”刻）、《中国善本书提要·集部·词类》第684—685页著录，国家图书馆（8册本）、中国科学院图书馆、上海图书馆（不全）、甘肃省图书馆、徐州市图书馆、杭州市图书馆、江西大学图书馆、中山大学图书馆及北京市文物局藏。原题：“荆南潘游龙选，内江范文光参，秣陵陈珽订，海阳胡正言校。”范文光在崇祯九年（1636）序中说：“楚友潘子鳞长，文学菁藻，妙选词令；而胡子曰从雅有俊致，刻之十竹斋。”故下书口有“十竹斋”3字。该刊本半页8行，行18字（20.1×13.4），白口，四周单边。

崇祯间十竹斋刻古香阁印元周伯琦撰、明胡正言订篆《六书正讹》

五卷。《北京大学图书馆藏古籍善本书目·经部·小学类》第43页、《安徽大学图书馆重编古籍善本书目·经部·小学类·字书》卷一第22页著录，北京大学图书馆（3部，其中2种均线装4册，另1部装订5册）、安徽大学图书馆（5册本）藏。该刊本半页5行，行大字占小字3字，小字双行18字，四周单边，白口，版心下刻“十竹斋”3字，封面题“古香阁藏板”5字，《四库全书》收录。

明末十竹斋刻明胡正言辑《千文六书统要》二卷，题李登订、胡正言篆《篆法偏旁正讹歌》一卷计2种3卷。《北京大学图书馆藏古籍善本书目·经部·小学类》第44页著录，北京大学图书馆馆藏2部，均为4册本装。中华书局版《续修四库全书总目提要·经部·小学类》第一一六一页著录后1种。

明末刻彩色套印明胡曰从辑《梨云馆竹谱》一卷。《中国古籍善本总目·子部·艺术类·画谱》第九三五页、《北京图书馆古籍善本书目·子部·6艺术类》第一三五五页著录，国家图书馆藏1册本。该刊本半页6行，行14字，红格。

崇祯十三年（1640）新安胡氏十竹斋刻明胡正言撰《四书定本辨正》不分卷。《中国古籍总目·经部·四书类·四书总义·传说之属》第878页著录，日本东京大学东洋文化研究所藏。

崇祯十七年（1644）胡氏十竹斋刊彩色套印明胡正言辑《十竹斋笺谱初集》四卷。《中国古籍善本书目·子部·艺术类》第431页、《中国古籍善本总目·子部·艺术类·画谱》第九三五页、《中国古籍总目·子部·艺术类·书画之属·画·画谱》第1385页、《北京图书馆古籍善本书目·子部·艺术类》第一三五五页、《西谛书目·子部·艺术类》卷二第二三页著录，西谛图书馆（3部：一二两部均为4册本，第三部仅存卷二至卷三计2卷）、国家图书馆（4册本3部，1部仅存卷一1卷1册有徐康、沈树镛跋）、故宫博物院图书馆、辽宁省图书馆及中国历史博物馆图书馆、上海博物馆藏。此书收自“龙种”至“文佩”

计280余幅国画，分为33类，用饾版拱花法印刷。卷首有上元李克恭（字虚舟）的序称："昭代自嘉、隆以前，笺制朴拙。至万历中年，稍尚鲜华，然未盛也。至中晚而称盛矣。历、天、崇而愈盛矣。十竹诸笺，汇古今之名迹，集艺苑之大成，化旧翻新，穷工极变。"李氏评说十分准确，此书奠定中国彩色印刷技术全面完善的先河。

明末刻彩色套印明胡正言辑《十竹斋画谱》八卷。《中国古籍善本总目·子部·艺术类·画谱》第九三五页（作崇祯间）、《北京大学图书馆藏古籍善本书目·子部·艺术类》第272页著录，国家图书馆、首都图书馆、北京大学图书馆、故宫博物院图书馆、哈尔滨师范大学图书馆、青海民族大学图书馆、福建师范大学图书馆及中国历史博物馆藏"梅谱""兰谱""石谱""竹谱"4种4册本。又藏"竹谱""梅谱""墨华书画"3种4册本。

清刊彩色套印明胡正言辑《十竹斋画谱》不分卷。《西谛书目·子部·艺术类》卷二第二三页著录8册本。

附　光绪五年（1879）刊彩色套印明胡正言辑《十竹斋画谱》不分卷。《西谛书目·子部·艺术类》卷二第二三页著录7册，可见此书是传统产品，坊间反复印刷。

明末胡氏十竹斋刻明胡正言撰《书法必稽》一卷。《中国古籍善本书目·子部·艺术类》第410页著录，国家图书馆、南京图书馆藏。

崇祯七年（1634）十竹斋刻元鄱阳周伯琦编注、明海阳胡正言订篆《六书正讹》五卷。《中国善本书提要·经部 小学类》第57页、《美国哈佛大学哈佛燕京图书馆中文善本书志·经部》第77页著录，北京大学图书馆、美国国会图书馆、美国哈佛大学哈佛燕京图书馆（2部）藏5册本，书口下有"十竹斋"3字。此书祖本为元至正间原刻本，明嘉靖本系摹刻元本，胡又摹刻，先后用"十竹斋"、"古香堂"（清印本）号印行。该刊本半页5行，行20字，注双行篆文一，占小字6（24.4×14.2），北京大学图书馆与美国国会图书馆另1种藏本则半页

5 行，行 18 字，注双行篆文一，占小字 6（20.2×13.3），版式有区别。清用古香堂重印本还藏大陆 20 家图书馆及台湾“中央”图书馆、美国普林斯顿大学葛思德东方图书馆及日本静嘉堂文库、日本内阁文库、京都大学人文科学研究所。

明末胡正言十竹斋刻明李世泽撰《韵法横图》一卷、《韵法直图》一卷计 2 种 2 卷。《中国古籍善本书目·经部·小学类》第 482 页、《中国古籍善本总目·经部·小学类》第一八八页著录，南京图书馆藏。该刊本半页 8 行，行 18 字，白口，四周单边，无刻工。

明末胡正言十竹斋刻明周汝登辑评《类选唐诗助道微机》六卷、明方如骐撰《助道微机或问记》一卷附明周汝登辑评《邵康节先生诗钞》一卷、《杨慈湖先生诗钞》一卷计 4 种 9 卷。《美国哈佛大学哈佛燕京图书馆中文善本书志·集部》第 580—581 页著录，哈佛大学哈佛燕京图书馆藏 6 册本。该刊本半页 8 行，行 18 字（20.6×13.5），白口，单鱼尾，四周单边，书口下刊“十竹斋”3 字。《中国古籍善本书目》著录，湖南省图书馆藏本将附录分开著录，《四库全书总目》未收此书。

明末十竹斋刻明周汝登辑《类选唐诗助道微机》六卷、明胡正言撰《助道微机或问记》一卷计 2 种 7 卷。《中国古籍总目·集部·总集类·断代之属》第 2996 页著录，湖南省图书馆藏。

入清，胡氏仍延十竹斋及蒂古堂等堂号刻书。

清初十竹斋刻清胡正言辑篆《千字文》二卷。《中国古籍总目·经部·小学类·文字之属·训蒙》第 1111 页著录，中国科学院图书馆藏。

清初刻彩色套印明胡正言辑《十竹斋画谱》不分卷。

《青海省古籍善本书目·子部·艺术类》第五二页著录，青海民族大学图书馆藏 4 册本。

清刊彩色套印明胡正言辑《十竹斋画谱》不分卷。《西谛书目·子部·艺术类》卷二第二三页著录 8 册。

光绪五年（1879）刊彩色套印明胡正言辑《十竹斋画谱》不分卷。

《西谛书目·子部·艺术类》卷二第二三页著录7册，可见此书是传统产品，坊间反复印刷。

顺治四年（1647）刊明胡正言撰《胡氏篆草》一卷。《贩书偶记续编·子部·艺术类》卷十第154页著录“无印书年月，约顺治间蒂古堂印本”。

顺治四年胡氏十竹斋钤印明胡正言篆刻《印存初集》四卷。《中国古籍善本书目·子部·艺术类》第437页、《中国古籍善本总目·子部·艺术类·篆刻》第九三六页、《中国古籍总目·子部·艺术类·篆刻之属·印谱·清以前》第1427页、《北京图书馆古籍善本书目·子部·艺术类》第一三五九页著录，国家图书馆（4册本2部）、南京图书馆、浙江图书馆、河南省图书馆、四川省图书馆及山东省博物馆、北京市文物局、上海博物馆、西泠印社藏，为后印本。

清初钤印明胡正言篆刻《胡氏篆草》不分卷。《中国古籍总目·子部·艺术类·篆刻之属·印谱·清以前》第1427页著录，北京大学图书馆、台湾图书馆藏。

顺治间（1644—1661）十竹斋钤印明海阳胡正言钤印《胡氏印存》2种四卷。《四库全书总目·子部·艺术类存目》卷一一四第九八〇页著录，并指出：“初集以朱印之、别名“元览”者，则以墨印之。大抵名字印十之八，斋阁印十之一，镌成语者十之一。自明中叶，篆刻分文彭、何震二家：文以秀雅为宗，其末流伤于妩媚，无复古意；何以苍劲为宗，其末流破碎楂砑，备诸恶状。正言欲矫两家之失，独以端重为主，颇合古人摹印之法，而学之者失于板滞，又为土偶之衣冠矣。”今存世此刻有国家图书馆分别藏顺治四年（1647）十竹斋钤印胡正言撰《印存初集》四卷、顺治十七年（1660）胡氏蒂古堂刻胡正言撰《印存玄览》四卷。《丛书书目汇编》第二册第二九五页著录。

顺治十四年（1657）胡正言刻清戴明说撰《篆书正》四卷。《中国古籍善本书目·经部·小学类》第448页、《中国古籍善本总目·经部·小学类》第一七三页、《中国古籍总目·经部·小学类·文字之属·字体》第1095页、《北京师范大学图书馆古籍善本书目·经部·小学类·字书》第33页著录，中国科学院图书馆、北京大学图书馆、北京师范大学图书馆（4册本）、上海图书馆、辽宁大学图书馆、吉林省社会科学院图书馆、山东省图书馆（有清单为濂跋）、湖南师范大学图书馆、南充师范学院图书馆藏。该刊本半页8行，行字不等，白口，四周单边。

顺治间（1644—1661）新安胡正言刻清戴明说撰《篆书正》四卷。《安徽省古籍善本书目·经部·小学类》卷一第三十三页著录，安徽省图书馆藏4册本。

顺治十七年(1660)胡氏蒂古堂刻明胡正言篆刻《印存玄览》四卷。《中国古籍善本书目·子部·艺术类》第437页、《中国古籍善本总目·子部·艺术类·篆刻》第九三六页、《中国古籍总目·子部·艺术类·篆刻之属·印谱·清以前》第1427页、《北京图书馆古籍善本书目·子部·艺术类》第一三五九页著录，国家图书馆（2册本）、南京图书馆藏，为后印本。

顺治间十竹斋印海阳胡正言篆《印存初集》四卷。《贩书偶记续编·附录·子部》第358页著录。

康熙二年（1663）胡氏十竹斋刻明胡正言辑篆《千文六书统要》又名《六书千文统要》二卷[①]、明李登订《篆法偏旁正讹歌》一卷[②]、《千字文》一卷计3种4卷。《安徽省古籍善本书目·经部·小学类》卷一第三十二页、《安徽大学图书馆重编古籍善本书目·经部·小学类·字书》卷一第24页、《青海省古籍善本书目·经部·小学类》第一〇页著录，安徽大学图书馆（8册本）、青海省图书馆（4册、6册本各1部）藏。该刊本半页6行，行字不等，小字双行不等，四周单边，白口，板框上

---

① 中华书局版《续修四库全书总目提要·经部·小学类》第一一三〇页著录，但说广东海阳人，误。

② 《中国古籍总目·子部·艺术类·书画之属·书·书论》第1292页著录，国家图书馆藏清抄清李登辑唐韦续撰《五十六种书法》一卷、明胡正言撰《篆法偏旁正讹歌》一卷。

有字。

康熙间（1662—1722）十竹斋刻明何伟然辑《四六霞肆》十六卷。《中国古籍总目·子部·类书类·类编之属·通编》第2023页著录，上海图书馆藏。

清刻套印明胡正言辑《十竹斋画谱八种》。《安徽省古籍善本书目·子部·艺术类》卷三第四十二页著录，安徽省图书馆藏8册不全本。

康熙间（1662—1722）十竹斋刻明潘游龙辑《精选古今诗余醉》十五卷、清陈溟辑《国朝诗余卷首》一卷计2种16卷。《中国古籍总目·集部·词类·总集之属》第3399页著录，东北师范大学图书馆藏，有管贞乾跋。

康熙间十竹斋刻明李灯订、明胡正言篆《篆法偏旁正讹歌》一卷。《中国古籍总目·经部·小学类·文字之属·正字》第1084页著录，北京大学图书馆藏。

康熙间十竹斋刻明末清初胡正言撰《千文六书统要》二卷附《篆法偏旁正讹歌》一卷计2种3卷。《中国古籍善本书目·经部·小学类》第448页、《中国古籍善本总目·经部·小学类》第一七三页著录，首都图书馆、北京大学图书馆、首都师范大学图书馆、天津图书馆、山西省临猗县图书馆、吉林省社会科学院图书馆、青海省图书馆、山东省图书馆、南京图书馆、安徽大学图书馆藏。

康熙间十竹斋刻明末清初胡正言撰《千文六书统要》二卷附《千字文》二卷、《篆法偏旁正讹歌》一卷计3种5卷。《中国古籍善本总目·经部·小学类》第一七三页著录，首都、山东省图书馆藏。

康熙间十竹斋刻清胡正言撰《千文六书统要》二卷。《中国古籍善本书目·经部·小学类》第448页、《中国古籍善本总目·经部·小学类》第一七三页著录，首都图书馆、清华大学图书馆、中国科学院图书馆、复旦大学图书馆、齐齐哈尔市图书馆、重庆市图书馆（清柴弯樵客等题识）藏。

康熙二十四年（1685）十竹斋后人刊清郎遂[①]辑《杏花村志》十二卷、《首》一卷、《末》一卷计14卷。《江浙访书记》第151页、《北京图书馆古籍善本书目·史部·地理类》第五九八页著录，浙江图书馆宁波天一阁分馆藏，国家图书馆藏聚星楼刻4册本。该刊本半页9行，行22字，小字双行同，白口，四周单边。十竹斋刻本字体极工，绘图雕刻精美。书面题“贵池郎赵客纂”，书名由著名书法家郑簠隶书题写，书题右角下钤印“杏花春雨江南”朱文印，书题左角上钤印“金陵十竹斋发兑”的牌记。

附　乾隆间（1736—1795）平湖陆氏古香阁覆明胡氏十竹斋刻元周伯琦撰《六书正讹》五卷。《中国古籍总目·经部·小学类·说文之属·六书》第1034页著录，浙江、湖北省图书馆藏，为胡氏刻书衍本。

胡正言多才多艺，著述丰富。其主要著述有校订辑录的《说文字原》一卷、《六书正伪》五卷、《古文六书统要》二卷、《苏米谭史广》六卷及撰著《印存初集》、《印存玄览》（因避康熙帝讳又作《印存元览》）、《胡氏篆草》、《印薮》、《尚书孝经讲义》、《书法必稽》、《十竹斋雪鸿散迹》、《九十授经图》、《千文六书统要》、《词林记事》、《黎云馆竹谱》、《石谱》及医学书籍《古今辞命达》《订补简易备验方》等。清郑炳也辑《宝翰楼增订四体书法》不分卷、清李登辑《书法摘要善本》三卷、《篆法偏旁正讹歌》不分卷3种[②]等。尤其是天启七年（1627）创作行世的《十竹斋画谱》，崇祯十七年（1644）创作行世的《十竹斋笺谱》均以他所创制的“饾版”“拱花”法印刷，开世界彩色印刷术的先河，历来为美术界称赏为不可逾越的艺术高峰。

胡正言画谱的选辑刻绘工作始于1616年以前，1627年才成书；《笺

---

① 郎遂，字赵客，清池州贵池人，为池阳旧族。除撰《杏花村志》外，还辑《齐花拾遗》《池州诗史》。

② 《中国古籍总目·子部·艺术类·书画之属·书·书论》第1304页著录，国家图书馆藏道光五年（1825）清照斋刻本。

谱》则迟于1644年才完成，历经26年，花费巨大的人力、财力、物力。其毅力令人敬佩，同时也是多人合作的成果。如《画谱》共8册，分书画、墨华、果、翎毛、兰、竹、梅、石8谱，其中的作品有胡正言自己画的，也有名彦画师米万钟、吴士冠、魏之光等人的作品。还有与他“朝夕研讨，十年如一日”的徽派数十名剞劂高手的作品。《笺谱》共4卷，收289幅画。这两部物尽天华的艺术奇葩一问世就“盛海内”，“大江南北时人争购”。他的友人杨文聪（龙友）情不自禁地叫绝：“曰从，真千古一人哉！”（《十竹斋画谱序》），李克恭对这两部前无古人的画苑奇珍评介为“十竹诸笺，汇古今之名迹，集艺苑之大成，化旧翻新，穷工极变”（《十竹斋画谱序》）。杨文聪还在《画谱·翎毛谱序》中说：“其中皴染之法及着色之轻重浅深，远近离合，无不呈妍曲致，穷巧极工。即当行体作手视之，定以为写生妙品，不敢作刻画观。”李克恭在序中还称：“昭代（明代）自嘉、隆以前，笺制朴拙，至万历中季，稍高鲜华，然未盛也。至中晚而称盛矣。历天、崇而愈盛矣！十竹诸笺，汇古今之名迹，集艺苑之大成，化旧翻新，穷工极变，毋乃太盛乎？而犹有说也。盖拱花、饾版之兴，五色缤纷无不灿然夺目。”因此，《画谱》《笺谱》一问世，重印、翻刻、翻印相迭，可惜胡氏原本在国内已流传甚稀，成为绝宝。

1936年至1937年间日本东京用石印法翻印《画谱》，改用日文说明，装订16册。1963年春，中国书店访得原版《十竹斋画谱》残帙。卷首题：海阳胡正言曰从氏辑临。据魏隐儒《中国古籍印刷史》说：“此残帙原版初印，用开花纸，颜色雅致绚丽，刻印俱精，其中佛手、牡丹尤佳。书中题跋识语四周边框间有竹节栏以绿色印，左栏外下角刻‘十竹斋琅干笺’六字。”1956年郑振铎先生在获得三友堂于铭从山西访得的《笺谱》全本时称赞说：“雅丽工致，旷古无伦，与当时之绘画作风血脉相通。”郑振铎说：“余收版画书二十年，于梦寝中所不能忘者，惟彩色本程君房《墨苑》，胡曰从《十竹斋笺谱》及初印本《十竹斋画谱》等三伟著耳。去岁暑中，因某君介，从陶兰泉氏许，得彩色本《墨苑》，诧为难得之奇遇！十载相思，一旦如愿以酬，喜慰之至，至于数夕不能安寝。”[①]可见其价值及在中国印刷史中的地位。1934年，鲁迅先生与郑振铎醵资，委托北京荣宝斋采用胡氏“饾版”“拱花”的遗法翻印《十竹斋笺谱》百部，与原作无异。当鲁迅先生见到荣宝斋复制品时，赞不绝口：“《笺谱》刻得很好，大张的山水及近乎写意的花卉尤佳。”1952年由郑振铎先生再度主持翻印的《十竹斋笺谱》比原作毫不逊色。就是在现代化照相制版印刷业非常普及，电子分色印刷日渐推广的今天，誉满全球的北京荣宝斋及上海朵云轩的水印复制技艺仍是十竹斋的传人而屹立于世界艺林之中。

胡正言十竹斋所刻图书都以纸墨精良闻名于世。《中国古籍善本书目·经部》就著录有7种17卷，《史部》著录有《皇明表忠记》，子部有《孙子明解》、《薛氏医按八种》二十三卷、《四六霞肆》十六卷等。我所掌握的今传世的30多种印本涉及版画、书法、篆刻、杂技、语文、诗文、医学等多学科，且层次也有别。如十竹斋刊行的《古文六书统要》《牌统孚玉》《皇明诏制》《印存玄览》《精选古今诗余醉》《篆书正》等许多版本就是具有历史价值、学术价值、艺术价值的书籍，深为文人学者所珍视的学术著作和艺术画册；还出版了诸如崇祯五年刻《十竹斋刊袖珍本医书十三种》《订补简易备验方》《伤寒》《书法必稽》《黎云馆竹谱》《石谱》，崇祯八年刻《诗谭》十卷、《说文原字》等受广大城市市民欢迎的文化医学普及读物、实用书籍，从而满足多层次读者的需求。入清，十竹斋还是活跃在南京的坊刻，顺治四年（1647）还钤印了《十竹斋印谱》四卷等。这些也几乎都列入《中国古籍善本书目》，可见十竹斋所刻图籍精善。他所发明的“饾版”“拱花”法是世界印刷史上继雕版、活字印刷术发明后最伟大的发明，属世界印刷史上

---

① 郑振铎：《西谛书话》，339—340页，北京：生活·读书·新知三联书店，1983。

第三座丰碑。

胡曰从在他“年九十一，无疾而逝”[①]后，十竹斋易主，康熙二十四年（1685）仍以十竹斋号印了《杏花村志》等书。值得提出的是对于这样影响出版史册的大出版家、艺术家，我国的许多权威著述存在不同程度的差错。如《辞海》（修订本）记载其生卒年为“约1580—1671”，就是错的。《中国人名大辞典》作“山东海阳人”，更误。《上江两县志》《金陵通传》均作“上元人”（今江苏省南京市），是不妥的。关于胡正言生卒年，目前所知，主要有三说：一是杨明琅在《十竹斋临古篆文法帖》题跋中称“年八十余，康熙中卒”，二是《休宁县志》卷十九本传说“寿九十”，三是《虚斋名画录》卷十《萧尺木山水轴》题跋称“年九十一，无疾而逝”。关于生年，我们根据《十竹斋临古篆文法帖·临周石鼓文》末记“癸巳清和月，七十朽人胡正言书于篆阁”、同书《秦诅楚释文》末署“丙申长夏，钟山胡正言曰从氏临于蒂古堂，时年七十有三”及杜濬《变雅堂文集·胡曰从中翰九十寿序》称“忆余自客金陵，即交曰从先生，于今四十年矣。曰从今癸丑秋九月，岿然寿登九十”三条推断胡氏生于明万历十二年（1584）秋九月。其卒年，我们从胡曰从命他儿子胡其毅请同时代有40年交谊的挚友杜濬写的《胡曰从中翰九十寿序》及施愚山《石城赠胡曰从》诗中提到“丈人年九十，却杖仍丹颜”及戴本孝题胡曰从的《九十授经图》等资料均可证胡正言年逾九秩，其卒年应以《南疆逸史》所载“年九十一，无疾而逝”定为清康熙甲申（1674）年为准。其籍贯，《南疆逸史》作“休宁人，徙上元”。《皇清书史》作“休宁人，迁霍山”。《霍山县志》说：“徽郡人，始迁六（安）之望江湾，寻迁霍（山）。”《上江两县志》《金陵通传》均作“上元人”。关于胡正言与上元、白下即南京的关系及移居路线、时间，其兄胡正心说得很清楚：“庚午（崇祯三年，1630）夏

① 《南疆逸史》卷四十一、《南天痕》卷十九同。

与季弟（按，指胡正言）行，自霍山之白下，困于公车，藏修鸡鸣山房”，[①]也就是说他们自万历末来南京，崇祯三年（1630）他们兄弟俩才决定不回安徽，在南京定居，后兄弟俩成就金陵、终老金陵，充其量也仅是南京寓公，谈不上是南京人。《中国人名大辞典》作“山东海阳人”。其误始于胡曰从在《十竹斋书画谱》上自署“海阳人”，海阳地名连同古地名不下7县，山东莱阳及三国吴景帝孙休名讳而易休阳（今安徽省黄山市休宁县）名为海阳，故误为山东人，而忽略休宁县的古称海阳县。上元是胡氏寄籍，所以周亮工在《印人传》中说：“余与瑶星张公，备载其行谊于江宁志中。盖曰从虽休宁人，而家于秣陵（即金陵、上元），故秣陵籍以为重。”故他自己也在《十竹斋临古篆文法帖》上署“上元胡正言曰从氏摹”。这些也应在此赘述一下，以免一些旧资料使人走入误区。

胡正心，字无所，号肖然子，休宁县人。与季弟胡正言早年流寓六安霍山从事医业，以薛立斋医案为宗，对药方药性进行探讨，在自治、治人的基础上不断改进处方，取得不少心得体会，兄弟俩成了有一定名声的医生。胡正心迁入金陵后，把精力放在整理医籍上，有时胡正言也参与，但都是在十竹斋刊出，并以巾箱（袖珍）本为多，说明定居金陵后，兄弟俩有明显分工，医学方面以正心为主。正心逝世后，胡正言就全面负责开展十竹斋刻坊的一切业务了。辑《古今辞命达》八卷及医学著述。

崇祯三年（1630），与弟正言一同离开霍山去南京鸡鸣山，后定居南京，与弟曰从“取所积验方，摘其简省者，类编镌得”，于四年（1631）在十竹斋刻坊首刊袖珍本《简易备验方》十六卷。崇祯庚辰（十三年，

---

① 崇祯十四年（1641）十竹斋袖珍本胡正心与胡正言辑《订补简易备验方》又名《万应验方·旧引》。

1640）还考辑《四书定本辨正》六卷[①]等。

崇祯四年辛未十竹斋刻袖珍本明胡正心、胡正言编辑《（订补）简易备验方》又名《万应验方》十六卷。《中国古籍善本书目·子部·医家类》第230页（作崇祯间刻）、《全国中医图书联合目录·方书》第222页、《馆藏中医线装书目·方书》第103页著录，中国中医科学院图书馆藏，济南市图书馆藏不全。

崇祯五年（1632）胡氏十竹斋刻明胡正心编《薛氏医按六种》十七卷。《中国古籍善本书目·子部上·医家类》第166页、《中国古籍善本总目·子部·医家类·丛编》第八四〇页著录，中国中医科学院图书馆藏。

崇祯壬申（五年）正式将有关医书由胡正心、胡正言同辑为《十竹斋汇刊袖珍本医书》分甲、乙、丙3辑共收13种二十四卷，并补上原缺2种。《馆藏中医线装书目·丛书》第301页、《中国古籍总目·子部·医家类·丛编之属》第384—385页、《中国丛书广录·类编丛书·子类·医家类·总类》第679页、《全国中医图书联合目录·综合性著作·丛书合刻》第718页收录，中国中医科学院图书馆藏。本丛书系选刊其中9种，加上伤寒3种运气1种计13种组成。有胡正心序。

崇祯六年（1633）胡氏十竹斋刻明董玹撰、明胡正心补《伤寒秘要》二卷。《中国古籍善本书目·子部·医家类》第199页、《中国古籍善本总目·子部·医家类·内科》第八五九页（但误十竹斋为“十行叁”）、《中国古籍总目·子部·医家类·方论之属·伤寒金匮·伤寒论》第614—615页著录，国家图书馆、中国中医科学院图书馆藏。该刊本半页7行，行15字，白口，四周单边。

崇祯十二年（1639）胡氏十竹斋刻明胡正心辑《古今辞命达》八卷。《中国古籍善本总目·集部·总集类·通代》第一七三八页著录，国家

① 中华书局版《续修四库全书总目提要·经部·四书类》第九四二至九四三页著录，朱沅在市肆中得旧刊本于咸丰元年（1851）重刊。

图书馆藏。该刊本半页 8 行，行 18 字，白口，四周单边。

崇祯十四年 (1641)，经胡正心“重加订补，类首提宗，倍于旧本，庶几稍备”，定名为《订补简易备验方》，又名《万应验方》仍为 16 卷，由十竹斋重以袖珍本重刊。《全国中医图书联合目录·方书》第 222 页著录，中国中医科学院图书馆著录该藏本为崇祯四年，彼时尚无“订补”字样，应是误将印本当作订补本，而所藏应是后印本。

崇祯间（1628—1644）胡氏十竹叁（斋）刻明陈长卿撰《伤寒五法》二卷。《中国古籍善本总目·子部·医家类·内科》第八五九页著录，中国中医科学院图书馆藏。该刊本半页 7 行，行 15 字，白口，四周单边。

胡正心又将纂集的《伤寒三种》五卷单独在十竹斋刊印行世。《中国中医研究院馆藏线装书目》著录，此即《贩书偶记续编·子部·医家类》卷九第 114 页著录的崇祯六年(1633)刊袖珍本元敖氏撰、杜清碧增定《伤寒金镜录》一卷，明金陵董玹撰定、新安胡正心补参《伤寒秘要》二卷，明新安胡正心编辑《伤寒五法》二卷。《中国古籍善本书目·子部·医家类》第 198 页著录崇祯间刻明陈长卿撰《伤寒五法》二卷，中国中医科学院图书馆藏；同书第 199 页著录崇祯六年胡氏十竹斋刻明董玹撰、胡正心补《伤寒秘要》二卷，国家图书馆、中国中医科学院图书馆藏。此两书应为此丛书子目，后汇成丛书，因此不单列。《新安医学史略》作胡正心著《伤寒三种》《伤寒秘要》，胡正言著《伤寒五法》，误。

崇祯间胡氏十竹斋刻明胡正心、明胡正言辑《订补简易备验方》十六卷。《中国古籍善本总目·子部·医家类·方论》第八五六页、《中国古籍总目·子部·医家类·方论之属·验方·明》第 851 页著录，中国中医科学院图书馆藏，济南市图书馆藏本不全。

由此观之，明代十竹斋在崇祯初年刻行由胡正心为主纂辑的不少医书。

附　与胡正言合作致富的老乡汪楷。

汪楷，原本明末清初徽州流寓金陵的雕刻徽派版画高手，且富有高智商的经营头脑。王伯敏在《中国版画史》上说：“两谱（指《十竹斋书画谱》《十竹斋笺谱》）销售全由刻工汪楷经手，汪可能是一个徽派汪姓刻工。”经考，这个汪楷就是与胡正言“朝夕相处”并经过 27 年共同研磨为胡氏创造发明饾版拱花法彩色印刷术的著名刻工之一，且为上述两谱插图的主要雕刻手。两谱印成后，胡氏因年事已高，全权委托这位能干的老乡负责销售。因此，汪氏也成为巨富，并凭着他的实践和扎实的功底从此走向复兴文化道路。今存世他所辑《十二代诗吟解集》13 种七十四卷[①]，为其留下的精神产品之一。

彩色印刷术发明有功的刻工吴发祥

吴发祥，新安人，寓居金陵，一作江宁（今江苏省南京市）人。《金陵通传》有传。[②]吴氏学问广博，苦读、编纂古籍常矻矻不知倦怠。在明末，金陵书坊已竞相采取多色印法，吴氏在精研徽州发明套印法的基础上，对传入金陵此法多所创新，并用饾版、拱花法对彩色印刷法进行完善。是与寓居金陵的胡正言同时同乡的彩色印刷术发明人之一。

---

① 《中国古籍善本总目·集部·总集类·丛编·通代》第一六八一页著录，国家图书馆藏稿本。该稿本半页 11 行，行 22 字，无格。

② 关于吴发祥的身世资料，今查《金陵通传》载：“吴发祥，江宁人，居天阙山下，恂恂儒者，学极渊博，日手一编不倦。”再查天启六年（1626）版《萝轩变古笺谱》上册卷首小引末署“天启丙寅嘉平月丹霞友弟颜继祖撰并书”，并在介绍吴发祥时说：“吾友吴发祥，性耽一壑，卜居秦淮；志在千秋……于焉刻意标新，巅精集雅，删诗而作绘事，点缀生情，触情而摩简端，雕镂极巧，尺幅尽月露风云之态，连篇传禽虫花卉之名。大如楼阁关津，万千难穷其气象；细致盘盂剑佩，毫发倍见其精神。少许丹青，尽是匠心锦绣；若干曲折，却非依样葫芦。”从上述引文看，吴发祥是一位具有一定文化且富有创意的徽州落籍金陵的刻工高手。他为颜继祖所刻《萝轩变古笺谱》的编、绘、刻、印全部出版过程均由其一人承担。他所印的这套笺谱突出了“变古”，说明吴发祥在继承传统套印法的同时对古印法不足处加以创新，采用饾版、拱花等新工艺加以完善。再考老乡胡正言在金陵十竹斋画店印制工艺美术品，常与十数艺高刻工朝夕相处，切磋改进彩色印刷工艺，经过 27 年的努力终于完善饾版、拱花这道彩色印刷术最高工艺。因此，吴发祥可能就与汪楷一样属于朝夕相处的刻工一样，是与胡正言朝夕相处的刻工之一。只不过吴发祥最先借助漳州颜继祖的财力，早于胡正言推出自己的力作《萝轩变古笺谱》而已。这个结论尚待更过硬的资料来确认。

经考，他在天启六年（丙寅，1626），受漳州颜继祖雇请，在金陵为其用饾版采印《萝轩变古笺谱》49页，98面，分上、下两册不分卷，书前有“萝轩变古笺谱书成于天启丙寅”字样，说明吴发祥是已掌握饾版、拱花法，并率先加以运用，使该书成为此法的最早产品的徽州刻工。此书对漳州颜氏盛行清中后期沿用此法印行彩色木版年画影响很大。据光绪间（1875—1908）漳州《颜氏族谱》载，福建漳州颜氏为永乐（1403—1424）间从山东迁居漳州，以制售年画为业。尤以25世颜延贯（道光间曾任大田知县）与弟颜福创办文华堂，光绪间，26世颜腾蛟创办锦华堂又称腾蛟画店，仍延套印及饾版拱花法印制年画等彩色印刷品为最盛时期。此后，此法传到泉州等地，形成木刻年画闽南派，成为东南地区木板年画的主产地，产品畅销东南地区，远销新加坡、马来西亚、泰国等南阳地区。

天启六年吴发祥用饾版、拱花法彩色套印自辑《萝轩变古笺谱》上、下两册不分卷。《中国古籍总目·子部·艺术类·书画之属·画·画谱》第1385页（作二卷）、《明代版刻综录》第二卷第四十六页著录，上海博物馆藏。此书收插图版画178幅，分画诗、筠篮、飞白、博物、折赠、雕玉、斗草、选石、遗赠、仙灵、代步、搜奇、龙种、择栖及杂稿等类目，其中饾版116幅，拱花62幅。雕刻、设色、印法十分精巧。如蝴蝶、蜻蜓、玉器、画家钤印，他大胆地采用无色拱花法嵌印，如对青山墨线配以无色拱花的白云流水，绶带翠鸟配以无色拱花的白肚身体等，使人如身历其境，享受艺术的无穷魅力。其中山水花鸟多用线条勾勒，木刻韵味浓厚，被世人誉为中国版画精萃。此书早于胡正言刻《十竹斋笺谱》。

天启六年（1626）刻彩套印明吴发祥辑《萝轩变古笺谱》二卷。《中国古籍善本书目·子部·艺术类》第431页、《中国古籍善本总目·子部·艺术类·画谱》第九三五页著录，上海辞书出版社图书馆藏。此应为后印本。此书1981年朵云轩木刻套印300部线装编号发行，收图182幅（21.1×15.1），加大了它的存世量。

专刻经学著作的大家汪应魁

汪应魁，字玄杓，明末徽州府著名的私刻家，所属贻经堂刻本精，为晚明徽州府在扬州著名的刻坊。《中国古籍善本书目·经部》就收有《春秋四传》《诗经集传》《礼记集说》《周易传义》等近百卷国家级善本书，可见汪氏贻经堂刻书精好。辑《五经制典》等。其刻书择要如下：

明汪应魁刻瑞士邓玉函口授、明王征译绘《远西奇器图说录最》三卷、明王征撰《新制诸器图说》一卷计2种4卷。《中国古籍善本书目·子部·谱录类》第470页、《中国古籍善本总目·子部·谱录类·器物》第九五四页、《中国古籍总目·子部·谱录类·器用之属·器物·杂物》第1537页、《北京图书馆古籍善本书目·子部·谱录类》第一三七五页著录，国家图书馆（2册本）、安徽省图书馆及浙江省临海市博物馆藏。该刊本半页9行，行20字，白口，四周双边。

天启七年（1627）刊瑞士人邓玉函述、明王征译绘《远西奇器图说录最》三卷、明王征撰《新制诸器图说》一卷计2种4卷。《中国古籍善本书目·子部·谱录类》、《明代版刻综录》第二卷第二十四页、《安徽省古籍善本书目·子部·谱录类》卷三第四十八页著录，安徽省图书馆藏1册本。陕西王征为天主教徒，向传教士们学了些西方语言，也略懂西文。这是早期翻译的西方著作，该刊本图文符记用ABC等拉丁字母，至后来复刻本才改用甲乙诸字。据郑振铎说，此书“以崇祯间武位中刊本为最可靠，图式皆准确无错。后来新安书坊所刊者，已大为改动，谬讹百出，象齿轮之类，刻工每图省事，往往刻作圆形，与原意已大为不同……《图书集成》曾收入此书，亦系用新安本，故图式亦均大错……此本亦是新安刊本之一，题新安后学汪应魁校订，刻工为黄惟敬，图中符记，尚有AB，未改甲乙，但图式亦均失原形”[①]，指出此版本不足，

---

① 郑振铎：《西谛书话·求书目录》第569—570页，北京：生活·读书·新知三联书店，1983。

但武位中版[1]为崇祯间，而汪应魁版则先于武版，应肯定他的版本价值。

崇祯四年（1631）新安汪应魁贻经堂刊《宋程颐传》、朱熹本义《周易传义》又名《周易程朱传义》二十四卷，宋程颐撰《上下篇义》一卷，宋朱熹撰《图说》一卷、《五赞》一卷、《筮仪》一卷计5种28卷。《中国古籍善本总目·经部·易类》第一二页、《中国古籍善本书目·经部·易类》卷一第52—53页、《中国人民大学图书馆古籍善本书目·经部·易类》第4页、《中国古籍总目·经部·易类·传说之属》第84页、《明代版刻综录》第二卷第二十四页、《北京图书馆古籍善本书目·经部·易类》第一八页、《南京图书馆善本书草目》、《全明分省分县刻书考·安徽省卷》第一四页著录，中国人民大学图书馆（1函4册本）、山东省图书馆、上海图书馆、复旦大学图书馆、华东师范大学图书馆、江苏师范大学图书馆、苏州大学图书馆、浙江图书馆、中山大学图书馆、重庆市图书馆藏，国家图书馆、南京图书馆收藏的仅《周易传义》二十四卷，有明瞿式耜批注，清瞿昌文、翁同龢跋。该刊本线装4册，半页9行，行18字，小字双行同，白口，单鱼尾，四周双边，正文卷端刻“明汪应魁句读并校订”9字。《皖人书录》第326页著录国家图书馆仅藏《周易传义》十卷，系初印或不全本。

崇祯四年（1631）新安汪应魁贻经堂刊宋蔡沈撰、明汪应魁句读《书经集传》又名《书经集传句读》六卷。《中国古籍善本总目·经部·书类》第三六页、《中国古籍善本书目·经部·书类》卷一第五三页（影印本第106页）、《中国古籍总目·经部·书类·传说之属》第246页著录，故宫博物院图书馆（经查为《书经集注》十卷附《书序》）、上海图书馆、无锡市图书馆、昆山市图书馆、苏州大学图书馆、福建省图书馆、武汉图书馆藏。该刊本半页9行，行18字，小字同，白口，四周单边。

---

① 《北京图书馆古籍善本书目·子部·谱录类》第一三七四至一三七五页著录，国家图书馆藏崇祯元年（1628）武位中版4册、6册本各1部。该刊本也是半页9行，行20字，白口，四周双边。

《贩书偶记续编·经部·书类》卷一第7页径作明应魁撰《书经集传句读》六卷，不准确。

崇祯四年新安汪应魁刊宋朱熹撰《诗经集传》八卷。《中国古籍善本总目·经部·诗类》第四八页、《中国古籍善本书目·经部·诗类》卷二第三页（影印本第131页）、《中国古籍总目·经部·诗类·传说之属》第322页著录，清华大学图书馆、上海图书馆、无锡市图书馆及浙江省瑞安市玉海楼藏。该刊本半页9行，行18字，小字双行同，白口，四周双边。

崇祯四年汪应魁贻经堂刻元陈澔撰《礼记集说》十六卷。《中国古籍善本总目·经部·礼类》第七二页（但误“汪”作“注”）、《中国古籍善本书目·经部·礼类》卷二第34页、《中国古籍总目·经部·礼类·礼记·传说之属》第478页著录，北京大学图书馆、清华大学图书馆、北京师范大学图书馆、故宫博物院图书馆、西南师范大学图书馆藏。该刊本半页9行，行18字，小字双行，白口，四周双边。扬州师范学院图书馆藏明刻本，也是半页9行，行18字，小字双行同，白口，四周双边，无刻工。

崇祯四年汪应魁贻经堂刻宋胡安国撰《春秋四传》三十八卷、《纲领》一卷、《提要》一卷、《列国东坡图说》又名《东坡图说》一卷、《春秋二十国年表》又名《二十国年表》一卷、《诸国兴废说》一卷计6种43卷。《中国古籍善本书目·经部·春秋类》卷三第274页、《中国古籍善本总目·经部·春秋类·春秋总义》第一〇四页、《中国古籍总目·经部·春秋类·春秋总义·传说之属》第641页、《北京师范大学图书馆古籍善本书目·经部·春秋类·春秋总义》第21页、《安徽文献书目》第43页、《安徽省古籍善本书目录·经部·春秋孝经类》卷一第二十页著录，北京师范大学图书馆（不注出版年代，6册本，有佚名朱笔批校）、安徽省图书馆（10册本）、故宫博物院图书馆、河北省图书馆、河南省图书馆、湖南师范大学图书馆及安徽省博物馆藏。该刊本半页9

行，行 18 字，小字双行 17 字，白口，四周双边。

崇祯五年（1632）新安汪应魁刻明锺惺编并评、汪应魁删订《唐宋八大家选》二十四卷。《中国古籍善本总目·集部·总集类·通代》第一七三六页、《中国古籍总目·集部·总集类·通代之属》第 2956 页、《安徽省古籍善本书目·总集·通代》卷四第十一页、《中国古籍善本书目·集部·总集类》第 1627 页著录，国家图书馆、安徽省图书馆（11 册以善本保存，但缺第二十四卷不全本）、清华大学图书馆、辽宁省图书馆、常熟市图书馆、河南大学图书馆、贵州省图书馆、厦门大学图书馆、湖北省图书馆及北京市文物管理局、江西省博物馆（不全）藏。该刊本半页 9 行，行 18 字，白口，左右双边。

明汪氏广及堂刻明汤宾尹选辑、汪应魁增订《纲鉴标题》四卷。《中国古籍善本总目·史部·编年类·通代》第二六九页、《安徽省古籍善本书目·史部·编年类》卷二第十八页、《贩书偶记》第 324 页著录，安徽省图书馆（4 册本）、郑州市图书馆藏。该刊本半页分上、下两栏，上栏 9 行，字无定数，下栏 9 行，行 27 字，白口，四周单边。

明末汪应魁贻经堂刻《春秋四传》三十八卷、《纲领》一卷、《诸国兴废说》一卷、《二十国年表》一卷、《东坡图说》一卷计 5 种 41 卷。《中国古籍善本总目·经部·春秋类》第一〇四页著录，北京师范大学图书馆、故宫博物院图书馆、安徽省图书馆、河南省图书馆、湖南师范大学图书馆藏。该刊本半页 9 行，行 18 字，小字双行 17 字，白口，四周双边。南通市图书馆还藏明末刻此套书中《春秋列国图说》易为《东坡图说》，该刊本半页 9 行，行 18 字，小字双行同，左右双边。

明末汪应魁贻经堂刻不著姓名《大明正德乙亥重刊改并五音集韵》十五卷。经查故宫博物院图书馆藏 8 册本。

明汪氏广及堂刻明汪应魁增订、明汤宾尹辑《纲鉴标题》四卷、《性理标题》一卷计 2 种 5 卷。《中国古籍善本书目·史部·编年类》第 133 页著录，安徽省、郑州市图书馆藏。

明末大型丛书刻坊唐琳快阁

唐琳，字玉林，号公华，刻书堂号新都唐氏快阁。主要刻书如下：

天启六年（1626）新都唐琳、唐瑜校刻汉韩婴撰《韩诗外传》十卷。《中国古籍善本总目·经部·诗类》第四六页、《中国善本书提要·经部·诗类》第11页、《中国古籍总目·经部·诗类·三家诗之属》第395页、《北京图书馆古籍善本书目·经部·诗类》第四五页、《明代版刻综录》第四卷第五页、《中国古旧书刊拍卖目录》第607页与629页著录，国家图书馆、中国科学院图书馆、北京大学图书馆、上海图书馆、无锡市图书馆、江苏省吴江市图书馆、浙江图书馆、江西省图书馆、河南省图书馆、中山大学图书馆、复旦大学图书馆、美国国会图书馆（4册本），河南省博物馆藏，博古斋拍卖竹纸1册本2部。原题："汉燕人韩婴著，明新都唐琳点校。"有唐琳序、陈明序。该刊本半页9行，行20字（20.2×13.5），白口，四周单边。经考证，此版本有陈明序，可推知系依嘉靖间（1522—1566）薛来本翻刻。此书后收入《快阁丛书》，或系逸出单行本。

天启六年（1626）新都唐瑜、唐琳刻汉焦赣撰《焦氏易林》十六卷附《筮仪》。《中国古籍善本书目·子部·术数类》第361页、《中国古籍善本总目·子部·术数类·占候》第九〇八页（无后1种）、《中国古籍总目·经部·易类·附录·易占之属》第218—219页、《安徽省古籍善本书目·子部·术数类》卷三第七十三页、《北京大学图书馆藏古籍善本书目·子部·术数类》第258页、《中国人民大学图书馆古籍善本书目·子部·术数类》第132页、《东北师范大学图书馆藏古籍善本书目解题·子部·术数类·占卜》第222页著录，国家图书馆、北京大学图书馆（4册本，为卢钮校本）、中国人民大学图书馆（1函4册本）、北京市西城区图书馆、清华大学图书馆、华东师范大学图书馆、辽宁省图书馆、东北师范大学图书馆（6册本）、山东省图书馆、齐齐哈尔市图书馆、南京图书馆、浙江省平湖市图书馆、湖北省图书馆、中山图书馆、贵州省图书馆及安徽省博物馆（4册本，卷末配抄）藏。该刊本半页9行，行20字，白口，四周单边，正文卷端题“汉天水焦赣著，明新都唐琳订”，有唐瑜公天启丙寅序文。此书为汉代占卜鼻祖延寿所演64卦，各系以繇辞。此书后收入《快阁藏书》，或系逸出单行本。

天启间（1621—1627）唐琳快阁刻自辑《快阁藏书》10种五十八卷。《中国古籍善本总目·丛部·汇编丛书》第一九五六页、《中国古籍总目·丛书部·杂纂类·明代》第211页、《中国丛书综录·汇编·杂纂类（明代）》第一册第52页、《北京大学图书馆藏古籍善本书目·丛书部·杂丛类》第526页、《中国丛书综录补正·汇编·杂纂类（明代）》第18页、《香港所藏古籍书目·丛部汇编类》第504—505页、《中国古籍善本书目·丛书·汇编丛书（二）》第274页、《美国哈佛大学哈佛燕京图书馆中文善本书志·丛部》第815页著录，北京大学图书馆（分别为4册、16册本各1部）、香港中文大学图书馆（线装5册）、美国哈佛大学哈佛燕京图书馆（12册本）藏，上海图书馆、天津图书馆、天津师范大学图书馆、河北保定市图书馆、山西忻州市图书馆、山西师范大学图书馆、宁夏回族自治区图书馆、华南师范大学图书馆、四川省图书馆、吉林省图书馆、东北师范大学图书馆（仅存6种，缺《阴符经》《素书》《西京杂记》《古今注》4种12卷）、重庆市图书馆、华东师范大学图书馆收藏不全。书名页题“快阁藏版”4字，有唐瑜、唐琳等天启丙寅（六年，1626）序。该刊本半页9行，行18字、20字（20.4×13.7），白口，无鱼尾，四周单边，书眉上刻评。扉页题“初刻十种，快阁藏书，武林唐国器发行”，并钤“快阁藏书”印及“翻刻必究”木记，各子书扉页均刻“快阁藏板”。刻工为黄君瑞。《古三坟》前有天启六年唐瑜、唐琳序。而《中国丛书综录续编·汇编·杂纂类（明代）》第12页及南京大学印《中国丛书目录及子目索引汇编》第17—18页著录天启六年刻本为21种125卷。《中国书店三十年所收善本书目·子部·术数类》第一〇七页著录，中国书店收购过汉焦延寿撰《焦氏易林》十六卷竹纸4册本，为本丛书中的1种，以后类似丛书中的单行本只要在本丛书刻印期间一律不收。但《汇刻书目》第一函第三册第二十四页、沈乾一《丛书书目汇编》第二册第二三八页、《中国丛书广录·汇编丛书·杂纂类》第148页及杨家骆《丛书大辞典》著录为明刻20种一百〇四卷。其细目与前《中国丛书综录》所收子书区别很大。

明刻二节版印不详编著《春秋四传》三十八卷、《纲领》一卷、《提要》一卷、《列国东坡图说》一卷、《诸国兴废说》一卷、《春秋二十国年表》一卷计6种43卷。《东北师范大学图书馆藏古籍善本书目解题·经部·春秋类》第38页著录，东北师范大学图书馆藏13册本。该刊本为二节版，半页9行，行17字，小字双行17字，白口，左右双边，书口下题唐林、刘、柯仁义等刻工姓名，疑为唐琳等刻，与前节所列同书，应为徽州坊刻本。此书在经文下分别注左氏、公羊、谷梁三传，并别为标出胡传。

明朱梦龙刻新都唐琳快阁剜改印行汉高诱训解《吕氏春秋》二十六卷。《北京大学图书馆藏古籍善本书目·子部·杂家类》第281页著录，北京大学图书馆藏4册本。说明唐琳还刻了此书。

附　万历七年（1579）刻二节版印明余姚胡时化辑《新刊名世文宗》三十卷。《东北师范大学图书馆藏古籍善本书目解题·集部·通代》第269页著录，东北师范大学图书馆藏32册本。该刊本半页10行，行22字，白口，四周双边，书口下题唐林、唐礼等刻工名。疑唐琳初为刻工，后经营刻坊，正式名为唐琳。该书采选先秦至宋杂著名篇，有注和眉批，首有著者简介。

坊刻《五经》《四书》的大家江世琳

江世琳，字琅友，歙县人，有恕堂刻书斋号，是自明迄清的歙县书商，以刊刻《五经》《四书》著名。

明末恕堂刻巾箱本，清初重刊《五经四书》10种一百〇七卷。《中国丛书综录·类编·经类·经义》第596页著录清恕堂重刊本《五经四书》（9种）九十七卷，子目除不著姓氏撰《春秋传》十卷外余同上述，《中国丛书综录补正》第151—152页补全，仍为107卷。此书版心镌“恕堂藏板”4字，今藏上海图书馆。此书两印应为20种214卷。

此书在清初恕堂刻清□□辑《五经四书》9种九十七卷。《中国古籍总目·经部·总类·传说之属》第25页著录，上海图书馆藏。

清初歙县江世琳恕堂重刊巾箱本《五经四书》10种一百〇七卷。《中国丛书综录·类编·经类·经义》第596页、《中国丛书综录补正》第151页著录，上海图书馆藏。徐按，此书初刻由明末书林江世琳恕堂以巾箱本初刻，《综录》著录《春秋传》七卷，误，应为十卷。此版版心镌“恕堂藏板”4字。《中国人民大学图书馆古籍善本书目·经部·总类》第1页著录，中国人民大学图书馆藏8函42册本清恕堂刻《五经四书》本《五经》6种一百〇八卷。

该刊本半页8行，行17字，小字双行同，白口，左右双边。封面镌“恕堂藏板”，目录前镌“恕堂重梓”，版框外套印棕色空白直格。《中国丛书广录·汇编丛书·经类·总类》第372页著录，湖北省图书馆藏清恕堂《五经四书》9种九十七卷，其中《春秋》又作三十卷，与前版有异。

而《中国丛书广录·汇编丛书·经类·总类》第373页及沈乾一《丛书书目汇编》著录，明刻细楷本《袖珍六经》9种五十七卷，也有“恕堂藏版”字样，说明恕堂印行过此丛书，当为另种丛书。

嘉庆间（1796—1820）刻《恕堂六经》丛书中宋朱熹撰《周易本义》四卷附《易图》一卷、《卦歌》一卷、《筮仪》一卷、《五赞》一卷计5种8卷。《中国古籍总目·经部·易类·传说之属》第80—81页著录，国家图书馆、上海图书馆藏。全套丛书藏处及细目待考。

清恕堂刻宋胡安国撰《春秋胡传》三十卷、《纲领》一卷、《提要》

一卷、《春秋列国图说》一卷计 4 种 33 卷。《中国古籍总目·经部·春秋类·春秋总义·传说之属》第 633 页、635 页著录，国家图书馆、南京图书馆藏。南京图书馆还藏前 1 种 30 卷恕堂刻巾箱本。

此套丛书起于明正统间（1436—1449）内府刊本，所以又名《监本五经四书》，是一部很有影响的五经四书读本，明末清初仅江世琳就先后两印，朱熹家刻文公祠崇道堂也加以刊行，崇祯十四年（1641）海虞毛晋又加修订再版，但版心有“文公祠崇道堂藏板”8 字，说明是朱熹后人家刻本。此套丛书在清代版本更多，囿于篇幅这里不赘述了。

可见，江氏为明末清初专刻五经四书类的坊刻大家。

明末清初的两栖刻坊吴氏贞隐堂

贞隐堂，歙县丰溪（今属安徽省黄山市徽州区）吴氏刻坊，估计应与吴勉学等同为丰南吴氏书商，活跃在苏州、徽州书林，至清康乾间（1662—1722、1736—1795），这个刻坊仍很活跃，不仅刻书，而且还用活字排书。清初，这个刻坊主为吴承励。

经考证，吴承励（1662—1691），字茂叔，有南郊堂、贞隐堂等，清初歙县丰南（今属安徽省黄山市徽州区）人。著有《南郊堂遗集》二卷、《补逸》一卷附《梅谷题照录》一卷、《松窗征异录》一卷。吴承励贞隐堂系其先辈创立，承励相延的刻书堂号。为明末至清活跃在苏州、徽州一带的刻坊，有活字、木刻两种出版形式，出版品中有影响的品种是明末版唐诗和宣城学者吴肃公的文集。目前尚未掌握生平及家族关系。只发现清彭定求在《南畇文稿》卷九中收有他的墓志铭。南郊堂刻坊号延及嘉庆间（1796—1820）及民国间仍有后人在刻书。

明末贞隐堂刻《中唐诗晚唐诗》44 种四十四卷。《西谛书目·集部中·总集类》卷四第八至九页著录，西谛（国家图书馆）藏 8 册本。

康熙四年（1665）姑苏刊清吴肃公撰《街南文集》二十卷、《续集》

七卷计2种27卷。《安徽省馆藏皖人书目》第140页、《皖人书录》第387页、《安徽艺文考·别集十一》、《安徽文献书目》第168页著录，安徽省图书馆藏14册本。此书应为歙县丰南吴氏贞隐堂一脉在苏州刻本。此书贞隐堂在此年有木活字本，上海图书馆、中国人民大学图书馆藏；国家图书馆、中国科学院图书馆、曲阜师范大学图书馆藏《街南文集》二〇卷；国家图书馆、北京大学图书馆藏抄本；浙江图书馆、中国科学院图书馆藏康熙间（1662—1722）程士琦、程士章刻本；《清人别集总目》第898页著录，上海图书馆、中国人民大学图书馆藏康熙四年木活字本，北京师范大学图书馆藏民国十三年（1924）重印康熙四年贞隐堂木活字重印本。

康熙二十八年（1689）吴承励贞隐堂刻清吴肃公撰《街南文集》二十卷。《中国古籍总目·集部·别集类·清代之属·清前期》第1119页著录，国家、中国科学院图书馆藏，浙江图书馆还藏清初刻此书6卷本。

康熙二十八年吴承励贞隐堂刻宣城吴肃公撰、吴承励编《街南文集》二十卷、《补》一卷，康熙间（1662—1722）程士琦、程士章刻吴肃公撰、程士琦编《续集》七卷计3种28卷。《中国古籍善本书目·集部·清别集类》第969页、《中国古籍善本总目·集部·清别集》第一五二五页（作27卷）、《北京图书馆古籍善本书目·集部·清别集类》第二四八九页著录，国家图书馆（26册本）、北京大学图书馆、南京图书馆、曲阜师范大学图书馆、福建师范大学图书馆、暨南大学图书馆藏，中国科学院图书馆藏不全。此为初印本或不全本。该刊本半页9行，行20字，白口，左右双边。《贩书偶记·集部·别集类》卷十四第343页著录中《补》作无卷数，无《续集》，也应为此版先印不全本。该书还著录《街南续集》七卷传抄本。

康熙己巳（二十八年）丰溪吴氏或作吴承励贞隐堂刻清宣城吴肃

公[1]撰《街南文集》二十卷、《续集》七卷附《读礼问》三卷、《律陶》一卷计 4 种 31 卷。《中国古籍善本书目·集部·清别集类》第 969 页、《北京大学图书馆藏古籍善本书目·集部·别集类》第 482 页、《清人别集总目》第 898 页著录，南京图书馆、北京大学图书馆（10 册本）及日本内阁文库藏。此应为全本或后印本。吴承励刻本在乾隆间（1736—1795）因受文字狱影响，被毁。

乾隆四年（1739）吴元炳刻明末清初贞隐堂主吴承励撰《南陔堂遗集》二卷、《补逸》一卷附《梅谷题照录》一卷、《松窗征异录》一卷计 4 种 5 卷。《中国古籍善本书目·集部·清别集类》第 1045 页、《中国古籍善本总目·集部·清别集》第一五四六页、《清人别集总目》第 899 页著录，上海图书馆、湖南师范大学图书馆藏。该刊本半页 10 行，行 19 字，白口，四周单边。

乾隆四年吴元炳刻清吴承励撰《南陔堂遗集》五卷。《中国古籍总目·集部·别集类·清代之属·清前期》第 1274 页著录，上海图书馆藏。

嘉庆间（1796—1820）南陔堂刻宜兴蒋和撰《金鹅山房诗钞》四卷、《补遗》一卷计 2 种 5 卷。《清人别集总目》2183 页著录，南京图书馆藏。

吴氏姑苏贞隐堂这个老刻书坊从明末迄清末一直在延用。直至民国十三年（1924）吴承励的 7 世孙吴澍还将吴家传统书目之一的吴肃公撰《街南文集》二十卷、《续集》七卷重刻印行百部。可见，这是个苏州、徽州两地刻书老店，是徽州人刻书的典型代表之一。

---

① 吴肃公（1626—1699），字雨若，号晴岩、逸鸠，别号街南，常署鲍道人，宁国府宣城人。明诸生，入清隐居，著述丰富。除吴承励所刻外，收入张潮辑《昭代丛书》有《天官考异》一卷、《改元考同》一卷、《广祀典议》一卷、《读礼问》一卷、《五行问》一卷，收入《檀几丛书》的有《酒约》一卷，还有《读书论世》一五卷（安徽省图书馆藏民国二十二年木活字 8 册本）、《阐义》二十二卷（安徽省图书馆藏民国二十年南陵徐积余影印 4 册本）等。